高天流云 著

# 如果这是宋史

## 1 太祖开国

浙江人民出版社

# 目录

**第一章** 我本乱世一根草 / 001
**第二章** 冻不死的种子 / 019
**第三章** 皇帝流水线 / 029
**第四章** 让天下人都签投名状 / 047
**第五章** 折磨自己老板的员工 / 061

**第六章** 天下英雄他最强 / 085
**第七章** 冯道之殇 / 105
**第八章** 第一战将赵匡胤 / 111
**第九章** 陨落的太阳 / 139
**第十章** 机关算尽伤聪明 / 159

**第十一章** 北宋诞生记 / 167
**第十二章** 请注意，现在我是皇帝 / 191
**第十三章** 我的江山我装修 / 199
**第十四章** 我有一个梦想 / 213
**第十五章** 胜利者的规矩 / 223

**第十六章** 天杀的城墙 / 241
**第十七章** 宋朝的内核 / 255
**第十八章** 征南汉 / 263
**第十九章** 寄生胎 / 283
**第二十章** 我的名字叫李煜 / 297

**第二十一章** 五字错千年 / 321
**第二十二章** 烛光摇曳话当年 / 333
**第二十三章** 魂归洛阳川 / 355

# 第一章　我本乱世一根草

中国这一段的历史，从一个人的离家出走开始。

赵匡胤，时年二十一岁，已婚。此前的生活平静得像是一潭死水，没有任何特别的事发生。别看二十一年平淡无聊，出生时却很不得了，据说赤光绕室，异香经宿不散，生出来时体有金光，三日不散，胞衣如菡萏。

这都成了他日后伟大非凡的理由。

可怜的赵匡胤，这是多么严重的异形胎加新生儿黄疸，一连黄了三天还没好，还被人调侃了一千多年！

在这空洞无聊的二十一年里，赵匡胤干过的唯一一件出点格的事，就是骑了一匹烈马冲出城，结果脑袋撞到城门，硬生生栽下马来。旁观的人吓坏了，以为他这下铁定死了，却不料他立即就跳了起来，不仅没事，反而冲向那匹害他丢了面子的马，骑上去，直到马服了，把面子找回来为止。

结果是郁闷的，千百年来从来没有人佩服他意志坚强，年纪轻轻就把铁头功练到炉火纯青的地步，反而大搞封建迷信，说有金甲神时刻守护，根本没他本人什么事。

话说，一个在冷兵器时代的军营里长大的男孩子，居然在二十一年的时光里，才弄出来这么一丁点的“光荣”事迹，他的折腾能力和顽劣性也就可想而知了。他本应该一直生活在父母身边当个乖宝宝，但他为什么要离家出走呢？

在百分之九十九点九的历史记载里，都说他是因为天生英才难自弃，实在是没办法寂寞，甚至是看到了五代十一国（不是笔误，这段时期可以说是五代十国，也可以说是五代十一国，具体原因以后再说）时兵祸连连，生灵涂炭，他才不得已离开慈母妻儿，出去执行上天的神圣命令，拯救苍生的。

可事实上呢？

非常简单，他家穷，得出去找食吃了。

穷啊，在那个时代里，连皇帝都没觉得自己富裕过。翻开史书，满纸都是禁贩私盐，五斤以上就处死；牛皮全归国有（军需），家存一寸或者贩卖一寸，就处死；铸钱太薄，十余文叠加起来也没有以前一文厚，简直就是薄铁片子，而且敢私铸就处死……反正都是死。至于水灾、旱灾、虫灾或者兵灾时人怎么活，那可是有难度，如果能真实记录下来的话，现在市面上的那些专门吓小女生的火爆畅销的恶心型恐怖片就可以歇菜了。

一点都没有夸张，《人肉叉烧包》之类的片子只不过是些个体变态者的单独行为，如果满城或者方圆几百里内都成了这种店铺，且时刻营业的话，是什么世界？请郑重地记住这句话——那、时、真、的、人、吃、人！

然后我们才会知道后来的赵匡胤有多么伟大。

那么这时就出现一个问题——在这样的世道里，赵匡胤居然能活到二十一岁，还娶妻生子了，不得已才离家谋生，他似乎混得很不错啊。

事实上也真的不错。

赵匡胤的祖先可考的能追溯到他的高祖，名叫赵朓，生活在唐代，做过永清、方安、幽都三个县的县令；曾祖父赵珽在唐代藩镇势力上升时期，历任藩镇属官（注意，藩镇），兼御史中丞，在朝廷里有一定地位；祖父赵敬生于唐末，文武兼备，出任营、蓟、涿三州的刺史；父亲赵弘殷在后唐庄宗李存勖手下任职，是禁军中飞捷军指挥使。

从以上资料可以看出，赵家祖上其实从来都没有真正地显赫富贵过，大都是些县市级的中层干部，不过都挺油滑干练，比较识时务。中央不行了，马上就转地方；汉族的朝廷不行了，马上就给少数民族的政权打工，而且非常忠诚可靠。

他们被各个时代的不同种族的领导人所信任和欣赏，时刻在皇帝身边工作。包括赵匡胤，只不过他最后坏了规矩。

为了更好地了解赵匡胤的成长经历，我们很有必要先知道他的成长环境，以及不断变化的环境。

一切从后梁说起。

终结者朱温。

朱温，讳晃，本名温，宋州砀山人，本是农民。后来又叫朱全忠，不过他很讨厌这个名字，根据他的行为和职业，这简直就是在骂他，并且这是唐朝赐给他的，可他本来是黄巢的人。

黄巢起义，龙蛇混杂，朱温是他的得力部下，一直帮着他攻进了长安当上了皇帝。

皇冠压顶，黄巢马上就变了，简单地说，他变成了刚刚逃跑的唐朝皇帝。此人天天和宫女 PK，并且信任太监，其结果匪夷所思，他居然让这些在唐朝后期能决定皇帝废立的死太监重操旧业，在他的起义军里当上了监军。

朱温惨了，他像唐朝的将军们一样被压制、被欺负，时刻被太监海扁。他冤，他不服，他按照正常程序向他的陛下不止一次地上报申诉，可是一点回音都没有。因为都被太监们习惯性地截留了。

这时候朱温的反应也是非常习惯性的，他本性大发，不可遏制，一刀下去，让太监又丢了一个非常重要的身体部件——脑袋。

后来发生的事可以证明，他把太监们恨到了极点，成了所有太监的噩梦。

朱温宣布向唐朝投降，成了宣武（汴州，河南开封）战区的节度使，并马上向老上级黄巢开战。

这个时候，朱温并不孤单，他在战场上有一个真正强有力的队友，那就是强悍的世袭雇佣兵种族——沙陀人。

沙陀人真正走进中国的历史，是在8世纪。安史之乱后，唐朝无力控制西域（新疆及中亚东部），沙陀人从故乡蒲类县归附了吐蕃，做了侵略唐朝的先锋部队，从此开始了他们的雇佣兵生涯。

沙陀人每战必胜，战果辉煌，给吐蕃人带来了大批战利品和几乎不受其他种族攻击的威望。可是他们也证明了会工作的人通常都不会处理工作关系的悲剧。他们过分地骁勇善战，让东家吐蕃人心里都发毛，于是，吐蕃人打算把他们南迁。

沙陀人幸运地事先得到了消息，他们在9世纪刚开始时，向欺骗员工的吐蕃人拔出了刀。一场火并之后，转战东奔，向唐朝投降。唐政府大喜过望，把他们安置在灵州（宁夏灵武）附近。从此，他们为唐朝效力，同样骁勇善战，同样所向无敌。向西曾经攻击回纥汗国的王庭，向东迁移后，主要的工作变成了帮助唐王朝消灭国内的叛乱。

当黄巢的菊花盛开时，沙陀人的领袖名叫李克用。

李克用遵守工作合同，全力攻击黄巢，不仅把黄巢赶出了长安，而且还穷追不舍。黄巢东撤，正好路过宣武战区，也就是他老部下朱温的地盘。一场大战，结果是朱温喊了救命。

沙陀兵团听见了。

李克用以河东战区（山西太原）节度使的身份，亲自率军赴援。再次大战，黄巢还是不敌，再次跑路。

李克用和朱温也需要休整了，打扫战场后，朱温尽地主之谊，在开封城里，摆出丰盛大餐犒劳救命先生李克用。

事后证明，经常喜欢而且习惯动刀动枪的人，还是不要在一起喝酒的好。酒席筵上李克用喝高了，他怎么看朱温都是个灰孙子模样。

李克用笑嘻嘻地对朱温说三道四，主要内容也就是“你真不是个男人，连那些被我打跑的土匪都打不过，而且还主动叫唤喊救命，真是没种”之类的习惯性酒话……

本来这或许没什么，哪个男人喝酒不吹牛？也许这类话李克用也说习惯了，谁让他兵强马壮所向无敌，经常救别人的命呢？

可是朱温受不了，他死盯着李克用，心里习惯性地充满阴冷。他看着李克用越来越放肆，甚至是非常享受他这时的难堪和愤怒的嘴脸，于是他从牙缝里蹦出了两个字："关门。"

关的是城门，接着朱温拔出了刀子。一场火并，李克用冲了出去，可是他带到城里的弟兄，没一个活着出去的。

这个梁子结死了。

这之后，朱温穷追黄巢，逼得黄巢在狼虎谷（山东莱芜）自杀。然后他数年苦战，才击败了秦宗权。

秦宗权是这个时代甚至整个中国历史上最为卑鄙狠毒的人，万死不足以蔽其辜。他的部队行军，一向不带粮草，只用车子装载盐和人的尸体，饿了就割肉烹食。他平时的行为也就可想而知了。

朱温占领蔡州，又一口气吞并了感化战区（徐州，江苏徐州）、天平战区（郓州，山东东平）、宣义战区（滑州，河南滑县）、泰宁战区（兖州，山东兖州），成了很肥的军阀。

之后，他好运连连，登峰造极，成了董卓、曹操以及袁绍的结合体。一天他突然间接到了当时的宰相崔胤的密信，命他带兵进京救驾。朱温大喜，天上真的掉下了馅饼，而且准确地砸中了他！

朱温进京，他先以迅雷不及掩耳之势冲进皇宫，根本没兴趣搭理皇帝，而是先把太监们斩尽杀绝。一共几百人，全部死在刀下。其中有两个新任命的禁军司令官，甚至连绝大多数无权无势，也属于被迫害的小太监也不放过。史称当时哀号呼冤之声，宫外数里皆闻，把皇上和大臣们彻底震住了，之后少费了不少口舌。接着朱温下令，把派到各战区当监军的太监们也都就地处决。

各战区的同志们通力合作，非常愉快！

为时一百四十九年（公元755—903年）的宦官统治天下的时代终于结束了。

在这一百四十九年里，层出不穷的死太监们可以随意废立李世民的子孙，天下所有事情都由他们操办。虽然他们也是人，也有人权和参政的欲望，但是做出来的事实在太混账了，真是死不足惜。只不过，谁也不会料到，干掉他们的人居然会是朱温，这也许就是恶人自有恶人磨吧。

这之后，朱温把长安拆了。长安城的宫殿和所有民宅全部被拆毁，百万市民立即赤贫。

长安，这座作为中国首都长达一千多年之久的显赫巨城，就这样被彻底毁坏，永远丧失了被选为帝都的资格。

朱温带着皇帝和长安全体市民一起回了他的老家根据地开封。

朱温像曹操那样把皇帝弄到手，却没耐心长时间地养着。仅仅四个月之后，他就干掉了当时的皇帝李晔，命李晔的儿子李柷继位。三年后，他命令李柷禅让。

伟大的唐朝终于在名义上彻底灭亡了，后梁建立，国都开封。

这个消息让天下乱上加乱，所有的节度使一起大骂朱温是乱臣贼子，然后都忙着在自己的地盘自立为王，五代十一国正式开始。他们的领头大哥朱温，在当了六年皇帝（死的前一年还屠城）之后，被他的儿子一刀干掉。十一年后，记忆力健全的沙陀人等到了机会，他们的首领李存勖奇袭开封，把姓朱的人连根拔起。

没有梁了，现在的主人又姓了唐。只不过，它是“后”。

这之前，北方的桀燕帝国，西边的岐王国，都已经被李存勖做掉了。如果去掉它们，加上北汉，那么就是“五代十国”。如果保留它们，就是十一国。

很烦是不是？人家都报过名了，却不带人家玩。可谁让五代十国叫着顺口呢。

赵匡胤出生在后唐。

后唐庄宗李存勖之后是后唐明宗李嗣源，这位陛下喜欢干的事是拜月焚香，同时喃喃自语。

他通常都会这样说——天啊地啊，你们都知道，俺本是个蕃种土包子，被人强迫才做了皇帝，可不是俺自愿的。你们就早点降下来个圣人吧，好把俺赶下台。

历史证明，他的确是个蕃种土包子，他忘了，伟大的天可汗李世民的身上就流淌着蕃种鲜卑人的血液，亏他还宣称自己是大唐王朝的合法继承人。

圣人真的降下来了，就在离他皇宫不远的夹马营。赵匡胤出生了，那一天是公元 927 年二月十六日，为后唐天成二年。

李嗣源痴痴地等待，并不知道他的祈祷已经成功。他没兴趣东征西讨，怕抢了未来圣人陛下的功劳，而沙陀人的军威也让其他的“皇帝”对他没兴趣。就这样，一连八年没有战争，后唐境内风调雨顺，连年丰收，李嗣源过的是小康生活，连带着在他身边讨生活的赵匡胤一家也过得下去。

可是李嗣源毕竟老了，他死了，他的儿子李从厚接班。李从厚没事找事，在公元 934 年做了一件事，表面上看很简单，就是让他的义兄李从珂搬个家。也不太远，从陕西凤翔搬到山西太原。

按说太原总比凤翔大，职务上也是平级调动，明明是偏向自家人，可李从珂的反应却是突然抓狂，他直接起兵，攻陷洛阳，把本已经弃位逃跑的李从厚抓住干掉了。

李从珂真是疯了吗？当然没有，虽然他义弟的皇帝宝座让他流口水，可要他主动造反，还真没那么简单。

藩镇的宿命——搬家马上死。

节度使离开根据地，失去自卫力量，在途中就可能被一纸诏书赐死。与其死得那样窝囊，不如明刀明枪地干上一仗！

这是场流了血的政变，规模之大，包括换了皇上。可是像奇迹一样，事变过后，赵匡胤一家人安安稳稳的，毫发无伤。最神奇的是一家之主赵弘殷居然还在新皇帝的禁军中找了份差使，而且还是个官。

可见赵弘殷先生绝对没有贴身保护当时逃难的主人李从厚陛下，他失职了。

不管怎样，赵匡胤仍然在平安地长大。

三年之后，在他十岁时，发生了一件事。当时还是个小孩子的他绝对不会想到，这件事成了他一生中最大的麻烦，同时也是他子子孙孙永远都搞不定的任务。起因是皇帝李从珂也犯了前任皇帝李从厚的毛病，要他的姐夫——河东战区节度使石敬瑭也搬个家。

石敬瑭也很抓狂，但没有马上起兵。理由很简单，他没那个实力。可是他绝对不想等死！怎么办？讨伐他的军队已经在路上了，千万把刀子正在向他越逼越近！

一定要想出个办法来……办法有了。他想到了契丹，他要向契丹求救，用土地换生命——用后唐的土地换他的生命！

燕云十六州，幽、涿、蓟、檀、顺、瀛、莫、蔚、朔、云、应、新、妫、儒、武、寰。东西约六百公里，南北约二百公里，面积约十二万平方公里！这相当于三个台湾岛，连同土地上的人，都被石敬瑭断送给了异族！更要命的是，我们千百年来倚为生命屏障的万里长城，已经彻底失去了功能。因为敌人已经越过了它，进来了。

从此，燕云十六州到开封，一马平川五百公里，再没有一个险要的关隘可以阻挡敌骑，而我们要反击，就要逆着地势向上仰攻……下面的事情就简单了，是人都不会放过这样的机会，当时的契丹皇帝耶律德光欣喜若狂，立即御驾亲征，动员全族力量帮助石敬瑭去摆平李从珂。

在这里，实在没有理由咒骂耶律德光乘人之危。换我，我也这样做，我得为自己的子民和后代子孙谋福利！要怪，只能去怪那些对不起自己民族的败类吧！

石敬瑭表示没有压力，因为他是沙陀人，与汉人没关系。

就这样，后唐完蛋了，只有十四年，比朱温建立的后梁还少了三年。末代的后唐皇帝李从珂带着传国宝玺登上玄武楼自焚，在后唐的灰烬中，后晋粉墨登场。

这时的洛阳也残破了，石敬瑭把帝都迁到了他的根据地开封，也就是汴京。赵匡胤的父亲再次显示了他的特长，他居然还是新皇帝的禁军，仍然是个不大不小的官！

我无意讽刺他，在乱世中谋生存，为妻儿求温饱，是一个男人的可贵本能。

赵匡胤随着父母从洛阳来到了开封，在这个陌生的地方开始了新的生活。生活仍然平静，这时的他会想到他现在生存着的这座城市，有一天，也会成为他的帝都，人们也会对他俯首膜拜，山呼万岁吗？

石敬瑭当上皇帝了，可是谁也没有料到，他突然间心理变态，严重的程度在历史上前无古人。

他先是认真履行了事先签订的买卖双方合同，把燕云十六州连同所有原住民都交割给了契丹。按说这样就已经货款两清、各不相欠，契丹人都乐疯了。

这种病急乱投医式的许诺，事后多半都不会认账，哪怕只兑现了百分之五十，都是无可救药的老实人。可是没隔两年，他居然隆重地向契丹皇帝耶律德光提出了一个新的要求，这要求新奇别致得让耶律德光都措手不及，使他两颊飞红、内心忐忑。

“爹，让我当你的儿子吧。”

这就是四十七岁的石敬瑭向三十七岁的耶律德光提出的要求。

还有什么好说的，一个国家出了卖国贼一点都不稀奇，哪个民族、哪个时期没有过？不过这样主动寻找外国主子，把国土像大白菜一样送人，再恬不知耻地称父称儿的行径，有谁看见过吗？就算是后世的卖国大盗袁世凯签订《二十一条》，也没找个外国干爹过过瘾。

耶律德光实在是拿他没有办法，只好收下了这个儿子。他的儿子当了七年的皇帝后，终于先他而去了。继位的人是他儿子的侄子，名叫石重贵。这个孙子，就让他心烦了。

石重贵承认是孙子，却绝对不称“臣”。也就是说，在私人关系上，你是我爷爷，可是在工作关系上我们是平等的！耶律德光哭笑不得，姓石的人可真是各有各的特色，那就随他去吧。

可是石重贵的下一个举动，就不由得耶律德光不抓狂了。

石重贵把在后晋经商的契丹人全都抓了起来，不问青红皂白一律砍头，正式断绝了两国贸易。这还不算，石重贵整军经武，动员全国军队，准备重温沙陀人当年横扫天下的雄风。他下旨——“生擒德光者，擢升节度使”。

好了，耶律德光明白了，该做什么已经完全清楚。他再次御驾亲征，沙陀人早已不是当年强悍无敌的雇佣兵种族了，契丹兵团没费什么劲，就搞定了开封。

后晋，只立国十一年，就毁灭在当初缔造它的恩主手里。所有姓石的皇族，包括石重贵和他的家人，还有石敬瑭的老婆，也就是李从珂的姐姐，都被放逐到东北两千公里以外绝对荒凉神秘的黄龙府——现在的吉林省农安，之后具体怎样再也无法考证。

这一年赵匡胤已经二十岁，他十九岁结婚，此时已经是个成年男人了。他应该目睹了契丹兵团进入开封城门，亲眼看到了契丹皇帝耶律德光登上了城楼，微笑着向惊慌奔逃的开封百姓们说——我也是人，你们不要害怕，我来当你们的皇帝，让你们休养生息。

当天日落时分，契丹皇帝退出开封城，驻兵赤冈。真是奇迹，契丹兵团虽然已经破城而入，但是并没有顺势剽掠抢劫。

赵家人仍然平安，毫发无损。只不过这时耶律德光自有契丹本族的禁卫军，赵弘殷先生暂时失业。

耶律德光在赤冈换上了皇帝的新装，中原的皇帝什么打扮，他就怎么装饰。顾影自怜，他觉得自己已经是个很地道的中原皇帝了——把中原和草原联合起来管理不是很好吗？而这种工作方式，他早就非常熟悉了。

公元916年立国的契丹至今已经三十一岁了，不算长，但耶律德光深知，汉人是契丹的命根子，他的国家之所以能超越突厥、回纥，迅速成为超级大国，全靠汉人的贡献。

这是个沉痛的现实，中原无休止的动乱，让大批的汉人远远逃出国境，到草原沙漠上去讨生活，不知不觉中，让异族人迅速受益。而异族人也非常关照他们，契丹从立国之始，政府就是双套的，分为南院、北院，南管汉人，北治契丹。

南院政府对汉人“照顾”得无微不至，最重要的一项工作，就是一种特殊的保护措施——保证汉人绝对没办法再逃回去。

就这样，契丹成了有史以来东亚大地上最最幸运的少数民族。想想他们的前辈，无论是匈奴，还是突厥，或者是回纥、吐蕃，哪一个不是垂涎于汉人的富裕，骑着马举着刀过来明抢？可结果往往是千辛万苦抢到手，自己的身上也是血迹斑斑、伤痕累累，更有甚者，偶尔碰上汉人出了个强硬的皇帝，比如秦始皇、汉武帝、唐太宗，还要被反攻倒算。

哪一个比得上契丹？汉人先是自己送上门来帮助生产，把契丹养肥变壮，然后沙陀人突然间双手献上燕云十六州，让契丹人凭空得到巨大的财富和无穷无尽的生产力，之后最绝的是生怕契丹人突遇富贵没法消化，后晋居然让契丹人适应了整整十年，然后石重贵这个“孙子”才把中原的腹地断送给了契丹。

这样的机会哪里是千载难逢，简直是自有汉人以来的两三千年里，从来没有给过异族人的机会！

耶律德光决定不走了，无论如何都不走了，一定要落地生根，把契丹就此真正地做强做大。他的具体措施是这样的——首先让开封稳定，并且从他开始改穿戴中原衣冠，从心理上先和汉人拉近距离。接着他把后晋的文武百官都召集起来，告诉他们每人官复原职，薪水加倍，并给予几个知名人物新职。

这样一来，后晋的各位藩镇大人都松了一口大气，这些拥兵自重的大佬，在石重贵和耶律德光的“家务之争”中，多数没有插手，所以兵力基本无损。这时，他们大多上表称臣，让耶律德光也松了一大口气。

但是，只有一个人表现得很不积极。仅仅是不积极，就让耶律德光在开封寝食难安。这个人就是北京（今山西太原）留守、河东节度使刘知远。

刘知远，沙陀人，是石重贵时期最强的藩镇，兵力远远超过其他节度使。此人从小贫苦，以牧马为生，长大后在后唐明宗李嗣源部下当兵，是真正地从生活底层做起，一步步爬到了一个军人所能达到的极限高度。在无数的腥风血雨中，他逐渐拥有了一个独特的、让他可以真正屹立不倒的武器——沉静。

以后发生的事情，证明了他的沉静远比这个时代最流行的勇敢机敏、凶狠残酷等暴力特征更加具有决定意义。

在这场战争中，虽然刘知远时刻关注战局，可始终按兵不动。就连契丹人攻入开封，俘虏石重贵时，都不肯支援，真正做到了冷眼旁观，无动于衷。在大多数藩镇对耶律德光称臣时，他也只是派人到开封向耶律德光表示祝贺，仅此而已，再无其他。

耶律德光沉不住气了，他知道有很多人都在看着刘知远。刘知远不服，人心不固，已经有一些藩镇和后晋的大臣转而逃往后蜀或者南唐了。不能再耽搁，耶律德光决定主动出击。他没有动兵，而是给刘知远送去了一件礼物和一封信。

礼物是一支木拐，样式和用料现在已经不可考证，不过运送的过程中，汉人惊奇地发现，所有的契丹兵将都为木拐避道让路，就好像这支木拐正被耶律德光本人抓在手里。可见这的确是一种殊荣。

刘知远愉快地接受了礼物，据说当天就开始拄拐。至于那封信，就让刘知远沉默了。他真不知道，原来白痴也是种传染病，耶律德光已经深深地被石氏父子给感染了。在这封信里，耶律德光对刘知远非常亲切，亲切和重视的程度达到了一个空前的高度。

信的开头是这样写的："我亲爱的儿子知远，你好吗……"

刘知远深深地呼吸，再深深地呼吸，信还是稳稳地被他拿在手里，没撕碎，没骂娘，什么事也没有发生。耶律德光则继续郁闷，他仍旧什么回答都没有得到。他纳闷，为什么？我做错什么了吗？难道在中原，当别人的儿子不是件很光荣的事吗？实在不解，他只好再次让人带话给刘知远——你不事南朝，也不事北朝，究竟想干什么？

这次他很快就得到了回答，刘知远用行动告诉了他。契丹人在公元947年正月攻入开封，刘知远在公元947年二月十五日，在山西太原称帝。

的确是不事南朝，也不事北朝，大丈夫兵强马壮，何须屈膝他人，更何况是异族敌寇！

刘知远称帝，留给耶律德光的就只剩下华山一条路了，那就是立即发兵，把刘知远和太原荡平，而且要快，不然刘知远就会变成一块磁铁，把原本在观望的和已经投降的后晋所有势力都从他的身边吸引过去！但是他却不得不佩服刘知远的胆子，要知道，这个时候河北、河南已经完全被契丹控制，关中诸藩镇也已经多数归降，刘知远所在的河东三面受敌，就这样都敢突然称帝！

耶律德光惊怒之余，非常自信，相信只要他发兵，就一定可以迅速剿灭刘知远，从而杀一儆百，平定中原。

计划永远没有变化快，杀气腾腾的耶律德光突然间发现他的兵都非常忙，原来他们一直都在作战！

这里就要说说契丹兵团的军饷制度了。契丹从来不给军队发饷，出兵打仗就是给士兵们发财的机会，挣多挣少看本事，这种方式按他们自己的行话讲，叫“打草谷”。

这次契丹兵团前所未有地深入中原，最富庶的开封不许动，周边市县总可以打一打吧？结果契丹骑兵们每天都四面出动，随意打劫。据史书记载，中原数百里间，财产牲畜被一扫而空。

代价是他们惊奇地发现，中原的老百姓原来比石重贵的正规军强悍得多，多者数万，少亦千百，对他们群起反抗，让契丹兵团遭到了前所未有的沉重打击。等到耶律德光想对刘知远动手时，局面已经不可收拾。

审时度势，耶律德光长叹一声，再不留恋，马上撤退。一路之上，契丹皇帝亲自打草谷，也亲身承受了中原百姓的回击。当他走到河北省栾城县境内的一片树林时，突发暴病而死。此地被中原人命名为“杀胡林”，以此表示对耶律德光这个蛮族酋长的仇恨和戏弄。

作为契丹的皇帝，耶律德光竭尽全力为本民族争取利益，前后数次亲征南下，为契丹当代人取得了梦想不到的富贵，也为子孙后代留下了享用不尽的遗产。平心而论，他是个了不起的人，只可惜现在契丹人已经绝迹灭种了，不然，他一定会像蒙古人的成吉思汗、满族人的努尔哈赤那样被永远地怀念祭祀。

耶律德光死后，契丹内部立即分裂。原因与中原局势一样，就是谁来当这个皇帝。而办法也只有一个——就算是为了传统，一番争斗也不可避免。

契丹军队迅速离开汉地，赶回老家。

刘知远顺势起兵，向开封进发。一路上畅通无阻，据后来的《资治通鉴》记载，是真正兵不血刃地进了京城。

他的沉静，终于使他成功，让他在一个个关键时刻都等到了最合适的时机，得到了最大限度的利益。

耶律德光地下有知，一定会极度郁闷。他可望而不可即的中原皇位，居然就像是凭空而落，砸到了刘知远的头上！

刘知远成功了，无比顺畅，连反对者都没有。

公元947年六月三日，开封，后晋的文武百官列队迎接新的皇帝，从此一个崭新的朝代——后汉诞生。刘知远的第一道命令是，凡受过契丹任命者都不必忧惧，都可留任原职；而且原后晋的臣子，上至节度使，下至将领官吏，官职不变。（会不会重叠？）

反正不管怎样，赵弘殷先生再次回到了禁军里，平安无事，随波逐流。

这时，赵匡胤已经二十一岁了。

回顾这二十一年，这期间三个朝代更迭，六个皇帝斗得你死我活，连契丹人都曾到他家门口一游，而赵匡胤居然毫发无伤，这太不容易了，称得上是个奇迹。更加不可思议的是，连同他的家人，也没有一个人在这些翻天覆地的剧变中死亡——连受伤致残的都没有。

这至关重要，不仅对赵匡胤本人，而且对后来的建国方式，乃至于国家民族意识形态的形成，都有决定性的作用。

试想，如果一个强悍得足以在乱世中开天辟地、创立国家的男人，曾经在他的成长过程中，目睹他的亲人死于战乱，或者冻饿致死，再有甚者他本人流离失所，备受欺凌，他会变成什么样的性格，习惯于怎样处世？

想想明朝的开国皇帝朱元璋，这个苦大仇深的贫农子弟，他的人生经历，他后来怎样对待他的开国功臣，以及他所创立的明朝的国政制度，就足以说明一切了。

这里我想提醒所有看到这一段落的朋友，如果你们有孩子，那么就请一定给他个差不多的生存环境吧。不必太舒适，更不必怎样奢华，惯子如杀子，反而不美，只要能吃得饱、穿得暖，不要在他的面前时常吵闹，就很好了。至少这个孩子的性格就不会太偏激异常，他就会正常地成长。

或许他不会成为赵匡胤，但至少他不会变成朱温。

赵匡胤在他二十一岁的这一年里，是不快乐的。生活永远最现实，肚子就像《荷马史诗》里《奥德赛》中所说——永远是个无底洞，人人都为它奔忙劳苦一生。

这些年里，赵弘殷先生小心翼翼，如履薄冰地保持着自己不上不下的禁军官位，维持着一份不厚不薄的中低层薪水，把自己的小家保持在温饱的生存线以上。而且，还给大儿子娶了媳妇。这已经非常不易，极其难能可贵了。但是，随着战乱的不断发生，朝代的更迭，尤其是契丹人无情的掠夺，让国家的经济大环境越来越差，赵家的生活水平也相应地越来越低。更何况这些年来赵阿姨又为他生了两男两女，这就真正让他力不能支了。

赵家长子匡胤兄弟该怎么办？还要靠老爹养活吗？他身强力壮，整天游手好闲、里出外进，吃得比谁都多，而且连他都开始生娃了，这不是要人命吗？综合种种现实，摆在他面前的只有一条路，那就是走出家门，闯出一片天地，就算不能赚出个大家大业，也至少得把自己的一张嘴给带出去，别给家里再添乱。

我有些口齿轻薄，而且唠唠叨叨的吗？

不，绝对不，赵匡胤当年听到的话远比这难听得多。十二年之后，当他已经是后周的第一军事强人时，因为城里传言“点检做天子”，而他正是殿前都点检，他很郁闷地回到家，随口发了句牢骚，他妹妹就铁青着脸从厨房里冲出来，举着擀面杖把他抡出家门，并且骂他——大丈夫临大事，可否当自决于胸怀，回到家里吓唬女人干什么？！

谁说家里是男人的安乐窝？无论在外面发生了什么，哪怕已经是要出事掉脑袋了，你都不能回家来说句话缓缓神、减减压——你能做的，只有把苦闷埋在心里，把笑容挂在脸上。让笑容一直存在，直到你的人头被砍下来挂在城墙上示众，笑容都不要发生变化。这才是男人，一个纯爷们儿。

想想吧，那时赵匡胤已经是一人之下，万人之上，他老妹都敢这样对待他，那么他在家里白吃干饭，他受到的嘴脸又是怎样的？在下面，我们将看到，初出家门的赵匡胤什么也不懂，干什么也不行，已经饿得在田垄地头偷吃白菜，可他仍然不回家，就有了答案——家，回不去。一来回去也没他的饭吃；二来他终究是个有脸有皮的大男人，怎能受那个鸟气！

就这样，赵匡胤无可奈何，但也毅然决然地走出了家门，奔向了他自己的命运。

# 第二章　冻不死的种子

家，一步步地远了。生平第一次离家远行，赵匡胤的心情是怎样的？完全可以想象，不管是为了让家人安心，还是不愿在讨厌的人面前最后一次丢脸，他都会站得很直，很快走远。

我无端地想象，赵匡胤也会回一次头，没走多远，他就会站下，向来路张望。可他已经什么都看不见了。他的家在开封城里，千家万户，陌巷勾连，十几步几十步之外，他的家已经被别人的家遮挡。

他看不见自己的家了。

那就走吧，他紧了紧背上的包袱，继续上路。

第一站，南下随州，去投靠他父亲的好朋友随州刺史董宗本。

董宗本为一方之长，什么地方安插不下一个人？于是赵匡胤如愿以偿地开始工作了。他那时的理想是什么？想在董宗本的手下做多久？工作的目的是按月给家里寄钱，还是想尽快地在随州打下根基，把妻儿接到身边来？

这些都已经无法考证了。就连他当时具体负责什么工作，都查无实据。但是完全可以想象，高大强健、仪表堂堂又开朗大度的赵匡胤是广受欢迎的。尤其是他一直生活在当时北方最大的都城之中，无论是洛阳，还是开封，都不是小小的随州可比的，多年养成的大都市气质，哪怕仅仅凭借一些有意无意间流露出来的生活习惯，都会让他鹤立鸡群、受人关注。

但是，麻烦也随之而来了，他抢了别人的风头。一个本来受人瞩目、鹤立鸡群的人倍感屈辱，这个人就是本地的第一公子、最大的二世祖——随州刺史董宗本先生的儿子董遵海。

这里我们必须提一下赵匡胤身上的一些特质，以及这些特质在人世间的无可奈何。

不知道朋友们有没有注意到，在我们这些平凡人的身边就有些很奇异的人。这些人无论走到哪里，都会很受欢迎。大家喝酒，总会想起他；有什么礼品券之类的好处，也会分给他一些。可是仔细想来，这些人却一直没为我们做过什么，他们本身也没什么了不起的地方。大家私下里一想，就觉得这种人不怎么地，于是决定疏远他们，再不搭理。可是奇怪的是，就算心里已经做了决定，但是只要一见了面，还是会不由自主地跟他们笑、闹，打成一片，把以前的成见抛到九霄云外。

这就是魅力，没法解释，没法复制，没有的人没法强求，拥有的人却挥之不去，是最没道理可讲的东西。有些人仅凭着这种特质，就会青云直上，飞黄腾达（比如请客送礼、走歪门邪道的那些人）。而这还只是初级层次、低阶段的，一旦这种魅力上升成了品位，和不同凡响的外貌、非同一般的能力结合起来，那就真正不得了了，会使人一见倾心，为之死心塌地地吃苦卖命，直到自己死了，还会嘴角含笑，觉得一生都值了（这个例子我就不举了，绝对不举，我还想活着）。

不幸的是，赵匡胤就有这种特质。而这种特质说起来，也是一把“双刃剑”，会让他随时随地与众不同，也能让他每时每刻显头露脸，招人嫉恨。

被抢了风头的董公子恨透了赵匡胤，有赵匡胤在随州简直让他寝食难安。说起来也不怪他，像他这种衣食无忧的高干子弟，每天最重要的事不就是些“精神境界”的追求吗？于是，在他的大力干扰之下，赵匡胤只在随州待了半年，就不得不卷铺盖走人。

第二站，复州（今湖北天门市），这次他是去投奔父亲以前的老部下王彦超。此人身膺武职，是防御使。赵匡胤受够了文官的气，想着在武将的手下总能痛快些了吧？

结果非常痛快，王彦超请他吃了一顿饭，在饭局上连连呼酒，主客尽欢，最后一道菜是一个托盘，上有铜钱N贯，赵匡胤被直接打发上路走人。

真是痛快。

走出复州，赵匡胤在城外无边的野地里停了下来。四顾茫茫，还要去哪里？他的腿脚仍旧充满了力量，随时可以走得很远，可问题是为什么接连到了两处，都被人拒之门外呢?

是自己哪里做错了吗?是这种投亲靠友的方法本身就是错的?赵匡胤觉得一定要弄清楚这个问题，不然他心里没底，只怕再走八处，结果还是一样的。

赵匡胤想了多久没法考证，想清楚了没有，外人也没法推敲，反正他再没去父亲的其他朋友那里丢人现眼。他记得自己是赵家的长子，也记得自己的祖先世代为官，好不容易才积攒下来的这点人脉，千万别毁在自己的手里，从此变成笑柄。

但是，很快最初的那个难题就又找到了他——他的肚子。人一天得吃三顿饭，他太年轻了，正处于新陈代谢最旺盛的时期，而且还如此强壮（听说身体越好的人越不耐饿，困难年代先饿死的都是最棒的小伙子），让他怎么办?

可以想象，他最初从家里没带出来多少钱，在董宗本那儿半年，也没弄到多少盘缠，而王彦超的N贯铜钱经过精打细算，大概能够他走出复州，不会饿死在王彦超的地盘上。于是，在《宋史》以及宋人的历代笔记中，就留传下来这样的记载：

比如某位和尚正睡午觉，突然做梦，梦见一条金龙从天而降，正落在他种的白菜地里。这条龙落地之后的行为非常古怪，很不符合人们印象中的神物形象，它居然马上张口大嚼，把好几垄的白菜一扫而空。

和尚被吓醒了，马上跑到地里去看。结果发现一条大汉蹲在白菜地里，好多白菜都不见了，而该大汉像个超级菜虫，看见来人了都没反应，还是蹲在那里继续大嚼，完全没有停下来的意思。

又比如，赵匡胤行路劳累，无处栖身，只好躺在野外的大树下，而树不移荫，始终为他遮着阴凉。

这样的事很多，零零碎碎的综合起来也都一个意思，本人没心情多写。值得一说的是赵匡胤穷极无聊，开始了赌博。只不过惨了点，他先是赢大了，然后就全赔了——他忘了强龙不压地头蛇，在一个陌生的地方和一群陌生的人赌，赢得多了还不赶快收手。

没钱啊，估计赢一点心里就想着又能多吃顿饱的，结果就利令智昏了，那么结果就一定是得运动一番。很不巧，那天赵匡胤竞技状态不佳，被人围攻痛扁了一顿。

这样的事一件接着一件，不断地侵蚀着赵匡胤的肉体，更不断地摧残着他的心灵。他在不断地挣扎，要在这个乱世里凭着自己本身之力活下去，可是路在哪里，却一片茫然，越来越茫然。请注意，这时他只是赵匡胤，还远远不是宋太祖，他只不过是一个刚刚二十岁出头的毛头小子，第一次出门求生，至此已经举目无亲，求靠无门。

换你，你会怎么样？

赵匡胤没有沉沦。困境，让他看到了真正的自我。一个人能够明白自己是多么不容易，行进在险恶冷漠的陌生世界里的赵匡胤，有一天面对初升的太阳，突然间豪兴大发，随口吟出一首诗——欲出未出光辣达，千山万山如火发，须臾走向天上来，逐却残星赶却月。

诗，很平常，并无多少文采。但歌咏言，诗言志，看诗要看其中的气象，穷究词句，为一二字搔首终日，推敲不停，乃腐儒酸丁也！赵匡胤不仅没有气馁，反而更加蓬勃激扬。他决定了，要重新北返，回到他的故乡。

只有北方，那个已经变得更乱的世界里才有他发挥的空间。

这时，距赵匡胤离家已经有两年了，可以说他混得很差，如果那时候他能有张照片留念的话，想必我们能够看到一个衣衫褴褛、面黄肌瘦但目光炯炯的英悍青年。无须嘲笑，说实话，我非常欣赏这副模样的赵匡胤，甚至为他自豪。

想想看，他为什么会落到如此地步？是他没有能力，还是他运气不好？不，都不是。最大的原因是他坚持原则，一定要按自己的理想去活，才让他穷困潦倒。

有一个外国的汉学家曾经说过，在每一个中国人的心里，都隐藏着一个儒者、一个佛教徒，还有一个强盗。中国人在正常的生活中，都有变成儒者或者崇尚儒者的趋向；意志消沉，或者梦想更加富贵时，佛教徒的影子又会笼罩他们的心灵；到了山穷水尽时，就都会变成强盗。

这一点无须讳言，几千年以来我们就是这么活的，而且在我们的潜意识里，强盗的行径是如此浪漫和理想。如果列举我们的偶像的话，梁山上的哥哥们都会名列前茅。

赵匡胤在这两年中，每时每刻都可能变成强盗。而凭他的个人素质，在这个乱得没有王法的年代里，当个强盗一定非常优秀。

世所公认，赵匡胤是中国历代所有皇帝中个人击技最强悍者。他本没有必要把自己弄得狼狈不堪，但是他坚持下来了。信念就像是一颗过了冬的种子，寒冷没有夺去它的生命，就注定了在它破土而出时，会更加茁壮茂盛。

每一个人的成功都不是偶然的，就像刘知远的帝位绝不是凭空而落。赵匡胤之所以能成为宋太祖，而不是朱温，他创立的朝代文华风流、温和而不酷厉，从他最初的坚持中，这些就已经注定了。

一路向北，归心似箭。赵匡胤已经晚了，至少晚了整整一年。一年前，就在他离开董宗本，去投奔王彦超时，他的家乡就天翻地覆了。

皇帝又死了，刚刚登基做了一年皇帝的刘知远突然得病死了，继位的是他十八岁的次子刘承祐，这已经是当时刘氏家族里最好的选择了，可仍旧没法稳定局势。

马上有人反叛，河中护国节度使李守贞、凤翔节度使王景崇、永兴军节度使赵思绾，三大重镇联合谋反，新登基的皇帝立即接受考验。

让人惊奇的是，接到这样的挑战书，年轻的皇帝坐在金殿之上居然哈欠连天（绝对属实，不敢杜撰）。

这真是个奇异的现象，朝臣们不由得交头接耳，就连官场老油条冯道都摸不着头脑。最后他们得出的结论有三点：

一、陛下已经成竹在胸，所以对反叛的蠢人们不屑一顾（这太好了，意味着他们也可以就此高枕无忧，不必战战兢兢，整天坐班侍候）。

二、可以看出陛下虽然年轻，却是位深藏不露、举重若轻的高人（这更加可喜可贺，哪怕他现在并没有马上想出平叛良方都无所谓，因为素质决定一切）。

三、就有些不妙了，十八岁的青年精神萎靡不振，难道是少年天子爱风流，他已经风流过度了吗？

刚刚成年的刘承祐高坐在皇帝宝座上，就这样承受着下面的窃窃私语和好多双暧昧淫荡的目光，他只能苦笑，没法解释。他每天晚上都彻夜失眠，怎么能在第二天的早朝上精神抖擞，震慑群臣？

事情是这样的，他老爸临终前，给他留下了五个宝贵的遗产，他们是：杨邠、史弘肇、王章、苏逢吉、郭威。

这些人或文，苏逢吉，宰相；或武，杨邠、郭威同为枢密使，杨邠内掌机要，郭威外领征伐，史弘肇是侍卫亲军都指挥使，负责京城警备；或管钱，王章，三司使，主管全国财赋。

一个个老谋深算、久经考验。刘知远深信，只要有这五个人扶保自己的儿子，那么后汉的江山就会稳如泰山。

但他犯了天下所有父母的通病，为儿子做了很多，却忘了问儿子要不要。

刘承祐从一开始就认定这五个人把他架空了，军、政、钱，一个国家不就这么点事吗？他什么都摸不着！他从来都没有真正尝过当皇帝的滋味！

老爸……你为什么这么爱我？！

现在机会来了，有人反叛，妙不可言。刘承祐是聪明的，居然无师自通，马上就明白了危险与机遇同在的道理。首先，他必须得平叛，那么派谁去呢？首发人选——郭威。掌枢密使，外领征伐，不是他是谁？何况此人久经战阵，威名远扬，尤其是在本国军中，也许只要他去了，根本不必动手，只需要露个脸儿，就能让叛军投降。

但就是不派他去。

派别人去，哪怕是些无名之辈，只要打了胜仗，就能掌握最为关键的军权，从此培养出自己的嫡系，一步步地收回所有在皇帝名下的动产和不动产。

就这么办了，新皇帝在当年三月下令郭威可以回家去钓鱼，然后命令白文珂、郭从义、常思这三个在史书中都查不出当时担任任何官职的人出兵，大集王师，以期胜利！

时间很快就到了七月，从明媚的春天打到了闷热的夏天，大家都开始穿短裤打仗了，李守贞和他的伙伴们却还是活蹦乱跳的，不断地向其余的节度使展示自己依然健在，活得很好。

局势加倍动荡，刘承祐的威信指数直线下降，迫不得已，他只好像三国后主刘禅拜会诸葛亮那样，亲自到了郭威家里，小心翼翼地问了一句话——我可以麻烦您办件事吗？

郭威的回答极为克制且显身份——臣不敢请，亦不敢辞，唯陛下命。

就这样，郭威出兵，受命节制后汉全军。在行军的路上，有一个风尘仆仆的青年加入了他的队伍，成为普通一兵。谁也没有料到，这是一段传奇的开始。这个青年以此为契机，一步一个脚印，攀上了令人目眩的高度，成为中国历史上独一无二的人物。

唯一一位以职业军人起家，成为立国超过百年的正朔朝代的开国皇帝。

郭威，邢州尧山人，父亲郭简，曾为后晋顺州刺史，死在乱军中。

郭威从小孤苦，四处流浪，在乱世中独自长大。十八岁时，以勇力应募从军。当过亲兵，当过俘虏，一路辗转历经后梁、后唐、后晋、后汉四个朝代，在不同的军队中以智勇不断升迁，最后拥立刘知远在太原称帝，得授枢密使，成为后汉开国功臣。

我们都知道，在不久的将来，如果要精确计算的话，就是在两年之后，他就成了后周的开国皇帝。两年，仅仅是两年，他就可以登峰造极，复制刘知远了，那么他现在的心情呢？

很激动，在热切地期盼着两年之后吗？不，这是个很不好笑的笑话。郭威像所有人一样，不知道第二天会遭遇什么，就像这一天，他正在正常行军，突然接到报告，说有一个自称是禁军护圣都指挥使赵弘殷的儿子的小伙子要见他一面。

赵弘殷？有过一面之缘，他的儿子来了，有什么事？郭威想了想，还是见吧，他很随意地告诉手下让那个小伙子进来。

他根本不会知道，这会是历史上非常难得一见的场面——两位开国皇帝在活着的时候，而且都还不是皇帝的时候，见面了。

赵匡胤进来了，郭威马上就吃了一惊，但不是被他的风采所震撼，而是怀疑起了他的真实身份。这实在不能怪郭威，进来的这个年轻人衣衫褴褛、面带菜色，就像是一个很长时间都吃不饱、穿不暖的人，哪像个官宦子弟！

赵匡胤已经尽了最大的努力了，衣服和头脸他都洗得非常干净了，但是气色还有身体状况却绝对骗不了人。如果你每天只能吃些苞米面窝头加上些原汁大白菜这样的纯绿色食品，而且还只能半饱的话，你无论如何也装不成那些成天吃海参、鲍鱼、龙虾的人，何况这时候赵匡胤的精神气质也与刚刚走出家门，离开当时北方最繁华的城市开封时大不相同了。赵匡胤绝对不像个开封的少爷，他非常冷静、不卑不亢地站在郭威面前，礼数周到但绝不谄媚地向郭威施礼问候。

几句问答之后，郭威相信了赵匡胤的身份，虽然那个时候没有身份证可以确认身份，但是一个人的谈吐和他掌握的信息更能说明问题。尤其是赵匡胤所表现出来的态度，让郭威非常欣赏。

这个年轻人非常坦白地说出了自己的愿望——希望从军，为郭公效力。

郭威问他，为什么不回开封，在自己父亲的手下做事不是更好吗？那样离家近，也会轻松些。如果缺少路费的话，他可以帮忙。

赵匡胤感谢了他的好意，然后说出自己这两年的经历。经历可以证明他不管在外面混得怎样，都不想依靠父亲，要独自闯荡天下打拼人生的决心。在叙述中他没有隐瞒什么，种种狼狈困顿他都没有掩饰，他发现郭威听得很用心，一直很安静、很专注地听他讲完，然后直接问他想要个什么职位。

注意，这是个关键性的时刻，这表示郭威已经准备收下他，在问他具体的工作待遇问题了。怎么办？如果回到两年前，刚到随州向董宗本第一次求职时，赵匡胤会怎么说？相信他一定会考虑到他父亲的身份、他自己的身份以及他不同凡响的志向，唯独不考虑自己的确实斤两，然后要求一个虽然不会太高，但肯定利于升迁的职位。

这才符合他赵匡胤的秉性嘛！

但是现在已经是他第三次求职了，他已经在外面独立生存了两年，无数次的寒冷饥饿、风霜雨雪，还有他所目睹的乱世中流离失所、人命如草的现实让他理智，他早就知道了天高地厚。这时在郭威的注视下，他平静地说出了自己的愿望。

我只想当一个普通的兵，请郭公开恩成全。

很好，郭威点头，马上同意了他的要求。赵匡胤从此成了一个军人，郭威没把他扔到外面的野战部队去，而是把他留在了自己的身边，就这样，他成了一个亲兵。

# 第三章　皇帝流水线

赵匡胤跟着郭威一路行军，在公元948年八月二十日到达了河中。从此河中城下战云密布、军营林立，本就被围得水泄不通的李守贞更加不愁寂寞。

春天就已经到达的白文珂、郭从义、常思并不是无能之辈，他们早已经把李守贞击败，只是没办法攻破河中城而已。不过这也不怪他们，这年头流行的就是高筑墙、广积粮，备战备荒。李守贞是此中高手，他的城墙绝对够高，城里面也兵多粮广，从一开始就打定了死守河中绝不投降的主意，任凭白文珂等人想尽了办法攻城，他就是玩命死撑。

因为他知道，他有时间优势，他每多撑一天，距离刘承祐的江山崩溃的日子就近了一天。就这样，他撑来撑去，终于把他的老熟人——后汉的最后一张底牌郭威给撑来了。

郭威到了，他先是稍事休整。这期间，他并没有假惺惺地去卖自己的老脸，劝李守贞投降，更没有故作姿态，去训斥甚至惩罚久攻不下的白文珂等人以振奋军心，他只是带上些人，轻装简从围着河中城转了几圈。然后，他下达了第一道命令：

即刻起开始筑寨。

常思筑寨城南，白文珂筑寨城西，郭威自领中军筑寨城东，城北不设人马。同时征调周边五县百姓近两万人，在三寨和河中城之间筑起了连接不断的小型堡垒，来保护新建的营寨。

命令一出，全军哗然。这是要干什么？为什么不乘着生力军新来，一鼓作气全力攻城，就此把河中城拿下？这不是坐失良机吗？

河中城和李守贞早已经是瓮中之鳖了，只须不断地攻城，就算不能攻破，也会耗尽城中的人力粮草，火到猪头烂，到时候自然灭亡。何必要大费周折，先干起泥瓦匠的活儿？这完全没有意义，只会让自己的士兵劳累，让敌人赢得难得的喘息之机，结果是增加了取胜的难度。

面对质疑，郭威不动声色，他的沉默让所有人都闭上了嘴。接下来的日子，赵匡胤和所有人都郁闷地对着高大巍峨的河中城城墙龇牙，那上面本来惨兮兮的李守贞的人变得悠闲自在，甚至能舒舒服服地晒太阳。而城下的大兵们就混得差了，他们得监工看料，如果工程进度慢，还得时不时地搭把手，混得就像拿不着工资的农民工。

就这样，好多天之后，三个营寨都筑好了，寨前的堡垒也都筑好了，可郭威却不放周边五县的百姓们回家，但也没再下新命令，全军所要做的事，就是各就各位，排号住进刚刚盖好的新家。

然后呢？没有然后，郭威似乎把战争给忘了，他每天都一副很平静的样子，谁也不知道他在想什么，也没有人敢问。就连刘承祐都不敢问，他比谁都急，可是同样没办法。

现实并没有让人们等多久，一天夜里，久困城中绝不露头的李守贞突然率军出击，没有准备的后汉军一片慌乱，只得放弃了堡垒，向新筑的营寨里撤退。奇怪的是，李守贞也没有乘胜追击，他的军队在战斗的间隙里全力以赴，把新建的堡垒都毁了，然后马上撤退回城，再次开始坚守。

等后汉军重新集结，列队出寨，准备痛扁敌人时，敌人已经不见了，他们的面前只剩下了满地的断瓦残垣。后汉大兵们面面相觑，脑子里一片空白。

就这样全毁了？他们辛苦了好几个月的成果就这么被毁了？这个世界还有公平、公理和道义吗？

愤懑、激动、劳累，再加上这些日子以来不断积压的郁闷，让这些火气旺盛的大兵再也控制不住，有人开始骂娘，有人却大笑了起来，懂得什么叫黑色幽默了吧？与其说这些大兵把李守贞恨到了骨头里，倒不如说实在是忍不住想把郭威这老浑蛋从帅帐里拖出来海 K 一顿。

这时他们终于听到了郭威的第二道命令：

再次筑垒。

他妈的！

军营里爆出了空前巨大的粗口，真是太棒了，大兵们终于知道那些征调来的农民工为什么没被遣散回家了，这些人得重新干活，而他们也别想闲着，以前干什么，现在继续干！

军令如山，又过了些日子，堡垒又出现在河中城和后汉军之间。

之后的事情就像是复制粘贴、再复制粘贴的机械重复一样无聊。不知道是出于什么样的心理，只要堡垒出现，李守贞就会心急火燎，不计利害地率队出城，不管用什么样的代价，都一定要把堡垒毁了，然后他才能稍微恢复点理智，带着人马逃回城。

郭威就像故意和他斗气一样，只要你来毁，我就马上重建。如此周而复始，没完没了，这种单调无聊的工作竟然持续了——别惊讶，是接近整整一年！

在这近一年的时间里，李守贞远远比郭威忙碌。他时常出现在城墙上，带着越来越让人难以揣摩的神情向城下测量。对，不是眺望，而是日复一日、随时随地地对郭威领导的开封建筑工程队的进度进行精度测量。久而久之，他的部下们都掌握了规律，那就是只要城下的堡垒修到了一定的位置，他们就得出城运动了。

只不过，每一次出城拆除这些违法私建的建筑之后，他们回去时的人马都会少很多。其中有战死的，有拆墙累死的，还有借机逃跑的。

不断地拆、建，不断地重复，李守贞带出来的人越来越少，拆不完的墙却越来越多，当这种反比例指数大到了某一极限时，郭威终于下达了第三条命令：

攻城！

郭威部全体士兵嗷嗷叫着冲向了河中城，他们的怒火和怨气已经足足憋了一年！李守贞，我们来了，你这一年来拆了我们多少堡垒，现在要你连本带利都还回来！我们这就拆你的河中城！

三面强攻，北面放行，河中城一鼓而下，李守贞贯彻了自己绝不投降的宗旨，城破后全家集体自焚。消息迅速传向了全国，不多久，又迅速地传了回来，另外两处的反叛者，凤翔节度使王景崇和永兴军节度使赵思绾很痛快地投降了，他们实在不想像李守贞那样被郭威玩死。

一切搞定，郭威用尽可能小的代价，得到了最圆满的战果。

现在明白了吧？李守贞的确是瓮中之鳖了，只要不断地攻城，不断地消耗，就足以让河中城崩溃——但前提是要以战具的毁坏和士兵们大量的死亡为代价。

有必要那么做吗？一定要强攻才行吗？

与其我主动去攻，去承担损耗，为什么不让对方来攻我，让对方来承受损失呢？也就是说，有没有什么办法让躲在城里装孙子的李守贞主动跑出来打我？

答案是——有！

郭威准确地分析出了李守贞的心理——死守无援，又突然看到郭威带着大队人马来攻城，不仅被围得水泄不通，更新添了一个个新建的营寨和堡垒，在向他步步逼近……最后一根稻草能压死骆驼，已到绝境的李守贞再也难以忍受这些本是无害的挑衅了。

他只能一次次冒险出城，以毁灭堡垒来维持自己还能生存下去的信心。

郭威只是用一些用料不讲究、粗制滥造的豆腐渣工程，就达到了克敌制胜的目的。最后，历史可以考证的是，当这些事情发生时，赵匡胤都在现场。而历史无法考证的是，赵匡胤要在郭威的第几条命令下达时，才能明白主帅的用心。

这些都不重要，重要的是在这围城的一年中，赵匡胤有了巨大的收获。他在主帅的身边听到了也看到了许多实际演练中的领导艺术与被领导艺术，这对他的成长有着巨大的教育意义。他学会了怎样做个下属，同时现场观摩了怎样才能做一个成功的领导。军队这个大熔炉开始锤炼他，让他去芜存菁，从一个渴望进步的青年变成了一个快速进步中的职场青年。

还有，他最大的收获，是结识了一个在当时同样不起眼且很年轻的人。

这个人叫柴荣，现在还没有轮到他出场，但是很快整个世界就会发现，柴荣才是这个时代里最英明杰出的人。世所公认，他比赵匡胤还要强，只不过他在一个最关键的因素上输给了赵匡胤。而这个因素是自有人类以来就没有谁能够战胜或者改变的。

那就是命运。

是柴荣的不幸，才造就了赵匡胤的人生。

郭威凯旋，带回了丰厚的战利品、极小的伤亡数字、完整的河中城和后汉天下久违了的平静，这些比杀敌千万，带回来整座金山都重要。他受到了空前热烈的欢迎，迎接他的有鲜花、奖金、升职、百官的恭贺以及皇帝更加萎靡不振的脸。

时隔一年，郭威又近距离看到了他的陛下。他惊奇地发现，年轻的陛下脸色更加差了，神色更加萎靡，著名的哈欠也打得更多了，完全无视此时场合的正规、气氛的热烈以及全体朝臣的注视。不知为什么，郭威的心里掠过了一丝异样，像是感觉到了什么，但是没容他仔细分辨，就马上被欢呼的人群和酒杯淹没了。

因为郭威的新头衔颁布了——加封郭威为检校太师兼侍中，正式成为后汉朝中第一人。

这两个头衔几乎都是荣誉性的，这也没办法，早就是朝中顶级大臣的郭威已经无官可升，除非是刘承祐肯脱袍让位。

一时间觥筹交错，欢声盈耳，郭威也不由得被感染了，这一年来风风雨雨，他是轻松过来的吗？应该放松一下了。但是他做梦都不会料到，他的危机已经在这时候埋下了，他刚刚看到的那慵懒的哈欠和惺忪的睡眼背后真的隐藏了一些东西，在不久的将来，就会给他的人生带来巨大的变故，甚至是给中国的历史带来转折性的变数。

现在，让我们暂时离开皇宫，到民间真正欢乐的海洋里去吧。在开封城里万人空巷热烈庆祝时，赵匡胤在第一时间里脱离了部队，奔向了自己久违的家，他要去探望自己日夜思念的亲人。三年多了，家里人都别来无恙吧？

家中都好，母亲安好，小妹也在，二弟匡义已经长大了，三弟匡美也已经出生，所有人都很健康，只是没有见到他的父亲。他的父亲此时不在京城，在这次平叛的战争中禁军也被派上了前线，和他不在一个战区，但可以肯定的是，也还活着。

多么幸运，赵家有了两位职业军人，同上战场，都还活着。

那么尽情欢乐吧！一年的期盼，一年的忐忑等待，终于等来了胜利和亲人，还有什么理由不快乐呢？！当天的欢庆一直持续到了深夜，满城欢忭的声音一直充斥着整个开封城，也传进了开封城里最高大、最幽深的建筑——皇宫里，这让早就回到寝宫独自安息的刘承祐更加难以入眠。

一个善于让自己习惯痛苦的人，总能找到让自己痛苦的理由。

他发现了一个新问题——为什么有了反叛让他不安，可平定了反叛更让他难受？为什么所有人都在欢呼，而他却加倍痛苦？这些胜利难道不都是以他的名义去获得的吗？这些成功难道不都是记在他的名下的吗？那么他在痛苦什么？

黑暗中的刘承祐瞪大了双眼，他忘不了在白天皇宫里所发生的一幕幕，郭威被群臣簇拥着，所有的人都围着郭威转，郭威才像是皇帝，才像是这座皇宫、这个天下真正的主人！而他，本应享受这些赞誉和恭维的皇帝，却被冷落在了一边……他现在比刚刚即位时更加痛苦了，那些困扰着他的问题非但没有解决，反而越来越严重。他必须有所行动，否则他真的再也无法安睡，直至痛不欲生！

历史的车轮就这样被一个人的痛苦启动了，这个敏感的年轻人一旦找到了他痛苦的原因，就把这些痛苦无限制地放大。在不久的将来，无数人将因此受益，同样有无数人将因此遭殃，比如此时在皇宫外面欢庆太平的开封市民们，他们就将上天无路、入地无门，等待他们的只有冰冷的刀枪和冲天的火焰，只有死亡！

变化里有着无数的机遇和凶险，所有人都只能在随波逐流、尽力而为中得过且过，听天由命。

郭威、柴荣、赵匡胤乃至于当时的皇帝刘承祐莫不如此。只不过，刘承祐在这期间掌握了绝对的主动权，以及作为年轻人特有的激情和骚动。

时间过去了四个月，后汉皇帝刘承祐把郭威再次派上了战场，理由很简单——常规任务，抵挡契丹。这时候契丹的新皇帝也终于被“选”出来了，皇帝开工，总得找点事干，很不巧，后汉的边境与契丹接壤。契丹人不用站在高坡上，就能看见后汉的繁华城市和美丽的姑娘。

后汉，我不找你又去找谁，何况我们还这么熟！

于是郭威出征，但是等他到了报警地点，却连一根契丹人的马毛都没看见，不仅如此，连抢劫现场都没有。怎么回事？是契丹人行动太快，已经溜了，还是消息不准，契丹人根本没来，有人把皇帝连带郭威一起给涮了？但他并没有迷惑太久，没等他报告平安无事请求撤军，皇帝的新命令就又到了。

就地驻防，以防契丹。

好了，郭威就这样被调出京城，到边疆站岗了。

被骗出来的人都愤愤不平，但老于世故的郭威却只微微一笑，他心里明白，千万别再说话，再一次钓鱼的时间到了。他摇了摇头，心想这个年轻的小娃娃，还真不是一般的难伺候。但他并没有太吃惊，对现在的情况他还是有一点心理准备的。还记得当初刘承祐请他出马时他是怎么回答的吗？

——臣不敢请，亦不敢辞，唯陛下命。

表面看来，这话说得既显身份又极为克制，政治语言和个人修养都非常到位。但是领略到里面的无奈和隐患了吗？“臣不敢请”——因为我不想您误会我要借出兵的机会总揽军权；“亦不敢辞”——我更不愿让陛下您误会我借机会要挟您；“唯陛下命”——您怎么说就怎么算，一切都随您心情。

这已经是非常到位的全方面妥协式的服务了吧？但还是不行！还是不能消除刘承祐心底的那点不安，刘承祐居然使出了这样不入流的小把戏！

郭威表面上维持着平静，真实的心情却是非常沉痛且沮丧，甚至非常自卑的。一个臣子需要向自己的皇帝如此表白，而且事后尽心尽力地工作了，却还是得不到最起码的信任，这真是让他觉得自己很无能，他的工作做得极为失败。

但是，他现在还没有真正地开始警觉起来，有什么必要呢？被怀疑或者被虐待，本是历朝历代为人臣子的分内义务，谁都不能例外，根本没有什么好说的。何况他郭威饱经风霜，人生经历是典型的从低到高打通关式的过程，连做俘虏的日子都熬过来了，这点委屈算什么？

于是在边关站岗的这些日子里，他心里经常念叨的，只是下一步要怎样和他的陛下进行沟通——陛下，我还能怎样来消除您的疑云呢？这是郭威百思都不得其解的问题。

事实上，这并不需要他来解决，刘承祐自己都办了。

公元950年十一月十一日清晨，皇帝杀人了，一共死了三个。只有三个，他们是杨邠、史弘肇、王章。他们按照每天的正常工时去上早朝，刚走到广政殿，数十名武士突然冲了出来，没有宣判，迎面一片刀光剑影，立即处决。就是这么粗暴简单，三个老谋深算、终生在阴谋诡计里打滚的人说死就死了。

最高明的计划就是一点都不计划，想干你就去干，想砍你就去砍，只有这样，才能收到最突然也最彻底的效果，才能让三位大师死得一点脾气都没有。

然后皇帝给这三个死人定了性，罪名一点都不新鲜——谋反。

就这样，军权、财权一举收回。

五位顾命大臣除了郭威在外，只有宰相苏逢吉还活着，至于原因，他是个百无一用的文人。

一切就这样拉开了序幕，刘承祐生平第一次杀人杀得干脆利落，却留下了最大的隐患。不知道出于什么目的，他选择动手的时候偏偏把郭威事先调了出去，千年之后，他的这个举动都让人费解。

有郭威在，他动手没有把握？还是他竟然如此嫉恨郭威，一定要留下他来进行一次单挑？又或者他是有什么不得已处，只能这么做？

不知道，一切未知。

需要说明的是，他简单粗暴的杀人方式并没有错，也不业余，就在他之前近三百年，大唐的天可汗李世民就曾经做过同样的事。那也是在一个早晨，上早朝的路上，李世民杀了他的哥哥和弟弟。同样的突然、同样的干脆，只是李世民做得彻底，主犯和从犯一次性完全了结。

刘承祐却偏偏漏掉了手握重兵的郭威。

那么一切就都变味了，荒谬和真理只有一步之遥，成功与失败也相距不远，从这一刻起，刘承祐的命运就基本被判定了。而他之后的表现也堪称绝妙，他用事实告诉了所有人，他之所以选择这样的时机做了这样的事，其原因就是他想这么做。

深思熟虑真的并不是年轻人普遍都有的素质，不管他是不是个皇帝。

接到这条消息时，郭威正和自己的亲信死党宣徽使王峻在办公室里讨论契丹的问题。这是他们每天都要关心的话题，在一定程度上，郭威正指着契丹过日子。没有契丹，就没有敌人，朝廷就不再需要他郭威，事情就是这么简单。在得到这个消息后，郭威和王峻马上都沉默了。

不是吃惊，更不是害怕，这本是平常小事，几十年的血腥生涯，让他们早就对此习以为常了。现在真正重要的是，得马上分析出来局势的下一步走向，会不会扩大，波及郭威时，还会有多大的余震。

好一会儿后，两人都觉得只有再等等看。目前只能保持沉默，连马上给皇帝写信，说陛下杀得好，杀得精彩绝伦、大快人心都是愚蠢的。保持安静，让刚杀过人的陛下也静一静，或许就能让他想起来平日里郭威的良好表现。更何况皇帝已经杀了杨邠和史弘肇，收回了内部的军权，无论如何他还需要一个在外领兵打仗的人吧，会不会因此就饶过郭威呢？

郭威叹了口气，这一点就没有把握了。接着他就开始心烦意乱，多年的经验告诉他，事情绝没有这么简单。刘承祐，这个刚刚杀了人的毛头小子，初次尝到了踩着别人的尸体抢到权力的快感，会马上就此收手吗？

郭威没有找到让自己放心的理由。

事情的发展也没有让他等太久，很快就又有消息来了。这次是一封密信，从澶州快马加鞭抢在皇帝的诏书之前，到了郭威的手上。拿到这封信，郭威的心凉了，真是怕什么来什么。信是以多人的名义写给他的，这些人是镇宁军节度使李弘义、侍卫步军指挥使王殷、侍卫马军指挥使郭崇。而这些人之所以串联在了一起，则完全是因为皇帝刘承祐。

具体经过是这样的——刘承祐写了密诏让李弘义去澶州杀王殷，让郭崇去郭威驻地魏州杀郭威和王峻。李弘义最早得到命令，他证实这确实是皇帝的密诏后，第一时间来到了王殷的面前，从怀里往外掏东西。

激动人心的场面没有出现，他拿出来的不是刀子，而是皇帝的诏书。

就这样，年轻的小孩子刘承祐被出卖了，他把需要以改朝换代为代价才敢进行的消灭节度使行动（参看李从厚、李从珂的灭亡）寄希望于用一道密诏来完成的企图，被现实很搞笑地粉碎了。

密诏，就像是一封倡导书，告诉所有想参与的人都可以开始动一动了，如果你们还不想等死的话。

李弘义、王殷一刻都没有耽搁，以十万火急的速度抢到了郭崇前面，先警告了郭威。之后就像证实这个消息的准确性一样，郭崇紧跟着就到了。等待他的，是郭威已经恢复了平静的脸。

郭威向郭崇伸出了手，拿来——不是你的命，而是你带来的诏书。我要亲眼看一看。什么？没有？我误会了？别再装了，那让我看不起你。你必须随身带着，才能在干掉我后，安抚接管我的军队。

郭威亲眼看到了后汉皇帝刘承祐签署颁布的诏书。黄纸黑字，证据确凿。好了，他能给自己一个交代，也能给他的老上司、后汉第一任皇帝刘知远一个交代了。刘知远，你都看见了，不是我负你，而是你的儿子太不懂事。

诏书，致命的诏书。

幼稚的刘承祐完全没有料到，他的诏书还有别的功能。诏书被郭威稍微改动了一下，还是杀人的命令，只是需要去死的人变成了郭威的各位重要下属。

然后郭威非常难过地把诏书拿给他的下属们看。

这比什么都能鼓舞士气，军队立即集结，当天就向首都开封进发。

被无数激愤的人簇拥着走在反叛的路上，是什么滋味？郭威在五代十一国里活了一辈子，类似的场面经历了很多，但成为主角还真是第一次。他觉得郁闷，他郭威居然有一天要对一个小毛孩子动手了吗？或者，他真的就没有什么更好的选择了吗？

他并没有担心失败，从一开始他就知道自己绝对不会失败。问题是，他想要一个怎样的胜利？

就此杀了刘承祐？

那么谁来当皇帝？他郭威自己做吗？这个打算以前还真没做过。

还是只给刘承祐一个教训，让他从此懂得怎么做人，然后就算了？毕竟一个小孩子做事没经验也没个轻重，什么人都得有个学习和熟悉工作的过程。

但一个人终究会长大，而所有杀人不必负责任的人都善于记仇，谁能保证刘承祐真正成年后会放过他？而且，还有一个问题让他极为头痛，简直束手无策，一点办法也想不出来……

郭威在心里不停地思考着这件事，这让他时常出神，以至于他的同盟者一个个加入到位，他都有些心不在焉。直到有一天，突然有人报告抓到了一个奸细，已经审明是刘承祐亲自派来的，他才猛地清醒。

“带上来。”郭威一反常态，对这个奸细极其重视。接着，他和这个奸细单独相处，好久之后，这个奸细才悄悄地离开了，没有人知道他的去向。

奸细走了之后，郭威才稍微松了口气。他最担心的事情终于有人为他去做了，他衷心地祈祷这个奸细一路顺风，平安无事地回到京城，好让刘承祐可以看到他亲手缝在该奸细衣领里的密信。

在信里，他郑重地向皇帝保证，他绝对没有反叛之心，他和他的将军们、士兵们都是绝对拥护陛下的，请陛下千万不要轻信某些人的谣言，要以和为贵，给和平一个机会……同时也给你刘承祐自己一个活命的机会！

这才是这封密信的真正内涵。如果刘承祐还没有头脑简单到连游戏规则都不懂的话，他就一定会明白郭威到底要说什么。

其实很简单，那就是我郭威还活着，带着大批军队，正向你靠近，随时可以做掉你，而你绝对杀不了我。不过你也不用怕，你手上也有我需要的东西，那就是我的全体家眷，他们都还留在开封城里，随时都有可能被你先做掉。

所以我们谈谈吧，这对谁都有好处。

这实在一点都不复杂，无论谁都应该知道怎么做，那就是心平气和地坐下来，各谈所需，哪怕只是一时之计。然后郭威就开始了等待，忐忑不安、心惊胆战地等待。但是他害怕的事终于还是发生了！

不按常理出牌的人可怕，可是连游戏规则都不懂的人才最可怕！

刘承祐接到密信，没有对郭威做一个字的回复，他直接把郭威留在开封的全体家属一个不留地杀掉，其中包括郭威养子柴荣的家眷。

这时柴荣已经有三个儿子，郭威有两个儿子。刘承祐绝对想不到，他杀了这些人，会彻底改变中国的历史，同时给赵匡胤铺平了决定性的道路。

刘承祐完全断绝了郭威的后路，同时，也把他自己的后路彻底断绝了。

悲愤的郭威在滑州誓师，决心攻占开封——为了必胜，他听从了王峻的建议，向军队郑重许诺，攻陷开封，尔等可以在京城剽掠一旬！

刘承祐，我一定要让你付出代价，一定要你死！

郭威迅速逼近，进军之快，令刘承祐措手不及。从当年十一月十一日后汉皇帝刘承祐杀三大朝臣夺权算起，十一月十四日郭威接到了密报，十六日就已经抵达了澶州，十八日进驻了滑州，到二十日，郭威马不停蹄，已经到达了封丘（今属河南），距离京都开封不足百里。

面对近在咫尺的致命威胁，后汉的二世祖刘承祐反应积极。他抖擞精神，再次向四面八方发出诏书，令各地的节度使火速向他靠拢，带兵进京勤王。让他振奋的是，响应的人数相当多，其中最大的兵力来自兖州，是泰宁节度使慕容彦超的部队。

隔天之后就有了证明，这位节度使真的是非同凡响。

有人有枪了，这让开封的君臣们都松了口气，悬在半空中的心也变得安稳了些，这至少证明了皇帝的威信还在。但是另一个问题紧跟着就出现了——钱，按照惯例，让军队开工得事先赏钱。这合情合理，如果有谁说打完了仗再给钱，那他就是浑蛋——难道说让那么多死尸再站起来领钱吗？！

问题是国家实在是没有钱，近几十年来，在后汉的大地上，各个朝代的各位皇帝以及契丹人不停地搜刮掳掠，已经连豆腐渣都挤压不出来了。这时候皇帝说要钱，估计就算是把皇后给卖了，都别想卖出好价钱。最后，皇帝的亲信们给宰相跪下了，再三叩拜，声泪俱下——“请相公为天子着想，不要再吝惜财物。”

宰相面色惨然，摇头不语——真的没钱。

亲信们坚决不起来，说出了真正的打算——“国库里还剩下点钱，请相公全都拿出来吧。”

宰相长叹一声，再没有说话。

就这样，后汉没有国库了，只剩下了库房。这些钱分发到士兵们的手里，每人也只得到铜钱二十贯，而且这还只是禁军的特殊待遇，外地兵在此基础上再次减半，只有区区十贯钱。

公元950年十一月二十日，后汉皇帝刘承祐的部队带着这点可怜的卖命钱，开赴战场，去迎战只要取胜就可以在京都开封剽掠一旬的反叛军队。

当天晚上，刘承祐在开封城头目送着他的军队开赴战场。军队的数量似乎已经很多了，包括赶到的援军和开封城里几乎所有的禁军，这已经是他现在可以动用的全部力量。

能赢吗？

刘承祐的心底不由得泛上来他本不愿再想起的记忆——一年多前他曾亲自到郭威的家里求救。那时的郭威是他唯一的救星，是他赖以震慑朝臣、稳定江山的人。换句话说，郭威就是他后汉王国里的第一军事强人，现在这个强人反叛了，还有谁能制伏他呢？

慕容彦超，目前只能是他了。但他真的行吗？刘承祐顿时心乱如麻。

慕容彦超，年龄不详，出生地不详，父母不详，过往经历通通不详，唯一可以肯定的是，他一定是个男人，当时的身份是驻防兖州的泰宁节度使。除此之外，就再也没有什么了。但就是这个人，将决定皇帝刘承祐的生死和后汉江山的成败。

必须承认，任何人都不会知道当时刘承祐心目中最理想的领军人物是谁，但郭威进军的速度实在太快了，已经不容许他做任何的选择，全国勤王人马谁跑得快，谁到达得早，他就只能依靠谁。

慕容彦超到得最快，带的人马也最多，这也直接证明了他的能力和热情最大，所以他就是最佳的人选。

慕容彦超并不是被历史所选择的，而是他主动地创造了历史。历史记载，在这一天里，慕容彦超是充满了旺盛的斗志和必胜的信念去迎击郭威的。临行前，他对年轻的皇帝做出了强有力的保证——臣必胜！在臣眼中，北军不过是些蠛蠓小虫，可以随手捏死，我要为陛下活捉郭威！

然后，他就雄赳赳、气昂昂地奔向了战场。在那里，他在史书中给自己留下了印记，正式成为历史的一部分，虽然表现得非常搞笑。

公元950年十一月二十一日，在封丘之南刘子坡，慕容彦超终于遇到了郭威。只见对面旌旗招展，号炮连天，人马一眼望不到边。他的部下们看到这样的声势，不禁都有些发怵。

慕容彦超却变得更加亢奋，他连眼睛都没眨一下，就下令列阵，眼看着一场大战就此开打，突然有人报告，皇帝亲自到战场来了。

哦？慕容彦超的精神立即变得更加焕发，他先下令手下们都站得更直点，把刀枪摆得更整齐点，然后才请皇上过来。皇上来了，带着三四位宰相以及几十个大臣，各个风尘仆仆、神色庄严。这些人阅兵，勉励士兵，许诺胜利后的幸福待遇，直到过场差不多都走完了，皇帝才在慕容彦超的耳边轻轻地问了一句话：“怎么样，到底有没有把握？”

这才是刘承祐之所以一定要赶到前线来的最重要原因。这句话要是不问出来，他得憋死、急死、焦虑死！

慕容彦超猛然间激昂了起来，仿佛一下子变得极为高大，他声音响亮地回答：“臣必胜！请陛下看臣如何破贼，臣不必与他们交战，只需在阵前喝令，他们就会投降！”

呼——皇帝和大臣们都出了一大口气。他们要的就是这句话，满意了，终于放心了。他们就此后退，以免影响节度使阁下开工。可惜他们走得太快了些，只要再稍微等一下，他们就能听见慕容彦超的另一句话。

慕容彦超像是很随便地向身边的手下们问了一声：“喂，对面除了郭威，还有些什么人？”

此言一出，石破天惊，他的部下们立即全体面无人色。天哪，马上就要开战玩命了，他们的统帅居然还不知道对手具体都是谁！

难道慕容彦超接到诏书，带着他们一顿狂跑，一路跑到了这儿，在此之前连一点准备都没有？！

面面相觑之后，终于有人说出了答案，就见这次轮到统帅的脸色变了，慕容彦超像是有了些许的犹豫，但他还是马上就下达了进攻的命令。

这场战斗由慕容彦超主动发起进攻开始，不到半小时就完全结束了。形势发展之快让观战的刘承祐都来不及表达任何失望的情绪，他只看见了慕容彦超的队伍向郭威的部队发起了冲锋，然后两军相接，一片混乱。片刻之后，两股相对冲击的洪流就汇成了一股，向一个方向急速流去。

慕容彦超跑得比谁都快，马不停蹄，比他接到诏书奔向开封跑了第一名时还要快，一路狂跑，再次跑回了兖州。哪儿来的哪儿去，从此以后，刘承祐就再也没有见过这个人。郭威也在战场上被这个人弄得一片茫然，征战一生，还从来没见过这样的人物，来去如风，居然来不及去抓他！等到郭威反应过来时，战场上已经全是他的人了。

刘承祐也不见了。

在混乱中，刘承祐尽管失望，还是证明了年轻人的反射神经就是要比中老年人的快一些，他比郭威先反应了过来，抢先向开封撤退。他还抱有一丝幻想，他还年轻，还是皇帝，而后汉还有很多别的节度使，只要他能活着回到开封，坚守几天，就会再有生机。

他错了，后面发生的事已经被这个时代的人们弄出了规律，执行成了惯例。

刘承祐在开封城下被自己的臣子拒之门外，无奈之下只得选择了逃亡。郭威对这个人已经没有任何兴趣，他的兵直扑开封。

请注意，是他的兵，而不是郭威本人。这时的郭威已经身不由己。他的士兵们都清楚地记着他在开战前的许诺，每个人都想着自己平日在开封城里可望而不可即的钱、财，或者远比他们高贵的女人，他们已经疯了，他们要去抢！

至于刘承祐，落地的凤凰不如鸡，自有旁人去收拾。

开封，又一个千年古都繁华世界，连耶律德光这样的蛮族酋长都舍不得下手的人间天堂，正面临着它自己子民的烧杀抢掠。只要再过片刻，就会火光冲天，哀鸿遍地，满城都是空前亢奋、四下乱窜、肆意强抢的士兵，无数人都将家破人亡！

真的，我们有时的确应该自卑，因为我们总是被自己人无情地糟蹋。

# 第四章 让天下人都签投名状

乾祐三年（公元950年）十一月二十二日，开封。局势完全失控了，开封的城门刚刚打开，没有任何的交接或者欢迎仪式，郭威的人马不由分说地拥了进去，然后全体立即就地解散，向全城各个角落扑开。一个字——抢！如果有人反抗，那么再加上一个字——杀！

人，有些时候会变得让自己都不敢面对，因为他已经还原了他的本来面目——一只动物。欢乐的兽性不必掩饰地爆发，那是一种怎样的享受！

沸腾的开封城，满城都是亢奋、四处乱窜的大兵。

只有两个人保持着冷静。一个是赵匡胤，他哪有心情抢劫？他的家就在开封，他和这些外地兵在本质上不同！那天的开封城门前，他抢在所有人之前，等着大门的开启。然后第一时间冲进去，抄近路直接狂奔回家。

站在自己的家门前，把所有的亲人挡在身后，拔出刀——你以为只要跟满城红了眼的乱兵说一声"兄弟，这是我的家"，就会管用吗？

这个世界有些时刻没有任何道理可讲，能维持自己和家人生命的，只有手中的刀！

历史记载在这次仅比屠城稍逊的抢劫中，赵家没有任何人伤亡。

满城的火焰、震耳的哭号以及彻底疯狂的乱兵给赵匡胤留下了无比深刻的印象，他深深地痛恨这一切，让他在不久的将来，成功地阻止了另一次类似事件的发生。

第二个人就是这一切的始作俑者郭威。

郭威冷眼旁观，注视着身边所发生的一切。难说这时他是什么心情，或许是他不想，或许是他不能，他没有制止。

但是他也没有参与。

这就让人费解，按说他应该是这时开封城里最有杀人欲望的人，最有毁灭冲动的人，他所有的亲人刚刚死在后汉皇帝刘承祐的手里，他应该去向刘氏家族讨还血债吧！

皇宫近在咫尺，刘氏一脉除了刘承祐之外还有很多人，只要他一个命令就可以痛快淋漓地挥刀复仇了，此时此刻没有任何人能阻止他！

可他偏偏只是沉默地坐着，像是对一切都无动于衷，谁也不知道他到底在想些什么。

抢劫一直持续到了第二天中午，郭威的部下王殷、郭崇报告——如果再不制止，开封到夜里就是座空城了。

郭威下令收队，宣布活动已经提前结束。所有的参与者都还兴致勃勃、意犹未尽，于是他还迫不得已地杀了几个人，才算把命令贯彻了下去。

高级干部们开始兴奋了，大餐的主菜终于可以端出来亮相了吧，既然是造反，就得确认谁才是最后的赢家！

大家准备，向新皇帝郭威陛下欢呼！

郭威接下来的举动却让他们一下子跌进了失望的深渊。

郭威很平静地站了起来，对身边的亲信说："我们去皇宫吧，我好久没有向李太后请安了。"

大伙儿都愣了。去向李太后，也就是刘知远的太太、刘承祐的老妈请安？郭威要干什么？造了人家的反，抢了人家的都城，然后去请安？这是说反话吗？是报复的开始？但是看郭威的样子，一点戏谑嘲讽的意思都没有，说得那是相当诚恳认真。

"走吧，我们都去。"郭威以实际行动打消了手下们的疑云，他真的走向了皇宫，没带多少人，也没带多少把刀。

就在这时，一个非常震撼但也是意料之中的消息传了出来。

刘承祐被证明已经死了。他在昨天，也就是公元950年十一月二十二日，只逃出去不到二十里，就在开封北郊一个叫赵村的小地方被自己的原部下郭允明追上杀死。现在郭允明很快就会来见郭威，并以此向郭威请功。

所有人的目光再次集中到了郭威的身上。有了这样的消息，再去见刘承祐的妈还有什么意义？所有的事情都已经不可逆转，更无法斡旋，再去见李太后只能是个笑柄——假惺惺有什么意思？该做的事就是把已经做了的来一个彻底的收尾，痛痛快快地直接改朝换代，让这片天地从此姓郭！

只有这样才是最现实的。

郭威还是没怎么动声色，他只是点了点头，让人转告郭允明等着，就再次向皇宫走去。

他还是要去见李太后，难道他真的要去请什么鬼安？

出人意料，郭威与李太后的见面感人至深。

郭威的表现极为悲痛内疚，他对自己的所作所为深恶痛绝，表示真是愧对了先帝几十年间对他的大恩大德，自己狼心狗肺，真是大失臣子之道……李太后则充分地理解了郭威的难处，说自己教子无方，对郭威全家死光光的结果表示了最深切的哀悼和遗憾……

两人就差来个互相拥抱，再互相勉励节哀顺变了。

就这样，双方迅速达成了共识，一切以安定团结为主，以和为贵。具体决策条款如下：

一、这座江山仍旧姓刘。这是条根本国策，不可违反，不可更改，更不可怀疑，上至郭威下至庶民一体有效。所以也就不存在谁是反叛，或者日后还有什么平叛。

二、具体由谁来当这个皇帝，由文武百官、六军将校议择贤明，以承大统。结果很快就会出现，大家都不要急，请安静等待。

三、在此期间，一切国事由太后临朝听政，百官官复原职，但决定权暂时授予了郭威。

事情就这样被敲定了，郭威在已经占领了后汉都城、杀了后汉皇帝且已经抢劫掳掠过的情况下，做出了如上的决定。当天，跟着他走出皇宫的人都非常郁闷。他们实在想不通郭威这么做到底是为了什么。

几天之后，百官的选举有了结果，新皇帝诞生了。这位“幸运儿”的名字叫刘赟，他是先先帝刘知远的弟弟刘崇的儿子，当选前的身份是武宁军节度使，驻地徐州。这位皇亲国戚远在徐州一点不知情，突然间富贵临门，想推都推不掉，居然成了下一任后汉皇帝。

为了让皇帝能快点到任，也为了打消新任皇帝的各种不必要的顾虑，众所公推，由老宰相、太师冯道亲自去徐州，务必要把皇帝安全、迅速地接来开封，以便登基。

时间一天天地过去，随着这些政策命令的不断颁布，动乱萧条的开封城渐渐地恢复了生机。人民像是惊蛰过后的虫子，慢慢地走出了各自的隐身之所，开始在大街小巷里行走了。惊恐未定的百姓们在私下里盛传，新皇帝已经在来开封的路上，郭威的军队很快就会离开，浩劫真的过去了，以往平静安宁的日子就会再现。

就像印证这些话一样，九天之后，也就是十二月一日，郭威的军队真的全体开拔，向开封以北运动。一个公开的理由是迎击契丹。不要惊讶，也不要腻烦，虽然真的是很老套了。契丹的军队又来了，还得由郭威去抵挡。

郭威的军队一路向北，一连走了半个月，士兵们越走越郁闷。

一来是他们实在是想不通为什么要这么快就离开开封，二来是因为速度实在是太慢了。他们十二月一日从开封出发，同月十六日才到达了澶州。澶州，就是最早给郭威报密信的王殷的地盘。就在一个月前，同样是从澶州到开封这段路，处于进攻态势的郭威只走了三四天！

现在他们却要以这种蜗牛式的行军速度，去边境迎击来去如风、已经入侵的契丹兵团！

真是活见鬼，大兵们满腹狐疑，可又都心不在焉。边疆离他们太远了，就算那里的人都死光了，又与他们何干？你能想象刚刚劫掠了本国都城的士兵们会对边疆百姓的苦难感同身受吗？何况这时也正有搞不定的事让他们心烦。

因为出来混，迟早都是要还的。

京城是白抢的吗？当时的兽性和快感早已经成为过去式了，在这半个月沉闷缓慢的行军途中，每个人都有足够的时间来想一想他们的前途和已经非常不妙的命运。一个终极问题摆在他们面前，这问题本来不应该有的，但是现在却沉重地压在他们的脖子上，其危险性就像是一把刀，已经割破了他们的皮，马上就要刺入他们的肉。

那就是皇帝并不是计划中的郭威，而是又一个姓刘的人。这个人已经在上任的途中了，按时间计算，就算走得比他们还慢，十天之后也一定会到达开封，再之后的事情就是傻子都能知道——新皇帝迟早有一天会和他们算算账的！

到那时，后悔药到哪儿去买啊？！

一股股可怕的潜流在庞大的军队中隐隐流动，每个人都随着时间的推移变得越来越暴躁不安，解决的办法却一点都没有。他们明明知道，这样下去，就是一步步地走向死亡，但他们却只能听从命令，去边疆和那些混账的契丹人打什么鬼仗！

尤其可恨的是，最应该着急恐慌的郭威却反而越来越镇静，甚至非常轻松悠闲，每天除了有快马在他与开封之间跑动之外，他什么事都不管，像是他早有了把握，无论发生什么他都百分之百地安全似的。

这让整个军队都极端抓狂，他们感觉被骗了，想当初他们起兵时难道不是为了郭威吗？难道他们就只能这样眼睁睁地看着自己走向死亡而郭威却独善其身吗？不，绝对不！

无论如何都要把郭威拉下水！

这种情绪不断地酝酿积累，终于在当月的十六日，大军到达澶州时，抓狂的沸点来到了。士兵们都不走了，公开统一了思想——我们当初拥立郭公打京师，已经个个负罪于刘氏，现在还要立刘氏为帝，将来还会有我们的好下场吗？

这样的话马上传到了郭威的耳朵里，面对这样赤裸裸的话，以及周围无数双火辣辣的眼睛，该干什么已经再清楚不过了吧。

郭威偏偏再次让所有人失望了。他什么表示都没有，只是说别让士兵们太累了，就在澶州放假三天，到十九日再开拔前行。

十九日，大军勉强再次起程，之所以还能移动，完全是出于郭威的严令——军令如山，不从者斩！

到了第二天，郭威的话不管用了，无论如何军队都再也驱赶不动了。队列散开，人人奔走，军队里最可怕的现象——哗变已经初步形成。

这时的郭威不再做任何努力，他甩开众人，躲进了一间民居里，充分地表达了自己“三个不”的原则，即不主动、不拒绝、不负责。

这间小小的路边民房根本难不住刚刚抢劫完开封的士兵们，只见转眼间一大群士兵拥了过来，紧跟着爬墙架梯冲进了屋里，把郭威团团围住，群情汹汹，异口同声——

请您当我们的皇帝吧！

这是大家一致的心声，表达了我们同甘共苦、生死与共的决心，还有我们早就绑在了一起，跑不了我也蹦不了你的现状……所以，郭大皇帝，你就答应了吧！

天杀的郭威仍然不为所动，还是不停地谦让。这时一个经典的、决定性的场面出现了，只见当时乱成一团的人群突然闪开了一条通道，有一个士兵抖开了一面刚刚卸下来的黄旗冲进了屋里，不由分说，就把郭威裹了个严严实实，然后众人簇拥，一哄而出。

转瞬间，屋外边响起了震天动地的欢呼声，数万名士兵终于看到了一个身披“黄袍”的郭威，一个新的皇帝真的就此诞生了！

这是一个激动人心的场面，好几万个身强力壮、横行无忌的大男人都从心底松了一口气，终于达成心愿了，终于安全了。原来强迫一个人还真是不容易，哪怕是强迫他去当皇帝。

在这数万人当中，就有我们的主角赵匡胤。他身为郭威的亲兵，一定在近距离内目睹了黄旗加身、郭威称帝秀的整个过程，不管他是否理解了这件事的真正内在核心——也就是说，为什么会有这次出征，以及郭威一定要拖延到今天才“被迫”上位，这件事都永远地烙印在了他的心中。

十年之后，他都记忆犹新。

大军就此回程，人人精神焕发，腿脚有力，走得那叫一个爽——事业有了奔头，人生再次阳光灿烂，怎能不叫人高兴？！至于那些讨厌的契丹人，就见他们的契丹鬼去吧，我们有更重要的事要做。那就是中国人千百年奉行不辍的“真理”——攘外必先安内。

回开封去把没干完的活儿都干利索喽！

这时郭威的士兵们除了满腔的喜悦和冲天的干劲之外，还都在心里隐隐地流动着一股对郭威的鄙视，因为他们觉得郭威在这件事上做得太拖泥带水了，一点都不男人。何必脱了裤子再放屁？又何必多此一举来这次徒劳的远征？就在上次抢劫开封时，顺势把天下搞定不就什么都安了？那样何其简单、何其利落，又多么男人！

更重要的是，在这动乱的年代里，所有人不都是这么做的吗？！

历史证明，这些人都错了。虽然他们是郭威的部下，天天都见到他，每时每刻都听从他的命令，却仍然不了解他。郭威是五代十一国里一个真正的异数，他的所作所为与前面的那些行事痛快的“霸主”截然不同，所以最后他得到的成果也与前面那些稍现即逝的“寡主”截然不同。

从眼下这件事的处理上，就能够清楚地分辨出来。

这些人不知道，在最初的九天里，发生了许许多多幕外人所不知道的事，而在这沉闷缓慢的十五天行军里，前面所决定的事又有了重大的变数，这是除了郭威及郭威留在开封的亲信死党之外，极少有人知道的。

那么，都是些什么事呢？

首先，就在刘承祐被杀，郭威率部冲进开封大肆抢劫时，后汉国内就已经有人要起兵讨伐郭威了。那就是后汉开国皇帝刘知远的弟弟，“现任”皇帝刘赟的老爹，当时身为河东节度使兼职中书令的刘崇。此人兵多将广，强悍善战，在刘知远时代就被安插在边境与契丹人直接周旋，是后汉的第一道屏障。

在刘知远死后，刘崇就不再入朝，也不上缴国税，一切都省了下来给自己当军饷，所以他军队的数量和质量都相当了得。

但刘崇从一开始就慢了，当这场造反运动开始时，他什么都不知道。当他终于知道郭威造反逼近都城时，郭威已经在都城里边了。当他点兵准备进攻都城时，都城里又传来了新的消息。

他的儿子刘赟在千万人的海选 PK 中获胜，已经被确认是新科皇帝了。

太好了！刘崇一下子心花怒放，什么愤怒难受都被抛到了九霄云外。还能有什么结果比这个更好呢？还用得着再打什么仗吗？根据这个结果，他已经是现任的太上皇了！

兴奋中，他马上派人进京去探听虚实，尤其是要面见郭威和太后，确认消息的准确程度。

消息很快传了回来，千真万确，绝无虚假。尤其是郭威，他接见刘崇的使者时神色凄苦，拍着自己的脖子说：“自古岂有雕青天子？希望刘公能体谅我的忠心。”

使者不禁为之动容，要知道这是天下皆知的隐痛。郭威出身军卒，脖子上有飞雀的刺青，五代十一国时人人称他为“郭雀儿”。这种刺青一直留到了宋代，军卒和犯人一样要刺青黥面，所以好男不当兵。

还有什么可怀疑的呢？再联想一下郭威出兵的理由，以及他现在仍然尊奉后汉、拥立新君的表现，他是忠是奸已经一目了然。而且郭威还说，请刘公一切放心，朝廷派最德高望重、从不说假话的太师冯道前去迎接天子，尽快到任登基。

好了，刘崇放心了，郭威看起来是认真的！那么就必须赶快了，夜长梦多，随时都会出现别的竞争者！他准备只要冯道一到，就马上派儿子向开封出发。他已经克制不住激动的心情，恨不得替儿子出发了。

孩子，你尽管使劲跑吧，向皇位进发！这是千古难得一遇的良机，你跑得越快，就越能早些当上皇帝，而你老爹我就越能早些当上太上皇……这真是太好了！

“且慢！”就在这个激动人心、热血沸腾的关键时刻，突然有人跳出来喊停。事后证明，这是上天最后一次眷顾刘氏父子，奈何刘崇根本没领情，他一脚就踢爆了上帝那张满是关爱的老脸。

喊停的人是刘崇的副手，太原少尹李骧。

李骧满怀好意，向利令智昏的刘氏父子点出了郭威必然有诈，天上岂有无缘无故掉下来馅饼的好事？郭威为什么不把皇位交给别人，偏偏让给你们父子？这正证明了他对你们父子的忌惮，所以千万不能把世子送到虎口里去，不然轻则被扣下当肉票人质，重则就会丢了性命。

这时候最应该做的，是趁着郭威立足未稳，而且刚刚抢劫了都城大失民心，赶紧发兵出太行山，号召天下所有兵马，一举剿灭他们。这样才能一劳永逸，到那时无论是想当皇上还是当太上皇就都随心所欲、自由自在了……

李骧的头脑疾速运转，为刘氏父子精心打造着美好前程，可是他偏偏看不见刘崇变得越来越黑的脸。等到李骧的长篇大论终于告一段落后，刘崇简明扼要地对手下们说了一句话，把李骧的人生彻底定性收尾——把他拉出去，砍了。

就这样，刘崇把一个全心全意为他谋福利的人杀了，仅仅是因为这个人的话破坏了他的好心情！可见好人是多么难做。然后刘崇坚定地按原计划派儿子立即出发，向着皇位一路狂奔而去。

这个时候，郭威就像配合着他的好心情一样，带兵出了开封，向边境运动，表现出了非常“无私”的诚意。

就在刘赟全速前进，到达了宋州（今河南商丘），与开封相距不过百多里时，郭威突然间黄旗加身，瞬间称帝，同时疾速返程，更命人快马通知开封的亲信王峻，去把最重要的事做了——王峻马上派郭崇率七百骑兵赶赴商丘“保护”刘赟。

到了当月的二十五日，郭威回到了开封的近郊。

刘赟此时已经是一个地道的阶下囚。至于刘崇，他则一如既往地毫不知情，仍然做着太上皇的美梦。一切还是因为通信太慢，他只能事后徒呼奈何。

郭威在离开了近二十天之后，再次来到了国都开封城外。他还是带着上次离开时的那些人，只不过一切与出发时已经彻底不同。

这时，我们就很有必要来彻底地分析一下郭威为什么这么做了，相信分析过后，我们就能清晰地看出郭威到底是个怎样的人。

问题一：郭威为什么不趁着抢劫都城、后汉皇帝刚死的时候一举搞定天下？

答案：首先时机、火候都不成熟，其中最重要的一点还是出在后汉的开国皇帝刘知远的身上，虽然这个人早已经死了。

刘知远死得太快太早了，他死之后到现在虽然已经发生了太多的事，但是从时间上看，他才死了不过两三年而已。这样短的时间，他的影响力以及以他为代表的刘氏一族的影响力还远远谈不到消失或者弱化。所以郭威起兵时，还要矫诏改动刘承祐的诏书，来欺骗自己的部下造反，而且在进攻都城的前夕，还要动之以巨利，以许诺剽掠京城为诱饵，才能驱动起士兵们的热情去卖命。

这都说明了郭威那时根本没有真正地掌握他手下的军队，也就是说，枪杆子虽然不见得再姓刘了，可也绝没有姓郭。

这样绝对不行。在五代十一国里，没有绝对效忠的军队，就别想做任何大事。

于是第二个问题也就有了答案。

问题二：郭威为什么要一而再，再而三地躲避，推托众人的拥戴？难道他对皇位真的没有野心吗？

答案：绝对不是。不管他对皇位有没有野心，局势已经强迫他只有一条路可走，那就是顺着反叛之路一直走到底，必须成为皇帝而且坐稳宝座，才能活命。

一点都没有夸张，自古争帝之险，险于上华山。就连十几年之后赵匡胤的母亲杜太后都警告自己的儿子："天子置身庶民之上，若治得其道，则此位可尊，苟或失驭，求为匹夫而不可得！"

郭威在刀尖上打滚一辈子，这些本质上的事情怎么会不懂得？那么他还要去皇宫向李太后请安谢罪为的是什么呢？

无非是看到自己内部不稳，而刘氏尚未死僵，所以要稳定一下局势，让敌人不至于马上出现。为了达到这个目的，他不惜动用百官来"公选"出当时最有实力的刘族精英刘崇父子来当"太上皇"和"皇帝"，来为自己争取宝贵的时间。

这个时间用来做什么呢？

用在最关键的事情上——夺得军权，或者叫作获得军心。

抢掠京都九天之后，郭威就带着军队北上抗击契丹。现在我们都知道了，所谓的契丹来犯纯粹是个骗局。那么他以那么缓慢的速度带着军队去郊游，真正的目的是什么呢？

一切都是为了一些微妙的且极为重要的心理转变。

得让军队醒醒神，让士兵们知道现状有多危险，面对的难题绝不只是我郭威一个人的，你们哪一个都别想置身事外。

试想，如果郭威此时已经称帝了，他对军队，以及军队对他，都是一种什么样的心理？五代十一国时兵强将叛，将骄弑主，郭威的兵马上就知道了自己对郭威的重要性，进而要挟郭威，而郭威迫于形势只有妥协。

那之后政令不行，人心不附，再加上疯狂反扑的刘氏家族，郭威的死期也就不远了。

而在这次沉闷缓慢的行军途中，郭威貌似悠闲自在地看着手下的大兵们越来越忐忑烦躁，自己就是不忙于称帝，绝不替这些大兵顶缸。非得让这些混账大兵一而再，再而三地“强迫”自己当领袖，然后自己才勉为其难地答应了。只有这样，才能让这些大兵积极主动地为自己效命，让他们每个人都有危机感，不用他再去利诱驱赶，都玩命地上战场。

郭威给所有的士兵来了个投名状。他要的不是人头，而是当初还没被抢劫的开封，这些傻大兵自以为占了天大的便宜，凭空发了一大笔横财，却不料从此就上了郭威的贼船，跟着他不得不反，再也没有了回头路。

而且这一切都是在很长的时间和极短的路程中完成的。他缓慢地行军，时刻掌握着京城和周边地区的局势动态，一有风吹草动，马上就能做出反应。你看，当他获得军心，成了皇帝后，只用了四五天的时间，就又回到了开封城外，什么事都没有耽误，还把刘崇父子玩了一票。

这时他面临的局势是多么理想啊——开封城已经尽在掌握，尤其是刘氏家族的代表人李太后，这真是位懂得游戏规则的老太太，从一开始就知道该做什么，不该做什么。而文武百官更加不用说，早在他上次离京“抗击”契丹时，朝中大臣的代表冯道先生就已经开始为他打工了，更何况他人。刘崇父子更傻得可笑，给个坑就往里跳，谁如果拦着，他们都能急得杀人。这样的人本不足惧，只是怕他们一哄而起罢了。

最重要的是，人心也已经得到了缓和。

人们对郭威的反抗意识，随着一系列的和平政策，以及这次军队的远行，已经缓和了下来，再想绷紧，除非是郭威又做出了什么出格的事。

那么郭威从此改过自新了吗？

人心的敌意有时就好比一个极度想自杀的人，不管当初求死的愿望有多坚决，只要几次寻死不成，决心自然消退。郭威要的就是这一点，人民对他的警觉和憎恨已经少多了，已经容许他做一些改变了。

公元950年十二月二十五日，转变开始。

郭威率军重新回到了开封，王峻率文武百官出城迎接。隔天之后，即二十七日，李太后下诏，命郭威“监国”。中外庶政，并由郭威处分。至于“皇帝”刘赟，虽然他中了大奖，但是由于他过期不到，所以奖券作废。当然他可以在宋州爬楼抗议，那都是他的自由和权利，估计没人会搭理他。

郭威倒是什么都记得，看在刘赟中奖不易的分儿上，另赐给他一个爵位。很怪，叫“湘阴公”，不知何解。没过几天，郭威就顺便把他埋在了宋州，此人此生此世再也没有机会回到徐州去看看他的亲人了。

在这一年剩下来的几天里，后汉的臣子们格外忙碌，他们加班加点，争先恐后，集体上表劝进。改朝换代的时候又到了，他们每个人对之都非常敏感且熟悉，没有哪个人愿意在这种事上落在后面。

于是转过年来，就在正月，郭威脱下了黄旗，穿上了正规的黄袍，在一个多月以前还是刘承祐坐过的椅子上坐了下来。他成了五代十一国里又一位开国皇帝，国号为“周”。

现在，大家预备——为新任天子郭威陛下正式欢呼！

# 第五章　折磨自己老板的员工

郭威登基，首先论功行赏。这是必需的，这绝对有利于造反集团的进一步团结和巩固，更有利于对全国动乱局势的有效舒缓——告诉了有心继续造反的人已经没有多少空子可钻了。

于是在激动人心的升官大会上，每一个参与了造反行动的人，不分大小都享受到了成功之后丰收的喜悦。王峻、王殷这些坚定的追随者，都被授予了枢密使、节度使、刺史之类的高官；间接地“帮助”了郭威的另类人士们，如慕容彦超、刘崇等人也不必自卑，郭威同样给予了他们官职不变、继续努力的承诺；官场老油条冯道及原宰相范质等人更不用说，重用再重用，加薪再加薪，一切都以安定团结为主。

在这些令人目眩、引人流涎的升职加薪浪潮中，没有人会注意到一个不起眼的小人物的升迁。那就是原亲兵赵匡胤，赵匡胤因为任劳任怨、尽职有功被提升为禁军东西班行首，也就是相当于禁军部队里的一个小班长，继续光荣地负责宫廷的禁卫。

唉！升官了，大小也是个官了。可是看看人家，再看看自己，年轻的赵匡胤心里不知是个什么滋味。

这时他每天的工作就是腰里横着把刀，或者手里拿着杆枪，穿得比谁都整齐，在皇宫里，或者在大殿下比赛谁站得更直。

工作比从前更加无聊了。在打仗的时候，虽然有危险，赵匡胤还可以随时跟在郭威的身边，可以听到、看到很多值得学习、非同凡响的事情。现在郭威当上皇帝了，身边的人就复杂得多了。

一个禁卫班头无论如何都不可能跟着皇帝四处乱转。

唉！再叹一口气吧，也许再升点官，他就能有权力随时走动一下，不必再像个木头桩子了吧？可那还不知道要等到何年何月。

在沉闷的绝望里，赵匡胤做出了一个对他来说最重要的选择，这个选择对他政治生涯的起步有着决定性的作用，不久之后人们就发现赵匡胤真是眼光非凡，可在当时，每一个人都认为他纯粹是疯了。

他居然放弃了郭威这个刚刚成为皇帝、世上最炙手可热的大佬，去依附了一个偏远城市里的年轻小长官！

这个年轻的小长官就是柴荣，也就是后来人人皆知的周世宗。在十几年之后，每个人都知道了他是五代十一国里最英明、最有作为且相当公正又待民以诚的君主，可是在当时却没有一个人会这样想。其原因就像面对当时的禁军东西班行首赵匡胤，也没人会相信他是同样英明神武、震天动地、继往开来、人类少见且基因突变才生出来的宋太祖一样。

那么赵匡胤当时的选择就冒了极大的风险，是个不折不扣的政治投机分子，其行为手段就是传说中的官场升职三十六计之“烧冷灶”。

这一计非同小可，全靠当事人的眼光准、胆子大，有双识英雄的慧眼，能在千千万万中下层领导干部中认准一个，然后坚定跟随，全情奉献，不惜一切手段帮着主子得到位子。

如果成功了，也就是说，你选的主子终于一飞冲天了，那么你自然会跟着平步青云。失败了呢？官场变幻谁敢说百战百胜？你的主子如果一路冷下去，始终都没能热起来，那么你该怎么办？

你就只有更惨了，什么都得从头再来，而且最后还得落下个“政治娼妓”的臭名声，谁让你还得再去找新主人呢？

富贵险中求，赵匡胤坚定地相信了自己的眼光，他明确地分析出自己在已经登峰造极，热得没法再热，没有潜力可挖的郭威身边是没有发展空间的，马上就毅然决然地选择了离开，转而去依附虽然官职不小，可还没有多少根基的柴荣。

我相信，赵匡胤当时做出这个决定时，既有周密详细的计划，也有理智清晰的判断，更重要的还是凭着他敏锐的直觉。一个拥有非凡素质的人，能够非常清晰地感应到另一个与之相似的人的存在。就像一头狼，很轻易就能知道对面那头动物的危险系数一样。这就是为什么赵匡胤选择了柴荣，柴荣也收纳了赵匡胤的原因。

这时柴荣的身份、地位颇有些微妙。说他很高，是的，他是郭威陛下唯一的“儿子”，并且头衔相当多，全部排列出来是澶州刺史、镇宁军节度使、检校太傅、同中书门下平章事。也就是说，他在都城之外有自己的地盘（澶州），还有自己的军队（镇宁军节度使），还大于并约等于当时的宰相（检校太傅、同中书门下平章事）。

但是非常可惜，所有这些让人头晕的高等头衔哪个也叫不准、站不住。

首先他和郭威无论如何都没有血缘关系，这在古老的中国是一条不可逾越的鸿沟。无论郭威与自己的原配太太柴夫人的感情多么坚固，内侄与儿子都是两码事，更何况这时柴夫人早就死了。谈到血亲，在后周朝里，郭威还有一个外甥，叫李重进。

李重进年龄比柴荣稍大几岁，早就手握重兵，战功卓著，很早就有了自己的班底和显赫的威望。并且此人心高气傲，绝不屈居人下，以至于郭威在临终前，都要特意在正规场合当着朝臣的面，命令他向柴荣下跪朝拜，以确立柴荣的继承人身份。

这一切都说明了，虽然刘承祐帮了柴荣的大忙，把郭威的两个亲生儿子都杀了，可在别人的眼中，柴荣仍然是个不尴不尬的假太子。就算是现在尊贵，但是将来呢？谁能保证郭威从此就再也不能生育？后周皇帝的宝座，看着似乎离柴荣很近，但是差之毫厘，谬以千里，也许终柴荣一生都无法企及。

不仅如此，这时柴荣在官场上还多出了一个有进无退、不顾生死一定要给他添乱的政敌。这个人别说是他柴荣，就算是郭威，一时半会儿都不敢动。

这人就是后周立国第一功臣，时任宰相兼枢密使的王峻。

王峻是一个值得细说一下的人物，通过他我们能看到五代十一国里典型的权臣形象，他的升、降、兴、衰都非常具有代表性。

此人最初走向社会，并不具备人们常规意识里的所谓文韬武略等成大事者的基本能力，他最擅长的是唱歌。那时还是后梁的时代，他投奔了一位叫张筠的节度使，能做什么呢？只能是唱唱歌、陪陪酒，形象和地位真的不能算太高，而且他的生活还极不稳定，得随时准备朝秦暮楚。

另一位高官租庸使（管钱粮税收）赵岩到张筠家做客，王峻的歌声让赵岩大为倾倒，于是张筠就非常风雅慷慨地把王峻当作礼物送了出去。

王峻跟着赵岩差一点丢了脑袋。

后唐灭梁时，李存勗杀了赵岩全族，王峻极其机警地逃出了赵府，躲到了民间逃过一劫。躲了很久之后，王峻才敢再出来，投靠了另一位大款——三司使张延朗。

无论是五代还是宋朝，三司使都是财政一把大臣。

终日应酬见多识广的张延朗对王峻并不感冒，而经过了生死大劫的王峻也已经脱胎换骨，他不再在乎风月场上的冷热，而是对张延朗身边发生的一切冷眼旁观，心里不断动着念头。

时机来了，后晋石敬瑭这个人尽可爹的杂种起兵灭掉了后唐，张延朗像赵岩一样被新主人杀掉，张延朗的全部家产包括奴婢也包括王峻都被当作奖品赏给了时任后晋大将的刘知远。不知道王峻用了什么手段，有过什么表现（实在是没办法，史料上查不出具体事迹），他从一名陪酒伶人一跃而成为领兵的将官，而且官运亨通，在刘知远开国后，进封为客省使，成了当时的枢密副使郭威的亲信死党。

再后面发生的事大家就都知道了，王峻在郭威造反称帝的一系列行动里充当了最重要的副手角色，因此一步登天，成了后周朝里一人之下、万人之上的朝臣领袖。

综观王峻的发迹，是典型的起自微末，达于青紫，全凭个人努力自学成才的过程。他一直在进取，在不顾一切、不计生死一定要成功地进取，才有了这时的成绩。那么达于巅峰了，下面还要再做什么呢？是继续进取？那就是取代郭威了。可这是个不切实际的梦，公平地说，就算是到了人生后期，有些颠三倒四、不知所谓的王峻都没有动过这个念头。

那么就像冯道那样从此做个和事佬、不倒翁，高官厚禄终此一生怎么样？

也不行，冯道更是不可复制的。中国几千年历史，冯道这样的高人只此一家，绝无分号，再也找不出第二个来。而让已经习惯了进取并且只会进取的王峻去学习冯道，只会变得不伦不类，自取灭亡。要知道人是有自己的政治符号的，搞混了只会倒得更快。

就这样，王峻在变幻诡异、动静无常的政治旋涡里迷失了。

他先是非常清醒地意识到，无论是在眼前还是在不远的将来，能威胁到他后周朝臣第一人地位的，只有柴荣。为此，他利用职权巧妙地把柴荣固定在了其封地澶州，不管有没有事，或者怎样请示，都别想踏进开封一步。至于和郭威单独见面，更是想也别想。

在将近三年的时间里，除了年庆朝贺等极特殊的日子外，柴荣只等到了一次机会来钻空子，他趁着王峻奉命外出监修河堤时，偷偷地溜进了开封，想和老爹见面说说心里话。可是没承想王峻爪牙遍布，马上就得到了信息，王峻立即放下了手中所有事情赶了回来，柴荣不得不灰溜溜地返回了澶州。

此人的强悍跋扈可见一斑。

不仅如此，王峻对郭威也相当不逊。按说这非常不理智，但是为官处世有时候就像用兵一样，似危实安，运拙胜巧。王峻的为官之道好有一比，就像后来的清臣曾国藩与李鸿章，谁能说得清这两人到底谁高谁低呢？

众所周知，曾国藩成功之后，战战兢兢、克己自守，以极度的谦退来维护身家性命和贤臣名声。他的弟子李鸿章则恰好相反，为了生存，为了让所有人都奈何不了自己，快意无忌地生存，李鸿章大把抓权死不放手，自谓英雄不可自剪羽翼。

后人扬曾抑李，当事者到底谁活得怎样却一目了然。

身为乱世高官的王峻，走的正是李鸿章的路子。他身为后周郭威以下第一人，宁鸣而死，绝不默然苟活，在后周开国初期马上就经受的巨大考验中，起了决定性的作用，让自己的威望达到了空前的高度，从而让所有人包括郭威在内对他礼让三分，但是他与郭威的差距也马上就显露了出来，并由此走向了灭亡。

他把自己是谁、是怎样一路走来的给忘了。

他没有掌握住权力的最基础点。他不懂得所谓权术其实甚为简单，那就是人与人打交道的艺术。他以为站在权力之巅的不再是人而是神，可历史早已无数次地证明，有人之所以能走上神坛，就是因为他了解了人从而满足了人；之所以后来又掉下了神坛，变得什么也不是，也正是因为他真的变成了“神”，不再去理会人的所思所想。

郭威、柴荣、赵匡胤，他们就什么时候都知道自己是谁，记得自己是怎样一路走来的，从而做出来的事情都是人应该做的，所以他们才能成功。

后周建国之初，所面临的第一次重大考验来自政治欺诈受害者刘崇。刘赟被杀、郭威称帝终于让刘崇知道自己被非常不仁道地骗了，他的反应是马上在政治地位上把自己与郭威拉平，绝不吃亏——不当太上皇了，我也要当皇帝！

他绝不承认后周这个“伪”王国的存在，他仍然尊崇延续着汉的国号，只是历史比较无情，为了把他和其兄长刘知远的“后汉”区分开，称其为“北汉”。

刘崇的北汉先天不足，以他的老根据地太原为中心，只有区区十二州的土地。这个面积做节度使是太大了，作为一个皇帝就小得让人头皮发麻。面对庞大的后周，刘崇意识到了和当年石敬瑭一样的危机，怎么办？彷徨无计的刘崇走上了和石敬瑭一样的老路。

契丹，还是契丹，只能是契丹。只是这时的契丹已经改名称为“辽”了。

刘崇给现任的辽国皇帝耶律述律写信，要求支援，开出的条件相当优厚，他答应以前后晋石敬瑭怎么做他就怎么做，绝不含糊。耶律述律一听大喜，这真是喜从天降，又有儿子送上门来了。却没想到刘崇在这方面非常执着地表达了自尊，别的什么都能答应，就这一条，坚决不行！

他给辽国皇帝写信，郑重其事，非常严肃认真地写道："……侄皇帝致书于叔天授皇帝……"

天下所有的人都给我睁大眼睛看清楚喽，我刘崇绝不是人尽可爹的，绝不像石敬瑭那样不要脸，我只是认了个叔叔而已，你们都别想歪了。

就这样，在郭威称帝当年的十月，辽国派彰国节度使萧禹厥率五万辽兵南下来到河东，刘崇加派两万人马与之一起南下，兵锋直指晋州，口号是"尽此一役歼灭后周"。

后周这边做出的反应是皇帝郭威坐镇国都，由宰相兼枢密使王峻率兵迎敌。

这已经是当时最好的攻守调派了，后周的每一个人都在深秋十月寒风阵阵的西北大地上焦急忐忑地等待着王峻和北汉、辽国联军交锋的结果。但是让人极度不安的是，时间过去了整整两个月，已经进入了深冬，王峻却依然没有到达战场！

也就是说，晋州城已经独自承受北汉与辽国联军的攻击，孤守无援了近两个月！

王峻居然带着后周所有的后援部队，非常悠闲自在地驻扎在绛州，置身事外，远离战场。如果问起原因，他一点都不含糊，直接说自己的军队中既没有流行瘟疫，也没有什么人阻碍他的军令，一切都非常正常。他之所以不到战场，唯一的理由就是他不想去。

这到底是怎么了？如此诡异反常，让郭威都沉不住气了，他不得已派人去问王峻出了什么事，并明白地告诉王峻，实在不行就换人，看来自己的事得自己办，由他郭威御驾亲征好了。

直到这时，一直表现得无动于衷的王峻才把身边的人都屏退，单独对使者说出了自己的想法。

——请转告陛下，我一直在等着一个战机。我不想带着我的生力军第一时间赶到战场，因为那时候北汉人和辽国人也都是生力军，势必会变成了硬碰硬的死拼，一点好处都没有。

别忘了这是我们的地盘，我们最大的优势是晋州城非常坚固，一时半会儿绝对不会被攻破，而且现在是深冬，利守不利攻，再加上我迟迟不到，城里的人绝了外援的盼头，只能靠自己才能活命，这就更加强了防御的力量。他们多坚守一天，就多消耗敌方的一分锐气，彼消我长，等着再过些日子，天再冷些，就是我出击的时候。那时候别说是不成气候的北汉人，就是辽国人我也要他们匹马不得还乡！

至于陛下说想亲征，我看还是免了吧。我国初立，四方的藩镇还没有真正收服，尤其是那个慕容彦超，一直在蠢蠢欲动，如果陛下亲征，第二天就会有人乘虚冲进都城，到那时候腹背受敌，就什么都完蛋了！

恍然大悟的使者以十万火急的速度赶回了开封，把已经准备亲征的郭威拦住，悄悄地报告了王峻的回答。郭威吓出了一身冷汗，一时变得非常失态，所有人都看见皇帝突然狠狠地抓住自己的耳朵上下乱拽，嘴里喃喃自语——几败吾事！

后面发生的事几乎完全按照王峻的预料在进行。

十几天后，突然间天气大变，风雪交加，北汉和辽国联军迫不得已开始撤退，王峻乘势追击，不仅北汉人损失惨重，辽国人也死伤大半。从此之后，刘崇再也没有胆量和力量进犯后周了。

最大的危机度过了，每一个人包括郭威都深深地松了一口气，王峻以自己的聪明才智让新建的王国顺利地熬过了最初的艰难阶段，紧跟着他又带领兵马跟着郭威去讨伐公然叛变的慕容彦超。这一次他身先士卒，率众先登，干脆利落地把这个非凡的节度使干掉，去外侮之后又除了内患。一时间后周变得国泰民安，人人都觉得安定和平的好日子已经到来了。

但越是这样，动乱的种子就埋得越深。没有人意识到，这时的后周应该准备一个继承人了，事实证明，就连郭威都没有意识到已经有了这样一个巨大的危机，他一直都没有给自己的继承者任何展示能力的机会。

柴荣，这位后来的周世宗变得越来越尴尬，他此时的资历让人非常鄙视。请看：郭威做后汉的枢密使时，他是左监门卫大将军；郭威驻防边境时，他是贵州刺史、天雄军牙内都指挥使；等郭威起兵造反时，他留守后方；等刘崇进犯时，由于前线总指挥是王峻，他只能在澶州远远观望。

也就是说，他从来都没有什么能拿得出手的军功，所有人都只能认为他是个地地道道的吃祖宗饭的富家废物。这造成了柴荣在执政初期的艰难局面，文官敢于当众顶撞他，武将更在战场之上公然叛变投敌。尤其是助长了一些权臣的非分之想，就像王峻，他敢于制造出一些事端，向柴荣，更向郭威叫板，来希求更大的权势和富贵。

这样，就没有了退让，只剩下了胜负，再一次的流血也在所难免。

一个员工是怎样虐待自己老板的？这是个非常实际的命题，相信无论是员工还是老板都会密切关注，但是细想这也没有什么，人生不就是在你折磨我或者我折磨你的过程中度过的吗？

身为当事人，切身感受就会大不相同了。没有什么折磨是可以不付出代价的，就像王峻与郭威。

刘崇败退，慕容彦超覆灭，这让王峻的声望如日中天，这些都是在他的英明策划和亲自指挥下完成的，所以公平的人民也把这一切功劳都记在了他的名下。一时间好评如潮，歌颂不断，王峻成了后周国内人见人爱的大英雄，而王大英雄在飘飘然之际回头看了看，也发现人民的眼睛的确是雪亮的，说得都没错啊！

于是他就又顺势向旁边看了看，就发现他的顶头上司郭威在这段时间里的表现可真是够差的，矬得让人不忍直视。

郭威都干了些什么呢？他在王峻大展雄才、叱咤风云的时候，像是无事可做、非常无聊似的，勉强做了几件婆婆妈妈的小事情。这些事情之小，之无关紧要，都是自朱温以后的后梁、后唐、后晋以及后汉的皇帝不屑一做的。

比如说当年的终结者朱温先生曾经在攻打淮南的时候，顺手抢了一万多头耕牛，这在以往来说毫无悬念，这些牛马上缴就会变成军粮了，可是不知为什么朱温一反常态，千里迢迢地把这些牛都赶回了自己的地盘，还变态一般地把牛都分给了农民。

农民们惊喜之余才听到了朱温的附加条件，当然看上去是很公平的——从此每家每户要上缴一定的牛租。

要命的是几十年过去了，这些牛以及它们的儿子们都死得干干净净了，可每一个朝代的每一个皇帝却都清清楚楚地记着农民们当初和朱温签下的租牛合同，牛租一直交到了郭威上台之际。

要说郭威这人可真是没劲，他居然觉得都执行了几十年的老政策有问题，还无条件地把它们废除了。

再比如，还是牛，相信朋友们还有些印象，我在小文开头处曾经说过，五代十一国时牛皮因为军需必须全部归为国有，如果有人胆敢私藏一寸或者贩卖一寸，就会被处死。那么对于养牛的农民呢？对他们的要求就更苛刻了，他们要负责上缴牛皮，每年都有定额，达不到的就会被处死。

想想看吧，在那个饿得人吃人的年月，你还能养着一头牛，等着它一年、两年地长大，然后再顺利平安地剥下它的皮来上缴国家？！

不知道有多少无辜的农民死在了混账的牛皮上。

郭威居然置军队的迫切需求于不顾，下了这样一条命令——以后每年民间应缴的牛皮，三分减二。实在没有的，可以把牛皮税分摊到田亩上，每十顷地捐牛皮一张，剩下的牛皮人民可以自用或者自由买卖。

不仅如此，郭威还把盐、酒这些利税大项都解了禁，随便人民做生意，甚至可以和后周国境之外的人做生意。

这可真是冒了天下之大不韪，这在军事安全第一的当时，不是鼓励人民里通外国吗？这些都让国家原有的税收在一定时间范围内受到了强烈的冲击和影响，当时有一些人怨声载道。

你说郭威这么反常地乱搞，他的国家还是适合人类生存的正常世界吗？！

而最最让人看不过去的是，郭威居然把五代十一国里最基本的一条国策给改动了。一时间上层社会人人恐慌，都说国本一动，国将不国，后周马上就会烟消云散了！

事情是这样的，在郭威之前，所有的皇帝都特别注重国计民生，尤其是粮食是否稳定地高产。为此，所有的皇帝都把劳动力固定，让农民在规定好的土地上耕种，谁也不许跑，跑了就杀头，而且所有的都通通是国家的，土地、耕具、牛马，还有你的妻子和儿女，当然也包括你，都是国家的，就算死了也得埋在这块规定好的土地上，以便使之更加肥沃。

郭威却把一切都无偿地分给了农民，上述的土地、耕具等都成了农民们的私有家产，还大幅度地减免了农业税，把实惠还给了农民。

这些都让后周的官员们看傻了眼，他们不理解郭威这是怎么了，为什么一定要和自己还有国家过不去？百官之首的王峻在惊讶之余，不禁对之嗤之以鼻，郭威何其短智！虎狼屯于四野，国家内忧外患，连后汉原有的国土都被分出去一部分给了北汉，在这样的局势下，不去思考怎样收地破敌，却终日理会这些婆妈琐事，郭威，你真的让我很失望！

由此，一些以前从没有过的，也不会出现的想法，渐渐地在王峻的心里生成了。虽然他永远都不会承认自己有过篡逆之心，但是这都不妨碍他对郭威的折磨。

话说王峻作为后周领袖郭威的亲密战友，以及后周权力集团的二当家，是每天都要和郭威见面的。两个人见面的程序一般是这样的：

先是王峻必须按照传统向郭威致敬，郭威的反应总是满脸堆笑，双手相握，并且这样说："呵呵呵，王哥，不要这样嘛，你真是太客气了……"（峻年长于太祖两岁，太祖往往呼峻为兄，或称其字）然后两个人就谈起了每天多种多样但又千篇一律的话题。

谈话的主要内容如下：

××日，王峻说："陛下，郑仁诲很让人讨厌，此人绝不可重用。"

郭威："……我也没有重用他啊……"

王峻："我是说绝不可重用……也就是说，永远都不能重用。"

郭威："……啊，这样啊……那好吧。"

××日，王峻说："陛下，李重进很让人讨厌，此人绝对不可重用。"

郭威："……我也没有重用他啊……"

王峻："我是说绝不可重用……也就是说，永远都不能重用。"

郭威："……啊，这样啊……那好吧。"

××日，王峻说："陛下，向训也很让人讨厌……啊，对，我承认了，其实就是非常让我讨厌，所以此人永远不可重用。"

郭威："……啊，这样啊……那好吧，既然你都这样说了，那就不重用他……不过我还是要重申一下，我也没有重用他啊……"

谈话就这样每天多种多样又千篇一律地进行着。需要指出的是，无论是郑仁诲、李重进还是向训，都是一直追随郭威，比王峻资历还要老的郭威嫡系，王峻压制他们也就是在削减郭威的羽翼。当然，这还不算他在同时间内进行的压制柴荣的行动。

日升月落，王峻和郭威的谈话每天都在继续，不管别人怎么看，郭威总是答应着王峻的所有请求。直到有一天，王峻的谈话内容终于有了前所未有的新鲜创意。

王峻说："陛下，王峻也很让人讨厌，把他的枢密使职务撤销了吧。"

郭威："……啊，这样啊……那好吧。等等！"郭威突然间回过味来，"你说什么？你要辞职？！”

“是的，陛下，我很不称职，您就把我的职位撤销了吧。”王峻极其认真诚恳地回答。

这下子人们终于看到从不激动的郭威变得极其焦灼，他对王峻进行百般抚慰、小心规劝，问他是否由于工作太累了需要节假日，实在不行就把工作带回家去做。

不要小看这一点，在中国历史上只有极少数的宰相可以每天不必到朝报到，在自己的府第里办公。比如南宋末期的宰相贾似道、清朝的张廷玉，无论忠奸，都得极有资历且权倾朝野，缺一条都别想做这个梦。当然，这种事都无一例外地有可怕的后遗症，朝野都会认为你有了个人的小朝廷，实在大犯人主之忌。

无论郭威怎么说，王峻都毫不妥协，他直接给自己放了大假，回家里躺着休息去了。

可怜的郭威只好自己一个人孤零零地坐在大殿里生闷气，琢磨这事儿到底差在了哪儿。

接下来的事情，就更加让他感到恐怖了。自从王峻撂了挑子，不再履行负责军事的枢密使职务后没几天，后周全国各地的大小节度使突然间一致上书来挽留王峻，一时之间声势滔滔，军心浮动。

这才真是国本动摇。

郭威急了，派大臣去王峻府里传话，说王哥你要是再不出来工作，那我就得亲自去你家接你了。

王峻的回答是相当的诚惶诚恐，他说陛下如果您来，那就是不想让我活了。我马上就去死，说什么也不能让您为我出皇宫一步。

郭威极度郁闷，思来想去再没了办法，最后只好请了王峻的私交好友陈同，请他在自己与王峻之间周旋，务必把王峻请出来。

陈同在王峻家待了好久，回来说王峻托我给您带个话，要是一定让他出来干活儿，也不是不可能的，只是请您来个声明，说马上就亲自去他那儿，给足了他面子，他就没法推托了。

……好吧，就这样吧。沉默了好久的郭威终于同意，一切都按王峻说的办，这样王峻才勉为其难地回到了工作岗位上。

等这次风波过去之后，郭威才从侧面打听出，之所以突然有那么多的节度使联名上书，完全是王峻写密信要求他们那么做的。既要拉又要打，一边儿要挟郭威一边儿强迫底下的节度使，王峻把所有人都耍得团团转。这让他的信心大增，更加看清了郭威的懦弱，以及他在后周国内的影响力。这让他进一步增加了与郭威谈话的次数，提高了谈话内容的质量。

自从王峻重新回到了工作岗位上，他对工作就充满了热情，工作态度和工作的力度全都登上了一个新的台阶。相应地，他和郭威之间的谈话密度更大，周期缩短了。

××日，王峻说："陛下，有鉴于宰相兼枢密使王峻的工作非常出色，而他还心有余而力更足，是不是再给他加点职务？"

郭威："……啊，这样啊……那好吧。你还要再做点什么工作呢？"

王峻："来点实惠的，平卢节度使。"

郭威："……啊，这样啊……那好吧。"

××日，王峻又说："陛下，有鉴于宰相兼枢密使再兼平卢节度使王峻的工作极其出色，而他家里却太穷了，能不能再给他加点薪水？"

郭威："……啊，这样啊……那好吧。每月再加多少？"

王峻："干吗每月每年零敲碎打地让人等得心烦，来个痛快的。这样吧，咱们后周左藏库里还有绫罗一万多匹，就一次性作为额外补贴发给王峻吧。"

郭威："……啊，这样啊……那好吧！"

请别奇怪郭威为什么咬牙，大家还记得后汉的家底子吧，国库早就被刘承祐用光光了，而郭威轻徭役、薄赋税，哪有什么额外收入，这点东西是容易攒下来的吗？！至于左藏库对一个国家意味着什么，我们以后再说，不过笼统点说也就跟国库差不多。

王峻此举，真乃狼子野心，是可忍孰不可忍也！

就这样，郭威对王峻百依百顺，从不违逆。时间就这样又腻歪又平和地溜走了，突然有一天，王峻请郭威到他的办公地点枢密院去做客，郭威不明所以，欣然前去，到了一看，原来是王峻盖了座新房子，史称“极其华侈”，请郭威来喝酒。

郭威非常高兴，一路参观，然后纵情欢饮，给足了王峻面子，于是这一天宾主尽欢而散。转过天来，郭威似乎受到了新房子的诱惑，打算在自己的皇宫内院也盖一座小殿，但是才开始动工，王峻就找了过来，开始了与郭威的新一轮谈话。

王峻说：“陛下，你的房子已经很多了，再盖这个干什么？”

就见郭威的脸色突然间变红，胸膛陡然鼓起，像是憋了好久的气一下子不知从何处都涌了起来，再也忍耐不住。但是无论如何，最后郭威仍然保持了一贯的沉稳平和。他缓缓地转向王峻，说出了下面这样一句比较反常的话：

“王兄，好像你的枢密院房子也不少啊，你怎么也盖啊？”

王峻一下子愣了，他似乎真的对这样的场面准备不足，他还真没想过郭威能这样对他说话。史称其“惭愧不能对”，急急走开。

就是这样，王峻仍然没有警觉收敛，没隔几天，他就又找到了郭威，进行了下面这个虽然命题比较陈旧，但具体内容却新鲜热辣得不得了的谈话。

王峻说：“陛下，李谷和范质都非常讨厌，他们绝对不可重用。”

郭威：“……”

王峻：“我是说绝不可重用……也就是说，永远都不能重用。”

郭威：“……”

王峻：“陛下？！”

郭威："……"

大家是不是非常奇怪为什么郭威没有继续他的正常的回答程序？他怎么一下子痴呆了？终于被王峻给虐待傻了？

当然不是，其实理由非常简单，因为李谷和范质这两个人跟王峻同一级别，都是后周的当朝宰相！

这让郭威怎样回答？他只有继续沉默。但是沉默对王峻而言没有其他任何的暗示，只是意味着软弱。他极不满意，且绝不后退，他勇气倍增，不达目的誓不罢休，进一步提出了一个更加生猛热酷的议题。

王峻说："陛下，我觉得颜衎、陈同（还记得陈同是谁吧？请看上文）一点儿都不让我讨厌，让他们来代替李谷和范质做宰相吧！"

这时的郭威终于感到没法再沉默了，他的回答是："爱卿，今天是什么日子你忘记了吗？今天是法定节假日寒食节啊，今天不办公的。这样吧，你让我过完了这个节，我就答应你怎么样？真的，过完节马上就办。"

当天王峻志得意满，非常满足地离开了，就此走出了后周的行政大殿。至于在他身后的郭威变得怎样了，他再不愿理会哪怕一点点。

据说人当了官之后是会变的，郭威果然是变了，这个皇帝似乎比后汉末帝刘承祐还差劲得多。刘承祐这个少不更事的小毛孩子还知道为自己的合法权力进行斗争，还敢于突然下手，干掉当年的权臣夺回权力和尊严呢！

而郭威，竟然如此，真是可笑又可怜！

郭威是真的变了吗？由于突然得到最高位子而变得不思进取，只想苟且偷安，那么就可以随意被别人鱼肉了吗？通过以前所有的事件叙述，我们是不是也得出了这样的结论：郭威是个极度深沉、满腹心机，却又迟于行动或者怯于行动的人。

就像一个成功的顶级阴谋家一样，一点阳刚杀气都没有。

答案当然是——错！

如果郭威真是这样，他是怎样数十年如一日地混在军队里，而且从最底层冒升出来的呢？那么多狂野凶悍的军人为什么会心甘情愿地为他卖命？

翻开《五代史·郭威传》，我们可以发现能用《西游记》里形容北方真武大帝的话来形容他，“幼而勇猛，长而神明”，是一个真正文武兼备、两手都硬、没有明显缺陷的人。

郭威年未二十，刚进军队的时候，是个极其桀骜不驯、不守军纪、随意游荡的家伙。当时就在军营边上有一个菜市场，里面什么人都有，最突出的是一个肉霸。该肉霸虽然不过是个卖肉的，可是欺行霸市、无恶不作。

这一天，年纪轻轻的郭威走了过去，告诉该肉霸：今天照顾你生意，来，给我切肉。嘿，你别忙，切是切，不是你那个切法……先来十斤精肉，不要半点肥的在上面，都细细地切作臊子……慢着，还没完，再来十斤肥的，不要见半点精的在上面，也要细细地切作臊子……

后面的还要再说吗？是不是有点眼熟？没错，这个屠夫是不是姓郑，史书上没记，不好乱说，不过从年代上看，一定是施耐庵借鉴了《郭威传》，而肯定不是《郭威传》抄袭了施耐庵的著作。

结果是一样的，如此恶搞，该肉霸不管姓什么也一样火了，他像屠夫一样出言不逊，郭威却根本没心情像鲁达那样跟这等腌臢泼皮多费口舌，他顺手抄起肉案子上的刀，一刀就把该屠夫宰了。然后满市场人人奔走躲避，郭威像没事人一样，把刀子一扔，悠悠闲闲地继续逛街去了。

以上就是少年郭威杀人事件的经过。试想当年的小毛孩子都敢干这样的事，难道郭威在领兵厮杀一生之后，反而怕手上溅血了？！

一切的原因都是投鼠忌器。王峻这只耗子虽然可恨，但是他现在却蹲在了珍贵的花瓶上，总不能因一时之怒把花瓶连同王峻一起都打碎吧？那样刚刚稳定下来的局势就要再次动荡起来了。于是郭威选择了忍耐、忍耐再忍耐，他一心盼着也算是见多识广的王峻能自行醒悟，及时收敛，但是无情的现实让郭威的和平之梦彻底破灭了。

那天郭威看着志得意满的王峻旁若无人地走出了他的大殿，离他越来越远，他终于明白了，王峻不能再留，就算这时的王峻仍然没有篡逆之心，也留不得了，因为形势和惯性已经让王峻再也收不住脚了。如果还要退让，那就真的不是宽容而是怯懦了。

一时间郭威觉得愤怒，心里更多的是悲凉。王峻，你为什么就忘了当年我是怎样当臣子的呢？你都亲眼见过的，面对小毛孩子刘承祐我都小心翼翼、谦恭谨慎，你为什么就敢这样咄咄逼人，不留余地？！

好吧，看来再次动刀的时候到了。

可是……唉，人生中多少事是当事者参悟不透的啊，不管这个人是多么聪明机警。仅仅隔了一夜，一天之后，王峻就看到，剥下他显赫的后周宰相兼枢密使兼平卢节度使的华贵外衣后，其实他与当年的那个屠夫肉霸没有任何不同。

他极其可恨，平心而论，郭威非常想亲手一刀宰了他。但是他比那个肉霸幸运，因为郭威现在已经是皇帝了。让这时的皇帝郭威再回到当年的菜市场，郭威顶多只会拍拍那个肉霸的头，说你老实点，不是人，装装人，好好工作，给我多上点税，不然我杀了你。

就是这么简单，因为在郭威的眼里，众生都是一个样——我的子民，给我干活儿的人。你们都是有用的，我都会珍惜。只是，千万别调皮捣蛋，不然我就只好杀了你。

这于王峻也是一样。不管你立了多大的功，或者你的老板是多么宽宏大量，其本质都是一样的。

第二天，寒食节过去了，郭威很早就起床上朝办公，所有的朝臣也在王峻的带领下来了。接下来发生的事要怎么形容呢？是很严肃认真的，还是非常滑稽搞笑的？

我认为是后者。

因为不可一世的王峻一下子就垮台了。

郭威只是坐在行政大厅里当众宣布了他在这两三年里的种种混账讨厌事儿，然后就把他就地免职了。什么力气都没费，什么多余的插曲也没有发生。那些平日里对王峻毕恭毕敬、唯王峻马首是瞻的群臣们，连一个站出来替他说话的都没有。

悲哀，真是悲哀！直到这时王峻才意识到自己犯了多大的错误，面对无比残酷的现实，他开始后悔。看看郭威，这个老谋深算的家伙要么不动，要动就干净利落，绝不给敌人反扑的机会。再回头看看自己呢，已经是群臣之首了，军权、政权一把抓，可是还要贪图一些蝇头小利，还要三不五时地随意敲打郭威，更可恨的是还联络了各地的节度使要什么欲进先退、欲擒故纵的蠢把戏！

真是死催的，这些都让郭威怎么想？

这是在不停地试探，就像狐狸过冰河，一小步一小步地往前挪，走一点听听地下的冰凌是不是响了，再走一点再听听，如此走走停停，不停地推进，等着觉得没危险了，它就会突然加速，三步两步地跳到河对岸去！

那时候就什么都晚了。

所以郭威无论如何都不会再给他机会了，不管他的这些作为是不是真的如同上面的那只狐狸。

了不起的员工王峻终于被憨厚无能的老板郭威给开除了，人人都以为郭威要扬眉吐气，痛打落水狗了，却不料郭威突然哭了起来，他面对朝臣哭得非常伤心，并且就近抓住了老滑头冯道的手，哽咽着说："这都是王峻欺负我，我实在受不了才这么做的！"

被深深感动了的冯道连忙代表全体后周朝臣表示了完全体谅皇帝的苦衷，且拥护陛下英明决定的立场，并劝郭威千万别再伤心了，王峻是咎由自取、罪有应得，应该立即把他正法以正天下视听。

郭威再次摇了头说不，他怎么能杀了自己的王哥呢？绝对不，而且还郑重地强调了王峻虽然犯了错误，但他仍然期待着老同志能改过自新，不能把任何人一棒子打死……于是经过讨论，作为必要的处罚，对王峻同志降级留用，贬到商州，任命其为司马，以观后效。

结果却是令人万分遗憾的，王峻完全没有体谅郭威的苦心，他到任不久后就突然死了。历史给出的死因是王峻越想越觉得没面子，无论如何都想不开，自己跟自己较劲憋屈死的。

唉，你说郭威该有多么伤心啊……

不管怎样，随着王峻的死亡，后周又避免了一次可大可小没有具体当量数值的爆炸危机。郭威终于可以自由自在地生活，且没有阻碍地发展后周的国计民生了。据记载这时是公元953年之初，一年之计在于春，后周的春天终于来到了。

当年三月，早春时分，有一行人从澶州而来，进入了都城开封。柴荣，他终于如愿以偿地来到了郭威身边，身份从澶州刺史、镇宁军节度使、检校太傅、同中书门下平章事变成了简简单单的晋王，具体的工作是做开封府尹。

晋王兼开封府尹，请注意，从此这两个看似一般的头衔成了极为显赫的一人之下万人之上的王储身份的象征。尤其是在其后一百六十余年的北宋史上，几乎每一位帝国接班人在正式上班之前都拥有这样的地位和职权，其重要性和象征意味就像西方的大不列颠及北爱尔兰联合王国的威尔士亲王的头衔一样。

这时的柴荣三十四岁，正当年富力强之时，郭威五十一岁，也未见衰老，父子同心同德，绝无猜忌，在他们的治理之下，后周风生水起，众国来朝，渐渐地恢复了中原大地在原有的全国政治格局里的地位。

需要说明的是，现在郭威和柴荣所占据的地方，在几十年前，就是举世无双的大唐的根基所在，辉煌灿烂、强盛繁荣的大唐就是在这片土地上接受着周边所有国家的朝拜敬仰的。虽然伟大的大唐消亡了，但是它二百八十余年的威势和积累下来的文明经验，让这里成为政治中心，无论是谁占据了这里，其他所有的“国家”都会对之称臣纳贡。这就是先天的优势所在。

不公平吗？

你永远不要提什么南方人、北方人谁更优秀，为什么由北方人来统治南方人才合情合理，或者中国历史上为什么总是由北统南而由南统北仅有明朝的朱元璋一事一例的问题，因为历史就是这样安排的。上天让黄河流域先发达了起来，是黄河最先成为我们民族的母亲河，她丰腴的胸膛最先哺育了这一片的中华儿女。无论是之前的刘邦、杨坚、李世民，还是现在的郭威、柴荣、赵匡胤，他们都是在这里出生的子民，命运让他们在不同时段出生在这片大地上，也只有在这片大地上，他们才能统一全国，屹立在世界之巅。

这就是命运。

命运也让赵匡胤在三年之后再次回到了开封。这时他不再是禁军东西班行首了，而是滑州（今河南滑县东）兴顺军副指挥使，这是他作为柴荣最早的班底的奖赏。而且命运之神从此之后就开始真正地对他眷顾了，在中国五千年的历史长卷里，他的名字将第一次出现。

终人一生，无论他是谁，总会亲历一个终点的，那就是死亡。到那时，我们就会真的知道生命的真相，以及它到底还会走向何方。

美好的时光总是稍纵即逝，还是在公元953年，这一年全国欣欣向荣、百废待兴，所有人都以为后周已经走上了正轨，正带着它的人民奔向幸福的彼岸，但是谁也没有料到，它突然间就停顿了。人们惊愕地发现，原来庞大的帝国及其无数子民的福祉竟然是这样脆弱，它们完全依赖于领导人的健康。

郭威突然间一病不起，这时距离他登基称帝才不过短短三年时间，一切都是这样仓促，帝国、人民还有柴荣，都还没有准备好，他真的不应该在这个时候病倒！

后周的这片土地，注定了要由真正的强者来统治。它四通八达，你强盛了固然是四方拥戴，而你衰败了就是四面楚歌，哪个方向都能冒出来必欲置你于死地的仇敌。请看，这个时候它的南边有南唐、吴越、闽、楚、南汉、荆南、后蜀等各割据国；北边有死敌刘崇的北汉以及雄踞朔方据有大漠的异族契丹；在西北还有党项、吐谷浑这些在唐朝就已经极为强盛的部落。在这三年之中，郭威已经与后蜀、南唐发生过摩擦，而北汉和契丹就更不用说了，北汉是不死不休的冤家对头，契丹则要到近五十年之后才与北宋达成澶渊之盟，现在一切都没有和解的盼头。

郭威只有强支病体，每天照样上朝办公，让天下所有的人，包括他的子民和他的敌人都清清楚楚地看见，我——郭威，仍然还活着……没有任何人、任何事能让我倒下！

他熬到了公元 954 年的元旦，这一天，五十一岁本未衰老的郭威按照惯例盛装出行，咬紧牙关登殿举行了朝庆大典。在最庄严的地方，他身着皇帝服饰向他的臣民们宣布今年为显德元年，愿吾国风调雨顺、国泰民安，并大赦天下。

当天郭威圆满地完成了自己的任务，一直端正地坐在那里，接受着所有人的目光，直到大典结束他才站了起来，慢慢地走回了皇宫内院，从此他永远地消失在了人们的视野里。

郭威的病情忽然加剧，再也无法支撑。弥留之际，他把最重要的一些朝臣叫到了病床前，紧紧地拉住柴荣的手，交代了最后的遗言：

我死后，尽速发丧，不必久留皇宫内院，孝不孝不在这上面。我的坟墓务必要俭素，所用人力，一定要雇用，不计远近，不许差役百姓。我的坟墓不用石柱，也不要石人石兽，你要用瓦做棺椁，用纸做我的丧衣，临入葬之前，当众揭开遍示百姓，切不可以人畜殉葬！你只需要在我的坟前立一座石碑，在上面刻写："大周天子临晏驾，与嗣帝约，缘平生好俭素，只令著瓦棺纸衣葬。”你若不听我言，死后阴灵不见。

还有，你要把我心爱的盔甲、刀、剑分别埋在我作战过的地方，作为我活过的纪念。

# 第六章　天下英雄他最强

郭威死了。翻阅史书，面对上面的遗嘱，我实在无言再说什么。纵观中国从公元前221年秦始皇称帝起，到公元1911年宣统帝退位止，在两千一百三十一年的时间内，产生了二百三十位皇帝，在乱世中短暂称帝，随即死亡的郭威或许真的不算什么，但是我真的想说，郭威是一代人杰，是一个极少有的既是皇帝又是一个人的结合体。

深沉和机谋，坚忍和决断，这是他的特点。也许通过我的记述，大家会认为他是个太凶险、太冷静、杀人不流血的伪君子。真的是这样吗？难道要用刀子去血淋淋地获得一切，像暴徒朱温那样横扫一切生命才算是理所应当的吗？

历史没有给他更多的时间去证明他自己，就这样吧，郭威，你来过，你做过，你的生命已经留下了千年不灭的印迹，这些就足够了。

郭威死了，后周的天塌了。按照惯例，皇太子柴荣在郭威的棺前即位，成为后周王国的第二任国王。众朝臣举哀的同时也向新皇帝恭贺叩拜，只不过在每一个人的心里，这就像同时向两位死者致哀一样。

这时的柴荣离变成一具死尸也并不遥远了。

柴荣，他让每一个人都想起了另外一个已经死了三年，本应该被彻底遗忘的人——后汉末帝刘承祐。而且柴荣现在所面临的局面比当年刘承祐所面临的更加糟糕，刘承祐有过的优势他一样都没有，他这时的危机，却是刘承祐从来都没有面对过的。

首先是军心。

要知道刘承祐的父亲刘知远当皇帝之前已经领兵打了好多年仗，带进开封的都是多年的嫡系，包括郭威。这些人马在他死后都臣服于刘承祐。柴荣呢？他的人马在三年前还不姓郭呢，这个致命的弱点在不久之后就显露了出来，差点让柴荣立即崩盘。

其次，刘承祐没有死敌，即位之初的平叛就像是一出大戏开唱前必需的过场一样，不过是个点缀。而柴荣面对的却是不共戴天的死敌。这时后周的百官看着他，都极其自然地想到了另外一个姓刘的人。

北汉刘崇……柴荣马上就要见到这个人了。

这还不是最大的危机。他现在最急需的是威望，是能让手下文武百官听令卖命、令行禁止的威望！没有这个，他就什么都做不到。

没见过被员工奚落的老板、被伙计欺负的东家吗？柴荣现在就是这样。是的，他是至高无上的皇帝了，可是却没有人服他！而这该死的威望却是个最奇妙的东西，你用钱买不到，你用美女也骗不来，你用刀子更吓唬不出来，唯有众所不及的功绩和日积月累的心理压迫才能产生威望。这些，历史和时间都没有给他。

却马上就派给了他倾巢而出、不死不休的敌人！

郭威在公元954年正月去世，北汉刘崇在当年二月就带兵杀了过来！三万北汉兵，一万契丹人，柴荣怎么办？

后周一片慌乱。在大殿上，满朝文武像一只，不，是一群苍蝇，聚集在柴荣面前叽叽歪歪，各说各话，没一个去看他的脸色。最后，柴荣不得已主动说出了自己的打算——朕御驾亲征，亲自去攻破北汉！

请留意，柴荣说的不是抵挡，而是攻破。历史证明，他是一把人们还没有清醒认识到的利刃，有进无退的利剑，在他的字典里从来就没有过“防守”二字，事实证明，永远都是他主动地攻击别人！

但是这时豪言壮语只引来了一片讪笑。威望，致命的威望让柴荣绝望，因为他发现其中笑声最大、笑容最恶劣的居然是五千年来最滑头、最不得罪人的老油条冯道！不只如此，冯道还主动走了出来，笑嘻嘻地说了更多的话。

——陛下，刘崇不算什么，他并不强大，在先帝面前他总吃败仗。可是现在先帝不在了，您刚刚即位，这样吧，您派一员大将出兵，抵挡一下也就行了。何必兴师动众呢？

下面一片附和之声。的确，冯道说的是“正道”啊，他说得没错，非常理智。

柴荣的脸色变了，他忍了又忍，还是没忍住，终于决定说出自己心里的话。

——昔日唐太宗创建大业，哪一次不是亲自出征，我又何敢偷安不出马呢？

话一出口，石破天惊，初出茅庐、白丁一样的柴荣竟然自比千古一帝唐太宗！唉，每一个人都在替柴荣脸红啊，就看见冯道笑了，他实在没有办法表达自己的遗憾，只好说出了下面一句更加理智的话。

——陛下，您未必能学得唐太宗。

尴尬，现在是致命的尴尬了。柴荣的脸色大变，他心有不甘，一字一顿地说出了自己的打算。

——刘崇不过是乌合之众，我要像泰山压卵一样压死他！

却不料冯道更绝，他不过是轻轻一笑，就像没看见柴荣的难堪和愤怒一样，回答得更加风雅绝伦。

——不知陛下做得泰山否？

四两拨千斤，柴荣当场被彻底撅倒。这就是他面临生死存亡的考验时，在自己的大本营里所遭到的“支持”和“爱戴”。

内部不稳，可前方的战报却如雪片一般飞来。军情紧急，刘崇进军神速，已经在邢州与后周第一道屏障昭义节度使李筠交战。李筠绝非等闲之辈，十年之后他成了赵匡胤的大麻烦，但是此时仍然不敌刘崇和契丹的联军，不得不向潞州败退。

但是他给后周和柴荣争取到了宝贵的时间，并且以他的顽强把刘崇继续吸引在身边，带着庞大的敌人一道向潞州移动。

于是柴荣下令。令天雄军节度使符彦卿领兵截断北汉军后路；河中节度使王彦超自晋州（今山西临汾）东下，夹击刘崇；禁军都指挥使樊爱能、步军都指挥使何徽、宣徽使向训等率军向泽州（今山西晋城）移动，那里是刘崇进军开封的必经之路，必须从正面迎击。

他自己，则在当年的三月十一日，带着为数不多的班底人马，亲自领兵出发，去迎击他的死敌刘崇。这些人包括禁军殿前都指挥使张永德以及开封府马直军使赵匡胤。

这之前，已经外放至滑州兴顺军做副指挥使的赵匡胤，因为时任晋王的柴荣的一句挽留，就心甘情愿地再次留在了柴荣的身边。

临出发前，柴荣特意召见了后周大将刘词。他望着这位身为镇国军节度使加同中书门下平章事，镇安国、河阳三城防务的军中宿将，把自己的命运交托了出去。

刘将军，你要迅速集结我军全部的后备力量，尽快地跟上我。一定要快!

久经沙场的刘词没有激昂的神色，他只是沉稳地点了点头。

柴荣直扑潞州，但是这时候刘崇已经不在那儿了。刘崇吸取了上次围困晋州，被王峻钻了空子的教训，这时绝不与李筠多作纠缠，他引兵绕道南下，目标直指后周的心脏——开封。

他清楚自己要的是什么，那就是柴荣的性命。

但他万万没有料到的是，他以最快的速度行军，结果仍然比他预期的要早上N倍就遇到了柴荣。那是在三月十八日，他行进在泽州境内高平县时。

高平，柴荣驻马山岗。眼前就是敌人了，就是敢于蔑视他，趁着他父亲刚死，马上就来侵袭的敌人了，他们完全没有把他放在眼里!

想着这些，柴荣的胸中不再是万丈豪情，而是熊熊燃烧的怒火！是时候了，要让全世界的人，包括他的敌人，还有他自己的臣子和人民都重新认识他!

他命令——前哨出击!

身边马上有人小声地提醒，陛下，我们的人还没有到齐，合围没有形成，后援更加没有到位，是不是再等一下？

柴荣高傲地看了看身边的部下，不解释，不回答，我的命令已经下了！

在柴荣愤怒的时候，刘崇的心情好极了。自从发兵以来，他在后周的国境内狂飙突进，纵横驰骋，无所阻挡！看来他这次真的是来对了，果然郭威一死，后周无人，他为儿子刘赟报仇，甚至就此恢复兄长刘知远的江山，重新恢复沙陀人天下无敌的荣光都指日可待了！

就这样，他心情激越地盼来了公元954年三月十九日这一天。这一天他得到了消息，后周的新任小皇帝柴荣居然不知在什么时候已经到了他的对面，而且前哨部队已经抢先发动了攻击！

太好了，真是盼什么就来什么。沙场老将刘崇微微一笑，面对这样的小辈，他的经验和身份还有优越感，都让他做出了一个大胆的决定。他决定不和初生牛犊分最初之胜负，他要让柴荣这个不知天高地厚的小毛孩子连自己怎么死的都不知道！

于是战场上发生了让后周军队意想不到的一幕，他们憋足了劲冲上来，以为必将爆发一场恶战，却没有料到北汉人居然不堪一击。开战以来一直积极进攻、所向披靡的北汉军，居然与他们稍一接触就后退了，并且开始逃跑。怎么回事？后周的军队不免有些捉摸不透，但是战机稍纵即逝，后面马上就传来了皇帝的新命令：

全速追击！

于是后周军队全线压上，跟着北汉人一顿狂跑，就看见大地在飞速地后退，转眼间他们就追到了巴公原（今山西晋城东北）。到了巴公原，后周的军人们一下子都愣住了，他们的动作在瞬间定型，眼睛瞪得极大，嘴巴张开，个个都变成了极其怪异的后现代行为艺术品。

他们有个共同的问题——我的眼睛还好使吧？我看见的都是真的吗……

只见对面满山遍野都是敌人，北汉人分成了三个方阵，东边的是北汉先锋张元徽（无敌猛将），西边的是杨衮率领的契丹人，中间坐着的是北汉皇帝刘崇。北汉皇帝自将中军，坐镇中央，近四万的人马就那么静悄悄地站在那里，目光冰冷地看着后周人送上门来。

不好，中计了！

这句中国最经典的评书台词像一阵寒风掠过后周军人的心头，让他们一下子有了不祥的预感。

所有人的目光都集中在了柴荣的身上，该怎么办？这时候我们已经掉进北汉人的陷阱里，刻不容缓了，无论是进攻还是后退，都要快做打算了。

但是这些人惊异地发现，他们年轻的皇帝此时毫无惧色，好像根本就没有看到对面漫山遍野的敌人。他声音清晰、绝无颤抖地再次发布命令。

令白重赞和侍卫马军都虞候李重进率军居西，对阵契丹杨衮部；樊爱能、何徽率军在东，对抗北汉张元徽部；史彦超和宣徽使向训、殿前都指挥使张永德领精骑在中央列阵，随朕待机突击刘崇！

刘崇，我要让你知道，在真正的勇气和绝对必胜的信心面前，你这些可笑的小把戏什么都不是！你的埋伏算什么！不还是你原来的那些人吗？很好，看来你真的不知道，我本来就是要找到全须全尾的你，和你来一次彻彻底底的较量！

公元954年三月十九日，高平县巴公原。这一天之后，天下所有人都会因为一个崭新的名字发抖，那就是——柴荣！平生有进无退、坚韧不拔、遇强越强、战无不胜、不达目的绝不罢休的柴荣！

高平县巴公原，战场上寂静无声，数万名士兵隔着一片开阔地冷冷相对。西北大地上三月的寒风像刀子一样刮过他们每一个人，让他们变得僵硬。

战斗没有爆发，原因是——风。

剧烈的北风刮过战场，向南边的后周军队迎面直刮过去。这极不利于抢先攻击，人马的冲锋还有箭矢的射程都会大打折扣。所以柴荣纵然有满腔的愤怒和激情，也要适时地忍耐。何况时间的优势在他这一边，刘词和他的所有后备队还在赶往巴公原的路上，时间一分一秒地过去，都在增加着后周的力量。

所以，现在要稳住，不是逞一时之能、泄一时之怒的时候，相反，一定要加倍提防北汉人发动攻击。但是让他们奇怪的是，对面庞大的北汉、契丹联军却始终纹丝不动，任由战场上的良机无谓地消耗，不知道在打什么主意。

时间没有过去多久，突然间战场上的风向变了，多变的春风来了个一百八十度的大转弯，从后周军队的背后刮了起来，带着漫天的灰尘暴土卷向了对面的北汉军队。

太好了，天助我也！

后周的人马一阵骚动，突然间北汉人已经抢先发起了冲锋！

历史证明北汉皇帝刘崇并不是无能之辈，相反地，他久经沙场，是一位货真价实的百战名将。他不守常规，该出击时按兵不动，让后周人白白紧张。转成南风了，后周的军队刚刚放松警惕，他却突然间发动了攻击。

后周人一片大乱，尤其是东边的樊爱能和何徽，他们首当其冲，被北汉头号猛将张元徽打了个措手不及。这时没有什么好说的了，一来是张元徽太过勇猛；二来樊爱能和何徽根本就没有给柴荣卖命的心。这两人立即后退，手下一千多名后周士兵被张元徽切割进了包围圈。

战局突变，柴荣猝不及防，他刚刚要做出反应，战场上突然又发生了一件让他死都不敢相信的事情。只听见被张元徽击破的后周军阵地上，突然间爆发出了一阵响亮而整齐的“万岁”呼喊声。

这是怎么回事？！

转瞬间柴荣的脸就苍白了，这不是在求援，而是那些士兵投降了！连这么一会儿都没能坚持，几乎马上就投降了！不仅如此，连投降的口号都像早有预谋一样，是直接向刘崇致敬！

其他所有的后周军人都惊呆了，“万岁”之声响彻了整个战场，后周军团全线动摇，这时候柴荣的致命伤口完全暴露了出来，他的威望、他的军心，他所要的东西没有一样是他的，他的军队在本国的皇帝面前，在稍微接战不利的情况下马上就叛变了！

怎么办？！整个战场上他的右翼已经完全崩溃了，本就不稳定的军心更加动摇，而最致命的是他孤立无援，手上没有任何能让他翻身的本钱！

失败……就是死亡，还有比死亡更加难以忍受的屈辱吗？后周、柴荣……难道在郭威刚刚死了不到两个月之后，就要这样耻辱地被终结了吗？！

此时在北汉的阵地上，刘崇笑了，他明白自己赢了。柴荣，你这个乳臭未干的小东西，你懂得什么叫战争吗？你了解自己手下的士兵吗？

五代十一国里的士兵都像是打胜不打败的土匪，你赢了，他们就都会跟着你，可是只要你稍微失利，他们马上就会掉头倒向你的敌人。

没有军纪，没有道义，更加没有什么军人的荣誉……只有彻彻底底的生存和利益。留给失败者的，只有投降，或者自杀，或者猛拼一死之路。当然，你也可以选择逃跑，但是从此上天无路，入地无门，落了架的凤凰连只母鸡都不如，最后只能死得更加凄凉悲惨。好了，现在已经可以把“柴荣”这个名字从人世间抹掉了，他已经不复存在了。

来——摆酒，奏乐！刘崇志得意满，意气风发，他要在血肉横飞的战场上纵情狂饮，奏乐高歌，来以此欢庆他空前的胜利。

一战定江山，皇兄、孩儿、沙陀人的列祖列宗们，你们都看到了吧，我刘崇就要——不，我刘崇已经胜利了，天下还是我们的！

但是他连做梦都想不到的是，几乎就在下一瞬间，他就直接见到了柴荣！

身陷绝境中的柴荣根本就没有选择刘崇想象中的那些失败者通常会走的路。投降？想都不要想，不胜利毋宁死！逃跑？那还不如痛痛快快地死去。

穿过乱成一锅粥的战场，柴荣遥望远处北汉军团的正中央，那里就是刘崇，很好，非常好……突然间他做出了一个让所有人都目瞪口呆的举动，他竟然直接策马向刘崇冲了过去！

伟大的皇帝在他最开始的战役中，竟然如此孤注一掷、破釜沉舟。当他策马冲出时，连他自己也不知道自己的下场是什么。谁有事事必胜的把握？但是他知道自己必须得这样做——因为他不想做个俘虏，或者屈辱地作为失败者活下去。

哪怕是死，他也要倒在冲锋的道路上！

透过层层的人浪，劈开所有的阻挡，柴荣义无反顾地冲向了开始欢庆胜利的刘崇。这时的柴荣心里极为悲凉，因为他清楚地听到，他的身后并没有太多马蹄声和喊杀声，也就是说，并没有多少人跟在他后面。他难免有些悲哀地想到，我的部下、我的军队都在哪里？难道他们真的就此背叛我了吗？！

全力冲刺、激烈拼杀中的柴荣对此无可奈何，但他绝对想不到的是，此时具有决定性的变化已经在他身后发生了，另外一个非常英勇伟大的人挺身而出，瞬间爆发了。

历史从这一刻起，将会为除了柴荣之外的另一个名字而欢呼，那就是赵匡胤。疾风知劲草，板荡识英雄，英勇的陛下，你并不孤单！

战场彻底乱了，尤其在后周军这一边，群龙无首，谁也没料到皇帝柴荣居然这样生猛，把阵地和部下都扔下了，直接去找刘崇单挑。那么剩下的人该怎么办？是跟着皇帝往上冲，还是先就地歇一会儿，然后等着皇帝胜利后来个经典的王者归来？

什么都来不及了，面对如狼似虎的北汉军队，后周军每一个人都自身难保。就在这时，有一个年轻的下级军官没有忙着迎敌，反而转身向自己人堆里面冲，他直接抓住了中军大将殿前都指挥使张永德，大叫——将军，你马上带人向左冲上高坡，从那里向敌人放箭。我带人冲击右翼。必须快，北汉人虽然占了上风，但我们还有中军和左翼，我们还没有败！

张永德猛然警醒了，他认出这个年轻的军官名叫赵匡胤，是皇帝身边亲随一样的小官，他怎么会有这样的见识？但是他按照赵匡胤说的重新观察了一下战场，马上就发现乱成了一锅粥的战场其实真的还可以分出条理脉络，如果按赵匡胤说的去做，很可能真的会一举挽回败局。这时候也容不得他迟疑了，他马上分兵给赵匡胤，两人同时行动。

就在这时，柴荣已经直接杀到了刘崇的面前。

历史记载，这时柴荣的身边满打满算只有近五十骑，用这么点的兵力，柴荣就让整个战局发生了急剧的变化。整个战场都看到了，北汉的中军大帐在缓缓地向后退却。

刘崇居然逃了，面对近乎孤身闯阵的柴荣，他在千军万马、众目睽睽之下居然选择了躲避！

没有比这更让人泄气的了，本来占据上风的北汉人一下子变得士气低落，但是这还不算完，更加沉重的打击马上又接踵而来，他们的军中之胆、第一猛将张元徽突然阵亡。

这个打击是致命的，自从开战以来，张元徽几乎成了北汉人的箭头和盾牌，无论攻守他都在第一线。此前击败李筠，刚才又一个照面就打垮了樊爱能和何徽，他怎么会突然间就被人杀了？杀他的人到底是谁？！可惜战场上容不得任何人停下来观察，一阵突如其来的箭雨把北汉军队彻底打蒙了。

这时候轮到刘崇绝望了，风水轮流转，只是转得太快了，他的军队也一下子就变成了土匪，扔下他转身就跑，就算他本人站出来，亲自挥动旗帜召集都没有用。

没办法，深通游戏规则的刘崇也只有跟着一起逃跑了。只是他怎么也想不通，柴荣怎么能突破他的整条防线，单枪匹马地杀到他的面前？而在主战场那边又发生了什么事？就像是中了邪，本来已经赢定了，怎么会突然全都崩了盘？这仗打得真是糊里糊涂，连怎么输的都不知道。

双方再不废话，一个没命地逃，一个不要命地追，一直跑到了天黑以后。然后无论是刘崇还是柴荣都精疲力竭了，他们谁再怎么急着逃命或者如何急着杀人都没用了，兵都累得瘫倒在地，再也寸步难行。

他们只好在后周境内一条山涧边暂时安营扎寨。

这时的局面变得非常让人撮火，这一对死冤家你能看见我，我也能看见你，但是都无能为力。有一首歌是怎么唱来着——你在山涧头，我在山涧尾，日日思君要杀君，共饮一涧水。

就在这样难得的片刻安宁之中，一样潜伏着极大的杀机。随着时间的推移，谁是真正的追击者和逃跑者还不一定。

首先刘崇被打散的人马逐渐地再次会集。历史记载，这天晚上柴荣的命运其实仍然处在悬崖边上，因为刘崇很快就又有了近一万人的兵力。而且大家千万不要忘了，在开战之初，刘崇的部队里还有一万多的契丹人。这些力量如果能有效地集结起来，柴荣还是要面临失败。

契丹人像是失踪了，就算是现在，北汉和后周都一样找不到他们的行踪。其实很简单，他们已经提前回国了。

开战之初，契丹的主帅杨衮是很想给刘崇这个契丹皇帝的老侄子出把力的，可惜刘崇根本不领情。他一看见柴荣的人马很少，立即就觉得请契丹人来是个大失误。这么好的买卖自己做多好，何必要分赃给别人？于是他非常明确地告诉杨衮，你们契丹人可以休息了，那边有一片高坡，你们爬到上面去，好好看着我是怎么打败后周的。

好脾气的杨衮就都照办了，他始终站在高坡上，绝不弄湿鞋，看完了刘崇和柴荣的全部表演之后，就带着干干净净、手脚齐全的人马回家去了。

这些情况后周军队和柴荣都不知道，他们只知道现在本来就不多的人马更加少了。在白天的战斗中，近三分之一的右翼人马在崩溃之后投降了一些、战死了一些，其余的都被樊爱能和何徽带着向后方逃走，虽然已经派人去追了，可是还没有消息。中军和左翼杀敌一千，自伤八百，也没剩多少，而且都累到极限了，这时和北汉人近得呼吸相闻，一旦再次开战，他们一样还是站在刀刃上！

怎么办？所有人的目光都再次集中在了柴荣身上。柴荣却沉默着，他望着不远处人影晃动的北汉营地，心中在默默地念着一个人的名字，这个人才会真正地决定这次战斗的胜负乃至整个后周的存亡。

那就是刘词……刘词，你怎么还不来？

刘词在当天的半夜时分终于赶到了，他带来了柴荣盼望已久的后援军队，还带来了樊爱能和何徽的消息。这两个人一直在不停地逃跑，而且逃跑的决心和表现实在是太不常见，简直让人瞠目结舌。

首先他们一边跑一边抢劫，见什么抢什么，好像国土已经全部沦陷，得马上备战备荒。

他们逃跑的意志无比顽强，谁拦着跟谁拼命。柴荣先后派出了好几个近臣和亲兵将官来召集他们回去，结果都被一刀一个给干掉了，表现了逃跑到底、永不回头的决心。尤其是当他们遇到匆匆北上的刘词时，竟然还把刘词一把拉住，告诉他皇帝已经大败，前线的部队都投降了，识相的和我们一起逃吧！

幸运的是这个被柴荣选中的肩负着整个国家命运的人堪称稳重，刘词不动声色地甩开了他们，一不跟他们走，二不跟他们翻脸，一切都以尽快赶上柴荣为基准。

命运再次拯救了柴荣，他在黑夜中再不耽搁，马上向北汉营地发起冲击。这时的刘崇已经彻底没有办法了，勉强接战，一触即溃，那条横在身边的涧水成了绝大多数北汉人的葬身之地，在初春冰冷的涧水里，躺满了北汉人的尸体和他们的辎重。

他们的皇帝却幸运地逃脱了，沙场老将刘崇还真是有过人之处，在乌漆抹黑、敌我莫辨的战场上，他以六十岁的高龄矫健地飞身上马，骑着他契丹叔叔赠给他的黄骝马，一路翻山越岭，由小路兼程北逃，一直跑回了老家晋阳。

刘崇活了，事后他为了纪念这次难忘的南伐之旅以及这些天里种种刻骨铭心的遭遇，他为这匹无比忠贞的救了他命的黄骝马修造了特制的马厩，按三品官的俸禄喂料，并赐号“自在将军”。

这就是刘崇为了这次战争所做的最后一件事。然后他以为这就算完了，难道不是吗？他败也败了，兵也都死光光了，在后周抢的东西也都留在那儿了，还搭进去了不少北汉造军需，还要怎样？一个初出茅庐的小辈打了这样的大胜仗也应该满意了吧？

但他万万没有料到的是，他刚刚修好了“自在将军”的马厩，就得到了一个吓得他必须马上哭着喊着叫叔叔救命的消息。因为柴荣根本就不想就此拉倒，他已经带着人马向晋阳开拔，来找刘崇算总账了！

柴荣来了，他生平第一次带着千军万马来主动攻击敌人。这时天还是那个天，地还是那个地，但柴荣已经不是以前的柴荣了。最重要的是，他带领的军队也与之前截然不同。

这都源于高平之战过后的一次沉思。

在自己的国境内把刘崇赶跑之后，人人都以为柴荣会大肆庆祝一番，无论如何这是个地地道道的开门红，这一战打出了士气也打出了威风，尤其是让千千万万的人都重新认识了柴荣。更何况在实际力量对比上，后周也就此把北汉打得再无还手之力，北汉从此再也不敢主动挑衅。

但是不知为什么，胜利后的柴荣闷闷不乐，他整天把自己单独关起来，不知在想什么。

柴荣在后怕。不错，这次他是赢了，赢得非常漂亮，当时有多惊险和绝望，胜利后就变得有多传奇，让人们认为他不仅高明神勇，而且简直就是奇迹。但他自己知道，这次战场之险，险过剃头，他不止一次地站在了生死边缘，每一次都是他必输必死的绝境……这样下去绝对不行，不是要他每一次打仗都亲自当突击队去玩命吧？！

到底差在了哪里？

经过冷静分析，他得出结论，首先，他操之过急了。当时他完全可以再等一下，尽量多带些军队去迎战。他太急于把刘崇赶走了，而在自己的国境内，却要以少得可怜的兵力和刘崇决战。想一想真是后怕，如果刘词再晚到一天，而刘崇熬过了那一晚，第二天的北汉人就可能会反败为胜。

更何况刘词还面临着逃跑的局面。

想到这一点，柴荣就又恨又怒。他把自己关起来，主要的问题就是要搞清楚，为什么他的部队竟然敢于这样公开叛变他，这件事弄不明白，他所有的一切都是假的。那么是因为他的军队本身就不行？不，柴荣随即就否认了这点。还是这些军队，在父亲郭威还有前辈王峻的手里，就指哪儿打哪儿，绝无折扣，至少曾经把刘崇打得透不过气来，为什么换了他就这么费劲呢？

原因就只剩下一点了，就是他自己不行，不能服众。

意识到这一点，柴荣非常痛苦。他知道自己先天不足，首先没有战功；其次当王储的时间太短，满打满算不过半年；最重要的还是他姓柴而不姓郭。可这能怪他吗？他出生在邢州龙冈，本是个庄园主的儿子，只因为他姑姑嫁给了郭威，长年没有生育，才把他过继了过去。那时候郭威正处在人生低谷，别说荣华富贵，就连一日三餐都成问题。

年幼的柴荣见识非凡，他不嫌弃郭家，动用脑筋想办法，居然让郭家能收支平衡，不那么拮据了。这中间免不了日夜操劳，甚至孤身外出和一些商人搭伙，在飘摇的乱世中做些小本生意。

柴荣从小就识得了人间疾苦，又在最平凡的生活中和郭威结成了真正意义上的父子之盟。这种本真的至亲至爱让郭威和柴荣在这一生一世里都没有互相猜忌过，所以郭威才会在临终前越过血亲李重进，把皇位传给了他。

但是这些能说给什么人听呢？就算说出去又有什么用呢？只会适得其反，人们会更加认为他懦弱、矫情、无可救药。

所以出身啊，是多么重要……永远都别说什么英雄不问出处，除非你已经成了英雄！

在柴荣把自己关起来，不断沉思冥想的时候，有人报告说樊爱能和何徽回来了。

柴荣真是纳了闷了，他不明白，这两位高官到底还是不是地球人？阵前叛变，带兵私逃，杀了皇帝的信使，还阻碍了救皇帝的后援部队，居然还敢回来！

这到底是怎么回事？！

身边的张永德给了他答案——其实很简单，兵家自古多胜负，打输打赢有什么大不了？谁没有追过敌人，谁没逃过跑？而且以后的仗还多着呢，不还得用他们这些人吗？所以樊爱能和何徽才敢回来。

最后张永德面无表情地强调说，这样的事真的没什么大不了的，常有，近几十年来一直就是这样的。

但是柴荣受不了，他想，人就怕转念一想。柴荣在转念之后勃然大怒——如果说之前樊爱能和何徽敢于叛变他，是对他的不忠和蔑视的话，那么这时候还敢再回来，就是对他加倍的侮辱！难道说他柴荣怯懦得连人都不敢杀了吗？他真的还得依赖这样的混账东西，忍受着虚假的忠诚背后对他冷嘲热讽的嘴脸吗？！

激动之后，他终究还是有些犹豫，因为无论如何张永德刚才说的都对，他还是得要打仗的。杀人容易，可是杀完之后呢？这样的事是不是真的得睁一只眼闭一只眼呢？

这时候有必要说一下张永德了，这个人不久之后就是后周的第一军人，是禁军殿前都点检，是郭威的女婿、柴荣的表姐夫，是后周国里真正的皇亲国戚，所以他与后周的兴衰有着直接的利益关系，他对柴荣是敢于也勇于说话的。

更加难能可贵的是，张永德宽厚有德量、识人重人，是个难得的好下属，更是个难得的好上司。

敢说话的张永德在柴荣犹豫的时候说了下面这一段话，这段话在当时极为重要，直接改变了后周军队的素质。

无论是他还是柴荣，都绝不会想到，这段话居然成了历史转变的一个根本性的契机，给中原汉人的复兴和后周的亡国都埋下了伏笔。

他说——陛下，如果你只想维持现状，那么一切很容易。可是如果你想削平四海，抚有华夏，那么军法不立，纵然有百万勇猛之士，又怎么能为陛下所用呢？

一语惊醒梦中人，柴荣振臂而起，把床上的枕头狠狠地砸在地上。樊爱能、何徽以及他们部下军使以上七十多人，全部就地斩首，概不赦免，通告全军。

从此以后，后周的军纪开始真正地严明了，柴荣用自己的战功和铁腕让每一个人都知道了必须百分之百地服从他。但是他还是有所担忧，那就是吐故之后如何纳新。你杀了那些没用的，可是有用的在哪儿？

别忙，张永德的话还没有说完，他清楚明白地把一个人的名字告诉了柴荣，说就是这个人在柴荣亲自冲锋之后，挽回了后周当时的战局。

他说——陛下，你应该重赏而且提拔他。他的名字叫赵匡胤。

《宋史》称，高平之战乃太祖皇帝肇基之始。从此之后，赵匡胤成了后周世宗柴荣的心腹爱将，在后周军中，他成了一颗迅速升起的新星。

柴荣在公元954年五月三日来到了北汉的都城太原城下，在此之前，四月中旬，后周的前锋天雄军节度使符彦卿已经率军到达，把太原城围得水泄不通。也就是说，在三月刚刚结束的高平之战后，柴荣根本就没给刘崇丝毫的喘息之机，立即就开始了反攻倒算。

刘崇向契丹求援，辽国国王耶律述律派兵南下。柴荣立即分兵，命大将史彦超阻击契丹。他本人抓紧时间立即攻城，他的计划很明确，只要能迅速攻破太原，契丹自然绝望退去，北汉的其他州镇也会不战而降。

战争在一个月之后结束。

后周准备严重不足，粮草给养迅速耗尽，大将史彦超也在忻口抵挡契丹时不敌阵亡。契丹军团已经突破了防御，正在步步逼近。

柴荣只好退兵。

在回兵的路上，他还不知道只要再过上小半年，到十一月，另一个战果就将显现。

刘崇死，终年六十岁。

柴荣回到后周做的第一件事，就是抛开了所有的常务，再次陷入了沉思。这次的思考议题是为什么没能一举拿下北汉？

兵不精。

一个大胆的计划在柴荣的脑海里形成了，他要重新招募组建一支部队，它必须是全新的、绝对服从的、战斗力超强的。

他命令全国各地驻军把最骁勇的士兵选送进京，同时向天下招募勇士，只要你能打，哪怕你是逃犯或者强盗都无所谓。这项任务，就交给了刚刚因功提升为后周禁军殿前都虞候、领严州刺史的赵匡胤。

赵匡胤在这次围攻太原的战斗中再次成为亮点。当时后周军队轮番向太原城冲击，可都没什么效果，赵匡胤却带人直接冲到了城门下。史书记载，这次冲击中的赵匡胤早有预谋，他没像其他人那样爬梯子搭人墙往城墙上爬，而是直接打起了城门的主意。而且要命的是他根本就没打算用常规的大木头或者大石头去撞，他直接放了一把大火，把太原的城门给点着了。

赵匡胤纵火成功后，就带人冲了进去。可他往回冲的速度比冲进去时还快，太原城里的弓箭太可怕了，透过还没有完全烧毁的城门，像一大群苍蝇一样劈头盖脸地就射了出来，赵匡胤没法不往回跑，而且左臂上还中了一箭。

中箭之后的赵匡胤反而精神大振，不管怎样他还是破掉了太原的城门，而且城门后面有什么他也领教了。没什么可怕的！赵匡胤回到阵地简单地包扎了一下伤口就要再往上冲，这时柴荣亲自拉住了他，禁止他再次冒险。

在柴荣的心中，赵匡胤已经是他急需组建的新朝臣班底里的重要一员，这次招聘选拔出来的新士兵，就要优先安插进赵匡胤所在的殿前司诸班。

在这里，我们有必要解释一下什么叫“殿前”。这是个简称，全称是殿前都指挥使司，是当时最高级别的统兵机构，一般简称殿前司或者殿司。它的领导人依次往下排是殿前都点检、殿前都指挥使（简称殿帅）、殿前都虞候。

殿前司还只是禁军的一半，另一半是侍卫马步军指挥使司，那边另有系统，单独向皇帝负责。

赵匡胤生平第一次单独主持了一次国家政务。只此一次，就让他一飞冲天，再也无法遏制。他有了自己的私人小集团。

下面有一份名单请大家注意，他们是罗彦环、郭延赟、田重进、潘美、米信、张琼、王彦升。这些人的名字是不是很眼熟？只要翻开《宋史》，在最初的几篇里这些人都历历在目，个个名重一时。他们就是在这次的全国海选中被赵匡胤选中，并且立即安插在自己手下做官的。

赵匡胤也因为有了禁军殿前都虞候这个职务之后，正式进入了后周的高级官员之列。他开始了自己的正常人际交往。请再看一份名单，他们是石守信、王审琦、韩重赟、李继勋、刘庆义、刘忠、刘廷让、王政忠、杨光义。这九个当时已经身有官职、各居要津的人，不仅走到了赵匡胤的身边，还与他结成了生死兄弟。《宋史》并不讳言，连同赵匡胤在内，他们是“义社十兄弟”。

赵匡胤迅速冒升，成了继柴荣之后，在与北汉的这次战争中最为得利的人。历史稍微给了他一缕阳光，他就立即展翅高飞，开始了他波澜壮阔、叱咤风云的一生。

这一年，赵匡胤刚满二十八岁。

# 第七章　冯道之殇

公元954年，二十八岁的赵匡胤在三十三岁的柴荣的领导下，像一架永动机一样一刻都不停顿地忙碌着，他们四处出击，开疆拓土，后周人充满了前所未见的创业热情，积极、开明、强盛，这些久违了的东西再次回到了人世间。

就在这样一片大好形势下，珍惜每一寸光阴的柴荣突然宣布辍朝三日，全国哀悼，因为深仁厚德、深孚众望、四海臣服的人类偶像长乐老冯道先生终于与世长辞，驾鹤西归了。

事情是这样的，自从上一次刘崇来犯，柴荣准备亲自迎敌时，冯道当众给了柴荣难堪后，他的好日子就结束了。不仅仅是因为柴荣大胜，让他的判断错误丢了面子，更重要的是人们开始不认识他了。这还是冯道吗？他历仕五朝（后唐、后晋、辽、后汉、后周），侍候了十一位皇帝（后唐庄宗、明宗、闵帝、末帝，后晋高祖、出帝，辽太宗耶律德光，后汉高祖、隐帝，后周太祖、世宗），从来没有做过这样的事——把新任的皇帝顶得当众下不来台，他可真是临老大出息了。

柴荣却没把他怎么样，而且依照古例，给了他只有宰相才有的特殊权力——派他去给郭威修坟。这也是在变相地告诉他，也告诉全天下臣民，柴荣并没有因此与他计较。但是临老出了昏着的冯道绝不原谅自己。就这样，他的生命终结了，非常遗憾，他只活到了七十三岁。

冯道死了，他的精神却万古长青，甚至其政治立场和政治手段也一样流毒至今，啊……不对，写错字了，是流芳至今啊，请大家和冯道都原谅一下。

所以，我们很有必要来回顾一下他行云流水、潇洒自如、左右逢源、优游享受的一生。我相信，从他的身上，我们能看到太多的我们身边活着的人的影子。

首先我们要承认，冯道是个积极进取、不断完善的人。他在青少年阶段可不是这个样子的。那时他有才，而且非常愤青。

话说，冯道字可道，瀛州人，自号“长乐老”。他生在唐朝末年，超有学问，于是学而优则仕，他不例外地选择了读书人的不二职业——当官。

最初他选择了割据幽州、自封燕帝的刘守光（桀燕国王）。这时候冯道一腔热血，满脑子的雄心壮志，估计他是很佩服天可汗李世民的，所以也就非常想当魏徵，于是他就时不时地给刘守光提各种意见，还相当不温柔。

刘守光在他的不断招惹之下，终于确定冯道是发烧了，决定给他败败火，直接把他扔进了班房，并且告诉所有人，几天之后就送冯道上路。

冯道沉默了，他想不通，他有错吗？难道向领导人提意见，随时随地地发现领导的错误，并积极地帮着领导改正错误不正是儒家提倡的最高指示精神和任务吗？孔子、孟子，还有很多的子，不都是强调一定要这么做的吗？

我做错了什么吗？！

话说冯道非常年轻的时候，在死牢这个最适合反思人生的地方，进行了深刻的灵魂改造。在他的朋友把他设法救出来后，他就变了，从此，他成了众所周知的长乐老。

注意，变的只是一部分，他是开始随波逐流，绝不贸然出头了。可是大家要想清楚，一个真的毫无主见，只知道对上级唯唯诺诺、对同级亲切随和、对下级和蔼可亲的人，怎么会迅速地出人头地，极快地在乱世中当上宰相，而且就此屹立不倒，几十年如一日呢？

这里面的学问可就大了去了。

首先，不管是真是假，是否出于天性，冯道在个人修养和行为上都百分之百地是一个君子。

史称冯道“为人自刻苦为俭约”，他跟着后唐庄宗李存勖出征攻打后梁时，住在茅草房里，身为大臣连床和卧具都不用，就睡在稻草上。自己的俸禄可以和随从、仆人一起花，每天吃喝在一起，使用共同的餐具。将士们抢来了美女，照例先送给大臣们一些，冯道坚决不要，要是实在推辞不了，他就另找房子养起来，再为她们寻找家人，个个尽心。当他回家为父亲守孝时，正赶上大饥荒，农田颗粒无收，冯道倾其家财赈济乡民，并且躬耕田亩。当有人生病没办法种地时，他会在半夜里悄悄地替人种好。田主人登门致谢，他却认为不值一提。地方官因此给他送来“斗粟匹帛”，他也一概不收。

这或许也有博取声誉、投机取巧的嫌疑，可什么叫君子呢？真有天生就是君子、天生就是小人的事吗？也就是说，不管那位天生的君子做出了什么，他就是君子，而天生的小人无论怎样清廉自守，也不过是个装假无聊的伪君子？

不，绝不是！我们要承认，不管你的天性是什么，你做出了君子的事，你就是君子。哪怕只在你做君子事的那一瞬间。

这样才公平。

所以，不管冯道的真假，冯道曾经君子过，且长时间地君子过。

说起冯道在政治上的具体贡献，这就要重提一下后晋石敬瑭以及耶律德光。

石敬瑭为了篡夺后唐江山，认了比自己小十岁的契丹皇帝耶律德光为父，需要一个人去出使契丹，表达诚意。石敬瑭遍视群臣，发现这个任务非冯道莫属。

稍有羞耻之心的人都不会愿意，但是冯道答应得非常痛快，他毫不犹豫地说——陛下受北朝恩，臣受陛下恩，有何不可？

这一句话，让冯道留下了千古的骂名。后世的学者范文澜对其大为不齿，忍不住口吐莲花——好个奴才的奴才！

这还不算，当耶律德光占领开封，践踏中原的时候，时任外官的冯道主动进京来朝觐。这时耶律德光小觑中原所有人物，再也不对他客气了，直接问——你为什么来见我？（当初耶律德光想把冯道留在契丹，可是冯道以退为进，非常巧妙地耍了契丹皇帝一回，估计这时耶律德光回过味来，要出一口气。）

冯道面无难色——无兵无城，怎敢不来？

耶律德光占了上风更加嚣张，简直就是在直接骂人——你是何等老子（老家伙）？

冯道却只是一笑——无才无德，痴顽老子。

耶律德光就此大笑，放过了冯道。

这更成了后世的儒家君子们对冯道口诛笔伐的口实，简直就是觍颜世故，毫不知耻！

但他们就一点不再看下文了。耶律德光出过一口恶气之后，终于静下心来，问冯道一些正事。他问——天下百姓如何救得？

请注意，相信大家都很清楚，耶律德光问的根本就不是怎么救百姓，而是要如何治理这些百姓。

冯道的回答极其巧妙——此时佛出亦救不得，只有皇帝救得！

一语道破天机，想当皇帝，就得留下这些百姓，只有这样，百姓才会要你这个皇帝！

不管后来像欧阳修、司马光这样的史学巨匠怎样评价冯道，在他们编的《新五代史》里怎样贬低冯道，在当时，公道自在人心，由冯道此时一言得活的中原百姓数不胜数。当冯道死后出殡时，民众自发组织列队道旁，纸钱满天飞舞，路旁的树叶都变成了灰色。

然而在欧阳修、司马光等人的著作中，冯道"无廉耻立人之大节"，是"国家危亡致乱之祸根"，是"朝为仇敌，暮为君臣，易面变辞，曾无愧怍，大节如此，虽有小善（上帝，你也知道冯道亦有小善），庸足称乎"的无耻之徒，奸臣之尤。

到了元代，学者胡三省更是义愤填膺，他说冯道——位极人臣，国亡不能死，视其君如路人，何足重哉！

到了清朝，就更不得了了。著名的思想家王夫之把冯道的罪行提高到了一个前所未有的高度——冯道之恶浮于商纣王，其祸烈于盗跖矣！

回到宋朝，伟大的文学家欧阳修、伟大的史学家司马光一边大骂冯道无华夷之防、无人臣之节，一边又把沙陀人建立的“后唐”“后晋”“后汉”立为正朔朝代。也就是说，一边骂冯道不该给夷人打工，一边又承认夷人创立的江山朝代是合法的。

想一想吧，在宋朝对文臣优越无比的官场氛围里——记住，仅仅是对文臣而已，欧阳修、司马光等人衣食无缺，安危无忧，他们怎能知道冯道之流立身处世时的艰难凶险？他们面对过如狼似虎、杀人不眨眼，已经君临中原的外族酋长吗？他们面临过三五年就要改朝换代，且每一次都鲜血横流的场面吗？！

真是站着说话不腰痛，甚至是揣着明白装糊涂！

按照他们的理论，冯道早就该死了，他应该至少死十一次，每一次皇帝的更换，他都应该殉葬一次，尤其是面对耶律德光的时候，他应该横眉戟指，大骂不绝，然后引颈向刀，留下千古佳话，给他们的忠臣孝子的队列加上一个号码。

至于当时中原的百姓嘛，自然也要向冯道学习了，都给皇帝殉葬，那是个至高无上的光荣。

不管怎样，冯道还是死了。但是从另一个角度来说，他还一直活着。历史证明，我们的国人有时是非常善于去其精华、存其糟粕的。冯道高贵的个人品质我们没有学会，甚至完全忽略，他的圆滑世故，不闻不问的不倒翁精神，倒是被我们千百年来不断地继承且发扬光大了。

不作为，闹嘻哈，你好我好大家好，这些我们不常见吗？

唉，历久弥新的冯道先生，你真的没有离去，一直活在我们每个人的心中，我们会长久地怀念你。

# 第八章　第一战将赵匡胤

三天之后，柴荣开工，从这一天起，后周周边其他所有国家的噩梦就开始了。

如果有一幅当时的地图，我们会看到，往上，即北边，是北汉和契丹；向下偏左，即西南地区，是后蜀；向右下方看，后周真正的敌人就出现了，那是南唐，汉人地区除了后周之外，就是南唐最为强盛发达了；至于右面，后周倒是可以放一百个心，绝对不会有什么敌人突然冒出来，因为那边是大海，这时无论是高丽人还是仍然署名为倭且沾沾自喜的日本人都还不成气候，中国再怎么乱，也没他们插足的份儿。

面临这么多的肥肉，柴荣要怎么下嘴呢?

柴荣给大臣们出了两道作业题，限期完成。作业题的名字叫“为君难为臣不易论”以及“平边策”。

这两篇文章最后确定了柴荣的战略总方向，即先南后北。而且他发现了王朴。王朴，时任刑部比部郎中，是一个掌管朝廷百司出纳费用的大会计。这个人成了柴荣最重要的左膀右臂，不仅在柴荣历次出征时都留守京都，震慑后方，而且文武百官无不对其敬服，不敢违逆，包括后来的宋太祖赵匡胤。

史有记载，当赵匡胤代周称帝之后，有一天路过供奉后周大臣的功臣阁，突然一阵风吹来，阁门大开，赵匡胤向里一看，马上整衣束冠，向阁内恭肃行礼。

门里面王朴的画像正冷冷地注视着赵家的第一任皇帝，宛如生前那样。

王朴在《平边策》里说，面对四邻强敌，先从弱小着手，一边歼敌一边强己。首先要对付的是南唐，南唐与后周接壤，且可以攻扰的地方有近两千里之长，先从其薄弱处下手，左右攻扰不定，对方往来应付时就会露出真正薄弱的地方，而到那时，我们更不能用强兵去硬攻。

应该只用少量的兵力去骚扰。

南唐人素来怯懦，知道有后周这样的强敌犯境，立即就会全民出动，重兵防守。如此一来，只要经过几次试探，就会把他们的国力耗竭，进而削弱他们的斗志。然后我们就可以真正地发重兵，毕其功于一役，就此得到南唐在江北的地区。得到江北，我们的国力就会极大提升，江南也就指日可待。平定了南唐，吴蜀之地就会望风而降，再之后，就可以去图谋北汉与契丹。

因为这两个敌人都是死敌，绝对没有和平招降的余地。

柴荣、王朴性格极其相似。他们都积极进取，刚强峻急，都像一团烈火一样剧烈燃烧，从不给别人更不给自己留余地。

王朴的命运就和柴荣一样，绚烂强盛的生命就像彩虹或者流星那样划过了历史的天空，一时之间让所有的星宿，哪怕是巨大的恒星都为之失色，但是转瞬即逝，留下的只有叹息和追忆。

公元955年四月，战争开始。

最初的方向不是南唐，而是后蜀。理由很简单，因为早些年后蜀趁着中原大乱，在后晋时期把中原的秦（今甘肃秦安）、凤（今陕西凤县）、成（今甘肃成县）、阶（今甘肃武都）四州给占领了。

这四州的地理位置非常重要，无论是想出川还是想进川，这里都是必经之所。如果我们熟读《三国》的话，就会发现当年诸葛亮每次伐魏，都会先出兵夺取这片土地。而这时，它们就像是四把匕首一样，一直顶在柴荣的软肋上，不拔下它们，柴荣就休想发力。

柴荣决定派一个信得过的人去前线替他视察，看看这个仗要怎么打。

赵匡胤。

赵匡胤即日出发，回来之后不仅带回了实际情况，还附带了自己的看法和保证——陛下，我保证，这四州一定可以拿下。而且依我之见，我们先主攻凤州，这是四州的咽喉，攻破凤州，秦州就此孤立，再攻破秦州，另外两州就会自动归降……

赵匡胤侃侃而谈，在场的所有人，包括柴荣在内却都暗暗摇头，这又是一个急于升官、不顾后果的蠢材。一个如此年轻，从没有独当一面，仅仅是以一时的战场表现升了官的毛头小子，怎么敢对这么重要的战局下此断言？你的信心从何而来？你有几成胜算？而且最重要的，你想过皇帝和大臣们凭什么要相信你吗？

就算你说的都对，你表现得也非常愚蠢。因为从交易成本和最后的收获来看，这都是个极不明智的投资。

你说对了有奖，奖不过是升官发财；可是说错了就要罚，此事重大到关乎战事成败、国家气运，罚就是要抄家掉脑袋！

赵匡胤，你是鬼迷心窍了吗？

历史从这一天起，让我们看到了一个谜一样的赵匡胤。我试图把他看清楚，试着去全方位、多角度地揣摩解读他，但是非常吃力，因为我真的是看不到他的特点，不知道他是个怎样的人。

就像这个时候的后周君臣们，他们就搞不清楚，赵匡胤这样的战略性眼光以及敢下必胜断语的胆量从何而来。

这可不同于凭着年轻的热血胆魄在战阵之上斩将夺旗，这需要超高的智慧和惊人的胆识，同时还要拥有丰富的实战经验。而只有区区二十九岁，初上战场的赵匡胤没法使人信服。

那么赵匡胤到底是个什么样的人呢？他是怎么做到这一切的呢？

像谜一样，勉强解析的话，只能稍作比喻。赵匡胤的为人介乎郭威和柴荣之间。至于他的能力从何而来，难道要说他出身军人世家，自幼苦练武艺、熟读兵书，早就成才了吗？还是说赵匡胤是走上社会之后，在郭威等名师手下实地学习，才自学成才的？

哪样都很牵强，哪样又都沾了点边，其实我更倾向于一句老话——世有大年，不在多服补药；天生名将，不必多读兵书。

想想后来的岳飞，以及卓越的军事家孛儿只斤·铁木真，一个是农民，一个是不识字的“夷人”，谁教会他们打仗的？所以认命吧，赵匡胤就是个天才，搞定你，没道理。

至于赵匡胤的为人，绝望吧，从古到今，没有任何人曾经看清过。在他的身心极深处，有一个让人无法揣摩的超复杂的结合体，那里才是赵宋立国精神的根本所在，才是从赵宋开始，我们民族不甘沉沦、不断抗争，直到今天还在追求伟大复兴的根源。

当然，这都是后话了。

话说当年二十九岁的赵匡胤在后周国内面向所有官僚大佬口吐狂言，说千里之外的战争将如何进行，将怎样收场，仿佛他不是个将军，而是位巫师。

在所有人哂笑的表情中，柴荣的脸色是平静的，他看了赵匡胤很久，然后下令向西北四州派出重兵。他真的按赵匡胤说的办了，离奇的是，此后战事的每一步发展，都在印证着赵匡胤写的剧本，几乎连胜利的时间都相差无几。

后周人看向赵匡胤的眼光每一天都在变化，直到战事结束，他已经不再是一员满身血腥的沙场战将了，而是腹有机谋、堪当大任、能独当一面的帅才。

在当年的十一月，四州之战终于结束了，几乎就在同时，柴荣就发动了对南唐的攻击，目标是江北的淮河一带。

江淮，打开中国的地图，这是一片从古至今都繁华富庶的土地，这里再加上长江以南、浙江以北，就是南唐。与后周相比，它的国力特点可以归结为两个字——“有钱”。兵力配备上，它的特点让后周人吃尽了苦头，甚至让后来的北宋都一时间无可奈何——那就是水军。

北人乘马，南人操舟，真的是自古皆然。

柴荣的后周则很遗憾，在五代十一国这段差不多五十三年的时间里，后周这片土地上就从来没消停过，你死我活，无法无天，一直闹到了现在。如果也用两个字来概括，那就是“没钱”。

没有钱就没有一切，柴荣得先备好军饷、备好刀枪，还得给军人们准备好源源不断的军粮等，可是后周真的是没人更没钱了。

柴荣彻底拉下了脸，转向了天下为数众多、最闲散且极其有钱的一群人——和尚、尼姑。

五代十一国乱到了这步田地，佛教事业却比以往更加昌盛，到底什么原因，我来不及调查，不好乱说，只是据史书记载，当时仅在后周国内，就寺院林立，僧尼达到了百万之众！

他们的分类：逃避国家赋役，实在没办法的；军队里的逃兵；无业游民；逃亡奴婢；罪犯。这些人进入空门，四大皆空，从此吃斋念佛，清静度日……

还有，只要是庙产，就可以不上任何税。

柴荣眼睁睁地看着他本应到手的赋税被和尚们逍遥自在地拿走，想怎么花就怎么花。更可恨的是，居然有一些混账刁民，看到有利可图，把自己的庄田也投到和尚们的名下。

忍无可忍，也从来不忍的柴荣下令毁佛。

凡在后周国境内的佛教寺庙，除了有皇帝敕额特批的之外，一律拆毁，每县只许留一座。以后无论是皇亲国戚还是贵族大臣，任何人不得奏请建造寺院和剃度成为僧尼。如果有谁实在是向往僧尼的生活，也不是不行，但要经过官府同意，还要得到家长同意，男的必须满十五岁，女的至少要十三岁，而且要能当众背诵佛经七十纸到一百纸才可以……且慢，对不起，是可以……申请。

柴荣在短短两三个月的时间里，毁了佛寺三万零三百三十六座，还俗僧尼近百万人。这些人都回到了土地上，开始了新生活。

可以劳动，可以结婚，鼓励生孩子，当然，如果他们觉得当兵或者当官很好，柴荣也非常赞赏，他会给他们每个人公平的机会。

还有一件小事，那些佛像都是上好的铜铸成的，国家正缺这东西，连铜钱都造不出来了，居然还铸出了这么多、这么大的佛像！

把它们给我毁掉，都熔了重新铸成铜钱！

后周显德二年（公元955年）十一月，柴荣任命身兼同中书门下平章事，有宰相头衔的大将李谷为淮南道行军都部署，赵匡胤的老熟人王彦超为副部署，统率后周名将韩令坤等十二将进攻南唐。

战事进展顺利，先锋都将白延遇连破来远（今安徽寿县西南）、山口镇（今安徽寿县东），击溃南唐淮河守军数千人，再攻占上窑（今安徽怀远之南），扫平了淮河以北的南唐守军，在深冬时节的正阳段淮河上架起了一座浮桥，渡过淮河，抵达寿州城下。

寿州城，即今天的寿县。

它面对淮河，往西是上游的阜阳，往东是下游的蚌埠，它的后面是战略重镇合肥，再往后就是南唐赖以生存的长江。所以它才是南唐真正意义上的第一道防线，也是绝不可被攻破的第一道生命线。对柴荣来说，拿不下它，前面的所有胜利都没了意义。

南唐的寿州守将是大将刘仁赡。请记住这个名字，历史证明，他让柴荣头痛了两年。

南唐迅速做出了反应，派神武统军刘彦贞为北面行营都部署，率兵两万火速增援，并且命令同中书平章事皇甫晖、常州团练使姚凤率兵三万进屯定远（今安徽定远东南），进行策应。

寿州已经被后周强攻了近一个月，刘彦贞必须迅速进兵。

此人接到命令之后根本就没奔向战马准备昼夜兼程去跑路，而是先冲向了河边。事后证明这一招极为精明狠辣，他要利用南唐军队的第一张王牌——水军，从根本上一举击垮后周军队，让他们有来无回，彻底死在淮河的南岸！

刘彦贞乘数百艘巨舰从水路直扑正阳段浮桥。只要先把浮桥毁掉，就能把全是骑兵、步兵等陆地军种的后周军队截留下来，那时关门打狗，想怎么打就怎么打。

李谷慌了，他没有想到才进攻了一个月，后路就要被抄断。他的反应是马上回兵，保住浮桥这条生命线。那么必须要快，他下令把粮草全部就地烧毁，不留给南唐。

然后马上后撤，再不耽搁。

他没有想到，烧毁粮草时的火光让寿州城头的刘仁赡看得清清楚楚。被围攻了一个月的刘仁赡一点都没害怕，在李谷退兵的时候，他突然冲出城来热烈地欢送了一下，给李谷的队伍再次减了些员，轻了些装，好让后周军队跑得更快些。

开战仅仅一个月，敌我双方的进攻防守态势就来了个一百八十度的大转弯，胜负的天平完全倾斜了。

柴荣御驾亲征。

公元956年正月初六，柴荣宣布亲征南唐。由于兵情紧急，他派出了一员大将先期赶赴正阳，一定要抢在南唐刘彦贞前面保住浮桥，这是后周军队承前启后的生命之桥，绝不容有丝毫闪失。由此，真正的较量开始了。最先响彻战场的名字就是这位为皇帝开路、挽救战局的大将。

他叫李重进。

是的，就是郭威的亲外甥，战功卓著、骄傲强横、不甘人下的李重进。李重进星夜兼程，挥军疾进，速度之快，竟然抢在了在水路扬帆前进的刘彦贞之前。当李谷仓皇撤退、不知安危的时候，在刘彦贞踌躇满志、一心立功的时候，李重进已经在正阳段淮河浮桥边上磨刀霍霍、严阵以待了。

刘彦贞刚一下船，李重进立即发起了猛攻。只此一役，彻底击溃南唐援军，阵斩南唐主将刘彦贞及其麾下万余人，自战场向南近三十里，全都是南唐人的尸体。这一战，从根本上打击了南唐人的士气，其后果是惊人的，谁也没有料到，李重进的战斗力如此可怕，与之前的李谷等人截然不同。南唐另一路援军皇甫晖和姚凤立即闻风撤退，退守天险清流关。滁州的刺史王绍颜更绝，他扔下城池就跑了，再也不想和恶魔一样的后周人见哪怕一面。

当月二十二日，等到柴荣亲临战区时，形势已经一百八十度大逆转，他可以畅通无阻，直抵寿州城下了。

寿州城，刘仁赡，柴荣站在城下默默地观看。他在长时间的沉默之后下达的命令把所有人震惊了，后周的将士们没有料到他们的皇帝竟然有如此大的决心。柴荣命令，用最快的速度征调宋州、亳州、陈州、徐州、宿州、许州、蔡州等地壮丁数十万人，从即日起昼夜不停地强攻寿州，城不破，攻不停！

南唐，李璟……我一定要在最短的时间里拔掉寿州这颗钉子，然后我就可以隔着长江和你见上一面！

但是更加惊人的事情发生了，以后周百战之余的精兵，再加上数十万征调来的壮丁，如此不分昼夜地强攻了一个多月，寿州城竟然岿然不动！

刘仁赡，这个在历史上并没有留下太多声名的人，以一城之力，竟然坚强地抵住了后周的倾国攻势。这极大地鼓舞了南唐本已经变得低下的士气。刘彦贞被一举击溃带来的惊慌消失了，南唐继续增派援军，而且战船就停在淮河边上，在不远的地方威慑着后周的军营。退守清流关的皇甫晖、姚凤也重新出动，从北面和西面形成了对后周的反包围圈。

一时间，战局变得让人看不清楚了。

遇强则强的柴荣却在这个时候爆发了，他绝不容忍任何敌人的任何方式的挑衅，哪怕这种挑衅并没有真正意义上的威胁！

在公元956年的二月末，后周世宗柴荣命令攻势暂停，他要换一个方式。

他命令以方舟竹筏载炮，从淝水（今安徽寿县北淝河）上向城里发射石弹。为了激励士气，柴荣亲自搬运一块大石到前线（想象一下吧，古代的抛石器能有多远的射程，这时的柴荣离寿州城有多近），他身边的所有随从官员也都全部出动，加入运送石料的队伍中。一时间，我们可以想象，寿州城里变成了什么模样。

后周正规军队加上数十万民夫壮丁，就算每人每天只发射十块石头，那就是流星雨，再乘以攻击的总天数，我想寿州城里的人民肯定都是没处下脚而且满头大包了吧。

就是这样，天杀的刘仁赡和见了鬼的寿州城仍然还是攻不下来！

这时候，后周军队里有些军人实在耐不住性子了，他们不再相信各种专业的攻城用具以及什么围城打援、久困无粮、不攻自破之类的烦人术语，他们恶性大发，不可遏制，抓过几条小船，举起刀剑就杀进了护城河，向这座该死的寿州城发起了冲锋。

这里面就有年轻气盛、敢对着死神龇牙的赵匡胤。

历史记载，那天赵匡胤他们刚刚跳下护城河，就遇到了生死大险。寿州城上突然之间射下来无数支利箭，不仅密集如雨，而且所发射的箭支都是特殊制造，专门为赵匡胤这些猛人量身定制的——“矢粗如椽”！

赵匡胤等人当时坐在一条小皮筏子上，一时血气之勇，什么盾牌、护身重甲通通没带，面对这样的“箭”雨，简直都可以立即自杀了。

这时，赵匡胤平时为人处世的高明之处就显露出来了，他能躲过此必死之劫完全不是出于侥幸，而是突然间有一个人主动伏在他身上，为他挡箭。这个人叫张琼，当时他大腿上就中了一箭，立即昏了过去。

每当翻阅史书看到这里，我都不寒而栗，我完全不能想象，一个只有二十八周岁的年轻人，要用什么样的手段才能把另一个血肉之躯的人给收服感化到甘愿以身替死，且毫不犹豫。

回到岸上，大难不死的赵匡胤恶狠狠地瞪向了寿州城，他完全没有被险死还生的经历所吓倒，反而毫不犹豫地接受了柴荣的一个新命令。

根据战场形势，围攻寿州已经一百多天了，寿州攻不下来，可外围的敌人却渐渐地逼近了。为了自身的安全，也为了彻底打消城里城外南唐人的幻想，柴荣决定，一边继续攻城，一边四处出击，把寿州周边的坛坛罐罐都砸个稀巴烂。

“赵匡胤，”柴荣叫过来未来的宋太祖，“我给你五千人马，你去把寿州城北面、涂山附近所有的南唐军队都击溃。能行吗？”

只见赵匡胤表情平静，似乎还笑了一笑，然后非常感激地回答：“感谢陛下对我的信任，这是我的荣幸。”他点齐人马，领取军械，立即出发了。

听到了他们君臣对话的其他人一下子都变成了泥塑像，他们不能相信自己的耳朵，他们真的听清楚了吗？给赵匡胤五千人马，去肃清寿州以北所有的南唐军队，这可能吗？

要知道寿州以北驻扎着南唐的两万重兵，而且水、陆军种齐全，不仅岸上有寨，水中还有随时可攻可守也可退的战舰，这样的兵力配备，而且是据寨而守，赵匡胤凭什么去主动攻击，并且要一举击溃？！

就凭着这区区五千人马？！

赵匡胤真就带着这区区的五千人马出发了。在这里，我们就很有必要先澄清一个事实了，即南唐到底是个什么样的国家。他们真的只有我们印象中文弱单薄的李后主那样的军队吗？那么别说赵匡胤带着五千人，就算是五十个人都敢举着刀砍过去了。

但问题是，南唐真的那么好欺负吗？

不，绝对不。南唐不仅地大、钱多、人多，而且历史证明，这些年来，南唐的皇帝李璟称得上心高志远，他在后周忙着内乱、篡位、分裂，不停地在自己的窝里杀来杀去的时候，一直做着开疆拓土、壮大国家的正事。已经在南唐原有的二十八州之外，又攻灭了闽、楚两国，增加了建、汀、漳、泉、剑等七州，总共达到了三十五州的地域。

这些地方加在一起，国土面积不小于后周，而国力更是强过后周不止一筹。

所以现在好有一比，柴荣就像是一个刚刚学会举起刀准备到外面抢劫的小兄弟，李璟和南唐早就是个纵横黑道、杀人如麻的大哥了。

就在这样的实力对比之下，赵匡胤带着不足对方四分之一的兵力，主动过去砍人了。于是，我们就能非常充分地理解，当南唐在涂山地段淮河附近的守军看到赵匡胤等人来袭时的心态。

不知死活、不知天高地厚的北方佬，一共才一百多个骑兵，就冲向了两万多人的营寨！

赵匡胤真的是没把南唐人当人看，不仅带来的人少，发起进攻的人更少。

南唐的营寨大门突然间大开，一大群将军和士兵蜂拥而出，其中竟然包括了南唐当地最高长官兵马都监何延锡，他们争先恐后地举刀砍向了敌人——就一百多个，先到先得，砍完为止！

不管赵匡胤带来的兵都是些什么样的狂人，想要再活下去，就只有一条道可以走了——马上逃跑。

说来北方人骑马真的是好，这一百多个骑兵转身就逃，慌不择路，一直跑向了西边。南唐人一看就乐了，看来这群北方佬明显被吓傻了，南边的寿州城方向才是他们的大本营，怎么往西边逃跑？啥也别说了，追！一定要把他们一网打尽！

一百多个骑兵带出了一万多人，一路向西，一直跑到了涡口（今安徽怀远境内涡河入淮河处），后周骑兵再也不跑了，终点站到了。

就在涡口，赵匡胤所部伏兵四起，只有五千人，彻底击溃追击中的南唐大军，阵斩南唐兵马都监何延锡，立即乘势反攻，由原路杀回涂山，捣毁南唐淮河岸边的陆寨，以步兵夺得南唐五十余艘战舰。

这就是赵匡胤生平第一次单独领军出征的经过，他一点折扣不打地执行了柴荣交给他的任务，五千破两万，一举解除了来自寿州北面南唐军队的威胁，撕开了南唐军对后周军队的反包围圈。

赵匡胤圆满完成了任务，回到了寿州城下。所有人看他的眼神都不对了，见过打胜仗的，没见过这样打胜仗的，就像是带队出去遛了一圈马，就把事给办成了。

看来此人深不可测啊，一句话，还可以给他更重更艰巨的任务。

这也正是柴荣的想法。他当众夸奖了赵匡胤一番，然后问他——北面的威胁已经解除了，但是东边的威胁才最大。滁州，你能拿下滁州吗？

此言一出，周围立即鸦雀无声，所有人都盯向了赵匡胤，心里都习惯性地想到了一句合情合理的话——陛下，我刚刚因公外出回来，很累，能不能放两天假再办公？

但是赵匡胤的表情却像上次一样平静，他点了点头——好的，陛下，我这就去拿下滁州。

——要多少人？

——上次那些就够了。

柴荣很是认真地看了赵匡胤一会儿，点头让他走了。

赵匡胤带着五千人马，再次杀向了滁州。其实在他走出后周君臣的视线时，他真的应该回头再看一眼他的同僚们的表情。那真的是难得一见，精彩绝伦。

滁州，在寿州之东，扼守南唐人的都城金陵的西北门户，是江北的重镇，仅次于寿州。而且滁州之险，比寿州险过万倍。这一点都没有夸张，滁州的门户就是两座山——滁山与石驼山，山势极为险峻，以两山之险，夹口处另设一关，叫作清流关。

在清流关之后，才是滁州城。

也就是说，想拿下滁州城，你得先把这两山夹一关的天险搞定。

守关的将领是皇甫晖和姚凤。姚凤也就算了，皇甫晖非同小可，他本是后晋时期驻守燕云十六州里瓦桥关的北方悍将，专门和契丹人玩命的正牌将军，当初是看不惯石敬瑭这样认贼作父的杂种，才投奔南唐的。这样的人根本就不能和见了小便宜就占的何延锡相比。

最致命的是，皇甫晖和姚凤的兵力足足超过十万！赵匡胤才带了多少人？五千！

也就是说，已经是二十比一的比例了。这个比例不能算是绝后（因为此后金伐辽、蒙古伐金、蒙古伐南宋时，兵力的比例会更加惊人），也绝对是空前的了。翻阅史书，之前两军决战，兵力对比最悬殊的，是五百多年前的东晋谢玄以八万兵力隔长江对峙前秦苻坚的九十万大军，那也不过是近十二比一而已！

何况当时谢玄有长江天险，以逸待劳。赵匡胤却是要主动进攻，强攻天险。

当他那天离开寿州时，所有目送他远去的人，都在心里默默地向他告别——多看一眼是一眼了，可惜没法合影留念。他们确信，一定是赵匡胤哪里做错了，错得不可原谅，无法弥补，所以柴荣才会一而再，再而三地派给他这些根本没法搞定的任务。

赵匡胤重新带着五千人马上路了，一路上整个队伍都在沉默中，每个大兵都有预感，估计这次是没法在沉默中爆发了，就等着大伙儿一起在沉默中死亡吧。

唯独赵匡胤，他不仅愉快地接受了任务，在路上他的心情还特别好，居然不知在哪里弄到了一套又一套花里胡哨的行头，一会儿穿上这件，问大家，这套怎么样？我穿着帅吗？一会儿又换上了另一套，再向全军展示——这一套怎么样？我还是觉得这套好……

全军心情沉重，没一个搭理他的。

赵匡胤变本加厉，又变戏法似的拿出来一套套更加花里胡哨的行头来装饰他的战马！只见崭新的带着花边的马鞍子，精制的绝对高档的璎珞挂件，还有闪闪发光的马镫子……应有尽有。他本人更加光彩照人，铠甲兵刃擦得锃光瓦亮，走在五千人的大队伍中，闪闪发光，就像是另一个会发光的太阳，让人一眼就能认出他来。

这时候终于有下属看不下去了，他们比较好心地警告了赵匡胤一下：将军，你太扎眼了，小心被南唐人认出来，给你一箭或者都奔着你来，那可就麻烦了。

赵匡胤一概不屑一顾，他扔下了一句极其有型有款的话——我正是要给南唐人一个机会，让他们从此知道我是谁！

嘘！全军郁闷地长出口气，什么都不用说了，跟着这样的长官，真是怎么死的都不知道。

很快清流关就到了，还是面对据险坚守的敌人，这次赵匡胤把所有人马都排列在清流关前，自己盔甲鲜明，人马招摇，站在队伍的最前面向南唐人讨敌要阵。

我就是赵匡胤，有种的下来决一死战！

没一个有种的。所有的南唐人都站在清流关的城楼上往下看，他们都清清楚楚地看见了后周人马一共有多少，也看见了领军而来的将军长什么样。

当时是有人想下去和赵匡胤较量一番的，却被皇甫晖给拦住了。沙场老将皇甫晖的经验太丰富，他已经知道了涡口之战的全部经过，赵匡胤的名字已经深深地印在了他的脑海。他绝对不相信，刚刚诱敌深入、以少胜多的赵匡胤，居然转过身来就会这么简单粗暴，以这么点人来“决一死战”。

你骗谁呢？你刚用一百多人来当诱饵，后面就埋伏了五千人。那你现在用五千人当诱饵，甚至你自己都在里边，那么后面又埋伏了多少？是不是连后周皇帝柴荣都来了想做埋伏？！

他命令全军不可妄动。兵法云，以己之不败，待敌之可乘。我们现在据险而守，而且兵多将广，怕他们什么？只要我们自己稳住，就绝对不会出事。

于是这一天就这样平淡无奇地过去了。刚刚威名传扬战场的赵匡胤，居然像个时装模特似的，在两军阵前白白地表演了一整天，连个鼓掌喝彩的都没有。

天很快就黑下来了，夜晚山风呼啸，寒气逼人。皇甫晖站在城头上，决定让这些火力特旺的后周大兵先喝几天山风败败火。坐拥坚城，听敌自败，真是再好不过的买卖。

在回去睡觉之前，他又一次郑重地警告了守城的士兵们，一定要百倍警惕关前的敌人，想想涡口吧，我们再不能上他们的当了！

没有谁想死，皇甫晖的士兵们都保证会打起百分之一百二的精神头，彻夜不休地监视后周军营，绝不放过任何蛛丝马迹。

挑剔的皇甫晖终于满意了，在这天夜里，他睡得非常深沉。

有时候我会不由自主地想，皇甫晖在这一晚的睡眠中，会不会有一种非常奇妙的错觉。就像一只非常幼小的动物，身处漆黑凶险的大森林里，它躲在深深的洞穴里，听着外面世界里你死我活、拼命撕咬的声音，是一种什么感受？

应该是带着一丝极私密的舒适、幸福——我还活着，不管别人怎样，我还活着，我仍然能够看到明天的太阳，能活着……多好。

可也真的仅仅就此一晚了！

第二天清晨，天还没有真正大亮，清流关里突然间杀声四起，后周的军队不知从哪里冒了出来，杀向了毫无准备，甚至还在睡梦中的南唐人。历史记载，在这一天的清晨，发生的根本不能算是战斗，因为几乎没有哪个南唐人来得及反抗，他们中间反应最敏捷、行动最快速的也只是做到了马上撤退，逃出了清流关，奔向他们的大本营——滁州。

这中间就有沙场老将皇甫晖。他急怒交加，又悔又恨，但也死都不明白，赵匡胤和那些后周大兵怎么会突然从天而降，他们是怎么突破清流关天险的，一下子就把战斗变成了没有准备的城内巷战？！

他当然不知道，因为就在他酣然大睡，享受战场上难得的片刻安逸的时候，赵匡胤已经脱下了白天作秀时所穿的炫目的时装，换上了短衣襟小打扮，命令全军都和他一样，把所有的马匹帐篷都扔在清流关前，和他一起乘夜进山，来一次彻底的刺激的徒手攀岩。

这一夜，赵匡胤不仅翻过了数不清的高山怪石，而且据史书记载，他还在初春的深山里，泅过了涨了水的西涧（又名上马河，今安徽滁州城西北），就这样千辛万苦地赶在天亮之前绕过了清流关正面，从背后向南唐军发起了出其不意的猛攻。

置之死地而后生，皇甫晖败得一点脾气都不应该有，因为赵匡胤付出的代价比他大得多。试想只要赵匡胤不能在天亮前抵达攻击点，那么南唐人就会在关前看出他军营里的虚实，从而有所防备，只要清流关里有了准备，赵匡胤就会陷在大山里进退两难。而且就算他如愿地发起了进攻，跋涉了一夜的士兵们还有多少战斗力？只要人数占绝对优势的南唐人能在最初的慌乱中稳住阵脚，那么失败的就一定还是他赵匡胤！

这时候说什么都晚了，无论怎样赵匡胤都把一个个的不可能变成了可能。对于南唐人和皇甫晖来说，只有赶紧逃跑吧。赵匡胤就在他们后面不远处紧紧地追着，一整夜的深山跋涉，紧接着一场以少胜多、必须速胜的战斗之后，他的体力和战斗欲望变得更加旺盛，前面就是滁州城了，天险已经拿下，难道还要让敌人再进城喘上一口气吗？

所谓的经验丰富，也包括了逃跑的经验。那天早晨，在后周和南唐军人之间举行的晨练狂奔中，无论赵匡胤和他的部下怎么拼命加快速度，还是让皇甫晖带着大量的南唐败兵逃进了滁州城。

而且经验的确异常丰富的皇甫晖当机立断，使出了损人也不利己的绝招，妄图把吃了兴奋剂一样的赵匡胤挡在城外——他把滁州城护城河上的桥给毁了，这等于摆明了告诉赵匡胤，小子，你行，我不打算出去了，你也别想着进来！

他的如意算盘再一次打错了，清流关两边的大山还有冰冷的西涧水都挡不住赵匡胤，人工挖出来的护城河能有什么用？

惊魂未定的南唐人看到了让他们心惊肉跳的一幕，剧烈运动了一夜加一早晨的后周军人没有丝毫的犹豫，直接扑通扑通地跳进了水里，那架势轻松得就像运动后洗了个澡一样，然后他们就冲上了对岸，直奔城门。

见过生猛的，没见过这么生猛的，这简直是不要命了……一群疯子！

从梦中惊醒一路被追杀到这儿的南唐军人看得都有些傻了眼，眼看着这道城门什么都不是了，马上这群疯子就要冲进来了……怎么办？！

就在这个时候，曾经有过辉煌的军事职业生涯记录的老将皇甫晖愤怒了，他经过稍微的喘息回过些神来后勃然大怒。他突然间伏在城墙上，向城下大喊——赵匡胤，我们各为其主，你不要欺人太甚！你偷偷摸摸地进攻，太不光明磊落！有种的等我打开城门，列好队伍，咱们真刀真枪地来分输赢胜负！怎么样，你敢吗？

城墙下头正对着城门，后悔没带火种来的赵匡胤一听就乐了，所有的后周大兵都乐了，大家退后，给人家留个地儿，也让南唐人当回爷们儿！

后周人听话地后退了，愤怒中的皇甫晖兑现了他的诺言，真的大开城门，列队出战了。史书为证，这是他军事生涯所犯的最后一个错误。

其实平心而论，他真的是经验丰富，不愧是沙场老将。从最开始到现在为止，他所有的预先决定都是对的。比如说在清流关前不理会赵匡胤的挑战，那时的坚壁清野绝对是最佳屏障。但是很可惜，他也是初到滁州，并不是本地人，不知道天险背后还有一条小道，让天险变成了他的噩梦。至于逃到了滁州，毁掉护城河桥，决定再次坚守也都是对的。

赵匡胤奔波了一夜，无论怎样神勇都是强弩之末了，只要战事稍作缓和，南唐人的地理及人数优势就会再次压倒他们。

但是可惜，皇甫晖又一次没有真正贯彻自己定下的作战方针，一怒之下，真的带人出城和赵匡胤决斗了。

城门渐渐地打开了，皇甫晖终于出现了，赵匡胤突然直扑皇甫晖！

那天这一幕的具体情况史书上没有记载，只有一句话——太祖拥马项直入，手刃晖中脑，并姚凤擒之。

不说后来的雄才大略，只说这时的骁勇绝伦，这也是一刀一枪挣来的功名，绝不像后来梁启超所说的——宋太祖之有天下，实创前史未有之局，以区区一殿前都点检，未尝有赫赫之功，亦未敢久蓄不臣异志。陈桥之变，醉卧未起，黄袍已加，夺国于孤儿寡妇手中，日未旰而事已毕……

非有赫赫之军功，怎得军人如此之拥戴？随便喝醉就有黄袍加身。世人皆曰宋为积弱无勇之国，但至少在开国皇帝赵匡胤的身上，绝不缺乏勇气与战斗力！

赵匡胤空前迅猛地占领了滁州，这把整个江北战争的格局全给打乱了，南唐的咽喉重镇寿州已经完全孤立。这时候不管寿州里的刘仁赡还有多少坚守不破的决心，其他人是开始对他绝望了。

绝望的人中就包括了南唐的皇帝李璟。

李璟决定谈判，现在已经是谈判的最佳时间了。之前不行，因为形势还没有真正恶劣，如果抢先和谈，马上就会长敌人的威风，灭自己的士气，战局很可能会迅速恶化。但现在再等也绝对不行了，趁着寿州还在手里，这就是谈判的筹码，如果寿州一旦丢了，柴荣就不会再搭理他。

李璟派出了南唐翰林学士钟谟、李德明来到了寿州城下，代表他给柴荣带来了几句话——战场上的变数实在是大，我建议，打仗无非是为了找钱，我直接给你些钱，你拿钱走人，我们就当这些事都没有发生。怎么样？

一般来说，按照五代十一国这些年的惯例来看，柴荣就应该很高兴地答应了。真的，还能怎样呢？难道你还真的想就此一统天下不成？！小心做得过分，不如现在见好就收。

可惜那个时候通信设备太差，李璟没办法和北汉取得联系，要是他能问问刘崇，就不会犯这个错误了。因为他不知道柴荣的另一个显著的性格特征——不达目的绝不罢休。

柴荣的答复很让两位翰林先生费解，他不说同不同意收钱走人，而是询问了一下南唐的国库怎样，坐落在什么地方，有多少库存。然后他转向了四周的将士们，大声地宣布，拿下金陵，南唐的国库就是你们的奖金！

后周将士在一瞬间热血沸腾，轰然欢呼，这根本就不是钱不钱的事，而是给你打工真的是太痛快了！陛下，万岁！我们必胜！

南唐文人钟谟和李德明面无血色，谈判就这样破裂了。不仅如此，柴荣还进一步辜负了李璟的好意。南唐人前脚刚走，他立即命令另一员大将韩令坤向扬州出发，自古扬州多钱粮，去把扬州给我拿下来，免得李璟这个混账笑话我们穷，拿些小钱来就想打发我们回家！

韩令坤显然被刺激到了，此人不仅迅速拿下扬州，并且一鼓作气扩大了战果，把附近的泰州也顺势攻破。一时之间，江北重镇有一大半都在后周的手里，看来战争很快就要结束了。

回到滁州城里，这时赵匡胤已经成了滁州城里的城管了。军民人等，街市弄堂，乃至于小商小贩或者强盗匪徒，他都要管。这可真是麻烦，好大的滁州城啊，每天都有做不完的事，这让年纪轻轻、习惯快刀斩乱麻的赵匡胤怎一个烦字了得！

还好，柴荣充分体谅了赵匡胤的难处，给他及时派来了一个人，把他从鸡毛蒜皮的事里给解脱出来。这个人姓赵，名普，是个年纪比赵匡胤稍大的书生。就像名字一样，这是一个沉默寡言、脸色平静、外表一点都不出奇的普通人。

他的履历也很简单，之前只是大将刘词的府中幕僚，所有的工作都在幕后，不为人知。刘词在高平之战立下大功后，很快就死了，临死之前，郑重上遗表把赵普推荐给了皇帝。

柴荣已经有了太多的人才，他把赵普派给了赵匡胤。

历史记载，当天赵匡胤正心烦，他的手下抓到了一百多个趁火打劫、扰乱治安的匪徒，一百多个，赵匡胤最恨的就是这种人，对伤害平民百姓的匪徒绝不能手软！他的命令像在战场上一样简单有效——拉出去，都给我砍了！

这时有一个声音非常平静地说：“将军，在混乱之中逮捕的强盗，其中一定有很多是冤枉的。请您交给我，让我审理一下。”

是赵普，虽然平静，但是目光直视赵匡胤，绝不闪烁退缩。

赵匡胤与他对视了好一会儿，出人意料，文弱的书生绝不退让，就像多年以后那样，让步的居然是赵匡胤。那好吧，在对视中惨败的赵匡胤有点坏笑——拿走吧，这些人都是你的了，你一个一个地给我审出来。

没想到赵普真的一个一个地审问，并且盘查出有很多是后周的大兵误抓误判的。这时候赵匡胤震撼了，一百多条人命啊，险些被他误杀！在战场上可以杀人不眨眼，可他绝不想在平常的生活中也做一个满身血腥的人。要注意，这是真的，赵匡胤一生都在奉行着这样的原则。

从此之后，赵普在赵匡胤的心里，别有分量，不比寻常。

滁州城，这里有赵匡胤太多的回忆。多年以后，他的儿孙们在这里给他修建了“端命殿”，以纪念“应天顺人，启运立极”的太祖皇帝在这里“历试于周，功业自此而成，王业自此而始”，同时这里也是他与他的首席大臣，终生精诚合作、以兄弟相称的赵普风云际会的地方。但是，赵宋的史官们也都在极力地回避着另一件发生在这时的滁州的事情。

那是赵匡胤毕生的大恨，让他永远都无法原谅自己，伤痛之深，让他在临去世的前一年，还回到了出生之地洛阳，扑倒在自己父亲的坟前，深深地忏悔怀念。

父亲，原谅我……

事情发生在一个深夜里，刚刚剧战易主的滁州城外，突然来了一支军队，向城上的士兵喊话，要赵将军马上开城，他的父亲到了。

赵匡胤惊疑不定，立即登城，他和父亲虽然同在一军，但是所属不同，很少有见面的机会，这时突然间深夜出现，到底是真是假？

是真的，城下真的是他的父亲赵弘殷。赵弘殷本来跟着韩令坤去攻打扬州，可是半路上突然发病，只得返回来调养。在路上，他听到了赵匡胤夺得滁州的消息，是特意绕道来看他的。

赵匡胤一阵激动，兵凶战危，生死难料，突然间竟能和父亲在战场上重逢，这是多大的惊喜！但是他马上就控制住了自己，他现在不仅仅是父亲的儿子，更是皇帝选派的滁州守将。

他的回答是——父子虽是至亲，但城门关闭乃是王家之事，儿不敢违命。

身染重病的赵弘殷被儿子挡在了关外整整一夜，第二天清晨，赵匡胤才亲自把父亲迎进城来。但是赵弘殷的病情更加严重了，只能留在滁州。就在这个时候，柴荣突然传来了命令，令赵匡胤火速赶往扬州，韩令坤部如有敢从扬州后撤者，不论是谁，立即杀无赦！

战局突然剧变，和谈不成的南唐已经大举增兵，由南唐皇帝李璟的弟弟李景达为帅，统率精兵六万，来江北决战。李景达知兵好武，第一战一举收复泰州，然后马上进逼扬州，一场血战，韩令坤竟然被迫后退，把扬州给丢了。

柴荣给了赵匡胤两千人马，这两千人有权斩杀任何后退逃跑的败兵！

赵匡胤进退两难了，君命难违，可是父亲病成了这个样子，他怎么能一走了之？何况父亲之所以病重，他也有脱不掉的干系。

赵普站了出来，他还是很平静地说——将军，请把令尊交给我，你放心地走吧。

赵匡胤只好如此，他深深地拜谢了赵普，火速起程赶赴扬州。这之后，赵普尽心服侍赵弘殷，“朝夕奉药饵”“朝夕无倦”，直到战局变幻，后周主动放弃了滁州，赵普又亲自护送赵弘殷回到开封。

一生劳碌征战的赵弘殷还是没能活着回到家乡，死在了半路上。

赵匡胤永远地失去了父亲，虽然宋史盛赞他守滁州时“勇于战、谨于守”，把父亲都能拒之门外，但是他几乎是眼睁睁地看着父亲因此衰病下去，自己却弃之不顾。要知道，父亲当时是特意来看他的。

赵弘殷死了，从此，赵家待赵普以“宗分”，再不把他当外人。

这些都是后话了，当年的赵匡胤离开父亲，抖擞精神，再上沙场，他赶到了韩令坤后撤的必经之路六合，宣称——扬州兵有敢过六合一步者，断其足！

决然无情之外，他暗中派出了信使去警告韩令坤，你唯一的出路只有立即反攻，重夺扬州，不然就算我放过了你，皇帝那里你也过不去。至于对付南唐人，我就在六合，必要时，我可以帮你。

驻兵六合，虎视天下，赵匡胤以为自己会是韩令坤的坚强后盾，却没有料到他已经首当其冲，变成了后周军队整个江北战局的一面盾牌，只有区区两千人马，却几乎要承受全部南唐援军的反攻！

李景达，南唐开国皇帝烈祖李昪第三子，先后封宣城王、鄂王、齐王，经常领元帅衔出兵征伐，为南唐皇室中第一军事强人。这次他领兵出征，已经是李璟败中求胜的最后一招。

历史证明，李景达不负盛名。他渡过长江以后，一边命令陆孟俊强攻扬州，击败韩令坤，震动后周；一边悄悄地脱离了主战场，绕过了后周所有的人马，直扑两国交战的焦点所在——寿州。

如果能突然出现在寿州城下，直接打击后周的神经中枢柴荣，那是多么符合理想！但是他怎么也没想到，就像天意一样，他选择了六合这个地点做他的迂回道路，赵匡胤也偏偏选择了这里来完成柴荣交给他的使命。

极端幸运的赵匡胤比李景达先期到达了六合，但是他也极其不幸地发现，李景达带来的竟然有两万人，而且都是南唐军中千里挑一的精锐。

怎么办？如果要退，相信没有人会就此责怪他，包括柴荣。因为人马对比悬殊，已经是十比一，并且最重要的是赵匡胤毫无准备，他只是带人迅速赶来执行战场纪律的，为了速度，也根本就没有必要，军需战备、刀枪箭镞他都没有带足，这与之前他主动进攻时完全两样。

然而后退的话，李景达就会改变整个江北的战局。要知道，现在还没有人知道有李景达这支军队的存在！怎么办？面对生死考验，赵匡胤下达了一连串让人瞠目结舌的命令。

首先结寨，集结所有兵力，不分偏寨，不要呼应，不让敌人知道我们的兵力虚实。

在营寨前竖立起我赵匡胤的旗，让南唐人知道挡住他们的是谁。

而后赵匡胤开始了真正的冒险，他重新亮甲红缨跃马出寨，在南唐军队前耀武扬威，旁若无人。但是老天在上，这一次他没有主动地冲到李景达面前大呼小叫，问一下南唐人到底谁有种没种。他所做的这一切，都是为了制造烟雾，把李景达能拖多久就拖多久。

李景达真的上当了，赵匡胤干的所有的事都让他摸不清虚实，但是赵匡胤是谁，都干了些什么，所有南唐人都知道了。

于是，他变得小心翼翼。他一直观察着、思考着，派人四处打探，小心防备着。时间在一分一秒地过去，他真是很有耐心，居然观察了——四天！

四天之后，李景达终于决定不再等了。四天啊，真的没有白费，他想清楚了一个终极问题，那就是他是来杀人打仗的，不管对方是柴荣还是赵匡胤，都是他的敌人，都在他的打击之列！

进攻开始，由南唐元帅亲自率领的千里挑一的精兵们向赵匡胤的营寨发起了冲锋。客观地讲，那天他们真的没有犯什么错误，他们列好队伍，举着刀枪，听命令，听指挥，稳扎稳打，一切都进行得非常正规和顺利。只是没有想到，突然间后周人像是集体被马蜂蜇了一样，从营寨里跳了出来，向他们疯狂冲击。

李景达慌了，他没有想到试探的结果是试探出了一群疯子，他搞不懂，怎么会有人从战斗开始就不留余地，全力冲击，这样会很快后力不济的，会很容易全线崩溃的……这是兵家大忌呀！更让他搞不懂的是，他的了不起的、本来准备去杀后周皇帝柴荣的勇士们，居然被这些犯了大忌、不懂战术的疯子打得落花流水！

他当然不知道，这是赵匡胤倾尽全力的一击，如果不胜，后果就不堪设想！因为没有援军，没有后备，只有这些人马，必须一鼓而胜，绝没有第二次机会！在这次战斗中，赵匡胤用剑劈向了自己的士兵，他没有杀他们，只是把稍有后退的士兵的皮笠劈出剑痕，事后有剑痕的立斩不饶。

战场之上的赵匡胤与战场之下的赵匡胤判若两人。

李景达兵败如山倒，被卷在乱兵中仓皇撤退，好不容易逃到了江边，他的精兵们又为了争渡船，开始自相残杀，两万精兵，有五千人被当场阵斩，剩下逃过长江的，不过三千余众。

事后李景达和赵匡胤隔着长江，几乎都在后怕。

赵匡胤知道自己又赢了，他又赌赢了一场生死之战。他不需要有人说他用兵如神。真的，我不知道这样做的后果是怎样，但是我必须要这样做，尽力而为。

战局就这样不停地变幻着，后周与南唐的军队，在长江以北、淮河以南的广大地域上犬牙交错，往来攻战。时间进入了四五月间，天气变暖，淮河与长江的水位骤涨，南唐巨大的战舰开始纵横水面，无论想到哪里，都可以朝发夕至，并且无所阻挡。

因为后周连一条船都没有，所有士兵都是旱鸭子，连过淮河这样宽阔的河面都不敢坐船，得搭出浮桥来才行。

在主战场寿州城下，后周的麻烦就更大了。

史书记载，后周兵营之中积水数尺，攻城军械多遭漂散腐毁，同时道路泥泞，军需粮草都运不上来了。最重要的是，柴荣御驾亲征已经快半年了，作为一国之君，他除了战争还有别的事要做。

当年的五月，柴荣宣布留下李重进总管江北战区一切事务，他带领大部分军队北归。禁军殿前都虞候、领严州刺史赵匡胤跟随皇帝回国。

后周第一次的南唐之征就这样结束了。

柴荣回到了开封，一刻都没有歇息，有太多的事情在等着他做。首先是必须解决吃饭的问题，前线的军人和国内的人民都在等着他想出办法来，从久已荒废的土地上给他们找出吃的。柴荣下令，在郭威当年优化农村生产力的基础上，加大优惠和管理的力度。

当时在战乱中产生了大量的无主荒地。柴荣规定，无论是谁，都可以在无主的荒地上耕种，田主三年内归来，土地归还一半；五年内回来，归还三分之一；五年以后回来，这片土地就已经更改主人了。可是如果田主是被契丹掳去的，就可以另当别论，五年内归来，归还三分之二；十年内回来归还一半；十五年之后才回来，就非常抱歉，你可以去开垦别的土地了。而且以上农户都可以享有免除一年内所有租税的优惠。

只此一项，救活生民无数，可称功德无量。

而后，柴荣开始了城建工作。现在有一个问题，请问在大家的心目中，开封，即以后的东京汴梁，是个什么世界？凤阁龙楼连霄汉，玉树琼枝作烟萝……对不起，跑到李煜家去了。可都差不多吧，开封比金陵只高不低。

那都是后来，至少要到真宗与仁宗时才能达到那样的高度。在后周时，开封城顶多只能算是一个非常一般的县市级地区，它在唐以前从没有当过任何朝代的首都，在五代十一国里当选的都不能算数，朱温那样的草头天子们胡乱有个窝就不错了，他们只在乎城墙够不够高，护城河够不够宽，其余的才不管呢。

柴荣管，他把街道扩宽，加筑外城，发动了十万民工前后一共干了三年，终于让开封城初具规模，变得宽阔宏伟，给后来的赵匡胤盖好了新家。

此外，柴荣日理万机、戎马倥偬之际，还关心着文化事业。他请王朴主持修订了历法，制成《显德钦天历》，并且立即使用，取代了之前各国混乱不堪的历法。

命群臣编订《大周刑统》，让人民有法可依，也让混账的贪官污吏们有点工作原则。

极为难能可贵的是，柴荣还修编补齐了五代十一国期间散乱无章的历史，除了他的父亲郭威之外，他还把后梁末帝朱友贞和后唐闵帝李从厚、末帝李从珂这样的边缘人物都进行了修编，基本做到了一视同仁，不偏不倚。

他下诏搜寻散落在民间的各种珍贵典籍，建立了国家史馆，组织当时的文士校勘唐朝陆德明所著的《经典释文》三十卷……这样的事还有很多很多，柴荣，就像是知道自己短暂的生命不容许他虚掷光阴一样，每时每刻都在做事。史有记载，在他短短几年的执政期黄河也照样泛滥了，柴荣除了派人去抢修之外，还亲自去实地勘察，一连数日生活在洪水边缘。还有一次，关于河道的清淤疏通，他亲到实地还不够，回来后竟然提出了自己的意见，把水位及淤泥的数量都一一举出。

需要特别指出的是，以上所述都只能算是柴荣的副业，在这期间，他还着重做了一件对他和南唐来说具有决定意义的事，这件事之所以重要，是因为彻底改变了后周与南唐之间军事对比的平衡。

停不下来的柴荣事事亲力亲为，他的确是精明强干，可也就此埋下了他英年早逝的祸根。

还是在这一年七月二十六日，回到了开封的赵匡胤终于得到了他父亲的消息，他的父亲死了，再也没能活着回到自己的家里。世事就是这样变幻无常，才过了两个月，赵匡胤还没从悲痛中恢复，就被柴荣因功提升为匡国军节度使（治所在同州，今陕西大荔），拜殿前都指挥使。

赵家世代为官，终于有人节镇一方，开府建衙了。可是这竟然是在赵匡胤身受丧父之痛时来临，让他悲喜交集，难言苦乐。这似乎也成了他一生命运中难以抹去的复杂色彩——他从来都不曾真正彻底地得到些什么，上天似乎有意折磨他，让他永远都不曾真正地开怀大笑。

# 第九章 陨落的太阳

时间很快就到了下一年，公元 957 年，江北前线的局势一塌糊涂，李重进已经把事儿给弄坏了。

无情的现实，证明了当年郭威的高明。他清晰地判断出李重进不是帝国合适的接班人，而把位子传给了本是外姓的柴荣。因为李重进的个性太鲜明了，他在战场上勇不可当，但是战场之外，他就太低能了。

柴荣带走了大部分的军队，他为了收缩战线，把韩令坤已经夺回的扬州、泰州、滁州都主动放弃了，把几乎全部主力都集结在寿州城下。这都没错，而且这一招极其狠辣。

把主力顶在南唐人的咽喉上，有种的就冲出来拼命，不然就大举派来援军到城下来决一胜负，除此之外别无他途。也就是说，这相当于逼迫南唐人来一次大兵团决战，可是谁敢？于是局面就变成了南唐人貌似收回了不少城镇，可是战争的主动权仍然牢牢地握在后周人的手里。

李重进只知兵、不惜民的劣根就此完全暴露了，他从来就没把淮河以南、长江以北这片“战区”当作自己的国土，他纵兵抢粮，随意杀人，保持了五代十一国时军队的“优良”传统，于是老百姓也就不跟他客气了，遍地烽火，后周军处处挨打。

而且李景达又来了，这次他带来了五万人，目标直指后周人的要害——浮桥。他派出了大将林仁肇，乘战舰去下蔡（今安徽凤台）烧毁后周人的浮桥。他看得很准，只要把这条通道切断，李重进就会被截断在江北，到那时就不信以南唐倾国之兵还对付不了他！

何况他还事先打听到，守下蔡浮桥的是后周出了名的老实人张永德。据可靠情报，此人既不凶狠也不狡诈，平时品质优良得连军队纪律都没违反过。可是他们事前无论如何都想不到，在张永德的面前才死得最难看。

林仁肇乘战舰顺流而下，直奔浮桥的河心一段，战舰未到，先放出了百十来条小船。大火熊熊，一百来只大火球分散开向浮桥的各个位置连续不停地冲了过来，张永德和所有的后周大兵站在桥上手足无措，不管有多大的决心和勇气，只能眼睁睁地看着火船撞了过来，一点办法都没有！

因为偌大的后周军队，连一条小船都没有……

但是不要怕，一个人能身居高位，总是有一点与众不同的地方的。张永德虽然没有李重进或者赵匡胤那么能打，可是他一生足够幸运。就见在这千钧一发之际，突然间风向变了，而且是一百八十度的急速大转弯，火船直接掉头，哪儿来的哪儿去，向林仁肇的江南水师烧了过去！

这场战斗的经过就是张永德一直站在浮桥上，连根手指头都没动，眼睁睁地看着南唐人自己在忙活。看着他们放火，再看着火球掉头，然后林仁肇玩了命地开船往回跑，可还是没能快过机动灵活的小船，烧着了，这下可真的烧着了。

后周大兵们一致摇头，说这事儿给闹的，都不好意思了，怎么南唐人的命都这么苦呢！

李重进就没有张永德那么好命了，他顶在了南唐人的要害部位寿州，让南唐人如鲠在喉，的确是非常英明神武，可惜，这也相当于把他自己扔在随时都会喷发的火山口上，无论南唐什么时候进攻，他都首当其冲。

李景达就奔着他来了。五万大军坐镇濠州，与寿州遥相呼应，再召集朱元等大将向寿州靠拢。朱元，这是南唐真正的猛将，在柴荣回国、李重进收缩战线的情况下，一鼓作气夺回了舒州（今安徽潜山）、和州（今安徽和县）、蕲州（今湖北蕲春），一连串的胜利之后，他来到了寿州外围，准备合围李重进，彻底搞定后周人。

李重进感觉态势不妙了，与其说他在率兵围困寿州城，倒不如说寿州在他怀里随时都会反攻爆炸，他的外围又被更多的南唐人所包围，这样里应外合，稍有不慎他就会被彻底吃掉。

越是这样，就越是显露了李重进的强人本色。他把刘仁赡继续死死地摁在寿州城里，别说是人，连只耗子都别想逃出他的军营；至于外围，不管来的是谁，带来多少兵将，都别想越雷池一步。当年寿州城外紫金山（今安徽寿县东北，淮河南岸）上南唐人扎下了十八座连环营寨，重重叠叠，呈掎角之势，在山上用烽火与寿州城里朝夕相应，可就是咫尺天涯，说什么都没法再近一步。

到最后，寿州城里都快人吃人了，南唐的援军无奈之下想出了一个不是办法的办法。他们想到了长城——我们从紫金山开始，修一条长城到寿州城下总行吧？利用长城攻守兼备的功能，边修边打，相信总可以应付一下李重进，把粮送进城里了吧！

南唐人开始夜以继日地赶工修长城。为了城里的弟兄，为了南唐的胜利，弟兄们，加油干吧！李重进也像是发了善心一样，一概不闻不问，直到长城好不容易修完了十多里，眼看着快到寿州城下，就要大功告成了，天杀的李重进才突然变脸，一阵猛攻，不仅把长城给破坏了，还杀了南唐五千多人。

这时候，仿佛要再折磨一下南唐人似的，又一个让他们伤心的消息传来了。那个传说中品质非常优良、从不骗人的张永德也变坏了。他经历了上次浮桥之战的侥天之幸后，深感日子再不能这样过了。痛定思痛，他首先做了件本分点的事，他用千余尺长的铁链封锁了浮桥上下游几十米之内的水面，然后为了保险，再在铁链上系上巨大的木头来增加浮力，使铁链绝不下沉，以彻底拦截南唐的战舰。这之后，在一个漆黑的夜晚，他悄悄地派人溜进了夜色中的淮河。

后周还是有几个会游泳的，大家乘着夜色，慢慢地游到了停泊在下蔡附近的南唐战舰底下。这时候用来封锁淮河水道的铁链还剩下一些，张永德很慷慨，把它们都送给了南唐人……第二天天还没亮，张永德突然发起了攻击，这时候南唐人才发现自己的战舰不知在什么时候，已经被人用铁链牢牢地拴在了一起，都开不动了。

江南名将林仁肇死都不相信，自己赖以成名的水军，居然会这么窝囊，全军覆没。还好，他本人又一次逃脱，活了下来，直到五六年之后，赵匡胤才给他编织了最后的命运。

所有这些加在一起，都不足以动摇南唐人在江北巨大的优势，无论是李重进还是张永德，都仅仅是保持着不败而已，尤其是屹立在他们面前的寿州城，不管怎样攻击、围困，就是无法拿下。而且在公元957年正月间，还从城里传出了一个惊人的消息——刘仁赡把自己的儿子杀了。因为他的儿子想从饥饿的寿州城里逃跑。不管谁来劝阻，就连李璟派来做监军的周廷构亲自说情，都没能保住这个孩子的性命。

刘仁赡把自己的儿子处以腰斩极刑。此后寿州城里哭声一片，军民同心，再也不提逃命投降的话。

城外的李重进绝望了，他望着近在咫尺的寿州城，百思不得其解。他真的想面对面地问问刘仁赡，南唐到底给了你什么好处，让你竟然这样忠于职守，冥顽不灵？

愤怨之余，久经沙场的李重进知道，以他个人之力，看来是真的拿不下寿州城了。

公元957年二月十七日，后周世宗柴荣出汴京城，第二次亲征南唐江北之地。殿前都指挥使赵匡胤虽然在为父服丧时期，但战事紧急，被柴荣夺情起复，一起出征。这一次，柴荣选择的突破口是张永德刚刚拿下的下蔡渡口，一切顺利，他在三月初渡过淮河，重新抵达寿州城下。

这时，战火才刚刚燃起，还没有真正兵戎相见。可无论是后周，还是南唐，敌我双方都已经一致确认，胜利已经被柴荣牢牢地抓在了手里，无论如何都不会动摇。

因为在柴荣出发之前，先锋大将右骁卫将军王环已经让南唐军队彻底胆寒。他们魂飞魄散地发现，后周人这次居然不是骑着马来的，而是乘着巨大的战舰，从颍水一路扬帆破浪，冲破他们的各个水寨，进入了淮河，他们的水上优势已经一去不复返，后周仅仅在大半年的时间内，就拥有了强大的水军！

这就是柴荣在上次回国后真正做的那件正事，历史证明了，他之所以主动离开战场，并不是因为他厌倦了，或者是他胆怯劳累了，而是他要迅速弥补自身的缺陷，等他再一次出现，他就会拥有压倒性的优势！

当年三月三日清晨，柴荣亲自披坚执锐出现在了战场上。紫金山，这是第一个攻击目标，要把寿州重新完全孤立，就必须先攻下它。赵匡胤作为全军攻击的箭头，率先登山强攻。这时候皇帝亲临，全军注目，所有人都目睹了赵匡胤到底拥有怎样的战斗力。

仅仅一个上午，赵匡胤就将南唐的前锋寨和山北营寨全部击破，斩敌三千，把紫金山通向寿州城的“长城”彻底毁坏。这一战的结果是惊人的，当天晚上，南唐军营里就发生了哗变，朱元，这位南唐方面首屈一指的猛将不战而降，带着自己的部下一万多人投降了后周。

第二天柴荣发动总攻。南唐军彻底崩溃了，他们习惯性地从山上往河边跑，坐上了船才觉得心安，可是这正中了柴荣下怀。

我们也有船！后周新建成的水军扬帆就追，柴荣本人则策马疾驰。史书记载：“帝自率亲骑沿淮北岸追贼。及晡，驰二百余里。”晡，申时也，下午三点到五点，也就是说，柴荣亲自策马追敌，奔驰了一整天，追击了一百多公里！

皇帝当先，人人奋勇，只此一天，在淮河南、北两岸及水路上，南唐军战死、淹死和投降的将近四万人！

只区区两天的时间，南唐人准备了近一年的寿州援军就彻底覆灭了。

刘仁赡绝望了，他在城头上目睹了本国军队的土崩瓦解。他明白，自己苦心经营、死守待援的寿州再也守不住了。伤痛绝望，让一直强自支撑的刘仁赡突然崩溃，他中风了，一下子晕倒，就此人事不知。他的同僚们再没有他的勇气和坚贞，他被卑劣地出卖了。在他昏迷不醒时，监军周廷构、营田副使孙羽等人以他的名义联合起草了降书，开城投降。

可怜昏迷不醒的刘仁赡被人带到了柴荣的面前，柴荣立即对他大加抚慰，并当众封他为检校太尉兼中书令、天平军节度使。如此高官厚禄，对他人真是可望而不可即了，但是对刘仁赡而言，这是尊敬，还是对他的污辱？史书记载，刘仁赡自从昏迷，就再也没能醒来，他没有接受柴荣的“好意”，就此死去了。

随着寿州城的陷落，南唐在江北的门户被彻底打开了，中原的版图已经被重新规划。

谁也没有料到，柴荣突然间退兵了。面对南唐大开的门户，他千辛万苦用无数条人命换来的机遇被他说扔就扔了。

二月十七日出兵，四月中旬柴荣就回到了开封。

这一切让人费解，让后周所有人扼腕！但是柴荣却心知肚明，他必须得回来了，不然他的后院就会突然着火。因为李璟，因为渤海海峡，因为契丹。

李璟显示出了柴荣所不及的高级政治手腕，面对强大的后周，他的目光从陆地延伸到了海洋，找到了上天给他还有后来的赵佶配备的那个极其隐蔽的外交联系通道——山东半岛和辽东半岛之间的渤海海峡。

南唐人用他们先进的航海技术，轻而易举地突破了后周人的封锁，与契丹，更与北汉达成了共识——柴荣鹰视狼顾，我们大家必须得联合起来才能生存！

契丹人同意了。

柴荣只好忍痛放弃刚刚到手的希望，马上后撤返回自家后院去砌墙。这时候，南唐开始举国庆幸了，终于逃过这一劫了……看来后周也不是不可抵御的，而他们的国王还是很有办法的！

他们不知道的是，李璟此时非常痛苦，极度懊悔，他忘了父亲李昪临死前对他说的话，这些年来他的所作所为全都错了！

李昪，南唐开国烈祖皇帝。说起他，话可就长了。首先，如果此人不死，柴荣能不能或者敢不敢向南发展都不好说。史有定论，李昪在五代十一国里的皇帝排行榜里远远地排在郭威、刘知远、李存勗或者大终结者朱温先生的前面，可以数二，也可以数一。

当然，之所以要数二，是因为后来有了柴荣。但是李昪比柴荣还要高明或者更加艰难的地方，就是他几乎是真正的白手起家，不像柴荣那样，虽然没有人缘，却可以接过养父郭威的班。

李昪本是个无依无靠、在战争中失去父母的孤儿，只能进庙当小和尚勉强维持生命，这和后来的朱元璋挺像的，不过朱元璋出家时已经十八岁了，李昪惨遭离乱时才六岁而已！那时南唐的地盘还叫“吴”，国王是大名鼎鼎的南吴武帝杨行密。

杨行密攻下了濠州，掳走了一个意外获得的战利品，就是这个小名叫彭奴的小和尚。彭奴长得非常漂亮，一双可爱的大眼睛忽闪忽闪地看着手握屠刀的杨行密，让他再也下不去手。于是，杨行密收了彭奴作养子。

杨行密的儿子们似乎有什么预感一样，看见彭奴就讨厌。历史证明，这些孩子真的应该当时就杀了彭奴，那样他们就不会有后来的落寞结果了。注意，是落寞，而不是悲惨。为了亲子，杨行密把彭奴交给了手下大将徐温，这孩子又做了徐温的养子，从此改名换姓，叫作徐知诰。

简短地说，徐知诰长大成人，先是帮助自己的养父徐温夺得南吴的军政大权，在徐温死后，把徐温的子孙也排挤到了一边，自己身登大宝。从此，改元换号，恢复了“李”这个荣耀了二三百年的光辉姓氏，而且不管死人愿不愿意，他声称自己是天可汗李世民的儿子吴王李恪的十世孙，重新定国号为“唐”，给自己改名叫李昪。

历史上为了与当时并存的李存勖所建立的“唐”区分开，将其称为“南唐”。

需要特别强调的是，李昪虽然在权力之路上一直走着，手上却没有沾上几滴人血。他对自己的养父深深地感恩，对养父的子孙们尽量优待，就算是南吴的末代王孙，也大都没有过分悲惨的下场。当然，南吴最后一位皇帝杨溥及其家属，还是不得不杀，实在是没有办法。

李昪极其理智。他在世时已经是南方最强国家的君主，手下人都劝他抓住机会，尽快把周边的所有小国都灭掉，统一了南方之后，就开始北伐，进而统一全国。可是李昪却只是微微一笑，终他一生，都在休养生息，静等机会。

他临终时告诫儿子李璟的话是——一定要牢记，用兵中原，南方诸小国必然不敢轻举妄动；可是用兵周边的小国，中原王朝必然发兵南下。因此，千万不要把南方的小国当作心腹大患，要尽量保持睦邻的关系，这样以后和中原争胜时，后方也会稳定。

至于北方的中原王朝，不管谁兴谁败，都是南唐的死敌。历来以南伐北困难重重，千万不可轻举妄动，北方越来越乱，机会总会来的，只是到那时，一定要做好准备，没有负担才行。为此，他给李璟留下了巨大的军需储备，光是他的德昌宫就有七百万余缗的库存，这是超级巨大的数字，赵匡胤积攒一生都没达到。

他自己衣衫俭朴，穿的是蒲履鞋，用的是一个铁脸盆，夏天在内宫只穿麻布衣，至死宫殿都没有扩建，最多只是增加了一些盆景。

他的儿子李璟却基因突变，一点都不像他。从李璟开始，南唐就文华风流了起来，兴之所至，无所不为，到李煜时达到了巅峰。具体奢侈糜烂到了什么程度我们到时细说，此时我只想先撂下几句话：

李煜之亡国，应该应分，合情合理，半点同情都不配获得。谁规定的会作几首顺口溜就可以永远高高在上、吃喝享乐了？！

而且还杀戮功臣，信用奸佞！

回到李璟，这位二世祖从即位开始，就雄心勃勃，向四邻用兵，把老爹的话抛到了九霄云外。他攻灭了闽、楚两小国，国家从二十八州增加到了三十五州，一时之间军威强盛，众国侧目。可是从此也背上了包袱，这些抢来的地方随时都会反叛，他必须连续不断地派兵镇压，于是就恶性循环，没完没了了。等到李昪生前怎么也等不到的千载良机出现时，南唐已经腾不出手脚向北发展了。

那就是当耶律德光率领契丹人攻陷开封，灭亡后晋，转眼就死在了北归的路上杀胡林时。还记得刘知远是怎么当上皇帝的吧？简直就没有阻挡，像遛个弯一样到了开封就捡到了皇帝宝座。

如果那个时候南唐能干手净脚没有累赘，从淮河江北之地直扑过来，天下会是谁的？

还有在刘承祐时期，北边也乱得可以，可李璟却有心无力了。何况他诗人的兴致发作，根本就不愿再理会这些讨厌的“凡人俗事”。他很忙，非常忙，他用心大搞艺术创作，鼓励全国都吟诗作曲！

他自己则轻衣盈步，月夜凭栏，叹道：“一钩初月临妆镜，蝉鬓凤钗慵不整……柳堤芳草径，梦断辘轳金井。昨夜更阑酒醒，春愁过却病。”

病你个头！为什么还不去死？！

李璟是那种一鼓作气、再而衰、三而竭的男人，他早期的奋发就像是年轻人特有的意气之争，人在年少一定要出点风头。等他真正遇到了敌人，久战不胜时，就会变得掩耳盗铃，得过且过。

无论如何，只要能活下去就可以了。

才过了半年，柴荣就卷土重来。契丹人，还有北汉人，都何足道哉！柴荣在北疆稍稍留心之后，就立即风平浪静了。

这一点都没有夸张，辽国也是当世强国，可是要看皇权具体掌握在谁的手里。这时的辽国国王耶律述律是个非常绝妙的人，通过这次短暂的接触，柴荣已经非常想和他进一步沟通了。但是当务之急，仍然是把南唐在江北的势力彻底连根拔起。

当年十月十六日，柴荣再度亲征，一路势如破竹，无所阻挡。

首克濠州，这一战让南唐人把后周人当成了魔鬼，因为后周人突破他们设在淮河里的巨木水障时，竟然没用战舰，而是直接骑着骆驼冲过了河面。沙漠里的动物竟然能当船使，现代人看见也头昏，何况南唐人。李重进、赵匡胤、王审琦等大将争先破敌，所有南唐的水寨、旱寨、战舰以及濠州城无一幸免。当战斗结束时，才是十月十八日。

十月十九日，南唐人继续挣扎，实话实说，他们已经非常努力了，派出了数百艘战舰从涣水（今浍河）的东面来援救濠州。可惜没等他们到，柴荣就已经亲自率军迎了上去，在洞口（今安徽凤阳东）将他们彻底击败。斩首五千，俘三千，夺战舰三百余艘。

柴荣不顾劳累，马上率军向东，扫荡剩余的南唐溃兵，一直追到了南唐人的下一个军事重镇——泗州。

南唐水军的劫难到了，他们剩余的数百艘战舰从清口（即泗水入淮河之处，今江苏靖江西南）匆忙撤退，但是很不幸被后周发现了。柴荣立即出动，派水军在淮河疾追，他自己和赵匡胤分率骑兵夹淮河两岸追击，一直追到了楚州西北。就是这里了，史书记载，南唐节度使陈承昭被赵匡胤俘虏，南唐水军全军覆没，数百艘战舰，只逃出去四五艘。

从此，长江以北的水系里再也不曾见到过南唐的水军。

轮到楚州了。这时柴荣已经劳累到了极点，而且他突然遇到了意料之外的顽强抵抗，楚州守将张彦卿誓死不降，他像刘仁赡一样把要投降的儿子亲手杀死，然后发誓与城共存亡。他说到做到了，城破之后，他和手下一千多名将士与后周人巷战，无一人投降，全部战死。而后周这边也因此死伤惨重。

柴荣狂怒！

自从出兵以来，一刻都没有停歇，始终亲力亲为全速运转的柴荣再也无法控制自己，亢奋暴躁之中暴露了性格之中最大的缺陷。

他下令，把楚州屠城，一个不留！

这是这位“五代第一明君”的唯一一次暴行。我不知道他事后是否后悔，只能从这次的突然失常中，判断出他性格里的缺陷——冲动。

冲动，他的力量来源之一，这让他做任何事都果敢勇猛，锋锐难当，但也失之急于求成。就这件事而论，我想他之前肯定没有屠城的打算，而且他从来没有做过这样的事，可是他一怒之下还是做了。就像他与刘崇在高平之战中，他虽然御驾亲征，也肯定没有自己来打头阵做先锋的打算，可他一怒之下还是做了。

冲动，是非凡的动力，结合他非凡的才能，让他如虎添翼，势不可当，但这也是把地道的“双刃剑”，很快就伤人也伤己了。

强极则辱，情深不寿。柴荣的短命，并不是上天对他不公，而是他自己没有掌握好生命的节奏。

血洗楚州之后，不管史书如何记载评价，在当时的确没有人再敢反抗柴荣了，至少在淮河以南、长江以北是这样。后周军所到之处，如滚汤泼雪，海州（今江苏连云港西南）、天长（今属安徽）、静海军（今江苏南通）等地望风而降，再往南，柴荣的目标已经锁定了长江以南的南唐都城金陵。

公元958年的春节柴荣是在战场上过的，春节刚过，正月末，柴荣就命令征调当地民夫浚通鹳水（今江苏淮安西老鹳河），二月初引战舰数百艘自楚州逼近扬州，进一步扫平江北。他完全是多此一举，扬州城已经人去城空，城里除了老百姓，没有半个南唐军人了。

三月初，后周的水军终于冲出了淮河，浩浩荡荡冲进了烟波浩渺的长江——终于冲出了江北，终于看到了长江……柴荣伫立船头，率千军万马，举长帆强橹，中流击水，壮怀激烈！

人生至此，复有何憾！

是月中旬，后周世宗皇帝柴荣亲至江口，大破南唐屯泊在瓜步及东沛洲（即东洲，今江苏启东吕泗镇一带）的水军，殿前都指挥使赵匡胤勇冠三军，居然率军直扑长江南岸，以自己所部之力就突破了长江天险，杀散南唐驻岸守军，登岸后把南唐人的营寨付之一炬，之后从容收兵回归北岸。

李璟彻底绝望了，所有的牌全都输光了，连最后一条心理上的安全防线——长江，都被后周人儿戏一样地突破了，这仗还能再打吗？

李璟派使者给柴荣带去了如下的条件：

向后周进献尚在南唐控制之下的庐（今安徽合肥——该死吧，这样的重镇在手，居然就此拱手送人）、舒、蕲、黄（今湖北黄冈）四州，以长江为界，岁贡称臣；

献犒师银十万两、绢十万匹、钱十万贯、茶五十万斤、米麦一百万石；

去帝号，改称江南国主；

去南唐年号，从此改用后周纪年。

以上种种，只要柴荣点头罢兵，马上生效。

柴荣沉默。人马骁勇，水军强盛，长江已经不是险阻，还有什么理由不一鼓作气地冲过去呢？更何况，在立国之初，王朴就已经替后周定下了基本的国策——先南后北，统一南方之后，才能进一步向西南或北扩展。

那么还在犹豫什么呢？柴荣已经让全天下人都清清楚楚地看见了他的本来面目，有进无退，不达目的绝不罢休！难道他会突然转性吗？

柴荣真的就此止步了。他答应了李璟的求和条件，就此北归。第三次亲征南唐之役就此结束。他的目光已经从水汽氤氲、树木葱茏的江南收了回来，转向北，面向了千里长风、雄关漫道的大漠草原。

契丹，你还是要在我的背后捣鬼……蕞尔小国，化外野人，乘我一时靡乱，竟敢如此猖狂！你以为中原从此就无人敢向你们挑战了吗？！

我会让你们，会让世上所有人都记得，我柴荣都做了些什么……

柴荣回到了开封，他所要的消息也都到了——关于辽国，关于辽国皇帝耶律述律。

开战之前必须知己知彼。

耶律述律，汉名耶律璟，他的父亲就是大名鼎鼎的耶律德光，而且他是长子。但是在他和他父亲之间，还有另一位辽国皇帝，辽世宗耶律兀欲，汉名耶律阮。耶律兀欲的父亲是耶律德光的大哥，让国皇帝耶律倍。

说到这个“让”字，可就真的是污辱耶律德光了。耶律德光小名尧骨，他从来都不用别人让他什么，从大哥的储位到汉人的燕云十六州，没有什么东西是他不敢抢的。史有定论，他的功绩超越了他父亲耶律阿保机，成为辽国历史上首屈一指的强势皇帝。

就是这样一位极力为本民族争取生存空间外加各种朝贡的好皇帝，一旦暴毙，马上就被族人遗忘，立了他的仇人，即他的兄长耶律倍的儿子当皇帝。

耶律述律的日子可想而知。

这给辽国的内乱埋下了导火索。只过了五年，耶律兀欲突然被人刺杀，虽然没有证据表明是耶律述律派人下的手，但他却成了最大的受益者，辽国皇权再度回到了耶律德光一支的手里。

耶律述律开始报复，这人根本不懂得整个辽国都是他的，哪一样他都应该珍惜。他把耶律兀欲的所有大臣都清除干净了，然后开始了充满新奇刺激的夜生活。从此万事轻风过，壶中日月长，只知道打猎、喝酒、睡觉，被人称为三绝“睡王”。

虎父生犬子，估计就算已经死了十多年的耶律德光都不会想到自己的儿子竟然是这块料。辽国在这种宝贝的治理下，给半个世纪以来备受欺凌的汉民族带来了千载难逢的好机会。

千载一时，性如烈火的柴荣绝不容许机会在他的手里白白溜走。他命令全国再次紧急动员，全力以赴准备下一次战争。但是命运从这个时候开始，突然收起了对柴荣的笑脸。在他准备向最大的敌人契丹挑战时，他最得力的助手——王朴突然去世了。

王朴是活生生累死的，他在史书中名声不显，那是因为他做的是萧何的事。坐镇后方，镇抚百姓，使粮道源源不绝，让柴荣能在前方安心地打仗。他死在去巡察河道防务的途中，更不用说他平时是怎样劳累了。当时，他路过大臣李谷的家，便进去与李谷交谈。两人正在正常交谈，突然间王朴昏倒在地，从此再没醒来，时年五十四岁。

王朴死了，一个志同道合、性情相近的帮手就此离开了柴荣。这对柴荣的打击巨大，在王朴的葬礼上，柴荣不顾帝王之尊，亲来吊唁。史书记载，他伏在王朴的棺椁上失声痛哭，谁都无法劝解。

当时有一个小孩子也站在灵前，他叫王侁，是王朴的小儿子。爱屋及乌，柴荣以及后来的赵匡胤都对王侁宠信有加，可是谁也不会料到，就是这个孩子铸成了北宋初年最大的一次忠良之殇。

那位受害者姓杨。

不管怎样，柴荣都要沿着他的命运之路走下去，战争的机器再次轰隆隆地开动了，所有的一切都已经准备好了。这一次，向北！不胜不归！只要能够夺回燕云十六州，汉人就会恢复长城这条维系着全民族生命的防线，从此再也不必担忧北方蛮族的欺凌！

而那时，以他击败契丹、夺回失地的军威，无论是南唐，还是后蜀，就会不战而降了……多么美妙，我要使汉统中兴！

疲劳已极，已经是强弩之末的柴荣被这个宏伟的目标深深地打动了，这就是我要做的事，这才是我要做的事……我一定要做成这件事！

出发！

后周显德六年（公元959年）三月二十八日，世宗皇帝柴荣下诏亲征契丹，重披铠甲戎装，从京城开封出发，收复燕云失地。

命义武节度使孙行友先期出兵至定州（今属河北），加强西山路的戒备，以阻止北汉对契丹的援助；命侍卫亲军都虞候韩通率领水陆军为先锋出发。

后周所有将官，包括淮南李重进所部，都快速向沧州集结。

南方没有威胁了，京师不必戒备，这已经是后周所有的家底，柴荣起倾国之兵与辽国决战！

千载一时，不容错过！

柴荣率军疾进，于四月十六日抵达沧州，兵行迅速，他没有休息，当天就率兵骑数万直趋契丹边境。为了隐蔽，他走的全是山野荒路，数万大军掠境而过，当地的居民竟然都没有发觉。第二天，柴荣就出现在了乾宁军（即辽国的宁州，今河北青县）城下。

辽宁州刺史王洪进大惊失色，不敢抵抗，马上就开城投降了。

宁州城外，后周的水军已经到达。柴荣命韩通为陆路都部署、赵匡胤为水路都部署，水陆并进，毫不停留地向契丹内部继续挺进。

后周战舰如云，旌旗蔽空，首尾相连，绵亘数十里。柴荣率当时中原最强的军队顺流而行，直逼辽国南院重镇幽州。两天之后，越过独流口（今天津西南独流镇），再溯流而西，直抵幽州前哨益津关（今河北霸州）。

益津关与瓦桥关（今河北雄县旧南关）、淤口关（今河北霸州东信安镇）合称三关，是幽州方面正南防线上的三座重要关隘。

不下三关，难抵幽州。

从来都是契丹骑兵从三关出发南下侵掠汉地，没有过汉人军队主动出击，攻到三关之下。一点防备都没有的契丹守军一哄而散，世宗皇帝到达关前，益津关守将终延辉出关投降。

益津关向西，水道变得狭窄了，柴荣弃舟登岸重上战马，迅速向下一个关口瓦桥关挺进。当天日落时只得停驻稍歇，柴荣露宿在旷野荒地，与众将士同宿同起。

次日清晨，太阳又一次升起了，柴荣振奋精神，命赵匡胤向瓦桥关挑战。赵匡胤率部直抵关前，刀兵未动，瓦桥关守将姚内斌出降。进驻瓦桥关，柴荣稍微歇息了一下，这时辽国莫州刺史刘杨信和辽淤口关守将不敢抵抗，直接遣使归降。

五月一日，后周强大的后援部队到达，战场上锋锐难当、所向披靡的李重进终于从淮南赶到了。柴荣终于有了强大的实力可以和契丹人正面对战，而这也可以看出柴荣对自己的苛刻，他又一次充当了全军的先锋，就像高平之战那样，不等主力集齐，就已经先期出发了。

李重进等后援部队的威慑力极其强大，辽国瀛州刺史高彦晖不堪重压，主动投降了。至此，三关以南所有失地都被后周迅速收复。

此时，距后周世宗皇帝柴荣下诏亲征只有区区四十二天，从京师出发开赴战场，实际只有三十二天。短短的一个多月里，契丹边关守将望风归顺，无人敢撄其锋，一举收复三关三州十七县，共复民一万八千余户，为大唐中期以后汉人前所未有之胜利！

五月二日，柴荣在瓦桥关行宫大宴众将——将士们，前面就是幽州，即古之燕地，为燕云十六州之首……让我们前进，激战契丹，光复燕赵，中兴汉地！

出乎柴荣的意料，几乎所有的将士都沉默了下来，包括以悍勇无敌著称的李重进。他们向柴荣报告了最新的情报——辽国王耶律述律已经率领契丹精锐骑兵来到了幽州附近，他不再喝酒了，此时就屯兵在燕山之北。契丹的前锋部队马上就要到瓦桥关了。

耶律述律。

柴荣默默地念着这个异族酋长的名字。是的，幽州，辽国绝不会轻易放弃，而耶律璟更不是李璟……但这又有什么关系，这次进攻并不是偷袭，本来就是要与契丹分出个输赢胜负！

随军的大臣和众将们却不这么想，这些人的心理完全符合唐末以来汉民族的心态——“陛下离京才四十二天，兵不血刃，北举燕南之地，此不世之功也。今虏骑皆聚幽州，未宜深入。若贸然进军，一旦有失，则前功尽弃矣。”

柴荣听得忍无可忍，愤然而起——“乘胜长驱，正如破竹之势，怎可中辍？！”

就在当天，柴荣即令先锋都指挥使李重进率军先发，就在瓦桥关以北，与契丹先锋相遇，一场激战，斩其数百游骑，进而攻占距离幽州仅一百二十公里的固安（今属河北）。到第二天，柴荣亲自来到了最前线，他到固安的安阳水（即今永定河）视察军情，命令立即架桥，以备全军迅速通过。不等耶律述律前来，他就要主动去向契丹兵团挑战。

请记住这一天，公元959年五月三日，柴荣从前线返回瓦桥关，准备第二天的征战。这一天是柴荣命运的分水岭。就像古希腊国王亚历山大东征波斯得胜，会宴将士；也像是神话故事中无敌的勇士阿喀琉斯最后一次冲击特洛伊城门，他们都到了命数终止的那一天。

传说柴荣当天心神激越，纵马驰上一片高坡，他要“驻马高阜，以观六师”。是的，他看到了他雄壮的军队在他面前源源不断地开赴战场，也看到了当地的父老牵牛举酒来欢迎他。他顺口问道：“此地何名？”

“回陛下，古老相传，谓之病龙台。”

柴荣愕然，既而黯然下坡，当天夜里就突然发病，卧床不起。

当然，这是传说，出自《五代史补》。但细查史书，此时柴荣即位已经五年了，五年之中他五次亲征，鞍马劳顿，事必躬亲，有迹象表明，就在此次出征以前，他就已经有病。因为有大臣上书劝他——“待圣体稍安之后再行北伐，亦不为晚”。

柴荣毫不理会，终于在和契丹国王决战的前夕，突然倒下了。即使这样，他仍然不肯罢休。史有记载，五月四日，有义武节度使孙行友攻破易州（今属河北），擒获契丹刺史李在钦，献于柴荣帐下，柴荣为表示绝无退军之意，令人押赴军前斩首。

五月五日，柴荣下诏以瓦桥关为雄州，以益津关为霸州，征调数千民夫来修筑霸州的城墙。既已得之，绝不放弃。

五月六日，柴荣命大将李重进统兵出土门（今河北获鹿西南）攻击北汉，进一步削平契丹的援军，一切仍然为与契丹兵团决战做准备。

但是到了七日，柴荣终于支持不住了，他的身体背叛了他，让他知道他终究还是一个凡人……群臣苦苦劝说，他无可奈何只能回京养病。临行前，他命令韩令坤为霸州都部署、陈思让为雄州都部署，各率本部驻守二州。

一定要守住！等我回来……我还要回来，这是我们进攻契丹、收复燕云的基地……

五月八日，柴荣从雄州起程南归，于三十日回到了都城开封。自离京北征到此时返回，总计才六十天，但柴荣的身体健康已经有了天壤之别，多年的积劳，平时的大喜大怒，让他的身体彻底崩溃，再也无法康复。到了六月二日，命运再次给了柴荣剧烈的打击，他的女儿突然死了，柴荣悲恸难当，他不懂，上苍为什么要这样对待他！

接二连三的打击让他了无生趣，柴荣真的再也支撑不下去了，在公元959年六月十九日晚死了，带着无尽的遗憾，带着未完成的理想，在年仅三十九岁的时候，就离开了人间。

# 第十章　机关算尽伤聪明

谁是那个木匠？

柴荣死了，留下了庞大的帝国、孤儿寡母，以及无数个亟须解决的问题。其中最重要的一个，就是由谁来取代他。

七岁的皇太子柴宗训吗？

可怜的孩子，其实以我们中国传统的计岁方式，这位已经被确认为后周帝国合法继承人的孩子的真实年龄（953年生）只有五六岁，可后周的那些骄兵悍将连当初已经三十四岁的柴荣都不服，更何况他……

柴荣活得劳累，怕死后也无法安宁，他得拖着垂死的、精疲力竭的病体，给他年幼的儿子做出种种安排。

概括起来，有以下几个重点：

册立皇后。

他的皇后是大将符彦卿的女儿，死于显德三年（956年），比他还要先走一步。他非常怀念，一直没有再立皇后。但是现在不行了，孩子太小，没有母亲怎么行？他思来想去，册立了皇后的妹妹，也就是符彦卿的另一个女儿为后周皇后。

想来她会对自己亲姐姐的儿子们疼爱一些吧……同时也会得到符彦卿的全力保护吧！

确立幼子的皇嗣地位。

在得病之前，柴荣为示公允，从不提给自己儿子加封的事。现在一口气封柴宗训为梁王，领左卫上将军，并立其为国储；封柴宗让为燕公，领左骁卫上将军。哪怕自己死了，帝国也至少有两个继承人。

柴荣要托孤了。

文臣方面，他选择了三位宰相——范质、王溥、魏仁浦。他们都是深受柴荣恩宠的大臣，尤其是魏仁浦，此人没有科班资历，不是进士出身，是柴荣一手提拔起来的嫡系。

在武将方面，柴荣就让人看不懂了。

无功无过，他罢免了后周军衔第一的张永德的官职，免去其殿前都点检之职，外放让他去做澶州节度使。这等于是把张永德彻底排斥出了权力内核。

太反常了，要知道，这时皇帝病危，正是张永德这样常年统兵、深具威望的皇亲国戚出力的时候，柴荣为什么要自断臂膀？而且翻阅新旧《五代史》，完全找不到张永德在这段时间内做过什么错事的记载。那么到底是为了什么？

很简单，稍微懂点宋史的人都知道，那是一块长约三尺、藏在一个皮囊中的木条在作怪。它出现在柴荣北征幽燕的途中，“世宗在道，阅四方文书，得韦囊，中有木三尺余，题云‘点检做天子’”。

木条很平常，皮囊更常见，重要的是木条上的这一行字——“点检做天子”。非常不巧，后周殿前都指挥使司大内都点检正是张永德。而且更不巧的是，这发生在柴荣一生事业的顶峰，也同时面临着最大挑战的时候。

柴荣为了保持全军的士气，当时把这块木条随便扔在了一边，不予理会。但是他深深地记在了心里，他一直在暗中追查，这件事到底是谁做的。

猜猜看，那个做木条的木匠到底是谁？

谁是鹬？谁是蚌？

站在不远处得意微笑的人应该是李重进。怎么分析，他的嫌疑都最大。

按照犯罪动机的基本分析原理——谁犯罪、谁受益来看，张永德的倒台，无论是从心理上，还是职位上，都会让李重进大为受益。这不仅仅涉及了两人私下里的恩怨，更牵扯到了殿前都指挥使司与侍卫马步军指挥使司的权力争夺。

这实在没有办法，这是后周太祖郭威一手造成的。

在郭威之前，世上根本没有殿前司，只有侍卫亲军司，五代时完全由它来掌握全国的禁军。郭威当初之所以能黄旗加身、澶州称帝，完全是因为侍卫亲军司的支持。可是郭威事后越想越后怕，才凭空创造出了一个殿前都指挥使司，把禁军军权一分为二，各自互不统领，相互牵制，直接向皇帝负责。

由谁来具体领导这两司呢？

再没有比张永德和李重进更合适的人选了。请看，这两个人一个是郭威的女婿，一个是郭威的外甥，两人能力相当，岁数接近，就连资历都差不多，不是他们又是谁？何况非常奇妙的是，出了名的老实人张永德还有一个特殊的小毛病，注定了会让这两个不该有仇的人迅速交恶，达到郭威的目的。

张永德有好几张脸，他对上司非常恭敬顺从，堪称忠心不贰；他对下属也仁慈宽厚，非常有德有量。可是对与他平级，资历、威望、权力都相差无几的人，他就变得心胸狭隘、毫厘必争了。

李重进简直是天然的冤家。于是，张永德利用所有可能的机会，一直在柴荣的耳朵边打小报告，就算在淮南江北之地与南唐倾国交兵的时候，他都没让李重进好受过。

最严重的一次，在公元956年十一月，他居然派使者携带“密表”进京上奏柴荣，说李重进有“歹心”。这让柴荣怎么办？得让马儿跑，又不能让马儿互相咬。难呀！柴荣最后的反应是既不相信，也不追究，更不做调解。

他以一种强者的姿态让两方面都明白，老实点干活儿，别闹事。但就算是想闹事，本皇帝也不在乎，只要你们敢！

可战场上的气氛还是变了，战士们各自拥护主将，变得人人敌对。这时候李重进表现得很男人，他把部下们都留在军营里，自己单枪匹马来见张永德，在张永德的地盘里两人喝了一顿酒，才算勉强度过了危机。

但不管怎么说，李重进都不会善良到健忘的程度，有仇不报，会影响心理健康的！

机会来的时候，李重进就干了个狠的。“点检做天子”，除了张永德外没有第二个人，而且最奇妙的是，柴荣绝不会因此而询问张永德，张永德就算知道了有这回事，也不敢主动去解释……就等着柴荣什么时候气不顺，来一次全面大总结吧。

这个机会被张永德自己给争取来了。

澶州。

柴荣一反常态，把自己单独关在行宫，默默想自己的心事。时间一长，外面的大臣们都慌了，他们不知道病中的皇帝是死是活！

这时候，只有张永德能进柴荣的行宫里问安，大臣们就托他给皇帝带个话——天下还没有完全平定，四面八方全是敌人，这里离开封太远了，如果出了事，天下就不一定是谁的了！

张永德想了想，觉得这些大臣说得对，想得很周到。于是他就进去把这些话都对柴荣说了。

柴荣静静地听完，才问——谁让你说这些话的？

老实人张永德直接承认了是所有大臣共同的想法。

柴荣接下来的样子让张永德摸不着头脑，就见柴荣对他打量了很久，尤其对他那张本已看得太熟的脸产生了浓厚的兴趣，看了又看，最后才叹了口气——我就知道是有人教你这样说的，可惜啊，我看你面相穷薄，不足以当此富贵！

说完柴荣就立即起床返回了京师。

从此，柴荣对张永德彻底绝望了。他再不担心什么“点检做天子”的木条，这样毫无心机、头脑简单，直接被别人当枪使，问皇帝生死大事的人不足为惧。不仅如此，也不能把自己的身后大事交给此人，此人不堪重托。

可是舍弃张永德，又能托付给谁呢？

李重进吗？

柴荣苦笑了，如果说张永德还有些许慈悲之心，能不杀他的小儿子的话，那么李重进的强悍嗜血就让他寝食难安了。根本就不能让李重进留在京师，还谈什么交付托孤大事！

张、李不成，那么下面还能是谁呢？

后来全世界的人都知道了，张、李之下，那个幸运儿是赵匡胤。但是对当年三十三岁的后周殿前都指挥使赵匡胤本人来说，这个消息带给他的喜悦却远远没有震惊多。

喜，喜从天降。

从都指挥使一跃升为都点检，看着好像只升了一级，但是咫尺天涯，从全国军队的二把手升到一把手，那是不知多少人一生都迈不过去的门槛，而他居然在这么年轻的时候就轻而易举地迈了过去，怎能不让人高兴？

惊，触目惊心。

要知道此次出征幽州，在后周一方无论是谁都没有什么了不得的大功劳。根本没打什么仗，三关三州一万八千户都是以皇帝之威、千军之力压制降服的，功劳属于全体官兵，怎么算也算不到赵匡胤的头上。

可现在最大的彩蛋就凭空砸到了赵匡胤的头上，这对一般人来说，可以摆酒庆祝了，而对赵匡胤这样的聪明人来讲，则应该把这个头衔当作块大砖头，没道理凭空而落，脑袋会被砸破的。

唉，富贵险中求，拿着刀上战场砍人是风险，回到京城升官发财一样也这么胆战心惊……多么明显，这是个政治需要下的官职变动，里面大有玄机。

后世学者在这团迷雾一样的玄机里，本着谁犯罪、谁受益的原则，也得出了张永德被三尺木条终生砸倒的幕后指使人是赵匡胤的内幕分析报道。持这一观点的主要是张其凡先生的《赵普评传·陈桥兵变的指挥者》和台湾学者蒋复璁先生的《宋代一个国策的检讨》等文章。按他们的说法，赵匡胤才是那个神秘的木匠，原因有四：

一、赵匡胤此前是张永德的手下，虽然实力已经不容小觑，可是要挤掉张永德，取其位而代其职，却遥遥无期，并且基本绝望。因为他硬件就不行，他不是皇亲国戚，禁军是国家安危命脉，他一个年纪轻轻的外人，凭什么一步登天？凭他的军功和英勇？见鬼去吧，这种事，你越强悍才越不敢用你。不然何不选李重进？所以，赵匡胤只有要点阴谋诡计，才能走出张永德的阴影，彻底独立。

二、在公元959年，枢密使王朴死，皇帝柴荣重病，让赵匡胤野心极度膨胀，让他有了非分之想，而张永德正是他的第一块绊脚石，必须得尽快踢开，于是他就做了一回木匠。

三、用这种含混不清也解释不清的办法来搞倒搞臭张永德，同时也给自己日后登基做理论铺垫，一箭双雕，不亦乐乎。

四、柴荣北征期间，赵匡胤一直率军拱卫左右，大有做手脚的机会。因此，蒋复璁明确指出——三尺木之来，实属可怪，代者为太祖（赵匡胤），不是有很大的嫌疑吗？

我想，以上这四点疑问，会引起极大共鸣吧，因为无论如何，赵匡胤真的成了最后的受益者。但是很可惜，综上所论，破绽多多，请看逐条反驳：

一、就算搞掉了张永德，受益人也不见得就一定是赵匡胤。军中比他资格老、功劳大的人大有人在。用这种损阴德的下三烂招数给别人作嫁衣裳，想必赵匡胤没有多大的兴趣。

二、根据《旧五代史·周世宗本纪》以及《宋史·太祖本纪》中记载，这块写着“点检做天子”的木条出现在“世宗不豫”之前。那时候赵匡胤是玩了命都要好好表现，去吸引柴荣的眼球，只求当个后周的好员工的。而且以柴荣之强，三十三岁才开始了富贵之路的赵匡胤就算野心膨胀，也不会用这等险招阴谋造反，我不知道赵匡胤是什么动物变的。

想想吧，在此之前，赵匡胤冲锋陷阵，每每在必输必死的情况下反败为胜，这是把自己当下任天子必须珍惜身体的表现？而且为了给柴荣打好工，他还把自己得病的老爹关在城外喝一夜冷风……再这么说他，就真是太不厚道了。

三、柴荣北征，赵匡胤是不离左右，可是他身为武将，要在四方进奏给皇帝的文书中做手脚，就那么容易？那可不是一封薄薄的用纸写出来的信，而是一块三尺多长的木板子！史书记载，柴荣非常精明，什么事都亲力亲为，赵匡胤敢动这样的手脚，他可真是活腻了！

所以，在柴荣死前，赵匡胤绝无篡逆之心，这是肯定的。人的心都是到哪山才能唱哪歌，唱错了只有死路一条。当然，也有那些不知死活的鬼，不管局势如何都要去犯罪，但是以理智、宽厚著称的赵匡胤如果也这样的话，那可就真的让人无话可说了。

临死之前提拔了赵匡胤，这是柴荣大有深意的一招，是他维持朝廷权力平衡的绝妙创意。只是他犯了聪明人都容易犯的错——想把机关算尽。

这是所有聪明人都会犯的错，是全人类都会犯的错。

为了生存，谁不算计？但是谁又能真正把机关都算尽呢？

柴荣乃至后来的赵匡胤，都在这上面复制着悲剧。没办法，算人者人恒算之，有来必有往，天道总是好还的。

# 第十一章　北宋诞生记

不管天上掉下来的是砖头还是馅饼，最后赵匡胤还是走马上任了——殿前都点检耶！当他坐上了这后周第一军人的宝座之后，才发现，做柴荣的敌人是多么不舒服。

他发现自己被已经死了的柴荣给耍了，他是第一军人没错，可是没有任何命令是他能独自颁发且立即生效的。京城之中高官多如牛毛，他头上先压了三位大宰相——范质、王溥、魏仁浦。后两者也就算了，那位姓范的哥哥可实在是让人一点办法都没有。

范质有才且执拗，非常专横，敢于做任何决定——柴荣临死时，召见范质等人进宫受遗诏，柴荣曾说："翰林学士王著，系朕藩邸故人，朕若不起，当召他入相，幸勿忘怀！"

范质转身出宫，立即对身边同行的大臣说："王著日在醉乡，乃一酒徒，岂可入相？此必主上乱命，不便遵行，愿彼此勿泄此言。"

不管范质是不是为了朝廷着想，至少把王著的宰相给抹了。连还没咽气的柴荣都敢欺瞒，小小的一个刚刚上任，没有根底资历的赵匡胤又算得了什么！

不仅如此，就算在军队里，赵匡胤都发现自己名不副实。

真正的军权已经到了殿前司的死对头——侍卫马步军指挥使司的手里，具体来说，就是侍卫司副都指挥使韩通的手里。韩通深受柴荣的信任，每当柴荣出征，他都会配合王朴留守京城。此人鲁莽、暴躁，人送外号"韩瞪眼"，忠心耿耿，绝不会变节投敌。

以上，柴荣得到了他想要的结果。

朝中大事，由范质等三位资深宰相做主；军队之中把张永德和李重进都调出京师，出守边疆；禁军由韩通掌握，为了牵制韩通，又任命了赵匡胤做侍卫司的死对头，殿前司的首领。

内外平衡，没人能作得了怪。

针对赵匡胤，虽然他冒升极快，但是资历太浅，年纪太轻，就算想做点什么，也没有号召力，他的威胁可以暂时忽略不计。等到他也资深时，七岁的小皇帝想必已经长大了。

军政体系中每一个环节都完成了互相牵制，使它们既能运转，又不会勾结成一团。

看明白了这些，赵匡胤变得非常郁闷。他觉得自己还是太年轻啊，君心不可测度，柴荣真是给他上了一堂生动的现实版的政治理论实践课。但是他也没有绝望，三十四岁的柴荣能一战击败死敌刘崇坐稳了江山，他赵匡胤今年也三十三岁了，他也有自己的办法。

出乎所有人的意料，后周世宗柴荣当年六月去世，赵匡胤七月就离开了京城开封，到外地工作生活去了。他的理由非常正当，让人无可挑剔——去归德府，那是他的属地，那儿有许多许多堆积如山的日常工作需要他去处理。

对他这个请求，无论是范质还是韩通，都没有丝毫的异议。

这很好，京城之中有你不多，缺你不少，最好你能在归德府（今河南商丘）那儿多待些日子，回来得越晚越好。当然，你可以尽量把你的人都带走，比如说你的幕僚，什么赵普、楚昭辅、王仁赡之流，通通带走，别留在京师里给我们添乱。

最关键的一条，得把你的家人都留下来。

这样才合乎规矩。

面对种种苛求，赵匡胤一一照办，只求能到工作单位正常上班。他扔下了全家老小，在当年的七月到归德府报到。在历史记载中，完全找不到他从七月至当年岁末，在官场之中有过怎样的特殊举动。但是后周的官场却已经在这小半年的时间里有了天翻地覆的变化。

一切都进行得波澜不惊，悄无声息。

变化主要在军界。

首先，在殿前司系统里，一直空缺着的殿前副都点检一职，由慕容延钊出任。这位慕容仁兄是赵匡胤的发小，关系近到了不必再收纳到“义社十兄弟”里去的程度，早就是兄弟了，再提都会伤感情。殿前都虞候则由王审琦担任，此人正是赵匡胤的“十兄弟”之一，而在慕容延钊和王审琦之间的是石守信，由他来做殿前都指挥使，也就是赵匡胤之前的官职。

在侍卫司那边，真不知道出了什么事，赵匡胤原来的政敌，侍卫步军都指挥使、曹州节度使、检校太保袁彦被赶出了禁军，先升官为检校太傅，然后直接离京，去陕州做节度使；他的位置由原虎捷左厢都指挥使、常州防御使、检校司空张令铎来顶替，具体为遂州节度使，充侍卫步军都指挥使、检校太保。

再以侍卫马军都指挥使、陈州节度使、检校太傅韩令坤为侍卫马步都虞候，加检校太尉；以虎捷左厢都指挥使、岳州防御使、检校司徒高怀德为夔州节度使，充侍卫马军都指挥使、检校太保。

是不是觉得名头太长、太烦，根本记不住？对不起，大家只能忍了，而且越往后当官的头衔就会越多，名目就会越杂，这是宋朝的特色，更是赵匡胤的最爱，里面有绝大的国策。

赵匡胤的敌人被驱逐出境了，他的兄弟朋友们都被安插进了各个重要部门，尤其是在他的敌对势力侍卫司一边。

具体介绍：韩令坤早就是赵匡胤的朋友。张令铎是出了名的“仁厚”之人，绝不轻易与人作对，并且在一年之后，他就和高怀德都成了赵匡胤的家人——高怀德娶了赵匡胤的妹妹，张令铎的女儿嫁给了赵匡胤的弟弟赵光美。

但是，还剩下两位侍卫司的顶级高官是赵匡胤搞不定的，那就是侍卫司马步军都指挥使李重进，可惜他身在扬州；还有副都指挥使韩通，他威名赫赫，留守开封，震慑全局，是全军乃至全国人民的保护者。他是如此伟大，乃至必须一个人面对整群饿狼。

而绝妙的是，此人对此毫无知觉，反而认为开封城从政治上层建筑到平民百姓的日常生活都平稳有序，绝无异常。他非常满意，对坊间隐隐流传的各种流言以及他儿子韩微给他的警告毫不在意。

韩微，此人年幼时生病，落下了终身残疾，成了驼背，人称“橐驼儿”。他心明眼亮，一眼就看穿了赵匡胤必将成为后周和韩家最大的凶兆，一直在劝父亲早动手，主动除掉赵匡胤。

一切都证明了韩通的工作是卓有成效的，就这样下去，要一直平稳地保持着这样的局面。

时间过得飞快，转眼间公元959年的年关到了。

那个七岁的孩子过年如过关。

公元960年正月初一，一个叫柴宗训的小孩子被早早地叫醒了，他被大人们摆布着穿上了烦琐沉重的衣服，戴上了更加沉重的压得脖子都生疼的帽子。这时他知道了，他又得要去那个又宽又高的大屋子里，去见那些长着白胡子或者黑胡子的人，听他们讲一些他根本听不懂的话，看着宰相们的表情，缓缓地点头。

这样的事他现在已经有点习惯了，他不知道这有什么好玩的，可是他得做。不然，他死去的父皇就会难过……就在前些日子，去年十一月初，他才把他的父皇安葬在庆陵。

朝会大典，这个姓柴的小孩子高高在上，也孤零零地坐在了皇帝的宝座上。他听着下面有人在向他叩拜称贺，说是建议在新的一年里，仍然沿用先帝的年号，为显德七年，希望先帝威灵保佑大周国泰民安。这些他都无动于衷，也真的听不懂。之后的事就非常有趣了，那么多的“胡子”一个接一个地向他走来，挨个向他叩头，此起彼伏，真的好有趣。

就在这个孩子刚刚露出了些许笑容的时候，传来了一个消息，把他的欢乐从此永远地埋葬了——北方边疆的镇州、定州火速发来了警报，契丹人联合北汉人突然来袭，要朝廷马上派兵救援。

大殿乱成了一团，所有的大臣都现出了原形，他们围住了三位德高望重、能力超凡的大宰相，七嘴八舌地讨论要怎么办。

孤零零地坐在高处的小孩子柴宗训茫然地看着下边突然慌乱的人群，不知道出了什么事情，更不知道这些人正在纷乱争论的其实就是他的命运。

争论的结果出来了，来者不善，要派出最强的人马迎敌。由禁军统帅、殿前都点检赵匡胤率大军北伐，即刻起程！

这个意见被全票通过，包括最上层的领导——三位宰相，以及韩通。这个决定非常合适，京城里是离不开韩通的，赵匡胤年富力强，正应该多做贡献，更何况他本就一直在外，他带兵出征，一点都不会造成京师官场的不适应。

而且是多么巧合呀，这个不好的消息传来时，赵匡胤本人也正好在京城，可以马上就带兵出发，一点都不耽误军情。

第二天，军情紧急，后周禁军殿前都点检赵匡胤升帅帐调兵遣将，分派如下：

令禁军殿前副都点检慕容延钊领前军为先锋，先期北上；调侍卫马军都指挥使高怀德、侍卫步军都指挥使张令铎及侍卫步军虎捷左厢、右厢都指挥使张光翰、赵彦徽率部随自己出征。

留下殿前都指挥使石守信、殿前都虞候王审琦率兵在京协助韩通把守京城。

看到这样的一份军力分配名单，如果还有人说赵匡胤没有包藏祸心的话，他一定是拿了赵匡胤的钱了。

把韩通名下一大半的侍卫司兵力带走出征，留下的却都是殿前司的亲信主力，但是从表面上看，一切却仍然无可挑剔——殿前司和侍卫司都是部分出兵、部分守城，仍然是分工明确，互相牵制。

这非常符合已经去世的先帝柴荣的遗风，也足以让现在的朝廷大佬们放心。

好了，那就马上出兵吧……马上把事儿都办了吧！可是且慢，军情再紧急，也没有点兵当日马上出征的道理，男人出征和女人出嫁一样，得选日子，还得挑时辰，哪有那么唐突儿戏的事……于是，这还得等，至少一天。

在这要命的一天里，发生了许许多多的事，每一件事都足以让这段历史上的第二天、第三天按照既定顺序发生的事情流产。这一天里的经历远远比一天之后发生的事让赵匡胤更心惊肉跳。

开封城里突然流言四起，大街小巷人心惶惶，有些大户人家和官宦子弟都在搬家出城逃难了。还是因为那块神秘的木条上的五个字——点检做天子。

开封城里的居民是见多识广的，也是记忆力健全的。“主少国疑”，而且“外敌突现”，再加上马上就大军集结，再加上“点检做天子”，这意味着什么？

意味着时光倒流整十年，公元950年十一月二十二日的开封，郭威也是带着本国的军队，冲进了开封，那一天无数人家破人亡，血淋淋的教训还历历在目，谁敢掉以轻心？！

而且多么不巧啊，“点检”，当然是“都点检”，他此时正在开封城里，已经在集结军队了！

流言，有时就是谶言，会让你凭空得到人心，那些人进而敢跟着你做任何事。可有时流言也会变成杀人刀，把你完美的“阴谋”变成了路人皆知的“阳谋”，让你什么把戏都玩不出来，只能等着被提前清醒过来的算计者预先报复。

赵匡胤害怕了，他在外边的所有场合都待不住，只好躲回家里。他不由自主地嘀咕——外边都在传我要造反了，满城轰动，我该怎么办啊？

经典的一幕出现了，没等他母亲，未来的杜太后发话，他的妹妹就冲出了厨房，“面如铁色，引擀面杖逐太祖，击之（上帝，她真把她哥给抡了）”，并喝骂——“大丈夫临大事，可否当自决，来家内恐怖妇女何为焉！”

将门虎女，我们除了对她未来的丈夫高怀德先生表示担忧并报以同情之外，就只能对她鼓掌欢呼了。真是对症下药，她老哥还就吃这一套。这种强硬摧残式的刺激，远比小心呵护式的鼓励管用，赵匡胤当时默然而出，深深为自己的胆怯行为脸红，转而他就做出了一件极为勇敢并且关键的事来。

这件事彻底让他的第二天、第三天顺利到来，中国的历史得以顺利传承。

赵匡胤决定主动去韩通的家里求见。

他明白，作为开封城的军事兼警察总监，韩通对市面上的任何风吹草动都会了如指掌。那个见了鬼的传言一定已经传进了韩通的耳朵里，而且通过韩通，很快就会再传到三位当朝大宰相外加太后和小皇帝的耳朵里。要是他再不采取些有效的行动，别说是领兵出征了，就算他想平安地返回到归德府那个小地方，都是痴心妄想。

《闻见近录》中记载，赵匡胤当天来到了韩通家，韩通真让他进去了。可以想象，他的身份让他可以带进去几个跟班的，但除非他的班底都是萧峰那一级别的，要不然，只要韩通不高兴，他活着出来的概率就等于零。

事实上，他真的遇到了危险。韩微，这个虽然驼背但是心明眼亮的年轻人再一次建议自己的父亲就此干掉赵匡胤，一了百了，干净利落！

可是固执的韩通再一次让机会从自己的指缝里溜走。几乎历代所有的史学家都认为韩通这时做错了，当断不断，反受其乱，而且把柴荣交托给他的江山断送了出去。可是再往深里想一层呢，为什么韩通还有三位宰相以及皇太后等人都没有对赵匡胤下手，并且仍旧让他按时带兵出征？

问题在于，杀人容易，善后极难。

想想十多年前的后汉末帝刘承祐吧，他不就是因为莽撞出手，无罪处死朝中大臣，逼着外面的郭威造反的吗？这时候赵匡胤毫无反迹，只是因为一些流言就处死统兵大将，开封城外其他的将军会怎么想？

还有，真的要杀赵匡胤也不是那么容易的。就在眼前的这三位大宰相之中，排名第二的王溥，据苏辙的《龙川别志》记载，就已经向赵匡胤“阴效诚款”，韩通除非是不计后果，说干就干，不然是拿不到批条的。

救人的总比杀人的难，顾全大局的总比造反的费劲。那一天赵匡胤还是活着走出了韩府的大门。我想那一刻，在开封城的每一个角落里，都有人松了一口气。如果刚才真的在韩府里传出了厮杀呼救的声音，那么此时的开封城里一定会提前开练，血流成河。

就算管不了领袖的死活，同党们也要为自己着想，难道要静等着韩通拿着名单来挨个抓人吗？

很快，天黑了下来，一天将要结束，所有预谋参演的人员也都在向赵匡胤的身边集结。在这些人中，我们会看到一个个后来声名显赫、不可一世，这时却还默默无闻的人。他们面色平静，可心情激动，因为他们正在干的，是当时世界上风险最大、回报也最多的买卖。赢了，得到江山；输了，就会被全族抄斩。

你很难说这是买一赔十，还是买十赔一。

人数还会不断地增加，总会有一些默默旁观、心灵手快的人要做些投机的买卖的。从此刻开始，很多意料之中以及意料之外的事都会到来。

但是导演只有一个。这个人隐身在幕后，在当时拍片的现场，你会看到他忙前忙后、无处不在，但是事情过后，在观众们的眼睛里，在五彩斑斓、变幻莫测的银幕上，你是看不到他一点点身影的。

因为流传下来的给我们看的历史，已经是一部剪辑完毕，变得天衣无缝，能以假乱真的成品电影了。

据说这个人叫赵普。而另外还有一个非常神秘的，当时只有二十一岁的少年，他突然出现在这段历史的夹缝里。从此之后，他就以他独特的方式，牢牢地站在了这个舞台的中心，直到最终成了千万人瞩目的焦点。

他的名字叫赵匡义。

导演的功力。

做一个合格的导演，最起码的条件是什么？

不好说，但最基本的一点，就是要首先明白你的演员是哪个类型的，需要怎样去包装，才能达到万众瞩目、人神合一的效果。那么，赵匡胤是哪个类型的呢？需要怎样去包装他？

难道你要召开一个万众大会，然后在会上公开宣扬赵匡胤有多么优秀，为了光辉的明天和每个人的切身利益，我们只能跟着他走？

或者为了增强说服力，还要把赵匡胤和他每一个竞争对手都来个全面比较，逐条分析，和观众们来个空前火爆的 PK 大讨论，把所有人都 K 得哑口无言，心服口服，这时他们就能抛开一切顾虑，置身家性命于不顾，跟着赵匡胤一起造反了？

玩笑似乎开得太大了。但历史证明，这出大戏的开场，竟然比这还要幼稚。

第二天的太阳升起来了，公元 960 年正月初三，大军集结完毕，由爱景门出京城开封，北上迎击契丹、北汉的联军。这时候，开封城里非常安静，人们想象中的动乱并没有发生。人心，随着军队的离开，渐渐地平静下来。

军队里却发生了异常现象。有个人突然不走了，他停了下来，仰着头望着天，准确地说是瞪大了眼睛看着太阳，且长时间地保持着这个动作不变。

这人犯什么病了？更加奇怪的是，军队里那么多的兵头将尾，却一个个谁也不管，而且还特虔诚、特期盼地望着他，都在等着他进一步说明他都看到了什么。因为这个人实在不寻常，他乃是后周军中著名的半仙，会看风水、学过占星，能掐会算，他就是殿前司军校苗训苗大神仙。

只见苗大神仙聚精会神、没完没了地看，谁也不敢打扰他，最后来了一位同样了不起的高人，才敢向他发问——兄台，你看到了什么？

苗大神仙一看，原来是文武双全、智勇兼备、忠心耿耿、老少无欺的殿前司都点检赵匡胤的幕僚楚昭辅。很好，这是个可以聊一下的好朋友。于是他开金口、启玉牙说出了传颂千古的一段瞎话——难道您看不见吗？请仔细看，天上此时有两个太阳，一上一下，黑光纵横，摩擦震荡，没完没了……请问您看见了吗？

啊！我看见了！楚昭辅瞬间爆发出了激情四溢的欢呼——真的像您所说的那样，是两个太阳啊！大家都来看，快来看啊！不仅如此，楚昭辅的视力范围在瞬间就超越了苗大神仙，他进一步看到了原本处在下方的太阳已经把上面的太阳赶跑，“一日克一日”，这个千古难得一见的神奇景观正在进行中，大家都快来看！

大兵们相信了苗大神仙和楚先生的话。

这真的像是一场闹剧，每当我看到这里，都极度地蔑视古人的智力——包括军队里杀人不眨眼的大兵们，更包括当年的总导演赵普先生，这简直是说给幼儿园的孩子听也不见得过关的童话！

可问题是，为什么那么多的成年人都相信了？

你不能简单粗暴地归纳为一千多年前的人都极度迷信，仔细推算，赵大导演这样安排也实在是迫不得已啊。

赵匡胤不是李世民，李世民开头就是给自己的家族企业打工，到后来虽然小有波折，可是登基时也名正言顺；赵匡胤也不是郭威，郭威那时时间紧迫，生死悬于一线，不容他有什么天人合一的理论安排；赵匡胤也不是柴荣，柴荣只要够强，能把到手的宝座坐稳即可，不存在理论人文上的缺陷，而且以柴荣和王朴的硬度，人家也不屑于搞这些乱七八糟的假招式。

对于赵匡胤，这些封建迷信的东西就有了大用场，因为他有些像刘邦。刘邦一来是要造反，他得给自己更得给别人一个强有力的、比当权者的刀枪更神圣的精神动力；二来他还有比他强悍得多的竞争对手项羽，如果没有天命所归、神龙之子这样的先天优势，谁敢陪着他跟项羽玩命？

赵匡胤也正是这样，年纪轻、根基浅、本身只是柴荣临终前布下的一颗制约韩通的棋子，除了眼前必须要成功地篡位之险外，还必须在事后把全国各地的大小高官都摆平，于是，这种“天命所归”“克日之日”的谶语就绝不可少！

时间飞快，当天的天空中不管是有一个太阳，还是两个太阳，或者是混账到无数个太阳，它们到点都会正常下班的。

天黑了，军队要驻扎休息了。前哨回报，前方就是今晚的宿地——距京城开封四十里远的陈桥驿。

吃过晚饭，大戏上演。这时候赵匡胤已经什么人都不见，独自喝酒直到喝醉，直接上床睡觉了，场务和配角正式开工。

第一个办事的人叫李处耘，此人是赵匡胤幕内都押衙。他晚上在军营里转了一圈，随便和人聊了聊天，就有一大群的禁军高官突然行动，他们闯进了……对不起，是赵匡胤的第一幕僚赵普的房间。

这些人口风一致，态度强硬——诸军无主，愿策太尉做天子！

这才是群情汹汹，好事临门，还等什么？半年多的准备，每时每刻的提心吊胆，不就是为了这一刻吗？！那就……再等等，这样就答应了，赵普不过就是个小毛贼。他突然板起了脸，义正词严地说——太尉赤胆忠心，必定不会宽恕你们如此言行！

一盆冷水劈头淋了下来，所有的人都愣了，是这样吗？听清楚了没？不是赵匡胤答不答应我们的问题，而是他根本就不会宽恕我们！

没搞头了，所有的人面面相觑之后，都灰溜溜地哪儿来的回哪儿去，静等着被修理。

这时赵普的房间里还剩下三个人，赵普、李处耘，还有赵匡义。这三个人坐得很稳，一点都没有着急上火或者什么后悔可惜似的样子。一丝诡异的笑容在他们的脸上隐隐浮现。人的心，是非常奇妙的，他们要的，你如果给得太快，那么他们就不会珍惜。

果然，才过了不一会儿，那些人突然去而复返，这回这些人目露凶光，刀剑出鞘，直逼向赵普三人，说出来的话完全都是赤裸裸的——按军规，军中有聚谋者按灭族论。现今太尉如不从，我等难道要坐等明日受刑不成？！

赵普笑了，他等的就是这句话。他相信赵匡胤的这些部下应该知道些往事，以及眼前的这笔买卖曾经的行情。在五代十一国短短的五十三年时间里，我能查到的至少发生过四次这样的事。第一个当然是郭威，这是成功的例子。当兵的事后既有官做，又能随便抢劫发笔横财。可是不要就此以为谁都会喜欢当皇帝，尤其是被民意强迫着当皇帝。

剩下的那三次就都是血淋淋的教训。

一个是石敬瑭，这是谁就不用我解释了吧？有一天打猎时手下有人喊他万岁，老石的回应是当场砍了三十多个大兵。这事就过去了。

第二个是后晋的杨光远，这是个厚道人，只是骂了那些兵一句：

"皇帝是你们贩卖的东西吗？！他妈的给我滚！"也就算完事。

第三个就黑了点，是瓦桥关的守将，叫符彦饶，当时满口答应，可在第二天的皇帝开业大典上，这人埋伏了一千多把刀，把那些想强迫他的大兵全都砍了。

这都是沉痛的工作经验，活生生的例子就在前头摆着，谁还有回头的路能走？这些大兵真的急了，赵普，我们都已经非常有诚意地把刀拔出来了，难道还非得让我们把它架在你的脖子上，你才能答应吗？！

天杀的赵普还有别的话——策立，大事也，汝等怎可如此放肆狂妄？现如今外寇压境，不如退敌之后再图策立……

大兵们叫了起来——主上幼弱，我辈出死力破敌，谁则知之！不如先立点检为天子，然后北征！

好了，这次火候真的到了，再装下去就要适得其反了。这时候，一位真正的重量级人物说出了第一句话。

年轻的赵匡义，他说——兴王异姓，虽云天命，实系人心。汝等各能严饬军士，勿令剽掠，都城人心安，则四方自定，汝等亦可共保富贵矣。

请注意这些话，多么大仁大义、完美无瑕。这本应出于当天的主角、未来的帝国主宰之口，但是，历史记载，这些话是由他的弟弟说出来的。然后，才开始了具体的造反工作流程第一步——派衙队军使郭延赟连夜回开封，密告殿前都指挥使石守信、殿前都虞候王审琦，一切顺利，明天按计划回城。

史称，赵匡胤就是这样被安排了命运，被自己的亲信和弟弟强迫着，走上了兵变得国，而国祚绵长的帝王之路。

第二天清晨，也就是公元 960 年正月初四的清晨，宿酒未醒的赵匡胤被军营中突然爆发出的惊天动地的鼓噪之声惊醒。史称他不知所措，还没来得及弄清楚发生了什么事，一大群人就破门而入，乱哄哄地拥到了他的床前。

曾经狼狈流浪过的赵匡胤，是否会在这一瞬间恍惚迷茫，觉得是否又回到了那段不堪回首的日子？

这些人嘴里念念有词，总之就是那句从昨天晚上就不停练习的“诸军无主，愿策太尉为天子”，然后根本就不跟赵匡胤废话，直接把他扯到外间屋的办公桌（公案）前，一件新衣服已经准备好了——标准的皇帝职业套装。

时光倒流，就像回到了十年之前，公元 950 年十二月二十日那天一样，赵匡胤化身为郭威，被人强迫着换了衣衫——比郭威职业一些的是，终究是第二次操作了，黄旗变成了黄袍，赵匡胤有了裁剪合体的新衣。

只不过这后来被发现是大导演赵普先生犯了第一个业余水平的小错误。

黄色，是所有封建时代的皇家专用颜色，想当年郭威的军队里之所以能有黄旗，也是因为他当时在名义上是代天子出征。赵大导演为了追求视觉效果的完美，以及一会儿赵匡胤在全军面前的闪亮登场，一定要他穿上正规的黄袍，这就造成了第一个硬伤，让几十年之后不世出的大文豪苏东坡都没法补救。

再下面的事就要以机械流水作业的速度进行了，要抓紧时间返回开封，把京城搞定了才算功德圆满。大家簇拥着赵匡胤一哄而出，外面早就排好了队的大兵们纵情鼓掌欢呼。在热烈而和谐的气氛中，赵匡胤上马，历史证明这时他还有理智，知道哪边是北，而他要去的方向是南。

就在这个时候，最为经典也最富争议的一幕出现了。

这时候居然有人敢突然挤出人墙，拦在了赵匡胤的马前，而且就此把整个要急速行军的大队人马都拦住了。

赵匡义，这个后来神圣无比可此时还乳臭未干的小伙子，声音响亮，神色庄严，让所有人都听见了他对他大哥说的话——请以剽劫为戒！

赵匡胤这才恍然大悟，差点把最重要的事给忘了。他停驻三军，向周围的大兵们发问——汝等贪富贵，立我为天子，我有号令，汝等能禀乎？

所有的大兵有马的下马，没马的下跪，回答得痛快，只有两个字——“唯命”。

赵匡胤下令——太后、主上，吾北面事之；朝廷大臣，皆我之比肩也。汝等不得惊犯宫阙、侵凌朝贵及犯府库。用命有厚赉，违则孥戮。

众军：诺！

过场算走完，大军回程。

以上都是根据《宋史》和《续资治通鉴长编》等收录汇集而成的。而《宋史》和《续资治通鉴长编》又都源于赵匡义的儿子宋真宗赵恒时修撰的太祖朝《国史》，《国史》则出于《太祖实录》，《太祖实录》嘛，就不那么好说了……宋代多次重修，有《旧录》，有《新录》。赵匡义登基之后就改了两次，到了真宗赵恒时再次重修，就在这一次，时隔几十年，赵匡胤时代的老人都死的死、老的老，再没有人证、物证了，才把当年的事情补充完善到了现在我们所看到的样子。

尤其是赵匡义拦在他哥哥马前，说出了最关键的那句话——似乎没有了这句话，赵匡胤就会纵兵大掠，重现当年郭威入城时的满城血腥一样。

时间飞快，要了命的太阳在无情地往天空正中央行进，赵匡胤必须提速了。这时，他已经进入了角色，经过严密分析，他决定派出两个人，去做一公一私两件事。

首先派出童叟无欺、视力超群、人见人爱的殿前司幕僚楚昭辅先生，让他赶在大部队的前面，悄悄地进入开封城，向赵匡胤的母亲及家人报个平安，也顺便告诉他们皇帝轮流做，今年到他家，姓赵的已经中了超级大奖了！

这个活儿好干，说实在的真是个美差。想想吧，那年头连中个状元都会有些职业报喜的登门要喜钱呢，何况是突然间中了个皇帝！而且楚先生做这件事一点风险都不会有，他大可以神不知鬼不觉地潜回京城，根本不必在大街上敲锣打鼓地向所有人宣布。

下一个命令就要命了。

赵匡胤决定要派一个人先回京城，直接去见三位当朝大宰相以及城防司令韩通，甚至直接向太后和小皇帝摊牌——告诉这些人新的皇帝已经产生了，你们的身份现在也都要变一变！

这种事以前有人干过，比如李世民在上早朝的时候干掉了大哥、三弟，自己不好去见父皇李渊，派了杀人助手尉迟恭去。那说到底是家务事，而且李世民也没说要把老爹怎样。

可是现在这个人，却得自己一个人赶在造反的大队人马前面，单枪匹马地进京，向以前的君主说，你现在马上从金銮殿上给我滚下来，那已经不是你该坐的地方了……你信不信皇帝就算砍不了后面的新任皇帝的脑袋，也会先砍了你？

而且说实话，现在赵匡胤的手下，还没听说过谁有尉迟敬德那样的单兵作战能力和胆量。

太难了……这时候，赵匡胤把目光转向了一个非常年轻的低级官员，在此之前，此人默默无闻，从未在任何事上出头露脸。他叫潘美，时任客省使，也就是负责全国信使、宴赐、四方进奉这方面迎来送往的小差使的官。

历史证明，潘美后来得大名，绝非幸致。此人胆识超卓，今天这件事之后，他又孤身一人，深入敌境，做出了更加骇人听闻的壮举！这时潘美欣然领命，他纵马狂奔，直奔四十里开外的都城开封。

一路疾行，潘美进入开封的时候，后周君臣还没有下早朝。潘美昂然上殿，向这些高高在上的人宣布赵匡胤已经兵变称帝，此时正在回程的途中！

所有的人都惊呆了，奇变突生，猝不及防。当时在曾经是柴荣设座议事的大殿之上，一片死寂，历史记载，最大的一个举动就是首席宰相范质突然伸手抓住了身边的另一位宰相王溥的一只手而已。

他愤然大叫——仓促遣将，吾辈之罪也！

这句话一点回应都没有得到，王溥咬紧牙关一声不出，事后才知道他是在忍痛——范质养尊处优，指甲留得比妙龄女孩儿还长，偏巧王溥也是这样的货色，他的手那是相当酥嫩。史称——爪入溥手几出血，溥噤不能对。

这就是骤然临变，生死关头时的后周群臣众生相。可是别忘了，后周至少还有一位真正对柴氏忠心的人——韩通。韩通一直目不转睛地看着三位大宰相，看他们有什么举措。等他看清楚后，他绝望了。但是他绝不允许自己也像他们一样，他一定要做点什么！

韩通扔下了文武百官以及年幼无知的小皇帝，急匆匆地奔下了金殿，去集合还能听他调度的军队。不管实力对比怎样悬殊，他都要为后周、为柴荣尽到他曾经答应过的责任。

韩通跃马出宫，先回自己的侍卫司，他要召集兵将。但是韩通绝望地发现，这时他还能号召的军队已经所剩无几，绝对不够他分兵据守偌大的开封都城，至于领兵出城平定叛乱，更加是想都不要想。

人心已经在片刻之间，就在赵匡胤和小孩子柴宗训之间做出了选择。

“点检做天子”的谶言终于还是应验了，只不过晚了两天而已！当时的人对改朝换代是多么熟悉啊，谁都知道该怎么办，尤其是素以“拥戴”见功的军队。韩通还能有办法力挽狂澜？

但是现实要求他，必须得在极短的时间内想出应变对敌的办法。

韩通不愧是老将，他迅速地做出了一个决定，把目标缩小，具体到造反者赵匡胤本人的身上——去捉拿他的家人，来以此作为阻止兵变的筹码！

这已经是当时韩通所能想到的唯一可行的办法了。

他分兵两路，一路由他本人率领，杀向赵匡胤在左掖门附近的殿前司官署，希望能在那儿抓到赵家老小；另一路奔向开封城内的定力寺，有人报告，赵匡胤的家人在这一天去了那里上香。

左掖门，殿前司，那天迎接韩通的是一阵空前密集的乱箭。

就在这时，开封城北陈桥门外，率领大军兵临城下的赵匡胤也同样在郁闷着。眼前就是开封城的大门了，可他就是进不去！

城上守城的官兵无论如何都不给他开门，不管他是以新任皇帝的名义，还是以前后周殿前都点检的身份，都一样不好使，不开就是不开。而且这些守门的大兵还明目张胆地叫出了自己的姓氏——一个姓陆，一个姓乔。行不更名，坐不改姓，爱咋咋地了。

出行不利，赵匡胤强压着心头怒火，更强压着一直隐藏着的极度不安，他扭头去看身边的总导演赵普。这时他的疑问完全用眼神就能表现清楚——这是怎么回事？难道石守信和王审琦没有接到通知？还是城里边天翻地覆了，他们都被韩通给干掉了？现在要怎么办？强攻吗，还是要继续封官许诺？哪怕给个王爷，也得先进城再说！

赵普不动声色，数万大军就堵在他身后，僵持在城下，他的主人更加焦躁不安，可他就是不急。历史证明，他是真的一点都不急，因为他给出的解决方案更像是一道搞笑的脑筋急转弯，那实在是必须得有一颗时刻活泼灵动的脑袋才能想得出来——正对着陈桥驿方向的陈桥门不通，那么我们为什么一定要从这个门进去？开封难道只有这么一座门吗？

我们换一个就是了。

当天赵匡胤的造反大军在开封城外小转了一圈，到了旁边的封丘门，才进去了。

进城之后，大队人马立即分散，按照主次之分以及危险系数的不同，各自奔向自己分片包干的责任地点。这时候，历史把一个本来很平凡的任务交给了一个名不见经传的人身上。他叫王彦升，是当时禁军殿前司系统里的一员战将。他接到的具体任务是先回赵匡胤的老巢殿前司官署，给新任皇帝清清路障。

任务简单，但是要看由谁来办。

这一天里的王彦升不知是亢奋过度，还是有什么别的内幕隐情，他把这样一个再平常不过的小任务办得震惊当时、流传千古，让人实在是没法不佩服。

殿前司的人回殿前司官署，那是熟门熟路，王彦升带着大兵一路狂奔，很快就到了，他正撞上败退下来的韩通。

石守信本人亲自守在殿前司官署里，不停地放箭，就让韩通绝望地撤退了。

当天王彦升看到韩通之后，突然变得无法克制，他带人就冲了过去，杀散了韩通的部下，杀得韩通上马逃跑，一路追杀，直接杀进韩家大门，把韩通及他的妻子、长子、次子、三子全部杀害，乱兵之中仅有韩通的幼子韩守琼以及四个女儿活了下来。

如此赶尽杀绝，毫不留情，我不知道王彦升过去和韩通有什么私人恩怨，还是他接受了什么特殊的指令，比如满城权贵，一律保全，但除了韩通。至于理由，是多么简单，因为只有韩通才有能力在这时或者将来造反。

面对残暴的灭门杀戮，赵匡胤在陈桥驿郑重立誓的允诺言犹在耳——“不杀后周大臣，不惊犯宫阙府库”。可韩通就被杀死在自己的家里。而且更加令人寒心的是，由宋人编撰的史书中，记载的却是兵变当日，韩通从皇宫中“惶遽而归”，直接回家，在半道上遇到了王彦升，从而被杀。

也就是说，从来都没有韩通为后周的尽忠行为，开封城里更加没有过任何的敌对抵抗——一切都是和平进行的，都是绝对符合仁义道德的，赵匡胤的行为是所有人一致拥护赞赏的。

一千多年以后，一个叫海明威的美国老头儿说，你尽可以杀死一个人，可是你就是没法击败他。可是在当天的开封，赵匡胤和他的谋臣以及勇士们说，我们尽可以杀死每一个人，而且会让他死得默默无闻、平淡无味。

那天的开封城终于逐渐安静了下来，赵匡胤在诸将簇拥中缓缓地登上了明德门。登高望远，只见街市繁华，屋宇林立。

多么熟悉……这就是我从小长大的地方！真的属于我了吗？

在这一瞬间，三十四岁的赵匡胤会在恍惚间觉得时光以及时空不真实。在他年轻时，具体地说，在他二十岁时，也曾亲眼看见过有一个人登上了开封的城头，那人当时微笑着向惊慌奔逃的开封百姓们说：“我也是人，你们不要害怕，我来当你们的皇帝，让你们休养生息。”

那是曾经的契丹皇帝耶律德光。

赵匡胤在一瞬间和耶律德光心意相通——多好的一片江山，怎能不让人心动……怎能让它荒废残败！

他下决心，要让这片江山在他的治理之下更加繁华昌盛。

下一步，先回殿前司官署。

这出乎绝大多数人的意料，皇宫近在咫尺，统治万民的至尊宝座触手可及，大局初定，不怕夜长梦多吗？

赵匡胤对所有热切期盼的眼神通通视而不见，在他冷漠的表情下，心更加沉静。在他看来，这些人迫不及待的样子真是可笑，人世间有很多需要积极进取的东西，却要用另一种看似羞怯的状态才能完美地获得。尤其在当时的中国。

当天赵匡胤回到了自己工作生活的老地方，殿前司官署。他当众脱下了进城时还穿着的黄袍。时间还来得及，他坐下来歇了歇。

因为一会儿之后，他需要体力，更需要情绪。

三位大宰相范质、王溥、魏仁浦以及一些重臣来了。这就是赵普的计划，要赵匡胤等朝臣来觐见。

赵匡胤突然间痛哭流涕，泣不成声，说出了他满腹的不得已，以及……惭愧——吾受世宗厚恩，为六军所迫，一旦至此，惭负天地，将若之何？

没等范质等大佬说话，散指挥都虞候罗彦环挺身而出，按剑厉声喊出了这几天以来听得叫人腻烦了的行动口号——我辈无主，今日须得天子！

刀将出鞘，剑甲林立，周围都是杀气腾腾的叛兵，这时候，所有的人都原形毕露了，包括对富贵权力红了眼的大兵们，也包括常年一脸道学、满腔正气的高官宰相们。

第一个屈服的是王溥，他率先走下台阶，向赵匡胤跪拜，施以臣子大礼。然后谁也没有料到，第二个就是以骄傲、执拗著称的范质。

大局已定。

终于轮到去做最重要的事了。去皇宫，去做真正的皇帝！

他们扑了个空，前皇帝和太后此时已经不在皇宫里了。在赵匡胤率兵入城时，小符皇后亲手脱下了皇帝和自己身上的黄袍，穿着白衣，走进了后周世宗皇帝柴荣记名的功德禅院天清寺。

这是典型的政治避难，也是明确地传达着他们对造反一事的态度——我们输了，只求不要杀我们。

有没有人笑话她过于胆怯，辜负了柴荣呢？需要补充一下的是，这位小符皇后可不是轻易低头的人。

她在嫁给柴荣前，曾经先嫁于后汉重臣李守贞（那位喜欢拆墙的人）的儿子李崇训。李守贞被郭威攻灭时，李家全族走死逃亡，无一幸免。小符皇后独自当门而坐，对乱军呵斥——我符魏王（符彦卿）女也，魏王与枢密太尉（郭威）兄弟之不若，汝等慎勿无礼!

史称乱兵耸然引退，无人敢犯。

这样的主见和胆量，就是柴荣临终时选中她的原因。可是这时她一点办法都没有了，后周国中她唯一能指望上的就是她的父亲符彦卿。符彦卿之强，曾经让契丹皇帝耶律德光都仓皇逃跑，威名震慑塞外，连耶律德光的老妈都问符彦卿是不是死了，才允许儿子再次入侵。可别说远水解不了近渴，就算是符彦卿在，也只能保持中立。

原因很简单，符家三个女儿，两个嫁给了柴荣，还有一个，是赵匡义的媳妇。

再也没有什么能阻止当天的赵匡胤了，他来到了后周皇宫里的崇元殿，这里“非常荣幸”地成了他取代后周建立新朝的登基典礼举行地。

可是让他非常没面子的是，把所有正规和非正规的法子都用上了，还是挨到了申时，下午三五点钟，文武百官才陆陆续续地出现在他的视线里。

正月天短，天都黑了。

哪有在天黑时办事的，在古代只有二嫁、三嫁、四五嫁的女人才在这种时候出嫁呢……等所有的人都到齐了，事件的性质也确定了——不是篡位，是禅让，最道德、最理智、最无私且绝不流血的权力交接性质。

可是这样一个人类罕见、普天同庆的大喜事却突然被卡住了，与会者发现事到临头居然缺了一件最重要的东西——禅让诏书！

中国人办事就讲究个名正言顺，且留字为据。连卖一头驴还得有字据呢，更何况是把偌大的后周白送出去！当场的人都傻眼了，包括无所不知、早有准备的大导演赵普。

赵普欲哭无泪，我也是第一次帮人造反，没有经验啊！

就在这时，一位真正的有心人慢悠悠地站了出来，翰林学士承旨陶谷。此人从容地从袖子里抽出了一张黄纸，史称“出周恭帝禅位制书于袖中”。也就是说，八岁的小皇帝柴宗训早就秘密地把禅位诏书写好了，并单独交给了他，让他在这个时候拿给赵匡胤看。

万事俱备，东风亦起。制造皇帝的合法程序正式启动——宣徽使昝居润，引匡胤就龙墀北面拜受。宰相掖升崇元殿，服兖冕，即皇帝位。群臣拜贺。奉周帝为郑王，符太后为周太后，迁居西宫。诏定有天下之号曰宋，因所领节度州名也。

就这样，中国的历史上出现了宋朝。准确地说，是北宋。

# 第十二章　请注意，现在我是皇帝

当天夜里，赵匡胤就入住了原后周的皇宫内院。对他来说，这是一个绝对神秘且陌生的地方，无法猜度这一夜他睡得怎么样。不过，他肯定会遇到刚刚入葬两个月的柴荣的鬼魂。

深宫空旷，寒云漠漠，赵匡胤与柴荣的鬼魂冷冷相对。双方都没有什么愧疚，或者什么愤怒。谁欠谁的吗？谁背叛了谁吗？都谈不上。

在没有外人，也没有所谓道德的约束时，人们才可以真切地面对自己的内心——谁规定的这座锦绣江山一定就是谁家谁姓的？

同样，柴荣也不会对赵匡胤的手下留情而致谢，赵匡胤也曾杀人无数，他不杀柴荣的后人，并不是良心发现，而是为了他自己的统治……所以一切尽在不言中吧。

赵匡胤是皇帝了，可是谁承认呢？

不说此时都城之内有多少人是忠心拥戴，国内宛如诸侯的藩镇们又有几个肯真心低头？国境之外还有那么多虎视眈眈的敌寇。赵匡胤第一次深切地感觉到，卧榻之外，皆他人家也。

于是，就从这一夜开始，赵匡胤心灵深处那团混沌不清的物质开始了衍生变化，他再不是以前那个人了。勇武、豪爽、披坚执锐、以征战为乐的时代一去不复返，他现在考虑的只有一个终极问题，那就是怎样才能巩固他的皇权，进而去兼并天下。

其余的，都无关紧要。

第二天，公元960年正月初五，赵匡胤正式登基坐殿，开工理事。首先大开库房，搬出来无数的金银财宝，这是事先答应给禁军将士们的赏赐，必须立即兑现，不然小心大兵们自己出去抢；之后又给所有参与演出的人员加官晋爵，让他们劳有所乐，且增强继续为他劳动的信心及乐趣。

其中最为突出的几个安排如下：

石守信接替韩通的班，任侍卫司马步军副都指挥使；韩通升官，虽然死了，也追赠其为中书令，以礼厚葬；侍卫司的原最高领导李重进，水涨船高被升为中书令，变得和韩通平级，继续留守驻地扬州，不必来朝，他的侍卫司工作嘛，就由韩令坤接替；赵匡胤本人的原职位殿前都点检比较特殊，要由真正的亲信且有巨大号召力的人来做才行，想来想去，只有一个人合适，那就是原来的副都点检慕容延钊。

说起慕容延钊，真是让赵匡胤又爱又怕，他是赵匡胤的发小，从小“素以兄事”的亲密战友，但是其能力和威望也时刻让赵匡胤小心提防。

不说别的，三天前大军从都城开拔奔赴前线，据说是赵匡胤统兵八万为中军，慕容延钊为先锋带的兵是五万，几乎和赵匡胤兵力相当。这里面就有玄机，因为事后证明，并没有契丹兵联合北汉入侵，那么慕容延钊为什么没有出现在陈桥驿兵变现场？而且一直进兵，等到赵匡胤在今天第一次以皇帝身份登基坐殿升他的官时，他都已经带兵到了河北真定！

赵普被提升为右谏议大夫、枢密直学士，从赵匡胤幕府的私人身份变成了国家正式的官员。赵光义（因避其兄宋太祖名讳改名赵光义）更加一步登天，从内殿祗候、供奉官都知直接提升为禁军殿前司都虞候。

这里需要指出，内殿祗候、供奉官都知只是皇帝身边一个稍有等级的侍候人的身份，谈不到品级，更说不到身份。完全就是柴荣看在赵匡胤的面子上给他的一个小“恩荫”，这个身份也没有随军出征的义务及资格。有资料显示（北宋王禹偁的《建隆遗事》、赵普的《飞龙记》），赵光义根本就不在陈桥现场，当赵匡胤率三军进入都城开封时，他才率人“奔马出迎”。

于是他在陈桥驿万众面前，拦住他哥哥的马头，说那句“请以剽劫为戒”的真实度就可想而知。但是他作为赵家除了赵匡胤本人之外唯一的一位成年男性（赵光美此时才十岁），他的升官已经是极有必要且理所当然的了。

除此之外，赵匡胤还宣布后周原有的朝臣都原职留任，并派出使者向国内所有外镇通告，不仅仅要说明自己已经当上了皇帝，更要让天下人都知道，除了皇帝换了之外，其实什么都和往常一样，大家不必惊慌。

有些人是安慰不了的。

李筠、李重进。

李筠，并州（今山西太原）人，幼年从军，以勇力著称，史称能开百斤硬弓。在后唐时期已经名扬军界，到了郭威的手下，被任命为昭义军节度使，驻守潞州（今山西长治），几乎以其一部之力来抵挡整个北汉。

李重进，后周最强的将军，驻军扬州，威慑南唐。

这两个人一南一北，是标准的藩镇。

李筠在柴荣时期擅自征用国家赋税，召集天下亡命之徒，增强自己的实力。柴荣派来的监军实在忍不住说了他几句，他的反应是立即暴跳如雷，把该监军关进了大牢。

在招待赵匡胤使者时，他挂起了郭威的画像，当场痛哭。

同时他接到了北汉皇帝刘钧的一封密信（蜡书）。刘钧对他说，世界上没有永远的敌人，也没有永远的朋友，李筠，我们合作吧。

这很古怪，李重进的反应更加古怪。

李重进主动向赵匡胤请示，自己是否可以按照惯例以节度使身份到开封觐见新任皇帝，当面谢恩？

赵匡胤受宠若惊。

可紧跟着就轮到了刀光剑影。

李重进嘴里叫着哥哥，从腰里摸出了家伙。他直接派人去和李筠结盟。在李重进的心里，上战场是杀人，造反不外乎也是杀人，有什么大不了的！至于皇位，多年以来，他不可能不想，柴荣就算了，可是赵匡胤算是什么东西？一个稍有战功、刚刚露头、乳臭未干的暴发户！趁着朝中无人，从孤儿寡母手里抢东西的无耻小人！

想着这些，李重进无论如何都没法说服自己为赵匡胤工作。

除了赵匡胤家的打工仔，或者孔圣人再世的门徒之外，谁也没法说李重进错了。大丈夫顶天立地，说反就反，管别人什么事！

建隆元年（公元960年）四月，原后周昭义节度使李筠正式造反。这时距离赵匡胤创建宋朝才刚刚过去一百多天。

李筠手里最大的筹码不是所谓的天时或者人和，那都太假，他占了绝对的地利。

潞州，古称上党，高居太行山之脊，所谓“居天下之肩脊，当河朔之咽喉”，是绝对的兵家必争之地。而他的手下更加不乏深谋远虑之辈，谋士闾丘仲卿说得很清楚——开封兵甲精锐，难与争锋，不如下太行山，直抵怀（今河南沁阳）、孟（今河南孟州），堵塞虎牢关（今河南荥阳西北）之路，据守洛阳，东向而争夺天下。

李筠首战夺取了泽州城。

泽州，在潞州之西，面向太行山，这时李筠的局势好得无与伦比——只要冲上太行，赵匡胤就再也没有办法阻止他。李筠以太行之险，一冲而下，直接就可占据黄河上游，进而控制沿岸的永丰、回洛、河阳等几乎所有的重要粮仓，断绝宋朝都城开封的漕运之路。

国家无粮，是最致命的、无可救药的硬伤，别说赵匡胤刚刚得国，人心不稳，就算是他已经根深蒂固都没法维持统治！

消息传来，赵匡胤慌了，没有别的办法，只有以力求胜，必须取胜！命令——驻兵河北的侍卫马步军副都指挥使石守信与殿前副都点检高怀德火速率军进讨。一定要快，“勿纵李筠下太行山，急进师扼其关隘，破之必矣”！

这时又传来了一个更坏的消息，北汉皇帝刘钧已经亲自率军出太原，来援助李筠了。

赵匡胤抖擞精神，重操旧业，把多半年没动的刀枪盔甲再往身上套，一切都应该非常熟悉。李筠却还在太行山脚下忙着跟刘钧皮笑肉不笑地互相狗扯羊皮。

几年不见，北汉已经彻底贫困，堂堂的皇帝只带来了几千人马，人瘦马疲，军容不整，别说军队了，连他的銮驾都寒酸简陋得要命。

刘钧还大摆架子，要李筠以臣子之礼觐见！

两人无论如何也谈不拢。

首先是契丹，刘钧自然而然地就想起了外国干爹，想给李筠也介绍一下。李筠一口拒绝，不许契丹人沾边，这是原则！

其次，刘钧给李筠配备了监军。宣徽使卢赞即日起无微不至地关怀照顾李筠的军事生活。

谈判结束，李筠从北汉那里得到的全部好处就是几千名卖相不佳的士兵，一个西平王头衔，外加一个叫卢赞的军事特派员。

真是够衰的！

赵匡胤在公元960年五月二十一日率禁军从开封出发，二十四日到达荥阳，急速渡过黄河，直扑巍峨险峻的太行山。

出开封前，赵匡胤已经做了最坏的打算，他悄悄地把弟弟赵光义叫过来，小声吩咐："是行也，朕胜，自不待言，如不利，则使赵普分兵守河阳，别作一家计较。"

赵匡胤率领大军，不顾一切冲上了太行山！

史称"山路险峻多石，帝先于马上负数石，将士因争负之，即日平为大道"，全军迅速翻越巍巍太行，出乎潞州军意料，突然出现在泽州城下。

赵匡胤带着全国大半军队在泽州城外日夜围攻，操练了近半个月，可还是攻不进去。这时候新的问题就出现了，时间，要命的时间开始对赵匡胤不利。全国各地的大小节度使，尤其是南边扬州的李重进，都在盯着泽州城，都在蠢蠢欲动，而赵匡胤的筹码都押在了李筠这里，其他的地方都是空的！

也就是说，现在已经不是能不能抓住李筠的问题，而是李筠能不能拖着赵匡胤一起下地狱的问题。

局势要求赵匡胤就算是拿牙去咬，也得马上把泽州城的城墙啃破。于是皇帝下旨重赏三军，不惜一切代价攻进泽州城！

这时候赵匡胤的老班底站了出来，殿前司控鹤左厢都指挥使马全义（当年赵匡胤受柴荣的命令召集天下壮士扩建禁军，殿前司诸班中有散员、散指挥使、内殿直、散都头、铁骑、控鹤之名号，马全义是控鹤班中的一员战将）率几十个敢死兵冒着箭雨仰攻泽州城头。史称“箭如雨下，飞矢贯臂，而全义拔镞进战”，终于攻上了泽州城头。

泽州城终于被攻破了……人人长出了一口气，可是谁也没有料到，就在城将破未破，场面最乱、最危险的时候，皇帝本人竟然一跃而起，跟着敢死队第一时间冲了进去。

没有人能够体会到当时赵匡胤的心情，亲历沙场十余年，从来没有这样惊心动魄过！往日为别人卖命，就算战死了，也知道自己的妻儿家小有人照料，可是这时贵为天子，失败了就求为匹夫而不可得……那时人为刀俎，我为鱼肉，怎一个屈辱了得？

这也正是李筠的想法，城破之后，迎接赵匡胤的是一团熊熊大火，李筠像当年的李守贞那样，投身火海，绝不偷生。

火海映红了胜利者的笑脸，这是赵匡胤登基之后的第一个胜利，同时，远在扬州的李重进的命运也随着这团大火被确定了。

回到开封，赵匡胤做的第一件事是宽恕。比如先朝的大臣李谷，他在这段时间收了李筠的五十万贯钱，证据确凿，都成内应了。

赵匡胤一笑了之，不予理会。赵匡胤虽然还很年轻，但是对人情世故却了解得很透彻。

什么是忠呢？这要是在几十年以后，当姓程的或者姓朱的圣人们纷纷出世的时候，那说道可就大了去了。简单地说，就是举世无好人，只有程或朱。

但是在赵匡胤的心里却不是那样，人，起码要懂事。想想看，权门如市，你有权了大家都来，没权了大家自然都散，这天经地义。同样的道理，你把皇帝当好了，都巴不得来巴结你呢，怎么还会背叛？所以，强求每一个人从心里往外地臣服你，是件非常无聊的事。

这就像夫妻之间，全身心地水乳交融当然再好不过，但其实大多数只要能做到互相忠诚就谢天谢地了。一个成功的皇帝，能让不管是否真心服从的臣子都努力办事，这样其实就够了。仁义道德，君臣父子，有时就是一层你知我知的窗户纸，至于那层纸的后面是什么，更是大家都知。

但是，无论对谁宽大，都不包括李重进。赵匡胤坐在都城开封的皇宫里，目光穿越过无数的山河，阴冷地盯着李重进所在的扬州。桀骜不驯的李重进，军功显赫的李重进……可惜啊，就算再加上个忠诚可信的李重进，都不会再让赵匡胤动心。

公元960年十月二十一日，赵匡胤亲征李重进。

扬州城里，迎接赵匡胤的是另一场熊熊大火，刚烈的李重进同样选择了葬身火海，连给敌人示众炫耀的尸体都不留下。历史证明，英雄真的只可远观，没法近瞧。你能想象他挥刀杀敌英勇潇洒，可是你身临其境的话，不是被吓着，就是被溅了一身的血……

最后的胜利者，又一次属于既是英雄又是个没法猜测的复合体的赵匡胤。

# 第十三章　我的江山我装修

话说地球人都知道，精力过剩的男人绝对没法安生过日子，尤其是好几万精力过剩的男人扎堆聚在一起。在被李重进一把火烧得焦黑一片的扬州城里就是这样，赵匡胤和宋朝的大兵们怎么想怎么没劲，就这么回去？

长江对岸就是既肥又软的南唐了。

长江，有多少曾经不可一世的英雄豪杰带着千军万马来到这里，只要迈过这里，就可以统一江山，万古流芳。可是最后都灰头土脸，有的输光了家当就此完蛋，像苻坚、刘备；有的就此划江而治，终生难进一步，比如曹操……那么赵匡胤呢？

人没法预知自己的将来，这时三十四岁的赵匡胤要是自信自己一定比前面提到的那三位古人都强的话，那么他也就离失败不远了。自信和狂妄就差那么一星半点。

但历史证明，赵匡胤生性谨慎，甚至过于谨慎。

他收兵回国，开始梳理内部。

第一件事，再次确立赵普的身份地位。

在平定李筠之后，赵匡胤因功提升赵普为兵部侍郎，充任枢密副使，作为枢密院的二把手，名正言顺地接管全国的军务大事。从这个时候起，赵普就开始在北宋初期的十年里独揽大权。

这里要提一下枢密院。这个词最早出现在唐朝的唐代宗时期，标准名称叫“内”枢密院，很遗憾，这个在后来威名赫赫、统率全国军队的部门，最初的领导人是太监，而且只是负责朝廷的机密文书。到了五代的时候，国家动乱，百业凋零，连太监都成了稀有动物，于是才用了文人谋士来当枢密使，进而参与军国大事。

至于赵普，他在枢密院一干就是两年，这让后来的元朝人都非常佩服，编宋史的脱脱先生在《赵普传》中，大为称赞赵普作为赵匡胤的首席心腹，兵变成功之后赵匡胤不急于酬其功，他也不急于揽权，君臣相安无事，同心同德，非常罕见。

但是，这都是见皮不见骨的表象说法。元朝的仁兄们对汉族的历史研究得不到位。因为在五代以及北宋初年，政府的权力中枢就在枢密院，而不是宰相那里。

道理极简单——枢密院握着全国的刀把子，这是当年最重要的国计民生保证。宰相，不过是摆设。至于后来宰相的位置又稍高于枢密使，那是因为一来赵匡胤所立的祖宗家法，不许武人当政；二来赵普后来被提升为宰相。他以他的影响力和长期造成的权力重心的惯性，把实权都硬生生地转移到了宰相一边。

关于赵普，是个让人头疼的话题，翻遍宋史，他的资料少得可怜，就连被人们广为传诵的赵普因为某人当用，而赵匡胤就是不用，那么赵普就一次上奏、两次上奏、三次上奏，把赵匡胤惹火，将他的奏章撕得粉碎，他都一一捡起来粘好再送去，直到赵匡胤答应为止，这样的事情，都查不出他具体是为哪个人做的。

历史上就称为“某人”。

《赵普传》中所记载的事，要么极大，像赵匡胤雪夜问国策；要么就极小，用赵普当年的某一份奏章来充数，极少有他某年做过某事的具体记载。这种反常让我想起来一个人，当年纳粹德国的二号人物马丁·鲍曼。

鲍曼是纳粹第三帝国里最神秘也是最狡诈的人，人称“元首的影子”。当时全世界都知道纳粹的外交官是里宾特洛普，空军司令是戈林，宣传部长是戈培尔，甚至陆军方面有隆美尔、凯特尔等，可是谁也不知道这位马丁·鲍曼做过些什么，但是他却无处不在。

或许就是因为参与的隐秘事太多了，马丁·鲍曼才不愿留下哪怕一张照片。赵普想必也是如此，有太多的事没法摆到桌面上来。从留下的那些蛛丝马迹里，我们可以隐约地看见赵普的真实面目。

赵普面色阴沉，目光炯炯地站在阳光和阴影的交界处，冷冷地看着每一个人，包括赵匡胤兄弟二人。一方面他以天下事为己任，史称刚毅果断、未有其比；另一方面他生性深沉，需要狠毒的时候他杀人都不见血，等到需要无耻的时候，他比谁都无耻。

但是这些都不会影响他在历史上的意义。

他就是一位权臣，一位能臣，一位不屑于琢磨文字、仅仅通半部《论语》的半吊子书生。可是他有真才实学，从这时开始，宋朝开始了它的内部权力设置，这些具体翔实且别出心裁的巧妙构思，保证了北宋在此后一百多年间，没有武将作乱，没有藩王造反，更没有内廷太监作怪，就连后族方面也没有所谓的女祸发生。

历史把这些功劳记在了宋太祖赵匡胤的头上。这似乎无可厚非，但是，就像建一座摩天高楼一样，人们记住了投资商和奠基者的名字，但是那一砖一瓦是什么人砌起来的呢？大厦的蓝图是什么人设计的呢？

人们似乎更应该记住他们，他们才是那座高楼真正的建设者。

公元960年十二月，赵匡胤从扬州凯旋，回到了都城开封。每个人都为他高兴，但是他本人却一反常态，整天变得无精打采。有人问他怎么了，赵匡胤摇头叹气，显得非常苦恼——你们觉得当皇上挺好玩是不是？唉……比我当节度使的时候差得太远了。

有点吓人，这让别人怎么安慰他呢？难道满足他的愿望，大伙儿齐心合力造他的反，把他再打回节度使原形？开玩笑！于是赵匡胤就只能继续郁闷，直到他的心情变得非常恶劣。

他只能自己找乐，在后花园里拿弹弓打鸟玩，心情刚好了些，就有个官紧急求见。赵匡胤以为出了大事，立即接见。这位官员说来说去却都是些平常小事。赵匡胤火了，问他到底搞什么搞。这位官员一句话就顶了回来——臣以为再怎么着，也比打鸟玩急点儿。

下面发生的一幕，应该是历史上第一次有关赵匡胤习惯随时提着一把斧子的记载。就见赵匡胤武人习性再次爆发，二话没说，举起斧子干掉了对方两颗大门牙。

这个官真是有种，没哭没骂，慢慢弯下了腰，把自己的牙一颗一颗都捡了起来，小心翼翼地收在了怀里。

赵匡胤大怒——你把牙藏起来，要到哪儿去告我啊？！

该官淡定——我是告不了你，可是自然有人记在史书里！

历史再一次证明，有了利的人就会要名，尤其是像赵匡胤这样得了天下最大之利的人，他无论如何都不想因为这种小事被后人天天念叨。于是只好笑嘻嘻地掏钱包，拿出大笔钞票跟人家私了。

这些都被站在远处冷眼旁观的赵普看得清清楚楚，等到没人的时候，他慢慢走近了赵匡胤，问：您到底怎么了？

赵匡胤这才说出了心里话——我在想一件事，你说为什么自唐朝灭亡到现在，五十多年过去了，当过皇帝的有五家十三个人了，这还不算那些称国主之类的二皇帝。这都是怎么回事？这么乱下去，什么时候才是个头？

他说着，深深地凝望赵普，下面的话还用再说吗？我，我赵匡胤是第九家了，要怎么办才能不让第十家出现？这难道还不是个值得闹一次心的事吗？！

却不料赵普马上就向他深深地祝福——陛下，您能想到这些，真是天地神人之福，真是社稷百姓幸甚啊！这个问题一点都不难办，只要您能定下一个合适的制度……

就从这一刻起，三百余年赵宋的治国精神定下了。百余年的安定富足从此开始，而之后千余年来的痛苦衰落、几度沦丧、几次濒临亡国灭种的病根也从这一刻深深地种下了。

那天赵普说——唐朝的崩溃，以及五代十一国的纷乱，都只有一个症结，那就是方镇权重、君弱臣强。要想根治，只有削夺兵权、制约钱谷、收其精兵，从根本上打消所有人的妄想，之后天下才能自然安定。具体的办法就是所谓“强干弱枝”……

一语道破天机，史称赵匡胤恍然大悟，没等赵普说完就打断了他——爱卿闭嘴，朕都明白了。

几十天之后，他就开始了实践。但是非常遗憾，他明白的是眼前这五十余年里问题的症结所在，以这个病症，那么用赵普的药方的确可以药到病除，而且治得干净利落，不留病根，但是再往远处看呢？

无论是往身后的远处看，还是往遥远的未来看，这样的解决方式对吗？

让我们回忆唐，或者再往前推想一下隋，又或者再远一些，越过五胡乱中华，直接到三国之后的晋。它们的动乱之源是什么？病根是什么？他们都是怎么总结前人的得失，进而处置本朝国策的？

晋之衰亡，在八王之乱，之所以会乱到让胡人无所忌惮地侵入汉家江山，完全就是司马家的藩王都有极强的兵力，可以无视皇帝大杀四方；那么藩镇之害就已经天下皆知了吧？可是隋、唐两代，明君能臣数不胜数，他们为什么就没有吸取两晋的教训，严格限制藩镇——不管是亲王发展成的藩王，还是后来做大的节度使？

有客观的原因，因为他们无法知道后来的节度使们会嚣张到那步田地，而且节度使们做大也不是一朝一夕形成的。所谓的积重难返，到了火候谁也扳不回来，但更重要的还是隋唐天子的主观意识，因为他们的自信与强悍。

天可汗李世民登基之后还和士兵们一起较量箭法，有臣子劝他，唐朝的士兵籍贯杂乱，异族人太多，小心有人暗箭弑君。李世民哈哈大笑——朕视天下万民皆如赤子，无所分别，何来提防？

赵匡胤自然不是平常人，可是他和李世民没法比，他在先天上就输了。他的国家不是在战场上一刀一枪杀出来的，这让他从一开始就提防着反叛和各种不稳定的因素。所以他保留了后周的全体官员，来保证官场的稳定，但是又不能给他们实权，小心他们会造反。那么活儿要交给谁去办呢？只能交给赵普、李处耘，甚至亲弟弟赵光义这些亲信去办，然而对他们也要限制，即不给他们高官位置，哪怕只是暂时的。

这就是未来的赵宋天下，官、职、差各立名目，层层设防的雏形。说来冗官、冗兵等都是不得已的，谁愿意那样呢？

但是千年之后，我们活在衣食无忧、连被人打个耳光都可以随时报警的今天，说实话也没什么权利笑话赵匡胤的胆量魄力。再深一步想，难道赵匡胤和赵普就想不到强干弱枝的弊病所在吗？

也许他们早就想到了，选择削夺兵权、制约钱谷、收其精兵，就会从根本上把国家活力和民族的精气神都压制住，最后每况愈下、精尽而亡。可是选择强悍呢？放心大胆地任用臣子藩王，把国家做强做大，那么后果就是复制了晋、唐王朝，到最后一样死得非常难看……人类发展到了宋朝，就算再歌功颂德的人都会承认国家天下迟早必亡的吧？怎样都是个死，那么为什么不选择家里平安、没有内乱的死法呢？

就像俗语所说的——好死不如赖活着。哈哈，不管怎样，我活了三百一十九年，晋、隋、唐、元、明、清，你们谁活得过我啊？屈指算来，只有汉朝，两汉加在一起才比我长了几十年……那么，你们为什么还要对我横挑鼻子竖挑眼？

说干就干，当年三月，除宋太祖赵匡胤本人之外，宋朝最强的军事人物慕容延钊与韩令坤一道进京述职。这两人来时满心欢喜，鲜花、美酒、奖金、升职……这些都是他们应得的，但是一切别急，赵匡胤有惊喜给他们。

令——罢免慕容延钊禁军殿前都点检一职，出任山南东道节度使；罢免韩令坤禁军侍卫司马步军都指挥使，出任成德节度使。

一盆冷水劈头浇了下来，慕容延钊和韩令坤傻了，我们做错了什么吗？真的做错了什么吗？前思后想，两人相对苦笑了。高啊，到头来还是赵匡胤高明，这样的命令在两人进京之后才当面颁布。多么坦诚，有话当面说个明白，非常方便你们就近提出抗议，可以由皇帝亲自为你们解答……

等狗自己进了门里，似乎抓起来就更加容易些，是吧？

等他们再次出京，去新地点当新官时，才知道韩令坤的侍卫司马步军都指挥使一职，由更贴近皇帝的石守信来接任，而国家第一军衔殿前都点检已经收入了宋朝的历史博物馆里，由老东家赵匡胤再次独家珍藏，谁也不给了。

还能再说什么呢？庆幸吧，还活着。至于石守信，只有羡慕……谁让人家从一开始就是部下，而不像我们以前曾和皇帝平起平坐过呢？

历史证明，石守信的快乐是多么短暂，侍卫司马步军都指挥使，这个之前由强悍无敌的李重进所把持的职位，他只担任了一百多天，就是这可怜的一百多天，还是在赵匡胤的人生突然遭遇重大不幸的情况下度过的。

赵匡胤的妈妈杜太后突然生病了，赵匡胤动用一切物资人力，也仅仅拖到了当年的六月。不到一百天，赵匡胤的人生就跌入了谷底。

赵匡胤是公认的孝子（该死，这一点真是该死），生母的去世让他极度悲伤。事实上这位贵妇人的死，绝不仅仅是赵匡胤一人的不幸，随着这位在《宋史》中只有五百四十五个字记载的老太太的去世，北宋初年一件重大的却从来没有正解的疑案——金匮之盟发生了。

古今第一老太太。

俗话说："龙生龙，凤生凤，老鼠生来会打洞。"可惜的是，这种事没法反过来说——生出第一条龙的妈一定也是龙吗？不过这也得两说，比如朱元璋他妈就有些遗憾，而赵匡胤的妈就真的非同凡响。

这位嫁给职业军人赵弘殷先生的杜氏夫人，真的是女中豪杰。比如说当赵匡胤陈桥兵变造反当上皇帝时，消息传进开封，赵匡胤的老婆吓坏了，杜老夫人却泰然自若："吾儿生平奇异，今日果然，何忧也？"

等到赵匡胤正式登基坐殿，成为名副其实的皇上，众臣依礼向太后道贺时，她老人家却又"愀然不乐"。赵匡胤亲自询问，新任太后才说："天子置身兆庶之上，若治得其道，则此位可尊；苟或失驭，求为匹夫而不可得！"

危之不促忧，得之不妄喜。这样的人临死的时候，除非是得了脑溢血之类的急症，不然她是不会就此轻易撒手，什么都不管不问的。果然，据宋朝的官方历史记载，杜太后临死的时候突然问了赵匡胤一句话——儿子，你说说你是怎么当上皇帝的？

当时赵匡胤都哭傻了，啥也答不上来。可杜太后就是不闭眼，一定要他回答。

赵匡胤只好说，这是祖宗积德，以及您的福分。

杜太后摇头，儿子说得很有礼貌，可是她快死了，不想再听喜歌，她必须得把不放心的话都交代清楚才成。她说，不对，你能当上皇帝，唯一的原因就是周世宗的儿子太小，要是后周有成年的皇上，这个天下怎么能轮得到你？所以你死之后，要立你的弟弟当皇上，这样才能把这片江山坐稳。

史称赵匡胤马上就答应了，然而他老妈临死都毫不放松。她趁热打铁，马上说，去把赵普叫来，当着我的面，立即把这份誓书写出来。立字画押，不得反悔！

赵普被火速召来，他写好誓书，并在纸尾处签上"臣普记"三字，然后装在皇宫专用的盒子——"金匮"里，由谨慎可靠的宫里人收好保管。

以上就是北宋之初，疑案"金匮之盟"的官方记载。

根据以上记载，我们可以知道，当时知道这件事的，活下来的大概只有三个人——赵匡胤本人、赵普以及那位专门掌管金匮的谨密宫人（保守估计，只有一个宫人）。

那么问题出来了，疑案之二——烛光斧影之后，赵光义挤掉已经成年的两个侄子，自己接哥哥的班当皇帝。可是一直名不正言不顺，直到四五年之后，由赵普偶然说起，赵光义才知道，并从后宫搜出了当年的"金匮"，从而了解到自己原来当皇帝很合法啊！

要说赵普还真是能忍，吊了赵光义这么长时间的胃口，才把这么重要的东西拿出来。可是当时的赵普已经早就不是宰相了，罢相的原因就是跟还是晋王加开封府尹的赵光义作对。到了新皇登基，他更是备受压迫，连一直仰其鼻息的朝臣们都敢反攻倒算了。形势如此恶劣，他还会握着这样重要的资本不用，一直等到四五年之后才对新皇帝买好，来改善关系？

真是活见鬼，而且那位一直保管着这份官方第一密件档案的宫人，不管他是太监还是什么，为什么也四五年不见上报？就算不想邀功，难道就不怕赵光义杀他的头？

破绽多多，但这就是宋史的本色。而且，这还仅仅是“金匮”之说的其中一解。

关于“金匮”的真假之谜，甚至到底有没有“金匮”的存在，都因为公元961年六月宋太祖赵匡胤的生母杜太后的去世而无从考证了。流传到今天，它的起源出处还有另外一个版本，取材于宋初名臣王禹偁所著的《建隆遗事》，但是不必细究，随便读一下都觉得那简直就是在恶搞。

这本宋人笔记里记载，皇位更迭这样的大事，竟然是在一次举族欢庆的家宴上公开决定的。而且提出这个决定的，竟然是赵匡胤本人。

他向他妈妈敬酒，当众宣布，他死之后，就会传位于晋王光义，光义死后，就传位于三弟光美。他妈妈大喜，这完全成就了一个女人的最高愿望——他老妈杜太后不仅是一代开国之君的母亲，还空前绝后地成为三位天子的母亲！

太后大喜之下，要求赵光美死后复归皇权于匡胤之长子德昭……真是一家和睦，雍容揖让，古今之典范大成！

往下的我就不愿再说了，完全是在浪费笔墨纸张。

我们把目光向南转吧，一直越过长江，再越过南唐的都城金陵，溯江直上，来到古代的洪州，也就是今天的南昌。在那里，也是在公元961年六月，发生了一件真正对当时的中国影响巨大且史实准确的大事。

李璟死了。而且非常遗憾，这时他已经叫李景了。与他最初的本名李景通只有一字之差。因为他已经不再是皇帝，而是“南唐国主”。

李景，当他死的时候，或许会无比清晰地回忆起他生命最初时的印迹。他生于安乐，父亲为他准备好了一切，却无奈地死于忧患，他应该会想起，父亲临死时仍然对他不放心。那时李昇挣扎着说出了人生的最后一个要求——儿子，把你的手指放进我的嘴里。

李景不明所以，但还是遵命执行。只见李昇狠狠地咬了下去，把儿子的手指咬得鲜血淋漓。这时，才说出了心里最不放心的事——儿子，疼吗？你要牢记善交邻国，保住社稷，不要像隋炀帝杨广那样自恃强大随便出兵，最后自取灭亡。要记住我的话，你才是孝子……才不会疼啊！

可是李景都忘了，在治国用兵这些国家根本大政上没有一件是按照他父皇最后的嘱托而做的。到他死的时候，他的国家已经少了一半的国土，而且四邻交恶，民生凋敝，能暂时保住江山的，只有一条上天赐予他的长江。

但就是这条长江，还差点让他落入北岸的宋军手里。那是在当年的三月，李景觉得金陵与长江北岸的敌营离得太近，执意要迁都到洪都（今南昌）。在迁都的过程中，他的龙舟在长江中突遇大风，被吹向北岸，差一点就让宋朝的水军不劳而获。

历尽周折到了洪都，李景却病倒了，真是生有地死有处，他千里迢迢、担惊受怕地来到了洪都，竟然就是为了死在这里。他死的时候万念俱灰，给留在金陵的太子李从嘉的遗命是再也不要为我奢靡浪费了，别修什么陵寝，只要有一个几尺高的坟头就好，我只求在地底下能够重获安宁。

这是平民一样的临终要求，可惜他二十五岁的儿子李从嘉无论如何都不能满足父亲这样的要求。李从嘉一边大修陵墓，一边上表请求北方的赵匡胤给自己的父亲以皇帝的礼仪安葬。

也许是同样刚刚死了亲人的缘故，赵匡胤答应了。李景的尸体被隆重地迎回了南唐的京城金陵，追复帝号，定谥号为“明道崇德文宣孝皇帝”，下葬顺陵。

当年的七月二十九日，他的儿子，准确地说是六儿子李从嘉，在金陵袭位为第三代南唐国主，从此改名为李煜。

杯酒释兵权？

公元961年的七月，注定了是一个动荡的年月，在长江之南，第一大国南唐换了新的国主，在江北的中原第一强国北宋，也同样发生了一次震惊全国的政令改动。

没有任何的预兆，宋朝关乎国家安危的根本支柱——都城禁军里的高级主官们突然间被大面积地罢免。包括石守信、高怀德、王审琦、张令铎、赵彦徽等人，一个个威名赫赫、忠心耿耿，从来都没有听说过他们有什么反叛的迹象，一夕之间，全都丢官弃职。

当时没有人会知道自己已经成功地摆脱了血腥杀戮的五代十一国，就算赵匡胤本人都没有资格说这样的话，因为南唐、后蜀、北汉、吴越等国家毕竟都还与宋朝并存，虽有强弱之分，可是谁敢说出最后的胜负？而在五代时期，国王与自己的统兵大将之间几乎从来没有过真正的诚信关系。像现在这样，突然之间禁军首领几乎全部罢免，在人们的记忆里，一定是发生了什么天翻地覆的血腥政变。

在史书文献的记载里，事情进行得波澜不惊，一切都像是微风细雨一样。和平、轻松，赢的人如释重负，而所谓失去了什么的人，也同样额手相庆。

似乎是双赢。

这件事是这样记载的——当年七月的某一天晚上，赵匡胤下了晚朝，把石守信等亲信都留下，邀他们到内宫喝酒。喝到兴头上时，赵匡胤突然非常不快乐，说——要不是你们，我做不了皇帝。可是我现在难受，没一个晚上能睡好觉。

石守信等人问怎么回事。

赵匡胤的回答直指要害——“居此位者，谁不欲为之！”

以后的事就谁都知道了。石守信等人伏地请罪，发誓绝无二心，赵匡胤宽大为怀，给他们指出条活路，即“释去兵权，出守大藩”，并赐予大批金钱田产、歌儿舞女，使彼等“日饮酒相欢，以终其天年”……到第二天，石守信等人就都因病退休了。

赵匡胤遵守诺言给他们一一安排了新的工作——石守信为天平节度使，高怀德为归德节度使，王审琦为忠正节度使，张令铎为镇宁节度使，除石守信本人还保留了侍卫司马步军都指挥使这个虚衔外，其余所有人的禁军官职一起罢免，尤其是继慕容延钊的殿前都点检这个极为敏感的职位之后，殿前副都点检一职也被永久取消。

而且在各种史书中，如《宋史纪事本末》及《续资治通鉴长编》，都在石守信所兼的职位之后附加了一句——“其实兵权不在也”。

谁也没逃了。

以上就是被世人大肆称道的宋太祖仁政之一——“杯酒释兵权”。千年之间，无论怎样细查、怎样怀疑，至今也没有谁能发现并证明这件事是假的。于是就没法不称道赵匡胤是真的仁义了，比之刘邦、朱元璋那样大杀开国功臣，他真是好太多了。

但是细想一下，我没法不摆出这样的疑问：

一、石守信等人是开国之功臣吗？

二、赵匡胤是不能杀，或是不敢杀，还是没有必要杀？

首先说一，刘邦、朱元璋大杀功臣，都是到了天下一统之后才开始的。那么赵匡胤呢？这个时候他仅仅是把原后周的天下稳定下来而已，根本谈不上什么开国。而石守信等人最大的功劳，也只是在陈桥兵变时或里或外地推举赵匡胤政变成功而已。说到开国功臣，他们还谈不上，最多只能算是立国功臣。

再说二，赵匡胤为什么要杀他们？他们真的是威胁到了他的帝位以及生命了吗？根本谈不上，他们的威胁都是潜在的，最多只是怕他们步赵匡胤的后尘，也被部下逼着当皇帝而已。这有多大的可能性呢？犯得着刀头见血，让极力维护的和平形象受损吗？

所以，对所谓的“杯酒释兵权”完全可以看得淡一些，它的确可以算是赵匡胤的仁政之一，也给赵宋的官家们做了个好榜样，但是与刘邦、朱元璋等人大杀功臣的行为完全不可比，因为终赵匡胤一生，以及赵光义的一生，甚至赵宋所有官家的一生，都没有达到刘邦、朱元璋的境地，他们没有必要，也没有机会来大杀开国功臣。

除了以后的宋高宗赵构，此人才真正杀了他的开国功臣，杀得千年以来无数国人扼腕痛恨！

# 第十四章 我有一个梦想

时间过得飞快，几乎就是转眼之间，公元961年就过去了，紧跟着下一年，公元962年也平淡无奇地过去了。在中国的历史上，从公元961年七月开始，直至公元962年的年底，这一年半的时间里基本上没有发生任何刀兵争战。尤其是赵匡胤乖得出奇，他几乎是整年整月地窝在自己的家里，任由宝贵的黄金岁月匆匆而过，放任自己发霉腐烂。

好像他已经满足了，只是想在乱世中做一个平稳度日的守城之主。

但是奇怪的是，他身边的人却都累得要死。那么，他都做了些什么事呢？

首先，还是军队。继“杯酒释兵权”之后，赵匡胤仍然对他的军队不满意。要知道，军队始终都是一把刀，不仅要对它放心，还要让它有用。

在放心的一面，赵匡胤的智慧让人没法不佩服。历史证明，“杯酒释兵权”仅仅是他改良军队的前奏，后面的事才是他治军之道的精华。

通过改换领导，殿前正、副都点检都已经不复存在了。而到了公元962年的九月，石守信的侍卫司马步军都指挥使一职也被罢免，且从此撤销，并且从此把马军与步军分开，使它们各自为政。从这时起，“两司”变成了“三衙”，其长官就是后来宋朝军中统称的“三帅”——殿前都指挥使、侍卫马军都指挥使、侍卫步军都指挥使。

南、北两朝变成了三国鼎立，看你们还怎么联合起来作怪。

赵匡胤在“三帅”之下又设置了“四卫”，即属殿前司的铁骑军、控鹤军，属侍卫马军司的龙捷军，属侍卫步军司的虎捷军。这“四卫”下面再各设四厢都指挥使，进一步剥离四卫的兵权。

兵权如此细分，赵匡胤认为还是有危险。他进一步规定这些将军加在一起，也仅仅是拥有了“握兵”之权，即平时由你们负责训练、职守、迁补赏罚，真正的“调兵”之权他们一点边都别想沾。要“调兵”，只能去找枢密院。而枢密院名义上是全国最高的军事统治机构，但它也仅仅是皇帝的一个喉舌而已，它只能接受皇帝的命令，然后由它发布由哪位将军具体“统兵”。

由此，军中三权分立，无论谁也没法直接掌握一兵一卒。按说这样赵匡胤就应该放心了吧？不，还不行。赵匡胤结合自身的发展轨迹，又找到了新的隐患破绽，那就是将军们身边的亲兵。

赵匡胤下令，无论是什么级别、什么高度的将帅，都绝对不允许拥有心腹亲兵，严禁军人培养自己的私人力量，违令者斩！

这一条是重中之重，赵匡胤咬得极紧，不管合不合情理，对谁都一视同仁。就连他的义社兄弟、开国元勋、被赐予殿前都指挥使、贵为“三帅”之一的韩重赟，被人告发拥有亲兵（仅仅是怀疑有），都差点被赵匡胤砍了脑袋。

赵匡胤爱惜并重视士兵，把他们当作特殊工种的劳动人士，军饷赏赐绝对优厚——“金币绢钱，无所爱惜”。但是，一定要守规矩，针对五代十一国期间骄兵逐主帅、悍将废帝王的血淋淋的教训，赵匡胤命令全军严格遵守“阶级之法”。

从此以后，官大一级真的能压死人了。上级军官真正有了生杀大权，使“士卒知将校、将校知统帅、统帅知朝廷”，彻底断绝以下犯上、作乱骄横的不法之心。为了执行这些前所未有的命令，赵匡胤不惜大开杀戒，翻开宋史，因此一次杀二十九人、杀四十人、杀一百二十人屡有记载。

没办法，五代时军悍如鹜，不杀不足以立威，甚至不多杀都不足以立威。

在开封城里，赵匡胤还有各种各样让军人暗自叫骂的阴损招数。比如说为了锻炼军人的体格，以及让他们保持勤劳，防止懒惰，每到发粮饷的时候，赵匡胤就命令城东的兵去城西取粮，城西的兵到城东去取粮，他本人就站在城中的制高点，看着满城的大兵各自背着至少两石（二百斤）的粮食从巨大的开封城这边走到那边、那边走到这边。

绝对不许雇车或者找人帮忙。

这样的事太多了，在这一年半的时间里，赵匡胤全心全意地梳理打造着自己的帝国内部，要尽快彻底地把他从后周偷来的江山改造成功，变成他自己的私有财产。而且随着时间的推移、问题的发现，他的命令还会不断地增加，直到后来达到“兵不知将，将不知兵”的完美境界，才算是大功告成。

时间飞快，转眼到了公元962年的年底。又快过年了，开封城里的大小官员被赵匡胤折磨了一整年，都在盼着放假、休息、分年终奖金……千百年来的中国人都这样，只要刀子还没架到脖子上，到了年底就都会尽情找乐。可是这绝对不包括当时的赵匡胤。

赵匡胤还是阴沉着脸，整天见不着个笑容，还行踪诡秘，尤其是天时不正、雨雪纷飞的时候，一旦到了这种案发率非常高的天气，他就越发神出鬼没。据传说，就在一个正下着大雪的晚上，他突然出现在了赵普的家里。

雪地里的赵匡胤显得异常，因为他笑了，他“呼赵普妻为嫂，为之炙肉暖酒”。在远离了皇宫群臣的环境下，他才向自己的首席谋士说出了心里话——

吾夜不能眠，一榻之外皆他人家也，故特来见卿。

两个人谈了很久，关于新兴的帝国是否要发展，要向哪里发展，就在这一夜里定下了基本方针。说到底，当时的赵普直接把一张尽人皆知的奏章——就是王朴当年的那篇《平边策》扔给赵匡胤不就得了。

无非都是先南后北，先易后难，何必赵普多费口舌，而我再多费笔墨？但是，有一点无论如何要注意到，那就是对于北汉的处理。

柴荣除了第一次因为报复而出征北汉之外，对那个弹丸小地从来不屑一顾，他的目标直接定到了战略意义比天都大的燕云十六州。而纵观日后的赵氏兄弟，无论是知兵的赵匡胤，还是素不知兵的赵光义，都把北汉放在了首位。

不下北汉，不顾燕云。

这里面的区别我们以后细谈。只是历史在这个大雪纷飞的夜晚之后，就向赵匡胤露出了前所未有的笑脸。他要的机会，最适合他的机会，竟然不请自来。

话说当时是五代十国，细算其中是十一国，再细分，里面还有很多不称国又独行其是的“国中之国”。荆南、湖南，就是两个非常典型的代表。

湖南，最早是一个叫马殷的许州鄢陵人建立起来的。最初只有潭、邵（湖南邵阳）两州，不断苦心经营才逐渐发展到后来的七州。这么点小地盘，按说不会太招人眼，可是很不幸，他遇到了早年雄心壮志、不甘寂寞的李璟。

凭着老爹李昪留下的家底，李璟很快就拿下了湖南，随后就被拖进了淤泥里。反复拉锯，再加上柴荣对李璟的折磨，马氏的部将刘言乘机收复了湖南，之后又被部下干掉，最后的受益人叫周行逢。就在962年的年底，周行逢也死了，他死后湖南的局面就像柴荣死后的后周一样。

十一岁的小孩子周保权要比七岁的柴宗训大上一些，然而没用，他父亲给他留下了一个差不多可以平起平坐的老战友——张文表。周行逢刚死，张文表毫不犹豫，马上起兵反叛。

周保权慌了，严格地说是周保权身边的大臣们慌了，他们一边派出湖南大将杨师璠出兵平叛，一边向赵匡胤求救。

周家一直向北方称臣，无论是柴荣还是赵匡胤，都承认他们的臣属地位。

消息传来，开封城上下军民人等都不由得深深呼吸，接着两眼烁烁放光，据说这是人类见钱眼开时的共同生理特征。他们都相信，此时皇宫里的皇帝一定也和他们的反应一样，还等什么？马上出兵！

让他们咬牙切齿的是，皇帝居然对此毫无反应。

赵匡胤脸色平静，他对周保权派来向他喊救命的人说，你们先别急，都下去歇一会儿，过两天等信儿。来自湖南心急如焚的使者被不咸不淡地打发了下去。

之后，赵匡胤也开始了深深的呼吸。机会真的来了，他比谁都要清楚，少不更事的小孩子周保权和湖南那个没经过大场面的小朝廷已经引火烧身。别人是前门驱虎、后门进狼，可这些乱了方寸的人却是因为张文表这只狼，来引他这只空前巨大的饿虎。

湖南已经出现了权力真空，如果他不马上出手，湖南周边的荆南、后蜀、南唐可都在虎视眈眈！

湖南是块肥肉，谁吃了都会更壮……但是，面临机遇才能称出一个人真正的斤量。赵匡胤不急不躁，直到等来了另外一个极其重要的信息，他才做出了最合理的判断。

去荆南（也称南平）吊唁的使者卢怀忠回来了。

荆南，这是另一个名为藩臣、实同割据的小朝廷，它最初的统治者叫高季兴，是五代开始时大终结者朱温手下的大将，官拜荆南节度使。当时的荆南小得可怜，只有江陵一座孤城，久经战乱，破败不堪。高季兴几乎是胼手胝足一点一滴地把家业做起来的。

传到宋朝建立，荆南的主人叫高保勖。高保勖毫不例外地向柴荣、赵匡胤称臣纳贡，以求平安。历史记载，他和他的前任哥哥高保融都到了"一岁之间三入贡"的孝顺程度。但是非常不巧，在周行逢还没死的时候，他就先死了，荆南就交给了他的长子高继冲。

赵匡胤是仁德之君，对臣下的死非常难过，他专门派出了吊唁的使者。使者回来，给他带来了一些跟婚丧嫁娶一点关系都没有的信息——陛下，荆南甲兵虽整，而控弦不过三万。年谷虽登，但民困于暴政……取之易耳。

赵匡胤哈哈大笑，心情大畅。一幅地图已经在他的脑海里清晰无比地展现出来——从北方的宋朝出发，要到达周保权的湖南，中间必须得经过高继冲的荆南……而荆南，又深深地迈过了长江。也就是说，有朝一日，从荆南出发去南唐，别说是坐船，就算是光着脚走路，脚上也只会有土，绝不会变成泥……哈哈哈，还有比这更妙的事吗？！

赵匡胤再不迟疑，出兵！按照原先的军事布防分区，荆、湖一带正是宋朝第二号军事强人慕容延钊的主战区。

慕容延钊出战，枢密院副使李处耘监军，再任命太常卿边光就职襄州，命户部滕白为南面军前水陆转运使，全力以赴供应慕容延钊的军需物资。

这是宋朝自开国以来，第一次走出国门，征讨天下，赵匡胤已经派出了他最强的，甚至比他本人还要强的军事班底，再会集了十州之兵，务求一举克敌，示威四方！

但是，谁也没有料到，在这次以众凌寡、泰山压顶似的攻伐中，真正令人胆寒的，却不是久经沙场、威名远扬的慕容延钊，竟然是那个出身幕僚、貌似柔弱文人的李处耘。历史证明，他毫不逊色于当时甚至历史上最残忍狠毒的人类公敌。

北宋乾德元年（公元963年）正月，帮助湖南武安节度使周保权讨伐叛逆张文表的宋朝大军起程出发，兵锋直指荆南高继冲。

假途灭虢。

荆南覆灭，宋军直奔湖南，打头阵的是监军李处耘。李处耘，潞州上党人，父亲叫李肇，是后唐时的检校司徒。后唐征讨定州时，突然遇到契丹人，李肇率兵绝不后退，力战而死。从根儿上讲，李家有孤胆独斗的勇气。到了后晋的末期，李处耘跟着哥哥来到了开封，他的运气可真好，正好遇到了耶律德光进攻石重贵。

后晋的叛将张彦泽率先冲进了都城。当时李处耘二十岁都不到，满城乱兵，杀人放火，他“独当里门，射杀十数人，众无敢当者”，一直挺到了天黑。到了第二天，乱兵又来了，李处耘“迨晓复斗，又杀数人，斗未解”。直到有他家的亲戚率兵来援助，才算结束。

当年三月初，宋军陆路出澧州（今湖南澧县），攻击湖南朗州。

李处耘一战大胜，杀了很多人，抓住了很多人。他在俘虏里挑出了几十个肥胖的，架起了锅，点起了火。他把敌人扔进去煮熟了，还当着其他俘虏的面，要自己的士兵吃了下去。

回忆人类有史以来的全部历史，大批虐杀俘虏，几万、几十万地杀也屡见不鲜，可就算是纳粹德国的集中营也仅仅是用毒气集体杀人，死后才收集人的头发、金牙等值钱东西；在最初的野蛮时代，铁木真的敌人札木合也仅仅是把敌人扔进锅里煮熟，可也没吃下去……李处耘当时并没有疯，他事后更加没有后悔，他的目的达到了，湖南人真的怕他了。三月十日，他攻进了湖南的都城朗州，杀了主战的张从富，抓住了十一岁的小孩子周保权。

可是他的胜利，并没有带来他期盼的荣耀。人，可以杀人，但是，要有起码的底线！

战报很快就传到了赵匡胤的手里。百日内，收荆南、破湖南，生俘高继冲和周保权，堪称战果辉煌，共得十七州、八十三县，共二十三万七千户人口。

大功告成。

但是赵匡胤却没法高兴。

胜利，有时真的并不是一切。赵匡胤始终都有一个疑问，这个疑问随着他的成长，随着他遇到柴荣去征战天下而逐渐地清晰。那就是，刀剑到底能给他带来什么？

这是个终极问题，里面包含着另一个极其深刻的内核，即他凭着刀剑为生，最终能走到哪一步？具体来说，他能超过柴荣吗？

以柴荣之强，有生之年无日不征、无日不战，严于律己，也苛求于人，活得痛快淋漓，最后怎样？以刀剑之利威服天下，难道刀剑还能千年不损？柴荣的教训就是他把自己都当成了一把刀，哪里有事哪里到，最后终于强不可久，一刀砍得崩了刃。

李处耘带给他的是一个标准的五代十一国时期的胜利，这不是他想要的。要怎样根除这样的事情，赵匡胤做出了新的国政决策。

收回藩镇节度使们的“支郡”管辖权（支郡，就是节度使驻地以外防区以内的其他州县）、财权以及司法权。

其中管辖权，从此以后由朝廷统一分派文官去担任各州县的知州知县。

财权，则由朝廷专门设立了一个专职机构——转运司来负责，每一个转运使来负责一路（路，简单地说，相当于现在的省，最高的行政区）的财政收入。每年税收除了少量应付日常开销的经费之外，全部上缴。

司法权更加彻底，赵匡胤下令从此以后全国各州所有的死刑案件，要全部上报朝廷，由刑部复查，州县官员再加上节度使再没有处死子民的权力。尤其是以前由节度使的校尉担任的司法提刑官职全都被清除，由科举录取的文官担任。

赵匡胤再次向全国派出了“兵样”，也就是一些高大威猛、符合标准的士兵，全国各州军队只要符合条件的大兵都要上交出来。

就这样，赵匡胤才基本上做到了兵也收了，财也收了，赏罚刑政一切都收了——大圣人朱熹语录。在做着这些事的时候，他才深切地感觉到，他的前任皇帝柴荣有多危险，那是长年累月地赶着一辆没有缰绳的马车，随时都会翻掉。

赵匡胤可不想这样，他要创造出一种能长期有效、不必对下属随时施压就能传达命令并保证执行的制度。只有这样，才能让他的国家长治久安。

# 第十五章　胜利者的规矩

时光倒流，又像回到了东汉末年的三国。隔着长江，那边是东吴；隔着剑门蜀道，里边就是蜀汉；而广大的关东大地就是赵匡胤现在的地盘，他变成了曹操。

怎么办呢？

要是回到后周，事情很容易，柴荣想都不想就会提兵直奔长江，那边他熟。另外，南唐可真是有钱啊。可是现在不同了，南唐已经彻底称臣做小，尤其是新接班的李煜，对赵匡胤恭敬得不得了，已经是合格的下属了。那么当领导的也得有些正规的形象不是吗？

不到万不得已，不能不要脸。

后蜀就是另外一回事了。后蜀的皇帝孟昶不仅不服，还在主动进攻。

孟昶，初名仁赞，字保元，邢州龙岗（今河北邢台）人，还是柴荣的同乡。是五代后蜀高祖孟知祥的第三个儿子。此人得天独厚，老爹给他打下的是中国地理上最隐秘、最安全的一片江山，而且非常富饶，他可以躲在剑门蜀道的天险后面，一直稳稳当当地当化外皇帝。

他真的创造了五代时的一项纪录，他是所有短命朝廷里在位时间最长的皇帝。一共是三十一年，不过还是很遗憾，同样是蜀国的后主，他比刘禅还是少了点。

他父亲孟知祥本是后唐庄宗李存勗的妹夫，沙陀人干掉了前蜀后主王衍后，就派他做四川节度使。没想到后唐迅速崩溃，孟知祥就来了个山高皇帝远，自己称大王，守住了西川，在干掉了邻居东川的董璋之后，当上了刘备。

孟昶十六岁即位，几个月后，干掉了把持着禁军并且兼职宰相的李仁罕、张业甥舅二人，一举收回了国政大权。

开业大吉。

那时后蜀的藩镇大将李肇来见孟昶，刚开始时拄着拐杖装模作样，说老了跪不下去。孟昶干掉李仁罕的第二天，他远远看见孟昶，马上就扔掉拐杖，趴在地上连连叩头，大气都不敢喘。

之后孟昶的表现完全是一个标准的圣明天子。他衣着朴素，兴修水利，注重农桑，与民修好，什么好事都干，后蜀国势强盛。孟昶也志向高远，他在后晋刚刚被契丹灭亡的时候，趁刘知远立足未稳，将北线疆土扩张到了长安。可惜他不能亲上战场，手下人不太给力，又败回来了。但是也得到了秦、成、阶、凤四州土地。直到柴荣横空出世，这四块肥肉才被中原又叼了回去。孟昶仍然不服，他为了再次和柴荣较量，专门训练了一支精兵，命名为“破柴都”，摆明了向柴荣叫阵。

可是柴荣一直都很忙，没空搭理他。

这之后，孟昶就变了。躺在天府之国里享福太久，他开始堕落了。此人纸醉金迷，大修宫殿，非常沉迷于房中之术，这混账把全川各地美貌的川妹子没完没了地往身边搂，最后四川基本上没有未婚女孩儿了，早婚早恋成了民俗习惯。

这都没什么，按照一位国学老前辈的说法，在中国，皇帝的特权之一就是随便看中了哪位姑娘，只需要在一张黄纸上写几行字，就可以拉进宫里，合法享用。而且女方还要叩头称颂，说真是家门大幸，祖坟都冒了青烟。那么孟昶在自己的国家稍微合法一下，又有什么大不了的？

但是，什么事都有个度。你可以随便玩女人，但是不要想着随便去玩赵匡胤。孟昶本着连柴荣都可以随便搞一下的决心和魄力，那么小弟弟赵匡胤又算得了什么呢？

话说自古有蜀就有后主，有后主就有诸葛亮。孟昶的诸葛亮叫王昭远，两人从小一起长大，数十年如一日，亲密无间，好到了孟昶的国库就是王家的仓库，可以随便拿。

王昭远要做真正的诸葛亮，出川北伐，平定天下！

进兵的具体步骤是先联络好北汉，命令它南下，我们后蜀趁机出黄花谷、子午谷（西安南一百里处），中原表里受敌，那么关右之地就都是我们的了。

王大枢密使急不可耐，派出了他的枢密院大程官孙遇以及兴州军校赵彦超、杨翽等人，带着写好的蜡丸密信去见北汉的皇帝，“令”其出兵，一起攻打宋朝。

遗憾的是，不是每个人都有他们君臣间那么伟大的幻想式的激情，尤其是赵彦超。这人在半路上拐了个弯，把孙遇、杨翽连同蜡丸密信都交给了大宋皇帝赵匡胤——或许是他觉得千辛万苦像做贼似的偷渡整个宋朝国境，把信送给北汉皇帝，倒不如直接做贼，把后蜀皇帝和北汉皇帝一起卖给大宋皇帝来得好。

赵匡胤的烦恼不见了，他仰天大笑——吾西讨有名矣！

乾德二年（公元964年）十一月二日，赵匡胤以后蜀皇帝孟昶勾结北汉共谋犯宋为由，发兵近六万，分北、东两路合进收川。北路以忠武节度使王全斌为西川行营凤州路都部署，侍卫步军都指挥使崔彦进为副都部署，枢密副使王仁赡为都监，统率禁军步骑两万、诸州兵士万余，自凤州（今陕西凤县东）沿嘉陵江南下。

东路，以侍卫马军都指挥使刘光义为西川行营归州路副都部署，枢密承旨曹彬为都监，统领步骑两万，自归州溯长江西上。

两军分进合击，约期会兵合攻成都。

与此同时，赵匡胤再次显示了他的宽广无私、博爱仁慈、天下为公、我为人人的巨大胸怀，他命令从即日起，就在开封城右掖门外南临汴水的黄金地段，修建一座有五百间独立房屋的河畔豪宅，里边日常用具要一应俱全，要做到房主一到，就可以立即投入使用。

他命令王全斌和刘光义为他带个信给孟昶，这就是他为孟昶同志准备的新家，虽然仓促，但是非常有诚意。等你啊，都给你准备好了，预祝你乔迁大喜、居住愉快。

一个问题，四川怎么会被人攻陷呢？尤其是从东、从北向西攻。要知道，在民国二十六年（1937年）的二月以前，也就是川陕公路全线通车以前，中原内陆入蜀的道路只有三条：一、金牛道，即众所周知的“剑门蜀道”；二、阴平道；三、米仓道。没一条道能让进川的人舒服，何况是顶着枪林弹雨往里攻。

米仓道，是因为它要翻越米仓山而得名，那根本不是人走的路，比阴平道更糟糕，行军打仗完全可以忽略不计；阴平小道，其实那是三国时的邓艾在自寻死路。别说是从阴平道上滚下来九死一生，就此断了回头路，没摔死的几千个满头大包的大兵连匹马都没有，还打什么仗？

剩下来的就只有金牛道了。这条路相对来说好走点，而且路程较近，但要命的是，它又叫“剑门蜀道”，记得诗仙李白曾经说过的“噫吁嚱，危乎高哉！蜀道之难，难于上青天”吧？说的就是剑门之险。

“要想得四川，必下剑门关”，还非走它不可。

古之剑门，指的是今天的广元以北五十三公里、南距剑阁县三十公里处的一座东西横亘百余公里的山脉。其间七十二峰绵延起伏，高入云霄，陡壁断处两山相峙如门，形势险要，因此得名。

这是真正的一夫当关、万夫莫开的地势。三国时姜维就是在这里以三万人马挡住了钟会的十万大军。旷日持久，相持不下，最后邓艾拼死一搏，从阴平小道绕到剑门后面偷袭，才把蜀汉给灭了。

赵匡胤只派了不到六万人，还分了两路，面对的还是当了三十一年的皇帝，在五代十一国里有着巨大号召力的孟昶。他的胜算主要在于一个人。

征蜀主帅王全斌。

王全斌，并州太原人，父亲是后唐庄宗李存勖的手下。当他十二岁的时候，他父亲办了件蠢事，没有多大的官，却私自储备了亲兵牙将，这犯了所有皇帝的大忌。李存勖命令他父亲进京回话，这时候他父亲怕了，不敢去。十二岁的王全斌说，这是皇帝在怀疑你有异心。这样吧，把我送去当人质，皇帝就会相信你。

一场灭门大祸就此消平。

再后来，李存勖把王全斌收在身边当近卫。等到李存勖众叛亲离，乱兵入城的时候，宫廷卫士不是叛变就是逃跑，只有王全斌和符彦卿一直保护着李存勖在皇宫里苦苦支撑。直到李存勖被冷箭射中，王全斌还把他扶到内殿，等到皇帝死了，他才痛哭而去。

这样的执拗、这样的忠贞，才是赵匡胤选他做平蜀主帅的最重要原因。因为纵观中国历史，四川是个非常邪性的地方，在那里割据的政权，不管是贤明的还是荒淫的，不管是有刘备的胸怀还是诸葛亮的才能，都绝不会超过两代。而外来平蜀的将军们就更加不幸，不是死在了崇山峻岭里，就是在九死一生侥幸成功后，反而被自己的皇帝砍头。

理由很简单，因为没有哪一个皇帝不害怕那些成功入川消灭了一个朝廷的将领，会留在那里自立为王。王全斌是值得信任的。

战争的机器轰隆隆开动，六万把尖刀逼向了后蜀。后蜀的反应是极度兴奋！如果非得要说有那么一星半点的遗憾的话，那就是枢密使王昭远大人的生平第一仗，并不是像诸葛亮那样北出祁山攻伐中原，而是先奉命抵抗。

王昭远被孟昶封为西南行营都统，全权负责后蜀对宋军的防御。临行前，他带着都监赵崇韬，出席了宰相李昊（一绝妙之人）为他举行的壮行酒会。席间王大都统慷慨表态——我此行何止战胜宋军，以我手下的三万雕面恶少年（后蜀和宋朝一样，士兵就是囚犯，都在脸上刻记），取中原易如反掌！

要特别说明一下的是，王昭远在说这番话的时候，他的手势以及当时手里拿的东西，都让他在历史上留下了一个恒久不灭的光辉形象。那是一把铁质的如意，尺寸不知，估计应该不小，因为王昭远行军布阵时把它当成令旗或者指挥棒来用。

想来千军万马中，无数盔甲兵执之间，王昭远羽衣纶巾、哂然谈笑，随意挥舞铁如意，敌军则狼奔豕突，溃不成军。功名等闲到手，那是怎样的风采绝伦啊。人生至此，不亦快哉！

就这样，王昭远满怀豪情壮志，带着他的三万雕面虎狼之师，离开成都，去迎战把整个蜀国都当成了无限量提款机的宋朝平蜀远征军。

伐蜀，再一次伐蜀!

三十九年前，中原大地的主人是后唐的庄宗皇帝李存勗。从李存勗最初的起步姿态和成果来看，他已经势不可当，马上就会席卷全国，统一天下。在公元925年九月末十月初，他派出了自己的宗室亲王李继岌以及大将郭崇韬去攻伐蜀国。

那是一次极度惊人、前无古人也绝对后无来者的胜利。巅峰时期的世袭雇佣军团沙陀人竟然只用了不到三十天的时间就越过了无数的蜀山天险，攻破了天府之国成都，迫使前蜀的后主王衍走出国门，白衣请降。

那么他们呢？现在的宋军会用多长时间？

公元964年十二月初，战争正式开始。王全斌率军冲出凤州，直奔兴州。十九日，兴州陷落。继而在三泉（今陕西宁强西北阳平关）击败蜀军前敌总帅韩保正，进迫蜀道绝境天险葭萌关。

葭萌关，有人误以为它是“剑门关”的误读名。其实不是，葭萌关的故城在今四川省广元市元坝区昭化镇以北五里的土基坝，关城现已荡然无存。剑门关在葭萌关故城西南约二十公里处，属广元市剑阁县。不过它们同在一座山脉之间，同样雄关险峻，飞鸟难逾。

可以毫不夸张地说，这是人类历史上最难攻破的军事险塞之一，三国时蜀汉大将军姜维，就是在这附近挡住了钟会的十万伐蜀大军。剑门、葭萌，这才是蜀人真正的心理上，同时也是实际上的防线。你完全可以相信，在此前蜀道之外的战斗中后蜀军队都没有真正地发力，因为那毕竟不是蜀人世代生息的根本之地，而且身后有如此屏障，谁还会提前拼命？

缩进天险里，后蜀人使出了最绝的一招——烧毁栈道。

栈道，那是我们的先民们在本来绝无道路的岩石崖壁之间硬生生地凿孔，再插进去木梁，梁上铺设木板，下面再用斜柱加以支撑，无中生有地制作出的一条名副其实的“天路”，是一条真正的奇迹之路。而它一旦被焚毁，就又恢复了悬崖绝壁的本来面目。

更加重要的是，伟大的后蜀第一军事强人，枢密使领西南行营都统王昭远先生，已经带领后蜀的真正主力大军抵达了利州。利州位于嘉陵江东岸，它的前面是广元，也就是葭萌一带，它的背后才是剑阁。它本身就建在崇山峻岭之间，是剑门天险之前的另一道大然鸿沟，足以让宋军望而却步。

蜀人彻底失算了，这些在平原上生龙活虎的北方平地佬进了山后变本加厉，没有栈道，他们马上就派出部将崔彦进开始抢修，而且在抢修的过程中，主帅王全斌已经亲率两万多人的主力大军，在嘉川东南的罗川小道上披荆斩棘觅路前行。几天之后，王全斌就突破了罗川防线，出现在了嘉陵江渡口的深渡一线。

这时，更加惊人的事情发生了，本是转移蜀军注意力的崔彦先一步，不仅已经修好了栈道，而且还迅速攻克了天险小漫天寨，赶到了深渡和主帅会合。

王昭远带着刚上战场的生力军扑向了连日劳累、天天上演徒手攀登的宋朝军队，结果却是三战三败，不仅丢了江边的滩头阵地，还被王全斌反攻倒算，夺下了嘉陵江后面的大漫天寨。之后王昭远就再也刹不住车了，他居然连返回利州重整阵脚都做不到，而是被王全斌直接赶上了剑阁。

这一天，是公元 964 年十二月三十日，战争正式开始近一个月了。王全斌失败了，他没能打破后唐战将郭崇韬三十天平蜀的灭国纪录。

剑门关前，王全斌下令全军休整，必须让士兵们喘一口气了。东路的刘光义、曹彬出鄂西，势如破竹，连破三会（今重庆巫山东北）、巫山（今重庆巫山东）等蜀军营寨，击破后蜀水、步军共一万余人，缴获战船二百余艘，逼近了夔州。然后他们就止住了全军，从怀里往外摸东西。

是一张地图，赵匡胤亲手交给他们，要他们一定在临近夔州的时候再打开。并且严令，上面怎么写，他们就怎么做，绝对不许自作主张！

这或许是宋朝开国之后，第一次君主在后方实行“图阵形，规庙胜，尽授纪律，遥制便宜，主帅遵行”的祖宗家法。刘光义不光幸运地成为第一个吃螃蟹的人，还非常幸福，没有亲身实践这套规矩最后也最要命的一项，即“贵臣督视”。

他身边的监军是此前名不见经传的曹彬，此人不管才能怎样，至少是个名副其实的谦谦君子，不会怎么太折磨他。

赵匡胤并没有做错，他是军事天才，后来的赵光义，以及再后来的那些长在皇宫内院，让各级母后皇娘爱不释手，让儒家道学们夸成人类典范的官家有没有资格这么做，就是另外一回事了。

回到眼前，在刘光义面临的是一条水陆两栖立体防御的马其诺防线。首先在江面上蜀军不惜工本，架了条浮桥封锁了整条长江，而且为了结实，还在浮桥上加了三重木栅栏。这还不算，最可怕的是在沿江两岸，后蜀居然“夹江列炮”——不管打出来的是石头还是炸药，都是非常不人道吧？！

更加不人道的是赵匡胤。他让后蜀人千辛万苦弄出来的防御工事像千年以后第二次世界大战时法国的马其诺防线一样，连一炮都没打出去就彻底完蛋了——根据分析，该防线的最强点在水路，不论是浮桥还是大炮，一切都是为了防止宋朝的战船。

这没有错，宋朝人真的是坐船过来的。

但是赵匡胤让自己的大兵们在离浮桥三十里外就全部弃船上岸，有马的上马，没马的迈腿，三十里的江边小道一口气就冲了过去……不知道后蜀的大炮是什么口径，是高射型的，还是平轰型的，反正什么都来不及了。

杀完人，再毁了桥，重新上船，后蜀的川东重镇夔州已经近在眼前。

守夔州的是后蜀宁江节度使高彦俦，孟昶给他配备的监军名叫武守谦。后来证明，这两个人是在这场战争中，后蜀方面唯一可以被载入史册的正面形象。刘光义不敢怠慢，他派出的是征蜀东路军的王牌——禁军侍卫马军都指挥使张廷翰。

宋军三衙主帅之一的张廷翰亲自出战，野战击败武守谦，接着猛攻夔州。后面发生的事，就要看这个世界对英雄的定义了。

一定是胜利的一方才配称为英雄吗？

历史记载，当日“廷翰等乘胜登其城，拔之。彦俦力战不胜，身被十余枪，左右皆散去”。孤城无援，部众溃散，高彦俦为自己的陛下所做的最后一件事是：“彦俦奔归府第，整衣冠，望西北再拜，登楼，纵火自焚。”

英雄，一定要是胜利者吗？

几十天之后，有个女人很鄙夷地撇着嘴，充满不屑地说——十四万人齐解甲，更无一个是男儿。

男儿在边关，死战尽勋戎，贵妇深宫乐，凭甚论英雄！

雄关如铁，绵延百里——“蜀道剑门无寸土”。剑门关的山脉是从秦岭而来，完全由巨大的砾岩组成，尤其在剑门关正面一带，岩石如镜，寸草不生。这是天险里的天险，已经是后蜀的最后一道屏障，也是上苍给历代蜀人的最后一线生机。

历史可以做证，在此之前，剑门关从未在正面失守。但不幸的是，伟大的纪录，都是留给“伟大”的人去打破的。

王全斌派出了头号亡命之徒先锋官史延德，要他悄悄翻过眼前这座见了鬼的大山，经来苏（今四川剑阁东）的小路渡江迂回到剑门关南二十里的清强店。

到了清强店之后，要尽一切力量向剑门发起攻击！无论如何一定要胜利，而我会配合你！

当史延德突然出现在清强店，扑向他的剑门关时，王昭远的反应是马上后退，连稍微的抵抗都没有，就退向了汉源坡（今四川剑阁东）。至于关乎整个后蜀命运的剑门天险，他交给了一个在历史上都查不出姓名的偏将。

偏将不仅要抵挡史延德，还要面对从正面冲上来的王全斌。历史没有记录下他有多神勇，因为史延德和王全斌在剑门之巅胜利会师了。

蜀川最强的天险，也是最后一道屏障就此被攻破。

王昭远的表演还没有结束，他带着近两万大军仍然驻守着剑阁的一部分——汉源坡，两万蜀军站在崇山峻岭之间，被宋军一战击溃。

王昭远失踪了。

宋军追击蜀军至剑州城（今四川剑阁），这是后蜀人在剑门关上的最后一个据点，刚刚溃散的蜀军都跑到了那里。剑州城成了后蜀人不堪回首的地方，一退再退，苟且偷生，所有的天险都不能利用，最后在剑州城里，一万多蜀军被集体屠杀……

王全斌继续进军，才在东川（今四川三台）一个农家院的小仓库里偶然抓到了一个哭得泣不成声、双目红肿、嘴里还念念有词的人。经确认，这就是后蜀的“诸葛孔明”王昭远，当时他面对宋军的刀枪视而不见，只顾着反复吟咏一首唐诗的最后一句——“远去英雄不自由”。

可惜了晚唐才子罗隐的佳句，他到了这时还是死不认错，因为前面一句是——“时来天地皆同力”。到这时王昭远仍然认为，他的失败是运气所致。

当年前蜀是怎样灭亡的，现在后蜀照原样再次翻版。

公元 965 年二月十九日的早晨，成都北郊外升仙桥畔，四十年前的一幕再次重现。孟昶身穿白衣，衔玉璧，手牵一只白羊，头上缠着草绳站在桥边。他身后是他从前的文武百官，这些人身穿孝服，赤足，伏在一口空棺材上放声痛哭。

这就是中国当时出降的国君所应必备的官方“礼仪”，以此来表示自己犯有死罪，听候发落。他的官员们是在为他服丧悲痛。

受降的一方，由宋军主帅王全斌代表赵匡胤走了过去，取下玉璧和草绳，把白羊牵走，再把那口棺材烧了，当众宣读赦免孟昶的诏书，这一过场才算走完。

后蜀从公元 925 年起，至此享国近四十年。宋军从公元 964 年十二月初出兵起，到孟昶出降，只用了六十六天，巴蜀四十六州、二百四十县、五十三万余户就此换了主人。

在我们民族几千年的历史上，不仅给失败者制定了种种可说屈辱也可说人道的规矩。同样地，胜利者也有他不可逾越的底线。

如果有谁自恃凶悍，做得实在过分，他一定没有好下场。不管是在他生前，还是死后，都一样。比如说在中国历史上真正做到战无不胜、攻无不克、百战百胜的将军是谁？

相信没有人会想到白起。只有他，才配得上这个称号。但是我们民族所世代供奉的战神，却是兵败溃逃、被敌人抓住砍了头的关羽。

这说明什么？不管别人怎么看，甚至也不管我们自己人怎么看，相比于单纯的胜利，我们民族更看重的是胜利背后升华到精神层面的东西。

可是王全斌和刘光义却不懂这些。他们只记得一个命令以及一个事实。命令——皇帝曾经说过，这次出征他只要蜀国的土地，所有的库存财宝都是我们军队的！

至于那个事实——后蜀人都是些孬种懦夫，是不堪一击的软蛋废物，可以随意摆布，想怎么样就怎么样！

他们是这么想的，也是这么做的。王全斌的北路军就不用说了，他们进入成都的当天就开始了梦幻般的新生活。当时成都的繁华美丽绝对要在久经战乱刚刚复苏的开封之上，这些长期被赵匡胤的各种新定军规虐待的大兵哪见过这些？

抢！只要是我能看得见的，只要是我的手能抓得住的，就是我的！不管那是大户人家的金银财宝，还是店铺里的绫罗绸缎，又或者是灵秀美丽与北方佳丽迥然不同的川妹子，他们见什么抢什么。至于他们的主帅王全斌，一来他在军中的口碑就是“宽容”，从来不会扫大兵们的兴；二来他本人是没有参与到外面公然的抢劫，但他直接走进了后蜀的国库。

十六万贯，这只是他私吞的铜钱的数目。

刘光义的东路军就更上一层楼，他们自从攻破夔州之后，就一路畅通无阻。万州、开州、忠州、遂州等地都是不战而降。刘光义每进一城，就把官府库存全部打开，赏给士兵，士兵们的反应是一边收钱拿东西，一边要求主帅屠城。

这是在物质享受之后，再要求精神娱乐了。宋史上记载，这是将士们想让后面的胜利更容易些，所以要加倍地立威。但是请问，都已经望风归降了，你还要怎样再进一步的投降诚意呢？宋人无耻且狡诈，在他们写就的史书中充满了欲盖弥彰的劣迹！

之所以没有发生屠城的惨剧，完全是由于东路有监军曹彬。这是个老成持重、通达世情的人，不管他的军事素养到底有多高，他至少是个明白事理的人。

东路军比北路军晚了几天进入成都。之后成都就成了赵匡胤两年不醒的噩梦。

当年三月，后蜀的亡国之君孟昶被宋军押解进京。少不入蜀，老不出川，孟昶这一年四十七岁了，考据史书，这是他有生之年第一次出川，回望蜀乡，家国渺茫，一切都离他越来越远了。

对他稍有安慰的，是远在开封的赵匡胤给他的承诺："尔既自求于多福，当尽涤其前非。朕不食言，尔无过虑。"

似乎赵匡胤是认真的，他不仅对孟昶宽大，连对孟昶的母亲李太后都尊称为"国母"。

很多人的脑海里会闪现出四十年前的那一幕。

当时前蜀王衍举族投降，君臣一共有几千人，出江陵，经襄州，像他们一样向北去洛阳，向后唐的庄宗皇帝李存勗投降。很不巧李存勗因为部下叛乱，正要御驾亲征，怕过多的降臣再让局势动荡，于是就下令把"王衍一行"全部处死。

当时接旨的是后唐枢密使张居翰，这人实在不忍，趁着诏书上墨迹未干，李存勗匆匆离开，他马上把诏书靠在殿柱上，将"一行"改为"一家"。仅仅杀了王氏一族了事。

那么赵匡胤会履行诺言吗？当年李存勖也曾经答应王衍全家不死的！

孟昶一行抵达开封郊外时，赵匡胤派晋王赵光义在玉津园慰问。次日，赵匡胤在崇元殿备礼召见孟昶以下原后蜀君臣三十三人。礼毕，率孟昶等同登宫城门楼检阅三军，在大明殿大摆筵席为孟昶接风。

封孟昶为开府仪同三司、检校太师兼中书令、秦国公。其弟孟仁贽、其子孟玄喆及其宰相李昊等人也都各授官职。

这是打算友好共处，一起长久过日子了。可是天有不测风云，人类生活的最大乐趣就是不知道第二天会发生什么。

孟昶死了，真是没办法，一路上千里风霜、舟车劳顿他都挨过去了，可到了开封，住进了赵匡胤给他特意修建的河畔豪宅之后却突然死亡。只在新主人赵匡胤的光辉照耀下生存了短短七天。

比起血腥的死亡，人类更加津津乐道的，就只有香艳的男女关系了。孟昶的死，马上就让一个女人的曼妙形象加倍地鲜明了起来。

花蕊夫人孟费氏。

人们传说，这位比花还要娇贵，只能以花蕊命名的女士，让赵匡胤一见钟情，大约春梦一直做了六个晚上，到第七天的时候孟昶就终于死于赵匡胤久旷的男性激情了。

就连国学演义大家蔡东藩老先生的大作《宋史演义》里，都要对此大书特书，其篇幅比王全斌攻剑阁都要多。但是很遗憾，我认为，关于花蕊夫人与赵匡胤的露水姻缘纯属虚构，充满了中国民间所特有的逻辑智慧和以讹传讹、不断加工的不要脸精神。

都是假的。

以蔡东藩的书里引证，该“花蕊”姓徐，父亲叫徐匡璋。可是很遗憾，现代早有定论，姓徐的“花蕊”是前蜀国王王衍的老妈，小徐王妃。那女人才真正地了不起，美到出格就不用说了，而且能把前蜀的开国之君，真正白手起家打天下的王建玩弄于股掌之间。她的儿子王衍排行十一，前面有十个哥哥，可他老妈硬生生地把他推上了蜀王的宝座。

不过徐“花蕊”结局挺惨，杀红了眼的李存勗根本没兴趣见她，直接就把她跟一大堆花梗花肥什么一起剁成了肉酱。

孟昶的费“花蕊”除了陪着孟昶奢侈浪费之外，倒没听说过别的能耐。对了，她会作诗，野史所载，赵匡胤初见时对她大发雷霆，问她搞什么搞，为什么把堂堂的大蜀之王弄成了我的阶下囚，浪费我的粮食?

该“花蕊”嫣然一笑，出口成章——君王城上竖降旗，妾在深宫哪得知。十四万人齐解甲，更无一个是男儿!

然后赵匡胤龙颜大悦，荷尔蒙突增，顺势如此这般了……不过程序似乎太经典了点，赵匡胤以前的昏君们似乎都这样。而更多的好戏还在后头，关于费“花蕊”的故事多得没法计算版税。

一、该“花蕊”还是念旧情的，她画了孟昶的像供在自己的寝室里，被赵匡胤看见后，谎称这是位管女性生殖健康的男性神仙，在蜀国那片是很灵的，她不过是想再给赵匡胤生个儿子而已……赵匡胤跟孟昶在大明殿上一起喝过酒，画像上要真是孟昶，你猜赵匡胤会认不出来？！

二、那就更加神奇伟大了。传说到赵匡胤驾崩的那天晚上，该“花蕊”都是主要的灾难源头——大赵病得昏倒，二赵一直床前护理。二赵这时看见该“花蕊”便再也克制不住。但是很不巧，大赵突然醒了，一见大怒。而且大赵的正牌老婆，当时的皇后也闻声赶来。二赵惊慌之下连忙撒丫子往自己家跑，跑回家就得知大赵已经就此气得翘了，他就再往皇宫里跑，跑到了后就当了赵家的二世祖……有点眼熟是吧？像是杨广跟他爹杨坚的往事。呵呵，要说广大劳动人民有时候脑筋还真是秀逗，想把人搞臭都没什么新的创意。

三、那就可以给赵光义翻案了。话说既有其生，必有其死。费“花蕊”在蜀国一直唯她独尊，到了宋朝后也把大赵给麻烦了，一天天地，赵匡胤再也无心过问国事。伟大英明的二赵看不下去了。他也没有别的话，一切都化作了实际行动。在一次和他大哥的单独酒会上，他就是不喝酒。他哥怎么劝都不行，最后他说——请花蕊夫人为我摘下那朵花，摘下即饮酒。

结果在花蕊夫人摘花的时候，赵光义突然拉弓射箭，一箭就把他哥哥的欢乐女神彻底干掉。

四、还是孟昶的死。在蔡东藩及太多人的笔下，孟昶都是被赵匡胤毒死的。尤其老蔡振振有词——“大明殿之赐宴，明载史传，蛛丝马迹，确有可寻，著书人非无端诬古，揭而出之，微特足补正史之阙，益以见欲盖弥彰者之终难文过也。”真是见你的活鬼，在大明殿那样的国宴场合下毒，而且是孟昶一家才到开封，赵匡胤就能立即见色起意？大赵也未免太猴急了点吧！要说下毒，还得说二赵，比如说史传李煜生死皆在七月初七，钱俶生死皆在八月二十四，都是贵人异相啊。可那是因为二赵总是喜欢在别人生日的时候给他们意外的惊喜……

这样的事太多了，我真是懒得再往下写，再写就比我的好哥们儿蔡东藩写的篇幅更大了。花蕊事件就此打住，谁也别问我该花蕊最后的结局到底怎样，因为谁能告诉我，西施最后的结局怎样？是活着在太湖里和她的范哥哥划船，还是被勾践的混账老婆给扔进了西湖淹死？貂蝉最后的结局又怎样？是为吕布死了，还是被阿瞒收入帐中？还有玉环姐姐……谁能告诉我？

那么花蕊夫人的结局也就那么回事吧，就此打住。因为赵匡胤的烦恼已经真的来了，就从四川蜀国那片铺天盖地、没完没了地来了！

王全斌和他的部下们决定，在经受了六十六天的超人类战斗生活后，无论如何都要尽情地放纵享受一下人生。

他们不尊重自己的敌人，蜀兵在他们的眼里就是一群可以随意屠杀的羊，蜀人被迫反抗，他们推举原后蜀大将全师雄为首领，决心向宋朝占领军讨回做人的起码尊严！

全师雄置僚属、署节帅，分兵占领灌口、新繁、青城等战略要地，屡战屡胜，很快就兵临成都城下。这时候宋朝人怕了，王全斌怕了，整个军队连同开封城里的赵匡胤都惊慌了。

形势继续恶化，就连宋军兵力最集中的成都附近，各州县都纷纷起兵响应全师雄，已经达到了十七个州，而蜀军更是迅速发展到了十多万人。

羊……变成狼了。五代十一国里长大的职业军人王全斌彻底冷静了下来，经过缜密思考，他做出了一个当时被全体宋军所拥护的“英明”决定。当时成都城内还有后蜀降卒二万七千余人，把他们马上骗到内外城之间的夹城之中，全都杀了……以免蜀兵里应外合。

之后蜀人就都疯了，这就是所谓“仁慈”的宋朝人……这还是人吗？！

从此之后，宋人的安抚、利诱、许诺等完全失去了功效，只剩下更加赤裸裸的刀枪厮杀、你死我活。整整两年的时间，蜀中之乱才彻底地平息下去。其间真正居功至伟的，再不是以六十六天超神速破蜀的王全斌，而是之前名不见经传的刘光义，以及曹彬。

六十六天平蜀吗？不，是整整两年！

由于全师雄等人绝不投降，拒绝招抚，平乱之战完全是彻底剿杀。从此以后，蜀人与宋人结下不解之仇，天府之国再不是中原皇室在危难时天然的避风港了，就在短短的十几年之后，这里再一次爆发了规模更大、让整个宋朝震惊恐惧的民众暴动。

四川真正成了宋朝人的噩梦。

当两年之后，王全斌再次回到赵匡胤的面前时，相信他已经做好了最坏的打算。

钟会、邓艾，还有四十年前的郭崇韬，都是他的榜样，甚至他们的活儿干得比他利索多了，也没逃过一死。那么他呢？

赵匡胤的脸色一定是铁青的，他面前的这个浑蛋只是为了些贪婪和兽性的快感，就整整耽误了他两年的宝贵时光。其间不光是钱财和军力的浪费，而且他只能眼睁睁地看着那么多机会从面前溜走……西蜀不靖，他不敢在别处发力！

那么杀了他吗？朝廷公议平蜀将帅的功过，王全斌按罪当斩。但赵匡胤的决定却出乎所有人的意料——令王全斌退还赃物，贬其官为崇义军节度使观察留后，随州安置。其下其他有罪将官依此例降级处罚。

竟然只是相当于严重警告，留用察看。

这时有人会想，这是赵匡胤还在用人，想让王全斌再次出力吧。可是从此王全斌就在历史舞台上彻底谢幕了，杀之无助挽回什么，只能留下和李存勗等人相似的名声。这是赵匡胤从来不愿去做的。

这更是赵匡胤在两年的蜀乱期间，没有派人入蜀替换王全斌的原因。只要把事情办妥了就好，激起更大的乱子，甚至逼着王全斌在蜀中自立为王才犯不着。

好了，现在相信全天下的人都看到了，胸襟宽广的赵家天子绝不会因一时之怒而杀人，更不会因为长久的怨恨失去理智。他是个善良的完人，大家可以放心大胆地在他的爱护下生存。至于曾经“遗憾”过的后蜀……人生就是由遗憾组成的。

# 第十六章　天杀的城墙

事实上，在这两年当中，赵匡胤时刻都坐在火山口上，稍有不慎，就会灰飞烟灭。危言耸听吗？那么请回忆南唐是怎样由盛而衰的。

李璟贪多务得，攻占闽、楚，耗费国力，更分散了兵力，最后遇到了柴荣，结果就不可收拾。赵匡胤正走上了这条老路。

好大的后蜀，四十六州、二百四十县、五十三万余户，那是多少个“闽”和“楚”？再加上他之前还吞并了的“荆”和“湖”……新兴不到十年的宋朝有那么大的消化能力吗？

但不管怎样如履薄冰，赵匡胤还是挺过来了。他用的办法却不是小心谨慎，紧守国门，而是主动出击，让四下里所有的邻居都胆战心惊，时刻处在他的威吓之下。这有点像是活腻了找死，不过兵法有云——事急用奇，兵危使诈。有些时刻就必须得打肿脸充胖子，倒驴不倒架。

不然，你总不能要赵匡胤带着烟酒糖茶，去找人送礼聊天套近乎吧？

对付南唐，赵匡胤是给了个甜枣之后紧接着又抽了李煜一记响亮的耳光。甜枣是满足李煜吃斋念佛的特殊愿望，给他送去了个年轻貌美的小和尚，陪着他整天讲经念佛；那记耳光是紧跟着就在长江边上不断地训练水军，摆出时刻杀过江去的姿态，吓得李煜每天给佛祖加磕了不少的头。以至于他的大将林仁肇等人看破了赵匡胤的虚实，鼓动他主动出击，他都没那个胆子。

对更远一些的南汉，赵匡胤的办法更加直接，他早在王全斌入蜀之前，就派出潘美攻克了南汉的郴州，以彻底的暴力让远在广州的暴戾青年刘𬬮自愧不如，不敢妄动。

而至于南唐的近邻吴越国，却不必担心，它的国君钱俶是个妙人，而且早就是赵匡胤的天下兵马大元帅了。历史证明，他们始终都亲如一家。

最大的问题仍然还是在北方，北汉和契丹。北汉，这个不起眼的小国是一颗崩牙的铁蚕豆。当年的李筠看走眼了，这块没肉的骨头硬得可怕，终赵匡胤一生都没能啃动。而轮到了赵光义的时候，北汉终于陷落了，可是也因此耗尽了当时宋军所有的士气和精力，紧接着就是空前的崩溃式灾难。

那么该怎么对付它呢？打？想都别想，证明了多少次了，刘钧立即就会回击；和？小心刘钧看出了破绽，马上联络契丹入侵……契丹，那可不是好玩的。该怎么办呢？必须临之以威，却要精确把握尺度！

思前想后，赵匡胤给北汉的刘钧带去了一句话——“君家与周氏世仇，宜其不屈。今我与尔无所间，何为困此一方人也？若有志中国，宜下太行以决胜负。”

不单纯地示好，更不虚言恐吓，很理解你一直打仗的原因，并且再次邀请你出兵决战！只要你——有志于中国。

然后赵匡胤就开始了等待。他相信，与其歼灭北汉多少士兵，攻占它多少城池，倒不如直接打击刘钧的精神信心，更能达到自己的目的。

刘钧的回话很快就来了，出人意料，北汉国王的意兴很是萧索苍凉——“河东土地甲兵，不足当中国之十一，区区守此，盖惧汉室之不血食也。”

我只是想在北方这么一块小地方上祭祀祖先而已。

赵匡胤笑了，原来如此，下面的就容易了，顺水推舟人人会。他笑着对刘钧的使者说——“为我语刘钧，开尔一路以为生。”

既然你说得这么可怜，那好吧，我给你一条生路。并且宋史记载，就因为这次问答，赵匡胤“故终其世，不以大军北伐”。但是请注意，我绝对怀疑这句话的真假。理由如下：

“宋挥玉斧”——史书上记载，王全斌进驻成都，俘虏孟昶之后，曾经把南疆地图快马加鞭送进开封，向赵匡胤请示是否还要继续向南进兵。而赵匡胤用手中片刻不离的玉斧在地图上大渡河一带挥舞了一下，说：“此外非吾有也。”就此把大渡河以南的大片中华故土扔出版图。

于是大理国就此合法。

此后宋人还对此大为赞赏，因为“……太祖画大渡河为界，故历一百五十余年无西南之边患，今如若在此以南建城立邑，如藩夷一旦有二心，边隙即开，非中国之福也”。这是宋徽宗时，有人想在南疆筑城，以便与大理国“互市”贸易时，一位大臣的廷议奏章。

更经典以及官方的说法，却是赵匡胤博览史书，知道唐朝之所以灭亡，就是因为出兵征讨南诏，所以，为了不灭亡，宋朝根本就不应该招惹南诏（大理）。

多么高深的理论啊，多么明智的选择。可如果这么说，有鉴于后晋是因为与契丹相争才灭亡的，那么宋朝为什么不马上接受教训，向契丹称臣纳贡伏低做小，或者干脆也当干儿子来保个长久平安呢？

这都是为什么呢？其实多简单，孟昶被俘，几乎马上就被押送京师，紧跟着就是蜀兵造反，王全斌和赵匡胤都时刻在刀刃上站着，还敢想着再去打大理，或者再去搞北汉？真是疯了吗？何况当时中原还有大片的土地没有征服，吴越、南唐、两广，哪一个不比南诏小国大理重要？

可宋人就是要说谎，你有什么办法。

但这都与赵匡胤无关，他在全心全意地注意着国境周边的动静，“先南后北”，这是柴荣和他都公认的基本国策。但是计划永远没有变化快，当机会来临时，你能任由它随便溜走吗？

一连串的死亡突然来临，让他措手不及。先是北汉的皇帝刘钧突然死了，继位的是他的养子刘继恩，不过从血统上来说，这个养子本来是他的外甥。

然后是在宋朝国内，曾经的军中第三号人物，成德节度使兼侍中韩令坤死了。大业未就，良将凋零，赵匡胤曾经的战友慕容延钊和韩令坤都先他而走了。

再之后，死的是一位权势、地位都在赵匡胤之上的人物。这个人的死亡，给赵匡胤以后的岁月带来了太多的变数。历史可以证明，如果赵匡胤能早知这些，他一定会天天上香祈祷，让这个人多活几天。

在这些声名显赫的当世豪杰人物中，还有另一个本来默默无闻的人也死了。这人姓柴，叫柴守礼。生前的官不小，是宋朝的太子少傅，不过一直是致仕的。他死后赵匡胤派出了专人为他治丧。

这人是已故的后周世宗皇帝柴荣的生身父亲。

十年英雄老，逝者如斯夫。还有人记得柴荣吗？还有他那波澜壮阔、史诗一般的人生……

公元968年，拥有绝大多数中原、一小半江南和整个西蜀的大宋皇帝赵匡胤决定征讨北汉，这违反了既定国策“先南后北”，更会招惹辽国。但是诱惑太大了，此时此刻，全世界的人加在一起，连他在内，一定不会超过六个人，知道那个极大的秘密。

三个当事者，加赵匡胤本人，加赵普，那个猜想中可能会知道的，是赵光义。

时间不等人，每分每秒的流逝都意味着那个可能获利巨大的秘密会流失。终于，赵匡胤一跃而起，火速出兵，讨伐北汉，理由是——为死去的刘钧讨还公道。

刘钧有近十个亲生的儿子，从大到小挨个排下来，可皇位居然传给了实际上是外甥的刘继恩。这里面肯定有猫腻，我不能不管！

必须快，为了速度，赵匡胤命令距离北汉最近的昭义军节度使李继勋为河东行营前军都部署；侍卫步军都指挥使党进为副都部署；宣徽南院使曹彬为都监，率领河东诸州精兵分潞州和汾州两路北征，目标直指北汉的都城太原。

赵匡胤给他们的命令是，不惜一切代价，一定要快，只要你们能尽快地攻到太原城下，你们就会有极其意外的收获！但是现在一切都不许问，马上执行！

李继勋等人带着满脑子的问号，不顾一切地冲破北汉防线，攻到了太原城下，可是奇迹并没有出现。远在开封的赵匡胤的心已经凉了，机会还是失去了。刘钧七月死的，他在八月派出了大军，不能算慢了。而李继勋等人更快，他们在九月就攻到了太原城下。

短短一个月的时间，就攻到了北汉的中心所在，无论如何都不应该再被指责。

可是，机会还是没抓住——还应该再快一点才行！因为就在这期间，北汉的皇帝就已经又换人了！

现在当选的是刘继元。他是刘继恩同母异父的弟弟，也就是说，仍然不是刘钧的亲生儿子。刘继恩死了。就在这短短的一个月的时间里。

事情千头万绪，从头说起，就要先提一下北汉的原宰相，道法高深的前武当山真人郭无为。郭真人认为，当一个神仙的全部目的就是有朝一日能够风光地下凡。于是他从武当山上飘然而下，找到了当年的郭威。

王峻厌恶一切有特点的人，郭无为另谋他就，在北汉平步青云，当上了宰相。

他还在北汉的朝廷里找到了一位堪称志同道合、从出身到政治愿望都极其相似的好同志——前五台山高僧，现任北汉鸿胪卿继颙。

两个人亲密合作，把持北汉朝纲，直到刘钧死了，刘继恩继位。郭无为贵为当权第一人，眼光非常长远，认定投降宋朝才是最佳选择。

二次创业的时候已经到了。一个叫侯霸荣的人就在这个时候出现在了他的面前，让他的愿望有了成真的可能。

侯霸荣，北汉官员，在一次战斗中被宋朝俘虏，此后他忍辱负重，心怀故国，居然又成功地单独逃回了北汉。

这在当时可实在少见，他立即被北汉视为正面典型重点宣传，来感召民众多来点乡土情结。

这人在某一天和郭无为单独见面之后，就被选为北汉的供奉官。这个官职不大，但是可以随时在北汉王庭出没，成了当时刘钧的随身近臣。而经过侯霸荣的介绍，又有一个叫惠璘的人，也由郭无为推荐，成了另一名供奉官。

就是这三个人——郭无为、侯霸荣、惠璘，让赵匡胤改变了已定的“先南后北”的基本国策，在刘钧刚死的时候，迅速地向北汉出兵。

因为他们许诺，只要宋朝大军兵临城下，就能迫使刘继恩出降，不然，就发动政变，把刘继恩推翻。

赵匡胤经过缜密分析，得出结论，这是完全可能的。第一，郭无为在北汉经营多年，党羽众多，有这个造反的实力；第二，刘继恩以外系继位，此前并不是王储，真正的亲信党羽还没有培养出来。何况刘钧还有那么多亲生的儿子，白白丢了王位，哪一个不眼红想拼命？所以只要有人煽风，就一定会点起火来。

刘继恩实际上是一个非常遗憾的人，北汉的国力和当时的形势让他没法证明自己，但是他已经非常努力了。上任伊始，他立即给当朝宰相郭无为再次升官，升到了三公之位——司空。并且在当年的9月10日晚，在皇宫里大摆宴席，宴请所有的大臣。

打算在宴会上直接砍下郭无为的脑袋。

郭无为请假没来。

当天晚上，北汉的国宴终于告一段落。臣子们尽兴回家，皇帝本人满怀失望关门睡觉。突然有十多个人持刀破门而入。

刘继恩被乱刀砍死。

为首的人是侯霸荣，他早就是赵匡胤的间谍了。这是个很奇怪的人，我一直想不通，他是因为什么才背叛北汉，投靠了宋朝？

是他被俘后贪生怕死？不，绝不是，怕死的还敢做出这样的事吗？无论准备得多充分，在一个国家里刺杀了当时的国王，还能谈到安全吗？那么是他贪财？也不像，贪财的人都会更惜命，毕竟有命才能享受他赚来的“财”……搞不懂，但是侯霸荣真的就做了这件事。

刚勇暴烈，像春秋战国时才有的国之勇士，如要离、专诸、聂政。

可悲的是，突然间大群士兵一拥而入，不由分说，把他们全部砍杀。

侯霸荣死都不会想到，这些突然杀到的士兵都是郭无为的亲信。他和刘继恩都把郭无为想得太简单了，他们两人临死也没有弄清楚郭无为到底是个怎样的人。

郭无为先是敏锐地洞察到刘继恩当晚的阴谋，马上称病不去赴宴，另一方面找来了侯霸荣，说事情必须提前办了，刘继恩已经起了杀心，紧接着第二次、第三次杀劫就会到来。一次比一次难挨，不如先下手为强，而机会就在今晚。

一心算计别人的刘继恩绝对不会想到，今天晚上就会有臣子敢对他下毒手。所以，一定会一击成功。而事实上，事情也真的都按照郭无为的设想发生了。但是接下来的事情证明，连刺杀北汉皇帝刘继恩这样重大的冒险都只是郭无为计划中的一小部分而已。

精明的权谋家始终都记得，做事情的真正目的是什么。

是尽力邀功，以求归附宋朝。

那么就一定得留下自己的命来。所以，当天晚上，刘继恩要死，侯霸荣更加不能再活着。因为这时宋朝的大军还没有杀到，太原城里还遍布着刘氏一族的势力，侯霸荣在，他的同谋身份就有暴露的危险。那么侯霸荣的死就又多了一层利用的价值——既然一定要死，为什么不死在他郭无为的手里呢？

这样，他不仅无罪，反有大功。凭着他三朝元老的身份，他还可以大有作为。

出乎所有人的意料，再次当选北汉国王的人，居然名叫刘继元，是刘继恩的弟弟，仍然不是刘钧的嫡系子孙！

以上就是在公元968年九月期间，宋朝出兵攻打北汉时，北汉国内所发生的事。

这次奇袭北汉的计划就已经彻底流产了。

在当年的十一月，北汉的援军终于到了，契丹铁骑像钢铁的洪流一样，从更加寒冷的北方席卷而来。围城不下，早已经失去锐气的宋军疾速后撤，尽量避免接战，终于全军而还。

但是，契丹不会白白出兵，而北汉也不会白受欺负，它们顺势反攻宋朝。宋朝边境上的晋、绛两州城池都被攻破，城中财物人畜被一掠而空。

赵匡胤大怒，公元969年二月，刚刚才从北汉退兵近三个月，宋朝皇帝赵匡胤就再次出兵。这次出兵注定了要震惊当时，因为自从建国之初平定“二李”之后，就再也没有亲临沙场的皇帝居然御驾亲征，要以倾国之力来彻底荡平北方的敌国。

李继勋等人轻车熟路，在团柏谷击败北汉第一名将、号称无敌将军的刘继业，再次攻到了太原城下。

刘继业，本姓杨，名重贵。祖居麟州，后来定居太原，所以宋代史书一般称他为并州太原人。他的父亲叫杨信，本是麟州的一方大豪，在五代乱世之中，拉起了一支人马，就地占领故乡，自称刺史。杨信虽强，也只是一方人物，不管是后汉、后周、北汉哪一方兴起，他都得归附哪里。在后汉时，他被迫派自己的长子杨重贵到后汉大将刘崇的太原城听令。

实际上，就是人质。

杨重贵的一生就这样开始了。要怎样说呢？综观他的一生，无论他走到哪里，无论他怎样尽心效忠，他的遭遇都充满了坎坷和遗憾。他一生之中，别说尊荣显贵，就连起码的尊严和生存都要奋力抗争。

他的名字，都要因为不同时期主人的名字而不断避讳，他曾经叫杨重贵、杨重训、杨重勋、杨崇贵，后来连自己的姓都无法保留，变成了刘继业，成了刘崇的干儿子。由于年龄的关系，还要和刘崇的孙子辈的刘继恩、刘继元、刘继文等同辈……但不管怎样，他忠于每一个主人。

非常遗憾，忠，这是他最为人所乐道的美德，但从个人命运的角度上来说，这是他一生不幸的最大根源。

这时候，“无敌将军”又失败了，他没能把来犯的宋军挡在国门之外，相反一路败退，逃回都城。这都让君王恼怒，让敌人耻笑。可是要注意，一来他无敌的威名是在与契丹长年对抗中得来的；二来缺兵少将，难道要让他真的以一敌万，以自己一个人就搞定所有敌人？真的只有那样才符合什么该死的“无敌”之名？

没办法，这就是盛名之累，“无敌将军”就像是武林第一高手一样，在中国注定了不得好死。历史做证，十七年之后，这块沉甸甸的金字招牌真的就把他压死了。

说现在，刘继元盛怒之中，把刘继业就地免职，等到宋军真的兵临城下，又马上改变了主意，要刘继业再次带兵出城，命令是一定要守住太原城外的汾河桥，那样才不至于被宋军再次死死地围困。

“汾”，本身就是大的意思。汾河有七百一十公里长，在太原境内横贯南北，足有一百多公里，是当年出入太原的重要通道。

赵匡胤大军赶到，却没法安营立寨。

开战以来哪怕一次胜仗都没赢过的北汉居然还敢出兵偷袭！

要说偷袭，真是大有学问的一招。不知道在外国是怎么样的，在我们中国，翻开史书，或者每一本经典的章回小说，都充满了千篇一律、百用不厌的——偷袭。

刘继业绕城大战，偷袭了几乎宋军的所有将领，直到遇到了党进。党进还是个行为特糙、喝酒误事的粗人。选择的时机非常好，刘继业为了增加机动性，完全选用了骑兵，既是偷袭又是突击。几百名北汉的精锐骑兵疾风突进，瞬间杀到，党进营地立即慌乱，所有的宋朝大兵一下子就都找不着北了。

形势大好，刘继业精神大振，看来成功有望。然后他突然发现有一个异常高大魁梧的壮汉从乱成一锅粥的宋兵里冲了出来，直接向他杀了过来。

然后一切就都不可收拾了，没有人能挡得住党进，被偷袭的党进怒不可遏，他一直把刘继业赶出了自己的营地，再追向了太原城，到了城边还不肯罢休，逼得刘继业跳进了护城河，游到了对岸，被太原城头上顺下来的一个大箩筐拉了上去，直到这时，党进才悻悻然一步三回头地回了自己的营盘。

太原城被壕沟和军营包围。赵匡胤的神色却越来越难看。他每天都会纵马驰上太原城外的一片高坡，长时间地看着太原城出神。

人，只能凭着自己的心性和智慧生活，只能凭借以往的经验来对事情进行判断和预测。

赵匡胤的脑海里出现的是二十一年前的河中城、十一年前的寿州城。这是他亲身经历过的围城之战，当年的郭威和柴荣，一个用了近一年的时间来彻底围困，一个动用了数十万民夫日夜攻打。

这两样，他能做到哪个?

赵匡胤是聪明的，他选择了一个每个人都能看见，却都忽视了的东西。在动用它之前，他终于等到了契丹兵团。

赵匡胤在汾河岸边缓缓地站了起来，手里提着一把出鞘的利剑，发出了指令——宣何继筠。

何继筠，字化龙，祖籍太原，其父为后周大将何福进。有宋之后，官封建武军节度使，为人深沉，不苟言笑，赵匡胤这次在汾河边上突然宣召他之前，他已经戍边近二十年。这次契丹人入侵的对象石岭关，正是他的防区。

历史记载，赵匡胤把他叫来之后，两人秘密地商议了一会儿，说了什么没人知道。何继筠领兵出发。当时天很热，赵匡胤命人特意做了一碗麻酱粉，亲手递给了何继筠，只说了一句话——明天中午，我等你的好消息!

面对皇帝特殊的荣宠，何继筠仍旧沉默寡言，他接过碗来，几口吃完，就此领兵出战。让人目瞪口呆的是，他领出去的兵居然只有几千人!

宋军和城里的北汉人刁斗相闻，却再没心情顾及眼前的敌人。他们都在盼望着北方的战果。只不过区区百里开外，却牵动着整个战局的走向。

到了第二天，连赵匡胤本人都沉不住气了，临近午时，他亲自登上了高坡向北方遥望——胜负到底如何？

这时候胜负已定，遥望没有意义了，应该做的只有两件事：第一，准备庆功大宴，犒劳胜利归来的何继筠；第二，马上向北集结队伍，准备迎击马上就会到来的契丹大军！

除此之外，再没有什么是理智的。

但每一个人还是向北遥望。终于，北方出现了一个黑影，是个疾驰的骑兵，由远及近，赵匡胤再也无法忍耐，他命令人迎上去，马上问出消息。

铁骑飞掠，片刻之后全军欢呼！

胜利！难以置信的辉煌胜利！何继筠在石岭关列阵，在阳曲县之北与契丹遭遇，一场激战，居然生擒契丹武州刺史王彦符，俘虏百余人，获战马七百余匹，另外还带回了一千多颗契丹人的头颅。

来报捷的那个骑兵是何继筠的儿子何承睿，他带回了胜利的消息，也带来了他父亲的忧虑。就在全军的欢呼声中，他向皇帝悄悄地报告，有另外一支契丹军队正从定州方向来袭，离太原还远，但是一定要注意。

紧张过后的赵匡胤微微一笑，似乎他并不在意。果然，只是十几天之后，又有捷报传来，当年的义社十兄弟之一，曾任禁军殿前都指挥使的韩重赟在定州方向重创来犯的契丹人，将之逐出汉地。

至此，援助北汉的契丹军队还没有到达太原城下，就被宋军赶回了本国。战争的重点重新回到了太原城下，赵匡胤和他的士兵们的信心空前高涨，他们后撤腾出了一块干净的开阔地，在那儿把从石岭关带回来的一千余颗契丹人的人头整齐码放，让城上的北汉人看得清清楚楚。

然而北汉仍然拒绝投降。

赵匡胤终于动用了那个每个人都看得到又都忽视了的东西。

汾河，前面提过的在太原城边静静流过的黄河第二大支流，随着赵匡胤的一声令下，突然之间向北汉人露出了狰狞的面目。

一声巨响之后，汾河改道了，片刻之后，太原城变成了一片汪洋。

悍将党进在大水中乘船冲击城门，只见一片汪洋大水之中火光冲天而起，水火相映，晶红蔚蓝，太原城的南城门慢慢倒塌。

就是这样，太原城仍然屹立不倒。

郭无为被人用一条皮带勒死在了太原的南城墙上。赵匡胤狂怒，君辱臣死，宋军殿前司指挥使都虞候张廷翰率领殿前司诸班卫士叩头请命——“愿先登急击以尽死力！”

但是皇帝犹豫了，愤怒不像忌恨，它注定了只在短时间内强烈爆发。随着大批战士死伤狼藉，他的心一边在权衡利弊得失，一边在逐渐冷却。

一个在出兵之前就反复思量的问题再一次浮现出来——得到北汉真的这么重要吗？难道要用宋朝军队中所有精华的生命去换取吗？

没有了军队……就没有了一切，连自己的国家都没法保住。

赵匡胤的神经一下子放松了，他苦笑了一下说——你们都是我亲自训练的，我知道你们都能以一当百，所以才用你们卫护左右，我们休戚与共。我宁愿不要太原了，也不能命令你们去送死！

士兵们先是愕然，接着都哭了。这时的赵匡胤不再是皇帝，也不是将军，而是比他们年长二十余岁的叔伯长辈。他的理智，把所有人从悬崖边缘拉了回来，而且再次拉近了自己与士兵之间的距离。但是，无论是由衷的感动，还是精明的计算，在这种温馨感人的气氛里，一片冲天杀气就此消散了。

战争，本就开始于人心里的一点或好胜或贪婪的欲念。失去了这点欲念，一切都显得荒谬可笑。

时间，从出兵至今，已经过去了整整四个月，师老兵疲，后继乏力……曾经也是一个大兵的赵匡胤，比十年之后的那位“天才”皇帝更清楚这意味着什么。

宋军退兵之后，北汉全国十一州之内只剩下了军兵三万人，人口约三万五千户！

# 第十七章　宋朝的内核

三大纪律，一项注意。

这一篇注定了会很烦，至少在我。但无论如何，都没有当初赵匡胤和赵普来得那么绞尽脑汁。

先说说宋朝的官员和职能部门都有多少种，清单如下：

先是中央部门，计有三省六部二十四司。

三省：中书省、枢密院、三司。

六部：吏、户、礼、兵、刑、工。

二十四司：吏部——吏部、司封、司勋、考功；户部——户部、度支、金部、仓部；礼部——礼部、祀部、主客、膳部；兵部——兵部、职方、驾部、库部；刑部——刑部、都官、比部、司门；工部——工部、屯田、虞部、水部。

再来是地方政府，按级别来分，宋朝是三级：路、州（府、军、监）、县。而在赵匡胤时期，“路”还没叫路，是“道”。全国分为十三道，道级单位里又有“漕司、宪司、仓司、帅司”。其他的州、府、军、监、县也都有各自的正、副之称，级别清晰。

以上大部分都与唐代相同，甚至也被后世沿用，如六部、二十四司等。但是其他的就充满了赵匡胤的个人智慧和他特别的需求爱好。

首先在唐以前，只有宰相没有三省。三省之中中书省是最高行政机构，枢密院是最高军事机构，三司是最高财政机构。说白了就是权、兵、财，这在以前，都是宰相一人说了算。

在赵匡胤这里不行，之前赵普曾经对他说过，对付天下藩镇，防止他们造反的最好招数无非就是“削夺其权、制其钱谷、收其精兵”，可他想不到的是，人总是自作自受，赵匡胤把这一套突然间原数奉还，都按到了他头上。首先就把宰相之权中的权、兵、财给分了，下面再层层分割，所有部门的设置以及官员的调配，都按照这个“三大纪律”来进行。

比如分完宰相之权后，又给中书省的老大“同中书门下平章事”配备了个秘书——参知政事（几年之后就和首长平起平坐了）；给枢密院老大“枢密使”分的副手就更多，连名称都能和各个的资历挂上钩；三司的老大“三司使”好些，他的职能部门是盐铁司（工商收入、兵器制造等）、度支司（财政收支、粮食漕运等）、户部司（户口、赋税、榷酒等），都是些鸡毛蒜皮的事，注定了只是个操心费力的小角色。

精神继续贯彻，向下到“道”一级。道的主管叫“转运使”，总管一道之内的财赋运转，最先是用它来收夺藩镇的钱谷，可是后来连它也要被怀疑，因为时间稍长，转运使不管名字叫什么，它本身就又有了唐朝藩镇的权力。于是才又有了“漕司、宪司、仓司、帅司”的设立，转运、提刑、提举常平（就是监管一道之内的新法、水利、茶盐等事）、帅司比较特殊，它的长官叫安抚使，负责军政。这些又把转运使的权力给分了。

下面的州、府、县等官就更不用说了，加派的“通判”是他们的克星，名义上是副手，可是动不动就明目张胆地叫嚣——我是监郡，朝廷就是派我来监督你的！

看到这里，应该明白赵匡胤的饭碗也不是那么好端的吧？但这还没完，还有那个更重要的“一项注意”——防。

职能部门的制度都设置好了，可是对具体办事的官员得怎样控制呢？别忙，在这里赵匡胤显示出的才华让历代所有帝王都瞠目结舌，望尘莫及。

他来了个官、职、差三分离。

你当了官，不管这个官位有多高，也不等于你就是个什么人了。那只是代表你到了什么级别，可以每个月领多少钱回家。所以很贴切地叫“寄禄官”。而职，也没什么实际用处，只是个荣誉头衔。只有你被差遣了，这样你才真正既有了官，也有了职，又有了权……但是，也别高兴，一切都是暂时的，随时都会有一位仁兄突然走过来，告诉你可以回家歇会儿了，我的差遣来了。

于是你就得让位，一切从头开始，再次等待。

除此之外，宋朝还有审官院（考核京朝官）和考课院（考核幕职和地方官），负责官吏的考核，当时称为磨勘。一年一考，三考为一任。但是要注意，不是考查你有什么政绩，而是查你有什么过错。只要你不犯错，就能升迁。怎么样？明白为什么宋朝官员都老成持重了吧？

还有御史台。这可真是个累人的活儿，请注意，一来宋朝的言官不像唐朝，唐朝是直接对皇上说话，给皇上挑错。可在宋朝，你得背对皇帝，面向同僚，认准了主攻的方向。而且有各种硬性规定，比如规定每月至少要奏事一次，称为“月课”。如百日内无纠弹，即罢免降职，或罚“辱台钱”。而只要敢于奏弹，无论实否，一律有赏！

明白为什么宋朝的官那么敢说话，那么不停地说话了吧？

以上所说，还有更多没有说到的，以后慢慢来吧，说到了再说。总之一句话，去佩服赵匡胤吧，他的新奇创意无穷无尽，但是只要紧守这“三大纪律，一项注意”，大约也就能明白他是怎样摸着石头过河，DIY他自己的国家了。

但是问题仍然存在，官职定下了，职务分清了，由谁来担任呢？这时要牢记一点，中国在进入19世纪中叶以前，别管是否一直在叫喊着什么“王子犯法与庶民同罪”，或者什么“国法无情，人人平等”，其实都是“人治”而非“法治”。

所以，这个“人”要怎样挑选，就成了当皇帝最头痛的事。

我们都知道有“科考”这回事，考中了你就有官做，皇帝每三年一次在京城等着你，你所要做的就是十几年如一日，或者几十年如一日，把考试内容复习复习再复习（反正就那么几本东西），于是官服和银子（还有美女）就都会从天而降准确地砸中你。

但问题是，真的是这样吗？

答案是——“是”，也“不是”。一切都得看你出生在什么时候。如果很不巧，你生在了隋朝以前，准确地说，是那位以空前绝后的速度败光家产的隋炀帝杨广之前，那你就惨了。那时如果你想当个官为国效力的话，就只有一条路可走，即你一定要投生到某些极少数的贵族豪门家的贵妇肚子里。

唯此一途，再无他路。

隋之前，所有朝代想做官的平民均一片绝望，直到魏晋时期才稍微开明了一些，那时有个制度叫“九品中正制”。所谓九品，就是上上、上中、上下、中上、中中、中下、下上、下中、下下。

最要命的是后面那个“中正”。

中正指的就是国家派出来评定你到底是哪一品的人，工具是“状”，即对你这个人的道德、才能、家世等的总评价。举个例子吧，西晋时，中正王济“状”孙楚时，就是这样说的——天才英博，亮拔不群。

就这八个字，此人一生就此平步青云，可以荣幸地为国操心费力了。

到了隋炀帝杨广时，笼罩在全体平民百姓头顶上的那块终生、世代只能做被压迫者的乌云终于裂开了一丝缝隙。这个敢于也乐于为天下任何事之先的皇帝下令，出人头地要公平，谁有能耐让谁来，大家可以公平地下考场考试。

但是这很可能只是他众多的心血来潮式的新浪潮运动中的一个小插曲，没怎么认真实施，何况他的国家又倒得那么快……但是这都被天可汗李世民记住了。

唐朝才真正开始了科举，非常遗憾的是不管伟大的唐朝人喊出了多么响亮的口号，如——广开才路、豪庶平等，真正实施起来完全走样。有一个统计，唐代状元共有二百五十一人，能查出名的有一百三十九人，其中能查出家世的有七十四人，这七十四个人里，出身于官僚家庭的有六十九人，占百分之九十三，家世较显赫者就有五十九人，占百分之七十九点七三，出身相对“寒素”者仅五人，占百分之七。

家世显赫者中“皇家宗室”的有四人，孔门之后有五人，当朝宰相的子、弟、侄、孙、重孙等二十人，一般官僚家庭出身的状元十人……

这就是唐朝的科考，其实就是上层社会内部的权力再分配，是上层社会中的平民一族从传统豪族手里分权，跟广大的劳苦百姓根本不沾边。

这让根红苗正的平民赵匡胤很愤怒。

在中国，似乎所有人——我指的是自从有中国以来，所有生在中国的人，都非常厌恶战争和动乱，尤其是对毁灭唐朝时的五代之乱。认为就是那时，华夏辉煌灿烂的文明从世界的巅峰开始滑了下来。但是有一点，如果从科考制度的演变上来看，这反而是好事。

站在历史进步的角度上来说，五代之乱，以及之前的两晋的破灭，让中国的社会结构彻底变化，把之前一直牢牢压在民众头顶，生下来就有权吃喝玩乐、祸国殃民的豪族门阀一一推翻打倒。取代他们的，是唯力是视的藩镇强人。从此，人们再不重视出身，只有凭着自己胼手胝脚，从低到高一路攀升，踢开所有竞争者，昂首站在广阔天地间的真豪杰才能让人真心尊敬。

比如刘知远、郭威、柴荣还有赵匡胤。而他们，更加清醒地看清了眼前的世界，把为国选才的目标定向了广大的平民百姓。

有宋一代，从赵匡胤开始，不许任何宗室、官宦的子弟下考场，废除了公荐制度，从根本上杜绝了官官相护、科考舞弊的可能。据记载，只有在北宋的末年，徽宗的儿子赵楷才参加了科举考试，这是极其特殊的例子（没办法，他爸就是那么好玩嘛），他在糊名阅卷的情况下被定为状元，拆封后还是被换了下来。除此之外，没有一例当朝宰相的直系亲属入考，考生里连有直系亲属任四品及以上官职的都非常少。

环境变好了，那么作为一名应届考生，具体要怎样考呢？

非常简单，远没有后来的明、清科考那么复杂烦琐，最初只有两级考试。第一级，你要在各州举行的取解试里过关，然后就可以进京到礼部报到，这里是省试，就是第二关。一般来说，省试考中，你就万事大吉了。可是赵匡胤在开宝六年，也就是公元 973 年觉察出了问题，他决定亲自当考官，来选取真正看得上的人。

这就是殿试。

从此以后，历朝历代，殿试都成为科举制度的最高等级，也就是最后一关。只要殿试成功，就可以把吏部踢到一边，直接去当官。而且从此你的身价倍增，成了天子门生（再次强调，是皇帝考了你），所以再也不必、不许去认主考当老师，更不许再去拉同年当同伙，免得一辈子互相勾连，去拆皇帝的台。

这样的考试三年一次，考的内容也非同小可，绝不只是人们常规意识里那几本千年老书。从唐朝开始，就有秀才、明经、进士、俊士、明法、明字、明算等五十多种考试分类。

其中明法、明算、明字等科，不为人重视；俊士等科不经常举行；秀才一科，在唐初要求很高，后来渐废。所以，明经、进士两科就成了唐、宋两代科考的主要科目。其中进士科是重中之重，唐、宋间大部分宰相都是进士科的优胜者。

之所以这样，是因为“明经”实在既可笑又讨厌，说白了就是填空题。把古文经书两边盖好，中间空出，能填出来你就过关。再稍高一点的就是“墨义”，是对经文的字句进行标准的解释，只要你记准了经文的注释就成。

一切纯属死记硬背。

而进士，不仅要考你诗词歌赋，还要写时文政论，那可都是真才实学，还得临场发挥，所以才值钱。但就是这样，随着时间的推移，仍然变得不切实际了。等到宋朝那位无视一切牛鬼蛇神以及祖宗家法，甚至天地神明都不在话下的强人出世的时候，进士科就变成小儿科了。

因为问题很明显，而且无比尖锐——谁规定的，会作几句诗就能管理好国家？正如赵匡胤当年所说：“之乎者也，助得甚事？！”

但那都是后话，这时所有的人都努力吧，读书才是硬道理。你可以“朝为田舍郎，暮登天子堂”。并且全中国的人，我再次强调，指的是所有出生在中国的人，都知道“书中自有颜如玉，书中自有黄金屋，书中自有千钟粟”吧？

请看原文——“富家不用买良田，书中自有千钟粟；安居不用架高堂，书中自有黄金屋；出门莫恨无人随，书中车马多如簇；娶妻莫恨无良媒，书中自有颜如玉；男儿若遂平生志，六经勤向窗前读”。

这是“膺符稽古神功让德文明武定章圣元孝皇帝”，连上天以及太上老君都不断与他见面说话的宋真宗赵恒写的《劝学诗》。

# 第十八章　征南汉

有一股势力，在赵匡胤登基之后到现在的十年时间里悄然生成，它力量极大，影响深远，对宋朝的国计民生、千行百业无孔不入。

有迹象表明，当这股势力还在萌芽状态中，甚至连其主导人都还默默无闻时，赵匡胤是特意栽培提拔，让这个人在芸芸众生之中显山露水的。这里面的原因很多，既有赵匡胤情不得已之处，也有他从自身利益出发，要让这个人开始做大的初衷。

但是放虎容易收虎难，而且关门养虎，虎大伤人。当这股力量变成了一张庞大致密、坚韧有毒的网时，或者更像是渗入了宋朝这个生命机体里的另一套血网神经时，一切都为时过晚了。

这时的赵匡胤对这些都一无所知。再一次强调，他的宽厚、仁慈真的变成了一把“双刃剑”，一方面，成全了他的帝国顺利衍化，变成了他希望的样子；另一方面，也让他最终失去一切，其惨痛的后果，不仅是他本人，连他五六代之间的子孙都终生压抑，苟且偷安。

人世间早就证明过了，当一个君王，甚至做一个普通人，都不能过分善良！人，说到底都只是一种动物，思维和理智，还有情操，都只是生命的点缀……从这一点上论起，天可汗的玄武门之变才真的是唐朝兴盛以及李世民本人幸福的开端。其后唐太宗的所有仁政，都是在这个基础之上才得以实现的。

赵匡胤决定南征，第一个目标是南汉。

南汉的第一位皇帝叫刘陟，称帝后改名刘岩，之后又改名叫刘龑，再之后改叫刘䶮（此字读 yǎn，上龙下天，取《周易》飞龙在天之意）。改名字是五代时的传统，除了赵匡胤英雄不改本色之外，就连后来的赵光义也改了名。

刘䶮绝妙，公开宣称——寡人此生难成尧、舜、禹、汤，但不失为风流天子。

这句话放在当今网络世界里简直万人生厌，俗不可耐。在当时则石破天惊，惊才绝羡。翻阅中国历代史书，除此一人之外，再没有第二家敢如此率真坦诚，实话实说。

那么看一下他是怎样实践的。

每年都修宫殿，一般来说内部装潢档次高点，标准级别是以黄金饰顶、白银铺地，殿中开设水渠，渠底遍布珍珠美玉，再用水晶琥珀琢成日月形状，镶嵌到殿中玉柱之顶。在宫殿之中就能看到山川河流之美、日月星辰之光。

再次强调，这只是一般规格。史书中提到，他晚年所修的南薰殿，已经让上面所说的这些摆设变得陈旧寒酸，不堪入目，而到底有多华丽，大家自己去想吧。不过估计你们是想不出来，因为此人太有创意，而且魄力之大，让人惊掉下巴。到底怎样，可以从他的另一大爱好中窥见一斑。

酷刑。

刘䶮工作之余，最大的爱好就是给别人上刑。古代流行下来的诸般酷刑，他都用，古代没有的，他随时都能因地制宜，推陈出新。如灌鼻、割舌、肢解、刳剔、炮炙、烹蒸等，这些在他那儿都是太平常了，比较有些特点的是他建造的水狱。

水狱，顾名思义，牢里全都是水，不过岭南多蛇，那么再扔进去一些，效果就会截然不同。他还特别喜欢亲眼看着刽子手施刑，并且随时转移会场，到他的宫殿里去继续开工，以便他指导修正，一边在天堂里享受，一边就近观赏地狱。

还有，当他偶尔兴致突发的时候，就会把人先扔进热水，再取出来日晒，再敷上盐和酒，再去晒，再扔进水，如此九蒸九晒，直到皮肉烂光，慢慢死去。

就这样，他华丽且刺激的一生就过去了，为了纪念他，岭南人民给他取了个外号，非常响亮——“真蛟蜃”。他的儿子们为了纪念他，在他的基础之上把一切变本加厉。

他们不仅对子民们更狠，而且开始了自相残杀。其规模和效果都远远超过了唐朝的各代皇帝。唐朝的每一位皇帝登基前都会手足相残，但除了第一代之外绝不会弄到只剩一人。南汉就绝对彻底，自刘䶮以下两代人，一共近二十个兄弟被三个皇帝通通干掉，有的还被全家抄斩，一个不留。

最后的胜利者叫刘晟。

残暴者在被硬性打击之前，总会把凶残当成勇敢，此人对北方（对他来说，可真是广州以北全是北）每一位皇帝都不屑一顾。郭威开创了后周，派来使者向他问候，临走时刘晟送了一枝特别香的岭南特产鲜花，其实就是茉莉。但郭威不认识，使者替刘晟传话，说这叫——小南强。

郭威把花闻了好一会儿，细细品味，最后只是微微一笑，就此扔开。但是北方人都记住了，一直记到了刘晟死后，他的儿子刘鋹当上了皇帝。

历史证明，刘鋹的治国业绩比他的祖先们更上一层楼，青出于蓝。

刘鋹十六岁当上了皇帝，堪称年少有为。就当皇帝的资历来说，赵匡胤还得甘拜下风，再过三年，他才在陈桥驿披上了黄袍。

当时的南汉，已经今非昔比，不要太吃惊，它竟然比以前更强盛了。原因是刘鋹的老爹刘晟，“小南强”不是白叫的，他在公元 948 年突发神勇，出兵楚国（今湖南大部，立国者马殷）。苦战近三年，夺得宜、连等十州之地，并且把当时正处于全盛时期的李璟击败，硬生生地留住了胜利的果实。

这就是少年刘鋹幸福生活的开端，岭南两广之外，又加上了湖南大部，从此他开始了对自己国家的改造，使之变成他梦想中的国度。

他的爷爷是“真蛟蜃”，他父亲的刑堂叫“生地狱”，他更绝，在照例把所有的兄弟都砍了之后，又把整个南汉朝廷都变成了后宫，具体行为就是近百分之九十的臣子都变成了太监。其理由充分且实际，请听一下当时南汉第一权臣龚澄枢（这就是个太监）的高论——陛下，群臣皆有家室，所以各有私心。唯有宦官无牵无挂，干净利落，所以才能为陛下忠心效力呀。

如此高论让刘鋹大为倾倒，他连连点头，立即实施。从此南汉朝野混成一家，无论他走到哪里，都能像在后宫里一样温馨可人。于是南汉的高官们只剩下了两条路可走，一是去自杀；二是去动手术。例年赶考的举子们就更要注意了，他们从此就只有金榜题名时，再也没有了洞房花烛夜，功名利禄和光宗耀祖只能任选其一。

这还只是刘𬬮的政治工作的一面，他下班后回到家里就更让人出其不意。南国万千佳丽都太平常了，他的爱妃是一位外国美女，出产自神秘古老的波斯。她胖，她黑，她力大无比，与中国的窈窕淑女截然不同，让刘𬬮一见倾心，赐号为“媚猪”。从此媚猪专宠后宫，朝里的“三公”“三师”等高官也都变成了太监和嫔妃，全国最高的精神领袖则由一位叫“樊胡子”的女巫担任。这样，刘𬬮才终于感到一切都和谐了，接下来他的愿望就只剩下了一点——让美好的时光无限延长。

一切就此终止吧，这些世袭的禽兽恶棍！到此时为止，这样的噩梦已经在岭南两广做了近六十年！此前赵匡胤无论是出兵荆、湖，还是讨伐后蜀，都尽量找借口挑毛病，生怕为人诟病，但这次攻打南汉，则完全是吊民伐罪，替天行道，大快人心。

我个人非常相信赵匡胤当时所说的那句话——吾必救此一方黎民！

剩下的问题就是要找到一个合适的主帅了。赵匡胤不再考虑那些威名赫赫的宿将，不久之后他就要再摆一桌酒席，请人喝酒吃饭。那么就是新人曹彬？不……宽厚的将军应该留给风雅的敌人。赵匡胤的眼前浮现出了另一个人的影子。

那人步履轻捷，神情英悍，连笑容都像轻刀薄刃一样锐不可当。赵匡胤相信，这个人一定会把所有的噩梦都还给刘氏禽兽，让饱受其害的两广人民看到，最凶残的往往就是最可怜的，只要你能戳破它最外面的那层硬壳！

赵匡胤亲自发掘培养出的第一名将隆重出场——潘美！

一定会有人问，是不是我又写错字了，“北宋第一良将”不是曹彬吗？但请注意，我说的是“第一名将”潘美，其功勋、战绩都遥遥领先于任何人，包括“第一良将”曹彬。而所谓的良将之“良”字，此字可褒可贬，内涵丰富、深有玄机，一切都看人怎么理解。

潘美，字仲询，河北大名人也。古之燕赵悲歌之地，是潘美出生之所，即今河北大名县。他的父亲潘璘不过是一个普通军人，注定要从最底层起步。他胸怀大志，曾对好朋友王密这样说——“汉代将终，凶臣肆虐，四海有改卜之兆。大丈夫不以此时立功名、取富贵，碌碌与万物共尽，可羞也！”

正如大丈夫生于乱世，当提三尺之剑，立不世之功，以升天子之阶！

潘美的功名从后周世宗皇帝柴荣的第一仗高平之战开始，当时没有准确记录，但他在战后以功迁升西上阁门副使，从此他在后周朝野崭露头角，并被赵匡胤所识重。

陈桥兵变，潘美敢于一人先回开封，后周满朝文武听他一人传信，就群情慌乱、束手无策，太后带着小皇帝出宫避难；在宋朝确立以后，潘美又单骑入陕，带着赵匡胤的政敌袁彦入京觐见。这是其胆。

史书记载，赵匡胤在兵变当天回到开封，进皇宫里清理柴荣的遗迹时，看到了潘美之仁。

因为当时发现了柴荣的两个最小的儿子，其中一个是纪王。赵匡胤问怎么办，赵普微微一笑，只回了两个字——去之（杀）。周围人纷纷赞同，唯独潘美以手掐柱，低头不语。

赵匡胤问：“汝以为不可？”

潘美沉默。

赵匡胤长叹一声：“唉，即人之位，杀人之子，朕不忍为。”

这时潘美才说：“臣与陛下皆北面事周世宗，劝陛下杀之，即负世宗；劝陛下不杀，陛下必疑我。”

他把柴荣的一个儿子抱回了家，当作自己的侄子来养。从此，赵匡胤不问，他也绝口不提。这就是潘美的心，他可以追逐名利，争夺功勋，但绝不会不顾一切，泯灭天良。

下面是他和曹彬的功勋比较。曹彬平南唐，潘美平南汉，南汉是长途奔袭，客境作战，是北宋向江南开疆拓土的第一战，难度远远超过平南唐。在南唐之役里，潘美是曹彬的先锋，很多仗都是潘美为曹彬打下的，“第一良将”不过是坐享其成。

平定南唐之后，潘美席不暇暖，又披挂为帅，为赵匡胤第三次出征北汉。那时潘美正当全盛之时，战阵之上锐不可当，眼见成功，后方却传来了“烛光斧影”，第三次北征戛然而止。

到了赵光义时期，太原终于被攻破了，潘美是宋朝太原的第一任留守，就此在北疆守边，和杨业亲密合作，屡破辽兵，是汉人当时最强的边境屏障。

再后来，赵光义雄心壮志，派潘美与曹彬、崔彦进分率三路大军向北挺进，去收复燕云十六州。潘美负责西路，正是这一次出征，发生了他一生中最为人所诟病的那件事——北征失败，杨业战死。但请看全局，潘美一路摧枯拉朽，连下寰、朔、云三州，他进展过快，让中路主攻的曹彬相形见绌，曹彬就此首鼠两端，忽进忽退，自乱阵脚，导致了岐沟关大败。

曹彬败了，潘美不得不撤退，之后才发生了杨业在陈家谷兵败无援、力战殉国的憾事。细究根源，若无曹国华之败，何来潘美退兵，杨业怎么会死？潘美就此有愧于心，心中怏怏不乐，几年之后，就病死在太原。终年六十七岁。

纵观潘美一生，不愧为一世之雄杰，人中伟丈夫。可恨一个不知名姓的明朝人，写了一本《杨家府演义》，从此潘美就变成了一个十恶不赦的奸邪之徒，连他的形象都被写成了张飞和判官合体的脸，一个怀孕母猪的肚子，再套上件深黑色的官袍。而他之所以能呼风唤雨，完全是因为他的女儿是赵光义的西宫娘娘。

天可怜见，潘美的孙女儿是宋真宗的媳妇，是赵光义的儿媳妇啊，二十二岁就死了，死后才追封的“章怀皇后”。

真正有后宫之力的是曹彬才对。

“第一良将”的孙女儿嫁给了宋仁宗，就是那位杀伐决断、权倾一时的曹皇后，都曾经垂帘听政过的。再后来还有位更强的外曾孙女，就是那位帮某位砸缸成性的仁兄官复原职的高太后。

潘美、曹彬，这是闪耀在宋初疆场上的双子星座，都是汉人的骄傲。只不过曹彬被当时推崇，被后世敬仰，潘美却日见零落，被众口铄金，谣传成了一代奸邪。

潘美，不亦悲夫！他从赵宋官家那里挣到的每一分钱，闻一闻都充满了沙场上的血腥气，扔到地上，每一块都足以硌痛曹彬的脚。这就是命运。

公元 970 年九月一日，原潭州防御使潘美领贺州道行营兵马都部署，朗州团练使尹崇珂为副都部署，道州刺史王继勋为行营马军都监，率潭、朗等十州兵马自郴州出发向西，避开位于湘粤交界的骑田岭、萌渚岭险道，直插入南汉的中部地区。

宋朝向南方开疆拓土的第一战就此打响。

为了方便理解，我们不妨就用潘美的眼睛来看一下当时的局势。首先南汉是相当大的，翻开五代十一国时期的地图，在中国的最下方，与大海相接，承托整个陆地的那个半圆，都是南汉的。不管宋初时，南方的经济军事等要素到底落后或者先进到什么程度，南汉起码有一点是潘美绝对不敢小觑并且时刻发抖的。

南汉很大，人很多，潘美的兵马却非常少。

查阅史料，查不到潘美当年到底拥有多少兵力，只是笼统地提到是潭、朗等十州兵马。十州，看似不少，但是当时赵匡胤手里已经有了近两百个州，并且每一州的精壮士兵都被挑选进京当禁军了，留下的不是州镇的厢军，就是平民保安队一样的乡兵，这样的战斗力，还只给了十州之众，能有多少人？

潘美要以此去进攻一个国家。

不知是赵匡胤彻底鄙视南汉，还是潘美的这十州人马与众不同，反正就是这么办了。我想在当时，每一个人的心里都有一个形象的对比——铜头铁齿小蚂蚁，鲜美诱人大肥猪。

你赌哪个赢？

潘美进兵，第一个目标，富州（今广西钟山）。突然袭击，一战而下。南汉人根本就没有防备，不仅丢了城，还死伤了一万多人。

潘美乘胜追击，第二个目标，白霞（今广西钟山西）。仍然是迅速攻克，然后直逼第三个目标，南汉重镇贺州（今广西贺县东南）。

这时消息终于传进了南汉国王刘张的耳朵里，这位生来就习惯去欺负别人的四世祖一下子愣了。什么，还有人来欺负他？那他怎么办？

你们快说说啊！我该怎么办？！

没有人回答。南汉的沙场名将和皇家宗室都被刘家三代人、四个皇帝通力合作杀了个一干二净。这时面对贺州的告急文书，万般无奈，挺身而出的是第一权臣加第一太监龚澄枢，他的办法让刘张一瞬间就松弛了下来。

龚澄枢说他亲自去一趟贺州，带着圣旨去……那个宣劳慰问。

这个办法好，太好了，刘张由衷地喜欢。不花他的钱，不费他的力，只需要写几个字，就可以在番禺的皇宫里继续逍遥，以往无所不能的龚澄枢自然会替他把事情办好。

他马上写好了诏书，让龚澄枢立即起程。

日夜兼程的龚澄枢在贺州城里受到了空前热烈的欢迎，士兵们自发地把他围了个水泄不通，每个人都无比热切激动地望着他。

片刻之后，军队几乎哗变！

历史证明，刘张的钱不给任何人，就算到了国破家亡时，他都没留给赵匡胤，何况是这些混账大兵？！

潘美如疾风暴雨一般向南挺进，几天之后攻克了南汉重镇贺州。

开封城里，赵匡胤很忙，有充足的资料显示，潘美和征伐南汉的战事并不是他在这个时期里最关心的。

就在潘美踏进贺州城的时候，契丹人突然集结了六万人马，偷袭宋朝边境的重镇定州。事发突然，契丹人的骑兵忽聚忽散，转瞬即至，不可捉摸，这时才真正显示出了赵匡胤多年经营北方的成果。他迅速接到了战报，而且还有充裕的时间调集人马选派将领。

他派出的人叫田钦祚，时任判四方馆使。

判四方馆使，一个小官，最早出自唐朝末年的内诸司使，这个部门权势滔天，源于它的主管者和皇帝零距离，对了，就是太监。进入宋朝之后，内诸司使的最高级官员变成了枢密使。其下为宣徽使、内客省使、客省使、引进使、四方馆使、东上阁门使、西上阁门使……也就是说，这位田钦祚，是主管兵部的枢密院的直属下属。

赵匡胤一如既往地发挥了自己的强项，他把田钦祚拉到一边，小声吩咐了好一会儿，之后田钦祚连连点头，火速带人冲向了北方边境。请注意，不管此人之前多么默默无闻，也不管他以后是怎样混账讨厌，这时候他勇猛坚毅、无可挑剔。

有一个数字让人瞠目结舌，难以置信，他带去的人马只有三千！

契丹的人马总数却是六万……就这样，田钦祚和他的三千人马在满城与契丹兵团遭遇，双方立即开战，众寡如此悬殊，可战斗的结果居然是田钦祚获胜！

史称“辽骑小却”。可是下一步，就证明了田钦祚当时已经全力以赴，杀得超状态了。他眼见敌人退却，立即追击，把赵匡胤临行前千叮咛万嘱咐的话忘到了脑后。

赵匡胤告诉他：“彼众我寡，背城列战，敌至即战，勿与追逐。”

前面三句十二个字田钦祚执行得非常好，他快速赶到，背城列战，战之能胜，而后……他开始了追击。边追边战，田钦祚带着他的三千人尾随着庞大的敌群，一路追到了遂城。在这里，契丹人乱箭如雨，突然间田钦祚翻身落马。

下一瞬间，田钦祚迅速从地上跳了起来，虚惊一场，是他的马中箭了。英勇的战将被自己的战士所爱戴，立即有一位名叫王超的骑士把自己的马让给了他。宋军士气大振，在遂城城外，与契丹兵团剧战，史称“自旦至晡，杀伤甚众”。

旦，为“平旦”，是早晨五点到七点；晡，是下午三点到五点，自己的边城要塞就在身边，可宋军将士绝不入城，与契丹人在城外的旷野之中血战将近十个小时！

入夜之后，田钦祚率领自己的士兵退入遂城，城外虏骑千重，契丹人把他们包围了。之后的几天里，田钦祚一直坚守遂城，城外虽然有六万敌人，但遂城始终没被攻破。但是真正的难题还是出现了。

遂城缺粮，这是个边境的小要塞，不可能像太原、开封那样随时囤积大量粮草。而田钦祚还不知道自己的援军什么时候会到。面临危境，他绝不苟延残喘，而是选择了再次冒险。在一个晚上，田钦祚整顿了剩余的兵马（整兵），突然打开南城门，聚集全部力量于一点（突围一角出），冲出了契丹人的包围圈，赶到了附近的另一个据点保寨。

由于他的迅猛以及出其不意，史称这次突围“军中不亡一矢”，而后契丹人就此退兵。

查阅历史资料，有后世学者对田钦祚突围之后，契丹人就此退兵很不理解，认为此中有假。试想人数对比如此悬殊，而且田钦祚已经是困兽犹斗、强弩之末了，契丹人怎么会突然不打了？

其实这很好理解，当时的契丹人对宋朝的领土并没有多大野心，这样的突袭只是为了一时的掳掠，俗称“打草谷”。干这个活儿必须快，讲究突然袭击，得手就走，这是契丹人发财的重要手段，可没想到这次赵匡胤早早就知道了消息，而且田钦祚过分勇猛，死死地缠住了他们。围困遂城的那几天，已经足够宋军调集人马，纵军合围的了。

在契丹人的心理安全方面，几天的原地不动，也超出了他们的警惕极限。

契丹人退了，一时之间田钦祚名声大振，北地传言这一战是“三千打六万”。而在史书中，随后就出现了一句在宋史里极其著名的话——赵匡胤大喜，对左右人说：

"契丹数入寇边，我以二十四绢购一契丹人首，其精兵不过十万人，止费二百万绢，则敌尽矣。"自是益修边备。

如今去看任何一本研究宋史的现代书籍，这句话出现时，都会与赵匡胤在讲武殿之后的私人金库"封桩库"联系起来，整句话是说——"待储满五百万贯，即向契丹赎回燕云十六州，如不允，则散此金绢募勇士，我以二十四绢购一契丹人首，其精兵不过十万人，止费二百万绢，则敌尽矣。"但在《续资治通鉴长编》中却记载着这是赵匡胤在田钦祚以寡敌众，逼退契丹军队之后的兴奋之语。

不管怎样，这是有宋一代难得一见的雄壮勇烈。宋人真的是怯懦的吗？回答是"不"，这与问现代的中国人为什么一度举国贫困一样，根源在于体制。纵观华夏历史，汉人的活力总是被自己的制度所压制，尤其是宋朝，细读宋史就可以发现，无数次被外敌所侮的背后，隐藏着一个极其震撼但又万般无奈的事实。

如靖康时被数万金兵击破都城，掳走皇帝，那时的宋军给人的印象是彻底的不堪一击，可是短短的七八年之后，宋军就可以用压倒性的优势击溃金兵的主力军团。这是什么原因？而后更有独力抵抗已经占领半个世界的蒙古军队长达四十余年的空前壮举……这都说明了什么？！

我们是能战的，只是不要随时给我们披上枷锁！

无论在北方还是在南方，战争都方兴未艾，正是用人之际，赵匡胤却出乎所有人意料，在自己的开封城里，再次给军中仅存的宿将元老们摆下了一桌丰盛的酒席。

这些人没有一个不是威名赫赫、震怖当时的军中名将。他们以天雄军节度使符彦卿、天平军节度使石守信、归德军节度使高怀德等人为首，共十二人。赵匡胤的目标主要定在了安远军节度使兼中书令武行德、凤翔军节度使王彦超、护国军节度使郭从义、定国军节度使白重赟及保大军节度使杨廷璋五个人的身上。

再一次摆酒，还是摆在了赵匡胤的皇宫里。被特殊邀请的五个人里，有的忐忑不安，因为心里有鬼，比如说王彦超；有的人是愤愤不平，因为实在难受，比如郭从义。

在二十二年前，赵匡胤第一次离开家浪迹天涯时，曾经投奔过王彦超。可是他只用了N贯铜钱就把后来的皇帝老儿打发出门。这样的壮举换作谁，还能梦想过安生日子？

赵匡胤不比常人，早就主动替他解开了这个疙瘩，在某次君臣同乐的宴会上，赵匡胤在酒酣耳热之余，突然在大庭广众之前问他——爱卿，当年你在复州，朕去投靠你，你怎么不收留朕呢？

可以想象当时赵匡胤一定是半认真半玩笑，这个问题已经困扰了他好多年，百思不得其解。王彦超吓坏了，他立即避席跪倒，说出了想了好多好多年的圆场话——当年臣不过是个防御使，一勺的浅水怎么能容得下神龙呢！要是陛下当年真留在我那小地方，您还能有今天吗？

赵匡胤哈哈大笑，把那一页揭过去。但在王彦超的心里，这件事却是一片永远在他头顶飘忽不定的阴云，天知道那里面隐藏着什么。

再说郭从义，这位节度使是地道的行伍人，勇猛善战，没有什么歪心思。可这也辜负了赵匡胤的一片好心。

几天前在最初的殿廷接见时，赵匡胤曾微笑着向他致意，说郭爱卿，听说你马球打得非常好，今日为我表演一下如何？

郭从义二话没说，当场甩掉礼服下殿，骑马纵横驰骋，周旋击拂，史称“曲尽其妙”。之后人人喝彩，郭从义也喜气洋洋地上殿谢恩，结果赵匡胤似笑非笑地说——你球打得可真好啊，可惜，这是将军应该做的事儿吗？

郭从义僵那儿了，他不知道皇帝为什么要玩他。

皇宫深处，酒席宴上，九年前的一幕再次上演。赵匡胤喝了几杯，向五位节度使从容微笑——爱卿们，你们都是国家的老臣子，在外面工作操劳很久了，总是这样，显得我一点都不优待你们。

心里有鬼的人立即就明白了，王彦超马上站起来表态——臣本来就没有什么功劳，这么多年一直都在冒领俸禄。现在又老了，总想着能回到老家去，把这一把老骨头归葬故里，这是臣真实的愿望。

赵匡胤一听大喜，史称他马上离席，执手嘉慰。可本就一肚子闷气的郭从义不这么想，其他那三位更是一头雾水，以他们的理解，赵匡胤之前的话完全是在说他们的功劳大，非常大，他对他们还不够好，正想着怎么补偿呢！

于是这四个人七嘴八舌，互相提醒，互相印证，把自己的履历功劳从头说起。赵匡胤的脸色变了，他冷冷地只回了八个字——“此异代事，何足论也”。

本来嘛，你们都是后周的臣子，给我大宋出过什么力？！

五个人喜气洋洋赴宴来，垂头丧气出宫去。等他们出了赵匡胤的皇宫，看到了已经等了他们好久的符彦卿、石守信、高怀德、张令铎等一干人。这些人对着他们哈哈大笑，连声欢迎，王彦超等人几声叹息之后，也突然顿悟。

这一天，在宋朝都城开封府的大街上，十二个年过花甲、鬓发斑白的老兵旁若无人，把臂高歌，渐行渐远，终于走出了所有人的视线，只有他们的歌声还隐约可闻——

“漫揾英雄泪，揖别帝王家。想当年金戈铁马称雄壮，不过是胡乱厮杀。攒家一把刀，今天刀放下，赤条条来去无牵挂，且莫道种豆反得瓜……”

国内的事潘美并不知道，其实就算知道了又能怎样呢？他会辞职吗？笑话，功名利禄就像人的青春年华，谁都知道是昙花一现，但每个人都因此而更加珍惜，把它紧紧抓住，绝不放手。

潘美坐在贺州城里，想着怎样尽快杀到番禺城下。只要冲进番禺，就意味着战争结束。他非常清楚，这就是南汉的特色。别的皇帝可以出逃，可以东山再起，但是像南汉刘氏这样的禽兽，只要出了番禺，就注定了什么都不是。

可他的兵力实在太少了，没办法做到分兵疾进，虚实相生，把南汉的防御体系彻底搞乱，从中找出一条尽量短的道儿来，从贺州冲向番禺。

他决定让刘𬬮帮帮忙。

这时潘美向番禺发出信息，声称自己嫌走路太累，要直接坐上从南汉夺来的战船，从贺水的原路直捣南汉国都。

刘𬬮慌了，加封南汉唯一善战的将军潘崇彻为内太师、马步军都统，给他三万人马，要他马上北上，不必考虑别的，只要他守住贺水。

潘崇彻在走出番禺城时，脸上的表情是深入骨髓的讥讽。他清楚，南汉完了，就从这时起，南汉就注定了亡国。无论谁都知道南汉真正的门户在哪儿。

是韶关！

一条贺水，几十条船，这怎么能成为亡国的危险？无论是水路还是旱路，不过都是行军的道路，只要加强防守就是了。可韶关不同，那是南汉六十余年来重中之重的必保关隘，是刘𬬮的祖先多年心血铸成的门户，重要性在南汉尽人皆知，可笑刘𬬮和龚澄枢居然连这都不知道，还想不亡国吗？

之后潘崇彻就尽心竭力地防守起了贺水，他可以问心无愧地向刘𬬮的老爹、他的老领导刘晟的在天之灵起誓，贺水在他的防守之下稳如磐石，绝对不会被攻破。

事实上，潘美根本就没到贺水这边来。

潘美在公元 970 年十月从贺州出兵，杀数千人，攻破南汉开建寨，擒南汉守将靳晖，兵锋直指昭州（今广西平乐西）、桂州（今广西桂林）。这两州的刺史田行、李承珪非常配合，直接弃城而逃。在十月末，潘美进一步攻克了连州（今广东连县）。

这时他的前面再也没有阻挡，韶关近在眼前。

真正的危险终于到了，可就是那么诡异，番禺城内的刘𬬮突然间面带微笑，向臣子们说出了下面一番话——大家别慌，昭、桂、连、贺这四州本来就是湖南的，北方佬就是为了它们才来的，拿走了这些，他们就满足了，就再也不会来了。

祝大家好梦，只要一觉醒来，明天的世界就又会那么美好。

一觉醒来之后，刘铱改了主意，或许是他的祖先们在梦里告诉了他什么吧，他决定马上派兵增援韶关。

南汉得天独厚，有高大强壮的动物——大象。

一头头比房子还要高大的大象顶盔贯甲，上面坐着十几个手持超长武器的战士，在矮小得像是一条条小狗的敌人骑兵阵中往来冲杀，所向披靡……这是多么激动人心的战争场面啊，这样的念头在刘铱的脑海里升起，也被其他所有的南汉人所认同。

当年的十二月，南汉主帅李承渥在韶关城外的莲花峰（今广东曲江南）下，终于和潘美相遇了。他没有犹豫，在第一时间就甩出了他的王牌。

战象群冲向宋朝军队。

潘美应对得非常简单、极其粗暴，一点技术含量都没有。

他命令军队把拒马在阵地前码好，传令全军所有的弓箭手都站到最前排来，一个字——射！

这就是一个军人所能做的一切。无论面对的是人还是鬼，或者是神仙，或者是大象，我的回答只有一个——兵刃与弓箭！

潘美的粗暴有了完美的结果，打个比喻吧，一支箭头与大象的吨位相比，好比蜜蜂的尾针和我们的体积的比例，但要是有一整窝马蜂的屁股都冲着你扎了过来，你的反应是什么？

大象掉头就往回跑，速度之快，史称“乘者皆坠”，潘美跟着这些大象一直冲入敌阵，再冲出敌阵，之后就再也没有敌人了，他一直冲进了韶关。

南汉的门户就是这样被打开的。

有一个问题最能反映出一个国家的民族性格和智慧深度——怎样面对侵略。

两个例子，瑞士和我们中国。

欧洲的小国瑞士，以国家小、钱财多著称，这正是标准的被打劫对象，但奇怪的是它已经有近二百年的太平日子了，其间无论是法国的拿破仑还是德国的希特勒，都似乎对它视而不见。这是怎么搞的？

很简单，瑞士人公开宣称，我们国家里任何地方都有三样设施——酒馆、咖啡店、射击场。每一个想入侵瑞士的国家随时都可以来入侵，只是至少要扔下二百万具的尸体！

但是我们中国不是这样，我们的智慧是蛮深的，我们的老祖宗这样说——“绝圣弃知，大盗乃止。擿玉毁珠，小盗不起。焚符破玺，而民朴鄙……”如此自然天下太平。

也就是说，我们要做到把所有的好东西都扔掉，这样自然就没有人来抢我们了。呵呵，我有点恶搞，故意歪曲庄子先生的神圣语录了。不过这正是南汉刘𬬮等人的处世哲学。他们是这样想的，也真这样做了。

宋朝的潘美火速杀来，刘𬬮和龚澄枢、李托、内侍中薛崇誉等人迅速想好了对策——宋朝的军队之所以会来，就是因为咱们国家里的好东西太多。那么这样好了，我们一把火烧光了它，变成一座空城，这样他们还会常驻吗？他们自然就回去了！

怎么样？多棒的主意，多高的见解。而且他们说干就干，从南汉的国库和宫殿放火，最后把所有能烧的全都烧掉。这样都做完之后，他们才在第二天大开城门，迎接潘美进城，告诉这位还是跑慢了的仁兄——你赢了。

潘美欲哭无泪。

潘美在心里声嘶力竭地大骂，想仰天长啸之后就势狠狠地咬刘𬬮一口！他妈的，这就是你们给老子的报复吗？就是这样吗？！你们……得逞了。

谁都明白，侵略一个国家，为的是土地，有了土地，就有了粮食、人口等，最后这些才会升华成形而上的富足代表——那些贵重的物品，比如说珍珠、美玉什么的。所以这是多么难得的东西啊，南汉三代人敲骨吸髓、彻底无情才聚揽出来的财富，就这么白白地被烧毁了！

这让他怎么向赵匡胤交差？现在比起来，他连王全斌都不如，不管平后蜀时杀了多少平民，耽误了多少工夫，可是孟昶的金银财宝现在都运进了开封，就藏在赵匡胤平时办公的讲武殿后面那个叫封桩库的私人保险柜里。每天赵匡胤见人办事，派兵打仗，背靠着那么多钱，心里那叫个踏实，而南汉的宝藏早就划进了封桩库的账面了，可是现在……要他怎么办？！

没办法，他只好把自己继续留在潮湿闷热的岭南，给赵匡胤彻底清理现场，为了赎罪，把后面的事做得地道些。然后他派人把刘铱一伙儿都押送回开封，让皇帝自己发落。

后面的事就着实让人恶心了，刘铱等人到了开封，赵匡胤先问他们焚烧府库之罪，刘铱一概推给南汉大臣，甚至连平日里作恶多端都是这些太监替他干的，原话如下：

“臣年十六僭伪号，澄枢等皆先臣旧人，每事，臣不得自由，在国时，臣是臣下，澄枢是国主。”

龚澄枢等人一片默然，不否认，不反驳，直到被宋朝砍头。

多么无耻啊，让我想起了近代的日本裕仁天皇，同样是杀人无数，可战败之后，他去见美国占领军总司令麦克阿瑟，开口的第一句话居然是——“我对日本在此次战争中所有一切行为负责，愿接受您所代表的各国政府的裁决。”

这句话让美军史上最桀骜不驯的将军麦克阿瑟肃然起敬，不是说原谅了他什么，而是看到了对面这个人的底子是什么，至少敢作敢当，不是个懦夫！

刘铱连个懦夫都不算，他只是个卑鄙无耻的小人。我不想再在这个人的身上浪费笔墨了，就此把他留在历史上的所有印迹都说一下，然后彻底揭过，从此不谈。此人在公元 971 年五月一日，被赵匡胤用布帛拴着脖子，像拉条狗一样拉到了太庙去举行献俘仪式，然后把他赦免，封他为右千牛卫大将军，爵位是恩赦侯。

刘铱在宋朝的开封开始了自己的侯爷生活，具体工作就是每天准时上朝报到，证明自己还在开封，还在被监控的安全范围之内。他做得格外用心，每天早到晚退，结果有一次赵匡胤在讲武殿大宴群臣，他又先到了，赵匡胤看他真乖，于是先赏了他一杯酒。没想到这人马上就吓哭了，跪地上磕头，说——我反抗朝廷，让您派军队远征，这是我不对。可是我都投降了，就让我当个开封的顺民活下去吧，这酒我实在不敢喝。

赵匡胤大出意外，摸不着头脑。经他解释才知道，这个浑蛋在南汉时，只要看哪个臣子不顺眼，就赏一杯毒酒来了断。赵匡胤哈哈大笑——朕推赤心以待人，怎会行此事？

赵匡胤取过酒来，自己一饮而尽，然后对左右示意，再给这人倒一杯。刘铱满面羞惭，这才敢喝。

到了赵光义的时代，这个人变得更乖，开始主动讨好（这就是卑鄙狠毒的好处，这种人只要你能打服了他，他就会比你儿子还要孝顺）。赵光义要攻打北汉，在公元 979 年于长春殿设宴饯行起程，刘铱和各位降王一起出席，只见他突然站了起来，兴高采烈地说："朝廷威灵远及海外，四方降王今日尽在座中，旦夕间太原刘氏又至，臣因率先来朝，愿得执梃，为诸国降王长！"

顿时满堂大笑，尤其赵光义非常得意，正要出征，这个吉利讨得多好！刘铱当时就又得了好多赏赐。

还有什么话好说吗？当俘虏都当到了这个份儿上，刘禅、孙皓都算是什么？但就是这样，这个人仍然在宋太平兴国五年，公元 980 年三月间死去，年仅三十九岁。

至于死因嘛，官方公布是病死，不过好像李煜、钱俶，还有很多挡了赵光义路的人都是病死的……

# 第十九章　寄生胎

平定南汉，南唐如砧板之鱼，举刀可切，但是什么都没有发生，在历史记载中，只能看到李煜害怕了，派自己的弟弟李从善带着大批的贡品到开封朝贺，主动要求赵匡胤以后给他写信可以直呼其名，并且自我降级一等，正式成为“南唐国主”。

赵匡胤似乎满意了，召回了在汉阳屯驻的军队，就此对南唐宽容，让人百思不得其解的是，这种“宽容”居然一连延续了三年！

这三年里宋朝举国升平，边疆平静，赵匡胤本人的身体健康得不得了，除非去查他的起居注，不然连他感冒发烧的记载都没有。

能查到的，就是他在讲武殿进行了第一次科举的复试，从此中国有了殿试这一关；对南唐使了点小手段，破坏了一些李煜的君臣关系；把契丹人正式当成了邻居，两国第一次互通使者；再有嘛，就是一些琐碎的家务事了。

比如他换了个宰相；又如因为这次换宰相，发生了一连串的连锁反应，整个上层官场开始重新洗牌；再如一位皇室的重要成员被封为开封府尹外加晋王，和当年未登基之前的柴荣的官职一样大小。

以上这百十来个字里所包括的微不足道的内容，就是赵匡胤在他四十五岁到四十八岁的黄金一般珍贵稀有的时光里所做的事。

关于赵普。

要先声明一点，宋史里这一部分的资料已经严重缺失，绝对无从查考。这很遗憾，就像赵匡胤被突然终结的人生那样，既残酷，又无情，当年发生过的事，都被他的好弟弟赵光义、亲侄子赵恒一连两次从《太祖实录》里删除了。

毁灭一个人，再毁灭他的家族，做到干净利落、名正言顺之后，剩下的就只有一些蛛丝马迹了。千年之后，我们只能从这些残缺不全的碎片里勉强看到一些当年的影子。

而赵普，是公认的和赵匡胤走得最近的人，他的事迹被抹平，就算是池鱼之殃吧。

一切皆在恍惚朦胧间，是也非也，凭君自测。

赵普，在人们的常规意识里是诤臣、正臣、名相，无论怎样划分，他都应该站在阳光下面，整个人都被照得金光闪闪的。

这都对。

但正因为他站在了阳光下面，所以也就难免有了阴影。概括地说，从某些方面讲，只要他再稍微往前走一步，或者赵匡胤再稍微往后退一步，那么他们就成了宋朝版的王峻和郭威。

王峻错在哪里？贪财、贪官、欺负郭威、压制柴荣。再看一下赵普，几乎完全复制。

赵普贪，在公元971年的这一年里，至少被赵匡胤抓了三次现行。

第一次，三月，南汉还没打下来，就有以前的三司使（高官，只比赵普理论上低半级）赵玭告发赵普违反禁令，贩运木料。史称赵匡胤大怒，直接问前宰相王溥——赵普当得何罪？

王溥一笑——赵玭诬陷大臣。

赵匡胤想了想，把赵玭下放，到汝州去当个牙校了事。

第二次，赵普爱钱之事名扬国外，南唐都知道了。李煜托人悄悄地送了赵普白银五万两。赵普没敢要，他直接报告了赵匡胤。

赵匡胤的反应是："你收下，记得写封回信谢谢李煜，再拿点钱犒劳一下给你送钱的使者，这是规矩。"

赵普不明所以，坚决不干。

赵匡胤说："别小家子样，自己给自己难堪，收下，别让李煜乱猜。"

赵普奉命收钱，等到李煜派人再次朝贺时，赵匡胤在正常的赏赐之外，多给了一些金子，正好是五万两白银的数。

李煜那边心知肚明，再不敢做小动作，对赵匡胤感恩戴德。

第三次，赵普丢了大人了。话说有一天，赵匡胤突然到赵普家，看见墙边一溜摆着十个瓶子。赵匡胤问此何物也。赵普答，是吴越王钱俶送的海鲜。打开一看，里面一片金光耀眼，是金子。赵普跪下来发誓说自己真的什么也不知道，要是知道早就像上次一样报告了。

赵匡胤像平常一样笑了笑，说："收起来吧，钱俶这小子，以为宋朝的国家大事，都是你们这些书生做主呢。"

一句话，轻飘飘地放了他一马。

这是钱，至于官位，赵普十年独相，在宋史上只有后来的蔡京、秦桧等寥寥数人可比，而蔡京、秦桧是什么人，用了什么手段才做到了这一步，相信中国没人不知道。

那么赵普呢，他具体强势到了哪一步？历史记载，赵普曾在自己的政事堂里明目张胆地放了一只大陶壶，无论中外臣僚奏章，只要他看着不顺眼，就往壶里一扔，等到快满了，一把火烧了了事。可就算这样，赵匡胤都忍了，那么在公元971年到973年到底发生了什么事，让赵匡胤不得不收回侵略南唐的脚步，转回头梳理自己的内部，而且要耗时整整三年？

先说两件事。第一件，在宋朝开宝四年（公元971年）的十一月间，很不幸，黄河又决口了，这次是在澶州地段，山东大片的农田被淹，损失惨重。

赵匡胤大怒，追究地方官责任。澶州的知州杜审肇被免官，知州的副手澶州通判姚恕却身穿官服被当街砍头，尸体被抛入仍在泛滥的黄河里。

不公平，但没人敢说什么。

第一，那位知州姓杜，赵匡胤他妈杜太后的杜，是当今皇上的亲舅舅；第二，稍微知道些内幕的人都有多远躲多远，别说多嘴多舌，就连眉毛都不敢多挑一下。

被砍头后还抛尸的姚恕在两年前曾经得罪过一个人。这个人，当时普天之下都知道绝对惹不得——唯一敢惹的还不爱惹。

对，赵普。

据正史记载，在两年前，宋开宝二年（公元969年），有一天赵普正在家里大宴宾客，姚恕在门外求见。请留意，姚恕那时的官职是判官，说实在的，京官多如牛毛，小小一个判官真是什么都不算。赵普是当朝独相，相府门房六品官，也就没把姚恕放在眼里，表现得颇为傲慢。万万没想到，姚恕的表现更加出格，他立即大怒，转身就走。赵普知道后马上派人去追，追上之后诚恳道歉。

宰相俯就，判官姚恕傲然不理，径自离开，在万众瞩目下让赵普下不来台。

赵普的反应是没反应，不久澶州通判出缺，他主动推荐姚恕去应职。直到两年之后，黄河终于泛滥决口……是否觉得我有点牵强附会？别急，再看第二件。

第二件，时间再往前移，宋乾德三年（公元965年）。赵匡胤曾经对宰相赵普感叹："冯瓒这个人好啊，真是'当世罕有，真奇士也'。"

赵普："您说得太对了，升他的官。"

当时宋朝刚刚平定后蜀，西南方面需要大量的官员去管理，于是当时的枢密院直学士（赵普当宰相以前最后一个官职）、右谏议大夫冯瓒被派出京知川东重镇辛州。一年之后，突然有人从川东偷跑回来，找到赵普，揭发冯瓒贪赃枉法，证据确凿。

赵普带着证人去见皇帝，赵匡胤命令冯瓒火速进京对质。

对质的结果是问不明白，冯瓒可能枉法，也可能没枉法，证据并不确凿。

赵普立即命人到潼关去截留冯瓒的行囊。

在行李里发现了大批金银珠宝，上面的封皮上还写着一个名字——刘嶅。罪名成立，赵匡胤大怒，把他亲口许为"当世罕有之奇才"的冯瓒免官流放，发配到沙门海岛，遇赦不还，老死海中。

行贿的刘嶅，却不过是罢官。需要注意的是，这个刘嶅的官职，也跟当初的姚恕一样，是个判官。

回顾一下，从四川往回调人，再从潼关截留证据，这是天下大搜捕了，最后却只是贪赃而已，还是由赵普这个大赃官来揭发的，赵匡胤至于这么抓狂吗？或许说，赵普至于这么小心眼，睚眦必报吗？

但事情就是这个样子的，也许有人会说，这两件事有什么联系吗？时间都差了那么远。是的，看上去的确风马牛不相及，如果一定要说其中有什么相似之处的话，就是姚恕和刘嶅的官职——他们都是判官。

宋朝开封府判官。

宋朝开封府，又称南衙，随便翻一下《宋史》，这个衙随处可见。似乎很复杂，其实很简单，它的房子是在五代的后梁开平元年时盖起来的，它的官职就相当于现在的开封市市长。最开始的时候，这个职位无比敏感，因为它曾经是柴荣以下四位皇帝的专有头衔，但是其间也有像寇准、包拯、欧阳修、范仲淹、苏轼、司马光这些人不停地倒班。所以它的具体权力和每一个时期的影响力也都随时浮动，各不相同。

在公元971年时，它的主管名叫赵光义。

这个人超复杂，无论是概括地说，还是分析地说，现在都说不清他。所以只好就他在赵普罢相这件事里先说一下，能说到哪儿是哪儿。

这时，赵光义的开封府尹已经当了十年了，他的权限很模糊，当他哥哥在开封时，他管市长该管的事，当他哥哥出征时，他干国王该干的活儿。他最初的定位，就是他哥哥最信得过的人，是帝国稳定的一块基石，赵匡胤的影子。

所以最开始时，赵匡胤用了很多手段来把他扶持起来，而到了后来，赵光义就以实际行动证明，他没让他哥哥失望。从历史遗留下来的蛛丝马迹里，能查到他与当时宋朝京里京外大小官员都过从甚密，其势力已经无孔不入。

这就碍了一个人的事——赵普。

从正常的官职分类上看，皇帝以下就是宰相，当时的同中书门下平章事，而开封府尹，无论潜台词是什么，不过是一个知州。可赵光义以自己独特的身份，把这个市长无限制地做大了。姚恕当初是什么人？开封市市长手下的小秘书而已，就敢对宰相如此无礼。他仰仗的是什么？这是赵光义和赵普两个人私下里尊卑关系的体现吗？这是公然以下犯上，侵凌相权！

赵匡胤就算再宠着小弟，也不会放任到这个地步。所以后来杀姚恕，动用的是政府皇权。

至于刘嶅和冯瓒的金钱关系，这就更敏感了，赵光义的手越伸越长，不仅在京城里培植党羽，连远在西川的知州都要收买，这样下去，天下到底是谁的？

就算《宋史》被一再地修改，赵光义的一些活动还是被留存了下来。他不停地送礼，交友遍京城，可也有被人拒绝的时候。先是御史中丞刘温叟，赵光义连续两年给他送钱送东西，他都用封条封好，既不当面拒绝，也绝不动用。

赵光义只好派人都收了回来。

另一次他的不轨之心就再难推托了，他居然去贿赂禁军殿前司控鹤指挥使田重进。田重进是什么人？那是赵匡胤晚上睡觉时守大门的人！

用当时赵匡胤的眼睛来看周围的世界，相信他会突然间感到寒冷。在公元971年之后，史称同中书门下平章事赵普的“堂帖”——由宰相颁行的书面命令，“与诏令无二”，甚至重于诏令。他还突然发现亲弟弟的院子里龙盘虎踞，深不可测，更要命的是他还不好一刀把它连根砍掉。这是个怎样的局面？

一国之内，政令三出。

这种时候还能再发兵江南，去图谋别人吗？赵匡胤要怎么办？可以肯定的是，他从来都没有杀他弟弟的心，而说实话，这时他早已把江山坐稳，再不必像最开始时那样需要一个帮手了。他在犹豫，可有人已经忍无可忍，要替他出手了。

赵普躲到了一边，在仔细掂量自己手里的那根棍子，同时也在评估赵光义脑袋的硬度。其核心内容就是如果这一棍子真的砸了下去，是赵光义的脑袋开花，还是他自己的棍子会断？

这个问题很实际，而且非常普遍。其实从古到今，每一个生活过的人都是人手一棍的，无论是在职场，还是回到了自己的家庭生活里，这根棍子每时每刻都得准备好去砸人，不然你就挨砸。就在砸人与挨砸的过程中，以及手法判断等水平的高低中，你的人生就被定位了。

赵普砸过太多的人了，砸得越多，经验越丰富，下一次实战前所需要衡量的东西就越多。尤其是这一次，他先问了一下自己，第一，非得砸了不可吗？

回答是苦笑，他可真不想砸赵光义，这孩子是他从小看着长大的。当赵匡胤的老母亲杜太后还活着的时候，还时常吩咐赵光义说——出门“必与赵书记偕行乃可”。还约定好赵光义回家的时辰，由赵普来监督。可以说在那些年里，他是赵匡胤家族的一分子，曾经多么温馨和谐啊……但这时再想这些，就极其可笑。结论只有一个字——砸！

狠狠地砸！

那么第二个问题就更得小心考虑了——有把握吗？

赵普为之放平了心态，详细分析。先看一下朝臣们的拥护意向。那就得先看一下三省——中书省、枢密院、三司的意向了。毕竟这是百官之首。

中书省，没有问题，这是他自己的地盘，一切都由他说了算。虽然有薛居正、吕馀庆等几个参知政事副手，但是他们“不宣制（敕书）、不押班（每天上朝没资格像赵普那样引领百官）、不知印（相印）、不升政事堂（赵普的办公厅没他们的份儿）”，工资也只有赵普的一小半。

赵普可以完全放心。

再看枢密院，赵普不禁会心一笑，这时的枢密使是李崇矩。他和李崇矩好到了什么程度，用一个事实来说明比什么都有力度——他的儿子和李崇矩的女儿很快就要结婚了。还要再往下说吗？

最后是三司使了。

赵普的心突然变乱。这时的三司使是他的老熟人楚昭辅，按说这是在赵匡胤还是个后周的将军时，就和他同在幕府里当差的老伙计了，两个人平日里处得不怎么样，总是你喊我叫的，大面上总还过得去。尤其是互相都知根知底，他楚昭辅是不简单，但比起敢把活人扔锅里煮熟了再吃下去的李处耘怎样？哼哼，在赵匡胤的幕府里，楚昭辅和李处耘的资格都比赵普老得多，可是赵普进去后就能把他们挤到一边，把他们当手下人一样使唤，再加上这十年里官场唯我独尊，想来楚昭辅没有敢造反的胆子。

但是，这是在一年之前。等到开宝三年（公元970年）的秋天，这之后，一切就都不好说了。

话说入秋之后的某一天里，三司使（计相）楚昭辅突然去见赵匡胤。当时赵匡胤正坐在讲武殿里想心事，他一方面得想着北边的契丹，“三千打六万”的事情刚过，契丹人会不会马上再来；另一方面他还得关心一下潘美，那时的南汉还没有打下来。

不过总体来说，他的心情非常好，尤其是秋天，收获的季节又到了，这意味着他的国库会变得更加充足。无论如何，有钱有粮日子才能过得下去。

就在这时楚昭辅跑过来告诉他——陛下，完蛋了，现在国库里的粮只够吃到明年二月的。没办法，得把禁军都解散，让他们到全国各地去吃饭。再把所有的民船都征调起来，到江淮一带去运粮。这样才能保证明年开春开封府里饿不死人。

这消息让赵匡胤一下子从黄金梦里重返赤贫，落差太大了，他瞬间抓狂，对楚昭辅一顿大吼：“你这个三司使是怎么当的？国家没有九年的储备就是不足，你居然只给我留了半年的口粮！要分军屯田（解散禁军，分散各地，亏他怎么想得出来），尽搜民船，这是一下子就能办到的？！告诉你，要是到时候真的缺粮了，我就杀了你向天下人交代！”

楚昭辅从赵匡胤的皇宫里出来时摇晃得厉害，他知道，他的死期不远了。

他是计相，是一国之中财力调运的中枢神经，能不能在这么短的时间之内把这么严重的事态解决好，他比谁都清楚——不可能。事实上，他给皇帝的建议已经是他最好的办法了，分散禁军，尽搜民船……他也知道这根本行不通，但还能怎么办呢？

危急之中，他想到了赵光义。他最初的想法只是想求这位皇帝的亲弟弟给讲个情，能宽限几天。但没想到赵光义是如此乐于助人，不仅帮他讲情，还让自己开封府的班底人员陈从信帮他谋划出力。结果是惊人的，宋朝的计相，三司使大人无论如何都办不到的事，开封府尹的私人班底居然轻松搞定。

禁军没解散，时间没用多久，也没有尽征民船，江淮的粮食就出现在了开封城的国库里。

这件事在外人看来是皆大欢喜的，可在楚昭辅、赵普，甚至每一个朝中重臣的心中，就是另外一回事了。这是力量，一向以亲和温存面目示人的赵光义小试牛刀，就让所有人都看到了他能做些什么……所以赵普的心会乱。

楚昭辅会站在哪边？还有赵光义脑袋的硬度得重新估量。

那么到底还砸不砸呢？赵普微笑了，得承认，他一定没在这上面费太多的心思。砸！为什么不砸？不管有多少客观因素存在，最重要的要害只在一点——赵匡胤。

他所需要知道的，归根结底就是一句话——赵匡胤到底喜不喜欢，同不同意他砸赵光义。

要想清楚，那可是亲兄弟，同父同母的亲兄弟，一直都是兄仁弟贤，父慈子孝的。这一棍子砸了下去，是成，是败，要砸多狠，要收几分力……唉，都太复杂了。

但是一定要砸，赵普牢牢地把握住了最重要的那一点。他打赌，赵匡胤一定希望他抡圆了棍子狠狠地砸到他亲弟弟赵光义的头上。

理由只有一点——赵匡胤的儿子们都长大了。

赵匡胤一共生了四个儿子，依次排列是德秀、德昭、德林、德芳。德秀与德林均未成年就死去了，剩下的德昭与德芳，在这时分别是二十岁与十二岁。

二十岁的德昭，无论是在古代还是在现代，都已经是标准的成人。作为国之长子，赵匡胤原配夫人贺皇后所生的嫡子（很遗憾，德芳的生母在历史上没有记载，很可能是一位偏妃），到了这个年龄，无论如何都应该是帝国的合法继承人了。但是让人万分不解，赵匡胤不知是出于怎样的考虑，一直把德昭与德芳关在屋子里，从来没让他们出头露面。

时间一直到公元971年，这时的赵匡胤四十五岁，赵光义三十三岁，赵德昭二十岁，三人之间的年龄差距不过是十二三年。表面看，赵家真是人丁兴旺，壮盛满堂，但天子之风不同于庶民之风，这是尴尬，更是危机。而对赵普来说，这就是机会。

砸！赵普决定，不管赵匡胤这时是否同意，他都要抢先把棍子抡圆砸过去。他相信，只要变成了事实，就会逼着赵匡胤做出选择——不是说在他赵普和赵光义这个亲弟弟之间的选择，而是在帝国的安全和赵匡胤儿子们的幸福之间来选择！

他就不信了，赵匡胤到时会不帮他。历史都无数次地证明过了，杀兄弟是多么必要，就算只看当时，都能找到活生生的例子。刘鋹和刘继元那样的蠢材都知道登基之后，把所有的兄弟都砍了清扫隐患呢，何况是赵匡胤？！

赵普摇了摇头，笑自己多虑了。事实上这都不需要什么理智的判断，只需要动用一下人的生物本能就能懂得怎么做……何况，他又想起了从前，他不是没砸过赵光义。就在建国之初，赵匡胤先是封弟弟为禁军殿前司都虞候，之后又加封为开封府尹。这时赵普不干了，他硬生生地把赵光义禁军将领的头衔给撸了下来，在军与民之间只能任选其一。

那时赵匡胤没有二话，非常支持。

思前想后，万无一失，赵普还越想越乐观，越想越兴奋。试看前景，砸倒赵光义之后，于公为赵匡胤守住了皇位，于私会让自己宋朝臣子第一人的身份更加稳固，还会趁机结恩于宋朝的第二任接班人……诸般好处，何乐而不为？

更妙的还有一点，那就是赵匡胤的本性。此人有些牵着不走，打着倒退，不管是真是假，在一些利益极大的纷争面前，喜欢躲在幕后，热切地强迫别人做事——比如陈桥兵变。呵呵，那好吧，像上一次一样，这次的恶人还是由我来做……赵普踌躇满志地想，这件事马上就做！

什么？风险？

哈哈哈，赵普大笑，此生做过没风险的事吗？富贵险中求，风光在顶峰，就这么干了！

事情开始了，但也早就结束了。时间过去了一千多年，要知道当年到底发生了什么，就让我们从一份表格开始吧：

时间：公元971—973年。

地点：不确定，从宋朝的都城开封起，遍布全国的每一个角落。

人物：赵普、赵光义，以及双方的战友加亲信。

起因：赵普要压制赵光义。

过程：缺失。

结果……要怎么说呢？如果说赵普是在公元973年被赶出京城时才知道自己失败了的话，那么，就真是太蔑视这位宋朝开国第一元勋、第一位独任的宰相了。

在这之前，有无数的证据表明事件的每一个进程，优胜劣汰，一目了然。

首先，在公元972年九月，某一天赵普照常上班时，到达长春殿等着赵匡胤召见时，突然感到身边少了点什么。稍一迟疑，他发现了，原来是他的老朋友枢密使李崇矩不见了。赵普以首席大臣的雍容风范向左右询问，得出的结果却是李崇矩上班了，只是从此以后，到别的屋子办公。

赵普突然出了一身冷汗。坏了，他犯了赵匡胤的大忌——专权。这真是无可救药的大失误！他和李崇矩的身份合起来正好是宋朝的军政大权，可是他们居然上班在一起，下了班还成了儿女亲家！

更要命的是，这种事还没法解释，越解释越糟。从此之后，李崇矩接连降级，到公元973年三月，原枢密使、镇国军节度使李崇矩已经降到了左卫大将军。

截止到这时，还是没有记载能证明赵普与赵光义之间曾经发生过什么。就连李崇矩的降职，都是由于李自己收受贿赂，自作自受。

之后事情急转直下，当年的四月，赵匡胤突然下诏，命重选“堂后官（相府属吏）”，规定从即时起三年一换。这样赵普多年的亲信手下立即被裁撤一空。到了六月，商州户部参军雷德骧出事，被贬到了大西北的灵武。

雷与赵普有宿怨。

雷德骧的儿子跑到京城去告御状，说是赵普在背后搞鬼，并且千辛万苦地找到了相府几个属吏的污点。这件事的结果是赵普的一个亲信被处死，其余的被杖决除名。而雷公子被授予秘书省正字。至于他为什么当上了官，天下人就都看得明白了。

因为有功，功何在，批赵普。

从此天下风起云涌，每个人都知道了应该怎样做。赵普的苦日子来了。但是他心里应该还是没有着急，更谈不上什么害怕。因为他此时更加坚信另一条官场上的铁律。

皇帝的行为准则。

这里有一个例子，话说距今三四百年以前的清朝，康熙当皇帝时，权相纳兰明珠犯事了，罪名成立，只等着康熙一声令下，就要人头落地。明珠半夜里去求他以前的门客，现在的内阁大臣高士奇想办法。高士奇想了想，告诉他，要人告他谋反，并且告发的人一定要是明珠的死敌索额图的人。

明珠一听大惊：“谋反？！这是杀罪变成了剐罪，罪加一等，满门抄斩啊！”

高士奇笑着说：“你这个笨蛋，这是对第一流的皇帝才能用的百试不爽的保命绝招。很简单，皇帝要想保住位子，就得看好手下的臣子，所以他绝对不能容忍朝臣中的一个党压倒另一个党……明白了吧？就算为了自己，康熙都会留下你的命，来牵制索额图。”

时代顺序颠倒，道理是一样的。赵普相信赵匡胤不会放任赵光义把他彻底搞倒，如果那样，赵光义的势力会更大。

赵普想错了，自从雷德骧的儿子告赢御状之后，赵匡胤很快就把赵普的原手下参知政事薛居正、吕馀庆扶正，开始和赵普同知印、押班、奏事，所有一切平等。从此，他的权力再也不是独一无二的了。而且就在这时，他真正的灾星出现了。

卢多逊。

这个人是压垮赵普的最后那根稻草。翻阅史书，可以发现，卢多逊当时所做的其实很平常，他不过就是向皇帝一次又一次地报告，说赵普贪赃枉法，纵容手下，还有就是非常模糊的动作——“每召对，多攻普之短”。

经常性在赵匡胤跟前讲赵普的坏话，讲了什么，历史却没有交代。

赵普在宋开宝六年（公元 973 年）八月被赵匡胤赶出京城。官方的说法是怕赵普累着，让他先外出歇几天。并且给了他河阳三城节度使、同平章事官职，仍旧挂名宰相头衔。

败了，千真万确地败了。赵普愿赌服输，再没起什么刺，只是在临走前，给赵匡胤写了一封信。

信中提到——“外臣谓臣轻议皇弟开封尹，皇弟忠孝全德，岂有间然。”

你的弟弟是完美的人，你可以全心全意地去爱他！

赵普走了。想来他走出开封城门的那一瞬间，心中的悲凉愤怒是非常少的，他会笑。赵匡胤，我尽力了，我们相识相知近二十年，精诚合作，才有了今天……别怪我，今后无论你出了什么事，都不要怪我！

赵普出京不到一个月，赵光义加封为开封府尹兼晋王，正式变成了当年柴荣的翻版。

# 第二十章 我的名字叫李煜

现在终于轮到李煜了。公元973年九月以后，赵匡胤站在开封城里，拉着好弟弟赵光义的手向南看，只见率土之滨，莫非“赵”土，除了南唐一隅。

那好吧，该做的事终究还得做，虽然凶拳不打笑面，欺负老实人有罪，但……就是得做。

首先是一个骗局。

有一天赵匡胤带着李从善在皇宫里散步，走进了一间偏殿，闲聊中指着墙上的一张画像说：“爱卿，你认识此人吗？”

李从善小心辨认：“似是江南林仁肇。”

赵匡胤连连点头：“对，正是林将军，他已经归降，很快就会来开封，先寄来一张画像作信物。”说着他还向外一指，“爱卿，你看到那一片空宅了吗？那就是我赐给林将军的新家。”

李从善如获至宝，立即十万火急将此“密”信传回金陵，李煜也没耽搁，马上就赐给了林仁肇一杯毒酒。

江南屏障，水师统帅林仁肇就这样死了。

李煜的心情很快就平复了。真的，不管有多少人对他无礼，也不管有谁突然间对他背叛，他都能迅速地恢复过来，因为他有一处任何人都没法打扰，也没办法损伤的精神圣地。

他的诗词。

无论有多么难受的事发生，只要经过诗词的洗涤过滤，李煜都会焕然一新，重新做人。比如说他日夜思念着他远在开封的好弟弟李从善，百般无计，他只好付之一词。

词云：“别来春半，触目愁肠断。砌下落梅如雪乱，拂了一身还满。雁来音信无凭，路遥归梦难成。离恨恰如春草，更行更远还生。”

翻译成白话文就是：从善，我的好弟弟，你还好吗？难为你身在敌国还是这样惦记我、帮助我，给我传回了这样重要的消息……我是多么地想你。

李煜在乱想，有人自始至终都头脑清醒，心口如一，比如吴越国王钱俶。

钱俶和李煜一样，名义上都是赵匡胤的臣子，职位还要低一些，是宋朝的兵马大元帅。建隆元年（公元960年）二月，赵匡胤封的。

这很符合吴越和南唐在传统意义上的江湖地位。

吴越国，这是钱俶的爷爷钱镠在公元907年建立的。不过说是建立有些勉强，它是被封出来的——后梁太祖朱温封钱镠为“吴越王”。从那时起，吴越的国策和它在北方君王心中的作用也就都定下来了。

国策——“子孙善事中国，勿以易姓废事大之礼”。这是钱镠的临终遗言，直截了当地告诉后代子孙，不管中原地区换了谁当皇上，我们的态度都只有一个，就是“善事”。

作用——牵制南唐。这真是历史悠久，从南唐的前身“吴”开始，两浙地区的“吴越”就和苏皖赣闽间的邻居不和，北方大国的君主们，不论是后梁、后唐，还是后周和宋朝，交给吴越的命令就只有一条，即牢牢地扯住邻居的后腿，绝不让以前的吴、现在的南唐跳过长江去。

这两件事就是吴越的立国之本，虽然是任务，但也是保障，这让钱镠的子孙在两浙温暖富饶的大地上幸福地生活了多年，直到第五位国王钱俶为止。

任务变了，赵匡胤在开宝七年（公元974年）七月通知钱俶，别再牵制了，直接出兵配合我攻打南唐。接到命令，钱俶沉默了，吴越全国却突然间沸腾。打南唐，解恨，这么多年有多少吴越人死在南唐人的手里，正好借宋朝来复仇！

官场里的意见截然相反。

吴越宰相沈虎子忧心忡忡地找到了钱俶——陛下，南唐是我们的仇人不假，可它也挡着宋朝，一旦它垮了，我们怎么办？

钱俶很快就做出了决定。吴越一如既往，听命宋朝，无论什么命令，都无条件答应。

沈虎子愕然，进而大怒，这般懦弱！无法理解！吴越虽小，难道没有兵吗？南唐还那么大，难道不能联合吗？宋朝又怎样，自古以来中原北方的大国有多少次是在长江边上一败涂地，不得不和南方小国划江而治的？怎么能连抵抗的念头都没有，连敌人的影子都没看见就认输？！

钱俶没生气，反而向他笑了笑，像是有很多话想说，最后只是轻描淡写地告诉宰相大人，你被撤职了，回家去吧。之后全天下的人都知道了钱俶是一个比李煜还要怯懦萎靡的亡国君主，连稍微抵抗的勇气都没有，而且还给夺国的敌人去扛刀！

钱俶一点都不在乎。他安稳地坐在自己的王宫里，脸上带着些许复杂但相当安逸的笑容。

历史证明，或许他没有李煜那么聪明，更加没有李煜的才气，但是他清醒。沈虎子看到了一般百姓所看不到的局势，而他看到的，比他们都深远。

也许他真的应该反问他那位爱国的宰相一句——如果我现在反宋联唐，你信不信赵匡胤会先来打我？到那时你觉得南唐能发兵来救我吗？能吗？！

人生不过是一场生意，人人都得为自己，难道不是吗？

赵匡胤邀请李煜去开封，参与某次国家庆典。李煜请了病假。赵匡胤生气之余，提了一个新要求，要李煜马上派人护送南唐境内一家姓樊的人到开封来，全家老小必须一个都不能少，一个都不能出事。

李煜摸不着头脑，他刚刚拒绝过赵匡胤，心惊胆战，正想着怎样讨好，何况根据调查这家姓樊的极其普通，最有出息的是个叫樊若水的落地举人。那就送吧，无足为惜。

南唐照办。

后来李煜后悔得想跳江，但是当时他和他所有的南唐臣子都弄不明白这到底是怎么回事。

不久，宋朝派来了一个叫卢多逊的使者，人很和气，对李煜也不像别的使者那样侮慢刻薄，他们很谈得来。在临别时，这位卢使者突然说——朝廷正在重修天下方志，史馆中独缺江南诸州的，能每州都给一本，让我带回去吗？

小事一件，李煜想都没想，就立即命令手下连夜抄写赶工，务必要赶在第二天早晨以前送到江边，以免耽误宋朝使臣开船。

宋朝不费吹灰之力，就把江南十九州之地的山川地形、屯戎远近、户籍多寡等国家级机密通通一网打尽。

直到这两件事都办完了，赵匡胤才对李煜进行了最后一次邀请，李煜不识好歹，于是历史上就记录了宋朝此次出兵江南的原因——“倔强不朝”。

因为一个人不来，那么就派十多万人过去！

赵匡胤在宋开宝七年（公元974年）九月，命宣徽南院使曹彬为升州西南面行营马步军战棹都部署，山南东道节度使潘美为都监，颍州团练使曹翰（留意这个人）为先锋都指挥使，统军十余万，战船数千艘，并与吴越联军分五路攻向南唐。

第一路：曹彬率侍卫马军都虞候李汉琼、判四方馆使田钦祚领荆湖水军自江陵沿江顺流东进，攻取池州（今安徽贵池）以东长江南岸各要地，直指南唐都城金陵。

第二路：潘美率侍卫步军都虞候刘遇、东上阁门使梁迥领马步各军向和州（今安徽和县）一带集结，直抵江边，然后待命，其他的什么都不用管。

第三路：命京都开封的水军沿汴河而下，经大运河取道扬州入长江，再向东去会合吴越军队攻取润州，迂回到东边去威胁金陵。

第四路：以宋天下兵马大元帅、吴越王钱俶为升州东南面行营招抚制置使，率吴越军数万自杭州北上，先攻击南唐的常州，然后迎接开封水师，挺进金陵。为了关心和爱护，特派宋将丁德裕为前锋兼监军，随时关怀和指导吴越人的工作。

第五路：命黄州刺史王明（贺州城外挖土填坑的那位强人）为池州至岳州江路巡检战棹都部署，牵制武昌（今湖北武汉）、湖口方向的南唐军，阻击其东下赴援，保障宋军主力东进。

事情到了这一步，长江以北宋朝已经举国动员，南唐的周边所有要害都在威胁之下。但是能想象吗？历史居然能证明，李煜到了这时都不知道马上要出什么事！

这一点不能怪李煜。不仅是他，在公元974年十月十八日之前，可以说整个南唐没有一个人知道将要发生什么。

时间终于到了十八日这一天。在长江南岸的湖口一带，整整十万人的南唐驻军突然间发现江面上出现了宋军水师，只见樯桅林立，帆带蔽空，一支规模空前巨大的舰队正从上游江陵一带顺流漂下。面对敌人，南唐军队的反应是马上收拢船只，关闭寨门，免惹麻烦。

但是他们没有心慌，因为比较常见，这是宋朝的水师在例行巡江。双方对此早有默契，宋军出现，南唐军只要收敛一下，给宋军点面子就足够了。

今天不同，船只渐渐地近了，又慢慢地远了，怎么也看不到它的尽头。

在前面的战舰后面，是无边无沿的巨大的竹排、满装着绳索的民船，以及数千只怪模怪样的不知装着什么、要做什么用的大船。南唐的湖口驻军看得目瞪口呆，等到他们终于勉强回过神来时，宋军船队最前方的战舰已经远远地越过了他们。

也就是说，南唐的最前沿防线湖口已经被突破了。

这是在水路。

稍晚些的闰十月五日，南唐与原荆湖交界的池州地段，南唐池州守将戈彦也发现了宋军，他的反应是主动打开了城门，捧着大批酒肉出去欢迎并犒军。

要注意，他没有叛变，更不是变态，这就是当年南唐军队与宋朝军队的主仆式关系。通常，宋军在吃喝一阵之后，就会好来好走。但是这次不同了，宋军一拥而上，直奔城门，当戈彦明白过来时，他能做的最大限度的反抗就是把自己救了出来。

他逃了，池州像湖口那样未经战斗就被宋军拿下。

征讨南唐的战斗就是这样打响的，就在这种时刻，国门已被打开，李煜却还蒙在鼓里。历史记载，这位善良得近乎天真、淳朴得有些愚蠢的南唐国主在这时派出了自己的另一个弟弟江国公李从镒、水部郎中龚慎修，带着贡帛二十万匹、白金二十万斤再次入开封，向赵匡胤朝贡。

赵匡胤当时正站在开封城外汴水的长堤上目送自己的舰队向前开去，去征讨李煜……

在这里，就不要再嘲笑李煜了。他是有错，尤其是亲自下令处死了自己最强的水军将领，不然湖口方面要是有林仁肇在，不管能不能拦住宋军水师，林仁肇都会冲出去的；而在池州，就更不用说了，不管李煜怎样强调“以小事大，如子事父”，把关的将领都有自己的职责。

他们也是无奈，翻阅宋史，里面隐藏着一个相当不正当的现实。

不管赵匡胤怎样以光明面示人，也不管后来的史官们怎样饰过掩非，宋朝开国阶段的战争从来都不按规矩办事。什么是吊民伐罪？什么是传檄而定？哪儿来的召见使臣、断绝邦友、递交战书，然后再正式开打这些烂规矩？作为职业军人的皇帝只知道一点，无论是对敌人，还是对自己，迅速决定胜负才是仁慈。

因此无论是对荆湖，还是后蜀、北汉、南汉，乃至于现在的南唐，宋朝从来都是偷袭战、闪电战、不宣而战。

对李煜来说，这些都不对。一个读书明礼的人不能轻动刀兵，就算迫不得已要粗鲁些，也要有很多前提条件和一些必须得走的过场。

比如说，李煜看清形势之后的第一个决定，是先恢复了自己的皇帝身份。其理由充分——凡事名不正则言不顺嘛，他要以堂堂的南唐五王之尊来对抗外敌的侵侮，而且这样也能唤起南唐民众的敌忾之心。

但是非常遗憾，这也从根本上把这场战争的性质改变了，让它真正成了两个敌对国家的争斗，再也不是赵匡胤无礼欺负自己的臣属了。

这还没完，李煜重新成为皇帝之后，有鉴于眼前的危险局势以及重当皇帝的美妙感受，他觉得很有必要和老邻居也是死冤家钱俶说两句话，他提起笔来，写了二十多个字——“今日无我，明日岂有君？一旦宋天子易地酬勋，王亦大梁一布衣耳。”

言简意赅，一语中的。他深信，钱俶见信后就会立即撤兵，转而和自己联合，一起对抗宋朝。因为多简单啊，他们的目标一致，谁都不想去开封当普通老百姓！

钱俶收到了信，据说也看了，把信原封不动地转交给了开封的宋朝皇帝，自己马不停蹄杀向李煜。金陵城内，战报像雪片一样飞来，一个个要塞被宋军攻破，巨大的国土像一堵四面漏风的墙，哪里都有敌人在往里钻，但并不绝望。

从十月十八日起，湖口要塞由于一时疏忽被宋军溜了过去，二十日，这支宋军水师突然靠岸攻占了南唐的峡口寨（今安徽贵池西），杀守军八百人。迅速进兵铜陵，再进兵芜湖，进一步攻克当涂，一路获战船百余艘，俘守军八百人，已经逼近了南唐在长江上的第一要塞——采石矶。

这时候南唐知道了这支舰队是由此次宋军的主帅曹彬亲自率领的，那么很显然，它就是主攻的方向。但是看它的行动，它像偷渡一样闯过了湖口，然后一路小胜，毙俘不过才千余人，它的战斗力和胃口就可想而知了。而且看它的装备和人数也不足为惧，带那么多的民船、竹排还有绳索怎么打仗？前面是采石矶，后面是湖口，两端都是军制完整的要塞，它已经进退维谷，前后无路！

只要南唐能快速调集水师，就一定能把它一网打尽。

所以这时的李煜一点都没慌，他所着急的，就是怕自己的水师动作慢，把曹彬这条大鱼放跑了。因为有情报显示，另一股宋军已经从陆路由宋朝国内快速赶向了长江边上的和州。而和州与采石矶可相距不远。多明显，这是赵匡胤派来接应曹彬逃跑的！

所以一定要抓住机会，把赵匡胤的元帅抓住，这是南唐有史以来从来没有过的辉煌胜利！

李煜为之激动了。他绝对想不到，战争这个魔鬼此刻就站在他的身边，就等着他露出那充满希望的笑容，然后再突然砸碎它，好尽情欣赏这位天才诗人的惊恐和绝望。

战争也是艺术，它充满了磅礴的气势、惊人的胆略、灵动的变化和天才的创意。如果你能像欣赏一首诗那样去理解它，就会被战争的主导者们所折服。

因为那不可修改，不许重复，随时应变，而且奇幻横生，只有你想不到的，没有人家做不出来的。

就像这时的李煜，纵然他再聪明百倍，也绝对想不到曹彬为什么要轻舟突入，自陷重围，而赵匡胤为什么又要派另一支部队十万火急地向曹彬靠拢，并且他们的会合地点居然是长江流域中称为绝险的采石矶一段。

这一切都为了什么？

作为南唐一方，其实没必要知道。他们只要保持住自己的地理和人数优势，抢先进攻，就足以胜利。比如说，抢在宋朝那股“援军”的前面，立即由采石矶和湖口两处出兵夹击曹彬，曹彬就一定会崩溃。理由很充分——兵力对比。

采石矶当时的守将是南唐马步军副都部署杨收、兵马都监孙震，兵力有两万；而湖口，守将名叫朱令赟，是南唐的神卫军都虞候，他的兵力是十万，而且大部分是水军，南唐的主力舰队基本都在他手里。这样的实力，如果能趁着曹彬正落单漂在江心里，合力围歼的话，至少也能把曹彬从江里赶到岸上去吧。

那样就至少能毁掉曹彬随身携带的那些民船、竹排、绳索……可惜李煜和南唐人做梦都想不到那些东西都是干什么用的，否则他们会舍得用任何代价去换。

历史没有如果，曹彬一生谨慎，他不给敌人任何机会。在十月二十三日，他突然集结战船，从正面强攻长江天险采石矶。

采石矶，是长江翠螺山临水的尽头悬崖，突兀江心，绝壁凌空，扼据大江咽喉，水流激荡。历代北方豪强如想硬攻过江，这里是必经的生死场。总之，就是天险。

话说开战之前，宋朝的大兵们站在船头不住地打量着采石矶，有欣赏的，有运气的，更有琢磨着待会儿怎么打的，可是全军主帅曹彬却心不在焉，他躲在船舱里连一眼都懒得去看。天险，又是什么天险，他都烦透了。这时候，曹彬已经四十三岁了，前些年他跟着王全斌杀进了后蜀，那才叫天险，可又怎么样？

天险更要有人来守，这时他根本没心去看江边那块一百三十多米高的大悬崖，总攻的时间到了，他只是下达了命令就了事。

战斗很快结束，采石矶当天就陷落，南唐方面除了满地的死尸之外，还被活捉了一千多人，里面就有杨收、孙震两位大将军，此外还有三百多匹战马。

金陵恐慌了，长江天险没了，曹彬的眼前是大片的开阔地，下一瞬间就会跳过来对他们大肆屠杀。但是惊人的一幕再次出现，他们怎么也想不通，曹彬居然退兵了。而且是毫不耽搁，直接撤回了长江北岸。

南唐人彻底蒙了，开始举国思考曹彬的葫芦里到底卖的是什么药。但是答案还是不知道，只是据当时的目击证人描述，说紧急撤退中的曹彬仍然把那些体积庞大、累赘麻烦的民船、竹排、绳索等杂物带在身边，片刻不离。

紧跟着又传来了最新的情报，说曹彬最后的落脚点是石牌镇（今安徽怀宁）。就在那里，刚刚强攻过采石矶天险的宋朝人行为诡异，集体发疯。

宋朝的大兵们全体出动，他们扔下了战舰不管，全都跳到了成片成堆成团的民船、竹排、绳索等杂物，还有各种钉子、斧子、凿子等工具之间，他们用绳子绑船，用钉子在船与船之间钉木板，还在水面上不停地量着、测着什么方位，再把一根根的浮标柱子打进水里去……这到底是在干什么？！

南唐人对这些事生来就懂，事实上如果这些事让他们来做，肯定比宋朝这些二把刀要强得多。但是……但是这真的是那回事吗？

搭浮桥。

一旦确认之后，南唐人立即就笑场了。浮桥，不是这么搭的！

全江南的人都知道，水流的力量有多可怕，你可以在小河、小溪里搭临时性的浮桥，可长江是什么，万里水流有多大的冲力，再加上江面足有几百米宽，自有人类以来就从来没人想过要在长江上架桥，不管是浮桥还是什么桥！

连从没干过体力活的李煜都在金陵的皇宫里问自己的亲信张洎："这事能成不？"

张洎："陛下，臣翻过书了，书上没写，所以这事肯定不成。"

李煜："我也觉得这是玩哪。"

公元974年十一月九日，曹彬玩出成绩了，浮桥已经跨江而成，直抵两岸。就在当天，曹彬命令把浮桥上移，重新回到了采石矶。

就在这里，曹彬把自己这次在南征中所需要的最锋利的那把刀子接到了手里——潘美。

从宋朝国内日夜兼程赶往这里的那支军队就是由潘美率领的征南第二路大军。就在这里，在采石矶，一共由数万人组成的步骑混合部队将踩着这座浮桥杀过长江去。

这里居然就是宋朝预先选定的突破口。

问题出现，长江沿岸千百里，哪里都可以突破，可是宋朝为什么偏偏就选中了又险又硬的采石矶？难道这是曹彬的个人爱好？他有强攻天险那个瘾？又或者这是赵匡胤的最高指示，一定要在最强点突破，从一开始就让南唐人彻底胆寒？

不，都不是。请回忆一下当初赵匡胤给李煜的那个奇怪的命令——送樊若水及家人去开封。

樊若水，原南唐举人，屡考不第，但志在千里。他主动给国王李煜写信，对国家大事精心议论，提出各种建议，可惜，没人理他。报国无门，当官无路，更不要说金钱美女……举人先生很伤心，他扔下了书本，决心寄情于山水，其具体表现就是——划船打鱼。

他偏爱一个地段，采石矶。就在这里，他日夜不停地打鱼、捞鱼，还时不时往江心扔下去像网又像鱼线或者是系着石头的浮标，反正他神出鬼没地独来独往，坚持了很长时间。之后，南唐人就再也见不到他了，谁也不知道他去了哪里。

直到宋朝皇帝突然点名要他的全家老小。

紧接着，长江上就出现了一座没有根基，却能稳稳地使千军万马迅速通过的浮桥。

潘美迅速过桥。中国的历史开始改写了，不管这时的潘美是不是已经杀心难遏，只想着冲过桥去打开金陵城活捉李煜，他都是中国历史上，继西晋灭东吴、隋灭南朝陈之后的第三次跨江作战的主力。

刚过长江，潘美的脚才踩到南唐的土地上，就迎头遇上了南唐兵。人不多，只有一万，带队的是南唐天德军都虞候杜真，是李煜十万火急派过来堵漏洞缺口的。双方二话没说就杀到了一起。潘美纵横沙场，百忙中觉得身后不对劲，他回头看了一眼，发现长江里也一样热闹非凡。

那是南唐的另一路救兵，由镇海节度使郑彦华率领，全是水军，任务是要在第一时间里就把宋朝的浮桥毁了。南唐人很清醒，知道只要浮桥在，宋朝就能把无数的军队源源不断地送过长江来……所以必须毁掉它，不管付出什么样的代价。

南唐在这方面的成绩极差。不管是以前毁柴荣搭在淮河里的浮桥，还是这次毁赵匡胤搭在长江里的浮桥，他们都没能做到。尤其是这时的郑彦华，此人是个孬种，他在长江里眼看着杜真和潘美浴血厮杀，逐渐崩溃，直到最后所剩无几，也没去助战，更没去救援，而是迅速后撤，脱离了战场。

潘美和曹彬根本就没心再搭理他了，他们真正的目标还在很远的地方，再没时间耽搁了！

下一瞬间战线全面铺开，宋军水陆并进，就像是一张大网，要把江南每一寸土地都覆盖。中心点却只有一个——金陵城。

潘美从来都不拖泥带水，他是一把刀，轻刀薄刃，斩筋断骨，就算沉稳的曹彬一直在后面叫唤，要他慢一点都没用。

攻势毫不停顿，金陵西南方向的新林寨、白鹭洲、新林港被一路攻破。此外曹彬尾随着潘美弃舟登岸，同时派出两支偏师，迂回到南方，从背后攻击金陵外围的溧水（今属江苏）、宣州，把金陵城彻底包围了起来。

这时其余的那三路人马也都没闲着，史称连吴越王钱俶都亲自上阵，把南唐的东南方重镇常州团团围困。至于像李汉琼、田钦祚这样的猛人，他们每天都有战报飞向曹彬，再转往开封，记到他们各自的功劳簿上去。

到了十二月，南唐的国都金陵城被迫宣布戒严，进入战争状态，从城内守军中分出近十万之众，前依秦淮河，背靠金陵城，据水列阵，以待宋师。

宋军在秦淮河的北岸止步了。对岸战云密布，宋朝人决定让自己冷静一点。直到转过年来，到了开宝八年（公元975年）的正月十七，宋军才再次开始进攻。

却很难说是主帅曹彬的命令，因为直到这时，宋军还没有准备好运载大军渡过秦淮河的船只，但是潘美已经按捺不住了，他面对深冬时节的秦淮河冷笑，突然间纵马跃入河中，率先向对岸的南唐军杀去！

强攻金陵的序幕就此拉开了。

潘美带水杀上对岸，与南唐近十万守军展开厮杀。没过多久，他身边就出现了一片火海。这是宋军大将营马军都指挥使李汉琼赶到了。此人聪明，当天正值深冬，北风凛冽，他带来了超级巨大的战舰，里面装满了芦苇……还用多说吗？南唐的水寨片刻之间就灰飞烟灭，熊熊的大火和潘美雪亮的刀子让南唐人只能后退，一直退回到金陵城里。

南唐兵力，除了这座金陵城之外，就只有远在湖口的那十万人了。李煜命令手下不惜一切代价冲破重围，向湖口的朱令赟传令，要他火速起兵，带着所有人马来勤王。

朱令赟接到命令，拒不服从。

没有外援，李煜开始了自救。首先，他内部挖潜，在金陵城里来了个壮丁总动员，原则是只要还能动的，就得拿起家伙上城楼。

于是城头上就出现了许多“以纸为甲，以农具为兵”的白甲军，不管战斗力怎样，金陵城头上为之气象一新，人满为患。

李煜思之再三，决定向赵匡胤使出自己的撒手锏——徐铉。

徐铉，是一个人，时任南唐修文馆学士承旨。说实话，这官可真是不大，但是此人满腹经纶、俐齿伶牙，名震中外，只要提起他的名字，长江以北的那些不可一世的宋朝大臣立即就会晕倒一半。

文的那一半。

一点都没夸张，话说故老相传，李煜在某年按例给赵匡胤上贡，不知出于何种心理，派出的贡使就是徐铉，然后宋朝就开始举国发愁。不为别的，按照惯例宋朝得派出一名押伴使，全天候陪着徐铉，直到这人离境，但是这时全体宋朝官员都在找借口、请病假，说什么都不跟这个姓徐的见面。

因为丢不起那个人。

想想吧，大家都是文人，都是孔圣门徒，可是人家出口成章，妙语连珠，引经据典，而且人越多状态越好，你却总是瞠目结舌，不知所谓……这日子还怎么过？往小里说你个人声名扫地，可以引咎退休；往大里说一国文人都被人小瞧，碰巧赵匡胤还特别重视这方面的成绩，这影响可就太大了。

连宰相赵普都没了主意，只好老老实实地向皇帝汇报，说这个人实在是搞不定，得请您亲自想办法。

赵匡胤哼了一声，面沉似水，似乎他也很烦。他命令把殿侍（宫里站岗的）的名单呈上来，强调一定要一个大字都不识的那部分人的。之后就见他大笔一挥，几乎看都没看，就在一个人的名字下面打了个钩——就是他了。

大臣们面面相觑，立即照办。噩梦就此出现。只见一路之上，徐铉出口成章，语惊四座，没完没了，让江北所有文人心惊肉跳。那位主陪的殿侍仁兄却似乎充耳不闻，除了偶尔点头称是之外，全程都默不作声，一语不发。

徐铉大怒，这是藐视，这是挑衅，这是……还没说到位！于是再说，还是沉默，再说，继续沉默。如此N个回合，徐铉终于元气大伤，疲劳过度，等到他进了京，终于站在赵匡胤和所有宋朝大臣面前时，已经彻底走火入魔，武功全废。

这毕竟是稗史传说，正史不载。徐铉鼓足勇气，调整状态，再次进开封，一定要用三寸不烂之舌把赵匡胤拿下。

公元974年十月，南唐徐铉终于走出了重重围困中的金陵城，他坦然面对宋军的刀枪，从容地说，要见宋军的主帅曹彬。

曹彬接见，问明来意之后，派人护送他渡过长江，以敌国使臣的身份进入了开封。开封城里即刻气氛紧张，不为别的，徐铉博学强辩之名实在是骇人听闻。

有人警告赵匡胤，对徐铉不能大意，必须要有充足的准备，赵匡胤哈哈一笑，说：“只管把他叫上来，其他的你们都别管。”

徐铉上殿，他在当时宋朝最神圣庄严的地方，抬着头，声音响亮地说出江南所有人的愤怨：“李煜无罪，陛下师出无名！”

宋廷震惊，正中赵匡胤的要害。

赵匡胤没生气，很从容地叫徐铉走近些，让他有话尽管说完。

徐铉更加气愤，南唐多年来种种委曲求全的事涌上心头，他脱口而出：“李煜侍奉陛下，就像儿子对父亲那样孝顺，有过什么过失吗？你凭什么派兵征伐？”

他反复论说，慷慨激昂，史称达到了“数百言”之多。但是很不幸，迅速进入辩论状态中的徐铉忘了自己从最开始时就走进了死胡同，留下了致命的破绽。

赵匡胤只平淡地回答了他一句话：“你说我和李煜就像父亲和儿子，那好，你说父亲和儿子能分开住吗？”

徐铉一下子愣住了，他脑子里电光石火一般地闪过一条无论如何都再没法辩驳的“真理”——君君臣臣父父子子，这是所有儒家弟子必须永远遵从的天地立心之本！

还能再说什么呢？赵——匡——胤……算你狠！徐铉无比痛恨自己，没想到自己满腹的经纶，竟意外地败给了这个出身武行、一肚子草包的强盗皇帝。

在他的难堪中，道士周惟简拿出了李煜亲笔写的信件，呈给赵匡胤，这是最后的努力了。让人欣慰的是，赵匡胤当场看信，但看完后说出的话让徐铉更加愤怒。

赵匡胤说：“你们国主所说的话，我看不懂。”

还能再说什么？徐铉一行人至此已经彻底失败，而且无话可说。因为赵匡胤从始至终居然都是那么宽仁大度、胸襟似海，让你找不到他半点的不是，你所能做的，就只有郁闷至死。

徐铉失败了，金陵、南唐，还有李煜的命运就全都维系在一个人的手里了——湖口大营中的朱令赟。那是江南战局最后的一点点变数，毕竟那里还有南唐的十万大军。

公元 974 年十月的中旬，也就是徐铉终于满腔愤怒地离开开封之后，局势要求朱令赟无论如何都必须出兵了。

朱令赟倾寨而出，再不回顾，什么后路或者伏兵他都不在乎了。史称他集结了所有力量，对外宣称有十五万之众，在皖口（今安徽安庆西南，皖水入江口）被宋军伏击，全军覆没。

大局已定，南唐就连理论上的反抗都不可能了。

李煜却仍然不死心，派刚刚回到金陵的徐铉再次出使开封，为南唐的生存再进行一次努力。

好说话的曹彬再一次放行，赵匡胤也再一次接见，只不过接见的地点换在了便殿里，没有了上一次的正规和隆重。徐铉不敢挑剔，他尽量温顺地说——李煜实在是因为病了，才没能入朝觐见，并不是他敢抗拒您的诏令。恳请陛下稍微退兵，保全江南一方百姓的性命吧。

这时，人见人怕、伶牙俐齿的徐铉已经容颜惨淡，近乎恳求。

赵匡胤不为所动。

徐铉“反复数四”，与宋朝的皇帝辩论不休，到最后终于没法克制自己，变得“声气愈厉”。

赵匡胤按剑而起，怒喝徐铉，说出了人人心里都知道，可就是不往桌面上摆的话：“无须多言！江南亦有何罪，但天下一家，卧榻之侧，岂容他人鼾睡乎！”

一语道破天机，也是彻底撕破了脸皮，好让眼前这个不知好歹的傻书生清醒过来，知道自己正在哪儿，和谁在说什么事。

徐铉沉默了，历史上记载，这位江南才子“惶恐而退”。

徐铉默默无言，在赵匡胤面前转身，他仍然选择了千里之外的金陵，还是要回到已经势尽力穷、注定亡国的李煜身边。

在他的身后，赵匡胤慢慢放下了握在手里的剑柄，他吩咐左右，立即把金陵的围城地图拿来，他要再仔细查看一下曹彬和潘美是不是还有什么破绽，因为他从徐铉的身上看到了江南人还远远没有屈服。果然，赵匡胤指着金陵城外宋军的北寨说——立即派人通知曹彬，马上在这里挖深沟，江南人一定会在夜里来偷袭这里，绝不能粗心大意！

北寨正是潘美的防区。果然在几天之后的一个深夜里，金陵城的北门突然被打开，南唐人真的来偷袭了。

历史记载这次来偷袭的一共是五千人，没有一个能逃回去（皆歼焉）。天亮后打扫战场，宋军在十几个战死的南唐人身上搜出了将帅级的符印。这就是公元974年十一月中旬以后南唐都城金陵的防御现状，兵都没了，将军们亲自来做敢死队。

金陵城油尽灯枯。曹彬决定给李煜写一封信。

曹彬正式开工。可以说，从这个时候开始，曹彬在这场战争中的真正作用才开始显现。之前所有的资料都在显示着一个很无奈的事实，曹彬在这场战斗中似乎无所事事。

比如说，赵匡胤坐镇京城，前方的一举一动都在他的严密掌控之中，他好比一辆汽车的方向盘，无论整车的所有部件怎样精良，动力怎样强劲，要去什么地方，都要由他来决定。

冲锋陷阵，领军厮杀自有勇将潘美，“第一名将”的作用是发动机和四个轮子，所有的力量和前进的速度都由他来掌控。

曹彬只是搞定了采石矶，而浮桥还不是由他来设计搭建的……那么赵匡胤为什么要把全军主帅这样敏感重大的责任交给他？

历史证明，没有曹彬还真的不行。

因为曹彬是刹车。

不论方向盘多稳定，发动机多强劲，或者四个轮子是什么品牌，如果你想安安稳稳、全须全尾地到达终点站，你必须得有一副管用的刹车。

曹彬在这一点上绝对合格。

为了刹车的效能，赵匡胤给了曹彬一件从来没有给过任何臣子的信物——天子之剑。

剑是当着潘美等副将的面赐的，并且说明——“副将而下，不用命者斩之”。潘美等人立即大惊失色，这也就是说，曹彬随时都有权力杀了他们！

不仅如此，赵匡胤还给了曹彬另一个让人眼红心跳的许诺——“待南唐扫平，当拜卿为使相”。也就是说，曹彬会有同平章事的头衔，相当于宰相了。

从此曹彬在同事们心目中的形象更为高大，每个人只要想到以后，就会加倍尊重曹彬，相应地也就达到了令行禁止的目的。但是让人奇怪的是，在潘美等人羡慕的眼光中，在赵匡胤亲切的注视下，曹彬却仍旧平静如水。

如果说他当时笑了，笑容里也一定带着一丝神秘且苦涩的味道，就像他早就料定了什么，所以根本就没法真正地高兴起来。

真的，曹彬什么都懂，他太了解“人”是什么，“权”又是什么了。在他的一生之中，几乎没有任何人的任何心思能逃出他的猜想。

金陵城指日可定，曹彬却病倒了，众将问疾，曹彬奄奄一息，声称只要你们听我的话，这病就能好。

众将官看着曹彬病床后边露出一角的天子剑，整齐地点头：“听！”

曹彬起床，开工。

时间终于到了公元975年十一月二十七日，这一天，一切都要结束了。

我的名字叫李煜，不过你要是这样叫我，很可能我会茫然四顾，不知道你在叫谁。因为我的名字叫“从嘉”。我从出生起就叫从嘉，我的父皇这样叫我，我的母后这样叫我，娥皇，她也这样叫我……

我从来没有想过要叫李煜，就像我从来都没有盼望过自己能成为南唐的皇帝。

我出生在动乱飘摇的年代里，生在了所谓的帝王之家。这是幸运，还是一切悲哀的开始？我不知道，就像我不知道上天为什么要给我一副与众不同的相貌。

传说我出生时，我那英明神武、见识非凡的祖父已经在五代的“吴”国里大权独揽，但是仍然不敢篡位。当他看到刚刚降生的我时，就立即决定了要开创一个新的王朝。

因为我生有奇相，就像古时的圣君舜和秦末时无敌的霸王项羽，我生就骈齿，一目重瞳。每个人都知道，我天生就是非凡的皇帝，代表着至高无上的皇权。

可是让人觉得讽刺的是，这样非凡的我，在家里却只排行第六，我上面有五位哥哥，皇帝的位子遥不可及。何况还有我的大哥，南唐皇室真正的太子李弘冀。

我的大哥很遗憾，我想多年以后，南唐的子民们提到我时，会哀伤地感叹，那个仁义的、和善的也是懦弱的李煜真是可怜……可提到我的大哥时，他们一定会扼腕痛惜，南唐如果有弘冀太子在的话，一切就会有所不同，或许南唐就不会灭亡。

我的大哥文武双全，就算当年与后周交战，面对战争狂人柴荣，他都取得过胜利，远远胜过我的那些做全军主帅的叔叔。

他还有比我和父皇都更适合当皇帝的先天优势——他的心是硬的。

为了皇位，他能一直打压我，更能把叔叔李景遂毒死。但是不知怎么搞的，他突然间就病死了，死的时候才刚满二十岁……哦，我忘了说吗？我大哥早逝，在他之前，我的另外四位哥哥也都死了。这样看来，人真的是有命运的。

命运给了我百世难逢的圣君之相，更把我五位哥哥的生命夺走，一切都在预示着，我就是皇帝，我，没法逃避。

二十五岁时，我埋葬了父皇，成了南唐的第三位皇帝。从此，我就成了李煜。

“煜”——光辉明亮的火光，所有的人都在期待着我像一团烈火一样，让已经沦为北方王朝的附属之国的南唐重焕生机，更盼望我能像我的神奇相貌所预示的那样，振兴祖业，统一华夏。但那是个多么荒诞的梦啊……

其实多么简单，你能让长江北边那个叫赵匡胤的人放下刀剑吗？同样地，你似乎也没有办法让长江南岸姓李的人放下诗词和书卷。

我不否认，我很奢侈，我生活在一个完美的世界里。我的皇宫以销金红罗为幕壁，以白金钉玳瑁装饰。在外苑，我广种梅花，每年当我的生日时，宫女们会用红白绫纱百余匹，做成月宫天河的形状，以供游乐。当春天到来时，我们又在宫殿中四处梁栋阶拱间密插各式花枝叶蔓，奇丽清雅，我称之为“锦洞天”……就在这样的世界里，我的妻子娥皇会亲自为我弹奏已经失传的唐代古乐《霓裳羽衣曲》。这是她根据几页残谱而悉心钻研补成的。

我的舞女窅娘在金莲花上为我翩翩起舞，“莲中花更好，云里月长新”。她体态轻盈，以丝绸裹足，她的脚纤小弯曲如天边新月，宛如水仙凌波……美得就像一个不真实的梦。

但这一切都毁了，毁在长江北岸那个叫赵匡胤的人手里。我不明白一个人的欲望为什么会让千百万人都跟着发疯，北方人开始向南方不断地发兵侵略，先是荆湖，再是后蜀，然后是南汉，最后终于到了我的南唐。

每一个人都不理解，为什么我会放任赵匡胤去攻打我的周边？为什么我会帮着他去劝说我的邻居们不要抵抗？甚至宋朝的军队把我金陵城团团围困了，我仍然躲在皇宫的深处，在围城五个月之后，才知道事情已经到了生死关头……为什么呢？

我真的是个疯子，是个蠢人吗？

我应该亲自拿着刀，跳上船，冲过长江去找赵匡胤拼命吗？

这样的事我的祖父能做出来，我的父亲尝试过，我的大哥盼望过……可到了我，南唐的国力、军队、士气、民心，还允许我这样做吗？

我知道，我这样说时，会有无数的人笑话我在找借口。他们会说，我天生就是个懦弱的人，注定就是个失败者。何况，我还杀了林仁肇、潘佑、李平……这些难得的忠臣。

不要问我后不后悔，那些毕竟都已经发生了。现在回想起来，我在做这些的时候，一切都是为了平静。

十三年了，从我登基做皇帝起，平静就是我唯一的愿望。每年我都要用丰厚的贡品和谦卑的词句，从赵匡胤那里换取它。我不愿改变，哪怕是林仁肇劝我趁宋朝国内空虚时发兵，或者对吴越先发制人，我都拒绝了。或许我真的很傻吧，错过了那么好的机会，但是你们谁能理解，我最大的希望，就是能守住眼前的一切，只要我的目光所及之处和往常一样，就比什么都好了。

那样我的心灵就会告诉我，生活仍然没有改变，我仍然可以在我的世界里优游快乐地生存……所以，我才会杀人，才会继续向宋朝讨好，才会在宋朝的军队杀进我的国境时还没有准备！

时间多么无情，我的希望一个个地破灭了，湖口的朱令赟，两赴开封的徐铉，还有辜负了我的皇甫继勋！当这些人都成为往事时，我最后的时刻也来临了。

十一月二十七日，宋军的主帅曹彬告诉我，金陵城必将在这一天被攻破。我知道，他做得到，而我给他的答复是，我将在我的皇宫周围堆满干柴，城破之时，我就带着我全族的亲人，在这片火海里化为灰烬……不管怎样，那也会是一片炫目的光彩吧，就像我的名字——“煜”，希望我能用这片最后的光芒，洗刷掉笼罩在我名字上空的“昏庸”“无能”“懦弱”等耻辱字句！

远远地，金鼓厮杀声近了，那很慢，我知道，是众多南唐将军在为我拖延、抵挡这最后时刻的来临。他们是呙彦、马诚信，还有他的弟弟马承俊，他们和陈乔、张洎一样，无论是生是死，都为我尽最后一点忠心。

陈乔刚刚在我的面前自杀，绝不愿亲眼见到我成为亡国之人。张洎在默默地流泪，他说——陛下，我会一直陪着你，哪怕去开封，我也要留着这条命，去向赵匡胤申辩你的冤情！

而我，不知道为什么，把什么都忘了，甚至忘了命令守在殿外的军士把干柴点燃。我的手，不知什么时候又抓住了一支笔，一些字句像是从天外飘来，像是那无情的命运在给我的最后判决暗示一样，从我自己的手里，流淌到了纸面上——

樱桃落尽春归去，蝶翻金粉双飞，子规啼月小楼西，玉钩罗幕，惆怅暮烟垂。别巷寂寥人散后，望残烟草低迷……

后面还有好多词句，但是突然间杀声到了我的身边。城，真的破了……

公元975年十一月二十七日，宋朝官方史书记载，曹彬等人冲进城后，所做的第一件事，是马上整军列队，约束人马，军容整肃地来到南唐皇宫的墙外。

南唐的末代皇帝李煜已经完全按照标准的国君投降礼仪，光着膀子，高举降表，带着四十五个南唐高级臣子来到宫外向曹彬投降。至于他有没有准备好棺材，牵没牵那只礼仪中规定所必备的白羊什么的，记载中没提，就不好乱说。

记载中曹彬和潘美以礼答拜，精选一千多名士兵守在宫墙之外，并向全军宣令——“有欲入者，一切拒之”。

然后曹彬请李煜到他的帅舰上去喝茶（这有重大意义，从此李煜就将被严格看管，必须得保证他活着到达开封），而李煜看见上船时的跳板太窄，他害怕，得有人扶着他，才能走上去。喝茶闲聊，没几句，曹彬却突然送客——我看，您还是马上回宫去吧。尽量多收拾些金银财宝，想带多少都随便。要知道，一旦被收缴后登记造册，那就什么都拿不出来了。等到了开封之后，工资和奖金都有定数，您是过不惯那种日子的……

李煜感激涕零，马上赶回皇宫拿钱。这时候潘美、梁迥、田钦祚都不干了，他们围着曹彬一顿乱吵，中心思想只有一句话——曹彬，你搞什么搞，好不容易抓到了李煜，你又放他回去，他要是在皇宫里再出什么事，谁来负责？

曹彬笑而不答。直到潘美等人实在吵得要命，让他烦不胜烦，他才说——别担心，也别害怕，李煜无胆寡断，你看他上个船都打哆嗦，既然投降了，就绝对不会再自杀。

果然，第二天李煜如约出降，带着几百口装满黄金的大箱子，和他们一起坐船过长江，进开封，让曹彬等人功德圆满。

曹彬在保证了李煜安全的同时，还号令全军严明军纪，对南唐的士大夫家族也悉数保全，并且在军队中严格检查，看是否藏着抢来的江南女子或者民间财宝。至于南唐的官方仓廪府库等财富聚集处，曹彬一概不问，全都交给朝廷派来的转运使之类的专职官员处理。

这样的作风还延续到了征服金陵以外的所有南唐城镇，总之一句话，南唐之官幸甚，南唐之民幸甚，长江以南的猪马牛羊等全体生灵都极其幸甚。等到宋军班师回京时，在曹彬的行李里，只有一些书籍和平常的衣服而已。

以上，就是“第一良将”的征南唐官方纪实。

在官方之外的一些史书中，就是另外一番景象了。《南唐书》中记载——“王师既入金陵，惟后主宫门不入。”至于后主宫门以外，举个例子吧，金陵城内有一处古迹，是由南北朝时梁所建造的升元寺，其中一处阁楼高十余丈。这就理想了，中国人自古就有兵祸时躲进寺院的传统，尤其是这样的阁楼，结果一阁之内躲了千余百姓。

可悲的是，宋朝的军人没把佛祖和传统放在眼里，他们抢完财物，放了一把大火，一千多人全都被烧死在阁楼里。

这是在金陵城里，再向南，南唐的名城江州，全城百姓的命运居然跟这座阁楼一模一样。江州人不降，一直抵抗到了第二年的四月，城破之日，宋军的主将曹翰下令屠城，数万百姓一个不留，“所略金帛以亿万计”。

为了运送这些“战利品”，曹翰动用了数百艘官舰。他很聪明，为了掩人耳目，特意把庐山脚下一处古寺里的五百尊铁罗汉装在了船上，说是要送给皇上，称之为“押纲罗汉”。

年代久远，史书芜杂，真假虚实之间，至少在我是没法辨认了。不过至少可以肯定一点，曹彬平南唐，绝对不像王全斌平后蜀那样，激起了大规模的叛乱。曹彬是仁慈的，并且尽力了，为了南唐没有变成处处焦土、遍地哀鸿的地狱，我们向他致敬。

# 第二十一章　五字错千年

李煜到达开封，同来的还有江南十九州、三军、一百零八县，以及六十五万五千零六十五户的百姓户籍。从这时起，整个南部中国都被宋朝统一。

这时候别提吴越，小心扫了赵匡胤的兴，他会敲掉你的大门牙。就算吴越的现任领导人钱俶听见了都会不高兴——你为什么要挑拨我们君臣的关系？

开封城沉浸在欢乐里，赵匡胤与群臣说事都是在快乐地争吵，中心点是关于对李煜的处置问题。

群臣们说，把当年拴在刘铱脖子上的那根布条子找出来，拴在李煜的脖子上，拉到太庙去献俘，让您老祖宗也高兴一下。

赵匡胤摇头——那不行，李煜不是刘铱可比的。李煜曾经臣服于我，不能那么对待他。

李煜只是换上了一套纯白色的衣服，在大庭广众之下给赵匡胤叩了几个头，然后就换来了宋朝的右千牛卫上将军、违命侯的职务爵位。赵匡胤依次加封李煜的子弟部属，人人都有官有职有奖金，之后皇帝一把拉起违命侯入席喝酒，场面上只有融洽欢乐，绝对没出现过冷场和任何的不和谐。

一切看上去都很美。

锦上添花的还有明智的曹彬。曹彬在庆功时才真正地达到了“第一良将”的绝世风采和职业高度。首先他虏敌君夺敌境，以全胜的战绩凯旋，给皇帝的工作报告居然是——“奉敕江南勾当公事回”。

只是奉命到江南出差办公回来了而已。多么轻描淡写，对皇帝是多么崇敬体贴！

赵匡胤却非常不好意思了，他有些脸红，因为他必须得食言一下。他说——本来是想封爱卿为使相的，不过……不过现在北汉还没来投降，所以你再等一下吧。

潘美突然间向曹彬微笑了一下，笑容非常诡异，似乎含意多多。赵匡胤立即就看见了，他马上问潘美你在搞什么。潘美不敢怠慢，马上解释，他笑，是因为这早就在曹彬的意料之中了。

在凯旋的途中，潘美就曾经向曹大平章事祝贺，因为大宋的皇帝金口玉牙，从不失信。但是曹彬却一笑了之，说出来的话极其冠冕堂皇——“此次南行，仰仗天威，一遵庙谟（皇上的筹划），乃能成事。吾有何功耶，何况使相乃极口之官乎？”

潘美差点翻脸，孙子，说人话！

曹彬才说了七个字——“太原还未扫平耳”。

简单准确，和赵匡胤这时的赖账理由如出一辙。赵匡胤更不好意思了，他马上补偿，加封曹彬为枢密使、领忠武节度。要特别说明的一点是，枢密使兼领节度使，这样的官职在宋朝就是从这时的曹彬开始的。这之外，还另赏曹彬铜钱二十万贯。

当天曹彬回到家，看见了满屋子的钱。

曹国华突然间哈哈大笑，说出了一句流传千古的至理名言——“人生何必使相，好官亦不过多得钱耳！”

曹彬的马前卒潘美的封赏——原山南东道节度使潘美为宣徽北院使。

史书中另加注解，宋“节度领宣徽自美始”。呵呵，宣徽北院使，曹彬在开打之前就是南院宣徽使了，而南院一直在北院之上。再想一想，在打南唐之前，潘美曾经做过什么，曹彬又做过什么，何况曹彬回家，有满屋子的钱与他亲密接触，潘美连个额外的铜板都没有。

到哪儿去说理啊？

这就是官场，一切都得看最高领导的兴致与爱好。这时有一个很诡秘的问题要提出来了，那就是——请问这时的赵匡胤真的快乐吗？

或者，这时的赵匡胤他敢快乐吗？

他已经整整五十周岁了，已满半百，尤其是他经历了那么多的事情，不知道他是否已经分析出了自己人生中那个极其明显、无比怪异的规律——只要他成功，他就必将悲哀或者愤怒。

比如说，他生平第一次以主将的身份，攻下了敌人的城池（滁州）时，他的父亲半夜叫门，他不给开，父亲病死了；

他在陈桥兵变，当上了皇帝，可是仅过了一年，他的母亲死了；

他攻下荆湖，第一次侵略成功，他的老大哥慕容延钊死了；

他攻下后蜀，要用两年的时间来平叛，彻底失去了蜀川民心；

他攻下了南汉，紧跟着就必须在老伙计赵普和他的二弟之间进行选择……这时，他又扫平了南唐，他能知道下一步等待他的又是什么吗？

巨大的功业，无尽的悲哀，如果他能选择，他会要这样的人生吗？！

开宝九年（公元976年）的正月，南唐李煜来降，当年的二月，吴越国王钱俶也亲自来到开封朝拜。这时，在吴越国都杭州城里，每一个吴越人都在祈祷着钱俶平安，甚至为他在西湖边的宝石山上造了一座塔，就叫“保俶塔”，以祈求上苍垂怜。

他们都想错了，赵匡胤对钱俶格外友善，不仅在事前郑重保证——元帅有克南唐常州之大功，朕很想念你，你可暂时来朝，很快就让你回去。朕手持礼器拜见上帝，岂能食言乎？

还给了钱俶另一个殊荣，他出人意料地派出了一个极其重要的人物来迎接这位名义上的吴越国王——他的长子赵德昭。

在以往，这样的场合都是由大宋御弟、德昭的二叔、开封府尹、晋王赵光义来主持，从无例外。

赵匡胤信守诺言，仅仅留了钱俶一个月，在当年的三月就让他回国了。在开封期间，赵匡胤对自己的“元帅”照顾周到，日日宴饮，有一次在席间，宋朝宫廷内侍乐伎上奏琵琶曲，一直忐忑不安的钱俶当场献词一首，其中有“金凤欲飞遭掣搦，情脉脉，行即玉楼云雨隔”之句。

赵匡胤闻弦歌而知雅意，立即站起来，走到钱俶身旁，拍了拍他的后背，说出了一句贯行始终的誓言——“誓不杀钱王！”

突然之间，不知为何变得苍凉。赵匡胤低声说：“尽我一世，尽你一世。”只要还有我，就绝不对你如何。

或许是他预料到了什么吧，人生最多只能在自己还活着的时候才能决定什么。

他把钱俶又放了回去，因为他有更重要的事要做。他突然说要西行，回自己的老家洛阳去看一看。没有人敢反对，以赵匡胤这时如日中天、重建汉人大一统国家即将完成的威望，没人敢对他说“不”字。

钱俶要走了，临走前，赵匡胤送给了他一个黄布包着的小包袱，告诉他一定要在回程的路上才能看。钱俶感恩无及，主动说，由我陪着您西行吧，让我当您的扈从。赵匡胤微微摇头，对他说——南北两地，风土各异，现在天气马上要热了，你早早回国去吧。

钱俶哭了，他没有想到赵匡胤会对他这样好，他请求以后让他三年一朝，来向赵匡胤谢恩。赵匡胤仍然摇头——不必这样，山川途远，来往不易，等我什么时候写信找你，你再来吧。

钱俶回国了。当他在回程的途中打开那个小包袱时，才发现里面全都是宋朝的臣子要求赵匡胤就此留下他，不战而得吴越的奏章。

钱俶更加死心塌地地臣服于宋朝，史称他回到杭州之后，再不在西北殿坐卧，永远选在偏东方，因为“西北者，神京在焉，天威不违颜咫尺，敢宁居乎”！并且勤于朝贡，每次入贡前，都把贡品先陈列在自己皇宫的庭院中，焚香礼拜之后，才派遣出行。

这时他的恩主，那位如日中天、在万民眼中不可一世的大宋皇帝赵匡胤已经踏上了一条难知祸福的返乡之路。临行前，他的二弟赵光义照例向他请示——大哥，这一次您什么时候回来？

他问得自然，就像他大哥以前每一次出征时那样，他因为要留守，所以要请问返程日期。可是这一次，他等了好久，他的大哥都没有回答。直到他迷惑不解，抬头去看时，才发现他的大哥正目光深沉地凝视着他。

四目交投，只见赵匡胤缓缓地说：“不必了，这一次，你跟我一起走……”

赵匡胤西行洛阳，在历史上并没有留下什么特别冠冕堂皇、一定要去的理由。如果一定要有，那么最大、最合情理的说法，就是他要回乡祭祖。

他的父亲赵弘殷就埋在那里。

他带着自己的二弟光义和文武百官一起起程前往。开封，就留给了他的儿子德昭及三弟光美来看守。这时天下大定，南方尽平，北方的北汉苟延残喘，唯一的劲敌契丹也已经和他暂时结盟通好，一切都安定平静，没有什么可担忧的。

他尽可以富贵还乡，锦衣昼行了。于是，赵匡胤就回到了洛阳。

先办公事，赵匡胤携弟来到父母的陵墓安陵前，依礼奠献号恸，史称左右皆泣。之后他巡视洛阳故地，见洛阳宫室壮丽，他召来河南知府、右武卫上将军焦继勋嘉奖勉励，晋升为彰德军节度使。再之后，有传闻他到了赵普家。

赵普罢相之后，虽有河阳三城节度使等名衔，其实一直在洛阳闲居，再不参与任何政事。这次会面，对外宣称是赵匡胤借机看望一下老朋友，留下了非常质朴温馨的印记——赵匡胤看见赵普的家外大门都是极为简陋的柴荆所制，进去之后内园亭台楼榭壮观瑰丽，但正厅中却又大反常态，只放着十把大椅子，且式样古朴。

赵匡胤不禁摇头哂笑——这老头儿终究不地道（此老子终是不纯）。

之后就再没下文了。

从赵普家里出来之后，惊天动地的事情发生了。赵匡胤突然宣布要把皇都从开封迁到洛阳。一言既出，天下震动——准确地说，是他的臣子们地震了。

地震归地震，就算真的天塌地陷了，也没有人敢对这时的赵匡胤说“不”，史称“群臣莫敢谏”。但事无绝对，终究还是有一个人跳了出来，小心翼翼地表现了自己的“忠心”。

铁骑左右厢都指挥使李怀忠。此人是赵匡胤的多年心腹，他说：“东京开封有汴渠之漕运，每年从江淮间运米数百万斛，京城里数十万兵丁都靠这个生活，陛下您突然迁都，在洛阳怎么运粮？况且库府重兵，根本之地都在开封，实在不可动摇。”

赵匡胤理都没理他。

他知道，严格地说，这时每一个人都不再代表自己了，他们都是有目的的。真正不愿意迁都的那个人很快就会自己找上门来。果然，晋王赵光义来了。

这个温文有礼、得体大方的弟弟从多角度、多方面出发考虑，小心从容地对哥哥说了很多不宜迁都的话，但赵匡胤决心已定，他的回答非常干脆有力——你说迁到洛阳不行？不，洛阳只是一时之计，往后我还要迁到长安（迁河南未已，久当迁长安）。

洛阳、开封、长安，它们有区别吗？这都是中国古代的帝都名城，每一个城市都有多次成为历代王朝国都的荣耀，可是它们却大有区别。

说开封，开封居于中原的要冲地带，周边四通八达，尤其是水陆码头，从汉代起，就修有汴渠，隋唐时又再次扩决，使它“引入泗，连于淮，至江都而入海……”占天下漕运之大利，所以以开封为国都，注定了会繁华昌盛。

开封的地理条件又注定了它不配成为一国之都。

它四面旷野，一马平川，没有任何的天然屏障，只要有敌人渡过黄河，它就会直接暴露在敌人的刀枪之下。请大家回想，战国时孙膑的围魏救赵，之所以能成功，就是因为开封无险可守，攻之必下。而洛阳，西有函谷，东有虎牢，皆为天下之险关，当年秦国就是因为这些关隘，独抗中原六国而安然无恙。再看长安，那就更理想了，“以河为池，以岭为墙”，黄河与秦岭直接作为屏障！

在长安建都，那是连近二百年之后的世界最强军队蒙古铁骑都没法正面攻破的安全保障。

这些会有人不懂吗？要知道，赵匡胤身边的人大都是生于斯、长于斯的西北人，每天所想的就是攻防之间的生存与灭亡，这些都是再平常不过的常识了。还会有人反对吗?

赵光义反对，他给他哥哥跪下，史称“王叩头切谏”。

赵匡胤没办法，只能进一步解释——我要西迁国都，不为别的，是想据山河之险而去除冗兵之害，就像周朝、汉朝那样使天下太平。

请留意，赵匡胤作为宋朝的第一位皇帝，一切的政治法令、立国之本都由他来开创，而他也在时刻修改着各种经实践证明不合适的东西，比如说让宋朝后世苦不堪言的“冗兵”。在开封那个无险可守的地方安家，就必须得有大量的机动部队，搬到了洛阳或者长安，就能彻底地改变这一陋政。

这是多好的一件事啊,但是赵光义在众目睽睽之下缓缓抬头,向他哥哥说出了五个字。历史证明，这区区五字，就彻底决定了中华民族近三百年的屈辱和悲哀，以及此后不断的亡国、变种之祸。

赵光义说：“在德不在险。”此言一出，史称赵匡胤“不答”。也就是说，皇帝被这五个字给镇住了，没话可说。

这五个字有什么可怕的?字面上理解，不过是说，天下最重要的是“德”。按照中华文明的古理，“德”即为人心。整句话就是在强调一个老得不能再老的所谓真理——天时不如地利，地利不如人和。同样也可以理解为，赵光义在教训他的大哥，说守天下，固国都，别老想着什么地理上的险要，只要全民一心，共同抗战，那么天下自然就太平了，绝对不会出事。

这对吗?每一个人都清楚，赵光义在说梦话。

饱经离乱，在刀林箭雨里滚出来的赵匡胤完全可以一脚把他弟弟踹倒，当着所有朝臣的面大声呵斥他、警告他，你念的那点古书狗屁不通，什么“在德不在险”，人心这么管用，李煜是怎么抓来的?金陵城是怎么打下来的?只需要寥寥数语，就可以打掉这个混账弟弟的气焰，从此让他守些本分。

或者更阴险点，学一学汉武帝刘彻。当年刘彻的太子也有个满口仁义道德，叫嚣着要用“德”去感化匈奴的智囊，这人整天拿着圣人的语录来砸皇上。刘彻没生气，直接把这人派到了边疆。没过两个月匈奴人就砍了那位有“德”之人的脑袋。

赵匡胤何不有样学样，也把同样有“德”的赵光义派到西北去感化一下契丹呢？那样岂不一了百了，干手净脚？

赵匡胤偏偏选择了沉默，沉默啊沉默，直到当天他让“在德不在险”这五个看似光明磊落、金光闪闪的大字成为这次谈话的最后结点。

事情就这样结束了，当天赵光义从地上爬了起来，在他哥哥面前从容地走了出去。在场的每一个人都知道了胜利的人是哪一个。

危言耸听吗？

现在来总结一下，这次谈话的内核是怎样的。首先，不要看赵光义在外表形象上有礼无礼，要看的，是他话里话外的含义——先是赵光义强调迁都的各种不便及弊端，这时赵匡胤很强硬，直接说洛阳不算什么，长安才是他所欲，给了他老弟当头一棒。

没想到小弟根本没在乎，反而开始喋喋不休地讲道理，而且还给他当众跪下了，“叩头切谏”。从这时起，赵匡胤就开始了颓唐疲软，其实他该做的，是要么就让赵二自己跪着去，自己爱干什么就干点什么；要么就像往常那样，亲切动人地把弟弟扶起来，或喝酒或看戏，嘻嘻哈哈混过去，让你有劲无处使，有气撒不出，像李煜和徐铉那样郁闷死。更要命的是，他居然开始解释了，就像心虚似的，说了些什么“迁都只是为了不冗兵，要学周、汉故事……”

这都哪儿跟哪儿？气势一弱，立招外祟，赵光义马上跟进，说出了那句五字真言。之后谈话就结束了。细细品味，这期间完全是赵二在步步紧逼，用各种手段加肢体语言逼迫他大哥就范。赵匡胤也真的配合他，一再解释，一再迁就，直到最后像理屈词穷一样哑口无言了。更加诡异的是，他当着弟弟的面没有说话，当弟弟如愿离去之后，他才望着背影，对左右人等说出了另一番话——“晋王之言固善，然不出百年，天下民力殚矣！”

仍然看得极准，仍然雄才伟略，目光如炬。但为什么你刚才不说啊？！这时你多像一个当面吃了亏，没了办法，只能背后说点闲话找些平衡的可怜虫啊。

“在德不在险”这五字真言厉害在哪儿？它有什么魔力让赵匡胤当场就范，把迁移国都这样的国政大事都放下了？

事情要从赵光义的“德”字上想。德，即人心、官心。稍微搜一下，想必大家都知道，有无数的官场事件曾经让历代的皇帝们跳脚骂娘，可是等到要出狠招整治时，往往只要一些重臣向皇帝低声说出一句话来，皇帝老儿就一下子偃旗息鼓不玩了。

——陛下，小心“官场震动……”

当时我很不懂，皇帝是什么？万人之上，杀伐随意，还怕什么官场震动？不服就都杀了算了。可是为什么皇帝们就都害怕了呢？

请看一下，关于官场、民心还有权贵们的羽翼一旦丰满起来之后会有什么样的后果，有另一个活生生的例子可以参照——汉高祖刘邦没法换太子。

同样是开国皇帝，而且是远比赵匡胤强硬不羁、习惯性地不按常理出牌的刘邦，由于喜欢小老婆戚夫人，爱屋及乌，就想把太子换成戚夫人所生的儿子如意。但是他大老婆吕雉在一次宴会上请来了四个白发苍苍的老头儿，老头儿们几乎什么话都没说，只是坐在太子旁边喝酒，就彻底打消了刘邦换太子的念头。因为什么？刘邦事后说——那是商山四皓，四个出了名的贤者啊，彼羽翼已成，我没有办法了。

羽翼和贤良名声的影响力在古代可想而知了，而赵光义这时所拥有的声望以及班底的力量，已经远远超过了当年的商山四皓。这时重新回顾一下四年前赵普罢相、赵光义升官的争斗，难道赵匡胤真的是疯了吗？他真的看不出弟弟的勃勃野心？

当然不是，解读赵匡胤，可以发现他的初衷是稳住赵光义，先拿下赵普，两个混账专权的东西都不能留，只是要有先后。

先赵普，说拿就拿，甚至借光义之手来打压，一来国君不出面，政局不大乱；二来也让光义的原形露一露，这样以后动手时没人会说他不顾手足之情。

而对光义，要一步一步地来，终究是自己人。这个步骤分为如下几步：首先把德昭推上前台，再把国都迁了，一来符合国家利益，二来可以解燃眉之急——光义已经尾大不掉，在开封的势力盘根错节，如想一举拿下，势必惊动天下，不如趁迁都之名，把整套班底人马都换一下。这样，不动声色，顺水推舟，就把事情都办了。

但是别急，你有初衷，我有定律，光义的主意很稳——我已经牢牢抓住了上层建筑里的根本力量，你是皇帝，你的诏令至高无上，可是也要人去实施才行。如果全体反对，你能一个人去搬家吗？尤其是你一切求稳，对眼前这来之不易的大好局面极度珍惜，还特别好面子，社会要和谐，官场要安定，绝不留下任何的污点骂名。那么好吧，我当场向你叫板，除非你肯立即翻脸！

要不你还得听我的！

就这样，赵匡胤眼睁睁地看着他的弟弟大摇大摆、心满意足地从他身边走了出去，却毫无办法。他的心情，就此低落了。郁闷之中，赵匡胤决定四处走走，首先，他回到了自己的出生之地——洛阳夹马军营。

往事历历在目，这是他生活了近二十一年的地方。触目所见，他似乎看见了自己的一生，就像昨天一样，他还是那个无知的青年，孑然一身，孤独地走出了家门，被迫去外面世界闯荡。

无数群臣环绕，身处人世之巅，赵匡胤仿佛视而不见，他缓缓地向一条陋巷走去。轻声地说——朕记得，小时候曾经得到过一匹小石马，常被玩伴所窃，所以埋在了这里，不知它还在否。

一呼百诺，立即有人去挖，那匹石马竟然还在。

赵匡胤接了过来，默默地把它带在了身边。之后，他就要回开封去了。临行前，他再一次来到了父母的坟前，这一次他悲从中来，突然扑倒在父亲的墓碑前，向早已死去的父亲痛哭告别——“父亲……终生不得再朝拜于此矣！”

当天赵匡胤久久不愿离去，他登上了陵园神墙上的角楼，四处观望，只见南有少室、太室诸山，东有青龙、石人诸峰，西临伊河、洛水，北靠黄河。名山形胜，终古长青，突然间他取过弓箭，向西北方尽力射出，然后向左右吩咐——“朕生不当居此，死当葬于此矣。此箭所停处，即朕之皇堂（墓地）。”他拿出了那匹小石马，命人埋在箭落之处，作为标记。

赵匡胤走了，他又一次离开了洛阳，走向了他无法预知的命运……

# 第二十二章　烛光摇曳话当年

赵匡胤回到了开封，这时不管他本人的心情怎样，也不管他本人想要做什么，他都被一股空前炽烈的民族热情给包围了。回望历史，自从上个世纪唐王朝的安史之乱开始，汉民族就开始了沉沦，彻底失去了安定平和的好日子，从那时起，异族不断入侵，割据不断形成，整个汉文化开始了空前的衰落……至今已经整整二百二十二年了！

不断地改朝换代，不断地厮杀掠夺、生灵涂炭，直到赵匡胤横空出世。他居然只用了短短的十七年，就让中原与江南重回版图，让破碎不堪的原唐王朝州县渐渐地重新捏合成形，开始复原。那么下一步又要做什么了？北汉……乃至于更北边的燕云十六州，只要夺回了它们，就可以重新江山一统，复我神州！

历史的车轮谁也无法控制，就算是亲手推动了它的赵匡胤也没法让它停下来。宋朝的战争机器再一次轰隆隆开动，征讨北汉，刻不容缓，又一场战争来临了。

对赵匡胤来说，这就是再一次的欢乐和喜悦来临了。因为无论谁都得承认，北汉已经彻底不堪一击，只要去打，就一定能顺利拿下。

时间很快到了公元976年的八月，宋朝开国皇帝赵匡胤命令侍卫马军都指挥使党进为河东道行营马步军都部署，宣徽北院使潘美为都监，虎捷右厢都指挥使杨光义为都虞候，骁将郭进为河东忻、代等州行营马步军都监，分兵五路开始了第三次北伐，会攻北汉：

第一路：郝崇信、王政忠率一部出汾州。

第二路：阎彦进、齐超率军出沁州（今山西沁县）。

第三路：孙晏宣、安守忠率军出辽州（今山西代县）。

第四路：齐延琛、穆彦璋率部出石州（今山西离石）。

第五路：郭进率军出代州（今山西代县）。

五路齐发，直指太原。这一次，是宋朝以百战之精兵，乘新平江南之威势，要一战成功，彻底攻陷北汉。北汉的刘继元没有别的办法，除了集结少得可怜的部队直接进城防守之外，只有马上向契丹求援。

契丹已经不比从前，它已经和宋朝互通使臣，互祝正旦，经常礼尚往来了。刘继元只能期盼新继位没几年的契丹皇帝耶律贤能认清形势，别被赵匡胤的伪和平假象骗倒，看在多年的“叔侄”情分上，能再拉他一把。

看一下宋朝派出去的将军们都是些什么人。第一，几乎都是驻守西北边疆多年的宿将，他们轻车熟路，有的已经不止一次地带兵杀到过太原城下，这活儿实在是干得得心应手；第二，无论是潘美还是党进或者是郭进，都是飞扬勇决、锐不可当、只认刀枪不认人的主儿。

这一次可没有“刹车王”曹彬的份儿，这是硬仗，注定了要血流成河!

他们绝不会留给刘继元多少时间。

不到一个月的时间，就杀到了太原城下。第一战，主将党进杀了几千个北汉大兵。这个曾经让北汉第一勇将刘继业躲进壕沟的猛人已经憋了好多年了，旧地重游，他决定速战速决，绝不让上一次赵匡胤亲征时的事再发生。

这时，时间进入了九月末，契丹人终于做出了反应。契丹皇帝耶律贤（历史证明，他和他的臣子堪称明君能臣，是同时期的亚洲大陆上最强有力的政治班底）派出了南院宰相耶律沙、冀王塔尔率重兵前来援救北汉。

一切的迹象都表明，一场规模空前的血战已经无可避免。这是处于巅峰状态下的宋朝军队直接面临刚刚从辽穆宗的昏庸统治下复苏的契丹军团的挑战，如果两军真的正面交锋，鹿死谁手，殊为难料，但是结局一定是惊人的，它很可能直接改变历史的进程。

就在这个时候，突然从宋朝国内传来了一个惊天动地的消息。重回当年，数万的宋朝将士在一瞬间都僵硬了，他们没法相信自己的眼睛和耳朵，这消息会是真的吗？！

他们的皇帝，那位英明神武，从不生病，就在一个多月前还生龙活虎一般送他们出征的人，竟然死了！

赵匡胤死了，在宋朝的官方历史中，关于他的死，只留下了一句话——“癸丑夕，帝崩于万岁殿，年五十”。即公元976年十月二十日夜，皇帝死在了皇宫中的万岁殿里，时年五十岁。

如此简单，只有结果，没有经过，更没有原因。

查阅所有的宋史记录，包括后人笔记，以及南宋时才成稿的《续资治通鉴长编》等文献资料，也会查到关于赵匡胤突然生病，并且由宫里的太监王继恩在开封城内建隆观设黄箓醮为之祈福的记录，但这毫不足信。因为历朝历代，都有为暴死的皇室成员或者政府要人死后宣布“病例”的规矩，连记录了赵匡胤生平的《太祖实录》都能篡改，这点为死人看病的小文章做一下手脚又算得了什么。

回到公元976年十月二十日的那天晚上，关于那天晚上到底发生了什么，并按照什么顺序发生的文献记录实在是太多了。有宋代不世出的史学大家司马光的个人笔记《涑水纪闻》；有当时的和尚释文莹所写的《续湘山野录》；还有南宋徐大焯的《烬余录》；南宋史学大家李焘的《续资治通鉴长编》；甚至还有《辽史》，就连契丹人都对赵匡胤的死有着自己的看法。

但是，在辨别它们的可信程度之前，我们要先明白一件事，那就是这些资料的来源到底可不可信，如果连最起码的可信的理由都不存在，那么还有根据它们而研究下去的必要吗？

先看《宋史》，这是被公认为最官方、最正统、最权威的宋史研究材料了。但是非常遗憾，这是由元人为宋人所写的，三百一十八年的历史，无数的史料经卷，居然只用了两年半的时间就完成了，这能谈到史学的严谨和考证的精神吗？

再看司马光，此人的史学巨著《资治通鉴》的确高乎人寰，世间少见，但他只写到了后周显德六年（公元959年），就此彻底打住，对于宋朝本代历史一字不提，明哲保身。而且他的《涑水纪闻》早已被史学界鉴定为“小说界的史书，史书界的小说”，脍炙人口而已，绝对谈不到采信。

至于南宋史学大家李焘和他的《续资治通鉴长编》，这可真够神奇的。宋人南渡，国破家亡，无数的史书经典都在异族的铁蹄战火之下散佚失踪了，而他居然能以私人之力，把整个北宋史料重整如新，并且无限加细，篇幅弄得比《明实录》《清实录》之类最详、最细的日记式史料都长，实在是让人无限佩服。他的可信程度，不说其他，只在宋太祖之死这一关键事件中最敏感的当事人语言留存方面，就有着极大的争议——他把原话给改了。详情我们稍后再说。

南宋徐大焯的《烬余录》则纯属宋人的私家笔记，看也可，不看也可。研究历史，永远都是先官方史，再其他史料，直到什么也没有时，才可以去看私人笔记。

其他的，如那本由和尚所写的《续湘山野录》，根本就不值一驳。请问这位叫文莹的释家子弟到底是何方神圣？除非他是宋太祖皇帝身边的人，还机缘巧合亲历其事,不然他有什么发言权呢？更何况由他所记载的公元976年十月二十日之夜所发生的事，完全是一个经典的、充满了佛教趣味的神话传说，如果我们真的要信，那么就先集体皈依吧，佛曰由信生解，因解而行，因行成证……要是不信的话，那就一切别提了。

最后说《辽史》，《辽史》很奇妙，许胜不许败。我们在《辽史》里很少看到辽国人失败过，他们永远胜利，胜利，再胜利……直到彻底亡国灭种，烟消云散。不过《辽史》也有一样好处，它在谈论别国兴亡大事时堪称心直口快，一针见血，尤其对它的邻邦宋朝，从来都不惯毛病，一针一针又一针，直到宋朝人喊救命。

好了，不管怎样，以上就是能查到的关于赵匡胤之死的各种史书资料，不管它怎样繁杂，或者可不可信，我们都尽量把它细化再简化，浓缩成如下几个问题。相信只要能够如实回答，那么真相虽不中，亦不远矣。

当天晚上到底发生了什么事？

本来按照著作人的声望而论，我们应该先参看司马光先生的《涑水纪闻》，但是很可惜，司马先生的大作里关于“斧声烛影”一段的记录，开头就是从“癸丑，上崩于万岁殿”开始，只写了赵匡胤死后发生了什么，绝口不提半点太祖之死的隐秘。

真正有头有尾、情节丰富的，是文莹和尚的《续湘山野录》和徐大焯的《烬余录》。

先说一下南宋徐先生的《烬余录》，这本书里记载的事情非常香艳而经典——赵匡胤病了，昏迷中他最宠爱的妃子花蕊夫人在床前侍候，他最亲爱的弟弟赵光义来探病。美色动人心，光义一时把持不定，欲行不轨。花蕊挣扎，一下子把太祖皇帝给闹醒了，于是太祖皇帝大怒，然后赵光义杀人……还需要再分析什么吗？把光义改成杨广，太祖变成文皇，一切就都对号入座了。要说有什么评价，我只能说，这可真是充满了浓郁的中国特色、在田垄地头间很有市场的民间小说。

再看文莹和尚的记录，《续湘山野录》写道——当宋太祖与太宗两位皇帝还是平民的时候，和一个道士相识在关河，该道士姓名无定，常用的名字一个叫“混沌”，一个叫“真无”。众所周知，那时赵匡胤兄弟都极穷，而这个道士只要伸手探囊，随时都能拿出金子来。他曾经准确地预测出赵匡胤陈桥兵变、黄袍加身的日期，所以赵匡胤对他非常迷信。可惜的是，赵匡胤当上皇帝，此人就不见了。直到他临死的那一年，这人才突然出现，赵匡胤大喜，直接问他——我一直找你，想问一件事，我还能再活多久？

道士回答——在今年十月二十日的夜里，如果天气晴好，你还可以再多活十二年；如果阴，“则当速措置”。也就是说，如果阴天，赵匡胤就将必死。说完此人就再次消失了。

赵匡胤牢牢记着这些话，到了这一夜，他独自登上皇宫里的太清阁四面遥望，只见天清气朗、星斗明灿，他刚刚有些高兴，却不料突然间阴霾四起，天地陡变，只是片刻之间，大雪夹着冰雹从天而降……赵匡胤移仗下阁，急传宫钥开端门，召来自己的弟弟开封府尹赵光义。两人进入寝宫，把所有的太监、宫女以及侍卫都斥退，开始喝酒。

守在外面的人，只能远远地看到，窗棂烛影之中，赵光义不时地离席站起，向后退缩，像是在推辞躲避着什么，其他的什么也听不见，更看不清。等到他们喝完，时间已经到了最标准的深夜，三更天。这时大殿外积雪已有数寸之厚，赵匡胤和赵光义走了出来，所有的人都看到了赵匡胤拿着柱斧戳雪，回顾赵光义说——好做！好做！

然后他独自回到殿里解衣就寝，鼻息如雷。到了五鼓时分，也就是天已经快大亮时，殿外的守卫人等就再也听不见任何的声音了，宋太祖已经在睡梦中死去。当天晚上，赵光义一直都在皇宫中，他马上就接受了他哥哥的遗诏，在赵匡胤的灵柩前即位，成为宋朝的第二位皇帝。

以上，就是著名的“斧声烛影”事件的最初出处。没错，就是由一个和尚说出来的，而且没有任何证据能够表明，该和尚这么说有什么根据。下面请司马光先生登场，他将为我们讲一下“斧声烛影”之后发生的事情。不过请留意，这一僧一俗的记录之间有一个最根本的分歧。

文莹说，宋太祖死的当夜，其二弟赵光义是在皇宫里的，并且和他同桌饮酒，只他们两人在场，再无第三者。

司马光的一切纪闻有一个最大的前提——当晚赵光义根本没有出现在皇宫里，晋王一直都老老实实地待在自己的王府里。直到有个叫王继恩的太监来找他。

当天夜里，赵匡胤死后，到了四更天的时候，他的皇后宋氏命令宫中的大太监王继恩出宫，召贵州防御史赵德芳，也就是当时的二皇子。很显然，这是召德芳来灵前即位。据司马光记载，这位姓王的太监想了想，想起了赵匡胤活了这么多年，一直以来都是要让赵光义来当接班人的，所以他自作主张，把赵德芳放在一边，直接去开封府宣召晋王赵光义。

这里要留意，一切的事都是王继恩的错，赵光义就像当年陈桥之夜的赵匡胤一样，是被骗的……是没有责任的。

王继恩来到开封府门前，却突然发现府门前有人。一看，是开封府左押衙程德玄。王继恩心里有事，马上问，你在这儿干什么呢？

程德玄回答——我正在信陵坊睡觉，突然听见外面有人叫我，说是晋王召见。我急忙出去看，却没有人。等我睡下，外面又喊，这样一共有三回。所以我害怕了，想是不是晋王生病了，所以我才赶来。

这里要特别指出，据《宋史·程德玄传》记载，此人善医，深通药性。

王继恩不再啰唆，他直接叩门求见。时值四更之后的深夜，赵光义立即接见，听说他哥哥死了，而且要他马上进宫即位，他“大惊”，且“犹豫不行”，最后说——我得和家里人商量一下。然后进入内室，久久不出。

这时王继恩急了，他向里面叫了一声——再耽搁，就要白给别人了！

赵光义马上出来了，当时天降大雪，他和王继恩、程德玄一共三个人（注意，司马光说，当夜只有这三个人），徒步踏雪进皇宫。进去之后，王继恩想赵光义按照以往的规矩，在直庐前等候。他说——请晋王在这里稍等，我王继恩先进去为您通报。

漫天大雪之中，赵光义没言语，他身边的程德玄说出了八个字——“便应直前，何待之有”！于是三个人直接进入了万岁殿。殿里守着赵匡胤尸体的宋皇后听到王继恩回来了，问：“德芳来耶？”

王继恩回答：“晋王至矣。”

宋皇后看见了晋王赵光义。她的反应是“愕然”，之后她马上喊官家，说——“吾母子之命，皆托于官家。”

这里请留意，“官家”，在人们的印象中，它是宋朝人对皇帝的特殊称呼，有点像清朝的“老佛爷”，似乎很是口语话。但事实上，“官家”取自“三皇官天下，五帝家天下”，是五代至宋朝对皇帝的普遍称呼。宋皇后见到赵光义之后，马上就改口，直接叫了赵光义为皇帝，并且清晰无比地求饶，把她和赵匡胤所有子孙的性命全都交了出去。

这时赵光义的反应与他一贯的仁德形象非常般配，他哭了，边哭边说：“共保富贵，勿忧也。”之后天就亮了，赵光义在清晨时分，在他哥哥的灵柩前即位，成为宋朝的第二位皇帝。

以上，就是司马光版的“公元976年十月二十日夜赛跑夺权，先到先得事件”的描述。在这里，司马光没有提到任何“斧声烛影”的痕迹，在他的笔下，赵光义之所以能够抢在二侄儿赵德芳之前，接任他哥哥的皇位，完全是由于太监王继恩的自作主张，以及赵匡胤的皇后宋氏的主动礼让。甚至连他走进停放他哥哥尸体的万岁殿，都是由于程德玄的强迫。自始至终，他都没有半点的主动，更加谈不到有什么不轨之图。

再以下，就是宋史资料中的第一大部头《续资治通鉴长编》了。在这本融汇万千于一体的鸿篇巨制中，南宋的李焘先生把以上的所有版本去芜存菁，合而为一。既有文莹和尚的“斧声烛影”的传说，又有后来王继恩奉旨出宫，却变向叫人的司马光版当夜纪实，更有甚者，他把赵匡胤以斧戳雪，回顾赵光义时所说的话由“好做！好做”改成了“好为之！好为之”。

不知他出于什么目的，按说当时南宋内忧外患，君王臣宰日夜不安，一来根本就没人愿意理会他这个自顾自写字著书的个人爱好（可是奇妙的是，南宋官方没有找李焘的麻烦，居然在后世被理解成了南宋的官方已经认可了李焘的宋史主张）；二来《续资治通鉴长编》成书于1183年，那时赵光义最后一个当皇帝的子孙赵构已经当了二十一年的太上皇，马上就要老死了，天下人早就都知道赵光义肯定会断子绝孙，还有必要再拍他的马屁吗？

但是李焘这位堪称名副其实的史学大家就是这样改动了赵匡胤留在人间的最后

一句话。一字之变，变化万千，稍后我们再分析四字变六字的内在奥妙。

现在要做的是，根据以上罗列的所有有关赵匡胤之死的官方、非官方、私人笔记资料，来论证以下两个关键问题。相信所有的疑问，都包含在这两个问题里。

第一，赵光义到底杀没杀他哥；第二，赵光义就算没杀他哥，得位可正？

首先，把第一个问题再细分，即：一、没杀，可有证据？二、杀了，用的什么办法？

问题一——世间尚存的赵光义有作案嫌疑的资料，只能从文莹和尚及司马光的两篇私人笔记中搜寻了。其中以文莹的《续湘山野录》中的记载比较露骨，因为据他记载，最后一个在场者正是赵光义。赵光义有作案的时间、机会以及动机（他是最后的受益者）。可是无论怎样细致推敲，也找不出赵光义曾经对他哥哥做过什么的真凭实据。

至少他们在当夜三鼓时罢宴，各自睡觉，赵匡胤还活生生地出现在世人面前，在大雪中对弟弟说——好做！好做！之后，他才回到殿里“鼻息如雷”，直到五鼓时分“悄无声息”地死去。

世人分析“斧声烛影”，总是会想到，赵光义为什么会在窗棂烛光的映衬下时不时地离席躲避，像是在推辞着什么。那么，也就是说，他的哥哥在强迫他做什么。强迫他什么呢？这在后面酒局结束之后，赵匡胤送他出殿，在漫天大雪中公开对他所说的“好做！好做”中得到解答。

连贯起来，只能得到一个结论，即他的哥哥要他做皇帝，而他推辞，他哥哥不止一次地强迫他，所以他才“时或避席，有不可胜之状”。甚至直到两人分开时，赵匡胤还在继续强求，并且一再叮咛——“好好去做！好好去做”。

完全是在千叮咛万嘱咐弟弟把治理帝国的重任接过去。

当然，也有史学家把“好做”解释为“你做的好事”，并且直接联想到赵光义在酒桌上捣鬼，给他哥哥下了毒，之后他连连躲避他哥哥，是因为他哥哥已经发觉了不对，要亲自动手除掉他。甚至他们说，在烛光摇动中，外面的人根本看不清那是赵光义在躲，还是赵匡胤在踉踉跄跄地举步进逼。所以这直接证明了赵光义亲自出手谋杀了他哥哥。

但是其后发生的事又怎么解释呢？根据文莹和尚的记载，至少赵匡胤在酒局结束之后，还曾来到过殿外，以柱斧戳雪，才说出了“好做”的话。当时众目睽睽，侍卫、太监、宫女都在，他完全可以当即下令把赵光义拿下，就算自己死，也会让仇人死在他前头。

可为什么没这样呢？

所以通篇连贯理解，只能把“好做”解释为“好好去做”，即从始至终，赵光义都是清白的，甚至之所以接过治理庞大帝国的重任，都是他哥哥强加给他的，才让他后半生劳累不堪，既伤且病，最后饮恨而终。

再看司马光的记载，前面已经说过，以《涑水纪闻》为据，那么赵光义在公元976年十月二十日之夜，纯粹是闭门家中坐，富贵天上来，他的一切行动都是被动的，都是被强迫和不得已的，而且在他哥哥死之前，他从来没到过现场，根本就谈不到有半点的谋害之嫌。

所以综上所述，如果说赵光义是清白的，那么，绝对是言之成理，证据确凿。

那么再看问题二，杀了，用的什么办法？

要谈这个问题，首先就得请宋朝的太宗皇帝恕罪则个了，只能先假定他就是当天夜里杀了赵匡胤的凶手，那么赵光义就一定会反问——我是怎么杀的啊，能不能给个手法？

手法有二：斧子、毒酒。

先说斧子。提这个要被人笑话，稍有点历史知识的人都会说，什么“斧声”啊，赵匡胤手里经常提着的那可不是上战场杀人用的战斧，那是一种当时非常流行，当文具类用品在手里玩的“玉柱斧”。那是工艺品、是玩具，根本就没法杀人！

但是我有疑问：第一，如果没法杀人，那么怎能随便就敲掉别人的大门牙？是赵匡胤天生神武，手法与众不同，还是那些大臣的门牙特别脆弱，不堪一击？按我的理解，能敲掉别人门牙的东西，就足以要一个人的命了。你信不信一根针都能杀人？

第二，“玉柱斧”似乎很小是吧，那么赵匡胤是怎样站在漫天大雪里，“以斧戳雪”的啊？他当时是什么样的姿势，才能把在手里玩的小斧子戳到地面上？当然，如果赵匡胤的手臂比通臂猿刘备的还长，那就另当别论了。

先假设赵匡胤是被他弟弟用斧子（不管是玉柱斧还是别的什么斧）弄死的，那么尸体上必定血肉模糊，痕迹昭然。如此就可以解释为什么宋皇后见到赵光义后马上就求饶了——她立即明白，不马上诚恳表态，她会死得比赵匡胤还难看！

但这毕竟无法证明，所以姑且绕过去吧，就当一个纯粹的假设。

下面看毒酒。

无数的人都在煞有介事地论断，赵匡胤是被毒死的，问题就出现在他和亲弟弟赵光义单独喝酒时。结合赵光义在以后人生里的表现（李煜、钱俶的死法），他要是没给他哥哥配药才是怪事。何况，在文莹和尚及司马光的笔记中有着无数的蛛丝马迹可以追寻。

看《续湘山野录》，里面提到赵匡胤送走赵光义之后，回殿内解带就寝，之后“鼻息如雷”，死后尸体的颜色又“玉色莹然如出汤沐”，这样的体色变化以及声音异常，都是中毒的表现，而且这种毒还非同一般。

看《涑水纪闻》，宋朝的忠实官吏司马光先生就算再“为尊者讳，为贤者隐”，他也透露出了极其重要的“毒”之线索，而且其真实性及可考证性远远超出了那位有故事的文莹和尚所叙述的。

先说事先就守在赵光义家门外的程德玄。这事可真诡异，奇怪的地方并不是说，姓程的医药高手睡得好好的，听到门外有人叫他去见晋王，起来却没人，躺下却还叫，让他心慌意乱，直到在大雪天里主动跑到主子家的大门外，就等着晋王生病，他好进去治……这都是纯粹的劣等谎话，信的人是地道的猪头。

哈姆雷特说，天空中没有哪只小鸟会无缘无故地掉下来。一切都要从程德玄的奇特副业着手，这个开封府里的一般小吏有着人所不及的特长，他精通医药，因此成为赵光义的心腹。再结合一下他在当天夜里的具体表现，就完全可以得出，此人出现绝对不是什么偶然的事件——一切都是有预谋的。

试想，一个小吏，如果事先没有准备，怎么敢在皇宫里说出那样强硬甚至凶狠的话来——“便应直前，何待之有”！

这完全是一个同谋者甚至主事者才会说出来的话。但我说的诡异，是指这样重要的一个人，他为什么会那么露骨地守在赵光义的大门之外？他为什么不在赵光义的府内守候，直到事到临头？

也许真的是巧合吧。程德玄当夜不管是出于怎样的原因，真的是碰巧在赵光义家的大门外遇到了来送皇冠的王继恩，才得以参与其事的。至于他后来那么积极，也可以理解为富贵险中求，当场搏一把。谁都想立个功嘛。

但可惜的是，这里还有个内幕，隐藏得很深，在《宋史》的《马韶传》里。

马韶，赵州平棘人，此人在当时很是高人一等，因为他彻底地能为人所不能——他通晓天文、占卜。他与程德玄是好友，当时宋朝严禁“私习天文”，所以程德玄一般不和他走动，更不允许他靠近开封府。

在公元976年十月十九日的半夜，马韶突然来找程德玄，说“明日乃晋王大吉之辰，吾特来告知”。程德玄的反应是“恐骇不已”，马上把马韶藏在一间密室里，并且急忙入禀赵光义。赵光义要程德玄把马韶看住，说自己明天向皇帝告发以求自解。

《马韶传》里说，第二天赵光义上殿之时，竟然受赵匡胤遗诏登基了，真的是“大吉之辰”！于是马韶被放了出来，拜为司天监主簿。

事情没有关联吗？这至少可以得出一个很明显的结论——在事发当夜之前，晋王府上下人等对赵匡胤之死是有所预谋的。像程德玄，他一听到马韶的“预言”，立即想到谋反的事情已经泄露了，他能做的就是把马韶先关起来，马上向赵光义报告。赵光义更加惊慌，他甚至想到了贼喊捉贼，向自己的哥哥告发马韶，来证明自己的清白。

至于马韶是从哪里得到的消息，则一时之间没法细查了。

回到主题，那么说这样就可以证实赵光义的确是杀了他的哥哥了，而且是毒药？很遗憾，这样的证据，无论是在现代还是古代，赵光义都会轻蔑地瞥我们一眼，然后冷笑着说出三个字——“莫须有”。

难道不是吗？请注意，如果只分析当天晚上到底发生了什么事，赵匡胤到底做出了什么、没做什么，那么在总前提下，就已经陷进了一个没有结局的泥潭里。因为别说是千年之后，就算是当时，这都是最高、最敏感的国家机密，所以根本就不可能有什么正解。

就算把赵光义挖出来，给他上大刑，他都不见得说真话，而他说出来的话，我们也不会信。

那么说，此事就真的年深日久、埋没无闻，彻底人死两不知了吗？不，历史会证明，没有人能真正一手遮天，历史的真相，就像一棵参天大树的年轮，只要你会阅读，你就会发现在千年的印迹之中，哪一年发过大水，哪一年特别干旱，又或者哪一年遭了山火虫灾。在树的年轮里一切都有记载，只要你会阅读……真相，虽然隐秘，但总还是有的。

欲求真相，就得把时间往前推移，回到赵匡胤在洛阳时。当他面对弟弟那句“在德不在险”的空话时，为什么就没有当面反驳，进而索性一意孤行，强制迁都呢？

他真的那么“懦弱”？

当然不，事情要连贯起来看，看他回到开封之后又做过些什么，答案自然就会显现。史料记载，赵匡胤回到开封之后，在公务繁忙之间，居然在七月这一个月里，“三幸光美府第”。

赵匡胤在一个月里连续三次到三弟赵光美的家里去。

这是极其反常的。在这里，要强调一下中国古代的皇家制度。皇帝是不能随便到某个大臣的宅第去的，那是极大的特殊性荣誉，代表着“圣眷优渥，高厚隆宠”。大家别想着赵匡胤随便就到赵普家去吃肉喝酒，就觉得这事很平常。在《宋史》记载中，赵匡胤到二弟光义家去的次数都可以用一只手的手指头数出来——“王性仁孝，尹京十五年，庶务修举。帝数幸其府，恩礼甚厚”。

十五年里，赵匡胤不过才“数幸其府”而已。可是赵匡胤居然在一个月的时间里，去了三弟赵光美家三次。这是个极其敏感的政治信号，相信所有视力正常的宋朝官员都会理解这是什么意思——大宋皇帝赵匡胤已经积极明显地向其三弟示好。

这样做的用意何在？难道是赵匡胤祭祖归来，突然心血来潮，觉得长兄如父，要给从小就缺乏父爱的三弟以深沉的、炽热的、不求回报的父爱吗？

玩笑开得大了点，只要稍有点政治头脑的人马上就会明白，这是赵匡胤在着意培养三弟，要光美登上政治舞台。其作用只有一个，用他来牵制二弟光义。

这样做，好处真是妙不可言。想想四五年前的赵普、赵光义之争，赵匡胤打破了政坛的平衡，赶走赵普，让赵光义一人独大，直到后来他二弟敢于公开向他叫板，拆他的台。这是恶果，让他在洛阳时公开丢脸，且无可奈何，那么就索性让光美来成为第二个光义如何？

我把从来没有权位的光美扶植起来，用来打压光义。什么？有人说，光美无法和光义对抗？为什么没有？光美无功劳，那么光义有什么功劳吗？光美无根基，那更不在话下，由我来着意培养，比当初培养光义时还要用心，事情怎么就不会成功？！

而且一旦成功之后，光义被分权，从此老实，安心做人；而光美毕竟根基浮浅，我会吸取当初让光义尾大不掉的教训，把握好分寸，甚至他都不会像得势的赵普那样。想象一下，当初如果扶赵普压光义，由赵普独揽大权，那样的日子就很好过吗？

如果事情能按照这样的设想去发展，那么一切是多么美好啊……分掉了光义的权柄，就等于拿掉了他的野心，他和光美从此就都没有了非分之想，就还是我的好兄弟。再加上之前，我派德昭去迎接钱俶，派德芳主持当天的迎接宴席，我的儿子们也会顺利地走上前台。于是，一天的乌云就都散开了……

更何况，我还做了另外一件事，来压制光义最有力的那部分力量，让这个计划能够顺利地实施。

出征北汉，相信很多人都在想，赵匡胤为什么要这么急呢？按照他以往的行动规律，每次灭掉一个割据大国之后，他都会用两到三年的时间来消化它，把当地的矛盾都解决了，并改善那里的国计民生，比如说用减税、免税之类的手段来把那片土地彻底大宋化。那么为什么在平灭南唐这样的超级大国之后，赵匡胤仅隔半年就决定出兵北汉呢？

是被民众国情等因素推动的吗？有，但相信赵匡胤如果决意等待，谁也没法强迫他。那么是他彻底地轻视已经残废了的北汉，觉得只要出兵就一定能获胜吗？

可是全地球的人都知道，打北汉就是动契丹，再怎么样，赵匡胤也不会轻视那些来去如风的契丹铁骑吧？那么他到底在打着什么主意？

诸多因素纷繁杂乱，如果一定要剖析疑团，相信下面的这个因素才是他诸多考虑中最为重视的一点。

他要借助另一场大胜，来继续提升自己的威望，使之达到一个更辉煌的、时人不可企及的顶点，然后无论自己再做出什么事，都能压制整个官场。比如说废掉晋王，或许干脆杀了赵光义。

就算不那么暴烈，通过这次战争，也可以调动整个官场来为自己服务，把赵光义多年来当首都市长所培植起来的官场势力下降到最低点……纵观这一切，都可以得出一个结论，即赵匡胤还是在顾全着大局，他还是想着怎样既平稳过渡，又能达到削弱赵光义、扶植自己儿子登台的目的。

那么这时，把目光转向赵光义，设身处地地换位思考，站在赵光义当时的立场上，想一想他已经是什么处境了——眼看着赵匡胤的声威更加震烁古今，如果这次的北伐成功，他的功业将直追千古一帝李世民，那时候无论赵光义曾经怎样广施恩惠、小心结交了多少官场同人，都不会再有人陪着他蹚浑水了；更何况三弟光美马上就会在名利场中异军突起，有赵匡胤的刻意栽培，这实在是太轻而易举了……最要命的还是德昭与德芳，他们一个二十五岁、一个十七岁，早已成年，尤其是德昭，正宗的太子，连皇孙都生出来了，赵匡胤既然已经开始把他们往前台推，就绝对没有突然偃旗息鼓的道理。

那么，他该怎么办呢？自古华山虽险，尚有一线之生机，而他，在这样的局势下再不使险招的话，等待他的就只有安乐死！

而所谓的险招会是什么呢？历史证明，赵匡胤是在事业处于辉煌的顶峰时突然死亡的，这真的是巧合吗？或者是像一些现代“学者”说的，赵匡胤是家传基因有问题，再加上自己好喝酒，造成了中风、心梗一类的突发疾病，才猝死的？

这真是笑谈，试问千年以后，你凭什么来说赵匡胤的家传基因有问题呢？你能再找到赵家的DNA，还是凭着赵光义的子孙们或疯或傻，有疯了之后放火烧宫殿的，更有当了皇上突然间变神汉的，以及德昭、德芳的早死来做的判断（对不起，那些“学者”就是这么判断的）？见鬼，那跟赵匡胤有什么关系？应该从赵光义的遗传基因上找毛病，更要从赵光义的所作所为上找客观原因。如果一定要说赵匡胤是突发疾病死的，那就像肯定恐龙的灭绝是因为它们消化不良，大量放屁，把当时的大气层给熏毁了，让紫外线直接照到地球，把恐龙给照死的一样荒唐。

我们要追究，只能从曾经发生的那些有记载的事情里来分析，事情从赵匡胤一步步地谦让，想方设法地让朝政的变化、权力的再分配变得平和些开始，所以他勉为其难地从开封退让到了洛阳，再从洛阳迁就到了开封，可是变化却没有停止，他一直在努力，而且事实证明，他越来越接近成功——因为他至少还真正地掌握着当时的国政大权！

可是他唯一的漏洞，就是从来没有想过他那个和善淳朴、教育良好的弟弟会突然间对他痛下杀手，以终结他生命的办法，来阻止他计划的完成。

综上所述，赵光义杀兄，已可定案。千古之谜，就算没有真凭实据，就算赵光义事发当夜没有和他哥哥独处饮酒，他都脱不了最大的主使者的干系！

至于说到他是用怎样的手法杀人的，就要根究于王继恩和程德玄了。先看王继恩，这个太监很不寻常，他是太祖的亲信，同时也被宋皇后所赏识，事发当夜，皇后把召唤皇位继承人这样的大事都交给了他独立去办。可是他却违背命令，自作主张去找了赵光义，并且亲自带着赵光义回到皇宫，逼迫皇后就范。这样的表现，如果说他事先没被赵光义所收买，成了赵二一党的话，那连鬼都不会相信。

再看程德玄，此人当夜出现在晋王府门外绝非偶然，此人深通医药，再联想到后来南唐李煜、吴越钱俶在太宗朝的死法，能让人想到些什么呢？

如果说是程德玄配药，由王继恩下毒，是不是很合理呢？当然，这一切的猜想都没有意义，作案的细节在千年之后，甚至在当年都没人会知晓，更不会有人公之于众。我们所能做的，只能是从宋朝当时的国朝大政以及赵匡胤本人的各种施政方针来分析理解当事人的处境，还有他们的想法，他们可能采取的行动。

是赵光义杀了他的哥哥，这是我再次重申的个人看法。下面，要探讨的是总问题之二——赵光义就算没杀他哥，得位可正？

这个问题似乎不太通顺，因为既已确信是他杀了他的哥哥，那么还问什么“就算没杀，得位可正”？

是的，但就得这样问。试想，如果真是他杀的，那还用谈得位正不正吗？他是个凶手，自然不正！所以要谈得位正或不正，就只能先假设他没杀人。

好了，我们就先假定他是个好人，来探讨他的皇位是抢来的；还是凭空而落，靠运气才砸到他头上的；又或者是他生而幸运，投胎到了一位难说是贤明还是偏心的女人的肚子里，是靠上一代的临终遗嘱才合法得到的。

先说第二个可能——皇位凭空而落，是靠运气砸到他头上的。

理由，司马光说，赵光义当晚闭门家中坐，富贵找上门，王继恩送皇冠，程德玄推波助澜，他完全是身不由己，最后还被他那年轻的“少不更事”的小嫂子给强迫了一下，才勉为其难地接了他哥哥的班。

似乎很牵强，但是司马光先生的字面意思就是这样的。后世人等道德伦理败坏，什么事都往歪里想，一心想在鸡蛋里挑出骨头来，就算没骨头，也要先把鸡蛋打碎再说，这样，就实在和司马先生没有关系了。

非常遗憾，我们就是要往歪里想。现在返回去看第一个可能——他的皇位是抢来的。

多简单，就算一切完全像在赵光义死后二十二年才出生的司马光所说的一样，在一个最关键的地方都没法自圆其说——宋皇后当时要叫的人是“德芳”，无论如何不是“德芳”他二叔！

赵光义可以说他什么都是被迫的，一如他哥哥在陈桥兵变时的身不由己。但是别人给你什么你就要什么吗？我给你口棺材你就躺进去？！

所以赵光义你还是不要再装了，抢的就是抢的，何况那一点都不丢人。抢，毕竟也是一种相当复杂而且高难度的劳动付出，不是谁想做就都能做的。

只不过历史证明，有些人是豪夺，有些人是鼠窃，人就是这么奇妙，就连抢东西，都能分出来人品里的高低上下。所以该承认时要承认，无论是大丈夫还是真小人，共同的特点是“光明磊落”。

赵光义一定会喊冤，他会说，而且他的臣子们都必须替他说——他的皇位是由于他亲爱的妈妈杜老太后的临终遗嘱才合法继承过来的，而且其中所包含的政治意义是无比重大神圣，对当时整个汉民族社会的安定团结以及繁荣的生活都是必不可少的，可以说所有人的个人福祉和家庭完整都彻底依赖于这个遗嘱的贯彻执行的程度！

这个遗嘱，就是众所周知，但又真假难辨的“金匮之盟”。

讨论第三个可能性。

故事急速往回倒退，一直回到赵匡胤的生母杜老太后去世时，她临终遗言，要大儿子本着“国有长君，家国之幸”的大前提，把皇位不传子，而“一传光义，再传光美，三传德昭”。并且当场要儿子签字画押并由赵普监督生效，最后放在一个小金盒里，并由宫人秘藏在皇宫内某处。

以上的事情，在小文的前面杜太后死时，已经交代过了一次，这里不再赘述。因为，请注意，不是我懒，而是根本就没有那个必要。

一言以蔽之，因为当时根本就没有任何人知道有这个“金匮之盟”的存在！

那要在赵光义当了五年皇帝之后，才由急于在政治上复出的前宰相赵普突然提出来！

还有什么疑问吗？想一想当时赵普是什么处境，他被死敌卢多逊已经压制了七八年了，这期间不仅他度日如年，连他的儿子都要成为政治迫害的牺牲品了，随时都可能家破人亡，他为什么就不早点使出这个“撒手锏”呢？！

而赵光义在得知“金匮之盟”之前，一直都活在“篡位”和“杀兄”等恶性传言的阴影里，并且第一次征燕云已经失败，德昭已经自杀，他背负的恶名以及军国大事的压力无比沉重，赵普如果有这样的法宝，简直可以随时上报朝廷，让自己咸鱼翻身。

他为什么就是不做呢？

一句话，所谓的“金匮之盟”不过是个小小的政治把戏，它不过是赵普和赵光义之间的一个小小的交易——你让我重新上台，我让你平安过渡。

其真实性，嘿嘿，不仅现在的人会不屑一顾，就算在当年，只怕也是路人皆知。对这样劣等的把戏，实在没必要评论，只需要嗤之以鼻。

那么有人会问，怎样解释赵光义登基之后，立即对赵光美的提拔呢？就像当年赵匡胤对他一样，封光美为齐王，任开封府尹兼中书令，位于宰相之上。这完全可以理解为他在遵守着“再传光美”的“金匮盟书”嘛。所以，“金匮盟书”还是千真万确地存在着的。

可如果是这样的话，那么就证明赵光义已经知道了“金匮之盟”的存在，所以他才这样遵守，对吧？那么五年之后，赵普还在搞什么呢？

到底赵普是个傻子，还是赵光义是个傻子？说到底，这件事如果再往下深究，就可以确定另一件事了，那就是——我们是傻子，还在这件事上浪费精力。

分析到这里，公元976年十月二十日那个夜晚到底发生过什么事，基本上已经可以定性。那两个问题已经有了答案：一、赵光义杀了他的哥哥；二、赵光义得位不正。

这时历史上唯一的正解就出现了——《辽史》，契丹人半点都没含糊，直接说“赵炅自立”。

干净利落。

但是要强调，关于第二点，我没有半点对赵光义不满的情绪。因为，在这个世界上，唯一可以去偷去抢却不必有半点愧疚心理的东西就是皇位。

甚至人类有史以来，发出的最多的欢呼声，都送给了那些不择手段抢夺皇位的人。眼前就是活生生的例子，赵匡胤。他从七岁的小孩子柴宗训的手里抢到皇位时，难道人人都心悦诚服吗？不见得吧，如果他之后不是雄才大略，给我们民族带来了统一和稳定，我们会把他当作什么呢？

所以，纵然是赵光义杀兄夺位，这也并不能就此把他钉在历史的耻辱柱上。请比较，虽然他杀兄的手段还不能确定，但是总好过李世民在光天化日之下公开杀了大哥、三弟吧？而天可汗可以永享英明，那么赵光义为什么就不能得到人们的原谅呢？

因为这里面有一点点的小区别。

李世民不杀大哥、三弟，不仅得不到皇位，更连身家性命都保不住。赵光义却没有这份危机。

李建成、李元吉对李世民先下毒，再诬陷，更进一步要把秦王府诸将分散坑杀，一网打尽，无所不用其极，平日里根本就谈不到任何的兄弟恩义。

可赵匡胤是怎样对待二弟的呢？《宋史》记载，赵匡胤对赵光义关怀备至，不仅在官职上让二弟一人之下、万人之上，无比尊贵，甚至在日常生活中都爱护得无微不至。

赵光义的家地势很高，没有水源，他哥哥遣工匠做大轮，“激金水注第中”，并且“数临视，促成其役”。赵光义在皇宫里喝醉了酒，没法骑马，他哥哥亲自扶着他下殿阶，看到他的侍卫“执镫以出”，就赐那人以官职衣带及器帛，以勉励更尽职心。史书更记载，赵光义曾经重病，昏迷到连人都不认识了，赵匡胤急忙赶去，亲自为他灼艾治疗。当时赵光义在昏迷中仍然觉得疼痛，他哥哥的反应是取过点燃的艾绒在自己身上同样的部位薰灼，来感应疼痛的程度……就这样，从辰时一直治疗到酉时，直到赵光义出汗苏醒过来，赵匡胤才回宫。

恩义种种，难以尽数，至少可以说，赵匡胤对儿子都没有对光义好。史书记载，直到他死，长子德昭都没有封王，次子德芳仅仅是一州的防御使……光义，光义，如此恩重如山的哥哥，你竟然也能忍心下手！这不是篡位，这是忤逆，这不是在争权力，而是丧尽了天良！

也许在光义的心里，他也是迫不得已，他有必须这样做的理由。只是在那个大雪纷飞的深夜之后，他就再也不是以前的那个人了。心灵，随着一次泯灭所有良知的叛逆而幻灭。在那一夜之后，在背叛了他最最亲爱的大哥之后，还有什么是他做不出来的呢？

杀德昭、杀德芳、杀光美……进而怀疑天下所有人，还有什么难度吗？

# 第二十三章　魂归洛阳川

不管怎样，公元976年十月二十日那个夜晚还是过去了，时间继续流动，不以任何人的死亡而稍微停顿。

赵匡胤死，赵光义即位，天下第一富贵权柄骤然转接，一切波澜不惊。在《宋史》的记载中，明确地记录着“开宝九年冬十月癸丑，太祖崩，帝遂即皇帝位”。

就是这样简单，赵匡胤死了，他的二弟赵光义即皇帝位，其间没有任何的蹊跷、谜团，更没有任何人有过什么异议，或者不寻常的举动。

因为，紧接着就是“大赦，常赦所不原者咸除之”。之后，“群臣表请听政”，而赵光义“不许”，“宰相薛居正等固请”，赵光义才勉强同意——“乃许”，并从即日起，“移御长春殿”。

他是合理合法的皇帝了。

对于赵匡胤，人世间给他最后的一点印迹是“群臣谒见万岁殿之东楹，号恸殒绝”，只是一片哭声而已。紧接着就是商量怎样埋葬他了，而那极其简单，在中国都执行了上千年，是一整套完整的、规范的专门流程作业，真是再容易不过。

给赵匡胤定庙号，“太祖”，无论如何，谁也没法否认是他亲手开创了宋朝；给他定谥号，曰“英武圣文神德皇帝”。

《宋史》中给他的盖棺定论是：“五季乱极，宋太祖起介胄之中，践九五之位，原其得国，视晋、汉、周亦岂甚相绝哉？及其发号施令，名藩大将，俯首听命，四方列国，次第削平，此非人力所易致也。建隆以来，释藩镇兵权，绳赃吏重法，以塞浊乱之源。州郡司牧，下至令录、幕职，躬自引对。务农兴学，慎罚薄敛，与世休息，迄于丕平。治定功成，制礼作乐。在位十有七年之间，而三百余载之基，传之子孙，世有典则。遂使三代而降，考论声明文物之治，道德仁义之风，宋于汉、唐，盖无让焉。呜呼，创业垂统之君，规模若是，亦可谓远也已矣！”

以上文字，取自《宋史·太祖本纪》，看着像是极力在为赵匡胤歌功颂德，可是古人文笔精妙，尤其是此文为元朝人所撰，是好是坏，褒贬之间要细细地玩味。比如“考论声明文物之治，道德仁义之风，宋于汉、唐，盖无让焉”。

只说了文物之治、道德仁义之风，武功大治则一点不提。这说来似乎也无可厚非，谁让宋朝在武功上一败涂地呢？而宋朝的朝政制度，尤其是军事制度，绝大部分都是由赵匡胤首创的，并且一以贯之，三百年不变。

以元朝人的胜利者身份，能说出这样的话，似乎已经非常厚道了。但真的是这样的吗？

无须细辩了，赵匡胤的一生，笔者已经勉运拙笔，恭录于上了，其中的是非曲直，伟岸卑微，相信一切公道自在人心，我们每个人的心中都因此而有了一个明暗参半但又宽容博爱的赵匡胤。这就足够了。至于他的千秋功罪，是否给宋朝打下了积贫积弱的底子，却没法盖棺定论。

因为他的生命是被突然终结的，宋朝的国运、权柄，它的施政纲领，也是突然间拐了弯的，这甚至带动了我们整个民族的命运跟着一起滑向了一个不可预知的境地。

此后三百年的历史进程，一直在东亚处于主导地位的汉民族建立的宋王朝不断地没落、衰败，直到亡国……它造成的余震，甚至波及了我们现代每一个人的心理状态。

南宋境内的各族被元朝统治者定为“第四等南人”受尽欺凌，此后，心底的阴影和屈辱一直难以消除。

而这些，都随着赵匡胤的突然死亡拉开了序幕。如果他不死，如果他还能再多活几年，事情还会是这样的吗？

这是一个绝望中的猜想，注定没有答案……在当时，也没有任何人能预知到这些。每个人都争着擦干了眼泪，向新一任的皇帝聚拢，去进行下一轮的权力游戏。

公元976年十月二十一日之后，赵匡胤冰冷的尸体躺在棺柩里，被孤零零地安置在皇宫的一个角落，要等到第二年的春天，即公元977年四月二十七日，他才被运往洛阳，葬入由他本人选定的陵墓里。

他死时，大雪纷飞，天寒地冻，当他落葬入土为安时，他的故乡洛阳已经春满人间，柳絮纷飞了……新的一年已经开始，历史也翻开了新的一页。

高天流云 著

# 如果这是宋史

## 2 辽宋风云

浙江人民出版社

# 目录

**第一章** 天下不过二三事 / 001

**第二章** 春水向金陵 / 019

**第三章** 命运之巅 睥睨天下 / 029

**第四章** 如果这是契丹 / 039

**第五章** 一夜梦燕云 / 063

**第六章** 剧痛的心灵 / 079

**第七章** 血战二十年 / 085

**第八章** 乘人之危 / 095

**第九章** 天国逆子 / 103

**第十章** 契丹，朕赌你的全部！ / 111

**第十一章** 痛烈人生 屹立不倒 / 131

**第十二章** 元僖之死 / 147

**第十三章** 王小波、李顺放的烟花 / 155

**第十四章** 生死万岁殿 / 171

**第十五章** 啊……衰神 / 185

**第十六章** 温暖贴心王爱卿 / 195
**第十七章** 李继迁时刻 / 207
**第十八章** 澶渊，澶渊！ / 225
**第十九章** 天书降、圣祖临/ 273
**第二十章** 宋朝能否不姓赵 / 281

**第二十一章** 三国少年说 / 295
**第二十二章** 恒河沙数沥明珠 / 303
**第二十三章** 怎样扼杀“武则天” / 315
**第二十四章** 二十三年前的狸猫 / 323
**第二十五章** 蜀川的女儿 / 327

**第二十六章** 妈妈，我想你 / 333
**第二十七章** 三百年间他第一 / 339
**第二十八章** 黑暗前的黎明 / 349
**第二十九章** 荣耀三川口 / 363
**第 三 十 章** 举国思战变茫然 / 373
**第三十一章** 悲怆好水川 / 391
**第三十二章** 绝世忠勇不值钱 / 403

# 第一章　天下不过二三事

提起历史，人们总会习惯性地说：“历史长河……”这没错，只是不大精确。就像提到人生，人们总是用长跑来比喻一样，乍听没错，细想全错。

因为，真正的人生是短跑。长年累月的准备，艰苦卓绝的训练，都只为了关键时刻的冲刺。然后，人生定型。

历史也正是这样。

它的长河中闪烁着无数的关键时刻，这些或光明、或阴暗、或惨烈、或讳莫如深的关键时刻，才是我们人类的精华体现。其后所有的漫长岁月，都不过是它们的附属品，用来稀释、淡化当时的浓郁内核。

就像公元976年十月二十一日这一天。

赵匡胤突然间死了，前一天还好好的，一夜之后，就被宣布已经是一个死人！皇帝马上就诞生了，竟然不是赵匡胤的儿子，而是他的弟弟赵光义。

这一天清晨，宋朝原晋王、开封府尹赵光义在其兄长、宋朝开国皇帝赵匡胤的灵柩前奉遗诏继位，成了宋朝的第二位皇帝。

阳光下没有什么新鲜事，每个人都知道应该怎么做。在赵匡胤的棺材前，一个个法定的程序在进行，一个新的、名正言顺的皇帝在一步步地诞生……没有异议，全票通过。

在那一天的漫天大雪里，至高无上的皇冠落到了赵光义的头上，其他人的头上和身上落的都是惨白色的雪花。包括原来的皇次子赵德昭、皇四子赵德芳，以及盛殓着赵匡胤尸体的棺柩。

下面观摩欣赏赵光义是怎样极为迅速又有条不紊地把天下万物都收入自己的囊中的。

先安内。

首先是皇族，一连串金光闪闪的头衔被赵光义扔了出去，落到他亲爱的族人头上。

封先帝赵匡胤的皇后宋氏为开宝皇后。

封原皇次子德昭为武功郡王，由兴元尹、山南西道节度使升为检校太傅、同平章事，封为永兴军节度使、京兆尹兼侍中，位于宰相之上。

封原皇四子德芳由贵州防御使升为山南西道节度使，同平章事。

封皇弟赵廷美（先匡美，再光美，再廷美。为两个哥哥避讳）由永兴节度使兼侍中升为开封府尹兼中书令，封齐王，位于宰相之上。

即时起，先帝赵匡胤的儿子和现齐王赵廷美的儿子，享受现任皇帝赵光义的儿子们的同等级待遇，并称为皇子，三者的女儿们并称为皇女，以示存亡一体，永无二心。

以上的条件，不管背后的那根大棒是否存在，达到了什么级数，至少胡萝卜的吨位是够了。平心而论，赵光义已经把能让出去的都让出去了，除了自己的皇位，连自己儿子的未来继承权都没有保留。而他也得到了他想要的东西——安静。

在现存的史料中，查不到当年赵家内部有过任何纷争，尤其是最敏感的德昭、德芳、廷美三人。那一段的历史中甚至没有他们的任何出场白，或者哪怕一个现场动作。

再说高官。

朝中高官，闷声发大财，每人都有赏，就算是宰相这种没法再升的职位，都可附加上一些额外好处。

原宰相薛居正加封左仆射，沈伦（原名沈义伦，避讳去义）加封右仆射；参知政事卢多逊升为中书侍郎、平章事；枢密使曹彬加封同平章事；三司使楚昭辅升为副枢密使；潘美虽然不在家，也加封为宣徽南院使。其他的大小官员依次加官晋爵，严格做到人人有份，见者有份，就连大牢里的犯人都不例外——大赦，哥儿几个可以出去透口气了。

忙完了这些，人们惊奇地发现，赵光义的表情还是那么奇特。想象一下，一张脸上既要保持住二十年如一日的优雅庄重，还要表现出发自内心的悲痛万分、生不如死，一边哭一边笑，那是张什么样的脸？

这是必须的，赵光义的局势还远远没有稳定。环顾当时，有一股力量，它可怕、敏感，在这样的非常时期，只要有一个稍微异常的冲动就会把它突然点燃，而它一旦发作了，就会让宋朝的天下瞬间四分五裂，无论谁都没法收场！

军队。

此前完全听命于赵匡胤本人，除了赵匡胤之外，没有任何人能调动一兵一卒。

这时候是当年的十月末，在两个月之前，宋朝征调了绝大多数的禁军分五路进剿北汉，也就是说，在赵匡胤暴死、赵光义越侄登基时，开封都城内的军力是空前薄弱空虚的。

没法不佩服或者羡慕赵光义了。说佩服，他眼光独到，选择了这样一个千载难逢的好机会，来做他生命中这件最重要的事；说羡慕，他的运气实在是太好了，他哥哥暴死的时候，居然正是国都军备空虚的时候，没有几个握刀的人能对他跃跃欲试。

分析一下赵光义的能力组成元素，他的强弱点都在哪儿？

赵光义二十岁左右当上了开封府尹，此后一直在首都行政部门里主持重要工作，有近十六年。他官场经验丰富，全国一盘棋，甚至比他哥哥都熟悉，是当时宋朝的第一号能吏。但可惜的是，他瘸腿。

军、政不分家，他只有一手硬。

当时宋朝的北征部队，以党进为首，潘美、郭进、杨光义……个个都是桀骜不驯、满手血腥的人，这些人平时对赵光义都极其客气，原因只有一个，他是赵匡胤的弟弟！

赵光义心知肚明，于是这些人都得远远地被隔离在北汉境内，既要面对太原城里的北汉部队，又要对抗已经赶到的契丹援军。他们明明知道了国内已经天翻地覆，连皇帝都换人了，可还得原地待着。

因为没有命令让他们回国。

但小心着，这些人的职业就是整天盘算着怎么杀人。赵光义的举动他们都懂，甚至怎么做的他们都能猜出来，而他们也真的不敢反抗，谁让他们的家小都在开封城里呢。但是这要有一个前提，就是千万别给他们那个机会。

一切都取决于一个机会——一个人会突然到来。

赵匡胤近三十年的恩德与积威让这些军人愿意甚至习惯于为他去死，他们只需要一个理由、一个借口、一个人——德昭，或者德芳。

只要他们其中的一个突然出现在远征军的军营里，出示一个哪怕是伪造的赵匡胤被害的证据，这些人都会为他起兵，杀回开封，夺回皇位。

三年之后，这一幕真的上演了。

然而这时什么都没有发生。

赵光义把自己的名字改了，起名为“炅”。这个字很棒，日下之火，光华灿烂，似乎比“煜”字要稍好一些。紧接着又把他哥哥的年号给改了。

这年十二月以前，是宋开宝九年，在十二月以后，是宋太平兴国元年。

“父死，子不改其规三年”，在中国的历史上，除了改朝换代的造反之外，没有一个正常交接上岗的皇帝敢在当年就改变上一代君王的年号。就连著名的干掉老爹、杀掉大哥的暴君代表隋炀帝都不敢。何况赵光义是以弟承兄，本来就名不正、言不顺。可他就是干了。

做完了这些，赵光义下令远征军回国。等潘美、党进等人回到开封之后，他们发现不仅要面对一个在名分上无懈可击的新皇帝，连顶头上司都换人了。

曹彬，任枢密使、同平章事；枢密副使则是以前的三司使楚昭辅。

潘美等人唯有仰天长叹，彼等生而幸运啊……像他们这样千里奔袭，异国征战，除了沾了满头满脸的北汉灰土之外，还得到了些什么？可曹彬先生就不一样，他在京城里悠闲享乐，高官厚禄就不求自得。

还有那个楚昭辅，当年陈桥兵变时当众说假话的神汉，居然变成了他们的顶头上司！上哪儿说理去？关键时刻，你不在关键地点……去诅咒命运吧。

军队被搞定了，宋朝全国都松了一口气，可是突然间皇宫的旁边有人流了血。

事情是这样的，开封城里物业繁华，三教九流什么人都有，有商人，有乞丐。这一天，就在靠近皇城根儿的一家大店铺门前，一个乞丐堵着店门破口大骂，污言秽语如黄河之水滔滔不绝。骂得精彩，听的人多，无论店主人怎样赔礼道歉都不好使，最后好不容易大家伙儿才听明白，这位嘴特臭的乞丐之所以这样激动，是因为主人家施舍给他的东西不合他心，数量不够。

群情激愤，这丫真是欠抽！不过骂归骂，乞丐扬扬自得，乞丐怕什么？除了大狼狗，连大盖帽都不在话下。于是该乞丐的骂声覆盖面更广了，在场所有人的家属都被他问候了一遍。下一瞬间突然从人群中冲出一人，拔刀就捅了他个对穿。没等现场的人反应过来，这人扔下刀，冲出人群就跑了。

大快人心，不过这事也捂不住了。第二天，开封城的城管就上报给新任皇帝赵光义。赵光义大怒，立即上纲上线——这是五代时随意杀人的陋习，一定要抓到凶手，立即严办，除掉这股歪风邪气！

有关部门全力办案，很快就把结果上报——杀人的是店主人，动机是实在气不过。

赵光义很高兴："爱卿，你能如此用心办案，真让我欣慰。不过，你最好再复查一遍，可别冤枉了好人啊。下次把那把杀人的刀拿来。"

几天之后，该部门把凶器、狱词一并呈上。程序走完，赃、供俱在，这案子结了。

赵光义却再一次问："真的审好了？"

该官回答："审好了。"

赵光义突然转头对身边的小内侍说："取吾鞘来！"

片刻之后，小内侍拿来了一只刀鞘，直接下殿，把那把杀人的刀放入刀鞘，严丝合缝！

赵光义拂袖而起，怒视那个目瞪口呆的官员：“如此，宁不枉杀人！”

一边派人去杀人，一边严令下属去查案，赵光义在庙堂之上瞬间就戳穿了手下人屈打成招、草菅人命的小把戏。

一举数得。

第一，明白无误地告诉所有属下，我的眼睛是雪亮的，谁也别想在我面前玩花样。第二，发出信号，给所有人提个醒，我再不是以前那个好说话的晋王了，我——是——大——宋——天——子！从此都把位置给我摆正喽。第三，我要刷新吏治，新朝需要新气象，各部各司注意了，从此要清白做人，努力做事！第四，如果真的有第四的话，就更加妙不可言了。

开封城里的命案，归谁管——开封府尹。这时的开封府尹是谁啊？赵廷美！

小三子，小心办事，老实当官。

整顿官场，光凭这一件小事，死了一个区区的乞丐还远远不够，要震慑天下，就要选一个官中之官的大官来开刀。

赵普。

于公于私，无论从哪个方面来讲，赵普都是最佳目标。

为了效果，同时也为了快乐，赵光义选用了上乘的官场手段，一切都进行得公平合理，了无痕迹，绝对会达到目的。

他派了一个叫高保寅的官去做怀州的知州。怀州，正是河阳三城节度使、同平章事赵普的辖区。高保寅刚一上任，几乎连怀州衙门里有几棵树都没数清，就立即上奏——赵普犯规了！他什么事都管着我，我请求按照太祖定下的规矩，“罢节镇领其支郡”！

赵普就算有心理准备，都恨不得找块豆腐一头撞死。罢节镇、收支郡，这都是他当年给赵匡胤出的好主意，没想到他自己也有当节度使的一天……作法自毙！

但是别忘了，他叫赵普，历史可以证明，如果赵光义是“无所不能”，他就是“总有办法”。不管局势怎样恶劣，甚至连皇帝都想做掉他，他都会有办法。

赵普主动申请把支郡权交出去，把自己的节度使头衔彻底变成荣誉衔，申请进京。名义是给赵匡胤发丧，为老领导送最后一程。这太光明正大了，连赵光义都没法拒绝。那么好吧，你来吧。赵光义磨刀霍霍向赵普，就等着肥猪拱圈送上门。

赵普来了，却让人没法下刀。他挑了个最好的时机，在赵匡胤的其他老同志，如安远节度使向拱、武胜节度使张永德、横海节度使张美、镇宁节度使刘廷让、归德节度使高怀德等人一起来朝拜别赵匡胤，并朝贺赵光义登基时，他才来。

赵光义总不会当着这些人来砍他的头吧？因为这是“太平兴国”之年啊，要太平，才能兴国。于是赵光义恨得牙痒痒，却只能笑呵呵的：“老同志们都辛苦了，来，大家继续加官晋爵——向拱，你和张永德一样，做左卫上将军；张美，你是左骁卫上将军；刘廷让，你是右骁卫上将军。赵普……你嘛，你与众不同，这样吧，你来个最高档的，做太子少保。而且我很爱你，天天都想见你，你不用回去了，就留在开封吧！对了，还有，你也老了，别太累着，同平章的使相之权就不再给你了。”

众目睽睽，赵普脸色惨淡，只能躬身谢恩。几乎每个人都有些幸灾乐祸，没办法，谁让赵普当年那么生猛呢，连赵匡胤有时都得听他的。想必当时都有人在暗笑——太子少保，好大的官啊，请问我朝现在有太子吗？你保个什么保啊？

谁也不知道，赵普这时心里乐开了花。达到目的了。他要的就是丢掉这些烫手的官衔，脱离地方，回到开封城天子脚下。

在地方上，有无数的混账无赖都在争着抢着帮赵光义找他的麻烦。这样搞下去，终有一天赵光义会理由充分地砍掉他的脑袋。

与其受小鬼的欺，不如直接面对阎王。

回到赵光义的眼皮子底下，一举一动让全天下人都看得见。只要够乖，只要能忍，想必日久天长，赵光义都会下不去手的。无论如何，都比不明不白地死在外面强。

就这样，赵普被顺利拿下。在世人的眼光里，赵光义的形象开始变得高大。

每一个人都知道，宋朝是文人的天堂。那么这个天堂的大门是什么时候打开的呢？

很多人都会指着资料说，宋太祖赵匡胤对文人就非常好了。但如果一直那样好下去，文人绝不会幸福到在宋朝一手遮天，有时嚣张跋扈到连皇帝的脸都敢踢黑。何况赵匡胤还会三五不时对文人们龇牙一笑——“之乎者也，助得甚事！”

这扇天堂的大门是赵光义打开的。他上任之后，不过区区三个月，也就是第二年，太平兴国二年（公元 977 年）的正月，突然宣布开科取士。

这一次，宋朝全国各道所发贡士共有五千三百多人，这些人不管家庭成分怎样，更不管家里有钱没钱，只要学分够（进京之前要有取解试，参看赵匡胤卷），国家就给你出往返路费，支持你进京码字写论文。这些人从五湖四海出发，到开封城的礼部报到。

竟然是一百零九人！

宋太祖一朝，几乎每年都开科取士，最多的一科是开宝八年（公元 975 年），那一年共取士三十一人。最少的是乾德六年（公元 968 年），只取了六人。他在位十七年，开科十五次，一共才取士一百八十八人！

似乎太滥了……赵光义的首席宰相薛居正坐不住了，他上奏，陛下，取人太多，用人太骤了。

赵光义微微一笑，下面的事才真正惊世骇俗，前无古例。

赵光义令第一等、第二等进士并九经进士直接当官，起步就是监丞、大理评事、通判这样的省部级高官。次一等的同进士出身以及诸科进士（明法、明字、明算、俊士之类）共二百七十人，直接送到吏部，这些人一律免选，优等注拟，好官美差先紧着他们来。

薛居正等大臣都傻眼了，这是在干什么？这些成熟的政治动物满脑子装的从唐朝开始的读书、科考、取士、选官等一系列官场的金科玉律就这么都报废了？

没当过皇帝可以学，你不能恶搞！

还没完，等到这一科的新任状元吕蒙正等人向赵光义辞行时，新任的皇帝对他们说——到了任上，好好当官，要是发现了什么不便于百姓的事，可以尽快处理。

也就是说不必上报！

薛居正等人开始大喘气，这相当于把他们这些宰相以及京城各部大佬都晾到了一边，成了摆设。

赵光义变得更加和蔼可亲，对他的新宠们说——众位爱卿，想必你们初次当官，没什么钱吧。这样好了，我给你们每人二十万贯，作为你们的行装钱。

就这样，赵光义即位之后的第一科，史称“龙飞榜”的进士们开始了他们的幸福生活。请记住他们的名字，状元吕蒙正、榜眼李至、探花温正舒，以及王化基、臧丙、马汝士、王沔、张宠、陈恕、宋泌、吕佑之，还有张齐贤。

这些人在宋朝的政治舞台上像火箭一样迅速蹿升起来，速度之快举国震惊，他们中至少有四个人当上了太宗朝的宰相，其中最快的一个当选时年仅四十岁。其他人中知制诰、尚书这样的高官更是比比皆是。通过他们，赵光义开始了对宋朝的改造，把这个国家的每一个角落都贴上了自己的标签。

赵光义迅速得到回报，几个月之后，他就办成了两件让全天下乃至契丹等外邦都瞠目结舌的大事。第一，把全国所有州县的行政权完全收归中央；第二，迅速整顿钱币，规范金融市场。

前者的重要性显而易见，历史的原因，造成了他的哥哥赵匡胤每天都得想着怎么向外发展，去抢别人的地盘，很多国内的典章制度都只能是临时适用的办法。比如为了备战与安定，得允许某些州县拥有特权。但这时整个中国自北汉以南，在实际意义上已经完成统一，再没有什么人有资格跟皇帝讨价还价。

赵光义雷厉风行，从此中国的皇权，自唐中叶安史之乱后，再次回到了至高无上，覆盖全国，公平地欺压着每一个人。

关于第二件事，意义无比巨大，如果要稍微夸张点说的话，赵光义在做当初秦始皇做过的事。首先他统一了货币，“禁江南新小钱，民先有藏蓄者，悉令送官，官据铜给其直，私铸者弃市”。

然后，重新规定钱币的数量。

唐朝天祐年间以前，每百钱的含义就是一百个铜钱，足斤足两，童叟无欺。天祐以后，出现兵乱，每百钱就只有八十五个铜钱。到了后唐天成年间，又减到八十钱，到了五代的后汉时，变成了七十七钱，进入宋朝，赵匡胤没办法一下子回到天可汗的时代，他规定每百钱上升到八十至八十五钱。

一时间物价平准，似乎全国的钱币流通量与货物存储量等都达到了一个空前平衡的时期，百姓开始奔向小康。

这都是官方数字。抛开铜钱的质量不说，在数量上《宋史》都公开承认，“诸州私用，犹各随俗”，真实的数字是四十八，每百钱只有四十八个铜钱！

赵光义下令提升到以七十七为百数，规定每千钱的重量必须达到四斤半以上，从此在货币的数量和质量上都规定了一个硬性标杆，让宋朝铸出来的铜钱成了东亚大陆最坚挺的硬通货。

宋朝登上人类历史上封建社会富裕之巅的日子就要到来了。

在宋太平兴国三年（公元 978 年），曾经发生了一件事，历史上很有名，但在《续资治通鉴》这样的宋史经典文献中却查不着，更大更经典的《续资治通鉴长编》中才有记载。

事发在这一年的四月，秦州（今甘肃天水），宋帝国的边缘地带，那里颇有点天高皇帝远、人强不服管的味道，尤其当时正有迁入内地的戎人经常作乱。所以宋朝在秦州境内的清水县屯兵，边操练边待敌，规模相当大。

为首的是都巡检使周承（还有一字，史料不全，未载）、田仁朗、刘文裕、王侁、梁崇赟、韦韬、马知节等人。

某一天，忽然来了一位朝廷使者。该使者骑乘正规，跟班不少，其中就有周承等人所认识的巡驿殿直姚承遂、陇州监军供奉官王守定等朝廷命官，在外观上完全一切正常。于是见天使如见天子，大家伙儿隆重接待。却不料该使者突然口称有旨（注意，口称），拿问清水县屯兵处的所有官员。

没人敢反抗，周承等人被立即捆了起来。

这时有认命的，像周承，事后证明这人纯粹是吓大的。可是他的副手刘文裕却不干，刘文裕突然大哭起来，一把鼻涕一把泪地提出了一个要求——天使大哥，你能不能先把诏书拿出来看看？

却不料该天使一听大怒——胡说！我奉的是密旨，就因为你们临阵逗留，剿匪不力，皇上才下令把你们都咔嚓了。还要看诏书？你们不知道封州城的知州李鹤是怎么死的吗？不拿诏书就杀人，这是潮流！

没人敢说话了。两年前，就在赵光义刚刚即位的时候，曾经派出很多亲信到各州各县去访查官吏民情，到岭南的亲信报告，封州的知州李鹤很黑暗，诬陷手下的军吏谋反，赵光义于是下令“诏诛之不问状”。

不再审问，也不出示诏书，就把人砍了。

这件事迅速风行天下，就算秦州这样的边远地区也都早知道了。完了……既有成例，还有什么好说的？被捆的每一个人都开始在心里默默地数数，计算着还能有几分钟好活。要知道根据这样的“潮流”，只要这位使者一个不高兴，立即就会动手砍他们的脑袋！

绝境是最考验一个人素质的时候，每个人都认命了，可先前就表现得很不配合的刘文裕仍然没有绝望，他仍然认为自己还有一线生机。因为，这位使者之前在自报家门时曾经透露出了一个至关重要的信息。

该使者说——他以前是“上南府时亲吏”，也就是赵光义还在开封府当府尹时的亲信。这真是让人非常羡慕，同时也是身价倍增、前途无量的重要保障。但在这时，这就成了刘文裕的救命稻草了。

原因很简单，刘文裕也是当年晋王府的亲信。

刘文裕万分诚恳地说——“自己人啊，大哥，你就忍心不救我？”

生机立即出现，只见该使者马上屏退所有人，然后向刘文裕越靠越近，等到距离足够近，他才压低了声音说出了一句话，刘文裕一下子就听呆了。

这句话是——“汝能与我同富贵否？”

就看刘文裕连连眨眼，而该使者目不转睛，两人的视线迅速碰撞又急速分离，刘文裕终于点头——“共富贵！共富贵！”

该使者马上给他松绑，让他一下子从阶下囚变成了座上客。

第二天，使者骑马出行，刘文裕鞍前马后地照应，这时田仁朗等在押犯也都被从宽处理，骑马随行。趁人不注意，刘文裕悄悄地靠近了田仁朗，在他耳边低声说了点什么。片刻之后，田仁朗突然从马背上摔了下来，倒在地上痛不欲生，像是马上就要死了。

在场的人都吓坏了，一拥而上围了过来，包括那个使者。下一瞬间，田仁朗却突然跳了起来，把该使者一把扭住，摁倒在地。这下子全乱套了，有帮田仁朗抓使者的，更有使者的跟班来解围的，最后的结果是强龙压不住地头蛇，不管该使者怎么大喊“田仁朗等谋反，杀使者”都没用，一干天使人等被关进了秦州大牢。

一顿小棒子炖肉之后，这人招了。他根本就不是什么朝廷派来的使者，更不是赵光义在开封府时的亲信。他叫李飞雄，是秦州节度判官李若愚的儿子，凤翔盩厔尉张季英的女婿。

这人胸怀大志，可惜异想天开。他从他父亲那里知道了秦州府的所有官方秘密，包括府库兵甲等具体数字，然后从京师到凤翔府去探望他的老丈人，趁人不备，他偷走了他老丈人的官马，一路狂奔，选在一个夜里，进了一家官方驿站，用老丈人的官马骗取了驿站管事的信任，声称自己是奉命巡边的使者。然后以使者的身份，选了一个驿站的兵卒做跟班，再用同样的手法滚雪球一样地把姚承遂、王守定等人骗到手里，跟着他一起到秦州的清水县去杀人，接管军队。

然后就是山高皇帝远，此地归我管……计划怎么样？理论上很周密，行动上很传奇，最后的结果也很惨烈。他怎么也没想到清水县就真有一个原晋王府的亲信，而且他演的李鬼太沉不住气，直接就泄了底。

之后的事就是涉案人等全部腰斩，包括同样被骗的姚承遂、王守定等人，以及当初那个驿店的管事和士卒。至于李飞雄，他被夷三族，连同他的亲家全家一起死光光。

分析一下这件事，似乎完全是个个案，像他这样突发奇想，除了自己以外，连个同谋都没有，就敢去颠覆大宋，从赵光义的嘴里往外分食吃，怎么看都是一个地道的疯子。但问题不在他的 IQ 指数上，而是要想一下，为什么他能一路行骗，仅仅凭着一匹官马以及“朝廷使者”的名头，就能把那么多的沿途官吏都玩弄于股掌之中？甚至到了边镇，一句话就把全部武将都上了绑，差一点就全被砍了脑袋？

而且要强调的是，这些职业玩刀子的人不仅没敢反抗，就连怀疑都不敢，如果不是刘文裕想拉关系走后门，就真的被集体拿下冤杀了。

为什么呢？要知道，这时只不过是太平兴国三年，也就是赵光义刚刚当上皇帝不到两年，难道武人就已经混得这样㞞了吗？

事实上，是早就这样矬了。众所周知，宋朝的武将没地位，可谁也想不到他们竟然是以这样的速度失去地位的。

有一件事足以说明问题。

话说有能耐的伙计连老板都得另眼看待，那么给整个国家守大门的将军又应该有什么样的待遇呢？别说之前的五代以及大唐，就算是一手创立宋朝兵制、打压武人气焰的宋太祖赵匡胤，都对边境上的军队实行两种制度。

边防军可以随意动用当地的财政赋税收入，可以独立从商营利，不仅可对内，对外和异族交易也可以，而且一律免税。可以随意动用得来的钱招募勇士、收买间谍、奖励士卒……总之想怎么样就怎么样。这都不算，赵匡胤还在开封城里给这些边关大佬修别墅，规格之高连施工的官员都看不过去，上报——这不对，都超过皇室亲戚的规格了！

赵匡胤却大骂——不懂就闭嘴！边关将士远比什么皇室重要，“急速造来，无使复言”！

到了赵光义时代又怎么样呢？在他刚登基时，不超过一个月，边关就出事了，而且是最恶劣的那种，边关将领们窝里反。

瀛州防御使、监霸州军马仁瑀，擅自命令部下出境掠夺，选择的出境口是齐州防御使、判齐州李汉超的地段。这就出事了，马仁瑀不地道，抢了李汉超的口中食不说，还给李汉超吃了个大苍蝇。因为事后契丹那边必定要报复，可找谁呢？只能是李汉超。马仁瑀整个白占了便宜，还把李汉超当傻子耍。

李汉超恶性勃发，马上就找马仁瑀火并。

新皇帝赵光义出面了，他不打不骂、不急不躁，相反，选择的办法非常温馨，充满了以前晋王的仁者风范。

他派人分别给马仁瑀和李汉超送去大批的金银缎帛，并且摆酒给两人说和劝解。

矛盾是暂时的，友谊是长久的，和谐是必需的。于是一场边关火并就此平息。事情过后，赵光义才找了个机会，把马仁瑀调到了辽州，让他俩离远点。

以上的事情，似乎表明了赵光义是个相当可人的领导，至少比他哥哥要温柔多了。但是，历史证明，武将们把事情给做错了。是的，没有证据能证明这件事是马仁瑀、李汉超，甚至更多的武将合伙演的一出戏，用意就是要给赵光义一个下马威，让新皇帝知道些好歹，从而捞到更多的好处。

更没证据能表明，这件事之后武将们都很开心，因为他们的目的达到了，皇帝还真的是蛮上路的，他们惹祸可皇帝摆酒，面子大得没话说。

事实是这直接给赵光义敲响了警钟，让他刚上任就不得不对武将们重新审视。而且，“豪勇”的武将们忽略了一个至关重要的事实，赵光义不是怕他们，而是在乎这件事对他的“国王之梦”的影响。

那时远征北汉的禁军还没回国。

想想看，国内的事情还没全搞定，禁军又都在国外，边境再出事，那就真的外焦里嫩彻底歇菜了。所以，赵光义只能选择保持晋王的老面孔——我忍。

但事情没完，时限转眼就到。转过年来，潘美、党进刚刚回国报到，赵光义就立即变脸，他向全国所有的节度使下达了一条死命令。

令——天下诸州把各节度使子弟的名单全部上报，然后按名单要人，限期到京。一共有一百多人，把这些高干子弟都补充到殿前司，去干一些承旨之类的贱职，就此圈养。

这是在做什么呢？对，人质。赵光义已经把部下们当成了各封建属国，要他们送自己的儿子进京为人质，以后听命令服从指挥就一切都好，不然他们的儿子就会人头落地！

是可忍，孰不可忍！

职业军人们本已经开始淡泊的血性杀气被空前的危机感再次唤醒了，每个人都不自觉地握住了刀柄。那是我的儿子，我的长子！我一生刀头舔血、九死一生，为的是什么？难道不是封妻荫子吗？可现在居然连儿子的命都要保不住了！谁知道这个变脸比翻书还快的新皇上什么时候会彻底翻脸，与其那时受苦，不如这时痛快！

但榜样的力量是无穷的，这时京城里出现了一个被当时的士大夫们所激赏、更被后世的文人们全体称颂的“文明”之举。

国家的第一军人枢密使曹彬，无论什么时候，走在哪条街上，只要迎面遇到了士大夫们，他一定会“引车避之”。

武人们的领袖也低头了，而且据说是心甘情愿的……这是怎样的一盆凉水啊，浇得宋朝全国的武人们都垂头丧气、心灰意冷。就从这时起，掌管全国军务的枢密院的地位，从五代时的领袖朝廷，到宋初时的与中书省分庭抗礼，到这时就只能退居次席了。

有的人忍了，可有的人站了出来。名将曹翰，他站在赵光义的面前冷笑着说，作诗有什么了不起的？依臣看来，那些酸丁写的还远远不够瞧！请听臣赋诗一首——曾因国难披金甲，耻为家贫卖宝刀。他日燕山磨峭壁，定当先勒大名曹！

好诗！赵光义击节叫好。诚然，名将曹翰文武双全，人生经验丰富，随便意与气合就能酿成佳句，但赵光义只是叫好，完全无视诗中的愤怨之气，他转过身来就再次给文人加恩。

没过多久，宋朝在太宗年间的第一次科考就开张了，并且“一举首登龙虎榜，十年身到凤凰池”——凤池，中书省、宰相府也。也就是说，区区十年之后，这些考中的举子就能当上宰相！

武人们还有什么好说的？人，都只能活在潮流里，谁也不知道哪片云彩里有雨，会在什么时段下起来。他们只能私下里相对哀叹生不逢时，但就是这样的哀叹，都注定了没人去听。时光在飞速地流逝，转眼就到了太平兴国三年（公元978年），就在前面李飞雄事件发生之前的两三个月里，宋朝举国都沉浸在一片对皇帝的罕见的智慧与仁德的崇拜之中。

以至于，什么李飞雄，什么曹彬、曹翰，或者节度使的人质事件，都被那时的民众和历史远远地扔到了一边。

# 第二章　春水向金陵

好事连连，先是收租子的时候到了。宋朝人眼巴巴地向东南方眺望，三年了，吴越国王钱俶朝觐的日子又到了。

三年一入朝。还记得李煜的罪名是什么吗？

倔——强，不——朝。

钱俶万般无奈地走进了开封城。

新地主赵光义隆重接待，规格比他哥哥赵匡胤那时更高。只是不放他走。钱俶一连上表三十余次请辞，赵光义都不答应他回杭州。

钱氏父子如坐针毡，办法没想出来，灾星却来了。

陈洪进，割据南方漳、泉二州的陈洪进也来开封了。

陈洪进，男，公元 914 年生人，字济川，泉州仙游（今福建仙游县）人，一说临淮（今江苏泗洪县）人。值得一提的是，如果是前者，那么他就光荣了，一位在后一百余年时改变了整个宋朝国运的大佬和他还是乡党。

这是个标准的五代人，他起家是因为能打，发家史跟赵匡胤一模一样，只不过粗暴狠毒了许多。他的老主子死了，小主子太小，当时他们名义上是南唐的下属，他直接把小主人绑到了金陵，理由是这小孩儿要投降死敌吴越。就这样，他扳倒了顶头上司，但真正得利的却是他的老伙计张汉思。

张汉思因为资格太老，所以反得上位。但面对陈洪进这样的杀手，谁能坐得安稳？于是张汉思请陈洪进吃饭，准备在饭局上把他做掉。谁也没想到，事情居然邪门到了天崩地裂的程度。

酒席上张汉思刚想说动手，突然间就山摇地动，屋倒墙塌，一片鬼哭狼嚎……千真万确，地震了。这下子没人敢杀他了，而且还有人当场向陈洪进告密投诚。

没死成的陈洪进转身就来找张汉思算账，他用的办法非常低调。那一天，他换了身最平常的衣服，就像吃饱了到老领导家散步一样，一个人溜达到了张汉思家。把张家看门的人都骂走了，张老头儿在屋子里刚想打招呼，却不料这人突然从袖子里拿出了……一把大锁头，咔嚓一声就把大门给锁死了。

想出来不？想的话把将军的印信都交出来！

就这样，漳、泉二州的领导人诞生了。

这之后，陈洪进在南唐和吴越的夹缝中苦苦挣扎求生存，等到赵匡胤崛起之后，他又向宋朝纳贡投诚，并且紧跟形势，在钱俶第一次进开封之后，马上也有样学样亲自去开封。只不过他这回运气差了点，刚走到半路上，宋朝就突然宣布赵匡胤驾崩了。

陈洪进老了，太平兴国三年（公元978年）时已经六十四岁。还有什么好犹豫的？前半生玩了命才弄到手的漳、泉二州，已经成了他的催命符，要是再不识相，宋朝灭掉他比踩死一只蚂蚁还容易。于是他千里迢迢主动投降，带着全体家眷和漳、泉二州的十四县、十五万一千九百八十七户百姓、一万八千七百二十七名士兵的户籍本册到开封城向赵光义要一间养老的房子。

赵光义大喜，封陈洪进为武宁节度使、同平章事。又封他的大儿子陈文显为通州团练使，仍然回去管泉州；小儿子陈文颢为滁州刺史，去管理漳州。

开封城全城欢庆，据说还有人在吴越会馆的大门外放了几个大炮仗，震得钱俶面无人色。

钱俶苦笑着摇了摇头，到头这一生，终有这一日，也罢！从此吴越八十六县、五十五万零六百零八户百姓、十一万五千零三十六名士兵的军队统统奉送他人，换回来一顶淮海国王的帽子，给儿子惟濬找了个淮南节度使的差使，惟治和孙子承祐也各自为镇国节度使和泰宁节度使。

至此，中国长江以南终于完全归入了宋的版图。太平兴国三年，实际上赵光义才刚刚当上皇帝两年，没动用一兵一卒，没使用半个字句的强迫诏书，就让钱俶和陈洪进主动臣服，献出了土地。当然你可以说，这都是之前赵匡胤打下的基础，赵光义不过是坐享其成。但是不可否认的是，赵光义把帝国顺利接收，然后迅速步入正轨，让国家变得更加繁荣强盛，让外邦不得不服、不得不降！

开封城陷入更大的狂欢之中，甚至举国欢庆。但就在这时的开封城里，一个显赫的贵族聚居区里，却有一处人家灯火凄迷，人声幽咽。众人欢乐他不欢，举国同庆独凭栏，宋初时，甚至中华五千年里都屈指可数的那位才子，他的噩运就要到来了……

李煜，他在开封已经“活”了两年多了。

他活得好吗？“一旦归为臣虏，沈腰潘鬓消磨。”他活得不好吗？到了宋太平兴国三年（公元978年），他已经从最初投降时的违命侯升到陇西郡公了。

公侯尊荣，钟鸣鼎食，万人之上，还会有什么不快乐吗？可《宋史》里明白地写着，单在金钱方面——“右千牛卫上将军李煜自言其贫，诏赐钱三百万。”

很多人都对李煜侧目，搞什么，浪费惯了吧，以为还在你的金陵皇宫里？何况当初仁慈的曹彬曾经允许你随意携带财宝到开封过富翁日子，难道一两年之间就都败光了？

真是这样吗？请翻开《续资治通鉴》的太平兴国二年（公元977年），看那一页最上面的几行字。原文说，宋朝的左藏库看守贾黄中，在升官外放前，最后一次查库交接，发现一间锁得死死的库房，打开一看，里面是几十个装满了金砖的大柜子。

追查来源，是“李氏宫阁中遗物，未著于籍”，这个“李氏”是指谁呢？是后唐的“李”，还是南唐的“李”？只要稍微回想一下后唐之后的“后汉”就有答案了。当年刘承祐为了打郭威，连皇后都恨不得卖了去发军饷，还能留下来这么多的金砖？！

可怜的李煜，他不知是被谁把钱给骗走了，连钱的去向都不清楚。因为“未著于籍”，连赵光义得知之后都大喜，特地赏了发现者贾黄中二十万贯铜钱。

钱，从来口不言利、手不沾钱的富贵散人李煜终于知道钱意味着什么了。人生是什么、生命是什么，冷硬与灰暗的东西和销金红罗帐、春枝锦洞天的区别在哪里，他终于都知道了。

但知道了却不等于就要去做。就像同样是肚子饿了，有的人会拿起弓箭上山，有的人扛着锄头下地，而有的人却是悲叹流泪、沿街乞怜。

不是说李煜在摇尾乞怜，如果真是那样他倒好了。他身上有些与生俱来的东西，这些东西不管是虚幻的还是迂腐的，都绝不允许他不要脸。

和他形成鲜明对比的是前南汉皇帝刘鋹，这个败类就是个很实际的人。当皇帝时他横征暴敛，为所欲为，怎么开心怎么来，绝不管别人的死活。等到当了俘虏，那就全面放下架子，给主人当一条最乖最可爱的狗，以便能分到一块肉骨头，并且啃得长久些。

李煜不行，生命是一袭华美的袍，上面爬满了虱子。但就算再难受，他都要穿得整整齐齐，保留住哪怕只是表面上的那点尊严和体面。

李煜却偏偏得不到。战败者是失去了一切的人！他初到开封时，以为到了人间地狱，可是没想到赵匡胤经常约他喝酒吃饭，还在饭桌上讨论一些文学问题。

这让他分外难受，谈什么文学呢？这分明就是拿他开心。十个月之后，他就明白了赵匡胤对他有多么宽容。因为赵光义突然当了皇帝。

噩梦开始了，先不说贫穷、饥饿和寒冷离他还很远，赵光义给了他三百万贯铜钱，可夺走了他最宝贵的东西——他的尊严和他的女人。办法用得光明正大，有官职的男人每天要朝觐天子，有诰命的女人也要定期进宫朝拜皇后。李煜的夫人小周氏，被封为郑国夫人，她每月必须进宫，每次都要停留好多天才能回来。至于发生了什么，我珍惜自己的键盘和手指，我不写。

李煜愤怒，可最终却只能习惯性地转化成悲伤和悔恨。他没有朋友，更不能离开开封远远地躲开，他只能拿起笔，把心里无尽的痛苦转化成了字字血泪的词句。于是，他成名了。

忧愤出诗人，国家不幸诗家幸，赋到沧桑句便工。李煜在短短的两年时间内，就把“词”这种民间小调式的格律迅速推到了一个前所未有的高度。再也不是吟风弄月式的无病呻吟了，再也不是五陵公子般的寻花问柳了，不管后人怎样贬低他是个没种且没脑的亡国之君，他们都不得不承认——“词至李后主而眼界始大，感慨遂深”。

李煜的祸事也就此临近。

在他悲伤寂寞的日子里，曾经有三位故人来探望过他。最先来的，是一个渔夫。这个渔夫提着鱼骗过了李煜家的“看门人”，来到了他的面前。

您……还认识我吗？

李煜震惊，居然是他金陵的乡音。

渔夫抬起了头，那是一张悲喜交集的脸。李煜好久之后才想起来，这是他的一位大臣的儿子，叫郑文宝。

悲喜交集，但没法多说，郑文宝千言万语都凝聚成了一句话——您要谨慎，要珍惜宋朝皇帝对您的宽容，千万不要乱想乱说！

李煜频频点头，他或许真的不知道，他在这两年里所写的词句，早就已经风传天下，尽人皆知了。

郑文宝走了，再来的是张洎，就是他以前的宰相。但他万万没有想到，张洎再也不是以前的那个人了，他来，居然是向李煜打秋风！

人是会变的，但变化怎么会这样快、这样大啊！李煜再不愿多说什么，他家里没什么值钱的东西了，只剩下了一只白金做的脸盆，他随手扔给了张洎，让这个人马上消失。

时光飞逝，转眼间宋太平兴国三年（公元978年）七月到了，李煜迎来了他的第三位故人——徐铉。两人见面，李煜再也控制不住自己的情绪，他突然放声痛哭，徐铉……还有两年前那么多的南唐忠臣，为他做了那么多，可他完全辜负了他们！

悲痛中，他脱口而出——悔不该当初杀了潘佑、李平！

李煜再一次沉浸在了自己的情绪里，他完全没有看到这时的徐铉与以前有什么区别。徐铉的脸上没有表情，他很快就告辞了，然后直接进了皇宫，向赵光义复命，把刚才李煜说的每一句话都原原本本地复述了一遍。

历史可以做证，他真的是不知道赵光义下一步要做什么！

徐铉在宋朝就像当年进了曹营的徐庶那样，既不得志，也不求上进，完全自我排斥在官场富贵之外。但什么都晚了，七月，很快七夕之夜就到了。

那是李煜的生日，这一天天色刚晚，许多人，绝大多数都是女人，从开封城的各个角落走向了李煜的宅院。这一天对她们来说是神圣的，她们不再去看宋朝人的脸色，更不去想她们自己会有什么后果。她们要——给李煜过生日。

门关起来了，红烛也点燃了，门之外还是宋朝的天下，而门里，仿佛还是两年前的金陵……每一个人都是欢笑的，她们像当年一样为李煜载歌载舞，希望他至少在今夜能够片刻欢愉。这一夜，李煜神思飞越，越过了重重山河，万里大地，他回到了自己的故乡江南，回到了他曾经的家园。亡国之恨，身世之伤，从来没有像今夜这样清晰，一些词句像是自动流淌了出来，之后就算经过千年间无数文人的吟咏考辨，都没法从中删改一字。

因为那是李煜的心声，是完全属于他自己的命运之声——“春花秋月何时了，往事知多少，小楼昨夜又东风，故国不堪回首月明中。雕栏玉砌应犹在，只是朱颜改，问君能有几多愁，恰似一江春水向东流……”

歌声飘出了门，飘出了围墙，飘进了赵光义的皇宫里，“小楼昨夜又东风”“恰似一江春水向东流”这样的词句在赵光义的心里只有一个解释——李煜要乘东风，顺春水，回金陵，造反！

那好吧，李煜的歌声还没有停歇，就有人敲门。来人身份极为显赫，那是当年的皇弟赵廷美。他带来了皇帝的祝贺以及一杯酒……李煜在剧痛中死去，死状极惨，剧烈的腹痛让他的身体弯曲，头不由自主地碰到了自己的脚尖，这就是“牵机毒”。

他在词作的巅峰时死去，心潮起伏，剧痛难当，悲喜交集——因为终于解脱了！流水落花春去也，天上人间……后主，从嘉，走好吧，从此再不要谪落人间。

李煜死了，在当时，就像是一根点燃的蜡烛被风偶然吹灭了一样，是件无声无息、没人在意的事。

毕竟人人都生而苦斗，谁会去管别人的生死。

尤其是赵光义，他听到回报的时候，连眉头都没皱一下，他在想着真正让他兴奋的事——男人的事业。其他的都不过是些玩物而已，包括李煜的老婆。

一个问题在折磨着他，真是又幸福又烦恼——他现在还要再做点什么？这可真得慢慢地咀嚼享受啊。他需要功业，需要胜利，需要不断更新完善自己的高大形象，那么，他就需要下一个敌人。

赵光义在高大幽深的宫殿深处默默地把头转向了北方，他的目光精亮而深邃，北方让他充满了渴望——北汉。

这个敌人妙不可言，首先，它是最后一块骨牌了，只要加上它，局面就十全十美；其次，这个敌人可真强，谁都记得，它经过了什么样的打击，可就是一直都没有倒下去。

这个时代曾经有过的神话，那个锋芒利刃、战无不胜的柴荣，还有拓地万里、横扫天下的赵匡胤，不管他们怎样强，甚至亲自攻击，北汉都岿然不坠，直到今天。那么换到他呢？

赵光义再也遏制不住亢奋的心情，他站了起来，在帝国的中心睥睨四顾，在无人时向自己发问——难道你不做点什么吗？现在每个人都对你毕恭毕敬，俯首帖耳，似乎你真的至高无上了，可你做的哪一件事是凭你自己本身的能耐完成的呢？每件事都仍然记在你哥哥的功劳簿上！

接管天下吗？这谁做不到？漳、泉归地，吴越献土了吗？可要是非得出兵才能收服它们，那就是天大的笑柄！

每个人都在背后耻笑着你，这些难道你就真的都不知道吗？！

宋太平兴国四年（公元979年）正月，宋朝皇帝赵光义下令征讨北汉。

他没有像柴荣或者他的哥哥赵匡胤那样采取纯粹的军事行动，也就是说，他没有依靠派出军队突然袭击北汉来达到最好的战术效果，而是先派出太子中允张洎、著作郎句中正出使高丽，通报宋将北伐。

不是说高丽特别强大，宋朝做什么要先请示它，而是在敲山震虎，赵光义真正的目标还是契丹。

在别人眼里，契丹是豺狼虎豹，契丹意味着死亡和掳掠，但在赵光义的眼里，他只知道自己是一团在太阳下熊熊燃烧的火焰，“炅”，他深信自己对得起这个名字。只不过，这时他还远远没有意识到一个问题——人，有那么大的志气是好事吗？

历史证明，当时的契丹人真的坐不住了，他们的国王派来了使者询问——“何名而伐汉也？”

注意，只是询问，而不是警告，似乎他们只敢问一个理由，像当年的耶律德光那样对中原的国君大呼小叫的日子已经过去了太久太久了。

赵光义的回答极其强悍有力——“河东逆命，所当问罪。若北朝不援，合约如故；不然，唯有战耳！”

多么强硬，这是自唐代中叶以后，从来都没有出自过中原皇帝之口的上位式的话语了。

当年的契丹使者愕然，接着就乖乖地回去了。回顾历史，这时的契丹对宋朝的态度至少是敬畏的，柴荣和赵匡胤给他们的震撼还没有过去，赵光义自登基以来更是以一个超强者的势态存在着。《辽史》里清楚地记载：“……赵炅自立……”他自立为皇，绥服南方，把国内所有权柄都加于己身，这些，都让契丹人深深地顾忌。

他们尊重强者。一切的迹象都表明，赵光义是一个比他哥哥赵匡胤还要强得多的强者！

强者说过的每一句话都是算数的，契丹人的使者还在回家的路上，宋朝的军队已经杀进了北汉的国境。

# 第三章 命运之巅 睥睨天下

最先冲进去的是云州观察使郭进。郭进挥军疾进，方向却偏离了北汉的都城太原很远。他奔向了太原城的东北方，一百二十余里开外的石岭关，那里才是他的目的地。

石岭关，是并、代、云、朔四州的要冲之地，契丹人如果援助北汉，这里就是必经之路。而他现在的实际差遣职位就是石岭关都部署，任务就是把这道大门死死地关住。

任务重大，郭进却一边跑路一边偷着乐——潘美、曹翰、刘遇，你们这帮孙子，老子给你们关门望风去，可你们到底干什么了，都争出结果了吗？

事情是这样的，这一年的一月，赵光义下令，命宋宣徽南院使潘美为北路都招讨制置使，率领河阳节度使崔彦进、彰德节度使李汉环、桂州观察使曹翰、彰信节度使刘遇四将进攻北汉的都城太原。

本来很简单，计划是直接冲到太原城下，然后四面攻城，按照职位的分配是崔彦进攻东城、刘遇攻西城、李汉环攻南城，剩下的北城是曹翰的。但是曹翰不干了，他的职位不过是观察使，东、西、南、北，只配选最尾，可他却对三位节度使一阵冷笑，然后他选定了刘遇。

——你不行，把西城交给我！

这就是曹翰的要求。话一出口，举座皆惊，刘遇更是大怒，这是对他从头到脚的蔑视，再没有比这更伤人的了！因为谁都知道，太原的皇宫就在西城，相应地，那里的防御体系最强，上几次攻打时，局面险恶，死的人远远超过了其他三面。按理说的确应该派最强的人去攻打，而曹翰之强，在当时的宋军名列前茅，不说别的，你们屠过城吗？曹翰就屠过！

但刘遇不能让步，这不仅仅关系到事后功劳的大小，更是一个军人的起码尊严。宋朝的兵将，至少在这时是以做一个强者为荣的。

两不相让，最后赵光义出面，他担心将帅不和，但更珍惜曹翰的骁勇——“卿智勇无双，城西面非卿不能当也。”

西城归曹翰。

就是这样，宋朝的军队别管是为了战胜后的贪婪，还是军队里的好斗血性尚存，他们争着抢着杀进了北汉的国境。

大宋皇帝赵光义在当年的二月亲率十万大军从开封启程，自将中军，冲入北汉境内。

铁甲铿锵，马鸣萧萧，庞大的军团向北方运动。队列中的每一个战士，包括皇帝赵光义本人，他们都知道吗，能够想象吗，自己正在做着什么？

在公元10世纪，作为世界中心的东亚，已经形成了半个多世纪的格局马上就要因为他们剧烈的碰撞而发生转化，千万年不断衍化迁移的种族，千万年不断流血争抢的生存土地，需要再流尽千百万人的鲜血来覆盖涂抹它们！

那是因为一个种族的长久期盼，还是仅仅因为一个人的梦想？

郭进率军直扑石岭关，在石岭关与引进使、汾州防御使田钦祚（三千打六万的那位英雄）会合，两人稍微合计了一下，就办了一件坏事。

赵光义的中军正在行进中，突然接到了前方的战报，郭进已经击破了北汉的西龙门寨，仅生擒的俘虏就一千多个，没杀，全都送到了皇帝的中军行营里，开门大吉，向全军献俘！

全军士气大振，前方的郭进却冲出了石岭关，继续向东北方疾进，昼夜兼程一百四十余里之后，到达了胡汉交界处的白马山。

白马山，在太原城东北二百六十余里处，旁有木马水，山上有白马关，是石岭关外围的战略要地。郭进与田钦祚分工，由田钦祚在石岭关坚守，作为第二道屏障关隘，而他绝不要单纯地防御，他要前进到白马山主动迎敌，歼敌于国门之外！

很快他就遇到了他的敌人。契丹人是突然出现的，他们“间道进至白马山”，领军的人规格极高，竟然是契丹的南院宰相耶律沙。

《辽史》记载，这一年，契丹人为了保住北汉这道南边的防线，先派出了南院宰相耶律沙为主帅、冀王耶律敌烈为监军的庞大军团，紧跟着又命南院大王耶律斜轸率军接应，再令左千牛卫大将军韩托、大同节度使耶律善补为本路军南援。

三路大军，层层推进，互为救援，唯恐有失。

契丹人为什么要这样重视、这样小心？这次救援北汉的军队，已经远远超过了当年阻止赵匡胤亲征北汉时契丹人的兵力，这样的谨慎已经带着浓重的恐惧意味。

要换位思考，北汉是宋朝北面的钉子，是汉人夺回燕云十六州的障碍；而对于契丹人，北汉就是阻止宋军北伐的第一道防线，更是绝对不容有失的！

三月，北方苦寒，仍是严冬，宋军负责阻击契丹援军的郭进将军，在塞外白马山上与胡人野外相遇，两军相接，中间只隔了一条水流湍急的大涧。

没有城池，没有援军，郭进要向称雄野战已近半个世纪之久的契丹铁骑挑战。来吧，就从这时开始，揭开了宋、辽之间近二十年的连番血战！

两军相遇，郭进突然稳定下来，先前的百里奔袭、风卷残云，一下子瞬间静止。他率军驻守在大涧的南边，面对对岸越聚越多的契丹士兵不动声色。

对岸的契丹人却不习惯等待，这不是契丹骑兵的传统，尤其是他们的监军冀王耶律敌烈，汉人的监军们往往遏制士兵们的战斗力，可耶律敌烈的求战欲望却比主帅耶律沙还要强。他不顾耶律沙的反对，命令立即进攻，并且率领自己的儿子耶律蛙哥亲自充当先锋。

监军代表着皇帝，契丹主帅耶律沙只能听令。就这样，白马山上短暂的寂静被突然打破，契丹铁骑纵马跃入了深冬时节冰冷的山涧里，向对岸的宋军冲去。铁蹄溅水，钢刀出鞘，他们以为宋军会像以往的那些汉人军队一样向后退却，但他们万万没有料到，他们仅仅才到达了山涧的中游，对岸的宋军就突然间跃入了水中，像他们一样无视冰冷刺骨的寒水，冲杀了过来！

第一场血战爆发在山涧之中，郭进以凌驾于契丹人之上的勇猛率部厮杀，混战的结果是契丹人在山涧中遭到了前所未有的惨败，监军耶律敌烈及其子蛙哥、主帅耶律沙的儿子耶律德里、令稳都敏、详稳唐番五位上将当场战死，契丹人溃不成军，蜂拥逃回北岸，郭进乘势登岸，率军疾追，继续冲向契丹人的中军。

契丹人全线崩溃，主帅耶律沙对部队彻底失去控制，只能夹杂在败兵队伍中向北逃命。但是郭进紧追不舍，他用事实证明了自己从开始就没打算过固守阻挡，他要的是把契丹人赶尽杀绝！

就在这时，契丹人的第二路援军到了，是契丹的南院大王耶律斜轸。耶律斜轸瞬间就解读了战场上的形势，他做出了明智的选择，命令全军收缩，放过耶律沙的败兵，然后万箭齐发，把宋军的攻势遏制住。

绝不和杀红了眼、彻底进入状态的郭进短兵相接，争一时之胜负。

石岭关白马山之战就此结束，宋军大获全胜，名为阻击，实为野战。隔天之后，战报传至大宋皇帝的行营，瞬间全军欢呼。这一战，宋军阵斩契丹一万余人，援军变成了逃兵，而且一路北逃，不敢停歇，直到撤回了契丹境内的幽州。

四月，大宋皇帝赵光义御驾亲征至北汉太原城下。二月出发，四月到达，似乎慢了点，但一路之上，捷报频传，赵光义的每一天都走在命运的巅峰时刻。

他不断地遣兵派将，先头的潘美等主攻部队不算，他自己亲率的十万大军不算，又征发河南的郓、济、博、棣、泽、潞、怀、汝、华、虢等诸州军队及河中的晋、绛、慈、解、齐、德、曹、单、淄、卫等诸州将士赶赴太原，一时间，整个中原的北部战云密布，军事调动空前密集。

效果显著，一路行军，攻城拔寨，宋朝的军队像潮水一样涌进了北汉的境内，所过之处，所有州县完全荡平。等到中军大营终于出现在太原城下时，所谓的北汉，除了更北边的汾州之外，只剩下了一座孤零零的都城。

但无论如何，它是太原城，就算失去了契丹的援军，北汉人至少还拥有那堵举世闻名、让柴荣和赵匡胤都抓狂的城墙。更何况，最初是潘美等人犯了个大错误，他们的动作还是不够快，在围城之前，让一个人带兵先闯进了城里。

北汉天雄军节度使——刘继业。

又是他！潘美等人互相看了一眼，都手心发痒，但也同时普遍性地脑子发木、身子发麻。不是怕他，而是太难缠了！

果不其然，连续攻城两个月，就差像上次一样把汾河掘开放水灌城了，可太原城墙就是死样活气地挺在那儿，无论如何就是不倒。直到他们很没面子地迎来了皇帝。

赵光义把自己的大帐设在了汾河的东岸边，从即日起巡视四城，抚慰将士。稍微休息之后，他写了一道诏书给北汉主刘继元，态度很亲切，内容很宽松，只要刘继元能投降，就什么都好说。可是诏书送到了城下，城上的北汉人却既不拒绝，也不传送，充分体现了北汉这时的迎敌精神——装聋作哑，非暴力不合作。

意料之中，但是过场也就此走完了。

第二天天还没亮，赵光义决定亲自上战场，他不顾大臣们的反对，穿上了盔甲，先到西城看望曹翰。一见面，曹翰死的心都有了，当初他说了什么，全宋朝人都知道，可他现在做到了吗？尤其是皇帝没有半句埋怨，只有慰问、鼓励甚至感谢……曹翰面无表情地出去了。片刻之后，太原城下沸腾了，宋军开始不计生死，全力攻城！

当天，曹翰的人马差一点就冲进了太原城里。他的部下们蜂拥而上，天武军校荆嗣第一个冲上了城墙，一连砍翻了好几个北汉兵，可是代价也相当惨烈，他的脚上中了好多箭，手里拿着的家伙都砍得崩了齿。史书记载，赵光义在下面都看见了，他马上命令荆嗣撤下来，赐给他锦袍银带，以示嘉奖。

但是行动还是失败了，《宋史》仍然有所讳言，眼看城就要破了，谁会因为一位勇士负伤就停止攻击？当年的理由只有一个——这段城墙的里边就是北汉的皇宫，北汉最强的士兵也一定驻扎在这里。那是谁？

刘继业！只能是他。

赵光义转场，他“躬擐甲胄，蒙犯矢石，指挥戎旅”，亲自来到了战斗的第一线。有人劝他留神安全，他的回答是——“将士争效命于锋镝之下，朕岂忍坐观！”

宋军士气大振，“人百其勇，皆冒死先登”。而且这时，宋朝经赵匡胤一生所积攒下来的军备力量充分发挥了威力，当时宋军随行的“控弦”之士达到了数十万，每次发给他们的箭有数百万之多，而且命令他们必须“顷刻而尽”。

射手们列阵在赵光义的马前，“蹲甲交射”，其效果达到了太原城头“城无完堞、矢集如猬”的程度。

这还不算完，赵光义巡行四城，走过之后，城上的北汉人都吓得面无人色。只见在赵光义的马前，有数百个军校前导，他们“袒裼鼓噪”，意态豪雄，把随身佩带的刀剑抛向了空中，只见白刃飞舞，满空刀剑，这些人却反而跳了起来，左右承接，曲尽其妙，杀人的凶器在这些人的身上不过都是玩物！

尽管如此，太原城仍然不破，它在数十万人的疯狂攻击之下岿然屹立，让宋朝人无可奈何。

时间进入了五月，宋军的攻击力度再次加大，达到了整月连续攻击、不分昼夜的程度。到了月末的二十九日（己卯朔），赵光义在夜间来到了太原城的西南角，集结重兵急攻，到了快天亮的时候，太原城的外城羊马城终于陷落了。宋军正要一鼓作气冲进内城，却发现突然间城门开了，一群北汉人冲了出来——是反攻！

杀红了眼的宋军没有丝毫迟疑，他们直接杀了过去，把这些敢于出城迎战的北汉人全都砍了脑袋，而且拿到了赵光义的马前请功。可就在这时，一件让他们万分不解的事情发生了。只见太原城头上突然出现了很多的人影，一阵刀起刀落之后，一大堆的人头被扔了下来。

捡起一看，全是女人和孩子的。

事后才知道，冲出城来的是北汉的宣徽使范超，他是来投降的！可是时机和火候都没掌握好，不仅自己被宋朝人杀了，连自己的妻子儿女也被刘继元砍了示众……但是大势已去，极限到了，之前无数的史实都可以证明，没有任何一座城池是永远都不会被攻破的。

隔天之后，五月三十一日，宋军改攻太原城的西北角，这一次北汉人学乖了，北汉的军队首脑马步军都指挥使郭万超投降成功。六月一日，赵光义发出了胜利宣言——明天中午，我们进城去吃饭！到了第二天，一切的终结点到了。

这一天，宋军数十万的士兵集结到了太原城的南面，他们疯了，已经整整半年了，没日没夜的强攻让人心力交瘁、忍无可忍，就是这座该死的太原城，前前后后让多少人死在它的城下，该结束了！“士愤怒，不可遏”，宋朝的军队不顾一切地冲向了太原城的城头！

紧跟着发生的事情，让最渴求胜利的赵光义都惊呆了，以至于他下令马上后退。因为他害怕他的士兵冲进城之后会大开杀戒屠城……

结束了，一切都结束了。刘继元投降了，太原城终于陷落，而大宋第二任皇帝赵光义在动用举国军力、耗时半年并且击退强敌契丹的情况下，终于创造了历史。

不，是他结束了历史——五代十一国终于彻底成了历史，从唐末的黄巢起义开始，不断分裂衍变的中华大地终于重新结成一体。

当天数十万人的欢呼声一定震古烁今，响彻云霄，但很显然，其中绝大部分人都只感到了如释重负。仗，终于打完了，可以回家了……不知道他们看没看到他们正在接受欢呼的陛下的神色，有几分是满足，又有几分是更大的踌躇满志。

赵光义打破了尘封七十二年之久的纪录，把在公元907年自朱温创建后梁以来的割据局面彻底结束了。

前无古人，不管他站在了谁的肩膀上才做到的，他就是做到了。

回到当年的太原城，随着刘继元的投降，几十万宋军，连同数十万原来的北汉居民，都从一场冗长的噩梦里醒了过来。很奇妙，随着两个人的和解，原本你死我活的近百万人，就都可以称兄道弟，和睦相处了。

可以回家抱娃了。

然而赵光义很快就宣布——远征燕云！

命令震惊了每一个人，这出乎了所有人的预料。无论他们用什么样的思维状态去猜测，都想不出皇帝为什么要下这样的命令。

就算千年以后，我们也不好分析。就算层层解构，把军事调动、随行人员、当时战绩等多方面因素都考虑进去，仍然不能解释赵光义是突然间心血来潮要做这件事，还是他早有预谋，北汉不过是他的起跳踏板，太行山背后的燕云才是他最终的目的。

想一下，军力调配方面——据考证，宋朝在赵匡胤的开宝年间，军队共有三十七万八千人，其中精锐的禁军有十九万三千人，其他的都是半差役半军事化的厢军。赵光义登基之后，这个数字还有所增加，但是这次动员的人数是数十万，几乎是倾国之兵了，就为了征服区区只有十州、四十一县、一军、三万多户人口的北汉？

小题大做了吧？可以证明是早有预谋了吧？但是我们也能说，这就是志在必得，谁让以前太原城的纪录是那么辉煌呢！

再看他的随行人员，亲征之后，留守国都开封的只有宰相沈伦和宣徽北院使王仁赡，其他的就连前宰相赵普都要随军同行。而且重要的皇室成员一个都没少，如赵廷美、赵德昭、赵德芳这三个人自始至终都在赵光义的视线之内。

这说明赵光义要走远道，所以所有能威胁他皇位的人都要亲自看管。

再看战绩，太原城如愿拿下，契丹人居然在野外被宋军击溃，这一定让赵光义大受鼓舞，所以才要一鼓作气远征燕云，实现最终的理想。但是他就那么肯定，已经四十一岁、熟读兵书的他连兵危战凶、野战无常这样的常识都不懂？

所以这些解释都是不能服众的，最终极的原因就在于赵光义那颗志向高远、争强好胜的心。

一个人，有那么大的志气是好事吗？这个问题或许很少有人去想，毕竟我们从小就被灌输要立大志，做大事，努力学习，天天向上。所以历史记载，当时尽管没人同意，可也没有任何人敢对赵光义说什么。

包括曹彬、潘美在内，他们都眼睁睁地看着殿前都虞候崔翰走了出来，说：“所当乘者，势也；不可失者，时也，当此破竹之势……”

赵光义奋然而起，遂成定议，即日起远征燕云，驱逐契丹！

可宋朝的将相公卿们却仍然在沉默，他们望着自己的皇帝，心里只有一句话——陛下，您知道契丹是什么吗？

# 第四章　如果这是契丹

提到契丹，我们必须先承认一件事——契丹人也是人，他们同样有权利生存，更有权争夺自己的生存空间。

我们的英雄可以万里奔袭，到瀚海尽头封狼居胥，那么为什么契丹人就只能在一片隙小贫瘠的草原上受异族压迫，苦苦挣扎？

世上本没有夷狄与华夏之分的，只有先承认这一点，我们才能清晰地看出，契丹不仅是一个强大的国家，也是一个伟大的种族。

也只有这样，有一个清晰真实的契丹的对比，才能够看出我们的宋朝是什么样的。

契丹，原指镔铁和刀剑。据说当年哥伦布出海，就是为了寻找他仰慕已久的契丹，而在俄文及拉丁文中，“中国”一词至今仍为“契丹”，也就是谐音的“震旦”。

这个种族极为古老，可考的最初源头是鲜卑族三部中的宇文部的一支。居住在辽水上游，与其他二部慕容和段鼎足而立。南北朝时，鲜卑内乱，宇文部被突然勃兴的慕容部击破，残部分裂成契丹、奚两族。之后契丹人屡受别族侵略，同时被北朝几代政客所轻视，不得已，从北魏的太武帝时起，契丹人开始转向中原大地的君主，他们渐渐内附，每岁朝贡不断，直到唐朝建立，他们更背弃了突厥，在唐贞观二年（公元 628 年）归附唐朝，成为在中华大地上生存的一个新成员。

在天可汗的麾下，就有契丹族的将军为李氏王朝征战天下。可以说，从一开始，契丹人就不同于之前的匈奴、突厥、回纥等纯粹的游牧民族。但是直到唐咸通十三年（公元 872 年）之前，这个种族仍然只是历史长河中的一颗随波逐流的小沙砾，所有的努力都只是为了温饱和安全而已，可是到了这一年，在他们族中的八部落的迭剌部中出生了一个男孩儿，他的名字叫耶律阿保机。

在我的历史观里，绝对不是时势造英雄，而是英雄造时势，分别只是大英雄造出大时势，小英雄的时势也缩点水而已。当然，如果时势也适当，那就一飞冲天，兼并天下。

耶律阿保机就证实了这一点。在他出生前，契丹族什么也不是，在他出生后，契丹人开始了团结，虽然是被迫的。他先是在本族内被选为酋长，负责对外征战，战绩骄人，获得仅次于可汗的于越尊号，然后利用契丹族规可汗三年一选的机会，把世代为八部之首的遥辇部彻底推翻，成了契丹的可汗。

之后，他全力以赴为自己、更为契丹族争夺生存空间，他的表现完全不是一个传统上的胡人。此人狡诈，他周旋在当时中原最强大的两个“国家”之间——他先是与唐朝的河东节度使李克用在阵前结为兄弟，说好了联手攻破后梁，可是转过身来就和后梁的开国皇帝朱温谈好了条件，把李克用卖了。

从这一刻起，契丹人闻到了诱人的香味，要在乱成一团的中原大地上，为自己争一碗汤喝。

但这碗汤烫嘴，他错在了最根本的地方——选错了对手，更选错了朋友。聪明的耶律阿保机根据当时实力的对比，选择了和当时最强的人朱温做朋友，把实际上同样是少数民族的沙陀人李克用当成了敌人。

乱蜂蜇头了。

首先朱温根本就不是个人，朱大恶魔一生都在背叛与欺骗中讨生活。对最初的主子黄巢和大唐的皇帝他都能举起刀，一个塞外的种族就想和他天长地久？做梦去吧。而李克用，上帝啊，耶律阿保机可真是给自己选了个最佳死对头。

沙陀人天下无敌！

他本想火中取栗，在后梁和沙陀人之间犬牙交错的刀尖上跳舞，多弄点好处。没承想朱温的半根毛他都没拔下来，还被特重视诺言的李氏父子当成了不共戴天的仇敌。

李克用临死时给自己那个神武天纵、绝对千年一见的骁勇儿子李存勖留下了三支箭，代表自己毕生的三大恨，要儿子代为洗雪。其中除了第一讨伐忘恩负义的幽州刘仁恭、第二消灭世仇朱温之外，就是第三，把背信弃义的契丹野种耶律阿保机给我干掉！

老天在上，真是生子当如李存勖。战无不胜，把战场当成游乐场的李存勖在公元 913 年率军攻破号称拥甲三十万的幽州，用白绢捆缚着刘仁恭、刘守光父子高奏凯歌回到晋阳，献俘于家庙。处斩了僭称燕国皇帝的刘守光后，又将刘仁恭押至代州，在李克用墓前处斩。

公元 923 年四月，李存勖在魏州称帝，当年的十月二日，他亲率精兵渡过黄河，昼夜兼程，仅用了九天，奔袭六百余里，直捣敌巢，灭亡后梁，完成了父亲的第二个遗愿。

唯一幸免的就是耶律阿保机。他对中原贼心不死，率领着三十万契丹铁骑攻入居庸关，下古北口，在望都（今河北定县东北）遇到了杀气冲天的李存勖。

李存勖当时的兵力仅有十万，都是步兵。在开战之始，耶律阿保机占据了绝对的先机，李存勖过分自信，被耶律阿保机调集了绝对优势的重兵重重包围了起来。

当时李存勖的身边只有千余名亲兵。

见了活鬼的是李存勖骁勇到了没有道理可讲的地步，他用了这么一点兵力就冲出了包围圈，会合大军绝地反击，把耶律阿保机的契丹兵团打得彻底崩溃，一直往北逃了一百余里才算勉强保住了性命。

耶律阿保机对中原绝望了，他和当年所有的人都不得不承认，李存勖或许真的是天可汗的后嗣，九天灭后梁，三十天灭前蜀，还有其他数不尽的功绩……天下就是后唐的，谁也没法争了。

这远远不是什么失败，他只是没占着最大限度的便宜而已。回顾历史，耶律阿保机重复了之前最强盛时期的匈奴和突厥的表现——攻进汉地，然后被汉地当时的主流军队击退。

如此而已，不必沮丧，何况他还顺手牵羊地捞到了最实惠的好处。他掠回来大批大批的汉人，这些人比金子都珍贵，不仅能给他在未经开垦、绝对肥沃的土地上种出大批的粮食，给他造出来他做梦都想不出的精美宫殿，还能给他提出当时除了汉人之外没有任何人种能独创的治国理念。

那是中原华夏用几千年的战争和鲜血才总结归纳出的智慧。契丹人却只需要点点头，就可以不劳而获。

这个时候就显出了耶律阿保机是个不世出的人物了。要知道在他之前，草原上的各代强悍种族都严格奉行着当地草根型的原创政治体系，汉人的东西，除了女人和粮食还有布匹之外，对他们的吸引力基本等于零。至于那些枯燥烦琐、能闷杀人的各种臭规矩，连草原上的耗子都不屑一顾。

所以，当耶律阿保机对中原的规章制度点了点头时，一个意义空前巨大的政治实体就悄悄地露出头了。这时就要提到三个汉人的名字——韩延徽、韩知古、康默记。这三个人，有的是被耶律阿保机抢来的（韩知古、康默记），有的是出使契丹的使者（韩延徽），却被强留下来当了劳工。

一旦留了下来，他们就都全心全意地为契丹人工作了。

为什么呢？被强暴的婚姻能幸福吗？但是奇怪的是不仅他们本人，就连他们的子孙后代都以做一个契丹人为荣，甚至与宋朝的军队殊死血战，来保卫契丹。

仅仅用所谓的奴性、汉奸是不能解释的。何况当年的汉人们，除了被抢去的之外，还有相当大的一部分是主动投降，甚至潜逃过去的。韩延徽就是这样，他跑回汉地一次，最终还是主动回去了。

这是个沉重的话题，以后我们就事论事地来谈。

当年的局面是，辽阔肥沃的草原上，契丹人的生活变得富足且规律了，日子空前美好，但是耶律阿保机的麻烦也跟着来了——遭人眼红。中外一个样，嫉妒是人的本能。阿保机没有想到，最恨他的，居然是他的亲兄弟。

耶律阿保机抢了遥辇部的可汗位，三年一换可汗的祖宗规定是永恒的，尤其是他的弟弟们时刻都记着，因为根据规定，他们就是顺位最靠前的替换者！

耶律阿保机的弟弟们一连进行了三次叛乱，第三次时阿保机才拔刀应战。平叛的代价极其高昂，也证明了阿保机之前为什么要对弟弟们一忍再忍。

平叛之后，契丹部落“孳畜道毙者十七八，物价十倍”。要知道草原上的经济极易崩溃，没吃没喝之后政治就要解体，阿保机不得已，终于壮士断腕，砍下了弟弟们这些自私守旧的毒瘤。

这样伤筋动骨的大折腾，都不过是把他自己的迭剌部内部理顺了而已，更大的麻烦还在后面。

公元 915 年，耶律阿保机出征室韦（蒙古前身）得胜回国，他刚刚给本族又带来了一场胜利以及丰厚的战利品，结果就被契丹蓁七部酋长围攻。

第九年了，已经是第三个选汗之年了，你难道还要霸着汗位不放吗？！

众叛亲离，七比一，耶律阿保机想了想，那就放吧，他当场交出了可汗的旗鼓仪仗，只提了一个条件——我抢来的汉人太多了，请准许我建一个汉城，作为一个新的部族。

这有什么，同意了！七位大酋长扛着抢来的锣鼓喜出望外，像投桃报李似的就答应了。从此，在滦河（引滦入津那条河）边上就出现了一座仿幽州式的汉城，这里土地肥沃，产盐出铁，不仅被抢来的汉人喜欢，从此吃上了饱饭再不思乡，就连远近的契丹人也都往这里搬。尤其是那七位酋长老大，时不时地来打点秋风，盐啊、铁啊从不走空。

谁让耶律阿保机脾气好又大方呢。但是他们不懂，或许就连阿保机本人都不懂，他们的生存方式已经在不知不觉间走到了当时所有种族的最前列。再不是游牧民族了，而是农牧结合、城乡结合的有机体。并且以此为契机，把这种模式越做越大，契丹人，开始吹气一样地胖起来了。

这样的日子似乎皆大欢喜，突然有一天阿保机说——我有盐池，诸部同食，只知食盐之利，不知答谢主人，行吗？你们都应该来犒劳我！

七位酋长想了想，去就去，一来真的又拿又吃，不请一顿实在说不过去；二来阿保机都被人看透了，一个孬种软蛋而已，连只兔子都不会杀的，有什么好怕的？

盐池边上，这七个人连同他们的亲信都被突然翻脸的阿保机干掉，要么不做，要么做绝，砍倒了这七个人。阿保机在第二年，也就是公元916年，依照汉例，正式建国称帝，国号契丹［辽太宗大同元年（公元947年）改称辽；辽圣宗统和二年（公元984年）又改回契丹；辽道宗咸雍二年（公元1066年）又改称辽。翻来覆去挺烦的，反正是它，怎么顺口怎么叫吧］。

从此再不是部落之间的以血缘为基础、以军事联盟为方式的生存方式了，它们成了一个国家，以本族契丹人为主，但空前创造性地给了本是抢来的奴隶的汉人们以基本平等的地位。这样，一个从来没有过的怪胎出现了。

它强悍，一点不比以前的匈奴、突厥、回纥、沙陀们差；它又聪明，不仅懂得怎样打仗，还创造出了自己的文字，不仅懂得修堡垒，还盖出了比汉人还要独特的宫殿、寺院、高塔……更要命的是，就像混血儿多半都有着比纯种人更优秀的遗传基因一样，它还长寿，几乎让人绝望地活了两百多年。说实在的，能不好好研究一下它吗？

有了这样突变型的改良基因，新生的契丹变成了外来物种，在当年的漠北草原上成了所有种族的天敌。耶律阿保机的生命转化成了一首开天辟地、不断胜利的史诗，在他的有生之年，除了某次被中原的李存勗打得鼻青脸肿之外，其余所有的征伐都所向披靡。

但打仗，远远不是他的主业。

他建立城市，在潢河以北营建皇都（今内蒙古巴林左旗境），让草原民族破天荒地有了一个城市级的固定政治中心，还在契丹境内仿汉制设立了州、军、县、城、堡等层层监管实体，把草原具体细化，变得像中原一样好管理。

他创造了契丹文字和第一部法典《决狱法》，不管实用性怎样，契丹人有了自己的经史典籍。

他彻底打破了祖宗千百年的规矩，把契丹八部分成了南、北两部，从此谁也别想再搞什么“燔柴礼”“三年换可汗”的把戏了，南、北两部的头儿叫宰相，北宰相必须是皇后的族人，南宰相必须是皇室宗亲，外人连门都摸不着。

然后以此为基础，耶律阿保机把周边能看见的所有部落都吞了下去，包括吐谷浑、党项、阻卜等小点的，更包括强极一时的渤海国。

这里要强调一下渤海国，不是说这个由靺鞨族人建立的国家享国两百多年有多伟大，而是说这片土地太重要了——就是今天我国东北东部一直到日本海的那一大片超级富饶的黑土地。它的意义并不只在出产多少物品，而是既增加了契丹国土的纵深度，为以后南侵做了准备，没有了后顾之忧，又从历史的角度高瞻远瞩，紧紧地掐住了契丹未来死敌女真人的脖子，不断地欺压，不断地得利，直到两百多年以后被一次清账。

打下了渤海国后，耶律阿保机的人生落幕了，他死在了回程的路上。这时他的契丹国已经走上了正轨，契丹民族与他出生之前相比，变化堪称翻天覆地，已经真正强到了草原霸主的地位。应该说，他的人生达到了一个令人目眩的高度，是当时的东亚乃至全人类最成功的人。

但是非常遗憾，可以肯定的是，这个男人活得一点都不开心，甚至死的时候都心事重重。

因为他的儿子，还有他的老婆。

契丹的女人好厉害，这谁都知道。可是里面大有区别，契丹国的第一任皇后述律平，与后来的萧燕燕之流大不一样，其不同之处就像后来清朝的孝庄和慈禧。

孝庄太后一生严格遵守出嫁从夫、夫死从子的妇道原则，甚至就算儿子死了，还把孙子拉扯成人，一生都在辅佐。可慈禧就不同，什么丈夫、儿子、孙子的，在她那儿妇女必须得到整片天空，不仅要解放，还要占领！

述律平就是这么个角色，仔细品味一下她的人生，她做了那么多的事，别管口号多么响亮美妙，其实归纳起来就一句话——一切以我为主，必须让我舒服喜欢。

回到当年，耶律阿保机刚死，她就开始杀人了。杀人很常见，像她这么杀就太与众不同，独特得就算把整个人类历史都找个遍，也仅此一例。她先是把跟着耶律阿保机攻打渤海国的一百多个大将的妻子都找来，对她们凄然一笑——你们看，我现在是个寡妇了……

没等同情心瞬间沸腾泛滥的一百多个大将的老婆对她同声安慰，她又说了一句——所以，你们怎么可以还有丈夫呢？

所有大将的老婆目瞪口呆，都傻了，不是说同意，而是过度的恶搞把她们脑袋气麻了，找不出话来反驳。述律平眼明手快，没等她们醒神，就立即把她们都关了起来，随后叫来了她们的丈夫，再问——你们想不想先帝呢？

想！一百多个将军异口同声。（见鬼，谁敢说不想。）

述律平的脸瞬间变冷——好极了，想，就跟他去吧。

契丹族里最精锐的一百多个将军人头落地，死不瞑目。或许他们死的时候都在同情耶律阿保机，跟这样恶搞的女人生活了那么多年，你是怎么过来的啊？！

经过最初生离死别时的痛苦，述律平对丈夫的思念迅速上升到了一个疯狂的高度，她时常在丈夫生前最得力的那些部下面前转悠，连点预兆都没有，就突然说一句——我想我丈夫了，你帮我给他带个信行不行？

然后这个人就被带到了耶律阿保机的坟前开刀。

长此以往，杀人无数，次数多了，终于有人不认账了。有一次，她对汉军将领赵思温说——赵，你跟先帝最亲近了，轮到你了。

赵思温远远没有契丹人那样顺从，他马上回答——亲近莫如皇后，你去，我就跟上。

述律平女士一阵伤心，似乎说出了一句心里话——嗣子幼弱，国家无主，我不能去。

似乎真的是好感人哦，不过见鬼的是她亲生的大儿子耶律倍已经二十八岁了，二儿子耶律德光也二十五岁了，大半个渤海国都是他们打下来的！“国家无主”，那是她根本就不让他们当！

僵持不下。

述律平的一双眼睛瞪着赵思温的一双眼睛，再加上周围无数双契丹人怨毒的眼睛，瞪了好久，结果发现没一个人回避她。那些眼睛里充满了愤怒和不屑——你骗谁呢，杀人还要拿儿子小说事，要脸不？

述律平慢慢地拿出了一把刀，这一次她还是很平静，说——我的儿子真的还很小，我丈夫也真的很想我……我用这个去陪他。

她突然挥刀，把自己的右腕砍断，以这只手代替自己，陪死去的阿保机！

当天的矛盾终于平息了，契丹人当众打压了狠毒太后的气焰，恶气出了，他们也消停了，甚至乐观地觉得残废了的太后也应该吸取教训了吧，不再胡乱杀人了吧？

契丹人马上就绝望了，述律平不仅没收敛，反而变本加厉，变得更狠。

她先是把大臣耶律铎臻关了起来，没判刑，只是对他说——看到锁你的这只铁锁了吗？“铁锁锈，当释汝！”至于原因，只不过是当初她建议丈夫先打东边的渤海国，再打西边的各族小部落，耶律铎臻的意见与她相反。

紧接着，她把契丹数得着的高官南院夷离堇耶律迭里以炮烙之刑处死，再满门抄斩，罪名是“党附东丹王”。可是苍天在上，东丹王是耶律阿保机的长子，被正式册封为契丹皇太子的耶律倍！

对未来的同时也是法定的皇帝效忠也是死罪？

事情的真相露出来了，一切看似纯暴虐型的杀戮，都是为了达到她的终极目的——让自己的二儿子耶律德光当皇帝，把合法的继承人耶律倍废掉。

耶律倍绝对是她亲生的长子，那么是耶律德光的才华高过他哥哥太多，所以为国为家都要废长立幼？也有这原因，但是不全面。最大的原因，会在二十年之后才被世人发现。

回到当时，述律平的理由绝对冠冕堂皇。她说，她的大儿子耶律倍的汉人成分比例比契丹人的高太多了，已经不再是个契丹人，根本谈不到做皇帝，更不会给契丹人带来幸福。

要想兴旺发达，只有选二儿子耶律德光。

历史证明，她做到了，也选对了。此后的二十年里，耶律德光做得比他的老爹都漂亮，真的给契丹人带来了空前的繁荣，并且为契丹人绵延了两百余年的国祚做出了决定性的贡献——抢到了燕云十六州。从此之后，别说草原上流行什么口蹄疫，或者刮白毛风，下个什么五十年不遇、一百年不遇的大暴雪，就算是突然地震了，漠北草原凭空消失，契丹人都会照样繁华。

因为农耕经济就是当时世界上最稳定的生产方式。

但是，耶律德光却乐不起来。他就算把事业做得再大，都没法保证能记在自己的户头里，更别提什么传给自己的子孙。

至于原因，还是他的老妈。

“只要我活着，就是我当家。”——述律平准则。

话说当年有很多人都非常痛恨赵匡胤的老妈，说这个糊涂老太，要死不死，临死前还弄了个“金匮盟书”，把大儿子一家从老到小都害得死光光。她管得实在太宽了。

要是跟耶律德光他老妈述律平比，赵匡胤的妈就差得太远了。先看看她怎样对待大儿子耶律倍。时间回到公元927年十一月，述律平终于要选皇帝了，之前杀了那么多的人，这时她要来个真正的“公平”。

她让两个儿子各自上马，然后对百官说——两个儿子我都爱，现在看你们的，你们选谁，就去牵他的马辔头。

谁疯了吗？那天耶律德光的马差点被勒死，所有人都选他。耶律倍被晾在了一边，随后超级郁闷的事情发生了，他落选了，可仍然还是皇帝，只不过叫——“让国皇帝”。

你不能这样侮辱我吧！

耶律倍就算再受汉化熏陶，也不至于连起码的尊严都不要。他在几个月之后选择了逃亡，无论如何都不想再和这样的母亲共处一国了。但是很不幸他被抓了回来，直到三年之后，他才终于找到了机会，乘船出海，带着数千卷汉人的书籍，逃到了后唐。后唐明宗以天子的仪仗来欢迎他，赐他以国姓“李”，取名“李慕华”。

李慕华终生再没回故土。

再看二儿子耶律德光，德光之强，举世无双，在人们的印象中是个恶魔级的人物。但是很抱歉，那是在外面，回到家里连口大气都不敢喘，和自己亲妈说话，只要应对稍不如意，他妈瞪他一眼，他就“趋避不及”。而且最致命的是，他的妈妈已经给他安排好了继承人。

不是他的儿子，而是他弟弟，述律平女士的三儿子——耶律李胡。

杜太后只是要赵匡胤在死后再把皇位传给弟弟，可耶律德光在生前，就不得不封弟弟为皇太弟，兼天下兵马大元帅，那是名副其实的接班人！

对此，述律平的解释是，未雨绸缪，万事都得打个前站。

她又说对了，耶律德光在毁灭后唐之后突然死亡，成了一具被挖空内脏放进盐料才能保持原形的尸体，被送回了国都。老年丧子，已经六十九岁的述律平没哭，她抚摩着自己二儿子的尸体，很平静地说——“待国中人畜安定如故，再来葬你。”

毫无疑问，她当时的沧桑和悲痛都是重量级的，但别为她担心，她足以也必须把这些都强压下去。因为她有敌人了，二十年了，唯我独尊，想怎样就怎样的日子终于到头了，终于有人敢反抗她了。

她的孙子，她大儿子耶律倍的长子——耶律兀欲，这个胆大妄为的孩子居然已经是契丹的皇帝了！

事情是这样的，当年耶律倍乘船出海，逃到了后唐，除了片刻不离身的书籍，连老婆孩子都没带走。耶律德光在这件事上做得很仁义，大哥的儿子他当亲儿子养，封为永康王，覆灭后唐时还把他带在了身边。

可惜的是，耶律倍死在了后唐末帝李从珂的手里，他没能再见到儿子和兄弟。之后德光突然在杀胡林病死，大军无主，每个人都想到了远在漠北故乡的老太后，还有那个耶律李胡。

耶律李胡是个地道的“原始契丹人”，他随意杀人，稍不如意，就把人黥面，扔到水里淹死，或者扔到火里烧死。也许正是这样吧，他和他的老娘才这么投缘，成了她钦定的契丹下一任接班人。

但是契丹人受够了，难得大军在外，而且还有太祖皇帝耶律阿保机的长房长孙在军中，为什么不让这位更合法的人当皇帝呢？这时一个极其关键的人站了出来，是主管宿卫的耶律安抟，他把同在军中的南院大王耶律吼、北院大王耶律洼召集到了耶律兀欲的身边，由他挑头，号召政变。

每个人都相信耶律安抟有革命到底、永不回头的决心。因为他是当年被述律太后以炮烙之刑处死的耶律迭里的儿子，天道好还，抄家灭门时这个孩子逃了出来，现在就由他来颠覆述律平。

耶律兀欲在二叔德光的灵柩前即位，率军返回漠北。不出他所料，他的奶奶很生气，他的三叔耶律李胡率领京师留守军和宫卫军前来夺位。

没什么好说的，一场大战，李胡大败逃走。其实多简单，抛开他得不得人心不谈，光从战斗力来看，李胡也输定了——城防部队能强得过野战部队吗？

耶律李胡不甘心，述律平更不甘心，她决定带着宝贝老儿子御驾亲征，无论如何都要把亲孙子的好东西抢过来给儿子玩。母子俩在当年的闰七月带兵卷土重来，在潢河石桥（今内蒙古巴林右旗西境）与北归的远征部队相遇。

一边是孙子，一边是奶奶，绝对的骨肉至亲。一边是百战精兵，纵横天下无敌手；一边是城防军部里的大老爷，几天前还被砍得满脑袋大包。这仗还用打吗？还需要打吗？

述律平要打，坚信自己必胜，因为她有秘密武器。这件东西威力无比，之前她二十多年里之所以能肆无忌惮、为所欲为，在很大程度上都是这件东西的功劳。

人质。

耶律李胡在开战之前押着大批的妇女老幼来到阵前，让对面大侄子的士兵们看得清楚明白，那是他们的家眷，都在耶律李胡和述律平的手里。

——我要是打不赢，这些人就得先掉脑袋！

这就是耶律李胡的战前宣言。听明白了吧？为什么没人敢反抗述律平，甚至最初那一百多个最精锐的将军都死得那么委屈懦弱？很显然，述律平一直都掌握着最佳的，也是最根本的统治手段——国家由人组成，每个人又都有弱点，就算没有弱点也有亲人。那么，掌握了每个人的亲人，就相当于掌握了整个国家。

回顾述律平掌权的这二十多年，除了这种恐怖高压的政治手段之外，真的再找不出什么治国服人的高招了。

述律平不这么想，她认为自己最管用的武器，还是她的威信。这么多年来她习惯了唯我独尊，想必臣子们也都习惯了听她的命令吧！

但她不明白，契丹早就变了，她以前之所以能号令天下，其实就只是因为她能号令自己的儿子。耶律德光在这二十多年里也做了一些事情，等到他死时，契丹国的政治体系已经真正地被完善了，官场被细分，权力被具体规划，环环相扣，变成了一个陌生的世界。这时述律平突然要走到最前台，不是她适不适合的问题，而是她到底懂不懂的问题。

没有教训，又怎么会懂呢？

公元947年七月，潢河石桥，契丹全国的精锐部队几乎都在这里。从表面上看，是耶律李胡和耶律兀欲在争夺皇位。真正的底蕴却是一个铁血的女人想继续证明一件事——世界还是她的，整个漠北草原仍然是她的闺房，她想怎样就怎样，哪怕让千千万万的族人人头落地，让刚刚兴旺发达起来的契丹元气大伤。

契丹代有豪杰出，两百年间他第一。

耶律屋质。

就在述律老太婆要和自己亲孙子拼命，顺便把契丹全族拉回到四分五裂的部族社会时，有一个叫耶律屋质的人站了出来。这个人在我看来，他不仅是契丹人里的豪杰，甚至纵观中华上下五千年历史，也从来没见过这样耿直、有谋、有胆的好臣子。

当时他是契丹国的惕隐，掌管皇族政教事务，站出来对铁血太后述律平说——以言和解，事必有成。否则就应速战，以决胜负。但是人心一摇，祸国不浅，请太后三思。

述律平没说话，盯着他看。

耶律屋质坦然面对，直接把问题拉到最关键点——都是太祖子孙，皇位未移他族，有何不可和议？

述律平将近七十岁了，亲历无数风雨，尤其是从一个小部落的酋长妻子到贵为漠北第一大国的国母经历，让她很清楚一旦重新分裂的后果是什么。权衡利弊，她派屋质去见她的孙子，而且带去了一封信，但不说讲和，只是由着屋质游说，看看效果。

果然，当上了皇帝的耶律兀欲非常强硬，一句话——那些乌合之众，怎能敌我？

他说得没错，这是草原上的生存法则，更是帝王产生的必经之路。他在上一战已经击败了李胡，现在为什么要答应和谈？

屋质没劝他，更不哀求，他平静地摆出现实局面——还不知道谁胜，就算侥幸是你赢了，那些家属怎么办？李胡能饶过他们吗？

此言一出，满帐将士不寒而栗。那是他们的亲人，只要交战，无论胜负，他们都得家破人亡！新皇帝察言观色，只能答应和谈。

见了面，一贯强势的老太后和终于扬眉吐气的亲孙子各不相让，开场就掐，根本没有半点和解迹象。最后述律平年老不支，转向了屋质——屋质，你来给我想个办法。

屋质拿起了一把算筹，先抽出一支问太后——当年皇太子在，何故另立？

他居然替新皇帝揭太后的老底，第一句话就是清算当年的老账。

述律平没有发作，她像当年回答赵思温那样，一切都推给了阿保机——先帝遗命。

可以想象当年契丹满帐权贵们厌恶鄙视的目光，这个当面撒谎的无赖老太婆！

屋质不动声色，有答案就好，他再抽一根算筹问耶律兀欲——你为什么擅自称帝，不问你的长辈？

耶律兀欲满腹怨恨，他的回答直接把现实拉回到了二十多年前——父王当立而不立，所以才去别国的！

这是一切的导火索，更是兀欲绝不向奶奶低头的最大原因。

但是换来的却是屋质正言厉色的呵斥——你父王当年舍父母之邦出逃后唐，这是为人子之道吗？现在你见了太后，绝无逊谢，只知道寻仇埋怨，这就是你的本意？

不等兀欲有什么反应，他转身面对太后——太后你偏听偏爱，什么事都说是先帝的遗命，连国君的接替也要你自作主张，这样你们还想和解吗？你们应该立即交战！

他把满把的算筹都扔到地上，自己退回到臣子的行列中。

交……战？契丹人全体沉默了，满族精英全在这里，全国精锐的部队都在潢河两岸，只要交战，就是“父子兄弟相夷矣”！

家国难以两全，六十九岁、一生倔强跋扈的述律平突然间悲从中来，谁也没有想到，竟然是她先捡起了一根算筹，而且她哭了——太祖当年因为兄弟叛乱，让百姓离乱受苦，今天我怎么能让旧事重演呢？

她的眼泪让孙子震惊，耶律兀欲一下子醒悟到——我父亲当年没做过的事，我竟然做了（父不为而子为之，指武力夺位），这还能怪谁呢？

他也捡起了一根算筹。

和解，终于和解了……满帐契丹权贵，不分在哪个阵营里，都不约而同地放声大哭（左右感激，大恸）。终于不必自相残杀了！但是下一个问题紧跟着就来，而且爆炸当量更加巨大。

述律平就像凭着本能一样最先清醒过来——屋质，现在和议已定，皇位属谁？

全体契丹人看着屋质，就像在看一个死人。“皇位属谁？”怎么回答？被你选中的人不见得感激你，被你扔下去的，却一定是你的死敌！

耶律屋质却一脸平静，似理所当然地说——太后若传永康王（兀欲），顺天合人，复何疑？

李胡再也忍不住，跳出来厉声大叫——有我在，兀欲岂能即位？

屋质冲他笑了笑——礼有世嫡，不传诸弟，当年先帝（德光）即位都有问题，何况是你！你暴戾残忍，人多怨愤，自己不知道吗？

李胡还想再说，述律平止住了这个丢人现眼的儿子，她清楚，没戏了。就这样，契丹国因为耶律屋质一个人的努力，终于避免了举族参与的自相残杀，并且从耶律兀欲（辽世宗）的亲政开始，守旧狭隘的述律老太后一系的势力被彻底排挤出朝。

述律平和她的小儿子李胡被迁往祖州（今内蒙古巴林左旗西南）监管起来，她在幽禁中度过了生命中最寂寞的六年时光，死的时候无声无息。至于李胡，他因为儿子的叛乱，被牵连入狱，最后死在了牢房里。

屋质却更上一层楼，五年后，辽世宗耶律兀欲死于暗杀，他召集诸王合力讨平叛乱，拥立了下一位皇帝，耶律德光的儿子耶律璟，也就是那位著名的睡王，再次立下大功，官封“于越”。

“于越”，为契丹百官之首，终辽国两百余年，只有四位大臣得此荣衔。

第一位耶律曷鲁是因为最初拥立阿保机称帝；第三位耶律仁先是因为在辽道宗耶律洪基时讨平耶律重元的叛乱（就是萧峰那次）；第四位是那位契丹族历史上最强的战神，他很快就会在战场上拯救辽国，成就自己千年不灭的英名。

耶律璟接了兄弟耶律兀欲的班当上了皇帝，一共当了十八年，这期间他只做了三件事——喝酒、打猎、睡觉。人称“三绝睡王”。

任事不管，运气好得离谱，契丹国内随便他折腾，哪怕他脾气糙了点也没人介意，因为他至少比李胡和述律老太后好点。至于国外，只有后周的柴荣曾经吓了他一跳，但没等他上战场，柴荣居然就自己突然病死了。这还有什么话说？继续享受生活吧，直到他全面返祖，向他奶奶述律平靠拢，被忍无可忍的手下干掉。

这个时候，在汉人那边，赵匡胤正亲征北汉，在太原城下刨开汾河水给刘继元洗澡。

良机错过了，契丹的下一任皇帝叫耶律贤，他是“睡王”的侄子，耶律兀欲的儿子。从他开始，契丹国的皇帝完全由最早的那位逃亡的皇长子耶律倍的子孙来接替。也就是从他开始，契丹中兴了。

汉人得到了前所未有的礼遇和重用。首先，拥立他即位的汉官高勋被封为南院枢密使，加封秦王；原汉官领袖韩知古的儿子韩匡嗣被任命为上京（契丹国都临潢府）留守，后改任南京（幽州）留守，加封燕王。要强调的是，在这之前南京留守的职位都是纯种契丹人的，没有哪个辽国皇帝敢用汉人去看管南大门。

历史证明，契丹人当东家，让汉人当掌柜，这个买卖是相当红火。简单地说，东家敢放权，掌柜卖力气，中原汉地里那些流传了千百年的乌七八糟、令人作呕的官场规矩、君臣礼仪在这片原始土地上还没怎么生根发芽。

一切很清晰，契丹的典章制度和军队体系在这时真正地完善成熟了。

看官场，契丹一国两制，北面系统称“国制”，是契丹人的；南面是“汉制”，前身是“汉儿司”，给汉人预备的。至于北和南的最初出处，是因为契丹人崇拜太阳，他们以东方为最神圣的方向，所有的房子都坐西朝东，包括皇宫，而且辽俗尚“左”，于是尚东，再尚左，契丹的北面系统就站在了皇帝的北边，汉人只好到对面去对称。

北面官——最高为大于越府，设于越，居百官之上，无具体职掌，用九天之上御马监最高长官的话来说，就是“大之极矣，所以没品”。

下面在北之中再分南北，设北、南枢密院，是全国最高行政机关，军政、民政一把抓，比宋朝的宰相神气得多。

再设北、南宰相府，由皇族和后族的成员主管，其实只是荣誉头衔，因为他们只能“佐理朝政”。

北、南大王院，这是个大管家的别名，其掌握的是契丹各部族内部的军民事务。

北、南宣徽院，相当于宋朝的工部。

大惕隐司，比较神秘，它掌管皇族的政教事务，至于具体职能，参照耶律屋质，其实他居中调解，也是正常工作之一。

夷离毕院，刑部。

敌烈麻都司，礼部。

大林牙院，翰林院。

南面官的汉官系统与北面的大同小异，只是在名称上去掉了契丹语称谓，与当时宋朝的官名差不多，所以不再赘述。只是其中有一个原则很关键——契丹人能到南面系统当官，汉人则别想登北面系统的门。

下面再简介一下契丹人的政令中心。

在中原，皇帝自古以来就是个画地为牢、终生监禁的人。他想什么时候出去，或者什么时候回来，根本没法做主，那都是举国翘首或者万众齐呼的事，其中的麻烦，没有三五个月的准备是不可能齐全的。而且为了能时刻警告这些表面上没人能管的皇上别太懒也别太野，在他们的房子外面立着两根石头柱子（华表），上边蹲着石兽。大门里面朝北的，叫“望君出”；大门外面朝南的，叫“盼君归”。

辽有五大京城——上京（临潢府，今内蒙古巴林左旗林东镇）；中京（大定府，今内蒙古宁城县）；东京（辽西府，今辽宁辽阳市）；南京（原为幽州，1012 年改为析津府，今北京市）；西京（大同府，今山西大同市）。

它们从来都不是辽国皇帝发号施令的地方。因为“捺钵”。

捺钵是契丹语“行宫”“行在”的意思，契丹皇帝四时打猎，所以随地捺钵，走到哪里都可以捺钵，最重要的文武百官也都得跟着捺钵，于是，命令可以在全国的每一个地点、任何时刻发出。

方便迅速，机动灵活。

再看一下契丹人军制。想想他们为什么那么能打，除了天生多吃肉、多喝奶，总还有点别的玩意儿吧？那就是“斡鲁朵”。

斡鲁朵是契丹语“帐幕”的意思。契丹人从耶律阿保机称帝那天起，就在皇帝的宫帐周围集中了全国海选出来的精锐士兵，组成了和皇帝形影不离的亲兵卫队。之后每一任皇帝都建立自己的斡鲁朵，斡鲁朵有直属的军队、民户、奴隶和领地，是一个完全独立的经济军事一体化单位。

简直是国中之国。

斡鲁朵入则居守，出则扈从，是皇帝最可信任的力量，等到皇帝死了，它就直接成为遗产传给下一任皇帝。这样斡鲁朵的力量层层叠加，越来越强，终辽国两百余年，九位皇帝、两位皇太后、一位皇太弟，再加上一位亦辽亦汉、既父亦臣的高人，一共建有十二斡鲁朵加一府（高人的）。想象一下，它达到了什么样的数字和威力。

更可怕的是它的实用性。它不像中原兵制那样，一旦国家有警，州府各县都要临时集结兵力，向京师要害赴援。比如说，在我们的各个朝代，就不断发生着调集全国兵力进京“勤王”的事件。而斡鲁朵，一有兵事，“不待调发州县、部族，十万骑军已立具矣”（《辽史·兵卫制》）。

并且平时不用国家出钱养他们，而是他们各自放牧生产来养国家。等到出征，军饷由他们自己去抢，抢到的就都是他们的花红。这样干脆利落的物质诱惑，比中原皇帝们事后的奖赏，临阵将官们当时的思想教育，要强出怎样的力度呢？

斡鲁朵的危害也极大。终辽一朝，甚至后来继承了斡鲁朵传统的蒙古人，都不断发生亲王权贵的叛乱，几乎每一次的力度都足以颠覆当时的朝廷。

这就是它的副作用。近代有人用所谓的“狼性”来解释这一点，说是草原种族天生这样，他们必须叛乱，因为崇拜强者，皇帝要像狼群里的头狼那样时刻等待挑战。

一切都是实力在作怪，当一只耗子长到狗那么大时，自然就不把猫放在眼里了。斡鲁朵就是中原曾经的藩镇，国中之国，造反是必然的。

再看燕云十六州，这片东西长约六百公里、南北宽约两百公里、面积约十二万平方公里的广漠土地，已经让契丹人彻底认识到了它的重要性。千言万语可以精简到一句话，那就是——如果他们失去了燕云十六州，就和先前旋起旋灭的匈奴、突厥等族没有任何区别。突然降临的雪灾、瘟疫，以及草原部族间偶然性极高的野战胜负，都会让它万劫不复，在历史中除名。

所以，当燕云有警时，就连睡王耶律璟都会御驾亲征。

这些在宋朝皇帝赵光义的眼里，却处处都是破绽和机会。首先看群众基础，燕云十六州里“华人百万”，这是千真万确的事实，当地契丹人的人数与之相比，就好像往镜泊湖里撒一把花椒面，连个味道都尝不出。老话说得好，“非我族类，其心必异”，他们可都是纯种的汉人啊，在辽国非人的待遇下水深火热了近半个世纪，难道他们就不想自己的祖国吗？就不盼望自己的军队来解放他们吗？

不可能！

赵光义深信，只要宋朝强大的军队打到了幽州城下，城里的老百姓就会自发地暴动来迎接他。到那时，大开的城门、激动的人群，还有鲜花、香烛、美酒、感人至深的颂词等都会出现，前景是多么喜人！

何况，这时仿佛是老天爷把契丹人的脑子给搅浑了，燕云的首府幽州以及周边城市的主管居然都是汉人，尤其是幽州府，居然是一个年轻的汉人毛孩子在守城。这太理想了，在十几年前想都不敢想！

用汉人的军队去招降身在异邦为异客的汉人官员，再给他们加官晋爵、荣华富贵，他们何乐而不为？怎么可能还会反抗呢？！

更重要的是，还有这时的契丹皇帝耶律贤。经过仔细分析这个人，赵光义充满了信心，他甚至是急不可待地要发动战争，不仅要收复燕云，更要远征大漠，喋血虏廷，做出千年前的大汉天子以及三百年前天可汗曾经有过的丰功伟绩。

耶律贤自幼在他父亲辽世宗耶律兀欲被杀的“火神淀”兵变中惊吓过度，体弱多病，连皇帝的正常工作都完成不了，得由皇后萧燕燕帮忙才成。众所周知，一个人的身体状况会影响他的情绪，坏情绪郁积得多了，就会更加影响身体的健康。而一个皇帝的情绪就足以给一个国家的主流意识定性。

一个病夫，能让自己的国家富足，人民强健、开明博爱吗？具体到军队，他的军队会很有信心、充满斗志吗？赵光义尽量平静自己的内心，不偏不倚地衡量契丹军队的实力，得出的结论是——契丹人完了，连野战都不行了。事实胜于雄辩，这是千真万确的！

赵光义驱动三军，向北进发。在最初的行程中，困难就显示了。第一，军营中已经没有了郭进。这位石岭关英雄死了。当时的说法是突然生病，死在石岭关的防区。赵光义很痛惜，但他没有时间悲伤。

大军已动，华夷决战，一切都要抛在脑后。可事后他才知道，这是一桩冤案，与田钦祚和后来被他派往石岭关助战的王侁有关。

王侁，后周大臣王朴之子，前面李飞雄一案中的受害人之一。

第二，军队的疲劳似乎已经到了极限。他的御驾都到了镇州，可是扈从军队却没有按照约定时间到齐！赵光义大怒，连行军都保证不了，还谈什么决战！他要下令处罚那些军人，但有人劝阻，正要军人出力呢，还是宽容些吧。

赵光义忍了又忍，把火压了下去。但是这个现象不能忽视，他下令，继征发了河南、河中诸州的军储之后，再次征发京东、河北诸州军储赶赴北面行营，给北征军队注入了新鲜血液，以保证军队的战斗力。

公元979年六月，宋朝千军万马征燕云，在漫长的行军线上，大宋皇帝赵光义有时会默默地回头，向来路的西南方向遥望。千里之外，那个人早就与墓木同腐了，但他仍然要向那边呐喊，哥哥，我一定能够做到！

# 第五章　一夜梦燕云

巍巍太行山，北起拒马河，南到黄河岸，延袤千里，万壑沟深，割断山西、河北、河南三地，是中原大地上天然的界山。

太行险峻，全山无路可行，其中只有八条天然河流切割而成的峡谷能让人类翻越，那就是太行八陉——轵关陉、太行陉、白陉、滏口陉、井陉、飞狐陉、蒲阴陉、军都陉。

这些峡谷最短的也要绵延百里开外，各陉两头有关，中间更有无数的险峰危崖，就算空身攀登都不容易，而在公元979年六月，宋军数十万远征军却要带着粮草辎重、军械刀枪去翻越它，然后向空前强大的异族挑战。

这时有一个问题出现了。一千多年来，不断地有人问，赵光义为什么要驱使劳累过度的军队走旱路？为什么不学柴荣坐船走水路进攻燕云呢？那样军队就可得到喘息之机，恢复战斗力，并且宋军一直都有水师。

为什么呢？

是——赵——光——义——很——蠢——吗？

其实很简单，宋军有水师，但船一共有多少呢？想想柴荣当年只是率数万劲旅，他当然可以坐船，可赵光义现在手下是数十万人，你让谁坐谁不坐？本来已经累得快死了，再待遇不公，你信不信军队马上会就地哗变？而且就算船够用，但是调集的时间得用多少？往复运送这数十万人又得用时多少？现在最重要的是战机——“所当乘者，势也；不可失者，时也”，赵光义要的就是趁热打铁，所以绝不能耽搁！

并且赵光义以身作则，和手下的大兵们一起爬山。这样，谁还有什么好埋怨的！

就这样，宋军以久疲之师，翻越天险太行，还能保持士气不坠，在当月十四日终于越过太行山，抵达了河北定州（今河北定县），就此进入辽境。

战争爆发，进程完全在赵光义的预料之内。他先是在金台顿招募了当地一百多个居民，每人赐两千钱，要他们做大军的向导。然后悄悄地派出了东西班指挥使浚仪人孔守正，孔守正的任务是验证他之前的推断是否正确。

定州的后面是易州（即岐沟关），这是契丹人的重镇，刺史名叫刘禹，是汉人。孔守正单身前往，在夜里翻过了城外的短墙，再爬过鹿角障碍，在护城河的桥边向城上喊话，挑明了自己的身份。

结果是刘禹投降了。孔守正只是报上了自己的身份，以及宋朝的皇帝已经御驾亲征，只在几十里之外，易州城就不战而降。而且要强调的是，这不是刘禹一个人的决定，当天夜里孔守正孤身进城，抚慰军民，易州全城没有任何人反抗。

六月二十一日，大宋皇帝赵光义亲披甲胄，进抵易州。在他进城之前，他的前锋将领傅潜等人已经远远地越过了易州，逼近了辽国南京幽州前面的最后一道屏障涿州（今河北涿州），在涿州城之南与契丹骑兵遭遇。

真正的强敌来了，契丹的主力军团已经悄悄地运动到了宋军的身边。

辽北院大王耶律奚底。

耶律奚底是当年三月从漠北草原的深处率兵向南的，他的任务就是防备宋军北上。这时原先最早抵抗宋军的耶律沙等人都缩在幽州城里不敢出来。北院大王不信邪，他以他的青色王旗（该死的颜色，宋军以后看见青色就抓狂）发誓，绝不让宋朝人抵达幽州城下。

他率领统军使萧讨古、乙室王撒合等部下出幽州，南下主动迎击宋军，在涿州城外的沙河（今河北易县东南之易水）附近与宋军前锋傅潜遭遇。

傅潜就像半年前白马山上的郭进那样奋勇进击，还是野战，仍然没有援军单兵团对决，他只以自己的先锋部人马就把辽国的北院大王彻底击溃。

耶律奚底变成了耶律沙第二，他扔下了满地的死尸逃回了幽州，身后面还有五百多个部下被傅潜抓了俘虏。之后北地大震，契丹人恐慌了，辽籍的宋人震撼了，这是宋军吗？这是二十多年前后周的军队，是柴荣的部下！

明白了这一点，他们的反应也就和当年一样了。战斗结束的第二天，即六月二十二日，大宋皇帝来到了涿州城外，涿州判官刘原德出城投降。而赵光义没有停留，前面就是幽州城了，这是他的哥哥赵匡胤和当年的柴荣都没有达到过的极限目标，他一刻都不能停留了……传令连夜急行军，就在二十三日的凌晨时分，他率领千军万马来到了燕赵故地幽州城下。

燕云，这里就是曾经的汉地边疆了，幽、涿、蓟、檀、顺、瀛、莫、蔚、朔、云、应、新、妫、儒、武、寰，再往北，就是曾经的生命防线长城……那么开始吧，马上开始吧！他几乎没有休息，就亲自率军冲向了幽州城北的契丹驻军。皇帝临阵，勇气百倍，当年的宋军把幽州城外的契丹军营一扫而空，契丹军死伤近一万人，侥幸逃脱的连幽州城都不敢进，直接逃向更北的地方。

赵光义稍微平复了一下劳累激动的神经，命令向四面八方派出侦骑，时刻警戒每一个动向。很快有情报传来了，在得胜口（今北京昌平西北）发现了大股的契丹军队，值得注意的是，他们主将的认旗是青色的。

青色，哈哈——耶律奚底，北院大王，这小子居然还在这附近。有种，那就派兵去拿下他。但是别忙，除了耶律奚底，在青河北（今北京清河镇一带）也发现了契丹的人马。经调查，可以确定主帅是契丹南院宰相耶律沙……宋朝人摇了摇头，都没兴趣再往下听了。耶律沙，白马败将，何足一提。

即日起围城！把那些边边角角的东西都远远地隔在幽州城之外，集中所有兵力，务必要快，只要把燕云十六州的首府幽州攻破，之后就会滚汤泼雪，连锁反应，其余州县指日可破！

公元979年六月二十五日，大宋皇帝赵光义下令围城，数十万大军把幽州城紧紧地围了三匝……燕云之役打响，宋辽百年恩怨就此开始。

幽州，在三千多年前，它叫“蓟”，蓟国的国都，燕国灭蓟国，迁都于此，改名为“燕京”，此后朝代更迭，它陆续又叫过“中都”“大都”“北平”“北京”。

赵光义率军围困它时，它的名字叫“幽州”。

幽州城墙高三丈，墙厚一丈五尺，城周三十六里，四周设八门。其中南北九里，东西七里，是一座南北长、东西窄的长方形城市。要强调的是，这与太原城防的各项统计数字基本相同。

六月二十五日，赵光义下令围城，具体分派是定国节度使宋偓攻南城、河阳节度使崔彦进攻北城、彰信节度使刘遇攻东城、定开节度使孟玄镑攻西城。

也就是说，四面围城，没给里面的契丹人留半点活路（特别注意这一点）。并且在围城之始就任命宣徽南院使潘美为幽州知府，从这时起就可以在实战中熟悉城防事务了。

攻城开始，但是且慢，在前一天宋军出了点小岔子，让这次合围时大家的心里都很郁闷。原因就是契丹人青色的王旗——耶律奚底。二十三日时，宋军确定了在得胜口发现了耶律奚底的残兵败将。那还有什么好犹豫的？彻底肃清！

大队人马杀过去，开始时一切正常，契丹人跑得比兔子还快，可是追着追着就突然掉进了契丹人的陷阱里。剧烈厮杀，这支契丹军的战斗力空前强悍，宋军拼死突围，虽然冲了出来，可是论战绩，已经是地地道道的中伏小败。

事后才知道，青色王旗纯粹是个骗局，旗下面的人根本不是耶律奚底，而是辽国的南院大王耶律斜轸。

得说一下这个耶律斜轸了。此人的名字在之前的战事里也曾经出现过，比如宋太祖赵匡胤亲征北汉时，他曾经率军赴援，逼退宋军；在白马山是他遏制了郭进的攻势。稍微分析就可以发现，此人根本没动半分手脚，没有一兵一卒的伤亡，就达到了全部的战术目的。再加上这次，骗人骗得一点都不“契丹”，一切都清晰地证明了此人的本质——很坏、很聪明，只要能达到目的，他不在乎手段。

被占了点小便宜，赵光义的反应不是愤怒或者戒惧，而是厌恶和更加蔑视。这就是契丹堂堂的南院大王？像个贼似的偷偷摸摸，你可以说是兵不厌诈，可是你诈出了什么结果啊？

我的兵你没困住，进了包围圈你都啃不下来。没等我再派人，你马上就又跑了……哼，辽国人，就是这样的货色，连杀到我身边来骚扰一下都不敢！

再看一下这时幽州城里的人吧，更叫人看不上。据可靠线报，守城的叫韩德让，是个替父亲守城的世袭公子哥，而且刚刚上任。提到他的爷爷，那是大名鼎鼎——韩知古，辽国的开国功臣，起步时低了点，是当年述律老太后的陪嫁奴隶，辽国的典章制度、风俗礼仪都出自他手。

父亲英雄儿孬种，他儿子韩匡嗣给他来了个彻底的子不类父，虽然坐到了燕王、幽州留守的极品位置，可是能耐根本不行。

《辽史》里清楚记载——医术高超，只此一项。再联想一下当时的辽国皇帝耶律贤是个怎样的多愁多病的身体，宠信是怎么来的就都明白了吧？而且据评估，眼前的这位韩德让是更下层楼，比他的老子更差劲，此前没有任何一点点拿得出手的成绩，年龄倒是已经三十八岁了。

典型的衙内废物！

万事俱备，只差攻城。宋军从十四日冲出太行山，到二十三日凌晨抵达幽州城下，几乎每一天都在急行军之中，无日不征、无日不战，终于给自己赢得了创造历史的时间。

赵光义的设想实现了，这时辽国方面针对他征讨北汉时所派出的援军都被他击败了，其中，耶律沙自从在白马山上被郭进击溃之后就再也没缓过劲来，连战场的边儿都不敢再靠；耶律奚底彻底北逃，无论是这时还是半个月之后，战场上都没了这人的影子，后来证实，他被撤职了；唯一稍好点的是耶律斜轸，也只能小打小闹敲敲边鼓。请看他这时在哪儿？

得胜口，那儿与幽州城相距至少八十里，城里的韩德让就算爬上城楼喊破了嗓子，耶律斜轸都别想听到一声“救命”。

辽国国内下一拨的援军是真正的“远水”，不管有多少人马，怎样精锐，由谁带领，都得先跑过千山万水再说……时间，给了赵光义既慷慨又吝啬得要命的机会——你可以不被干扰，专心致志地攻城，能攻下来你就成功！

只不过，那有时效性，每一天，你的敌人都在长城以外广漠无边的大草原上集结，在向你靠近。

公元979年六月二十五日，宋朝远征军开始攻城。数十万人不分昼夜、不计生死，无所不用其极，几乎是用自己的血肉之躯去冲击巍峨耸峙的幽州城墙。

宋军是轻装简行，一路急行军，翻越太行山而来的，他们没办法携带任何重型攻城武器，甚至环顾四周，在幽州城外，也没有太原城边的汾河那样的大水系，注定了没有任何的外力可以借助。他们能做的，除了像疯子一样去爬城墙之外，就只有在城墙的下面打洞。

这是个技术活儿，他们先顶着枪林箭雨钻到城墙底下，然后就开始打洞，一直往下挖，但是并不是要一直挖进城，那样就死定了。试想洞口能有多大？你能几百个人一起冲进去吗？里面只要守着几杆长枪，大家就都得变成肉串。

墙，不是那样拆的。要做的是一直挖到地基底下，然后在洞顶上用木桩支撑木板，人都撤出来，再放把火把里面的木料都烧了，之后，至少在理论上没有承重的城墙就会轰然而倒。

就为了这点理论上的可能，宋军把幽州城团团围困，达到了“围城三匝，穴地而进”的程度。这时候有人会说，赵光义把事做糟了，你不能把所有的兵力都放在幽州城下，所谓“围城打援”，你得把人分开，放出一部分在四周游弋，时刻戒备才对。

但是很遗憾，这种说法是事后诸葛亮。当时的情况是怎样的？辽国没人来应援，你打什么？难道要分出十几万人去四面布防，时刻等待吗？笑话，赵光义的战略初衷就是要占领幽州城，尽快地拿下它，作为自己的落脚点和进一步北伐的根据地，怎能因连影子都还没见着的敌人就自我削弱攻坚力量呢？

要说他的失误，那在“围城三匝”上。

这是摆明了不给城里任何人活路，势态很明显，你们就放宽了心吧，都等着死在城里头吧！这才是兵家大忌。回想一下当年郭威拿下李守贞的河中城时用的是什么办法？通过整整一年的消耗之后，郭威也只是三面围城，放出一条生路给城里人。

这一条生路不仅会摧垮抵抗者死拼的意志，同时也是攻城者自己的胜利之路。可是这时的赵光义却把自己的对手往死路上逼，强迫对方跟自己拼命。

攻击整整持续了半个月，其间也有所收获。幽州城里有人支持不住了，契丹的铁林都指挥使李札勒存带着两百个部下逾城出降，随后幽州城的神武厅直部队共四百人也出降了。时间到了七月，幽州城下的攻势达到了空前的强度，周边的契丹人先崩溃了，辽国建雄军节度使顺州人刘延素主动投降。

这样的震荡也迅速地传到了漠北草原的深处。《辽史》记载，当时的契丹皇帝耶律贤正在打猎，听到消息后马上升帐议事。群臣讨论，最后的结果非常惊人，不是怎样去救援燕云，而是要怎样保证漠北王廷的安全。

他们的决定是——放弃幽州，退兵守松亭（今河北宽城西南）、虎北口（今密云东北）。

松亭、虎北口，这两点都在长城线上。很明显，契丹人不仅已经对幽州绝望了，甚至都打好了背靠长城，来阻止宋军进一步北伐的打算。一切就像他们事后的记载一样——“……宋乘下太原之锐，以师围燕……辽亦岌岌乎殆哉！”

但是别忙，建国已经六十三年的契丹的确不像最初时那样生猛凌厉了，可是全族危难，还是有人站了出来，只不过这个人并不能让人信服，因为他本是个文官——大惕隐司（掌管皇族政教事务）的长官。他就是惕隐耶律休哥。

他的意见是，不管退守还是赴援，从根本上看都是与宋军接战，那么为什么要退呢？要战，就只在幽州城下战！

这要有一个至关重要的前提，就是幽州一定要挺到他带兵杀到为止。不然，就会主客易位，换成宋军在幽州城里以逸待劳，等着千里奔袭、变成强弩之末的契丹人送上门来！

那样的后果不堪设想。

说到底，一切的胜负契机都凝结在一个人的身上——幽州留守韩德让。只要韩德让能挺住，契丹人就能保住这一线的生机。如果他先倒了，那么幽州的陷落，就会带动整个燕云地区一起倒向汉人。

那样东亚的格局就会重新规划，契丹人彻底返祖，倒退回三十二年前，他们仍旧不过是草原上的一片飘浮的落叶，有被风吹起来的时候，也必然会极快地落下去，成为下一个匈奴、突厥、回纥……耶律休哥率军日夜兼程奔驰在草原上，他每时每刻都在祈祷着韩德让能多挺一会儿，再多挺一会儿。

韩德让……这本是一个默默无闻的名字，他的出现绝对是个偶然。幽州，本是他父亲的责区，他只是暂时代理，适逢其会而已。

这就是命运。燕云之役，是一个让强者成名的特殊时段。一些在此之前默默无闻的名字，经过了这半个月炼狱一般的考验后，变得威名震慑大地，成了决定历史进程的大人物。

韩德让，就是其中的佼佼者。

当年的六月二十五日之后，让我们进城，和韩德让易地而处，看看他所面临的是什么局面。首先，幽州城外沿三十六里，敌军有数十万人，平均每一里的城墙都可以分配给万人之众去摧毁，人都挤不下了，得围成三圈。这还不是最危险的，危险的是人心。赵光义四面围城，不给一点活路，这让城里人又惊又怕，更狠的却是宋军开始了招降（宋兵围城，招胁甚急）。又打又拉，不说城里面那么多的汉人，就连契丹族的军人都叛逃了六百多个。“人怀二心”，这是《辽史》事后对当时的注解。

人心如此，战局同样绝望。首先，辽国自建国以来，从来没有发生过被围困攻城的事。可以说辽人并不习惯防守，不仅没那个技巧，要命的是也没那个心理素质。几十万敌人日夜不停地四面围攻，你站在城头上往下看，那是什么情景？

你不怕吗？

可这也并不是最恐怖的，幽州城坚墙厚，兵甲充足，契丹人已经苦心经营了近四十年，无论如何在军备方面都不会比太原城差，但是想一下太原城被围攻时，里面的人心情是怎样的？他们舒畅，因为他们都知道肯定会有人来救他们的。

契丹一定会出兵……可是现在谁来救幽州？

草原深处的漠北王廷吗？茫茫大地，你站得高点使劲望吧，小心望瞎了眼睛，也看不见援兵的影子。靠边的耶律斜轸、耶律沙？提到他们，就没法猜测当时韩德让的心情了，他是痛恨还是绝望？又或者是心有灵犀的理解？

没法考证，反正这两位手握重兵的耶律连一次，哪怕只有一次抵近骚扰一下宋军，稍微减少一些幽州城防压力的行动都没有。

他们远远观望，任由韩德让和幽州城自生自灭，直到公元979年七月六日这一天。

这一天是所有人的命运日。

在这一天之前，幽州城内外，甚至整个燕云地区，不论是宋朝人还是契丹人，都已经把自己压榨到了极限的边缘。

城里的韩德让，自从宋军攻城以来就一直“登城，日夜守御”，此时已经有半个月之久。实际情况是就算他本人还能支撑，但城里的军民已经到了崩溃的边缘。

西北方八十里开外，得胜口，耶律斜轸，他一直置身事外，冷眼旁观。像是非常怯懦，也像是极端冷静，无论如何他都完整地保持住了自己的实力。他的信条是——不浪费一兵一卒，那都是他的金子，除非等到了钻石级别的机会，他绝不会动用他们去白白送死。

他比谁都清楚，几十万人的宋朝庞大军团是一个超级怪物，悍然去碰它，那不叫解围，连减压都算不上——那是在找死。宋军随便分出一只手来都足以把他掐死，那边该围城的还在围城，什么效果都没有。

等待和耐心更是最煎熬人的东西，耶律斜轸在静止中把自己折磨得发疯，他知道应该会有援军的，应该会有……可是该死的是，什么时候才到啊！

耶律休哥在极限运动之中，他必须尽快地赶路，可却要最大限度地保持住援军的战斗力。他不仅要到达，还要到之能战、战之必胜才行。看一下他的兵力，知情的人就会对他不抱什么希望，他居然只有……三万人。

少了点吧？这就是号称骑甲三十万众的契丹人所能派出来的援军吗？用这么一点兵力就想千里奔袭，去和宋朝的几十万常胜部队对决？契丹人到底是自信还是狂妄，又或者是被吓得变态了？

都不是，这也是极限。想一想当年赵匡胤派田钦祚阻止入境的辽兵时，瞬息之间能派出多少援军？三千。救兵如救火，契丹人已经全力以赴，斡鲁朵军制快速集结军队的力量在这时显出了巨大的优势。

回到幽州城下，宋朝人更加筋疲力尽了，不仅是身体上的疲劳，心理的厌倦更让他们忍无可忍。所有人的精力、激情，甚至对杀人放火的渴望都发泄在半年前的北汉太原城下了，这时他们厌战，他们想家，而且他们两手空空，连拿下北汉时的奖金都没到位，他们找不到继续打仗的理由！

这些，大宋皇帝赵光义都心知肚明，一个人就算再不知兵，难道连发没发奖金也不知道吗？更何况，宋朝当时所有的智囊，包括骨灰级的赵普都在军中，该做什么，是继续强攻，还是马上撤退，就算没有了记载，当时也应该有人提醒过他。

但是一个终极诱惑让他发疯，让他无论如何都不想走——也许就在下一刻，幽州城就能攻破了！

就这样，公元979年七月六日这一天终于到了，赵光义突然接到军报，幽州城西北突然出现了契丹人的大股部队。

契丹人来袭！

终于来了……警报传遍全营，领军迎敌的却是皇帝本人。潘美哪里去了？曹彬哪里去了？第一暴徒曹翰哪里去了？要知道当时宋朝的举国重臣都在军中，可为什么一旦遇敌，却得要皇帝御驾亲征？

因为军心懈怠了，赵光义比谁都清楚，这时只有他亲自出阵，才能勉强振作军心，把士兵们从愤怨疲劳的状态里强拉出来。

战报紧急，契丹人迅速逼近，当赵光义整军出阵时，契丹铁骑已经推进到了高梁河。高梁河，今北京西直门外原永定河，与幽州近在咫尺。宋朝军队瞬间明白，契丹人来者不善，这样的深入，不是偷袭，不是骚扰，而是强攻！

这一天，在宋军没有任何心理准备的情况下，自北征以来，敌我双方第一次的主力军团对决就这样爆发了。

战场上的形势一边倒，契丹人主攻。开战以来不断后退、不断失败的契丹人不见了，他们像是突然返祖，变成了三十多年前耶律德光的部队，他们不知是为了什么，不计生死、全力以赴地向宋朝人进攻。而且让宋军难以置信的是，这支契丹军队的主帅居然是他们的手下败将耶律沙。

这就是郭进在白马山击败过的人？这就是在此前连幽州的边都不敢靠近的那个懦夫？宋朝人难以置信，但是生死边缘，他们的战斗力猛然觉醒，这是中原自后周起就不断积累着胜利传统的常胜不败之师，这是自中唐以来最强悍的汉人部队，不管怎样劳累，不管对手是谁，他们没有召唤围城的部队支援，就在高梁河的河滩地上与耶律沙所部血战。

断杀直到黄昏时分，契丹人死伤惨重，辽国的南院宰相耶律沙不得不下令撤退。

胜利了？真的吗？当年阵中的大宋皇帝赵光义一定难以判断些什么，有资料显示，这是他生平第一次亲身经历十几万人规模的屠杀现场，人山人海，犬牙交错，战局瞬息万变，不管他懂不懂，宋朝人的阵地终于前移，他被推上了胜利的道路！

夜幕降临，宋军开始追击。这时他们的内心是庆幸的，是解脱的，不管怎样，终于还是结束了，日出而战，日落而息，天黑了，这一天终于过去……可是他们连做梦都不会想到，这时的夜色是那个人预定的。

耶律斜轸。

就在宋朝军队整体前移，快速追击耶律沙的时候，突然间在他们的面前出现了两条火龙，那是千万支火把凝聚成的一大片火海，从左右两侧向他们疾卷而来。

敌人，契丹人，多少人？

宋朝的士兵们都被眼前的这一幕惊呆了，凭着直觉，他们发现对面的人数绝不在他们之下！剧战之后，突遇埋伏，他们每一个人都感到了恐慌。

宋军不知道，对面的人数至少要比他们想象的少一半！耶律斜轸命令每一个契丹兵手里举着两支火把……他要这个效果，他等的就是黑夜！

先声夺人，宋军还没从震惊中恢复，他们正前方正在逃跑的耶律沙又突然回兵，向他们倒卷回来。战局瞬间恶化，怎么办？断杀了一天的宋军已经绝对没法支撑，赵光义当机立断，命令回幽州城下传令，调围城部队来救急助战！

唯此一招了……难道还有什么别的办法吗？赵光义在当年漆黑的幽州夜色下，裹挟在自己的军队里向幽州城退却，很快，他就盼来了自己的援军，但是他无论如何都没有想到，这是他当天犯下的最大错误！

宋军全营皆起，向西北方向迎击来袭的契丹联军，在他们的身后，幽州城门突然间打开了。能想象吗？被死死围困了半个月，每天都挣扎在死亡线上的幽州守军，居然敢冲出来向宋军进攻！

前、后、左、右，四面都是敌人，就连幽州城里都喊声震天，全城的百姓都在为契丹人助战……战争，第一次向赵光义露出了它狰狞恐怖的本来面目，他身边的几十万部下都在恐慌迷乱中。回望历史，大兵团作战的崩溃阶段是什么样的？

淝水之战、官渡之战、赤壁之战，那都还只是正面冲突，单面受敌，可现在在幽州城下，客境作战的宋军是四面受敌，再无救兵！

但就是这样，经过赵匡胤十七年不断精选磨炼的宋朝精兵仍然真正显示出了他们的强悍本色，从公元 979 年七月六日的黄昏时突遇埋伏，到第二天的太阳终于升了起来，整整一夜，他们队伍不乱、建制不散，一直紧紧地守护在皇帝的周围，他们仅仅是处于劣势，但绝对还没有败！

直到公元 979 年七月七日的太阳终于照亮了战场，大宋皇帝的黄罗伞盖被契丹人清晰地看到……

耶律休哥疯了，他在太阳刚刚照亮战场时做了一个疯狂的决定，他不顾一切地率军冲向了大宋皇帝的所在——黄罗伞盖。

他把所有人都惊呆了，包括契丹人。此人千里赴援，日夜兼程，到之即战，本来已经是强弩之末了，再经过彻夜拼杀，这时再冲向宋军兵力最集中的地方，他不是找死吗？

耶律休哥本人深知，这是契丹人胜利的唯一一个机会了，再不成功，等待他们的就只有失败和死亡。想想看，此前的挑战、诈败、火把、反击，甚至幽州城里的韩德让还给了他们惊喜，敢出城助战，能做的他们都做了，但是几十万的宋军建制完整，阵形不散，始终都拿不下来，一旦天亮后让他们看出契丹人的虚实，胜负必将逆转！

不胜利毋宁死，不可一世的名将诞生了，敢直面死亡的人才配接受胜利。耶律休哥像当年巴公原上的柴荣那样冲向了敌人的心脏，给自己的民族带来了希望，同时也给宋朝人带来了决战获胜的可能——只要能杀了这时拼死一击的耶律休哥，胜利就是宋朝的！

万箭齐发，人马踩踏，历史证明耶律休哥当时真的命悬一线，他殊死冲锋，筋疲力尽的宋军向他疯狂攻击，他身上接连三处重伤，但是奇迹一样，他真的劈开万人拱卫的宋军中军大营，冲到了那顶显赫无比的黄罗伞盖下。

抵达的一瞬间，耶律休哥全身都冰冷了，绝望笼罩着他，他发现倒在伞下的那个人竟然只是一个普通的护伞宋兵，根本就不是什么大宋的皇帝……怎么了？中计了吗？受骗了吗？但是他突然发现宋军的阵形剧烈动荡，连锁反应向四面八方波及，怎么了？宋军竟然崩溃了？

这时他的手下们猛然欢呼，胜利了！宋朝的皇帝逃跑了，宋朝的皇帝逃跑了！！

耶律休哥不敢相信自己的耳朵，他竟然真的做到了。有人能相信吗？宋朝的那位皇帝居然逃跑了……

你不知道人生在下一瞬间给你安排了什么，你更不知道的是，你在这种安排面前露出了怎样的一张脸。

赵光义连做梦都没有想过自己会逃跑，可是他现在真的就在逃跑的路上。光荣、耻辱、伟业……生命，这些平时在他脑海里盘旋不休、精确计算的东西，在那一瞬间都变成了空白。他只记得突然之间契丹人冲到了他的近前，箭如飞蝗，杀声如潮，他们要杀了他！

那中间应该还隔着重重的人浪，他的士兵们还在以血肉之躯来延续着他的生命，一切的迹象都表明，最后的时刻还没有到来。但是赵光义惊呆了，这就是战争吗？这就是他一直以来想要的丰功伟绩吗？他翻越太行山，不顾一切所追求的就是这个吗？此前他羡慕天可汗，他不服他的哥哥，他一心想要比他们做得更好，但他从来都没在战场上经受过危险！

他逃了，逃的时候身上已经中了两箭。没法考证，这是在他正面迎敌时被射中的，还是在他转身逃跑时才中的箭。因为据记载，中箭的部位是“臀”或者“股”，方向大有区别。但是这重要吗？事实是他选择逃跑时，“仅以身免”，身边居然没有护卫他的人。

人呢？都被杀光了？那他还逃得了吗？契丹人已经杀到他身边了。只能有一个解释，他逃跑时，他的士兵们仍然在奋战中……

身后的喊杀声惊天动地，他再不敢回望，那是他的一场噩梦。当他逃跑时，这个梦醒了，从此在他的心里面，一些影子消散了，一些伟岸高贵的东西彻底离他远去。

那一瞬间，他变回了他自己。

剩下的事情，只是一些数据。当天幽州城下，宋军终于全军崩溃，向南三十里之间，阵亡近万余人。兵仗、器甲、符印、粮馈、货币丢弃无数，数十万人被分割包围，各自为战。他们的皇帝不知去向，后来才知道，他当天孤身一人，忍着身上的箭伤，骑马狂奔了一天，在八日到达了涿州，没等进城，同样身负重伤的耶律休哥就紧追杀到，逼着他再次逃命。

这时天又黑了，赵光义慌不择路，陷在了泥淖之中。这时，他命不该绝，一支不明战况仍然向幽州运军粮的宋军发现了他。领军的将军姓杨，叫杨业。

赵光义得救了，杨业杀退追兵，用一辆运粮的驴车送他回国。在他的身后，散乱溃逃的军队逐渐恢复建制。辽国当日只是险胜，他们没有能力，更不敢对宋军穷追到底。宋朝人惊喜地发现，全军崩溃，皇帝都单骑逃命，可是随军的王公大臣们，居然连一个伤亡的都没有。

这就是当年的真相，宋军败了不假，可是绝没有伤及元气。他们真正的损失，是躺在驴车里的那个人，他心里丢了一些东西，还有他身上的那两处箭伤。

# 第六章 剧痛的心灵

战后盘点，抛开感觉谈得失，宋朝吃什么大亏了吗？燕云没拿下，可太原拿下了；死了不少人，可也杀了不少人啊；丢了不少物资，你怎么不说灭了北汉从此多收多少地皮税呢？

从燕云活着回来的人，稍微定了点神之后，这些念头就都冒出来了。尤其是军人，皇上你不发抚恤金行，可连陈欠的太原奖金都不发，就太说不过去了吧？那可都是沾着人血的钱哪，一点不给像话吗？

大家怨气冲天，但是谁也没敢去跟赵光义说。皇上刚败又受了伤，这时候往前凑纯粹是有病，何况他们掂了掂自己的分量，谁有这个资格呢？

有一个人有，至少他觉得自己有，武功郡王、检校太尉赵德昭。他来见他的皇帝二叔，想给那些可怜的大兵讨回点公道。

——陛下，您好。

——嗯。他二叔的神色很阴沉，以往不是这样的。

神色不对，可赵德昭决定还是把话说完。这不仅因为他觉得有必要说，也因为他的本性就是这样的，“德昭喜愠不形于色”，一个沉默寡言的人，往往不知回头路在哪儿。

于是他替北征的将士们请功、讨赏，陈述功过是非……可是他怎么也预料不到，他的二叔勃然大怒，向他怒吼——等你自己当了皇帝再赏也不迟！

赵德昭蒙了，当皇帝……他脑子里突然间闪过一件事，幽州之夜，那些惊慌失措的将领和大臣……他以为已经过去了，可他的二叔还记着！

那是当年七月七日清晨大败之后，赵光义单骑逃亡，不知去向，直到九日他逃到了金台顿，才派殿前都虞候崔翰去召集溃兵，通告自己还活着。这期间宋军都以为他死了，大军不能无主，他们一致拥立当年的太子赵德昭在军中即位。

这本是不得已才做的事，数十万人都乱了，总得有个统一的指挥吧？而且他们一收到赵光义还活着的消息，就立即中止了一切，重新向赵光义身边集结。

当时赵光义什么也没说，好像他也很理解，并不介意。但是他真的能忘了吗？这时离他的前任——他的哥哥赵匡胤死时才不过三年，人走了，可烧了十七年的茶真的凉了吗？当时在军中的，不仅有秦王赵廷美、前宰相赵普，还有现任的首辅宰相薛居正、赵光义最亲信的中书侍郎卢多逊……那已经是一个完整的朝廷了，这些人一致拥立了一个新皇帝，竟然就是当年的太子本人！

合理合法，浑然天成！

更奇妙的是，现在赵德昭居然来给那些人请功了……真是投桃报李、礼尚往来啊，真有默契！赵光义再也没法忍耐，他用在幽州前线时所没有的突发性暴怒直接向赵德昭摊牌。

你想赏人吗？你想自己当皇帝吗？

二叔翻脸了，不，是要翻牌比大小了。德昭，你怎么办？你真的敢比吗？没人没刀，你死定了。那就承认错误，解释清楚行不行？他不是皇帝也是你二叔，你给他跪下不丢人！

可是德昭的反应是——他什么都没说，默默地离开了。史书上说，他离开后直接回了自己的家，突然问身边的人——你们谁有刀？

听到的人都摇头——宫中不敢带。

德昭一个人走进了茶酒阁，进去后把门关上，用水果刀自杀。

就这样死了，至于原因，史书上只给出了两个字——德昭“惶恐”。只因为被二叔所疑忌，所以一时气闷就自杀了。想想真的很有可能，他本是太子，是赵匡胤的嫡子。但他生母早死，父亲似乎对他也不亲，而且从这件事上就能看出他一点都不机灵，更谈不上讨喜，甚至就在他父亲死的当夜，他继母想到的继承人都是他的异母弟弟。

更让他心冷的是，一旦他看见二叔的暴怒，就会看到一个让他绝望的现状——所有的人都抛弃了他。他来找二叔是为军队请赏，可是竟然没人提醒他要小心，都眼睁睁地看着他往坑里跳！

要知道在出征北汉的前夕，还有个姓吕的大胖子提醒他三叔赵廷美千万别奉旨留守京城，一定要申请随军打仗呢！世态炎凉，人间冰冷，二叔已经图穷匕见了，难道还真的要等着一步步逼上门来被折磨死吗？不如自杀了事，一了百了。

以上就是赵德昭之死的官方资料及解释。真的是这样吗？再郁闷、再激动的心灵，也不会这样脆弱吧！这里我有两个疑问：

一、幽州之败前，赵光义有杀他侄儿的心吗？

二、德昭被拥立时真的有称帝之心吗？或者赵光义事后认为他真的能继续威胁到自己吗？

先说问题一，如果赵光义想杀他侄儿，在幽州兵败之前，三年的时间相信总会有机会，那非常简单，明的暗的都不是问题，难道非得要等到兵败之后、回国了再明目张胆地弄事？

问题二，在赵光义失踪、全军拥立的情况下，赵德昭都没法取二叔而代之，他的能力也就可想而知了。赵光义没有任何必要担心什么。这是再简单不过的推理了，以赵光义的智慧，他会连这都想不到？

那么他为什么还要对德昭疾言厉色？

这关系到一个医学常识，请问一个人在盛夏时节被射中两箭，没做任何医疗处理，就骑马逃命达一天一夜，他的伤口会恶化到什么程度？

这不是将养的问题，历史里有无数个证据可以证明，赵光义从幽州城下开始逃命时起，就一直挣扎在死亡线上。他变了，不是他想变，而是他必须得时刻准备去死，他得担心后事——不是怕德昭还有另外那两个“亲人”篡他的位，而是怕他们篡他儿子们的位，更有甚者，怕他们在自己突然伤重没法收拾时来逼宫造反！

所以，必须解决掉他们……重中之重就是德昭，这位原来的太子，难得他还送上门来。

我的眼前总是出现这样一个画面——当年德昭回到家里，他忐忑不安，闷闷不乐，把自己关了起来，沉默寡言的人需要安静才能想事。这时茶酒阁里只有他一个人了，窗子突然开了，或者干脆就是从门外进来，有人用现场的水果刀杀了他……没有人证，没有物证，倒有自杀的物证。

之后的事情是多么简单，赵光义闻讯大惊，他急忙赶来，抱着德昭的尸体大哭——“痴儿，何至此邪！”

我相信他此时的眼泪是真的从心底里流淌出来的，赵光义的心同样悲恸欲绝，他抱着侄儿的尸体，心里一定在疯狂地喊叫：孩子，我从小就抱着你，我真的从来没有想过要杀你！可是谁让我已经到了这一步……不要怪我，我真的是不得已！

这样的悲痛，很快就变了质，人的心就是这样，因为我对不起你，所以要把你伤害到底！很快，赵光义就把这样的事又做了两次……

# 第七章　血战二十年

国事家事真烦人，才下眉头，却上心头——要债的来了。德昭的尸体还有些余温，契丹人就杀过来了。

公元979年九月，契丹人由幽州留守、燕王韩匡嗣（韩德让他爹）为帅，率领南院宰相耶律沙、惕隐耶律休哥、南院大王耶律斜轸、权奚王抹只等统军南下，报复宋军围攻燕云之仇。

赵光义愤怒且郁闷。这是宋朝第一次被契丹人进攻，可是竟然要让他赵光义来创造这个纪录……真是讽刺。于是他化郁闷为力量，空前重视这次挑战，为了必胜，他给前线的将士们用快马紧急送去了一份法宝。

那是他四十多年来苦思冥想、不断实践，并经过燕云之战的回顾才凝结成的智慧结晶。

前线，满城（今河北保定西北），宋军的主帅是镇州都钤辖、云州观察使刘延翰，监军是六宅使李继隆，部下分别是右龙武将军赵延进、河阳节度使崔彦进以及殿前都虞候崔翰。这些人站在徐河边上，向西北边看，只见好大的沙尘暴啊，尘土飞扬，看不清不要紧，“东西亘野，不见其际”，辽国人来了。

这时候箭上弦、刀出鞘，马上你死我活。但是别忙，只见宋朝的大将军们动作一致，他们都伸手往怀里摸，各自抓出来一张纸。

人手一图，赵光义的特快专递。

图上面画得清楚明白，皇上要他们分为八阵，每阵相隔百步。具体每阵的内部构造还不得而知，更不知道这是不是后来被称为宋朝军阵第一经典的“平戎万全阵”，但是图上还附带了圣旨便条一张，上面严正警告：不管敌军怎样来，我只这样做，必须这样做！

手捧图纸，面对契丹，大宋的将军们表情平静。他们一个个地互相望过去。“死了。”赵延进说，他刚刚登高远望来着，契丹人好多，而且没分成八部，是一窝蜂拥过来的。

"死了。"崔翰同意。

"死了。"监军李继隆很难受，但他是个实事求是的人。

"死了。"主帅刘延翰超沮丧，他知道自己是死定了，不死在这里，战败回去也得掉脑袋。

"翠花。"崔彦进如是说。

"嗯？"大家转头怒视。

"和我老婆永别。"崔彦进冷冷地解释。

"闭嘴！"赵延进突然暴怒，历史证明这人最有种，他说出了大家都明白可都不敢说的话——"皇上把边疆交给咱们，是要咱们杀敌的，可现在咱们的队伍都分散了，眼看着就要完蛋（我师星布，其势悬绝），把兵都集合起来，和契丹人还有得一拼。你们说，是丧师辱国的好，还是违令胜利的好？"

谁都知道哪个好，崔翰等一大堆人都冷冷地看着他，说了一句话——"你保证一定能胜吗？"（万一不捷，则若之何？）

赵延进彻底火了，他一声吼了出去——"倘有丧败，延进独当其责！"

吼完之后，他差点背过气去。就见崔彦进等人跟没听见一样，手捧地图思领袖，一脸的无动于衷。这时候监军李继隆终于说话了——"好了，变阵，抗旨的罪名是我的。"

话一出口，众将官应变神速，只见瞬息之间，八座大阵迅速合而为二，一前一后，互为依托。并且马上有人拿起笔来写信，李继隆凑过去想看，被人一把推走。然后就见崔彦进跟谁也没商量，自己带人就跑了。

"去哪儿？"有人吼。

"谁跟你们这些傻狗扎堆。"崔彦进说跑就跑，跑了很远之后似乎还拐了个弯。

没过多久，对面辽军主帅韩匡嗣就接到了宋军的投降信。信里写得很实在，宋军完了，幽州败得太惨，皇帝不会领导，现在不想死，只能投降。韩匡嗣将心比心，相信了，要知道这也是他们敢杀过来的理由。好，受降！

可是他身边还有个耶律休哥，这人身上前些天才被宋军砍了三刀，差点把命丢了，宋军是什么变的，他比谁都清楚。他说——不对，宋军人很多，都是精锐，绝对不会投降。这是诈降，要做好准备。

韩匡嗣别的不行，顽固性绝对和他儿子有一拼，我是主帅我做主，受降！

结果突然之间，对面的宋军猛扑过来，羊变成了狼，卷起的尘沙比契丹人来时还要大，韩匡嗣吓傻了，一点反应都没有，被连蒙带骗的宋军打败了。

契丹人一顿猛跑，刚跑到西山，突然又拥出来一大堆宋兵，为首的就是脱离主战场的崔彦进。这伙人趁火打劫，无所不用其极，等到契丹兵终于逃到了遂城，已经被砍了一万多人，丢了一千多匹马，三个将军被宋军俘虏，遂城周边的辽国属民也被抓走了三万多户……只有耶律休哥早有准备，他率本部人马整军力战，缓缓后退，宋军居然拿他无可奈何。

这一战之后，辽国把刚刚在幽州赢的彩头都吐了出来，宋军士气大振，连带着赵光义那颗原本忐忑萎缩的心也稍微舒展了一些。可是也有了一个副作用，辽国南面的统帅换人了，韩匡嗣下野，耶律休哥正式登台，从此日子不是那么好过了。

宋朝迅速做出了反应，派出一位契丹人的宿敌出任代州兼三交驻泊兵马都部署，其具体驻防地设在雁门关。

雁门关，位于山西省代县，在城西北大约四十华里的地方，又名西陉关。与宁武关、偏关合称三关。三关绝险，居于代县北境的恒山之上，北依雁北高原，南屏忻定盆地，蜿蜒于山巅的内长城，孤峰耸峙。相传连南雁北返都没法飞越山巅，要从山间缝隙之中才能通过，所以谓之“雁门”。

雁门向东，是平型关、紫荆关、倒马关，直抵幽燕，接连瀚海；向西，有轩岗口、宁武关、偏关，直到黄河岸边，是中原汉地自外长城以后最关键也是最后的一道屏障。中原历代王朝都派出了当时最强的将领来把守这道门户。

战国时，赵将李牧奉命常驻雁门，大破匈奴十余万骑。

秦时，始皇帝遣大将蒙恬率兵三十万，出雁门北击匈奴，悉收河套之地，并修筑了万里长城。

汉时，李广曾在此与匈奴交战数十次，紧守汉家门户，被匈奴人称为“飞将军”。

唐时，薛仁贵为代州都督，镇守雁门。

这就是雁门天险的意义所在，“三关冲要无双地，九塞尊崇第一关”。宋朝太宗年间派出的这位抵挡契丹人的英雄名叫杨业。

杨业终于恢复本姓，成了一个宋朝人了，并且受命镇守这关乎宋朝全境安危的第一险塞，作为军人，他应该没有遗憾了。何况他的顶头上司就是宋朝的第二军人，实际上军功第一的潘美。英雄重英雄，好汉惜好汉，不管后来发生了什么，这时的潘美和杨业是两位真正的军人，不管下了战场能否在一起喝酒，上了战场，他们是可以互相交托生死的战友。

战争马上到来，上一次的大败，让本想报复的辽国皇帝耶律贤大怒，历史证明，这个人的身体很不好，但是他的精神非常强悍。他立即又派出了十万大军，由辽西京节度使萧多啰与马步军都指挥使李重海统率，出幽州进犯汉地，进攻地点就选在了代州绝险雁门关。

辽国人选中了雁门关，这是着险棋，天险意味着易守难攻，可是天险之后，就是一马平川。契丹这么搞，纯粹是拉着宋朝人一起上悬崖，总有一个人要掉下去，不是我，就是你！

挑战来了，这次别想再玩上次的把戏，无论是埋伏，还是诈降，都不再管用。甚至以潘美的身份和杨业多年守边（北汉时）的声望，他们都不可能投降。敌我双方都清楚，唯一的办法，就只有殊死力战。

宋太平兴国五年（公元980年）年初，宋朝三交都部署潘美于雁门关下列重兵，以堂堂之师正面迎击契丹，令部下杨业领麾下数百骑西出井陉，由小路迂回至雁门关北口，伺机攻敌。

潘美、杨业，这是当时宋朝军中最强的组合了，两人一样强悍善战，一样锋锐难当。当年雁门关下，代州血战，潘、杨南北夹击，一举击溃辽国十万大军，杀其领军元帅节度使、驸马、侍中萧多啰，生擒马步军都指挥使李重海，不仅是大胜，而且是赶尽杀绝式的胜利。让契丹人雪上加霜，不仅没能挽回上次的失败，反而更添败绩。

但是胜利能带来什么呢？此战之后，潘美的声誉再攀高峰，杨业的英名威震漠北，“杨无敌”的旗号让契丹人望风而逃。但是，边关的压力却急剧上升，契丹人绝不能容忍宋朝的军功如此高涨，尤其是辽国的皇帝，一败再败，他没法向自己的国人交代！

还有新上任的辽国北院大王耶律休哥，这就是他的开业大吉，换你，你能接受吗？这些人在不久之后，就会再找上门来。

并且还有一点，这样的大胜，对于杨业本人来说是好事吗？此战之后，他以军功升赏为云州观察使，不仅仍判代州，连郑州也成了他的辖区。但是他以一个投降才不过一年的敌将，就骤然冒升，马上就招人嫉恨了。史称有人给赵光义写密信告发了他的种种不是。但赵光义的反应很理智，他不予追究，把信送到了边关，交给了杨业。

杨业感激之余，只有更加竭力尽忠。

边关稳定，宋朝的国内也迎来了一次盛典，太宗朝的第三次科考开始了。这一科，是公认的“龙虎榜”，有宋一代，这一榜涌现出的人才质量之高，密度之大，对国家贡献之大，都是独一无二的。其中名臣众多，以当年的进士张咏的话说——“吾榜中得人最多，谨重有雅望，无如李沆；深沉有德，镇服天下，无如王旦；面折庭争，素有风采，无如寇准；当方面计，则咏不敢辞。”

李沆、王旦、寇准、张咏，这都是宋朝第一流的人才，前三位都官至宰相，张咏则是有宋一代治理地方最有名的大臣。

风采各异、形神超越的宋代名臣终于登场了，在以后的三百年里，一个个既鲜活又陈旧、既熟悉又陌生的面孔就要出现在我们面前了。让我们小心翼翼地揭开他们的面纱，看看后面到底隐藏了些什么。

这时国际主旋律仍然在战场上，辽国皇帝前后两次亲征。第一次，在瓦桥关占到了大便宜，赵光义不得已仓促应战，也御驾亲征。

不料辽国皇帝先撤了。

宋朝不明所以，他们不知道辽国内部有一个致命的缺陷，很久以后这个缺陷才被宋朝人有意无意地发现了。澶渊之盟之所以能签下来，后世仁宗朝的名臣富弼之所以能只增岁币不割地，都在很大程度上受益于这一点。

第二次辽国皇帝再次亲征，结果就尴尬了，他选择了满城，也就是上次崔彦进等人手捧阵图叫翠花的地方。这一次满城的将士们还是没按常理出牌，他们根本就没想着守城，而是冲出去在城下与契丹人狠狠地拼了一场，硬生生地把辽国皇帝击退，并且箭如雨发，把辽国太尉耶律希达当场射死。之后更发扬老传统，在半路设下了伏兵，把辽国的统军使耶律善布给围住，可惜辽国人太多了，马上就有人来救他们了。

来的人是宋军的老熟人，辽国的南院大王兼枢密使耶律斜轸。

包围圈破了。

就这样，辽国人很没面子，他们在当月就灰溜溜地回国了。

再过两个月，雁门关传来捷报，潘美与杨业在关下击破来犯的辽军，阵斩敌军三千余人，并追击入辽境，击破其堡垒三十六座，俘获其老幼万余人、牛马五万匹。

北疆战场连连得利，赵光义却一直掩面哭泣。他很难过，德芳死了。这次没有怒喝，没有自杀，没有水果刀，也没有现场直播，抱尸痛哭。

三弟廷美被远贬房州，最初的罪名很大很空洞，比如“将有阴谋窃发”，具体表现是“骄恣”。这种程度，赵廷美闭门思过就可以了。但是到了宋太平兴国七年（公元 982 年）三月初一，故事有了新情节。

这天是北宋王朝的一个大日子，著名的、闻名遐迩的、军民一体的、耗工费力的金明池终于建成了。

金明池，位于大宋京城开封的外城西墙顺天门外之北，与路南的琼林苑相对，建成之后两者合二为一，成为超过周天子灵池、汉长安昆明池的超巨大洗澡盆，公开的理由是为了训练水军。

这个池子是纯手工打造的，说它大，它“周围约九里三十步”，从太平兴国元年，也就是赵光义刚刚登基就开始凿筑了，不仅征调工匠，甚至都动用了三万五千人的现役军队，但也要七年才能完工。

说它美，“临水近墙皆垂杨”，并且在原琼林苑修筑华府大第，赐给宰相、枢密等两府大臣。

说它重要，皇帝每年都要率百官到此观赏水军操练，并且还要在琼林苑大宴科举的幸运者新科进士。“我也曾赴过琼林宴，我也曾打马御街前。”这是一个中国人传统思维里至高无上的荣耀，从此成为定式。

说它亲民，北宋一代每年的三月初一至四月初一，金明池向全国黎庶开放，任何人等均可出入这个超级华美富丽的皇家园林。当时金明池内就是一幅活生生的《清明上河图》，到处都是赌博、餐饮、卖艺的人群，人们还可以免费观赏大宋水军的操演，就像现如今的国庆阅兵一样，亲身感受大宋王朝的伟大与昌盛。

今年是第一个三月初一，尤其是金明池最后一个大工程——水心殿终于落成，大宋皇帝赵光义宣布他要亲临开光典礼，为水心殿的开业剪彩，并泛舟池中，尽一日之欢。很好的事吧？但是活动突然被取消，皇帝紧急返回宫中，没人知道出了什么事。

第二天，一个惊人的人事任免突然颁布——罢免秦王赵廷美开封府尹之职，授西京留守。开封府由右正谏大夫李符权接任。

再以后，人们才知道当天发生了什么事。据说，有人紧急告发秦王赵廷美将在金明池发动政变，夺取皇位。并且计中有计，一旦皇帝当天不上当，他就要装病，在皇帝过府探病的时候，再关门杀人。让赵光义自投罗网，他好守株待……那个兔。

拙劣不堪！

赵三弟自此退出政坛。

# 第八章　乘人之危

宋朝的国都开封城里突然来了一群陌生的异族人。这些人装束奇异，风尘仆仆，神色忧郁，但难掩其高贵强悍的本质。

因为他们本来就是王族，是没有帝号但统治广漠草原已过百年的领主。

这些异族王者在大宋君臣心目中一直是传说中的人物，他们自唐末以来，就再也没有出现在中原王朝的国都里，但是现在，他们万里迢迢从宋朝的西北边疆入境，俯首低眉，给赵光义带来了他做梦都想不到的好东西。

党项人，他们把自己世代居住近两百年的祖居之地——夏、绥、宥、银、静五州献给了大宋。这片土地，就是“黄河百害，唯富一套”的河套平原，好不好？真好！但能不能要？得小心。

党项人的历史同样源远流长，一说出自羌族，另一说出自鲜卑。以羌族为源，他们的先祖在南北朝末期被载入历史，原居住在黄河河曲一带。到隋末唐初，他们西面的吐蕃人开始兴起，成了他们世代的仇敌，他们被迫迁徙。先到了甘肃的庆阳，之后再分出一部分迁到了陕北的米脂、横山一带定居。

陕北一部的党项人部族，有细封氏、费听氏、往利氏、颇超氏、野利氏、米擒氏和拓跋氏。拓跋，为其中最强。

另一说以鲜卑族为源，主要说的就是拓跋部的族出源头。

拓跋鲜卑的原居住地是东北额尔古纳河东南大兴安岭北段的大鲜卑山一带（几乎与契丹同源）。1 世纪左右，他们乘匈奴分裂成南北两部、势力衰微之际，南下至现在的内蒙古呼伦贝尔湖一带；到了 2 世纪的初期，又迁徙到河套、阴山一带；3 世纪中叶，拓跋鲜卑中的一支迁到了河西地区，建立了南凉政权；公元 414 年，西秦灭南凉，拓跋鲜卑归服于吐谷浑。

隋时，吐谷浑被隋重创，被逐出以青海湖为中心的原住地，拓跋鲜卑乘机发难，联合其他党项诸部，并吸纳了羌族的几个部落，形成了一个独立的党项部落联盟。

唐末，黄巢起义，唐僖宗向普天下所有种族求援，当时的党项首领拓跋思恭率部参战，战功卓著，升任夏州节度使，封夏国公，并赐李姓，其军队被命名为“定难军”，从此第一次在汉地正朔朝代中拥有了名衔封地。

进入五代，天下分崩离析，中原动荡，可是河套之地牢牢地掌握在党项人的手里，还把陕西北部的盐州、延州两地并入，变得更加庞大。

到了北宋初年，这一片土地已经在党项族人手里经营了两百余年，牧场广袤，牧养无数牛羊，出产名种战马，与汉地交界，胡汉两种生活方式并存。其中党项的农耕极为发达，与宋交界的七里平等地，放眼望去，皆是党项人的储粮之仓。尤为可贵的是，其南部还出产当时可以作为货币流通的上等青盐，且产量巨大，一年能出产一万五千余斛……这是一片多么富饶神奇的土地啊！历数中原诸州，能不能再找出另一块物产如此齐全、地域如此广大的土地呢？

能吗？

如果你是赵光义，这样一份旷世厚礼从天而降，你要不要呢？

要，还是不要？

在当年的大宋朝堂之上，能瞬间把这问题返回到最初的取舍点上的，不是一位超敏锐的政治高手，就是一个品牌纯正、无可救药的傻子。

抛开定难五州的丰富物产不说，光看它的地理位置，就必须得牢牢抓住，绝不放手。

银州——今陕西省榆林市横山县党岔镇。

夏州——今陕西省榆林市靖边县红墩间乡白城子村，回到东晋、十六国时代，这里就是匈奴人赫连勃勃所建大夏国的都城“统万城”。

宥州——今内蒙古鄂托克前旗城川镇。

绥州——今陕西省榆林市绥德县。

静州——有些争议，指认最多的是今陕西省榆林市米脂县（李自成故乡）。

翻开现在的地图，这些地方都压在大宋国都开封城的左上方，直接威胁到关中平原。关中，赵匡胤曾经设想迁都的长安就在那里。这样，问题就简化了，如果定难五州有人作乱，大宋国陕西境内的永兴、鄜延、环庆、秦陇、泾原、熙河六路经略都将不得安宁，其辖区的金明、塞门、承平、平戎等三百七十余寨，屈丁、安定、定远、安塞等三百五十堡更要时刻备战。

所以，谁如果想不要它们，那他纯粹是个疯子、傻子，甚至是一个卖国贼。

但是请留意，这时如果有人目光闪烁、全神贯注地思索，还在念叨着要还是不要，那么这个人就真是太……不好说，不能说他有多聪明，起码是很理智。

因为你用最笨的办法想一下啊，这样的好地方，为什么当年的太祖皇帝赵匡胤就没伸手呢？再往前数，为什么连天可汗李世民也仅仅是在那儿设立节度使的职位，随便当地人“恤其家属，厚其爵禄，听其招募骁勇以为爪牙，凡军事悉听其便宜处置”，让那块地儿彻底地民族自治呢？

因为“羁縻”。

“羁”——马络头，即马“嚼子”。有了这东西，人类才能驯服牲畜。引申到政治手段上，就是派出军队去硬性压服。“縻”——牛缰绳，和“羁”差不多。“马用羁、牛用縻”，泛指温柔亲切的软招子。不能总打，得在适当的时候，用经济、物资，甚至皇帝的女儿们去安抚一下。

只有这样，又拉又打，简称胡萝卜加大棒，才能勉强把彪悍难制又地处僻远的异族人收服。而且小心，这些人时刻都会背叛。就算到了明、清两代，边疆的改土归流都从没消停过。

以上种种，都是常识。赵光义自幼读书，他父亲、他哥哥当年在战场上抢战利品时，都特意给他一车一车地往家里拉书，这点小科普对他来说真是太儿戏了。高明的人要往深里想，历史只能代表历史，不然魏晋南北朝时，那些胡人还敢梦想到中原来撒野吗？

赵光义抛开陈旧的历史概念，仔细地分析这批西夏人无偿送礼的原因。

来的人是西夏定难军节度使李继捧，他带着自己的全家老小献地归降。明说了，就是想在开封城里当个京官，再不回去。

至于原因，严格地说，这时他已经被西夏人抛弃了。

原来的领袖是他的哥哥李继筠，两年前死了，儿子太小，只好由弟弟，也就是李继捧来接任。可惜他不是赵光义，在那片必须很强很暴力才能生存的土地上，没人服他。没办法，篡位就要分生死，眼看危机临头，他突发灵感，想起了在很久很久以前，世上流行过一种保命法则。

唐朝末年的藩镇时期，混不下去的节度使可以偷偷地跑到皇帝身边宣誓效忠，然后就能良田美舍安度余生。这不是很好吗？于是李继捧就来了个照本宣科。

很好，综上所述，宋朝的分析结果立即得出—— 一、假设李继捧是真心的；二、如果他是真心的，那么西夏部落就已经乱了；三、如果西夏部落乱了，那么就必须得抓紧时间了。

西夏是块超级肥肉。看看它的四周，东南方是完成了统一大业的宋朝；东北方是当时全世界最强大的种族契丹；西方是繁荣的西域大国高昌；西南方最要命，是他们的世仇，高原上的种族吐蕃。哪一面都是虎视眈眈。你不下手，自有别人下手；你要下手，就必须得抢在别人的前面！

怎么办？这个时候，难道还允许赵光义犹豫吗？

赵光义迅速伸手，他赐给李继捧大批金银财宝，给李氏一族在京城盖起了超豪华住宅，然后向党项方面下令，所有李氏族人立即全体搬家，目的地，京城大房子。

同时派尹宪为夏州知州、曹光实为都巡检使，文武齐备，几乎是在瞬息之间就把当地的“土官”变成了内地性质的“流官”。

了不起吧，改土归流在赵光义这儿做得就是快。

政令发出，宋朝人紧锣密鼓地去西夏捡便宜，一切也都进行得非常顺利。党项的贵族们百分之九十九都非常听话，他们俯首帖耳地离开了自己祖居二百多年的故乡，跟着宋朝的“护送”军队向开封进发。其中李继捧的叔叔、绥州刺史李克文尤其恭顺，他把唐僖宗赐给党项人创业之祖拓跋思恭的铁券御札都带来了，献给了大宋的皇帝赵光义，以此表示全族改头换面，重新做人。

看到这里，是不是觉得很眼熟呢？如果把李继捧改成钱俶，把西夏换成吴越，是不是一切就都是昔日重现了？都是主动送上门来，都是举族搬进开封，从此和宋朝的官家们做邻居，一切美满和谐。

真的吗？

要注意，这都是对宋朝人而言，请换到党项人那边去思考，内迁的消息是一只筛子，把党项人中最桀骜不驯的人过滤了出来。

这一天，银州城有一个刚满二十岁的党项青年，他带着几十个随从，抬着自己乳母的棺椁，来到了城门。他对把门的宋军说，要到城外去给乳母安葬。

理由充分，况且他的身份也不算太高贵，他只是李继捧的一个族弟而已，当时的官职是管内都知蕃落使。

他们出了城，从棺椁中取出了弓箭兵刃，纵马狂奔三百余里，逃入草原深处，在现今鄂尔多斯大草原水草最肥美的地斤泽地区扎下了营寨。

就在这里，西夏人的反抗开始了。

这个党项青年的名字叫作李继迁。

从开始就是仇恨，回顾一下党项人和宋朝人的历史——赵匡胤刚刚登基，当时的党项首领李彝殷就立即遣使上贡，并且把自己的名字改成了李彝兴，来避赵匡胤父亲的名讳，同时贡献大批的党项战马。

到了李彝兴的儿子李光睿，不仅四时上贡，奉献战马，而且还奉命向北汉挑战，来配合宋军的行动，等到赵光义登基，他又主动把自己的名字改成李克睿，来避赵光义的讳。

李克睿死，其子李继筠完全继承祖、父两代的恭顺原则，把宋朝当上国天子崇敬，可惜死得太早，两年之后，党项人的首领就变成了他的弟弟李继捧。

李继捧更上一层楼，把党项全族当成了贡品……

而宋朝人给了党项人什么呢？不过就是一句口头的允诺——“许之世袭”。我准许你们可以在自己的故乡自主地生活。

现在，连这句话也过期作废了。

由此可见，党项人没有半点对不起宋朝的地方，甚至连一点点的失礼冒犯都没有。这是之后千百年间所有的史学家都必须承认的事实。可是上国天朝却欺侮了他们，趁他们出了一个民族败类的时候，迫不及待地抢夺了他们的家园。

是的，你可以说，国与国之间没有道义，只有利益，赵光义遵循了帝王之道，他的强取豪夺很正常。那么，西夏人的反抗以及他们的报复，也就再正常不过了，在这之后的百十年间，无论人家做了什么，宋朝人也应该无话可说。

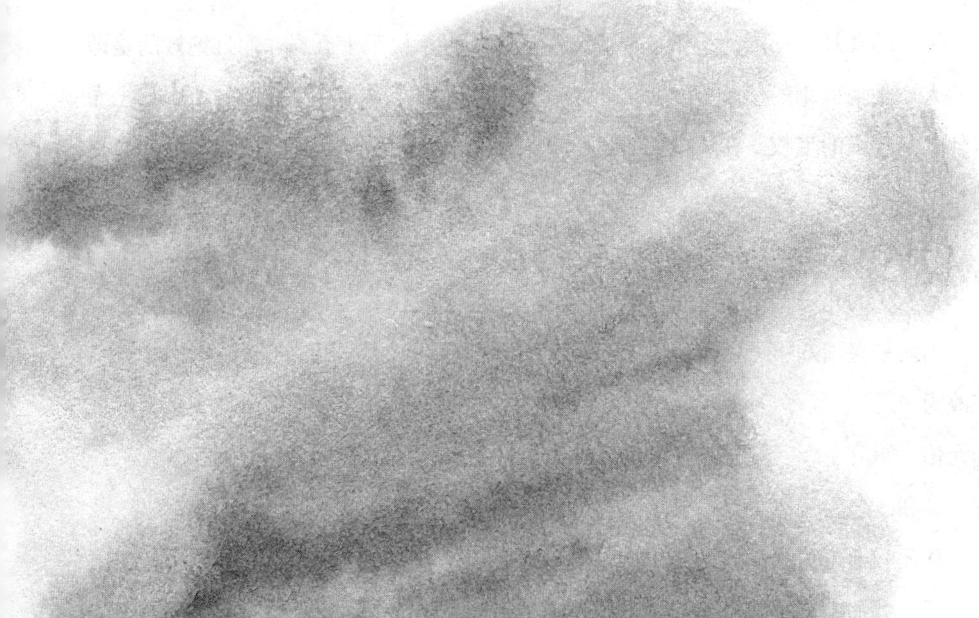

# 第九章　天国逆子

一切还都刚刚开始，正是见利不见弊的时候。宋朝君臣弹冠相庆，刚刚开始笑，结果更大的喜讯从天而降。

当年的九月，辽国的皇帝耶律贤突然病死了，年仅三十五岁。而且绝妙的是即位的人不是他成年的弟弟，而是他才十二岁的儿子耶律隆绪。这样的一个小孩子懂得什么？辽国的皇权落在了他的妈妈、皇太后萧燕燕的手里。而这位皇太后，当年却只“高寿”二十九岁……

空前利好，宋朝却暂时无动于衷。

赵光义的儿子，楚王赵元佐出事了。

宋太平兴国八年（公元983年）十月，赵光义把他的儿子们的名字一律从“德”字改为“元”。长子、原卫王德崇改名为元佐，封楚王；次子、原广平郡王德明改名为元佑，封陈王；三子德昌改名为元休，封韩王；四子德严改名为元隽，封冀王；五子德和改名为元杰，封益王。

从此和他哥哥赵匡胤的儿子、弟弟赵廷美的儿子彻底区别开，并且五个儿子同时封王，都加封同平章事，分日进中书省与宰相一同视事。就从这时起，赵光义的子孙在北宋史上唯我独尊，成了皇位的唯一法定血脉。

元佐，提起他，让人想起了德昭。

德昭让人悲悯惆怅，而元佐则让人感慨万千。有一个问题，纵观华夏历史五千年，无数人争名夺利、丑态百出且视作当然，这其中有没有人在皇位唾手可得时只为了心里面那一点良知的折磨而坚决不要呢？

元佐就是这样，当他父亲费尽心机、在血泊里把大宋的皇冠捧到他面前时，满以为他会欣喜若狂，却不料他冷冷地说——不要。因为那上面有他伯父的血，有他两位哥哥的血，现在为了它，竟然还要让他三叔也流血！

赵廷美被无端陷害时，元佐极力为之辩白、挽救，可是他理智的父亲却一意孤行，最后廷美被发配了，他无可奈何，但是可以把这口恶气出在帮凶的身上。于是他以楚王兼王储的身份来要求父亲，把赵普赶走。

赵普在这段时间里卷土重来，以所谓的“金匮”之谜让赵光义的皇位合法化，同时搞垮政敌卢多逊，摇身一变，成了赵光义面前的红人。

锦上添花，顺手构陷赵廷美。

赵光义答应了。一来大局已定，朝堂之上已经不缺赵普这尊太重太沉的神；二来元佐文武双全，聪明机警，就连相貌都和赵光义极为相似，在资质上，在心理暗示上，都是帝国唯一的继承人。

一个交易似乎达成了，未来是元佐的，无论这时赵家另外两支的人受过多少亏负，等到元佐登基时，他都可以尽情地加恩，为父亲的曾经做出补偿，更给自己添加仁德的光环。这在历史上屡见不鲜。但是，时间进入公元984年的正月，从房州传来了一个消息，先是让赵光义如释重负，紧跟着就追悔莫及。

赵廷美死了，年仅三十八岁。

元佐“疯”了，他见人举刀就砍，有人经过他的府门，他会突然间张弓射箭。他变得无法克制地狂暴，他的老师、他的属下，甚至连赵光义本人的规劝都不起作用。其实人人都知道，他在用一个奇特的方式来报复自己的父亲——你是伟大的帝王，我是个卑贱的疯子，这就是你希望的，那么你赢了！

在当年的九月，从西夏党项方面传来捷报。宋知夏州尹宪偷袭草原深处的李继迁部，一举成功。抓住了李继迁的老母和妻子，俘虏一千四百余帐百姓，李继迁本人仅以身免，孤身逃入草原的更深处。

第二年，宋雍熙二年（公元985年），西夏的银州城下来了两个老熟人，李继迁和他的弟弟李继冲。他们没带随从，空着手叫开城门，走进了大宋西北军团主帅都巡检使曹光实的帅帐。

——我大败了好几次，现在走投无路没法立足了，能允许我投降吗？

李继迁如是说。

曹光实谨慎思考，答应了李继迁的投降，带了一百多个骑兵立即出发，由李继迁兄弟为先导，赶赴葭芦川（今陕西佳县），去接收李继迁的残余部族。至于为什么这么做，很简单，功劳。第一要快，第二要隐秘。这样才能瞒住驻西夏的宋朝第一长官尹宪的耳目，把招降李继迁的所有功劳独吞。

当天曹光实一路疾行，很快就到了目的地，那里真的等着很多党项人。李继迁一声令下，突然间万箭齐发，曹光实和他的一百多名骑兵全部阵亡。

大宋西北军区司令官就这么死了。李继迁剥下了他们的衣甲，穿戴整齐，重回银州城。

就这样，银州陷落，紧跟着他又打破了会州，把当地的城池一把火烧毁，让西夏的形势彻底逆转。

大宋迅速做出反应。王侁（王朴的儿子，参看李飞雄事件）率军出击，在银州城北大破李继迁，阵斩其五千余人。李继迁再次一无所有，逃入茫茫的戈壁荒原。

边疆动荡，将士们的头颅和鲜血再次把国境线稳定了下来，国都之内得以歌舞升平，又一次的举国盛事开始了。文人们快乐地走入考场，雍熙二年的科考开始。

这一科，并没有产生什么大人物，要强调的是，第一，这一科的状元叫梁颢，当年只有二十三岁，但是民间传说，此人空前绝后，及第时竟然高寿八十二岁；第二，从这一科开始，考中的进士以唱名的方式向全天下宣布，以此荣耀文士，并由此成例。

战士的胸膛，帝王的勋章；战士的鲜血，进士们却视如平常！就在几十年之后，《宋史》中著名的臭嘴韩琦就曾经对名将狄青叫嚣——你算什么？“东华门外，以状元唱出者才是好男儿！”

真的是这样吗？

文章盛世之后，宋朝更加普天同庆，一个个饭局的理由接连出台。三月科考，四月就召集宰相、参知政事、枢密、三司使、翰林、枢密直学士、尚书省四品、两省五品以上及三馆学士，也就是京城里稍有头脸的达官贵人，同到皇宫后苑赏花钓鱼，张乐赐宴，君臣同乐。

当天皇帝兴致极高，命群臣赋诗、习射，脱落形迹，尽日欢愉。并且以此成例，每年的四月都要举行“赏花钓鱼宴”。据说，这个皇家宴会的规格极高，不仅人吃的上档次，就连鱼饵也非常美味可口，以至于几十年之后，有一位不世出的大学士在宴会上居然把满满一碟子的鱼饵都吃了下去，让冷眼旁观的皇帝大失所望，结果那场在人类历史上都屈指可数的大变革迟了近十年才得以实现。

进入九月，时值重阳节，这更是一个放假休息的法定日子，出于幸福感有时就是私密感的原则，赵光义决定在皇宫里和自己的儿子们过。要强调的是，他这时的个人生活幸福极了。第一，长子元佐的“病”情好转，不经常拔刀砍人了；第二，他刚刚立了皇后，已经是第三位，据说该皇后年轻貌美，识见非常，是个品貌双全的美人儿，今年才二十五岁。

得说一下这位皇后。她姓李，是宋朝开国功臣、著名的吃人恶魔李处耘的闺女，她的三位前任可都死得极早，似乎都在给她让道。其中赵光义的原配夫人尹氏、续弦符氏都在他即位之前就死了，第三位也姓李，就是元佐和元休的生母，本想立为皇后，可惜突然病死，直到元休成为赵恒，也就是宋真宗的时候，才被追封尊号，母以子贵。

所以现在这位李皇后是太宗时第三位，也就是最后一位皇后。将门之后，美丽的外表之下大有心机，而且她的兄长就是战功卓著的李继隆。内皇后而外将军，这是标准的汉朝顶级外戚的配置了，到底在宋朝会有怎样的表现，我们以后再说。

先说当年重阳节，宋朝皇宫内宅里的家宴。话说惯子如杀子，那么关爱呢？父母的关心对儿子又意味着什么？似乎纯真美好……但在有心人的眼里，这竟然也是机会，天地间至高无上、能随便让万众生死的那个位子，让人的脑子时刻变异。

你信吗？这些人的脑浆是硫酸做的。

家宴开始，与会者有陈王元佑、韩王元休、冀王元隽、益王元杰。对了，唯独没有长子楚王元佐。这是因为做父亲的格外疼爱，赵光义体谅长子大病未愈，刚刚见好，想让他继续休息。

当年赵光义眼望众多儿女心潮起伏，能想象得到吗，皇宫做宅院，满座皆龙种……九年之前，他是谁，这些孩子又都是什么，回望前尘，想一想都是罪过，但竟然成功了。

这一天父子同欢，至晚才散。散场之后，四个弟弟像是顺路一样，去探望了一下一直蒙在鼓里的大哥。注意，兄弟们见面，弟弟们说了什么，历史上只字未提，大哥的话却被记录了下来。

元佐非常难过——“汝等与至尊宴射，而我不预焉，是为君父所弃也！”我只是不要皇位，可我不是不要父亲，你们怎么能抛弃我？

史书记载，当天晚上元佐悲愤交集，到了半夜，他把妻妾都关了起来，一把火把自己的房子给烧了，烈焰升腾，大火直到天亮都没能扑灭。天亮了，赵光义直接命人把元佐押到了中书省，派御史去审问，而且把巨型木枷放在堂上，大宋宰相办公的地方，第一次成了刑堂。

元佐都招了。

赵光义心灰意懒，连面都不愿再见，派内都知王仁睿公事公办，去宣诏问罪——“汝为亲王，富贵极矣，何凶悖如是！国家典宪，我不敢私，父子之情，于此绝矣。”

史称元佐无言以对。

再以后，他的兄弟们以陈王元佑为首，再加上宰相、近臣集体痛哭求情，百般营救。赵光义不为所动，还是把长子贬为庶人，赶出京城，押送均州（今湖北十堰东北）安置。等到百官三次集体上表挽留，赵光义终于召回他时，元佐已经走到了黄山脚下。

从此，元佐被幽禁南宫，派专使监护，不通外事，直到终老死去。

当年，他仅仅二十五岁。

好了，事情基本上就是这样记载的，可是有几个可疑点，似乎需要另外想想。第一，四个弟弟到底说了什么？是谁说的？还是四口同词，一心想看看大哥能不能气得更“疯”些？

第二，赵光义为什么直接就把纵火人锁定在长子身上？为什么就不能是宫中的差役不小心失火呢？想一想十几年后，宋真宗年间那场更大规模的火灾，也与皇族子弟有关，可是为什么就能秉公处理，找出直接的责任人呢？

阳光下没有任何事情是新鲜的，那个人不管隐藏得多深，都会留下他的蛛丝马迹。

陈王赵元佑。

四个弟弟之中，元杰太小，只有十五岁，无论怎样，都与他无关；元隽终生不问政事，悠游闲散度过一生；元休是元佐的同母亲弟，两人至死都没有半点不和；元佑则不同，元佐不倒，什么都轮不到他，而元佐刚倒，他就从此改名为元僖，升任开封府尹兼侍中，正式成为大宋皇储。

用什么样的话才能刺激到冲动天真的大哥，再第一时间暗示父亲是谁纵的火呢？只是一场寻常的家宴，就能得到天下至尊的宝座……或许应该祝贺他，虽然他长得不像父亲，虽然他没有大哥那么聪明，甚至他手无缚鸡之力，不像大哥文武双全，但是事实证明了他才真正遗传了父亲的基因。

那么你就去坐吧，只是得到与保住之间还是大有区别，祝你好运！

# 第十章　契丹，朕赌你的全部！

时间进入宋雍熙三年（公元986年），刚过正月，赵光义从烦人的家事中挣脱出来，一件空前重大的事要他做出决断。

伐辽的时机到了，打还是不打。

看辽国的现状，不是糟透了，而是太烂太恶心，已经腐朽。回到上一届国王耶律贤死的时候，没等宣召，当时的辽国南院枢密使韩德让就带着亲兵直奔皇宫。干什么？很香艳，他是太后萧燕燕的情人。他帮着把她十二岁的小儿子耶律隆绪扶上了辽国国王的宝座，然后两人公开双宿双飞，彻底成了夫妻。

真是纲常大乱。这还不算，此人更加得志便猖狂，十足的小人嘴脸。辽国的皇族、涿州刺史耶律虎古，只是因为顶撞了他几句，他就在契丹王廷的大殿之上夺过武士的铁骨朵，把虎古当场击毙，而辽国群臣无一敢言。

再说太后萧燕燕，她的作为更让宋朝人鄙视。有情人没什么，中原的太后、皇后们比她风流的多得是，但都做得很艺术。瞧瞧她，韩德让打马球，被人撞下了马，她立即砍了肇事者，像个小女孩儿似的给情人出气；天天见面还不满足，她竟然派人把韩德让的妻子毒死，公然抢夺别人丈夫。

真是太露骨了，这是标准的"国母临朝、宠幸专权"，在中原只要出现这种情况，百分之九十以上都得改朝换代。

何况还不止这些。当年在韩德让刚刚赶到皇宫时，辽国重臣耶律斜轸也到了，萧太后哭着说出"母寡子弱，族属雄强，辽防未靖，奈何"时，他的回答是——"信任臣等，何虑之有？"

是啊，真的很信任他，他和耶律休哥一南一北，把持辽国军政大权，在宠幸用事之上，又来了个权臣当道。真是雪上加霜，辽国还能不灭亡吗？

这些情况，每天都在宋朝君臣严密的监视和分析之中，现在时间过去了四年，终于可以肯定了，当年抓到的绝对是一把必胜的好牌。

公元986年正月，宋朝边镇雄州知州贺令图、岳州刺史贺怀浦以及文思使薛继昭、军器库使刘文裕、崇仪副使侯莫陈利用等人相继上表，请求立即北伐，重夺燕云十六州。

一周之内，北伐的命令传遍全国，军队迅速动员，宋境所有军州精锐的将官都向开封靠拢。

正月二十一日，时间仅仅过去了半个月，北伐大军就完成了集结，宋朝皇帝赵光义命令兵分三路，立即起程，进讨契丹！

东路军——命天平军节度使曹彬为幽州道行营前军马步水陆都部署，河阳三城节度使崔彦进为副，内客省使郭守文为都监。部下有名将傅潜、李延斌、马正、卢汉赟、杨重进、范廷召、李继隆、薛继昭、史珪、刘知信、符彦寿、贺令图等。

另派侍卫马军都指挥使、彰化军节度使米信为幽州西北道行营马步军都部署，汾州观察使杜彦圭为副，蔚州观察使赵延溥、指挥使张绍、引进副使董愿为都监。部下有蔡玉、韩彦卿、窦晖、曹美等。

曹彬部与米信部同出雄州，直取新城（今河北新城东南）、涿州（今河北涿州）。

中路军——同在二十一日，赵光义命侍卫步军都指挥使、静难军节度使田重进为定州路行营马步军都部署，右卫大将军吴元辅、西上合门使袁继忠为都监，部下有高琼、张承俨、安得祚。中路军自定州北上，出飞狐口（今河北涞源）攻辽。

西路军——二十四日，命忠武军节度使潘美为云、应、朔诸州行营马步军都部署，云州观察使杨业为副，西上合门使王侁及军器库使、顺州团练使刘文裕为都监。出雁门关，直取辽境云州（今山西大同），与中路田重进会合，然后挥兵东进，从北面会攻幽州。

综上所述，可以看到，宋朝已经集结了所有老、中、青三代将官，从曹彬、潘美等开国第一代宿将，到李继隆、傅潜等新一代主战名将，再到刚刚冒升的王侁、刘文裕，甚至还有降将杨业，已经毫无保留，精锐尽出，而且三路大军仅曹彬和米信的东路军，兵力就达到了二十万人！

全军总数在三十万以上……这已经是自上次幽燕之败后近七年以来休养生息、不断储备的全部家底，再加上为三十余万大军所提供的粮草、军械等物，宋朝已经全民备战。胜负之间，已经不是战斗的本身，而是国家元气的亏盈！

为北征事，当年宋太宗诏谕幽州北境汉人，诏曰——“朕祇膺景命，光宅中区，右蜀全吴，尽在提封之内，东渐西被，咸归覆育之中……眷此北燕之地，本为中国之民，晋、汉以来，戎夷窃据，迨今不复，垂五十年……今遣行营前军都总管曹彬、副总管崔彦进等，推锋直进，振旅长驱，朕当续御戎车，亲临寇境！径指西楼之地，尽焚老上之庭……凡在众庶，当体朕怀。”

天佑大宋，让这一战胜利吧！

临行前，皇帝把三路主帅召集在一起，下达了这次北伐的最高军事机密。这是一次规模空前的大兵团协同作战，分主次攻击，目的是要把辽国人牢牢地锁死在燕云十六州之间，让他们眼睁睁地看着自己被一刀刀砍成碎片，却偏偏一动都不敢动。

具体情况，要先说明一下两个概念——山前、山后。

燕云十六州以太行山为界，太行山北支东南方的檀、顺、蓟、幽、涿、莫、瀛称为“山前七州”；太行山西北的儒、妫、新、武、云、朔、寰、应、蔚称为“山后九州”。

地理不同，攻守的难易就天差地别，大兵团千里奔袭，协调决战，这里面的讲究太大了。赵光义深思熟虑，给辽国人下了一个大圈套。

攻击的重点永远都是幽州，但是要吸取上一次北伐时的教训，不能再蛮干一样地直取幽州了，要把它孤立，在攻击它之前，先把其余十五州都打下来，这样，辽国人还能搞出什么花样？

为了达到这个目的，赵光义命令先以最强的一部兵马正面直对幽州，大张旗鼓，要让整个辽国都知道幽州时刻在巨大的威胁之下，但是却不打，一定要持重缓行，慢慢地走，把辽军的主力部队牢牢地钉在幽州城里。

与此同时，另两路大军直奔山后九州，全力以赴，把幽州的外翼完全拆除。这期间，辽国人注定了要顾此失彼，但他们无论怎样，都不敢置辽国南京重镇幽州于不顾，先去救援边缘的城镇。这样，等到山后九州完全沦陷，辽国人接下来的命运就是被迫和已经会合的宋朝三路大军在幽州城下进行大兵团主力决战！

那时以宋军连胜的势头，辽国人马一定惊慌失措，接战必败。

计划好了，分兵派将更加大有讲究。潘美锋利，用他攻城略地，山后九州由他和田重进随意攻击；曹彬稳重，要他独当一面，接受最大的任务。他所率领的东路军，正对着辽国最强的第一军事人物耶律休哥。两强对决，唯恐他战力不够，还给他配备了米信，更妙的是之前还把他贬官了，"鹰饱则飞扬"，把他饿着才能真正出力干活儿。

就这样，赵光义还派出使臣过海联络高丽，约其夹攻契丹，并且不管高丽是什么反应，宋军的水师已经在渤海湾里集结，随时都会入海在辽国内陆登岸，袭击辽军的后方。

细之又细，慎之又慎，赵光义不敢说已算无遗策，但至少已经殚精竭虑，全力以赴。

宋军于公元986年三月攻入辽境，三月初五，战争在东路率先打响，宋军第一主将曹彬锐不可当，当天就攻破固安（今河北固安），紧接着毫不停顿，迅速进兵，在十三日，就攻破了辽国边境重镇涿州，并全歼其守军。

燕云十六州已先得一州，曹彬部面对前方巨大的开阔地，突然收住脚步，恪于命令，他们必须慢一些。于是近十万人的庞大军团进驻涿州，一边按原计划震慑远方的幽州，一边等待着其他两路友军的战况。

中路军和西路军同时在三月初九展开攻势。

中路田重进自定州沿滱水（今河北唐河）河谷北上，初九到达太行八陉中飞狐陉的北端口。这时辽国冀州、康州的守军已经闻讯赶到，田重进于飞狐陉外与辽军野战，一战全胜，辽国的援军全军覆没。宋军乘势进攻飞狐陉，到二十三日，辽飞狐守将投降。田重进挥军疾进，二十八日，辽灵丘（今山西灵丘）守将投降。四月十七日，宋军攻至蔚州（今山西蔚县），当天攻城，当天城破，已经攻入辽国山后九州的腹地。

这时形势一片大好，宋朝边境的民风强悍，边民们自己组织起来攻击辽军，他们趁夜杀入辽国兵营，天亮时提着辽兵的首级到军前请功。远在开封的赵光义大喜，他专程下诏——“有能应接王师，纠合徒旅，凭兹天讨，雪此世仇者……获生口，赏钱五千；得首级者三千，马上等十千、中七千、下五千。平幽州后，愿在军者，优与存录；愿归农者，给复三年！”

此令一出，边民从者如云，宋军的实力更加高涨。

但最强的攻势还在潘美的西路军。三月初九，潘美、杨业在寰州（今山西朔县东北）城下与辽军接战，以潘、杨之威，辽军溃不成军，宋军迅速攻城，当天就攻下了寰州。进兵，十三日，辽朔州（今山西朔县）守将投降；十九日，辽应州（今山西应县）守将投降。进入四月，宋军攻至辽重镇云州，辽军坚守顽抗，宋军强攻，到十三日，云州攻陷。

自此，西路军势如破竹，连战连捷，燕云山后九州已得其五。这时，战争已经进行了四十五天，山后战局完全在宋军的掌控之中，可是在山前，曹彬已经出了意外。

开战之初，赵光义的所有作战意图都得以完美实现，尤其在山前战区。曹彬部八天就实现了整个战役最重要的一环，攻占涿州，完成了对幽州的威慑。

涿州，现在的河北省涿州市，它离现在的北京天安门只有六十公里！曹彬只用了八天就和耶律休哥呼吸相闻，这样的速度，这样的距离，真的达到了完美无缺的威慑效果，宋、辽两军的主力军团随时都会血溅疆场，你死我活！

决战一触即发，耶律休哥的处境要比上次宋军北伐时恶劣一万倍，所受的压力难以想象。七年前，那时至少还有辽国为了援助北汉而派出的增援部队，可这时，他只有北院一部之兵，却要抗衡整个宋朝的倾国之力。

怎么办？形势比人强，他只能如赵光义所料，被曹彬牢牢地压制在幽州城里，一动都不敢动。山后九州想都不敢想，他完全放弃了，随便潘美、田重进去为所欲为。他所能做的就是祈祷，一方面盼着他的萧太后在大后方尽快地集结辽国精兵，来救他的急；另一方面他祈祷宋军犯错。

但是谈何容易，那是曹彬，大名鼎鼎，名负盛誉，在整个东亚，包括高丽都无人不知的宋朝第一军人！犯错？他得提防着曹彬说不定哪天就突然起动，一百二十里的距离，一马平川，两人当天就能见面！

不过谁能想象，此前锋锐绝伦且老辣沉稳的曹彬居然真的就犯错了，而且是这样的小儿科。

曹彬部在三月十三日进驻涿州，可是只坚持了十多天，就突然后撤。耶律休哥的反应不是松弛，而是惊异，甚至怀疑自己是不是过分紧张出现了幻觉——他真的做到了吗？他竟然把曹彬的粮道给劫了！

他本来像应景一样只派出了少量骑兵在华北大平原上机动游弋，白天躲在林子里打些埋伏，晚上才出去找机会偷袭宋军的边缘部队。劫粮道，只是他出于战争本能做的功课，却没想到成功了。

而曹彬身为沙场宿将，坐拥十余万精兵，居然把粮道给丢了！古今无数战役，失粮道者必败，少吃一顿饭，精兵就不再是精兵。曹彬千不情万不愿，但总不能坐等饿死。

当机立断，曹彬趁全军战力未衰，立即迅速后退，在四月初返回到国境之内的雄州。这一下，幽州警报彻底解除，整个战局完全走样。

消息传回开封，赵光义大惊失色。北路突然间空了，压力完全向山后九州的西路军倾斜，这等于是白送给辽国人各个击破的机会！

但是还不能急，赵光义很快镇定了下来，他发出的命令非常理智——他没有严令曹彬火速进兵，把战况复原。而是派出信使，告诫曹彬千万别再急着进兵了，马上沿着白沟河（即拒马河，由西向东流入渤海，是当年宋、辽两国的界河）向米信部靠拢，东路两军合二为一，养精蓄锐，保持对幽州的压力，为西路军继续张势，等潘美等人完全攻下了山后九州，再与中路的田重进会师，然后向幽州行进，按原计划在幽州城下与辽军决战。

这是当时最稳妥的应变了。想想看，还有更好的办法吗？

当然你可以说，这是系统崩盘了却不想重装，只想着打补丁救急，完全是不知变通，连兵无常势、水无常形、必须随机应变的常识都不懂。可是如果你换个新方案，哪怕好上一万倍，但是你怎样通知散布在整个燕云十六州之间的三路，不，实际上现在是四路（曹、米两部还没有会合）大军及时顺畅地配合呢？

飞马、飞鸽传书？还是宋朝有很多奇特功能的高人，能心灵互动传递信息？

所以只能这样，但是怕什么来什么，从此之后，一个个的突发事件让赵光义和曹彬措手不及。首先，乱子就出在了自家兵营里。

曹彬部下的骄兵悍将们在帅帐里叫嚣成一片，他们拒不执行命令，向主帅质问——为什么要向米信靠拢？为什么要给西路军打杂？我们是主力，一直在胜利，现在却要本末倒置，这是耻辱，绝不能接受，我们要出战！

群情激愤，怎么办？是硬生生地压下去，还是珍惜这份士气，马上进兵？这一年的曹彬刚满五十五岁，从军整整二十一年了，正是年富力强、经验丰富的时候，现在整个幽燕战局的胜负点都压在他的身上，想要胜利，他就必须得做出最恰当的决定，最起码他得能指挥如意，让部下们乖乖听令。

可是，他竟然向部下们屈服了。宽厚的、爱兵如子的、仁慈的曹彬，在众意难违的情况下，选择了违抗皇命。他带足了五十天的粮草，先与米信部会合，然后全军北渡拒马河，重新进入辽境，再次向涿州进攻。

至于原因，大概是他现在手里没有了赵匡胤曾经给他的那把天子剑了，所以换他在部下们面前发抖；也或许他还想着耶律休哥仍然老老实实地缩在幽州城里，等着他扑过去继续摁住了暴打，他眼前的这片幽燕大地也仍然是他随意进退的天下。

宋军再次攻入辽境，这回心想事成，他们要敌人，结果就真的在路上遇到了耶律休哥。

耶律休哥出战了，宋军中稍有头脑的人马上都心里一沉。出事了，至少有两个——一、幽州城；二、山后九州，以及潘美和田重进。

很简单，这两点可以放在一起思考。耶律休哥敢出幽州，就至少说明他不再担心山后。此前他必须挺在幽州城里，前挡曹彬后拒潘美，可是现在他敢冲出来单挑曹彬，山后那边的局势就可想而知了。

辽国一定有人已经赶到了山后九州，战场上的实力对比再不是一个月以前了！

事实上也正是这样。辽国的反应极其迅速，战争在三月初五爆发，远在草原深处的契丹王廷在初六就接到了战报。萧太后命令马上全族动员，斡鲁朵军制再次发挥功效，契丹的骑兵们几乎就在扔下牧鞭抓起马刀的一瞬间完成了集结，然后各部精兵赶赴幽州，归耶律休哥统一指挥。目标就是宋朝的东路军。

之后萧太后紧急召回正在征讨北方女真族的远征人马，以及这支部队的主帅。历史证明，与宋决战，这个人必不可少——耶律斜轸。他们直奔燕云战区的山后九州，潘美、田重进马上就会见到这个老冤家。

同时，辽国再派林牙勤德率兵赶往平州（今河北卢龙）海岸，防备宋军水师从海道出兵袭击辽军后方。等这一切都安排好之后，萧太后做出了一件让宋朝人瞠目结舌的事。这个年轻的寡妇带着自己幼小的儿子，疾速前行，追上了前方的增援部队。面对挑战，她选择了最强硬的回应方式——御驾亲征，比她的丈夫耶律贤在世时还要勇敢！

这时应该正视一下这位非凡的异族女士了，她一生中唯一能让人“诟病”的，就是她的情人——韩德让。但是，如果她的丈夫还在，那么她是在乱搞；如果此时她不止一个面首，那么她会在道义上受到蔑视。但是她自始至终都只有韩德让一个男人，那么他们之间的关系是什么呢？

爱情。

不管这个名词有多滥多老套，它都千真万确地存在着。或许野史上的传说是真的（两个人年轻时曾有婚约，辽景宗用皇权把她夺到手），她与韩德让之间，终生互相扶助，绝无猜疑背叛。纵观整个人世间，尤其是活在权力之巅的人身上，这是极端罕见的。

尤其在这种生死存亡的时刻。要注意，文武全才的韩德让在历史上没有留下很多具体的作为，那是因为萧太后的每一个决定里都有他的参谋，两人是一体的。就像这时，他隐身在幕后，为他的女人把赵光义的战略要点完全破译，进而找到了宋军的致命破绽。

最致命的破绽，就是最强的那一点——曹彬和他的东路军。

赵光义所有的作战意图，都要靠东路军以强大的实力震慑住幽州城里的耶律休哥来实现。由此，才能由山后反掠山前，让辽军一动不动地安乐死。但是，如果曹彬直接被打击直至崩溃，又是什么局面？

平心而论，这个问题赵光义一定也想过，但是在开战之初，这根本就可以忽略不计。耶律休哥有那个心没那个力，可是现在不同了，曹彬的部队一退一进之间，契丹铁骑已经增援到位。尤其是年轻的萧太后，只有三十三岁，平生没上过战场，可是她不仅看到了宋军的破绽，而且当机立断，凶狠得让人震惊。

赵光义的战略是蚕食，一点点把燕云十六州分步骤夺取；可萧太后的办法是攻其一点，不及其余——你伤我十指，我断你一指，看咱们谁疼！

就这样，东路军近二十万人遇上了耶律休哥。相遇点非常讲究，再往前一百多里就是涿州，宋朝东路军曾经占据过的老巢。据战报，城里还没有辽军，怎样？往前冲吧，耶律休哥挡路；如果想后退，小心，契丹人都是骑兵，你怎样退都来不及。

于是就在这个不进还馋、要退更难的点上，宋军开始承受考验。他们与辽军对垒，南北列营长达六七里，耶律休哥的骑兵却四下散开，飘忽不定。宋军想打，抓不住，但是队形稍有散乱，契丹人立即突进，打了就跑。就是这样尴尬，大平原上，除非骑兵想和你决战，不然你就得用两条人腿去追四条马腿。

面临困境，曹彬的应对是继续前进。这样做有两个好处：第一，前面一百里处就是涿州城，进城后骑兵的功能就要大打折扣；第二，进驻涿州，还可以继续原来的战略部署，把耶律休哥拖在山前，给山后的潘美、田重进制造胜利的机会。

战略定好了，那么实施。既要前进，还要时刻防备契丹骑兵的突袭，宋军的办法空前绝后，他们一边前进，一边挖战壕，战壕挖到了哪儿，他们才走到哪儿。强啊，这样真的把耶律休哥的骑兵给难住了，他们总不能跃马跳到坑里去挥刀杀人吧？

于是宋军终于走到了涿州城。但是一百余里路，他们竟然走了二十多天！

好了，千难万难，涿州城终于到了。宋军蜂拥入城，不干别的，先扑向水井。这时是五月间的华北平原，一路顶着太阳挖沟过来的，每个人都快被挤干榨尽晒干了！

真幸运，先民们之所以在这儿筑城，就是因为水源丰富，宋军二十余万人的庞大兵团在涿州得以稍事喘息。可是紧跟着就传来了一个惊人的战报，上至曹彬下至每一个宋兵都被震惊——辽国萧太后和皇帝已经亲率大军进驻驼罗口（今北京南口附近），随时都会攻向涿州！

二十多天辛苦挖沟，就是为了把自己送到辽国援军的刀尖上……曹彬苦笑了，是命运还是他自己跟他开了这个天大的玩笑？但是他旁边还有一个虎视眈眈的耶律休哥！失败甚至全军覆没的念头在他心里真实无比地升起。这不必用什么名将的经验去判断，他知道自己只能有一条路可走了。

曹彬急速下令，全军立即后撤，绝不可有片刻的迟疑。

这时老天爷帮忙，突然间下起了倾盆大雨，曹彬大喜，这样契丹的骑兵还有弓箭就会大打折扣。还迟疑什么，快逃吧。但是别慌，撤退更是一门艺术，有些人撤退的时候你都不敢去追他。但是这时曹彬没工夫故布疑阵了，百忙中他命令部将卢汉赟把涿州城里的全部百姓都带走，沿着狼山向南撤退；而东路军全部主力由他亲自断后，冒雨火速南逃。

只能这样了，希望契丹人会先去夺回被掠走的涿州百姓，毕竟那是一笔巨大的财富，那样宋军就会赢得千金难买的时间；或者他更希望传言是真的，耶律休哥真的熟读汉人的《孙子兵法》，知道“归师勿遏，穷寇勿迫”，尤其是他现在是全师而退，你敢来追，小心得不偿失！

但是他刚刚撤到岐沟关，耶律休哥就突然杀到。当时是五月初三，天上大雨如注，地下一片泥泞，宋辽两国的主力军团终于发生决战。但是这再不是公平的决斗了，一方已经千里奔袭来回绕圈，把自己累得半死；另一方却以逸待劳，并且刚刚补充了萧太后从漠北带来的契丹精兵，胜负的天平从一开始就已经倾斜。

但宋军极力挣扎，他们把运粮的大车当作营栅，环绕在阵前，来缓冲契丹人骑兵的冲击。败了，但没乱，就这样一直坚持到了天黑。辽军把他们团团围困。

到了夜里，曹彬做出了他军事生涯里最丢脸的一个举动，他抛弃全军，和副帅米信带着少量亲兵逃出了辽军的包围圈，夜渡拒马河，在河南岸扎下了营寨。

第二天，辽军全力进攻，宋军全军无主，战线崩溃，他们被辽军压向了拒马河。当天的河水里满是宋军的尸体……眼见全军覆没，危难中，宋军李继宣将军率部力战于拒马河畔，在数十万人溃逃的局面下，他竟然把耶律休哥挡住，让全军的残余部队得以过河。

这一天，连赵光义亲自委派的幽州城未来的知府刘保勋父子、殿中丞孔宜等高官都淹死在拒马河里。当天宋军继续南逃，他们的目的地是高阳（今河北高阳），但是途中又被耶律休哥追上。这个契丹人就像七年前在幽州城下那样，他完全把自己的生死置之度外，一定要抓住这个千载良机，把宋朝军队的有生力量彻底击破。

宋军终于逃进了高阳城，有城墙的阻隔，他们安全了。但是一路之上，他们阵亡了近万人，兵器、军资堆积如山。更重要的是，给他们运粮的数万民夫被他们扔在了涿州和岐沟关之间，那都是手无寸铁的百姓，等待着他们的命运将是什么？

五月初五，山前战场再没了悬念，宋军已经彻底失败，数万大宋百姓完全成了待宰的羔羊。但是一个消息让宋朝人不敢相信，契丹人竟然给他们让出了一条路，让他们平安地返回家乡。理由是——今天是萧太后的生日，放你们逃生去吧。

然后契丹人马转向山后战场，在十三日、十四日连调重兵支援耶律斜轸部。到二十一日，萧太后已经带着儿子北返回京，返回当天再次增兵。进入六月，清理完战场的耶律休哥也率兵进入山后，宋军的中、西路军压力空前巨大。

但是事实上，中路的田重进已经退出战场。在东路军失败之后，赵光义迅速命令增兵到国界线，又急令田重进和潘美撤军，保全实力。田重进毫不迟疑，立即后撤，全军安然无恙回到国内。但是潘美的西路军却在一连串的大胜之后心有不甘，他们要硬生生地再碰一下辽国人，看看到底谁更强。

碰的结果是蔚州、寰州相继失守。当时的反应是潘美在沉默、杨业在皱眉，可是王侁和刘文裕却暴跳如雷。尤其是王侁，他继承了他父亲王朴（当年训斥赵匡胤）的强硬性格，皇帝说要撤退，主帅的任务是把云、朔、寰、应四州的居民南迁，这些他都拗不过，可是具体怎么操作，他却有话要说。

他针对的是杨业的办法。杨业说——形势变了，没把握不硬拼。不是要移民吗，先出大石路（今山西应县西南），事先和云、朔两州的守将约好，把民众迁到石碣谷，再派千名弓弩手埋伏在谷口，再用骑兵在中路声援，估计任务就差不多能完成了。

王侁冷笑——想不到啊，率领数万精骑胆子却小到这地步！我们要从雁门关的北川大路进军，要声势浩大（鼓行）地到马邑迎敌。

杨业摇头——这样就败定了。

王侁的神色变幻，杨业看到了他入宋以来最怕见到的表情，敌视加轻蔑，更听到了他一生中最怕听到的字眼——失败！你不是无敌将军吗？领兵数万，只想着逃跑，你不是要叛变投敌吧？！

杨业再没话说，他一时间气愤难当，马上答应出战，但是临行前突然转向了这七年来的老搭档潘美——这次我败定了，我是个降将，早就该死，主上反而让我统兵，今天我就以死战报答。只是，你能在陈家谷两侧埋伏下弓箭手吗？我败下来的时候，如果没有接应，就全军覆没了。

潘美和王侁当场答应，并且立即行动，杨业率兵北上主动攻击耶律斜轸，潘美和王侁在陈家谷口亲自率兵伏击。但是从当天凌晨时分的寅时，一直等到了上午的巳时，一直不见杨业踪影。

当年西路军全军将士都以为奇迹再次发生了，无敌将军已经胜利，正在一路强攻，追击耶律斜轸。要不然，该败早就败下来了。但是谁能想象，悲愤的杨业正在做什么。

铁甲铿锵，战队无声，自知必败必死的将士一路向北，深深地侵入了敌境，只求证明自己的忠贞，等到败退时，已经离援军太远了……

回到当年战云密布的燕云大地，在雁门关外，耶律斜轸不敢相信自己的眼睛。他从塞外征讨女真部落的战线上火速撤退，救援山后九州，可在山前战场没有分出真正胜败之前，他不敢向潘美和田重进挑战。

就那么多援军，耶律休哥正用着呢。

但这时不一样了，曹彬彻底崩溃，辽国重兵已经向他这里转移，而宋军也开始了后撤，他当机立断，不等援军到手，就主动追击。可就在这时，却突然有一支宋军向他主动进攻。

真是盼什么来什么啊，耶律斜轸求之不得，但是让他万分惊异的是，来的人竟然是杨业。这可能吗？杨业从北汉时开始，就与辽国人争斗了三十多年，互相知根知底，这个时候来进攻，他昏头了？

但是今天像过年，有礼谁不收？耶律斜轸决定把活儿干得漂亮些。这时就看出了他和耶律休哥之间的区别，换了是耶律休哥，会直接扑上去，双方你死我活，痛快利落。可是在耶律斜轸的手里，就像掉进了一张巨大的蜘蛛网，你会被缠得筋疲力尽，痛苦万分，死得寸寸断裂。历史很多次都证明了，这个人从不吃生肉，他每次都加佐料。

这个狡猾的契丹人一路败退，把杨业引到了离朔州三十里之外的狼牙村，直到这里，他才突然间伏兵四起，把杨业包围。

杨业的时刻到了，他要的就是厮杀，就是鲜血和荣誉！他要证明自己不管是不是无敌将军，至少不是叛徒，更没有二心！

当天在狼牙村里，杨业率部血战，直到再也支持不住，他才边战边走，把耶律斜轸引向陈家谷。从凌晨出发，正午时交战，到达陈家谷时已经是当天的傍晚，全军人困马乏，已经达到极限，可是杨业一眼望去，陈家谷外一片空旷，连一个援军都没有……

那一天，杨业突然抚胸痛哭，这就是我的命运！苍天可鉴，陛下，杨业尽力了！

杨业只剩下了百余名战士，他自知必死，便要他们各自逃生，可没有一个人离开他。他们在陈家谷与契丹人血战到底，杨业的儿子杨延玉战死，岳州刺史王贵战死，战士们全部战死……杨业孤身死战，身中创伤数十处，手刃辽军数百人，最后战马受伤，他躲进密林，一直紧追不舍的辽将耶律奚底隐约看到了他的袍影，一箭射去，杨业终于伤重被擒。

辽国人赢了，生擒杨无敌，这是他们做梦都想不到的荣誉，竟然变成了现实。但他们得到的只是杨业的尸体。杨业被擒，绝食三日而死。

他是死在战场上的，求仁得仁，求义得义，杨业或许是没有什么遗憾吧！

追查他的死因，那天潘美和王侁到哪里去了？史书记载，他们以为杨业已经战胜，就顺着原路冲上去，要争杨业的功劳。走到半路时，知道杨业败了，他们转身就撤，没留一兵一卒救援。说责任，潘美无论如何都推脱不掉，毕竟他是主帅，但如果翻开尘封的历史，就会发现身为宋朝军队的主帅，很多时候只有两个字——无奈。

并且，类似杨业的事并不是仅此一例的，他的死法，在宋朝的将军们之中是非常流行的。杨业本人也深深地知道这一点，事实上，如果他不去死，等待他的命运将更加悲惨，就像郭进。

那位在白马山上湍急冰冷的涧水里硬生生击败契丹铁骑的英雄，他根本就不是病死的，而是自杀。原因就是他的监军田钦祚。田钦祚在战场上是一位英雄，他能“三千打六万”，让契丹人灰头土脸，可是在战场外却是另一个人。他做了很多讨厌的事，郭进刚烈，虽然管不了他，可总是对他怒形于色。于是史书记载：“钦祚以他事侵之，进心不能甘，自刭死，年五十八。”

那么是什么事呢？当时郭进刚刚大胜，而且在军中资历远远高出田钦祚，却选择了自杀，性格也是像杨业这样的有“缺陷”？还是形势逼迫，让他没法解释，只能以死明志？

要知道当时皇帝赵光义就在亲征的途中，想解释很容易，可是他却不，唯一的根源就只能是解释不通——谋反叛逆。就像王侁这时对杨业的怀疑。而且更巧合的是，当年田钦祚逼死郭进时，王侁就在场，一切操作都很熟悉。

至于潘美，他在王侁强迫杨业时能怎样呢？主帅和副帅联合起来反抗监军？本来仗已经打输了，回国算账时，你信不信监军大人的述职报告会让你生不如死？要知道郭进的资历并不比潘美差多少！

可惜，可叹，千年之后，潘美倒成了杨业之死的唯一责任人。这个倒霉蛋，玩命打了四个多月的仗，攻城略地战功最高，到头来得到的却只是一个妒贤嫉能、残害忠良的骂名……

公元986年七月，各路宋军陆续撤回国内，第二次北征就此结束。战后盘点，宋朝能输的都输了，包括胜负本身、战备物资、阵亡的将士，还有声望、名誉以及士气。

先说西路军，杨业之死，让宋军丢了军中之胆，耶律斜轸没有尊重这位平生大敌，而是把他的首级斩下，先送往漠北辽廷请功，然后传首边疆，让契丹军队和宋军都看到杨无敌的下场。消息传进开封，赵光义既愧且怒，把潘美连降三级，检校太师变成检校太保，然后继续到边疆站岗；至于王侁和刘文裕，被彻底罢免，削职为民，一个流放金州，一个流放登州，从此永远别想再当官。

有感于杨业的忠勇不屈，赵光义追赠他为太尉、大同节度使，赐其家布帛千匹、粟千硕，把他剩下的五个儿子都加官晋爵，让他们继续为国效力。

曹彬，这个战争失败的主要责任人，他的罪名是违抗皇命，违反战场纪律。按说这个罪名放在任何朝代都不必再审了，直接拉出去砍头了事，不株连他全家就是皇恩浩荡。可是赵光义开出的罚单真是让人喘粗气，居然只是降职，把他从节度使变成了右骁卫上将军。然后以此为基准，崔彦进是右武卫上将军，米信是右屯卫上将军，其他的以此类推，人人有罚，之后各自上班，这件事从此结束。

怎样？似乎在宋朝当武将也蛮好的吧。这样宽大，细查《宋史》，只有两个原因。

第一，宋朝不杀大臣。这是在赵光义刚刚登基的时候根据他哥哥的“遗诏”留下来的规矩。这一点被忠诚地执行了，终北、南两宋三百一十八年，被国家定罪诛杀的，据不精确统计，大概只有岳飞一人。第二，要想一下曹彬为什么会反常，他像撞了邪一样在战场上忽进忽退，几乎不用耶律休哥动手，就把自己给遛死。他犯什么病了？

更奇怪的是赵光义，这人更反常。他处罚完曹彬之后，只隔了一年，曹彬没有任何功劳，他就突然提升其为侍中、武宁军节度使，完全恢复了雍熙北伐之前的官职。再往后，曹彬又升到了平卢军节度使。赵光义的儿子当了皇帝，曹彬就又成了检校太师、同平章事、枢密正使，重新成为宋朝的第一军人。

而且最不可思议的是，以他一个丧师辱国，把国力、军力都彻底断送的败将，居然还得到了“良将第一”的美誉，他的女儿、孙女被成批地选进皇宫，成为皇后、太后，当上了宋朝的第一女人，在未来的岁月里长久把握着宋朝的国朝大政，连皇帝都得听她们的……这都是怎么回事？凭什么？

内幕和交易。

没有白付的工钱，更没有免费的忠诚。曹彬是个好员工，他完全是先干活儿再收费，赵光义没法不喜欢他。他是为了皇帝的永远正确才背的黑锅。

翻开《宋史》，当曹彬在战争之初突飞猛进时，赵光义就“讶其太速”。等到曹彬粮尽退却时，赵光义惊愕“岂有敌人在前，而却军以援粮运乎”。等到曹彬再进时，他又指挥说千万别再急进，要和米信合军……完全是一位绝世高手，他洞察一切先机，所有的失败因素他都算到了，只是曹彬没有听他的命令，最后才失败。

就算这都是真的吧，也在无形中露出了一个真相——赵光义随时都在指挥着曹彬，曹彬每时每刻都在接受着命令！

遥控器是肯定有了，至于他当时按的是什么键，他自己知道，曹彬更知道，但是曹彬能对外界透露吗？一个深沉、乖巧的人，懂得衡量利弊。曹彬选择把一切都扛了下来，包括战场废物的骂名。他的行为证明了怎样才能当官，那就是必须得维护皇帝的光辉形象。

陛下就是太阳，他光芒万丈，至于我，只是太阳边缘偶然产生的黑子，这次真的是给太阳抹黑了，我愿意承担所有的责任……最后，英明的陛下终究会为他真正忠心的黑子找回平衡的。

就这样，每个人都在做着自己分内的事。至于失败，嘿嘿——失败不要紧，只要懂做人，别管死多少，我们还能生。

中国最不缺的就是人。

但是，一支真正的军队是随便凑齐百十万农民就能建成的吗？柴荣、赵匡胤用了不下二十年，才给汉人留下了一支常胜不败、敢于野战争胜的军队，这时已经被赵光义和曹彬全给败光了！这就是现实，雍熙北伐就是我们民族历史上又一个重要的“点”，这个超浓缩的会聚时段所产生的可怕后果，要用尽后面一百多年的光阴才能稀释淡化。

这期间国家得花费国民总产值的七八成来养军队，而军队的来源却是那些不得已扔下锄头上战场的农民，地没人种了，产业萧条，国力下降，可是战争的威胁永远都在，于是再增兵，从此恶性循环，没完没了……

回到当时，宋朝君臣忙着挽回影响。

历史上有很多明眼人都在痛骂曹彬的无耻和赵光义的厚脸皮，但是来个换位思考，难道要曹彬实话实说，要赵光义下罪己诏？在国家空前大败、敌人马上就要报复的时候，再来把皇帝的公众形象、号召力降到最低点？

你想让中原彻底散架吧？毕竟国难当头，还是需要有一个带头大哥，领着中原百姓来等待契丹的报复。如果曹彬真的是因为这个才忍辱负重，担下了骂名和责任的话，这份苦心，也就不枉了那个良将中的“良”字了。

至于雍熙北伐本身，倒是没有什么必败或者一定要谴责的地方。事后的诸葛亮没有意义，失败了谁都能总结出一定会这样的理由。可是有一位前辈曾经这样说过——有一种理想，兑现了说那是符合规律，落空了说这是违背常识；有一种表现，刑庭上说那是坚贞不屈，会场上说这是死不认错；有一种赌博，赢肥了说是正义必胜，输惨了说是冒险必败……

所以还是把这事忘了吧，过去就是过去了，现在要做的是把牙咬紧点，明天契丹人又会杀过来。

# 第十一章 痛烈人生 屹立不倒

契丹人九月开始备战，以辽国斡鲁朵军制的迅速集结能力，他们居然在十二月才发起进攻。那么请看一下这次南侵的当量单位吧——辽军倾巢而出，分兵两路：东路由萧太后与小皇帝御驾亲征；西路是耶律休哥，主攻方向是河北。

而且为了牵制住山西一带的宋军，辽国派出北院大王蒲奴宁居驻军奉圣州（今河北涿鹿），与辽山西五州节度使蒲打里合军，压制住雁门关一带的潘美。

但其实没有什么必要了，潘美在北伐过后已经身败名裂，在军中毫无威信可言。不管有多少苦衷，他犯了军中最大的忌讳，见死不救。从此直到他死，他默默无闻，再没有任何作为。和曹彬一样，宋军曾经的骄傲，最强的双子星已经毁了。

现在站在宋朝边疆上的人也全都换了，这些人的经验举世无双，远远高出潘美、曹彬，但到底能管多大用，谁也心里没底。

因为实在是太老了，请看这些名字——张永德、宋偓、刘廷让、赵延溥，真正的骨灰级人马，有的甚至还是赵匡胤的老上级。这些人重现江湖，宋军的真相已经惨不忍睹，从现状上看，是因为能战的人都死光了，或者在形象和精神上残废了；从底子上讲，皇帝赵光义已经对当打之年的将军们彻底失望，再也不敢托付军国大事。

就这样，宋朝迎来了辽国精心准备的报复。

耶律休哥率先南下，他先在望都击败宋军，把当地的军备辎重全部烧毁，再进兵滹沱（自五台山流经真定，向北注入拒马河）北。这时辽国人吸取了宋军的教训，他们在宋朝境内选择了合兵，东路军的萧太后、辽国小皇帝与耶律休哥会合，耶律休哥成了先锋，他渡过拒马河，进攻瀛州，与宋朝瀛州兵马都部署刘廷让激战于君子馆（今河北河间西北三十里处）。

刘廷让，这是宋朝屈指可数的名将。此人出身世家名门，曾祖父就是五代十一国时桀燕帝国的创始者刘仁恭。他在后周、宋初时为大将，宋朝伐蜀时，他是东路军的主帅，那时他叫刘光义，等到赵光义登基，他才改名为刘廷让。

战功赫赫，完全可以证明，做将军，刘廷让有足够的强度。

在宋、辽战争史，甚至宋、金战争史上，宋朝面对来犯的敌人，如果想挡住，就只有一条路，那就是率军出击，野战争雄。

如果不然，那么不管城池再怎么坚固，异族的骑兵都可以根本不用理会，他们能在宋朝的各个重镇之间的大道平原之上任意驰骋，直扑宋朝的要害之处。澶渊之盟时辽国直入内地，逼得皇帝亲征；金兵入寇，一路直抵开封，都是因为宋军不敢野战。

但是刘廷让除外，他与满城大捷时的监军、沧州都部署李继隆约好，我上前迎敌，你率精兵在后，一定要迅速支援我。李继隆出身贵族，是赵光义的第一大舅子，正牌皇后的哥哥，但完全凭着自己的军功在宋朝立足，是有名的硬汉。他答应了。

君子馆之战爆发，刘廷让以数万宋军先在莫州（今河北任丘南）遇敌，后转战至君子馆被辽军重重围困。这时候才知道辽国人为什么选在十二月发动战争。该死的天气，公元986年的冬天竟然寒冷得出奇，宋军对付辽国骑兵唯一的法宝——弓弩，竟然拉不开！

只有刀枪厮杀，近距离肉搏……当天宋军的人数越战越少，辽军的援军却源源不断地赶到，刘廷让开始绝望，他知道，耶律休哥的后面是辽国的皇帝，援军要多少有多少，可是李继隆在哪里？他也需要援军！

但是李继隆这时已经后撤到了乐寿（今河北献县南），远远离开了战场和敌人……彻骨奇寒之中，宋军激战到傍晚，战阵终于崩溃，刘廷让全军覆没，大将武州团练使、高阳关部署杨重进战死，先锋将雄州知州贺令图被俘，只逃出来主帅以及几个骑兵。

辽国方面，这一战国舅详稳挞烈哥、宫使萧打里等人当场战死，一样的尸横遍地，战况极其惨烈。但不管怎样，宋军大败，南下的大门打开了。

辽军乘胜进兵，当月攻克深州（今河北深县西）。转过年来，宋雍熙四年（公元987年）正月，辽军再攻破束城县、祁州（今河北安国），纵兵大掠。魏博（今河北大名）以北辽骑纵横，无所抵抗。这时耶律休哥雄心顿起，他建议乘宋军连败之际，长驱南下，把辽国的疆界向南推进到黄河北岸。

条件真的成熟了，如果按耶律休哥说的去做，不仅会给宋朝施加空前的压力，而且黄河以北的宋军都会失去依托，被各个击破。这样，宋朝的军力基本上就全部消失。别再想禁军了，之前的北伐，还有君子馆之战等，禁军早就派上了前线，京都之中就算还有，也必定所剩不多。如果运气好，耶律休哥跨过黄河，到开封城边一游也不是不可能。

但是，这个提议被萧太后否决，她不仅不同意，甚至下令班师。后人回望这个决定，有的说，萧太后坐失良机，到底是妇人之见；有的说，萧太后见好就收，已经达到了报复的目的。但是，回顾当年，就在辽军的侧后方，有一个汉人的名字正突然间变得响亮——张齐贤。

终辽一世，它从来没有让宋朝真正地崩溃过，总会有汉人突然崛起，打碎它一次次的美梦。

张齐贤，字师亮，曹州冤句人。他的人生非常奇妙，可以作为一个命题——《论怎样从一介白丁迅速飞黄腾达成贵族》。

话说他家世代贫寒，他和所有中国农村的苦孩子一样，人生的希望就在于读书、考试、进城、当公务员。但是他与众不同，他敢于冒险，并且敢于不断冒更大的险。

当他三十三岁那年，机遇来了，宋太祖赵匡胤回洛阳祭祖扫墓，圣驾在大街上行进，他突然间冲出去把皇帝拦住，以一介布衣的身份，上表进策，要求面谈。

说到这里，就要认清楚一个事实，人生绝不像戏里唱的那样浪漫美妙，拦轿喊冤，或者拦住皇上进献诗文，表现自己，然后高官厚禄、娇妻美妾，人生幸福。绝大多数结果会很惨烈，至少印象分就很低。但是赵匡胤并不是皇帝科班出身，他蛮随和的，把这个大胆的年轻人带到行宫，让他把话说完。

张齐贤以手画地，陈诉自己的治国十策。赵匡胤觉得其中四个还可以。注意，这是百分之四十的中奖率了，在皇帝的日常办公中，大臣的条陈近一半内容得到认可，都非常不容易。应该说，他的冒险已经成功，他的条陈连同他本人马上就会被皇帝采用，富贵已经临头！

但是张齐贤在关键时刻冒了更大的险，他与皇帝争辩——我这十条都很好，都应该采纳实行，并且一次次地坚持，绝不妥协。

结果赵匡胤火了，把这个不知好歹的乡下倔小子扫地出门，连同他的十策都扔了出去。

完蛋了，失败了，张齐贤灰头土脸地回家去。但是历史记载，赵匡胤回到开封后，对自己的弟弟说，我在开封找到了个人才，有用，但我不用，留给你了。结果在赵光义登基之后的第一次科考中，张齐贤榜上有名，但是他的名次不高，赵光义为了重用他，结果把他前面的一百三十多名进士都破格采用了，就为了给他一个标准起步的台阶。

至于为什么，请看他当年的十策——下并汾、富民、封建、敦孝、举贤、太学、籍田、选良吏、慎刑、惩奸。哪个是没用的？有用，并且敢在皇帝面前据理力争，这才是大臣的风范。

张齐贤尤其难能可贵的是，他一直都保持了最初的硬度。赵匡胤之所以当时不用他，就是为了把他的锐气、倔强给磨掉，以后用起来才听话顺手。却不料张齐贤越挫越勇，无所畏惧，就像这时，正规军都忙着从边疆往内地撤，他一个文官却主动要求到前敌坐镇，被任命为代州知州。

山西代州，在雁门关附近，是宋辽边疆上举足轻重的要害。这一次虽然不是辽国的主攻方向，可是一样的大兵压境，战云密布。而且在河北方面耶律休哥节节胜利的时候，这边的辽军也按捺不住了，他们直抵代州城下，要开辟第二战场。

这时山西方面宋军的最高军事长官还是潘美，代州是重中之重，坐镇的是他的副手卢汉赟。辽军来了，卢汉赟派侍卫都指挥使马正出战。马正在南门外倚城列阵，与辽军对决，可是寡不敌众，他败了。这时卢汉赟的反应在史书上记载是非常懦弱无能，他“保壁自固”，也就是说，不再出战，学习当年的北汉人，在城墙上和辽国人较劲。

似乎没错，很理智。但是知州张齐贤不干，他派人秘密出城，去联络太原方向的都部署潘美，约好时间来个里应外合，把来犯的辽军击败。但是很郁闷，他派出的使者在回程时被辽国人截住，有的人逃了回来，有的人被抓住了。

机密泄露，张齐贤陷入了深深的悔恨中，他怕的不是计划没法再实施，而是怕一旦潘美如约而来，辽军已经有了准备，潘美和他的部队就会有极大的危险。那样山西的防守体系就会瞬间瓦解……怎么办？现在没法挽救！

可是突然间事情有了转机，潘美的使者到了，给他带来了一个非常不好的消息。说潘美本来已经率军赴约，行军四十里已经到达了柏井，可是突然接到了开封的密诏，皇帝命令所有山西方面的部队不许有任何出战行为。因为在东路，刘廷让刚刚在君子馆全军覆没，不允许山西方面再有任何一点点的闪失。

潘美只得收兵，他派人来转告张齐贤，一切小心，但是不必害怕，山西并不是辽军的主攻方向，辽军的实力不会太强。

张齐贤长出了一口气，真是死里逃生！但是紧接着他就意识到了两个关键的问题——第一，他的使者被辽国人抓住了；第二，他面前的辽军实力有限……

一个大胆的计划在张齐贤的脑海里形成，想到就做，他马上去找卢汉赟商量。可是这位军头理都不理，皇上都命令全军防守了，你一个文官多什么事啊，何况你这法子纯粹是去送死。一句话，恕不奉陪。而且卢汉赟明确表示，我的正规军一兵一卒都不会借给你，你如果一定要玩，自己想办法。

卢汉赟以为这样就把张齐贤给难住了，但是他忘了，他眼前的这个书生连当年的太祖皇帝的账都不买，你算老几？张齐贤转身就走，真的自己去想办法。没有禁军，我有厢军，人很少？没什么，智慧才是第一战斗力！

当天晚上，张齐贤把代州城的全部厢军（禁军挑剩下的，平时只做些杂役）集中起来，只有两千人。他先派出二百人，每人扛着一面旗，背着一捆草，趁夜出城，到城西南三十里的地方，也就是太原方面潘美军的来路方向，把草都点着，把旗都举起来，声势越大越好。

当天夜里，契丹人突然看见火光四起，而且光影中旌旗招展，声势浩大，他们的第一反应就是想起了抓获的那几个信使——潘美的援军到了！

潘美在自己的军队里声名尽坠，可是在战场上的威名犹存，尤其是刚刚结束的雍熙北伐，潘美所向披靡，战无不胜！辽国人马上向北撤退，途中经过了土登塞，就在这里，张齐贤剩下的一千多名厢军突然杀出，倒霉的辽国人，以为中的是潘美的埋伏，每个人都只想到了逃跑。

结果这一战，张齐贤大获全胜，生擒了辽国北院大王的一个儿子，帐前舍利一人，阵斩两千余人，俘虏五百人，缴获马匹、车帐、牛羊、器甲等一大堆。战后，张齐贤以卢汉赟的名义向皇帝报捷，以一个活生生的例子来向全国展示——辽国人并不是不可击败的。雍熙北伐、君子馆等战役虽然失败，但根本没有必要恐辽。

由他开始，宋朝在军事上开始了缓慢的复苏。

然而，宋朝的局势更差了。张齐贤的胜利与雍熙北伐、君子馆之战比起来，不过是辽国人在吃饼的时候偶然掉了一粒小芝麻，有点可惜，但绝不心疼。

并且这似乎还把辽国人给刺激到了，萧太后和小皇帝这次没回漠北，退兵只退到幽州，分兵派将，时刻到宋朝的北方边疆进行传统国民运动——打草谷。宋朝整个北疆都动荡不安，并且麻烦还波及了西北。

西夏的李继迁再一次证明了游牧民族同样很聪明，或许他们对危险和机遇更加敏感。他时刻观察着宋、辽两国之间的战争，当君子馆之战结束之后，他终于判定，宋朝输定了。连上一次的反击都做不到。那么很好，我得罪了大宋，为什么就不能和辽国做朋友呢？

想到就做，被王侁打得片瓦不留的李继迁，只能以自己曾经的西夏王族的身份向辽国人求亲。惨了点，但是辽国的萧太后是个绝版好女人，堪称男性之友，她透过贫穷落魄的表象，看到了李继迁内在的志气、能力还有最重要的决心，她断定，李继迁是个非常优秀的潜力股。

辽国毫不犹豫，就把义成公主许配给他，让李继迁成了辽国的驸马爷。

从此西夏的裤子系上了辽国的裙子，双方同心同德，一起瞄准了宋朝的银子。效果马上出现，当年三月，李继迁向王亭进攻，宋军安守忠部被击败，李继迁开始死灰复燃。

到此为止，稍微回顾一下，五年前赵光义抓过的那把绝世好牌都已经打出去了，可结果让人沮丧得要死。完败，没有捞到半点好处，辽国方面就不说了，现在连西夏的小爬虫都已经找到了靠山，开始向宋朝公然叫板。

在第二年，也就是宋端拱元年（公元988年）十一月，契丹再次进攻。这一次，首当其冲的就是君子馆孬种李继隆。

但这一次，这个人向宋、辽两国都展示了一下什么人才能真正地带兵。

契丹人先攻击的是易州。易州城有一支极其精锐的骑兵部队，而且骑兵们的妻子儿女都在城里，卫国也就是保家，这从根本上让军队的战斗力空前旺盛。但是李继隆另有打算，他在契丹人进攻之前就把这支骑兵部队调到了自己在定州的军营里。

他的监军袁继恩说不行，易州空了，要出事的。李继隆微微一笑，不解释，更不收回命令。于是易州被毫无悬念地攻破，骑兵们的家属全被契丹人掳走。

接下来契丹人乘胜直奔他的定州而来。怎样应对，定州城里有两种完全对立的态度：一方面，朝廷专门派来了皇宫内侍中黄门林延寿等五个人，他们拿着赵光义严令不许出战的诏书，要求据城死守；另一方面，监军袁继恩挺身而出，要求出战——守城只能自安，却打不退外侮，我将身先士卒，死于敌前！

定州城里的士兵们更加群情激愤，直到这时，李继隆才表态——军队里的事，还是由军人做主吧。去年，我之所以不在君子馆战死，为的就是今天报答国家。

全军出城，向契丹主动迎击。两军在唐河相遇，李继隆的部下眼睛都红了，为了自己的妻儿老小，也要拼了这条命！易州的骑兵们根本就是不要命地冲向了仇人。此战大胜，阵斩契丹一万五千余人，缴获战马一万余匹。

“仁不统兵，义不行贾”，李继隆先对自己人狠，再让契丹人一败涂地，让所有人都看清楚了他是什么变的。

辽国人没完没了，接下来上场的是他们的王牌，辽国的战神耶律休哥。这位仁兄在一年之后，宋端拱二年（公元 989 年）的七月，得到了一个消息。宋军的威虏军粮草不够了，宋朝皇帝亲自下令，要李继隆派大批精锐部队护送粮草辎重去救急，运粮车达到了几千辆。

粮草、粮道……耶律休哥一听就来了精神头。他选了好几万契丹的精锐骑兵，亲自率领出发。目的是不仅要毁了宋军的粮草，还要乘机把李继隆的机动部队全部消灭。

计划是好的，情报也是准确的，只是在行军的路上，他非常偶然地遇到了一小队巡逻的宋军。这支宋军步兵和骑兵混杂在一起，最多不过一千人。耶律休哥理都不理，小鱼小虾别捣乱，今天算他们运气好，他率军继续赶路，就当没看见。但是这支宋军的首领可不这么想。

他是宋军的崇仪使、北面缘边都巡检使尹继伦。契丹的大队人马从他身边急匆匆地赶过去，他把手下们召集了起来——看见没？知道是怎么回事不？这些浑蛋把咱们当成了肉，他们一定是去打仗的。如果赢了，回来顺手就把我们抢到北边去；

要是输了，回来也会拿咱们撒气。咱们怎么办？

尹继伦长着一张大黑脸，他的部下在黑脸面前互相看看，彼此都看到了对方一脸的坏笑。嘿嘿，那还用说吗？全队立即转向，悄悄地跟在契丹人的后面，一直跟到了上次大战的唐河附近。

到了夜里，有马全下马，长家伙的不要，短刀子的干活，但是还不要急，辽国人夜里特别精神，要等到最好的时机……第二天早晨，天将亮未亮，契丹人刚刚吃早饭的时候，尹继伦和他的一千个部下突然冲进了对方数万人的大营里，见人就砍，直接砍向了契丹人的中心要害——大帐。

耶律休哥正在吃早饭，筷子都还在手里，一名宋兵就冲到他面前，手起一刀，非常可惜，只砍到了耶律休哥的胳膊，但是这条胳膊差点就断了。耶律休哥突然重伤。据记载，这是他第一次在战场上逃跑，结果不错，他成功了。这时李继隆派来的护粮军也被惊动了。宋朝大军既动，耶律休哥又重伤逃跑，契丹人乱成一团，被追杀十余里路，躺倒了一大片。

估计这一刀砍得耶律休哥非常爽，他对战场的兴致再也没有那么高了。从此之后，有好几年的时间，辽国人对宋朝非常礼貌。

北宋和辽国之间的关系非常奇妙，他们要么你死我活，要么恩恩爱爱，而且历史证明了他们几乎前后脚地一起倒霉。

像是同命鸳鸯，还是一对欢喜冤家。反正日子是相当欢快，一点都不寂寞。但是西北边儿就不是这样硬朗干脆了，从这时开始直到两三百年之后，只要与西夏沾了边，就什么事情都非常微妙。你要处理，就必须得有卓越的头脑，而且该头脑还得正处于灵敏与经验的巅峰状态。

要不然，你就得有巅峰状态的蒙古铁骑的战斗力，才能把那边的问题连根拔起，斩草除根。

这时候就是，看一下摆在宋朝君臣面前的难题。李继迁反了，已经和辽国打成了一片，而辽国无论如何现在都骑在宋朝的脖子上……为所欲为。怎么办？连带着对李继迁也听之任之？

想说不，那好，你出兵？没人；谈话？不听；或者也嫁过去一位宋朝的公主，和辽国的女孩儿在后宫竞争一把，曲线救国把李继迁感化喽？

真是开玩笑了，就算真的办成了，那也是在助长李继迁的气焰，更把西夏惯出了毛病……那么就需要那个既卓越又灵敏还处于巅峰状态的脑袋了。看看同样绝望的局势，在有些人的脑子里会闪出怎样的灵光，来个虎口拔牙，让李继迁和辽国一起吃瘪。

分析一下，李继迁为什么难以制服？他并不很强，此前并非大宋朝一流战将的王侁，以几千宋兵的力量就能让他丢盔弃甲地跑路。这时他也没什么强大的号召力，西夏的原住民有听他的，也有当他的话一文不值的。并且他几次大败，连老娘都保不住，跟随他的人的命运就更加凄惨，所以，肯跟他的人也越来越少了。

一句话，这人还没成精，他之所以让人头疼，就因为他是块癣——总是复发，没完没了。至于原因，只因为他是条地头蛇。

如此而已。

那么换个思维，一定要用我们自己的汉人去西夏满沙漠地乱跑抓人吗？所谓以毒攻毒，能不能找个更大的地头蛇呢？要知道，就在这时的大宋，就有一位西夏的大哥级人物——李继捧。

这个人当初只是不能压制整个党项全族，可是针对李继迁，李继捧的地位和号召力就是超级的。那好，把他的家眷都留在京城，超一流的待遇，再给他本人更高的待遇。在职称上，与他先祖拓跋思恭拉平，“定难军”恢复番号，他成了坐镇一方的节度使大人，而且像唐给拓跋思恭的特惠一样，他被赐姓为“赵”，改名为赵保忠。

具体任务，就是回西夏，把不听话的小弟搞定。

处方对症，效果马上出现。宋端拱元年（公元988年）五月，也就是李继隆在唐河痛击辽军那年的前几个月，宋朝把前李继捧现赵保忠先生派回到西夏支援边疆工作，在年底十二月，赵先生就回旨报告，李继迁投降了。

目的达到，别管真假（事实上边疆上的事哪个朝代都别想较真儿），辽国的女婿向宋朝投降了，至少是一个重大的外交胜利。

消息传到大宋的朝堂之上，从皇帝到官员，所有人都看着那颗卓越不凡但已白发苍苍的脑袋，边看边摇头叹气。唉，咋回事呢？都是人生下来的，可差距怎么就这么大呢？

赵普，你这个老家伙，都已经六十七岁了，就不能老得糊涂点？

赵普第三次成为大宋首相。因为从前的故事，赵光义为赵普安排了一位副宰相。这是一颗从开始就以火箭般的速度在官场上迅速冒升的政治新星，全天下的人都知道，这人是皇帝赵光义的宠儿、亲信，注定了是未来的帝国宰相。

天子门生，龙飞榜第一人——吕蒙正。

但是，赵普只用了极短的时间，就让赵光义明白了他哥哥当年为什么要那样宠着赵普。就算知道此人好财、专权，都让他独相近十年。

因为绝对的实力。历朝历代的第一位开国宰相，像赵普、李斯，都不是被任命的，那是物竞天择，抢出来的！

赵普在最后的时光里，梳理了宋朝官场，辅佐赵元僖在权力中心站稳，给宋朝留下了一笔最珍贵的遗产——人才。

代州张齐贤在他的极力推荐之下，从边疆回到了开封，被任命为枢密副使，从此这位有勇气且坚定的书生进入了权力中心，开始参与制定宋朝的重大国策。

另外，在他实际任职的最后几个月里，一位貌似和他一个类型的年轻人崛起了。他叫寇准，这一年才二十九岁，但是资格已经相当老了，因为他中举之时年仅十九岁。这一点很重要，因为赵光义选人才，不仅要看学问，而且要看这个人的年龄。

太小的不要，因为有些事与聪明和才华无关。你只有到了一定的年龄，才知道人生那些说不清但又必须得领会的东西是什么。

当时有人劝寇准，把年龄改了，多说几岁。可是寇准从开始时就显露了他的真面目——不改，难道我从刚开始就要欺君吗？

这让赵光义非常欣赏。

寇准在地方上整整历练了十年，才调回中央，回来之后，寇准立即就崭露了头角。他跟赵光义在大殿上说事，天生的硬性子，把皇上给惹火了，赵光义拂袖而起，准备退朝。可是寇准接下来的举动在宋朝三百年间独此一份。

他突然上前，把皇帝的衣服抓住，《宋史》中的原文是“令帝复坐，事决乃退”。老天爷，他命令皇上重新坐好，把事儿说完了再走！

这样的人，赵光义从来没遇到过。他事后对寇准的评价非常高，说，我得到了寇准，就像唐太宗得到了魏徵。但是历史证明他说错了，寇准对宋朝的贡献，远远大于魏徵对唐朝的贡献。

年青一代风华正茂，昨天的太阳终于下山了。赵普在宋淳化三年（公元 992 年）七月间死在了西京洛阳，终年七十一岁。

分别的一天终于到了，关于赵普，我们也用自己的话来送他一程吧。

纵观赵普的一生，可以分成三个阶段。第一个阶段，他风光无限，从一介平民，到开国宰相，并独相十年，这在历史的长河里已经是凤毛麟角，可以和秦相李斯、汉相萧何等旷世人杰相提并论。之后他的命运也和这些人很相似，盛极而衰，站在了死亡的边缘，甚至随时会身败名裂。

但是谁知道他还有第二个阶段。这时他以一个纯粹的投机政客的身份重现，帮了皇帝也救了自己，从人生的谷底硬生生地重回巅峰。这就彻底超越了他的绝大多数同类，让李斯、范蠡、文种、刘基之辈望尘莫及。

可这还远远不是结局，赵普在他生命最后的六年时光里，才真正有了他在中国历史人物里独一无二的身份地位。

他不用权术手段，不要挟、不欺骗，用实实在在的工作，让从前的政敌、现在的皇帝都真心接纳他，并让他的后辈们以他为榜样，使他的政治行为、典型的政治手法，在以后的岁月里不断重现。这样的人，我们通常都叫作——绝世之人杰。

人，都有其生，有其死，但生死之间，能做到赵普的地步，自有人类以来，可说屈指可数。

最有活力的还是西夏。那片土地太邪门，谁到了那儿，都马上活蹦乱跳，跳起来没完没了。

李继捧和李继迁联袂演出，两个党项人把宋朝和辽国都看得眼花缭乱，头昏脑涨。

李继捧回国，昔日的大哥威望还在，李继迁重新当小弟。时间稍微长了点，李继迁这些年努力的效果就出现了，主要就是他的妻子们。

李继迁的老婆没有一个是白娶的，辽国的公主不必说了，其他的都是当地党项贵族豪强的女儿，妻妾成群，也就是老丈人成群，就是领地、军队、物资成群！

他先给了李继捧一个笑脸，顺便捞了个大宋的官儿做。一年后原形毕露，直接挑战李继捧的大哥地位。草原沙漠上强者为王，李继捧只有应战。

战场选在了安庆泽（今内蒙古乌审旗西）。

战场很开阔，场面也很壮观，只是结果太搞笑。李继迁都郁闷死了，正在玩命厮杀，眼看大哥的位子到手，结果乱军中突然一箭射来，正中他的……屁股。那可是箭哪，至于屁股，别管是赵光义的还是李继迁的，都是肉做的。

李继迁落荒而逃，安庆泽之战就这样输掉。回到老窝，李继迁面朝下趴着（没办法），想来想去，还是得找老丈人，只是这次得找最大的，向辽国史上最伟大、最美丽的太后求援。太后一听，啊，还有这事？这还了得，马上给了李继迁一个天大的安慰——李继迁，我任命你为西夏国的国王！看谁敢不服！

李继捧不服，你有辽国，我有大宋，干吗服你？何况就算为了开封城里的妻子儿女，我都得跟你掐下去。于是李继迁卷土重来。赵光义屁股中箭，从此终生半残，可是李继迁转眼就能爬上马，带着大批党项死党重新杀到李继捧的老巢夏州。

李继捧挺不住了，他向开封求援，那时赵普还活着，很简单，就近派商州团练使翟守素出兵，一个小小的李继迁，你比当年的北汉、南唐又怎么样？结果李继迁真的是很乖很识相，宋朝的大兵将到未到，他宣布再次投降。

这次投降的代价是，他也被改名了，从此叫作赵保吉。

似乎天下太平了，两个姓李的重新变成了一家子，大家都姓赵，从此和气过日子吧。但是西夏人永远有花样，这次是李继捧，这位老兄不知是吃错了什么药。是小吉吉把他在大宋的特权抢光了，还是他也想要个辽国的公主？不太清楚，反正他在小迁迁改名为小吉吉的三个月后，就向辽国投降了。

萧太后很慷慨，公主是暂时没有了，不过也给你个高官——西平王。怎样，比大宋给的高吧？

不怎么样，李继捧被激怒了，小迁迁现在都是国王了，我才是个王啊？萧太后，你太不厚道了，你不知道，小迁迁现在也是大宋的人了，你真的不知道？

萧太后大怒，党项小白脸娶了我辽国的人，竟然还做了宋朝的官！这绝对不能容忍，她立即派出大将韩德威率兵前去问罪。

李继迁演砸了……他缩在老巢里不动弹，辽国的姐夫来骂人，随他去吧，我生病了，不见客。韩德威只好把气出在其他的党项人身上，在灵州附近来了个传统的运动项目，打了场规模超大的草谷，然后回国交差。

以上就是党项人的有奶就是娘、奶多的才最亲的坎坷找娘经历。这一切都结束后，过了四个月，赵普才死。

这时赵光义的腿已经开始疼了，他的骨中之骨、血中之血也不让他安生。

# 第十二章　元僖之死

赵光义的儿子，而且是最重要的那个儿子突然死了。

准皇储、开封府尹赵元僖。

非常突然，此前一点征兆都没有。当时是宋淳化三年（公元992年）十一月间，元僖这一天正常上班，可是刚刚坐在早朝的候见室——殿庐里，就觉得难受，难受刚开始，立即就支撑不住，马上回家。赵光义随后赶去，元僖已经躺在床上了。他叫儿子，元僖还能回答，可是在极短的时间之内，元僖就死了。

年仅二十七岁。

赵光义亲眼看见儿子死去，他悲痛欲绝，抱尸痛哭，史称“左右人等不敢仰视”。这一瞬间，所有的闲情都离他远去，所有的帝王心术、以平和安稳的外表震慑中外的假象再也没法维持，他只是一个衰老、伤病的父亲……晚年丧子，历史可以做证，这一年他五十四岁了，真的已经到了晚年！

何况这个儿子不比寻常，元僖勤恳努力，仁义孝顺，在政治上积极要求进步，和父亲一条心（不像老大），在开封府办公五年，工作上没出过半点差错，和朝廷里的主要大臣更是关系融洽，眼看着一天天成熟，正在变成父亲的好帮手，却突然间死了。

万分舍不得，但是终究还得放下儿子的尸首。为了追念，赵光义追赠元僖为太子，定谥号为恭孝，但是这算得了什么，父子至情，永难割舍，皇宫里的近臣们发现，皇帝整夜流泪，徘徊不睡，他写下了《思亡子诗》，反复吟咏，还给他们传看。

皇帝真的很悲伤！

但是转眼之间，皇宫里就传出了新的命令，把元僖主管的开封府、许王府内的各级人员削职查办；把元僖的妾张氏赐死，其父母的墓地捣毁，亲属流放，左右人等杖决免职；再把元僖的太子级葬礼下诏停办，降到只以一品官的卤簿出殡。

落差太大了，悲伤的父亲发疯了？

一切都因为追查。元僖的死法，落在对药品尤其是毒酒非常有研究并且实践过的赵光义的眼里，特征实在是太明显了。

立即追查，重案特办，他在派出了专责此事的御史之外，又命令皇宫里最神秘、最有权，军、政两把都抓的大太监王继恩亲自出马。还记得这个人吧，就是他在赵匡胤死的那天晚上，把赵光义领进皇宫的。

案子迅速告破，赵光义知道了他想知道的东西，并且立即开始了发泄。其内容，就是上面那些突发的转变。至于为什么会那么搞，按照传统，内幕被分成了正史版和笔记版。

先看正史版，这是规矩。但是它太短太枯燥，只有原因及结果，整个过程全部缺失。主要的内容出自《宋史·宗室二·元僖传》。那里面说，元僖死后，有人说，元僖有一个宠妾张氏，很霸道，仗着元僖的宠爱，不仅经常把仆人打死，而且还给她的父母修坟，超越了制度本分。

因为这个，赵光义大怒，派王继恩去查办，张氏被勒死，坟被砸破，她身边的人以及亲属都跟着倒霉。其余的内容就非常大路，直接和开封府、许王府的官吏任免流放挂钩，一点都不波及死亡本身了。

综上所述，结论似乎就是因为那个张氏的一点卑劣的小性子，加上对她父母的孝心，赵光义就把一大堆人都牵连进去，并且把儿子的葬礼降格。

当然这太搞笑，宋人又在《续资治通鉴长编》里加了点补充，说是“又言元僖因误食他物得病，及其宫中私事”。

什么东西吃坏了，还牵涉他家里的私事？什么事？再翻书，在《续资治通鉴长编纪事本末》里的《太宗皇帝·诸王事迹》中又有发现。说是赵光义大怒的时候，要把元僖的官吏都抓起来严加审问，一定得把事情弄个水落石出。这时，一位官员找了个机会，对皇帝小心翼翼地说了番话，把事情遮了过去。

左谏议大夫魏羽，他举了个例子，说：陛下，当年汉武帝的太子，也就是戾太子，偷他父亲的兵权谋反。汉武帝对他的帮凶也不过就是抽了几鞭子而已。现在许王的罪没越过戾太子，对他的部下，也应该更宽松些。

赵光义想了想，于是这件事里才没再死人。

看这个说法，赵元僖的罪就犯到了相当大的规模。戾太子当年是起兵了，比戾太子轻点，那就是未起兵，但已经密谋了？如果真是这样，那么赵光义还真是很仁慈，仅仅是把葬礼降格，没有追加任何处罚。

那么《宋史·元僖传》里的张氏就太倒霉了，她和她父母的超级大坟，完全成了赵光义的出气筒，成了地道的无辜受害者。地位急剧下降，主角变龙套，不尊重妇女？

不要急，笔记版里的张氏智勇双全，威风八面，本想搞定大太太，却不料没瞄准，稍差了一点点……她是成功了百分之零点零一的北宋版武则天。

武则天，从狭义上说，她是独一无二的，她是皇帝；但如果从广义上说，达到她的实际统治地位的，就不止她一个了。

北宋就有一位。

在古代，女子想达到这样的位置，就必须走同一条道路——当皇家的嫔妃。具体操作，大有讲究。如果要十拿九稳，就要等皇帝亲政前的大婚时，去争一下皇后的位子。当然，这就得有前提条件，该女子的身份也要够高。如果要探求一下命运的神奇，那么就先去众多的皇子中碰碰运气吧。

你嫁的皇子如果成了太子，那么武则天的影子就会在你的身上若隐若现。这是定律，北宋版的武则天也是这样，就在这时，她已经到了京城好多年了，还在绝对的默默无闻中。无论从哪一个条件去衡量，她都远远不如现在准皇储、许王赵元僖的宠妾张氏更接近武则天的高度。

说起张氏，她在元僖生前，已经在许王府里说一不二，不仅超越规格给自己死去的父母修了大坟，还隔三岔五地在府里打死下人。这种强势，已经把大太太压倒，再加上她的利己特点，中国传统意义上的西宫娘娘形象已经呼之欲出。

一切只等着她丈夫赵元僖顺利登基。可是在笔记版中，未来的皇帝就死在了她的手里。

笔记，是出于宋人王铚的《默记》。里面记载，元僖的正室是功臣李谦溥的侄女（实为女儿），可是元僖不爱她，爱的是这位张氏，两人私下里曾有约定，要把李氏夫人废掉，立张氏当大太太。但是不能急，废皇子的夫人比朝廷罢免一个官员还要麻烦得多。但是张氏已经在王府里混账惯了，尤其是她习惯打死人，那么再出一条人命有什么了不起？先斩后奏，既成事实，这是最有效的办法。

想了就做，她秘密出高价，请人做了一个特制的酒壶，里面有双内胆，一个放酒，一个放毒酒。在冬至这天，赵元僖要上殿朝贺，临走前家人先祝贺他。张氏拿了酒壶给他和大太太斟酒，但要命的是，那天赵元僖不知犯了什么病，突然向大夫人当众表示亲密，把酒杯互换，来了个超级交杯酒……事情就这样发生了。

张氏以武则天杀女儿的狠毒心肠来干掉情敌，却不料反砍了自己的树根。误杀？不，手段粗暴低劣，她从根本上就与那位正版的北宋武则天差得太远了。

张氏的结局极惨。事发后她和做酒壶的、部分亲信被处以极刑——在东华门外先剐再钉，暴尸示众。

然后，皇帝把儿子的葬礼降格，再把开封府的官吏贬官发配。《默记》里最后一句话是——今国史载此事多微词，唯言“上闻之，停册礼，命毁张之坟墓”而已。

但这还是不近情理。难道儿子死在宠妾的手里，赵光义就要这样愤怒加鄙视，拿死去的儿子出气，并且把开封府的政府官员也都罢免？那最多也不过是许王府里的私人官吏有错而已，关府门外的人什么事？

要从王继恩的身上找原因，他没出马前，一切风平浪静。他搞定案件之后，赵光义才翻的脸。他一定是查出了什么，让皇帝感到了威胁，之后才是愤怒。

是那些搜出来的东西才导致了元僖葬礼的降格、开封府人员的免职，以及戾太子造反的类比。这三件事，完全都是政治事件，也只有政治事件，才能让以皇位为生命第一防线的赵光义这样在乎。

总结整个事件，最突出的关键词是“开封府”以及“准”太子。

开封府，这个职权太敏感。它是皇储的代名词，能用它做什么，赵光义比谁都清楚。至于“准”太子，为什么是“准”呢？这就要查历史，从这时往前推，到唐朝哀帝天祐年间（公元904年—907年），将近一百年的时间里，中国产生了差不多三十位皇帝，可是连一位皇太子都没有出现过！

就像柴荣和赵光义，他们的地位，也从来没有以太子的头衔来装饰过。至于为什么会这样，太简单，太子是四分之三的皇帝，一旦权力过大，皇帝就会升级，变成太上皇。

宋朝的国政最重要的就是个“防”字，防武将是一方面，其实如果真的要做彻底，就一定要让太子和开封府也分开，不然就会变成这时的赵元僖。从他府里搜出来的东西，一定让他父亲看到了他的另一面，更让他父亲想起了以前发生过的一些事。有关于皇太子的。

那是在一年前的九月，那时赵普虽然还没有死，但已经病得不行了，吕蒙正是唯一的宰相。这时有五位大臣，以左正言、度支判官宋沆为首，上书请立赵元僖为太子。这事很好吧？而且人人都知道元僖就是太子啊，但是赵光义的反应是大怒，他在表文上批了四个字——“词意狂率”，然后扔到一边，对这五个大臣严厉处罚。事情不算完，赵光义紧跟着就上纲上线，把吕蒙正也叫来。

——知道叫你来有什么事吗？

——不知……知道。

吕蒙正一声叹息，他当然知道。赵光义对他这位一手提拔起来的亲信冷冷发笑，你不比别人，得多给你四个字，合起来是八个——“援引亲暱，窃禄偷安”，会加进你的罢相志里，在历史上永远流传！

就这样，吕蒙正被罢免了。“窃禄偷安”，说的是他的工作作风，什么也不做，白领工资。但有什么办法，他的上司是赵普，这样的老师能不尊重？“援引亲暱”，一点都不冤，宋沆是他老婆的亲戚，更是他举荐的。傻子都能看出来，宋沆请立太子，是他的指使。

好啊，宰相和开封府尹、许王勾结都不够力度了，一定要宰相加太子才有分量！你们想干什么？想把我放在哪里？

历史证明，这是赵光义的真实心声。天家父子无亲情，在稍后的几年里，他再一次这样公开地怒吼，无论是谁，都别想威胁到他的皇位！

但是当时，他并没有为难儿子。是一次妄想，那么就给他一次教训，经过打击式教育的孩子，才能真正懂得深浅。于是那一页就翻过去了，儿子还是好儿子，父亲更是好父亲。那么现在问题出现了，当时那样明显地争权，结党联合地争权，赵光义都能高高举起，却轻轻放下，那么为什么在儿子死后，却又发了这么大的邪火呢？

只能有一个解释，有比请立太子、分割皇权更严重、更恶劣的事被发现了。所以做父亲的才恩断义绝，连已经死去的儿子也不放过，没法折磨他的肉体，就要贬毁他的名声。要不然，老子没法出这口恶气！

但至于是什么，已经深埋于历史长河，永远都没法查阅了……

# 第十三章　王小波、李顺放的烟花

发生了这么多事，赵光义变了。

说到底，他也只是一个凡人。但是说到变，那么他到底是个什么样的人呢？别看史书，那里面都是些“帝沉谋英断，虎步龙行”之类的肥皂话；也别去搜索自己的脑子，那里面通常都塞满了世代流传下来的纯印象派的感觉。

从感觉上来说，宋太宗赵光义是个温文尔雅、笑容可掬的中年人，他性子柔和，当弟弟时哥哥高兴，当皇上时臣子们有福，纯粹是一个好家长。

错了，其实就一句话——急性子的功利人。

此人是个非常暴烈的赌徒，他敢于制造一些翻牌就分生死的大赌局，并且他绝对敢下注。比如说，他得到皇位时，得有多大的把握和准备才敢去玩“斧声烛影”？但他就做了，一夜之间，就摇身一变，当上了天下至尊的皇帝。

如果不成功呢？

再说北伐。无论是太平兴国四年的第一次，还是雍熙三年的第二次，他都征调了全天下的精兵，几乎是拿宋朝的所有，去赌辽国人的全部。两次发布命令时，都是瞬间完成，谁的话也不听，我想做，我就做！

赢就赢得天大地大，输……就是现在这个样子了。宋朝在七八年之间，两次北伐，高梁河、莫州、岐沟关、陈家谷、君子馆五大败仗，损失了近三十万的精锐禁军，当年赵匡胤留下的家底完全赔光；此外，再加上至少翻一倍的死于战乱的平民数字，庞大到让人晕倒的军备物资支出，被辽人抢走的边境官民物资等，足以让一个人变得理智，或者说胆怯了。

现在守护宋朝国界的，除了一些后周柴荣时期的猛将，如张永德外，是一条西起保州（今河北保定）西北，东至泥沽海口，沿河北平原宋、辽交境边缘，利用河渠塘泊筑堤储水形成的超级泥潭。用这样一大片半人工搞定的沼泽地，来限制契丹骑兵的马蹄。

战争的主导方针，已经变成了消极防御、坚壁清野，并且不许出战（如代州张齐贤向潘美求援，潘美已经出动，可是还得奉命收兵）。如果迫不得已一定要出兵，也只许倚城列阵，按阵图打架，完全达到了百分之百和皇帝的内心波动相结合的默契程度。

那么皇帝的心灵到底变成了什么呢?

皇帝长学问了。他每天都捧着几本流传了两千年，并且中国人存活到什么时间就一定会不断讨论研究到什么时间的书，不停地看。

《老子》《道德经》，以及同类的《庄子》等。

陛下变得特别关心宗教事业的发展，一座座规模宏大、各具特色的道观、佛寺拔地而起，看看这一长串的名字和数量吧——道教，太一宫，一千一百区，历时两年；上清宫，一千二百四十一区，历时七年；灵仙观，六百三十区，历时一年；洞真宫，二百六十五区，历时六年。

佛教，先来三次普度，共有十七万人获准出家。这超出了赵匡胤时期的十倍，把柴荣当年灭佛兴邦的局面完全打破。修开宝寺灵感塔，历时八年，花费亿万贯钱；修启圣禅院，历时六年，建房九百间，屋顶全用琉璃瓦，所费数千万贯；还有同等级别的普安禅院、泗州普昭王寺僧伽大师塔、宝相寺、显圣寺、天清寺等。

这些神灵的住宿楼一个一个地建起来，宋朝有良知、有见识的大臣再也忍不住了，他们接连上表劝阻，其中以著名的直臣、知制诰田锡的话最有力度——陛下，“众以为金碧荧煌，臣以为涂膏衅血”，那都是民脂民膏啊!

但是皇帝一不生气，二不停止。并且在修最宏伟壮丽的上清宫，臣子们集体反对时，皇帝居然说出了这样的话——我当年做亲王时，太祖对我特别友爱，给我的赏赐数不胜数，现在我拿出来，修这座道观，为百姓祈福，不用官方的钱。

也就是说，赵光义深信神灵们、出家人们能为帝国和百姓带来安定和幸福，所以要不断地往这上面砸钱！真的吗？在历史上，只有数不清的皇帝为自己的长生不老去信佛求道，没见过有任何一个人间的帝王为他的子民去花这种没影的钱！

原因只有一个，就是他自己的需要。一个身体上、心灵上都饱受病痛折磨的人，一个灵魂里背负了太多秘密的人，没法向任何人忏悔，他只有另想办法宣泄……于是祈求神明的保佑，让国泰民安吧，别再出事了，我已经不打仗、不杀人了，能不能给我些安宁？

但是天心即民意，任何人都得为自己的行为埋单。就在赵光义的儿子刚死之后的两个月，真正的动乱，就从西南方突然卷地而起，席卷两川，全民皆仇，宋朝又创造了一个纪录——在刚刚建国没超过五十年，就像暴戾短命的秦、隋两朝一样，爆发了大规模的农民起义……

据考证，中国的老百姓是历史上最好管理、最服驾驭、最没有怨言，只要有一口吃的，就绝对不会造反的一群人。

宋朝时的蜀川人，就是其中的典型。

传说中，宋朝的子民们富足、安定甚至悠闲，可这与蜀川人无关。赵匡胤平蜀之后，把后蜀国库以及民间的宝货、钱币、布帛、粮食等物资全都运进了开封城。这为宋朝统一全国，甚至向契丹进攻，都做出了特殊的贡献，完全可以说是举足轻重。说得有些夸张？更夸张的是，赵匡胤这样抢劫后蜀人的东西，所用的时间是多少？

前后不间断，一共是十多年！

十多年的岁月里，后蜀人被残酷地剥削。“天府之国”，唐末动乱、五代动乱，几乎没受影响，太富足了，你不出血谁出血？这就像后来的清朝，江南最富，可江南的人民也最苦，没完没了的税收，把最后的一点血汗也榨干。

何况，在这时的蜀川，还有一项在中国历代都极力避免可都躲不过去的亡国之祸在剧烈蔓延——兼并，土地的兼并。

中国是农业大国，土地是最根本的生命保障。无论是官员还是百姓，都必须得有一块土地，然后才能谈到生存。于是兼并就变成了最大的瘟疫，道理很简单，皇帝与国家是最大的地主，可他下面的各级地主用各种手段把小农民们的土地都划到了自己的名下，变成超大的“主户”。再用各种名目，比如说考上了进士不缴税，或者把各种税务摊派到底下的“客户”（失去土地，还得生存，就得去种主户们的地）身上。这样一来，国家收的税越来越少，老百姓越来越穷，直到两方面到达了一个临界点。那好吧，人民会起义，而国家无力镇压，就此改朝换代。

宋太宗淳化三年（公元 992 年）的冬天，快过年时，蜀川就到达了这个临界点。

说一下当时蜀川兼并的程度——眉州，主、客户比例是各占百分之五十；嘉州，比例是客户占百分之八十；阆州，比例是客户占百分之六十五；普州，比例是客户占百分之九十；昌州，比例是客户占百分之九十……

这样的比例，得有多少人沦落到一贫如洗的地步，而且那些主户，对客户“使之如奴隶”，并且“相承数世”。好好的平民，成了地主们家养的奴才，世世代代都是奴隶了！

而且这还不算官府方面。在宋朝君臣们的心里，这片土地是有钱，但是还特别危险。他们一直都记得，当初平后蜀时打孟昶是多简单，可平暴乱有多费劲。于是，从最开始就派来了最强有力的知府。

第一任，竟然是当时的参知政事、副宰相吕余庆。带参知政事衔任地方长官，这在宋初仅此一例，而且一任就是三年。

之后是赵匡胤的早期幕僚刘熙古，接任干了四年，回开封后立即就升任参知政事，以此表彰在那个鬼地方当官可真是太不容易、太委屈了。

接下来的几任也都差不多，不是开封府里久经考验的同志，就是皇帝的亲信。这些人齐心协力，把四川变成了地狱。

比如当时的一个蜀川平民，他的生活一般来说是这样的：先是祖先们给他留下来一块或大或小的地。可是有个头疼脑热的得看病，或者发个水、着个火，再来点天灾什么的，又或者得罪了哪个官差，摊派的税务大了些，就得要现钱，于是只能借贷，或者直接卖地，结果就是成了客户。

从此一件小事改变整个家族的命运，他和他的子孙们便都成了奴隶。主户家的地得去种，主户家随时会有命令得去办，官府的各种徭役租调也得由他去出工。而且要小心，除了宋朝的国税（二税制，夏税和秋税，以后细谈）之外，还全盘继承五代后蜀时期的各种苛捐杂税，如头子钱、牛皮钱、脂粉钱等，这些主户能逃就逃，逃不过的，就都推到客户们身上。这些不定什么时候就突然出现的杂税，足以让这个客户的债永远还不清，作为遗产利滚利地一直往下传……

这还只是指那些有地种的客户的生活，蜀川山地很多，那些没地种，靠种茶、卖茶为生的川人，就会更加悲惨。因为宋朝的君臣们确实具有商业头脑，他们把酒、盐、茶等生活必备日用品的销售权完全收归国有。在蜀川，这个机构就叫作“博买务”。

就是这个博买务，把当时蜀川永康军青城县（今四川灌县东南）一个叫王小波的人的生活彻底毁了。青城是山地，王小波的家连一棵茶树都没有，是当地贫农中的贫农，唯一的生活来源就是卖茶。可是多简单，他没法竞争得过国家。于是，中国农民造反的唯一一个先决条件终于成熟。

连口饭都没有了！

王小波天生是个带头人，他把所有的苦难和希望都凝聚成了一句话，一针见血地说出了当时人们最盼望的一件事——“吾疾贫富不均，今为汝均之！”

所有的茶农、茶贩都蜂拥而起，马上就要饿死的人没有恐惧，十五天之内他们就聚众数万人，当月就攻下了青城县。转过年来，宋淳化四年（公元993年）二月，起义军不断壮大，王小波率众攻破了眉州彭山县（今四川彭山），并杀死县令齐元振。而且天从人愿，这一年的蜀川发生了旱灾，走投无路的客户们从四面八方向王小波的身边会聚，起义就像天谴一样在蜀川大地上蔓延开来。

两个月之后，王小波与西川都巡检使张玘决战，两人同归于尽。起义的饥民们变得更加凶猛，他们推举了王小波的妻弟李顺为首领，队伍进一步扩大，就在开封城欢庆上元佳节的时候，四川的中心重镇成都已经被他们攻破。

李顺在成都正式与赵光义分庭抗礼，不管历史上怎样定义，他自称“大蜀王”，建国号“大蜀”，改元“应运”，并且建立了中央政权机构。他有中书令、枢密使、仪鸾使、军帅等一整套班子，同时开始铸造自己的铜钱“应运元宝”，铁钱“应运通宝”。最重要的是，他没有丝毫停顿，已经分兵四处，迅速扩大战果，整个以前后蜀的地面完全都在他的攻击范围之内!

赵光义无可奈何，只有马上做出决断应战。但是，问题在最开始时就出现了，军队还有，主帅派谁呢?

历来平蜀无功臣，那地方关起门来就是一个国家，这时候内忧外患，你信不信派错了人，当年后唐时孟知祥监守自盗，霸占蜀川建立前蜀的事再重演一次?

何况手头现有的将军们，能让他放心的，能力过硬的，也实在太少了。想来想去，他派出了他的“撒手锏”——十全十美万能大太监王继恩。

这个人政治可靠，久经考验，但有没有军事能力?不要小瞧这位王公公，人家也是出生入死从前线的刀丛里滚出来的人。前些年雍熙北伐时，知道是谁从前线给皇帝带回来曹彬在岐沟关大败崩溃的消息吗?就是这位王大公公。

尤其是他还有一个先天的、哪位将军也无法比拟的中标优势——他是太监。谁听说过太监割据称王的?好了，好处多多，越想越妙，但时间不等人，李顺已经在蜀川遍地开花、疯狂抢地了。他的两路大军，北路军已经攻占了绵州（今绵阳）、阆州（今苍溪县东南）、巴州（今巴中）、剑州（今剑阁）等地；东路军进展更快，已经攻占了遂州（今遂宁）、合州（今合川）、广安军（今广安县北）、渠州（今渠县）、达州（今达县）等地。

翻一下地图就能看到，这样一来，北抵剑州、南据巫峡（今巫山）的大片土地都已经过户，不再姓赵，而是姓李了！

那么这时还有宋军吗？他们在哪儿忍着呢？别忙，梓州（今四川三台）、眉州（今眉山）等少数几个城池还在宋军的手里，所有人都在里边缩着，等着援军来救命。

十万火急，赵光义抄起笔来，几笔写就一份诏书，里边委任十全大太监王继恩全权处理川峡间的一切事务，然后一脚把他踢出京城，从开封城边开始，你必须全速狂奔，去和李顺抢哪怕一秒钟的时间！

因为李顺已经在玩最狠最致命的招数了。他抢在宋军入川增援之前，率二十余万重兵奔向了两个点：一个是囤积了大量宋军有生力量的梓州；另一个是剑门关……他要把入川的道路锁死，而且还要把川内的所有宋军都消灭。

这样蜀川就真的是他的了。可是别忙，还有一个至关重要的问题——次序。你先做哪一个？是一还是二？

就像围棋，几子落枰，已经固定了就是那几个点位，可是先下哪个，后下哪个，结局完全不同。这时李顺要做的，也是一样。你先打梓州，还是先拿下剑门关？

李顺的决定印证了一个真理——胜利极端势利，无论你有多少的苦难和眼泪，都换不来它的垂青。

它只认对错不认人。

李顺第一时间派相贵率领着二十余万重兵扑向了梓州，一定要全歼龟缩在那里的宋军。至于蜀川的门户、天险剑门关，他只是派出了几千个人去攻打。

他从最开始就犯下了最严重的错误，这不仅决定了他的败亡，也决定了他一定会迅速败亡。至于为什么这么做，历史上另有解释，说当时剑门关上的宋军只有几百人，而且还都是老疲之兵。李顺需要重视他们吗？

以李顺攻破成都的军威，再加上十倍的兵力，更重要的还是从里往外攻打剑门关，这些都加在一起，还不是手到擒来？

于是，几千人的部队足够了……但是，必须深挖一下内因，才能看到这一次起义的必败原因——见识和修养。

梓州的宋军是十万块钱，随手就可以拿到；而剑门关上有一百万、一千万甚至是一千个亿，可是你们得等，大家猜，赤贫的川人们选哪个？

百分之一万，必选梓州！这就是他们败亡的根本！

八十多天过去了，梓州城岿然不动。宋淳化四年（公元993年）四月中旬时，宋朝的援军终于跨过千山万水，从开封城来到了蜀川门前。十全十美大太监王继恩率军顺利通过剑门关冲进了蜀川。

王继恩变成了二十多年前的平蜀主帅王全斌，他走的路几乎和前任一样。先川北，由剑州开始进攻。他的副手曹习从葭萌关出发，进攻阆州。两路势不可当，进展极速，很快剑州、阆州就相继陷落，紧跟着他们攻向了绵州和巴州，进一步向成都逼近。

这时距王小波发动起义已经过去了一年零四个月的时间，此前节节胜利，不可阻挡的起义军怎么了？他们的战斗力下降了这么多吗？还是王继恩带进川里的人马过分骁勇和庞大，超出了蜀川饥民的承受力？

不，两样都不是。第一，起义军内部最核心的部分露出了它真正的底蕴，本应最强的那一点，变得让人绝望；第二，在这个时间段里，宋朝派进蜀川平叛的军队，最多只能算是二流角色，真正的精兵，就在王继恩刚刚离开开封城时，派向了另一个地方。

那边的敌人，才是宋朝的心腹大患。从这时开始，它反复无常，苟延残喘，之后突然间壮大，一直纠缠了宋朝一百多年，直到最后把北宋的江山拖垮耗干。

西夏，李继迁。

人见人爱、丈人众多的小吉吉自从上次惹火了大辽的萧太后之后，似乎就沉默了。他一直很安静，真的在悔过而且自新了？

才怪。在这一点上，赵光义是非常清楚的。狼，总能知道另一只食肉动物的真正内心。他从最开始就对李继迁实行了控制，军事上暂时做不到，那么来更狠的。

经济，可以不客气地说，太宗时期的宋朝就已经是当时整个世界上最有实力进行经济打击的国度。最根本的一点，就是宋朝什么都有，而辽、西夏甚至高丽，它们的出产都太单一。

针对西夏，宋朝只要一纸法令文书，就断了党项人的活路。他们有什么？别提千年之后，宁夏地区驰名中外的五宝——枸杞、甘草、贺兰石、滩羊皮、发菜。在当时，他们只有两样东西——骏马和青盐。

党项的战马宋朝这时还能得到一些，但是青盐，宋朝突然说我们不要了。一瞬间，党项人看着自己大批上好的青盐堆成了山，可是都成了废物！大宋有无边无际的海岸线，煮海成盐，说不用就不用，可是汉人的绫罗丝绸、大米白面、茶叶药材，却是党项人少不了的。

怎么办？聪明的李继迁在巨大的危机中看到了极其珍贵的机遇，太棒了，宋朝在给他送礼！他迅速召集党项族人，为了共同的生存利益，大家请把刀拔出来，跟着我一起到宋朝的边境去抢劫！

这个号召被全体通过，李继迁终于当上了带头大哥，党项人以空前的激情投入到了抢劫运动之中，收获很大，死伤也很多，但是在生存的基础上建立的同盟牢不可破，他们紧紧地团结在了李继迁的周围。

不过论聪明，有谁想和宋朝人较量一下吗？还是一纸文书，李继迁就立即众叛亲离，而且被反攻倒算。

宋朝人突然说，很好，青盐吃着顺口，我们又要了……结果党项人瞬间从李继迁的周围散开，争着抢着回家拿盐做生意，把这位老大扔在了茫茫戈壁滩上乘凉发呆，提着刀气得说不出话来——弟兄们，你们倒是想想啊，宋朝人是因为什么才答应我们又开了盐禁的，那就是因为我们抱成了团，拿起了刀！所以，弟兄们，我们要继续奋斗……

斗你个头，这些族人不仅再不理他，其中有位叫高文岯的哥哥还掉过头来，抽刀向他砍了过去。李继迁气得晕头转向，这都是些什么人啊，他只好收拾人马回自己的老巢，但是没过多久，他的脑子里就又有了一个新的计划。

他越过了时代的鸿沟，瞄准了一个让大宋、让吐蕃、让回纥都胆战心惊的目标，只要拿下了它，他瞬间就能变幻体态，再不是蟒蛇了，而是一条腾空而起不可遏制的妖龙！

灵州，只要拿下了这一点，他立即就能成精。

翻一下地图，灵州就是今天的宁夏灵武，现在它很平常了，就算在宁夏回族自治区本地，也排不进前五的位置。但是在历史上，它的作用说有多大就有多大。它在公元前 191 年就由西汉帝国建立，是当时整片茫茫戈壁草原上的政治经济中心；秦始皇时，在这里筑城，防卫匈奴；到北魏、隋朝，这里的地位再次上升，是灵武路行军大总管的驻地；到了唐朝，这里变成了圣地。

安史之乱时，唐肃宗李亨就在这里即皇帝位，重振大唐江山。

为什么这么重要，看一下地理位置就什么都明白了。说位置，我们把之前所有文章里夸夸其谈的什么“位于黄河上游、河套以西，土地肥沃，农牧两宜……”的废话都扔开，简单点，它在宋朝版图的左上方，李继迁老祖宗的定难五州把它压在了宋朝的边境附近。它右边稍上方，是夏州、银州；它的上方稍偏左，就是怀州和静州。这样形象吧？

那么又是什么让它比定难五州重要了那么多呢？是因为当时的民族分布图。它下边的南方是宋朝，它西边是河西走廊里甘州的回纥，它西南边是吐蕃族的诸部，再加上它北边的党项人。怎样，一目了然了吧，它就是一道堤坝，至少四股洪水被它顶在了四面八方，哪一方面冲破了它，立即就会引起连锁反应，势力的均衡就会被打破。

现在很幸运，它还在宋朝的手里，托辽国人的福，汉人的军队损失很大，赵光义暂时把它闲置，但只要稍有转机，宋朝的军队就会冲出边境，以灵州为基地，开拓大西北无边的疆土。所以现在李继迁就盯上了它，他不管这时的力量与局势，就是要出其不意地拿下它。

怎样，这是个无理手，没什么道理就发力，但是他运气就是这么好，正好碰上了王小波的起义！无情的事实在那儿明摆着，如果你不管，那么他就会成功……局势逼迫，赵光义无论如何必须做出反应，他可真不想两线同时作战，但是不行，那好吧，他咬了咬牙，开始在他的将军中挑选既能打还听话的贴心人。

老天保佑，他还有一位能与汉武帝的舅子将军群落媲美的将军，一样骁勇，一样至亲——李继隆，他的大舅子。

就这样，宋淳化五年（公元994年）三月，李继隆几乎与王继恩同时从开封城开拔出征，他的任务简单明确，就是击溃李继迁，甚至擒斩李继迁，必须将之在党项的势力连根拔起！

军队都派出去了，真的两线作战了……开封城里的大宋皇帝赵光义变得沉默，他感到了前所未有的恐慌，李继迁、李顺是他眼前的敌人，可更大的隐忧让他接近崩溃的边缘，怎么办？为了避免亡国，难道他真的要那样做吗？

赵光义的头脑告诉他，他必须那样做。可是只要稍微那样想一下，他都会痛不欲生。他不懂，为什么上苍一定要这样折磨他，越是骄傲自尊的人，就越要忍受这种最不能忍受的屈辱！

北方的死敌辽国人。谁敢把他们忘了？只要这时辽国人突然出兵趁火打劫，宋朝就会三面受敌，局面立即崩盘。

赵光义不寒而栗，但思来想去，只有两个办法能让他躲过这一劫。一个是祈求上苍让辽国人突然集体失明，宋朝出了什么事他们都视而不见；另一个就是他心底里不由自主升起的那个办法……而且这个办法如果要用，那么就必须得快用，晚一点都会失去意义。

但他真的不甘心，他祈祷着奇迹能出现，那就是李继隆和王继恩能迅速结束战斗，把西夏和四川在短时间内全都搞定，这才能让辽国人在根本上断绝幻想！

但是谈何容易，王继恩面对的是遍地烽火，要全都浇灭必须得用大量时间，要不然就得用非常手段。为此，赵光义下令，把剑南、东西川、陕路诸州上至官吏下至黎民，所有人欠朝廷的赋税钱物都一笔勾销，从心底里瓦解起义军的斗志；另外严令王继恩不许在外围恋战，要直取成都，擒贼擒王先抓住李顺。

而李继隆，他面对的就是苍茫无边的大漠，你去抓吧，骑着党项骏马的李继迁就是一个时聚时散的妖魂，或许你只有把宋朝的全部子民以及城池都原封不动地移植到定难五州，把那片地儿挤得满满的，然后才能在人堆里把李继迁揪出来……

很荒诞，很黑色，但一点都不好笑。就从这时起，宋朝君臣齐心协力和时间赛跑，王继恩在蜀川大地上攻城拔寨，一路势如破竹直奔成都；李继隆在唐代时的“参天可汗道”“灵州大道”上，同时也是古丝绸之路的必经之路上快速突进，他的目标先是夏州，这是定难五州的中心点，正是由于戈壁荒原的庞大，才更要占据中心，四下撒网。只不过，他的大军才动，西夏方面就得到了消息，等待他的是一个更加迷乱，甚至敌我难辨的局面，远远不是用马刀就能解决一切的。

至于皇帝赵光义，他在开封城内努力平缓着呼吸，镇定心神。他必须精确客观地计算眼前，以及之后的每一方的每一时刻的战局发展，来判断在什么时候去做那个让他生不如死的决定。

宋军到来之前，李继迁吞并了李继捧，可笑的是，宋军的消息还是后者通知李继迁的。

李继隆攻陷夏州，赵光义下令毁掉它！

李继隆反对，他建议在银州与夏州之间的南界山附近再增设一些土寨据点，把势力加大，这样逐步蚕食，就能把西夏一点点地变成内地州县，最起码有了它们，就能切断叛军的粮道……但是赵光义坚持。

夏州城，昔日威名赫赫的统万城，由匈奴铁弗部赫连勃勃从公元413年开始，驱使十万人昼夜不停历时六年才筑就的，连铁锥全力穿刺都不能入墙一寸的空前坚城，就此被拆毁了。而李继隆的下一步行动在历史的记载里查不到。

在他个人的《宋史》列传里没有，在《续资治通鉴长编》里没有，里面只说，他曾经回答自己的部将——“今保吉远窜，千里穷碛，难于转饷。宜养威持重，未易轻举地。”

他在强调没法有效地追击，真的在戈壁草原上兜开了圈子，会把自己先饿死累死，不如保持攻击态势，在银州城里待着。

查不到他在什么时候退的军，历史上没有记载。也或许是四月间，他拆毁了夏州城之后，就亲自押着李继捧回了开封。因为在他的列传中，有“既而继迁遁去，擒保忠以献”的记载，似乎他亲自向天子献俘请功。

那么他回师的日子就是在五月，那时赵光义亲自责问李继捧，李继捧认罪，被封为右千牛卫上将军、宥罪侯。

但更可能的是，他一直留在西夏很长时间，因为在这之后的近三年时间里（当然，李继隆不可能三年一直都驻军境外），李继迁都非常乖，他不停地向宋廷请罪送礼，讨好宋朝的皇帝，李继隆的军威还有宋朝拆毁夏州城的决心都明显把他吓怕了。

但不管怎样，宋朝没能如愿抓住李继迁。胜利了，但是局面已经恢复到了当年赵普送李继捧回西夏牵制李继迁之前的老样子。

这真的是胜利吗?

重心转向大西南，蜀川方面的王继恩成为焦点。他和副手曹习分两路合击成都，一路快速突破，行军途中顺手牵羊一样派出了几千人马去梓州援助张雍，结果二十余万起义军瞬间崩溃。

回到前面的那个问题，起义军的战斗力急剧下降，到底是出了什么事？毛病就出在最核心的那个人身上——李顺。

在历史评价中，由于他攻破了成都，建立了政权，人们普遍把他的成就定位在王小波之上。但是，纵观他的一生，他就是烟花，在最初绽放的一刹那，就已经散发出了所有的光芒，在之后的所有时间里，都只是空壳子而已。

攻下成都之后，他真的把自己当成了皇帝，不管前线发生了什么事，他都始终坐在成都城里，让自己的同伙去给自己挡灾。

再看看历史上成功的那些农民起义者，刘邦、朱元璋，甚至李自成，他们自始至终，几乎从来没有脱离过战场，尤其在最关键的几个战役中，他们都站在队伍的最前列。起义者的低端装备和战争素养就决定了想成功、想生存，就必须身先士卒！

李顺在玩失踪，再看看农民军的战术。王继恩入川之后，一路行军，攻城拔寨，直到打到了成都城边，都没有经受过一次大规格的兵团决战。起义军的城池与城池之间根本就没有联系，随便宋军一一击破，就像他们没有统一的建制。

这样的防御，连当年的后蜀孟昶都不如。

五月六日，宋军抵达了成都城下，即日攻城，十余万起义军被当天击溃，三万余人当场阵亡，成都就陷落了，一天都没有支撑下来。这就是这次起义，以饥寒反抗，因富贵失败，他们一点都不壮烈。

“吾疾贫富不均，今为汝均之！”

王小波的惊世之言犹在耳边，可惜，早就被“大蜀王”李顺扔回到青城老家去了。多么美丽的梦想，曾经那样让人怦然心动，但最后只是在历史上留下了一个记录——中国农民战争史上，第一次明确地提出了均贫富的口号。

王小波起义就此结束，不管当天李顺是不是真的战死了，还是下落不明，在三十余年后才在广州被抓遇害，都已无关紧要。

# 第十四章　生死万岁殿

时光流逝，到了宋淳化五年（公元994年）八九月间，宋朝皇帝赵光义两次派人入辽国求和。《宋史》中对此一掠而过，但是它当年真的发生了。

辽国拒绝，理由是宋朝没有递交正式的求和国书。而赵光义再没有进一步的表示，这件事不了了之。但是，这是近四十年来辽人第一次接到了汉人的主动示好，他们的反应是非常惊喜，立即对边将严加约束，不准再随意侵入宋境剽掠；而且在转年之后，辽国人就表现出了他们的诚意。

辽国境内的武清县有一百多个人私下里结伙进入宋地抢劫，回去之后被辽帝下令全都处死，并且把抢来的人畜财物全部归还。

回顾全程，其实可以说，这是宋朝的一次意向上的和平提议，谈不到什么屈辱，而且达到了目的。但是在赵光义的心中，乃至在宋朝全体朝臣的心里，却是酸楚和悲凉的。

在十几年前，这是能想象的吗？近四十年了，从柴荣开始，汉人强势复兴，一直对辽人强硬压制，不停地进攻，不断地胜利，甚至举国兴兵收复故地，但这一切，从这时起完全变成了遥远的记忆！

再也不可能了……赵光义在心底里悲叹，人们可以用刘邦甚至天可汗李世民的例子来宽慰他，这两位皇帝都曾经以和亲等更加低姿态的方式与异族谋和，那么他这时的一个小小的议和提议又有何难堪？

休养国力，从头再来好了！

但是真的是不可能了，赵光义比谁都清楚，这时连第二天的太阳对他来说都是奢侈品，还谈什么抱负与理想！还是在这一年的九月，他把晚年最喜欢的一个官员寇准，从青州召还，在宫中把裤腿掀起，说——“卿来何缓？”

你怎么来得这么慢，你看，朕的伤势已经……

赵光义问——“朕诸子孰可以付神器者？”

我的哪个儿子可以继承皇位？赵光义开始安排后事了……

寇准的回答让人替他发抖，他说——陛下要为天下选太子，跟您身边的女人、太监商量，这不行；跟我这样的近臣商量，也不行。只有一个办法，就是您亲自选择，自作主张。

皇帝身边的太监，指的是十全大太监王继恩及其党羽；皇帝身边的女人，但凡知道一点宋史的人都知道，他指的是当时的宋朝正牌皇后李氏！

在皇宫里当众说话，把除了皇帝以外的所有人全部一掌拍平……这时赵光义低下了头，想了很久，然后才把所有的侍从都屏退，小声地问——襄王行吗？

寇准的回答变得稍微艺术了一点点——知子莫若父，您既然觉得他行，那就马上决定。

赤裸裸地赞同，从此宋太宗的第三子——赵元侃从众多皇子中脱颖而出，被任命为开封府尹，进封寿王，正式成为准皇储。而寇准也因此重回中央，并且从西府的军事部门枢密院调到了东府中书省，成为文官系统里的顶级人物——参知政事。

再一次富贵险中求，要立就立大功，要得罪就往死里得罪人，这就是寇准的风格，注定了他一生大起大落，过着“电梯”一样的生活。

然而，这一时期最重要的人并不是寇准，而是号称衰中之衰、既烂且衰、连衰四十余年都不停的“衰神”吕端。

吕端其实开始并不衰，他的出身相当高贵。他的父亲大人吕琦曾经在后晋时当过兵部侍郎，他从踏上仕途起就有特权，起步就是以恩荫补千牛备身。

到了宋朝，他的运气更好，他的大哥就是宋初时的参知政事副宰相吕余庆，而且是一直参知了十年之久。好运截至太祖朝，他大哥和赵匡胤死在同一年。进入赵光义时期，他开始独自闯荡江湖，就此开始了一衰再衰的人生旅途。

这期间第一次严重倒运，就是跟了顶头上司开封府尹、秦王赵廷美的霉庄，被赵家二皇帝发配至千里外，只许走路，当了大耳朵驴；第二次，由于他表现好，人憨厚，又被调回了老岗位开封府，继续给第二任准皇储许王赵元僖当下属。结果赵元僖离奇死亡之后，他又一次被钦定为御用出气筒。

当时他正在开封府堂上办公，突然间御史武元颖连同十全大太监王继恩出现。煞星临门，满堂震恐，可是吕端徐徐起立，静待诏命。

当天吕端取帽下堂，与二位天使大哥随问随答，从容自若。三个月之后，这些“有罪”之官都按律到考课院领处分，并且恩准可以面见皇帝，表达一下自己的切身感受。只见表演现场涕泪横飞，号声一片，所有的堂堂大宋命官都把脸面扔到皇家御用厕所里，彻底变成了痛苦不堪的水龙头，哭得跟窦娥似的，但只能强调一点痛苦之源——臣有罪，但是家里太穷，您要是再贬了我，就要全家饿死了……

表演收到赏钱，这些人基本都被赵光义原谅，就算贬，也不会贬得太狠太低太远。可是轮到了吕端，这位衰神却只说了四个字——臣“罪大幸深”，积极要求外贬，越远越好！

赵光义深深地凝视他，也只回了四个字——“朕自识卿。”不久之后他便官复原职。

这是必然的，就在吕端两次出任开封府属官之间，在那段被贬的岁月里，他的表现赵光义看得清清楚楚。那是在宋端拱元年（公元988年）四月，他奉命出使高丽。回程时海上突然起了大风，波涛如山，推樯折舵，同船的人连同副使吕佑之都吓呆了，下令把船上所有的货物都扔进大海，才逃过这一劫。

这一切发生时，吕端独自坐在舱中怡然读书，神色不变，就像在自己家的书斋中读书一样。

“路遥知马力，日久见吕端。”这样的胆识，这样的气量，尤其是霉运当头却绝不怨天尤人，更不摇尾乞怜，吕端用光明宽厚的人格力量硬生生地扭转了皇帝的成见。

十五年前，皇帝说他“是大家子弟，能吃大酒肉，余何所能”。到这时，皇帝要升他为相，强调“端小事糊涂，大事不糊涂” 。

宋至道元年（公元 995 年）八月十八日，宋太宗皇帝正式下制，诏告天下亿万子民，立襄王元侃为皇太子，改名“恒”。

宋朝大赦天下，诏皇太子兼判开封府（判，位于开封府尹之上）。中原汉统自唐哀帝天祐年间（公元 904 年—907 年）以后，至此近百年光阴，第一次重现皇太子之册立。

当天赵元侃这位命运的新宠儿出皇宫进御道参拜太庙列祖列宗，然后出现在京城百姓面前，博得万众欢呼——“少年天子也”。

这句话立即就传进了深宫内院，现任皇帝赵光义的反应是极端愤怒，他立即把这件事的始作俑者寇准叫来，劈头一句话，让以后千年之间听到看到的都痛斥他真是虎狼之性，泯灭天伦——“人心遽属太子，欲置我何地？”

连儿子的权力都要争，这算是什么父亲？

可是谁说他是个好父亲了，并且在他的心里，甚至在天下万民的心里，都从来没要求过他是个好父亲。他应该做的是当个好皇帝，而他这时的反应，绝对标准正规，是人世间曾有过的任何一位英主的标准反应！

所谓的“英主”，举例子吧，刘邦、刘彻、李世民、朱元璋、康熙、乾隆，他们都是大有作为的皇帝，就其功业而言，绝对称得上英主了。

他们有一个共同的特点，就是至死不放权！

前面的四位汉人皇帝，虽然都有太子，但是哪一个都是直到尸体冰凉之后，太子才能触摸到国家的权柄。到了后面的两位满人皇帝，他们更绝，连太子是谁都是秘密。死后去爬“正大光明”匾吧，秘密都在后面。别提乾隆的太上皇，嘉庆前六年的皇帝时刻都坐在火山口上，那是什么日子人人心知肚明。

这就是强势天子的真相，他们的仁慈，只有在敌人都被征服之后才会显现。而且在人类的封建历史上，权力越统一，才越能给人间带来平安，所以赵光义这时的反应与嫉妒都是再正常不过的，并且只要再让他受到刺激，感觉到更大危险，他绝对会做出李世民当年做的事来。

干掉自己的亲儿子，管他是不是太子！

宋朝亡西夏之心不死，赵光义无论怎样都不放过李继迁。那就伐之！

李继迁在赵恒举行皇太子册立大典的同一月份——九月，率领着党项骑兵再次进攻宋朝。在当年的史书记载里，西北方面的清远军上报宋廷，说李继迁入侵，已经被击败并逃走。

很强，但很无耻。这是假的，只要稍微扫一眼半年之后的《宋史》，就会发现这是个不折不扣的谎言。因为那时再说到西北形势时，一下子就提到了西北战略第一要地灵州已经被围攻了半年多！

转年四月，西北的真相终于大白于天下。

《宋史》中记载赵光义命令白守荣护送四十万石粮草去灵州，结果李继迁亲自率军在浦洛河打了个埋伏，白守荣全军崩溃，四十万石粮草都落入了李继迁的手里。

这次围攻灵州，李继迁的人马超过了一万！

这再不是以前王侁以几千骑兵就能打跑的党项人土豪型武装了，宋朝已经错失了干掉他的最佳时机，那就是上一次李继隆出重兵进攻西夏的时候。那时李继迁为什么不应战，扔下老巢银州就逃跑？

那根本就不是怕了宋朝的大军，而是因为他刚刚吞下了堂兄李继捧的实力，还没来得及消化，他不敢拿这样半生不熟的军队去孤注一掷。经过两年多的时间，李继捧也被宋朝人抓回到开封，西夏已经是李继迁一个人的天下，他摇身一变，已经恢复到当年定难五州之主的真实身份。

要打他，就要做与一个国家开战的准备。

这就是为什么要先送那么多的粮草过去的原因，要先让灵州再挺一段时间，宋朝发兵需要准备。但是谁能想到李继迁竟然能一边继续围困灵州，一边还有余力围城打援。形势危急紧迫，真的刻不容缓了，就在粮草丢失的当月，赵光义下令命侍卫司马军都指挥使李继隆为环、庆等十州都部署，殿前司都虞候范廷召为副都部署，以当年潘美扫平南汉的灭国级军力（同样是十州之力），立即出兵讨伐李继迁。

十州之力，分五路进兵。

主将李继隆自环州、范廷召自延州、王超自夏州、丁罕自庆州、张守恩自麟州，目的地在开战前已经确定——乌池、白池。

要注意，上面的这些数字和名称，里面包含的信息量极其庞大，并且这次战争的决胜点都已经先期出现。首先，要想一下，宋朝为什么又要分兵前进?

上次北伐契丹时分兵三路，实际上是四路；再往前数，最著名的汉武帝伐匈奴时，卫青与霍去病、李广等人也都是分兵而进；甚至再往后看，到了明、清两代时，明末清初决定汉满兴衰的萨尔浒之战，明朝是分兵四路；到了康熙征噶尔丹，乾隆征大、小金川，也都是分兵进击。这都是因为什么?

不要看结果，因为上面的战例里有胜也有败，历史证明分兵绝对带不来必胜，也绝对不意味着必败。那么这样做，就只有一个原因——怎样抓鱼?

出兵塞外，茫茫天地就像是无边无际的大海，拿着一把鱼叉一次只攻击一个目标好，还是分散开，合围进击，像一只渔网那样铺天盖地的成功率高?

何况汉人的人数就是占优势，就是有当渔网的本钱，那么干吗不用?所以赵光义还是选择了分兵。

再来，就是要看一下乌池、白池。

这是个重要得不能再重要的信息了。与早期的西夏人打仗，最让汉人愤怒的不是党项人的战斗力，而是他们的战马。李继迁飘忽不定，四处流动，在千百年前就抓住了“敌来我退，敌退我进……”等经典游击战略要点。一句话，不是打不过，而是抓不着。

但这次不一样了，宋朝的准备工作空前完善，他们居然事先就探定了李继迁的老巢所在，就在乌池、白池这个点上，只要到达，就一定能找到敌人！

剩下的就是战斗了……那根本就没有半点悬念，因为这次宋军出动的人数极其庞大。史书上记载，总军力不明，但是光主将李继隆一路的先锋部队就有三万人！

再加上西夏方面宋朝原有的驻军，这是什么样的实力？一切的迹象都表明，李继迁在劫难逃，就算他变成了一只党项种沙漠牌的蚊子，宋朝派过去的大炮都能满天开火，把他轰下来。

九月，宋朝的大军冲出边界，杀进党项境内。最开始时，各路人马的一切行动和行军方向都严格遵守战场纪律，和皇帝临行时配给的方略、阵图严丝合缝。但是，问题突然出现在主将李继隆的身上。

李继隆这是第二次征战了，老马识途，他发现了一个问题——路线不对。

如果按照皇帝的路线图，他得先路过灵州，然后才能杀奔乌池、白池。那样的话就要走一个多月，并且路上缺水，这是最致命的，搞不好他庞大的军团就会不战自乱。这时，他的先锋官，原银州，夏州钤辖卢斌给他出了个主意。

这位久驻党项的先锋建议，不经过灵州，从他们的出发点环州开始，走直线，十天之内就能突然出现在乌池、白池。

李继隆的脑子里灵光闪动，经灵州，不外乎就是顺路为灵州解围。可是突然打击乌池、白池，更是围魏救赵，让李继迁不得不回救老巢，灵州之围不战自解！

主意越想越妙，他派自己的弟弟李继和火速赶回开封，面见皇帝，把改道的事上报。赵光义一听就急了，他搞不懂为什么总有人不听他的，居然连李继隆也这样！他在便殿里召见李继和，只说了一句话——“汝兄如此，必败吾事矣！”

他马上亲笔给李继隆写信，命令他必须听令按原计划行事；并且派引进使周莹黝去做监军，必要的话强令李继隆服从。可是晚了，当周监军赶到时，兵贵神速，李将军已经出征，绕过灵州走捷径已成事实……愿望是好的，见识是高的，如果成功了，那么李将军的威名必将远播西域，威震当时。

但是，历史上的记载非常郁闷，他走了十多天，结果是……“不见敌，引军还”。

这是怎么回事？这可能吗？敌人就在乌池、白池，走到就领奖，绝对没有错。而且后面发生的事也证明了宋朝先期的情报百分之百准确，那么他怎么会“不见敌”？

其实说穿了就一句话，他迷路了，如此简单而已。在沙漠戈壁之中，想贪便宜走捷径，结果适得其反。并且更要命的是，他不仅自己白逛了一圈就回家，当时还和丁罕合兵，一起这么玩的。

宋军的主力大军就这样无功而返。

可这也比另一路的张守恩强。西京作坊使、锦州刺史张守恩是名门之后，他的父亲就是宋初名将张令铎。他从麟州出发，严格按照路线图前进，结果他遇到敌人了。但是这个败类居然无耻到突然间选择失明，我什么都没看见，我们回家吧……就这样，他带着人马平安无事、全须全尾地就回来了！

只剩下了王超与范廷召两路。

这两人合兵一处，所走的路线是最艰苦、最漫长的一条。“誓扫匈奴不顾身，五千貂锦丧胡尘。可怜无定河边骨，犹是春闺梦里人。”他们来到了无定河。

无定河在现在的陕西省北部，是黄河从青藏高原的崇山深谷中激流而出后，支流中最著名的一条大河。看数字，它全长近五百公里，水量极为充沛。但是在当年王超等人率军过境时，它竟然是干涸的。

宋军是一边挖井一边行军，硬生生地从戈壁荒原中挣扎到了铁门关。就在这里，宋军远征西夏的第一战终于打响。

宋军中一位年仅十七岁的少年站了出来，他是王超的儿子王德用。为父亲做先锋，他率万人冲过党项第一道防线，掳掠牲畜数以万计，随即杀进最先确定的目标——乌池、白池。

这时他终于发现，最初的情报是多么准确，他面对的真是党项之王李继迁!

千里奔袭，终于找到了李继迁，但是同时也得面对党项全族的精锐。这时宋朝全军的主帅范廷召和王超的反应是“不敢进”。

突然间的胆怯，这和之前的顽强前进、强突防线的表现大不相同。但是情有可原，宋军五路合围，只有他们到达。他们的军力到底是多少，史书中没有记载，但是从下面的一个事实却能推论出来，他们的实力远远不如光前锋部队就有三万人的李继隆部。

王德用请战,这位年尚未及弱冠的少年是主帅的儿子,可他领到的精兵只有五千人! 这就是那时的真相。只以这区区五千人，王德用与李继迁鏖战三日，大小共数十战，连战连捷，最后宋军全军压上，李继迁终于被击溃，率残部逃离老巢。

这是一次惨胜，宋军虽然胜了，战绩是阵斩五千余敌，生擒两千余人，抓获党项部落的酋长未慕军主、吃啰指挥使等二十七人，获马两千余匹、兵器铠甲过万数，但是自身的伤亡，还有连日的行军、激战，已经是彻底的伤疲之军，而且身在客境，实在没法再去追击。

退兵，宋军几乎是刚刚击败李继迁，就从乌池、白池开始撤退。但是退兵的过程中才真的是凶险万状，幽灵一样的党项骑兵在西夏荒原出没不定，只要宋军稍微露出散乱不支的迹象，他们就会随时再杀过来，胜负根本还没有确定。

这时王德用请父亲和范廷召先行，他率军独自殿后，严令——敢乱行者斩! 宋军全军整肃，队伍严整，就在离原夏州五十里的地方，党项人真的出现了，一直尾随在他们的背后，但是始终不敢挑战，眼睁睁地看着他们越走越远。

西夏之战就这样结束了，宋朝这一次真正地取得了胜利，但是胜利的程度还远远不够。这一点李继迁清楚，宋朝的皇帝赵光义更明白，他下定了决心，一定要就此扫平西夏，绝不给李继迁再次死灰复燃的机会！

转过年来，赵光义任命侍卫司马步军都虞候傅潜为延州路都部署，以防御契丹；任命殿前司都虞候王昭远为灵州路都部署，继续向李继迁进攻，攻击不断，时刻搜索，务必要斩草除根。

战况激烈，不到一个月之后，王昭远就在灵州行营上报，再次击败李继迁，但是李继迁仍然逃脱了。这时候已是宋至道三年（公元 997 年）二月间，赵光义五十九岁了，纠缠了他近十八年的箭伤终于不可控制，史书记载，他病情恶化，生平第一次在便殿决事。

他下令灵州前线停战。之所以这样做，无外乎两个原因：第一，兵家乃不祥之物，赵光义要以休战来邀上苍之幸，恳请赐福再延长他的生命；第二，以他对战争的关注程度，这次由王昭远征讨李继迁，他一定还是赐阵图、订计划，全程遥控战局，这时他再也支撑不住了，只有放弃。

之后的一个月时间里，《宋史》中再也没有任何政治、军事、人事变动的记载。很明显，帝国最重大的事情就是皇帝的健康。但是举倾国之力，也无法延缓一个人生命的流逝。

三月二十八日，赵光义终于病倒，彻底无法料理国事。第二天，最后的时刻终于来到，他死在了皇宫内的万岁殿。

万岁殿，居然还是万岁殿！时光退回二十二年前，就在那个风雪交加的夜里，他匆匆走进了这个神秘的世界，去面对哥哥的尸体，这时居然也要从这里离开！

二十二年了，他留下了太多的印迹，在正统的史书上，人们可以看到历朝历代人士给他的盖棺评定。宋人的评价当然很高，说他不仅完成了统一天下的大业（指征服北汉），而且之前就协助赵匡胤奠定了大宋的基业，完全是一位继往开来、承前启后的超级皇帝。

到了元朝，也就是《宋史·太宗本纪》里以及后来的明、清两朝的学者们，对他就没有什么顾忌了。元人强调他“太祖之崩不逾年而改元”，这是说他对哥哥不敬；“涪陵县公之贬死，武功王之自杀，宋后之不成丧”，这是他对弟弟、侄儿、嫂子的不仁。最后的一句是准确的，“后世不能无议焉”，说他身后会有些议论。

这都是他的私德，与军国大事方面的成败无关。与之相对比的是李世民亲手干掉自己的哥哥、弟弟，又贬死了自己的太子，无论哪一点都比他做得狠，但一点都不影响千古一帝的名望。

明、清两代人所看重的就是这个。因为无论怎样解释、掩饰，赵光义从他哥哥手里接过来的江山，都是一个欣欣向荣、统一将成、社会稳定的大好局面。而到他死时，扔给下一代的却是一个破烂摊子。辽国人欺负到头顶上来了，西夏人再也不是臣子，连自己国内都有了四川大起义的反叛，这一切，都是他亲手造成的！

可是这些也不足以说明这个人。

他太复杂了，又极其简单。一句话，是他的追求害苦了他，更害苦了他的国家。他全心全意地做着他没法胜任的事，而且每次的运气都差到了极点。

无论是两次北伐契丹，还是远征西夏，他都只差了那么一口气。可以说如果他坚持住了，那么辉煌的、无与伦比的胜利就会属于他。他就会如愿成为那个神圣无比、压倒所有前人的完美帝王。

但为什么每一次他都那么倒霉呢？

却又无法否认，他又是那么幸运。比如说，如果他没有和他哥哥赵匡胤生在一个娘的肚子里，他还会是他吗？帝王之位，将遥不可及！

这就是所有问题的终结点。他本不是个命中注定的帝王，却有着那么崇高的理想。这时就不要说他的“功绩”了。后人一致认定，从唐朝中期开始，中国的政治就开始畸形，由太监们掌权，皇帝任由他们随便生杀废立。到了五代，武将们又把太监杀了个干干净净，从此黄袍加身的戏一次次上演，总也玩不腻。直到赵匡胤开始，才把政治拉回到正轨，由懂行的文官来执行。

而真正做到了“与士大夫共治天下”的人却是赵光义。可以说，以后百余年间北宋的繁华昌盛、和平安定的根本就是由他来奠定的。可是要注意，这样的“功绩”会让赵光义感觉非常悲哀。这完全是他不得已才这么做的！

如果他北伐成功，他就会当之无愧地成为军队的灵魂，作为最高的、唯一的主宰，他完全可以像他哥哥那样去平衡文武官员之间的关系，绝不让一方压倒另一方。但是谁让他败了，为了安全，他只能选择现在这样的局面。

就是这样无奈，宋朝的无奈就从他开始。时光倒流，风雪黄昏万岁殿，这里是一切的开始，也是最终的结束。恍惚间，那个曾经血肉至亲的身影再度出现，远远地在宫门之外等着他。

一句似乎无关痛痒的问话——光义，你快乐吗？

终生追求，用尽手段，现在满足吗？

回答只是一丝难解的微笑——我来过，我奋斗过，如此而已……

五十九年的岁月，二十二年的风霜，经过便是经过！

# 第十五章 啊……衰神

一个人生而劳碌，死后应该得到些许安宁了吧？这是对一个死者最起码的尊重，但是骄傲、强势了一辈子的赵光义却偏偏得不到。

真是悲哀，他刚刚咽气，真正尸骨未寒时，两个生平最亲近的人就背叛了他。

十全大太监王继恩和他的皇后李氏。

在正史记载中，一切都是太监不好。王继恩可能是习惯了颠倒皇位，于是在老主子刚死的时候，就直觉性地在心里掂量了一下。

再明显不过了，让皇太子顺理成章地登基，有他什么功劳？可是再另立一个，那么二十二年前的旧事就会重演。他还是那个拥立新君立下头功的人。

这样的美事，想着都兴奋，简直就是唐朝时伟大的太监群落才能做出来的事。而他，一个太监，居然就能两次成功，这是空前绝后的纪录，是太监中的太监！于是他先动手联络了两个同伙——参知政事李昌龄、知制诰胡旦。三人联手还是觉得分量不够，于是又找到了赵光义的遗产直接继承人——李皇后。

这可不是乱说，在两宋三百一十九年的历史上，各个时期的“赵某氏”绝对是皇位继承人中的第一顺位。层出不穷的太后、皇后从第一位太后（赵匡胤他妈）开始，就从来没闲过。

何况这时的李皇后不仅有名位，更有实力。她的哥哥李继隆大将军是宋朝禁军殿前司的都指挥使、静难军节度使。要知道这时殿前司早就没有都点检了，这位指挥使大人就是禁军的第一高官，并且他本人此时就在京城里。

这种配置，至少在理论上已经达到外戚最强时的汉朝的高度。那么还等什么？时间不等人，王继恩只要稍微看一眼李皇后身边的那个可爱的小男孩儿，就知道了皇位的继承人应该是谁。

原皇长子，现废庶人赵元佐。

李皇后马上就同意了。前面已经说过，她早就一直在皇宫里抚育着赵元佐的儿子。这时是爱子及父也好，还是从前因为爱其父才养其子也罢，反正她被打动了。

就这样，万事俱备，只差一人。只要再搞定了那个肥胖痴呆的老衰神，新皇帝就会顺利调包换人。

以上就是在正史记载中宋朝第三位官家诞生时的难产前因。

皇太子赵恒一直都没在病危的父皇身边。他被隔离了，连皇宫都进不去。

这实在不能怪他，在中国历代帝王的传承规律中有一个现象：越是强势的父亲所选择的继承人，就越会是一个低调的儿子。刘邦这样，李世民这样，甚至后来的朱元璋也一样。赵恒也不例外，皇宫里的所有命令都挂着他父亲的头衔，他必须听。

但不急，有人能进去，六十岁的首辅宰相吕端亲自进皇宫探病。有证据证明，那时吕端的视力已经很不好了，他努力地向四周张望，结果发现除了最应该出现的赵恒不在，其他人都在。吕端立即警觉。他当官快四十年了，甚至五代十一国时的乱世都亲身经历过，什么没见过？何况他之所以这时进宫，就怕出这样的事。

但他什么都没说，一点表示都没有，只是悄悄地躲开所有人，在自己随身携带的笏板上写了两个字——“大渐”，马上派亲信送给皇太子，要赵恒立即进宫。

就在这时，赵光义死了。

王继恩立即行动，他首先去见李太后（立即升级），两人瞬间沟通，达成协议（正史写的），并且认识到了问题的最关键点，那就是立一个皇帝，无论是太后，还是太监，都说了不算。

必须有大臣，不管有什么样的内幕和命令，确认皇帝的身份都得有公章、有诏书，这些都必须由国家的公务员出面才能名正言顺产生效力，哪怕这些东西都是伪造的。

那么这时宋朝的第一大臣是谁呢？吕端，你绕都绕不过去这位老眼昏花的仁兄……那太好了，这就是当年王继恩的第一反应。

吕端在皇宫里，自己送上门来了。妙极，争分夺秒马上去找他。赵元佐也正关在皇宫的南宫里，这样不出宫门就能把事情都办妥。

越想越高兴，但是一走出李太后的宫门，王继恩就立即抓狂。吕端居然不见了，就这么一转眼的工夫，那个既老又胖、行动不便的老头儿居然失踪了！

立即去找！有人报告，吕端已经回到了中书省。王继恩松了口气，还好，不太远。他决定亲自出马，像二十二年前那样去找吕端。

事情就这样有了一点微小的差别，从吕端自投罗网，到王继恩去中书省上门找人。

太监的本职就是服侍与传旨，中书省政事堂可真是太熟了，王继恩三脚两步之后就见到了吕端。这期间计谋已经想好，来个狠的，第一下就得把吕端震晕。

陛下驾崩了！

晴天霹雳，看谁不怕！然后再用太后的名义来压服他，这样国有长子，不传诸弟就顺理成章，更何况这位长子还有位深得太后欢心的长孙，历史上因为有个好儿子才当上皇帝的大有人在，为什么这时就不行？

想得很好，可惜吕端就是迟钝。他表示了悲痛，但很有限。不过接下来王继恩就非常兴奋，简直是惊喜，他说太后要立赵元佐，而吕端居然不反对！

吕端很认真地说，立谁不立谁，我们说了都不算，太后说了也不算。

谁说了算？王继恩紧张。

吕端慢腾腾地说了两个字——遗诏。

“遗诏……”王继恩的脑子急速运转，难怪这个死胖子刚才不怕，原来有遗诏！这是突如其来的变数，不过对他只有好处没坏处，最起码的一点，没有遗诏，按理就得由皇太子接任皇位，那么有了遗诏就得另说。太棒了！至于遗诏上写了什么，再把它读成了什么，嘿嘿，以为我王继恩不认字或者读不出错别字？

那么下一个问题，遗诏在哪儿？

吕端晃着很胖的身子站了起来，嘟囔着说：“还能在哪儿？中书省政事堂的诏书阁呗……喂，你别急，咱俩一起去拿！”

他说晚了。就在他满含悔恨的呼声里，王继恩已经再次启动，这位十全太监以花甲老人超常的敏捷嗖的一声从又胖又笨说漏了嘴的老宰相身边射了出去，冲向了诏书阁。

必须要快，先到先得，拿到了诏书就死不撒手，怎么改怎么读就都是我的事了。别再说什么读遗诏也是宰相大臣们的事，我连领兵打仗都有资格，这算得了什么？这样想着，王继恩终于领先吕端冲进了诏书阁，一切也就此结束。

这是他在这一天里犯的最大的也是唯一的一个错误，他的一生就此落幕。

诏书阁里鸦雀无声，偌大的厅堂满阁诏文默默无声地面对着他。在他的身后，诏书阁的大门突然关闭，紧跟着就是落钥的声音。

王继恩悚然回头，转头间已是百年身，什么都晚了，在他和吕端之间已经横着一扇大门，外面的广阔天地从此与他隔绝，他突然明白过来——被吕端算计了！

竟然是这样屈辱，从头到尾吕端什么都没做，是他自己跳进笼子里的，还一直都在亢奋喜悦中！这个死胖子……那天王继恩只能在大宋的机密要地诏书阁的门缝里，眼睁睁地看着吕端满身是肉、一步一颤地离去，留下的只是他的悔恨和后人的猜想。

那一天吕端步履蹒跚地晃进万岁殿，等待他的情景就像是二十二年前的翻版。还是一个死了的皇帝，外加死皇帝的老婆大人。

物是人非，旧话重提，李太后这一年三十八岁，她比当年的宋太后幸运多了，有资格直截了当地向宰相说出自己的主张——皇上死了，立长子即位，这是顺理成章的。

很好，言简意赅，掷地有声，但是千不该万不该，关键时刻她突然底气不足，又多加了四个字——“今将奈何？”

她在问“现在怎么办”！

少费了多少口舌，吕端立即跟进——先帝立太子，为的就是今天，怎么能容忍有异议存在？

注意，这句话之后，李太后马上就沉默了。正史中记载，从这时起，所有反对赵恒即位的阻力立即全部消失。而之所以会这样，是因为王继恩不在，这样李太后就失去了和吕端抗衡的力量，她不得不服软。

真是这样吗？或许在皇宫内院里，一个顶尖大太监的实力的确要超出身为外臣的宰相吧，那么就算王继恩本人不在，他的党羽这时在哪儿？各级大小太监外加带刀行走的侍卫们都在哪儿？如果真有这些势力，就算吕端强悍到和清朝时的鳌拜一个等级，他的下场也是当场被拿下吧？

所以根本就不关王继恩什么事，这件事从头到尾都是李太后的意思。想要证据，那就请回忆吕端进万岁殿之后，李太后所说的第一句话。

她开头就表明了自己要干什么。如果她是被王继恩所鼓动的，那么只有吕端一人进来，这有多反常？王继恩在哪里？她这样倚仗王大太监的存在，怎么会在他缺席的情况下马上就向宰相亮底牌？

这样就敢比大小，她疯了吧？

不过这仍然蛮古怪的，比如说，如果真的是她的一意孤行，那么为什么吕端这样一句貌似稀松平常、半点营养都没有的话就把她给瞬间冻结，彻底封口了？她为皇储换人计划所准备的武器库里不会只有这么一句开场白吧？

这要从吕端回答的那句话里找玄机。

“先帝立太子，为的就是今天……”你小心了，这可是你丈夫早就准备好了的，回头看一眼那具死尸，你觉得这位跟你睡了二十年的男人，他真的一点都没察觉到你的动机？

你一直养着赵元佐的儿子赵允升，不管是不是因为你虽然也生过一个儿子，但早死了，膝下无子才养着玩，你丈夫可都天天看着呢，会不知道？赵光义是什么人，就凭你这个连开封城都没出去过的女人就想在他面前当众要花腔？

你在找死。

敢找吗？相信当天肥胖迟钝、稍显痴呆的吕端像堵肉墙一样屹立在李太后面前，一定让她产生了一种幻觉。只要这堵肉墙向旁边一闪，他背后就会突然一下子涌出她丈夫为这事留给她的“遗产”……好了，女人话多，可聪明的女人明白什么时候闭嘴，李太后选择就此沉默。

舞台似乎缺了点什么，寇准哪儿去了？

寇准已经“坐电梯”直达底层，在邓州忍了快八个月了。

事情要从赵光义临死的前一年，即至道二年（公元996年）的正月间说起。那时宋太宗亲自祭祀天地，按规矩，仪式结束官员们就开始过节了，他们每个人都会官升一级，外加大批的物质奖励。

这个规矩是如此美好，以至于被各级官员牢牢记住，在以后的岁月里利滚利提高价码发扬光大，直到宋神宗咬牙——因为再也赏不起了。

可是这时还没关系，赏，而且这一年的赏赐主持人就是寇准。春风得意的寇准，已经搞定了皇帝，压倒了宰相，并且还确立了百年难得一见的皇太子，于是意气风发地开始为所欲为。

赏罚要公平，这是最起码的准则。可是寇准就不，我喜欢谁，谁就升高官；我烦谁，谁就去倒霉。结果他喜欢的右通判、太常博士彭惟节升到了屯田员外郎，他厌恶的左通判、左正言冯拯升到了虞部员外郎。

完全颠倒，冯拯原来的官比彭惟节大，结果升赏之后反而比彭惟节小了！

这还不算，要给冯拯小鞋穿，就得让他痛出声来。有一个制度，宋朝官员们工作时向皇帝上奏章，好多的帖子得按官职大小排列好，你总不能让下级的报告压在领导的前面吧？这时问题出现了，由于彭惟节一直都比冯拯官小，码帖子的人惯性发作，还是把冯拯的放在上面。这下正中寇准下怀，就这样的小事，他居然动用参知政事的副宰相职权，以政事堂的堂帖命令，把彭惟节的帖子压在冯拯的上面，并且把这事报告给了赵光义。

说冯拯太没规矩。

碰巧赵光义当时乱蜂蜇头，火不打一处来。那时候灵州城正被李继迁团团围困，在蜀川方面，李顺的余部王鸬鹚又聚众造反，结果赵光义发现臣子们连点起码的规矩都没有，简直是欠揍！

冯拯被叫来痛骂一顿，不过赵光义的理智还在，骂过就算了，没再深究。可是冯拯都快被气昏过去了，他冤！

结果有冤报冤，他把寇准公报私仇的事上报，而且一下子连锁反应，寇准升官这么快，早就有人眼红了，岭南东路转运使康戬从斜刺里跳出来，来了三个超级华丽的突然袭击——报告陛下，寇准已经是权倾朝野，没人敢管了。您是不知道吧，吕端、张洎、李昌龄这些人都是寇准引进的（事实），这些人中吕端对他感恩戴德，张洎本来就是个没品的奉承人，李昌龄是个软蛋，他们都不敢和寇准对抗，所以寇准才敢胡作非为，颠倒制度！

赵光义一听大怒，还有这事？

他没找寇准，先把吕端等人叫来，一顿教训，问他们到底怎么回事。李昌龄和张洎彻底吓傻，一个字都说不出来。只有吕端平静地回答——寇准的性格太刚烈，总喜欢自己做主。臣等不想和他争，那样就怕有伤国体了。

话很平常，但越想越是高明。第一，说的是事实，寇准的性格往好里说是刚烈，往坏里说就是跋扈欺人，他何止是喜欢自己做主，综合以后的表现，准确点说叫唯我独尊！第二，把自己和李昌龄等人一下子撇清，我们退让绝不是因为他是我们的恩人，而是不想大臣们之间争执，那样就会耽误国家大事。

多懂事，多有身份，同时把最可怕的一处隐患浇灭——我们绝对没有营私结党……

赵光义想了想，你们都退下，传寇准。结果就此换成赵光义开始郁闷。寇准绝不认错（综合以后的人生经历，这不是他不认错，而是他相信自己绝对、永远正确），并且开始滔滔不绝、有理有据，一件事一件事地和皇帝评理。

这时皇帝给了他一个劝导式的警告——寇准，“若廷辩，失执政之体”。就是告诉他，你如果在大殿之上和皇帝当廷争吵，这不是宰相应该做的事。

但是根本没用，六七年前我就敢把你摁倒，听我说完话才放你走，现在和你多说两句有什么大不了的？于是继续吵。

赵光义一声叹息——唉，耗子和麻雀都能通点人性，何况你还是个人！

没说的了，这个孩子被惯坏了。寇准当场被贬官，从参知政事副宰相贬为给事中。这仍然还是高等京官，按理说当天寇准就算是再被猪油蒙了心，也该见好就收了吧！

是的，当天他是消停了，不过一夜之后他就再次变本加厉，卷土重来。他居然在第二天把中书省里的各种账簿搬进了大殿里。皇上，你不是说我处置不公吗？不是对冯拯那混账压制吗？好，您查账，看看到底有没有错……

滚！赵光义再没心思搭理这个不通人性的毛头小子（寇准这时三十六岁了），滚到邓州当地方官去吧，再也不想见到你。

以上就是寇准第二次“坐电梯”的经历。同时，历史多么巧合，让赵恒的即位变得轻柔和缓了些。

# 第十六章 温暖贴心王爱卿

赵宋的第三位帝王是一位非常与众不同的人。看他，绝对不能只表面化。最初时，他给人的印象是善良型的乖宝宝，没脾气，喜欢听不同的意见，所以惯得大家都没了大小。可事实上呢，非常简单，他倒是想威严（注意他的后半生），不过他没法像他伯父那样顶天立地，自己打出江山来；也没法学习自己的父亲，他老爸当开封府尹好多年，早就是宋朝当时的天下第一能吏。

他从当皇子起就是个没法与人竞争的人，上面的两个哥哥，一个是文武双全的嫡长子，另一个则计谋深沉，连老婆都歹毒无比，而他从小就习惯了低头做人。长大了，完全是命运把他推到了风口浪尖上，就像当年的李煜一样，是被强迫着当了皇帝。

这就是赵恒的本相，先天不足的软坯子，全世界都等着看他出洋相。

看了之后，全世界有点发抖。

他想起了亲叔叔和两个叔伯家的哥哥。

赵廷美、赵德昭、赵德芳。

德昭、德芳也就算了，毕竟他俩是“意外”死亡。可是赵廷美却是犯了大逆谋反之罪才被贬官流放的，这是遇赦不赦的重罪，不能再大了。何况孝道讲究的就是“父死子不改其规三年”。三年？两个月之后赵恒就追封德昭、德芳为太傅、太保。三叔的追封更离谱，是直接恢复其生前最显赫的爵位——秦王。

“秦、晋、楚、雍、兖、襄”这些都是王爵里的头等大位，是绝不轻易授予的。他这样迫不及待地加封，不仅是下官雨，降低了国家封赏的规格，而且更加明显地抽了他父亲一记耳光。

当初是有大罪才贬的，现在突然恢复，到底当初有罪没罪？如果真的没罪，他老爸逼死亲弟弟的名声是不是很动听呢？

很刺激，但是比起下一个，这个就显得太人文、太温馨了。

话说四年前，有一位叫武程的仁兄，本是雍邱县的县尉，官儿很小，可是肯定大有来头，因为他给当时的皇帝赵光义奏了一本，说“愿减后宫嫔嫱”。也就是说，皇帝老儿，你屋子里的女人太多了，希望你放点出来。

是不是很诡异？一个县尉居然能知道皇宫里现役女人的数目有多少，而且敢于以正式的公文方式传达。更诡异的是，连当时的宰相、著名的良善老人李昉都看不过去了，大骂武程是个不入流的贱种，突然说胡话，又疯又瞎，给他点厉害，降职查办。可是皇帝本人却不生气，他很正式地回复了武程，说：皇宫里啊，现在只有三百个女人，都是后宫里管事的，离了哪个也不成，所以不能放……

这里要注意，三百个，这个数字可真是不多。赵匡胤以节俭、不好色著称，他晚期时皇宫里的宫女、太监加起来大约是二百三十人，多了七十个，很大的事吗？而且那天赵光义郑重保证，说自己绝对不会像秦始皇和汉武帝那样强抢良家女子，去做离宫别馆的嫔妃，一切请放心，他也很不好色。

事情就过去了，武程平安无事，赵光义表现得非常仁慈。但是赵恒小同志刚刚上任，突然有一天，对大臣们说：“宫中嫔御颇多，幽闭可悯，朕已令择给事岁深者放出之。”

好多的嫔妃宫女，一直关着好可怜，我已经给放出去了……前后只有四年，不会是赵光义临死前发春，强抢了那么多的美女吧！

爷俩肯定是有一个说谎的，是谁呢？

赵恒走上了舞台，这时他非常清醒。近三十年来不断地由最正统、最出色的私人教师给他上这世上最正统、最仁德的课，让他明白除了把好处分给亲族和大臣们之外，更要让他的老百姓得到实惠。于是，他就开始苦闷。

打赏得给钱，可是上哪儿去弄钱呢？

他和他老爸一样发愁。打开遗产证书，里面的东西实在是寒酸，堂堂的大宋朝在赵光义晚年时财政已经濒临破产，北边、西边，国内、国外同时打仗花钱，不断地打仗花钱，已经入不敷出了，这时还要再给老百姓一点甜头，真是谈何容易，从哪儿去变钱呢？

这时幸福突然出现，人才自己找上门来。准确地说，是他没向任何人说起他要办这件事，就有人替他想起来了。

王钦若。

知皇帝之所急，想皇帝之所想，先一步明白领导最盼望什么，这就是王钦若最强的地方。事实上就在赵恒还是开封府尹、皇太子时，王钦若就救过他一次。

那是在至道二年（公元996年）时，赵恒刚刚当皇太子半年多，他的开封府下属十七个县都报告发生严重旱灾，粮食颗粒无收。于是他下令，免税。很仁德，但是突然有人上报给他父亲，说开封府夸大灾情，免税是因为皇太子要收买人心！

赵光义立即警觉，他下令马上调查，一定要查个水落石出。赵恒开始发抖，他老爸就在半年前还在叫唤“人心遽属太子，欲置我何地”，他就来了个收买人心，成心逼着老爸抓狂下狠手吧？

天可怜见，赵恒的运气非常好（一生都很好），派去调查的官员们汇报，灾情基本属实，尤其是其中有一位是这样说的——陛下，灾情非常严重，开封府对这些县减免的税赋还不够。

赵恒的眼泪差点流下来，他牢牢地记住了这个人——王钦若。再看看这时，王爱卿再次出现，又给他带来了急需的好东西。贵而不费，一点不费，但是黎民百姓和他本人，都因为王钦若的一个小念头而受到了极大的恩惠。

王爱卿，让我怎能不爱你！你真是我的贴心人！

这一次，王爱卿是带着一张崭新的统计表格进殿的。这张表格之新，可以说连纸张上的墨迹都还没有干透。但是要透过它看背后的原始资料，那么就会被陈年积累下来的灰尘给呛死。

最早的都有几十年的历史了。

那是从宋朝开国时就算起，全国各地的州县每年积压下来的没缴足的田赋。这个数字逐年积累，利上加利，超级庞大。看到它，一个无情的事实就摆在我们的面前。都说宋朝是富足安乐的人间天堂，那么截至这时，赵匡胤、赵光义时代是吗？抛开赵匡胤的赫赫武功，也别再去追捧赵光义的文治社会，就看老百姓的实际生活。

王小波起义是真实的，吕蒙正曾说过的话也是真实的——“臣尝见都城外不数里，饥寒而死者甚众……”这就是赵恒当时所面临的局面，老百姓连温饱都达不到，皇帝登基想封赏百姓都拿不出钱来！

这些数字还只是浮在水面上的冰山一角，下面的更加庞大恶劣。

有陈欠就有追讨，自古以来“不怕欠债的精穷，就怕讨债的英雄”。宋朝国家部门的讨债英雄们每年到了收税的季节就四下里散开，打开账本扑向每一户平民家的大门，敲诈勒索。要是再形象些，就换另外四个字：“敲骨吸髓”。

不仅搬空你的家，还把你家里人抓去坐牢。什么叫家破人亡，概念清晰了吧。并且这样的苦日子根本就没有个头，你挣的每一分钱都不是你的，因为有债！还不完的债！

针对这些弊病，王钦若给新皇帝呈上了这份表格。赵恒立即就懂了，喜从天降，还有什么恩惠比这个更好呢？所有人都皆大欢喜，老百姓是无债一身轻，从此人心安定，在心底里觉得人生有了盼头；在朝廷方面，一文铜钱都不花，这些陈欠本来就是绝对收不上来，一笔勾销了对他也没有半点损失，但是已经达到了施恩于民的效果！

绝妙的创意，简直是化腐朽为神奇。但是太好太突然了，赵恒反而不敢相信。他问：“王爱卿，这么好的事，先帝怎么就没做呢？是不知道吗？”

王钦若郑重回答：“不，先帝什么都知道，这正是专门留给您向天下臣民施恩的。”

这样的回答让赵恒非常温暖，有功却不居功，完全归功于皇帝，而且是上一任的皇帝，让天下的子民们不仅称赞现任皇帝的贤德，更感念上一任皇帝的仁慈。这是多么好的臣子！

赵恒下令，全国立即把这项债务完全蠲免，并且把因为这种债务被关押的犯人全部释放。最后的统计数字是共蠲免陈欠的田赋一千万贯，释放的囚犯人数是三千多人。

庞大的数字，有多少人因此而受惠。王钦若就是这样走上了历史舞台，他这件事做得利君、利国、利民，无可挑剔，只是走出皇宫之后，他的笑容一定很是得意，又有些狡狯。

那份表格为什么会墨迹未干？是刚刚弄好的吗？这里面有个不起眼的小秘密。

三司省判官毋宾古，是王钦若的同事，他们都是给宋朝管钱粮的。只不过王钦若是个新手，赵恒登基之后，感激他当年拉过自己一把，所以把他从开封府升到了三司省。这一天，新老两位同事闲聊。毋宾古说，唉，百姓苦啊，皇帝也难，小王你刚来，不知道那么多的陈欠根本没法还，我明天准备上奏皇帝，把陈欠免了吧……

王钦若当天晚上召集亲信连夜加班，把陈欠的数目核实清楚，第二天清早就赶进了皇宫，把表格上交。就是这样，一切都很好，就是有点不地道。

但是天下人都知道，“结果好，就一切都好”。不管王钦若以后的名声是怎样的，就算是个奸臣吧，这里都有个问题——所谓的奸臣是什么啊？不管对别人怎样，对皇帝永远忠诚，算不算奸臣呢？

有点复杂，以后再说。

事情按部就班，给天下百姓一个见面礼之后，赵恒开始细化自己的领导班子以及施政纲领。有人劝他要稳，说的话极其经典——“利不百，不变法”，并且“不用浮薄新进喜事之人，此最为先”。

一句话，没有一百倍的好处，就一丁点的规矩都不要变。并且把敏锐迅捷（浮薄）、没有资历（新进）、积极工作（喜事）的人等赶到一边，一律不用。这才是最重要的。

说这些话的人，以吕端、李至、李沆等新任大佬为首。

另一些人正相反，他们给新皇帝总结了一句十六字真言——“若守旧规，斯未尽善，能立新法，乃显神机”。就是告诉皇帝，你老爸的那套不怎么样（斯未尽善），你得自己立点新规矩，才能把事儿办得漂亮。

这十六个字，出自前宰相张齐贤，太宗朝最显赫的两位言官王禹偁、田锡。

听谁的呢？两边的人物都非同小可，更何况赵恒从登基开始就对臣子们说过，从他开始，就算是皇帝犯错（人君有过）、政策昏头（时政或亏）、军事糊涂（军事臧否）、民间利害，你们都随便说，尽情地说（直言极谏），就算写成正式公文，口气嚣张、忤逆皇帝（抗疏以闻），都没关系。

那好，难题出现，听谁的，不听谁的？这可是完全满拧的意见，南辕北辙，没法调和。

但赵恒自有办法，我谁的都听，但也谁的都不全听。他的性格就是这样，看着是一团棉花，白白的，软软的，手感就是舒服，不过小心了，别真的往下使劲按，里边有根针，扎上了会很疼的！

赵恒端坐在皇帝宝座上，脑子非常清醒。

天下事无非军、政、民、财。头两样必须稳，他听宰相和参知政事的；后两样明摆着，按以前的方法过日子，都快穷死了，还不变吗？

赵恒说变就变，变得举国上下高兴的欣喜若狂，难受的痛不欲生。但还是从头来，先说一下必须稳的。

政治，已经交接完毕了，走上前台的吕端、李至、李沆都是德高望重的人，稳得不能再稳。更何况以吕端为例，此人为官四十多年，从知县、知州、知府的地方官做起，到中央部门的国子主簿、秘书郎，直弘文馆的著作佐郎、直史馆，再判太常寺事，考功员外郎兼御史知杂事，历两任开封府判官，再判太常寺兼礼院，为大理少卿，最后为枢密直学士，再一跃攀升到国家首辅宰相。这样一大堆官名，几乎是把大宋的官从低到高做了个遍，没有什么事他不懂，谁也别想瞒住他什么。说到底一句话，他仅比大宋史上最凶残、最恐怖的“官吏克星”杜衍差了那么一点点。

这样的人坐镇，足以安定天下，更何况还有二李。其中李至也就算了，李沆绝对非同小可。别的官是被下属称颂，被后代敬仰，他是被同僚称颂，被寇准、王旦甚至皇帝本人敬仰！

再说军队，赵恒请出了宋朝军中最大的那尊神——原枢密使曹彬。让他官复原职，重新成为第一军人。对于他，别提什么功什么罪了，凭着他独一无二的资历，以及他的仁慈宽厚，就应该能把赵光义后期的军队稳住。

尤其是边疆，别忘了曹彬当初是因为什么才丢的枢密使的头衔，那就是私下里用自己的俸禄给边关将士发放“月头钱”。军中恩怨分明，赵恒的选择绝对正确。

但遗憾的是，这绝对只是第二选择，真正最合适的那个人——潘美已经死了。战士的眼睛雪亮，皇帝的好恶与他们无关，最强的英雄才是他们的偶像。最重要的一点是，潘美是新皇帝的原配老丈人，赵恒的第一位正妻就是潘美的女儿。

可惜的是，女儿竟然死在父亲的前面，并且没有留下任何子女，烟消云散了。或许这就是命运，如果潘美多活三年又是怎样的局面？

毕竟历史马上就要证明，军队对于赵恒是多么重要。

但最重要的还是民与财。早在三国时，孙权就曾经说过，金珠宝贝都是垃圾，对平民百姓以及官儿们才有用；对君来说，都是废铜烂铁。

所以他可以给曹丕一大堆一大堆的珍珠象牙，可是长江以南的土地以及子民，半点都不给！

赵恒这时也是这样。先说为民，他即位不到两个月，就特意下了一道圣旨，说“国家大事，足食为先”。先让老百姓吃饱饭。

口号很响，做起来就太烦。首先，他得把天下重新划定，总体分为十五路，然后再把其中的蜀川单独细分成四路，全国定为十八路。之后把所有“路”的一级长官，即转运使，逐个召回京城，亲自告诉他们，第一，从此减免各种无名力役，暂缓土木建筑，让农民有点空闲；第二，再把农民的空闲没收，让他们去开垦荒地，外加种桑养蚕，国家全力支持，开垦出的土地直到第五年起才收赋税。

但是远水不解近渴，政策再好，老百姓等不了，眼见就饿死人了。那么再想办法。办法名叫“预买绢”。简单点说，就是在每年春天播种之前，农民们经过一冬天的消耗，连种子粮都吃干净时，国家先给他们贷点款，然后秋收时再还。

办法很好，农民们欢迎。但是注意，这是最开始的时候，什么都会变的，只要跟钱有关系。

那么说钱。

国家来管钱，就得先管一下制度。宋朝的钱粮大管家名叫“三司使”，相信大家不陌生，不过这个“三”字大有讲究，两种解释：第一，是说盐铁司、度支司、户部司三个部门的总长，那么就是一个人，叫三司使；第二，就是指这三个司每司都有一个长官，于是就有了盐铁使、度支使、户部使，说的就是三位使。

很乱吗？政策就是浮动的，根据需要，赵匡胤需要统一，那么就是一个人的“三司使”；赵光义讨厌臣子们专权，那么就分开，变成三位使。

赵恒现在一切都给经济民生让路，只要统一指挥，尽快见效，所以重新把三司归权到一人。从此灵活调动，并且三司回归到了它最初时的地位，仅比东西两府小半级，无论是宰相还是枢密，都无权干涉过问它的职能。

但这只相当于开源，还必须节流！赵光义时期那么多次的考试，那么多的进士都在当官，有用没用的衙门都在要钱，宋朝亡国的绝症——“冗兵、冗吏、冗费”的局面已经形成。

怎么办？兵现在是必需的，多少都不够，可是冗吏有什么必要？何况有冗吏就必有冗费。赵恒的反应只有一个字——裁！

从这时开始，一连三四年，宋朝裁撤冗吏共计十九万五千八百人。

以上种种，不过是治理一个超级大国的最宏观的几项任务而已，新登基的皇帝赵恒忙得没有一点空闲。历史上遗留了他当年的一份作息时间表，上面写着——每天清晨在前殿接见中书、枢密、三司、开封府、审刑院等各大部门的请对官员，听闻奏事，能决定的立即答复。

早饭后处理各司奏事，批阅奏章，直至中午。

下午看书，并且安排各项例常活动。他不可能一天到晚坐在皇宫里。

到了晚上，真正紧张的时刻到来了。他得像当皇子、太子时那样，恭严整肃地听当世最著名的儒学大师们给他讲学，研讨经史并咨询政事得失，直到深夜。

直到夜静更深时，他才能回到自己的寝宫里……只有这时，才是他个人的时间。但是非常遗憾，想来他最神秘、最愉悦的那份享受已经消失不见了。

在他做皇子、太子的时候，每天夜色降临，他都能轻装简从，悄悄地走出堂皇的王府，去一个叫张旻的臣子家中。那里有一间典籍满室、烛影暗香的书房，一个俏丽动人的女子在等着他，不管多少年过去，仍然像是最初时的情人。

可是这时不行了，人是物非，佳人已经名正言顺地进入皇宫。宠爱依旧，只不过，再不是当年那个纯朴灵黠的蜀川妹子了。

日复一日，赵恒就这样兢兢业业地工作着，从不敢偷懒懈怠。因为他清楚一个事实，家道中落了。这时往前迈步，海阔天空；可是后退了，他身后就是万丈悬崖，摔下去这世界上就再没有了宋朝。

翻阅历史，至少在中国有个规律，几乎每一个王朝，在它建立之后的二到三代的君主时，都有一个极其危险困难的时期。半信史时代的夏、商、周是这样，信史阶段的秦、隋是这样，甚至就连唐朝这样辉煌强盛、不可一世的超级王朝也一样。

三代之后，就出了武则天。

这到底是什么原因呢？仅仅是巧合吗？还是说，每一个王朝到了这个时期都是从开国创业时的兴奋开始走向平静，最初的强势君王、开国重臣都已经死去，弊端出现，臣民们开始怀疑，内部、外邦都开始反叛，所以才会一败涂地，不可收拾？

这太复杂，而且每个朝代都有自己的具体问题。但无论怎样，现在宋朝轮到了赵恒来承受这一切，而他面临的局面的复杂危险程度，远远超过了当年的秦二世胡亥、隋二世杨广、唐三世李治……不管他怎样祈求平静，想关起门来过几天消停日子都办不到。

因为他有恶邻居。

在契丹、党项人的眼里，未满三十岁的赵恒就是一个捧着巨大的金元宝，走进了鱼龙混杂、无法无天的闹市里的小毛孩子，富饶辽阔的中原大地不是他的家业，而是给他招灾惹祸的祸根！

他不是他的父亲，赵光义就算到了生命里最后的日子，也是一只牙碎爪裂却仍然狰狞可怖、不停咆哮攻击的猛虎，不仅打得李继迁像兔子一样满戈壁滩逃命，就连辽国也被他渐渐地消除了劣势，在军事上最后几年胜败基本持平。

考验马上就来了，首先是一道智力题。

# 第十七章 李继迁时刻

党项人李继迁。

时刻在生死边缘挣扎的人超级敏锐，而且无所谓光荣耻辱。宋朝的皇帝换人了，李继迁立即派人进了开封城，目的是——求和。注意，是求“和”。

这世上只有对等的敌体才能提议和平。

这在赵光义时代不可想象，一个事实是，不管战场局面怎样，李继迁永远都只有谢罪称臣的份儿，并且还得主动声称自己姓赵，叫保吉。而且别忘了就在不久之前，他的老巢乌池、白池还被王德用给抄了，他连尾随反击都不敢。这时居然就大大咧咧地派人来求“和”……这是什么样的脸皮，什么样的厚度啊！

相信当年宋朝大殿上的众多高官只怕会哭笑不得，然后直接把该使者啐下堂去。

但是错了，结果是戏剧性的，远在党项沙漠里的李继迁立即就跳上了马背，不管外边是什么天气，哪怕是狂风大作，满天都是拳头大小的石头，他都要立即冲到祖先们的坟地去。

祖先们——痛哭的时刻到了，天大的喜讯，祖宗的基业——定难五州终于回来了！

无法想象，宋朝不仅同意和平，而且给予的条件无比优厚。不仅承认了他占据夏州、银州的合法性，而且把绥州、宥州和静州也都赐给了他，正式封他为定难节度使。也就是说，他已经完全恢复了党项祖先对定难五州的所有权，十多年欲死还生，多少次站在刀刃上讨生活的日子没有白费！

党项人在狂欢，汉人在愤怒。赵恒和他的大臣们轻飘飘的一句话，就把这十多年里无数战士的生命、无法计算的物质投入，以及对异族人的进攻态势和心理都毁掉了……悲哀吧！更悲哀的是，这个决策居然是由当时朝廷里保守、革新两派的大佬们共同做出的。

主要出面的是李至和王禹偁，两派各出一人。

这样的事情做出来，千年间无数的汉人对他们的君臣竖起了中指，尤其是对赵恒——我鄙视你！竟然这样就妥协了，简直是不战而败，没血性、没胆量，不是个男人！

但是实在应该回到当时的宋朝廷议中，听一听那些大臣到底是怎样说的。

论调很实际：第一，提问，定难五州很重要吗？没它过不了日子吗？第二，就算全都得到了，就像最开始从李继捧手里得到时那样，能保住吗？得用内地多少钱粮、多少壮丁、多少军人去不断地填坑？什么时候才能填满呢？第三，请问陛下，您比您的父亲怎样？还想再五路发兵，攻打西夏，变成沙漠超级组团去旅游吗？那得要多少本钱，而且收回了多少现钞？现实是一本最无情的账，什么事情都是生意，总得划得来才去干吧？第四，请参看第一条，定难五州对李继迁太重要了，得不到就会没完没了地闹下去，除非他死……但这么多年了，他就是不死！

怎么办？很简单，回到最初点，定难五州对宋朝不过就是个外快，不管多肥多好，都得平静安定才能收进腰包，现在已经是祸害了，那就别再留着它。

把事情拉回到唐朝去，拉回到拓跋思恭的时代去，那时唐朝笼络党项人的武器无非就是恩与威，现在您的父亲已经把威做到了，您所要做的就是恩。索性就大方些，定难五州二缺三，那个三握在手里始终都有事，一起都还了反而干净……

以上就是宋朝放弃定难五州的官方言论。但是里边有两个内幕：第一，赵恒的性格真相——棉花里的那根针，事实胜于雄辩，等到一切尘埃落定，人们就会发现，每一个敢于使劲按赵恒的人，都会被扎得血肉模糊、痛不欲生。记住，不管对方是谁，都一样！这时的李继迁，不过是刚刚摸到了柔软的棉花而已，所以你好我好大家都好……

第二，赵恒和他的大臣们真是太聪明了，要不就是运气太好，因为他们几乎马上就要遇到能颠覆宋朝，让它万劫不复的危机，在那之前能躲过李继迁的纠缠，哪怕只是暂时的，也极其难能可贵！

大辽国。

在辽国的前面加个“大”字，相信汉人会很不爽，但这就是现实。当时的辽国，不论是疆土面积还是国际影响，或者军队的威名甚至国家的财富，都远在宋朝之上。

尤其是这几年，当宋朝陷进了战争失败、国力衰退、声誉受损，于是再调集财富、发动战争，然后再战败、陷入更加衰退的泥潭中时，辽国却在萧太后的治理下已经重新回到巅峰，进入了开国之后的第二个黄金岁月。

她只做了四件事：第一，向赵匡胤学习；第二，给汉人人权以及参政权；第三，科举，而且是以汉人的学问做考题；第四，改革赋税制度。

关于第一点，她活学活用，汉人的问题在于藩镇，契丹人的问题在于部族，尤其是皇族与贵族们。还记得她刚死了丈夫时的哭诉吗？“母寡子弱，族属雄强……”那么必须削弱。她下令把原来处于奴隶地位的旧部族都变成平民，并且把这变成规矩，以后再征服的部落，也都平民化。

这样皇帝才是真皇帝，子民才是真子民。

不过遗憾的是，这事没法一刀切，只有更好，没有最好，尾巴一直留着。不久之后，就拖住了萧太后和辽国的后腿，让他们在最关键的时刻在宋朝人面前突然虚脱。

第二点，估计汉人就真的对辽国有了归属感。在这之前，如果一个契丹人杀了一个汉人，他只要回家牵出一头牛或者一匹马赔给死者家属就可以了。多杀多赔，无论多少，该契丹人都没有死罪。但是萧太后规定，从此生命面前人人平等，汉人和契丹人一个价。并且汉人开始大批进入辽国的决策层。这是幸运还是悲哀呢？汉人一直在说“以夷制夷”，而辽国人却开始了“以汉制汉”……

第三点，科举，就不好说了，汉人的东西什么都好吗？科举制度对一个国家来说到底是好东西还是毒瘤呢？这个问题太复杂，要论述的话根本说不清，但以后会有三个活生生的例子来证明，宋朝本身就不说了，另两个本来生龙活虎、纵横天下的民族（辽、金），为什么全盘汉化之后立即就灭亡了呢？这是怎么搞的？

但萧太后没法未卜先知，从她开始，辽国开始了科考，并且真正是优中选优。第一科只录取了一个人，他的名字叫放高。

第四点，只有好处。契丹人彻底把燕云十六州给消化了。他们把燕云地区先进的汉人赋税制度推广到全国，辽国人的钱越变越多。

以上就是辽国在这些年里的实际情况，一个越来越强盛的异族敌国时刻都压在宋朝的边界线上。这样的威慑，连晚年的赵光义都不堪重负，被迫主动求和，何况是新上任的小孩子赵恒。

更何况辽国变得非常古怪。

越强大就越沉默，辽国什么动作都没有，它就静悄悄地站在宋朝人的身边，你知道那是它，可你就是不敢相信那真的是它。一连三四年了，它没出过一次兵，甚至连打草谷都被禁止了。

这还是契丹吗?

在中国的古书里有一个定义，什么是妖呢？物反常即为妖。契丹人信佛这是真的，可他们不是突然间集体吃素了吧？这太反常了，妖得让人发怵。尽管宋朝每个人都盼望着他们能多沉默几天，甚至就在沉默中死亡才好，可谁敢相信这真能心想事成呢?

赵恒不敢，他登基之后，很快就通过边境线上的官吏给辽国人带了个信（不太正规），像他父亲一样，提议和平。结果就更发怵，契丹人不说同意，也不说不同意，根本就是不搭理。结果宋朝人的心理压力更大，除了加紧给自己补强体力，等待契丹人恢复正常外，对李继迁也选择了一次性的通盘忍让。

结果时间就在忐忑不安中流逝，宋朝一点一点地从谷底里往上攀升，每爬上去一步，都要向北方小心翼翼地看上一眼，契丹人终究会杀过来的，这是宋朝人的共识。

可是现实让宋朝人迷惑又惊喜，契丹人一直在沉默，时间长达近两年。两年之后，他们才知道了一件事，或许这就是契丹人一直放弃进攻的真正原因吧。

耶律休哥死了。

他死在公元998年，那时是辽统和十六年，宋咸平元年。不知道他享年多少，因为在历史中，只记载了他去世的时间，却没有他出生的日子。这是个令人难忘的敌人，是他毁了汉人整整两次收复燕云平原、重新拥有长城要塞的机会，也等于是给宋朝亡国、汉民族衰落埋下了致命的种子。至于其他的一次又一次的战役胜利就更不用提了。

他是当时汉人的大敌，但正因为如此，他才是契丹人的英雄。可以毫不夸张地说，耶律休哥，他是辽国二百多年历史中最杰出的军事人物，没有他在高梁河的深夜里、拂晓时的殊死搏斗，没有他在雍熙北伐时对曹彬的冒雨追击，辽国早就完了，根本谈不到以后的圣宗中兴。

作为一个皇族，作为一个军人，保卫国家的边关，成为本民族最强的依靠，这应该是一个男儿最大的荣誉了。我无端地想象，耶律休哥应该有双“锋利”的眼睛，能够穿过千年尘封的历史，而且目光咄咄逼人。我似乎能听到再过一百多年，当契丹人面临亡国之祸时，他们会像我们在崖山上怀念岳飞那样呼唤着他的名字——如果耶律休哥还在，辽国就不会灭亡！

他是一个值得尊敬的对手，并且除了在战场上之外，他对宋朝人绝不轻易杀害，为他的勇敢、为他的正直，向他致哀。

西北再度动荡，宋朝的定难军节度使李继迁先生突然间老毛病发作，又把宋朝运往灵州城的军粮给打劫了。

性质恶劣、行动粗暴，宋朝不仅损失了粮草，而且护粮的宋军损失惨重。完全就是几年前赵光义时代那次著名的一次性抢劫四十万石军粮的翻版。

消息传来，宋朝的君臣们全体沉默了。摆在赵恒面前的解决办法也非常简单，那就是向他的老子赵光义学习。当年是五路出兵，打得李继迁抱头鼠窜，直接扫荡他的老巢乌池、白池，让他庆幸自己还能活着，自然而然地就放弃了妄想。

但是，赵恒却选择忍了。没有出兵，也没有谴责，他除了把自己一方失职的运粮官撤职流放之外，对李继迁毫无表示。

似乎很懦弱，但是请为他的冷静欢呼。

实际点说，李继迁是个命运的宠儿，别看他的危难，在他的人生里，每逢重大事件，运气总是出奇地好。比如说他上次袭击灵州时，正赶上了王小波的起义；这一次又刚好赶上了宋朝国内四川正规军王均率部造反，宋朝总是对他恨得牙根痒痒的，手脚却是麻木的，而且这一次他的心里还更有底。

有件事当时的宋朝不可能知道，辽国在李继迁动手之前，加封了他的儿子李德明为朔方节度使，关系好上加好，远远地超过了宋朝给的所谓定难军节度使的头衔。一切迹象都表明，只要赵恒压不住火，敢对党项用兵的话，就将同时面对内部、党项、辽国三方面的压力，这样的危机是当年赵光义都不敢面对的。

别忘了只是面对李顺和李继迁，赵光义就曾经向辽国求和……国内破败不堪，国外强敌压境，宋朝的局势风雨飘摇，所以赵恒选择了忍耐。他一方面派张咏重进四川，把蜀中彻底根治；另一方面加紧对辽国的侦察，时刻保持戒备；至于党项方面，他只是严令边境上的邠宁、环庆、清远路副都部署杨琼对灵州方面严加提防，尤其是灵州的外围清远军城。

清远军（今甘肃环县山城堡附近），这是宋朝专为灵州设立的堡垒，两个据点互为犄角，彼此呼应，是一个相对完整的攻守体系。赵恒命令杨琼，一旦清远军受到攻击，必须得亲自领军，带全部人马去救援。

除此之外，就只剩下沉默和等待了。在沉默中积蓄力量，去等待必将到来的重大挑战。

宋咸平四年（公元 1001 年）七月，挑战终于来了。北方前线发来警报，契丹人马上就将入侵。赵恒露出了他的狰狞面目，此前对党项人的容忍，此时都变成了加倍的凶狠，还给了北方的辽国人。

经过深入探讨，赵恒和他的班底发现了一件事，那就是辽国人之所以每次在战场上都那么嚣张，就是因为他们的前锋太强。比如说，有很多次，都是耶律休哥充当先锋。宋朝正好相反，大将都隐藏在阵后，说什么将在谋而不在勇，必须操控全局。于是就被一点点击破，层层击破，一溃到底。

这次赵恒一反常态，命令集中精兵强将，从最开始就凝结成一个超强的前锋点，就是要和辽军的前锋对冲，硬碰硬，从一开始就分出高低胜负。

为此，他任命前枢密使王显为前线总帅，镇、定、高阳关行营都部署，副帅是远征党项乌池、白池时的王超（少年英雄王德用的父亲），王汉忠、王继忠是两人的助手。兵力配备乍一看很薄弱，只有三万五千人，但是要知道，全都是骑兵。

这些人马布置在莫州、北平寨以及定州一带。定州名义上是大本营，但只留了一万五千名骑兵，最前方的莫州、北平寨却各有一万铁骑。这座大阵前重后轻，重心已经转移到了边境。

赵恒在兵力到位之后又下了一道新命令，令大阵再次前移，要到达威虏军城，这样就能御敌于国门之外，再不让契丹人冲进国境线。

战争一触即发，可是辽国方面却突然没了动静。不久，一个新的谍报传来，说是辽军延缓了行动，近期内不会进攻了……赵恒疑惑，但他不能不信，要不然就会把实力暴露给辽国人，让敌方有所准备；但是信了，难道退军吗？

思来想去，他只好命令大阵不动，就在莫州、北平寨一带待敌，这样全国的神经都绷得紧紧的，注意力都集中在了北方。

西北方却突然间出事了。

八月，也就是一个月之后，李继迁突然变得非常可爱，他派自己的亲信带着大批的党项骏马到开封城进贡，并且再次重申“我叫赵保吉”。

太好了，宋朝举国上下都松了一口气，多难得，北边吃紧，李继迁能这么懂事，真是宋朝的福气啊。不过福气大约只持续了一个星期，也就是从西北边疆快马送信进开封城的这段时间，宋朝人就知道了，李继迁一边送马一边继续打劫，两边同时进行，什么事都没耽误……

这个该死的党项混账，这明显是在试探甚至是戏弄，但是没办法，就算这时有心开战，人手都不够了。赵恒的脑子里突然灵光一闪，不过是一念之间，本来就是想两全其美，把一个人的工作调动一下，却不料完全改变了以后的历史进程。

他任命前宰相张齐贤为泾、原、仪、渭、邠、宁、环、庆、鄜、延、保安、镇戎、清远等州军安抚经略使，知制诰梁颢为副手，立即赶往西北边疆，去主持那里的工作。

这创造了一项纪录，在宋朝的历史上，节制边疆重镇防务的经略使就从张齐贤开始。看着很重视，但这纯粹是种惩罚。张齐贤的宰相职位被罢免，纯粹是他自找的。

每年的冬至，宋朝都有一个重要的朝会，这一天张大宰相不知中了什么邪，居然喝得酩酊大醉，勉强上朝之后，差点当众趴在地上。这下子连皇帝都保不住他了，宋朝的御史们都是有弹劾指标的，每一百天必须得弹劾一个人，张齐贤就是份大奖，当年不知道让多少位御史感激他。

所以呢，这个经略使的大头衔，说白了就有点像当年十全大太监王继恩的宣政使，很大程度上是不得已。因为把前宰相发配到边疆站岗，这在宋朝也是头一次，多少得有一个小安慰不是。但是谁能想到呢，就从这时起，命运之轮开始旋转了，冥冥中像是真有些奇异的安排在发生，不过在当时只是一个接一个的偶然事件，甚至一些事都是悲剧。但是别急，等到最后的结局定型之后，人们才会恍然大悟，原来要达到那个让所有人，包括宋、辽、党项都满意（或者是忍受）的程度，哪一样都是必不可少的，包括张齐贤那次在冬至朝会上误当醉鬼。

党项的中兴圣人李继迁在灵州、清远军城、麟州城之间不停地折腾，有得意的时候，让宋军邠宁、环庆、清远路副都部署杨琼非常狼狈；也有灰头土脸的时刻，比如遇到了第一良将的二公子曹玮，在最得意的劫粮上吃了大亏，亡命逃回老巢。

这些都落在了张齐贤的眼里，他对皇帝说——陛下，请给潘罗支王爵的封号……

潘罗支，灵州西北方吐蕃人六谷部的酋长。自唐朝以来，吐蕃人的势力一直长盛不衰，进入宋朝，六谷部是他们中最强的一个分支，这时盘踞在河西走廊的西凉府（今甘肃武威）一带。

赵恒同意了，这在当时是一步闲棋，没有人会意识到不久之后，这对整个东亚有着怎样巨大的意义。

宋咸平五年（公元1002年）四月二十三日，灵州终于陷落，李继迁把它改名叫“西平府”。宋朝伤痛之余，没有任何反应，因为辽国人进攻了。

宋咸平六年（公元1003年）四月，辽军由南宰相耶律诺衮、南京统军使萧挞凛率领，南下进攻宋朝。这一次的兵力更加充足，准备更加充分，不知道辽军是不是也先期知道了宋军的兵力配置，他们再也不在边境的长城口、威虏军等地纠缠，而是直接突破，目标直指宋军前锋大营的根据点——定州。

一路势如破竹，不可阻挡，宋军的前线主帅王超直接面对危险。这彻底体现了辽军的新主帅萧挞凛的风格。

凶狠、强硬、直接，寻求决战、勇于决战，甚至乐于决战。

说一下这个人吧，这之前他在宋朝的心里没什么印象，因为他一直都属于辽军的北面系统，是耶律斜轸的人。只有在好多年前宋军的雍熙北伐时，他才随着耶律斜轸紧急增援燕云十六州。在陈家谷之战中，就是他的部队抓住了重伤力尽的杨业。

战后他又回到了辽国的北面，专心致志地征讨高丽以及更北边的各族番部。这时为了战争的需要，他被调到了南方，主攻大宋。

王超在辽军入境之后才得到了战报，沙场老将立即警觉。他的反应是坐镇定州，静待敌至，稳定住整个战场局势，然后传令防区中的另两方重镇——镇州、高阳关两处兵马火速向他靠拢，集结兵力，与契丹人对决。

接到命令，镇州路的都部署桑赞马上行动，他快速赶到了王超的身边，但是另一边高阳关的都部署周莹却只回给王超一张纸。

那上面白纸黑字地写着——王超你命令不动我，没有皇帝的正式诏书，高阳关的一兵一卒都别想调动！

王超震怒，整个前线的将士们都怒不可遏，却毫无办法。因为第一，高阳关的兵力非同小可，从来就享有特权，就像之前的康保裔，他就可以独立于傅潜军令之外，决定自己什么时候出击；第二，这位周大将军的来头实在巨大，王超根本不是对手。

周莹在出京为将之前是地位崇高的宣徽使，在成为高阳关的主将之后，皇帝赵恒还特意加封他为定、镇、高阳关的三路都排阵使，让他的地位更加巩固。

这就是问题的症结所在。还记得王超在就任之前曾经说过什么吗？他要前线的总指挥权，结果赵恒很愤怒，差点撤了他。但是想一下为什么之前的王显就不这么说呢？

再简单不过了，王显之前的头衔是枢密使，是军队里的第一号主管高官，宣徽使正是他的下属，周莹只有小心做人的份儿。可是王超的履历表就太暗淡无光了，所以他心知肚明，一定要得到确认的前线总帅身份才行。

果然这时出事了。大敌当前，突然间少了三分之一的主战力量。王超无可奈何，结果只能以桑赞为助手，与辽军的新锐主帅萧挞凛决战。

激战最先发生在定州北方的望都县（今属河北），时间是近傍晚时，宋军最先迎敌的是一千五百名步兵，他们在望都县城外结阵阻敌，把契丹人骑兵的速度延缓，随后王超率大队人马杀到，宋、辽两军再一次的集团军野外决战就此打响。

战斗直到深夜，由王超对敌萧挞凛，他的副手王继忠接战耶律诺衮。战况异常激烈，宋军以劣势兵力在入夜之后奋勇将辽军击退，但是主帅王超传令趁夜迅速后退，回兵据守关隘，等待后方的援军。因为兵力太少了，再打下去只有全军覆没。

但是战场太混乱，直到天亮以后，他才发现王继忠没有撤出来。身后的战场上激战仍然在继续，王继忠已经成孤军之势！

那一天天亮之后，王继忠的退路就被辽军骑兵切断了，而且直接焚毁了他的军粮辎重。环顾战场，他再也看不到自己的友军，唯有孤军奋战。

他率领麾下人马向粮草被焚处出击，先去抢救辎重。可是他的盔甲太鲜明了，宋、辽两军连年争战，连辽国的弓弦怕雨都不再是秘密，宋朝大将的服色谁不认得？几乎在一瞬间就成了所有辽兵的靶子。

众矢之的，辽军蜂拥而上，形成了数十道重围，王继忠被枪林箭雨淹没。他身边的战士全部重伤，但始终保护着主将殊死战斗。一路且战且行，沿着西山向北突围，一直转战到白城。这时终于到了极限，战士们伤亡殆尽。

那一天，宋军没有生还者。

王继忠全军覆没，他没能支撑到援军的到来。当时迫于形势，王超没有全军回师救援，但是派出了另一位副手张旻率兵杀了回去。

张旻和王继忠一样，都是赵恒做太子时的亲信伙伴，于公于私他都义不容辞。又一场激战爆发了，虏骑千重，张旻要劈开所有阻挡，才能到达王继忠的身边。回望历史，那一天的张旻奋勇拼杀，身为主将都负伤多处，可是限于实力，他的人马实在是太少了，无可奈何，只能在辽军主动撤退之后，他才来到了白城附近的主战场。

只见遍地尸骸……他只能据实回报，王继忠为国殉难，已经战死了。

消息传进了东京开封，赵恒悲愤交集，史称“闻之震悼”。这就是他的伙伴，无论胜败，都为他拼尽了最后一分力。他们无负于国家，难道他就要有负于他们吗？

赵恒的反应空前激烈，那根深藏在棉花团中的钢针，在契丹人、党项人的不断欺压下渐渐地露了出来。他广泛征集意见，从最上层的东府宰相、西府枢密使到杨延昭、杨嗣这样的基层军官都一一问到，最后做出了在北线集结十五万大军的决定。

吸取教训，定、镇、高阳关三路大军不再分散，而是全部集结在定州，在唐河两岸布成大阵。这是整个战阵的核心，但是兵力的配备与从前完全两样了。在太宗的“万全平戎阵”里，是步兵为主力，居于阵心位置，两侧才是少量的骑兵，只是大阵的点缀和策应。

但是这座大阵正好相反，步兵在外围，中心的是骑兵。并且赵恒强调，如果再与辽军开战，阵容要平静，最初只派先锋、次先锋挑战，等待辽军的冲击，那样辽人所面对的还是像从前一样的宋军步兵，试问效果会怎样？

辽人一定会习以为常地轻松……然后大阵的核心处就会突然冲出大宋的骑兵！

而这只是定州方向的一个陷阱而已，赵恒还给契丹人另外安排了几处惊喜。在这座大阵以北，最前线的地方，安排了三支全机动的骑兵，第一路由魏能、白守素、张锐三人率领，共六千人，进驻威虏军城；第二路由杨延昭、张延禧、李怀巴三将率领，共五千名骑兵，进驻保州（今河北保定）；第三路由田敏、张凝、石延福率领，共五千骑兵，进驻北平寨（今河北顺平县北）。他们的任务是对冲辽军的前锋，如果辽人太多，那么就放过去。等到后方的大阵和辽军交战，就在边界处把敌人的粮草辎重全都隔断，并且待机前后夹击辽军。

另外为了万无一失，在定州大阵的偏东方，大名府一带，再设立四处驻军。由孙全照等率八千人进驻广宁边军城（今河北蠡县），李重贵等率五千人进驻邢州（今河北邢台），石普率一万人进驻莫州（今河北任丘北），石保吉率一万余人进驻大名府（今河北大名县）。

这样，在大宋的北方防线上就布满了实力强劲的各个据点，并且骑兵的作用被再次突出。所有这一切从构思到调配，两个月里全部完成，就等着辽人再次送上门来，用鲜血和刀锋来再做一次较量！

见鬼的辽国人却突然间没消息了，宋朝庞大的集团军只能虚悬在边境线上，时刻警备。这很消耗力量，说起来也多少有些尴尬，但这就是现实，主动攻击辽国，或者出兵报复，已经是非常遥远的往事了。

赵恒的苦难日子到了，四个月之后，西北边疆突然传来了警报，李继迁集结了全族的人马，这一次大张旗鼓，目标直指宋朝境内的环州、庆州，要一举拔掉宋朝边疆的重镇，让它们成为第二个、第三个灵州！

消息传进开封，宋朝的大臣们一片惊恐，他们建议立即向西线增兵，甚至不惜动用北方防线的骑兵去紧急增援。

与辽人的战争都发生在宋朝国境之内，这时再被党项人打进来，那就真的四面漏风，国将不国了！

但是赵恒的反应却出人意料地平静，他只说了一句话——李继迁在耍诈，他的目标是西边。

西边？大臣们摸不着头脑，赵恒却拒绝解释，他的关注点远远越过了环州、庆州，甚至以前的灵州，到达了遥远的河西走廊。

六谷部，潘罗支。

李继迁一定是声东击西，去偷袭吐蕃。因为潘罗支已经是宋朝的朔方节度使、灵州四面都巡检使，并且声称自己准备好了六万名士兵，随时都在等待和宋朝配合，去干掉那个党项野种李继迁。

那么也就是说，潘罗支是随时都在备战的，李继迁应该没有什么空子可钻才对……赵恒坐在自己的宫殿里，不停地计算着西北边疆之外到底会发生什么，得出怎样的结论。

这时整个东亚都是一盘棋，千里之外的风吹草动就足以决定另一个国家的兴衰荣辱。但是他却注定了无能为力，开封府和西凉城（今甘肃武威）的距离让人绝望，河西走廊上发生的事，至少要两个月之后才能传过来，他根本就没法抢在李继迁偷袭之前去警告潘罗支。

李继迁击败潘罗支，夺取了河西走廊！潘罗支宣布投降。明显是诈降，李继迁昂然吞之。受降，想想部落之间的合并和反复有多频繁吧，当年为了一把青盐，李继迁本部的弟兄们都能抽出刀来砍他，那么这些吐蕃就算真心投降了，难道就不防范了吗?

就算是诈降，也不过就是风险再大些，警惕性再高些也就罢了。

所以双方一拍即合，迅速举行投降大会。

这个大会举办得热烈、真诚、宏大、传统。就以李继迁这个投降专业户的老到眼光左看右看，都没查出任何一点瑕疵纰漏，因为潘罗支做得实在是太到位了。他把自己以及六谷部全族的首领都集中在一起，没一个缺席的，一起向草原上新兴的霸主李继迁宣誓效忠，会场之外也没有伏兵。一句话，比当年李继迁走投无路、带着亲弟弟到宋朝的银州大营里诈降时还要有诚意，简直就是无可挑剔。

就这样，投降大会在当天一片和谐融洽的气氛中圆满结束了。李继迁成了定难五州、西平、凉州，甚至整个河西走廊的主人，他心花怒放，带着这样的头衔开始回头往家里走……

然而他突然发现，戏法人人会变，各有奥妙不同，原来诈降还能这样搞啊！

隆重推荐，诈降里的最后一招，堪称卑劣中的卑劣，丑恶中的丑恶，最没有人性的一个变种——潘罗支的欢送。

一切都搞得像最有诚意的投降，只不过在李继迁回家的路上，突然间伏兵四起，那是吐蕃人六谷部的全部家底，再加上紧急召来的其他部族，大家齐心合力，一起来欢送李继迁直达地狱。

李继迁中箭逃跑，勉强跑回西凉城，立即躺倒。没过几天，就伤重而死了。

打不死、锤不烂、拖不垮的李继迁就此谢幕，起于诈降，死于诈降，真的是报应或者宿命吗？这一年他四十一岁，正当壮盛之年，死得实在是太早了。

回顾他的一生，是这样坚忍不拔、波澜壮阔，充满了不屈与挑战，为了自由，为了自己民族的独立与强盛，他自始至终在奋斗，比这世上绝大多数人都活得精彩万分！

他不是个生来的王子，却是命运的豪杰，任何一个民族都会永远歌颂这样的英雄。别去看他的手段，为了生存，为了压迫下的反抗，他做什么都可以不被道义所谴责。他应该得到尊重。

他在剧痛中死去，仍然保持了极端的清醒。临终前，他警告自己年少的儿子德明（党项名阿移），要保密，千万别让吐蕃人知道他死了。先向辽国报丧，要辽国封你的官，做你的保护神。接下来一定要向宋朝归附，要“倾心归附，一表不听则再请，虽累百表，不得请，勿止也”！

苦难中崛起的英雄，临死前仍然放不下自己的部众和儿子，千古艰难唯一死，可死时容易后事难，李继迁走得是那么不情愿。

潘罗支卷土重来，党项人竭尽全力也只能保着李德明逃回灵州城。

西凉府才得就又丢了。

对宋朝来说，机会大好，只看敢不敢火中取栗杀过去！但是宋朝要在第二年的春节过后，也就是宋咸平七年（公元 1004 年）二三月，才知道西北边出了这样的事。

宋朝的君臣们开了好长的会，赵恒说：“阿移既孤，宜即招抚。”只要能退出灵州城，安守些本分，宋朝就不会亏待你。但是阿移的反应却超级缓慢，拖延了好久，才回了一次话。

他老爸还没下葬呢，丧事期间，头晕眼花心也乱，实在没法办公。您容我两天成不？

成，赵恒没催他。当李德明再次回信的时候，他已经成了大辽国萧太后的乖乖外孙，李继迁也得到了辽国的追封，成了尚书令。辽国还派专人到灵州城吊孝发丧。

机会失去了，至于原因，仍然是北方的契丹人。

# 第十八章 澶渊，澶渊！

宋咸平六年（公元1003年）七月，宋朝右仆射、首辅宰相李沆病逝，时年五十八岁。继任者名叫毕士安。毕士安，字仁叟，代州云中人。本名叫毕士元，赵恒和他的皇弟们以前叫“元休、元杰……”，所以他就改为“安”。这之前没有什么显著的功劳，是个非常正规标准的宋朝官员。先进士，再地方官，再京官、开封府尹、翰林学士兼秘书监。如果说他的特色，就只有两个字——仁德。

虚无缥缈，可是重如山岳。毫不夸张地说，在中国从古至今，如果没有这两个字，那么能力越大的人，就越对人间有害。

这类似陈词滥调了，不过在毕士安的身上，体现得鲜明而具体。

就相位那天，赵恒与毕士安有过一段载入《宋史》的对话。

赵恒：“朕倚靠爱卿为宰相，主持国事，不只在今天。但是现在天下四方多事，你也需要助手，你看谁行？”

毕士安：“‘宰相者，必有其器，乃可居其位’，臣实在愚笨，本不足以担当这样的重任。寇准忠贞义烈，善断大事，他才是宰相的真正人选。”

“可惜，寇准刚烈任性，不能服众。

“不然，寇准为人方正慷慨，大义凛然，忘身殉国，秉正道而去奸邪，所以与小人势不两立。这都是他的长处，现在的朝臣中无人能及，正因为如此，才更加不为流俗所喜。看现在的国势，陛下的仁德虽然普惠天下，让国内的臣民安逸休养，可是西北边境的外敌正在猖獗，这正是寇准施展才华的机会。”

赵恒点了头，但是说：“你说得对，可是要‘藉卿宿德镇之’。”就这样，寇准与毕士安出任大宋宰相，但毕士安兼修国史（注意，首相的特权），为首相，寇准是副手。

寇准如此大名、大才，居然被皇帝硬生生地压在了一个名不见经传的翰林学士底下，还郑重声明，要毕士安以“宿德”来“镇之”，这也太欺负人了吧？

可是转眼之间，寇准的报应就到了。他刚刚当上了副宰相，就被人上告，罪名足以让他被抄家灭族。

说他与安王赵元杰勾结谋反！

寇准立即被吓呆了，还记得赵廷美是怎么死的吗？卢多逊是怎么倒的吗？他和赵元杰就是三十年之后的真宗朝再版！

毕士安的仁德开始闪光，不是他的事，可是毕士安主动伸手接了过来。之后他以并不高深的资历，更不隆重的圣眷，开始力保寇准。

只要稍微看一下这个案子，就会知道他在冒怎样的风险。

告寇准与赵元杰勾结谋反的，居然是个平头老百姓，叫申宗古。一个普通老百姓，居然能知道当朝宰相和亲王之间最隐私的秘事，是不是很离奇？但更离奇的是，这事居然被正式立案，上传中央了！

要没内幕才怪，这位申先生背后要是没有大家伙挺着才见了鬼……这样显而易见的官场勾当人人都看出来了，大家都往后躲。甚至都可以想象，在宫廷深处、权谋计算中长大的赵恒对这些更懂，根本就骗不了他。但为什么某些人还要用这样的假招子来诬陷寇准呢？

因为管用。不管怎样，这都证明了寇准不得人心，只要他登上了相位，就始终会有人闹事，为了正常工作，皇帝都得罢免他！

就这么简单，谁敢跟寇准站在一起，就会立即成为这些人的死敌，平白招惹麻烦，断自己的活路。

很头疼，但是别忘了毕士安也当过开封府尹，怎么审案他懂，而且别以为仁德就代表了软弱。毕士安的办法凶狠、利落，第一步就是把申宗古扔进大牢，严加审问，手段不知道，史称“具得奸罔”。把内幕里的事搞到手之后，他却没有深挖，就到此为止。然后下一步，就是直接上报给皇帝，把这个胆大妄为、喜欢被人当枪使的老百姓一刀砍掉。

事情我知道了，人证我也杀了。怎样，给你们留了面子，并且替你们砍掉了祸根，再不识相，就别怪我心狠手辣了！

就这样，寇准终于平安无事，可以去完成他名垂千古、光耀后世的丰功伟业了。

历史开始变得灵异。

一个民族的兴亡盛衰，千万亿兆黎民的存亡福祉，真的是有它的气数存在的。宋朝在宋景德元年（公元1004年）八月二十五日宣布毕士安、寇准为首、次宰相，其后紧接着发生了寇准谋反的疑案，等这些稍微告一段落，大概只过了一个星期，北方就隐约传来了契丹人震撼大地的马蹄声。

宋景德元年九月十六日，宋真宗赵恒召集东、西两府执政大臣说："已经多次得到边境的警报，辽国马上就要入侵。国家重兵多数集结在河北，军情不容忽视，朕当亲征决胜，卿等共同商议，何时出发为好？"

老成的人先想到的是持重，首相毕士安先说："陛下已经任命了前方大阵的主帅，应该继续信任他们。如果一定要亲征，也不必到最前线，澶州最合适。但是澶州太小了，没法长时间供应大军的驻扎，所以我认为晚去为好。"

次相寇准完全相反，君子不以私德爱人，在公务上绝对不附和任何人。他说："澶州合适，但是大军在外，陛下亲临很有必要，而且越快越好，可速不可缓。"

东府宰相各执一词，西府的枢密使们就成了决定性的砝码。正使王继英说："国家重兵多在河北，陛下亲征，一可壮军威，二可亲自谋划各路军队的配合，而且可以随机应变，尽速决策。但是澶州是最远端的极限，不可越过。尤其是要掌握时机，澶州的实际情况决定了没法早去。所以，臣以为要缓。"

寇准是少数，于是就此决策，宋朝依然选择了严阵以待，就像以往一样，把主动权交给了契丹人。战报迅速传遍了宋朝北疆的各大军城，所有军队进入临战状态。

战斗最先爆发在边境最前端的威虏军城。辽军倾巢而出，契丹人的皇帝、太后以及新统帅萧挞凛统统出现在前线，全军数量在二十万以上。

威虏军城却只有六千精骑。主将是魏能，副将是白守素和张锐。它身后的定州大阵虽强，但是步兵居多，不利于迅速移动，从计划到现实，根本不能指望大阵前移来救援。于是在辽军杀到之前，威虏军、北平寨还有保州之间的宋军主将们就都私下里耳语了一番……之后空前大战的前奏就让人哭笑不得。

辽军最先派出来的居然是个外国和尚（树蕃僧为帅），只带了一百多个辽兵出来打劫宋朝的边民。真不知道他们是怎么想的，不过马上就惊喜万分，中了头等大奖。

和尚大哥正在充分享受打劫的快乐，就被突然出现的大群宋军所包围，砍瓜切菜一样，一百多个辽军片刻间身首异处，该和尚下马投降。

辽军怒不可遏。

辽人是纯真无邪的佛教徒，不说别的，现在的前锋大将除了顺国王萧挞凛之外，还有一位六部大王叫萧观音奴。怎样？可以崇拜到这个地步，但是别吃惊，这是小意思，契丹国王耶律隆绪的小名更伟大，叫文殊奴……宋朝人居然敢这样对待佛门弟子！

辽军立即出动精兵追击，这正中魏能下怀，来得好，他在城外等着，两军相遇，第一场血战就此爆发。魏能是宋军中有数的勇将，这时奋勇厮杀，但是寡不敌众，关键时刻，他率部向后面稍微退了一点，这时他的脸上应该带着一丝非常诡异的笑容——他的后面有一个辽国人的噩梦。

北平寨的张凝！

在大雨中冲上长城口，一路斩杀辽军过两万的战场屠夫！张凝出战，压抑了十六个月的复仇之火把被魏能消耗了大半军力的辽军立即摧垮，契丹人仓皇败退，向大部队求援。

辽国的三巨头却没什么反应，威虏军太渺小了，根本没必要跟它纠缠，别忘了这次出兵的重点是什么……辽军立即抛开它，向宋朝的下一个据点进攻，见鬼的是，他们选中的是北平寨。

那是张凝的老家，守寨的主将叫田敏，那是比魏能更狠的角色！从待遇上他就与其他所有的将军都不同，他有天子特赐的御剑，可以随他便宜行事，定州方面的前线总帅王超都得让他三分。

他的部队是五千精骑，他的选择是主动出击！北平寨的前沿小村——杨村，田敏部与辽军先锋遭遇，硬碰硬的野战，失败的竟然是久负盛誉的契丹铁骑。而且更让人瞠目结舌的是，战胜之后的田敏根本就没有回军的意思。

他在等一个消息。

傍晚时分，消息回来了，是他早就远远撒出去的探子。回报说契丹人的皇帝就在这里往北十里远的蒲阴驻寨，那实在是不太远啊……黑夜中的田敏和一路疾行赶回来的张凝露出了狰狞的笑容。太好了，还等什么？当天夜里，田敏率精兵夜袭契丹皇营，催营直入，无所阻挡，视二十余万辽军如土鸡瓦犬！

据正史记载，当天杀声四起，全营大乱，契丹皇帝耶律隆绪大惊失色，马上召来主帅萧挞凛，问："今战者谁？"

萧挞凛回答："所谓田厢使。"

契丹皇帝叹息："彼锋锐不可当。"

然后全军开拔，转向别处攻击。这次的运气还是那么好，他选中了保州，那是杨延昭的地盘！不过根本没办法，这些地方本来就是宋朝边境的重要城市，你要打架就只能选它们。

结果这次更郁闷，在威虏军、北平寨还是与宋军的主将较量，但在保州，连城市的边角都没看见，杨延昭的影子都没摸着，就先倒了个大霉。

辽军的前锋正在赶路，没招谁、没惹谁，结果路边的树林里突然间乱箭齐发，一片人仰马翻之后，辽军冲了进来。但是林子太密了，只能下马步战，他们忘了，宋军三百多年里最强的武器就是弓箭。仍然是箭如雨下，辽国人被射得只有一条路可走。那就是重新上马，该干吗干吗，不理这帮暗箭伤人的家伙。而且走得实在狼狈（一片一片的箭啊），连死伤的契丹弟兄们都来不及拉走。结果事后这些宋军走出林子，收拾战场，还在一个辽军军官的身上搜出了“右御林军使印”。

更要命的是，猜一下这伙宋军有多少人？只不过十个！他们不过是出来打探军情的，就敢向辽军的前锋挑衅。

历史记住了他们带头大哥的名字——振武小校孙密。

契丹人憋了一肚子的闷气，牢牢记着半路上的屈辱，来到了保州城下。杨延昭，你管教部下不严，现在就让你替他们还债！

辽国开始猛攻，保州城说大不大，说小不小，正是攻击的好对象，防守者的试金石。因为城墙够长，但是人数却太少，杨延昭也只有五千精骑。但是他一反常态，根本就没冲出城来和契丹人比刀子，而是就稳稳地待在城里，纯粹防守。

这个理念一旦确定，辽国人都快发疯了。还记得五六年前严冬时节的威虏军城吧，杨延昭那时的人更少，都能让萧太后望冰兴叹，黯然退走，这时保州城内兵马齐全，更有长期训练的民兵，他要死守，辽国人一点办法都没有。

结果只能是比来时更郁闷地撤退转移，再到别的地方去碰运气。在他们身后，保州城头上的杨延昭应该笑得比前几天的田敏更加阴险。他早就不屑于冷兵器战场上片刻兴奋的血腥厮杀了，他刻意保留了自己的实力，就是要办件更痛快的事。这件事，对宋朝来说，已经有十多年没做过了。

他发誓也要让辽国人尝尝宋军铁骑的滋味！

这时战线全面铺开，不只在镇、定、高阳关方向辽军四处出击，就连西边的山西并、代两州（原后汉太原方向）的地界，也爆发了宋、辽两军之间的激战。

宋军的主将是并、代钤辖高继勋。辽军有数万人越境而入，高继勋登高远望，他前面就是一片天然的战场——草城川。这是太行山的一条余脉，不太险峻，但是山势起伏，连绵不尽。只见虏骑数万，彻地而来。但是他笑了，对身边的苛岚军使贾宗（开封特派人物，近于监军）说：“看到了吗？敌虽众，但是阵不整。契丹人的将军是个庸才。我兵虽少，但必胜之！你带人先到山下去埋伏，我必将击败来敌，把他们赶进你的埋伏圈，那时你须勇战，我军必大胜！”

一切都像他说的那样发生，他在旷野中击败了来敌，驱赶着契丹人就像在放牧着自己的牛羊，准确地把他们逼进了贾宗的埋伏圈——山下的寒光岭。

寒光岭变成了契丹人的墓场，契丹人被前后夹击，溃不成军，自相践踏蹂躏，死伤近万人。在战争的最初期，辽军不仅在主战场，在偏远地带一样遭到了重创。

回到主战场，宋、辽两军突然间主力碰撞。辽军集中所有兵力，越过了威虏军城、北平寨、保州等边境据点，直奔宋军的定州大阵。

公元1004年的十月底十一月初，辽国的皇太后、皇帝、主帅三位集体莅临定州。宋朝北方主帅王超出定州，在唐河沿岸列阵，步、骑间杂，按御赐“阵图”布置，不差分毫，等待契丹人主攻。

注意，王超不是魏能、张凝或者田敏、杨延昭，那些前方星罗棋布的前锋，可以因地制宜地自作主张。他是总帅，皇帝的每一个命令他都要不折不扣、百分之百地执行！

赵恒的命令是，最先坚守不出，经一宿之后（计划中辽军将疲惫），再击鼓挑战。战斗的方法是：先派前锋、次前锋去挑战，任务是引诱敌人来追，大阵则静待来敌。

敌人如果来攻打了，那么大阵骑兵居中，步兵在外，不许乱动，让敌人只能就此厮杀，让契丹人的骑兵发挥不了作用……

王超严格遵守，连同他那个骁勇善战，可以在党项腹地、李继迁的老巢里把党项人驱逐出去的儿子——王德用都在定州唐河一线上“稳重对敌”，从此直到战争结束，一直都没有他们的消息。

辽国人的攻势却举世皆知，他们突然间就出现在了定州大阵的背后，宋朝的冀州、贝州（今河北清河）、祁州（今河北安国）都被突如其来地猛攻！战争的格局瞬间被打破，天平倾斜了，辽国人抓住了定州大阵、“平戎万全阵”乃至于汉人们以为万无一失的所有大阵的最大弱点——我不打你行不？

河北平原一望无际，根本就没有任何天然阻碍，我为什么要拼了老命地跟你们宋朝军队硬扛？我是契丹我有马，我就是要遛你两步，你跟不跟？

如果不跟，那么广阔天地全是我的，随我烧杀掠夺；如果跟，那好，大阵立即走形，注定了只有骑兵精锐中的精锐才能追上我们，那时以众凌寡，随心所欲……这是再浅显不过的问题了，王超征战一生，连这都想不到？

这时他的选择是最理智的，既然已经错了，那就错到底，如果再慌里慌张地跟上去，纯粹是找死，到时败光了家当，除了军队都死光，完全于事无补之外，还要再背上违抗皇命的黑锅。于是定州大阵就此无声无息，在宋朝的各种官方文献中，都找不到这十五万精锐正规军在这段时间内的存在记录。

远在河南的开封城里，宋朝的君臣们手脚大乱，每一个人都露出了心灵深处最本真的原形。聪明绝顶的和丰姿伟貌的，都想到了同一个词——逃跑。只有一个人站了出来，他不仅以近乎君前失礼的态度来镇服朝臣，而且还针对突发恶劣的军情提出了一个又一个的解决办法，绝不仅仅是强硬、霸道或者天生好胜这样简单。

寇准，他的辉煌时刻终于到来。

告急的文书像雪片一样从河北甚至河南飞进了开封城皇宫内院的……对不起，不是枢密院，而是中书省。

这一点至关重要，从根本上决定了历史进程。

这是个历史遗留问题，真宗朝最早时的宰相吕端、李沆等人，都是赵恒的恩人或者老师，为了信任，更为了尊重，赵恒下令，不仅是国家政事，就连军事行动，也要首先交给宰相们看。

这个习惯被保留了，毕士安、寇准当上了宰相之后，一样拥有这个特权，压制着枢密院。这就让寇准成了当时开封城里最早得到第一手情报的人。

情况紧急，到了“一夕之间，急书五至”的地步。任何一个稍有理智的脑袋，都能想象到二十多万的辽兵已经冲进了宋朝的腹地，门户大开，他们每时每刻都在杀人放火，生灵涂炭，多耽误哪怕一分钟，就会又多死多少条人命！

寇准就是不急，这些十万火急的告急文书他连看都不看就扔在了一边。这时他和皇帝离得很近，随时都能请见，但就是不。他吃饭、喝酒、聊天、嘻嘻哈哈，想干吗就干吗，似乎乐得很。

奇妙的是大宋朝的首相毕士安就在边上看着，也不管，随便寇准为所欲为。

直到第二天的早朝，中书省才把这些烫手的、沾满了人血的文件上交给皇帝。那一刻，赵恒的眼前肯定突然变成了黑色。

突然间大难临头，不可收拾，整个河北都成了敌占区，连河南都在被突破中！这是怎样的刺激？

宋朝的国防理念基本就是边关重兵防御，国都内禁军压制全国，在国都与边关之间从来都是空的。藩镇之类的强势力量早就被赵恒的伯父、父亲给彻底抽空，变成了赵宋官家的天堂世界，现在也成了入侵之后的契丹人的天堂世界！

赵恒在巨大的震撼中问：“寇准，现在该怎么办？”

寇准的回答则非常体贴到位：“陛下，您是想快点了结此事，还是慢点？”

换成是赵匡胤，相信寇准的大门牙早就在话出口的一瞬间飞舞在金銮宝殿上了，你贻误了军情，还敢拿皇帝寻开心！

但是三代才出一个贵族，赵恒是宋朝真正的第一位生在深宫内院、长在罗绮丛中的皇帝，他有涵养。他说："我要快。"

寇准回答得简洁明快："很简单，臣以为五天之内就可了结。只要您亲征。"

历史在这里出现了争议。寇准说出这句话，赵恒的反应是什么？有一种说法是赵恒犹豫了，他说要回后宫再细想。但是寇准强调，军情紧急，再没有时间了！所以赵恒匆忙起驾，立即亲征。

这出自北宋人陈师道的记载。

另一种说法出自官方，赵恒很痛快地就答应了，因为他之前就曾经说过要御驾亲征，还要东、西二府的高官们商讨出征时间，事到临头，怎么会退缩？况且五六年前，他刚刚即位时，就曾经亲征过，并不是第一次上战场。

不管怎样，当天赵恒都答应了寇准的请求。只是昂然下殿，准备征伐的寇准忘了一件事。他为了追求效果，刻意地积压文书，不仅刺激了皇帝，也把别的人刺激到了。

聪明绝顶的王钦若和丰姿伟貌的陈尧叟。一个是参知政事副宰相，一个是枢密副使，基本上都与他平级。等朝臣都散开，该干吗都干吗去了，他俩悄悄地到皇宫深处请求赵恒的接见。

两个人的意见一致，都是请求皇帝逃跑。差别就在于一个请皇帝逃到成都（陈尧叟的老家），一个请皇帝逃到金陵（王钦若是江南人）。

当寇准再次被皇帝紧急召进皇宫时，他一点思想准备都没有。之后，他就记起来了。为什么当初赵光义要给自己的三儿子取这个名字——"赵恒"。

当年赵光义轻轻拍着儿子的后背说——"名此，欲我儿有常德，久于其道也。"

赵光义一生建树少、破坏多，但是他以文治国，至少能把一个人的本性和缺陷都看得清清楚楚。

他三儿子最大的毛病就在于此，一个没长性的孩子。赵恒居然问："朕现在是去成都好，还是去金陵好？”

寇准明确表示，不能逃。针对现状，他的对策有三条——第一，马上调天雄军（河北大名府一带驻军）步骑混合约一万人，由周莹、孙全照等人率领，火速赴援贝州。如果人数不够，就先发五千人，由孙全照全权负责，再令莫州方面的石普等人策应，不单是向大名府增援，更要向北，直接进入辽国境内，尽一切可能烧杀抢掠，让辽军有后顾之忧。军队如果不够，就选派民兵。

第二，如果这时辽军已经越过贝州，逼迫大名府，那么立即命令定州大阵南移，至少分出三万人南下增援。定州大阵的损失，就由土门方向的雷有终来补充，命他即时率兵靠拢。再令王超在定州倚城列阵，与威虏军城的魏能、北平寨的田敏等人会合，选择时机向大名府集结，以便您御驾亲征。

第三，万一定州被辽军隔断，王超的大阵没法前来会合，而且大名府一带全被辽军袭击，就只有命令魏能、田敏的全骑兵部队不惜一切代价南下，去牵制辽军的进一步行动。而这么做的全部意义，都只在于滞留辽军的攻势，等待您的亲征……

亲征，只有亲征才能从根本上解决问题。赵恒仍旧沉吟，但寇准的话还没有说完。

现在全部的焦点都在河北大名府，没有兵，但是我们有大臣，要派一位德高望重、天下皆知的您的亲信大臣去，这样才能让百姓、军民们相信，您没有放弃河北。这个人……他突然转向了聪明绝顶的王钦若。

参政大人，现在是为国分忧之时，您不能推辞！

蓦然抬头，王钦若惊觉自己在毫无防备的情况下被雷劈中了。四目交投，他看见寇准的眼睛里闪烁着痛快淋漓的仇恨，那里面的每句话他都读得懂。

——该死的懦夫，你敢当逃兵，老子就让你第一个去扛炸药包！

你不是聪明吗？留着你在皇帝身边，你的聪明就会没完没了，跟皇帝嚼舌根说悄悄话，把皇帝搅得心乱如麻。那就把你远远地扔出朝廷，让你和辽国人耍聪明去，看看管不管用！

王钦若也是人中之杰，瞬间就稳定了下来，态度沉静地对皇帝说：“陛下，臣愿去。”

只是从此在心底里深深地埋下了一颗仇恨的种子，寇准，从现在开始，有你没我！

就这样，宋朝的参知政事副宰相王钦若亲临前线，火速赶往了当时最紧要的关口——河北大名府。缺兵少将，但还要把定州大阵都堵不住的敌人拦住，给皇帝亲征争取时间。

支开了王钦若，寇准正要展开下一步谋划，但就在这时，一件奇妙的事发生了。在前线的远端莫州城，宋朝的大将石普突然见到有四个汉人装扮的士兵来到城下，为首的人自称李兴，他拿着一封信，说这是写给汉人的皇帝的。

这时整个河北就像一片汪洋，契丹铁骑就是海水，宋朝为数不多的几座大城只是海水中漂浮的岛屿。在这种情况下，四个宋兵居然能安全地来到城下，并且写的信是要交给本国的皇帝的！

奇哉怪也，更奇怪的是，石普接过信，只是看了一眼落款处的人名，就再不迟疑，马上精选了多名亲信，分走不同路线，命令他们跨越整个河北，一定要把这封信送进开封都城，上交皇帝本人。

就在王钦若北渡黄河，赶往大名府前后，这封信终于送到了宋朝皇廷。这期间好几个送信人都出事了，一个叫张皓的还被辽军生擒。记住他，在这场伟大的战役中，整个东亚的格局都将为之改变的超级赌博里，一个个小人物都做出了决定性的贡献，张皓就是其中之一。

但无论是谁，都比不上这封信和发信人的作用。

当年宋真宗赵恒展抚信笺，审视来函，却不敢相信自己的眼睛。因为，这是一封死人写来的信。

王继忠。

竟然是他当皇子时的玩伴，后来又为他而战死的将军，难道还没死？

王继忠在这封信里先解释了一下当年在战场上都发生了什么，他没有怨恨救援不力的王超，而是自认有罪。战败就是军人的失职，何况他还投降了辽国。但是他说，辽国知道他是宋朝皇帝的亲信，所以对他也非常好，现在两国交战，他回忆起当年与皇帝在一起，时刻都听到皇帝说，要“息民”“止战”，而且现在辽国一直很钦佩宋朝皇帝的仁德，想和宋朝皇帝重归于好，希望智慧仁慈的宋朝皇帝能勉强听从这个建议……

听吗？首先得分清楚这件事的真假。而且关键点并不在于王继忠是否真的没死，这封信真的是他发出来的，而在于这封信是不是契丹人的意思。

凡事要多想，在这种非常时刻，一切皆有可能。比如说挺在前线（也可以说是陷在敌占区）的石普是不是怕死了，伪造了这封信来骗皇帝去主动求和；也很有可能是契丹人感觉强攻太费劲，要要诈来麻痹宋朝人。就像当年南北朝的石勒那样，一边进攻，一边苦苦哀求说他没恶意，就这样一直到敌人的城边，才露出了本来面目。这样的事太多了，胡人别的智慧没有，说到战场上的鬼蜮伎俩，一点都不比汉人差。

讨论展开，很快统一了意见。以首相毕士安为首，集体同意“相信”契丹人一次。不为别的，至少这时缓和一下，对宋朝人只有好处。赵恒摇头——不对，你们只知其一，不知其二。就算辽国是真的想议和，也有别的企图。他们要的是关南的土地，以前那里曾经是他们的。如果他们要钱财，可以答应；如果他们要土地，那么只有一战。朕必将亲征！

两天之后，宋朝给王继忠回了一封信，信里答应可以议和。但是仅此而已，不急迫，很镇静，等着辽国的进一步动向。等来的却是辽军猛攻瀛州，瀛州已经陷落，连冀、贝两州也都岌岌可危，即将沦陷的流言！

越没有消息，就越有流言，每日每夜，压力都在急剧增长，直到二十日，准确的军报还是没来，王继忠的第二封信却到了。

信里措辞仍然非常恭顺，却非常强烈地暗示了一点——关南地区本来就是辽国的地方，人、地两熟，瀛州恐怕是守不住的……希望皇帝早派使臣去议和。

很明显，这是辽国人的语气，也更明显，对方说的是实情。

面对赤裸裸的要挟，《宋史》的官方记载中，赵恒是这样说的："瀛州素有防备，不必担忧。不过我方先派遣使者，也没什么损失。"

说得很轻松，也着实大度，有上国的气派。但是做买卖，谁先开价谁吃亏，没人不知道！身临其境，谁能怎么办……于是宋朝先选出来一位军中勇士，叫李斌，由他持信件穿越战场，通知辽国宋朝将派遣使者。同时，要枢密院推荐由谁来担当这次议和的使臣。

使臣自己站了出来，叫曹利用，是枢密院的一个小吏，当时的官职是鄜延路走马承受公事，说白了就是一个跑腿传令的办事员。

一瞬间赵恒肯定觉得被伤害了。关键时刻，国家都危难到了这个地步，平日里那些高官厚禄、脑满肠肥的大臣居然一个个都缩头了，只推出这么个小东西来顶缸，哪有半点对他、对这座江山的忠心！

愤怒中，他告诉枢密院重新选人，这个不行。

枢密正使王继英郑重重申，陛下，这个人一定行。

赵恒对这位小曹同学千叮咛万嘱咐，把这次的使臣工作定了标准："契丹人不是要求割地，就是要钱财。关南地区归宋朝已久，寸土不给。你要知道历史的传统和惯例，像以前的汉朝就经常将钱财玉帛赐予匈奴的单于，这个分寸你要把握好。"

语重心长，有节有度，曹利用也恭顺地听完了，抬起头来却一脸的激愤——陛下放心，如果契丹人痴心妄想，臣宁死也不会答应！

宋朝的和谈使者从一开始就充满了悲壮必死的决心，但不管怎样坚强不屈，他都不自觉地把自己放在了弱者的地位。之所以这样，都是因为瀛州。

瀛州城丢了，战局进一步恶化，所以要低调做人。

可事实上完全相反，辽国人集中了全部军队，不分昼夜猛烈攻打了十多天，瀛州城却成了他们的噩梦，可以说是历次宋辽战争中损失最为惨重的一次。

在这次攻城之战中，辽军全力以赴，上至萧太后母子，下至每一个士兵，尤其是契丹国内地位低下的奚族人，都做出了最大的努力。他们扔下了马匹，像汉族人那样临时打造了大批的攻城器械，四面围城，背负着盾牌一样的木板，向城墙攀登。同时箭如雨下，密集的程度肯定超过了赵光义围攻太原城时。

因为战后发现，城头上挡箭的木板，几寸的地方，就先后中箭二三百支！

宋朝的瀛州知州是西京左藏库使李延渥，他手下只有少量的州兵和厢兵（民兵，当时比较强壮），这都是宋朝军队里二三流的等级，所庆幸的是，冀、贝两州的援军抢在了辽军围城之前赶到，让李延渥得到了宝贵的补充。

就这么点人马，开始经受二十万辽军没日没夜的轮番进攻。辽国人不断地往城墙上爬，宋朝人把城里能砸死人的东西都扔下去，城下面辽国人的死尸越积越多，萧太后亲自上阵击鼓，要辽军士兵不计生死地继续往上爬！

十多天之后，全体辽国人都绝望了。再攻打下去，瀛州城也许会破，但是他们的人或许也都会死光！他们已经付出了死三万余、伤六万多人的巨大伤亡代价，可是瀛州城仍然不是他们的！

只有撤走，而且非常匆忙，战后宋朝人出来打扫战场，辽军扔下的铠甲、盾牌、兵仗等物有数百万件，光是护城战壕里就捡出来四十多万支箭。

多奇怪啊，正在战争中，而且远离大本营，这些急需的战备物资为什么都扔下了？而且更怪的是，辽军的下一个目标居然是更南方的大名府。想想看，在他们的身后边已经留下了魏能、田敏、杨延昭、石普等宋军边关重将，以及十五万之众的定州大阵，他们的确把这些宋军人马与宋朝的国都隔开了，但相应地，这些人马也把他们与燕云十六州隔开了！

没有了退路，并且在瀛州城下大量减员，士气受挫，这种凶险时刻居然仍然选择南下，继续侵略，他们是想干什么？是不是在自杀呢？

同时却又秘密地通过暗道，直接和宋朝的皇帝提议讲和……这样的异族人，是以前任何一个朝代里的汉族人都从来没有遇到过的。

曹利用的和平使者身份不好当。他顶着刚刚提升的阁门祗候、崇仪副使的头衔渡过黄河往前赶，到了大名府就被王钦若、孙全照给拦住了。

绝大多数的史书里都说，这是因为前方在打仗，所以王大宰相和孙将军不让曹利用再往前走。其实哪儿跟哪儿啊，什么前方后方的，战火已经烧到了大名府的城墙根儿，全城百姓连带着各级官员随时都会城破人亡、尸横遍地，这时候出城，你是举着白旗请降，还是堂堂正正地议和？

王钦若之所以不放曹利用出去，绝不仅仅是因为人身安全的问题，更有国家体统的考虑！

这时要鄙视一下各种版本的历史读物，甚至王钦若、孙全照的官方列传，难道是王钦若以后的声名狼藉，所以让以后千百年间所有写史的人都对他刻意压制？这不公平，大名府之战的难度绝不在瀛州保卫战之下，在一定程度上或许还要超过它，功过分明，不能因人而废事。

当年大名府城内，除了少量的厢兵、民兵之外，只有临时赶到的一部分天雄军，数量绝对不会超过瀛州城内的翼、贝两州的援军。辽军突然杀到，满城军民一片惊慌，这时王钦若召集众将，分配各自的防区。

办法很公平，抓阄（探符）。

孙全照反对："我家世代为将，从不探符。诸位将军你们随便挑吧，全城门户，你们挑剩下的，就是我孙全照的。"

最后挑剩下的，不出意料，正是北门。那是契丹兵正来的方向。王钦若以宰相之尊自任去守南门，虽然不是正面的门户，仍然是独当一面。孙全照再次反对：“这不行，参政大人是主帅，你要号令全城的。尤其是南、北两门相距二十里，到时你一旦下令，必将耽误大事。所以你应该留守大名府城中央的府衙，这样才能占据中心，四面照应。”

王钦若听从了。刚刚分派完毕，辽军就杀到了城下。紧接着，这些在宋朝北疆几乎所有城下都遛了一圈的辽国人就都目瞪口呆，不敢相信自己的眼睛。

大名府的北面城门完全打开，吊桥落索，没有一兵一卒露面，你们随时都可以进来，欢迎你们进来，只要你们敢！

没有谁敢，孙全照的威名就是辽国人身上的伤口。多少年了，只要两军交锋，孙全照出战，辽军的身上就会变成筛子，哪怕他们披着最重的铠甲也完全失效。

孙全照的弓箭手都使用一种漆成血红颜色的劲弩，根据资料可以知道，这还不是后来宋军中最强的“神臂弓”，但仍然让辽国人闻风丧胆，他们绕过了北门，去攻打东门。

战场变得诡异，大名府北城大门洞开，却寂静无事；另一边的东门喊杀震天，辽军像攻打瀛州城那样在攀墙而上，重复着爬上去摔下来，再爬上去再摔下来的无聊运动。什么原因呢？仅仅是一些弩箭的威胁？

是勇战者不死于沙场，敢战斗的心灵压制住了侵略者的气焰！

辽国人猛攻了一整天，快到晚上了，他们悄悄地安排了别的行动。他们先是去攻打大名府的老城（地点不详，战况不详）。到了深夜，他们又迂回到了大名府的城南，但没有攻城，而是声势浩大地去攻打大名府呈犄角之势的子城——德清军。

王钦若一直守在官衙里，他得到了报告，第一时间派出了城里的主力天雄军去追击。刚刚冲出城去没多远，前方的辽军出现一片火把，还在很远的地方，可身后边突然间伏兵四起，另一股辽军已经把他们的后路给断了！

辽国人吸取了上次瀛州围城失败的教训，他们成功地把宋军守城的主力引出城外，在黑夜中前方的辽军也迅速回头，成前后夹击之势，要一举歼灭天雄军，再回头攻一座没有了援兵的空城！

当年大名府的城头上，每个人都眼睁睁地看着天雄军陷入绝境，却毫无办法。危急关头还是孙全照从北门赶了过来，他一边命令自己的嫡系部队向南城集结，一边找到了王钦若："如果丢了天雄军，大名府转眼就完蛋，北门你换人，我去救他们。"

说完带兵出城，黑夜中万箭齐发，紧跟着贴身肉搏，史称辽军设在南城边的伏兵被他砍杀殆尽，终于把天雄军接应了回来。不过，他杀人的时候，辽军也没闲着，天雄军能回来的只有十分之三四而已，黑暗中辽军不再找他们的麻烦，而是就近把德清军城攻破，里面的军民人等都死了……

凶残狠毒，灭绝人性，消息传回开封，宋朝人既恨得咬牙切齿，又怕得胆战心惊。更绝的是，没过几天，王继忠居然又来信了，说是辽国同意宋朝的提议，可以和谈，并且敦促宋朝快些派使者过去。

又拉又打，打吊结合，让宋朝君臣在打、和之间不停地犹豫，要怎样打，到底能不能和，甚至得怎样讲价钱，都摸不准路数！

可是有一个人自始至终都保持了清醒的头脑——寇准。他一直都在着手准备怎样与辽国开战，把不利的局面给扳回来。因为一个真理是永恒不变的——弱国无外交，更不可能有什么和谈。

想谈，必须得有谈判桌上的筹码。

为了这一点，他迅速动员了全国所有能够征调的部队，以及战场之外宋朝由于种种原因而不敢动用、本来决定永久封存的一员超级战将。

就是这位将军，在不久之后，给了辽军最致命的一击，就像一瞬间扭断了辽国人的脖子，让他们彻底窒息。

上党名将李继隆。

这个人已经在历史上消失六七年了，本来也注定了要永远沉沦，再不见天日。一切都只因为赵恒即位时，他的妹妹明德太后李氏的那个愿望。

用原楚王赵元佐替代已经是皇太子的赵恒登基。

赵恒登基之后，他就被解除军权，成为山南东道节度使、同平章事。按说挂宰相头衔的道级节度，这真的是武将们可望而不可即的顶级地位了，但是对李继隆来说，却只是一个尊而不贵的头衔，让他痛苦不堪。

李将军是个天生的士兵，稍微回顾一下他的前半生吧。出身名门世家，父亲是宋朝的开国功臣，但并没能带给他什么特权，相反他的父亲李处耘曾经得罪过赵匡胤的结义大哥慕容延钊，在他投身军界之后，变得步履艰难，要在校军场上每射必中，技压全场，才能被任命为南方小郡的监军小官。从军第一仗，就是宋朝平定后蜀之后虐待川民引起的叛乱。

李继隆年未弱冠就走上了战场。

战绩突出，凶险百倍，他曾经连人带马摔进山谷里……再只率领三百名士兵到长沙去剿灭数千名当地的蛮族，结果毒箭贯穿他的手臂，大胜之后奄奄一息……进入太宗朝之后，他开始独当一面。人人都说，这是因为他是天下第一大舅子，但是纵观他的战绩，除了在君子馆惨败时让人愤怒之外，几乎从来没有败绩，就算在雍熙北伐全线溃败中，也只有他的人马全军而还。

毫不夸张地说，在太宗朝中晚期的十年之间，他是宋朝对外战争中总揽全局的人。

他被赵恒弃置了，国家无论出了什么事，都与他没有关系。灵州失守，他的好朋友裴济战死，他立即请战，不被理会；望都之战失败（王继忠被俘），李继隆多次上书，要再上战场与辽国决胜负，仍然被搁置。至于这时他被宋朝想起来了，官方的说法是因为战况危急，必须动用一切力量。

真正的原因，很可能是因为李继隆已经没有什么危险系数了。他的妹妹明德太后在九月已经病逝，临死前想见见他，碍于禁忌，李继隆只能在妹妹的寝宫大门外跪拜，与亲人永诀……就是在这种蚀骨之痛中，他接到了朝廷的征调军令。

战争终于来了，你可以上阵了。

李继隆被任命为驾前东面排阵使，副手是侍卫司马军都指挥使葛霸，正在大名府激战的孙全照被任命为都钤辖，张旻、石保吉、秦翰等赵恒的亲信悉数上阵，率领开封禁军赶赴前线，但目标是——澶州。

前面的大名府不管情况怎样危急，这些生力军都置之不理。他们的使命只有一个，为皇帝打前站。

宋景德元年十二月二十日，宋真宗赵恒终于御驾亲征，命雍王赵元份监国，率领文武百官，连宰相带将军全体出战。也就是在这一天，他又一次接到了王继忠的信，信里面再次声称辽国的皇帝愿意和谈，宋朝的使者怎么总也不露面？

赵恒在亲征的路上回信，说曹利用已经出发，将穿越大名府战场，要辽国表示诚意，派兵将接待护送。就这样，一边揣着和谈的密信，一边带着数十万把尖刀，宋朝的皇帝在逐渐接近辽国的皇帝。要狠狠地打，还是留下分寸和余地？打得太重了，辽国会不会恼羞成怒，不再和谈了？那样不好吧！

一切不得而知，只是刚刚走出去一天，后方就突然传来一个噩耗——留守京城的皇弟雍王赵元份暴死，除了开门晦气之外，还得马上决定谁回去监国。

选中的人叫王旦，这位后来的宋朝首相接到命令以后没有马上起程，而是说："请陛下宣召寇准，臣有话说。"寇准来了，王旦的话是："陛下，如果十天之内还没有胜利，我需要做什么？"

注意，只是十天。是不是非常古怪，两国君主亲自交锋，无数兵将生死相搏，这样的场面，十天能分出来什么结果？但是在正史记载中，赵恒一下子就沉默了。

他想了很久很久，才说出了三个字——“立太子”。

等于交代了后事！

因为辽军这时又有了新的动向，他们似乎知道了宋朝的皇帝正在做什么，已经扔下了大名府，冲向了黄河北岸的澶州。像是急于接近赵恒，这个当时世界上最珍贵、最富有，看上去也最容易抓到的猎物。

这是和谈的迹象吗？在这种压迫之下，出征的第三天，也就是宋景德元年十二月二十二日，宋军抵达韦城（今河南滑县东南）时，危机再次出现了。

军队里突然谣传四起，说前方战事危急，皇帝马上就要南逃了，连逃跑的最终目的地都已经定好，是南唐的故都金陵。

赵恒的反应让这种谣传立即升级，他真的要走回头路！这个转变太突然，让人真的怀疑是不是赵恒天生就是个逃跑的坯子。他父亲说得对，他是一个没常性、心底深处隐藏着懦弱基因的孬种。

可是更深一层的内幕却不是这样，它涉及一个极端理智的实力对比——宋朝军队的实力。

从头说，第一代开国皇帝赵匡胤时期，宋军最多不超过三十八万，其中精锐的禁军只有近十八万，南征北伐百战百胜；到赵光义时期，军队数量猛增，基本是打完一仗之后，就增加一倍，直到后期达到了七十多万。还好他死得及时，不然破百万纪录就不用等到他的孙子了；再看现在的赵恒，他的军队数量只比他父亲多，绝不会少。

到了他死的时候，是九十一万，已经临近大关，这时稍少点，问题就出现了，其中有多少是能上阵杀敌的？

像魏能、田敏、杨延昭所部能与辽军野战争雄的人数是多少？所以现在簇拥在赵恒身边的这些禁军，能让皇帝有什么样的信心就可想而知了。

而且历史上轻描淡写拖过去的一句话，对赵恒的打击度是多少，就更加清晰——“先是，诏王超等率兵赴行在，逾月不至。”

一定要把王超的定州大阵叫到身边来，哪怕是要王超所部跨越整个战区，把拦路的契丹人都踢到河里去，也得到我的身边来！

如果王超能这样过来，他还有必要亲自杀到澶州去吗……可这些我都不管，没有那些正规的野战军，我心里就是不踏实。何况现在就连这些禁军老爷兵也都开始哗变一样地起哄了，别说赵恒这样的地道贵族公子哥，换了赵匡胤、柴荣，信不信一样头晕呕吐？

所以后面的事情才顺理成章——急怒交集，他把寇准找来了。而寇准在进行营之前先来个小动作，他站在门前，静静地向里面偷听……结果正听见里面有人在对皇上说：“那些大臣要把官家怎么样？还不快点返回京城！”

寇准进帐，他的脸色应该比在皇宫里面对王钦若、陈尧叟更加阴沉愤怒。赵恒也不再啰唆，他直接问：“朕南巡如何？”

逃跑的决心赤裸裸。寇准耐住性子，来了个全盘解说：“陛下，您身边的这些臣子（髑臣）既胆小又愚蠢，说出来的话就像乡下的老太婆一样可笑。现在敌人都到眼前了，国内民心浮动，都在看着您。如果您向前进，河北诸军就会士气大振，战况必将改变。只要后退半步，就会立即万众瓦解，全线崩溃，那时敌人乘势追杀上来，您根本逃不到金陵的！”

掰皮子说馅，连解释带威胁都用上了，也一点用都没有，因为寇准没有接触到事实的核心，他是文官，代表不了军队！

正史里记载，寇准再不废话，转身就出去了，迎头正遇上了殿前都指挥使高琼。高琼就是《杨家将》里知名人物高怀德的儿子，以后挑滑车阵亡的高宠的远祖。

像是巧遇，寇准立即握住了高琼的手：“太尉世受国恩，今天可有回报于国？”

高琼回答："琼乃一武人，以死报国！"

很好，寇准带着他马上回帐，对皇帝说："陛下，您不信我的，现在请问高琼。"高琼的第一句话差点让寇准跳起来："陛下要是想去金陵，那一点都不难。走水路，几天的时间就到。"

这是实话，开封城又叫汴梁。汴，就是通济渠，也就是大运河，当年赵匡胤的水军就是从这条人工河直抵长江，进攻南唐的。

可是没等赵恒高兴，高琼紧接着又说："可是有件小事陛下要留心，我们禁军的将士都是北方人，妻子儿女都在开封城里，如果南逃，小心他们在半路上就一哄而散，那时谁来护驾？臣愿陛下快速前行，直抵澶州。臣等愿效死力，敌不难破！"

寇准紧接着趁热打铁："机不可失，陛下要快速起驾。"

赵恒仍然犹豫，你寇准能玩，自己说不动我，到外边就抓来个同伙。就在你进帐之前，我的身边人还在说呢——"那些大臣要把官家怎么样……"你们是想让我送死！

这时他回头看了看自己的贴身侍卫王应昌。这是亲信，也是军人，看他怎么说。结果王应昌（又是一个小人物，可又决定了整个国运大局）说："陛下亲征，一定会胜利，可要是停下来，敌人就会加倍嚣张，那时就不好办了。"

言外之意，逃跑更是死路一条。直到这时，赵恒才痛下决心，前进，再不后退！只是他根本就不知道，就在这时，澶州前线已经战火骤燃，宋、辽两军最强的主帅已经突然间短兵相接。两国的国运，以及整个东亚地区的势力走向，都要由这两个人用胜负、生死来做决定！

李继隆在景德元年十二月底左右率军赶到了澶州前线。澶州，这个命定的焦点，被宋朝皇廷不止一次提到的亲征的远点极限，却只是个破败不堪的小城。

地势太险要了，背靠黄河，是宋朝唯一一道天然屏障的最后依托，而且本身就一城横跨黄河支流的两岸，形成南北两城，但是城墙低矮，没有任何“敌栅战格之具”，完全不设防。李继隆大军到了，只能驻扎到城外。

背城列阵，可半点城池之利都没有，李继隆面临的是一定要和契丹骑兵野战争锋的局面。不过野战就野战，李继隆半点都不在乎，那是他起家的法宝。甚至有多少次是他主动领兵出塞，去和党项、契丹等外敌野战争胜，在大漠草原的腹地追逐鏖战，几乎从无败绩！

只是他现在已经年过五十了，而且这次的交锋意义重大无比，必须沉稳、小心且必胜。为此，他做了周密的布置。

首先马上挖深战壕，未虑胜先虑败；然后在方圆几十里的范围内密布拒马鹿角，限制辽军骑兵的行动；再把数千辆辎重车卸去一个轮子，重重叠叠围成一个大保护圈，宋军兵马都隐藏在后面，静等辽军出现。

萧挞凛只比他晚到了一步而已。之所以晚，是他纵军大掠，把大名府的子城德清军给屠城了。这样契丹兵的士气终于被重新提升了起来，一路上吃的那么多憋屈都扔到了脑后。他们精神百倍地冲向澶州，在澶州之北重兵云集，契丹的骑兵在李继隆的大阵之外游弋不定，除了背后的黄河一面，北、东、西三面都被紧紧包围。

萧挞凛亲自领兵直犯大阵，从西北角突击宋军。战火终于燃起，开战以来近三个月了，宋、辽两军的主力军团终于短兵相接。

这一天是一个纪念日，对萧挞凛来说，这一百天以来，甚至他从军以来，都没有遇到过准备充分、斗志旺盛、将强兵勇的宋军。此前无论是潘美、杨业，还是田敏、魏能、杨延昭，都由于这样那样的原因，比如不在最佳状态，或者限于自身军力，没能施展出真正的战争能力。他没能像耶律休哥那样，直面接受巅峰状态的曹彬的冲击。

可这时不同了，李继隆是个陌生的对手，但足以让他尝到老一辈宋军主将的威风。激战突起，萧挞凛第一次知道了什么叫力不从心。

城池都可以打破，一些辎重车辆算什么？踏破万重山河，地面上的一点拒马鹿角又能怎样？萧挞凛没付出怎样的代价就冲进了李继隆的大阵之中，然后开始踌躇满志。他的皇帝、太后都在身后看着他，在南方不远的地方，宋朝的皇帝也在看向这里。

看他怎样耀武扬威，屠杀宋朝的军队！这本就是他们的计划，尽量消灭宋军的有生力量，才能得到他们想要的东西。

但他失算了，宋朝的禁军仿佛回到了赵匡胤的时代，此前没有证据可以证明，他们是上过战场的精兵，相反，有太多的史料提及过，他们一天到晚只知道演习一些现代团体操似的“阵法”，以整齐划一的“万岁”呼声来博得皇帝的欢心，获取丰厚的赏赐，纯粹是些圈养的宠物。但是要看这时由谁来率领他们！

李继隆，只短短地接手了几天，就让这支部队深深地打上了他的烙印。决战决胜，他把辽国的顺国王、统军主帅萧挞凛死死地缠住，在澶州城下杀得难分难解。关键时刻，一路宋军及时赶到增援，那是赵匡胤的女婿石保吉，两人合力，把萧挞凛击败，辽军狼狈地从辎重车圈里逃了出去，李继隆乘胜疾追，一路追杀至十余里之外。

宋、辽两军的主帅对决，以宋方大胜收场。但是，这只是一个开始。见惯了大阵仗的李继隆收兵之后，马上就开始了戒备，除了远远地派出探马，还把宋军的一种独门武器抬到了前线——床子弩。

这是一种极端不人道的武器，老实说，它根本就不是用来对付人的。造它，是为了攻城。看看它的构造——顾名思义，它不是随身携带、能随时开弦射击的。它是个相当巨大的固体装置，由三张或四张强弓联体作为动力，以轴转车（即绞车）张弦开弓，弩臂上有七条矢道，居中的一条安放一支巨箭。

这支箭号称“一枪三剑箭”。也就是说，它的外形根本就是一支标枪，长约三尺五寸，尾羽是三片铁翎，就像三把长剑一样。这样的巨箭再加上旁边矢道一起发射的稍短利箭，如果成排强力射出，轰然巨响之后，对方的城楼就已经摇摇欲坠。就算侥幸不塌，它们也成排成行地钉在了城墙上，宋军士兵可以攀登它们，直接爬上敌楼。

这样的东西，被李继隆安在澶州城头……而尽职尽责的契丹人萧挞凛很快就出现了，他要找回颜面，还要给他的陛下和太后再次带去急需的胜利。所以他要观察地形，仔细研究宋朝军队的兵力分配和强弱点布局。

他也非常小心，离宋军防御线的边缘已经足够远了，据说至少在七百步开外。也就是说，至少是现代的五百米远。不过，他很可能不知道，床子弩的射程到底是多少，其中一个特殊的操作手法或许可以给他个事后参照。

那东西强到没法由人去拉弦，更没法用人的手去放箭，得用一只铁锤去用力敲打机簧，然后“一枪三剑箭”才会轰然巨响，撕裂空气，射向它的目标……

那一天应该很冷，深冬时节的黄河岸边寒气迫人，潮湿浸骨，萧挞凛一行数十人盔甲鲜明，旗帜飘扬，史称“异其旗帜，躬出督战”。

就是要显得与众不同，成为敌我两军中最闪亮耀眼的焦点。就要这么嚣张，就要做得这样完美。历史上早就无数次证明过了，越是凶残的侵略者，越要强调自己的威严，仿佛他们有多光荣。

这一切都被澶州城头上的一个阿兵哥看到了，他是宋军的威虎军军头张瑰。这位兵哥哥冻得够呛，可还得挺在寒风中的城头上站岗，结果远远地就看到了一群金光闪闪、锦缎包裹的契丹人骑着马转来转去，对着他的方向指指点点。

气得他手心发痒，老子忍饥挨冻，都是你们这群契丹杂种害的，你们居然还这么神气！

这时他发痒的手里正拎着一只不太大的铁锤，床子弩就安静地躺在他的脚边。还等什么？距离差不多，准头没法说，因为床子弩的射击轨迹也是抛物线，是没法精确瞄准的。这时宋军中的“一枪三剑箭”的数量可不怎么多，只有三发炮弹。就算射不中他们，吓他们一跳也划算，老子得出出气！

何况七百步开外，是好几十个契丹将星，就像扔块砖头砸向一堆鸡蛋，总能砸碎一两个的！张瑰手起锤落，床子弩瞬间剧烈震动，四五张强弓同时击发，三尺五寸长的巨型利箭射向了契丹人的将军群落。

转眼之后，契丹人乱成了一团，他们众星捧月一样簇拥的那个家伙已经翻身落马，倒在了地上！澶州城头上张瑰有些发呆，他身边的人，还有闻讯而来的人，都开始狂呼大笑，解恨消气，但是都不知道刚才这一箭到底射中了谁的哪里。

七百步开外，眨眼之间，谁能准确判断？于是这就成了宋朝百年间的一大憾事。成功了，可不知道自己到底做出了什么……这一箭只达到了一半的效果，宋朝并没有因此而得到什么实利。

宋朝不知道那一天的晚上，在辽军营地里，上至辽国的太后、皇帝，下至每一个士兵，都沉浸在深深的恐惧中。

历史记载，当天萧挞凛中箭的部位是头部，简直是命中注定一样，成抛物线射击的“一枪三剑箭”居然精确打击到了二三十厘米的范围之内。那样别说是契丹人，就算是漠北草原上最强壮硕大的一匹马，也受不了这样的创伤。

他在当天夜里就死了。萧太后带着皇帝亲自到他的灵前痛哭，为他辍朝五天，全军致哀。这是为什么呢？是因为他的功劳大？或者像史书里所说的，因为他“幼敦厚，有才略，通天文”，所以人才难得，大家才这么难受？

开玩笑，他论才高不过耶律斜轸，论强远不及耶律休哥。这时辽军的悲痛又绝对是真实的，因为他们怕得要命。

孤军深入，后边绝对没有援军，也没了退路，前边有宋朝皇帝的亲征大军，怎样的实力已经见识过了；后边还有宿敌田敏、杨延昭等人，外加十五万之众的定州大阵，能支撑到现在，完全是由于太后、皇帝，尤其是萧挞凛的军中威望。

军中之胆，震慑敌人，同时更安稳本国的部队军心。可是萧挞凛突然战死，连最后一点心理上的安慰都破灭了。想象一下，当时萧燕燕的眼泪，有几分是为了哀悼萧挞凛，又有几分是怕她自己马上就要步他的后尘？

可是哭过之后，燕燕的心灵再次变得强硬。她严密封锁己方主帅阵亡的消息，不让宋朝知道，一方面命令王继忠再给宋朝皇帝写信，问：赵恒，你的使者为什么还不从大名府里出来？要是实在怕死，就换个人好了。

这就是赵恒从韦城再次起程后，所接到的两个消息之一。第一个是李继隆向御营报捷，只提到了在澶州城击败辽军，他的资历和荣誉感不允许他为床子弩的偶然事件夸大其词；关于第二个，萧太后催促使者，赵恒下令，命王钦若放曹利用出城，这回是向南方返回了，到澶州城下去见辽国的君主。

已经取得了决定性的胜利，可还是要主动派遣使者，追求和谈。

辽国人积极响应赵恒的诚意。他们的契丹脑子变得异常清晰仔细，居然想到了要张皓（送王继忠的第一封信时被抓的小校）去大名府，证明辽国人没有恶意。

王钦若仍然不信，紧接着赵恒的命令也到了，他只有放曹利用出城。于是，宋朝的使者终于开始了工作。而澶州城，也就成了所有势力的会聚点，公元1005年一月八日，会聚的力量达到了顶峰。

赵恒终于到了，宋朝的亲征大军终于进抵澶州的南城。那一天铁甲铿锵，战旗如云，庞大的亲征阵容，就算只凭借数十万人发出的震动大地的脚步声，都足以惊动数里之外的契丹人。但奇怪的是，队伍竟然就此停滞不动了。

在一河之隔的北城，也就是前线，宋军要集中全部实力，由李继隆、石保吉协同作战，才能把辽国人击退。现在终于来了生力军，却只隔着河向他们亲切微笑——同志们辛苦了，但是……请继续辛苦。

稍微有点人心的，都能感到一种愤怒，这完全就是挑了一担清水进沙漠，要救的人马上就要渴死了，可我就是离你二十米，让你可望而不可即，就是不给你喝！

至于理由，非常简单，打尖住店的时辰到了。皇帝一路劳累，现在要把南城的驿馆升格为行宫，马上就地休息。消息传出去，全军都在大喘气，其中有的人觉得突然得救了，简直是死里逃生，比如说副枢密使冯拯；有的人却两眼发黑，觉得末日到了，如果不过河，还不如不来！

他们就是寇准和高琼。

两人马上来见皇帝，问赵恒这是为什么。结果回答得振振有词，说这是军队的意思，而且是北城的前线军队。李继隆说了，北城实在太小，根本容不下大队人马，皇帝过去了连禁卫军都住不下，拿什么保证陛下的安全？

言外之意，皇帝过了河，完全是添乱，根本就没有实际意义。

寇准不这么想，李继隆这次错了，并不是每个人都有你这样的独立战斗精神，士兵们需要心灵的支撑，尤其是面对辽国的皇帝、太后时。平心而论，作为辽国，无论从立国的时间，还是国力的强盛，或者现在实力的对比，以往的战绩，都远在宋朝之上，你不能以纯粹的精神力量去感召、去命令你的士兵们勇敢到底。

他们也需要自己的皇帝，没有人能为一个孬种工作时还精力百倍！

可是寇准怎样也不能说出这样的话，就算不要命了，也得珍惜一下忠臣的名声。他只能这样劝："陛下，如果您不过河，敌人就不会害怕，我们的军队就没士气，那样就没法打胜仗。您别犹豫了，抛开这些亲征的禁军，全国各地的勤王大军也在征召中，不过一两天就都会到达，情况会越来越好！"

他的话再次失效。历史证明，当一个人昏迷的时候，只有电击才能让他清醒。在澶州城下，宋朝当时的第一军人高琼说出来的话，才是那把电击枪。

这个大老粗的第一句话是："陛下，您要不到北城去，老百姓就像死了爹妈一样！”

这句话太出格了，而且这时的第一军人再也不是赵匡胤、慕容延钊时期的身价了，他旁边有位大佬立即就接住了话把，对他一通乱吼，骂他君前失礼，罪该万死。

这人就是副枢密使冯拯。

冯拯……寇准气得有些头晕，看来还是皮痒啊，当初虐待得不够狠，现在居然还敢明目张胆地乱他的事！这时没用他发飙，高琼在第一时间就以三百一十八年宋史里武将对文官几乎仅此一例的“粗野”态度反击道：“冯大人，你以文章升任两府长官，现在敌人就在眼前，你说我君前无礼，你干吗不赋诗一首把辽国人吓跑呢？”

说完再不和他的顶头上司——枢密院的大佬啰唆，直接命令手下的禁军卫士把皇帝的御辇抬起来，目标北城，马上前进！

走到了河边，临上桥头，御辇还是停了。这时史书没写是谁命令御辇停下的，只是说高琼举起鞭子狠抽抬辇士兵的后背，大声喝骂：“还不快走！现在都到这儿了，还犹豫什么？”皇帝在辇上发话，说走吧，于是大宋朝的皇帝才终于踏上了桥，过了河，抵达澶州的北城。

不知道这是高琼的忠心大爆发，替皇上教训了不听话的辇夫；还是打骡子惊马，直接骂不懂事的皇上，让他明白，伸头缩头都是一刀，怎样你都得过去！

反正是终于过河了……当天大宋皇帝的黄龙旗，至高无上的皇族标志，终于高高飘扬在澶州北城的门楼上。河北平原，千里一望，突然间全军欢呼，陛下亲征，战无不胜！声震四野！快有近十五年了，汉人的皇帝终于出现在战争中的沙场上，不管他的本质是雄狮还是绵羊，都让他的士兵臣民看到了希望！

赵恒登上了澶州城头，在黄龙旗下遥望敌阵。这时李继隆给他送来了一件礼物，是一个辽国的间谍。赵恒直接下令砍了，把血淋淋的头颅扔到城下去，让契丹人看到与宋朝为敌的下场。

宋军声闻数十里的欢呼声，至尊显赫的黄龙旗，再加上鲜血淋漓的头颅，让转战奔突接近一百天的辽军大惊失色。萧太后惊怒交集，来了个狠的。

你要下马威，好，我给你。她马上命令数千精骑冲向澶州城，不必去强攻，但是要挑战，把宋军的气焰打下去。

她万万没想到的是，澶州城门立即大开，宋军在第一时间应战。皇帝就站在背后的城头上，宋军勇气百倍，近一万人的混战，宋军大胜，当场阵斩辽国近一半人马，把剩下的那一半也追到了对方的大营前，让自己的皇帝亲眼看到，传说中强悍无敌的契丹人也能变成逃跑的兔子。

完美无缺的开门红，这样的结果让每一个宋朝人满意。赵恒更满意，他亲切地接见了前敌指战员，尤其是自己的舅舅李继隆，勉励、抚慰、奖励，之后他才在天黑时返回了城里的行宫。

澶州北城的城楼上，留下的是宰相寇准。

历史传说，赵恒回到行宫之后，不放心，悄悄地派人去城头上看寇准正在干什么。结果肃杀凝重的前线敌楼已经变成了杯盘狼藉的歌舞场。寇准就像还在邓州当知州那样，和杨亿（神童，十一岁中进士，古今第一人）欢呼笑闹，喝酒猜拳，放肆得没有一点宰相体统。

赵恒知道后，大松了一口气——好啊，宰相这样放松，我还紧张什么呢？洗洗睡吧。

只是不知道辽国人看到了这一幕（肯定会看到，看不到寇准会非常愤怒）是什么样的心情。被羞辱了，所以要生气？还是从心底里往外冷笑，宋朝不过如此，这根本就不是军营所应该有的素质，装疯卖傻，当谁好骗吗？

古往今来，只有紧张害怕的人或者另有所图的人才会故意显得这样嚣张。

宋朝是哪种？要麻痹对方，还是要激怒对方？都谈不到吧。寇准并不是醉鬼，他最大的目的，也不过就是镇静一下自己皇帝的那颗敏感的心灵。

他了解赵恒，所以才做出了这样小丑的举动。不过他还是错了，因为正史里有这样一句话可以证明，赵恒当天晚上大概百分之八十还是当了逃兵……

赵恒登上澶州北城两天之后又搬到了北城的行营里。

赵恒重新“回”到北城御营里的那天，曹利用由张皓带领，进入了辽国的军营。宋人有史以来第一次亲眼看到了辽国皇室家族的真容。

据曹利用后来写的战争回忆录里说，萧太后还真是蛮漂亮的，虽然年纪稍大了些（五十一岁了），但真的是很迷人。当时的场面是这样的——中军大帐里最显眼的位置是一辆大车，车上坐着两个人，一男一女，即萧燕燕女士和韩德让先生，辽国的现任皇帝耶律隆绪反而和臣子们扎堆坐在下首，而且举止动态间都是一群很没有礼貌的家伙（仪容甚简）。

曹利用的待遇和辽国的皇帝一样，坐在车下面，北方人实在，先给他来了顿吃的。没桌子，就放在车辕的横木上，他们是边吃边聊，像商量这辆契丹牌大马车到底值多少钱一样，讨论了一下要让宋、辽之间不再继续死掐，得互相让什么样的步，开出怎样的价码。

谈不拢。历史上没说第一回合萧太后怎样漫天要价的，也没说曹利用这只超级铁公鸡如何着急还价的，反正结局是辽国选出了自己的和谈大使，叫韩杞，让他跟着曹利用去见一下宋朝的皇帝，探探汉人兄弟的真正意思。

到了宋朝的地界，一切就都不一样了。接待工作变得正规、专业，人员分派极有讲究。先由一个人到郊外去迎接，是澶州的知州何承矩。

何承矩是位老边疆了，契丹人和他互相知根知底，见面就都知道，大家老实点，诚信第一才好做买卖。

到了澶州城的大门边，由另一位知识性人才、翰林学士赵安仁接替。赵先生博学多才，善于交际，由他来正式担任契丹使者的全程陪护，当时简称“接伴”。

辽使者韩杞别想像曹利用那样，随便就能见着天朝上国的皇帝，至于同车吃饭更加想都不要想。

他得先在行宫的前殿，向七八堵高墙之外的赵恒跪倒，把国书递交给宋朝皇帝的代表（合门使者），然后到一边凉快去，静等皇帝的反馈意见。

辽国国书就此进入宋廷，按规矩寇准等人的宰相群落还没资格动它，得由专人（内侍省副都知阎承翰）来启封，然后才能交给各位宰相大佬去阅读理解。再之后，宰相们有了一个集体认可的解读之后，才能交给皇帝来看，等到皇帝也有了理解之后，再互相交流。

交流的第一句话是，宰相们说：“辽国国母说了，让臣等代为向您致敬，问候您的起居状态，祝身体健康。”

中原的皇帝有点心不在焉，没理这个茬。他直接问：“爱卿们，现在契丹人的开价到了，果然与我所料相同，要关南的土地，我们怎么办？”

这时，才透露出辽国国书的内容，要想停战，必须把当年后周世宗皇帝柴荣抢到的三关、三州、十七县还给他们。因为，那是当年他们的乖儿子石敬瑭孝敬他们的！

反对暴力！抗议抢劫！把契丹人民应得的财产还回来！

面对这样的质问和愤慨，赵恒被气得没法正常说话，经过全体宰相群落的共同劝解，以及各种可行性参考建议的提请之后，他才整理了一下思绪，给整个和谈的宋方基调再次定性：

第一，要土地，一寸都不给。

第二，看你们辽国人太穷，给你们点钱是可以的。但不是一次性，得分批分期地给。也就是说，今年乖了今年就有压岁钱，要不然一毛钱都没有！

第三，这些话由曹利用和韩杞两个人口述就行了，先别写进正规的国书里，契丹人没开化，或许给个棒槌就当针，还以为谈判就此破裂了呢……

以上就是宋朝对辽国的第一次开价的回应。可以说原则没变，气节没丢，进行实体操作时，却出了点小问题——用什么格式体裁来写这封国书呢？也就是说，要用赵恒式的？不过一直也没通过信啊。用赵恒他老爸式的？那格调就颓了些，没什么光彩……最后决定，用他大伯父赵匡胤式的，当年他大伯父对辽国人又拉又打，能互相通使，友好相称，也能拔刀猛干，一切都占据了绝对上风。

所以，还是占上风的好……可问题居然又出现了。

大伯父当年是咋写的啊？

离开封实在太远了，诏书阁里完好无损地保留着当年的每一封来往国书，都成了文物了。眼前的这些随征大臣，没一个曾经看过、记得的！

天无绝人之路，接待专员赵安仁先生慢悠悠地走了上来，说这太简单了，本人什么都记得，拿笔来！

唰唰点点，一会儿写完。下面的程序就是给辽国人钱，是使者的跑腿费。给韩杞一大堆好东西，包括“裘衣、金带、鞍马、器币”，比曹利用的那顿饭贵了太多。而且临走前，姓韩的辽国人得了便宜还卖乖。

此人把宋朝皇帝御赐的衣服脱下来了，换上了契丹人的“左衽”服。谁都知道他是什么意思，此人还笑嘻嘻地解释——宋朝的衣服非常好，只是太长了，我穿着不习惯。

他就是要给契丹人提提气，近距离地恶心宋朝皇帝！

赵安仁是“接伴”，文明人说了些“理智”的话：“你要到正殿去接受我国的国书了，要是不穿我们皇帝赏给你的衣服，你觉得行吗？”

聪明话讲给聪明人听，韩杞一下子就全明白了。现在国书还没到手呢，要是穿成了个讨厌样，惹得宋朝皇帝不高兴，一怒之下取消和谈，或者来个节外生枝，他怎么办？萧太后会夸他真有契丹族人种优越情结，还是会一刀砍了他这个成事不足，败事有余的笨蛋？更何况现在是战争状态，“两国相争，不斩来使”，那是唱戏。真砍了他，又能怎样？

想来想去，有点冷，韩杞立即换衣衫，除了发型没法变之外（契丹人髡发秃头，剃光中央的头发，变成秃顶，保留四周的，但不结辫），其余完全成了一个宋朝人。然后才顺利地接受了宋朝的国书，完成这次的任务。

按程序，他还得带着国书和宋朝使者曹利用再回到辽国军营，下一个回合的价钱还得继续谈。

曹利用高调进入辽营，一个人面对整个契丹狼群，韩杞还给他介绍了一个新朋友，叫高正始，是辽国的政事舍人，这时担任契丹方面的“接伴”。

你好，你好！火花乱冒！曹、高两人都知道，自己的任务就是要让对方窝火跳脚。

谈判第二阶段开始。

赵恒的回书不管用，辽国方面一开口还是关南的土地，no 土地，no 和谈，没得商量。而且萧太后亲自出马，一点都不回避柴荣的名字，“后周世宗皇帝”强抢土地，没有天理，宋朝理应归还！

铁公鸡曹利用迅速进入状态：“后晋和后周时候的事，本朝一概不知，与我们何干？老实对你们讲，土地的事，我根本就不敢对我们的皇帝提，就算是钱币，给与不给，都在两可之间！”

一口回绝，斩钉截铁，在最开始的时候就断了契丹人的幻想。当然，当时很多人都以为他疯了，尤其是他面前的这些契丹人。他们奇怪，既然这样，你这个和谈大使还来干什么？直接开战好了！这样半点诚意都没有，是找个机会近距离直接气我们的太后、皇帝的吧？

盛怒之下，辽国全体君臣都认为宋朝的这个使者很变态，不和他谈了，直接去找宋朝的皇帝说话。于是赵恒就在澶州城里又见到了辽国的另一位使者，姓名不知，是个监门大将军，再次重申辽国对关南土地的合法所有权。

赵恒只回复了一句话——曹利用全权代表宋朝，有话找他说去。

于是契丹人只好再次回到谈判桌前，但是曹利用却开始心慌胆战……真正的时刻到了，时间不能再拖，结局必须尽快出现，宋朝上下都知道，他们根本拖不起。辽军有它的“撒手锏”，比如现在黄河已经结冰，辽军随时可以踏冰过河，那时全骑兵兵种游弋在宋朝柔软的腹地，让宋朝军民怎么办？

全民皆兵不现实，让步兵去围追堵截骑兵难度系数更大，这都是摆在眼前的现实问题。更要命的是，他现在非常清楚，宋朝根本就没有发动战争的可能！

他完全是在虚张声势，以便为宋朝尽量争得一个能够接受的议和价码。

临出发前，他曾经和皇帝单独相处过。两人各有一句极其重要的话。

赵恒说：“……购买和平的价格上限是每年一百万两白银。”

曹利用的话是：“陛下别急，臣的侍者里有懂契丹话的，曾经偷听到韩杞对他手下人说的话，澶州北营的官兵让他们震惊。这次臣去谈判，会仔细查看对方的军营，如果他们有非分之想，就请皇上派兵剿灭他们。”

之后赵恒没有回答。曹利用刚刚出行宫，就被寇准逮着了。

寇准也对他说了一句话：“……皇帝说上限是一百万两，可要是超过了三十万两，我就砍你的脑袋！”拂袖而去，再不啰唆。

曹利用感到的却不是害怕，而是难过。

寇准最先的两府职称是西府方面的副枢密使，对他来说是老上级，说什么都得听着。但是这样强悍的威胁，却透出了一个无比真实的遗憾——寇准也在强调和谈的价格了，也就是说，再不是主战！

这还只是他的个人推测，他不知道的是，寇准和赵恒之间也有过几句秘密的对答。

赵恒：“……我要和谈，我要花钱免灾。”

寇准："反对！"

赵恒："……"

寇准："陛下，这是千载一时的好机会啊！现在辽国人已经是瓮中之鳖，前面有李继隆的禁军，后边有十五万人的定州大阵，更后边杨延昭都已经杀进辽国境内了！只要抓住机会，萧太后等人就在劫难逃。到那时不仅仅是一劳永逸解除警报，甚至连燕云十六州也都可以收回来，让契丹人就此服输称臣！"

寇准越说越亢奋激昂，他相信，这是每一个汉人所追求的最终梦想，是可以用所有代价去换取的千秋伟业。但是可悲的是，他和赵恒就此变成了两个极端，一个是火，一个是冰，冰火不相融。那一天，寇准只能默默地告退。

无论是他本人，还是其他任何人，都不相信他会就此罢休，不然他就不会再是把赵光义摁住听报告的寇准，更不是刚刚还把皇帝"绑架"到前线的那个人！

可是，几乎也就半天时间，他就彻底放弃了眼前这个超级宏伟的蓝图。再不提什么打仗了，也不再幻想燕云诸州和长城天险，寇准黯淡地转身走开，所做的唯一努力就是警告曹利用，给国家省点钱，别让后世子孙负担太重！

因为，已经有流言出现，说寇准一心一意想打仗，就是想借机独揽大权，不仅把持朝纲，还要以此挟持皇上……

曹利用就是在这种背景下，梗着脖子向辽国叫板。按说他的本意是好的，出发点是崇高的，但是实际操作起来，就是在找死。

因为他只知己而不知彼。他只知道价钱杀不下去，寇老板会砍他的头，但是根本就不知道辽国方面真正的底细。

比如说，辽国近七年来为什么不停地打仗？为什么这一次不管不顾地一再纵深穿插？这样有决心，却又为什么从最开始就通过私人渠道（王继忠）表示和谈诚意……这些东西都没搞清，你凭什么和人家谈价钱？

但是不怕，既然自己有了一定之规，铁了心做只不掉毛的大公鸡，那么无论对方怎样，都完全是对方的事。这时曹利用开出了价钱，然后就稳住情绪，静等辽国人还价。

还价的人选出了意外，不是正使韩杞，却是辽国的“接伴”高正始。此人目露神光，跳出来的第一句话就杀气腾腾：“这次我们大辽国御驾亲征，为的就是关南的土地。如果达不到愿望，根本没脸回去见人！”

隔上一千多年，这句话都能把人气乐了。宋朝就算再善良过度，同情心泛滥，也不至于把大片的土地当成遮羞费无偿送给辽国皇帝！

曹利用一听心花怒放，南朝文人一瞬间就把契丹人的嘴脸解读归纳成了一句成语——“色厉内荏”。别装了，辽国人心更虚！

利好，立即跟进，曹利用变得更加强硬，他对着高正始，更是对着幕后的萧太后、韩德让以及耶律隆绪，说出了历史记载中的最后一句谈判关键词：“我来谈判，就随时准备去死。只要你们辽国不后悔，就只管贪婪到底，乱提要求，那么土地你们别想得到，就连眼前的战争也别想停息！”

这一句之后，全体辽国人就此沉默，什么都结束了。不管是不是巧合，曹利用都正中他们的要害，辽国国家制度，最核心处的那个致命缺陷，被宋朝人抓住了。

一言以蔽之，辽国的死穴就在于它的“军制”，比如说“斡鲁朵”，它就像是汉人曾经有过的藩镇，国中之国，它让辽国始终都保持着旺盛的军队实力，同时还不断滋长着辽人“尚武”的风气。

因为它能让士兵们抛头露脸，扬名立万啊。于是不断地打仗，不断涌现出“英雄人物”，这些人物转过来就手握兵权，更盼着打仗。这样循环下去，每打一仗，军队的实权就不断地下放到军队首脑、斡鲁朵首领的手里，辽国的皇帝就逐渐被架空。

这基本也是所有游牧民族的顽疾，不治之症，这种制度上的病毒，不仅仅是辽、金，就算到后来的清朝时都不好收拾。

比如说皇太极在刚刚登基时，得把军权最盛的另外三位兄台同时请上金殿，一张龙椅四人坐，才能平稳下当时的局面。说到处理得当，只有蒙古，就像奇迹一样，成吉思汗在最初时就把部落混编成了军队，自己成了军队的唯一指挥者。真搞不懂，他是怎样做到的，既有“杯酒释兵权”的和谐，又能让将领们继续忠心效力。或许这就是他无敌于天下的一大原因吧。

回头说契丹，萧太后和韩德让非常清楚自己的危机，他们打定的主意就是“以战迫和”。一方面不停地修理赵恒，让宋朝从赵光义时代的颓势中缓不过气来；另一方面借机向国内“诸藩镇”炫耀武力战功，证明最强的“斡鲁朵”一直都在皇帝的手中。

这一点极重要，不久之后，萧太后就要面对当时第二强的斡鲁朵的挑战。

但这不是长久之道，仗如果总打下去，终有一天“藩镇”的力量会强大到一个难以制服的级数。而且萧太后今年已经五十一岁了，她不可能长生不老，如果在她生前不能彻底解决这件事，那么等到她的儿子单独做皇帝时，既要面对宋朝的报复，还要紧紧压制国内的诸侯，那样的局面会让她死不瞑目的！

所以他们才会不断地进兵，跳跃性地逼近宋朝的心脏，用尽办法把宋朝的皇帝逼到必须讲和的地步，而且这个火候、时机还要精确把握，因为绝不能决战。辽军这时的战斗力，就算不计算士气的话，也只剩下了大约十二万人！

御营被打劫过，野战曾经失利过，尤其是刚刚萧挞凛的死亡。那是意外，但严格地讲，辽国人也没什么借口好找，因为在他中箭之前，李继隆已经堂堂正正地击败了他！还拿什么打啊……可是还必须得谈下来个光辉体面的撤军方案，不然回国之后，他们将面临一个更大的噩梦。

那一天，黑云压顶，契丹人不得不对曹利用低头，眼睁睁地看着他非常诡秘地伸出了三根手指头，那就是大宋朝能给他们的“劳务费”的最大值。

折腾了七年多，再连续玩命一百多天，前后死了十多万军人，换来的只是这个数——绢二十万匹、银十万两，合计每年约三十万两白银。

太少了！为了让这个数字变大，越来越大，契丹人都下定了决心要让和平尽量延长，好让这份合约无限升值！为此，他们把曹利用请进了一间密室里，去见一个传说中该死却没死的人。

王继忠。

通过王继忠，辽国传达了另两个要求：第一，为了两国邦交的正常化，并且在正常化之上再来点亲密化，是不是可以让宋、辽两国的皇帝变成兄弟呢？我们辽国的皇帝岁数小些，吃点亏，当弟弟好了。第二，既然宋朝是哥哥，那么就要厚道些。以后的和平岁月里，千万别再在边关附近挖大沟、建城堡让俺们提心吊胆，那样的日子没法过的。

如果同意，那就请双方立誓，并形成书面文字，以此为证“百年好合”。

现在辽国一方的誓书已经先期写好了，就请曹使者带回去，并转达王继忠的怀念之情，希望赵宋官家也能感动……就这样，曹利用带着每年三十万两白银的要债条和一封兄弟情深的投名状，以及一位叫姚柬之的辽国右监门卫大将军（不知是不是上次那位）往回赶。进了澶州城，把姚将军扔给了赵安仁去“接伴”，他自己赶赴行宫，去向皇帝汇报。

他实在太敬业了，正赶上了饭口时间。赵恒正在用膳中，皇家礼仪，这时候任何人不得打扰皇帝。隔着一道门帘，曹利用急，赵恒更急，到底和谈成没成，到底从此每年都欠多少债，总得有个数才能吃得下去饭吧？

为此，他特派了一个小太监到门帘外面去问，结果他就变得和之前的契丹人一样郁闷。

曹利用就是不说，理由非常充分，这样的大事，只能当面禀报。所谓法不传六耳，这是国家的超级机密！

当然超级，后来有很多人都说，曹利用这时是别有用心，最起码也是在吊赵恒的胃口，想给自己捞点好处（事实上也真捞到了）。但另一个事实是，他谈回来的条件并不是定议，宋朝的皇帝如果觉得不爽，完全可以否了这次，接着再谈。

如果事先把内容泄露了出去，弄得尽人皆知，想想宋朝会有怎样的后果？不是说以后再谈会怎样被动的事，小心着民心士气严重受挫，打得正来劲，居然要赔款谢罪，还是每年赔款谢罪！这还怎么玩？谁还愿意再陪着赵恒玩？

所以曹利用保持沉默半点错都没有。

赵恒的好奇心无可阻挡，晚知道半小时真的会死人的。于是他一再派人出来打听，曹利用实在没办法，只好再次打出了那个经典的手势。结果三根手指伸出来，立即晴天霹雳，震得门帘里头返回到了史前冰河季。

传说中赵恒的筷子都掉地上了："三……三百万！太多了！"但是随即他就突然放松，"要是这样能了结了，也不错。"

这句话让以后千百年间无数的"仁人志士"对赵恒竖起了中指，怕战、避战、求和，都到了这步田地。一年三百万两白银，这要由多少中原百姓的民脂民膏才能换回来他一个人的太平岁月呀！自私怯懦、胆小如鼠，难怪赵宋一朝苟且偷生、狼狈度日，都是自找的！

这些稍后再议，为什么每年三百万两赵恒都能忍受，这里面是有实际依据的，绝不只是一个怕死鬼为了能平安睡觉才什么样的保护费都肯交那样简单。

说曹利用终于在他饭后觐见，说出了三十万两每年的实际数字。巨大的反差，让赵恒一瞬间登上了天堂，竟然是这样？这是真的吗？这个臣子很得力，重赏！他全盘同意了辽国的请求，在合约上签字画押，让以下条款生效：

一、宋、辽从此为兄弟之国，辽圣宗年幼，称宋真宗为兄，各自的后代依次排辈，不可乱套。

二、以白沟河为国界，双方撤兵。此后凡有越界盗贼逃犯，彼此不得收留隐藏。两国边境线上的城池守备，以现在为基准，不得修筑新城、增加战备，一切保持原样。

三、宋方每年向辽国提供“助军旅之费”银十万两、绢二十万匹。每年到雄州交割。时间大致定在了秋天。

四、双方在边境线上设置榷场（贸易集市），要做到公平讲价，和平经商，宋朝人别要诈，契丹人别强抢，尽量双赢。

签完了字，不禁让人有些茫然。这就算完事了？从公元979年宋太宗赵光义北征开始，到这时为止，宋、辽之间已经打了二十五年的仗，其间生死相搏，生灵涂炭，难道就这样说停就停下来了？

和平真的到来了吗？

是的，和平真的来了。

以上就是历史上著名的“澶渊之盟”。之所以叫澶渊，是因为古代的澶州有大湖，现在早就干了，而且在唐朝时，“渊”字犯了唐高祖的讳，像龙渊宝剑改名为龙泉宝剑那样，澶渊也改成了澶州。

合约谈成，赵恒心怀舒畅。他率领文武百官登上了澶州的南楼，观滔滔之大河，宴功高之百官，歌舞尽兴，纪此幸事。

据说，当时寇准曾经说过这样的话：“……虽然眼前平安，但数十年之后，虏（契丹）一定又生他念……何如趁此机会，一鼓聚歼，可保百年之太平！”

这时正是机会，契丹人正在退却中，士气在低落之后更见松懈。如果这时御营禁军突然追击，再命令北方的定州大阵，即田敏、魏能、杨延昭等部拦截，一定会出其不意，杀得辽人措手不及！

千载难逢的绝佳良机，如果去做，前面的和谈就是最好的烟幕弹，把辽国人彻底麻痹，多么完美的欺诈，成功之后必将万古留名！

可是赵恒却微笑着摇头，他说：“数十年之后，自然会有捍御契丹的人，我不忍心生灵涂炭，就这样吧，让和谈保持诚意。”

他下令北方的诸将各守本位，杨延昭更要从辽国境内撤回，对返程的辽军全体放行，不许阻拦截击。

历史的记载到此为止，之后的事就是赵恒如何封赏他的功臣们了。尤其是武将们，从开国时起到现在，他们总算是出人头地，风光露脸了一次。

再之后，御驾回京，天下太平。

不过，怎样想赵恒和寇准之间的谈话都不应该只有上面的那两句。请容我臆想一番，假借他们之口，把“澶渊之盟”的得失、利害以及对赵恒本人的评价高低都做一点阐述。

首先，这个合约是不是个亏本的买卖？关于这一点，相信这一君一臣都心知肚明，根本就不会讨论。

赚大了。

每年扔出去三十万两白银。看着着实肉痛，可是你知道当时宋朝在北方战线上应付一场中等级别的战争要投入怎样的国力物资吗？

那是白银三千万两以上！

这是个多么恐怖的数字，再想想近七年以来，赵恒在东北、西北甚至西南方面一共应付了多少场超级战争，就知道这三十万两连根毛都不算！

但是寇准会说：“……陛下，钱虽不多，但是头开不得。赔款仅次于割地，甚至以后就会既赔款又割地，这会后患无穷，后世子孙会有样学样的啊。”

赵恒却只微微一笑：“赔些钱就这样丑陋？那么既赔钱，还赔上女人的算是什么呢？王昭君和那笔嫁妆又怎么算呢？”

“……无论如何，眼前的机会失去了实在可惜。”寇准坚持，“契丹人已经死定了，就算他们能渡过黄河，再折腾一阵，我们的损失再大些，可剿杀了他们，也都值了！”

“真的吗？”赵恒的表情应该很落寞，伟大的宰相居然不能再想得深一层，“萧太后等人都死后，难道北方的辽国就再选不出皇帝了？那时除非我们像汉武帝那样出塞征战，彻底大胜，要不然，这样的国仇大辱，契丹人会不报复？那时兵祸连绵，什么时候是个头呢？”

寇准无言以对，但心里的话还是脱口而出：“但是，但是在历史上，陛下就会留下个避战、怕战的懦夫之名了……”

“哈哈哈哈……”赵恒的笑声回荡在冰封的黄河两岸，“为何后人要对朕如此苛刻？试问汉人中最强的刘彻要在祖、父两辈的努力之后，才能击败匈奴，为先祖刘邦洗刷耻辱；李渊也要在最初起兵时对突厥臣服，求得支持，为何不见世人对他们的嘲笑？就因为他们后代的成功？那么为什么一定要朕在父亲留下的废墟上立即崛起，把前数十年间那么多皇帝都搞不定的契丹人降服？这是什么道理？”

寇准又能怎样回答呢？更何况赵恒一定会再问一句：“这七年以来，朕难道做得还不够好吗？”

这时应该揭开一个辉煌的谜底了。这时是宋景德元年（公元 1004 年）。在之前，是宋咸平元年至六年，这里面隐藏着一个让人极度震惊的事实。

宋朝以富足、安康著称，但是历数各代的“盛世”，有宋一代，却只有一个，即“咸平之治”。赵恒在他父亲留给他的里忧外困、千疮百孔的国家里，在每年不停地与党项、契丹作战，甚至还有四川叛乱的情况下，居然让国力猛增，经济复苏，而且人文鼎盛，制度清明，就连人口数量都成倍地增长！

这是怎样的成就！难道他还需要背着什么“骂名”过日子吗？在不久之后，他开始了挥霍，花样繁多，不可思议的事情统统出笼，花了太多的钱，让后世的“学者”们对他戟指大骂，但是他无论如何都有资格对这些人竖起中指，回应一句：“都闭嘴，那都是我自己赚来的，我想怎么花，就怎么花！”

这只是赵恒自己单方面对“澶渊之盟”的见解。这件事的本质就是一个万花筒、多棱镜，一万个人对它会有两万种解读。

因为，很可能同一个人，在不同的心情下，对这件事会有一百八十度大转弯的看法。不久之后，赵恒本人就会这样。

现在跳出宋朝人的范围，也同样离契丹人远点，站在历史的天空中，俯视一下“澶渊之盟”的真正面目吧。

第一，相信大家也都看到了，写到萧挞凛死后，我的语言风格就变得嘻嘻哈哈，根本就没有半点写“宋朝十大历史事件之一”时应有的严谨和厚重。这是因为我实在是提不起精神。

这场架实事求是地说，在萧挞凛中箭死后就都结束了。双方再没有开战的可能，不过就像两个互相都心虚气短的病人在讨价还价而已。而且在商讨的过程中，眼看着有数十万把尖刀握在手里，都不敢拔出来真正地“砍”价。这太没劲了，让人拿什么来热血沸腾地写、精神百倍地看呢？

第二，从历史进程上看，宋、辽之间也没办法再打了。辽，如果没有萧燕燕出现，它已经开始衰落。游牧民族的衰落速度是极其惊人的，像匈奴、突厥，都只在两三年之间就土崩瓦解，无可挽回。契丹凭什么会例外呢？

所以打到了澶州，已经是它的极限，再敢玩下去，就是彻底的狂人加疯子。

宋朝也是这样，第二代君主的瓶颈期差点把宋朝给玩死，赵恒好不容易挺了过来。不说讲和对当时的好处怎样，只要稍微想一下美妙的前景，相信是个人都会垂涎欲滴、两眼放光——西北李继迁死了，李德明太小，而且吐蕃人还成了坚强的盟友，算是彻底安静了；辽国如果真能守信用，那么从此天下就太平了。这是从唐朝中叶开始，汉人就从来没有过的幸福日子，还不赶快狂欢庆祝一下？

如果非得要吹毛求疵，说宋朝在精神上输了，那就实在无语。赵恒的名分是“哥哥”，耶律隆绪只是“小弟”，比当年的石敬瑭的干儿子强了多少？比汉、唐两朝时的便宜大舅子又差在了哪里？

所以说，“澶渊”是宋、辽两国共同的福地，它们都在这里得到了重生的机会，但是也埋下了一百一十八年之后相继灭亡的种子！

# 第十九章 天书降、圣祖临

宋朝已故首相李沆的"圣相谶语"之一："……皇上正当盛年，应该让他了解治国的烦难。要不然，他不是被声色犬马所迷，就是要大盖宫殿、开疆拓土，或者求神拜佛去了。我老了，这些怕是看不到了，可是你要小心，将来这些都会落到你的头上！"

当时听到的人，比如此时的首相王旦，并没有在意。

宋大中祥符元年（公元1008年）正月初三，宋真宗赵恒用真宗朝剩下的所有时光印证了这一句话。当时他紧急取消年假，在崇政殿的西侧殿召见了东、西两府的主要官员。在办公的正式场合这样开始了讲话："……爱卿们，你们知道朕睡觉的地方是怎样布置的吗？"

搞什么？皇帝要自曝八卦？在场的每个人都非常认真虔诚地听着。

皇帝继续讲："是这样布置的——朕寝宫的四壁上都挂着青色的幕布，晚上和早晨要是不点灯的话，什么都看不到。可是去年的十一月二十七日，快到半夜时分，朕刚刚就寝，突然间整个房室光明大作，一片雪亮。朕正惊讶，突然一位神仙出现。他的帽子上星光闪烁，衣服像火焰一样的红色。他对朕说：'你要在正殿建黄箓道场一个月，上天将赐你《大中祥符》三篇，事先不可泄露天机。'朕悚然而起，恭迎神仙，但神仙却忽然消失了。朕马上提笔记下了神仙的吩咐，从十二月初一起，就吃素戒荤，虔诚持斋，在朝元殿建了道场，结九级彩坛，又用上好香木雕成车舆，以金珠珍宝装饰，等待神仙的赏赐。现在已经过去了一个月的期限，但仍然不敢撤去。"

下面他突然给了臣子们一个巨大的惊喜！

"就在今天早晨，就在刚才，皇城司派人奏报，说左承天门的门楼南角的鸱吻上挂着一块黄绢，不知是何物。朕惊疑不定，悄悄派人去察看，结果回奏说：'这块黄绢长约两丈多，上面系着一个像画卷的东西，外面还缠着三周青绳，缄封的地方隐约能看到有字。'朕仔细思量，这就是那位神仙所说的天赐之书啊！"

左承天门到了，香案已经摆好。皇帝亲自向那块黄绢拈香跪拜，然后命令两个太监周怀政、皇甫继明顺梯子爬上去，把黄绢以及里面包裹的东西都取下来。

礼仪从这时就已经启动，先由首相王旦接过了“天书”，跪倒奉给皇帝。赵恒也跪倒，向天书行“二拜礼”，然后那辆从神仙下凡起就雕好了的超级香车就有了用场。“天书”被放进车里，由皇帝和首相亲自步行引导，带到了朝元殿的黄篆道场。

在那里，由枢密院正使陈尧叟开启“天书”，宣读上天的旨意。庄严的时刻到了，蜀川才子陈尧叟无比荣耀、无比兴奋地解开了那块两丈多长的黄绢，只见里面果然有天书三幅，都是用黄色的字写就。但是别忙，包天书的黄绢上还有上帝亲手写的收信人姓名地址。

“赵受命，兴于宋，付于恒。居其器，守于正。世七百，九九定。”

天书既降，赵恒决定登泰山封禅。

简单解释一下“封”与“禅”。

封——解释 1：就是用土来建祭坛。因为是用来祭天，所以要和天离得近些。所以要选在泰山之巅。解释 2：是用金银绳或者特殊的泥，把呈给上天的装有祭文、印玺的匣子加封。等于是寄信时的胶水。

禅——解释 1：“禅”其实是“墠”，指开辟土地。在祭祀上，就是单指划出一块土地来祭祀地神。解释 2：与古礼“禅让”有关，有代代相传，永无断续的吉祥色彩。

这两样加在一起，就是说要“祭天”加“祭地”。

大中祥符元年（公元 1008 年）十月，连同皇帝加在一起是二十四人登上了泰山。其中有两位王爷——宁王赵元偓、舒王赵元偁。既宁且舒，口彩甚好。外加“大礼五使”等顶级官员，以及一些有头脸的太监。

山顶好风光，祭坛已经堆好了，圆形，周长五丈，高九尺，暗合“九五之尊”，青色，意为“东天青帝”，为上古第一真神。宋真宗皇帝赵恒身穿衮服、头戴冕冠，率先奠献，由他的第一臣子——首相王旦在旁跪读玉册、玉牒文字。

其辞曰：“天赐皇帝太一神策，周而复始，永绥兆人。”

这是简化的，原文三篇共分“玉牒文”“玉策文”“玉册文”，合计共有六百四十余个字，都记录下来的话估计等于上了一篇古文课，而且会让我们更加佩服赵恒。冬天的泰山极顶是非常冷的，就算他的“衮服冕冠”再特制加厚，恐怕也不是那么舒服。

之后宁王赵元偓亚献、舒王赵元偁终献，三献成礼，最后把玉册、玉牒放进金匣、玉匣中，再用金屑、乳香和成的泥把金、玉双匣封固，放入事先修造好的石函中。至此“封禅”之礼大成，山上山下齐呼万岁，宋天子独立山巅，前有古人，后无来者，顾盼自雄！

这仅仅是“东封泰山”之礼。赵恒当天下了泰山，第二天就赶到了邻近的社首山，到那里去行“禅地祇”之礼。

据说这次祭地的形式和过程跟前一天的祭天差不多。结束之后，按说和中国古代传统中的“对偶”制就差不多了（好比对联和诗文，一切对称和谐），可赵恒不这么想——我们真正的传统是天、地、人三才合一，现在已经到了山东了，你们说，下一步应该去做什么了？

人人面露惧色，低声回答——祭孔……

对头！孔子已经近在眼前，曲阜就在兖州的边儿上，在当年的十二月一日，一行人浩浩荡荡地在山东地界拐了个小弯，来到了孔夫子的老家，给老人家加官晋爵。

封孔子为“玄圣文宣王”，颜回为国公，费侯闵损等九人为郡公，成伯曾参等六十二人为侯。

之所以要祭天封禅大折腾，宋朝人私底下议论，最高尚的目的是夸耀于四邦，显示中华乃首善神眷之地，理当万国来朝，不可侵犯。

效果显著，半年之后，萧太后死了。她死之前，与辽国第二强的斡鲁朵之主——她的大姐萧胡辇火并，战而胜之，斩草除根，给她的儿子消除了隐患。

操劳一世，精疲力竭的萧燕燕垮了，身心俱疲，油尽灯枯。一生都走在命运之巅是什么感受？双手沾满鲜血，甚至是她亲人的鲜血，真的能像荷尔蒙一样去刺激神经，变得加倍凶残暴戾，更加兴致勃勃地享受杀戮吗？

无从得知，她扔下了情人、儿子，还有一个虽然内部伤残却已经收拾干净的帝国，安然死去。辽国曾经在她的手里复兴，当她死去时，她又给它打下了长期兴盛的根基。后人提起萧太后，偏激的会说她不守妇道，嗜血凶悍，是一个穿着裙子的男人，侵略成性的动物；喜欢她的人（主要是女性）羡慕她敢于追逐自己的个人幸福，而且真的完美地达到了一个女人只有做梦才能享受的快乐。

文武双全、人中龙凤的情人，听话孝顺、聪明懂事的儿子，还有那么巨大的个人资产（整个辽国啊），试想自有人类以来，这不就是无法超越的幸福的巅峰了吗？

在这一点上，汉人的各位女强人，比如汉吕雉太后、唐武曌皇帝等人，哪个比得了她呢？但这仍然归纳得不全面，萧绰女士不仅在幸福指数上让上面这些女人无法比拟，在政治成就上也让她们望尘莫及。

至少在一个排名最高的单项上她独领风骚，无可比拟——战争女神。萧太后每战必亲临前线，从宋雍熙北伐时挽救国家，到澶渊之盟给自己的民族争取到最大限度的利益，她都走在了士兵们的中间。

那时，她是一位显赫的太后，也是契丹族士兵们的祖母。为这样的女士战斗，是件光荣无憾的事。并且要说明一点，多么遗憾，汉人中久传不衰的宋朝女英雄佘太君、穆桂英的原型就是她，这位美丽、聪明、强悍但也很无情的契丹女性……

她走了，这个世界一下子黯淡了好多。

赵恒非常感激老天爷把他的契丹大婶干掉，祭天还是有用的，那么变本加厉吧！他下令开始修筑“玉清昭应宫”。本意就在名字上感激上天降下天书，天既有昭，宋必有应，所以要盖这座空前华丽奢侈的大房子。请看它到底奢华到了何种地步：

宫址定在了皇城西北天波门外旧内殿直院处。预计此宫东西长三百一十步，南北长四百三十步，共计有两千六百一十区，比他老爸赵光义时期建造的“上清宫”要整整大出一倍有余，用料之讲究，简直让人难以置信。而且是全国总动员。

史书记载：“其所用之木，则有秦、陇、岐、同之松，岚州、汾阴之柏，谭、衡、道、永、鼎、吉之杉、松、桐、楮，温、台、衢、婺之豫章，明、越之松、杉。其石则淄、郑之青石，卫州之碧石，莱州之白石，绛州之斑石，吴、越之奇石，洛水之玉石。其采色则宜圣库之银朱，桂州之丹砂，河南之赭土，衢州之朱土，梓州之石青、石绿，磁相之黛，秦、阶之雌黄，广州之藤黄，孟、泽之槐花，虢州之铅丹，信州之黄土，河南之胡粉，卫州之白垩，郓州之螺粉，兖、泽之墨，宣、歙之漆，贾谷之望石，莱、芜、兴之铁……”

就连建宫殿时的用土都有讲究，原址处的土太低劣，赵恒下令要从京城的北面取土铺垫。根据需要，要达到土层厚三至十六尺不等，这就产生了一个建筑史上的谜。

当时的土，是以人力、畜力在陆地上运过来的，还是按某些历史记载，是临时挖了一条运河，从开封的城北到西北，在水上行船运送的？现在没有遗迹了，因为相传，宫殿盖好之后，这条河就被再次填平。但无论如何，光是运土这一项，就是个让人瞠目结舌的浩大工程！

而每天在工地上干活儿的工匠就有三四万人，至于工期，最初定为十四年……

宋大中祥符六年（公元1013年）十月十一日，伟大的前所未见的超级烧钱的玉清昭应宫终于建成了。此宫在存留人间的有限日子里，被宋人心情复杂地讴歌，其中亲眼见过它的人曾这样写道：“……宫宏大瑰丽，不可名似。远而望之，但见碧瓦凌空，耸耀京国。每曦光上浮，翠彩照射，则不可正视。其中诸天殿外，二十八宿亦各一殿。楩楠杞梓，搜穷山谷，璇题金榜，不能殚纪……冠古今之壮丽矣！”

时代进步了，工艺在发展，秦朝的阿房宫、汉朝的建章宫在起步上就相形见绌，而且玉清昭应宫在建造中穷奢极侈，只要稍微有一点点的不完美处，就会把整座已经建好的房子全部拆毁重来，丝毫不肯妥协，从施工精神上就十全十美。

更绝的是全国一盘棋，它也只不过是个装东西的盒子而已。时间拿捏得极其准确，这边房子盖好，另一边建安军（今江苏仪征）也把玉皇、圣祖、宋太祖、宋太宗的铜像铸好，赵恒命令丁谓、李宗谔等人用四条大船把铜像运抵京城，良辰吉日，举国欢庆，恭迎四位神仙进驻新家……

宋大中祥符九年（公元1016年）的初夏时分，一场百年罕见的大蝗灾突然降临。先是京城附近，紧接着京东、京西、陕西、河北等路也迅速告急，蝗虫铺天盖地，不知从哪里钻出来的，一下子就覆盖了长江以北的半个中国。

宋朝应对办法是当时最时髦的——建坛、祈祷。

效果是非常好，马上就有各地的基层干部迅速上报，说“本地的蝗虫都不吃庄稼了，都在吃树枝树叶……”“本地的蝗虫出行不利，被大雨给淋着了，死尸满地，多达几千斛……”更有京城附近最靠近法坛的蝗虫的卓越表现，它们居然“纷纷绝食，自行死亡”，等于畏罪自杀了。

一片形势大好的喜人景象，只是有一天，赵恒正在吃午饭，突然间外面的阳光不见了，天地一片昏暗，他连忙派人出去看，紧跟着不等回报，自己也亲自走了出来。

只见天空中无边无沿，黑压压一片，全都是蝗虫……当天的蝗虫终于全都飞过去了，可皇帝依然站在殿外，不言不语，木然呆立。

过了好久，他才慢慢地走回了宫殿里，坐到自己的位子上，但是不吃、不喝、不说话，宛如一个木头人。好长时间之后，近侍们才发现，陛下病了。

一个声音在赵恒的耳边轰然回响，震彻他的心神灵魄：“……将以欺上天，则上天不可欺；将以愚下民，则下民不可愚；将以惑后世，则后世必不信！”

这是他的臣子孙奭对天书降、圣祖临等一系列造神运动所下的定义。其中“将以欺上天，则上天不可欺”的话一定会让他寝食不安、魂惊梦怕，因为他真的迷信。

时间到了宋乾兴元年（公元 1022 年）二月十九日，宋朝皇宫大内西北角的延庆宫，宋真宗赵恒要死了，他安静地躺着，等着生命与灵魂去天国或地府。可在他眼前所闪烁的，仍然是尘世间的幻影。

一个声音在小声地向他保证，每一个字都被写进了史书之中：“皇太子聪明睿智，天命已定，臣等竭力奉之。况皇后制裁于内，万务平允，四方向化。敢有异议，乃是谋危宗社，臣等罪当万死。”

这人是首相丁谓，长篇大论，其实完全可以归纳成一句话——皇上，你放心死吧，俺们大臣绝不欺负你的孤儿寡妇。

# 第二十章　宋朝能否不姓赵

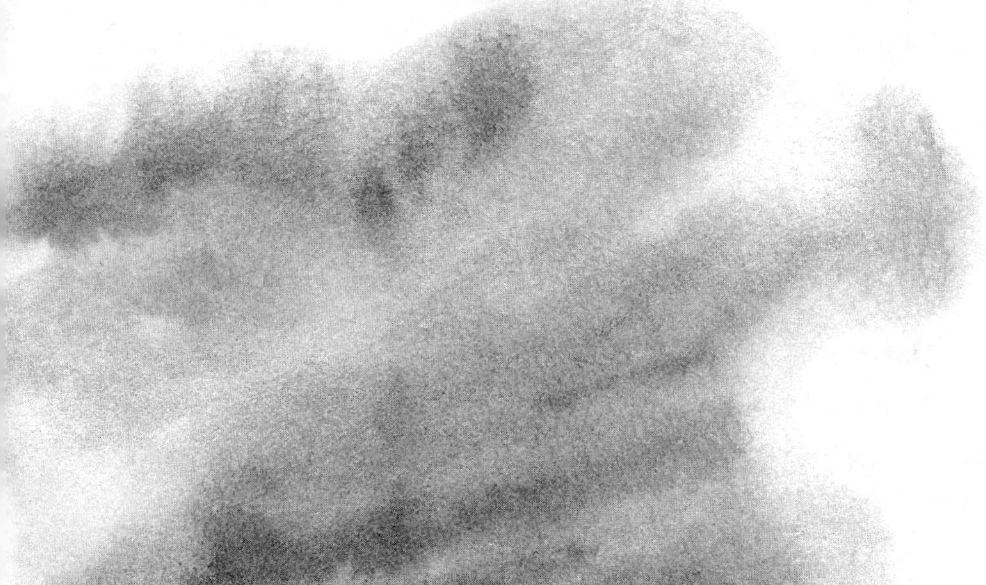

丁谓，字谓之，后改为公言。苏州长洲人，生于公元966年，当时五十七岁，正牌的科举进士。回顾一下他的履历，此人起步之高，使人头晕。他高考中举之后，第一个官职就是大理评事、饶州通判，已经是一省之副省长。只过了一年，就调回了中央，以直史馆、太子中允的身份到福建路去采访。回来之后，把当地的茶盐等重要问题来了一篇利害判断，就当上了转运使。

当他进入中枢大佬们的视线中时，寇准对他极其赏识，认为是罕见的人才，必须提拔。圣相李沆微微一笑："以丁谓为人，怎可用之？"

寇准不服："以丁谓之才，怎可不用？"

圣相不与争辩，只说："他日后悔，当思我言。"

寇准对丁谓有知遇之恩，丁谓对寇准知恩感恩，本来会成就一段佳话，奈何寇准精擅化友为敌大法，硬是把丁谓变成了仇家。话说某天一起吃工作餐，寇准的胡子掉到了汤碗里，丁谓起身，亲自为他擦拭，旁观者众，一时赞叹。

寇准一笑："参政，国之大臣，乃为官长拂须邪？"

旁观者众，丁谓大怒！

从此与寇准势不两立，终于在赵恒临终前把寇准陷害成功，踢出开封，外放远地。临行前，寇准还含泪对送行的大臣们说："你们回去问问丁谓，我寇准有何处得罪于他，竟然如此陷害我！"

至于赵恒的孤儿寡母，就要回顾一下了。

赵恒的原配夫人是宋初大将潘美的女儿，可惜这女孩儿命薄，只活了二十二岁就死了，赵恒登基之后追封为"章怀皇后"，她没有子女留下来。接下来是郭皇后，她生了赵恒的次子，叫赵玄祐。一来是皇后所生，二来其他的兄弟早死，玄祐的太子地位已经在确认之中。不过在他九岁那年，就是公元1003年五月，宋、辽望都之战王继忠被俘前后，一场大病，也死掉了。不久之后，郭皇后伤心过度，也跟着儿子走了，享年只有三十二岁。赵恒悲痛不已，破例为她服丧十二天（一天为一个月，也就是说，他为妻子守丧整一年）。

外面吃败仗，宫里死太子，赵恒满心颓丧，但更郁闷的还在后面。当时十五天之后，他的又一个儿子诞生了，不过就像逗他玩一样，才两个月也死了……从此之后，赵恒虽有后宫佳丽三千，但是再没有儿子降生，眼瞅着宋帝国蒸蒸日上，但这产业就是划不到他的名下。

直到赵恒四十二岁时，赵受益诞生。

官方说法，赵受益的妈妈姓刘，叫刘娥，当时的身份是“修仪”。按说这身份可实在太低，她上面还有修容、充媛、婉容、婉仪、顺容、贵仪等，而这还没到“妃”的级别。但是她的岁数却相当不小了，和赵恒很般配，时年四十虚岁。

人老珠黄，突然间生出了帝国的继承人，可真是不容易！参考一下她的生平，就会知道这不算什么，她的命运就是一个让人惊叹且不可复制的奇迹。客观地说，翻阅整个中国历史，从没有任何一个女人的起点像她这样低，而最终的地位却那么高。

再次对比一下吕雉和武则天。吕雉是大户人家的女儿，父亲过生日当地的官僚全来祝寿；武曌更不用说，她父亲武士彟是唐朝的开国元勋，生母杨氏是陇右大士族、隋朝宰相、遂宁公杨达的女儿，多么显赫的门第，放在任何一个朝代都是天之骄女。

刘娥只是四川成都一个无依无靠的孤女，生活所迫，在十几岁就嫁给了当地一个叫龚美的银匠做妻子。每天龚美走街串巷打造银器，刘娥就摇着拨浪鼓招徕顾客，完全是生活在饥饿线上的小市民，像蝼蚁一样朝不保夕。

她命运的转机正是因为穷困。龚美的生意不好做，决定到北方去碰碰运气。他本想扔下刘娥不管的，可刘娥却微微一笑：“我和你同去，还不知谁帮着谁。”这一路之上，刘娥摇鼓卖唱，勉强度日，和丈夫千山万水走进了宋朝的国都开封城。

却不料天子脚下万物皆备，一个在边远山区都混不下去的手艺人，凭什么在这里立足生根？穷极无聊，龚美做了一个让人没法评说的决定——卖掉刘娥。

鄙视他无耻、薄幸，一个男人居然能想到卖老婆度日，还是赞同他该放手时就放手，没法养活女人，就让她再走一家去享福？人生有太多没法说的东西了，可这竟然暗合了一位贵人的心意。

命运之轮开始旋转，就像《易经》所说的“否极泰来”，刘娥开始了她的传奇人生。

当时的襄亲王赵恒和所有北方的少年一样，梦想着南国佳丽，他尤其认为四川的女孩儿才最理想。因为她们“多才慧”，既善解人意，又能当家理财。

龚美真的把刘娥卖了，买家是一位姓张的襄王府的给事。此人眼光独到，立即上交给赵恒。天知道是什么样的缘分，刘娥和这位亲王的出身截然不同，受教育的程度天差地远，可两人居然一见钟情，立即无可救药，坠入了爱河。

转眼间冬天来临，刘娥招人嫉恨了，不是赵恒的妻妾们，第一个跳出来的是赵恒的奶娘。这位老太太把这事儿捅到了赵恒老爸赵光义那里去，说赵恒不务正业，连身体都被这个四川妹给搞坏了……

赵老爸大怒，勒令赵恒立即把刘娥赶出王府，永远不许往来。刘娥只能黯然出府，悄悄地躲进了那位张给事的家里。张给事为了避嫌，从那天起就吃住都在襄王府里，再不回家。从此刘娥因祸得福，无论在与赵恒的爱恋关系上，还是在个人的学识修养上，都得到了长足的进步。

说恋爱，得不到的才是好的，有距离才有美感。赵恒每天要偷偷摸摸地溜到刘娥的身边，而且还要时刻提防，晚来早走，那是怎样的急迫和私密感的愉悦？

说学识，张给事就是后来大名鼎鼎的张旻，纵横沙场，与辽军血战，也是位文武双全的好男儿。他家里藏书相当多，刘娥每天畅游书海，不仅学会了吟诗作对，更重要的是博览群书，在政治上、经济上都成了行家里手。

美貌加学识，外加从底层社会里挣扎过来的苦难经历，让她面面俱到，成了日后那个既能上得庙堂，更能了解厨房的全能高手，没人能骗得了她！可就算是这样，她身上还是有两个没法弥补的致命伤：第一，出身；第二，不生养。

关于第一，可真是没办法。从古到今，就算是叫花子成亲，都要讲究一下你是在北京要饭的，我是在上海要饭的，然后双方才会互相认可，不错，可以组成一个家庭。何况是皇帝的老婆。

赵恒是真爱她，多少年来不止一次地伪造档案，要合法地提升她的地位。说她家原籍太原，父祖两辈都是五代时的高级将领，是战乱让她流离失所到四川去的。可谁信呢？她从一个见不得光的侍妾，到美人、修仪，都是一步一个争执、一提一个对头地挺上来的。就连当年的“圣相”都对她嗤之以鼻，其他那些修养差些的官儿，简直就是冷嘲热讽，让她下不来台。

这些在稍后的时光里再具体说明。

说第二，就更没办法了。有鉴于赵恒曾经有过五个儿子，所以他的身体一定是很健康的。问题出在刘娥自己的身上。

这可真是悲哀，女人的肚子不争气，就算是现代，也一样是婚姻以及身份的天敌。时光一天天地流逝，刘娥在一天天地变老，希望渺茫，可是真正强悍的人生永远都没有“不可能”这三个字，这不孩子真的生出来了吗！

虽然到底谁才是真正的“孩子他妈”，另有讲究……可刘娥就是有这样的能耐，人人都知道，却谁也不敢说出来。看看后宫里都还有些谁吧，至少有三位在出身和地位上远远高于她，但都由于这样或者那样的原因被她拿下：杜氏、沈氏、杨氏。

先说杜氏，这位女士是自作孽不可活。她本是宋朝第一太后、赵匡胤老妈杜夫人的娘家人。生来高高在上，谁都得低低在下。具体的表现就是连赵恒的面子都不给。话说赵恒在祭泰山前，曾经正式下诏提倡节俭，皇宫里的具体要求就是谁也不许穿销金衣服。

人人遵守，杜氏不干，她不仅穿了，还穿到了迎接赵恒祭泰山回京的欢迎大会上。众目睽睽，赵恒勃然大怒，去出家吧，当个女道士，从此永远不想再见到你！

再说沈氏，这是前宰相沈义伦的女儿，名门高第，真正的千金小姐。

最后说杨氏，这是刘娥的老乡，也是四川人。她的父、祖两辈倒真的都是武官，就算级别不高，也都有据可查。但这又有什么用呢？人是一种特殊的动物，走进了一个新群体，就开始自然分层。

你是不是人上人，与你最初进入时的排名没有关系。总有些人会以负数杀进，以满分胜出。就是没有道理可讲。刘娥在公元1013年二月二十七日受封为皇后，抢在赵恒去世之前，站到了决定性的位置上。

据史书记载，赵恒死了，两府高官立即跪倒在地，一片哭声，难过得一塌糊涂。当时刘皇后从屏风后面走了出来，她格外冷静，凛然说出了自己在正史中留下的最初的八个字——“有日哭在，且听处分”。

都别号了，我有话说！

多么简明扼要，掷地有声，完全是一个强者形象，非常符合她在历史中的地位。但很可惜，是符合她以后的历史地位。在当时，她说出这八个字之后，就立即被踢出舞台，到一边凉快去了。

因为丁谓想做同样的事。

先商议皇帝、太后的日常工作时间表。

感觉良好的副宰相王曾率先讲话，状元博古通今，他提议要援引历史上太后当国次数最频繁、效果最显著的东汉王朝为先例，请太后与小皇帝每五天上朝办公一次，地点设在正规场合随明殿。连具体的办公桌摆放次序都已经找到了经典。

皇帝在左，太后在右，与群臣之间以帘幕隔开。

丁相公提出动议，王曾的办法不好，我的才对。我提议，鉴于皇帝太小、太后操劳，每个月只上朝两次，就在朔、望两日（即阴历每月初一、十五）。具体的办公方式，有大事的话，请太后、皇帝召见宰执大臣们共同解决；没有大事，请太后和皇帝就安生地休息，静等皇帝长大。

俺们大臣负责一切事务，等有了解决办法之后，会由大太监雷允恭传递到后宫里，只要太后和皇帝签个字、盖个章就行了。

彻底抢班夺权。

每一个宰执大臣都等着丁谓被刘娥否决，然而出乎所有人意料，刘娥居然同意了。大宋王朝的行政管理命脉就此真的落入了丁谓的手中！

这是为什么呢？刘娥不是真的有什么心理障碍，刚巧这时候犯病了吧？

刘娥是谨慎的人，她被丁谓吓到了，要小心思考目前的状况。

丁谓在这期间就像厉鬼附身，其凶悍无情的程度，让后来权倾朝野数十年不倒的宋朝第一流奸邪权相如蔡京、贾似道之流都望尘莫及。他做事做绝，毫无顾忌。

清算恩仇，杀人到底。矛头指向老冤家寇准、李迪。

现道州司马寇准再贬为雷州司户参军；现户部侍郎、知郓州李迪贬为衡州团练副使。两位前宰相彻底威名扫地。

再把他们的罪名播于中外，让契丹人、党项人、高丽人都知道，这两个道貌岸然、声名显赫的人都是什么德行。

贬官制的规格很高，由知制诰宋绶来写。根据丁谓的要求，给寇准批了四个字："为臣不忠"；给李迪的是："附下济恶"。

两位分别赶赴道州、郓州的使者的行囊装扮，预示着寇准、李迪就要死了。他们的坐骑上以锦囊各包着一柄长剑，任谁都知道，那是去赐人一死的朝典。

李迪在使者到达之后万念俱灰，他在接旨之前就选择了自杀。被他的儿子救下来没死成，接着的遭遇就更惨。他被剥夺了自由，关了起来。如果有来探望他的亲朋部属，那位使者也不拦着，只是当面一一记下各人的名字。如果有谁送来了吃的，就摆在那里任它霉烂，李迪半口都别想吃到。

一切都合理合法，自杀是你自己搞的，探病的我也没拦着，任谁也说不出个"不"字。就这样，李迪都快饿死了，他儿子都不敢出头。终于有一个宾客忍无可忍地跳了出来。此人名叫郑余，是个硬汉，开场就把天窗挑开了，跟这位杀人的天使说说亮话。

咱们明说了吧，你就是在讨好丁谓，想害死我的主公。现在你听好，我郑余不怕死，你要是弄死了我的主公，我就要你死！

直到这时，该使者才宣读了诏书，李迪才得以到衡州去上任，继续当他的官。

道州城里是另一番景象，使者直入府衙，发现里面正欢歌宴饮。酒香扑鼻，歌声绕梁，寇准的标准生活仍然在继续。不管使者怎样装腔作势，寇准无动于衷，僵持很久才问："如果朝廷要赐死寇准，请把诏书拿来我看。"

镇定风度远比李迪乃至几十年以后的苏轼要强得多。

寇准哈哈一笑，脱掉刚刚借穿的一件官袍，招呼宾朋再次入座，我们接着喝！

明日天涯远，有酒今朝乐。雷州，那真是千山万水之外，海天相接之处了，我寇准可能再无回日，但生当尽欢，死要无憾，这一生，过得值了！

话说某一天小皇帝赵祯忽然感觉很不舒服，说什么都不起床。可是早朝的时间却到了，刘娥说，大家到我这里来上班吧。

全体宰执沉默，不回答。

丁谓当时请病假没来上班，闻讯急火火从家里赶来，他清晰地解读出了刘娥的真正意图。

太后不是要垂帘听政，而是要独自听政了！

丁谓直接进宫，把政事堂里所有的同僚都扔到一边，去单挑太后。说出来的话冠冕堂皇，义正词严：“臣等止闻今上皇帝传宝受遗，若移大政于他处，则社稷之理不顾，难敢遵禀。”

于他处——别管是不是皇帝他妈的住处，也不行!

斩钉截铁，丁谓高举祖宗家法，以及先皇赵恒的牌位，把同样铁腕的刘太后砸得满天金条，哑口无言。

丁谓转身出宫，又找政事堂的麻烦，苗头直接对准了通风报信的冯拯：“诸位怎能这样没种？何必等我，当时就该直接驳回！”

一片宰相枢密都低下头去，人人老实听训。

丁谓这才觉得爽了些，想了想已经连续口吐霹雳，把宋朝两处最高级别的办公室都轰炸了，而且目的达到，他才心满意足地到后边更衣室里换衣服去了（上厕所）。敢情他也急，把什么都忍住了冲进宫的。

在他的身后，冯拯的脸色变得铁青，他悄悄地对另一位参知政事鲁宗道说：“这人只想自己做周公，却让咱们去当王莽、董卓！”

实在！这才说到了点子上。丁谓就是要当周公。周公，即周武王之弟周姬旦，当年周武王早死，新君年幼，周公军政大权一把抓，里里外外事无巨细什么都做，最终奠定周朝八百年基业。现在的宋朝是不是与当年的周朝很像呢?

赵恒死得很“暴”，赵祯又这么小，丁谓熟读史书，更精研宋初三代的历史转变，他的行为证明了他肯定是第一个看到了那个“真相”的人。

真相，即转变。宰相之权在中国历代王朝中的增强或衰弱，在宋初三代的消亡又突然间的强盛，这都是必须要想，而且看准了就要去做的!

简单回顾相权以及与国君的地位比较。在汉朝以前，或者说秦始皇统一天下之前，宰相是可以和皇帝促膝相谈的。也就是说，两人都以古礼跪坐，近到了膝盖相碰，互相亲切且私密地交流天下大事、治国之道。

再之后就是坐而论道。

秦皇、汉帝之后，皇帝高高在上，大殿御座之旁神圣不可侵犯，无论是谁都别想靠近皇帝的方寸之地。但宰相们有座位，并且有茶水，当家人还是很有地位的。

接下来就是赵匡胤了，历史传说赵先生出身五代时的武人，对文官们天生就不大感冒，何况还要收回君权，来个强干弱枝。于是他在把相权一分为三之后，还在某天耍了个小花招。那时还是范质、王溥、魏仁浦当宰相，手拿文本正常说事，赵匡胤突然说，爱卿们暂且闭嘴，我眼睛突然间花了，看不清你们，近前来，咱们离近了好说话。

三位宰相起身离座，近前回话。结果办公完毕再回头时，座位全都不见了……从此以后，就连大宋第一宰相赵普都得站着上殿，挺直了做人，永远"脚踏实地"。这也就成了宋朝的规矩。

可是人间的事就是个不一定，你有了铁打的规矩，还得有铁打的人，才能把规矩变成法律。

到了赵光义时，人生就无奈了。败仗太多，可正因为失败，才更不能对武人放权，要加倍警惕！所以文臣们，尤其是宰相们的行情迅速看涨，如吕蒙正都敢当面让皇帝下不来台。可终赵二一朝，所有的宰相都没有实权，聪明强悍的光义把他们当走马灯玩，连千古人杰赵普都只有活活累死的份儿。

但到了赵恒时期突然风云变幻，宰相瞬间就高大威猛、神武英明了。因为那位可怕的大胖子衰神吕端。

没有吕端，赵恒就别想当上皇帝，而且他一直活在老而不死、伤而不废的伟大父亲赵光义的阴影之下，在亲政的初期啥也不懂，必须得由一大堆的前太子宾客加老师，如圣相李沆等人来帮助指导，这样才能勉强把当时千疮百孔、外焦里嫩的宋朝治理好。可一个大后遗症也在此时生成——宰相是老师加恩人了，皇帝变成了孙子加徒弟，每个人都可以称颂宋真宗赵恒的仁慈和开明，但他也是千古以来最弱势、最没法独裁的一位皇帝。

当然，被造反推翻的那些例外。

那么到了赵恒死、赵祯十三岁，尤其是刘娥还只是深宫里的太后的关口，相权与君权的对比又会发生什么样的变化呢?

后人可以根据史实来推算，那会一目了然，毫厘不差。可是身当其时的宰相们又得怎样才能给自己定位呢？创造历史的人，永远不知道下一秒会发生什么事。

变化，如同二十五年前一样，每个人都要给自己重新定位。

这就需要试探，丁谓已经给出了答案，貌似也得到了他想要的东西，现在就看刘娥和其他人怎样出招了。事情很快见分晓，因为有件事等不得。

给赵恒修坟。

丁谓身为首相，自然成为主导——山陵使，具体的施工监督任务由大太监雷允恭负责。雷允恭的“大”，大到了身兼西京作坊使、普州刺史、入内押班等内外数职；再说他的风光，此太监已经飞黄腾达、左右逢源，成了皇宫与外界联系的唯一桥梁，不仅皇帝、太后对他另眼相看，就连处于巅峰状态的丁谓都对他“深德之”。

感恩戴德。没有他，丁谓就将失去对皇宫内部的控制。

雷允恭积极表现,为了让赵家得到最好的墓地,他擅自把赵恒的坟向上挪了一百步，然后地基涌出了地下水。

这纯粹是雷允恭的个人行为，但落在王曾的眼里，瞬间就把几件事捏合到了一起。雷允恭、洛阳、山陵副使、严重渎职，丁谓、开封、山陵正使、不在现场……但是是他指使雷允恭这么做的!

无中生有，但是联想无罪。

为了让这个创意变成现实，王曾又再次开动了脑筋，耍了个小花招。某一天，他像闲聊一样对其他的宰执大臣说：“真遗憾，我到现在也没个儿子，太悲哀了……”

大家一致同意，这可真悲哀。

王曾继续说："但幸运的是我弟弟有办法，他儿子一大堆，已经说好了，他分我一个，明天退朝后我就向太后单独请示。"

大家再次同意，没意见，而且目光中都显得非常喜悦和暧昧。想不到啊，你王曾也有今天，这是也想像我们一样给自己未来的"儿子"讨恩荫（官宦子弟，不必科考就有出身了）。这很好，以后大家一般黑，你也就没法再拿这个跟我们唠叨。

于是第二天退朝后，王曾名正言顺地单独与太后会面。当他小心地说出把雷允恭和丁谓捆绑在一起销售的独特创意后，相信刘娥一定万分激动，恨不得跳起来紧紧拥抱他，才能表达自己的感激之情。

她终于盼到了，原来真还有人敢主动帮她去对付丁谓！

刘娥也想出了一个小花招，她要让其他所有的宰执大臣都表明身份立场，到底你姓丁还是姓刘，马上站好队伍！

丁谓被召进宫中，当场向太后解释皇陵地基出水事件。丁谓集中精神努力辩解，要把自己和雷允恭的猪头行为区别开来。效果也貌似相当不错，自从他开始演讲起，帘幕中就静悄悄的，自始至终都没有打断他，更没有呵斥和指责。于是他就不停地讲，再三地讲，直到突然一个小内侍出现，把帘幕拉起。

"相公在和谁说话？太后与皇帝早就走了。"

丁谓大惊失色，只见帘幕后面空空如也，什么也没有。这不是申斥是蔑视，这不是指责是污辱！堂堂当朝首相，正在举国无敌的时候，居然被人要得声情并茂地面对一团空气演讲！

当天丁谓窘迫交加，无计可施，没法愤怒，更不敢请求接见当场质问。他只能选择手持笏板叩头退下，依礼回家听参。消息迅速传遍了开封官场，每一个稍有头脸的大臣都知道了丁谓丁相公刚刚出了怎样的洋相。

更不用说冯拯、曹利用、任中正、钱惟演、张士逊、鲁宗道、吕夷简等顶级大臣。

重新审视一下这些人，冯拯，以当年寇准押着皇帝上战场的威势，他都敢在澶州北城的桥上跟寇准唱反调。你丁谓充其量只是比寇准坏，绝对没有寇准强，为什么要屈服？

曹利用，这是敢孤身入辽营，化身没毛铁公鸡的人，胆子能小到哪里去？再看鲁宗道和吕夷简，一个是未来的“鱼头参政”，让皇亲国戚恨得牙根痒痒却无可奈何；另一个是吕夷简，宋史中强到没话说的人。别人坏，抢权夺利打压异己，会招惹皇帝厌恶、百官围攻，可吕夷简争了一辈子权，打压了一辈子同僚官员，还能让皇帝在他死后痛哭怀念！

凡此种种，这都是大宋朝的顶尖人杰，他们之所以沉默，都是在等着势态的明朗，至少要知道小皇帝的妈妈到底是个怎样的人，才能替她出头吧？

联盟瞬间结成，大宋朝里最聪明（王曾）、最沉稳（冯拯）、最坚忍（曹利用）的几个脑袋彼此联络了一下，倒丁方案就此出台。

重办雷允恭，给此事定下基调；重办丁谓，发配到宋朝最远端的区域——崖州。崖州，就是现在的海南三亚的崖城镇。

“今暂出‘周公’涉鲸波一巡。”冯拯执笔，大快人心。特事特办，就在当天，丁谓还在资善堂里坐等的时候，他的“罢相志”就已经写好颁出了。

# 第二十一章　三国少年说

放翻丁谓，刘娥对自己的男人也下手了。赵恒的遗产里有几样东西是旷古未见、地球少有，基本上分不清是人间的产物还是火星人的东西。

耗尽了宋朝人力、财力、体力甚至精神才被赵恒请下来的“天书”。赵恒死了，拿它们怎么办？

一般来说要继承，更要神圣地供奉。要知道在宋朝的馆阁重地（昭文馆、秘阁）里还珍藏着赵恒老爸赵光义的各种手迹，连那些玩意儿都不扔，何况神仙特意赐给宋朝的合法性、保佑长久性的法定文件！

刘娥下令，让天书都陪着老公到洛阳大坟里去，天上的东西人间不该有，谁请的谁带走，老娘不侍候。被天书降、圣祖临搞得家徒四壁、咬牙切齿的老百姓长出了一口气。

封建迷信活动终于不再搞了。由此，国内长期积压的怨气也被冲掉了不少。人人都有一种崭新的感觉，新的生活，或许就要开始了。

正确，宋朝的顶级高官们最先体验到了这一点。这绝对是个事件，刚发生时人人喜笑颜开，等明白过来之后气得脸色苍白。

话说赵恒终于被葬入永定陵之后，刘娥哭了。她面对全体宰执大臣，非常真诚地道谢说，国家内忧外患，要不是大家同心协力，哪能把事情办得这样妥当？现在先帝的丧事已毕，这样吧，请各位把你们每个人的子孙以及内外亲族的姓氏名单都写出来，我当例外推恩，大加封赏。

振奋、惊喜！这些被赵光义、赵恒父子两辈的高官厚禄养得圆滚滚的大臣立即眼冒绿光，看来多劳多得没错的，更大的好处等着家里的每个人！

于是纷纷回家，查阅家谱，把子孙后代还有门客好友的名字一个不落地仔细填好，原则是——一个都不能少！然后送交刘娥，开始了充满希望的等待。不过在以后悠长的岁月里，他们极度郁闷地发现，凡交上去的名字，没有一个人被刘娥推恩过，都被死死地压在了人事部门的最底层。

因为那些名单都被刘娥画成了图形，贴在了垂帘旁的墙壁上，每当有臣子要推荐谁当官，她就会歪过头去看一眼，上面没有那个人，她才会批准。

宋乾兴元年（公元 1022 年）终于过去了。新年伊始，万象更新，刘娥进一步巩固自己的地位，为了合法化，并让全天下人都知道，她决定——改元。

翰林院全体学士绞尽脑汁、殚精竭虑，终于想出了两个字。其水平之高，可以在后代千年里向所有文人挑战，绝对没有更贴切的。

名为——天圣。

天，可拆字为“二人”。天圣，即为“二人圣”，明白无误地以官方身份宣称这时的宋朝天有二日、民有二主，每个人都要明白，朝堂之上垂帘后面坐着的那两个人，主事的是谁。

刘娥。

现年五十五岁的刘娥终于走上了前台。她的儿子在后宫接受着当时世界上最文明的国度以倾国之力进行的培养教化。问题是，这样管用吗？不去分析汉文化到底适不适合孕育出强大的皇帝，我们去看一下周边的国之少年们是怎样成长的。

这时正是一个特殊且敏感的阶段，契丹、党项这两族中的皇子也在成长中，未来的对手，几年之后就会争斗不休，实在有必要在这时就互相引见一下。

他们分别是：宋——赵祯，十五岁；辽——耶律宗真，字夷不堇，乳名只骨，八岁；党项——李元昊，二十一岁。以上的截止时间是宋天圣二年（公元 1024 年）。

这就与人们传统中的印象不符，宋仁宗陛下在位有四十二年，印象中是位宽仁厚德的长者，而西北暴徒李元昊突然兴起，骤然灭亡，给人的感觉比他的爷爷李继迁还要年少潇洒。但实际上，他是当年东亚三强的皇储中最年长的人，就在一年前他已经率军出征，生平第一次以统帅的身份走上了战场。

说李元昊，要先说李德明。

现在没有西夏史，所以不知道党项人怎样评价他，要是去翻《辽史》《宋史》，或者去打听古代吐蕃人、回纥人关于他的传说，那么就会超混乱。

因为他的脸是不一样的。根据不同的需要，他是君子、强盗、复仇者还有乖孙子。

乖孙子是说他的父亲娶过辽国的公主，契丹人是他的外祖家。他比李继迁这个混账女婿可爱得太多了，从来没去外婆家乱来过。

说君子，是指他在大宋人眼里的印象。《宋史》里对他的评价很高，说他"塞垣之下，逾三十年，有耕无战，禾黍云合。甲胄尘委，养生葬死，各终天年""自与通好，略无猜情，门市不讥，商贩如织"。这基本都对，只是其中有点小出入而已。

党项人的光荣，李德明彻底返祖。

无论是河西走廊，还是定难五州，或者灵州城，都是古代西域各国通往东方汉地的必经之路，从遥远的、党项人开始骑马握刀的时代起，商队和使团的噩梦也就开始了。

他们明抢。

不管什么来头，什么身份，我要你们的钱；不管这事儿有什么后果，不管明天是不是就有人砍上门来，我要你们的钱！二十多年以来，李德明像个钱痨疯子一样四处抢钱，可仍然还是不够用，他总是缺钱。那么钱到哪儿去了呢？

都变成军饷、抚恤金以及军需物资了，这也直接与他另外的两张脸——强盗、复仇者有关，他一直在打仗，对象就是吐蕃和回纥。这场塞外三国传奇中，每个人都知道后来的赢家是党项，但如果开头你就敢这样赌的话，相信没有任何人敢跟你的注。

从最浅的层面上稍微分析一下吐蕃、回纥、党项这三家的发家史，就能看出来党项人的底子有多薄，一对一都不是人家的对手，何况是以一敌二。

简单地以唐朝时的势力来对比，吐蕃人在唐朝最强的君主李世民时期，都能以战争的方式来威胁天可汗——我要你的女儿。然后面对盛怒的唐朝，敢于在战场相见，虽然打输了，但也赢得了李世民的欣赏和认可，文成公主得以进藏。

回纥，在唐之前的隋朝时就崛起于大漠草原，第一步就是对抗当时的草原霸主突厥，他们一战成功，宣布独立。进入唐朝，在贞观二十年时配合唐军，攻灭了薛延陀政权，首领吐迷度自称可汗，接受唐朝的管辖，既独立，又与当时东方最强国建立半宾主半友谊的关系。

而党项，在唐末黄巢起义，唐军彻底疲软时，拓跋思恭率领党项大军，从宥州出发进入中原，平叛之后以他亲弟弟拓跋思忠都战死疆场的功劳，才被封为定难军节度使、夏国公，赐姓李。想想那有多难堪，在那种状况下，归了国姓，变成私养性质的属臣。

这就是党项人的底蕴，说实话他们得感谢赵光义还有他们的民族败类李继捧，如果没有这两位大佬的通力合作，党项人就会一直平静下去，一直沉沦到底，和太多的只在历史中稍微冒过一头，然后就彻底消失了的民族一样，留不下什么印迹。

党项人强的就是有人。李继迁是一块从烈火里炼出来的真金，他没能达到松赞干布、吐迷度的程度，没能及时创建党项人的帝国，但是基业都已经打下了。

之后这个种族的运气突然好到了没有天理，独此一份，他们遇上了澶渊之盟，连带着他们也可以享受和平，把以前的恩怨和附带的危机都一笔勾销，安心地消化灵州、凉州，还有那块让人垂涎三尺的河西走廊。

这是个慢功夫，得有耐心、有恒心、够阴险的人才能去做。这时上天派给了他们李德明。这个生于忧患、突然孤独的少年完美地守住了老爹的基业，一边拉一边打，不停地变幻面孔为党项人争夺利益。这样的岁月一天天地过去，他把宋朝的真宗皇帝赵恒熬死了，紧接着辽国的圣宗皇帝也变老了，而他自己的儿子却已经长大。

这一次上天派给他们的人是一个变本加厉的李继迁，需要再次握刀杀人时，多么理想，李元昊是第三代接班人。

历史记载，这个人从小就对他的父亲不以为然，在他正式接班之前，只有两段话留了下来，都是与他父亲吵嘴的内容，从行为到思想截然相反。

第一段话，当时李德明正在发火，他派去宋朝的使者团回来了，带回了大批的宋朝物资，可是多虽多，东西买错了。可这又怎么样？一般来说没有功劳也有苦劳，千里奔波，再怎么样一顿皮鞭抽过去，什么火也消了吧？不，李德明大怒，把为首的使者给砍了。

人头落地，事情了结。没人敢对自己的首领说三道四。可年仅十二三岁的李元昊走了过来：“老爸，你忘了我们是什么人了吗？”

李德明惊疑。

“我们是戎人，生来就是骑马射猎的。现在用我们的战马去换这些一时半会儿用不上的东西已经是失策，更何况还杀了自己的使臣，以后还会有人为我们出力吗？”

少年李元昊如是说。

耶律宗真出场，他的年岁最小，只有八岁，但是地位排名却很高，仅次于皇帝头衔的赵祯，超过了只是王子的李元昊。

他已经是辽国皇太子。

这个孩子很奇特，从他出生起，辽国人就知道他必将带来一场动乱，时限就是他父亲耶律隆绪死的那一天。

因为他不是皇后生的。

辽圣宗的皇后是他妈妈萧燕燕女士的弟弟萧隗因的女儿，乳名菩萨哥，说白了就是他的表妹。十二岁入宫，据说貌美多才，十全十美，可就是生不出孩子。于是辽圣宗合法地出轨了，招数和他的宋朝皇兄赵恒差不多，一个宫女成了幸运儿。

萧耨斤，历史记载这也是个奇女子。论出身，绝不比萧菩萨哥差，正牌皇后的父亲是萧燕燕的弟弟，她的祖先是辽国第一太后述律平的弟弟阿古只！

这样的身份，居然沦落成了宫中的侍女，不可理解。她生得面色黝黑，目光凶狠，在正常工作中，在皇宫内部就创造了中国历史上最远古、最神圣、最奇异的女子集团的最大奇迹。

伏羲是怎样生出来的？他妈妈在雷泽中踩中了雷神的足迹；黄帝是怎样生出来的？他妈妈看到了天空中惊天变化、震慑大地的闪电；尧是怎样生出来的？他妈妈在黄河岸边看风景，一条赤龙裹着一股阴风从她身边掠过；商朝的始祖“契”是怎样生出来的？他妈妈在野外洗澡时吞下了一颗鸟蛋……注意，以上各种神人一体的事情基本都是在野外发生的，而萧ＭＭ是在皇宫内部，给皇后萧菩萨哥叠床铺被时创造了奇迹。

她突然发现了一只金鸡，该鸡多大不知道，多沉没记载，是不是金光闪烁、超级可爱，都统统不清楚。她的反应超暴力，居然一口吞了下去。

不知她那天哪根神经短路，或者辽国的史官是个疯子，写奇遇变态事情到了要吞金子的地步，那是会死人的！可发生在未来的太后身上就不一样了。

只见金鸡落肚，容颜突变，萧耨斤身上的一切缺点都瞬间改良，她的脸变白了，身上的肌肤更加光滑。是金子总会发光的，哪怕吞进了肚子里！然后耶律隆绪先生一见倾心，无法忍耐，辽国的皇太子就此诞生了。

事情截至这里都很美妙，但是孩子生出来之后，问题出现了，他是谁的？没有讨论，萧菩萨哥直接抱走。本来嘛，后宫里的一切产业都属于她，就算是前宫女萧耨斤本人的生命都一样，那么这个至关重要的婴儿怎能例外！

何况这种事，哪朝哪代哪个女人做不出来呢！

耶律宗真由皇后陛下亲自养大，她像一位真正的母亲那样对待这个儿子，母子感情非常好，好到宗真知道了生母是谁，都没有减少半点对她的亲切和感恩。这一点是千真万确的，后来发生的事足以证明。但是也有一点不能忽略，也得看看真正的孩儿他娘是个什么人吧。

可悲的是，萧菩萨哥不是刘娥，萧耨斤却的确是述律平第二！

后面的事情后面再说，现在重要的是耶律宗真也在健康地成长，他像赵祯那样学习汉文，也像李元昊那样骑马射箭，继续着契丹族半汉半胡的先天优势。日子一天天地过去，他每长大一天，离那个让他左右为难的日子就更近了一步。

# 第二十二章　恒河沙数沥明珠

有一届科举不得不说，是天圣二年（公元1024年）这一届。它的特殊性不是说以前赵恒有病，宋朝已经停办了很多年的科举。也不是说，这是新皇登基之后的第一科，就如何怎样。它是一块里程碑，宋朝的名臣们从这时起，进入到文华风流的阶段。

此前的大臣们不管多有能力、多有性格，都稍逊文采。比如赵普，这是半部《论语》治天下的人物；再比如寇准、王钦若，再有才能，笔头上的功夫也实在一般。当然，是和他们的后辈相比较。

这一科的前三甲分别是宋庠、叶清臣、郑戬，之下排名是曾公亮、余靖、尹洙、胡宿，哪一个都在宋史中大名鼎鼎，真正文名最盛的，却是一甲第十名宋祁。

他是状元宋庠的弟弟，才华远超其兄，考官把他定为了状元，伟大的刘太后知道后很不快乐，说："弟弟的排名怎么能高过哥哥呢？"

大宋排头站，小宋退第十。

状元没了，小宋一点不在乎，他今年才二十六岁，什么都来得及。尤其是清寒人家出身，一跃进入罗绮丛中，富贵无可限量，怎一个销魂了得？从他开始，我们来见识一下，这时，还有以前、将来宋朝的顶级文人们都在怎样生活。

宋祁注重享乐，富贵温柔，是一位理想型的才子。天生幸运，生在真宗与仁宗年间，这是中国历史上最富足、最安宁也最开明的时代。他所享受到的人间快乐，是其他朝代，如汉朝的司马相如、唐朝的李白或者明朝的唐伯虎之流所望尘莫及的。反映在诗文里，就是一派"春日之酣乐，欢乐不晓天"。

不晓天，是说他及时行乐时的派头。他比寇准都奢华，寇准喝一夜酒，顶多是蜡烛浇满地，绊人几个跟头。他是喝完之后，让所有的客人都晕头转向，出门就昏倒。因为他也是用重幕把酒局包住，里边点上巨烛，歌舞弹唱，完全不计时间，直到散场时一拉开幕布——外面阳光普照……

所以他过的是贾宝玉的梦中生活——富贵散人。好则好矣，了却未了，这方面真正的大师是他的一位前辈，两人无论是诗文还是身世，都非常相像。

当朝重臣，前神童晏殊。

此人凭着在真宗朝晚期的明哲保身以及稳重厚道，已经是右谏议大夫兼侍读学士了，不久之后就会加封给事中。比宋祁更富贵，比宋祁更恬淡，他早就不去追求纸醉金迷的表层享受了，他要的是富贵等级里的极品，即富贵得不像富贵。

可以在他的诗文中寻找到。他曾经鄙视过另一位词人李庆孙，李氏写《富贵曲》时，用到“轴装曲谱金书字，树记花名玉篆牌”。也就是说，以金粉写字，以玉牌记名，真是很富，不过那是暴发户。晏殊的风格是：“楼台侧畔杨花过，帘幕中间燕子飞。”“梨花院落溶溶月，柳絮池塘淡淡风。”看不到半点夸富的词句，优越闲散的生活活灵活现。

联想到现在，顶级的富豪之家，或者劳斯莱斯那样的名车，哪有半点张扬的地方，一切都温文而低调。这就是境界。但是说到底，他和宋祁都只在宋词中留名，却没法独领风骚。

第一，他们所擅长的都是“小令”，这是从五代时起就流行的词调体式，清新明丽，短小动人，对言辞能力要求极高。他们也做得极好。但终究只是继承，最多是在原基础之上发扬光大，没有破格创新，另立一片新天地。宋词的经典“慢词”，还要再等一段时间，才由那位终生潦倒、精彩绝伦的人来推陈衍生。

第二，他们的文风太绮靡了，说到底就是五代南唐的遗风，花间派，追求极致的艳丽，纯粹的宫廷享乐风格。如果要比较的话，他们顶多就是早期的李煜。试问论精妙灵动，他们怎配与李后主并论？而后主的词都没法与唐诗相比，诗借古喻今，包罗万象，可以怀古，可以论政，也可以伤情，与之相比，这时的词还只是民间小曲。

所以晏殊等人的艺术，都只是在富贵的生活之中炫耀他们的优雅，抓着满把的金钱，玩命地表现自己多么不在乎，多么向往自由的生活，既要富贵又要当散人。看穿了这一点，也就知道了他们的所谓成就以及个人的人品高低。

文章映人心，要不违心才能动人心，在这一点上，有一个人做到了极致。他虽然没有富贵，却真正地做到了散人，所以他才是那个时代里的唯一。

林逋。

宋代数雅士，首推林逋，其余诸子不过附会而已！就连苏东坡包括在内，都只是身站富贵岸、遥望彼岸花的人。

一个个都放不开眼前的名利，一生都在官职薪禄之中打滚。以坡仙为例，他几乎每时每刻都在叫嚷着“我要归隐”，但总是归不成，原因何在？

就像佛家所说——要想没有老、病、死，除非根本就不生。一语中的，想要归隐，你得先入世，既然已经入世，繁华罗绮缠绕，怎能说撒手就撒手？所以林逋最高，他根本就没有入过世。

他是一位真正的隐士。

提到隐士，先说年代。林逋生于公元967年，死于1028年，严格划分，他应该算是宋真宗朝代里的人。那么就有一个例子来对比——真宗朝紫气东来、金光闪烁、声震寰宇，看一眼就晃瞎、听一声就震聋的无耻大隐士种放。

此人应该说很有影响力，但我基本没提，因为我懒，实在没那么多的精力去写一个无聊、无用之人。此人姓种名放，字明逸，河南洛阳人。父亲是个小吏。从小学文，父亲要他科考，他不去，说学业没成不去现丑。长大之后，几个哥哥都弃文从武（有种说法，后来宋军西北战场的种姓名将就是他们的后代），他则干脆带着老娘进终南山豹林谷的东明峰隐居。

隐得很有成绩，公元992年，陕西路转运使（省长）宋惟干向宋太宗推荐这位隐者，赵光义一听很有兴趣，立即下诏征种放进京。老种没理这个茬，原因据说有两个。

第一，他妈说了，你想隐居就好好隐，连皇帝都找你了，我看你根本就不是我的乖儿子，我要离开你，独自进深山彻底隐居；第二，说老种是想应征的，官方给的路费都收了。刚想起程，遇上了从秦州刚被贬官回家的好友张贺。张官人一语惊醒傻狍子，对他说："死蠢，你现在去应召，大不了给你个县主簿或者县尉之类的芝麻官，还要脸不？你马上装病，就是不去，这样将来的希望就会大大的了，这才是有面子有成绩的隐者。"

哪个才最真，根本没考据，但可以看后面的事实。

到了真宗朝，果然名声在外，加上种放的脸皮已经超级加厚。咸平元年（公元998年），赵恒刚登基，种放的老妈就死了，他托人给朝里的翰林学士宋湜等（居然隐居到了和开封城的翰林成了朋友）带信，说俺老娘死了没钱埋，你们马上帮我想辙啊！

宋湜不敢怠慢，立即联合两位文坛名人钱若水、王禹偁一起向赵恒上奏。说种放是先帝所看重的隐士，现在有了困难，我们出钱不合适的，不如您来掏，可以显示朝廷是多么仁德且有爱心……赵恒掏钱、召见，第一次赐官就是左司谏、直昭文馆，是宋朝的中级朝官。

可以参照后来苏轼他老爸，作为三苏之首，被征召时，不过是个县簿而已。是老苏的才华不够高？不，纯粹是招数不够好！

再以后，种放的官职像火箭一样蹿升，成为右谏议大夫，吃饭时翰林学士西向、王钦若东向，知制诰西向下首、真宗皇帝南面正坐，他以客礼北向相陪；走路时可以和皇帝手拉手；家里的田产成千亩，收租时无偿动用官府驿站的工具……种种混账事数不胜数，这里就不再多说了，只是请留意，这就是当时世间第一隐士的风范。

回头看我们的林逋。

林逋生在江南，隐居在杭州西湖的孤山上。西湖自古游人如织，杭州更是东南形胜的大都会。所谓大隐隐于朝，中隐隐于市，林逋一点都没有刻意地强求自己隐居的表面形式，一定要躲进深山。

他隐居极早，刚刚进入青年，就躲进了孤山。当时无数人为之惋惜，因为他少年成名，江淮之间文采卓著，本是一个迅速升起、可在考场之上大出风头的未来学士。说隐就隐了，他“结庐西湖之孤山，二十年足不及城市”。

这样彻底，却没有半点的孤傲清高假做派，如果有人来看他，无论对方是薛映、李及这样的无名文人，还是范仲淹、欧阳修、梅尧臣这样的大才子，他都一视同仁，来者不拒。本来嘛，隐居是我个人的生活方式，何必弄得神神怪怪、不近人情？

说到他的生活，世人传颂他“梅妻鹤子”，真是潇洒出尘得没法形容。尤其是那个年代，或者是整个人类早就有了一个共识——抛弃了人世间夫妻人伦欢乐的人才是难得的，于是就变成了圣人。就比如仁宗的老师之一崔遵度，此人以儒雅风采著称于世，理由之一居然是他酷爱弹琴，往往通宵不倦，以至于他老婆想见他一面都很难……那么是不是林逋这样终身不娶、徜徉在梅林之中、与仙鹤为友的人就更加了不起了呢？

纯粹是放屁，林逋自食其力，在孤山种了三百多株梅花，自己辛勤劳作，以出售梅花、梅子为生，那是怎样清贫辛劳的生活！就是在这样的生存条件下，他写出了“疏影横斜水清浅，暗香浮动月黄昏”的千古佳句，又是怎样乐于清贫、甘于自守的精神！

是的，他也接受了真宗皇帝的赏赐，但宠辱不惊，连写诗感激皇恩浩荡都没有，更不去拍马屁，称颂皇帝封禅多重要，拜神多神圣。最后他死了，待遇是杭州西湖的苏堤之上又多了一个“三贤堂”，专为他建的。

更有甚者，宋室南渡之后，杭州变成了帝都。下令在孤山上修建皇家寺庙，山上原有的宅田墓地等完全迁出，可唯独留下了林逋的坟墓。而这也给林逋带来了最后的祸事，南宋灭亡之后，有盗墓贼以为林逋是大名士，墓中的珍宝必定极多，于是去挖。

坟墓之中，陪葬的竟然只有一只端砚和一支玉簪。

端砚，那是林逋自用之物。玉簪呢？终身不娶的林逋到底有着怎样的往事，才让他在青年时就灰心于仕途、归隐林泉终老此生？

或许他的另一首以女子口吻所写的小词才是他的心声："吴山青，越山青。两岸青山相送迎，谁知离别情？君泪盈，妾泪盈。罗带同心结未成，江头潮已平。"

为林逋叹息，不如为他祝福，愿他在天上一切如意，能见到他一生怀念的人……但无论怎样，他再高洁出尘，也只是个人的情怀，清和淡雅之风抵不过刚烈直肠之辈。人类社会延续、一个民族的兴旺，都离不开心怀天下的人的支撑。

这样的人和他们的词，才是宋代文人的真正精华。林逋之后，一个人正在默默无闻地"耕耘"一段传奇，这个人的伟大，让后来以品评历代人物为己任，把刻薄当乐趣的南宋大圣人朱熹都称誉——宋亡，而此人不亡，为宋朝三百年间第一人！

这个人的生命，起源于贫寒甚至是屈辱。以宋天圣二年（公元1024年）为界，他拥有自己的姓氏才刚刚九年。在这之前，他姓朱，名说。

朱说是山东淄州长山县（今山东邹平县）富户朱家的儿子，从小就与众不同，家里有钱，可他喜欢的是读书，并且为了求静，主动上山去醴泉寺里寄宿，与山僧们过同样寂寥的生活，在晨钟暮鼓里苦读经书。

这是好事，相信朱家一定非常期待。富之后都盼着贵，宋朝开创了历代所没有的科考制度，士、农、工、商等所有行业的子弟都可以通过考试去做官，这是一条光宗耀祖的正路。想来朱说本人也觉得前途一片光明，可是在一个非常偶然的机会，他知道了自己的身世之后，一切就都变了。

他竟然不是朱家的人，而是苏州范家的儿子。他的父亲叫范墉，是宁武军节度使掌书记，也就是徐州军区长官的秘书。范墉先娶的是陈氏，后娶了谢氏，他是谢氏所生，即庶出。出生第二年，他的父亲就死了，谢氏因为贫苦无依，只好改嫁到山东朱家。

事情很简单了，为什么会孤苦无依？难道范家没有产业？朱说不是儿子？另一个事实是，朱说只是范墉的第三个儿子，陈氏是大老婆，还有两个嫡出的儿子，怎么会容忍小老婆分家产。

朱说母子是被赶出家门的。

屈辱袭来，不要说继父的养育之恩，也别说母亲的迫不得已，纵然那个时代还没有开始歧视改嫁，可朱说受不了。他身上流淌着另一个人的血液，并且在朱家他是拖油瓶，在范家他是被赶出家门的庶子，无论从哪方面讲，他的生命都是废物，毫无光荣可言！

他立即收拾行李，拜别母亲，徒步到外地求学，立誓必有所成，才回来迎接母亲。一是为了感谢继父多年的养育之恩，二是母亲还需要朱家的照顾，他保留了朱说的名字。

一个传奇就这样开始了，生于忧患，甚至生于卑微，朱说的起点已经低无可低。

宋大中祥符四年（公元1011年），朱说来到睢阳应天府书院（今河南商丘市）求学读书。这是当时他最好的选择了，也可以说是宋朝对他的恩赐。

应天府书院贵为宋代著名的四大书院之一，共有校舍一百五十间，藏书数千卷，师生云集，硕儒辈出，但完全免费。朱说的苦读生涯就此开始，关于他的艰难，史书中有如下记载：

他每天的饭只有一盆稠粥，凉了以后划成四块，早、晚各吃两块，其他的还有几根咸菜、半盂醋汁，这就是全部。然后长年累月，千篇一律。终于有同学看不过去了，那是南京留守（市长）的儿子，给他送来了一些美食，但过几天来看，东西原封未动，都长毛腐烂了。

同学很生气，问他搞什么。朱说长揖道谢，说我已经习惯吃苦，一旦享用，就怕以后无法再坚持了。同学释然了，可深层里的话朱说却没法对人说。

君只管得一饥，可管得百饱？如果我能咽下施舍之食，那么为何还要离开朱家？《孟子·告子下》上说：“……故天将降大任于斯人也，必先苦其心志，劳其筋骨，饿其体肤，空乏其身，行拂乱其所为，所以动心忍性，曾益其所不能……”可也没说要忍受精神上、出身上的折磨！

连那些都要忍耐，小小的口腹之欲又算得了什么！有种人，以精神上的痛苦为最大的痛苦，于是才会有气节这种东西的产生。

朱说更加勤奋了，别人赏花他看书，别人游戏他看书，就连皇帝到亳州朝拜太清宫，路过书院，每个人都争着跑出去看，他仍然看书。同学来拉他，他只回了一句：“将来再见也不晚。”

果然，第二年，他考中了进士，在崇政殿参加殿试，生平第一次见到了真宗皇帝，从此开始了他崭新的人生。

这时是宋大中祥符七年（公元1014年），朱说终于可以回山东接回自己的母亲，为自己恢复姓氏。从此他姓范，名仲淹，字希文。

衣锦还乡，范仲淹已经二十七岁，在古时已经快步入中年，他还没有娶妻生子，做什么都很晚，他的生命是朵彻底迟开的花。

他先是被任命为广德军（今安徽广德县）司理参军，负责讼狱、案件。再调到集庆军（今安徽亳州）任节度推官。推官，是幕僚职员。直到宋天禧五年（公元1021年），他才被调往泰州海陵西溪（今江苏省东台市），做盐仓监官。直到这时，才在历史上留下了他的第一项业绩。

泰州近海，就是现代的黄海，煮海造盐是个大生意，可海水太大了，就会成灾。唐以前这里曾有过一条捍海堤堰，可是五代年间都抛荒失修了，进入宋朝，每年潮起潮落都大水漫城，连泰州府都被淹了，想想近海的村落，还有盐场的亭灶设施是什么模样。

范仲淹提议，要在通州、泰州、楚州、海州，也就是从今天的连云港直到长江口北岸近五百里的超长海岸线上重修一条捍海长堤，来护卫黄海近岸的百姓民生。

与大海争利，比在内地挖运河也差不到哪儿。范仲淹先向江淮漕运请示，漕运再上报朝廷，真的批准了，而且就命令他去做兴化县的县令，直接负责这项超级工程的运作。

时间回到天圣二年（公元1024年），就在这一年的秋天，范仲淹率领四州数万名民夫到海边围堤治堰。书生治海，当年即成，数百里长堤真的筑出来了，其间的艰难险阻难以想象。刚开始的时候就遇到过夹雪的暴风，紧接着就是一次大海潮，不仅毁了刚筑成的堤坝，民夫也死了一百多人。一时间很多官员都认定这是天意，上天不许造这条堤坝，提议取消这项工程。是范仲淹力请，再加上同科好友滕宗谅的鼎力相助，才完成了这项造福沿海万民的伟大工程。

而这件事，也是伟大的刘娥皇太后当政十年间屈指可数的政绩之一。

谢天、谢地、谢人，范仲淹完成了，却并不居功，他记住了滕宗谅的友谊，从此互相扶助，终生不变。这也成了他后来欲哭无泪的悲哀宿命——他身边的每一个朋友，不管是品德多么高洁的君子，还是能力如何超凡的高人，就比如这位后来造了岳阳楼的滕宗谅先生，都成了坏他大事的扫把星。准确率百分之百，无一例外。

此后他被调回京城，做大理寺丞，成了一名京官，可以近距离接近朝政了。

范仲淹功在社稷，心怀天下，是宋代文臣的领袖，文学素养也极高，尤其是诗词方面，远远超过了像司马光、王安石这样的博学大家，几乎与苏轼并驾齐驱。但必须指出的是，他还不是北宋文学史上开天辟地、划分时代的第一人。

那个人现在只有十七岁，要再过几年，才能通过科考站在世人面前。他还没有变成后来那个劈破五代旁门、回归盛唐文章的伟人，而只是个拿文章当敲门砖去砸开富贵当官路的纯粹考生而已。

他的经典时刻远在三十三年之后的宋嘉祐二年（公元1057年），那一年也正是宋朝不世出的大文豪苏轼进京赶考的时候，这人身为主考官，才扳回了延续近百年的浮华绮靡、不知所谓的文风，让宋朝的文学上升到了可以与汉唐相比较的地步。

但是，我个人认为，对宋朝文风，同时也对这个人本身来讲，更为重要的经典时刻是此人五六岁的时候。

他出生在宋景德四年（公元1007年）六月二十一日，生于绵州（今四川绵阳）。和范仲淹一样，他幼年丧父，三岁时母亲就守寡了，幸运的是他有个好叔叔，一直照顾着他们，虽然清贫，但是衣食无忧，从小读书。

他回到父亲的老家吉安永丰（今属江西）后，有一个富而知礼的好邻居。这家姓李，长子李彦辅是他终生的朋友。李家藏书颇多，他可以随意借阅。五六岁时的某一天，他偶然在李家阁楼中发现一个破筐，里面积满了灰尘，隐约露出了书卷的一角。

拂拭灰尘，书名展露，他被惊得目瞪口呆，那竟然是一本《韩昌黎先生文集》——道济天下之溺、文起八代之衰的韩愈的作品集！

这是一个伟大的契机，让他从还没有被科考应试彻底僵住灵识时就知道了世间还有这样雄浑厚重、讲究实理的文章存在，从而一生都念念不忘，最后推行宋朝的古文运动，使有宋一代的文章没有完全被风花雪月等小情调所掩盖，拥有自己的历史风格和地位。

此人复姓欧阳，名修，字永叔。是上继柳宗元、韩愈，下启王安石、曾巩、三苏，为唐宋八大家中继上启下、功盖两代的大宗师。

# 第二十三章　怎样扼杀『武则天』

非常罕见，宋朝一连三年平安无事。翻阅史书，天圣四年、五年、六年这三年里发生的大事记载如下：

后宫有位张氏进封为才人。

前太宗朝太子赵元佐死了。

医官院铸出了俞穴铜人，并颁印《铜人针灸图经》。

副宰相张知白死了，张士逊接替他。

那位张才人进封为美人，但是马上就死了。

还有就是在天圣四年的六月，开封城进了大水，平地水深数尺，数百人淹死。

综上所述，都是些零碎琐事，剩下的就是一系列的刘太后加官晋爵图。注意，是加她自己的官，晋她自己的爵。

想达到这些目的，刘娥必须搬走两座大山。第一座，曹利用。

天圣七年（公元1029年）一月，枢密使曹利用被罢官，后贬房州安置，为宦官所逼，途中自尽。

相当凄惨，看一下他犯的是什么事。居然是被牵连的，他的侄子在赵州横行不法，最恶劣的行为是身穿黄衣，在大醉之后跑到街上，命令军民人等都对他高呼万岁，跪拜行礼。事后追查，该侄子承认了，这事是他伯父曹利用让他干的。

书面证据确凿，曹利用犯了大逆之罪。这可真够瞧的，按说只有杀头，杀他全家全族的头才算罪罚两清。不过这事儿有先例的啊，寇准曾经亲自穿着黄龙袍骑着马上街到处跑，什么罪都没有，只被当时的宰相王旦写信臭骂了一顿。

为何到了连任了已经近十五年的堂堂的枢密使大人这里，就变得这样严重？回顾一下他的罪名吧，这也有利于我们认清给他定罪的人，比如说刘娥的本来面目。

罪一，与太后对话时手敲带鞓。

罪二，白条事件——刘娥经常从宫中批些钱、官职的条子给政事堂，或者枢密院。王曾一概不理，扔掉作废，曹利用则有发善心，拒绝之后偶尔同意一两次。太监们悄悄地告诉刘娥，您知道是怎么回事吗？简单，去求曹枢密的妈妈，就会通过。

罪三，僭越。每年春天，宋朝皇宫内院都要举行赏花钓鱼宴，君臣同乐，大家在御苑水池边垂钓，就以各人钓上来的鱼入席，风雅有趣。但有规矩，比如皇上还没有钓到鱼，臣子虽然得鱼但不得起竿，皇上起竿时左右人等以红丝网兜鱼，然后臣子们才一切随意，钓到即起。

可这一次，小皇帝赵祯起竿后，某位新提升的翰林学士紧跟着就要起竿，突然身后有人呵斥："侍中未得鱼，学士竿未可举。"于是大家只好等。只见满场人等注视，曹利用悠然自得，好半天终于钓到了鱼，就见内侍们居然也用红丝网兜起！

其实这些都不是罪。就以第三条论，赏花钓鱼宴是非正规场合，是宴会，宋朝的宴会往往就是不讲君臣之礼的。

曹利用是个政治牺牲品，是一个没有心去争什么，但心太粗，让有心争的人受不了的人。以《宋史》的官方评价，就是他的列传中最后的四个字——"天下冤之"。

他是冤枉的。

第二个人阳奉阴违，表面上和刘娥一条心，从开始时就一起合作扳倒了丁谓，再替她打理国家，井井有条。但只要刘娥稍微有一个越轨的迹象，他就会立即变脸，从同盟变成冤家，在七年里搅了刘娥太多的好事。

王曾。

刘娥在天圣元年（公元 1023 年）时立下了个规矩，每年的一月八日，她的生日被定为长宁节，庆贺的仪制规格和皇帝的生日乾元节几乎相当。并且以此为例，每年举行。再过四个月，她命令礼仪院特制了太后的行辇，名为"大安辇"。大安辇出行，护卫仪仗人员达到了一千零八人，完全向皇帝看齐。这些都不算，她做了更出格的事。

天圣二年（公元 1024 年）的九月，真宗赵恒的谥号，皇太后刘娥、皇帝赵祯的尊号都要举行册命大礼。几经反复，真宗、刘娥所用的是纯金，小皇帝因为是第一次受册命，才勉强用了纯金，明文规定，以后都用涂金。

更离谱的是，刘娥要求在天安殿进行她的册命礼。

天安殿是只有顶级大典才能使用的，只有皇帝才享有的特权。刘娥这样要求，完全可以视为逾礼篡位。王曾不干了，他站出来反对，争执的结果是双方各让一步，刘娥的尊号在天安殿发册，在文德殿受册。总算打了点折扣。

这不过是开始。到了天圣四年（公元1026年）的十二月时，她又有了新的招数。

这一次是小皇帝出面，赵祯对宰执大臣们说："朕打算在明年的元日朝会时先率领百官为皇太后上寿，然后再去天安殿受朝贺。"

王曾等人立即急怒攻心，忍无可忍，刘娥这个老女人没完没了，一定要事事都抢在皇上的前头，无论如何都要取而代之！

凡此种种，王曾都想方设法地搅黄了。刘娥记恨在心，恰逢玉清昭应宫失火，王曾就此被免职，外放出京。这个理由看似无厘头，却冠冕堂皇到王曾无话可说。宰相的任务是协理阴阳，发生这样的大火，烧了这样重要的东西，他绝对难辞其咎。

刘娥终于拔掉了两根最大的钉子，大宋朝东、西二府的首席长官一死一伤。

有一天，刘娥突然问鲁宗道一句话："爱卿，你说唐武后是什么样的人啊？"

这句话太有讲究了。第一，唐武后，武则天，据考证这应该是刘娥的心中偶像，她念念不忘这位女人中的神祇。而她自己现在所处的地位，和武则天当年称帝之前是多么像啊——丈夫多病早死，死前就已经参与政事；儿子太小，自己手掌大权，天下事随她予取予夺。既然如此，那么为什么就不能再复制一下女人的辉煌呢？

可是要复制，就少不了一样东西——支持者。唐武曌陛下当年篡位成功，是有一大批忠实追随者的，文武皆备，如名将李世勣、宰相许敬宗、名臣王孝杰等，她刘娥有谁呢？

所以才询问鲁宗道。

鲁宗道是她一手提拔起来的。在真宗朝，他只是户部员外郎兼右谕德，辛勤工作，忠心耿耿，让皇帝都亲自手书“鲁直”二字挂在墙壁上，也不过就是提升到了左谕德、直龙图阁。

右变左而已，可在仁宗朝，他一跃升为右谏议大夫、参知政事，直接就变成了副宰相！

关于“武后本质”的询问，是赤裸裸的暗示，我要当武后了，请问鲁参政，您想做许敬宗吗？

不料热脸贴上了冷屁股，鲁宗道冷冷地回答：“武后乃唐之罪人，几危社稷！”唐朝的天下差一点就毁在她的手里！

刘娥顿时默不作声，她搞不懂她的死鬼老公、瘸腿的公公、暴死的大伯父都给了这些人什么好处，她都为宋朝操劳近二十年了（赵恒晚期她当家），居然还是养不熟他们。

但是不急，细节决定成败，地方往往会影响中央。突然有个叫方仲弓的小臣上书朝廷，提出要为太后建刘氏七庙。

这才是真正威胁到了赵宋王朝的致命一击！

七庙，即三昭三穆，加上太祖之庙，合而为七，用以祭天祭祖。那是只有皇帝才有资格去做的事。而立七庙，也正是武则天当上皇帝之后所做的第一件事。当年她以父亲武士彟为太祖孝明高皇帝，又尊西周的周文王为始祖文皇帝，武氏子弟如武承嗣、武三思等都封为王，姑姐都封为公主，天下所有武姓人氏一概免除赋役。有了这些特权之后，她在洛阳设立了武氏七庙。

同时，长安的李唐太庙被降格为享德庙，继续供奉唐高祖、太宗、高宗的神主牌位。然后周才正式替唐。稍微知道些唐史的人，都会明白刘娥正在做什么，就连这个提议立七庙的方式方法都在照抄武则天。

武周载初元年（公元 690 年）九月三日，也是由一个七品芝麻官、侍御史傅游艺率领好几百个关中父老到长安城上书请愿表决心，要求武则天自己当皇帝，改唐为周，让当时的现任皇帝李旦改姓武。那么现在的问题就简单了，立了刘氏七庙之后，小皇帝赵祯怎么办？

叫刘祯？

刘娥遭到了众多朝臣的反对，尤其以言官为最。鉴于此，她对朝局进行了一次重组性质的改革，添了个职能部门，叫知谏院。

这个部门是赵光义时代的产物，后来并入了东府宰相集团。这时刘娥为了压制群臣没完没了的上书找碴儿行动，决定来个一劳永逸。我彻底把你们的言事权肢解掉，把门下省变成知谏院，让它成为言官首领御史台的对等体，然后看你们怎么办。

一权而二府，自己死掐去吧。

知谏院纯粹是个错误。当时，让天下人看到宋朝的臣子们更加言论自由，无所顾忌了，真是文人的天堂。到后来说话的人太多，而且各有系统，一群群舌头发达、斗志旺盛的言官不必去找外敌，就在本体系内部都斗得你死我活。

不太远，就在仁宗朝，这些了不起的谏官就耽误了宋朝的中兴大计。

做了这些，刘娥的心仍然没底。她私下里找来了宁国军节度使、驸马都尉李遵勖，悄悄地问："外议如何？"

外边都说了我什么？

李驸马沉吟了很久，想了又想，才说："臣无他闻，但人言天子即冠，太后宜以时还政。"

刘娥苦笑，时也命也，夫复何言？

宋天圣八年（公元1030年）后，皇太后刘娥再没有什么特别突出的争权行为了，随着时光流逝，她越来越老，她的儿子越来越大，她最大的举动也只是派人给儿子送去儒家的一些关于孝道的经典，如《孝经》《论语》《惟皇戒德赋》《帝范》等书籍，要他反复诵读。

孩子，或许我还会再活几年，你还是再乖一些吧。

宋朝的妈妈终于对儿子有了些许慈祥，这很好，可是西北之狼已经茁壮成长。党项皇子李元昊一飞冲天，成了大漠上空飞舞翻腾的蛟龙，所向披靡，不可阻挡。

宋天圣六年（公元 1028 年）时，他一举击破了夜落纥可汗，终结了党项与回纥之间近二十年的甘州争夺战。此战过后，党项人的势力深入河西走廊，李元昊本人也得到了太子的名位。

李元昊在三位国之少年中稳持先手。接下来年纪最小的那位也终于登场，辽国太子耶律宗真在宋天圣九年（公元 1031 年）的六月当上了辽国皇帝。

他的生母萧耨斤自立为皇太后，就是辽史里的钦哀皇太后。她把原皇后、现本应是皇太后的萧菩萨哥囚禁逼死，把萧菩萨哥的整个家族连根拔起，不久，就让宗真的弟弟耶律重元代替他当皇帝。宗真提前发动，把亲生母亲押送到父亲辽圣宗的墓地软禁，母子之间一辈子仇视到底。

辽国版母子双城记刚刚上演，半年之后，宋朝这边出现了同样一幕。

# 第二十四章　二十三年前的狸猫

宋天圣十年（公元1032年）二月二十六日，宋朝皇宫里的一个女人也默默无闻地死了，在名义上，她只是一个普通的前朝嫔妃。

第二天早朝，“小”皇帝赵祯照例陪着他的母后刘娥走上了大殿。帘幕在他面前垂下，母后在右，他在左，先后落座。

很平常的一天，只是不知道他昨夜是否心神惊悸，夜不能眠。

这时他已经二十三岁了。

和平年代里，早朝很无聊，正要解散回家，突然首相吕夷简走了上来，此人像是问了一句很琐碎、很无聊的话：

“太后，听说昨天宫里有位嫔妃死了？”

刘娥突然间站了起来，如临大敌：“宰相，你要管宫中之事吗？”

不等吕夷简回答，立即拉起了赵祯，走进内宫。那一天，赵祯一定满腹不解，但是他已经习惯了无条件、不询问地顺从。他被匆匆带回内宫，然后他的母后又匆匆离去，到底发生了什么事，他不知道，更不敢问。

刘娥急速回到前殿，吕夷简仍然原地没动。四目相对，心知肚明，刘娥直接发问：“你为何要离间我们母子？”

吕夷简也只回答了一句：“太后，以后你不想再保全你的家族了吗？”

大逆不道，当殿无礼！竟然敢威胁当朝太后的家族安危。可诡异的是，一生强势的刘娥却沉默了，她细细地思量，最后的结果竟然是“意稍解”。她消气了，并且有些理解了吕夷简的用意。

当天就这样散了。

上面吕夷简和刘太后共四句话的对白根本前不知头、后不知尾，但涉及面极广，那与绵延了二十三年之久的宋廷最大内幕有关。简单地说，刘娥是有福的，这位“宫中嫔妃”远比她年轻，却死在了她的前面，这让她少了天大的麻烦。但吕夷简所提醒她的关于她的家族的安危的话也绝不是危言耸听，所以她才会“意稍解”。

这是第一个回合。似乎吕夷简赢了，刘太后会按照他的暗示去办事。

第二天宫里传出了消息。那位“宫中嫔妃”的灵车要从皇宫的城墙小门运出去，所谓的丧礼更是被简化到接近零操办，跟没有差不多。官方给出的解释是礼部的官员查出来该嫔妃死的时辰不对，大办丧事对国家不利。

诡异的是吕大宰相火了，他再次去找刘太后，这次不是问她在不在乎秋后算账，而是直接要求在皇仪殿治丧，太后和皇帝都要举哀成服。

这简直是帝国中最隆重的丧事礼节了！

刘娥不见，不给吕夷简说话的机会。吕夷简大怒，他强烈要求觐见，我们面谈！刘娥的反应是再次拒绝，她派出了一位相当有震撼力的大太监，是那位把曹利用赶尽杀绝的罗崇勋。要他去问，你吕夷简到底想干什么。

吕夷简的要求很简单，灵车一定要走西华门，除此之外，概不答应。

刘娥很失望，这就是她亲手提拔起来的“亲信”……她派罗崇勋再去传话：“想不到你也这样！”

吕夷简无动于衷，他回答：“臣位宰相，朝廷大事，理当廷争。太后不许，臣终不退。”

吕夷简倔，刘娥更狠，你不退，我更不答应。罗大太监来回跑了三趟，宋朝顶尖的两位大佬就是谈不拢。这时吕夷简面临抉择，还要怎么办？再僵下去会不会立即吃眼前亏？可是突然间软了，还不如当初沉默！

要做就做到底，人生才会有自己的标签。他决定扔出那个最重大的秘密，一切都挑明了说，咱们谁都别再藏着掖着！

“宸妃诞育圣躬，而丧不成礼，异日必有受其罪者，莫谓夷简今日不言也！”

“诞育圣躬”，说的是生了皇帝；“宸妃”，就是死的这位“宫中嫔妃”。连起来读，就是她是现任皇帝赵祯的亲妈！

这涉及了二十三年前的一段隐事，也就是在野史中盛传的“狸猫换太子”，具体情节就不多说了，相信每个中国人都知道。现在说的是正史版。

话说当时赵恒努力了好多年，生出来的不是公主，就是长不大的皇子。尤其是最宠爱的刘贵妃，到了四十多岁肚子还是不争气。帝国没有接班人，怎么办？

信神终得救，一个不起眼的小侍女成全了赵恒以及刘娥。她姓李，是刘娥的贴身侍女，生性沉默寡言，赵恒某天冲动了一下，结果她就怀孕了！

生下的竟然是宋氏皇廷盼望了N年的皇子。她的儿子马上被主人刘娥抱走，之后彻底隔离，永不相见。此前二十三年的生命里，这位李氏夫人不仅没法走近儿子半步，而且在赵恒死后，她还被刘娥赶出宫去给赵恒守坟。

至于她的名位，直到死之前，仍然只是“顺容”，与嫔妃差了十万八千里。这个“宸妃”的名号，说白了就像是男人们死了之后的庙号、谥号那样，算是临别礼物。

威逼有时就是比利诱管用，罗崇勋火速赶回宫里，这回时间不长，太后懿旨传出。

——一切都按宰相的意思办。

吕夷简长出了口气，嘘——终于搞定了。看来男人和女人之间就是不好沟通，得需要一个超级优秀的半导体才成！

之后的事情就变成了皇家出殡演示流程。李氏以皇太后服色入殓，棺内注满水银，灵车由西华门出，宫中从三月一日起发哀成服，皇帝和刘太后一体服丧。宫外辍朝三日，普天同祭。到了四日，追封李氏三代。十四日入葬时，再辍朝三日。直到这时，一切才算告一段落。

# 第二十五章　蜀川的女儿

刘娥生命的寒冬到了。

独居深宫，壮志消散，皇帝的梦远去了，身体也迅速垮掉，一些久远的回忆开始自然生成。自思量，这是个什么样的人生呢？午夜梦回，是否回到了蜀川低矮潮湿的小茅屋里，仍然是那个无依无靠、早早嫁人的孤女？是不是想过当年怎样千山万水、一路卖唱进入帝国的中心？

最初的愿望不过就是一个温饱！

我以前是刘娥，现在是皇太后，可要让这五个字连在一起，要付出怎样的代价，经历怎样的煎熬！那么为什么还要留有遗憾？

这是刘娥这一生里最后的也是最执迷的一个念头。

年关将近，刘娥想到了祖先。不是她虚无缥缈的北方太原武将世家，更不是她蜀川中不堪回首的族系，是她的夫家——赵宋的“祖”“宗”所在。

她要去参拜太庙，更要借机完成她一直魂牵梦萦要完成但还顾忌万千的那个心愿。她下令，要用皇帝的衮冕服色走进太庙，在宋朝皇帝的最终灵魂栖息之地与他们平起平坐。

不出所料，这立即又招来了数不清的反对之声。博学的晏殊拿出了《周礼》，指正皇后的最高礼仪的极限；三司使薛奎操着一口关右腔戏谑一般地反问：“陛下大谒之日，是作汉儿拜，还是女儿拜？”但不管怎样，都动摇不了刘娥的决心。

哪怕再有一些妥协和折扣，也要挣脱开皇后或者皇太后的身份枷锁。那个梦，那个梦！她近乎偏执一样地追寻着那个梦，遗憾的是，没人知道她为什么要这样……

一心要追求顶级荣誉的心理，到底隐藏着怎样的秘密？在当时，在后世，想必知心者寥寥无几，近乎于零。刘娥不管不顾，在明道二年（公元1033年）二月的彻骨寒风中强撑病体，穿袆衣，戴花钗冠，坐上了天子才能乘坐的玉辂车，走进了赵宋王朝最神圣本源的太庙之中。

在列祖列宗面前，刘娥默然直立，她缓缓地换上另一套衣服，那是经过稍微改动的天子衮服。历史凝聚在这一刻，她头戴仪天冠，不知是以儿媳还是以皇帝的身份向祖宗献祭。

——我是你们的儿媳，可我也是皇帝，生于卑微，长于贫贱，我一样证明了自己。就像太祖陛下你一样，都是出身于布衣！

近十年以来，刘娥念念不忘为自己争名分、树典仪，可又坚决不步杀子篡位的武则天的后尘的矛盾行为，现在终于有了答案。她首鼠两端，看着又是贪婪又是犹豫，让人有时不禁摇头叹息。这里面固然有宋朝政体完善的原因，不容再有女主当国的产生，但更重要的原因要从刘娥的心灵底蕴去找。

她根本就没想过一定要篡位，让赵家江山改姓刘，她要的只是个承认，一个当年有多苦现在就要有多辉煌的愿望！

蜀川女儿今已老，庙堂一拜别此生。这是她对自己灵魂的交代。当天刘娥走出太庙，回归大内，病情立即转重，她的愿望已了，人生的路终于走到了尽头。三月二十一日，病危，二十九日，她终于逝去。可叹《宋史》中最后一项关于她活着时的记载，仍然充满了误解，或者刻意的歪曲。

史说仁宗问大臣们，太后弥留之际已经不能说话，但她几次用手牵自己的衣服，似乎有所嘱托，那是指什么呢？

群臣百思不得其解，最后薛奎站了出来。他说，太后是想除去天子的衮服，如果穿着它，怎么去见先帝真宗呢？

史称仁宗恍然大悟，在刘娥神志还清醒的时候，为她除去了皇帝的标志，换上了太后的服色。

可以肯定，刘娥是带着一丝刚烈倨傲但又凄凉无奈的笑容死去的。人世间最后的一个愿望终于还是留下了瑕疵，她的皇帝身份没有保持到最终。

想想看，如果要在她临终之前才除去皇帝的服色，是不是说，她在离开太庙之后就一直穿着它们？甚至在她还能说话的时候，也一直没有下令脱掉？

既然如此，怎么就能确定，刘娥用手牵着自己的皇帝衣服，不是说她要一直保留，直到入土为安呢？

仁宗之问、薛奎之答，完全是君臣之间的一种默契，再加上皇位本体至上、男权至上的中国封建史官的演绎解说。

回顾刘娥的人生，她的传奇经历在五千年中华史里独一无二。她毫无根基，连稍微高贵些的血缘都没有，最后的人生高度却是距离至高无上的皇位只有半步之遥，而且皇帝的实权，早就掌握了近二十年。

这是汉吕后、唐武曌、清慈禧都做不到的，她们三位，都或高或低地有着自己的身份，从起步时就有常人所没有的优势。并且她们的统治，都充满了血腥和独裁，为了她们一个人的幸福生活，毁了当时无数人的身家性命。

终刘娥一生，宋朝在她的手里恢复元气，为真宗朝革除了弊害，为仁宗朝打下了基础。用《宋史》官方的话说："……当天圣、明道间，天子富于春秋，母后称制，而内外肃然，纪纲具举，朝政无大阙失。"

仔细品味，褒，或者贬，都在这一句话里了。

说贬，一语道破天机，"无大阙失"，也就是没有大失误，同样也没有大贡献。的确，刘娥只是在恢复并重复她丈夫赵恒在澶渊之役前的执政纲领。

她最重要的贡献，是对经济的发展。

发行交子。

交子就是宋朝的钞票，是中国历史上出现最早的具有流通意义的纸钞。它的前身有汉武帝时期的"白鹿皮币"和唐代中期的"飞钱"。

白鹿皮币纯粹是个拍脑袋应急想出来的东西，当时汉武帝对匈奴连年开战，打得游牧民族不停地搬家，连带着自己的国库也都被洗白。为了有钱花，他除了使用“白金币”（银和锡合铸的）外，又把宫苑中养的珍稀白鹿都宰了，每一尺见方的白鹿皮为一币，每币的流通值是四十万钱。

一币四十万，这就很明显了，完全脱离了皮币的本身价值，最后只能成为王侯贵族间互相送着玩的“馈赠之礼”。

飞钱，唐朝的商贸业务很发达，商人就变得很烦恼，带钱出去办事简直就是场噩梦。因为无论是金子、银子还是铜钱，那都是重金属，只要达到了一定数目，就重得吓人。这时伟大开明的唐朝有了创举，政府出面开具出写着金额多少和存钱地点的凭证，然后商人带着上路做买卖，可以在异地提款购物。但创举不彻底，飞钱本身不介入流通，没有货币的职能，说到底只是种汇兑凭证，不是真正意义上的纸钞。

时光流转，五代十一国时没吃没喝，这些就都成了往事。进入了宋朝，纸钞终于出现在了货币最混乱、最粗糙也最庞大的四川。

先明确一个概念，这个发明创举完全不是因为发展太快、繁华过度的需要，而是一个很难堪的不得已。

天府之国进入宋朝之后，应该说老百姓的日子过得比后蜀时期差多了，赵宋官家对他们很残忍。川人自古坚韧，他们想方设法地让自己发展壮大，结果就是卡在了货币流通这一关上。

当时四川别说金子、银子，就连铜钱都很少，都被匡胤、光义兄弟俩十几年如一日地搜刮进了开封城。迫于无奈，他们只能使用铁钱。于是灾难出现，一铜钱兑换十铁钱，每一千文铁钱的重量，小铁钱是十三斤，大铁钱就是二十五斤，当时买一匹布所需铁钱是二万文。好了，算一下是多少斤呢？

大约五百斤……请问这日子还能过吗？

聪明的川人开始自救，民间自发形成了“交子铺户”。简单地说有点像现在的银行，有人把钱存进去，就能开具出一张印着红、黑两色的店铺和市民共同牢记的相当隐秘的记号图案的纸，以后就可以凭纸取钱了。

但是和现代存折不同的是，交子铺户不给你利息，你得给它百分之三的保管费。

弊端也跟着出现，这玩意儿太诱人，一张纸就相当于一座山那样高的铁钱，于是不管商家怎样费尽心机做出密码图案，都被成功破译仿制。多简单，这东西就算再难，也没有仿制古画那么费神吧。于是打官司，追逃犯，整个四川鸡飞狗跳。

但办法仍旧是好办法，铁钱的问题也一定得消除。这时川人盼来了他们的救星——张咏。这位宋史中首屈一指的封疆大吏从景德元年（公元 1004 年）开始，命成都十六户富豪联保主持，用统一的纸张、统一的印文印制交子。上面的密码变得超级复杂，因为是十六家铺户联合签署，每一家都有自己的独特标志。再加上张咏治蜀的巨大威慑力，交子终于开始顺畅流通。

可惜张咏不能长命百岁，他离开四川之后，交子再次出现危机。终究是民办的，伪造高手杀之不尽。这时刘娥开始接手，她在天圣元年（公元 1023 年）下令在成都设立交子务，开始官办交子。官交子与私交子的区别有三项：1. 官交子上盖有益州（即成都）交子务和益州观察使的官印；2. 取消以前一张交子面额巨大且随意的填写法（千贯、万贯随便填，与你当时存进去的数额相当），变成每张都有面值，比如一贯、五贯、十贯，彻底变成了现钞；3. 设立官方准备金，每造一届（即一批）交子，备本钱三十六万贯，每一届以两年为期，到期兑换。

从此宋朝经济腾飞，货物的流通量是之前所有朝代所不能比拟的，为仁宗朝的繁华盛世打下了坚实基础。

# 第二十六章　妈妈，我想你

刘娥死于阴历三月，北方春晚，惊蛰时分应该才到。惊蛰，春雷乍响时，地底里的虫子们都会被震醒，它们都爬出来了。

八大王赵元俨登场。这真是个有故事的人，宋朝小说里最脍炙人口的八贤王赵德芳，据说就出自他的原型。他是他父亲的第八个儿子，所以称“八”。说人生，他真正的事迹就一个，大中祥符八年（公元1015年）五月二十一日，他府中的一个婢女把大宋的左藏库、朝元门、崇文院、秘阁等地都给点了，一把火烧成白地……业绩伟大，前无古人，后无来者，大宋三百年，他最强！

十多年之后，丧礼隆重，小皇帝悲痛欲绝，八皇叔郑重地说，皇帝，你的妈不是你的亲妈，你的亲妈这么多年都没法当你的妈，现在你在哭的根本就不是你的妈！

赵祯的脑子急剧缺氧，八叔你慢点说，我头晕。于是八皇叔在那高高的金銮殿上，讲述从前的故事，把赵恒、刘娥还有李氏的关系一一复述。中心论题是这一句话：“陛下乃李宸妃所生，李妃死于非命。”

赵祯的心灵慢慢地退进了一个冰冷遥远的地方，一个残酷的事实毫无预兆地降临了，母亲原来另有其人，这么多年以来她只能默默地看着我，却无法相认！而且已经死了，是“死于非命”，再联系大娘娘刚刚故去，能得到怎样的答案？

六十四岁的刘娥在自己的身体垮掉之前，害死了唯一能威胁到她的人！我的亲妈是被人害死的！

赵祯的心灵突然异变，忍无可忍，他立即要知道自己的亲妈埋葬在哪儿，要看到她，就算在死后也要见她一面，看她受过怎样的苦楚！

马上去查，生母安葬在哪里。没想到答案马上出现——洪福院。赵祯一愣，竟然是很正规的地方……他立即赶去，同时派兵包围了刘娥的“哥哥”刘美的住宅，只要发现生母李氏的尸体有被伤害的迹象，立即抄家拿问。

牛车辚辚，生母面前没有天子，赵祯放弃了玉辂，以牛车代步，赶到了洪福院。

下车直奔棺椁，生死天堑，一木之隔，终于打开了。

只见李氏夫人面色如生，平静地躺在水银之中。她身穿着皇太后的服色，没有半点受苦伤残的痕迹。“……陛下乃李宸妃所生，李妃死于非命。”八皇叔的话在耳边回响，是的，前半句没有错，我乃母亲所生，但后半句却无从谈起。

并不是死于非命。

心灵平静了，赵祯的底蕴在这里显现。他不迁怒于人，绝不像是一般的凡夫俗子，于自己手握生杀大权之时大肆杀戮，用别人的鲜血来证明自己的孝心。

当天他平静地放下了棺椁，低头微微叹息：“人言岂可尽信，大娘娘平生分明矣。”随即命令包围刘宅的军队撤走，从此只有哀伤，没有愤怒。

不久之后，赵祯就真的愤怒了。事实上，换了哪个男人都受不了。话说他的皇后姓郭，是已故刘太后亲选的，为的就是抵挡绝色美女对儿子的诱惑，那么她本人的容貌也就可想而知了。更糟糕的是，她出身于武将世家，本性就糙了点，而且在十年的夫妻生活中向婆婆刘娥的作风看齐（要命，你为何学后期的刘娥，不学刚开始时的川妹子啊），不仅面对丈夫时是冰山美人，就连整个后宫都被她冻住了。

有她在，赵祯就别想去亲近别的女人。

某一个寒冷的冬天里，那一天皇帝正和两位美人促膝长谈，渐入佳境，郭皇后突然驾临，一向很乖的尚美人居然开口说话了，而且语带讽刺。震惊加愤怒，不管是不是皇后，一个妻子在自己的丈夫面前被情敌所污辱！一瞬间郭大将军的基因本性发作，郭皇后忍无可忍，扑过去就是一个大嘴巴子。

仁宗陛下护花心切，整个身体都挡了过去，这个大嘴巴子打在了从没有任何人抽过的脖子上……仁宗大怒，废了她！

当天他怒气冲冲出宫去，直接去了政事堂，把自己的脖子展示给宰相看，那上面还有郭皇后留下的伤痕。

“你看怎么办？”赵祯在愤怒中还没忘原则，皇后的废立是仅次于皇帝即位、皇太子确立的头等大事，不是他一个人就能说了算的。百官的意见，尤其是宰相的意见才更关键。

只见该宰相看了又看，再看，然后召来内侍副都知阎文应，仔细询问了事发经过，之后清晰地回答——废了她。

郭皇后的命运就这样被确定，因为这位宰相姓吕，叫吕夷简。

吕夷简明确地说出了自己支持废皇后的理由：“东汉的光武皇帝，那是中兴汉室的一代明主，他就曾经废掉自己的皇后，理由不过是当时的郭皇后口出怨言、心有不满。何况您的郭皇后居然打伤您的脖子！”

废后诏书就像一声枪令，所有的台谏官都一哆嗦，紧跟着就血灌瞳仁，不必号召，更不必准备，从跪听诏书的那一刻起，所有人都行动了起来。

他们的首领就是御史中丞孔道辅。

“人臣之于帝后，犹子事父母也。父母不和，固宜谏止，奈何顺父出母乎！”——这就是当年言官们的原话，意思很明确，你爹和你妈吵架了说离婚，难道你当儿子的拍手赞成？

第二天，晨光熹微，言官们在孔道辅和范仲淹的率领之下向皇宫步步逼近，他们坚信，随着每一步的迈出，皇帝、宰相、大臣，以及所有心怀不轨的人，包括后宫里的那些美人，都会心惊肉跳，寝食难安。随着这次胜利，大宋一国的风气节操都会被清洗干净。

于是大家更加表情庄重，气氛神圣，万众瞩目啊，扬名立万啊，还有比这更激动人心的吗？答案是有，他们才走到待漏院，也就是官员上朝休息室，惊喜就扑面而来。某位太监捧着圣旨已经等了好久了——诏，权御史中丞孔道辅出知泰州，右司谏范仲淹出知睦州，即刻起程，不必入宫告谢。

瞬间冷冻，被踢出京城了，连见皇帝最后一面的权利都被剥夺，这就是此次斗争的“神圣”结局！

贬官诏书立即生效，言官们被勒令集体转身，马上出宫，回家听候发落。其中孔道辅、范仲淹的遭遇是最经典的，皇宫、家、城门变成了三点一线，太监们、宫使们如影随形，没有半点的停留，把他们直接赶出京城，贬成地方官。

其余人或降职，或罚款，凡参与者无一幸免。不再是什么杀一儆百，而是真正的全军覆没。更加惨痛的是，这件事变成了宋朝言官们锥心刺骨的噩梦，他们的权力瞬间缩水，丢掉了最重要以及最基本的两种武器。

第一，诏书里明文规定，从此言官们再想说什么话，只能私下里偷偷写好奏章，再通过非正式渠道转达，才能请皇上过目（密具章疏）。也就是说，他们连正常上书，让文武百官第一时间知道他们弹劾了什么，都做不到了。

第二，再不准拉帮结伙，一窝蜂地找皇帝、宰相搞集体辩论。这就是说，他们从此丢了要求和皇帝面谈的特权。

# 第二十七章　三百年间他第一

仁宗朝有一个享誉宋史三百余年的名号——天圣进士集团。在刘娥当政的十年期间，政治成绩暂且不论，她开科取士，考上来的人才，是宋朝有史以来最璀璨夺目的，像井喷一样地突然到来。

请看下列名字。

天圣二年甲子科，前三甲是宋庠、叶清臣、郑戬，之下排名是曾公亮、余靖、尹洙、胡宿、贾昌期、宋祁等。

天圣五年丁卯科，前三甲是王尧臣、韩琦、赵概，以下有文彦博、包拯等，共一百九十七人。

天圣八年庚午科，状元王拱辰，以下有刘沆、石介、蔡襄、孙抃、田况、刘涣、王素、张先、张谷、孙甫、尹源等。欧阳修名列一甲第十四名，后来的一代名相富弼也出自这一年，只是他是茂才异等科（特殊才能被举荐），并不是出自考场。

纵观历史，这些名字不仅闪耀在现在的仁宗朝，也是后来的英宗朝、神宗朝的骨干力量，某些人直到哲宗时期仍然有影响力。所谓仁宗养士，三代受益，指的就是他们。在这一年，宋景祐二年（公元 1035 年），他们中的一些人已经崭露头角，但并不是在职务上，大宋朝的官场顶级职位距离他们仍然有一段距离，而是以另一种方式名闻天下。

文章名气。其中的代表就是欧阳修。

欧阳修，字永叔，生于公元 1007 年，三岁时丧父，与母亲相依为命，由叔父资助长大。可以说他的生活比范仲淹还要苦，家里连纸和笔都买不起，他的妈妈要用芦荻为笔，以沙地为纸，教他认字。“画荻教子”的典故就是这样来的。

他学的是以应付科举考试为目的的官方认可的“时文”，也就是从晚唐五代以来，直到宋仁宗中期以前一直盛行的西昆派、四六体（晚唐诗人李商隐写骈文，好以四字、六字为句）。用这种文体来书写自己对四书五经的见解，就是当年士子们考试的内容。

家境贫寒，必须考中，欧阳修把他五六岁时在邻居李家仓库里发现的《昌黎先生文集》珍而重之地放进了记忆的深处，开始了刻苦研读。

欧阳修十七岁下考场，二十七岁终于殿试成功。前后计算，是十年寒窗，外加十年科场，共二十年的光阴，才让他跃入龙门，踏进名利场。他最早的官职是将仕郎、试秘书省校书郎，充西京留守推官。

多么有缘，以西昆派、四六体格式考上的官，马上就要向当时西昆派的掌门人报到——当时西京洛阳的留守就是武胜军节度使、同平章事钱惟演。吴越王的后代风雅绝伦，不仅深通做官之道，更在诗文造诣上惊艳世人。

官场上，他是刘娥的“哥哥”刘美的舅子，丁谓丁相公的亲家。仁宗即位之后，他又马上把郭皇后（刚废的这位）的妹妹娶作儿媳，裙带的关系与时俱进，随时与皇家保持亲密的关系。

文学上，他是与杨亿、刘筠相提并论的西昆派领袖，严格说来，就连晏殊也是他的后辈。具体的表现就在于，不仅他个人的文风绮丽浮艳，浓得就像桂花嫁接了玫瑰，香上加香，他的幕府号称“天下之盛”，也全都是诗词俱佳的人才。

欧阳修如鱼得水，结识了谢绛、尹洙、梅尧臣等风流才子，曾是洛阳花下客，无拘无束、快乐逍遥，这是他一生中最为轻松惬意的时光。众才子游龙门，上香山，探白居易隐居之地；出普明院，入竹林，效昔日七贤之饮，也喝得一塌糊涂。甚至年轻人会犯的错，他也都一体犯之。

某日，钱惟演在后花园设宴，宾客齐至，唯独欧阳修未到，好久之后，才见他与一官妓姗姗来迟。众雅士不问推官问佳人，为甚来迟？

官妓答曰：暑热午睡，金钗都弄丢了，正在找，所以迟了。

众皆大笑，风流罪过风流罚，如你能让欧阳推官填词一首，金钗我们赔给你。于是词牌史上的名作《临江仙·柳外轻雷池上雨》就此诞生：“柳外轻雷池上雨，雨声滴碎荷声。小楼西角断虹明，阑干倚处，待得月华生。燕子飞来窥画栋，玉钩垂下帘旌。凉波不动簟纹平，水精双枕，傍有堕钗横。”

妙哉！

更妙的是留守大人的风雅解人，钱惟演之雅量高致，真可流传千古。他的幕僚们冬日出游，乐而不返，从颍阳归，暮抵龙门香山寺崇山峻岭时，被大雪阻断深山，他派人夜渡伊水，送来了官厨和歌妓，说官事不忙，请尽兴游乐，只要归来时佳作满笈就足矣！

这样的日子截至钱惟演的死期，也就是公元1034年。欧阳修也被调回京城，进入翰林学士院，授宣德郎，充馆阁校勘，变成了京官。

东京开封城，美得就像一个梦。大宋立国至今已有七十年，整个国家变成了一个天堂。据考证，此时人口在一万以下的城镇，共有三千多个；在一万与十万之间的，不少于一千个；超过十万的超级大城，至少有六个。

比如风光旖旎的苏州、富饶锦绣的成都，位于南北东西交叉口上的交通枢纽鄂州以及西京洛阳、北京大名府。但所有这些，都远远不及京都开封。

伟大的开封城，它的人口至少一百万！它的繁华，就由上面所说的所有城市来供给，其中最主要的生存命脉，就是四条运河——汴河、蔡河、五丈河、广济河（又名金水河）。

每年由它们从南方运进开封的稻米就有六百多万石，其余的各地特产就更多不可数。史称“集四海之珍奇，皆归市易，会寰区之异味，悉在庖厨”。至于其他的珍宝玉玩、服饰器具，更加难以想象，是以后直到清末，甚至就算现代也望尘莫及的！

物资的天堂，代价就是生存的极限。有太多的人向往它，包括当年的蜀川小银匠龚美，不远千里进东京谋生，却只有卖了自己的老婆刘娥，才能勉强活下去。当然，也有更多的人一贫如洗地走进来，却变成达官显贵，荣耀一生。比如那些考中的举子。

这就是那层绚丽外衣下面所隐藏着的真相，每个人都活得很累，小人忙于挣钱，大人忙于争权，难度都是当时最大的。

公元 1034 年，欧阳修走进的就是这样的地方。

进城之前，他是个风流才子；进城之后，他成了……一个噩梦。在之后近四十年的岁月里，他把敌友双方都摧残得体无完肤、躺倒一片，几乎在任何事情中、所有场合里都有他活跃的身影，直到仁宗朝改革不成，人事不兴，最后他自己也背负臭名，灰头土脸。

一句话，此人堪称是北宋史上最不知所谓的一个灾星。

时间稍微回拨，明道二年（公元 1033 年）十二月发生了一件事。

事发顺序如下：

1. 年底十二月，赵祯按惯例出宫到南郊举行郊祀大典；

2. 长宁宫里的郭皇后突然生病；

3. 阎文应带御药院的医官去看病；

4. 几天之后郭皇后暴亡；

5. 御药院的头儿叫阎士良（阎文应的儿子，是否亲生不详）；

6. 赵祯回宫后才知道人死了，很悲痛，但没办法，只能再次搞出“生死两皇后”的把戏，追认前妻的皇后身份，以最高等级出殡发丧。

以上就是全部的事发始末，很明显，只要稍微知道一点内幕的人，就会闪出一个念头——郭皇后是阎文应害死的，手段是趁机下毒。说不定就连郭皇后最初得病，都是他派人做的手脚。谁让他儿子是御药院的，还就在现场。

问题的关键是没法指证，不仅没证人，就连物证都找不到。比如说最起码的一点，中毒啊，尸体还在，可以解剖求证嘛。可那是皇后，不管是不是前妻，都是陛下的私人产业，以为死了就可以任由谁去乱动？信不信就算宋慈早生一百五十多年，在北宋就当上了提刑官，敢动这个念头，都得被打得满地找牙？

于是就只有忍了，只能眼睁睁地看着这个死太监逍遥法外，快乐人生……那还要那么多的言官干什么？

回头说言官，这时候御史台和知谏院都元气大伤了，孔道辅他们被赶出京城，台、谏内部大批换人，换上去的都是吕大宰相的亲信。效果非常好，基本上在上次的废皇后风波之后，御史台、知谏院就再没找过皇帝和宰相的麻烦。

如果这次是例外，这样的事都可以沉默，那么大宋的天下到底是姓赵还是姓吕？知谏院系统有人站了出来，是谏官姚仲孙、高若讷，他们联名弹劾阎文应，罪名是毒死前皇后，证据嘛就比较新颖，居然是一些声音。

赵祯去南郊举行郊祀大典时，有人听到阎文应在行宫里大声骂人，被骂的人是御药院的。也就是说，必须得动用相当“吨位”的联想，才能联系到后来郭皇后的死。

——御药院的人本来没想下毒的，是被阎文应威胁的。

恨可以，有点技术行不行？答案是不行。言官们变得声色俱厉，我们知道没证据，正因为这样，才更要不讲理。一句话，不管怎样，阎文应必须得死！但在宋朝，你想杀死一个官员，那可实在太难了。求其上而仅得其中，经过反复较量，阎文应和他的儿子阎士良都被贬职，赶出京城，到老少边穷地区去改造。

皇后死了，可凶手却不死……言官们气得集体挠墙，却不料更抓狂的事情在后面。处罚下来了，可阎文应居然拒不执行，我就是赖在京城里不走，你奈我何？

我上面有人。

人人都知道，那个人就坐在中书省、政事堂的头把交椅里，乃是当朝首相吕夷简。这时有个问题，吕夷简为什么要与言官为敌，甚至与皇帝作对，这样保着阎文应？这就要往回翻书，回到十五年前左右，那时也有一对宫里宫外相互勾结的最佳拍档，名字叫丁谓、雷允恭。

自古权臣奸相，都少不了这个结构，尤其是和平时期。宋朝，甚至以后的明朝，不论是忠的，还是奸的，不论是这时的吕夷简、稍后的文彦博，还是几百年之后的张居正，都逃不出这个宿命——除非你不想独领朝纲、说一不二，不然都得这样过日子。

于是有一个推论在一个人的心里形成：吕夷简要保住阎文应，吕夷简还要内外勾结，吕夷简是个权臣、奸相，吕夷简必须得铲除！

这个人就是范仲淹。他很清楚，要达到上面推论的效果，就必须得回到最初的原点——搞定阎文应，先把吕夷简在皇宫里的黑手砍掉。

范仲淹的本质，就是在做任何事时，都要做到极致。他现在要不顾一切地参倒阎文应，所使用的招数可以说是大宋三百余年里文官系统里所未见的。他绝食了。从上书弹劾阎文应那天开始，他就把自己的长子叫到了身边，告诉他：家里的一切都交给你了，这次“吾不胜，必死之”。与奸相、阉党势不两立！然后绝食开始。就是要让皇帝明白，不管有没有罪证，阎文应必须处罚，不是他死，就是我死。你看着办吧。

在这种压力下，知谏院方面的姚仲孙也再次上奏，才把阎文应赶出了京都。结局很奇妙，出了京城的阎大太监没走多远，就死在了路上。这似乎有点耐人寻味，说死就死，正常死亡？如果一定要再找出点发问的理由，可以参照一下阎太监的发配地点——岭南。

这仅仅是开始。范仲淹精心绘制了一张图，详细记载着近年以来吕夷简当政之后文武百官的升迁、降谪之路。其中一一指出，哪些官员的升迁是正常的，哪些是吕大宰相一手遮天强升暗降的。真是以事实为依据，以大宋律法为准绳，清楚明白地挑明了一切。

《百官图》。

范仲淹百分之百地深信，只要皇帝看上十分钟，吕夷简的死期就到了。

事实永远都出人意料，这样的重量级作品呈上去，只换回了吕大宰相的八个字：“仲淹迂阔，务名无实。”

范仲淹气得都快爆炸了，他再次上书，条条列举，证明自己的正确性。换来的是另外十二个字：“越职言事，荐引朋党，离间君臣。”

随即皇帝的处罚颁布——剥夺范仲淹京城一切官职，罢免其天章阁待制、权知开封府，在当年的五月九日，被贬到饶州去做地方官。

范仲淹认定——当罪恶出现时，助纣为虐是错的，漠然视之同样也是错的，尤其是身有力量可以阻止的人，当做而不做，更是在犯罪！

本着这个原则，范仲淹找到了王曾，问出了一句话。这句话是宋史中至关重要的一个契机，它是一代名臣范仲淹苦闷悲愤到了极点，忍无可忍才问出来的。痛心疾首，追问到底，他的临界点到了。这句话和对方的回答，就是范仲淹超越欧阳修、韩琦等同辈，甚至远远超过王安石、司马光等人，成为宋朝三百余年间第一人的根源所在。

“明扬士类，宰相之任也。公之盛德，独少此耳。”王曾王大人，您身为宰相，理所应当弘扬士大夫之中的正气，可您袖手旁观，独善其身，您的盛德，在这方面有重大缺陷！

王曾静静地凝视他，轻轻地说：“夫执政者，恩欲归己，怨使谁归？”

又是十二个字，范仲淹一听，立即就呆住了。

伟大的蜕变，终于开始了。

从字面上看，完全是答非所问，王曾并没有回答为什么要静观其败，无动于衷，可里面的含义却非常深邃，就看你是不是个聪明人，并且是不是个钻牛角尖的聪明人。

从字面上讲，应该这样翻译——手握国家权柄的人，如果想让天下之恩惠皆归于己，那么相应的怨恨之情想推给谁？

它的深一层含义，却应该这样解读——手握国家权柄的人，如果只想让大家说他的好，不让大家说他的坏，可能吗？

这是在说，吕夷简一定是坏人吗？他做的都是坏事吗？试问当家人，做得越多，就越招人嫉恨，只有什么都不做的人，才没人讨厌！一语惊醒梦中人，范仲淹猛然自省，自己做的都是对的吗？一些最基本的、平时绝不怀疑的原则观念在他的心里升出了问号。

是做圣人，还是做事？是想建设，还是在破坏？回想这些年，他在地方上的确又治水、又救灾，做了很多实事、善事，可是只要一进入京城，就立即投入了破坏之中。比如说，他按照这样非黑即白的观念继续做下去，扳倒了吕夷简之后还要再做什么？再去扳倒谁？一生就只是在打压、攻击、谩骂中过日子吗？

谁做事，就在边儿上铆足了劲等着挑错，这样的人，就是君子吗？观念的改变，带来思维上的飞越。范仲淹再不用王曾解释什么，就想到了王曾不出手的更深一层的含意。

比如说王曾出手了，那就是大宋朝的首、次两相之间的对抗，以前有太多的例子证明，只要出现这样的局面，无论对错，都是同时下台的结果。那样是解恨了，可国家谁去管？民生谁去管？大宋朝堂从上到下乱成一锅粥，这就是你范仲淹的盼望？

宰执之臣，雍容大度，必须全方位考虑事情，黑、白之外，还有千万种色彩，要走那条对国家、对朝局最有利的路。

所以王曾选择了沉默，至于说什么君子、小人、奸邪，见鬼去吧，没有这些珍稀动物，不分得这样清，赵匡胤也把宋朝的天下打下来了，赵光义也活得很快活。

当天范仲淹心神恍惚地离开了王曾的家，他似乎看到了另一条道路，可不知该怎么去走。

# 第二十八章 黑暗前的黎明

公元1039年对党项人也极其重要，在李德明死之后，他们有了自己的年号、新衣服、新名字、新文字等，但在历史层面上却要注意，他们还没有自己的新皇帝。

这也是无与伦比的进化了，要知道党项人从拓跋思恭开始，就把自己牢牢地定位在了臣子的位置上，唐朝就算沦落到只是朱温手里的一根草，他们都谦卑地自称我姓“李”，并且汉人一旦中兴，就立即遣使上贡，向赵匡胤臣服。这种世代的臣服意识直到党项枭雄李继迁兴起都没有消散，连带着他的儿子李德明也不敢逾雷池半步。

有帝王之实却不敢称帝王之名。

李元昊不，他刚刚即位就要在精神层面上与这个世界的最高统治者拉平，其做法是抛弃了宋朝的年号，定年号为“广运”。党项人的好运就此开始，国祚绵长，他们的年号一直独立留存了一百八十九年，拥有了自己的体系。党项王族也改姓为“嵬名”，宋、辽所封的官职一律抛弃。

他再不是什么西平王或者西夏国王，他是“兀卒”，党项语里的意思就是天子可汗，是游牧民族所能想象出的最尊贵崇高的称谓！

但“兀卒”的谐音怎么念就有了大讲究。契丹语失传了，不知道含义怎样，在汉语里，它的音译叫“吾祖”……该死的，就算有一万个党项翻译一起解释这是误会，宋朝的君臣们都难免把它跟一句骂人话挂上钩——我是你爸爸！

第二年李元昊称帝，国号大夏，改元天授礼法延祚，追尊祖、父为太祖、太宗，封妻子野利氏为皇后，儿子宁明为皇太子，向宋朝递交了正式国书，从此与宋朝、辽国分庭抗礼。

辽国像看把戏一样没理会。

宋朝爆炸了，藩属之国竟然敢如此无礼！必须屠灭之！

步军副都指挥使，鄜延、环庆副都部署，西北方面军的副总司令刘平上奏：“元昊不过鼠窜为穷寇尔，何所为哉！”以鄜延、环庆、泾原、秦陇四路兵马共二十万人，分两路进击，三倍元昊之众，转粮二百里，不出一个月，必将大胜！

壮哉斯言，举国振奋。可事实上，他在说梦话。常年驻守边疆，居然对李元昊的兵力判断都不准确，从这时起就已经可以预料战争的胜负结果。

二十万人马就想是全西夏军队的三倍，那么李元昊的底牌就只有六万多人？真遗憾，这个数字如果用来衡量后期接近灭亡时的李继迁的军队，倒是有点靠谱。至于现在的李元昊，他有……五十万人！

从吐蕃人内乱开始，李元昊得以平静地整顿军队，不断地吞并回纥人，不断地抢劫吐蕃战马，再加上汉人智囊团的指导，到这时为止，他的军队不只是扩大了，军种都开始分类，再也不能用原始的草原骑兵掠夺式、偷袭式的战斗力来局限了。

军种分为铁鹞子、擒生军、卫戎军、泼喜军、撞令郎五种。

铁鹞子，又称为“铁林”，是西夏骑兵中最精锐的部队，配备最精良的战马、最精选的盔甲和最优秀的战士，只有三千人，还分成了十队，每三百人是一个战斗团体，在纷乱纠缠的战局中用他们决战决胜。

擒生军，是西夏人的独创，专门用来在战争中掠夺敌方的百姓，有些像是契丹人打草谷。只是西夏人更穷，对钱、物的渴望让他们出手更狠。这支部队居然达到了十万人。

卫戎军，是西夏京城的禁卫军，共五千人，都是由西夏的贵族子弟担任。战斗力怎样不好估算，李元昊用他们来守大门，还是当人质、要挟贵族们就范，也不得而知。

泼喜军，这是炮兵，炮弹就是石头，大小不一，大的用来攻城；小的，迎面而来的敌人要小心，拳头大小的石头一筐筐地砸过来，出什么事都很正常。

撞令郎，是他从汉人中特意挑选出来的精壮男子，没什么武器给他们，每当打仗时就驱赶他们冲在最前面。会发生什么，足以想象了吧。如果想要把刀砍在党项人的身上，就得先把这些本族的兄弟杀光！每当此时，不禁要问，战争中难道就没有英雄和气节这种东西存在吗？

这时的党项，后来的金国、蒙古、日本，都这样做过，据说它们都是以军功自豪、以英勇为荣的民族，试问这样获得的胜利，除了在金钱、牲畜、抢来的女人中间得到快乐，怎能使无畏的心灵感到荣耀？

高贵是高贵者的墓志铭，卑鄙是卑鄙者的通行证。谁都知道人性中掺杂着兽性，可李元昊这个人，是兽性中稍微带了一点点的人性。这就是他的本质。

宋宝元二年（公元1039年）闰十二月，李元昊派贺九言到宋朝边境送来了一封信和一只锦匣。那只锦匣被称为神明匣，里边装的是历年以来宋朝赏赐给李元昊的敕告、敕榜、旌节，即他作为宋朝官员的信物。

用意非常明显，你不让我当你们宋朝的官了，我直接把你给的印信退回。

那封信更著名，在宋、夏历史中占有重要地位。即真正激怒宋仁宗，挑起宋、夏战争的“谩书”。一封来自西夏的侮辱性的信。

信里写道——南朝皇帝陛下，我派到您那儿的使者还没回来，您的兵将就杀进了我的国内，规模很大，在鄜延、环庆、泾原、秦陇四路地界，共分九路入侵，但很可惜，都被我打败了。您的旗鼓、符印、枪刀、矛戟我抢了不少，您的士兵也被我杀了不少。我感觉蛮光荣的。

我相信这都不是您本人的意思，都是您的公卿大臣们私下里的决定，他们妄图挑起争端，好从中渔利，真的很丢脸。希望您认清一个事实，我是番，您是汉，国土所在都不一样，何来君臣之说？您为什么要这样嫉妒我？我李元昊是被部众推举，追随我的祖先拓跋思恭的脚步，去做正当皇帝的，有什么不可以？而且我再重申一下，我已经展开了正常的邦交，您的平等友邦辽国都是我的亲戚，我们处得很好，展望未来，我们一样也会这样的。

最后非常有礼貌地强调，希望陛下能仔细看一下我这些说得很不到位的话，能从中感觉到我深深的诚意，能以和平友好的礼仪来待我们，让我感觉到您折节下交的恩赐。

李元昊的进攻在谩书刚刚送出西夏边境时就开始了。宋宝元二年，西夏天授礼法延祚二年，公元1039年的十一月，他率军攻向了宋朝延州境内的保安军。

开战之前，先把当地地形简单说一下。以洛水和延水两条南北走向的水系为区域，洛水在左，即西方；延水在右，即东方。青涧城在延水之东，在延水与洛水之间的大片区域里从东至西排列的是金明寨、保安军，它们的下方是延川、宜川、经川三条河流的汇合口，名为三川口。

三川口的下方就是当地的首府延州城。

在保安军、金明寨的上方是白于山、土门以及一连串的羌寨，再向北方，也就是更上方，是宋、夏的边境，长达两千余里的横山山脉。但让人遗憾的是，这条天然的界山却是另一处燕云十六州，宋朝并没能和西夏平分它的险要，而是整个被西夏所占领，党项人居高临下，在横山之上的各处险隘都修筑了据点，共有三百多个堡寨。

西夏基本上可以做到退有守地，进可攻击。

这一次攻击保安军的是“五头项四十溜人马”。这是个比较晦涩的术语，其实很简单。宋、夏边界上有所谓的生户、熟户，熟户就是投降宋朝，已经世代居住的党项人。“五头项四十溜人马”就是由被李元昊重新招降回去的熟户所组成的。

五头项，五个大的首领支系，每头项八溜人马，共四十溜人马。说白了不过是变形的撞令郎，他们充任先锋，西夏人的主力都隐藏在后面，等着他们和宋朝军队对耗之后，才冲出来收拾残局。

战斗打响，西夏人，尤其是这些叛逃过去的熟户，他们多年以来早就摸清了宋军的虚实，贪图享乐、懦弱骄横，不说战斗技能，单从心理上就不是军人。他们争先恐后地冲了上去，认定自己只要龇出獠牙就能吓倒宋军。

这时在宋朝的军队中，有一个人默默地解开了发髻，让自己的长发飘散在塞外凛冽的寒风之中，乱发披面，只在偶然间才能看到他的脸。那竟然不再有人类的轮廓，而是闪耀着青铜的光泽，一张狰狞狂野的鬼面突然出现在西夏人的眼前！

当天的战斗是党项人的噩梦，保安军蜂拥而出，为首的一个人身材高大，乱发披散，戴着一张青铜面具，冲进西夏军中，所向披靡！

没有挑战，没有埋伏，没有任何党项人心目中宋军的传统作战方式，只有剧烈的、凶猛的、不顾一切的冲击！

五头项四十溜人马被冲散，直接倒卷回李元昊的中军，什么撞令郎，哪有敌我对耗，在压倒性的冲击之下统统失效。党项人一通狂奔，直接跑出了保安军的防区，才停下来发抖。问一下，刚才那人……那真的是个人吗？

这个疑问，一直困扰了党项人近四年。

在他们身后，保安军中那人停了下来，他终于摘下了那张青铜面具，里面露出的是张年轻英俊的脸，可惜，上面印着金印——他是个犯罪的配军。

狄青，字汉臣，生于北宋大中祥符元年（公元1008年），时年三十一岁。汾州西河（今山西汾阳）人。他出身贫寒，十六岁时哥哥与人斗殴，他代兄受过，被刺配从军，用当时的话说，是“贱中之贱”的贼配军。按照惯例，他被选进京城，编入了禁军。

山西自古多名将，武风极盛，狄青从少年起就弓马娴熟，武艺超群，按说军中是他的好归宿。可在仁宗时期的禁军里，他成了一个异类。《宋史》称“青少有壮志”。一个有操守，甚至有理想、不懦弱、勤练武的军人，无论在北宋，还是在南宋，都不受欢迎。

李元昊造反，他成了第一批被派往边疆的禁军，而且把他分配到了重中之重的前沿阵地。不知道这是重用，还是惩罚，但一个铁血传奇就这样开始了，狄青在国家噩运之中奋起，以血战捍卫自己的家邦，成为西北战场上宋军的军中之胆。

初战失利，西夏军队却半点都没受影响。说来简单，一个以欺诈起家，而且每战必诈的军队，会有什么至高无上的荣誉感吗？能为了一点点颜面的丢失而惭愧吗？

李元昊打马转向，走，去另一边碰碰运气。这一次，他们选择了承平寨。承平寨比保安军稍大一些，李元昊很重视，他把没死光的头项们都撤了下来，直接派去党项本部人马，至于数量，非常恐怖，共三万余骑！

这个数字在李继迁时代从来没有出现过，稍微往回翻史书，攻击河湟部吐蕃的藩篱外城猫牛城时才有这样的规模。但那是城，这是"寨"！

寨是防卫时用的栅栏，引申为营垒，那么它的规模和强度也就可想而知。以三万余骑兵的攻击压力，按比例计算，不会比当年幽州城里的韩德让轻。人多势众，党项人直扑寨门，但万万没有想到的是，寨门突然间开了，里面的宋军像保安军一样冲了出来，面对经过平回纥、战吐蕃、扫平整个河西走廊的党项精兵，宋军选择的是出城野战，近距离肉搏！

恶战爆发，承平寨外血肉横飞，历史没有记录这三万党项骑兵是不是一次性投入战场，但宋军冲出寨门的仅仅是一千余人，却敢于决战决胜，党项人被迅速击溃。当天敌军败走，宋军却没有入寨，就在寨门外列阵，他们很清楚，刚才只是遭遇战，敌方措手不及罢了。这时入寨，敌人卷土重来，形势一样恶劣。

既要战，就要打个明白。

果然，不一会儿，党项人就在败退的路上再次集结，这一次缓步压来，再没有开始时的嚣张狂妄。形势在最初的试探之后变得明显，党项人清楚地看到，寨门外的宋军人数有多少，还有他们背后的承平寨防卫强度有多大，只要认真持重些，胜利仍然牢牢地抓在他们手中！

问题是宋军是不是这样想的。两军列阵，宋军沉默待战，党项人却一阵纷乱，不一会儿，阵势分开，有位盔甲鲜明的异族勇士站了出来，只见他运气、扶鞍、张嘴……宋军屏息凝神，结果却听到了一大堆的污言秽语！

这就是党项人的勇士，这就是党项人对敌人的尊重。宋军的回敬是全体继续沉默，他们的将军突然间张弓搭箭，一箭射中那个党项人的大嘴巴。之后全军移动，向西夏人施压，准备第二次冲锋。

但是没有冲锋了，庞大的西夏军队竟然在一阵骚动之后，选择了第二次撤退。当天战斗结束，宋军没法把西夏人真正地赶走，但是围寨攻击的局面也没能形成，李元昊的战前预算再一次落空。事后侦察，他才发现自己的运气真的是“好上加好”。

承平寨真的不太大，可里面的守将竟然是仪州刺史、鄜延路兵马钤辖许怀德！他是东京禁军中的殿前司指挥使、左班都虞候，名副其实的军中高官。承平寨不是他的守地，他是刚巧巡哨路过这儿，李元昊“鸿运当头”，正撞中铁板。

之后的事情彼此都难受，承平寨变成了一只刺猬，李元昊的三万大军围着它、啃着它，可时刻都咬得牙根出血，口腔溃疡。日子一天天地过去，到了第六天，围寨之战已经第六天，突入宋境已经有小半个月，李元昊突然下令，马上走，立即撤回到横山以北。

他的老巢已经出事了，宋朝的军队不只是在顽抗，他们一方面在延州方向集结，向西夏军队迅速靠拢，另一方面已经有大批人马杀进了党项境内，成绩非常好，西夏前沿军寨——后桥寨被攻破，从守军到物资被宋军洗劫一空。

那是洛苑使、环庆路钤辖高继隆，知庆州、礼宾使张崇俊，柔远寨主、左侍禁、合门祗候武英等人率领，几路联合，在鄜延路受攻时，反攻进党项境内。用意非常明显，李元昊小儿，为何你攻我们就要守？你我同时攻进对方境内，且看谁的杀伤力更大！

宋军大获全胜，第一次接战，无论是攻还是守，宋朝军队都占据了绝对上风。一时间朝野振奋，从皇帝到士民都欢欣鼓舞，两眼烁烁放光——我强汉、我盛唐、我大宋……我们真的很强。

其中最高兴的就是鄜延路的最高军政长官范雍，他的心情，精确分析的话，应该是狂喜之余大松了一口气。

翻阅历史，范夫子来到延州之后做得最多的一件事就是连续向东京求援。他不懂军事，但是他会计算，鄜延路有多大，延州府有多宽，他手下一共有多少兵，这些数字都是明摆着的，他实在是害怕，心里没底。尤其是李元昊突然开战，直接选了他做对手。

胜负面前，人人露出真相。李元昊方面，开始对宋军重新估算。在范雍的心里，敌方的威胁程度也在迅速缩水。事实证明他想得没错，转过年来，宋宝元三年（公元 1040 年）年初，延州城附近发生的一系列事件，都让他的感觉越来越好。

先是官方，西夏突然间又派来了使者。该使者名叫贺真，卑躬屈膝、诚惶诚恐地走进了延州城，再没有进东京送国书时的嚣张。他带来了李元昊的痛苦——范相公，您行行好，替我向东京带个话吧。我被打得很疼，知道错了，咱们还像以前那样生活，我……我想复合。

嗯，范雍听得很仔细，再用他几十年来钻研大汉夫子经典所得出的至理经验来印证思考，觉得这事儿非常靠谱。我们是天朝，小邦蛮夷一时叛乱，痛打一顿他们自然会清醒。醒过来了就还是好同志，本着宽宏大量、教育为主的原则，应该给李元昊一个重新做人的机会。

于是胜利者的仁慈出现，范雍重赏西夏使者，要他回去告诉李元昊，复合是有希望的，现在你要做的就是继续表现出投降的诚意。接着范雍的仁慈无限量扩大，连死了的西夏人都得到了实惠。

范雍下令，多做些加厚棺材，安葬被杀的西夏俘虏。

效果达到，李元昊本人怎么不知道，好多西夏人都逃过边境，向宋朝投降，强烈要求安居乐业，再也不回去了。至于定居地点嘛，延州城是不敢奢望的，但实在想离既威武又慈祥、既凶狠又善良的范夫子近一些，所以都选在金明寨。

宋朝鄜延路军事第一重地金明寨！

说一下金明寨和它的守将李士彬。按说西夏人选择他是有道理的，他本身也是党项人，让西夏方面很有归属感。但他对宋朝的忠诚，从他父亲李继周开始就无可怀疑。尤其是自宋、夏交恶以来，他让李元昊本人都郁闷了好多次。

同是党项人，回来成不成？李元昊派人带着大笔金钱去到金明寨沟通感情，结果被李士彬一刀砍断，钱却都留下了。李元昊想了想，好，诱降计不成功。

接下来再派人带了更多的钱，外加西夏官方的制式服装上路，再去金明寨，却在路上故意把东西都丢了。丢的地点很讲究，正是当时鄜延路副都部署夏随的防区，是李士彬的顶头上司。怎样，除了钱还有官，李士彬马上就要叛变了！

可夏随就是不信，老李是什么人我清楚，另外还有一点，金明寨的实力就注定了它的价格。钱，无论多少钱都别想打动它的主管将领。

金明寨，拥有十万将士，名义上它的主将只是六宅使、化州刺史、金明寨都监，但以实力论，已经是鄜延路最强的堡垒。李士彬本人号称“铁壁相公”，不仅是延州城前沿的铜墙铁壁，而且是相公。这是个怎样的称呼，参照一下在皇宫里办公的各位政事堂大佬。

比如寇相公、丁相公、吕相公，未来的王相公、司马相公，等等。那是宋朝臣员的顶级称呼，不是谁都可以叫的。

金明寨之所以称为“铁壁”，最重要的一点就在于“纯”。李士彬父子两代世守金明，手底下的兵都成了真正的嫡系，是名副其实的李家军。

现在突然有一大批西夏人来投降，还要住进去，这是什么概念？李士彬连想都没想，就拒绝。他的办法是来了很欢迎，但别想进我家。把所有投降的人都迁进内地去，再分散安置，化整为零，这样无论里面夹杂着什么人物，都会像一瓶花椒面撒进太湖里，连点影子都看不见。

可是有个问题他的权限解决不了，那就是来的西夏人实在太多了，这么多的正处于战争状态下的异族人一下子迁进内地，而且还由他这个党项种的边防将领处理签证，这不是胆子的事，这是找死的事。

于是他按照官方程序办事，把处理权上交给了鄜延路最高军政长官——范雍。

范雍下令，就安插在你的金明寨里，金明寨不是一共有三十六个分寨吗，每个寨子里都分散一点，这样不也和分散在内地一样吗？而且还省下了路费，又增强了金明寨的实力！

时光流逝，很快新年到了，正月里的金明寨和整个大宋一起欢庆。在这样的日子里，李士彬并没有放松，他的军队很严整，他本人更是在各个分寨里巡行。这一天，他就带着儿子李怀宝到了黄堆寨，平安无事，一切正常。

当天，他就住在了这里。

事情发生在第二天的凌晨时分，李士彬被一阵警报声惊醒，史书没有记载他是不是第一时间就知道了来袭的人是谁，他直觉一样地喊着备马，有马他才能巡视，才能出战。马来了，但要命的是骑出去才知道，那是一匹跑不动的劣马！

将军在自己的营地里被属下出卖，他跑不动，指挥不灵，结果被敌军活捉。直到这时，他才发现对手是谁。居然是西夏皇帝李元昊本人！

李士彬的母亲、妻子像奇迹一样在千军万马的混乱中逃脱，一路奔驰二百多里路，逃进了延州城，让范雍在第一时间知道了战况的危急程度。

须发皆白、满身满脸圣人气质的范夫子抱着属下放声大哭，他没法不紧张，计算天赋再次发作，此时号称鄜延路帅府的延州城里只有一员守将，名叫卢守勤，士兵的数字超震撼，只有几百人！好半天，范雍下令鄜延路内所有能够调动、来得及增援的部队立即向延州城集结，不管他们在哪儿，正在干什么，立即来救我！

奇迹一样，他的命令从延州城里发了出去，传令兵跨越了几百公里的距离，送到了边境线，也就是李元昊此次入侵时的进境口——土门一带。在那里，传令兵把增援的命令交给了鄜延、环庆副都部署刘平以及鄜延副都部署石元孙。

这两位军区副总司令级的将军已经率部杀到了土门，为的是堵截李元昊，但非常可惜，消息得到得晚了些，李元昊早就冲进鄜延路的腹地了。

接到命令，救兵如救火，刘平立即带兵往回赶。查一下史书，可以看出这时刘平、石元孙所部人马的状态是怎样的。

刘平的驻地是庆州，先前是行军四天才赶到的，在这里和石元孙会合，两军合并杀向土门。这时再往回赶，出现的问题就有三个。

第一，劳累程度。这时是西北的寒冬正月天，冰天冻土，寒风刺骨，他们的兵种里还有步兵。行军四天之后再往回赶，这时他们的战斗力要打多少折扣？

第二，人马数量。这是极其诡异的一点，在各种各样的古代、现代的文献书籍里，有的提到了刘平、石元孙所部的兵力数字，那是让人头皮发麻的抓狂感觉——居然只有不到一万人！大宋朝号称百万禁军，为什么两位军区副总司令出战，居然只有不到一万人马，而且还是步、骑混杂？这在历代史书中都没有交代原因！

第三，这一点才是最最重要的，刘平、石元孙两位将军，你们想过没有，李元昊攻破金明寨，前锋直抵延州城，他的势力范围，尤其是游牧民族的骑兵活动范围有多大？从延州到土门有多远，范雍的传令兵得有多神勇，才能渡过种种难关，把增援命令交到你们手上？

都没有答案，史书中没有交代，后人不能凭空猜想，所能确定的只有他们的行动。面对种种困难，刘平激励部下：“义士赴人之急，蹈汤火犹平地，况国事乎！”无论如何我们都要赶到延州去，救我们的首脑，去歼灭李元昊。

之后不分昼夜，全力行军，到万安镇之后全军不得不分流，骑兵先行，由刘平、石元孙率领越过被占领的金明寨，继续向延州挺进。需要指出的是，金明寨是空的，不仅没看到敌人，连原驻军及家属都不见踪迹。

他们都去哪儿了？

# 第二十九章　荣耀三川口

带着这样的疑问，全军继续赶路，天黑时到达了三川口外围。三川口，延川、宜川、经川三条河流在此汇合，是一片滩涂地。当天突然下起了大雪，寒冬时节，人困马乏，刘平决定在这里休息一下，营址选在了三川口以西十里。

毕竟延州城就要到了，战斗即将打响，必须让军队得到喘息。

可就在这时，他突然接到了范雍的第二次急报。是宋军传递紧急命令的“急脚子”，命令他们不准歇息，火速开拔，不惜一切代价赶赴延州。并且为了防止西夏人乘机混进城，要他把队伍化整为零，一批批分开进城。军令如山，刘平只好照办，但等到一连放出去五十小队之后，他猛然发觉不对。

前方一点反应都没有，他的军队像是失踪了一样，再找传令的急脚子，也已经失踪。上当了！刘平瞬间反应过来，这时怎么办？派人去追，还是全体都压上去？这个决断很难下，但刘平很快就找到了问题的关键点。

如果前方是李元昊的埋伏，那么现在的兵力绝对不够，冲上去只是陪着那五十小队送死；如果传来的命令的确是范雍下的，那么就没有危险，冲上去根本没有意义。

当天刘平稳住剩余的骑兵，就在三川口的营地里歇息，静静地等着后面步兵的到来。这一夜就这样过去了，天亮以后，步兵仍然没有赶上来，刘平决定全军后撤，延州城在望，也就是李元昊在望，必须要集结全部力量。

往回一直逆行二十里，才遇到了昼夜不停赶路的步兵。唯一的好消息是兵力骤然增加了两千余人，那是鄜延路都监黄德和、巡检万俟政，延州西路都巡检使郭遵的部队，他们同样被范雍从驻地召集，在三川口附近遇到了刘平的步兵。

这样步、骑混合，刘平在开战之初终于又把兵力上升到一万人以上。当天宋军结阵东行，五里路之后到达了三川口的五龙川。这是个名不见经传的荒凉滩头，从此名垂青史。

因为宋军在这里失败。惨痛的、屈辱的，但也光荣、壮烈的失败！

天上的雪一直在下，五龙川里的河水开始解冻，河的南岸终于出现了大片的西夏军队，就在这一瞬间，胜负的悬念已经消失。

当年的大宋西军应该看到了一个让他们不敢相信的场景，李元昊的军队竟然这样多！至少有十五万人……一点都没夸张，他带来了近七万人的党项骑兵，另外的那一半是金明寨里的原党项、羌等混合兵种，非我族类，其心必异，他们转过头来就攻向了宋朝。

接下来的事在史书中只有简略的记载："时平地雪数寸，平与贼皆为偃月阵相峙。"多么平淡，可在现实中，是一万余人对峙十五万人！

雪一直在下，终于西夏人发起了进攻，他们涉水过河，但没敢在第一时间攻击，而是列成了横阵，等待后边的人马源源不断地过河。渡河未济，击其中流，宋军把握住这黄金一般的机会，抢先发起了攻击。记住这个名字——勇将郭遵，他和部下王信冲向了党项军阵，剧烈冲击，但阵势"太厚"，不见松动。后边的宋军蜂拥而上，以郭遵为箭头，终于揳入了西夏阵地，一场混战，杀敌数百人才后撤。

党项骑兵仍然不断地渡过冰河，向北岸增援，越聚越多，终于他们主动挑战。这一次，他们派出一个勇士，指名要和郭遵单挑。郭遵，在史书中只留下了他的出生地是京都开封，还有他的官职升迁记录，却没有记载他的具体生平，连生于何年都查不到。但可以稍微推测出一些。这时他有四个年幼的儿子，古人结婚生子都很早，这时儿子年幼，他顶多不过三十余岁。他的勇猛完全达到了传说中宋朝的传奇战将岳飞、杨再兴的程度。

他闻战即出，党项人的勇士几个回合之后被他一铁杵砸碎头颅，史称"两军皆大呼"，他的勇猛让见惯鲜血和死亡的军人都震惊。战斗到了这一步，党项人终于清楚宋军的斗志坚不可摧，李元昊不再有什么幻想，他使出了必胜的招数。

发挥人数优势，集群冲锋。他命令渡过河的西夏军竖起大盾牌，人躲在盾后，向宋军缓步逼近，这样就逼着宋军和他们决战，以实力定输赢。

他们想错了，没等他们靠近，宋军已经抢先发起攻击，战斗的经过和规模史书中仍然没有写，但结果是宋军“击却之、夺盾，杀获及溺水死者千余人”。敌方有在水里淹死的，宋军已经把战斗推进到了河边，可以说把西夏军阵彻底击垮了！

但是代价也极其高昂，主将刘平的脖子和耳朵都被箭射伤，鲜血淋漓。宋军已经是全力以赴，连主将都亲自冲锋！

太阳渐渐西沉，从早起返回迎接步兵，到重新前进在五龙川遇敌，宋军已经战斗了快整整一天。暮色中西夏人有的逃回了河东岸，有的在水边挣扎，战场进入了暂时的平静。刘平在伤痛中紧张地观望敌情，却不知真正的危险已经到了身边。

突然间有大批的部下涌了过来，都是鲜血满身的勇士，他们提着一个个西夏人的人头来请功。将军，这是战功，请为我们发赏。

史书记载到这里，刘平的反应是对部下高喊——现在战斗正急，你们先自己记着，战后我重赏你们！多么忠勇，但又多么可惜，他一心只想着战斗，没有发觉士兵们的潜台词。

士兵也是人，需要休息，六七天的急行军，再加上刚才的剧烈战斗，每个人都快到了极限。这时天黑了，将军，我们是不是应该……没有人说撤退，可主将必须得有所醒悟，必须迅速抉择。对面的敌人是自己的十五倍，真的要一拼到底吗？

历史没有给刘平犹豫的机会，他自己斗志昂扬，让他根本就没那么想过。河对岸的李元昊也突然发起了进攻，他先打破金明寨，掳掠大批生力军，再让李士彬的母亲、妻子逃进延州城，刺激范雍，让他不顾一切地召集援军，甚至还派假探子去让刘平分散军队，一批批地进城。这些所有的招数，目的都只有一个，就是要宋军疲于奔命，劳累不堪，直到在延州城外被他围困，一举全歼。

现在时机到了，西夏人突然派出轻骑兵，快速渡河，突击宋军。宋军措手不及，被迫后退二十余步。区区二十步，最多不过三十米，却变成了这次战斗，甚至大宋西北疆界的噩梦。

慌乱中刘平猛然觉得身后不对，回头一望，自己的部队正在溃散！是谁？军中有懦夫，他看到了逃跑中的黄德和。

他简直不敢相信自己的眼睛，战斗中阵地前移后撤，本是再正常不过的事，为什么黄德和会逃跑?

却不知懦夫不是在片刻间炼成的，黄懦夫在开战之后就一直躲在阵后，几乎没有参与战斗。而之前，他和他的军队并没有像刘平、石元孙那样赶赴土门，去迎击李元昊。他本是生力军，却在战斗稍微有些凶险时选择逃跑!

说什么都晚了，逃跑就像瘟疫，在宋军中迅速波及，战局在一瞬间崩溃，刘平所能做的，就是派出自己的儿子刘宜孙去追赶逃兵，无论如何要拦住黄德和。他本人始终都坚守在最前沿，他不逃，他命令手下的亲兵把刀都拔出来，砍向后退的部下。

为国而战，后退者死!

一时之间人马奔涌，谁能拦得住？西夏人也绝不会再给宋军机会，他们前仆后继地冲过冰河，胜利已经在握，宋军败了，就算是疯子都能看出这一点。但西夏人怎么也没有料到，这世上真的会有人选择疯子一般的攻击，在这种时刻，完全不计生死胜败，单枪匹马地冲向他们!

勇将郭遵。

他冲向西夏人的时候只有孤身一人，那不是去追求胜利、荣誉或者金钱赏赐，他知道自己必死，但一定要战斗，给身后的刘平以喘息的时间！战斗中郭遵扔掉了铁杵，以铁枪冲阵，史称其“所向披靡”。西夏人稍微退却，他换了更沉重的铁槊，再次深入敌阵，这时西夏人的招数很阴险，他们暗中布下了绊马索，要活捉他。

郭遵有如神助，几条长索都被他一一斩断，接着深入重围，把敌人牢牢地吸引在身边。但暴雨不终日，这样的冲击没办法长久保持，他的死亡终于来临。西夏人乱箭齐发，他连人带马死在了敌军丛中。

在他的身后，刘平终于成功地留住了一千余人，宋军重新整军列阵，再次挡在西夏人面前。战斗仍然没有结束！

还要战斗？当年的西夏人肯定在摇头，他们摸不清对面的这些宋军在想什么。要是能，他们就不是傻大兵，而是心理学家，而且是汉民族的特有心理学家了。一千多个人站在十五万人面前是什么概念，还想再打，是找死，还是脑子傻掉了？

至少在他们以往的那些敌人，比如回纥、吐蕃人的身上，从没见过这一点。

但并不妨碍他们杀过去，他们兴高采烈地杀了过去，这是稳赚不赔的买卖，到嘴的肥肉随便啃了！他们做梦都没想到，这一千多个宋朝人和他们一共缠斗了……三天！

难以想象这三天是怎么度过的，不必分析都可以肯定，根本没法正面交锋，只有边打边走，而与游牧民族的庞大骑兵阵容缠斗三天，那是怎样不可想象的难度。可是刘平、石元孙他们做到了，而且三天之后，是西夏人后退了。

西夏人直接撤回到冰河的东岸，很明显，不跟你们玩了，这些宋朝疯子，打不死拖不垮，那就放过你们，我们去办正事，去攻下延州城，打通杀进宋朝腹地的通道。这时刘平的军队再也无能为力，你可以和十五万人为敌，但没法把他们包围，限制十五万人的行动吧？

军队已经被挤干榨尽，再也没法支撑了。西夏人退走，刘平率军后撤到西南方一个小山头，立下七座营寨自保。暮色苍茫，终于又到了夜晚。突然间栅栏外面有人问，你们的主将在哪儿？

西夏人又回来了，这些卑鄙的东西仍然在打鬼主意，就是不敢像条汉子那样闯营劫寨。愤怒之余，刘平告诫手下别回答。于是一片沉默，但是没一会儿，居然有人叫门！

来的人自报身份，说是延州城里的使者，范雍范大人派来传令的……不知道他说着说着是不是突然发抖了，因为满寨的宋军将士都在发抖，是被气乐的。

混账东西，就算骗人也得有点起码的技术含量吧？这招儿你们三天前才用过，当宋朝人都是白痴？刘平二话没说，拉出去，砍了。

接下来营寨外面就像开了个夜市大集，一下子人声鼎沸，不知道有多少党项人围了上来，从夜里四更天开始，不停地大呼小叫。

第一次喊——如许残卒，不降何待？

营寨里面的回答是——狗贼，你不降，我为什么要投降？明天救兵就到，就是你们的死期！

第二次喊话发生在黎明前，党项人再没有耐心，他们直接说——到底降不降，不降，你们全都死！

刘平的回答很正规——你想议和吗？我倒是可以替你带个话。

谈判破裂，话说到了这个份儿上，再劝降就是自取其辱。天亮了，李元昊从河东调来大批人马，四面围山，开始进攻。跑不动的宋军注定了只有一个命运——坚守。但奇迹再也没法发生，凌晨时分营栅倒塌，宋军鄜延路刘平、石元孙所部全军覆没，无一生还。

宋、夏战争的第一幕至此结束。宋军在延州城外的战场上一败涂地，不管过程怎样，结局是西夏人赢了。但奇怪的是，西夏人却没有乘胜进兵攻打延州城，没有把宋朝的西大门一举打开，反而突然间退兵了。

李元昊撤退，这在历史上有不同的见解。有的说他是第一次攻打像宋朝这样的超级庞大的帝国，心理上还不成熟，所以见好就收；有的归结为当天漫天的大雪，说游牧民族也是人，他们来打仗，带的御寒设备不够，怕雪后太冷，人马冻伤，所以退走是上策；更有人说是某些战报误导了李元昊，说宋朝已经再次派兵，像上次一样杀进了他的老巢，他怕后院起火，才不得不回家。

这都是错的，第一，既然进饭店，还怕饭太多？李元昊已经灭过回纥、打过吐蕃，事实证明了他是个以灭国为目标的征服者，区区宋朝的边境城市就能让他心虚？开玩笑。

第二就更不靠谱。众所周知，游牧民族只在寒冷的秋、冬季才发动战争，其原因以后来的成吉思汗铁木真的话来解释最为经典——冬季马才肥，士兵们才想战斗！另一个潜台词是南方人怕冷，大家都在同一个区域里打仗，哪有汉族人没冻死，先冻死北方蛮族的事？

第三，说来真让人悲愤无语。哪儿还有什么援军，刘平所部在漫天大雪里拼死厮杀了四天多，延州城被围攻近七天，都没有来增援的部队，怎么会有宋军杀进党项境内？延州城不是保安军，那时可以各杀各的，这时要是把鄜延路的帅府丢了，大宋西疆就算彻底倒塌，西夏人可以随时杀进腹地！

李元昊要是连这些都想不到，那还是西夏的开国皇帝吗？他撤退的主要原因只有一点，那就是刘平的骄傲，宋朝的军人让他胆寒。

延州城之所以能保全，都是这一千多名宋军将士的功劳。宋人有定论："方贼势甚张，非平搏战，其势必不沮；延州孤垒，非平解围，其城必不守。"

生死成败，都在刘平的肩上。可以说他虽败犹荣，虽死如生。但这样的忠勇，换来的却是一连串的愤怒。

战斗在当年的一月二十四日结束，二十八日，三川口战报由范雍从延州城传到了东京。可他晚了，一天前宋仁宗赵祯已经知道了消息。据记载，二十七日那天清晨，赵祯在殿外踱步，北方天寒，虽然到了春天，仍然满院的枯枝败叶。萧瑟的寒风里，他突然听到一个扫地的老兵叹了口气。

"唉，可惜了刘太尉！"

赵祯悚然警觉，马上问：“你在说什么？”

老兵回答：“官家不知道吗？刘平太尉和五六员大将在西北被杀了。”

赵祯大惊失色，问他哪里得来的消息。老兵解开衣襟，拿出了一封家信：“臣得信说延州西虎翼一营士兵全军覆没，臣的女婿也阵亡了。”

赵祯登时呆了，战争爆发，如此惨败，他还被蒙在鼓里！那位老兵见他容颜惨淡，不由得劝了一句：“望圣上宽虑。”话一出口，赵祯悲愤交集，厉声喝道：“事至如此，犹言宽虑，你是个忍人吗？”说罢转身进殿，立即派人清查原委。

第二天范雍的战报就到了，赵祯的反应是马上派兵包围刘平家，全家老小不准漏网一个。因为范雍说了，刘平战败，丧师辱国，同时还有在战场上苦战、侥幸活命的黄德和证实，刘平投降了西夏，在阵前叛变，才导致的大败！

赵祯气昏了，这真是好臣子、好将军，以前说的那些漂亮话都去哪儿了，居然临阵投敌！没的说，杀他全家。

# 第三十章　举国思战变茫然

赵祯突然冷静，他派出了殿中侍御史文彦博去延州实地调查情况，把事儿给我查清楚。结果真相大白，黄德和这人真的是太绝妙了。那天他逃跑时无比坚决，刘平的儿子追上去抓着他的马辔苦苦哀求：“当勒兵还，并力拒贼，奈何先引去！”这位老兄理都没理，一路狂奔，直接跑到了甘泉才停脚。

而且消息无比灵通，比皇帝都先知道了战况，立即决定反咬一口。这是什么样的勇气，又是个怎样的败类！赵祯很惭愧，他收回了包围刘平家的兵，为刘平、石元孙、郭遵、王信等人追功记赏，郭遵的四个儿子他都一一重新起名。至于黄德和，拉出去，但没砍头，下刀的部位低了点。

腰斩！

杀人之后，赵祯下令全面反省这次失败，先清查一切责任人，该处分的都处分；再全国动员，向西北增兵、派粮，更重要的是全体官员海选，把最优秀的都派到大西北去；再改革全套宰执班子，一切以战争为核心，必须得是能战的、敢战的，有战斗欲望的才能升职。

范仲淹、韩琦等中青代走上舞台。

同时吕夷简重回核心。

吕大宰相算是第三次宣麻拜相了，超过寇准，追上赵普，怎一个显赫了得。不过背后的底蕴也再清楚不过，跟前边选的打仗的人才一样，都是矬子里拔大个儿，不是最佳人选。

这些赵祯都清楚，选了吕夷简就得先担心有人找麻烦，他立即就想了那个超级大麻烦——范仲淹。他没完没了，一定要搞垮吕夷简，只要想想过程，连皇上都头疼。为了一个起码的工作环境，赵祯特意把范仲淹找来，为自己的新宰相做和事佬。

“范爱卿，夷简还是有可取之处的，你知道吗，这次起用你，是夷简举荐的啊……”却不料范仲淹微笑着回答：“陛下，我与夷简只有政事之争，并无私人之怨，现在国事为重，臣知道怎么办。”皇帝很迟疑，搞什么，暴烈变阴险了？懂得说一套做一套了？

紧接着发生的事让吕夷简都不适应，他突然接到了范仲淹的一封信。信里非常诚恳地说，凡为官者，私罪不可有，公罪不可无。以前得罪，全为公事，不意宰相雅量高致，以国家为重奖拔仲淹，深为感谢，望与宰相内外互助，渡过国家难关。

吕夷简看着这封信，心里大为感慨，弹指近两年，今日之仲淹再不是昨日之仲淹了。

感慨归感慨，他心知肚明，范仲淹的真实目的只有一个。前方打仗，打的是后方的钱粮，大宰相，你要认真办事，别拿国家大事当报仇工具！范仲淹的这个姿态千金难买，吕夷简是个明白人，往后近四年之间，他没做过任何出格的事。

至少是对范仲淹主管的鄜延路。别人就不好说。

宋朝的重心在宝元三年（公元1040年）五月之后，开始向西北倾斜。可以说举倾国之力去报三川口宋军全军覆没之仇，在这样空前巨大的军、政、财全体动员的情况下，范仲淹、韩琦、尹洙、庞籍、种世衡、狄青等人都有了用武之地，在之后七个月的时间里，他们每个人的愿望、努力和遭遇，就是当时宋朝国势的体现。

各有不同，难言对错。

这一年范仲淹五十二岁了，头发已经斑白，妻子已经谢世，连身体都快垮了，他得了肺病。回首大半生，他早已全盘否定了与那些“黑恶势力”较量的意义，但新的生命却没有开始。可以说这次西夏挑衅，是国家的灾难，也是他个人的机遇。

他应该是满怀着治理国家、安抚边境的伟大目标而来的，他看到的边境是一片荒凉，满目疮痍，尤其是他接的是范雍的班，主管的是鄜延路延州府，这里已经被李元昊打穿了，时刻都面临着再次战乱的危机。到任之后，他定下的第一个战略方针就是个“守”字。万事先放下，先安定自身才能想到别的。

在这个前提下，范仲淹把延州府新配备的一万八千名守军分成六部，每部一位将军主管，训练三千人，并且规定打破以往宋军的不成文规矩，即每到出战，不按实际战力，只以官职的大小顺位，由低到高来确定谁先出阵杀敌。

这样的结果往往是宋军被杀。这太糟糕了，范仲淹决定放权，他给每个将军表现的机会，谁强谁弱，一目了然，重新排列军中的战斗顺序。这一点很重要，事实上他已经触动了宋朝最重要的祖宗家法，武将们的自由度大大地增加了，好处立即就显露出来，集中表现在种世衡的身上。

种世衡的青涧城划归延州府管辖，历史记载中他应该是那个时代里宋朝西北方面军中最能折腾的人。他在青涧城中先是练兵，由于人不多，他做到了全民皆兵。办法就是一个字——钱。

军队不是没有战斗力吗？很好，先射箭，谁命中率高，奖励办法就是钱。明晃晃的银锭就挂在箭靶上，谁能射中就是谁的。后来这个办法推广到全城范围，不论男女老少，谁能射中就是谁的。甚至罪犯也没关系，只要你箭法好，立即就出狱。

长此以往，金钱真是万恶且万能的，青涧城里估计买斤猪肉都会隔街放一箭，钱射过去，肉再射回来，货款两清，空中邮递。但是问题出现了，种世衡哪儿来的那么多钱呢？他只是个小小的鄜州判官，到这个新建的边远小城里做个“知城事”而已，就算仁宗陛下往西北拨款，七折八扣到他这儿也剩不下什么，那么钱都是怎么来的？

简单，开荒、经商。历史记载他开营田两千顷，招募商人，由他给本钱，就在本地做买卖。至于和谁交易，那就神奇了，除了收集土特产进京之外，主要的客户就是各个少数民族。这就是个名利双收的大买卖，种世衡借着经商给了当地的羌族等落后民族极大的好处，让他们享受到了以前做梦都不敢想甚至想不到的汉族奢侈品，同时还赢得了汉人长官的笑脸。

种世衡可以在三尺深的大雪天里按约定去探望一个羌族酋长，让对方喜出望外，不敢置信，从此对他言听计从。更会推食解衣，甚至把自己心爱的女人都送出去，只要换得异族的服从。这些恩惠是当年的金明寨寨主李士彬所不屑给出的，铁壁相公深信自己横扫一切，怎么可能去理会这些低等蛮人？至于西夏皇帝李元昊就更不用想，强悍如回纥、吐蕃，高贵如宋朝，都是他的征服对象，区区几个原始部落一样的羌人，只配给他扫地拉车！

对于范仲淹和种世衡来说，团结一切可以团结的力量，就是现在的首要工作。至于方式方法，还有争取的对象，就都没有挑选的余地。可是这样一来，他们就都犯规了，有些返祖，正常情况下无论是赵光义还是赵恒，甚至是赵祯，都会把他们撤职查办，情况再严重些，砍头也不是不可能。

因为他们已经回到了赵匡胤时代，只有宋朝开国时的边关将领才拥有军队、财政、民政的独立权。像种世衡这样搞，简直已经是小型的藩镇割据一方了，从宋太宗时代起，就是宋朝的头等大忌！

但好处就是有效，这样做之后，西北方面最危险、最薄弱的延州一带，在以后四年里的宋夏战争中比哪个地方都平静。李元昊基本上再没到这边儿闹事。

这是多么有效率的成绩，早能做到这一点，就不必出现刘平那样的勇敢。可这要分落在谁的眼里，延州城的邻居、范仲淹的好友——陕西都转运使兼陕西经略安抚副使、知泾原路韩琦就嗤之以鼻。你们这些人莫名其妙，简直是苟且偷生，大宋朝的脸面都被你们丢光了！

韩琦生而豪杰，无论面对的是谁，首先想到的就是攻击，而攻击之后就必须得是辉煌的胜利。这一点，无论面对的是当年考场上的卷纸，还是不可一世的老人帮，又或者这时的李元昊，甚至还包括他的仁宗皇帝，以及后来的英宗皇帝，只要他想做，就肯定去做，而且基本上都得意扬扬地办成了。

乃至好多年以后，有人实在忍不住问他，为何您这一生永远都这么厉害呢？他冷冷地瞥一眼，很诡异地一笑——去问我的老妈。

他老妈是四川人，姓胡。据说生来也很灵异，惹得她的老爸，也就是韩琦的外公，一整天一整天地看个没完。某次实在被看得发毛，胡小姐不由得问："老爸，你到底在看什么？"

忘说了，胡老爸才最灵异，简直就是靠着灵异吃饭。他是……看相的。这时胡老爸满脸的虔诚神秘，对女儿小心翼翼地说——"乖女儿，你的脸真是长得贵不可言。你和宰相有缘啊。"

啊？我会嫁给宰相吗？胡小姐不由得惊喜万分。却不料老爸的下一句话让她超级泄气。"你不会嫁给宰相，而是会生个宰相！"

那么难度就大了，得找个什么样的男人，才能保证生出来的儿子会品种达标，最终当上宰相呢？别忙，胡老爸有特长，他会看相。于是带着女儿走过千山万水，先在四川本境寻找了一番，结果很失望，那年头四川还是文化盲区，别说宰相，就连个中进士的都没有。

失望之余，胡老爸越挫越勇。走，女儿，爸带你进京去，条条大路通开封，那里一定会有宰相的种！

进了开封城，才知道难度有多大。想想都愁人，得用什么办法，才能在茫茫人海里找出那位拥有隔代宰相 DNA 的猛男呢？

想来贩夫走卒的可能性是不大了，有点身份、有点地位的男人们，别管已婚未婚的，至少住的房子都有院墙，你总不能每天在大街小巷里叫卖——有保证能生出宰相的女孩儿，大家快来买啊，快来看，晚了就出手了！

肯定轰动京华，隔天就被赶出京城。

于是一日复一日，一年又一年，三年过去了，胡老爸在开封城里不知骚扰了多少位面部长相特异的男士，终究还是没能把自己的女儿推销出去。失望之余，只好回家。谁知道柳暗花明，转机就出现在四川老家。

那一天，父女两人垂头丧气往家赶，突然遇到一位官老爷出巡。那时阳光灿烂，视界良好，天上有五彩祥云，地上涌现了伟大又神奇的韩琦他老爸——韩国华。历史上没有交代这位奇男子的具体长相，比如说日角龙起、体有金光什么的，估计有韩家就要灭族了，那是皇帝的级别。胡相师突然间不顾一切地扑了上去，纳头就拜，直截了当地喊出了终极愿望——请让我的女儿给您生个宰相儿子吧！

有点直白，太凶狠了些。虽说男人都坚挺，但这样雷人总不大好吧？可奇怪的是，韩猛男似乎真的就是那位真命宰相……他爹。居然没惊没怕，也没把这对父女当疯子，就这样答应了下来。把这女子带回家，看看效果再说。

于是若干年后，韩琦在福建出生。再十七年后，他进京赶考，居然是殿试第二名。又十三年之后，他一封谏书把老人帮全体参倒，中书省枢密院集体换人。再两年，他出现在宋朝的西北边疆，成为国家的藩篱重臣，人称“韩公”而不名。但他的实际岁数，却只有三十二岁而已。

一切的迹象都在应验着胡相师当年的预言，而韩琦本人的心性更是高傲强悍。来到西北之后，同样的战况，在范仲淹的眼里，就是荒凉加凄惨；落在韩琦的眼里，就是愤怒加激昂。

天朝上国，百万之军，还有我，韩琦，怎能容忍一个区区的党项孽种这样猖狂？永远不要跟他提什么防守，敌人进犯，只有迎头痛击，敌人逃了，还要连本带利地追剿利息！杀进西夏境内，剿灭李元昊还有那个狂妄的西夏国，这才是他韩琦的任务。

在这个指导思想的指引下，韩琦主管的泾原路军事调动空前密集，一切以实战为标准，他本人更是以身作则，四处巡视，零距离地接近军队，体验战场感觉。同时不断地上书朝廷，一个庞大的军事计划在他心中生成，宋朝要恢复澶渊之役之前的军事行动规模，要像宋太宗那样三路远征燕云，五路进剿李继迁，走出国门，大兵团配合作战，绝不再重演真宗时代的悲剧。要打，就到敌人的地盘上去！

振奋人心，韩公的壮志足以扬我国威……可问题是，能否震慑敌胆？很快李元昊就有了反应，你要战争，我这就给你。宋康定元年（公元1040年）九月十二日，西夏军队突然侵入宋朝边疆，直奔韩琦主管的泾原路。这时距韩琦上任仅仅才过去一百二十余天。

这次的目标是三川寨，不能说宋军没有防备，更不能说宋军懦弱迟钝。当天三川寨血战到底，环庆路镇戎军西路都巡检杨保吉战死，军寨丢了。但第二天，宋军的增援部队就火速赶到，领军的将官级别不高，刘继宗、李绛、王秉等人清一色的都监，他们分兵出战，但战况不利，刘继宗本人都被射伤。这里有一个问题，那就是为什么要分兵？

答案就在下面，又一位都监王珪紧接着杀到，他带来了三千骑兵，行动迅速，可没等到三川寨就被截住。西夏人重重包围，请注意，王珪的战斗力是郭遵的级别，他厮杀到傍晚时分，终于杀出了重围，来到泾原路最大的军事据点镇戎军城下。

后面的西夏人紧追不舍，王珪没有要求进城。他在城下高喊，请城中派兵出战，助我杀退这些拦路的，我还要去救三川寨。但郁闷的是镇戎军拒绝，短暂僵持之下，天真的黑了下来，这时王珪一不逃走，二不进城，他换了个要求。

你们不用开城，把吃的东西扔出来就行，然后你们睁大了眼睛仔细瞧着！

食物都扔出来了，暮色四合，宋军默默地吃着东西，看着后边的敌人越追越近。王珪拨转马头，从镇戎军的城门向自己队伍的另一端前行，声音不大，但每个士兵都能听见。

——“兵法云：以寡击众，必在暮。”现在天晚了，我们突然间杀回去，一定让他们措手不及！

战场瞬间沸腾，刚刚还在突围逃跑的宋军突然杀了回去。不过党项人一点都没惊慌，本就在一直追击，要的就是厮杀。一个西夏将军冲了出来，是拿长枪的，此人挑战："谁敢与我较量！"

王珪冲了过去，结果中枪，西夏人一枪刺中了他的右臂。接下来的事就是西夏人的噩梦，他们真的没长记性，宋朝军中的制式武器本就是长枪。"有宋一代，军械弓弩居首，长枪次之。"怎么玩枪，怎么破枪，宋朝的军官比谁都精，并且王珪、郭遵等人都有自己的"撒手锏"，他们手腕上都系着一条皮带，悬着铁鞭。

近身之后，王珪手起一鞭，砸得对手头颅粉碎。紧接着又一个敌将冲了过来，还是长枪，要说西夏人真执着，仍然是老套路——刺。王珪也很配合，仍旧是以右臂承接，只是受伤之后反应更加敏锐，他挟住了敌枪，真抱歉，你脑袋的位置长得太帅了，我没法不砸你！

连死两个将军，西夏军队的面目就暴露了。宋军可以在郭遵阵亡之后再转战三日，誓死不降，可这群一直在追人的西夏军队居然就溃败了。他们转身就逃，在黑暗之中一窝蜂地冲向了来路。很聪明，身在敌境，局势危急，从哪儿来再回哪儿去才最保险。而且还很有逃跑经验，边跑边向后边放箭。

黑暗中的箭雨很致命，宋军中王珪本人连中三箭，战马也被射死，不得已停了下来。一个问题浮出水面，还要去救三川寨吗？

再去救就是疯子。这涉及一个根本性的问题。一百二十多天里，韩琦能把泾原路的战斗力凝聚起来，已经很不容易了，但要把散布在各处的军队成建制地调动起来，协调出战，这不是一朝一夕能完成的。

所以三川寨被攻，率先赴援的都是清一色的都监，几乎是自发性的攻击，像刘平、石元孙那个级别的军区负责人根本没出现。这时王珪如果还要杀过去，不达目的誓不罢休，纯粹是找死。除非是皇帝本人被困在那里，不然根本得不偿失。

王珪退兵了，三天之内，当地出现了防卫真空，西夏人为所欲为。三天之后，宋军集结足够的力量，由泾原路钤辖、知渭州郭志高率领，赶赴三川寨。但这只是个姿态的问题了，三天的时间里西夏人想干什么都达到了目的。

郭志高还没到，这一部分的西夏人就撤出了边境。但这远远不是结束，西夏军队的主力转移了方向，他们攻向了镇戎军（今宁夏固原），只要拿下这座至关重要的军城，就可以一举打穿南下渭州（今平凉）、泾州（今泾川），直达关中的通道。

战况危急，镇戎军外围的三川寨、狮子堡、刘番堡、乾河寨、乾沟寨、赵福寨等军事据点被一一攻破，镇戎军很快就会被西夏人合围，一旦陷落，不堪设想！

面临这样的局势，换作夏竦会怎样，换成范雍会怎样，两位老夫子最大的能耐就是调集所有的兵将去增援、去拼命，希望再次涌现像郭遵、刘平那样的英烈，去抵消李元昊的侵略胃口。但韩琦不是这样，生来强悍大胆的性格，注定了他不会一味地死守，或者敌攻我就防。

他要的就是不断地进攻，只有攻击，才能挽回颓势，才能振作军威、国威！九月十八日，在这次战斗只进行了六天以后，韩琦就做出了反应。泾原路一方面调集重兵火速增援镇戎军；另一方面把环庆路的副都部署任福悄悄地调了过来，集结泾原、环庆甚至秦陇路的精兵强将，绕过正在激战中的镇戎军一线，目标是——庆州东北方二百里之外的西夏军镇要地白豹城。

那是西夏人的镇戎军，战略位置险要，兵力配备充足，一直是宋朝西北边疆上的眼中钉、肉中刺，韩琦就要在这种时刻把它拔下来！

李元昊，请注意我的勇气和力量！

说一下白豹城的位置。它在环庆路，严格地说出了韩琦的防区，但西北一盘棋，对手都是李元昊，这时管不了那么多了。

它的重要性牵扯到了环庆、泾原，甚至是秦陇路，这就要系统地介绍一下北宋时期西北边疆的区域划分问题。宋朝初年，陕西一共分为两路：秦陇路、永兴军路。

秦陇路：府一，凤翔。州十二，秦、泾、熙、陇、成、凤、岷、渭、原、阶、河、兰。军三，镇戎、德顺、通远。县三十八。

永兴军路：府二，京兆、河中。州十五，陕、延、同、华、耀、邠、鄜、解、庆、虢、商、宁、坊、丹、环。军一，保安。县八十三。

到了仁宗时代，为了应付李元昊的进攻，边防细化，分为四路，也就是这时一直在说的鄜延、环庆、泾原、秦陇四路。

白豹城的险要就在于它地处环庆路与鄜延路之间，向西是党项境内的叶市，向东是洛水旁边的保安军、金汤城，在宋朝一系列的军事据点里楔进了这么个铁钉子，随时都会掐断西北四路之间的联络。那么这样重要的东西，什么时候被李元昊抢到手的呢？

那就跟韩琦、范仲淹甚至范雍、夏竦都没半点干系了，它是在六年前，宋景祐元年（公元1034年）丢的。六年期间，西夏人在这里设立了太尉衙署，形成了一个军事完整体系。再加上白豹城依山而建，下面就是洛水的分支河流，攻打它不仅要克服自然条件的恶劣，还要小心西夏方面随时会增援。

所以这么长的时间里，一直让它逍遥自在地活在那儿。

任福在九月十八日晚来到了柔远寨，这里距白豹城只有三十余里。距离太近了，任福从驻地出发时就宣称是例行巡边，根本没有战斗迹象。到了十九日晚上，柔远寨里来了大批客人，除了任福召集的各路人马之外，还有当地的各族番落首领。

大开宴席，喝到高兴时，任福突然间宣布了攻击命令，就在席间把每个人的攻击方向确定了。简单点说，就是把白豹城四周有可能支援的敌人全部隔断，那涉及了太多的隐患意向，几乎东南西北都要照顾到。攻城的任务交给了武英。他有经验，上一次杀进党项，把后桥寨烧得一干二净就是他干的买卖。

宣布完命令，立即出发，约定分头前进，在当夜，也就是九月二十日的丑时，凌晨三点钟到达各自的攻击点，围攻白豹城。至于那些番族首领，酒席给你们留着，哪个也不许走，等我回来，咱们接着喝。

一切都悄悄进行，大军顺柔远河谷急速北上，翻打扮梁，下郭克郎，沿白豹川东进，一路疾行，准时抵达城下。凌晨三点，可真是月黑风高夜，杀人放火时，武英突然发起攻击。但进展很不顺利。这伙西夏人敢在宋朝境内大摇大摆地活六年，每天都在刀尖上站着，早就养成了枕着刀把子睡觉的习惯。

宋军四面围攻，直到天亮时分才攻破城墙。九月时陕西天亮，至少是六点钟了，三个小时的战斗才砸开了这座山城。之后的事是后桥寨的翻版，武英冲进去活捉了西夏军队的张团练，然后放火烧城，等他们再出来时，白豹城已变成一片焦土。

宋军杀了对方七个首领，斩首二百五十级，抓获番官五人、麻魁（西夏女官）七人，抓获马、牛、羊、骆驼等七千一百八十，缴获器械三百零三件，外加官印六枚，还有一大片焦臭难闻的地窖，那里面躲了不知多少个西夏人，都烧死了，没法查。带着这一大堆的战利品往回走，结果半路上又出了事。

西夏人的援军终于到了，没赶上救城，但敢于追击，碰巧任福他们带着俘虏走不快，真的被他们追上了。真是很勇敢，这些西夏人鼓足了劲杀过去，结果突然间中了埋伏。任福早有准备，临回家前居然还要再吃顿午饭。

西夏方面又死了四百多个人，比来时更快地跑了回去。局部战斗结束，西北方镇戎军还在抵抗，这边的白豹城却被突然打破。韩琦揪住李元昊，一记响亮的耳光抽了回去。爽吗？疼吗？信不信不滚还有？

唯其残暴者才最胆怯，只有追求势利的人，才最服膺势利。李元昊面对耳光连半个“不”字都没说，撤，马上走人。

党项人撤退，别的人在庆幸，在请功，韩琦的手却还在发痒，开始给皇帝写信。他不依不饶，指出鉴于现在的大好局面，我们应该集结西北所有军队，五路发兵，进讨西夏，一举扫平西北隐患，这样才能一劳永逸，并且振作国威，为更远大的目标打下基础。

豪情壮志，本应举国喝彩，毕竟他刚刚证明过李元昊并不是不能打败，泾原路的抵抗中带有反击，计算得失反而赚了，比之前的鄜延路漂亮百倍，但没想到换来的是一大片的白眼。

——你狂什么，不管怎样，这也是抵抗，在本国境内作战和打到敌境去完全两样。五路进讨，你比当年的太宗皇帝还强？想想那时是什么结果吧。

然后就是一大堆的困难、危险、必将失败的理由，比如说败了好多次了，军队别说实力，连基本士气都不行了；最好的办法是坚壁清野，耗着对方，吊着对方，两三年之后西夏就会衰弱的，那时才是进攻的时候；更有人指出，提议这时进攻完全是别有居心，是挑逗皇帝对三川口失败的愤怒情绪，达到他个人不可告人的目的！

韩琦强压怒火，只解释了一句——不进攻，就只能防守。可我们的边疆太大了，想过没有为什么每次防守时都是以弱抗强？那就是防守的先天性劣势。李元昊带着十多万人杀过来，只攻击一点，我们却要防守全局，每一处都要布置兵力。这样永远都别想打胜仗！

他转向了西北军政一把手夏竦，别的人我不理会了，您说是进攻还是防守？听我的，还是听范仲淹的？要说夏竦真是人才，在百忙之中，还能非常得体地处理了这个棘手问题。

他真的很忙，经常下地方去实地考察，只不过每次都带着他的歌女美妾，走一路玩一路，都快闹出兵变了！这时面对韩琦的战略选择性问题，他沉思了一会儿，非常诚恳地说，韩琦，你和尹洙两人去京城吧，直接把这话对皇帝说。

韩琦大为兴奋，夏长官很帮忙。他身为军事主管，绝不能擅离防区，可这样重大的国事决策，面对那么多的反对，仅仅凭着奏章是很难打动皇帝的。

这时能进京，对进攻大业至关重要。

他欢天喜地地进京去了，身后的夏长官摇了摇头。这年头的年轻人真火暴，可也蛮天真嘛。让他进京，完全是出于对皇帝的忠诚，精确地讲，就是对陛下此时此刻的心理揣摩。多笨啊，陛下前些天还来信催问什么时候进兵杀人，那完全就是想进攻。

让韩琦这时候去，一来符合了圣意，二来脱离了主要责任。以后进攻赢了我是主管有大功，失败了……计策是你们定的，关我何事？就算小有处罚，我正好借机脱离边疆，回到我温暖可爱的京城大宅里去了。多好啊，怎么想都是上策！

韩琦进京，就好像三国时诸葛亮到了东吴，是真正的舌战群儒。具体的论点论据就没必要讲了，不然得超出两万字才能全程记录，只说一个细节，就知道他被刁难到什么程度——五万头驴。

“请问韩公，进攻党项要走远路，敌人营帐转移不定，我们要追起来的话，旷日持久，怎么应付？”

韩公回答：“简单，我们要‘倍道兼程’，就是玩命地赶路。”

“哦，很好。人可以玩命走，可粮食总得吃吧？怎么接济？送粮的人得怎么玩命才能追上你们？”

“更简单，我已经计算好了。把开封府、京东西路、河东路一共五万头驴集结起来，用它们运粮。驴走得快，能跟上行军。万一深入草原沙漠，没吃的了，就杀了它们，一样是口粮。”

当天韩琦非常认真地回答着，虽然他说得比较……那个新颖。对方没乐，同样很认真：“嗯，是啊，把驴当奖品也是不错的。”

韩琦大怒！自己想尽办法，一意出兵，为国分忧，这帮吃干饭的居然挑刺之余还取笑他！而且这个人姓楚，还是尹洙推荐给他的。见鬼的世道，连朋友的朋友都这样混账，其他人可想而知。但韩琦就是有办法，在这种局面下都能把官僚压服，让皇帝下令北伐。只是计划缩了点水。

五路出征变成了二路，由他的泾原路和范仲淹的鄜延路联合出兵，其他的都被以各种理由砍掉。这时将近年终岁尾了，宋康定元年即将过去。韩琦在十二月二十六日左右离开京城，赶回边疆，心里真是难言苦乐。终于可以出兵了，但威力减少了一半多，这仗得怎么打呢？

却不料就连这剩下的一小半也没法保持，刚回到泾原路帅司，就接到了皇帝新的命令。二路变一路，要打你自己打吧。

原因就在他的好朋友范仲淹。要说希文兄的文采就是好，他韩琦得亲自进京，才能争取到点什么，可范仲淹身在外地，一封奏章就能起到同样的作用。

范仲淹首先向皇帝保证，鄜延路已经是铜墙铁壁了，西夏人敢来，保证死得很难看。但问题是李元昊如果不来呢？经过他长时间的研究，发现李元昊的本质还不算太坏，现在一时糊涂完全是有人在挑拨他，等到西夏的国力被消耗，战争上又占不到便宜时，一定会重新归顺的。

鄜延路从前就有党项人进贡的道路，臣恳请留下这一条改过自新之路，让李元昊后悔时还能找到个门儿。婉转又生动，既仁慈又体贴，把赵祯的心理都抓到了，没办法不同意他。于是韩琦就等到了两份命令：第一，单独出兵，这回没有任何人做你的上司了，大展宏图，在此一举！第二，出兵的日期定在第二年的一月上旬。说白了就是半个月之后！

韩琦彻底僵住，老妈，生我的时候时辰掐准没？为何整个朝廷都想玩死我？但他是韩琦，强硬到底，绝不认输的韩琦。只剩下半个月了，他仍然要尽力去挽回。

想办法，他派自己的下属兼好友，也是范仲淹的好友尹洙去延州，务必劝说希文改变主意，助他出兵北伐，扫平党项。国事至此，唯有一战！

说一下尹洙，这个人现年三十九岁，进士出身，是范仲淹的好友，好到能陪着他一起下放贬官，所以说私交绝对够。尤其是喜欢谈论军事，这时被派往西北，既满足了他个人喜好，又能给各位领导提出具体的军事见解，所以说话很有分量。

并且他的官职就是经略判官，本就是协调与参赞。那好吧，尹洙在寒冬腊月天时，冲风冒雪赶往延州，不说此行的意义有多重大，先说他的身体有多差。这时是公元1040年，再过七年，就是他的死期，本是多愁多病的公子身，奈何宋朝打仗要文人……所以别可怜他，这都是他自找的。

到了延州府，范仲淹是热情接待，一切拒绝。说来说去，他还希望韩琦放弃军事冒险主义，跟着他的步调走。比如鄜延路这大半年来不仅青涧城已经声势浩大，他还修建了永平等十二寨，安置汉、羌移民，在巩固边防的前提下，阵地都开始前移。

这样虽然慢，却如文火烧水，后劲绵长，总是会沸腾的，并且极其稳妥。

问题就在这个“稳妥”二字上，无论尹洙怎样劝说，范仲淹都不接受没有必胜理由的出兵。最后尹洙长叹一声：“韩公曾说过，‘且兵须胜负置之度外’。范公今日区区过慎，看来真不如韩公！”

范仲淹不由得冷笑：“大军一发，万命皆悬。士卒之命、国运之交，都可置之度外？我不知这种论调高在何处！”

当天不欢而散，尹洙在寒风中返回泾原，轮到韩琦仰天长叹。他把最后的希望转向了庞籍，未来的庞太师这时是陕西转运使。他们这些军委有权，但庞籍有钱。所有的军需、钱粮都要由他转手支配。韩琦决心出兵，要请庞籍尽一切可能配合他，物资方面一定要丰厚、齐全，这是在最冷的季节里到沙漠草原上打仗，在保暖这一条上绝不能含糊。

庞籍答应了，但西北四路都要钱粮，话说在明里，没法只供你一个人！

韩琦呆呆地站在泾原路的帅司里，心里一片冰凉。为什么，要为国雪恨，要想振作，就这么难？是自己真的太离谱了，还是这些人，范仲淹、庞籍他们都变质了？怎样都想不明白，可事情还是要做。他鼓起干劲，驱策自己去整军经武，马上就北伐了，独自为胜利负责，那又怎样！

这就是宋朝在宋、夏战争前所做的准备，宋朝在内耗，韩琦一个人的战争显得是那么孤独，在开战之前就已经决定了战役的走向——宋朝根本就没有全意争胜。

是的，这时的韩琦是无论如何都想不到为什么会这样。因为他根本就不是在跟范仲淹、庞籍，甚至朝廷里的宰执大臣，或者皇帝本人较劲，而是一个无处不在的影子在阻碍着他——赵匡胤。

这个人死了快六十四年了，可他仍然时时刻刻影响着宋朝的每一个决策。重文轻武，压抑武威，韩琦现在身为军事主管，注定了没有办法振作。

宋庆历元年（公元 1041 年）二月转眼就要到了，那个历史时刻正在向韩琦袭来。开战之前，最后还要关注一下宋军当时最强的武器，那位西北第一战斗力——狄青，他在哪儿？

狄青刚刚出狱，正在庆幸自己还能活着。他犯事儿了，具体什么罪名历史没记载，但重大到了砍头的程度。很幸运，那时还是范雍站最后一班岗的时候。范老夫子别的好处没有，心还是很善良的，以狄青之勇武，还是留着不杀吧。

就这样，历史再次让韩琦与李元昊对决，但是李元昊可以代表西夏，韩琦能代表大宋吗？一方面是西夏倾国之兵，皇帝御驾亲征；另一方面韩琦得到了这样的待遇，这一战要怎样面对？

# 第三十一章　悲怆好水川

时光流逝，宋庆历元年（公元 1041 年）二月转眼就到了。韩琦在新春之际先接到了开封的训令，问他为何逾期不出兵，不是说好了一月出征的吗？

韩琦郁闷，只好派任福出面，进京去陈述一下泾原路的军事现状。没等任福走出陕西，突然间传来警报，西夏方面在折姜会区域集结军队，经天都山侵入了宋朝边境，目标直指泾原路的渭州，领兵人是皇帝李元昊本人。

韩琦马上赶往镇戎军。这个行动意味着他迎头拦住了李元昊，让自身处于最前沿。因为镇戎军的身后才是渭州城。在这里他紧急召回了任福，把镇戎军里所有的精锐都交给了他，再招募一万八千名义勇，唯恐战力不够，又把泾原帅司里的各路名将，如王珪、武英、朱观、桑怿，还有参军事耿傅，统统都派出去配合他。全体迎敌，但要注意，目的却不是迎战。

韩琦并不是一个狂热的激战派，他始终都很清醒。他命令任福等人从镇戎军出发，先向正西方行军，第一站怀远寨，然后转向南，也就是向自身的腹地前进，到得胜寨，最后的目标是羊牧隆城，这样就基本上与西夏军队的侵犯态势平行，绝不能抵抗或者交战，那是我韩琦本人的任务。你们要时刻隐蔽自己，处敌之后。

这一路上，每隔四十余里，就有一处军寨接应你们，无论是物资，还是休息，或者据兵防守的据点，都随处可见，可以说立于不败之地。你们要一直等待，直到李元昊攻城不克、筋疲力尽时，才是你们出战的时候。那时就算不会全胜，也必定让西夏人狼狈不堪。

仓促之间，韩琦为这次战役设下了一个尽可能稳妥，但又杀机四伏的布局。让自身处于最前线，来鼓舞本方的斗志，以己方之险城，如镇戎军来消耗西夏军队的锐气，再安排任福等全部机动力量游走在战斗的边缘，在外线等待机会。从开始就为最后胜利的一击隐藏了实力。

不管战斗的结局怎样，他已经竭尽所能，把泾原路这一方之地的所有力量都发挥到极致。至于成败利钝，难道只有孔明有资格说——非臣之明所能逆睹也？

任福出战，热血沸腾，夜屠白豹城的凶狠仍然让他兴奋，他率领几千骑兵，以桑怿为前锋，杀向怀远寨，这一天是二月十日。

第二天，二月十一日时，他到达了怀远寨，就在这里，他得知了一个最新战报。附近的张家堡正发生激战，镇戎军西路都巡检常鼎、刘肃和西夏人遇上了。一个大战役中的小消息，却成了整个胜负的转折点。任福做出了一个勇将的选择，他闻讯即战，想都没想就率军冲了上去。

他把韩琦写成书面文件的军令扔到了脑后。那上面清晰地写着："……苟违节度，虽有功，亦斩！"如果你不听命令，没按照我事先安排的方式去作战，就算胜利了，我也砍你的头！

而任福的使命是隐藏，是等待，是游走于外线，可不是第一时间杀向敌人。但战斗开始了，任福所部是宋军最精锐的部队，杀到之后砍瓜切菜一样地获胜，西夏人扔下几百具尸体，还有牛、马、骆驼，开始逃命，任福下令追击。

这又是一个勇敢的决定，战而胜之，穷追不舍，他们居然一口气追逐了三天。三天之后，人困马乏，他们在行军中带的口粮都不够了。历代史书写到这里，都要嘲笑一下任福的好胜以及短视。追击也是战斗，连口粮都成问题，难道还想打胜仗吗？但有两个问题他们都忽略了。

第一，之所以一直追下去，是因为这股西夏逃兵的逃跑方向与韩琦原定的游走路线暗合。任福是既追击又赶路，方向都是羊牧隆城，反正都要走，为何不杀敌？

第二，这一路上就像韩琦所安排的那样，每隔四十多里路就有军寨接应。军粮本是不成问题的，之所以会饿肚子，那是杀敌心切，没顾上吃！

这怎么能成为任福莽撞、幼稚的失败理由？到了第三天，也就是二月十三日晚，任福命令全军停下，必须休整了，当时的地点是羊牧隆城的东南方数十里外的一片滩涂地，名叫好水川。

这一夜，任福是在平静和期待中度过的。说平静，前方就是羊牧隆城，主帅指示的位置就要到达。他的友军也增援到位，朱观和武英就屯扎在附近的龙落川，与好水川只隔一个山头，相距五里。还有羊牧隆城，那里有勇将王珪，上一次在镇戎军城下痛击西夏军队的悍将，更是他的得力臂助。

说期待，他派出的探子回报，前方一直逃命的敌军已经跑不动了，人数也变得更少。针对这种形势，他派人到龙落川联络朱观、武英，相约明早会兵，一起追击，吃掉这股败兵，再去王珪那里休整，任务、杀敌两不误，堪称完美无缺。

第二天，二月十四日终于来临。任福全军早起，出六盘山沿好水川向羊牧隆城前进。这时另一方向朱观、武英部也拔营而起，两军基本平行，并没有在第一时间内会合，为的是尽量快速行军，去追击西夏人。一路疾行，前锋桑怿经笼竿城北追到了距羊牧隆城五里的地方。

就在这里，他发现路中央摆放着五六个很奇怪的东西。是木盒子，每个都不太大，但里边传出了翅膀屈伸还有鸣叫的声音。他立即就停了下来，这是战场，是允许耍诈、越诈越高明的地方。这到底是什么东西，这时出现在这里，到底有什么古怪?

他传令全军停止前进，通知主将来亲自观看。任福来了，他也觉得奇怪，但扔在一边继续前进更不妥。那么打开吧，一瞬间，几百只鸽子腾空而起，响亮的鸽哨声响遍山谷。中计了！宋军每个人都想到，这是军鸽，几百只鸽哨足以相比战鼓，传递消息。

那一天，飞鸽越飞越高，鸽哨声渐渐升入高空，变得辽远悠扬。地面上大群的西夏军队涌了出来，一眼望不到边，那是西夏皇帝李元昊亲自带队的人马，又是十多万人，又是上次三川口之战的格局，两万余宋兵在本土境内面对近十倍的敌人。

中计的一瞬间，不知任福想到了什么。是明白之前追杀的敌军是诱饵，他恃勇前进，其实是自陷死地？还是说，能想到更深一层，为什么这么庞大的敌军一直运动到镇戎军与渭州之间的六盘山附近，进入宋朝泾原路腹地了，还一点都不知情？

不可能有答案，前锋桑怿已经率军冲了上去，那是在尽量争取时间，让他能布置军队，结阵自保。哪还有时间想东想西！战场在瞬间沸腾，桑怿的前锋部队显得那么孤单，就像用一只木盆来阻挡汹涌而来的洪水，西夏人淹没了他们，继续冲向了后面的任福部队。

激战开始，从一开始宋军就陷入了绝对的劣势，他们甚至连列阵的时间都没有（福阵未成列），就遭受冲击。任福的形势比一年前的刘平还要恶劣，一马平川的山谷地，中间没有任何阻碍，连那条作为缓冲地的冰河都没有。他唯一的办法就是亲自冲锋，连他的儿子任怀亮在战斗中落马都无暇顾及。

就算这样，也只是在拖延着最后覆灭的时间。从上午辰时到正午的午时，两个时辰之后，宋军终于崩溃。任福在败军中想到了唯一一个解救办法，他命令桑怿和自己的儿子带队冲向一座高山，据险而守，希望能多挺一阵，或许会有转机。

但是匆忙之间，他忘了一件事，西夏人是比他先到的战场！如果是埋伏，那么只有对面的伏兵吗？宋军冲向高山，突然间在山头上竖起了西夏人的军旗，向左指，左边的伏兵起；向右指，右边的伏兵起，居高临下，向爬到半山腰的宋军压了下来……

任福在山下眼睁睁地看着自己的儿子和桑怿坠崖而死，大批的士兵更是死伤无数。败局已定，这时一个叫刘进的亲信小校对他说，将军，你快单独逃走吧（劝福自免），或许还来得及。任福百感交集，逃，还要单独逃，在这样的生死场上，怎能是一个“人”的选择？

“吾为大将，兵败，以死报国耳！”这是任福说的最后一句话。然后他挺身决斗，身中十箭，面受两伤，最后一箭从他的左颊刺入，刺断咽喉，他死了。

任福所部全军覆没，战斗却更加激烈，五里之外的姚家川成为新的焦点。朱观、武英部行军到这里，几乎与任福同时被西夏人伏击。

但他们比较幸运，先是意外地得到了增援，渭州都监赵律奉韩琦的急令率领两千二百名骑兵从南方腹地处赶来，正赶上战斗打响。另一方面，李元昊正在围攻任福，尽最大力量尽快地吞掉宋军的主将，没来得及顾他们。

这时不同了，西夏人大军合围，再没有半点侥幸的机会！战斗从任福覆灭的午时开始，直到午后申时，又两个多时辰过去，先是武英重伤，再是东边阵地的步兵崩溃，宋军的阵地终于松散了……最后的时刻到来，一个战士、一个宋朝人的本质在这时显露。

军队里有一位文官名叫耿傅，本职是庆州的通判，这时任任福军中的参军。危急中，武英把他拉到身边，劝他立即逃跑。但耿傅沉默，不回答。武英急了，对他说——“英乃武人，兵败当死。君文吏，无军责，奈何与英俱死？”

话说完，武英立即后悔，耿傅是位文官，但更是一位勇士。他仍然没有说话，反而挺身向前，指挥士卒继续抵抗。可西夏兵潮水一样涌来，转眼间他死在了乱军丛中。

当天好水川没有生还者，姚家川最后只逃出了朱观和一千多个士兵。他们很幸运地找到了一段当地人遗留的残垣，以墙为根基，四面放箭，才支撑到另一支援军到来。那是泾原路军方最高人物，泾原部署、安抚副使兼秦陇路军马总管王仲宝，他亲自率军赴援，宋军才得以生还。

这时战场薄暮，天色将晚，西夏人渐渐退去，纵目所见，宋军尸横遍野，短短一天之间，宋军泾原路帅司中的名将们损失殆尽，任福、桑怿、武英、赵律、耿傅、訾斌、李简、王庆、李禹亨、刘钧等二百余名将校无一生还，士兵阵亡过万，比前一战三川口时还要惨烈……可这还不包括王珪和他的四千五百名士兵。

好水川之战，英烈无数，最忠勇顽强的人是王珪。他和主战场里的所有人都不同，因为他本不必战死在这里。

他是羊牧隆城的守将，五里之外的好水川发生激战，他立即带兵杀了出来。但赶到时西夏人阵势已成，铁桶般把任福所部围在当中。王珪只能隐约地看到宋军的将旗没倒，他疯狂冲击，要杀进去把任福救出来。但人山人海，四千多人面对十万之众，要怎样才能杀进重围?

几次冲击，没有效果，王珪的部下们有的胆怯了，犹豫着不敢前进。王珪立即把他们军前斩首，以激励士气。但悲哀的是，不是每个人都有他的勇气。终究是血肉之躯，绝大部分的士兵仍然没有斗志。王珪默默地跳下了马。

当年的那些士兵或许都松了口气，王将军终于也放弃战斗了。却看见他在惊天动地的喊杀声中向东方跪了下去："臣非负国，力不能也，独有死报耳！"

王珪上马再战，冲进了西夏军中。他独自击杀数百人，手中的铁鞭被打得弯曲，手掌破裂，鲜血满手，但仍然死战不退。战马被射倒了三匹，换马再战，无论如何都绝不逃跑。他最后的结局和郭遵一样，死于乱箭，致命的一箭射中了他的眼睛。

王珪死了，于宋朝而言，无论将士们怎样英勇，敌军怎样众多，好水川之战毕竟是完败。但看过程，再看看结果，就知道李元昊也是惨胜。王仲宝赶到战场后，他立即退兵，再不接战。而且直接返回西夏，途中攻击刘蟠堡，只是一座军寨，就让他当时的战斗力呈现本色。

他打不下来，而且再不敢围攻，就此撤回了本国。当天的好水川、姚家川战场上，都留下了西夏人的狼狈之相。在失去战场控制权的情况下，王仲宝收集到了近六百个西夏首级，获战马一百余匹，杀敌一千，自伤八百。李元昊同样很疼。

战斗结束，另一个人的表演却刚开始，汉奸张元。这个在宋朝落第的秀才大喜若狂，在回西夏的途中，在界边的一座寺庙里留下了这样一首诗："夏竦何曾耸，韩琦未足奇。满川龙虎辇，犹自说兵机。"

落款是"大夏国太师、尚书令兼中书令张元随大驾至此题"。

万千同胞的鲜血，终于成就了他千古不灭的骂名。

硝烟散尽，余事却未了。为什么会兵败？怎么会全军覆灭？这要有个说法。韩琦在镇戎军驻地第一时间引咎自责，上书朝廷，把败军之罪都揽在自己身上。

但陕西一把手夏竦派人去打扫战场，在任福的身上搜到了韩琦当初亲手写的军令，责任明确了，是任福违规，擅自行动，与韩琦无关。可他作为战区统帅，终究罪责难逃，处罚下来了，他被降一级，知秦州，掳夺他的泾原路主管官职。

韩琦长叹一声，只好卸职去地方上任。但他不知道，前面有一个让他终生难堪的场景在等着他，那比好水川兵败还要耻辱。他快走到渭州的时候，突然有几千名百姓涌了出来，他们披麻戴孝，举着灵幡，抛撒纸钱，攀住韩琦的马头痛哭，高喊他的名字——韩相公，我儿随你出征，现在你回来了，我的儿子在哪里？

他们都是好水川战死的将士的遗属。

韩琦泪如雨下，再也说不出话来。难道真的是我错了吗？这一战到底该不该打？历代史书给出的答案是韩琦自不量力，好大喜功，直到面临这时的惨状，才知道懊悔。尤其是每当写到这里时，都不会忘了把范仲淹的一句话调出来对应。

延州城里的范仲淹说——此情此景，再难置胜负于度外！

可真是圣人有先见之明，宋代三百余年第一人真了不起。但事情要分开来看，谁对谁错，根本无法分辨，有的，只能是韩琦是范仲淹的因，范仲淹是韩琦的果。从整个历史走向来看，这两人的做法截然不同，但又相辅相成。

哪儿来的谁高谁低、谁对谁错？

这是后话，单就这时拦路招魂事件来说，韩琦完全没有被这样污辱的罪责。

从公论上讲，好水川之战是败了，但败得壮烈又有意义。在当时，宋仁宗就只有抚恤追悼，绝对没有处罚。从任福、王珪、武英、赵律等统军大将，到李禹亨、杨玉等下级军官，死难殉国者无不厚葬丰赏，都到了武胜节度使、侍中这样的最高等级。

在后来的史书中，更是评价极高。蒙古人是识英雄、重英雄的，他们在修《宋史》时这样评价："好水之败，诸将力战以死。噫，趋利以违节度，固失计矣；然秉义不屈，庶几烈士者哉！"他们不是贪生怕死，而是为国尽忠，纵然打了败仗，可无损于烈士的英名。正如不能以胜败论英雄。

胜败能论的，只是枭雄！

于私人方面，以王珪为例，面对死亡，他逃避了吗？还有那些当场战死的无名士兵，这些人中有多少是贪生怕死、死时诅咒韩琦和主战将军的？

至于范仲淹的那句话，是另有隐情的。

韩琦在泾原路奋力厮杀的时候，范仲淹也在做着努力，只是办法和意向截然相反。开战之前，李元昊曾经故技重施，又玩诈降诈和的那套老把戏。

他派人到宋朝的鄜延路、泾原路分别请和，提议我们不打了，现在直接谈谈条件和可能性。韩琦一眼就识破了这个无耻的老花样，连帅司都没让对方进，直接将其踢出泾原路。范仲淹就不一样，他也知道可能性不大，但尽礼接待来使。

虽然这个使者本身就很尴尬，是宋朝的降将高延德。面对叛徒，范仲淹热烈欢迎，对他带来的和平意向非常感兴趣，并且亲笔回了一封信给李元昊。信里强调，你知道怎样才能立国吗？是"以仁获之"；知道怎样才能国祚绵长吗？是"以仁守之"。

我们大宋皇帝一直都对你抱有厚望，知道你是受了小人的挑拨，最终会迷途知返的。现在我劝你重新接受宋朝的爵位和赏赐，这才是你的光明前途。

最后派宋军的一位将军韩周陪着高延德回西夏，要面见李元昊本人，把和平结果敲定。但非常可惜，韩周一去一回，共用了四十多天，在西夏被最高规格接待，只是见到了西夏高官野利仁荣，至于李元昊，他正在好水川忙着养鸽子呢。

韩周回来，带了一封超长的"国书"，共有二十六页之多。至于其内容，《宋史》中没有记载，范仲淹的列传中没有记载，只有四个字的形容词——"书辞益慢"。

比以前的谩书更加难堪，战胜之后的李元昊趾高气扬，根本就不把范仲淹当回事。

尤其是所谓的和平，这种提议在侵略成性的人眼中，只是一份暗示他即将发财的通告，又可以获利了，看看，打赢了就是有好处。至于答应，也不是不可以，但得是你们最疼时，才会开出最好的价码。

皮球被踢回了范仲淹的手里，这成了个难题。二十六页的谩书，不管有多无礼，都是国家级的文件，无论哪位臣子接到了，都必须上交中央。可这样的东西交上去，信不信皇帝、宰相们会一个个排队拿斧子砍你？

但不得不交。于是宋朝三百余年第一人就做了一些……小手脚。范仲淹把二十六页长信中最不堪入目的二十页当着西夏使者的面就烧了，让那人滚回去告诉李元昊，宋朝的亲切是有底线的，热脸必须换来热的屁股！

等人走了之后，他拿起笔来，想了又想，把剩下的六页纸一一重写润色，以范公的文字功底，这封信立即旧貌换新颜，可以面对大宋天子了。这是不是犯罪了呢？

是不是对皇帝不忠，犯了做臣子的第一条大罪了呢？

是，也不是。纵观古往今来，没有任何一位圣人是没有妥协，也就是作假的。上至周文王，下到诸葛亮，尤其是至圣先师孔夫子，快被饿死时说的话，完全可以吃饱了就反悔！

所以范仲淹此时的行为，就很难界定了。好，玩笑开到这里。说一下为什么这样不忠，甚至不诚实，宋朝人都仍然推崇范仲淹吧。这是因为他的本心。想想他之所以会给李元昊写信，知道李元昊在要诈，仍然以诚待诈，为的就是和平。

现在升级版的谩书送来了，如果让皇上如实看到，龙颜大怒的后果是什么？宋朝文臣无死罪，他本人大不了回后方去当地方官养老，可战争就会升级。所以说到底，曲线救国，真是不得已啊。

修饰版的谩书送上去之后，效果仍然过于震撼。皇帝和大臣们都怒了，首先一条，“人臣无外交”，别说是换回来的是谩书，就是降书顺表，范仲淹都犯了欺君之罪。前三甲状元、宰相宋庠提议，把范仲淹砍头！

有人反对，现任参知政事、官吏克星杜衍强调，现在缺的是办事人，范仲淹一直在办，虽然这次蠢了点……但换你，你不犯错？话一出口，群情激昂，在大后方紧张得快要变态的文官集团终于找到了发力点，这些喜欢并且擅长上纲上线的大学士、大才子马上就要互相大吐口水，来一次忠贞表演。

被一个人扫了兴。当朝第一人——宰相吕夷简发话，都闭嘴，我支持范仲淹。这次他犯错了，降职处罚就可以了。其他的，都谈不到。于是在这一年的三月间，西北战场上宋朝的两大主管高官，韩琦、范仲淹都被降一级。

这就造成了一个事实。主战的，打了败仗；主和的，被踢黑了脸。那么这事儿得怎么办呢？打还是和，这真的是个问题！

# 第三十二章　绝世忠勇不值钱

又不是问题。宋朝根本就不必为此操心，李元昊都会给他们一一安排好。何时发动战争，在哪里打，西夏方面说了算。

时间进入七月，西北边疆开始了盛夏天气，又闷又热，但让人很放心。一般来说，寒带的游牧民族这时会更闷更热，草甸子里、沙漠里的日子没法过，根本就没有半点操刀子砍人的心。但高人、怪人，一般都是反向思维非常灵敏的特殊人类。

热，就会渴，渴……就是重大的战机！宋朝边疆上有一个破绽，当年李继迁就曾经抓到过两次，只差一点点就突破宋真宗时代能和辽国正面交锋的宋军防线，杀进宋朝的腹地去。宋朝人是靠着不世出的名将曹玮，还有老天爷的帮忙，才渡过了难关。

——麟州城。

注意，是河北路的麟州城，不是陕西方面范仲淹所负责的鄜延路的鄜州城。让我们往回翻史书，先熟悉一下这里的地形。上北下南左西右东，最上方，也是宋朝国土的最北端，就是河北东路的丰州城。向下偏右，是传说中杨家将起家时的火山军城，再向下，依次是府州城、保德军。它们的左边，也就是西边偏下，就是最重要的麟州城。在丰州城、麟州城、府州城之间，是一连串的军寨，是它们互为依托的生存命脉。

麟州城向下就是神木寨，再向下是银城（西夏占领）。需要特别指出的是，丰州、麟州、神木寨这条西线其实就是国境线，它们与西夏接壤。银城再向下一些，就是党项人最初的定难五州中的银州。

所以说，宋朝可以被攻击的地界绝不仅仅是陕西四路的横山一带两千余里，国境线实在是太长了，李元昊可以任选目标，随意攻击。

这一次在一般史书里都说是他再次受到汉奸张元的挑唆，放着好好的日子不过，想到宋朝的河北路来碰运气。但只要想想他的偶像是爷爷李继迁，还有李继迁在这里的辉煌战绩，就能明白麟州城对他的诱惑有多大。

麟州城没有水源，当年是一场突降的暴雨，以及太原方面擅自出兵救援的张进，才让李继迁绝望退走。可宋朝现在北方战线已经荒废了三十余年，澶渊之盟的条约之一就是宋、辽双方谁也不许在边界增兵、修城。宋朝的北方军队从这时直到北宋灭亡，都是一块烂泥，没有任何作为。

而大雨，如果随时都能为宋朝而下，那就真的证明了宋仁宗赵祯真的是赤脚大仙转世。宋朝金刚不坏，还要边防军干什么？

时值七月，李元昊突然杀了进来，又渴又没水，麟州城三天之内就能被困成一座死城！他的进展非常快速，这首先要归功于宋朝河北东路的军事主管康德舆。康大人平时政治觉悟太高，对党项人恨之入骨，结果连宋朝境内的党项熟户也恨上他了，一些人忍无可忍，给李元昊当了向导。

结果当麟州城被围的时候，城里一片茫然，别说提前准备些战略用水，就连派出求援的信使都没有。迫不得已，知州苗继宣出了重赏，一个不怕死的士兵半夜溜下了城墙，混出重围。要说怎么成功的，说来也搞笑。这是边境，汉人都会说党项语。这位阿兵哥穿上李元昊定下来的西夏军服，然后晃晃悠悠，一路打着招呼就出了连营。

宋朝一下子炸锅了，回想一下，马上去翻书，当年真宗皇帝是怎么救下来的河北路。接着一连串的命令紧急下达，中书省、枢密院在军队分立的机制下，以最快的速度签发文件，请皇帝确认，把开封城内的京神卫等二十个指挥使单位派往河北。

名将高琼的儿子高继宣作为箭头，第一时间赶去救援。他的驻地近一些，是山西并州，以前潘美、张进的地盘。麟州有险，并州赴援，已经是定式了。但这一次真的运气太差，居然又下了大雨，只不过地点偏了百十里地，下在了天门关附近，一条大河拦住去路，河水猛涨，高继宣束手无策。

当天黑夜降临，河边的宋军集体在雨中发抖。没法划船，没法游泳，最后高继宣使出了终极招数，他命令在河边杀猪宰羊，摆好香案，老天在上，河神在下，要是宋朝还能保住麟州城，就让大雨停下来吧。

凌晨时分，雨竟然渐渐地停了。高继宣率部渡河，再行军一个白天之后，在黄昏时分接近了西夏军营。天又黑了，隐约间还能看到麟州城头的旗帜，城，仍然没有陷落，但绝不能再耽搁。高继宣下令全军休息，勇士都站出来。

今晚我们去劫营，跟党项人在夜里玩玩！

高继宣是个很怪的人，看履历他出身名门，按说宋军的传统作战方式，如阵而后战等铁律早就熟透了，可细查一下就会发现他“返祖”。

他老爸高琼曾做过禁军的殿前指挥使，在澶渊之役时出头露脸，印象中，是宋朝的开国功臣高怀德的后人，但实际上全错。高琼是个地痞无赖出身，职业就是犯法，其恶劣性到了被处以“磔”刑的程度，也就是剐刑。

可谁知道此人就是个犯法的坯子，都被剐了仍然不老实。当时是盛夏，突然下了暴雨，正在剐的刽子手去躲雨了，看守稍微不注意，他拔了钉子就跑了！之后他大难不死，改过自新，投奔了王审琦，正赶上赵光义为了夺权篡位不顾一切地招揽人才，他这个鸡鸣狗盗之徒才走上了正轨。

高继宣很显然继承了他父亲的犯法基因，打仗时没有半点宋朝正规军的模样。他这时精选了一批军中勇士，天黑下来之后，亲自带队，摸向了党项人的军营。月光光，照大床，李元昊睡得正熟，突然间杀声四起，宋朝人杀到身边了！

黑夜里一阵乱斗，死尸趴了一地，没多久战斗就结束。宋军撤退了，没办法，李元昊十几万人的大营，要一下子冲垮它很难。

禁军，这个曾经荣耀无比、威震天下的名字，早已经消失了。当年不过十五万的人数，南征北战，所向无敌，在柴荣和赵匡胤的手里没有一次失败。但早就在燕云之役、雍熙北伐等战役中死伤殆尽了。到了仁宗时代，都是一群无用的老爷兵，半瘫痪的货色。

仗还得打，尤其是必须得赢。难题摆在眼前，高继宣就是有办法。他想起了这里是哪儿，宋朝国境除了东面靠海之外，北、南、西、西北等各方面，算起来最强悍的边民就在这里——麟、府两州！

宋朝无数的传奇故事都发源于这里，这里的边民强悍度之高，马上就会让李元昊心惊肉跳。

高继宣马上就地征召边民，条件是厢军的身份、禁军的待遇，尤其是这时卫国就是保家，党项人杀到你们家门口了，该怎么办，你们自己清楚。

很清楚，一支新的军队半天之内就诞生了。高继宣命名他们为“清边军”，名字很好，但看数量就有点头晕，这是要跟十几万的敌军打架，可人数居然只是两千多个。搞什么，送死不是这个送法。

高继宣就是有自己的办法，仗要打，必须按我的来。不知道他使了什么诡计，李元昊的围城部队被他引出了一小半，好几万党项人跟在他身后，一直追杀到了三松岭。在这里，李元昊的噩梦开始了。

这里是山地，党项人的骑兵，尤其是那些铁鹞子都变成了废物，走路都难，怎么连体攻击？就这样，他们失去了前两战时战胜宋军的最大优势——地形。无论是三川口，还是好水川，都是李元昊选择的埋伏地点。那里一马平川。

风水轮流转，现在轮到宋军。两千多人的清边军冲了出来，恶战开始，战况让人瞠目结舌，几万党项正规军被两千多个边民击溃，被阵斩一千多人。接着就发生了更恐怖的事，重甲骑兵逃跑。

不是说逃跑有多可耻，而是太有难度了。在山地条件下，几匹全身铁甲，还连在一起的马要转身逃跑，这种技术得演练多少遍才能熟练呢？不知道李元昊是不是有什么绝招，反正当天掉进山谷的，外加被自己人踩死的党项骑兵躺得一堆一堆的，都非常有现代魔幻主义的超现实表现力。

李元昊本人也被胖揍，守麟州的人叫王凯，他的地位比高继宣还要显赫，是当年征服蜀川的王全斌的后人，真正的将门子孙。李元昊分兵去追高继宣，这边人多势众开始攻城，王凯亲自督战，让西夏人的另一个软肋也露了出来。

——不会攻城。

在这之前，李元昊的部队没有正面攻破过任何一座宋朝的州府级城池。攻城，那不是个力气活，或者不要命地往上爬就能成功。那需要器械、知识、经验，还有耐心，这些李元昊都没有。

两线同时失败，李元昊下令退兵。一边退，一边放出话来——麟州城下我死了三万人，这太多了，我很疼，这就回家养伤去。

战争开打快三年了，有经验的人一听就知道，李元昊又想骗人。这个党项无赖，他就不懂打仗也是要看人品的。就像做贼，有鼠摸狗盗之小贼，也有窃国拦路的豪强。

但超长的国境线，各府州郡散布其间，谁知道他要打哪儿！这次很有运气，李元昊在八月间突然掉头扑向了府州。府州，这可真是没话说，河北三城，麟、府、丰三州鼎立，府州最强，这是最基本的常识了。难道党项人不知道？

西夏大军扑向府州，一路上势头凶猛，先把麟、府之间的重要军寨宁远寨攻破，宋军全军覆没，主将王世亶、王显阵亡。再进军城下，把府州四面团团围住，强攻猛打，就是个硬拼。

这正中府州城的下怀。无论是从历史传统上，还是从地形、军队的特性上，府州最喜欢的就是硬仗。先说地理，府州城依山建城，牢固险峻，简直就是座庞大的鹰巢，东南方向有水门，外面就是一条天然大河，无论是取水，还是护城，都有先天优势。

再说传统。府州城其实是一处藩镇，从后晋、后汉时期就独占此地，自筹赋税，俨然一方君主。就算是后周时代威震天下的世宗皇帝柴荣，都承认它的独立性，它和党项人的祖先李彝兴的地位等同，一个是“定难军节度使”，一个是“静难军节度使”。除了地盘有大小外，基本没有区别。

而且最重要的一点是，府州城的主管折氏也是党项人。可此党项不同于彼党项，府州折氏是一个美丽且凶狠的传奇。

折，西北人读为 shé，久而久之就演变成了“佘”，也就是佘赛花、佘太君的佘！杨家将里辈分最高、最受尊崇的老太君的原型就是府州折氏女孩儿。折氏一门代有名将，在宋、辽、夏还有金的时代里共二百余年一直活跃，在《宋史》中都占有一席之地：

“……折氏据有府谷，与李彝兴之居夏州初无以异。太祖嘉其响化，许以世袭，虽不无世卿之嫌，自从阮而下，继生名将，世笃忠贞，足为西北之捍，可谓无负于宋者矣。”

这时的折家军难说是鼎盛时期了，只有六千一百人，但素质好得令人惊喜，边境生活让人始终保持警醒，他们的战斗力与赵匡胤时期的禁军等同，半点都没有退化。

其中的代表，就是一位姓张的将军。

回望近四年的宋、夏战争，是是非非众说纷纭，能公认的至少有两个结论：第一，如果说韩琦是真正的主战大臣，那么真正能打仗的大臣就是……稍等，他过一会儿才会出场。可以透露的是，他也姓张。第二，如果要选出最英勇善战的将军的话，无论是王珪、郭遵，还是名扬千古的狄青，都会苦笑一下，自动向后退一步。西北战场上最强的将军姓张，名岊，就是府州城里折家军的男儿。

张岊，字子云，府州城土生土长的人。最初是个牙将，用的招数有点卑鄙，不是功劳，是花了点小钱。有了官职，就有了任务，张岊立即锋芒毕露。当时是天圣年间刘娥太后主政的时候，西夏方面有位高官叫阿遇，他的儿子不太乖，跑到宋朝这边来政治避难了。

阿遇大怒，发誓一定要抓回这个破孩子出气。用的办法更卑鄙，他没向宋朝要人，而是把麟州附近的宋朝子民抢了一大批，带回党项。要人吗？拿我儿子来换。

宋朝答应了，可儿子放回去，子民却不归还。当时的安抚使大人很愤怒，派人过去交涉，这个人就是张岊。简单地说，张岊在那边吃饭、睡觉、打猎，像是把党项人的传统生活过了一遍，他们的招待很有特色。但吃饭时，阿遇是用刀给他当筷子，吃着吃着突然间张弓搭箭就要干掉他。

张岊理都没理，吃饱就睡。第二天打猎，草丛里跑出两只兔子。你要看看箭法吗？张岊连发两箭，射死两只兔子。无论是胆量，还是功夫，都让阿遇佩服。最后他领着被抢的子民安全返回，还带回了阿遇送给他的谢礼。

一大群的牛、马、驼、羊。

张岊立了功，上面奖励升职，官位是来远寨的寨主。这就比较恶搞，来远寨当时是西夏占领的，有名无实，只不过是荣誉头衔罢了。张岊不这么想，他带了几个人就去上任，怎么看都是去找死，可结果居然是他“手杀伪首领，夺其甲马”。

真的把来远寨夺回来了。

而当时，张岊只有十八岁。

从天圣到庆历，时间过去了近二十年，少年张岊已经长大，进入壮年。他的战绩不再局限在府州周边，李元昊第一次侵犯宋朝，在鄜延路三川口之战前后，张岊曾经率领折家军远程助战。

折家军击破拉旺、阿儿两族，张岊一人射杀数十敌军，阵斩其军主鄂博，可以说全胜而回。这时李元昊兵临府州城下，折家军的首领是折继闵，张岊是军中灵魂。

战斗先在一条山崖下的小路进行，没办法，府州城经过近百年的经营，几乎没有破绽，这里就是相对薄弱的地方。西夏兵悄悄地爬了上去，结果惊天动地地滚了下来。城上面滚木礌石，箭如雨下，西夏人连展开兵力躲闪的机会都没有，就躺倒了一大片。

转场，李元昊命令再攻北城。实力的较量开始，折家军的主将折继闵亲自上阵，浴血厮杀，府州城下的尸体越积越高，最后达到了一千多具，李元昊终于看到了府州城的软肋——西南城墙。

那里实在是有点矮，他命令北城继续攻击，拖住城防主力，同时派兵抢占西南城墙，只要冲上去，铜墙铁壁的府州城就会沦陷。突如其来，西夏兵蜂拥而上，转眼间那段矮墙就堆满了人。这时城里城外一片喊声："城就要破了！"

张岊就在这时赶到，城头上枪林箭雨，几千人挤在一起，在这样的局面下，要怎样才能以一人之力扭转局势？史书记载，张岊"乘陴大呼"，命令每两个人夹住一个人，在城头之上形成另一道血肉防线，无论如何都要挡住敌人。代价是惨重的伤亡，他本人右眼下方中箭，身上连受三处刀伤。

城墙安然无恙，终于打退了党项人。这之后，他昼夜守城，西南方城墙就是他的岗位。局势稍微稳定，新的问题又出现了。

府州城以天然河流为护城河，但城里一样缺水，这里的位置是现代陕西、山西交界地，自古以来就是干旱地区。

问题出现，府州城与麟州城的区别也就此显露。麟州城需要外援，府州城可以自己解决一切。张岊命令开城，城里的老百姓注意了，可以随意出去挑水，西夏人绝对伤不了你们。说到做到，张岊率军出战，把城边的西夏人赶到对岸，府州百姓自由自在地挑水回家，李元昊无可奈何。

就是这么牛。

无情的事实让李元昊想通了一件事，城，攻不上去；困，城里有水。这样耗下去什么时候是个头？难道要等着宋朝的援军杀过来，来一次有史以来第一次宋、夏双方军力相当情况下的公平对决?

开玩笑，历史可以做证，李元昊从来没对任何人在任何事上“公平”过。他转身就走，府州城又臭又硬，理它作甚?这一次他杀向了丰州。老实说，这已经不是什么战略问题了，半点都不高明。因为河北三城，只剩下了丰州他还没试过。

前两次都这么灰头土脸，这么回去总是不甘心的吧。大奖终于来到，丰州陷落了，这座宋朝最北边的城市，一直顶在契丹、党项两个异族边境的桥头堡没能坚持到底。城里的军民无一生还。是的，屠城。暴力让暴徒狂欢，李元昊的精气神全面回归，他有生以来第一次以实力攻下了宋朝的州级城市，那么为什么不再趁机扩大战果呢?

尤其是麟、府两州都各有致命缺陷。

于是他一方面纵兵大掠，把丰州周边的永安、来远、保宁三座军寨夷为平地；另一方面修建了琉璃堡，储存了大批物资，以此作为支点，为河北路内的各处西夏部队输送给养，准备打一场持久战。同时，他还要饿死宋朝人。

他在麟、府两州的交界线上修建了建宁寨，寨子很简陋，用处只有一个，切断麟、府两州的联系，并且切断宋朝东京开封方面与麟、府两州的联系，让它彻底孤立。你们可以取到水，但除了城池之外，所有的路都被我掐死了，物资、粮食从哪儿来?金城汤池，非粟不守，饿也要把你们都饿死!

李元昊击中了宋朝的要害，这是自宋太宗北伐失利之后宋朝就一直没法补救的弱点——野战。如果不能野战争胜的话，这样的围困注定了会致死。

麟、府两州的物资、水源在急剧消耗中。时间进入了八九月，一年中最炎热的季节到了，城里无论是军人，还是百姓，都要吃、喝、穿、用，可是什么都缺，最要命的是连战备物资都快要用光了。

很吊诡，堂堂的河北三城，如此显赫的声威，居然连作战储备都不足，这是真的还是假的？这就是事实，宋朝近三年以来以举国之力支撑陕西四路的战争，实在没钱再往别的边境线上投资。只能是打到哪儿，再给哪儿补充。这时问题出现了，宋朝的兵、粮都在路上了，可运不过去。

关键时刻，河北军事主管康德舆大人非常英明。张岊，我现在任命你为麟、府道路巡检，任务就是把麟、府之间的道路打通，把朝廷运来的物资送过去。为了保证任务顺利成功，我拨给你人马……五十骑！真是太慷慨了！不知道康大人是何居心，是相信他的将军神勇无敌，还是保命要紧，兵都留在了自己身边？

张岊就这样冲出了府州城。

这次护粮是宋朝军方的一个联合行动，除了张岊之外，还有清边军的王凯，以及麟州城里的一位传奇阿兵哥，就是和党项人聊着天就混出重围求援的那位。他叫王吉，现在升官了，是麟州城里的指挥使。三方联合起来军力达到了六千以上，护卫着大批物资，还有一位叫宋永诚的太监一起上路。

目标麟州城，横越党项骑兵纵横的河北路，步步荆棘，每时每刻都踩在刀刃上。果然，才走到青眉浪，就与近万人的西夏军相遇，而这时宋朝军力只会合了两股。王吉没到，只有张岊和王凯的清边军。

激战立即展开，主客异位，党项人是这片战场的主导者，他们第一次冲锋就把张岊和王凯分割开来。战斗在荒原上进行，没有城池，没有战车等护具，是百分之百的野战。

宋军所拥有的，就是清边军的勇悍，以及张岊不可思议的战斗欲望。乱战中，一支箭突然射来，正中他的头部，整支长箭贯穿了他的头颅。人人都以为他死定了，却见他伸手把箭就拔了下来，血流满面，然后更加勇猛地冲向了敌人。

那支箭，把他的两边脸颊射个对穿，很幸运没有伤到致命处。过万的党项人被打退了，宋军重整军容，再次向麟州城进发。人人都清楚，前面的路更加难走了，这批党项人回去就会向李元昊报告，走出城门的宋军会让西夏军队发疯一样地扑过来。

果然，再向前进，到达兔毛川的时候，前边伏兵四起，无边无沿的西夏人涌了出来，是超过三万人的庞大军团。宋军这时所增加的，只有麟州城里助战的王吉。王吉是西北战场上另一个传奇，在战争中完成了从一个士兵转变成将军的历程。

只是很可惜，他在军中与张岊齐名，却比张岊更加不幸。张岊空有战绩，终生不得高官，他却连高名都得不到。

但无损于勇士的战场表现。兔毛川一片旷野，无遮无拦，三万对六千，而且一个是全骑兵的生力军，另一个已经经历了生死大战，想一下张岊如此重伤，还得挺着继续战斗，这是怎样的局面！护粮的监军太监宋永诚当场就吓哭了，他拿出了一条绢带就要自杀。

很可笑吗？大不了就是死！为什么要自杀？怎样也要砍一个才够本嘛。这样的想法在千年以后生长在和平年代里的人看来，是多么“合乎逻辑”，但根本是站着说话不腰疼。

遍地死尸，血肉模糊，不是每一个人都能忍受的。战士和平民，有本质的区别。

王吉就是这样，他转身对宋太监吼了一句——你怕死不了吗？等我出战，我输了，你再死不迟！王吉出战，他有个只此一例，再无分号的战法。

速度决胜，他冲出去，只发一箭，然后立即扔掉弓弩，杀入战团之中。这时敌军主将已经被射死了，他甩掉铠甲，赤膊上阵，往来冲突，毫不停顿。像一团疾风刮过战场，看着是冒险，甚至是找死，但他前后数十战，无不成功。

这时西夏人的战斗力还有军队成色就都显露出来了。一个问题，为什么这期间我对西夏人、对李元昊都没有半点的尊敬呢？哪怕一丝一毫对他那强大军队应该有的正视都没有？

因为他们半点都不强大。这是个事实，党项军队在李元昊时期达到了最强盛的状态，可与之前、之后的各种族的军队鼎盛时期相比，连根毛都不算。

不说匈奴、突厥等超级异族，他们在强盛时可以压服中原的军队，可以以少击众，纵横无敌。也不说汉、唐时期中原战士的骁勇程度，他们可以出境野战，横扫大漠草原，俘虏异族的酋长回国。只与宋朝各时期的敌对国家相比较一下，就能清楚地算出李元昊是个什么货色。

契丹强盛时，同样侵入中原，能在五代十一国时期最讲究军队实力时，得到燕云十六州，灭掉强极一时的沙陀人；更可以在萧太后时期大批消灭宋军的有生力量，逼迫宋朝签署城下之盟。其间一次次以少击多，大获全胜。辽国的军队在鼎盛时期，绝对是东亚最强。

往后看，金、蒙古兴起时，更加无法形容，它们可以达到“满万不可敌”，以及两个万人队就横扫欧洲，打到多瑙河、维也纳城下。这是怎样可怖的战斗力，就算再厌恶它们的侵略行为，都要承认人家的军功的确举世无双。

可这与李元昊半点都不沾边。他哪一次开战都是以欺诈为先，再以众凌寡，就算在近十倍的优势力量下，都没法赢得干净利落。

他算什么霸主？哪来的骁勇善战、铁血豪情？见鬼去吧！再联系一下他死前把西夏闹得乌烟瘴气，父子相残，国家立即陷入了母后专权、贵戚干政的劣等局面，他连一个像样的君主名号都不配！

这时兔毛川之战就是一个活生生的例子，王吉纵横战阵，所向无敌，但就算再神勇，他能杀掉几个、几百个、几千个敌军？

可西夏人主将一死，立即就慌了，这帮党项土匪马上作鸟兽散，而且撤退时非常坚决，互相踩踏，抢得你死我活，被宋军赶向了一块悬崖。据司马光记载，掉下去摔死的接近一万人！

来抢粮劫道，却被杀了这么多，李元昊的可悲嘴脸立刻露出。面对得到给养的麟州城，他除了加紧围困之外，基本无计可施。这时，真让人不得不再次嘲笑他，办法啊办法，战斗力啊战斗力，无论哪一样过关，都不是这样不死不活的局面。

可他仍然没想着赶快结束这种无聊的游戏，就这么耗着，连国与国之间的战争都打得如此无赖。归根结底一句话，他仗着人多，麟、府两州缺粮缺水，不死心，就要等着极限出现。

真的出现了，可不是在河北战场上，而是在开封城里。物资终于运过去了，战士们也那么英勇，可各位大领导站得高、看得远，他们想到的是一个大方针——不是每次都需要这样玩命地送东西吧？长此以往，得不偿失。我们放弃河北三城，退守保德军，以那里为最后防线吧！

彻底晕菜，只是丢了一座边城，两处被围攻，就做出了要割让土地的决定。这也暴露了宋朝的执政“面目”。高居庙堂之上的，上至皇帝，下至宰相百官，在战争方面，都是一群废物。乃至于连陕西方面的范仲淹、韩琦、庞籍等人也可以一笔扫倒。李元昊已经转场打到河东了，西夏就那么些兵力，同一时刻的陕西方面并没有承受多大的压力，陕西四路与河北路又离得那么近，为什么就不敢发兵支援？

不说别的，连暂时出兵打通通道，或者像后桥寨、白豹城之类的攻击都做不到吗？那样围魏救赵，让李元昊的老巢不保，他也会抽调回些军力，麟州、府州的压力也会减轻很多。

可在历史上，不仅实际行动没有，就连个出兵的姿态或者宣传都没有。或许都在大喘气吧，好不容易能清静一会儿了！

这也就造成了一个事实，从宏观角度上来说，宋朝靠已有的这些官员，已经不能摆脱眼前的困难，需要新人出场才能创造出新局面。废物们站远点儿，给能办事的人让开条路。

一位此前名不见经传的书生站了出来。他的名字无人知晓，但他的业绩光耀北宋。

张亢，字公寿，进士出身，官职从小做到大，一路“熬”资格。读他的列传，开头前三千字全都是各项奏折节选，因为本职如此，他所在的单位是一系列的判官、推官、大理寺丞等民政部门。

直到西北战争打响，他才被派去当了镇戎军的通判。从这时开始，他接触到了军事，然后奏章突然增多，如雪片一般飞向了开封，谈的都是对战争的建议，从战役的大方向，到统帅、士兵的素质，方方面面，无所不到。于是他就变得很招人烦，一个书生，刚上战场的人，凭什么敢这样信口开河、没完没了？

纸上谈兵，百无一用。哪儿凉快哪儿歇着去。碰巧这时他的母亲去世了，朝廷抓到了大好机会，让他去守孝服丧。终于清静了，但战事吃紧，一大堆的名臣在西北死去活来，这时张亢的好处就显了出来。至少他是个有工作热情的人。

于是宋朝下令夺情，让张亢戴孝上岗，给的职务一个比一个凶险，如果追踪当时战斗的转移方向的话，就可以清晰地跟踪到张亢的官职转移方向。他从忠州转到了鄜州，再从鄜州转到了延州，职务也一百八十度大转弯，从知州、通判等文官，转成了都钤辖这样的武职。

直到这时，他被任命为并代都钤辖、管勾麟府军马事，成了河北三城这片基本被抛弃的敌占区的军事主管。

这在事后就有人怀疑，难道宋朝是突然间灵光闪现，有谁提前预知了张亢会带来奇迹，才为国家而选择了他？不，绝对不，因为从历史进程来看，就算是他立了大功，把李元昊打跑之后，国家都对他不屑一顾，官职不升反降。

哪儿来的半点重视与感谢？所以仔细思考，张亢的作用就只是一个姿态，宋朝不管能不能送到，都在往麟、府两州送物资，不管能不能起到作用，都在转换当地官员。

亲爱的前线指战员们，亲爱的边境居民们，朝廷没有忘记你们，陛下与你们同在。现在送来大批的军、民物资，以及张亢一人，希望你们能喜欢。

亮相惨了点，可要看谁演。张亢出镜，第一幕就激动人心。当时府州城被切断了与外界的联系，只能凭借天险以及折家军的勇悍自保。人心惶惶，不知前途在哪儿。

这时突然有一个骑士单枪匹马来到关前，呼叫开城。城门当然不开，就见这人拿出了一道敕书——“我乃新军马也，开城！”

单人独骑，越过西夏大军纵横的敌占区，如此上任，古今还有第二个人吗？他的到来，立即就提升了府州城的胆量。张亢下令，居民们出城，在东、北、下三个方位连建三处军寨，折家军不再固守，随时外出保护物资进城。

这样东山的石炭、下城的蔬菜、城北沙坑里的水泉都源源不断地进入府州城中，人心安定，再不慌乱。紧接着麻烦就出现，宋朝派来的禁军大老爷们终于到了，这些人的成分和能耐用后来民国时期的遗老遗少们的经典语句来说，就是——“此何物也？”

“阿猫阿狗也……”

都是东京城里飞鸡走狗、寻花问柳的主儿，拈花惹草、风流多情的子弟，没一个正经玩意儿！让这些兵打仗，做梦去吧。但张亢的能力再一次显现。一个能臣，一个高人，必须要智、仁、胆、勇兼备，张亢就是有能耐让这些老爷兵焕发活力，重新找回做人的尊严。

他先是在当地招兵，像高继宣那样组成了自己的边民部队。组成之后不留在城里，你们都熟悉方圆百里的每一处地形，那么出去打劫吧，下套子、打闷棍，想怎么办都随心所欲，我要的是西夏人的脑袋！

结果府州城周边的官私小道、草丛树林就成了党项人的坟场，不定走到什么地方，突然间眼前一黑，就此瞬间“返回家乡”。他们的脑袋被宋朝边民们提着，在第二天清晨成了请功的凭证。张亢说到做到，不仅给钱，而且能把自己身上的锦袍脱下来，作为额外奖赏赐给勇士。

这时就要强调一下张亢打赏的力度，给钱不是一般的数额。查他的列传，战争过后，他被朝廷里边的“忠贞良臣”们弹劾，理由就是他私自动用了官库，造成账目不清，很多钱不知去向。但效果如何呢？宋朝的禁军们超级重视赏赐，那是他们发财的最重要机会。眼睁睁地看着大笔现金被一群土包子抢跑了，比杀了他们都难受。

——“我顾不若彼乎？”

更愤怒的事在后面，张亢给了钱还不算，又让边民们纵酒赌博，怎么快活怎么来，禁军们在旁边看着，都快气疯了。这时张亢才说，想打仗吗？想快活吗？

都容易，只要屠了琉璃堡！

琉璃堡，是前些时候李元昊为了长期围困河北才建起的西夏军用物资集中地。那里物资丰厚，守备也极严，可以说是李元昊在河北地区的落足点。

他的七寸就在那儿。

相应地，他的毒牙也在那儿，张亢居然要在绝对劣势的情况下主动出击，拔掉这根深深扎进河北地界的肉中刺，这得冒怎样的风险，能有几分成功的把握？

富贵险中求，胜利也是一样。要想做得到，首先得想得出。某一天夜里，张亢悄悄派出了一个探子，悄无声息地爬过草地，接近了琉璃堡的寨墙。那真的是大胆，他近到了能清晰地听到并看到西夏人正在做什么。

一大堆西夏兵在烤火，嘻嘻哈哈地聊天，其中一个老兵的举动很奇特。如果这位探子懂得考古的话，就会肃然起敬，因为那是最古老的占卜法。

该老兵把一块羊髀骨扔进了火里，由火焰自然燃烧烤裂，再拿出来观看裂纹的走向和颜色，这和中原古代从殷商时就沿用龟甲占卜异曲同工，只要懂，就能判断出吉凶祸福。就见该老兵看了又看，突然间大惊失色，叫了起来：“不对，明天早上汉人会突然袭击，我们得躲开。”

旁边的西夏小兵都笑了——“汉儿皆藏头膝间，何敢！”我们一直赢，汉人脑袋都不敢露出来，还突然袭击？笑话！

那个探子都听到了，他悄悄地又退了出来，连夜赶回府州送信。信息很美妙，琉璃堡一点防备都没有。那还等什么，哪来的第二天清晨，张亢连夜起兵，直接杀了过去。月黑风高夜，塞外杀人时，张亢夜屠琉璃堡，其冒险的程度以及成功的难度，要远远高出宋朝武将们强攻后桥寨、白豹城。

那时是敌我均势的大兵团联合作战，而这时只是一个文官在异想天开。他真的能成功吗？

不是成功，是成功之后还要做什么。琉璃堡的西夏兵死伤惨重，一哄而散，扔下堆积如山的珍贵物资都跑了。史书上没交代张亢拿这些物资怎么处理。估计是全烧了，没法都运走。

强调的是他接下来的举动。

突然袭击，夜里的行动，真的是见不得光的，应该得手就撤吧。可张亢是毁了琉璃堡，在步驼沟附近新筑了一个寨子，取名叫宣威寨。根据形势，这里是西夏兵的必经之路，就在这里拦着他们。接下来他仍然不回城，时间紧迫，麟州城那里的情况恶劣到了极点，没有水的城市，被围了快二十天了，史书交代已经渴到了“黄金一两只换水一杯”的程度！

想要有所作为，就必须争分夺秒。

张亢亲自护送物资上路，去打通麟、府两州之间的生死通道。要命的是他这时所能带出来的兵满打满算只有三千多人。麟州城的王吉再不能出战，府州城里也得留下守军，高继宣的清边军不知去向，比上一次联合护粮时更加凶险。

就这样上路了，一路之上不停地战斗，满身血腥往前走，走到了柏子寨的时候好像到尽头了。西夏兵一直不能拦住他们，结果聚集了数万骑兵在这里等着，又是一场近十倍优势力量的伏击。

一切都如党项人所愿，和三川口、好水川一样，他们以逸待劳，静等着人困马乏的宋军送上门来。何况这一次宋军想撤想跑都来不及，一来绝大多数都是步兵，二来还有那些关于生死胜败的物资。不是敢不敢死的事，而是根本死不起的事！

张亢唯一能做的，就是鼓舞全军的斗志，形势已经一目了然——“我等已陷死地，前斗则生，不然，为贼所屠无余也！”怎样都是死，那还等什么。宋军杀了过去，这时局面变得有些神奇。据《宋史》记载，突然间狂风大作，飞沙走石，风沙完全吹向了党项人，宋军是顺风作战。

风，在历史中不止一次地主导了战争的胜败，在李元昊的生命中更是扮演过不同的角色，未来不久，就帮助他度过了最大的危机。但那得两说，大兵团，双方都有十几万甚至几十万人，这样的会战，尤其是草原、戈壁上的大风暴，的确是不同凡响，会决定胜负。

可这时是内陆，陕西、山西一带的盛夏时节，就算有风，又能大到什么程度？就算是超级大风，就能让三千步兵随便砍赢好几万骑兵吗？简直是痴人说梦，完全抹杀了张亢和他的士兵们的功绩和英勇。

同样兵力悬殊，张亢所部浴血厮杀，斩首六百余级，西夏兵自相蹂践，掉进山谷悬崖里的不可计数，光战马就夺得一千余匹。这个数字有多惊人，请参看好水川之战。宋军任福、武英所部全军覆没，死斗到底，才在战场上留下了六百多个西夏脑袋，而他们所丢的战马就有一千多匹，那让宋朝心疼死了。

宋朝不出产战马，全国动员，才给他们凑出这么多。这一仗张亢不仅赢得痛快，而且超级实惠。

但局面更加凶险了，前方到麟州还要很远，自己却已筋疲力尽，西夏人注定还会来，这时到底该怎么办？

镜头切换到西夏一方，有时在敌人的眼光里，才能更清楚地看到宋朝人的举动。

柏子寨的大败让李元昊很震惊，但很快就变成了惊喜。

宋军的举动是他最希望看到的。

张亢没有后退，也没有继续前进，他停了下来，就在柏子寨不远的地方开始休整。这是个信号，代表着宋军已经接近崩溃，连移动的力气都没有了。接下来更妙，以张亢为基点，周边的宋军都在迅速向他靠拢。这就意味着大批的宋军走出了城市，来到野外，在西夏骑兵控制的茫茫旷野里找死！

这一直是历代所有游牧民族对汉人最大的要求，请你们走出城墙来吧，爬墙杀人，实在太难了。这时李元昊面对机遇，表现得小心翼翼，他用了恰到好处的手法，来促成宋军的聚合速度，又不把他们吓回城里去。

用少量的骑兵一直骚扰，让柏子寨附近的宋军感到压力和威胁，却不赶尽杀绝……直到一个军寨建成——建宁寨。源源不断的宋军赶到，河北路里所剩不多的宋军有生力量越聚越多，逐渐都会聚到这个点上，李元昊的目的就达到了。

聚而歼之，比爬完这道城墙，再爬另一个省事多少？这座新建成不久的临时军寨所能提供的保护又有多少？时候到了就全军压过去，杀个干净，一劳永逸，有多划算。这样什么麟州、府州，只剩下老百姓的城，只是一座座物资丰厚、充满了钱和女人的仓库罢了！

时间飞快，几天的工夫，美梦就成真了。李元昊决定出兵，就在这时，又一个好消息传来，美妙程度简直让他不敢相信。建宁寨里的宋军不知吃错了什么药，他们居然主动走出了军寨，再次向野外行动。天赐良机，李元昊第一时间派出军队，杀过去，想把他们都杀光！

两军再次相遇在兔毛川，还是当初王吉、张岊血战送物资的地方。没办法，这就是府州到麟州的必经之地。老地方、老熟人了，西夏兵一看见宋军的旗帜就立即进入了兴奋状态。

我喜欢，这仗注定了打得轻松、愉快、充实而且简单。因为对面竖起了两面大旗，一面是“万胜军”，一面是“虎翼军”。相比之下“万胜”这两个字更响亮些，但金玉其外，败絮其中，西夏人都知道，这是从东京城里调过来的禁军公子哥，一群软蛋货色。

虎翼军就要小心，那是一群光脚的，都是清边军之类的当地边民，从来心黑手狠杀人不眨眼。很好，目标认准，西夏兵争先恐后地杀向了万胜军，先挑软的捏，迅速砍倒这一片，剩下的就都好对付了。

战斗开始，兔毛川再一次血肉横飞，问题马上就出现了。问题——兔毛川上谁是兔子谁是狼，光用眼睛能分得清吗？西夏大兵们满怀着喜悦、期待的心情抽刀子砍了过去，却突然发现软柿子硬得崩牙，万胜军怎么也啃不动！

这时张亢本人就在军阵之中，一介名不见经传的文官，他正做着宋朝当时所有武将做不出来的事。不是说他有多勇敢，而是说他的智慧。准确地说，此前李元昊给宋军布下的所有陷阱，他都在一一奉还。这时的万胜军军旗就是其中之一。

万胜军其实就是虎翼军，两军的标志对调了。就是要让西夏兵从开始就去啃硬骨头，让战场陷入僵持，双方都得耗掉战力和耐心。直到僵持再僵持，战场上敌我都筋疲力尽时，突然间西夏兵就会收到礼物。

一排排的利箭从旁边的山坳里射了出来，猝不及防的西夏骑兵成群地倒了下去。有伏兵！刚刚意识到这一点，埋伏的宋军就冲了过来。要说这时的突击力度有多大，只看是谁在率领。

张岊。

西北战场上最强的将军从开始就一直在埋伏，眼睁睁地看着友军敌众我寡，苦苦缠斗，为他赢得这用千百条生命换来的决胜良机。

张岊冲了出去，他一生中最辉煌的时刻来到。当杀戮是种报复时，是怎样的痛快淋漓！当天的兔毛川变得名副其实，突然之间变出了无数只兔子，西夏人跑得那叫一个快——扔下了满地的死尸，过后清点超过了两千具。

决胜所用时间很短，西夏兵的本质再次暴露，一旦丧失了人数上的绝对优势之后，立即就都是逃兵。自始至终，都没出现过刘平、任福、武英、王珪等那样临危不惧、宁死不退的将军。

战后盘点，胜利者无所不胜，在任何方面，宋军都是赢家。获胜之后的张亢更加稳扎稳打，率领全军向麟州继续前进。一路上，他连续修筑了清寨、百胜、中候、镇川等五座军寨，虽然有些缓慢，可步步为营，时刻都表现出随时决战、复制兔毛川的姿态。不过历史证明，他还是有些嫩。

他没有看透自己的敌人。李元昊真的值得这样重视吗？他在全神戒备、全副武装地逼近，可他的对手，那位西夏有史以来最伟大、最强大、最聪明狡诈的皇帝已经……跑路了。

原因就在于再次被骗。

话说麟州城缺水，一般情况下三天就是极限。这个情况李元昊在家族史里能了解到一些，他爷爷就利用过这点。这时宋朝的内奸们更加强调再强调，只要围住了，麟州就注定是块死地。于是李元昊就围着，连柏子寨、兔毛川连续大败都挺着，老天爷也非常帮忙，这段时间里河北路一滴雨都没下过。

多么完美，时间一天天地过去，快整整一个月了。是不是明天去敲城门，里边连应声的人都没有了？可是这一天他习惯性地再次向城头眺望，突然间变得目瞪口呆。

就看见宋朝人非常忙碌，一大群人往城头上挑东西。修筑工事，这是李元昊的第一反应。接下来他就没法相信自己的眼睛，只见宋朝人把一桶一桶的东西倒在了城头上，开始乱抹……该死的，那居然是湿泥！

李元昊暴跳如雷，把那个宋朝的奸细抓来！你不是说麟州城里没水吗？不是都快渴死了吗？可他们居然能拿水和稀泥玩！

你们这些骗子，宋朝没一个是好人。得出这个结论之后，李元昊灰心失望，再没心情玩下去。当天在麟州城下把那个奸细砍头之后，就起兵回国了。

至此河北路麟、府两州之战结束，李元昊虎头蛇尾，开战近两个月，以惨败收场，只能灰溜溜地滚回老家，等着下一次机会。

小结一下，宋史由于种种原因，是我们总想忘却的一段痛史。太多的失败、太多的屈辱，都成了反面教材，如果不强盛，如果不强硬，我们就会像宋朝那样亡国甚至灭种。这种反省是对的，只是仔细回顾那段往事，比如这时与西夏开战，宋朝的三川口、好水川，先不提麟、府两州之战，为什么就都走了样呢？

这是个事实，如果不仔细翻阅《宋史》《续资治通鉴长编》这样的原始资料的话，只看近代、现代各位史学大师的著作，几乎都在一边倒地歌颂李元昊用兵如神，西夏人勇武善战。而宋军低劣、懦弱、幼稚，甚至是弱智……郭遵、王珪、武英、任福、刘平等人的忠贞苦斗，根本就看不到！

这是怎么回事？

连蒙古人修《宋史》时都没有抹杀的功绩，为什么会被自己的民族所忘记？一直在强调我们该强盛，该有狼性，却把自己国家的英雄贬得一无是处。

更不用说张亢、张岊、王吉等河北路上的英雄。基本上他们都被忽略了，一直都被掖在历史的衣襟里，仿佛让他们见点光，是多么不相宜。

我只是个初学历史的新人，没有听过讲，没有上过课，所以不知道是什么原因。只不过很想替千年前那些战死沙场、保家卫国的先烈问一句：

这是为什么呢？

高天流云 著

# 如果这是宋史

## 3 变革时代

浙江人民出版社

# 目录

**第一章** 西线铁幕 / 001
**第二章** 庆历守望者/ 019
**第三章** 独立贺兰山/ 049
**第四章** 掀开名臣的袍襟/ 059
**第五章** 鬼面昆仑关/ 073

**第六章** 百年经营铸高文/ 083
**第七章** 千年显赫大梁城/ 097
**第八章** 四十五年无太子/ 103
**第九章** 不识贱人真面目/ 113
**第十章** 唯此一仁宗/ 119

**第十一章** 宋朝病人/ 123
**第十二章** 惊天动地的……龌龊/ 133
**第十三章** 流云方寸间/ 149
**第十四章** 法儒不同炉/ 153
**第十五章** 指点江山，激扬人物/ 165

**第十六章**　千年疑云说青苗 / 173
**第十七章**　士大夫阶层 / 193
**第十八章**　北宋第一策论 / 205
**第十九章**　千夫所指复熙河 / 215
**第二十章**　王安石罢相全景回放 / 233

**第二十一章**　陌上花落怨阿谁 / 247
**第二十二章**　生锈的镔铁 / 253
**第二十三章**　飞扬的梦 / 259
**第二十四章**　最伟大西征or 最沉痛西征 / 269
**第二十五章**　永乐城之殇 / 299
**第二十六章**　我好孤寒！ / 307
**第二十七章**　西京耆英十五年 / 319
**第二十八章**　司马光的X 光片 / 333
**第二十九章**　高滔滔摆乌龙 / 353

**第三十章**　何以清算，唯有凶残 / 365
**第三十一章**　西线百年第一人 / 381
**第三十二章**　杀死北宋的命运 / 401

# 第一章　西线铁幕

三国并立，两国征战，剩下的一国肯定要从中渔利。1042年，宋庆历二年，辽重熙十一年，时年26岁的耶律宗真就决定这么办。

时机选得刚刚好。

这时，宋夏战争已经打了快4年，如果早两年，宋朝还没被打疼，根本不怕，再晚些就要打出结果了，时机一去不复返。

耶律宗真要求宋朝归还后周世宗皇帝柴荣北征时得到的3关16县。还有就是李元昊，耶律宗真想，他是我辽国的女婿，是我的家臣，就算犯了再大的罪，要杀要剐得我说了算，你连告诉一声都没有就大打出手，当我是主人还是狗？！

综上所述，委屈加愤怒，亏吃得太大了，我要求亲兄弟明算账，瓦桥关以南10县土地必须还给我。还了是好兄弟，不还……你自己看着办吧。

和印象里的宋辽关系不大一样。

史书里都说，宋、辽两国自澶渊之盟后百年和平，直到灭亡都没有红过脸。不对，国与国之间永远没有“信义”二字，只要稍有机会，就惦记着从对方身上撕下一块肉。

辽国如此，宋朝亦如此。

几十年之后，宋朝就搞了个海上之盟。

谈判的过程是艰难的。

整整9个月的时间，不仅宋朝如临大敌，派出顶级大臣富弼做谈判代表，辽国也被折腾得“血压上升”，连耶律宗真本人都赤膊上阵，谈判的价码从土地到金钱到公主再到两个敏感字，两国像小商贩一样锱铢必较。

最后定下来的盟约里写的是“……宋别纳金帛之仪，用代赋税之物，每年增绢10万匹，银10万两”。也就是说，在澶渊之盟的基础上，每年加价20万两白银，实际交出的钱，是50万两白银！

宋朝保住了土地、公主，以及两个字——“献”“纳”。

誓书中，宋朝不必使用下属国的专用名词。

历代史书中都强调，从此以后辽国再没有给宋朝添麻烦，宋朝的北方边境一劳永逸，从此平安了。言外之意，这个钱花得值。但有个细节一直被忽略了。

加了20万两白银，辽国要尽的义务呢？是要约束西夏投降的！但是这一条，在实际操作中只写进了宋、辽两国的国书里，那一式三份的誓书，也就是宋、辽、西夏三方面共同遵守的和平条约里，根本就没有这回事。

在谈判的9个月里，富弼是主角，但最重的戏份却不在他身上。远在西北边疆的几个人，才真正左右了帝国的命运。他们是范仲淹、狄青、种世衡。他们分别做了一些事，效果嘛……很难说：一方面，他们让李元昊剧烈头疼，在西夏境内不敢动弹，连带着富弼也能在耶律宗真面前挺直了腰板说话；另一方面，他们惹祸了，把李元昊逼到了墙角。他没有退路，只好狗急跳墙，拼个你死我活。

提到范仲淹，人们会很疑惑，宋朝300多年间最了不起的人之一，在西北工作了四五年，没见他打过什么胜仗啊，甚至根本没打过仗啊，他那么大的名声是怎么来的？

一个欺世盗名的骗子？！

这涉及一个宏观和微观相结合的问题。一个个体的人，要为当时的社会做出有益的贡献，要有怎样的约束？

注意，是约束，而不是努力。

范仲淹是宋朝的臣子，不是唐朝的，针对已经成熟定型的宋朝国防方针，不能要求他像唐朝的顶尖级将军那样，去千里奔袭，境外作战，把异族敌人绑回长安。

如果一定要强求，那很好，就会变得像韩琦——心比天高，命比纸薄。主战本身没有错，可在赵匡胤定下的国防政策里，任何人都别想以军功冒升。哪怕是后来的岳飞、韩世忠等人，也只能在北宋与南宋历史衔接过渡的夹缝里短暂地闪亮过。

相信韩琦也明白了，好水川之战后，他的性格仍然强硬好胜，但在军事上，已再没有之前的“斗志”了。

范仲淹的高明，就在于他从开始就理解了宋朝军政事务的精髓。所谓“攻中有防，防中带攻”，具体来说就是修寨。这个方式，以前基本上是用在国内，是纯用来防御的，只要推广向前，就变成了移动的长城。

一步步向西夏的境内扩建，每建一处，就形成了攻防一体的战斗体系，一点点地蚕食掉西夏的国土。在这9个月的时间里，他修建了大顺城，这是宋朝庆历年间最大胆的一次修寨行动。其中最重要的一点，就是它的位置。

大顺城的前身是庆州西北方的马铺寨，再向西北方前进一点点，就是历史名胜——后桥川。宋、西夏三川口之战前，李元昊之所以紧急退兵，就是因为他的后路——后桥寨被宋军洗劫了。

这就是大顺城之所以险要的原因，它深深地侵入了西夏国境之内，说是建了一处寨子，其实是越过国境，抢了一大片领土，并且时刻把刀子顶在党项人的脖子上，哪天高兴，就直接捅了出去。

早春二月时，范仲淹召集庆州府众将悄悄出城，15天之内，一座新城建起。争分夺秒，新城盖成之后，立即就迎来了敌人。

党项人急火攻心，集结了3万骑兵来攻城，一场混战之后，骑兵们在新城墙面前撞得满头大包往回跑，这个场面真是激动人心啊。宋朝的军人们立即就要去追，范仲淹却拦住了他们。

筑城的目的达到了，额外的好处半点都不要。

看着多小心，甚至是懦弱。但稍微分析一下就会发现，宋朝从赵光义的幽燕之役开始，直到在李元昊的手下吃大亏，军事上的白痴行为简直一以贯之，从来没有例外，那就是开始得利，然后猛追，突然中伏，大败而回。

所以范仲淹才高明，你有千条妙计，我有一定之规。城盖好了，就等着我步步为营，稳步前进吧，终有一天，会把你们的生存空间压扁。到那时，你们想反攻的话会超级艰难，得把这一路上无数个城堡都拔掉！

历史证明了这种战略的正确性，在这时，更证明了范仲淹眼光的锐利。3万名党项骑兵果然在半路上给宋朝人设下了一个大陷阱，只是他们在早春的寒风里傻等了很久、很久、很久，仍然半个人影也没有……

范仲淹已经回庆州了。

大顺城建起，打破了西北边疆的格局，西夏方面的白豹城、金汤城等据点变得岌岌可危，尤其重要的是范仲淹的不上当理念，让党项人无处发力，根本就找不出砍人的办法。历史的解读是要在很复杂的层面上进行的，在这种局面下才有了那句流传千古，但又被人耻笑千年的歌谣：

“军中有一韩，西贼闻之心胆寒；军中有一范，西贼闻之惊破胆。”

这半点都不好笑，而且也没有夸张。我个人觉得，这两句歌谣的文字水平很高，因为用词非常准确。

“军中有一韩，西贼闻之心胆寒。”说的是韩琦，他的好水川之战是失败了，但在作战过程中，党项人也有损失，无论是输赢两方面都疼到了骨头里。面对这样的对手，谁不胆寒？

“军中有一范，西贼闻之惊破胆。”说的是范仲淹不战而屈人之兵，自从范仲淹到任，他的辖区就一直平静，是李元昊跟他有交情，还是西夏人读懂了范夫子的本来面目，跟这人没法打架？

多准确，假如西夏人没有惊破胆，怎会没有战争呢？

以上是9个月中宋朝方面发生的前两件事，后面两件，分别与狄青和种世衡有关。

狄青的浮光掠影——

狄青有点像岳飞，不是说他们的忠勇风格和悲剧人生很相似，而是说他们的资料相似。岳飞死后，仅二三十年间，他的资料就变成了传说。在赵构和秦桧的通力合作下，他的人生被删除了，再也没有充足的官方史料能证明他辉煌璀璨的一生。所以历代史书谈到岳飞时，总有各种各样的争议、怀疑，甚至很多别有用心的人，要把他歪曲成一个莽夫、屠夫，或者蠢人……

而狄青，他的西北岁月同样很模糊，在民间，他是鬼面战神，无往不胜。而在官方，欧阳修等人都承认，西北征战五六年，军中只得到两位常胜将军。

那就是狄青和种世衡。

可狄青是怎样打仗的，却只有含糊其词的寥寥数语：

> 前后大小二十五战，中流矢者八，破金汤城，略宥州，屠岁香、毛罗、尚罗、庆七等族，燔积聚数万，收其帐两千三百，生口五千七百，又城桥子谷，筑招安、丰林、新寨、大郎等堡，皆扼贼要害。尝战安远，被创甚，闻敌至，即挺起驰赴，众争为前用。临敌披发，戴铜面具，出入贼中，皆披靡莫敢当。

这就是对他在西北光辉岁月的全部官方记录。如果要分析，平心静气些，就会发现他比前面所记述的三川口众将、好水川将军们强不到哪儿去，何况还有麟府大捷时的张岊在。那么，他的战神名誉是怎么来的呢？还有，为什么这样的成绩单，还能在仁宗朝的下一个危机到来时，被任命为南征主帅呢？

狄青是一个很复杂的人，并不完全是以军功冒升的。

在一般史书里，狄青的一生，成在武功，败在文臣。他的悲剧是宋朝猜忌武将、重视文臣的“祖宗之法”造成的。

这话没错。只是很微妙的一点是，与文臣的恩怨，都是他自找的。

狄青的官做到指挥使时，主动接触了一个人——当时的经略判官尹洙。尹洙的官不算高，但身份很微妙，在西夏战争开打之前，他就是范仲淹、韩琦的好朋友，开战之后，又在范、韩之间做沟通工作。可以说，他是一块绝妙的跳板，与他交往，能迅速跳到西北方面的最高层。

果然，狄青的军事才能打动了尹洙，尹洙把他推荐给范仲淹和韩琦。史书记载："韩、范一见奇之，待之甚厚。"只是厚的方式各有不同。

范仲淹拿出了一套《左氏春秋》，对狄青说："为将者不知古今战例，不通晓兵法，只是一勇之夫。希望你多学多看，成为真正的将才。"

范仲淹的一席话，让宋朝从此拥有了一位智勇双全、独当一面的国之帅才。冥冥中就像有定数，300多年间第一人在他去世的那一年，在宋朝面临又一次危机时，为它留下了解救的人物。

从此，狄青精研史书兵法，再不是那个只知披发冲阵的勇将了。

这是和范仲淹交往的结果，与韩琦就截然相反了。说来这也是命运，之所以会有反差，最重要的一点，首先在年龄的差异上。

范仲淹这时年逾花甲，狄青只是个30岁出头的青壮年，两者年龄如父子，再加上范仲淹的博大胸怀，自然而然地就把他当后辈学生看待，既教导又爱护，一片温柔的心肠。但韩琦呢？他俩可真是有缘。

居然同岁，都出生在1008年。

1027年，两人都是翩翩少年，第一次相遇时，是在国都。

那一天，御街上张灯结彩，新科开考，状元、榜眼、探花从东华门唱名而出，举国轰动，人们都来看当时最幸福的人。人群摩肩接踵，其中就包括最不幸的人——狄青和他的伙伴们。

一群刚刚黥面的贼配军。

那一天，都是19岁的少年，一个锦衣高马，夸耀人间；一个黯然人群，落寞失意。当时有个伙伴喃喃自语："看人家，天上的人，我们一生都别想靠近。"

大兵们一片叹息，却突然有人说："也不见得，还得看各人能力。"大家吃惊地转头，狄青正高昂着他黥过面的头颅。

时光流转，多年后，这两个人都到了西北战场。韩琦高开高走，当年的榜眼，已经是地方大员。而狄青，也因为战功逐步提升，能让对方知道自己叫什么了。历史在这里变得有趣，它交代了韩琦和范仲淹一样很看重狄青，并且优待他。可具体内容是什么呢?

韩琦请狄青喝酒。

真是很大的面子，能让一介武夫出席他的酒会。这个酒会在历史上相当有名，狄青受辱了。当时无酒不欢，无妓不乐，韩公请吃，妓女们的身份也相当高。有位名叫白牡丹的妓女挨桌劝酒，到狄青身边时，突然笑了："也敬斑儿一盏。"

笑语盈盈，轻佻妖冶，"斑儿"，脸上有黥文的小朋友，你也喝一杯吧。大庭广众，奇耻大辱！狄青当时已经是副总管的职位了，居然被一个妓女这样嘲弄！

狄青不动声色，他就算气疯了，也得给韩大人面子。第二天，他把白牡丹打了一顿板子。

韩公很生气，后果超严重。隔了些日子，狄青有个叫焦用的旧部下来看他。才坐下喝了几杯，焦用就突然被韩琦派人抓走了。罪名不太大，处罚是斩首！

狄青急忙赶去求情，他实在不敢就事论事说什么，只能站在阶下说："焦用有军功，是好男儿。"

台阶上的韩琦一阵冷笑，说出了他心中，也是宋朝300多年间所有文臣的宣言："东华门外以状元名唱出者，才是好男儿，这算什么好男儿?"

就在狄青的面前，韩琦把焦用杀了。

狄青默默无言，呆立了好一会儿，才慢慢走开。这真是文臣的一大胜利，尤其是后来，宋朝仁宗年间，几乎任何一个文官都敢在狄青面前叫嚣，至于理由，不为什么，我、是、文、官。

真是了不起，文臣们在五代十国的几十年里受尽了委屈，他们终于翻身做主了，而且一直快乐了300多年。只是善恶到头终有报，宋朝灭亡之后，元朝把天下人按职业分了十等，最后一等是乞丐，第八等是娼妓，第九等就是文人。

比要饭的强点儿，比娼妓还低贱，这就是文人猖狂的下场！

回头说狄青的战功。这又是让人郁闷的事，和岳飞还是很像。80余年之后，岳飞威名震慑天下，但南宋钦定的“中兴十三战功”中，没有任何一项是他的。

北伐之胜，郾城大捷，等等等等，大家全都选择性失明。

狄青也是这样，“破金汤城，略宥州，屠岁香、毛罗、尚罗、庆七等族，燔积聚数万，收其帐两千三百，生口五千七百”，发生在什么时段，哪次战役，是他单独出战，还是与谁配合，都查不到。历代写史的人，都只能按原样复制上面的文字，然后就直接跳到10年之后的侬智高造反。

但是每一个人都活在历史进程中，只要细心些，还是能稍微推算出这些事发生在什么时段的。比如破金汤城，范仲淹在当年的三月筑好了大顺城，史书中提到西夏方面的白豹、金汤两城岌岌可危，那就是说，在三月时，金汤城还没有被狄青攻破。

再往后翻史书，到九月时，宋夏战争就开始了第三次战役。此战之后，宋朝的军事行动就告一段落了。狄青的攻击，只能在这一年的三月至九月。想想这些重要据点被一一击破，对西夏方面是怎样的压迫力度？对向四面八方开战，一直胜利，神经也一直绷得紧紧的李元昊来说，是怎样的忧虑？

再说说种世衡的小动作——

种家军的创始人很有趣，西北开战之后，青涧城被他练成了一个超级庞大、格外扎人的大刺猬，再加上他还有那么多、那么铁的羌族好朋友，就造成了一个事实：方圆百里之内谁都躲着他走。他穷极无聊，就做了一些非常小的动作。

他把一个和尚像神仙一样地供着，吃喝嫖赌，美女成群，一切随便。但是突然间翻脸，又将和尚胖揍了一顿，远远地将和尚赶出了国境，同时还为他向朝廷请功，要求封官。

看着乱七八糟，但是结果却是把西夏人的兴旺之梦彻底打碎，不仅西夏之后百年历史变得萎靡不振，就连李元昊本人也深受其害。

事情还得从头说起。这个和尚法名叫光信，出身怎样是没法知道了，性格和形象嘛，就是个典型的“平生不修善果，只爱杀人放火”的角儿。

这位和尚大哥在被种世衡发现之前，一直游荡在宋朝、西夏之间的广大西北草原上，活动范围很广，不论是宋朝的各大城池，还是羌、党项、契丹等异族帐篷，所有场合，所有道路，他无所不到，一清二楚。至于他是怎么做到的，就半点都不阿弥陀佛了。

他骑着马、挎着刀、射着箭，来来回回，打家劫舍……

这样的业务，这样的等级，一下子就把种世衡迷住了。他需要的就是这样的人才！他用青涧城独立经商多劳多得的额外收入，把该和尚收罗进城，好酒好肉地养着。其放纵的程度，达到了“召置门下，恣其所欲，供亿无算”的程度。而和尚呢，也算对得起他，“酗酒，靡所不为”，没有什么是他不干的。

种世衡一点都不介意，反而待他越来越好。时间就这样一天天过去了，光信和尚的生活除了糜烂式的享受之外，就是偶尔跟种世衡出城一两趟，为他指个道，告诉他怎么才能悄悄地绕到几个不听话的羌族营地，或者靠得太近的党项人地盘，杀他个出其不意。

直到这一年的二月，范仲淹立马就要盖大顺城的日子之前，种世衡突然很认真地召见了光信和尚。

地点非常隐秘，人员只有他们两个，说了什么话，我们现在只能泄露后半段，前面的，要在后面的历史进程中告知大家。

“……这样你会被抓住。”种世衡说。

“是，肯定。”光信说。

“你会被揍得很惨。”

“是，肯定。”

“你会熬不住的。”

“不会，肯定。”

“嗯，空口无凭。”

……

下一瞬间，种世衡突然暴怒，把光信抓了起来，一顿毒打，接着再打，打完再打，N 次之后，光信毫不在乎。据说，某天晚上两人又见了一面，然后光信就失踪了。很长时间，青涧城，乃至整个宋朝西北边疆，都再也见不着他。

他叛逃去了西夏。

考虑到光信的工作是有技术含量的，所以得给他时间，这位久经考验的和尚，真的会带给我们惊喜！大半年之后，他会再次出现。

回头说辽国人。耶律宗真名利双收，开始向姐夫叫嚣。

第一，他的姐姐兴平公主已经证实死了。死后才报的丧，得病时为什么不讲？我姐姐过得快活吗？是不是你又找了别的女人，气着她了？

第二，你是我的家臣，宋朝没有通过我就打你，是他们不对，我已经替你找回面子了。现在，你打别人，也没问过我，当我是什么？！你是不是忘了，从你爷爷的爷爷开始，就是我们辽国的奴才？

据说李元昊接到信的那天，向北边凝视了很长时间，脸部表情很淡漠，手上的动作却不少，他一次又一次地用手去摸自己的鼻子。

不是说他和后来清朝的平西王吴三桂先生有一个毛病，一摸鼻子就要杀人，而是他实在想给内弟上上传统课。辽国人与党项人作对，小心个个都变成大饼脸回家。

命是不要的，把鼻子留下来！

只是形势逼人，李元昊拿出了大批珍宝，派人给耶律宗真送去。一切尽在不言中，我对不起你姐姐，还有你，原谅我一次成不？

成，耶律宗真要的就是这个。只要你拿出了钱，再服了软，和宋朝那边一样，我就满足了。

然后，李元昊悄悄地向东南方集结兵力，形势要求他必须得有一次重大的、决定性的胜利。只有这样，他才能继续压制宋朝，甚至向辽国示威，他和西夏才有生存的权利。

李元昊到了临界点了，必须胜利。这一点我个人打赌，宋朝是知道的，因为它在西北泾原路的人员配备变了。

其他的三路，还是范仲淹、韩琦、庞籍。唯独最危险的泾原路从上到下全都换人，其主导思想前所未有，来的是中央直属特攻队。

经略安抚招讨使王沿、副都部署葛怀敏，这两人非同凡响，尤其是后者，是西北战役打响之后，宋朝第一次由中央部门派下来的禁军嫡系将领。

葛怀敏的父亲是真宗年间的名将葛霸。出身名门，娶的是王超的女儿，超级名将王德用的妹妹。

这样的关系，让葛怀敏在军中如鱼得水，什么样的领导他都零距离接触过，包括皇帝赵祯。而这也正是他的能力所在。注意，从古至今，人们说起各行各业的二世祖，尤其是军队里的少爷们时都很不屑，认为都是一群渣滓，什么能耐都没有，还傲慢成性，成天把父亲的军功，以及各种战伤什么的当成自己的闪光点。

一句话，废物！

但要小心，这群废物在另一方面都是超人。就是在父亲的长辈们面前，他们有另一张脸，他们可爱、天真、礼貌周到，还追求上进，绝对都是可塑造的新一代接班人。葛怀敏就是这样，宋史记载他“通时事，善候人情，故多以才荐之”。

每个人都推荐他，最后连皇帝都对他另眼相看，不仅把他派上战场，而且在临走前给了他一件军中圣物。那是从来没有人得到过的荣耀，是西北战场上战无不胜，号称党项、吐蕃两族克星的名将曹玮留下的铠甲。

愿你能像曹武穆一样威震西北，震慑西夏，击败李元昊！

王沿是地道的文官，主要的业绩是治水。他在这方面很有成就，把相、卫、邢、赵等水系引进了天平、景祐等水渠，灌溉了数万顷良田。

西北四路，此时泾原路驻军最多，达到了 7 万人。

7 万，这个数字很恐怖，从真宗朝的超级战役“澶渊之战”之后，宋朝就再没有任何人拥有过这样庞大的军力，包括名将曹玮。曹玮的“三都谷”之战才 3 万人，已经打败李立遵，使河湟部吐蕃的权力层剧烈动荡，之后才出现了一代赞普唃厮啰。

如果再和李元昊动辄十几万的兵团对抗，就不会有当初两战时以一敌十的难堪了。时间，在向宋庆历二年（1042 年）的闰九月靠近，决定国运的时刻又要到来了。

定川寨之战爆发。

宋朝的西北军团里一直都有蕃落骑兵，他们由本地的羌、党项、吐蕃等内附民族组成，战斗力强悍，是宋军中的头等战士。一般来说，这样的精锐力量只会使用在最关键的时刻，那绝不是开战之初，而是互相消耗之后的相持阶段。

用来决战决胜，一锤定音。

葛大将军比较另类，定川寨之战最开始的时候，他就把 5000 蕃落骑兵派了出去。面对的是李元昊的 10 万人……

开战之初，宋军不仅损失了部队里的精英，还严重打击了自己的士气。这时，葛怀敏才传令全军出寨，列阵迎敌！

寨门东方，葛怀敏率领中军列阵，他的身边，东北方向是镇戎军的主将曹英。两阵战队严密，兵源众多，至少有6万人。

西夏人第一时间找上了葛怀敏，他们直接冲击宋军的中军，连冲好几次，宋军阵容不乱。李元昊换了个方向，开始攻击曹英。这时妖异的事情发生了，请问，这个世界上真的有鬼神吗？或者说，真的有人是鬼神托世转生的吗？要不然怎么会一而再，再而三地用妖异的办法取胜呢？

突然间，“黑风自东北起”，剧烈的大风居然是黑色的，直向宋军阵地刮去。西夏军队顺风出击，转眼之间宋军就崩溃了！

读史读到这里，真让人无语。预告一下，在以后，另一次党项人生死存亡的关头时，还是妖异的大风帮了李元昊的大忙。那时亚洲东部的军事实力对比，都会因为那一战而发生变化。

宋军从上到下，所有的将军、士兵都无所适从。军队争先恐后地向定川寨里撤退，党项人乘机乱箭齐发，宋军的主将曹英被射中面门，倒在壕沟里。

东北方的宋军彻底乱了，同时波及葛怀敏的中军。士兵抢着往寨门里跑，溃逃的场面惨不忍睹。

这一天是1042年闰九月十七日。从这一天的晚上起，共有10天，宋军完全缩在定川寨里防守。第11天的卯时，也就是早晨5—7点，葛怀敏突然突围，带出来的军队，连他在内统军大将14员，士兵9400名，马400余匹。

7万人，之前战死不超过5000人，这时再带出近1万人，定川寨里还剩下近6万人。这是多么庞大的数字，对围困敌军达10天的李元昊来说，是一个无法拒绝的大成果，怎样都要吃掉它！

而逃出来的这1万人嘛，自古以来放头击尾，把前面冲得最快的放出去，拦腰截断后面的大部队，是战争中最常用的制胜招数。1 万对 6 万，并且还是追击、拦截和继续围困，水到渠成的选择，哪个更好得利呢？

毫无疑问，西夏人肯定会放过他葛怀敏，吃掉定川寨。

这样他就能带着全部大将和近万士兵安全地回国了。同样是失败，他比刘平、任福强了太多，至少将军们很完整，士兵也没有死绝，哪一点都可以免掉他的死罪。

小人之智，匪夷所思。但人算不如天算，那个天，就是当时的国际形势，还有周边形势，以及这些所造成的李元昊的欲望。

他是想干什么来的？难道真的是打穿泾原路杀进宋朝腹地吗？不，他只是需要一个胜利、一场大胜，来摆脱恶劣的国际形势，并且一定要保住自己的军事实力，有太多的敌人，都在对他虎视眈眈哪。

于是，葛怀敏正好撞中铁板，李元昊没力气吃 6 万，对吃掉 1 万倒是蛮有兴趣！很高兴你们能分批逃出来……葛怀敏率军冲出寨门，西夏人没怎么拦他，他轻松愉快地继续往前跑，路不算太远，只是 1 公里，大约 1000 米吧。长期训练的士兵们就算徒步跑路，也只是刚刚活动开筋骨，但突然全都停了下来。

前面没路了，到了长城壕边，桥板道路都已被毁掉，背后党项人的骑兵铺天盖地地压了过来！

这一战，所谓的定川寨之战，实际上就发生在长城壕边。宋军自葛怀敏以下 14 员大将阵亡，士兵们全军覆没。据官方记载，没有人能生还。

司马光有不同说法，据他的笔记记载，赵珣被西夏抓去了，近万人的突围部队，前方极少数人也越过了长城壕，逃回宋朝州县，他们活了。后面的，定川寨一直在等着鼓响的 6 万人都没事。他们先是发觉被骗，接着就惊奇地发现，敌人和主帅一起不见了。

西夏人竟然再也没理他们，一直向南方冲了下去。

稍有军事常识的人都知道，事闹大了，宋朝的边境已经被打穿，李元昊长驱直入去打渭州城了。没有比这更糟的了，泾原路7万人马都在这儿，周边州县，还有州府渭州都成了不设防的纯民区，敌人可以为所欲为，宋朝没有半点还手之力。

李元昊大队人马毫无阻碍地冲到了渭州城下，这是他梦寐以求的地方——首府，有钱、有粮、有美女、有壮丁，一句话，为了它，李元昊对沿途的州县根本就不屑一顾，抢的就是这里。

到了门口，他反而不敢进去了。

只见城头上旌旗招展，人员调动频繁，他绕了一大圈，左看右看，这是一座杀气腾腾的大宅门，根本不是挺直了等着被砍的居民区。怎么回事？宋朝泾原路的兵这么多，渭州城里还留了一大批？

李元昊犹豫了很久，最后决定离开。还是那个总原则，要记得这次出兵的目的是什么。

泾原路其他的地方就遭了殃。李元昊向南纵掠700余里，把能见着的东西都洗劫了，并且沿途发表演说。

——朕欲亲临渭水，直驱长安。

宋朝的中书省、枢密院，所有的宰执大佬束手无策。尤其是国境线以内战无不胜、所向无敌近20年的首相吕夷简，这位老兄吓得惊呼起来，历史记载了他9个字的惊呼原文，可以永垂不朽。

——一战不如一战，可骇也！

李元昊的目的达到，他真的把宋朝能拍板的人吓着了，但接着就碰上了一枚硬钉子——宋将景泰。

宋史浩如烟海，景泰的名字只出现过这么一次。他在李元昊最志得意满的时候，迎头一棒把对方砸醒。

景泰只带了5000兵马过来，李元昊很重视，用上了经典的老招数——伏击。

景泰却不上当，先是不追，然后悄悄派人搜索，待摸清了对方的虚实之后，景泰突然出击，杀了西夏1000多人。这对李元昊真是算不了什么，可这位党项人有史以来最伟大的领袖，竟然就此退兵了。因为有确切消息，从来都不出战的范仲淹，已经率军向他逼近。

范仲淹出战了！

还是那句老话，永远记住自己的目标是什么。李元昊退了，不是说他觉得没法战胜范仲淹，或者说他天生就不是完颜阿骨打、孛儿只斤·铁木真那样的霸王级人物，而是他计算精确。生平沉稳、老谋深算的人要来拼命了，绝对是一场恶仗，就算打赢了，也会得不偿失。

见好就收。李元昊就此收兵，直接撤出了界壕，回到党项境内。宋夏战争的第三战，定川寨之战至此全面结束。

李元昊得胜回国，庆祝的快乐时光过得很快，一转眼半年多的时间就到了，光信和尚开工。

李元昊手下的一号军事人物是野利旺荣。

野利旺荣，又叫野利刚浪凌，他的职务有些像辽国的耶律休哥，据说在打仗、政治上都相当有一套，尤其是和耶律休哥一样，直接面对宋朝。不同之处嘛，就是他的地位更高、更稳固，他是李元昊现任皇后的叔叔。还有，就是他具备了耶律休哥最厌恶的特性——奸诈卑鄙。

前面说过，西夏人打仗从来都不会勇往直前，对他们来说是欺诈“值钱”。作为大领导，野利旺荣的欺诈行为更是放肆，但是千不该万不该，他骗到了种世衡的头上。定川寨之战打响之前，他派了3个人去青涧城，分别是浪埋、赏乞、媚娘，有男有女，都是野利族的显贵，说得很诱人：我们来投降。

注意，是代表野利旺荣向宋朝投降。

种世衡想了想，接受了。光信在边境接到了种世衡亲笔写的信，他以密使的身份走进野利旺荣的办公室，来传达宋朝的回复：非常欣赏你弃暗投明，只要肯投降，官封夏州节度使，月薪一万贯。现在官印都给你刻好了，只等你的行动。

野利旺荣全身发抖，不是激动，而是吓的。宋朝居然当真了。这么大个活人，顶着个超亮的大光头进了他的衙门，还有这个头衔，一万贯的月薪，李元昊转眼就能知道！要想活命，办法只有一个，立马带着人和信去坦白，希望领袖能宽大处理。

李元昊很平静地听完了整个过程，他没有发怒，让野利旺荣下去休息，告诉他不要有心理负担，但你别离开我的视线。然后李元昊单独和光信聊天，青涧城里的一幕重演，光信被百般盘问，N 顿毒打。临别特训的成绩出来了，和尚哥咬紧牙关，打死也不说。

李元昊没有打死他，而是将他关了起来，另派了叫李文贵的人冒充野利旺荣的亲信去见种世衡。

种世衡暴怒，大骂李元昊……（此处省略 5000 字），之后热情洋溢，盛赞野利旺荣弃暗投明，转眼就是中兴党项的真正圣人。

种世衡扣下了李文贵，消息却飞回了西夏境内。

消息是怎样传过去的？别忘了浪埋、赏乞、媚娘，还有李元昊的多年经营，而青涧城又是一个可以随意通商、百无禁忌的新城。

野利旺荣卒。

# 第二章　庆历守望者

宋庆历三年，1043年的九月三日，宋仁宗把朝廷里的两府大臣，以及知杂御史以上的官员都召进皇宫，一直把他们带到了天章阁。天章阁，这座以前用来安放皇家御制文集，以及追忆本朝故去皇帝的宫殿，从此在历史上声名显赫，意义非凡。

那一天，登阁的人除了四人年龄稍大之外，都非常年轻。四位老人，晏殊52岁，范仲淹54岁；章得象、杜衍，各65岁。他们是两府的首脑。其余的三司使王尧臣40岁，富弼39岁，欧阳修、王素36岁，韩琦35岁，王拱辰、蔡襄31岁，都是年富力强、心系天下的年纪。尤其是韩琦和富弼，他们与异族在不同的战场上肉搏厮杀，堪称青年才俊，国之栋梁。

登阁之后，先由皇帝率领着参拜了太祖、太宗、真宗三位皇帝的御像，然后来到书桌前，上面已经准备好了笔墨纸砚：大家对国家的现状都有所了解，现在就把你们看到的问题和解决问题的办法都写出来，以振兴国家！

因为国家快完蛋了。

近10年来，宋朝外有西夏，内生叛乱，老天爷也趁火打劫，半年多不下一滴雨，直到近六月的一个夜晚，天空中终于传来了隐隐的雷声。

仁宗当时已经睡了，空阔皇宫里的他突然爬了起来，来不及穿鞋，赤脚跑到宫殿外面。他向茫茫的夜色跪倒，对苍天叩拜100次。雨，终于下了，瓢泼大雨倾盆而下，仁宗就在雨中伫立。这时，皇宫里所有的人都走了出来，陪着他一直站到大雨停了，才慢慢走回宫里。

旱情终于缓解了一点，这一年的收成似乎还可以盼望。但这只是冰山一角，根本没法高兴。宋朝的钱、粮，这里专指皇帝可以动用的政府钱、粮，在赵光义耗尽赵匡胤毕生所积，赵恒自力更生又自生自灭，经刘娥稍微恢复，被李元昊、耶律宗真轮番消耗打劫之后，又所剩无几。维持基本运转，只能依靠皇家的最后一根救命稻草——内库了！

如此局面下，历史迎来了上面这一经典时刻。

那一天，范仲淹、韩琦、富弼、王尧臣等人心潮澎湃，或在当天，或在回家深思之后，都写出了自己的见解。历史中，根据各自的名声，以及后来在改革中起到的作用，把范仲淹的意见列在首位。他写了《答手诏条陈十事》，把问题所在以及改革的办法，具体细化在10个方面：明黜陟、抑侥幸、精贡举、择官长、均公田、厚农桑、修武备、减徭役、覃恩信、重命令。

这10个方面、30个字，看着很枯燥，但稍微想一下，就会不寒而栗。这样想——一个国家，难道可以赏罚不明、胡乱恩典，拿官职当赏钱，科考乱七八糟，随便谁都可以当上司吗？不种田、不织布、乱派徭役，外加没有信用、毫无纪律吗？！

这还是一个国家吗？

这时的宋朝就是这个样子。我们逐条分析一下，真正弄清楚范仲淹讲的是些什么事。

第一，“明黜陟”。这条讲的是改变宋朝当时做官最重要的升迁制度，即“磨勘”。

宋朝的官员，只要不犯错，文官每三年一次，武官每五年一次，把政绩呈交京城考课院审查，就可以官升一级。

毛病显而易见，考的不是谁有多优秀，而是谁犯了什么错误。如果想升官，就别犯错。可做事难免会出错，于是就别去做好了……宋朝的官场就变成了佛教《金刚经》里的神妙境地——“使人坐荆棘丛中，动即被刺，不动即不刺，所以动不如静也”。

官员们都这么静，国家的事谁去办？

所以，范仲淹第一条就要改这个。从官员的办事精神上去革新，从奖惩条例上调动官员的工作积极性。具体的做法是：把太祖、太宗时期的保荐制度和真宗时期的磨勘制度结合起来，看一个官员的优劣，不仅要看他是否出错，更要看他的成绩。这个成绩就由上级部门，宰相、枢密们来确定。

同时规定，做官要分京、外两种。京官，经保荐的 3 年一次磨勘；自己申请的，要达到 5 年才准磨勘。这一规定针对的是富家子弟，这些人有门路，就是要压制他们。

还有就是完善惩罚条例，无能即是错，考课院以后会专门评定官员们的才能等级，凡是无能的……别怕，不是罢官，是另外安排。

第二，“抑侥幸”。

说“侥幸”，只这两个字，范仲淹就得罪人了。不仅是官员，还有皇帝。因为那本是皇帝的恩典，是从伟大慷慨的真宗皇帝赵恒开始的。

从他开始，宋朝官员们每年都热切地盼望着年关附近的南郊大礼，还有皇帝的生日。那两天，宋朝从两府大臣到各路的提点刑狱官以上，都可以向朝廷申请，请恩荫我的儿子侄子们吧——从此，这些官崽就正式当官了。

恩荫制度中还有严格的等级观念。比如翰林学士以上的官员们，每做一年，就可以恩荫一人。请想象年少中举、30 岁以前就进入两制的高才生们，只升不降的官场生涯，做个 20 多年有什么难处？那就是有 20 多个不经科考就进官场的二世祖！

再凭着老关系往上爬，长此以往，宋朝的官场会是什么样呢？

所以要改。范仲淹提议，以后转运使和边防上的文官，到任满两年才可以提请恩荫；两府以及两制高官，每次大礼时只许申请恩荫一人，并且必须是亲生儿子，连侄子都不行；阁馆要职，也不许两府、两制高官的子弟们轻易进入，不仅要考，还要经过保荐才可以。

第三，“精贡举”。

范仲淹作为过来人，发现在文、武两途，宋朝现在人才都断档了。人才，来自科考；科考，取决于考题。而考题，就决定了人才平时都学什么。

全国各路，无数的学子都还在背诵四书五经，学作诗词歌赋。这样的“人才”对治理国家，都能说得头头是道，无非都是以仁治国、与民休息、勤政爱民之类的老生常谈，说白了，就是在背孔夫子、孟夫子当年的语录。对于抵御新生的契丹，还有奸诈狡猾的党项，半点儿实用价值都没有。更别提怎样为国家创造财富，让民有钱、国有钱，大家都过好日子这样的终极大问题了。

要改，就得从底层教育模式上改。

不过，具体实施起来，就采取了模糊观念。“教以经济之业，取以经济之才”，“先取策论次考诗赋，少一些虚夸词饰之臣”。这让人看着迷糊，这是方针而不是细节，具体怎样实施，根本找不到依据。

如果非要说细节，倒真是有一个，堪称魄力非凡。

把弥封制度删除，以后的考卷都要露出考生的实名。理由嘛，是看不见名字，就失去了乡里举荐选才的本意了，以后谁还会为朝廷选才，怎样鼓励民生士气呢？

至于作弊，你们考官是干什么的？监察院、开封府是干什么的？只要仔细查，狠处理，就一定能刹住歪风邪气！

为了节省篇幅，更为了清晰内涵，下面的七项新政，分为两大类：“择官长、均公田、厚农桑、减徭役、覃恩信、重命令”六项为一类，余下的一项自成一体。“修武备”，把它放到最后再说。

那六项之所以能归纳到一类里，是因为它们有一个共同点——择人，选什么人来当官。这件事在中国古代，不仅是宋朝的梦魇，一直到封建社会的晚期——清朝时，都是无解的毒咒。它的官方说法就叫作“吏治”，就是怎样来治理官吏。

这一条基本无解，因为人这种动物天生的本能就是追求生活的完美。而完美的生活，怎能抛开物质的享受呢？不必讳言，就算社会发展到了今天，这也是每时每刻都要注意的地方。在宋朝仁宗年间，它就将具体工作表现在了这六项里。

“择官长”——选出合格的官员。范仲淹的办法是以人治人，从上至下，由两府宰执来选荐转运使、提点刑狱使等路级干部 10 人，大州的知州 10 人；两制官，即由翰林学士、知制诰来选一般州郡的知州 10 人，以此类推，层层推荐，环环相扣，直到官职最小的知县。

这样利害相关，选出来的人应该能靠点谱了吧。

“均公田”——为了让官员清廉，给他们田产。但是也会产生问题，田地有好有坏，你给谁好的？官员的田紧挨着老百姓的田，侵占了几亩、几顷、几十顷的，也很正常吧？于是纠纷出现，官员跟百姓打，官员跟官员打，天圣年间刘娥一气之下，公田就取消了。

范仲淹建议恢复，怎样消除不公呢？参考上一条，吏治好了，大家才会好。

“厚农桑、减徭役”两条，顾名思义是农民的事，可官府的责任更大。要让农民专心种田，国家要有奖励，更要少折腾，给农民干活的时间。

最后两条“覃恩信、重命令”很让人无语。人无信，不知其可也，这是做人最起码的准则。一个国家呢，居然早上说一套，晚上做一套，根本就是朝令夕改，而且毫无处罚，这不是国家的法令，是孩子们在玩过家家！

怎么办？一个字，罚！见了血的猴子才知道恐惧，才能认真干活。除此以外，别无他法。

综上所述，问题很严重，解决的办法很简单。范仲淹的方案，说白了就是“责任制和处罚制”。用举荐制度把官员层层捆绑着，再设立一些以前没有的处罚制度，让官员们稍微懂点事。

如此而已，管不管用，有没有比原来的制度更不妥的地方，要从以后的实践中才能看出。这时能肯定的就是，处罚不是力度够不够重的问题，而是有没有力度的问题。

连处罚的具体条款都没有，犯事的人怎么会害怕啊？！

现在来说“修武备”。这一条，按说范仲淹是最有发言权，而且肯定言之有物，因为他刚刚从战场归来。宋朝的边防问题严重到不能再严重了，辽国不说，党项人已经变成了西夏人，开始与宋朝分庭抗礼了。这在太祖朝、太宗朝，甚至真宗朝都是难以想象，绝不可能发生的灾难!

该怎样解决?

先要分析问题出在哪儿。范仲淹从实战出发，归纳出两点：第一，禁军都挤在京城里，有事才派往边疆。这在应急速度上就丧失了宝贵的时间。第二，在京城养兵、派兵，那么边疆始终就没有足够的粮饷。不论是抵抗，还是杀进敌方腹地，都得千里运粮。这一点，其实就是幽燕之战、雍熙北伐、五路征党项等外战失利的根本原因。所以要改。

怎样改?

范仲淹建议在京师附近招募5万名民兵，派往边疆常驻。每年三季种田，一季练兵，自给自足。这样一举数得，把前面的问题都解决了。

这个办法好不好?看着仍旧简单，似乎还是范仲淹一拍脑袋的想法。但这一条自公布时起，就让宋朝朝野大哗，一片震惊。所有人一致认定，如果真的这么办了，宋朝就会国将不国，很快就会天下大乱。

因为他改变的是宋朝安全设施方面的最基本国策——“募兵制”。这个制度，简单地说，就是在灾年，农民们没法生活时，政府出面把灾民们收编成军人。给他们粮吃，让他们为国家出力，同时也就不会造反了。当年赵匡胤得意地说，这样做，“在造反时，有乱兵而无乱民；在灾年时，有乱民而无乱兵”。他的天下，怎样折腾都出不了大事。

而范仲淹的办法，却是唐朝的“府兵制”。它让唐朝的军队拥有极强的战斗力，可危害性也是致命的。军人们有自己的收入，根本不用政府养，于是藩镇林立，大家都是土皇帝!

新政施行，第一条“择官长”。

范仲淹提议，让转运使和按察使合二为一，把下属各部门、各官吏的工作情况全面向中央汇报，这样看谁敢不服，敢不用心工作?

命令一下，人心振奋。最振奋的是当时开封城里最有名的大才子欧阳修。这时他升官了，是知谏院的院长，掌握了宋朝二分之一的弹劾权。而掌握这份权力的过程，就是他毕生引以为傲的业绩。

给宋朝官场洗澡。

吕夷简死后，他和蔡襄、余靖等君子同心协力把吕夷简历年来安插进两府、两制、御史台、知谏院的同党们都赶下了台。20 多年的污垢一下子清洗了，怎一个爽字了得!

结果，欧阳修爱干净就成了习性。庆历三年九月，仁宗皇帝开天章问策，十月“择官长”开始实行，十一月时他就接连上书两封:

一是弹劾两制官，也就是翰林学士和知制诰，说“今两制之中，奸邪者未能尽去”，还得继续清洗。

二是瞄准了由两制官推荐的御史台，掌管着宋朝另外二分之一弹劾权的同级部门，“近年台官，无一人可称者”。没有一个人是合格的，不是当时，而是很多年!

很多年之后，这两封奏章被认为是庆历年间最伟大的疯子欧阳修的开山之作，是他成为顶级君子，又同时把新政玩死的证据之一。

要真正理解他为什么要这样做，尤其重要的是，他怎么就敢这样做，需要回顾一下宋朝当时的政府组成班子。

宰相：章得象、晏殊;

枢密使：杜衍;

参知政事：贾昌朝、范仲淹;

枢密副使：韩琦、富弼;

权三司使：王尧臣。

在这份名单里，范仲淹、韩琦、富弼、王尧臣都是自己人；晏殊是富弼的老丈人；章得象认为新党很可爱，时刻都笑得跟朵花似的；杜衍，更不用说，此人以后倒霉都是因为与新党结盟。

外人只有贾昌朝一个。

这是好得空前的形势啊。在清洗了吕夷简的余党之后，加上清洗时表现积极的余靖、蔡襄等知谏院同僚，还有什么事是做不到的呢？对此，欧阳修强烈要求抓住形势，把新政里的第一条要旨“择人”上纲上线，达到一个完美的理想程度，即“进贤退不肖”。

把君子们都提上来，把小人们都赶下去，只有这样，宋朝才能焕然一新！

奏章送上去了，欧阳修坐等好消息。他坚信八人内阁必将全票通过他的提议，就算唯一的那一票贾昌朝会反对，也没有什么大不了。一个平级的范仲淹就足以压死他，更何况贾昌朝很可能会选择沉默，毕竟官场大忌就是枪打出头鸟。在这样的形势和实力对比下，除非贾昌朝疯了，不然铁定装死人。

哪怕这两封信骂的就是贾昌朝本人。

很不幸，这成了现实。稍微知道一些内情的人，都明白欧阳修弹劾的这两个部门具体到个人头上会砸到谁——一个是现任御史台长官王拱辰，一个就是前任御史台长官、现任参知政事贾昌朝，尤其是贾大人还负责着两制官员的日常工作。

对号入座，贾大人第一时间看到了这两封奏章。不用深思，欧阳大才子写得清楚明白，“近年台官”，你是前任首脑，说的就是你。

这时要介绍一下贾昌朝这个人。以他的出身和资历来说，欧阳修还真的没法把他放在眼里。此人真定获鹿（今河北石家庄鹿泉区）人，时年 45 岁，是一个中青年干部。出身比较矬，只是一个同进士。所谓“同”，真是让普天下读书人生不如死的一件羞耻事。

同，其实就是不同。科考中一甲为状元、榜眼、探花，这是最荣耀的；二甲大家一样，都是进士了，身份很正规；三甲就是赐“同”进士出身。您和进士很像，但……自己琢磨去吧。但凡有点自尊心的文人，绝不肯忍受这种侮辱一样的恩惠。大不了我重考就是了！

但贾昌朝忍了，他的官场生涯起步超级低，是一个小县城的主簿，第二步才做到了知县。他后来之所以能飞黄腾达，是因为机缘巧合下做了崇政殿说书。这是给皇帝讲课的职务，他零距离地接触了仁宗赵祯。领导的印象分大于一切，他开始统领御史台，后进入中书省，成为顶级文官。这样的资历，你让欧阳修拿哪只眼睛能看得上呢？

典型的小人，出身卑贱，学识低微，不走正路，混得越高，危害越大。“退不肖”，贾昌朝就是当时天下最大的不肖，一定要把他搞倒！

就这样，欧阳修犯错了。一个没有出身的人能混到这一步，对官场的理解，对手段的使用，都不是正常思维、普通人所能了解的。贾昌朝的确人单势孤，在朝中没有发言权，可是他很幸运，他的老部下们都被欧阳修踢到了他这一边。

整个御史台，以及从御史台出来高升或者退休的人，都是他的盟友。这些人在搞事、在弹劾别人的时候，欧阳修还在风花雪月、吟诗作对呢。这就决定了此次斗争的主调。

欧阳修的武器只有道义和文字，可这些人能无孔不入地直达要害，从“君子”们立身扬名的最根本处挖出毛病来，他们很容易就让人身败名裂。

搞人是一种艺术，所谓指南打北、指桑骂槐、指鹿为马……反正就是让人摸不透。贾昌朝们出手，先没理会京城里气势汹汹的欧阳修，而是悄悄地派人潜入了陕西四路。

那里是战场，是新政各位君子的发祥地。砍掉这里的荣耀，就能击碎君子们高大形象的泡沫。具体的出手人选是御史台里的监察御史梁坚，这真是一位行家里手，他选中的目标和动手的部位，都是最准确、最尖锐的。

目标：滕宗谅；部位：钱。

滕宗谅是范仲淹的同年，两人一起考中进士，最初的工作地点也在一起，范仲淹的第一份业绩，修建捍海长堤时两人就在一起合作，可以说是真正的老朋友。上了西北战场，两人也一起为国出力。而问题也就出现在了这里。

和最近的这次定川寨之战有关，葛怀敏战败之后，泾原路彻底被打穿了，范仲淹不顾一切地只带了6000人马出战。平心而论，没人敢说他有必胜的把握，如果他再败了的话，宋朝就真的会一败涂地，再没底牌。幸运的是李元昊主动撤退了，他要的不是决战。

滕宗谅当时是泾州城的知州，战火烧到他的城下时，他比泾原路上的王沿还要惨，没有兵，只好征集了几千名农民穿上军装在城墙上站岗。这跟等死差不了多少，连他在内，泾州城里一片惊慌，全体发抖。

幸好来的是范仲淹。滕宗谅的"罪行"就在这里犯下。他大摆酒宴欢迎老朋友，款待增援的部队，还到寺院里为定川寨之战中阵亡的将士们做法事。一系列举动完成之后，宋史官方也承认，当地居民的恐慌情绪大大缓解了。

我军威武，增援迅速，还怕什么？但是问题也出现了，做事是要花钱的，滕宗谅没法点石成金，他动用了官银。

梁坚查得很仔细，前后一共是16万贯，他当场就要滕宗谅交出使用明细，把所有的账目都交出来。结果滕宗谅只能列出10万贯的去向，其他的实在没法说清了。

梁坚很满意，他要的就是这种结果，交不出来最好。他没有给滕宗谅解释的机会，立即就消失了。不过，他没有回开封，而是跑去找张亢的毛病。

张亢是临危受命、解救宋朝河北整路百姓的人。没有他，宋朝已经丢掉了丰州城一带的广大国土。更不用说他击败了不可一世的李元昊，为宋朝争得了巨大的荣耀。

可是在御史台看来，不管你有多大的功，也要查一下你是不是很“贪”，是不是手脚和滕宗谅一样不干净。

为了节省篇幅，我就不绕弯子了，直接切入这件事的重点。当时几乎所有人都知道，这种“贪污”一查一个准儿，宋朝边关的守将们都有大笔的超巨额款项去向不明。如果再查，还能查到他们有超多的灰色收入。

最早的例子就是青涧城里的种世衡，他在战争期间就被调查过，如果没有庞籍保他，他早就被撤职查办了。当时他非常感动，对庞籍说：“世衡心如铁石，今为相公落泪。”都被逼到了这个份儿上。

他的钱是哪儿来的？青涧城自主经商，不向开封上税，这不是挖宋朝的墙脚是什么？那么钱又哪儿去了？要人上战场卖命，你得给钱！宋朝官方给的那点银子，七折八扣后到士兵手里的，都不够买碗酒喝，凭什么让人把命交给你？！

所以滕宗谅、张亢手脚都不干净，他们得用各种手段弄到钱，再把钱给部下们发下去，这样才能调动起只认钱、没有太高觉悟的宋朝禁军的士气。实例请参考张亢是怎样成功的，以及刘平是怎样失败的。

战场上的宋军，都能挤到主将身边要赏钱！

话说到了这里，应该知道御史台的人，贾昌朝们是怎样的卑劣了，这完全是瞒心昧己，揣着明白装糊涂，还没卸磨就想杀驴。战争警报还没有完全解除呢，就想着怎样祸害自己人！

梁坚在河北路转了一圈，把张亢的“罪证”也收集好了，这才回到开封。任务圆满完成，欧阳修你这个后生小子，就等着哭吧。先放过你，小帮兵没时间理会，第一步就搞臭你们的党魁，让皇帝陛下看清楚，所谓的君子都做了些什么。

官方记录里仁宗皇帝大怒，范仲淹站了出来，给自己的同年加战友说话。他以身家性命担保，滕宗谅和张亢从来没有贪污过公款，他们花钱时，边关的每一个士兵都看着，都花在阳光底下，没有揣进自己的腰包。

仁宗静听。

另一边，御史台中丞大人王拱辰冷笑："滕、张二犯证据确凿，国家的钱不知去向，不是贪是什么？长此以往，国家法律何在？人人效仿，我们御史台还怎么工作？陛下，您要是不依法办事，我从今天起就不上班了！"

仁宗还在考虑，钱在宋朝君主眼睛里的地位，一般跟粪土差不多。从赵匡胤开始就随便往外扔，主动往外扔。但是很奇妙，掐得正热闹，只持续了一个月左右，突然间王拱辰率领御史台迅速后退。大家撤，立马闪，小心喷上一身血。

君子党内部突然火并，其凶狠程度，让御史台这边的人自愧不如。看人家，不愧是在边疆混出来的，直接抄家伙上——这次君子党的内讧起源于修一座城，名叫水洛城。

有人要修，是陕西四路都部署郑戬，具体的修城人是刘沪和董士廉。反对的人是泾州知府尹洙。修城是对付西夏最好的办法，尹洙之所以反对，要从内、外两方面来剖析。其中的内，指的是郑戬和范仲淹的关系，尹洙和韩琦的关系，韩琦和范仲淹的关系，一大串的关系里就隐藏着水洛城事件的真正底蕴。

外部原因，要看水洛城的位置。

水洛城在泾原路，与西夏的三战，后两战都在这里发生，这些地名，相信我们都很熟了，比如说笼竿城、瓦亭寨、镇戎军、三川寨、定川寨。请注意，我是按照地图的标准方位，即上北、下南、左西、右东的方向来依次排列这些地名的。

即笼竿城与瓦亭寨平行，在好水川一线。向上是镇戎军、三川寨、定川寨。那么，水洛城在哪儿呢？按上面的资料解读，它应该再向西夏的方向延伸 400 里，那真的是深入敌后，孤胆作战了。

可让人无语的是，水洛城是今天的庄浪县城，那是在笼竿城的大后方快 200 里了！这就再清楚不过了，哪有什么危险和困难，或者什么必要性，纯粹是吃饱了撑的！尤其是目前宋朝与西夏议和议得两情相悦的时候。

说到底，为的是“权力”。

时间回拨到定川寨大败之后，宋朝当时决定把西北大权都交给范仲淹。范仲淹决定分出去一半给韩琦。此外，他还新立了一个超级头衔，是陕西四路都部署、经略安抚兼缘边招讨使。这个官，等于这一地区的最高总长官，统一指挥所有事务，用来彻底改变以前四路各自为政的局面。

由范仲淹、韩琦和庞籍共同担任。

水洛城事件时，这个位置是郑戬的。

范仲淹好好的领袖不当，前不久定川寨大败之后，皇帝都让你总领西北了，你非得拉着韩琦一起升官，凭空升出一个平级干部来，你不知道有时谦虚能害死人啊？

韩琦私下提醒皇帝，四路都部署要赶快撤销，不然时间长了就成了惯例，会变成超级节度使。仁宗立即同意。

郑戬走人，决策权到了尹洙手里。

范仲淹立即想办法，请皇帝派人到西北实地考察，看看这座城到底该不该筑。调查人员马不停蹄地往西北跑，还在半路上，水洛城工地现场就出事了。

尹洙派狄青杀到水洛城，把刘沪、董士廉抓住，投进大牢，罪名是违抗军令，选个日子就要斩首示众！

中央调查团到了之后，很幸运，刘、董两人的脑袋还没有掉，但是已经快认不出来了。他们在监狱里上演了宋朝版的《监狱风云》，被黑得一塌糊涂，幸亏勉强还可以写字，由董士廉主笔，给皇帝写了一份奏章。奏章里边不仅把水洛城的修筑过程详细说明一遍，还把尹洙、韩琦的老底揭了出来。

好水川大败，陛下您不知道吧，韩琦一直在强调自己的命令是多么正确，全是任福自作主张不执行，才败得那么惨。其实里边另有文章，我有证据，在开战之前，韩琦和尹洙就派人勘察过好水川，那本就是他们选中的主战场！

尤其是惨败之后，尹洙还写了两篇文章——《悯忠》《辨诬》，都刻成了石碑，立在当地，以一个臣子的身份，为这次失败定性。其实多明显，字面上就显得他心虚。为国而死，本就是尽忠，用得着你来“悯”？自古以来，只有皇帝可以用这个词，如唐太宗李世民征高丽回国之后，建“悯忠寺”纪念东征将士，你一个边境小臣哪来的资格？

“辨诬”……哼，没有心病你辨个什么劲？朝廷都没有申斥你们，分明是你们自己心里有鬼。最后，董士廉让特派员们验伤。他自己身上就不说了，终究他是文官，受虐程度有限。刘沪就惨了，自逮捕时起，就戴上了40多斤的重枷，进牢之后惨遭暗算，浑身是伤！

这些尹洙都不承认，他只是强调一切都是依法办事。他作为行政长官，有权决定防区内的所有政令。至于逮捕的事，他两次发出命令，连个人影都没有看见，难道还能听之任之吗？犯罪就是要抓的。但是他保证，绝对没有给这两人上刑，所谓的浑身是伤，纯属谎言。

千年之后，谁对谁错，我们是看不清了，因为当时宋朝的主事人就不想让人看清。只是有一点可以肯定，尹洙在伤情上说了谎，因为刘沪不久之后就死于头部溃疡，那绝对是受伤之后得不到医治的症状。

转年之后，滕宗谅、张亢贪污案结案，滕宗谅被降职，调进内地，到虢州做知府；张亢降职，原地留任。

另一边，水洛城停工。

两件事都以范仲淹的失败结束。御史台再次弹劾，滕宗谅被再次降职，贬到岳州。那是个好地方，濒临洞庭湖，有一座历史名楼在等着他重修。

范仲淹在这段时间里，还要继续为新政工作。那句历史中关于庆历新政的极其有名的对话，就是在这时产生的。

他挥起大笔，刷刷点点，在各路转运使的名单上挥来挥去，抹掉一个个名字。旁边的富弼看不下去了，说："您可知道，您大笔一挥，抹去一个名字，就有一家人在哭啊。"

那是断送一个人、一个家族的前程。能爬到省长一级的高官，容易吗？

范仲淹头都没抬："是一家人哭好，还是一路人哭好？"这就是范仲淹和富弼的不同之处。两人一样胆大忠贞，但是出身决定了他们各自的心胸志向。

范仲淹从人生的最低谷处爬起来，只要有口饭吃，就觉得很美好。所以他不怕丢官，也以这个标准去要求别人。而富弼不同，他是标准的士大夫，做人要有尊严和身份，任何时候不能伤了别人的体面。

这两句对话在历史上流传很广，用来美化范仲淹的高大形象。可惜是见小不见大了。经过上面的叙述，我们都知道，他是在一边对抗御史台，一边对抗韩琦，一边又与普天下的官员们掐架。三方面硬磕，来给宋朝动手术。

这才是他的难处和成就。但是很可惜，他还是没有抓住重点。在这期间，他不是三方面对抗，而是有四个敌人，最重要的那个，不是他摆不平，而是他根本没想到。

这个人，才是决定他一生成败、新政成败的关键。

皇帝。

请问您把皇帝放在了什么位置？这句话实在应该把新政君子们集合起来，排好队，挨个儿问过去。因为从历史进程上来看，他们都没有想过这件事。

有一天，仁宗把两府、两制、御史台、知谏院的各路高官召集在一起，说了一句话："各位爱卿，从来都是小人才结党，难道君子也结党吗？"

请注意，正规场合，全体大臣，这句话是什么意思？对谁说的？说时是怎样的心情？它的作用是什么？这一连串的问题，绝不仅仅是普通的问策咨询。它至少说明了两点：

第一，皇帝给结党的人定了性——小人才结党；第二，君子们，在场的“君子们”，你们也结党了。那么，你们算是什么？

这是当众抽了范仲淹、欧阳修、韩琦等人一个耳光，给过你们脸，你们不要，非得等我把话挑明了。

皇帝引用了孔夫子的至高名言——君子不结党！

这个高度，是封建社会里谁也没法逾越的。可是范仲淹等人就不。他们当场就把皇帝掀翻了。由范仲淹亲自出面，回答道：“臣在边关时，看到勇敢的人结为一党，懦弱的人也结为一党，在朝廷里也是这样的。一心为善的人结为一党，怎么会对国家有害处呢？”

注意他的开头。“臣在边关时”，文学大家范仲淹完全可以引经据典来说事，可他一切从实际出发。小朋友，我在边关打仗时才认识到的这些，你在深宫里，还真是什么也不知道啊……所以没有发言权。至于君子和小人，先分出来谁是干实事的吧。

甚至这句话里还有些怨愤和威胁。我在前线打仗，你们这帮在后方享清福的帮不上忙，至少先闭嘴。

当天就这样散了，贾昌朝和御史台的人一定很满意，皇帝对新政君子们生气了，这是天大的利好消息。紧接着就有更大的惊喜。能想象吗？皇帝和臣子有了分歧，被教训的居然是皇帝！

知谏院长官欧阳修大人，回到家越想越觉得问题严重，于是就发挥特长，写了一篇名垂千古的好文章，把自己和各位君子兄弟扔上悬崖，变得万古流芳，永垂不朽，呜呼哀哉。

文章是这样写的——“臣闻朋党之说，自古有之，惟幸人君辨其君子小人而已。

大凡君子与君子，以同道为朋；小人与小人，以同利为朋……”余下的不予赘述，这就是那篇大名鼎鼎的《朋党论》。

这篇文章在中国古代文学史上是有一定地位的，尤其是出自君子之手，被历代君子们奉为生活宝典，更是意义非凡。这些我们都不管，要看的是当时起了什么作用。

从本质上来看，这是篇翻案的文章，陛下您的中心点是“君子不结党”，但我就是要和你掰掰手腕。旁征博引，证明君子有朋，而且朋党有用。您所需要做的，就是“当退小人之伪朋，用君子之真朋”，除了我们之外都赶走。

那样，天下就太平了。

《朋党论》交上去没几天，欧阳修又接连写了几份奏章，他是当时全宋朝最亢奋的人，一天好几遍地催皇帝，真是忧国忧民。

——范仲淹、富弼给您出的主意，您都照办了吗？得赶快啊，普天下的老百姓都伸着脖子等，非得让他们把脖子伸到您屋里，才能实行吗？还有，您要注意，肯定会有各种各样的小人跳出来刁难挑刺的，您要坚定立场，团结在范、富两位君子身边，千万别动摇，时间长了，自然就会看到成果的。

事无巨细，都为皇帝想到了，您只要照办就可以了。如果您不照办，您想干什么？想与小人为伍，当个昏君庸人吗？

赵祯的情绪进一步低落，“进贤退不肖”，贤人，原来是这样的……同一时间里，宋朝全国臣子都在手捧语录照镜子。按照欧阳大才子的新作《朋党论》来对照，我们都是什么呢？君子？脸皮别太厚，人家不带你玩，别靠得太近！小人……凭什么说我们是小人？我们每个人，都是凭着十年寒窗考中的进士，再一步步熬资格，从小到大做到的官，你一个后生晚辈，只是笔杆子硬点，就这么糟蹋我们？！

别说是他们，就算同在两府的其他宰执高官，如章得象、杜衍、晏殊、贾昌朝，甚至韩琦也在咬牙，君子里面再细分，他们也没份儿。这样局面就形成了，经过欧阳修充满激情的不懈努力，范仲淹和富弼终于被孤立起来。

而他们两人正是新政的实际推行者。

随着时间一天天地过去，新政的敌人在增加。后来，连皇宫里的太监们也加入了，他们在史书中留下了一句很实惠的话，相信谁听了都会发愁——

陛下，一个人结党，最多不过十几人，五六个人结党，就是七八十人。范仲淹、富弼、韩琦、欧阳修、余靖、蔡襄、尹洙这是多少人了？何况他们新政里关于选官的办法，就是“推荐责任制”，他们可以明目张胆地去选人结党。不出二三年，朝廷内外就全是他们的人了。

局势恶劣，人心险恶……赵祯不禁在心里暗叹，人人都说新政好，唯有皇权忘不了；人人都说君子好，唯有朋党戒不了！怎么办？这伙人快危及江山社稷了，还能由着他们折腾吗？必须立即法办他们。这是再正常不过的反应了。

可赵祯不这样。他沉住了气，他记得自己当初是为什么才选这些人当官的。时间进入了六月，夏天开始了，他向君子们提出了5点建议：

1. 合用何人，镇守西北？

2. 民力困弊，财赋未强。

3. 军马尚多，何得精当？

4. 将臣不和，如何制置？

5. 躁进之徒，宜塞奔竞。

看着这5点，我们站在赵祯的立场，想想是什么心情。新政已经实施半年多了，几乎半点作用都不起！请问你们这些君子都是干什么吃的？

两府大臣不敢怠慢，立即回答，至于回答了什么，由于篇幅太长，我只节选一条，来看看君子们的能力到底怎样。为了真切感受，我们看原文。

第2条，“民力困弊，财赋未强”，回答：

臣等议之，国家革五代诸侯之暴，夺其威权，以度支财用，自赡天下之兵。岁月既深，赋敛日重，边事一耸，调率百端，民力愈穷。农功愈削，水旱无备，税赋不登，减放之数，动逾百万。

这说了什么呢？总结，把问题的来龙去脉说清楚。也就是说，皇帝向他们提问题，他们再细化一下，让皇帝再看一遍。

接下来终于到解决办法了，大家屏住呼吸，压住兴奋，小心瞧着：

今访选举良吏，务本安民，修水旱之防，收天地之利。而更严著勉农之令，使天下官吏专于劝课，百姓勤于稼穑，数年之间，大利可见。又山海之货，本无穷竭，但国家轻变其法，深取于人，商贾不通，财用自困，今须朝廷集议，从长改革，使天下之财，通济无滞。又减省兵，量入以出，则富强之期，庶有望矣。

看到什么具体办法了吗？看到“青苗法”“均输法”“农田水利法”“免役法”这样的言之有物的具体法令了吗？“使天下官吏专于劝课，百姓勤于稼穑，数年之间，大利可见。”

其他4条，基本和这个一样，让仁宗皇帝进一步地看清楚了新政“君子”的成色。

宋庆历四年的六月下旬，夏竦回京城。

夏竦是宋朝与西夏开战时第一位西北总负责人，三川口败后他被弹劾丢官，到内地生活。这次内阁重新调整，夏竦被提名为枢密使，掌管西府兵权。

夏竦快马加鞭往回赶，进了京城才发现，为了他的升官，御史台和知谏院齐心合力，快把皇帝闹死了。败军之帅，加上各种被深究出来的生活细节，让他的名声臭大街。

夏竦把所有的弹劾材料都拿到手，一一细读，心潮在翻滚，愤怒在升腾，他连夜写了 1 万多字的奏章，反驳这些弹劾。但是交上去之后，得到的是更大的侮辱。新政君子们的回复是“图功效莫若罄忠勤，弭谤言莫若修实行”。

您少说废话，办点实事才能洗掉骂名！

夏竦被气晕了，他不懂，这就是君子？君子讲的是忠恕之道，这样的凶狠刻薄，拿同朝官员当敌人砍，这是哪门子的君子啊……他有心忍了，但就在这时，另一位宋史里超级著名的学者爆发了，此人非常非常有才，写了一首流传千古的诗，把夏竦彻底钉在了历史的耻辱柱上。

石介，和他的《庆历圣德诗》。

石介，字守道，生于 1005 年，宋兖州奉符（今山东泰安东南）人。这是一位非同小可的人物，无论是他的学问，还是他的脾气。

说起学问和文人，在宋朝选代表，相信大家都会第一时间选苏轼（苏东坡）。没办法，坡仙的名气实在是太大了，但是实际怎样，另有说法，等到他走上官场时，自有公论。要强调的是，“学问”二字，绝不是指诗词歌赋，《念奴娇 · 赤壁怀古》再好，它只是抒情小调，不是士大夫的本职工作和精神内涵。

学问者，博古通今、定国安邦、包罗万象、教化冥顽。在这方面，石介只在东坡之上，绝不在其下。

看履历，他是天圣年间的进士，之后当过一些不大不小的官，之所以能在历史上留名，尤其是在文化史上有地位，是因为他在山东徂徕山下创办的“徂徕书院”，世称“徂徕先生”。

在孔圣人的故乡讲学，你得有怎样的水平？这水平就让他在庆历四年，新政刚开始实施的三月时，由韩琦推荐，进入开封国子监任直讲。《庆历圣德诗》就是在这时写下的。

这首诗很有古风，四字一句，共 954 个字，以“于维庆历，三年三月。皇帝龙兴，徐出闱闼”开始，到“皇帝一举，群臣慑焉。诸侯畏焉，四夷服焉”结束，石介以皇帝的口吻对新政时所任命的宰执、谏官，一一称颂表彰。说这真是一个开天辟地以来最好的时候啊，不仅是人类，就连天地人神、昆虫草木都非常兴奋。

因为您把两位大贤人升职，就是范仲淹和富弼，他俩是“一夔一契”，都是古代的大圣人；同时又把卑劣的小人赶走，就是夏竦。这个局面太好了，诗中说道，是“众贤之进，如茅斯拔；大奸之去，如距斯脱”。

这首诗一问世，达到的效果让石介很郁闷。在他想来，热情讴歌新世界，是一件多么及时又多么合适的事啊！这会大幅度地提高新政普及的势头，让更多的人加入新政君子的行列中来。

可是除了夏竦和众多的“小人”对他咬牙切齿之外，就连新政君子系统内部，也对他不了解。石哥，你在搞什么呢？

第一个对他摇头的是与他齐名的人物，“泰山书院”的先生孙复。孙复和石介的关系是同学，两人都是范仲淹早年守母丧时，管理应天府书院时的学生。他叹了口气，说：“石介，你的噩运就从这首诗开始。”

第二个痛苦的人是范仲淹，范公所担心的不只是石介个人的安危，更是新政的全盘大局。他根本不愿意让石介在这种时候到京城来。

难道还嫌不够乱吗？

夏竦沉思了很久，转身进了内宅。他找到一个使女，拿出了一封信。来，看这上面的笔迹，模仿它，给我改一个字。

只是一个字，就把通篇内容都改变了。

这封信，是石介写给富弼的，虽然是私人信件，可涉及政治。为什么会落在夏竦的手里呢？因为名人效应。比如后来的《曾国藩家书》之类。名人怎样生活、怎样处理生活中的问题，都是凡夫俗子的楷模嘛。在这封信里，石介明显是《庆历圣德诗》没有写过瘾，除了痛骂小人之外，还要再激励一下新政的首脑。他勉励富弼等人，要“行伊、周之事”。

这是个典故，涉及两位历史上的大人物。伊，指伊尹；周，乃周公旦。这两个人都是定国安邦的贤臣。其中，伊尹是辅佐商汤开创商王朝的人，可以说是我们中国历史上出现的第一位宰相和军师的超级人物。周公旦是周武王的弟弟，武王灭商之后死得太早，周公全力辅佐幼小的成王，一边饱受谗言，一边东征西讨，把商朝余孽和内部反叛平息。

可以说，周公才是建立周王朝的人。

综上所述，石介的意思很明显，就是要富弼和范仲淹像古代贤人那样为宋朝扭转乾坤，再造天地，大家都过上好日子。愿望很美好，但夏竦经过沉思后，决定给这封信改一个字。就是将“周公”的“周”字，改为“霍”字。

“行伊、霍之事”。

一字之差，就变成了可以诛灭九族的大逆不道的言论。霍，指的是西汉时的权臣霍光。他的身份很复杂：一方面，他在西汉麒麟阁十一功臣中排名第一，是汉武帝托孤时的四大重臣之首，辅佐国家安定度过20年之久；另一方面，他在汉昭帝死后，把新立的皇帝刘贺废掉，独自把持朝政近半个月。

这样的人物，是宋朝历代君主最大的噩梦、最惧怕的妖孽。

尤其可怕的是，夏竦的历史知识非常到位，他改的这个“霍”字大有学问。伊尹这个人，几乎就是霍光的翻版，一方面像周公那样有功，另一方面同样在商汤死后，把不懂事的太子太甲放逐到桐宫，3年之后才接回来重当皇帝。

知道问题的严重性了吧？改后的信里，石介是要富弼等人效法伊尹、霍光，把现在的宋仁宗赵祯废掉，换一个积极进取、锐意革新的人当皇帝！再加上这封信的广为流传，就造成了一个非常恶劣的局面。

不仅大逆不道，而且是公然谋反。不管成不成功，都把现任皇帝蔑视到了极点。

这封信很快就传遍了天下，在这之前更迅速地传进了皇宫，交到了赵祯的手里。赵祯的反应是一如既往地沉默。他把玩着这封信，像是看出了很多东西，又像是心不在焉，想着别的什么事。

这种态度，把范仲淹、富弼两人逼到了墙角。

要么您下旨查问，哪怕大发雷霆，咱们好回答；要么您直接说不信，我们也好去追查。您这样沉默，要我们怎么办？

您分明就是在怀疑我们。

君子讲的是见利不争，谦退之道。官位本来就是粪土，既然让您这样怀疑，我们辞职好了，这样谣言不攻自破，清者自清。

范仲淹和富弼同时上书请求外放。

范仲淹走时，仍然放不下当时的局势。他想了很久，决定去做一件事。说来真是有些不太光明，但是为了光明的目的，也只能如此了。

当时有一个突发事件，在河北方面，突然侦察到辽国有大量的军队在调动，像是有预谋。范仲淹趁机提出由他率领重兵去河北布防。如果实现了，他就会恢复新政前刚离开陕西时的身价。手握重兵，是宋朝边防上的大救星。

这样可以把陷进狂热内讧的宋朝官场拍醒，即使他走后也没人敢动他正在推行的新政。真是没办法中的办法，既能继续发展，又能撇清谣言。

想得很好，可惜用心良苦命更苦。不怕神一样的对手，就怕猪一样的队友。没等政敌们反对，他的盟友们就跳了出来。军方代表枢密使杜衍打头，富弼迅速跟上，两人继续发扬君子们下殿一家亲，上殿死冤家的良好作风，第一时间毁了他的如意算盘。

你纯粹是臆想，辽国派兵只是路过河东，目的是去平叛，跟入侵风马牛不相及。你又是发兵马，又是拨钱粮，根本就是没事找事，多此一举。

范仲淹气得发愣，正想着怎样沟通，突然间富弼灵光闪动，想起了自己的新职位。俺是去河北的，范公你是去陕西的，为何要抢俺的饭碗？他郑重地对皇帝说了一句话：“辽国绝不会入侵，如果我说错了，愿负罔上欺君之罪。”

简直是不遗余力地拆范仲淹的台！

范仲淹大怒，这是他能为新政、为宋朝天下所做的最后努力了，无论如何都不能退让。他在金殿上和杜衍、富弼大吵了起来。

史书上记载，他举出了六大疑点、三种忧虑，证明辽国这次很可能和李元昊联合入侵，不仅会发生野战，连攻城的器械都准备好了。其中就有宋军以前独有的撒手锏——床子弩。在这种危急情况下，难道还能视而不见吗？必须由我去应付！

对面的富弼寸步不让，重申自己的观点。现在天下太平，无论是河东、河北、陕西，哪个地段都不可能爆发战争，范仲淹你真是胡言乱语，不知所云。

他们吵得不可开交，最后却不了了之，只好灰溜溜地下殿走人。因为皇帝一言不发，就当什么也没看见。范仲淹摇头叹息，边走边咬牙，他是真的不甘心！于是边走边聊，他要和富弼等人再沟通一次，说什么也得同志们再上金殿，口径一致，发兵河东。

这次他得到了最干脆的一次打击，一直沉默的韩琦终于说话了——“如果一定要去河东，我去好了，不需朝廷一人一骑。”

范仲淹彻底崩溃，这就是他的同志加战友，有这样亲密的冤家吗？！怒火郁积，他都快爆炸了，实在没忍住，他转身又回了金銮殿，单独和皇帝交涉，并把韩琦刚才的话复述了一遍，这不是国家大臣应该有的工作态度，韩琦小儿，实在过分！

换来的却是皇帝持续的沉默……赵祯当天没有任何语言或者举止的记载流传下来，当范仲淹走出开封，去陕西上任时，没能带出一兵一卒。

他走了，不管有过怎样的内幕和经过，都成了既定事实。范仲淹走后，新政君子们被一个个地踢出了京城开封。

第一个人是欧阳修，他从知谏院下岗，去当河北路都转运使。

第二个人是宰相晏殊。说来搞笑，这位文学大前辈，成了宋朝版的李商隐。李诗人夹在唐朝的牛、李两党之间，身为牛党的一分子，却娶了李党前辈的女儿，弄得终身潦倒，里外不是人。晏殊也是这样，他是范仲淹、欧阳修的大恩人，富弼的老丈人，却对新政半点都不感兴趣。

于是欧阳修被贬，他很高兴。知谏院方面的孙甫、蔡襄联名挽留，也被他拒绝了。这下子谏官们火冒三丈，把他的老底都揭了出来，当年他给仁宗生母写的墓志铭上没注明母子关系，最近还调禁军修私宅。就这两点，晏殊丢官罢职，去颍州当知州，官还没有欧阳修的大。

第三个人是枢密使杜衍，接着是知谏院里的精英孙甫和蔡襄。

第六位大人物——韩琦，在第二年，庆历五年的三月时，终于也丢官了。或许直到这时，他才清醒，没有范仲淹，他韩琦不算什么。

最好笑的是尹洙。这位特别喜欢和范仲淹死掐的人，面对事实，不禁悲从中来，是后悔还是痛苦，说不清，他给皇帝写了封信，哀叹说："昔日见用，今之见疏，都是您一句话的事啊。"

可让皇帝这么做的原因是什么呢？有没有你尹洙的努力啊？尹洙很伤心，过了两年，到 1047 年时他病死了。比他死得更早的是狂热的诗人石介。

伟大的文学天才都是这么脆弱……

如此这般，事儿还没完。大人物们都搞倒，下面的群众也不能放过。悄悄地说，号称中国五千年历史里最文明、最开明的宋仁宗时代，曾经发生过一起微型的文字狱。

与号称宋朝人才储备银行的馆阁重地有关。

前面说过，馆，指的是宋朝的皇家图书馆，如崇文馆、集贤院；阁，指龙图阁、天章阁等皇宫大内御书房。这些地方都有学士、直学士、侍从等官员，一般来说，有了这种职称，就等于半只脚踏进了两府、两制，就算不能终身富贵，也肯定可以名满天下。

这时的馆、阁人才非常年轻，名字和头衔都很多，不必一一列举，说的是这个事的经过。盛夏过去，秋季来临，话说宋朝的官员是中国所有朝代里最幸福的，每年有法定节假日 77 天，注意，这是常设的。还有新增的 65 天，同时还有一些约定俗成的私人小聚会。

这次的事，就是京师百司库务每年春秋两季举行的赛神会。这一天宋朝每个衙门的官员都可以喝酒聊天，随意享受，甚至通宵达旦。事儿出在了进奏院上。进奏院，顾名思义，是地方呈报中央，中央发给地方的文件联络处。这时的负责人叫苏舜钦。

苏舜钦很年轻，36 岁左右，是北宋史上举足轻重的大诗人。不夸张地说，如果没有后来的苏东坡，他的名字会成为宋朝诗人的代表符号。当天，他按照惯例，把拆封废纸卖掉之后，自己再掏 10 两白银，准备了一桌丰盛酒席。

物以类聚，他请的都是既年轻，又有才，还狂放的人，就是近期馆阁重地里风头最劲的 10 个。名字还是不列，没有意义，重要的是他们有一个相同的官场符号——范仲淹推荐的人。其特点就是无所畏惧，是那种喜欢把脑袋往狼嘴里伸，再夸耀伤口的人。多刺激，多青春！

不过，这也怪不了他们，他们都没走过正常的官职升迁过程，没被“磨勘”过，是新政里“推荐”制度的受益者。之所以被推荐，不就是因为他们年轻且无畏吗。

当天晚上，破坏的欲望随着夜色的浓重逐渐升腾，11 个生于盛世、春风得意的年轻书生渐渐地失去节制。他们把唱曲的优伶、守卫的官吏都赶走，把大门都关上。

找来了两个军妓。

放浪形骸，无所不为。他们都喝醉了，最后的余兴节目是作诗。其中殿中丞、集贤校理王益柔成为人群里的太阳、那一晚上大家的偶像。他变得比李白还要疯狂，诗仙最嚣张时，也不过就是喝醉了还去见唐明皇，他可好，竟写出了这样两句诗：

醉卧北极遣帝扶，周公孔子驱为奴。

皇帝是他的侍从，周公旦、孔夫子是他的奴仆！还有没有天理王法？！简直数典忘祖，要知道历代之所以会“罢黜百家，独尊儒术”，就是因为它对皇权的唯一性崇拜，让皇帝得到神仙一样的权力，可是小小的王益柔居然全都收了回去。

这就怪不得别人了，史书上关于这件事，总是会强调一下当时有个小人，叫李定，他想参加宴会，可是被苏舜钦拒绝了，于是就去御史台告密，真是卑鄙无耻。不过你们没有犯事，他能告出什么呢？身为儒生，这样大逆不道，别人不惩罚，醒来都应该去自杀！

御史台长官王拱辰闻讯大喜，他连夜上报给皇帝。赵祯的愤怒可想而知，御用文人居然这样回报皇恩！还等什么，连夜抓人，直接扔进开封府，特案特办，从重从严！

第一次判刑，王益柔处斩，其他所有涉案人员全部罢免，永不录用。第二次时轻了点，王益柔永不录用，这批馆阁人员集体报废，贬为地方官。主持人苏舜钦罪加一等，事发生在他的衙门里，罪名是“监守自盗”，被贬为庶民。

苏舜钦的确是应该区别对待的，他是杜衍的女婿，被看成新政君子里的核心。就这样，以范仲淹为首的，呵呵，名义上为首的新政君子们从上到下，从头到脚，都被“小人”们踢出了朝廷，其手法干净利落，合理合法，其结果一劳永逸，彻底胜利。

与此相对的是君子们集体萎靡不解的脸，我们的失败，是为什么呢？

这个问题很隐私，在此后漫长的岁月里，这几位万古流芳的名臣、君子，从来没有在任何场合公开讨论过，同时也没有在各自的文字资料里记载过。

就算后来名动八表的《岳阳楼记》，也只是抒发自己的人生理想、追求抱负，没有半点懊丧、自责，或者对谁的埋怨流露出来。

之所以会这样，相信也和“君子”这个中国封建时代最崇高的名词有关。丢官算什么？君子固穷，安之若素。孔夫子在夸奖最得意的弟子颜回时就说过：“一箪食，一瓢饮，在陋巷，人不堪其忧，回也不改其乐。”就是要这个越穷越光荣的劲儿。

理想破灭算什么？苟余心之所善兮，虽九死而不悔。只要我喜欢，死九次都无所谓。这里面有让圣人门徒们千年坚持，直到明朝、清朝时更加发扬光大的自虐型快感。为了一点鸡毛蒜皮的事，请皇帝打我吧，打死我才爽！

何况是新政改革这样的大事情，悲剧才能激动人心嘛，我一点都不疼。

甚至流放都是一种快乐。孔子还曾经说过：“道不行，乘桴浮于海。”皇帝不用我的办法，我划条小船到海上漂，也是高雅纯洁的。

并且最重要，也最浅显的一点，也与高雅纯洁有关。

君子怎么能互相指责谩骂呢？那是沿街商贩的品质，泼妇激动时的表现。素质真是太低了！所以宋朝的官方记录里，才会在范仲淹和杜衍、富弼的金殿争执中，留下了这样的记载——范仲淹平时视杜衍如父，与杜衍争，杜衍不怒。富弼更不用说了。

所以，打掉了门牙往肚子里咽吧，君子在什么时候都得站直了腰，千万别丢脸。

他们永远都不会承认，这种性格在官场政治圈里就是个二等残废。

美国小说《麦田守望者》里有一句话：“一个不成熟男子的标志是他愿意为某种事业英勇地死去，一个成熟男子的标志是他愿意为某种事业卑贱地活着。”

庆历君子们被说中了，他们宁可英勇地去死，也不愿为宋朝的新天地而卑贱地活着。面对夏竦的谎言，除了辞职引退来证明清白，就没有别的办法了吗？至少他们可以赖着不走，就像夏竦那样，无论谁弹劾，我就是不动。

像现实这样，以边关百战之功勋，怀国富民强的愿望，这种程度的追求，居然就毁在了一封伪造的匿名信上，简直就是闹剧！

从这个角度来看，所谓的君子哪有半点的高贵伟岸？

返回到出发点，从总体上来讲，上面这些都是在新政者内部找原因，这当然也是片面的。新政之所以失败，标准的历史教科书上给出的正解是皇帝的懦弱，外加小人们的陷害。小人们的事就不去说了，他们做了什么，前面已经说得很清楚了。关键在于宋仁宗赵祯。他是皇帝，一言一行都要对国家负责。而这个人在这段时间的确一直在玩沉默，什么都没做，似乎的确很“懦弱”。

那么，他该怎么做呢？

不顾一切地支持范仲淹，无论君子党们做了什么，都是对的，都要无条件地实行？甚至像欧阳修所希望的那样，完全放弃自我，君子们的奏章里把做什么事，怎么做都规划好了，他只管签字照办？这样就全对了？

谁是皇帝？

赵祯是个独特的人，解读他得站在一个相当高的楼顶，长时间地俯视，才能稍微看清楚一些。他的每一步行动，都与当时的国际形势紧密联系，而不是与宋朝的国家形势紧密联系。这是根本上的区别，做不到这一点，是没法在民族之林里生存的。

# 第三章　独立贺兰山

宋庆历四年，1044 年，李元昊的日子很闹心，他忙着和宋朝的皇帝讲和，讲来讲去没结果，宋朝边疆的将军们却不买他的账，尤其是青涧城里的种世衡。第一代老种相公对付敌人，从来都是不择手段的。

上一次他用光信和尚把野利旺荣害死，这次他的主意打向了野利旺荣的弟弟野利遇乞。这事难度更大：第一，反间计可一不可二，用过了再用一定失效；第二，野利遇乞比野利旺荣更难下手。他是西夏大本营天都山的统领，李元昊的皇宫就建在这里，对他的亲信程度可想而知。

怎么办呢？种世衡只好花大本钱时刻留意西夏方面的动静，等待野利遇乞自己出错。

这个错真的出现了，就在庆历三年的除夕夜。那天晚上，野利遇乞带着大队人马杀向宋朝边境，工作态度非常认真，他纵兵深入，四五天之后才返回天都山。可是回来之后，迎接他的不是鲜花，而是李元昊怀疑的目光。

小乞，你大过年的跑那么远搞什么？四五天才回来，都遇见谁了？

野利遇乞有点蒙，心说："我就是去打架啊，一直跑，一直找，可宋朝人胆小，没人应战，我就回来了。"那天李元昊盯了他好一会儿，才放他走。事后他打听出来，是李元昊的奶妈告了他一状，说他是企图叛变投敌，才去了这么多天。

野利遇乞很郁闷，但这种事没法解释，甚至会越描越黑，所以就索性放手，不去管了。但是要命的是，这事让种世衡知道了。

千里之外，无论是西夏将军的动向，还是天都山里西夏皇宫里的细节，都在种世衡的掌握之中！之后，他做了一些安排。首先，他派人潜入天都山，潜入的深度匪夷所思，让人难以置信，他的人居然偷出了李元昊赐给野利遇乞的宝刀。然后种世衡在边境散布流言，说他亲密的盟友野利遇乞已经被残暴的李元昊害死，他太痛苦了，决定在边境线上为遇乞兄设祭，向亡灵致敬。

那天晚上，种世衡盛装出行，在边境线上燃起了熊熊大火，估计西夏方面只要没有全体失明，就肯定会发现祭奠现场的位置。宋朝官兵把一块木板竖了起来，上面是种世衡写的追悼文，全面回忆他和野利两兄弟对和平的共同期盼和对李元昊共同的厌恶，尤其是对不久之前的除夕夜和遇乞见面时的快乐，来了个具体详细的追忆。多么美好的理想啊，本来约好了里应外合做掉李元昊的，不料天不遂人愿，居然先被李元昊害死……

啰啰唆唆一大堆，念得声情并茂，估计西夏方面的骑兵快到了，他们才把追悼木板、宝刀等物扔到火堆里，接着打马就跑，让西夏人抢救现场。

西夏人很能干，木板和宝刀完好无损地送到了李元昊的面前。接下来的事是个定式，奸诈的人最容不得别人对他的奸诈，犯规者必死，尤其是身边的亲信。

野利遇乞被杀，党项族内最大的野利氏从此一蹶不振，连带着李元昊的后宫都重新洗牌。然而这还不算完，在不久之后人们就会知道，野利两兄弟的死，对西夏百年的国运有怎样的影响。

百无聊赖，李元昊想到了女人，没办法，这是男人的正常反应。但是要承认，他首先是个好父亲，儿子大了，先为儿子找一个。

党项八大部族，他给儿子，也是太子的宁令哥选的是没晔氏的女孩儿。结婚那天，是西夏历史上第一次太子娶公主的场面，开国第一次！李元昊亲自主持婚礼，结果出大事了。

该死，女孩儿太漂亮也是罪过……没晔氏美到了不讲理的地步，李元昊呼吸困难，思维停顿，重新启动之后对儿子微笑了一下。

亲爱的，你先回避。

他自己找了身新衣裳，和新娘站在了一起。这女人是我的，她是西夏的新皇后！就这样，李元昊焕发了他的第七个春天，不过这还只是开始，人生的意义就在于不断地拥有新鲜刺激。李元昊在天都山大本营重修宫殿，给新天使居住，结果在装修期间，就被另一个春天击中了。

野利遇乞的另一半，没藏氏。

说来这也是宁令哥的妈、野利遇乞的妹妹野利氏多事。

两个哥哥都死了，她非常伤心，跑去向李元昊哭诉。要说李元昊可能比曹操还要迟钝点，但事后也稍微回过点味儿来。人，杀得是有点急了，何况是连续杀了两个。后悔之余，他开始寻找野利兄弟的遗孤，要加倍抚恤，保证安全。

他找到了没藏氏，当时这女人已经逃到附近的三香家尼姑庵里出家了。春天里的李元昊心情正好，接她进宫，让她小姑子陪她吧。

结果将她接进宫之后，李元昊再一次呼吸困难，思维停顿。上天啊，为什么这样害我，她可真漂亮！于是第八春开始。这个春天对党项人的意义无比重大，得仔细说一下。该春天在天都山没待几天，就被野利氏赶出来了，只好继续在寺庙里过日子，地点是兴庆府的戒坛寺。但是距离产生美，李元昊经常跑下山到城里和她幽会。

时间长了，只会出现一种结果。人类在繁衍，生命真美丽。西夏未来的皇帝出世。

1045—1047 年，宋朝国泰民安，风调雨顺，国际关系也很好，没有任何不如意的地方。翻开史书，只有两件事值得说一下，都与皇帝的好心情有关。

第一件，赵祯出宫打猎了，这是破天荒头一次。那时是十一月的深秋，天高云淡，他骑着马在野外奔驰，自由自在，无拘无束。这是他一生中为数不多真正快乐的日子。

第二件，发生在皇宫深处。宁静祥和的日子里，某一天，他突然对曹皇后微笑了一下，说："皇后，十三和滔滔已经长大了，我为十三主婚，你为滔滔做主，让他们成亲，你看好吗？"

皇后的笑容温柔，但微微有些辛酸。"好，这是好事。"她从来没有拒绝过皇帝的任何要求。

要说明一下，十三是一个孩子的小名，他的本名叫赵宗实。这个孩子从小就在皇宫中长大，至于理由，一来他是皇室宗亲，二来因为仁宗始终没有儿子。至于滔滔，她是个女孩儿，姓高，是北宋名将高继勋的孙女。之所以能嫁给宗实，是因为她的妈妈是曹皇后的亲妹妹。

记住这两个孩子，这时他们是仁宗、曹皇后寂寞生活里的快乐，以后是宋帝国的主宰，不论是男孩儿十三，还是女孩儿滔滔，都让整个国家因为他们的意志而发生改变。

这个局面，结束于宋庆历七年，1047 年的十一月。

王则起义。

这次起义的规模是仁宗朝里排名第二的，其实就实力而言，应该是第一。尤其是兵变主脑的准备工作做得非常到位，远远比排名第一的那位仁兄在行，因为他本身就是个现役军人。

王则，出生在涿州（今属河北），从小孤苦。本来是良民，可是一场饥荒过后，就没法在本地生活了。逃荒在外，饥不可耐，正要行凶，结果朝廷招兵，于是就当上了国家的正规军。

王则有崇高的理想、严密的组织，以及庞大的同伙，甚至还有强大的洗脑工具，从思想上就和其他的暴徒不同。

他信弥勒教。

王则的信徒越来越多，以贝州为根据地，以河北为范围，教徒就像细菌一样不断裂变、繁殖，短短几年时间，就达到了一个饱和点。

庆历七年的十一月二十八日。

这天是宋朝例行的冬至日郊祀大典，皇帝要率领百官到城外去拜祭天地神灵。全国其他的各大主要城市，负责人也得搞同样的活动。王则就选在这一天突然动手，在贝州城的天庆观里把知州以下的全体官员一锅端，谁也跑不了。

贝州得手。一系列的花样就搞了起来，先是国号出现，叫安阳。年号也有了，叫得胜。紧接着就是征兵，贝州城里12岁以上，70岁以下人人有份，大家都去军资库领东西，铠甲兵器随便挑。为了更加接近正规军，每个人的脸上又被刺了字。

字数有点多——“义军破赵得胜”。口彩相当好！

宋朝派出了10万禁军，外加一位战场上的隐形强人——枢密直学士、左谏议大夫、知成德军、权开封府尹明镐平叛。

级别够高，奈何打不赢，一位真正重量级的人物登场。

这人的权力应该说没有吕夷简巅峰时期那样大，他的名望也没法超过范仲淹，但是他的执政能力、时间，却前无古人，后无来者。三度任相，跨度有50年之久。

在这期间，正是宋朝的多事之秋，天灾人祸，甚至皇帝的身体都出了毛病，他得独当大局。但基本上没有犯过错误，没有欺压同僚，让仁宗朝这个兴旺、平和、人性化的形象能够保持。

文彦博，字宽夫，生于宋景德三年（1006年），汾州介休（今属山西）人。他是真正的世家子弟，世系可以追溯到春秋战国时期，证据就是他的姓氏。

文氏最早可考的祖先是春秋时齐国的陈公子完，以其谥号为姓，姓敬。到五代十国时，犯了卖国贼石敬瑭的讳，改姓文，后晋灭亡后又改回敬。宋朝建立后，仔细查了下，原来赵匡胤的祖先里有人叫赵敬，于是再次改成文。

文彦博是真正的世家子弟，永远彬彬有礼，永远高高在上。在朝廷中，就像是一股来自亚热带的风暴，很温暖，有着让人期盼的珍贵雨水，但是同时也风力强劲，随时刮得你四脚朝天。

人和人的命运就是这么不同，明镐不断尝试，不断失败，一点实际功劳都没有，可各种准备都已经到位了，尤其是地道，几乎同时间挖好了。

文彦博下令，在闰正月初一的晚上，猛攻北城，同一时间精选了200名士兵，钻进了南城墙底下。没有任何悬念，南城门突然陷落，官兵像潮水一样涌了进来。

起义失败。

宋庆历八年正月十五那天出了件事，事发地点在西夏的都城兴庆府，人物是李元昊。

那天是花灯节，李元昊正在享受生活。回顾历史，这时在他的周围，无论是世仇吐蕃，近邻回鹘，上级宋朝，还是主人辽国，都已经成了他的手下败将。十多年了，他把一个个不可能完成的任务，都变成了他的丰功伟绩。

这样的成就，考虑到之前党项人的家底，真是惊世骇俗。这里要说句公道话，他就是这一阶段的战神，不管过程怎样，不管成果如何，他决战决胜，把党项人的地位，拔升到了历史的最高点。

于是就享乐吧。

李元昊喜欢骑着马，带着帐篷，和心爱的女人到处游猎。

这个女人就是不方便在皇宫里出现的没藏氏。时光流转，温柔缠绵，在出事这年的前一年，即1047年的二月六日，他们终于有了爱情的结晶。

一个婴儿诞生在一条叫两岔河的岸边，是个男孩儿。李元昊给他起名叫“宁令两岔”。宁令，是党项语里欢喜的意思；两岔，是因地起名，谁让他生在了这里。当时谁也没有留意，这个男孩儿对西夏意味着什么，对李元昊本人的命运会有怎样的影响。

李元昊生过5个儿子，种种原因，包括他自己亲手杀掉的2个，最后只存活了一个，就是野利氏所生的太子宁令哥。宁令哥的命运，以他的婚礼为分界线，之前无与伦比地幸福，之后暗无天日地灰色。

本来应是他的老婆却变成了他的“母后”，皇位也有了新的人选，就连他妈妈的地位都开始动摇。从前的卫慕氏就是最好的例子，无恩爱即无一切，连性命都可能保不住，还谈什么将来？

这时，没藏讹庞出场，他是两岔的舅舅，没藏氏的哥哥，同时也是西夏当时的国相。他把一切看在眼里，决定搞事情。

正月初一，那天李元昊在兴庆府皇宫的正殿上接受朝拜，传说当时红日初升，但是暗淡无光，就像一块血红色的云团虚浮在天空。朝臣一片惊恐，这是大凶之兆。可李元昊不介意，平生作恶多端，杀人无数，天阴了就当是上帝拉上了窗帘，有什么大不了的？

他继续威风，继续享乐，直到正月十五元宵节这一天，达到了狂欢的最高峰。

李元昊喝得大醉，醉眼迷离中，他向后宫走去。宁令哥突然出现，拔剑就砍了过去。李元昊完全是凭着多年的战斗经验本能地闪了一下，可惜喝多了，90% 的脑袋躲开了，唯独他坚挺的鼻子碍事，被宁令哥一剑削了下来。

瞬间血流满面，剧痛中李元昊猛然清醒，他满殿乱跑，躲避危险。可危险比他跑得还快，宁令哥瞬间就消失了。

他真的只是一个孩子，看见父亲满身满脸的血，立即吓慌了。他犯了第二个错误，这比他起心杀父还不可原谅。都见血了，怎么也得当场杀死吧！

没办法，年轻，可以蠢到无极限。

他直接跑去找没藏讹庞。

没藏讹庞曾向他保证——成功之后，立即到我家来。我以国相的权力，把你扶上皇帝的宝座。

然而，没藏讹庞却立即动手把末路王子抓住，冲进皇宫护驾，百忙中把宁令哥的妈妈野利氏也抓住，据说是第一时间全杀掉了。至于为什么这样大胆，一来是忠心发作，无法抑制；二来杀人无罪，这是叛徒；三来李元昊已经挺不住了，他残存的最后一点理智仅够做出一个决定。

这时的李元昊可以赢得我们的尊重，想想整个鼻子被削掉，那是软组织啊，血是止不住的。大脑瞬间就缺氧迷乱，在这种没法克制的疼痛昏迷中，他清醒地意识到了最严重的问题。

自己必死，谁来接替他？他的国家、他的拓跋族由谁来保障安全？

仅存的两个儿子，一个是杀父凶手，一个又实在太小，在脑海里做最后的挣扎，一定要想出个人来！他想到了自己的弟弟委哥宁令。这个弟弟没什么才能，可至少是个成年人，不会让拓跋族的皇权旁落。

这是李元昊的遗愿，这一时刻，让人想起了他的祖父李继迁。同样是死于剧痛，同样是担忧身后事，可李元昊在根本点上就没法达成愿望。

他比不上李继迁。李继迁同样凶狠狡诈，但对身边人的压榨杀戮远没有他这样恶毒，小迁迁懂得有里有外，所以年幼的李德明能够当上党项之王，部族都能服从。李元昊连自己的亲生儿子都容不下，至亲的生母、舅舅、妻子、亲信，都死在了他的手上，临死前才想起还有个弟弟，却根本起不到作用。

这个弟弟在历史上名不见经传，能活到这时候，估计就是出类拔萃的乖巧加老实。这样的人，退一万步讲，就算当上了西夏皇帝，能服众吗？何况皇帝是要竞选的，这样的人根本没有竞争力。

果然，李元昊熬了一夜，没见到第二天的太阳。他死后没藏讹庞以国相的权力，加宁令两岔的唯一皇子身份，窃夺了西夏大权。从此，这个国家就进入了一个噩梦般的循环怪圈。几乎每一届的皇帝都长不大，国家大权80%以上的时间都掌握在皇太后、皇后和外戚的手里。

李元昊的直系后嗣们过着狼狈不堪的生活。究其原因，可以精确归纳为两个字——“人品”。君以此始，必以此终。

李元昊的一生是战斗的一生，可惜同样的战斗能分出不同的风格，这也决定了他个人和他所创造的国家的命运。我们用李世民和赵匡胤来作比较。

李世民扫平天下极其神速，几大战役干净利落，武功震动天下，所以唐朝的气魄是惊人的，无论在哪方面，都是壮丽之美。

赵匡胤的强悍中有平民的可亲，他深深地懂得做一个平凡人需要什么，所以宋朝得国很慢，终其一生都没能恢复唐朝的版图。但是每得到一片土地，他都治理得细致入微，发展程度是李世民所不敢奢望的。这一点从他的战争手段就可以初见端倪，革五代之残暴，创宋朝之仁德。这不是句空话。

回顾李元昊的一生，欺诈、残酷，无所不用其极，为了成功不择手段，于是他成功的成色也就没法看了。有个结论是很精彩也很好玩的——他生前所有的努力，死后全都归零。他所骄傲的，正是西夏所痛苦的。

他的成绩是击败了周边所有的国家，但是除了回鹘之外，他没能压服任何一个。这就是个严重的后患。你生前或许能维持这种优势，你死后呢？单以宋朝而论，他打了那么多场仗，得到的比他父亲留给他的遗产只多了个西夏皇帝的头衔，除此之外，再没有其他。

而宋、西夏的关系却彻底地破裂了，此后时好时战，没有半点的诚信概念。这是一种进步，还是倒退呢？如果非要强调独立和尊严，那么请问李德明——李元昊的父亲就一定比他差吗？李德明当年一样是关起门来当皇帝，宋朝使臣来了只是换下黄袍就是了。李元昊打了半天，和宋朝皇帝通信，还得自称儿子或者下属，哪有半点的长进？！

所以，要评价李元昊的一生，他就是一个幸运的失败者。他幸运地生在了一个集体圈养的时代，无论是宋朝、辽国、吐蕃、回鹘，都是强弩之末，不是强盛时期了，他要是早出生30年，或者晚出生70年，以他的性格和能力，就只是个笑话，他会死得非常难看！

理由之一就是吐蕃的赞普唃厮啰，他是吐蕃新生代结束混乱的一代领袖。只是以河湟一部的力量，就让李元昊几乎输光了家底。这就是他作为“军事强人”的成色……历史终于翻过了这一页，很没意思的一个人和一些很没趣的事。悄悄地说，不再聊他，让我很快乐。

# 第四章　掀开名臣的袍襟

宋庆历八年（1048 年）六月六日，黄河在澶州府商胡埽（今河南濮阳东北）决堤，决口宽近一里，浊浪排空，黄水滚滚，横漫中原北部。这是空前的浩劫，黄河改道，中国有史以来只有 8 次，这就是其中一次。它的河水改向北，经河南内黄之东、河北大名之西，横贯河北平原，汇入御河（今南运河），再经界河（今海河）入海。

这种级别的灾难，别说是古代，就是科技发达的今天也没有应对的办法。回到当时的宋朝，巨灾面前，只能听之任之，黄河的水席卷中原，它想怎么流就怎么流，人们能做的就是等它流够了，再说别的。

水量变小之后，救灾行动开始。按说这是号称明星无数的仁宗朝名臣部落的大好时机，满怀激情地为人民做贡献啊。

对不起，综观整个事件，就是一个经典的笑话，完全可以用西方的一个老段子来概括：话说午饭时间到，两位律师走进餐馆。侍者躬身笑问："请问想吃点什么？"答："少啰唆，只管拿菜单来，让我们就吃什么再争论一番。"

完全不是为了吃，而是为了继续吵。

庆历八年的这次救灾行动就是这样，一个个明星出场，印象中都是经天纬地之才，那么看一下他们都说了些什么、做了些什么。

前面说了，黄河这次改道途经大名府，那里有位大人物，庆历新政的死对头——前宰相贾昌朝。他提议要恢复旧道，让黄河走原来的路。具体做法是用京东州军来修黄河旧堤，引河水东流，堵住商胡口。这样才能一劳永逸，让各地区恢复到决口前。

反对方是另一位前宰相丁度，这是位从现实出发的理智人。他提醒，这个"劳"，得劳到什么程度。天圣年间，滑州也决过堤，远没有这次严重，还准备了 3 年多才动工。现在商胡口的局面，再加上天很快就要冷了，得怎样动员民众，才能达到"永逸"的目的？

所以永逸根本就不实际。

他的想法是先放一放，甚至把河道再挖一挖，让水流得更多些、更快些，哪怕淹得再严重些也无所谓。这样转过年来，材料、人员也准备得差不多了，再去打怎么堵口子的主意。

丁宰相很稳重，贾宰相很气愤，老丁，你完全是看似妥当，实则误国！他拿出了精心准备的一张图，上面标注着黄河分流于漯川、横陇、商胡等地段的位置，根据全盘地理地形的考虑，唯有恢复旧道，堵塞商胡，才是正解。

为了做到这一点，他说："需要1000多万贯经费，动员民工、士兵10万人，日夜加班，100天就可以完工。"

100天就可以彻底解决问题，太诱人了！皇帝很动心，灾民很激动，但是大臣们不这么想。每个人都是顶天立地的，都有自己的主张。

在以后的日子里，涌现出了N种治河方案。有贾氏的恢复旧道，有丁相的缓缓处理，更有高人来了个旁河减水法。要用一条黄河的支流把泛滥成灾的洪水泄走，这样既不用大动干戈花费千万贯经费去修故道，又顺应了大自然。

再过些日子，仁宗朝的吵架王欧阳修回京城之后，斗争瞬间就会炽热火爆起来，他永远是独树一帜的，唯一正确的。他会数着人头，挨个儿敲过去——你们这些烂人，都闭嘴，听我说！

反正高潮复高潮，争吵何其多，河患始终在，民生尽蹉跎。欲知后事怎样，咱们慢慢说。事先声明，不是我想慢，是他们吵架的欲望太强，过程太长，这时是1048年，一直到了1060年，这事儿都没有结果！

还是先看眼前的事吧，在河患初生的这段日子里，京城里最牛的人、最炫的事，是宋朝史上流传最广、传说最多的桥段。

包拯包大人隆重出场！

这个人的名望、事迹是诸葛亮那个级别的，他不仅是人，更是神，行走在阴阳两界，无论对方是谁，他都是一张黑面相对，他的智慧就是无敌型的放大镜，什么样的罪，什么样的隐私，都别想逃过他的眼睛。当然，最最让人神往的就是他的力量。

只要你有罪，就肯定罪有应得。不管你是谁。

好了，现在让我们从头来看，他真实的履历生平。包拯，字希仁，庐州合肥人。他不是像传说中父母早死，由嫂子养大，所以要称她为嫂娘。相反，他的父母都健在，和他生活在一起。

包拯在天圣五年时考中了进士，那一科人才鼎盛，号称“宰执榜”。从状元王尧臣，到韩琦、吴育、赵概、文彦博等人，都先后荣登东西两府，成为宋朝的顶级朝臣。

尤其是因宋、西夏战争而异军突起，以超年轻的资历就进入西府的青年才俊韩琦。与这些人相比，包拯的荣耀来得太晚了。考中进士之后，他以父母年老为由，辞官不做，回归乡里，一直奉养双亲，直到二老谢世，接着守孝 3 年，前后共 10 年之久，才出山做官。

他得从头再来，从知县开始。这时，让我们的心态变得功利些，他的确是晚了吗？不见得，那一榜的同学中是有人先于他发达，可后来只要他进入官场，上升的速度就超级惊人。原因何在？是他能力超强吗？不见得。他在知县的位置上只留下了一个可以记载的例子，就是那个著名的杀牛案。

某人养了一头牛，被人偷割了舌头，这人就来报官。可是毫无头绪，也没有证据，该怎么办呢？那年头又没有指纹追踪之类的高科技破案手段，包拯也很无奈，他告诉报官者，回去杀了那头牛吧，反正它也活不成了。注意，牛没了舌头必死。

报官者杀了牛之后，又有一人来报官。根据宋朝法律，私自杀牛者有罪。这时包拯问这位热心公民：“你干吗要割了那头牛的舌头，再来反告？你跟人家有那么大的仇吗？”

那人服罪。

接着他升官，从知县一跃变成了端州府知州，并兼任殿中丞。这样的升官幅度之后，他的表现仍然只是清廉，在盛产端砚的端州当官，直到卸任，没有带走任何一块端砚。

他根本不需要带走什么，他得到了更大的好处。下一站是御史台，他已经是一流的京官了。如果要往功利上想，这真是一条别致又正统的登龙术。包拯完全摸准了中国古代儒家理论的人才鉴定标准。

“非孝子不忠臣。”一个人只有对自己的父母孝顺，才会对君王忠诚。这一条屡试不爽。

包拯没有迷恋权力地位，抛弃了所有的享乐和威风，在乡下奉养父母。这样的人，值得我们尊敬。他的人生标签无可挑剔，就是道德的典范，纯洁的化身，所以把他升入御史台，完全是件好事，整风运动开始。

第一枪，就打中了皇帝心中最爱的最爱。

皇帝心中的最爱是张美人，张美人的最爱是她的伯父。

张美人的父亲生前是一个小官，没有家产，他死后遗孤们身在外地，举目无亲。唯一的出路就是投奔伯父，可张尧佐拒绝了。理由是他当官的地方太远，在四川，你们走不到的。于是，孤儿寡母只好改行当舞女，才勉强活了下来。

按说这样的长辈，基本上可以无视，就当没这个人就对了。可是奇怪的是，张尧佐就是有本事让侄女失忆。自从她进宫之后，他就攀定了这门亲，不知说了些什么话，美人就被洗脑了。从此以后，以伯父的升官发财为己任、为乐事，终生奋斗不息。

效果很显著，截至皇祐二年（1050 年），张尧佐已经从遥远的四川边陲小地一介推官，升到了朝廷两府高官——三司使，掌管天下钱粮。

综上所述，可以得出两个答案：第一，张尧佐很无耻；第二，张美人很善良，并且健忘。可这不是包拯所想的，他看到的是帝国的危机。之所以称其为危机，完全是“真理”告诉他的。

真理就是儒家学说。虽然说超级博大，可是也能精简成一句话，即与士大夫共治天下。在这个大前提下，没有任何势力被允许抢走他们的特权。包括其他诸子百家，以及皇帝的老婆和亲戚。

尤其是像张美人这样年轻貌美，但出身贫寒（等同于没有修养、没有见识）的妃子，以及她那无耻加无能的伯父。让他们当权，必将祸国殃民！

于是包拯决定弹劾，这时他的身份还相当低，要说事时还得拉上很多的同僚。插一句题外话，包拯在言官系统里还是蛮吃香的，因为他的队伍站得好。

在我们的普通思维里，包拯是和范仲淹、富弼、欧阳修等君子站在一起的伟人，是好朋友。可惜呀，错了！包拯在庆历年间被提拔进京城，是由当时的御史台长官王拱辰推荐的，上任之后他猛烈抨击新政，拆范仲淹的台时是一把罕见的好手。

通过和新政君子们过招，包拯的热身运动做得很到位，这时他准备向张氏集团发力。为什么要说集团呢？那就是张美人的力度了。

纠正一下，这时的张美人已经是张贵妃了。她的权势和欲望水涨船高，很让封建社会里男权至上的士大夫们看不顺眼。他们回首前尘，展望未来，觉得身上发冷。这个张贵妃，已经有了刘娥的影子。

同样贫寒的出身，同样热衷权势，仁宗的男人指数又比不上他的父亲，宋朝很有可能再出一个天圣级的太后啊！这并不是危言耸听，有很多的内幕在坊间流传了很久。

比如说，宰相文彦博在四川时就和张尧佐来往密切，进京之后，和张贵妃内外勾结。除了贝州平叛的内部信息之外，还被皇帝抓了“现行”。某年上元节，皇城头观花灯，张贵妃衣着特别，万众瞩目，乃是一件罕见的灯笼锦。皇帝问：“哪儿来的？”

贵妃很诚实，答曰：“文彦博的夫人送的。”

再比如说大臣王拱辰，这位前状元也不干净。某次皇帝到贵妃房里散步，突然见到一排定州出产的红瓷器，鲜明耀目，华贵珍异。一问，张贵妃也老实交代：“王大人送的。”皇帝很愤怒，举起手里的柱斧，一个个亲手砸碎了。

这些不算，她还开始没大没小了。话说国家等级森严，什么人享受什么排场，这是儒家理论里比天都大的规矩，名为“礼仪”。可是该贵妃就不当回事。某次出行，她一定要用皇后的銮驾伞盖，为了达到这个目的，她施展全套女性魅力，没完没了地磨皇帝。

皇帝受不了了，对她一笑：“你去找皇后借吧，她给你，你就用。”结果这女人真就去了，而曹皇后也很有趣，你要，我就给。

于是，张贵妃喜滋滋地回来报告，皇后借我了……却不料皇帝突然沉下了脸：“国家典章有秩，你僭越失礼，当什么都是儿戏吗？”

还有很多，就不赘述了。举上面的例子，我只是想请大家往深里想一层。张贵妃的确在逾礼，不守本分，可是问题很严重吗？这个女人贪图小利，爱慕虚荣，哪点能和当年的刘娥相比呢？

刘娥直到赵恒死后，才走到了前台。之前哪怕手握国家大权，也从不显山露水。这份深沉的忍耐，在男人中都极其少见。何况再往深里想一层，上面的每件事都表露出赵祯的为人底线，每次张美人太“出格”时，都被他当场震慑，从来不给她好脸色。

一切都在皇帝的掌握之中，无论是张贵妃本人，还是张尧佐，或者文彦博、王拱辰，都没法做到祸国殃民。危险根本不存在，包拯这些人想折腾，纯粹是吃饱了撑的。

包拯的弹劾行动层次分明，很有节奏感，与皇帝对张氏集团好感的增加成正比。注意，这里不止是针对张尧佐一个人，所谓的张氏集团，不管事实上有没有，包拯们都认为有。

张尧佐先是当上了三司使，包拯很愤怒，但是弹劾是要有理由的，找什么理由呢？集思广益，找到两点：第一，张尧佐不懂业务，他靠裙带关系上位，严重阻碍了三司部门的正常工作；第二，最近黄河改道了，开封城还地震，这也是张尧佐闹的……

不知道这些人的脑袋是不是被门挤了，先说此人是一个笨蛋，接着又说他能影响地球的健康，连黄河改道这种级别的灾难都是他引起的。这还是个凡人吗？

文理不通，发回重写，皇帝看都懒得看，就扔一边了。初战失利，包拯强忍怒火，回家休息，慢慢想，一定会有办法的！但是左思右想，办法就是没有。

本来嘛，张尧佐本身也是正牌的进士出身，混得不太出彩，可也没有劣迹，凭什么不能当三司使？说他不懂业务，这么多年那么多了不起的名臣、能人，都当过三司使，哪位做出什么业绩了？国家冗兵、冗吏、冗费还是不停地冗，说句难听点的话，都是一种型号的废物！

关键时刻，还是得老同志出马。御史台方面的老牌弹劾名人何郯大人的母亲年老，他申请外放当官，就近照应。临走之前，和皇帝聊天一般地说：“张尧佐升官太快，下面的人事摆不平了。您要是真喜欢他，就把他当您亲舅舅李用和那样对待好了。”

只加官，不给权，一世的富贵享受着，不显山不露水的，难道不好吗？

赵祯有点心动，真的挺好的。同一时间，包拯升官了，他从一个普通官员当上了院长大人。权力越大，责任越大，他尽管没什么办法，但是老调不停地重弹——炒掉张尧佐，炒掉张尧佐，炒掉张尧佐，炒掉张尧佐……

他成了宋朝版的唐僧。

在这种压力下，皇帝让步了。皇祐二年闰十一月六日，张尧佐终于下台，不当三司使了。胜利，巨大的胜利，包拯及其同僚应该狂欢，应该自豪，应该成为正义的化身了。

且慢，这几位不但没有狂欢，反而气得满头青筋，血灌瞳仁，都想杀人了。

因为张尧佐丢掉了一个三司使的位置，却换回了四个超级隆重的头衔，每一个头衔都是宋朝官员们苦熬终生都盼望不到的殊荣！

改命张尧佐为宣徽南院使、淮康节度使、景灵宫使、群牧制置使，同时赐他两个儿子进士出身。一日之间，身兼四使，这在宋朝开国100年间从来没有过的。

宋朝官场震动，每一个官员都发出了共同的呼声，这比黄河改道还要让人忍无可忍，皇帝，你怎么能这样呢？！

从这一刻起，在庆历年间因为新政君子、小人之争而势同水火的御史台、知谏院再一次联手了。他们发誓要斩断张尧佐、张贵妃，再加上张氏集团里其他同伙的爪牙，给宋朝官场来个大扫除。

具体行动是先各自为政。包拯代表知谏院上了一本，名字就叫《弹张尧佐》，里面充满了骂人的话。如张某“无功受禄，不知羞耻”，“真清朝之秽污，白昼之魑魅”。连带着皇帝也被泼污水，您30多年的清德今天被败坏，怎样面对天下臣民？

御史台方面的力度更大，时任御史中丞王举正上殿当面对皇帝说：“我弹劾张尧佐，您不同意，我直接辞职。”这里要插一句，就像欧阳修从来不抽皇帝耳光一样，包拯也从来不干辞职回家的事，再怎么折腾，也别想动摇他生存的根本。

台谏官步步紧逼，皇帝很沉得住气。这样的事儿已经不新鲜了，想当年废掉郭皇后时，孔夫子的后人，加上当代楷模范仲淹一起挑事，不也集体报销了吗？所以赵祯坐得很稳，他把意见都压了下来，不反对，也不同意，让时间去消磨一切。

9天之后，闰十一月十五日的正朔朝会上，台谏官员们全体爆发了。他们在下朝时把百官都拦住，今天齐心协力，一定要让皇帝听我们的！

王举正、包拯各自率领着自己的精英团队，共7个人，重新回到大殿，把要回宫的皇上拦住了。久经战斗、总被狠剋的赵祯，立即明白了要发生什么事，他实在是有点烦，再不想拐弯抹角了，直接替他们找到话题——“又要拿张尧佐说事？节度使而已，有什么好争的？”

话一出口，风云变色。北宋仁宗朝里最强有力、简单粗暴型的言官从此诞生。隆重介绍，唐介出场。这人本来是上殿七言官里排名最末的，这时他从后面挤了上来，一句话就让皇帝摔倒了——“本朝太祖、太宗都当过节度使，恐怕不是粗官吧？”

赵祯惊怒交加，一不留神，被抓住把柄了！正想着怎样挽回，事态已经进一步恶化，这些人扔下他，扑向了殿廊下站着的宰执大臣们，主攻目标就是文彦博。“你们不守祖宗规矩，只知道巴结贵妃，结交外戚，无耻到这个地步，为什么还不辞职，有什么脸面站在朝堂之上？”

眼看着天下最庄严的议事大厅要变成上演全武行的菜市场，赵祯当机立断，宣布退朝。这是皇帝的特权，也是最后的招数。言官们没办法了，总不能学寇準，把皇帝硬按到座位上，让他老实听讲吧？

当天就这样散了，赵祯慢慢地走回皇宫深处，一路上从激动到懊丧，从气恼变好笑，多大点的事儿，众位爱卿，你们就不能操心点别的正经事情啊？

他决定先让步。张尧佐被剥夺了宣徽南院使和景灵宫使，保留剩下的两个，并且保证从此之后，后妃之家，不得进入两府执政。

同时为了警告台谏部门，命令他们从此再想上殿说事，先到中书省找宰相要通行证。这样两边各打五十大板，就算息事宁人了吧。

他真心地希望，大臣们别再折腾了，天下有那么多的正经事，黄河还在泛滥，国家还在亏空，老百姓的情绪也越来越激动，这才是国计民生的大事啊！

但这只是他一厢情愿。无论是张贵妃，还是言官们，依旧我行我素。张贵妃这边视荣誉为生命，枕边风不停地吹：我要四使，我要四使，我就要四使嘛……那边言官们磨刀霍霍，张尧佐只是个小开头，真正的目标还在后头！

于是，事态激化。某天，仁宗悄悄地恢复了张尧佐的宣徽南院使。包拯立即就火了，他冲上金殿，这次豁出去了，他要求把张尧佐赶出京城，到外地当官去，省得总是不死心，早晚出大事。皇帝很有耐心，跟他好商量，结果被强迫洗脸。

包拯喷了他一脸的唾沫……那天他再次回到后宫，张贵妃满脸笑容地迎上来，还想说什么。赵祯终于失去耐性，指着她的脸说："你只管要宣徽使、宣徽使，不知道包拯是言官吗？！"

张尧佐事件至此结束，皇帝做出保证，以后再给张尧佐升官，会先征求台谏官的意见。这话出自皇帝之口，已经可以说是惊世骇俗了，一国之君，不能独断专行了耶！可包拯及其同僚并不满足，斩断张氏集团的行动只是取得了最初的胜利，更大的战斗还在后面。

他们瞄准了宰相——文彦博。在他们看来，这个人是张氏集团里作恶最多、危害最大、必须打掉的大毒瘤。为了达到目的，他们精心准备了一份弹劾奏章，由风头最劲的御史唐介出面，来一个趁热打铁，赶尽杀绝。

奏章写得很精彩，说文彦博由贵妃推荐为相，执政以来，"独专大权，自三司、开封、谏官、法寺、两制、三馆、诸司等要职，皆出其门"，彻底把持了朝政，让百官敢怒不敢言。

所以要罢免，为了让皇帝省心，他们还提出了替代者，由富弼出山，当宰相。

赵祯心里很不是滋味。这不仅是在骂文彦博，更是在骂他。你连老婆都管不住，宫墙都不顶用了，居然和外面的大臣勾结到这个地步，你还是个男人吗？

怒火升腾，但是且慢，赵祯的心胸和这些言官不是一个级别的，他没说什么，只是把奏章放在一边，不予理会。

唐介却不干，他火上浇油一般地说："陛下，我是激于义愤，才弹劾宰相的。早就做好准备下油锅了（虽鼎镬不避），难道还怕外放贬官吗？"

言下之意，他无所畏惧，就是要弹劾到底！

赵祯终于被激怒了，他下令把两府宰执召进大殿，国家最高决策层都出面，大家来研究，这事儿怎么办。不一会儿，文彦博、庞籍等人都到了。赵祯出示唐介的奏章，说："你们看看，说别的也就算了，居然说宰相的职务是由贵妃推荐的，这成何体统？！"

大臣们面面相觑，有点哭笑不得。先不说文彦博和后宫的关系是真是假，光是弹劾的表面理由就不成立。"独专大权……诸司等要职。"这不是在说文彦博，而是在重提吕夷简。当年吕相公用了一生的时间才能号令百官，文彦博两三年之间就等同了？

拜托，造谣也是个技术活儿，好歹说点实话行不行？

回答是不行。唐介就是有本事让当事人无话可说，低头认错，哪怕没有证据。就在大家看文章想心事，分辨对错时，他来到了文彦博面前，大义凛然地说了一句话：

"你应当自省，如果有这样的事，就不能在陛下面前隐瞒！"

文彦博很郁闷，他能说什么？否认吗？西蜀灯笼锦的事闹大了，整个朝廷都知道；承认？那真是疯了。关键时刻，枢密副使梁适出面，他呵斥唐介下殿，马上消失！

唐介理都不理，站在殿中央，一定要等出个结果。

结果出来了，皇帝忍无可忍，把他送交御史台处理。看似很严重，其实很搞笑，御史台是哪儿啊？是唐介的办公室……他的处罚是贬官到外地，先是春州别驾，在他的领导御史中丞王举正的请求下，调到了英州。

另一边，文彦博罢相。宋朝是有品位的朝代，只要是丑闻，不管真假，一律处罚。

综上所述，勇敢的卫道士唐介以一己之力，不畏强权，把堂堂的宰相扳倒了。真是纯洁啊，有力啊，激情四溢啊，万古流芳。

可为什么我对他们半点的尊敬都没有呢？一来前面已经说过了，张尧佐并不是那么罪大恶极；二来就是包拯及其同僚吃饱了撑的。他们只看政敌身上的小污点，却对真正的天下大事视而不见。就拿文彦博来说，在被弹劾敌视的日子里，已经把国家的冗兵、冗费的事情解决了不少。他和庞籍建议在陕西裁军，凡年龄在50岁以上或自愿归农的，都可以回家。这样国家可以节约军饷，民间也有人种地，双赢的局面。可几乎整个朝廷都反对，理由是害怕。这些人都会武功，都习惯玩刀，多年以来在军队里游手好闲，如果放回乡里，一旦生活不如意，造起反来谁承担？

文彦博和庞籍保证，如果有人造反，可以杀他们全家。西北方面35000名士兵解甲归田，那是3万多个家庭的幸事！至于国家，每年节省245万贯军费。这个数目，是不是比每年给辽国、西夏的钱要多出五六倍呢？

这类的事还有不少，文彦博和庞籍，是仁宗朝里罕见的一对办正事的宰相班子，就这样被纯洁的言官们拆散了。

以上两点，都还只是对包拯及其同僚蔑视的小理由。真正认识这些言官的嘴脸可笑到什么程度，请把时间往前倒退3个月，再往后快进半年。

弹劾文彦博的前3个月，黄河在大名府馆陶县郭固口一段再次决口，民众死伤严重；往后快进半年，北宋仁宗朝史上最大的一次暴乱在南方爆发。

这是多么重大的涉及国家安危、生死存亡的大事，可都被言官们忽略了。集体失明，没见这些忧国忧民的大人有过任何举动！

# 第五章　鬼面昆仑关

在当时中国的南方，也有宋朝管不到的地方，就是现在的广西一带，当时的“四羁縻州”。

那里生活着一些少数民族，当时叫西原蛮、广源蛮、溪洞蛮。听着很陌生，时间再过1000年，就再熟悉不过了，他们统称为“壮”。对了，就是现在壮族的祖先。

宋朝时，他们有四大姓：黄、韦、周、侬，事情就出在“侬”氏身上。侬氏一族世居广源州，在郁江上游一带，活动范围都在深山里。

宋朝离他们最近的一个军事据点是邕州（今广西南宁），实在是太远了。加上深山老林，一直以来就放任他们。只要承认宋朝的管理者身份，就一切自由。可这并不等于侬族人就真的乐天幸福了。

因为再往南还有交趾国。

交趾，就是现在的越南。宋朝以前，一直是中国的领土，当初北宋建国时，赵匡胤一时脑残，潘美一时手懒，在灭掉南汉之后，就没有再前进，交趾于是就独立了。

在宋朝时，交趾从不挑肥拣瘦，宋朝不要的，他们全都接收，包括藏在深山密林里的侬族人。

几十年前，侬族人的首领叫侬全福。名字很吉祥，遭遇很悲惨。交趾来勒索，他拒绝交保护费，于是开战，他就失踪了。

侬族人群龙无首，他的妻子更是从此无夫。无依无靠之后，该女选择了改嫁。嫁给了一个富裕的商人，从此过上了平静安宁的生活。

一切都很美，直到几个月之后，她生了孩子。新生命的到来，让商人很高兴，却忘了生得太快了，这不是他的种，而是姓侬！这个孩子很特别，他有一颗让人发抖的心。

那就是——他要做皇帝！

孩子长大，终于有一天知道了自己的身世。他二话没说，拿刀砍了养父（从小养到大，和生父有区别吗？），带着母亲回到父亲当年的辖区傥酋州，他瞬间夺回了父亲的原职，紧接着就做出了侬族人千百年来做梦都不敢做的事，他自建了一个国家！

“大历国”成立。他不管宋朝有多大，交趾有多强，身后还有个大理国，反正我就是要当皇帝。他成功了，名字瞬间响亮，他叫侬智高。

皇祐四年，1052年四月，侬智高率领5000余人沿郁江东下，最先攻破了宋朝的横山寨。一个月之后，五月初一，他攻破了西南第一重镇邕州。

当天，所有的宋朝被俘官员都死了。邕州变成了侬智高的新巢穴，他在这里把国名又变了一次，叫“大南国”。有了年号，叫“启历”，大封官爵，人人有份。接下来，他杀向了宋朝西南方的政治经济中心——广州。一路上仅用了10天，就连破横、贵、龚、浔、藤、梧、封、康、端九府州城。

五月二十三日，侬智高攻到了广州城下。

战绩不错，比当年潘美的速度还要快。只是，历史在这时出现了个小问题。在近现代书籍里，他成了起义军。这让人有点纠结，前面说过了，侬家人世代生活的地方对宋朝来说只是名义上的管制，别说欺压他们，一年到头都互相不见面。

没有压制，何来的起义？杀侬智高父亲的是交趾人，无论怎样算账，他都应该杀到交趾去。跟宋朝这么死磕，怎么都说不通吧？

侬智高围城57天，办法用尽，人死了不少，考虑到之前抢了不少的东西，再加上宋军终于完成集结，开始步步逼近，他选择了撤退。

回老巢邕州。

出去旅游了5个月，他看清了这个世界。原来人生可以这样过，我侬智高，从此就是人中的帝王！

在他的骄傲中，宋帝国做出了新的反应。他们终于弄清楚了一个大前提，用岭南方面的军政体系，已经解决不了问题，必须动用帝国在北方的精英。

宋朝最初派往南方的两人是余靖和杨畋。这就透着古怪，余靖鼎鼎大名，是仁宗朝首屈一指的言官；杨畋很陌生，名不见经传。

为的就是这两个人不会在南方自立为王。

在这种思想的指导下，仗打成什么样可想而知。宋朝内部开会，再次得出了一个大前提，即光派北方的精英去领导还不够，必须把北方的军队也调过去，才能一劳永逸。在这个主导前提下，一位职业军人在宋皇祐四年十月初八，走进了皇宫深处的垂拱殿。

一个传奇开始了，他将留下千古传颂的英名，同时也把自己的一切断送了。

这个人就是狄青。

他是宋朝西北战场上硕果仅存的一员名将。垂拱殿内，仁宗皇帝为狄青设宴送行。近百年之后，宋朝第二次派出了当时的第一战将征伐岭南，更是自太宗赵光义登基之后，第一次不派文官做监军随行。狄青有权独自裁断南方一切军政大事。这是空前的信任，更是空前的压力。

对此，狄青留下了这样一句话："臣起自行伍，非战伐无以报国。愿得蕃落骑兵数百，益以禁兵，羁贼首至阙下。"

他的愿望都被满足了，宋朝派出了3万禁军精锐，随他过岭南决战。刚刚经历过西夏战火锤炼的大宋西军，从这时起，就成了北宋所有军队中最强的一部分。

直到帝国崩溃时，它都承载着宋朝人最后的希望，就连宋代最神勇的岳飞嫡系，其精髓部分也由西军组成。

当狄青的南征大军到达宾州时，余靖召见了原南方军队的主将陈曙，命令陈曙立即出战，别让狄青抢了头功。

陈曙带着8000名士兵杀向了昆仑关，输得灰头土脸。

狄青在年底率军抵达宾州，这里成了宋军的大本营，两广官军的所有将官，包括两个文官孙沔、余靖都赶来会合。

狄青升帐，第一件事就是处理陈曙。先回顾历史，有宋以来，准确地说，是从宋太宗赵光义开始，对军人是相当仁慈的，具体就表现在战败无罪上。参照幽燕之役、雍熙北伐时的倾国之败，也没见砍了谁，所以没人会把陈曙这次小小的失败放在心上。

狄青的命令却是把陈曙以下失败的将官32人一起推出去，军法处置!

一次处决32人，这在宋朝的历史上只有开国太祖赵匡胤做过，快100年了，远得都像是传说中的故事，突然间重现，让所有的人震惊不已。

余靖站了起来，他说的话很有水平："陈曙犯了军法，我也有节制之罪。"像是在主动承认错误，其实是把罪过往文官集团上拉。怎的，你难道还想杀文官不成？!

众目睽睽，狄青的回答更有水平："你是文官，不受军法处置。"言外之意，如果你是武将，现在我就杀了你!

史书记载，"靖矍然起拜"。这位敢对皇帝叫板，举国闻名的言官立即就老实了。32颗血淋淋的人头，在片刻之间就铸出了狄青铁一般的军纪。

军威已成，士气大振，狄青接下来的举动更加奇怪了。他率领着拥有压倒性优势的军队，武器的精良、军政的支持更是全方位的，却一动不动。就在宾州城里待着，唯一的举措就是下令征调10天的粮草。10天……整个南方都在猜疑，他到底想干什么?

是想在10天之内就决定胜负，把流窜两广、战无不胜的侬智高打败？不，打败是不够的，侬智高会逃，那时粮草不够，难道要饿着肚子追人玩？开玩笑，那是旷日持久的，追上一年都有可能。想来想去，大家得出了一个结论，狄大将军肯定是另有打算，战争不会在短时间内爆发了。

这样的想法，同样在邕州城里的侬智高心里生成。

侬智高不会想到，这一两天里，就是他命运的分水岭，他有一个关乎胜负的条件握在手里，只要小心些，宋朝的官军就注定要陷进泥潭。

那就是昆仑关。

昆仑关位于邕州城东北方59里处，昆仑山（非青藏高原的昆仑山）东侧。这座山巍峨险峻，谷深坡陡，素有“南方天险”之称。它的重要性，在1000年之后的抗日战争时都重现过。当时全中国唯一的全机械化军，国民党军第5军主攻，在这里击溃日军号称“钢军”的第5师团第21旅团，取得“昆仑关大捷”。

之所以有大捷，是因为有决战；之所以有决战，是因为这里是中国南方的关键点。据守昆仑关，就等于掐断了往广西前进的路线，虽然宋朝和抗日时不同，但昆仑关的天险位置和作用没有区别。

这样的地段，让狄青很头疼，更让他警觉的是陈曙上次贸然出击的后果。透过各种资料的迷雾，小心求证，会发现陈曙战败的地点叫金城，那是在昆仑关的南边，也就是说，宋军曾经在狄青到来之前就越过了昆仑关，直接威胁过侬智高的老巢！

这会不会引起侬智高的不安？经历过一次风险，只要稍有些军事常识的人，都会及时弥补漏洞吧？当然，也可能不会。对方理论上对军事一窍不通，昆仑关上或许还是不设防的，这非常有可能！但是，狄青没理由说服自己冒险，宋朝最强的西北军出战，怎么可以把赌注压在对方的失误上？

所以才有一动不动和10天的粮草征调。不仅是敌人，连他自己的部下都不知道他要干什么。突然有一天，狄青命令全军开拔，整支军队分为三段，由他、孙沔、余靖分别率领。在当天清晨出发，黄昏时分到达昆仑关下。他再次颁布严令，诸将不得妄动，第二天黎明时到大帐听令。

第二天，大帐前竖起了狄青的大将军军旗，全军将官肃然环列，静候军令。却不料久久不见动静。直到有军校从关上赶下来，对将军们说：“大将军昨夜已经率前军越过昆仑关，现在在关南归仁铺一带等你们一起吃早饭。”

欺骗了侬智高，甩掉了碍手碍脚的文官，狄青在一夜之间就把胜利牢牢地握在了手中。从踏上昆仑关的一瞬间，历史就将注定，侬智高必败。

因为侬智高不清楚汉人真正的战斗力是怎样的。也就是说，为什么狄青不强攻昆仑关，而是在夜里悄悄地翻越。

他很快就将在侬智高的眼前展示威力，历史聚焦在归仁铺这个地方。铺，是古代邮路的驿站名。在昆仑山上设关隘，行驿路始于汉代，到了宋朝，昆仑关的东路已经发展到了11站，即11铺，归仁铺排在第二。从地理位置上来说，是当地的最佳攻防点。

身后是至高处昆仑关，越往后退地势越高，有利防守；向下是南方的路，也就是侬智高的来路，叛军需要仰攻，而宋军则是居高临下。

侬智高很快就来了，这时他今非昔比，再不是刚开始时的亡命土匪。他的军队有了统一装备和着装军服，每个士兵都手执大盾牌、标枪，身穿绛红色衣服，远远望去，就像一片火焰一样。临近战场，他们分成了三列战阵，主动冲击官军。

狄青的队伍仍然分成了前、中、后三军。他本人在前军督战，把两位文官远远地挡在了身后。孙沔和余靖站在高处，他们清晰地看到两军接战，宋军立即就支撑不住了！

前军的右将孙节是全军的总先锋，开战伊始，两军冲击，他很快就淹没在人海里，他的军队开始分流，一部分在归仁铺的开阔地上顽抗，一部分向两边的高坡上退却，等于撤出了阵地。

前军动摇，后面的两位文官神色大变，很明显，又一次的败仗即将到来。他们开始绝望，身为曾经的京官，开封城里有多少家底不是什么秘密，就算再派出援军，规格也很难高过这次了，难道说长江之南真的要改天换日了吗？

与他们相反，狄青很平静，眼看着部队濒临崩溃，他似乎无动于衷。也许是他梦回吹角连营风雪苦寒的西北塞外了吧，那时数十万人喋血沙场，多少英雄曾见惯，眼前的小小争端算什么呢?

狄青站了起来，举起一面白旗向阵后挥动。那里有他隐藏着的秘密，从西北方面带来的数百名蕃落骑兵。虽然只是几百人而已，但他们起到的作用，是压阵的文官还有对面的侬智高所无法想象的。那关乎一些光辉耀眼、传说中神奇得近乎奇迹的名字。

汉之虎贲、唐之玄甲。

在那些奇迹一样的战役里，他们往往创造出最震撼的奇迹。虎贲军有些远了，唐朝的玄甲骑在天可汗临战时，不止一次从对方阵前直突阵尾，再原路杀回，不止是打乱对方的阵脚，更是从根本上击溃敌方的士气。

玄甲骑，只有一千余人。

那么，面对两三万人的侬智高部队，几百名蕃落骑兵能起到什么作用呢？当天归仁铺激战，蕃落骑兵没有理会与宋军前锋纠缠的叛军队伍，而是分成两队直插侬智高的后阵。疾风般的速度，是侬智高这些南方原住民做梦都想不到的。

那不是他们善走山路的西南小马，而是宋朝西北边疆上与党项人争锋角逐时的草原骏马，这就是狄青之所以要在夜里潜渡昆仑关的原因之一，你不能要求草原上的战马迅速爬坡，就像这时侬智高也没法应付踏上平路战阵的剽悍骑兵一样。

蕃落骑兵插进了叛军的后队，左军向右，右军向左，在整个战阵中交换位置，连带着把侬智高的队伍搅乱。没等对方有什么反应，他们马上又来了一遍，就像当年的玄甲军那样，视敌阵如无物，来回穿插，反复杀戮，直到侬智高的军队崩溃。

归仁铺就是侬智高的终点，一切都结束了。

叛军向邕州方向逃跑，宋军一路直追，50 里之后临近邕州城，截至这时，捕斩 2200 人，活捉 500 余人，汉奸军师黄师宓、黄玮等人都在被杀名单之内。侬智高本人很幸运，他逃进了城里。

夜色降临，邕州城外官军脚前脚后地杀到。狄青一直记着自己的诺言，要把侬智高的首级带回开封，献给皇帝。在他想来，接下来会有更艰苦的战斗，邕州是西南第一重镇，城高池阔，如果叛军据城死战，那就是一个比昆仑关还要命的噩梦。

总不能让蕃落骑兵飞越城墙吧？

可是他白担心了，就在狄青布置围城，准备攻坚时，邕州城里突然间火光冲天，整个城市变成了一座火海。侬智高焚城自尽了！这是全体官军第一时间的共识。可狄青不那么想，“异族”反叛，最棘手的就是生不见人，死不见尸，你打赢了一次，他躲起来，事后还会再折腾，没完没了。

不能再等了，他下令不惜任何代价，强攻进城，不论是活的还是死的，必须把侬智高抓到!

邕州城在当天夜里被攻破，连夜搜城，史书中留下了3点记录：第一，投降者免死，共招回被胁平民7200人，放归乡里；第二，反抗者必死，被杀的共有5341人；第三，发现了一具身穿金龙袍的尸体。

最后这一条让全体宋军高兴，没有疑问，这具尸体就是侬智高的，叛匪首领被击毙，功德圆满，无可挑剔了，狄青要做的就是写奏章报捷。但是他再一次犹豫，说了一句非常违背传统的话——这或许是个骗局，这具尸体不一定就是侬智高的。

这句话像一盆冷水，实在让人费解。自古以来军功章里都有大量的水分，很多事人人心知肚明，可都不说出口。就比如这具穿着金龙袍的尸体，不管是侬智高留下来迷惑官军的，还是官军随便找具尸体套上的袍子，效果都一样，就是下班收工了，皇帝拿赏钱来!

狄青否认了，就是在挑战潜规则，甚至是拿自己的诚实，来搞垮整支军队的荣誉，破坏大家到手的赏钱。

因为狄青的坚持，关于侬智高的下落，史书里标准的说法是他从合江逃到了大理国。但是从此之后，就再没有这个人的官方消息。

他没有再出现过。

宋皇祐五年（1053年）四月初三，狄青还朝。仁宗再次在垂拱殿设宴，百官出席作陪，皇帝亲自把盏斟酒，为狄大将军庆功。几天之后，又在这里观看狄青指挥蕃落骑兵重演归仁铺破敌场面，与此同时，下令宰执大臣为狄青议功。

狄青仍然是枢密副使，外加一大堆的荣誉性头衔，比如上国军节度使、检校太傅，给他的四个儿子连升数级，外加一大笔钱。

这件事就此结束。

# 第六章　百年经营铸高文

宋嘉祐二年（1057 年）一月，又一届科考开始。宋朝科考无数，中国历史上的科考无数，但论地位，这一届无与伦比。

前提是文学方面的。

中国文学史上盛称“唐宋八大家”，其中唐二宋六，宋朝所占的这六个人中，有四人是在这一届的科考中会聚，盛况可谓空前绝后，数遍中华历史，只此一份，再无后继。

抛开这位“不畏浮云遮望眼，只缘身在最高层”的神仙爷，说说这四个人。四人之中，欧阳修在当时为首，他是主考官。这是历史的契机，他此时整整 50 岁，以他从小就深深刻在脑海里的韩愈文集开始，他成熟了，对于文学，对于历史的掌握，让他真正懂得了什么样的“体”，才足以载“道”。

这是个根本点，在这次科考之前，体和道之间可以说是本末倒置的。浅显地说，就是全天下的文人墨客都以讲究辞藻为能事，谁会修辞，谁就是大家。这样一来，文章中全都是些讲究到极点的险韵、怪字，大家争奇斗艳，看谁能玩出见所未见的花活儿。

至于文章的宗旨，这个世界上为什么会出现文章，这个终极问题就无人在乎了。欧阳修身为当时的大方家，注意，还不是大宗师，他非常愤怒。他一直在倡导要恢复古文，像古人那样，文章的第一要务是要把事儿说清楚。

得于国家有利，得于民风有益，文章绝不是时装秀，科考也不是 T 台，这是要传颂万代的，不仅仅是一时的敲门砖！

他抱着这样的想法走进了贡院，寻找符合自己要求的举子，他找到了。这真是个异数，茫茫神州，幅员万里，宋朝开国百年，文教之盛，是自有文字以来所未有的。可是能和他心灵相通的人，居然在辟远边陲的西鄙之地——四川境内。

四川在当时是地道的穷困地区，财富是这样，文化上更是。数遍整个四川，在这次科考之前，只出过两个进士。

一个在真宗天禧年间（1017—1021 年），是位姓孙的中举。另一位出在仁宗的天圣二年，他姓苏，叫苏焕，眉山人氏。就是在这一年，眉山当地欢庆新举人产生的时候，有一个 17 岁的少年变得沉默了。他就是苏焕的三弟——苏洵。

苏洵是一个快乐的青年，此前的岁月里玩就是他生活的全部。这时他被震撼了，二哥的荣耀、父亲的笑脸，让他开始觉醒，功名，原来是这样好的东西吗？他重新开始读书了。注意，是重新。这个人的聪明才智毋庸置疑，但就是玩心大，只此一点，就铸就了他一生的郁闷。

17 岁时发奋读书，苏洵是真的努力了。3 年之后，下一届科考开始，他一次性通过了乡试，沿着哥哥走过的道路，向传说中的繁华帝都前进。这时他深信，世界是他的，功名是他的，一切都是他的。但是结果……他落榜了。

当时他只是觉得有点沮丧，或者有点惊讶，为什么没有考上呢？没有动怒，也没有半点的悲哀。他知道自己还很年轻，这时才 20 岁，再考就是了，想着我这么聪明，肯定会成功的。于是，他轻装返回家乡，回程的路上，顺便饱览了名山大川，江河湖泊。他的眼界开阔了，胸襟变得宽广了。

悲哀也在这时悄悄地降临。

他读书的本意是为了功名，这一点始终不变，贯穿了他的一生。可他的性格，却在另一条轨道上。他精力充沛，性格倔强，而且胆子超大。这几样素质凝结在一个人的身上，就注定了他不会乖乖地听话，尤其是不会听那些他认为不如自己的人的话。

这时他 20 岁了，此前只是个懵懂少年，他可以深信书本，去死记硬背，为了功名不顾一切。如果能在这一届考中，他就会沿着富贵之路顺利地往下走。可他没考中，重新回到了天地自然之间，这就不好说了，他的心灵在成长，学识在按着他的天性，选择性地积累。

再不是别人教他怎样，他就怎样做。

这是他个人的不幸，却是整个中华民族文学史的幸运。历史可以证明，每一个非凡人物的成长，都有他自我觉醒和自我完善的过程。

没有任何伟人，是教室课堂里批量生产的。

苏洵一路漫步回川，他看到了剑门以外的世界，也有了人生中的首次挫折，这些都让他的心灵起了变化，奇妙的是，这些变化是他本人事先想不到的。他厌烦了书本，那些用来考功名的声律、默义等“学问”，再也引不起他的兴趣。

他成了当地的一个怪人，年纪轻轻，不务农、不经商，也不读书，有时一个人默默发呆不说话，有时候却和一大群浪荡少年欢呼纵饮，旁若无人，但更多的时候是游山玩水，登临湖海，若有所思。如果不是他在这段时间里结了婚的话，就真的像个世外散仙了。

这样的生活一直持续了近 4 年，好日子终于到头了。他妈妈突发急病，医治无效。这时他才感觉到了悲哀。“子欲养而亲不待”，这是人生最大的伤痛，而苏洵的痛苦更深一层，他根本就没想过母亲会走得这样早，所以还没有开始“养”呢！

他要给母亲以荣耀，于是迫不及待地抓起了当年扔下的书本，功名，无论如何他要快速得到功名！从这时起，从他 27 岁到 39 岁，共 12 年，他夜以继日发奋苦读。就像《三字经》里所说的那样：“苏老洵，二十七，始发愤，读书籍。”

12 年间，他两次进京赶考，每次都踌躇满志而去，失魂落魄而归。他实在是搞不懂，自己真的就那么笨吗？为什么他看不上的那些人都能金榜题名，自己却一再地名落孙山？39 岁那年，科考再次不中，他抑郁满胸，无可排解，再次走向了山水之间。

历史的契机出现，福无双至，祸不单行，就在他走向江西庐山寻求心灵的安慰时，他的老父亲故去了。

苏洵千里奔丧，踉跄归家，细思量12年间双亲故去，自己年近40岁，居然一事无成！人生至此，恨不得自残才能稍微痛快点。

某一天，他万念俱灰，在父亲的灵前把自己这么多年来写的文章一张张地扔进了火盆里。科考、功名，此生再也不想了……但奇迹就在这时出现了，万念俱灰才能否极泰来，扔掉了以往的所有，一个新的天地豁然出现。苏洵在守孝期间百无聊赖，把家中所藏的几千卷古书博览了一遍。

那些书，是中华民族自春秋战国以来一脉相承、从无间断的文明之光。这道光束，由孔子点燃，他死后百余年由孟子继承，之后数十年有荀子，再二百余年后有扬雄，后千余年出现了韩愈。韩愈至宋，已经近三百余年了，此间战乱频仍，再没有哪位大家能够重振汉文声威。

三百余年的空白和期待，有些人在繁华世间声名显赫地追寻着，像欧阳修；也有人在西陲一隅默默地若有所思，像苏洵。

抛去功名的牵绊，他返璞归真，同样沿着这条路向前走，他注定了会和欧阳修殊途同归。但同文不同命，闻达各不同。他这条路走得太慢、太累、太沉默了。

自39岁起，至46岁，他才盼到了人生的一线曙光。他不再想着进京，京城却终于有一位名人来到了西蜀。这是位有能力、有见识、办实事的人才。尤其难得的是，此人的成长经历与苏洵有些相似，这让他们有了共同语言。

命运向他微笑了。

这时的苏洵和从前判若两人，年轻时跳脱浮躁，现在却变得深沉寡言，当时满腹的应试文体，换作对世间万物的认识、见解以及解决的办法。

他成了一位大儒。所谓大儒，不仅要精通百典，更要自成一家，向内可以自省己身，向外可以为天下排忧解难。以这样的见识和胸怀写出来的文章，才是自孔子始，至韩愈兴的中华儒家的正宗体系。

细思量会发现，苏洵的人生，就像宋朝的国运一样，是偶然还是必然呢？透出那么多的巧合，让人掩卷深思，摇头苦笑。

比如他的人生曙光。

皇祐五年（1053年）前后，苏洵建立了自己的学术体系，他一生中最重要的几篇文章都已经写成。但是由于地处边疆，无人问津，眼看着要老死乡里，默默无闻终生。别忙，外面的世界很精彩，突然间刀兵四起，烽火连连。

侬智高叛变了。之后，整个南方都传颂着鬼面战神狄青的威名，一战成功，飞越天险，他的名字一直到南宋都让人怀念。打住，请问有谁能把这样的大事和一个眉山地区的乡巴佬儿联系起来呢？

事情就是这么奇妙，这居然是苏洵的春天。侬智高逃到了大理，之后就有个传言，他会再打回来，其突破口就是与大理邻近的四川。

一传十，十传百，谣言可以杀人，更能轰动天下。最后，连开封城里的大佬们都坐不住了，除了从陕西调重兵向四川集结外，还派去了一位能人——前三司使张方平。

张方平，字安道，河南人。这个人做官做到了两府之下的计相，却不是进士出身，要说学问从哪儿来，比苏洵强了很多。据说两宋文人大排名，如果以聪明强记为标准，他名列第二，只比苏洵的那个儿子，不世出的大天才苏轼稍逊色一点点。

他能一目十行，过目不忘。曾经向人借“三史”，10天即归还，里边的每一句话都能牢牢记住。至于为什么他记忆力这么强，也是迫不得已。他家太穷，生活都成问题，想读书只能去借，现实逼得他必须又快又牢地记住。

简短地讲，张方平把四川的局势稳住，军政两手抓之后，还很重视文化，是他发掘了苏洵，并替苏洵铺设了一条通往帝都开封的路。

张方平给欧阳修写了封信。这封信非同小可，据考证这是他与欧阳修之间仅有的几封信之一，他俩本是冤家对头。

张方平当年是吕夷简的亲信，欧阳修是范仲淹的“朋党”，几十年间斗得手段用尽，你死我活。但是只要回归到文学上，他们就又变成了谦谦君子，古道热肠。这一点是后来神宗、哲宗、徽宗年间的文臣们所不能比的。

从某些角度来看，他们都是君子。

苏洵在两年后离开眉山，来到了京城。这是他第三次进京，此番不比往常，他几乎是立即就变成了一个奇迹。在短时间内，他和京城里的顶级官员、名臣都建立了联系。比如欧阳修、余靖、田况、文彦博、韩琦、富弼等人，都收到了他的文章和信件。

无一例外的是，大家都喜欢他的文章，却对他的人微笑不语。

苏洵很纳闷，难道是自己哪里做错了吗？回头细想，他来京城是有目的的，儒家是入世的，穷则独善其身，达则兼济天下。他看到了现实中宋朝的各种问题，想为天下人实实在在地做些事，这些想法，甚至解决的办法都在文章和信件里表达清楚了。

那么，为什么朝廷里的名人们不理他呢？

这就是他的命运，他来得不是时候。如果早15年的话，那时与西夏开战，宋朝打破一切陈规陋习，只要是有用的想法都会采纳，他那时出现，不难博取功名；可是15年之后，不说现在皇帝还在病中，早些年的庆历新政里，已经有明文规定，不许越级提拔人才，从那之后等级制度牢不可破。

人人都在体制内，您得是什么样的圣贤，才能给您破例呢？

何况，他的具体做法也太剽悍了。比如，在给韩琦的信里，他要求韩琦大开杀戒，狠狠地杀一批懒惰的士兵，军心士气立即就会振作。方法对不对？对，狄青就是这么做的。可那是临敌时，现在是和平时期，并且今日之韩琦，再不是西北时的少年相公了。

杀人？韩琦高洁得像天空中飞翔的羽翼，凝练得像雪山之巅的冰雪，再也不做那些粗活儿了。

再比如给富弼的信，他开口就是指责，从庆历年间说起，直到这次上任，毫无建树，一点情面都不留，怎么狠怎么讲，不给当朝宰相留半点面子。

是不是得失心疯了？不，之所以这样做，是孟子教他的。

孟子曰“说大人，则藐之”，这是孟子一生的行为准则。比如，他效法孔子周游列国，游说到梁惠王时，除了言语不逊之外，转身就能说出“望之不似人君”的话。

看你就不像个当君王的料。

可以说是胆大妄为，不把君王放在眼里，更可以说，他违背了儒家的最高宗旨——君君臣臣父父子子。上下尊卑有序，不管他是不是圣人，绝对没有这样藐视上级的道理。

可他就是做了，说句到家话，这也是迫不得已。战国时期，以及后来所有的战乱时期，只有用这样的手段，才能让当权者信服，例如诸葛亮就是这样说服孙权的。

说到这里，就可以看出苏洵这个人在学问上的巨大缺陷了。他是大儒不假，文章写得超迈古人、独步当时更是真的。但有一点，他这个大儒，准确地说是先秦时代的大儒，他自学成才，一直闷在蜀川之中苦思冥想，把先秦时代的思想都研究透彻了，可与当时的社会现实离得太远了。其结果，很像一个落寞武士的自白。

那位武士输给一个人后，用10年光阴闭门寻找对手的缺陷。10年后终于豁然开朗，自信可以击败对手。可是转念一想，又沮丧得要死，他明白自己和对方的差距比当年更远了。

他找到的是对手10年前的破绽，这10年来对手没有进步吗？可他自己的进境，却仍然是相对10年前的！

苏洵就是这样，用先秦时的理论、做派在千余年后的宋朝实践，其结果只能是到处碰壁，一片茫然，给整个权力层留下恶劣的印象都不自知。说句难听的话，如果不是他的儿子们运气超好，正好这届科考是欧阳修主管的话，父子三人灰溜溜地回川都是可能的！

不过这也怪不得他，当年孔子、孟子周游列国时，难道就得到什么好果子吃了吗？研究历史，就是要正视当年发生的事，像寻病根一样找到问题所在，好在现实中加以避免，这才是研究历史的意义，而不是追念古代辉煌，让现代人活在梦里，来缓和眼前不如意心态的故事书。

说到这里，索性多说几句题外话。关于“大儒”这个词，对现实的意义是什么？

首先，作为百家学说，儒家的存在绝对是划时代的产物，是中国这个独立于世界民族之林的文化根基。这是积极的、了不起的。

但是有一点，儒家学说里有一个大缺陷直到今天也没法自圆其说。比如它是入世的，得解决人世间产生的具体问题，如军事、经济等。这就出世了，现在我们知道，每个问题都要具体问题具体分析，在现实中找到解决的办法。

很多时候，问题都是随着时代的进步出现的，那么解决的办法也一样，得创新，得研究才能出现。就好比新病毒和新疫苗的关系。

但是在儒家学说的统治下，解决的办法不在现实中研究，而在古人的书籍里找注解，找答案。这就是大家在看中国的各种古代文献时，动不动开头就是“古人云”的原因。什么事都要看老祖宗是怎么解决的，然后我们大家照搬就是。

这样行得通吗？！

不光是进入21世纪，就算在千余年前的北宋时期，苏洵都碰到了死对头，那就是后来以“天变不足畏，祖宗不足法，人言不足恤”而闻名天下的“三不足”大臣王安石。

王安石这时奉旨回京，做群牧判官，负责全国各地养马的事情。他们在欧阳修的家里见过，初见面就互相看着不顺眼，两人都是一样的倔脾气，一样的恃才傲物，碰巧也是一样的自学成才。这样理想的冤家对头，你说还能去哪里再找呢？

老苏和王安石成仇，连带着大苏和小苏后来也和王相公长久不和。当然这都是后话了。说过了大儒，下面进入科考正题。

宋嘉祐二年（1057年）的科考终于开始了。那个几乎可以代表整个辉煌璀璨的宋代文化的人——苏轼（苏子瞻），终于横空出世。

关于苏轼的才华，在中国已经是一个神话，被称为“坡仙”。当然，那是在他叫苏东坡之后的事了。

“东坡”这两个字其实一点都不美妙，是他个人的一次惨痛记忆。不过，也正是自那以后，他的文采、书画才超凡入圣，达到了有宋一代才子第一的程度。

至于他的才华是怎么来的，每个时代的教育家都会强调，跟李白一样，“只要功夫深，铁杵磨成针”。也不管人家李白是不是愿意，就下这样的定义。苏轼就很坦诚，他成年之后曾经交过一次底，说“书到今生读已迟”。

传说他的妈妈程氏夫人生他的时候，曾经梦到了一个俊俏的和尚向她顽皮地眨着眼微笑：“妈妈，我做你的儿子好吗？”苏轼由此诞生，这也是他一生喜欢与和尚为伍的一大原因吧。稍微长大后，他的父亲把他和弟弟苏辙送进了眉山当地的一座道观，跟道士张易简读书，学的主要是声律。

这是个关键点，是苏轼的造化，更是中国人的幸运。声律学很重要，它对苏家人的影响，可以说，成也声律，败也声律。

声律，就是作诗赋词的技术。一个读书人，怎么能不会作诗呢？但就是这样尴尬，老苏就倒在了这上面。他什么都强，就是不会作诗。每次科考都是勉勉强强地凑数交上去，其结果自然是被考官扔进废纸篓。苏轼就不同，他的声律功力睥睨千古，傲视当代，宋词只要流传一天，就永远会有人记得眉山苏氏。

这就与苏洵有自知之明，把儿子送给别人来启蒙有关。不然，苏轼和苏辙就又是两位大儒，而不是坡仙与宰相了。不过不管是什么，他们都得先跟着同学们一起迈进贡院的大门，吃几天考生饭再说。

要说科考，在大家的印象里，估计就是在一座像省级监狱的高墙之内，排列着像一排排进口猪舍一样的低矮小房间，没有窗户，没有大门，只有一张床和一张桌子，唯一的出口就是标准的铁栅栏，走进来就上锁，每天只会递进来一些吃的喝的。

除此之外，严防烟火，因为就算有火灾地震了，这道铁门也得到交卷时才能打开！

基本上就是这样，在宋代比较特殊的就是时间和一些制度。

比如说主考官欧阳修，他就得在贡院里至少待上 50 天。至于为什么，请看他的工作量。他得出题，还要阅卷。每届至少一两千名的考生，每个考生都有声律、墨义等各种答卷，都得由专人抄写，让字迹不可辨认，光这一项工作，得多少个工时才能完成？

所以说考试嘛，不仅是考学生，更是折腾老师。而折腾，更是宋代科考的一大特色。

印象里考生们不许走动，只能在自己的小屋子里一直憋着写字，直到交卷。宋代不这样，比如某考生在答卷时有疑问，不光是对题目的疑问，就算自己的学识哪处说不准了，都可以去请教主考官。这叫作“扣帘”。

欧阳修在这一届就被扣帘了，扣得他瞠目结舌，终生难忘。

那时是黄昏，欧阳修已是半百的人了，一介书生，既是近视眼，又有糖尿病（史书记载），累得实在懒得动弹，可这时一考生“扣”了过来。

——“学生打算在文章中引用尧舜的典故，但不知尧舜是一个人还是两个人，请先生指教。”

“哄”的一声，周围彻底笑场，欧阳修目瞪口呆。这就是宋朝这一届科考之前，通过乡试的学子们的功夫！更绝的是大家都笑成这样了，那个考生还在帘外毕恭毕敬地等着。

欧阳修想了想，很正经地回答——“这个……嗯，是有点难度，我看你还是别用了吧。”

到了阅卷的时候，乐子就更多了。比如说某位考生的大作里就有这样的词句——天地轧，万物茁，圣人发。意思想必大家都能理解几分，可是有必要在说事论理的文章里玩这样的词句游戏吗？欧阳修这次存心寻这人的开心，给了6个字的评语：“秀才剌，试官刷。”

然后，用大红朱笔从头到尾像刷墙似的抹了个全红，有个名目叫“红勒帛”，再批上“大纰缪”三个字，贴到外面的大墙上示众，以儆效尤。

以此类推，欧阳修砍掉了绝大多数的“优秀”考生，也把人都得罪了。三年才有一次科考，大家都是按照老规矩老要求复习的，你凭什么这样难为人啊？！

考生们想不通，发榜之日在大街上把欧阳修拦住，那情形就像农民工找黑心工头要债一样，污言秽语，推搡叫骂，要不是当天遇上了巡街的禁军，大才子欧阳修就得进医院了。就这样，他回家后，院子里还被扔进了一大堆一大堆的问候纸条。

这时候，苏氏兄弟已经在繁华的东京街头游玩闲走了。他们是幸运的，比他们的父亲幸运太多了。苏洵之所以总是落榜，除了声律之外，最大的原因是文章的底蕴和之前科考的标准严重不合拍。而如果他教出来的两个儿子，还是遇上之前的考官们，可想而知结果是怎样的。

父子三人把家还，六行长泪落涟涟，一个字，惨；两个字，很惨；三个字，非常惨！

这就是这届科考的重要性和幸运点了。没有欧阳修，就没有三苏名扬天下；而三苏不来，欧阳修也没法装点起文学盛世的门面，他要改变天下学子的文风，就更是一句笑谈了。简单地讲，嘉祐二年（1057年）的正月，是三苏的幸运月，苏轼、苏辙都顺利通过了礼部试，就等着殿试时大显身手了。闲来无事，初到帝都，想想人世间最繁华的东京汴梁城就在房门的外面，20岁出头的青年会闷在房里，一动不动吗？

苏洵与苏辙很可能一静到底，苏轼却一定会悄悄地溜出去，把开封城的每一个角落都走遍，看清这举世无双的繁华盛景。

首先是回忆，他从西南方的四川来，正好可以在第一时间接触到都城的精华，即东京城外城13个城门（包括水门）中的正南方“南薰门”到内城，即皇城的“宣德门”这条御街。

进城之前，他首先看到的是一条宽约40米、植满垂柳的护城河，以及那条蜿蜒曲折，像一条游龙一样凹凸不平，不规则地建在护城河岸边的外城城墙。这道城墙很怪，让人看着高深莫测，很多人不喜欢它，因为它不够平整漂亮。

包括后来的宋徽宗赵佶。他把这道城墙拆了，重新砌了一道整齐的矩形城墙。可惜在女真人的石炮打击下，很快它就塌了。只有到了那时，人们才会想起原先这道老墙的设计师——宋太祖赵匡胤。这道老墙在军事上有特殊效果，它的不规则能缓冲猛烈的攻击力！

这道老墙的里面，才是真正意义上的开封城，人口超过盛唐时长安城近10倍的人间天堂。

# 第七章　千年显赫大梁城

苏轼走过周长48里的外城，进入周长20里的内城。在他眼前展现的是一条无与伦比的、古今罕见的长街。

这条街笔直宽阔，长七八里，宽200余步，直抵皇城的南面入口宣德门。惊人的宽阔，被分成了5条通道：最中央的一条，给皇帝专用；两边的水路，用巨大的条石砌成渠岸，岸边种满了桃、李、梨、杏等果树，沟里是成片的莲花。

每年花信风吹过，五彩缤纷的花儿就开了，这条长街变成了花的河流，一路芬芳伴随着百万居民。

岸边是一排红漆栏杆，它既是水路的屏界，更是一道标志，它划出了左右两条人行车马道，名叫御廊。这条御廊就是北宋繁华的象征，它布满了店铺、民居、官署，还有很多杂七杂八说不上高雅的去处。它们合在一起，酝酿出了中国历代王朝中独一无二的北宋风格。

苏轼随着人流慢慢地走，眼前先出现的是内城朱雀门前的龙津桥。这是御街三段景的头一段，这里的商家很多，但货物的档次不算太高，算是平民消费区，主要经营时鲜果品、笔墨纸张。这很对苏轼的胃口，他会选些果子吃，再挤进人堆里看看字画条幅的功力，然后撇撇嘴再挤出来走路。

四川最不缺的就是水果，苏轼最擅长的就是书画笔墨，这些东西都不在他的眼里。他的兴趣很快就被一座亭子、两座道观所吸引。

亭子名叫“看街亭”，说来这真是仁宗皇帝的悲哀。据记载，宋朝的皇帝除了应付外敌御驾亲征之外，就只有赵恒当年去四处烧香拜神了，其他的都没走出开封城周围100里。他们贵为人间最富有、最强大的皇帝，所活动的空间只有周长5里的皇城。除此之外，就只有坐上从唐太宗李世民开始，一直在用的那辆玉辂，一路“吱吱呀呀”地在御街上转两圈。

转时也很烦，基本上只能看到马屁股。这时仁宗就会叫停，他登上这座看街亭，俯瞰皇城外的市井生活，民间百态，算是一次难得的放松。

不知那时，他是自豪，还是羡慕……

看见道观，苏轼有点犹豫，人家喜欢和尚，不过有时好奇心最强大，他还是走了过去。准确地说，是走向了街东头。

西边是延真观，接待四方道民，是一处宗教大旅店，实在没有看头。而东边的五岳观，那就非同小可了。五岳，中国人都知道是五座名山，名山里住着神仙，比如东岳泰山就是管全人类转世投胎这项超级重要的工作的。

权力超大、道教的狂热鼓吹者宋真宗赵恒，就想出了一个好办法，把五岳尊神都请进京城，就在御街上安家落户，朝夕与他做邻居。于是，这座五岳庙就成了北宋“最为雄壮”的道观。苏轼边走边看，摇头叹息，真是不来东京，不知天下之大；不看这座道观，不知皇帝能做出啥！

接着走，他就看到了竞争对手扎堆处，宋朝的国立大学——太学。这个所在目前来说，说大不大，说小不小，要到20年之后，才能扩大到生员3000人的巨大学府。当然，那是神宗陛下和王相公的作为了。这时苏轼看着这衙门，嘴撇得更厉害了。一群手下败将，礼部试第二名在此，你们哪个不服气？

以前学的都作废了，以后就跟着欧阳老师和我走，自然少不了你们的功名富贵……呵呵。再往前走，最精彩的地段到了。查年纪，苏轼这时只是个21岁的青年，真是犹豫，到底让不让他在街上拐个弯呢？

只要在太学的旁边拐进去，就是一团胭脂粉香、莺声燕语的旖旎风光。烟花柳巷到了，宋朝的学子们很香艳，他们每天读书时就能听到道士们的吟唱声和妓女们的打情骂俏声。阿弥陀佛，罪过罪过，还是快点走过去吧。

第一段终于走过去了，它是御街最长的部分，共有5里。接下来的这一段，就是让人最神往的州桥段落。

州桥，还记得《清明上河图》里那道弯弯的、狭窄的虹桥吗？桥下面河水滔滔，桥上面车水马龙，居然还有生意人搭起来的大伞篾棚，生意做到了见缝插针。但这和州桥比起来，还是小巫见大巫，比较不入流。

州桥，又叫天汉桥，意喻它就是天上银河的桥梁，又宽又长，请想象一下它是连接307米宽的超级长街的桥！苏轼向下看，滔滔的汴河水从桥下流过，不过没有船只通行。一来它是石柱支撑型的桥梁，不像虹桥那样横跨两岸；二来再向前就是皇城和各个衙门了，船只的流动性太大，对安全有威胁。

再向四周张望，能看到它正处于子城的中心点，御街和东西御道的交叉点上，是名副其实的市中心。

这时，苏轼应该有些懊恼，他这次是初到京城，不知道州桥之美是在夜色阑珊时，他来早了。入夜之后，这里才会真正生动起来。那时，桥面上灯火明亮，挤满摊床，会变成苏轼这个中国最著名的贪吃鬼的天堂！

所有你能想到的美味小吃这里都有，你想不到的宋朝人也会做出来。

从华灯初上，到半夜三更，不管你什么时候来，这里应有尽有。煎炒、熬炖、蒸煮、凉拌，鸡皮、腰肾、鸡碎、旋煎羊、白肠、鲊脯、烧冻鱼片、獾儿、野狐、盘兔、旋炙野猪肉、野鸭……吃腻了荤腥，州桥上的时鲜果品更是上乘货色。

如果您身份高贵，不屑于跻身民间，州桥附近更是酒家连片，以桥南端与曲院街接口拐角上的遇仙楼正店为最，号称“台上”，是东京城首屈……那个三指的地方。因为如果要去酒家，东京城最好的选择毫无疑问是“樊楼”和“任店”。

去樊楼，要先向东转，它在皇城的东华门外。事实上它比皇城还要醒目，查资料可以显示，已故的柏杨老先生很可能说错了，他在《中国人史纲》里嘲讽中国封建年代时，说全国的建筑物都非常低矮，不许超过皇宫的高度。

可北宋仁宗年间不这样。樊楼是一座“三层相高，五楼相向”的庞大建筑，考虑到当时是砖木传统结构，说三层，实际上是指楼梯上的三层，也就是说，它是座四层楼高的酒店！皇宫的规格虽高，但就以举行大典的天安殿也高不过它。

五座四层高的楼体彼此连通，层层都有飞桥栏杆，栋与栋之间明暗相连。苏轼站在夜色中，仰头望去，看到每间阁子的窗口都挂着珠帘绣额，透出温暖的灯光，每个屋檐的瓦垄上也都挂着一盏灯，远远望去，樊楼就是梦幻般的一团光雾。

在苏轼的眼里，是一片激动、羡慕又懊丧的光雾……俺是刚从剑门走出来的川娃儿，腰里实在没几贯铜钱，这么上档次的地方，让俺怎么进去耍嘛!

实际上，他进去也看不到樊楼在中国商业进步意义上的独特位置：第一，他身在局中，跳不到历史的大天空里去俯览；第二，食客是注意不到那些细枝末节的，比如樊楼的后厨房，那才是它在历史上留名的价值所在。

谁都知道，古时候都是手工业者的小作坊式生产，就好比从前的农民，一家子不分工，从播种、插秧、锄草到收割等农活儿谁都要做，映射到餐饮行业，就是现在的夫妻店。

与之相对应的是现代的大酒店，那里边分工明确，每个人各自负责一摊。这就是划时代的特征，只有酒店开到了一定规模，社会的消费力也达到了相应的高度，才能出现这种分工。

樊楼在一千多年前就做到了这一点。它的经营由三部分组成：第一，每层楼各有一个主管，由他主持本层业务，樊楼 5 栋 4 层，至少要近 30 个人；第二，是后厨房，一共 20 层的食客，都得照顾到，要知道那个时代没有煤、气、水、电；第三，就是樊楼的特权了。它之所以这样强盛，是因为它有国家特许的酿酒权。每年官府配给樊楼 5 万斤酒曲，平均每天用曲 137 斤，可以酿酒 5500 斤以上！这些酒樊楼可以自产自销，也有权散卖给别的酒店。

有这些内在的支撑，才有苏轼在楼下看到的那团光雾。

夜幕下的开封城光怪陆离，它就像突然出现在历史天空下的奇迹。宋之前没有过，宋之后也再没有呈现，甚至仁宗朝之后，它就有些失色了。

# 第八章　四十五年无太子

宋仁宗一生最大的痛点不是李元昊，更不是内部的叛乱，而是他没有儿子。庞大的文官集团最出彩的地方，就是在他没有儿子的情况下，怎样为他立了一个太子。

做得最精彩的是司马光。

隆重介绍，司马光登场。

司马光，字君实，号迂叟，陕州夏县涑水乡人，生于宋天禧三年（1019年）。因为出生时他父亲司马池正在光州光县做县令，所以取名为“光”。嗯，只是不知为何不叫司马光光。此人出名极早，成名之后着重宣传的是他7岁时就能给家里人讲《左氏春秋》，为他之后成为大历史学家作了铺垫。不过谁都知道，他小时候真正名闻天下的是另一件事。

司马光砸缸。

俗话说“3岁看到老”，从这件事中完全可以看出这人的素质，勇于决断，不顾一切地实施。这些都是真的，在他此后近70年的生命里，他一直都是这么做的。不管对象是一只缸，还是一个国家。

奇妙的是，这样一个人，在他活着的时候，这些都隐藏得非常好，让人看到的一面是温文尔雅、知书达礼、非礼勿做的一位圣贤，而不是本应比唐介还要凶狠凌厉的官场屠夫。之所以会这样，只有两个可能：一是当时北宋所有的人都瞎了；二是司马光本人的官场功夫实在到家，一边凶狠，一边让所有人敬爱。大家想，会是哪个原因呢？

说到这里，貌似我有点唐突圣贤，与中国人心中普遍存在的司马光大师的形象严重不符。到底怎样，还是让事实说话。世事纷繁杂乱，透过层层迷雾，我们会发现，整个立太子事件，就是司马光以外地官员进入京师官场的一场完美上位秀。

事情刚开始的时候，司马光还在西北的并州做通判。我们来回顾一下他的仕途历程。

司马光考中进士时才20岁，国家非常重视他，留在京城里做奉礼郎。这是殊荣，可他没有接受，主动要求到边远的南方去，理由是他的父亲司马池当时在杭州做官。

他的起步和包拯一样，化忠为孝，感天动地，一直在苏州做判官，直到父亲去世。守孝结束后，他回到京城任职。不过很快又出去了，展现了他为人的另一面。

绝对、完全、毫无保留地忠于领导。注意，这个领导，并不是孔夫子教导我们的那位独一无二的皇帝，而是当时的独相庞籍。

历史没有记载他们是怎样一见倾心的，司马光从此对庞籍像父亲一样地爱戴和尊敬。这不是乱讲，有无数事实可以证明。最重要的两点就是：

第一，庞籍在狄青升官事件中被梁适搞倒之后，调离京城到西北当官。司马光的选择是放弃国家安排给他的正规工作，跟着老领导下放改造。就这样，他来到并州当通判。

第二，庞籍在西北继续倒霉，他像老朋友范仲淹那样继续向西夏纵深处修堡垒。这就是罪过，和平时期了，你为什么还要一再生事呢？而和平的表现，就是西夏小皇帝在妈妈和舅舅的英明领导下，隔三岔五地向宋朝边境出兵，虽说没有大胜利，可小便宜一定要经常占。

修堡垒，加上临敌小败，庞籍被一贬再贬，直到病死。在这期间，司马光牢牢地站在领导身边，曾经三次上书声明庞籍的过错里有他一份，请把处罚分过来一半。

最动人的是庞籍死后，他穿上最正式的衣服，请庞夫人到大堂上，像母亲一样接受他的跪拜。对庞籍的儿子，就像自己的亲弟弟（籍没，光升堂拜其妻如母，抚其子如昆弟）。这在当时获得了所有人的称赞，以及后世的敬仰。

只是很奇怪，庞籍之死，官方派专人治丧，赠司空、加侍中，谥号“庄敏”。每一样都是生荣死哀，人家生前是正牌宰相，为何弄得好像家人无依无靠，如果没有司马光的照顾就会流落街头，惨不忍睹的样子？

当然，这只是第一印象。我们可以往好处讲，就是领导死了，家人虽然安康，但是他对领导的爱，绝不会人走茶凉，做人要厚道，永远追随领导！

对领导的亲人，比活着时还要尊敬和亲切……包括“抚”其子如昆弟。“抚”除了抚育、抚养之外，还有别的解释吗？

总而言之，无论如何，这是一个多么好的同志啊！从这时起，他就有了一个在官场中超级值钱的头衔，以后他写信给别人时，可以这样落款——“你的忠实的司马光”。

范镇写第一篇请立太子的奏章时，司马光在边远的并州第一时间响应。但注意，他不是接着写第二篇奏章，与范镇站在一起，而是写了一封私人信件。信里说，这是件真正的大事，除非不说，说了就要坚持到底。“愿公以死争之。”

石油大鳄洛克菲勒先生当年有句名言：“打前锋的赚不到钱。”他也是这么做的，在所有美国人一窝蜂地往新发现的油田边冲，想抢个新鲜，淘到第一桶金的时候，他按兵不动。直到石油由于过度开采，需求量却没那么大，变得比白菜还便宜时他才冲进去，用极低的价格，不仅把油田盘下来，还把各种开采工具、运输设备都搞到了手。

这才是做事的本事。

千年之前的司马光，在发迹史上与这位大鳄不谋而合。直到范镇的头发变白了之后，司马光才开始行动。最初是非常小心的，他以自己的名义写奏章，同样建议立太子，措辞很小心，这让他抢到了立太子事件的排名位置，可一点都不显山露水。这时，命运也开始眷顾他，开封城里的顶级官场重新洗牌了。

战无不胜、意气风发的大宰相文彦博终于下台，他在为之前的强硬埋单，接替他的是枢密使韩琦。韩相公从这时起变成了另一个人，他比文彦博还要强硬，温文得仅次于另一位宰相富弼，一位真正适应官场的特殊人物诞生了。

司马光被调回京城，担任了一个绝妙的职务——修起居注。这是比馆阁学士们更能接近皇帝的差使，每天的工作就是给皇帝写日记，可以最大限度地了解皇帝的每一个举动。这样的好处，就是司马光能第一时间掌握皇帝的心理动态。

比如说，在什么时候跟皇帝说什么话。

嘉祐六年（1061年）闰八月二十六日，这一天是仁宗的悲伤日。出生仅仅61天的皇十三女死了，就像是天地神灵跟仁宗开的大玩笑。

他想有儿子，为生出个儿子想尽了一切办法，同时也有了效果。两年内，后宫生了四个……女儿。这简直让人欲哭无泪，不带这么欺负人的吧？哪怕有一个是儿子也好，皇宫内院特意建了一座潜龙宫给未来的皇子住。为什么老天就是不开眼？

关于这一点，实在应该给仁宗正名。不是他无能，而是他抵不过时代的命运。常年阅读宋史，每每掩卷沉思，有时我不禁这样想：如果仁宗有自己的儿子，那么让后来的英宗怎样上位？没有英宗的早死，哪来神宗年轻气盛时的改革？如果神宗活得长些，怎会让改革有头无尾？那样哲宗就不会10岁即位，什么事都不懂，被奶奶夺权……再后来天翻地覆，等到他亲政时再把奶奶那一套改过来，然后再早死，才能轮到精彩绝伦、异想天开的赵佶登场。

那时中原陆沉，神州板荡，试问这样的结局都跟仁宗没有亲生儿子有关吗？

不，这不是他一个人的悲哀，尽管最难受的人肯定是他自己。

这时仁宗已在悲痛中难过得很多天不说话了，就像要再次犯病的样子。司马光就挑在这个他心灵极其脆弱的时刻，写了一道新的奏章。

他没像范镇、包拯、唐介那样简单粗暴地要求皇上立太子，而是说，臣不敢奢望陛下立即就选出东宫太子，只恳请您在宗室之内选出一位聪明仁孝的好孩子，先立为养子，与其他的宗室子弟稍有区别，好好培养。让天下人知道您心有所属，民心官场都会安定。等到他日太子出生，这位养子就可以退归藩邸，只当是为国家培养了一位好臣子。何乐而不为呢？

当天，司马光站在一边，静静地看着皇帝。只见仁宗拿着奏章看了许久，仍然面无表情，像往常一样沉默，躲进自己悲哀的心情里，谁也不理。但是他突然说话了。

“难道非得选宗室子弟入嗣吗？”没等司马光回答，他又喃喃自语，“这是忠臣之言啊！一般人是不敢提的。”

“臣提出此议，自谓必死，不意陛下开纳。”司马光如是说。他平静地顺着皇上的话，把中心议题悄悄地往实施上推。

果然，仁宗说：“这有什么害处？选宗室为皇嗣，古已有之，你把奏章交给中书吧。”

从来没有过的大进展！换一个人，心脏肯定会剧烈地狂跳起来，奏章由皇帝的命令传达到中书省，那就是命令宰相们实施了！可这时的司马光，他立即拒绝了。

“请陛下自喻中书宰相。”说着，就请辞告退了。

搞什么，是不是疯了？好不容易皇帝亲口答应，居然就这样轻飘飘地放过去了！但是别忙，到底是怎么回事，现在还没有到揭谜底的时候。当天司马光的演出还没有结束，甚至可以说演出才刚刚开始。

他从皇宫出来，直接走进中书省，向宰相们汇报工作，具体内容是皇上的健康状况。近几年仁宗一向龙体欠安，新一届领导班子继承了文彦博的良好习惯，每天都要询问。这一天例行问答结束之后，韩琦没有放他走。宰相大有深意地望着他，像是期待司马光说点什么。

可惜等来的是一阵沉默。

最后，还是韩琦先开的口，他问：“今天皇上还说了什么？”司马光继续沉默，好一会儿之后，才回答：“所言宗庙社稷之计也。”

韩琦微笑了，再没说别的，让司马光离开了。

直到这时，当天的事情才算结束。

司马光平稳地走出了中书省，他知道自己已经给韩琦等最高权力阶层留下了非常深刻的印象。不仅深刻，而且极好。

当仁宗要司马光把立太子的奏章转交中书省的时候，他第一时间就拒绝了。这在后面他和韩琦的谈话中证明，是一个绝对正确的决定。如果由他来转交，就造成了一个说不清的事实，即立太子这件事是由他司马光一手促成的，连命令都是他从皇帝那里得到后，向整个中书省下达的。

宰执大臣们被晾在了一边，完全被动。

这样做，简直是把所有的功劳都归于自己，让整个官场的其他人通通歇菜。这样贪婪的结果，就是把自己扔上了火堆，成为众矢之的。以他当时一个小小的修起居注的京官，这样做简直是在找死。

尤其是韩琦当面就点醒他，当天到底和皇上谈了什么。别以为皇宫之内会有什么秘密，别想要花样！而司马光的表现非常乖，他想了又想，选择说实话。“宗庙社稷之计”，就是立太子的事。整个事件过后，他让宰执大人们觉得他既敢做事，更能做事，难能可贵的是他又很会做人。

在这种认知下，韩琦露出了难得的笑容，给了司马光一个天大的面子。某一天，一位姓陈的御史找到司马光，像闲聊一样说：“前些天某次会议上，韩相公跟我说他很欣赏你。说你正在上书说立储的事，能不能把奏章先送到中书省呢？你想做这件事，别自立门户（欲发此议，无自发之）。”

这是示好，也是示威，司马光再次面临选择。韩琦这是想收编他，让他成为中书省在这件事上的马前卒。按说也蛮荣幸了，与他之前的人生轨迹非常相符。

投靠过庞相公，为何就不能再投靠韩相公？

可是司马光那天偏偏又犯了沉默的病，他什么都没说，可没有表态就等于拒绝。

拒绝就是反抗！这可真是让人搞不懂了，他到底想干什么呢？

半个多月之后，事情真相大白，人们从此才真正地认识了这个人。九月的某一天，司马光在写皇帝日记之余，再次抓到了一个好机会。仁宗那天心情好，很适合聊天。那么聊什么呢？在一个人悲痛的时候让他陷进更大的悲痛里，才好说危机。

比如说国家需要太子，不立太子天下不稳。

在一个人心情好、体力好的时候，就要换一套方法。对方可以思考了，给他上上历史课。众所周知，司马光的历史水平在整个中华民族里能排进前五，他挑了个近的，说唐朝的事。

话说唐朝神武，百事开明，出现的人物在各方面都达到了一个顶峰，真是比宋朝强很多啊。比如说，女皇武则天开创了科举制度里的殿试，从此让天下举子们都成为“天子门生”，只为皇帝服务，再不用看座师的脸色。

唐朝有“门生天子”，连皇帝都是他们的徒弟。这是怎么回事呢？就是因为唐文宗一直不立太子，死之后被亲近的太监们做手脚，从此随意拥立唐朝的皇帝，想让谁当谁就当，想让谁死谁就死。堂堂天可汗的子孙，居然被太监们玩弄于股掌之间！

陛下，您想让这种事在宋朝重演吗？

再不能犹豫了，仁宗下令司马光立即把文件送交中书省，把这件事确定下来。这一次司马光没有推辞，火候到了。

再次来到中书省，他的神情态度使他看起来再不是一个下属，而是一位充满神圣感的天使。他神色庄严地对韩琦等宰执大臣们说：“陛下决意立宗室为皇子，今天诸公如果不能及时议定，他日夜半，禁中出寸纸以某人为嗣，那时天下谁也不能违背了！”

义正词严，说的也都是实话。现在皇帝的身体到了这种地步，谁知道哪天驾崩？到那时，皇宫深处往好里说是皇后，糟一点会是太监来决定谁是下一任皇帝，难道那时做臣子的有权反对吗？

韩琦等全体宰执大臣一起躬身施礼，同声回答：“敢不尽力！”

从这时起，司马光退出了立太子事件，从程序上，从官衔上，他都再没有参与的权力。那么转身就走，绝不迟延，他留下的是倡议阶段起决定性作用的名声，以及让全体朝臣又惊又佩的印象。就比如说大宰相韩琦。

你要我配合，我已经配合了。可绝不是你所希望的马前卒、小跟班，我以正道尽臣子的义务，转身把成果交给你时，神圣得无可侵犯，你必须向我低头！

这就是司马光的作风，万事都有依据、有道义，谁让他学问大，历史知识强呢。回顾一下倡议阶段的四位名人：范镇、包拯、唐介、司马光，只有他一个人在这件事里得到彩头，就此平步青云、名利双收。有人会说，不要以小人之心度司马光之腹嘛，干吗这么刻薄？

对不起，一次是偶然，那么两次呢？这种作风和这种结果，不久之后他重演了一次。还是大家倒霉，他一个人得利！

接力棒传到了韩琦的手中，历代史书都说韩琦先生是仁宗乃至英宗两朝传承厥功至伟的大臣，没有他的努力，没有他近乎霸道、专权一样的决策，宋朝就不会是历史里的样子。

其实哪儿跟哪儿啊，上面已经说了，司马光把什么事都办完后，直接把立太子的决定书交到他手中，他所需要做的就是按令实施，走那些官面上的过场。

# 第九章　不识贱人真面目

十月初，在官方场合，皇帝和宰执大臣们定下了皇子人选，就是前些时段提过的，由仁宗和曹皇后各自主婚的“十三”。

十三是宋太宗第四个儿子商王赵元份的儿子濮安懿王赵允让的第十三个儿子，名叫赵宗实，生于明道元年（1032年）正月初三，因为仁宗的头生儿子早死，4岁的时候他进皇宫生活。8岁的时候，他被退还王府，因为仁宗生出了第二个儿子。

噢，他生来就是一个预备役啊！

这时他已经近30岁了，是一个沉默寡言的优秀青年。尤其让人感兴趣的是他的生育能力，这时他已经有3个儿子1个女儿，再想一下他父亲的生育能力，天哪，一共有28个儿子！这是多么让人兴奋的事，宋朝从真宗开始，两代皇帝生儿子比干掉李元昊还费劲，这一下彻底解决了问题。

一劳永逸了！

选定了人，开始进入官方程序。要确立一个太子不是那么容易的，首先是一个行政官衔，太子和官员一样，得一级一级地升，才能升到帝国接班人的位置。第一步，先升闲散宗室人员赵宗实为泰州防御使、知宗正寺。

这是个小官，前面的防御使就算了，他不可能出京到泰州去报到。知宗正寺嘛，就是管理在京皇族人员的负责人，很不起眼。但无比光明辉煌的人生就在前面不远处，让人流口水的前程突然从天而降，想一下是多大的惊喜啊。

一步登天，皇太子啊！还有人会拒绝，会犹豫，会哭着喊着说我不——吗？答案是有。要说这也不奇怪，在中国古代，尤其是宋朝，有学问、有修养的人像春天水塘里青蛙的孩子们那样多，个个儿都把前程、钞票看得比命还重要，却板起脸来说：“不，我不够资格，绝对不当！”

一般来说，要来来回回地谦让三到六次不等，这样才显得自己德高望重。这位赵宗实就是这样，他躺在家里，先是找了个冠冕堂皇的理由，他父亲赵允让刚死，守孝期间万事不干，拒不接受任命。这好办，国家有明文规定，重要人员的爹妈死了，可以夺情起复，不耽误工作。可是，他接下来便表现得像块滚刀肉，怎样切都切不动。

他的拒绝就有些出格，对此非常有涵养的仁宗都有点烦了，对韩琦说："他这样，那就算了吧。"根本就没多大兴头的事，以为谁会逼着他当吗？

事实上这也是大宋帝国国运的一个转机，如果真的就此把这个人否定，后面那些悲剧就都不是那个样子了。可惜这时当宰相的偏偏是北宋百余年间，论硬度能排到前七的韩琦。韩相公一口回绝道："此事岂可中辍？请陛下亲笔写诏书，让宗实知道这是圣意，自然就听命了。"

但事情就是这么邪，天大地大圣旨最大，可赵宗实就是不听话。他赖在床上不起来，一口咬定自己病了，让皇宫里的传旨太监来来回回跑了18趟。

后来，赵构要岳飞火线班师用了几道金牌？12道。大军在外都能调回来，可一个在京的闲散宗室人员居然就敢不动弹。最绝的是，臣子接旨有规矩，领旨要谢恩，回绝要辞表，18道圣旨换回来18道辞表，其中得利的人，居然是濮安懿王府的记室孟阳。

赵宗实跟孟阳说了，每写一道辞表给你10金，18道写下来记室先生发了笔小财，赚了1000多贯。事情到了这一步，韩琦等人也觉得不对劲，肯定有什么事让赵宗实不安，能是什么呢？

想来想去，大家这样猜：肯定是名分不对，泰州防御使、知宗正寺这样的官衔说明不了问题。那好吧，我们大家提请直接把他定为皇子。这个提议由韩琦首倡，欧阳修附和，被枢密使张昪怀疑，最后找翰林学士拟旨时都被拒绝了。

张昪面对面地问仁宗："陛下不疑否？"仁宗答："朕欲民心有主，只要是姓赵的就行了。"算是过了审核关，下面是韩琦在翰林学士面前碰壁。当时的学士王珪根本就不相信他，第二天当面请仁宗下令之后，才有了明文圣旨出台。

宋嘉祐七年（1062年）八月七日，全体在京皇族齐聚大内，由仁宗宣布赵宗实成为皇子，并正式改名为“曙”。

从此，他就是宋朝的唯一继承人。这时应该登台亮相了吧？当年老祖宗赵匡胤陈桥兵变时被强迫换衣服，也只是推辞了一下；他本人的重孙子宋钦宗兵临城下时被老爹推上去做挡箭牌，也只是哭了一晚上。

赵曙倒好，到了这一步，还是那一句话：“不当，就是不当！”充分地表现出个性的顽强。最后仁宗终于烦了，决定让这个干儿子懂点人事。

派在京皇族管理员抬着一顶小轿去，先给他上上课，让他明白，不管是闲散宗室，还是太子，你都是帝国成员，皇帝有命，必须遵从！然后再把他抬进宫来。

想得不错，也得人配合。赵曙的反应无论如何让人捉摸不透，他把回话精简成了8个字：“非敢邀福，以避祸也。”这到底是什么意思？至高无上、人间独大的皇位，居然对他而言是个祸患？韩琦、欧阳修甚至司马光都在挠头，这人到底是真的不想当，还是仍然有什么不满足的？

这个疑问是宋朝的终极问题，这时谁也想不明白，要到3年以后这个人快死的时候，才能知道真相。那时韩琦等人早就骑虎难下，被他累得要死。

不管愿不愿意，都必须和这人站在一起，当个有始有终的忠臣。

回到现场，事情一直拖了20天，到了八月二十七日，皇子大人终于起床了，他坐上小轿进了皇宫。之所以还是同意了，官方记录显示是那位了不起的王府记室孟阳的功劳。当时赵曙一个劲地强调有危险，孟阳提醒他：“现在已经是皇子了，天下人都知道，就算你现在请辞得准，回归王府，就敢保证没有后患了吗？”

一句话，你曾经是帝国的继承人，就永远贴上了这个标签。

赵曙一下子就爬了起来，对啊，这个我没想到，于是立即就上轿进宫了。也就是说，躲也没有用，才索性出头的。

从这时起，赵曙的贤德之名就传颂天下了，他视皇位如祸患，与上古时拒绝接任尧舜当皇帝的贤人是多么像啊！尤其是他进宫的那一天，全家老小加上奴仆不过30多人，行李非常简陋，跟平民百姓没有区别，最特别的是藏书丰富，积屋满箱，典籍俱全。

非常符合文官集团的价值标准！他们四处宣扬，赵曙是天造地设的最适合当皇帝的那个人啊！其实他们都看错了，这人是一头欲望被压抑得太久的饿狼。

这种欲望被继续压抑着，太子的位置被证明是火上浇油，让这个人更加忐忑不安，患得患失。人类的天性决定了只有对某件事超级在乎时，才会表现得反常。

由此，才能解释后来为什么发生了那样蹊跷的事。

这时谁也没有发觉这一点，包括阅历丰富、阅人无数的仁宗皇帝。他对这个自己曾经收养过的养子是真的疼爱，自从赵曙被接进皇宫，就一直把他带在身边。尤其是到了年底时，由全体宰执、近侍、三司使、台谏官、主兵官以及宗室、驸马来陪伴，带着他两次进入龙图阁、天章阁，参观祖宗遗物。

把他扶上太子宝座，再送一程，让他能坐得稳。

那一天，仁宗回望前尘，抚物追思，眼前的世界，这座皇宫他已经生活了54年，自从出生以来灾变不断，连生母是谁都曾经变化过……这是怎样单调又复杂的一生啊。时至今日，辽国、西夏、大理、吐蕃、交趾，周边所有国家都已和平共处，国内不识刀兵，百姓安居乐业，这一城的空前繁华虽然会渐远渐淡，随着国土的遥远被弱化，但谁也无法否认，他让百姓过上了从前不敢梦想的好日子。

这就是我的印迹……54岁的赵祯，在群臣环绕下微笑着传令摆宴，要与臣子们尽一夜之欢。这就是人生，尽管知道这些臣子服膺的只是皇帝的权力，而不是皇帝本人。这一点在立太子的过程中，他已经看得再清楚不过了。

后来在立神宗时，再次证明了这一点。可是也不妨碍他与他们举杯共饮。人生、忠诚，也就那么回事吧。那一晚君臣同乐，一直喝到了深夜才散。史书记载，仁宗特意叫韩琦近前来，亲酌了一大杯鹿胎酒给他，韩琦一饮而尽。

立储首功之臣。

这下子世界终于清静了吧，再也没有人能在仁宗的身上挑出毛病。于是，日子一天天平稳地过去，直到60天之后。

# 第十章　唯此一仁宗

宋嘉祐八年（1063年）二月十四日，仁宗再次昏倒。这一次宰执大臣们直接被带进了皇帝的寝宫——大内福宁殿西阁。

韩琦等人被眼前所看到的景物惊呆了。这是天下共主的房间，可是帷帘之内，只铺着颜色暗淡的素色被褥，看上去已经很久没有换洗了。这时，仁宗醒了，看他们不住地打量，很平淡地说："朕居宫中，自奉止如此尔。此亦生民之膏血，可轻费哉？"

诸位相公，想想平日里豪奢度日，可有愧吗？！

仁宗的病情稍有起色，到三月时，他可以临朝了，还主持了他在位期间的第13次科考。一切的迹象都表明，他又熬过了一劫，直到三月二十九日的晚上。

那一天仁宗很正常，白天饮食起居和平时一样，直到睡下。半夜时，他突然坐了起来，内侍赶紧上前扶住，他说话已经不连贯了。像是预感到了什么，他直接吩咐内侍去请皇后。皇后来时，医官已经在抢救，仁宗说不出话来，只能用手指着心口，满脸的痛苦。

百般医治无效，快到凌晨时分，他终于在自己长年居住的福宁殿里永远地闭上了眼睛。他死了，这时人们发现，那一天是晦日，整整一夜都看不到月亮……

仁宗在位42年，是宋朝18位皇帝中执政时间最长的一人。关于对他的评价，我想应该分成两部分。

一是关于"仁宗"的，因为他是一个皇帝。这部分在宋史的《仁宗本纪》里归纳得非常客观，不妨借用。

……在位四十二年之间，吏治若偷惰，而任事蔑残刻之人；刑法似纵弛，而决狱多平允之士。国未尝无弊幸，而不足以累治世之体；朝未尝无小人，而不足以胜善类之气。君臣上下恻怛之心，忠厚之政，有以培壅宋三百余年之基。子孙一矫其所为，驯致于乱。《传》曰："为人君，止于仁。"帝诚无愧焉。

这是千真万确的评语，无论谁有什么独特的见解，都无法抹杀赵祯作为“仁”宗的唯一性。遍阅史书，历朝历代中还有元仁宗、明仁宗、清仁宗。

元仁宗孛儿只斤·爱育黎拔力八达可以忽略，不说蒙古人在统治制度上的各项缺陷，只说他本人。他从哥哥的手里接过皇位，答应再传给侄子，可死后即位的还是他自己的儿子。言而无信，连做个最起码的人都不够，还谈什么“仁”？

明仁宗朱高炽在位仅仅10个月，能为天下做什么贡献？史书里说他发展生产、与民休息。对不起，这真是搞笑，休息10个月能让民间喘几口大气？

清仁宗爱新觉罗·颙琰，能让白莲教遍地烽火，更有一介平民在皇宫门口刺王杀驾，随从的100多个侍卫没有反应，只有他的本族亲王出来救驾。当皇上当到了这个份儿上，基本上可以贻笑千古。

唯有宋仁宗赵祯，死时开封城内军民百姓罢市同悲，数日不绝，连乞丐和小孩儿都买了纸钱，到皇宫门前焚烧痛哭。他们哭的不只是一个皇帝，更是一个人情味十足的父亲兄长。就连辽国皇帝都珍藏着他的遗像，“奉其御容如祖宗”。

仁者未必无敌，但会一直留在人们心里。

二是赵祯让人怀念的，是他作为人的那一面。记得我曾经归纳他的整个人生为两句话：第一句，他是一个不知道身在苦难中的孩子。因为他在锦衣玉食的童年里，不知道自己的亲生母亲是谁，连她死时都没能相见。这成了他一生中的至痛。第二句，他不知道自己活在繁华幸福中。贵为有史以来最富足王朝里最繁华时期的帝王，他一生节俭，不仅卧室中那样朴素，就连饮食也一直简单。史书记载，某次宫廷内宴，有一盘时鲜，乃是28只螃蟹。

仁宗问：“每只多少钱？”

回答：“每只一千钱。”

仁宗当时大怒：“一直警告你们不要太奢侈，总是不听。一下箸即是28千钱，让我怎能吃得下去？”

那顿饭，自始至终，仁宗没动过一只蟹。

他这一生，尽管手里的钱不计其数，可是内忧外患，没有安宁，他从来就不敢乱花一文钱，没敢像他的父祖那样兴建过超级宫殿。

说到这里，我的眼前总是闪过宋朝历代皇帝的画像，每每沉思，觉得每一个皇帝的性情遭遇，都在相貌里表现了出来。比如开国之君赵匡胤，他端坐在皇座上，双目微闭，暮霭沉沉，喜怒不形于色，不怒自威。那是一位胸怀万物、睥睨天下、举重若轻的人。

宋太宗赵光义是立像，他双手笼在袖里，身姿端凝，微微含笑，显得文质彬彬，大有理想。真是一位看上去温文有礼、勤于治国的好领袖。不管他做到了哪一步，至少很努力。

宋真宗赵恒宽眉美髯，喜气洋洋，一生中逢凶化吉，没有灾殃。或许他真的是来和天尊转世，让他一直活在自己的世界里，管他生不生病，一直都很适意。

再看仁宗赵祯，他身穿一领红袍端坐在皇位上，身子微微前倾，肩膀有些耸起，显得体质虚弱，思虑过度，最让人疼惜的是他的眼睛。宋朝十八帝里，只有这一双眼睛至清至纯，就像个孩子一样凝望着很远的地方。这是他一生的写照，皇帝只是他的职业，他从来没有盼望过当，也没有当出乐趣来。

在他的心灵深处，有一方净土，尽管身处世间最诡诈机变的权力旋涡中心，历经 42 年的风霜雨雪，也从来没能改变他善良、宽厚的性格底蕴。

他是一个异数，在中华五千年的历史中，留下了自己独特的印迹。

# 第十一章　宋朝病人

高尚的人是尘世间的一块绸缎，柔软光洁，把每个人的丑陋都包裹了起来，看上去很美。只是，一旦他走了，那些人就又原形毕露。

比如宋仁宗之死。

我们先从正史记录的流程去看蛛丝马迹，才能窥探到当年的真相和那些人的演艺人生。赵祯死在深夜，凌晨时分死讯才传到外面。一整套的官面文章都可以忽略，看主角。

太子赵曙赶到时，就像当年赵匡胤在陈桥驿被“乱兵”闯进了卧室。百官以宰相韩琦打头，手捧黄袍请他即皇帝位。他的反应也很标准，一连声地喊：“我不能为，我不能为！”这都正常，推辞是必要的，可是下一瞬间就太独特了。

这人转身就跑，要在现场消失。

韩琦等人立即扑了过去，流程错了，没法演了！当天，由于赵曙逃跑的决心太大，力量太足，他被自己的臣子给强迫了。只见顶级大臣玩相扑，把皇帝按在现场，有的紧紧抱着人，有的解头换发式，有的宽衣解带往上套黄袍。

全折腾完，一位新皇帝正式诞生。只是大家左看右看总觉得哪里不大对劲，直到扶他出去面见百官，读大行皇帝遗诏时，才发现了问题。

赵曙的目光呆滞，神情僵硬，茫然地看着眼前跪倒一地、痛哭流涕的臣子，别说带头举哀沉痛悼念，连额头上散落下来的头发都不知道打理。如果说他和僵尸有什么区别的话，就是他还有两行泪水。

臣子们交头接耳，非常感动。早就知道这是个沉默低调的人，无声的泪水才是真痛苦啊，真是孝子！哪怕不是先帝亲生的……这种孝顺，在7天之后，嘉祐八年四月八日，仁宗大殓的日子，达到了前无古人的程度。

新皇帝在先皇的灵柩前呼号狂走，来回乱窜，把老爸的葬礼彻底搅乱。这是在搞什么？就算杀父篡位的那几位大哥，如杨广、朱友珪，也没他这么剽悍吧？闹得实在没法看了，韩琦站了起来，拉帘子挡人，把赵曙拦腰抱住，叫几个太监直接扭送回后宫。

不敬死父，大逆不道！官方的解释是这娃实在太孝顺了，悲痛过度，导致失常……

回到后宫，悲伤在继续，孝顺在升级，赵曙变本加厉，开始对人动粗。先是打骂下人，接着就用在了他名义上的妈——曹太后身上。

当时侍者们实在受不了了，跑到太后那儿去求情，您管管儿子成不？他刚进宫，有点认生！太后就去了，以曹太后前半生的修养和记录来看，她不可能变成刘娥式的暴力妈妈。

温情的劝说，换来的是儿子的“不逊”。无书无真相，乱讲被雷劈，书上就是这么两个字。至于怎样不逊的，对话都被“隐”了，谁也不知道当天赵曙说了些什么。结果是前半生从来没生过气的曹太后终于怒了，她转身出来，去找韩琦。

韩相公，你挑选的人到底怎么回事，竟敢对母后无礼！

韩琦很镇静，从这时开始，我们之前从来没见过的一个韩琦登场了。或者可以说，以前一直隐藏得非常好的那个真实的韩琦露馅儿了。此人超强悍、恶毒，并且不要脸。面对皇太后的指责，他选择的是反击。

竟然是反击！

他先给事情定性，皇帝是病了，一病遮百丑，怎样您都别在乎。接着来了这么一句：“臣等只在外面见得官家，内中保护全在太后。”截至此时，都还是人话，紧接着的是，“若官家失照管，太后亦未安稳。”

这是什么话？自古以来就算皇帝死了，无论是病死还是被杀，除非是宫廷政变，由太后密谋害死，否则关太后什么事？退一步讲，我们往最善良的方向去理解，韩琦说的是一旦皇帝死了，太后的地位也会不稳，是出于对太后着想。那也不对，太后的名位是永远不变的，就算再有新皇帝产生，也只会水涨船高，更加尊崇。何况这个儿子还是养子，死了就死了，有什么大不了的？

综上考虑，韩琦这样讲，只能有一个解释——皇帝出事了，你也别想好，肯定是你害的！

所以，曹太后的脸色立即就变了，沉下了脸：“相公是何言，自家更切用心！”我当然是用心的！

韩琦不为所动，继续往下说。绝妙的是史书上讲，此人这时是“正色”道：“太后照管，则众人自然照管矣。”说完转身就走。

走到外殿，他身边别的大臣终于忍不住，说：“刚才你是不是太过分了？”韩琦到这时才叹了口气，说出了真话：“不这样讲不行啊。”

至于为什么不行，谜底先缓点揭晓，事情和病情一样，都得看得周全些，才好下结论，才看得清、看得准！接下来的主旋律就是病情了，韩琦把一切都推到了赵曙的病情上，有病就得治，具体到方法上就是喝药。

中药很难喝，大人物喝药时就加倍难了。大家还记得话剧《雷雨》里母亲喝药得怎么办吗？妈妈不喝，儿子就得跪下劝，这才是孝顺。到了皇帝这个级别，就得所有的人一起孝。

打头的就是韩琦，他手捧药碗，送到赵曙的嘴边。按说这是大恩人，没有韩琦就没有皇位，不管怎样赵曙也得给点面子。赵曙给了，稍微尝了一口，立即就扭过头去。韩琦执着地端着碗，跟皇帝的脑袋保持距离，下一瞬间很震撼。

赵曙挥手就把药碗推开了，说推是客气的，其实就是打翻了，因为药汤洒了韩相公一身。

这下子连曹太后都看不过去了，宋朝开国以来的四位君主，哪一位都对宰执礼敬有加，从来没出过这种事！她立即吩咐内侍给宰相取一件新袍换上。韩琦连说不敢，曹太后貌似同情地说了一句：“相公殊不易。”

你太不容易了。从后来发生的事来看，这句话能让韩琦百味俱全，咬紧牙关。真是打落牙齿和血吞，谁让他当初选了这么个宝贝当皇帝呢!

从此上了贼船。

这时未来的神宗陛下，当时名叫赵仲针的英宗长子出现了。他跪下举起药碗请父亲喝，赵曙的派头更大，理都不理，就当没看见。

“病”是越来越重了，不管他是心病，还是身病，还是没病装病，多年压抑一朝痛快看似有病，这个样子是当不了皇帝了，根本没法子办公。

大臣们商量了一下，就算天下大事由他们拿主意，至少也得有个签字生效的人吧？于是曹太后被推上了前台，她苦熬了半生，终于成为刘娥之后宋朝第二位垂帘听政的太后。这样，所有的人在心底都隐隐约约地感到了一丝轻松。

新皇帝从最开始就极端不愿意即位，或许真是压力太大吧，才变成了目前三分之二型的白痴，现在由太后出面替他挡事，会不会好一点了呢？

答案是正相反，赵曙从行为失常发展到了彻底失常，这人说声好，能满面红光，健步如飞，做什么事都是个壮年男人的样儿。可是转眼之间就江河日下，说倒就倒下，卧床两三个月是常事。其突发性和持久性，半点都不比他的养父仁宗皇帝临死前半年差。

大家这个郁闷，难道是仁宗附体了？还真像，最灵异的是他也变得沉默不语，从这一年的七月十三日开始，到年底十一月，只要他在正式场合露面，就始终端坐着装神仙，岿然不动，一言不发，直到他真正变身成畜生的那一天。

十一月是给大行皇帝仁宗陛下送葬的日子，中国哪怕是到了现代，儿子都得父丧持服，痛哭流涕，那是爸爸！可赵曙就能一动不动地躲在深宫里就是不出面！

这个畜生，那天在琼林苑祭祀现场，只有仁宗的遗孀曹太后孤零零一个人站在灵前，赵祯真的成了没有儿子的人了！

儿子呢？赵曙躲在宫里，就一句话：“我病了，哪儿也去不了。”

事情发展到这一步，不仅曹太后难过，连朝臣们都看不下去了。人伦之大，大于一切，连父亲都能漠视，你还能对谁好？这种愤怒不仅在赵氏宗族和正义感比较强的朝臣中升腾，就连本是赵曙一派的人也站了出来。

比如现知谏院司马光。

司马光永远有办法把情绪转化成动力，让当事人没法发作，必须认真地接受他的意见。针对这件事，他没直接说赵曙你是个装病不孝的败类，而是非常巧妙地找了个发力点。

把太医院的太医都抓了起来！

查皇帝的医案记录，太医们近期的报告都是“六脉平和，体内无疾”。那很好，为什么皇帝病到了连给老爸送葬都不露面的地步？！敲山震虎，让赵曙明白点，装病是掩盖不了你是畜生的真实本相的。

这次赵曙很听话，他终于走到了前台。四天之后，他勉强地站到了仁宗的灵前，那一天四周哀声震天，群臣痛不欲生，可偶然抬头，竟然发现身为儿子的赵曙竟一脸木然，半滴眼泪都没有！

这个畜生，当时群臣再也控制不住，一片哗然。大家都知道你不是亲生的，可连一点点的教养都没有吗？你亲生父母是怎么教导你的？！这不光是感情深浅的问题，连最起码的礼仪都说不过去！

但是世上的人，99% 都是为权力而不是为某个人服务的，尤其是没有谁会为了一个死去的皇帝去得罪新皇帝。赵曙这种没人性的表现，居然被合法化了，宋朝的礼部官员们发明了一个新名词，叫“卒哭”。

卒，结束的意思。这是针对之前中国丧礼的传统流程，在这之前，父母死了，从死至殡，哭声不绝。殡后孝子思念父母，不择时间地点，控制不住就流泪，称作“无时之哭”。到赵曙这儿就算结束了，大佬们只需要祭祀在场就成，哭不哭的您随意。

从此之后，这成为历代王朝所喜欢的新政策，可见人世间赵曙之辈所在多有，从来没有绝迹！

这样的劣迹，在宋朝的官员层渐渐地淡化了，每个人都留恋宋朝无与伦比的官派享受，为什么要为了别人的悲哀毁了自己的幸福呢？！所以，从仁宗出殡到銮驾回京，只有一个人越来越愤怒。

这个人是曹太后，仁宗的遗孀，她再也忍受不了了。这一年中，她完全看清楚了这个当年她曾亲手抚育，名义上不是叫她养母，也应该叫她姨妈的孩子，是个怎样无耻凉薄、无情无义的东西。在回京的路上，她下定了一个决心。

把这个混账东西废掉，给大宋重新选一个至少是人的动物来当皇帝。

为此，她精心准备了一些东西，作为废立的理由，交给了——没办法，只能是韩琦，因为他是当朝宰相。

这些东西是赵曙在皇宫里写的一些“歌词”，还有他的过失总列表。在回京的路上，由一个太监交到韩琦的手上。久经考验的韩相公不动声色地翻看着，看完之后，他的举动可以说是个乱臣贼子所为。

他拿起火烛，当场就烧了。

赵普当年在政事堂里烧地方官员的文件是罪过，那么烧皇太后的懿旨算是什么呢？更何况还是正在垂帘听政的皇太后！奇妙的是，他还边烧边说，命那个太监传话。

“不是说皇上有病吗？病中说了什么做了什么，都不是罪过……”平淡雍容地打发走了内侍，韩琦立即精神抖擞，全身每一根汗毛都立了起来，危机到了，这辈子最大的危险就在眼前！他紧急通知同伙向他靠拢，出大事了，都过来。

欧阳修最先赶到，这是他这辈子不知所谓的行为中最古怪的一次。回忆一下，当初立赵曙当太子时他只是随波逐流上了个奏折，基本没他什么事，这次危机韩琦性命攸关，跟他欧阳修不搭界，为什么他会这么积极呢?

这要从他一生的行为中去找答案。

他的原则，当普通官员时抽台谏官的耳光，当台谏官时抽宰执集团的耳光，无论何时何地，他从不抽皇帝的耳光。

知道了吧，这是向现任皇帝靠近的最好时机。

宰执集团逐个到位，他们是首相韩琦，次相曾公亮，参知政事欧阳修、赵概，枢密使张昇，副使胡宿、吴奎。稍等一下，是不是觉得少了个人?对，富弼，嘉祐四真在朝里的第一位，真宰相富弼因为母亲去世，回乡守孝去了。这真是韩琦之大幸，仁宗的悲哀，等他再次出山时，局面已经无法挽回。

这些人迅速达成了一致，要怎样去面对愤怒中的太后，接着第一时间向皇宫进发，绝不能有半点的耽搁。万一太后抓狂真的再写什么诏书的话，她的命令现在就是宋朝的最高指示，谁也没权违抗。

半点都没有夸大，如果要废掉赵曙的话，现在是最好也是唯一的机会：首先，曹太后目前在垂帘听政，就算达不到刘娥的程度，臣子们也不敢公然反抗；其次，赵曙在仁宗葬礼上犯了众怒，机不可失，正好趁热打铁搞掉他。

更重要的是，皇权至上在中国根深蒂固，赵曙的皇位一旦坐得久了，臣民们会自然而然地服从他，到那时就什么都晚了。

韩琦深深地知道这些关键，在赶往皇宫的路上，几个人名在他心里起伏不定，那是他此时此刻命里的魔星。赵曙的父亲赵允让的胞兄赵允宁之子，沂州防御使、虢国公赵宗谔；宋太祖重孙、右卫大将军、蕲州防御使、安国公赵从古；赵曙的胞兄赵宗祐。这些人，一年前还和赵曙站在同一起跑线上。

都是皇太子的竞争人选。

如果曹太后真的把集病、傻、不孝于一身的赵曙废掉，换上这些同一血脉的宗室人员，根本没有任何争议。宰相们想反对？几十年之后，倒是真有一名宰相反对太后选出来的皇帝，结果当场被否定，从此一败涂地，潦倒终生，惨得一塌糊涂。

问那人是谁？比韩琦强硬恶毒上百倍的章惇章大宰相。

回到现在，如果皇帝换了人，从前的拥立之功就变成了错选之罪，别说韩琦本人，就连他的子孙都别想翻过身来。想到这些，他不由自主地发抖，只不过进了皇宫面对太后的一瞬间，韩琦突然轻松了。他万万没想到，太后居然会是这个样子。

曹太后泪流满面，呜咽着说：“老身殆无所容，须相公做主！”

吁——这样啊……全体宰执集团都抹了把冷汗，看来还是仁宗的家教好，把老婆调教得很柔顺，对谁都狠不起来。韩琦变得漫不经心，就像跟他二姨说话一样：“这是病了的缘故，病好了，就不会这样了。况且，儿子有病，妈妈就不能容忍点吗？”

估计就真的是二姨也会扬手一个耳光扇过去吧，这个没大没小的小破孩！哪有半点面对长辈的尊敬。可是，慈祥善良的太后的反应是……谁知道是怎么回事呢，她居然“愕然”，不知所措。

没经过实际斗争的同志，就是不知道怎样痛打“无理手”。面对韩琦的冒犯，其实是得到了出手的最佳时机，一声断喝“大胆！”就足以让韩琦低头服罪，不管他服不服，最起码在辩解前必须先施礼道歉。20余年后，北宋史上最强硬的宰相王安石就是最好的例子，他在皇帝面前被下层小官呼来喝去，不敢丝毫违抗，只是因为皇帝在前，臣子不许装大。

时间一分一秒地溜走，曹太后的威严在急剧流失，直到韩琦的白脸效果彻底达到，唱红脸的人登场。

轮到欧阳修说话了，只见风流大才子一派温和态度，这样说：“太后服侍仁宗数十年，仁圣之德，天下皆知。妇人之性，鲜不妒忌，以当年温成皇后那样过分骄恣，您也能处之裕如，始终包容，还有什么是您所不能容忍的呢？眼前母子至亲，又有什么是非得计较的呢？”

看着是赞美式的劝解，其实里边有多少骨头怎样硌牙，谁都听得出来。“妇人之性，鲜不妒忌。”居然当着女人的面骂阿婆。可要命的是，曹太后居然神色为之和缓，她的气开始消了。

她说：“你们能这样体谅，实为朝廷之幸。”

欧阳修立即跟进：“这不仅是臣等明白，普天之下谁都知道，您的仁德广为流传。”紧接着再动之以情，他突然之间对已故的仁宗进行了超强烈的回忆，“仁宗陛下在位岁久，德泽在人，人所信服。所以一旦晏驾，天下秉承遗命，无一人敢不从。今太后深居内宫，臣等到五六措大尔，举动若非仁宗遗命，天下谁肯听从？”

听出是什么意思了吗？多么自谦，他和韩琦等人只不过就是五六个手无缚鸡之力的书生，根本不值一提，对天下没有半点的威慑力，之所以天下都听命，是因为仁宗陛下的选择。

所以呀，您这位深宫妇人，也别想违抗丈夫的命令！

这才是所有谈话的真谛，欧阳修的学问就是高，没有半点韩琦式的粗野，就让曹太后没法，更不敢废掉赵曙。

# 第十二章　惊天动地的……龌龊

如此这般，不久之后曹太后就被赶下了台。赵曙独坐金殿之后，决定做一件埋藏在心底很久的事——关于他的亲生父亲赵允让。

现在，他是皇帝了，天下万邦，名爵封号，都由他随心所欲。一个区区的王爵——濮安懿王，怎么能够表达他对生父的敬爱和留恋呢？

他下旨命礼部及待制以上所有官员集体讨论他的父亲，两位正夫人谯周夫人王氏、襄国夫人韩氏，以及他的生母仙游县君任氏的名分。

首先要肯定，这个命令本身没有错，身份水涨船高，他成了皇帝，他的亲生父母自然也都要有个说法。问题的矛盾点集中在到底要怎样拔高，拔高到什么地步。

简短地说，群臣们的讨论结果，第一次是为赵允让追封高官，三位夫人并封为太夫人。持这个观点的是翰林学士王珪。他被驳回了，宰相们挑出了毛病，官职只是官职，真正要议论的是赵允让与皇帝的关系，这才是最重要的。

直指要害，的确这才最关键。从血缘关系上来说，赵曙是赵允让的儿子这一点问题都没有，可如果在官方文件上承认了这一点，就会造成赵允让是赵曙的“皇考”，即现任皇帝已经死了的皇帝老爹。

如此赵允让和仁宗赵祯并列了，宋朝凭空多出来一个皇帝！

这事儿每一个人都心知肚明，太明显了，没有什么能隐藏的机密和必要，可每一个人又都遮遮掩掩，不管是赞成还是反对，都口是心非。

佛曰：不可说，不可说，说了就有天大的后果。

王珪选择简单性接招，要名分，那么只给名分。他根据血缘关系，赵允让是仁宗的哥哥，那么于赵曙而言，就叫他为“皇伯”。这样准确又贴切，咬定了两点：第一，赵曙是仁宗之子，赵允让只能是“伯父”；第二，皇伯不是皇考，宋朝算上赵曙在内，仍然只有五位皇帝。

韩琦一见就怒了，耍小聪明，想蒙混过关？他指示欧阳修出面，把内定的最高指示露一点口风，好让下边做事的人有个方向。

欧阳修根据《礼记》说了一段话——出继之子，对所继所生都称父母。以前汉朝的皇帝就有过例子，比如汉宣帝刘病已。现在王珪提出的“皇伯”说毫无根据，依“礼”驳回，重新讨论。

中书省第一次露出了真实意图，这不许那不许的，明摆着只有皇考、皇帝才是唯一的目标。这激怒了当时绝大多数大臣。因为仁宗尸骨未寒，就有人跳出来篡夺他的名分，是可忍，孰不可忍，无君无父，乱臣贼子！

这里要说明一点，身为千年之后的现代人，我们对“名分”“名节”这种词汇已经不敏感了，只有国家主权、领土完整这类实际问题才能让我们敏感。所以我们不能嘲笑宋朝人当时的激动，应该承认他们对是非对错的认知、坚持，这是一个长久存在力图振作的民族必不可少的素质，是应该赞扬的。

更何况公道自在人心，赵曙、韩琦等一伙人做得实在过分。当时的台谏官们基本上都是仁宗朝遗留下来的，比如知谏院司马光，还有御史中丞贾黯。贾黯是一位值得我们尊重的人，他在《宋史》中默默无闻，可他在当时的影响，却不在司马光之下。

他是一位状元。《宋史》里状元多如牛毛，贾黯却有他特立独行的地方。

贾黯更加敏感，谁都知道事关现任皇帝的老爸的皇帝名位，他却进中书省和全体宰执辩论。

和韩琦争吵，和欧阳修辩论，和曾公亮、赵概这样不作为玩沉默的大臣较劲。这样的事，他三番五次不停地做，摆明了不达目的不罢休。其结果，从长远来看，是给他自己挖坑，更是给子孙后代招祸。从近处来看，就是他把自己气病了。

那真的是很重的病，这时是五六月，到了九月，贾黯就病死了……回到当时，欧阳修的“皇考”暗示出炉之后，大臣们的反对声此起彼伏，大事不妙，韩琦们想出了新的一招。

你们不是很能吵吗？那就都别吵了。由赵曙下令，前一个指令作废，也就是要待制以上所有官员集体讨论的命令作废，命令由专门机构——负责朝廷礼仪的太常寺出面决定赵允让的名分。

这个命令真是英明，当时反对派的大臣们都面露悲愤——真是太卑鄙了：一来太常寺只是一个小部门，中书省的话不敢不听；二来看一看其部门领导，大家就会知道其中的玄妙。

给赵曙争来太子位的范镇，是铁打的保皇党！

不过事后证明，彻底失望的恰恰是赵曙等人。范镇接到命令之后非常认真，他先是给出了答案，既尊仁宗为皇考，那么对濮王而言，不论是称帝、称皇、称考，立寝庙、论昭穆等所有的皇帝规格都是错的。而且还找出《仪礼》中的有关章节来反驳欧阳修所依据的《礼记》，把“皇考”说彻底否决了。

最要命的一点，是他还把事情曝光了。范镇根本没有给韩琦等人任何斡旋的机会，把上面的结论直接写成公文上报给赵曙。你要太常寺的讨论是吗？这个就是！

韩琦气得目瞪口呆，这群该死的书呆子……真是又臭又硬，不识抬举。他把范镇叫进中书省，满腔怒火化作大量口水，要喷范镇满头满脸。不过真见了面，他张了几次嘴，只骂出了一句话：“范镇你搞什么？诏书是要你们照材料找根据，谁让你们这么快就递交公文的？”

天公地道，他只能挑出这个错。

范镇不阴不阳地回答：“做臣子的接到诏书，只能尽力去办。难道做得快了还是罪吗？”

韩琦哑口无言。

韩琦没话说了，台谏官们憋了一肚子的话。御史台方面的吕诲站了出来，他指出现在的圣旨就跟做游戏一样，先让百官议论，没有结果就下放给部门定名，诏令反复，宋朝100多年以来从没有这样的事。皇帝，你不觉得脸红吗？

司马光的资历比他深，说的话更尖锐，第一次把濮王事件上升到了两派对立的层面。他说经过集体讨论，除了宰执之外，全体一致通过“皇伯”说。现在举朝之臣，除了“挟奸佞之心”附会两府蛊惑陛下的人之外，都知道称濮王为“皇考”不妥，您应该很容易就分清谁忠谁奸。

到此为止，矛盾还没有真正升级，只是要分出来谁对谁错而已。真正让矛盾激化的不是哪个人，而是无所不能的老天爷。

一个月之后，开封城下大雨，雨大到了什么程度，以北宋为限，见所未见。先从民宅说起，只见大街就是黄河，小巷就是渭水，整个开封城就像一个寨门清晰、规划合理的水军大营。街道上漂满了家什杂物、牲畜尸体，还有人的尸体。

过百万的居民，能查出姓名的尸体就有1588具，没名没姓的可想而知。在这场劫难中，我们的赵曙先生仍然是最耀眼、最闪亮的那颗明星，做得比每一个人都出色……不，是出格。

外面阴云密布，暴雨如注，他不说如何抗灾救人，反而派人通知官员们照常上班。当天他坐在崇政殿里等着，快中午了，连宰相在内只到了十几位。他很不满意，正准备发脾气，有人来报告，皇宫也进水了，现在水位越来越高，您看怎么办？

简直是火上浇油，这种小事也来烦我？赵曙一怒之下说出了最常识的答案——开闸放水。把西华门打开，把水排出去。

这个命令真是太英明了！他不想想，历朝历代所有的皇帝都会把自己的宫殿建在本地区最高最好的地段，哪有在坑里睡觉的大爷？这时连皇宫都进水了，皇宫外面的情况只能更恶劣，居然要打开城门往外“排”水？

西华门打开的一瞬间，大水巨浪排空，奔涌而入。我没有半点夸张，看一下后果吧。大水直奔东殿，沿途把一长排的侍卫营房冲垮，连士卒带马匹淹死了一大批。

这真是创了纪录，赵曙以登基不过两年的时光，就让北宋的皇宫内部一次性死了最多的人。

空前绝后，除了金兵灭宋那次。

这次灾难也有好处，就是让赵曙害怕了。这位公子哥猛然反省，是不是上天在跟他说话，用水灾来提醒他私心杂念不要太多，不孝忤逆也要有个限度？想到这个他不禁头皮发麻，他写了一份罪己诏，说下大雨都是我犯的错，各位臣工，你们不要客气，把我错在哪儿都列出来吧。

司马光第一个响应，他列出三点：第一，听信谗言，对太后不恭；第二，对两府弄权不查；第三，不听台谏善言。

御史台方面由新任的监察御史吕大防出面，总结了八句话。由于内容基本雷同，为了节省篇幅就不予赘述了。我们看的是结果。

结果是随着大雨的消退，赵曙他不怕了。罪己诏墨迹未干，他就使了些小手段，让对他说过话挑过错的人通通地消失不见。比如前面提过的贾黯，这是自己病死的；他手下的御史台人员，派出三个出使辽国，远远地支开；知谏院这边是给司马光升官。

司马光升龙图阁直学士兼侍读，从今以后陪皇上谈天说地增进学识，至于烦人的公务嘛，那太俗了，以后你就不要再管了。对于这个安排，司马光接受了。前面说过，他为国家利益只尽 80% 左右的努力，这时已经到了他的极限。

这一系列动作做下来后，宋朝的台谏官基本上就没人了。回顾一下，在仁宗朝，御史台方面经常在 20 人左右，后期减员也能有十多人，现在御史中丞病死了，没有新任官，下面的御史只剩下五人，除去出使辽国的三个，只存活下来两个。

知谏院方面更惨，司马光走了，新任官也是空缺，他手下原来只有……别害怕，到了英宗朝只有一个官员，现在还被派去了辽国当使者。堂堂的大宋知谏院名存实亡。

整个台谏部门，只剩下了三个人，他们的名字叫吕诲、范纯仁、吕大防。

这三个人以后都是威名赫赫的大佬，不过这时还只是官场上的小苍蝇，名义上是能弹劾宰相的言官，实际上没有资历，说话都没分量。

分量是一点一滴积累起来的，这个过程与所面对的敌人有关。有什么样的敌人，就有什么样的成就。比如韩琦，与韩琦为敌，注定了火花四射，你死我活。

三个言官以吕诲为首，他在年底时抓到了一个机会，冬至日大朝会，他当众要求再次召集两府、两制官合议濮王名分。这个要求又被忽略了。减少言官数量为的就是削弱声音，一个小小的吕诲正是被忽略的最佳对象。只是没想到，吕诲做出了司马光、贾黯都不敢做的事。

他把矛头直接对准了韩琦，没有半点含糊，我说的就是你，当朝的首相。吕诲把韩琦上位以来的所作所为总结了一下，最后归纳成一个对比。

“观韩琦之才，未如霍光、李德裕、丁谓、曹利用，而骄恣之色过之。”

上面列出的这四个人名，都是各个朝代废过皇上，欺过太后，迫害同僚，人神共愤的角色。韩琦做出的贡献远远不如他们，令人讨厌的程度却大大超过他们。他建议罢免韩琦的首相职位，贬出京城到外地当官。

弹劾奏章交上去了，再次石沉大海。

另一方面，从各种迹象来看，赵允让的皇考身份正在一天天地生成，各种消息像暗流一样四处浮动，声势一天天变大。吕诲越来越不安，摆在他面前的路有两条：一条是继续斗下去，在其位谋其政，要对得起言官的责任；另一条是他完全放弃。此时，大宋朝共有官员两万多人，他们这三个小言官宛如沧海一粟，要他们来对付整个两府宰执外加皇帝本人，就算放弃也没人笑话。

可是他选择了坚持。在治平三年（1066年）正月间，他和范纯仁、吕大防联名弹劾全体宰执，把中书省里每一个大佬的错误都公开罗列出来。

欧阳修——“首开邪议，妄引经据，以枉道悦人主，以近利负先帝，欲累濮王以不正之号，将陷陛下于过举之讥……政典之所不赦，人神之所共弃。”

韩琦——“初不深虑，固欲饰非，傅会其辞。庇恶遂非，沮抑公议。”

至于曾公亮和赵概，他俩的罪名是不作为。总而言之，这批宰执人员是“豺狼当路，奸邪在朝”，应该全体罢免，像欧阳修这样的首恶，更应该扔进大狱，严重处理。

面对这样的指责，谁也没法再沉默了。宰执集团立即反击，与言官们掐成了一片。宋朝的官场乱到了庆历新政时的规模。

现在我们要站得高一些，先抛开吵架的热闹，来分析另一件事。臣子们闹到了这种地步，除了三五个宰执之外，没有任何人赞同赵允让的“皇考”身份，为什么赵曙还要继续搞下去，不达目的誓不罢休呢?

为什么这么固执？！

这不能用什么为生父争名分，尽孝道有什么不对之类的废话来解释，根本没有半点的说服力。赵曙这样固执是别有原因的，那是他们父子两代一直深埋在心底不敢对外人透一点口风，越埋越深，越深越痛的一段心事。

赵曙父子有一个共同点。

赵曙的人生经历我们都知道了。他因为仁宗无子，在幼年时曾经入宫，以皇子的身份教养。这在他的心灵深处，正在成长阶段时留下了不可磨灭的印迹——我是皇位的继承人！只要不出意外，以后这花花世界锦绣江山，就都是我的。

他等到了，果然没有意外，仁宗的三个亲生儿子都死了……他的父亲赵允让就没他这么幸运，赵允让其实是赵曙命运的翻版，两人在开始阶段如出一辙。

赵允让在仁宗出生前，也曾经以皇子的身份进入皇宫寄养，只是千不该万不该，刘娥居然用一个宫女让真宗赵恒生出了亲生儿子！

美梦落空，多大的打击啊！再到后来，这样的悲剧在赵曙的身上重演了。当年的张贵妃一心想给仁宗生出皇子，怎么会留着赵曙这个祸胎在身边？于是把他赶了出去。在之后 20 多年的漫长岁月里，赵允让父子一直活在热切的期盼和巨大的失落中。

每一个皇子的诞生都是他们的灾难，每一个皇子的死去都成了他们的节日。历史没能记载下来他们的具体表现，赵曙被正式选为皇子时的玩命拒绝和在即位当天的逃跑加呆傻，就证明了他是多么在意。

当初我们疑惑他为什么认为当皇子是灾祸，请参照中国老百姓得不到好东西时的惯常表现——福大祸也大，财去人安乐。要那些东西干什么，消停过日子最好了。

即位当天的逃跑加呆傻，强烈的画外音表现出赵曙的心情——天哪，这是真的吗？真的死了？！赵祯终于死了？父亲您在天之灵看到了吗？我是皇帝了，我是皇帝了，我是皇帝了……就此流下了哈喇子。

再回想他在仁宗灵前狂呼疾走，来回乱窜——你也有今天，赵祯有种你爬起来看看，我就在你面前，我是皇帝了……你能拿我怎么办？！爸爸多年的心愿终于完成了，他还是死了！

那根本就不是什么发病了精神失常，是他乐极了有点过于亢奋，类似于现在一个穷光蛋突然中了 30 亿的超级彩票，天上掉下了个纯金的林妹妹，换谁都得瞬间断电。

明白了这种心理，才能理解为什么下面会发生这样的事，为什么，为什么，为什么一个皇家子弟，礼义廉耻天天挂在嘴边三十年如一日、忠厚诚实的好孩子，会变成一个彻头彻尾的贱人！

注意，在中书省和言官们吵成一片，眼看局面没法收拾时，突然间决定性的一击到来，所有的争吵戛然而止。

皇太后有旨——濮安懿王、谯周夫人王氏、襄国夫人韩氏、仙游县君任氏，可令皇帝称亲。濮安懿王称皇，王氏、韩氏、任氏并称后。

晴天霹雳，谁能想到，不久之前还和赵曙闹到痛哭流涕的曹太后居然会下这种命令，由她把一个外人提升到和自己死去的丈夫同等的地位上？这太不正常了！

可无论怎样诧异，黄纸黑字写得清楚明白，赵允让不仅是“皇考”，是皇帝死去的父亲，更得到了名正言顺的皇帝称号，他和仁宗赵祯平起平坐了！

那一天开封城沸腾了，除了五六个人如赵曙、韩琦、欧阳修一党之外，所有的人都在骂街，沉稳些的想到了里边肯定另有猫腻，脾气躁点的直接把矛头对准了曹太后。仁宗有哪点对不起你，居然关键时刻卖夫求……不对，她到底求什么呢？搞不清楚，这女人肯定疯了。

同一天里，赵曙保持着空前的清醒，他一边借坡下驴“答应”了曹太后的命令，一边非常谦恭地推让了些权益。他也下诏——“称亲之礼，谨遵慈训；追崇之典，岂易克当。”他没有接受赵允让称皇、三位夫人称后的指令，但保留了称亲。

看着很得体，却另有小动作。他把赵允让的坟升格为陵园，再以园立庙，考虑到后面宋朝的皇帝们都是他的子孙，从此四时祭祀不断，已经和皇帝的规格一模一样。

赵曙终于如愿以偿了，可要想人不知，除非己莫为，事情没过两天，整个幕后经过就被吕诲查了出来，写成公文，大白天下。

我们先不管他用了什么手段，先看看是怎样的经过。

照例还是有正史版、真相版。先看官方的正史。

正史说，治平三年（1066年）正月二十一日这天，中书省的官员们在垂拱殿向赵曙汇报工作，什么事不知道，规格很隆重。韩琦当时正在祭祀，特意把他叫了回来。这时全体宰执到场，由欧阳修写了两份诏书，交给了赵曙一份，另一份在中午时分，由一个太监送回了垂拱殿。

上面有曹太后的签押。

韩琦、欧阳修等人相视而笑，任命赵允让夫妇为皇为后的诏书就这样到手。正史部分就是这样，它把最重要的环节，即曹太后是怎样签字画押的都省略了，一个字都没提。

通过吕诲的公文，我们可以知道真相。

那是在事发的前一天，正月二十日，曹太后和赵曙在天章阁设宴款待群臣赏桃花。当时赵曙和宰执大臣们轮番敬酒，大太监苏利涉、高居简推波助澜，曹太后一时高兴多喝了几杯。醉眼蒙眬中，赵曙走到她的榻前，手持一份诏书，请她签押。她真的醉了，看都没看诏书上写的内容，就画了押。

自始至终，她不知道自己干了些什么。她怎么会想到堂堂的皇帝、首相、宰执会使用这种下三烂的招数，来蒙骗她一个妇人!

这就是我一直在骂赵曙是个贱人的原因。这种人渣躲在阴影里，想做又不敢，不做又难受，只好鬼鬼祟祟地下软刀子，最可恶的是做了婊子还要立贞节牌坊，他后面的作为才更让人作呕。

面对吕诲把事情挑白、公之于众的做法，赵曙害怕了。他不是怕他老爸的皇考身份再起争议，毕竟他是皇帝，他在五天之后就宣布濮议到此结束，这件事定案了。他怕的是后世史书上他的名声，坏事做完了才想到毁尸灭迹。

他首先想到的是和稀泥，先去安抚吕诲、范纯仁、吕大防三位言官。这三个人自从曹太后的旨意生效之后，立即就交还了御史的敕诰，回家抗议了。赵曙急忙派人把敕诰送还，要求他们回来上班。三人说："与修理不两立，修苟不黜，臣等终无就职之理。"

这就麻烦了，摆明了是和宰执集团势不两立。赵曙要做的就是把这两方面摆平，这时才真正显露了他的智慧。事情到了这一步，他居然还想着和解。

赵曙把韩琦、欧阳修叫来，三人秘密面谈，核心问题就一句话——"爱卿们，言官宁死不低头，你们……怎么办？"

韩琦的回答只有一句："臣等是忠是邪，陛下自然知道。"

透过这一句，韩琦终于表达了自己的怒火。干吗？要卸磨杀驴吗？这时想要的都得到了，开始想着挽回影响，顺着言官来糟蹋我们？！门儿都没有。

欧阳修身为大才子，说话就有条理、温和得多。他说：“御史以为理难并立，那好办。如果臣等有罪，就留御史；若陛下以为臣等无罪，则取圣旨。”

取圣旨做什么？开除御史啊！

事到如今，赵曙终于明白了做皇帝是怎么一回事。那名义上是手握乾坤，翻覆天地，像神灵一样无所不能，其实要比一介平民更加受制于势力。

没有势力，就没有支持；没有支持，就会失去一切。做皇帝的人，更没法背叛自己的标签。为此，赵曙只能下令把吕诲等三人贬出京城。但他清楚，这三个人是无罪的，犹豫再三，他叮嘱欧阳修：“不宜责之太重。”

别太过分了。

欧阳修没听见，与赵曙的战争已经胜利了，而他和韩琦的战役才刚刚开始。一定要把言官们彻底打倒，不然倒霉的就会是他们自己。可是谈何容易，赵氏王朝的政府环环相扣，每一个环节都相互制约，在理论上谁也别想坐大，具体到罢免御史，就需要两制官的配合了。

宋朝规定，台谏官的任职罢免和两府宰执一样，都要有知制诰的诰词。而一旦知制诰动用了封还词头的权力，吕诲等人的贬谪就不成立。

有这个顾忌在，欧阳修还会听从赵曙的劝告，搞什么“不太过分”的事吗？那无异于自掘坟墓。当天他走出皇宫，在中书省里写了一份贬御史出京的诏书，越过两制官直接派人送到吕诲等人的家里。他在赌博，赌的就是御史们的高傲。如果吕诲等人拉下脸来就是不走，一定要和他论个清楚明白的话，他就输定了。

欧阳修赌赢了，吕诲、范纯仁、吕大防都很珍惜自己的名誉，没有跟他废话，静悄悄地离开了开封。但这只是赢了上半场，欧阳修仍然不放心。

还有另外三位御史没有回来，在辽国当使者呢。两个月后，三位御史回来了，他们是吕诲等人的翻版，知道事情的始末之后，立即交回敕诰，回家“待罪”。这年的三月十七日，赵曙给言官抗旨事件画上了句号，吕诲等六人每人都得到了不同的罪名头衔，带着这种“荣耀”，离开了污浊的开封名利场。

这件事有两个余波：一个是台谏大换血，仁宗朝仅剩的六名言官都下放了，谁来顶替呢？无一例外，都是韩琦、欧阳修的亲信，以及在濮议事件中赞成赵曙的人。另一个是司马光的命运。他是这次濮议反对派里唯一一个不受罚反而升了官的人。前面说过，为了封上他的嘴，赵曙把他调离了知谏院。他很安静地去上班，直到尘埃落定，他才再次出现，要求把他和吕诲们一视同仁，贬到外地。

很动人，很公义。回想他在整个事件里的作为，没有任何一点能挑到毛病，可结果就是截然不同。

这是怎么回事呢？

我们可以说，这是赵曙累了，他再也不想折腾了，同时就算立一个正面的典型吧，也没必要再打压司马光。可仍然太片面。综观北宋官场，司马光的官场生存技巧是首屈一指的，不仅在仁宗朝、英宗朝如此，就算到了神宗朝、哲宗朝，仍然无人能及。

回头再说赵曙。这时他虚岁 36 岁，正是一个男人风华正茂、精神体力处于巅峰的年龄，可是临近年底时，他再一次病倒了。鉴于他此前一直得病，所以没有人特别紧张，也没有人预见到这是赵曙的最后一个冬天。

他垮了，濮议事件耗尽了他的心力，这个过程中的大悲大喜，从来没有经历过的跌宕起伏，严重地损害了他的健康。尤其是这些他都要深深地压抑在自己的心底谁也不能告诉，谁也不能分享。他太累了，也实在是太敏感了。

他病了，在完成了最大的心愿，终于可以为国家来做些事时，他倒在了床上，连说话的能力都丧失了，与外界的沟通只能靠一支不停颤抖的笔。

这种情况对外界严格保密，只有最高层的几个宰执才知道。其中以韩琦最敏感，他每天以交送待批公文为理由，进寝宫观察。

赵曙一天天地衰弱下去，他知道危机又一次到来了。

史书中提到了一件事，被普遍认为是韩琦的耿耿忠心发作，为宋朝的下一代君王考虑。

某天，他走出寝宫，迎面看到赵曙的长子，此时改名为赵顼的赵仲针一脸忧愁地站在殿门边。韩琦走了过去，说："愿大王朝夕不离皇上左右。"

后来的神宗不解，随口说："这是人子之职。"

韩琦意味深长地看着他，说了四个字："非为此也。"然后赵顼立即就明白了。现在请问，赵顼明白了什么？浅一些的说法，这是提醒赵顼，他老爸随时会死，你要时刻不离现场，提防两个弟弟，把该得的皇位牢牢握在手里。

可是请问，赵顼身为长子，两个弟弟和他是同母所生。既长且嫡，怎么会被两个弟弟夺走皇位？这是绝对不可能的。

那么，韩琦暗示的威胁在哪里？把思路拨回到矛盾的原发点就有答案了。他们仍然在提防曹太后，宋朝的皇位兄终弟及早有前例，赵光义就这么干过。

考虑到赵曙本身是过继之子，登基后又表现得一塌糊涂，曹太后借机再立一个年长的皇帝非常顺理成章。

如果真成了事实，赵顼自然当不了皇帝，韩琦这三年多以来的混账行为也会被反攻倒算。这是关系到身家性命的事，绝对含糊不得，所以才有下面韩琦不顾一切的表现。

十一月二十一日那天，赵曙的病情突然加重，宰执人等紧急赶到。韩琦上前提意："考虑到您的健康，请册立皇太子。"

赵曙躺在床上奄奄一息，微微点了点头。韩琦立即命人把笔递到赵曙的手里，赵曙费了很大力气写下了七个字：

“立大王为皇太子。”

大王，就是他的长子，人人都知道是赵顼，可这不规范。韩琦又说：“这肯定是指颍王，请皇上写清楚。”

赵曙挣扎着又写了三个字：“颍王顼。”千真万确，连封号带名字，再无疑义。这时，全场的重心瞬间转移，紧急召见翰林学士进宫草拟圣旨。

当天的翰林学士是张方平，等他进来时赵曙更加衰弱，无论他怎样请旨，赵曙都说不清楚。史书记载他长叹了一声，用手指在床榻上写画，张方平才明白了是要立太子。

事情重大，就算韩琦拿着赵曙刚刚写成的亲笔诏书，张方平也不理会，他一定要赵曙当面再写一次。万般无奈，赵曙只有咬牙完成。当他终于都做完后，在场的人看到，两行泪水在他的脸上缓缓滑落。

他为什么要哭呢？

史书里给出的答案是两位名臣的对答。走出寝宫后，文彦博对韩琦说：“相公看见了吗，人生至此，虽父子至亲也不能无动于衷。”

韩琦冷冷地回答道：“国事当如此，有什么办法。”

根据这个分析，赵曙是留恋皇位，想到病体难支要传位给儿子，他特别难过。这让人想起了当年赵光义立太子时的咆哮：“人心皆向太子，将置我于何地？”他真不愧是赵光义的嫡系子孙，超强的嫉妒心如出一辙。可是往深里想一层，设身处地就能发现另有隐情。

赵曙是个贱人不假，可人之将死，其情也哀，站在他的角度才会理解他的心里充满着留恋和哀伤。他平静地生活了30年，突然间登上了权力制高点，这是福还是祸？抛开国家、道义等外事，于他个人而言，是好事还是坏事呢？

人生，多像场光怪陆离的梦啊！没想到这么快就醒了，醒来后已将是百年身……史书只记载着冷冰冰的事迹，它没能记录下当天宰执们结伴离去后的福宁殿，那时空旷的大殿里，病榻上孤卧的赵曙，他脸上的表情、他的心声，才是他真正想留给世人的东西。

是满足，还是后悔，都无法猜测。能肯定的只有一点，无论如何，他都死得太早了。这不是说让他继续颠而倒之地折腾宋朝很有必要，而是他没有给赵顼、未来的宋神宗足够的成长时间。赵顼当时只有 20 岁，是此前除了赵匡胤以外，宋朝唯此一例的非正统皇位继承人。

赵顼没有在皇宫里受过皇子必备的传统教育，他不懂、不清楚眼前这个世界是怎样的。宋朝的寿命超过了 100 年，它已经成了一个有自己独特性格的生命体，你不了解它，就没法适应它，更没法驾驭它。

非常可惜，赵顼直到人生的后期才渐渐地懂得了这一点，可那时早已太晚了……他会遗憾，整个宋朝都会遗憾，为什么赵曙会死得那么早，他真的应该再多活几年！

宋治平四年（1067 年）正月初八，赵曙死于福宁殿，终年 36 岁。

# 第十三章　流云方寸间

终于写到了神宗朝。

我有一个愿望，要把这段历史，这段在中国古代最乱、最无法辨别真伪的历史说个清楚明白。

涉及神宗、王安石、司马光、蔡京这些影响历史进程、转变国运的人，我再不想重复之前所有史书和近现代著作里的含糊其词。说什么“变法的初衷是好的，王安石的学术是高超的，只是用人有误而已；神宗皇帝是有理想的，勃然振作的，只是做得太急，所以效果不好；司马光是大历史学家，尤其心术之正毋庸置疑……”

这些都是废话！历史是一门学问，它绝不是什么任人装扮的小女孩，谁想怎么打扮都成。

因为史实就是那些，如果得出的结论有问题，只有两种可能：一是资料掌握得不够；二是揣着明白装糊涂，是另有目的，才刻意写成了歪史。

比如，近代民国时号称圣人的梁启超，他写的《名人传记》里有一篇《王荆公传》，从名字上就可以看出他是力挺王安石的，其结果就是把王安石提到了中国历史甚至世界历史上最高明、最纯洁、最无私、最超能的政治家的地位。

我有两点质疑：第一，这篇文章里错误很多，神宗朝到目前我还没写，先不论。在刚刚写完的英宗朝里，韩琦、欧阳修是怎样的表现大家有目共睹，梁启超在文章里对两人的评价是“濮议之役，韩欧所为，无丝毫悖于义理，而言者犹指为乱伦灭理……”

韩琦、欧阳修的所作所为，没有一点点的地方是不对的。这话雷人不？更何况他一开篇就把赵匡胤贬得一无是处：“……以区区一殿前都点检，自始未尝有赫赫之功也，变非敢蓄异志觊非常也……日未旰而事已毕。”我在写到宋太祖时已经详细地记述了赵匡胤称帝前南征北战之功，在梁启超那儿都归零了。

之所以会这样，归咎于第二点，即写作的目的。

梁启超是当时的新政改革派，呼唤变法来改造清朝，他处处为王安石唱高调，是为了给自己的事业找依据、树形象，有自己的目的。再比如与梁同时代的文学大师林语堂写的《苏东坡传》，也犯了同样的毛病。

他爱苏轼，视苏轼为偶像，而他自身的生活色彩和追求也与苏轼暗合，所以歌颂。

而我不一样，我只是草根，生活在和平年代，写宋史除了满足聊天的欲望和赚买自行车的钱之外，别无所求，所以也不想去歌颂什么或者贬低什么。

我只想写出每个历史人物的真面目。虽然这很难，在理论上根本不可能。

为什么不可能，就是历代研究宋史人的噩梦了。《宋史》是中国历代史书里最杂乱、最不可信的一部。

研究宋朝，最好的资料是各位皇帝的《实录》，这是官方最权威的资料，记载着朝廷每一件重大的事情，乃至皇帝、大臣每天的言行。其他的如《宋史》《续资治通鉴长编》，一个成于元朝，一个在宋室南渡之后，从根本上就没有足够的准确性，所以宋人的各种私人笔记，也成了官方信史的一部分。

那么提问，各位皇帝的《实录》都完好无损，是不是宋史就一清二楚了呢？不，仍然是不。从第一本《太祖实录》起，就被一改再改，已面目全非了。其中改得最厉害的，就是从神宗朝起。

《神宗实录》前后一共被改过三次。

第一次在元祐初年，由范祖禹、黄庭坚、陆佃等同修，在写的过程中就吵成了一片。黄庭坚说："如公言，盖佞史也。"

陆佃反驳道："如君言，岂非谤书？"

这里有个参照点，陆佃此人曾经是王安石的学生，但不赞同新法，连他都看不过眼黄庭坚等人对王安石事迹的篡改，这本《神宗实录》的可信程度可想而知。

第二次修改是在绍圣改元时，当时神宗的儿子哲宗在祖母死后亲政，怀念父亲，要为神宗正名。他命令国史院把范、黄等人找回来，问内容的依据在哪里。这几个人的回答超级雷人："各称别无按据得之传闻"，都只是些传闻！

哲宗大怒："文字已尽见，史臣敢如此诞慢不恭！"

于是命蔡卞等重修，蔡卞版的《实录》取材于王安石的私人日记《日录》，他对元祐版本涂改很多，以朱笔抹之，号"朱墨本"。成稿后，是第二次的《神宗实录》。

徽宗时想第三次改，可惜被金兵入侵耽误了。直到南宋时绍兴四年，才由范冲再改。范冲是谁呢？他是范祖禹的儿子……这30多年来，元祐党人被折腾死了近三代人，怒火积怨已经上升到不共戴天的程度，还能指望谁公平公正地说话吗？

现在流传下来的《宋史》，就是根据范冲版的实录而成，前两版和王安石的《日录》都已经散落民间，再也没法搜寻了。所以说，从绝对的意义上来讲，无人能把当年到底发生过什么事说清楚说明白。我所能做的，就是对现有的资料层层剖析，辨出真假。

然后……扔开所有的套话、废话，把我想到的告诉大家。

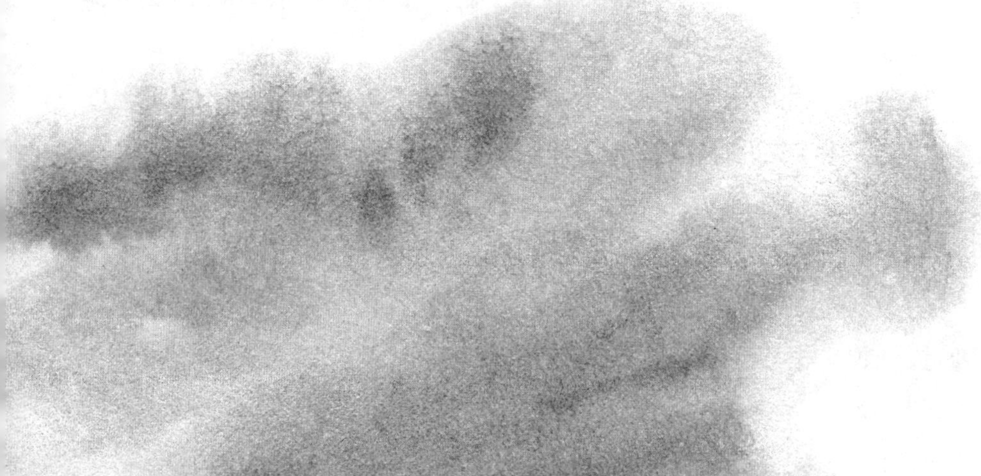

# 第十四章 法儒不同炉

神宗赵顼是宋朝的第六位皇帝，客观地说，与前面的五位相比，他是最不起眼的一个，我是指他即位之前。在他前20年的生命里，没有任何一件拿得出手的显赫事件，除了他出生时的祥瑞。

比较恶搞，他出生时祥和的光芒照耀产房，大群的老鼠出现，吐出了大片大片五颜六色的气体，多得就像厚厚的云层（祥光照室，群鼠吐五色气成云）。

我无限地崇敬神宗他妈，未来神勇无敌的高太后，她当时没被呛死，更对宋朝的史官膜拜N次，谁都知道这是瞎话，他居然能想到用这个，真不是一般的人物。

接下来的就是说赵顼是名好学生的各种例子，比如理解力强，能举一反三，尊师重道，上课前给老师行礼，或者是注重仪表，酷暑时节依然穿戴整齐，等等等等，实在让人很烦。

历代的史学家们应该钻研得更深一些，才能挖掘出这人的与众不同之处。要知道，一个人之所以会有自己的人生，看着好像每件事都有偶然的成分，可背后都隐藏着必然。每个人都是如此，在中国历史中留下了深刻印迹的宋神宗陛下更是这样。

他即位时的年龄和赵匡胤当年离家出走时是一样的，都在20—21岁，这注定了他初期时超强的信心，我命由我不由天，想做什么都必胜！

至于他的性格，与前五位皇帝比较一下就会知道，他为什么会那样强硬不屈。赵匡胤抛开不谈，他天纵其才，无法估算。赵光义之所以会创造出自己的一片天地，是因为在成长期间他哥哥外出游荡，在家里他是老大，没束没管地养成了独立精神。

赵恒挺惨，强硬的父亲总会有乖宝宝型的儿子，他的温和宽厚一方面是天性，另一方面也是从小养成的家教。

赵祯更惨，他妈妈刘娥纯粹就是暴力型的，赵光义怎么说都是父亲，管外不管内，刘娥可好，每天恨不得24小时监视他，各种调教终于成就了一代仁宗……

英宗陛下更不用说了，30年里战战兢兢患得患失，心智早就失常了。这样的人对自己用心太多，身外的事，包括对儿子都会放得宽些。

神宗的成长就是这样，一方面环境宽松，另一方面教育更平民化。这是一个最重要的区别，培养一个皇帝和培养一个贵族子弟，用的不是同一本教材，尤其是他生长在开封城区，比赵恒、赵祯都更接近民间。

他知道好在哪里，坏在哪里。至于怎么改那是另一回事。

最初，摆在赵顼面前的是一本账本。

以刚刚过去的治平二年（1065年）为例，年总收入是116138400两，非常好，要知道后来明朝一年的总收入只有几百万两而已，但是支出却是……123043100两，已经入不敷出有赤字了。这还不算完，还有零星的支出，术语叫“非常出”的115021200两，几乎是全年收入总和！

也就是说，一年的支出是当年收入的两倍。

这就是当时宋朝的真相。

当朝名臣依次进言，却提不出任何解决方案，包括司马光。他写的第一封奏章简明扼要，只说了三点：

第一，官人；第二，信赏；第三，必罚。

他郑重地说，历经仁、英、神三朝，每个时代他都用这六个字报效国家。字数虽少，却是他平生全部所学。

皇帝私下里找到司马光，你来点实在的行不？

行，司马光才说出了心里话。他指出国家不是没钱，按年度总收入来算，已经是华夏民族有史以来最高峰的时候了，之所以会出现赤字，问题在于乱花。司马光提议，要全面核查国家的各项支出，定出来需要节省的具体部门和具体数字。

神宗的眼睛亮了，这和他的想法是一样的，司马光准确地找到了帝国衰败的焦点。接下来的事更让人兴奋，司马光立即投入了工作，他和滕元发配合，把现在的财政与仁宗时庆历二年的相对比，迅速找出了这些年奢靡浪费的地方。

接下来做什么呢？20岁的皇帝摩拳擦掌：“司马爱卿，明天朕就下令成立设置裁减局，由你任长官，为朕把国家的局面扭转过来吧！”却不料如火的热情迎头就被浇了一盆冷水。

司马光安静地说：“陛下，我没空。”

臣有本书要写，先帝曾经看过的，名叫《通志》。它详细记录了从古至今所有朝代的兴亡之事，用来指导皇帝怎样治理天下。它是这样的神圣，又是那样的伟大，无论如何我都要完成它……所以，您还是另找别人吧。

真正能解决帝国问题的人远在江南，近在眼前。说江南，此人是抚州临川（今江西抚州）人，生于宋真宗天禧五年（1021年）十一月十二日辰时。父亲名叫王益，是宋朝中下层官员，终生辗转南北，没有做到京官。这样就决定了这个人早年的生活：

第一，飘忽不定；第二，学业自成。

因飘忽不定，他可以大开眼界，从小就看尽了北宋王朝的利弊兴衰。因其幼年游走天下，父亲早亡，他必须自己研读诗书，这决定了他一生的学术根基和处世性格。

他的心灵从来没有羁绊，貌似孔夫子的儒家学说对他没有神圣感的那种约束，甚至他赴京赶考的目的都不那么“崇高”。他后来明白地告诉世人，是家里太穷了，得有功名，有工资，才能养活妈妈和众多的弟弟妹妹。

他就是北宋史上最有名，也最有争议的一代名相王安石。

王安石在庆历二年考中了进士，之后的官场之路走得极其独特，终北宋一朝堪称绝无仅有。如果要有参照物的话，比如司马光，这两人的仕途截然相反，正是各自人生命运的真实写照。

司马光中正博大，中进士、尽孝道、被举荐做京官，历经仁宗、英宗两朝最敏感的大事，如立皇太子、濮议等，处处站在道义的角度，立天下之正位，行天下之正道，与宰相争，与皇帝争，树立起自己的模范形象，从此被视为君子的代表、正义的化身。

王安石正相反，他谢绝了所有的进京机会，视功名如粪土，在举国争名夺利的世道中孤傲不群，宁可在乡下偏远的小地方当官。在这期间他放弃了馆阁笔试，这是地方官做过一任之后的正常权利，只要进京考试，就有可能成为天子近臣。

以他“唐宋八大家”的文笔功力，相信唾手可得，不费吹灰之力。可他就是不。

他还放弃了举荐。请大家回忆前文，从苏洵的求职之路可以看出，要得到名臣的举荐有多难。而文彦博、欧阳修这样举国一二人的举荐，居然被他白白浪费了。

这是为什么呢？先不忙，继续看他的人生之路。嘉祐三年时，他终于进入京城，成为三司省的度支判官，之后进入馆阁，做到两制官中的知制诰。嘉祐八年时因母亲去世，离开了京城。

这六年期间，他留下了一封奏章，一件杀人案件的审理分歧，除此以外默默无闻。从那时起直到英宗去世，神宗登基，他都在江南悠游地闲逛。

再说近在眼前。

这就非常奇妙了，里面包含着王安石的本性到底如何的大问题。他是个百分之百纯洁无瑕、不使奸诈甚至不懂奸诈的伟人吗？

这是历代赞扬王安石的人的立论根基。

或者是个大奸似直、大恶似善、一肚子歪门邪道的伪君子吗？这是历代打压王安石的人的最终目的。这两个截然相反的评价，都要从他平生一点一滴的作为上分析。

先从他是怎么引起神宗注意的这件事上说起。

神宗早就知道王安石，是他当皇子时的亲信，这是前面说过的韩维的功劳。韩维此人严正立身，是一个让人肃然起敬的人，至少经常让神宗肃然。

比如神宗和他聊功名，韩维闭口不谈，从一开始就掐断了谈话——圣人不谈功名，只说做事。事情成了功名自在，抱着功名心去做事，迟早成奸邪。

神宗直冒冷汗。

某天，年轻的皇子穿了一双式样新颖的鞋，没办法，开封就是当年最时尚的地区，人不时尚枉少年，奈神宗何？

韩维看见了，冷冷地说了一句：“王安用舞靴？”

神宗立即脱掉扔了。

还有赵曙和曹太后较劲期间，韩维提醒神宗危机到了，奶奶要生气，赶紧去解释。神宗立即照办，替父亲去赔罪。这里稍加一句，神宗与赵曙截然不同，终神宗一世，对曹太后一直非常礼貌。

总而言之，韩维对神宗的影响很大，属于严师益友那种。尤其难得的是，他经常对国事发表一些独特见解，每次都让神宗目瞪口呆，豁然开朗，这时韩维总会说：“这不是我说的，是我朋友王安石的看法。”

时间长了，王安石的名字深深地在神宗心里扎了根。半年后，王安石被召进京城，当上了翰林学士。与他一起进翰林院的，是他前半生的好朋友、后半生的死敌司马光。要说起来，这两个人实在太有缘，也太重要了，他俩再加上另一位现在还没有起步、要在两年后才考中进士的人，就是北宋中后期最有影响的三个人。

就是他们让宋朝兴旺、混乱、糜烂、亡国的。

暂且放下那个人，先说王安石和司马光。这两人都以执拗、倔强、不妥协著称。不过，一旦比较起来就会发现，司马光差多了。

有三件事可以参照。

第一，在长官面前。

王安石第一次进京当官时，曾经和司马光同在包拯手下工作。某一天，京城内牡丹花盛开，包拯一时高兴，请全衙的员工喝酒。

席间，两位未来的大佬都声称生平从不喝酒。包拯正在兴头上，哪肯放过，亲自过来劝酒。几番坚持之后，司马光投降了，他举起了杯子。而王安石不管领导怎么说，不喝就是不喝。

第二，在官司面前。

司马光的表现在濮议中已经很清楚，此人绝不会硬挺到底。而王安石不一样，是个死硬派。第一次进京时，他当知制诰兼责京城刑狱，当时发生了这样一个案子。两个少年是好朋友，一个养了只非常好的鹌鹑，另一个想要。

人家不给。想要的这个仗着两人是好朋友，居然抱起就跑。结果事大了，他朋友一时情急，追上去一刀就把他剁了。出人命了，开封府判凶手死刑，王安石不同意。他说："按照宋朝法律，注意，是有明文规定的，公然抢夺和偷盗都是贼，凶手的鹌鹑被抢了才去追，才杀人，明显是捕盗，是合法行为，怎么能判刑呢？更何况是死刑？"

理由非常充分，是吧？可开封府不服。这件事上报到审刑院和大理寺，最后的结论是……王安石是错的。按规定他得道歉，但王安石给出的只是三个字："我无罪。"不管对方是什么大佬什么势力，我不想低头，谁也别想勉强！

第三，在皇帝面前。

这点最重要，在皇帝面前怎样，才能真正体现出一个大臣的风骨。同样一件事，看王安石和司马光有什么不同。刚刚说过司马光当上了翰林学士，这个过程非常闹。

神宗让他当，他就是不。问为什么，司马光说："臣写不出'四六'文。"所谓"四六文"，指的是魏晋以来流行的赋体，对仗工整，内容空洞。神宗一听就乐了："爱卿说梦话吗？你不懂四六文，当年的进士是怎么考中的？"

司马光不回答，反正就是不当。神宗只好放他走。在出皇宫之前，有个太监追了上来，把任命诏书强塞在司马光的怀里，他也就当了。

还是那句老话，司马光为人凡事必坚持，只是不超过 80% 的力度。再看王安石。王安石第一次进京时曾被授予修起居注，给皇帝写日记的美差。别人求之不得，他却推得汗流浃背。为了不升职，他一连写了 14 道奏章，可任命的诏书还是送过来了。

王安石一概不收，直到把送诏书的小吏难为得跪下磕头："求求您，收了吧，不然没法交差……"王安石仍然无动于衷，他转身躲进厕所，连求饶的机会都不给了。

小吏急了，放下诏书就跑，你不要也得要。这时王安石反应神速，从厕所里狂奔而出，追上小吏，把诏书又塞了回去。

两相对照，可以看出司马光的硬度系数差得不是一点半点，可也不能就此肯定两人的高下。凡事有一利必有一弊。

比如王安石之刚强，硬则硬矣，小心飘风不终朝，暴雨不终夕，一味刚强，没法持久。而司马光余下 20% 的妥协中含有一种难得的柔韧，让他比王安石更加坚韧。

他注定了比王安石能等，等到他翻身做主的那一天。

神宗和王安石进行了多次单独对话。

比如两人初见面时，神宗问："怎样治理天下？"

王安石答了四个字："择术为先。"

"唐太宗如何？"

"陛下当法尧、舜，李世民算什么？尧、舜之道，至简而不烦，至要而不迂，至易而不难。只是后来学者没学会，才以为高不可及。"

"卿对朕的期望太高了，我们共同努力，达到这个愿望。"

这是互相谈理想。神宗以李世民为偶像，却不料王安石直接拔高到传说中最了不起的帝王那儿，让年轻的皇帝惊喜交加。

下面一段看似模糊，其实比理想更重要，它涉及实施阶段。

神宗说："李世民有魏徵，刘备有诸葛亮，才有后来的成就。这两个人，都是不世出的啊。"

王安石摇头："陛下能像尧、舜，自然有皋、夔、稷、卨等贤臣出现，至于魏徽和诸葛亮，在有道之士看来都不值一提。以天下之大，人民之众，杰出者所在多有，只看您的真诚到了哪个程度。不然，就算有那些贤臣，也会被小人蒙蔽，离您而去。”

“何世无小人，虽尧、舜之时，不能无四凶。”神宗不同意这个观点。

“正因为能看出谁是四凶，再杀掉，所以才是尧、舜。要是让四凶任意妄为，皋、夔、稷、卨这样的君子还能正常工作吗？”

这是王安石在要求工作环境，神宗得像尧舜支持皋、夔、稷、卨一样支持他，并且除掉所谓的四凶，他才能放手工作，大展才华。

再接下来，发生了那次熙宁变法前最著名的辩论。它起源于一次河朔地区的大水灾，当时曾公亮提议，眼下财政紧张，全力救灾。宰执人员马上就要得到的郊祀典礼的赏赐，就都省了吧。

这道旨意被送到翰林院，请各位学士大人执笔。

结果，司马学士和王学士各抒己见，完全相反。

司马光赞同：“节俭从官员开始，这很好。”

王安石反对：“这根本就是杯水车薪，形象工程。想当年唐朝的宰相常衮节省了工作午餐，被人讥笑，辞饭还不如辞位，根本就不配做宰相。何况现在国用不足只是表面现象，真正的问题并不在这儿。”

司马光摇头：“常衮减少俸禄，总比尸位素餐的废物们好。现在国家最重要的问题就是物资不足，王安石讲得不对。”

王安石高深莫测的一面露了出来：“知道是怎么造成的国用不足吗？核心问题是没有找到真正善于理财的人。”

这句话在宋朝开天辟地头一次被提出来，就算在中国历史上，也只是有人曾经隐约地做到过，却从来没有上升到这样的理论高度。

神宗的眼睛亮了，可司马光却不信邪，他的确是一位不世出的史学大师，所有的事都别想骗过他。他立即就指出来："你所说的善于理财的人，不过是按照户口、人头数目竭力搜刮民财而已。百姓穷困，就会沦为盗贼，这不是国家之福。"

王安石非常平静，他下面说的这句话，如果真的做到了，他就是从古至宋，最了不起的国家管理魔术师。

"善理财者，不加赋而国用足。"我可以不加税率，就让国家的收入增加。

神宗激动了，司马光愤怒了。王安石这句话，简直就是在挑战他的智商、他的学识。有他在场，王安石还敢说出这样的话，是对他最大的侮辱！

司马光说："天地间的财物有定数，只有那么多，不在官就在民。你所说的不加赋而国用充足，不过是暗地里做手脚抢夺民财，那比加赋更恶劣，加赋至少还有根据和具体数字！何况这招数很早以前就有人用过了，汉朝的桑弘羊就用它迷惑过汉武帝，后果低劣不堪，当谁不知道吗？"

对话到这里达到高潮，可也结束了。史书里，注意，是南宋绍兴四年范冲版的《神宗实录》里，没有王安石的回答。

以王安石当时的状态和事情的重要性，他会选择闭嘴认输吗？绝对不会！但就是没有了……

接下来是神宗的结论。他说："我的意见和司马光接近，但是关于两府是否减掉赏赐，以王安石的见解为准。"

自相矛盾，还是和稀泥？神宗的心理历代学者都有自己的看法，我不一一赘述，留下篇幅说说自己的浅见。首先，司马光的"万物有数，不在官即在民"，乍一看非常有理，甚至在宋朝时是真理。王安石的"不加赋而国用足"简直就是变戏法，十足十地是用异端邪说引诱年轻的神宗去犯罪。

讨论王安石，总是要和现代的经济调控联系起来，抛开"道德"，就以经济论事，司马光的理论可以归纳为两个字——"零和"。即收入和支出相等，不在官即在民。

王安石的理论叫“增值”。以政府做商号，用各种手段，包括政府调控、降低利率等办法来刺激市场，加快周转速度，就会在同样的利率下产生更高的税值。说得复杂些，就像小商贩，只要货走得快，价钱不变，也照样赚大钱。

由此可以分析出，王安石更加高明，他超出了时代的限制。那么，问题出现了，他都超出时代了，至少不能被时代理解。那么，为什么神宗还会听他的呢？

一方面是被他的“戏法”所引诱，不加赋而国用足耶！多诱人。另一方面就是下面对话的内幕了。

神宗又问：“那么，让你来治理国家，你首先要做的是什么？”

王安石斩钉截铁一句话：“变风俗，立法度，是当前最大的急务！”

谈话结束，从此之后，神宗对王安石言听计从，成为中国古代历史里最为合契的一对君臣。请问，这是咋搞的？“变风俗，立法度”，这六个字到底有什么魔力？

魔力超级大，这是中国古代史上刘邦建立汉朝以前最了不起的一种学术暗示。这种学术让春秋战国时一个个国家只要想富强，想在弱肉强食的环境中屹立不倒，发展壮大，就必须遵从它，甚至秦始皇灭六国，统一天下，都是以它为根本。

那就是光耀后世却只能隐藏在儒家学说阴影里的法家。

翻翻历史书吧，不管谁有什么样的见解，都不得不承认这样一个事实：天下是法家子弟打下的，却被儒家学说摘了桃子。没办法，法家讲究实效，所以能创世。而儒家教人守礼，让既得利益者喜欢。

法家巨大的治世力量，一边让统治者们深深地忌惮，一边又让他们无法舍弃。于是造成了一个现象，很多有作为的君主，都是“外儒内法”的。神宗皇帝就是其中的一个典型。

他在治平二年，还是颍王时，手抄了一整本的法家典籍《韩非子》，抄完后拿给幕僚看，检查有没有错处。不巧，被当时的侍读孙永看见了，这位儒家子弟立即翻脸，哪怕对方是皇子，也撇着嘴冷笑一声：“韩非险薄，无足观。”

儒家学说多博大精深，仁义道德啊，可惜除了一条条的人生语录之外，没有半点治国创业的具体办法！

颍王当时不想把事搞大，笑了笑说：“我就是给书架多添本书，并不是喜欢它。”

这时，他在王安石的身上找到了共鸣。王安石是一个很妙的人，根据以往各种史书里的描写，人们总把他当成一个为了自己的信念，不惜一切必须达到，坚定执着到油盐不进的程度，同时纯洁到天真。不对，王安石很会耍花招，他开口闭口都是古代圣贤怎样，尧舜禹怎样，其实都是挂羊头卖狗肉，内里所做的都是法家行为。

“变风俗”，儒家学说最大的目的就是让民风淳朴，人民不管自服；“立法度”，儒家从来都是以笼统的仁义道德来“治国”，从来都鄙视“术”。想想王安石后来一条条的具体法令，那是什么呢？

这次谈话让君臣两人心有灵犀，也注定了后来和朝廷里所有朝臣的矛盾，包括那些初期支持他们后期变成死敌的人。

儒家和法家，是不可调和的。

# 第十五章　指点江山，激扬人物

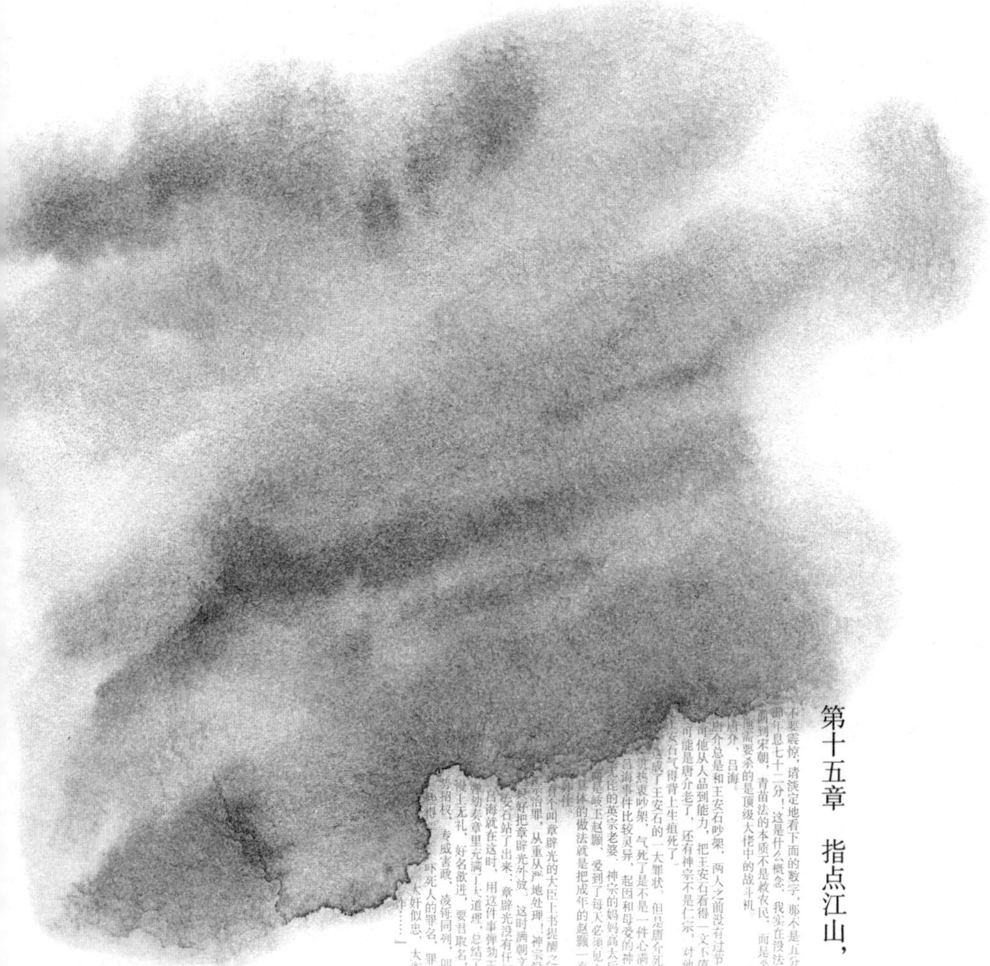

宋神宗从熙宁元年四月召见王安石，到第二年的二月时，才有了变法的实际举动。任命富弼为首相，王安石为参知政事，组建自己的班底，变法开始。

历代史书接着就开始介绍各项具体法令的内容、颁布的时间以及遇到的困难。如果我也这样写下去，根本就没法剖析出这段历史的真相。

试问这样翻天覆地的大变革，只在神宗和王安石达成法家治国的理念后，就直接上了马，是不是太儿戏了呢？神宗真的成了毛头小子，王安石真成了不学无术的傻大胆？

开玩笑，在这期间有10个月的时间，宋神宗和王安石朝夕相处，从他们后来所做的事业有多大来看，他们的讨论肯定是多面的，涉及国家的每一个角落。

作为后世人，我潜心静思，推算出他们至少有三个重点必须详细考虑：

第一，那是个大秘密，是这次变法的大宗旨。所有的举措如果不建立在这个大前提之下，那么一切都失去了意义。可惜的是，查遍千年史书，不论是古人的，还是近现代的，对此都一字不提。

或许是他们没看到，或许就是别有用心地删除了。

第二，变法的速度。是急进还是缓变，这是一个大问题，比具体的变法措施更重要。我们清楚，一件事成功与否，不仅与它的立意有关，更与它的做法有关。怎么做更多地决定了它的成败。

聪明博学如王安石，谨慎小心如宋神宗，这个最起码的前提，一定会考虑到。只是出于对第一点，那个大秘密、大宗旨的遵从，才不得已选择了实际操作中的急躁。这是无可奈何的，可也是热血沸腾，不得不做的！

第三，变法的涉及层面和具体法令。

环环相扣，每一个条件都为上一个条件服务，这是一整条互动互补、一荣俱荣、一损百损的利益链条，哪一点出了错，都会让国家承受不可估量的打击。具体到第三条，它得服从前两个前提，国家必须迅速富强，极快地增加国库。

得有钱，才能去做那些事。至于说事后怎样，只要那个大秘密、大宗旨胜利了，一切都好说。

实际操作让王安石躲在幕后，首相是富弼，以富弼的威望来镇抚局势，安定人心。王安石组建的变法班底更有讲究。

成立一个全新的部门，名叫“制置三司条例司”。顾名思义，它是以国家的财政总署三司省为根基，研究怎样生财的特殊部门。以现代的名词来叫，可以称作“财政税收设计委员会”或者“发改委”。

这个部门的凭空出现，直接把改革变法的事务都揽了进去，什么东府西府两制内侍，都没你们的份儿，一边儿待着去。为了保险起见，同样让王安石当副手，名义上的负责人是副相陈升之。

具体工作人员中有一个人叫吕惠卿。

吕惠卿，字吉甫，生于1032年，泉州人，出身于官吏世家。《宋史》记载他考中了进士，分配到真州做推官，调进京城后和王安石偶然见了面，两个人谈论经文，非常投机，从此进入了变法集团。

也就是说，王安石饥不择食，哪怕从不认识，只要稍微投缘，就会结成死党。至于吕惠卿进入王安石视线的历史真相，就被宋史选择性地掩盖了。

只因为那个人是“君子”。

可惜在欧阳修自己的文集里露了馅儿，他有一篇上报给朝廷的奏章，名叫《举惠卿充馆职札子》，把吕惠卿说成是“才识明敏，文艺优通，好古饬躬，可谓端雅之士”，私下里更在很早之前，就给王安石写过私人信件推荐。

吕惠卿之后，王安石最初的几个主要助手分别是苏辙、程颢、章惇、薛向、吕嘉问等人，现在简单介绍一下。

苏辙是苏轼的弟弟，前面说过苏轼在东京城的夜晚迷醉流连，可惜时光非常短暂。没多久，他们的母亲在老家去世了，父子三人只好回乡奔丧。守孝三年之后，举族进京。

这是三苏命运的转折点，从此之后，他们选择了终生为官，浪迹神州的命运。进京后，三苏分别考试，老苏成为一个小小的京官，负责为国家编史。大苏和小苏分别考中了制科的三等、四等，被任命为凤翔府判官、商州推官。

特别说明一下，制科不同于每三年一试的进士科。它不常设，考的内容通常是对策，这需要真才实学，说出自己对国家时政的见解和主张。有宋一代，制科取得三等是最高得分，在苏轼之前，只有一个人得到过，那就是被前宰相张士逊讥笑为失心疯的吴育。

熙宁二年，变法开始起步时，老苏已经去世了，二苏再次守孝服丧，回到了京城。这时，苏轼在史馆上班，有自己的变法主张。注意，他是主张变法的，只是怎样变有他自己的一套理论，和王安石截然不同。这时，发生了另外一件事。它与北宋的历史进程无关，但对中华诗词史有一定的影响。

苏轼的原配夫人王弗故去了，他娶了王弗的妹妹王闰之为妻。王闰之很贤惠，无才之女天性仁厚，对他很好。只是王弗的影子陪伴了苏轼的一生，是他哪怕天天谈笑度日，也没法在夜深时抹去的隐痛。10 年之后，终于凝聚成了一首传唱千古、痛入心扉的《江城子》。

小苏是个奇特的人，说实话，他的文采在“唐宋八大家”之中可能要退居末席。更有说“三苏”中只有东坡才名副其实，其余两位都只是因东坡而显。但要是论到政治才能，小苏才是最强的一位。他清宁安静，不浮不躁，具备非常高的政治素养，尤其心性极其坚忍，平静到能让人忽视他。

这一点让小苏的官场成就远远高于老苏、大苏。熙宁二年，苏辙的官场生涯就从进入制置三司条例司，成为王安石的亲信手下开始。

章惇，字子厚，建州浦城（今属福建）人，说来是吕惠卿的福建同乡，是一个让人提起来就掩卷长叹的人。他太有争议了。

章惇，生于1035年，比苏轼大两岁。熙宁变法之前，是官场中一个默默无闻、缓缓上升的小人物，留下的印迹只有三件事：第一件，他曾和自己的侄子一起赶考，考中了，却宁愿放弃。为什么呢？只因为他的侄子是当年的进士第一名。

身为叔叔，居于侄儿名下，他无法忍受。但要注意的是，他的侄子比他大10岁。

后两件事都与苏轼有关。他们一生纠缠在一起，说来章惇的恶名在很大程度上与苏轼有关，嘿嘿，谁让对方是人见人爱的苏东坡呢，有宋300多年间第一大才子怎么会有错？这都是后话了，在他们初相遇时，都是才气纵横、俊爽一时的青年。

章、苏曾结伴游玩，地点在凤翔府仙游潭。仙游潭下有万仞绝壁，只有一根小横木连接对岸。章惇用手推了推苏轼，请子瞻先行。苏轼摇头，珍爱生命，这事儿算了。却见章惇从容举步，走上横木，踏虚临空，逍遥自在。到对岸之后，他攀山藤上绝壁，在石面上写下了一行大字——章惇、苏轼来游。

回到岸边，面不改色，神采依然。这时苏轼拍了拍他的肩膀，说："你日后一定会杀人的。"章惇不解："何以见得？"苏轼说："自己的命都可以不要，别人的命怎么会放在心上？"

章惇哈哈大笑。

第三件事也发生在山林里。两人游玩，偶然在一座小庙里喝酒，突然间有人说山里来了老虎，就在不远处。两人借着酒劲儿上马就迎了过去。

真遇到虎了，数十步远，马吓得再也不敢往前走。这时苏轼勒马就回，章惇却叫从人拿来一面铜锣往山石上砸，发出声响，最后跑的是老虎。

这两件事出自宋人的笔记。现在看来，我们会欣赏章惇的勇气，攀绝壁退猛虎，意气激越，这是一位胆气豪壮的爷们儿！

可是在古代士大夫阶层，他们认可的是苏轼的“理智”，那叫千金之子坐不垂堂。苏子瞻生来的雍容华贵之气，怎能是章惇那样的亡命之徒可比的？

章惇先介绍到这里，他的事会随着变法的深入逐渐浮出水面，真假善恶，大家有目共睹。现在只想说一句话，他是个好朋友，一个实干家，什么都好，只是不能惹他。

他是一个情绪激动、好走极端的人，他会是你最好的朋友，面临生死之难时都敢为你出头。可当他愤怒之后，他会赶尽杀绝，无所不用其极，动用一切手段，去干掉他所认定的敌人。

接下来说程颢。这可真是一位太了不得的空前绝后型的大人物，随着时光的流逝，他的神像被越造越高，直到后来变成反对王安石，否定熙宁新法的根基。要说他，得从另一个人，一个理论的奠基者说起。

周敦颐。

这个人名大家都不会陌生，我们在学生时代读过的一篇清丽高雅的小文章《爱莲说》，就是他写的。俗话说“文如其人”，想来他也是一位“中通外直，不蔓不枝，香远益清，亭亭净植，可远观而不可亵玩焉”的君子。

不，他不仅仅是君子，那不足以涵盖他，他是教主，甚至在当时就流传着一些说法，他的名望学识比王安石、司马光等人加起来都高，高到无以名状，没法形容，神乎其神的地步。

比如说，王安石少年的时候，曾经带着自己的名片到周敦颐的家去拜访。可是拜访三次，被拒绝了三次，连面都不让见。王安石愤怒了，说难道我不能自学成才吗？

于是后来才有了王安石“荒诞不经”的一系列变法，这都是由于当年没受过高人的教育啊！其实哪儿跟哪儿，无论是少年时，还是后来大家都老了，直到周敦颐死去，王安石都没有把他放在眼里，甚至当时的学术界也没把周、程两人当盘菜。

周敦颐，生于1017年，道州营道（今湖南道县）人，原名敦实。因为宋英宗曾经叫赵宗实，所以才改名“敦颐”。

他幼年丧父，5岁时随母亲投奔舅舅郑向。郑向是龙图阁直学士，有一定的影响。在舅舅的推荐下，他走上了官场。

这种开端决定了他一生的官职走向，永远都只是小官，甚至被派到广东那种半开化的地区去管犯人。同时也反映出周敦颐本人学识的“高”度。前面所说的王安石三次求见而不得的事，一眼就瞧出真假了，与王安石一样，他也是个自学成才的人，甚至还没有经过科场，自学到彻底……凭什么在王相公面前那样骄傲?

更何况两人只相差四五岁，王安石是少年，他也是少年，求学期间就摆出了大宗师的架子，简直是不知所谓。

那么，他为什么会变得那样了不起呢?这要看人家学的是什么。他所研究的学问从南宋时起，到元、明、清、民国甚至现在，一直都有市场，可以说他奠定了根基，而根基就要从他对道学的不凡理解说起。

理学又叫道学，虽然道可道，非常道，与老子所创的黄老之说不一样，但圣人无所不知，无所不能，周敦颐教主吸取营养时从来不挑食。他的理论根基《太极图》，就源自宋初时华山著名的睡神道士陈抟的《无极图》。他从那里确立了天人感应、格物致知、存天理、灭人欲等理学主张的源头。

话说几十年的钻研之路是枯燥寂寞的，周敦颐的旷世才华并不为人所知。在当时，人们只是知道合州府有一位小官，政事精绝，决断出众，大事小情无不经他之手，其余的官吏不敢决断。别的嘛，就泯然众人矣。就这样，伟大的生命在一天天地老去，直到一位有心人悄悄地发现了他的秘密。

南安通判程太中。

一位通判，也就是副市长，级别上算是周敦颐的上司，可对他非常客气，把自己的两个儿子送到他面前郑重拜托，请他教育。这就是程颢、程颐两兄弟后来成为仅次于孔子、孟子，变成儒教第三、第四位圣人的开端。

其实上面这句话不大精确，别人努力一生是想成为圣人，而程氏兄弟的职业，是教别人怎样成为圣人。这种不可思议的教育事业从他们年轻时，比如弟弟程颐 24 岁时起就开始了。

兄弟两人先后在京城、嵩阳等地讲学，效果怎样不大好说，因为当时的圣人出产量还是不大的。但是经过他们的不断努力，终于有了一些成果，他们被上层的领导们知道了，比如文彦博。领导的作用是巨大的，他们的住处、资金、环境都大大地改善了。

他们当官了，以程颐为例。当年他曾自豪地说："自从当了周先生的弟子，每日钻研大道，科场名利之心再也没有了。不过科场还是要下的，不然怎样去教化大臣和皇帝呢？"

每个人都有当圣人的权利，我要帮助他们！

程氏兄弟就此进入官场。

在变法开始时，哥哥程颢还站在风口浪尖上呢。

# 第十六章　千年疑云说青苗

好了，变法的前奏就说到这里，该出场的大人物们也简单地介绍了。

下面，要进行的是一项非常考验智力的游戏。

请问，像北宋这样的大国，国事千头万绪，哪里都是问题，说声改变，要从哪里改？怎样才能在堆积如山的问题中找到那个最合适、最容易见效也最稳妥的突破点？

这是一个在历代史书里都被忽视了的问题，谁也没有注意到为什么变法的顺序是这样的，而不是那样的。为什么王安石要从均输法开始动手，那与北宋的国情有关，与官场的安稳有关，与那个变法幕后的大秘密、大宗旨有关。

宋熙宁二年（1069 年）七月，经制置三司条例司议定，均输法出台。它迅速地让京城里的达官贵人，乃至皇帝看到新法的效果，又巧妙地躲开了以农业为根基的中国古代国家最大的命脉。

时机没到，绝不去动最敏感、最基础的东西。

均输法很简单，它关系到开封百万居民的生活现状。城市，我们都知道，大城市的繁荣取决于周边小城镇、农村的供给。它就像一只庞大的蜂王，全体工蜂都要全力以赴地供养它，才能把它养胖，从而繁衍整个蜂群。

开封城也是这样，为了繁荣它，赵匡胤建立了一个部门，名叫发运司，由它的长官发运使来负责淮、浙、江、湖等六路的漕运，把南方的柴、米、茶、盐等一系列好东西运到京城来。可是时间长了，就显出了它的弊端。

权力不足。

发运司只是一个执行机关，只能按命令到某地去征集、运送某些东西，而决定运什么的，比如说京城里三司部门的某位大佬，他老人家只知道大笔一挥，按照不知哪年哪月存下来的底档，说有个地方出产这东西，好，发运使就到那儿摊派。

这让整个漕运陷入混乱，很多时候，这地方没这产品，任务却来了，那地方有这东西却烂在地里不要。浪费吧？别急，真正的浪费还在另一边。京城里的供需更混乱，大佬们都是些口不言利、手不沾钱的君子，哪有闲心去管市场上真正需要些什么的小事？

于是京城里急需的，往往运不上来。京城里积压的，倒源源不断地涌了进来。长此以往，供需脱节，但奇妙的是京城反而更繁荣了。为什么呢？稍后才说。

针对国家具体负责部门的无能，王安石变法的第一步就是要改善这一点。他的办法是，归根结底一句话——人治。

法治与法治社会，在当时是大逆不道的。不管王安石的心里是不是另有更好的主张，他只能在原有的基础上改良。具体做法是给发运使增加权力。

要让发运使有权知道京城里需要什么，各地出产什么，由发运使来决定到什么地方用什么价钱买什么东西，在这期间朝廷就要花钱，同时还要考虑到把东西运回京城的路程，运费也要打进去。运回京城之后，由官方原有渠道向官员、市民出售。

等同于国家开了个买办大公司。

仁人君子们大怒。

第一轮的攻击波由就职于知谏院的范仲淹的二公子范纯仁发起，他在奏章里没有指出均输法任何一点的错处，重点是对君子小人分辨法的N次重复。在他看来，王安石一党无事生非残害百姓，所谓的富国之法，不外乎是向汉朝的小人桑弘羊学习，每天像商鞅那样想着怎样赚钱，完全违背了孔子、孟子等圣人的教诲。

空洞无物，态度恶劣，他被贬出京城，到外地反省。

接下来出场的是位开封府的推官，职务不大，可必须得认真应付，因为他是苏轼。苏轼这时的文采已经闻名天下，在全国读书人心中的地位与文坛盟主欧阳修都相去不远了。他的话真正说到了点子上，要明白其中奥妙，得先思考另一个问题。那就是，新法改革之前，京城的供需脱节了，为什么东京还能保持住有史以来人类巅峰的繁华呢？

商业，它是一把双刃剑，一方面保持了首都的繁荣、周边的流通；可是另一方面也让金山银河从国库的旁边流走，跟国家不发生关系。

谁在经商，怎样经商？

联系到苏轼的话，就是“自均输法实行，豪商大贾皆疑而不敢动”。为什么不敢动？是因为均输法虽然没有明说是官办公司，但既然采买，必定出售，一定会和商人们争利润的。

均输法要做的，就是把商人们的利润收归国有，商人们不敢动，正好证明了新法的成功。

有人要说了，这不是搞垄断吗？打击自由竞争，这是走历史的回头路，把本已兴旺发达的宋代商业活生生地扼杀了。

对，这种说法也对。只是“自由竞争、垄断主义”这样的名词发生在现代社会里，与之相匹配的是高昂的现代商业税。在宋朝时，不管商业怎样发达，都是相对于其他朝代而言，主体上它仍然是一个农业社会，以农业税为准收缴的商业税，能和它的产出相符合吗？

更何况里面还有猫腻儿，大商人上多少税，怎样上税，都是非常有讲究的。参考下后来为什么在名义上与商业半点都不沾边的大臣以及深宫后院里的皇后、太后、太皇太后们，也都为大商人说话，内幕就太简单了吧。

不收钱谁干活儿。

说到底一句话，王安石及其同僚是发现国家的问题，解决问题。而这些大商人和他们背后的同伙，却是发现了国家的问题，享受、利用这些问题！

新法的第二条法令涉及国家之本——农业，名叫“青苗法”。它在史书里大大有名，甚至成了王安石变法的代名词。

要理解它，必须得跟另一个名词联系起来，那就是盛行于隋唐两代的“常平仓法”。这个法令可以说是一项百分之百为黎民百姓造福的仁政，从哪一点上来说，都没有半点害处。

它是一架国家特设的天平。当丰收时，国家出钱稳定市价收购，防止谷贱伤农；当灾年出现时，国家以低廉的价格卖出，让人民能吃上饭。

注意它的性质，完全是不盈利的，是一种国办的公益事业。那么，问题就出现了，既然这样好，为什么王安石还要变法呢？

这再次验证了一条真理——世上没有坏事，只有坏人。无论多好的政策，都要看是由谁去实施。历朝历代，国家都由儒家学说统治，虽然有一些奖惩条例，可远远达不到监督的力度。常平仓法再好，也被底下的官员们败坏了。

这帮人里比较有良知的是私吞了仓里粮，比较有经济头脑的是把仓里的粮拿出来和奸商们勾结，在灾年时以囤积、提价等手段卖出，发的不是国难财，而是人命财！

同时，作为农民来说，他们的口粮都成了问题，种子粮怎么会剩下？于是开春之后，只能去借贷。向谁借，怎么贷呢？

向富户借，借高利贷。

“高利贷”是个可怕的名词，从古至今从来没有消失过。它就在我们的身边，并且一直保持着浓重的民间色彩，对，通常放贷的人都是黑社会。

借时容易还时难，不是卖儿卖女，就是倾家荡产，社会上则形成了兼并。

青苗法中官府拿出本金，本金就是全国各地的常平仓、广惠仓里的粮。贪官不是拿这个生财吗？现在朝廷收回来，给皇帝生财。

具体做法是把这些粮食兑换成现钱，在河北、京东、淮南三路，分夏、秋两个季节，把钱贷款给青黄不接的农民。

不白贷，两季庄稼收成以后，归还时加两成的利钱。考虑到是分两季操作，实际上，每年收回的是四成的利息。

其他还有很多细节上的规定，比如城乡居民都可以贷，除了游手好闲没有不动产的人；为了防止借了不还，甚至逃跑躲债，规定得有保人；等等，我们不必一一了解，那与整体构思无关。只有一点需要注意，那就是规定了不许硬摊派。

好了，我们现在可以把青苗法和常平仓法作一个比较。答案很清楚，青苗法不是去救农民，因为40%的利息非常高了，俗话说“利过三分就是贼”，四分是什么我就不说了。

只有比较才会出真知，可见当时宋朝民间的高利贷高到了什么程度呢？

不要震惊，请淡定地看下面的数字，那不是五分，或者翻番，而是月息六分，即年息七十二分！这是什么概念，我实在没法形容……

回到宋朝，青苗法的本质不是救农民，而是杀富户。至于王安石本人，他需要杀的是顶级大佬中的战斗机。

唐介、吕诲。

唐介总是和王安石吵架，两人之前没有过节，就近办公的机会都不多，可他从人品到能力，把王安石看得一文不值。于是，吵架发生。结果可能是唐介老了，还有神宗不是仁宗，对他不是那么小心呵护，他被王安石气得背上生疽死了。

这成了王安石的一大罪状。但是唐介死时59岁，这个年纪了还一贯热衷吵架，气死了是不是一件心满意足的事呢？

吕诲事件比较灵异，起因和母爱的神圣博大有关。话说未来强大无比的英宗老婆、神宗的妈妈高太后最爱的儿子并不是长子，而是岐王赵颢，爱到了每天必须见面，甚至形影不离的程度。具体的做法就是把成年的赵颢一直留在皇宫里，不让他到宫外住。

有个叫章辟光的大臣上书提醒之后，她勃然大怒，命令神宗治罪，从重从严地处理！神宗没办法，当孝子是要听话的，只好把章辟光外放。这时满朝文武没有人敢说话，只有王安石站了出来：章辟光没有任何错误，不必处理。

吕诲就在这时，用这件事弹劾王安石。

弹劾奏章里充满了大道理，总结了王安石十大罪状。具体是：慢上无礼，好名欲进，要君取名，用情罔公，徇私报怨，怙势招权，专威害政，凌铄同列，朋比为奸，动摇天下。都是些吓死人的罪名，罪状自然更经典，因为王安石“大奸似忠，大诈似信，外示朴野，中藏奸诈……”

之后的事就不用说了吧，吕诲被踢出京城，滚得越远越好。真是不知所谓，这种指责只能说明一点，那就是王安石至少在外表上保持了大忠、大信、朴野等优点，难道还有别的说法吗？

以上就是王安石干掉此前最著名的两位吵架王的经过，按说这种战绩放在神宗朝之前，足以让他睥睨天下，咳嗽一声就压倒宋朝官场了。但是这时不行，没人服他。比如每次他谈到新法引经据典，说是周王、孔子、孟子等大圣人的主张时，都被人嗤之以鼻。

当天他走进了政事堂，映入眼帘的是一派海边度假村的风光，大臣们三五成群正在闲聊，见他进来，几句话以后就开始了唇枪舌剑。这时王安石感叹：“公辈坐不读书耳！”吃饱了闲坐没知识，都是一群文盲。

参知政事赵抃慢悠悠地回了一句：“君言失矣，皋、夔、稷、契之时，有何书可读？”

气死你。

这段对话出自《续资治通鉴》，不用多高深的考证就知道有水分。注意称呼，王安石说“公辈”，这在当时是超级尊称。赵抃回的是什么？“君”。

一般来说，王安石是他的下属或者学生，就非常合适了。可王安石是谁？不说当时的实权有多大，单论职务就不比赵抃低，凭什么小了好几辈？

真正的死敌是司马光。

司马光这时处在暴跳如雷的边缘，不过谁也没有看得出来。他的修养已经到了不动声色的程度。这时他 51 岁，有件小事在官场中流传。

某一天，司马光在办公，出了件急事，一个小吏冲进来报告。却见司马大人正襟危坐不动如山，当时就吓了一跳，急忙收住脚。结果又犯了个错，收得太急把蜡烛晃倒了，差一点儿烧到司马光的袍袖，小吏吓得腿都软了，可司马光自始至终纹丝没动，只是目光如炬，一直紧紧地盯着他。

每临大事有静气，这是一个政治家起码的素质。

可这时他真的忍不住了，危机来得太快，直接威胁到了他本人的地位。王安石把吕惠卿提升到了崇政殿说书，他本人一直在迩英阁给皇帝讲学！

好你个王安石：第一，威胁我的位置；第二，不自己出面，派一个手下和我打对台，当我是什么？这绝对不能容忍。

他也不写什么奏章，直接去找皇帝面谈。见了面直接切入主题："吕惠卿逢迎谄媚，不是好人（非佳士），王安石现在在朝廷内外受到诽谤，都是因为他。"

神宗摇头，回答："王安石不好官职，自奉节俭，可称为贤者。"话里的意思很明白，你别拿吕惠卿说事，王安石站得正，没有人能影响。

司马光反对："王安石确实是贤者，可他不懂事又太倔，他不知道吕惠卿是真正的奸邪，是他的谋主，在幕后巧妙地指使他做事，这就让他背上了恶名。现在，吕惠卿突然间被提升，很多人都不服啊。"

神宗想了想，说："吕惠卿说事时思路很清晰，像是个人才。"

"的确是人才，"司马光不动声色，话题悄悄地进入了他的节奏里，"吕惠卿确实文学辨慧，但是心术不正，愿陛下慢慢考查。江充、李训（汉朝、唐朝两大权臣）如果没才能，怎么会感动人主呢？"

神宗默然。

这个默然一般来说是讲皇帝不想搭理他。可仔细查一下司马光的学术体系，再加上他平时对神宗的讲学，就会明白此默然不同凡响，吕惠卿的麻烦大了。

司马光不同于欧阳修等前一代君子，不会看谁不顺眼，逮住件小事就把小人的大帽子甩过去。他纵览各代历史，把天下人归为四类：

圣人、愚人、君子、小人。

四种人，以才、德两方面来划分。才德俱全是圣人，无才无德是愚人，德胜于才是君子，才胜于德是小人。他着重解释了为什么这样区别君子和小人。

那就是一个人的才能不够，可品德够高，只会很有限地造福于人类，不会作恶。可一个人满肚子坏水，才能又特别大的话，就会四处害人，没事找事搅乱世界，尤其是对没什么能力，又特别忠厚老实的君子们，杀伤力实在是太大了！

所以小人，有才能的小人才最危险，最要不得。

根据上面的理论，具体到吕惠卿的身上，是不是小人的头衔成了给吕惠卿量身定做的呢？当天谈话的结果是神宗默然了，他在思考，这就达到了司马光的目的。

作为一个超级官场斗士，司马光非常清楚，只用这样的谈话是绝对没法让吕惠卿失宠倒台的，要的是在皇帝的心中埋下一粒种子，从这时起，一直隐隐约约地笼罩住吕惠卿，让他每做一件事每说一句话，都和“小人”这个终极罪名暗合。

历史证明，他得逞了。直到王安石第一次罢相之前，吕惠卿从来没有任何污点，可他的奸邪之名，却早早地就盖棺定论了。

几天之后，司马光对新政的攻击才真正展开。方式还是利用自己的特权，在迩英阁给皇帝讲经上课时就近说事。

那天，他讲的是西汉开国时的事。

曹参代萧何为相。这件事流传很广，相信大家都知道那个成语“萧规曹随”。简单地说，就是西汉开国宰相萧何老了，退居二线，接任的是曹参。可是这人上任之后吃喝玩乐，啥事不管，皇帝着急了，为了照顾他的面子，派他儿子去问到底是怎么回事。

曹参二话没说，操起鞭子，摁倒儿子，一顿狠抽。第二天上朝，给出了答案。

问皇帝："某与萧何比怎样？"

皇帝答："你差点儿。"

再问："您与开国之祖刘邦比怎样？"

皇帝脸红道："差远了。"

答案出现，我比不上萧何，您比不了高祖，那还变什么法做什么事，一切照着老规矩来不就得了。

神宗立即就听出了话外之音，他问："汉朝一直守着萧何定下来的汉律不变，能行吗？"

司马光的回答是北宋史上最雷人的一句话："何止是汉朝，从夏、商、周三朝开始，它们的君主如果能恪守禹、汤、周文、武王的法度，那么直到现在，还仍然是夏、商、周，绝不会改朝换代！不信吗？以汉朝为例，汉武帝改变了汉高祖的政策，结果盗贼充斥天下。汉元帝改变了汉宣帝的法令，汉代就此衰落。所以说，祖宗的法制绝对不能改变！"

这是雷吗？这是九天神雷。对他的话我不加个人分析，相信只要是受过正规教育的现代人，对司马大师的这番话自有判断。

好玩的是，历代史书里，包括近现代的宋史作品中，关于司马光这番话的理解，都像是坐进时光机器，返回到当时和司马光私下聊过一样，替他来了段注解。说什么司马光身为中国最为传统、最为典型的知识分子，其人品、学问都足以为万世之楷模，尽管他说出了"三代之法不可变"这句猪一样蠢的话，可他绝对不是猪。

他只是举一个例子给年轻毛躁的宋神宗听而已，要看他的本意，不要细嚼他的每个字嘛……对此，我再次无话可说，人要为自己说出的每个字负责，为自己做的每件事负责，这是最起码的常识，居然到司马光的身上就不适用了。

奇哉怪也。

针对司马光的这番高论，变法派选择反击。由刚上任的崇政殿说书吕惠卿负责实施，他可以行使职权，也给皇帝上课。只是上课归上课，待遇却不一样。司马光讲时可以不被打扰，吕惠卿上课时，台下面坐满了大臣，外加司马光本人。

这是讲课吗？这是公开辩论会，请看实况转播。

这一讲的内容基本规范在《周礼》，这好理解，什么都要追本溯源嘛，周朝有孔夫子都崇拜的圣人周公旦，看看人家当初是怎么规定“先王之法”的。

吕惠卿说，根据《周礼》，先王之法有一年一变的，是每年正月的布法象魏（在宫廷外的大门上公布法律）；有五年一变的，比如周王巡游天下，到处视察；有三十年一变的，是刑法的轻重缓急；还有百年不变的，是父慈、子孝、兄友、弟恭等人伦秩序。

通过吕惠卿的话，我们可以看到，他起码是在用人类的语言进行交流，就算《周礼》这种传说中的礼法真的存在，也得有一个不断完善、各有适用的过程。

可是司马光就能把这些都抹平，要说一个人的才学、名望真的是非常管用的，达到了一定程度，他就成了真理的化身。请看司马光的答辩。

——布法象魏，那是公布旧法；周王巡游天下，到处视察，为的正是检查诸侯谁变更了礼乐，改动旧法的，发现了一律处死；刑法，新国用轻典，乱国用重典，这只是轻重不同，不是讲法律本身的变法。吕惠卿曲解经义，实在可笑。

接着他开始发动群众。

——“陛下，现在公卿、侍从都在这里，您可以问问他们，国家的秩序已经败坏到了什么程度。本朝规定三司省管理天下财赋，不称职可以罢免，但宰相不可以过问它的运作。现在设立的制置三司条例司是怎么回事？宰相要用道德来辅佐人主，怎么可以用‘例’？如果用‘例’，宰相岂不成了胥吏？听说最近又要成立看详中书条例司，这又是为了什么？”

底下的众位大臣欢呼雷动，异口同声：“顶司马光，顶司马光！”

吕惠卿对此准备不足，百忙之中回了一句：“司马光讥笑朝廷，讥笑臣是条例司官员。”他说对了，司马光的讥笑全面展开。

——改革就像修房子，一定得有良工美材才能动工。可现在变法的这些人，两者都谈不到，臣担心朝廷会漏雨（今两者皆无有，臣恐风雨之不庇也）。

答辩到这里，抛开各自的道理到底是谁对，先看看交流的诚意。吕惠卿不管以后是什么名声，他开讲以来一直都在说道理。而司马光呢？先是攻击国家职能部门的合法性，进而否定同僚们的工作能力。

请问一个政府职员，有什么权利说别的同志是废物？大家都是人，你凭什么高高在上，认定别人不是“良工美材”，注定办不成事？这不是什么正义感超强，或者圣人指数过人，回到大家都是人类这个基本衡量点上，这是人身攻击！

说到人身攻击就有趣了，《宋史》里的记载是，下面轮到吕惠卿发言，未来的无耻奸邪之人变得恼羞成怒，他气急败坏地用别的言语来诋毁司马光，其恶劣程度让皇帝都看不过去了，说：“相互辩论是非而已，何必如此！”

想必吕惠卿真的说了特别不要脸的话了，但为什么史书里半点都没有记录他到底说了什么呢？以后来的“君子”们对他打压鞭笞的程度，这都是最重要、最生动、最切实的证据啊！怎么能忽略呢？

唯一的解释只有一个——吕惠卿根本就什么都没说，或者说出来的话是保守派、司马光等没法面对、无法解释的难题，他们“为尊者讳，为贤者隐”，都隐过去了！

吕惠卿的话找不到了，司马光的话却被记载了下来。

富弼年迈辞职之后，陈升之升了宰相。当时神宗曾经问司马光：“爱卿，你对现任的宰相有什么看法啊？”

司马光回答：“闽人狡险，楚人轻易。”闽，指福建，陈升之是福建人；楚，指荆湖一带，王安石是江西人。依司马光的话来说，就是陈升之狡诈凶险，王安石轻佻草率，南方人从来都不是什么好东西。太祖皇帝赵匡胤曾经说过南方人不许当宰相，他们当了就要坏事！

不知道这番话算不算是诋毁，尤其还是在私下里聊天时说的。背后论人短长，好一个大宗师风范！

更加好玩的还在后面，在这次皇宫内部辩论会结束之后，不管是司马光占了上风，还是吕惠卿被隐掉的话一语中的，反正新法还在推行。

不仅是青苗法，连农田水利法也上台了。

农田水利法很简单，它允许任何人，不管是官还是平民，都可以去做如开荒、修堤、挖渠、蓄水等对农业有利的事。民间办不到的，可以提请官方去做。官方除了配合之外，更主要的是要把本辖区内的荒废土地调查清楚，让朝廷知道农业还有多大的潜力可挖。

这个法令，只要是脑筋正常的人都知道好坏吧？组织人力开荒种田增加收入有什么不好吗？更何况没像西汉时王莽做的那一套，把大批的农民迁徙到陌生区域去开荒，弄得新田没开好，熟田都荒废。王安石只是在原地方，让原住民去开垦由于历史各种原因造成的荒地，这有什么错吗？

错大了，司马光怒火万丈，忍无可忍，决定发起总攻。这次他绕过了吕惠卿等“爪牙”，直接和王安石说话。大宗师是很有身份的，他决定先礼后兵，先给王安石写封信。

信是这样开头的：

……窃见介甫（王安石字——引者注）独负天下大名三十余年，才高而学富，难进而易退，远近之士识与不识，咸谓介甫不起则已，起则太平可立致，生民咸被其泽矣。

这段话在历史上十分有名，几乎被每一本写王安石的书所引用。司马光的意思是说，王安石30多年来名满天下，品德能力都太高了，谁都相信。他除非不当宰相，当了宰相，幸福太平的和谐社会立即就能实现！

大家都知道，这是客气话，“先礼后兵”中的“礼”而已，可是参照下“闽人狡险，楚人轻易”，大家是啥感觉呢？

这要是吕惠卿说的，就啥事也没有，可您是司马光，才德兼备、没有瑕疵、万世师表型的大宗师啊。

这封信非常长，非常有名，收录在司马光的个人文集中，哪位有兴趣可以去看看，名字叫《与王介甫第一书》，字数超过了四千，里边有三个议论点，可以说非常明确、非常重要。

可是换来的只是王安石一份不超过百字的小回条。于是，保守派们义愤填膺，大声疾呼，我们的首领被轻视了，王安石竟然这样傲慢。

可是无论换谁，估计都会只回这百十来个字。理由太简单了，四千多字的长信里林林总总把以前开会说的各方发言总结了一通，汇合成一篇大记录，要我怎样回复？你当时说的我当时都回答了，难不成我也跟你一样来个全面回忆？

你不烦，我还烦呢。

事实上司马光就是不烦，他再接再厉，不达目的不罢休，又写了《与王介甫第二书》。

这回焦点集中在青苗法上。警告王安石，你要是再这么搞下去，不出几年，就会出现“父子不相见，兄弟离散”的可悲局面，国将不国了。

提到青苗法，王安石不能再保持沉默了，说实话，这是他的悲哀。人都说他辩才无碍，能把活的说成死的，再把死的说活了，随心所欲怎样都成。可是细看下，会发现他的口才不是顶级的。顶级的人，能通过谈话让反对派成为赞成派，把敌人变成朋友、变成下属。

而王安石只能把对手说没词了，说得气死（比如唐介），这样造成的后果更恶劣，对手们只是一时没话，可事后越想越怒，会变本加厉地找碴儿。何况，有些人是王安石永远都说不服的。

比如司马光。

王安石明知道没法沟通，还是回了一封三百多字的信。它在历史上也非常有名，就是那封《答司马谏议书》。

这封信值得我们看一下，里边的话有很多可以让我们了解王安石，判断出这段时间内他的所作所为是不是正确的。

针对司马光信里所说的“侵官、生事、征利、拒谏、招致天下怨谤”这五条，他逐一答辩。

——受命于皇帝，在中央确定法令，交给有关职能部门实行。这不是侵官。

——各条法令都有据可查，是先王先圣做过的，用来兴利除弊，不是生事。

——为天下理财，皇帝没有奢侈滥用，大臣没有中饱私囊，不是征利。

——辟邪说，难壬人，不为拒谏。

这一条可以和“招致天下怨谤”结合在一起说。说来真是很好笑，王安石的外号谁都知道，叫“拗相公”。就是太倔太拗，谁的话也不听，甚至皇帝都得听他的。这是历代学者、百姓最看不上他的一点。

可是逆向思维一下，他听了，是一个能接受各方面意见的好同志，将是什么局面呢？前面的这些意见哪条是先承认新法是可行的，然后在里边挑出小毛病，让王安石完善它，从而让新法变得更加利民利国的？

没有，一条都没有。这些所谓提意见的，都是彻头彻尾的反对派，意见只有一条，那就是彻底废除新法，回归到从前的局面。在仁宗、英宗的年代，我们士大夫大臣们过得非常好，你这个万恶的捣蛋鬼，凭什么毁了我们的幸福生活？！

由此可见，两派的矛盾根本是不可调和的，是属于改革还是不改革这样水火不相容的大问题。这样的事，你让王安石怎么不“拗”？不拗的话，改革还改个屁啊！

到这里，我们仍然要保持中立，我们要看清楚这段历史，就要让自己的感情始终不倒向任何一边。话说王安石的信发出之后，立即就收到了司马光的第三封信。

这封信可以说是第一封的复制品，外加对王安石人生走向的建议。司马光以老朋友的身份劝王安石，介甫，你还是就此退休吧，人生很美好，江南很美丽，那里才是你的归宿。

抛开这条建议本身是出于司马光的好心还是别的什么，还有作为国家高级公务员，以私人身份要国家重要领导干部退休是不是合适，我们只留意一点，注意，这时司马光要的是王安石走，然后我们留意稍后他下一次的要求是什么。

平心而论，这样的第三封信要王安石怎样回复呢？是同样复制粘贴一下第一封百十来字的短信，还是告诉阿光，工作永远比休闲有意义，开封是我的第二故乡，坚决不辞职？

无论哪一样，都会引起新一轮的争吵和无穷无尽的书信往来。王安石选择沉默，不再写信，是不是一种很高的姿态、很和谐的愿望呢？

但在司马光的心里，这就是王安石的诚意不够了。作为他，已经仁至义尽，无论是私人方面还是官方角度，都对王安石完成了“教育”，你王安石怎么能不听我的呢？！

古人云，不管自己多么伟大，不管罪犯多么丑恶，不教育就砍头是不对的（不教而诛），现在司马光一而再，再而三地努力，王安石不听，那么他终于可以放心大胆、心安理得地为正义而奋斗了！

只是现实是无情的，一来王安石的职位比他高；二来神宗皇帝和王安石站在一起。司马光站在朝廷上正义凛然，却没抓没挠，找不到下手的地方。

不过只要留心，机会总是有的。司马光身为历史大宗师、当时的学院派领袖，他得到了一个差使，主持最近一期的馆阁人员考试。

这是全国各地所有才子考中了进士，得到地方性官职，干过一年之后的法定权利。他们可以进京再次考试，是向两制、两府等顶级高官迈进的途径。这次司马光出的考题是——论“三不足”的对错。

所谓“三不足”，就是史书里总会提到的王安石先生最剽悍、最好玩的三个不，即“天变不足畏，祖宗不足法，人言不足恤”。

老实说，这三句话放在古代儒家学说统治全国的年代，是百分之百的大逆不道，泯灭人伦，反人类、反社会的重罪。一般来说，只要说出口了，这个人就是从根子上坏透了，没救了。

天变，这是上天神灵的最高指示，干旱几个月，或者雨下多了，天上闪个流星，皇帝都要深刻反省是不是最近人品有问题。在王安石这儿居然可以忽视，不理会，不惧怕。

祖宗，这在现代社会里都是中国人不可触犯的敏感神经，何况在中国古代家庭里一切财政、婚姻、丧葬等都由父母做主的时代。祖宗是什么？祖宗就是神！

不敬祖宗是什么？猪、狗、不、如……

人言，这是王安石最让反对派痛恨的地方。纵观宋朝社会，不管是哪个时代，就算赵匡胤时期，太祖陛下随时手提一只大斧，动不动就敲断某人的大门牙，也没让士大夫们闭嘴。“言论自由，言者无罪”是宋朝最让人向往的地方！

王安石居然……嗯，对不起，王安石也没说不让你们说，只是不听罢了，可这就是罪无可赦的死罪！

针对这些问题，我们不能用现代人的眼光来分析，因为我们比王安石和司马光都有智慧，现代的教育让我们明白天旱的原因是什么，雨下多了怎么办，还有天上闪流星我们都兴致勃勃地围观，甚至许愿。所以，我们要返回到宋朝去理解这件事。

王安石真的说出这三个不，那么他真是个吨位非常大的傻瓜。简直是没事找事，身在火坑里还给自己买汽油。但是，要说明的是，王安石本人没在任何场合跟任何人说过这三个不。

从来没有，最多只是含糊其词地表达了些许的类似意见，但就被正气凛然、绝不说谎、千古第一完人司马光总结成这三句经典无比的语录。

然后，还广而告之，成为国家高级公务员考试的题目。

面对这样的事，请问如果你是王安石能怎么办呢？去否认？去找证人，说自己从来没说过这样的话？那就死定了，有些事越描越黑，越否认越被人相信是真的。王安石顶着雷走到了皇帝面前，说出了这样一番话：

陛下日理万机，不流连声色，不贪图享乐，遇到事情首先想到百姓的安危，这不是害怕天变吗？陛下能广泛听取臣子意见，不管大小，只要有理，就不会拒之门外（这是真的，坏事就坏在这一点上），怎么能说不恤人言？至于祖宗之法不足守，陛下自己想，仁宗在位四十余年，多次修订法律，怎能说祖宗之法代代相传，一成不变？

面对上面的记录，不管这种解释是不是最佳答辩，都映射出王安石为人的本色。有事他不怕，绝不回避，正面交锋，不管他是个手无缚鸡之力的文人，还是上阵冲锋的战士，他都是个充满阳刚之气的男人！

王安石答辩之后，司马光沉默了，他已经找不到新的发力点，仔细地找啊，王安石身上还有什么能放大的东西呢？

默默地搜寻，这注定是一项非常艰巨的任务。全世界的人都知道，王安石不管政绩怎样，人缘如何，他身上的污点几乎可以归零。这足以让司马光找白了头也一事无成。但是人算不如天算，就在司马光沉默艰辛的努力中，从远方传来了一个喜讯。

前首相韩琦成了他的战友。这位三年前独领朝纲的大宰相，从大名府寄来了一份奏章，这份文件的力量是天翻地覆级别的，它一举把宋朝当时的政局搅乱了。

这份奏章很长，为了节省篇幅明确要点，我整理了一下，把它分成两大部分。

第一，青苗法执行走样了，与发布时的原文件不符，有严重的硬摊派行为。而且韩琦说，之所以有硬摊派，原因就在法令本身。

比如城乡居民里的上等户，本身就是所谓的兼并之家，人家有的是钱，根本就用不着借贷。管你青苗黄苗，与人家无关。于是问题出现了，他们不借，国家的利息就会少得，为了增加利润，只有硬摊派给他们。可这公平吗？

第二，强硬凶狠了一辈子的韩大相公，突然间毫无征兆地慈悲了起来。他说小民们借钱，借时容易还时难，到时肯定要皮鞭子蘸水使劲地抽，那会出人命的。皇上，那都是您的子民、您的产业，不能这样凶残啊！

这两点，把年轻的神宗皇帝镇住了。他的信心开始动摇，开始怀疑王安石各种法令的妥善性。

手捧这份奏章，他一连串地感叹："韩琦，真是忠臣。身在外地，不忘皇室。我本以为青苗法是利民的，谁承想害民到这种地步。"

接着，他自动地顺着韩琦的思路滑了下去，成了韩琦的代言人——朕想起来了，青苗法还有个大毛病。青苗法只针对农业，关城市什么事？为何在城市里也放青苗钱呢？

截至这里，可以说无论是韩琦还是神宗说得都对。本来嘛，上等户有钱为何硬摊派？城市不种田你搞什么青苗钱？还动用国家机关去追债，那注定了要家破人亡、民不聊生的！

可王安石居然还不服，他面对一脸忧愁悔恨的皇帝，怒了（勃然）："如果能满足借钱者的需要，就算是城市居民又怎样？”

好，说到这里，我们就应该换个角度来看待事情了，然后两方面对照，来看哪个有理。

以韩琦奏章两个论点：第一，硬摊派。这是只针对上等有钱人来说了，不许硬摊派，那就是要以国家法令的形式，来维护兼并人家的既得利益。让吃进去的再也吐不出来，除非改朝换代时天下大乱，全民成土匪去抢，才能挖出来，这就对了吧？！

明白了这一点，请允许我稍微动用些猜想，王安石到底知不知道下边在“硬摊派”，在向有钱的成为国家蛀虫的兼并人家硬摊派？我认为，他是知道的。可这有什么不好呢？青苗法的原始文件里的确有不许硬摊派这一条规定，可面对整个新法的大原则——济贫困、抑兼并来说，它是正确的！

一切都是阶级在作怪，大家要注意韩琦是什么阶级，他家世代为官，到他达到顶点，各种明暗收入多到不可思议。

请想象韩琦的收入！

再参照他在家乡买田置地，庄园大到无边无垠，到北宋末年，连岳飞都是他们家的佃户。知道为什么他要反对了吧？青苗法在砍他和他这类人的树根。

再说第二，追债。

这真能让人气乐了，国家以一年四分利来追债，在韩琦的奏章里就能达到家破人亡、民不聊生的惨状，请问民间一年七十二分利的高利贷能追到什么程度？为什么那时不见你出来说话，这时面对四分利就闹得不共戴天？！

一句话，不是国家追四分利的债有多狠，而是这断送了他们每年追七十二分利的大油水。这帮官僚，根本就是在为自己的利益摇旗呐喊！

可怜年轻的宋神宗还是太年轻了，他每天坐在金銮宝殿上遥控全国，根本就不知道底下有这么多的鬼花样，根本就不知道韩琦的真面目是什么。

他只知道，韩琦是他父亲的大恩人，没有韩琦，就没有他父亲的皇位，就没有他现在的皇位。于是，如果天下还有一个人可以相信的话，那就只有韩琦……

# 第十七章　士大夫阶层

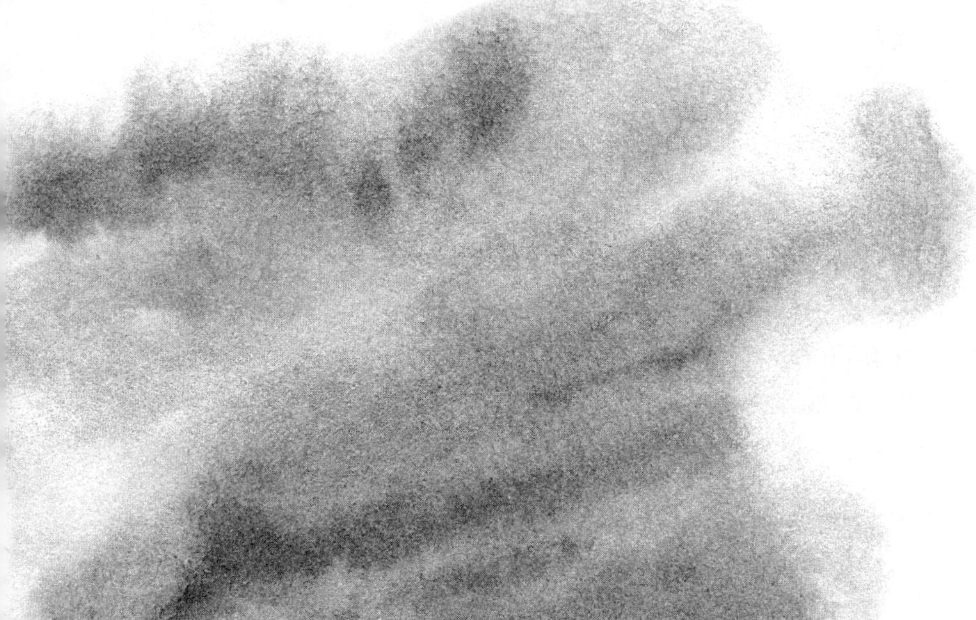

宋熙宁三年（1070年）二月，宋神宗下令废止青苗法。这条命令一出，王安石立即请病假回家，不再上班。反对派们则欢声雷动。

宋朝政令下达走程序有点慢，10天之后，宋神宗来了个180度的大逆转。

再也不提变法的坏处了。

反对派们惊呆了，这样的变化实在是太不可理喻了，到底出了什么事？

《宋史》里给出的答案一共有三个：

第一，吕惠卿捣鬼。这个“阴险小人”明白自己的一切前途都和王安石、和新法挂钩，于是想方设法地指使很多人在皇帝面前说王安石的好话。这很多人指的是太监。而太监在神宗朝里的地位，嘿嘿，那真是重新崛起，非同凡响。

第二，就与太监有直接关系了。话说神宗从来没有出过开封城，青苗法的好坏只能从文件里分析，从奏章里调查。这时他终于坐不住了，悄悄地派了两个亲信太监张若水、蓝元震出京，秘密调查青苗法到底反响怎样。这两个太监回来说一切都好，尤其是没有摊派，一切自愿。神宗心里有底了，决定把青苗法推广到全国。

第三，有一个人恰好在这时来到了开封。这个人在历史上的定位没有异议，历代史书里口径一致，把他归为“奸邪”。他的奸邪之路就从这次进京开始的。

他的名字叫李定。

李定的简历就有问题，他是王安石的学生，考中进士后，被分配到南方秀州做判官。这时由审官院长官孙觉（王安石的老朋友，后来的敌人）推荐，成为京官。进京后，他接触的第一个人是知谏院里的谏官李常。李常问：“你从南方来，那里的百姓对青苗法有什么看法？”

李定回答：“他们都很喜欢。”

李常立即摇头，警告他：“现在这是京城里的热门话题，你要管住嘴，别胡说八道。”

李定没说什么，转身出来就找老师王安石，说：“我只知道据实说话，不晓得京城里动不动就让人闭嘴。”

王安石大喜，这时他正愁没人支持，突然间从南方来了第一手资料，简直是喜从天降。

他立即带李定进皇宫，去见神宗，把南方的推广情况介绍了一遍。

听过之后，神宗也大喜，从此他再也没有怀疑过。

李定的奸邪之名就这样传播开了，是他附和王安石，去迷惑神宗皇帝，让新法这颗毒瘤从此施虐天下，没法收管。

然而，换个角度想一下呢，先不说青苗法在南方的推广效果到底怎样，就说他进京之后见李常。知谏院的功能是什么？是防止宋朝出现权臣，出现一言堂，保持住言论自由的政治风气。

那么，身为谏官，你有什么权力要别人闭嘴？何况事后找碴儿报复，李定实在没有工作上的失误，就拿他家里一些说不清道不明的破事恶心人。

名臣们倒了之后，他们提出各种疑问，其中最鲜明、最经典的一句是——以前认为是好的，现在都变成坏的了。像韩琦、司马光等公认的仁人君子，为什么突然间都变成了奸邪？一个例外的都没有？！

这句话对没有改革经验的神宗皇帝打击非常大，刚刚重新激发的改革热情差点再被浇湿，其实别说是他，就连后来千百年间的历史学者们也同样被震撼了。

于是，王安石的做法，新法的功能，斗争的正确与否都被打上了问号。其实这非常简单，现代知识告诉我们，判断任何事物都要有一个参照物。比如你在散步，相对于静止的花园树木，你是动的；相对于与你同速行走的朋友，你们又都是静止的。

同样的道理，韩琦等名臣是君子，那是相对于旧时代，相对于吕夷简等“奸邪”来说。到了神宗朝，新法变动时，他们不合时宜了，不是奸邪、绊脚石，又是什么？

很简单的问题，可是宋朝当时的言官们看不清，或者利益相关，懂了也不说。后来的史学家们看不清，尤其是近现代的人还这样说，悄悄地讲，那也没什么奇怪。世界上永远有阶级存在，永远有士大夫的同族人生存，历史作为一门学问，总是会成为工具，被一代代的人所利用……

简短地说，在半年的时间里，孙觉、李常、张戬、王子韶、吕公著、程颢等台谏官被贬出京城，赵抃这位追求风度的副宰相辞职到杭州当官，司马光也被罢免官职，出任永兴军。首相曾公亮也以年老为由辞职了。

至此，变法派取得了决定性的胜利，可是后来的失败的种子也在这里深深地种下了。在双方对立的局面下，把敌人都赶到下面去，是理智的做法吗？

要知道，不管你的法令有多高明，总要中下层的官员去执行。以后发生的事证明，新法，几乎每一部新法，都在执行时走了样。这是单独存在的问题吗？和这些被贬到地方上的反对派官员有没有关系？

上面列出的人名很少，宋朝的地域是广大的。有人会说，他们完全达不到在下面捣鬼，阻挠新法的作用。可是官官相护懂吗？尤其是学同样的文章，考同样的题目，做同性质官员的人，他们的思维有一致的方向性。

何况韩琦、司马光、欧阳修、程颢等人的号召力有多大，榜样的力量是无穷的！千百年后思量，这些王安石不见得不懂。但迫于宋朝的国情，除了贬谪之外，根本别无他法。

杀了他们？疯了吧。

留在京城里闲养着？小心这些人每天说话，舆论从京城辐射全国，效果比不贬强不到哪儿。那么说来说去，只有贬出去一途。怎样，还有人羡慕宋朝这个文人的天堂吗？人类最困难的事就是沟通思想，与这些没法动一根手指，思想又超级强大的文人沟通，想想都是让人疯狂的事情！

保甲法出炉。

简单地说，保甲法就是全国居民每10家结为一保，50家为一大保，500家为一都保，各自选出负责人（保、大、都保长）。以大保为单位，巡行乡里，捕捉盗贼，用民间的力量来维持当地的治安。

这是当时最初颁布的内容，讨论这个法令的优劣点，其实一瞬间就能看清楚：

第一，中国人习惯事不关己高高挂起。比如说用开封城里的禁军去地方上平叛，都有出工不出力，或者搂草打兔子，既当官兵也当强盗的事发生。

那么，用当地人管家门口的事，是不是比较有效果呢？考虑到身边就是自己的老婆孩子，相信每一个巡逻的保丁，都会尽心尽职的。

第二，要巡逻要抓人就得有设备、有功夫，这就要定期给保丁们培训。他们的武装由国家配备，定期一起训练，时间长了，就会出现一个必然的结果——战斗力大增。这才是王安石设立保甲法的最终目的。

干掉偷走宋朝空前丰厚国库数值的最大盗贼，减少军队数量，这才是最根本的办法。为裁军做准备，为裁军之后国防、国内治安的更加安全做准备。

唯有保甲法。

反对派说，这纯粹是疯了。让世代扛锄头的农民当兵打仗，是脑子进水了才想出来的蠢办法！这是不让正经农民干农活儿，浪费他们的宝贵时间，除了让庄稼荒芜，减少收成之外，还让一贯老实听话，说什么是什么的乖宝宝农民们变得凶狠暴戾，没法控制了！

那么历史上由农民组成的军队，到底有没有用？其实这个问题不用回答，只要稍微知道一些历史事件，答案就会脱口而出。

近现代流行崇拜曾国藩，他身为文人，扬名却在武事，他的军队是由什么组成的？所谓湘军，就是他的湖南老乡们，清一色的乡下农民。

不是农民他不要，因为打仗要的就是身强力壮、朴实忠诚的人，只要稍微有些滑头的，面临生死恶战时，不是逃跑就是投降，这一点百试百灵。

回到宋朝，几十年之后就有个再鲜明不过的例子，岳飞。他就是一个没受过任何官方培训，纯粹在民间自学成才的河南农民。

这个问题搞清楚之后，保甲法的可行性，它的远景规划有多美妙就明白了吧？何况自从它实行以来，有一个好处就立马出现了——宋朝的治安状况。

之前大叛乱、小造反每年都有，自从有了保甲法，州县之间因为禁军太远、厢兵太烂造成的管制空白立即被填补，终神宗一朝，没有任何叛乱发生。

这些做完之后，与青苗法同等重要的新法——“免役法”才出台。要了解这个法令，我们得先清楚宋朝之前一直在用什么法令。

那就是“差役法”。

“差”，顾名思义，就是当差。宋朝把所有国民按家产多少分为九等。这里先不说家产多少随时会变动，比如家里着火烧光了，或者突然间买卖兴隆赚大了，只说这九等人家都要为国家做些什么。

九等中，后五等有福了，他们基本上与这件事无关。上四等人家比较惨，他们要为国出力，谁让你们有钱呢？而之所以有钱，就是因为你们聪明能干，国家正需要你们这样的人才。

嗯，忘了说要让他们当什么差。说来也简单，通常来说叫“衙前”。这个词非常形象明确，就是在各级国家衙门前打杂。具体地说，比如国家收税，收上来的各种物资，如粮米、绢缎之类。注意，不是钱，宋朝的货币与之前的朝代相比空前发达，可也没到能用货币转换物资收税的程度。

除了现代社会，任何朝代都没能做到这一点。

这些物资都堆在衙门里，国家哪有那么多的公务员来管理，就由各城乡的上四等户出人来看守。听好了，不白看，看好了不给钱，看丢了你得赔。

这是看守，收齐了还得运。各位衙前同志，你们得驾驶着船押运这些物资，赶着驴给京城里的皇帝送东西。送的路程远近就看各位的幸运程度了，要是投胎到长江以北，那或许个把月的就回来了。要是很不巧，您是江南人、岭南人或者广东那边的兄弟，想想来回得多远的路，得吃多大的苦！

并且，还要注意那个总原则，运到了没奖，运丢了你赔……话说两年前，就是熙宁二年时，神宗皇帝偶然间翻看内藏库奏章时，就发现了这么个事。

一个外地（哪儿的没讲）到京的衙前，任务是“纳金七钱”，连一两银子都不到，这哥们儿居然过了一年都没能交差回家。其原因就是在他本地衙前得到了任务，风雨无阻地送来，被这边的衙门给忽悠了。

各种敲诈勒索，各种巧立名目，让这位兄台晕头转向应接不暇，直到回家的路费都没了。而且还不敢逃，小心逃回去全家都有罪受罚。

想想这样的日子还能过吗？让我们和宋朝人换位思考一下，就算股神巴菲特到了宋朝，他正摩拳擦掌准备进股市里痛宰散户，可是衙前任务到了，从此没日没夜地忙，根本就没摸电脑的机会，你让他怎么赚钱，怎么养家糊口？

截至这时，问题还没有激化。因为理论上是由四个等级的家庭来分担这些任务，人多力量大，灾难均摊，问题也就小点。可是前面我们说过，宋朝的富豪级家族、中举的人家、出家人、女户（没男丁）、单丁户等都有豁免权，这些人刨除在外，剩下的基本就是三、四等户了。

这么多的任务，这样密集的中奖律，只能造成一个结果——破产，家破人亡级别的破产。这还是次要的，更让人发指的是三、四等户破产之后的社会现象。

谁也不敢发财了。

除非您能大展神威，一下子升为一、二等户，不然只要稍微勤劳点，赚了一头牛、几头猪，多种了几棵桑树什么的，邻居们和官府会立即来向您祝贺——您是有钱人了，至少是个三、四级，呵呵，今年的衙前就由您多费心了……

号称开明第一、富足第一的宋朝，前100多年，普通的黎民百姓就这样生活着。

觉得很难、很绝望吗？不，这只是众多差役中的一种而已，其他的还有里正、户长、乡书手等“头衔”来帮助下乡到户收税；有耆长、弓手、壮丁等“职务”去负责抓贼；有承符、人力、手力、散从等名目给正牌子的官员们服务。

其他的，有一些还比较著名，比如县级衙门里的县曹司、押录；州级衙门里的州曹司、孔目，连同各级配备的杂职，虞候、拣掏等，数也数不过来，都要由普通百姓承担。

长此以往，达到百年，这是人过的日子吗？最重要的一点，是民间的生产力发展被限制了，而宋朝之所以还能存在，就因为它一直有钱。

可以花钱去买和平，花钱养着国内有可能造反的各路饥民、暴民。所以，哪怕只从安全角度来看，差役法都要废除。于是，王安石新法集团想出了“免役法”。

简单地说，免役法的总原则就是“交钱免役”。让从前需要当差的百姓，通过缴纳与自身等级相符的钱，买回自己的自由身，去干他想做的那些事。国家用这些钱去招募想当差的人。

这个办法好不好？它形成了一个循环——百姓们通过缴纳一定数额的钱，可以得到从前想象不到的空余时间，用这些时间可以去生财养家；国家得钱，去招募人员当差，可以增加就业人数，减少社会上的闲散人员，不仅使国家机器正常运转，还能把各种危机消灭在萌芽状态。

这是总原则，我们看着是不是有点眼熟呢？

是的，没错，这和我们现代人的生活方式很像。众所周知，我们每天工作，只干自己负责的一摊，每月按照收入的多少缴税。这些税，由国家统一管理，招募各种公务员来管理国家。

所以我们可以肯定，这个原则没有错。下面我们看它的细节。

王安石时期的免役法有两大特色：第一，他把上等户加进来了，不管你是豪门大族、进士高官，从此别想高人一等。想逍遥，拿钱来。第二，以前没有负担的下五等户，以及单丁户、女户、僧道户、官户、坊郭户，也要交钱。只是视家产多少，与同级别家庭的缴税量减半，这叫作“助役钱”。

除了这两大特色外，还有一点最具有争议的规定，就是每年的免役钱、助役钱和夏、秋两季的税一起缴纳外，还要多收 20% 的钱，用来防备水旱灾荒，以及突发性的战争，这叫作“免役宽剩钱”。

这两大特色让王安石变成了全体特权集团的死敌，尤其是以前上四等户不管实际由谁来当差，都能隔年喘口气，可以轮换下由别人接替。这回可好，每年两次没完没了，这让他们实在没法适应。

更别说从前不管国家怎样，是不是闹灾了、打仗了、发大水了，都一直逍遥自在地享受的高门大阀们。这把他们的美梦彻底击碎了，并且更重要的是，王安石伤害了他们的“尊严”。

我们生来就是与众不同的，凭什么让泥腿子、下九流和我们享受一样的待遇！我们就是要逍、遥、法、外！好玩的是，最先提出反对免役法，说出反对派里最经典言论的，居然是刚刚进入特权阶级的两个四川人。

苏轼、苏辙两兄弟。

我们看看他们说了些什么。先说的是小苏——“役人之不可不用乡户，犹官吏之不可不用士人。”

好，以他这话，看来人生来就是有地位高下的，他不是生活在宋朝，而是生活在隋唐以前。那时候不管个人能力怎样，一切以出身论。你是豪门大家，那么生来就是官，不是的话，那么很遗憾，国家最多有个“九品中正制”，可以豪门推豪门，好官你我当。

想要说什么读书科考，鱼跃龙门，根本是白日做梦。那么以此为例，你苏辙现在会是个什么人生？

再看大苏。宋朝300多年间第一大才子说得声情并茂——自古以来，役人必须得用乡户，就像吃饭一定得要五谷，穿衣一定要用丝麻，过河一定要用船只，走路一定要用牛马。就算暂时用别的替换，终究不会长久，还是会回到最正确的路上来。

截至这时，他的理论还和他弟弟差不多。最精彩、最经典的在后面。

——我们士大夫阶层，离开亲友，拜别祖坟到四处当官，工作之余，是一定要娱乐的。这是人之常情，自古一样。如果不用乡户人家来当差，我们怎么乐得起来？那肯定要弄到“厨傳萧然”，满眼所见，凌乱沧桑，和别的下等国家的劣等习俗一样（危邦之陋风），不是俺们华贵大国的太平盛况……

让人不禁要问他哥俩一声，请问兄台才脱贫致富几年，农转非之后就忘本了是不是？一时得意的小人嘴脸！

苏轼兄弟的话让人很烦，不过我们可以原谅他们。因为他们这时还只是两个小毛孩，对士大夫一族是什么还一知半解，对下面黎民百姓的苦难生活也知之甚少。最重要的一点是，他们还没吃过苦。

十几年之后，神宗死了，他们也颠沛流离过了，甚至苏轼本人还被关在牢里胖揍过，用他那四川口音浓郁的官调号叫过，那时他们才懂得人为刀俎，他为鱼肉，暗无天日，生死两难是什么滋味。

那时，苏轼说出来的话，就和这时截然相反了。因为那时，他已经叫苏东坡。现在抛开这两个缺斤少两、成色不足的士大夫，去看看正牌资深的人物是怎么说的。

免役法推行的过程非常谨慎，它最初只在京城附近试行，要一年之后看效果，才能决定是否向全国推广。这就给了反对派一线生机，留在京城里的那位硕果仅存的庆历名臣，终于走上了前台。

文彦博。

他的风格变了，也许是比他还要强硬独裁的韩琦的官场走势给了他教训，纵然强绝一时，可也时光短暂。瞧，才三五年时间就回乡养老去了。由此，文彦博变得温和起来。可是别误会，当某些一贯霸道的人学会谈心了，他的破坏力就会成倍地增长。

此后，神宗年轻的心灵时刻被他的碎碎念纠缠着，终于在几年之后崩溃了。

这时，文彦博随意找了一些经常和皇帝见面的大臣，就像平时聊天那样（宋朝君臣间很随意，经常聊），说起了免役法到底怎样。

这一点他比司马光高明，阿光和吕惠卿较量时聚众开讲剑拔弩张，弄得会场气氛时刻都很紧张，搞得皇帝也紧张。就算为了朝廷表面上的和谐，神宗都不会当场决定谁对谁错。

这时文彦博非常温馨地聊天，以一个年近花甲的老人形象，对 24 岁的神宗劝说："祖宗法令俱在，各项完善，擅自改变，小心失去民心。"

神宗很警觉，瞬间抓住了重点，问出了他和王安石一直愤愤不平的问题："更改法制，的确让士大夫阶层不高兴，可是对老百姓有什么不方便的？"

这时的宋神宗一定以为戳中了反对派的要害，等待他的是胜利。满朝皆是孔孟之徒，那么"民为重，社稷次之，君为轻"这句话都懂吧？

在百姓和江山社稷面前，连皇帝都得退居三线，你们这些士大夫算什么？

却不料真正吃惊的是宋神宗自己，听完了他的话之后，文彦博根本就没像他想象中的那样张口结舌无言以对，乃至羞惭满面重新做人。文彦博的感受是极度的郁闷。

您是皇帝，是官场的领袖，是权力旋涡的暴风眼，怎么能说出这样幼稚、这样理想化的话呢？看来真是初期教育不好，民间散养的，就是和真宗、仁宗那样从小受皇家教育的明君不一样。

他说出了官场的真谛——“陛下，您得清楚，您是和士大夫阶层共治天下，而不是和平民百姓管理国家！”

千真万确，这才是统治阶级的本质。

听完这句话，神宗沉默了。这是和王安石一直告诉他的那些管理国家、均富济弱等理论截然相反的东西，到底哪个对？

宋神宗可以混乱，他身在封建体制内，尤其是活在宋朝中叶相对平静的时代，基本上不会知道，历代国家的灭亡，原因尽管各不相同，但都有一个共同点——官僚腐败。

也就是士大夫阶层的腐败。

皇帝是绝对不想改朝换代的，但凡百姓们有口饭吃，也没有脑子一热就造反起义的。从宏观角度来说，坏事就坏在继续变坏，最后集体腐烂的贪官污吏身上。

所以身为士大夫代表的文彦博，他根本就没有资格这样大言不惭地说出他们天生就是当官的料，天生就高高在上的话来。

于是，作为现代人的我们，就没有资格混乱了。千年之间，宋、元、明、清四个朝代，有无数官方人士厌恶王安石，批判熙宁变法，他们有理由这样骂，因为人家是士大夫。

如果身为现代人，还动不动就说司马光是对的，王安石是错的，文彦博英明，宋神宗糊涂等言论……就太不应该了。

# 第十八章　北宋第一策论

时间，终于进入了宋熙宁五年（1072 年）。

在这一年里，王安石变法的真实目的，之前所有举措的核心内容，终于露出了它的本来面目。

为什么他的步调走得那样急，为什么不先把“吏治”等前期工作做足，此时都有了答案——战争——吐蕃、西夏、辽国。

这个问题表面上可以用熙宁变法的另一个常见词“富国强兵”来概括，但太不准确了。细想一下，富国与强兵有统一性吗？根本没有，甚至正好相反。

世界历史证明了一个非常有趣的现象，越穷的国家，战斗力反而越强。一旦国家富裕了，百姓们有钱了，战斗力反而直线下降。

所以“富国强兵”只是一个便于宣传的口号而已，与事实根本联系不起来。王安石变法的真实目的只有一个，那就是迅速筹集军费。

至此一个目的，别无其他。

这个结论我想会让很多人不爽，因为在此之前，几乎所有的史书，尤其是近现代的著作，都把改革的目的与王安石、宋神宗的个人追求、心性表现结合起来谈。比如他们是爱国爱民的，是有远大理想的，甚至是走在时代的前面，要改造行将腐朽的宋帝国而努力的罕见圣贤。

这些，在我看来，只有一句话的回答——没有深究。

仔细研究变法的前因后果，会发现一个事实。宋神宗、王安石肯定是深深地热爱着自己的国家，以振兴华夏为己任，尤其是宋神宗，他的目的是让国家富强，打垮西夏，收复燕云，威服辽国，恢复汉唐时代的辉煌。这是超越宋太祖赵匡胤、太宗赵光义终生成就的伟大抱负。

只是实现的步骤过程，绝不是人们平时所想象的那样，充满了传统意义上的仁爱道德，他们所选择的振兴之路非常凶险，是一个速成之法。而这个法，是一把可怕的双刃剑，自始至终，如果想成功的话，每一个环节都不能出错。

首先，就是要把军队打仗所需要的钱准备充足。现在我们来看一下，是怎样得出的这个结论——“变法等于军费”之谜。

研究王安石变法，一般来说，历代有两个层次：

第一个层次是就事论事。这是根据王安石新法的每条逐个细想，与旧法相对照，再结合宋朝当时的国情来分析他是错是对，是先进还是蛮干。

基于这种分析，最多只能得出宋朝当时必须得变法，不管有没有王安石，神宗都得变。只是有了王安石，变得更彻底、更矛盾、更惨烈而已。

所以，从立意上来说，王安石是绝对正确的；可是从细节上来说，司马光等人也有道理。这就是历代最常见的一种论调。

第二个层次就是跳到历史的天空中去，结合历代史实知识来分析，王安石新法是他独创的吗？如果不是，前人实行的效果怎样？

这种分析法一出现，王安石的高大形象就会萎缩不少。因为查查史书就会清楚，他的新法极少是他独创的，比如青苗法。总有人强调，这是他在做底层官员时在某地实行过，效果非常好，才在全国推广的。不，不是这样的。

青苗法起源于唐朝中后期，唐朝中央政权被各路藩镇分割，除了军队数量不足之外，更悲惨的是没钱。青苗法就在那时出现了，其主要目的就是为皇帝创收。

什么救民不救民的，皇帝都快饿死了，还谈什么老百姓。

再比如均输法，它最早出现在汉武帝时期，由桑弘羊推行。桑弘羊在宋史里频频出现，每次都和王安石挂钩，被反对派骂得狗血淋头。其实也该骂，均输法就是汉武帝与匈奴掐架掐得最狠，搞得军费飞涨，国库见底时搞的国家紧急状态法令。

前后一共搞了两次，国内矛盾的激烈程度比这宋朝只高不低，可真的帮助汉武帝渡过了难关。再比如方田均税法、保甲法、保马法等其他法令，也能在各代史书中找到实施过的证据。于是结论出现，王安石的学识绝不是通常意义上所说的超逸绝伦，冠盖当世。他最多只是个传道者，往好里说是集古人之大成，刻薄些说是偷窃古人成法，而且是效果不佳、名声不好的各种法。真是脑子短路，难怪把宋朝搞得官场混乱、党争剧烈、外交僵化、经济崩溃，直至几十年后亡国……

持这种理论的主要有南宋的开国皇帝赵构，以及后来历朝历代的士大夫阶级，也就是国家的官方认知。

但这就够了吗？除此两层认识之外，就没有别的疑问存在了吗？比如说，王安石、宋神宗就算再白痴，他们作为当事人，也会知道这些法令在当时朝代的成绩吧？

有那样的前科，怎么还会玩命地推行，不遗余力，不留余地，拿自己的国家当猴耍，不要死不罢休？

很显然他们一定有自己的用意。这就必须得有第三个层次的答案才能解释得清楚。

即“军费”说。

得出这个结论，首先要在前两层认识的基础上，了解了第一层中宋朝当时的状况，再结合第二层里分析出的明知新法有弊，却知难而进的行为，再当一回事后诸葛亮，参照之后宋朝七八年间发生的事，才会得出“军费”说这一结论。

而它的萌芽，却种在宋神宗刚刚登基的时候。

我们回忆，他上台之后曾经第一时间“求言”，针对国事让大家敞开了说。就在当时众多顶级大佬的发言里，有一个默默无闻的小角色曾经也写过一篇奏章。这篇奏章和这个人在这之前什么都不是，而之后，他成了北宋史上一段最有争议也最为辉煌的军事传奇。

有一个疑问，一直以来，提起宋朝的军人，如果要排名的话，300多年间第一人没有任何争议，是岳飞。具体到北宋，有人说是潘美，有人说是狄青。

说潘美，那是从战绩上来讲，平南汉灭南唐，攻燕云战辽国，潘美是宋初汉人最强的将军，这无可争议，比“模范军人”曹彬强万倍。说是狄青，公平地讲，更多的是出于一种悲悯苍凉的无奈情结。

自古英雄多悲剧，狄青的一生太不公平了。

但是事实上，北宋还有一个人，他的战绩堪与潘美相媲美，甚至犹有过之。而他的悲情之处更远在狄青之上。狄青千年传颂，而这个人始终处在争议的旋涡里，被历代写史、传史的士大夫阶层有选择地忘记。

他的名字叫王韶。

王韶，字子纯，江州德安人。他首先是一个文人，走的是一条正统之路。考中了进士，当上了一个小官，分配在新安县任主簿，后调到建昌军当司理参军。

他很上进，任期中参加了制科试，可惜这一次他落榜了。就在这时，他做出了一个让人意想不到的决定，堪称官场不着调行为的经典。

他弃官不做，跑到了陕西，一个人游荡了十多年，时刻关注着吐蕃、西夏、羌等异族的动态。这是命运的安排，当宋朝换了一位年轻气盛、志向远大的皇帝宋神宗时，西北边疆也恰巧局势动荡，酝酿着一场即将重新洗牌，确立谁大谁小的风暴。

王韶把他观察到的情况，写成了一封奏章，呈交给了宋神宗。这封奏章名叫《平戎策》，它在历史中的地位相当高，有人说和诸葛亮的《隆中对》差不多。

《平戎策》共分三篇，它论述的主题根源于一个现状——河湟吐蕃的分裂。

河湟吐蕃的赞普唃厮啰生前和两个儿子失和，瞎毡和磨毡角分别出走宗哥城、龛谷，吐蕃实力大损。唃厮啰在宋英宗治平二年（1065 年）病死，之后河湟吐蕃的局面乱上加乱。

继任赞普的是他的第三个儿子董毡。

董毡只拥有黄河以北的河湟之地，是一个能力平平的赞普，他无力收服两个分裂出去的哥哥，要等到二哥磨毡角死后，才能把其部属收编。至于大哥瞎毡，他没有任何办法，瞎毡死后，其子木征彻底独立，占据河湟两部中的河州（今甘肃临夏东北）。

这就造成了一个可怕的局面。分裂后的吐蕃如一盘散沙，对于宋朝来说，它不再是一面抵挡西夏南进的屏障，一支牵制李元昊子孙的力量，而是一个祸胎。

王韶在《平戎策》里说，欲取西夏，必先收复河湟。我方抢先得到河湟，西夏人就有腹背受敌之忧，这是利；如果让西夏人先得到河湟，后果将不堪设想。

那时党项骑兵没有了后顾之忧，向宋朝发兵的力度会比李元昊时期更大。秦、渭两地首当其冲，兰、会两州先被割断，古渭境陷入瘫痪。这就造成了以前范仲淹、韩琦、狄青等人都不曾面对过的恶劣形势。

仁宗时期，李元昊哪怕打穿了陕西路，都只有一条路可走，那就是继续进兵，挺进宋朝腹地。这看似一条光明大道，可那会激起宋朝人陷入死地之后的激烈反抗，除非李元昊能一战定中原，不然他得不到具体好处。

可这时就不同了，西夏人得到了河湟，可以向西南方发展，在秦州以西的重镇武胜建立堡垒，那时随时可以发兵侵袭洮、河两地，宋朝的陇、蜀等州郡都在攻击范围之内。

那时，宋朝怎么办？

等于面临了一大片新战场。如果发兵去救，陕西方面的兵力、开封附近的兵力都会被分散，那样处处皆备，等于处处松散，等于无备。

党项人随意选哪里进兵，都会让宋朝应接不暇。

局面恶劣到那一步，宋朝基本上就算死梗了。很简单，想抵抗，只有增加军队；增加军队，就要多加粮饷；多加粮饷，经济就注定了崩溃！

到时救无所救，从根上烂掉了……偌大的文明之邦，国土万里的大宋朝，居然被区区新兴的西夏人搞死，想想都让人恨得撞墙！

而这，都源于最初始的那一点——是否保得住河湟。

这是后来对王韶《平戎策》的最大争议。反对派们说，河湟部吐蕃一直以来都是“不侵不叛”的朋友，你放着敌人不打，先对朋友下手，搞得众叛亲离，有什么好处呢？往好里说，打赢了，把河湟抢过来了，可那就直接和西夏人对话，等同于多开辟了一个战场。

万一打不赢，或者打得糊涂，变成温吞水，那时乐子就大了，宋朝等于凭空多出来一大堆敌人，不是多一片战场的问题，是既多战场又多敌人的问题！

很不幸，这在以后成了事实。但有一点要指出，请注意，宋朝和河湟吐蕃之所以没完没了地掐来掐去，完全是反对派的错。

他们以司马光为首，把宋神宗、王安石、王韶等人连年血战抢回来的土地，都无偿地还了回去，逼得后来的君主不得已还得发兵去抢！

历史证明，河湟部只要去抢，宋朝必胜。得到它之后，虽然多出了一块战场，从数量上和西夏人抢得河湟后在宋朝的西部开战一样，但性质截然不同。

西夏得到河湟，使我们腹背受敌，应接不暇。宋朝得到河湟，使西夏人腹背受敌，应接不暇。这是最根本也是最显著的区别。

如果连这一点都看不清，宋朝当时的反对派们不是一群蠢猪，就是睁大眼睛说瞎话，为了铲除异己，连国计民生、举族安危都不顾了！

相比微妙的宋朝，西夏人永远过得精彩。李元昊死后，他最小的儿子——“两岔”即位，没多久，“两岔”就变成“谅祚”，这就是夏毅宗官方名字的由来。

李谅祚小同学的年纪实在太小，西夏的大权掌握在他妈妈和舅舅的手中，也就是被宋将种世衡用反间计害死的野利遇乞的遗孀、李元昊的情妇没藏氏和国相没藏讹庞手里。为了一直这样，他的表妹成了他的新娘。

李谅祚欲哭无泪，人生怎么能这样暗无天日呢？他一怒之下，本性勃发，展现了他爸爸妈妈留给他的优秀基因，和他舅舅的儿媳妇梁氏私通了……谁能想到，这竟然是他人生命运的转折点呢？

梁氏成了没藏家的内鬼，在她的帮助下，李谅祚把没藏家连根拔起了。

当家做主心气旺，1066年，宋治平三年，他亲自率领精骑数万人攻打宋朝边境重镇大顺城。连续围攻了整整三天三夜，成绩非常好，他本人都差点儿死在城下。

当时，大顺城头万箭齐发，如暴雨一样射向城下的西夏人。李谅祚的帽子做工非常精良，替他挡住了尊贵的脑袋，可身上就顾不了了，挨了好几箭，带头往回跑。

李谅祚在21岁时去世，没有兄弟可以继任，唯一的儿子才8岁，完全复制了他本人的童年。而西夏的皇权，就成了一个复制粘贴的过程。

汉女梁氏粉墨登场，成为新一任太后。同样是整个家族鸡犬升天，国相由太后的弟弟梁乙埋担任，其他的梁氏子弟以空前迅猛的速度占据西夏的各个重要职位，在短短几个月的时间里，就形成了一个系统。对内，他们掌控西夏几十年；对外，开始对河湟下手。

河湟随时会被攻破，战争迫在眉睫。宋朝当时要钱没钱，要兵没兵，再说什么按部就班、理顺关系、搞好吏治之后再改革，完全是痴人说梦。

为此，在王韶刚刚提交《平戎策》之后，宋神宗和王安石就毫无保留地支持了他。要职位有职位，把他扶上了西北秦凤路、洮河司的主管，其间把所有和他有矛盾的原领导全都撤走。要政策就给政策，王安石新法里备受争议的“市易法”，就是专门为他量身定做的。

打仗要钱，“市易法”的根本就是“均输法”的加深加细，更上一层楼地抓钱。在京城设置“市易务”这个专职部门，从内库里提100万贯钱作本钱，由政府接管京城内外各种物资的买卖。

具体做法是，由市易务招募牙人（商人行会代表），由他们与各地来京城做生意的商人商定货物的价格，可以卖给国家，也可以和国家之前买到的货物交换。京城本地的商人，没本钱也可以参与，用产业、金帛做抵押，向国家贷货经商。

到期归还货款，加上一二分不等的利息。

公平地说，这条新法是王安石各种新法里最失败的一条，它走了回头路，这不仅打击了之前操纵开封市场、哄抬物价的大商人，同时也把小商人赶尽杀绝了。

国家垄断一切买卖，这还有平民百姓的活路吗？在仁宗、英宗时期一直活跃的开封商市，在市易法实行之后，被沉重打击了。到后来，市易务招募的牙人主动辞职，您开恩允许我辞职好吗？为国家服务，我都破产了！

说来真是残酷，但放在边疆就是一条再好不过的政策。

王韶需要军费，需要钱，那是军队种田卖粮，自给自足所达不到的。为此，他需要经商，需要全国各地的买卖人到边疆活动。那么，就只能以国家之力去开拓，由国家拿出本钱，出专人负责，鼓励商人、保护商人去变出钱来。

有了钱，就有了一切，就会形成一条有机的运作链条——民间收财，变成军费，打赢战争，扩大国土，回笼资金。

这才是王安石变法的真正目的和手段，不然，以宋朝空前发达的商业系统，比前代先进得多的农业生产，只要像司马光说的那样节省花费，就一定能让国库充实，根本就犯不上这样折腾。

可要保卫国家安全，赢得战争呢？那样慢悠悠一条一条地节省，和士大夫、大商人商量着办事，得等到猴年马月才能积攒到大笔军费？何况战争只要开始，钱就会像流水一样“哗啦啦”地流走，是座金山都撑不起几场大战。

到那时，后续的资金要怎样向各位士大夫要呢？只有抄家才能来得及！更何况，只要提到战争，各位君子就会搬出孔夫子的圣诫，那是凶器，不到万不得已绝对不能用，我们无论如何都不能先用！

要仁义，要道德，要教化！

见他的鬼去吧，宋史写到这里，再没有人相信李元昊、李谅祚之徒能教化、能感动了！

对外开战前夕，宋朝内部进行了一些小处理。苏轼遭贬谪外放到江南的杭州，去人间天堂一样美丽的城市里当官。

在宋人文化史上占有非常重要地位的苏轼，与他的杭州之缘开始了。

吕诲病死。

司马光从永兴军日夜兼程赶赴京城，当他赶到时，吕诲已经闭上了眼睛，呼吸都停止了。司马光放声大哭，恨自己迟了这么一步。突然间吕诲强睁开眼睛，挣扎着要坐起来，说出了生命中最后一句话“天下事尚可为，君实勉之！”

吕诲临死的呼喊言犹在耳，司马光向皇帝写辞职信，他请求政府允许他从永兴军离开，到更远的洛阳去完成一生的夙愿。

写书。

去完成那套名垂千古，与汉代史学大师司马迁的《史记》同样辉映后代的史学巨著《资治通鉴》。神宗允许了，从这时起，司马光就彻底退出了官场。他远远地停留在西京洛阳，冷冷地盯着王安石新法集团的一举一动。

静静地等待着翻身复辟的时机。

这是一个可怕的对手，他绝不是放弃，而是审时度势，明白这时的王安石已经不可撼动，那么就绝不恋战。有时，后退是一种策略。有时，忍耐比当场斗出死活更有力量。

司马光的事就此告一段落，王安石的敌人们在熙河开边前的处境，也介绍到这里。最后还要再啰唆一点，前面我曾经提过的，从神宗朝开始，到北宋灭亡，一共三个主导国运、改变整个汉民族命运的政界大佬之三。

那个人，已经登上了历史舞台。

宋熙宁三年，一个兴化军仙游（今属福建）的年轻人考中了进士。他的名字叫蔡京，字元长，当时 23 岁。

# 第十九章　千夫所指复熙河

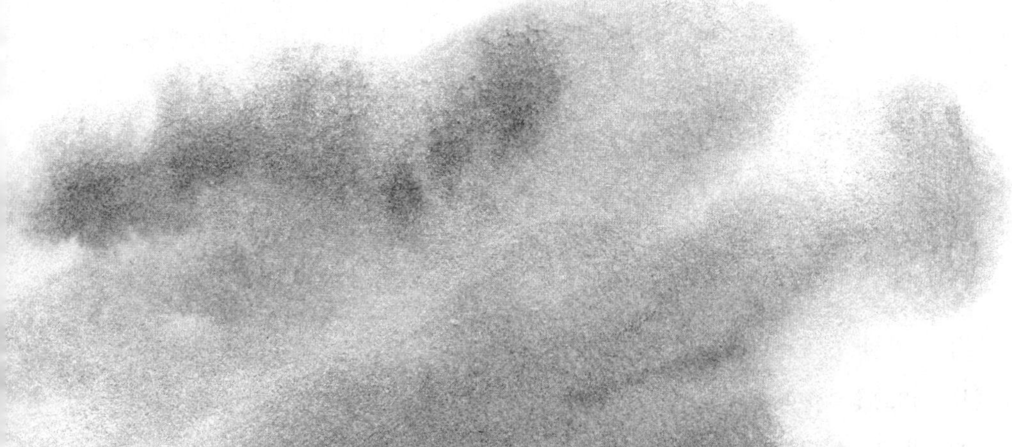

熙河之役，是在《宋史纪事本末》里独占一章的重要史事，它很独特，要说明白它，得先知道它包含着什么。

从狭义上来说，熙河开边是指宋神宗熙宁五年五月开始的，由王韶主领征服河湟部吐蕃的战斗。它历时三年，到熙宁八年，王韶升任枢密副使时告一段落。

从广义上来讲，熙河开边时断时续，要纠缠到北宋灭亡前，宋徽宗崇宁元年（1102 年）十二月，由王厚主领、童贯监军，再次征服河湟。

那时距离神宗拓土，已经过去了整整 30 年。

河湟。

河，是河州，现在的甘肃省临夏市的东北部；湟，指湟州，现在的青海省乐都。在这片广阔的土地中间，还有些别的名字，如洮州，现在的甘肃临潭；兰州，就是现在的兰州市；鄯州，现在的青海西宁市。

翻开古地图，我们向西北方向前进，在宋朝最西北的地方，是秦、凤四州，以它为中心点再向西，依次是成州、阶州、洮州。再以洮州为中心点，它的西方，是河湟吐蕃之外的藏地吐蕃。向下，也就是南方，是宋朝的四川。

洮州的上方，即北方，依次是河州、湟州。

王韶的根据地远在秦凤路的通远军，由这里起，他将孤军杀入千里茫茫异域，没有友军，更没有援军，每前进一步，都是吉凶莫测，无法反悔的。

他选的第一个敌人，非常讲究，不是吐蕃人，而是羌人。这就颠覆了一个传统概念，不是都说“射人先射马，擒贼先擒王”吗？为什么放着正牌的河湟部吐蕃人不打，却去打跟班的羌人？

这就是王韶的特殊智慧。

请问，战局初开，就直奔要害，和吐蕃人打个你死我活，局势会变成怎样？那时吐蕃人会纠集羌人，抱成一团来对抗宋军。如果先动羌人呢？

吐蕃人的心理会有微妙的变化，为了奴才，主子不会轻易拼命，甚至还会作壁上观，看一下敌人的真正实力。

战局的发展完全印证了王韶的判断。他挥兵直入，迅速侵入位于秦州以北、洮水附近的抹邦山、竹牛岭一带，那里有人数众多的羌人。

到了地头，王韶和手下兵将的差别也显现出来。宋朝的标准士兵们按习惯，准备在山脚下的平原地带列阵，等着山上边的敌人冲下来。

列阵……等待……王韶觉得很头晕，看来宋军真的是被李元昊的部队打出了心理障碍，无论什么时候等的都是防守！

王韶下令——“兵置死地，敢言退者斩！”

宋军仰攻，翻开地理图册，陕西、青海、四川三省之间的山陡峭险峻，生长在内地平缓地带的中原人，要身披全副铠甲，举着兵器、冒着箭雨礌石向上仰攻，这几乎是完不成的任务。而更要命的是，攻到一定坡度时发生的事。

羌人很狡猾，生长在这片山地里，他们知道什么情况下宋军才会最狼狈，就是等宋军攻到一定位置时，前进很累、后退有点远，这时他们才突然冲下去。

宋军立即就支持不住了，开始败退。这时在阵后面，王韶开始换衣服，他脱下了文官的袍子，穿上了一身铠甲，挤进了冲锋的队伍里。

他清醒地知道，此战不胜，多年来的准备会化为乌有，甚至京城里的王相公都会被连累，变得一无所有！

殊死的搏斗开始了，没有什么计谋，没有半点侥幸，王韶带领队伍反攻得手，冲上了山顶。由此乘胜追击，“获首领器甲，焚其族帐”。

使“洮西大震”。

河州方向的吐蕃之王木征火速派来了援军。王韶率军迎击，在武胜堡大胜来敌，由此揭开了百战百胜的河湟之役。

西北决战，西南方也开始动荡。

荆湖北路，西南夷叛乱。

在宋朝的长江之南，一直都有少数民族生活在深山老林里。前面说过的侬智高叛乱只是其中一例，乱的级别很大而已。除他以外，长江边上的一些少数民族乱得小些，可乱得很有传统，经久不衰。

具体地讲，就是在长沙以西、邵阳北面，以梅山为首的一大片区域。那里交通不便，人种不同，尤其是在传统上，在五代十国时这片地方就被他们给占了。到了宋朝，赵光义、赵恒、赵祯都被辽国、西夏拖得一辈子劳碌，把这一小片地方自然扔到一边。

索性就把它划为禁区，名叫“禁梅山”。周边的汉人禁止与其中的“异族”有任何往来。这是片特区，在宋朝版图以内，却不受宋朝管辖。

章惇受命平定“西南夷”。当年临崖踏风鸣金惊虎的青年变得越发强硬，他兵分三路杀了过去，懿、洽、鼎三州之内的“异族”落荒而逃。形势喜人，但事实上没人高兴。大家吸取之前平叛的教训，知道章惇顶多就是一阵狂风暴雨刮过去，官兵所到之处，鸡犬人畜瞬间不见。宋朝形势大好，不过总有收兵那一天……

跟没打一样，所以当时就有人反对了。是当地的转运副使蔡烨，此人向中央报告，不要看章惇现在的成绩，臣预言这场仗会打个没完没了。至于怎么办，请把章惇撤职调离由我接手，我会慢慢地处理当地民族事宜。

且慢，请大家运用最初级的逻辑思维来想想。他之所以反对章惇，就是因为断定章惇没有办法迅速结束战斗，那么由他来代替，居然目标就是“慢慢地”搞定。

这人的脑子是哪儿出产的?

逻辑很混账，居然有市场。

宋神宗仔细思考了一番，决定就这么办。史书中记载，关于把前线的指挥权交给谁的问题，神宗和王安石吵了个没完没了。

两人你来我往，各说各话，谁也不让步，差一点儿就形成了当年的经典解决办法——吵到高潮时，王安石突然平静，对皇帝微笑：“陛下，臣觉得非常不舒服，想请假回南方。”

辞职不干了。

于是，年轻的小皇帝恳切、亲切、动人、动情地挽留。但王安石仍然回家躺床上喘粗气，直到皇帝动用官方人员送去官方文件形式的慰问信，以及私人认错道歉保证，介甫兄才起床上班做事。

之所以差了一点儿，是因为王安石遇到信任危机了。

王安石识人用人真是有问题。前面说过，他是新生势力，与之前的士大夫阶层水火不容，连带着和学习传统经书、考上的进士们也注定水土不服。这就要求他定新课本教材，培育出合乎他使用标准的新一代人才。

只是人才正在培育中，办事已经没有人手了，所以各地只要有向他靠拢的人，他都会先拉过来再说。比如之前说过的李定。

李定之所以被定为小人，理由是他不给生母服丧。听起来真是罪大恶极，人神共愤。但为什么不细打听内幕呢？李定的生母姓仇，在嫁给李定父亲之前已经生过一个儿子，就是大名鼎鼎、神秘莫测、处处高出苏东坡一筹的诗僧佛印；再嫁李家，生了李定；三嫁郜氏，生蔡奴。

这样在仇氏死时，已经是三嫁之人。当然嫁多少次在北宋时都很正常，再嫁之妇，论尊贵有仁宗的妈刘娥，论贤淑有300多年间第一人范仲淹的妈妈，从来没人有半点歧视。但这都不适用于李定的妈妈。

因为儒家的有关规定。

话说儒家所有的规定都与孔夫子当年的行为准则有关。比如孔子前三代个个休妻，而且休出去之后就彻底翻脸不认，生时不问，死后亲子也不为之服丧。《礼记》中有明文规定——孔子不丧出母。

以此看来，李定有什么错？

所以，这就算是王安石运气好，撞上了个冒牌的“小人”。其他的就不好说了，比如邓绾。

邓绾，字文约，成都双流人。此人相当有才，当年考中进士时是礼部试第一名。也就是说，远远高出苏轼的成绩。

在熙宁三年的冬天时，他在宁州（今属甘肃）当通判。副市长的级别，相当高，可是地处大西北，他相当不安逸，比起老家成都真是差太远了。于是，他开始想办法。

他向朝廷上书，极力赞美新法。当时王安石正处于最艰难的起步阶段，一见大喜，立即向神宗推荐。神宗也很重视，派专车把他从西北接到开封。

金殿见面，君臣相谈甚欢，神宗一高兴，把心里的话都说了出来。

“邓卿，你知道王安石吗？”

“不，臣未曾相识。”邓绾的回答很诚实。

神宗面露向往之色：“那是当今的古人啊！”注意，古人，是中国历代封建王朝被推荐、最令人神往的完人形象，相当于道教的太上老君，佛教的释迦牟尼。

神宗又问：“卿识得吕惠卿吗？”

“也未曾相识。”

“那是当今的贤人啊。”神宗又爽快地给出了评价。

年轻的小皇帝，他没有察觉到诚实的邓绾的真面目。他给出的答案太早太快了，直接违背了当初富弼告诫他的为帝总原则——不可让臣子知道皇帝的喜好！

摸到实底的邓绾，立即就有了前进的方向，王安石都是古人了，还等什么？他走出皇宫后第一时间去拜会了王安石。这时他真的感觉到命运女神对他微笑了，步入官场，要有多大的幸运，才能直接找到皇帝无私依赖的大臣做靠山啊！

在这种激动下，他像见到了久别的亲人那样亲切、热情地对待王安石，一点都不认生（退见安石，欣然如素交）。实事求是地说，王安石被他蒙蔽了。我们将心比心，当一个人要做全国性改革，正面对满朝文武反对的时候，突然间有人充满激情地从远方赶来支持你，你是什么感觉呢？

看看邓绾是怎么说的——“……以臣所见宁州观之，知一路皆然；以一路观之，知天下皆然。诚不世之良法，愿勿移于浮议而坚行之。”

多么好的同志啊！

王安石被感动了，告诉邓绾下去听信。邓绾满怀希望地回到了驿馆，就等着任职诏书下达。结果等来的是官升一级，原路返回。

也就是说，他从宁州的通判，晋升为宁州知州了。

这个气啊，邓绾心灵深处对官职富贵的渴望赤裸裸地暴露了。他到处宣扬：“如此急促地要我来，怎么就这样打发我回去？”

公开场合讲，当然就有人问：“想留京啊，估计能给你个什么官？”

“当个馆阁人员总可以吧？”

“能当谏官吗？”

“那正是我的愿望！”

史书记载的对话就是上面这些。大家的第一感觉是什么呢，可笑？也许吧，邓绾此人也太简单粗暴了，身在宋朝，哪有这样明目张胆地要官当的？其实就算在现代，这都是官场大忌。

但是，要看到这件事的结果和内幕，就会知道邓绾实在是太聪明、太胆大了。此人正中要害，逼着各方面不得不答应他的要求。

看内幕，王安石接见他之后，就去休假了，他的任免决定是由当时的宰相陈升之做出的。明摆着打击王安石，警告全国官员，不许向新法靠拢，不然就发回原籍，邓绾就是例子！

邓绾如果忍了，就会被当成皮球踢回大西北，那样他就真成了出头鸟，什么好处都没捞着，还成了反面典型，以后的小鞋就等着成批定制吧。而他绝不认命，偏偏反其道而行之，我就是要把这件事挑大，到处宣扬，让王安石没法躲起来不管。

只要你不管，就会承认你没法庇护向往你的人，就没法建立自己的团队！

结果邓绾得逞了，不久后圣旨传出，他被任命为集贤校理、检正中书孔目房公事。这是怎么回事呢？全世界的人都知道，能驳回宰相的任命，让皇帝重拟诏书的，只有王安石一个人能做到。从此之后，天下人都知道邓绾是谁的人了。

邓绾是粗暴愚蠢，还是聪明得惊人呢？从这件事里，可以看出他对官位富贵的渴望程度，还有他做事时的突发性。这些让他极快地登上官场的顶峰，可也埋下了日后失败的种子。

连王安石也深受其害。

不过，这和唐坰比起来，就小巫见大巫了。

唐坰是一个很奇妙的人，进入官场靠的不是文凭，而是接了父亲的班。但《宋史》中的列传里，却没有点明该老爹的名讳。

升官不是靠政绩，而是两句话。他先对皇帝上书，说："秦二世胡亥被太监赵高控制，导致亡国，错误不在于强硬，而在于他太软弱了。"

这句话无论怎样看，都只是一句很普通的读书心得，有什么大不了的？但却就此得到了宋神宗的欢心。

也许是当时朝臣一片声地要求神宗忍住脾气，变得温馨可人，使外邦、国内都如沐春风吧，惹得神宗大怒，才觉得唐坰这句话特别顺心。

第二句，是针对怎样迅速推行新法的。唐坰说："事情很简单，只要杀了韩琦、司马光等反对派大臣，新法立即风行天下！"

老天在上，他这句话半点错处都没有。自古以来哪有不见血的改革？对待宋朝恩养了100多年的养尊处优的士大夫们，除了杀几个为首的，再把脑袋挂到城墙上去，恢复五代十国时的风气之外，根本就没有其他办法。

可是，正确的不等同于合理的。法子虽好，可惜不能用，但这并不妨碍让王安石非常受用。真爽啊，终于有人说出了症结所在！

唐坰平步青云，赐进士出身，到崇文馆校书，成了馆阁人员。只是再想更进一步时，却出事了。几个月的时间里，他的本性就让王安石非常不安。这个人太自私，做事目的性太强，而且毫不掩饰，比邓绾更加不顾一切。

王安石只能轻轻地把他放下，不贬官，也不调走，让他慢慢冷却。这是当时最正确的选择了，试问一国首相，只是把提拔一个人的速度放缓下来，有什么错吗？要知道只是几个月的时间而已，之前可是让这个人一步登天的！

事情完全出乎所有人的意料，唐坰的本质就是个疯子。他就是那条著名的寓言《农夫与蛇》里那条冻僵的蛇，一旦它醒过来，就要为所欲为，反戈一击。根本不管后果怎样。

这个官场白丁，一个靠父亲当官的废物衙内，觉察出王安石的冷淡之后，立马反目成仇，写了20多道弹劾奏章，一定要把王安石告倒搞臭。可是都被宋神宗扣下了，留中不发。

一般来说，换成另外任何一个人，事情到此就算结束了：

第一，再有怨气，官场的规矩之一就是不许欺师灭祖，王安石是他的直系靠山，如果这都要造反的话，小心成为官场公敌。

这倒不是说官场有多道德，而是面对一个忘恩负义的人，大家都会心冷，都会躲得远远的。

第二，发火有时像自杀。别管气多大，跳过一次楼不死的，基本不会再跳第二次，动力不足了。可这些都不适用于唐坰。他是个疯子。

第三，20多道弹劾奏章都被皇帝压下来了，再明显不过，这是皇帝不想把事情闹大。就算不把王安石放在眼里，皇帝的面子总得给几分吧？不，在唐坰的心里，根本就没有第二种利害观念。

只有他个人的心情、前程才最重要。

话说宋朝承袭了晚唐时期的制度，开封城里每隔5天，官员们会在宰相的率领下进宫面见皇帝请安，这天叫“起居日”。事情就在熙宁五年八月的某个起居日时发生了。

那一天正常的程序正在进行，突然间唐坰站了出来，他跪在大殿中心，要求皇帝正式升朝，他要奏事。神宗一下子就明白了他要做什么，20多道弹劾奏章，这不是一般的力度。

神宗摇头说：“换个日子。”他仍旧想大事化小，小事化了。可是唐坰跪着不起来，一定要今天立即处理。没办法，神宗只好升座，再纠缠下去，别的大臣会往别处想的。

比如误会唐坰是要像从前的谏官那样，经常对皇帝私生活之类的事进行批判。

神宗升朝，唐坰的机会来了。他开篇第一句话就暴露了他的疯子本性：“臣要说的，都是大臣们不法的事，请让臣在陛下面前一一陈述。”

好，所有的大臣，包括王安石、文彦博，谁也别想走。

接下来他把笏板插好，展开了奏章却没读，突然间转脸瞪向了王安石，说了句北宋百余年间最牛的话——“王安石到御座前听取札子！”

王安石愣了，他搞不懂的不是唐坰怎么会突然翻脸，而是宋朝从来没这个规矩。你要念什么就念好了，哪有让当朝首相出列恭听的？你当你读的是罢相制啊！

可沉默是不管用的，在一个彻底翻脸、成心找碴儿的人面前，只会让耳光来得更猛烈些。就在王安石稍微迟疑中，唐坰已经变命令为呵斥，吼出了这样一句话：

“在陛下面前尚且这样，到外边可想而知！”

这句话的威力巨大，天不怕地不怕祖宗也不怕的王安石立即听话，乖乖地站了出来，到御座前躬身听命。唐坰说得很明白，他再犯倔就是蔑视皇帝了。

唐坰展开奏章开始读，大家的耐心要好一些，回忆下前面吕诲的弹劾，一共才10条，而唐坰先生居然总结出了……60条。我们挑其中的重点介绍：第一点，直指中心，王安石专作威福，和曾布、吕惠卿等人表里为奸，窃国大权，天下人只知道有王安石，而不知道有皇帝。第二点，王安石烦人，传统士大夫阶层也很讨厌。文彦博、冯京等两府高官什么都清楚，可胆小怕事，别说对抗，连说句话都不敢（知而不敢言）。尤其是王珪，他对王安石恭敬得就像家里养的奴仆一样！

说着将无敌的目光瞪向了王珪，王珪当即承认真的没有唐兄你的魄力，俺认输，他低下了羞愧的头颅。

唐坰的重磅打击留在最后的第三点——元绛、薛向、陈绎，这三个人是王安石的家奴，根本不是朝廷命官，由着他颐指气使；张琥、李定是王安石的爪牙，四处无事生非，陷害忠良；台谏官张商英是王安石的鹰犬，随时咬人，入骨三分。他们紧紧地团结在王安石的周围，已经是朝中之朝，一个分工明确的犯罪集团了，宋朝就要坏在他们的手里！

一封奏章，60个要点，唐坰先生旁若无人地读完，之后谁也没理，异常潇洒地下殿走人。他走后，史书记载满殿的侍卫相顾失色，目瞪口呆。

值班这么多年来，头一次见这样的猛人！

其实不只是侍卫，当天大殿上所有人都非常郁闷。王安石就不说了，没有任何心理准备，突然间破了100多年的官场纪录，在皇帝面前被人呼来喝去，骂了个狗血淋头。

首相欤，真丢人！

反对派也不好过，按说敌人的敌人就是朋友，可唐坰这人就是不按常理出牌，骂王安石连带着文彦博，谁的面子也不给，哪边的队伍也不站。

最愤怒的还是皇帝。神宗真是搞不懂了，他和唐坰到底谁是皇帝？理论上应该是他，可是被人强迫升朝，又被人借用头衔去砸王安石。

“在陛下面前尚且这样，到外边可想而知！”

这句话听着好像是在维护皇权，可就这样把首相喊立正了？我是皇帝也从来没这么牛过！

之后的事情更衰，唐坰长篇大论滔滔不绝，其间神宗多次喝停，可人家理都没理。直到读完，终于理了，唐坰指着御座说了一句：

“陛下不听臣言，不得久居此座！”

宋神宗的脑子“嗡嗡”作响，当皇帝也有几年了，还从没被人当面这样诅咒过。不听他的，连皇帝都当不成？！正在迷糊中，唐坰已经走出大殿，下班了！

以上三方的怒火，决定了唐坰这个人的政治生命。他先被贬到潮州当别驾，罪名是渎乱朝仪。接着一贬再贬，到广州军资库去看仓库，到吉州酒税去当科员，最后彻底贬成平民了……

这就是我说这人是个疯子的原因，为了不该发火的事，向所有大佬开火，一点退路都不留。这样的事做出来，除了精神病之外，好像没有第二个名词可以解释。

这些事都发生在“熙河开边”“荆湖平蛮”期间。王安石的新政集团，既要在七八十年间一直萎靡不振的外战纪录里打出一片新天地，更要在内部顶住各方面的反对压力。包括像唐坰这样独特、不常见的非典型疯子的突袭。

王安石的形象再一次被弱化，尤其是他在神宗心里的高大感，也开始悄悄地松动。在荆湖方面，神宗就一再坚持己见，不用王安石的嫡系章惇，而去选择对立面的蔡烨。

好在朝廷里在争论，章惇却在不断地进军，将在外，君命有所不受，他就敢在有限的时间里打出漂亮的成绩，让上面不得不按着他打出来的节奏走。

章惇这样，王韶也一样。他们都清楚，1072年是改革派气运的分水岭，如果他们打不出好成绩，之前各种新法就真的成了百分之百的横征暴敛，短期见效、长期有害的本质都会暴露。如果打出来了，一切都好办。就好比先秦时商鞅得到了河西之地，清朝时雍正初期年羹尧扫平青海。

仗打赢了，什么都好说!

可谈何容易呢？不说河湟地区汉人已失去了200余年，早成了塞外异域，也暂时忽略掉荆湖南蛮的崇山峻岭，这些都是可以克服的困难。当时宋朝真正的危险，其实不在西北与西南，甚至也不在西夏。

而在东北。

按照王安石的灭敌步骤，是河湟——西夏——辽国。从简单容易的下手，直到最后收复燕云降服契丹。计划蛮好的，可也要看辽国人愿不愿意。就在这段时间，辽国人在边境蠢蠢欲动，巡境兵都过了拒马河！这是宋、辽的传统边界，那么看一下宋朝的准备如何。

哪有什么准备，河北方面的宋朝百年无战事，军队早就都退化了。宋朝要在河湟开打，同时牵制西夏，没有半点余力去支援北方。

好有一比，北方疆界，就像一只庞大的虎皮蝴蝶。它张着翅膀，露出可怕的花纹，以这种姿态暴露在足以致命的敌人面前，那是一种怎样的胆战心惊，又无可奈何的心态!

只要辽军敢于强攻，宋朝四面受敌，转眼就会崩溃。

在这种情况下，各路宋军开始主动出击。论艰险，论危难，首推王韶主攻的河湟之战。进入深冬十一月，王韶一路强攻，西域重镇香子城、河州接连陷落。宋军的战力强得出乎所有周边国家的预料，原因之一是武器精良。

第一，斩马刀。

这种刀由皇宫内臣领工制造，做出样刀交给神宗，由神宗向边臣传样。它刃长三尺，柄长一尺，刀头有大环，精钢雪亮，无坚不摧。这段时间里造出了数万把，装备给边防部队。

要说明的是，斩马刀虽强，却并不算宋朝独有。

第二，神臂弓。

这才是宋人智慧的结晶。神臂弓一直存在争议。由于它的功效过于强大，工艺又超级复杂，在当时宋军部队里就有严令，无论是追敌还是退兵，就算情况再危险，也必须带着神臂弓退。实在来不及，也必须砸毁。

绝对不能让敌人知道它的原貌。

这就是它的奇妙点所在，一旦把它拆毁，就算原件都在，也无法组装起来。这在清代大才子纪晓岚的笔记中可以得到证实。

神臂弓最后的制作图本在《永乐大典》里，有图、有尺寸数字，可是纪大才子仍然没法复制它。于是一直流传着一个说法，神臂弓只是一个传说，它并不存在，或者被夸大了。

但又怎么解释后来金军、元兵在神臂弓下的狼狈呢？号称善射的游牧民族，在它面前死伤累累，在两军对射中一败涂地！

好了，现在就介绍一下它的出处和基本数据。

按照各方面史书记载，它是在熙宁元年时，由一个归降宋朝的西夏羌族首领李定研制出来，献给了神宗皇帝，再由内侍入内副都知张若水、西上阁门使李评加以改良制成。

弓身三尺二寸，弦长二尺五寸，箭木羽总长加在一起只有数寸，1 宋寸为 3.12 厘米，按 6—8 寸计算，就是 19—25 厘米。射程在 340 余步，合现代 520 米。520 米之后的威力是“入榆木半笴”。

这样的威力，源于构造。它不是单木体弓，而是复合的。由多种材料，“以檿为身，檀为弰，铁为登子枪头，铜为马面牙发，麻绳扎丝为弦”。成品之后，弦力之强，根本没法用手臂拉开，要把弓放在地上用脚踏住，才能上箭。

所以，实际上它不是弓，而是弩。

由于它的力量过大，在后来弦力有所减低，射程控制在240余步。但工艺仍在，射距随时可调。240步也足够了，大名鼎鼎的完颜宗弼，也就是地球人都知道的金兀术，在四川就被它射得躲在岩石后边喘粗气，连头都抬不起来。

武器精良，更重要的是战士的素质。在这一点上，宋朝的军人，乃至整个五千年里汉人的军队，都有一个非常奇异的现象。

以宋军为例。在王安石变法之前的岁月里，仁、英两朝的军队战斗力普遍低下，以最强的西军来说，每次与西夏的战斗，都只有为数不多的忠勇士兵。

为数既少，而且忠大于勇，实战起来真是让人摇头。

怎样才能提高呢？春秋战国各诸侯国为了富强、生存来练兵的成规，至少10年才能有一支崭新的军队出现，基本上等同于一代新人成长了。宋朝却彻底打破了这个纪录，熙宁改革至王韶开边之战仅过去了5年，短短几年之间宋军的战斗力脱胎换骨，完全不同。

到后来靖康国破，金兵视宋人如草芥，往往是以一胜千这样的比例打垮宋军。可是仅仅过去了两三年，局面就开始反转，再过些时间，宋军岳飞、韩世忠、吴氏兄弟的军队就能威慑对手，取得完胜。

这是怎么搞的？

宋人的血气始终都在，只要混账糜烂的文官、皇帝不加压制，随时都会暴涨！宋之亡，不在武将与民间，真正的祸害就是一些祸国殃民的文臣宰相，外加几个百世难得一见的“精彩”皇帝。

熙河开边之战，以攻克河州为第一阶段胜利，王韶转战1800里，拓疆近3000

里，招附番人30余万人，是北宋自建立以来最大的一次开边行动，同时完成了对西夏的侧翼包围。

面对大好形势，王韶得赶回开封述职，向伟大的文官集团汇报工作以及自己的思想活动。让他们相信，自己在西域出生入死，只是想让吐蕃人死，绝没有自立为王的心思。

镜头切换到西南方向的荆湖北路，看章惇在做什么。三路发兵夺取懿、洽、鼎三州的过程很顺，梅山峒蛮最大的氏族苏氏来归降，这是个空前的好消息。

梅山14800余户，26万多亩山田划入宋朝户籍，章惇细心走访定下了各地的赋税，为了招抚优待，这些山民的赋税比内地减半，每年只缴一税。

主将离开战场，吐蕃人反攻倒算，河州危急。

消息传进开封城，反对派终于找到了机会，他们建议神宗直接放弃河州，把所有占领的土地都还回去。保持原样，不是很好吗？

真不知他们当的是宋朝的官还是吐蕃的官。失落了200年的领土，抢回来都要拱手送回去！

神宗命令王韶和一个叫李宪的太监日夜兼程赶回熙河，主持大局。

李宪，这是一个在历史里留下了名字的宦官，他本身就决定了宋朝熙宁改革的成败。在他身后，还有一位更加有名的徒弟，该徒弟创造了宋史里一项独一无二的纪录。

太监受封为王爵。

王韶破敌十余堡，焚烧帐篷七千余座，斩首两千余级，把湟州外围的坛坛罐罐砸了个稀巴烂。这一次王韶行军54日，跋涉1800里，先后斩首七千余级，焚两万帐，获牛羊共八万余头。

河湟大定。

短短5年间，新法使宋朝内外一新，焕发出前所未见的新气象。如果要比拟的话，只有宋初立国时赵匡胤时期才有这样凌厉风发的事迹出现。到赵光义兵败燕云之后，近百年间宋朝一直在沉沦迷茫中度过。

神宗在紫宸殿里接受群臣的祝贺，当众解下了腰间的玉带，系在了王安石的身上。这条玉带名叫“玉抱肚”，有14粒稻谷宽，为稀世之宝。王氏子孙一直珍藏，直到南宋绍兴末年，才献给皇宫。

王安石在这一刻登上了人生的顶点，谁能想到呢？四面八方如此辉煌的成果，换来的，是他第一次的罢相。

# 第二十章　王安石罢相全景回放

这时准确的时间是宋熙宁七年（1074 年）四月。新政改革已经进行了 5 年，有必要进行总结了。以职能划分，可归为三个方面：军、政、财。

这是一个国家最基本、最重要的三元素。5 年间，最先做的是“财”。通过各种新法，宋朝的国库赋税翻倍增长，皇家内库也从仁、英两朝的见底状态陡然间拔升，景福殿里分成了 32 间库房，每一间以其中一字为名，每间都装得满仓。神宗特写了一首四言八句诗。

诗曰：“五季失图，玁狁孔炽。艺祖肇邦，思有惩艾。爰设内库，基以募士。曾孙守之，敢忘厥志。”其中五季，说的是晚唐以后的五代：梁、唐、晋、汉、周；玁狁，本指西周时的西北少数民族，这里特指西夏与辽国。艺祖，大家都知道，指赵匡胤。

全诗意思是说，当晚唐离乱，五代时国家失去了土地，异族猖狂欺凌。宋太祖于千险万难中创立国家，重振声威，要惩罚入侵者，所以设立了内库财富，用以招募壮士。现在到我这个曾孙了，怎么敢忘记祖辈的夙愿伟志？

诗成后意犹未尽，神宗继写了一首五言诗：“每虔夕惕心，妄意遵遗业。顾予不武姿，何日成戎捷。”

大意是说每晚都虔诚忧惧地入睡，体会祖先的遗志，以他并不英武的天赋，何时才能达到目标。

这首诗贴在每间内库显眼的地方。

说这些，是要证明王安石新法关于敛财的成功。反对派们会说，这完全是横征暴敛的结果，民间都怨声载道了！我们站在 21 世纪，公平地讲，每项逐条分析可以得出精确的结论。这在前文都详细探讨过，这里就不予赘述了。

需要列出的是一些数字。这些数字，可以体现王安石和他的新政给宋朝带来的实惠。通过它来佐证，要远比用空洞、各执一词的理论说事，更让人信服。

《文献通考》卷四载，熙宁年间诸路垦田数共计 460 多万顷，合 6900 多万亩。

这是什么概念呢？有个对比，以新中国20世纪超过宋朝版图近三倍的国土面积，可耕地也只在18亿亩左右。

这是开垦荒地，再用农田水利法等有效措施增产，每亩单产从三斛增至四五斛。宋朝一斛为五斗，两斛合一担，每担合现代一百余斤。大家可以计算一下，6900万乘以亩净增额100多斤，是多少产量。

除非《文献通考》里的数字是假的，不然以这样的财富相积累，王安石敛财用得着逼得人家破人亡吗？再结合熙河、荆湖、四川三地的接连大胜，无论怎样看，王安石的变法都处于顺风满帆、乘胜前进的时候，他怎么会突然间丢官罢职的呢？

我不太好选取形容词，是可悲，还是可笑，或者可怜呢？居然是天气。

准确地说，其理由既有远古圣人的训言，又有近代圣人的发现。

——谓之“天人合一”。

郑侠，字介夫，福建人。宋英宗治平年间考上的进士，先到光州（司马光出生地）当司法参军，后调进京城，在安上门当差。他是王安石的学生，刚调进京时王安石非常器重他，可是交流了几次之后，发现时隔几年，心灵变迁，郑侠已经不是当年的弟子了，而是一位坚定的反对改革派。

两人不再往来。其过程未出恶言，未见恶行。

这时中原大旱，各地的灾民涌向都城。郑侠站在城门上，一眼望去，只见瘦骨嶙峋、衣不蔽体、流离失所的灾民无边无际，他心里顿时极其痛苦。

这都是王安石的新法害的啊！灾民就是证明，人民在受苦；大旱更是证明，连老天都愤怒了！于是他写出一份奏章，里边历数王安石新法的弊端，声称罢免新法，苍天必雨。如果10天之后还不下雨，可以把他砍了。又把千万灾民的苦难状画成了一幅图画，名为《流民图》。写好画好之后，他开始发愁。怎么才能让皇帝看到呢？这是个问题！

他职务太低了，尤其是走正常途径必须得先由中书省王安石过目，这不行。他想了个办法，先到开封城外，声称这是密奏，以加急驿马送进银台司。

神宗第一时间看到了，这个年轻的小皇帝被《流民图》震撼，史书称，神宗彻夜不眠，第二天早晨也没和谁商量，就下令全国罢免所有新法。

这是事情的基本始末。现在简单分析一下：

第一，神宗为什么被震撼了呢？貌似我在说废话，灾民可怜呗。但是有一点，有资料显示，此皇帝终生没出过京城。也就是说，他根本就没见过灾民啥模样。

第二，郑侠为什么这么激动？又是废话，灾民可怜嘛。但是，我们抛开新法是否混账可恶，只提一个问题，请问，新法时遇到天旱，和从前旧法时遇到天旱，两种情况下的灾民有区别吗？

新法时瘦骨嶙峋、衣不蔽体、流离失所，旧法时大家满面红光、穿绸裹缎、开着房车出来旅游？！见他郑侠的活鬼，难道你活这么大只见过一次大旱，只见过这一群灾民不成？

以前怎么就不见你画什么《流民图》？！

此谓之“天”。

再看“人”。

司马光从远方加急送了一份奏章，一共总结了新法的6个问题。我们实在有必要一条条地详细研究，才能看出大名鼎鼎的司马温公有多么高明。

1.“广散青苗钱，使民负债日重，而县官无所得。”——不知他从何得出的这种结论。宋史的资料残破离乱，深究文字绝对没法证明出谁对谁错。可是后来人从宏观上就能辨明真伪。比如这一句，就算是民间因为青苗法苦不堪言，而官府居然一无所得？

那32间封桩库的钱帛是从哪儿来的？

2.“免上户之役，敛下户之钱，以养浮浪之人。”——说得不准确。上户的役是免了，可一样交钱。真要是不让上户交了，可能就没这样唠叨了。敛下户之钱不假，可按户分等，各有税款，只要不是东明县事件里别有用心的人，把等级故意搞混，有什么不公道的？“养浮浪之人”，这句是最脑残的一句话。

按司马光说法，那些无正当职业，无不动产实业的，都是浮浪人。好，东京城里做小买卖的，夜市上的人，是不是都是浮浪人了呢？这些人就算都浮浪了，是社会的不稳定因素，那么国家出钱雇用他们做事，一来让他们有了正当职业和身份；二来这样做，他们都不浮浪了，从此社会加倍安定，难道有什么不好吗？！

3.“置市易司，与细民争利，而实耗散官物。”——简直逻辑混乱。市易法的确与民间贸易抵触，在很大程度上遏制了北宋自由商业的高速运转，走回头路了。可是要注意，市易法对国家快速积累资金却有着极大的好处，军费这个最重要的问题，无论是均输法还是青苗法，都没有市易法来得快。

司马光居然选择性无视了，“实耗散官物”，说梦话吧？

4.“中国未治而侵扰四夷，得少失多。”——最让人忍无可忍的就是这一句。敢情只有自己的国家治理得尽善尽美了，才能走出国门，去收复失地吗？那样还需要关注敌人动态，寻找最佳的出兵机会吗？最起码的战争常识都没有！

另外，“侵扰”，用词多好。作为历史大师，河湟之地与中国是什么关系，他居然不知道！“得少失多”，他住的洛阳离边境更近，吐蕃人和西夏人走得有多近知道不？不知道，那么闭嘴。知道，说了这些话就是该死。王韶开战前，这两国的首脑贵族都开始通婚了！

5.“团练保甲，教习凶器以疲扰农民。”——凶器，看来农民的任务就是种地，刀枪之类的东西一律禁止触摸，以免变得暴戾。嗯，这个想法很好，和后来元朝的蒙古人不谋而合，最好是让农民们提前100多年就七八家合用一把菜刀，那样就真的“淳朴可爱、便于蓄养”了。

他怎么就看不见，没有保甲法之前，北宋每隔几年就会闹一次民变或者兵变？实行保甲法后这几年里，没有一起造反事件，连带着民事犯罪率都在下降。在他的眼里，居然是“疲扰农民”了。就算是疲，也是疲了有特殊身份，知法犯法的人。就算是忧，也只是忧了司马温公这样的“圣贤”！

6.“信狂狡之人，妄兴水利，劳民费财。”——让数字说话吧：“起熙宁三年至九年，府界及诸路凡一万七百九十三处，为田三十六万一千一百七十八顷有奇”，合计三千六百多万亩。其中官地约二十万亩。这些土地都是假的？哪来的什么狂狡之人，怎么能说到“妄兴水利”？！

多余的话还用再说吗？大家一起欢呼，司马光万岁万岁万万岁——祝您身体健康吃嘛嘛香，不多不少就比王安石多活一年，好把北宋的大好乾坤像童年的那口缸一样砸碎……

皇宫深处有一次著名的家庭谈话。

史书记载某一天阳光明媚，天气良好，宋神宗到后宫去看望老妈和奶奶。几句家常话后，从前的曹太后、现在的太皇太后说了句话：“我从前只要听到民间的疾苦事，都会告诉仁宗皇帝的，仁宗都会批准我的奏疏，让民间好过些。现在也应该这样。”

神宗非常警觉，回答了四个字：“今无他事。”奶奶要干政，立即就拒绝了。

但是奶奶继续说：“我听说现在民间青苗法、助役钱都不合理，你应该取消它们。”

神宗回答：“这是利民，不会苦的。”

老奶奶直接提出最重要的要求：“王安石的确有才，但得罪的人太多了。你要真爱惜他，就让他暂时出京补外职吧。实在想用，过一年再召回来。”

神宗再次驳回了：“不行，现在的大臣里只有王安石能‘横身为国家当事’。”

每句话都被驳回了，太皇太后的老毛病发作，她泄气了，像当年被韩琦等人欺压一样，不再说话。这时，神宗的弟弟岐王站在旁边，插了句嘴：“太皇太后说的都是至理名言，真理啊。皇上，您得多想想。”

这时，神宗的满腔怒火再也控制不住，对弟弟吼了一句：“是我败坏天下吗？那就换你来当皇上！”（汝自当之！）

岐王哭了，他非常伤心，说：“至于这样吗？”（何至是也？）

大家看完上边的记载有什么感想，觉得神宗小题大做吗？我们来真正映射神宗的真实感受。无论是他的奶奶，还是他的弟弟，都在做着封建时代最危险、最恶毒的一件事。

——干涉皇权。

居家是父子，临政是君臣，这才是皇权的意义。在这个层面上说话，曹老太太和岐王小弟，都是在找死，犯了祖宗的家法。

自赵匡胤开始，到赵光义成熟，宋朝的制度就是皇族不许插手政务，连当上了驸马的人，也终生只有闲职。就算是宋朝的皇帝超宽容，不会因此而治他们的罪，他们自己也要明白犯的错有多大。

可好玩的是，老奶奶无动于衷，心安理得。而小弟弟居然哭了，貌似他哥对他太残暴，让他伤心了，真是活见鬼。

上面这些事，有的王安石知道，有的不知道，他每天都正常工作，直到熙宁七年元月的花灯节。

当时神宗下令登城观灯，百官一齐出席。作为宰相，王安石显得很特殊，他骑着高头大马带了很多从人，到了皇宫的宣德门还不下马，进了城门仍然不下马。再往里走，将要出城门进入皇宫内部了，终于被当值的侍卫喝止了。

侍卫非常生气，在怒喝的同时，出于愤慨抽伤了王安石的马。是不是应该说侍卫们的举动非常合法呢？毕竟皇权至高无上，哪有做臣子的骑着马进皇宫的道理？侍卫们就算粗鲁了些，也是忠于职守的表现嘛。

有功无罪。

而王安石的反应，就与之相反了。不仅不悔过，反而变本加厉，化骄狂为撒野了。

王安石大怒，下马去找皇帝，要神宗把值班的侍卫都送交开封府治罪。不知什么原因，还牵连到一个御药院的太监，也一起扭送。

神宗都答应了，可是开封府尹蔡確却不同意，其理由就是上面所说的那些，侍卫忠于职守而已，真要处罚的话，以后还有谁敢为皇帝站岗呢？

尽管说得有理，可仍然有 10 个侍卫被打了板子，与之相对应的，王安石骑马擅入皇宫之罪却不了了之，皇帝根本没过问。

上面就是流传得最广的上元夜宣德门王安石骑马入皇宫事件的始末。公道地讲，要真是这样的话，王安石没有什么好说的，真就是骄狂成性，不知羞耻，做出这样的事，真是太丢人了。但是，非常不巧的是这件事的版本很多，有各种各样的内幕，哪一个说起来都和这个版本截然不同。

第一个，是对宣德门前是不是必须下马的讨论。

事发之后，王安石在宣德门的通道里被打伤了坐骑，连同他的从人们也被打伤了。当时他并没有发作，而是想着或许真的犯错了，等见到了神宗，他先是回忆往事。在他执政之前，他跟着首相曾公亮入朝，从来都是进了门才下马。

他执政之后，这些年里也一直是进门才下马。为什么偏偏这一天，侍卫们突然间找事，不由分说，面对当朝首相先是喝骂，接着鞭打，出手之重，让从人和马匹都受了伤？

这是怎么搞的？

神宗听了也很疑惑，也回忆了一下。当年他做皇子时，入朝的班序在宰相之后，也是进门之后才下马。可见，城门内外之争根本不存在藐视皇权的罪名。

君臣二人都在努力想事，这班侍卫是怎么突然间抓狂的呢？枢密使文彦博大人照例在旁边插了一句：“老臣俺入宫上班几十年，从来都是在门外下马……”只此一句，再没其他。

宋神宗和王安石一起郁闷，这明摆着是说，你们两个小毛孩子知道什么惯例，记得哪些往事，就算你们一直都是门内下马，也只能说明你们一直都是错的！

事情到了这一步，谁是谁非必须有个说法了。不然，王安石不仅是白挨了一顿臭骂，创下了首相上朝挨鞭子的纪录，还得被扣上无知蠢材、犯法都不自知的丑名。

回来之后，王安石先翻史料，在浩如烟海的各部门记录中，他终于找到了宋仁宗嘉祐年间行首司的工作日记，里边记载着所有大臣都在门内下马。有了书面依据，他又去找副宰相冯京。

冯京，字当世，鄂州江夏（今湖北武昌）人。与王安石同龄，迟两届考中进士。考中时天下轰动，为北宋年间科场的传奇人物。在三级考试中，连得解元、会元、状元，号称“三元及第”。这份殊荣，远超其他名臣，是北宋年间首屈一指的。这样的青年才俊，连富弼都动心了，把自己的女儿许配给了他。

说来真是非同小可，看他在这件事情上的表现。冯京仔细地回想，一想再想，终于开口说道：“安石，非常遗憾，我忘了。”

“三元及第”的脑子，居然把每天上朝的礼仪忘了！最绝妙的是他又加了一句：“……我又隐约记得，曾经在门外下过马。”

多么成熟的政治修养，先定下原则——“我忘了。”就此推开所有可能的罪名，接着又表明自己的立场，他赞同文彦博。

王安石面对软中带硬的牛皮糖实在无可奈何，只好再去找线索。这次他得到了一个非常切实、有用的第一手资料。有线人说，中书省驱使官温齐古曾经亲耳听见宣德门当天值班打人的侍卫们事后聊天。一个说：“把宰相的马和从人打伤，这罪名可不小啊。”

另一个叹了口气说：“我难道不知道吗？只是上面逼得紧，无可奈何！”温齐古听到后，立即报告给了另一位副宰相王珪。

王珪，是王安石的同年进士，资历相当深厚，在翰林院里一干就是18年。文章写得非常漂亮，“其文闳侈瑰丽，自成一家”，在文字高手不计其数的宋朝能得到这样的评价，其能力可想而知。呵呵，看他的做事风格。

此人后来当上宰相，有个外号叫“三旨相公”，即上朝“取圣旨”、在朝“领圣旨”、下朝“已得圣旨”，是一位再乖巧不过、听话好使唤的好同志。

这样的妙人遇到了宣德门宰相被抽事件，只会有一种反应，那就是王安石得赶紧跑，最好一瞬间就出现在温齐古面前抓紧时间问。要不然，王珪就有本事把证人同化了。

事情果然是这样，等王安石赶到时，温齐古已经神情痴呆，一脸懊丧，恨不得抽自己两嘴巴。怎么就这么多嘴！那是多大的火坑，自己跳进去注定尸骨无存！

王安石无论怎样问他，他的回答都只有一个，我记不得当时说话的是哪两个侍卫了……王安石凝视了他一会儿，什么也没说就走了。

何苦为难一个芝麻官！王安石不再追问什么，让这条线索断掉了。

这个版本也就此打住了，王安石是否应该在门外下马，查遍史料，证人都没有正解，成了个无头公案。下面看第二个版本。

上一个有头无尾，看得很闷。这一个就机灵巧诈，显示了当事人聪明伶俐的一面。话说在这个版本里，王安石不是一个人进宣德门的，而是由一位地位显赫的亲王殿下半拖半拉带进去的。

这位亲王就是前面提到的岐王。当天上元夜君臣欢聚赏花灯，不仅邀请了宰相重臣，连亲王、太后、太皇太后等皇族也一起出席。王安石来的时候，正巧遇上了岐王，不管王安石是想在门里还是在门外下马，岐王“搀”安石先入。

亲王赏脸，总得接着吧，王安石就这样被拖进了城门洞里，接下来就发生了抽马事件。考虑到皇宫深处奶奶、妈妈、弟弟强迫神宗贬王安石的过程，岐王这种“搀”扶举动是不是早有预谋呢？事件的结果也证实了这一点。

岐王被送交开封府等待处理，王安石自动请求离职。

耶！目的达到了！宋朝的宰相必须温文有礼，举止端庄，大家都应该记得。两个宰相吵一架，都得各自贬职，何况是和亲王发生了打斗场景！

如果真的是两败俱伤，也就没什么了。有趣的是岐王的等待处理等出了别的花样，不仅没有罪，还能坏事变好事，给另一个人铺了一条升官之路。

事情交到了开封府，府尹是蔡確，每天各种公务忙得没完没了，突然间被皇帝召见。神宗问他：“岐王的罪名定了没？怎么处理啊？”

蔡確突然间怒了！他愤慨地说：“陛下你错了。举办花灯节，为的是让太皇太后、太后欢乐，顺便友爱兄弟，给天下臣民做表率。王安石是首席大臣，应该带头响应。现在反而因为打伤了几个从人，就治亲王的罪，让太后们怎么乐得起来？”

注意最后一句话——“若必以从者失误，与亲王较曲直，臣恐陛下大权一去，不可复收还矣。”他是说，不管王安石有没有委屈，都不能处罚岐王。不然，神宗本人的地位就会受到威胁，会达到从此失去至尊无上的地位的恶劣程度！

神宗大吃一惊。是啊，不仅是他，每个看到这段的人，相信都会大吃一惊。因为蔡確说得太有逻辑了。以他的论点，若是这次处罚了岐王，王安石会加倍地飞扬跋扈，宋神宗再也治不住他了，皇权不再权威。多有趣，换个角度来想呢？

如果不处罚岐王，这次亲王的地位会发生怎样的变化？连国家首相都敢欺侮，且没有责任，他得牛到什么程度？还会畏惧自己的哥哥，神宗皇帝吗？

要知道亲王与皇帝只有一线之隔，都是同一血脉，要篡位，有亲王的也没有王安石的。就以当年王莽篡汉为例，他是当时太后王氏的亲侄子，以王安石这种光杆资历来说，哪有说篡就篡，说成功就成功的？由此可知，蔡確纯粹是颠倒黑白。

可是回到史书里，神宗的惊讶非常耐人寻味，一惊之后他很喜悦。

——“卿乃敢如此言安石耶？”

蔡爱卿，你竟然敢这样说王安石？宋神宗大大地欣赏蔡確，认为其有胆有识，忠于皇权，体贴皇族，是个不可多得的好臣子。

从此之后，决定重用他。

综上所述，非常无语。抛开蔡確的言论正确与否，单看宋神宗的反应，就知道这个版本的真假。改革5年以来，宋神宗对王安石言听计从，以国家兴亡相托付，要说大权旁落，早就已经旁落了，会用这点小事、5年的光阴之后才猛醒？

不必再浪费笔墨了，混乱的逻辑，加上不符实情的“忠贞”，只能证明这是宋史编纂过程中常见的无耻勾当——造假。用来毁掉王安石的形象，为日后宋神宗推脱改革干系做准备。我们忽略它，再看第三个版本。

这个版本是最刺激、最微妙的一个。在这个版本里，王安石带着从人来到皇宫宣德门左边门外，正要往里走（将入），侍卫执事官出现了，他拿着一种叫骨朵的仪仗，吆喝王安石下马。注意这个骨朵，它形状像个长把的小铁锤，其功能也相似。在赵光义的时代，它曾经出过一次风头。

在辽国那边，萧太后的情人韩德让曾经在金殿上用骨朵把一个辽国皇族的脑袋打碎。这时侍卫老哥拿着这种东西走向王安石，命令他下马。王安石很明显没意识到将要发生什么事，拗相公不理睬，继续向前走（马势不止）。

这时一个重要人物出场，是一位大有来头的大太监，名叫张茂则。大家还记得这个人吗？回忆下宋仁宗最后几年里，有一次突然发疯，披头散发地冲出皇宫门口，他当时大喊：“皇后和张茂则谋逆！”

皇后，就是现在的太皇太后，上次皇宫谈话里的主角儿；张茂则，近10年之后再次登场。此时他突然出现，对王安石大喝，王安石立即停下了马。这不是胆小，而是规矩。皇宫里的太监说话，绝大多数不是他本人在说，而是在转述皇帝的命令！

这时，张茂则用目光命令侍卫官把给王安石牵马的从人抓住，拿骨朵狠打。在打的过程中没有记载王安石的反应，他反没反抗，求没求饶都不清楚，记述的重点是那位打人的老兄，该侍卫官打着打着突然转移目标，大叫了一声："相公马有何不可？"

举骨朵把王安石的马也打伤了。

张茂则非常欣赏这个举动，他及时地发表了打人打马的合理性解释："相公怎么了？他不是臣子吗？这样蔑视皇帝，是不是想当王莽一样的人？！"

堂堂首相被一群侍卫和一个太监突然横加侮辱，并且是暴力式的侮辱，是可忍，孰不可忍，可事发时，王安石忍了，他选择见了皇帝再说。

见到神宗，王安石说了经过，陈述张茂则等人打伤了他的坐骑和从人。宋神宗的回答让每一个精研宋史的人都愕然。当然最愕然的还是王安石本人，宋神宗居然说："哦，打伤了？真的打伤了？好，派人去验伤……"

王安石立即如坠冰窖，这是比宣德门打马事件更大的侮辱。以首相之位，位极人臣了，受到这样的欺侮，皇帝居然还不相信！此朝廷再没有立足之处。

王安石立即提出辞职。

宋熙宁七年（1074年）四月底，王安石一家轻车简从，悄悄离开了京城开封，没有惊动一个官员和百姓。

飘然而去，不慕浮名，走得非常潇洒。只是他和宋神宗两人都不知道，宋朝就此失去了最后一次振作的机会。来日大难，不仅是宋人就此沉沦，就连华夏民族，也从此一蹶不振。

# 第二十一章　陌上花落怨阿谁

他们千算万算，还是算漏了一个弱点。

体制、办法再好，也比不上人性的劣根性更重要。

吕惠卿抢班夺权，挑起变法派的内部争斗，他打压曾布、吕嘉问之后，向外部动手，扩大矛盾。话说有两个人一直是吕惠卿的死敌：一是冯京；二是王安国。冯京是公事上的矛盾，这位三元及第的状元郎总是温文尔雅，轻声细语地和王安石谈话。由于学识渊博，态度良好，所以说了什么也不受处罚，于是就变成了改革派脚下一条细腻温存的绳子，无论做什么事都绊腿。

吕惠卿、曾布、邓绾、李定等人恨透了他。

王安国是一个有趣的人。他是王安石的亲弟弟，可是处处和哥哥作对，无论是政见，还是私下的交际往来。比如他总是在公开场合和新法唱对台戏，刚开始人们总因为他是王安石的弟弟，给首相点面子，不去计较。可是时间长了，谁也受不了。

终于有一次，曾布说话了："你是安石的弟弟，国家变法，与你何干？"（何预足下事？）这句话半点错都没有，曾布说得非常堂皇。因为国有国法，官有官职，你只是一个私人身份，就算宰相是你哥，你也没有干扰政务的权力。

可是王安国勃然大怒，说出了另一番理由。他说："宰相是我的哥哥，宰相的父亲是我的父亲。宰相都是因为你们这班小人的搬弄才做了错事，将来家破人亡，全族遭祸，甚至会波及先人，连坟墓都保不住，这还不关我的事吗？！"

某天，吕惠卿在王安石家里商谈政务，两人谈得正欢，突然间院子里有人吹笛子，曲调相当讨厌，以王安石的涵养都受不了，探头一看，正是三弟王安国。

王安石在屋里说了一句："宜放郑声。"

院子里的王安国回了一句："愿兄远离佞人！"说完笛声依旧，该吹还吹。佞人，小人也，当时吕惠卿恨得咬牙，明知是说自己，可是没法发作，只能都记在心里。

这个版本比较多，还有一种说法是王安国在西京洛阳做国子监的小官时，被司马光等遗老排斥在当地主流社会之外，和向往已久的正人君子们不得相见，痛苦之余，开始放浪自弃，主要就是烟花柳巷、声色犬马什么的。王安石很生气，以大哥的身份从京城寄去一信，里边写着“宜放郑声”。

而王安国回了那句“远离佞人”。不管是哪个版本，都明文记载了吕惠卿大怒。

其实吕惠卿真的没必要大怒，王安国不仅对他们这样，对自己的亲哥哥也没有手软，说出来的话、办出来的事堪称人间少见。

据伟大的历史学家、严谨的私人笔记记录者司马光在《涑水纪闻》里说，王氏兄弟曾有次争吵。王安国把宋朝改革的局面归纳为天下汹汹，大祸将成。而这一切都是他哥哥的错。于是他苦口婆心地劝，要哥哥一定要听他的，停止变法，最不济也要抽身而退。

要不然会家破人亡的！

王安石没听，王安国太伤心了，他转身泪奔，跑到影堂里向祖先们哭诉——“不是我不孝，实在是大哥太固执，才让咱们家灭门的啊！”

这件事要先确定是不是真有。两种可能：

第一，有这回事。

如果真有这回事的话，王安国以宰相弟弟的身份，不管官职够不够，都可以在家里以私人的身份干扰国事，这还有半点国家公务的严肃性吗？

在这个前提下，王安国不管以什么理由，哪怕他真的有理，也说错了场合。他完全可以在办公场合公开反对，尤其是到影堂里向祖先们哭诉，我不知在他身后的王安石是什么心情。

一般来说，农村妇女掐架时这招常用。

第二，没有这事。

为什么会这么说呢？大家转念一想就明白了，事情出自《涑水纪闻》。请问一直隐居在洛阳写书的司马光是怎么知道王氏兄弟在家里、影堂附近的争吵的呢？除非是当事人向外界宣扬，那样就会尽人皆知，何以只有司马光的笔记里才有？

像苏轼、苏辙等日记一族为什么都没录用？

此外，最可疑的一点就是“影堂”。影堂，即家庙，祠堂，供奉祖先遗像、牌位的地方。这时王氏兄弟是在开封京城里，他们的祖先祠堂也搬进京城来了？这事是需要考证的，从常理来说，宋朝官员的升迁谪落是很频繁的，尤其是宰相。不管是谁，赵匡胤定下的制度，宰相必须快速轮换，防止专权。

这样注定会调动，估计不会有人把祖先随身带着的。那样“回乡祭祖”一词就失去了意义。

综上所述，这事如果是假的，诚信的代表、伟大的史学家司马光先生的人品就有大问题了。捏造事实也就算了，难得的是他借王安国之口说出了如此恶毒的话——王安石一族家破人亡！

这是怎样的诅咒啊……

抛开这件事的真假，王安国和郑侠之间有来往，这尽人皆知，都是因为他们太潇洒，太倜傥了。话说王安国一直用心良苦地拆自己哥哥的台，拆来拆去没效果，所以对能拆他哥台的人极其欣赏。

《流民图》事件之后，郑侠某次上街，正遇上王安国骑马出门。骑得高，看得远，王安国先看到了郑侠，立即眼前一亮。

他在马上举鞭示意，深施一礼：“君可谓独立不惧！”

郑侠的表情很遗憾：“我也是不得已嘛。想不到宰相被小人所误，到了如此地步。”

“不，”王安国出人意料地反驳了，或许他这时才想起来那是他亲哥哥，他说，“我哥哥做官，总是忠贞不贰，他认为做臣子的必须为朝廷做事，有成绩归陛下，有怨恨自己承担。这样才是尽忠于国家，所以现在九州四海之怨，都集于我兄长一人之身。”

郑侠冷冷一笑：“你说得古怪。我从没听说过皇帝是尧、舜，臣子是夔、契，九州四海会有那么多的怨恨。”这时满大街的人都在听，不由得一起点头。

好啊，郑侠说得好啊，有道理！

这段谈话，把王安国和郑侠拴在了一起，这就是罪证，他们是同党。可仍然不够，冯京还逍遥法外呢。再想办法，吕惠卿从郑侠的第二封奏章里看出了破绽，那里面除了民间疾苦之外，还谈到了一些宫廷内部的隐秘事件。

吕惠卿找到了神宗，说：“这很奇怪。像青苗法、免役法、市易法等，都是举国皆知的事，郑侠知道不奇怪。可宫廷内部的事郑侠是怎么知道的？我得到了确切消息，是冯京告诉他的，副宰相指使他人诽谤皇帝，不信您把郑侠召回来问问就知道了。”

郑侠走到半路被押了回来，三堂会审，揪出了郑侠的门人吴无至和集贤校理丁讽。就是这两个人给郑侠和冯京来回通信。

这四个人无一例外，都被贬到外地。郑侠最惨，在英州编管，人身自由都没了。冯京被踢到四川，瞬间从官场顶峰跌落到剑门关外，彻底歇菜了。

为了真正拥有天下，吕惠卿在个人声望提高、实力加强之后，做了一生中最重要的一件事，这成了他命运的转折点。

在年底的冬至日郊祀大典时，宋朝有惯例要赦免一些有罪犯错的官员，特殊情况的还有些恩赏，以表示朝廷的仁爱。这一次，吕惠卿显得非常忠于老领导，他微笑着提醒宋神宗，王安石的官职有点低，在这普天同庆的好日子里，您给他加上节度使的头衔吧。

节度使，这是唐朝时实力凌驾于皇帝之上的各地诸侯，可在宋朝只是个荣誉头衔，没有半点的实权。唯一的好处就是工资高于当朝首相。

乍一看真是件好事，毕竟王安石这时只是江宁知府，最大的头衔是观文殿大学士。可是神宗猛然间惊醒，吕惠卿已经站在了悬崖边上，而且把整个朝局都扯过去陪着他一起冒险！

那一天，神宗盯着他，缓缓地说了一句话："王安石离职不是有罪，为什么要用赦免复官？"这才是问题的焦点，如果真的答应了吕惠卿，王安石就变成了罪人，从此之后，就永远失去了当首相的资格。

吕惠卿的心沉了下去，他知道自己在做什么，也知道皇帝的话代表了什么。这一步踏出，再也没有回头路了，他成了宋朝100多年历史里极其罕见的一个特例，他成了叛徒，从里到外地背叛了自己的领导——王安石。

从这一刻起，注定了他是王安石的敌人。此后，不管是改革派当权，还是反对派复辟，都跟他再没有半点的干系。

他只能自己另起山头、自负盈亏！

不久之后，宋神宗派人到江南去召还王安石。王安石这次没像第一次出山时那样，在路上游荡四五个月才进京，他进京的速度空前迅猛。

7天，王安石就从江宁赶到了开封，开始了他的第二次任相之旅。

# 第二十二章 生锈的镔铁

很久没有提到辽国人了，这时他们聪慧、精明、善于敲诈勒索的耶律宗真先生已经成了辽兴宗，有了自己的庙号，融入了契丹人伟大的历史长河里……他死了，早在1055年，宋至和二年就死了。如果要找个参照时段的话，很简单，那时宋朝正在闹水灾，为六和塔减水计划吵得鸡飞狗跳。

综观耶律宗真的一生，他实在是很有趣，可以归纳为一句话——贪小便宜吃大亏。仔细想，他的成就来源于贪婪，比如每年从宋朝多收20万两银子的保护费，比如他不管仗打得怎样，始终让李元昊俯首称臣。

可他还存在致命的缺陷。

不守信用，让宋朝人一直记着辽国人的仇，几十年后突然爆发，让辽国人还本付息；对西夏轻易动武，打破了契丹人天下无敌的神话，让背后各个少数民族悄悄地打起了小算盘。

辽兴宗死后，他的儿子耶律洪基继位。

耶律洪基在位时的辽国，最有特色的东西是他的大臣耶律乙辛。耶律乙辛，字胡睹衮，辽国五院部人。出生在一个极其穷困的家庭里，穷到他老爸的外号就叫“穷迭剌”。耶律乙辛出生的时候，父母正在赶路，没有水给他洗澡，可是就在他降生之后，刚刚碾出的车辙里居然冒出了一股清泉！

这仅仅比佛经故事里，释迦牟尼降生时天降甘泉为之洗浴差了一点点而已！

最奇妙的是耶律乙辛长大后放牧时的梦。某一天，天色将晚，他还没有回家。他父亲在草丛中找到了他，发现他睡得正香，就把他叫醒了。耶律乙辛醒来后大怒，说他正梦见一个神人手捧日月给他吃，已经吃掉了月亮，太阳才吃一半，突然被吵醒了，真讨厌！

不管这事是真是假，从此耶律乙辛的命运改变了。他父亲不再让他放牧，而是学了一些别的本事。他放鹰行猎，在武事上是契丹人中的一等男儿，这还很普通，顶多能当个出色的军人。可他还有另一项在契丹人中非常罕见的素质。

耶律乙辛风度翩翩，仪容出众，外貌温文尔雅，尤其举止动态很有教养，根本就不像是野外生长的穷家子弟。

他先以勇武当上了耶律洪基老爸的亲兵侍卫。职位是文班吏，掌太保印。这是个俏活儿，就像宋朝的馆阁人员一样，可以随时见到皇帝，甚至陪皇帝出入宫廷。某一次进到内宫，耶律乙辛的好运来了。当时的皇后立即发现了这个与众不同的小伙子，他“详雅如素宦”，就像一个经过专门培训的太监一样，既温顺又雅致。他被留了下来，做笔砚吏。

辽兴宗对汉人的诗词歌赋很有造诣，他画的山水丹青、翎毛花鸟境界很高，曾经特意送到宋朝给他的皇兄看。宋仁宗以飞白体书法回赠，在当时是一段风流佳话。

耶律乙辛在这种风流环境里如鱼得水，官职很快升到了护卫太保。到耶律洪基当皇帝时，他爬升得更快，只几年的光景就升到了北院枢密使、赵王的高度。一个穷小子真的当上了王爷！

到了耶律洪基当政时，他登峰造极了，先毁了皇后。

皇后名叫萧观音，容貌出众，诗词造诣更是不凡，到底有多高由于资料的缺失不好界定，只是几百年之后，清朝第一才子纳兰性德对她都非常推崇。

她也死在了诗词上。

话说当时耶律洪基奔跑在白山黑水之间，快乐地当上了野生动物终结者。没多久，他突然间收到一封紧急公文。这份文件很有名，叫《懿德皇后私伶官疏》。相信这个题目映入眼帘的一瞬间，耶律洪基头上的青筋就会暴突起来，懿德皇后是萧观音，伶官指的是皇宫里的御用乐手，私……只有一个解释，私通！

公文详细记录了萧观音和伶官赵惟一私通的全过程，起因是皇帝让皇后寂寞了，多才多艺的皇后很悲伤，她像汉武帝的陈皇后那样，想写些诗词感化丈夫那颗疏远的心，于是她写了《回心院词》10 首。因为是写给丈夫的，可想而知非常香艳私密。

比如其中有："铺翠被，羞杀鸳鸯对。犹忆当时叫合欢，而今独覆相思袂。铺翠被，待君睡。""展瑶席，花笑三韩碧。笑妾新铺玉一床，从来妇欢不终夕。展瑶席，待君息。"

10首词，词牌规格都是一样的，为节省篇幅不予赘述。要说明的是，写诗不要紧，香艳也没问题，怪就怪在太追求完美。萧观音想给这10首词配上曲子，亲自唱给丈夫听。那就需要找专门人才，伶官赵惟一出场。

赵惟一进入深宫，好戏开场。在这份公文里两人见面、调琴、互唱，进而饮酒、入帐，甚至床上的谈话内容都一一记录在案。

其香艳程度，比那10首《回心院词》强太多了。我不想复述，大家如果有兴趣，可以去翻阅一些明清香艳小说。总之一句话，是相当的限制级啊。

萧观音死。

接下来是皇太子耶律浚。

阳光下没有新鲜事，皇太子谋反，证据确凿。至于证据是怎么来的，耶律乙辛来了一次公审，在衙门的院子里摆上了刑堂。当时是三伏天，不动都冒汗，他命令把犯人都押在大太阳底下。

这些太子党被戴上超重的枷锁，每人的脖子上套着一条细麻绳。一声令下，开始狠勒，等到犯人眼球突出、呼吸困难、眼看要被勒死时，绳子放松了。别高兴，这只是开始，喘上几口气后，绳子再次勒紧，再一次勒到窒息。

如此翻来覆去没完没了，换谁都得崩溃。这时犯人们异口同声地承认他们真的谋反了，真的是太子党，随便怎么定罪，只有一个要求——让他们马上死。

皇太子死。

耶律洪基很悲伤，就想知道儿子最后的岁月是怎样的，于是宣召皇太子妃觐见。这实在是逼着人犯罪嘛，皇后害死了，太子害死了，难道还留着一个太子妃？耶律乙辛一不做二不休，派人等在半路上。

皇太子妃死。

只剩下皇太孙了，耶律洪基才醒悟过来，把耶律乙辛浑身绑满了大铁链，囚禁在来州，最后被一根牛筋勒死结束。

辽国就是这样衰败的。

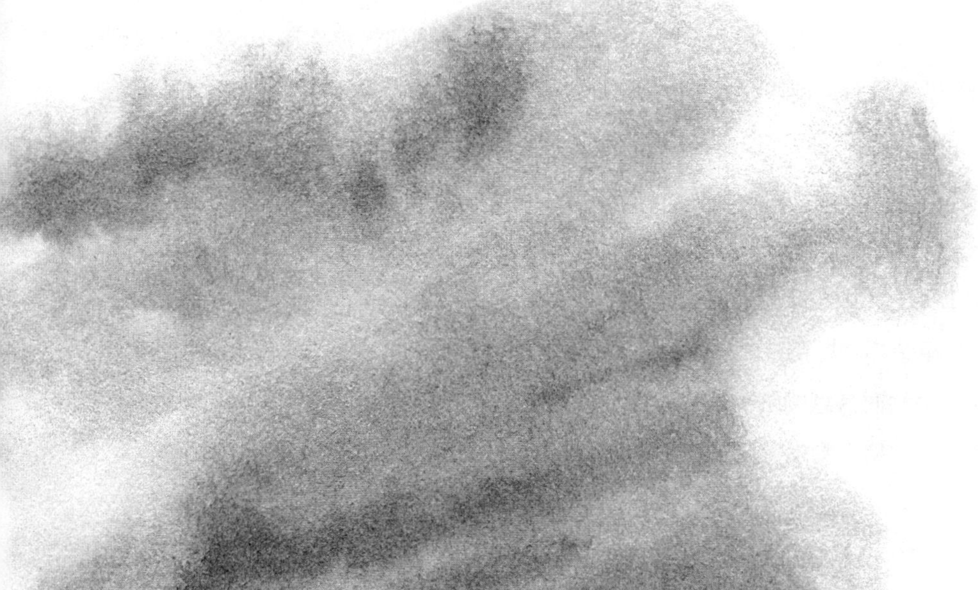

# 第二十三章　飞扬的梦

开封城比变法前更乱了，起因是王安石写了一本书，这本书的书名叫《三经义》，准确点叫《三经新义》。

三经，指《周官》《诗》《书》。这是儒家学术的核心经典，王安石以自己的理解为之注释，阐述他心目中的道理。官要怎样当，人要怎样做，怎样才能团结在一起进行改革。可以说，这是用来改造当时知识分子心灵的武器。

神宗很高兴，做事要同心同德，有个总的规范才有前进的目标嘛。他给了王安石一大笔稿费，同时加官晋爵，加封王安石为尚书左仆射兼门下侍郎，同时给他儿子王雱一个龙图阁直学士的头衔。

事情坏就坏在这个头衔上。按照惯例，王雱要推辞一下，可是就在他推辞的时候，突然间吕惠卿跳了出来，劝皇帝答应。说王雱一介青年，没有贡献，何况以王安石的博大胸襟、无私性格，怎么能让长子走这样一条侥幸富贵的路呢？

王安石听了哈哈一笑："惠卿说得对，就这么办吧！"事情就这样办了，在他们身后，王雱愤怒的目光紧紧地盯着吕惠卿。

一个叛徒居然嚣张到了这种地步，居然敢主动挑衅！如果不把这样的人渣打倒在地，狠狠踩进泥里，这世上还有天理公道吗？

王雱，字元泽，王安石长子。在宋史里他是个无恶不作的不良青年，但是也没法否认他的聪明才干。中国有一个著名的神童传说，相信大家都听说过。说有客人送来两只野兽：一只獐、一只鹿，关在同一只笼子里。

问家里的小孩儿："哪个是獐，哪个是鹿呢？"

小孩儿不知道，可是想了想，就回答说："獐旁边的是鹿，鹿旁边的是獐。"反应敏捷，无懈可击，让周围的人一片惊叹。这个小孩儿就是王雱，当年他只有5岁。

简短地说，王雱18岁以前就著书立传，在王安石第一次拜相之前就考中了进士。这很重要，免去了他拉关系走后门才考中的衙内恶名。之后，他帮助父亲改革，主管军械司，做出了很多切实的贡献。可是这些对他的名声没有半点帮助，他就是一个邪恶父亲所生的暴戾儿子，做了太多太多的混账事。

比如著名的对程圣人的不敬事件。

话说圣人程颢在熙宁变法的初期还是王安石的手下，关于怎样变法才能成功，两人经常商量，有时程颢会去王安石的家里。某一天，两人座谈，突然间王雱从内宅出来了，只见他披头散发光着脚，手里拿着一顶女人戴的娇艳帽子问他老爸："你们谈什么呢？"（雱囚首跣足，携妇人冠以出，问父所言何事。）

这个形象就足以给王安石父子定罪了。不说古代，就是现代开明社会里，长辈们在谈正事，儿子衣冠不整，手里拿着非常私密的东西出现，这是什么样的家教？更何况没经允许就直接插话，问长辈们聊天的内容。

王安石身为首相、大儒、名臣，家教到了如此地步，御史们可以有活儿干了，直接弹劾他家教不严，房帏不修，就算不到罢免的程度，也从此没脸做人。

可是绝的是，王雱问了之后，王安石居然回答了。他老老实实地讲："因为新法推行不利，正和程君商量对策。"

王雱大笑："这有何难？把韩琦、富弼的脑袋砍下来悬挂闹市，新法自然推行顺利。"

王安石长叹一声："儿子，你说错了。"

且不说王雱的办法是对是错，当然我们都知道他是对的。前面早已分析过，自古没有不流血而成功的变法、不颠覆而达到的利益重新分配。我们跳过这一段，直接看下面的故事发展。

王安石家教混乱，程颢看不下去了。他是圣人，最见不得的就是世间伦常次序的颠倒、非法不良的事件发生。

他正襟危坐，对王雱训斥道："方与参政论国事，子弟不可预，姑退。"这时圣人的威力出现，王雱如被当头棒喝，灰溜溜地走了。

这段逸事一直被当成真事历代流传，其实根本不值得一驳。看程颢的身份是什么，他只是王安石当年变法前派往天下调查各地农田、水利、赋役等情况的八个人中的一个，再以后，是制置三司条例司里的办事员。小官而已，在宰相家里能坐着谈话都是优待，有什么资格训斥宰相的长子？

从另一方面考虑，不以官职，那么以学识、以年龄论，他是王雱的长辈，所以才能说出这样的话而王雱不得不听。只能以这个角度来说事了，仅此一个原因，再没有其他。

可是那时程颢根本不是什么圣人，连他的老师周敦颐也只是一般人，拿什么在王安石父子面前抖架子呢？再说两者的年龄，程颢生于1032年，王雱生于1044年，只相差12岁，程颢顶多是个大哥哥，从哪儿也论不出个长辈来。

如果程颢真的说了上面那句长者谈话小子速退的话，王雱能一个耳光抽过去，你是哪门子长辈？真是皮痒犯贱！

不过凭良心讲，这件记载在《宋史》王安石父子兄弟本传里的“史实”，和程颢的本质无关，仍然与《邵氏闻见录》有关，与邵伯温的人品有关。

仔细查资料，王安石在熙宁二年二月当上了参知政事，八月程颢当上了条例司官，第二年五月因政见不合被罢免。

熙宁二年至四年时，王雱在江南当官，即便程颢有在王安石家里论政的事，王雱也不在京城。直到熙宁四年时，王雱才进京当上了太子中允崇政殿说书。这时程颢已经被踢出开封，到外地去当官了。

两人没见过面，哪来的交谈，哪来的争执，哪来的训斥呢？至于“囚首跣足，携妇人冠”，这真是无稽之谈。邵伯温一心一意盼着王氏父子绳捆索绑名誉扫地，蹲监牢吃死人饭。只是想了做不到而已，写进书里意淫一下也是好的……

可笑的是，之后的历代史书居然就信了。

回到事发现场，吕惠卿的行为无论怎样解释都是挑衅，王雱的愤怒里夹杂着浓浓的屈辱感，这让他忍无可忍。宋朝的大臣们过个年都能给子孙们赚来一些恩荫，有很多衙内都是踏着这条路走上了官场。

官做到了王安石的地步，长子还是自己考上的进士，已经非常少见了。这时只是个龙图阁直学士的头衔，居然被以前的下属、现在的叛徒给搅黄了。是可忍，孰不可忍！

王雱要邓绾找吕惠卿的错。

立马就有了。几年前，吕惠卿兄弟曾经合谋在南方向华亭县（今上海松江）的富户强借了 500 万贯钱，还曾在秀州勾结知县张若济强买民田。

吕惠卿被弹劾。

同一时间，王安石也被吕惠卿弹劾。

变法派领袖与二把手内讧，瞬间毁了一切。

王雱事后痛悔，英年早逝。

王安石再次萌生退意。熙宁九年（1076 年）十月，王安石罢相，回到金陵江宁府。

王安石来时是一块许愿石，满足了宋神宗所有的愿望；王安石走时变成了一块肥皂，经过反复搓洗，他自身变小了，混合着大量污垢。

留给神宗皇帝的，是一个相对干净健康的宋朝。在这个基础上，宋神宗做了一件真正伟大正确的事。

话说某天他早起散步，站在高处往下看，总觉得哪里不顺眼。

世界实在是太乱了，三省、六部、二十四司秩序井然、功能齐全，可是无数的办公职员闹哄哄地串来转去，在各个办公室乱走，根本分不出谁是哪部分的，应该干什么活儿。如果谁有心情抓住其中一个人问：“你是哪儿的？”

“俺是兵部的。”

“好，你在干什么？”

“俺在调配澶州的大白菜进京……”这就是北宋一直以来的办公方式。你是兵部的人，可管不了兵部的事，兵部只是他领薪水的衙门。其余的状况以此类推，就连宰相、枢密等顶级高官的职能，也被层层分割，别说办点实事，就连提高效率都做不到。

想改？那就要小心晚上做噩梦了，上至赵匡胤，下至赵光义，连同真宗、仁宗、英宗都会集体莅临，给乖乖重孙子神宗上教育课。

这是宋朝制约臣子、保住江山的重要手段。内部垫床架屋把职能名分搞混，外部强干弱枝把兵权收回，只要这两点在，神州大地就会永远姓赵。

历史证明，这一点绝对正确。唯一的例外，就是危机从外边来了……现在神宗要做的事，就是把祖宗家法拆散了，把这一整套内外结合自我阉割、毁灭民族血性力量的办法重组，让行政机构重新焕发活力。说来汉民族在古代之所以能屹立在世界之巅，凭借的是什么？不是财富，中国人的生存空间就决定了他们永远不可能是最有钱的人。哪怕是宋朝，也只是一些浮财，一旦战争、水旱灾发生，财富链条立即崩断；同时也不是战斗力，从总体上分析，汉民族与周边民族的战斗中一直居于劣势。

之所以能一脉相承，屹立不倒，成为四大文明古国之一，中国人最强大的武器是行政机构。它的健全和有效运行，最终让中国一直以大国的身份存在。

如果还有什么别的原因，或许是因为每个中国人灵魂深处的民族情结。

海洋国家极力向外部开放，勇于冒险，哪怕起步很晚、土地贫瘠，这种精神注定会给它们带来发展和财富。并且它们很单纯，就是奔着钱、利益去的，没什么善恶、道德、天理之类的自我约束。例子是欧洲大陆最早发达的几个国家，如西班牙、荷兰。岛屿国家更生猛，它们是三种环境里最恶劣的，纵观世界，它们带来的破坏是最大的。例子是英国和日本，这两个国家面积超级小，自然资源少得可怜。

回头看中国。

我们的特色是“地大物博，人口众多”。这是从小学课本就一直在宣扬的骄傲之处，可惜危机也伏在这八个字上。地方太大，人口太多，直接后果就是成为一盘散沙，窝里反。托秦始皇嬴政的福，中国在别的国家还在树上睡觉时，就有了统一的中央集权。

有了这个，才变成了人多力量大。其间哪怕经历了多少次朝代变更、外族入侵，统一的格局都没有变，家国认知感一直存在。

宋神宗时期，以行政机构本身就有缺陷的特性，加上赵匡胤等人故意加上去的毛病，大家应该明白精简部门重新规划的必要性了。宋神宗想来想去，创建了一个有宋朝特性的唐朝官职社会。

他拿出一本书，名字叫《唐六典》，里边写的是唐朝的官职功能表。以这个为蓝本，重新规划宋朝的官职。我们把超级啰唆、规范的名词都扔到一边，可以精简出两大原则。

第一，以阶易官，减少等第。

官，指的是寄禄官。就是上面说过的兵部的人管户部的事，但还要在兵部开工资。那么，兵部的职位就是他的寄禄官。现在取消了，一律以相应的阶官代替。

新的阶官一共有二十五阶，比旧的寄禄官少了十七阶。新官品仍然是九品制，每品分为正、从，共十八阶，比旧官品少了十二阶。

第二，三省六部，循名责实。

顾名思义，就是各个衙门从今往后叫什么名，就去办什么事。权力回归，谁也不许越界。要注意的是，有些名称也从此变了。

比如三省，元丰年间改制之后恢复了唐朝的中书省主决策、门下省主封驳、尚书省主执行的旧制。宰相们的办公室不叫中书门下，改称“都堂”。同时中书门下平章事和参知政事这两个名称也取消了，以“尚书左仆射兼门下侍郎”为首相，“尚书右仆射兼中书侍郎”为次相。

左为首，右为次，看着很传统，可是实际情况正好相反。沿用唐制，中书省取旨，门下省复奏，尚书省施行的原则，实权在右相的手里。

其他的就没什么好说的了，除了一个最大的原则，东、西两府分权，军政分开这点宋朝最大的立国之本，宋神宗是没动的。东府宰相，西府枢密，仍然分庭抗礼，没像唐朝那样集中在宰相一人身上。

做完了这一点，实际上宋神宗已经同时完成了司马光、王安石两人心中各自最完美的社会。熙宁改革之前，这两人一个说要开源，一个说要节流。

现在王安石的开源全国铺开，各项新法所产生的巨大利润向国库滚滚而来；司马光的节流，减少开支、削减官位也已经达到。

一出一入之间，形势是开国以来最好的。同一时间内，政、财两项之外的军事也逐渐完善了。这一点的重要性，半点都不比行政、财务两项的改革轻松。

宋朝原来的军制是“更戍法”，赵匡胤为了不让任何将军掌握兵权，规定全国每支军队都要定期换防，兵走将不动，造成“兵不识将，将不识兵”，永远别想拥兵自重。后果大家都知道了，除了赵匡胤亲自率领的第一代宋军之外，军队素质直线下降。

这一点最初是被范仲淹打破的。为了对抗李元昊，西北长期驻扎重兵，几十年间兵将紧密配合，形成了西北军团独一无二的战斗力。熙宁变法期间，这个成功的例子推向了全国，它就是著名的“将兵法”。

将兵法实行后，天下总分为两大防区、92 员大将。

第一防区在京师附近，辖有25名指挥使20员大将，约占全国兵力的四分之一；第二防区在西北、东北两方面，配有42员大将，其余军队散布全国，岭南地区也照顾到了。除了这些正规军之外，保甲法的推行越来越顺利，民兵总数量在70万以上。

这改变了宋朝以前军事力量的分配，除了边关、京城两点最强之外，各个州县城市也不再是空白。时间一天天地过去，每过一天宋朝的实力就增长一分，它完全不是传统史书里所说的，王安石第二次罢相之后新法改革就失败了的一片惨淡光景。

哪里来的失败？直到宋神宗死了，司马光才跳出来废除新法。在这之前，宋朝全国都在实行新法，不管民间的经济变化怎样，国力、军事、行政三点立国之本空前旺盛。

人强命也强，关键时刻连老天都帮忙，改革之前王安石和宋神宗最盼望的机会也适时到来了。

# 第二十四章　最伟大西征 or 最沉痛西征

新法改革——积聚财富——出兵熙河——扫平西夏——征服辽国——产出利润。这个改革总链条的重中之重，扫平西夏的机会到了。

这机会是自己送上门的，说来也是党项人从李继迁时代开始就养出来的老毛病，他们姓错姓了。为什么要姓李呢？翻唐朝的老黄历，结果连民族命运也跟着变得和李世民的子孙一样。堂堂皇帝受制于后宫，每一代都活得窝窝囊囊的。

李元昊的儿子李谅祚死时年仅21岁，西夏第三任皇帝李秉常即位时只有8岁，走到前台的人是他妈妈，当年没藏讹庞的儿媳妇梁氏。命运是多么光怪陆离，李谅祚最初勾引她只是为了得到政敌的情报，没想到一旦成功，这个女人便牢牢地占住了西夏皇后的宝座。

一个汉族女人，不到10年的时间竟然成了西夏第一实权人物。

有这样一个妈妈，李秉常的命运可想而知。他是一个皇帝，可起步的位置连一个平民都不如。没有自由，没有权力，到1076年，他16岁时，名义上开始亲政了，却发现他比他爸爸当年还要惨。汉人天生就是政治高手，梁氏家族比没藏氏强大多了，除了把持京城大权之外，连同整个国家各个部门都安插进了自己的亲族。

李秉常想了又想，明白想要夺回皇权，绝对不是在京城发动一场政变那么简单了。怎样才能成功呢？他非常聪明，内部既然不行，只能寻找外援。外援只有两个：辽、宋，选哪个？辽国是不能轻易招惹的，请神容易送神难，近200年以来辽国从来没对周边邻居善良过，除了狠狠打了50多年几乎两败俱伤的宋朝。

而宋朝，文明美丽善良稳重，从哪一点上来看，都是唯一的选择。

可是怎样打动它呢？宋朝什么都不缺，除了土地……一个16岁的孩子是疯狂的，谁在这个年龄都没法精细稳重。为了可贵的自由，他付出的代价让整个世界都目瞪口呆。

有两点：第一，西夏全境从此废除李元昊制定、梁氏推行的蕃礼，推行汉礼。这一点看似轻松，实际上和他妈妈已经势不两立了。梁氏苦心经营，她身为汉人，为了得到党项人的认可，在各个角度和宋朝作对，尤其是把她丈夫李谅祚当年推行的汉礼废除。现在她儿子竟然跟她唱对台戏，向宋朝示好。第二，就是让全世界都疯狂地开价了。李秉常派人通知宋神宗，为了两国友好，他愿意把“河南地归宋”。河，指黄河。河南之地，指的是黄河河套平原以南，包括西平府和党项人发迹祖业的定难五州！

这片广袤富饶的土地是西夏立国之本，只要宋朝帮他，就都割让出去。

这个价码让人直接想到了李秉常的老祖宗——李继迁的哥哥李继捧。李继捧为了稳固在党项人中的地位，把定难五州无偿地献给了赵光义。

可现在不止是定难五州了，黄河百害唯富一套，河套平原是党项人生存的根基命脉，真的割让出去，在历史上只有一个例子可以对比——石敬瑭割让燕云十六州。

但是细想，燕云十六州的最大作用是防守，失去它汉人没了军事基地，可财富数量并不会受到致命影响。而党项人丢了这片土地，从此吃饭都成问题。

当然了，这片土地的面积在史书里记载得非常模糊。“以河南地归宋”，一直以来都存在很微弱的小争议，说并非指上面所说的那么庞大，而是指河、洮等州与黄河以南原属宋朝秦凤路的一些历年战争所失领土。理由是，这个价码高到了火星上，李秉常应该不会这么疯狂。

李秉常为了皇位、为了生存，只是割出去一些土地就很奇怪吗？何况河、洮等州一直是吐蕃的，这时更是早被王韶拼回版图，关西夏什么事？李秉常有什么权力决定这片土地的归属？

不用怀疑，土地就是那么大，诱惑就是那么强。消息传进东京城，神宗惊愕得就像当年辽国的皇帝耶律德光。

真是肥猪拱圈，送上门来的肉！还等什么？宋朝积极响应李秉常的提议，一方面派出使者商量接收，另一方面积极备战。历史无数次地证明了，这种买卖不死几万、十几万甚至几十万人绝对没法成交，就是当年的耶律德光也得御驾亲征，替干儿子石敬瑭砍人。

果不其然，宋朝正在准备中，有新消息传过来了。宋朝的好朋友、火星少年李秉常被他的妈妈梁太后一顿胖揍，赶出皇宫，关押在皇宫七里外的木寨。

堂堂的西夏皇帝从城市到乡村，混到了最基层。

但是没关系，仔细分析，形势却比之前变得更好：第一，宋朝出兵有名了。友好邻邦，与宋朝关系空前密切的西夏皇帝被废，这是耸人听闻的噩耗，巨大的丑闻。宋朝绝对不能坐视不管，必须帮他夺回皇位。第二，李秉常就算再无厘头，也是西夏皇族的代言人。他被老妈关禁闭，不是关起门来母子之间的事那么简单。从李元昊死就开始的皇族、后族的争权变得更加惨烈，让惨烈来得更猛烈些吧，最好两败俱伤，一起瘫痪，让宋朝不劳而获。

李秉常在宋元丰四年（1081 年）七月被关押，在同一月份里，宋朝就积极动员军队，做出了宋初雍熙北伐之外的最大军事行动。

集中包括熙河在内西北军团的全部主力，分五路进兵西夏：

第一路，由熙河、秦凤军总管宦官李宪率领，步骑近 3 万，会合吐蕃董毡军 3 万，攻击兰州、灵州。如果灵州被友军攻破，变目标为凉州。

第二路，由鄜延军种谔率领。鄜延军共 9 将 54000 人，另拨调东京禁军 7 将 39000 人，总计 93000 人，出陕西攻米脂，再攻击夏州，最终目标是与河东军围攻怀州。

第三路，河东军由宦官王中正率领，步骑总数 6 万人，民夫 6 万，马 2000 匹，驴 3000 头。另有民夫 5 万人作为后备。先攻取怀州，后渡黄河，进入西夏腹地。

第四路，环庆军由高遵裕率领，蕃、汉步骑总计 87000 人，民夫 95000 人。他们是攻击的重点，先攻取清远军，目标是原宋朝重镇灵州。

第五路，泾原军由刘昌祚率领，由 51062 名步兵，5000 匹马组成。会同环庆军攻占灵州。

综上所述，一个个数字罗列出来，稍微计算一下就让人瞳孔放大，全身发麻。五路西征，全军总计超过 35 万人，民夫 20 多万，全加在一起是 56 万人左右。

想想当年雍熙北伐怎样，只不过 30 万人左右。毫不夸张地说，这是宋朝有史以来最大的一次军事行动，同时也是空前绝后、唯此一次的攻击。宋神宗压上去的筹码，不仅是军队的数量，更是自王安石改革以来所产生的财富。

做出这些决定，宋神宗本人也惴惴不安，他找来枢密院的人，问："你们觉得怎样？"军方一片沉默，很久之后，枢密副使孙固才慢慢地说了 8 个字：

"举兵易，解祸难。不可。"

宋神宗很烦躁，像是在说服孙固，更像是在说服自己：

"西夏内乱，我不取则辽国取。难道我们要坐视辽国做大吗？"

军方再次沉默，宋神宗说的是对的，以耶律洪基没事都敢向宋朝勒索土地的贪婪，近于分裂的西夏算什么？好一会儿之后，他们提出了最后一个问题：

"请问陛下，这次西征的主帅是谁？"

李宪。

这是宋神宗的答案，听到这两个字，军方代表觉得一阵阵的头晕，很多很多的话堵在喉咙里，一时之间不知先说哪句好。

因为根本就没有必要说，这个问题是常识，从古至今从来没有人犯过这种错。李宪，是一位军事型的太监，王韶收复熙河时他曾经做过副手。这是资历，并且不讳言地说，宋朝的太监与唐朝的不同，与清朝的不同，与明朝的也不同，他们中间有一些人足以称得上是真正的男人。

比如真宗朝的秦翰。

秦翰谦恭，《宋史》记载他"翰性温良谦谨，待人以诚信"。秦翰勇武，前后战斗，身被四十九创。在成都平叛时，身中流矢五战五捷，攻克益州，却把战功让给了部下；秦翰坚韧，在决定北宋命运的澶渊大战，身在最前线，七十余日不解甲，直到辽军退兵。

当他病逝时，禁军以父兄之礼葬他，他是一位合格的军人。

可就算是秦翰此时复生，也不能担当元丰西征的主帅。枢密院说得好，此次西征是为了平定西夏，这是图谋灭国之举，这种程度的战争，从来没有让一个太监来担当的！

而宋神宗的答案，居然是不止一个太监，而是两个，外加一个外戚。

另一个太监是河东军主将王中正，鄜延军种谔由他节制；外戚是高遵裕，这是宋朝此时天字第一号衙内，他是高琼的孙子，高继宣的儿子，论身份是宋神宗的外叔祖。这样大的来头，怎么能落在王中正的下风呢？于是乎泾原军刘昌祚就由他指挥。

五路大军中，只有种谔、刘昌祚是主战宿将，居然连自主的军权都没有。

此时此刻，相信大家都想起了王韶。

王韶已经死了，就死在战争爆发的前夕。他以军功报国，收复熙河是多大的功劳，可是在他的传里，是这样结尾的：

他的朋友多是南方的楚人，所以立身不正。晚年时浑浑噩噩，像个精神病一样，得的病是“疽”，身体溃烂，连五脏六腑都能看见。为什么这样呢？就是因为他杀人太多了……（韶晚节言动不常，颇若病狂状。既病疽，洞见五脏，盖亦多杀徵云。）

这个世界还有半点的公理道义吗？！

不过，这怪不到神宗的头上。《宋史》成稿时，他早就死了多年，别说区区一个王韶，就连他本人虽贵为皇帝，也一样被篡改生平。

宋元丰四年（1081 年）八月八日，鄜延军种谔突然发动，冲出守地绥德，击破一支西夏军，斩首千余级。开门大吉，神宗却紧急叫停，种谔的老毛病又犯了，其余四路还没有准备好，你先杀出去干吗?

这就是种谔的风格。

“仁不统兵，义不行贾”，这是战场上的真理。因为与这次举国伐西夏无关，所以把细节省略掉，不说。

回到正题，在元丰四年的八月末，宋神宗展开了巨大的地图，向西北方向凝视。一个比雍熙北伐更加庞大、精细、有层次感的战略出台了。

抛开一连串的地名、人名，以最直观的方式解构，可以发现宋朝的五路大军在西夏的国境线上一字排开。从左至右，依次是李宪、刘昌祚、高遵裕、种谔、王中正。

看格局，最外围的分别是两位大太监，宋神宗还是充分考虑到了谁的战斗力最强，把灵州这个攻击重点留给了刘昌祚、高遵裕两位将军，甚至扫荡定难五州的种谔，也能起到牵制的作用。那么，为什么还要把斗志旺盛不可遏制的种谔强行留住呢?

这涉及战略的重点。

主攻在中央，那么偏偏在最旁侧启动，一定要把西夏的主力军团吸引过去。在这个战略思想下，最左侧的熙河兵团李宪部最早发起攻击。八月下旬，李宪出熙河，绕过兰州，向西市新城挺进。行进中，每个宋朝士兵都清楚，他们很快就能遇见西夏人。

因为王韶。

王韶熙宁开边时，把吐蕃人打垮了，连带着把西夏人也牢牢地压制在边境线上。巨大的威胁让西夏时刻警惕着，两方都知道难免一战，只争时间早晚。

两军相接，宋军名义上是6万余人，可惜只有近3万是宋朝人，另外3万是原来熙河的吐蕃部人，而遇上的西夏军团是2万余名纯骑兵。内部有问题，面对的又是重兵，李宪的任务是必须取得压倒性的胜利，只有这样，才能达到战前的目的。

激战开始，算是这股西夏军倒霉吧。他们都知道熙河兵团厉害，是宋朝最近一次在实战中有过辉煌大胜的部队，可是很不巧，几年不见，熙河兵团又长能耐了，不再只是好勇斗狠，血腥拼杀，熙河兵团在旷野中摆下了一个奇怪的阵势。身为开化不久的民族，西夏人当然不知道这阵势的来历，或许连原创者是谁都不知道。

唐将李靖，六出雪花阵。

这几个字本身就是千年的不朽传奇！

说实话，千年以后，六出雪花阵到底有什么奥秘已经没人知道了。只是从这次的成绩来看，李宪没有给前辈丢脸。西市新城外的野战宋军大获全胜，斩首两千余级，夺马五百匹，接着乘胜追击，一直杀到了女遮谷。在这儿发了笔横财。

这里是西夏的一个军需库，装满了军粮、军械，宋军打仗怕的就是缺粮，得到这笔外财，比杀了一万敌军还有利。

大胜之后，李宪的前方空空荡荡的，西夏的军队跑光了，他完全可以一马平川地杀进西夏腹地。可是他停了下来，就近把兰州城夺下，把它建成了自己的帅府。时间一天天地过去，大批敌军迅速杀到，在兰州城外八九处险要地段驻扎，对他形成了包围。

八九股敌军，每支数万人，李宪完美地达到了宋神宗的战前要求，把西夏军队牢牢地吸引在了自己的身边。条件成熟了，到九月中旬时，包括李宪的熙河部在内，五路宋军终于一起发动，展开了声势空前浩大的元丰西征。

最先出彩，也出了最大彩的仍然是种谔的鄜延军。鄜延军总计 93000 人，是五路宋军中实力最强的一支。种谔在九月十五日祭旗，二十四日出绥德，沿无定河北上，按原计划攻打米脂城。

这一战注定会很有趣，在西北有句流传很广的老话，叫“米脂的婆姨绥德的汉”，是西北最有特色的男女组合。现在近 10 万个绥德的汉子来攻打米脂城，效果怎么样呢？很遗憾，不怎么样，种谔连续强攻了 3 天，米脂城却纹丝不动，里边的婆姨们长什么样一点没看着。

可是西夏的援军却杀到了。

来的是西夏正当红的大将梁永能，带来了8万大军。这时种谔身在敌境，背靠坚城，以9万多步骑参半的宋军对8万党项骑兵，从哪儿看也找不着半点优势。最要命的是，鄜延军不是熙河军，上一次兵团野外决战还是在李元昊时期。就在那时，双方兵力总和也没有达到这时的近20万。突然之间，宋与西夏战争史上规模最大的野战就此拉开了序幕。

当天是九月二十七日，破晓之前，党项大将梁永能悄悄接近了米脂城。他非常有信心给宋朝人一个惊喜。

全军8万铁骑，在凌晨进攻，加上对地形的熟悉，还有米脂城内的守军，各种因素加在一起，宋军的命运已经可以确定。不是失败的问题，是想逃都没有路。8万骑兵，这是张覆盖百里、伸缩不定的大网，天生就是以步兵为主的宋军的克星。

随着梁永能的前进，天色渐亮，又一个惊喜让梁永能加倍兴奋。大雾，这一天竟然天降大雾，达到了对面不见旌旗的程度。太棒了，完美的闪击偷袭天气。

大雾中西夏骑兵接近了无定河，再向前是一座山谷，过了山谷就是米脂城……之后一马平川，党项骑兵会像洪水一样铺开，把宋军挤在米脂城下变成一团团肉饼。可惜的是，浓重的大雾里，他们突然间遇到了伏击。

激战瞬间炽烈，山谷沸腾了，西夏人从偷袭变成了应战。这让他们很懊丧，这只能说明宋朝人比他们先进入了阵地，甚至准确地掌握了他们的行动。开战即被动，可是也无关紧要。庞大到8万人的骑兵军团一来没有避战的可能，二来如此大规模的马军在山谷中回旋撤退本身就是自乱阵脚，找死。

梁永能命令全力攻击，不惜一切代价冲过去，他相信实力就是实力，在米脂城下他有信心把宋军打垮，在山谷里也一样。战况验证了这一点，尽管非常艰难，可是阵地在前移，渐渐地宋军顶不住了，战线松动，终于被党项骑兵突入腹地。

这个过程用去了两个多小时，后来梁永能知道在这期间他面对的敌人叫曲珍。他的心情变好了，这样强烈的抵抗说明宋军也尽了全力。全力之余不可能再有别的花样，只要继续突破，胜利就在眼前！

近在眼前的东西，他抓了整整 4 个小时，太阳升起，大雾都散开了，西夏人仍然没能冲出山谷。这时视野开阔，梁永能看到了一个惊人的现状。他发现自己的前军被宋朝人分成了两段，首尾不能相顾，只能各自冲突，骑兵的优势在相对狭小的谷地里根本没法施展。

激战 6 个小时，一个上午快过去了，再骁勇的士兵也开始疲劳。正在梁永能犹豫是不是要撤出战斗另想办法时，突然间山坡上传来了一阵鼓声。

后来他知道，那是宋军主将种谔在亲自击鼓。听到鼓声时，西夏人在疲劳懊丧中一下子变得惊恐，最讨厌的就是这种事，鼓啊锣的突然敲起来肯定有危险，却不知道危险从哪里来！

危险从四面八方涌了过来，直到这时梁永能也不能相信，与 8 万铁骑硬拼了 6 个小时的宋军居然没用尽全力，宋朝的西军鄜延部到底是群什么样的疯子，竟然有那么多的士兵一直静悄悄地埋伏着，冷眼旁观，直到他们筋疲力尽……太狡猾了，也太疯狂了。这样的布置如果被骑兵突破，整个埋伏圈都会被甩到身后，成为一个空摆设，米脂城边将没有半点阻碍。

可是鄜延军做到了，整个上午的煎熬换来这时压倒性的优势。伏兵四起，最致命的攻击发生在山坡上，宋军一支精锐骑兵冲了下来，居高临下，名将郭景修身先士卒，两军相接“手刃两巨酋”，把党项骑兵冲得七零八落。

战斗再没有悬念，党项人“奔丧两道边”，在无定河水里浮尸成片，“血染银川为之尽赤”。鄜延军追杀 20 余里，斩首八千余级，夺马五千匹，其余旗甲等不计其数。

梁永能跑了，上万骑兵给他做肉盾，就算潘美复生想砍他也不容易。在逃跑的过程中，他惊恐、迷惑、不解，更带着巨大的怨气，他搞不懂米脂城里的人都在干什么，这边打了整整一上午，很显然宋军都参战了，为什么米脂城没有人来应援？

前后夹击的话，绝不会出这种事的！

他不知道的是，米脂城里的西夏人比他还郁闷。米脂城得天独厚，内外良田不下两万余顷，被誉为“七宝山”。多大的基业，怎么就是等不来救兵？山谷里的厮杀声他们听见了，可是让他们冲出去里应外合？这个难度还真是不小。

种谔临走前在城门外挖了一道壕沟，又深又长，一大排宋朝大兵拿着明晃晃的大刀站在沟边上，想出城？很明显动作顺序是先跳下沟，爬，挨一刀，再掉回沟里……这种运动，实在得仔细想一想。结果等他们想得差不多了，种谔也回来了。

带着党项骑兵血淋淋的战利品，接着亮出来矛盾、洞车等专业攻城器械，宋朝的大兵们开始竖云梯、过壕沟，不过他们都白做了，没等开打，米脂城的大门就从里面开了。

投降。

鄜延军大胜后，从时间上顺延，第二个出战的是主帅李宪的熙河军。熙河军团从兰州出发，东进女遮谷。它周围有至少10万西夏部队监视着，刚从兰州城出来就被发现了。

西夏人输急了，没等全部主力集结就迎头扑了上去，他们惯性地得出个结论，好不容易宋朝人主动出城了，野外是骑兵的天下，是党项人的天下，女遮谷就是扭转局面的关键。

李宪给了他们这个机会，想要野战，熙河兵团最开始就是从野战起家的！女遮谷之战没有大雾，没有算计，双方赤裸裸地列阵肉搏。近3个时辰之后，熙河兵团硬生生地把西夏人击退了。击退的结果，还附带着难度极高的技术性。

严密地控制住方向，把西夏人挤向一条深沟大涧。

西夏人扔下一大片死尸漂在水面上，狼狈逃到大涧对岸后还不死心，他们觉得无论如何都不服气，野战怎么会输给宋朝人？！这不可能。于是，他们做出了一个非常“理智”的决定。

不逃了，隔着这条大涧先恢复一下，等体力缓过来再和宋朝人较量。在恢复的过程中，他们也没闲着，派出大批的弓箭手向宋军发射。

……与宋军玩弓箭，这是以后金、蒙军队都不敢想的事。自神宗朝开始，直到晚清末年被西方的坚船利炮打开国境，近800年间东亚的大地上，宋军的神臂弓举世无敌。

隔着大涧，两军对射，西夏人像一个个靶子一样被点杀。结局没有任何悬念，党项人跑路了，有多远跑多远，根本没有理由再受折磨。

李宪率领熙河军继续向西夏腹地挺进，他们的目标是李元昊时期精心打造的党项核心——西夏皇宫所在的天都山。

时间进入十月上旬，战火终于烧到了最焦点的地方。在一系列的外围激战之后，宋军的真正主攻方向，集泾原、环庆两军实力攻击灵州之战终于展开。

刘昌祚，字子京，河北真定（今河北正定县）人，出身于军旅世家。这个人个性非常鲜明，如果说种谔是一匹狡猾的狼，充满了危险，那么他就是一只凶猛的老虎。有他在战场上，敌我双方的光芒都会被他夺走，他是一个天生的斩关夺隘之将。

在西征之前，他曾经与西夏人作战。当时夏兵入侵刘沟堡，刘昌祚率领两千骑兵迎敌，西夏人很有策略，把他引进了设在黑山的包围圈，那里有一万骑兵埋伏。

一万对两千，并且以逸待劳，占有天险。这样的仗换谁来想都是必胜之局，可是发生在刘昌祚的身上就郁闷了。他的确被包围、陷入苦战，可是西夏人怎么杀都搞不定他。一直打到了黄昏快天黑了，西夏人的主帅终于忍不住亲自领军冲锋，想来个了断。

真的了断了，刘昌祚一箭射去，把这名勇敢的主帅射了个对穿，趁此机会，他冲出重围，啥事没有回家睡觉去了。

这就是实力，在战场上最不讲理也最有道理的东西。想一想，如果前面的梁永能有刘昌祚的功夫，种谔再能埋伏又怎么样？只要被打穿，计谋设计得越精密，后果就越悲惨。

按照原计划，刘昌祚的泾原军沿葫芦川北上，在中段左右与环庆军会合，两军合力突破西夏军队，围攻灵州城。实际行军跟计划中差不多，比如说沿葫芦川北上突破西夏军，他真的在磨脐隘和敌人对上了，可是环庆军却左等右等都没见人影。

高遵裕失约了，他跑哪儿去了？这是个秘密，这人打仗是非常奇妙的，到他出场时大家才会知道他是什么动物。悄悄地说，这个衙内不简单。

87000 汉蕃步骑、95000 名民夫的环庆军不见踪影，全军只有 5 万余步兵，5000 匹马的泾原军有点犹豫，这是五路大军中实力最弱的一支，在实施最后强攻灵州城之前，保住实力是很理智的想法吧。本着这个理念，部下们劝刘昌祚躲躲风头，前往韦州附近寻找强大的环庆军。

刘昌祚听完了一大堆的啰唆，下达了一个命令——全军分成 4 队，盾牌手在最前面，第二排神臂弓，第三排弩手，第四排骑兵。全军迎敌，战胜之后赏金三倍！

说完，他提起了两块大盾牌，一手一个，走向了最前列。

战斗开始，刘昌祚因地制宜快速地摆出了这个阵势。它看似简易，实则层次感分明。由他站在第一线，和盾牌手们组成了第一道，也是唯一的一道防线。

这注定了这道防线很脆弱，如果西夏的骑兵冲击过来，比如铁鹞子等重甲骑兵，这道防线很快会崩溃。可是后边两排的组合就大有学问了，先由神臂弓超远距离狙击，有漏网的由弩手再次齐射，这样能冲到盾牌手跟前的人就算有，也是强弩之末了。

战况证明这个设计是非常成功的，两个时辰之内，宋军阵地固若金汤，而对面的敌人不论多么精锐，4个小时不停地冲击，都难免精力不济。这时刘昌祚的底牌，宋军阵内一直隐藏着的第四排队伍，由郭成率领的800名精锐骑兵终于等来了机会。

郭成出阵，决战决胜，之前包括主将在内全军近4个小时的苦熬，都在为他创造这个机会。他率领800名骑兵冲了出去，片刻之间，敌我双方都血肉横飞。郭成身被数创，可越战越勇，720名敌兵丧生刀下，他一下子冲垮了西夏军的阵形。宋军乘胜追击，一直赶出去20余里，生擒22名将领，阵斩2460余首级。

胜利之后，宋军没有修整，继续赶路。到赏移口时他们有两条路走：一条是正北方到黛黛岭，一条是西北方到鸣沙川。走哪条呢？刘昌祚派出探子，很快一个意外的好消息传来。

鸣沙川里有宝贝，西夏人在那儿有座军需库。那还等什么？杀过去。身在敌境，粮食第一，先抢了再说。到了鸣沙川之后，他才知道这个惊喜有多大。这个仓库里面物资的丰富程度堪比“御仓”。

泾原军一下子精神百倍，齐心协力把御仓洗白，带着大包小裹满载启程，向灵州城进发。

与此同时，种谔的鄜延军占领了西夏的起家资本、定难五州中的银州、夏州。在这期间并没有什么值得大书特书的艰难过程。之前无定河畔谷地里的野战，让这一片的西夏军力变成了真空，种谔横行无忌，处于想怎么打就怎么打，打到哪里都是必胜的局面。

当然，他记得原计划是什么，五路大军的总攻点在灵州，最后的目标是灵州背后的西夏都城兴庆府，拿下它们才是胜利。

为此，种谔只是扫荡了银州、夏州城里的西夏残余军力，毁掉敌方的行政部门，并没有派兵留守，仍然是全员进发，向下一个目标盐州挺进。

战争的焦点从中路向西边转移，李宪的熙河兵团突破女遮谷之后快速行军，在十月下旬时到达屈吴山，再向前就是西夏曾经的核心——由李元昊建立的天都山皇宫。

尽管都城在兴庆府，可这里是党项人的精神圣地。不说战略意义，只说山上美轮美奂庞大的宫殿群，就是集西夏三代皇族才修葺完善的财富积累。那是钱，那是可怜的、贫瘠的、只出产青盐马匹等土特产的党项人几辈子才攒下来的。

无论从哪一方面来说，李宪都触到了西夏的底线。就算另外四条战线再吃紧，也绝不容许他侵犯天都山。

十一月上旬，西夏紧急调集了数万精兵集结在天都山下，与熙河兵团决一死战。又是一场野战，战争打到这时，相信西夏方面已经对宋军有了新的认识。种谔、刘昌祚军是在野外击败了他们，这时面对宋军中野战最强的熙河军团，他们有没有什么新办法呢？

答案是没有。

这不是想有就能有的事，军队的能力、特色，决定了它只能打什么样的仗。宋朝的西军是经过痛苦的换血、改进，才达到了现在的高度，西夏人想瞬间赶上，那是个不切实际的梦。事实上，他们连打法都扭转不过来。

这一次的战斗是种谔无定河畔谷地之战的翻版。当天又是一场大雾，弥漫的大雾里李宪命令前锋诈败，把敌人引进了包围圈。西夏人只逃出了后队，整个前锋都被歼灭。之后的事是西军前辈们如范仲淹、狄青、韩琦、张亢等人一生的梦想。

李宪冲上天都山，把李元昊留下的西夏皇宫烧得片瓦不留，变成一块寸草不生的焦土！

至此，宋军的熙河、鄜延、泾原三大军团已经和西夏军正面对决过，无一例外大胜过关，相继向西夏腹地挺进。其中，动作最快的是最先决战的鄜延军。

种谔在战场上兜了个大圈子。他夺米脂、银州、夏州逐步推进，翻越横山，逼近灵州、兴庆府，而不是从绥德出发，走最近的直线。那条线抛开了米脂等城，直奔灵州。

有些书籍上归结为种谔的战略思路，说他曾经宣称，西夏的主力集结在东路，即他所走的这条线上。如果他避开了走西路，那么势必前有灵州坚城，后有西夏主力，自己是往死胡同里钻。与其那样，还不如“迎其锋败之，军声既振，千里行无敢抗者”。

遇强愈强，正面决战，何其壮哉！只是稍微翻阅地图就会发现种谔的不得已。他的确有迎其锋而败之的勇气和实力，不过命里注定了没法走捷径。

西路，是留给第一衙内高遵裕的。五路大军各有路线，你一个边将，想和高衙内争道？想都不要想，种谔、刘昌祚只是给大太监、大衙内们保护侧翼打前站的跟班儿。

尽管如此，英雄有自己的战绩为人生注解。种谔丢开所有的枝杈向灵州疯狂进军，他不顾一切了，西北严寒，进入十一月后已经冰封大地，必须快，再拖延下去光是严寒就会终止这次战役！

月初进占麻家平，不等休整，8天后攻占盐州，鄜延军团迅雷不及掩耳，再向前不远处就是灵州城了。可是突然间天降大雪，种谔的军队里满是战争军械，连御寒的衣服都没有。他眼睁睁地看着士兵们被冻死，雪后清点，减员五分之一。

更要命的是开始缺粮了。第一，他不是主攻部队，粮草的接济本就不如李宪、高遵裕等人；第二，他跑得太快，这让西夏人猝不及防，也让后面的运粮队追不上。

怎么办？当此关头，种谔没有畏惧，他相信有敌人吃的，就有自己吃的，只要能打胜仗夺过来！鄜延军团继续前进，下一个目标是白池，再下一个目标就是灵州。

应该说一下王中正了。同样是太监，李宪长驱直入锐不可当，他却一直没消息，真是让人着急。

王中正一直非常顽强地……坚持着。

他所率领的河东军出发得很早，比种谔还早了一天，在九月二十三日从麟州出发。说实话他是五路西征军里最幸福的一支，首先出发点就独一无二。麟州在河东路，与其他的西北军有天壤之别，有钱有粮兵力强悍，之前的折家军等部队都在他的辖区里。

出发前管运粮的转运使庄公岳还专门赶过来请示：“您需要多少天的粮？”王
很认真地想了想，说：“要半个月的。”

当时就沉默了，这也就是说，灭掉西夏国这样重大的任务只需要半个月
心里有这样的问号，可庄公岳什么都没多说。他是个成熟的公务员，你
多少，只是需要您亲笔签署这条命令。

也真的写了，之后点兵出发。

国门之后，这位大太监充分表现出一个军事工作者的“谨慎”。他的谨慎
四路指挥官所望尘莫及的，是拍马都追不上的，是做梦都想象不到的。比如
许士兵生火做饭，不许牲口鸣叫，全军不许发出任何响动。

以免暴露军队的行踪，招来敌人。

可是他身在最外线，种谔走的又是东路，既让出了高衙内的道儿，又提前把他前方路上所有的敌军都砍倒，已经是一马平川没有任何危险了，真不知道他还紧张什么。

如此这般，一路之上没遇到任何敌军，冷、饿两点就折磨死了宋军两万主战部队。勉强支撑到了神堆，随军的民夫一听这里和种谔的绥德城非常近，立即就散伙了。

根本没法控制，民夫虽然这样，但河东军的素质还是很高的。他们听从王中正的命令继续前进，只不过到了奈王井后，粮食全部吃光了，不想死就只有退军。

十月底，河东军退回宋境，进行休整。步骑总数 6 万人，民夫 6 万，马 2000 匹，驴 3000 头。另有民夫 5 万人作为后备的强大部队，出兵 40 余天，只是进行了一次野外徒步，就结束了使命。

另一方面，刘昌祚的泾原军已经把战火烧到了灵州城门。

没错，不是城下，是城门。泾原铁骑狂飙突进，行动路线的选择，时机的把握空前成功，当他们出现在灵州城前时，守城的西夏人半点反应都没有，他们不懂，为什么层层堵截，宋朝人还能突然出现。

惊愕中，西夏军队做出了一个非常英勇，也最失算的决定。面对泾原军，[redacted]立即派兵出城迎战，而不是第一时间坚守。

这是自信，可惜脑子太蠢，未能衡量出双方力量的差距。自古以来[redacted]防部队也别想和野战部队平地交锋。泾原军既然能突破一路之上那么多[redacted]兵团，其战斗力可想而知，是你们这些防守型的城墙兵能对付得了的吗?[redacted]

可西夏人就这样冲到城外了。刘昌祚瞬间狂喜，苍天在上，这是他事[redacted]望的好运，透过涌出来的西夏大兵，他看到的是大开着的灵州城门!

他命令前锋把敌军拖住，后军一拥而上，直接抢关。那一天眼看人马踩[redacted]州城的大门被蜂拥而上的宋军逼近，只差一点点就冲了进去。只要冲进去，无[redacted]战略意义，还是部队的给养，都会解决。可是就在这时，有一匹快马发疯一样地[redacted]后面冲进了泾原军的队伍。

从后面来的，是自己人。这匹快马不惜一切代价，以最快的速度带来了西征主将的命令。一直隐身的高遵裕终于现身了，他不知用了什么样的侦察力量，居然能这样准确地把握住泾原军的一举一动，在最关键的时刻，送来了决定整个西征大局的命令。

他命令，泾原军停止攻击，不管战争进行到了哪一步，立即停下来。理由是他身为主将，正和西夏谈判，宋军就要不战而胜了。

刘昌祚瞬间僵硬了，他简直不敢相信自己的耳朵。稍微有一点点战争常识的人都知道，破门而入是唯一的硬道理，与之相比，什么见鬼的谈判都是骗人的。退一万步讲，就算真在谈，也会随着战争的进程而发生改变。很明显，高遵裕是要抢功，他不愿刘昌祚攻下灵州城。

但是刘昌祚不敢违令。主将在做什么，副手没权力过问，不管是不是真在谈判，他必须立即停下来……如此，之前的艰苦作战，百里疾行就都作废了，有了准备的灵州城，绝对是一个空前坚固的堡垒。

刘昌祚严格执行命令，泾原军后撤，把西夏人让进了城门，再远远地退回去。天赐良机就这样随手扔了……泾原军全军将士垂头丧气地往回走，真是来时威风，走时稀松，来的时候狂风暴雨，回去的时候慢慢腾腾。

沮丧之余，大家的心里都浮上来个问号，高遵裕高大衙内，按他的生平履历来说，应该不会出这样的昏招，不会有这样低劣的人品才对啊。

高遵裕，字公绰，亳州蒙城人。看以往的战绩，他是个乱七八糟，邪恶狡诈，让敌人一个头八个大的角色。

熙宁元年时，他在西北榆林做防御使。从这一点可以看出来，这位衙内很能吃苦，榆林那地方别说宋朝，就是现在也是个既艰苦又危险的地方。尤其是这一年，西夏发兵10万，其中有3000名铁鹞子，看实力已经相当于李元昊时期的好水川之战了。

高遵裕手边的兵力是2万，硬拼显然不行。在这种紧要关头，他向四周看了看，他看到了一条河——石门河。再向上看一眼天空，当时是盛夏，热得不动都一身汗。很好，这两个条件加在一起，高遵裕的心灵习惯性地变得邪恶，一条阴谋诡计浮了上来。

他先是高挂免战牌，憋了对方十多天，之后派人过去约定日期，3天之后，石门河畔一决生死，不见不散。

西夏人很亢奋，终于可以打仗了，宋朝人终于不当缩头乌龟了。只是他们高兴得早了点，决战当天，高遵裕再次发挥了磨人本性，让西夏人在毒太阳底下整整等了一上午才露面。

西夏人都快晒出油了，临近中午时再也忍不住，挤到河边去饮马喝水。凉森森的河水让他们非常享受，每个人、每匹马都尽情地喝了个够。高遵裕就在这时出现在战场上，接下来事情的发展顺序是这样的：西夏人抖动身体，甩开成片的水珠，古铜色的肌肤在烈日下非常性感——他们举刀砍了过来，真是英姿飒爽。只是下一瞬间，突然集体头晕目眩、恶心呕吐，有的还拉肚子了。

这仗还怎么打，反应快的拉过马来就想逃跑，结果发现马比人还要狼狈，软得像一个个的烂柿子。

没错，他们集体中毒。高遵裕让他们晒了一上午的日光浴，效果差不多了，派人到石门河的上游去下毒，掐时间快发作了，才领人杀了过来。在这样的阴谋诡计下，胜负一点悬念都没有，西夏人当天死了一万多，被俘虏 4 万多，跑回去不到 4 万人。马匹、骆驼、辎重扔得遍地都是，根本数不过来，尤其是 3000 名铁鹞子，刀都没见着血就被集体活捉了。

这一战之后，高遵裕在敌我双方的眼里都变成了一个混账东西。

不过，不管黑猫白猫，抓到耗子就是好猫，高遵裕这种无原则打法，在元丰西征时再次发挥功效。

他率领的环庆军出了国境之后，突然改变了方向。原定在葫芦川附近和刘昌祚合兵的，他向旁边闪了闪，在韦州、清远军一带进入了瀚海沙漠。

这一招不仅大大出乎西夏人的意料，就连宋朝的友军也没想到。结果就是沙漠外边打得鸡飞狗跳的，每天都死好几千人，而他老人家带着大队人马悠闲自在地走了十几天，突然间出现在重要地段。

时间刚刚好，所有的途中麻烦都躲掉了，所有的重要情节都没上演。什么，已经上演了？那不行，立即掐了这段重播！

结果刘昌祚的泾原军在灵州城下被自己人挡住，眼睁睁地看着西夏人躲回城里，一切恢复原状……那天泾原军窝了一肚子的火往回走，天黑了正想休息，突然间又接到一道火速传来的命令。

这次的快马比上次还玩命，很明显高大将军真急了，命令居然是——我在30里以外遇袭，立马来救我！

泾原军气得一屁股坐在地上，全军郁闷得要死。不是说正和西夏人谈受降的事吗，怎么突然间被袭击了？

部下们决定不去搭理高遵裕，让他继续谈，没准儿能沟通出奇迹，那些西夏人自动就停止攻击了。可是模范军人刘昌祚太厚道，他想都没想，就下令亲自率领为数不多的骑兵连夜支援。

一直疯狂赶路玩命抢城的泾原军骑兵又上路了，跑了30里之后终于看到了环庆军。只见一片凌乱，的确是发生过战斗，可是西夏人不见踪影，早跑光了。

刘昌祚下马求见，按说一路上把所有的敌人都吸引在身边，孤军奋战，灵州城前被黑了一道，这时又深夜赴援，怎样说刘昌祚都是个难得的好同志、一个好哥们儿吧？作为前面这些操蛋事的始作俑者高遵裕是不是应该满脸堆笑，亲自迎出帐门呢？

不，这样做了是人之常情。而所谓衙内就不是常人，尤其是做了这么多出格事的高大衙内。

高遵裕让刘昌祚在帐外站了大半夜才让他进来。第一句话不是问候，而是质问：“说，你为什么来得这样晚，西夏人都跑光了你才到，贻误战机了你知道不？”

刘昌祚头晕了，可是他的职业素养真的是太好了，为人真是太厚道了，不仅没发火，还决定将厚道进行到底。

历史证明，厚道有时是最要不得的。但这时，刘昌祚道了歉，以行动表达了自己的诚意。他说：关于灵州城怎么打，他已经有了成算。比如灵州靠着黄河，西夏援军无论是从水路还是从旱路，支援起来都很快速。我们应该先把黄河的就近渡口都控制住，来个围震打援，把灵州牢牢地孤立起来。这样，以灵州为点大量杀伤西夏军队，时间稍长，灵州不攻自破。

说实话，这个办法是正解。如果当年赵光义打幽州时也这样，就不会腹背受敌了。可是刘昌祚怎么也想不到，高遵裕接下来的反应居然是——大怒。

“你一个偏将，主攻大略是你可以决策的吗？！明天我只要带队冲到灵州城下，每人带一包土堆在那儿，马上就能登上城墙，用得着旷日持久地围什么城打什么援吗？”

此言一出，满帐安静。这办法四五年前成功过，交趾人打邕州时就是这样进城的。这次也能成功吗？事没验证，话很难说。不过，既然主将这样决定了，大家只有服从命令。刘昌祚想了想，决定告退。可是临出帐门又被叫了回去。

高遵裕一脸的不耐烦：“刘昌祚你这人太笨了，还不听指挥，你不配当一军的统领。现在你被撤职了，由……”老天在上，他没在环庆军里选，而是指定了刘昌祚的副手姚麟。

“姚麟，就由你来接替刘昌祚。”

怒火升腾，面对衙内，服从和礼貌只会让衙内变得越来越不是人。军人之间的友谊是由鲜血和生命凝结而成的，不会像商贩或者文痞那样，为了升官、利益随便抛弃。

姚麟严词拒绝了，就算是下级，也不是随便欺侮的！

一顿大吵后，事情有了结果。刘昌祚还是泾原军的主将，只是泾原军退出了灵州争夺战，他们远离灵州城，在外围防守。

走出帐门时，刘昌祚心里很难过。不是为了遭遇才悲愤，他发现自己还真是笨啊，明知道对方怕他抢了头功，才在紧要关头下令停止攻击，这时还献什么策？在他想来这是本分，可在高遵裕的眼里就是继续地争，不停地争。

明摆着是不服嘛……

有必要说说灵州城的城防了。灵州在宋朝名下时只是塞外的名城，有一些战备意义罢了。从宋真宗能把它随便就扔了，就能看出它的地位。

到了党项人手里就不一样了，这时的灵州城城高三丈，以黄河作为护城河，数十里周长的墙头上用浸了水的毡毯包裹，各种城防器械一应俱全。

平心而论，这种防卫体系除了军队的数量不如宋朝都城东京、重镇太原之外，中原各地的其余名城还真是都不如它。这时高遵裕手握环庆、泾原两军的主力，居然事先自废武功，抛开了一半的兵力不用，独自去攻打，这种自信真是让人没话说。

攻城开始，只见环庆军全军出动，各种办法齐上阵。土堆、爬城、放火、挖洞等全部出笼，热火朝天地忙了一上午，突然觉得身后不对，声音居然比这边还大。

回头一看，在后边旁观的泾原军比他们还忙。只见从黄河的东关渡口拥进来无边无际的西夏军，像蚂蚁一样扑了过来。被刘昌祚猜中了，不管宋军想不想围城打援，敌人的援军转眼间就杀到了。

这一次西夏方面是真着急了，这是他们自建国以来面临的最大危机。之前就算辽兴宗耶律宗真痛打李元昊时，也没惨到这地步。定难五州大部分丢了，天都山皇宫也被烧了，灵州城再保不住，都城兴庆府就有陷落的可能。为此，他们派出了最后的底牌。

大将仁多零丁。

这个名字从这时起和宋朝人结下了不解之缘，他的故事很多。在最起步的时候，起到的作用和辽国的一位战神很像，那个名字很久远了，但一直鲜活地闪耀在历史的长河里。

——耶律休哥。

回到正题，刘昌祚憋了一肚子的窝囊气，所以他看到西夏援军觉得非常舒畅。闷的时候有人打，是每个男人的梦想。他带人就砍了过去，摆下了上次野战中大获全胜的阵势。

盾牌墙、神臂弓、弩手、骑兵队，这些设置仍然起了作用，西夏人几乎是踩着自己的尸体往上冲，冲到后来终于上了岸，突破了泾原军的前三道阻截之后，遇上了郭成的骑兵。

那天郭成在灵州外围露了这一生最大的脸，同时也遇到了最大的失败。当时有一个西夏武士骑一匹白马在战阵中纵横无敌，刘昌祚一看非常不爽，大叫："谁去把他砍了？"

郭成拍马就迎了上去，一个回合就把对方斩于马下。这是一个骑兵最大的荣耀，战马交肩过，英雄闪背回，敌人身首异处。这不是战绩，这是艺术。

可是没等他高兴，铺天盖地的西夏人涌了上来，他玩了命地砍杀，竭尽全力之后，发现潮水过去了，他还活着。可西夏军已经越过他，突破了泾原军的防线，冲向了环庆军。

泾原军的心情很复杂，没拦住敌人，说明他们失败了，可这给环庆军造成了非常好的效果。这次阻击战还是很成功的，连仁多零丁本人都中了好几箭，想必西夏军整体战力也大幅度下降了，高大衙内只要凶狠点，不用独自都杀光，只要背靠灵州城顶住了，泾原军就能再推上去，里外夹击吃了这股援军。

可转眼之间，整个泾原军就都傻眼了。高主将就是一个创造奇迹的人，见西夏人扑过去，消失了，灵州城门大开，西夏人进去了，门又关上，环庆军仍然在城下……也就是说，不仅没吃掉、没拦住仁多零丁，连对方的城门都打开了，居然也没能冲进去。

这还围攻个什么劲？根本就不是打仗的料，只是几万个废物聚在一起而已！

虽然是废物，但是仍然是上级。刘昌祚把抢下来的西夏援军的辎重都收集起来，送到了高遵裕的大帐，希望能搞好关系。很可惜，他又撞到了枪口上。他不懂，一个善良的人和一个邪恶的人，从根本上就不同。同一件事，往往是两个理解。

就比如这时送礼，不仅他错了，连以后的岳飞也这样错过。邪恶的长官正在气头上，送来的东西越多，就越觉得部下在炫耀，在打他的脸。

高遵裕大怒，说："刘昌祚你在外围防守，为什么没拦住敌军，坏了俺的攻城大事？来人，推出去砍了！"

这条命令下达之后，整个军营沸腾了，泾原军拔刀子就冲了过来："高遵裕你这个腌臢匹夫，忒煞是欺负人，弟兄们做了他！"眼看就要哗变，说实话，真要哗变了的话，对宋朝的命运来说还是件好事。

可惜啊，刘昌祚的性格特点是顾全大局。他主动出去劝部下，一切以国事为重，不能内讧。

内讧没有发生，宋朝继续攻城。只是不管多么努力，注定一事无成。机会错过了，上天曾经给过宋朝两次绝佳的时机。

一次是刘昌祚快速闪击即将突破城门，那时本可以一了百了；另一次是阻击仁多零丁，就算不能借机抢城，起码不能让援军进去。

两次机会都错过之后，灵州城不仅城坚池厚，连守军人数也急剧上升。此消彼长之后，宋军已经没有半点优势。可是高遵裕还不死心，他要继续尝试。

结果是屯兵坚城之下围攻18天。看时间是不短了，应该给城里带来很大压力，可惜从实际效果来看，宋朝人只是自找苦吃。他们千里奔袭，需要速度，没法带重型攻城器械，勉强从周边收集资料想做一些，可都是些不成材的小树，想搭个云梯都费劲。

半个多月过去了，高遵裕急火攻心，拿灵州城没办法，继续拿刘昌祚出气。没有任何错，他就要杀只比他低一级的副手。结果可想而知，泾原军再次暴走，人没杀成，军心士气进一步低落。

经过这样反复的欺侮折磨，刘昌祚终于忧愤成疾，病倒在军营里。

郁闷中又一个致命的消息传来，粮道被劫了。离边境那么远，西夏这个穷地方，十一月底了天寒地冻，没有了粮想找片绿树叶子吃都没有。还敢耽误吗？立即撤退。

高遵裕这次没有犯晕，部下们怎么劝他就怎么听了。可是他忘了城里面的人是谁，仁多零丁，这人是西夏自李元昊之后最有军事天赋的人，继承了党项人的狡诈残忍。他没有率军趁机杀出来，而是做了一件狠到了家的事。

扒开黄河……

十一月底的黄河水冰冷刺骨，带着冰凌冲向了宋军营地。在撤退之前，宋军终于被淹到了。幸运的是，这个季节黄河的水量不是最充沛的时候，人马辎重并没有一下子全毁。

宋军紧急撤退，边走边回望，几十年前丢掉的灵州城就这样留在了身后，它本应被夺回来的！可是管不了这么多了，这时最重要的是警惕四周，随时注意追兵。

他们多虑了，这时仁多零丁还是没有出城，黄河给宋军带来的厄运才刚开始。灵州一带为了发挥黄河的水利效益，修建了众多的水渠。这些水渠纵横交错，铺满周边大地，只要黄河的水流出来，就会一个个注满，是天然的路障。

宋军想越过去，只能毁了各种军械搭浮桥，分期分批地慢慢过。想提速的话，除非下渠里游泳。就这样，高遵裕率领环庆军在前，领头先跑，刘昌祚的泾原军给他们殿后，在他们的背后，灵州城的城门终于又一次打开了。

仁多零丁的出现，迫使宋军加快了撤退速度，一小半的泾原军真的跳进了冰水里游过了长渠。等爬上来之后，百战精兵也冻得开始打哆嗦。而他们的前方，长渠复短渠，水渠何其多！某一天的晚上，他们被迫在一条大渠、一条小渠之间扎营。

环庆、泾原两兵团分开了，仁多零丁等待的机会终于来了。天晚时，西夏兵大举进攻，泾原军独自应战，一边在寒风里瑟瑟发抖，一边拼老命地挥刀子，终于打退了西夏人，可全军没有一个人高兴。

都是老兵了，这个都懂。仁多零丁不是要一次性吞掉他们，而是在寒冷、缺粮、冰水、撤退中不断地消耗，一点点地折磨死他们。

形势逼人强，看懂了也得走上这条路。好不容易越过各条水渠，第二次攻击在一个隘口发生，这次前边的环庆军良心发作，派了大将俞辛、任诚来支援，结果全部战死。泾原军主将刘昌祚的副手姚麟出战，才勉强过关。第三次攻击在韦州城下，饥渴劳累的宋军抢着进城，被西夏人捡了个大便宜，死了很多人。

直到十二月的上旬，两支队伍才撤回宋境。这时，他们已经用枪杆和弓箭来烧火取暖，全军冻饿伤病，损失惨重。

环庆军托了高大衙内的福，损失率是五分之一，受到重创的是泾原军。自始至终，泾原军几乎冲杀在前，撤退在后，把西征重担独自扛在了肩膀上。这样巨大的消耗，让出塞时的 5 万余士兵、5000 匹马，只回来 13000 人、3000 匹马。

减员超过了三分之二。

刘昌祚悲愤交加，劳累过度，在灵州城下就病倒了，勉强挣扎着回到中原后很长时间卧床不起，一代猛将从此意志消沉，再没有什么作为。

最失望的人莫过于宋神宗。从战争开始后，他日夜处于紧张的守望中，他传令西北战报不分昼夜，只要传来必须第一时间告诉他。这样，他在一个深夜里得到了灵州城失败的消息。希望越大，失望越大，宋神宗在震惊中计点整个战役走向，发现倾全国之力发动的西征竟然继续不下去了。

高遵裕失败，王中正误事，李宪虽然节节胜利，但迟迟不能到达主战场。这时再孤军深入，已经没有意义，反而是送给西夏人的厚礼。

局势竟然急转直下，到了这步田地。

宋神宗在深冬黑暗的皇宫里一个人独自徘徊了一晚，内心深处无数念头升起又旋落，100 多年的宿怨，近 10 多年以来的努力，国家的命运，竟然就这样失败了吗？

这不只是军事上的失败而已，连带着的是千辛万苦才挣扎起来的经济国力，民心士气。这时失败，不知何年何月才能重新振作！与之相对应的，反对派的呼声，甚至皇宫深处的阻挠，也会随之而起……难道真的是天不佑大宋吗？

这个念头让他痛苦不已。坐以待旦之后，他咬紧牙关签署了命令李宪撤军的指令。从这一刻起，他深深地知道，真的失败了，堂堂大宋煌煌天朝，真的又被西北的跳梁小丑给羞辱了。他，宋神宗赵顼，与太宗、真宗、仁宗一样，并不是什么天纵奇才，中兴名主，只是个志大才疏的庸人罢了！

对人严，对己更严，这让宋神宗极力奋发，年轻有为。可是这种性格有着巨大的自我折磨性，让他不能忽略失败，快速恢复。他陷入了低落的旋涡，无力也不愿剥离出来。

转机没多久就出现了，种谔的鄜延军回来了。鄜延军在十二月中旬竭尽全力抵达了白池，这是最后的极限，他已经用了所有的办法，再也没有半点前进的动力。

在这期间军队曾经分裂过，从京城调给他的3万余名禁军受不了西北的苦寒，在饥饿中他们逃跑了。为了能活下去，这股巨大的逃兵不仅带走了鄜延军的战斗力，还把种谔的后方搅了个乱七八糟。

他们饿，为了找到吃的，不管是西夏方还是本国居民，他们全都抢。

这股乱兵被沈括解决了，他是西征部队的后方总负责人。只是迫于严寒、路远，他实在是供给不上种谔的给养。深冬时节的西北大地上，鄜延军已经身陷绝境，如果再不及时脱身，等西夏人包围过来，注定会全军覆没。

实战检验出种谔的军事天才，进攻时机变幻百出，撤退同样是一门艺术。面对一向不讲信义、狡猾凶残的西夏人，种谔玩了个小花招。

他派人向西夏挑战，3 天后决一死战。

西夏方面立即就全面动员了起来，集结兵力，保持警惕，鬼知道狐狸一样狡猾的种谔会不会突然偷袭。熬过 3 天之后，他们冲出营门，到了约定地点。结果左等人不到，右等还没来，派人去催才发现宋军的营地早就空了。

种谔在发出挑战书后第一时间就跑了……回到国内，他给宋神宗带来了最好的消息。五路大军中只有他这一路攻城略地带回了战绩。比如说兰州、米脂两城，义合、吴堡、塞门、浮图等寨。至于银州、夏州、盐州等地，鄜延军虽然攻下来了，可是兵力有限，没法保住。

这些只是收获的一部分，他带回来的更重要的东西是宋朝的信心。请问，五路西征真的是失败了吗？这要看怎样来定义。

如果说以灵州论成败，那么宋朝的确是输了；如果以战争本身为定论，宋朝无论如何都占据了上风。

与党项人近百年的恩怨，宋朝在战争方面打出了几个阶段：

最开始是大炮轰蚊子，以宋太宗赵光义时的充沛军力，抓不住像泥鳅一样滑溜的李继迁。这是机动性不足。

后来在野战时期李元昊打遍东亚无敌手，宋朝尽管出现了范仲淹、韩琦、张亢、狄青等大批名将也处于下风，勉强维持边境不倒而已。这是野战能力太差。

李谅祚在宋朝面前占不到半点便宜，野战没机会，攻城时被射得跟刺猬似的往回跑。只是可惜，宋朝那时国力下降，没有远征的资本。

宋神宗这次五路伐西夏，不管在传统的史书里是怎样评价的，比如他惨败了，损失兵力、民夫总和近 20 万。抛开这些看战绩，宋军的战斗力，尤其是野战能力全面压倒了西夏人。五路之中，除了王中正之外，宋军除了没能攻下灵州，其余战斗全胜！

即使是灵州之役，宋军的失败也不是西夏人造成的：第一，高衙内的脑子有问题，一个人玩死了帝国的梦想；第二，也是最重要的原因，宋军其实是败给了天气。偏偏选在西北苦寒时节出兵，除非摧枯拉朽、毫无阻碍地击破西夏的全部防线，不然就得面临塞外的大风雪。不过，这也怪不了宋神宗，谁让西夏国偏偏在这个时候内讧呢?

看过战绩，再看得失。

这是个相对的问题，不是说宋朝有了损失就代表失败了，要看看西夏人同时期怎样了。双方的军队损失是相差无几的，不同处在于西夏人是宋朝人杀的，而宋朝人是天气、黄河水杀的。抛开这些之后，由于战争是在西夏境内展开，所有恶果都由西夏方独自承受。

史书记载，战争过后的西夏“虏中匹帛五十余千，其余老弱转涉，牛羊堕坏，所失盖不可胜数”。

翻译成白话文，就是物价飞涨，经济崩溃，民众流离失所，西夏立国之本的牲畜一片一片地死去。

客观地讲，元丰西征是西夏军事、国力走向衰弱的转折点。

所以，宋朝决定继续进取。

# 第二十五章 永乐城之殇

宋元丰三年（1080 年）三月，鄜延军经过短暂休整之后再次出击，种谔派大将曲珍率 2 万步骑出东川攻击宥州，夺取葭芦寨。

葭芦寨只是一个建在荒山上的战斗堡垒，没有什么油水。可就是在这里，改变了宋神宗的心灵走向，甚至扭曲了宋朝的历史。

它建在横山上。

横山，今陕西横山东南之横山，是党项人的立国之本，像一条天然的长城一样耸立在宋、西夏两国之间。

对宋朝来说，拿下横山的制高点，就像辽国掌握了燕云十六州一样，从此居高临下，一马平川，随时可以进入西夏腹地。而拿下葭芦寨之后，制高点到手了。

种谔进京，提出——横山延绵千里，出产战马，易于耕种，有盐铁之利，百姓骁勇善战。夺得横山，再沿银、宥、夏、盐、会、兰等州一线修建城寨，筑垒推进，一步步稳扎稳打，围逼灵州与兴庆府，迫使西夏就范。

这是与之前五路西征截然不同的计划，从战略思想上来说，与当年范仲淹的思路一脉相承。虽然见效慢，可每一步都没有风险。西夏的国土面积并不大，以这时宋朝空前壮大的国力，对西夏压倒性的军事实力，绝对可以把党项人的生存空间挤干挤尽。

最优越的一点是，根本就不用和对方的主力军团野战对决，只要发挥宋军最传统的守城优势，就足以让西夏眼睁睁地看着被蚕食，却没有半点办法。

如果要说缺点的话，就是见效慢，花费大。这要筑多少座城池，盖多少处寨子，何日才能见到党项人俯首称臣？

可刚刚挣脱了失败情绪的宋神宗不这样想，他又一次看见了希望。

种谔，你真是带来惊喜的人，你真是我心中的喜悦！为了让喜悦升级，宋神宗迅速派出了两个特派员，跟种谔回西北，实地考察操作难度。

种谔像一阵春风，从西北吹向京城，当再吹回西北时，他却觉得春天离他越来越远了。他的心里变得忐忑，不安的感觉越来越强烈，这两位特派员太奇怪了，让他看不懂，尤其是其中姓徐的那位。

两个特派员，一个是太监李舜举，另一个叫徐禧，官衔是给事中。李舜举就算了，他只是宋神宗的贴心人，一起在皇宫里生活，无可避免地，敏感的神宗皇帝觉得太监值得信任。

徐禧正相反，他本来离神宗无比远。

徐禧是一个没有文凭的人，能混进公务员队伍，完全是托了改革的福。这位仁兄从小志向高远，不屑于读书，当同龄人都在钻研科考时，他已走遍大江南北，边塞绝域，积累了一脑子新奇古怪的想法。这些想法让宋神宗大为倾倒。

神宗说："朕阅人多矣，未见如卿者。"单从这句话来看，徐禧比王安石都厉害。

这时派徐禧上前线，正是发挥他的特长，忘了说，这位徐先生虽然没当过一天兵，可超级喜欢军事。当年他游走天下时，最爱干的事就是蹲在一个个危险地段，脑子急速旋转，想着怎样杀人。

种谔的不安感就来自这些，徐禧走走停停，不按照种谔当初提出的计划考察，很明显他的脑子里有了别的想法。3个月之后，种谔的不安终于变成了现实，徐禧完全破坏了他之前的构思。

为什么要沿银、宥、夏、盐、会、兰等州一线修建城寨呢？这是一片多么大的土地，和新修一条长城有什么区别？何况建好了也只是第一步，要逐步向西夏腹地挺进，宋朝的国力会被这些土寨子抽空的！

并且人寿有限，得由几代人才能完成，很可能神宗皇帝本人都见不到覆灭西夏的那一天。

他提出了一个新想法，攻其全面不如一点，在广阔的两国边境上找到最敏感的那一点，全力以赴盖出一座坚城，在那里设重兵把守，它可以成为进攻西夏的桥头堡。在现在夺取横山制高点的前提下，起到的作用要比种谔之前的泛攻强得多。

根据他的考察，最佳的筑城点就在银、宥、夏三州的交界点永乐川（今陕西米脂西北）。

主意很好，可是种谔气晕了。因为……整个永乐川都没有水！

但是徐特派员不顾一切开始了筑城。至于种谔，可以走了，鄜延军换了主人，成了徐禧的队伍。

宋元丰五年八月时，北宋决定修筑永乐城。由徐禧、李舜举、沈括率领鄜延军除种谔以外的所有大将、4万步骑，以及禁、厢、蕃各军8万，民夫20万出边界，至永乐川筑城。

每个人都知道，西夏人随时都会出现，这是扎在西夏人心头上的一根刺！宋军全力以赴，30余万人只用40天就造出了“三面阻崖，表里山河，气象雄壮”的永乐城。

站在这座城下，徐禧感慨万端，这是他的计划，是他的业绩，他百分之百地肯定这会是西夏人的噩梦。宋神宗也很激动，他给此城赐名为“银川寨”。

为了毁掉这座新城，西夏掏出最后一点家底，他们动用了6个监军司的兵力，唯恐不够，又在民间征兵时达到十丁抽九的程度，共30万兵力，带足了100天的粮食，向横山挺进。至于永乐城中，兵力不到4万。这个数字对比是不是很熟悉呢？对，和李元昊时期的好水川、三川口等战役一样。

都是1:10。

战前、战中、战后都有无数机会让宋军免于厄运，可都被徐禧强行放弃了，当永乐川的天然缺陷暴露之后，宋军之惨，无以名状。

全军缺水！

最后整个永乐城里只剩下了两壶水，一壶在徐禧手里，一壶在宦官李舜举手里。徐禧想用当年麟州城骗李元昊的老法子骗西夏主将仁多零丁，把整壶的水倒了下去:

“没水？这是什么？”

仁多零丁大笑道：“也只有这么一点了吧。”转身回营，立即强攻。

干旱在继续，强攻在继续，直到九月二十日，这一天是鄜延军的命运日，天上乌云滚滚，电闪雷鸣，眼看一场瓢泼大雨就要下了。

鄜延军的致命干渴就要解决。

仁多零丁疯了，眼见功亏一篑，他命令不惜一切代价，哪怕都死光也要攻进城去。雨，终于下了，雨势变大时已经到了深夜，一片漆黑之中除了闪电没有半点光亮，没有火把在这时点燃。城内外数十万人在黑暗里殊死搏斗，他们看不清自己杀了谁，或者谁将杀了自己，黑暗终将吞没一切，这一时刻终于到了。

宋元丰五年（1082年）九月二十日深夜，永乐城沦陷，随即被西夏人拆毁，留下来的只是一些数字资料。

李稷死了，这位军需官冲到城门口，死在了乱兵堆里；蕃军指挥使马贵死了，他力杀数十名西夏人，倒在了血泊里；大将高永能也死了，他本来是可以逃生的，他的孙子高昌裔在危急中牵马过来，告诉他有条小路能逃出去。可高永能悲愤难抑，在黑暗中大叫：“吾结发从军，未尝一败，今年已七十，受国大恩，今日就是我报国之日！”

也有死得平静的，城破之时，宦官李舜举拒绝了侍从牵过来的马。他撕下了衣襟，小心地在上面写了一行字：“臣舜举死无所恨，愿陛下勿轻此贼。”

这是他写给神宗的临终报告，他至死也没有忘记自己的职责，忠告神宗千万别再小看西夏人。

活下来的军官只有3个人，他们没有走城门，而是从城墙上跳了下去。他们是吕整、李浦、曲珍。曲珍是鄜延军二号人物，早就上了西夏人的名单。当他只身逃亡，快被追上时，奇迹发生了，他在路边居然看到了一匹矫健的白马。

这匹白马驮着他逃到了米脂城，之后他将这匹白马命名为“天赐白”。

最后要说一下徐禧，他的结局和他生前一样奇妙。有人说他死在了战场上，可是找不到尸体。不管是宋朝人还是西夏人，都没能找到。那么他没死吗？可是之后再也没有这个人的消息。

如果他还活着，应该痛不欲生，再没脸见人；如果他死了，灵魂也不得安宁。他扭曲了一个国家的命运，更亲手造成了20多万同胞的冤魂。

3万多百战精锐的鄜延军将士，10多万无辜的宋朝民夫，都死在了永乐城里……

战报和李舜举的遗表传到京城时，又是一个深夜。宋神宗一直在黑暗的皇宫深处等待着，他万万没有想到，等来的居然是这样的消息！

一战死难20余万人，这是自宋朝建国以来从来没有过的事，居然被他这个最有理想、最有抱负的人创造了出来。多么讽刺，多么悲哀！

这一夜，神宗绕床苦郁，整夜未眠。第二天早朝时，和臣子们说到永乐城之败，突然间他痛哭失声，无法自抑。

他实在没法原谅自己，极端高傲敏感的心灵，让他迅速坠入自责、自伤甚至自虐的情绪里。这一年他仅35岁，是一个男人最风华正茂、精力旺盛的时段，可他的健康快速地毁了。

思路越想越窄，情绪越来越低落，要命的是他还非常聪明。不用别人指责，他自己清楚两大战役败在了哪里——用人不当。

五路西征时王中正是个废物，高遵裕在重任面前居然变得自私，永乐城里的徐禧更是个千古笑话，他本该活在春秋以前的三代里，当个古人多好！

回想安石先生还在时，复熙河、平荆蛮、征交趾，战无不胜，王韶、章惇、熊本、郭逵每个人都独当大任、始终其事。两相对比，他找出来的这几个都是些什么动物……现在说什么都晚了，国力损耗、军队凋敝、士气低落。如果说他自登基以来还有什么贡献的话，就只剩下了熙宁改革。

但是，那条产业链条，必须通过外战成功，收复土地，才能创造出更大的利润，来回报被压榨的国内经济。现在外战打到这个程度，链条已经崩断，之前改革的弊病立即就会显露出来……这样一来，一生所为，没有一件事是成功的。

甚至连正面的意义都没有！

宋神宗深深地感到了绝望，以后的路还要怎样走呢？就在这时，又一个噩耗传来，种谔死了。种谔郁怒淤积，得了背疽，死时年仅 57 岁。

威名赫赫的鄜延军至此全灭。而这还不是最绝望的事，永乐城之败后半个月，更大的灾难降临到汉人的头上。

宋元丰五年（1082 年）十月十日，宋神宗在皇宫里闲走，偶然心动去了秘书省的藏书阁。他在里边看到了一幅画像，画中人欣秀风雅、微微含笑，虽然纸迹已黄，年代久远，可那人竟然像是与他早有前缘，让他久久凝视。

神宗问："此是何人？"

——"回陛下，乃五代时南唐国主李煜。"

……原来是他，不愧是风流才子。

当天夜里，神宗在梦中见到了这位百余年前的风流才子伤痛国主，他向神宗深深施礼，向他缓缓走近……就在这天夜里，他的第十一皇子出生了，这个孩子名叫"赵佶"。

# 第二十六章　我好孤寒！

苏轼在元丰年间完成了一生的蜕变，和从前截然不同了。在那之前，他只是个脑子超灵、读书超多、记忆力无比好、情感很杂乱的小伙子。经此蜕变之后，他变成了名垂千古的苏东坡。

是一次锥心之痛和两次严重欠扁的猪头行为，让他蜕变成功的。

在那次痛苦之前，苏轼连个三流的诗人都算不上，看看他写的那些诗吧，怎么看都让人烦。比如《初发嘉州》：

> 朝发鼓阗阗，西风猎画旃。故乡飘已远，往意浩无边。锦水细不见，蛮江清更鲜。奔腾过佛脚，旷荡造平川。野市有禅客，钓台寻暮烟。相期定先到，久立水潺潺。

标准的记叙文，标准的6副对联组成了一首没咸没味的所谓诗。这一水平的东西在中国五千年历史里就是地摊货，随便扔进明清诗人的集子里都找不出来。它最致命的缺陷就是立意太水了。

整首诗里除了“佛脚”二字能确定在乐山大佛之外，其余所有的意境和文字可以任意安在中国各条水道上。可以说是在长江上坐船，也可以说是在珠江上坐船，还可以说是在黄河、辽河任意一条河上坐船。

但是这场痛苦过后，苏轼突然间完成蜕变，成了一条遨游八表无所羁绊的苍龙，俯视人间无数诗人，独立一方天空。

那是在宋熙宁八年（1075年）正月二十日的夜晚，苏轼在梦中忽然回到了眉山老家，故园亭台，归来无恙，他突然看到了自己死了整整10年的结发妻子——王弗。

心灵剧痛，醒来后泪流满面，一首没有任何雕饰的词自动浮现——

> 十年生死两茫茫，不思量，自难忘。千里孤坟，无处话凄凉。纵使相逢应

不识，尘满面，鬓如霜。

夜来幽梦忽还乡，小轩窗，正梳妆。相顾无言，惟有泪千行。料得年年断肠处，明月夜，短松冈。

这首《江城子·乙卯正月二十日夜记梦》之后，苏轼的各大代表作如泉涌般出现。同年，苏轼在密州写下了另一首《江城子·密州出猎》。

这首词的意义比上一首更加重大，是苏东坡一生奠定词性的作品。如果他一直沉浸于追悼亡妻的痛苦里，那么就算再真挚深邃，再“有声当彻天，有泪当彻泉”，也只是在婉约伤感的旧体词老路上走得更远而已。

而“老夫聊发少年狂，左牵黄，右擎苍，锦帽貂裘，千骑卷平冈。为报倾城随太守，亲射虎，看孙郎。酒酣胸胆尚开张，鬓微霜，又何妨！持节云中，何日遣冯唐？会挽雕弓如满月，西北望，射天狼”一出，苏轼开创了自己的时代。

宋词豪放一宗，自苏轼始。从此，词这种起源于小调弹词市井级出身的艺术，上升到了与唐诗并存的地位。

天才一旦爆发，就再也无法遏制。第二年，宋熙宁九年的中秋佳节，中国历史上最经典、最成功的一首《水调歌头·明月几时有》出世了。

——“明月几时有？把酒问青天。不知天上宫阙，今昔是何年……”苏轼正式成为一代词宗大家，地位无法撼动。

以上是中华民族的幸事，他的才情、激情、哀伤、苦郁，每一种心境转变感悟，都成为中国人永恒的心灵映射，甚至会影响民族的性格。比如，他为什么会变成“坡仙”？

但是才情归才情，苏轼的正当职业还是国家公务员。有了这个身份，一般说来衣食无忧，社会地位很高。可是相应地就要受些约束。

最重要的一点，就是不能乱讲话。语言文字是思想的具化，代表了一个人的政治观点，搞不好就会犯错误的。

苏轼不在乎这些，他有句名言，是对弟弟苏辙说的。说他有话要说出来，就像是吃饭时看见碗里有苍蝇，必须得吐出来。

那就可劲地吐。

他随时得罪人，尤其是针对变法派。王安石一走，剩下的变法派没有一个是好相与的人，于是苏轼开始倒霉。

在李定、沈括的努力下，苏轼攻击新法，诽谤朝廷，甚至影射皇帝的罪名终于成立了。

宋元丰二年（1079 年）七月，湖州。难得的艳阳天，苏轼正想晒一下自己珍藏的书画，一匹快马狂奔而来，给他捎来个信儿。这是开封城里的好朋友、驸马都尉王晋卿的小道消息，告诉他抓他的人就快到了，能跑快跑。

苏轼愣了一会儿，苦笑一声："普天之下，莫非王土，皇帝要抓人，能跑到哪儿去？何况自己跑了，这一家老小怎么办？"

他索性穿好官服，静等官差上门。之后的事就是御史台抓人流水线操作，苏轼被押解进京，等待他的是御史台的审问。更确切地讲，是李定的怒火。忘了说，李定这时就是御史台的长官。

面临大险，苏轼的心情是与众不同的。临走前，他看着自己的第二任妻子，也是王弗的妹妹王润之笑了："夫人，前朝真宗年间有位隐士名叫杨朴，应召入宫。真宗问他能否作诗，他说不能，可临行时夫人给他作了一首。你想听吗？"

王润之点了点头。

苏轼笑道："呵呵，听好。'且休落魄贪杯酒，更莫猖狂爱吟诗。今日捉将官里去，这回断送老头皮。'夫人，今日我也进京，你不能像杨夫人那样写首诗为我送行吗？"

苏轼越潇洒，李定越喜欢，要的就是你这样的，不然折磨起来还没意思呢。苏轼一路车马颠簸进了京城，住进了乌台大院。

乌台，就是御史台。这名字有来历，从汉朝起就这么叫了：一说当时的御史台里有很多的柏树，上面住着很多乌鸦；另一说嘛，就跟御史们的职业有关。这帮人到处挑错，谁见谁烦，还惹不起，于是统称他们为乌鸦嘴。

办公的地方，也就随之变成了乌台。

乌台大院里关的全都是官儿，像苏轼这样的地方领导还算不上高规格。只是由于方方面面的原因，他被特殊照顾了，审讯由御史台最高长官李定携同舒亶、何正臣等新法集团的同僚共同进行。

昼夜不停。

白天的苏轼仍然潇洒，每一个别有用心的提问，他都可以用无比渊博、机变的智慧回击。可到了晚上，就糟糕透顶了。

夜深人静时，乌台大院里的在押犯们突然间集体惊醒，个个吓得发抖。他们听见一阵阵鬼哭狼嚎的呼疼声此起彼伏，仔细听，还能辨别出那个喊疼的人有很浓重的四川口音。

没错，苏轼被人黑了，上演了宋朝版的《监狱风云》，被人在黑夜里轮番痛打。估计旁边少不了李定的低声怒吼：“写啊，你倒是再写啊，让你蛰龙、蟠龙，现在你给我先蛰着蟠着吧……”这件事被当时同样押在御史台的另一位官员记录了下来。

这基本上是真的，最大的根据是苏轼的身体状况。在入狱之前他很健康，出狱之后的苏轼腿疮痔疮、流行传染病、咳嗽、臂肿、赤眼等病几乎得全了。而他不过是入狱两个多月而已，如果真有宋朝传统上善待士大夫的规格，他无论如何也到不了这步田地。

两个多月以后，苏轼出狱，他被贬到黄州（今湖北黄冈）做团练副使，不许擅自离境，不许参与任何公务，基本上就是一个领工资的保释犯人。

黄州，生活向苏轼展示了另一面。在这之前，在老家眉山时他有父母照顾，进京之后名满天下，有欧阳修那样的文坛宗主罩着他，反变法时与王安石作对，身后有司马光等权臣大佬撑腰，哪怕贬到了杭州、密州、湖州，他的官也是越做越大，从通判变成了知州。

乌台诗案之后，他成了监外执行的罪犯，除了一份工资之外，所有的政治权力完全被剥夺，由于得罪的是皇帝，也谈不到什么前途。

就连怎样才能填饱肚子都成了问题，最先出事的是工资。北宋的官员们拿到的工资并不都是铜钱、布匹、粮食这些硬通货，这是只有京城里的顶级大佬们才有的待遇享受，各个地方官员们的工资绝大多数是些实物，想变成钱，就得自己想办法去折换。

比如这时的苏轼，他的工资由公家造酒用过的袋子来顶替，每月领到后得自己卖出去，才能到市场上买米买面回家过日子。

堂堂苏学士变成了小商贩，怎一个屈辱了得。可是更大的麻烦还在后面，很快这份单薄的工资就不足以养活苏轼人口众多的家庭了。他这时有一妻、一妾、四个儿子、四个儿媳以及孙子若干，仆役几个，全都靠他吃饭，这么多张嘴靠那些旧酒袋子，很快就会饿死。

困境中苏轼做出了之前他死都不会选择的生路，他一个姓马的朋友替他向州里申请到一块城东的荒地，大约 50 亩，由苏轼自己耕种。

这是什么？这是农民，回想从前他反对免役法时的话，尽管他这时与纯粹的农民有区别，可终究要干同样的活儿了。这是报应，也是上天的恩惠，它让苏轼切身体会到了从前他所蔑视的阶级的痛苦。

而他这时不觉得痛苦，只要能平安地活下去，就足以让他满足。

从这时起，他开垦荒地，种植庄稼，满足于更快乐于自己是个农民，他给这片城东的坡地取名为“东坡”，并且以这两个字为自己重新命名。

他叫苏东坡了，中华民族几千年里文学天赋能排进前五的大天才躺在长风茂草里，躺在无限宽广浑厚的大地上，彻底挣脱了名利的枷锁，他的心性提升到了另一个新的层面。

在黄州的第三年时，苏轼有感而发，写下了几行字——“自我来黄州，已过三寒食。年年欲惜春，春去不容惜。今年又苦雨，两月秋萧瑟。卧闻海棠花，泥污胭脂雪。暗中偷负去，夜半真有力。何殊病少年，病起须已白……”

这则随手写下的小感，是排名仅在东晋王羲之的《兰亭序》、唐代颜真卿的《祭侄文稿》之后的千古第三行书《黄州寒食帖》。在这个意义上，它奠定了苏轼宋朝第一行书大家的地位。

神宗的健康以34岁为分水岭，在那之前，他几乎出满勤，每天都要临朝工作，从来不生病。34岁那年，是宋元丰四年，正是五路伐西夏，先胜后败。

举国伐谋，期望越大，失望越大，神宗一下子病倒了。病得很重，可他年轻，身体很快就恢复了，能重新工作了。只是时隔不久，就传来了另一个噩耗。

永乐城沦陷。

这个打击是致命的，只在一夜之间，神宗的健康就崩溃了。他“早朝当廷恸哭，宰执不敢仰视；涕泣悲愤，为之不食”。他是心思太重，对自己要求太高的人，无论如何都没法淡化失利的阴影。在之后三四年的时光里，神宗一直郁郁寡欢。

谁能想到，这居然是他一生里最后的三四年。死神向他接近，宋元丰七年（1084年）九月的一天，他在集英殿里大宴群臣，刚刚举起酒杯，突然间群臣发现皇帝的手僵硬了，停在空中一动不动。下一瞬间，酒杯倾斜了，里边的酒洒在了皇帝的衣襟上。

神宗失去了对身体的控制，病情再一次恶化。痛苦中，他有一次忍不住呻吟：

“我足趺疼痛。”又一次，他叹息说：“我好孤寒！”

皇帝做到了这样，是成功还是失败？是可敬还是可怜？这时他年仅37岁，正是一个男人精力最旺盛、身体最强健的阶段，有全国最好的医生、最好的医药来调理，为什么还会滑向死亡呢？

只有一个原因：他在自我折磨，无论如何都不原谅自己。他是这样得病的，也是这样死亡的。在病重期间，他得到了两个消息。

第一个消息来自西夏，那边的局势剧烈动荡，掌握实权的梁氏集团首脑都死了。先是国相梁乙埋，后是太后梁氏。小皇帝李秉常重新当政，大权却落在了下一任梁氏国相梁乙埋儿子的手里。

新一轮的内乱注定会爆发，机会比上一次还要好。只是还有雄心壮志吗？就算有，还能承受千百万子民的伤亡，去恢复国土，重振国威吗？

神宗苦笑，我好孤寒，就算再次出征，还有谁能支持，谁来理解……

第二个消息是从西京洛阳传来的，算是一个意外的喜讯——司马光修撰的《资治通鉴》终于完成了。

这部书耗时19年，共294卷300余万字。上起周威烈王二十三年（公元前403年），下讫五代后周世宗显德六年（959年），共16朝1362年的历史，是中国文化史中独一无二、毫无争议地处于顶峰的编年体史书。

盛世出巨著，它的完成是座不朽的里程碑，不只是司马光等编修者的荣耀，更是宋朝文明的象征。不管从哪方面来看，这都是件好事。

可落在宋神宗的心里，悲凉再次升起。这是一部不世出的巨著，相信宋之前没有，宋之后呢？我们现在也知道了，同样没有。

明朝的《永乐大典》、清朝的《四库全书》都与它不是一个类型的典籍。可是他可以为之骄傲吗？从名义上来讲，宋朝所有的成就都要划入他的账下，不管《资治通鉴》是谁写的，都以他的名义完成。

但是多么可惜，它问世时国家没有与之相匹配的成就。如果威服四夷，扫平西夏，恢复盛唐时的疆界，那时文治武功都达到各自的顶点，又是怎样的局面？

乐观的人在黑暗中看见光明，悲观的人看太阳都是耀斑。神宗在自己的思绪里越走越窄，终于在年底时病入膏肓，他连话都说不出来了。大臣们有什么意见，他只能用摇头或者点头来示意。在他最后的时光里，只来得及给国家册立一位皇太子。

他的第 6 个儿子当选，这个孩子年仅 10 岁，原名“佣”，现赐名“煦”，在名义上成了宋朝的继承人。仅仅是名义上，实权都落在他的奶奶、神宗的生母高太后手里。

宋神宗死了，他带走了一个时代。精确地分析，除了势力衰弱的新法集团以外，几乎所有的人都盼着他死，不管是他的生母，还是他的亲人，除了他不懂事的儿子之外，都等着他咽下最后一口气，好让宋朝再次翻天覆地。

“我好孤寒！”

神宗早就有这样的觉悟，也做了一些准备。可惜世事无情，在他的身后，他的亲人、臣子不仅把他的功业败坏殆尽，就连他的声誉都敢于肆意篡改。

神宗想让苏轼来修国史，不行，苏轼只是从农田里解放出来，去当江州知州。还没到任，又被调离，到汝州去做团练副使，相当于平级调度，仍然不能接触公务。

神宗想让曾巩来修国史，也不行，理由是曾巩的能力不足。真是活见鬼了，堂堂“唐宋八大家”之一，居然在文字能力上不足！

几经改换，神宗已经病倒，这事儿不了了之了。多么高明的手段，一个“拖”字，就把皇帝拖垮了，神宗一生业绩的终身评判，成了一些人别有用心的工具。

为什么会有这种事发生呢？奥妙都在他的本纪里。

《神宗本纪》最后的赞分为两个阶段：第一阶段是赞扬，说他当皇子时对弟弟们友善，对老师们尊重。当皇帝后态度端正，努力工作。

> 小心谦抑，敬畏辅相，求直言，察民隐，恤孤独，养耆老，振匮乏。不治宫室，不事游幸，励精图治，将大有为。

之后笔锋一转，“未几，王安石入相……”第二阶段开始，为了准确理解，大家直接看原文：

> 安石为人，悻悻自信，知祖宗志吞幽蓟、灵武，而数败兵，帝奋然将雪数世之耻，未有所当，遂以偏见曲学起而乘之。青苗、保甲、均输、市易、水利之法既立，而天下汹汹骚动，恸哭流涕者接踵而至。帝终不觉悟，方断然废逐元老，摈斥谏士，行之不疑。卒致祖宗之良法美意，变坏几尽。自是邪佞日进，人心日离，祸乱日起。惜哉！

这是很高明的手笔，要仔细欣赏。首先文章把宋神宗推到了一个被害者的地位，他的志向是因为宋朝前几代君主的幽蓟、灵武等失败而产生的，这无可厚非。坏事就坏在了王安石的身上，他“悻悻自信”，以“偏见曲学”投其所好。

在这个基础上，才能既撇清了皇帝，又打击到政敌。

第二阶段是文章的重点，想了解政治的残酷性、无耻性的朋友们注意了，请欣赏什么才是选择性失明。“青苗、保甲、均输、市易、水利之法既立，而天下汹汹骚动……”写的全都是反对派们当时的“痛苦”，把与之对立的各层面都忽略掉，而且动不动就把“天下”两个字提出来，仿佛是他们的专利。

早就说过了，他们只代表北方的官僚、大地主阶层，所谓天下，他们只能占百分之零点几而已。排除这些之外，像熙河大捷、平定荆湖、征服交趾等辉煌胜利只字不提，国库的充足，官员的精简，职位的理顺，这些空前绝后的大好事也一件未提。

这是给皇帝写本纪，用脚指头想也明白，如果没有最高层的领袖支持，谁敢这么乱写，灭十族都是轻的。那么，这些幕后指使者是谁呢？别急，他们立马就会跳出来。

在那之前，让我们用自己的眼睛、自己的文字，为这位难得一见的小皇帝送行。宋神宗的一生，与熙宁变法密不可分，与王安石密不可分，与成败密不可分。

官方说法，总是把他定位为一个失败者，连同王安石、熙宁变法，也都是以失败告终。这让我很迷惑，为什么会有这样的结论呢？

什么样才是成功，要怎样才算是失败？

熙宁变法是摸着石头过河，在实验中有些细节被证明是错误的，宋神宗都及时去掉了。这就算是失败了吗？只有每一项每一条都带来丰厚利润，没有半点失算才是成功？

以青苗、保甲、均输、市易、水利这几项最重大的改革来看，打击的是豪强，造福的是国家、小民，除非我们是司马光、文彦博、韩琦等士大夫阶层，要不然有什么理由说它们是恶法？

外战的胜负更不必再说了，最后两战之前保持全胜，仅以最后两战为论，西夏受到的打击也绝不比宋朝小。两相对比，甚至西夏变得更衰弱。

我知道，这些都是次要的，历代史书和我们的定位标准是宋朝灭亡了，是被外族消灭的，是在距离熙宁变法不久之后就发生的，所以改革是失败的，宋神宗是失败的，王安石更是失败的。

这简直让人郁闷至死，让我想起了法、儒两家之争里，儒家最大的所谓优势。他们总是说，以法治国都是短命的，看秦朝就是最好的例子。统一天下又怎样？二世而终。

为什么就不想想秦二世做了些什么？在他即位之前，李斯这位法家大宰相就被冤杀了，之后二世和赵高把秦朝搅得一团糟。法，是绝对的精准，绝对的平衡才能体现出优势的。他们这么搞，完全背离了法家。

秦之灭亡，正是法制被破坏，直接证明了法家的优越。

同样，北宋的灭亡要看宋徽宗的作为，尤其是徽宗与神宗之间隔了两位统治者高太后和宋哲宗，中间多少变故，为什么要让神宗来为结果埋单？就以新法、保守两派的争端来说，也是在高太后、宋哲宗时才爆发的。

在神宗时代，两者虽然不和，但从来没有像牲口一样不分黑白、不讲道理，直接把人往死里整的事。甚至双方都保持了君子的风度，哪怕只是表面上。

千千万万的总结，这时只是开端。历史的车轮在转动，定格在宋神宗这一时代，关于他本人的一生，只凝结为一句话就好了。

——他为他的理想而活，奋斗始终，做的都是前人、后人所不敢做，甚至不敢想的事。

如此一生，复有何求？

从这个意义上来说，宋神宗活得非常成功。他的光辉是荣耀，就连他的失意，也是一种难得的经历。对于这样一个追求、梦想了一生的人，作为有独立人格、不拘泥于简单成败结果的现代人来说，实在应该认同他、欣赏他。

宋元丰八年，1085 年 4 月 1 日，神宗陛下驾崩，谥号英文烈武圣孝皇帝，葬于永裕陵。

# 第二十七章　西京耆英十五年

新一轮政治游戏上演，谁来当下一任皇帝，是在谁的推举之下产生的，这是封建时代最大的一票买卖，多少人血灌瞳仁地盯着呢。能实施的只有两个人。

首相王珪，次相蔡確。

这两个人分工很明确，王珪保的是皇上的儿子，蔡確保的是皇上的弟弟。

蔡確胜算颇高，神宗有两个弟弟，赵颢36岁，赵頵30岁，都是在最好的年华。尤其是赵颢，这个弟弟最特殊，当年连王安石都敢惹，还敢和神宗吵嘴，逼得神宗吼出来“换你当皇上……”的话。这样的人，很有当皇帝的潜质。

可是一番试探，发现高太后的娘家人非常不喜欢赵颢，这就没搞头了，立即转头选皇子。同时为了毁尸灭迹，即刻散播谣言，说赵颢图谋帝位，蓄意造反……可怜的雍亲王，和蔡確集团没有半点联系，就被连续利用了两次。

可是支持皇子的队伍太挤了，帝国首相王珪挡在路上，拿这个老东西怎么办？难道要排名在他后边，当个副手吗？

不，绝不。

为确保胜算，蔡確悄悄召来了一个人。这个人改变了中国历史。

说来我写这部书的最初愿望，就是由这个人引发的。我很较真儿，非常讨厌大而化之的笼统概念，比如历史是个漫长的衍化过程，一个民族由盛而衰不是一两代人的责任。

那么具体的责任在哪儿？一代人、两代人、三代人都没责任，就是说谁也没责任了？

从量变到质变，一定会有某个具体的因素。

说盛衰，中华民族的转折点在宋朝，具化在一个时代，是宋徽宗时代。徽宗之所以堕落，原因在蔡京。没有这个人，徽宗就算不能保持最开始时的清明俊杰，也绝不会迅速地让国家陷于万劫不复之地。

研究蔡京，可以清楚地知道北宋末年时的官场，可以从他一路波折几起几伏的人生里看到北宋从神宗起至徽宗止的官场文化，从而找出中国人一直存在的思想、生活里的痼疾。

简化掉他的一切烦琐履历，他的官场之路走得充满了幸运，同时也注满了苦难。他从老家福建仙游和弟弟蔡卞一起进京赶考，第一个赏识他的人是王珪。

王珪是当年的主考官。

第二个人是绝代人物王安石。

蔡氏兄弟之才，在某些方面绝不在苏氏兄弟之下。比如说书法、政治才能，尤其是早慧、品貌出众的蔡卞。当时是熙宁三年，王安石掌控天下，主持改革，是朝廷第一权臣，他一眼就看中了蔡卞，把女儿嫁给了他。

蔡京几乎在仕途开始的第一瞬间就和宰相挂钩了，这比考中了状元还让人惊异。只不过，王安石是与众不同的，他对蔡氏兄弟的要求很严格。

别想在京城里当太子爷，你们还年轻，去基层锻炼吧。

终王安石当政的9年时间里，二蔡奔走在边远州县之间，与高官厚禄无缘。不过，这竟然有了意想不到的好效果，当王安石罢相之后，不管是新党还是旧党，都对蔡京兄弟很有好感，认为他们有操守，淡泊名利，和邓绾、吕惠卿等趋炎附势之徒截然不同。

有了这样的官场评价，再加上王安石的关系，神宗对他们很有好感。在元丰初年，蔡卞当上了起居舍人，蔡京当上了中书舍人。几年之后，当神宗病危时，蔡京高升为开封府尹。

当上了首都市长后，职权很大了，蔡确想对付首相，直接找到了他。很多复杂的内幕转化成了三组对话。

蔡确："我们支持六皇子赵佣。"

蔡京："好。"

蔡确：“我们对付王珪。”

蔡京：“好。”

蔡确：“明天早朝，我和章惇一起向王珪摊牌，你带人守在政事堂窗外，他敢反抗，你就杀了他。”

蔡京有一个极短暂的停顿：“好。”仍然如此回答。

上面的交谈有点古怪，相信大家都看出来了。比如说蔡确为什么会去找蔡京呢？王珪是蔡京的座师，是官场上非常牢固的嫡系关系。

连当年女皇武则天都非常头疼，弄出个殿试来亲自当老师，拆散这种官场裙带。为什么蔡确视而不见？很简单，他有更牢固的关系。

北宋历史上姓蔡的高官很多，比如蔡確、蔡襄、蔡京、蔡卞。其实他们是亲戚，非常近的血缘关系。蔡确和蔡襄是同一个爷爷，他们的曾祖父和蔡京兄弟的曾祖父是亲兄弟。一笔写不出两个“蔡”字，与这个比，什么座师也没用。

可是还有第二个异常的地方。

蔡京太乖了。无论蔡确说什么，他都满口答应，其听话程度，别说是兄弟，就连上下级都很少有这么痛快的。说来这就是蔡京的苦难，同时也是他的特色了。

综观蔡京一生，他没有根基、没有靠山，从帝国最偏远的小地方考出来，就连王安石看上的也是他的弟弟。这样的出身，想往上爬的话，只好委曲求全。

他非常清楚这一点，从最开始时就半点锋芒都不露出来，和每一个人打交道，都透出来足够的热情和周到。久而久之，他形成了自己独一无二的官场存活方式——零拒绝。

这是个非常罕见的特例，俗话说“人无钢骨安身不牢”，不论是在家庭里还是在社会上，男人要有脾气，女人更要有脾气，不然每个人都会欺负你。一句话，不善于说“不”的人，是没有地位，更得不到地位的人。

那么，蔡京的前途会是怎样的呢？会成为一团任人揉搓的面团吗？

这些拭目以待，要一点点地剖析开，才能真正明白。现在要记住的就是他的特色——零拒绝。

可是零拒绝也得有个尺度吧？看看蔡確要他干的事，那是带人到皇宫深处的政事堂里砍当朝首相，真要是这么办了，别管王珪是不是能砍死，也不管是雍亲王赵颢上台，还是皇子登基，他本人都是铁定的死路一条。

明摆着是火坑，蔡京怎么就一口答应了呢？

别急，蔡京现在的肚子都快乐抽了，他以无比、空前、绝后、变态的忍耐力才忍得住没有笑出声来，平静地把蔡確送走。然后集结人手，携带管制刀具，等着第二天的行动。

第二天，蔡次相、章大人率领了大批手下进入皇宫，与三省、枢密院的大臣会合，去神宗寝宫前问疾（神宗还有最后一口气）。在神宗的病榻前，大家很安静，退出来之后，蔡確把大家领到了枢密院的南议事厅。

这时王珪已经快虚脱了，他很老了，还生着病，这样来回折腾，基本就快坚持不住了。偏偏蔡確这时找上了他。

蔡確还好点，章惇却一如既往地凶狠，他看着王珪就来气，这个老而不死的家伙怎么看怎么烦人，一次次地想坏事！

“说，你是拥立皇子，还是反对拥立皇子呢，今天你要是敢反对，要你人头落地！”

大厅里鸦雀无声，大臣们都愣住了，大宋朝自开国以来，还从来没人在办公场所这样威胁过首相。现在皇上病重、首相丢脸，不是真的要出大事了吧？

不承想却看见王珪一动不动地坐在那儿，像是真被吓傻了，好半天没说出一个字来。其实他是快气晕了，一种被恶搞的快感让他想跳起来骂街，也想仰天大笑，大叫真过瘾，太好玩了。

他本身拥立的就是皇子，现在蔡确和章惇拿刀子逼着他拥立皇子，而这个皇子早就确定好了只有皇六子赵佣一人……这不是在开玩笑吧！

同样微笑的还有躲在窗外，带着数十把钢刀的蔡京。你以为他真的傻吗？蔡确找到他时，他一瞬间就搞清了这个逻辑，所以才答应得那样痛快。带刀就带刀，进宫就进宫，无论如何这事儿都不会流血，乐得做这个顺水人情，把忠心表得鲜血淋淋。

好半天之后，王珪终于缓缓地说出了一句话："上自有子，复何议？"这句话说出口，章惇立即长出了一口气，神宗可以瞑目了，皇位没有旁落。

蔡确却勃然大怒，这等于向天下公开，皇位是自然传承，根本没什么拥立之人。这么半天都白忙活了？正想着再做点什么时，章惇已经带着他走下一道程序了。

大臣们重新进宫，不管神宗还能不能准确表达意识，得把由皇六子继位的诏书传下来。当天赵煦（皇六子佣）终于有了太子的名分，走出皇宫时，三位顶级大臣的脸色各自不同。

王珪神色灰败，油尽灯枯，他再也支撑不下去了，很快就会死亡。

蔡确咬牙切齿，意犹未尽，他怎么也没想到，老得不能再老、懦弱得不能再懦弱的王珪，会在关键时刻精明得用一句话就毁了他的美梦。

章惇意气昂扬，他不管事件里有多少内幕，也不管谁有什么想法，重要的是目标达到了。就像是要让自己更兴奋一些似的，出宫门时他迎头遇上了事件的死对头，雍亲王赵颢。

章惇对敌人下手，从来都是在明面上，要赢就赢得嚣张痛快。他迎了上去，大声说："已得旨，立延安郡王为太子。你觉得怎样？"

赵颢立即低头道："天下幸甚。"

章惇大笑着离去，他相信这才是处理这类事件的最好方式。就是要摆在明面上，让赵颢当众低头，彻底打倒，以后少了别样的心思，不仅是对国家，对赵颢本人也是爱护。

在他的身后，蔡确仍然贼心不死，他不甘心。这时他的亲信邢恕出现了，他的主意真的很多。他要蔡确向外界宣扬——是延安郡王赵煦带人进宫逼着王珪同意册立的。不管过程怎样，不管真相怎样，哪怕是谎言，也要不断地重复。

只要造成了影响，就是功劳。

蔡确照办了，他真的想迈出最后的那一步，跨过咫尺之遥的距离，从次相升到首相。为了这一步，他的脑子乱了。

这就是蠢人的悲哀，他忘了是怎样当上的帝国宰相。那不是他的能力、资历，而是宋神宗想亲自掌握朝政，不想被任何手下阻挠，才选了这一届的领导班子。

换句话说，他和王珪只是办事员、传达员，只是御用的秘书而已。从这一点上来说，王珪真的比他强，至少明白自己的处境，老老实实地当"三旨相公"。

谣言传出去了，蔡确如愿以偿地成了当时的头条风云人物，把将死的王珪、强硬的章惇都盖了下去。这真的给他带来了好处，最直接的一点，他被一位深宫里的贵妇人注意到了。

高太后。

她觉得很好玩，外边的这些人在搞什么，好像他们能决定什么似的。按传说中的套路，应该是先从她这里得到指示，然后才去外面宣传吧？现在好像正相反。难道想来个既成事实，要她照办？

她觉得，这些人真是找死！

世上没有人知道她的本质是什么，不是这些年人们传颂的节俭、贤惠、识大体，而是跋扈！之前隐身在深宫内院里，外人都不知道。事实上，她的婆婆曹太后、丈夫宋英宗、儿子宋神宗这些在名分、实权上都远远高于她的人，都得听她的。

很可惜，这些信息在元丰八年之前只是在宫廷里面流传，不然蔡確的悲剧就不会上演了。他绝对想不到，之前的那些表演会给他带来什么，那是北宋历史上前所未有的打击。

谁让他不知进退，敢和高太后抢功劳呢？

她当然会选择她的孙子，至于原因，立赵颢吗？那是个36岁的成年男人了，她用什么来控制？甚至后宫的最高名分都要转移出去，交给新皇后；说她立赵煦是因为对神宗的爱，更是莫名其妙的判断。

要真爱神宗，为什么立即就毁了神宗一生的事业？

归根结底，她忍了快40年了。在她的心里，仁慈深邃的仁宗皇帝是软弱的，大度谦让的曹太后是懦弱可笑的，英宗一生和臣子们纠缠，累死了只给父亲争到个虚名头，实在让她受不了。至于长子神宗，完全是个颠三倒四的小糊涂……整个世界都等着她来拯救。

她需要政治伙伴，理想人选都在西京洛阳。

以司马光为例，他隐居洛阳15年，看似完全退出了官场，可是地位更高，比15年前不知高出了多少。他和洛阳城里老一辈君子大臣们的生活，早就成了一个传说。

在普遍的印象里，司马光这些年的日子很苦。比如他写书累得筋疲力尽全身是病，但仍然坚持，为了提高效率，他做了个醒枕。那是段圆木头，枕着非常不舒服，作用就是阻止他长时间睡眠，只要稍微动弹，木头就会移动，把他惊醒。

而富弼、文彦博、王拱辰等老派大臣都是被王安石逼出京城的，在洛阳应该是一幅凄凄惨惨的失意集中营景象。错了，正好相反，在西京洛阳城里，他们过的是一段广为传唱，让历代文人学者流口水的神仙生活。

首先，是物质基础。

这些大佬每个人都腰缠万贯，手眼通天，要什么样的材料没有，要什么样的地段没有，住的地方怎么能马虎呢？不要说他们自己的房子，易学家邵雍著名的安乐窝都只是他们一时兴起盖起来的。

其中最有特色的是富弼、王拱辰、司马光的宅院。

西京洛阳城，官员宅第无数，光以宰相为论，就有5座。文相、富相、王相、二张相。文指文彦博，富就是富弼。

富弼的宅第是洛阳城中最奢华的，它不像一般的名园以前代隋唐名公的旧宅翻新，而是彻底新建，园中山水亭台湖榭楼台，每一处都体现了他数十年修身为官的品位。

富宅不轻易待客，史书中留下的珍贵资料是易学名家邵雍来访，才偶然得以一游。从富郑公的起居室出来，先穿过探春亭，上一座小山，山上有四景堂可俯览全园。下山后过河，经南渡过通津桥，桥上有方流亭。从亭上远望，对面一片苍翠竹林，中间掩映着一座高堂，名叫紫筠堂。

紫筠堂向右是一片花海，各色名卉齐聚在百余步间，之后经荫樾亭、赏幽台，到重波轩。向北别有洞天，是富宅的一大特色。

北园从土筠洞转入，迎面是一片竹林，里面的景物不再是砖瓦，而是全由竹子搭建。竹轩之下水声潺潺，竹石流水，幽人往来，里面共有四洞五亭。

出竹林向南是一处梅台，松、竹、梅岁寒三友，竹、梅之美兼得。再向南是天光台，此台高于竹林，遮住满院翠绿，外界只能看见山坡的绿草。

转向东是卧云堂，此堂与起居处外的四景堂南北对望，堂外有水流环绕，水尽处又是一座小山，把富园隐藏在都市喧闹之中。

如此亭台，邵雍大为倾倒，他走遍西京名园，认定这座为洛阳之冠。他说得没错，富弼的宅第的确排名第一，这是因为王拱辰的那座一直没盖好。

状元宰执王拱辰一生好运，年仅19岁高中魁首，29岁成为三司使，成为大宋计相，连名字都是仁宗亲赐的。这样的显赫成熟让他的心灵极度膨胀，决定享受完美无缺的人生。

他从 27 岁在洛阳兴建自己的宅院，工程之大，台榭之美，达到了让人满身冷汗的程度。以北宋最繁荣阶段的顶级公务员工资，加上京城里各种各样官商勾结的庞大灰色收入，这座宅院直到王拱辰 73 岁死亡时居然还没有建好。

一共历时 47 年……这是什么程度的奢侈？到他死后，他的子孙们不仅无力继续兴建，连倒塌老坏的房屋都没钱维修。

王园里最著名的是盖好的一座中堂，名叫朝天阁。这座楼高达三层，雄丽巍峨，当时的洛阳城叫它“巢居”，意思是它是树顶的建筑，高到了云彩里。与之相对应的是司马光的地洞，他不爱盖高楼，宁可躲进地底下安静地写书。

司马光的宅院是洛阳城顶级官员中最小的，他选的是偏僻低矮的地方，大小不超过 5 亩，连苏轼四川老家的宅子都比它大，房屋的风格远看像是一座农家院。

院中有座小山，山上建有“采药圃”。山下有小河，盖了座“钓鱼庵”。其他的只是些竹篱茅舍，院中最值钱的是他近 5000 卷的藏书。

他把此院叫作“独乐院”，意思就是明确地告诉外界，他不与众人同乐，专心读书写史，院外的所有事都与他无关。至于那个地洞，因为他是西北人，窑洞冬暖夏凉，住起来非常舒服实用。

很久以来，我一直在思量司马光这个人，他是与众不同的，有太多的疑团让人看不清。其中之一就是他 15 年的洛阳生活。为什么他要这样清苦，连住所都这样简陋？

说没钱是不对的，他写《资治通鉴》是官方投资，宋神宗给了他一笔超级庞大的专项资金，每年还有特别赏赐。那么是他一直简朴，受苦受罪习惯了吗？也不见得。

从他一生的事迹来看，他言行不一，不存在高深隆重的道德。要解释他在洛阳城中的生活表象，只有一个原因，这也是他与富弼、王拱辰等人截然不同的地方。

富、王等人是彻底的养老，在政治上、在恩怨上都抛开了。而在司马光的心里，却有一团熊熊燃烧的大火，他一边写书，一边关注着天下局势，王安石、宋神宗每做一件事都落在他的眼里，很快全世界都会知道，他当时的心情是怎样的。

唯有清苦，唯有严刻，才能让自己保持足够的状态，去等。这是他唯一能做的事，可是光明的前途却遥遥无期。王安石会倒台吗？ 7年之后他等到了；宋神宗会改变政策吗？ 8年以来始终不变。

他很老了，神宗却那么年轻，希望在哪里……连《资治通鉴》都写完了，天下仍然是改革派的天下!

怎么办？继续等。司马光坚信，他在15年间所做的每一件事都是有意义的，不仅会让他成名，更会让他达到王安石、宋神宗所必须仰视的巅峰。

他做到了。在中国这个礼仪诗书至上的国度里，一位超级学者的魅力是无限的。人们在潜意识里相信，一个人有多大的才，就会有多大的德。

一部空前绝后的史学巨著《资治通鉴》，确立了司马光光芒万丈的形象，有这本书在，他万古不朽。同时在当时也让全天下注目。

他的声望高到了无法想象的地步：

第一，在个人声誉上，全天下人不再叫他的名，或称他的字，而是统称为“司马相公”。

相公，泛指一切曾经在东西两府任职的宰执人员。比如范仲淹、韩琦、富弼、王安石这样的人，才可以领受。查司马光的履历，他在归隐洛阳之前，只是被提名去做枢密使，可惜没上任就被改革派搅黄了，也就是说他根本没资格，但老百姓认可了。

第二，他占住了地利。

西京洛阳是块宝地，在历史上仅次于汉、隋、唐三代的都城长安。自古以来，公卿缙绅聚居在这里，其富裕程度，对周边的影响，并不比开封差太多。司马光在这里是太阳，所有的人都围着他转。每当他写书写累了，就坐着车离开家，去找朋友。

他的朋友是富弼、文彦博、邵雍、程颐、程颢、席汝言、王尚恭、赵丙、刘凡、张问、张焘、刘恕、范祖禹等人。看看这些人的身份吧，不是顶级高管，就是一方大儒。这些人聚在一起，随便写写诗唱唱歌，就是中国文化史上的盛事。每当这时，洛阳城中都万人空巷，簇拥着司马光的马车，去看传说中的各位名士。

这样的盛会，在北宋史上非常有名，叫作“耆英会”。

年复一年，作品出来了，声望隆重了，王安石罢相了，宋神宗病死了……司马光如日中天！

盼了整整15年，司马光有太多的话要说，经过缜密思考，他拟定了一系列的行动步骤。由点及面，最开始的一步是把现有的朝臣，以往的政治完全打倒。

历时15年之后，司马光的第一篇奏章是这样开始的：

> 近年以来，风俗颓弊，士大夫以偷合苟容为智，以危言正论为狂。是致下情蔽而不上通，上恩壅而不下达……皆罪在群臣，而愚民无知，往往怨归先帝……

皇宫深处，高太后手捧这样一篇奏章，脸色开始变得灿烂。好，非常好，把熙丰年间所有的成就都抹平了，把她亲生儿子一生的事业彻底贬低。做得实在太好了！

召司马光进京。

司马光和吕公著一起回开封，起步的官职就是门下侍郎。任命刚刚下达，他的第二篇奏章也发表了，就是著名的《请更张新法》。

从名字上就点出，从此割掉熙丰新法的草。这篇文章很出色，真实地反映了司马光的心声，他开篇就把王安石骂了个狗血淋头。

——“……不达政体，专用私见，变乱旧章，误先帝任使。遂致民多失业，闾里怨嗟。”之后，长篇累牍向各条新法排头砍去，把它们比作社会毒瘤，一定要尽快铲除。

这篇奏章是一面旗帜，高太后读得神清气爽，看到了恢复旧法的曙光。

司马光把变法前被赶出京城的同党都召回开封，把他们一个个安插进了重要部门。刘挚、赵彦若、傅尧俞、范纯仁、范祖禹、唐淑问成为台谏，把持言官口舌；吕大防、王存、孙觉、胡宗愈、王岩叟、苏轼、苏辙进入六部，随时候补中枢；文彦博、吕公著、冯京、孙固、韩维等元老为国家咨询政务，像元老院一样地位超然。

一个多月的时间里，司马光准备就绪，要对新法开刀了。

# 第二十八章 司马光的X光片

新法集团意识到危险了。紧张之余，他们想到了一个万全之策。

礼教。

反对派们时刻标榜自己是君子，那么孔夫子的戒律是不是要遵守呢？

——“父死，子三年不改其道，可谓孝也。”

这是最起码的对亡父的尊重。现在登基的是哲宗小同学，无论如何不能让他立即改变神宗的政治纲领。而三年，这对政治来说是相当漫长的时光，足以让很多变数发生。

这个说法正中要害，刚刚还张牙舞爪的反对派们都沉默了，天大地大孔夫子最大，他说的每句话都是最高指示，谁敢反对？而“孝”字是儒家学说的核心要素，敢在这上面含糊，那就真的国将不国了。

但在司马光的身上无效，他的脸都绿了，三年，他都等了5个三年了，现在他连三个月都不能再等了！那么怎么办？眼珠一转，计上心头，作为一个名义上的纯儒，一个道德上圆满无缺的完人，他虽然不能修改这句话，可并不妨碍他弄虚作假。

他提出一个口号，废除新法并不是“以子改父”，而是“以母改子”，是以神宗亲爱的妈妈高太后的名义进行的。

并且特别注明了，虽然是改了神宗的法规，但并不是说神宗有什么错。错都在王安石、吕惠卿，神宗是被他们蒙蔽欺骗的。

……这是不是在隐晦地说，神宗很笨，很好骗呢？

抛开这个不讲，“以母改子”本身就是个大笑话。查遍儒家经典，只有“女子在家从父，无父从兄。出嫁从夫，夫死从子”。

司马光是从哪儿翻出来“以母改子”的呢？

况且登基的是小皇帝哲宗，高太后只是垂帘听政，一个摄政者而已，她凭什么去干扰国政，篡改儿子的法令？仅仅以她是母亲的角色？

无论哪一条，都说不通。可司马光觉得理由足够了，高太后更觉得充分得过了头。

在她心里，这件事只要经过了探讨，都是对她尊严的挑战。难道她想干什么，还要谁来批准吗？！

司马光如愿以偿，真的在神宗死亡三个月之后，就对新法动手了。

头一刀他砍向了“保甲法”。要看一下他废除法令的原文，才能知道什么叫丧心病狂，胡言乱语。

摘抄主要原句——“自唐开元以来，民兵法坏，戍守战攻，尽募长征兵士，民间何尝习兵。国家承平，百有余年，戴白之老，不识兵革。一旦畎亩之人，皆戎服执兵，奔驱满野，耆旧叹息，以为不祥。”

这是中心思想，第一，他说中国人有100多年不练兵了，所以没有必要再练。为什么呢？这不是愚蠢的惯性思维可以解释的，还要结合奏章后面的结束语，才能知道他把本族人看成了什么废物。

第二，从“国家承平”到“以为不祥”这一段。这是他要废除保甲法的理论依据。因为到处都是练武的人，让乡村的老头儿们很不安，觉得不吉祥，所以要废除。

稍微有点脑子的人都会气得四处乱蹦，国家大臣思考重大国策，居然要以农村平民老头儿的喜乐为依据，这真是滑天下之大稽。人类社会什么时候进步到这个地步了，北宋真的是人间天堂？重大国策会让基层的老百姓举手表决？相信当时每个人心里都有数，可司马光硬要这样说，还有些人，比如高太后居然能听进去，并且照此实施……

和下面两段原文对比，上面这个又不算什么了。

下一段，司马光谈到了钱——“朝廷时遣使者，遍行按阅，所至犒设赏赉，縻费金帛，以巨万计。此皆鞭挞平民，铢两丈尺而敛之，一旦用之如粪土。”

这简直是睁眼说瞎话。作为一个史学大宗师，他应该连三代以上中国历朝历代的文献资料都了如指掌，那么为什么宋朝本代的资料，他会选择性失明呢？

要实行保甲法，为的就是消减军队，减少军费。虽然保甲法在实行中也有支出，但都由皇宫里神宗的封桩库、消减兵源节余的军费里划账，没动用户部一分一厘。这怎么能算是浪费呢？查一下具体的明细，以熙宁四年为例，节约军费160余万贯，保甲法支出130余万贯，还多出了30万贯的富余。

这只是京城附近的统计，放之于全国，节余数字会更惊人。保甲法是费钱还是省钱，还用争论吗？

最后一段，在看之前，请大家深呼吸，别被气晕过去。原文如下——“……彼远方之民，以骑射为业，以攻战为俗。自幼及长，更无他务。中国之民，大半服田力穑，虽复授以兵械，教之击刺，在教场之中，坐作进退，有似严整，必若使之与敌人相遇，填然鼓之，鸣镝始交，其奔北溃败，可以前料，决无疑也。”

这是唯人种论了，中国人就是种地的，不管怎样训练都没法和异族人相比，因为人家天生神武，从小练兵，我们再怎么练，只要一个照面，立即全体卧倒仆街，一点别的可能都不会有。

还有比这更恶毒的言论吗？

司马光也算读过书，研过史，“中国之民”在北宋之前，甚至就在北宋初年，什么时候比“远方之民”弱过？不说燕赵习武旧地，就以农民而论，中兴宋朝最强的武将岳飞本人就是农民，之后明朝戚继光等人的军队里，农民更是骨干力量，相反，坏中国大事的，倒全是由司马光所力挺的禁军、厢军。

他的这种言论，是对以往所有历史的大不敬。可他的言论却深深地得到了高太后的共鸣。她所需要的国民就是一群懦弱的奴隶，只有这样，她才能活得轻松，活得自在，觉得世界真是和谐。

保甲法就这样被废除了，宋神宗、王安石苦心经营的不费钱、不误农的全民皆兵政策，已经实施了15年，让两代人习武成长的政策就此破灭。几十年之后，金兵突破边关后长驱直入，直抵开封城下灭亡北宋时，任何一个有理智、有记忆的中国人都应该知道恨谁。

司马光这个败类，如果有保甲法在，国家的希望就不会仅仅局限在开封城内那些腐烂的禁军身上。

当年新法登台是有步骤的，这时废除新法仍然有先有后。司马光是有头脑的，他先废了保甲法，卸掉农民身上的武装，下一步才能让农民们回到水深火热的旧时代里。

废除方田均税法。

一个时代结束了，农民成了从前的农民，地主变成以前的地主。

1087 年的春节到了，新年伊始，万象更新，宋朝进入元祐二年。帝国第一件大事出现，首相蔡确罢相，贬职陈州。

公开的理由是担任山陵使时失职。

谁都知道，其实是高老太婆记仇了。当时无论是蔡确还是其他人，都没太重视。因为按惯例，这是很重的处罚，已经罪责互抵，可以重新做人。他错了，他在元祐元年早春的寒风中走出京城时绝对想不到，这只是一个开始，不仅是他的噩梦，更是高高在上的太皇太后高氏的噩梦。不久之后，宽松、仁爱、慈善、文明的宋朝将变成一个超级苛刻、残酷、恶毒、不讲半分情理的梦魇世界，谁也别想在这个世界里有好日子过。

强如高太后，也别想躲过臣子们的反攻倒算！

一记空前的重磅炸弹在宋朝的各个角落炸响，震得每个人头晕眼花。司马光要求宋朝全境各州县必须在 5 天之内废除免役法，恢复募役法。

宋朝有多大？这样的疆界，众多的官员，要怎样调配、实施，才能在 5 天之内完成这一目标？

役法与税法，是国家的根本。现在司马光要换掉二分之一的根基，居然只给了5天的时间！这简直就是滑天下之大稽，在历史上除了应付亡国级别的战争，从来没有这样颁布法令的。5天……把开封城里的命令传到帝国各处的边境都不够用。

高太后心花怒放，下令废免役法令即日起生效！（即日行之）

国家元首、辅国重臣联手发癫痫，绝大多数大臣选择了沉默。事情是明摆着的，连首相大人都被整垮了，剩下的人去蹚这浑水还有意义吗？

章惇觉得有。

章惇在一次朝会上当堂和司马光辩论，两人你来我往吵了起来，其结果就是章惇捅了一个超大的马蜂窝。从开始章惇就很尴尬，一个年轻力壮的壮年人和一个随时都可能倒毙的糟老头儿叫唤，那样子简直逊毙了，同时还被不停地打扰，提醒他吵架时要注意风度，以免让垂帘听政的太皇太后不愉快。

这真是见鬼，居然成了这次国策大辩论的胜负标准。章惇竟然输在了态度上。当年的辩论实录是存在的，实在太长，没法搬上来，我们只看旧党另一位领袖吕公著的原话，就会知道章惇受到了怎样的刁难。

——“惇所论固有可取，然专意求胜，不顾朝廷大礼。”

既然说得有道理，可见对国家有利。在这样的大原则面前，居然怪罪章惇有求胜的心理。

不管怎么说，这就是有罪名了，可以群起而攻之。由司马光推荐上来的各位言官老大纷纷跳了出来，打倒了蔡首相，再撂倒章枢密，想想都让人兴奋！

章惇被赶走之后，新法集团一败涂地，中高层的办事人员，如吕嘉问、邓绾、李定、蒲宗孟、范子渊等人一股脑儿都被贬到了外地。

旧党扬眉吐气，司马党魁威武！15年之后大振神威，把新党连根拔起，实在让人佩服。

激动之余，他们不自觉地向司马光身边靠拢，认为在这样的大好局面下，实在应该献出自己的一分力来，让形势好上加好。

这些人的代表是苏轼、范纯仁、韩维。想表达的想法，集中在免役法废不废、怎样废、废完了用什么代替上。

先说范纯仁，他是范仲淹的二儿子，以当年的道德标准、文化标准来衡量，他是一位完人，拥有一颗平衡之心。

这种罕见的心灵源自宋朝300多年间第一人范仲淹的家风。范仲淹一生从贫苦到大臣、从文臣到武将，走过了一个完整的人生，由此也带来了他包容大度、不偏不倚的心灵。拥有这种心灵的人，当官时怜悯百姓，做平民时保持自尊，平素里温文尔雅，有外敌时却冲在最前线。

传到第二代之后，范纯仁保持了父亲的一些特性，同时形成了自己的一些风格。如果说范仲淹的心灵是温文、恢宏的话，那么他就是温文、仁厚外加一点点的愚蠢。这点愚蠢是很可爱的，它甚至是范家的传家特质，明知不可为而强为之，明明知道要得罪权贵，也要忠于自己的心灵，甚至明知道自己无能为力，也要为国分忧。

所谓“居庙堂之高，则忧其民，处江湖之远，则忧其君”。

好了，说得有点多了，范纯仁的平衡心灵觉察出司马光的行为有问题，他跑去提了个醒。说废除免役法是件好事，但是要看怎样去做，太急了会让基层一团糟，老百姓无所适从。尤其是实施废除法令的人，要是选不好，会造成大面积的混乱。

平心而论，这是常识。当年王安石改革时，免役法是他和宋神宗反复研究了两年多才逐步实行的，先京郊再河北，然后才推广至全国。他司马光可好，5天之内全国都改！

这种急躁程度，简直是疯子才能想出来的。

所以范纯仁要提这个醒，也觉得但凡有点理智的人都会答应。他错了，司马光这时的状态、心灵都绝不能以一个正常人去衡量。

这个醒提得毫无作用，司马光理都没理，彻底无视。

苏轼第二个登场。说实话，他上来时司马光没想到会听到不同意见，想当年小苏同志是坚定的旧党新锐，和王安石斗得火花四射，多少年后都是旧党人士心里永恒的闪电嘛。

可是十多年过去了，苏轼已经变成了苏东坡，人的经历决定心灵，苏轼从最初一步登天的小地主，被贬到外地成政治犯，回归土地沉淀灵魂，这一步步走来，他对事物的看法和从前已经截然不同了。

这也是他和司马光的最大区别，司马光从地主到贵族，哪怕是归隐洛阳，都处于人文之巅享受世人的膜拜，从来就没有身份上的变化，他的心灵自始至终都是纯正的士大夫阶层。

可惜这一点我知道，读者知道，宋朝元祐元年时的苏轼却不知道。从他后来的表现来看，他把这时的司马光仍然当作一个纯正的学者、公正的长官来对待的。

苏轼摆事实讲道理，把他流放在全国各地的实地经验告诉司马光，说免役法也好，募役法也好，其实都是各有利弊，没有哪个是十全十美的。真正衡量起来，基本分不出好坏，差不多，只看着眼点在哪个受益阶层。

这时，司马光沉默不语。

苏轼满腹经纶荡漾，大段语录涌了出来。忽然间从两个具体法令过渡到法令改变的根本上，他想在原始点上彻底阐释法令的由来和变化。为此，他从神话时期的夏、商、周三代说起，历经秦、汉、唐、五代，最后说到了宋朝，说得头头是道，最后合成一个核心——法令是可以改变的。

司马光继续沉默不语。

苏轼却暴跳了起来，他觉得受到了极大的侮辱。在堂堂当代文坛领袖苏东坡说事时，听众居然脸露愤色，表情不爽，这是对他学识、风采的极大蔑视！

却不知在司马光的心里，他苏轼已经把当代最伟大的史学家侮辱得身无寸缕了。和《资治通鉴》的作者说法令的优劣？尤其是该法令还是他15年间念念不忘、刻骨铭心的免役、募役两法？

苏轼你当我是白痴啊。

更可气的是，我不理你，你居然从夏朝开始说事，一大堆一直啰唆到了本朝。你不知道我15年间都干的什么吧，我用你来给我讲历史？

居然还要求我听的时候脸露微笑？

何况你口口声声说法令必须变，得与时俱进，我看你是忘本了。本党魁在15年前就公布了旧党的法令观念——法不可变！

最好是三代时的古法一直流传到今天，宋朝才会是最完美的社会。这样子与俺当面唱对台戏，你是个叛徒吧？

可惜的是，苏轼先生口若悬河滔滔不绝一直讲了下去，其间司马光的内心动态被他通通忽略了。见到党魁大人脸色不悦，他反而怒了，觉得应该给对方上上官方礼仪课。

苏轼说："当年你和韩琦老相公争论陕西刺勇事件时态度很恶劣，说得很尖锐，韩琦很不高兴，而你坚持到底。现在你当了宰相，难道不容许下属说话了吗？"

众目睽睽，司马光的老脸上艰难地挤出了一丝笑容，貌似认可了苏轼的指责，心里的郁闷却呈几何数暴增，在当时只要稍微有心的人，都能察觉到司马光几十年间口不对心、言行不一的众多证据。可当面指出的，除了刚刚被赶走的章惇之外，就只剩下了苏东坡。

一时口快，把话明说，苏轼爽了一小会儿。至少司马光承认了自己气量不足，狭隘跋扈。可是一来给自己种下了祸根，二来根本于事无补。

司马光尴尬归尴尬，难堪归难堪，达到目标才是最重要的。就算承认了丢脸又如何，苏轼讲的话照样不批准。当天苏轼顶着一脑门子的乌云回到家，一边脱衣服，一边摇头叹气："司马牛！司马牛！"

除此之外，他再想不出别的什么话了。

大文豪没话说了，基本上役法是不是要变的问题已经解决，剩下的是要怎么变，变成什么样。这时，一个小人物有了个创新式的方案。

监察御史王岩叟，他主张实施"诸役相助法"。顾名思义，既然免役、募役都有缺陷，为何不把它们中和一下，取长补短呢？

司马光大发雷霆："言官管的是纪律，谁允许你乱议国策的？！闭嘴。"王岩叟就闭嘴了。这记霹雳挨得一点不冤，他根本就不懂为什么司马光一定要用募役法来取代免役法。

这里面有个秘密，试问司马光推崇古法，三代以来中国历代的役法太多了，为什么他一定要选择这个争议巨大的募役法呢？答案在千里之外的江南。

在金陵，司马光当政的消息传遍天下，却被人刻意地屏蔽在一座小院落之外。这是王安石的家，他的家人不忍心让他知道，当年他呕心沥血创制的新法被人一一破坏。可是免役法之争太大了，还是传进了王安石的耳朵。

王安石愕然。他说："连这个都要废除吗？免役法是我与先帝共同创立，反复思索两年多才颁布的，内容面面俱到，成熟完备，不能这样轻易废除的。"

从这时起，王安石衰老伤病的身体更差了，他几乎不思饮食，一天天沉默寡言。可是打击才刚刚开始，不久之后新皇登基的恩科考试开始了，又一个消息传到了金陵。

当年王安石修改课本，改革科考，为国家培养有用的人才。课本中有他亲自批注的《诗》《书》《周官》，称之为新义。这是15年间宋朝全国举子们一直研究的学科。司马光临近考试突然宣布，废除王安石批注的所有新义，一切恢复到熙宁以前。

不为王安石考虑，也要为天下无数考生着想吧，临近考期了突然来这么一手，抛开朝廷重臣、知识前辈的身份，司马光仅仅以一位长者的年纪，都不应该这样刻薄。

他这样做了，目的也达到了。王安石整夜失眠，绕屋步行，清晨时家人看到屏风上写满了字，没有任何谩骂词语，只有数百个司马光的名字。

司马十二（司马光，因其在家中排行十二）……不承想15年之后，你蜕变成了这样！但是，这还不是结束。又过了些日子，一个新的命令颁布了，严禁官方人士、各地书馆翻看一本名叫《字说》的书。这本书，是王安石晚年的重要作品。

王安石是罪犯吗？为什么会把他的作品列为禁书？一方面废除新法，抹杀王安石在政界的印迹；另一方面禁锢王安石的作品，抹杀他在人间的思想。这样的行为要怎样定位，我实在不愿让自己的文字骂人，大家自己去想吧。

综上所述，全盘思考，才知道为什么天下有那么多的役法不用，司马光一定要用募役法来取代免役法。他就是让活着的王安石知道，你当初认为免役法先进，比募役法好，我偏偏改回来，让你眼睁睁地看着，一点办法都没有！

他的目的达到了。

王安石的健康急剧下降，真的死在了他前头。

宋元祐元年四月初六，王安石逝世。

按以往的习惯，我应该为他的一生作一个我个人认为合适的总结。但反复思考后，我放弃了。

不是怕争议，更不是怕难度，而是我前面说得实在太多了，这时有司马光的一举一动来反衬，更能看出王安石的本质。

还用得着多费笔墨吗？何况300多年宋朝历史里，我早就做出决定，无论是哪位人物，我都会适时地给出自己的见解。唯独王安石，我空缺，公道自在人心，我不认为我前面说得还不明白，更相信读者们自己的眼光和理解。

如此，算是我对荆公的推崇和尊重吧。

回到司马光废除免役法的时间段，在范纯仁、苏轼有话要说时，5天内废法行动一直在进行中，司马光在一片反对声中突然迎来了一股春风，一份公文摆在了他的办公桌上。

开封城周边州县按时完成任务，所辖地区内免役法全部废除，募役法已经生效！司马光惊喜交加，在这种时刻是谁这么乖，当了他的突击队长？

看公文署名，开封府尹蔡京。

蔡京……新党、王安石的亲戚，这实在犯司马光的忌，可是在这种关键时刻，反而是最好的典型示范。想想连王安石的人都这样支持他，旧党党内该怎样反应？

他召来了蔡京，拍着他的肩膀说："好同志，要是每个人都像你这样办事，还有什么命令贯彻不下去呢？"由此，蔡京捞到了他人生的第二桶金，旧党党魁司马光赏识了他。

王安石派蔡京下基层，司马光树立蔡京是模范典型。想想几十年后蔡京的作为，谁该为这个妖孽埋单？诚然，这时的蔡京还处于雏形，看上去人畜无害，可是司马光仍然看走了眼，他没有发现两个至关重要的破绽。

第一，蔡京的人品。

在这之前，在新、旧两党之间摇摆的人是有的，比如刚下台的首相蔡確。可从来没有人这样明目张胆地反叛，第一步就拿前领袖的政治根基开刀。

蔡京这样做了，他的"零拒绝"手段再一次使用，这样没原则、没底线的行为，司马光不仅不鄙视，居然还提倡，他本人的底蕴是什么呢？

如果一切为政治服务，以达到目的为准绳，那么他多年以来保持的圣洁光环在哪里？退一步讲，这样急赤白脸地接纳蔡京，也证实了他病急乱投医，在自己党内都缺乏认可的现实。

第二，蔡京的危险性。

让庞大的京城周边州县在5天以内废一法、立一法，这里面得有多么复杂的操作。政治即人事，在高官遍布的京城周边，蔡京能避开所有障碍迅速搞定所有的办事人，为他的欲望全速运转，这体现了令人折服的手腕。

这是强人手段！

有这样的能力，加上这样的品格，司马光居然熟视无睹。他的眼光在哪里？他巨大的史学知识在哪里？说到这一点，更让人无语的事还在后面。

免役法废除之后，青苗法、将官法迎刃而解，司马光在国内举世无敌，想怎么样就怎么样了。可是他非但不快乐，反而唉声叹气。他苦闷啊，对身边的人说了一句话——“西夏未服，吾死不瞑目。”

此言一出，新、旧两党人士都深有共鸣。从太宗时起到神宗一生，都被西夏拖得筋疲力尽，这是大宋近百年的无解毒瘤了，司马相公终于要对它动手了！

但是怎样操作呢？四位皇帝无数能臣都搞不定的事，司马光会有什么好办法？事实胜于雄辩，司马光给出的答案惊天动地，事先谁也想不出来。

之所以会和西夏人恶化到现在的地步，都是王安石惹的祸，那么解决的办法也简单。把熙宁、元丰年间历次战争所得到的“好处”都还给西夏人不就得了嘛。比如米脂、浮图等四座城寨，恢复与西夏的榷场继续做买卖，至于每年的赏赐当然更不能少了，一切向仁宗、英宗时代的待遇看齐……

这样的开价让西夏人疯了，宋朝人很怪耶，这是真的吗？！前后的差距实在太大了。接下来，他们就看到了宋朝人的诚意。四座城真的还过来了，赏赐什么的也全数送来，至于回报，宋朝只要求西夏像从前一样称臣，每年写点格式标准的拜年信。

西夏人实在过意不去了，想了想，这样吧，我们也厚道些，把永乐城之战中抓到的几百个俘虏还给宋朝吧。如此这般，司马光终于安心了，拿着西夏人送来的称臣报表，他向全国宣布，西夏被宋朝征服了！！

兴奋之余，司马光意犹未尽，他想起王安石当政时期，好像还打下了一大片土地，现在叫什么熙河路。做人要诚实，要还一起还，把这个也还给西夏吧。

这时有人终于忍不住了，拿地图给他看。告诉他你别再说胡话了。看清楚喽，这片地原来是吐蕃人的，跟西夏人没关系。再看看地理位置，真要还给西夏，宋朝就被合围了！

……啊，这样吗？

司马光勉强提起精神看了看："那好吧，熙河就留着吧。"

以上事件单纯来看，已经让人忍无可忍，只有结合历史来讨论，才会明白司马光此举有多么险恶自私。

他是历史大宗师，远在夏、商、周时期的历史都如数家珍，那么中唐时期的事情会不知道吗？说来这是我们中华民族的一大悲哀，历史，一直是令中国人自豪的，可是曾有位外国人一句话就把中国人在这方面的自豪抹杀了。

黑格尔，他说中国古代是没有历史的，每一个朝代都只是单纯的重复，甚至发生的事件都不断地雷同。远不如欧洲，有原始、奴隶、封建等社会形式，进化出了资本主义、社会主义。

作为中国人，我乍一看，第一时间也很愤怒，觉得被蔑视了。可是仔细审视，变得无语。就比如司马光割让西北四城的行为，在中唐时就发生过。

唐朝党争最激烈的时候，分为两派：牛党和李党。在唐文宗时代，牛党党魁叫牛僧孺，李党党魁是李德裕。两党互相排挤，在830年左右，牛僧孺是首相，李德裕被贬到西川边疆站岗。西川与吐蕃接壤，岷山的西北有座维州城，很多年前被吐蕃人夺走。

这时，吐蕃的守将悉怛谋仰慕李德裕，带着全家，把维州城打包一起投降了。李德裕喜出望外，上报朝廷，结果让牛僧孺非常不爽。

你的成就是我的失败，要怎样搞点破坏呢？牛僧孺选择从懦弱昏庸的唐文宗下手。他说为了一个城池和吐蕃人交恶，小心对方出兵，从蔚茹川直入平凉阪，不到三天就可达到咸阳桥，只怕京城都守不过来，得到一个维州算得了什么呢？

文宗害怕了，命令把悉怛谋交还吐蕃，把维州城也送回去。结果悉怛谋全家被吐蕃人虐杀在唐朝边境上，从那以后，再没有吐蕃人敢于向唐朝归降。

牛僧孺把党争放在国家利益之上，事情过去才200多年，以司马光的学识这是最基本的小儿科，可他竟明知故犯，重复这种罪恶，为的是什么呢？

大家自己去想吧。

如果以为他真的是为了宋帝国的安宁，宁可花钱消灾才这么做的，呵呵，很快西边的局势就会扇到他的脸。可是那一点都不妨碍《宋史》在他的个人列传中写出这样一句来——“……中国相司马矣，毋轻生事、开边隙。”

西夏甚至辽国人都告诫自己的边将，宋朝是司马光做首相了，你们千万要小心，别去惹事！

……别说在元祐时期西夏变得再次嚣张起来，退一万步，就算真的安宁了，也是人家手懒。想要的都白送过来了，还需要再动刀子去抢吗？

挣扎着做完这些，司马光全部的精力都用完了，全部的心愿也都达成，他自己都感觉没有再不死的理由。可是在七月时，他突然间回光返照，从病床上跳了起来，钻进轿子往皇宫里赶。

紧急通报，有人在高太后那儿提议重新启动青苗法！

这还了得？我还没死呢就有人敢唱反调，必须掐死这个出头鸟。等他赶到皇宫里时，肇事者还没来得及跑，被他堵个正着。

范纯仁，他站在高太后面前还在解释现状，阐述理由。司马光进来没看任何人，直接对高太后说：“是哪个奸邪劝陛下重施这个邪法？！”

范纯仁立即闪到了一边，一个字都不敢说了。奸邪，这顶帽子压过来，他终生就得被定性，连他父亲都得被追贬。

司马光又成功了，哪怕奄奄一息，他都震慑全朝。可是天下的形势怎么办呢？要知道范纯仁并不是新党，他不会没事申请雷劈，他是看到了危险的现状，因为国库又开始空虚了。

青苗法、方田均税法被废，在原有的法令下，土地、农民又被地主们霸占，国家的利益重新缩水，这样的实际问题谁来解决？这些司马光不管，他只管废，兴什么，管我毛事？

这是他一生最后的真实写照，他列传里有一句流传天下的名句可以佐证。什么责任、什么危险，在他那里都能忽略掉。

当他废法最起劲时，“以母改子”改得最爽时，有人曾经提醒他：“这时否定宋神宗，小心哲宗长大了会为父亲出头，那时再翻天覆地一次，宋朝可怎么办？”

司马光爱理不理——“天若祚宋，必无此事。”老天爷如果保佑宋朝，这种事自然不会发生……

司马光死在宋元祐元年（1086年）九月初一，享年68岁。他的葬礼规格是超高的，赠太师、温国公，一品礼服、银绢7000两，谥文正，以皇帝的名义赏了块石碑，上面刻着“忠清粹德”。

另外，高太后带着小哲宗亲临现场致哀，她本人还当众哭了几声。

与之形成鲜明对比的是王安石死时，以荆公之名望地位，去世时居然一无神道碑，二无行状，三无墓志铭。治丧时只有一个弟弟在场。

至于之后的追赠、苏东坡的制文，是一个让人玩味的讽刺。那居然是王安石平生大敌司马光说了一句话，宋朝当局才赏了下来。

——“介甫文章、节义过人处甚多，但性不晓事而喜遂非，致忠直疏远谗佞辐凑，败坏百度以致此。今方矫其失，革其弊，不幸介甫谢世，反复之徒必诋毁百端，光意以谓朝廷特宜优加厚礼以振起浮薄之风。”

这些话除了开头稍微肯定了一下王安石的人品之外，没有一处不是在骂人。

翻译成白话文就是，王安石这人的本质还是不错的，就是性格有问题还很笨，要命的是还特别喜欢些乱七八糟的东西，由于这种本质，他把忠贞纯洁的人都赶走了，弄得满朝廷都是小人。现在我刚刚要改变他的过失，他却突然死了。我料到他死之后肯定会有很多的小人反复打击他，借此进入我们光明伟大的旧党队伍，所以我认为，朝廷应该给他一些优厚的抚恤名分，以免助长浮浅刻薄的风气。

我的翻译有错吗？

如果没错，大家应该明白，他哪有半分对王安石的认同？仅有的一点点善意，也是为了所谓的朝廷风气。好了，回头说司马光。

他终于死了，对他，我是有话要说的。他的人品、作为，在前面已经就事论事、夹叙夹议地说过了，现在我要讨论的是他的成就。

司马光，北宋时期著名的史学家、散文家。

这是事实，史学界有句话，叫“千古两司马”，即西汉司马迁、北宋司马光。这两人不仅都姓司马，两人的著作也大体相当。

分别是《史记》和《资治通鉴》。

基本上这是公论了，可是我一直很不认同。我不会因为我写的是宋朝，就把宋朝的人物无限上纲，去满足读者们的追星欲望。这两位司马先生真是太不相同了，简直是两个极端，连带着两人的著作也截然相反，从性质到目的，都水火不容。

司马迁是敢讲真话的人，因为李陵事件，他说了公道话，结果被汉武帝下狱，为了能活着出来完成《史记》，他忍痛接受了宫刑。这是多么大的牺牲，是多么执着的追求！

再看司马光，他的政治生涯在元祐出山之前，一直都只尽百分之八十的力，从来不会把自己扔进斗争的旋涡，忘我投入地工作。直到高太后掌权之后，有了百分之百的安全保障，才施尽辣手。

他是多么聪明，多么谨慎……

看两本书的修撰过程。《史记》是司马迁的个人成就，他出狱之后虽然还有西汉的官职，可是不再是修史的太史令了，写《史记》是秘密进行的，写完之后也没打算上交皇帝，而是要藏于名山，以待后世。

而《资治通鉴》不同，它的作用是教皇帝怎样治理天下，可以说是皇帝科班的教科书。在写这部书时，司马光有丰厚的俸禄，有精英班底，写成之后呈交宋神宗，得到了大笔赏赐。

最重要的一点是，两者修史、治史的心灵区别。

《史记》是光明、公正、博大、坚贞的，司马迁虽然在身体上失去了男性的功能，可他始终是个不屈不挠保持自我的汉子。他写书时敢于说真话，指出历代皇帝权贵的错误，连当朝的汉武帝都一视同仁。更有甚者，他把西汉王朝创立时的死敌项羽提高到了帝王的身份，和刘邦一样享有“本纪”的待遇。

反观《资治通鉴》，开篇从周朝开始，结稿在五代末年，他本人生活在宋朝立国将近百余年的时代，可半点宋朝的事都不提。

多么明智，绝不惹半点麻烦。这是多么懦弱啊！这本书的本质不是教人怎么当皇帝吗？那么本朝前几位皇帝的得失是最重要的内容，居然为了自己的安危彻底忽略。

如果在生存的前提下，司马光也许没有错。可是就不要侮辱司马迁了，两者根本不是一个等级的人物。一个连真话都不敢讲、两面三刀一辈子的人，根本不配谈历史创作。

毕竟，历史最基本也最重大的意义就在于——真实。

司马光死了，高滔滔（高太后）有点孤掌难鸣。总是有人跳出来搅事，让她不如意，比如言官，还有突然之间在宋朝官场里形成的党派。

以籍贯区分，洛、蜀、朔三党。

洛党党魁程颐，重要手下朱光庭、贾易等的特点是首领是圣人，目标是从皇帝到庶民，全天下都是我们的学生，所有人都要接受我们的教育！

蜀党党魁苏轼，手下是苏辙、吕陶等。特点是学问高，名望高，站在诗酒文化之巅，坡仙才气纵横，对谁都敢指指点点。

朔党没有党魁，一群人扎堆守着圆桌开会，不分大小彼此，主要人物是刘挚、王岩叟、刘安世、梁焘，成员很多，都是朝廷的重要官员。特点就是力量，我们文官有力量，从高端到中坚，每一个角落都有我们的人！

三党掐架，很有三国的味道。

对此，高太后喜闻乐见，除了把特别讨人烦的贾易下放地方之外，一概不闻不问，直到蔡确在安州的车盖亭写了10首诗。

这些诗在宋朝迅速风行，皇宫深处都知道了。

# 第二十九章　高滔滔摆乌龙

高滔滔自从当上太皇太后就一直处于亢奋状态，每天与新党斗、与言官斗、与旧党叛逆斗，让她不停地在帘子后面怒吼。这封信的出现让她加倍紧张，因为她最怕的是和旧账本斗。

她的权力来得不正，时刻警觉着各方面的质疑。蔡確作为前宰相、她的政敌的身份写诗揭露她，很容易会掀起宋朝全国性的八卦浪潮，到时候全民大讨论，后果不堪设想。尤其是蔡確曾经亲自参与了皇位的更替，有太多的猛料加隐私可以提供，想到这些她没法不发抖。

她从重、从严、从快地办了蔡確！

朔党负责这件事，以他们庞大精密覆盖整个宋朝军、政、财每个角落的权力，决定把这件事上纲上线，把新党彻底埋了。

他们指出，蔡確作为王安石的重要党羽、前宰相，周围聚集着一大批死党，都是危害国家、败坏社会的奸邪小人，蔡確诗里的含义是这个集团的共识思想，蔡確有罪，这些集团里的人个个都有罪。

朔党由梁焘出面，把这些人的名单列了出来。蔡確、吕惠卿、章惇、曾布……新党集团里大小干部都有份。由于这些人是王安石在熙宁、元丰年间提拔使用的，这份名单又叫作“元丰榜”。

要记住元丰榜，要记住它产生的时间和过程，这是一切斗争的源头。

世事复杂，很多貌似很成熟的人总是说，争斗是相互的，是没有对错的。不，物种都可以逆流追溯，几百年前发生过的具体事件怎么会没有对错、没有责任源呢？

元丰榜，是一切的源头。

高滔滔咨询首席元老文彦博，文彦博说蔡確曾被贬至岭南，到新州（今属广东）去当官。

宋朝时的岭南地区是荒蛮之地，把半老的蔡確贬到那里去，和当年贬寇準到海南一样，是明摆着的政治迫害，要置蔡確于死地。

这个决定别说是新党，在旧党内部都通不过。范纯仁找到了逐渐升到权力核心的吕大防说："岭南荆棘之地至今有七八十年没有政治犯下放了，现在贬蔡确过去容易，我担心不久之后会导致斗争升级，我们一旦失手，也会有同样的下场。"

吕大防心惊肉跳，从熙宁到元祐，政坛风水已经换了三次，有没有第四次没有人能说得准。想来想去，他带人去见高滔滔："贬蔡确可以，换个人道点的地方成吗？"

"不行！"

高滔滔厉声在帘子后喝道——"山可移，此州不可移！"

各位新法名人心惊肉跳，从这时起他们身边有无数只眼睛盯着，鬼知道会有什么样的罪名掉下来，把谁砸成蔡确第二。

最小心的人是吕惠卿。他是处境最尴尬的，旧党视他为死敌，新党看他是叛徒，里外不是人，天下虽大，他没一个朋友，要提防每一个人。9年间，他小心到连一口凉水都没喝过，他生怕自己稍不留神得了感冒，都有人告发他在旧党领导下的光明世界里活得不快乐。生病绝不单单是身体的问题，心灵的阴暗才是主要原因！

当年新党上台，大批的旧党官员出京任职，可王安石从来没有迫害过他们，甚至给的职位都是肥缺，才造成了后来他们阳奉阴违扰乱新法。对旧党的上层人物更是礼敬有加，司马光、文彦博他们在洛阳过着王侯般的生活，自始至终既尊且富。可是旧党上台，居然对新党大打出手，不仅后果悲惨，用的手段更是前所未见的卑劣。

新党成员李定加害苏轼的乌台诗案被大肆宣扬，用大文豪、万人迷的凄惨遭遇反衬新党都是小人；而车盖亭诗案就被刻意地淡化了。两相比较，同样是文字狱，李定只打击了苏轼一个人，朔党却放倒了新党所有的人。谁是小人？什么是恶毒？显而易见了吧。

这样的理念在新党人心里生成，随着被压抑的时间增加，怨恨、报复的欲望变得越来越强，尤其是本来性格就强硬刚烈的那几个人。这时施压的人或许想不到，他们压抑的是火山，压力越大反弹越大，等岩浆喷发出来时，没有谁能独善其身！

宋朝的政治风气变得前所未有地狭隘凶险，这时唯一的人性光辉闪耀在首相吕公著的身上。他在一片肆虐报复的疯狂中向高滔滔提醒——“录人之过，不宜太深。文景之治，网漏吞舟，且人才实难，宜使自新，岂宜使自弃耶。”

高滔滔难得地冷静了一下，表示不再搞政治运动了。可是没几天，吕公著居然病死了。

站在权力的巅峰，引领着这些君子长年累月地内斗，就是高滔滔的全部工作。除了这些，还剩下什么呢？

还是有一些的，比如说随着旧党人员的大量返京，神宗改革的官员制度被冲击了。本身高滔滔是不在乎的，和儿子唱对台戏是她人生最大的快乐！只是官员变多了，收入变少了，开支都成了问题。

于是，还要再裁员。

在旧党内部裁员是个地道的噩梦。没事都要掐得水深火热，现在想动俺的职位俸禄，来吧，你想怎么死？在这件事里，首相吕大防、次相刘挚反目成仇，大批被裁官员拉帮结伙到御史台、知谏院告状，闹到后来，搅得高滔滔也不知怎么善后。

混乱中一个沉稳精明的人站出来，出了一个主意。他说现在不能硬性裁员，而是应该不再往现有机构里塞人。等到在职的人员不断老化退休后，人数自然就少了。至于时间嘛，会比较长，估计需要 10 年。

这个主意真好，立即被全体旧党官员接受了，高滔滔、吕大防、刘挚都长出一口气，真是天才啊，居然同时符合了所有方面的利益。就这么办了。

我们细想一下，这真是个好主意吗？ 10 年，这是在乱世中创建一个王朝的时间；是宋、辽两国从幽燕城下激战到君子馆失败，决定两国命运走势的时间；是王安石改革，全面改造一个国家每个角落的时间。在这里，居然是用来减少国家官僚机构人数的时间……

而官僚的一个最大的本质属性就是听命令，让他干什么他就得干什么，连这一点都做不到，还是一个正常的国家、合格的官员吗？

旧党们已经强大到了这种地步，政府要裁员，都得照顾他们的情绪才行。最后说一下，提出这个主意的人叫苏辙。

就是在历史里一向被认为精明、干练、独立、沉稳、有才的苏辙。关于他，我一直没有细写：第一，他身处元祐年间，在这种大环境里注定了无所建树，没什么好写的；第二，从这件可以作为他政绩代表作的事件上，就可以看出他的执政能力，实在没心情写。

不往现有机构里塞人，等在职官员自然老化退休。这样的确避免了眼前的争端，可是职能部门的活力怎样保证？整整10年啊，一群群既老且废还特别暴戾的临退休高级公务员，不说临走前大捞最后一笔是古今中外的共识，能带给国家怎样的损失，光是占住了位置，压抑了一个年龄段的年轻人才，这种损失哪个国家、哪届政府能承受得了？

类似这种乌龙高氏政府在八九年间摆了一道又一道，次数多了也很累，导致高老太婆的身体崩溃了两次。第一次是在元祐五年的秋天。

高滔滔生平第一次请了长假，很多天没去上朝。这下子旧党大佬们慌了，别看平时和高滔滔隔着帘子互吼，他们心里很清醒，高氏是他们的靠山，没了这人旧党根本站不稳。

以吕大防为首，三名宰执入宫探病。他们走进了宋朝当时最神秘的一座宫殿。

严格地说，这座宫殿既是高太皇太后的寝宫，也是哲宗皇帝的寝宫。这是宋朝前所未见的，自从登基以来，小皇帝一直睡在奶奶的身边，中间只有一片厚重的帷幕。每天哲宗除了和各位侍读在一起学习的时间外，上朝时和奶奶坐在一起，下朝后和奶奶睡在一起，每时每刻都在高滔滔的视线之内。

这也是《红楼梦》里贾母对宝玉用过的办法，为的是防备宝玉和女孩儿们做出点什么。

走进寝宫，吕大防等人看见的是厚重的黄色幔帐，床全都遮住了。哲宗站在床的左侧，吕大防等站到右侧。

“太皇太后圣躬万福。”这是吕大防的原话。

幔帐里传出了一个苍老愤郁的老妇人声音——“老婆待要死也。累年保佑圣躬，粗究心力，区区之心，只欲不坠先烈，措世平泰。不知官家知之否！相公及天下知之否！”

这是高滔滔当时的原话，她以为自己快要死了，临死之际不由自主说出了心里话。她认为自己这么多年来，全心全意每件事都是为了保护宋哲宗才做的，目的只有一个，对得起宋朝的列祖列宗，保住天下的太平。这样光明正大的理由，以她走极端无所顾忌的性格，似乎她问心无愧，哪怕死了，也心无挂碍。

真的吗？那最后两句怎样解释？

不知官家知之否！相公及天下知之否！

这两问，明显表明她心里没底。她做了什么自己知道，空前的跋扈压制了皇帝在内的整个官场；军、财两大国政全废，国际地位降到有史以来最低；国内政治一塌糊涂，党争之祸在她的手里生成，这是北宋亡国的原因！

不仅她知道，宰执们心里也有数。面对她的提问，吕大防等人沉默不语，根本不知道怎样回应。难道他们能说皇帝不知道、天下不知道？

不想活了吧？

说皇帝知道，天下也知道……皇帝就站在他们身边，给一段历史盖棺定论还轮不到他们。沉默是难堪的，沉默有时也是结束，可就在这次谈话很可能就此结束时，一贯沉默、四五年里在官方场合一言不发的宋哲宗突然说了一句话："大防等出。"

吕大防，你们出去。这是宋朝历代皇帝从来没有用过的语气，祖、宗、真、仁、英、神六位皇帝，从来没有谁这样对宰相说过话，简直是往外赶人。

吕大防等人立即出去了，看得出小皇帝在愤怒，几乎毫不掩饰地愤怒。他们根本没法想象，把他们赶走之后，寝宫里还会发生些什么。

小皇帝会对跋扈的奶奶做什么吗？在奶奶重病将死的时候。答案是不知道。史书里关于这个片段的资料缺失了，吕大防等三人退出后，寝宫里发生了什么，一直都是个谜。能确定的只是高滔滔的生命堪称坚强，她恢复了，很快重新坐在了帘子后面，当她的幕后太上皇。

哲宗也恢复了沉默，就像什么都没有发生过一样。

其实没有什么值得奇怪的，哲宗奇特的、堪称宋朝皇帝中独此一份的个性，在这之前也曾经偶然流露过，据统计前后一共有四次。四次中有对大臣的，有对高滔滔的，每次都流露出哲宗无法遏制的情绪波动，他暴怒、他孤愤、他怨怼、他忍无可忍，可是都被无视了。

第一次是在神宗的葬礼上。当时的首相是蔡確，不管蔡確到底是君子还是小人，甚至他到底是新党还是旧党，但他对哲宗是非常好的。多年以后，哲宗亲政时曾深情地回忆，在刚刚即位的两年里，他身为皇帝使用的餐具、茶具等，都是陶器。是蔡確亲自过问后，才换成了铜器。

在神宗的葬礼上蔡確很担心，宋、辽两国通好，彼此皇帝的葬礼都会派使节来致哀，他担心哲宗太小了，突然见到神态凶猛、衣冠特殊的辽国人会惊恐。于是他一遍遍地向小哲宗介绍辽国人长什么样，穿什么衣服，习惯说什么话，唯恐漏掉了什么。

哲宗安静地听着，直到蔡確不说了，才问出一句话："契丹人也是人吗？"（彼亦人乎？）

“当然是。”蔡確吃惊地回答。

更让他吃惊的是哲宗的下一句话——“既然是人，怕他什么？！”

那一刻，蔡確一定看到了和刚刚死去的神宗一样的眼神，坚强、刚烈、骄傲的血脉，他当时仅仅9岁。

第二次是在皇宫深处的经筵学堂。年幼的哲宗在学习，有时高滔滔会来看他，偶然间发现了一件怪事。不知为什么，小哲宗使用的书桌是旧的。

“换成新的。”高滔滔下了命令就走了。可是几天之后她发现，那张旧桌子又出现了，哲宗还在使用它。高滔滔奇怪，这样一件小事，自己亲自下了命令，居然没生效？

问过才知道，是哲宗自己要求送回来的。高滔滔不解，她问孙子为什么。年幼的哲宗好一会儿才回答：

“这是爹爹用过的。”

不知高滔滔作何感想，是喜是悲，抑或是恐惧，这个孩子是这样强烈地热爱自己的父亲，而她把神宗的一切都毁掉了。

异地而处，换作任何一个智力正常的人，这时都应该想到补救。未来是属于年轻人的，怎样挽回孙子的好感，尤其是这个孙子还是实质意义上的皇帝，是刻不容缓的事。

可是高滔滔不管，她的事业刚开始，外面全国上下划党派列名单政治运动热火朝天，她怎么能因为顾及一个小孩子的心情去破坏这些？开玩笑，一个对自己亲生儿子都能痛下杀手抹平一切的女人，会对儿子的儿子手软？

于是才有了第三次。

某天高滔滔在严肃、认真、积极、愉快地办公之后，像是突然间发现了身边还坐着一个人——她的长房长孙现任皇帝赵煦。这个一贯沉默的孩子，可以整天坐在一个地方一言不发，像个没有生命的摆设。

高滔滔一时高兴，问了句话："孙子，你看每天有这么多的大臣来说事，你是不是也有自己的想法？怎么一句话都不说呢？"

难得一见的关心，真是皇恩浩荡，却不料哲宗的回答是——"娘娘已处分，俾臣道何语？"俾，指卑微弱小。整句话是说，尊贵的娘娘您都处分好了，还要我这个卑微的小子说什么呢？身为皇帝，说出这样的话，怨愤之心有多强烈可想而知。

可惜毫无作用，高滔滔继续我行我素，该干什么干什么。于是哲宗的郁闷岁月在延长，看不到半点光亮，直到高滔滔第一次病倒，他说出了第四句话：

"大防等出。"

结合前三句时的遭遇，完全可以体会哲宗这时的心情。高滔滔躺在病床上向宰相们宣称："……累年保佑圣躬，粗究心力，区区之心，只欲不坠先烈，措世平泰。"说得多么冠冕堂皇、博爱慈祥，想一想13岁的少年被她"保佑"得一脸木然跟活死人一样了，亏她厚着脸皮说得出口。

还当着当事人的面。

这是赤裸裸的挑衅和侮辱！稍有一点点血性的人都没法再忍耐。哲宗小发作了一次，把吕大防等外人赶走，这透露出他当时的难堪。

高滔滔是怎样待他的，他知道，这些宰执更知道。就是这些人，每天上殿奏事，眼里只有高滔滔，根本毫不理会他这个皇帝。在他亲政之后，有一天他忍不住对父亲的臣子，那些新党成员，如章惇等人说出了真相——"每大臣奏事，但决于宣仁后，朕每日只见其臀背。"

这些势利眼的大臣，有高滔滔撑腰，把宋朝的皇帝都忽视掉，每天都面向着帘子后面高滔滔的方向跪拜舞蹈，哲宗只能看见他们的后背和屁股。这在儒家学说里是重大的邪恶事件，为臣不忠，无礼于主上，没有比这更重大的罪恶了。

联想一下前面洛、蜀、朔三党争端里那些因为只言片语就指责对方是奸佞小人，甚至捏造事实曲解本意搞文字狱的行径，和这种大罪比怎样？这就是旧党君子们的真面目。

吕大防等人都在其中，现在高滔滔当着他们的面问出这样无耻的话，让哲宗无地自容，等于当着臣子们的面打他的脸。不赶他们出去，难道还要给他们继续演戏的机会？

当天的事过去了，随着高滔滔恢复健康，世界变得和从前一样。他继续忍，局面不仅没有好转，忍的方面反而变得更多了。他一天天长大，到了17岁，一件人生中必须做的事摆上了桌面。他到了结婚的年龄，高滔滔海选天下官绅士族，以她自己的喜好，给他选出了皇后。

皇后姓孟，是一个安静、有礼、体贴的好女孩儿，出身足够高贵。她本应该有一个幸福美满的人生，可惜和高滔滔挨上了边儿，就一切都变了。孟皇后是两宋所有皇后中命运最颠沛流离、最奇特、最反复的一个。究其原因，就在于她是高滔滔选的，不是哲宗本人选的。

亲手导演了这出悲剧之后，高滔滔的生命圆满了。在外部，她摧毁了宋朝的军事优势、经济根基，政治也一塌糊涂，让官员队伍自相残杀，埋下炸毁王朝的地雷；在内部，她让宋哲宗从9岁到18岁，一生中最重要的生长发育阶段始终郁闷怨愤，不仅导致他性格变得偏激，更严重损害了他的健康。

导致哲宗英年早逝。

而且她临死前还尽最后一份心力，把哲宗的婚姻毁了。这让哲宗的后宫生活长期不和，始终没生出健康的儿子……死后只能从兄弟中选继承人。

这样的奶奶，让人说什么好呢？

高滔滔的生命在元祐八年（1093年）走到了尽头，七八月间她觉得自己不行了，又一次把宰相们召到病床前，这一次她显得非常伤心。

她说了这样一段话："我因为受到神宗皇帝的临终托付，才和官家升殿听政。九年过去了，你们说心里话，我曾经给过娘家人什么好处吗？只因为必须做到公正，我一个儿子一个女儿病死了，都没有见到。"说完她流下了眼泪。

不管她是什么样的人，我相信她这时说的是实话，流出的是心底里真正酸楚的泪。人之将死，她再没有必要虚伪。

也因为如此，可以看出她真正的问题。头一句话，她给自己正名，之所以垂帘听政，都是神宗安排的，她没有贪恋权位。

可信度有一半。哲宗实在太小了，神宗临死前只能托付老娘，这合情合理。但是另一半呢，神宗准许她垂帘听政，只是要她当监护人，谁让她"以母改子"颠倒乾坤的？难道这也是神宗给她的权力？

更何况哲宗 17 岁大婚了，她仍然不还政，这是她不贪权？

活见鬼。

至于九年期间对娘家很吝啬，这实在没有必要。一定要往高处拔的话，她抑制了外戚的实力，避免了汉朝时母党的嚣张。可这是宋朝啊，以前那么多的皇后，见过哪个的娘家出格过？她把这个当政绩，实在应该买张逻辑卡去充值。

就像她随时可以扮演武则天，只是由于道德太高尚了，才不忍心似的。

她应该做的，是坚持宋朝的传统，对皇室、后族成员大发赏钱，高官大爵钟鸣鼎食，无穷尽地享受，却不给半点实权。这样既雍容又平安，有必要弄得刻意去压制娘家人，显得自己多清白吗？

翻开宋朝历史，赵光义病重时赵匡胤去探病，拿起艾火往自己身上炙，试探痛感，让人深切地感受到长兄对幼弟父亲一般的疼爱；真宗为年老的姑母做寿，像母亲一样尊重；仁宗给失明的长姐舔眼睛，让整个亲族感动。与这些相比，高滔滔简直是不知所谓。毁掉长子一生的业绩，压抑孙子直到临死，儿子女儿病重，身为母亲不去看望，种种劣迹加在一起，说她天性凉薄已经很厚道了吧？

平心而论，她也不是天性凉薄，她是笨。假定上面她临死前所说的话都是真心的，那么“笨”是她最明显的属性。

证据是她的眼泪。

把什么都做错了，哪一点都经不起推敲，她本人却被自己感动得痛哭流涕，这是一种什么精神呢，这是超越了凶狠、奸诈、厚黑等传统政客精神内核等级的超级存在——纯天然。

她从来不觉得自己做错了，回首一生，什么都是对的，这样还需要什么奸诈厚黑之类的东西吗？这实在是最可怕的一种人，这种素质像雨点一样砸向大地，无数的人身上都带着这种特质。

也就是说，能力上有差别，性格上差不多。在宋朝，两大代表是王安石、高滔滔。

两个极端自信、永不言错的人，他们带领宋朝走向了两个完全不同的方向，造成了截然相反的结果，同时又都坚信自己才是最正确的。怎样才能区分他俩呢，简单，一个聪明，王安石；一个笨，高滔滔。如此而已。

自信与顽固，真的只差一点点啊。

所以做人不管能力怎样，还是要保持一份清醒，经常怀疑一下自己。有个圣人不是说过吗，“一日三省吾身”。

高滔滔死于元祐八年（1093年）九月初三，死时带着很深的忧虑。她仿佛知道死后会发生什么，把之前贬出朝廷的一些重臣召了回来，重新安排到重要岗位。比如苏轼、范纯仁，这是她为保住自己创建的理想社会留下的最后一道保障。

关于她，最后一点要说的是她的安葬规格。作为太皇太后，她的墓本应是园陵，可是却建成了山陵，那是皇帝才有的资格。她的随葬物使用了纯金，而宋英宗、宋神宗只用了渡金。

她生前一直自我标榜、最自豪的一点，是节俭。

# 第三十章 何以清算，唯有凶残

哲宗终于走上前台，开始对章惇、吕惠卿、曾布等新党人复官。复官，并不是一下子恢复到原来的官职，而是一点点地向上升，从闲散的、只有工资没有权力的“宫观”职，比如章惇这时是以资政殿学士提举杭州洞霄宫，只是主持了一个道观。

从这个基础上升起，给一点点的小实权。

旧党不干了。

吕陶上书，有两点要求：第一，不管你要起用谁，都要从国家利益出发；第二，请诏令天下，不许有任何诽谤已故太皇太后的言论出现。

苏轼也上书，非常著名。他这样写道——“……陛下圣智绝人，春秋鼎盛，臣愿虚心循理，一切未有所为，默观庶事之利害，与群臣之邪正。以三年为期，俟得其实，然后应物而作，使既作之后，天下无恨，陛下亦无悔。”

换成白话，他说：“皇帝你是超级天才，年龄处在最好的阶段。臣希望你放弃高傲，遵循道理，在什么都没有去做之前，先静静地观察事情的发展、臣子们的心性。要观察三年，等你看得清楚，心里有底了，然后再找个好机会开展工作。这样，你做了之后，天下苍生才不会产生怨恨，你自己也不会后悔。”

两人的奏章看似合情合理，但是，请切换到宋哲宗的视角来看。

吕陶开口闭口国家利益，似乎只有旧党才能代表国家利益，反之如果起用新党，就是败坏国家利益了？谁给你的唯一确定权，你是皇上还是我是皇上？第二点让人更加忍无可忍，以高滔滔 9 年来的作为，哲宗身受其害，不追究也就算了，吕陶居然要求哲宗出面，去压制要求清算的声音。是可忍，孰不可忍。

通过这两点可以清楚地梳理出吕陶的小心思，不用新党、尊崇高滔滔，这两点达到，旧党就会立于不败之地。

分析出这两点，哲宗能保持沉默已经相当有涵养了。

做事前要三思，看准了摸清了才能下手，这是准则一样的共识，难道有什么错吗？有，非常错，在宋哲宗看来，简直是不可思议的荒谬！

如果他是第一天当皇帝，从来没接触过政务、大臣，这样的要求不过分。可是整整9年了，他冷眼旁观看清了太多的事，看到了一个个大臣是怎样的嘴脸。请问，人还是这些人，不许换，继续看，三年后能看出来什么？他们会改变吗？如果改变了，就证明他们和从前不一样。一个前后不一致的人，适合当国家领导人吗？如果不变，这三年是不是纯粹的浪费呢？！

而三年的时间足以改变太多的事，尤其是处在青春适应期的少年，连续三年无所事事，他们会习惯懒散的日子，想重新振作起来相当于换个思维习惯。那不是每个人都能做到的。

或许一个没有棱角、没有斗志、失去追求的人，才是所谓成熟的人吧。

苏轼的奏章哲宗不予置评。这在历史上留下了非常不良的记录，绝大多数的史学家都根据这一点证明他急躁轻佻，是个不懂事的毛孩子，辜负了苏东坡的一片好心。

接下来是苏辙。

他这样说——“……至于其他，事有失当，何世无之。父作之于前，子救之于后，前后相济，此则圣人之孝也。”

这句话彻底颠覆了历史，之前司马光之所以敢废除新法，是在“以母改子”的理由下进行的。哪怕是牵强，毕竟抬出了长辈。可苏辙这时说，政治上有错误，哪朝哪代都出现过，父亲做错了，儿子来补救，这是圣人提倡的孝道，是崇高的品德。

哲宗气得要爆炸了，苏辙把这9年里高滔滔、元祐党人做过的事都扣到了他的头上，是他废除的新法，毁了神宗的业绩，居然是他！

这世界还有天理吗？堂堂的副宰相、大文豪居然当面撒谎，把满世界都知道的真相让受害者承担，这实在太匪夷所思了吧。

苏辙，这个在文艺世界里一直保持着高瘦、沉默、文雅、温和形象的世外高人，在官场上完全是另一个形象。在元祐时代的9年里，他是旧党里对敌人最凶狠、最彻底、最无情、尽一切可能打压的人。

有两件事可以证明。

第一件事，蔡确被旧党围攻贬至岭南。某一天高滔滔出宫，车驾行进中，突然从一辆驮轿里传出一个老妇人的喊声："太皇万岁，臣妾有表。"

这是蔡确的母亲明氏，她和高滔滔有过一面之识，为了救儿子，她冒险拦驾求情。这是宋朝前所未有的事，有宋一代善待士大夫，从不以文字之罪杀人，现在堂堂国家首相的母亲被逼到了这个份儿上，从情理上来说，为了舆论上好看点，也得饶蔡确一命了。

不，高滔滔一定要蔡确死。

当时在场的是刘挚、吕大防、苏辙。朔党元首刘挚先表了态，他一脸的不屑，说："这都是蔡家人看到吕惠卿贬职两年就换了地方，也想捡便宜。白日做梦，不必理会。"

吕大防沉默。

蜀党领袖苏辙第二个发言，一句话就定性了——"惠卿量移时，未有刑部三年之法。"这句话说出去，高滔滔的脸微微发红。什么叫水平，既做了事，还不露痕迹，一切都推到法律上。蔡太夫人，不是我们不给你儿子活路，此一时彼一时，他和吕惠卿没法比，法律变了。

哪像高滔滔、刘挚那样穷凶极恶、剑拔弩张的。

第二件事，朔党独大时，是新党被打压得最狠的时候。得意之下，吕大防、刘挚有点心里没底，私下里商量了下，准备给新党一点甜头，稍微升点官，缓和下矛盾。上报之后，高滔滔也有点犹豫，也许之前真的太狠了，那就缓和点？

苏辙突然出现，停！都太不专业了，你们根本不懂什么是政治斗争。"君子与小人势同冰炭，两处必争。"矛盾是不可调和的，一定要把批判进行到底。

有可能出现的历史拐点，就这样被苏辙掐断了。

蔡确死了。

这位前首相没能等到哲宗亲政，他死在了元祐八年，仅仅相差几个月，没能看到新党的黎明。他的死讯从岭南传过长江，传进京城，一路上让每一个听到的官员都瑟瑟发抖，从心底最深处感到了寒冷。不管他们是新党还是旧党，都意识到了一件事。

宋朝终于有一位顶级大臣死在了党争之中，这不再是官场游戏，而是生死大仇。很多旧党人后悔了，比如朔党的党魁刘挚，多年以后当他走到生命的尽头时，回忆一生的经历，他长叹一声说："这辈子没什么懊恼的事，只是蔡持正（蔡确字）的事做得不对啊。"

可惜晚了，蔡确的死点燃了新党集团的怒火，他们仅存的一点点平和心态也消失了。本就是一群锐意进取的人，怎能不快意恩仇！

拉开复仇序幕的人名叫张商英，他是第一批返回京城的新党要员，被安插进台谏部门当言官。

张商英，字天觉，蜀川新津（今属四川）人。本是一个地方小官，按步骤发展的话，很可能终生都迈不过长江，之所以能名扬天下，就是脾气性格与众不同的原因。

他很牛，首先长得帅，"长身伟然，姿采如峙玉"。在普遍矮小的四川人中鹤立鸡群，与众不同。其次他才高脾气大，负气倜傥，豪视一世，尽管官职很小，只是通州主簿，可整个四川官场都怕他，说不过更骂不过，谁想谁头痛。

不过也有用。

往回翻历史，到章惇平"荆蛮"的时候，章大人沿江直下，把荆湖各处山民搅得鸡犬不宁，捎带着把各级地方官也修理得七上八下。每到一地，他不仅考核业务，更要谈论学问，要知道章惇能和苏轼交朋友，边走边玩边聊天，这个过程需要丰富的知识、敏捷的文思才能让友谊之花盛开不败。这种水平和接近岭南地区的地方小官接触，能愉快才见鬼了。

不愉快，章大人就会让对方加倍不愉快。章大人一路轰鸣着碾过蛮区官场，嬉笑怒骂肆意张扬，大伙儿终于受不了了，一致决定，叫张商英。

两个都很牛的人，就是在这种气氛下见面的。张商英那天穿着道士服，随随便便来见荆蛮战区总长官，见面没行官礼，只是作了个揖。之后，两人唇枪舌剑，口若悬河，互相喷了对方好几朵莲花，最后分出了输赢，章惇……竟然败了。

失败的章惇很兴奋："好学识好胆魄，你在这儿是太屈才了，我来推荐你进京去见王安石。"张商英从此迈进了主流官场，成为新党中的一员。

张商英的第一枪打中了苏轼。

苏轼的才名当世无双，当上两制官之后，很多著名人士的官方著名文件都出自他手。比如前面提过的应司马光之命写给王安石之死的制文，里面明扬暗贬，写成了阴阳两面，让推崇王安石的人能看到尊重，让仇恨王安石的人也能看出鄙薄。

在他写的众多精妙委婉、晦明不定的制文中，有一篇是他怎样推脱、怎样解释都迈不过的坎儿，这成了他一生中最大悲剧的开场白。

《吕惠卿责授建宁军节度副使本州安置不得签书公事》，简称关于吕惠卿同志监外执行不得随意走动剥夺政治权利的说明。

这篇制文是苏轼主动甚至争着抢着写的，为的就是在吕惠卿倒台被贬出京城时出口恶气。只是很奇怪的是，吕惠卿一生得罪人很多，基本上仇敌满天下，可是和苏轼之间并没有发生什么不共戴天的事。而苏轼写的这篇贬制，可以说是太不留情面了，准确地讲，就是在骂人，并且是在骂吕惠卿的同时，骂了改革派里的所有人。

全文很长，挑点经典词：

以"凶人在位，民不奠居"开始。凶人在位，指的是谁呢？宋神宗，还是王安石？之后转到吕惠卿本人，说他"以斗筲之才，谄事宰辅，同升庙堂"，行为上“乐祸而贪功，好兵而喜杀”，学问上“以聚敛为仁义，以法律为诗书”，罪行上“首建青苗，次行助役。均输之政，自同商贾”，“反覆教戒，恶心不悛”。

接下来苏轼越写越高兴，渐渐刹不住车了，忍不住把新党集团拖出来集体骂：

“苛可蠹国以害民，率皆攘臂而称首。”“始与知己，共为欺君。喜则摩足以相欢，怒则反目以相噬。”

苏轼说：“只要能害国害民，吕惠卿之流踊跃出现频频点头心有灵犀一起犯罪。当成功来临他们喜悦时，互相摸摸手蹭蹭脚亲密无间；生气了有矛盾马上翻脸，反目成仇，互相残杀。”

最后一句总结：

“稍正滔天之罪，永为垂世之规。”

大家看，苏轼写这些就过分了吧。吕惠卿犯错，只管说吕惠卿好了，哪怕上面那些骂得再凶狠，也没人找他麻烦。可为什么要借机打倒一片呢？毕竟有事说事，乱骂人是要负责任的。

苏轼不管，他当时写完这篇绝世好文之后仰天长笑，大感舒畅，走出门去还喜形于色。有人问：“苏学士，您为什么这么开心呢？”

苏轼把刚写好的贬制背诵一遍，之后加上了自己的感叹——“三十年做刽子，今日方剐得一个有肉汉。”一个字，爽！

爽了就要付账，苏轼借职务之便公报私仇，还影射神宗皇帝，犯了大逆罪。证据确凿，不用像乌台诗案那样押回京城受审，直接从定州免职，到新州（今属广东）去反省。

他是继蔡确之后，第二个被贬至岭南的大臣。

在这个过程中，没有谁给他讲情，连范纯仁都闪得远远的，有多远躲多远。就算这样他仍然觉得不安全，几天之后，范纯仁和吕大防几乎不约而同地写了辞职信，主动申请外调。

京城没法待了，太凶险！

不过，这并不是被张商英吓的，张商英再狠，资历不深，没法撼动他们这个级别的大佬。他们之所以逃难一样地躲出去，是因为一个比他们资历深、影响大、从不妥协、从不手软的人从江南赶回来了，很快就要进入开封。

章惇。

在宋朝还活着的官员中，章惇是资格最老的一辈了。王安石、司马光等人死后，除了更老的文彦博之外，没有谁能超过他。范纯仁也好，吕大防也好，哪怕年龄相近，在职务上都是章惇的后辈。这还不算什么，一般老前辈都慈祥，对后辈们很温馨。

可章惇是特例。

章惇一生始终活在黑白世界里，他认为对的，会永远忠诚，比如对王安石和新法；他认为是错的，就敌对到底，比如对司马光和旧党。在这两者之间，绝不会有第三种情况发生。这种信念转化成做事风格，就成了敌人的噩梦。

以牙还牙，以眼还眼，以血还血……对不起，说错了，章惇讨账时绝不会按数收钱，他总会附带着巨额的利息，让敌人倾家荡产、死无全尸，这才是他的风格。

过往的事历历在目，9 年里旧党倚仗高滔滔对新党人坏事做绝，都搞出人命了。这时章惇回京，一定只有一个目标——杀人。想到这一点，连范纯仁这样的和事佬都不敢掺和。章惇来了，有多远闪多远，最好和这人永不见面。

他们料得很准，每一点都发生了。章惇动身前已经知道了自己的任命，回朝就是首相。这不仅是因为他的才，更是因为他的忠，哲宗最认可这样的人。

另一点，满朝大臣都和范纯仁、吕大防想到了一起，为了保住身家性命，这些人自掉身价，做了一件宋朝史上极其罕见，堪称史无前例的事。

章惇抵达京城的那一天，全体朝臣到城门外迎接。一个个诚惶诚恐，小心翼翼。

可惜呀，章惇无动于衷。开什么玩笑，事到如今，想立功赎罪都不可能，只凭些奴颜婢膝就想过关？

从这时起，章惇叫作扒皮章。

章惇上任，新党人快速返京，当年熙丰旧人如蔡卞、周秩、翟思、上官均、林希、黄履、来之邵、郭知章、刘拯等人都回来了，他们占领了御史台、知谏院等关键部门，与张商英紧密配合，做事的效率是极高的。

绍圣元年四月章惇回京；五月提拔黄履为御史中丞；五月十四日继贬谪苏轼之后，又一个新的清算目标出炉——殿中侍御史郭知章追究元祐时期割让西北四寨给西夏事。

大快人心，当年旧党在宋朝对西夏始终处于战略进攻态势的情况下，主动放弃四座边寨的行为人神共愤，无数边关将士用血肉换回来的城池，只为了和新党唱反调，就送给了敌人。不说实际上的物质损失，9年间两国士气、攻防的易位，就让宋朝苦不堪言。

西夏人变得无比嚣张，连他们的汉人皇太后梁氏都敢带人闯进边境杀人放火……这是奇耻大辱！章惇指示上任第一件事就办这个，谁的责任一定要查清，一定要处理。

很快责任人名单列出来了，以司马光、文彦博为首的11个人是主犯。其中司马光、文彦博、赵卨、范纯仁的责任最重，定为“挟奸、罔上”；孙觉、王存等其他几人是从犯，罪名是“暗不晓事、妄议”。

宋哲宗看着这份报表，问了自己很多遍，他是想温和的，可这件事能温和吗？！于国、于家、于先皇、于将士，无论哪一点，都没法宽恕！

他同意从严从重处理。

在研究怎样具体定罪期间，御史台已经发动了另一项弹劾。责问元祐年间，前首相蔡确贬谪至岭南致死事：第一，蔡确到底有没有罪；第二，若有罪，罪是否遇赦不赦必死岭南。

这是由谁指使的？目的是什么？

这两问是极其致命的，直指当年最高权力核心的纷争。其中最敏感的，可以归为一句话——能把首相扳倒，只能职位比首相更高。高滔滔，除了她没有第二个人能办到。

言官直指要害，吕大防、刘挚、苏辙、王岩叟等人一个不落，通通落网。不管他们现在处于什么位置上，一律贬职。

贬制由林希执笔，文字风格向苏东坡看齐。

这样仍然不解恨，张商英从堆积如山的文件里走出来，召集大臣去见哲宗。他说："愿陛下无忘元祐时；章惇无忘汝州时；安焘无忘许昌时；李清臣、曾布无忘河阳时。"

这句话像一团烈火烧进了加油站里，"轰"的一声，所有人的愤怒都被点燃了。

汝州、许昌、河阳分别是章惇等人最初时的贬官流放地，而元祐时代的9年是哲宗的受难日，更是他的耻辱日。不能好了伤疤忘了疼，毒瘤不铲除终有一天会再爆发。

没有什么可犹豫的了，把坏事做尽目无皇帝的旧党往死里整！这条最高指示出炉，被新党人迅速地执行了，只是在操作上稍微变了形。他们做的是，连死了的也不放过。

七月，处理决定出台，先说活的。吕大防、刘挚、苏辙、梁焘、刘安世第二次贬谪，分别是郢州、蕲州、筠州、鄂州、南安军。虽然还没过岭南，但全都到了长江两岸。并且把这些人的差遣全都革了。差遣，是宋朝官员的实际工作位置，从这一刻起，这些曾经的顶级大佬无官一身轻，除了一点点仅存的荣誉头衔之外，实际上就是一群罪犯。

再说死的。

司马光、吕公著是旧党废新法时的两大领袖，两人虽然已经死了，可是追赠的爵位、谥号、给子孙的恩例赠官都还存在。这些都是他们的犯罪所得，必须都收回。

全收回了，司马光的“文正”谥号，那块“忠清粹德”碑等都收回，官方宣布作废。

还没完，关于各罪臣的子孙考核也在进行中。比如吕公著的儿子吕希纯就被抓了典型，张商英在浩如烟海的文件堆里翻出了他给高滔滔族人写的诰词。里边有“昔我祖妣，正位宸极”一句，把高滔滔推到了巅峰位置。

哲宗大为恼火，高滔滔活着时你们借势猖狂，死了仍然大拍马屁，合着是什么时候都不把我放在眼里。贬职，滚得远远的。

到了这一步，相信大家的心里也有些发毛了。清算运动真痛快，可是这样搞下去，会不会让宋朝自残了？毕竟窝里斗搞运动，实在是太伤元气了。

不仅大家这样想，历代的史学大家们也这样下了结论。他们说以章惇为首的新党搞复辟搞清算，让宋朝在元祐更化事件之后雪上加霜，实在是太不应该了。到底怎么样呢？我们有自己的眼睛，可以很轻松地得出正确的结论。

讨论这一点，有件事是《宋史》里重要的论据。几乎每朝每代的宋史宗师们都要把它提出来议论一番，证明章惇等人是多么过分。

我们先看事情的经过。

章惇进京前是杭州的洞霄宫提举，从江南赶赴开封时路过湖州（今浙江吴兴）、越州（今浙江绍兴），在这两州之间，有一位名士在等着他。

江南陈瓘。

陈名士是一位德艺双馨的人，他走正统路线，考中了进士，当官之后主动放弃了待遇优厚的职田，到穷困地区工作。之后更上一层楼，觉得当官本身就是污秽的，为了心灵的纯洁，他干脆辞职回了家。

圣洁到这种地步，没法不让人佩服。这样的人在江边站着专程等候，章惇也只好请他上船。

陈瓘是有目的而来的，作为一个名士，他有着崇高的追求。个人的名利是可以放弃的，天下的公益是必须维护的。他来就是为了指点章惇这次当首相，要怎样办公。

章惇没有发火，请他畅所欲言。

陈瓘指着所坐的这条船，说："章相公，天下的形势就像这条船啊。船行水面，如果一边偏重，船体侧倾，这条船能开走吗？"

章惇静听。

陈瓘讲："很显然不能。而把左边的东西挪到了右边，就是造成侧倾的原因。"

章惇沉默。

陈瓘也沉默。他的话非常清楚，他是以船的左右侧来比喻朝廷里的新、旧两党，左重则左倾，右重则右倾，两者只有各安其位，互不干涉，宋朝这条船才能开得平稳。

以章惇之才，完全听得懂，可他沉默着，就是不表态。一般来说，高人交谈语不及三，多大的事儿都讲究点到即止。现在章惇不入戏，陈瓘就该告辞走人。可是事关重大，他想了想，决定继续往下说。

陈瓘主动问："现在章相进京主执天下大事，不知您先要做哪些事，后做哪些事呢？"

章惇又沉默了很久，才终于回答。他说："司马光是个巨大的奸邪，揭露他、批判他、扭转他造成的损失，是最重要的，必须最先做这件事。"

陈瓘一听，五内俱焚，他大叫了一声："章相公，您错了！"（相公误矣！）

章惇没有打断他，让他说完。

陈瓘说："章相您错了，你这正是把左边的东西往右边搬，哪怕出发点是好的，也造成了船体倾斜，早晚要翻。你真要这样做了，天下人都要失望。"

听到这里，章惇终于大怒，他声色俱厉地质问："司马光放着合法皇帝不辅佐，却去投靠后党。他独断专行背叛先皇，肆意废除前朝成法。误国欺君到了这个地步，他不是奸邪是什么？！"

这样的质问只要稍微清楚往事，都会无言以对，因为章惇说的每一句话都是事实。可是不要急，在某些高人的嘴里，什么事都有新解释。

陈瓘很平静，他说："关于司马光的事，如果你不懂他的内心世界，他的出发点，而去怀疑他的行为的话，那么他或许真的有罪（不察其心而疑其迹，则不为无罪）。可是你把他定为奸邪，把他做的事都颠覆过来，那么你祸害国家的程度，会比他还要严重。"

接下来是重点，陈瓘给出了他的解决办法。他认为，在当时阶段，只有取消朋党，不偏不倚，保持船体的中正平和，才是唯一的执政之道。

章惇听后大感惊奇，思考很久，表示有道理。他保证回京之后把元祐时期的政治也兼收并蓄一部分，当然更不会大面积地搞清算活动了。最后为了表示敬佩和感谢，他留陈瓘吃了顿饭。

陈瓘下船走了，事情还没结束，历代的史书总要提到章惇之后的表现。他回到京城之后把答应过陈瓘的事扔到一边，对旧党赶尽杀绝，实在是既无信又凶残，是个反复无常型的暴徒加小人！

好了，事情的经过都介绍完了，我们用自己的眼睛来审视一下。

那么陈瓘就是对的了？见鬼！

第一，船是国家，利国利民整顿官场打击豪强，谁做了对国家有利的事，谁就站在了国家的中央。新党过往的行为，足以证明了这一点。

所以，陈瓘这个所谓的平衡真理，根本大谬不然。

第二，他为司马光开脱的理由实在可笑。"不察其心而疑其迹，则不为无罪"，纵观人类这几千年的历史，有哪一个时代哪一个民族定下的法律里规定过，只要出发点是好的，没有主动犯罪，就不需要处罚的条文？

犯了罪，造成的是客观存在的物质损失，拿一句没有主观意愿就想彻底开脱？

第三点是最无厘头的。

陈瓘说不能颠覆司马光的作为，不然章惇犯的罪会比司马光更大，因为国家被再次折腾了。这个理论真让人抓狂。

和电影《英雄》里的理论多像啊，之所以不刺杀秦始皇，是因为“天下”。杀了始皇天下更加大乱，所以虽然嬴政残暴，也比大乱好，就让他去统一吧。

……抛开屈辱谈实际，秦国以残暴得国，得国之后会变仁慈？它只会变本加厉，逼着人民去推翻它。那时民众所受的苦，比当时与嬴政死战更大。

与此同理，依着陈瓘宋朝从此不折腾，哪怕司马光犯罪做错也忍着，像元祐时代9年间那样对外怯懦对内凶残，国库空虚、百姓被富豪剥削等缺陷都不去理会，好日子就降临了？

第四，是附议，一个与事实无关、与诚实有关的细节。在前面的事件记叙中，陈瓘忧国忧民大展爱心，章惇被折服了，他连佩服加请吃，表现得很像学生。

保证回京后会按陈瓘说的办。

这是真实的吗？陈瓘的这番说辞与熙宁年间新党人吕惠卿、章惇和司马光等人的论战相比，是多么浅薄。当年吕、章等人只是初入中枢的新进人才，都能与宗师级的司马光匹敌争论不休，这时已经过去了近20年，章惇的人生经历、心灵厚度变得更加沉淀，居然会被这种不伦不类的小比喻折服？

奇哉怪也。

其实这是《宋史》里常见的手段，目的无外乎糟蹋改革派的人格。例子很多，比如在《宋史·吕惠卿列传》里，记载着王安石晚年回首往事，痛恨吕惠卿窝里反，搞垮了改革集团。郁闷难当，他书写“福建仔”三字，流露自己的懊悔心情。

这就是假的。

吕惠卿立自己的山头，与王安石分大小是真的，可两人自始至终没有口出恶言。吕惠卿如此，王安石更是这样。他是大宗师身份，怎么可能背地里骂人泄愤？如果不信这种推断，可以让事实说话。

吕惠卿贬职后曾经给王安石写过信，信里承认了错误，祈求王安石的原谅。王安石风光霁月，早就从政治圈里抽身了，他不怨恨不责备，以一个退休老人的身份勉励吕惠卿，要他努力工作，把以前的事忘掉。

这是有据可查的，“福建仔”三字从何而出？谁是证人？有什么物证？居然被写进了《宋史》，把王、吕两人的格调同时贬低。

这种事太多了，算是《宋史》的一大特色吧。尽信书不如无书，想了解宋朝历史的真相，一定要注意这一点。

回到绍圣年间的朝局上，在著名的七月清算之后，开封城渐渐恢复平静，不要以为章惇心满意足了。在他想来，这只是以眼还眼如数讨账，想真正两清，旧党还得付 9 年的利息。

年底时重拳出击。

以蔡卞为首，新党组成的史学团队耗时一年，拿出了新编的《神宗实录》。这是针对由高滔滔主持，范祖禹、黄庭坚、秦观等人修撰的第一本《神宗实录》的反驳。新、旧两本书差别非常大，简单地讲，神宗即改革，两者密不可分，在不同的指导思想下，很多事截然相反。

把这本书重写，一来给神宗正名，二来给改革派正名，这是清算运动中的坐标，是最重要的理论依据。

有了这个东西，章惇才能做到真正地随心所欲。

之后的事是痛快淋漓的扒皮章的成名经过。

先是把当年的主编贬职流放，接下来哲宗在第二年的郊祀大典上宣布，所有元祐时期的罪人遇赦不赦，永不录用。再到年底，打击面扩大，从元祐各大臣波及中层干部，导致开封官场大换血，各个职能部门变成了新党的天下。

新党集团从这时起，重新掌握了国家权力。

第三年，打击再次升级，刘安世、范祖禹被再次降职，从长江边贬到了广东海南。这时章惇快意恩仇，看这些贬职的过程，扒皮章根本就没把旧党大臣当人看。比如刘安世从南安军（今江西大余）贬到英州（今广东英德）时，章惇想了想，不经意间想起了一些传说。

传说刘安世命硬，他妈妈在怀孕期间进四川，从马上摔进山谷，大家都以为她死定了，没想到一棵大树接住了她。这是没出娘胎的第一劫；长到十多岁时，刘安世得了眼病，远近名医束手无策，眼看着生活没法自理变成残疾，一位兽医出现了，居然把他治好了……之后否极泰来，中进士当高官，位极人臣。

大家都说刘安世命真好。

是吗……章惇看了看地图，你命好，那再往南点，去昭州好了。

以此为例，拿贬人当游戏：

苏轼字子瞻，好，去儋州；苏辙字子由，查地图没有由州，找个形近字吧，由与田相近，贬他到雷州；刘挚字莘老，莘、新同音，贬他到新州。

其他人以此类推，9 年间高高在上不可一世的元祐党人成了章惇的“玩物”，生死荣辱全在他一念之间。回望屈辱，这是大丈夫牙眼相还酬恩报怨，不亦快哉！可向更远处回首，当年满怀兴邦救国热情的青年到哪里去了？这时满心酷戾一意泄愤是他的本来面目吗？

所幸的是，章惇始终没有忘记新党人的核心思想是什么，他没像那些卑污的旧党人那样，除了党争之外什么都不做。

在他的领导下，宋朝迅速焕发生机，很快就取得了神宗朝都无法想象的辉煌。

# 第三十一章 西线百年第一人

生机与辉煌是同步出现的，分别体现在国家的内外两端。生机遍布全国的每一个角落，在元祐九年里荒废的农、商各项指标随着熙宁新法的恢复逐渐上扬，这是一个缓慢提升的过程，急不得。

辉煌从边疆传来，终北宋一朝，每一个君主都致力于开疆拓土，恢复汉家故有疆界。这方面宋太祖干得最漂亮、宋太宗做得最崩溃、真宗仁宗互有胜负、神宗最有突破，熙河地区的收复是空前的创举。

而最震撼人心、举世震惊的，是宋哲宗。

哲宗朝深深地打下了他年轻、奋锐、睚眦必报、偏执一样的上进心等精神烙印。当然，这里也饱含着北宋史上堪称最强硬、对内外一律铁腕的宰相章惇的行政风格。具体到辉煌的边疆，是另一位姓章的大臣的功劳。

章楶。

都姓章，和章惇有关系吗？没错，两个人都是福建人，是有血缘关系的亲戚。严格地说，以在官场上的发展来看，他比章惇这一支要快得多。章惇一支最早当官的是他父亲，章楶在爷爷章频的时候就登堂入室，做到了开封城里的御史。

只是姓章的人似乎天生和女士们犯冲，章频对当时的章献太后刘娥很不柔顺。结果可想而知，对宋真宗都不柔顺的刘娥哪受得了这个，直接把这个南方倔老头儿赶过长江，回老家反省去了。

等章楶长大后，他得从头做起，一步步考上去。这没什么，章家人最不怕的就是考试，比如章惇，本来考上了都不报到，因为他侄子比他的名次更高，他宁愿回去再忍一届，也绝不丢这个份儿。虽然这个侄子比他整整大了 10 岁。

轮到了章楶，科考变得更诡异。到了京城正温习功课，突然传来了消息，他父亲在魏州出事被关进了监狱，案子很急，马上开庭。考试重要，老爸更重要，章楶没有犹豫，请假就往魏州赶，替老爸打官司。考官们看着章楶，眼神充满了遗憾。

章孝子，魏州虽然离开封不远，可来往的时间加上官司流程，这一科你是不用想了，准假的同时，就是在跟你告别。但是很快他们就惊呆了，章楶几乎是闪电般赶了回来，不仅赶上了开考的时间，还带回了洗清罪名的老爹！

……牛！这是北宋史上最牛的一名考生了。更牛的在后面，也许是杀到魏州给老爸当讼师的过程太刺激，章楶的状态大火，他的成绩是当年礼部试的第一名。

以这种成绩进入官场，章楶的仕途一片光明。他从陈留知县做起，一路飙升，从县长升至检察院检察长再升至省长，成为封疆大吏，之后一步登天迈过最关键的一步，进入京城当上了部级官员。

顺畅得让人发疯的过程，止步在高滔滔的面前。没有什么能摆到台面上的过失，他被踢出了京城，到西北边疆站岗。显然，这是元祐年间官场重新洗牌的一个小缩影。之后历史证明了，这是章楶的一个人生小波折，却是整个宋朝国运走向的一个关键契机。

章楶到了庆州，面临的是宋朝边境和最黑暗的时代。之前哪怕是李元昊时期，宋朝节节败退，也始终保持着抵抗和反击。可这时高滔滔与旧党要求边境时刻保持微笑，对西夏人必须友好，哪怕他们拿刀子砍过来。

那么事情简单了，西夏人每年都拿刀子砍过来。当时西夏掌权的梁乙逋砍得兴高采烈，每次带着血淋淋的刀子回国，向李元昊的子孙族人们叫嚣——以前嵬名家族的人掌权，有没有我这样的战功？南朝有没有这样怕我们？

西夏人举国欢呼，新时代到来了，他们每年随时杀过边境去抢汉人的东西、汉族的美女，能遇到的抵抗只有少数几座大城的城墙，这之外随便杀、随便抢。要是在野外遇到了宋军的袭击，那简直是再幸福不过的事了，一个外交抗议就能让宋朝当局自己去惩罚这批不开眼的宋军，之后带着道歉慢悠悠地回国。

如果某时手懒，实在不想动，也有天上准时掉下来的大馅儿饼往他们的头上砸。宋朝不管被砍得多惨，每年的岁币都会准时满额地送到。

屈辱吗？难堪吗？旧党人半点都不觉得。在国境线以内安全地拿着丰厚的年薪，每天杀完新党杀旧党，杀完旧党杀派系，杀来杀去也是很威风的嘛！

章楶就是在这种局面下来到了边疆，他知道自己是旧党严厉打击、仔细看管的对象，可并没有选择小心做人装傻保命。从这一刻起，他做的每一件事都足以告慰神宗在天之灵，都是王安石、王韶等改革前辈梦寐以求的中兴盛迹。

章楶上任后悄悄地做了“手脚”，在环庆路内修建了一些不太起眼的堡寨，把庆州城里的直属边防军派出去，远远近近形成了有层次的防御圈。

这是他为边防做的第一个努力，也是他第一次违反军规。

这时要体谅一下旧党人的幻想，他们在外交上一点都不古板，相反非常爱做梦。在他们的心里，西北完全可以复制东北的局面。辽国人之前也和宋朝打得你死我活，规模比西北大多了，后来通过忍让协商不也是成为兄弟友邦了吗？

可以感化契丹，同样也能感化党项。这是他们的核心观点。不过，契丹人虽然凶狠但重视合同，党项人软弱些可是从来不懂“信用”这两个字怎么写。

但这并不妨碍旧党人继续做梦。感化和教育是一个长期的过程，要有耐心，体现在边防上，就是各处边将必须保持忍让。至于安全嘛，各州的主官们都很安全，比如庆州的城墙足以保证章楶平静地躺在里面，等待西夏人的感化进度。

章楶没那耐心，他的小动作越做越多，渐渐地环庆路变样了，好几次西夏的邻邦友人们进来打劫都满头满脸血地往回跑。次数多了之后，西夏当局憋不住了，集体认为这是对西夏尊严的挑衅，是对党项人良好心情的践踏，是对梁家尊严的亵渎！

一长串的愤怒之后，被亵渎的梁家人派出了他们的大领导——西夏太后梁氏御驾亲征，率领10万大军杀出了国境。

梁家人很聪明，他们声东击西，先奔向了奇鲁浪，那是宋、西夏边境上面对泾原路的前哨，等着宋军做出反应向泾原集结后，突然转向杀奔环庆路。

完美的佯动，由全骑兵兵种的西夏人实施，10万兵马疾风掠过平原，迟钝懦弱的宋军注定了失去先手。并且早就打听明白了，环庆路全军只有蕃、汉掺杂的5万人，只要第一击足够沉重，宋朝的大门立即就能被砸开……为所欲为！

梁氏和西夏大兵们都在这样想，一周之后他们却变得欲哭无泪，事先怎么能想到呢，他们面对的章楶是集宋朝自范仲淹、韩琦等近60年来所有名将特点于一身的怪物。

只有他们想不到的，没有章楶做不到的。

战争开始时一切正常，西夏人一路推锋直入，接战的宋军、修建的堡寨，坛坛罐罐被他们砸了个稀巴烂，到后来远远地看见他们杀过来了，宋军直接撤退了，那模样真是再纯粹没有的元祐牌。

这时他们当然不知道，章楶的第一条军令是命令负责抵抗的宋军"贼进一舍，我退一舍"，让他们尽情地打。

直到打到环庆路中心，庆州城下。到这里任谁也有点累了，总得喘口气喝口水。

喝下第一口水，西夏就死定了。章楶是个做事非常彻底的人，他在庆州城附近的水系里都下了毒，你们人多马多是吧，除非能回西夏运水过来，不然只有全体中毒一个下场。

这招像谁，很有高滔滔她伯父，当年第一衙内高遵裕的影子。之后章楶变身范仲淹，铜墙铁壁出现，庆州城下10万西夏兵玩命地攻城，打来打去只是用人命去换砖头。

这样的买卖没法做了，集体中毒加上又高又厚的城墙，一向作威作福无法无天的梁氏也觉得希望渺茫。好了，发挥老传统，收兵回国沿途抢劫，捞一票肥的当旅差费。

这次开始时仍然很正常，他们保持队形边走边抢，宋军很元祐风格地缩在各自的堡寨里，目送他们走远。这样的路一直走到了快到边境的肃远寨。这个寨很穷，是纯粹的军寨，没有钱只有刀，西夏人向来不理会这种地方的。他们很安静地路过，继续走远。

当他们接近下一个军寨洪德寨的时候，突然间后面火光冲天，在黑夜里一片光明。那是肃远寨，难道那群宋朝大兵要搞什么花样？

答案是错的，花样就在他们身边，已经等他们很久了。肃远寨点起的大火是信号，告诉前边的伏兵可以出来砍人了！

砍人的是一位名人，西北府州折氏。凶狠美丽的折家，占传说中北宋武勋传奇杨家将一半血统的折家。这时折家的主将名叫折可适，他率领环庆军主力一万人从西夏兵入境之后，就一直埋伏在这里。

伏击是个技术活儿，1∶10的兵力对比，哪怕是在深夜里，也要讲究方式方法。折可适先是放过了西夏大军的前头部队，在中部拦腰砍了进去。过程很刺激，血肉横飞，西夏人迅速倒下了一大片。可是最初的突袭阶段过去后，西夏人的整体优势显露了出来。

人太多了，全是骑兵，他们迅速调来了最精锐的兵种铁鹞子，以重甲骑兵列成方阵，既阻挡了宋军的攻击，又快速地反压了回来。

折可适立即就退兵了，他身后就是洪德寨，里边早准备好了，要什么有什么。等铁鹞子冲过来，先是一轮神臂弓，接着是更新式的武器虎蹲炮，砸得西夏骑兵满地找牙，同时发现战马很痛苦，很多都瘸了。这时才发现，洪德寨的周围撒满了铁蒺藜，是刚才那批偷袭的士兵边跑边扔下的！

这仗没法打了，黑夜里谁知道宋朝人还有什么怪招。撤，结果撤退时刚刚跑得比兔子还快的折可适突然间又冲了出来，没完没了地追击。西夏人一时心急，在黑夜里跑错了方向，向一条大山沟冲了过去……黑暗的大沟是一张巨大的茶几，上面全是党项牌杯具，事情到了这一步，连梁氏都吓瘫了，她把首饰珠宝、皇袍玉带什么的都扔了，套上一件大兵外衣，才逃回了西夏老家。

空前大胜，五六年里从来没有这么爽过！可是折可适，还有庆州城里的章楶却在跳脚骂娘。狗日的，只差了一点点，本来可以把这批西夏人全逮住的。

折可适的伏击只是计划中的一部分，另一员大将李浩带着双倍的军力，足足2万人在战区外迂回赶路，本来他们应该在洪德寨附近出现，配合伏击，全歼来敌，可是深夜跑了整整100里，搞得人困马乏，临近战场时，李浩的元祐神经发作，不相信折可适已经大胜，驻兵观望，让西夏人顺利脱离伏击圈，越跑越远了。

洪德寨伏击战给西夏人带来了打击，给宋朝开封城里的旧党大佬们也带来了折磨。这个章楶太闹心了，多事！

有战报吗？压下；有军功吗？再议；章楶本人？先平静再冷却，别说升官发财，洪德寨之战过去没多久，他被调离西北，到南方当官去了。

旧党要的是安宁，是安宁不懂吗？！斗争永远只能在内部展开，对外，一定要温存婉转、和颜悦色，得让各处友邦都舒坦喽。

洪德寨之战后西夏很舒坦，从梁太后往下整个皇亲集团被打得皮开肉绽，很长一段时间内他们脑子里只有黑暗、火光、神臂弓、铁蒺藜、满天飞的大砖头（虎蹲炮）、大山沟等刻骨铭心的痛感，兴不起半点抢劫的欲望，等到缓过劲来时，已经到了宋朝的绍圣三年。

这一年的九月，西夏人倾巢而出，不管是为了胜利还是为了安全，他们这次动员的规格是宋夏战争有史以来最高的，梁氏、小皇帝李乾顺亲自带队，全军总数50万。

这个数字就算有水分，实际数量也绝对惊人。看宋朝这边儿，新党刚刚掌权，全国百废待兴，尤其是军事方面，这不是说提速就能立即见效的。眼看着边防空虚，西北快被打漏，紧张中最后传来的消息让人心又稍微有了点底。

西夏人杀向了鄜延路，那里的主官是新党资历最高的一位元老——吕惠卿。

吕惠卿自从背叛了王安石之后，成了北宋史上唯一一个集旧党死敌、新党公敌于一身的人。在他后半生里，只有一个人对他是友好的，想让他重新回到最高权力层，参与振兴新政的改革事业。可惜阻力太大了，尽管这个人凶狠强硬没人敢惹，可在这件事上，新党仍然全体反对。

这个人也无能为力了，哪怕他是章惇。

吕惠卿的能力毋庸置疑，面对50万大军他无力对抗、无力偷袭、无力伏击，可防守起来简直让人抓狂。他比全骑兵兵种的西夏人动作还快，等他做完了战前准备之后，西夏人冲进鄜延路，发现面对的是一片白茫茫大地真干净。

啥也没有。

没百姓没牲畜没粮食没美女没布匹没草料，啥也没有！全都就近收进各处军寨堡垒，鄜延路彻底做到了坚壁清野。

西夏人在广阔的鄜延路大地上转来转去，情况用旧党人写成的、被列入《宋史》奸臣传的《吕惠卿列传》一文来说，是——“寇至，欲攻则城不可近，欲掠则野无所得，欲战则诸将按兵不动，欲南则惧腹背受敌，留二日即拔栅去。”

只是西夏人在回军的路上，攻破了金明寨。这是鄜延路上仅次于州府的军事重镇。50万大军合围，吕惠卿一点办法都没有，他只能站在延州城头向北方凝望，眼睁睁地看着金明寨覆灭。里面的5万石军粮、1千万石草料被焚烧一空，2800名守军只有5个人活了下来……这是必须付出的代价。

熬过了这一关，宋朝把重心转向了西北，把之前战绩最好的人调了回来。章楶终于回到了边境，没有这个人，哲宗朝的辉煌无从谈起。

章楶回来之后没有急着报仇，还是悄悄地搞着自己的小动作，那些小动作看上去都是一些轻飘飘的东西。比如花了很多的钱给些游手好闲行踪不定的人，这些人到处乱走，谁也不知道他们的确切位置；比如不定时地派出很多小股部队在边境两侧游荡，时不时地冲进西夏那边，杀几个人立即蹿回来；再有就是盖了很多的小堡垒，一串串地向西北延伸，悄悄地漫过了边界……

的确都是小动作，可西北四路一起来做，动静就太大了。单说越境杀人这一条，到绍圣四年的四月时，西夏人总共被砍 11650 个，和一场超级战役的死伤数字差不多了。

这些让西夏人很闹心，却不知道章楶真正想做的是什么。他是北宋集 60 年间名将招数于一身的人，精研西北战事，几次最惨痛的失败在他心里不断浮沉，他有个空前大胆的设想。

把宋军史上损失最大的那个坑反挖给西夏人！

这个计划是经过他深思熟虑，由宋朝上层批准的，为了配合他，开封把他从原来的环庆路调到了泾原路。

泾原路的地势更险要，有个得天独厚的条件。西夏人想入侵，最佳途径只有一条——没烟峡。在这附近章楶要修一座超级军城，用来“东带兴灵西取天都，濒临葫芦河”。从地理位置上来看，这是绍圣时期宋、西夏双方最重要的地理位置。

这个论调、这个行为看着是不是眼熟？瞬间就让人回想起了永乐城……宋军空前大败，死伤军民 20 多万，神宗皇帝彻底不眠，导致英年早逝。这是多么惨痛的回忆，章楶怎么还敢重蹈覆辙呢？

这是一个人水平的体现，敢为人所不敢为的首要条件是看到别人看不到的东西。章楶有一个能独立思考的脑子，他看到了永乐城之败里隐藏着巨大的潜在胜机，它不仅仅是宋军的噩梦，还是敌我双方共存的死穴，只是看谁能在那时做到什么。谁做得好，就能让对手在城里城外流干鲜血！

这个想法很冒险，得有足够的胆量才能想到它，得有更大的胆量才敢实施它。在这一点上章楶是幸运的，他的亲戚章惇是北宋史上胆子最大、性格最狠的一位首相，可以说这个想法简直是为章惇量身定做的，就是要在当初倒下的地方爬起来，用西夏人最骄傲的战法玩死西夏人！

以牙还牙，像对旧党那样清算旧账。

这座城的具体地点，在现宁夏固原市原州区西北约38公里的黄铎堡村境内，为了能顺利地建起来，章楶做了两手准备：第一，他要求西北各路除泾原以外的鄜延路、环庆路、秦凤路、熙河路集体开工，大修堡垒，转移西夏人的注意力；第二，他秘密筹集大量建筑材料和民工，先掺杂进前面四路的建筑工地里，再悄悄地向筑城点移动。另外，他抽调了各路精兵，有熙河军3万、秦凤军1万、环庆军1万，加上泾原军本路兵马，共计8万人，归他统一指挥，确保这座超级军城的顺利建成。

8万人马，对外宣称30万，接近元丰年间五路伐西夏时的一路主力军团了。章楶没有把它堆在建筑工地旁边单纯地防守，那简直太低能了。

军事行动最重要的一点是掌握主动，8万大军要做出攻击态势，把西夏人压制在边境以外，让他们提防、发抖，始终戒备着，等回过味儿来时，城早就盖完了。

这才是高手做的事。

在出发前的军事会议上，章楶反复强调了行动的最高也是唯一的准则——突前不许超过100里。也就是说必须控制攻击的范围。这一点全军统帅王文振没有意见，领导怎么说就怎么做。可是一位猛人觉得很不爽，他和他的军队是特殊的，100里实在太少了，让他们散步都不尽兴。

这个人是熙河军团的苗授。

熙河军团是西北军里最擅长穿插奔袭的部队，从第一代主帅王韶开始，就以比西夏人更快的速度、更大的转移范围著称，打仗一定要有空间，要有速度，这是他们的准则。

苗授笑嘻嘻地说：“从元丰年间打西夏人开始，我军从来没有兵力集中到这种程度，光是恐吓掩护不大合适吧，章大人，不如我们先攻击后修城？”

章楶很严肃：“先修城，没商量。”

……嗯，服从。苗授重复了一下命令：“为了效果更好，是百里内外是吧？没问题。”

章楶更严肃，他玩的就是脑子，瞬间听出了苗授的真实意思。他说：“按你说的，灵州城是不是也算百里之外，天都山、兴庆府也是吧？”

少打马虎眼。

苗授没话说了，这个大人真倔。京城里的章大是扒皮章，这里的章二就是死心眼儿章！没办法，只好听从命令了。

8万大军出边塞，行军途中每一位将军都在强大的军阵中热血沸腾，靠近边境，走出边境时，前哨探到了敌军来袭！

西夏紧急抽调了六州精锐共10余万兵马，由名将嵬名阿埋、妹勒都逋率领迎上来了。

苗授向主帅王文振靠近，低声问：“大帅，我们怎么办？”

王文振向周围看去，将军们的神色告诉了他同一个心声：“迎战！”（然诸君远讨之意犹在也）

翻开北宋西北军团高官们的履历，几乎每个人的账本上都血迹斑斑，谁都不是善茬儿，作为主帅的王文振尤其如此，看到手下这种状态，他根本就没有第二种选择。

打！

具体打法体现了他作为主帅的素质。

请战最强烈的苗授先留住，毕竟熙河军对这片地形不熟，他派出的先头部队是章楶的直属嫡系折可适。折家军骁勇善战土生土长，打头阵最合适。

折可适带着环庆军冲了出去，一路疾行直奔没烟峡。这是敌我双方必争的地方，他没想着能抢先抵达，只想天险为双方共有，打一场公平的决战。毕竟对方是西夏名将阿埋、妹勒都逋，尤其是阿埋，他的全名是嵬名阿埋，是西夏的皇族战将。

如他所愿，宋、西夏先头部队在没烟峡遭遇，没有多话，直接开打。折家军从上午打到中午，竭尽全力把西夏人击退，追出去 40 多里，带着 100 多颗人头回来复命。

王文振很满意，作为一个老西北，他很清楚折可适刚才做到了什么。先锋对决，以西夏人的胶黏难缠，折可适战之能胜，把敌人赶出主战场，赢得干脆利落，非常漂亮。可惜不是每个人都这么想，熙河军主将苗授始终在撇嘴。

忙活老半天，跑了一身臭汗，只带回来 100 多颗人脑袋，你很牛吗？嘿嘿，一会儿就让你臊得没脸见人……他没跟任何人商量，瞒着主帅王文振悄悄地派出了 2000 多名熙河军，已经冲向了前面的没烟峡，相信很快就有巨大战果传回来。

尤其是趁着西夏人刚刚战败，溃不成军的时候。

他抱着这样的打算，成心给所有人一个惊喜，所以一直压着这张超级底牌，没让任何人知道。时间一分一秒地过去，全军向前缓缓地移动，他想要的消息一直没有传来。

等他发觉不对的时候，已经太晚了。

熙河军的确是西北军团里的主战力量，他派出去的更是精中选优的精兵，2000 人全是骑兵。单是这份家当，就不是环庆、泾原等军全都有的。

这股骑兵快速隐蔽地接近西夏人，只要能保持住突然性，打击力度必然是毁灭性的。而且打完了就跑，敌人想追都来不及。

可是他低估了嵬名阿埋，这个党项皇族战将很有李元昊的传统，打仗时诡谲百出，设下了一个又一个的陷阱。折可适刚才只追出去 40 多里立即就往回赶，就是怕突然间遇到伏兵。

折可适躲过去的，熙河军正好撞上了。

狂奔中的熙河军被拦腰截成两段，首尾不能相顾，形势突然危急，西北军中的精锐部队却一点没慌，立即选择了各自为战，尤其是被割裂开的前半段骑兵，他们顺势发力向西夏人突击，遇到伏击又怎样，所有敌人都劈开，他们有这个把握！

可惜的是，他们这时有个先天的劣势——地形不明。

没烟峡一带，顾名思义，既有悬崖又多烟尘。这时战场上几千匹战马纵横飞驰，卷起的烟尘遮天蔽日，眼睛里满是敌人的熙河军，也根本不去管战斗之外的东西，一点都不知道西夏人把他们引向了一块绝地。

一片隐蔽的悬崖……1000多名骑兵的脚下突然空了，全都掉了下去。

精锐中的精锐这样窝囊地覆灭，消息传回来，全军懊恼得想杀人。后边负责的章楶尤其愤怒，他的命令被打了折扣，明明要他们控制范围，限制在100里之内的！

愤怒中章楶始终保持着清醒，他知道什么才是最重要的。筑城，这座城必须按计划筑出来，后面的一系列安排才能逐步实施。

前方的部队回缩，保护住施工现场，前后一共22天，两座新城出现在西北前线：一座是主城，原名石门，后改平夏；一座小些，原名好水寨，后改灵平寨。

平夏城，这座城建起之日，就是西夏国运走低，梁氏本人灭亡之时。

平夏城竣工后的第5天，西夏发动了攻势。由嵬名阿埋、妹勒都逋亲自领军，共10多万人全副武装外加实用型外挂，冲向了宋军阵地。

大宋百年西北军中有两大传奇姓氏，一是姓种，一是姓姚。

姚氏，在平夏城之战中崭露头角。

熙河军姚雄。

10多万西夏人冲上来，姚雄带着7000人反攻过去。当他出现时，一群群的西夏人已经冲向了城墙，正用铁锹拆城，局势已经没法再恶劣，眼看着城墙倒塌，全线崩溃。

区区 7000 人，不仅挡住了前进的西夏援军，更把身后边反扑的攻城部队隔断，使他们首尾不能相顾，能互相看见，就是会合不到一起。

其他的宋军如梦初醒，迅速加入了战斗。可怜的西夏人，这条人工挖成的壕沟成了他们的噩梦，成了一条不可逾越的天堑，让他们越来越绝望。随着时间的流逝，双方都达到了极限，结果出来了，沟外边的西夏人狼狈退走，沟里边的被迫投降，投降的人数是……3 万！

7000 人降 3 万，姚雄一战成名，从此在本土奠定了他传奇战将的声威。

平夏城顶在西夏的喉咙上，这根刺必须拔掉。他们认真准备了近一年，到第二年，宋朝元符元年（1098 年）十月，西夏发动了第二次平夏城之战。这一战西夏人拿出了最后的家底，在几次失败后，再一次集结了 30 万大军，由皇太后梁氏率领，越过了两国边境。

西夏军团穿越没烟峡进入泾原路，所到之处全部派兵把守，到达平夏城后，布下连珠大寨，东抵葫芦河，西连石门峡，绵亘百余里，声势空前浩大。实事求是地说，数遍北宋发兵史，都没有这规模的。之前，宋太宗的幽燕之役、雍熙北伐，神宗时的五路伐西夏，哪怕人数超过 30 万，也从来没有凝结成一路军团的时候。

梁氏把重兵集结在平夏城下，攻城由嵬名阿埋负责，另分配出去一部分精骑由妹勒都逋率领，远远地兜到外围，时刻警惕宋朝的援军。

除此以外，在更远的大外围，派西夏驸马罔罗屯兵罗萨岭，牵制熙河兵团，大首领咘心屯兵梁柽台、嵬名济驻守白池，抵御鄜延、秦凤诸路。

这样远近搭配形成梯次，既围城又打援再牵制，可以说面面俱到了。按梁氏的思路，战争以这种形势进行，宋朝胆小的话，她可以稳稳地拿下平夏城，拔掉这根钉子，顺便砍死一大批宋朝官兵，重现永乐城的战绩；如果宋朝胆大，敢调动兵力四下增援的话，她能把平夏城周边变成屠宰场，让无数的宋军死在这一战里。

到那时，会产生一个新名词，叫“平夏城搅肉机”。

奈何她这次遇上的人不对，宋军从主将章楶开始，每一个参战的人都透出来一股股的邪气。援军的主将是泾原路副都总官王恩，其余的是环庆军种朴，秦凤军王道，熙河军苗授。四路联军人数并不多，应该没超过上次的 8 万人。

种朴是种世衡的孙子，姓种的人不必说了，没有一个是按常规打仗的，坑蒙拐骗、借刀杀人、设局出千，什么样的招儿管用他们用什么，往好里说是智将，要是换成西夏人的话，就是……狗日的杂种，缺德的东西！轮到第三代小种相公种朴时，这种风格得到了发扬。

他是当时西北军里最优秀的参谋。

苗授的特点是独断专行，自己想干什么就干什么，主将就在身边都敢搞小动作，不久前搞出个大乌龙，连累 1000 多名精锐骑兵掉悬崖，上级都不严惩他，下级继续信服他，是因为什么呢？

此人是战场上的英雄，就算犯规也是为了胜利！

秦凤路的王道不大出名，是实干派，没什么好说的。

重点聊一下援军主将王恩。能相信吗，这样重大任务的负责人，他的履历表上第一行字居然是——胆小，遇到敌人时转身就跑！

这几位大佬聚在一起，奇迹出现了。

梁氏连营百里分路设防，把方圆几百里都变成了西夏军的防区，看着多周密啊，可惜半点用都没有。王恩、苗授、种朴他们不知道怎么搞的，居然带着几万人在 30 万敌军的集聚地里找到了空子，运动到了平夏城周边的一个山坳里。

近百年来的宋夏战争，既锻炼出宋朝最强的部队西北军，同样也给了西夏巨大的收获。党项有了文字、统一了衣冠、细化了政府职能，更丰富了战争兵种。

他们不仅会骑马，更会攻城了。这一次梁氏倾全国之兵力来攻打平夏城，库房里的家什全都带出来了。先是铁锹队上阵，一阵尘土飞扬，等他们收队之后平夏城外整条壕沟都不见了。

接着营房里一片“叮当”乱响，木屑横飞，折腾好半天，推出来几百辆木质的、高达十几米的、下边带轮子的战楼。这些战楼每个能装几百名士兵，外边蒙着牛皮厚毡，顶着雨点似的箭向平夏城推了过去。

眼熟吧，这东西本来是宋军的建制武器，名叫“对车”，外号“喜相逢”，从制造工艺到使用方法都是宋朝的专利，西夏人怎么学会的呢？

别忙，这还只是其中之一。上边有高大的战楼直接顶到城头上强攻，下边也没闲着，西夏人悄悄地溜到了城墙底下，开始挖洞。他们的手法非常诡谲，只是挖进去了一截，充其量只够到城墙的一半厚度就停下了，接下来架木板木杠支撑起墙体，继续挖、继续撑，到达一定量之后人都撤出来，放火烧木头。

还是眼熟吧，这明明是宋太宗远征幽燕时宋军的毁墙手法，里边包含着精确的土木丈量手段，不是随便找来几个挖矿的都能干得了。

类似的还有很多。追查一下到底是怎么搞的，会发现并不是党项人种基因突变变聪明了，而是宋朝在每次战争里付出的代价。汉人的工匠是当时世界上最值钱的财产，远到后来的蒙古人近到这时的党项人，他们抢工匠的劲头比抢美女还足，近百年玩命地抢下来，科技自然突飞猛进，宋朝人会什么他们就有什么。

元符元年（1098 年）冬天的平夏城头上，郭成一只手端着酒碗，另一只手指着城下大骂，脑子里一片混乱。他是搞不懂也不想懂什么民族大融合、互相都受益的理论，比如通过战争，宋朝人有了党项人的勇猛，建立了强大的西军；党项人有了宋朝人的智慧，有了文字、衣冠和战争工具。

他只想号叫：“章大帅，你骗我，你没说过西夏有了源代码级的外挂，这仗该怎么打啊？！”

号叫过后郭成变身了，他既是主帅又是发明家更是破坏家，做出来的事让敌我双方都看傻了眼。

按常识来计算，打幽州城时宋太宗的军力不到20万，攻城时没有器械，只有弓箭加地洞，半个月之后韩德让就快崩溃了。

现在，平夏城与幽州城相比只是一处小民居，城外西夏人达到了30万，近一倍的增幅，外加几百辆攻城战楼，无论怎么看，他都绝对撑不过当年韩德让的极限。

然而，半个月没到，先崩溃的居然是西夏一方。梁太后快疯了，她每天看着平夏城内外浓烟滚滚、火光冲天，她的战楼一座座地变成礼花炮台，她的地洞兵一群群地埋进地道里，每一个招数都失灵了。她怀疑是不是宋朝早想阴她，故意抛出了这些废物技术！

更可恨的是，每天晚上都是西夏人的噩梦。白天累得要死的西夏兵刚想睡着，小小的、烟熏火燎的平夏城居然敢派兵出来偷袭，一砍一个准，每晚的方向、地点都不同，除非撤销围城躲远点，否则根本防不住。

这还不是最恶劣的，10天之后西夏人惊闻一个噩耗，身为游牧民族的他们，居然被农耕民族的宋朝人把粮道劫了。直到这时他们才理解了之前宋军每次都跟不上给养的悲愤，真是防守容易攻击难啊。

就算这样，梁氏仍然想克服重重困难，把平夏城拔掉，这对她的政治生命、人生幸福无比重要。又过了3天，她一生中最衰的时刻到来了。那一晚狂风大作，整个西夏军团大难临头。

除了城墙存在，什么都不存在了，大风吹倒了战楼，吹飞了帐篷，吹得火光冲天，西夏100里连营变成了一条火龙，30万人像洪水里的蚂蚁，只能随波逐流。梁氏原形毕露了，这女人号啕痛哭，像个死了满圈肥猪的农妇一样，没有半点的贵妇形象。

她知道完了，谁也救不了她的军队，更救不了她，她还得像上次一样，披头散发地扔掉首饰，化装成西夏大兵才能逃回去。

逃的过程很刺激，大火烧起来后，突然间一大群宋军不知从哪里冲了出来，标准的趁火打劫无所不为，一路砍他们追出几十里才停脚。梁氏以为没事了，再走不远就回到边境那边了，可谁知道刚想喘口气，又一支宋军冲了出来，比刚才那批还狠，往死里砍、往死里追，一直追到西夏那边才不依不饶地回来。

这是援军的另一处埋伏，从最开始就分出了最强的一万人，无论前边打到什么程度，一直潜伏在边境线上，等的就是这个机会。

终于安全了……漫山遍野的西夏大兵们欲哭无泪，奇迹啊，一夜之间啥都没了，这简直太魔幻了。看看身边，别说住的，连吃的都烧得精光，这时是农历十月中旬的西北荒原，没粮没草没帐篷，要走回兴庆府去，搞不好得人吃人啊！

苦难……哀叹中，他们等来了一个更加魔幻的命令。

梁太后命令，全军立即掉头重新杀回宋境，目标是边境线不远处的镇戎军军城。这个目标不大，驻军不多，历史悠久，最妙的是军用物资丰富。在全线溃败时突然杀个回马枪，宋朝人肯定料不到。把这座城洗白了，对政治意义、军事态势，当然最重要的是救命的物资，都有巨大的好处！

太后英明。

全体西夏大兵泪流满面，集体膜拜梁氏超高的智商，没说的，为了生存、为了活命、为了回家，大家跑起来，抢啊——

实事求是地说，梁氏这条命令真的是集歹毒、突然于一身，在全盘崩溃时用出来，绝对出人意料。而且目标明确、理智，以镇戎军的规模，哪怕是逃命中的20多万人，它也挡不住。

历史证明梁氏料准了，章楶手上所有的底牌都压在了平夏城一线，13天的攻防对抗结束后，他已经手无寸铁，甚至西北四路都处于虚脱状态，无论梁氏返回攻打哪里，基本上都会得逞。

可是打仗是对人综合素质的全面考验，不是说谁战力超强智谋高深就一定能赢，有时双方比的不只这些，还有人品。

等西夏大兵们千辛万苦不顾一切地赶到镇戎军城下时，天气又变了，这次不是大风，而是下起了漫天大雪。没粮没草没帐篷……来回地跑还得继续跑，面对这些谁都发抖，很大一部分西夏兵决定不玩了，他们选择了直接冻死。

第二次平夏城之战以西夏的彻底失败告终，30万大军能活着回去的不足一半。梁氏怕了，全党项族都怕了，损失只是一方面，更可怕的是宋朝接下来的报复。

平夏城之战结束后一个月，西北彻底进入了严冬。农历十一月中下旬，冰冷的荒原上是所有生命的墓场，连耗子都躲到地洞里，宋朝西北泾原路帅司里却是人头涌动。

章楶命令，四路选将，精中选精，集结一万人，全骑兵兵种，由折可适、郭成、李忠杰等人率领，出去干一票大买卖。

命令折可适等人轻装简从，各自率领数千骑兵，具体细节自己去想，目标是天都山上的嵬名阿埋、妹勒都逋、仁多保忠。

一万精骑分成6路，悄悄溜过边境线，向天都山掩了过去。

绕过一个个明桩暗桩，折可适、郭成顺利抵达了锡斡井。远远地望过去，嵬名阿埋、妹勒都逋的帐篷里篝火旺盛，人影晃动，很明显在进行冬天里男人最爱的社交活动——烤肉喝酒。嵬名阿埋、妹勒都逋被生擒活捉。然后重新长途行军，返回了宋朝边境。这还只是一部分，他们还带回来3000多名俘虏，10多万头牛羊，外加一个西夏公主！

这一战改变了一个王朝。

受了宋朝的欺负，梁氏居然向辽国发火。她要求辽国向宋朝施压，要求出兵，要求粮草，要求……没完没了，这样一直持续到第二年的初春，一队辽国骑兵穿越大漠走进了兴庆府，给梁氏带来了一杯酒。

酒里有毒。

梁氏谢幕。在她身后，李乾顺一边向辽国人示好，请求与辽国通婚；一边向宋朝示好，赌咒发誓他亲政了一定当个超级乖宝宝；一边把屠刀砍向了梁氏家族和他们的同党。

西夏改天换地了，主动权掌握在宋朝的手里。局势从来没有这么有利过，漠视辽国的威胁、处在崩溃边缘的西夏，宋军连战连捷，握着这样满把的好牌，应该谁都知道要怎样打吧？

把战争进行下去，就算不能毕其功于一役地毁灭西夏，也要乘胜追击进一步削弱它，让它再也没法给宋朝添乱。

# 第三十二章　杀死北宋的命运

理论与现实差得很远，宋朝居然答应了西夏的求和。两国的关系迅速回到从前的老路上，西夏卑躬屈膝当孙子，宋朝每年给孙子送出大笔压岁钱。

郁闷啊，连年血战，章楶等前线将士耗尽了心血，可以说把西夏国的喉咙卡得死死地送到开封城里，只要大佬们肯为国家、为安危、为仇恨举起刀来，随手挥下去，西夏就别想好。就算不能灭国，至少能逼着李乾顺修改合同，把岁赐去掉。

可是，现实居然是两国关系走上了老路！除了向前方缓慢推进了堡垒所占据的土地外，什么都没有得到。如此结果真让人费解，宋朝当初何必要开战，何必把战争打到这个规模？

史书里给出的官方理由是没钱了。

事实是皇帝倒了。

哲宗朝注定是一朵昙花，尽管绚烂璀璨，却只有短暂的时光绽放。造成这一点的仍然是高滔滔，她真是太高明了，一切都在她的掌握中。

宋哲宗的健康急剧恶化，从少年时起积累的老病复发了。他是一个早熟的孩子，9—18岁这段长身体的最重要时间里一直压抑甚至仇恨着，这种负面情绪毁了他的身体。

据记载，哲宗少年时有宿疾，时常咯血。身为皇帝，经常性咯血，这是多大的事了，动用全国力量治疗都是正常程序吧？可是高滔滔不，她竟然阻止治疗。

她严令：第一，不许病情外传；第二，不准请医生；第三，咳嗽时不许用唾壶，要用手帕接住，之后内侍藏起来，不许让任何人知道。

这是亲奶奶对亲孙子吗？还有脸在临死前对宰执哀号，她对哲宗是多么用心，多么保护，保护成肺结核了还敢居功！

这就是被旧党宣传成女中尧舜的人，事实证明，她和她丈夫宋英宗真是绝配。丈夫是自私自利的不孝畜生，老婆是恬不知耻、坏事做尽的邪恶老太。

宋元符三年正月十二日，命运日到了，大臣们仍旧留在皇宫里。到五更时分，天将亮未亮时，御药院突然传来了消息，让大臣们快速赶往福宁宫。他们赶到时，发现宫门垂下了一道帘子，这是一道天堑，任何外臣都无法越过——宫里有皇后或者皇太后。

章惇、曾布等人的心都凉了，这意味着他们无论怎样都没法再见到宋哲宗。而皇储是谁还没有确定，这是最重要的事，他们没法插手，连宋哲宗最后的遗言是什么都没法亲耳听到！

在那片竹帘的另一面，福宁殿内部，一个老妇人终于现身了。向太后，之前她一直藏在皇宫的深处，不管宋哲宗得病也好，病重也好，见人也好，病危也好，她都忍住了，绝不露面。

直到这时宋哲宗奄奄一息眼看要死时，她才突然出现。

之后，哲宗的生母朱太妃一路痛哭着赶了过来。明显晚了，哲宗眼神涣散，还能认出这是母亲，他想说什么，可是身体不受控制，什么也说不出来。

朱太妃痛不欲生，号哭着扑向哲宗，抱住了病床上的儿子。

生离死别，人间惨剧，在他们的身后，向太后仍然冷冷地看着，仔细观察。到这时，她终于确定宋哲宗彻底失去了表达能力。

向太后突然拉住朱太妃，把她从哲宗的身上扯起来，拉到一边，说："他已说与我了。"

"他……他说什么了？"

悲痛中的朱太妃很懵懂，她快哭傻了，儿子刚才说什么了？说给向太后听了？自己听漏了？很多疑问中，她条件反射一样地问，仍然没有意识到危险。

向太后很庄严，一字一顿——"让我立端王。"

这5个字像耳光一样把朱太妃劈醒了，端王，是赵佶，神宗的第11子，生母陈氏。平时很乖巧，对朱太妃很尊敬，可在这时突然立他当皇帝，这简直不可思议。

朱太妃不只宋哲宗这一个儿子，她还有另外一个！简王赵似，就算哲宗无子，兄终弟及，也轮不到别人，只能是赵似才对！

可是这时向老太婆以太后的身份说，刚才宋哲宗对她亲口说的，要立赵佶做皇帝。

哲宗眼睁睁地看着、听着向氏在他面前捣鬼，却说不出话，更没法阻止。朱太妃出身寒微，一直被高滔滔打压，这时根本没法反驳。她的反应是惊人的，没有想办法挽回，而是愣了一下，接着低下头转身就跑了。

就连奄奄一息马上就要死的儿子都扔下不管，跑了。

向太后目送着敌人跑远，再转回目光盯着宋哲宗咽下最后一口气，转身发布了一系列命令："令，殿外的宰执大臣们觐见；令，所有皇子进宫；令，为大行皇帝小殓。"

她宣布："老身无子，诸王皆神宗庶子。"有一个人福、寿、仁、孝俱全，是皇帝的最佳人选。这四字评语不容置疑，不容反驳，不容抗拒，因为是大行皇帝宋哲宗亲口说的。

这人就是端王赵佶。

章惇在这件事上都敢唱反调。他说："端王轻佻，不可以君天下！"轻佻，指不稳重、不沉着。看似没什么，可是每一个中国人都知道后来发生了什么。

他和赵佶没有私怨，赵佶也不是旧党，他没有半点必要和赵佶过不去，那么为什么会这么做？只能是出于对宋朝前途的考虑。

机会出现了，在中国的古代，一个皇帝的诞生，哪怕是开国皇帝，都有一个必要的程序，那就是全体通过，不当不行，哭着喊着说不干也不行。例子请参考赵匡胤、郭威被黄袍包起来的过程。

和平年代也一样，除了有明确的传位遗诏，不然更得全体通过。现在章惇舍得一身剐，也要把赵佶拉下马，向氏就算是皇太后也不好办，毕竟反对的人是首相。该首相手下还有整整齐齐的超庞大死党，这么多年了，改革派有多能折腾，谁都清楚。

就在这时，就在章惇最需要帮助时，他身后突然响起了一个声音。发出这声音的人在这之前所有的岁月里，都以一个平和、仁厚、体贴、不过分、让旧党都普遍喜欢的形象出现的。曾布，这个在宋神宗时期和王安石唱反调，在宋哲宗时期和章惇打对台的人，在决定新党命运、宋朝命运的最关键时刻说话了：

“章惇，听太后处分！”

这句话一举定乾坤，向氏、章惇两人立即冰火两重天，知道了各自的输赢。章惇输了，没有皇帝的支持，没有新党集团的支持，他再强硬能做什么？

他退了下去，当天再没有说半个字。他知道自己的命运是什么了，这时只是安静地等待着一个时刻。距离皇子们进宫还有一段时间，这段时间里，大臣们会被允许进入福宁殿，见哲宗最后一面。

宫里的御榻上，躺着一套冠冕齐全的皇帝袍服，与平时不同的是，皇冠的下面，还遮着一块帛帕……那是遮脸布，下面盖着哲宗死后的脸。那套皇帝袍服，遮盖着他年仅 25 岁的遗体。

大臣环绕，太监揭起了帛帕，据说哲宗神色平静，面如敷粉，没有什么痛苦的样子。或许他真的解脱了，可是他知道他的帝国、他的事业，还有他个人的历史评价都变成了什么吗？

帝国与事业太遥远，未发生的事不可以预知，更不能评论。现在，看一下《宋史·哲宗本纪》里最后的“赞”。

赞，是记录皇帝平生事迹之后的最终评价。为了方便，我为大家译成现代白话。

——赞曰：宋哲宗以儿童年龄即位，由高滔滔辅佐，共同治理天下。初期，任用司马光、吕公著等贤人，废除青苗法等苛政，恢复常平法等善政，开科取士任用言官，天下人心都很喜欢，元祐年间简直可以和宋仁宗时期相比。可惜熙宁、元丰时期的奸臣搞复辟，把前面的成就都毁了，列党籍分派系，打击贤良君子，导致宋朝的政治越来越惨淡。

最后 4 个字是：“吁，可惜哉！”

知道什么是欺负死人了吧？一切的错都推在新党身上，推在哲宗的身上。元祐年间才是光明万丈的，完美无缺的，什么经济衰退、对外懦弱、压制皇帝、陷害大臣等一字不提。相应地，哲宗击败西夏，威服党项更是半点没有提。

在这个时刻，历史真的是个任人装扮的小姑娘。

哲宗死了，他的一页翻了过去。新的皇帝带领宋朝走向新的世界，这个世界是全新而未知的，辽、宋、西夏老三强都会变成配角，新生的强者主宰一切。

而在宋朝一方，这位新皇帝本是极有希望的一个。他有宋朝之前除了赵匡胤以外几乎所有皇帝的优点，他取得的成绩更是自赵光义以下所有皇帝都没能达到的，甚至是开国皇帝赵匡胤也梦寐以求的！

可惜的是，他偏偏生在了这个时代，这个时代充满了矛盾、屈辱、死亡、新生、荣耀和激情！大宋朝最屈辱的时段是在这时，大宋朝最伟大的英雄也出生在这时。

它流光溢彩，传说纷呈，明暗交错，真假难辨……

它是我们民族永恒的一堂课。

高天流云 著

# 如果这是宋史

## 4 南渡北望

浙江人民出版社

## 目录

**第一章** 宋朝的兰花 / 001
**第二章** 北宋终结者 / 015
**第三章** 国之少年 / 027
**第四章** 疯狂的石头 / 033
**第五章** 林灵素 / 043

**第六章** 1111 年的“卢沟桥事变” / 051
**第七章** 完颜 / 059
**第八章** 流散的镔铁 / 069
**第九章** 海上之盟 / 087
**第十章** 灭国级蛀虫 / 095

**第十一章** 青溪县的真相 / 113
**第十二章** 燕云梦魇 / 125
**第十三章** 如此复燕云 / 145
**第十四章** 靖康 / 157
**第十五章** 开封保卫战 / 173

**第十六章** 钦宗式沉沦 / 183
**第十七章** 烈日骄阳，男儿雄壮 / 193
**第十八章** 血色黄昏 / 203
**第十九章** 如果还有明天 / 213
**第二十章** 何至于靖康 / 219

**第二十一章** 赵构集结号 / 237
**第二十二章** 宗泽，过不去的河 / 245
**第二十三章** 建炎南渡 / 263
**第二十四章** 搜山检海捉赵构 / 281
**第二十五章** 永远的西军 / 299
**第二十六章** 铁血和尚原 / 317
**第二十七章** 金归秦桧 / 327
**第二十八章** 西南决战仙人关 / 347
**第二十九章** 河朔岳飞 / 365
**第三十章** 冠绝天下 / 389

**第三十一章** 梦回万岁殿 / 411
**第三十二章** 光荣北伐，洛阳城下 / 417

# 第一章　宋朝的兰花

宋元符三年（1100年）正月，哲宗皇帝驾崩，他的弟弟、神宗第十一子赵佶登基。

宋朝发展到这时，赵佶是八世祖了，皇子们每天声色犬马、烟花柳巷。限于宋朝祖规，皇室男丁的“职业”只能是吃喝玩乐。然而，他却不同，同样是玩，却玩出了品位。

赵佶喜欢的是笔研、丹青、琴瑟、图史、射御。

君子六艺，礼、乐、射、御、书、数。赵佶除了射箭、驾车两项之外，几乎无所不精。他的住处摆满了珍品图书，每天高人雅士不断，谈经论玄，调弦鼓瑟，兴至时挥毫泼墨，无论是作画还是写字，都在弱冠之年达到了极高境界。

赵佶身材修长，面目俊秀，谈吐风雅，行如春风。宗室里的知名雅士赵令穰、驸马都尉王诜，能和文坛泰斗苏东坡拉上关系的人，为他在外界宣传；皇宫内部向太后、朱太妃两派系都对他很喜爱，他几乎是唯一一个左右逢源、无往不利的人。

做到这一步，哲宗不死，他繁华一生，高出同侪；哲宗死了，众多皇子中他鹤立鸡群，哪怕是外界公选，都跑不了他的皇位。

赵佶登基，首先赦免苏轼、范纯仁，让他们从贬谪地北返。

这两个人是特殊的存在，他们活着时，就已经是宋朝人心里超越政党之上的传奇人物。苏轼的文章，在当时独执天下之牛耳，是无可争议的文坛泰斗。中国人是敬重学者的，管他是新党还是旧党，凡他所到之处，人们都毫无保留地接纳了他。范纯仁要更胜一筹，作为一代名臣范仲淹的儿子，他没有父亲的军事、文学才能，但继承了范仲淹最闪亮的光环——道德。

范氏的道德不是空洞的口号，更不是“富贵不能淫，贫贱不能移，威武不能屈”的说教。这种形象超级高大实用，在超级可怕的宗教式教条中，处处闪耀着人性的光辉，越是在混乱、肮脏，充斥着别有用心、赶尽杀绝等负面欲望的官场里，它越发显出自己的可贵。

自古道德胜于文章，这两个人的遭遇，就先从范纯仁说起吧！

范纯仁倒霉纯粹是自找的，当初章惇把他贬出朝廷，是因为要追究放弃西北四寨的责任，他和司马光搅在一起，是这件事的主谋。

这是范纯仁的一生仅有的污点，尽管如此，宋廷还是对他很例外，别的人如刘挚、吕大防、梁焘、刘安世等早就贬过了长江，而范纯仁的贬地是在陈州，也就是现在的河南淮阳。

和开封城近在咫尺，可以说仍然生活在经济文化中心地带。

这样的待遇，范纯仁心知肚明，可以说是朝廷对他的爱护，让他老老实实地待在政治旋涡之外，等着哪天风平浪静了，他会有个不错的结果。

可是他姓范，这个姓氏从北宋开始，直到明朝末年，都笼罩着一层圣洁、温暖、博爱的光环，历史证明，这不只是开创者范仲淹一生的努力，更有范纯仁的沉淀。

这点主要就表现在这次的自找麻烦上。

在陈州，范纯仁听到一个消息，宋哲宗在郊祀大典上公开宣布，绍圣年间贬谪的大臣，如吕大防等人终生永不录用。

这个消息是空前可怕的，简直开了宋朝的先河。在这之前，哪怕旧党在元祐年间贬章惇、贬蔡确，贬所有新党的中高层干部，也从来没说对谁剥夺政治权利终身。哪怕蔡确死在了南方，也是因为他个人身体有恙，朝廷从来就没有说过这种狠话。

现在矛盾升级了，可以预见以后的政治环境会变得更恶劣。这让大臣们怎么生存？生存都谈不上，又怎样工作，最后置国家于何地呢？

这样浅显的问题谁都能看出来，可谁都不敢说什么。因为章惇的用意很明显，他要的是一劳永逸。在他看来，解决问题只有一个办法，那就是把旧党人全弄死，死得干干净净的，以后自然就不会再有矛盾了！

这种情况下，谁敢顶风作案，反对“扒皮章”呢？

冠盖满京华，斯人敢独言。没人敢说，但范纯仁敢。他是一把平衡尺，在元祐时他阻止远贬蔡确，现在他反对永废吕大防。范纯仁写了份奏章。

他恳请哲宗为吕大防等人留一线生机，为官场留一线回旋的余地。

留一线余地……章惇很无语，本来不想动你，你竟然主动申请找抽。

于是，他采取了一系列措施，最终将范纯仁贬到随州，全家一起去，即日起程。随州，在现在湖北随州市，他终于来到长江边，和吕大防他们“扎堆”了。

范纯仁在之后三四年的时光里平静地品尝着自酿的苦果，一路南贬，随州并不是终点站，在那之后还有永州，一路上不仅要乘车，更要坐船。

某天，范家坐船来到今天湖南长沙橘子洲附近，突然间风浪大作，眼看船就要翻了，好不容易到了浅水处，全家湿淋淋地上了岸。范纯仁背着妻子，一步步地走了上去。

他的周围是一片骂声，妻子儿女们异口同声地痛骂章惇，其中以范夫人骂得最经典、最有分量，八个字——“枉陷正人，使我至此”。

范纯仁一笑：“船破，也是章惇的错吗？”

谁看谁迷糊，范纯仁在搞什么？这当然是章惇的错，没有这件事，范家老小怎么会跑到长江里玩漂流？简直是逻辑错误。然而，范纯仁为什么不生气呢？就算不想报复，也没有必要替敌人解释吧？

哟，这样想就错了，没有理解范纯仁的心理。

像他妻子所说的“枉陷正人”，抛开章惇的目的，退一万步说，就是陷害了正经人，又能怎样？正人就不是人吗？就不是公务员吗？就有豁免权吗？

这才是问题的根本，在宋朝的士大夫阶层心里，正人君子是有特权的，只要自己是正人，就能决定别人的命运，往死里打压对手。至于自己，永远是安枕无忧，容不得别人碰一根手指头的。这多么可笑，君子之风在于包容，什么时候变成杀人利器了？

在范纯仁的心里，保持君子之风、正义理念，只是自己个人的操守问题，并不是自己的免罪金牌。无论是进还是退，他为的都只是自己的心安。

如此而已。

在永州的几年里，是范纯仁绽放心灵光芒的日子，世人见过太多走在阳光下的圣人，这时的他像是一朵黑暗中的莲花，尽管没人看见，但仍然高洁清华。

做到这一点很难，首先是要耐得住寂寞。而寂寞，原本是永远不应当出现在他的身边。

在宋朝，贬谪不意味着绝望，尤其是范纯仁这种顶级高官加顶级名士的人。这类人走到哪里都是社会中心，比如刘挚、刘安世、梁焘、苏轼，无论是在官场，还是在民间，都有着巨大的影响力。

范纯仁主动放弃了这些。为了安静，他没有住官署，没有买房，而是住进了寺庙，每天晨钟暮鼓安分守时，过着修行人的生活。

在这种生活里，也免不了争吵和矛盾。某一次范家的小孩子在庙里玩，犯了点儿小错。他们都是诗书传家的子弟，从小伶牙俐齿，知识面很广，限于年龄，还不知道收敛，因为随便说了几个笑话，把和尚惹火了。

和尚们大怒，把这些落难的高干衙内一通臭骂，捎带着也没有放过范纯仁，言语间非常冒犯。

范家人火了，抛开范纯仁的地位不提，他至少是范家此时的尊长，当着人家的子弟骂人家长辈，这在什么时代都是巨大的挑衅!

冲突不可避免，和尚眼看着要倒霉，范纯仁就算再衰，也轮不到让和尚欺负。什么追回度牒了，没收庙产了，都是一句话的事。

可是什么事都没有发生，孩子们来告状时，范纯仁非常平静，一脸的从容。第二天和尚们来道歉时，范纯仁反过来安慰他们别在意。

他要的是平静，每天关上院门，像在北方一样生活，吃面片儿，读诗书，回忆一生所为，路途远了些，难道人就不是从前的人了吗？

平静不是消极，在流放的日子里，范纯仁用另一种方式激励自己和族人。每月的初一、十五两日，范家都要在正堂上陈列四朝（仁、神、英、哲）期间皇帝的手迹和赏赐之物，范纯仁率领子孙更衣参拜，拜后收好，之后家中长幼互拜，喝茶后散开。

他要让家人知道，无论顺逆，他都是宋朝的忠臣，永远不会因为政治上的遭遇而逆反了心灵，违背范家的族风。

赵佶登基后，范纯仁盼到了久违的诏书。

诏书是以向太后的口吻颁布的，给范纯仁光禄卿的官职，工作单位定在南京（今河南商丘），居住地在邓州。邓州是今天的河南邓州市，这也就是说，时隔四五年，范纯仁终于结束了南迁贬谪，回到了故乡北方。

只是这时他的身体糟糕透了，年过七十，衰败不堪，连眼睛都失明了。他捧着诏书，看不见上面的字，激动得泣不成声，说："上果用我矣，死有余责。"

皇帝终于起用我了，哪怕我死了，也有责任没有尽到。

心里是这样想的，可他已经无法做任何事情了，连入朝谢恩都做不到。对此，赵佶表现得更加感人，他派人以最快的速度送去了茶、药、专门治眼疾的御医，祝范纯仁身体早日康复，并说，范纯仁，得见一面足矣。

当世之大名士，久负天下盛望，只要能见上一面，我就满足了。

这句话出自皇帝之口，足以让任何人荣耀终生。范纯仁就在这种荣耀里北返，边行边治，不幸的是在宋建中靖国元年（1101 年）正月初二，于睡梦中去世。

纵观范纯仁的一生，他不是一位伟大的政治家，也不懂军事，甚至还办过一些错事。但是，这些都不妨碍他成为宋朝首屈一指的道德丰碑。

他的心灵不复杂，更不故作高深。一切的行为，都出自他自己常说的一句话，我一生所学，不外乎两个字：“忠”“恕”。

这两个字很简单，但谁能做到呢？忠，不只是忠于国家，更是忠于良知。前者，在封建社会里，国家即君主，忠君通常能得到好处，还不太难做。比如宋英宗时期，忠于英宗的人哪个忠于良知了？一个个飞黄腾达，福禄终生。

忠于良知，就太危险了。谁会像范纯仁这样，在元祐时阻挡旧党，在元符时阻挡哲宗，为的是什么？无非就是“公平”二字，外加连皇帝、首相都漠视的政治大局。

这样的人，会很难、很惨，但同时，他也会赢得民众的敬意和历史的肯定。宋代的范纯仁以及其他时代的范纯仁们，他们的路，可以归为四个字——“道德苦旅”。

用他们自己的苦，保持住一个民族的良知。这在当时来看是没有什么大不了的，可是蓦然回首，如果我们生活在一个打击报复、赶尽杀绝的时代里，看不到半点儿温暖光明的人性之光，我们还会为自己的民族感到自豪吗？

如果说范纯仁的贬谪之路是道德苦旅，那么苏轼之路就是文化苦旅了。他在绍圣元年（1094）时被贬谪，创造了两个纪录：

最早被贬的，贬得最远的。

一路从定州被贬到英州，从英州被贬到惠州，到惠州后以为安全了，都到海边了。结果他的老朋友章惇想了想，东坡兄，你字子瞻，何不到儋州一行呢？

儋州是今天的海南岛，这苏轼是读过万卷书要行万里路了，他得漂洋过海。过海也就算了，他刚刚登上海南岛，命令又来了。

令苏轼到昌化郡去报到。

昌化，是黎族的聚居地，地处海南一隅，是天涯海角的犄角旮旯，最偏僻的地方。这么说吧，幸亏开国的时候赵匡胤、潘美一时发懒，没想着收服越南，不然苏轼非得出国不可。

面对这样的迫害，全天下的人都替苏轼抱不平。太欺负人了，苏轼只是一个超级笔杆子，最多只是痛快痛快嘴，骂骂人而已，至于这样把人往死里整吗？

简直是变着法地、开着玩笑去整人！

换谁都受不了，何况是苏轼。大家都觉得像苏轼这样心高气傲，不向任何人，包括司马光在内的大佬低头的大才子，不累死也得气死。

令人出乎意料的是，苏轼一路上谈笑风生悠闲自在，像游山玩水一样走了过去。这和范纯仁太不一样了，范纯仁闭门时，静静地等待着命运转机的到来。就算有人来求见，他也一律拒绝。究其原因，他是在求静，这种静不只对他自己有益，更加对朝廷政治有益。

他绝不会像司马光、文彦博等人那样，在西京洛阳利用自己的名望，拉帮结伙，非议朝政，弄得王安石、宋神宗在改革中时刻如芒在背。

他在静静地度过岁月，哪怕不赞同新党的政策方针，可是仍然要维护政权的正常运行。

苏轼可不像他那样，他来者不拒，凡是探望他的人，他都杯茶谈笑，相与欢娱，甚至刚到某个地方，人生地不熟的时候，他也能很主动找人聊天。

更别说随时写信，和四面八方无数的朋友互动了。有证据证明，现代网络里聊天时常用“呵呵”等常用词，就是苏轼发明的。

在他的信里、便条里，使用率相当高。

结果就是，他越是被远贬，结交的朋友越多，三六九等，各行各业，什么样的人都有。于是越走声势越大，越走传说越多。可以说，如果没有他的远贬之路，他的名望绝不会达到现在的程度。

远贬前，他的名望是有深度的，官场、文坛的确以他为首；可是远贬之后，广度增加了，他一路之上的洒脱、平易、多才、仁爱，让世人传颂他是“坡仙”。

从来没有人像他这样对待长达七年、远贬海南的悲惨遭遇。以儋州为论，在他之前也有位名臣被贬到这里，那人比苏轼的官职大很多，是唐朝李党的党魁李德裕，这也是位非凡的人杰，被牛党倾轧贬到当时称为崖州的海南岛。

李德裕死在了那里，他无法忍受恶劣的环境，更无法忍受政敌的欺侮。

这样的事在苏轼的身上没有发生，并不是说他没有李德裕那么高傲，而是心灵深处的核心地带太不一样了。李德裕、范纯仁都出身于顶级官宦世家，他们的祖辈不是名臣就是重臣，从出生开始，他们的命运就注定背负了一种责任。

既为国家，更为家族。有这两点，再身处政党旋涡之中，谁能轻松洒脱呢？

苏轼不同，他是第一代以才华起家的名臣，从小在蜀川山水中长大，他的心灵本就不属于传统的官场。最开始时，他短暂地迷茫过，那时他初入官场，自命士大夫一族，把底层百姓的死活看得一钱不值，公开声称下层人的存在，就是为了保证士大夫的生活快乐。

真烦人，典型的暴发户嘴脸。

到他自己倒霉，在乌台诗案后被贬到黄州，在城东的那块坡地耕种之后，他的心灵返本了，蜀山灵秀激越，华夏五千年里，最潇洒不羁、才华横溢的两大文豪——李白、苏轼都出生在那里，并不是偶然的。他们的路，更有相同的地方。

李白忍不了唐朝的官场，看透了江湖。苏轼的七年贬谪之路上的种种散漫行为，更是对宋朝官场的放弃。他每到一处，都要建屋造房，这就是他与范纯仁的最大区别。

本是自然之子，怎能再重蹈泥潭？

想回归自然……一入官门深似海，谁人敢称伟丈夫？官场是个可怕的生活圈子，谁进来了都得身不由己，你苏轼凭什么特别？

他想盖房定居，好多次了，可都被搅黄，在英州时，他拿出了当时的全部资产，买地盖房，一通大折腾。结果房子盖好了，命令也来了——命犯官苏轼到惠州居住。

到惠州苏轼学乖了，先到官方报到，申请官署。按理说他虽然犯罪，但也是官身，有自己相应的待遇，可是他啥也没有，因为官场庞大的信息网络，已经把他的升官指数分析得一清二楚，别说回京升官了，他想死在北方都希望渺茫。

于是乎，这一路上，沿途的各级官员变着法地给苏轼捣蛋，让他行无车、居无所、病无药，目的超简单，就是通过折磨他，向章惇示好。

这样的事追着他，直到惠州还在发生。这些官要向高层时刻汇报苏轼的情况，以保证各种“关怀”及时降临到苏轼身上。

最先是房子，没有官署，苏轼想租房，结果偌大的惠州城，居然没有房源。这个牛吧？让你有钱都租不到房，没办法，苏轼搬进了庙里。佛教与苏轼有很大的缘分，他一生中有很多和尚朋友，靠着佛教弟子间庞大的关系网，他走到哪儿都至少有个小庙能落脚。不料这次落脚让苏轼彻底翻倒。

和尚们对他很好，怕影响他休息，每天敲钟都尽量小声点儿。苏轼很感激，写了首诗，其中有这样一句：“为报先生春睡美，道人轻打五更钟。”

他的诗风行千里，很快就传进了京城，章惇看到了，一时暴怒没忍住，让你小子舒服，你过海到儋州待着去吧，看你还能不能再快活！

命令到达时，苏轼在惠州白鹤峰的房子已经盖成了，长子苏迈当上了韶州仁化县的县令，带着三个儿媳、很多孙子来看他，刚刚享受到天伦之乐，突然又被打入地狱。

历史上基本无人能从海南岛流放后还活着回来！

苏轼过海时的心情是悲凉的，不仅仅是生死的问题，更是尊严的问题。中国不像西方，在西方漂洋过海探险是荣耀，是强大的男人才敢玩的游戏，如果能在这过程中杀人放火，带回来满船的金银珠宝、美女奴隶，那么就更完美了。

而在中国，父母在不远游，亲族在不过洋，因为每年是要祭祖的，一旦死在外面，难免要做个不孝之人。

苏轼，居然要犯罪过海，自古杀心惨于杀身，苏轼有何大罪？不过是些意气之争，居然被逼迫到这步田地。绍圣四年（1097）四月十九日，苏轼过海，开始了长达三年之久的昌化之行。

这三年是苏轼人生最困苦的一段，也是他生命光芒绽放得最饱满、最充实的一刻。海南的生活是极其严酷的，苏轼终于在这里有了自己的家，可是生存的艰难是常人难以想象的：仅仅是一场秋雨之后，他居然在床帐里发现了足有一升的白蚁！

平时的生活更不用说，日常的米、面、酒、糖等都要靠惠州从海上运来。这样一来价格昂贵，苏轼买不起；二来供应量太小，一旦海上起风下雨，就只能挨饿。这时，苏轼已年过花甲，严重的水土不服和营养不良毁了他的健康，他和小儿子苏过形销骨立，瘦得脱了形。

挨饿中，无可奈何，苏轼苦中作乐，想起了一个传说，不禁哈哈大笑。那是晋武帝时期，全中国的人都在挨饿，某人头晕眼花摔进了一个大地洞，更没饭吃了。可是他看到洞里有乌龟和蛇，每当阳光灿烂时就伸头到洞外，像是吞咽阳光。

这人有样学样，居然身体强健，比吃了米面还要好。想到这儿，苏轼向小儿子一笑，过儿，我们也这样吃点阳光吧！

这就是坡仙的精神内核，面对困境，甚至是必死困境，不咒骂、不消沉、不悔恨，就像一个英雄曾经说过的——“死亡向所有人微笑，人所能做的就是向死亡还以微笑”。

在酷吏面前低头的是懦夫，回报以怒吼的是战士，但仍然是落在了下乘，因为受到了对方的影响。像苏轼这样，仍然保持微笑，保持住心灵深处活泼灵动的光芒，不让它灰暗，不让它暴戾，这是一种别样的骄傲——让美丽的永远美丽，天上的雨水绝不会因为落到地上的泥潭里，就失去它本来的洁净！

不断的折磨，让苏轼的光芒更加明亮，他被贬得越远，离民众的心就越近。在他南迁的路上，有一道独一无二的风景线，是历朝历代前所未见的高清传说。

他被贬到广东惠州时，苏州定慧寺的长老守钦派弟子卓契顺步行数千里来探望他；多年的老友，隐士吴子野不顾年老，舟车劳顿，赶来陪他住了几个月；被贬儋州之后，吴子野、73岁高龄的眉山老乡巢谷和杨济甫渡海来访，陪他度过了最初几个月的艰难时光。

潮州人王介石，一路追随，像仆人一样帮助苏家，连盖房子这样的事都亲力亲为。更有很多各地的学子，向他请教学问，其中以海南人姜公弼的事最为著名。

海南岛太偏僻了，识字的人很少，怎么能奢谈文章呢？直到宋朝立国近140年，仍然没出过一个进士。这实在是没办法，学问是讲究传承的，就算是不世出的大天才苏轼，也得有出色的先生给他启蒙。

姜公弼自学成才，等到需要拔高时，上天赐福，把苏轼贬到了他的家乡。苏轼耐心地指点他，临别时在他的扇子上题了一首诗——“沧海何曾断地脉，白袍端合破天荒。”写完这两句之后，突然收笔不写。姜公弼不解，苏轼说：“候汝登科，当为汝足。”

多年之后，姜公弼终于金榜题名，可惜那时东坡已经离世了。他不远千里，到许州找到衰老的苏辙，苏辙在扇子上为兄长补足全诗：

> 生长茅间有异芳，风流稷下古诸姜。
> 适从琼管鱼龙窟，秀出羊城翰墨场。
> 沧海何曾断地脉，白袍端合破天荒。
> 锦衣他日千人看，使信东坡眼目长。

这首诗见证了海南岛第一位进士的成功之路，由苏氏兄弟合力完成，如果真实存在，那就是中国文献界里不可多得的珍宝。

以上的事很阳光，让人很佩服、很激昂，似乎这就是苏轼的精神内核了。事实果真是这样吗？如果只是这样，那么苏轼就只是一个精神胜利法大师，在逆来顺受里让自己不哭出来罢了。

何来伟大呢?

苏轼从来没有放弃希望，他一直怀念着北方。在昌化三年之后，某一天苏轼若有所感，对苏过说：“吾誓不做海外人，近日颇觉有还中原气象。”

为此，他洗砚焚香，向天祷告，书写自己平生最得意的八篇赋，如果一字不错，即有北还之望。那一天，64 岁的苏轼凝神专注，挥毫泼墨，八篇名赋一一写就，居然一字不错。

苏轼大喜，吾归无疑矣。

归去来兮，哪怕再晚，也要等到那一天。顺便说一句，这件事是真的。这八篇赋后来被一个妙人收藏了，这人是宋朝有史以来把太监这个特殊职业做得最成功的人，这样一个人，竟然对外宣称自己是苏轼的私生子，而且是遗腹类的……

苏轼在宋元符三年（1100 年）六月二十日渡海北归，结束了长达七年的文化苦旅。前方等着他的，终于是一片坦途，一片久违的阳光了。

可惜，上天只留给了他短短一个月的时光来回味这一切。苏轼一路向北，沿途游故地会旧友，把一生中所有的恩怨因缘都一一了断，甚至和章惇都通过信，表示并不太介意和子厚一生的交集。

他死在七月十八日的夜晚。

对于苏轼，我们忘了他的官场经历吧，要留意的是他的诗词歌赋，他是中国自残唐五代以来的第一大天才，北宋之后，中华文人如恒河沙数，不可胜计，但没有一人可以超越他。

一生的磨难，仿佛是上苍赐予他的灵感。没有那些感触，怎能转化成那些文章佳句?他的每一点心灵波动，都是中华民族，乃至整个人类的精神瑰宝。

苏轼之才，竟然跨越了苦难，身在苦难痛楚中，居然越发明艳雍容。这一点，在中华文明史上是前所未有的，哪怕是一直以来，人们认为天分、成就高于苏轼的李白、杜甫也相形见绌。

李白飘逸雄浑，神化难明，天赋绝顶，可是山野气太浓，高兴时放浪形骸，失意时长歌当哭，波动太大，完全被外界影响；杜甫虽然忧国忧民，一片赤诚之心，可惜忧过了头，文章里难免有潦倒灰暗之气。

只有苏轼，不管际遇怎样，心中都有一株盛开的兰花。心有茂兰一株，不为世事羁绊。这种从容的美丽，哪怕有再多的折磨，仍然宁静地绽放。

从某种角度来说，这正是宋朝命运、宋朝文化的缩影。

# 第二章　北宋终结者

回到官场，首相韩忠彦，次相曾布。次相要升级，但不能自己出面，因为宋朝官场有一条铁律——扳倒首相的人永远别想当上首相，哪怕多年以后当上了，也是因为别的事情。

曾布想到了一个绝妙的点子，借刀杀人。他要扶植起一个人去搞倒韩忠彦。这个人要具备以下几个特点：

第一，必须有一定的身份，不然进不了顶级官场，没法对抗首相；

第二，这个人必须是新党，旧党的人他指挥不了；

第三，这个人的根基要比他差，哪怕知道自己被当枪使了，也没法拒绝，更没法报复；

第四，这个人此时此刻必须处于官场低潮，这样他给这个人机会时，这人才能不得不抓；

第五，这人的性情要好，要能挑起来事，制造争端。可在关键时刻，还能听话，不让矛盾扩大，以免影响他本人的闪亮登场。

综观宋朝官场，只有一个人合适。这人听话，曾经对所有上级都零拒绝服务；这人能斗，亲手炮制过同文馆之狱冤案，把旧党人连同高滔滔都抛上了风口浪尖；这人有节制，以才情论，是宋朝官场里第一流的风雅人士，某些方面与首席文豪苏轼不相伯仲；这人也很倒霉，努力工作几十年，这时被章惇连累，被贬到南方，在杭州城里当闲散官。

这个人就是蔡京。

在这个阶段，世上没人能看清蔡京真正的底蕴。这是个妖孽，是当时近二十年中宋朝政局不断反复，从最初为信念、荣耀而战，到后来为党派、为恩怨而斗，一系列血腥龌龊中孕育出来的集大成者。

这个人的身上，不再有原则，曾经的荣耀、追求、信念被一次次的政治风暴吹走了，他目睹了良臣如王安石被罢免；圣贤如司马光身败名裂，险些连坟墓都保不住；文豪如苏轼颠沛终生；长者如范纯仁衰败老盲；党魁如刘挚、梁焘、刘安世流放至死；强臣如章惇也翻身落马……

这个世界还有平安吗？连安全都谈不上，还说什么荣华富贵。这些例子深深地刺激了他，阳光的人在逆境中变得耀眼，阴沉的人在逆境里皈依了黑暗。这个人渐渐地变得加倍小心、谨慎、精致、风雅、和畅。

他像一条五彩斑斓的毒蛇，花纹美得让人陶醉，让人不由自主地喜欢上他……什么，他是毒蛇人们还喜欢？呵呵，试问谁第一次见到这个物种时就提防呢，夏娃也是在吃亏后才知道真相的！

蔡京在杭州展开了自救，被贬谪半年后，一个宫里的大太监来到杭州城，给新皇帝挑名人字画。说到翎毛丹青，举当时宋朝全国，连苏轼在内，蔡京也足以排进三甲之内，以蔡京之能，无论是亲自操刀，还是帮着搜寻挑选，该太监都会搞到精品中的精品，满载而归。

大太监满载而归，回京之后才知道他带回来蔡京的作品有多正确。赵佶作为古往今来所有帝王中文艺天赋数一数二的大天才，早就在珍藏蔡京的作品了。

有记载，蔡京做京官时，有两个管事级的杂役对他非常恭敬，在最热的三伏天里，亲自为他挥扇。蔡京很满意，一时高兴，在两人的扇子上各题了一首杜甫的诗。小事一桩，过后就忘了，可是隔了几天，突然间这两个杂役衣帽崭新、喜气洋洋，听人说各自的家里都重新装修了。

一问才知道，当时的端亲王赵佶以两万贯把扇子收购了。

这样一来，本来是给蔡京通关节的事，突然间对这个大太监也有了好处。活儿干得漂亮，很有办事能力，可以重点培养。

从这时起，这个太监走上了宋朝的官场台面，成了赵佶的心腹人，在不久的将来，一次一次地决定了宋朝的命运，甚至在某种程度上讲，他给宋朝造成的影响，比蔡京更大。

他叫童贯。

童贯是一个有来历的太监，在庞大的太监群落里，从出身上就高人一等。

太监最风光的时代是唐朝和明朝，唐朝时太监随便决定皇帝的生死废立，明朝时的厂卫像开屠宰作坊似的成批杀大臣，这都空前绝后，可是在一项对国家最重要的工作上，他们比宋朝的同行差远了。

宋朝的太监是历朝太监里的战斗机，他们是武装太监！

北宋一代，宦官在军中的地位、贡献堪称卓绝。远的不说，宋神宗时期的一系列西征战事里，大太监李宪威风八面，最辉煌时率军冲上天都山，把西夏自李元昊时修筑的皇宫烧得片瓦不存。这是何等的战功，放在任何一位名将的身上，也是重要的军功章。

童贯的师父就是李宪。有这位显赫的师父，加上这时赵佶的赏识，可以说一条光明大路已经铺在了他的脚下。

战旗在向他招手，军功在向他招手。

童贯高兴、兴奋之余头脑变得更加清醒。他可不像李宪，最大的理想就是当一名军中宦官。他要的东西堪称世上最终极的目标。

出将入相。

他可不想一辈子都泡在死人堆里，抱着冰冷的刀把子混到老。他要在军中有地位，在朝里有实力，进可海阔天空，退能平安富贵。要达到这一点，他知道自己必须有政治班底。

他和蔡京结成了同党。

有一天，有个叫邓洵武的官员对赵佶说——陛下是先帝之子，首相韩忠彦是已故宰执韩琦之子。先帝当年改革实行新法，韩琦反对，现在您执政，韩忠彦继续反对新法，以此看来，韩忠彦能继承父志，而陛下您却不能。

赵佶神色大变，这是侮辱！为人子者继父业，这是起码的职责，是延续血脉的骄傲，是对父亲的认同。如果不能，不是承认父辈有错，就是自己无能。

邓洵武接着问："陛下想绍述父兄之志吗？"

他小心翼翼地拿出一纸卷轴，交给了赵佶。这张卷轴上没有画，它是一张列表，形式和《史记》的年表相似，按宰相、执政、侍从、台谏、郎官、馆阁、学校分为七类，每一类分出左、右两栏。

左边的是新党，右边的是旧党。

在旧党的一边，人名像密密麻麻的蚂蚁，上至宰执公卿，下至侍从舍人，满朝文武齐备，有 100 多人；另一边的新党很可怜，在宰执一栏里，只有一个人，叫温益。

这就是当时的现状，新党全被贬光了，只剩下一个温益。温益是谁，谁知道啊？至于那位曾布曾大相公，他是新党吗？他是宋朝当时近 20 年以来最无耻的骑墙派，两面倒。

这份席卷整个朝廷，给满朝文武划成分的纸轴，非常准确地体现了赵佶此时的心情。悲凉啊，想变法谁来帮？没有羽翼的皇帝，连一只鸡都不如。

爱莫能助……是的，这就是历史上著名的《爱莫助之图》，就是它点燃了北宋最大、最彻底的一次党派之争。

从那以后，没有党派了，所有的理念、理想、坚持都会变得荒诞，越坚贞的人看了，越会感到可笑。

回到这张卷轴，如果只是展示了绝望，那一定不是邓洵武的目的。赵佶很快发现个秘密，他看到在左边新党的名下，除了温益之外，还有另外一块被遮住了的地方。

下面好像有东西，是什么？

这时邓洵武走上来，把遮住的东西拿开，露出了下面的两个字。陛下，如果您想继承父兄之志，振兴宋朝的话，只有这个人能帮你，非他不可。

蔡京。

蔡京从此进入赵佶眼中，不久后他与曾布联手搞倒韩忠彦，紧接着就把曾布也贬到了江南。蔡京升任首相时是北宋史上最温馨动人的一刻。与之相比，王安石争议太多了，司马光是负面情绪太重了，章惇……下边是一片牙齿打战的声音，实在是太吓人了。

蔡京不一样。他是最风雅和善的，最通情达理的，是零拒绝的好同事，是大公无私的好领导。

上任伊始，蔡京非常讲究传统，他对皇帝说，我们要沿着伟大的神宗皇帝、伟大的安石相公的足迹走。这样才会正确。

赵佶点头。

于是，讲议司出现。它在名义上是王安石变法时期的制置三司条例司的仿制品，功能上也相近，国家的各项问题，如宗室、冗官、国用、商旅、盐泽、赋调、尹牧等事情，都由它负责。

和制置三司条例司的确很像，当年变法，也是由这种部门来决策怎么变的。但是最后有一条是额外添加的。蔡京说，讲议司做出的决定，宰执、台谏等官员不许干涉，连议论都不许。

只此一条，天塌地陷，宋朝瞬间国已不国。

国家是什么？无非宗室、冗官、国用、商旅、盐泽、赋调、尹牧这几件事，把这些事归于一个衙门，那么全体官场都成了摆设，都被架空了。再不许宰执、言官过问，连半点儿的监督机构都没有，这不是国中之国，另立天地了吗？

这是国家政事，蔡京一把抓住之后，再向意识形态开刀。20年间不是互殴不断吗，旧党骂新党是小人，新党骂旧党是奸邪，骂来骂去的，没个定论。

现在我来给你们终局。

终点站到了，蔡京再一次把传统发扬光大。北宋党争的特点是列名单，从最初旧党人设立的元丰榜，到章惇报复时产生的旧党列表，都是大型代表作。真是力度大，影响大，一砍就砍倒一个时代。但是其也有局限性，即百分之百的精确性。

元丰榜里全是新党人，旧党列表里全是旧党人。两边泾渭分明，不冤枉一个同志，不放过一个敌人。这都过时了，根本没法满足蔡京的需要。

蔡京要的是涵盖天下英杰，所有人都在掌控之中。为了达到这个目的，他瞄准了一年多以前发生的一件大事情。赵佶刚登基时向天下求言，承诺说对了有奖，说错了不罚。赵佶兑现了，给一部分敢说话的人升了官。

一切从这件事开始。

蔡京和他的班底把原始资料搬了出来，查奏章。把当时上书的人分成了正上、正中、正下、邪上尤甚、邪上、邪中、邪下共七等。

七等中，正下以上只有41人，包括邓洵武等；其余"邪"等居然是534人！里面包括陈师道、邵伯温等，他们从此被定性，再没法翻身。

这只是开始，毕竟这些人只是一时因为某件事偶然凑在一起的，从本质上讲，都是些官场的小杂鱼。是油炸也好，是活切也罢，都不能真正奠定什么。

几天之后才是官场的末日。

又一张名单出炉，里面宰执官22个人，包括司马光、文彦博、吕大防、刘挚、王岩叟、范纯仁、韩维、苏辙、陆佃、章惇、曾布；待制官35人，包括苏轼、范祖禹；普通官员48人，有秦观、黄庭坚、程颐等；外加著名太监8人、武官4人。

这些人的名字由赵佶御笔亲书，勒石刻在端礼门外的石碑上。它，就是著名的元祐党人碑。

元祐党人碑是终极版的政治迫害，所有能想到的招数，除了限于赵匡胤定下的不杀大臣这一条之外，其余都用上了。比如上碑的人，死了的，司马光、吕公著他们，追回一切追封，打成牛鬼蛇神，永世不得翻身；没死的，远远贬到南方烟瘴地面，进行极地生存训练。可以预见，他们要是没有苏轼的气魄、范纯仁的操守，基本上是死定了。

这只是普及型打击，下面是精确针对型的。

碑上的名人们，只要有一技之长的，可以号啕痛哭了。他们一生的心血，不只变成了追命符，更面临着在世间毁灭消失的噩运。

宋代苏、黄、米、蔡四大书法家中的黄——黄庭坚，他参与过修撰《神宗实录》，内容专门和新党唱对台戏。很好，他的著作手迹全部被销毁。

苏轼，这位不世出的大天才，宋朝的荣耀，刚刚才赦回北方恢复名誉，这时上碑了，那么《东坡文集》之类的著作也保不住了。不只是他，苏洵、苏辙的文字，苏门四学士的文字，也都在毁禁之列。

其余的像宋朝史学派，号称唐史最强的范祖禹写的《唐鉴》、范镇的《东斋记事》、僧文莹的《湘山野录》等也全被毁掉。

唯一幸免的是司马光的《资治通鉴》。这本巨著不管出发点是什么，由什么人写成，它本身的价值是无法估量的，是中华民族集体的瑰宝，这一点不能因为厌恶司马光而“恨乌及屋”。

可蔡京不管，毁，真要爱才的话，东汉的蔡邕还会死吗？人都能杀，何况一本书了。烧，连印版一起烧掉。危急关头，有一个太学博士站了出来，他叫陈莹中，此人非常聪明，他没明着反对，而是在太学的某次考试里出了道题。

题目引用的是《资治通鉴》的序文。

安全了，这下子谁也不敢再动这本书了。《资治通鉴》是司马光给官方写的皇帝教科书，当年写成时由宋神宗亲手写的序文。经过新政老祖宗认可的东西，还不是圣物吗？

对《资治通鉴》有心无力，实在是有损蔡太师的威名。他在另一些方面找回了平衡，打击面扩大，辐射到党人的子孙后代身上。

这是开一代之先河了，前所未有的事。之前最狠的章惇也不过是夺了司马光等人子孙的恩荫，让这帮富二代不能出生就当官罢了。如果他们争气，自己能考出文凭来，还是不受限制的。比如文彦博的儿子文及甫，在同文馆之狱案发前，还好好地当着官。

这时蔡京宣布，凡上碑党人的子弟们，第一，不得与宋朝宗室结亲，已经定亲而没有举行仪式的，全部取消；第二，不管有官没官，都不许在京城居住。京城四周各处设立监审点，严格监控，有私自入京的，监审点人员与党人子弟同罪。

这两点让原先含着金汤匙出生的高干子弟们比平民百姓的孩子还惨，他们失去了一切特权，不仅不能当驸马爷，连当官都成了白日梦。

因为法令的无限延伸性。虽然明文规定中，只是强调了居住地的问题，可是实际操作时，却变成了党人子弟的人生终止符。

比如一个叫程端彦的小官，只是鄢陵县的县尉，典型的芝麻绿豆大的官，萤火虫一样的前程，可是在这场运动中，被罢免了，变成一介白丁。至于原因，很简单，他的老爸叫程颐。

又如一个叫李阶的年轻人，真是了不起，大考之年文章盖世，为礼部试第一名。真是一头绝世神牛，如果在往年，他的前程，他的名望，必将传遍神州，冠盖一时。可惜皇帝看了看他的出身，把第一名换上了另一个人的名字。

因为李阶的老爸叫李深，是资深型的党人，并且他舅舅更厉害，是上船给章惇讲课的陈瓘。这样的祸根怎么能留，直接摁到十八层地狱吧。

如此这般，完成了一个体系的打击，应该算斩草除根了吧？不，蔡京想了想，根据以往丰富的党争经验，还不到位。

还剩下一批人，差点儿漏网了。前面这些党人，都是元祐时期露头，截至宋哲宗去世为止的造反派，在哲宗刚死到赵佶初立这段时间内的呢？

那批堪称向太后嫡系的旧党人，他们怎么处理？

这类人被整理出27个，以刘奉世为首，被贬官、外放。注意，这次的贬官是一贬到底，连之前领点补贴金之类的待遇都没有，变成彻底的下岗无业人员，只能自食其力了。

到这步仍然没完，不久后蔡京想出了新点子。根源在当年司马光等人在西京洛阳组成的顶级元老会，那时他们俨然是另一个小朝廷，论起资历、威望，简直比开封城的皇国班底还高，直接影响到国家政策的实行。

这怎么成呢，现在虽说成百名的元老被贬了出去，但保不准有大胆之徒，再组成元老会，怎么办？为了杜绝这一点，蔡京下令，所有贬出京的官员，不许扎堆生活，个个分开，散在不同的城市里。严格控制他们的行踪，不允许出城。

……连起码的人身自由都没有了。

这仍然只是开始。蔡京再规定，这些人不允许议论朝政，不准教授学生，不给任何一丝一毫的机会传播他们的危险思想、有毒的倾向。

……这还让人活吗？

这些事情都在极短的时间内发生，一条接一条，打得党人们晕头转向。他们痛苦之余很纳闷，这蔡京是怎么了，他吃拧了还是被绝世冤种附体了？怎么变态到这地步，有这么虐待人的吗？

直到这时，他们仍然不反躬自问：制造出蔡京的，难道不是他们自己吗？

现在要弄清的问题有两个：一是怎样才能结束党争；二是怎样才能在党争中活下去。

问题一，党争有20年了，要结束它，几乎所有的人、所有的历史书都说要温和、要不偏不倚。具体说来，要像赵佶刚登基时那样，从皇上开始表现出中立、中庸的态度，下面自然平静了。

等时间一长，大家习惯了互相温柔，世界自然和谐了。

好，按照这个思路推衍下去，某个皇帝是中立派，不偏向哪一方，更不打压哪一方。请问下面的大臣们会怎么样，就此安静吗？

空口无凭，有实例为证。宋仁宗，这个世界上最仁厚、最中正的君主，他对臣子们好吧？可偏偏正是党争的源发点。为什么会这样？庆历新政居然等同于庆历党争，堂堂三百年第一人范仲淹居然是党派之争的发起人，为什么会这样？

因为人是一种独立思考的动物。还因为宋朝对文臣的超级宽大。宋朝的大臣们被惯得无法无天，平时脑子里想到了就说，说啥也没关系，甚至说得多等于工作努力，那自然是不说白不说了。

这时要皇帝怎么办，只是温和就行了吗？人家冒着不当官儿的风险都要说的，一个温和、平衡的态度就能阻止他们？开玩笑。

所以以柔克刚是行不通的，只能以暴制暴。想消除党争，一是长久地、不改变地支持某一方，保持政策不变；二是把两边都打倒，一个不留。

世界才能安静。

蔡京不是皇帝，无法制定方针，作为臣子他只能选择第二条。既然做了，就干票狠的，为了彻底在党争中脱身，他不分敌我，不分新旧，只要是有威胁的，全都打倒。

比如章惇、曾布，本来这是两位众所周知的新党元老，甚至是蔡京的老上司，但是为了干净的新天地，蔡京硬塞给他们两张旧党的党票，这就是新标签了，以党争的名义——去死！

这样结束党争，蔡京算不上大仁大义，但绝对是大智大勇。历史证明，只有这一个办法，没有第二条路可走。

如果还有，非流云所能料也。

问题二，关于生存的事。党争到了这一步，新旧两党分别被对方抡倒两次以上，几乎每个参与者都跌倒、爬起、流放、回京、再爬起来，其中无论过程多么惊险曲折，都有一个共同的终点——倒台死亡。

无一例外，全都一败涂地。强如王安石、司马光也没法幸免。

在这样险恶的环境中，要怎样活下来呢？这是个大问题啊。蔡京是个有心机的人，是一个从开始就非常有危机感、向往平安舒适生活的人。他的零拒绝服务足以证明这一点。有这样的心胸，只要稍微分析一下过往的例子，就会得出一个绝望的答案。

身在潮流里，浮沉不自由。不管是做党魁，还是做帮兵，都只是片刻的荣誉、永恒的悲剧！要想活，只有把周围的人都踩在脚下，唯我独尊，才能唯我生存。

都是你们逼的！

这是种顿悟，产生的后果是蔡京突然间的凶狠。一点儿预兆都没有，他变成了北宋史上最残忍、杀人最多、不问青红皂白、斩草除根，害人到死的人。

一个活生生的例子真切地反映了这一点。

张商英，新党元老，亲手为蔡京写的拜相制，文字极为褒美。可以说对蔡京非常友好，可是元祐党人碑上就有张商英的大名。为什么？只因为他具有威胁，以张商英的资历、脾气，早晚有一天会反蔡京。那好，只要有可能，就先摁到死。

蔡京成功了，如果说北宋官场是一只大罐子，新旧两党无数党徒是毒虫，那么蔡京就是互相咬噬中存活下来的唯一的那一只。他，成“蛊”了。

以上只是推算出蔡京“变身”的经过，下面要说的是蔡京变成了什么。作为祸国殃民毁灭国家级的奸臣，人们总喜欢把他和董卓、曹操等著名反派相提并论。这不对，蔡京并没有活在乱世里，他更没有篡位的心，他所有的欲望都非常浅薄，非常实际。

他的狠毒只是出于他的危机感，是被动的应战，而不是主动去害人。后面发生的事，每一件都证明了这一点。

# 第三章　国之少年

宋崇宁三年（1104年）春天的某一天，蔡京上朝，发现年轻俊秀的皇帝呆呆出神。主忧臣辱，他当然要问清楚。

陛下，您怎么了？

赵佶羞涩又犹豫，他的面前摆着几只晶莹温润的玉盏、玉盘、玉卮，都是顶级的餐饮用具。他说，过几天要大宴群臣了，朕想用这些玉器，可是怕人说三道四，说太豪奢。

蔡京笑了，用中华文明的起始源头，最大的经典来回答。他一共说了八个字，让赵佶如梦初醒。

《易经》云："丰、亨、豫、大。"

《周礼》云："唯王不会。"

会，发"快"音。意思是说，皇帝的花费根本不用计算，想怎么花就怎么花，要达到"丰、亨、豫、大"等富贵繁华的效果才算好。

赵佶悟了，他明白皇帝要怎么当了，要无所顾忌地享受！

从这时起，赵佶开始了他的幸福生活。以天下养一人，糜全国乐一夫，怎一个"乐"字了得。回首前尘，这似乎可以命名为几只玉碗引发的悲剧，悲剧之大，要以整个神州的沦丧为代价！

以上只是崇宁三年春天发生的事里的一件，另一件在当时很不起眼，没有引起任何人的注意。宋崇宁二年（1103年）三月二十四，相州汤阴（今属河南），一家农舍里传出了孩子的啼哭声，一个新生命诞生了。传说这孩子的哭声响起时，一只硕大的鸟从天而降，巨大的羽翼遮天蔽日，在农舍上空盘旋飞舞。

那是鹰，那是雕，还是传说中的金翅大鹏鸟？

那家农夫，姓岳。

帝国崩溃、延续的种子都在这时种下。引发崩溃的一方是赵佶、蔡京、童贯等人，延续的种子以这位刚刚出生的岳姓孩子为分界，也已经存在这世上了。

从这时起，我们要随时留意他们的成长，以最近的距离观察挽救一个时代的人，都是怎样的。他们怎样出生，怎样长大，怎样壮盛，怎样凋零……或者怎样堕落。

岳姓孩子是其中年岁最小的，他刚刚降生，其他的人早已长大。年纪最大的一个姓张，他出生在 1086 年，这时 17 岁。凤翔府成纪（今甘肃天水）人。这是一个名将之乡，名将之乡有时也等同于贫困之乡。天水地理偏僻，物产贫瘠，张姓少年只是普通人家的孩子，他的成长之路可想而知。

必将艰难困苦。

一般来说这是好事，天将降大任于是人也，必先苦其心志，劳其筋骨……只要熬过这一关，心灵的坚韧程度，操守的坚贞程度，都将牢不可破。可是熬不过去呢，或者说，在熬的过程中让他的心灵受损呢？

那就不好说了。

在 1103 年的春夏之交，酷烈的西北阳光下，张姓少年默默地低着头，走向了自己的命运。他走进了军营，当了一名弓箭手。

没人留意他的名字，偌大的军营，他只是其中一根矮得不能再矮的野草。他的前途？如果一切正常，一切平常，永远都是个兵蛋子。

他叫张俊，字伯英。

第二大的孩子姓韩，张俊是因为卑微而无人留意，这位韩姓少年却是因为名气太大了，没人敢不认识他。他生于 1089 年，老家在西北的延安（今陕西延安），也是个平民子弟，这时只有 14 岁，却是当地的风云人物了。

因为他实在是个浑蛋。

韩姓少年每天快活无比，没家没业，父母双亡，一人吃饱，天地开阔。当然，在他吃饱的过程里，延安当地的老百姓们实在是郁闷透了。

韩少年天生神力，据传说 10 岁出头，就成了延安当地成年汉子们的噩梦了。10

岁的孩子，能打得他们头破血流、鼻青脸肿，要知道那可是民风强悍的大西北，民间的爷们儿比军队里的大兵都不差。

如果单单是暴力还好说，韩姓少年貌似粗鲁，其实精明得让人头晕，这就让人没法活了。不说想骗他，就连拿他开心都很凶险。在他 14 岁左右，发生了一件事，让当地人传为笑柄，又都深深地忌惮，面对他时更加小心。

那次的事本来应该名留青史，说话的、做事的，都是活神仙一样的存在，因为算得准啊。可是事情的发展过程实在是太意外了，让当事人没脸留下姓名。

有人走近韩少年，说——君当大贵，位列三公。

三公，是司徒、司马、司空。自古以来朝中的顶级三大佬。这样祝福的话谁不爱听，况且以后韩少年真的名留青史，国之柱臣，一点儿都没乱讲。

可是韩少年突然暴怒，把那人当街撂倒，一顿暴打，搞得遍体鳞伤。

……敢当面骂我！俺是谁，边远山区一个街头混混，居然位列三公，我打到你阿公都不认识你！

这就是韩少年的风格，他拳头威猛，想搞谁都能让对方头破血流，就算以后面对的是超强民族的超强将领也一样，并且非常精明且冷静，什么阿谀、奉承、骗局、陷阱，基本上歪门邪道都瞒不过他，在以后的生命里，军界、政界两不误，既办了正事，还没倒霉。

1103 年的春天里，韩少年仍然快乐地逍遥着，还要再过三年，他才会突然猛醒，厌倦这种无所事事的浪荡日子，跑到军营里当大兵。

他姓韩，名世忠，字良臣。

第三大的孩子姓刘，他也出生在 1089 年，从资料上没法比较他和韩姓少年谁大谁小，但出于种种原因，包括他的人品问题，从古至今，从来没人把他排在韩少年之上。

刘少年是所有国之少年中唯一一个出身名将之家的子弟，他父亲名叫刘延庆，官衔侍卫马军副都指挥使、保信军节度使。这意味着他从小到大都能接触到职业军人，以成为职业军人为目标接受训练。

这样的出身，系统的学习，他本应该是众少年中最神勇、最智慧、最职业的一位军人，对国家做出无与伦比的贡献才对。可奇妙的是，教育型的人才永远比不了自我觉醒的人。

因为自我觉醒，自我完善的，叫天才。

他叫刘光世，字平叔，保安军（今陕西志丹）人。

上面三人加上岳姓孩子是30年之后神州板荡中原沦丧时汉民族最后的屏障，他们是最强的英雄，各有自己的独到之处，足以压倒世间其他豪杰。

但是有一对亲兄弟除外。

这是两位姓吴的少年，他们远远地站在国家西南边疆的丘陵高地之间，护卫着蜀川大地。这是最致命的地段。

自古以来，中国各朝代如想统一天下，吞并江南，必须先把长江上游的蜀川征服。如秦朝，得蜀川之后国力大增，再顺流而下，长江沿途地段势如破竹，迎刃而解。三国时晋先破西蜀再灭东吴就是这个套路。

如果不这么做，就得在长江两岸列阵，强攻硬打，只要稍有闪失，就会像曹操一样把几十万人马扔在水里。

蜀川如此重要，吴姓少年的担子之重可想而知。毫不夸张地说，没有他们的努力，就没有前面四位将军发挥的余地，更没有汉民族得到喘息重新立国的机会。

他们是闪耀在西南边疆的双子星座，一生战无不胜，是27年以后，全国精锐都在异族铁骑面前战栗丧失斗志时，与异族最先接战，战而胜之的人。在1103年的春夏之交，吴姓少年中的哥哥10岁了，还在老家德顺军陇干（今甘肃静宁）生活，不久后移居水洛城（今甘肃庄浪）。这里距离蜀川大地太远了，他登上最高的山峰也看不到那里。正如他看不到自己后来的命运。

他叫吴玠，字晋卿；弟弟叫吴璘，字唐卿。

综上所述六个人，有一个共同点，他们都是北方人，除了岳姓孩子之外，其余的五个甚至全都是西北人。这不是偶然的巧合，他们有着共同的出身，都是帝国西北军团的战士。

荣耀的西北军、劳累的西北军、苦难的西北军。

奇妙的是，他们的领导却是一个蜀川人。

这个蜀川人的岁数很小，只比最小的岳姓孩子大 6 岁，生于 1097 年，汉州绵竹（今四川绵竹）人。他是大有来头的，唐朝著名宰相张九龄的弟弟张九皋是他的祖先。

在 1103 年的春天时，他只有 6 岁，却已经是个孤儿。他和别的孩子截然不同，终日沉默寡言，门外的春光、小朋友的打闹都离他很远，他把自己关在房里专心读书。他要成名，走最正统的路，做最大的官。这是他的理想。不久之后，他会从蜀川出发，沿着当年苏轼走过的路，向京城进发。

他会成为国立大学的学生。

在那时，他自己都不知道，以荣耀的文官为目标，发奋努力的自己，会在后半生和大兵们搅在一起，争着抢着做最大的头领，经常打得头破血流。

他叫张浚，字德远。

# 第四章　疯狂的石头

1103年的春天就这样过去了，每个人都奔向自己的命运。在这个无比广阔的舞台上，主旋律仍然是赵佶。他的生活决定一切。

在这一年的春天里，赵佶兴奋、雀跃，他的愿望一步步地实现了，最初的一步最重要，是后面的根基，所以务必要做好。

盖新房。

先建景灵宫、元符殿，纪念宋真宗和他的哥哥宋哲宗。第二年，向远古圣帝大禹致敬。远古时大禹治水功在万世，创立夏朝时集神州之金铸造了九鼎，成为皇权的象征。可惜那是几千年前的事了，九鼎被抢来抢去烧来烧去早不知哪儿去了，历代的皇帝们对此都摇头，把它当传说一代代地往下传。

赵佶不这样，轮到他当皇帝，要做经典中的经典，达到无缺程度的完美。

他翻阅古籍，重铸九鼎，铸成之后在太一宫的南面新建九座宫殿来安放它们。这九座宫殿各有城垣，上有巡视的短墙，名叫埤堄。各埤堄颜色不一，与殿中之鼎相呼应，比喻神州各处大地。在九殿之外又筑一条长垣，墙里边总称为“九成宫”。

象征意义之外，还要有实际用处。赵佶的烦恼是，他生儿子也费劲。

活神仙降临，一位叫刘混康的道士在开封内外转了一圈，对赵佶说，只要把京城东北角的土地垫高，皇子就会成批地降生。

……会吗?

赵佶将信将疑，事情就是这么灵异，自从东北角的地势变高之后，后宫的嫔妃们突然间集体怀孕，真的生出来一连串的男孩儿!

在铁一般的事实面前，谁都要低头。

为了表示对道士的感谢，也为了让自己的儿子变得更多，赵佶下令把已经垫高的京城东北角加倍地升高，让它变成一座山，再加长，变成一片山脉。

由现任皇帝为继任皇嗣所修，故命名为万岁山；由于它地处东北角，以先天八卦方位推算，是“艮”位，又名艮岳。

艮岳是宋朝史上最伟大的建筑，是集全国疆域之内土木、山水、禽鸟、走兽、珠玉、幻术为一体的大成作品，是以最高行政力量动员全国力量进行的当时最重大的一项全民运动。

这样做出来的东西，绝对是人类历史上罕见的瑰宝。

它分三个步骤建成。

第一步，在宋政和七年（1117 年），破土动工。开始是粗活，也就是堆土成山，由行政官员户部侍郎孟揆负责。工程现场设在上清宝箓宫之东，山形走势参照杭州凤凰山，达到了绵延 10 余里，山高 90 步的程度。

之后，权力上交，第二步由后宫的一位大太监负责。

这位太监的地位是超然的，他是赵佶时代的皇宫里独一无二的存在。

梁师成。

梁大太监声称自己是大文豪苏轼的私生子。这简直是嘲弄圣贤了，可整个宋朝谁也不敢说什么。他的权力太大了，大到蔡京得赔着笑脸去奉承，童贯都得自觉地当小辈做鹌鹑。他对苏家的人实在亲切。比如天下毁禁苏轼文章著作风头最劲时，没人敢说句公道话，梁师成却站了出来，公然跪在赵佶面前喊冤："先臣何罪？"

苏轼之后，苏家的生活很艰难，他的儿子苏过在京城时，梁师成对宫廷内库的官员说，苏学士支钱在一万贯以下任其意，不必上报。

亲兄弟之间也做不到这点吧？

梁师成发迹始于文化。

他在皇宫外面自己的私人府宅里收藏了大量的名人书画，之后动用各层关系，请四方俊秀名士来品评观赏，他躲在暗处，听着看着，有哪位名士的见识高超，能引起他的共鸣，就成了他的猎物。这些人成了他的私密班底，提升他的文化，帮他研究赵佶的品位。

当周围别的太监舞枪弄棒开口阵图闭口行军，准备到西北打仗时，他关注的是书本。很快，梁师成达标了。

赵佶意识到这是让他跳出文山案海，全身心扑进艺术花园里尽情遨游的天赐良机。一个太监按照他的意思批奏章写回复，写得又快又好，只有好处没半点儿危害。

前面说过，蔡京用讲议司把国家的宗室、冗官、国用、商旅、盐泽、赋调、尹牧等全部运营都垄断了，那么原有的职能部门也随之瘫痪，各种条例制度又怎能独存呢？

梁师成一来有心，二来好运气，恰好撞中了这个千载难逢的时代裂缝，各大衙门连自身都难保了，连蔡京都不敢招惹，谁会突然神经发炎，抓着圣旨跑去问皇帝——陛下，这是您亲手写的吗？——是嫌命长了吧？

梁大太监手里握着御笔，随时颁布国家最高指令，有这一条在手，他简直是宙斯手里有了闪电，指哪儿劈哪儿，所向无敌。他劈得最多的，是人事任免。

谁升官、谁罢免，正是原来两制官的权限，是御笔出现最频繁的事项，而这也恰恰是官员们的命根子。谁不想升官呢，谁想谁就得去求梁大太监。

梁师成手里牢牢地抓住了全体官员的命根子……嗯，我承认，这的确是有些恶趣味了，但就是这么回事，历史总在反复开一个玩笑，几乎在每一个封建朝代的末期，全体官员的命根子，都被一些失去功能的阴阳人牢牢地抓着。

宣和末年，赵佶亲册进士 800 人，其中有 100 多人是特例的廷试。这些人以献颂上书为名，都是超级富商的子弟，特点是要命没有，要钱随便给。

每人给梁师成差不多一万贯，就有机会在廷试上入选。这些人亲眼看到，梁大太监就站在皇帝的身旁，低声向皇帝说着什么，之后谁录取，谁黜落，都有了结果。

梁师成不仅暗中操纵国家，还当着皇帝的面左右官场走势！这样的事谁都不服，几乎风传全国，宫里有个梁太监，他比宰执还好使。

于是，梁师成有了个头衔——“隐相”。他终于成功了，大宋幕后的第一黑手，于无形中翻云覆雨，颠倒天地。做到了这一步，连蔡京这位正牌首相都低头了，带着长子主动拜访，拉近关系。

政和七年（1117 年）左右，梁师成的隐相地位初成，他深深地知道创业难守业更难的真理，并没有躺在功劳簿上吃老本，而是与时俱进，不断地提高自己的声望和地位。

于是，他加入了艮岳的修建工作。

艮岳，这座人工山绝不仅仅是皇帝的一座花园那么简单。在当时，是最大的政府工程，参与它是地位的象征，掌控它是皇帝宠眷的体现，是每一个朝中大佬打破头都要争一次的好机会。梁师成敏锐地意识到了这一点，伸手抓了过来，为自己在赵佶心里、在百官心里的地位加上了新的砝码。

从此，他为艮岳呕心沥血，竭尽所能，营建出了一个人间没有，连世界公认的古代七大奇迹古巴比伦空中花园都比不了的梦幻仙境。

他以及他的同伙成功了，艮岳真的建成了……

他不知道的是，艮岳是大宋朝的命运之山。它建立起来的过程，是宋朝崩溃的过程；它竣工之日，就是大宋的崩溃之时！

在 1117 年左右，没人能想到这一点。梁师成全身心地扑到了建筑工地上，把艮岳的第二步骤完成。第二步骤，在原有山势走向上，把各处的景观建好。

查原始资料，名目如下：

艮岳广袤十余里，峰高九十步。最高点建介亭。以此分山成两片，为东、西二岭。

东岭有萼绿华堂、书馆、八仙馆、紫石岩、栖真磴、揽秀轩、龙吟堂；山南寿山嵯峨，双峰并峙，下有雁池、噰噰亭；西有药轩、西庄、巢云亭、白龙沜、濯龙峡、蟠秀、练光、跨云三亭、罗汉岩；再向西有万松岭，岭畔有倚翠楼。

岭上岭下设有关联，关下有平地，凿为方沼，沼中有两块陆地，东边建芦渚、浮阳二亭；西边建梅渚、雪浪二亭。

由此沿磴道复上最高峰介亭，亭左有极目、萧森二亭，亭右有麓云、半山二亭。介亭之北临景龙江，引江水流注山间，迸珠溅玉，蜿蜒玉带。从介亭西行不远有一小轩，名为漱玉。漱玉轩再西，道路皆用碎石铺砌，路旁有炼丹亭、凝真观、圌山亭。

圌山亭俯视江际，可见高阳酒肆、清虚阁雕、雾阁云窗。景龙江北岸胜筠庵、蹑云台、萧闲馆、飞岑亭一字排开，其支流蜿蜒南去，另组成一座山庄，别有洞天。

南山之外，又有小山，横亘二里，命名为芙蓉城。景龙江之外另建房舍，格局样式比芙蓉城更为精妙。

以上就是艮岳的第二步工程，各处景点的原始状态。

说它是原始状态，是因为还有第三个步骤。这最后一步才是艮岳的精华所在，前面的东西好有一比，是买好的清水楼。

第三步是给清水楼盘装修。

赵佶身为北方人，一直向往美丽妖娆的南方，恪于祖训，他没法像后来明、清两代的皇帝那样游江南，于是他要把艮岳装饰成他的梦里水乡。

装修公司的老板姓朱。

朱冲最初是在苏州给人做佣工勉强活命的。他聪明、狡黠、倔强、不安分，具体的表现就是不听话，简直到了桀骜不驯的地步。

命运的转折点那天，他不仅丢了工作，还被狠狠地抽了顿鞭子。朱冲带着一身的鞭痕逃离家乡，到邻县躲风头。在这里，他突然变成了一个传奇的卖假药的。

无论是宋朝还是现代，医药都能迅速地制造出富豪来。朱冲有钱了，却变得更清醒，他记得富人安全守则里有这样一条，“有钱无权被人欺”。没有坚实的背景，钱只是招祸的东西，带不来半点儿幸福。

那好吧，索性把游戏做大，他攀上了蔡京的肩膀，到艮岳装修时，终于可以直接为皇帝服务了。

装修艮岳是宋朝最高点的辉煌，是它走向深渊的最后一步，这样重大的任务，朱冲也觉得力不从心了，一位新人走上了舞台。

这个人很传奇，身为一个小小的官方买办的儿子，居然混成了和蔡京、童贯、梁师成这三位巅峰级别一样层次的帝国蛀虫。

蔡蛀虫是帝国首相，拥有官方话语权；童蛀虫是武装太监，掌握着帝国最强兵力西北军；梁蛀虫身为帝国隐相，复制了皇帝过半的实力。这三个人几乎把帝国三分了，朱冲的儿子还能做什么呢，凭什么和人家分庭抗礼？

很简单，上述三人分的是党、政、军，唯独没包括财。小朱同学填补了这块空白。

这孩子叫朱勔，当他走到前台后，号称最有钱的宋朝人集体倒霉了，远不是多几种税、催得狠这么简单。

采买，第一步是领钱。有道是“阎王不使唤穷鬼”，给皇帝办差更得拿工资，而且是先拿。朱勔先到国库里支银子，数额完全随心所欲，有艮岳“罩”着，哪个衙门敢查他的账？

拿到钱后坐船过长江，两浙湖广，整个南方的花鸟鱼虫全在笼罩范围之内。比如太湖石，某块超级巨大，造型神奇，朱勔专门造了一艘巨舰运进了京城。赵佶一见大喜，赏给每一个装卸工一只金碗，并且封这块石头为“盘古侯”。

有爵位的石头。

某块灵璧石，高、阔均超过两丈，上千人抬不动，运进京城时得把城门拆了才成。赵佶认为这是神物，亲笔写了六个大字：“卿云万态奇峰”，并以一条金带悬石挂上。

成仙的石头。

华亭（今上海松江）悟空禅师塔前一株唐朝桧树，枝叶纷披冠盖庞然，连华亭都没法运出。怎么办？拆华亭，造巨舰，从海上走。结果某天海上风浪大作，巨大的树冠和风帆缠在一起，船翻树倒，全船人淹死。

以上只是某些知名的特例，按特点可以规划到自然界出产范围。

这个范围内的好东西搜得差不多了，朱勔把目光投向了另一处——人间。话说楚王爱细腰，美女多饿死，可见皇帝的喜好是风向标，全民学习。赵佶爱装修园林，江南方面跟风的人风起云涌。

比如浙江一个叫卫清叔的人，他的花园里有座假山。这座“假”山连绵 20 余亩地，在各处风景点盖了 40 多座亭子。

其他中小户人家，积累 150 余年平安富足之后，这类东西也不少。朱勔怎么会忘记、放过他们呢？普天之下，莫非王土，都应该搜集起来，献给皇帝。

这个过程显示了朱勔的功夫，首先他知道谁家有什么好东西，有，那么恭喜了，朱勔的手下会不请自来，破门而入，在该东西上盖一块黄帛。

这就是贡品了。

装修还有第二关。

从原产地把东西置办齐，还得运到装修工地嘛。这个过程要怎么做？宋朝 150 余年经营，帝国各地的水系都与京都开封相通，运粮的、运菜的、运各地特产的，早已形成了规律。

朱勔作为装修特派员本是有专用船只运工的，可是他搜集的东西太多，悄悄地说，远远不是专运给艮岳的，他家、蔡京家、童贯家、梁师成等京都大佬都在中间插了一脚，各家都有大花园，捎带一些不是很正常吗？于是，朱勔手里的运输工具不够了。

花石纲应运而生。

纲，指政府转运大批货物的货运过程。花石，特指赵佶这段时间在江南大地搜集的自然艺术品，自从花石纲出现之后，全国的交通运输全部瘫痪。

不管是水道上，还是陆地上，甚至是海运中，只要在朱勔搞运输时被看见了，立即就被抓到一块儿，原来的事都放下，通通装上花鸟鱼虫、老树怪石，向京城进发。

总结一下，上面的搜罗控制在自然界、人间社会两方面，综合来看可以归纳为地球表面之上的东西。为什么这么说呢？是因朱勔做到了这些还不满意，觉得仍然有对皇帝尽忠的地方。

艺术是什么，范围太广了，但是可以归纳为现在进行时和过去古董式。朱勔的心思就动在后一种，作为神州共主，难道只向活人收税吗？为什么死了的埋进坟里的就可以免缴呢？

不管你是先秦的还是五代的，只要还在汉族的地盘上，就别想幸免，这叫率土之滨，莫非王臣！

于是，全国上演挖坟大比武，不管是谁的坟墓，只看谁能挖出来惊人的货色。货色都运进京城，搬到皇帝的多宝阁里，这才是气派，才是修养，才有品位！

艮岳就在这三种举措中逐步地完善着，比如从太湖、灵璧运来的石头摆在了艮岳的四周；石旁植有蟠木樱藤老树异花，随山势曲折蜿蜒，凿石成路，从山脚直到峰顶，号为朝天磴。主峰外小山都是堆土垒石而成，峰凌如削，飘然有出尘云鹤之姿，名为飞来峰。

植梅最多处名梅岭，种丹杏最多处叫杏岫，增土垒石，中间留隙穴栽黄杨的山坡叫黄杨岭，于山崖险处种丁香，称为丁香嶂，以红石砌山，其下种椒兰，名为椒崖。在山之尾部增土成坡，植柏树万株，枝干柔密，搓之不断，树叶结成幢盖、鸾鹤、蛟龙之姿，命名为龙柏坡。

沿艮岳西行，栽竹成林，林外用清一色的紫色石堆积成山，山北放置一蓄水柜，山顶凿挖深池，每当赵佶游玩，命水工在山巅放水，形成瀑布，命名为紫石壁，又名瀑布屏。

凡此种种，只是其中很小的一部分，有了这些仍然不够。景物虽美，但都是死物，必须要有灵禽瑞兽点缀，才能变成人间仙境。

于是，找来一位驯兽名人叫薛翁。这老儿每天用大量珍贵饲料和艮岳中的禽鸟走兽套近乎，一个多月以后，鸟儿们熟了，他一叫就来赶都不走。这时可以请赵佶来观赏了。

当赵佶来时，一声清啸万羽腾空，环绕在皇帝车驾周围，仿佛万鸟朝凤。从此这里叫作来仪所。这时又有能人巧匠把众多的油绢做成绢囊，加水润湿，挂在山崖之间。这样每天早晨的晨露雾云都浸入其中，沾于绢囊之上。

当赵佶再来，一起把绢囊打开，顿时雾气氤氲朦胧生花，十步之外山崖隐现，百步之内不辨从人，在若隐若现之间登艮岳，仿佛进入仙界，非复人间之境也。

如此享乐，尚人间否，尚有憾乎？答曰有，至此境地仍然是外部享受，身外之趣而已，作为顶级的欣赏家，终极的艺术追求者，赵佶怎么会满足呢？

有道是“艺术的终极是宗教”，他开始转而追求心灵方寸间的神秘了。

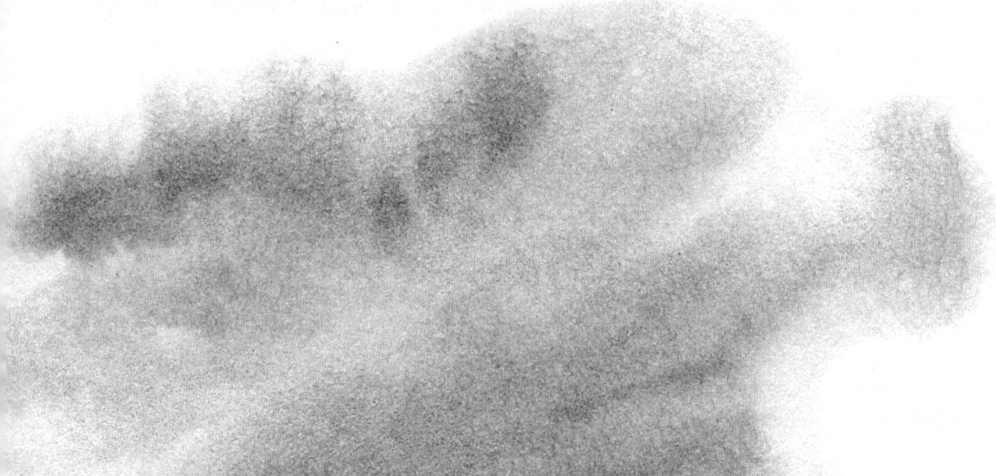

# 第五章 林灵素

宋政和三年（1113年）的十一月，某天按惯例赵佶要盛装出行，去圜丘祭天。

当天仪卫盛大，臣子俱全，赵佶乘玉辂出南薰门，奔圜丘。刚刚出城，赵佶忽然遥指前方，问身边一个年轻人。

蔡爱卿，你看玉律园之东若有楼台重重，是何处也？

蔡，是著名的小蔡，蔡京的长子蔡攸。

小蔡心领神会，回答说，臣看见了，云间的确有楼台隐隐数重，仔细再看，它们都离地有数十丈高。

是吗？爱卿你视力很好，还看到了什么，有人物吗？

有，有道教的童子举着幡幢节盖，保持队形在云间行走出没，臣能看见他们的眉目神情，历历如在眼前。

四周大臣侍卫们听了，齐声高呼万岁，神仙真的下凡了，只是我们太蠢，只有皇帝和蔡攸有仙缘，所以才看见。

于是，赵佶在这里修建了道观，取名“迎真”，并作《天真降灵示现记》。从这时起，宋朝再一次刮起了全国性的道教复兴运动。

在这场运动中，道教达到了有史以来的高峰，成为中国正朔朝代里唯一 一个政教合一的宗教。赵佶就是那个合一体。

首先他是皇帝，可他宣称除了神宗之外，他还有另外一个爹。该爹是玉皇大帝，简称上帝。他是上帝的元子，即长子。在天上的官儿叫神霄帝君，因为爱中原这片土地，在天上往下看时，发现茫茫大地上全是光头，心里实在有气，才主动要求降生下来，拯救黎民百姓。

在他的嘴里，佛教叫“金狄之教”。金，五行中西方属金，这是方向感，指向了天竺古印度；狄，夷狄外族，带有鄙视性，源于华夏之族的优越感。

堂堂中华贵嗣，怎能剃光了头，向异族的神灵膜拜？简直是数典忘祖！和尚们倒了大霉。先是名字改了，和尚叫德士，佛叫金仙，菩萨叫仙人，罗汉叫无漏，金刚叫力士，僧伽叫修善。

接着住的地方没了，寺庙征用修成道观。

衣服换了，赵佶说过，他在天上时就看着地上密麻麻的光头来气，连带着袈裟、法冠、锡杖等东西也不顺眼。这些都要改。

改成半道士模样。

头上要戴星冠，但不许有日月星辰图案，只是一顶乌沉沉的帽子。这个没什么，大不了用根带子勒在脖子上。可帽子下边就没法处理了。正牌的星冠下边是纶巾，配着道士们飘逸的长发，显得潇洒漂亮。可和尚是光头啊，这怎么搞?

和尚们有办法，他们戴上了假发。把假发梳成发髻别上簪子，离远了看非常和谐，没一点儿破绽。

道士们发达了。他们有了身份，从低到高分二十六阶，品级和朝中士大夫官阶相等。有阶即有权，他们见到官员时，可以不必施礼，不必俯首。这就不只是分庭抗礼，简直是出乎其上了。

有权即有钱。道士们在全国各地大修神霄宫，宫观使不再由官员兼职，都由教中兄弟们担任，于是宫观职的丰厚工资都成了自留田。

最后是一项终极特权。无论谁犯了什么罪，除了反宋反赵反人类，只要加入道教，立即恢复名誉，重新做人。

这么有诚意，各路“神仙”纷至沓来，最著名的叫林灵素。

林灵素，初名灵噩，字通叟。江南温州人。出身很平民，是贫困的生活迫使他走上了修行的道路，只是未来最牛的道士，起步时居然是一个和尚。

他拜了一位和尚为师，学佛法。佛家也是正规的修行科目，可是他运气太坏，遇上了一位暴力师父。对他成天连打带骂，一气之下，他决定转学。

青年时期的林灵素离开家乡，远赴蜀川，跟一位有名的道人赵升学习，但仍然为生存发愁。有一次喝酒之后没钱付账，尴尬难堪中他实在是鄙视自己，于是举起手来狠抽自己耳光。

耳光抽过，围观的人全傻了。传说，他一直挨耳光的左脸血肉皮肤全都不见了，成了半副枯骨，而右边脸和正常人一样！

如此灵异，他很快被保送进京城，面见皇帝。

见面时赵佶神情恍惚，不知为什么，他脱口而出："爱卿你当过官吗？曾经见过朕吗？"皇帝主动拉关系，傻子也会接住吧？

林灵素一笑："是的，陛下。臣当年侍奉玉帝，曾经见过陛下。"他接住了，不过一下子拉到了天上。两人是在天上认识的！

赵佶更加恍惚，真的进入状态了，接着又问："我记得当年你骑一头青牛，现在牛呢？"

林灵素毫不迟疑："牛寄养在外国，过两天就会送过来。"

一问一答，和谐顺畅，让人想起不久前赵佶和蔡攸在南薰门外见到的仙人楼台。可那是赵佶、蔡攸两人十多年交往才攒下来的默契，林灵素是才入朝，两人刚见面好吧。

为什么这么合拍？！

更邪门的是，没过几天，高丽国真的进贡了一头青牛……还有什么好说的，青牛赐给了林灵素，从这时起，他每天可以堂而皇之地骑着青牛上朝入宫。

只此一幕，看到的人心里都发了抖。青牛，道教里骑青牛的人是谁？众所周知，乃是道教的无上祖师李耳、老聃，也就是太上老君！

每天林灵素骑着青牛进宫，一路上王孙贵族、大臣元老通通都是浮云，都得给他让路。当然，某些时刻他也会遇到重量级的"路障"，比如皇太子。

看见未来的皇帝，青牛立即兴奋了，它不仅不让路，反而加速冲了过去。很明显，这个动作的潜台词再清楚不过。

要么让俺先走，要么撞俺。可它是牛哎，让堂堂的皇太子去撞牛？别开玩笑了，宋朝的宗室连同皇帝一起算，从赵光义之后就没有亲手杀过人，更没传出让牛撞驴踢之类的事。

当此时，未来的钦宗陛下脑海里浮出了伟大的曾祖父仁宗陛下的圣德事迹。当年仁宗晚上在宫里散步，忽然发现前边躺着一个人，此人鼾声大作，隔着好远还闻得到一身的酒气。

这还了得！

内侍报告，这是学士石曼青（前面提过的酒圣，大家还记得吗）。仁宗点了点头，小心地绕过了他，告诫内侍不要惊扰。

这是何等的雅量，何等的仁爱。于是乎，每一代宋朝皇帝都以此为楷模。于是乎，在赵佶的时代里，皇太子被迫给一头青牛让道……在国民注视下，一个道士大摇大摆地从他面前晃了过去！

荒唐怪诞，纲常大乱，这还只是开始。林灵素进宫，万众瞩目，连皇帝赵佶的目光都随着他转动，于是他看到了惊人的一幕。

林灵素突然翻身下牛，向路边转身，跪倒磕头。赵佶大惊，满宫大惊，林神仙怎么了？然后才注意到林灵素磕头的对象。

那是一块名满天下的石碑，上面刻满了人名，每个人都曾经名震天下，可现在会聚在这块石碑上，成为宋朝官方钦定的耻辱柱。

元祐党人碑。

这上面都是奸邪，林灵素身为国家级正品神仙，怎么能和政府唱反调呢？难道不知道反政府的就是恶吗？赵佶很罕见地拉下了脸，问林爱卿，你发什么疯？

林灵素认真地磕了好多的头，之后才转回身站起来。陛下，这上面的人名大多数是天上的星宿，我确定一定以及肯定从前都在天上见过。现在他们聚在一起，我怎能不表示敬意呢？

赵佶惊呆了，他瞬间想起了两件事：第一，前些天，天上划过流星，他被迫检讨工作；第二，因为他更改职称，叫道君皇帝，所以全国道士扎堆给他来了一次祝福。

这次设醮祈福超级正规，可是赵佶莅临时猛然发现有人在偷着睡觉。于是大怒，用力摇，却发现该道士就是不醒。

好不容易醒了之后，这个道士说，之所以睡着了，是因为灵魂上了天，正给玉帝站岗值班。

值班……就值了这么久？！

呃，那是因为正赶上星宿中的大啰唆奎宿向玉帝汇报工作，他说起来没完没了，于是，俺只好站得没完没了。

奎宿……赵佶眼睛发亮，爱卿，你看见奎宿了？他长啥样？

道士古怪地一笑，奎宿嘛，您见过的，他是本朝端明殿大学士苏东坡。赵佶大惊，奎宿，奎木狼……黄袍怪！

苏东坡居然有这样大的来头，联想到这些，再有这时林灵素的证明，赵佶简直欲哭无泪。他是要当神仙的，居然没升到天上，先结下仇人。这还搞什么，立即下令砸碎元祐党人碑，不仅宫前这块要砸，普天下州郡县衙门前的党人碑都砸碎。

从这时起，被迫害到祖孙三代的元祐党人终于缓过了一口气。

历代的史学家们谈到这里，总是会说，这是人心的向背。就连出家人都知道谁好谁坏，在替苏轼他们鸣不平。进而更加谴责新党，谴责蔡京、赵佶。这没有错，但是他们忽略了更大的问题。

赵佶时代，道士们的权势、影响力大到了无法估计的地步，他们敢于和皇太子争道，敢于干涉国家大政，连政府的意识形态都能够硬生生地扭转过来！

到这地步，试问当时之宇宙，是谁家之天下？

可是赵佶仍然没有愤怒，没有感到危险，他对道士们的好感，对林灵素的认可再次升级。不久之后，通过自己让林灵素走到了民众面前，让他有可能成为宋朝的精神导师。

在宋朝，不管前面有多少灵异人士，不管赵佶怎样信仰他们、善待他们，他都没有给他们一个面对公众的机会。

只有林灵素，徽宗以皇帝之尊，为他开了一次讲经大会。那一天是真正的万人大会，甚至是10万人大会。据统计，光是林灵素自己在京的弟子，就有两万余人。他们平日里锦衣玉食，位高凡尘，这时全体出动，为师父造声势。

但最大的声势来自赵佶。皇帝下令，有职位的道士都要去。他们都有巨额的俸禄，每一座道观的观田都是百顷、千顷，请想象他们的富有。

这些人负责为大会提供纪念品、斋饭。至于数量，是无限制的。全开封城的民众，只要带来一块青布幅巾作听经标记，无论是什么人，哪怕是乞丐游民，都可以进去。

进去，可以得到一顿丰盛的斋饭和300文铜钱。除此之外，还可以破天荒地与皇帝、宗室、大臣等高高在上的显贵近距离接触。

赵佶在会场搭起了御帐，和大家一起听林神仙讲课。

如此隆重，与会的人大多充满了渴望，都在想，林神仙会讲些什么呢？会不会组织一个佛会，讲几天经，就有七八个人宣称开悟，超脱凡尘了呢？

答案是没有。

出现的，只是一阵阵快乐的笑声。

据记载，当时林灵素在台上开讲，讲一段释一段，下面有谁听不懂或者有不同的见解，可以随时和林大师互动。

林灵素即时回答。

场面怎样？看原文记录：“……灵素据高座，使人于下再拜请问，然所言无殊绝者，时时杂以滑稽媟语，上下为大哄笑，莫有君臣之礼。”

这是作为批判灵异事件，批判林灵素而存在的文字，如果以北宋的命运为基准，这是有道理的。毕竟道教这次的兴盛，并没有给百姓带来好运。

但是从说法本身来说，林灵素没错。

先说君臣之礼，这似乎是最大的底线，不可突破，不容触摸。但是，这是为了修仙成道好吧，皇帝只是凡人做，为修神仙扔一边，想摆皇帝的谱儿你进法会干什么？何况还自称道君皇帝。

再说笑声。

在人们的意识中，似乎修道者都是老古董，生来只会默然打坐，笑或者哭，都是心灵层次不高的表现。何况是故意说笑话，把堂堂的法会现场搞成大杂院戏台了。

这是误解，是没有参与过法会的人凭空想象，想当然的认为。

# 第六章　1111 年的『卢沟桥事变』

1111年，这是一万年里才会出现一次的最纯正的光棍年。这一年的七月，一件非常普通的事发生了。

在当时显得一点儿都不起眼，甚至没人注意到它。可是它的影响却是北宋史上最深远、最具决定性的。没有它，就不会有北宋、南宋的划分。

一个太监代表宋朝去访问辽国。

整个官员队伍都黑了脸，从来不说太监坏话，和太监亲密接触像一家人似的蔡京都忍不住骂娘。他当着皇帝、满朝大臣的面，公开说："派太监当大使，难道中原就没有人了吗？这不是让辽国、西夏、吐蕃、大理看笑话吗？"

奈何没有用。

武装太监童贯正式出场，向整个东亚展示自己。当然，这之前他先和吐蕃打了个招呼，把河湟地区再次收回宋朝。

哲宗在重病期间出兵河湟，由王瞻、王厚领军收复熙州，让大西北重新回到宋朝版图。那一战非常辉煌，把吐蕃贵族都抓回到京城，可以说一劳永逸、干净彻底。

可是这把强大的士大夫集团给激怒了。神奇吧？丢失领土他们不怒，杀敌立功他们却怒不可遏。当时的次相曾布说了这样一个理由，把王瞻搞死了。

——王瞻在熙州打仗时太凶狠了，杀了很多人。让青唐吐蕃各部落恨入骨髓，每时每刻都想着报复（"青唐诸族怨瞻入骨髓，日图报复"）。

所以王瞻有罪，他让宋朝时刻处于危险之中。

见鬼吧，把敌人打痛了也是罪过，敌人痛恨的我们也得跟着痛恨。这是怎样疯狂的逻辑啊，但凡脑子里还有点儿脑浆，不像龙虾那样满脑壳是屎的话，谁能点头照做呢？

向太后能。

这老女人认为曾布他们说得对极了，对外族就是要温柔，千万不能让他们生气了。于是赵佶只能给押回来的俘虏们加官晋爵，甚至把国姓"赵"赐给吐蕃首领陇拶，叫赵怀德，给了他正式职称——“河西军节度使”，派他回老家继续当大地主。

另外，王瞻、王厚倒霉了。尤其是主帅王瞻，他被言官们告倒，贬到除了海南岛之外，宋朝最传统的流放地房州（今湖北房县）看押。

那里是关过柴荣的儿子、赵光义的三弟等顶级政治犯的重罪牢房。

这样还不算完，经军方最高权力机构枢密院集体讨论，王瞻罪大恶极，不适合再活着，应该一刀砍掉了事，以儆效尤。

面对这种要求，赵佶沉默了，当时只有19岁的他鼓足勇气说了声“不”。王瞻再有罪，不应死于国内。他特别传旨，把王瞻发配到最远的海南岛去，相信在那里，没人会跨越千山万水去害他。也算用心良苦，可惜的是，他低估了一颗将军的心。

押解王瞻的队伍还没过黄河，刚走到河南，王瞻就自杀了……消息传来，亲者痛仇者快，曾布等人终于放心了，青唐吐蕃人终于可以不仇恨了。

他们开始闹独立了。

拥有宋朝这种敌人，怎能不快乐、不自信、不独立呢？当顶着“赵怀德”这个新名字的陇拶回到河湟后，他发现自己被取代了，他的弟弟小陇拶强硬地推翻了他，连带着对宋朝也采取了敌视。吐蕃人勇气百倍，广积粮、深挖洞、高筑墙，打定了主意闹独立。

向太后一伙儿一看不好，立即加强怀柔，隔着几千里给小陇拶送上了更高的爵位——“敦煌郡开国公，食邑五千户，实封五百户”。

公爵，仅比王爵差一等，是宋朝能给出的最大好处了。可惜小陇拶不屑一顾，软柿子就得狠捏，才能榨出更大的油水。这道理谁都懂，那么为什么不更狠些，不更强硬些呢？

小陇拶第一时间造反，把改了名的哥哥打出青唐，把宋朝设在河湟地区的各级政府一个个驱逐出去。事情到了这一步，宋朝的各级牛人们一点儿没慌，各有各的对策。比如，向太后潇洒一笑，迅速死去，眼不见心不烦，一切与她无关了；曾布掉转枪口瞄准韩忠彦，想方设法推倒首相，哪怕扶植起蔡京来，自己也要过过第一权臣的瘾。

蔡京来了，天下大乱，所有人都对他恨之入骨。但是，他对外一点儿不含糊，做的都是对国家负责，对宋神宗、王安石、宋哲宗、章惇负责的事。

宋崇宁二年（1103年）六月，宋廷决定收复河湟。军队是现成的，西北军团仍然骁勇善战，是东亚首屈一指的劲旅。

名将王韶之子王厚出征，新一代的武装太监童贯做监军。

开拔之后，童贯做了两件事，被载入了史册，也深深地获得了西北军团的好感。第一件，大军刚出国境，突然间后面火速传来了圣旨。全军的心都提了起来，谁都知道，这时辰来圣旨，肯定有事，有大事。

童贯一个人走到一边，展开圣旨，看。这期间没人跟他抢，没人敢发问。他是监军，是皇帝在军队里的代言人，他有权这么干。

全军注视中，他看完了圣旨，顺手插进靴子里，重新上马，跟没这件事一样，继续赶路。路上终于有人憋不住了，过来问他圣旨里说了什么。

童贯很轻松，笑了笑："皇上敦促我们奋勇作战，马到成功。"

哦……全军的心一下子松弛了。这么多年，西北军团从来没怕过前方的敌人，可实在是怕了后方的圣旨、奏章，每次都让他们七上八下，死得糊里糊涂。这次新皇帝居然特意写信鼓劲，真是军队的贴心人，给他卖命，值了！

于是开拔，全军振奋，杀奔巴金岭。

他们不知道的是，这次的圣旨仍然是个噩梦。就在他们杀出国门时，京城突然间失火了。火势很大，皇宫都被惊动了。

赵佶觉得这是个凶兆，是上天的警告。他紧急叫停，让西北军回国。可以想象，如果西北军真的回国了，对士气的打击有多大，大领导是个一把火都能吓瘫的废物，让下属拿什么劲头出去做事？

童贯把圣旨压下了，像张草纸一样塞进靴子里。真有种，继续打，打赢了，他就是抗旨不遵。要是输了，他怎么死简直没法想。

战争在他的隐瞒下继续进行，他又做了第二件事。他以监军的身份向王厚请战，由他率领前锋主攻巴金岭，由他为西北军打响了第一枪。

河湟再次被收复。

宋崇宁三年（1104 年）四月二十六日，河湟全境战事结束，宋军用前后近一年的时间扫平河湟部吐蕃，连带着把唃厮啰的子孙连根拔起。

青唐宗喀政权覆灭了。

王厚此次征战，前后共六场大战，斩获万余人，招降各部首领 2700 余人、百姓 70 余万户，拓地 3000 余里。至此，宋朝西北方国土正北、东南与西夏接壤，西至青海及龟兹国界、卢甘国界，东南至熙、河、兰、岷州，与阶、成两州相连。

四月二十六日这一天，王厚率熙河军过湟州，越兰州大河，在西夏东南方国境线上耀兵巡边，整军回国。一路军威鼎盛，西夏人闭关不出。

1111 年九月，童贯出使辽国。

走出国门以前，老朋友蔡京对他冷嘲热讽。到了辽国之后，契丹人的反应有点儿诡异。几乎每个见到他的人，在没介绍之前，都对他肃然起敬，在介绍之后，都露出了怀疑、暧昧的笑容。

童贯最受不了的就是这点。他“状魁梧，伟观视，颐下生须十数，皮骨劲如铁，不类阉人”，简直是一条刚健有力的大汉，从哪一点上看，都不是个太监。

但他偏偏就是太监，他没法解释自己为什么长胡子，更没办法不让人联想他长胡子、处深宫、得军功，这一系列事件里是不是还有什么别的隐情。

这简直是巨大的侮辱！

童贯大怒，他忍无可忍但还是忍了，他知道自己要做什么。

宋朝的军事从真宗开始，一直遵循着一个原则——欲破辽国，先平西夏；到了神宗时期，加了一点——欲平西夏，先复河湟。

现在河湟收复了，第二步是平西夏，可是辽国跳了出来，总是插在宋和西夏之间，让宋朝畏首畏尾。那么为什么不能颠倒一下次序呢？

辽国是皮，西夏是毛，拔毛皮会动，可是剥皮的话，毛敢反对吗？拿辽国开刀，一劳永逸。童贯带着这个理想，在辽国压抑着自己，一直坚持到了回国的路上。路上经过了一条河、一座桥，在当时没人知道这条河、这座桥有什么意义。

因为它们太平常了。

可是从这时起，直到800余年之后，它们成了改变中国历史的代名词，前后两次改变了中华民族的命运。

这条河在826年之后举世闻名。每一个中国人都永远记得，在1937年7月7日那一天，日本人在这条河、这座桥附近发动了全面侵华战争。

这条河叫永定河，这座桥叫卢沟桥。

那是中华民族沉入谷底的耻辱，也是新生的中国开始奋争的见证。

回到宋朝，1111年十月左右，当童贯一行走到这里时，永定河还充满着河水，不像现在这样干涸，它的上方还没有那座石体桥。

桥要在78年之后才建造，石狮子更要在明朝时才完工。当童贯一行走到这里时，那里还只是一座浮桥。走到了这里，按惯例要休息几天，因为已经到了燕云十六州，再向前就是宋朝的土地了，辽国人要在这里尽最后一次地主之谊。

就在这几天里的一个傍晚，有一个辽国人悄悄地接近了童贯，和他说了一会儿话。之后这个人就消失了，谁也不知道他去了哪里，现场只剩下了童贯一个人呆呆地坐在那里，他神游物外，浮想联翩，简直不敢相信自己的耳朵。

他狂喜着，也怀疑着，惊异着，更梦想着！

在见到这个人之前，他所做的都是些前期工作，都是些理论上才存在的可能性。比如，他收集了辽国的各方面情报，为以后进攻辽国做准备。看着很积极，其实很缥缈。他收集得再多、再精有什么用呢，战争打的是实力和领导。只要宋辽之间不开战，只要宋朝的实力超不过辽国，只要赵佶不想跟辽国死磕，那么这些收集都是无用功。

可是这个人出现之后，一切都不同了，他把宋朝存在了130余年的恐辽症瞬间治好，契丹人——这个称霸东亚200多年的庞然巨物再也没有了威慑感。对宋朝而言，它变成了一块最甜蜜可口的大蛋糕，既松又软，随时可以去咬。吃掉它，不仅宋朝会强势崛起，他自己更会一步登天，成为有史以来最了不起的英雄。

那时，没有人会在意他是个太监，只会记得他是开天辟地的人物。比开国之主赵匡胤更强，比后周世宗皇帝柴荣更伟大。

前提是，那个人说的都是真的。

主观上他祈祷这件事是真的，理智上他时刻提醒自己千万别相信。在真正的实据显示前，无论如何都不能相信。带着这个判断，他回到了国内。

关于卢沟桥边的那个人，他没有向任何人提起，包括死党蔡京，也包括皇帝赵佶。

时光就此流转，一晃过去了四年。

# 第七章　完颜

四年之后，1115 年的三月，东北边关收到了一封信。

这封信是写给宋朝皇帝赵佶的。写信人是一个叫马植的辽籍宋人。马植出身于辽国燕云地区的名门大族，时任辽国的光禄卿，算是国家级的中上层干部了。他在信里列举了一些刚刚发生在辽国东北部的事情。受地理条件限制，那些地方是宋朝接触不到的，哪怕事情发生已经有六七年之久，宋朝人也两眼一抹黑。

看到这封信后，赵佶迅速下令，边关要尽一切努力，悄悄地快速地把马植召进开封，他要面对面地和这个人谈话。

童贯立即找到了马植，这人居然早就在开封城内了。有证据显示，从 1111 年的十月起，马植就一直隐藏在童贯的周围。

卢沟桥之夜，那个与童贯秘密接触的人，就是他。

时隔四年，他当初说的事情已经被证实。在 1111 年十月的卢沟桥之夜，他对童贯说辽国必亡，会非常快速地崩溃。

当时童贯的第一反应是乐傻了，第二反应是气怔了。辽国，东亚第一强国，你说亡就亡了？看我是太监就好骗吧，这是不是辽国玩人的新把戏？所以他快乐着，也隐约地期盼着，同时把马植带回了宋朝。

看着是马植表忠心地跟着他走，其实是童贯软禁了他。这样重大的事，容不得半点儿欺诈，连随口一说都不行，谁知道你有什么用心，必须随时带在身边，待消息被证实后，才能给这个人定性。

四年的时间，让一些事情跨越大陆，从辽国的东北边传到西南边，被宋朝知道了。总体上来说，一切从辽国的皇帝耶律延禧的享乐生活开始。

耶律延禧，也就是鼎鼎大名的天祚帝。这位老兄和赵佶的缘分很足，两人的人生轨迹几乎每时每刻都重叠在一起。

从登基到高峰，从滑落到邻居。

耶律延禧比赵佶早一年当上皇帝，称帝之初光芒四射，比赵佶的勤政吓人得多。

他对整个辽国上层来了个大清洗，凡是参与、被怀疑参与害死他父母的大臣们，活着的全家族杀掉，死了的全体挖坟。血腥过后，他开始享乐。得承认，在这点上他远远不如赵佶，限于北方物产、人文的条件，他只知道跑马打猎，拜佛建塔，貌似没有创意。

但是他有特色。

北方物种是比南方少些，同一物种的成熟期也比南方的慢，可是相应地，物种成熟之后的品质就非常高，非南方快速生长的动植物能比。

辽国，纵横北疆200余年的庞大帝国，穷尽北方奇珍，自然有一两样是南方锦绣河山所没有的，其中最著名的是北珠。

珠，顾名思义是珍珠。说来惭愧，我国号称地大物博、出产丰富，可是在珠宝品种方面太单一了，全境内少有红宝石、蓝宝石、猫眼石、钻石……南方海域出产珍珠，西北方有和田玉，但这两样也没法保证……

北珠，在这种情况下显得尤其珍贵，珍贵到后来清朝官员的顶戴上要用北珠来装饰，犯人们采到北珠可以减刑。

珍贵，一来是因为它的美；二来是因为采摘的困难。北珠只能在每年农历十月以后，也就是阳历11月以后，冰冷刺骨的河水里成熟。这时，无论怎样精壮的男子，也没法潜入深水把它采摘上来。

怎么办呢?

利之所趋，不可抗拒。潜藏在冰河深底的北珠，处于封建时期的人类也有办法弄上来。

经过仔细观察，人们发现每年这时都有一种天鹅出现，它们深深地潜进冰河，以北珠的母蚌为食，消化不掉的北珠，就含在它们的嗉囊里。

天鹅高高地在天上飞，最好的射手在强劲的风中也别想射中。怎么办呢？人们又发现，天鹅有一种天敌，是一种小而极其凶悍的猛禽，名叫“海东青”。

海东青是传说中的鸟，在现代的飞禽百科里找不到对应的物种，可是它在1113年之前是确切存在的，没有它，以后的事就都不存在了。

海东青以天鹅为食，只要能得到海东青，那么就一定能捉到活天鹅，剖鹅取珠。于是，所有的焦点都集中在海东青的身上。

想办法得到这种鸟，然后驯化它。

这时高贵强大的契丹人撇嘴了，这是有风险的、低劣的活儿，只配那些低劣的民族去做，他们只需要坐等北珠就好了。

低劣的民族，比如女真。

女真族的历史很悠久，能追溯到先秦时期，那时他们叫“肃慎”。女真或者女直，是后来的音译。虽然历史悠久，但混得不咋地，直到辽国建立时，他们仍处于原始社会末期，绝大部分散布在黑龙江和松花江流域，靠打猎捕鱼生活。

接近辽国疆域的，叫熟女真，已经是辽国的属民；居住在松花江之北、宁江州（今属吉林）以东的，叫生女真，处于自由状态。

抓海东青的活儿就派给熟女真了，他们是辽国最北边的部属，他们不干谁干？可要命的是，海东青住得比他们还远，一直北到了生女真的地盘。

大家可以想一下，哪怕是一个姓的同族兄弟，甲家大院里有好东西，乙家说“开门，让我拿走”，这可能吗？真想拿，只能是提着菜刀上门硬抢。

每年接了任务的熟女真，就是这样提着刀枪去同族兄弟家里生抢海东青的。每年的冰天雪地里，都要扔下一具又一具的尸体，抢到些鹰雏、鹰蛋，白白地送给辽国人。

辽国人来取鹰时，还要发生让女真人更屈辱的事。每年，辽国派出去的“银牌天使”，所过之处不仅敲诈勒索，每晚都要年轻美貌的女真女孩儿“荐枕”。直娘贼，煞是欺负人！

更屈辱、更难忍受的是他们得主动去接近辽国皇帝，得唱着笑着跳着闹着，装狗熊装野鹿去逗辽国人高兴。

真是送上门的屈辱啊。

比如每年的“头鱼宴”。这是一种很别致的宴会，在非常冷的寒冬里，大多是农历二月新年前后举行，地点通常在混同江（今松花江）。那时大雪封江，玉带千里。在这种环境里扎下辽国皇帐，各部落首领来觐见。卫士们砸开冰层，用捕到的第一批鱼向契丹皇帝致敬。

是为头鱼宴。

听着很风雅，看上去挺有趣，可实在是这些边远部落的首领们的一大难关，每到这时，他们就失去了自由和尊严，成了辽国人的玩具。

皇帝想打猎了，他们去呼鹿；皇帝想看远距离猎杀，他们得去射虎；皇帝想看真人版近距离搏斗了，他们得去搏熊……皇帝渴了饿了想吃头鱼宴了，他们得跳舞唱歌助兴。

每年如此，辽天庆二年（1112）时也一样，当时耶律延禧喝得很高兴，下令各酋长入场，给朕跳起来。下边问，是群舞还是独舞？

挨个儿来。

于是，各部落的酋长们酝酿情绪活动身体，依次下场开跳。一个接一个，快乐复快乐，耶律延禧的兴致达到了高潮，却突然被打断。

舞台冷场了，前边跳完，后边该跳的却端坐不动。全场的目光看过去，发现那是个彪形大汉。这人身高体壮，相貌雄伟，冷冰冰地坐着，一动不动。

旁边人喝问，为什么不跳？

我不会。回答得硬朗不说，目光还直勾勾地盯着辽国皇帝。

耶律延禧暴跳了起来，这是挑衅，是赤裸裸的、有史以来第一次的当面挑衅！

绝对不能容忍，杀了他。

这是一个历史时刻，他拔出刀来，要亲手砍了这个敢扫他兴的小跳蚤。只要他砍下去，万事皆休，一了百了。

可惜的是，他被人拦住了。他宠信的一个大臣笑着说，为了一个野蛮人生气实在不值得，何况您杀了他，会吓坏周围这些玩具的，以后谁来陪您玩呢？

是……吗？耶律延禧慢慢地把刀放下了。他从小在仇恨里长大，尤其对耶律乙辛式的奸臣非常敏感，他审视的目光在扫兴人之间游移，努力地想，怎么也想不出辽国京城里的高官和这个穷山恶水中的刁民有什么瓜葛。

无瓜葛，无阴谋，他慢慢地坐了下去。是啊，为一个小跳蚤不值当扫兴……来，跳起来，接着乐。就这样，当天吃饱跳够，各方散场，没人死亡或者流血，也没有人再注意那个声称不会跳舞的愣头青是何方神圣。

愣头青名叫完颜阿骨打，是一个生女真。居住在按出虎水（今阿什河）附近。按说他没有“荐枕”的屈辱，更不必受“银牌天使”的欺压，为啥对辽国皇帝这么敌视呢？

鬼都知道，他肯定会跳舞，但就是不跳！

当然是有原因的，前面说了，熟女真是苦的，要每年砍人抢鹰，死伤一大片。可生女真呢？没招谁没惹谁，居然每年都被砍，究其原因，都是因为这个耶律延禧，因为辽国。

完颜阿骨打是自由生成的北方豪杰，他不像熟女真那样被畜养出了奴性，不爽就不配合，有火就要发出来。当然，像他刚才的行为，没死并且以后有了奇迹般的发展，人们可以歌颂他的傲骨；如果死了呢，小不忍则乱大谋，不过匹夫之勇……

重要的是他没有死，并且在风雪兼程赶回老家之后，又有一桩奇遇在等着他。

这一次完颜阿骨打是代替他的哥哥乌雅束去参加头鱼宴的。乌雅束是完颜部女真的族长，阿骨打是他二弟。

几百年前世界是一样的，无论东方西方，无论封建社会还是奴隶社会，一切都是长子优先。比如乌雅束和阿骨打。哪怕乌雅束敦厚软弱，阿骨打强悍精明，也没法改变他们的继承权顺序。

阿骨打只能听命于大哥，哪怕要他去参加屈辱的头鱼宴，也只能听话。

等他窝了一肚子火回到老家后，突然发现他哥病死了，从他进门时开始，他已经是完颜部女真的最高首领了。

翻开完颜部女真的历史，一直处于得过且过的原始社会末期，在汉民族进化几千年到达宋朝时，他们仍然没有什么事迹值得记载。

因此他们的史书一片空白，直到阿骨打的爷爷乌古乃出现。

1113年的冬季，有一个巨大的猜想一直折磨着历史学者，近一千多年以来，始终没有得出一个让人信服的结论。

它来自一份力量调查表。

让数字说话吧，辽国——疆域东至日本海，北至额尔古纳河，西至阿尔泰山，南至今天津市海河、河北省霸州市、山西雁门关一线。

全国共5京，6府，156州、军、城，309县。人口繁盛，战骑百万，200余年间执东亚牛耳……

它是首个真正意义上做到东亚第一强国的非汉族统治的国家。这是多么大的荣誉啊。

现在看第二份数字，完颜氏女真部落——在乌古乃出现以前，它在生女真聚集地的几十个部落里稍有头脸，仅此而已。乌古乃拼尽一生努力，攒到的家底是吞并了十多个部落。貌似很肥了，到劾里钵、盈歌时期，战胜纥石烈部，发展到30个部落联盟。

生女真大半个族群落入手中了，看着真是很强大，可实际上呢？生女真的世袭繁衍地是东洙江以北，宁江以南，地方千余里……也就是说，满打满算，只有方圆1000里。

说财富，只有土特产，比如貂皮、人参、蜜蜡、麻布等，都是要经过贸易之后才能转化成财富的东西。在这点上，注定了女真人没有财富，辽国若不买了，他们啥也卖不出去。

说心气，自从有了女真人，他们一直是附庸，周边谁强大了，他们服从谁，从来没有挺直腰杆当家做主的时候。

以上这些条条对比，哪一点能证明女真人，具体到完颜阿骨打在面对耶律延禧时，心灵能从仇恨转化成愤怒，而不是一以贯之的胆怯和服从呢？

他凭什么愤怒，他凭什么敢于想到反抗了呢？

这是没法解释的问题，就像100多年前的北美洲，有一个白人小男孩，他站在家乡的一条大河岸边，发誓将拥有10万美元。

这在当时是个震死人的天文数字，可这个孩子和他的家，却只挣扎在温饱线上下。他父亲几次破产，每次破产后就会赶着一辆大马车，里边装满了各种自制的药水，比如墨汁兑白开水。之后赶到印第安人的部落里装哑巴，把这些水以超高价卖出去，功能据说是能治霍乱。

就是这样的家世，本人还只有技工学校的文凭，这个小男孩在十几年之后赚到了10万美元，在几十年之后赚到了一个石油帝国。

他的名字叫约翰·戴维森·洛克菲勒，美孚石油创办人。

洛克菲勒在只是小男孩的时候，是凭什么发誓自己一定会拥有10万美元的呢？这种自信，这种无论生在什么时代什么地点，拥有怎样的身份，都有相信自己绝对会成功的信念，并且还成功了，我们只能归结于命运。

有些人是不可思议的，比如说约翰·戴维森·洛克菲勒，还有完颜阿骨打。

阿骨打当上首领之后，几乎是第一时间正式通报辽国人，俺要造反了。当时他哥乌雅束死了，他接任，一天天地忙里忙外，搞东搞西，偏偏忘了最重要的一件事。辽国北疆少数民族负责部门等了很多天，也没见他来办遗产交接手续，终于愤怒了。

辽国派专人来问，你们首领死了，为什么不来报丧？

言外之意很明显，你们整个部落都是我们辽国的产业，产权的转移需要我们的批准。你现在私自继承，不知道是违法了吗？

不料阿骨打冷冷一笑，你们也知道我这儿有丧事，知道为什么不来吊唁，反而怪我们有罪呢？

辽国人简直不敢相信自己的耳朵。

辽国和女真的关系是什么，两者的对比是什么样？这个阿骨打居然怪辽国没来吊唁，他居然把女真和辽国的地位等同了起来！

还有什么好说的吗，只能立马回去报告皇帝，北边有人想造反，赶紧派兵去洗地。

# 第八章 流散的镔铁

耶律延禧征发浑河以北各军，由东北路统军司统领，去生女真部平叛。

悄悄地提一句，耶律延禧是非常忙的，他每天的日程排得满满的，今天要在帝国的东边打猎，明天要去帝国的西边打猎，后天要去南边……总之幅员辽阔的契丹帝国里每一处森林，每一片湖泊都留下了他矫健的身影，无论他到哪里都会引起野生动物的一片鬼哭狼嚎。

他爱打猎，就像赵佶喜欢金石花鸟、翎毛丹青一样，都是先天带来的，谁也没法改变，什么局势面前也没法动摇。

辽军在集结，女真人已经出兵。阿骨打东拼西凑，把儿子、侄子、外甥等亲戚全都发动起来，动员从他爷爷乌古乃积攒下来的全部家底，终于搞到了 2500 人。就这么多人，他踏上了征服辽帝国的路程。

面对这 2500 人，800 多年前的完颜阿骨打会是怎样的心情呢？他会豪情万丈吗？他会，他在头鱼宴上近距离地观察过对手是什么人，这让他信心百倍。之后，发生的每一件事都证明了这一点，在两军交锋之前，他的每一个举动，都是主动的。

被动的，居然是手握雄兵百万的耶律延禧。

完颜阿骨打在誓师大会上历数辽国对女真人的欺压，当然，他提到了阿疏（辽国收容的女真叛逃者），这是所有女真人不能容忍的恶行，辽国一定要付出代价！

在这之后，台下应该会欢呼一会儿，可他的心变得稍微虚脱。不为别的，只要向台下看一眼，立即就会夙了。2500 人，这点人连给辽国皇帝御营牵马都不够分。何况这些人个个衣衫不整，刀枪粗陋，甚至骑的马也没有鞍子。

更要命的是，这些人的态度不那么积极。想想也是的，这些人来自不同的部落，都是完颜家的长辈们持刀打劫吞并的，本来就有怨气，现在凭什么给你出力？更何况那是面对辽国，这时候哪怕高天流云穿越过去，拿出全套《金史》，告诉他们未来有多光明，也没有人相信。

所以，阿骨打很快又说了另一番话：

> 你们同心戮力，有功者，奴隶部曲为平民，平民为官，原先为官的按功劳大小晋升。倘若违背誓言，身死梃下，家属无赦！

梃，大棒子，专指刑具。“身死梃下”不是威胁，阿骨打真的把一根大棒子带到了现场，给台下的人看。如此恩威并施，女真族终于跟着他走上了前线。

想象那一刻，完颜阿骨打是激越的，他势必鼓起了全身的锐气，去鼓舞、去带动这个原本充满了怨气，却不想反抗的民族，去主动挑战存在了200多年的无敌怪物。

像传说中的驯象。

人类把一头小象拴在一根铁柱子上，它会挣扎、会摇撼，可是它太小了，根本挣脱不开。于是长久养成习惯，到它长大了，有足够的力气时，也认为铁柱子牢不可破，所以从心底顺从了。女真人就是这样，长期的欺压就像那根铁柱子，他们不知道自己的力量有多大，哪怕有人告诉他们那根铁柱子已经是牙签了，也不敢去尝试。

阿骨打要做的就是带着他们，甚至是驱赶着他们，去摇撼铁柱子，把女真人心灵深处的那道枷锁砸碎。所以，第一战必胜，必须全胜！

他进军的方向是南方，宁江州一带。宁江是辽、女真的交界地，女真人到达时，辽军的第一批军队也抵达了，是契丹、渤海人两族共计800名骑兵。

对，没看错，只是800骑。其中的渤海人是被辽国开国皇帝耶律阿保机灭掉的渤海国遗族，这就是辽国人对这场战争的预计。所谓的生女真人，不过是些穿着兽皮，骑着无鞍马，拿的战斧都是不开刃的野人。

就算他们每个人的战斗力比狮子老虎强，当面对正规军时，也不过就是一场狩猎。事实也真是这样进行的，2500个女真人对800个契丹、渤海人混成骑兵，战争记录居然全是完颜阿骨打的个人表现。

完颜阿骨打一箭射死对方主将耶律谢十，率先冲入敌阵；他的儿子完颜斡本被敌骑包围，他冲过去解救；有人偷放冷箭，被他躲过，反射一箭，射死敌人。

一系列表现之后，阿骨打在严寒中脱去了甲胄，近乎赤膊一样冲入敌群。这是胆略，是英勇的象征，是勇士为了挑起士气做的举动。人们可以惊叹阿骨打的神勇，可是从另外一方面去想呢，他要打先锋，他要救儿子，他要自己躲冷箭，亲自回击。

他一个人上的战场？

最后还要赤膊上阵……这是他的命运，洪水临堤，他得一个人去刺破决堤的那一点。这才是当年的真相，2500 个女真人就是这样打败了 800 个混合杂牌军。

战胜之后，阿骨打发现自己的目的达到了。女真人果然士气大涨，他们直扑宁江州，抄家伙先把壕沟平了，紧接着攻打城墙，城里的辽国人见势不好，有些人趁乱从东门往外跑。女真人追上去，把他们全都砍倒，之后回来继续攻城。

这再明显不过了，他们不想放过宁江州里的任何一个辽国人。

另外，大后方来人了。他的弟弟撒改派自己的儿子向阿骨打祝贺，撒改的贺词大意是这样的："哥，你赢了，真牛，弟弟我为你骄傲！这样吧，我看辽国是活不长了，你现在就当皇帝吧。"

这就是阿骨打的弟弟——他手下的高级助手，杀 800 个敌人围攻一座边境州城就可以称帝了？可怜的女真人，他们有头脑吗？

要特别提示的一点是，这个来祝贺的儿子是个大人物，他的名字叫完颜粘没喝，后来汉人俗称他为"粘罕"。

阿骨打回答他们说："一战而胜，便称帝号，示人何等浅薄。"打发侄儿回去后，他下令全力攻城，在辽国的援军到达之前，一定要攻下宁江州。

从上面的事可以看出，这时的完颜部女真是一片可笑的愚昧，上面的人胡说八道，下边的人束手束脚，唯一有清醒理智的只有完颜阿骨打。他要带着这样一群在深山老林里长大，啥也不懂、什么也没见过的族人走向外面的世界，去征服世界，这是多么可怕的一件事。

当然，他也不必怕。他有个坚定不移永远可靠的好帮手，有这个人在，一切都好说。这人的名字叫耶律延禧。

耶律延禧对女真人的贡献一点儿不比完颜阿骨打小，历史做证，在每一个危险时刻，他都会及时地伸出温暖的大手，送来最无私的“帮助”。

注意，是每一个危险时刻。

比如这时，第一次走出深山的完颜部女真围住宁江州城聚众砸墙，这是自辽国建立以来极其少见的恶劣事件，边境以最快的速度上报给了耶律延禧。如果他认识充分，以皇帝的身份下令集结大军迅速出征的话，那么以宁江州边防重镇的防御，加上女真人刚刚打过一仗想赢怕输、胆气未壮的现状，一旦进军速度及时，那么女真人只有放弃宁江州，跑回老家去躲灾。

那时先断绝女真人的经济，围住了饿上大半年，再大军压过去，女真人靠什么不死？凭着阿骨打一个人神勇无敌往回扳吗？他再逆天，单兵能力也不见得比西楚霸王项羽强，到时上演女真版四面楚歌倒也蛮悲壮。

一句话，超级大国欺负小部落有的是办法，只要正常出牌，绝对没有输的可能。

可是耶律延禧忙啊，当时他正在庆州（今内蒙古巴林左旗西北、巴林右旗北部地）打猎，享受在白茫茫的天地间纵马狂奔、射熊杀虎的豪迈人生。见到加急发过来的求救信，他想了想，决定还是按正常程序走，公事公办。

命令——海州（今辽宁海城）刺史高仙寿带人过去解围。

帮助及时地送到了，海州的援兵就像过期的杀虫剂一样，不仅未能杀死虫子，反而养得虫子快速长大。完颜阿骨打打垮了高仙寿，连带攻破宁江州，实力和威信急剧上升。

一个问题，此时人们一贯认识中的强悍、嗜杀，对辽国充满了仇恨的阿骨打会做什么？他会不会把宁江州屠了，发泄长久以来压抑的怒火？

以女真人的野蛮，完全有可能。

但事实是，他不仅没杀人，反而私下里把宁江州的首领放了，让他回辽国。这样不管这人是有意还是无意，都会透露出女真人并不凶残，和他们作战不必拼命的消息。

另外，阿骨打以这次胜利为号召，召集全体生熟女真人一起向他靠拢，并且把渤海人也算在内，他欢迎一切可以壮大的力量。

1113年十月初一，阿骨打攻破宁江州，十一月时耶律延禧召开御前会议，辽国权贵一致决定要认真对待女真人了。

派司空萧嗣先为东北路都统，率契丹、奚族军士3000人，中京禁军7000人，驻守出河店。

司空是政治大佬，一万军力远远超过了女真人的上限，看起来这次耶律延禧是下了狠心了，要把女真人捏死。不过事后证明，这又是一次非常成功的“帮忙”，做到细心体贴的程度，几乎每一方面都是为阿骨打量身定做的。

辽军的速度很快，集结军队，准备给养，快速行军，十几天的时间就到了目的地。出河店，是现在黑龙江的肇源。他快，阿骨打的速度更快，他不仅带着人冲了过来，主动迎击，还在这几天的时间里，完成了一件非常了不起的事。

他把军队整编了。原先女真人打仗，虽然每次都有一个总指挥，但具体上阵时，下面都是按照家族血缘，扎堆往上冲的。这样太原始了，虽然上阵父子兵有凝聚力，可一来不利于统一指挥，二来兵权分散，阿骨打没有绝对的权威。

阿骨打设立了猛安（千夫长）、谋克（百夫长）制，每300户为一谋克，每10谋克为一猛安，这样由他管理千夫长，千夫长管理百夫长，百夫长管理下边小兵。层层具体，如臂使指。

不要小看这一点，这绝对是划时代的创举，以一个没有受过半点儿军事化训练，不知道世界上成形的军事化管理的白丁，能想到这些，在东亚的土地上，几千年里只有两三个人能做到。其中一个就是100多年以后站在全人类军功巅峰的那个人。

以那人的实力，也要在转战多年之后才领悟到，而阿骨打只用了一仗，就迅速地整合了自己的军队，夺到了最高的、唯一的指挥权，并且在十几天里就实施了下去，这个速度实在是让人惊叹。

回到战场，女真人的行动是隐蔽的，一来他们人少，嗯，比上次多了点，有3000多人了，二来有意隐藏踪迹，都是些进山打猎的人，在严寒风雪里前进，很快悄悄地来到了混同江，也就是松花江畔。

这时天晚了，人也累了，阿骨打下令设营休息。从这一刻起，阿骨打的灵异与耶律延禧的“帮忙”交织在了一起。

事情要从睡觉说起。跑了大半天了，女真人再彪悍也得休息，完颜阿骨打也不例外，他躺了下去，可是怎么也睡不着。

史书上说，他强烈要求睡眠多达三次，可是都被打断了，每次都有人在他床头用力地抓住他脖子往上扳。这还怎么睡？更灵异的是，他回头，身后根本没有人。

阿骨打不睡了，他喃喃自语：“这是神仙在警告我，不让我入睡。”他出门集合队伍，把神仙降临的事跟大伙儿说了。

全体女真人陡然虎躯一震，精神百倍。阿骨打有神仙路线可走，他的话、他要办的事，都有神仙罩着！这个观念一旦形成，威力是无法估量的。想一想吧，进入封建社会成熟期的宋朝人都对神仙膜拜得五体投地，那么处于原始社会末期的生女真部落，会对神灵崇信到什么地步啊？

这时无论阿骨打说什么，他们都会积极地、快乐地去做。

阿骨打说，别睡了，立即接近辽国人，攻击！女真人兴奋地冲了出去，在寒冷的冬夜里快速接近混同江。到了江边，天已经微微亮了，这时他们看见了对岸的情况。这一刻，他们对神仙与阿骨打的关系深信不疑。

只见冰封的江面上，辽国人正在凿穿冰层，这在滴水成冰的季节里意味着什么？绝对不是萧嗣先突然心血来潮，想学辽国皇帝搞什么头鱼宴，他是想一劳永逸，把混同江，也就是松花江的冰层凿穿了，把女真人隔在对岸。

以女真人的实力，以他们简陋的行军工具，根本不可能带着战船。在这种天气里，也不可能砍大树造船只，所以，冰层一破，这场仗就打不起来了，除非女真人再选择其他方法。

得承认，萧嗣先的想法很先进，有不战而屈人之兵的意思，他真的看准了辽、女真之间的优劣关键。但要命的是，他没法预测完颜阿骨打奇特的睡眠遭遇。

事实已经证明，不管是真的有神仙去扳阿骨打的头，还是阿骨打自己料到了辽军的动作，而以神仙的名义说出来，哪一点，都足以坏了萧嗣先的布局。

站在凌晨的混同江边，完颜阿骨打对身后的部下说："派10个人过去，把凿冰的人砍了。"

出河店之役——决定女真人命运的第一次兵团决战，由10个女真人发起。他们跃过结冰的混同江，杀向正在凿冰的辽国人。

在他们身后，全体女真人都冲了上来，一共3700多人，这就是完颜阿骨打全部的家当。800余年后的今天，我猜测他当时的心情，他有按捺不住的杀心，但更多的是忐忑和提防。

他怕辽军迅速集结，把他压在江面上，那时无遮无挡，光是射箭就足以把他们葬身在混同江。所以，他才要先派极少的人杀过去，尽量小动静地解决辽军前哨。

他成功了，他杀上了对岸，这时辽国人才警觉，集结起全部人马冲了过来。女真人历史上的第一次兵团决战展开了。

无数的资料可以显示，兵团决战是一门艺术，绝不是单靠勇猛善战就能完成的。甚至于个别超级勇猛不听指挥的人，还会坏了大事。

这一点初期的女真人也不例外，就算再乐观的估计，他们想战胜装备精良、久经战阵的辽军，也得付出相当大的代价。可是这一天注定了是完颜阿骨打的幸运日，幸运之神这时又准时出现，给了他最大的帮助。

一阵大风，在两军相交时突然刮起。冰封大地上的西北风，从女真人的背后刮起，吹向对面的辽国人……不早不晚，偏偏这个时候刮了起来。

辽国人悲剧了，女真人不仅有百年的仇恨、强悍的体魄、精明的领导，竟然还随身带着西北风，这仗还怎么打？他们一路溃败，死伤满地，一直逃出去几十里地，才摆脱了追杀。

战后清点，阿骨打赚大了，他的女真兵团像滚雪球一样迅速扩编。人员的来源，除了生、熟女真各部落争着抢着往他身边挤之外，还有此战的俘虏。

女真兵团和后来的蒙古兵团，他们的人员组成并不是单纯的本族人，他们把抓来的俘虏，这些本来是死敌的人，迅速同化，变成和自己一样的战斗力。这种同化的不可思议之处是，那些被同化的人，重新回到战场，面对同一血脉的本族人，也能举起屠刀，杀得鲜血淋淋……

人性，永远是一个无解的谜团。

抛开人性说现实。此战过后，女真人达到了一个临界点。这个点是近千年来历史里重复出现的，让各民族头疼恐怖的数字。

女真兵团的人数达到一万人。

“女真不满万，满万不可敌。”这句话在北宋末年出现过，带来了辽帝国的崩溃；在明朝末年出现过，汉民族再次被异族统治。

关于这句话的由来，有很多不同的版本。有人说，是女真人、后金人自己的吹嘘；有人说，这是史实，是当年与之敌对的国家在失败中的哀叹。不必讳言，这两种说法里包含着民族情结，有满族人自己的自豪，有当年被击败民族的怨愤。

出河店之役后，完颜阿骨打的手里握到了好牌，他终于有了自己强大的力量。虽然限于眼界太窄，经历太少，他不知道这股力量在世界上应该占有什么样的地位，但他兴奋，大丈夫不可一日无权，而权从何而来？从刀、从枪、从军队而来！

兴奋中的阿骨打不知道，此时他更大的幸运并不在身边，而是在遥远的、繁华的、庞大的辽帝国的中心，在那里，他得到了更大的好处。

那才是出河店之役最大、最妙不可言的收获。

这事儿要从辽军溃败后说起。辽国的前敌总指挥叫萧嗣先，他一路狂跑，终于远远地躲开了女真人，暂时安全了。可是，转眼间他心情沉痛。

他失败了，带领一万正规军，败给了没开化的泥腿子野人，这个人辽国丢不起，一旦丢了，他萧嗣先的命就是遮羞费。出现这种事，他的脑袋板上钉钉一样要落地了。

但是不怕，他有个好哥哥名叫萧奉先。注意这个人吧，说到底，在那个年代，辽金命运转换的巨大旋涡中，起真正主导地位的人，既不是辽国皇帝耶律延禧，也不是金国的英雄完颜阿骨打，追根溯源让一切发生、恶化、不可收拾的人，就是这位萧奉先。

三年前头鱼宴上阿骨打拒演时，耶律延禧要杀了他，就是萧奉先阻止的。这是萧奉先第一次改变辽、金两国的命运走向。

三年后出河店之役辽军失败后，萧奉先做了第二件事。他想到了亲爱的弟弟，觉得不管发生了什么事，都不能让弟弟死。于是他开动脑筋，想出了一句话。

他去见耶律延禧，这样说道：“陛下，出河店败下来的兵怎么处理？要是按章办事的话，他们会怕死不回来，在外边变成盗匪，危害国家。”

耶律延禧想了想，是啊，这事儿很有可能，那好，反正都败了，赦他们无罪……不，领头的还是要罚的，罚免官，削职为民。

于是，萧嗣先只是丢了个头衔而已，他可以潇潇洒洒地从出河店回京城，照样过他的幸运人生。守着他如此非凡的大哥，难道还用为金银财宝、香车美女发愁吗？

这些都被辽国的军方看在眼里，冷眼旁观，他们在愤怒之余得出了一个结论——出力死战，战死了没功劳；败了逃走，逃跑没责任！

1115年的初春，完颜阿骨打获得出河店之役的胜利，军力达到一万人之后，他终于心里有了底，答应了部下们的请求，宣布女真人立国，他自己称帝。他说，辽人以镔铁为号，取镔铁坚硬的含义。可惜镔铁也有朽坏的时候。世间唯有金不变不坏，所以女真国取名为“金”。

这一年女真立国号为金，年号收国，阿骨打本人改名为“完颜旻”。从这时起，金国迅速崛起，拉开了覆灭辽国的序幕。

这是这一年的主旋律，宋、辽两国间没有哪个人哪件事能与之相提并论，但还是有一个人要提一下，此人在辽国的科考中名列殿试第一名，即辽国的状元。他能骑善射，文武双全，心志恢宏。

他的名字叫耶律大石。在某种意义上，这个名字一点儿也不比完颜阿骨打逊色。

女真人迅速有了国家、国号，还有官职头衔。他们的官阶叫勃极烈，冠以“谙班”，是指皇储；冠以“国论”，是指宰相级别的官员。配合军职方面的猛安、谋克，一个国家的初步运转成形了。

这些还不是最惊人的，在这样短暂的时间里，女真人居然有了自己的文字！

阿骨打的目光还盯上了一片荒芜大地上的弹丸小地，10世纪时的文明之光离它太遥远了，在中原、在西域、在南海，没有人知道它。可是完颜阿骨打的目光盯住了它，它是前进道路上的一块绊脚石。但同时，也是他心目中帝国的理想中心。

黄龙府，是今天吉林省农安县。

这些耶律都不知道，他们只知道两件事：还阿疏……等于丢了尊严；给黄龙府……那块小地方失不足惜，但丢不起那个脸。

既然不想给，也不想在战场上和野蛮人肉搏，想来想去，有着深厚底蕴的辽国人终于想出了一个理智的办法。

这一次出兵，他们是下了相当大的血本，辽国号称精兵百万，想想这已经是近三分之一的兵力了。

以 20 万骑兵为主的兵团，慢得跟老牛拉破车一样，这片庞大的军阵慢腾腾地、拖家带口一样地向北边走。

这片军阵像一个超级城镇在迁移，里边带满了耕牛、绵羊、农具等生活必需品。这就是辽国人的打算，他们要在北方凭空制造出一座纯粹的军城，一边在那边生存，一边抵挡金国人。

这办法看似消极，但真的很理智。这一次以绝对的兵力优势，以纯防守的姿态，他们终于用上了超级大国欺负初兴小国的招数。就是要用钱、用人、用时间压死你、拖死你，一点儿都不公平，但就是管用！

当这支大军北上之后，耶律延禧、萧奉先他们又一次沉浸在欢乐的宴会、刺激的猎场里。依他们之见，至少在 10 年甚至 20 年里，烦人的金国人不会再让他们闹心，用这 25 万人耗尽金国这一代人的锐气，之后就会高枕无忧了。

可惜的是，他们千算万算，算错了时机。如果在出河店之役前这么做，绝对会如愿以偿。那时的女真人要用完颜阿骨打以神话、用威胁才能走上战场，并且人数极少。

出河店之役后，金国建立了，女真人心有所依，最重要的是，他们的军力达到了一万人。满万不可敌，这是条铁律，在女真开国的前 14 年里，后金初立的前 8 年里，没有人能打破。

1115年三月，北方战报传来，25万辽军崩溃，不仅丢失阵地，连带着的耕牛等农具都被抢得一干二净，逃回来的人，都吓得面无人色。

他们见识到了女真人的战斗力。面对25万大军，只有一万人的女真军根本没什么逗引埋伏之类的虚招，就是冲上去，以右翼冲击辽军左翼，左翼被击退；中军助战，辽军整体被击退！

一万人追着25万人打，25万人还没跑掉，等到夜幕降临后，形成的局面居然是——辽兵被围……25万人被一万人围住了，并且整整一夜没能突围。第二天凌晨时分，女真人发起攻击，他们才趁乱跑出来一部分。

跑出来的全是骑兵，具体数字不详，只是史书里以“确定”“一定”以及“肯定”的词语说，步兵全灭。就是说，至少7万兵力死在了这一战里。

女真人无法遏制了，辽国错过了他们最脆弱的萌芽期。在出河店之役后，哪怕用上了超级大国欺负初兴小国的正确办法，也无济于事了。

毕竟在战争中实力决定一切。

可是怎样检验实力呢？仅仅凭借两场胜利，就想证明金军全面超越辽军，变成东亚最大了吗？这个想法太超前，辽国人不承认，连女真人自己都不敢相信。

耶律决定玩个最大的。在这一年的八月，他集结了全国当时能抽调的全部精兵，共计骑兵5万，步卒40万，对外宣称70万大军，御驾亲征女真。

他的动作没有完颜快，辽军八月集结，由于过分庞大，一个多月之后才起程。这时完颜已经来到松花江畔，隔着滔滔江水凝望黄龙府了。

这时女真人是发愁的，由于刚刚组建，并且是第一次进入辽境作战，他们没有水军，甚至可以说，连会游泳的人都很少。这在以后的十几年里大大地限制了女真人的扩张。

九月的松花江挡住了他们的脚步。

怎么过去呢？见全军发愁，阿骨打来到了江边。他派了一个人骑上一匹赭白马跃入水中，然后他举起马鞭——“朝我马鞭所指方向前进！”

这是一句近乎神迹一样的话，宽阔的松花江面上，他随手指向前方，要他的勇士向那个方向前进。是的，女真人的确勇敢，宁可淹死也不拒绝。神奇的是，在一万双目光的注视下，那匹赭白马越走越远，直抵江心，江水居然一直只淹没到它的腹部！

女真兵团沿着这条神迹一样的水道踏上了对岸，更惊人的是，在最后一名骑兵上岸后，却发现江水漫无边际，水深已经不可测量……这是多么惊人的事情，不说它本身有多神奇，光是它带来的副作用就让阿骨打受用无穷。

每一个女真战士都坚信，完颜阿骨打是神授的，他的一切都超乎凡尘之上，从出河店的大风，到这时江水变浅，他简直是随身带着“神仙”。

黄龙府被一股狂热征服，女真战士攻下它时既短暂又快乐，之后休整了好多天，耶律延禧才带着倾国之兵杀到附近。

70万辽军，这个数字重新唤起了女真人刚刚忘记的恐惧，完颜阿骨打仔细观察着周围的变化，长叹一声，他知道要打赢这一仗，又得用一些别的招数了。

他召集全军，自己带着刀走上了高台。在2万人前，对，是2万，打下黄龙府之后，他的兵力增加了一倍。

他看着台下的2万人，抽出刀，之后掉转刀锋，划向了自己的脸。

鲜血流下时，阿骨打仰天痛哭。这一幕出现后，在场的每一个女真人都相信，完颜阿骨打是真的伤心、痛苦，达到痛不欲生的程度了。

这是北方少数民族的一个古老习俗，名字叫“剺面”。当遇到大忧大丧大不如意，沮丧到极点时，才会这样做。

痛哭中的阿骨打对台下说：

当初带你们起兵，是因为契丹人太残忍，女真人活不下去了。现在辽国皇帝亲征，兵力达到70万，怎么办？除非人人死战，否则不能打败他们。为你们着想，不如杀我一族，去投降辽人，那样还能活命。

他成功了，台下的人跪下来向他发誓，和辽国人死战到底，绝不投降。好，全军开拔。

2万女真人和70万辽国人在达鲁门、达斡邻泺一带相遇。面对空前强敌，女真人不一样了，他们没再像从前那样骑马抡刀去砍人，这回不进攻了，大家蹲下来挖沟垒墙，先想好怎样防守。

哪怕在《金史》里，这时的女真人相当憋屈胆怯，2万人抱成一团躲在深沟高垒里忍着，想着怎样多挺一段时间，消耗一下辽军的锐气。与此同时，他们派出散兵游勇，游弋在主阵地之外，试探对方的粮道，或者捉几条“舌头”。

一个空前巨大的惊喜，就在这时击中了女真人。

他们捉了一个辽国的运粮官，从他的嘴里，女真人得到了一个消息。这时别说绝大部分才钻出深山处于没有见识阶段的女真人，连完颜阿骨打本人都不敢相信了。

据“舌头”说，辽国发生了内乱，副都统章奴带着大批人马临阵脱逃，火速杀回辽国都城玩叛乱。这消息是真的吗？阿骨打的脑子急速运转，好事坏事想了个遍。

说不可能，哪有这么巧的事；说可能，章奴看准了耶律延禧举倾国之兵打仗，京城空虚，带兵回去就成功。而2万女真人足以把耶律延禧拴在前线，有之前25万人马一天一夜崩溃的败绩，使他绝不敢临战抽兵平乱。

算来算去，阿骨打不敢乱动，毕竟兵危战凶，万一是陷阱，这2万人都填进去，也满不了这个坑……怎么办呢？关键时刻，又一个消息传来。

耶律延禧亲自带兵回京城平叛，已经走了两天了。完颜阿骨打不再迟疑，他命令进攻，直接攻击辽军的中军，皇帝本来应该在的地方。

如果耶律延禧在，就擒贼擒王；若他不在，中军没有主事人，最强点已经是最弱点。

接下来的事实没什么好说的，就是前一战的翻版。金军右翼攻击，辽军退却，金军左翼进攻，辽军全体溃败，连之前的一日一夜都没能坚持，70 万或者 45 万大军不说有人能稳住阵脚，连稍微抵挡一下金军，延缓追击都做不到。

辽国人一路败退，在长达 100 多里的路上，丢下了无数的尸体、车辇、兵械、印符、牛马、宝物，本来是上天无路入地无门，注定了被全歼的，只是有一个聪明的辽国人站了出来，他叫萧特末。此人突发奇想，点燃了一大片战备物资，用大火隔断了不依不饶的追兵。

这一战让辽国人欲哭无泪，连章奴都郁闷得要死。谁能料到耶律延禧会这么搞呢？放着面前的死敌不管，居然带兵杀回来平叛……说什么我们也是民族内部争斗，为什么要便宜外族人呢？

这不奇怪，如果不颠三倒四、丢西瓜捡芝麻，他还是耶律延禧吗？辽国还会到这一步吗？这一战过后，辽国的军力，甚至是财力都跌入深渊，不要说再集结兵力进攻，连守卫庞大帝国各处疆域的正常兵力都捉襟见肘了。

北疆门户大开，金军随心所欲，想打哪儿就打哪儿，没有半点儿阻碍。

下面是一系列的数字，在了解它们之前，先回顾一下辽国的五大重镇。

上京——临潢府——今内蒙古赤峰市林东镇。

中京——大定府——今内蒙古宁城县。

东京——辽阳府——今辽宁辽阳市。

南京——析津府——今北京市。

西京——大同府——今山西大同市。

这是辽国的五京，相当于北宋的四京，在辽国中占有重要意义。好，从数字开始讲。

1116年，金军破辽东京道诸州。这相当于国土的五分之一没了。对此耶律延禧没有反应，一来是战力空虚，想反应也没辙；二来，他打累了。上次御驾亲征，就算没有与女真人死磕，至少也火速回京平叛一次，那也够辛苦了。

于是，他到辽阔国土的另一端，找野生动物们开运动会去了，继续打猎。

1117年，金军攻占长春州（今属吉林）、泰州（今属黑龙江），其战略意图直指上京。又一个五分之一被威胁，对此耶律延禧终于有动作了。

他把从东京，也就是辽阳府那边逃过来的难民召集起来，选拔壮丁，组成了一支28000人的队伍。在他想来，这些人失去了家园，心里一定充满了怨恨，冤有头债有主，都是金军惹的祸，就让他们去拼命吧。

这支军队被命名为“怨军”，首领是渤海人郭药师。

怨军立即开赴前线，紧接着被金军击败，上京区域内的显、乾、懿、豪、徽、成、川、惠八州全部丢失。截止到这时，辽国的五分之二领土注定要沦陷了。

绝望笼罩着辽国人，连同这个时代最大的败家子二世祖耶律延禧先生都萌生了困兽的感觉——被逼得没有退路了……困兽犹斗，兔子急了还会咬人呢！

就在这时，从金国传来了一个让人迷惑的消息。

完颜阿骨打派人送来封信，说他想来想去，对辽国还是有特殊的感情，尽管打得死去活来也没法磨灭。所以，请给我一个辽国的官职吧。

…………

全辽国的人都变得心情复杂。这意味着什么呢？阿骨打是个好同学，他回心转意终于决定不造反了？那么是不是以后就不用上战场，大家又会过上从前的好日子了呢？

美妙的幻想里，耶律延禧派出使者，和女真人谈起了官衔的问题，辽国军民也逐渐恢复了健康心理，不再整天想着拼命。一股消失了百年之久，刚刚有望凝聚的斗志就此减弱消亡了。这就是女真人，每每读史到这一页时，都让我心灵震撼，事实证明，这个民族绝不仅仅有着勇猛强悍的性格，他们是精明的，甚至是狡诈的。

在这种虚幻的和平假象里，耶律延禧又到森林里打猎去了，就连辽国里最精英的一群人也认为这种局面很好，因为这是难得的喘息之机，辽国可以用来恢复元气。

但掉链子的是，转过年来的1118年，辽国全境发生大饥荒，到了人吃人的地步。还恢复什么元气啊，和金国的差距越拉越大。

并且他们不知道，更大的危机就发生在这一年，危机远远超过了这场大饥荒。

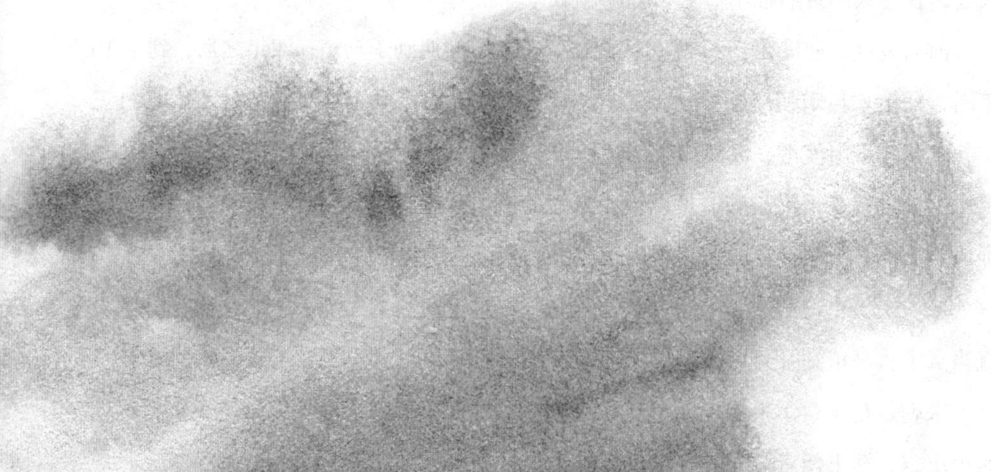

# 第九章　海上之盟

1118年是属于宋朝的，四月初宋朝派武义大夫马政渡海使金，联合女真人图谋灭辽，在辽人的背后插了一把刀。

前面说过，童贯在1111年出使辽国，在永定河遇到了马植；四年之后，到1115年时，马植才与宋朝高层接触，献上“辽国必亡，可以联合女真”的计策；又过三年，宋朝才派出使者，渡海与金国接触。

这个过程是很漫长的，足以说明宋朝的谨慎。说到底，赵佶、蔡京、童贯、梁师成等人都是聪明绝顶的，举国伐谋之事怎么会草率呢？

像一般历史记载给人的印象，仿佛马植在永定河给童贯灌了一碗迷魂汤，童贯就当真了；马植到开封城给赵佶再灌一碗，宋朝就和辽国开战了，哪有那么简单？

宋朝足足观察了七年，而且还在一个偶然事件里得到了确切的第一手资料，才做出决定，派出使者。

宋朝派出了第一拨使者，由登州地方官王师中派七名军官，带着辽籍汉人高药师、曹孝才、即荣和尚等人坐上船，沿着宋朝建国初年，女真人向赵匡胤献马的海路，向金国境内前进。他们的公开理由是去买马。这些人渡过渤海上岸后，发现了很多女真巡逻兵。

他们的反应是，立即坐船回国。这群野人太可怕了，根本没法接触。回国之后，他们报告说上岸就被金国巡逻兵抓住了，遭到了非人待遇，对方根本就不想结盟，所以只好回来。

赵佶或许是个空前奢侈的公子哥，或许是个标新立异的艺术家，或许是个不知所谓的领导者，但是他非常聪明，聪明到自始至终牢牢地把国家抓在自己的手里，从来没有人敢骗他、能骗他，连蔡京都做不到。

这些人的小把戏立即被赵佶识破了，他派专人调查，很快知道了真相。这些人被远远地发配南疆，去劳改反省。宋朝派出了第二拨使者，这次领头的人才是前面说过的武义大夫马政。为了保证行动顺利，赵佶多派了80个士兵，7个将校，其中有一个精通女真语。

这人的名字很传奇，他叫呼延庆。

在传说中和杨家将平起平坐，和包拯一样地位尊崇，双王头衔双俸禄的呼延庆带着一行人上路了。他们在当年的九月二十日渡过渤海，到达金国。

待遇是一条条的绳子。

金国的巡逻队实在是无处不在，他们发现生人之后，不由分说全都捆了起来，经呼延庆一再表明身份，才派人押着去见阿骨打。

阿骨打这时远在涞流水（今松花江支流拉林河）畔，他们一共走了半个多月，才见到阿骨打。宋、金之间的第一次接触终于到来了。

没有实际进展，因为呼延庆的职责是试探意向。

女真人很高兴，派李善庆、小散多、渤达三人带着国书、礼物随马政渡海到宋境的登州上岸，转道京城开封，来见赵佶。

可以说，这时金国的诚意远远大于宋朝。完颜阿骨打对盟友极度饥渴，赵佶突然从天而降，简直让他欣喜若狂。

双方谈得很愉快，赵佶很满意，派朝议大夫、直秘阁赵有开为正式使者，带着诏书、礼物渡海去金国签约。这时是第二年即1119年的早春时分。

然而，这一次完颜抑郁了。

阿骨打回了一个口信：宋朝的皇帝啊，我很尊敬你，但是你了解情况吗？我现在已经打下了辽国的半壁江山，足以赢得你的友谊。这样，如果你真想结盟，就快点儿写国书来。如果还是以诏书的形式和我通信，我就不再理会了。

诏书，是皇帝对臣子的文件格式。赵佶交给赵有开的，就是诏书，而不是两个平等国家交流时用的国书。这实在是犯了完颜阿骨打的大忌，他一生反抗的就是不平等。可他还是忍着气，小心翼翼地和宋朝沟通着。因为在他的心里，在漠北、西域、东北等全体边境地区，哪怕是现在还处于混乱状态中的漠北草原蒙古部落，汉人都是神秘高贵的。

他们称汉地为“桃花石”，意指像美丽的桃花源一样的幸福之地。在这时，完颜阿骨打对宋朝很尊敬，很向往。

他的敬意和向往让宋朝觉得事情还能继续下去，在1120年的二月，派马植为使节，以买马为名渡海，与金国缔结盟约攻辽。

马植这时的名字叫赵良嗣。赐国姓“赵”，这是赵佶给他的空前恩典，以奖励他不忘祖籍，居辽思宋，为汉人着想的爱国行为。

这一行人三月底出发，四月十日渡海在苏州关下（今辽宁大连金州区西南）登岸。这时没有女真巡逻队抓他们了，可是见完颜阿骨打的过程更加复杂。

金国已经休养生息消化了抢来的土地和人口，撕破了伪装，再一次兵分三路攻辽，目标是辽上京。赵良嗣带着人从登岸时起马不停蹄地追，从咸州（今辽宁开原）一直追到青牛山才追上。但是阿骨打太忙了，没有时间与宋使会晤，要他们随军一起行动。

一路上势如破竹，金军毫无停顿，像急行军一样掠过辽国的州县，赵良嗣目睹了女真人摧枯拉朽般的攻击力。他惊讶，他隐约开始后悔，这种战斗力远远超出了他的想象，哪怕他当初预料到辽国必将在女真人手里灭亡，也没料到女真人强到了这种地步！

……辽亡，宋将怎样？

他正想着，更加惊人的一幕出现了。完颜阿骨打终于肯见他了，他们在辽上京的城下相见，阿骨打只对他说了一句话。

我很忙，你先等等，我攻下辽上京就和你谈。

金军当天就攻破了辽国的上京！

这是赵良嗣永生难忘的一天，辽国的上京，规模、防御、人口、军兵都能排进前10位的名城巨府，居然连一天都没能坚持，就被女真人拿下了。他分不清，这是奇迹，还是噩梦。

但他想到了要沉住气，要他观战，这何尝不是一种示威，他立马就要上谈判桌了，价钱要怎样讲，还敢不敢讲，或许这才是女真人的本意。

赵良嗣是一个有争议的人，在《宋史》里，他的名字出现在“奸臣”系，和蔡京兄弟、黄潜善、汪伯彦、秦桧、丁大全、贾似道等超级奸邪并列，可以说是个顶尖的坏人。但是一直有人为他鸣冤，说只有宋朝对不起他，他无论何时何地做什么，都是全心全意地为宋朝着想，他是一个忠义双全、心怀故国的好人。

到底哪个是真的，让事实说话，看看他在历史中的每一言、每一行吧。

赵良嗣带来的是御笔，这在层次上比国书更动人，因为这不是官员起草的，而是宋朝皇帝赵佶亲自构思，亲笔所写。

御笔这样写道：“据燕京并所管州城，原是汉地，若许复旧，将自来与契丹银绢转交，可往计议。虽无国信，谅不妄言。”

这里边有两个要点：第一，燕京并所管州城，这是个范围，谈的就是这些土地；第二，钱。赵佶说，如果女真人答应，那么把以前每年给辽国的钱，交给女真人。

这是赵佶的命令，赵良嗣却不想照办。他觉得自己应该为宋朝争到更多的利益，付出的，最好是尽量小的代价。

第一步，谈土地。在谈判之前，赵良嗣看到御笔时，他的心就凉了。御笔不是拿到手就能看的，里边写了什么，是最高机密，当他知道时已经晚了。

“燕京并所管州城”，这几个字是个天大的误区。从字面上讲，燕云十六州，当然是以燕京为主，它所管辖的州城，当然就是燕云十六州的全部喽。

错了，错得离谱，错得幼稚，错得想当然。

燕云十六州在汉人手里时，它们是一体的，到了辽国的手里，多年来行政区域不断划分，平、营、滦三州已经单独组成了平州路，燕京所管辖的只有檀、顺、景、蓟、涿、易六州，十六州只得其六，只有个零头，所谓的长城防线怎么组成？

就算全要下来，也和别国的势力犬牙交错，效果纯粹是给自己挖坑。怎么办？很明显这是赵佶不想被反结盟的大臣们骚扰，不经国家职能部门审校，自己按陈规拍脑袋想出来的文件。他是皇帝，把事儿搞糟了，谁也不敢把他怎么样。

而派出去的官员，只管按他说的去办。可赵良嗣不，如果他安分，他该安静地待在辽国过他的贵族生活；如果他守规，他应该静悄悄地带着家人财产回宋朝，而不是半夜三更地去敲童贯的门，想把燕云十六州都带回汉地故土。

他想做点儿什么，为汉人尽量争到利益，收获平安。为此，他把赵佶的御笔扔到了一边。

先谈燕京，赵良嗣直接把“燕京并所管州城”合并成了燕京路，这样燕京六州打包在了一起。

阿骨打想了想，给。

赵良嗣出示御笔，里边有“原是汉地”这四字。那好，阿骨打皇帝，既然是旧地，翻翻辽国的旧皇历，燕京也包括西京（今山西大同）。怎样，一起给了吧？

阿骨打想了想，给。但是，要在抓住阿适（耶律延禧小名）之后才给。

……嗯，这是设置时间障碍了。抓住辽国皇帝和攻破上京城是不一样的，城待在那儿不动，人可以在辽阔的帝国里疯跑，山川河流深谷野林，在哪里躲着都不好找。说是抓到之后给，抓不到怎样，抓到了拖着怎样，抓到时是尸体怎样，都不好说。

但总比不答应强。

赵良嗣趁热打铁，说平（今河北卢龙）、营（今河北昌黎）、滦（今河北滦县）也在燕京路之内。刚说到这儿，金国方面有人站了出来，脸色很不对劲。这人名叫高庆裔，是辽东渤海人，一直在辽国当官，辽国的事儿他都清楚。

这人对赵良嗣说，这三州可不在燕京路内，除非你翻五代十国的皇历，不然怎样都搅不到一起。赵良嗣的头低了下去，他知道，到底线了。

接下来谈的是钱。

御笔上说，可以把每年给辽国的钱转账给金国，那么就是每年50万两白银。可赵良嗣提出，每年30万两吧？

对此阿骨打一笑，他没用手下人支招，自己说了句话——你们每年给辽国人钱时，燕云十六州都是辽国人占着；现在我给你们城了，为什么钱反而少了？

赵良嗣无言以对，他怀疑对面坐着的真是只懂舞刀弄枪、杀人放火的野人吗？社会真是大熔炉，在造反的过程中都脱胎换骨了。

自此，宋、金两方把土地和钱都谈出了结果，最后的问题凝结到出兵。怎样出兵非常讲究，谁先动了，谁先杀到了哪儿，会造成现实中哪座城被夺下来。万一要是占了不该占的，比如宋朝把易州西北的紫金关、昌平县西边的居庸关、顺州北边的古北口、景州东北的松亭关，尤其是平州东边的榆关（也就是山海关）都抢到手，那么金军就算想翻脸动手，也没了进关的路。

有高庆裔这样的辽国通在现场，赵良嗣想打马虎眼也难。最后双方约定，金军自平地松林（今内蒙古克什克腾旗一带）趋古北口（今北京密云东北）；宋军自雄州（今河北雄安）趋白沟（今河北高碑店东自北而南的白沟河）。

至于动手的时间，视形势发展另行敲定。

赵良嗣带着一肚子的郁闷回国了。这次出使，他受了很大的刺激。第一是金军的战斗力，实在是太强悍了。眼睁睁地看着辽上京一天就陷落，让他实在是心里发抖。第二，没料到女真人的头脑也非常精明，他尽力争取，也只是把辽西京纳入合约，还是有条件限制的。

这些，都是要对皇帝、宰相仔细汇报，计划要跟着形势走了，原先以为是火中取栗，哪怕有些风险，可机遇不容错过。现在看来很像是与虎谋皮，搞不好会引火烧身啊！

回国后，赵良嗣把各项发现仔细报告，皇帝、大臣们也听得非常认真。如他所料，赵佶、蔡京等人都急了，他们一阵懊恼，追悔莫及，十万火急派人再次渡海，跟女真人打商量——老兄我写错了，不是燕京所属，是整个燕云十六州啊！

赵良嗣差点儿背过气去，这几个货根本就没把他的警告放在心里，着急的是好处谈丢了，没占着大便宜……

面对宋朝的出尔反尔，阿骨打没客气，回答得硬邦邦的。要十六州没有，辽西京也不给了，你们胃口越来越大，再这么搞，合同作废。

到这一步，赵佶等人才泄气，唉，这帮野人啥也不懂，对汉族的皇帝怎么能这样粗暴呢，应该有求必应、百依百顺才对嘛。真是不知礼仪不开化，连烧火都不配的榆木疙瘩。

好吧，只能走一步看一步，先把燕京路六州拿到手再说。

贪小便宜吃大亏，丢了到手的辽西京之后，两国的合同终于签订。第二年即1121年的五月，金国使者渡海到了宋朝，这一次是商量什么时候出兵了。可是不知为什么，这一次宋朝变得犹豫模糊，金使什么都问不出来，一连等了三个月，没敲定任何实事。

金使气得没办法，只好郁闷回国。他终于认同了首领说过的一句话——见鬼的汉人总出幺蛾子，纯朴的女真人实在不适应！

其实，这次他冤枉宋朝了。

# 第十章　灭国级蛀虫

在七个月前，也就是1120年十月初九，宋朝的南方爆发了方腊起义。关于这次起义，几乎每个中国人都能说出个一二来。比如江南徭役过重，剥削太狠，宋朝当局只管玩乐，不理朝政，整天只想着花石纲等，这些都没错。更详细些的，会把责任确认在几个特殊的人身上。

比如蔡京、童贯、梁师成，还有王黼、李彦、朱勔。

这六人中的前三位已经是老熟人了，后面的三个比较生。现在，他们终于出场了，宋史里鼎鼎大名的“六贼”聚在了一起。

一般来说，六个人是相提并论的，好像他们对历史进程的作用相差无几。这不对，某天我坐在阳台上出神，偶然间灵机一动，分出了他们的不同之处。

蔡京、童贯、梁师成，这三个人是自主创业的第一代，他们白手起家，在阴谋陷阱、枪林弹雨里杀出一条血路，踩着无数的竞争者，爬到了帝国的巅峰地位。

他们的特点是聪明、理智、知道深浅。没有最基础的三样，他们早就成了别人的踏脚石，变成一个个悲剧了。

这三个特点也决定了他们的危害性。哪怕他们再能折腾，也有个底线，他们懂什么是做得的，什么是做不得的，他们明白帝国是一条船，如果不顾一切地乱搞，会把他们一起带进漩涡，大家都得淹死。

可王黼、李彦、朱勔不一样，他们三个再加上杨戬、高俅，属于富二代。他们的成功来得太迅速、太容易了，或是投靠，如王、李、杨、高，或是血缘关系，如朱二世，别人奋斗终生都取不来的高官厚禄、金银美女，对他们来说几乎是唾手可得。

站在帝国之巅放眼望去，每一处土地、每一个人都由着他们折腾，随便他们祸害。一次次的成功，一次次的无责任，让他们相信，做什么都没有关系，做什么都没有后果。

于是，他们在帝国的每一个角落里胡来，搞出了各种各样的乱子，方腊起义，不过是其中之一。所以在说起义的细节之前，很有必要先把这几个富二代介绍清楚。

以职务高低、危害大小为标准，从低到高排列，应该从高俅说起。他是这批虫子里最不起眼的副班长。这有些出人意料，人们印象中的高太尉是集卑鄙无耻、懦弱残暴于一体的妖孽人物，在《水浒传》里的恶人排名榜上，他比蔡京都高，雄踞北宋第一名。

可是在现实中，他实在是恶得有限。

高俅没有文凭，属于自学成才，据分析，他的才应该很不错，因为他能在北宋第一文豪苏轼的手下做些抄抄写写的活儿。以东坡之才情，怎能忍受一个字写得难看，行文粗陋的人在身边呢?

所以高俅无论是言谈还是文字能力，都至少在中人之上。

苏轼很喜欢高俅，在被排挤出京城到外地当官前，他还把高俅推荐给别的高官。第一个，是曾布。曾布是顶级高官，足以荫护高俅。但很遗憾，曾布说手边人够了，于是只好另找别家。

高俅投靠了驸马都尉王诜。

这是一个不称职的驸马，王诜的生活太香艳了，成天招蜂引蝶，活生生地把蜀国长公主气死了。结果把宋神宗惹得大怒，公主刚安葬，立即把王诜撤职。可这不耽误王诜和赵佶之间的私人友谊。

两人是宋朝宗室里的绘画高手，每天恨不得25个小时腻在一起。

某一天，王诜派高俅给赵佶送去一个梳头用的篦子，当时赵佶正在踢球。高俅的机遇到了，他目不转睛地看，看得未来的皇帝主动问他，你看什么，你会踢吗?

高俅不仅会踢，还敢上场，那天他超水平发挥，一下子把赵佶踢成了票友，每天都离不开他。从此他成了赵佶的亲信，等到哲宗去世，赵佶登基，他跟着鸡犬升天，做到了殿前司长官。

这是军职，从此之后，北宋的军队变味了。

具体地说，高俅把国家的军队当成了自己的工程队，给他盖房子、修花园；当成了手工作坊，军人加工器皿，运到外地去卖；当成了跟班，每天不去训练，陪着他东走西逛；还被他没收了军饷，没有生活来源，逼着军人们从事各种额外工作，以养家糊口。

在这个过程中，北宋京师重地的禁军完蛋了，军事素质一泻千里，等到大难临头时，尽管人数众多，可毫无战斗力可言。

然而，所谓的腐化禁军，烂掉战斗力之类的事，不是他开的先河。

自宋朝建立以来，除了开国皇帝赵匡胤时期，京师禁军百战百胜，威慑内外，到了赵光义时就全完蛋了。燕云之役、雍熙北伐、君子馆惨败，这三战之后，禁军老骨头都没了，剩下的都是少爷兵。

每月领军粮，都雇人往家里背，废物懒惰到这地步，还有什么指望？至于让官兵干私活儿，更不是高俅的专利，真宗、仁宗时期留下了很多的传说，比如哪位兵哥哥的手艺独到，做出了什么新玩意儿，哪位兵哥哥好运气，给哪位长官跑长途，赚了多少钱。

这种事儿太多了，严格地说，高俅对北宋禁军的伤害顶多是雪上加霜，要是把军队烂掉的帽子扣到他头上，实在是不准确。

高俅的上一位是杨戬。之所以这样排，说实话是委屈了点儿，但没办法，谁让他死得早，徒弟还太神勇呢？

杨戬，北宋太监，主管御花园。通过前面说过的艮岳等超级宫殿名园的建设，我们知道，这是当时最重要的政府工作。尽管童贯、梁师成等人都插了手，但专职负责这类事儿的杨戬，更是红得发紫，手眼通天。

在官位上，杨戬只凭着盖房子、修园子，就能和隐相梁师成平起平坐，达到节度使的高度。按说有了这样的名分、职权，杨戬蛮可以大打出手，和梁师成争夺一下太监里的“战斗机”，尝尝后宫权势第一人的滋味。可是他不，他很聪明，很知道进退，没去惹握着国家符印的梁隐相。

他另有爱好。

自古以来，太监最爱的是钱。作为无妻无儿无女，甚至伤残身体，把祖宗也抛弃的太监，这个世界除了钱以外，还有什么是真实的呢？

于是，杨戬成了当时最能圈钱，也最敢圈钱的人。

杨戬搞上了土地买卖，他成立了一个叫“西城所”的部门，专门派人下乡，到各州县召集民众，核查田契。

各地的百姓很配合，政府要查证，还不小跑着回家取？取来后，西城所的人开始问，这块地是从哪儿来的？答，父亲留下来的；好，你父亲是从哪儿搞来的？答，爷爷留下来的……以此类推，直到问及祖祖太爷以上。

年代太久远，嗯，好，拿出证据来，证明是你祖祖太爷给你祖太爷的！

百姓崩溃。

上面是祖传型崩溃，有聪明的另想了别的法子，面对质问，他会说，这是我买的；好，你从哪儿买的；答，东村头甲；好，找东村头甲来；问甲从哪儿买的，如此类推，可以推到甲乙丙丁戊己庚辛壬癸的后边去，到那一步，就算是007邦德穿越过去，也别想找出最早的那个买主。

西城所能一直追问到五代十国。

于是，百姓再次崩溃。

崩溃的结果是加租加税，只要定下来，以后哪怕天灾人祸颗粒无收，也别想逃债。这种方法从汝州开始推广，波及覆盖到京东、京西、淮西、淮北等各大富饶区。怎样，挺狠吧？不，这只是杨戬用土地圈钱的各种办法中的一个，严格说来，是很复杂、很笨的一个。

后来他想明白了，与其这样折腾，不如无中生有。西城所在全国范围内勘查哪儿有废堤、弃堰、荒山、退滩、淤流滩地等无主地段，强迫就近的农民去耕种。

只要种上了，立即成了他的终身制佃户，无休无止，祖祖辈辈向他交租。到后来他贪到了连水面上的营生也不放过，大名鼎鼎的梁山泊就被他圈了进去，每条渔船都成了他的产业。估计当地姓阮的三兄弟就是被他刺激了，才去打家劫舍的。

杨戬辉煌的圈钱生涯结束于1021年，他得病死了。但他的精神长存，又一个杰出的钱痨型太监出现，做得比他更卖力。

李彦出场。

这是北宋“太监三剑客”中的最后一员，也是其中最凶残的一个。他全盘接手了杨戬的圈钱生意，操作的方式却比杨戬先进太多了，以至于连西城所都失去了意义。

根本就不用去查地契的嘛，费那个劲儿干什么，李彦派人直接站到看好的土地上，然后大声宣布，这是无主荒地！

就这么简单，谁不同意谁去死。

做得最狠的一次，他派人把鲁山县（今属河南）的田地契都集中起来，当着契主的面，一把火全烧了，全县的土地都变成了“公田”。

全变成了公田，公田是不交税的，那么原来的税怎么办？这是个问题，涉及皇帝陛下的腰包。李彦想了想，这样吧，鲁山县已经是我的了，不能再为难他们。把原来的税，摊派到邻近州县去吧。

在这种乾坤大挪移的转换下，既保证了皇帝的腰包不缩水，还确保了他本人的腰包变丰满，这是多么完美的办法！

史称，被李彦看中的“荒地”居民们生活变成了这样：“……农不得之田，牛不得耕垦，殚财靡刍，力竭饿死，或自缢辕轭间。”

以上就是李二代的行为了，做法毫无遮掩性，连一点点的自愧心理、畏罪心理都没有。这就是典型的富二代、权二代们的行为，他们根本就不觉得自己做错了什么，根本就不认为有什么狗屁法律存在！

截止到这里，相信大家对李彦已经咬牙切齿恨之入骨了吧？别，先别忙，在北宋恶人榜上他只是倒数第三而已，就算在他擅长的业务范围内，也有人比他更强。

他主管的地盘在西北，宋朝时的西北算是老牌的政治经济中心，但是在实际指标上，长江以南已经迅猛崛起，政治上连续出现宰执人员，如王安石、曾布、章惇、蔡京、蔡卞等人，抛开西北代表司马光先生，几乎垄断了神宗之后的宋朝权力。

经济上更是一枝独秀，可以说开封城的繁华，自从宋太祖开始，就是由江南支撑的。

排名在李彦之上的，就是把江南搞成人间地狱的那个人。

朱冲之子朱勔。

朱冲作为一个白手起家的人，是很有分寸的。他在刚刚有点儿钱之后，就乐善好施，据说灾年施粥、寒天舍衣，在东南一带很有善名。

直到他遇到了蔡京，为艮岳等名园项目服务，气焰才有所抬高。可就算是这样，他也很低调，一直乖乖地隐藏在蔡京等人的身后，很踏实地赚取黑心钱。

朱二代不是这样，他的一切都是张扬猖狂的。彻底分析一下他的生活，才会明白当时天下最牛的富二代到了什么程度。

朱勔的生活圈子分成两个：一个在江南老根据地；另一个在开封京城。先说京城吧，毕竟要从低往高说，倒啖甘蔗才有滋味。

在京城，朱勔是快乐的代名词，注意，不是说他很快乐，是说他是整个开封官场的快乐。他走到哪里金钱就淹没到哪里，每年他孝敬给官员队伍的钱，绝对要超过赵佶开出去的工资。另外，他还是个渠道，通过他，哪怕是皇宫深处的隐秘，都能第一时间了解。

因为他能随时出入宫禁，在皇宫的每一个角落闲逛，甚至不需要避开嫔妃。为什么呢？因为他是花石纲的代表，他有义务、有责任巡视皇帝的家，看看哪里还需要什么装潢点缀。

这项工作朱二代干得很认真，经常得到奖励。比如某天他突然在袍子的肩膀部位绣了一只金色的手，别人问他这是啥，朱勔很虔诚地说，刚刚这里被陛下的龙手抚摩过……又一次他的胳膊上突然缠了一块黄罗绢，这条胳膊表现僵直，一动不动，哪怕是与人打招呼行礼，也举不起来。大家问，朱二代，你中年麻痹了？答：哪里哪里，刚刚这条胳膊的这个部位被陛下再次抚摩了一下。

这是他在开封城里，表现得很舍财、很快乐，并且有些小可爱。可他回到江南之后，就是另一副嘴脸了。其表现是，他在京城里所有的谦卑可爱都成百倍地找回了平衡。

先是钱，一般人认为朱家的钱是从国库里掏出来的，他们每往京城里运送一批花石纲，就能漫天要价，把石头换成金子搬回家。这没错，但不全面。财富到了朱家的程度，金子银子什么的都是垃圾，他们要的是皇帝级别的东西——土地。

玩到最后，玩的都是土地。朱家的田产跨郡连邑，用州、县这样的尺度单位已经没法测量了，每年收上来的租子达到十余万石。

接下来是地产。

朱家是皇家园林供应商，自己住的地方会差吗？先是大，“甲第名园，几半吴郡”，这个吴郡可不是单指一个地界，这是说自古传下来的吴越之地里的吴，是个代名词，是江南的象征。朱家的花园，达到半个江南！至于怎么来的，有一个例子。

苏州园林甲天下，孙老桥一带在北宋时更是名园，被朱勔看中了，他伪造圣旨，说是皇帝征用，强行逼迫数百户人家搬走。动迁当天，号哭一片，是北宋强拆的代表作了。

再接下来的是权。

朱勔本人的官衔很一般，在1120年之前，他是随州观察使、庆远军承宣使。这是虚衔，如果不挂上些职能部门的差使，在开封城里吃白食都能让店家打出来。

两年之后，北方燕云战线出了结果，赵佶一时高兴，普天大庆，宋朝官员集体升职，朱勔才升到了宁远军节度使、醴泉观使。这还是虚衔，节度使早就没人要了，读书人顶这个衔都觉得丢人；醴泉观……一听就是个道观，多领一份工资罢了。

这就是朱勔在开封城里的官方地位，如果他在赵佶的面前红度下降，那么身价立即一落千丈，没人会再搭理他。

可回到长江之南，他是另一个人了。在那一片广大的，比长江之北失去燕云地区的北中国还要大一些的江南之地，他的权力远比赵佶要直接。

不是比赵佶大，而是更直接。

整个江南的官府都是他的幕僚，像郡守一级的官，很多都是他的亲信。他所到之处，连退了休的宰执人员都得亲自出迎。他的兄弟子侄娶的都是皇家宗室之女，他的大小老婆都有官方封诰，他家里有150多个人有八、九、十品武官的职称，而这些人只是给他挑水种地打扫院子的奴仆！

而他本人每个月里总有两次必须要做的小事，烦啊，每个月的初一、十五这两天，江南地区的省市级高官都要到朱家集合，接受他的点名……每当此时，朱勔还是相当郁闷的，因为他不得不把赵佶的画像挂起来，算是替皇帝检阅。

可谁给他的权力把皇帝的画像挂在他家里的？

挂了，又能把他咋地？

如此一来，长江以南，宋朝官方的命令几乎没有威慑力，真正掌权的是朱家，这一点连开封城也知道，时间长了，大家为了表示认可，给朱家送了个外号——“东南小朝廷”。

稳占南中国，割据半边天，如此威势，朱勔也只是二当家，他在北宋恶人榜要排在另一个人之后，那就是宋朝当红的宰执王黼。

王黼，字将明，开封人。原名王甫，之所以改了名，是因为赵佶喜欢他。嗯，说来东汉也有个王甫，在当时举国闻名，乃是一位顶天立地的……大太监。

宋朝的王黼是一个帅到妖孽都没法复制的大帅哥，金发碧眼，面如敷粉，长身玉立，就像漂洋过海从西半球穿越到宋朝的白种人一样。这样的人让赵佶怎么能忽视呢？比他养在艮岳的各种珍禽异兽长得还特殊！

细查王黼的发迹史，可以集中到两个字——捧、拆。

他第一次在官场里捧的人是同学何志的老爸。何老爹名叫何执中，是赵佶刚登基时的次相，当时王黼很上进，是真材实料考上来的进士，何执中看在是儿子的同学，并且被捧得很开心的分儿上，推荐他当上了校书郎、左司谏。

这是一份天大的恩情，一个小小的进士，连三甲都没入，就直接当上了馆阁人员，并且在知谏院兼职，这是多么高的起点，想想几十年前王安石、苏轼想进馆阁还得经过考试，范仲淹想进知谏院还得先到外地当多年的地方官。

对王黼之恩，连何执中自己都觉得太大了，所以经常性地挂在嘴边，有事没事地向同事亲友讲讲，来标榜自己是多么宽仁厚德。某一天，他在和亲爱的同事蔡京闲聊时也说了一遍。这一次，他没能等来认可的眼光和推崇的称赞，而是蔡京递过来的一份奏章。

打开一看，何执中差点儿没被气死，那居然是王黼弹劾他的“二十恶事”。这是王黼在官场里的第一拆，至于理由嘛，是因为他抱住了另一条大腿，正在帮这条大腿踢绊脚石。

王黼每捧一个人，都会得到百倍的收益，每拆一个人，更会得到千倍万倍的回报。这一点在北宋历史上绝无仅有，成功率达到98%。

失败的2%，其中的一例是非常完整的失败，另一例他只是分别在两个人的身上搞砸了0.5%。即，他敢去捧，也捧出了效果，却没法拆。

那两个人捧的功夫比他深，拆的办法更是让他望尘莫及，每每他刚刚想拆，立即就被吓得浑身冷汗、魂不附体。他确信，只要他真的敢动手脚，那两个人一定会让他死得非常难看。

这两个人是蔡京、童贯。

蔡京为什么要让何执中知道王黼在过河拆桥呢？很简单，王黼抱上的就是蔡京的大腿，他要把何执中拆倒，好让蔡京在相位上唯我独尊。这是他的见面礼，希望这样能进入蔡氏集团，加入瓜分宋朝天下的行列里。

蔡京很高兴有人来投靠他，可绝不想让人把他当傻瓜。这个惯于过河拆桥的小子，他一眼就看穿了。这种人可以用，却一定要能镇得住。

恶仆得有个恶主人。

所以蔡京在刚开始时就来了个下马威。王黼懂了，也怕了，从这之后他再也不敢惹蔡京，甚至蔡氏集团的其他人。于是他得到了好处，蔡京把他提到了谏议大夫、御史中丞的位置。

御史中丞，这是御史台长官，是宋朝言官的首领。可以说王黼一步登天，从原来的副司级升到了正部级。这是个多么大的跨度，有些人终生都别想越过，他却只用了不到两年的时间。这在北宋升官史上空前绝后，只此一例。

快速升官后王黼没心思享受，他害怕。他的身家性命、官场安全都维系在蔡京的一念之间，这样做官有什么意思？他想了想，做人得勤奋，他还得继续捧、继续拆，才能过上有保障的生活。

他捧的第三个人是梁师成。

方向正确，从概率上讲，能与宰相蔡京抗衡的只有隐相梁师成、媪相童贯两人。童贯的势力在军界，与他没关系，当此时此势，只有梁师成是他的援手。另外捧梁师成还有些别的妙处。

在官场中，王黼已经到了一个“瓶颈”，再升上去他就是宰执官，要威胁到蔡京的地位了。到那时无论他怎样表忠心认主子，蔡京都会把他当成威胁。那么出路在何方，真的要一辈子当蔡京的马仔吗？

不，坏人永远都只忠于自己，王黼的理想远大着呢。

梁师成意味着一片崭新的天空，能让他肆意展翅无所顾忌。因为梁师成知道，他不可能挥剑自宫变成太监，去抢他的饭碗。

王黼展开了他有史以来最卖力的捧人行动，他豁出去了，啥也不在乎了，为了能在精神物质上双重打动梁师成，他以父礼尊崇梁太监，公开声称是他的“恩府先生”。历史证明他正中梁师成的要害，做太监做到梁师成的地位，人世间有什么东西还能打动他？是万两黄金还是绝世美人……呸，送太监美女，小心被乱棒打出来。

梁师成的致命缺陷在于他是太监，这一生都别想有儿子。现在像王黼这样有身份（正牌进士，御史中丞）、有相貌（白面金睛，长身玉立）的美男子突然来袭，不由分说叫亲爹，他凭什么不立即晕倒，严重销魂，叫王黼亲儿子？

亲爹是很给力的，先是给王黼铺设了新的道路，把触须伸进了皇宫内院。这就是蔡京集团力所不及的地方了，这是隐相的专属地区，除了梁师成，没人能伸得进手来。第二步更干脆，在1119年时，各方面势力发动，把王黼推上了特进、少宰的位置。

少宰，是次相的身份……王黼从谏议大夫到少宰，直接越过了八阶官衔，越过了宋朝官制中必经的考核流程，越过了所有人的心理底线。当他就职那天，官方还赠送了他一套地处城西的豪华住宅，由教坊乐队做前导，带着全副家具日用品，簇拥着他搬家。

那天全开封的人见证了王黼的崛起，群情耸动，知道这人飞黄腾达了。在远处，蔡京也在看着，他的心里有些失落。他知道，这个人已经跳出了他的手掌，不再是他的亲信、他的小跟班了。

他的预感是正确的，一年之后，他被赵佶罢相，接替他的人就是王黼。

王黼区区一个普通进士，一个没有任何根基、任何背景、任何成绩的小人物，只靠阿谀奉承过河拆桥，就以空前的速度从校书郎到御史台长官，从御史台长官到宰执，四五年时间连跳近二十级，直达国家权力的顶峰——宰执!

这说明什么呢?国之将亡，必出妖孽。

该妖孽刚上任时把全国百姓也捧了一下，他把蔡京时期的各种不合理政策全推倒，一时间条令清晰依法办事，乌烟瘴气的宋朝上层社会突然间空气清新了。

史书里给了他一句这样的评价——“四方翕然称贤相”。

王黼居然是贤德的宰相……可惜转眼间原形毕露，他看清了局势，眼前大好河山，锦绣社稷，正是大块的肥肉，谁都在咬，为何不去做咬得最狠的那一个呢?

王黼，是整个北宋时最大最狠的贪官，其贪欲之盛，贼胆之大，绝对是北宋第一人，甚至是自唐朝以后、截至清朝的第一人。像和珅之流，远远不能与之相比，他所逊色的，只是东、西两晋时的高门贵族，那些人某天心血来潮想在自己的家里逛一遍，居然得翻越好几座大山才能走完。

王黼之贪，动用的是国家机器。他上任之后，把花石纲扩编到整个宋朝全境，像李彦、朱勔在西北、江南两地玩命地折腾找钱，拆房倒屋地翻古玩花木，都是给谁的呢?

赵佶?

不，是给王黼。他是花石纲的纲主，应奉局的领导人。下面交上来的东西得先经他手，然后才能捧到赵佶的面前。在一次次的转手中，各种珍异宝物十有八九流入了他和梁师成的私人金库，只有一两份上缴皇宫。

以天下奉一人，这个人不是皇帝赵佶，而是宰相王黼。

这只是他的来钱渠道之一，严格说来，还属于暗箱操作，出朱勔、李彦之手，入王黼、梁师成之家，是奸贼们的地下活动。另一种方式就彪悍得多了，等于是明目张胆地抢劫。

王黼敢给国家公务员职称标价，比如“三千贯，直秘阁；五百贯，擢通判”。谁出钱谁当官，只要价格到了，王黼就能让你去上任。

这到底是宋朝的江山，还是王氏的社稷？

做人做到这地步，相信也没有什么是王黼所不敢的了。与之相比，童贯实在是个苦力，放着好日子不享受，非得跑到大西北跟一帮炮灰丘八混，离开兵营就觉得心中没底。

蔡京，似乎很有品位，也很奢侈，但是比较一下就会知道，他当年鄙视别人的话，那个“陋”字，正好可以反过来讽刺他自己。

比如蔡京喜欢薰香，每当有客人时，他派人在隔壁房间里燃几炉上好的龙涎香，中间隔以重帘。当香气郁满时突然撤帘，香雾如瀑布一样四面涌进。

每每客人目瞪口呆，蔡京轻松一笑，说：“香须如此烧，乃无烟气。”

又如蔡京精于美食，喜欢吃的是鹌鹑羹，这道菜每做一次都得杀数百只鹌鹑，因为用的只是鹌鹑的舌头；又如他爱吃蟹黄馒头，一次宴会，花在这种小吃上的钱就达到 1300 余贯。

再如蔡京奢侈，住的地方高楼广厦，重檐高翎，可惜的是，一到冬天，越高的屋子越冷，蔡奸贼年老体衰，冻得浑身发抖，实在没办法，只好盖了一处低矮小屋，在里边烧足了炭火过冬……

这些跟王黼比，只有一个字——陋！

王黼在开封城里的住处有两处，一处在相国寺东，一处在城西竹竿巷。想想花石纲是为他操办的，他的家能装修到什么地步？

他家里的假山石高达 10 余丈，合 30 多米，也就是现在 10 多层楼那么高。他家里装饰的不是雕梁画栋，而是螺钿。这是用天然的螺壳、玳瑁等磨薄，刻成花鸟人物等景致，镶嵌在房子的各个角落里，造价极其昂贵。其他的地方，简直是微缩版的艮岳。

在这样的府第里，王黼过着浓郁的香艳生活。他在卧室里放了一张榻，用金玉做成屏风，翠绮为幔帐，周围几十个小榻环绕，家里几十个老婆一起陪他快乐。

此情此景传遍京城街头时，不只是年老体衰的蔡哥哥，几乎每一个开封人都对他羡慕嫉妒恨，无法自已。

俗话说“财不露白”，尤其是政府官员，更是忌讳自己的豪华生活被曝光。按说王黼应该遮掩着点儿，最起码得瞒着赵佶，他满院子的花石纲要是被正主看见，还不得鸡飞蛋打、瞬间全家充公？不，王黼根本不在乎，他竟然不止一次把皇帝接到家里，让赵佶亲眼看看他家里都有啥。

赵佶也让人觉得奇怪，他竟然不恨不嫉妒，反而连声惊叹：“好快活的去处！”

这是为啥呢？自古以来臣子不能比皇帝过得好，下级一定得保持低调，王黼反其道而行之，居然没事，这到底是怎么回事？

原因很简单，在于“友谊”。

谁都有私生活，哪怕是一国之君，也需要放松。尤其是像赵佶这样有特殊情趣的高智商皇帝，只有真正地走进了他的私生活，才能在公开的官场上屹立不倒。之前蔡京、童贯就是这么做的，他们通过书画竹石等高雅之物，成功地融入了赵佶的本色生活里。

但与“友谊”相比，蔡京、童贯都要逊色了，他们两人走进的是赵佶私生活里的高雅部分，只是琴棋书画。这很有格调，但是在私密感上差太远了，没有真正触及一个人的心灵最深处。

每个人的心底都有一个恶魔的影子，都想去吃、喝、嫖、赌，去杀人放火，去为所欲为。只是身处正常社会里，都得忍住了，不是人装人。

在蔡京、童贯面前，赵佶忍住了，他是高雅之人；在王黼面前，赵佶可以原形毕露，他可以想干什么就干什么，比如去做小买卖。

王黼带着一大帮宫里的人，搞了个农贸市场，他当市场管理所的所长，赵佶是买家兼上级，可以在里边自由逛街、买东西、挑刺。某一次赵佶特意找他的麻烦，要重罚他，王黼立即哭丧着脸求饶："告尧舜，免一次。"

赵佶哈哈大笑："饶你不得，从重从严。"

这还只是一般友谊，更深的是两个公然逃班，从皇帝、宰相的位置上逃跑，悄悄溜到宫外寻欢作乐。每当此时，他们两人就换上平常人的衣服，躲开侍卫，溜到宫墙下边，想法子跳墙出宫。

宫墙太高了，是防职业刺客用的，赵佶怎么能爬得上去？王黼蹲下身子，给赵佶当人梯……

到外面的花花世界自由天地里去风流快活，李师师等传说陆续上演。综上所述，完全符合了男人之间的终极友谊。

这样的牢固程度，能是琴棋书画、花鸟鱼虫的票友所能比的吗？所以赵佶一点儿都不猜忌王黼，因为这是腻友加密友，两人的关系超级瓷实。

以上是截止到1121年，宋朝产生的各个妖孽的简介。这些人用种种手段在各自的领域里敲骨吸髓一样地折磨着宋朝，让宋朝全境的百姓生不如死。

但他们仍然不是最终极的代表。

在他们之后还有两个人，这两个人才是把宋朝扔进万丈深渊的人。其中一个是北宋灭亡时的群臣之首，他以各种萧奉先式的动作，把北宋搞死；另一个更上一层楼，以他终生不懈的努力，把汉人光复河山的最大也是最后的希望扼杀了。

前一个人姓李，要在四五年之后出场，接替的就是王黼的位置；后一个，严格地说，他崛起的时刻和完颜阿骨打、耶律大石重合，都在 1115 年。

那一年，这个人在宋朝的科考中一举成名。有人说他是当年的状元，有人说不是，史料散佚，这事儿没对证了，但他的才学是毋庸置疑的，哪怕每一个汉人，每朝每代的汉人都把他恨到了骨头里，也没法否认他的能力绝对是亿万人中的杰才。

他姓秦，叫秦桧。

在 1121 年左右，秦桧工作在教育系统里，最初时在密州（今山东诸城）当教授，之后调回京城当太学的学正。眼看着岁月蹉跎，他从政的道路还没有踏上正轨。此时，他的心里很郁闷。

妖孽们的简介到此为止，下面要说的是他们的工作结果。综合起来说，尽管王宰相的名望最高，李太监的手段最狠，高太尉的脚法最好，杨太监……嗯，死得最早，论工作效果，还是朱二世最好。

他所祸害的江南地区，最先受不了了。

# 第十一章　青溪县的真相

江南，从赵匡胤时期起，就是最没有社会地位，被剥削得最狠的地区。花石纲就像最后的一根稻草，终于把长江以南压垮了。

最先反抗的，不是被压迫得最惨的一个，而是最聪明、最冷静的那个人。这人叫方腊，睦州（今浙江淳安）青溪人。他家里开着一个漆园，算是中产阶层。史书里记载，他发动起义时，远没到山穷水尽的时候，而是他觉得机会到了。

方腊起义，以诛杀朱勔为口号，瞬间传遍江南，响应起义的人数不是“旬日之间可得万众”，而是几天之内达到了 10 万人。

在短短两个月之内，起义军攻占了青溪、睦州、歙州（今安徽歙县），再向北攻占了桐庐、富阳、杭州。

直到杭州城破，东南第一重镇丢失，消息才传进开封城。

地方官放弃幻想，承认自己失职。而消息到了开封之后，王黼继续幻想，想把这事压下去，别去打扰赵佶的享乐心情，也别破坏联金破辽的历史进程。

临近过年，方腊的大军已经抵近长江，威胁到宋朝的江北重镇淮南一带，淮南转运使受不了了，以省长的名义向京城告急，消息这才传进了赵佶的耳朵里。

赵佶在百忙之中召见童贯，命他率领 15 万西北军、禁军南征平叛。临走前他想了想，给了武装太监一个天大的特权——“如有急，当以御笔行之”。

童贯以赵佶的名义写了一份诏书，说花石纲的事儿是个误会，这些年的确从江南收购了很多花木竹石，但都是买的，官方特意拨了专款，下放到各级单位，三令五申要向民间公平买卖。可是没想到出了朱氏父子这样的败类，他们欺上瞒下，中饱私囊，不仅害苦了江南百姓，也欺骗了远在开封城里的皇帝。

所以，百姓们啊，俺也是受骗的人，和你们一样！

现在，皇帝已经知道错了，所以下令解散应奉局，废除花石纲，朱家满门全罢官，由有关部门带回京城受审。在这期间江南有过激行为的人，官方非常理解，赦免你们的罪过。

这是一份非常正规的罪己诏,它一下子缓解了江南百姓的情绪,比他们虐杀几百几千的贪官还管用。花石纲没了、朱家人倒了、皇帝道歉了、杀人放火无罪了……等于好日子终于出现了，那还造反干什么！于是，根深蒂固的君君臣臣父父子子理念复苏，大家各回各家，该干吗干吗去了。

可怜的方腊，被绝大多数阶级弟兄抛弃了。

这种局面形成之后，童贯的15万军队才展开进攻。关于进攻，实在没什么好说的，因为战况是一面倒的，没有相持，没有决战，方腊的人不断溃散、败退，直到他们回到了老家青溪。

宋军包围了整个青溪。

也许过程很单调、很枯燥嘛,如果看正常的史书就是这些。而我不会那么写,因为在这些单调里一直隐藏着无数的激流，在不久之后名扬天下、纵横无敌的国之将帅们都在这时崭露头角。

南征方腊，是张俊、刘光世、吴氏兄弟、韩世忠等人崛起的时候，他们都参加了，可以说，这是他们成名的跳板。

距离1103年介绍他们时，已经过去了18年，当年的少年们都长大了。这些年里，他们每个人或辛辛苦苦出生入死，或优哉游哉地混日子，都有了各自的一点点成绩。

先说刘光世，这位将门之子过得很顺。他不必从基层做起，他老爹刘延庆早把路铺好了，起点就是三班奉职，随着一年年长大，他的官职升到防御使、鄜延路兵马都监。至于打仗嘛，他也实习了几次，毕竟刘延庆是西北军里的主将之一，这些年宋朝和西夏没完没了地打架，上战场实在是很平常的事。

但史书上硬是没有刘光世的战绩记载。

这就是刘光世一生的写照，他是宋朝有名的将军，按名位顺序，他能排进前三，可就是找不出他有什么光辉的或是惨烈的战绩。

人家就是能顺利无比、快速无比地往上爬，名利双收地往上爬，哪怕老爹不在了，没人关照仍然不耽误地往上爬。

根据他的爬爬理论，在这次集体行动里，仍然会指日高升，所以还是不打扰他了，让他在父亲的羽翼下继续悠闲一年。一年之后天地动荡，他的衙内生活也要开始改变了。

接下来是张俊。

当年，默默走进西北军营的少年现在有官衔了，是承信郎。这个官职不大常见，翻一下宋朝官衔系统表，悄悄地说，这可真是个重活儿啊，首先阶级太多；其次变化太大，往往几年之间就变好几次。好在我还是查到了，它在1112年最后一次定职称，相当于三班奉职。

参照上面的刘光世，刘衙内起步就是三班奉职。人和人真是没法比，同一个官衔，张俊是走遍宋朝江山，从大西北打到大西南，血战近10年才勉强得到。

他17岁进入西北军当上三阳弓箭手，一直混在底层，默默无闻。到政和年间，宋朝的南方发生卜漏之战，宋廷调西北军精锐参战，张俊很幸运在参战部队里。这个据传说在很小时，也就是在17岁之前就当过强盗的小子杀得满身血腥，终于脱离了大兵的身份。

回到西北时，他当上了都指挥使。

两年后与西夏开战，张俊没挤进主攻队伍里，让富贵从手指缝溜走了，他是从攻者，分了他一个小小的“承信郎”。

这就是张俊的命运，他有力、有才、有心智，可惜的是没根基、没运气，这两个极端让他的心灵强烈地扭曲着，他要富贵要富贵要富贵！

这种心灵的呐喊一直伴随着他从少年走向青年，从青年逐渐走向中年。岁月蹉跎，时日无多，留给他的机会更少了，于是，当机会终于来临时，他会加倍凶狠、无所顾忌地扑过去，不管拦在前面的是什么，哪怕是天地难容、背信弃义，也别想挡住他。

我要富贵！

吴氏兄弟过得更加平淡，比张俊还要平淡。哥哥吴玠生性沉默寡言，每天除了练习弓马，就是静静地读书。久而久之，连军营里的人都会忘记他。

他属于有任务就派去叫，没事儿连影儿也找不着的人。在这 18 年里，他隶属于西北泾原军，托武装太监总是和西夏人掐架的福，他渐渐地一点儿一点儿地升了官。

这时他 28 岁，是义副尉、队将。简单地说，是小队长，或者大队长……他的弟弟吴璘更加安静，自始至终是哥哥的影子。哥哥是大队长，他是小队长，哥哥是小队长，他是副班长。

这对兄弟相扶相助，一起走过了人生的各个纪念日。

韩世忠是国之少年中的异类，在 18 岁那年他突然对当职业混混儿的日子厌烦了，那么做什么呢？他看了看自身条件，不当混混儿当山贼，不当山贼去当兵。

他走进了军营。

这 18 年走来，他的生活像是一只跳出深山的猛虎。俗话说，“狗行千里吃屎，狼行千里吃肉”，韩猛虎走到哪里都吃肉，是大块大块地吃，痛快淋漓地吃！

进军营先测试，韩世忠挽强弓骑烈马，史书记载“勇冠三军”。入伍没几年，宋夏战争爆发，韩世忠随军出塞，第一战在银州境内。那是一个小城，西夏人躲在城里固守，拒绝出战。

韩世忠一个人冲上城去，过关斩将，把敌将的人头扔出城外。宋军士气大振，一拥而进。第二战在蒿平岭，那里被西夏人包围了，韩世忠率领精锐骑兵去解围，顺利完成了任务，可是觉得不过瘾。他从小路又回去了，这时敌军云集，众寡悬殊，韩世忠不仅没跑，反而率领人马杀了过去。西夏人每隔十几年就会遇上宋朝的个别超级猛人，比如当年的王珪、任福、刘昌祚等，但在几十万人厮杀的战阵中，个人再猛也没啥效果。

可韩世忠不同，他一生的战役里玩的就是个人英雄主义，他总能用极少数的兵力扭转战局，干出不可思议的事来。比如这时，他居然把敌人打退了。退了之后他还是不过瘾，他问抓过来的俘虏，喂，那个骑兵很厉害嘛，他是谁？

中奖了，那是西夏当时的驸马，叫兀移。

韩世忠跃马过去，一刀砍倒，接着继续砍下去，直到西夏人全军崩溃。

这一战之后，西北军全知道有一个空前的猛人诞生了。他猛，他真猛，他太猛了！可是事情干过了头总会有点儿副作用。等论功行赏的时候，这种履历报上去，连西北主帅童贯都不信了。

骗人是吧……武装太监觉得郁闷，骗人居然骗到了俺的头上。哼，这么多功劳，有一个是真的就不错了。对，只给他记一次功。

消息传来，整个西北军为他鸣不平，凭什么啊，这世道连英雄都没法当！反观韩世忠本人倒是没什么，在他的心里，这不过多砍了几个人，少拿点儿工钱而已，难道以后再砍不着了吗？

嘁，急什么。

于是他骂声鸟，转身蹿进军营深处，去喝酒打架找乐子去了。机会很快就来了，他很幸运，被调到了最前线，去当工程兵。

前面说过，从范仲淹开始宋朝不断地在西北方面修堡垒，步步蚕食，把西夏人的生存空间挤掉。这一条是行之有效的，每一代西北大兵都在做，现在轮到了韩世忠。巧合的是，他所在的工程队，隶属于刘光世他爹刘延庆。

记住这条，事情只要和姓刘的沾边儿，就没个好。

韩世忠他们刚盖起来一座堡垒，起名叫天降山寨，就被西夏人占领了。这很令人窝火，但也平常，这种事常有，连城都被占来占去的，一个小兵寨子算什么！

可韩世忠受不了，这是他盖起来的。这人半夜起来独自摸上了寨墙，手起刀落砍了两个西夏人，想了想，这年头杀人是要讲证据的，不然太监不认账。他回身把两个人头切了下来，之后又想了想，杀人也要看时间、地点、人物的，散步时杀的和半夜爬墙杀，难度不一样的。于是他顺手把天降山寨的护墙毡子割下来两块，带回了营里。之后，这样的事他又做过两次，18 年过去之后，他官做到“勇副尉”。

比兵蛋子大一点儿的兵蛋子。

这简直是欺负人，最后连西北军的高层们自己都看不过去了。当韩世忠跟着童贯过长江打方腊时，补偿性地给了他一个偏将的头衔。

韩偏将高兴了，这直接导致了他对战场的渴望。历史证明，这次的南征几乎所有的风头都被他占尽，至于最后的结果嘛……参照之前打西夏的时候。

1121 年，国之少年中最小的那个人仍然远远地游离在主流之外。这个少年就是岳飞，这一年他 18 岁了，还是一个农民，在别的少年们走遍了山河大地，血染了征衣，心灵里浸渍了名利、愤郁时，他始终生活在农田里，为每年每季多打些粮食费尽了心机。

岳飞的成长是困苦的，《宋史 · 岳飞列传》中记载，他刚出生还没满月时，黄河在内黄地段决堤了，滔天的洪水里，他的妈妈姚氏夫人抱着他坐进一个大缸里，顺水漂流，才得了救。

生于忧患，奈何忧患到这地步，未满月连自己的家园都没有了。

当然也有不同的说法，现代研究宋史的大师们引经据典，说这事儿是没有的。原因有三：第一，北宋末年时，黄河并不流经内黄县境内；第二，岳飞生于 1103 年春天，黄河这时没决口；第三，在北宋史书中，没有记载黄河这一年曾在河南境内决口。

可是这能证明什么呢?

证明岳飞从小生活优越、衣食无缺、吃的是转基因食品、灵魂是穿越过去的，所以一生所作所为都没什么了不起的?

事实是，哪怕没有这场大水，岳飞的生活仍然困苦，他出生在贫瘠的土地上，长在贫困的农民家里，这决定了他的童年、少年只能过着勉强温饱的日子。在这种生活里，他没法接受最起码的私塾教育，认字看书都由父母教导，也没法吃到好东西，正常来说，他的身体素质会非常一般。

但岳飞是天才。

他的一生都在做着别人不敢做、不能做、不肯做、不会做甚至不敢去想的事，他人生的每一步都让人瞠目结舌。比如他的成长，截止到18岁，他的心灵成熟到了什么程度不好揣度，但他的身体强度达到了超级惊人的程度。

岳飞生有神力，挽弓达300斤，开腰弩八石。宋时八石，接近现在的1000斤，这种力量是宋代的巅峰，时值当世，只有韩世忠能与之匹敌。

洒脱的韩世忠，凭着这种勇力，无论是当混混儿还是当大兵，都逍遥快活。而岳飞生性沉厚忠义，他的心里有一道道的门槛，时刻制约着自己，永远不要行差踏错。这让他在做农民时越活越累，最后连温饱都保持不了，得出去给别人种田打工了。

岳飞的老家是相州汤阴，他打工的地方是相州最著名的一户人家，安阳韩氏的“昼锦堂”。这个名字很嚣张，典故出自项羽的那句败家名言——“富贵不还乡，如锦衣夜行”。

项羽就死在了这句话上。为了显摆，他白白地放弃了占尽了天时地利的秦国国都咸阳，把自己的国都定在了老家彭城。结果四面不靠，哪里出事都得亲自去救，搞得八方起火，直到刘邦、韩信会师，把他挤到江边全军覆没。

典故这样差，为什么还有人用呢?因为用的人百无禁忌。他就是北宋史上的异类，文臣里最神勇，武将里最有学问，文臣武将一起算，他永远和皇上靠得最近的那个人。

韩琦。

韩琦当官，堪称两袖金风，给家族留下了丰厚的遗产。昼锦堂是集庄园、别墅于一体的超大建筑群，光是国产就不下数千亩，这在那个到处刮地皮，全民族集体破产的时代，是非常抢眼的。可是像李彦、杨戬这些人却从来没把目光瞄向这块地。

韩氏一门权贵，在赵佶初年还有韩忠彦当过丞相，到韩琦的孙子这辈还能出使辽国，是地道的特权阶级，向来免税免役免欺压。这实在是个理想的打工地点，岳飞就投奔了这里。在昼锦堂里，岳飞做着两份工，一份是农活儿，另一份是保安。

据说有一次韩家被100多个强盗围攻，岳飞登上围墙，一箭射死叫张超的匪首。在历史上这是岳飞射杀的第一个人，解了韩氏的危难，却对自身的命运没有改善。改善什么？韩氏门下有多少将官折腰，连鼎鼎大名的狄青也得躬身站在韩琦的阶下，一个小小的农民，会射箭又怎样，还不是一个人下之人。

这样的生活岳飞还要再过两年才结束，那时他会走出这片小天地，到外面的广阔世界闯荡。

是的，他起步得太晚了，晚得错过了很多精彩的时段。但是冥冥中自有天意，两年后他出现在世人面前时，正是天翻地覆的关键时刻。

1121年，岳飞还在忍耐中。

没办法，他家里有老有小，都等着吃饭。忘了说，岳飞15岁时结婚，妻子是比他年纪大些的刘氏夫人，在他外出打工之前，第一个儿子岳云已经降生。

有人说岳云不是他亲生的，是义子。这其实和前面的那次决堤一样，是或不是，有什么不同吗？重要的是岳云是岳飞的好儿子，他的一生都追随在父亲身旁。于公，他是父亲最得力的部下；于私，他生死都和父亲在一起。

这样，就足够了！

回到江南睦州青溪县，这片青山溪谷战云密布，结成了一个死结。这道难题是宋朝开国161年以来，从来没有出现过的，哪怕仁宗朝时狄青远征岭南，都没这么难。

山里边有20万起义军负隅顽抗，这是跟着方腊走到底，连宋朝皇帝的罪己诏都不信的受苦人。

山外面紧紧包围着15万宋军，这是宋朝当时的全部家底，按实力计算，这是比狄青南征时都庞大的军力，无论如何战斗力要远远超出种田耕地的农夫。

可是童贯却不敢强攻，第一是地形不熟，青溪县的山很大，洞口很多，搞得像蜀川里的南蛮族人似的，钻进去就找不到；第二，方腊是敢拼命的人，他童贯敢吗？不用说拼光，只要折耗超过30%就是不敢想象的灾难，之后拿什么去抵挡西夏，拿什么去联金灭辽。这一切都得指望手边的这些兵，这是绝对不能有损耗的。

但是，不打进去，方腊能灭掉吗？

这道难题困住了宋军方面的所有人，多少身经百战的将军谋士都想不出办法来。死结拧得越来越紧，这时没人注意到，有一个大兵的身影悄悄溜出了军营，摸进了青溪山里。

这个人避开了山路，潜入了幽暗的深谷，他不知道方向，只是想当然地往更深更暗的地方走。他想得很简单，无论谁想藏在深山里，都会选择又险又深又难走的地方，方腊就应该在那种地方躲着。但是理论和实际真的有差距啊，山很大很大，要找到什么时候才能把方腊摸出来？

有困难，可难不住这个人。这人在山里转来转去，据说是突然间遇到了一个在深山里生活的女人。这是多好的运气啊，不仅遇到了原住民，而且该原住民还告诉了他方腊藏身的具体位置。

呸！

每当看到这里，我都忍不住要向记录这段历史的宋朝史官吐唾沫。

想在深山老林里挖出游击队是那么容易的吗？美国人抓拉登，赏银开到几千万美元……这位神奇的宋朝大兵居然进山没多久就偶遇了一个，并且对方很配合地指出了方腊的藏身地点。这可信吗？

你直接说他像条狼一样在深谷里潜行觅迹，遇到了或者抓到了一个当地妇女，他恐吓她或者买通她，搞到了方腊的藏身地点，也没什么丢人的，毕竟这是战争。

这人的胆子也大得要命，知道地点之后，他一个人就摸了进去，根本没想着回去搬援兵。在他的心里，这是英雄扬名立万的机会！皇上说了，谁能抓到方腊，得“两镇节钺”，相当于军区司令员了。

这是和平年代里，没有根基的普通大兵做梦都不敢想的位置，现在只要杀进去，凭自己一个人搞定就行，这是一件多么爽利的事。

该大兵继续在深谷之间穿行，一路上他应该要穿越很多明哨暗卡，这都难不倒他，溜进去几里山路之后，他终于来到了方腊藏身的洞穴前。

他冲了进去！一个人挺着一杆长枪，冲进不知深浅虚实的洞穴里，他居然反客为主，一连杀了几十个人，把方腊活生生地逮了出来。

但紧跟着最郁闷、最倒霉的事就来了。他把方腊抓了出去，没走多远就遇到了顶头上司辛兴宗，辛兴宗二话没说，指挥手下的兵一拥而上，抢了方腊就走。

官方认定，抓获方腊的人是辛兴宗。

那位神勇的大兵先生站在山里呆呆地出神。这就是现实，这就是赤裸裸的争名夺利。他有什么好说的，哪怕他叫韩世忠，也无济于事。

几乎每一个白手起家的大人物，在刚起步时都有一段辛酸的血泪史，在这时，岳飞得去种田当保安，韩世忠被白白抢走了功劳。

从这一刻起，他真正明白了这个世界的真相，太丑恶了，太卑鄙了！但可贵的是，韩世忠没被现实击倒。

他只是长了心眼，以后小心些，并没有随波逐流，变得跟这个世道一样厚黑无耻。

# 第十二章　燕云梦魇

童贯很荣耀地回到开封城，他突然发现，一个更大的战场在等着他。在这个战场上，危险真正地笼罩了他，就算再多100万的军队，也没法替他挡灾。

皇帝和首相一起恶搞他。

王黼拿了一张纸去见赵佶，上面写着童贯在江南发布的那道诏书。这相当于罪己诏。赵佶大怒，既羞又愧更怒，按惯例，下一瞬间童贯就会倒霉。

王黼满意了，他又成功地拆了一个人，搞倒童贯，他的势力会升得更高，甚至会渗进军队里，成为集政、军于一体的大佬，这是蔡京都没法比的。可是他还没来得及得意，立即就浑身冷汗。童贯反击了，武装太监不仅在第一时间得到了消息，而且迅速做出了反应。

具体的招数史书里没有记载，但结果是王黼大惊失色，立即投降。投降？罪己诏的事怎么办？影响怎么消除？皇帝的记忆怎么抹去？这总得有个说法吧？

童贯一概不管，谁挖的坑谁去填，王黼小儿，你去想办法吧！王黼欲哭无泪，这活儿的难度太高了，谁有记忆清除器借用一下，不然只要皇上记得罪己诏，这事儿总有再翻出来的一天。想来想去，王黼想到了一个利己利童贯也利赵佶的好办法。

他先去见赵佶，这样说：陛下，南方平定了，经济复苏了，花石纲恢复了，辽国快灭亡了，您还想要燕云十六州吗？如果想，那么得尽快，别被女真人都抢光了。

赵佶既喜又急，朕要，一定要燕云十六州。

好，那么童太尉……

让他出征。

赵佶搞定了。王黼再去见童贯，太尉，您英明神武，天下无敌，眼前大好机会，您定下的联金灭辽的计划可以实施了，我作为帝国首相全力支持您！

童贯惊喜，真的？

当然，在我的建议下，皇帝已经同意了，由您率军出征。

好，童贯满意。

王黼也满意，联金灭辽，这事办成了，普天同庆，谁也不会再记着罪己诏这块小阴影；要是办砸了，天塌地陷，在更大的麻烦面前没人理会小错处。

趁童贯高兴，他又加了一句：太尉，自古打仗费钱粮，为了您能顺利北伐，我决定亲自接手财政，希望您能同意。

童贯同意。之后王黼把枢密院踢到一边，在三省设立经抚房，专门为北伐筹款，命令每一个宋朝的成年男丁都要上缴免夫钱，这一项他刮到620万贯。想了想，他觉得意犹未尽，北伐是要过黄河的，那么顺便把黄河也修一下吧。

修黄河利在全国，像淮、浙、江、湖、岭、蜀等地的，和黄河不沾边的男丁们也有责任，太远出不着力是吧？那么出钱。每人至少20贯，这样他又刮到了1700多万贯。

综上所述，堪称一份罪己诏引发的血案，联金灭辽达到了王黼、童贯、赵佶共同受益的目的。

事实上宋朝也必须得出兵了，计算一下时间，这时距离上次金国使者离开开封城已经过去了近10个月，战场瞬息万变，辽、金之间的局势早就天翻地覆了。

事情得从耶律延禧说起。

这位仁兄的心态非常好，上京都危在旦夕，他却很悠闲。他公开对外界宣称——我和宋朝是兄弟，和西夏是舅甥，就算辽国丢了，到哪里也还是一世富贵。

说完就干，他把大批的金银珠宝打了500多包，绑在了2000多匹马上，随时准备跑路。这是一个多么天才的皇帝啊，他想用这种方法显示自己很有底气吗？

比他更天才的是他的大臣萧奉先。

萧大臣再接再厉，在助金灭辽的工作上做出了决定性的壮举。他在这样的紧急关头，把辽国的军政体系彻底搞垮。

耶律延禧有六个儿子，分别是晋王耶律敖卢斡、梁王耶律雅里、燕王耶律挞鲁、赵王耶律习泥烈、秦王耶律定、许王耶律宁。

最杰出的是晋王耶律敖卢斡。

耶律延禧主要的妃子有两个：文妃、元妃。文妃生晋王耶律敖卢斡，元妃生秦王耶律定，这位元妃还是萧奉先的妹妹。

萧奉先在国家都将要保不住的情况下，突然间心血来潮决定搞一次宫廷政变，把外甥推上皇帝的宝座。那么晋王一系就必须去死。

想要达到这个目的，政变的范围就太大了。除去晋王本身的势力外，光是他妈妈文妃的势力就超强。文妃有一姐一妹，姐姐的丈夫是宗室人员耶律挞葛里，妹妹的丈夫叫耶律余睹，是辽国当时数一数二的将军，当时正率军在前线和金国人交战。

由此可见，晋王体系是多么完整，由内而外，从政到军，全套的家伙都齐全。相应地说，如果真的摧毁了这一切，那么辽国的军政实力立即降档。当此国难之时，这么搞纯粹是自杀行为。可萧奉先不管，他的眼里只有自己家里这一小撮人的幸福。

为了小家毁大家，这是宋、辽两国的败类们共同的想法。萧奉先一个人干了蔡京、童贯、梁师成、王黼等所有人的活儿，他的业务水平之高，实在是那个时代里最炫目的存在。

机会来了。

某一天，文妃的姐姐亲情发作，不可遏制。她先是进宫看望了二妹、外甥，之后又想起了三妹，真是好久不见了啊，无论如何要见到。

她带着自己的丈夫去前线，她的三妹、三妹夫都在军队里。这样一幕感人的亲情戏落在全辽国人的眼里，都感叹真是大姐比母，爱得深沉啊。可落在了萧奉先的眼里，瞬间就变味了。

他去向耶律延禧告发，说晋王系发动了政变，文妃的姐姐先去皇宫联络了文妃、晋王，现在去前线联络耶律余睹，只要军权到手，您只好去做太上皇了。

耶律延禧立即怒了，他不由分说杀了文妃、文妃大姐、姐夫，只留了晋王一条命，并派人去前线召回耶律余睹……耶律余睹蒙了，他招谁惹谁了，正给国家卖命呢，突然间国家要他的命，这是为了什么？当他清醒过来之后，留下的路只剩下了两条。

等死或跑路。

跑到哪儿去？身负如此冤屈，还要躲藏一世吗？耶律余睹一怒之下决定投靠金国，借金兵的力量来复仇。就这样，完颜阿骨打凭空捡到了宝贝。

清朝是倾全国之力，打赢松山之战后才抓到的洪承畴，从此得到了明朝的活地图，进关后无往不胜。而金国人是毫不费力，由萧奉先倒贴捡到了耶律余睹。

耶律余睹满腔怨毒，积极工作，上岗没几天就拿下了辽上京，接着在1122年的正月里攻破辽中京，速度之快，让完颜阿骨打都不敢相信，原来朕最好的将军居然是辽国人。

耶律延禧慌了，辽中京刚被威胁时，他就迅速南逃，逃到了燕云十六州。到辽中京陷落之后，没等金军杀过来，他立即起身奔向鸳鸯泊（今河北张北西北）。他觉得那片是块野地，是他平时打猎的地方，一来熟，二来远，金国人应该不会再追了。

但他低估了耶律余睹的愤怒，耶律余睹脚前脚后地就追来了，而且还带来了一个超猛的金将完颜娄室。完颜娄室的地位相当于辽国的耶律休哥，起兵以来号称常胜，是金国的军中之胆。他只是缺了一份完颜阿骨打直系亲属的血脉，不然粘罕、兀朮之流都只能是他的小跟班。

如此杀星莅临，换谁都会想着怎样逃跑吧？可萧奉先不，他的大脑结构肯定和一般人不一样，他居然找到了一个全新的解决办法。下面是他和耶律延禧的对话。

萧奉先：陛下，追兵又近了。

耶律延禧：难道我不知道？！

萧奉先：您知道耶律余睹为什么穷追不舍吗？

耶律延禧：这个不知道。

萧奉先：这是因为我们中间还有晋王，他是耶律余睹的内侄，耶律余睹叛乱之心不死，他是想夺回晋王，另立辽帝，只有这样他才会罢兵。

耶律延禧呆滞。

萧奉先：同理，只有杀了晋王，断了耶律余睹的希望，他才会罢兵！

耶律延禧暴怒：真的这样吗？全天下人都知道，朕为了辽国什么都可以舍弃。为了救国，为了救民……杀晋王！

晋王就这样死了。

以上就是辽史里赫赫有名的“为国杀子”事件。这件事从构思到发展到结局，无一不是辽国灭亡的浓缩版，耶律延禧和萧奉先紧密配合，真正做到了只要你敢挖坑我就敢跳，只要你敢跳，我就敢再挖坑的良性循环。

晋王死了，萧奉先的外甥秦王耶律定终于爬上了辽国皇储的第一顺位，可这有什么用呢？悲愤的耶律余睹有了更大的动力，他无视鸳鸯泊的复杂地形，率军杀了过来，发誓要为两位大姨子、一位连襟、一位外甥报仇。

有趣的是，直到这时耶律延禧仍然没回过味儿来，他带着萧奉先、耶律定、500包珠宝、2000匹骏马继续跑路，下一站是辽西京（今山西大同）。只要他跑，耶律余睹就继续追，只要他追，耶律延禧就继续跑。这是上演了无数次的主旋律了，金国人简直是追着耶律延禧跑，跑过哪儿，哪片疆土就到手。

自古以来改朝换代，从来没有这么轻松、荒诞、愉快的。

辽西京也不是终点站，耶律延禧跑到这儿仍然不放心，他想了想，又一次离开城市跑进了森林，这次够狠，他选的地点是夹山（今内蒙古武川西南）。这是一片真正的原始森林了，以女真人的原始程度也不敢孤军深入，追击终于告一段落。

到这里，辽国五京已经丢了四个，只剩下了南京析津府，也就是燕云十六州里的幽州，现在的北京城。在这里，辽国有一部分军队，一整套政府班子，外加一个王。

他就是魏王耶律淳，只有他，给辽国留下了仅存的一点点尊严。

在1122年前后，他的军队不多，只有六七万人。有两个宰相，都是汉人，分别是张琳、李处温。有一个妻子，封号是萧德妃。此外，还有一个官场新人，他的名字叫耶律大石。

在合法的皇帝逃进原始森林之后，辽国最富庶、最文明的燕云十六州没有想着向敌人投降，而是积极地抵抗。

耶律淳被推举为新皇帝，他的就任很仓促，甚至不合法，他的任期也很短，前后不超过三个月，但他在历史上留下非常牛的印迹。

为了纪念他，历史把他治理下的燕云十六州称为“北辽”。

北辽面临的最大危机不是女真人，而是世代友好的兄弟之邦宋朝。耶律淳就任的时候，正是宋朝扑灭方腊起义，童贯腾出手来准备北上的时段。刚刚好，这两个人碰在了一起。

在宋朝一方，这简直是天赐良机，情况好得出乎意料，连之前的失误都能补回来。之前渡海结盟时，赵佶摆了大乌龙，把燕云十六州的地理区域都搞错了，导致金国人只答应了一小半的土地转让。现在，辽国皇帝耶律延禧一路狂跑，把金军的主力都引到了蒙古草原的深处，燕云十六州附近只剩下辽军的残余兵力。

只要出兵快，打得狠，管他什么金国不金国，趁机抢到手，以前谈的合同就是一张废纸！

宋军带着这种欲望出征，为了必胜，童贯率领15万大军（一说10万）出开封，这里面的成员有西北军、禁军，等到了东北方边界之后，还有原来驻守的边防军，这样最起码可以达到20万以上的军力。

无论从哪方面讲，都足以压倒燕云战区的辽军。何况这时辽国人魂不附体，早就被吓垮了。更何况燕云地区主要是汉人，自古以来汉人的向心力都是超强的，他们会主动帮助宋军收复故土。

战前分析到这步，赵佶也来了兴致。他从每天忙碌到没有一分钟俗人事务的生活里抽出了几分钟，给童贯批了一个条子，给这次军事行动定性：

童爱卿，我有三点要求：第一，最好的结局是号召汉人恢复故土，我们自动得到燕云全境；第二，让辽国人保持自治也可以，但耶律淳必须纳款称藩，成为宋朝的属臣；第三，实在不行，你可以提军巡边，在边境上等待时机。

所谓的时机，说的是等金军主力从草原深处杀回来，那时南北夹击，燕云必破。但是宋朝想得到好处就比较难了，毕竟是火中取栗。

童贯的北伐大军分成东西两路，东路军由种师道率领，从白沟发起攻势，西路军由辛兴宗率领，目标是范村。两军相比，东路军无论是兵力还是攻势方向，都是主力军。

战争的最初焦点，集中在白沟。

白沟，即今河北高碑店东自北而南的白沟河。它地处京、津、保三角腹地，北距北京 204 里，东至天津 216 里，南到保定 124 里，是这片土地的天然中心，自古以来都是兵家的必争之地。追溯源头，战国时燕太子丹派荆轲献图刺杀秦始皇，那张图里所绘的地方，就是白沟区域。

当年宋朝连番血战，动辄近百万人生死，赵光义耗尽一生心血，也没能抢回它。这回童贯出征，本应该突然袭击，瞬间越过国境线，但搞来搞去，还是在白沟这里和辽军相遇。

宋军将领是号称“万人敌”的杨可世，对面是最强的耶律大石。

杨可世被自己的后军老将赵德卖了，留下他孤军被辽国人包围。他率军突围，刚刚起步，就遇到了最大的凶险。耶律大石是进士，他太聪明了，根本就不给宋军机会，他集结了军队里的弓箭手，守住南端，向宋军密集攒射。

非常准确，命中杨可世。

杨可世的血瞬间就流了下来，流量之大，很快就灌满了他的战靴。他中的不是普通的箭，是辽国特制的铁蒺藜箭。这样的创伤，足以让人失去战斗力。但杨可世却越伤越勇，他让辽人知道了什么叫作“万人敌”。他“怒发裂眦”，突入敌阵，连杀百余名敌骑，率领人马冲出了重围，回到营寨。

真是神勇，足以让辽国人目瞪口呆，可是回顾战况，无论如何都是宋军败了。哪怕没有损失多少士卒，没丢掉阵地，仍然输掉了第一回合。

杨可世重伤，宋军的前军统制就此远离战阵。出师不利，种师道意兴阑珊，这仗他本来就不愿意打，出了这事，更是懒懒散散。当天夜里，耶律大石率领辽军来夜袭，种师道坐拥优势兵力没有出击，只是命令全军各营金鼓齐鸣，辽人不知虚实，只好退走；第二天耶律大石又来挑战，这回光线良好，他居然想冲进来踹营。

这胃口大得让种师道恼火，只是个前军小接触占点儿优势嘛，居然猖狂到这地步了。他下令全军准备大木棒子，把营门口打开，放辽国人进来。

结果辽国人满头大包地往回跑，限于史料的精确性差点儿，没法证明耶律大石的状元脑袋上是不是也红肿一片。有了这种教训之后，东线战场上短暂地清静了一小会儿。无论是种师道还是耶律大石都把目光投向了西方。

西方范村，在今天河北涿州市的西南方，宋军西路军主将辛兴宗在这里遇到了一大堆“国际联军”。他左看右看，凭着多年的外战经验，认出了对面的敌人分别是契丹人、汉人、渤海人、奚人。这让他的心情大好，辽国已经没落到这步田地了，全国精锐丧失殆尽，守卫燕云十六州这样重要的地段，居然拿不出本族的军队。

辛兴宗抱着这样的想法走上战场，注定了要被撞得头破血流。范村等待他的辽军的确是一支杂牌军，但要看掌握在谁的手里。

领军的叫萧干，他家祖传的杂牌手艺，可以说是辽国世袭的杂牌军领导。萧，是辽国后族的姓氏，萧干这一支世袭奚王，专门做少数民族的工作，到他这辈已经是第六代了。关于怎样整合不同民族，捏合成集中的战斗力，他是燕云地区的不二人选。

战斗开始，宋军的纪律性得到了完美体现。从赵光义开始，直到赵佶共有七位皇帝，每一代都要求宋朝的将军们听指挥守纪律，按照事先布置好的阵图打架。于是乎，每一场战斗都是样板戏，从头到尾，都像流水线一样规范划一。

与东线一样，西路军也先是派出前军去挑战。这多经典，多理智，举国决战嘛，怎么也得试探一下，知道对方的虚实不是？

结果和东路军一样，他们也落进了重重包围。原因很简单，他们是仗着人多势众来占便宜，心里很轻松，辽军却是在拼命，尤其是人少。那么除了一拥而上之外，还有别的办法吗？

于是时光倒流，又到了宋将表现英勇的时刻，落进重围，杀出重围，真是可歌可泣的壮举！只不过“万人敌”实在太少，西路军里暂时缺货，他们一路被萧干纠缠着败向大营，眼看着要把西路军的营寨冲开。

关键时刻辛兴宗站了出来，他下令全军接应，甚至自己亲自上阵，以上将节钺督战，才把萧干挡了回去。战后盘点，他的大营没丢，还能挺在前线，但是前军统制王渊歇菜了，他全身浴血，几乎是被人扶着回到营地的。

最重要的是士气一落千丈。宋军集体蒙了，不是说辽国立马就灭亡了吗？不是说军队都死光了吗？不是说个个吓得要死饿得要死，区别只是死在宋朝人手里还是金国人手里吗？怎么还会这么野蛮？

一连串的问题搞不清楚，光是调整心态就够他们忙的了。总之一句话，西路军很惨、很忧伤，但和童贯比起来，他们还算是轻松快乐的。

真正闹心的是童贯。他坐镇后方，等来的是一个接一个的伤亡报告，这和他预料的相差太远了，他比谁都想跳脚骂人，他很想对苍天怒吼一声——这还是我的西军吗？还是战无不胜，破过城灭过国的西军吗？要知道宋辽百年无战事，两国在边境上的力量基本持平，那么宋朝的河朔地区已经是军事真空地带，为什么辽国的燕云地区还有这样的军队？

当时的童贯是想不清这些问题的，不光是他，只有全盘掌握了宋、辽、金三国同时期的历史进程资料，才能分析清楚，给出这些答案。

第一，为什么辽军变强了？

这是因为金国的刺激。百年安宁，养得契丹人和宋人一样肥胖白嫩不知所谓，但几年之间濒临亡国灭种，这是什么压力？哪怕是被动应战，几年之间也会让战力升级，更不用说举国反抗的狂热情绪了。

第二，为什么西军变弱了？

老天在上，查一下西军近19年以来的战史，答案会自动出来。不算哲宗时代对吐蕃、西夏的战争，从赵佶即位开始，西军先是收复河湟，再和西夏开战，连续不断地打了8年，其间还抽调主力两次南下，一次扫平卜漏，一次平定方腊，接着马不停蹄进军燕云。这样密集的作战任务，就算20世纪的全机械化部队也吃不消，何况是以步兵为主的12世纪冷兵器军队。

更何况在这19年间，除了和西夏的战争互有胜负之外，宋朝的西军保持着百分之百的胜率，并且从来都是在规定时间里干脆利落地打出来的。

所以现在童贯不必无语问苍天，他应该扪心自问，为什么要对西军这样苛刻。就算宋朝当局总是给西军派任务，就算西军的确是宋朝唯一的一支决胜部队，哪里出事都得派它去，但童贯作为直系领导，是不是得为属下争点儿喘息的时间？

这种局势下，宋臣的抢功之心反而越发高涨。

蔡京的儿子蔡攸从东京火速赶来；一向沉稳老练一动不动的刘延庆也开始伸手，

这位党项族高官是西军当时的二号人物，权位仅在童贯之下。一直以来，他所做的事就是端坐在大后方的中军帐里，通过通讯员和前线交流，干的是遥控指挥的高端技术。可这时不行了，眼看着辽国一碰就倒，功名利禄近在眼前，再无动于衷，怎么对得起自己的良心呢？

他要求冲到最前线，由他带兵冲进燕京城！

童贯同意了，同时大造舆论，向燕云敌占区宣传宋朝的进攻决心、利民事项以及辽军投降后的光明前景。他坚信这次肯定有作用，不为别的，之前亲情没法感化的，现在危机临头，只要没傻透的肯定知道好歹。事实证明他想对了，招降信发出去之后，简直是从者如云。

燕云十六州中的易州、涿州主动投降。

易州守将高凤、涿州守将郭药师主动向宋朝投降。高凤也就算了，郭药师却非同小可，前面提过，他是渤海人，他手下的军队是由辽国最北部的居民组成的，这些人在女真人进攻时最先失去了家园，满腹怨恨，耶律延禧看中了这点，给他们取名叫“怨军”。

怨军被女真人轻易击败，但在辽军中仍然是首屈一指的战斗力，郭药师以一个边缘族郡的外人，只凭着这股近8000人的军力，就做到了燕云十六州之中的一州之主，其影响可想而知。

现在他主动投诚过来，宋军上下顿时一片舒爽，辽国完了，这下子铁定完了！得出这个结论之后，宋军才出征。

西军集结了10万人，刘延庆亲自上阵，郭药师的怨军作为向导，他们兴冲冲地上路，杀向了幽州城。这次出征没人再紧张了，简直是像郊游一样，不分前军，没有殿后，中军是肯定有的，但一般人找不着，10多万人拥在一起上路，成一个大扇面前进，谁知道大首领在哪儿？

这种局面让一些人心里没底，有人忍不住提醒了刘延庆一下，说这样会被偷袭的，不管怎样辽军仍然很能打。

结果不仅刘延庆冷笑，连郭药师都不屑一顾。你们实在太不了解情况了，辽军现在都缩在幽州城里，搞治安都来不及，靠什么偷袭？

谁敢偷袭？

尽管放心大胆地前进，只要看到了幽州城，就是成功的时候。结果他们走到了良乡（今属北京）附近，后来据有些人说，真的隐约看到了幽州城，不过却没见着长啥样，倒真的被偷袭了。

萧干真的离开了幽州城，在路上截着宋军，干了一票狠的。

战况有点儿乱，把西军打了个措手不及。说实话，场面真是很丢脸，但是损失不大。西军再惨也有个底线，就像群殴一样，把萧干打出去了。

战后盘点，真正的损失在刘延庆的心里。这位二当家下令停止前进，就地扎寨，往严实里扎，往结实里扎，一定要稳！

他不走了，他要好好地观察，搞清楚辽国人的现状到底怎样。他记得很清楚自己是为什么来的，摘桃子捡现成，要是桃子还没熟，他凑上去有什么意思。

郁闷中，郭药师悄悄地接近了他，向他郑重地恭喜。恭喜大帅，祝贺大帅，您的富贵到了。

你说啥？

刘延庆很不解，这个郭药师不是成心来挑事儿的吧？却见小郭同志很诚恳，他说幽州城里兵力有限，现在萧干亲自出征，带来至少一万人，这样城里已经空了。现在由您坐镇西军，把萧干拴在这里，我带怨军抄小路绕过战区，直接攻打幽州城门。以怨军的实力一定可以破门而入，到时只要您再派一个可靠的人接应一下，一定可以攻下幽州城。那时里应外合，全歼萧干所部，燕云其他州城群龙无首，必定不战而降。

不世战功，唾手可得！

兴奋……刘延庆一下子飞上了幸福的云端，这样也行？萧干偷袭居然偷出了刘氏的天大机遇。这样的话，派谁去接应呢？

有道是“肥水不流外人田”，他第一时间想到了自己亲爱的儿子刘光世。刘衙内这时已经升官了，平定方腊之后，他升到了观察使，是宋军里的高级武官。这次如果再率先攻入燕云首府，这样的功劳足以让他名垂青史，平步青云。

很好，就这么定了。

为了必胜，刘延庆把自己手边所有的底牌都打了出去，大将高世宣、“万人敌”杨可世都派给了郭药师，率领6000名怨军乘夜出发，绕小路夜袭幽州城。

一夜行军，晨光熹微时他们抵达幽州的迎春门。事实证明，这真的出乎辽人意料，他们想不到宋军刚刚失败就敢于大范围穿插，躲过了萧干的部队，突然间出现在幽州城门外。

一来出敌意外，二来怨军生猛，三来幽州的城防在郭药师的眼里没有秘密，他们快速发动进攻，没等辽军集结就攻克迎春门，杀进了幽州城。

这是近200年以来前所未有的事，汉人的军队攻进了幽州城！幽州繁华，街埠林立，道路宽广，平时利于通商，利于流通，这时就利于怨军的进攻。郭药师等人迅速占领城内各处关键点，直逼萧太后的行宫。这时的局面，只要抓到了这个女人，就等于攻克了辽人的心理防线。幽州，乃至于燕云十六州都将随之落进汉人的手里。

问题集中在一个女人的身上，事儿就好办了。郭药师他们想了想，做出了个最合理的组合动作。他们一边攻打幽州城里的关键地段，一边写了封信给萧太后。

之所以写信，是有个前因。

在郭药师投降之后，萧太后也曾经投降过，她派人送来了非常专业的投降书，说只要宋朝承认辽国在燕云地区的主导地位，那么从此当宋朝的属国也可以。

其实，投降书上的这个条件是童贯第一次攻打燕云时，赵佶的第二点要求。童贯曾经发给耶律淳，可是被拒绝了。旧事重提，萧太后希望仍然有效。

有效才怪，事实上双方这时都变了。童贯在落井下石，想的是斩草除根，把辽人都砍倒。萧太后更绝，她的投降书其实是一式两份，宋朝和金国每一方都送到了，在玩一仆二主。

她的小算盘无非是拖延时间。

但在宋朝人的心里，代表她怕了，这一点反映在战争里，就是可乘之机。想想这样一个胆怯的女人，发现敌人已经攻到了眼皮底下，只差一层内城墙就砍到身边了，她会怎么样？

哭着喊着求饶吧。

呵呵，肯定是这样！于是劝降通知书送出，郭药师等人边打边等。之后，他们等来了一个大麻烦，萧干突然出现，这人居然带着3000人火速杀回幽州城里，和怨军打起了巷战！

这就是萧太后的反应，她接到恐吓信不仅没被吓倒，反而派人向良乡方位的萧干求援。这是个死硬的女人，哪怕刀快砍到了脖子上，都选择硬挺。

查一下辽国的历史，凡是叫萧太后的，从来都是强人。当然，除了耶律洪基的老婆……回到幽州城里，萧干突然回援，打乱了怨军的阵脚。萧干的部下们眼睛都红了，这里是他们的家，怨军也好，汉人也好，都是杀人放火的东西，现在抢到他们的家里来了！

按平时的战斗力来衡量，他们远远不是怨军的对手，何况怨军里还有杨可世这等“万人敌”，同时人数比怨军少了一半。可这时情急拼命，怨军居然被他们打得节节后退，从城中心退向了迎春门。

郭药师等人感到了巨大的压力，但同时暗暗心喜。萧干回来得好，从大局上看，这是辽国人真正的败着，只要他们能再挺一会儿，宋军就将掌控全局。

萧干在良乡以一万人对抗10万西军，本就力不能支，现在为了应付怨军偷袭，抽调3000人回援，良乡方面的力量立即薄弱。

刘延庆指挥全军强攻，很可能一击即破。

幽州城里，萧干看似占尽上风，实际上只是他突如其来，打得怨军不知所措罢了。按原计划，刘光世很快就将率领生力军来接应，那时里应外合，萧干必将与幽州城一同陷落。

之后整个燕云地区动荡，其余十三州望风而降……千秋伟业，至此大定。在1122年十月，宋、辽两国的命运掌握在刘氏父子的手里，他们的意愿将决定历史的走向。他们只需要按计划行动，哪怕刘延庆按兵不动，只要刘光世能率军接应，那么一切就将水到渠成。

命运就在前面不远处的拐角处等着宋朝，光明、荣耀、失去近200年的民族守护城墙，都在触手可及的地方等着，只需要刘光世出现。

但是，在刘光世的一生中，他最不喜欢做的就是出现，他的习惯动作是消失。幽州城不是他第一次玩消失的地方，1122年也不是他第一次掌握全民族命运的时刻，鬼知道为什么他这样的人总会掌握到那么重要的东西，但他就是掌握了。

接着就放弃了……那一天，刘光世没有出现在幽州城，他和那些约定好的生力军都不知去向。怨军陷在了幽州城里，他们名义上的敌人是3000名辽军，比他们少了一半还多，可你能相信像幽州这样大的历史名城，在面临灭顶之灾的时候，会全城沉默，任凭几千个敌人随意杀戮吗？

满城都是敌人，怨军节节败退，到后来他们发现自己被困在了城里，前面是敌人，后面是城门，只不过城门被关上了，重兵把守，他们攻了好几次，根本打不下来。

怎么办？他们只好打起了城墙的主意。他们用绳子系在城头上，一个个缒了下来。勉强活着逃出城的，只剩下了几百个人，而且都没了马。他们徒步逃生，从小路回到了大营。

偷袭失败了，士卒不算，连大将高世宣都死在了幽州城里。但这并不是末日，经此一役，宋军只是没占着便宜，对比辽国，萧干军队死的人也不少，他们来回奔波，已成疲军，而刘延庆的大营始终平稳，无论是战力还是物资，都保持着绝对的优势。

这一点刘延庆自己知道，所以他敢挺在良乡附近等消息；萧干也知道，这让他很绝望，他是很能打，但是满打满算只有不到一万兵力，总是以一敌十、敌二十，次数多了也会死人的。

但是他必须得赢……绝望中，他冷静了下来，仔细回想，他找到了宋军的破绽。

接战两次了，宋军本来有大胜的机会，为什么会输？问题都出在主将的身上，第一次是童贯被猪油蒙了心，不该退一定要退，不能打一定要打，等于是他玩死了西军；第二次，纯粹是刘氏父子的无厘头表演秀，刘爸爸行军像旅游，大平原上被偷袭，刘儿子玩失踪，眼睁睁地看着大好机会失去。

很好，萧干有了个非常荒诞、近于无聊的计划。

为了实施这个计划，他再一次冒险，带着人出了幽州城。这等于把幽州的城防又扔了。他悄悄地绕过了宋军大营，出现在宋、辽两国之间的交通要道上。

之后就是等，这么点兵力一直等在广阔无边的大平原上，直到等到宋军的运粮队出现。这期间他很幸运，没人发现他们，很显然刘延庆把巡逻队都关在了大营里，全体关门睡大觉。

在这种危险地段，萧干带人冲了出来，把宋军的运粮队劫了，临走时很不小心地透露了一个军情——辽军集结了三倍于宋军的军队，已经在良乡周边形成了包围圈，只等晚上举火为号，就一起围攻，把宋军全歼。

这个军情迅速地传到了刘延庆的耳朵里，刘延庆第一时间震惊了。天哪，狡猾的辽国人，万恶的辽国人！居然不声不响地给他挖了这样大的坑，今天晚上就围攻吗？那么危机迫在眉睫了吗？怎么办，怎么办，怎么办……他绕着圈子想办法，直到夜幕降临也没想出什么好办法来。

其实多简单，简单得接近无聊，非常荒诞，辽国只剩下燕云十四州了，连主城幽州都被攻进，萧干只能抽调 3000 人亲自回援拼命，哪儿还能再变出来 30 万辽军？

如果能这样，还会坐视宋军入境吗？早就在白沟那儿隔河阻击了。

这些刘延庆想不到，他完全被自身的安危吓着了，粮道被断，军情突然，一连串的突发事件让他慌了。当这一天晚上，夜幕下突然间火光四起时，他真的像是听到四面八方响起了辽国骑兵冲锋时的马蹄声。撤退，立即撤退！

刘延庆以最严厉的军令下达了撤退的命令，令全军不顾一切、扔掉一切火速逃跑，来不及带的各种战略战备物资，全部就地烧毁。

这一夜火光冲天，其中绝大部分是宋朝人自己点的。这片大火里烧的绝不仅仅是些帐篷、器械之类的东西，而是宋朝自熙宁变法以来积累的所有家底。其中最重要的是军粮。“……自熙、丰以来，所畜军食尽矣。”——《三朝北盟会编》

刘延庆管不了这些，在他心里，自家的性命才是最重要的。他拼命地跑，驱赶着士兵们和他一起跑，跑了一夜之后终于到了白沟。到这里，他松了一口气，看来危险终于逃过去了，前面就是国境线，过了河就安全了。但是就在这一刻，他发现了更大的危险。

辽军杀到了。

他昨晚并没有幻听，火光骤起时真的有马蹄声响起，萧干真的率军冲向了他们。只是由于实力悬殊，萧干没有直接动手，他一直尾随在宋军的背后，直到宋军跑了一夜心力交瘁时才发动攻击。

这时前有白沟界河，后有辽军铁骑，10 万宋军一夜奔逃，局势恶劣得无以复加。之后的事儿还用说吗，宋军扔下了足够多的尸体，才渡过白沟，回到了宋境。

第二次北伐结束。这一次宋军败到了惨不忍睹的地步，不要再说什么士气啊荣耀啊之类的事，每一个士兵都郁闷到要死。综观全局，他们根本不是被辽国人打败的，而是被辽国人吓败的！

老子不是被吓大的，是被吓死的！

这样的屈辱，完全是上层彻底腐烂的恶果。西军勇武又怎样，全军都是“万人敌”又怎样，只要有童贯、刘延庆、刘光世这样的大领导在，他们都得败，都得死，都得屈辱。

这一战过后，物资没有了，军力丧失了，士气泄了，这还只是自身的损失。看外面，辽国人、女真人都看清了一个事实，堂堂宋朝，如此庞然巨物，居然只是个纸老虎。哈哈，早知如此，当初就该调整政策，肥肉就要有肥肉的待遇。

尤其是女真人，他们再不把宋朝当成战略伙伴了。

以上仍然只是损失的一部分。北伐燕云更大的恶果要在两个月之后，以及两年半之后才真正显露出来，那时的宋朝才会自食其果，欲哭无泪。

# 第十三章　如此复燕云

1122 年的年底，完颜阿骨打亲征燕云。

完颜阿骨打离燕京城还有很远的路，辽人就开始了大逃亡。他们离开幽州，从古北口逃离燕云地界，一路向西，去寻找逃得更远、更彻底的天祚帝耶律延禧。

金军的燕云之役，几乎没动刀兵，是直接骑马进的城。进城之后，全体金军的头都晕了……太幸福了，这就是传说中的完美之城吗？

他们看到的是前所未见的繁华，哪怕此前他们占领了辽国五京中的四京，也没见过这样的世界。燕云十六州是特殊的，它有辽人的特色，更多的是宋朝的色彩。它是当时辽国的最南端，是最接近宋朝文明的区域，无论是物质还是风采，都几乎与宋朝同步。

不走了。

哪儿也不去了，以完颜阿骨打为首，女真人沉醉在燕云十六州的桨声灯影里，每天逛逛街、抢花姑娘、做做抄家游戏，日子过得非常充实。当然，心情舒畅中，他们也做了两件正经事。

第一，派人向西追击辽国人。这件事必须要办，但不必急了，辽国人已经彻底玩不出花样，是实际上的亡国之人，就差灭种。

第二，比较麻烦，但充满了乐趣和幻想。女真人把目光投向了南方。

从 1122 年的年末，到 1123 年四月十七，女真人的生活可以归纳成四个字——心想事成。无论他们想到什么，想要什么，都会得到。

千言万语汇成了一句话——拿钱来！

除了当初说好的只给南朝六州 24 县，每年照旧收整个十六州的岁币之外，这六州 24 县里只给宋朝汉人的财产，其他的奚、契丹、渤海等族的人口财产全部归女真。

燕云区域的税赋是金国的。

辽国的天祚帝、萧干、耶律大石等人还没有抓到，这时归还燕云，实在是给宋人留下了隐患。这样吧，金国替你们抓人，可是粮草有问题。

20万石。

辽国的怨军郭药师部8000人在宋朝，这是死敌，一定要交出来。宋朝以幽州城辖区内150贯以上家产的共三万余户人家为代价，“买”下了怨军。

当宋朝人终于到了幽州城下，望着丢失200多年的故土根本来不及感慨，一个个没完没了的幺蛾子又迎面而来。

第一，之前谈好的租税落实了数额，每年100万两白银。这和每年的岁币不发生关系，于是宋朝得回燕云区域的六州24县之后，每年给金国140万两白银。

多吗？还有下文。

金国人提出，这每年100万两的租税不能用钱来交割，要用实物。这一条才是狠的，才是内行话。宋朝听到这个条件之后，第一反应就是辽国人在捣鬼。只有他们这些和宋朝打了百十来年交道的人才知道这里边的学问。

如果每年只给钱，那么生产力落后的金国拿着硬邦邦、冷冰冰的金属钱币一点儿用都没有。钱对老百姓有意义，对一个国家来说没意义，只有物资才是根本。

于是他们只能拿着宋朝给的钱，与宋朝做生意。这也是之前宋、辽两国的边贸合作方式，宋朝每年交出去的岁币，都能通过榷场赚回来。现在金国不要钱，要物资，这从根本上断绝了宋朝的侥幸，想想每年价值100万两白银的窟窿，这得用什么才能去填平？

第二，人口、财物全部带走，留给宋朝的只是一座座空城。

宋朝第一时间展开了声势浩大的庆祝活动。先是对有功人员进行封赏。

全体参与光复燕云行动的干部里，除了刘延庆之外都升官。如身临前线的蔡攸，升为少师；坐镇后方的宰相王黼由少师进位太傅，赏玉带；四方奔走的赵良嗣为延康殿学士。最大的一份功劳留给了伟大的武装太监童贯。

宋神宗有言——“复燕云者王”。

童贯先被封为豫国公，紧接着升为广阳郡王。郡王，在亲王之下，是次一档的王爵。但一来王爵仅亲、郡两级，二来宋朝立国近170年以来，太监封王者仅此一例，从哪方面讲，童贯都登峰造极，达到了不可思议的高度。

童贯的计划完成了，他真的通过联金灭辽达到了他人生、仕途的最高峰。

接下来是赵佶的盛宴。

时间停留在1123年的四月、五月之间，此时赵佶踌躇满志，他回望历史，仿佛看到了从太祖赵匡胤以来，直到他的兄长宋哲宗赵煦，宋朝所有的列祖列宗，他们终生努力的，他们无奈叹息的，那些始终像是梦幻泡影一样的事情，他都完成了。

灭吐蕃、破西夏、平内乱、复燕云……这些功绩他都做到了，连带着他史无前例的丹青文采，这样的人物不要说是宋朝，环顾汉人三千年历史，谁能与他比肩？

斯人斯事，必须铭刻碑石，传之万代。

精心准备了四个月之后，赵佶命时任燕山府知府的王安中作《复燕云碑》记此盛事。

几乎与此同时，完颜阿骨打死了。非常突然，事情要从女真人燕云撤退时掠走的那些燕云佳丽说起。

那是一批此前女真人从来没见过的美女。与她们相比，别说深山老林里生活的女真妇女，就连辽国的贵妇们也是黯然失色。她们是燕云人，与宋接壤，时尚温柔、典雅漂亮，从哪一方面看，都是空前的美人。

女真人着迷了，完颜阿骨打带头迷了进去，他无法自拔，越陷越深，直到精尽而亡，死在了从燕云回老家的路上。

伟大的完颜阿骨打就是这样死的。这可不是我乱讲的，他迅速病死，是金国的官方史书记载的，不信的人可以去翻《金太祖武元皇帝本纪》。

阿骨打死了，他的死和他的崛起一样迅速、突然、震撼。关于他的一生，很多史书归纳成两个字——完美。

完颜阿骨打在不到10年之间，算无遗策，战无不胜，攻无不克，联宋灭辽，终定大业。他不仅是军事上的大天才，更是杰出的政治家。

非常伟大。

说得都对，但不完全。完颜阿骨打之所以在现代人的心目中也是英雄，更动人心魄的是他的反抗精神。与之相比，他后来坐拥天下最强兵力所向披靡，的确很威风，但也没什么。历史强者谁没有横扫一切的时候？而他在冰封千里的松花江上、在头鱼宴上面对辽国皇帝的淫威保持了尊严的时候，才更让人佩服。这一点，哪怕是街头混混儿，都会伸出大拇指，叫一声“爷们儿”。

抛开这些，完颜阿骨打还迅速地创立了金国的军制，创造了女真人的文字，这些都对女真人的未来极其重要。他一生的功绩可以归纳成两句话——“他没有亲自灭亡辽国，但已经彻底奠定了胜局；他没有完成金国的建立，但已经铺好了道路。”

女真人从氏族部落向一个封建文明国家迈进，完全是他一个人的功劳。

好了，上边说的貌似已经很全了。但我仔细想了想，还没有。完颜阿骨打的一生是为女真人奉献的一生，除了生前，哪怕是死，也死得时机适当。

在1123年的八月以后，如果他还活着，历史一定不会是后来的样子。该发生的事哪怕发生了，也不会那样残暴得丑陋。

他是开国皇帝，这种人有个共同的特点，他们强大中饱含着恢宏、凶狠里保持着人性。他们杀人，杀很多的人，他们抢夺，抢最好的土地、最美的女人，可不惹人恨。

因为在他们的心里，或多或少，都存在着阳光、存在着不屈，他们是反抗者、是梦想者、是建设者。而他们的继任者是不同的，一世祖和二世祖的区别很明显，看赵匡胤、赵光义兄弟俩就全明白了，不看全盘的总结，只看行事作风。

南唐李后主在赵匡胤的手下活得有起码的尊严，可在赵光义的手下生命、女人哪一点都保证不了。回到女真人，完颜阿骨打这时死，一个时代终结了，随着他的弟弟完颜吴乞买继任，女真人变得残忍恶毒、贪得无厌，本应是个伟大的新兴民族，结果变成了一群只知破坏不懂建设的抢劫团伙。

耶律延禧，这位曾经的东亚老大，一不小心又成了世界的焦点。宋、金两国各用渠道，不遗余力地寻找他，可惜都找不着。

唯一找到他的人，是耶律大石。

这首先是藏的地点太隐蔽了。夹山，在史书里有这样一段记载——“夹山在沙漠之北，有泥潦六十里，独契丹能到达，他国所不能至。”

看来这是契丹人祖辈打猎探险留下来的一块世外桃源，具体地点一直流传在辽国皇室之中。这才可以解释，为什么从燕云地区逃走的辽军能准确地寻找到耶律延禧。

这时的耶律延禧很神奇，他不像是位亡国之君，反而显得斗志昂扬、精神焕发。他好运连连，先是得到了好消息，完颜阿骨打死了；另外得到了援军，阴山室韦谟葛失部落给了他足足五万多人的部队。室韦，是蒙古族的前身，他们的强悍地球人都知道。

这两样综合起来，让耶律延禧觉得复国有望，可以反击了。

就在这时，耶律大石找到了他。

时机明显不对，耶律延禧手握重兵，又有了皇帝的尊严。一见面他就对耶律大石严厉地质问：“我在，你们怎么敢立耶律淳？”

这是在问罪，罪名比蓄意谋反都重，是已经谋反。

耶律大石很平静，他说你以全国之势，不能拒敌。就算立10个耶律淳也都是太祖的子孙，不算便宜敌人，难道不比只知逃命强吗？

问得耶律延禧哑口无言。但是亡国之君就是与众不同，没话说了不等于没事可做，对于燕云地区曾经出过辽国的皇帝这件事，一定要有个说法，必须杀个人。

于是杀掉了耶律淳的老婆！

于是那位在宋军攻进幽州内城都冷静坚定、主持打退刘延庆的女士，就这样死在了自己人的手里。这还不算完，耶律大石也有别的任务要执行。

耶律延禧命耶律大石率军攻击金军。

伟大的耶律大石遭遇了“皇帝收割机”——完颜娄室。

完颜娄室，按战绩排名，他在金军第一代战将里面都遥遥领先，号称“常胜”。此人战无不胜，攻无不克，抓皇帝不止一个，不管是现任的、曾经的、未来的，只要叫他傍上了，全都跑不了。于是耶律大石悲剧了，被生擒活捉。

这种时刻，一般的正面人物应该只有一个命运了。自杀，或者被杀，只有死才能化被动成正面典型。可是耶律大石不一样，这个人忠于的不是哪一个特定的人，而是他的民族。死，太简单了，在整个民族都面临灭亡时，真正有勇气的人要活下去，要找到绝境中的那缕阳光。

耶律大石投降了，他文武全才，相貌堂堂，到哪里都让人喜欢。金国人不仅饶了他，还给了他官位，又给他重新配置了一个妻子，按照当时的投降标准来说，是非常到位的规格了。对此耶律大石很感动，主动要求为金国工作。

正中金国下怀，正不知道耶律延禧躲在哪儿呢，大石你从哪儿来回哪儿去，带着金军去抓耶律延禧。很好，这也正中耶律大石下怀，他料定会有这个任务，借此机会，他成功逃出了金军的手掌。自由之后，他回到夹山大本营。他变了，不再是耶律延禧的忠实臣子，他对这个颠三倒四、莫名其妙的皇帝彻底厌恶了，为了契丹，他做出了一个划时代的决定。

离开眼前的一切。

他带着 200 铁骑北上，三天之后过黑水（今内蒙古艾不盖河），再向西北，到达可敦城。之后他的生命是史诗级的，他在一片陌生的土地上白手起家，创立了一个在面积上与辽国全盛时期都不相上下的庞大帝国。有此根基之后，他回来了，哪怕有了皇帝宝座、富贵生活，仍旧要与金国一决高下。

耶律大石要在五年之后才会积蓄到足够的力量找金国算账，在这之前，他退出了辽、宋、金之间的大舞台，主角继续由耶律延禧担任。

这个耶律延禧彻底错乱了，强逼着耶律大石反攻金军失败之后，自己亲自上阵。结果自然是一路跑，连西夏和宋朝都在逃跑路线内。

谁也不敢收留他。

那么多年的猎没有白打，金军要抓住他还得费一些手脚，而且金军这时的目标变了，他们喜欢更远的南方。

最初的主角叫张觉。

张觉是辽国的进士，战前任燕云十六州里平州的节度副使。身为二把手，他无足轻重。但是战争爆发前，他的上司平州节度使萧谛里猪头症发作，对百姓态度粗暴，结果群众的力量很震撼，一拥而上，把萧谛里砍了。

张觉接班，成了大领导。他在两次宋辽战争、一次辽金战争中非常理智地保持观望，一方面静等结果，另一方面扩充实力，拥有了五万军队、1000 匹战马的实力。燕云陷落，宋金瓜分领地，十六州间宋六金九，剩下一个独立的就是他。

在完颜吴乞买召回各占地首领，商量继位大事的阶段，张觉有了新动作，除了自己的平州外，他带着营州、滦州一起归降了宋朝。前面提过，平、营、滦三州在辽国统称为“平州路”，而平州之东是榆关，榆关……就是后来的山海关！

历来兵家入关，必经山海关。这是燕云区域防务的重中之重，谁得到它，谁就等于得到进出中原的大门。这时张觉带着这三州一起倒向了宋朝，军事意义无比重大。

金国人立刻就急了，没等调集重兵，就地派了 3000 人攻向了平州。3000 人，这点兵力就算是在完颜阿骨打的率领下，也只够和辽军在野地里打架，想攻下燕云区域的重镇，简直是做梦。张觉只是关上城门，这3000人自己就走了。

张觉很兴奋，派他的弟弟到开封城报功。赵佶很兴奋，派专人带着敕书、诰命去平州发奖。当天的发奖仪式很盛大，张觉带着平州的头脑们出城迎接，就在这时，危险来到了他的身边。

金军突然杀到。统帅是完颜宗望，军力是10万人！完颜宗望是阿骨打的二儿子，本名斡离不，俗称“二太子”，与后来那位家喻户晓的“四太子”齐名。

查一下这个人的生平，这时是他一生中最郁闷、最窝火、最想杀人的时候。阿骨打起兵反辽，他的军功只在宗瀚之下，以他的资历、血统，金国皇位只能是他的。可是事到临头，居然便宜了他的叔叔。

……吴乞买，他有什么功劳，何德何能，居然当上了皇帝！

尽管不服，也仍然得服。吴乞买的政治手腕是非常高的，有他在，金国超强的军力不仅被用来开疆扩土，更是他操纵政局以达到平衡的砝码。

在完颜吴乞买统治期间，宋、辽两国的君主大臣遭遇很惨，金国本身的上层建筑也一批批地倒下，悄悄地说，他是一个成功版的赵光义。

回到平州城外，张觉反应非常快，他推开奖金证书一跃而起，上马就跑。这人真的被吓着了，哪怕平时喊过一万遍“金军不可怕，平州守得住”的口号，这时也全都忘了。平州城就在他的身后，即便有5万以上的军力、超级坚固的城墙做后盾，他都没敢回头。

此人一路狂奔，跑向了幽州城，投靠前“怨军”，现在叫“常胜军”的郭药师部了。

在他身后，10万金军冲向了平州城。无论是当时，还是后世，世人都认为平州城没救了，之前金军所向披靡，辽国五京被一一攻破，平州城再强，难道比辽国的都城还结实？在这种对比下，张觉逃跑似乎也情有可原，但是这些都错了。

完颜宗望以10万兵力围困平州城达半年之久，仍然无法攻破。半年之后，城里的兵打光了，只剩下几千人。城里的粮吃光了，连耗子都找不着。即使到了这个地步，平州人也不投降，他们冲了出去，突围南逃。金国人得到的，只是一座空荡荡的死城。

平州人用活生生的例子告诉了世界，金军没什么可怕的，哪怕是第一代的金军，也不是吃人的妖怪，只要敢于反抗，不仅能守得住，更能冲出去自由骄傲地活着。

形象地描述，平州城就是一支火炬，它熊熊燃烧在无边黑暗里，显得璀璨壮丽；准确地描述，平州城像一支火炬，壮丽璀璨地燃烧着，而它的周围，是一片无边无际的黑暗……真的太黑了，所有的人都眼睁睁地看着它陷落，不仅不救，还彻底无视。

该怯懦的仍然怯懦，该昏庸的继续昏庸。

宋朝迫不得已，杀了张觉和他的两个儿子，把人头送给完颜宗望，金国人这才满意。宋朝觉得又一次过了关，却不知道当时有个人正默默地注视着这一切，当张觉的人头被送出城之后，他悲愤地小声说了一句话："若金国索要我郭药师，难道也要交出去吗？"

这时的郭药师非同凡响了，他是赵佶钦定的幽州城防司令，手下除了近万人的常胜军之外，还有临时招募的30多万民兵。

毫不夸张地说，他的心理动态，就是燕云区域稳定系数的晴雨表。

这时是宋宣和七年（1125）十月，在极远的西方，辽国的末代皇帝耶律延禧终于在余睹谷被金将完颜娄室活捉，押往金朝上京。至此，辽国彻底灭亡，它对金国的威胁全部解除。

金国纵目四望，世界广阔，已没有敌人。但是完颜吴乞买亟须一个死敌。他的皇位非常不稳定，翻开资料，这个人在女真人的建国历史上几乎没有战功，一直隐身在后方，给哥哥阿骨打看家。这样的"业绩"放在汉民族的价值观上都不让人信服，比如宋太宗赵光义。

赵光义登基一直存在争议，那么在极其重视战绩的女真族开国第一代人物面前，吴乞买有多大的分量呢？答案是太轻。

他的一生，注定了要在本国战将派系之间走钢丝，既要联合他们更要分化他们，实在不行就要派事给他们做，指定好东西让他们去抢，绝对不能闲着。

在这种指导思想之下，他敏锐地捕捉到了一股暗地里涌动的反宋情绪，之后用行政手段把它完美地融入国策之中。

这股反宋情绪来自金国顶级战将的家属团，比如完颜宗翰的妻子萧氏，她是辽国皇帝耶律延禧的前妻；完颜宗望的妻子金辇公主，她是耶律延禧的女儿。又如辽国降将耶律余睹、刘彦宗、时立爱，这些人在金国成了新贵。

他们牢牢地记着宋朝乘人之危，攻打燕云十六州的仇恨。辽国是没力量报仇了，可金国可以利用，比如两位完颜太太，就一直在吹各自丈夫的枕头风。

善解人意的、成熟的政治家完颜吴乞买先生怎么会错过这样的好机会呢？反正是慷他人之慨，抢宋朝之财，同时转移国内军事大佬们的视线，何乐而不为？

宋宣和七年（1125）十月，童贯派人去向完颜宗翰讨还山后九州的时候，正是吴乞买下令正式伐宋之时。屠刀已经临头，可叹宋朝上层仍在做梦。

# 第十四章　靖康

金军在十一月初时南下，兵分两路。东路军由完颜宗望率领，出平州，攻幽州；西路军的主帅是完颜宗翰，他由云中（今山西大同）出发，进攻太原。

各自攻克目标后，渡黄河会师开封，进攻宋朝的都城。

童贯当时在太原，面临的是金国军事排名第一的完颜宗翰。这很相应，由宋朝兵马大元帅，对敌金国军事领袖，双方对等。

可结果居然是空白。

童贯先是愕然，惊叫出了一句名言，堪称是宋朝官场的共同心声——金国刚刚在边外远处立国，怎么敢做这样的事？

……连东亚最大的辽国都灭掉了，来打你宋朝很奇怪吗？童贯的脑子还真就转不过来，他稍微等了几天，当确定了消息的真假之后，瞬间变得灵动无比。

逃跑！

童贯第一时间上马南逃，速度之快，让太原知府张孝纯猝不及防，他跟着快跑，才拦住了广阳郡王。结果换来的却是一声怒吼：

“俺是宣抚，不是守土。留下我打仗，那么多的将军都是干什么吃的！”之后童贯纵马狂奔，消失在民众的视线里。从这一刻起，他数十年建立起来的赫赫威名彻底坍塌。在他身后，太原城牢牢地拖住了金军。

太原千年古都，要说文明什么的倒也说不上太多，它最著名的一点是“硬”！

超乎寻常、不可思议的硬度。历朝历代打到这儿的战争都会卡壳，远的不说，五代时以柴荣之强拿不下它；宋初时赵匡胤终生常胜，拿它没办法；赵光义举倾国之兵把它攻克了，可是却耗时半年，累得全军半死不活，最后在远征燕云时掉了链子，埋下了宋朝不能统一中土的祸根。

金军来了也是一样，完颜宗翰连取朔、代两州，到了太原时突然被顶住了。不管他们怎么进攻，太原城就挺在那里岿然不动。

完颜宗翰的脚步至此被绊住，太原城让他腹背受敌，首鼠两端，他的西路军一直在黄河周边转圈，想攻心里没底，想回去心有不甘。时间一天天地过去，直到历史书翻过了这一页，他都没想好要怎么办。而直到那时，太原城仍然是宋朝的。

回到东路的完颜宗望，这个人才是宋朝的灾星。

东路的金军先是在两天之内迅速攻破了檀、蓟两州，接着就杀向了燕云的首府幽州，郭药师降金，被重新任命为幽州城防司令。

紧接着由原辽籍汉人组成的“义胜军”也叛变了。金兵的西路军两天之内连下朔、代两州，全是义胜军内部搞鬼，朔州是他们在战事正酣时打开了城门，代州更直接，他们把守城的将军绑了，送到完颜宗翰的面前!

西线是这种局面，就算河东军想支援河北也做不到，只能眼睁睁地看着完颜宗望直扑黄河。而在黄河之前，宋朝还有几座河北路的军事重镇。

保州（今河北保定）、中山府（今河北定县）、北京大名府等是最后的屏障。

当战火烧到保州城附近时，消息终于传进了赵佶的耳朵里。这是个奇迹吧，局势已经到了当年澶渊大战的程度了，宋朝的皇帝居然才刚刚知道!

之所以会这样，一来是到了年底，每年的郊礼在即，每个官员都盼着大红包呢，谁会拿烦心事去恶心皇上？二来是赵佶本人曾经下过御笔，谁也不许“妄言边事”，破坏大好局面。

于是谁都憋着，即便下边的告急求救信堆成了山，官员们也坚持不去打扰皇上……这时问题捂不住了，一下子让宋朝全体上下都跳了起来。

每当读史看到这一段，我都忍不住欢呼。好，实在是太好了，这是宋史20年以来最大快人心的事，这是战报，是噩耗，是不醒的梦魇的开始，但也是让人振奋的喜讯！看看下面一连串发生的事，相信每一个心理正常的人都会笑得很开心。

先是赵佶被吓傻了，这个顶级公子哥继方腊起义事件之后，第二次下了罪己诏，把自己犯过的错一一历数，记忆力空前的好，哪件也没落下。接着把花石纲、应奉局等一大堆的混账衙门通通关闭，把骗来抢来的地契还给百姓。这些做完了，他派出使者向金国求和。

陕西转运判官李邺带着万两黄金上了路，几天之后回来，金子不见了，求和被拒绝，问他见到了什么，这人的回答很有趣。他一定是个新物种，受到极大的惊吓之后居然文采大发，他这样说："金军人如虎，马如龙，上山如猿，入水如獭，其势如泰山，中国如累卵。"

赵佶更害怕了，这直接导致了狂欢的开始。在这个特定的历史时段里，之前所有不可一世的大臣权贵豪强，如蔡京、童贯、梁师成、王黼、朱冲、朱勔等人都原形毕露，他们是什么，都只是些在体制内部作威作福、狐假虎威的废物！

最先倒台的是蔡京。

恐惧是最好的清醒剂，赵佶惶惶不可终日，回想前尘，他一下子想到了谁是始作俑者。蔡爱卿……没有你哪有今天！

他派人去蔡京家，勒令蔡京写辞职报告，从此退出官场，不许在体制内生存。这就是赵佶所能想到的最凶狠的报复了，他仍然没想过要杀人，哪怕是罢官，也让蔡京自己辞职。而且他派去的人很有趣，一个是童贯，另一个居然是蔡京的长子蔡攸。

蔡氏父子真是一对活宝，老爹倒霉，儿子居然要亲眼见证。更有趣的是双方见面的时候，童贯说明来意后，蔡京就哭了，这时他 79 周岁了，白发苍苍老眼昏花，觉得自己特别委屈。他哭着对童贯说，皇上怎么就不允许我再过几年好日子呢，这一定是有人在诬告我。

童贯板起了铁脸，吐出三个字："不知也。"

到这地步蔡京仍然不死心，他继续哭，对两位钦差大臣说："……我忠心耿耿，二公要为我说句公道话啊。"话一出口，周围一片笑声。蔡攸是他儿子，居然被尊称为"公"。

蔡京从此退出了官场，其他的人还在观望中，突然间传来了一个消息，把一切的侥幸心都狠狠地摔得粉碎。北方前线传来最新战报，金军在保州、中山府遇到顽强抵抗，无法攻破，完颜宗望当机立断不再纠缠，率领金军绕过了这一带，直奔黄河北岸。

计算路程，只需10天，就会杀到开封城下！

10天……开封城一下子全都乱了，每个人都跳了起来，寻找各自的生路。富商们、百姓们、部分官员们紧急租车雇船南逃，做皇帝的也想到了这一招。

赵佶想逃，不是那么简单，怎么逃、逃向哪里、开封城是不是不要了、留下谁守城看家连带着阻挡金军当盾牌，这些都要考虑到。区区10天时间，这些都得做完。

赵佶想到了大儿子赵桓。赵桓，生于1100年，这一年26岁。赵佶思前想后，慎重考虑，决定迅速把赵桓推上前台，让他去当肉盾，自己带着郑皇后、郓王远逃江南。

赵佶下令任命皇太子兼职开封牧。

这个任命下达之后，他要逃跑的事就再也捂不住了，京官们都活动了起来，上至宰相下至门吏都回家打包收衣服，以便跟着皇上一起跑路。

赵佶把需要做的事都想到了，包括退位的理由。必须要有突然性，还得很合理。

于是，只有一个理由——病倒了。

宋宣和七年（1125）十二月二十三日，宋朝君臣聚在一起开会，突然间赵佶拉住蔡攸的手，哭着说了一句话："朕平日性刚，不意金人竟如此猖獗！"说完他立即昏迷，从床上翻到了地下。

皇宫大乱，御医瞬间赶到。抢救了好一会儿，他醒了，发现右半边身体失去知觉无法动弹。御医确诊，他中风了。

赵桓当上了宋朝的第九位皇帝。这些事情都发生在十二月二十三日。

赵桓当上了皇帝，向四周看了下，却没发现员工。员工们都很忙，要去龙德宫向道君教主请安，要陪护，要安慰，很久之后才会顺道去福宁殿看一眼新皇帝。

看完，基本就可以散了。

赵桓真成了替死鬼肉盾牌了吗？闲得心慌，就手翻了一下这些天的应对措施，他突然间看见有这么一条，全京师的禁军精锐都派出去了，到黄河岸边的黎阳（今河南浚县东南）驻守。

……想在那儿顶住金军吗？北宋京城里的禁军是开封城最后的倚仗，这种时刻居然被派了出去，想和金军来场野战对决？

如果挡不住的话，偌大的京城由什么来守卫？何况看一下领军的人物，是内侍、威武军节度使梁方平，一个太监。

宋朝到了这种时刻，居然是这种局面，纵然秦皇汉武复生又能怎样，难道能自己挽袖子亲自上阵吗？手边总得有人才能去办事。

这个人是存在的，出于种种原因，之前他一直隐身在别人的身后做事。直到这时，才由那个“别人”推出来。吴敏，他想了想，在走之前又转回身告诉新皇帝，他之所以那么坚定地提出皇帝内禅，是一个人的提醒。

那个人叫李纲。

李纲，字伯纪，生于1083年，祖籍福建邵武。1112年他考中进士，工作了五年之后，当上了监察御史兼权殿中侍御史。这个官很不小，能站在金殿上给国家挑错了。

六贼当朝，国家全是错。

他秉性刚烈，疾恶如仇，就此开启了电梯生涯。不断地被下放外贬，当金军逼近时，他当上了太常卿，负责国家的礼乐、郊庙事务，说白了就是个场面活儿，给国家的大型户外演出节目增光添彩。冠盖满京华，全都成了缩头乌龟，没一个能提出起码的对策来。

李纲决定，彻底大逆不道一次。

让赵佶真正下台。

赵桓紧急召见了李纲，李纲非常明白地告诉新皇帝，金军来犯，不外乎五个目的。

第一，上尊号；第二，归还叛逃的金人；第三，增加岁币；第四，犒军；第五，割让土地。

这五点里尊号可以给到之前辽国的程度，也就是称“兄”；金人可以归还，而且不要藏私自找麻烦；岁币已经加倍，况且金军把燕云重新收回了，没理由再增加；犒军是题中之义，得给，但要有限度；至于土地，尺寸不予外人！

赵桓很兴奋，看年龄，他这时是26岁，没经过大事，平时活得还窝囊，基本上没有自己的主见，属于一捧就高兴，高兴能上房；一吓就倒塌，塌了扶不起的状态。这时他兴奋，觉得李纲是上天赐给他渡过难关的人，立即就给了他新的头衔。

兵部侍郎，马上就职，去研究开封的城防问题。

李纲却高兴不起来。他是有职位了，却没有实权，更没有威望。在这个时刻，一个突然冒升起来的小官，在一个仍然由蛀虫、懦夫、奸贼组成的政府里能起什么作用呢？

谁会听他的话？

关键时刻，一群本来与体制无关、与政治无关的年轻人站了出来。他们给了李纲、给了新政府最大的帮助。毫不夸张地说，没有这些人，就没有之后李纲的成绩，甚至赵桓也坐不稳这个突然间硬塞过来的皇位。

太学的学生们。

太学，是宋朝官方开办的最高学府，是为官场准备后备力量而存在的。在这个性质上可以看出，它的学员们必须紧跟宋朝官方的脚步，一切行为以最高当局的利益为准绳。归纳成一句话，就是官场的下属，是当局，也就是蔡京、童贯等人的尾随者。但是这时，他们走出了学校，自发地集会游行，要求国家严厉惩办祸国殃民的六贼！

他们的领袖名叫陈东。

陈东，字少阳，润州丹阳（今属江苏）人。生于1086年，家族往上数五代，都是传统的儒生。他自己在这方面做得更到位。这时，他39岁，比李纲小3岁，还是一个太学生。

不是他不好学，更不是他成绩差，而是他天生就不是一个官坯子。陈东成名极早，洒脱不羁，在知识学者界很有名望，结果每一次聚会上，他都成了太阳。

他把蔡京、童贯一伙人的罪恶挂在嘴上，到处宣扬，煽动弹劾，这么搞谁敢往他身边坐呢？结果太阳越来越亮，他的出路越来越窄，临近不惑之年，仍然在学校里当学生。

当此举国大难临头时，陈东的头脑非常清醒，从宏观角度上去看，目前的局势是用腐败的政府去挽救腐败到烂的国家，这纯粹是找死，没有一点成功的可能！

他号召大家走上街头游行示威，目的是让新皇帝看看自己写的时事分析。在他的笔下，宋朝之所以沦落到如今地步，是因为：

> ……今日之事，蔡京坏乱于前，梁师成阴谋于后，李彦结怨于西北，朱勔结怨于东南，王黼、童贯结怨于辽、金，创开边隙。宣诛六贼，传首四方，以谢天下。

这篇文字落在不同人的眼里，效果绝对是不同的。

老百姓看到，会叫好、解气；六贼及贼党们看到，会害怕、怨恨；中立的良心未泯的大臣们看到，会惭愧、无奈；而落在赵桓、李纲的眼里，这就是个巨大的天赐一样的机遇！

多年来六贼把持宋朝官场，容不得半点儿不同的声音。六贼即宋朝，这是宋史近20年来的铁律。如今面临生死关头，赵桓、李纲空有救国之心，却一个能用的人都没有。

必须迅速打破这块铁幕。

陈东来得正是时候，稍晚一点都会误事。他提出杀六贼，根除全体党羽的建议。

这样做迅速地完成新旧官场的交替，哪怕底下的办事人不变，只要除掉六贼，新皇帝的命令才有权威性。

这件事情和各项城防事务混合在一起急剧运行，所有的人所有的问题都搅在了一起，想在几天之内就改朝换代，想想这是多么疯狂的事。但是李纲、赵桓也不必沮丧，他们有一个坚定的盟友，只要该盟友保持活力，那么开封城里的事就会以疯狂的速度进行。

金军。

金军的动作越快，宋朝的改革越快！

转眼间三四天过去了，新年到了。1126年的春节，正月初一，赵桓宣布改元，这一年是“靖康元年”。初二时北方战报火速传来，金军渡过了黄河。

率领着开封禁军精锐的梁方平太监丢尽了北宋一系列武装太监的脸。他到了黄河边上每天都喝得酩酊大醉，在初二这一天听说相州（今河南安阳）被攻破了，立即仓皇逃跑。

他没法不逃，看位置他驻守在黎阳津，那是黄河的北岸，任务是阻止金军靠近黄河，不是阻止金军渡过黄河。一字之差，难度太大了！

他跑了之后，南岸的宋军跟着跑。黄河天险，这道开封城唯一的守卫线，就这样轻易地丢掉了。金军没受到任何阻碍安然渡河。

消息传进开封城，初三的晚上，赵佶带着老婆、皇子、帝姬（原公主，赵佶闲得蛋疼，给女儿们换了个“姬”的封号），出通津门坐船南逃。

这次的逃跑实在太突然了，连赵佶本人也没有准备，他只带出来了一个亲信，是蔡攸，还有几个太监，连一个侍卫都没有。刚开始时坐船，但是开封附近水流平缓，实在太慢了，他雇了一顶小轿。小轿还是慢，想想金军是骑马的，这样的速度对比，他能逃出去多远？

于是再乘船，黑夜之中，他们搭乘了一条搬运砖瓦的小船。这时太上皇他们已经饿得不行了，可是御膳房没跟来，啥吃的也没有。

一个船工好心，分给了他们一个炊饼。

这是赵佶一生中少有的传奇浪漫之夜。他经历了坐船、改轿、再坐船、吃炊饼之后，在雍丘（今河南杞县）附近上岸。

这次骑一匹名叫鹁鸽青的御骡，向睢阳（今河南商丘南）飞奔，直到鸡啼时分才看到了一点点的灯火。滨河小市到了。

在这里，一位老婆婆招待了饥寒交迫的徽宗一行。出人意料地，徽宗竟然非常轻松幽默。老婆婆问他是哪里人，他这样回答："赵姓，居东京，已致仕，举长子自代。"

听他这么说，侍卫们都笑了。赵佶看了他们一眼，自己也笑了。稍提一句，他逃出开封之后，闻讯追来的亲信们逐渐赶了上来，最先到的是侍卫。

平明时分，他们到达了商丘。这里是北宋四京里的南京。这一夜赵佶足足驰骋数百里之遥。在这里，赵佶胃口大开，想在早餐时吃鱼，为此他亲自到市场上去买，和卖鱼人砍价。他觉得很快乐，觉得生活重新变得清新起来。比他日复一日地当皇帝、住皇宫有趣得多。

在泗上附近，大队人马追上了他。有宇文粹中、童贯、高俅等。他们各自带来了庞大的护卫，其中以童贯为最，有3000多人的胜捷军。从这里开始，赵佶重新拥有了班底，他们一路向南，最初的目标是维扬（今江苏扬州）。

回到开封城，赵佶南逃，给赵桓、李纲带来了巨大的机遇，尤其是童贯等人的追随，实在是太妙了，不用动手清理，开封城里的官场就出现了巨大的空白。

在此基础上，新皇帝趁热打铁，对剩下的三贼动手。第一个目标是太监李彦。这个死太监在作恶的时候无所顾忌，公然抢百姓的土地，这时报应临头，他的下场也最是干脆。

杀头，抄家。

第二个目标是前首相王黼。以王黼之奸，可以说百死莫赎其罪，但他的身份实在太高了，前首相，这在宋朝是块地道的免死金牌。

赵宋有祖训，有宋一代，不杀士大夫大臣。

但不杀不足以平民愤，不杀不足以净官场！一个非常罕见的，堪称宋朝头一份的小动作计划出炉了。王黼被贬黜了，他被降为崇信军节度使，永州安置。这是官方的命令。

这很平常，很合法。

他走到雍丘（今河南杞县）南20里的辅固村时，被突然出现的强盗杀了。这非常遗憾。宋朝官方集体叹息，王首相的命真苦啊，快170年了，宋朝的宰执群落里只有他一个死得这么难看……事过很久之后，开封府的聂昌公开宣称，对这件事负责。

第三个目标是梁师成。隐相大人没有随徽宗南逃，他知道自己的根基只限于皇宫城墙之内，离开大内，他什么都不是。而留下来，他心里也有底。

新皇帝赵桓一直是个苦命的孩子，在皇宫中活得特别憋屈，隐相大人曾经多次伸出友谊之手，不仅帮了忙，还时常抚慰赵桓寒冷的心灵。

说实话，梁师成做事是很有风度的，如果不是个太监，就算真是苏轼的私生子，也不辱灭这个便宜老爹。有这一层情分在，他相信，新皇帝会放他一马。

事实也是这样，赵桓真的有些下不去手。不管陈东、李纲还有别的大臣们如何推波助澜，他总是把梁师成的死期往后拖，直到历史的时针再拨过去九天，才是隐相的末日。

六贼里其余的三个这时都不在京城。

蔡京先一步被贬过了长江，朱勔见势不妙，率先逃回了自己的东南小朝廷，童贯追着赵佶，不仅躲在了太上皇的阴影里，更有亲兵卫队保护着。怎么处理他们，实在让新政府挠头。

不能杀，无论是下诏论罪杀，还是派人去暗杀，都会造成一个毁灭性的后果。这些人会拥立赵佶在江南半壁河山里成立新政权。到那时赵桓反而成了儿皇帝，各种混账命令传过来，听是不听？听了，会造成第二个花石纲时代的宋朝，照样烂死。不听，一个不孝顺的儿子连生存的权利都没有，还有什么资格做皇帝？

思来想去，蔡京和童贯先放过，等局势稳定些再计较。至于朱二世，他不够瞧了，富二代的钱在关键时刻摆不上台面，他的实职官阶也太低了些，尽管把他一撸到底，不管怎么狠整他，都没有任何后遗症。

朱勔被免去一切公职，放归田里，等待处理。

处理完六贼，李纲意气风发，他觉得威望已经树立起来了，可以做些事情了。他去见赵桓，不久新皇帝颁布了诏书。

钦宗陛下仿效真宗陛下故事，御驾亲征，迎战金寇！

可等来的决定是，皇帝不亲征了，皇帝要立即出城逃跑，到襄（今湖北襄阳）、邓（今河南邓州）去避难。决策人是白时中、李邦彦。

这两个人是当时宋朝的百官之首。

白时中，字蒙亨，寿州寿春（今安徽寿县）人，进士出身，官衔履历一大堆，都是次要的，体现不出什么，真正关键的是他之所以能在六贼当朝时步步高升，只有一个可能——做蔡京的亲信。

李邦彦，字士美，怀州人。他是个难得的妙人，他爸爸是著名的银匠，家里巨有钱，小李吃喝玩乐之余非常向往文化生活，每届科考时河北考生路过他家，他都热情招待丰厚资助。这样他积攒下了最大的官场人脉，把他保举进太学院当上了学生。

他从此进入官场。

李邦彦的太学生活比陈东成功一万倍，他迅速走进了赵佶的生活。赵佶要新奇，他有当时最新的花样；赵佶要市井，他从小就在市井勾栏之间长大。可以说，所有纨绔应该掌握的专业他都精通，他一个人就可以满足赵佶全部的需要。

凭这些，他当上了宋朝的首相……立于当时人文之巅的宋朝最高首脑，居然是这种货色！

李纲与这种货色当殿理论，白时中从“李纲，你觉得京城能守得住吗”到“李纲，你敢出战吗”每一句都问在他自己最恐惧的心理点上。

这都是李纲梦寐以求的，他当然敢出战，顺势要求宰执的身份，身份不到，命令不通。李纲被封为尚书右丞，相当于副宰相，在金军马上临城的紧要关头迈进了宰执行列。

这时是 1126 年正月初三。注意，是白天。

到了下午，赵桓的老婆、儿子居然把丈夫、父亲扔在后边，谁也不通知，悄悄地逃出都城，跑出去很远了。

赵桓第一时间跳了起来，要追上去一起跑。

李纲好说歹说，终于劝住他，把皇后、皇子也叫了回来。可这只坚持了不到四五个小时。近傍晚时分，宫门落锁，外臣无法入内。

里边开始大搬家。

等到第二天清晨时分，李纲已经气得像点燃了的炮仗一样，他使用终极招数——鼓动兵变。禁军们的呼声震动宋廷，无耻的废物们再没敢跟李纲叫板。

李纲带着赵桓登上了宣德门城楼，命令文武百官士卒将士聚在楼下，他和吴敏在片刻之间草拟出一份圣旨，上面写的都是对金军开战的宣言。他站在城头大声宣读，每一句都换来一声士兵们的承诺。

士气激发起来了，但还不够，必须得有奖赏。

李纲跟赵桓说了一会儿，赵桓给出了以下的赏格：宋朝官方出银100万两、绢100万匹、钱100万贯，文官自朝请大夫以下，武臣自武功大夫以下，共3000道诰宣贴为奖赏，激励抗敌有功之士！

奖给谁，怎么奖，都由李纲做主。同时，白时中罢相。

宋朝终于明确了态度——迎战。不管内部怎样分歧，总算是统一了口径。但是到底是否正确，不仅是当时，就连到了几百年之后的现代，仍然争论不休。

应不应该逃跑呢？如果不跑，历史的结局大家都知道。所以很多人都说，李纲是个理想主义者，他死活不让钦宗离开京城，甚至还把徽宗也拉了回来，结果被金军一窝端，全都死梗了。

李纲害人啊！

那么就逃跑吧，逃了之后第一金军追不上，（真的追不上？）第二中国那么大，逃到哪里都有生机。比如说到陕西有强大的西军，有临河靠山的坚城，都是开封比不了的；如果还想再远点儿，可以到四川嘛，像唐明皇一样，沿着栈道进成都，谁都无可奈何。

但是成都在历史上被攻破过多少次？远的不说，五代时后唐灭蜀、宋初立国灭蜀，都摧枯拉朽不可阻挡。而造成天险不险的原因，就是蜀中的政府全烂了。

以徽、钦二宗治下的政府，烂的程度很极品了，一点儿都不比那时强。凭什么前后蜀守不住的天险，他们就能守住？

所以，就别事后诸葛亮了，根本不关地理的事。人祸才是最可怕的。

回到开封城，李纲终于有了军事指挥权。他像出膛的炮弹一样四下乱飞，开封城里无处不到。开封京城，在近20年以来已经成了个超大型的风景游乐场，城防什么的都荒废了，早已不是天下第一名城、坚城。他得组织军民修楼橹、挂毡幕、安炮座、设弩床、运砖石、施燎炬、垂檑木、备火油……不管他在不在行，都得亲临一线，不然有些事还真是办不了。比如西水门那儿河道既深又阔，金军如果从那儿乘船进攻就不好办。手边的战略物资又那么少，怎么搞呢？李纲想了想，来人，去把蔡京家的假山拆了，石头都扔进河道里，把水路掐断。

这样的事很多，尽管蔡京被罢相免职了，但毕竟数十年积威，除了李纲，换个人谁敢去做呢？

更重要的是城防人员调配。开封城周 80 里，这是多么大的防区，如果真像《水浒传》里所写的，开封城常年配备 80 万禁军，那事儿就好办了，城上站满人都能轮班换着来。

可这时开封城里根本没有那么多人。

徽宗朝 23 年时间里，禁军南下北上打了多场大仗，不说别的，光是方腊起义和远征燕云这两次，禁军出动的人数只比西军少一点儿而已，早就打空了。

再加上刚刚梁方平带着所有精锐出京去黄河北岸喝酒，京城里剩下的全都是老弱残兵。这时李纲竭尽所能，只能做出下面的布置。

京城四面，每面配备禁军各 2000 余人，力量不足由厢军、保甲民兵协助；城内集结 4 万马步军，作为机动力量，分为前、后、左、右中五军，每军 8000 人，随时支援各方。其中前军派到东水门（通津门），护卫藏有 40 万石粮食的延丰仓；后军派到宋门（朝阳门），保卫京师城濠最浅的樊家冈一带。这两处一处是最薄弱地段，一处是全城人的粮食重地，是重中之重，不能有半点儿闪失。

这些，在初五到初八完成。做完了这些，金军终于杀到了开封城下。

比预料的要早，之所以来得这么快，是拜六贼所赐，这些混账东西时刻显摆自己天朝大国的“风采”，每次金国的使者过来，他们都派专人陪同，专门走那些景观大道进京城，把一路之上宋朝的各处关隘路途远近都暴露了。

这是违规的。

之前宋、辽两国百年友好，每年互派使者好多次，辽国来人宋朝总是会使出花样，或者晚间上路，或者坐在车里故意兜圈子，想方设法地把异族人转晕，不让他们知道开封城的走法。现在可好，生怕对方不知道。

这还不是最让人沮丧的。

最让人心惊的是，无论是李纲本人，还是开封城里的民众，他们都意识到，敌军临境，李纲犯了个最大的原则性错误。说起来他真的不是一个专业的军事人才。

开封城西北方有个地方叫牟驼冈，它三面临水，一面是陂，地势非常完美，是宋朝京城附近的一个军需重地，有 2 万匹战马、无数的草料。李纲忘了派人把军马调进城里，更没有处理好那些草料，金军在郭药师的引领下，直接扑了过去，把这些都抢到了手里。

客境作战，最大的隐患是给养不足，金军孤军深入，这方面更是死穴，可是由于宋朝的疏忽，金军毫不费力地就解决了这个问题。

另外，开封城外也是繁华之地，居民没有疏散，金军可以随便遛马一样出去抢劫。站在开封城头，李纲是自责的，这是他的失误，他人为地把开封保卫战的难度提升了。

他只有加倍付出，才能挽回这些损失。但是，要支撑到哪一步呢？李纲深深地知道，哪怕再坚贞的心志，也没法靠开封城本身的力量挺过这道难关。所有的希望都凝聚在勤王的援军上。

援军何时能到……他不清楚，唯一能让他庆幸些的是，勤王的命令在徽宗逃跑前就发布出去了。

# 第十五章　开封保卫战

1126 年，宋靖康元年正月初八，开封保卫战打响。

金军在夜色下发起了进攻，首选的目标是水路。开封城共有四条穿城而过的河道，分别是汴河、惠民河、五丈河、广济河（金水河）。汴河是其中最大最宽的一条，它“自淮而南，邦国之所仰，百姓之所输，金谷财帛，岁时常调，舳舻相衔，千里不绝”。

于是进城时的水道也相应地宽到没道理。可以查到的是它至少有二到四个水门。

几十艘船上火光熊熊，沿汴河而下，冲向西水门。李纲派了 2000 多名敢死士兵守在水门边，火船到了，他们用特制的长钩把船拖到岸边，来不及扑灭大火，直接用大石砸沉在水里。

后面跟上的才是金军的攻城部队。

李纲紧急派人在水中设置杈木，阻止金军的运兵船靠岸，蔡京家假山的石头也起到了点儿作用，河道变得阻塞。激战一整夜，天亮后，宋军在水门前发现了 100 多具金军的尸体……一夜，只杀了这么点敌人，还是在北方游牧民族不擅长的水战里。这个数字给每一个宋朝人敲响了警钟。

初九的太阳升起时，金军发动了强攻，这一次选的是酸枣门、封丘门一带的城墙。

酸枣门、封丘门在开封城的城北，是整个开封城的后门。按顺序从它们往里走，直接就是延福宫、艮岳，再向里一点儿就是内城皇宫。从这里打，等于是跳墙进后院，只要突破了，立即就能威胁到宋朝皇帝本人。

这才是攻击的要点，谁要是从南门进，先攻占广利、普济两道水门，再舍船登岸攻破南薰门，穿越整个外城强攻朱雀门进内城，横穿整条御街杀奔宫城的宣德门……才是白痴。

这一招打得宋朝措手不及。当时李纲正在垂拱殿向赵桓奏事，闻讯之后立即跑出殿外召集禁军，只选弓箭手。紧急中有 1000 多名弓箭手集结，跟着他跑出皇宫，奔向北边的外城。

这两点之间的距离足有 20 里，为了节省时间，李纲他们没有走大道，而是穿行在夹道窄巷之间。等他们赶到酸枣门一带时，发现还不是太糟，来得及。金军只有一小部分渡过了护城河，正抬着云梯往城上架。

弓箭把金军击退了。

夜幕再次降临，李纲仍然站在城头上不敢松懈。果然，又有金军向城门靠近。宋军正要拉弓，下面传来一句喊话：

俺是金军，要求和谈！

第二天，初十，金军使者进城，带来了完颜宗望的信。信中历数宋徽宗赵佶的种种错误，说金国受到了巨大的不公平待遇和侮辱，没法不发兵进攻。现在知道赵佶认罪退位，宋朝有了新的皇帝，那么战争可以解除了，请宋朝派大臣到金营谈条件。

赵桓在崇政殿召集大臣，问谁去。宰执们个个低头深思，做圣人状，很久很久无人出声。赵桓点名由李棁出使金营。

金国的要求如下：

宋朝尊金国皇帝为伯父，凡燕、云之人在宋者全部归还，金 1000 万两、银 1000 万两、绢 1000 万匹、马、驴、骡各 10000 头，割太原、中山、河间三镇土地，以亲王、宰相为人质。

达到以上要求，才能议和。

李棁听得全身麻木，这个价格是亘古至今都没听说过的，他翻出临行前赵桓给他的和谈交易准则，上面的底线是每年增加岁币 300 万 ~ 500 万两、犒军费 300 万 ~ 500 万两，以上全是白银，割地绝不答应。

两相对照，没什么可谈的。李棁不敢做主，说得进城汇报。

李纲大怒，这不是在和谈，更不是出价，半点诚意都没有。他建议拖，宋朝有百年经营的城墙，有庞大的勤王军队，几天之后就会有转机。

然后，在场所有的人大怒。

李纲，你想搞死我们是吧?

以李邦彦为首说出了宋朝官方的心声：“都城破在旦夕，脑袋都尚且难保，还说什么三镇?至于金帛之数，不必计较，照数付给便是。”

李纲下殿。

他刚走，宰执们立即挤在一起写好了誓书，上面什么都答应，直接管金国的完颜吴乞买叫“伯父”，全称是“伯大金皇帝”。

宋朝的使团由少宰张邦昌带队，随后张邦昌作为“亲王、宰相”各一人里的宰相，留在金营当人质。

张邦昌，字子能，永静军东光（今属河北）人，进士出身，历任尚书右丞、左丞、中书侍郎、少宰、太宰兼门下侍郎等职。

亲王很不好选。赵佶一共生了31个儿子，34个女儿，赵桓选哪个都会带来一生的骂名。谁也没有料到，这种时刻居然有人主动站了出来。

康亲王赵构。

赵构，字德基，生于1107年6月21日，是徽宗赵佶的第九个儿子。靖康元年（1126）时他19周岁。

赵构有父亲文采方面的优秀基因，翎毛丹青、结字作画都堪称上乘。他擅骑烈马，能开硬弓，达到一石五斗的程度。这是宋朝军制中皇帝近卫政直的标准。

他两臂平伸，各悬挂一斛米，能行走数百步之远，人皆骇服。宋代一斛米，约合现在110斤，这是何等的力量!

靖康元年，国难当头时，赵构主动申请做人质，为父兄分忧。在临行时，他对钦宗说，如果国家可以渡过难关，不要计较我的安危。

人质送过去了，下一步是交钱。金银绢各1000万两、马驴骡各10000头，这个数字是梦幻的，就算把开封城打包卖了也达不到。

宰执大臣们全体出动，先把天子的衣服、车马、宗庙祭具、六宫官府器皿等都拍卖了，卖了 30 万两黄金、800 万两白银。

接下来全体官吏军民上缴所有财物，包括把蔡京、童贯、何执中、郑伸、梁师成、高俅等人及其亲属的家抄了，家产全部充公；把京城里各大名妓如赵元奴、李师师、王仲端的家也抄了，家产全部充公；把内侍们曾经得到的赏赐都收回，尤其是金带获得者，都收回来。

如此这般，又搜出来 20 多万两黄金、400 多万两白银。加上之前的，合计是近 60 万两黄金、1300 万两白银，这些由梁师成、李棁在正月十二日这一天负责押运到金营。

就是在押运途中，隐相的末日到了。宋朝官方公布他的罪行，把他贬为彰化军节度使，立即由专人押赴贬所。

17 天之后，梁师成在八角镇（今河南开封西南）被缢死。

黄金绢帛马匹等物还得筹集，金军一边等一边游骑到处打劫， 三天之后，正月十五日，这一天宋朝的勤王部队终于抵达开封城。这一批来的人很少，快速进城，没有和金军接触。

正月十八日，西京洛阳统制官马忠率军杀到。他们在郑州南门外与金军游骑相遇，立即展开厮杀，金军措手不及，从开封城下狼狈逃走。这引起了完颜宗望的严重关注，他紧闭营门集结兵力，不再派部队四下抢掠，想看清宋朝的动静。

两天之后，正月二十日，完颜宗望震惊了，他发现一支宋朝部队从西北方向开来，不进城门，直抵京城西面的汴水南岸，就在他的营门前安营下塞，向他正面挑战！

来军的旗号，是宋朝静难军节度使种师道。

西军，宋朝最强的军队里资格最老、威名最盛的将军到了。这个震动是巨大的，来的不仅仅是种师道的部队，更有西军百战之余的威名，完颜宗望派人向远方瞭望，发现种师道的后面还有陆续行军的部队，并且民间传言，西军大举入援，有百万之众。

完颜宗望后撤，从开封城边退回到牟驼冈，增垒自卫。

种师道进城，是李纲的福星，同时也是李纲的灾星。

说福星，援军到达，李纲守城的底气立即足了，这是硬道理，比他在金殿上说什么都有用。

说灾星，赵桓决定用种师道分李纲的兵权。尤其是一天之后，与种家军齐名的姚家军赶到，军权就分成了三份。

军方三权鼎立，无论是赵桓还是李邦彦，都松了口气，决定抓紧时间办正经事。尽一切可能把开封城里的好东西送给金军。

这几天里开封城有个奇异的景象，宋朝的勤王部队源源开到，从一万、两万到十多万，还在不断地增加。城里住不下，城外列寨的都很多。

与此同时，开封城的大门总是大开着，源源不断的人流进进出出，带着数不尽的金银绢帛走向了……金营。这些好东西不是拿给勤王的将士，反而送给了敌人。

换来的是金军更加恶劣卑鄙的丑行。这帮人突然暴富，不知所以，居然在开封城边把宋朝皇室的后妃、皇子、公主的坟掘开，以此取乐。这在中国来说是不可想象的，哪怕土匪杀人都不祸及祖先，金国以一国之尊居然做出这样的恶行！

他们是习惯了，这七八年来金国在灭亡辽国的战争中节节胜利，夺得土地民众之余，他们把手伸向了辽国历代先人的坟墓。

辽墓以陪葬丰厚著称，每一座辽墓都是一座金矿，金军散开大队人马，尽一切手段去挖坟掘墓。哪怕辽墓埋在深山老林里，也没能逃出毒手。其细致程度，让20世纪时的考古专家破口大骂，辽墓都被金人毁了，打开一座空一座，想写篇论文都没办法。

宋钦宗赵桓也怒了，祸及祖先，忍无可忍！他派人把李纲、种师道找来，商量怎么痛打金国人一顿。

哪天打，这个无比重要的日子由一个江湖术士来决定。

术士说，二月初六好。

可姚平仲不想等。姚平仲，字希晏，西军大将。他在二月初一夜率领一万步骑出城偷袭金营。他想得很好，比如生擒完颜宗望，救回康亲王，这些都是不世大功，他必将从此登上宋朝军人之巅。

然而，完颜宗望已经等很久了，姚平仲被反偷袭，全军迅速崩溃。

他本人没死，逃跑了。他当晚马都丢了，骑着一匹青色的骡子狂奔，一昼夜居然跑了750里，到达邓州，到这儿才吃着早饭。之后入武关、到长安，想进华山隐居，但是想了想，华山太小，不安全。他骑上骡子继续跑，跑进了四川，到了青城山的上清宫，到这儿他已经远离中原，没人认识他了。可他还是觉得不够远，继续跑，跑进了大面山，深入270余里，连采药的人都见不着了，他才把那匹骡子放了，找个山洞开始以后的生活。

这人活得挺好，过了几十年，到80多岁时才从深山里走出来，他“紫髯郁然，长数尺，面奕奕有光，行不择崖堑荆棘，其速若奔马。亦时为人作草书，颇奇伟”。有传说，他在山里年久得道，是仙人了。

呸，说他是仙人，不如说那头骡子才是神骡。

金军立即向开封城推进，黑夜中乘乱攻城。李纲刚好在城外幕天坡附近迎上了金军，一通乱战，把金军打了回去。

城里迎接他的是李首相的暴怒。

李邦彦暴跳如雷，什么偷营、截击、救人、救国，在他的心里都是犯罪，这会激怒金军，害了他的性命！

首先，李纲被免职。

牟驼冈上的完颜宗望也爆发了。他跳到张邦昌、赵构的面前一通吼叫，痛骂宋朝背信弃义，一边说讲和一边来偷营，你们宋朝能不能更无耻一些？

为什么骗人呢？

面对咆哮的完颜宗望，张邦昌吓坏了，泥一样瘫倒在地上，痛哭流涕请求原谅，再三向女真人保证，他是一个诚实的、柔软的、百依百顺的宋朝人。

完颜宗望一见此景心情大好，把张邦昌牢牢地记住，以后当作重点培养对象。

赵构却不动声色，任凭完颜宗望声情并茂，哪怕飙出恐龙音都无动于衷。这让完颜宗望惊奇之余很怀疑，这是宋朝皇室的亲王吗？完颜宗望决定退货，不管赵构是不是康亲王，都要求换人。张邦昌、赵构的命运就在这时决定，之所以两人以后的遭遇天差地别，说到底，完全是自己的胆识修养决定的，半点儿都不用怨天尤人。

赵构被送回开封城里，这时开封城正在沸腾中，是千年以来，哪怕开封还叫大梁城以来，都没有过的新鲜热辣。有宋一代，最激动人心的一幕正在上演。

民变！

1000多名太学生在陈东的率领下向朝廷请愿，在他们的身后是10多万名开封军民。他们要求罢免李邦彦，恢复李纲、种师道的职务，一致对外，给宋朝的百姓们一条生路。

面对汹涌的开封市民，李邦彦的第一反应是可笑，这些贱民真是发癫，这样有用吗？我是官你是民，你们只有被领导的命运！

老百姓们一拥而上，板砖石块像雨点一样砸了过去，10多万人怒喝，你一个浪子怎么配做宰相！

李邦彦抱头鼠窜逃回皇宫。

开封府尹王时雍赶到现场，他抓住重点，对太学生们说，你们这是在要挟天子，是在犯罪，知道吗……王时雍迅速逃离，后面是无数的板砖石块。

新任宰执吴敏出面，他觉得自己是册立新君的有功之臣，有面子、有影响，结果一样被赶跑。民潮进一步汹涌，他们到了皇宫门前，敲响了登闻鼓，要皇帝出宫来见面。

出来的是10多个太监，都是些平时作威作福有头有脸的，他们想用皇帝的名义往外赶人，因为实在太不成体统了，连登闻鼓都敲破了……一会儿之后，这10多个太监成了一堆血肉模糊的碎肉。

军方终于出面，禁军殿帅王宗楚进宫面见赵桓，请示任务，是杀人还是妥协，您快点儿定。

赵桓选妥协。

于是，以官方文件对外宣布李纲恢复原职。文件写得很快，送信的太监是个叫朱拱之的巨胖，只见这位巨胖在万众瞩目下走出皇宫，一步一颤、一寸一挪，无比艰难、缓慢地向李纲家的大门前进……直娘贼，腌臜泼才，忒欺负人！10多万人一拥而上，朱胖子也碎了。

官方被进一步震撼了，这次快马加鞭再没有半点儿阻碍，去宣召李纲上任，第一个任务是立即赶到事发现场，安抚百姓。

李纲出现，百姓们并没有满足，还要种师道。大敌当前，他们最看重的是军方人物。官方百依百顺，派专车接来了种师道。当车帘掀起，露出种师道的满头白发时，开封城的市民们才满意了。

他们散了。

这次民变的作用是伟大的，不仅一举让腐烂怯懦、卑鄙无耻的宋朝上层屈服，连城外的金军也怕了。当李纲、种师道重新上任的消息传到牟驼冈时，完颜宗望下令撤退。

宋朝终于爆发出了一个超级大国应有的气势，仅仅是气势，并且是民间的，金军就怕了。他们带着千万两白银、百万两黄金、数不清的珍玩玉器，向北方撤退。

开封保卫战至此结束。

但事情并没完。金军还在宋朝的境内，这一点在不同人的眼里意味着两种完全不同的后果。

第一种，是首相李邦彦。这浪子还是首相？开封市民们太善良了，至少要让这个败类罢官才能散嘛。可是百密一疏，这人还是宋朝的顶级高官。金军在境内，他寝食难安，时刻紧张。他觉得无论付出什么样的代价，也要送走这批凶神。

第二种，是种师道。老种将军觉得这是机遇。他说立即调动兵力到黄河两岸，无论在哪一端展开围攻，仍然可以全歼来敌。

种师道被勒令回西北老家去，隐居还是当兵随他便，国家的事不必他操心。至于黄河两岸，李邦彦派人送了两面大旗过去，上面写着“有擅出兵者，并依军法”。

军法，杀无赦。

这样两面大旗在黄河两岸迎风招展，保佑着完颜宗望率领六万金军，拖拖拉拉地带着无数辎重渡过大河，踏上了回家的道路。

至此可以总结一下了，这一次所谓的开封保卫战的本质是什么？金军只是打了两次毫无效果、损失惨重的强攻战，一次连开封城门都没能摸到的反偷袭，就得到了千万两白银、百万两黄金、亲王为人质、割让北方三镇的空前胜利。

全是宋朝自己拱手送上来的，不仅一定要金军收下，连回家时的安全都单方面保证了！这就是这次战争的本质。

根本不是什么战胜战败，而是媾和！

# 第十六章　钦宗式沉沦

开封城劫后余生，第一件事是把陈东赶出太学生队伍；第二件，派李纲迎回赵佶；第三件，彻底杀绝六贼。

四月三日，赵佶一行回到开封城，等待他的，是一个陌生的儿子和冰冷的世界。他彻底昏聩了，忘记了他一直给予长子的是什么样的生活。

赵桓绝不愿再回到从前，他要牢牢地把握自己的地位。刚一开始，他就驱逐了赵佶的全部侍从，让赵佶孤零零地待在龙德宫里，彻底老实；第二步，他收走了财权，哪怕是赵佶曾经赏赐下去的东西，也要重新交出来；第三步，他毁了赵佶东山再起的念头。

赵佶想反击，他说金军很可能再来，由他去洛阳招兵买马，为宋朝创建另一块根基。简直是笑话，赵桓不予回答，连否决都懒得说。

赵佶慌了，他万万没料到处境糟到了这一地步。他想挽回，想了想为今之计，没权没钱没人，怎么办？只好打亲情牌。

好不容易熬过了半年，到了十月初十。这一天是天宁节，也就是赵佶的生日。其实这是错的，他生于五月初五，但由于当时风俗，这一天极其不祥，所以改成了十月初十。

生日宴会上，赵佶先是满饮了一大杯酒，然后亲自酌了一杯给儿子。老子敬儿子，却不料儿子无动于衷，不管父亲怎样表现，不接更不喝。

在场的人都知道，赵桓怕酒里有毒。

屈辱！众目睽睽，忍辱偷生。赵佶号啕大哭，掩面回宫。在他身后，赵桓面无表情地下了一道新命令，严密封锁龙德宫，内外消息不许流通。

接下来该办第三件事了，彻底杀绝六贼。

杀朱勔走的是正规程序，御史弹劾、官方定罪、抄没家产、流放外地。他从衡州、韶州、循州一路南迁，到循州之后，宋朝派专人赶来，砍了他的脑袋。

杀童贯就麻烦得多。童贯有名分，堂堂郡王可以免刑免死。钦宗先是把他贬到南方，之后派监察御史张达明带旨追杀。张达明在南雄州（今广东南雄）追上了童贯一行。他怕童贯知道消息后抢先自尽，不能明正典刑，所以他派人去传了个话。

那人说，皇上派使臣赏赐大王茶药，召您回京共商大事，听说是充任河北宣抚使。童贯惊喜，连声问消息是否真实。

来人回答，现在的将帅都是新人，没有实战经验，朝廷商议多时，还得您这样有军功、有威望的人出马才成。童贯大喜，扬扬得意地说了一句话：

“又却是少我不得。”

第二天张达明赶到，童贯还在做着升官的梦，已经钢刀临颈，人头落地。他的头被放进黑漆木匣，用水银浸泡，带回开封城，在显要处号令示众。

童贯死了，这个人是六贼里比较特殊的一个。相对而言他是有能力、有良知的，能在关键时刻显示出少许残存的人性。可惜，中国最大的危机也是由他造成的。“一将功成万骨枯”，他的广阳郡王封号是宋朝亿万百姓的鲜血染红的！

他是个复杂的人，是一个前后变化巨大的人，不知为何，在他狼狈拙劣厚黑的后半生里，我总会想起他西征河湟时铁马冰河的岁月。

如果他那时死了，该多好。

终于到蔡京了。

轮到他时，仿佛回到了历史原点，他是一切的源头，更是一切的归结。他是宋朝50余年以来所有善恶忠奸变化轨迹的浓缩，什么都看在他的眼里，什么都发生在他身边。

他被弹劾、贬职、外放，直到长江边，官场仍然对他畏之敬之，直到赵桓派人快马加鞭追了上来，要他交出身边的三个宠姬慕容氏、邢氏、武氏。说她们太美了，连金国都派人来要，为了两国友好，必须交出去。蔡京无奈，只好照办，当挥泪作别时，他写了一首诗：

为爱桃花三树红，年年岁岁惹春风。

如今去逐他人手，谁复尊前念老翁。

之后他形单影只，孤单南行，没有了地方政府的保护，连小商贩都对他当面诟骂，他想买饭，骂他；他想坐轿，骂他。勉强支撑到当年的七月，走到潭州（今湖南长沙）时，他终于病倒了。这个巨奸大恶自知不起，死前写了这样一首词：

八十一年住世，四千里外无家。如今流落向天涯，梦到瑶池阙下。玉殿五回命相（是四次），彤庭几度宣麻，止因贪此恋荣华，便有如今事也。

那是1126年，宋靖康元年的七月二十一。

蔡京死后，没人给他收尸。想想吧，七月的长沙闷热到什么程度，那具尸体的样子可想而知。最后是押送他的人把他草草埋葬，葬时连草席也没有一张，只用了些青布缠上，就埋进了土里。

地点是漏泽园，当时的公墓。

蔡京的直系亲属们，如蔡攸、蔡绦等23人，或处死或远贬，各有下场，可以说蔡氏家族团灭。

以上，正义似乎真的来了，但实在是太晚了。

综观蔡京的一生，没有仔细研究的话，总会把他归纳成脸谱式人物。他又奸又恶，又狠又凶，害人害到刨坟掘墓，是天生的坏种。真是这样的吗？当年在边远的福州长大，一步步进入官场，没有根基、没有靠山，从零起步的那个少年，是怎样变成元憝巨恶的呢？

被逼无奈，他生活在新旧党争最激烈的时代，是时代造就了他。他是邪恶土壤里培育出来的邪恶之花，不想倒在洪流里，就只好操纵这股洪流……去淹没对手！

甚至于他的作恶，也带着无可奈何和侥幸。

在他败亡时，有一段对话生动地反映了这一点。

那时，门客散去。

一个门客临走前忽然问他："明公高明远识，洞鉴古今，难道不知道国事会衰弱至此吗？"

这真是千古之问，以蔡京之智，难道不知道自己在作恶，在败坏国家和民族吗？

要说不知道，真是鬼才相信！

蔡京沉默了好一会儿，才回答说："不是不知道，只是我觉得自己可以幸免于祸罢了。"

一句话透露本真，他只是想享受，想在惨烈的党争幸存之后，尽自己的余生去寻欢作乐！

哪有什么天生的坏人，他只是偷生的蝼蚁，一个躲在时代裂缝里及时行乐的胆小鬼，一个放弃了之前理想的废品。

至于他的作恶，最大的坏处并不是毁了宋朝，他之恶，在于一言堂。在他的统治之下，宋朝前所未有地统一了言论，没有人敢反对他，更没有人敢议论他，他破坏了宋人本就不多的血性，连真话都不敢说了。这是之前吕夷简、王安石等人都做不到的。

另外，他的败亡是外力造成的。如果没有金军突然来袭，六贼仍然逍遥法外、鱼肉苍生。这造成了另一个致命的后遗症——宋朝人未能靠自己的力量斩除这些毒瘤，进而更进一步地反思，杜绝这类人的出现。于是在不久之后，蔡京借尸还魂，他这样的人变本加厉地重复出现着。

赵桓罢免了李邦彦，任命李纲为河东、河北宣抚使，全权负责北方防务。

李纲终于自由行动、全情发挥了！但是，稍等……宣抚司制下只有一万多名士兵，边疆各重镇的将官士卒们保持原有的上下级系统不变，和李纲没半点儿关系。

也就是说，李纲带着少量的非亲信部队，站在边防的第一线，等着金军部队的再一次入侵。

唯一的好消息来自北方三镇。

金军真的带着接收诏书去了，可是被三镇的军方当成了骗子。他们的态度很明确，留辫子的男人一个都不许进城！

赵桓命令从西北防线上调西军参战，救援三镇。他点名要种、姚两姓将官出征。

种，自第一代种世衡以降，第二代的种古、种谔、种诊、种谊都故去了，第三代的种朴战死、种师道衰病，只剩下了一个种师中。

种师中号称“小种”，与兄长一样自青年起结发从军，历任环庆、秦凤两路的经略安抚使，是一个威名赫赫的老西北。

姚，姚麟、姚雄与种谔、种古齐名，尽管出过姚平仲这样的妙人，但是几十年的威名仍然很有号召力。

简单地说，种家的人狡猾聪明，无论是独当一面还是做一个将军，都有奇思妙想，在战场上灵动变化，既凶狠又狡诈。姚家人只有一个特点——能打。是西军里最能打的，熙河军里最暴力的世家。这一次姚家出战的人是姚古，他去救太原。剩下的河间、中山由种师中负责。

1126 年，宋靖康元年五月种师中带着一半新兵组成的西军出征。这些兵不是有没有战斗力的问题，而是连一个军人的起码素质都没能明确。刚刚集结，这帮新兵蛋子就把刚刚发到手的军械，像神臂弓、箭枪牌、马甲等，拿到黑市换了酒肉吃喝！

这些赵桓都不管，他严令种师中，如果不出战，就以“逗挠”论处。逗挠，是犹豫不前，怯懦畏敌，比战败还要耻辱！

种师中无法忍受，就此带着这样的部队，出井陉，向金军主动出击。一路行军，他们在杀熊岭（今山西榆次东北）附近遭遇金军。

种师中面对的敌人是金将完颜活女，此人是金军常胜将军完颜娄室的部下，女真建国期间，他活跃在第一线，以战绩论，比很多阿骨打的近亲还要强。

再强也没用，这时种师中的手里握有一张王牌，这张牌是金人之后十几年的噩梦，实事求是地说，如果不是宋朝出现了两个现象级的非常规人物，那么这张牌，就是高居汉人战斗力巅峰的存在。

张俊。

时光流逝，当年 17 岁走进军营当弓箭手的少年，这时 41 岁了。宋金战争爆发，是一个民族的灾难，对张俊来说，却是机遇。他在这一年的早些时候抗击金军，以战功升至武功大夫，这时随种师中救援三镇，他是援军里的前锋。

那一天，面对数万金骑张俊冲了出去，开始了他传奇的军事生涯。从这一刻起直到以后 15 年，张俊都是一面飞扬的旗帜，是宋人的军中之胆，在最后的日子来临之前，他是一位无可争议的军人。

杀熊岭，宋金前锋对决，张俊以少胜多，西军真正的战斗力让金军震惊，他们想不到会败在宋人的手下，他们死了多少人没有准确记载，他们被缴获的战马就在千匹以上。

张俊建议乘胜追击，一鼓作气突破金军的封锁，去救援三镇，顺便背靠坚城抵敌。种师中反对，一来天晚了，士兵们一路行军突然遇敌，没有休整过；二来他要等待姚古。

他和姚古曾经约定先会合再赴援，这时如果姚古能如约出现的话，无疑会胜算大增。

一夜过去，姚古没有出现，限于古战场的通信能力，他不知道姚古几乎同时遇敌，在隆州谷（今山西祁县一带）正与金将拔离速激战。

天明时分，种师中等来的是金军的全面进攻，数万骑兵冲击过来，这回参与的不是少数的精锐，而是拼全军的素质。种师中的新兵蛋子们成了战场上最特殊的一群人，想想连军械都没有的战士要怎样作战呢，玩空手搏击？这个笑话很冷。

新兵所在的右军、前军迅速崩溃，把种师中的中军暴露了出来。

金军的骑兵蜂拥而至，配合之默契简直像军前哗变一样。这时，种师中仍然还有活路，他可以选择后退，收缩兵力边战边退，相信金军会明白太原和援军哪个更重要，不可能一路追击直到赶尽杀绝。可是那样，等待种师中的将是生不如死，他得回去等着赵桓的进一步侮辱。那么死战吧，种师中的中军不动，从几千人拼到几百人，直到他本人受了四处重创。

最后的时刻来到，种师中和他的幕僚、亲军全部战死……他终于用生命证明了自己的勇敢，种姓家族里没有懦夫。

这有意义吗？

在历史的长河里，人们记住的是种师中的部队被金军全歼，他不仅没能解救围困中的北方三镇，更把宋军有限的机动部队损失了很多。同时，也把宋军的士气进一步磨灭了。

几乎全是错，全是耻辱。

但是，到底是谁阻止了种师中变成真正的种家军的呢？

种家的人在战场上从来不是蛮牛，他们是聪明狡诈的狼，知道后退、迂回、挑逗、突进，战况不利、军力不足时，他们最可能用的办法是拖着金军一路后撤，把敌人远远地调到三镇的远方，那时自然会分解三镇的压力，甚至造成友军前进的空隙。

这都是最简单的军事常识。

这件事不必再多说了，一切都归功于神奇的赵桓。

在他的领导下，种师中败亡，姚古败亡，这让金国更清晰地看清了宋朝的现状。这些还是次要的，对于怎样搞定金军，解除女真人的威胁，赵桓还有更创意的表现。

在金军从开封撤退的时候，赵桓悄悄地挽留了一会儿金国的使者萧仲恭，塞过去大笔金银财宝以及一封信。信是写给现任金国高级军官耶律余睹的，赵桓希望耶律余睹回忆从前，你是辽国的皇族，辽亡于金，你难道不想报仇吗？

我可以配合你！

这封信被萧仲恭上缴给了完颜吴乞买。

吴乞买的惊诧远远大于愤怒，这一刻他深深地看清了宋朝皇帝的本质，那一定是个脑残片吃多了的残障青年。

施反间计很正常，但最起码要找一个靠谱的通信员吧，你不能用金国的官方大使替你送策反信给金国的大将吧！

再说一句，想策反，就得精确掌握被策反人的实际情况。耶律余睹是辽国皇族不假，但一来被辽国皇帝逼得家破人亡；二来他这时在金国的地位比在辽国时更高。以刚刚过去的第一次伐宋战争为例，金军的左路军主帅是完颜宗翰，元帅右都监就是耶律余睹，是左路军里的第三号人物。

宋朝得拿什么条件才能收买，仅仅是所谓的“国恨家仇”？

这件事之后，我把宋钦宗赵桓的一生重新审视了一遍，可以公布一个“真理”了：

赵桓这一生没有做过一件正确的事。从他走上神坛当皇帝开始，直到他死，绝对没有一件是正确的，其中包括杀六贼。

杀六贼的时机没有掌握好，杀得太晚了，比如童贯，绝对不能让他带着正规军去追赶赵佶，险些造成江南小朝廷。而且杀完之后，做得更错。他把六贼的子孙亲族都发贬到江南，把被六贼历年外贬的官员子弟们赦回京城。

京城不久之后会发生什么，大家都知道吧？

尽管这不是赵桓主观意愿去做的，但他就是做了。

这说明了什么呢？只能说明他是独一无二的衰仔，无论谁只要和他沾边，都会死得超难看。

截止到这里，赵桓以及宋朝官方在开封保卫战之后的举措都做完了，他们成功地压制了己方的振作分子，让李纲、种师道等人屈辱地活着，并且“完美地”激怒了金国，让对方没有理由不再次发兵侵略。时间一天天地过去，1126年，宋靖康元年的八月临近了。

八月，是一切的终结月。在这之后，神州板荡，中原陆沉，汉人史上前所未有的耻辱即将到来。

在这之前，我们要稍微回头望一眼，看看曾经的国之少年们，他们都怎么样了。

# 第十七章　烈日骄阳，男儿雄壮

种师中全军覆灭的那一天，张俊率领前锋营在乱军中杀出了一条血路，从几万金骑中突出重围，且行且战，一路向南。

到达乌河川时，他们又遇上了金军。这时，张俊身边只剩下几百人，人困马乏，各带战伤，以常理分析他们死定了，想跑都没了力气。

张俊在这种情况下率军出击，向金军主动挑战，以几百人的战力再次冲破重围，在他身后，地上躺着金军 500 多具尸体。

他回到了国内，在信德附近休养部队。他关注着局势，默默地等待自己的机遇。他不但聪明，更是机敏的，不久之后，他准确无误地找到了自己一生事业的起点。

刘光世的日子过得有点儿苦。幽燕战役之后他老爸被撤职，他本人因为失踪被连降三级，这意味着他的衙内生活到头了，要到基层从头干起。

他回到了西北。

一年多的时间里，刘光世打起精神踏实工作，先是亲自出马剿匪，把在浚州抢劫的河北籍巨匪张迪打散。这让他官复原职，重新当上了马步军副总管。

看来他在衙内的人脉还是很广的，一次剿匪就升了三级的官。之后，金军围困开封，西夏也没闲着，乘机发兵西北，想趁火打劫。刘衙内当时驻扎在杏子堡，这里正好是西夏的进兵要道。刘光世在有压力有动力的状态下还是非常可怕的，在杏子堡他把西夏人打得灰头土脸地回去了。

刘衙内再次高升，荣任侍卫马军都虞候。

他将在西北等待机遇，不久之后天下大乱，每个人都无所适从，而刘光世却超级敏锐地看准了一条光明之路。

这条路在当时只有他敢走，这是刘光世最了不起的地方。他的一生都是这么准确，他在听话与不听话之间摇摆，要命的是，他每次都能准确无误地判断出什么时候应该听话，什么时候不应该听话。无论是听，还是不听，都让他加官晋爵，富贵终生！

这段时光里，最幸福的人是韩世忠。他在失意郁闷中突然得到命运的青睐，遇到了一生中的挚爱。那是在平定方腊之后的庆功宴上。

宴会设在京口，“京口瓜洲一水间，钟山只隔数重山。”王安石的诗可以当账簿也可以当地图，一看就知道，是在长江边。

宴会的规格很高，席上有禁军、西北军的高官，有抢他功劳的辛兴宗，有即将登上人生之巅的童贯，当然，也有官妓。

官妓，是古代官员们的一种福利，一般来说只接待官员，不对外开放。她们有的是被抄家的官员女眷，有从小被特殊培养的女孩儿，无论是出于培养还是官宦子弟的素质，她们都有不错的文学水平，可以陪着政府官员们讨论人生、做做游戏。

不说这些操蛋制度了，继续说韩世忠的这次宴会。

韩世忠是承节郎，上这种席面很勉强，他也没心思应酬那些高官，一个人躲到角落里喝酒吃肉。那样子，说他落落寡合很孤单可以，说他洒脱自在很自我也成，反正他游离在人群之外，而光怪陆离的欢场里，也没有谁去在乎他这个小人物。

生擒方腊又怎样，仍然只是马仔而已！

就在这时，有一个官妓离开那些大人物，向他走来。这个女孩儿敬重他、崇拜他，在他最失意落寞的时候使他欢愉，而他也在这个女孩儿的身上找到了很多的共同点。

这女孩儿的父亲、兄长都是宋朝的武官，在对抗方腊的战争中失败，这是罪名，足以让没有根基的官员掉进万丈深渊。女孩儿的家被抄了，她成了官妓。可这并不能改变她，她生有神力，开硬弓射200步，弓马娴熟，即使放在禁军里也是头等战士。

两个同在困顿中的人相遇了，他们走到了一起，韩世忠替她赎身，娶她为妾，之后戎马倥偬，这个女孩儿陪他走过了前半生。

她姓梁，相传名叫红玉。

平定方腊之后，韩世忠调防了，从西军调进了禁军，成了京城里的精锐。时间回拨，当完颜宗望的东路军杀奔开封城时，京城里的精锐在干什么呢？相信大家都还记得，一个叫梁方平的死太监，带着他们去了黄河的北岸。据说是要阻敌军于国门之外，让黄河真正变成天险。

那次行动简直是灾难一个，梁太监在黄河岸边纵酒狂欢，当金军临近时直接逃跑。可惜他慢了点儿，金军的速度太快，追了上来。当时，千军万马乱成一团，绝大多数宋军只想着逃跑，有一个人却不一样，他挥舞长戈杀透重围，冲过了对岸，没急着跑，而是把桥烧了。

烧完之后，他更是与众不同，没有慌乱逃跑，而是和金军赛跑，抢先一步跑回了开封城。这在当时没几个人敢做或者能做到，一来和金军骑兵赛跑难度很大；二来谁都知道开封是金军的主攻目标，这时回去无异于自投罗网。

这个人便是韩世忠。他进开封城时，宋朝的皇权刚好交接完毕，他被新皇帝召见，咨询前方战报。如此这般，他升官了，成了武节大夫，参与了之后的开封保卫战。

金军退走之后，整个北方治安大乱，不去说私人性质的强盗武装，连正规军都造反了。当时胜捷军被金军击败，监军执行战场纪律，把将军张师正砍了，下面的军校立即哗变，几万人造反，淄、青两州失去控制。开封城没办法，再没人也得去剿匪。

韩世忠就在这次行动中。

照例他仍然是前锋，带着几百个人渡过淄水河，向叛军靠近。那可是几万人的正规部队！韩世忠想了想，把铁蒺藜拿了出来，扔在了身后的岸边，他命令“进则胜，退则死，走者命后队剿杀”，完全是破釜沉舟不留后路。

第二天，韩世忠带着这几百个人出发，正面挑战几万人。

这个比例让人绝望，查一下古今战史，能在这种比例中获胜的人哪怕有，也是凤毛麟角，并且一生只干过一两次。但韩世忠不一样，他把这种事干到了一个空前绝后的地步。

他习以为常。

韩世忠这辈子就没打过以多欺少的仗，每次都是以少胜多，别管内战外战都一样，换女真人上来也一视同仁。对于这一点，很久以后他的那位战绩比他还强的同事也很郁闷，他的韩二哥把全世界都骗了，哪怕在宋朝内部，也没人敢相信鼎盛时期的韩家军居然只有那么点儿兵力。

就是这么点儿兵力却控扼长江，阻敌于第一线！

回到这次剿匪现场，他把这支叛军惹火了，这帮人没法穿越到几十年后知道他韩世忠是何许人也，他们就知道自己是几万人的正规军，哪怕是叛变了，也不能这么欺负人的吧，区区几百人就想剿我们？冲动中，他们的首领，原校级军官李复摆开阵势，决定亲自出马。

……悲剧开始，别说是他，就连以后的金国四太子殿下敢把身体暴露在韩世忠的视线里都有生命之忧！李校官当场被砍死，他身后的几万人吓呆了，集体呆滞之后选择逃跑。这就形成了一个很少见的场景，几百人追着几万人跑，不停地追，不停地跑，持续了整整一天。夜幕降临之后，双方才决定停下来歇会儿吃点儿饭。

黑暗里，一大片的叛军点起了篝火想心事，明天怎么办呢？正在想着，那个人突然出现在了他们面前。

韩世忠一个人骑马进了叛军的营地。

他当然没能一个人砍死几万人，他只是带个话，说后面的剿匪大部队到了，最迟天亮就会发起攻击，你们是投降呢还是不投降？还是投降吧！

几万人都点头，韩大人真仁慈，这时候了还给俺们一条活路，真是好人啊……

天亮之后，他们再一次呆滞，根本没有大部队，还是昨天那几百个人。

他们还是投降了，实在是受够了。

韩世忠再次升官，左武大夫、单州团练使，驻防滹沱河。这样他成了中级军官，别管大小，总算有了自己的一亩三分地。

单州的生活是短暂的，没多久他接到了一个命令，令他快速率军救援赵州，在那里配合西军老上级王渊防守金军。这是他走上命运之轨前夕最重要的一次战斗。

当时，金军破了宋朝仅次于北方三镇的重镇真定府，赵州是真定以南的另一处要塞，军方的命令是要他尽一切可能坚守，能守多久是多久。韩世忠明白，这是用他和他部下的生命，去换宋朝上层的喘息之机。这在当时逃跑成风的现状下，根本不必理会。

但韩世忠按命令干了，他先是率部守城，一直守到粮尽援绝。这时，有人劝他趁早突围，趁着战力未失，或许能冲出去。

韩世忠摇头，这样就逃，他不干。当天晚上下起了大雪，到了午夜时分，他悄悄打开城门，率领 300 名死士冲进金营。黑暗之中，他像上足了发条一样，在金营里乱窜，鬼知道那天晚上他在哪些位置砍死了哪些人，反正金营乱成一团，等他带着人摸出营逃出去很远了，身后才是一大片的喊杀声。

事后知道，那天晚上黑灯瞎火的，赵州城外最大的一个金军头领不知被谁砍死了，宋朝官方分析很可能不是韩世忠他们干的，而是金军内部的误伤。

不管怎样，韩世忠逃出来了，他没守住城没能杀退金军，但是很勇敢。因为这种积极的工作状态，他升官成了嘉州的防御使。

韩世忠的事告一段落，命运在前方等着他，要等到赵宋一脉仅剩下一根独苗逃出魔爪时，他的机遇才会到来。

吴氏兄弟在这段时间里过得比较单调，用一句话可以概括——“靖康初，夏人攻怀德军，玠以百余骑追击，斩首百四十级，擢第二副将”。

打了一架，砍了西夏人140颗脑袋，小升了一级官。

终于轮到了岳飞，真的很想拨开层层迷雾，把他这些年发生的事一件件都清晰、明白地记录下来。可是我做不到，因为他的资料是缺失的，那个时代最伟大的军人，最爱国、最英勇、战绩最强的军人，他的生平被自己的民族亲手毁了。

他的敌人不仅杀了他，更毁灭了他的印迹。我能记录的只能是各种资料混杂在一起的一些分析结果。

岳飞在1121年离开韩家走上社会，去相州的一个市镇当游徼，也就是弓手。这个职务相当于现今的城管，负责社会治安。

这是宋朝职役里的最下一级，由此可以知道，岳飞之所以能当上弓手，很可能是出于韩家的介绍。

他是贫农，按出身他一辈子都是受管制阶级。尽管如此，岳飞仍然很快就主动辞职了，至于原因，从他以后表现出的品性来看，是他厌烦了。

再次失业，岳飞一身轻松，也可以说是彻底一无所有。前面韩家介绍他当弓手，已经还清了他当年击退马贼的情分，此时，他只能依靠自己，而他已经想清楚了。

他要投军。

当时燕云战役已经打响，童贯率领重兵进击十六州，导致后方实力空虚，河北真定宣抚使刘韐决定向民间征兵。岳飞就在这次招募中走进了军营，他所在的部队有个番号叫“敢战士”，也可以翻译成“敢死队”。截止到这时，资料没有发生歧义，没有谁对岳飞的这一段生活表示怀疑，但下面的就不一样了。

按《宋史·岳飞列传》记载，岳飞从军之后因为战绩出色当上了敢战士的小队长。很快，他接到一个任务，回相州剿匪。

这批匪徒有实力、有根据地，平时躲在山上不下来，下来抢一票就走，搞得正规军抓不着、宋驻州杂兵军攻不上去，怎么看都让人头痛。说句实话，按正常思路，像岳飞这样的新兵蛋子，根本拿人家没办法。

可他是岳飞，是中兴四大将里最全面、最聪明的一个，综观他的一生，只能用天才来形容。何谓天才，无师自通、一通百通、无所不能，没有人教他怎么做，而他什么都能做到！

岳飞只带了百十来个人就出发了。严格地说，跟他走在一起的不足几十个，更多的人先一步进入相州，他们乔装改扮，变成了一个个小商贩。

这样一堆商贩走在一起，对匪徒来说纯粹是肥猪拱圈，送上门来的肥肉。他们很正常地冲下山来，这些商贩很正常地投降，连人带东西被抢运上山。

货物成了匪资，人成了新的匪徒。

岳飞把剩下的人再次分成两批，一批埋伏在山脚下，一批人跟着他“剿匪”。那天，山脚下是这样一个场景：顶多二三十个大兵在山下挑衅，要土匪们投降……山上的匪徒们忍无可忍，哪怕是为了以后能过得清净点儿，都得狠狠地胖揍这些不知死活的大兵。

于是，匪徒冲了下来，大兵们打不过逃跑，匪徒追，有伏兵，匪徒没服，再打，突然间一切消停，山上投降了，匪首成了俘虏，被山上的商贩们押了下来。

完活儿。

军队基本上没有伤亡，土匪全部抓到，匪资没有损失，全部充公。考虑到以上是用微小的兵力来完成的，这个战绩堪称完美。

这些就是岳飞在这段时间里的官方记录。

下面，说一下反对意见。提到反对意见，就要提到一位史学前辈，他就是曾任北京大学历史系主任、中国中古史研究中心主任、全国高等院校古籍整理与研究工作委员会副主任、中国史学会主席团主席、中国宋史研究会会长，学界公认“20世纪海内外宋史第一人”的邓广铭先生。

邓先生认为官方的记录是假的，岳飞的真实经历应该是参加了燕云战役，并且是跟着郭药师冲进幽州城，被辽军从城里狼狈赶出，一路徒步逃回营地的宋军中的一员。

理由是，由岳飞的孙子岳珂编写的《金佗续编》里收集了岳家军中几个幕僚的随军杂记，其中一段记载说，岳飞曾自述到过辽国的燕京（他误称为黄龙府）城下，看到的城墙像小山一样高。邓先生推断，岳飞一生能到燕京城下的唯一机会，只有在他充任敢战士小队长时。

因为之后岳飞一生都没能越过卢沟桥。

这个推断对吗？似乎有他的道理。但是有一点，《宋史·岳飞列传》里的事迹本身也来源于岳珂为其先祖所整理的各种资料，比如上面的剿匪事迹，就出自《鄂王行实编年》。那么请问邓先生，您不信岳珂说的，却信岳珂另一本书里提到的幕僚笔记里的岳飞某次聊天，这是什么道理呢？

这事儿说不清，别说是几百年前的宋朝，哪怕是现实世界里前一分钟发生的事，当事人对公众说他做了哪些事，也会被质疑。

——你用什么来证明？无图无真相、有图也可以PS、没P……你做那些事一定别有目的！

所以我们可以得出结论，哪怕是岳飞死而复生，并且证明了他就是岳飞，由他来说上面两种可能哪个对，仍然要被质疑。

这种事儿也发生在我身边，比如这本书的开篇，我白纸黑字地再三强调，当年那个站在窗台上嘘嘘，一头栽下去砸倒铁炉子的东北男孩就是我，不还是被人怀疑吗？

那真的是我！

我、铁炉，它倒了。

这种事说到底就在于心态，一个怎样对待英雄、传颂英雄的民族心态。举个例子：西方世界里“九杰”之一的亚瑟王，他与亚历山大大帝、恺撒大帝等人齐名。很牛吧，可用什么来证明他的存在呢？

英国人在故都温切斯特的王宫大厅里，悬挂了一张大圆桌面。传说，那是著名的圆桌骑士们用过的。经现代科技精密测验，它是16世纪初期的作品，最早不超过14世纪，而亚瑟王和他的武士们应该存在于5世纪或6世纪。

盎格鲁－撒克逊人的信史从6世纪开始。

这说明什么呢，英国人、整个西方都在造假嘛。可圆桌面仍然挂在皇宫的墙上，亚瑟王仍然顶着“过去和未来之王”的名义照耀着基督教世界。

人家相信。

作为未来帝国军方一把手，张浚的现状很耐人寻味。

他中了进士，当上了官，是京城里的太常簿。这只是负责国家礼乐制度的太常寺里的一个小官，算是行政单位，但没有实权，是典型的文官熬资格的地方。

查《宋史·张浚列传》，他在这段时间里啥也没干，查《续资治通鉴长编》会发现，他很活跃，就在开封保卫战打到最危急的时刻，他都在上蹿下跳。

当时姚平仲偷营失败，全城人心惶惶，张浚觉得自己必须说话了，他看到了问题的最关键点！他说，责任都在李纲身上，他太专权了，应该引咎辞职。

“专权”……这两个字是赵构、岳飞、韩世忠、吴氏兄弟等所有南宋上层人物在以后十几年里和张浚共事后，得出的共同心声——张浚这人更专权。

这时是1126年，宋靖康元年的八月，历史的时针终于指到了这一刻，这是终点，也是起点，是屈辱的极致，也是新生的开始。

那么多的人，都浮沉在时代的旋涡里……

# 第十八章 血色黄昏

1126年，宋靖康元年八月，金国第二次南侵。兵力配备、元帅分工和上次一样，完颜宗翰是左副元帅，领西路军，从原辽西京（今山西大同）出发；完颜宗望是右副元帅，领东路军，由保州（今河北保定）出发，兵锋直指开封。

熟门熟路了，没必要改。

按说东路军是内定的主力，毕竟上一次西路军受阻，是完颜宗望单独杀到了开封城下，办成了当年契丹人举国出征，萧太后亲自上阵也没办到的事。

可这一次，焦点却集中到了西路军的身上，因为西路军有完颜宗翰、太原城。公平地说，这时的完颜宗翰是东亚大陆上的第一军事强人，自从女真崛起，近10年以来他灭强敌破名城，战绩之彪炳，堪称200余年来，从五代十国到这时最高。

赵匡胤、柴荣等人远远不及，在他之上，只有金太祖完颜阿骨打。

从上一年的十二月开始，太原被围困，到这时快9个月了，金军能用的招数基本上都用上了。比如名将攻城，攻城的人叫银术可，是宗翰系里的最强战将，在整个金军系统里，也只比号称常胜的完颜娄室稍差一点儿；比如心理上，270余天里，没让一个宋朝援军抵达城下；比如物资上，太原城最初时是被突袭的，根本来不及囤积战备粮食，而满城军民一天内的消耗量却是惊人的。

这些加在一起，太原城仍然岿然不动。从理论上讲，金军还能拿得出来的最后一招，也就是完颜宗翰本人了。

女真人崛起已经接近10年，士别一日也要刮目相看，何况这样一个灭掉东亚最大国家的新兴民族。他们以战养战，吞了辽国并消化了辽国，当此时无论是战械还是战略更甚至于经费，金国都在宋朝之上。

这是毫无疑问的。

完颜宗翰使用了大型投石机、攻城车等各种攻城器械，260多天之后，太原城仍然屹立不倒。开封城终于做出了一些战争反应。

命令府州（今陕西府谷）守将折可求率领麟州（今陕西神木北）、府州士兵2

万人，渡黄河救援太原。折家军，当年抗击西夏的战场上最强战将张岊所在的部队。他们将从岢岚（今山西岢岚）、宪州出天门关进击太原，挑战完颜宗翰。

命种师道出战，出井径（今河北井径北），挑战金国的东路军完颜宗望。

任命折彦质为河北宣抚副使，率 12 万重兵驻守黄河南岸。李回为大河守御使，率一万骑兵为机动力量辅助。

加强真定府、中山府防守。

开封城里的大人物们对上次的开封保卫战印象深刻，为了防止重演，他们做出了一个空前的创举，分天下 23 路为四道，分别由知大名府赵野总管北道，知河南府王襄总管西道，知邓州张叔夜总管南道，知应天府胡直孺总管东道。

他们统一向建立在邓州的都总管府负责。

在各自的道内，他们可以自行决定军政大事，财政收入归自己专用，可以自行任命各级官吏，所辖士兵可以自行诛赏。

这是国中之国，是唐朝后期搅乱天下尾大不掉的藩镇，是宋朝立国之始极力防止，用一系列手段，哪怕自我阉割都在所不惜的最大禁忌。

可是在战争的威胁下，开封城忍了，在付出这样大的代价之后，它只要求在国家遇到危急时，四道兵力必须第一时间内赶往京师勤王。

就在这时，太原城终于陷落了。

金军入城之后，发现的是一座没有马匹牛骡，没有弓弩皮甲，萍、实、糠、草什么都干干净净的空城。

都被守城的军民吃掉了。

太原陷落，整个河东路崩溃，一系列的名城如平遥、灵石、孝义、介休全都不战而降。

完颜宗翰直扑黄河北岸。

金国的西路军永远都是焦点，另一边，完颜宗望在做他一生中最重要的事。他比大王子的运气差了很多，他负责的是河北西、东两路的战线，从概率上讲，难度比东路大了不知多少。

首先，他得攻破中山府。

北方三镇，太原、中山、河间一字排开，在北方大地上连成一条防线。河间在最东端，它太远了，与这次战争没有关系。而中山的位置最关键，它在中间，如果它稳定，会让金军进退两难。

中山府迅速陷落，金国东路军长驱直入，逼得种师道昼夜兼程赶路，出井径与之决战。

想想种师道的兵力，他是被排挤出京城的，等于是变相下放，连李纲手边的几千人马都没有，让他用什么来和金国的二太子决战？

他比弟弟种师中还要悲惨，声名显赫的种家军竟然被当成肉盾推向了前线，哪里是作战，纯粹是送死。时光截止到这一年的十月，种师道败。

种家军走进了黄昏，以祖孙三代人建立起来的传奇部队，变成了一段往事。让我们重新回顾一下他们的名字，种世衡、种古、种谔、种谊、种朴、种师道、种师中，他们有成功，有失败，有失落，却从来没有过背叛或者懦弱！

放在任何一个时代，他们都是优秀的军人。

完颜宗望逼近真定（今河北正定）府，这是一块硬骨头，之后还有黄河天险以及13万重兵，考虑到这些，完颜宗望也有些小头痛。想了想，他拿出一个老办法，这是在灭辽国时百试百灵的好办法。

谈判。

金军派使者去开封，和宋朝讨论河朔地区以及三镇的问题。

宋朝开价，把北方三镇的税收、开封城内府的皇家珍宝拿出来，再加上一大笔现金，让金军撤军走人。金使同意了，说再加上10万匹绢就成交。

紧接着金国人自动降价，北方三镇全都不要了，只要宋朝交出五辂，也就是汉族天子乘坐的五种特制的车子，外加冠冕以及尊号，这事儿就算完。

不过有个附议，金军点名要赵构带东西去前线交割。

宋朝上层简直快要乐抽了，还有这种好事？赵构带着五辂就要上路，可是金国人又变卦了。新要价是，北方三镇必须交出来，不然第一时间攻打开封城。

针对新开价，开封皇宫里百官云集，分成了两大阵营，隆重讨论交还是不交。这两大阵营一方是由梅执礼、孙傅、吕好问等36人组成，都是一流高官，比如梅执礼，时任户部尚书；另一方是顶级大佬，以宰执唐恪、耿南仲为首，共有70多人。

一流说一定不交，顶级说不交不行。两边在金殿上大吵大闹，互相对喷整整一天，各自的理由、行为简直匪夷所思。

不交的理由是，祖宗创业艰难，失河北国将不国，以后再难振作……那么刘邦最初被赶进蜀中，就注定了一辈子当川人吗？

主张交的一方说，以前答应了交，现在反悔，宋朝多丢人啊。如果交了，金国再打仗，会师出无名，必败无疑……见鬼，仿佛上天真有个喜欢公平的神灵，谁失信谁没理谁去死？

争吵中，宰执一方功力深厚，御史、右谏议大夫范宗尹四肢着地痛哭流涕，说为了江山、为了百姓、为了广大官员的安全，把三镇割出去吧。

赵桓同意了。

这时三镇里的太原、中山早就完蛋了，河间城离得太远，根本与战争无关，什么交不交割不割的，这事儿还吵得乌七八糟头破血流的，真是脑残片吃多了。

宋朝统一了思路，赵构紧急出京奔向前线，企图用各种车子、头衔去拖住女真人。与他同行的有一个叫王云的人，职务是给事中，一个常在皇帝身边参谋的小官。

另一方面宰执们集中精力为国操劳，想到了一个对帝国安危非常重大的失误，一定要迅速制止。

种师道前些天召集四道兵马中的南道张叔夜、西道钱盖带兵进京勤王，这简直是陷国家于不义。都答应讲和了，怎么还能集结兵马呢?

唐恪、耿南仲、聂昌这几个人下令，让勤王部队从哪儿来的回哪儿去，老实待着。

做完了这些，宋朝平心静气，等待着应该、或许、可能会出现的好消息。

几天之后，消息来了，金国东路军攻破真定府，守将刘翊死战殉国，知府李邈被抓到燕京，拒绝投降被害，完颜宗望直驱黄河；而完颜宗翰的西路军已经抵达黄河渡口，与折彦质13万重兵隔河对峙。

10万金军两路分，完颜宗翰的手下差不多只有5万，隔着一条东亚大陆上第二大的河，河对岸是近两倍半的敌人，哪怕他们调来了常胜的完颜娄室，也只是想了个怪招试探一下。

找来了几百面大鼓，让大兵们使劲敲。

敲了整整一夜，第二天早晨走到岸边，向南边看一眼，全体金军都惊呆了。南岸一片开阔，完整地展现着黄河的地表，13万宋军居然全都跑光了!

这下金国西路军可以安全渡河了，宋朝的广大疆土展开了，他们可以予取予夺，随心所欲，想怎样进攻都可以。

可完颜宗翰没这么做，他再次派出了使者。这一次他又开价了，针对眼前的形势，他要全部河东河北土地。

黄河天险被突破，宋朝当局肯定惊慌失措，紧接着会非常自然地提高抵抗力量。可是金军又议和了，再次给你希望。

这就是经典的温水煮青蛙，到滚烫煮熟时都忘了疼!

赵桓紧急派自己的两大亲信，也就是主张割地的两大先锋耿南仲、聂昌去配合金军，到河东河北大地解除宋军的武装。

聂昌跑得快，他带着诏书马不停蹄地越过黄河，赶到了绛州（今山西新绛），在金使的注视下命令守城的宋军放下武器，全体投降。城里的守将叫赵子清，没说不答应，而是放下了一架梯子，要聂昌带着诏书爬上来，让他亲眼看一下，只要是真诏书，他就投降。

聂昌努力工作，他一个文官，真的爬了城墙，上面等着他的是一张张仇恨的脸。赵子清指挥士兵抓住了他，先把他的两只眼睛挖了出来，接着一顿乱刀砍成肉酱，之后把这堆臭肉扔下城去，让金国人看着，这就是两河军民的态度！

耿南仲跑得慢，见事情不妙立即掉头跑向了相州。那里有本应奔向黄河的赵构，至于为什么赵构到了相州，是因为他遇到了一个人。

宗泽。

宗泽，字汝霖，浙江义乌人，生于1060年，时年66岁。世代务农，31岁考中进士，此前整个官场生涯都在受折磨，因为他反对六贼的一切行为，尤其是联金灭辽。靖康元年金军入侵时，他任磁州知州。磁州在河北大地上，当时太原失守、真定危急，官儿们都急着往南方跑，宗泽逆着人流走向河北，迎向了金军。

在磁州，他筹备援军去救真定，同时遇到了去金营和谈的赵构。

宗泽劝赵构别去送死了，没人会在这种优势下同意什么和谈。赵构是与众不同的，他想了想，决定听宗泽的，并且由此对宗泽很有好感。这是一个良好的开端，如果能继续下去，那么中国的历史很可能会改写。但是，它偏偏拐弯了。

因为王云。

这位给事中大人出事了，磁州人认得他，他在不久之前当过出使金国的使者，当时路过磁州时曾经要求磁州坚壁清野，把老百姓、财物等运到城里，不留给金军。平心而论，这个出发点是好的，可惜磁州的百姓也因此被折腾得够呛。

这时他再来，磁州人立即火冒三丈，事有凑巧，有人在他的行李里发现了几件和金国服装相似的“皂裘”，这简直是火上浇油，磁州人认定他是金国的奸细。当时，整个两河地区的百姓怒火冲天，只要和金国沾边，连宰执都敢砍成肉酱，一个小小的给事中算什么。

百姓们一拥而上，把王云给碎了。

事情过后宗泽才知道，他只能硬着头皮报告赵构。赵构没有说什么，只是很快离开了磁州，去了相州。在很多年之后，很多事情都发生了，赵构才偶然提起这件往事，他认为是宗泽杀了王云，在他最危险的时候杀了他身边的亲信。

宗泽，从此让赵构不敢信赖。

国运在这里拐弯，如果赵构能一直留在宗泽的身边，那么哪怕以后的事仍然会发生，但由于宗泽的坚持，某些事情也必然会有所不同。

而相州的知州名叫汪伯彦。

回到开封城，赵桓征召天下兵马勤王，命令刚刚撤回去的张叔夜们再快马加鞭地回来，同时紧急召回李纲。

但是找不到。

李纲被挤出开封时，是去河东、河北当宣抚使，相当于战区总司令，名头比天都大。可这时他已经在长沙了。

这个过程很跳跃，怎么发生的呢？他先是发现被架空，一怒之下主动辞职，宋朝同意了，同时给了他八个字的评语：“专主战议，丧师费财。”也就是说，他一心一意地搞抗战，打了败仗，浪费了钱财。

有了这个评价，李纲想辞职是别想了，必须先受罚。他被贬职到建昌军（今江西南城）安置，没几天，宋朝觉得太便宜他了，又将他贬到了夔州（今重庆奉节），到长江边上去喝风。当金军压境，赵桓再次想起他时，他被省内调整，贬到了长沙附近。

这个距离，除非是空运，要不李纲无论如何也赶不到位，哪怕是赵桓开出了资政殿大学士、开封市长的职位也没用。

赵桓又想起了前几天才分手的九弟赵构。他任命赵构为天下兵马大元帅，陈遘为元帅，宗泽、汪伯彦为副元帅，要这一大堆的元帅火速带兵救援京师。

可是请问这位大元帅有啥兵力呢？首先一点，整个河南大地上，也就是当时的京畿路、京西南路、京西北路、京东西路、京东东路等地方，除了开封城这一小块之外，自从有宋朝以来近 170 年里，就从来没有过什么军队。

军队除了在京城，就都在边疆，尤其是这时分天下 23 路为四道，各道独自为政，这一大堆的制约之后，这位新出炉的大元帅阁下，他手里能有些什么？

# 第十九章 如果还有明天

上面这些做完之后两天，1126 年，宋靖康元年十一月二十五日，金军杀到开封城下，来的人不是完颜宗翰的西路军，而是完颜宗望的东路军。

二太子的动力大，每次都跑第一。

宋朝的勤王军队也在逼近。

第一个行动的是南道都总管张叔夜。

张叔夜，字稽仲，生于 1065 年，时年 61 岁。河南开封人，仁宗朝早期宰执张耆的曾孙。查他的资料，他的出身很显赫，生平很压抑，因为他与蔡京作对。

在六贼倒台之前，他被贬得最狠的时候，当过林冲在沧州时当过的官，去西安州看守草料场。后来勉强做到了州官，在金军第二次南侵时，被委任为南道都总管。这个头衔从天而降，别人或许看到了一方诸侯藩镇的权力，可张叔夜只看到了责任。

种师道要他勤王，他立即带兵杀出去；唐恪要他回去，他就回去；赵桓下令再勤王，他没有迟疑，再一次第一时间出兵。

他带着自己的两个儿子张伯奋、张仲熊，率领三万人上路了。

张叔夜在尉氏（今河南尉氏）与金军遭遇。激战开始，第二次开封保卫战在遥远的城墙之外展开了，张叔夜是宋人一片哀号垂死丑态中唯一的亮点，从他起步时起，就没有畏惧过女真人。当天，他冲破金军封锁，顺利到达开封城下。

张叔夜来了，全城士气大振，紧接着噩耗传来，东道都总管胡直孺在入卫京师的路上，在拱州（今河南睢县）与金军交战，失利被俘，被金人拉到开封城下示众。几乎同时，完颜宗翰的西路军也杀到了。

军心动荡，敌军合围，赵桓突围的路被截断了。

第二次开封保卫战展开。宋军并没龟缩在城里当鸵鸟，而是不断地冲出城墙向金军挑战。

第一次，金军攻击通津门。几百名宋军顺着绳子滑下城墙，烧毁金军五个炮架，两辆攻城用的战车。

第二次，金军攻破青城（开封南郊的小城），攻击朝阳门。宋军殿前司副都指挥使王宗濋出战，战况惨烈，统制官高师旦战死。

第三次，金军攻击南城墙，张叔夜出战，在深冬雨雪之中，南道兵奋勇激战，阵斩金军两名头戴金环的将官，逃跑的金军慌不择路，自相践踏，淹死在护城河里的数以千计。

第四次，宋将范琼率领1000名士兵出宣化门挑战，全军士气高昂，冲散了城墙下的金军，进一步追击。可惜的是人马踩踏，这一次宋军掉进了冰河里，淹死了500多人。这一天是闰十一月二十三日，记住这一天和下面发生的事。

宋军落进冰河里，金军趁势反攻，将火梯、云梯、编桥等战械陆续运到城下，又推来五座装满石块和弓箭的对楼，强行攻城。守城的宋军用撞杆捣毁了三座对楼，向另外两座投掷燃烧的草火。

忙中出错，他们没意识到风向突然变了。寒冬季节，甚至正在雨雪交加，居然一下子刮起了强烈的南风。他们扔出去的草火顺风刮了回来，点燃了城头上的战械。

金军趁势强攻，当天箭如雨下，压得城头上的守军抬不起头。金军填平护城河，大批攻城用的对楼车直抵通津、宣化两门的城下。

21天之后，宋军支撑不住了。

在这21天里，大风大雨大雪不停地刮、不停地下，每时每刻都在折磨着城墙上的守军。开始时还行，保家卫国嘛，男人死都不怕，怕什么冷？可是不能每天这么挺着吧？到后来士兵们冻得全身冰冷，手僵直得握不住武器，有一些体质弱的直接冻死在城墙上。

号称人类有史以来最富裕的都城的士兵们，居然落魄到这地步，是怎么造成的呢？如果翻资料，人们无论如何也怪不到赵桓的头上。

皇帝陛下时刻出现在士兵们中间，他披甲戴盔登城，用御膳赏赐士卒；骑马在泥淖里前进，让百姓感动哭泣；光着脚不戴帽子跪在皇宫的天阶上，祈祷上苍不要再下雪了；皇后在后宫里率领宫女赶制御寒衣物，给前线的将士。

这些加在一起是多么感人啊！

可是请问御膳有多少斤呢，够不够守城的六七万士兵吃？皇后是服装业的熟练工人吗？大半个月里能缝制几件保暖手套？至于他本人戴盔挂甲上城头，不过是秀一场威武而已，这点儿精神象征在饥寒交迫之下有多大的作用呢？

尤其是每个开封人都清楚，国库里有成堆成堆的布匹绵麻，只要赵桓肯拿出来，绝对能在几天之内让士兵们抵御严寒。

赵桓为什么不拿出来呢？

这个问题没法回答，因为不只他不懂，世上有很多人都不懂。

明朝末年李自成起义攻打洛阳，洛阳城的福王因为当年“神宗剥天下之财富福王”，他比崇祯皇帝还有钱，但他就是要当铁公鸡，一文钱都不拿出来给将士，结果城破身死；到了崇祯时情况还是这样，他向京城里的皇亲国戚借钱发兵饷，办法用尽，满城冠盖无一人响应。

结果北京城破了，这些有钱的贵人在李自成的皮鞭下什么都交了出来。更不用说清朝时著名的“宁与友邦，不与家奴”。

抛开这些，让赵桓做出这种蠢事的还有金军的诱惑。在连续 21 天的强攻中，完颜宗翰仍然在不间断地用着和谈这个无往不利的大杀器。

公正地说，“和谈”这一招，是女真人崛起，连续灭亡辽、宋两国的最强武器。它让耶律延禧像个傻子一样做梦，觉得末日遥不可及，也让这时的赵桓始终感觉到一抹动人的希望朝霞，还有活路，还远远没有到最后一步……所以他总是舍不得他心中的立国之本。

宋朝的立国之本是什么，一个字——钱！

钱，深入每个宋朝人的心里，百姓们玩命地赚钱，士大夫们红着眼睛赚钱，王安石为了钱分裂了官场，宋神宗为了钱不惜站在祖宗的对立面！

所以他们都忘了，勇气、聪慧、胆略等是国家生存的第一要素。

回到1126年，宋靖康元年闰十一月二十三日，这一天金军乘胜强攻，开封的外城墙岌岌可危。当此生死攸关之际，宋朝的上层们不约而同地想到了一个关键人物，据他们想来，据他们引经据典地考证，唯有这个人，才能拯救他们出苦海。

郭京。

神仙终于找到了，首相、枢密使在开封城各处张贴的寻找神仙启事有了结果，军方大佬殿前司副都指挥使王宗濋在军队的龙卫兵里找到了一个叫郭京的人。

这个人完全符合神仙的标准，他能撒豆成兵，兵能隐形，能用六甲之法活捉完颜宗翰、完颜宗望等金军魁首，能扫荡10万金军，解京都之围。

做到这些，他只需要集结7777个人。

当然，这些人都是身有仙缘非同凡响的，同样也是神仙下凡而不自知的。他们有一些共同的特点，即生日时辰。找出他们，只要符合条件，哪怕他们是贩夫走卒，也会让宋朝起死回生，让金军瞬间崩溃。

这些话，赵桓和宰执们都相信了。

郭京升官，从副都头升到武略大夫、兖州刺史，他积极工作，飞快地集结起了六甲神兵。兵源的成分嘛……比如一个在街头耍棍弄棒卖艺的，名叫薄坚；一个叫傅致临的还俗僧人；一个卖药的叫刘宋杰；比较突出的是一个叫刘孝竭的，他很有创意，把神兵们细化了。

神兵们被分出了兵种，有下丁力士、北斗神兵、天阙大将，等等。他们变成了神秘的一群人，与外界隔离，留给人们的是各种各样的离奇猜想。

闰十一月二十四日，金军继续强攻，一个神仙、7777个神兵走上了开封城头。这些人在一片枪林弹雨火光大雪之中走过，转了一圈，又下去了。

临走前，郭京留下了一面大旗，说把它挂在城头，城下的敌军会集体发抖，吓得半死。望着神仙们的背影，士兵们把这面旗挂了上去。

旗帜飘扬在孤岛一样的开封城头，上面画的是一位天王。

也许真的是天王有灵，这一天开封的外城墙还是宋朝的。第三天，1126年闰十一月二十五日早晨，大雪纷飞，朔风凛冽，金军乘寒急攻。

生长在苦寒北方的女真人非常喜欢这样的天气，寒冷是他们的朋友，从古至今，寒带游牧民族的每一场重要战争，几乎都在冬天发起。

与之相反，城头上的宋军筋疲力尽，到了崩溃的边缘。缺吃少穿还要坚持作战，快一个月了，是人就没法挺住。尤其在根本上，他们是农耕民族，每年到了冬天，习惯是什么事都不做，每天两顿饭，少吃、早睡，等待第二年的春天。

这一点，直到20世纪80年代末蔬菜大棚技术出现以前都没有改变。

最后的时刻到了，连远在深宫里的赵桓都感觉到了危险，他命令全军上城，集结所有力量防守。对此首相、枢密都不认同，这是乱搞嘛，神已经出现了，他会解决一切、安抚一切、完美一切，要军队做什么，多此一举。

神兵出战。

郭京带着神兵走上了空旷无人的城头……你没有看错，这种时刻的开封外城城头上没有职业军人，除了孙傅、张叔夜等少数几个人之外，所有士兵都被赶下了城头。理由是一会儿神兵们就会隐形，人多了会有影响。

施法完毕，大开宣化门，神兵们主动出击，向金军挑战。

这一幕是多么英勇，多么壮怀激烈！在城头上的主神、枢密使、将军的注视下，他们冲向了滚滚而来的金军铁骑。他们行动迅速，越过了护城河，与敌军相遇，又退向护城河……全体淹死。城头上郭京大怒，说必须由我亲自施法。

郭京下城出战，他行动更加迅速，在金军没有逼近前就跑向了南方，在金军的追击下消失不见了。

金军涌向了大开着的开封城门。

# 第二十章　何至于靖康

金军的步兵迅速登城，占据制高点。城外铁鹞子重甲骑兵向城门靠拢，内外接应。同时分人放火烧毁就近的城门，这些年女真人破门而入的活儿干得多了，一整套的操作流程非常熟练。

好一阵忙乱，终于尘埃落定，他们觉得外城墙绝对到手了，这才腾出空儿来向城里望了一眼。之后他们惊呆了。

宋军在下面杀人放火，就在这一会儿的工夫里，他们杀得非常有成绩。一般的百姓、小官忽略不计，被杀的知名人士有：统制官姚平仲、何庆言、陈克礼，中书舍人高振，宦官黄经国。这几位连同他们的家人全部遇难。

着重提一下姚平仲，这位将军是守城的最大功臣，开封外城能坚持 23 天之久，他功不可没。以上是死难在外城、内城之间的。

还有死在城门之外的，这是一位声名显赫的猛人。此人曾经率领数十万军队征战燕云，曾经手握民族命运，前进则民族兴旺，建不世奇功；稳定则坐享胜利，眼看着敌人奄奄一息。可是他偏偏逃跑了，烧光国家最大一笔粮草辎重，也没有逃出辽军的追击。

这个人就是刘延庆。

时任四壁守御使的刘延庆夺门出逃，被金军追上杀死。与之相对照的是一位统领，叫秦元。他带着一些保甲，也就是连民兵都不算的治安队员往外冲，迎头遭遇城外金军的铁鹞子重甲骑兵部队。看着对比悬殊死定了，可他奋勇力战，居然斩关逃出。

这说明了一个真理，不会逃的永远逃不掉，废物永远是废物，刘延庆以丑陋的方式结束了自己丑陋的一生。

能保持作战，并且生存着的，只有张叔夜父子。他们在“神迹”破灭后和金军作战，边战边退，继而与宋军作战，边战边退。一直退守至内城城边，成为军方的唯一希望。

开封三重城，外城80里，内城20里，生存空间骤然被压迫缩小到四分之一，近百万的市民拥挤踩踏着，茫茫然随着人流奔窜，不知道何去何从。

城破了，近170年来未经战火的旷世名城，突然间坠入地狱，更让他们恐慌的是，军队突然间失控。

他们冲向达官显贵的家，冲向富商公卿的家，他们烧杀抢掠，或许熊熊燃烧起来的大火，能让他们冻僵的身体温暖一些。

当然，这里也包括一大批趁火打劫的市井无赖。这些渣滓唯利是图，浑水摸鱼，是这个历史时段里最可耻的小人，不久之后，他们会做出更无耻的事。

第二天，闰十一月二十六日清晨，军民齐聚楼下，赵桓站在城楼上露腕凭栏大呼，说："事已至此，军民打算如何，有谋即献，朕当听从。"

30万人一起回答。这边答，赵桓去这边谈；那边答，赵桓再跑去那边。纷乱中，赵桓神色慌张，帽子都掉了。

如此这般，直到散会。百姓们垂头丧气地离开，赵桓浑浑噩噩地回宫。

第二天，宋朝派出了和谈使臣，由济王赵栩、首相何栗担任。当天何首相磨磨蹭蹭不愿上路，赵桓一连催促他好多遍，他仍然频频回顾，就是不走。这时有一个人走了出来，当廷斥骂他：

"致国家如此，皆尔辈误事。今社稷倾危，尔辈万死何足塞责？！"

这个人姓李，名若水，时任吏部侍郎。

李若水，原名若冰，字清卿，曲周水德堡（今属河北）人，生于1093年，时年35岁。对于他，我没有什么能写的。

几乎每个中国人都知道他的名字，每个中国人都知道他的作为、操守。那么为什么要饶舌呢，让历史走下去，让李公自己临近那一天，不是更好吗？

回到当天，何栗终于上马了，他脚软得没法踏蹬，要人扶着，才勉强坐稳。一路上，从皇宫出发，走宣德门出城，他的马鞭居然一连落地三次。

何栗入金营，事实让他大出意外，传说中凶狠残暴的女真人居然非常温和理智，甚至彬彬有礼。

完颜宗翰、完颜宗望说，自古以来，有南即有北，哪一个都是不能缺少的。现在我们所要求的，只不过是割让一些土地而已。

临别前，两个完颜提了一个小小的要求。他们希望能在城外见到传说中风雅博学的宋朝太上皇赵佶陛下。

宋朝拒绝了这一点。

1126年，宋靖康元年闰十一月三十日，赵桓带着首相何栗、中书侍郎陈过庭、同知枢密院孙傅等人出城去金营。

城里由曹辅、张叔夜留守。

历史性的时刻来到，这是中原的汉族皇帝第二次被入侵的异族人逼到绝境。在这之前800余年，西晋的两位末帝晋怀帝司马炽、愍帝司马邺，被匈奴人俘虏，受尽屈辱死去。

当天他们骑马从南薰门出城，到青城止。当晚夜宿青城。第二天，完颜宗翰带来口信，说这不是私人约会，而是代表着两个国家。宋朝必须先写降表，才能让见面有意义。

赵桓让随行的御用笔杆子孙觌执笔，写这份降表。他给这份文件定下了基调，说要突出“请和称藩”这四个字。称藩，也就是从属国。

降表很快写好了，被完颜宗翰连续退回来好几回，哪怕连状元首相何栗一起执笔，也没有通过。最后完颜说，他喜欢汉人的四六对偶句式，把降表写成歌赋会很新颖别致。

他完颜宗翰的名字，绝对会随着这份降表流传千古。

于是一份四六对仗的降表出炉了："……三匝之城，遽失藩篱之守；七世之庙，几为灰烬之余。既烦汗马之劳，敢缓牵头号之情……上皇负罪以播迁，微臣损躯而听命……社稷不陨，宇宙再安。"

看着这份降表，完颜宗翰反复阅读，再三推敲，功夫不负有心人，他又找出来几处纰漏，他把"大金皇帝"里的"大金"两字抹去，把"大宋皇帝"四个字全都抹去，确保了完颜吴乞买地位的唯一性；把"负罪"改为"失德"，彰显金国出兵是很正义的；把"宇宙"改成"寰海"，给宋朝再次定性。像"宇宙"之类的词都太大了，从此不再适用于汉人，只能由女真人专用。

做完这些，他派人给赵桓带去了第三个口信。今天他很忙，见面定在下一个工作日。

他没说谎，这一天他的确很忙。他派了一个叫萧庆的人进城。这人穿过内城，再进皇城，住进了尚书省。从这一刻起，宋朝所有的政令都要经过这个人的审批，才能下达实行。

政权被接管了。

赵桓在城外茫然不知，他在集中精神修炼坚挺大法，以便明天面对完颜宗翰。当然，前提是没有别的幺蛾子。

第三天，十二月初二的太阳升起来了，青城斋宫屋脊两端的鸱尾用青毡裹住，墙上有龙形壁画的地方都用帷幕遮住，面向北摆上香案，才让赵桓出来亮相。

宋朝君臣站在香案前边，面向北方几千里开外的完颜吴乞买低头致敬，旁边一个会说汉语的金国人抑扬顿挫地念着独一无二的四六句降表。这时，外面飘着大雪，世界一片洁白，忽然间想到，多年以前，赵匡胤陈桥兵变的时候，也是这样的一个大冷天……

当天，完颜放赵桓一行回城。

三天之后，1126 年，宋靖康元年十二月五日，开封城的劫难正式开始，女真人搜刮一切，最先是马匹。

金军要一万匹良马，萧庆通过开封府下令，自御马以下，一并登记入册，敢有隐藏者，全家处以军法，鼓励告密，告发者赏钱 3000 贯。之后，全城收缴武器，外加金 1000 万锭、银 2000 万锭、缣帛 2000 万匹、少女 1500 人，政令的力度和收缴马匹同例。

要钱更要土地，萧庆命令宋朝派出割地使，去河东、河北地区的各个城池宣布投降。这些人中有陈过庭、折彦质、欧阳珣等 20 多个。

这些人前脚走，两河地区守臣们在京的家属就都被抓了起来，如果听话投降，全家都活，要是抵抗，杀掉全族。

之后不知啥原因，金军突然对六贼感了兴趣，命令把蔡京、童贯、王黼等 20 个奸臣的家属交出来。按说这一点赵桓很同意，六贼就是他杀的，但是他实在是交不出来啊。

奸臣们的家属前些日子都被成批发配到南方去了，京城重地，几乎一个没有。

没有……金军命令把李纲、蔡靖、折彦质等之前主战、作战大臣们的家属交出来。这回可真有，于是开封府按照花名册抓人，一个不剩地交到金营。

善恶真的有报吗？人间真的公平吗？

权贵、商人、百姓被轮番剥削，也凑不出上面的数字。金兵大怒，抓来负责搜刮的四个大臣，砍头示众，其中一个是户部尚书梅执礼。接下来痛打御史大夫胡舜陟、胡唐老等人几百大板，打完发现胡唐老的身体强度不达标，已经死了。做完这些，女真人觉得宋朝应该精神抖擞地去努力工作，却不料宋朝的首相何栗亲自来了。

何栗没法不来，城里快真正地掘地三尺了，没钱就是没钱，他受皇帝、百官的委托，无论如何也得跟金军讲讲价钱，把数目降一点儿。

完颜宗翰大怒，亲自出面给南朝首相上了一课。他问，灭国的事儿你们宋朝也干过吧？比如南唐、南汉、荆湖、后蜀什么的，哪次不是破城抢光杀光，比如后蜀，你们一连十几年从成都往开封运财宝。现在我们攻陷了你们的都城，一不杀人二不进城，要点儿赎金过分吗？

何栗无言以对。

首相深感羞愧，回城之后加大搜刮力度，首先从官员队伍做起。自宰执以下未交纳金银者列出名单，看图说话，一视同仁，交钱。交不出？戴上枷铐自己走去吃牢饭。

于是，穿官服戴木枷的人在开封城里相望于道，排成了长队……就是这样，钱仍然不够。眼看着时光流逝，1126 年过完了，宋靖康二年（1127）的正月初一到来。这一天赵桓刚刚起床，突然有人来报，金军进城，直奔皇宫！

赵桓吓软了，这是典型的正月逼债啊。却不料来的是完颜宗翰的儿子完颜设马也，他代表父亲代表大金国来给赵桓拜年……

宋朝，新年快乐。

正月初九，金人再次进城，传达完颜宗翰、完颜宗望的命令。两个完颜说，金国皇帝要加徽号了，在这种正规、荣耀的日子里，需要级别最大的下属赵桓在场。

命令赵桓出城相见。

正月初十，宋钦宗出城。从种种蛛丝马迹上看，他本人的预感很不好，似乎知道等待他的命运是什么。

他带着很多人，包括宰执、学士院、礼部、太常寺等大批官员，由很多侍卫部队保护，可仍然觉得孤单凄凉。有很多人送他，城门处有几万的百姓。百姓拉住他的车辕，不放他出城。赵桓流泪了，难道他想走吗？

这时，有一个禁军将领叫范琼的人出现了，记住这个人！这人站出来对百姓说，皇帝早晨出城，傍晚就回来了。你们放手，让皇帝走。

百姓们大怒，这是当面说瞎话，一个地道的汉奸走狗！他们骂这条走狗，狗拔出刀来，砍断了百姓们拉在车辕上的手。

在城外，赵桓见到了张叔夜。张叔夜拉住赵桓的马头，劝他回来，千万不要去金营。赵桓更加伤心，他说，我是为了百姓，我不去，金军会进城杀人的。

张叔夜痛哭倒地，他是宋朝的军人，他痛恨自己失职。在一片哭声中，赵桓的车驾动了，离去前，他回首望着人群，叫着张叔夜的表字，说：“嵇仲努力！”

这四个字印进了张叔夜的心里，决定了他最后的命运。

此时，他分辨不出也无力去理会“努力”二字的真意，是赵桓要他尽快设法营救，还是说要他在金军灭国的绝境中，为民族搏出一条活路……他只知道自己的心碎了，再也不想活下去。

赵桓第二次进金营，待遇比上一次更不堪。两个完颜首脑通通不见，在青城准备的，只是接待一个亲王的礼仪。

女真人只允许赵桓留下300人的侍卫以及17个顶级权贵，里面包括郓王等九位亲王，宰执何栗、冯澥、曹辅，翰林学士吴开、莫俦和直学士孙觌、礼部侍郎谭世勣、太常少卿汪藻。这些人分居青城斋宫别室。

西厢房留给了赵桓。

这间房里没有床，只有用土坯垒成的炕，炕上有两条毛毯，炕前有两只小板凳，连张桌子都没有。白天时，赵桓可以在斋宫里随意走动，到了晚上，他的房门会被铁链拴牢，大群金兵围在院子里，点起篝火开晚会，吃喝吵闹。

要把这样一座千古名城、最富的城榨干油水，不使用手段怎么成呢？

第一次把赵桓调出来，再放回去，是让宋朝的皇帝压榨自己的子民，女真人坐等收钱；等压榨到一个极限时，赵桓的作用就要换一下。把他调出来，当肉票，再一次给宋人的心理加压，才能榨出更多的钱来。

这一次，开封城里的搜钱运动真的加码了，百万市民被摧残，开封府规定，每五家为一保，所有值钱的东西都上交，如有隐匿，奴婢家丁可以告发。

这一条生效，人人自危，很多有仇的人家互相诬告。

这样搞仍然没有多少钱，无可奈何，宋人做了件超级丢脸的事。总结一下，宋朝刮百姓的银子是暴敛伤根基；刮权贵是挖自己的树根；刮商人是毁了国之根本。这些刮完，他们开始刮勾栏教坊，榨取脂粉缠头钱……这种钱都要，可以说是彻底不要脸了。

全力以赴地做着这些事，宋朝官员们的心里并没有觉得怎样不堪，因为他们有一个愿望，要用钱去实现——希望能凑足了钱，让皇帝回城过正月十五。

钱源源不断地送进金营，赵桓一天天地翘首以待，很快正月十五到了，宋朝的百官、子民们站在南薰门外等皇帝，整整一天过去了，不见赵桓的车马归来。

当天赵桓在刘家寺。

那是方圆近千里内，唯一的一处欢乐花园。金军早就听说过中原开封城内的上元节花灯夜，都到开封了，怎么能错过呢？他们把抢来的教坊乐人、花灯彩山运到这里，摆开酒宴，欢歌畅饮赏花灯。

年年岁岁灯相似，此时此刻难为情。

不知当时赵桓是怎样地如坐针毡。

整个正月过去了，赵桓仍然被关在金营里。这段时间里，开封城内的搜刮进入了下一个阶段。货币通通都没有了，金军开始对宋朝的文物下手。

他们搬空了天子、皇后、皇太子、诸王的法驾、卤簿、仪仗、礼器、法物、礼经、礼图、大乐、轩架、乐舞、教坊乐器、乐书、乐章、祭器、八宝、九鼎、元圭、镇圭、浑天仪、铜人刻漏、古器、秘阁三馆图书、监本印版、古圣贤图像、明堂辟雍图，等等。

如果要列出清单的话，万字以内很难一一列清。

在搬运中，金军特意指出要把苏轼的文集、司马光的《资治通鉴》原件带上，这是重中之重。他们很懂行吧，这两件的确是宋朝史上文学艺术、历史研究两方面的巅峰大作，凭一群大字不识的野人怎么会知道它们？很明显，有内奸！

到此地步，开封城油尽灯枯，毫厘尽去，赵桓已经失去了存在的意义。他本人却茫然不知，仍然心存希望地迎来了二月初五。

那一天，两个完颜约他去打马球。

马球场上，两个完颜身穿绣衣，纵横驰骋大汗淋漓。赵桓强颜欢笑，站在场边，等着完颜们打完球，好说出憋了快一个月的话。

终于，完颜宗翰下场了，赵桓走上去说：“某久留军前，都人延望，欲乞早归。”

完颜宗翰突然变脸，厉声喝道：“到哪里去？！”

你做梦吧，还想去哪儿？第二天就是赵桓乃至整个宋朝的末日，还想回家！

1127年，宋靖康二年二月初六，完颜宗翰、完颜宗望把宋钦宗赵桓押入青城寨里，命其下马跪听金国诏书。

诏书里说，宋朝失信悖德，对内对外做尽坏事，金国不得已发兵惩戒。前后两次，给了宋朝自新的机会，可仍然小动作不断。现在要另选贤人，立为藩屏。也就是说，结束赵宋的统治，换一个人当皇帝，给金国当跟班。

立即有人上来剥赵桓的龙袍，此情此景，在场的宋朝顶级大臣们看着，仅仅是看着，他们吓傻了吗，还是一直都是软蛋？无处可知，他们亲眼看着异族人的手指去碰触赵桓的衣襟，不容一指加身的万乘至尊马上就要受辱！

一个人扑了出来，用自己的身体遮掩住赵桓，大骂金人：“这贼乱做，此是大朝真天子，你等狗辈不得无礼！”

这人是礼部侍郎李若水，堂堂万亿巨国，当皇帝受辱时，只有这一个人站了出来。当天短暂的断打相持后，他被金军拉了出去，打昏了。

他没有死，没像史书里所普遍记载的，当场痛骂不绝，被断舌裂颊而死。他死在半个月之后，这期间完颜宗翰亲自召见，从生命到父母，许官职论是非，各种招数都用遍，想要李若水投降。可是他换来的，只是一次次的斥骂。

李若水被杀害了，他不是死于一时的激愤，而是他一贯的操守、忠贞，让他没法在那样的情况下苟活偷生。他的死，映衬出了除他以外，近乎全部的丑陋怯懦。他是那么珍稀，300 多年的宋朝，两次亡国之恨，他这样的文臣，只不过有两人而已。

读史每到此，心中总是不免要问一声，宋朝、赵桓，你们配拥有李若水这样的臣子吗？而李先生，你这又是何苦……

第二天，二月初七，宋徽宗赵佶和他的皇太后、妃子们被押送到金营。押运者是前面提到的那条叫范琼的狗。当天聪明的赵佶知道等着他的是什么，根本不想出宫，他拿出药酒想喝下自杀。

范琼一把打翻杯子。赵佶若死了，他的功劳也没了，这怎么行呢？

初八，范琼押送宋朝皇室成员到金营。这个工作量很大，亲王、嫔妃、王子、皇孙、公主、驸马、六宫有位号的一共两三千人，一条狗是数不清押不走的。于是更多的狗涌现出来。名单由一个叫邓述的内侍太监提供，公文由开封府尹徐秉哲批准，范琼带着兵一个个点名押送。

初九，金军宣布废除赵氏皇帝，要在中原汉族人中另选一个“贤明”的人继位。

初十，金军命令宋钦宗赵桓的皇后、太子出城。皇后没什么说的，亡国之际，任人宰割，但是太子是宋朝最后的希望，有人要保住他。

枢密使孙傅找到了一个长得跟太子很像的人，两个宦官，外加十几个死囚，他把这些人都杀了，将尸首送到金营。他说是这两个宦官窃夺太子出逃，遇上城里骚乱，太子被误杀了，现在只能把作乱者杀死，送上首级证明。

希望能管用吧。可悲的是，还没等女真人追查，宋朝的内鬼先站了出来，还是那条叫范琼的狗，他真是尽职尽责，生怕女真人受半点儿蒙骗。他指挥叛变的士兵们，很快搜出了太子，第二天连同皇后、公主们一起押运出城。

那一天百官、军吏、太学生们守在南薰门前，随着车驾号哭奔走，11 岁的太子在车内向他们告别，他们隐约听到太子呼救："百姓救我！"可是很快一切都远了，车驾出了外城……出城之后车驾旁边跟随的，还有一位顶级大臣。

孙傅。

他是不必出城的，金军并没有追究他的责任，连范琼都在城边拦他，金军的守门将官也说，要的是太子，你为什么要参与？

孙傅说，我是宋朝的大臣，更是太子的师父，应当一死！

这就是孙傅，相信神汉，断送开封城防，并且死不认错的孙傅；忠于职守，尽心竭力，扶保宋室，死而后已的孙傅。

该怎样评价他呢？

就这样，赵宋王朝被一网打尽了。如果说有漏网的，一个是远在相州的赵构，另一个谁也记不起来了，她是宋哲宗的废后孟氏。

孟氏随着新、旧两党的争夺而浮沉，这时她隐居在一个很偏的私宅里，她静默地生活着，世界已经把她遗忘了。

清剿宋朝皇室所有血脉之后，金军的搜刮进入最后一个阶段——养鸡生蛋。他们总不能把偌大的开封城搬走吧？想让它持续不断地提供钱财，就得有个经营之道。

比如册立一个傀儡。

这个傀儡必须是汉人，不然不懂经营；必须得听话，不然总会麻烦。人选……选谁呢？这样重大的事件，怎么样也是诞生一个王朝，出现一个皇帝，得精中选精、慎之又慎才成吧？

不成。

完颜宗翰、完颜宗望就算再万能，再军功盖世，他们认识的宋朝人毕竟有限，如果真的全国撒网挨个遴选的话，干到明年也拎不清。对此，完颜宗翰一点儿都没犯难，有能耐就想办法，没办法要学会拍脑袋。那天他真的拍了，一个办法跳了出来。

集合宋朝大臣，让他们自己选一个出来。金营内的宋朝大臣们互相看着，眼神里都露出了久违了的凶残——谁敢选我？

谁被选中，都会成为宋朝的叛贼，必将十恶不赦遗臭万年，这种事哪怕是死都得推开。于是冷场了，完颜宗翰也不急，在这儿选不出来吗？那好，你们都回开封城里去，我不管你们选出来谁，但如果选不出来的话，屠城！

很多人都被这两个字吓呆了，有一个人却忽然笑了笑，竟然是这样吗……妙，真是妙极了。这人是尚书员外郎宋齐愈，他随着人流回到开封城里，当百官齐聚，选这个傀儡时，他在自己的手心写了三个字，然后悄悄地展开给别人看。

这三个字就像灵丹妙药一样，看到的人立即两眼放光、神清气爽。麻烦、纠结、危险都不见了，问题解决，新皇帝的人选有了——张邦昌。

全体通过！

这时谁还顾得上谁，只要灾祸罪名落不到自己的头上，就是祖宗有德家门万幸了。至于可怜的张邦昌，谁让他在某年某月的某件事上，得罪了宋齐愈呢！

张邦昌进士出身，外放当过知州，进京做过中书侍郎。这样的履历可以说有点儿小显赫，但是在文人天堂的宋朝官场里，也不过是普通的浮沉而已。

要命的是，第二次开封保卫战前夕，他浮起来了，当上了钦宗朝的少宰。这个地位让他没法不和国事搅在一起，于是他曾经和赵构一起出使金营，还当过河北路的割地使。

这时无妄之灾突然砸下来，落在了他的头上，他彻底吓呆了。他只是个躲在时代里的人，时代平稳时随波逐流享福，危险时跟着人数最多的那群人喊割地投降，什么时候也没想过当出头鸟啊！

他哭、他闹、他拒绝，他无论如何也不想做被命运突然眷顾的奸臣，但是，全体宋朝官员们都不理他，这帮曾经的同志们一致同意，只要不死，就随他去。而城外的完颜宗翰托人带过来两句话，把他逼上了再没半步退路的绝壁上。

——张，如果你不同意当皇帝，屠城；如果你寻死，死掉了，屠城。

三月初一，金兵簇拥着张邦昌进入内城，他以实际行动表明，他……从了。他从了，按说是皆大欢喜，宋朝的官儿们应该鼓掌唱歌表示欢迎嘛，却不料人群更加激愤了，张邦昌，你这个狗贼，竟然通敌卖国！

……悲摧的张邦昌啊，赵佶、赵桓都没有他冤。

激愤的人分成两派，一明一暗。以威力破坏性对比，应该先说暗的。禁军的统制官吴革是位纯粹的抗战派，他在太子事件时就曾经跟孙傅说过，要集结军队保着太子杀出城去。可惜兵力太少，孙傅不想冒险。现在，张邦昌要篡位了，他热血沸腾，决定不惜一切代价干掉国贼。

他联络了50多个军官一起动手，事先他亲手杀尽家中老小，以示必死决心。可是……他为什么要相信范琼呢？这条狗在这些日子做了什么，难道他没有看见？

他竟然把范琼也拉进了行动里。

范琼率兵杀了他们所有人。

明的一方堂堂正正，范琼等狗想插手，一来没胆子，二来没理由，从骨子里就想躲着走，因为他们是大宋言官。

近170年挥斥方遒，只认道理不认人，连皇帝皇后都要监督管理的一群人。

这群人联名写了一封致金国信，回顾了赵宋近170年间对内有多么仁善，哪怕武力不足，但深得民心。有这种基础，哪怕失国，也会重新建立。另外详细解读张邦昌，让女真人明白，就算要立一个皇帝，也不能是这个人。

寡廉鲜耻，不足以闻！

历史记住了这群人，他们是当时一片黑暗中倏忽闪过的一缕火焰，哪怕微弱，也极力地闪烁。让灰暗的宋朝人突然明亮了一下，从而记住了这封信的内容以及写这封信的人。

这群人的首领被金军指名抓走了，他叫秦桧，时任御史中丞。

1127 年三月初七，张邦昌即皇帝位，僭号大楚。

那一天，他哭着出门，骑上马时哭，进入金殿时哭，整个过程集委屈、痛苦、恐惧、羞愧于一身，仿佛他是全世界最悲惨的人。

在记忆中，每个开国皇帝上任时都很“难过”，哭的也不少，但论到真情实意掉眼泪，还真是很少有人超过他。

我没记错的话，他似乎是中国唯一一位姓张的皇帝。

创了纪录的张邦昌刚刚上任，就迎来了工作。钱，金国的一切行为都因为钱，为钱灭宋朝，为钱立楚国。现在请你继续搜刮，新人一定要刮出新气象，把钱刮出来。

张邦昌大怒，连日的委屈悲愤让他勇气大增，给金军写了一封回信。说开封城进入赤贫状态，哪怕砸锅卖铁，铁变成金银，房屋殿堂拆了，铺成平面变绢帛，也变不出钱来！

主仆第一次说事，主人就被顶了一跟头，按说女真人一定会被气炸了，抡鞭子狠抽他。却不料完颜宗翰他们很温和，他们也清楚开封城山穷水尽，再没有压榨的余地了。

那么撤退。

20 天之后，金军带着难以想象的财富、世界上最尊贵的俘虏，组成了超级庞大的车队，离开了满目疮痍的开封城。

这群蝗虫，把人类有史以来最富裕美丽的都城啃残了。从此以后，开封没落在历史的尘埃里，再也没能恢复往昔的风采。

那一天，张邦昌用天子仪卫出城，全身缟素，率领百官士庶设香案送别徽、钦二帝北行。近3000名凤子龙孙徒步行走，等待他们的是近2000里的长途跋涉。在这次跋涉中，有很多事情发生，它们是一个时代结束时的余波，还是应该看看的。

比如赵佶。

一路上他或者骑马，或者乘车，仍然是所谓的“最高待遇”。完颜们邀请他打过猎，其间见到了郭药师。据记载，郭药师很惭愧，连完颜宗翰都说，这个人不忠于辽、不忠于宋，将来也不会忠于金。

似乎给赵佶出了点儿气。

完颜们请赵佶作诗，连带着称赞闻名于世的瘦金体书法。他的才艺和完颜们的称赞，很像是高超的戏子们唱了个花腔，主人们给了点儿掌声。

这样的事很多，一一说来没甚意趣。相比之下，有件小事更能看破此时赵佶的心理。当国都残破万事衰败时，有人向他汇报说外城破了，赵佶淡然；百姓贫寒，深冬季节冻饿至死，他淡然；某某人叛变，助纣为虐，如范琼等，他淡然；某某人尽忠，死于金人刀斧之下，他淡然；他的子孙家族都成了俘虏，男子为奴女人为娼，成了敌军的玩物，他仍然淡然。

直到说，他的珍玩收藏、书画古董被金军搬空……他突然面色惨然，痛不欲生。

这，还是个人吗？

赵佶的押解之路很从容，哪怕他的亲族男人们冻饿交集，死在道边，他也无动于衷，女人们被金军随意侮辱，他也视若无睹。

当时真应该塞给他一支笔，几张纸，在这种心态下，他应该能完成几幅超现实的、魔幻主义的大作吧。

赵桓就没这么好运了。从押解那天起，他就被迫换上了一袭青衣，头戴毡笠，骑一匹黑马，跟着囚徒大队往北方走。从外形上，谁也没法看出他曾是一位皇帝。这还是白天，到了傍晚安营扎寨时，他和祁王赵莘、太子赵湛等最重要的亲贵们，被集中到一个小帐篷里，捆上手脚，整夜监禁。

奇耻大辱，忍无可忍！在极度的煎熬中，赵桓悲愤难抑，他仰天号泣，刚刚有点儿状态，一大群的呵斥声突然传来，把他摁哑了。

天子之尊，万乘无上，沦落到这步田地……因为他的号叫，他在白天也被捆在了马背上。就这样，年轻的钦宗从开封至郑州，由巩县渡黄河，抵云中到燕山，住进了愍忠寺，再过两天，在七月十二日到了昊天寺，他意外地见到了父亲赵佶。

时隔百日，恍如隔世，两人抱头痛哭，仿佛是真的受了天大的委屈。第二年的八月时，他们到达目的地——金上京。

在这里，他们被剥去袍服，朝见金朝祖庙，行献俘之礼。完颜吴乞买封赵佶为昏德公，赵桓为重昏侯，把他们的后妃300余人发往浣衣院，给金人洗衣服，实则是官妓。其余的妇女直接配给金军当性奴隶，男人们则远涉到冰天雪地的极北之地服苦役。

多年以后，很多人凄惨地死去。连赵佶本人都无法忍受折磨，在某天的深夜里，把衣服剪成条，结成绳，去悬梁自尽，只是被赵桓发现，救了下来。

而赵桓，他太年轻了，被俘时仅28岁，他大部分的生命都要忍受无边的痛苦。很多年以后，他的妹妹嫁给金国宗室人员，生了个儿子，这是功劳，金国特许他们兄妹见面，并且赏给赵桓几匹平常的帛布，赵桓竟然“喜惊交至，恩赉非常”。

因为他已经穷困潦倒，连御寒的衣服都没有了。

被俘的人很多，除了两位陛下之外，还有两位女士、四个男人需要关注。两位女士的名字在以后会随着时事的浮沉而出现，这时尚早。四个男人分别是：何栗、孙傅、张叔夜、秦桧。

何栗跟着大队人马走，到达金上京之后绝食而死。

孙傅死在何栗之后，在到达金上京之后一年多，他死了。史料里没有说他的死因，应该不是绝食之类的自杀。他是主动赴金的，想尽自己最后的力量保护皇太子赵湛。他死，应该是身心俱疲，无力支撑了吧。

张叔夜死得最早，离开开封城之后，他就不再吃饭，一直躺在车里，每天只喝一点儿水。摇晃的车厢，半生半死的张叔夜，直到有一天，驾车的人对他说，到界沟了。

是当年宋、辽之间的界沟，白沟。

张叔夜突然间站了起来，他向四周张望，这是国界，他要保护的人要离开国境了。从这一刻起，他的皇帝成了真正意义上的俘虏！再没有半点儿可能改变这一点……他失去了所有支撑他活下去的信念。

第二天，张叔夜死了，时年 63 岁。

秦桧是囚徒中的名人，他官职高，被俘时是言官之首；他名节高，明知事不可为仍然为赵宋力争，如果不是当年还活着，那么他的名望一定能达到和李若水一样的高度。

秦桧这一年 37 岁，可以说年富力强，人生刚开始。这样的青葱年龄锦绣前程，为了国家全都抛弃，还能找出比他更壮烈的吗?

于是宋人感动、金人敬佩，谁对他都高看一眼，比如赵佶在途中想和完颜宗翰说点儿事，也要通过他执笔润色。到了金上京之后，他被分配到金国皇帝的弟弟、大将挞懒的手下做事。每天抄抄写写，并没有怎样受苦。

不必到冰天雪地里劳役。

他的寿命很长，故事很多，一生充满了疑点、不确定，都要等待着岁月、时事的变幻而游移，是非真假，只能到哪步说哪些。

# 第二十一章　赵构集结号

咱们把视线移回到开封城，回到大楚国皇帝张邦昌的身上。在这段日子里，他过得很憋屈。赵家人走了，宋朝却没有离开，他仍然活在从前的环境里，近 170 年的底蕴，每时每刻都压得他喘不过气来。实话实说，他从来都没想过要取代赵宋，当什么大楚的开国之君。

他即位的当天，没敢进皇宫大内，而是从尚书省出发。宋朝三省，门下、尚书都在皇宫外办公，只有中书省设在皇宫内部。他升殿，不敢坐御床，只在御床的西边摆了个小位子；他办公，不敢用皇帝专门词，“朕”改为“予”，手诏改“手书”，平时不穿龙袍，金人来了穿上，金人走了立即脱下来。除了这些细节之外，大事更是一概全省掉。

他不在正殿办公，不举行朝廷例会，不出来接见大臣，禁宫大内里所有门户都加锁封批，封条上写着“邦昌谨封”。

这哪是当皇帝，纯粹是个主人外出，看家护院的家丁。

一个月之后，金军渡过黄河，回到了燕京附近，张邦昌宣布退位，先找到隐居在民间的孟太后，由她来垂帘听政，再通过她，去选宋朝的新皇帝。

焦点向赵构汇聚。可是要找到他，真不太容易。

赵构一直在跑。从相州跑到了大名府，又跑到了东平府（今山东东平），在山东转了两圈，他到了济州（今山东巨野），觉得还是不安全，宣布下一站是宿州。宿州地处淮南，是今天的安徽宿州市，真要到了那儿，随时都能渡过长江，跑到江南了。

这时内外两个消息拖住了他飞快奔走的脚步，让他不得不停下来。

外边的，是开封城派来的信使，真是跨越了千山万水，踏着他曾经走过的脚步，追到了济州，通知他回京城去即位当皇帝。

这消息很震撼，但在预料之中，赵构很清楚自己的血统地位，继承权的顺位，这事儿只要他不死，永远都是他的。

前提是，他不死。

那么就好办了，他决定不回去，即使回，也要再等等，看看金军是不是会在短期内练回马枪。可是另一个问题，就没这么好对付了，他的班底内部也出了点儿事情。

这时他的班底已经非同小可，很多帝国的精英从四面八方会聚到了他的身边。最早到的是张俊，他跟着信德（今河北邢台）知府梁扬祖率领3000兵马，到大名府报到，被任命为元帅府后军统制。

刘光世跑了第二名，他从西北开始，一直追到了山东的济州府，才追上了赵构。这一路上，他开动脑筋，充分发挥了自己的超级智慧，在听话和不听话之间准确选择，让自己的人生踏上了最光明的那条路。

他开始跑的时间是第二次开封保卫战前夕，赵桓传书天下兵马进京勤王时。作为一个顶级衙内，刘光世百分之百地执行朝廷的命令。

带兵火速从西北驻地开拔！

跑到半路上，唐恪先生的命令传到，令天下所有勤王部队各回原地，不许到开封城来。首相传达皇帝的诏书，这是天底下最有效力的命令。于是，所有部队向后转。

唯独刘光世。

这小子堪称两宋之交时所有风云人物里最鬼头鬼脑的，加上他从小就混在权力阶层里，各种官方的把戏他全懂，瞬间就解读出了唐恪的小心思。那绝对会出事，国家肯定需要军人。

……而军人需要机遇。

尤其是他和他父亲这样有了失败记录，急于翻身的军人。那么前进，不听首相命令前进。事关前程，他的决心超级坚定。随着离开封城越来越近，什么人都能遇到，一支败兵把京城里的事说了出来。当时刘衙内的部下们就不干了。

搞什么，既违抗命令，还让我们送死？！

刘光世很镇定，告诉他们这个消息过期了，最新的消息是开封城陷落，两位皇帝逃了出去，方向是南方，只要追到，“功莫大于保驾”，大家还等什么？于是全体出发，他们一路南行，追到了山东境内的济州，找到了赵构。

赵构很高兴，这是他最缺乏安全感，最需要军队的时候，有老牌的西北军突然出现，实在惊喜。刘光世被加封为五军都提举。

刘光世抓住机遇，千里奔袭抢到了一个好大的头衔，在失去父亲刘延庆之后抱住了更粗更牢靠的一条大腿，从此人生前景大放光明。

相比张、刘两人，同在西北军中的吴氏兄弟仍然很平淡，他们老老实实地驻扎在防区，和老对手西夏人对峙。

这是一对实心人，立身处世都从正道走，他们认定自己的身份和职责。既然是军人，那么自然要用军功说话。等待他们的，是不久之后一场决定西北军命运的决战。

这段时间里韩世忠很忙，他在百忙之中托人给赵构带话，说他百分之百地拥护赵构做任何事，可以为赵构做任何事，最后想想还是再直接些吧。

他劝赵构直接当皇帝。

说完了这些，他冲出大名府砍进了一大群的金兵人群里。顺便说一句，赵构真是个很有逃命天赋的人，简直像有预感一样，他离开大名府不久，大群的金兵拥过来了，有多少……好儿万吧（酋帅率众数万至），而韩世忠手下只有 1000 人。

他就带着这么点儿人冲出城墙，直奔金兵的统兵大酋去了。没有意外，几乎是成例了，韩世忠一个人冲过去，把挡道的全干翻，一刀砍倒了该酋，之后战斗就结束了（单骑突入，斩其酋长，遂大溃）。

很神勇，这的确是宋朝近百年以来最高端的战力了，可是他仍然错过了最好的机会，没能第一拨赶到赵构的身边。

历史会证明，谁先赶到，谁得到的好处最多。领导的印象分是无比重要的，张俊也好，刘光世也好，都善始善终，哪怕做了再操蛋的事，赵构都永远给他们优渥待遇。

嫡系的待遇就是好。

相比之下，吴氏兄弟差了点儿，他们始终游离在主权力集团之外；韩世忠也差了点儿，再怎么样，哪怕救过赵构的命，也等而下之。

比他更惨的是岳飞，他这时正在北方和金军打得热火朝天的，连和赵构见一面的机会都没有。于是他的命运……仅仅是巧合吗？

“中兴四将”的命运居然与他们最初和皇帝接近的次序成正比，可见，无论什么时候都得和大头领紧紧靠在一起。

这一点在宗泽的身上也得以体现，不过他先放一放，要提一下未来名分最大、权力最重的军政一把手——张浚。他很不幸，开封陷落时他正好在城里，但是为什么他没有露过面呢？以他嚣张跋扈、唯我独尊……不，神勇无畏、敌强愈强的性子，应该把所有的完颜都活埋在开封城郊才对嘛。

哪怕只有他一个人，也能做到！

可他就是没出现，自始至终都没出现过。据可靠资料显示，当时他从外城躲进内城，再躲进太学，和一大批学生混在一起，估计学生们所有的对外行动他一律都没参加。

因为，金军撤走之后，他再度出现时，身上连根汗毛都没掉。

大名府是一个转折点，赵构途经此地时，曾经有过一场剧烈争吵。宗泽 PK 汪伯彦。宗泽主张立即率军直趋澶渊古城，攻击金军外围，解救开封都城；汪伯彦一点儿没说这有什么错，而是强调，做事情要量力而为，现在最重要的事是“且先安泊得大王去处稳便”。

赵构宣判，汪伯彦胜。

结果是宗泽率军向开封冲击，对外宣称赵构就在军中。另外，赵构、汪伯彦继续逃跑，跑到了山东境内。

这只是在表面，这件事的实质是，由于宗泽的坚贞、勇猛、不妥协，他远离了大元帅府，没法参与各种国家大事的制定。

新建立的宋朝军队分成了两部分，各自奔向自己的目标，怎么看怎么像是分道扬镳。

一部分是宗泽率领的，队伍力量很弱，只有几千人。除了他自己以外，没什么名人。他们去进占澶渊，收复开封。

另一部分由大元帅阁下本人亲率，部下文职官除外，武将栏里威名赫赫，尽是历史上的闪光点。军队由信德府梁扬祖提供，兵力达到一万，马一千匹，战将有张俊、苗傅、杨沂中、田师中等，稍后还有刘光世加入，这个阵容，只要再添几个，就是南渡之后的全部配置。

这支强大的军队避开所有的危险地段，向济州前进。

到达济州之后，开封城里孟太后的懿旨追上了赵构，这算是要他返回的内因。另外，他的军队也变得暴躁多疑，北方人不愿背井离乡。

众怒难违，尤其是开封外城禁军哗变的例子还在眼前，赵构迅速做出决定——回北方。

同时他给宗泽去了一封信，信里很明朗地解释了一下他逃跑的理由，归结成下属们不让他去拼命，不然早就“身先士卒，手刃逆胡，身膏草野，以救君父”，同时又很隐晦地提了一下自己是回去干什么，“谓祖宗德泽，主上仁圣，臣民归戴，天意未改”。

就是说，百姓还是宋朝的百姓，而宋朝唯一合法的继承人就是他，宗泽，你知道该怎么办了吧？

谁都知道该怎么办，这是赵构主动抛给宗泽的橄榄枝，这种时刻劝进，是雪中送炭更是锦上添花，能轻易确保一世的荣华富贵，是每个官场中人都梦寐以求的。

可宗泽接到这封信时，心里的感觉腻味透了。

对于恢复中原，李纲有一整套构思，派宗泽去开封城只是第一步，更重要的是给开封城披上铠甲。

开封的地理位置决定了它不能没有外围防线，一马平川的地势，如果没有黄河天险的隔断，河东、河北等地的拱卫，它本身再坚固，也无法应对外敌。

所以李纲派张所任河北西路招抚司招抚使，傅亮任河东经制司副使，去两河地区招抚百姓，建立武装。请注意这四个字，“建立武装”。

两河地区被金军肆虐，各大名城相继沦陷，各处正规军基本上伤亡殆尽，考虑到开封京城的军力损耗得更严重，长江之南的军队根本不靠谱，而西军离不开防区，可以说，两河区域宋朝官方已经彻底失去了控制。可是汉人的力量却空前强大。

无数支义军自发形成，他们保家结社对抗金军，取得的战绩比宋朝的正规军强太多了，足以让大兵们买块豆腐撞死。

以河东区为例，这里的民兵用红巾作标志，小事不说了，只提一下他们和完颜宗翰的故事。金军的大太子在宋朝官方面前一直很威风，可老百姓们把他看得很一般。没什么了不起的，当初他围攻太原城，红巾民兵把他挡在太原城外围很久。

泽州（今山西晋城）、潞州（今山西长治）一带的民兵们还特地问候了一下完颜宗翰，某天偷袭他的中军营，差一点儿就横贯全军，和他面对面。

与之相比，河北区域内的义军规模更大。

河北境内有座五马山，它在现代很一般，没谁知道它，可在当时，它是河北境内的太阳。毫不夸张地说，它的实力远远超过北宋的帝都开封城。

它依山建寨，比人工修的城墙高大坚固；它有10万兵力，都是自发聚集的忠义民兵，无论是素质还是实力，都比烂透了的禁军强得多。

更重要的是河北区域内的其他民兵都听它号令，人数加在一起有几十万之多。这样，它的号召力比赵佶、赵桓、赵构都大得多。

这样一股力量，足以在乱世中自成一国了，可是它却几次三番地写信给远在应天府的赵构，说一直期待着中央的领导，请派人来领导我们吧。

之所以这样，是因为山上最大的头领姓赵，叫赵榛。赵榛是赵佶的儿子，受封为信王。查名单，他是金军在开封城里抓走的重要俘虏之一，怎么会跑到五马山上打游击了呢?

赵榛自己说，他是趁乱逃出来的，国恨家仇让他充满了力量，决心和百姓们一起与女真人死磕到底。这多好，让百姓们既有军队的实际力量保护，又找到了长期以来习惯了的宋朝政权，心灵身体两健全，好日子似乎又回来了。

李纲也是这么想的，眼看着这么强大的力量唾手可得，何乐而不为呢？这简直是新兴的建炎集团的天大福音，什么都不要在乎，哪怕知道所谓的赵榛是燕人赵恭假扮的也要睁一只眼闭一只眼，实力第一，马上派人接收！

于是他第一时间派出了张所、傅亮，做完之后他长嘘了一口气，觉得复兴有望，民族将兴，他本人做了件很好的事，对得起首相这个职务了。

# 第二十二章　宗泽，过不去的河

整个建炎集团上层全都激烈地反对。黄、汪两大巨头出面，说招抚司和经制司成立之后，两河境内的“盗贼”更加猖獗，不如撤销这个部门。

盗贼……这两个字才是关键。

李纲、宗泽、张所、老百姓们觉得是民兵，是自己人，但在建炎集团看来，除了官军本身，其余的都是不安定因素。尤其是五马山，拥有统领几十万人的号召力，让赵构怎么敢接近？还以“信王”为首领，在民兵来看，大家都姓赵，直接变一家，从开始就融洽嘛。

可在赵构的心里，姓赵的人是他最烦的！

李纲据理力争，一定要收编民兵，和黄潜善吵，和汪伯彦吵，向赵构不断地进言，结果张所、傅亮被撤职，他本人收到了言官的弹劾信。

张浚总结出李纲十多条罪状，注意，是罪状，弹劾他下台。

帝国未来号称最正义、最坚定、最大无畏的人，居然投靠了著名的懦弱党，是靠弹劾当时最正义、最坚定、最大无畏的人，才起家的。

赵构挽留李纲，同时却把张所、傅亮罢免，尤其是张所，被发配岭南，不久病死。李纲看清了形势，终于主动辞职。

赵构再次挽留，可随后的罢相制里却写着李纲以个人喜怒为标准分辨是非，赏罚失当，以国家利益为代价树立自己形象等考语。

不久之后，李纲被再三罢黜，最远一次，竟然被流放到海南岛。而伴随着这些罢黜的是一系列用词诛心的字句，如“朋奸罔上，欺世盗名”，李纲成了像被孔夫子杀了的少正卯一样的奸邪。

很惨、很郁闷是吗？相信连李纲自己都搞不懂，为什么一心为国，会以这样的悲剧收场。很多年以后，赵构的地位稳定了，年纪也很大了，开始喜欢回忆，他才说了一句心里话：

“李纲孩视朕！”

李纲把本皇帝当一个孩子看待！这里面透射出一股怨气，活灵活现地映射出当年赵构的感受。

说实话，这真的是李纲的问题。在他的心里，他要做的是建立一个强大的国家，却忘了，他的职责是替皇帝建立一个强大的国家。他以为好的，就真的是好的？适合绝大多数人的，会适合高高在上的那个人吗？

赵构本来是为了清净、自由、尊严才罢免了李纲，却没想到刚刚罢免，这几样东西又丢了一次。有人突然间找上门来质问他。

为什么要罢免李纲？！

问的人是开封保卫战中的学生运动领袖——陈东、欧阳澈。这两个人此时堪称名满天下，是仁人志士的代表，毫不夸张地说，他们的言论瞬间会传遍天下士林，进而形成舆论，其新闻力量比宋朝官方强多了。

正是这一点让赵构头晕，他捧着陈东、欧阳澈写的奏章，都快气疯了。陈东说，李纲不可罢免，黄潜善、汪伯彦不可任用，赵构应该亲征，接回徽、钦二帝。

这几条好不好？赵构能不能做？很玩味吧？这还只是开始，如果说这些让赵构为难，但还不得不赞成，不得不解释的话，陈东下面说的就让他忍无可忍急火攻心了。

陈东说，他本身就不该当皇帝，如果钦宗皇帝以后归来，请问两个皇帝怎样相处，难道要一大一小轮换当朝吗？

……赵构杀心难耐。

可当他看完欧阳澈的奏章之后，脑袋里已经气成了一片空白。

欧阳澈说的是他的私生活，说他在国家危难之中不忘糜烂，不仅吃喝浪费，在女色方面也不知收敛。居然公开去开封城里买“姝丽”少女，说是给他做拆洗工作。

在开封城里买漂亮女孩儿……那是刚刚被金军劫掠过的开封城，这么干和女真人有什么两样？至于拆洗工作，亏赵构想得出来，他亲妈就在金国干着同样的工作！

赵构恼羞成怒，提起笔来写了一纸“手批”——杀陈东、欧阳澈。

这是宋朝自立国开始从来没有过的事，宋太祖在一块石碑上刻着，有宋一代，绝不杀大臣、言官，不杀士大夫，尤其是不杀上书言事的人。这块碑平时用黄缎遮盖不许人看，只有每一代皇帝即位时，才由一个不识字的太监领去，一个人默默观看。

这时是宋建炎元年（1127）的八月，一个月以前，曹勋从北方带回了宋徽宗的求救信，里面就有专门带给赵构的誓碑内容。所以可以肯定地说，赵构一定知道祖宗的规定。可他就是下令杀人。

这不只是他恨这两个人的缘故，而是他心性的表露。赵构是两宋18个皇帝之中最狠的一个，几乎是先天带着残忍的基因，他不只是不怕杀人，甚至是敢于杀人、勇于杀人，并且一旦他对某个人起过杀心，那么哪怕时过境迁，大家都把这件事忘了，他仍然会牢牢地记住。

不知什么时候，就会算个总账，把想杀的人杀掉。

这时只是开始而已，没有人注意到他的这个特点。能感受到的是，新皇帝很不喜欢乱讲话的人，比如他随后就下了一道命令。

一个月之后，也就是九月，他将去淮河地区度假，很可能会在那儿长期办公。如果有谁敢乱想、乱讲，动摇这个决议的话，全部砍头。若有人告发乱讲者，有官衔的人连升五级，白丁超越无品，从九品直接升正九品。

连升五级……在重大战役里起关键作用的将官，都没有这等待遇。

在这种奖惩条例的震慑下，赵构如愿以偿地从内陆河南的商丘，搬到了淮南的扬州城，紧紧地靠在了长江边上。

有长江之天险，扬州之繁华，既安全又享受，他真的像是梦回汴京，又找到了从前生活的影子。这种好日子持续了差不多10个月，在这10个月里，不只是他，几乎整个中原北方都相对地平静安宁，之所以这样，完全依赖于一个人——宗泽。

宗泽在六月到达开封城，他看见的是断壁残垣一片瓦砾的街市，楼橹尽废兵民杂居的城防，大白天里盗贼随处可见，老百姓没吃没穿，这是座废城、死城。

并且就在200里之外的黄河边上，金军一直驻扎着，像一把屠刀时刻悬在开封人的头顶上，随时都会砍下来。

还有比这更糟的情况吗？宗泽就在这种绝境里振作，他深信中华民族是强大的，只要当政的人理智些、稍微勇敢点儿，奇迹一定会出现。

他先是抓了几个知名的盗贼，宣布从此以后，恢复宋朝律法，谁敢偷抢犯罪，不管赃物是多少，一律军法处置。

也就是砍头。

宗泽说到做到，几颗血淋淋的人头落地，开封城的秩序立即恢复。接着，他建设城防，在开封四城各处修补战械重建敌楼，额外造了1200多辆战车。之后，他走出城墙，去了郊区野外。两次开封保卫战中有一个非常沉痛的教训，就是宋朝每次都是第一时间丢了城外的设施。

宗泽在城外险峻地段构筑了24个防御点，和开封城本身的防御有机联合，从郊区就筑起了第一道防线。做完了这些，宗泽仍然不满意。

他想着黄河，黄河是开封城唯一的北方天险，没有它开封就只剩下了几道人工城墙而已。那么必须要夺回黄河。

可他手里没有兵。这是最严峻的现实，他没法向赵构申请，御营的兵力绝不会调给他。那么招募，可是用什么呢？当兵吃粮拿饷，他是既没钱也没粮。退一万步讲，他有，民间的兵对宋朝也不感冒，保家卫国靠自己，为什么要投靠不靠谱的宋朝呢？

这时在开封的周边，说是民兵也好，盗贼也好，民间武装壮大得惊人，动辄几十万人聚集在一起。比如活动在濮州（今山东鄄城）一带，号称拥众几十万人的王善；活动在淮水区域内，约有七万人的王再兴、李贵；洛阳附近，拥众30万的没角牛杨进。这些人都在乱世中迅速崛起，每一个都很不简单，并且有个共同点：他们厌恶宋朝，别说让他们归顺了，像王善，他会主动带人到开封城打劫。

几十万人的部队冲向了一片废墟，刚刚重建的开封城，要宗泽怎么办？逃，还是战，两者都不现实，而在这两者之间，宗泽选择了相信。他信自己的理念不会错，信自己的民族不会错。为此，他单人独骑出发，向王善的部队迎了上去。

他对王善说，朝廷危亡，国家大难，这时如果有一两个像你这样的人挺身而出，金国就不会猖獗。这是你临危立功的机会，希望你能把握。

这话很高深吗？很煽情吗？在我看来一点儿都不，宗泽只是说了实话，说出了他的希望。而王善的反应是剧烈的，他立即跪谢，流着泪说："敢不尽命！"

几十万人成了宗泽的部下。这样的事一次次地重演，前面提到的王再兴、李贵、杨进等人都在这些平实的话里站到了宗泽的身旁，成了他的助手。

一个是偶然，两个三个呢？每一个都这样放弃了自我，抛开了对宋朝的成见，之所以会这样，只能归功于宗泽个人的威望。而他的威望基础是什么呢？我想起了一个人曾经说过的话：

"我南朝地广人多，崇尚气节。俊彦之士，所在多有，自古以来，从不屈膝异族……"

这句话让我深思，地广人多、俊彦之士，这是中国最不稀罕的，在每一个时代里，这一点都不曾改变。比如，近代史百年里最黑暗最屈辱的时候，中国的人数之多、俊彦之多，也如繁星灿烂。可为什么至少有三次屈膝异族了呢？

因为"崇尚气节"，只要失去了气节，中国人就失去了一切。如果能像宗泽、杨进、王善等人这样，因为气节而走在一起，那么情况自然好转。

开封城的军队与日俱增，在短时期内达到了 100 万以上，同时军纪严明。有这些基础之后，宗泽扫平了黄河南岸的金营，在沿岸 16 个县周边创置了像鱼鳞一样的连珠寨。

他这么搞，金国坐不住了，像宋朝这样的庞然大物，绝对不能让它有喘息之机。为了灭掉宗泽，金国调配了当时能调动的最高军力。

完颜宗翰坐镇原辽西京（今山西大同），与宗泽对峙，之后在年底十二月左右，派出了金国历史上最著名的那位将军。

完颜宗弼出场。

完颜宗弼，本名斡啜、斡出、晃斡出，或者叫“兀朮”。没错，他就是家喻户晓的完颜兀朮，至于通常叫的“金兀朮”，那是一种荣耀。

他是金国的兀朮，以国为姓，是对当时最重要最了不起的军人的尊称。也就是说，金国人爱他。查一下他的家谱，真是顶级的权贵，他是金国开国皇帝完颜阿骨打的第四个儿子，人称四太子殿下。那么想一下，为什么大太子、二太子这些年来南征北战，灭国屠城，显赫得掉渣，他这时候才冒了出来呢？

因为，因为他二哥死了。

完颜宗望在这一年的六月，也就是宗泽到达开封城前后突然病死了。这对金国是无可估量的损失，至少在军队方面，接近一半的军队体系没了领导。要怎样弥补呢？第一，得像宗望一样，有宗室最浓的血统；第二，有战功。

战功是完颜宗弼的软肋，直到这时，他只是个军队里的随行人员。比如在追捕辽国皇帝时，他跟着宗望追到了鸳鸯泊；入侵宋朝时，跟着大部队到达开封城下。查史料可以知道，那么多的人事交割里他的名字一次都没有出现过，他的地位、权力就可想而知了。

说句难听点儿的话，这位金国的战士是被树立起来的典型，本身还什么都不是。这时，他被派出来袭击宗泽，结果刚过黄河，连宗泽的面儿都没见着，就掉头往回跑。

宗泽只是派了两支人马绕到了他的侧后方，隐约着断了他的退路而已，他就受不了了。

这是金兀术独自领兵的第一次战斗，出师不利，溜之大吉，他的做法很经典。当然，也可以说这是一次试探，因为在半个多月之后，他卷土重来了。这一次他行动迅速、诡谲，渡黄河、过郑州、进白沙，很快就冲到了开封城的附近。

结果进得越快，被打得越疼，他光顾着跑了，顺便说一下，他这人打仗的特点就是冲得超快超猛，至于身后边发生了什么，他从来不管。这一次是这样，后面发生的还这样，结果每次都被打得灰头土脸满头包。这次他没想到更没察觉，上回宗泽派出去断他后路的人马还在原地没动，一直在等着他。

前边有宋兵顶住，后边伏兵四起，完颜宗弼打了个结结实实的败仗，第二次落荒而逃。这就是金国历史上号称仅次于完颜宗翰的伟大军人的传奇军事事业的开端。他不知道的是，宗泽不仅给了他两次失败，更在这段时间里给他培养出了一个永恒的噩梦。

岳飞终于到了开封，终于见到了宗泽。从他在应天府被开除军籍之后，直到这里，他颠沛流离、战疮满身，可以说是九死一生，其中不仅与金军血战，还两次面临本国上司的屠刀。

回到应天府，这座城在宋朝是有特殊意义的。它是北宋四京中的南京，最初叫归德府，是后周归德军节度使赵匡胤的驻所。所以，它是宋朝的龙兴之地。赵构在危难中于此地登基，又给它披上了一层神圣外衣。宋朝的子民们向往它，来了就不想走。

岳飞被开除军籍之后，也没有离开。游荡的日子里，岳飞目睹建炎集团的一个个荒诞举措，他愤懑、郁闷、无聊、忐忑，种种负面情绪纠缠着他，而城外面的广阔天地里有着无数的民间自发武装，他完全可以投身其中，做自己喜欢的事。

可是他的身上有束缚，他的妈妈在他离开家门从军时，亲手在他后背上刺了四个字——“精忠报国”！这是他一生的理想，他所有的努力都为了实现这一点，而国是至高无上的，既不能容忍外敌的入侵，更不能接受“盗贼”的出现。更弗论自己去加入“盗贼”了。

苦闷中，岳飞所接触的人仍然是宋朝的正规官吏。很幸运，他和一个叫赵九龄的人谈得来。

赵九龄是张所的一个下属，在他的引荐下，岳飞有幸拜见了张所，成为河北招抚司的一员。从此，他走上了抗金的最前沿。

回首往事，谁还能说上书事件是错事、坏事呢？没有它，岳飞仍然只是一介小兵，随波逐流浑浑噩噩地混日子，怎能像现在这样紧紧抓住自己的命运，和金兵呼吸相闻、刀兵相见呢？

他被分配在一个叫王彦的人手下，做统制官。

王彦，字子才，隆德府上党人。此人文武双全，徽宗时曾进京应武举，曾追随种师道两入西夏，立有战功。这时金军入侵，他毅然离家从军，没进御营，而是投奔了张所，到河北这块敌占区找事做。

王彦也是一个狠人，他和岳飞搭档，堪称相得益彰。可惜的是，这对强强组合还没等发威，一个命令突然临降。

黄潜善、汪伯彦两名大佬搞垮了李纲，河北、河东的反攻计划立即搁浅，连张所本人都下课回家，被贬到岭南。

很多人心灰意冷，刚刚聚集起来的河北大营一下子都散了，可是王彦、岳飞、白安民等人没有动摇，他们集结了7000多人马北渡黄河，进入敌占区，主动向金军挑战。这是北宋灭亡之后宋军的第一次主动反击，金军猝不及防，被连连击败，王彦所部长驱直入，一时间河北大地上宋人士气大振。不过他们也因此而孤军深入，不要忘了，他们是没有后援的。

金军调来了近六万重兵，合围王彦。

接近十比一的军力，王彦感到了危机，他被迫筑寨，闭垒不出。这在一般情况下是正确的，毕竟众寡悬殊，可岳飞不这样想，他是一个独一无二的人，一生中所有战绩都是以劣势兵力夺得，换言之，如果只能以多为胜的话，还要兵法战将干什么？

岳飞不听王彦的节制，率领自己手下的几百名士兵冲出营寨与金军决战。混战之中，岳飞纵横战阵夺得金军大纛，四面挥舞，军心大振，他不仅冲破了金军的重围，还一路追杀，占领了新乡县。

金军火速向新乡县集结兵力，但是他们晚了，岳飞根本没有考虑防守，他放弃了新乡，继续向北挺进。在第二天，行进到侯兆川时，与金军相遇。

遭遇战开始，岳飞没有兵力，没有地利，除了他自己以外，这支部队无法依靠另外的东西。他冲杀在最前沿，身背十余处战伤，血战不退。在他的感召下，“士皆死战”，再一次击败了金军。

宋、金开战以来，宋朝的正规军成建制地覆灭，渐渐地，他们总结出了金兵的战术。其实是没战术，就是金国的士兵们单兵素质太惊人。与西夏相比较，宋、夏战争中往往两军对冲，几个回合之后胜负就会见分晓，甚至打到天黑了，两军还会很默契地收兵休息一夜，等第二天天亮了，吃完了饭再打。

金兵不是这样的，他们一次冲杀不胜，紧接着来第二次，第二次不胜会有第三次，这种冲击会持续到整日整夜，是名副其实的不死不休。

想击败这样的军队，而且是以几百人的兵力在客境中连续击败，这需要怎样的勇气和战斗力？从这时就可以看出岳飞一生征战的特色，他飞扬勇决、不拘一格，敢为人所不敢为，在战场上迅速移动，给敌人连续不断的打击。

可惜的是，他毕竟人少，而且没粮了。这是件让人痛恨的事，本来是自己的国境内，可偏偏找不到给养。现实逼迫岳飞必须回去向王彦求助。

在岳飞想来，依绝大多数人之见，且不说他们本来就是同一支部队，就算只是友军，在抗战中支援些粮草不是一件很平常的事吗？可王彦不那么想。前几天岳飞违抗他的命令，冲出营寨与金军决战，在他看来是分裂他的队伍，削弱他本人的威信，从哪一点来看，岳飞都犯了军法。

犯了军法，就得军法处置。当时真的有人建议他杀了岳飞。而从种种蛛丝马迹来看，王彦真的心动过。他是位名将，是位坚定的抗金英雄，这都不假，可他的心胸是不宽宏的，岳飞深深地激怒了他，幸运的是，他不宽宏，却很清白。

他拒绝了岳飞的求助，让岳飞安全地离开。相当于让岳飞自生自灭，与他无关。这次之后，王彦与岳飞终生嫌隙不消，两位抗金名将走上了各自不同的道路。

岳飞回到几百名饥肠辘辘的士兵中间，摆在他们面前的是一条绝路。没有粮草，没有援兵，周边是六万多的金军，哪怕是想撤退都不容易。

这也是岳飞不原谅王彦的地方，虽然不亲自动手，但也跟杀人没有多大区别。

绝境中的岳飞没有向南撤退，他的勇气是无与伦比的，他居然率领饥伤交迫的士兵继续向北方前进。一路征战，他们到达了太行山。太行山，绵延800余里，是山西、河北、河南三地的天然界山，这里沟壑纵横、险象丛生，是理想的战场。

岳飞此行最坚苦也是最奋锐的战斗发生在这里。他先是与一支金军相遇，两军激战，岳飞生擒金军主将拓跋耶乌；几天之后，再次遇敌，这一次岳飞的部下们很可能疲惫到了极限，已经无法支撑，情况逼着他行险。

岳飞单骑出战，持丈八铁枪，刺杀金军主将黑风大王，震慑这支金军仓皇逃走。

至此，岳飞孤军深入，以数百人之众，入数万金军重围，攻城略地，辗转作战，战无不胜。这是有宋一代从未有过的战绩，相比较连韩世忠都相形见绌。因为韩世忠每战都有依托，或者是在大部队的前方作先锋，或是有城池在后背，而岳飞此行无所依靠，居然远战千里，锐不可当，刺破了金军的重重铁幕。如此决心、战力，就算没有后来的辉煌，也足以在中华战将名单里独树一帜。

不过他也到了极限，不得不考虑回归了。岳飞在太行山短暂停留后，向开封方向撤退。史书没有记载他的回归过程，让人无法猜度他遭遇过什么。

如果没再征战，那么说明他行动机变神速，让金军无法堵截；如果与金军狭路相逢，那么岳飞的回归之路将是加倍艰辛壮丽的。

以这样的伤疲之旅，他得再付出几倍的努力，才能进开封见宗泽。

岳飞终于进入开封城中，宗泽收留了他，没有计较他之前违抗军令的事，他有自己的部下，有一定的权职。然而，他的厄运没有完，不久之后他居然被绑上了刑场。

岳飞要被杀头了，各种史书都没有记载他犯了什么事，不过从他的早期经历来说，他想犯事实在是太方便了。他的性格太倔强，很多时候与其说是刚烈，不如说是暴烈更恰当。

要命的是，他有足够强大的勇力来宣泄怒火，再稍晚些，他曾经在酒桌上与一个上级军官言语不和。岳飞暴怒，一拳把该上司当场打昏。

这不是偶然的，岳飞与其他的中兴将领相比，有一个本质上的区别。像刘光世是军队里长大的衙内，张俊、韩世忠、吴氏兄弟从小参军，习惯了接受军法约束，哪怕遇到再大的委屈，如韩世忠被抢了活捉方腊的泼天大功，也只是躲进角落生闷气。

换作岳飞呢？

岳飞发现王彦作战不勇敢，严格地说，只是不如他勇敢之后，就干脆拒绝节制，独领一军出走，信不信他能一枪捅死敢抢他功劳的辛兴宗？

早期的岳飞有种种缺陷，都是由于他半路出家，没经过军队专项训练就走上战场造成的。这非常危险，如果一直这样下去的话，岳飞只会是一朵瞬间绽放的昙花，哪怕极致绚丽，也会黯然收场。他之所以能创造出后面的传奇，成为中华民族首屈一指的军人，是因为他能改正错误。

岳飞天性嗜酒，可后来滴酒不沾；岳飞不受节制，军纪涣散，可后来的岳家军是宋朝 300 多年里军纪最严明的军队。

这是多么惊人的对比。

而这一切，都要先从刑场上活着离开才行。关键时刻宗泽到了，他看见岳飞相貌威重、身材魁伟，觉得这样一个壮士不去上战场反而要死在自家刑场上，实在是太可惜了。正好当时有一支数千人的金军进攻汜水，宗泽调 500 名骑兵给岳飞，命他戴罪立功。

500 对数千……“女真不满万，满万不可敌”。

岳飞已经有足够多对抗女真人的作战经验了。他带着 500 名骑兵，把几千个金兵打散，带着金军主将的人头回来复命。

宗泽大喜，立即给岳飞升官，同时加大考察力度，不久之后，他找来了岳飞，拿出了一本书。

下面的对话很经典。

宗泽说，岳飞，你的智勇才艺，可以媲美古代的良将。但是你喜好野战，这不是万全之策。现在，你只是个偏裨将领，这样做还没什么，但以后你当了统兵大将时，这样怎么能行呢？这本《阵图》你要仔细研究，以后会用到的。

《阵图》，指的是宋太宗赵光义在幽州城下大腿中箭之后，用来遥控指挥军队，折磨潘美等第一批宋朝大将的东西。岁久年深，当折磨变成习惯，当习惯变成传统之后，这种东西深深地印刻在了宋朝将官的脑子里。宗泽作为一个文官，观察事物是很敏锐的，他看出了岳飞的软肋是什么，不就是没有科班经历吗？那么请看宋朝高级将官们的职业行为手册。

由此可见，宗泽对岳飞的一片苦心，他要把岳飞培养成一个高级将领，为宋朝留下抗金财产。

岳飞仔细翻阅阵图之后，回答了他几个字：

“阵而后战，兵之常法，运用之妙，存于一心”。

这个“心”是什么？用宋朝官方的语言来解答最合适，很多年以后，宋孝宗追复岳飞官衔的制词中称：“……飞智略不专于古法，沉雄殆得于天资。”

天资，他的一切都是天赋的，所谓天马行空，不拘一格，他只需要在战争中不断地发掘自己……

只是在这时，他没有机会，也很可能没有能力独当一面。他是宗泽手上的一柄利器，斩金断铁抗敌过人，但在宋金对抗的全局上，他没有多大的作用。

开封城突然来了一个金国的使者。这人姓牛，表现也很牛。他大模大样地走进开封城，说是来探望女真人的好朋友，大楚国皇帝张邦昌。

宗泽一听就火了，这明明是来试探虚实的，摆明了宋朝不敢动他。那好，逮捕入狱。结果没几天，不等金国方面有反应，赵构的圣旨到了。要宗泽把牛大使立即释放，安排宾馆，好生款待。宗泽不服，说这是有奸臣在蛊惑你，让你搞什么和谈，事实上卑躬屈膝摇尾乞怜怎么能说得上谈判？我很笨，不敢奉诏，让金国人觉得宋朝懦弱。

赵构的回信是，爱卿你弹压强梗，保护都城，给朕分了大忧，这都仰仗于你。但是你抓了金国的使者，这不合我意。

这些话很正常，看下面一句——“朕之待卿尽矣，卿宜体此”。我对你已经没法再好了，你应当明白这一点。

联想到陈东之死，这已经是赤裸裸的威胁，好到极点还不知进退，是在逼我杀你！

能在刚刚亡国，身边只有几万名近卫军，随时会被异族人灭掉，安全保障全在宗泽一个人身上，而宗泽坐拥百万兵力的情况下，还说出了威胁言语，这说明了什么呢？

又蠢又横又残忍？

残忍是一定的，蠢就不见得，以赵九弟一生业绩来看，他非但不蠢还相当聪明。那么为什么他这时做得这样迷离呢？

问题出在宗泽的身上，他像是一个失职的爸爸，忘记了一条真理——“恩养改忤逆儿，棒头出孝子”。像赵构这样的人，必须得让冷酷的现实去教育他，才能让他懂事。不然的话，他的本质仍然是一个公子哥，一个遗传了赵佶血脉的追求顶级享受的纨绔。

可惜的是，宗泽永远不会这么做，他的力量源于内心的操守，而这操守，就代表着绝对忠诚于他的君主。所以，他可以埋怨，在奏章里写：

> ……信凭奸邪与贼虏为地者之画。
>
> 弃北方：七路千百万生灵，如粪壤草芥，略不顾恤……
>
> 不忠不义者但知恃宠保禄，动为身谋，谓我祖宗二百年大一统基业不足惜，谓我京城、宗庙、朝廷、府藏不足恋，谓二圣、后妃、亲王、天眷不足救……谓巡狩之名为可效，谓偏安之霸为可述……

用词激烈尖锐。

也会抱怨，如：

> ……臣犬马之齿已七十，于礼与法，皆合致其事，以归南亩。漏尺钟鸣，实为二圣蒙尘北狩，陛下驻跸在外，恐失我祖宗大一统之绪。

但他从来就没有想过用手段逼赵构做什么，永远都是劝说、感召。

宗泽留守开封稳定北方的 13 个月里，这样的奏章有 24 封，它们是宗泽生命里最后的印迹，记载着他怎样一步步走向死亡。

奏章里的急迫心情，与他衰败的身体成正比。

第 14 封时，宗泽还谈论时事，论述哪些事是对的，哪些是错的。比如赵构曾经突然脑残，和他爹一样宣布解散勤王部队，理由是两河地区的民兵们假借勤王的名义，实际上都是盗贼。

……还有比这更白痴的吗？两河地区是谁的，还是宋朝的吗？那是金国的土地，以此为基础，哪怕民兵们真的去偷去抢去杀人放火，碍着姓赵的什么事了？

杀得越多抢得越多越光荣！

宗泽为这事与赵构书信往来辩论了好久，告诉这傻孩子千万别这么干，失去民兵，北方立即崩溃。别说保两河了，连开封都得出事。

之后，宗泽的实力迅速壮大，连战连胜，他的奏章里大多记录着部下们的战绩，形势的好转，如拥有十多万部下的丁进，愿负担开封的城防；李成愿在赵构回京之后渡河扫平两河敌寇；实力最强的杨进，会率领百万大军迎回徽、钦二宗。

最著名的是第21封奏章，他写道：

> ……京师城壁已增固矣，楼橹已修饰矣，龙濠已开浚矣，器械已足备矣，寨栅已罗列矣，战阵已阅习矣，人气已勇锐矣，汴河、蔡河、五丈河皆已通流、泛应纲运，陕西、京东、滑台、京洛北敌，皆已掩杀溃遁矣……但望陛下千乘万骑，归御九重，为四海九州做主耳。

话说到这一步，真不知道宗泽还能再说什么，而赵构想拒绝的话，得怎样说呢？事实上赵构真的没法回答，他刚开始时还赞赏、勉励几句，后来干脆一句话都不说，让宗泽不停地写，不停地发问，每一次都呕心沥血，都集聚了全身的力气，可总是会面对空气。

空荡荡的……像坟墓一样憋闷！

宗泽终于承受不住了，他是一位老人，一介文官，身体本来就一般。近两年以来，先是金军灭宋，接着独自抗争，进开封城恢复两河，这些不仅是劳累，更让他心情动荡、震惊、激愤，各种尖锐的情绪纷至沓来无止无休。

人老了，活的不仅是身体，更是心情。

宗泽在这种困境中，还得面对自家皇帝的冷漠，他的报国热情变成了忧国伤痛，之前有多么热，这时就有多么冷。

他病了，忧愤成疾，后背发疽……

临终前，诸将围绕在病榻边，听他说出最后一句话："我以二帝蒙尘，愤愤至此。汝等如能歼敌，我死亦无恨！"

众将痛哭失声，齐声回答："敢不尽力！"

这些人里就有年轻的岳飞。他们听到宗泽微微地叹息，出师未捷身先死，长使英雄泪满襟……

弥留之际，他突然三声大叫："过河！过河！过河！"

宗泽死了，没有一句言语说他自己家里的事。

# 第二十三章　建炎南渡

宋朝官方对宗泽的死致以不那么沉痛的哀悼……因为治丧的规格实在很低。只追赠了观文殿学士、通议大夫，谥号忠简。

忠不必说了，“简”，一德不懈曰简、平易不訾曰简。看着还行，平时还行，可这是宋朝北方唯一的屏障好吧，国之一人的实质存在，居然这么打发。

尤其是简，在世俗的解释里永远都是一根筋、粗暴、不识大体等稍带贬义的词汇。至于说学士、通议大夫，这些头衔更是垃圾，学士不加大，太监都不怕，大夫还不错，和侍中比一下怎么样？

难道宗泽还比不上夏竦之类的抗夏废物吗？

啥都不说了，谁让这时的赵构还处在婴幼儿期呢，22 岁了，还是没长开。接着他确定了宗泽的接班人。本来有个现成的，宗泽的儿子宗颖。

宗颖一直在父亲的幕僚里，在开封城里有很高的威望。如果选他的话，至少百万民兵武装都会很安定。可赵构否决了，理由很光明正大。开封那么重要，难道管理员要世袭吗？开封城只有一个世袭的头衔，那就是姓赵的皇帝！

这一点倒是对的，可派过来的第二任留守长官实在让人胆寒。没错，百万民兵第一瞬间感到的就是寒冷。

派来的人叫杜充，相州（今河南安阳）人，进士出身，靖康初年时任沧州（今河北沧州）知州。就在这儿，他干了一件让建炎集团高兴、平民百姓痛恨的事。那时辽国灭亡不久，燕云十六州落入金国手里，处于原始社会末期的女真人根本不懂得人口的重要性和价值，他们只知道人多了吃的就要多，那还不如少点儿。

于是杀人，于是燕云地区的汉人向两河地区逃难。当他们逃到杜充的地盘时，惨案发生了，杜充说这些都是外国人，是不安定因素，全杀掉。

是全、杀、掉。

联想到前些天赵构宣布解散民兵，这样的人，是多么合乎建炎集团的胃口啊。

杜充进开封，立即和百万民兵势成水火。再不是友军了，而是敌对。关于这一点，很多历史学家们总结为人品问题。

宗泽威望高、人品好，把各种力量都团结起来；杜充没人品、没威望，所以不孚众望，没人理他。这实在太表面化了。

宗泽一直以来都是正面人物，他团结百万民兵的一幕更是为人称道。可是换一个角度，会发现他坏了大事。当宋王朝腐败堕落，烂到没救时，百万民兵自发形成，保家卫国，这是一个多么光明的新生状态。如果宗泽不是用他的个人威望去收编他们的话，很有可能在短时间内，一个新的王朝就会冒升出来。

不管封建王朝是不是注定了都要腐烂变质，至少每一个王朝刚出现时，还是清新强力的。甚至压力越大，王朝的强度也会随之越大。

可宗泽把他们都收编了……收编之后还以此为最大的倚仗，去感召赵构回来。试问哪一个封建王朝的皇帝会投奔民间武装呢？这本身就是两个极端，水火绝对没法相容。

宗泽不招人疼，难道还不正常吗？要命的是，他自己从来没有意识到这些。

回到杜充，这人是一个标准的忠实下属，做什么都以上级的意志为准绳，他心里想的是怎样完成皇帝下诏书都没办到的事儿，比如解散民兵。可是要怎样解散呢？100万啊，这么多兵力挤在开封周边，就算有步骤听命令地往外疏散，都不是短期能办到的。

那就换个方式。

先说一下民兵们在开封是怎样分布的。王善的人叫后军，驻扎在开封城东的刘家寺；张用、曹成、李宏、马友等人的部队叫中军，驻扎在开封城南的南御园；岳飞、桑仲、马皋、李宝等人驻扎在城西。

三股势力里张用的中军人最多，达到数十万，他和王善是彻头彻尾的民间自发组织，没有半点儿的官方根基。在宗泽时期很独立，在杜充时期更独立，基本上指挥不动。

岳飞的人马有张所的背景，加上岳飞本人的忠诚，可以勉强算是官兵。

杜充的办法是用这些听他命令的力量去干掉不听他命令的力量。说白了，就是官方指定地点指定时间来场火并。

1129年，宋建炎三年正月十五日左右，杜充命令城西部队向南薰门集结，去城南的南御园杀张用。

这是用几万人去消灭几十万人，这种比例听起来根本不可能，可杜充就是这么干了。当天不仅张用早有准备，连王善都带人从城东头赶过来参加活动，这还有什么搞头，官方代表那边儿输得体无完肤，在一面倒的局面里，只有岳飞保持了胜利。他率领2000人，击败了几万人，还杀了对方的将领。

王善们胜利了，可开封城也待不下去了。几十万人一起离开，他们的目标是陈州（今河南淮阳）。杜充的官方惯性思维随即启动，他认为，杀了官方人的老百姓跑了，那就得追上去抓回来杀掉。

他又派出去几万人出城去消灭几十万人……这几万人被几十万人挤下了蔡河（今涡河），人马踩踏，尸体浮满河面，没死的被追到铁炉步附近，直到这时，民兵们才收队回营。

这次行动里没有岳飞，估计他是烦透了，再不想掺和进去。

建炎集团迅速发来了贺电，对杜充“净化”开封城的行为大加赞赏，认为只有这样，开封城才是适合官员们居住的环境。

赵构本人也很高兴，开始没日没夜地在后宫开工。不许笑，这是件很严肃、很神圣的事情，哪个皇帝上班了，都得这么干，儿子必须多，女儿也不能少，而赵构这时身边只有一个小儿子，身体还不怎么样，这让他实在心里没底。为了列祖列宗，他必须加班加点！

扬州城从这时起，变成了一个幸福的海洋，皇帝宰相们在里边快乐地游泳，游来游去没完没了，为了继续快乐，两位新上任的宰相联名发布了一道命令——不准任何人，包括各级官员，以任何理由，包括为皇帝的安全着想，去议论边防之类的事情；不准任何人散布扬州城不安全的言论；不准任何人以扬州城不安全为理由携带家产、亲人出扬州城！

这道命令生效之后，离着很远很远很远的北方，另一道命令下达。金军再一次大举南侵，目标直指扬州城、赵构本人。

这次的金军是金国二号人物完颜宗翰在辽西京派来的，兵力嘛……不算太多，五六千上下，全是骑兵。

这帮女真、契丹混成组团的骑兵直奔扬州城，从一定角度来看，非常符合突击、闪电、斩首之类的战术，他们把一切枝枝杈杈都抛在后边，包括开封城，直奔赵构和建炎集团。只要把他们拿下，宋朝的抵抗立即清零。

很英明是吧？其实真实的内幕是金国人也是迫不得已，实在是因为杜充是位空前绝后的大牛人物，任谁也惹不起。

金军的第一目标本来是开封城，可是没等兵临城下，也就是刚刚到黄河边上时，突然间河水奔腾咆哮决堤而出，黄河决口子了！

这是杜充干的，在开封城失去兵力之后，他迅速想到了这堪称唯此一招的应敌之法。这得有多么灵敏的脑子、多么巨大的决心、多么歹毒的心肠，才能下这种命令啊。赵佶、赵桓时代面临灭国之灾时，都没敢用这一招。

这次黄河决堤之后，滚滚浊浪向东漫过滑县南、濮阳、东明县之间，再向东经过鄄城、巨野、嘉祥、金乡一带汇入泗水，经泗水南流，夺淮河注入黄河。

上面这些不是罗列数字，它意味着黄河改道了。这是超级灾难，河南、山东、安徽、江苏一带的百姓淹死 20 多万，流离失所、瘟疫等原因造成的死亡人数近百万，无家可归沦为难民的近千万，北宋最繁华富饶的两淮地区变成废墟。再后来，黄河与淮河之间的这条临时通道一会儿通一会儿堵，几十年之间不被人力所修复，近乎永久性伤害。

……以上，就是宋朝官员杜充对宋朝土地、百姓所干的事。在他的心里，老百姓到底是一种什么样的存在不用多说了吧？他杀的宋朝人比一大堆的完颜们加在一起都不少！

不过，将他与赵构干的一比，上面的就不算什么了。

在扬州城的幸福气氛里，洪水的消息隐约传来了，官场轻微震动。黄潜善、汪伯彦在和名僧克勤探讨佛法，他们笑了笑，判定这是假消息（笑且不信）。

金军快速推进，所过州县一片恐慌。消息隐约传来了，官场、街市轻微震动。黄潜善、汪伯彦继续钻研佛法，笑了笑，觉得很假。

宰相的闲雅风度一脉相承，很有前面何栗的风范。当皇帝的赵构更加以身作则，他在皇宫里夜以继日地加班，和南国佳丽们讨论人生。时值二月的某一天，他谈性正浓欲罢不能时，突然一个太监见了活鬼一样地闯了进来，对他号叫说金军已经攻占了天长军（今安徽天长），离扬州城近在咫尺了！

赵构一下子蒙了，从胭脂粉香、肉阵成林突然间掉进了万丈悬崖、无底深渊。他怕了，吓得肝胆俱裂，脑子里闪出来的全是他老爹和他哥哥的凄惨生活，现在轮到他了，居然这么快！等他稍微回过点儿神来，想挣扎逃跑时，他发现了一个更加悲惨的奇异现状。

他痿了，身体的一部分彻底软了。这种瞬间打击换谁谁死梗。当然，现代医学告诉我们，这是意识性的，只要心理改善了，他还有救。但要命的是他怕死了金军，如果这是病根的话，他说什么也不敢面对，更别说什么去除了。

这时赵构没心思探讨这个，更没意识到这事会给他的人生、他的王朝带来什么影响，他只想着尽快离开，他得快点儿逃。他连通知宰执下达诏书的时间都省了，直接带上几个亲信太监，外加御营的都统制王渊，跳上马就往城外跑。

他有两个地方可以去，一个是运河，一个是长江边。运河最近水涸了，要等黄河的水来支援才能涨起来，这没用。他跑向了长江，据王渊保证，早就留下了后手，有大批的船只，船上有大批的物资，它们等候着皇帝，随时可以起航，渡过长江。

逃跑是迅速的、是恐慌的、是鲜血淋漓的，在这次突发事件中流的第一滴血、死的第一个人由逃跑者赵构制造。当时有一个御营士兵边跑边抱怨，说两大宰相不是保证啥事没有吗……他就不懂啥叫恼羞成怒以及被打扰的男人的起床气。

赵构一剑就捅死了他。

全扬州城的人跟着赵构跑向长江，几十万人堵在长江边，拖家带口进退无路，怎一个“惨”字了得。一天之后金军杀到，眼前的情况让这五六千女真骑兵陷入了迷茫，首先是分不出要先干什么，是到运河里抢船呢，还是杀光江边上的人呢？

运河里一溜50里长的干涸河岸上停着满满当当的船，船上全是金银细软绫罗绸缎；江边上十几里内挤着满满登登的宋朝百姓……先对哪个下手呢？

最终的结果是全光了。运河里的船没有黄河的洪水是漂不起来的，江边的百姓更是固定的靶子，金兵抢累了杀人，杀累了抢东西。

这是宋朝史上让人憋屈到神经错乱的一幕，它本是不会发生的。就算是黄潜善、汪伯彦之流再隐瞒实情、金军的行动再突然，也不会导致这样的惨剧发生。

因为突袭来的金军最多只有6000骑，长途作战，早已疲惫，退一万步说，哪怕他们保持精锐又怎样？赵构的御营兵马最少有10万人，这样的对比为什么要逃跑？为什么要跑得没有步骤、没有节奏、一个个都像赵构那样呢？

此时，御营里的人马包括岳、韩、两吴之外的所有中兴战将，居然狼狈到这地步，真是让人倍感不可思议！

于是乎，各种各样的传说应运而生，比如赵构著名的神迹“泥马渡江”。

传说里，赵构处于必死之地，而圣天子洪福齐天寿与天齐，自然有神灵护佑，一位神仙牵着一匹马把他送过了江。

人们认同这个传说，并且一致认定，这匹马不是金的、银的、铜的、铁的，它是由草和泥做成的，它是一匹神兽！

神兽事件之后，赵构一行人逃过对岸，到了镇江府。建炎集团全体都睡在大地的草丛里，只有赵构本人有一张貂皮当被褥。

接下来的问题是下一步去哪儿，太监们建议去杭州。杭州山水之美，是北方无法想象的；杭州的富饶基本上是开封富饶的根基；在战略位置上杭州比开封更理想，它处于没有冰封期的长江的外缘地带，在它和长江之间有众多的关联城市做缓冲，其间沟壑水道纵横，女真骑兵将受到空前的阻碍。

更妙的是，杭州临海，危急时刻可以随时乘船避难。这一点是整个北方无论哪座名城都没有的优势。综上所述，有什么理由不去杭州城呢？

因为工作失误，黄潜善被罢相，贬任江宁（今江苏南京）知府；汪伯彦也被罢相，贬任洪州（今江西南昌）知府。

一个南京市长、一个南昌市长。

因为工作失误，前首相、现任单州团练副使李纲不得赦免，不得出境……

刘光世、张浚等人被派到长江沿岸的重要地段，他们的任务是一边回收逃到南岸的御营士兵，重新组建赵构的亲兵队；一边跳过原地方政府，直接控制该地区，构建适合赵构生存的赵氏领土。这群人上路的时候心情很不好，因为他们再努力、干得再好，也被确定成了外围势力。在此时在将来，从地理位置上就被边缘化了。

对此，刘衙内等人是很失意的，他们眼巴巴地看着赵构在另一群人的簇拥下向更南边的杭州行进，那群人里有王渊，有宫女，有太后，有无所不能的快乐的太监。

当天在目送赵构一行人渐行渐远的队伍里，有一个人站在队伍的边缘，神色应该是风轻云淡的。他同样很失意，却并不失望。他只需要时间，只要时间够，就一定能挤进最核心的那个小圈子。

张浚。

这段时间里张浚又创造机会小升了一级，倒霉的人由李纲换成了韩世忠。说来也是韩世忠太倒霉了，他兴致勃勃地到处找女真人单挑或者群殴，正干得起劲，突然有人告诉他，说他的某个部下把一个当官的扔到水里淹死了。

那个官是言官……居然欺负到张浚的本系统内了，这还了得?

张浚火力全开，上纲上线，把这件事升级到了现有官员队伍的纪律问题上。某些人自恃有功，无所不为，比如韩世忠，不严惩他，国将无法!

于是，韩世忠被降级，观察使“丢”了。

这时他和刘光世等人在岸边送走皇帝一行人，之后各自分手，各奔前程，去当他们的外围分子。这时他们不会想到，命运、机遇会有多么神奇。

太监们率先进入杭州城，各种抢劫霸占，沉浸在久违的快乐中，把大兵们忘了。新宰相朱胜非紧急向赵构汇报，军队里很多人嫉恨太监，要出事了。赵构这段时间吃够了军队、战争的苦，他非常重视，立即命令解除大太监王渊的签发权，让他只担着一个虚衔，这样就能平息军队里的意见了吧?

可惜晚了。

第二天，王渊走到杭州城北桥畔，突然间桥下冲出了大批伏兵。

叛军把王渊拉下马来，刘正彦亲自操刀，当场砍下了他的人头。同时，哗变在城里各个地点爆发，100多个资深名太监身首异处。做完了这些，叛军带着众多人头向临时皇宫前进。这个时候绝大多数人都认为叛军们并没有很大的企图，之所以逼近皇宫，只是因为里边还有更多的太监以及太监中的精华，康履、燕珪、高邈、张去为、张旦、陈永锡等还没死，在皇宫里躲着。

毕竟斩草要除根，得把太监都杀干净。

赵构也是这样想的，所以当叛军逼近时，他并没有慌张。

当天接近正午的时候，赵构登上城楼，下面是一大片御营卫士以及100多颗血淋淋的人头。赵构很镇定，他手扶栏杆，向下面招呼，要苗傅、刘正彦出来觐见。

苗、刘出来了，向他三呼万岁，跪倒磕头。

……情况似乎很正常，赵构感觉良好，他决定把场面做足，于是问事情是怎么回事，爱卿们从头说来。

苗傅真的听命令了，他站起来，要求把太监们交出来，全都杀了，向三军谢罪！

赵构窘怒交集，就是不交，这不是一两个太监的问题，是皇帝的权威在倒塌，一旦这个也软了，他就真的萎到底了。

双方就此僵住，时间一点点过去，皇城外的叛军们渐渐地失去耐性，从刚开始的嫉恨到杀人的兴奋到和皇帝顶牛的癫狂到逐渐不安起来，很快就会被恐惧压倒，做出极端的事来。

赵构敏锐地觉察到这一点，当机立断，派人把康履绑到城外。苗、刘就在他的面前，把康履先腰斩再斩首。

做完了这些，赵构还有奖赏。升苗傅为庆远军承宣御营都统制，刘正彦为渭州观察使副都统制。怎样，大家人也杀了，气也出了，是不是可以回军营休息了呢？

苗、刘商量了一会儿，向赵构提了一个问题——陛下，你觉得你当这个皇帝合适吗？如果钦宗皇帝从北方归来，你让他处于什么位置？

赵构心里一片冰凉，巨大的危险向他逼近，比金兵临近扬州城时更让他警觉。怎么办？他紧紧地闭住了嘴，不做任何回答，同时把目光投向了新任首相朱胜非。他不知道这个人能为他做什么，但此时此刻，他自己已经无能为力了。

朱胜非顺着绳子滑到城下，与苗、刘面谈，劝他们别把事做绝，给赵构也给他们自己留一条后路。对此，苗、刘很认同，他们提出一个建议。

请孟太后，也就是宋哲宗的废后隆祐太后垂帘听政，和皇帝共同治理国事。

这很好，朱胜非欣喜、赵构惊喜，垂帘听政太好了，尤其是孟太后如此善良低调，由她听政，一定会比当年的曹太后还要温柔。

他们立即同意，当场写下诏书，给孟太后合法的政治地位。可是当宣读诏书，表示立法生效时，苗、刘两人却慢吞吞地说了一句话。

太后是孟太后，这没错，可谁说与太后共同治理天下的皇帝是你啊？我们说的是当今的皇太子赵旉。

全场呆滞，赵旉是赵构的独生子，时年3岁。

往事一幕幕地在他眼前出现，现实让赵构清醒，这个纨绔生的纨绔终于意识到了一件事，他不能因为自己有个什么什么样的高贵血统，就能在亿万人之上随意作威作福，想干什么操蛋事都随便。人世间是有界限的，谁做得出格都得退场。

他父亲太混账了，结果在异族人那儿受罪；他太混账了，本国人也能造他的反！

这时他派人去后宫请孟太后，只能把希望寄托在这个老妇人的身上。一会儿，孟太后到了，赵构向旁边躲闪，站到了一根柱子旁边。有官员请他在原来的座位上落座，赵构摇了摇头，轻声说："不能坐这里了。"

孟太后没有走上城头隔着老远和叛军说话，而是直接开城，与苗、刘面对面。她没有妥协，而是说天下大乱，强敌当前，你们要我一个老太婆抱着3岁的娃娃决断军政大事，怎能号令天下！敌国知道有这种事，会更加轻视欺凌我们。

言外之意，这么搞大家都有好处。

陷入僵局。同样僵住了，孟氏没像赵构那样要么硬顶要么软蛋，她有第三条路走。隆祐太后转过头来看首相朱胜非，这时正是要大臣挺身而出做决定的时刻，相公为什么一言不发？

历史证明，这句话是决定性的。赵构真的命好，他在南渡之后第一时间把朱胜非提到首相的位置上，原只是把应急品当过渡品用，却没想到这是他的急救包，没这人，历史绝对会改写。

这时，朱胜非什么话也没说，转身走回了宫里。那样子真像是黄潜善、汪伯彦的接班人，遇见事儿就躲，一句话都不敢说。

他成功地迷惑住了苗、刘叛军，从这时起，他们认定这个人是懦夫、孬种，不必在意。可实际上呢，稍加一句，朱胜非的业余爱好是看小说，当时是宋朝，各种污秽糜烂的明清小说还没问世，能看到的都是唐朝作家写的。

唐代小说，写的是传奇、热血、仇杀、信义，就算是情爱，也一定会惊天动地。一个人每天脑子里装着这些，做出来的事也就可想而知了。

朱胜非悄悄地找到赵构，两人悄悄地聊了一会儿，接着一道诏书下达。赵构全部同意叛军的要求，从即日起，孟太后垂帘听政，皇太子升级当皇帝，他退位并且立即搬出皇宫，到显宗寺里借宿。凡是叛军点名的太监全都流放，一个不留。

叛军全面接管杭州城。在苗、刘看来，老太婆当权、小孩子上朝，赵构躲进和尚庙里，庙里安保水平比皇宫差远了，随时都能杀掉他，至于太监们，一个个被流放出城，一个个被半路截住，都杀作两段带回城里示众。

威风凛凛！

之后，苗、刘给自己升官，苗傅做武当军节度使，刘正彦是武成军节度使，再安排两个政治友人升任宰相、尚书。

两人还决定给杭州城外的同事们定定性。韩世忠当御营使司提举，刘光世是世袭大衙内不必再升，张俊当秦凤路副总管，命他带 300 名大兵即日起程回西北老家去。

其他人以此为例，不管是升是降，一律不许靠近杭州。

做完了这些，苗傅、刘正彦觉得江山已定，可以安安静静地享受人生了。

苗、刘之变是赵构的一次劫难，对建炎集团是一次洗牌，很多很多的人身败名裂，可另一些人却因此而飞黄腾达，一步登天。

比如张浚。

这位两年前还只是个边缘京官的小人物，突然之间变成了核心人物。这是一个很怪异的现象，人与人之间的交往有时是没道理的，要不怎么才能解释，以他微薄的官场资历、没有半点儿军事生涯的过往，就会有那么多的人主动来投奔他呢？

先来的是张俊。

这位老西北军没门第没关系，到哪儿都有小鞋穿，哪怕是造反派都不待见他。对别的人，苗、刘是用官收买，就地发财，对他，居然是带着300名大兵回西北。

张俊带着8000名士兵上路，投奔平江府的张浚。当他到达平江的时候，发现这里很平静，基本上没有人知道杭州城发生了什么。

苗、刘的文件传达过来了，可是被张浚扣压，不对外公布。

张俊来投靠有求援的成分在内，还不算离谱，下一个就很不寻常。江宁（今江苏南京）府的吕颐浩派人来联络他。

吕颐浩，字元直，山东乐陵人，进士出身，南渡以前做过河北路都转运使，相当于一省之长。这是出将入相之前的顶级高官。这样的人不仅主动伸手，而且还带着一万名士兵上路，声称与平江联手平叛。

第三个是大衙内刘光世。

刘光世在镇江，他紧张地左右观望、细心衡量，发挥自己听命令不听命令都能达到利益最大化的特长，再决定到底是听谁的。

张浚的命令很快到了，他以礼部侍郎的官阶，命令奉国军节度使刘光世率本部人马勤王，立即起程与吕颐浩会合。

刘光世一拍大腿，目光雪亮，听这个了！

有这些底牌之后，张浚并没急着动手，而是悄悄派人去了海边。杭州临海，要是突然有水军从海上突袭，相信效果不错。他下令大量造船，克日完工。

他这么搞，杭州城里没法不发觉。苗傅终于感觉不对劲了，前些天的确做得有些缺心眼，怎么能把那么多的实力派往外推呢？

得收回来。

他发布命令，升张浚为礼部尚书，带平江兵马来杭州述职。张浚把官衔收下了，至于回答，他派张俊带着 8000 名士兵到吴江驻守，切断杭州城的出兵方向。

眼看双方就要打起来，突然之间又都停了，不管是张浚还是苗、刘，一下子都偃旗息鼓缩了回去，原因是有一个人出现了。

韩世忠，这位老兄是中兴四大将里第三个过江的，由于在江边有很多御营走散的人马，他守在了盐城（今江苏盐城）收集了不少，实力壮大之后才去杭州。张浚的运气非常好，及时发现了他，一封信召了过来。有了韩世忠，一切都不一样了。韩世忠已经是宋军公认的第一强人，多年来战功赫赫，尤其是最近，杀金军如屠狗。

战绩是威望，他的出现让双方都重新制订计划。在张浚一边，张俊不必突前，要换人。以韩世忠的突袭能力，方腊躲进老巢里都能单人进去掏出来，不用他用谁。

韩世忠从平江出发，率军到达秀州（今浙江嘉兴），在那里声称得病了，要休养，同时大批采购打造攻城器械。

这让苗傅、刘正彦心惊肉跳，过去的七八年时光可以证明，谁让韩世忠惦记上了准没好果子吃。想了很久之后，叛军一致决定，还是要挟他吧。因为正巧有个可以要挟他的人在杭州城里。

韩世忠的妻子梁红玉在杭州城里。这和印象中有点儿出入，传统印象里梁红玉始终跟在韩世忠身边，他们形影不离，既是夫妻，更是战友。

这没错，但是要有个经过。在不同的时期，梁红玉给韩世忠的帮助是不同的，截止到这时，她是韩世忠官场上的灯塔。

老韩是个粗中有细的人，该清醒的时候绝不糊涂，他一边打着仗，以绝世军功扬名天下，另一边悄悄地把老婆安插进建炎集团内部，甚至是皇宫深处，和皇妃、太后们打成一片，时刻保持着和顶级官职的亲密关系。在这一点上，刘光世都比不上他。

苗傅、刘正彦决定抓住梁红玉，逼韩世忠投降。

朱胜非得到这个消息之后，两方面衡量了一下，觉得在宋朝灭亡、赵构南渡、兵变倒台、御营人马全叛变之后，把宝押在一个军人的所谓忠诚上，尤其是这个军人还从来没见过面，实在是太疯狂了。

绝对不能让要挟成立。

他去找苗傅聊天。这些天他经常和叛军内部的各种人聊天，基本上随意出入，想见谁见谁，叛军都不把他当外人。

朱胜非对苗傅说，你为什么一定要把韩世忠推到对立面去呢？做事情要看本质，其实你和韩世忠很像的，都很能干又受压榨，应该很有共同语言才对。

苗傅想了想，点头。

朱胜非说，有再好的共同语言也要交流，要和韩世忠交流，谁能比韩世忠的老婆梁红玉更好呢？嗯，别瞪我，就算没效果，也只是送去一个女人而已……很大的损失吗？

苗傅想了想，点头。

朱胜非说，但是你不能就这样送出去，既然要示好，就要给足钱，你不妨给梁红玉一些好处，也算是给韩世忠的面子……安国夫人怎么样？

苗傅想了想，又点头。

那天，朱胜非离开军营，走在杭州的大街上，突然仰天长叹了一声——唉，这俩货真是死笨死笨的啊（“二凶真无能之辈”）！

梁红玉纵马奔驰一昼夜，从杭州赶到秀州，除了自己安全之外，还带来了杭州城里的最新动态以及孟太后、赵构对勤王部队的要求。

韩世忠很高兴，这符合他所有的心意。比如老婆安全，比如忠君勤王，比如他在建炎集团高层的正面形象，哪一点都堪称惊喜。

张浚很满意，皇室都安全，知道他在干什么，这两点足以保证他之后计划的实施，简直太理想了。同时吕颐浩、刘光世已经会师，正向平江赶来，他手里的军队在急速壮大。

这感觉太好了，是张浚梦寐以求的。

平叛军队以韩世忠为前军，张俊为两翼，刘光世为游击，吕颐浩、张浚为中军，刘光世部下殿后，发兵杭州。

要注意的是刘光世的部下，这是个奇妙的、独一无二的现象。刘光世本人打仗很一般，甚至很懦弱，但他有本事找到强悍的、精锐的部下。他的部下在中兴四大将里仅次于岳飞帐前的那些传奇名字，连韩世忠都没这样的班底。

而这样的部下，居然会毫无保留地听从他的命令。

平叛军在半夜时冲进杭州城，苗、刘两人带着2000名亲兵从涌金门逃走，向福建方向流窜。不久之后，大批的官军在韩世忠、刘光世的率领下追击他们，直到把他们生擒活捉，带回杭州城，处以磔刑。

这两个人的动乱就此结束，由于两人的造反水平实在太差，把叛乱搞得像闹剧一样，所以实在是没法总结。但它的意义重大，直接影响了宋朝的历史进程。

有五个人浮出了水面，成为顶级权贵。

先是三位大将军，张俊、韩世忠、刘光世正式走上前台，分别成为御营的前左、右军都统、副使。这和他们以后的番号直接挂钩。

之后是宰执换届。

朱胜非在平叛之后第一时间提交了辞呈，说自己兵变前没能提防，兵变中没能自杀，实在是不纯洁，尤其是还和叛乱分子多次闲聊，显得立场小有摇摆，他提请组织严肃处理自己。

赵构表示赞赏，爱卿堪称职场楷模，朕很感动。

朱胜非暂时下放，接替他的是吕颐浩、张浚。吕颐浩开始了他荣耀的首相生涯，他将以其标志性的粗暴大胆风格来统治南宋初年的官场。

然而，他是次要的，他再怎样粗暴大胆，对一个王国而言，都只是一只小蚂蚁，有各种各样的官场条例限制他，让他只能在条条框框内部生存。

张浚不同，他一步登天，成为勤王部队总司令之后，担任了另一个更加重要的军职。这个位置成就了他帝国第一军人的实权，进而影响并改变了一个时代。

张浚升任知枢密院事。这一年他 33 岁，宋朝自从寇准以来，再没有比他年岁更小的宰执大臣了。这还不算什么，头衔而已，看他的实缺。

张浚宣抚川陕，许便宜行事。

也就是说，他是实际上的四川、陕西两地的主事人，军政大事随他心意，想怎样就怎样。这是无与伦比的权力，纵观此前宋朝近 170 年间，我想不起谁曾经这样显赫过。

# 第二十四章　搜山检海捉赵构

张浚西行，壮怀激烈，无论是当时还是后世，哪怕是最激烈的反对派，都承认他与金人有不共戴天之志。

他要做的事很大，需要一个很长的过程，要在一年后才有结果。这时，世界的焦点仍然在赵构身边。这时的赵构 23 岁，短短的三个月之间，他经历了溃败、追杀、丧失性能力、政变、被逼退位等一大堆人生惨事，实在是衰到了极点。

痛定思痛，他认识到一些自身的问题，变得懂事多了，比如说他下了罪己诏。这回再写，他态度前所未有地认真，说了些实在话：

> ……昧经邦之远图，昧戡乱之大略，无绥人之德，失驭臣之柄……当深自修省，悔过责躬，逆耳忠言，钦而必受。

他说自己不懂怎样治理国家，不懂镇压叛乱的办法，没人品没人佩服，臣子们都不听他的，以后什么都改！

话说到这份儿上，没法更深刻了。可惜老天爷仍然没有原谅他。时隔不久，他的独生子生病了，全皇宫里的人小心翼翼地侍候着，结果小心出大事，一个宫人一脚踢翻了一个鼎。惨了，铜鼎撞在砖地上，成年人都会吓一跳，何况是病中的小孩子。

3 岁的赵旉当场吓得抽搐，赵构大怒，命人把那个宫人拉出去立即砍了。结果屋外边人头落地，屋里边儿子也咽了气。

赵构死儿子，等同于寡妇死儿子，这下子彻底没搞头了！他悲从中来，不可断绝，好几次在宰执们面前号啕痛哭。

当然，他在哭之前交代了，绝大部分是为了他爸他妈他姨他哥哭的。

再怎么难受也得生活，赵构擦干了眼泪为安全问题沉思。他想了很久之后，给金国写了几封信。信的开头部分是精华。

他这样写："宋康王赵构谨致书元帅阁下。"

以前是：“大宋皇帝构致书大金元帅阁下。”

低调到了这地步，比当年南唐李后主还要低，至少李煜还自称南唐国主。而金国给出的回应是，你稍等，再过几天我们就发兵入侵，这回领兵的是你的新朋友完颜宗弼。祝相识有缘，祝天长地久！

时值七月，金兵南下的消息越来越多，赵构迫不得已做了两手准备。他恭请孟太后带着他的绝大多数后宫、全部皇室成员离开杭州，去洪州避难。

另外，他把开封以南直到长江边的一大片超级广阔的土地托付给杜充，这一片土地的重要性、幅员的辽阔性，在某种程度上比川陕加在一起都大，也就是说，张浚刚刚创造的最大节制权力指数被打破了。

杜充发誓和金军死战到底。

不久之后，金军出动，离开封城还很远，杜充率领留守司主力出城，快速向长江南岸逃窜。速度很快，到南岸了。

开封于1130年，宋建炎四年二月陷落，这座人类有史以来最辉煌、最富庶、最文明的旷世巨城，已经满是断壁残垣，变成人间地狱了。至于曾经的百万人口，也只剩下了几万人，其中的壮年男子，只有几千人。如果有谁走进去，除了遍地的饿殍死尸之外，什么也不会看到。

这就是杜充的“功劳”。

既有“功”，必得赏。赵构升杜充为同知枢密院事，升官制里写道，杜充“徇国忘家，得烈丈夫之勇；临机料敌，有古名将之风”。

杜充居然是烈丈夫、古名将！

可惜的是名将兄不领情，当这份升职报告颁布之后，杜充立即得了中风，起不来床了。此人声称出于身体原因，没法办公，自然也就没法上任。

赵构闻弦歌而知雅意，明白这是杜充嫌官小，这好办，一道圣旨下去，杜枢密从西府升入东府，成为副宰相。

杜充的中风瞬间痊愈，四天之后高高兴兴地上班。他以副宰相之职兼领江、淮宣抚使，统兵十余万，镇守建康。

两个月后，金军渡江攻击建康，宋军迎战，岳飞在都统制陈淬治下激战于马家渡渡口。当胜负未分之时，宋军有人临阵逃跑，导致全军大败。

岳飞收拾残部后，发现主将大人不见了。后来证实，杜充到了北岸，已经是金国人了。

完颜宗弼挥军疾进，渡江之后直追赵构，从建康到临安，从临安到越州（今浙江绍兴），从越州到明州（今浙江宁波），赵构觉得不好，逃往定海，完颜宗弼脚前脚后地到了，赵构下海。

船一直在海里尾随建炎集团，说实话不到最后关头，谁也不愿下海。那不只是安全问题，更是一个政府的形象崩溃，只有在灭亡关头，才会走那一步。

赵构顾不得了，他乘船入海，第一个目标是温州。运气很不好，这么点儿路，还在海岸线边上，居然遇到了大风雨，把他的船队吹散了。

他的兵力急剧下降，别说是金军了，遇上海盗都可能出事。大风雨过后，年关临近，赵构非常准时地遇到了所谓的“送年风”，即一连多天的舒缓南风。船撑足了帆仍然慢悠悠地走着、走着、走着，赵构欲哭无泪，这速度比牛跑得都慢，金军一定会追上来的！

1130年，宋建炎四年正月初一，赵构的船队在海中下碇停泊，君臣过新年，唯一的快乐是一尾海鱼练弹跳，不小心蹦进了船舱里。随行的吴夫人，也就是后来的宪圣慈烈吴皇后连忙恭喜，说这是“周人白鱼之祥也”。

君臣大喜。

因为周武王也坐过船，也有一条鱼蹦进船舱，之后武王得胜，成了天下共主。可那是武王去进攻商朝好吧，不是被商朝撵得满海乱跑！

初二很平静，初三时无论如何都得靠岸了，因为没吃的，赵构快饿死了。他步行上岸，亲自找了个小庙进去要饭吃。

和尚拿出五个粗粮饼，赵九弟一口气吃了三个半。

如此凄惨窘迫，还得再回到海里忍着。赵构的船队在温州的沿海一带漂移，时刻改变航线、泊点，这种日子一直持续到二月中旬才告一段落，赵构上岸了，住进温州州衙。

因为完颜宗弼终于撤军了。

这个完颜与以前的那些很不相同，似乎打仗成瘾。他追了赵构一路，沿途每战必胜、每攻必克，从长江边一直追到昌国县，还是不罢休。

他抢了很多商船，组建水军，明知道自己的手下水性不怎么样，还是下海去抓人。结果迎头遇上宋军枢密院提领海船张公裕，业余的被专业的痛打一顿，才清醒过来，从此离海远远的。

据说当时完颜宗弼很不甘心，他向海中遥望，发现隐约间有一座小山。他问当地人那是哪儿，回答叫阳山。他苦笑了，说当年唐朝西征，打到了阴山。这回我东征，到阳山了，也该止步了。

于是撤军。

撤军路上一路烧杀抢掠，明州、临安等中国南方的超级大城被洗劫，抢光之后，完颜宗弼屠城，杀光之后纵兵放火，尽可能地烧成一片白地。

抢的东西太多了，只好走水路。金军沿着运河北撤，连带着破秀州（今浙江嘉兴），取平江府，占常州。截止到这时，完颜宗弼的这次军事行动成功到完美的程度，他千里行军战无不胜，追得宋朝的皇帝赵构无所躲藏，史称“搜山检海捉赵构”，堪称是女真人战史上的奇迹篇章。

真是太牛了。

只不过他前面不远的地方叫镇江府。

镇江府地处长江三角洲的西北部顶点，其东南一侧是地势极为低平的太湖平原，水网密布，沟渠纵横。本身正好相反，绝大部分土地是丘陵地带，宁镇山脉、茅山山脉都在境内。

山脉之间是中国南方最重要的水系。

长江、京杭大运河在镇江府境内交汇。这样重要的地段，注定了是兵家必争之地。完颜宗弼在接近时是非常小心的，他派人四面打探，知道了一个消息。

附近最强的宋军是浙西置制使韩世忠，这人他早有耳闻，的确堪称劲敌。但是据可靠情报，此人这时正在秀州张灯结彩，大过元宵节，来庆祝金军终于撤军了。

……可见也不过是个胆小偷生之辈。

抱着这种观感，完颜宗弼驾驭着庞大的船队从京杭大运河驶出，进入长江水系，停泊在焦山、金山之间。那一天的傍晚，完颜宗弼是非常军事化的，尽管有这样那样的把握，对宋军那样这样的蔑视，他还是做了战事准备。

他看到金山上有座庙，据称是“镇江金山龙王庙”。那里是地势制高点，登上之后足以观察整片区域。于是，他带上四员战将，和他一起骑马向山上跑去。

月色皎洁、江水潮生，完颜宗弼离龙王庙还有一段距离，突然间一阵鼓响，从庙里冲出一大批宋军的伏兵。

在他身后的岸边上，更多的伏兵四起，断了他的后路！眼看着连同完颜宗弼在内的五个女真人落入重重包围，只要合围成功，他难逃性命。

可惜的是，庙里的人出来早了。按原计划，是岸边的伏兵先起，断了后路之后，才由庙里的伏兵抓人。这时完颜宗弼惊觉，玩了命地往外跑，他身边连续被射倒两个将军，他跑；他从马上摔下来，摔得鼻青脸肿，他更快地跑。

终于还是跑出去了。

回到大营后，完颜宗弼什么都明白了，他被韩世忠耍了。秀州的花灯是个烟幕弹，韩世忠早就带人到了镇江，甚至料到了他一定会到区域制高点去瞭望。

能逃过这一关，真是意外，那本是必死之局。

惊恐之后变愤怒，完颜宗弼居然愤怒了，他一路烧杀抢掠无恶不作，这时只是被受害一方偷袭了，居然愤怒得要死。

他写了一封战书寄给韩世忠，是爷们儿的约个日子死磕，看谁打得过谁！这个提议被韩世忠愉快接受，历史证明，谁的挑战都一样，韩世忠这辈子没在任何一次挑战面前㞞过。

1130 年三月十七日左右，宋、金两军在金山一带的长江水面上展开激战。双方的兵力从数量上看完全不对等，完颜宗弼也就是金兀术一方是 10 万，韩世忠只有 8000 名。不过这不重要，一来韩世忠习惯了，他跟谁打架都没在人数上占过优势；二来这一战发生在水面上。

韩世忠有备而来，带的船形体高大，船帆巍然，是标准的战舰，有些甚至可以下海出洋。反观金兀术一边，他的船都是从江南抢的民用船只，里边装满了抢劫来的物资，哪怕是一条小舢板他都不嫌弃。

那一天的江面上，韩世忠的水军在一群一群的金军小船间横冲直撞，看惯了现代战争大片的人或许想不出是什么场景，个人觉得，那大概和浴缸撞翻洗脚盆的效果差不多。只不过兵力对比实在悬殊，十万对八千，就算再软，蚂蚁多了还会咬死大象。

关键时刻，安国夫人梁氏击鼓助战，宋军勇气倍增，把金军压回南岸，激战中连金兀术的女婿龙虎大王也被抓住。

惨败之后完颜宗弼本性暴露，他的勇气不见了，所谓决战的决心更没有了，他只是个恃强凌弱的抢劫犯而已，这时被打得太惨，第一反应就是求饶。

金兀术派人去见韩世忠，说把抢劫来的所有财物还给你，向你买条回北岸的道，成不？

不成！

金兀术加价，把金营里最好的战马献给你，当作赔偿，行不？

不行！

求饶不成，金兀术决定溯江而上，他有这么多船，就不信韩世忠那点儿人马能把江面都遮盖住？只要有空隙，就能划到北岸。

两军沿江激斗，且战且行，韩世忠真的就用这么点儿兵力把金兀术的人马死死摁在南岸边上，等于是裹挟他们向上游驶去。

前方不远处，就是黄天荡。

黄天荡是长江分流出来的一部分水道，前面没源头，河道很窄，淤泥杂草遍布。

这样一个死胡同，是块天生的绝地，金兀术这个外地佬半是路痴半是被逼，进去之后突然发现不对，想出来时，韩世忠的水军已经“盖”住了江面。

好，关门打狗啊！

金兀术惨了，这时他的10万大军都坐在一只只小舢板上，他好点儿，在一条大点儿的商用船上。想冲出去，刚刚还被压着打，一路压进了烂泥潭，拿什么冲；想上岸，周围全是淤泥，别说穿着盔甲骑着马，就算脱光了去爬，也得陷进去。

金军惊惧交集，束手无策，堵在荡口的韩世忠也有点儿挠头。截止到这时，他做得堪称完美，之前的惑敌、斩首、激战、压制，每一步都做得太漂亮了，可是这最后一击却打不出去。

没办法，八千对十万，实在太悬殊了，真要逼急了，鱼或许还没死透，他这张网就会破。当此时，韩世忠很镇定，他清楚自己的优势无可动摇，那么就耗下去，让惊惧、饥饿、疲劳拖垮金军，当达到一个临界点时，才全面出击。

这些金兀术也知道，可他没办法，靠他身边的力量已经没法自救，他选择等，等江北的金军得到战报，派水军来救他。

双方就这样耗了下去，时间一天天过去，一连40天，一点儿改变都没有。快一个半月了，金军方面可以理解，古代通信缓慢，江北就算知道消息，组织水军来助战也得有个很长的过程。可是宋朝一方呢？长江以南都在宋军的控制下，为什么就没有人来帮韩世忠一把呢？

这个疑问折磨了汉人800多年，真是越想越来气。究竟是什么原因呢？很简单，就是真的没有人了。宋朝南渡的兵力既少又分散，只有两支堪称完整，一支被赵构随身携带，另一支是杜充的人马……建康之战后，全都散了。

于是，只能是韩世忠一个人挺着，等着金军士气消沉、战力低落。

如他所愿，金兀术已经快憋屈死了。这个人怎么也想不通，他比他的父辈、兄长们都努力得多，甚至有理想得多，可为什么上天总是要捉弄他呢？

他要胜利、要荣誉、要全胜，每每也能摸到了边儿，但总是擦肩而过，往往随之而来的还有莫大的屈辱。这都是为什么啊？

他在淤泥潭里呆呆地坐着，不断地想，啥也想不出来，什么也干不了，这样子非常像等死。屈辱愤怒中，某个当地人出现了。

历史会证明，汉人是金兀术的福星，每当他生不如死时，总会有个汉人不知从哪儿跳出来，把他捞出苦海。这时这个当地人告诉他这块烂泥潭是有出口的，叫老鹳口，只是年深日久被淤泥掩盖，只要顺着方向去挖，一定能重回长江。

当晚，金军全体出动挖烂泥，一夜之间挖出去30里路。第二天早晨时，他们进长江了。韩世忠发觉后来追，在长江口处被一轮空前密集的火箭射了回来。

黄天荡之役，到此很像是已经结束，金兀术咸鱼翻身逃出生天了。可惜，故事还没完。当时是五月，金兀术下令全军向建康出发，据他回忆那里还是金占区，他们可以在那儿好好休养一下，再想着渡过长江到北岸老巢。

五月初十，金军到达建康城西北 15 里的龙湾镇，突然间遭遇宋军的攻击。这一次的攻击是金兀朮有生以来遇到的最猛烈的一次。来敌只有 300 骑兵，2000 步兵，居然正面冲击他的 10 万大军。数字是荒唐的，战局像噩梦似的，庞大到 10 万骑兵的军团居然被这 2300 人击溃！

这是宋金开战以来，甚至是女真人起兵以来前所未有的事，它在女真人最荒诞的梦里也不会出现。女真人……“女真不满万，满万不可敌”的！可它真实地发生在金兀朮的面前。

要脸面的、追求荣誉的完颜宗弼本性再一次暴露，他被吓着了，立即下令全军后撤，玩命地跑回到老鹳口。他清晰地分析出，这支人马比韩世忠的水军更可怕，无论如何都不能与之力战。

他宁可重新坐船返回黄天荡，也不想面对这支军队。当天，他登船折返时，看到岸上宋军的战旗上标出的主将姓氏。

那是“岳”字！

在民族最危险的时刻，岳飞终于有了自己的军队。这支传奇的、拥有汉地几千年以来最强威名的军队，是在千辛万苦的磨砺中自发形成的，它的起源，要追溯到开封城还没有陷落的时候。

那时岳飞已是一员威名赫赫的战将，他披坚执锐转战千里，深入敌境所向无敌，是江北宋军中首屈一指的强者。

这让他在战士的心中有巨大的威望和号召力。但是限于身份，只是一员战将，他没有决断权。当杜充放弃开封逃往江南时，岳飞苦劝：“中原地尺寸不可弃，今一举足，他日欲复取之，非数十万众不可。”

历史证明他的判断有多么正确，可杜充根本不听。全军起程时，岳飞只能随波逐流，难道他能再一次违命抗上，重演脱离王彦的事吗？

建康城外马家渡渡口之战，面对10万金军，杜充只派出都统制陈淬率领岳飞、戚方等战将统兵2万出战。众寡悬殊但众志成城，金军没有占到便宜，岳飞当时率领右军与金国的汉军万夫长王伯龙部对阵，此人曾是宋军中的大将。

战事胶着，宋军死战不退，希望寄托在后续的增援部队上，可偏偏是增援部队出了错。增援部队临近战场突然逃跑，带动整个战阵松动。宋军败了，主将陈淬战死，其余诸将溃逃，只有岳飞率部死战，全军退守建康城东北角的钟山。

建康城中金兀术留下了几千人马驻守，他本人去南下搜山检海。这是个不错的机会，但岳飞所部伤损太多，人数锐减，短时期内已经不能征战。当此时，岳飞迫切地渴望强大的军力，这要怎样得来？他把目光远远地放开到长江南岸的整个周边。

有打散的宋军，有自发的民兵，有盗贼，这都是可以收编的力量。他要一边扩展实力，一边四处游走出击，歼灭金军散布在江南各州县的兵力。

岳飞最初选择了广德军。广德，是现在的安徽省广德桃州镇一带，宋朝时隶属于建康帅府，他仍然没有离开东京留守司军的作战区域。

在广德军岳飞六战六捷，俘虏王权等金军汉人部队将领40多名。之后转战宜兴，在这里他收编了多支盗贼部队和金军强征来的河北伪军，常州方面的官军也来会合，他的实力由此大增，岳家军的雏形出现了。

四月二十五日，岳飞开始了收复建康之战。最先的战斗发生在建康城南30里的清水亭，这时在不远处金兀术已经被韩世忠逼进了黄天荡里，算时间，不是金军第一次在宋军手下战栗，可是论战绩，清水亭一战才是金军最初的噩梦。

岳飞所部首战大捷，斩得耳戴金、银环的女真人头175级，活捉女真军、渤海军、汉儿军45人，金军大败逃跑，尸横15里。

岳飞乘胜进至清水亭以西12里的牛头山扎营，入夜派敢死队身穿黑衣突袭金营，再次大胜。等金兀朮昏头昏脑地从老鹳口爬出来时，岳飞正好运动到建康城西北 15 里处的龙湾镇，以 2300 名兵力跟他打了个招呼。

一生的死敌，今日初见！

金兀朮被压回黄天荡，建康方向一片坦途，岳飞长驱直入，收复建康。

在另一端黄天荡深处，金兀朮刚刚在长江口露面，就又一次郁闷了。他发现韩世忠居然没走，还一直在原地等着他……他实在是想不通，这是为啥呢？懒惰、懦弱、迟钝、开小差成风的宋朝人什么时候变得这么执着了呢？

死心眼！

韩世忠终于再次等来了自己的战机，他像有预感一样一直守在江心不退，果然等到了金兀朮再一次露头。可是这一回与上次不一样了，上回是他和金兀朮单挑，尽管是以八千对十万，可仍然是两军对决。这一次江北的金军已经做出了反应，金军大将孛堇太一率大队水军集结至真州（今江苏仪征），准备接应金兀朮渡江。

江北孛堇太一、江南完颜宗弼、江心宋将韩世忠……形势空前险恶，从兵力上看，对比的劣势无以复加；从形势上看，两岸夹击，韩世忠地处江心，堪称绝境。

可韩世忠居然兵分两线，同时压制大江南北两岸，让金军束手无策，只能隔江相望。

韩世忠的强硬，让完颜宗弼理解为赤裸裸的侮辱。回顾整个女真历史，啥时候被人蔑视到这种地步？作为一个有尊严的女真人，他怒了，哪怕前几天还低声下气地请求饶命，他仍然愤怒了。

在一个晴朗的早晨，他集合全部船只冲向了江心。对面的孛堇太一紧跟着行动，韩世忠你不是两边一起压制嘛，那好，现在两边一起夹击。

三支舰队在江心汇集，一片混乱之后，金军的船一艘接一艘地底朝天，翻在了江心里。金兀朮傻眼了，他满脑子里还是 40 天前韩世忠的作战力度，怎么几天不见变化这么大了？

韩世忠再次证明了自己的聪明，在他的一生里，无论是打仗，还是人生，都会处理得非常妥帖、巧妙。比如这一次，他在间隙期间赶造了一批用长锁链连接起来的大铁钩，大批量地装配到每只战船上。开战之后，宋军把铁钩扔在敌人船舷上，用力扯拽铁链，金军的船立即侧翻。

根据双方舰船的大小对比，金军翻得一点儿悬念都没有。当天眼看着江上长风呼啸，韩世忠的船鼓起风帆往来如飞，他们的船一批批地倒下来，金兀朮再一次崩溃了，他下令撤退，两边都退，再次派人去见韩世忠，谈谈怎样交买路钱。

见面之后金军使者直接㞞到底，他“祈请甚哀”，请韩世忠放他们一条活路。韩世忠觉得火候到了，亮出了自己的底线。

“但还我两宫，复我疆土，则可以相全。”连皇帝加土地，全都还回来，才给你条活路。

金军使者沉默了，这是女真人举国拼命多年才赚到的，一个四太子的死活真的能与之对等吗？他觉得没搞头，转身走人了。

完颜宗弼郁闷，恐惧与羞辱，生存和死亡，他不断在心里盘算，到底是答应还是不答应呢？就算答应了又是还皇帝又是割土地，往来周转得多少日子，耽搁下去他非常有可能直接交待在长江南岸！要是不答应，眼前这一关都过不去……该死的韩世忠！

他暴跳起来，决定无论如何也要面对这个野蛮的、不通情理的汉人。

可是在哪儿见呢？他是说什么也不敢在江面上近距离靠近韩世忠，于是提议在陆地上见面，那样他身后边至少有10万个保镖。

韩世忠会不会上岸呢，这是个问题！在他想来，只要韩世忠上岸了，或许事情就好办了。

就在猜测中，韩世忠答应了他在陆地上见面。金兀术惊喜，真没想到汉人再一次变蠢，连韩南蛮一样有愚蠢基因。赶快见，不耽搁。

见面之后，金兀术很客气，延续了之前的哀求基调，韩世忠照旧不为所动。紧接着金兀术就爆发了，他突然间变得强硬，对韩世忠骂骂咧咧的，呼喝斥骂。在他想来，韩世忠一定得避避风头，毕竟这不是水里。可惜的是，他不知道韩世忠的出身，韩世忠最习惯的就是眼前的局面，他最初的名字叫韩泼五。

韩世忠二话不说，张弓搭箭就要射他。金兀术再一次尿了，哪怕是在陆地上，他身后边是无边无际的保安大队，他仍然转身就跑。

神勇伟大的四太子，连单挑都没敢。

之后的几天金兀术坐困愁城，难过得要死。得怎么办，眼看着这一条大江就是他的坟墓，说什么也迈不过去了。关键时刻，他的福星再一次降临，又有汉人来帮他了。

一个姓王的福建人出现，给他出了几个主意。金军不是在船上站不稳吗？简单，在船舱里多放土，甲板上铺木板，船会又稳又平；船速不是不够吗？在船舷上挖洞，安装上橹桨，什么，速度还不够？不，相对于宋朝水军的船，一定会超级快的。

前提条件是，江面上没有风。

这一点是最重要的，这之前韩世忠之所以以微弱兵力压制长江两岸，根本原因在于船械精良，海船高大。这些都要有足够的风力才能快速行驶。一旦风没了，韩世忠的海船会变成一个个不会移动的活靶子。

金兀术惊喜，他有死里逃生的感觉！

女真人拿出了看家的老本行萨满巫术——“刑白马，剔妇人心，自割其额祭天”来换取江面上风平浪静。

这些封建迷信活动搞完之后，风居然真的停了。偌大的长江，东亚第一大水系，长年江风浩荡，这时居然全都停了。

这要怎样解释，这要怎样预料？

韩世忠在这样一个诡异的天气里迎战南北两岸的金军，没有风，他的庞大海船战队只能停在江心处，变成一座座不会移动的标靶。而金军之前的那些可笑的小舢板，却桨橹齐飞，划得有声有色。这些金军一边划向北岸，一边向海船上射火箭。

韩世忠的船都着火了。以木质船的易燃程度，以江心离岸边的遥远，宋军士兵们不是被淹死，就是被烧死……据记载，只有极少数人逃出。

韩世忠活着。

说什么好呢，思绪万千，只能归纳成一句。韩世忠以微薄的实力去做不可能完成的任务，只差一点点就成功了。至于结果……非战之罪！

此战过后，宋朝方面士气大振，黄天荡之战、建康之战，韩世忠和岳飞打破了女真人不可战胜的神话，让汉人看到，这些北方异族人不仅败了，而且败得狼狈、彻底、没有尊严。在这个层面上，这两场战役的意义无比重大。

反观江北。其实抛开意义说实际，这一次完颜宗弼打得还可以，如果不看过程，只看结果的话，他是成功地逃跑了，甚至是带着一场标准的反败为胜死里求生的胜利回到江边的。

但是没法自豪，他哭了，见着熟人就拉着不放手，没完没了地倾诉，来缓解心里的阴影（“相持泣下，诉以过江艰危”）。

金国上层的动荡更为剧烈。

黄天荡之战改变了金国的国策。在这之前，金国对宋朝是要斩草除根的，比如搜山检海捉赵构，一定要让赵氏断子绝孙，从而奴役整个汉地。可是这场战役之后，女真人觉得不安全了，如果再紧挨着汉族人的话，指不定什么时候出大事，被砍得满身血。

为此，金国决定扶持第二个傀儡王朝，作为宋、金之间的缓冲地带。

这是一件重大国事，金国内部的各大势力、各位重臣集体参与讨论。按关系论，这事儿本应是完颜昌的。因为他与金国皇帝完颜吴乞买有一层别人没有的关系。

完颜昌，本名完颜挞懒，是金国太祖完颜阿骨打的叔叔盈歌的儿子，在他还没有出生时，吴乞买曾经被他父亲领养过，算是有点儿兄弟的意思。

这对完颜昌来说是非常珍贵的，对吴乞买来说就更珍贵了。前面说过，这位金太宗在建国期间一没战功二没贡献，能当上皇帝很有些赵光义的味道。面对金国内部那么多的拥兵重臣，他的日子太难过了，甚至还被他们拖下龙座，打了 20 大板。

这事儿要从完颜阿骨打说起，这位完颜白手起家，深知钱财的重要性，他自从起兵之后就立下了一条铁律——国库里的钱除了当军费以外，谁敢挪用，都打 20 大板。这条命令对任何人都有效，包括他自己。

完颜阿骨打是条硬汉，他说到做到了。轮到吴乞买时就有点儿悲摧，他这个皇帝当得太憋屈了。看宫殿……哪有什么宫殿，只是些土木结构的大屋子，连院墙都没有，是用榆树、柳树编成的篱笆。平时放猪赶羊的一不留神就进了大内。

看生活，更郁闷。那年头但凡一个身强力壮的女真男人，只要走上前线，立即吃穿奢侈、美女如云，可他在大后方，只能眼看着堆积如山、越堆越多的金银财宝流口水，却一文都不敢拿。

20 板子。

他哥定的！

由此可以知道，为啥阿骨打兄那么喜欢上前线以及吴乞买为啥对赵佶父子那么刻薄。堂堂的战胜国皇帝都混得这么矬，凭啥让战俘过好日子？

这样的日子一天天累积，直到某天晚上吴乞买眼冒绿光，把罪恶的魔爪伸向了神圣的国库……他花天酒地了一次，之后被发觉，上报给粘罕，也就是军方第一大佬完颜宗翰。完颜宗翰一点儿没含糊，一直找碴儿都没借口呢！

完颜宗翰在朝会上把这事儿挑明了，连他自己在内，几个顶级权贵上去就把吴乞买半拉半架地揪了下来，打了 20 大板。

吴乞买屁股上疼着，脸上还得笑着，说打得对。

平时都欺负，何况这时要立屏藩。立谁，都会形成一股新兴的大势力，谁抓到手里就有了新的资本。像完颜宗翰这样靠资本过日子的人怎么可能放过。

内部很快达成决议，册立原宋朝济南知府刘豫。刘豫，字彦游，景州阜城人。进士出身，当过言官，降金之前最著名的一件事，是他杀了济南府里抗金最得力的将军。

那位将军姓关，叫关胜。

没有错，就是《水浒传》里马军五虎将大刀关胜的原型，这样一位抗金名将，就死在了一个汉奸败类的手里。

抛开这些说政治，看金国政治版图的管辖区域划分，如完颜宗翰坐镇西北，完颜昌管理山东，按说刘豫是完颜昌的人，这支新势力注定了是完颜昌的。其实也正是这样，吴乞买才同意选他。

可完颜宗翰不那么想。

他所处的位置注定了要与皇帝争权夺势，知道是册立刘豫之后，他迅速派亲信到黄河以南、山东附近“发动”群众，导演了一出万众拥戴刘豫替代宋朝的闹剧，再把这消息快马加鞭传给吴乞买。怎样，还立刘豫吗？那么就是在我的拥戴下立的。

如果不立刘豫，是立王豫、李豫吗？我还这样再玩一次，直到这个人真的册立出来为止。

吴乞买、完颜昌气得要死，这等于是再次被摁倒在地，痛打了一顿，甚至这次丢的脸更大，是当着全国百姓的面被公然调戏。

刘豫就是这样上台的，他身份很复杂，汉人的血统金国的官儿；从属很复杂，完颜昌的人粘罕的官儿。所以无论从哪个角度来看，我们都要承认他是个不多见的全方位杂种。嗯，当然了，如果从政治功能上说，他会单纯一些。

他成为张邦昌第二，在长江北岸的广大区域建立了所谓的“大齐”国。国都先定在大名府，后来迁进开封城。在以后的几年时间里，他成了金国的南方屏障，此人非常活跃，不仅会防守，还会进攻，在历史的舞台上留下了一些蛮特别的印记。

这时是 1130 年，宋建炎四年的九月。如果我们把目光放得远一些，远到今天蒙古图拉河的上游一带的话，会发现金国立伪齐的原因有很多。

除了岳飞、韩世忠给他们的震撼之外，国境线之外也出事了。

这要从耶律大石说起。辽国灭亡，大石率部远走西北，到达可敦城，即图拉河的上游。这里是原辽国的西北路招讨司驻地。金军毁灭了辽国几乎所有的军镇，这一块却始终忽略，因为它实在太偏僻了，无关大局。历史证明女真人错了，错得无可挽救。

耶律大石率领 200 名骑兵到达这里，召集七州长官、十八部首领开会，在其感召之下，辽国重新建立，史称西辽。

可敦城周边水草茂盛，畜产丰富，远离金国数千里之远。几年时间，西辽的兵力聚集到了数十万之多。1129 年，他出兵突袭金国的北方大营，居然一战成功，夺回了两座营盘。转年之后，也就是 1130 年，金国决定出重兵斩草除根，灭绝契丹余脉。

可惜的是，自从完颜阿骨打死后，金国再没有独裁者，金廷向各部族征兵，各部族居然拒绝，而金廷也就不了了之了。

耶律大石得到了更加宽松的环境，不久之后，他会展开波澜壮阔的西征，从可敦城出发，征服无限遥远的疆土，几乎和从前辽国的版图一样广大。

从某种意义上说，契丹人又建成了东亚幅员最广阔的国家。

这是后话，在金国方面，虽然没有远征西辽，但是也在边疆增兵，给予了足够的重视。这样一来，在南、北两线上都承受了压力，从而给西线上的张浚造成了前所未有的战机。

宣抚川陕两地，节制军马钱粮政务的张浚，已经在西线准备了足足一年半的时间，终于在这个极度巧合的关口完成了战前准备。

# 第二十五章　永远的西军

所谓准备，无非两个字——兵、钱。

想打仗，这两样东西缺一不可。而张浚所管辖的区域，恰恰是整个宋朝，我指的是长江两岸，算上原北宋版图内，此时此刻这两样东西储量最丰富的地段。

兵，西军百年间首屈一指，无可争议。哪怕种种原因实力消退，也不会彻底枯竭，因为陕西出名将，时刻都有新人冒出来。

钱，四川是汉人最后的避风港，无论是古代还是近代，每次汉人面临灭顶之灾时，四川这块腹地之中的腹地就会产生作用。既能避难，还能提供复国的钱。

天府之国不是白叫的。

张浚到任伊始，第一件事不是整合西军，而是任命了一个叫赵开的四川人回故乡去，强令四川百姓买五年的国债。这一下子把川人手里的现款全搜刮干净了，干净到让他的继任者赵鼎破口大骂，因为四川啥也没有了……用这笔钱张浚囤积了数额巨大的军用物资、钱粮。

有了这笔钱，他才能对西军动手。

这几年以来西军破败了，不只是战斗力下降，更严重的是派系林立，各自为政，几个山头谁也不听谁的，就算是中央派过来的特派员——明令节制西军的王庶，也被架空了。

要扭转这种局面，说简单就会简单，说复杂也会复杂，张浚用的办法非常强硬，他把熙河军的主将张深、环庆军的主将王似直接罢免，把一大批少壮派，如名将刘仲武的儿子刘锡、刘锜，吴氏兄弟提拔起来，安插到显赫位置。

这相当于赤裸裸地夺权，在军队里，哪怕是直系上司，这么搞也有巨大的风险。历史会证明，几年之后张浚再这么做时，酿成了无法挽救的巨大损失，刚刚稳定的帝国再次动荡，顶级将领翻脸成仇，南宋近四分之一的军力叛变投敌！

可这次他成功了，因为他罕见地对一个人选择了妥协。

这个人叫曲端。曲端，字正甫，镇戎军（今宁夏固原）人，军人世家出身。曲端是位传奇军人，他和金国的常胜将军完颜娄室对阵，双方互有胜负；和大名鼎鼎的金将完颜撒离喝交战，打得对方放声大哭，从此得了个外号，叫“啼哭郎君”。

与他的外战相比，他内战的功夫更高。

前面提到的节制西军的特派员王庶，就是被他搞得灰头土脸卷铺盖走人的。至于用的办法嘛，一点儿都不复杂。三个字而已。

——不听话。

上面的命令下达，他有选择地执行。只要是危害到他的部队实力的，他全部忽略掉。这样一来，他所率领的泾原军在危机局势里没有遭损失，相反他吞并了不少地方义军，收编了不少盗贼组织，实力急速上升，强大到了一家独大的地步。

吴氏兄弟都是他的手下。

对这样一个人，张浚给予了充分的尊重。他仿效古时“登台拜将”之举，集结西军当众拜曲端为威武大将军。

这一幕相当感人，台下西军万众欢呼，称颂张宣抚是懂军人、尊重军人、爱护军人的好领导！看，他带给我们吃的、用的，还把军人的地位提升这么高，再不像从前的文官，对着武将们颐指气使、呼来喝去。

张浚终于把六路西军整合到了一起。在他想来，他的钱是西军的命脉，曲端是名义上的领导，也听他的话，那么时机已经成熟了，可以实施他那个巨大、辉煌的计划了。

他派人去见曲端，说现在建制统一，财用充足，与陕西境内的金军数量相比，西军大占上风，应该举行一次会战，一举消灭金军主力。

说这些时，前景是多么美妙，张浚相信凡是一个汉人，一个宋朝的军人，都会为之热血沸腾，立即宣誓在他的英明领导下坚决完成任务。

却不料曲端的老毛病又犯了……

这是会战，是集团军决战，分出胜负之后通常是一方死亡，一方昏倒，换句话说就是无论输赢都会损失巨大的实力。

而损失实力，是曲端最受不了的事。

曲端再一次不听话，他说尽管有了钱，兵还是从前的那些兵。与金军正面决战，没有必胜的把握。现在应该分兵据守，派兵骚扰金军的粮道和屯田，几年之后，才有获胜的希望。

张浚气得头晕，国家危亡，刻不容缓，等几年之后才决战，那时还有没有宋朝都两说了，何况还只是有所谓的战胜“希望”！

但他没有发作，他知道曲端的价值，这是位有着卓越战绩的旗帜性人物，临决战而废主将，是再愚蠢不过的事了。

可随后他就见到了两件无与伦比的蠢事！

第一件，陕州的陷落。

当时西北重镇京兆府、凤翔、延安等地落入金军手中，西军主力由张浚节制远离战场，积蓄力量，为决战准备，没有及时出兵。但是战争仍然在渐渐地向对宋朝有利的方向发展，当地的民兵、部分西军自发地组织起来，收复了许多城镇。

其中西军大将李彦仙战绩彪炳，他以一己之力震动宋、金两国上层，光复了控扼陕西、河南两地交界处的重镇陕州。

此后以陕州为依托，与金军前后交战200余场，多次重创金军。消息传出，整个东南士气大振，连赵佶都说：“近闻彦仙与金人战，再三获捷，朕喜不能寐。”

金国方面震惊，令完颜娄室亲自率主力攻打陕州，一定要拔掉李彦仙这颗钉子。陕州陷入苦战，李彦仙部再骁勇顽强，也要看兵力对比，他向张浚紧急求援，张浚以飞鸽传书，命曲端率军援助陕州。可是，威武大将军再一次选择性执行，还是不听话……

到建炎四年（1130）的正月，陕州弹尽粮绝，全城官兵只能吃马吃的豆子，而李彦仙本人只能喝豆子熬出的汤。到这步，李彦仙仍然不降。

正月十四日，陕州陷落。李彦仙率部巷战，“中箭如猬”，左臂重伤，最后投河而死，壮烈殉国。他部下的51员战将一起战死，无一人投降。

消息传来，张浚气坏了。见死不救、抗命不遵，眼睁睁地看着同胞城破殉难……这是比懦弱、怯战更可耻的行径，简直是谋杀自己的战友！

而这，只是为了保存他自己的实力。

这种行为放在任何一个时代，都只有一个结果，军法处置，斩首示众！可是形势比人强，曲端的威望、实力实在是太大了，张浚忍无可忍可还是忍了。

一切为了决战。

可是紧接着又发生了另一件事。完颜娄室攻破陕州之后，迅速西进增援撒离喝。啼哭郎君这段日子哭个不停，他被吴氏兄弟里的哥哥吴玠摁在彭原店一带暴打，眼看就要挺不住了。金军号称常胜的第一战将临近，吴玠并没有慌，甚至远在后方的张浚也很镇定，因为曲端就坐镇在吴玠的后面，这一次不再是友军，而是本部下属，无论怎样威武大将军都不会再视而不见了吧？

可曲端偏偏就再一次啥也没看见！

他主动后撤，把吴玠孤立在前方，把一条宽阔无比的直通道让给了完颜娄室。完颜娄室毫不迟疑，迅速进军迂回到吴玠的身后，与撒离喝前后夹击，把吴玠包了饺子……吴玠的战力是惊人的，把南宋所有武将大排名的话，他可以排进前三，只列在岳、韩两人之下。

吴玠突围而出，回到后方与曲端大吵一架。曲端真的很牛，做出这种卑劣的行为后，居然非常理直气壮地降了吴玠的官，理由是吴玠目无长官。

还能说什么呢？威武大将军真的是太威武了！

张浚还是没有处罚他，仍然为大局选择了容忍。大战临近，只要曲端能配合他，打赢这关乎国家命运的一战，其他的都是细枝末节。

可在之后的军事会议上，曲端讲了这样一番话——决战必败，西军应该卧薪尝胆，厉兵秣马，10年之后才能考虑反攻。

10年……上次不是说只要几年的吗？

到这时，张浚终于对曲端彻底失望，他找不出半点儿理由再忍这个人。张相公不是没杀过人，只不过是还没在西北见过血而已！

曲端却一点儿都不在乎，他沉浸在每个人都对他让步、对他无奈、不断讨好的梦境里，以至于几天之后，他犯下了这辈子最严重的错误。

几天之后，张浚命令西军向陕西关中平原的富平一带集结。富平，稍懂军事的人看一眼地图就会知道这里有多重要：

> ……富平，石、温周匝，荆、浮翼卫。南限沮、漆，北依频山，群峰险峻，环绕如城郭……而水陆之险皆备，有主客劳逸之殊，据险以固，择利而进，设有犯者，可使片甲不还。
>
> ——《富平县志》

张浚看中了“主客劳逸之殊”这一点，他要抢先占领这块战略要地，以逸待劳，以主欺客，压服完颜娄室。命令下达，西军中永兴帅吴玠、环庆帅赵哲、熙河帅刘锡、秦凤帅孙渥迅速赶往集结地点。与此同时，宋军的后勤部队从四川至陕西，绵延数千里之长，粮草钱帛堆积如山，由数量庞大的转运民夫运送。

这些民夫在西军军寨旁边另立营寨。

一切如火如荼地进行，唯独看不到威武大将军和泾原军的身影。这是个地道的疯子吧，如此军令，如此会战，他居然还敢不听话！

张浚找上了门去，问他搞什么。曲端的回答居然是，你必败。

……这是一个军人该说的话吗？感觉必败就可以不听命令不上战场？张浚气乐了，简直是怒极而笑，晕头了一样地问，要是不败呢？

曲端很冷静，你若不败，我割头给你。

张浚说，敢立军令状吗？

曲端提笔就写，没半点儿含糊。

张浚仔细地收起了军令状，告诉他，很好，如果我败了，我也割头给你。

直到这一刻，曲端仍然认为自己是安全的，张浚不敢把他怎么样。可惜的是，张浚直接解除了他的职务，把他一贬到底，去阶州“闲居”。

他成了一个无业平民。

而他一直保存着的实力，倚为靠山的泾原军，并没有谁搞出兵变之类的事为他护驾。这真是个无可救药的蠢人，他为什么就不睁开眼睛看一下呢？

吴玠已成张浚的亲信，孙渥是张浚一手提拔的，赵哲是第一时间向张浚靠拢的，刘锡更不用说，连同弟弟刘锜一起，是张浚钦定的富平决战的主帅。

放眼望去，西军除他之外都在张浚手中，为什么就不敢动他呢？甚至贬他、杀他立威，更有助于提高士气。历史抛弃了这个浑人，他的泾原军转到了刘锜的名下。

刘锜，字信叔，宋德顺军（今甘肃静宁）人。将门之子，其父刘仲武，于神宗熙宁时积功为泾原路第一将、熙河路兵马都监，随王瞻征战吐蕃，收复河湟，是西军中的一代名将。

刘锜本人骁勇善战，果敢顽强，是南宋第一代战将中赫赫有名的孤胆英雄。简单地说，在宋军战史中最危险的时段，都闪耀着他的名字，即便他年过花甲重病缠身，也列阵于金国皇帝的马前，阻挡对方的倾国之兵。

富平，集结了宋朝最后的主战军团，透支了最后一块富足土地的钱粮，按当时的说法是“半天下之责”，其实已经真切地影响到宋、金两国的命运走向。

对此，张浚本人却认识不清。他自始至终都认定自己的敌人是完颜娄室，却不知道金国动员了全部能调用的力量，悄悄地运兵增援陕西。

御前军事会议的主持人是金太宗完颜吴乞买本人，领军入陕的是完颜宗弼和完颜讹里朵，这都是最高规格了。

这些张浚都不知道，他命令西军加快速度，抢先进占富平，设寨于富平县城以东的平原上。这里地形开阔，地势偏低，从兵种上看，有利于骑兵的大兵团冲击。

永兴帅吴玠在周边走一圈之后，建议全军向西后撤几十里重新设寨，因为那里有山。西军常年在丘陵地带作战，山地是他们的主战场，只要依山列寨，那么进可攻退可守，至少有相持自保的能力，并且山地可以限制对方的重甲骑兵。

这个建议怎么看都很正确，可是反对的声音似乎更有道理。全军主帅刘锡说，第一，富平虽然平坦，但是多为沼泽地，骑兵冲不起来，天然受限制；第二，大兵团临战后撤，不说士气怎样，撤退、重新立寨就折腾不起；第三，这一次西军集结的兵力过于庞大，以多欺少，在平原地带正好施展。

所以，决战场地选在富平，对西军有利。

兵力，这是富平之战最敏感的问题，从当时到现代，有各种各样的说法。先是西军到底集结了多少，查当时宋朝官方说法，是 40 万，骑兵 7 万。

金国方面，《金史》卷 19 记载是“骑兵六万，步卒十二万”，与《壮义王完颜娄室碑》所记载的“张浚步骑十八万壁富平”相符。

两相对照，西军兵力应该在 15 万左右，按惯例，这里面还要有至少三分之一的运粮民夫。于是可以计算出，实际兵力最多在 10 万上下。

反观金军，完颜娄室的实力在 2 万到 3 万，这是没法掺假的，他入陕多时，与西军连番激战，这一点不是秘密。

可是金兀朮带着2万骑兵，完颜讹里朵的3万骑兵先洛阳再陕西悄悄地运动，就是宋军所不知的了。加上这两支人马，金国的实际战力是8万骑兵。

人数基本持平。

我明敌暗，如此凶险，张浚一点儿都不知道，他很忙，一件急事困扰着他和整个西军，即他搞了这么多人在一起，想要完颜娄室的命，可怎样让完颜娄室乖乖到富平来打架呢？

眼看着这么多人堆在这儿，傻子也知道躲吧？金军是全骑兵兵种，真要在陕西大地上兜圈子，西军说什么也追不上。

于是想办法，先是激怒，张浚开出了赏格。谁能生擒完颜娄室，赏节度使衔，银、绢各一万计。完颜娄室收到了，很快做出了回应。

有生擒张浚的，赏驴子一头，布一匹。

张浚大怒，被反刺激了！西军集体都怒，有人想了个主意，给完颜娄室送去一套女人衣服，要是不敢来富平决战，就穿起来。

这招诚然很爽，但不符合张浚的心意。张浚是心高志大追求完美的，他要堂而皇之地战胜金人，要从过程到结果全胜，要后世人一提起他发起的富平之战，立即就联想到威武、高大、光明、神圣，怎么能掺杂进一套女人衣服呢？

那会坏了味道！

张浚采取的办法是下战书，他写信约战完颜娄室，这封信让金人看到，让全天下人看到，举世瞩目看他怎样大破金军。

完颜娄室同意了，地点由宋军决定，想在富平没关系，时间由金军定，定在九月二十四日。九月入秋，鹰飞草长，是游牧民族历来发动战争的好时节。

这一点谁都知道，可张浚大方，谁让他挑了场地呢，时间金人说了算。这样，八月悄悄入陕的金兀术、完颜讹里朵所部不仅及时到位，还休息了很长时间。

1130年，宋建炎四年九月二十四日辰时（上午七至九点），金军准时发动攻势。完颜娄室派出3000铁骑，他们满载着柴草、土袋，迅速奔向宋军阵前的沼泽区，一边冲锋，一边抛下柴土，很快就铺出了一条大路。

西军赖以阻碍金军重甲骑兵的沼泽就此失效。

第二波攻势由金兀术发动，他亲临战场带队冲锋，没有直面西军本阵，而是急速绕向西军的侧后方，那里有完颜娄室亲自勘查过的一大片防守松懈、漏洞百出的宋军营寨。

这里真的是西军最大的软肋，那根本不是军寨，而是民夫住的地方。完颜娄室的眼光真毒，选择从这里突破的话，别说阻碍了，甚至会把宋军最大的利器毁掉。

金军铁骑纵横，驱赶着数量庞大的民夫们向西军本阵冲去，这让装备了神臂弓等精良射具的西军们无可奈何，只能眼睁睁地看着金军突破了弓弩射区。

这时宋军的本阵帅帐前才刚刚升起了帅旗，那上面迎风招展的不是刘锡的“刘”，而是一个斗大的“曲”字。曲端的曲！

未战先怯，不安帅位，这就是刘锡的底蕴。刘锡在接战之初就垮掉了。但是他有一个好兄弟，泾原军主将刘锜。当时军营一片混乱，超级庞大的建制意味着超级强大的战力，同时也意味着超级难管理，一旦出现混乱，谁也没办法迅速恢复秩序。说实话西军真的是被打蒙了，虽然这一天是开战的正日子，可谁也没想到金军的攻击这样突然诡谲。

该死的完颜娄室，这人的眼光真毒！

关键时刻刘锜出现在战场第一线，他驻马军前，迅速稳住了泾原军，之后率军冲向了金兀术。这是年轻的刘锜第一次与完颜宗弼刀兵相见，准确地说，也是宋金两国交战以来，金军第一次在建制完整、状态良好的情况下，遭遇到的最强敌手。

之前韩世忠黄天荡水战、岳飞收复建康，都可以说是趁金军强弩之末时打个措手不及，双方不在同一起跑线上，而这时敌我对等，完全公平。

刘锜的勇猛是难以想象的，他仓促应战，居然在两军对冲中迅速击破了金军万户长赤盏晖所部。万户长、一万骑兵、金兀术的一半兵力，就此土崩瓦解。

有记载赤盏晖被阵斩当场，全军覆灭；有的说他被打傻了，把主帅金兀术扔到一边，死活不管，自己带着残兵就冲了出去，一直跑到消失。

不管哪一种，他都再没出现在战场上。金兀术和他的另一半军力，由汉将韩常率领的万人队，被刘锜重重围困，成了瓮中之鳖。而且好死不死的，韩常在漫空飞射遮天蔽日的箭雨中中奖了，一只眼睛被射穿！

韩常，字元吉，汉族人，金国将领，金兀术帐下战力最强的将军。他以善射闻名，开弓可达三石之力，这在宋、金两国之中，只有岳飞和他是同一等级。

可惜在与刘锜对阵中，偏偏在弓箭上吃了大亏。中箭之后，这人突然之间爆发了，他一把将箭从眼眶里拔了出来，从地上抓了把土按了上去，战斗力直线上升，居然在乱军中准确地找到了金兀术，保着他的女真主子杀了出去。

多么神奇，多么神勇！汉人又一次成了金兀术的福星，他在各种场合各种事件中都能得到各种类型的汉人的帮助！

至此富平之战的第一阶段结束，金军先赢后输，把常胜将军完颜娄室的巧妙安排全浪费了。刘锜以西军五分之一的军力就打残了金国的王牌部队，让负责右翼的金兀术就此瘫痪。骄傲的、不可一世的、战神一样的四太子殿下……你怎么总是丢脸呢？

坐镇中路的完颜讹里朵没办法，给他拨了些兵过去，就算不能再打，总得守住阵地，做个样子吧。这时天将正午，两军已经激战了整个早晨、上午，史称“士半生死，血流成河”。金军拖不起了，他们怎么说也是客境作战，为了隐蔽，带的给养补充都很少，而西军集结的物资堆积如山，让他们根本不敢耗下去。

万般无奈之下，他们使出了最后一招“撒手锏”——左右拐子马战术。

这个战术很有名，到后来越传越神奇，搞得像是个可以立专项研究的科目一样。其实很简单，就是发挥骑兵的高机动性，两翼包抄左右穿插迂回。这一招西军以前早就用过，比如狄青的归仁铺之战。所不同的是，金军的骑兵部队建制庞大，包抄范围太广，是之前各国部队所达不到的。

游牧民族的战术也在逐渐完善进步，像之前的辽军，经常使用的是骑兵正面冲锋，虽然行动迅速飘忽不定，但宋军咬定牙关死拼，总能两败俱伤，导致契丹人始终没法压倒宋朝。

金国不同，两翼齐飞的战法既能上升到战略高度，比如东、西两路灭亡北宋，也能具体到某场战役的制胜手段。吴玠就刚在彭原店吃了大亏。

可在后来这招就彻底落伍了，不说宋军有了破解之道，在游牧民族本身也被更高级的骑兵战术取代。当那位举世无敌的战争之神降临时，骑兵的战术被上升到史无前例的高度。蒙古的骑兵无阵形无限制，像流水一样随时根据形势变动，每一个局部的变动都能引起整个部队的微调……那是人类全体的噩梦。

回到富平，金军的左翼被打残了，两翼齐飞只能以右路为主，而右路的主帅完颜娄室这时正在病中，迫不得已，他必须带病出战。

完颜娄室出战，此人再次显示了独到的战争智慧，他像是什么呢？如果一定要比喻一下，西方世界里用“沙漠之狐”来形容德军最优秀最年轻的元帅隆美尔，用“公牛”来形容美军好斗的、强力的海军将领哈尔希，那么完颜娄室一定是鹰或者蛇。

这人的眼光、嗅觉都太敏锐了。

开战之初，他看准了西军的民夫营寨，从而迅速突破直达本阵，打得西军措手不及。这一次他带病出战，选定的决战对手更加刁钻。

大宋西军的环庆军。

环庆军在西军里的地位不大高，对比一下履历可以查出，最重要、最关键的几次超级战役里，环庆军的表现非常掉链子。比如神宗年间五路伐西夏，泾原军都冲到灵州城门边了，硬是让时任环庆军主将的高遵裕大衙内给挡住了。

这时环庆军的主将是赵哲。赵哲，司法系统出身，曾经当过地方政府的刑狱文官。建炎南渡之后，东南方向匪患横生，张浚剿匪时他配合得不错，于是同样是文官的张相公西入川陕时就把他带上了。说实话，这没有什么不对的，西军中很多的名将大帅都起身自文官，如范仲淹、韩琦、张亢等，都威名赫赫，战功卓著。

可惜赵哲跟这些没关系，他在西军最重要的关口前，在环庆军与完颜娄室接战之后，居然不见了。有资料说他逃跑了，另有说法是他没逃，一直都在富平的战阵中，可就是没露面。

与金军的常胜战将完颜娄室的对决中，主将居然玩起了消失！

当天上午是泾原军与金军右翼单挑，下午换成环庆军与金军右翼对决，这次战斗打得糊涂。上午是没办法，被金军偷袭到弱点，才导致刘锜和金兀术拼命，可下午呢，从日中厮杀至日暮，两军交战共六个回合，这是多么漫长的时间，有无数个机会可以让西军挽回种种失误。

可恨的是，环庆主将赵哲将失踪玩到彻底，说不露面就绝不露面；本阵中央的主帅刘锡更神奇，他似乎是一直不知道发生了什么，从头至尾没下达任何命令，更别提临时派个将军过来指挥了。

……或许他真的等着曲端来替他当主帅！

夜幕降临，环庆军终于支撑不住了，注定会出现的崩溃到来了。他们被金军压向自己的本阵，冲向后方各路友军，造成了整个西军的大动荡！

富平战场上瞬间失衡，金军只是推动了一个边角，之后整个西军人马踩踏，一片混乱，开始向西南方向败退。超级庞大的战阵露出了它的弊端，当它向某个方向形成整体运动时，无论谁用什么办法，都别想阻挡住它。

1130 年，宋建炎四年九月二十四日夜晚，是大宋西军的黄昏。宋朝百年期间最强大、最辉煌的一支传奇部队失败了。

它败得有种种的借口，因为那的确不是正常的战力表现！可是也无可辩驳，将帅无能以及军队的低劣素质，让人无话可说。

但是又必须得说，像刘锡、赵哲这样的所谓将帅，都是临战前才选出来的，政治因素远远大于军事需要，这都是在给自己挖坑，在表演自杀。

看一下结果，这一战给人的传统印象是西军惨败，一蹶不振，从此退出了历史舞台。这是错的，富平之战，只能算是一次击溃战，有两个标准证明了这一点。

第一，金军不敢追击。

在这一整天的激战中，两军的战损率是相当的，甚至金军更惨重。夜幕降临，西军撤退，金军也成强弩之末，不敢再追。

第二，金军发现了钱财，不愿意再追。

他们在西军的营地里发现了堆积如山的各种物资，金帛粮草，战械衣甲，无所不有，那是四川全境百姓的五年税赋。

如此巨大的财产让抢掠成性、洗劫了宋、辽两国的金军都走不动道了，争先恐后地跳进钱堆里幸福地打滚。富平之战就这样结束了。

金军抢到了钱，占据了富平，而西军保住了实力，向西南退守。看形势，陕西很危险，但还有一线生机。西军还有陕西境内的北山山系、六盘山山系，如果能集中兵力扼守关隘，发挥山地运动战的特长，至少可以保住陕南和川北。

可这要有个前提，即节制川陕军政钱粮的张宣抚还能保持冷静。

这种时刻张浚还能冷静就怪了，据说拿破仑大败之后也破口大骂，抱怨是手下们出卖了他、拖累了他，歇斯底里了一阵。

张浚怎么会例外？

他没有亲临前线，而是在距离富平200余里远的邠州等消息。结果等来的不是震惊当世的胜利，反而是一场大败。他很清楚败的是宋朝唯一的一支军团级部队，丢的是整个蜀川之地的财富，这样的损失，谁也承受不起！

张浚真是一位天生的大人物，当此危急时刻，他迅速做出了古今大人物们都会有的经典反应，即死不认错，归罪他人，迁怒泄愤。

他第一时间召集溃逃的西军将领们到他这儿报到，先把刘锡一撸到底。这一点还是很公正的，这位刘大公子实在是莫名其妙，富平激战中像是突然脑瘫了一样，呆傻傻的，啥也没做。啊不，他至少升了面帅旗，尽管上面的字错了。

不提他的父亲，他连他弟弟的脸都丢光了。

接下来就是赵哲。这人还全须全尾地活着，身上啥伤也没有，败成这样，心理也没受损，面对暴怒的张浚时还头脑灵活，滔滔不绝地申诉他没犯什么错误。

……张浚忍了又忍，还是没忍住。本想一刀砍掉就算了，这东西居然无耻到这地步，他没罪谁有罪？张浚跳起来，顺手从身边抓过一根铁棍，夹头夹脑地就抽向了赵哲。

张浚亲手把赵哲的脑袋打得血肉模糊，昏死过去，之后拉到一个小土堆前，斩首了事。

杀人之后，张浚累了，他浑身酸软，脑子很乱，也许还会用四川母语喃喃地咒骂，这个混账世道……为什么总是有这么多不靠谱的人呢？

刘锡、赵哲的确非常不靠谱，但这是谁挑出来的呢？这个，张浚是不会追问的。大人物们都活得很长久，这么较真儿会有碍健康的。

为了健康，主要是心理的健康，张浚还得再杀一个人。他这么想时，很远的地方，有一个人心有灵犀一样地说出了三个字：“我死矣。”

曲端，真是不知是什么原因，搞得他终于清醒了一次。张浚的确是必杀他的，原因很多，不仅仅是两人打的那个所谓的赌，也不仅仅是富平之战后，曲端的一些老部下叛国投敌，更重要的是曲端的号召力，这人如果登高一呼，很可能川陕变色。

当然，最重要的一点是他太招人烦了，把人往死里得罪。像王庶、张浚、吴玠等人把他恨到了骨子里，为什么不杀他呢？

给个理由为什么不杀他！

之后的事情经过是，由曲端的原部下吴玠等人提供证据，张浚定案，曲端以谋反罪被处以死刑。死之前曲端先凝视了自己的爱马“铁象”一会儿，据说这匹马很厉害，能“日驰四百里”，他仰天长叹说：“我死不足惜，铁象可惜。”

奇怪，难道张浚连他的马也杀了？还是说他再没机会骑这匹马了，觉得可惜？无论哪一点，都暴露了他的浑蛋心理。

一匹马可惜，那李彦仙可惜不？整个陕州城可惜不？

叹息完这匹马，曲端又凝视了一会儿自己，导致了又一次的仰天长叹，说：“天不让我恢复中原乎？惜哉！”真是了不起，他是一位早已觉醒了的、明白自己历史重任的大人物。可是等他去恢复中原的话，是10年之后，还是20年之后呢？

富平之战明确检验出西军的战斗力绝不在金军王牌部队之下，缺的只是一个靠谱的指挥者，至于说什么10年、20年才可以成功……这是一句更加混账的话，吴玠、岳飞、韩世忠很快就将证明，击败金军几年足矣、眼下就足矣！

曲端的死法有好几个版本，著名的有毒酒、酷刑两种，这两种都离不开一个被火烤红的铁笼子。曲端被赶进笼子里，热得受不了，要求来点儿喝的，于是毒酒出现，他死了；酷刑版是曲端被关进铁笼子里，用蜡封住口鼻，锁上手脚，灌入烧酒，用烈火烤炙，导致五脏俱焚而死。

的确是很惨，这种惨法让他广受同情，说他死得冤，张浚杀他，就像秦桧杀岳飞一样冤。这实在是太混乱了，得有多么强大的逻辑才能把曲端和岳飞摆到一块儿呢？

曲端从不服从命令，而岳飞面对诏令，哪怕要放弃眼前千载难逢的复国机遇，都会听从命令，两者有一毛钱的相似吗？

关于曲端，最后归纳一句话——他早该死，这样的东西哪怕再能打，也不能留。可以推衍，全民族都听他的，由他建立了不世功业，到后来也只会发展到他一人独大，那绝对是一个噩梦。

泄愤结束，神清气爽，张浚终于有心情看一下战报了，应该没什么事吧，金军的损失也很大，大家都需要喘口气，休息一下……突然间他跳了起来，什么，金军再次进攻，眼看就打到邠州了？

不会吧，西军都哪儿去了？

直到这时，他才想起来，在撸刘锡、虐赵哲、杀曲端之前，他曾经下过一个命令。令参战的五路西军各归本路。

这明显是个坑爹的昏招，把刚刚战败的西军分散开，正好被金军一个个分别击破，还有比这更销魂的蠢事吗？恶果随之出现，迫于压力，环庆军的统领慕容洧投降了西夏，泾原军的张中彦、张中孚等投降了金军，陕西大地上局面已经不可收拾。

张浚当机立断，立马逃跑。

他先是跑到了秦州，再跑到兴州（今陕西略阳），眼看就要逃进四川了，他还是不停，终于一个幕僚看不过去了，把他拦住，告诉他，再跑的话川陕宣抚就只剩川没有陕了！

张浚终于停下了，在兴州设立宣抚司大本营，派出大批的斥候，去召集被打散了的各路西军。这一次情况居然出人意料地乐观，人马逐渐会集，他清点了一下，乐得合不拢嘴，太棒了，竟然有十多万人找到了，回到他的麾下。

……这消息更坑爹，富平之战时西军才十余万的兵力，各路本身几乎没有留守，这时从哪儿能再变出来十几万人呢？

这个不去管它，反正张相公是神奇的，他说十几万，那就一定是这个数。看重要的，这“十几万”西军中各路都有，唯独缺少永兴军。

不仅没有兵，连永兴军主将吴玠也不见人影。

限于条件，这时没有人知道吴玠在哪儿，如果知道了的话，他们会吓掉一地的下巴，并且稍有点儿廉耻心的话，都会无地自容，找个没人的地方反省去。

这时的吴玠率领几千名永兴军士卒，冲破了金军占领的凤翔，沿陇山向南直奔关中西南方向唯一的险关要塞——大散关。

# 第二十六章　铁血和尚原

大散关，位于陕西宝鸡南郊秦岭北麓，因置关于大散岭而得名。这里北邻渭河支流，南通嘉陵江上源，当山川之会，扼西南、西北要道枢纽，亦称崤谷。查史书，共有70余次战役发生在这里，如楚汉相争时韩信暗度陈仓就从这里经过，三国时曹操西征张鲁也从这里入川。

可以说，这才是川陕之间的必争之地，张浚放弃了这里，去兴州建川陕宣抚司，纯粹是跑昏了头，外行到无可救药。

当富平大败，西军蹉跎时，吴玠仅率领几千人的孤军深入险地，抢占这块最重要的关隘，尽显其战略眼光、名将风范。

当然，也有人不理解他。他的部下们就劝他直接入川，退守汉中，顶在蜀川的咽喉之地，那样不是更利于防守吗?

吴玠反对，那样太被动了。坚守大散关，会变成金军西进的一根刺——“我保此，敌绝不敢越我而进。坚壁临之，彼惧吾蹑其后，是所以保蜀也”。

而怎样防守，更是大学问，吴玠没有去大散关的隘口硬顶着，他发现了一个绝妙的点。这个点在大散关的东边，也就是背川面陕时的右前方。那里四周陡峭，山顶宽平，是古兵家所称的“隘地”，即最理想的设寨防守的地势。

这块隘地，名叫和尚原。

地点选好，问题出现。防守的三大要素，地势、士气、粮食，吴玠只有第一个，剩下的两个一点儿着落也没有。比如士气，还没等金军打过来，有些人就私下里串联要发动兵变，把吴氏兄弟绑了送给金军当见面礼。兵变前夜，有人报告了吴玠。吴玠非常冷静，根本不追究到底是谁，而是在第二天与所有的部将歃血为盟，以民族大义感化，把危机变成了动力。

至于粮食，就很简单了，吴玠派爱将杨从义下秦岭重回凤翔，在金军的粮库里抢了整整30万斛，运回到和尚原。

做完了这些，金军的攻势终于发动了。

来的人叫完颜没立、乌鲁折合，分别是凤翔，阶州、成州的将领。他们是很有计划的，打算各自出兵，在大散关前集合，一起进攻。

问题是凤翔的距离近，完颜没立也心急了些，他赶到时乌鲁折合还在路上。这也简单，先到先打，谁得手算谁的。

这么想时，完颜没立有点儿小激动，军功在女真世界是顶级荣耀，这次集三州兵力去攻打几千败兵的吴玠，还不是手到擒来吗？于是第一时间强攻，可是上山之后才发现像是老虎咬刺猬，根本没处下嘴。和尚原附近的山路崎岖蜿蜒，乱石成堆，骑兵只能下马步行，一步步地爬上去，筋疲力尽之后迎面是一阵阵暴雨似的箭头，这仗根本没法打。

完颜没立中场休息，乌鲁折合到了，这人聪明想搞个反牵制，没理会和尚原，而是直扑大散关，就不信吴玠敢不去救？去救，和尚原天险就失去意义，再不是主场。

想得很好，可惜大散关本身也是天险，并且关隘雄峻，是早就建好的堡垒。乌鲁折合打来打去不得要领，派人去约完颜没立。按原计划两方面同时动手，向和尚原、大散关发起全面攻击。

这是最好的办法了，没想到却成了金军的噩梦。吴玠准确地掌握了两支金军的行动，其精确程度让人难以置信，完颜没立、乌鲁折合两军始终没法形成合力，被吴玠阻南打北，再阻北打南，一直没能会合。最后乌鲁折合火了，不顾一切地冲击大散关。

他在找死，吴玠迅速集中优势兵力，出大散关与乌鲁折合决战。山地是西军的主场，在这里几乎每一样都是为西军量身定做的。乌鲁折合，打，打不胜；逃，在山地没速度，被永兴军追上，当场阵斩。

完颜没立即刻后撤，再打下去他也得死在秦岭。此战过后，震动金国上层。由陕入川是整体战略最重要的一环，以富平决战夺取陕西，再攻进四川，才能沿长江南下，扫平江南宋室，进而统治整个汉地。

环环相扣，少了哪一环都不行，而这些，现在就卡在了川陕之间的大散关前，准确地说，被吴玠那几千个人卡住了。

三州合兵失败后，再派谁去呢？按老传统应该是完颜娄室上阵，由常胜将军决战决胜。但是这永远都做不到了。

半年前，也就是富平之战结束后不久，完颜娄室病死。在他谢幕之际，还是总结一下他的生平吧。他留在历史里的印迹很清晰，生擒耶律大石，追捕耶律延禧，神速一般击溃西夏主力，让党项人立即臣服，临死前重病缠身还主导了富平之战，击败宋朝唯一 一支主战军团。

这样的人，哪怕是敌人，也得承认他的杰出。哪怕仅仅是军事才能的杰出。这一点，就像西方世界尊敬第二次世界大战时德国名将隆美尔、古德里安一样。

他不为人知的一面或许更让人称道。看名字，他像是金国皇族成员，毕竟姓“完颜”。可事实上他父亲是完颜阿骨打的叔叔盈歌的下属，是纳旦水部的族长。纳旦水部与完颜部之间的关系到现在也没有一个明确可信的历史交代。

经考证，完颜娄室的家族很可能是完颜氏皇族的阿哈，即封建主仆关系。这一点应该是真的，不然的话，以他的军功早就位居所有完颜之上，最少也和完颜宗翰之流平起平坐了。

英雄不问出处，古今中外莫不如此。

回到现实，陕西大地上，除了已故的常胜完颜之外，剩下的完颜里最大的又是四太子殿下了。到这时为止，金兀术已经两次死里逃生“反败为胜”，这让他的心气很足。

为什么不呢？战场如棋局如人生如电视剧，总要有波折才有看头，所以大败之后咸鱼翻身才倍加精彩。

所以他带着10万大军、各位显贵，比如完颜宗翰的女婿、侄儿们，杀向了吴玠。不过他刚刚启动，又停了，他想出了一个新奇的主意。

他把辎重往关中平原东撤，大肆宣称自己要回北方探亲。暗中却把主力向宝鸡大散关方向悄悄运动，这样，三州精兵刚败，他又撤走，吴玠肯定要趁机下秦岭收复陕西。那时正和他的主力迎头撞上，以10万压几千，必将是一场毫无悬念的大胜！

从而打通川陕，扫平江南……他一边做着美梦一边放烟幕弹使劲折腾，终于让全体金军都累出了一身身的臭汗，而吴玠一直坐在和尚原那儿看热闹，自始至终一动没动。

呸，死心眼！

金兀朮恨恨地骂道，不得已集结兵力拉着辎重向秦岭进发。

金兀朮证明，急性子的人就不该去逗弄别人。他一旦开始动了，就雷霆火暴一般无可阻挡。

从这时起，这次战役要以小时来计算，从白天到夜晚，每时每刻都精彩激烈。

他发挥大兵团优势，先在渭水架浮桥，全军迅速渡过。之后抢占益门镇，毫不停留，一掠而过，几乎没下过马就闯进了秦岭山脉。

金军的素质是真过硬，从平原进深山，一路之上生活问题全在马背上解决，一点儿时间都没耽误，而且进山之后劲头更猛，居然急速行军30多里，到了和尚原的前沿阵地神岔。

这里是个分界线，从这儿开始全是乱石小道，甭管多强的兵力都得排成一列纵队上去。单从地理来说，绝对是一夫当关，万夫莫开的地方。

守神岔的人是前些天到凤翔抢了30万斛粮食的杨从义，这人是很有故事的，悄悄地说，他后来成了神，拥有自己的庙、名号、职权，一应俱全。

按说这样一个猛人守在神岔，说什么也得打个血肉横飞才像样，可是非常反常，女真人一露头，杨从义立即就闪了。

神岔关口的永兴军像一群兔子似的一溜烟儿地跑进了深山里，逃得那叫一个胆小迅速。

四太子很忙，没心思翻山越岭去抓他们。在金兀朮看来，杨从义跑得很理智，这是10万人的大兵团，实力决定一切，逃得很理智！

于是他节约一切时间，以神岔为本阵，建立了蜿蜒40多里的连珠寨，寨尾在神岔，前方已经顶到了宝鸡。也就是说，和尚原已在攻击范围之内。

这一路堪称狂飙突进，所向无敌。这让四太子激动，这种感觉他向往很久了，也曾经品尝过……嗯，就是之前追赵构那次，虽然结局很悲摧，但过程很过瘾的嘛！

他决心这次搞得更漂亮。为此，金兀朮只给了部队一夜外加一个上午的时间休整，在第二天的中午时分，就全体开拔，到了和尚原脚下。

到了之后金兀朮才知道为什么之前三州合兵会败得那么惨，连主将都丢了脑袋。把那些什么地势险要、下马步战之类的废话都扔到一边，精简成一句话，就是——这块地比宋朝任何一座城的城墙都坚固，可没办法带任何强攻器械上来！

就这么简单，只能空手单身往上爬。这仗还怎么打？

四太子殿下的招数还是很多的，针对和尚原，他想出了两个办法。

第一，立即分兵攻打大散关。之前完颜没立、乌鲁折合没配合好，始终没能同时攻打两处。他可没这个遗憾，身边带着10万人，随便分出去点就是人山人海。

第二，攻打和尚原的主阵地太低了，永兴军的大兵们居高临下向下面射箭，就算弓箭质量不高，杀伤力也惊人。反之，金军仰射强攻，纯粹是找死。为此，金兀朮下令就地取材，用石头垒起来一个小山，勉强达到和和尚原差不多的高度。

之后立即开打。

他急，前面有无数美妙的东西等着他，像蜀川的美女、金币，江南的美女、丝绸，这些和长江以北的美女、土地一样，对他实在有太大的诱惑了！

欲望蕴含激情，全体女真大兵们开始向和尚原、大散关发动进攻。迎接他们的，是吴玠训练了很久的“驻队”。

驻队，也叫阵脚兵。如果平原上两军相遇的话，总是会在一个特定的距离停住的，这个距离就取决于阵脚兵。这种兵手持弓箭，射向对方，既是威慑，也给两军对阵时的距离定下了基调。不过吴玠明显在作弊，他配给部下的都是神臂弓。

这时候弄到大批量的神臂弓可不容易，它本是北宋军中的高端制式武器，是很普及的，尤其是作为西军，这东西很平常。可是北宋这些年烂到了底，什么都敢弄虚作假，军库里的神臂弓偷工减料，比寻常弓箭都不如。

吴玠孤军顶在大散关，能大批量装备这种弓箭，一定是付出了相当大的代价。

这时可以收到回报了，吴玠把驻队分成批次，轮流出战，神臂弓特制的箭矢一刻都没停过，暴雨一样浇在金军的身上。这种箭“洞重甲于数百步外”，想想有多少女真人变成了筛子。可这也不能阻挠金兀术的激情，他在一下午的时间里发动了三次大规模攻击，直到天晚了，才悻悻地收兵往回走，他发誓明天还来！

夜幕降临，战斗才刚刚开始，和这时相比，整个白天的战斗都只是暖场而已。走在崎岖的山路上，阵容庞大的金军绝对没有想到，他们刚刚撤退，宋军就追了上来。

是永兴军战将杨政，他突如其来，杀得金军措手不及，砍倒一片之后立即又返回到和尚原。金兀术怒火冲天，正犹豫着是不是返回去报仇，身后又传来了另一个噩耗。

神岔方向的粮道被劫了，是躲在深山里的杨从义干的。

前后都出事，金兀术变得冷静起来。他心里有底，不管宋军怎么折腾，实力对比摆在那儿，10 万兵力握在手里，无论怎么打都必胜。现在返回营寨吃饭睡觉，养好精神再说。

连珠寨里，篝火点起来了，饭锅支上了，每一个女真大兵都往火堆边上挤，去寻求温暖。这是1131年，宋绍兴元年十月的秦岭山脉，会冻死人的！就在这时，火堆边上人满为患了，周围的黑暗里突然射出来比白天还要密集的箭雨！

吴玠精选了500名神臂弓射手，悄悄地摸到了金兀术的营寨旁边。

全体金军卧倒，连同金兀术在内，没谁想什么回击，一直忍到西军射够了撤退后，才站了起来。环顾四周，营地一片狼藉，可再也不敢生火做饭了。

饿着睡吧，金兀术躺在漆黑的夜幕下数星星，盼着第二天的太阳早点儿升起来。这鬼地方，他白天跑山道都快累死了，晚上说什么也不想动了。

可惜这次战斗是以小时为单位更新变动的。

二更天时，金军的营寨突然间火光冲天，箭雨再次降临，随同出现的还有大批的西军。从数量上看应该是和尚原方向全体出动了。

事实上也是，这次突袭是由吴玠本人亲自率领的。

这时金兀术才知道上了大当，吴玠在天刚黑的时候派人偷袭，以当时的力度、金军本身的实力，让人觉得也就是这个样了，不然还想怎样，几千人吞掉10万大军吗？

没想到吴玠真敢这么干，他利用这种错觉，带着全部家底选择了深夜突袭。这是不是太鲁莽、太过于热血了呢？毕竟众寡悬殊！

事实证明吴玠是对的，他太聪明了，从根本上看穿了金军的破绽。金兀术这人酷爱连珠寨，这种阵势他不止一次地用，以后还会用，哪怕差点儿死在这上面都不改。比如这次，崎岖的小山路，连珠寨一个接一个排出去40多里路，看上去真是美丽壮观。

可谁也帮不了谁，一旦出事，只会让灾难加倍。吴玠看似用几千人硬撼10万部队，其实只需要打击最前端的那一小撮就可以了，前端垮掉的金军会压向后边的连珠寨，像多米诺骨牌一样越压越快，像滚雪球一样，越到后来滚动的力量越大。

金兀术就是最前端的那点儿小雪块，他简直欲哭无泪，难道要他和吴玠死拼吗？

他应该是不懦弱的，可这时比在黄天荡还险，他不想死；那么让后面的部下们顶住，也就是顶住他，阻止崩溃吗？

那会让他死在部下们的手里！

……不行，这太憋屈了。

黑暗的秦岭山脉里，10万金军被几千名西军冲击阵营，一连后退几里也没能止住。混乱中终于天亮了，这时金兀术下达了一个看似理智的命令。

令金军迅速撤退，放弃山道的营寨，一直撤到山外边去。

在他想来，天亮了，金军会恢复精气神，庞大的战力哪怕在山道上无法展开，对方几千人也不敢再追击。而只要退出山地，立即就会主客易位，吴玠再也不是威胁。

虽然这样做意味着攻击和尚原失败，但不失败又怎样，昨天士气正旺也没能冲破大散关，经过了一个这样的夜晚，难道还想再去强攻吗？

所以，无论怎样想，撤退都是正确的。

金军就倒霉在这个观念上了。金军开始后撤，吴玠继续追击，在崎岖的山道上，金军的骑兵是一个个硕大丰满的靶子，他们缓缓地移动，有时还要来个大跳，或者小碎步什么的，每一个都在神臂弓的笼罩之下。从大散关到和尚原，从和尚原到二里驿，山道上躺满了金军的尸体。

好不容易挨到了神岔，快要出山了，刚想喘口气，杨从义又带人从林子里跳出来打劫，把金兀术牢牢地拖住，死活不让他们走，双方一直纠缠了30多个回合，其结果就是金兀术本人也被射中了两箭。这还不算完，吴玠也赶到了，西军全力以赴地挽留四太子殿下，怎么都不放人。

整个白天过去了，金兀术待在秦岭山脉里；夜晚再次降临，他还是被死死地摁在那儿没法动弹，直到四更天宝鸡方向的金军增援到了，他才被救了出去。

仅仅三天……无比黑色、漫长、没完没了的三天！这成了完颜宗弼一生的噩梦，他死在秦岭里的部下至少有一万人，光这一点就把富平之战赢的都输了出去。其余的，他的亲兵营只剩下了6个人，被俘近3000人，其中重甲骑兵900多人，高级将领20多人。

最让他痛苦难堪的是，大太子完颜宗翰的女婿、侄子也被他丢了，都成了吴玠的俘虏。这让他回去怎么见大哥呢？粘罕有时是非常粗暴的！

果不其然，回去之后他被严厉斥责，被骂得狗血喷头，大太子一怒之下把他降职，成了元帅左都监。这些金兀朮都接受——他记住了吴玠，发誓和这个南蛮死磕到底！

和尚原之战结束，它的意义怎样评价都不过分。吴玠保住了四川就是保住了江南，给了南宋立国的根本保障。

史称这是宋金战争史上金军所遭遇的第一次惨败。李心传在《建炎以来系年要录》中也说道："金军自入中原，其败未尝如此也。"

这似乎有待商榷，毕竟前面有韩世忠的黄天荡，有岳飞的收复建康。但是黄天荡之战先赢后输，没有和尚原这样的终局大胜，而岳飞只是疾风暴雨一般地冲击，让金兀朮不敢力敌，宁可走水路，这是击溃战，没有和尚原的辉煌战果。

此战过后，汉地一片欢腾，赵构传令嘉奖西军，给予了吴玠军人的最高荣誉——建节。39岁的吴玠被封为镇西军节度使，他是南宋第一个因军功而建节的大将。

吴玠名满天下！

可是当时最有影响的，对局势影响最大的却不是他，而是一艘从北方驶向南方的船。

# 第二十七章　金归秦桧

这条船的始发地据说是在“燕”，也就是燕云十六州附近，这是北；抵达地是涟水（今江苏涟水）的宋军水寨，这是南。

南、北之间，距离达2800里以上。

这是个异乎寻常的长度，并且跨越了两个正在交战的国家，难度可想而知，基本上没人相信。所以当这条船到达涟水军，说出来路之后，宋军的第一反应是拔刀逼了过去。

这是奸细，杀了！

关键时刻，船里走出一个中年男人，他对周围的人说他姓秦，叫秦桧，是开封沦陷时被金军抓到北方的御史中丞。

他问这里有没有读书人，如果有，应该会知道他。

当地还真有一个秀才，姓王，是个卖酒的。天知道他是不是真的知道秦桧，或者他知道秦桧长什么模样，一见面就能确认。这都是谜，反正他走过来恭恭敬敬地给秦桧施礼，说中丞劳苦，远行不易啊。

宋朝是尊重读书人的，他这样说，涟水军立即相信了，派人护送这条船到越州（今浙江绍兴）去见皇帝赵构。

这时是1130年，宋建炎四年的十月。秦桧重新回到了宋朝，他的回归让人激动，他是传说中的英雄，当年反对割让北方三镇，反对张邦昌篡位，直至被金军抓走，这些是多么忠贞，多么勇敢，一直铭记在整个宋室的心中，被所有汉人所敬仰。

秦桧这个名字，仅次于李若水。

不过激动过后，一些疑问也浮上水面。不经意间秦桧创造了纪录，他是截止到这时，唯一一个从北方回归的原宋室高官，他是怎么做到的呢？

按秦桧的说法是，他在北方做俘虏时，被分配到完颜昌的手下为奴，受尽了虐待。后来由于才华出众，女真人也佩服，让他逐渐接触到一些高级工作，比如写点儿文案什么的。由此开始，完颜昌离不开他了，连上前线打仗都随身带着他。

这和他逃离时的时间表吻合，1130 年，宋建炎四年十月左右，完颜昌正率军攻打淮河地区。

以上是前因，说到具体的逃亡手段时，秦桧表示是出于勇敢。他看准时机杀了看守他的金国军人，夺了一条大船，冲破重重险阻，从淮河流域进入长江，抵达宋军水寨。

真是史诗一样的壮举！

……听众一片沉默。这是千里划单船啊，比武圣人关云长都牛，这一路上有多少金军，尤其是完颜昌率领的庞大军团都挡不住他，也追不上他，他的船得有多么神奇的发动机，才能跑这么快呢？并且看船上，那上面有秦桧的妻子王氏、全班底的家人奴仆，外加大批的珠宝钱币，以及生活必需品一样不缺都带着，这是逃亡还是旅游？

所以有人怀疑，秦桧根本不是逃回来的英雄，而是变质了投降金国回来搞事的奸细。有了这个推断，各种渠道得来的各种说法就开始陆续出现了。

其中有秦桧在北国的生活历程。

秦桧开始时是和孙傅、何栗等人一样在赵佶身边，一起圈禁，一起被关押。由于赵佶是永不释放的政治犯，所以他们也一样要把牢底坐穿。这实在太悲惨了，秦桧难过但也无可奈何，直到一个转机出现。赵构称帝，宋室又有了转机。

赵佶得到这个消息之后，认为可以和金国谈谈条件，他表示可以替赵构做主，与金国谈关于和平的问题。为此，赵佶使出浑身解数，写了一份和议书，为保万全，又由秦桧加工润色，才送了出去。后面的事也由秦桧操纵，他用了大量的钱财去贿赂金国的首脑人物完颜宗翰，来确保这件事必成。

完颜宗翰啥反应不知道，这次所谓的和谈的结果也不知道，但能确定的是操作方秦桧引起了金国上层的注意，金太宗完颜吴乞买亲自下令，把秦桧从集中营调出来，分给完颜昌当私奴。

这样就很有一个坏人的形象了，这个版本里秦桧既改变初衷，不再抗战，还大肆行贿，勾引异族高官，行为实在卑劣丑恶。

但是有一点，以重金行贿完颜宗翰……重金从哪儿来？黄龙府里的宋朝君臣穷得跟要饭的一样，连身像样的青布衣服都穿不起，从哪儿能搞到打动完颜宗翰的重金呢？

这是搞不定的任务。

所以这个版本存疑。下面是关于他的老婆王氏的。王氏出身名门望族，是北宋名相王珪的孙女，以秦桧的家世来说，实在是高攀了。

这女人的故事很多，很大程度上决定了一个民族的命运。这时她刚出场，就带来了一个无论如何都说不清的疑点。

她为什么会跟秦桧在一起呢？

如果秦桧是奸细，那么必须要有重要的东西留在金国，算是押头。一般来说，这种押头或者是人质或者是把柄。人质居多，儿子、孙子、老爹、老妈是优等人质，女儿、孙女次之，老婆是最没威慑力的。

因为妻子如衣服，没人把她们当一回事。

那也不能让她跟秦桧一起回国，蚊子再小也是肉，不能坏了规矩。但她就是回来了，那么可以当作旁证，证明秦桧不是奸细？

也不对，有一个版本记叙了秦桧既是奸细、王氏又虎口脱身的桥段。那里边说王氏是先于秦桧得到金国上层人物欣赏的杰出俘虏。她既美貌又多才，特别聪明伶俐，总之魅力非凡，在所有被俘的宋朝皇室、高官的女眷中脱颖而出，迅速地让一大堆完颜流下了口水。

其中最著名的就是完颜宗弼，也就是金兀术。之后还有完颜昌也落入了情网，在她的石榴裙下浮沉。

这实在不大可能，算时间以及金兀术的职务、爱好等客观原因，他跟王氏之间的罗曼史不大会发生。四太子殿下一天到晚忙着打仗，早期和宋朝人打，中晚期和自己人死掐，无论内外都掐出一地的人血，自始至终也没有机会、兴致和宋朝女俘搞什么异国畸恋。

况且就算搞了，难道就会对秦桧另眼相看吗？如果是这样，浣衣院里那么多的宋朝皇室女人早就给她们的亲人挣到了各种各样的自由。

艳情版抛开，说秦桧以奸细版回归时王氏的表现。她本来是铁定的人质，从此和秦桧天各一方，继续在北方迷惑完颜们，可是她不想，她聪明伶俐足以决定自己的命运。就在秦桧动身的前几天的一个晚上，她突然对秦桧吼道：

“家父当年把我嫁给你，曾有 20 万贯嫁资，要你与我同甘共苦。现在大金国信用你，你就要把我抛开吗？”

吼声很远，把完颜昌的大老婆一车婆惊动了。女人的话题迅速让女人感兴趣，一车婆的八卦之火熊熊燃烧，不可遏制，找了过来。

两个女人聊了些什么外人不得而知，反正一车婆回去找她丈夫完颜昌，一阵女真枕头风吹过去，王氏就跟着秦桧上船了。

审视整个过程，如果是真的，那么真该赞美 12 世纪时中国妇女的人权地位，什么样的事情她们都能参与，什么程度的决策都能够改变。这是一个多么仁道的社会啊。

一句话，感觉是地道的野史，当小说看还可以。

那么话说回来，秦桧到底是不是奸细呢？路途的遥远、家眷的齐全，都画出一个个巨大的问号，让人没法忽略，而且怎么解释都牵强附会。

秦桧就在这种疑云中走向南宋朝堂，一路上遭遇无数质疑的目光，不过他不在乎，有两位无与伦比的大佬向朝野保证，秦桧是忠臣，绝不是奸细，他的回归是英雄壮举。

这两个大佬分别是首相范宗尹、同知枢密院李回。两者相加正好是南宋军政大权的总和。他们联袂出场，就算不能让人心尽服，至少秦桧在官场内部是可以安身立命了。

很久之后，人们一直在琢磨，难道从涟水寨卖酒的王秀才，到南宋首相范宗尹、枢密院李回，他们都是秦桧的同伙，一路把秦桧保送到赵构的面前？

这个疑问是对的，参照以后，没法不让人怀疑。而答案是那么朦胧，王秀才史无考证，他是金人设在涟水寨的内线吗？

没那必要吧。一个卖酒的，军政两界都接不上内容，功能无限接近零，没有培养价值；那么范宗尹，他是吗？更可笑了。

查范首相的履历，这真是一位青年得志、意气风发的人物，其蹿红速度之快，让刚刚打破纪录的张浚都自卑。

范宗尹，字觉民，襄阳邓城（今湖北襄阳）人。进士出身，在靖康之变前，史书上说他“累迁至侍御史、右谏议大夫”。累迁，一步步按部就班地升官。

看着很正规吧，实际上超级吓人。他生于1100年，靖康之变是1126年左右，算一下吧，他升到了言官首脑时只有26岁，还是御史台、知谏院双料首脑！

这是个名副其实的官场妖孽。

之后他赞成割让北方三镇，和当时的御史台长官秦桧唱反调；再之后金军退兵，张邦昌派人向赵构表忠心，派去的人就是他，让他在第一时间给赵构留下了好印象；南渡之后，赵构忍过了苗刘叛变、“搜山检海”之厄，陪着他受罪的朱胜非、吕颐浩也翻身落马，没啥实际罪过，都丢了相位。

等事情都安定之后，范宗尹上位。

而此时，张浚还在大西北和曲端较劲，和一大堆的完颜打得死去活来……相比之下，范宗尹的幸运简直是人神共愤，天地失语。

这样的人，是能收买的吗？

所以范宗尹做证之后，官场相信了，民间寂静了，赵构也动心了。甚至于因为范宗尹的证明，让范、秦两人的声誉都有所上升。

他俩本是敌对的，这时范能为秦撇清，是很高尚、很绅士的行为，他有着纯洁的心灵！而这个，正是北宋官场的标志，是最绚烂时期才有的事。

比如范仲淹与富弼、吕夷简等人的交往，彼此可以不同意观点，但能协力为国分忧，这才是大臣之间应有的气量。

看着很崇高吧，说实话之前我也很激动的，可史书看得多了，渐渐品出了些许异味。政治就是政治，没什么品位格调可言，像什么“我不同意你的观点，但是誓死捍卫你说话的权利”之类的话，都是骗人的，谁要把这个当真，一定死得超级难看。

就像法国大革命时期的铁血人物罗伯斯庇尔，法庭宣判他死罪时，他一次次想站起来发言，却一次次被打断，到死也没获得说话的权利，纯属活生生憋死的。

具体到秦桧与范宗尹之间，范妖孽为什么会力保秦桧呢？利益关系被排除、奸细的互相掩护也不是，那么是上面说到的高尚、绅士、纯洁、气量之类的素质吗？

总觉得很虚幻，太假了。

思前想后，综观细查秦桧的一生，一个答案才悄悄地浮了起来。这时说会不会是剧透呢，会不会降低阅读快感呢？

应该会，但不得不说，说了才会在成团成堆成山一样的乱麻里理出清晰的脉络，才知道秦桧是怎样一步步走上古往今来汉民族第一败类的神坛的。

请注意，秦桧最大的特性——欺骗。

这是个很常见的技能，凡是想作恶的人都具备。但是秦桧把它升华到了一个无敌的层次。历史会证明，他能让每一个大人物翻身落马、身败名裂，不管对方是谁，哪怕是神勇睿智如岳飞，地位至高如赵构，号称识人第一的张浚，或者是眼前的这位蹿红速度无比妖孽的范宗尹，都被他骗得团团转，直到失去一切。

直到他死了之后，才能稍微地喘口气。但是，却仍然无法改动他生前所规定的事情。

尤其令人发指的是，秦桧的欺骗性是无解的，很多与他有关的事，哪怕改朝换代到800多年以后的今天，仍然充满争议，连他本人到底是好是坏，是为国的忠臣还是无耻的汉奸，都有各种不同的声音去没完没了地解析。

骗到这程度，让人怎么办呢？

记住他的这个特性，看眼前发生的事情。范宗尹确认他是身世清白的好人之后，把他引荐给了赵构。这是赵、秦之间的第一次见面，稍等，这两个姓氏在中国历史上是有特定意义的，把它们连在一起，到清朝了在皇宫里还频繁出现。

赵，秦朝的赵高；秦，宋朝的秦桧。这两个姓因为这两位人才被清朝的皇帝钦定为宫里太监的统姓，以提醒皇帝们小心身边人。

唉，从何说起呢，又不是姓氏本身的错。

对这次见面，秦桧准备得非常充足。他给赵构带来了两个非常贵重的消息。

第一，赵构父母亲的近期状况。

这是非常重要的，历史一直说赵构很冷血，这不准确。赵构是个复杂的人，他有冷酷的一面，也有作为人的一面。他一样有对父母亲的思念，历史可以证明，当后来赵佶的死讯传到江南时，赵构心如刀割，怒不可遏，第一时间找到了自己最厉害的将军，发誓生父之仇，不共戴天，集结所有兵力北伐！

这时他问了很多，秦桧说了很多，这都是难得的第一手资料，除了秦桧之外，没有别的人能提供给他。这让两人的距离迅速拉近，因为聊的是亲情，产生出的亲近感也与众不同。

第二，秦桧提出了一个政治观点。原话是："如欲天下无事，须是南自南，北自北。”这句话很有学问，字面上看很简单，是说南方的人归南方，北方的人在北边。只能是这个意思吧，但以什么时间段为准呢？

如果以靖康之变前为准，那么秦桧就是个坚定的抗战派，决心收复故土，大家哪儿来的回哪儿去，女真人退回卢沟桥以北，宋朝人回开封。

可如果是以靖康之变之后呢？

秦桧当然不会这样模糊地对皇帝说话，在定义南北问题之前，他先和赵构谈了一下对当前局势的看法。中心议题是女真人到底想干什么。

这在“搜山检海”时没必要探讨，完颜们的目标只有一个，即灭绝赵氏，吞并整个江南，把金帝国的疆域一直推进至海岸线最南端。

可是在黄天荡、建康两战之后，这事儿就要两说了。最年轻、最活跃的完颜，即金兀术被痛打之后，女真人推出了一个傀儡王朝，刘豫的“齐”国，由它在宋、金两国之间缓冲。

这说明了什么呢？女真人并不是什么战神的后裔，并没有什么不战胜毋宁死的信念，在连续挖倒了两座空前巨大的烂掉地基的庞然大物之后，他们遭遇了空前强烈的抵抗，终于变得理智，不想硬拼了。

秦桧提醒赵构，这是千载难逢的机遇，正好向金国请和。“南自南，北自北”。维持现状的话，金人一定会满意、同意。

赵构犹豫了，他确实想求和，这几年的惨痛遭遇实在是让他受够了，他可以拍着良心说，他从来就没想什么收复开封之类的事！可是要怎样操作呢？他之前给金国写过国书级的求和信，信里连皇帝封号都放弃了，改称自己是康王，但求来的是金兀术满世界的追杀……这时再求和，信写给谁，怎么写？

秦桧为他指出了一条明路。他说据他在北方长期的近距离观察，金国元帅左都监完颜昌是位爱好和平的人，曾多次表示过对赵构的友好，如果写信给完颜昌的话，事情会进入正轨。

赵构再次犹豫。他倒不是不相信，而是这里有个面子问题。政治交流的前提是身份的对等，他可以给完颜吴乞买写信，别管多么谦卑，是皇帝写给皇帝的，可完颜昌连金国军方的最高首脑都不是，他突然间写信过去，是不是太丢份儿了呢？

这是个问题。

秦桧再次提出了建议。他说信还是要以皇帝的身份写，毕竟是两国间的大事，除了皇帝本人之外没谁能做主。至于送信的可以在南宋军方里找一个与完颜昌身份对等的人，这样如果事成，可以诏告天下，皇帝带来了和平；如果不成，只不过是下边的一个军人的个人行为，与宋室无关，与时局无关，与声望名誉无关，与什么都无关。

赵构的眼睛亮了，这的确可行，而且他的军队里还真有一个能干这件事的人。

大衙内刘光世。看身份，刘光世是建炎南渡之后第一个建节的人，比吴玠还早。所以在和尚原大胜，吴玠建节时，得加个"以军功"建节第一人的前缀。

时光流逝，很多事情在迅速发生着，它们在乱世里像爆炸一样四处乱飞，谁也没法一一道来，除非要看流水账。所以只能需要什么，筛选什么，比如刘光世在这段时间里做的事。

刘光世本性大暴露。

印象里这人很乖很聪明，非常懂得做个听话的、享受型的下属。如果要起个外号的话，应该叫"乖乖虎"才贴切。

真的吗？恰恰相反。在南宋朝廷里，最令皇帝宰相们头痛的就是他。这可以在一幅传世名画《南宋·中兴四大将图卷》中形象地看出来。在那幅画里，张俊身着红袍面目舒朗，再也没有早年窘迫压抑的神色；岳飞、韩世忠两人身着黑袍端凝沉郁，两位战绩最飞扬的人，反而最低调；大衙内刘光世，他身着青褐袍、轩目扬眉、趾高气扬，其余三人都微微俯低着身姿，双手交叉握于胸前，态度恭谨，唯独他双手插在腰带里，挺胸抬头不可一世。

这太传神了，这几年里他就是这么生活的。赵构命令他去当杜充的下属，他列出个清单来，说杜充有六个问题让他很烦，不去；苗、刘叛变，张浚命令他发兵，他嗤之以鼻，你算老几，凭什么听你的？直到老牌大臣吕颐浩出面，他才起程；金兀术追杀赵构，孟太后带着整个后宫逃亡南昌，赵构派他在江州挡住金军，他老兄一路狂奔到达江州之后立即开始喝酒。

金军渡江，他不知觉；金军杀到，他马上逃跑。孟太后自己想办法才侥幸逃脱；楚州被围攻百日，赵构亲手写了五份圣旨要他救援，他不去；张俊调他去剿匪，他说自己身边还有匪呢，剿完了再去帮你……凡此种种，不一而足，奇妙的是，每次不听话换来的都是——加官晋爵。

没有别的原因，他有兵！

这时赵构想了又想，觉得让刘光世写封信还是能命令动的，于是把任务交代了过去。这次大衙内很给面子，把赵构的信放进信封里，外面写上自己的名字，派五个人，人手一份出发，保证信能冲破交战区，顺利送到完颜昌的手里。

信送出去了，南宋开始等待。因为这封信，还有之前秦桧在北方受的苦、在靖康时的坚贞，宋朝加封秦桧为礼部尚书，四个月后，也就是宋绍兴元年，1131 年的二月，秦桧升任参知政事。

他成了南宋的副宰相。

闪电一样地晋升，秦桧并没有满意，他谨慎地压抑着自己，每时每刻都让皇帝喜欢，让首相满意。同时小心地寻觅着进一步的机会，因为他要做的事，是一个副宰相所触摸不到的。

可是谈何容易，范宗尹是地道的官场妖孽，见识、运气、胆量无一或缺，为了显示完美，他甚至还有良知和义愤。这是多么奢侈啊！

这些素质让范宗尹做了三件事：第一，他撤销了行营司，恢复了枢密院领兵的祖制；这一点让秩序迅速回归，相比之下，即便枢密院军制有各种各样的缺陷，它也比临时架构的行营司完善得多。并且这显示出范宗尹的气度过人，他没有乘机把军权揽在宰相名下，让自己实权大增，而是主动分离。

这是难能可贵的为国精神。

第二，他设置了镇抚使。这个编制没有固定的成员，成员的资历也没有硬性标准，只要你有力量，去金、齐之间，宋、齐之间扎根立足，到那儿去平盗抗金，给异族人添乱，那么你就是镇抚使。

这在当时是亟须的，南宋的军力有限，始终无法做到全境御敌，那么就必须得放权，让民间也罢，让部分军人也罢，去犬牙交错时刻变幻的交战区各自组兵力、自筹粮饷、各自为战，这是没有办法的办法。当然这么做有很大的风险。

一是良莠不齐，有的真能与金军血战，保境安民，成为国家的屏藩，有的却乘机为害一方，变成有身份的强盗；二是更危险，“自组兵力、自筹粮饷、各自为战”看着很方便，搞不好会出现割据现象，发展下去会有唐末时藩镇一样的实权人物登场。

但那是后话，将来想办法制止，也比现在异族人随意过江的好。

前面这两件事让范宗尹的声誉不断加高，要命的是他做了第三件。

第三件事的涉及面太广，意义重大到主宰整个南宋的精神内核——“清算”。北宋灭亡了，绝大多数的宋朝人一直在琢磨一个问题——如此庞大辉煌的国度，是怎样突然坍塌的？简单地归结为女真人的侵略是很片面的，宋朝人想了很多，一直在分析问题出在了哪里。

这种追溯式的反思，不断地开展着，渐渐地形成了南宋的主流意识。在这时，范宗尹不仅给出了自己的答案，还提出了解决的办法。

他是行政官员，把问题归结为政府的错误决定。是宋徽宗赵佶不按常理出牌，不断滥赏造成的。用现代话来说，就是政府公开的腐败。

官衔、俸禄、奖金随意发放，把所有的游戏规则都打乱了。想改正这一切，只有一个办法，就是彻底清查之前的所有滥赏，一个个都追回来。

以上是关于北宋怎样亡国、南宋如何重生的范宗尹版看法。这应该是南宋立国之后首次关于这个问题的探讨和实际改正。在这之后，一整套的理论不断涌现、完善、集成，最后形成了中华民族自南宋开始，直至明亡清兴，民国初立都一以贯之的学术流派以及一位指天斥地，给万世人类当行为、精神警察的圣人出现。

话说得有点儿远了，回头说范宗尹。他的第三件事一出炉，立即把官场炸毁了，何谓“滥赏”？蔡京、童贯、梁师成等六贼肯定是了，那么像何栗、李纲、秦桧甚至他范宗尹本人呢？一样是突然提拔上来的，骤然间高居大位！

难道都要一一打回原形吗？

范宗尹为自己的理想主义式的清算付出了代价，他得罪的人太多了，没有谁敢跟他站在一起，在这样的世道里，几乎每个人或多或少都有些不干净。

并且最让人难堪的是，他把宋徽宗押到了被告席上，“滥赏”都是赵佶赏的，接受的人有罪，难道发放的人没过错？

这是逼着赵构给他在北国受苦受难的老爹判刑……赵构烦了，整个官场怒了，范宗尹被赶下了台。

范宗尹被整个官场抛弃，他先被贬到温州，再贬到临海，郁郁寡欢得病而死，卒年仅37岁。回想起来，他就是升得太快了，视官场如玩物，视官员如草芥，最后也被官场当作草芥一样扔到荒郊野外了。

秦桧在这件事里得到巨大利益。

他先是紧跟着大领导走，为范宗尹摇旗呐喊，之后眼见风头不对，迅速躲到一边，划清界限，再之后他顺从民意反戈一击，成了打压范宗尹最出力的人。

事后最出力的人自然得到了最大的彩头，空出来的首相位置，怎么看都可能由秦副宰相顺位递补。秦桧热切地盼望着，官场也见怪不怪。这几年里赵构的宰相像走马灯一样地换，很多不被看好的人突然就升了上去，那么为什么秦桧就不行呢？

秦桧的资历、声望比前面的一点儿都不差。可是赵构却仿佛嗅出了点儿什么，这个年轻人不像从前了，经历过生死危机之后，他的生存能力进化了，再没有谁能从他这儿轻易得到信任。

他清醒地记得，当初为什么让秦桧当副宰相，是因为这人说能带来和平，而写出去的信一直还没回音。光是这一点，就让他握紧了相印，不能交出去。

渐渐地，官场传出了小道消息，说前首相吕颐浩要回来官复原职了。秦桧一听就急了，他脑子里瞬间反应出问题所在，他的价值不足以让皇帝动心。也是，求和信发出去了，完颜昌居然一点儿回音也没有，这让谁都受不了。

秦桧一不做二不休，许下了更大的一个愿。他公开声称，他有二策，能“耸动天下”。官场中的八卦之火顿时熊熊燃烧，大家聚成堆问他你想出什么招来了。

秦桧摇头，说了也没用，现在没有首相，政府机构的功能被冻结，什么事也做不了，说了也是白说。

众人心领神会，各自散开，秦副相这是待价而沽，以这两条计策换正相位置呢……好主意，好算盘。

不久，吕颐浩上任，重当首相，秦桧还是下属。

首相梦碎了，秦桧表现得却很兴奋，他似乎由衷地为吕颐浩高兴。吕前辈是平叛功臣，是定鼎南宋，陪着皇帝上山下海的人，得到什么样的荣誉都应该。

他甚至提议，给吕颐浩更高的荣誉。

荣誉来自职务，他要让吕颐浩成为宋朝有史以来最强势的宰相，去前线独揽军事大权，全权负责宋朝的安危。也就是说，吕首相兼并了枢密院。而他自己呢，窝在后方小朝廷里，每天处理数不胜数、烦不胜烦、没完没了的小事务，为吕首相当好后勤。

此论一出，朝野欢悦。秦桧真是太贤惠、太善良、太体贴了。这样的分工明明是男主外女主内一样，把自己降低到这种程度，着实难能可贵！

赵构也很欣慰，他的宰相换了十多个了，哪怕关系最好的黄潜善、汪伯彦都没处到这份儿上。秦桧，真是为公记私，多么实诚的办事人！

赵构下令批准，原话是："……颐浩整治军旅，桧处理庶务，如文种、范蠡故事。"这个比喻很恰当，文、范两人辅佐越王勾践复仇夺地称霸中原，正和这时宋朝的处境、理想契合。

最高兴的人还是吕颐浩，这位首相大人是敢和暴怒状态下的御营卫士对峙，差不多就拔刀子互砍，陪着赵构坐船逃亡只当旅游的牛人，哪耐烦天天坐在屋子里处理杂务。去前线和军人待在一起，保家卫国定策安邦这才是他该做的事。

于是，吕首相热血沸腾地出发了。

秦副相目送他走远之后，宣布成立一个叫"修政局"的小衙门。从此之后，不论大事小情都交送新单位，由局子里的人做决定。

而进这个局，唯一的条件是，听局长秦桧的。久经战乱，正处于清算思维状态中的南宋官场瞬间就明白这是怎么回事了。秦桧搞的这个修政局，与蔡京当年的讲议司一样，换汤不换药，都是要独揽大权。

揽权很正常，可秦桧的吃相太难看了。这才哪儿到哪儿，就想跟蔡相公比较了。蔡京当年经历了 20 多年磨难，和皇帝天生志趣相投，才一步步爬了上去，搞讲议司操控全局。

你秦桧才回来不过一年，凭什么一人独大？

官场集体愤怒，一边抵制，说"宰相事无不统，何以局为"，一边派人去长江边通知吕颐浩，你被秦桧骗了。

吕颐浩一听，非常兴奋，这人不拒绝任何挑战，抽个时间回临安，就把事办成了。不就是一个小小的秦桧嘛，他才没心情因为这个就回来陷进文山会海里，他推荐了一个非常善于内战的大人物出场，由这个人去搞秦桧。

朱胜非。

这位前前宰相在极其危险的环境里，把苗傅、刘正彦玩死，政治斗争技巧堪称炉火纯青、游刃有余，由他同样担任副宰相，同等权力下，秦桧注定被摁得死死的。

事实也是这样，秦桧慌了，他决定实施那两条“耸动天下”的奇策，由它来挽回一切。这两条奇策的原文很啰唆，简单归纳其实是一条，也就是“南人自南，北人自北”的延伸。

秦桧主张，原本是长江以南的人，就一直住在江南算了，别再想着什么回归中原，没你们什么事；原来是北方的人，比如原河东、河北、河南、江淮地区，逃到江南的，都要回到北方去……也就是回到金国人的治理下，当一个标准、合格的奴才。

这样金国就会满意，战争才会平息，宋朝才能稳定。

这些公布之后，的确是耸动天下了，秦桧的名声比之前的范宗尹还要响亮。范宗尹只是搞官场清算，去掉某些人的特权福利而已，秦桧是要把已经逃出来的人再送回异族人的虎口里去！

群情激愤，恨不得活吞了他。

只有赵构还保持着沉默，不是他没神经，而是他在等消息。秦桧为了加大政治筹码，再一次派人送去了给完颜昌的信，赵构要等到回音，看是什么结果才做决定。

等了很久，石沉大海，啥回复也没有。直到这时，赵构才真的怒了，公开斥责道：“桧言南人归南，北人归北，朕北人，将安归！”

难道让本皇帝也回北方去当战俘奴才吗？

至此，秦桧终于绝望。皇帝这样对他，他的最后一根稻草也没了。在随后的处理决定上，他见识到了赵构在政治上的残暴性。

年轻的赵构真的进化了，他变得敢于对官场的人下手了，这几年里宰相们像走马灯一样地换，是一个体现，谁也别想在他的朝廷里掌握实权。这时对秦桧的处理决定更是旗帜鲜明，他把秦桧的官职一撸到底，并且在朝堂的显眼地段挂出了一纸告示：

秦桧，永不复用。

这等于彻底、终身制地剥夺了秦桧的政治权利。秦桧失败了，不管他负担着多么沉重的历史重担，以什么样的神奇姿态穿越重重关隘闪亮回归，在这一刻，他都被画上了休止符。

这是怎么搞的呢？传说中，高宗和秦相是一对不离不弃，任何时刻都保持着伟大友谊、同进同退的好同志嘛，怎么会这样绝情？

这个原因我考虑了很久，终于某天灵机发作。这两人的关系，乃至于他们各自的心理转变，都可以用“婚姻”来比喻。

经历过婚姻的人都会知道，一对男女之间的关系总是会变化的，比如一个男人，他在婚前事业有成面貌英俊，追求他的女士很多，于是他高高在上，在与他的女朋友的关系里占据着主导地位。

但是，如果他婚后还想这样，就不大可能了。如女方的事业也成功了，哪怕是在他的帮助下成功的，她在婚姻中的地位也会随之改变；退一步说，她没有事业，只是个家庭妇女，也会随着时间的推移，不由自主地把自己摆到与丈夫平等的地位。

总之一切都在变化中，秦桧这时在赵构的面前只是一条被呼来唤去的狗，觉得可用，扔块骨头；觉得讨厌，一脚踢开。

这是开始，可别想着永远这样。

回头说一下这次秦桧倒台的具体原因，仔细分析有两点：一个是他本身素质决定的，这时他的骗术还很初级，属于集中精力，只骗一时的阶段。

无论是面对赵构，还是面对吕颐浩，他都是摆出了一副可爱的模样，一边做着大公无私的事，一边搞小动作。不幸的是，官场是个菜市场，有什么交易，谁和谁干了什么，大家一目了然。

于是，秦桧悲惨了。当大家都知道他的面目、他的手段之后，他还怎么玩呢？所以，这时的他只是个初级骗子，让人一时上当，之后被人一脚踢倒。

初级的、没根基、没力量的小骗子。

后来就不同了，秦相也会进化，他东山再起之后进化到了一个可怕的程度，他会摆明了骗，雍容大度地骗，带着强大理念，让世人受骗之后还在琢磨是不是要回报以欢呼地去骗！

一切都在变化中。

这也是秦桧第一次失败的另一个主因。相比之下，这个比上一个还要致命。他回归之后迅速和宋朝上层达成一致，写信给完颜昌寻求和平。可是一连两封，啥回音也没有，这和原计划大不相同，甚至是之前不可想象的！

秦桧最乐观的估计，是一个因为特殊政治需要被金国放回来的对女真人、汉人的利益同等看重的囚徒；最恶劣的分析，他是一个出卖了人格，甚至因为在北方受到严重摧残，导致心理变态，回归了汉人区域之后，仍旧无法克制地为施暴者忠心服务的受虐狂。

他绝对没有办法杀看守、夺船只、千里冲关夺隘回归宋朝。

所以他和金国必有前约，他写信给完颜昌，绝对不应该收获沉默。而偏偏是金国方面出了问题，让他在宋朝方面搞得像空手套白狼一样，没人品没信誉，换谁都得开除他。

可以想象，当秦桧灰溜溜地走出南宋朝廷时，他的心里羞耻难堪的感觉远远没有纳闷多，他实在是想不通，金国到底出什么事了，还是信使全死在了半路上，让亲爱的、充满了人道主义精神的完颜昌没有收到和平的橄榄枝。

他的确是想不到，这时金国的上层乱到了什么程度。

# 第二十八章　西南决战仙人关

金国的派系斗争变得杂乱，之前是以完颜宗翰为首的老资格军阀一派，对抗金国皇帝完颜吴乞买、完颜昌为首的另一派。

两派争的基本是国内的话语权，显得派系清晰，目标简单。但是一个人异军突起，把一切都搅乱了。完颜宗弼，这个小弟弟不知怎么搞的，之前显得非常乖，可这几年里单独领兵打了几仗之后，突然间不服管教了。

他鄙视这些躺在功劳簿上睡大觉，只知道窝里横的前辈，认为他们失去了尚武的女真精神。而他，就是要重振女真军威的人，他要用纯粹的武力征讨四方，再现他父亲完颜阿骨打的神威！

他一生都为这个目标奋斗，不管是谁挡在他的面前，哪怕是女真族内比他还要显赫的贵族，也要白刃相向，不死不休。

他真的这么干了，完颜昌的和平提议就是被他压制的，导致秦桧在南宋唱独角戏，尴尬落幕。而时局也在为他帮忙，短时间之内接连发生了两件事，让他在金国内部迅速抢班夺权。

第一件，宋绍兴二年（1132 年）十二月，宋军突然主动进攻伪齐。

这次进攻在历史上没有留下显赫的声名，但是它的攻击力度，取得的辉煌战绩，丝毫不逊色于南宋总结出的那十三次军功。它甚至只差一点点就完成了宋朝人梦寐以求的夙愿。

伪齐当时已经把国都从大名府迁到了开封城，刘豫鸠占鹊巢，窃取了北宋的皇宫。他征集了十余万乡兵编为 12 军，沿黄河、淮河两岸及陕西、山东等地驻扎，进窥南宋。

看上去声势浩大，实际上破绽百出，在每一条战线上都兵力薄弱。南宋只要发兵，肯定能打破壁垒，攻入淮河区域。

当时很多人看清了这一点，可出兵的居然是襄阳镇抚使李横和河南府、孟、汝、唐三州镇抚使翟琮。

这两人都不是宋朝正规军出身，他们是北方沦陷时自发形成的义军。哪怕这时有了宋朝的官衔，也仍然被排挤在主流之外。

历史证明，在哪个时代里，抗战最积极，行动最迅速的，都是非主流的人员。这是巧合吗？里面应该隐藏着巨大的问题！

李横、翟琮率兵北伐，这是南宋历史上第一次北伐。他们的部下有彭圮、赵起、董先、张圮、董震等，还有一个人叫牛皋。

李横军渡江之后横扫两淮，直扑河南，连克汝州、颍昌等地；翟琮军进攻东至郑州西到京兆之间的广阔区域，与李横军形成从西、南两面合围开封的态势。

攻势迅速，转过年后二月间，两军已经攻至开封城外围。这是出乎敌我双方预料的战绩，不仅刘豫没有料到，南宋方面也没有准备，其他的友军，像长江防线上的刘光世、韩世忠两军，都相距过远，哪怕是急行军赶过去支援，都来不及。

可金国来得及出兵。刘豫慌了，他明知道求援意味着在女真人心里失去砝码，也顾不得了。这正中金兀术下怀，真是盼什么来什么，想打仗就来了对手。他带着嫡系精兵出征，会合伪齐大将李成，组成近 10 万的强大联军，与李横、翟琮在开封城郊的羊驰岗决战。

战线过长、补给不足、长期作战，让宋朝北伐军实力下降，羊驰岗之战是他们的终点。李横、翟琮被击败，事实证明他们真的是尽了全力，因为之后他们再没法支撑了。北伐军一路败退，之前所夺得的疆域全部失去，金、齐联军趁势反击，衔尾疾追，相继攻占了邓州（今属河南）、随州（今属湖北）、襄阳及郢州（今属湖北）。

也就是说，北伐军连自己的根据地都丢了。

李横等人一直退到了洪州（今江西南昌）才稳住局势。这时形势危急到了前所未有的程度，伪齐不仅在长江防线上打开了缺口，让江南大片腹地暴露在威胁之下，还切断了宋廷与川陕之间的通道。他们可以溯江而上进攻蜀川，可以顺流直下攻取吴越，为了必胜，刘豫还派人去联络洞庭湖的起义军首领杨么，预先埋下了一颗钉子。

总之南宋防线突然间千疮百孔，哪儿都是窟窿，金、齐联军怎么打都是机会。可等了很久，金兀术却没有出现，他没有趁热打铁，反而带着兵跑到大西南的深山老林里练爬坡去了。

因为那边的机会更好，和尚原大败之后留守在陕西境内的撒离喝居然突发神勇，正面击败了吴玠！打通了由陕入川的另一条通道。

这消息让整个金国震动，简直是飞来横财，还突破什么长江防线啊，先蜀后江南，这是最划算的打击路线。不用犹豫了，马上调重兵支援撒离喝，把吴玠彻底碾碎。

为了必胜，为了顺利进入蜀川，在蜀川安家落户，金兀术这次出兵，除了带着所有能调集的重兵之外，还有重兵们的家属也一起随军上路。

开战之前，先回顾一下刚结束的撒离喝、吴玠之战。这一次他们争的不是和尚原，而是饶风关。众所周知，陕西在蜀川的上方，是后者天然的屏障。以西安为参照点，可以清晰地看到宋、金两军这一段时间里的争斗路线。

西安平行向西，也就是宝鸡方向，一路上有诸多名胜，汉武帝的茂陵、唐太宗的昭陵、蜀汉武侯逝世的五丈原、杨贵妃墓、明修栈道暗度陈仓的陈仓古道等都在这条线上。到宝鸡之后，就是大散关、和尚原，吴玠大破金兵的地方。

这是一条线，是金兀术撞得头破血流的地方。撒离喝很聪明，他清楚自己的兵力不如四太子，勇气更差得多，所以他把这条线放弃了。

他主攻的方向是西安的正下方，也就是南方，现今重庆市的方向。蜀川广阔，它与陕西的边界线绵延漫长，从这里一样可以突破。

这样战争的重心一下子偏移，脱离了吴玠的兵力中心。所幸的是，吴玠是主帅之才，他对战争早有全盘估算，在这个方位也有准备。

和尚原之战结束后，吴玠向宝鸡的后方稍微后撤，到达现在甘肃境内的徽县附近的河驰，在这里设立大本营。和尚原交给了他的二弟吴璘，派原八字军主将王彦驻守金州（今陕西安康），这样就形成了一个三角形，可以各方呼应。

金州，就是这次撒离喝出兵的攻击点。

时隔数年，王彦再一次成为战争的焦点。金州的位置实在是太刁钻了，看地图，它的正下方是重庆市，谁都知道从重庆入四川全是水道，是逆流而上的湍急险滩。从这儿打，除了要付出极大的伤亡之外，还必须得有一支强大的水军。

这些都不是撒离喝能承受的。

可是绕过金州，在它背后的兴元府（今陕西汉中）才是入蜀的正路，甚至再向前一点儿到阳平关，那里是当年三国时入蜀的官道。

这都是常识，撒离喝不可能不知道。但他就是不敢去直接攻打汉中，那样河驰方向的吴玠会快速顶上来，后边的王彦再关门打狗，他就得扔在汉中附近。

吴玠选中了金州，就逼着金军强攻、王彦死守。这一战打响，王彦虽然威名早著，是南宋将领中成名极早、立身极正的名将，但是实力已经不是当年渡江征战时了。此时八字军精锐他都交给了御营，从御营离开时他除了高大的形象之外，等于两手空空。

在西军中，在吴玠的手下，王彦只是一个普通将领，给你多少兵，你就带多少人。想一想吴玠本人此时的兵力也不过万，他的战力能高到哪儿去。撒离喝集结陕西境内的全部金军杀到，王彦率部死守，仍然无济于事。金州城破，但他给吴玠争取到了宝贵的时间。

时间是这时最值钱的，撒离喝的目标是兴元府，兴元府与金州之间有座关隘名叫饶风关。它设在崇山峻岭之间，险要性与和尚原不相上下，是兴元府以东最后一座屏障。金军如果抢先占领它，顿时主客易位，宋军得去扮演金兀术的角色，拿人命去堆，才有可能抢回来。

兴元府主将刘子羽第一时间派兵去抢饶风关，同时急报吴玠请求支援。吴玠尽起精锐，本人亲自率军一日疾驰300余里，抢在撒离喝之前赶到饶风关。

这种速度差点儿让完颜撒离喝哭出来，这个完颜其实是很善战并且超级耐战的，他几乎是第一代完颜中活得最长的一个。

就是泪腺过于发达了些……可这也实在是吴玠太过分了。河驰远在甘肃，与饶风关之间的距离足足比金州远了一半以上，并且还是先由兴元府求援，吴玠才带人赶过来的，里外相加，撒离喝想不通为什么是自己迟到了，难道女真战马退化了吗？

而迟到之后的代价实在是太大了，由不得他不悲愤，他得像强攻和尚原那样，用人命去填饶风关前面的深沟险涧。想想之前四太子是啥结果，他实在是恨得牙痒。

说什么都没用了，撒离喝下令金军强攻，不惜一切代价，一定要把这道关卡突破。为了达到目的，撒离喝想了个超笨的绝招。

他命令金军士兵下马，身披重甲，全副武装仰攻。重甲，据考证，宋代制式重甲一般是58斤，而宋代一斤折合现代一斤二两，也就是说，女真士兵要负重69斤以上翻越秦岭山脉。

同时面对宋军的弓箭、滚木礌石。

回顾历史，这种活儿连完颜阿骨打时代的女真军都没干过，这时女真建国快20年了，起码换了三茬以上的新兵，这么搞，实在是太生硬、太强求了。

可撒离喝有理由必须这么做。饶风关之后，陕西境内再没有任何险阻，除非去闯汉末时三国的入蜀古道阳平关，不然一马平川，蜀中在望。

而这也是吴玠必须拼命的理由，他若失败就等于葬送整个蜀川，甚至江南河山！双方都拼命了，整整六天，昼夜相加等于12个白天，战斗从来没有停息过，饶风关前躺满了金军的尸体，可后面的女真人踩着尸体继续强攻。他们真的是用人命在堆战绩，拼消耗压垮吴玠。

这个想法在第七天的清晨时分被撒离喝放弃了，他已经比金兀术做得更狠更硬，可惜对吴玠无效。六个昼夜的强攻什么都没得到，他不知道吴玠的承受极限在哪里。

不过他不再烦恼这件事，现实让他喜极而泣，这绝对是欢乐的泪水，他爱死汉人了，从此理解了四太子殿下为什么总是那么好运。

汉人会主动上门帮忙！

一个当地汉人，另有说法是吴玠军中的叛徒，来告诉他有一条非常隐蔽的小道能绕到饶风关的背后，从那里居高临下，吴玠会变成防御方。

这是饶风关与和尚原的最大区别，和尚原是大散关附近的制高点，可饶风关修筑在半山腰。这个不知名的汉奸决定了这次战役的走向，当金军突然出现在背后时，吴玠真的是措手不及！

上下夹击，吴玠败了，饶风关失陷。

可是撒离喝没法高兴，在这种情况下他居然没能杀死或活捉吴玠本人，甚至连吴玠的部队都没能击溃，战后清点，搞得像吴玠从饶风关撤军了一样！

赢得窝囊……不过当年阿骨打太祖打败辽国皇帝的亲征大军时也是因为意外嘛，胜利就是胜利！撒离喝收拾心情冲向了兴元府，陕西眼见得全境陷落，蜀川的大门在为他打开，他相信蜀川、江南的财富美女一定会让他高兴起来。

不过，兴元府等待他的是一场全城性的大火，刘子羽把能烧的全烧了，没住处没粮草没援军，关键时刻后方的金州又突然丢掉，被王彦收复，撒离喝总结了一下，似乎攻下饶风关之后，他被关门打狗了。现实要求他要么凭着眼下手里的军队自筹粮饷，打进蜀川，站稳脚跟，要么就得马上后退，回到凤翔周边，自己的老巢才安全。

如果那样……他拿人命推开的这条路还有意义吗？难道他就是要让自己的士兵穿着重甲倒在秦岭山下，搞一片露天墓场吗？

越想越憋屈，他恨自己为什么没在开战之前料到这一点，这种情况并不是没解的，只要后续部队及时到位，那么王彦、吴玠、刘子羽都只是丧家之犬。

……但是，根本没有后续部队，陕西境内的女真部队都在他手边，再找就只好向本部大本营叫人。于是，他向四太子发去了紧急求援信。

金兀术立即放下了长江防线，第一时间赶了过来。只不过他再快，也是两个月之后了，他和撒离喝只能在凤翔府会合，重新讨论从哪条线破陕入蜀。

这个问题对别人来说是个技术问题，比如讨论一下哪条线的关隘更多，宋军的兵力更足，等等。可在金兀术那儿，这就是个性格问题。

他直接选了和尚原一线。这是他心里永远的痛，要是不在这条老路上把死对头吴玠干翻，他就没法确认自己女真战神的身份。那是他第一次彻头彻尾失败的地方！

没说的，他再次率领了10万大军逼近秦岭大散关，重爬和尚原。

实战证明，勇气是冷兵器时代战争的第一要素，完颜宗弼真是有种，他带人强攻和尚原，当年没打下来的，这次一战成功。他登上大散关绝顶之后披襟临风，心怀大畅，他真的是金国之兀术，注定了纵横天下，为女真开疆拓土！

不过稍后就吃了个苍蝇，有人告诉他这次守和尚原的并不是吴玠本人，而是吴玠的弟弟吴璘……呸，扫兴。好在吴玠就在前面不远的仙人关等着他，在那儿他俩必将会有一次郑重、隆重的重逢。

仙人关，西临嘉陵江，南接略阳北界，北边虞关紧邻铁山栈道，是块枢纽要地。更直观一点儿，它在吴玠的大本营河驰的东南方，这样它从地理、从兵力来说，都是陕西宋军当时最强的据点。

金兀术携破长江、克和尚原余威逼近仙人关，显赫声威中他加倍小心翼翼。吴玠是他的生平大敌，是正面硬碰硬击败他的唯一 一个宋朝人。

他决定这次无论如何都不能出错，要谨慎完美地拿下仙人关，毕其功于一役。可惜的是，他这样想着，刚刚安营扎寨，就被一个人打破了。

彀英，他的一员心爱的汉人将官，连招呼都没跟他打一个，就率领人马冲向仙人关，看架势是要单挑吴玠，凭他自己把战争结束了。

金兀术大怒，临战唱反调，这是成心坏他的大事！急怒攻心之下，他也不派人去追了，自己跳上马亲自赶了上去。

要说彀英真是位优秀的国际战士，为了女真人的利益，他什么都不顾了，一门心思杀向了吴玠。这一刻他忘记了血缘、忘记了祖宗、忘记了他主人的怒火，哪怕看着金兀术满脑袋火花四射地追了上来，仍然无动于衷，继续冲锋。

金兀术狂怒，快马加鞭追了上来，抽出刀来，用刀背狠狠地抽向了彀英的头盔。一边抽一边问，为什么不听号令？

彀英像是没痛感、没眩晕、没神经一样继续冲，根本不理他。金兀术被气疯了，这次把刀顺过来，仍然是刀背，可是捅向了彀英的后心，你再不停你再不停你还不停？

彀英停了，金兀术牛大的劲，虽说是刀背，也很可能捅进后心的。他停下来说了一番道理，解释自己为什么抢时间进攻。

他认为以吴玠的防守实力加上仙人关险要地势和河驰宋军大本营的兵力，本就很难啃动了，如果再给时间让陕西境内的宋军迅速集结赴援，那样仙人关会牢不可破。

彀英总结，这次战役最关键的不是地形怎样，而是时间的把握……没等他说完，脑袋和后心等要害部位又被金兀术连续击打几次，像赶鸭子似的被轰回了营里。

金兀术纳闷，狗没有狗的觉悟，什么时候轮到狗来决策了？

就这样，金兀术充分休息兵力，认真考察地形，在仙人关的东北方向约 40 里处的青泥岭、铁山一线抢占了一个制高点。这里的地势比仙人关还要高一些，如果把战马牵上去，从那儿发起冲锋，宋军得仰射才能构成打击。

他觉得这才是决定战争胜负的因素。至于别的，比如一连六天以来吴玠的那个弟弟天天和金军死磕，一步步地向哥哥靠拢，终于会合什么的，都不值一提。

1134年，宋绍兴四年二月二十七日，完颜宗弼率十余万金军进攻仙人关。从这一刻起，老规矩，他和吴玠会按天按时辰来分胜负生死。

战斗打响，这一次金军比和尚原野外徒手负重攀登要强得多，他们可以骑着马从40里开外以俯冲式冲锋……难度是不是太大了点儿呢，40里开外冲，现代最快速的跑车也得要三分钟才能抵达，金兀术当年是咋想的呢？

不得而知，反正他向着仙人关冲锋，结果在关的东北方被一条狭长的山岭阻挡，这条岭像一条天然的城墙一样，把他们挡得一个结实。

后来完颜宗弼知道，吴玠给这条岭取了个名字，叫“杀金坪”。

战斗在杀金坪的前沿展开，在那儿有一片宋军的营寨，由统制官郭震驻守。这是一位英勇坚定超出常识范围的将军，他背靠险地与金军白刃血战，顽强地经受了30多个回合的冲击。

这个数字是惊人的，里面隐含着女真军队之所以破辽灭北宋所向无敌的秘密。之前宋军和西夏人争斗，西夏人一样骑马冲锋，但最多三次不胜的话，就会结束当天的战斗。女真人不同，他们会不断冲击，一次不胜有两次，两次之后会三次、四次直到天黑。

这种强度在后来被蒙古人打破，在那之前，没有任何人做到。这时郭震连续激战30多个回合之后支撑不住了，他率部撤回到杀金坪内。

他错了，在以往他堪称虽败犹荣，但这时有进无退，他不该退的。吴玠传令就地杀了他，首级号令全军——只能守住，不许后退。有后退者，就算我亲弟弟也杀了他！

金军攻到了杀金坪下。

守杀金坪的，正是吴玠的弟弟吴璘。

吴璘，字唐卿，生于1102年。他一直在哥哥的手下征战，印象中像是哥哥的一个影子。实际上两人功勋是叠加的，谁也离不开谁。

比如这一次，吴璘血战六天，几乎每一步都踩着金军的尸体来到哥哥的身边。除了带来难得的生力军之外，还有另一个更加重要的建议。

这条建议决定了这次战役的走向。

严格地说，饶风关、仙人关、杀金坪都有这样那样的致命弱点，都达不到和尚原的险峻程度。具体到杀金坪，它是一条狭长的天然山岭，险则险矣，要命在防线过于漫长，远不及和尚原、饶风关只在一点受力。金军的庞大军队在这儿展开进攻，让兵力处于绝对劣势的吴玠穷于应付。

这也是吴玠要派郭震出坪迎战的根本原因。

金军在当天黄昏时分攻到了杀金坪下，看时间很绝望，金兀朮忘不了上次在晚上被宋军射得饭都没的吃，黑灯瞎火地往山下逃命。可这时他眼睛立即亮了，冒出了绿油油的光。这是一条多么理想的防线啊，简直是女真骑兵的最爱。

他和韩常东西各负责一端，组织骑兵轮番冲击，一会儿重点放在东端，一会儿在西段集中兵力，这样变幻不定，逼着坪上的宋军也得跟着他们换防。

漫长的杀金坪，宋军在跟女真人的马腿拼速度。这么搞谁也承受不住，没多久防线就出现了缺口。天色完全黑下来之前，金军骑兵冲进了杀金坪，吴璘被迫后撤。

仙人关近在眼前……金兀朮狂喜中保持住了冷静，他下令全军戒备，四面严防死守，要比白天进攻时还要加倍小心。

吴玠在晚上时什么都干得出来。

不过出乎他的意料，这一夜很平静，什么都没有发生。第二天，宋军仍然没有动静。金兀朮大喜，他抓紧时间从山下往上运各种拆装后的零件，在杀金坪上组装成了当时的大炮（大型投石器）。这是当时最强的攻城器械了，他不信这样还打不垮山上边的吴玠！

二月二十九日上午，金兀朮带着 30 多门“大炮”向仙人关前进了，他信心满满，情绪高昂，直到发现前方有路障。

一大片漫山遍野丛林似的鹿角、木栅拦在前方，把路全堵死了。这些还不算什么，金兀术没抓狂，他盯着的是路障后面的东西。

那不是仙人关，而是另一道临时修筑起来的工事！这时他开始后悔，为什么要耽误一整天的工夫，看看宋军都干了些什么，相比之下，他自己造的那30多门“大炮”实在不够瞧。

这么想，他又犯了一个错误。吴玠虽然总能搞得他灰头土脸，可这次的事没这么简单。这横亘在杀金坪、仙人关之间的第二条关隘，是早就修好的，时间就在他战前休整的那六天里。当时吴璘与金军血战向哥哥靠拢，先期派人传过去了一句话：

“杀金坪之地，去原尚远，前阵散漫，宜益治第二隘，示必死战，则可取胜。”

这句话是此次战役胜负的核心，吴玠立即被点醒了，杀金坪的先天条件决定了它不可靠，而这条临时修筑的第二条防线，才是生存的根本。

他命令弟弟，杀金坪可以放弃，这条第二隘，无论如何要守住！绝不能让战火蔓延到仙人关城头之下，那时什么都晚了。

一切为这个作战思路服务，现在金兀术想攻击第二隘，就先得把路障清除，不然他的骑兵、他的“大炮”都不够射程。

清除路障让金军流尽了血，他们得下马，去搬。就是这个简单得不能再简单的动作，让他们暴露在宋军的弓箭之下，成了一个个缓慢移动没有遮拦的靶子。等他们终于把“大炮”推到射程之内，能发射时，这些女真人都快疯了。

玩命地发射，砸烂该死的宋朝人……之后他们真的疯了。从第二隘的阵地里发射出了更多的石块，像下冰雹一样砸了过来！

他们忘了，大型投石器这种东西本就是宋朝人的发明，他们之所以有，都是汉人工匠帮他们造的。吴玠既然下定了决心守住仙人关，这种器械怎么会不准备呢？

这时秦岭上漫山遍野的大石头，第二隘居高临下的位置，哪一点都注定了女真大兵们的悲剧。

限于木质投石器的使用寿命，流星雨终于停了。金兀朮欲哭无泪，红了眼，下令骑兵出击，踏平第二隘！当然，在这之前还得再清理一下场地。

地面上全是大石头……

二十九日黄昏时分，女真骑兵终于排成阵势，向宋军阵地发起进攻。这时残阳似血，士气正旺，凭着女真人20年的征战惯例，这种情况下无可阻挡，眼前这条临时工事必将一击可破。

金骑冲锋，冲到半路时变得很愕然，突然发生了一件小事，是他们很久很久都没有遇到的了。宋军居然离开工事，出来和他们平地野战了！

宋军人数不少，足有几千。毕竟杀金坪一带地势狭长散阔，多少人都摆得下。看脚下，女真骑兵们很轻松，宋朝人没马，都是用脚在跑路，这一点足以决定此战结局。不过看了一下这帮人手里拿的家伙，女真大兵们忍不住集体哆嗦了一下。

宋军手里的武器不大常见，在唐朝之前它叫斩马剑，唐朝之后叫陌刀。

《唐六典》中记载，刀之制有四。一曰仪刀，二曰障刀，三曰横刀，四曰陌刀。这种刀长一丈，施两刃，唐时一丈为十尺或九尺，每尺合现代30厘米，也就是两米以上。这种武器在战场上有八个字的特定形容词来描述它的作用：

“一刀下去，人马俱碎！”

这种武器是女真人的另一个噩梦。陌刀与神臂弓是工艺、智慧的体现，是科技领先的汉民族对付野蛮侵略民族的两大利器。它们一个远攻，一个近战，是没法用蛮力以及所谓的勇气抵敌的。

这天傍晚宋军由将军杨政率领，举刀冲向了金军的骑兵阵容，之后血肉横飞，一片混乱。女真人怎么也想不到，他们最引以为傲的骑兵，在怨愤了大半天，积攒下足够的怒火动力之后，居然被砍成了一块块的碎肉，是被他们认定的软弱民族砍的！

天黑了，金兀术的心凉了，他传令收兵。二十九日这一天以金军惨败收场。

三十日这天，金军的进攻指挥权明显交给了撒离喝，他们用的是饶风关实验成功的那种很蠢的绝招。金军不骑马了，他们成了步兵。

这些人走得很慢，在山道上队伍保持得非常整齐。这很好，宋军方面的射手们习惯性地开弓就射，准确命中，可倒下的人却不多。

神臂弓失效了？

接着再射，终于有倒下的了，可是却发现倒下来的居然还在移动。怪事，从来没有过的事！再打下去，接触多了，宋军才发现原因。这一天里进攻的金军居然每人都披着双层重甲，队伍用铁钩前后勾连，形成了一个庞大、臃肿但又牢不可破的整体，哪怕慢，也在向第二隘坚定地推进。

重甲，前面说过是69斤一副，双层就是接近140斤，加上刀枪，加上身边同伴的勾连重量，这种负重是不可思议的，同时还得不断推进，并且随时准备和宋军肉搏。

撒离喝对敌我双方都足够凶狠。

这一天他骑着马在半山腰看了好一会儿，按经验，他觉得第二隘坚持不住了，它只是临时修筑的工事，不可能比饶风关、和尚原本阵坚固。并且从指挥官的角度考虑，再撑下去也得不偿失，毕竟吴玠还有仙人关天险，没有必要在这里耗尽一切。

想到这里，他提前发表了获胜感言："吾得之矣！"说完转身回营，静等喜讯。这是风度，是主帅、决策者才具备的潇洒。

他在炫耀自己计算能力、预判能力的素质。

可惜的是，这一天他失误了，金军强攻到底，也没有能突破第二隘。这个临时修筑的堡垒成了不可逾越的天堑。

撒离喝惊诧，他不觉得自己的判断有误，可事实让他错愕，怎么搞的？其实在第二隘里，吴璘也快到极限了。

面对金军的强攻，吴璘的一些部下动摇了，他们建议后撤，毕竟工事的险要程度决定战损率，躲在第二隘里和金军斗，与挺在仙人关里完全是两个概念，在这儿会多死人的。

吴璘的回答是拔出刀，他在地上画了一条线：“死则死矣，过此线者斩！”这句话不是白说的，里边有吴氏兄弟的尊严。

吴玠杀郭震时说过，杀金坪不许放弃，丢掉者必斩，哪怕是亲弟弟也不放过。可杀金坪这时真的丢了，第二隘也放弃的话，吴玠会变成笑话，吴璘会生不如死！

局势险恶，吴璘没有一味地施压，他向部下们交底说，金军是进攻方，消耗对比更大，只要再挺一天，过后金军必将撤退。

一天后，金军攻势的凶悍是前所未有的，撒离喝亲临战场，指定了一个突破口——第二隘西北角的一座角楼。

终于知道定点突破了，不知道这是进步还是屈辱，当年攻破开封城时金军都是方位式攻击。不过这很管用，不一会儿，他们居然把这座楼打歪了。

金军欢呼，不管是歪了还是倒了还是占领了，反正缺口是打开了……却见一条布帛结成的临时长绳甩了出来，把楼拉正了。

金军郁闷，这样也行？他们来个更彻底的，放火！不管是砖砌的木制的，就不信火烧不塌它……却见大片的水从楼上浇了下来，火被扑灭。

后来史料记载，楼上本来没有水，是宋军统制官姚仲带上去的酒。酒能灭火吗？答案是很有可能。宋代还没有蒸馏酒，只有发酵酒，酒的度数很低，所以武松等好汉连干几十大碗还能剧烈运动。这时，楼上的姚将军肯定是不止几十碗的海量。

应该是几十桶，把下边的金军浇绝望了。

再次入夜，战士们看着吴璘，等待午夜的更鼓。过了今天金军就走了，这是将军说的，会成真吗？吴璘沉默，这事儿他做不了主。

其实撤离喝、金兀术一样说了不算，大家都得看吴玠的。仗打到了这份儿上，主动权已经不在进攻方一端了。

打到筋疲力尽，是不是可以躺下来睡一小觉，喝点儿水什么的精神一下再继续呢？这并不是恶搞，如果防守方始终躲在掩体里做永恒不动状的话，完全成立。事实上，历史上绝大多数防守方都是这么做的，他们熬，直到让敌方打得意兴阑珊之后安全撤走。

这还算是合格的、成功了的防守呢。

“山地之王”“防守之王”吴玠不这样，他防守时会让敌人血流成河遍体鳞伤，侥幸逃走之后头都不敢回。之所以这样，靠的是他的进攻。

进攻在三十日的午夜时开始，这时的金军脱掉穿了两天的双层重甲躺在地上像死鱼一样喘气，宋军习惯性地午夜摸营，带来的是比陌刀还狠的大斧！这玩意儿是震撼性的，黑灯瞎火只管砍，只有砍碎砍裂砍崩刃的，绝对没有砍不动的。

当天夜里金兀术像第一次到和尚原露营时一样彻夜未眠，第二天早晨，他看着不远处的仙人关表情深沉，是进攻呢是进攻呢还是撤退……当天夜里吴玠替他下了决心，仙人关、第二隘里的宋军倾巢出击，各种手段无所不用其极，金军被推向山下。一夜乱跑，当黎明再次来临时，他们发现地形很熟啊。

到杀金坪的下边了。

拼死拼活六天半，一夜回到上山前。按说如此悲摧，加上之前对吴玠的了解，金兀术应该继续下山，带人回家才对。

不，四太子不知是哪根筋搭错了，突然间灵机一动，想到了一个反败为胜的好办法。

仙人关一线是绝望了，但可以围魏救赵，攻击吴氏兄弟的另一个要害，逼他们分兵。那样等仙人关的兵力被分散之后，金军仍然有机会。

另一个要害指的是吴璘的驻地七方关。说实话那边真的是空虚了，吴璘竭尽所有驰援兄长，把什么都带出来了。这时金兀术分兵过去，从理论上绝对是乘虚而入。

问题是操作起来难度太大。首先他得把偷袭搞得明目张胆大张旗鼓，好让吴氏兄弟知道。光这一点他就死定了。

宋朝的西军在陕西大地上百年经营，关系网细腻杂乱到无法想象。据可靠史料称，吴玠知道撒离喝在凤翔府的私人住宅平面图，连卧室的摆设都清楚！

情报做到这样，基本上免偷袭了。吴玠根本没去理会七方关怎样，他加大兵力在三月初二的夜里发起了总攻。

稍加一句，在杀金坪的下方，金军的大营那片，金兀术的安排是永恒不变的。他爱连珠寨，在和尚原被砍得七零八落，从头到尾都没接受教训，这时仍然一样。

换花样的是吴玠，这一次他分段包干，把手下派出去拦路打劫。统制官张彦负责横川店一带。统制官王俊，稍提一下，这是吴玠的女婿，负责河驰一带，先期出发选地点埋伏。他自己带着大部分主力从杀金坪出击，负责把金军大队迎头击溃，跳进挖好的坑里。

这天夜里全体金军上演午夜狂奔，简直没有一刻能停下来。他们在杀金坪前被袭击，开始跑路，临走时金兀术只来得及下令烧物资。

他带来的东西太多了，包括大量给家属用的日用品，都烧了，一来不留给吴玠，二来在夜里照个亮。往山下边跑，跑到横川店被截住，被抓了 120 人，死了 500 人以上；到河驰时快累死了，被王俊活捉了 150 人，死得惨了点儿，达到 1200 人以上。

好不容易天又亮了，金兀术看清了所在的地形，一下子他泪流满面……居然是和尚原。

当金军们全看清了之后，他们瞬间精力回归，像打了鸡血一样，再次暴跳起来冲向山路，跑得那叫一个欢实！

这帮人继两夜一天的连续狂奔之后，再次创造了奇迹，居然一口气跑过和尚原，跑下了秦岭，跑回了凤翔城。

没法不玩命，鬼知道吴玠在这地方又埋伏了些什么。实际上他们多虑了，吴玠兵力太少，都押在了仙人关一线上，导致其他地方全都空虚，这时想扩大战果，也鞭长莫及。

战争在三月初三结束。

总结一下，从近处看，可以从金兀术战后的一个小举动上看出战果。在凤翔，他紧紧地握住了彀英的手，真挚地说："既往不咎。"

这四个字里有歉意，毕竟他用佩刀在彀英的头上身上"招呼"了那么多下，很痛很危险的；还有懊悔，事实证明彀英是对的，决定此战胜负的就是开战前的那六天，如果听彀英的话迅速进攻，不给吴氏兄弟会合、准备的时间，此战完全会是另一个结果；更多的是警告。自尊心、好胜心超级强烈的四太子殿下在暗示，以后别再跟我提仙人关、杀金坪、和尚原、见鬼的西北、西南、四川！这些地方是禁忌，永远不许提起。

之后终完颜宗弼一生，再也没有靠近过这片土地，再也没与吴氏兄弟对敌。他的本质再一次大暴露，哪有什么"女真战神"一说，就是个欺软怕硬，打疼了就跑，不敢回头的抢劫犯。

往长远看，仙人关一战是西北方面宋金势力此消彼长的转折点。此战过后吴玠军威大振，不仅令金兀术"终身不敢窥蜀地"，更一鼓作气收复了陕西大部分土地，这一成就仍然是建炎南渡、中兴诸将中拓建先河的壮举。

而在这之前，也就是金兀术仙人关大败、陕西失地之间，还发生了另一件事，那件事、那个人给金国造成的恐慌比仙人关、吴玠更重。

# 第二十九章　河朔岳飞

事情发生在长江防线区域。前面说过，由于准备不充分，李横的北伐失败了，他不仅丢失了北伐中恢复的国土，还让自己的防区襄阳一带也失陷。

南宋门户大开。

金兀术在顺势南下和先取四川之间幸福地烦恼着，最终选择去和吴玠死磕，这让南宋集团非常高兴。从理论上讲，不管吴玠胜负如何，至少都为重建长江防线争取了时间。他们抓紧时间，组织兵力，在各大将军间挑选由谁出征。

精挑细选，优中选优，最终的人选居然是……岳飞。

不是刘光世，不是张俊，不是韩世忠，不是伟大的军事家、政治家、思想家张浚大人，居然是初露头角的“小将”岳飞。

这时距离黄天荡、收复建康两战已经过去整整四年了，这期间风云变幻、人事纷纭，一切都在动荡浮沉之中。今日之岳飞，再不是从前的岳飞了。

岳飞的一生是一首壮怀激烈的歌，每一段音符的跌宕都是整个中华民族的回音，它应该被铭记，被怀念，被传唱。

现在，就把他这四年里的人生历程一一述说。

必须从收复建康之后的一件小事说起，岳飞在当年的五月中旬收复了建康城。城里满目疮痍，遍地瓦砾，已是一座废墟。岳飞满腔愤恨，可惜力有不逮，只好将战俘送交南宋行在之后，回宜兴县张渚镇的驻地去。在张渚，有一位乡绅名叫张大年，他在太湖之滨修了一座别墅，取名“桃溪园”。

张大年请岳飞去桃溪园做客，在那里，岳飞留下了一篇《题记》。那是与后来的《满江红》并称的文字，是岳飞一生愿望的誓词。

我们必须重温它，牢记它。

现恭录如下：

近中原板荡，金贼长驱，如入无人之境。将帅无能，不及长城之壮。余发愤河朔，起自相台，总发从军，大小历二百余战，虽未及远涉夷荒，讨荡巢穴，亦且快国仇之万一。今又提一垒孤军，振起宜兴，建康之战，一举而复，贼拥入江，仓皇宵遁，所恨不能匹马不回耳！

今且休兵养卒，蓄锐待敌。如或朝廷见念，赐予器甲，使之完备，颁降功赏，使人蒙恩，即当深入虏庭，缚贼主，蹀血马前，尽屠夷种，迎二圣复还京师，取故土再上版籍。他时过此，勒功金石，岂不快哉！此心一发，天地知之，知我者知之。

建炎四年六月望日，河朔岳飞书

英雄是这样说的，更是这样做的，岳飞的一生以此为证，没有片刻忘记自己的理想，没有任何一件事违背了这时的心声。

这样一位言行如一、精忠报国的将军，刚刚立过一件大功，马上又要去别的战场厮杀，可是国人的历史里，记述的不是他的拳拳报国之心，而是这期间发生的另一件事。

据很多很多头衔隆重的历史大家考证，那是岳飞的一大污点，甚至是岳飞残暴、血腥本性的暴露。当时宋军弱小，除了有限的几支御营亲兵之外，都是些顶着正规头衔的游击队。它们必须保持合作，才能生存下去。

岳飞的友军是由一个叫刘经的人率领的小部队。在建康之战前，两人的合作很平稳，收复建康之后，岳飞突然间把对方吞并了，而且用的手法既诡谲又凶狠，他让自己的部下把刘经骗到一个指定的地点，杀刘经夺军权，吃干喝尽。

仁义的、光明的、像太阳神一样的岳飞怎么能这么做呢？这是旧时代里军阀互相吞并时才用的办法。于是众口呻吟，世上哪有什么英雄，岳飞哪是什么英雄……好了，参考有关细节。首先是环境，当时的确就是军阀互相吞并的局面。

南宋中兴四大将，或者叫五大将之间的关系非常生硬，准确地说，是仇恨。他们在战斗中有可能精诚合作，在平时看对方时，心里闪现的是一块块的肥肉。

朝廷的封赏，是肥肉，要争；战时的军功，是肥肉，要争；头衔的大小，是肥肉，要争；对方的地盘、士兵、谋士、将军，是肥肉，更要争。

最后一条是重中之重，军阀的根本是什么，就是军队！他们不仅自己争，更随时吞并身边的小队伍，抓住一切机会扩充自己。

比如吴玠，他熬过了和尚原、饶风关、仙人关三次生死考验之后，威名大振也实力大损，这时想壮大力量怎么办？向赵构要兵要饷要装备吗？开玩笑，赵构自己还不足呢。他只能自己去想办法。也算是天照应，他最急需兵力的时候是另一个将军最黑暗的时期。

同样在西北大地上，原熙河军主将、现防御岷州至阶州一线的关师古日子穷得过不下去了，他顶在前线和金军死扛，称得上“忠勇”二字。可是再忠也得吃饭，他的兵饿得跟骷髅似的，眼看着挺不住了。而他每次向上级要粮，回复没有，不停地要，不停地说没有，逼得没办法越级直接向长江以南的赵构要，简直杳无音信，连个回条也没有。

关师古真急了，谁也不给，那就去抢金国的！他率军出击，在石要岭与金军大战，结果一败涂地。这怪不了他，既无地利，也无兵力，兵都饿得快死了，让他拿什么去赢。之后，他气得指天画地咒骂一切，愤怒达到顶点之后，他变态了。

他单骑出营，再出现时已经是金军的一员……关师古投敌，这消息让吴玠惊喜，他没等这事儿走出陕西大地，立即派人抢先接收了关师古的士兵。这是本钱，是他壮大自己的千载难逢之机！至于军规，比如南宋方面会另派将军接替关师古，这军队是国家财产不许私自抢夺，等等，都是放屁。

拿《亮剑》里李云龙对部下说的话就是，我不管你是怎么搞到的，你必须搞到，向老子要枪，门都没有，自己去弄。这就是那个时代的生存之道，就是敌强我弱时的壮大办法，它在每个时代里都是真理，是现实。

回到岳飞，是刘经要趁他在建康作战时先杀光他的家小，再谋夺他留守的部队，壮大之后再趁岳飞与金军血战之余趁火打劫，吞掉一切。

这样的人是民族败类，就算不被吞并，也必须杀掉。

岳飞在宜兴县张渚镇的驻扎很快迁移，这是意料之中的，他于国势艰危中奇迹一样击败金军主将，收复名城建康，这是必须要大力嘉奖的。

甚至为了激励士气，转移战败的实情，还要树立起岳飞、韩世忠的英雄典型来。

实际上也是这么做的，黄天荡之战后，韩世忠的地位急剧攀升，赵构下了六道嘉奖令，升他为检校少保、武成感德军节度使、神武左军都统制。

韩世忠一举奠定中兴大将的地位。

反观岳飞，他也升官了，被任命为通泰镇抚使、兼知泰州，辖区在扬州以东，泰州至南通一带。这也算是有了头衔，有了地盘，怎么也应该高兴吧？没，岳飞第一时间写奏章辞官。

有宋一代，官场的规矩是皇帝赏的东西，别管多喜欢，也要至少推辞两次以上。直接收下的会被人鄙视，吃相实在太难看了。

岳飞的推辞却不是这一套，他是真的要辞官。这个位置在平时来看，在以后的历史里，都是很大的荣耀和实权，可唯独在这个时间段里，对他来说是个巨大的侮辱！

环顾一下四周，跟他同级别的同事们，是这样一群人。如扬州镇抚使郭仲威，承州（今江苏高邮）镇抚使薛庆，舒州（今安徽潜山）镇抚使李成，河南（今河南洛阳）镇抚使翟兴，楚州（今属江苏）镇抚使赵立，滁州镇抚使刘位，等等。

这些人的身份是“游寇”。

建炎南渡、宋室再续的这段时间里，赵构的敌人除了金军之外，还有游寇。说起来这真是悲剧，所谓游寇的“游”字，其实充满了光荣的内涵。这些人本是在江北自发形成，与金军抗争的义军。在失败之后，队伍不散，转战流落到江南。

他们是为国出力的战士，是国家宝贵的财富，本应做出更大的贡献，可是以赵构为首的建炎集团把他们定为寇，因为是流动性的，所以是游寇。

为了安置他们，就把他们固定在长江一线，说得好听些，是继续为国出力，险恶些的话，就是让他们与金军、伪齐军对耗，最好双方都死干净，让南宋省心。

让人家出力，总得给些头衔吧？前面那位官场妖孽范宗尹曾经下令，在长江防线一带设立若干个藩镇一样的存在，自筹粮饷，伤残自负。上面提到的那些老兄，就是这一批了。

……可岳飞想不通，为啥要把他跟这些人等同起来？

其实这就是岳飞一生的悲剧根源。岳飞的出身有问题，他不是张俊、刘光世、韩世忠。这三位都是正规军出身，是老牌子的西军大将。人家根红苗正，还第一时间和皇帝建立起了良好的私人关系，而他在严格意义上说，军队资历里的每一步，都是赵构最不喜欢的。

他出身农民，没人引荐；他曾是王彦部下，王彦是八字军首领，八字军有自发基础，王彦与官方对立；他是宗泽部下，宗泽……还用说吗，这是赵构最不愿面对的一个人；他又曾是杜充的部下，杜充……就更不用说了。

凡此种种，一点儿都不招人喜欢，自始至终他也不是建炎集团的嫡系。能打又怎样，宋朝需要的不是大将、勇将，是良将！

对这些，岳飞一直没有能领悟，他在做对国家民族负责的事，觉得这样就足够了。于是他在这时辞官，可是被拒绝，最后只好按期上任。

在泰州防区，岳飞做了一件很著名的“蠢事”。当时是建炎四年（1130）的十月左右，金军大举进攻江淮一带，重点的攻击目标是楚州。宋廷下令楚州周边所有军镇全力赴援，结果镇抚使们不动，张俊不动，刘光世本人不动，派出了他的强力将军集团，慢慢地向楚州动。

韩世忠想动，赵构下令他不许动，由于他平定苗刘兵变时的神勇，江南宋室已经把他当成了护法神，任何时候都是不可轻动的最可靠力量。

只有岳飞迅速向楚州靠拢。

楚州在岳飞赶到之前陷落。这在以后成了非议岳飞的人士们的一大利器。岳飞怎么可以置楚州安危于不顾呢？他为什么就没能迅速赶到，击溃金军，解楚州之围呢？

连建康都能收复，怎么可能救不下楚州？！

以此来看，岳飞真的是该死呢。谁让他那么蠢，非得急吼吼地冲出去救人，像其他将军们那样围观不就很好嘛。

这件事之后不久，一些镇抚使原形毕露，重新变成了游寇。其中李成做得最彻底，他大范围地游动，从山东到江南，几乎把长江沿岸搅了个遍。

李成，雄州（今河北雄安）人，字伯友。弓手出身，以悍勇闻名。他的人生分为前、后两部分，堪称黑白对照，无比鲜明。他先是自发组织义军抗金，哪怕转战千里也绝不投降。失败后率部越过长江，进入江南，第一时间表示要当正规军。

赵构满足了他。

李成叛变、抢劫。

刘光世出兵剿匪，李成服了，再次当官，被派往长江边。

李成又叛变了，大范围抢劫。

赵构派刘光世再次出兵，大衙内回信说很忙没空；韩世忠请战，又一次不被批准；任务交给了张俊，岳飞暂时调拨给张俊剿匪。

这是岳飞和李成之间很长一段故事的开始，也是岳飞和张俊之间漫长故事的开始。在这时，岳飞视张俊如兄长，张俊视岳飞为剿匪成功的第一保障，两人的关系非常融洽，彼此都不会料到，有一天岳飞会因张俊而死，而张俊因岳飞遗臭万年……

回到岳飞和李成，李成最大的噩梦到了，他发现行情变了。在之前他想叛变就随时变身成土匪，想投降官军也不会剿杀到底，就像刘光世那样，万事有商量。所以在叛变和投降之间他可以从容选择，一点儿心理负担都没有。

可岳飞不一样，这人满江南地追杀他，就像有深仇大恨一样，简直是不死不休。最后他实在是怕了，连主动投降都觉得不安全。一咬牙，他开始了下半生。

李成重回江北，投降了伪齐。从此之后，他比从前抗金还要彻底、强硬地抗宋。还记得李横组织的第一次北伐是怎么失败的吧？反攻回宋境的伪齐军就是李成率领的。

这人在刘豫的手下一直抗宋，伪齐倒了，他到金国当官继续抗宋，当岳飞北伐时他竭力抗宋，岳飞去世了他还在没完没了地抗宋。

这人活到70岁才死，死的前一年还重新起复当官，还是抗宋……为啥这么执着呢，很可能就是这时被岳飞逼的。

岳飞努力地工作着，还没有进入他生命的辉煌阶段，可是污点却如影随形，在这段时间里又多出了一件。那是岳飞去向张俊报到的途中，某一天他和最亲近的几员将官，如王贵、张宪一起骑马赶路。队伍里还有一个人，是他的舅舅姚某。

姚某前些日子因为在宜兴行为不检被岳飞处罚过，这时走着走着，突然间他加速超过了岳飞，领先到数十步时，猛地张弓搭箭射向岳飞。

出其不意，幸亏姚某箭法不准，只射中了岳飞的马鞍。岳飞大怒，立即纵马逐舅，生擒了姚某。他命令王贵、张宪抓住姚某的双手，自己拔刀将其剖腹摘心。

岳飞把这件事告诉了母亲，岳母既惊且悲，责备他：“我最钟爱这个弟弟，你怎么做出这样的事来！”

岳飞回答：“他的箭再射偏上一些，我会死掉。我死后，母亲何以安身？箭只射中鞍桥，正是上天保佑我。今日我不杀舅，他日舅必杀我。无可奈何。”

岳母虽悲痛，但事已至此，也只能不了了之。

以上就是这件事的经过，取自《三朝北盟会编》。这件事广为流传，成为岳飞性情凶残血腥，有仇必报，决无回旋余地的铁证。这一条坐实之后，很多人就理解了为什么宋朝最终会杀掉岳飞了。

因为这人记仇，会报复嘛，缚虎容易放虎难，不如杀掉一了百了。

我不管这些推论现不现实，甚至《三朝北盟会编》的作者徐梦莘是否别有用心，我只是质疑徐作家的创作能力。

岳飞他舅应该知道岳飞是什么程度的战斗力吧，他这么搞是正面挑战还是突然暗算呢？他是一位穿越到宋朝的欧洲中世纪骑士吧，不会、不屑在背后射箭？！

小儿科的破绽，没有技术含量的脏水，懒得说它。继续这次岳飞的剿匪过程。

李成逃过长江叛变了，任务还在继续，敌对的武装实在太多，大大小小根本数不过来。岳飞翻看任务清单，下面还有两个大目标。

张用、曹成。

张用的活动范围在江西，针对他，张俊干脆没动，岳飞也只是写了封信过去。信里回忆了一下他们在开封城的“友谊”。

那是杜充时期，开封城上演的那次著名的正规军、义军之间的自相残杀事件。义军方面的主角是张用和王善，他们赢了结局，可过程中被岳飞吓坏了。岳飞面对几万义军，带着2000余人就冲了过去，不仅击溃10倍于自己兵力的敌人，还杀了义军的一个主将。

岳飞的信里问，你还记得我吧，现在我来了，你“欲战则出，不战则降”，早做决定。张用接到信后只说了四个字。

——“果吾父也。”

立即投降了。

张用降后，张俊带着大队人马走了，留下岳飞单挑曹成。曹成是汝南人，他是所谓的流寇集团里的大人物，实力与李成不相上下，有10余万的兵力，尤其是军中有一位超级猛将。

这位将军是两宋之交时汉人一方最动人心魄的勇将，如果真的单打独斗的话，岳飞、韩世忠也不见得是他对手。

张俊在这时离开，并不是怕难，而是卖了一个巨大的人情给岳飞。两相对比，岳飞兵力虽少，但张俊断定岳飞必胜，曹成的巨大兵力等都将是岳飞的战利品，并且岳飞单独平叛，军功也全部领受。

这时的张俊，是真的把岳飞当作一个实力派、很亲近的兄弟来栽培的，在他来看，岳飞会成为他的亲信。

当年八月八日，张俊在瑞昌县长江里的丁家洲与岳飞分开。他带走了张用，以及张用部下的5万兵力，留下了一些物资，用以支持岳飞到湖南征讨曹成。

在岳飞动身之前有个小插曲，他骤然升官，做到了荆湖、广南路宣抚使，兼知潭州。这个头衔非同小可，岳飞一下子成了省长级的大员。

这只是暂任的，代理性质。这个官职是建炎集团委任给李纲的。李纲，这位名满天下、蹉跎一生的前首相终于盼来了一线官场光明。

赵构有鉴于江南遍地烽火，政府与科班出身的在岗公务员之外的几乎一切存在都是对立面的恶劣局面，终于决定让李纲再次出山，帮他收拾残局。

是时候说一下建炎、绍兴时期的南宋环境了，一点儿都不夸张，这是个人间地狱，并不比江北沦陷区好多少。严格意义上说，某些方面建炎集团做得比女真人更凶残。

首先是江南百姓的苦难。

本来江南人活得自由富足，像在天堂里一样，可北方人一下子涌了过来，来的时候破衣烂衫，面无人色，身无分文，可突然之间江南最好的土地、房屋、财产、美女、玉帛等全都是他们的了。

这简直就是明抢，用已经灭亡了的北宋政府的一些头衔来明目张胆地抢劫江南人。比如赵构入杭州时挑大房子住，太监们急赤白脸地重过王侯生活，这些风光的背后是多少江南富人的悲哀，而本来生活小富的江南人，有自由身份的江南人更不用说，各种资源全都被抢占。

对北宋来说，女真人是入侵者；对江南人来说，北方人一样是入侵者。这就是当时的事实。

可想而知，江南人要报复。于是北方过来的是“游寇”，像前面罗列出的那些镇抚使；南方人自发形成了“土寇”，土著人起义嘛，如洞庭湖里的钟相、杨么。他们与南宋政府是死仇，不死不休的。

接下来是北方百姓的苦难。

渡江逃难的并不都是赵构等人，政府、军队人员才占多少比例，更多的是北方的平民。这些人到了江南之后，衣食无着，是彻底的赤贫。谁来管他们？赵构和政府大员们隔三岔五地还要逃进海里呢，而各种资源都被上位者抢尽，他们只能活在社会的底层，并且面对江南百姓的怒火。

北方逃难的平民们，他们的悲惨是不可想象的！

可是换位思考一下，如果我们是赵构，是建炎集团，为了重新立国，为了抵抗外敌，就要有数量巨大的军队，以及政府职员。这些都需要庞大的金钱来维持。钱从何处来，只有税收。

也就是向百姓征集……

于是，不管矛盾多么剧烈，还是得不断地压榨，导致更多的矛盾和死敌产生。

人类社会的发展、秩序的建立、意识形态的完善，有时必须以战争、流血的方式进行。

古今中外，莫不如此。岳飞又怎能免俗？所以当他在境内作战时，去剿灭游寇或者土寇时，他不愿双手沾满普通百姓的鲜血，只是不得已。

不这样做，请指出一条别的路来。

而岳飞在做这些时，已经做到了完美无缺的程度，因为他绝对严于律己。他麾下的军队纪律严明到不可思议的程度，无论放在哪个年代，都堪称最佳。

岳飞驻军时，所辖部队不许随意出营房，不许走街串巷，更不许像北宋禁军那样做买卖从事生产。

岳飞行军时，以从洪州出发去湖南的一路上为例，洪州的百姓士绅想观看他盛传于世的军容，却错过了时机。那天在黎明前岳飞的军队就出发了。等他们接到通知，走上街市时，只看到岳飞本人，以及几个老弱兵丁，替他牵着马匹。

沿途借住民宅，临行前要替主人家洒扫干净；借用炊事器皿，必须洗净才送还物主。岳飞本人和士兵食宿坐卧在一起，当他经过庐陵时，郡守特设了酒食军帐，赶到郊外准备结识岳飞，却看见军队不断经过，眼看过完了，岳飞也没有出现。

他问士兵，才知道岳飞一直和偏裨将领在一起，早就过去很远了。这些，似乎只有八路军叔叔们才能做到吧。

更难得的是，岳飞的军队在作战时的操守。乱世中兵匪是一家，甚至兵祸更大于匪患。在南宋的军队里，小股的就不说了，久负盛名的三大将都成问题。韩世忠好些，但拔出萝卜带出泥，他出兵时伤亡很大，难免有些是误杀。张俊爱钱，号称张蝗虫，所过之处一干二净啥都不见了，但基本上能留下不少活人。最狠的是大衙内刘光世，此人的处世哲学是“养威避事”。避事是指躲女真人，养威是出兵剿匪。但凡富庶地区闹匪患，他一定会抢着出兵，当他成功之后，那片地区就全都白了。

好人坏人全死光，一整片地区的财富全进他个人的腰包。

岳飞每次出兵都是同一套程序，无论是征讨谁，最初都是写一封信。信以南宋给予他的官衔的名义开头，以皇帝的命令为内容，第一要求就是投降。

不降，才开始作战。战斗中只涉及抵抗人员，战胜、追杀，直到某一底线达到。也就是说，他基本上不会赶尽杀绝。

唉，他怎么这么不热血呢。

对曹成也这样，双方在贺州开战，焦点是争夺莫邪关。曹成先到一步，岳飞派出最得力的部下前军统制张宪去攻打。

开始时很正常，没用张宪亲自抵关强攻，岳飞部下的前军第五将韩顺夫就夺关而入。从这一刻起，敌我双方基本上都认可了一个事实，莫邪关的战斗已经结束，曹成败亡只是时间问题。韩顺夫很放松，岳飞离着很远，张宪也不在眼前，他有点儿本性暴露。

韩顺夫在莫邪关内喝酒调戏妇女，兴致正浓，突然间有人杀了进来。这人带着很少的部队，从岳家军的外围杀入，把整营的士兵都击退，闯进了营帐里面，一刀砍倒了韩顺夫。

这人叫杨再兴。世人传说他是北宋杨令公的后人，其实两者没有关系。杨再兴生于江西吉水县黄桥镇，祖籍在河南相州汤阴，是岳飞的同乡。

莫邪关再次失守。

岳飞大怒，这不是胜败的问题，而是韩顺夫给整支军队带来了耻辱。他宣布不为韩顺夫报仇，连同和韩顺夫一起喝酒逃回来的人也一起斩首。之后命令原第五副将再攻莫邪关，一定要活捉杨再兴。

这时全体岳家军都认为是韩顺夫喝酒误事，只要认真对待，杨再兴只是一个普通贼将而已，自从建军剿匪以来，不知杀过多少。

很快消息传来，第五副将失败。

岳飞冷静了些，他派张宪亲自出战，想了想又加派了后军统制王经接应。岳家军前、后统制官一起出阵，应该手到擒来了吧？

很快消息传来，莫邪关被攻下了。但是杨再兴没有捉住，交战中连岳飞的弟弟岳翻都死在了杨再兴的手下！

岳飞震惊，整个岳家军都震动了，在以后的行动里，抓杨再兴成了第一选择，至于匪首曹成反而成了次要的。

混乱中，曹成和杨再兴边战边逃，10天之后，逃到了贺州东北部的桂岭县。这里山重水复，一旦深入，岳家军很可能会被摆脱。

但这只是理论上的，之前曹成全军整整10天都没逃出贺州这一块区域就说明了问题，岳家军紧紧地咬着他们，时刻都在攻击之中。

桂岭县是终点站，在这儿曹成的部队被打散了，曹成本人率领大部分人马逃向连州（今属广东），他逃得很慌张，就连前边有什么人等着都不知道。其实完全没必要这样，因为没人搭理他。岳家军以第一主将张宪为首，全都涌向了静江军（今广西桂林），在那儿有个巨大的诱惑，谁都搞不定的贼将杨再兴往那边逃了。

杨再兴一直在战斗，一直在逃窜，他不接受命运。在这时，他面对国内军队，要战斗到最后一点可能；在以后，他面对异族敌人时，他会战斗到最后的时刻。他是个天生的军人，一个无与伦比的战士！

张宪率领骑兵紧紧地追着他，逃跑中他觉得自己的机会来了。前方是一条深涧，骑兵是没法跨越的，只要他逃到深涧的对岸，就会安全。

杨再兴跳了下去，随即就知道错了。岳家军的追兵没有跟着他玩深山穿越，而是拿出了弓箭……好吧，杨再兴觉得可以结束了，他向追兵喊话——我是好汉，不要杀我，带我去见岳飞。

张宪活捉了他。

这时绝大多数人都认为张宪之所以选择活捉，完全是为让岳飞亲手报仇，毕竟杨再兴杀了他的亲弟弟。可是岳飞却亲手解开了杨再兴的绑绳。对他说——你是好汉，也是我的同乡。我不杀你，从此以后你要效忠国家。

岳飞公私分明，说得很清楚，是为了国家利益，我才不杀你，绝不是手软。杨再兴很受感动，他发誓效忠。

岳飞得到了杨再兴，却失去了曹成。曹成没头没脑地往前跑，从郴州逃向邵州，把头伸进了韩世忠的虎口里。

韩世忠的部队被禁止向长江周边运动，却可以向福建等更南端出击，在刘光世、张俊壮大部队的同时，他也在扩充实力。这时他正带人回驻地路过邵州，曹成撞了过来。

简直是肥猪拱圈，送上门来。

韩世忠收编了曹成，平白地得到了最大的彩头。之后带人就走了，没跟岳飞说半句抱歉。而岳飞也无可奈何，这时韩世忠等人是他必须仰望的角色，至少在军阶上。

岳飞剿匪成功，升官之余得到了一份殊荣。赵构召见了他。时隔7年，两人终于再一次见面，这时的赵构不是当年的大元帅了，而岳飞更是从一个无名小卒变成了威名赫赫的战将。这次见面很愉快，赵构以九五之尊，给予了岳飞足够的优渥。

首先在岳飞出发前，一份礼物长途送到了。是一套金蕉酒器。东西虽小，但内涵丰富，因为同样的礼物也给了韩世忠一套。

接见时，赵构亲切随和，回忆往昔中他像朋友一样规劝岳飞不要喝酒了，会伤身误事的，尤其是酒桌上一拳把上司打得昏迷不醒，这实在是不利于团结。岳飞保证从此后滴酒不沾。

赵构赐给了岳飞一大堆的好东西，如衣甲、马铠、弓箭、金线战袍、金带、手刀、银缠枪、海皮鞍，等等。依惯例，这些东西减半后也赐给了岳飞的长子岳云一份。这之外，还有一面旗帜，上面绣着四个大字——“精忠岳飞”。

几天之后，接见的最大好处降临。这还是惯例，真正的升官会在皇帝接见之后颁布，之前的只是一步小台阶，算是盛宴开始前的果盘而已。

岳飞被升为镇南军承宣使，江南西路舒、蕲两州制置使，驻军江州。兵力除已有之外，江州傅选的部队、江西安抚使所辖各路军马、江北舒蕲两州的驻军全部划归岳飞制下。他的防区，与驻扎在长江沿岸上游区域的王燮，下游的韩世忠、刘光世并列，形成了四大重镇。

从此，才有了真正意义上的岳家军。

这之后不久李横组织了第一次北伐，仙人关之战随即爆发，局势动荡变幻，宋室几度濒临危亡。岳飞突然间被推上了风口浪尖。

宋廷钦点他出兵北伐，收复襄阳等六郡。

岳飞是奋勇的，自他束发从军以来，击破女真收复失地迎回二帝，就是他最终的理想。他曾经在剿匪中无数次以公文的形式向赵构陈述，或者说在提醒，打内战的真正目的是什么，现在看来朝廷终于重视了，行动开始，并且由他打响第一枪。

大批的军械、物资、粮饷向岳飞驻地集结，为了运筹的顺畅，宋廷派专人负责这一切。在出兵之前，考虑到经验问题，还给岳飞加派了几员战将——董先、李道还有牛皋。他们之前是李横的部下，曾经在江北与伪齐多次作战。

种种规格，都是以前所没有的，足以证明南宋对此次出征的重视。一时间人心激越，收复失地，重建宋室的时机终于到了。

可当事人却很冷静，甚至是淡漠。在比较秘密的一份公文里，赵构把这次北伐的目标说得非常清楚。他先是告诉岳飞为什么选在四五月期间出征。因为到了秋天时，麦收过后军粮充足，伪齐会大举进攻，那时襄阳等六郡在敌方控制下，南宋非常被动。与其那时狼狈，不如这时先下手为强。

至于目标，赵构强调，这回一定要夺回六郡土地。在战斗中如果伪齐军队抵抗，那么岳飞可以随意攻击。可是一旦敌方逃出六郡区域之外，岳飞不得追赶。并且在行动过程中，严禁传播“收复开封进抵幽燕”等敏感词，致使友邦惊诧！

这并不是夸大其词，在刘豫登基成为“齐”国皇帝之后，赵构对这位前下属的态度是非常友好的。伪齐这个说法，在这时还没有出现，在宋朝的正式公文里，一直都是“大齐”。

甚至赵构派人出使金国路过开封时，还会给刘豫的长子带一份非常厚重的大礼，只不过刘长子不给面子，都退了回来。

综上，潜台词很清晰，赵构只想收复襄阳六郡，保得江南平安，却不想和刘豫乃至金国翻脸死拼。他要保留住和谈的余地。

为了防止岳飞率军在外不听号令，把敌人打疼了，赵构亲笔写了一份诏书。里边这样叮咛——“追奔之际，慎无出李横所守旧界，却致引惹，有误大计。虽立奇功，必加尔罚，务在遵禀号令而已。”

“虽立奇功，必加尔罚。”这八个字是多么令人郁闷，多么丧气，未战先自缚手脚，活见鬼！相信这时岳飞一定清楚了自己在赵构心目中的地位。

之所以派他，而不是张俊、刘光世、韩世忠北伐，与其说是看中了他的勇武，还不如说他这时还无足轻重。他成功了，于国家有益；他失败了，也无伤国防大计。带着这样的痛郁心结出征，岳飞斗志愈加弥盛，他在长江中流击楫长啸——“飞不擒贼，不涉此江！”

当年五月初五，岳飞率三万军马北渡长江，进击伪齐。第一战围攻郢城。这里的守将叫荆超，他是刘豫的亲信，在伪齐以骁勇著称，号“万人敌”。岳飞按老规矩，派人去劝降。在他来看，伪齐连同刘豫在内，与流寇一个性质，先招安再剿杀才合流程。

荆超很激动，他是“万人敌”，是刘豫派在最前沿的猛人，岳飞怎么可以劝他投降呢？这是赤裸裸的污辱！于是他派了一个叫刘楫的人回敬了一下。

刘楫在郢州城头大放厥词，从岳飞到张宪，把岳家军从头到尾骂了一遍。有效果了，岳飞传令，攻破郢州城，活捉这个刘楫！

郢州为江汉名城，城池高大，在荆超想来岳飞孤军征战军力不多，不会有重型的攻城器械，光是城墙就足以决定战局了。可惊人的是，岳家军根本就没有搭梯子，只是“累肩而升”，搭人梯就登上了城头。领头的是一位只有15岁的少年，他手持两柄重80斤的铁锥纵横战阵，所向披靡，把战火直接烧到了内城。

他就是岳飞的长子，军中称为“嬴官人”的岳云。嬴，有些史料作“羸”字，因为岳云实在太年轻了，说他是一位年幼的单薄的公子。而“嬴官人”三字的本意是常胜不败！

此战岳家军杀伪齐守军7000人，尸体累积在城里，超过了郢州最高的建筑——天王楼。荆超失踪了，根本不敢在战场上厮杀，后来搜索才知道，这人跳了崖……骂人的刘楫被活捉。

攻克郢州，岳飞没有停留，第一时间兵分两路，由张宪、徐庆向东攻取随州，岳飞本人率主力直取襄阳，与伪齐主将李成决战。

襄阳自古即为重镇，为江汉第一名城，它有多重要：三国时曹操不先破襄阳，无以威胁江东；在不久的将来，宋人依赖它作为抵御蒙古的最前线和天险堡垒，相当于函谷之于秦人的情形。

它是生命线。

这时，岳飞率领2万余兵马进击襄阳，除了要面对淮河区域内最高大的城墙之外，还有李成10万以上的兵力。这实在很不对等，尤其是途中还收到了一个非常不利的消息。

张宪在随州战况胶着，出人意料地被拖住了。这对本来就兵力不足的岳家军是个严重的威胁，张宪是多年以来岳飞属下中最强的将领，他如果失误，会动摇士气。

岳飞在犹豫时，有一个人主动请战。牛皋，这位将军几乎家喻户晓，小说演义里他是岳飞的发小，一生的哥们儿，从军报国期间他是李逵、鲁智深的结合体。既鲁莽又神勇，时不时地还会突然聪明一下，每当那时金兀术都会浑身筋疼。

牛皋总把四太子当开心果。

其实这是错的，牛将军是智勇双全、胆魄过人的职业军人，有非常好的战场表现，更有让人赞叹的风度，各方面都无可挑剔。

只是他命苦，当初金军刚入侵时，他已经是正规军，与金军战与盗贼战，堪称所向无敌。在他的列传里，充满了三战三捷、十战十捷的记录。可是不知怎么搞的，他被编进了李横的部队里，一下子被漆上了一层民兵的外衣。

这时转到岳飞部下，仍然让人觉得不托底。而他请战时说了一句话，让不托底瞬间升级成不靠谱。他说，军情紧急，我只带三天的军粮，粮尽之前必克随州。

……岳家军全体侧目，你啥意思，是说你比张宪将军更强呗，强到了天差地远的地步，三天就能攻下张将军啃不动的硬骨头？

你个外来户，藐视岳家军？！

岳飞没想那么多，他立即拨给牛皋三天的行军粮，望他尽快成功。之后消息传来，全军震惊。牛皋只用了不到两天的时间，也就是说除了路上行军花费的时间之外，几乎是当天赶到随州，立即就把这座城池攻克了！

这是位空前绝后型的威猛哥，真的比张宪强太多了。可牛皋却很谦虚，他一边押着伪齐的随州知州回营交令，一边很“战友”地说，大家一起为国效力，干吗计较是谁的功劳呢……

风度，再强调一遍，风度！

可是知道了内情的岳家军将士们却一副打酱油的表情。当天就攻克了随州，这一幕和郢州城怎么那么像呢，是不是同一个人干的啊？

没有错，岳云跟着牛皋出征，他再一次率众先登，几乎一个人解决了战斗。赢官人决胜！战功彪炳，有些人却一直在怀疑，说他使用的武器太沉了，80 斤重的铁锥，这是不合常理的，由此而诞生的战绩更是脱离实际的。

关于这一点，我只想举一个例子。好比我和刘翔比 110 米栏，我们两人都能跑能跳，可是相比较，一个超出人类正常基数，一个只是具备了基本功能，这能一样吗？

人，是群体性同样化的动物，可总会出现个体现象。有的在思想方面引领族群进化，有的则在身体方面出类拔萃。

岳云少年从军，23 岁青年殉国，他短暂辉煌的一生是不能以常人来比较的。常人能在 15 岁时纵横战阵，在冷兵器战场上奋勇厮杀吗？

抛开能力，那份胆气就不在所谓的正常范围之内。

岳飞向襄阳逼近，却发现失去了目标。胆气再一次成为战争胜负的关键点，李成，这位伪齐第一名将坐拥江汉第一坚城，外加过 10 万的兵力，居然连近距离接触一下都没敢，听见随州陷落，岳飞逼近之后他立即带人逃跑了。

岳飞进驻襄阳，至此渡江之后三战皆捷，三大名城随、郢、襄阳府速战速决，剩下的唐、邓、信阳军只是淮河区域的附属二线城市，相信更容易得手。

北伐成功大半。

不过一个不好的消息也很快传来，李成没跑远，他在淮河流域的北面边缘集结兵力，金国也派来了援军，两者相加已经超过了 30 万。

李成准备了一个多月才攒足了力量，或者说是勇气来挑战岳飞，战场在襄江之畔。这里是一片天然的角斗场，有大河，有山壁，中间是一片开阔地，足以让所有兵种都参与进来。

两军对阵，抛开没意思的 30 万泡沫数字，最起码是 15 万左右的伪、金联军对 3 万岳家军。比例悬殊，可岳飞看了下李成的兵力分配，突然间笑了。

之前太多次的虐待还是有效果的，李成的脑子出问题了，他是带来了好多的兵，还有必要的勇气，可偏偏把起码的智慧丢了。

李成把骑兵列在江边，把步兵排在开阔地……“步兵利险阻，骑兵利平旷。”这是最基本的常识，李成全弄反了。

这时他的骑兵的旁边是大河，天然缺了一半的空间，总不能进水冲锋吧？步兵更悲惨，让人靠两条腿在大片空地里跑，这不是坑爹吗？！

利好，岳飞迅速做出安排。他以鞭指王贵——“尔以长枪步卒击其骑兵”。再指牛皋——“尔以骑兵击其步卒”。

战场是课堂，让李成明白他错在了哪儿。

只见两军相接，伪齐的骑兵被岳家军的步兵用长枪阵压向了襄江里，顿时满水面的人喊马叫，闹成了一片；另一边牛皋的骑兵在开阔地里撒欢儿地跑，李成的步兵们连点儿藏身的障碍物都没有。

李成又一次败了，败得比之前的哪次都惨，15 万兵力损失大半。逃出很远之后他狠狠地敲自己的脑袋，为什么为什么为什么这么简单的问题都搞错了？！他是个白痴吗？不，史书有记载，李成爱兵如子，“士卒未食不先食，有病者亲视之。不持雨具，虽沾湿自如也”，并且深通兵法，常年带着 10 万以上的部队纵横天下。

那为什么搞成这样？

答案很简单，他要么是猪头症突发，失去智力；要么就是被岳飞打出心理阴影了，他从江南被追杀到江北，没完没了地在同一个人手下被虐，时间长了，谁都崩溃。

襄江之战后，伪齐在淮河区域的军力基本被打残，刘豫紧急向金国求援。金国以大将刘合孛堇为首，集结数万精骑南下。

金国的想法很简单，女真自从立国以来，野战从未失败。和尚原、仙人关等处，只是没能攻下天险，被宋军趁势追杀而已。这时岳飞带 3 万人马北伐，金军以同等规模甚至更多些的精锐对敌，战则必胜，绝没有别的结果。

刘合孛堇在邓州西北下寨，以观岳飞行止。孛堇，并不是名字，而是金军里的一种尊称，类似于宋军里的太尉。他在想应该在什么地方和岳飞决战呢，从以往战绩上看，岳飞对地形的利用非常好，所以不能让岳飞来选……

不用他操心，决战地就在他的营地里。岳飞直接杀了过来。

岳家军以张宪、王贵、董先、王万为主力，分别从光化、横林两地实施夹击，速度之快让金军骑兵猝不及防，不得不仓促应战。邓州的西北是岳家军真正成名的地方，在这里岳飞首次在公平对阵的情况下打破了金军骑兵野战无敌的纪录。

没有埋伏，没有计策，只有两军疯狂的绞杀，战斗在没法再进行时才停止，因为没有敌人了，刘合孛堇单骑逃遁！

此战过后，世界安静了，淮河区域内再没有敢与岳飞叫板的人。邓、唐、信阳军几乎是不战而降，岳飞在短短两个多月的时间里光复了襄阳六郡。

这是在宋、金开战以来前所未有的辉煌战绩，尤其是交战过程，岳飞的军队以摧枯拉朽之势连败伪齐与金军。根据局势，岳飞给宋廷写了一份战报——“……臣窃观金贼、刘豫皆有可取之理。”他要进一步北伐，把战火烧到河南去，他完全可以趁势发动攻势，去收复开封，去夺取黄河！

可赵构的回信是，爱卿打得很好，朕很欣慰，但有点儿担心。战胜之后怎样固守？如果留守兵少，会被反攻；如果兵多，耗费的物资要怎样筹措？

“……不知李成在彼，如何措置粮食，修治壁垒？万无刘豫肯为运粮之理。”赵构想的是让岳飞自己想办法，朝廷是不会出钱的。

钱不是最重要的，关键的是兵力。得有足够的兵力才能守住城，之后才能谈到运粮之类的给养。之后宋朝官方的信使带着岳飞、赵构之间的通信在长江两岸来回跑，直到一个数字产生。

赵构答应给岳飞增兵 6 万。

这让岳飞满心欢喜，这足以让他保证襄阳六郡的安全了。可是等了又等，他的各项嘉奖令都下来了，比如南宋把襄阳六郡统划为襄阳路，升岳飞为清远军节度使、湖北路荆襄潭州制置使，襄阳路内所有军政事宜无论大小全部由岳飞一人负责。

等于承认岳飞是襄阳路的藩镇了。可就是不拨兵过来，尤其是没有奖金。

现实逼着岳飞自己想办法，他只好把主力撤回到驻地鄂州、德安府（今湖北安陆），在襄阳路留下了少部分的驻军。

周识、李旦率 150 名士兵守郢州，孙翚和蒋廷俊率 200 名军士守随州，信阳军、唐、邓三州的兵力与之相近，襄阳府作为重镇驻军 2000 名。

这些兵要自己种田吃饭，每年能从江南按季节换军装都是奢望。但是他们在以后的几年里没让伪齐、金军逾雷池半步。

岳飞的第一次北伐就这样结束了。他获得了空前巨大的成功，可成功的代价是兵力被削弱分散。下一步他必须想着怎样迅速扩充自己的队伍了。

好在，机会不久就会到来。

回到另一边，赵构为什么如此吝啬、错乱呢？襄阳难道不是他的土地吗？他真的拿不出所需的给养，甚至那 6 万援军吗？

当然不是，他手里有大把大把的钱，可是要用在“正”地方。岳飞打下了襄阳六郡，他之所以不给钱、不派兵、不许深入，连言论都不许提收复开封，都是因为他正在跟金国谈判呢。

# 第三十章　冠绝天下

上面这些做完之后两天，1126年，宋靖康元年十一月二十五日，金军杀到开封城下，来的人不是完颜宗翰的西路军，而是完颜宗望的东路军。太子的动力大，每次都跑第一。

宋朝的勤王军队也在逼近。

第一个行动的是南道都总管张叔夜。

张叔夜，字嵇仲，生于1065年，时年61岁。河南开封人，仁宗朝早期宰执张耆的曾孙。查他的资料，他的出身很显赫，生平很屈抑，因为他与蔡京作对。

六贼倒台之前，他被贬得最狠的时候，当过林冲在沧州时当过的官，去西安州看守草料场。后来勉强做到了州官，[illegible]被委任为南道都总管。这个头衔从天而降，别人或许看到了一方诸侯藩镇的权力，可张叔夜只看到了责任。

[illegible]帅道要他勤王，他立即带兵杀出去，朝廷要他回去，[illegible]去，赵桓下令再勤王，他没有迟疑，再一次第一时间出兵。他带着自己的两个儿子张伯奋、张仲熊，率领二万人上路了。

张叔夜在尉氏（今河南尉氏）与金军遭遇，激战开始，[illegible]次开封保卫战在遥远的城墙之外展开了，张叔夜是宋人[illegible]哀号垂死丑态中唯一的亮点，从他起步时起，就没有[illegible]女真人。当天，他冲破金军封锁，顺利到达开封城下。

张叔夜来了，全城士气大振，紧接着[illegible]

[illegible]胡直孺在入卫京师的路上，在拱州（今河南睢县）与金军交战，失利被俘，被金人拉到开封城下示众，几乎同时完颜宗翰的西路军也杀到了。

军心动荡，敌军合围，赵桓突围的路被截断了。

赵构先是派人去见完颜宗翰，问下大王子，如果江南要和平的话，金国的条件是什么？完颜宗翰正被岳飞气得头晕，随口说了一句。

在淮南不许出现任何宋朝的士兵！

……这有点儿难，赵构想要和平不假，但也知道战场上打得爽，谈判桌上才有资格开腔的基本常识。其实这也正是他派岳飞北伐的原因所在，现在很好，金国疼了，对后面的事情有利。

完颜宗翰一看赵构没了下文，没像印象中那样痛哭流涕、浑身发抖、承认错误、赔偿损失，他大怒，决定彻底解决赵构。

大太子从历次战争中得出一个结论，即金军在陆地上打得再漂亮，也没法抓住赵构，这人会下海。那么就不走陆路，而是从海道南下，先攻打昌国县，转攻明州，夺取赵构一直停放在那儿的御船，之后直攻钱塘江口，把赵构堵在杭州城。

一旦成功，将彻底解决南宋。

必须承认，完颜宗翰的想法非常独到，非常狠辣。这一招不仅出其不意断其逃路，更重要的是绕过了所有宋军防线，把吴玠、韩世忠、岳飞等威胁都抛到了一边。

令人击节的创造性思维！

可是却胎死腹中，在金国内部的军事会议上就被枪毙了。这简直不可思议，完颜宗翰是谁，金国的创始人之一，金国军方十几年来无可争议的第一人，其权柄比之金国皇帝有过之而无不及……这么牛，为什么被毙了呢？

因为完颜吴乞买再也不想忍了。这些年来他被欺负成了一个笑话，混得仅比在押的辽国皇帝、宋朝皇帝强那么一点儿，永无止境的憋屈把他能空手撕裂虎豹的身体折磨得越来越差，最近他都感到了死亡在临近！这是什么样的人生啊，为什么就不能反抗呢？

难道完颜宗翰敢谋朝篡位不成？！

还真差不多，知道他病了之后，完颜宗翰都在替他确定接班人了。也就是说，大王子殿下已经未经讨论直接剥夺了他儿子的继承权！

动我家的世袭宝座，我就动你最宝贵的东西。

抱着这个怨念，金国皇帝在老家黄龙府截留了金国总司令在山西大同的海上进攻计划。总司令惊讶，看来之前的20棍子打得太轻了，二叔没记性。

紧接着传来下一条消息。

皇帝陛下没跟总司令通气，直接下达了一道新的军事命令。灭南宋不走海路，由金军、伪齐组成联军，由陆路跨长江直接扫平江南。

完颜宗翰大怒，这是明显的公报私仇，拿国家命运开玩笑。这个在开国期间啥用也没有的二公子真的要败坏祖业了！

可他向完颜吴乞买的身边看了一眼，立即又安静了。吴乞买的身边站着完颜昌，这在意料之中。还有完颜宗弼，这有点儿意外，四弟弟开始时还是很乖的，没奈何总打败仗，还把大哥的女婿、侄儿都扔在战场当了俘虏，大哥狂怒之下过分毒打，生生把四弟逼成了冤家。

这时后悔也晚了，这个小四儿以后会变成啥样他想了很多，可怎样也料不到小四儿会是一把皇室屠刀！

还有两个人，先是完颜讹里朵。这位曾在富平之战中亮过相，没啥戏，身份却在完颜娄室、完颜宗弼这些名人之上。

为什么呢？因为他是金国的三太子！

三太子又叫完颜宗辅，叫宗辅时他很低调，低到履历表里只能写他长得有威严，性格很宽厚……第一代金国人的特征是宽厚，这应该是当面骂人。

可之后他又改名叫完颜宗尧！

每一个字都不是白取的，翰、望、弼，哪一个都是臣子的符号，而尧，是帝皇，是传奇伟大的帝皇。他做了什么呢，这时只是开始，他静静地站着，像是啥事都与他无关。

最后一个人是齐国皇帝刘豫。

这本是个奴才，没人会注意他，更懒得搭理他，这时却极度敏感。因为他有土地，从开封到淮边；他有兵，不管精锐与否，三十几万不在话下。他倒向谁，谁就会有主动权。这让赵构都对他很客气。

要命的是，倒归倒，不能随时随地乱倒，从政人员虽然很任性、很杂乱、很荒唐，可必要的节制也得有一点点。

刘豫倒起来完全没有节制。

他先是完颜昌的人，这没办法，他在山东当官，完颜昌是金国山东战区总司令，他只能认这个爹。后来好运当头，完颜昌想立他当傀儡皇帝。

这很令人兴奋！

却被完颜宗翰抢了先，搞民意测试把刘豫强推上台。刘豫瞬间就从了，大殿下我从此就是你的人了！这也没什么，但对以前的爹为什么不能保持一些起码的敬意呢？

不，之后完颜昌亲自上门视察工作，刘豫居然只派儿子出去迎接，自己稳稳当当地坐着，把完颜昌晾得很凉。

这时岳飞收复襄阳六郡，刘豫慌了，向金国紧急求援。第一人选自然是更亲的爹大殿下，大殿下很上心，海上出击。接着被否决，从前的爹完颜昌告诉他金国对这事儿有了最高指示，刘豫转身就趴在完颜昌脚下，喊了声最亲的爹。

转脸又开始鄙视完颜宗翰……这人的心理疾病有多严重啊。

不管怎么说，南宋得到了一个确切的情报，金、伪联军将在九月发动强大攻势，刘豫已经放出了话，扫平江南，使“六合混一”。

赵构知道火候到了，立即派人带着巨大的诚意去金国谈条件，这回越过了完颜宗翰，直接找金国皇帝，要怎样才能放过江南？

临行前，赵构郑重强调行动气氛，一定要亲切友好，“卑辞厚礼，朕且不惮”。

连俺这个皇帝都不在乎脸面，你们也别太计较了。

众使者请示最高价格是多少，一位直学士走上前来，很有传统地像澶渊之盟里那样在胸前竖起了5根手指头。宋朝的官儿们心领神会，50万。

这个价比当年给萧太后的多多了。

可金国的回应是，价格勉强凑合，帝号是没有的，最多是个王位。地盘嘛，你们继续向前，福建、两广足够你们生活了！

……比完颜宗翰还狠，之前还只是要求淮南不得有宋军呢。

宋使们绝望中，突然又听见了一句话。金国人又问："秦中丞安乐吗？此人原在自家军中，煞是好人。"

消息传回，宋廷举朝震恐。百官们异口同声，要求赵构"散百司而他幸"。说白了就是，你老兄要死要活自己想办法，离开杭州闪远远的。俺们这些当官的也自谋生路，休想大家陪你一起死。

树还没倒，猢狲先散。

赵构沉默不语，成熟的皇帝从来不会被臣子们煽动，他在静静地想着自己的心事。使者们带回来的消息诚然恶劣，看来金、伪齐联军必将进犯，可里面又夹杂着一丝微妙的转机……秦桧是金人的好朋友吗，时隔这么久仍然保持友谊？

这在当初只是隐约地被感到过，却从来没有在金国一方得到过证实。

他继续安静地等待，任凭朝堂之上风来雨走，仿佛无论出现什么，都跟他没有关系。不久，他终于等到了一个不同的声音。

首相赵鼎力主迎战，并且提议把战争直接提升到最高规格，由皇帝赵构亲征！淮河区域即是决战地，长江防线是生命线，绝不允许战火再次烧进江南腹地来。

宰相为百僚之首，一言而定九鼎，他这样说没人再敢有异议，只是合伙提出了一个貌似很实际的难题。请问首相，想打可以，由谁去打，难道要皇帝既亲征，还自将吗？

这话很刁钻，南宋自从富平之战后就再没有一个军事上的总统帅，在每个敏感地区，都是由某位大将全权负责，自负盈亏。实际上南宋已经对各战区失去了控制，只能坐视成败。

这时想找个人出来当总司令，谈何容易。

赵鼎却直接点将——张浚。他是富平大败的主要责任人不假，把西军百年荣耀的牌子毁掉也是真的，甚至于搞得西北、西南同时危险，差点儿波及江南，覆灭宋室，可这时只有他才能承担重任。因为，毕竟他是有经验的。

张浚复出，重新成了军事一把手。这时他无限感激赵鼎，没有这个人，他不知要熬过多久才能重回权力中心。

这位首相真好！

这时怎么也得介绍一下赵鼎了，可却没什么好说的。他生于1085年，解州闻喜（今属山西）人。4岁丧父，由母亲抚养长大，进士出身，在升任首相之前没有任何可以记录的政绩。

在如此风起云涌、天地变色的大时代里，他跟着大队人马从开封逃过长江，居然啥事也没参与，这人得低调到什么程度，或者说懒惰到什么程度呢？

这样一个人，居然成了首相，并且是独相。发生这种状况，只能说他是一个幸运的替代品。到赵构宋朝已有10位皇帝，论帝位之不稳，他高居第一位。比不孝、非嫡出的宋英宗，篡位自立的赵光义都飘摇，导致他换宰相的速度也是宋朝第一。

据实而论，赵鼎只是他随意选的一个轮换棋子。以上，是站在官场看赵鼎，从事实出发，他给人以这种印象。

如果以赵鼎本身看事情，就会得出截然相反的答案。他是建炎南渡以来最强硬的一位首相，之前每位宰相都充满了各种各样的智慧，无可否认，连黄潜善、汪伯彦之流也能算得上生存智慧高深的人。更不用说朱胜非能把敌人玩残的斗争智慧。

可对外敌有勇气的却只有赵鼎一人。由此而论，他才、德、智、勇兼备，以前之所以沉默，必然有他自己的理由。

很可能是他不想露头。

这时赵鼎以首相之权力压官场，第一决策抗战；第二复职张浚；第三……请太监吃饭。太监集团在苗刘兵变中大受摧残，可底气还在，赵构仍然是那么爱他们、信他们，搞得是否亲征都得回宫、出宫，和太监们亲密协商之后才会生效。

赵鼎在都堂摆了一大桌，和十几个顶级太监聊了好半天，才算让太监们点头答应在某些问题上闭嘴。之后赵构大振神武，发表亲征宣言：

> 朕为二圣在远，生灵久罹涂炭，屈己求和，而虏复肆侵凌。朕当亲总六军，往临大江，决于一战！

说得非常好，既孝顺，把之前所有的妥协退让懦弱无耻都归于怕囚在远方北国受苦的父母兄长等亲人受苦，又彰显了自己的决战气度。

这是他百试百灵，可以向当时、向后世、向所有崇尚孝道的中国人交代的理由，无论遇到了什么，他都在这个大前提下说事。

接着，他下令摆驾向北移动至前线平江府，他要亲自指挥，与仇敌决一死战。后宫家眷们从陆路到温州，再坐船去泉州避难。一切准备就绪之后，他缓缓地在杭州城的皇宫里坐了下去，恢复到最舒服、最平稳的状态，他觉得这样很好。

战争的事，由首相大人负责。

这次，金、伪齐联军的目标是淮南。淮是一个很大的区域，在宋朝先划分成淮北、淮南。其中淮南分为东、西两路。

金、伪齐联军计划先从开封的汴河直趋泗州渡过淮河。入淮南之后，兵分三路攻打滁州、和州、扬州，再向西从采石矶渡长江攻建康府。

从这个计划上看，首攻方向是淮东，在南宋一方是韩世忠的防区。这很好，韩世忠不拒绝任何挑战，他接到战报之后直接带人过江进驻扬州城，厉兵秣马，只待厮杀。

可身边突然间空了。

在淮南一带，也就是长江中下游区域，南宋集结了三大将 15 万以上的兵力，在这次战争来临前，赵构甚至把自己的宿卫、最亲信的私人将领杨沂中都派了过来，可以说这是自富平之战后，宋军集结兵力最多的一次。可敌兵将近，韩世忠却发现身边没有一个友军！

大衙内刘光世按照他的老传统，临战先退，远远地躲回到长江南岸，进南宋第二大城市建康城里享受高档人生了。

张俊没说不进军，只是给中央写了封信，向首相报告说，我先到平江府去给皇帝打前阵，并且向全军提出了抗战倡议，他说，躲有什么用呢，只有向前一步，才有生存的转机。现在应该聚集天下精兵汇集平江府，保卫此城。

全天下喝了声好，张将军赤胆忠心！

张俊说到做到，他带着大队人马赶赴平江府，速度那叫一个快。在进城耀兵提升民心士气的紧要关头，突然间意外发生了。

久经战阵，马骑得非常好的张将军突然间马失前蹄，摔了下来，当时场面惊悚、真实，摔得非常果断，让无数目击者震撼。

张俊站起来时，一条胳膊明显断了……于是他很抱歉地再次给首相写信，报告他的伤情，说他真的很疼，请求就地在平江府休假。

赵鼎的鼻子差点儿气歪了，平江府，和杭州离得近，离长江还很远，在那儿忍着能对战争有什么用？联想张俊之前提出聚天下之兵守平江，这时才品出来真正的意思。明明是想聚天下之兵守卫他张俊！

赵鼎眼睛里不揉沙子，发公文把张俊的伎俩一一拆穿，让全天下人看清这位中兴名将的嘴脸，接着命令他立即率军渡江，到北岸去打仗，尽一个军人起码的本分。

奈何首相言辞如刀，将军脸皮似铁，张俊啥反应也没有。胳膊就是疼，没法办公。首相的命令很高档是吗？要么你撤我职吧。

于是在开战之初，淮南的淮西部分一下子空了，只有韩世忠顶在了淮东扬州一带，面对 30 余万金、伪齐联军。

韩王临阵，勇悍绝伦。论作战风格，他是南渡名将之中最锋锐难当的，尤其是在开战的最初阶段，他所过之处完全是一片尸山血海。

他第一步，就是在自己的后方伐木立下了一大片的栅栏路障，把自己的退路切断了。之后，他给金军的前锋部队设了一个埋伏，这个埋伏不是传统意义上的把敌人引诱到一个利于围攻的包围圈里，而是把兵力分散在这个圈子里，等敌军进入之后，悄悄地插进敌军的各部分，一声令下，自己打自己，谁强谁杀人，弱的就去死！

那一天在江北的大仪镇一带，战火突然爆发，金、伪齐联军几乎在不知所措的情况下血肉横飞，等他们反应过来之后，眼前的情景已经不适合人类观看了，这帮人只知道逃跑。

这样的事在鸦口桥、承信等地又发生了几次，金、伪齐联军的前锋部队真的被吓着了，导致行军速度严重受阻。

但是要注意，只是前锋部队。韩世忠的打法实事求是地说，不是帅才，而是一位极强的将领，他可以突击，可以埋伏，可以顽强地防守，却始终没有展示出纵横捭阖睥睨当世、在广阔战场上控制一切的实力。

这是他个人的短板，其实也是中国历史上的一条铁律。几乎在每个民族危亡时期，能独撑大厦的人，都只有一个。

从来没有实力、战绩可以相匹的双子星。

这时他搞定了敌方的前锋部队，等后面的大兵团接近后，明智地选择了后撤。他渡江回南岸，在镇江府驻扎。

如此一来，南宋三大将全部回到南岸，刘光世在建康府、韩世忠在镇江府，至于张俊，他牢牢地“防守”在平江府，忠实地、长时期地给皇帝打前阵。

淮南两路全部空空荡荡。

当此时，赵构在深宫里察看地图，在长江北岸只有岳飞的襄阳六郡兵马。那很少，但是岳飞的驻地在鄂州，也就是现在的湖北一带，在那片土地上金、伪联军并没有出现。

他提起笔来，亲自写信给岳飞，要他立即火速增援，亲自率军赶赴淮西。信里写道：“……卿夙有忧国爱君之心，可即日引道，兼程前来。朕非卿到，终不安心。”

此时倚飞何重！

这条命令迅速产生了效果，很多人赞同，毕竟慷他人之慨，救朝廷以及自己之危，有何不好？

持不同意见的是前首相李纲。

李纲说，这是个前所未有的机遇，不仅是宋朝有危险，实际上伪齐的风险更大。让岳飞直接去淮西与金、伪齐联军死磕，是扬汤止沸，说白了是一种添油战术，拿己方珍贵的有生力量去和敌军对耗，让敌军无力渡江，从而保证安全。

与其这样，为什么不让岳飞趁伪齐军倾巢出动之机，发动突袭去攻打其后方呢？以岳飞野战实力，他很可能会一路突进，收复开封！

哪怕攻不下来，也是围魏救赵之策，比在淮西添油好得多。

此议一出，朝野震动，赵构本人也表示出了浓厚兴趣，他公开声明支持李纲这个想法。可是岳飞在鄂州接到的命令，仍然是——“援淮西”。

岳飞闻命即动，一边集结兵力渡江，一边先期派出徐庆、牛皋率领2000人去援救最危急的庐州。此时的庐州已经成了一个标志，它孤立在一片金、伪联军的汪洋里，不仅不倒，反而敢派兵出城阻击，尽管出城的人都战死了……

徐庆和牛皋率领一部分骑兵抢先抵达庐州，还没有坐稳，就有 5000 名金国骑兵逼近。两人立即出城迎战。

这把一直抗战的庐州人都吓了一跳，兵力严重不对等，岳飞的部下都是些什么人，这是勇敢还是狂妄？在城外，淮西深冬的寒风里，敌骑逼近。牛皋单骑出阵，他身后立起了一面绣有他姓氏的大旗，他大呼自己姓名，冲了过去。

这有点儿像小说演义里的牛将军了，很多人一定在笑他莽撞，可 5000 名金骑居然掉头就跑，根本不敢与他交锋，这是怎么回事呢？

牛皋是聪明的，他在江淮一带征战多年，威名显赫，谁信他会冒险？这种找死行为怎么也不会发生在他的身上，光是这个思维误区，就足以吓跑敌人。

岳家军迅速接近淮西，金军方面的统帅一如既往还是完颜宗弼。眼看这对老冤家要大打出手，金军却突然撤退了。

这是毫无预兆的，金军退却的速度非常果断，连一向善于逃跑的伪齐军都被抛在了身后。搞得岳飞很纳闷，这不是个陷阱吧？！这个忧虑成了南宋在这段时间的主旋律，宋廷动用了一切手段去探听虚实，没有多久终于搞清了内幕。

金国内部出事了，金太宗完颜吴乞买病危，金国面临再一次的权力重组。这一次远比完颜阿骨打死时激烈，那时是要保持平衡，保住金国急剧扩张的势头。所以各方面的大佬们都选择了退让。可这回狠了，首先大殿下完颜宗翰要借题发挥。

上次他海路进攻南宋的计划被否决，严重动摇了他军方第一人的地位，这次侵宋战争更把他抛在一边，被彻底挤出了决策层。这让他忍无可忍。

老天照应，吴乞买病危，简直是送给他出手的机会。

完颜吴乞买还是死了，死时郁闷悲凉，像他生前一样身不由己。回顾他的一生，从即位成为金国第二位皇帝开始，他就是政治牺牲品。

用来搞平衡的。

奈何他自己心比天高，总想在各个旋涡之中火中取栗，当个名副其实的皇帝。可是他错了，实力决定一切。女真建国的初期，民族内核还是野蛮至上，根本没有政治家施展手段的土壤。在这个大前提下，他就注定了混不成赵光义第二。

在死前，他输掉了最后的一点点筹码。他成年的儿子完颜宗磐的继承权被剥夺，皇位回到了完颜阿骨打的直系血脉手里。

上位者名叫完颜亶，本名完颜合剌，父亲是景宣皇帝完颜宗峻。这个一直很沉默的人在低调中赢得了一生中最宝贵的胜利。

在这时，每个女真人都把完颜亶当成了完颜吴乞买第二，也不过就是个平衡器，之所以选他当皇帝，看中的就是他的无能！

连同完颜宗翰本人在内，都不会知道上台的这个人是什么变的。这人……不对，是这孩子，完颜亶这一年才 15 岁。这孩子会改变金国的一切，比如金国人从上到下都会玩政治了。

这是淮西之战对金国的影响，这次战争在表面上看近乎一个儿戏，怎么看它都会造成宋、金两国之间一场决定国运的大决战，却不料雷声大雨点小，啥事也没有，突然间就熄火了。

这不准确，淮西之战是一道分水岭，两个民族之间，尤其是南宋这边，因为这次战争而引起的变数一点儿都不比金国的小。

首先是张浚，这人瞬间飞黄腾达，从一个战败罢职的罪人，一跃成了雄霸江上的军方代表。其实看过程，他啥事也没办，没去前线没有督战没有训人，什么也没有，比首相赵鼎做得少多了。可战后论功行赏，他成了副相。

这人真的回到权力中枢了。

从这一刻起，张浚又可以在南宋搞风搅雨，以自己的“赤胆忠心”来给宋朝挖坑，给岳飞挖坟，给他自己留下“刚毅”的美名。

之后是赵构，他在金军后撤时迅速起身，从杭州赶到平江府，亲临前线，展示出一代中兴雄主的风采！这让全天下惊艳，他……不萎了。

最后是将军们。

刘、张、韩三大将各拥重兵，各有表现，本来是问心无愧的。比如刘光世，他的确是按照本心做事，何愧之有？

可岳飞这个该死的小兵兵，前几年还是个提不起的小裨将，居然敢扫我们大将的颜面！刘、张两人不必说了，未战先逃，发挥联想搞各种创意的既避战还有荣誉的逃跑，本身是很无耻的，可岳飞为什么那么耀眼，他怎么敢在我们退回来时过江？

简直是打脸嘛。

韩世忠脸上一直热辣辣的。这么多年以来，自从开封失守宋室南逃，他一路征战，是公认的军中霸王，是人见人怕、无可挑衅的军中第一强者！这次他在淮南东路杀得血流成河，本来是很符合形象、很激动人心、很楷模的，可天杀的岳飞突然间搞事……岳飞手里的兵力还不如他多，岳飞能带着这点人马杀过江去赶跑金军，而他却带着人被金军赶回南岸，这一出一进的反差太大了，让人怎么看他？！

嫉恨之火在三大将的心里熊熊燃烧，搞得岳飞不知怎么办才好。

其实岳飞对这股无名妒火是有所提防的，军队里论资排辈的现象比官场里还要严重，他从一个大兵一路登上巅峰，拥有属于自己的强大部队，这期间什么没见过？他知道招人嫉了，一直在找机会弥补。

平时太忙，没法见面吃饭，更没法沟通感情。岳飞只好频繁地给张、韩两人写信。在信里他姿态摆得很低，这也是现实，在这个阶段，他的军衔比两人低，年岁比两人小，既是下级又是弟弟，低点儿才有利于团结。

却不料这样也出事。

写信就要写字，提到这事让人沮丧，三大将都是老粗出身。韩世忠要到晚年才突然爆发出文采，诗词翰墨独具一格。至于张俊，某次他和刘光世陪着赵构到一座庙里玩，方丈凑趣请他题字，只见张俊的老脸憋得通红，半天不落笔。

这哥们儿根本不会写。

刘大衙内总算好点儿，拿笔跟拿刀似的，弯弯曲曲地留下了自己的签名。而岳飞的字体风骨凛然，书法追慕北宋第一大家苏轼，单以书法论就是一代高手。这样的字拿在三位老粗的手里，会是啥效果？

……直娘贼，这厮写的到底是什么，为啥俺看不懂！

这些信在三大将的妒火之中注入了新燃料，他们自卑了。双方的矛盾在加深，淮西之战后，矛盾在赵构的干涉下，变得更深了。

实战得出结论，岳飞的军队是宋军中最强的，也是最听命令的。赵构考虑到以后的安全问题，决定派岳飞新任务。

去剿灭洞庭湖匪患。

三大将一听这事，立即火冒三丈。说实话，在收复襄阳之前，宋廷如果派岳飞去办这事儿，他们肯定站在一边笑嘻嘻地等着看热闹，乐得让岳飞去栽跟头。可这时不行，八百里洞庭湖里杨么、钟子仪势力庞大，不仅让南宋灰头土脸，难以收拾，连伪齐那边都把他们当盟友看。

如果岳飞真的成功了，其实力会立即上升到与他们水平相当的程度，甚至超过他们。

洞庭湖的事要从靖康之难时说起，在开封陷落，赵构外逃到南京应天府称帝时，他曾经下令天下兵马勤王，真是惊喜，当时有一支300多人的小部队，从遥远的长江边克服重重困难来到了他身边。可是他查了一下这些人的阶级成分，立即失望了。

领头的人叫钟子昂，荆湖北路鼎州（今湖南常德）人，政治上是一介白丁，他爹钟相是一位资深的乡村巫师。

搞什么嘛，政治是少数上层人的游戏，什么时候轮到闲杂人等参与了？赵构下令把这些人遣散回乡，老实当农民去。

钟氏父子也盼望平安来着，可随着赵构过江，南方的生活比花石纲那会儿还要悲惨。作为一个资深的、号召力强大的基层巫师，钟相很快就确定了新的方向——起义。在行动之前，他提出了口号，该口号和李顺、王小波起义时的口号很像。

都是“不分贵贱均贫富”。

通俗易懂，利于传播。被压迫的人蜂拥而来，很快他的部队形成规模，在短时间内占领了洞庭湖周围的19个县。

这时是1130年，宋建炎四年。当时，整个江南处于三不管时期，赵构自顾不暇，就算想剿他们，也无兵可派。钟相觉得形势大好，于是建国号楚、年号天载，自封为楚王，立钟子昂为太子，从此当上了皇帝。

这么干，从理论上看他很安全，但从实际来说，他麻烦大了。当时天下大乱，盗匪横生，有实力的人太多了，在他身边不远处就有一位。

孔彦舟。

这位兄台是一个典型的游寇，从江北一路游到荆湖。吃、抢、壮大，深得游之要素。到达洞庭湖边上时，他已经是见多识广久经战乱了。

他看了钟相一眼，满心鄙视。一个家门口都没出过的乡巴佬，居然当上皇帝了……一时兴起，他带人过去把大楚国灭了，钟氏父子全被活擒。孔彦舟很会做人，起义军的钱粮他都留下，把钟氏父子送给了赵构。

赵构承他这个情，一边杀了钟相、钟子昂，一边给孔彦舟转正，成了宋朝的国家干部。之后人事纷乱，孔彦舟在宋朝干得不顺心，渡江到伪齐，当上了刘豫的官。赵构逐渐稳定，在金国的压迫下渐渐羽翼丰满。两人各有各的忙，迅速把这事儿扔到了脑后。

别管后来的教科书怎么说，在当时孔彦舟的心里，这事儿只是游寇生涯的小插曲，过耳就忘。于赵构而言，这事儿很好定性，是外来游寇与本埠土寇的火并，外来的更强些，如此而已。

对洞庭湖来说，事情没有完。压迫在继续，反抗要加力，他们推出了新的首领。带头的还姓钟，是钟相的另一个儿子钟子仪，实际权力掌握在一个叫杨太的人手里。

杨太年纪很小，当地人管小叫“么”，顺口叫他杨么。

杨么的能力很强，运气非常好。他“出山”大约是钟氏父子死后半年，那时赵构刚刚结束上山下海的狼狈生涯，宋廷的全部精力都集中在陕西富平方向，关注并支持着张浚进行的国运之战。洞庭湖再闹，也只是一片小浮云。他们翻看了一下官职花名册，派去了一个同样从江北过来的实力派人物。

程昌寓。

从生平简历来看，程昌寓比孔彦舟要强很多。

首先，程昌寓是政府官员，过江之前的最后职务是蔡州知州。金兵南下时，他的行为很另类，没有率众死守，演绎英烈人生；也没有急着逃跑，保命第一。

他把蔡州洗劫了。

所有的钱财带着，所有的兵带着，搬空了蔡州，他还在汹涌的难民潮里精挑细选给自己的逃亡生涯增添了些许的浪漫色彩。一个叫小心奴的欢场女子被他发现，两人走到了一起。

如此渡江，投入新宋朝的怀抱，让建炎集团从上到下都高看一眼。瞧瞧人家这官儿当的，回忆一下赵构过江时都衣衫不整，人家全须全尾两袖金风地来了。这就是素质!

考虑到程昌寓手中既有钱又有兵，赵构决定把剿灭洞庭湖水匪的事交给他。

逃跑时很另类，程昌寓进兵时也不简单。他把手下分成水、陆两路。陆路是将军带着士兵，水路由他、他老婆、小心奴、大批家丁侍从幕僚组成。他是北方人，江南水乡的传说就像梦境一样，他决定从公安县的油河出发，沿鼎江、经龙阳县转往匪区，一边顺水漂荡，一边完成工作。

想得很好，但没有考虑到现实状况。

这一路上风景真的很美，可是战乱时期物资极度匮乏，这么长的船队一天下来食水供应就是个大数字，沿岸全是匪患交战区，人都看不到几个，有钱也买不着东西。

好不容易临近鼎州，出现了几个小村镇，船上的贵人们看见了几只活的鸡鸭鹅，立即派人上岸去抓。接着就出事了，洞庭湖的水匪蓬勃发展，业务范围越来越广，这帮外来人刚一靠近就被盯上了，经观察，很肥、没兵，抢！

悲剧就这样发生了，剿总司令部在开战前被打劫，整支船队只逃出去程昌寓的坐舰，原因是他的船行驶在最后，见势不妙，迅速掉头逃跑。

其他的全落在了洞庭湖水匪的手里，其中包括艳女小心奴……逃出生天的程昌寓大怒，迅速与陆路上的大部队会合，决定向水匪开战。

开战前得到一个最新消息，小心奴进入钟子仪的后宫，地位提升，已经是嫔妃级了。程昌寓反而冷静了下来，他决定把杨么一伙儿斩草除根。

为了这个目标，他拿出了从蔡州不远千里带来的钱财，没收了周边所有木材商人的货物，再征集大批工匠，日夜赶工造出了大批“车船”。

这种船能载兵千人，或两千人。船身是车形，小的 20 车，大的 23 车，这种装备安置在船头和船尾，踏车使船前进后退。

说白了和现在人工湖里的脚踏船有点儿像。

如此巨大型的脚踏船进入芷江（今沅江上游），配合步兵进攻位于夏诚的水寨。如此器械，这般兵力，区区水寨一定手到擒来。结果坐等好消息的程昌寓再一次遭遇悲剧。

航道水浅，巨大型车船搁浅了，横在水里进退不得，被水匪们连船带人抢劫一空。程昌寓悲愤，为什么会这样？！

后来也有人问他，为什么会这样，他回答说出门没看日子，在屋里造了艘航空母舰，没想到开不出去。

程昌寓落幕，下一位是纯军方人物王𤐣。这人在宋史里是个过客，之所以搞成了路人甲，原因就是洞庭湖和杨么。

原本王𤐣很有大人物的雏形，征杨么时他是荆南府、潭州、鼎州、澧州、岳州、鄂州制置使，手下的兵是神武前军的番号，总兵力达 5 万。

这股力量放眼南宋，别说是当时，就算四大将鼎盛时期也不过如此。当然，兵力不等于实力，可 5 万这个数字是令人震撼的。

派出王𤐣，足以证明南宋的决心，王𤐣也非常努力，亲自率领最强的精锐近 1500 人坐着小船去剿匪。从这一点可以看出，他吸取了前任的教训，小船总不会搁浅了吧?

小船更悲摧。

程昌寓的大船没法接近敌人，轮到他时，洞庭湖水匪让他接近，直到进入深水区……车船等着他。当天王𤐣创造了一个纪录，神武前军的精锐全军覆没，“一日之间，万人就死！”他本人满脸是血地逃了出来，从此一蹶不振。

杨么的声势更加浩大，直到有传言刘豫跟他约好瓜分南宋天下。

这里要强调一下，关于杨么与刘豫勾结的事，经各种考证，纯属诬陷。不管刘豫是怎么想的，杨么从来没有答应过什么。

这是宋王朝的惯技，要搞倒一个人，先搞臭他的名誉。对王安石如此，对岳飞如此，对杨么以及所有异类都一样。

杀杨么前，先把他定位在刘豫的层次上。金国走狗，民族罪人。

临到岳飞剿匪，最活跃的人不是他，而是军方总指挥张浚。张大人自从富平战败以来，每天生不如死。他是那样骄傲，那样伟大，是中兴的救世主，是时代最明亮的太阳！

可是却成了最大的笑柄……这让人情何以堪啊。好不容易这次重出江湖，他立即全盘接手军事事务，在每个领域、每条战线都插上一腿。

这时他挂着江防总指挥的名义，跑到岳飞身边担任这次剿匪的监军，并且提出了行动的总前提。他说，之前程、王两人都犯了一个大错误。洞庭湖水匪靠的就是水，官军征讨首先想的是没船，于是总想着趁秋冬两季水落潮时进兵。

这是错的。

水匪也是人，也得吃饭。他们是在春夏两季分散出去种地，秋冬则收粮回寨聚在一起。秋冬进兵正好赶上对方兵力集中时。

这一次要反其道而行之，偏偏就在春夏之交时进攻。于是岳家军的征期定在当年的五月左右。实事求是地说，张浚的眼光很准，至少他看清了一个事实，洞庭湖水匪的确在这个季节里没法全部集中，而岳飞到达之后发现，运气也好到了没话说。

五月间洞庭湖的湖岸居然比冬季时还浅。

岳飞却没急着趁旱进攻，他想得很清楚，杨么一伙儿不只有实力，更有信仰，当年钟相打下的底子很深，想瓦解得从内部来。

他带来了10份金字牌旗榜，可以给为首者安排正式工作。还给杨么、钟子仪两人带来了委任状，只要投降，可以立即在湖南地区就近上班。

为首者对此表示感谢，同意投降，并且申明一直都在准备投降，只是需要做点儿准备……

《水浒传》里的宋江还是很有原型的，此人一门心思地搞招安，和官兵打得死去活来之后才招安，都很符合当时的实际。

向施耐庵前辈致敬，写得非常成功，只是有一点我一直没有搞懂，就是关于招安这一段，梁山好汉的成员很复杂，来自各行各业，里边有无业游民、职业惯犯，也有富家贵人、朝廷命官……

这时说招安就招安，人家本来就是朝廷的官，你逼着我当山贼，这时又逼着我重回官场，你当我是弟兄了吗？！

涮人玩啊？

那不是一句什么“天罡地煞自然相投”就能说得过去的。

跑题了，回到洞庭湖。岳飞从匪徒的工作做起，他把之前程、王两人抓到的几百个匪徒都放了，这帮匪徒走上久违了的大街时发现商品充足，一律跳楼价。这帮匪徒如在梦中，东西多还便宜，谁还当匪徒啊！

这个消息传进了匪巢里，引起了巨大的反响。春天刚刚过去，夏天干旱，人都快饿死了，外面那么多吃的用的……可就是拿不着。官兵重重围困，有钱也没法去买。饥饿是人生第一需求，很快匪帮内部松动，投降的情形不断出现。

这时距岳飞抵达洞庭湖差不多过去了半个多月，某天张浚突然找了过来。他说秋天快到了，见鬼，才五六月就快到了秋天，他要去江边巡视，金、伪齐敌情才是最重要的。

岳飞拿出一张图给张浚看，对他说了一句话。您不忙走，8天之内我将平定洞庭湖，那时也不耽误您巡视江防。

张浚愣了，见过吹牛的，哥哥我就经常吹，没想到你更狠。好一会儿他才回了一句——“王四厢两年尚不能成功，乃欲以八日破贼，君何言之易耶！”

你说得太轻松了吧。

8天之内别说造船只，选器械，就算纯进兵走路都很紧张。毕竟这是八百里方圆沟壑参错的洞庭湖，范围太大了。

岳飞没再废话，事实胜于雄辩，他在六月二日逼使杨么军中悍将杨钦出降，俘获老小精壮万余人，舟船 400 多只。以这支水军力量，岳飞各部向位于龙阳县江水北岸处的杨么大寨进攻。战斗的细节很单调，充分显示了杨么等人贫瘠的战术素养。

岳飞命令全军少带武器，尽量收割岸上的杂草，进入战区之后全扔到水里去。杨么的车船踏板被杂草缠住，没法前进后退，之后水战就变成了陆战……岳飞的军队能在野战中击败金军主力部队，区区水匪算得了什么。战斗迅速结束，杨么、钟子仪见势不妙跳水逃跑都没成功。

一战定洞庭。

还剩下一座依山临溪的大寨，以夏诚为首。这时牛皋提议屠寨，把夏诚大寨上下都杀个干净。

这么做是当时的惯例，说得好听是为国家着想，为了长治久安。私下里嘛，谁都清楚，刘光世、张俊的钱都是这么来的，抢光之后杀光才能毁灭证据。

岳飞坚决反对，他强调："杨么之徒，本是村民……只是苟全性命，聚众逃生。既已出降，并是国家赤子，杀之岂不伤恩，复有何利。"

他连说："不得杀，不得杀！"

洞庭湖之战以岳飞仁厚的信念结束。我不是说他杀造反的穷苦人是仁厚的，而是说兵危战凶，在那个时代里随便换哪个已知的将领来，结局都不会这样仁厚。

参与造反的数十万湖湘百姓放归田里，重新耕种生活。之后，这片区域一直很平静，再也没有出现过动荡。我无法查到当时岳飞是怎样安置他们的，但既然不是以杀戮来威胁，就只有一个结论。

仁厚。

中国的老百姓只要能有口饭吃，能妻小平安，就没谁去造反。很显然，岳飞给予了他们这一点。

杨么叛乱时的作战力量有6万余人，岳飞把他们都收编了。从此岳家军达到了10万人的编制。这在当时超越了韩世忠、张俊，仅次于刘光世。

三大将最担心的事还是发生了，各人反应各不相同，有咬牙切齿的，如刘、张，有苦笑摇头，如韩世忠。拳头大才是真理，岳飞已经压在了他们的头顶上。没多久，张俊和韩世忠各自收到了一份礼物。从湖湘寄来的一条车船，船上器械人员齐备。

这是岳飞的一份敬意，他以此向老大哥们表示友善，他没忘记张俊给他的提携，更没漠视韩世忠的赫赫战功，他想获得他们的友谊。

他得到了韩世忠的友谊，老韩呵呵大笑，很高兴地收下了，从此交了岳飞这个朋友。张俊却更加愤怒，在他来看，岳飞这是在向他示威，向他展示战功!

张俊回忆、对比这几年里他和岳飞交集的各个片断，包括这份礼物在内，岳飞的每一步都映衬着他的无能、怯懦、失败。这在他的心底缓缓地生成了一股怨毒，在之后的岁月里，随着岳飞不断创建伟大功绩，这怨毒也愈加深刻。

直至他做出人神共愤的错事。

张浚就更不用说了，他的“领导”作用被岳飞10天左右剿灭洞庭湖水匪的传奇战绩戳得千疮百孔，想抢、想掩盖根本不可能。他只好酸酸地赞美了一声——“岳侯殆神算也！”之后在心里提醒自己，岳飞是强大的，这是好事。

他的雄心壮志必须有岳飞这样的臂助才能实现。而他的骄傲也时刻掺杂着高尚，他提醒自己必须高尚，这导致了他每做一件事，都以伟大事业为目标，以抬高自己去实现，失败后又总表现得大义完美。

对了，忘了说大衙内刘光世，从过程上看，他应该是最恨岳飞的。岳飞不给他写信，送礼也没他的份儿，而他拥有最多的兵力。他本该暴跳起来去教训岳飞。可惜啥也没有发生，他非常平静。这人一直是南宋顶层人物中的软骨头，谁都拿他不当回事，只是个乐儿。

# 第三十一章 梦回万岁殿

这时是1135年，宋绍兴五年的六月。随着洞庭湖起义被扑灭，南宋、金国同时进入了一个特殊时期。

金国不再进攻，南宋举国讨论，都在思考以后怎么办。

金国一方行动迅速，小皇帝完颜亶上台之后，行政机构发生了天翻地覆的变化。立国之本的勃极烈制被废除，改行“三省制”。

这个变化从纯技术角度去看，是非常正确和积极的。勃极烈制，实际上是一个权力集中小组。全国的所有权力都集中在都勃极烈（皇帝）、谙班勃极烈（皇储）、国论勃极烈（国相）、阿买勃极烈（国相助手）等一小撮人的手里。

女真人刚兴起这么干还成，阿骨打还活着时这样干也成，因为他有着神一样的地位，没有任何人敢违抗他。

可灭辽之后就不成了，庞大的国土、臃肿的机构是一团复杂到无法想象的乱麻，靠这几个人累死都理不出头绪。事实让女真人妥协，就算他们再仇恨契丹人，再瞧不起汉人，也推行起“南面官”制度。也就是当年辽国人的那一套。

在燕云十六州地区用汉人的机构、官员处理汉人的事务。

这时完颜亶推行的三省制，是用中书、门下、尚书三个部门作为最高权力机构，以三师（太师、太傅、太保），三公（太尉、司徒、司空）为最高官衔，管理具体办事的六部。这么看纯粹是宋朝模式嘛，不，金国声称这是汉制不假，可源头是唐朝，和宋没有关系。

其实这些都不重要，抛开表面看实际，这是一场有针对性的阴谋。金帝换人，权力重组，大家都希望某个人动一下位置。

完颜亶把大殿下完颜宗翰从云中地区召来，微笑着问了一句话：请问您想在新机构里担任最高职务吗？

完颜宗翰兴奋点头，当然！

于是，这位后世公论的女真建国第一功臣完颜宗翰殿下，当上了太保、尚书令，领三省事，封晋国王，成为新机构的国相。作为交换，他的军职被免除，办公地点从遥远的云中挪到了皇宫隔壁。

南宋方面的事要多彩一些。准确地说，就是多彩。因为很多事一起发生了。先是赵构号召全国参与讨论以后的国策走向。

是战，是和，何时决战，怎样求和，徽、钦二宗等被俘人员怎样处理等大事都需要从长计议，难得这时外敌撤退，内匪剿平，是时候说一说了。

当然讨论人员的范围还是有限制的，以南宋国内现有的曾任宰执的官员为研讨人物。这里面有当政的赵鼎、张浚，有曾任的朱胜非、吕颐浩，有亲密的同受难者汪伯彦、黄潜善，有不太知名没甚作为的李邴等，有李纲，也有秦桧。

这场讨论办公用纸费了很多，实际效能几乎没有，每个讨论者都很忠于自己，所说的话无非都是之前自己所不断强调的那些而已。

李纲仍旧是李纲，秦桧还是秦桧。

真正多彩的是另一件事。现年29岁的赵构给自己的养子赵瑗修了一座学堂，小孩子要上学读书，学做一个合格的皇太子了。

这个孩子已经出现在公众眼中3年了，之所以会出现，涉及诸多的传说。有两条最著名，其中一条是由使者从遥远的北方带回，另一条是赵构某天夜里突然惊醒后自己陈述的。

使者版的传说只是一个印象。南宋派到金国的某个使者回国之后声称他见到了宋太祖……这让南宋举国上下震惊！战无不胜，神武英明的赵匡胤，这对宋朝是一个传说，一个永恒的猜想，如果他不是突然死亡的话，如果宋朝是由他的直系血脉继承的话，还会有如今的狼狈颓唐吗？

使者的话没说完，他是说，他发现金太宗完颜吴乞买和赵匡胤长得一个样。这又让南宋迅速形成了另一个论调，认为赵匡胤独力建国，子孙后代却零落贫寒，别说皇帝，连一般爵位都没有，所以他要报复。他投生到金国，化身为完颜吴乞买凌虐当年混账二弟的后代!

这个传说很有市场。

相比之下，赵构的梦就直接了一些，因为他声称自己与赵匡胤零距离接触。那天在梦里，宋朝的开国者突然出现，把赵构瞬间拉回到150余年前那座风雪中的万岁殿。在那里，赵构亲眼看到了什么?赵匡胤说：如果想让宋祚再续，必须要由我的子孙来继承皇位。

赵匡胤的话最大，这事儿就这样定下来了。南宋政府在江南召集所有太祖系子孙，进行海选。结果发现150余年间太祖系开花散叶，人还真的不少。

符合条件的，也就是太祖七世孙，“伯”字辈的孩子有1645人，精中选优，最后确定在一胖一瘦两个孩子身上。

胖的孩子叫赵伯浩，瘦的叫赵伯琮。以身体强度论，自然是胖些的孩子前途好，赵构选择了伯浩，命人给伯琮300两银子，遣返回家。

伯琮走到了殿门口，后面赵构又犹豫了。他让两个孩子再次并列站在他面前，他要重选。在这个关键时刻，起决定性作用的是当时破旧残败的宫殿。

赵构当时很惨，住的地方比不上当年东京汴梁一个普通富商，有一半原因是当时物资条件真的太差，整个江南都残破了；另一半原因是他自虐，他说他哥他爸都关在牢里，他绝不住华丽宫殿。如此这般，他的皇宫正殿里这时出现了一只猫。

这只猫在两个孩子身边经过，伯琮恍如不见，安静如常。而那胖孩子却突然飞起一脚，决定和猫儿玩一会儿。

然后他就把到手的皇储之位玩丢了。赵构瞬间认定他不合格，不分场合、不会克制、没有教养，这样的本性长大了绝不会是个优秀的继承人。

瘦孩子赵伯琮由此奇迹逆转。

简单了解一下未来的孝宗陛下，他是宋太祖的七世孙，追溯祖上，当年赵匡胤 4 个儿子德秀、德昭、德林、德芳，他是德芳的后代。秦王德芳生英国公惟宪，惟宪生新兴侯从郁，从郁生华阴侯世将，世将生东头供奉官（后追封庆国公）令绘，令绘生平民子偁。

赵子偁从小苦读，考中进士，分配到江南嘉兴县当负责人。一个县丞而已。之后子偁努力工作，业绩突出，并在 1127 年，宋建炎元年的十月二十二日生了一个男孩儿，取名赵伯琮。

峰回路转啊世事难料啊谷底爬升啊报应不爽！宋朝的皇位终于回到了太祖系手中。

# 第三十二章 光荣北伐，洛阳城下

当然这时还不能太乐观，伯琮的路还很长，几个问题遮住了他的光明前景，比如赵构的身体情况。赵九弟的年纪很轻，后宫储量丰富，全江南的名医为他治疗，这也就是在宋朝，如果在现代的话，无论如何都会让他生出亲儿子来。

还有伯琮的年龄问题。他才6岁，要度过漫长的生长期，他是否健康，是否聪明，是否明智，是否能让赵构的后宫谅解，这些都事关成败。

以后的事以后再说，回到1135年，宋绍兴五年的深秋。赵伯琮上学了，让很多人开心，其中包括岳飞。他曾经和韩世忠等人上书，要求赵构确立皇储，为帝国留一个后手。现在他如愿了，他很高兴，全国都很高兴，其中却有一个人不太在意。

为什么要欢呼呢？有什么大不了的，立皇储固国本……这些都是消极自保者的招数，强者可以通过击败敌人保证安全，那才是一条正确之路。

此人是张浚。

他设计了一个比富平决战还要恢宏庞大的作战计划，为了保证这个计划的实施，他先对南宋的军队进行了一次大整编。

全国军队分为“三衙军”和“五大部”。三衙军即禁卫军，算是皇帝的私兵，由殿前司、马军司、步军司组成。这股力量很薄弱，除了杨沂中统领的殿前司是由原来的神武中军改编而成兵力较强外，其余两部形同虚设。

五大部，它的前身是“神武军”，五大将刘光世、张俊、韩世忠、吴玠、岳飞所部的总称，这时改名叫“行营护军”。

具体是张俊部改称“中护军”，驻建康；韩世忠部改称“前护军”，驻承、楚二州；刘光世部改称“左护军”，驻太平州。三将共同担任长江中、下游以及淮水流域的防务。吴玠部之前不在神武军系统里，这时归入，称“右护军”，率军扼守川、陕、甘大片区域。

王彦的八字军称“前护副军”，驻荆南；岳飞部改称“后护军”，驻鄂州，两军担任长江中、上游防务。

这些看上去只是换了些名字，无关紧要。可是换一个角度看，就能感觉到张浚的霸道，新官上任是需要打招呼点名的，他的办法是给你们换个名。

以后一切都得听我的！

岁临新春，张浚的计划出笼。他亲往镇江府抵近长江，召集东南各大将听令。令韩世忠出淮东，进攻京东东路的淮阳军（今属江苏）；岳飞由鄂州过江进驻襄阳，挺进中原，能打多远打多远，无限制攻击；张俊、刘光世所部不动，调三衙军杨沂中为其后援。

川陕甘方面的吴玠在计划之外，不参与行动。

针对以上，岳飞的第二次北伐开始。临战前，张浚特意找到他，对他说——“此君侯之素志也！”岳飞却悲欣交集，苦乐参半。

岳飞的母亲恰在此时病故了，他三日间水浆不进，泪水不干，精神上的悲痛严重伤害了他的视力。不久之后，他患了眼疾。

他决定上庐山为母亲守孝，三年之间不喜乐不劳作不视事，心灰意懒，非如此不足以报母恩。可大战在即，举国为之观望，他怎能置身事外？

不得已，他下山临阵。说一下这时的岳飞，他已经鹏程万里，高飞于整个南宋军阶之上。他有自己的部队，辖区内军政大事决于他一人，他已建节，并且是武胜、定国双节度使，受衔时年仅31岁。这是个空前的纪录，在宋朝只有开国皇帝赵匡胤可以比拟。

赵匡胤28岁建节，不过那时是五代十国，皇帝遍地走。岳飞另有一项荣誉，在赵匡胤之上。这时他已荣升少保，世间尊称他时再不是太尉了，而是“岳少保”。

如此功业，不枉近10年间奔波离乱。这时恰逢张浚出山，他一直念念不忘的恢复大计终于得以实现了。收复中原，非他莫属。看位置，南宋被攻击的话，韩世忠首当其冲，因为他的背后是国都临安府；如果进攻的话，岳飞注定了是先锋。

由鄂州进襄阳，由襄阳进河南，直抵旧都开封，这是最近的一条线。尤其是岳家军已经打出了军威，金人进兵都绕着他走，每次襄阳地段都非常安静。

1136年，宋绍兴六年二月，南宋发动北伐，第一波攻击由韩世忠发起。

韩世忠整军渡江，首攻淮阳。在符离之北接近了目标，之后发现刘豫还是有两下子的，比如间谍方面。当时南宋立国穷得掉渣，土地不够用，想起了老本行经商。一时间商船往来于大江两岸，各种货物冒着军管风险大量流通，其中就有最值钱的硬通货。

——情报。

伪齐方面间谍工作到家，在韩世忠攻击淮阳城之前，这城里已经集结了庞大的军队，只等着江东猛虎自投罗网。

他们真的把韩世忠围住了，可是数量不代表质量，史称韩“为贼所围，奋戈一跃，溃围而出，不遗一镞”。连个箭头都没给刘豫留下，而且在突围过程中前护军骁将呼延通一把掐住了一个金将的脖子拎过马来，出来后才知道这人叫牙合孛堇。

前面说过，孛堇相当于宋军的太尉，一个不小的官儿。

韩世忠中伏，跳出来之后反身就杀了回去，把淮阳城外围的敌兵赶跑，按原计划围攻淮阳。一连强攻6天之后，事儿大发了。

刘豫之前就探知了韩世忠的动向，军队先期调拨好了，这时被韩世忠反制，6天的时间足以做出新的安排，金兀术和刘豫的侄儿刘猊合兵杀到。韩世忠在江北成孤军之势，被金、伪齐联军合围，这时他需要江南友军的支援。

按地势远近，按军阶兵力，张俊责无旁贷。可韩世忠的求援信到了之后，张大将第一时间的反应是，老韩，你丫的不是出幺蛾子，想借机吞并我吧？那边是金国四太子领兵，决战规模一定很大，你顺手牵羊把我派去的军队收编了，到时我找谁要去？！

不行，我这边另有军情，没人可调。

韩世忠真的被孤立在江北了，刘豫大喜，下令务必乘机除掉这颗眼中钉。机会也真的来了，两军对阵，有间谍告密，对面“锦衣骢马立阵前者，韩相公也”。韩世忠自己暴露了目标。金、伪齐联军蜂拥而去……不长记性的倒霉孩子，怎么就忘了韩世忠强在了哪里呢？

韩世忠迎面对冲，砍倒一片，剩下的都跑了，老韩带着全军外加一万多淮阳百姓安全渡江回到驻地。

韩世忠的北伐结束，不管过程怎样战况如何，他没有攻入伪齐腹地，再一次受阻于金、伪齐联军。这时是当年的三四月间，之后再隔 3 个月，到七八月时，岳飞才出兵襄阳。很多人，很多史书都说这一次岳飞因私废公，为了母丧耽误了北伐大计。

如果与韩世忠同时出兵，两路并进，敌方怎样应对？势必事半而功倍。其实没这必要，什么叫举国一人呢？就是他一个人足以胜过一切，根本不需要什么配合，闲杂人等有多远滚多远，别碍事就成。

岳飞出征前的事很多，耽搁到七月也有些客观原因。第一是赵构想他了，召他到临安见面聊天。真的只是聊天，没说什么重要的事。

这种聊天是种必要的政治手法，会让上下级之间迅速产生亲切感，从而让工作更顺畅、更有效率。第二是因为王彦。

八字军创始人年纪很大了，健康状况迅速恶化，宋朝给他的军队番号，给他个人以辖区，实际用意是让他光荣地退休。他的军队就近交给岳飞，辖区刚好就在旁边，一切都水到渠成。

可是王彦很愤怒。

岳飞是他曾经的部下，并且是很不听话很违逆他的叛将。这些年里岳飞声威大震，每一次大功铸就，都仿佛是对他的讥讽。这时宋廷的决策，更让他无法忍受。王彦终究不同凡俗，在压抑、病痛中他突然振作，居然病体大好。

他辞去了襄阳知府一职，转去张浚的都督行府参议军事。上任途中经过鄂州，岳飞约他在江边一叙。浩荡的江水之畔，两人执手交谈，史书中没有记载他们说了什么，只是一阵江风吹来，王彦立即登船解缆而去。那船乘风鼓棹，很快就远了。

岳飞一直目送着，不断叹息。王彦风骨硬朗，愈老弥甚，不愧一代英才。不过回到现实中，岳飞却发现防务有了点小麻烦。

八字军跟着王彦到临安府去了，成了张浚的都督府嫡系。岳家军的实力不仅没有增强，反而要因为接管原八字军的荆南府防区而分散兵力。

又得一番调派，又得临战减兵。

1135年左右的岳家军兵力达到了10万，将官编制由原来的10将升到30将，每将平均兵力3000余人。这在以后不断扩充，直到达到历史最强的84将。全军分成12统制军：1. 背嵬军；2. 前军；3. 右军；4. 中军；5. 左军；6. 后军；7. 游奕军；8. 踏白军；9. 选锋军；10. 胜捷军；11. 破敌军；12. 水军。

其中背嵬军是绝对主力，嵬，指酒瓶子，意思是替主将背酒瓶子的亲兵。游奕是巡回的意思，踏白是侦察兵。

岳家军最有权势的将军是张宪、徐庆、王贵、牛皋。

七月间牛皋率先渡江北伐，他的路线偏东，攻击蔡州区域。这里他得心应手，不仅是他战力惊人，更是因为他对这一带太熟悉了。

他的第一个目标是汝州鲁山县附近的镇汝军，这是他的故乡。镇汝军的守将名叫薛亨，素有骁勇之名，牛皋在交战之前声称必将生擒之。

年底十一月时，薛亨被送到了临安府献俘。牛皋成功地打穿东路，连续攻克颍昌府的大部，蔡州周边地带，让伪齐军队向这个方向集结。一个月之后，岳飞率主力过江，攻击的方向是西边的虢州。

不需要什么友军、两路夹击，岳家军本身可以做到这一点。

八月初，岳家军的王贵、董先、郝晸等知名主将合兵一起攻打虢州的卢氏县，这是经过精确计算的，这里有岳家军北伐最急需的东西——粮草。

整整15万石的粮草囤积在这里。岳飞很清楚自己的短板在哪儿，襄阳也好，鄂州也好，都不是富饶的地区。庞大的军队需要的海量粮草没法自给，只能由后方运送。可要命的是他的驻地、主攻方向都在长江的中上游地带，临安等产粮地在它的下游，逆水送粮难度不是一般的大，于是只有去抢敌占区的。

粮草到手，攻势豁然铺开，王贵等人迅即攻占虢略、朱阳、栾川等县，兵锋继续向西，突出虢州进入商州境内。

严格划分的话，虢、商两州属陕西路，是西北方向吴玠的战区。吴玠的部将邵隆早就上书要求收复这两州，宋廷也预先批准了他，只要打下来，他就是两州的主管。

岳飞踩过界了，他没停，进一步展开攻势，横扫整个商州。之后才给吴玠写信，说可以派邵隆来上任了。到这时，岳飞才率军攻向了顺州方向。

顺州在今河南省嵩县西南。

岳飞先派牛皋向东吸引伪齐注意，再向西北抢夺军粮，扫荡全境再次吸引伪齐兵力之后，才突然转向攻击此行的真正目标——河南。

岳飞突然掉转兵锋，冲向顺州，等于揭开了决战的序幕。顺州，距离北宋原西京洛阳仅100余里！

这就是岳飞与其同时代的所有战将都不同的地方，他在战场上灵活变幻动静无常，在别的将领如韩世忠总是在一城一池下牵扯纠缠时，他纵横在广阔战区内随心所欲。其每攻必克，每一动必有效果，这种能力不仅让敌方胆寒，连国内都觉得不那么阳光，不那么正面。

南宋朝廷给韩的评价是“忠勇”，给岳飞的定义是——“沉鸷”。

沉，不动如山讳莫如深无法猜度，带有不确定性；鸷，凶悍的猛禽，如鹰、雕、隼之类。用以形容人，有凶猛到残暴、桀骜不驯的意思，或者“鸷而无敌”。

无敌的人是这次攻击的先锋官，攻击在统制官王贵的率领下进行，打头阵的是第四副将杨再兴……这个人是放眼整个两宋之交中最强的战将。他先是趁守军不备拿下了顺州，之后毫不停顿冲向了下一个目标洛阳所属的长水县（今河南洛宁西）。

直到这时伪齐方面才做出反应，刘豫派出一个都统制一个统制两员正将拥兵数千人来战。杨再兴分兵布将与之阵战。

杨再兴的冲击力实在没话说，这一战迅速结束，都统制被他阵斩，连带500多名伪齐军一同歼灭。统制官幸运些，和100多名手下被活捉。

杨再兴没有停顿，再次向西京洛阳挺进，第二天到达长水县边界处的张洪涧。在这儿他遇到了伪齐在顺州界内的最高长官，安抚使张宣赞。

张安抚的大脑处于短路和连接之间，岳家军入境时他不出现，这时要出界了他拦个什么劲儿？可拦的方法又挺理智的，张洪涧是一条挺宽的河，他先渡到对岸，在那儿与杨再兴隔河对峙。

一条河……杨再兴提起渡河就郁闷，当哥没渡过吗？！杨再兴率军冒箭雨渡河，冲上对岸，把张宣赞的两千多人马冲散。之后一路穷追，直到晚上二更天左右。

杨再兴不追了，不是追不上或者没了兴致，而是发现了大宝贝。张宣赞把顺州境内最重要的军资随身带着，那是一万多匹战马！杨再兴乐疯了，有这些谁还去追什么卖国贼？抢，都抢过来。抢得是如此激烈，乃至于和战马堆在一起的一万多石粮食没法带走，全分给了当地的贫苦百姓。

捷报在八月末时传到江南宋廷，张浚喜出望外，他等的就是这个。如果没有重大战果，他没法实施接下来的设想。

他上报赵构，请求宋廷借此战机，集结各路大将集体渡江，收复河南地。为此，他敦请皇帝把行在前提至建康，濒临大江，以此鼓舞士气，显决战之心。

赵构同意了，他于九月初一动身，出杭州之前，他去了天竺寺进香。出寺门时，正好岳飞的捷报送到。

赵构在一片欢腾之中仔细看完了信，他叫来张浚，说了这样一番话。他问，岳飞的捷报有没有水分？我不是不信，更不是苛惜名爵赏赐，而是我要知道真相。

张浚告诉了他一个机密消息。岳飞不只在战场上纵横捭阖所向无敌，在另一方面做得更好。

河南是岳飞的家乡，尤其是相州一带，他早就把间谍工作做到了细致入微的程度。大的方向上，太行山一带的义军早已结盟；小的细节上，征战区域内的关隘、渡口上的车夫舵手等人，食宿店铺里的杂役，都有岳家军的内应。

当此时，只看官家的决心怎样，在战场方面，岳飞已经掌控一切。

回到江北战场，岳飞的前锋部队迅速向洛阳逼近，以杨再兴的冲击力，只需一两天的时间就可以抵达西京城下，而敌人却全都玩起了失踪。刘豫父子伯侄都不见了，李成不见了，金兀朮也没露面，要知道几个月以前，韩世忠过江时，这帮人一窝蜂地拥了上去，仿佛那是块肥肉，谁都想咬。

可这时岳飞攻入陕西、攻入河南，长驱直入，时间上也长达近两个月，人都跑哪儿去了？不会组团一起去打酱油吧？

形势一片大好，空前大好，可赵构的心灵之火总是小有飘摇。连首相赵鼎也觉得事情不托底，他建议行在可以前提，可建康就太靠前了，不如按老规矩，到平江府。

赵构采纳了。

之后，他对岳飞的支持是一封措辞优美的嘉奖信……一时间众多类似的信飞过长江，寄到岳飞的手里，各种惊叹赞美叹服围绕着他，里面有他尊敬的前首相李纲说的“屡承移文，垂示捷音，十余年来，所未曾有，良用欣快！”之语。

岳飞也激动，可他最需要的东西——粮草始终没到。他的确神勇无敌，可以孤军深入每战必胜，不必友军支援，可粮草是必需的，再精锐的兵少吃一顿饭就称不上精兵，而此时他留在襄阳的守军已经有饿死的了，要省下口粮去支援前线！

九月，岳飞部撤退。临行前岳飞似乎对粮食产生了巨大的怨念，他特意派人突袭伪齐重镇蔡州，不为杀那里的兵，他下令把蔡州的粮都烧光。

回归南岸的途中，谁也不会知道这一次的撤退意味着什么。当事者迷，岳飞不知道，张浚不知道，连赵构、赵鼎，乃至最终受益的那个人，都不知道。

这次的撤退，是一切灾难的开始。

最初的反应由刘豫激化。这位伪齐皇帝陛下在岳飞回归南岸之后突然间暴跳起来，他像被啥刺激了一样，疯狂地在境内抓壮丁，半个月左右就抓了20多万，全都推上了战场。

岳飞刚走，他居然主动进攻了。

看着很纠结、很呆傻，不可理喻，其实这是绝对必要的。他必须时刻保持对南宋的攻击，不然他将失去存在的价值。

金国养他这条狗，他必须得去咬人。可他实在不敢去动岳飞，思前想后，他把目标定在了淮南西路，也就是张俊、刘光世的防区。行动前他满腹苦涩，他有预感，哪怕他再努力，真的打出来战果，所谓的皇位也要坐不住了。

金国在变化中，让他猝不及防，很多事他都做错了。前面说过，他本是完颜昌的人，可推他上宝座的是大殿下完颜宗翰。本着“有奶就是娘”的汉奸原则，他把完颜昌抛到一边，对完颜宗翰一系效忠，这在过去的几年里是很见实效的。

大殿下权倾天下，威震女真、西夏、南宋，无人敢对他说个不字，刘走狗觉得与有荣焉，他也可以跟着升级，于是对女真贵族们不那么恭敬起来。可这时小皇帝完颜亶用相权换军权，连带着把完颜宗翰的居住权都换到了眼皮子底下。

完颜宗翰一下子权势尽失，他没了军队、没了下属、没了地盘，别说罩着从前的走狗们，连他自己都朝不保夕了！

在这种情况下，刘豫发兵只能靠自己，金国人站在远处冷眼旁观，看他能咬出多大的成绩来。刘豫郁闷、彷徨、呆滞……他下令，全军半数以上换装。

都扮成女真人的模样。

对岸的南宋朝野一片惊慌。赵构等人得到的情报是，刘豫第一时间发70万精兵报仇，其中半数以上是女真骑兵！

这消息隔着长江把赵构、赵鼎吓呆了，当年灭北宋时也没有这么大的场面。赵鼎立即提议行营后撤，回到临安府去。

张俊、刘光世反而没呆。这两人首当其冲，刘豫的主攻方向就奔着他们来。都是老对手了，互相知根知底，刘豫绝不会去襄阳那儿招惹岳飞，更不会去镇江那儿撩拨韩世忠，眼看着淮南西路这儿有张大将、刘大将，还用去别处吗？

“金兵”铺天盖地而来，两大将流星赶月而走。他们一边向后撤，一边向赵构要救兵，速度之快让正处在前线的总指挥张浚都措手不及。

也就是说，这两人谁也没请示，更没有获得批准，纯粹是临阵私逃。这种卑劣的行径却赢得了一片赞同声。

为什么不逃呢，难道要先请示再汇报，用繁文缛节自缚手脚，被金军追上消灭才正确吗？那是自毁实力，毫无意义。

这种论调很有市场，很得上层人物们认可。关键时刻刚过30岁的皇帝还保留着一份理智，他要张浚立即汇报情况，确定在军事上怎样应对。

张浚不管有多大的毛病，至少有一个好处，此人从来没被谁吓倒过。他一直挺在前线，很快就了解到真相。根本没有什么女真骑兵，他给赵构回信，要求全军反击，这是全歼伪齐军队的大好时机。赵构同意了，亲笔给他写了一道诏书。

——“有不用命者，依军法从事！”

张浚立即派人把诏书样本抄送给刘光世。刘大衙内一下子脸就绿了，皇帝在动真格的，小命难保了！他把手下的那批神奇的将军召来，说了一句话。

——“汝辈且向前，救取吾首级！”

前面提过，刘光世本人是个战场草包，什么仗都能打输，可手下的将军们却勇悍绝伦，某些特殊的在韩世忠、岳飞面前都敢瞪眼，还偏偏就服这个大衙内。具体怎么回事，以后有具体事件涉及，到时再说，这时刘光世喊救命，这帮人立即爆发了。

行营左护军杀回淮西，和伪齐军硬拼。张俊部比之早一步到位，已经杀得难分难解了。在他们的后面，三衙军统领杨沂中也在向战场靠拢。

在赵构的必杀令震慑下，宋军的速度让人很瞠目。以刘光世军为例，他们从原驻地庐州，也就是现在的合肥市后撤，接命令再往回赶，居然在霍邱附近与伪齐军接战。

那地方在安徽省的西部，论东西水平线的话，比合肥还要再北一点儿。这足以说明刘光世怕到了什么程度，他的将军们也着实出力，打赢了才能保住他的脑袋。可这次战役里真正的焦点却不在这儿，而是合肥更北方的定远县（今安徽定远东南）。

三衙军统领杨沂中奋勇当先，他在长江南岸出击后，一路疾行，抢在刘光世之前，推进到庐州的北方，主动迎击伪齐军。

要说一下小杨了。小杨的来头很大，有种说法说他是北宋名将杨业的玄孙，祖父杨宗闵，父杨震，弟杨居中。

沂中字正甫，出生在代州，从小以勇武得名，从军后隶属于张俊部。当赵构组建元帅府时，小杨是最早的班底之一。那时，他整夜执戈侍立于赵构幕外，让少年期的九哥产生了难得的安全感。杨沂中第一次发威时很震撼，那时盗贼丛生，评价一个盗贼的高低已经不是看他抢了多少东西，而是占了多少城池土地。

任城就被抢了，元帅府派了很多人去都没有办法。某一天赵构登高望城，心里郁闷，这还是赵家的世界吗？却见几名骑兵披甲执锐闯进了任城城门！

赵构亲眼见证这几名骑兵在城内纵横驰骋力杀数百人，其中为首那人满身血污像是受了重伤。赵构急命人召回，却发现那都是所杀盗贼的污血，本身没有伤痕。赵构惊喜交集，亲自奉酒给他，说——“酌此血汉！”

杨沂中由此知名。沂中生来一脸浓髯，神色雄壮，喜欢他的人叫他“十哥”。这个排名是建炎南渡之后将军大排行时搞的，从张俊、韩世忠、刘光世、岳飞一路排，直到最小的杨沂中。

烦他的嘛，不大雅致，叫他“髯阉”。谁让他是赵构最贴心的人呢，忠心耿耿，无条件地服从任何命令，像太监一样听话，只不过是多了一把大胡子罢了。

定远县只爆发了一次小规模的接触战，杨沂中以2000名士兵迅速解决了战斗，他没有停顿，继续主动进击，迎向了刘猊率领的伪齐军主力。

两军相遇的地方叫藕塘。

藕塘地处定远县东南方60余里处，刘猊先到，先于杨沂中占据了地势。伪齐军依山列阵，近10万人的军团严阵以待，最前排是密密麻麻的弓箭手。

这是以往宋军临战时的标准战队，这意味着一旦开战，进攻方会面临数不尽的遮天蔽日一样的箭雨，那是个无解的噩梦。

杨沂中却偏偏往井里跳，刘猊要什么他就给什么，他派出5000名精骑，向伪齐军的主阵正面冲击。当天的箭雨如期而至，却没有办法阻挡宋军骑兵的突破。

伪齐没有宋军的制式武器神臂弓，以及与之相近的各种弓弩。如果有，金军早就盗取专利复制粘贴无数份了，金兀术还用带着满身箭眼在秦岭里满山乱跑吗？这一点优势是汉人独有的，直到宋朝灭亡，甚至明朝灭亡，异族人都没法染指。

5000名骑兵动摇了刘猊的主阵地，杨沂中适时发起总攻。他亲自率军从伪齐军的侧面冲了进去，自陷超级大阵之内。这样子很绝望，非常像找死，不过杨沂中给刘猊留了份惊喜。

三衙军的前军统制在开战前悄悄绕到了伪齐军的背后，这时突然间发动，在刘猊的背后插了一刀。这就是杨沂中的风格。

这人的每一个举动看起来都是疯狂般热血沸腾，不过在这后面隐藏着千般小心万般计算，每一步都如机械般精确。

这在以后的岁月里，在一个个关键时刻都会被验证。

伪齐军大阵崩溃了，三路夹击，出其不意，刘猊又不是什么名将，他所能做的就是在千军万马之中把自己救出来。

大部分军队跟着刘猊逃走了，有一万多人被杨沂中生俘，另外夺船数百艘，车数千辆。连带着顺昌方面的刘麟，光州方向的孔彦舟也一起退兵。

从一定意义上讲，是杨沂中搞定了这次伪齐的大举进犯。

近卫军露脸，赵构格外高兴。他一边向宰执人员炫耀——这回你们知道俺识人、得人了吧，（“卿辈始知朕得人也。”）一边给杨沂中送去了嘉奖令。

升杨沂中为保成军节度使、殿前都虞候兼马、步帅。

这个位置如果再加上殿前都点检的名签，就是当年赵匡胤造反前夕的军阶。很乖的小杨非常聪明地拒绝了，理由很伟大。

三衙军力不能归于一人，这是祖宗说了150多年的话，我会牢记一辈子！赵构感动，小杨真是太好了，可以继续着重培养。

以上这一战就是历史上非常著名的“南宋中兴十三处战功”中排名第六的藕塘之战。这一战在纯军事意义上实在乏善可陈，没什么大不了的。

因为对手是战斗力普遍低下的伪齐军，里边还大量充斥着临时招募的平民百姓，这样的军队数量再多又能怎样呢？

只此一点，即决定了藕塘之战的含金量。但是它的政治意义却无比深远，它是根导火索，上接岳飞第二次北伐被迫撤军，它让转折点变得清晰可见。

回顾一下此战中南宋最上层人物的表现。当刘豫的军队换上女真人的衣服走上战场时，赵构、赵鼎都慌了，他们除了后退至临安，下死命令逼迫刘光世反击之外，还十万火急地征调岳飞再一次援助淮西。这时，岳飞的眼疾急剧恶化，即便白天也几乎看不见东西，并且他的军队刚刚结束远征，又累又饿还没恢复过来，但仍然闻命则旦夕即行。

他赶到淮西时藕塘之战早就结束了，赵构很尴尬，赵鼎很羞愧，这时他们知道上刘豫的当了，可上位者自然有他们的遮羞办法。两人进行了一次公开性问答。

赵鼎向皇帝陛下贺喜："从这件事上能够看出前方诸位大将对朝廷的尊敬，每个人都很听命令。"

赵构连连点头："是的，刘麟败北，朕不足喜，诸将知道尊敬朝廷，才是真正可喜的事啊。"

难堪面前转移目标的功夫举重若轻，炉火纯青。可惜有个人决定狠揪住这次失误大做文章，从而实现帝国实权第一人的愿望。

张浚。

右相、前敌总指挥大人早就看赵鼎不顺眼了，别看是赵鼎把他从深渊里捞出来的，可两人的工作方式、从政理想的差距太大了，堪称鸿沟。

赵鼎是一个攘外必先安内的人，他时刻紧盯着长江以南这一亩三分地，口头禅是先发展自身，等国内一切都充裕富足了，兵力也都练好，再去想外面怎样。

张浚嗤之以鼻，赵鼎的观念看似妥当，其实简直不可理喻。请问到达什么程度才算是富裕，北宋仁、神两朝算不算？可那时仍然有无数的官员说国家太穷、民生太穷、公务员太穷，没法出征。以战养战懂不懂，战争中我方在消耗，敌方也在消耗，得失之间要两边审视懂不懂？！

赵鼎在张浚的眼里就是一个鼠目寸光的胆小鬼，一块挡住他理想的绊脚石。比如这次征调岳飞干什么，岳飞一动，襄汉无人，那边被突击怎么办？眼见得是拆了东墙补西墙，好几次了总是这么补，女真人再笨，迟早也会抓住机会。

思前想后，张浚提出了两个建议：第一，乘胜进击河南，灭伪齐抓刘豫，复开封旧京；第二，刘光世既骄又懦，不堪大用，请罢职收军。

平心而论，这两条都是当务之急，而且都有必成的把握，张浚说得好。可赵鼎不同意。左相大人另有见解，说刘豫只是一块案上肥肉，随时都能剁下去。可是剁碎之后有好处吗？那时会和金国发生直接冲突，两相比较，还不如留着伪齐做缓冲。

至于刘光世，他的军队多年以来关系盘根错节，几乎是刘氏的个人私军，突然间罢免收编，小心会出大事，无法善后。

张浚大怒，简直昏聩！留着伪齐做缓冲，一看就是建国初期赵普对北汉的政策，那时契丹强盛，南方软弱，宋朝在进攻中要分出步骤。注意，是在进攻中。这时能和那时相比吗？一个照本宣科的胆小腐儒！对刘光世更加不能手软，抛开战争因素，因为私军性质就不敢去动，更是助长了武将的气焰，这是宋朝的第一国策大政，枪杆子一定要掌握在朝廷手中。

照本宣科、不知所谓的胆小腐儒！

赵鼎彻底没脾气了。没脾气只好显示品位，他主动去见皇帝，说张浚跟我像兄弟一样，可是被小人离间了。

良好的工作氛围取决于良好的私人交往，现在这样只好两去其一。国家面临的几大重点问题，比如收失地、迎二帝等都需要军事行动去实现，所以只好“鼎去浚存”。

这番话让赵鼎走得很潇洒，给官场留下了一个高品位印象，非常有利于东山再起。可在他重起之前，国家需要新的宰相，选谁呢？

这要由新首相张浚来定。张浚在官员花名册里翻了好久，最终定下了一位，真是让人吃惊，居然是——秦桧。

张浚一生最让人称道的不是所谓的军事才能，而是他识人。终其一生，经他手提拔起来的名臣有一大堆，比如赵开、吴玠、吴璘、刘锜、韩世忠、虞允文、王十朋，个个都名震当时功业彪炳。南宋官方也承认这一点，他一生官场起伏，很多次的起，都是他有举荐之功。可是都选择性地回避了一点，秦桧也是他举荐的……毫不夸张地说，是他开启了两宋之交时段里最凶险的潘多拉魔盒！

张浚选他的理由是——“柔佞易制”。

可能吗？“佞”，这是个贬义词，摆明了知道秦桧是个坏蛋。这有些根据，秦桧上次罢相时表现得很邪恶，大多数人都知道了他绝非善类。

可“柔”，是说秦桧是个软蛋，好控制。这就离谱了吧，秦桧在御史台长官时反金国，在南宋时主张南北分裂，哪一次都旗帜鲜明地站在风口浪尖上，哪一点“柔”了呢？

没有别的解释，只能归功于秦桧无所不能的骗术，让号称识人的张浚也坠其瓮中。

张浚上台，时来运转，整个世界都在配合他。先是来了个开门红，他命令岳飞再一次渡江北伐。这让岳飞痛并快乐着，他的眼病刚刚有所缓和，可军粮仍然遥遥无期，这种情形下远征江北，是合适的吗？岳飞想了想，好吧，出征。

带足 10 天的军粮。

岳飞的第三次北伐只有区区 10 天的粮草！而目标却是伪齐重镇蔡州（今河南汝南），那里不仅城池高峻，守敌众多，还有老牌游寇、死对头李成坐镇。

李成号称伪齐第一名将，还是很有两下子的。知道岳飞来袭，他先是非常仔细。第一来了招坚壁清野，绝不给岳飞就地抢粮的机会；第二他决定给岳飞个小刺激。

岳飞来到蔡州城下时发现高大的城墙上啥也没有，没兵没旗没声音，整座城静悄悄的像是空的。这可真是不常见。

岳飞下令攻城，管你空不空的，真空才省事。不料突然间城头大变样，兵、旗、箭、大石头通通出现，让城下边的岳家军一阵手忙脚乱。折腾好半天之后，双方陷入僵持。这很好，李成非常兴奋，这正是他要的结果。

蔡州城挺住，周边的伪齐军队迅速合拢，李序、商元、孔彦舟、贾潭等一大堆人都围了过来。岳飞……嘿嘿，单挑我打不过你，群殴总行吧？！

岳飞很快发现不对头，这回他受限于军粮奇缺，只带出来2万士兵，以这股力量很难像上次那样横扫中原。怎么办？撤退。

岳飞抢在敌军合围之前跳出了包围圈，向长江边退却。

李成大叫一声跳了起来，追击！好不容易逮到这个机会，之前被岳飞满世界追杀，从江南一路痛打到江北，人生都被搞坎坷了，这次一定要清算回来。

他命令每个士兵准备长绳一根，把岳飞在内的每个岳家军都绑回来！

这伙人出去追杀，成全了岳飞第三次北伐的业绩。如果他真的躲在城墙后边忍到底，岳飞还真拿李成没办法，可他居然追出来了，而且在群殴没有形成之前……李成再一次遭遇悲剧，这一战他的人死了多少没记载，光被俘的就有好几千人，里边包括几十个将领，外加3000匹战马。

李成欲哭无泪，他是个老粗，没读过什么书，不知道历史上有一种极特殊的军人，他们攻必克、战必胜、谋必成，重要的是退却的时候都不可追赶！

岳飞的第三次北伐结束，以上战果是在10天以内，以2万军力达到的。消息传回，举国振奋，张浚的主战理念被更多的人所接受，眼见一场更大规模的北伐即将开始。

在这种关键时刻，江北也来凑趣，一个重要的消息从遥远的北国传来了。

高天流云 著

# 如果这是宋史

## 5 官宦王朝

浙江人民出版社

# 目录


**第一章** 淮西兵变 / 001

**第二章** 沉默的铠甲 / 017

**第三章** 血色顺昌 / 035

**第四章** 踏破贺兰山缺 / 045

**第五章** 凭阑处、潇潇雨歇 / 071

**第六章** 岳飞之罪 / 077

**第七章** 收兵权 / 091

**第八章** 莫须有 / 105

**第九章** 天日昭昭 / 119

**第十章** 一个民族的堕落 / 131

**第十一章** 金亮之虐 / 145

**第十二章** 杀死完颜亮 / 157

**第十三章** 南渡以来仅见之锐气 / 171

**第十四章** 隆兴北伐 / 179

**第十五章** 宿州、七天 / 193

**第十六章** 男儿到死心如铁 / 205

**第十七章** 最北的北方 / 211

**第十八章** 十年主角李凤娘 / 219

**第十九章** 梦魇江南 / 229
**第二十章** 韩国戚与赵皇亲 / 239
**第二十一章** 宰相飞头去和戎 / 255
**第二十二章** 蒙古史诗 / 271
**第二十三章** 西北落日 / 281
**第二十四章** 一战江山野狐岭 / 291

**第二十五章** 天亡此仇 / 301
**第二十六章** 西域传说 / 307
**第二十七章** 最愚蠢的权臣 / 319
**第二十八章** 最成功的权臣 / 327
**第二十九章** 亡西夏 / 331

**第三十章** 百年最强了无痕 / 341
**第三十一章** 南方天空最后一抹晚霞 / 367
**第三十二章** 阎马丁当，国势将亡 / 383
**第三十三章** 上帝折鞭处 / 389
**第三十四章** 暮色襄、樊 / 399
**第三十五章** 伯颜下江南 / 421
**第三十六章** 一片降旗出临安 / 431
**第三十七章** 千古悲恸难言处 / 447

**后记** / 465

# 第一章 淮西兵变

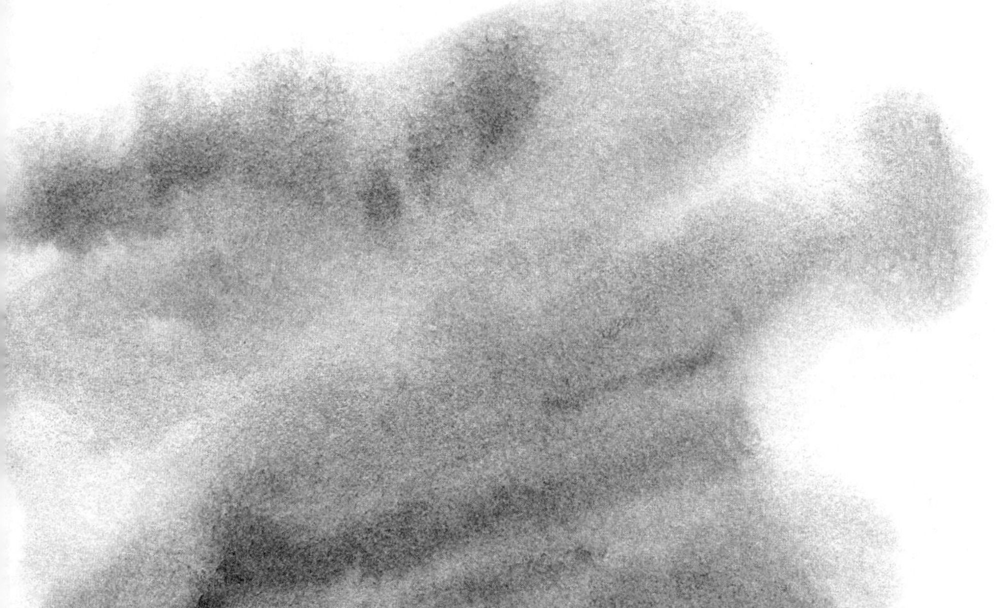

宋绍兴七年（1137年）正月，宋使何藓回国，带回金国右副元帅完颜宗弼的信，信中提到宋徽宗已经死了。

赵佶死于两年前，即1135年。路途遥远，战和不定，那时宋、金两国在各条战线上打得天昏地暗，没人去理会这等小事。

回顾赵佶的一生，他当了26年的皇帝，9年的俘虏，一共活了53年。曾经享尽人间之福，快活到独一无二；也曾经寄人篱下，当亡国之君，受尽了屈辱。从某种程度上来说，他活得真是丰富多彩，各种滋味都尝到了，不亏！

其实严肃地说，赵佶的9年北方生活还凑合，女真人待他还是可以的。一没打他，二没骂他，发给他土地农具让其生活自理，所以遍查史书，汉人一方最多只说他受到了极其残酷的“精神折磨”。

一定要提肉体方面的话，赵佶的尸体处理方法很可能会有争议。金国一方，在正史里，处理的方式很女真，即不用棺材，直接土葬。为了照顾汉人的情绪，尸体上加裹了一层生绢，并且把更早死亡的郑皇后与之合葬。

毕竟是俘虏，毕竟是刚开化的女真人，做到这一步似乎很厚道了。不过野史就没法看了，说赵佶死后，女真人挖了一个大坑，把尸体扔进去烧，烧到一半时加进去一些水，说这样熬出来的油点灯很亮……赵桓在坑边看得痛不欲生，跳下去想和父亲死在一起，却被金国人拉上来，扔到一边。

几年后，宋、金和谈，徽宗的棺椁得以回国，赵构等南宋官方没有开棺检验，直接落葬，埋进了土里，仿佛知道棺材里边有什么玄机，不宜公众视听。很多年之后，宋朝灭亡，元朝军队里有个杨琏真伽，他把南宋六陵挖了。

南宋六陵位于今浙江绍兴城外东南的攒宫山，虽为六陵，却埋着徽、高、孝、光、宁、理、度七个皇帝，以及各宗嫔妃。

杨琏真伽把每个皇帝的坟挖开，取下头骨，精心打磨加工，做成佛串挂在胸前。

在这个过程中，南宋诸帝的棺椁现于白日，阳光下再也没有秘密可言。

宋徽宗赵佶的棺材里没有尸体，只有一段朽烂的木头。他的尸体哪里去了，这是一个千年难解的谜，联想到赵构不敢开棺验尸，很有可能徽宗的尸体处理方法非常粗暴不雅，用生绢裹葬之类根本站不住脚。

事实到底怎么样，再追问也不可能有真实的结论，更没法改变赵构当时心灵的震撼。说到底他是个人，哪怕有再多的阴暗心理、帝王心术，也没法泯灭父子亲情。棺椁入葬当日，他当场痛哭失声，踉跄回宫，一连几天滴水不进，痛不欲生。

众多大臣、亲眷的劝说也没法平息他的愤怒！他要报复，要让金国付出代价，血债血偿，这一刻他决心要女真人亡国灭族！

为此，赵构宣召岳飞。

之后，赵构起程去建康，一路上韩世忠、杨沂中、岳飞等人随行护驾，而岳飞这个本来最外围的将领却再一次被单独召见。

两人再次密谈，赵构只说了一句话——“中兴之事，朕一以委卿。除张俊、韩世忠不受节制外，其余并受卿节制。”

岳飞心神激荡。他的夙愿即将实现，集全国兵力北伐的日子终于到来，这条命令一旦生效，他将拥有南宋绝大多数兵力的指挥权！

尤其是刘光世的行营左护军，这支军队将划归他的名下。

这时是宋绍兴七年（1137年）三月初九。赵构、岳飞两人非常机密地达成了思想上的统一，同时紧锣密鼓地进行着实际操作。

赵、岳二人正走在去建康的路上，此行的目的就是去夺刘光世的兵权。

刘光世的行营左护军实力强盛，5.2万人左右，曾经一度是南宋军方人数最多的一支部队。

岳飞非常感动，他在密谈之后的第二天，也就是三月十日写了一篇奏章，把感激之情、军国大事一一坦露。

这篇奏章是非常著名的《乞出师札子》，分成三个段落。第一段是谢恩，可以忽略；第二段是战争策略和步骤，岳飞说，他会直趋京、洛，据河阳、陕府、潼关，以此三地在手，号令五路叛将，逼迫刘豫放弃开封旧都，渡黄河，退守河北。这时京畿、陕右可以尽复，至于京东诸郡，由韩世忠、张俊负责。

上面的内容里，有两个值得关注的大要点：第一，战争初步规划到黄河的南岸，以收复旧京开封在内的土地为限，也就是目前伪齐所占领的那部分；第二，除了京东路由韩世忠、张俊两人负责之外，岳飞总领天下战区，“宣抚诸路”。

等于天下兵马大元帅了。

第三段——“……异时迎还太上皇帝、宁德皇后梓宫，奉邀天眷归国，使宗庙再安，万姓同欢，陛下高枕无北顾忧，臣之志愿毕矣。然后乞身还田里，此臣夙昔所自许者。”

岳飞如是说。

后世很多人认为岳飞是一个政治上的白痴，只知为国进取，不知明哲保身，才导致他后来的悲剧。看看上文还这样说吗？岳飞何等智慧，这点尽人皆知的小事还能不懂？他深深地知道总领天下兵权是一件多么招忌的事，没成功之前就先声明，一旦事情完成，立即回归山野，官都不当！

赵构非常欣赏，他做出如下批示：

“有臣如此，顾复何忧。进止之机，朕不中制。唯敕诸将广布宽恩，无或轻杀，拂朕至意。”

这是说你办事我放心，怎么去做都随你，我一切放权不干扰，只要你不轻易杀人就是了。

多么和谐的一对君臣啊！

两人聊得很对盘，说干就干，先联手收编行营左护军。倒霉蛋刘光世由赵构亲自出面搞定，这很快很顺利。刘光世于当月的下旬被解除军职，以少保兼三镇节度使的虚衔去当万寿观使。

大衙内从此逍遥自在享受人生。

收编刘家军就费事了些，谁都知道大衙内草包，大衙内的手下们有料，要想让这帮军痞听话，是一件非常有学问的事。

赵构以圣旨的方式给军痞们下通知。一切听岳飞的话，“如朕亲行”。要是不听话……“倘违斯言，邦有常宪”。

赤裸裸地以杀头来威胁。

赵构相信，这个程度的政府支持，加上岳飞如日中天的军中威望，再加上岳家军远超刘家军的实力，足以吞下行营左护军这块肥肉。

一切都很美好，岳飞准备动身去接收了，却没注意到旁边有个人死死地盯着他，嫉妒得快要发狂了。

张浚，这位大都督自从重新成为军方第一人加首相之后，已经把自己定位到宋帝国第一人的高度了。在他的心里，自尊和自傲是永远分不开的，而尊、傲的基础就是权力!

岳飞总领天下兵马……那把他的都督府置于何地，把他这实际上的帝国第一人置于何地？！越想越愤怒，越想越憋屈，他搞不懂为什么皇帝连一个最基本的常识都拎不清，只有他才能中兴宋室，鼎定中原。

这是全世界都知道的事嘛!

岳飞一介农夫，凭什么抢他的风头？！

越想越怒，他决定去和皇帝谈话，把岳飞的台拆了。什么，拆岳飞的台就是拆汉族振兴的台？开玩笑，这个台只能由我一个人搭起来!

他起身时，身边悄然出现了另一个人的身影。枢密院使秦桧，这人静静地观察着一切，张浚的心理波动他清晰地接收到了，他决定帮张浚一把。

张、秦两人一起进皇宫，跟赵构谈话。内容不得而知，当他们出来的时候，赵构已经变得平静了。从正月起到这时，差不多是100天，这么短的时间里，赵构就平静了。

他把国恨、死父辱母奴役全家族带来的仇恨都放下了……这就是赵构，他有血性，有复仇之心，可惜储藏量太少了，实在是不耐用。

岳飞正兴致勃勃、雄心壮志地走在去收编行营左护军的路上，一道圣旨来了，要岳飞先和张浚聊聊。

张浚：“岳侯，行营左护军没了长官，你说谁合适？”

岳飞：“……”（难道他说自己合适？）

张浚：“王德怎样？”

岳飞：“……”

王德、郦琼任刘光世以下左护军中的最高军职，这两人不分上下，也不可能分出上下，刘光世正是用这一点来平衡军队里的势力，达到控制的目的。这时硬要抬王德上位，不是逼着郦琼造反吗？岳飞无语，张浚怎么说也算是领导，这点事情都不懂？

岳飞：“王德不行。”

张浚：“嗯，我想也是，所以派兵部尚书吕祉去总领全军。”

岳飞：“吕祉是书生，从没下过基层，他不行。”

张浚：“那就张俊，资历最老的大将，军队还在附近，由他收编怎么样？”

岳飞：“那是我的老领导，我尊敬他。可他性格粗暴，与左护军诸将长年有隔阂，尤其与郦琼的矛盾很大，由他收编，效果不会很好。”

张浚：“哦……是吗？那就由杨沂中出面，他是禁军统领，皇帝的亲信，这总行了吧？”

岳飞："杨沂中在军中的地位顶多与王德等持平，用他还不如用王德，难道都督不知道军队排外？"

张浚至此大怒："我就知道除了你之外谁都不行！"

岳飞更怒："张都督你以国家正事问我，我据实回答，怎么能说我在贪图多得军队！"

这句话彻底激怒了张浚，"贪图多得军队"，两人心知肚明，他张浚横插一腿暗箭伤人拆岳飞的台，不就是在贪图驻守淮西的左护军吗？岳飞在当面骂他。

怒火中岳飞出了都督府，前思后想，知道如果没有赵构的支持，张浚绝不敢这么明目张胆地夺权。由此可知，左护军没了，总领天下兵马北伐更加化为泡影。一时间心灰意懒，他再也没有心思做什么了。岳飞写了奏章，辞去一切官职，不等皇帝批准，就脱去鞋袜，光脚徒步走向了庐山，去为老母守孝。

岳飞撂挑子，张浚喜出望外，他正写弹劾岳飞的奏章呢，这真是给他送材料来了——"岳飞积虑，专在并兵，奏牍求去，意在要君。"

定了罪名之后，张浚火速派人去鄂州，收编岳家军。你不是辞职了吗？正好，俺要当天下兵马大元帅，不仅是左护军，还有你的岳家军。

好运当头，喜事成双，张浚决定一口吞下两个胖子，同时接收行营左、后护军。他派兵部侍郎、枢密院都承旨兼都督府参议张宗元去鄂州，收编岳家军。

张宗元，曾在张浚任川陕宣抚使，主持富平之战期间担任张浚的幕僚，是资深型亲信。

派兵部尚书、都督府参议官吕祉去淮西收编刘家军。

这两位老兄看职务都是兵部的人，另一个共同点更鲜明，都在都督府上班，他们去收编，套用一句官方用语，叫作"如张浚亲临"。

两边同时进行，先说事态发展迅速的岳飞的鄂州方面。岳飞是直接去的庐山，没有回鄂州驻地，军队方面都交给了张宪。

这实在是个机会，在岳飞的地盘上压服岳飞是幻想，可趁岳飞不在，压服岳飞的部将应该难度不大。张宗元带着政府批文，快马加鞭赶去收编。

到了之后……很安静，啥也没有发生。没有抵抗，没有哗变，没有半点不满的言论，有的只是整个后护军，甚至鄂州全境有序的律动。

张宗元像个观光客一样，没有人理他。他去找张宪，很遗憾张宪病了。这一推托就把张宗元难倒了。

事实上整个南宋都被难倒了。

近 10 年来，岳飞攻无不克、战无不胜、爱兵如子、自律极严。这些加在一起，让整个后护军成了铁板一块，任谁来了都油盐不进。

张浚还想再折腾，想法子一定要让这块地盘改姓张，好在赵构此时及时清醒，把“第一人”踹到了一边。从全局出发，淮西主帅撤职，鄂州主帅辞职，两边都乱的话，就不是主动进攻报仇的事了，小心长江防线崩了！

赵构仔细思量，决定和岳飞进行一番笔聊。

岳飞写了一份辞职信，赵构把信封起来，寄回去，示意拒绝。

岳飞愤郁难消，继续写信，申明要为母亲守完余孝，无心处理公务。赵构好言相劝，及时通报军情，说国家缺不了你，军队缺不了你，爱卿，你快回来。

岳飞仍然拒绝，既然提到了军队，他重申自己的夙愿，要成为中兴汉地的军人。有这个前提，他才有动力。赵构深受感动，从劝说升级到赞美，再升级到许诺，说张浚在等他，将重新商议军国大事。爱卿，请回来吧。

这一次的信尾，赵构写道——“……今再封还来奏，勿复有请。”我再一次封还你的来信，啥也别说了，快点照办吧！

岳飞仍然没有动静。

赵构终于坐不住了。

岳飞想干什么，他想……谋反？或者叛逃？不用这样严重，只要他继续消极怠工，长江防线就岌岌可危。

岳飞没有意识到他的负气之举，让赵构的心理波动大到了何等地步，很快宋廷下达了一道特殊的命令。令岳飞的重要幕僚李若虚、岳家军主将之一王贵上庐山劝岳飞下山。如果岳飞仍然不奉诏，李、王两人军法处置。

岳飞的倔强让人震惊，到这一步，他仍然选择了拒绝。李、王两人在山上劝了他近六天，他始终不为所动。最后李若虚火了。

李若虚是北宋名臣李若水的哥哥，有谁能忘了若水先生吗，那位死难者，那位殉道者！他和他的弟弟是同一类人，任何时候都把国家的利益、民族的得失放在首位。岳飞的愤怒他理解，岳飞的固执他了解，可再这样下去会影响国防。

他忍不住说，再僵持下去，于公，会耽误国事，朝廷会怀疑你的用意；于私，我和王贵会受刑，哪一点是你所愿意的？你本是河北一农夫，现在成了国家的将帅，难道要和朝廷分庭抗礼吗？

岳飞在震惊中惊醒，北伐是他的心愿，更是国家大事，中间不知要经历多少波折才能成功，怎能因为一点小事就自我放逐、自暴自弃呢？实在是意气用事了。想到这里，他决定下山，并且写奏章向赵构请罪。

赵构的回信非常耐人寻味。

他说，我没有生你的气，若是生气，必定有措施。太祖陛下当年说过，“犯吾法者，唯有剑耳”！现在我仍然让你统领军队，恢复故土，这足以证明我的诚意。

这是抚慰，还是警告，是推心置腹无话不说，还是杀人前的最后通牒？种种猜测，因人而异，而当时的岳飞没有想太多。他重新投入北伐的积极准备中去了。

这时是宋绍兴七年（1137 年）的七八月间，岳飞的问题看似解决了，帝国的军务调整终于告一段落，可包括岳飞在内，没人能够料到，稍后会发生什么！

相比鄂州的平静，淮西方面自始至终很沸腾。先是张浚精心挑选了一个既忠心又能干的人去当接收大员——吕祉。

吕大参议是临安府的风云人物。他仪表堂堂、慷慨激昂，在各种场合宣扬过理想。他说，如果给他一支军队，比如张俊、刘光世那种规模的，他可以横扫江北，生擒刘豫。

嗯，他和岳飞是一个级别的。

公众关注他，张浚欣赏他，于是他成了刘光世的继任者。从这里我们可以得出一个结论，宣传是多么重要。只需要不断地宣传，哪怕什么也没有做过，没有打过任何一仗，也能当上全国五大军区之一的总司令官！

吕祉还在路上，淮西方面就闹翻天了。张浚的都督府从一开始就下令，吕祉是政治、军事一把手，他之下是王德。

郦琼立即火了，凭什么啊？！这么多年以来，俺比王夜叉差在哪儿，突然间分出了上下级，这不公平。他联名十多个将官一起向枢密院告状，同时列举出王德多年来犯的错误，公开声明，无论如何不能忍受这样一个既无能还有罪的上司。

王德当然不服，你小子这是赤裸裸的忌妒，说我犯过错，你说说咱们左护军里谁的屁股是干净的？！他以牙还牙，也向枢密院上告，要求严惩既不听话又不干净的下属。

互相告状，按常理郦琼输定了，王德是已经确定的二把手，这么闹首先就是不服从上级领导，连皇帝的决定都敢抵抗。

可结果出人意料，居然是王德被调进临安城，隶属于都督府，随行的还有他的8000名亲兵。这是怎么搞的？郦琼居然告赢了？

王德和张浚都有苦说不出，尤其是“第一人”阁下张都督。

张浚本想一口吞下岳飞、刘光世两支军队，成为南宋名副其实的第一权臣，可是岳飞那边轻描淡写就让他绝望，刘光世这边鸭子本来已经煮熟了，却突然间飞到了别人的盘子里。

坏他事的人让他大吃一惊，他怎么也想不到会是这个人—— 一直对他又乖又顺，“柔佞易制”的秦桧，在关键时刻捅了他一刀。

秦桧说，兵权为国家之本，国家兵权只能归于枢密院，这是祖制。都督府是新生事物，不宜掌权过多。这话光明正大，张浚一个字也反驳不出来。

为什么张浚想不到这一点呢？拼死拼活赤膊上阵什么脸都不要，突然间给别人做了嫁衣裳。

枢密院姓什么，姓赵！他姓什么，姓张。姓岳的吞并军队是威胁，那么他一个姓张的搞吞并，就天经地义了？！

不知人，更不知己，可笑。

至此，他只能借坡下驴，借郦琼上告的机会，把王德和他的8000名士兵弄到手里。这就是他一阵大折腾，不惜与岳飞决裂所得到的好处。

后遗症怎么样，还在进行中。

吕祉到淮西，郦琼集合一大批将官列队欢迎，没啥欢迎词，劈头就问朝廷对王德的事到底怎样处理，那厮一连十几年不间断地犯罪，怎么也得处罚一下吧。

吕祉是地道的秀才，一下子遇到这么多的资深兵痞，按说会慌神，可是常年想着扫平中原，事到临头倒也有几分镇静。

他以张浚的名义要求兵痞们一切向前看，以前种种就都忘了吧，反正王德也不和你们同班了。说完，新任淮西军区总司令官阁下转身进帐，从此再也没有出来。

如果有谁想见他，他“正在吃饭”“正在休息”“还在休息”“又在吃饭”……或者正寄情于丝竹，得鱼忘筌，神游物外，有音乐飘于帐外为证。

时间久了，淮西军上下起了疑心。这帮人是干吗的？学名叫官兵，小名叫匪徒，观察敌情是最基础的本能，反常者即是妖，这个吕祉肯定有事！

郦琼发动人马，在临安与淮西之间布下了一张天罗地网，很快，他截获了一封信。

信是吕祉写给临安都督府的，看内容已经很难确定是两地之间的第几封了，上面清楚地写着淮西军已经不可救药，吕祉只是在想方设法地拖时间，建议朝廷迅速行动，派专人“往分其兵”。

郦琼等人像掉进了冰窖，全身都凉了。

这是比收编更狠的招数。

收编是保持完整的编制，原队伍将官士兵不变，只是换个大领导而已。这在军队里是最重要的一环，毕竟上了战场是要互相依托性命的，多少年混在一起的老弟兄才管用，才能一如既往地干些喜欢干的事。

可“往分其兵”就不同了，这是把建制打散，兵将都分到其他部队，等于是之前的番号不见了，所有一切都作废。

这等于要郦琼等人的命！

郦琼等人震惊、怀疑，派人去临安打探消息，结果半路上就回来了。分兵的人已经走在路上，张俊、杨沂中、刘锜三人分割淮西，很快就要过江了。

绝望了……这三个人是临安方面能拿出来的最强军人了，哪一个到了都不是郦琼等人能对抗的。还用怀疑吗，事情是真的，吕祉这个阴险腌臜的贼，要不是他故作镇静表演过头了，整个淮西军连怎么死的都不知道！

郦琼等人多年官匪一家亲，事到临头从来没有服从领导这一说，什么是领导，只是带头做事第一个分赃的人而已，比如从前的刘光世。

这时他们带人冲进吕祉的大帐里，一顿指责咒骂嘲讽，之后全军开拔，向江边运动。吕祉蒙了，他知道什么是哗变，可亲身实践是另一回事，一直走到快出淮南西路了，他才惊醒过来这是要去哪儿。

过长江、投伪齐，这是在叛变！

勇气回归到他心里，吕祉斥责郦琼激励全军，要大家分清楚什么是英雄什么是叛贼，去投奔刘豫，是做叛贼手下的叛贼，会背上千载骂名，后悔莫及……郦琼一刀就砍了他。

原南宋行营左护军 4 万多士兵，挟裹 6 万多家眷、百姓投靠伪齐，史称“淮西之变”。事发时是宋绍兴七年（1137 年）的八月八日。

消息传进临安，南宋举国震惊。五大军区之一突然间全空了，竟然全军叛变，这是宋朝前所未有的事，哪怕遍查中国历史，也找不出几回。

赵构急火攻心，懊悔莫及，这是他的家底，是他安身立命的东西，他容易吗？当年慌手慌脚逃到江南，被女真人万里追杀，几乎葬身大海，都是因为没有兵。这些年节衣缩食住小房，忍辱负重装孙子才攒出几支军队，居然一下子丢了五分之一。

考虑到是投敌叛变，里外叠加，损失是翻倍计算的，这无论如何没法接受。

赵构用最快的速度派人传令岳飞，要他给郦琼写信。只要肯回头，一切就当没有发生过，回国之后升官、奖金，要什么给什么。

算他有自知之明，岳飞这时的面子是谁都要给的。郦琼在叛逃的路上不仅看了信，还写了一封回信。信里他把南宋君臣上下均匀地鄙视了一遍，说他和刘豫情投意合，非常有缘，岳哥，你就别拦着了，还是给兄弟点祝福吧。

岳飞恨不得亲手砍了他，淮西兵变不仅仅是南宋丢了 4 万多人的军队那么简单，五大军区之一空了，全盘形势瞬间改变，南宋再没有进攻的资本，岳飞想北伐，只能再等机会。而机会……要等到哪一年呢？

岳飞苦闷，本是一件天大的好事，为什么会败坏到这一步？！这个疑问让南宋举国沸腾，每个人都怒不可遏，答案是清晰的，所有的错都集中在一个人的身上——张浚！

这个不知死活的人，被猪油蒙了心，本是最简单不过的事了，之前为了拿下左护军，是皇帝亲自出面，再以最强将军亲身莅临，去压服那帮兵痞。可张浚居然派去了一个几年如一日不断重复理想的书生……两者对比，傻子也知道会出事！

张浚白痴到了何等程度，真是个谜！

南宋基层人民的评价就不去说了，引用一段当时御史台长官的弹劾词吧，个人认为真是说得既到位又淋漓尽致，解恨：

> ……浚轻而无谋，愚而自用。德不足以服人，而唯恃其权；诚不足以用众，而专任其数。若喜而怒，若怒而喜，虽本无疑贰者，皆使有疑贰之心。予而阴夺，夺而复予，虽本无怨望者，皆使有怨望之意。无事则扬威恃势，使上下有暌隔之情；有急则甘言美辞，使将士有轻侮之志。

以上，是张浚的写真集。

关于张浚的处分决定很快就下来了。赵构亲自下令，解除张浚一切职务，降为散官，流放岭南。从力度上来讲，这是仅次于杀头的重罚了。

心比天高的“第一人”阁下，万丈高楼一脚踏空，掉到了泥坑里。并且他在赵构的心里深深地烙上了一个印迹。

——永不复用！

富平之战、淮西兵变，这两件事哪件都是足以决定国家命运的悲剧，居然连续发生在同一个人的身上，这除了说明这个人本身太浑蛋之外，用这个人的领导们是怎么回事？

赵构恨不得用脑袋撞墙，为啥自己就发了昏，看不清这个绝世蠢货呢？！恨归恨，临行前赵构还是把张浚单独召进皇宫，最后咨询了一下行政问题。

“张浚，你看谁来接替你的位置好呢？”

赵构真的成熟了，他能忍住怒火，理智地做每一件事。张浚虽然好坏人不分，但只要有能力，他就能认出来。

张浚不说话。

赵构继续问："秦桧如何？"

张浚差点气哭了，这个阴柔诡诈背后捅刀的东西！他悲愤地说："之前不了解，现在共事了一段，才知道这人真是太黑了（近与共事，始知其暗）。"

……赵构若有所思，点了点头："那就选赵鼎吧，他还算有经验。"张浚同意。赵构给了他最后一个任务，由他执笔，去都堂写赵鼎的拜相制。

当天深夜，张浚在都堂端坐，一笔一画地写着关于赵鼎的赞美诗。拜相制嘛，一定要花团锦簇歌功颂德，要不是帝国最有才有德的人，怎么能当上帝国首相呢？这样写着，张浚的心像刀割着一样疼。他明白，这是赵构给他的惩罚之一。

你不是要官吗？就由你亲手写别人上位的诏书，以最近的距离看别人得到你失去的！

赵鼎回归，第一件事是郑重要求从宽处理张浚，理论依据是要找出淮西兵变的真正责任人。

赵鼎说，淮西兵变的根本性错误在于军方，是军队骄横过分的表现。从朝廷典章上来看，无论君上做出什么样的决定，军队都必须百分之百无条件地遵从，这是根本大法，没错吧？

赵构，泪流满面，严重认可。

赵鼎说，淮西兵为了个人待遇、职务调动之类的小事就造反了，这是朝廷的错，还是他们的错？

赵构，泪流满身，是他们的错！

赵鼎，对泣，所以这股歪风邪气绝对不能助长，毛病都是惯出来的，这时全国的军队都看着朝廷，朝廷绝不能示弱，不然以后都会蹬鼻子上脸。

赵构无语哽咽，朕的爱卿！

所以，目前不能严惩张浚……赵鼎如是说。

这样啊，赵构不由得点头，首相真是有水平，说得好！这事儿就这么定了，张浚不必去岭南了，改成“责授左朝奉大夫、秘书少监、分司南京”，贬至永州居住。

至此淮西之变的处理决定结束。

总结一下，是张浚因为对军队的控制不力导致国家损失五分之一的兵力，但为了能继续有效地控制军队，所以基本上不处罚他……也就是说，不管文人怎样，都得由武将们去埋单！

这叫什么事！

当天，赵构、赵鼎聊得非常对味。赵构趁热进一步关怀了一下赵鼎的工作，他授予赵鼎组阁的专断权。也就是说，新的一届宰执人选名单由赵鼎单独决定。

面对这份信任，赵鼎没有得意忘形，他只强调了一个工作伙伴，这个伙伴是必须保留的，其余的人还是由皇帝做主。

这个人就是——秦桧。

还是秦桧，仍然还是秦桧。这还有什么好说的呢，骗了张浚，继续骗赵鼎，而且是一直在赵构的眼皮子底下骗，在赵构等早就知道他本性不良的情况下没完没了地欺骗成功。这说明了什么？

是这些人太好骗，还是骗子太高明？

秦桧在乱世宦海中随波浮沉始终不倒，距离权力之巅只有一步之遥了。可身在其位，却知道百尺竿头想再进一步有多难。

尺水之阔，天堑之远。

不知什么时候命运会垂青他。

# 第二章　沉默的铠甲

金国政坛大地震，规模之大堪称改天换地。

昔日的女真第一人完颜宗翰终于倒了。自从他两年前贪小便宜吃大亏，用军权换政权，来到金熙宗身边生活之后，处处受制于人。在南宋淮西兵变前夕，他甚至连自己的亲信死党都保不住了。一大批心腹被绑上法场杀头，金熙宗偏偏体贴他，允许他去法场送行。

他是去呢还是不去呢？不去不义，去了……情何以堪！堂堂的大殿下，当年在完颜阿骨打的手下都说一不二的人物，居然在法场上亲眼看着自己的亲信被杀头，却无可奈何！

几个月之后，完颜宗翰活生生地被气死了。

金国政坛大洗牌，上位的是完颜昌和完颜宗弼。这两人的对外政策截然相反，昌说对南宋要和，弼说一定要打到底。

两人对伪齐刘豫的看法倒是一致的。等国内政局稍微稳定之后，这一年的十月，也就是淮西兵变之后的两个多月后，完颜昌和金兀术两人同时出现在开封城外。这两人带着大批精兵，声称是去攻打南宋，路过开封，顺便进城休息。

刘豫照例派儿子刘麟出迎，自己在皇宫列队站班等候，却不料金军一拥而入，把伪齐从上到下所有人都抓了起来。

刘豫蒙了。他不懂这又是怎么了，他尽心尽职地当着走狗，从来没有疏忽懈怠过，为啥突然要被废黜了呢？

他不服，他纠结，他不理解！

完颜昌是个非常独特的女真人，思维方式与众不同，面对过期走狗的抱怨，他也解释了一下。原文非常精彩，抄录如下：

> 刘蜀王，刘蜀王，尔犹自不知罪过。独不见赵氏少主出京日，万姓燃顶炼臂，香烟如云雾，号泣之声闻十余里。今废了尔后，京城内无一人为尔烦恼。做人犹

自不知罪过。朝廷还尔奴婢、骨肉，各与尔父子钱物一库，煞好。

话说到这份儿上，多么无耻的人都该脸红了。刘豫终于闭嘴，走上了一条作废走狗的标准归路。他全家被女真人北迁，北到比宋徽宗父子更偏的地方——临潢，今内蒙古巴林左旗附近。不久，刘豫病死。

这个人不予评论，因无耻而兴，由愚昧覆灭，一条不知起倒的走狗而已，不值得浪费笔墨。说他覆灭之后的事情。

南宋方面反应迅速，尤其是军方，岳、韩两大军区搞了很多小动作，派人过江联络各方势力，尽一切可能趁局势动荡，招降伪齐军队，引渡伪齐百姓。

淮北一带，大量百姓渡江归附了南宋。军队方面更惊喜，小的不去说了，伪齐重镇蔡州发生了兵变，2 万名伪齐军杀了金国守将，过江投降岳飞。

形势大好，岳、韩等将领派出更多的线人向更远的河南等地渗透，为下一步的进攻做准备。以上这些看着很有效，很有成绩，可和他们的皇帝比起来，就差太远了。

真正的上位者高瞻远瞩，站在杭州的梅山上，能看清楚草原深处的变化。赵构从一件小事上敏锐地发现了机遇，进而迅速做出了试探。

开封城里最近流行一个小段子，由女真人原创，散发到全城——“不用尔签军，不要尔免行钱，不要尔五厘钱，为尔敲杀貌事人，请尔旧主人来此坐，教尔濂快活。”

旧主人是谁？姓赵！

赵构派人去金国，带去了一句话：河南的土地，上国如果不想要的话，尤其是不想给刘豫，那么为什么不还给我呢？

乍一看，这句话问得太天真了，当年女真人也是千里跋涉、刀头见血才抢到的土地，凭什么白白还给你？不给走狗就给你，这个逻辑说不通吧？

却不料收获是无比震撼的，金国的回答是，很好，同意。我方还给你河南的土地、你父亲的棺材、你还活着的生母，条件是你得臣服。

做出这个决定的人是完颜昌。

前面说过这个人的思维是与众不同的，在当时在后世，几乎没人能理解他为什么在金国举世无敌，尤其是对南宋一直处于进攻状态的情况下，主动做出如此让步，来求得和平。要知道之前赵构求和时，金国的条件是只给广东、福建，长江以南绝大部分都得交出来。两者对照，这是多大的反差。这么搞，他非常像一个金奸，是宋朝派去卧底的。

此事重大，赵构与全体朝臣共商，更要看中兴大将们的意向。为此，他宣召张俊、韩世忠、岳飞。

张俊第一个跑来见皇帝，见面之后大表忠心——“臣当与岳飞、杨沂中大合军势，期于破敌，以报国家。”

却不料拍到了马蹄子上，赵构大怒，老子当初让你上战场，你不上，现在想和平，你居然张牙舞爪来劲了！纯粹是主动找抽。

赵九弟拎着张俊一顿冷嘲热讽，终于让张俊明白了眼前的行情。张俊及时表态，一切行动听指挥，保证指哪儿打哪儿。

韩世忠的态度和他亲兵的装束很一致。宋武宁安化节度使、京东淮东路宣抚处置使、少保韩世忠的亲兵进临安城时以铜面具遮脸，铁甲全身，沉默不语。

赵构问及他对议和的态度，韩世忠只有一句话：不可和，愿决战时把最重要的地段交给我。

赵构点头叹息，韩世忠忠勇过人，质朴出于天性啊。这样的人在当初南渡建国时就久经了考验，这时虽然不那么驯服，也随他去吧。

当年平叛救驾之功犹在眼前，旧恩不可忘。

于是，韩世忠带人去休息。

过了半个多月，岳飞终于姗姗来迟。赵构、岳飞终于再一次面对面了。时隔不过小半年，可物是人非，两人之间再没有当时的默契。

是什么隔阂了他们？张浚吗？秦桧吗？郦琼吗？或者……赵构本人吗？这些在每个人的心里都有一笔账，具体到岳飞，他认为自己没有错，为国为民，始终如一，错的怎么会是他？反而是皇帝和宰相，朝秦暮楚，游移不定！

而在赵构，既为天子，拥有天下。所有的事都是我的私事，所有的人、物都是我之私有，我想怎样就怎样，臣子只有无条件服从才是本分，怎么可以怀疑我、反对我、忤逆我，动辄以辞职威胁我？！

错的是岳飞。

有这样的基调，两人的交流可想而知。赵构平静地询问自己手下最强将军关于议和的意见，岳飞斟词酌句地回答："夷狄不可信，和好不可恃，相臣谋国不臧，恐贻后世讥议。"

之后，两人陷入了长时间的沉默。

平心而论，岳飞的回答是经典且准确的，准确到百分之百地与历史结果相契合，就像上次他预言淮西兵变时一样。可悲的是，效果也如出一辙。

当天岳飞离开了皇宫，在他身后是两道冰冷仇视的目光。一道来自赵构，另一道来自右相秦桧。随着议和的突然发生，迅速提速，秦桧迎来了他的春天。

踩住秦桧梦想之翼的人有两个，一个是帝国首相赵鼎，一个是万人之上的皇帝赵构。这是眼下南宋最有权势的两人了，要怎样扳倒他们？

秦桧信奉一个原则——社会是由人组成的，而是人就有弱点。控制了一个人的弱点，就等于控制了这个人；控制了所有人的弱点，就控制了所有人，进而控制了整个社会。

有人要说，大仁则无惧，大智则无缺，总会有没弱点可抓的时候……真的没有吗？呵呵，好，那就“莫须有”吧。

赵鼎的亲信刘大中就是一个不错的切入点，实在不必费心去抓刘大中的什么弱点，此人的毛病官场皆知，他不孝顺父亲。这简直让秦桧无语，一点技术含量都没有嘛。找个御史弹劾他。就这么简单，刘大中被贬往外地，去当处州（今浙江丽水）知州。

之后，临安城里谣言四起，都是关于首相赵鼎的。说御史们开会，决定只弹劾刘大中，不动赵鼎。当然这不是说赵首相很完美，无可弹劾，而是给首相大人一个面子。

自己辞职会好看些。

接着，说“赵丞相乞去矣”，说“赵丞相搬上船矣”。看进程的话，赵鼎已经坐船出了临安，走在去外地就任的路上。

这些谣言传进了皇宫。

当确信赵构知道之后，秦桧才开始向赵构主动说话。他首先强调，自己坚决拥护议和，而现在大臣们首鼠两端，左右观望，当此千载一时之良机，再犹豫下去就会错过。为了议和大事，他请求皇帝把任务只交给他一个人，不允许任何大臣干预。

这是在冒险，赌的就是赵构这时的心理。眼看着议和的曙光照来，好日子在向他招手，而他已经家破人亡、提心吊胆、颠沛流离了很多年，这时偏偏手下人或赤裸裸地反对，或阳奉阴违有私心，赵构会怎么想，他最盼望的是什么？

秦桧赌他一定需要帮手，一个不惜发动国内战争去议和的人。

历史证明秦桧的眼光非常准，下一瞬间赵构果然做出了决定——“朕独委卿。”他真的把议和权只交给了秦桧一个人。

秦桧却立即反对了。他说，您的信任让我感动且惶恐，可这么快就做出决定是不成熟的。现在我请您静下心来，仔细思考三天。如果三天后您还是这样决定，那时我们才可以开始实行。

赵构同意了。

读史每到此处，都要为秦桧叫好。抛开善恶忠奸，单以才华论，此时的秦桧是天才。他牢牢地抓住了赵构的心理，一个没有安全感、不惜一切代价去讲和的人，怕的是什么，就是上当受骗，就是丧失他一直追逐而不可得的安全感。

前面我曾经试着归纳赵构、秦桧之间长达17年之久错综复杂、难分主仆的关系，作个比喻——婚姻。此时就是两人的初恋。

秦桧像个小伙子去追逐女孩儿，一边主动诚恳地示好，一边用实际行动让女孩儿相信，他做的一切都是为了她好。

半点都不勉强她。

有过恋爱经历的人，我是说，有过失败经历的人，都会知道这有多重要。有很多的女孩儿不是不喜欢你，不认可你，而是被你吓跑了，对，就是你急巴巴地表白，或者爆炸了一样的热情，把她们吓跑了。这时，秦桧恰到好处的火候控制，怎能不让赵构倾心且放心呢?

三天后，两人再见面，赵构重申他的决定没变，一切只交给秦桧一个人去处理。可秦桧却再次拒绝，他说，您的心真的静下来了吗?真的确信自己要什么了吗?此事重大，为了事后永不后悔，请您再思考三天，然后再做决定。

赵构同意。

两人分开，各不相扰，三天之后再见面，赵构议和的心更加坚定，他重申对秦桧的支持，议和之心决不动摇。

秦桧还是摇头，古人云事不过三，两次不足以定大事，请陛下再静思三天。

至此赵构对秦桧完全改观，如果说这时的赵九弟是一个经过风浪阅尽世情的贵妇熟女，觉得世间所有男人都无法迷惑她的话，那么秦桧已经成功地绕过了这一雷区，在她的心里深深地种下了一粒信任的种子。

九天的时间让秦桧获得了皇帝的绝对信任。同一时间，首相赵鼎已经坠入深渊。准确地说，是他自己主动地跳了进去。

赵鼎在后世评价里有名相一说，所谓“名相”，必然负才学尚气节，是个倜傥不群的君子。在权力与风度之间一定放弃前者，选择风度。

面对漫天飞舞愈演愈烈的谣言，赵鼎以及他的幕僚们都觉得保持尊严的唯一办法就是辞职。于是，他辞职了，时间上与秦桧的得宠配合得天衣无缝，正好是赵构答应秦桧独相的时刻。

秦、赵两人求名者得名，求利者得利，堪称各得其所。

不久后，金国的使者回来了，这次应南宋皇帝的要求，带来了议和的具体条款。

赵构升正殿，拜于张通古脚下，奉表称臣，受金国诏书，从此成为女真人的臣子。

这比当初的刘豫还不如。刘豫只是金国的“子皇帝”，最起码还是皇帝，赵构却只是金国的臣子，在身份上一卑到底。

官场总动员，从岳飞、韩世忠到中下层官员都反对此事，连临安禁军三衙长官、殿前司公事杨沂中，侍卫马军司公事解潜，侍卫步军司公事韩世良（韩世忠兄）一起去找首相秦桧，以及首相的大爪牙御史中丞勾龙如渊。

他们威胁说，一旦皇帝以臣礼受诏书，天下军民不服，因此而闹事的话，他们三衙军没有把握平息暴乱。

并且提出一个问题——“……盖缘有大底三个在外，他日问某等云：尔等为宿卫之臣，如何却使官家行此礼数？”

三个，是指在外的三大将。从字里行间可以看出，这三位禁军大统领其实是怯懦的，是非常合格的赵构式臣子。他们提出的这两条与其说是为难秦桧，还不如说是提前给自己安排后路。潜在的危险我都告诉你了，出了事不要怪我啊。

秦桧不屑一顾，打发走人了事。

说到底军方给他的压力这时很小，因为到这时为止，还没有军人敢于跳出来对赵构怒吼——你爸受罪是罪有应得，你哥受罪是咎由自取，而为了你妈一个人的自由就让整个民族当孙子，更是你自己脑子进水。老子不服，反了！

只要还没有人这么说这么干，秦桧就不怕，完全可以无视军方的任何意见。

可文臣集团的怒火是他所无法承受的。

有宋一代，从赵匡胤开国时就一直作的文臣们，代代相传，耿直敢言，这是经历了靖康之祸后也没法改变的传统。

反对的言论从四面八方涌来，距离远的上书，在临安城里的直接找秦桧面谈，整个官场除了极少数的几个聚在秦桧身边的无耻之徒如勾龙如渊之外，全都是秦桧的敌人。

最先站出来的是礼部长官。

金国以臣奴之礼压江南，正是礼部的职权范围。礼部侍郎兼侍讲张九成先去见了赵构，很平和地提出反对意见，转身去找秦桧时，立即变得冷若寒霜。秦桧很机敏，眼见形势不对，立马抢先开口。他说，这个当官做人嘛，应该能屈能伸，才能对国家有益处。

张九成要告诫他道义，他要教张九成怎么“做人”……张九成更加清楚了眼前这东西的底蕴是什么，干脆也别说事情的对错了，来点本真的。

张九成说：“未有枉己而能正人。”没听说过对自己放纵，变成奸邪的，能去教别人怎样。你都是个坏蛋了，还想对我说三道四，你配吗?

秦桧顿时恼羞成怒，这是史无前例的侮辱！这是自从宋朝立国以来首相都没有经历过的奇耻大辱。

很好，他找到了借口，赵构也找到了理由，走正常程序罢免了礼部侍郎大人。

接任的礼部侍郎名叫曾开，上任之后还没有去办公室，直接就来找秦桧了。秦桧察言观色，再一次抢先开口。这一次，他面带微笑，语气舒缓，说：“主上把宰执的位子留给了你。”

曾开的脸板得跟个茶盘似的：“你说说，这次宋金议和是什么样的体制。”

体制，这是问两国之后的名分问题。

秦桧想了想，没有必要瞒，也瞒不住。他举了个例子——“就像高丽对我朝一样。”

曾开顿时就怒了，这是当面骗人。高丽对宋朝一向称臣，可两者不接壤，宋朝想控制也没有办法，这能和金国、南宋的关系一样吗？稍加一句，曾开之前是在直学士院上班的，学问鼎鼎大名。他当场引经据典驳斥秦首相，从古人的正义正理开始讲起。

第二任礼部侍郎迅速被罢免，第三位上任的名叫尹焞。尹侍郎的来头很大，是北宋圣人程颐的入室弟子。大概是赵构们觉得儒道正宗的程圣人门下一定会尊王守法，与皇帝步调一致吧。事实证明，他错得离谱。程圣人虽然是出了名的不近人情，却从来没有教学生当卖国贼！

尹焞不屑与秦桧说话，他要找的人是皇帝赵构。

尹焞抄录了《礼记·曲礼》中的一句寄给赵构——“《礼》曰：父之仇，弗与共戴天；兄弟之仇，不反兵。”现在金国与陛下有父母之仇、兄弟之仇，你不共戴天了吗？不反兵了吗？反而要议和，这样做你有孝吗？有礼吗？要知道国之大事，无非“礼、孝”二字！

赵构焦头烂额，体无完肤，他能做的只有沉默，然后最快地罢免尹焞。

一个小小的礼部成了秦桧的梦魇，挥不去绕不开，这让秦桧无奈、懊丧之余感到了问题的关键，他的实力有短板。他得形成一个更大的权力集团才成，像目前这样事出突然，在高层只有敌人没有帮手，简直举步维艰。想到就做，他拟了一份名单，有勾龙如渊、施廷臣、莫将、沈该等亲信，提交给赵构，请立即安插进重要部门。

赵构同意了，下令特事特办，立马实施。

文官集团立即识破了秦桧的意图，单打独斗不敢了，想组团群殴吗？开玩笑，想都别想。这一次由兵部侍郎，权兼吏部尚书的张焘带头，合兵部、吏部、刑部、礼部四部之力集体上书反对，秦桧不按干部考核制度升官，建立私人小集团，他居心叵测破坏制度！

如果这些人升官，我们立即辞职。

赵构呆了，他可以很轻松地任免某一部门的长官，可三省六部中的四部集体辞职是他无法承受的，这会让国家大半职能瞬间瘫痪。

这还没完，国家干部基地，馆阁方面也有人站出来发言。胡珵、朱松（这是未来朱圣人他爹）、张扩、凌景夏、常明、范如圭等人联名上书，哪怕前程不要，也要弹劾秦桧。这些人的文字里以范如圭的话最犀利，他单独写了封信给秦桧：

> ……苟非至愚无知，自暴自弃，天夺其魄，心风发狂者，孰肯为此。必且遗臭万世矣！

以上这些事、这些人大家以为怎样，是不是觉得没什么，只是一些文人之间的口舌之争呗，不见血、不砍头的，有啥大不了？骂得再狠，也不见秦桧掉一根头发。

这么想就错了。毫不夸张地说，上面的这些事，对一个国家、一个民族而言是最重要的，没有之一，就是最——重——要。

因为它涉及“气节”。

所谓“气节”，有什么大不了的？

不，这事非常大，堪称最大。它简单地说就是一个民族的性格！

一个民族地大物博又怎样，历史悠久又怎样，物产丰富、男性强壮、女性貌美、儿童聪明等各种优秀品质集于一身又怎样，这一切都相当于一座超级恐怖的火炮阵地。什么都齐全，可还缺发射按钮。

那个小得不起眼的按钮，就是——“气节”。

当危机、考验来临时，得全民族都有勇气面对，都敢于迎战，才会有万炮齐鸣，敌人灰飞烟灭、尸骨成堆。

反之，那些了不得的素质，那些坚固的火炮阵地，就只能是一堆摆设。

这时赵构、秦桧所面对的就是汉族虽然大受欺侮，却没有摧眉折腰的百官气节。这时，汉族仍然从心底里认定自己是发达、文明、富裕、勇武的代名词。女真人也好，从前的契丹人也罢，都只是一时乘虚而入，在汉族一不小心自我堕落时，平白捡了一个大便宜。

事实也是这样，如果没有赵佶无厘头的一系列蠢事，怎么会有靖康之变？甚至没有更无厘头的耶律延禧，辽国又怎么会灭亡，所谓的金国怎么会出现？

面对金国的压迫，这时拥有强烈自尊的汉族族群集体反抗，文臣武将空前地团结起来，要求对外强硬，绝不接受屈辱的议和，让仇敌无偿得到伟大的汉族的服从！

奈何汉族的皇帝、首相不这么想。

赵构、秦桧注意到了气节的巨大作用，两人在正式场合以工作谈话的方式讨论了解决办法。结论是——“……时疆事稍定，当须明政刑，以示劝惩，庶几丕变。”

等议和的事办成了，再秋后算账，以政府的法令惩戒说事。

也只能有这一个解决的办法，因为风俗不是一天两天形成的，改造一个民族的性格，甚至压抑一个民族的性格是一件长时间不间断的工作。

可这时气节的力量正排山倒海一样地向他们压来！文官集团继续行动，这一次站出来的人没有之前那样的好脾气了，看一下监察御史方庭实说的话：

天下者，中国之天下，祖宗之天下，群臣、万姓、三军之天下，非陛下之天下！

陛下纵未能率励诸将，克复神州，尚可保守江左，何遽欲屈膝于虏乎？陛下纵忍为此，其如中国何？其如先王之礼何？其如天下之心何？！

这是多么强烈、独立的思想，敢于公开正式地对皇帝宣讲，千年以下读之，也不禁拍案而起，向方庭实致敬。试问之后的元、明、清三朝，明朝除外，另两朝有没有这样的言论？有没有这样的反抗精神？那时中华民族的气节在哪里？

方庭实的话让赵构震惊，终于有人不买他的账，蔑视他至高无上的皇权了。没有等他做出反应，更强烈的一波动荡开始了。

临安城里各大主干道、显要地段，出现了大批的榜贴，上面写着——“秦相公是细作！”百姓的眼光是亮的，秦桧是汉奸。

这让秦桧心惊胆战，让赵构更加惊慌，他的回忆是健全的，他没有忘记就在十几年前，就在眼下他所在的土地上，曾经出现过声势空前浩大的起义，来反抗他父亲的苛政。眼下他的作为比他父亲恶劣过万倍，他父亲只是要汉人的钱，他是要汉人的脊梁！

怎么办？需要军队介入吗？可是自从淮西兵变以后，他最担心的就是军队。剖析心理的话，他在兵强马壮的现在，仍然不惜卑躬屈膝向女真人求和，有很大一部分原因就是不信任自己的军队。试想，如果他的军队在北伐中不断壮大，会是怎样的局面呢？

是金国的末日，还是他赵构的死期？！

两难中，赵构等到了议和事件中来自文官集团最强烈的攻击，这一次他和秦桧都承受不住了。

胡铨，字邦衡，庐陵人。非科班出身，以贤良方正被推荐，跻身官场，时任枢密院编修。这是一个没有实权的位置，相当于国防部里的一个科员小干部。

胡铨写了一份奏章，字数不多，共1000多字。与当时动辄万言以上的文章相比，实在是很不起眼，但要看他写的是什么。

从金国此次诏谕江南事件起，胡铨把南宋涉及此事的人员从上至下，从赵构、秦桧到使者王伦每一个都尽情揭露批判。他的措辞或许没有方庭实那样干脆透彻，但他的要求却石破天惊，震撼官场。他要求朝廷杀秦桧、王伦，以谢天下！

以国贼之名杀秦桧。

这篇讨伐投降卖国主义的檄文一问世，立即四方传诵。宜兴一位叫吴师古的进士出资刻版印行，让它以最快的速度风行全国。

讨伐秦桧的声浪达到了最高潮。

世人皆曰可杀，初入相府的秦桧顶不住了。宋朝的宰执们有谁享受过这“待遇”？一般来说，几句谣言就会自动辞职，比如像赵鼎那样，那才是爱惜羽毛的君子。舆论到了这程度，无论如何他都得写辞呈。秦桧真的写了，一边递上去一边转头对亲信说，就让皇帝杀了我吧，这样才能平息民怨。

赵构气得额暴青筋，这是怎么了，上书……又有人要当陈东！胡铨是吧，真不知他是怎么混进干部队伍的，好，杀了他！

可秦桧不让，他说这样会让舆论爆炸的，已经有人在说陛下您不孝了，这时再杀言事者，就不孝到太祖皇帝那层上去了。

赵构深吸一口气，我忍！他命令把胡铨远远地发配，尽可能地远，到岭南昭州（今广西平乐）去。立即动身，哪怕他小老婆正怀孕也不得耽误。

秦桧长出了一口气，他爽了，对政治犯就是要从重从严。可是偏偏有人又说不，还是他的亲信手下，说：“只莫睬，半年便冷了。若重行遣谪，成孺子之名。”

真知灼见啊，秦桧一下子明白了过来。胡铨不必去那么远的地方，改到广州去管理盐仓。如此这般，文官集团的对抗愈演愈烈，金使也离临安越来越近了。

宋绍兴八年（1138年）十二月二十七日。黎明时分，宋朝首相秦桧率领宰执大臣到使馆，向金使张通古跪拜，之后用皇帝的玉辂载承着金国诏书，向临安皇宫进发。

张通古骑在一匹马上，昂然直入都门，放眼望去，只见大殿前宋朝官员服色鲜明按班列队，穿着绯色、绿色、紫色的朝服，腰间佩着金鱼、银鱼。很好，的确是最高规格。

却不知这些人都是秦桧的亲信假扮的。

能相信吗，国家最高权力核心居然自我造假，骗人骗到了自己的头上！中华自古以来何曾发生过这样的丑闻，翻遍世界各国历史，谁曾经这样拙劣无耻过？

秦桧就敢做出来，而赵构很欣赏。

金国使者骑马直上金殿，向南宋皇帝赵构大声宣读金国诏书。赵构静静地听完，从这一刻起，他和他的国家成了金国的臣属。

三天之后，张通古带着南宋的第一批岁贡50万两白银回国了，陪同的有南宋的各项专责使者。比如奉表报谢使韩肖胄，副使钱愐；迎护梓宫、奉还两宫、交割地界使王伦，副使蓝公佐。这些人负责为宋朝带回来议和所得。

第二年的三月，金国真的把包括开封城在内的河南之地空了出来，允许南宋的官方进驻了。消息传来，赵构欣慰得意，这是他的胜利，是他政治成功的标志。

随即有一件急事逼着赵构必须紧急处理。

他家的祖坟。

赵氏宗族的祖坟在河南，赵构无论如何要派人去探望一下。

探望之前，每个人心里的预感都很不好。以女真人对赵宋皇族活人的态度来看，已经死了的各位很难保持平安和尊严。

果然，触目所及，一片荒凉。北宋八陵在金国、刘豫的轮番“照顾”之后，几乎所有的宫墙、屋墙都倒了，地上地下的建筑被破坏殆尽，其中以宋哲宗的永泰陵遭际最惨，他本人的尸骨现于光天化日之下……唯一的好消息是宋太祖赵匡胤的永昌陵。

这座陵墓是完好的。

据说女真人和刘豫多次想对永昌陵下手，带齐了工具去挖，却偏偏找不到坟在哪儿。这事怪了，平地找不着，那么登山向下望总会定位了吧。是的，站在附近的山上往下看，永昌陵目标明显，可下山之后照样变路痴，说啥也找不着。

这或许是个美好的传说，附带着对赵匡胤的敬意，对赵光义之后所有北宋皇帝的抱怨，毕竟他们或这样或那样，把一个堂堂的大宋帝国搞到如此悲惨的境地。是可恨，亦可悲可悯。至于皇陵的破坏真相，是不会有任何的侥幸可言的。

因为刘豫把坏事做绝了，他派正规军去挖掘北宋皇陵，号称“淘沙队”。这是历史上仅排名在汉末曹操后面的官方挖坟运动。

在这种力度下，还有什么能幸免呢？

探陵使回临安之后，深感难堪，没法向赵构述职。一大堆的官方语言之后，赵构实在忍不住问了一次，皇陵到底怎样了？

回答——“万世不可忘此贼！”

赵构头晕目眩，一下子失去了表达能力。他的孝字号招牌轰然倒塌，现在残酷的事实仿佛在以他货真价实的八辈祖宗的名义逼问他，这事儿怎么算，你到底要孝顺谁？

还有什么理由不开战？！

赵构忍无可忍，可用尽全力仍然忍受了下去。不管怎样，和平至上！于是，宋廷在一片吵嚷之后再次归于沉默。

沉默在宋绍兴九年（1139年）年初被打破。

金国发生政变。金兀朮杀了完颜昌，这个好战分子终于受不了什么议和、名分、交换之类的叽叽歪歪。

他是女真人，他要战争，纵观女真开国，什么都是刀枪铁血抢来的，搞什么见鬼的议和，统统是败坏传统的歪理邪说。

于是，他把完颜昌之流全砍了。这是金国历史上第一次皇族大流血，金兀朮这时不会想到他开了一个什么样的先河。这种野蛮人只相信手里的屠刀，认定谁的刀快心狠，谁就会繁荣昌盛。历史会证明他是多么浅薄可笑，没知识的人只会让悲剧循环。

女真皇族在之后不断地自我屠杀，直到元气大伤、一蹶不振。

这些都是后话，摆在赵构眼前的是必须进行的又一次选择：是要和平呢，还是要开战呢，或者等待呢？金国内讧，百事待定，这时候对宋朝来说绝对是天赐良机，慢一点的话可以派岳飞、韩世忠等部队开赴河南，占据各处要害地段等待机遇。

快的话……前北宋官员张汇隐居北方，他夜渡黄河赶到临安，建议南宋“王师先渡河，胜负之机，在于渡河之先后尔”。

此时目标不应该只限于河南开封一带了，要北渡黄河，趁机收复河北，进占燕云！

一时间朝野振奋，尤其是军方，岳飞、韩世忠等鹰派人物再也按捺不住，他们纷纷上书要求立即向北方挺进。

韩世忠的态度最强烈。他再次重申，要去战争的最焦点处驻军。

赵构给予韩世忠口头警告处分，定性为“世忠武人，不识大体”。责令他端正态度，认真反思，以免下次再犯。至于对金国近期变化的应对嘛，他们变他们的，中华的传统是以不变应万变。

以和平之心，等待金国的友善，哪怕对方曾经野蛮、正在返祖，也绝不动摇。相信总会有女真人醒悟的那一天。那时，和平终究会到来。为了实施这个理念，南宋再一次派出使者，去履行议和合同剩下的条款，比如迎接赵构老娘回归。

在北方，完颜宗弼有点哭笑不得。他实在是搞不懂，是赵构的大脑太喜感，还是他本人的铁血本质的浓度不够，居然到了这一时刻，他都杀得本族人血流成河了，赵构仍然在搞什么和平进行时！那好吧，继续扣押南宋使者，看看是南宋的使者多，还是俺金国的牢房多。

到这一步，赵构终于绝望，他知道议和暂时是没搞头了，他将再一次面临金国骑兵的威胁。这时，是宋绍兴十年（1140 年）年初。

风起云涌无比动荡的宋绍兴十年之初，岳飞被死死地摁在鄂州，没有半点自由。

岳飞如此，韩世忠也是这样，可以说整个南宋的前沿阵地一片寂静，派出去的将军名叫刘锜，率领的军队是八字军。

刘锜的声望自从富平之战后已经没落，八字军从组建时起就是半官方半民间的边缘军队，始终被南宋官场排斥，平时的待遇连临安府的衙役都不如。这时派这对组合孤军深入远赴河南，真搞不懂宋廷的用意何在。需要注意的是，全部兵力只有 2 万。

以河南地域之广袤，区区 2 万人不过是一小撮胡椒面，撒进那么大的一锅汤里，什么都看不见。

这就是三百余年两宋历史中最辉煌动荡、壮怀激烈、遗憾掺杂、屈辱难当，又光耀后世的战争之年的开始。

# 第三章 血色顺昌

宋绍兴十年（1140年）五月，金军兵分四路南下。

都元帅完颜宗弼率主力自黎阳（今河南浚县）攻开封。

既猛烈又出人意料，实事求是地说，别说后方的文官们，就连前线的岳飞、韩世忠、张俊等人都没有预判到这一点。寒带的游牧民族总是在深秋或者严冬时节发动攻势，这时马上就是夏季了，打仗之前先要挑战是否会中暑。

金兀术来得突然，宋朝的官儿们应对得果断。洛阳方面的西京留守李利用弃城逃跑，南京留守路允迪投降，开封的东京留守孟庚投降，所有人没一个抵抗的……对此，赵构很失落地叹了口气，说：

“夷狄之人，不知信义，无足怪者。”

这是对金国败盟的评价，定性为不懂事没礼貌。

“士大夫不能守节，至于投拜，风俗如此，极为可忧。”

这是对各位留守大人的评价，士大夫临难不守节，真是太让人失望了，连基本的君臣协定都不遵守，真是让人担忧。

下面就没有了，他严苛地批评别人投降，绕过自己的投降，把之前做出的一系列失策都忽略掉。什么？这很无耻吗？不，这是非常高明的战略。

在外敌侵犯时，保持领袖的光辉形象是非常有必要的！

战场分成了东、西、中路三部分。中路战场形势最险峻，面临金军都元帅完颜宗弼10余万重兵临境，要由岳飞、张俊两大将合力迎战。

这有困难，两大将的防区宽阔，越是兵多将广地大，集结起来就越有难度。完颜宗弼不按常理出牌，搞得南宋这边也人仰马翻。

这时，没有人去关注一支2万人的部队已经渡过长江，进入了敌占区。

东京副留守刘锜率领的八字军从临安出发，以900艘船装载，走水路渡长江，向开封进发。当金军铁骑蔓延整个北中国时，他已经进入淮河流域，临近一座叫顺昌的小城。

顺昌，今属安徽。它“襟带长淮，东连三吴，南引荆汝，其水洄曲，其地平舒，梁宋吴楚之冲，齐鲁汴洛之道，淮南内屏，东南枢辖”。泉河、颍河穿境而过，是姜尚、甘茂、甘罗、管仲、鲍叔牙、嵇康的故乡，宋朝有晏殊、欧阳修、苏轼在这里为官。

看着很隆重，可实际情况是城小墙又矮，没军械没人手，当年就是个小县城，经历十多年的兵火洗荡，更加破败不堪。

摆在刘锜面前的选择是：是进还是不进呢？

不进是理智的。

这时，刘锜的兵力在 2 万左右，与金军中路战场上的 10 余万重兵相比，实在悬殊，无异于螳臂当车。

奋一时血气之勇，赔光南宋本就不多的一部分军队，尤其是开战之初，就全军覆没，这对士气是无可挽回的打击。

难道刘锜敢说他必胜吗？！

五月十八日，刘锜选择进驻顺昌，就在此地阻击金军。七天之后，金军逼近到离顺昌 30 里远的白涡口。

领军的是刘锜的老朋友韩常，对，就是在富平之战中被射瞎一只眼睛，还能拖着金兀术冲出重围的那位猛将兄。

没有资料显示这时韩常知道驻扎顺昌城里的是刘锜，他按照常识在攻城前先缓解长途行军的疲劳，打算在白涡口稍作休整。

刘锜在当天夜里派 1000 人突袭金营，大出韩常预料，1 万余人的营盘居然被冲破，金军被迫连夜后撤。初战告捷，金军前锋没见到顺昌城就被击败。

三天之后，金军的后援部队上来了。领军的人物声名显赫，号称“龙虎大王”。

他是谁呢？在宋史、金史里找不出具体的姓名，但是频繁出现，此人是大殿下完颜宗翰同一时代的人，灭辽破宋期间非常活跃。后来据多方考证，此人很可能叫完颜突合速。

龙虎大王非同凡响，比韩常强多了，两者合兵达到3万多。他在大白天率全军向顺昌逼近，终于顺利抵达城下。

3万多精兵攻顺昌，回忆一下，当年破开封时金军不过5万多而已。要说突合速有什么缺陷的话，就是数百里疾驰，他手边没有重型的攻城器械，抵近城墙之后，金军箭如飞蝗，先压制再爬墙，然后很郁闷。他忘了这时是南宋，不是北宋。

破开封时，宋军的所有制式武器，包括神臂弓在内都偷工减料，根本没有性能。而此战城上城下对射，金军输得一塌糊涂，他们后撤，打算撤到宋军射程之外重整旗鼓，事情就在这时突变，搞到没法收拾。龙虎大王和猛将以及3万多金军都没料到，顺昌城里的宋军敢冲出城来，和他们城外肉搏！出城的是步兵，人数在5000名之内。

这个数字是极限。

顺昌之战自始至终宋军出战的士兵从来没有超过5000名。至于为什么，这是秘密……5000对3万，步兵冲击骑兵，怎么看刘锜都是疯了，敌军并没有伤动根本，只是稍微后退而已，这是战机吗？事实让人目瞪口呆，金军的骑兵被阵斩几千人，全军再次败退，一直退到顺昌城20里开外颍水之畔的东李村。

当天夜里大雨如注，电闪雷鸣中刘锜派500名士兵劫营。金兵自相残杀，乱成一团，被迫再次后撤几十里，远远地离开了顺昌。

六月初七，金兀术与前锋部队会合，金军连营设在颍水北岸，“连接下寨，人马蔽野，骆驼牛马纷杂其间，毡车、奚车亦以百数。至于攻城战具来自陈州，粮食器甲来自蔡河”。远远望去，营盘超过30里。

多么壮观、雄浑、盛大、威武、配备精良的……连珠寨啊！又是30余里，还是连珠寨，金兀术的习惯万年不改。这时，他本人站在心爱的连珠寨里，对龙虎大王等人跳脚大骂。

金兀术传令全军，不必休整，明天就去攻城，当天就要攻破，在顺昌城的知府衙门里吃午饭。还有，重型攻城器械都不用带了，拖沓麻烦，根本用不着。

第二天，金军全军出营，13万重兵铺天盖地、严严实实地把顺昌城裹在中心。突合速等大将分别负责一面，金兀术本人着白袍，骑甲马，率3000名牙兵四面巡视，督战全军。战前他许诺，谁先攻入城内，此城女子、玉帛随他抢掠。

这一天风和日丽，万里无云，好大的一个太阳很早就出工了，视野非常好。金兀术对此很满意，13万金兵同时攻城，真是敌如海潮城似孤岛，只有2万人防守，这要如何支撑？！现实逼迫刘锜从一开始就要全力以赴，不然第一波攻势都挺不下来。可这人偏偏就隐藏了实力，把最精锐的5000名士兵始终留在第二线，说什么都不派上去。

要说一下5000人的秘密了。这绝不是刘锜托大，留着1.5万不用，只用这四分之一，而是只有这些能用。

八字军从临安出发时号称2万，其中夹杂了3000多的禁军，算是补贴，也是一种制约。光是这样也没什么，刘锜将门世家出身，怎样理顺军队内部，对他来说是很容易的。要命的是八字军号称2万，家属却占了一半还多！

历史文献里没有资料显示出顺昌城当天上午的攻防场面，能查到的只有两点。第一，13万金军从四面围攻，至午前顺昌城岿然不动；第二，顺昌城南城墙的某个位置上放着一具甲胄，刘锜不时走过来摸摸它，直到它在六月的太阳下被晒得烫手。

太阳只有一个，汉人、女真人的盔甲都一样，这时城上的这具甲胄热得烫手了，下面战场上金军的盔甲也不会两样！

刘锜下令，5000人出城决战。

出哪个城门是关键。

有人提议出西门，那边的金军主将是韩常，干翻他八字军很有把握。可刘锜摇头，哪怕阵斩韩常，也不过是断金军一指而已。

出南门，杀完颜宗弼。

那一天，完颜宗弼和每一个女真大兵一样，在六月暑天的毒太阳下面热得发昏，在烫人的铠甲里洗桑拿。当顺昌的城门打开，5000名宋军步兵冲向他时，他一点危急的感觉都没有。因为在他身边的是金军骑兵的最精锐部分——铁浮屠。

“浮屠”是佛教词语里的塔。金军铁浮屠骑兵人马都披重甲，三五相连集体冲锋，在当时是势不可当的钢铁洪流。自从女真人起兵以来，在与辽、宋作战战场上一直保持全胜战绩。这时坐拥13万重兵，以铁浮屠重重护卫，金兀术找不到半点危急的理由。

刘锜的步兵们近了。他们手持大刀长斧，看上去倒是干重活儿的样子，可凭这就想击败铁浮屠？金军骑兵手里拿的也不是柳条。可是更近些，女真人才发现宋军步兵的后背上还有东西，很像是一个个长竹筒……这是什么？

两军即将相接，一个个竹筒被打开，扔到地上，这时铁浮屠们才发觉不对，竹筒里装的都是豆子。该死的豆子，据《宋史·刘锜列传》记载，豆子是熟的，金军骑兵的马饿了一个上午，迫不及待地低头去吃，马蹄绊着了竹筒，顿时队形散乱自相践踏，乱成了一团。

我个人觉得这不太现实。想想呀，这样的热天，铠甲都热得烫手了，那么铁甲包裹的战马就好受了吗？它们还能争着抢着去吃豆子？哪儿来的这么好的胃口啊？对了，队形散乱是一定的。

金军骑兵们一片片地倒地，有被竹筒绊的，有被八字军大斧砍的，更多的则是被互相勾连在一起的皮索铁链带倒的。混乱一旦发生就再也没法停止，宋军的步兵迅速破开了铁浮屠阵容，直逼金兀术的身边。

这一刻，强大的女真族的骄傲，血腥的完颜宗弼在干什么，他应该暴怒起来，在震耳欲聋的咆哮声中收起他的刀枪，从马镫里抽出他的靴子。

既然不能用靴子去踹倒顺昌城的城墙，那么就用它把刘锜的步兵解决掉吧！可惜的是，他居然……被宋太宗赵光义附体了。

他居然转身就跑。

没有任何记录显示，金兀术被刘锜的士兵近身了，刀枪武器没能接近他，他甚至没有像赵光义那样被箭射中，就这样，他竟然开始了逃跑。

他身边的士兵比赵光义当年的精锐，他面对的城池比当年的幽州城差了一万倍，他还有13万重兵没怎么消耗，他怎么可以身先士卒地逃跑？！可他就是这么做了，而且一旦开始跑，就再也没有停留，从顺昌一路跑回了开封。

用的速度，和来时差不多……这实在是艰巨的体力支出，他累得“气疾”，且“呕血不止”。这两个词是非常清晰的病历，完颜宗弼先生连累带气，搞得吐血了。可为什么没有重整旗鼓，回头再战呢？既然怒到这个程度，那就回去杀人出气嘛。刘锜的步兵也没法一直跟在他后面，从顺昌一路追杀他进开封城，他随时都能回头的。

他在路上唯一做的，是下马扯下来一大把柳条，把龙虎大王突合速、韩常两人绑在大树上，狠狠地抽了一顿。理由是突合速一直在他耳边唠叨，说这次南侵实在太失败了，根本就不该来……这倒情有可原，这个突合速实在太讨厌了。

可韩常郁闷，关老子何事啊，凭什么俺也要挨抽，还有没有天理了？！

顺昌之战就此结束。金军逃回了河南，龟缩进了开封城。大概有两个理由支持他们这么做。

第一，刘锜的战斗力，女真人坚称这不是宋朝的军队，而是从外国借来的“鬼兵”。

从此，刘锜在女真人的心里留下了一片巨大的阴影，直到几十年后海陵王南侵时，这个后遗症都没能消除。刘锜直到生命的最后一息，都给予了金国巨大的压力。

第二，岳飞已经开始行动了。

鄂州方面的动作是最快的，岳飞迅速集结了兵力，派出两支军队进入了战区范围。牛皋由鄂州进京西路，在六月十三日首战告捷。10天后，岳家军统领官孙显大破金军于陈、蔡州界。

这是巨大的威胁，如果说刘锜给予金军的震撼还在可消化范围内的话，那么岳飞的行动足以震慑他们，放弃主动进攻。

尤其是之后岳飞亲临战阵，发动了宋、金战争以来最强烈的一次进攻。岳飞终于出征了，这一次赵构、秦桧以公文方式命令他这么做。之所以这么支持，不是说这两人突然间记忆力健全了，发觉自己是宋朝人，而是西南方向告急，迫使宋朝全力以赴在中路战场上主动出击，缓解那边的压力。

前面说过，金军兵分三路，其中左监军完颜撒离喝自河中（今山西永济）趋陕西，再一次试图由陕入蜀。这个时机掌握得太好了，就在这之前不久，川陕大将吴玠病故。

吴玠死于宋绍兴九年（1139年）的年尾，错过了宋金战争中最重要的一年。这是本该避免的遗憾，也就是说，吴玠不应该死于这时，他太不珍惜自己了。回顾历史，川陕方面是金国最初的主攻方面，吴玠在富平大败西军崩溃的情况下力挽狂澜，独木支撑过和尚原、饶风关等战役，不仅保住了四川，还夺回了陕西大部分。

这之后，金军对川陕绝望了，很长一段时间选择性地遗忘了这里。四川成了世外桃源，川人幸福的同时，吴玠也沉迷了。他流连于声色，并且爱上了烧汞炼丹。这门学问很高深，没有谁敢说自己精通，因为有成绩的据说都是神仙。

说白了，这是一种化学反应，出来的丹药是硫化汞，或者氧化汞。这是剧毒，谁吃谁升天，吴玠当然也没法例外。

时间聚焦在宋绍兴九年，在这之前吴玠对宋朝的意义比岳飞还要重大。岳飞是一把锐利的长刀，斩金断铁无坚不摧，长途奔袭立威异域。这是最完美的军人形象。可从国家的安全角度上看，吴玠是一面坚固无比并且带有尖刺的盾牌。他扼守住川蜀上游，确保下游整个江南的安全，在稳固的同时，大批杀伤金军的有生力量。这些贡献，对南宋而言是立国之本。

这一切都在绍兴九年时画上了句号，他没能坚持到最壮烈辉煌的篇章的开始。军人是以身许国之人，是手操国家命运的人，他的生命、身体是有特殊意义的，并不单单属于他自己。在这方面，他很遗憾地失职了。

绍兴九年之后，南宋的天空里只闪耀着一颗无比璀璨明亮的星，他就是——岳飞。这样说，会有很多人不服气，会问韩世忠呢，吴璘呢，刘锜呢，这些人难道都不足为道？

是，的确都不足为道。

为什么这么说，一切以事实为准绳，历史会给出最正确的答案。

回到西北方面，完颜撒离喝进军神速，奔袭250余里，几天之内就拿下了长安。这个速度让南宋的川陕方面没法反应过来，实事求是地说，斥候探马的速度都不见得比撒离喝跑得快。

这时川陕的主将不姓吴了，而是原四川安抚制置使胡世将。吴玠死后一个月，临安方面的追悼词、抚恤金以及分割行营右护军的命令就打包送来了。

追赠吴玠为少师，赐钱30万贯，谥武安。行营右护军的军权上交给川陕一把手胡世将，具体军权下分，由三个将领负责，分别是吴璘、名将郭成之子郭浩，以及右护军老行伍杨政。他们就是后来史称的“蜀中三大将”。

如此分派，赵构很欣慰，四川终于姓赵，不姓吴了。

不姓吴的右护军反应迟钝，当撒离喝逼近凤翔时，5万多名右护军分散在陕西各地，临时调整调度的将领们则在上任的途中。胡世将坐镇河池大本营，想召集高层开会，居然找不到人。

吴璘迅速赶到，他到时正赶上参谋们开会，中心议题是——河池大本营还要吗？因为撒离喝进军太快，右护军兵力分散，这时河池非常薄弱，撒离喝一定会以这里为目标，重点突破的……吴璘气得头晕，这帮死秀才都该拉出去砍了。

想当年吴玠把河池设为大本营，就是因为它地理险要总揽全局，越是危难的时候，这里的重要性才越是得以彰显。某次战前吴玠本来不在这里，还特意赶来阅兵，哪怕差点被金军突袭抓获，也毫不在意。河池如此重地，这时居然要主动放弃，这是从何说起？

吴璘以全家百口人的性命保证，一定要守住河池。至于下一步，就实在难说了。右护军兵力如此分散，这时被撒离喝突袭入境，已经谈不到集结决战了，只能是尽力地拖住金军，尽一切可能转移物资人员进四川，保住蜀口一线。

之后，一部分右护军在回山原一带竭尽全力拖住了完颜撒离喝，一连三天，他们顶住了金军骑兵的无数次冲击。其间，他们被强攻，顶住；被绕后偷袭合围，他们冲出了包围圈；逃向渭州，被追击，终于崩溃……

这一战撒离喝赢了，他可以喊叫出“我没赢过吴玠，可我战胜了右护军”之类的话，可是他也被消耗得很惨，被迫退回凤翔休整。

河池订下的计划实现了，一部分右护军的战死，保护了其余人员物资顺利地退回蜀川。大部分的实力保住了，陕西也相当于全境沦陷。

中原大战即将全面爆发，西北却被压制在危险线之下。岳飞就在这种局面下开始了他的第四次北伐。

# 第四章 踏破贺兰山缺

这时，岳家军的总兵力在10万左右，全军分为12军，共有22名统制、5名统领、252名将官。将官中正将、副将、准备将各84名。

王贵任中军统制，张宪为前军统制，分别是岳飞的左右手。岳飞不在军中时，他们可以总揽军务。徐庆、牛皋、董先是主战力量，经常独当一面。

岳家军几乎全军出击，在韩世忠、张俊两部还在集结待命时，已经兵分两路，分别从信阳、光州两个方向进入战区。在这时，临安的传旨人才追上了部队。这次的传旨人是三大将各自的幕僚，分管岳家军的是李若虚。

他带来的圣旨激越昂扬，充满了对金国的仇恨，以及求战欲望，甚至对战术本身提出了要求。赵构希望岳飞能在夏季完成攻势，别让女真人等到秋高气爽时。

这真的很提升士气。

不过李若虚私下找到岳飞，说皇上还有另一份口谕……口谕很短，只有九个字——“兵不可轻动，宜且班师。”

这意思非常明确，是告诫岳飞别动辄去前线搞事，找个机会撤回来是正经。并且要体谅一下皇帝，之所以用了口谕，就是要保密。要以你自己的名义撤退，别让本皇帝丢脸！

……岳飞沉默，他怎么办？无论他是多么想收复失地，杀尽仇寇，可骨子里他是无条件服从朝廷任何命令的标准士兵。那么，他是进兵呢，还是后退？

此情此景，是多么错乱，岳飞在为家为国为赵氏征战，赵氏却在自缚手脚，阻止岳飞的努力，并且是用隐晦的见不得光的小伎俩来暗示。

很幽默，又冷又黑色。

李若虚看不下去了，他解脱了岳飞。他说，他是传旨人，这个责任他来担当。你只管按正式圣旨出征，至于别的，你根本不知道。

著名的、功勋卓著的、光耀后世激励中华民族近一千年的岳飞第四次北伐，就是这样才得以出兵的。

闰六月中旬，岳飞全军进入河南。此时顺昌之战刚刚结束，金军全面退却，岳飞趁机迅速进兵，在广阔的河南境内展开了兵力。

自从十九日起，岳家军每一天都在征战中度过，每一天都有军功捷报，每一时刻都产生着后世的传说。第一战在颍昌府（今河南许昌），由岳家军的二号人物前军统制张宪发起。张宪率军赶往颍昌，在距城 40 余里的地方遭遇了金军。

女真人还是不喜欢在城墙后面作战。他们自诩马背民族，仍然坚信自己在野外百战百胜。什么？说顺昌，那只是一次意外，金兀术转眼就忘了，就像和尚原、仙人关等一系列的败绩一样，都是不存在的！！！他这样，他的部下们也这德行，比如韩常。

韩常挨了一百柳条之后，全身舒畅，兴致高昂，没跟着大队人马回开封，而是留在了颍昌，等待着新的立功机会。结果他等来了张宪。记录显示，这是他第一次与岳飞的部队交锋，以他开三石硬弓、与岳飞同等强度的个人武勇、每战必为先锋的胆气，他不可能畏惧什么，更不会避战！

两军在旷野中激战，首战岳家军胜，张宪要的不只是击溃、击败哪支金国军队，他还要颍昌府，那是金国用来拱卫开封的三大重镇之一，无论如何要拿下它。为了达到这一目的，他这时率领的部队已经达到了整个岳家军的三分之一。

面对如此军力，韩常必败。他的确勇力非凡，也只是逃过了被阵斩的命运。当天，他带着残兵败将往回跑，刚进颍昌城内，张宪衔尾疾追，已经脚前脚后地杀到城外。岳家军连夜攻城，第二天（闰六月二十日）攻克颍昌。一日一夜克坚城败名将，首战大捷。

颍昌既下，下一个目标是陈州，它是三重镇中的第二座。

陈州的位置与颍昌东西平行，韩常兵败之后也逃向了那里。为了必胜，岳飞派牛皋、徐庆向张宪靠拢，兵力达到全军的一半。陈州之战是颍昌的加强版，张宪一路前行，连续接战，共击溃三拨金军。当他抵达陈州城下时，已经把陈州金军的有生力量全部耗尽。

闰六月二十四日，张宪攻克陈州。此时距开战仅四天，金国用来拱卫开封的三大重镇已失其二。

一天之后，岳家军另一位主将中军统制王贵发起了攻击。王贵的行动比张宪更快，张宪在颍昌血战时，他已经静悄悄地越过了这一战区，向北挺进至郑州，在开封城的西面突然发起冲击。

驻扎在郑州的是金军的万夫长漫独化。此人仓促之间带着5000名骑兵出城迎战，在郑州南郊与王贵部将杨成等遭遇。

以无备抵有心，兵力也不占优势，漫独化的悲剧就此铸成。他败得比韩常更惨，郑州近在咫尺都没机会逃回去，只顾着一路狂跑，等发觉后面没追兵了，他已经逃到了中牟县。这时，金军精疲力竭惊魂不定，说什么也跑不动了。

漫独化决定休息，这时他仍然保持了足够的理智，没进县城，而是在野外扎寨。他不求别的，只希望能睡个好觉就成了。

可惜呀，他低估了岳飞部下的战斗决心。在王贵的心里，占领郑州并不是重大的任务，他要的是清剿这一片区域内的所有金军。不这样，他不能更进一步，去收复洛阳！

北宋四京中的西京河南府——名城洛阳。那里有无数的华夏印迹，是记录着悠久文化的历史名城，收复它无论是在战略意义上还是在民心士气上，都有重大意义。

金国郑州守军是在二十九日的夜晚全军覆灭的，王贵派兵深夜劫寨，金军根本没有防备，之前哪个女真人会想到宋朝的军队能这样赶尽杀绝呢？事后战场上唯一的悬念是万夫长大人找不到了，死尸堆里没有他，之后的历史事件里也再没出现过，漫独化被杀得没有了。

王贵的军队向洛阳进发。

时间稍微回拨四天，也就是攻克郑州的二十五日，那一天最重要的战事并不是郑州之战，而是发生在颍昌城北的七里店。

看时间，那时正是张宪、牛皋、徐庆合兵攻克陈州的次日。大战之余，相距百里，张宪部不可能及时回军颍昌，而来的敌人是金军的都元帅完颜宗弼阁下。

四太子又出战了，他很忙很累很冲动。还没有消化被刘锜追杀的屈辱，没有来得及施展遗忘大法重新恢复天下至尊、第一战神的尊严呢，就又被韩常打扰了。

韩常先丢了颍昌，再丢掉陈州，实在没地方可去，一狠心直接跑回开封城去见金兀术，求安慰求庇护求救兵。可迎面飞来的，是一条货真价实的皮鞭。

金兀术气疯了，这才几天，居然让宋军威胁到开封城，举世无敌的女真军怎么了，很显然就是多了很多废物将领，比如这个韩常！他从来没有带来过好消息……想到这里，金兀术再次举起了鞭子，对，不是上次的柳条了，把韩常又一次狠狠地抽了一顿。

这次的鞭疗没能像从前那样让韩常精神抖擞、意气风发。他愤怒了：凭什么啊！就算真是一条狗，也有抓不着兔子的时候！我已经尽力了，有种你过去试试啊！！据说韩常从这时起心里开始向往宋朝，并且有了些悄悄的举动。

可这时他必须紧跟着四殿下的怒火前进。金兀术从开封城出发，恨不得第一时间杀到颍昌去，为了抢速度，他只带了 6000 名精骑，像旋风一样刮了过去。他是这样快，以至于来不及发现已经有宋军从颍昌出发到达郑州，快要摸到他的老巢了。

颍昌城这时驻守的是岳家军的踏白军统制董先、游奕军统制姚政。这两支军队在岳飞所部十二军中战力偏低，“游奕”是巡回的意思，“踏白”指武装侦察，都不是主战力量。这时也只是用他们来守城，保护张宪的侧后。可就是这样两支军队，得知金军临境之后，做出的反应是出城迎战。

宋绍兴十年（1140年）闰六月二十五日，颍昌城北七里店，岳家军的侦察巡逻兵对阵女真战神完颜宗弼、万人敌韩常、邪也孛堇所率领的6000名精骑。“女真不满万，满万不可敌。”如此威名，这样的阵容，激战一个时辰之后，四太子殿下居然落荒而逃。

不知道他的鞭子哪儿去了，会不会狠狠地抽自己一顿。

二十九日深夜，金军郑州守军全军覆灭。王贵部没有停留，连夜向洛阳进发。七月初一，他们在距洛阳60里处下寨休整。

再强也是人，不可能无视疲劳。可洛阳的金军非常狡猾，没给岳家军这个机会，几乎同一时间杀了过来。领军的人是岳飞的老对手李成。这个汉奸哥历经刘豫、金国的连续奴役，早就死心塌地为异族人卖命了。这时，他决心露一手，让新主子知道当年最强游寇的风采实力。

李成趁王贵百里奔袭强弩之末时挑战，迎来的却是他军事生涯里最丑陋的失败。王贵部放弃了休整，冲出营寨与他野战。李成怎么也没想到自己会败得一塌糊涂，仅能勉强逃回洛阳城。随后，他紧闭城门，把所有希望都交给了城墙，说什么也不出战了。

综观以上战事，可以很轻易地看到一个现象。岳飞第四次北伐时，战斗力远远凌驾于金军之上，以往金兀术、李成都能与岳飞临阵对决，哪怕失败，岳飞也要付出些代价。可这时岳飞的部下们已足以摧枯拉朽式地解决他们。

明显不在一个档次上了。

反观其他战区，比如陕西完颜撒离喝对阵胡世将，江淮区域内张俊、韩世忠出境作战，战绩却与从前没什么不同。

这说明了什么，很明显撒离喝、韩世忠、张俊甚至金兀术、李成、韩常的战斗力并没有下降，而是岳飞一枝独秀，在多年的征战中不断提高，他的军队已经举世无敌，远远地甩开了当年与他处在同一区间的这些人。

岳飞，已经威慑天下。

回到战场，洛阳被王贵部围困，名城高墙名不虚传，王贵全力以赴也用了11天才攻破了它。七月十二日，北宋西京光复了。

这个胜利意义非凡，抛开政治、心理等影响，单从军事上看，也具有决定性意义。它是一次大踏步的飞跃，没有按部就班地从颍昌开始一步步地强攻进去，而是瞬间脱离，一下子突入金军的腹地，从而内外同时打开。这时从地图上可以看出，岳家军对开封形成了三面包围。

西南颍昌，南面陈州，西北方郑州、洛阳，唯独正北面空虚，给金军留下了后路。

如果金兀术也这样看，那么他就死定了。他不会想到岳飞在战场上有怎样的魄力，鹰怎么会像推土机那样强攻硬打拼蛮力呢？岳飞的触角早就伸过了黄河北岸！

还是在七月一日那一天，刚刚说过，那是王贵部与李成野战，围攻洛阳的时候。就在同时，有一支岳家军扮成平民模样，在当天晚上悄悄地潜伏至京西北路西北角的黄河南岸，于凌晨时分渡过黄河。

靖康之变后北宋沦亡快15年了，终于有汉人军队重新抵达黄河北岸。

这支军队由梁兴、董荣率领，他们过河之前是做了大量的先期准备的，这种准备早在五六年前就已经着手，名字叫“联结河朔”。河朔是岳飞的故乡，也是这时金国在中原势力的腹地，这里民风强悍崇尚武勇，如果能利用起来，让金国内外受敌，对北伐的胜利会有决定性意义。

七月初二，梁兴等人与河朔义军会合。他们先是扫清了黄河北岸的金国守军，之后立即向第一个目标——绛州的垣曲县前进。

不要小看了这座县城，在这片区域里，集结着至少1.5万名金兵，首领的名字很经典，叫——“高太尉”。

这不是玩笑，也不是疏忽。在当年的战报里，有很多像高太尉、翟将军之类的人名。这些人在战争里与岳家军对垒，或死或逃，没法知道确切的姓名。这是客观原因造成的，只能这样。

同时也不能小瞧忠义民兵的实力，他们的前身是动辄聚众十万百万的宗泽时期的民兵，这十多年来能在金军的打压下保持生存，素质可想而知。他们到了垣曲县，里边的金军非常警觉，居然来得及关闭城门，可下一刻事情就乱了，外边的义军在爬城墙，城里的居民帮忙开了城门！

垣曲县金军死光光，城外的高太尉带人杀了过来。他先是带了 5000 人，梁兴等出战，从辰时（上午 7 — 9 时）杀到午时（11 — 13 时），高太尉落荒而逃，梁兴追出去 10 多里，抓了 80 多个活的回来。高太尉愤怒，第二次带了 1 万多人来报仇，这次从未时（13—15 时）杀到酉时（17—19 时），1 万人剩下十分之二三，继续逃。

之后，高太尉失踪了。

忠义民兵在黄河北岸迅速壮大，四处出击，牢牢地站稳了脚跟。直到岳飞北伐结束，金军仍然拿他们没有办法。

这时从全局来看，岳飞连续大踏步跳跃，像现代化战争中的空投战术一样，在敌占区内多点、纵深开战，使金军内外一起混乱。局势空前大好，只要维持住眼下的状态，配合岳家军远超金军的战场实力，金军必将迅速全面溃败，甚至退路在黄河北岸就被截断，真的能实现岳飞多年以来的夙愿——“……使虏骑匹马不回耳！”

可就在这时，岳飞的侧后方突然间空了。

与岳飞战区毗邻的是淮南东路，由张俊、王德负责。这两人的资历、实力都是相当高的，不管以往怎样，这次战役取得的成绩非常可观。

自开战以来，他们迅速推进，已经抵达并且占领了亳州、宿州。看地理位置，这两州在陈州的东端，甚至更偏北一点。也就是说，他们居然推进到了比岳家军更北一点的地方。

很意外，是吗？

看表面上的数据的确是这样。可研究一下细节就会知道里面充满了水分，跟海绵似的。淮南东路包括顺昌府，在大战爆发之前，刘锜曾在这里把金兀术击溃，所有金军都撤回开封，以及开封周边，可以说淮南东路境内没有敌人。

张俊、王德指挥大军前进，就像郊游一样，根本不是什么占领收复了亳、宿两州，而是接管。堂堂南宋资历最老的张大将军捡便宜捡到这种程度，应该很满足、很滋润，哪怕不再进取，也要多在战场上待一会儿吧。不，没有任何预兆地，他突然间率军后退，一路退回自己的驻地庐州。

这时是七月八日左右，可怜的岳飞正满怀信心地给赵构写战报，说黄河以北已有州县收复，请诸路军配合他迅速北进。

这时没有任何官方文件能证明张俊的撤军原因，一来没有金军的攻击；二来他本人也没有向赵构请示，完全是他的私人行为。

联想到之前传旨人带的口谕，会明白张俊是多么体贴领导，光荣属于皇帝，丑陋留给自己，他真是“称职合格的好干部”。不过有一点，他怎么偏偏选在了这个关键时刻撤呢，早点，或者再晚点不行吗？

早一点的话，岳飞的攻势没有全部展开，那时随时可以从战场上脱身。而这时，兵力全都铺开了，说走能走得了吗？

再晚一点，岳飞的攻势会转化成战绩，金兀术会因为损失而退缩，那时战局明朗，岳飞也会进退自如。可偏偏就是这时，谁说张俊没有军事才能，他恰到好处地卡住了岳飞的脖子，岳家军不是强吗？想进，得独抗进军全部；想退，也得留下一部分本钱。

岳飞对张俊的退兵毫无知觉，他一点都不知道当大家齐头并进时，突然间同伴们会不约而同地向后退了一步，把他晾在了最前线。

他的部队向北面的纵深处不断铺开，离他越来越远。他身边的军队很少，连最精锐的亲兵背嵬军都派给了张宪。可以说，这是他最虚弱的时候，而他的大本营位置却暴露了。

岳飞这时驻扎在颖昌府东南端的郾城县内。一般来说，他的正北方有张宪、王贵两支部队遮挡，足够安全了，侧翼则有张俊、王德，再向东还有韩世忠，无论如何谈不到个人安危。可这一次金兀术的动作神速，他比岳飞先一步知道了张俊退兵的消息，更准确掌握了岳飞本人的所在地。

那还等什么，突如其来的好运！金兀术用最快的速度集结了1.5万名骑兵，从小路绕过岳飞的先头部队，直奔郾城。

岳飞是整个岳家军的灵魂，只要杀掉他，局势立即扭转。计算精确，执行得也非常完美，1.5万名铁骑昼夜赶路，距离郾城还有20里时才被发现。这么点距离，让岳飞仓促之间怎么应对？！

退吗？不说能不能在金军骑兵的追逐下逃脱，只要岳飞退了，对全军士气的打击就是灾难性的。岳飞激昂奋锐，多年来战无不胜，光凭他的名字就能让黄河对岸的义军们走上战场。如果他本人面对金军的挑战却避开的话，这是可以想象的吗？

岳飞选择迎战。他派出了为数不多的背嵬军亲兵，连同游奕军骑兵一起迎向郾城北20里开外的金军。战斗从下午申时起爆发，在人数上占绝对劣势的岳家军面对的不只是满万、过万的女真人，那里面还包括了金军的两大主力——拐子马、铁浮屠。

拐子马是轻骑兵，临阵时从两翼出击，左右穿插，出没于敌方侧翼或纵深，由于速度快变化多，往往出奇制胜。

铁浮屠是重装骑兵，从战马至骑士全都笼罩在厚重的铁甲里，这是五代以来从来没有过的战械，按说它笨重迟钝，极大地限制了骑兵的机动性。但是反方向思考一下，如果它的敌人都是步兵呢，那么就算是负重的战马也仍然有速度优势吧。

而在这种优势下，再把如此重装的骑兵每三匹用粗索连在一起，进退一致，那么它们的冲击力是怎样的，对步兵而言它们的威胁达到了什么程度？它们是噩梦，是钢铁洪流，它们冲来时居高临下，骑士们不必动用刀枪，只是战马的重铠都能轻易地把步兵撞倒、踩踏、踽碎。

这两种骑兵的配置优劣互补，形成了一个从力量到速度、从冲击到重压各方面都完美的攻击体系。它们临阵时女真人从来没有败过。

这一天——在七月闷热炽烈的午后阳光里，迎着金军这支钢铁洪流冲上去的宋军步兵们举着大斧、提刀，还有长柄尖刃的麻扎刀。对金军而言，这样的装备没有什么出奇的，敢于直面迎战也不是开天辟地只此一次，他们见过的敌人多了，迎战的、逃跑的片刻之后都不过是血肉一团的尸体，没有什么区别。可片刻之后两军相接，他们突然措手不及了。

宋军步兵们伏低了身体，冲向了铁浮屠身下大片的阴影地带。那样子很像是直接省略了碰撞倒地等环节，直接往马蹄上凑。这是在搞什么，嫌死得不够快吗？！可下一瞬间，铁浮屠成片地倒了下去，那些最先接触地面的铁浮屠一定会恍然大悟，知道刚刚发生了什么。

他们和岳家军的士兵们零距离接触，血肉、铁甲、钢刀叠压在一起，死得密不可分。唯一的区别是他们死时带着无法克制的惊恐，而岳飞的士兵们一定是凶狠和骄傲的！

岳飞的步兵们用自杀式的攻击抓住了铁浮屠唯一的破绽。这些铁铠包裹的怪物的确坚不可摧，为了坚固，他们完全放弃了机动性，宁可串联在一起冲锋……问题就出在冲锋这一点上。哪怕他们的铁铠严密到连人和马的眼罩都具备的程度，他们也不可能让马腿穿铁靴子吧！

这是唯一的破绽，摩天大楼建在沙滩上，倒是一定会倒的，可这个破绽又偏偏是不成立的。试问要怎样接近那些赤裸裸的、原生态的马蹄子？

除了压低了身子靠过去，别无他法。铁浮屠倒下一片，而砍马脚的士兵们一样无法幸免……岳家军是用性命去交换前几排铁浮屠的倒塌。而倒塌一旦形成，就会迅速波及成片。无解的重装骑兵就这样失败，他们只是一个个立体裁剪的铁罐子，超重的铁铠让他们爬起来都费劲，迎面而来的是一把把长柄大斧，他们也一样会被人居高临下地砍死！

铁浮屠受挫，战斗在继续。金兀朮这次精心准备而来，是要擒杀岳飞本人，这一点若达到，哪怕死光了这支金军都无所谓。为此，他下令金军使用最经典也最强大的那一招——连续不断地冲锋。

之前撒离喝三天击溃川陕右护军，用的就是这一招。金军的骑兵们会没完没了地冲击，一阵不成再接一阵，直到敌方崩溃。从某种意义上讲，这比铁浮屠更无解。它没有半点的技术含量，就是比拼体力，看谁更野蛮更强悍。

金军的一个将领就曾经自豪地说，马军如果不能冲击十来个回合，算什么好男儿？

七月八日这一天，金军连续冲击了数十回合，结果却发现自己的队伍乱成了一团。一个宋军骑兵冲进了金军的阵容，铁浮屠也好，拐子马也好，没有什么能阻挡他，他纵横战阵反复冲杀，根本没想着冲出重围，而是往人堆的深处扎了进去，像是在寻找着什么。

绍兴十年，北伐中宋朝战士最英勇的一幕出现。杨再兴单骑陷阵，欲在万军丛中搜寻到金兀朮。金军不是想乘虚擒杀岳飞吗，此时杨再兴牙眼相还地在做着同样的事，只要他能阵斩金兀朮，自然就会化解掉这次危机。

千年以来，很多人怀疑这件事的真实性。他们不相信有人会有这样的勇气，单骑陷阵，不啻自寻死路！那么请回忆当年在陕西与李元昊激战的延州之役，大将郭遵为了掩护全军撤退，也曾单独断后，战至枪折鞭断乱箭穿身而亡。

宋朝的战士从来不缺乏勇气！

这一天杨再兴在金军的人堆里横行无忌，他在向全部女真人挑战，满万的女真人、配置最高的女真人、军衔最高的女真人……可敢决一死战？！

金兀术没敢，这个金国军衔最高的都元帅阁下在战场上又一次失踪了，没人知道当时他做了些什么，或者躲在了哪里。直到1.5万名金军精锐被击溃追杀，杨再兴全身鲜血淋漓，身受数十处创伤，手杀数百金军归队，他仍然成功地隐匿在某个神秘的角落里，没被发现。

郾城第一战就此结束，金兀术仓促间集结的第一支精锐部队失败了，可这没有什么实际意义。第一，岳飞不可能后撤；第二，张俊不可能重回战区；第三，金国的军队远比岳家军的编制要多出无数倍。

这意味着郾城会就此成为战争的中心点。

这点谁都知道，连远在江南临安的赵构、秦桧也心知肚明。他们做出的反应堪称迅速及时，给岳飞发来了……一封嘉奖信：

> 自羯胡入寇，今十五年。我师临阵何啻百万，曾未闻远以孤军，当兹巨孽，抗犬羊并集之众，于平原旷野之中……盖卿忠义贯于神明，威惠孚于士卒……陷阵摧坚，计不反顾，鏖斗屡合，丑类败奔……载想忠勤，弥深嘉叹。降关子钱二十万贯，犒赏战士。故兹奖谕，想宜知悉。

这么感叹，这么感动，看来他们真是体贴前线战士们的疾苦，并且了解所有的困境难题。那么是不是能在20万贯铜钱之外，给点援军或者政策呢？毕竟岳飞正在你们的关怀安排下，打破15年来的纪录，孤军在旷野中决战！

没有，啥也没有。岳飞仍然孤零零地挺在前线，等待着一定会迅速到来的第二次攻击。

还是郾城，两天之后，郾城北五里店的方向，大约1000名金军杀了过来。

只有1000名敌军，与上次相比力度差了太多，十五分之一而已。可岳飞的应对却是全军皆起，自己亲赴战场。他的亲兵一下子拉住了他的战马，说相公为国家重臣，安危所系，奈何轻敌。

岳飞一鞭子抽在亲兵的手上，只回答了四个字："非尔所知。"

经过第一次郾城决战，岳飞身边的将士可谓非伤即疲。他已经发现了张俊、王德的撤军，也做出了相应的一些应对，可远水不解近渴，他仍然只能依靠本部的这点人马渡过难关。形势危急，逼得他只有亲临战场，才能鼓舞士气，保持不败。

城北五里店，岳飞敏锐地发现了金军的主将。那是个很威风的女真人，在战甲外边罩着一件紫袍，在一片铁甲丛中显得那么耀眼。很好，这人有当英雄的倾向，那么成全他，毕竟在1000个人里找个奇装异服的，比蹲在1.5万个人里装忍者的金兀术要显眼多了。

岳家军一拥而上，追星族一样围住了这个紫袍帅哥，散开后这人碎了。等全军追出去20多里解决战斗回来，才在他身上、马上搜出两块红漆牌子，上面写着"阿李朵孛堇"。

真的是一位大人物，相当于宋军的太尉头衔。那么问题出现，既然人物大到这种程度，为什么只带了1000人来送死，该不会是他觉得自己比四太子殿下强大十五倍以上吧？

三天之后真相显露，金兀术派这种官衔的人来送死，只是为了牢牢地把岳飞拴在郾城，一切只为了拖延，等着他集结的庞大军队到位。

几天之内，他集结了12万大军！

七月十三日，这支庞大的军队悄悄地绕过颍昌方面的岳家军主力，向郾城逼近。

那一天暴雨如注，到了下午时分，他们突然遭遇了300名巡逻的岳家军。

地点是临颍县境内的小商桥附近。

天气阴霾，瓢泼大雨，杨再兴望着远方出现的不见边际的金军，知道了自己的命运。身边只有300人，面前金军12万……如此悬殊，是战是退？

当然是战。

持这种观念的人大多看过《说岳全传》。在书中，小商河一役杨再兴如天神奋威无可阻挡。他主动挑战，单人独骑杀入敌阵，连斩金军大将，逼退金兀术之后，想抄近路越过被泥沙覆盖的小商河，不慎马陷淤泥，被乱箭射死。

如此殉国，英勇壮烈。

可这些不是真实的，无论谁，再有绝世勇力也不会视万人、10万人于无物。何况杨再兴在近六天的时间里历经两次生死大战，身上伤口几十处。

杨再兴是不得不战斗，并且必须战斗到最后一息。金军一露面时，他就已经确认了自己的命运。这是无可奈何的，就像前两次的郾城之战一样，为了岳飞，为了北伐，哪怕岳飞本人都得亲自临阵，不胜利毋宁死！

杨再兴就是这样率领300人的军队冲向了金国12万大军。

这一天，杨再兴在旷野中扑向了400倍于己的敌人，除了战创遍布的身体之外，他一无所有。他全部的奢望只是尽量地拖住敌人，给身后的岳飞多争取哪怕一点点的时间。

因为至少有两个方向的援军正向郾城方向火速增援。

小商河激战开始，大雨中满地泥泞，沟壑遍布，杨再兴冲进了金军阵内。必死的决心让他比五天前的全盛状态更加勇猛，金军的伤亡骤然增加，这让12万人同时愤怒了。

被这样一小撮人挑衅，是男人就会受不了，何况这段时间以来金国的男人们一直憋屈着。愤怒中他们做出了一个非常罕见的决定。

万夫长、千夫长出战。

这是非常少见的。据统计，自从宋、金开战以来，吴玠也好，韩世忠也好，甚至连同岳飞在内，都很少或者没有阵斩、擒获金军万夫长的记录，可这时这种官衔的金军将领扎堆地向杨再兴涌了过来。杨再兴求之不得，这简直是上天的恩赐，实话实说，这些万夫长躲在12万之众的人堆里，他无论如何也找不出来。

他试过，1.5万人里都挑不出来金兀朮！

杨再兴的时刻到来了，战场上金军箭如飞蝗，他每中一箭都会折断箭杆，任由箭头留在身体里，继续战斗。这一点让后世的某些人想不通，他在干什么？

为了攒箭头破纪录吗？

不，是为了战斗。箭杆会不停地摇晃，扩大伤口不断流血，直到他丧失体力。而全拔出来效果一样，两相对比，唯有折断箭杆留下箭头才是最佳方法，这样他才能尽可能长时间地战斗！

在这种情况下，他迎战金军的高级将官，于激战中斩杀金军万夫长撒八孛堇，千夫长、百夫长、五十夫长以下百余人，杀2000余名金军。

最后，他终于力尽殉国了。他死时很可能是陷在了淤泥里，或者是某条注满了水的沟渠困住了他。他死于乱箭。但是他绝对不会怨恨这场大雨，相反，他会非常庆幸。这场雨严重地限制了金军骑兵的机动性，帮着他牢牢地拴住了敌人，在他死后，金军也没法连夜推进。

岳飞在这个夜晚是安全的。

杨再兴死了，他本应是全军的箭矢，用来摧锋破坚攻城略地，在北伐中大放异彩。可是死前所起的作用居然是一面保卫主帅的盾牌。他的死是注定的，除非他能杀光12万金军中的每一个女真人！

这是他的荣耀，还是他的悲凉？

杨再兴战死后，12 万金军怔在这场大雨里。战斗的时间很长吗？不，最多只有两小时；死伤的人数太多吗？也不是，除了万夫长、千夫长之外，只是 2000 多人的数字而已；那么是雨太大吗？更不是。在遇到杨再兴之前，金军就在冒雨赶路了。这时杀岳飞的心仍旧不熄，可 12 万之巨的庞大军团再没有向前移动。

金兀术是一个思维健全的人，他的脑子稍微运转一下就会得出下面这个结论——杨再兴只是路上的偶遇，已经这样难缠，那么守在岳飞身边的人呢？

这让他不寒而栗，前思后想，他决定休整，边休息边观望，等这场大雨过去再说。可是来不及了，他再一次低估了宋军的决心。

一夜之后，两个方向同时有宋军迅速杀到。

一支是顺昌刘锜的八字军。

自开战以来，刘锜一直留在战场的前沿，张俊、王德的撤退没影响到他，赵构、秦桧的班师令也没有让他屈从，他始终保持着冷静独立的思维。当岳飞意识到在战场上被孤立之后，发现只有刘锜处在能援助他的位置上。

刘锜没有耽误，他派自己的统制官雷仲率兵北上，去郾城支援岳飞。他们的行动已经足够快速了，可是路途以及这场大雨阻碍了他们，当杨再兴拼死一战时，他们还在路上。

另一支是岳家军前军统制张宪。

张宪驻军在颍昌，郾城在颍昌府的东南端，而小商桥就在两者之间。他距离岳飞的帅帐是最近的，从某种意义上来说，杨再兴以生命为代价所争取的时间就是留给他的！

张宪在暴雨中疯狂赶路，当天夜里赶到了战场，于次日凌晨向金军发起攻击。这是一次血腥的报复，岳家军的精锐部队大部分在张宪的手里，而所谓的精锐就是岳飞的亲兵背嵬军，他们每个人的心情都和杨再兴一样。

12 万金军在泥泞的小商河区域被击溃，张宪衔尾疾追，追过小商河，追过临颍县，再追击 30 余里，才收兵回来。

收拾战场，寻找到杨再兴的尸体，火化后发现里面有铁箭头无数……

这时是七月十四日的上午，宋军在哀悼杨再兴。另一边，刚刚逃脱性命的金兀术突然间心情大好。他发现自己的脑子不仅健全，还会急转弯。

谁说一定要擒杀岳飞才会让利益最大化？

比如现在这样，如果真的是杀了岳飞的话，这些宋军不仅不会崩溃，反而会疯了一样地复仇吧。那时玉石俱焚两败俱伤，金军也没什么好处。

他的脑子拐了个弯之后，突然妙想天成，觉得如果把岳飞比作一座城的话，那么与其攻城，倒不如围城打援；如果援兵太强打不下来的话，围魏救赵更好！

联系实际，就是突袭岳飞的大本营郾城，哪怕不得手，也会造成各路宋军向岳飞靠拢。这时突然杀向之前岳家军所占领的那些城池，各个击破的话，是不是机会大好、成功在望呢？！

这个想法让金兀术暴跳了起来，再也不想耽误哪怕一秒钟。于是，他当天就跑向了他认为最适合击破的那座城市——颍昌府。

根据之前的战报，颍昌驻军是张宪所部，而张宪刚刚还带着全部主力在小商桥和他玩命，这时颍昌必定是空虚的，以 12 万……不，就算 10 余万吧，这样的重兵攻城，比如每个金兵围城墙站好，一齐用靴子踹过去，城墙铁定倒。

这么想没错吧？应该没错吧，肯定没错吧？错了！

实在是太悲摧了，金兀术站在颍昌城下，发现自己居然错了。他怎么会错呢，他的脑子是很健全的啊，前面的推理多么正确，多有逻辑，不可能出差错啊！

可他怎么就想不到既然刘锜能派援军、张宪能去救援、他能集结重兵炮打岳飞的司令部，那么为什么战场上其他的岳家军就一定还在原地不动呢？

全局因为张俊、王德的撤军而动荡，岳飞在迅速收缩战线，此前突在最前方的王贵一部在张宪率军救郾城时，已经退回到了颍昌城内。

这时城内有王贵、董先、姚政、胡清、冯赛等知名战将，率领着 3 万岳家军，并且阵中有赢官人岳云！

风云跌宕的宋绍兴十年，岳飞第四次北伐的焦点集中在了七月十四日的颍昌府。对比之前的各次战役，我们会发现这次战斗的意义凌驾于所有战斗之上。

它是独一无二的。

在张俊、王德撤军前，金军要多方向防守，谈不到重点针对岳家军；张、王撤退之后，事发突然，两次郾城之战、小商河之战、临颍之战，这些战斗不管过程怎样，都是一种结果。岳飞防守，全力以赴保证帅帐安稳。

双方投入的军队数量和战斗的地理位置更决定了这些战斗只是局部的，只是以杀伤对方有生力量为主的。颍昌府则截然不同：首先，双方第一次成建制对抗，尽管岳家军一方仍然存在着岳飞不在本阵、精锐背嵬军四处分散等种种不利因素，但毕竟背倚坚城，人数 3 万。这是开战以来绝无仅有的。其次，是颍昌府的地理位置。它的背后就是宋朝旧都开封城，在两者之间再没有州府级城市，这决定了它既是岳家军收复旧都占据河南的最后一块跳板，也是金国方面保住河南一地的最后防线。

它是双方的天王山，谁也输不起。

至少，金兀朮输不起，他豁出去了，带来了能找到的全部兵力。其中步兵数字不详，骑兵最少 3 万，出战的万夫长 6 人，他的女婿上将军夏金吾也在阵中，可以说这是河南境内的全部家当。

岳家军一方稍显惨淡。

兵力虽然达到 3 万，可细化一下实在没法乐观。岳飞所部 12 军，颍昌府里共有

5 军：中军、踏白军、游奕军、选锋军、背嵬军。其中，中军主力远在西京河南府，选锋军主力在其统制官李道的率领下正赶往颍昌，背嵬、游奕两军的主力在张宪的手里，踏白军全军都在，可惜他们是侦察兵。

作为全军精锐的背嵬军只有 800 骑。

当天辰时，岳家军出城迎战。城防由董先、胡清率领踏白军负责，主将王贵带着中军、游奕军两部主力亲自出战，背嵬军全都交给岳云。

800 骑背嵬军冲向 10 余万金军，这仿佛蚍蜉撼大树，片叶阻长江，双方的差距未免太大了。可就是这样，岳云居然冲破了金军的防线，深入对方的本阵。阵势动荡，女真人以 10 万余众的军力，居然没法压制他。

这让女真人震惊，一天之前他们还承受过杨再兴的冲击，以那人的勇力也不免葬身乱军，全体覆灭，这个岳云怎么能随心所欲，难道他远远强过了杨再兴不成？！当然不是，这时的岳云没有在决战前的五天里经历两次生死搏杀，没有在大雨中带着几十处战伤巡视防区，他与郾城第一战时的杨再兴相似，都纵横于汪洋一样不见边际的金军大阵中锋芒毕露。更何况他身后带着的部队与杨再兴截然不同。

汉之虎贲，唐之玄甲，宋之背嵬。这是各个时代军队的传奇，当年唐太宗李世民手下的玄甲骑也不过 1000 人左右，却能定鼎国内立威突厥，铸就天可汗威名。到宋代时，背嵬军以更少的建制面对更加庞大的异族军队，任务是必须取胜。

岳飞派人传令长子——“不胜，先斩汝！”

岳云自辰时出战，过巳时，四个小时内出入敌阵数十回合，杀得人为血人、马为血马，身负战伤百余处，胜负未分，而身后有些乱了。

他的背后是主将王贵。这是岳家军第三号实权人物，为中军统制官。这人的胆略是有的，在北伐中能突破在张宪的前方，远离本部收复遥远的西京洛阳。可他的胆略并不能支撑他没有丝毫游移地坚守自己的信念。这在不久之后造成了灾难性的悲剧，而这时，他想到了后退。

背后是颍昌城，回城防守似乎也是不错的选择……关键时刻，血色的岳云来到他身旁，要求他决战到底，北伐已成孤军之势，尺寸之退必致溃堤之恨！

一语惊醒梦中人，王贵老于战场，立即明白了眼前形势。过了河的卒子怎么可以退，哪怕把颍昌城的岳家军都拼光，对耗掉对面的金军都是值得的。

一切为了开封城，为了北伐攻势的继续。

战局重新胶着，这时不只是岳家军陷于困境，敌方的压力更大。金军以绝对优势的兵力全军参战，一个上午过去，不仅居于下风，连都元帅的女婿上将军夏金吾都在战阵中被岳云斩杀，这是震惊更是愤怒。四太子殿下已经爆炸了，这下子国恨家仇统统有，金兀术没有任何理由再一次退走。那么，就用人命继续去填吧，他不信绞肉机一样的战场会让人多的那一方输！

他想得没错，战局一直混乱，岳云也好，背嵬军也罢，他们能劈开重重阻挡杀进杀出，可实际的杀伤人数却仍然有限，毕竟建制基数太少了，一旦对方重新整合，局面就会和上次一样。这很像球赛里后卫所面对的宿命。

前锋失败多少次都没事，后卫只要败一次，就会丢掉一切。岳云必须时刻保持进攻的态势，他只要有一次陷在敌阵里，那么一切就都无可挽回。可时间挪移，太阳已经接近正午。辰、巳、午，共三个时辰，也就是六个小时，这是怎样的一种坚持。

战场上的转机出现在颍昌城的城墙上，岳家军还有一部分人马负责防守，为首的人是董先。他的名字远不如牛皋、杨再兴、张宪等人响亮，可他在历史里的印迹非常显赫，只提一点，在岳飞第三次北伐出于粮草原因不得不班师时，为全军压阵后撤的人就是董先。

他阻挡追赶的李成，几乎生擒这个当时号称伪齐第一名将的叛徒。这时，踏白军出战，成了压垮金兀术的最后一根稻草，同样激战六个小时，被岳云、王贵耗尽了战斗力的金军再也无法支撑，像潮水一样向北方败逃。岳家军只是象征性地追击了一下，再也没法做出别的反应。

留在颍昌城下的东西足够多了，金军当场阵亡了一个万夫长，千夫长被毙五人。

其他的林林总总难以计数，很有可能也没法去数，颍昌城一来离崩溃只差一点点，二来有更重要的事去做，与之相比，战场上的死人一点意义都没有。

七月十四日颍昌之战结束，十六日、十七日、十八日是岳飞转守为攻的日子，一场在传说里若隐若现、在分析里可以证实、在怀疑者眼中纯属虚构的战斗正在进行中。

——朱仙镇大捷。

朱仙镇位于开封西南45里处，在这里到底发生了什么，有很多的争议。有人说，在这里岳飞以500名背嵬军大破金军10余万众。这个说法在史书中可以找到根据。

《宋史·岳飞列传》记载：

> ……飞进军朱仙镇，距汴京四十五里，与兀朮对垒而阵，遣骁将以背嵬骑五百奋击，大破之，兀朮遁还汴京。飞檄陵台令行视诸陵，葺治之。

这是正史。

南宋史家吕中在《中兴大事记》一书中记载：

> ……其战兀朮也，于颍昌则以背嵬八百，于朱仙镇则以背嵬五百，皆破其众十余万。虏人所畏服，不敢以名称，至以父呼之。

不信的依据也很有来头。

分别是《建炎以来系年要录》和《三朝北盟会编》。这两部史书号称良史，是历代以来研究宋史的重要依据。这两本书对岳飞的观点是持肯定态度的，但对第四次北伐的记录则混乱不堪、残缺不全，连颍昌之战的记录都缺失了一部分，更不用说朱仙镇如何。

于是，反对的人找到了所谓的依据，借此认定朱仙镇之事子虚乌有。真的是这样吗？其实只要顺延着这条线继续向上搜寻就会知道真相。

以《建炎以来系年要录》为例，它的作者是李心传。李心传于14岁左右时跟随他父亲李舜臣住在临安，李舜臣时任宗正寺主簿，掌握官藏史书，李心传近水楼台，从小浸淫于此中，长大后科考不中，转而写成《建炎以来系年要录》一书。

不求功名者，立书之心颇正。据此看来，这本书应该可信。但是很不巧，他出生时岳飞已经被害27年，他读史时岳飞已蒙冤41载。这段时间里秦桧等奸贼早已毁掉了几乎全部的关于岳飞的资料，逼得岳飞的后代想回顾先人的英雄事迹都无法找到正史的支持。

在这种前提下，他写了什么，遗漏了什么，缺失了什么，不问可知。而岳飞的足迹散布在历史的每一个角落里，没有谁能彻底抹杀，只要想找，它们一直都在。哪怕在敌人的史书里，都有端倪可查。

《金佗稡编》中记载：七月十八日，临颍县东北，张宪“逢金贼马军约五千骑。分遣统制徐庆、李山、寇成、傅选等马军一布向前，入阵与贼战斗，其贼败走，追赶十五余里”。

这一条为近代宋史大家邓广铭先生所采信，但是他忽略了最重要的一个字“逢”。在他的书里，是金军来犯，张宪迎敌。

这一字之差，混淆了岳飞第四次北伐攻击的最远端在哪里这一命题。临颍县的东北方正是开封城的方向，如果是“逢”敌于道，那么张宪必然在前进的路上。

而在这次攻击中，张宪派出了四位统制官出战，那么至少是二到四个军的兵力。参照之前的战斗可以很轻易地得出结论，岳家军要搞定5000名金军，根本不会这么大张旗鼓。如此兵力只有一个目的，就是收复故都开封。

这是临颍方向。

另一个迹象在颍昌府。《宋史·牛皋传》中记载——“……金人渝盟，飞命皋出师，战汴、许间，以功最，除捧日天武四厢都指挥使、成德军承宣使。”

汴、许间，即是开封与颍昌之间。之前的记录中我们知道，颍昌大战中并没有牛皋参与。那么为什么他会因为“以功最”受赏呢?

他在何时战斗于开封、颍昌之间？只能在七月十四日之后，这证实了朱仙镇之战存在的真实性。朱仙镇正是在“汴、许间”。

由此可见，颍昌决战击败金军主力之后，宋军曾兵分两路，从临颍、颍昌两条战线，分别由张宪、牛皋率领，向开封城挺进。在朱仙镇一处与金军交战。

战斗是存在的，规模却不会很大。记录中显示得很清晰，5000人左右的金军。这与之前的第二次郾城之战何其相似，前一次的大败让金军只能派出这一点部队。

种种迹象表明，岳飞不满足于颍昌之战的结果，他要实现自己多年的夙愿，收复开封北渡黄河联结河朔喋血虏廷!

为此他分兵进击，向龟缩在开封城里的金兀术发起攻击。

此时的金军一方，金兀术本人哀叹——“自我起北方以来，未有如今日之挫衄。”他彷徨沮丧不知如何是好，惶惑中想到了向北方逃窜。

部将中，“金统制王镇、统领崔庆，将官李觊、崔虎、华旺等皆率所部降”。

这是多么喜人的局势，是宋、金开战以来15年中从来没有过的。另一方面，黄河以北的义军风起云涌已成燎原之势。

粮草物资方面，父老百姓们自发地牵牛挽羊资助义军，这一点是敌占区里最关键的一点。反金迎宋的行动已经达到了“自燕以南，金号令不行，兀术欲签军以抗飞，河北无一人从者”的程度。

千载一时，万事俱备。

当此时，岳飞壮志将酬，他难得喜形于色，对部下们说——“直抵黄龙府，与诸君痛饮尔！”这是多年以来无数汉人的梦想，这一日终于要实现了。

时间凝聚在这一刻，这时岳飞在庆贺，金兀术正忙着收拾行李准备跑路，开封城虽好，也只能放弃了。就在这时，梦魇出现，那件没法解释却总在发生的荒诞无耻的事再一次出现了。又有汉人跳出来帮他，帮助这个手上沾满了汉人鲜血的金人。

一个汉人书生拦住了金兀术的马，对他说，四太子别走，岳飞很快就会撤军了。

金兀术不解。

书生说，自古从未有内部权臣当政，大将却能在外立功的事。岳飞自保都成问题，还谈什么进攻?

金兀术恍然大悟。

几乎也就在同时，这个书生的话被验证了。

# 第五章 凭阑处、潇潇雨歇

赵构的圣旨到，令岳飞即日班师。

远隔千里，临安城的反应精确到这种地步。

自从北伐以来，圣旨像天雷一样神出鬼没，每一次都在最关键的时刻降临。比如刘锜在顺昌城胜负未分时，又如岳飞兵力铺开将胜未胜时，再如这时再前进一步岳飞就将收复开封时。

这是怎样做到的呢？难道赵构时刻关注战场，身边快马准备，发现情况立即出发吗？不是，皇帝下命令是要从全局出发为帝国整体利益考虑的，是要走一整套合法程序的，中间很多人很多部门一起配合才行。

这一次令岳飞撤军，由御史罗汝楫发起。罗说，张俊、王德已撤军，刘锜也在撤退之中，岳飞孤军在外，兵微将少，民困国乏，怎能言胜？再深入的话，完全是对国有资产的不负责任。

说得有理。

整个御史台响应，提交宰执审核，上报给皇帝，请示批准。赵构考虑到大多数干部都这样想，觉得这能体现出大多数人的利益，于是批准。

以上意味着什么，这不是一场闹剧，是整个国家上层建筑都在阻止岳飞，是南宋作为一个国家，走了绝对的合法程序之后，阻止自己的军队收复旧京故都！

莫名其妙，奇哉怪也！

可偏偏就是发生了，我想我之前说过的话是不准确的。金兀朮的命不是好，不是每到危难时都有汉人帮他，而是随着危难的等级，汉人的帮助力度都会随之升级。比如这一次，整个汉人的最高权力层都在帮他。

为什么啊？！

这句疑问千年以后有人问，当时迷茫的人更多，最痛苦最无助的当数岳飞。他接到诏书之后悲愤不已，怎么都想不明白为什么要班师。

他给赵构写了一封回信，摘要如下：

> 金虏重兵尽聚东京，屡经败衄，锐气沮丧，内外震骇。闻之谍者，虏欲弃其辎重，疾走渡河。况今豪杰向风，士卒用命，天时人事，强弱已见，功及垂成，时不再来，机难轻失。臣日夜料之熟矣，唯陛下图之。

这段话一针见血，道尽了当时的形势。

一直有专家教授说，岳飞孤军深入，虽然全是胜仗，但潜力已尽，怎么能以一军抗金人全国？所以无论怎样，他都是强弩之末了，不退兵就一定会全军覆灭。所争者，不过是在何时何地以怎样的方式失败而已。

看着是很理智啊。不过请问，金人全国的力量是什么？的确是金兀术的河南一部在对抗岳飞，他们还有河北、原辽国等其他疆域的守军、物资没有参战。但是能搞过来吗？女真人敢吗？

之所以派去守军，就是因为有敌人在。看金国的邻居们，西夏自始至终没有真正服从过任何一个国家，别说是金国，连后来的成吉思汗他们都不服。金人敢从这里撤军南调吗？不敢。

更远的北方，耶律大石创建的西辽已成国土面积堪比原辽国的超级大国，与金军几次鏖战，不仅不落下风，还重创了远征的金军。只是在反攻金国时，还力有不足。

这样的死仇窥视，金国敢置之不理吗？同样不敢。

女真人发展得太快了，国土面积骤增千百倍，第一代的战士们却死伤老病，很多时候是契丹、奚、汉人等异族军队在支撑门面。尤其是在汉地，岳飞连战连捷，金兀术想征兵，都没人搭理。在这种局面下，凭什么说岳飞潜力已尽，金兀术将反败为胜？

颍昌之战，是夺河南的天王山，而过了河南之后，黄河北岸一马平川，直到燕云都无险可守，这一点是两宋战史的铁律。当此时，从纯军事角度来看，岳飞已成无法遏制之势，复开封、渡黄河、收河北甚至夺燕云都在意料之中。

至于所说的物资粮草，更是不值一提。中原大地上全是汉人，军队可以无限制扩充，物资可以每到一地随时调用，这让岳飞再不用顾忌前三次北伐时的粮草问题。他的前面是一条光明之路，只要他向前，他将赢得一切。

没有谁能否认这一点，所以某些人才心慌意乱，如大祸临头，惶惶不可终日。比如赵构。按逻辑，岳飞是他的员工，工作越出色，他越得利，何来阻挠一说？

这一点很让人想不通。

其实也没什么，世间事只有故作高深，没有真正的高深。人类的麻烦，除了有限的几种天灾之外，都是人给人找的，之所以涌现出各种无厘头的事，说到底只有一个原因在作怪——私心。

岳飞北伐成功，赢得一切，那时江山的产权归谁……这个命题像梦魇一样困扰着赵构。赵九弟是一个有身体、心理双重缺陷的人，他的所作所为和才能志向，哪一点都充满了小富即安的局限。这种局限是天生的，无法在后天扭转。

比如，谁都知道百万、亿万富翁好，可谁又能轻松面对亿万财富所带来的压力和责任呢？

这是天赋。

岳飞飞扬勇决，为夺天下之臣子，而赵构远不是像秦皇、汉武那样的皇帝，他时刻都牢牢地抓着铁算盘，计算他个人的安危富贵。

岳飞再向前就会失去控制，很可能会变成南北朝时南朝的开国皇帝刘裕！这一点的可能性不管有没有，有多大，只要存在，就必须扼杀！

于是，岳飞在宋绍兴十年（1140年）的七月十八日一天内连续接到了十二道金字牌班师令，严令他不许辩解不许耽搁立即撤军。

岳飞茫然、错愕、灰心、沮丧，直到这时他仍然没有了解到上面所说的那些私心酝酿出的阴暗微妙的心理，好久好久，当他终于能说出话来时，吐露的心声是下面一句——“臣十年之力，废于一旦！非臣不称职，权臣秦桧实误陛下也！”

直到这时，岳飞仍然认为他的陛下是好人、正人，是一位中兴之主，只是受了秦桧的蒙蔽蛊惑，才变得倒行逆施、反复错乱。

千般不情愿也要遵守皇命。岳飞在第二天班师。当他起兵时附近州县的百姓们都赶了来，拦住他的马，问为什么要走。

岳飞来时，他们倾力支持，岳飞突然撤走，金军回来会反攻倒算的！百姓何辜，不忘故国却为国所累。

岳飞愧悔难当，无奈中只能取出圣旨，说——“吾不得擅留。”身为军人，他实在没法拒绝军令。但是此情此景，又怎能置之不理？岳飞下令多留五天，由他亲自断后，想跟着宋军走的百姓一起南迁。如此这般，岳飞的军队终于还是南撤了。

他撤之后，中路的刘锜、最东端的韩世忠也跟着撤军，轰轰烈烈的绍兴十年北伐就此突然中断。它的尾声耐人寻味，金军一方，注意金兀术的命令，他命令孔彦舟，也就是那个抓住洞庭湖义军首领钟相的游寇大佬，领军重占开封。

为何是重占呢，难道金军已经从开封城逃跑了吗？！这可不是汉人史书的记载，是《金史》里的记录。

千载一时，只需前进而已！

居然就这样错过了，更让人气得吐血的是这个时候居然有一支部队逆方向开到了前线，这是谁呢？非常显赫，是宋军里最核心、最忠心、最放心的禁军，杨沂中的部队。他们来干什么？岳飞都撤退了，他们离开赵构远涉大江，为的是什么？

联想之前，答案呼之欲出，这不是来帮岳飞的，这是来监视、掣肘、制衡岳飞的！为了让岳飞撤军，赵构用了多少心思，耍了多少手段啊！从张、王撤退，逼岳飞成孤军，到十二道金牌赤裸裸命令，这样还不放心，竟然派军队监视！

可惜的是杨沂中运气太差，被卷土重来的金军伏击，跟后方失去联系，把赵构差点吓晕过去。这是赵九弟手里唯一一支亲兵，无论如何不能有闪失啊。

杨沂中逃回去了。

逃不走的是河南大地上的义军、州城。岳飞撤走后，金军迅速反攻，南宋北伐中所得到的一切，都输了回去。义军被镇压，城池被复夺，百姓被残杀。消息传来，岳飞悲愤不已，他仰天大叫——“所得诸郡，一旦都休！社稷江山，难以中兴！乾坤世界，无由再复！”

他可以委屈，但百姓不能危亡；他可以失意，可江山国土不能沦丧！当此时，岳飞终于愤怒，终于失控，他心里郁积了太多的东西，必须说些什么！

> 怒发冲冠，凭阑处、潇潇雨歇。抬望眼，仰天长啸，壮怀激烈。三十功名尘与土，八千里路云和月。莫等闲，白了少年头，空悲切。
>
> 靖康耻，犹未雪；臣子恨，何时灭？驾长车，踏破贺兰山缺。壮志饥餐胡虏肉，笑谈渴饮匈奴血。待从头，收拾旧山河，朝天阙。

这一曲《满江红》，到尾声时岳飞还是习惯地希望着什么，可他不会知道，在临安城里等待他的，会是些什么人、什么事。

# 第六章　岳飞之罪

战争过后，所有参战的高级将官都要回临安述职。当岳飞到达时，很多事已经发生了。比如说张俊、王德升官发财。

这是个很诡异的现象，更诡异的是发生的过程。

张、王两人到临安城之后，完全是一副铁血军神的做派，而宋廷给予的待遇也是战神英雄一级的。这让整个临安城官方民间都看不惯更受不了，于是发出了一片嘘声。之后，张、王两人受了刺激，表现得反而更加离谱了。

就像从战场上置友军于不顾逃跑的是别人一样，两人主动向皇帝请功邀赏。

还有比这更无耻的吗？！全城官民沸腾了，有官员以正式公文的方式弹劾他们，可几天之后事情有了结果，两人胸佩红花，得意扬扬去西湖划船玩去了。

太荒诞了，这个世界还有公理道义吗？岳飞抵达临安之后，看到这些，就此明白了官方对这次北伐的定性原则。

什么是功，什么是错，最终的解释权早就另有宗旨了。

行情有变，岳飞却不变。他在觐见之前就把赏赐都推了，选字用词间充满了棱角，让某些人坐立不安——“……区区之志，未效一二，臣复以身为谋划，唯贪爵禄……万诛何赎！”

什么功劳都没有，还为自身打算，贪图钱财官位，杀一万次都不够。这样的话直指张俊、王德、赵构、秦桧，让这些人对号入座，正视自己拙劣肮脏的勾当。

真以为怎么受的赏，为什么发的钱，会没人知道原因吗？岳飞一时激愤，相当于挑明了告诉皇帝、首相、大将军们，你们联手在我背后捣鬼，做了什么我都知道！并且我很介意，不想装糊涂跟你们同流合污！

岳飞再次要求辞职。

赵构也拿他没办法，只有亲自写了一份诏书，先肯定岳飞的成绩，“卿勇略冠时，威名服众”。再申明朝廷还是有长远打算的，“方资长算，助予远图，未有息戈之期”。最后打出人情牌，“虽卿所志，固尝在于山林；而臣事君，可遽忘于王室？”你只顾自己逍遥自在，不管还在水深火热中的政府了吗？

如此这般，岳飞终于不提辞职的事，走进皇宫，与赵构见面。见面时，整个皇宫回响着赵构一个人的声音，他温馨、关切地说了很多，换来的是岳飞无可挑剔的礼仪。

除此之外，岳飞一直沉默，一个字都没回答。（“帝问之，飞拜谢而已。”）当天岳飞离开，在他的身后，是几道各有内涵的目光。

赵构，他微笑着从未失态，哪怕做了以上的一切，仍然雍容优雅。在岳飞、韩世忠等人走后，他以主事者的身份为此次北伐收尾，说了这样一句话，大意是：朕若亲提一军，明赏罚，以励士卒，必可擒兀术。言外之意，伟大的将军们，你们能做到的，正是我所能做的，甚至比你们做得更好。

世间应知道，朕，赵构，才是掌控一切者，才是需要膜拜的对象。

张俊毫不掩饰自己的杀心。岳飞……是他曾经的部下，现在的噩梦，这人的一言一行都站在他的对立面，把他映衬得无比丑陋！

报复，报复，如果有可能的话，必杀飞！

秦桧则很忙，他不需要用怨毒的目光凝视岳飞，因为他正做着报复的事。说起来他应该感谢岳飞才是，在他从前的主子完颜昌死后，他像是断了线的风筝一样，飘荡无根，乃至失去了在赵构身边立足的根本。金兀术不屑于和谈，他秦桧就没有了存在的意义。

非常及时，岳飞北伐，一顿胖揍让金兀术清醒了，明白了走哪条路才不会撞墙。这几天金国的四殿下托人带来了话。

秦，你没白天没晚上地请和（“尔朝夕以和请”），却没办半点正事。岳飞为什么没管住，都快抢走我的河北了，还杀了我的女婿。这个仇必须得报，只要你们杀了岳飞，和谈立即达成。

秦桧很满意。

当然这需要一个过程，杀岳飞也好，搞和谈也好，都需要一个整体策划，讲究一个水到渠成。这期间不仅需要南宋动手，金国方面也得积极配合。

金国的工作在第二年的正月中旬展开。都元帅金兀朮阁下率领原班人马，其实数量少了些，已不足12万了，东拼西凑到9万，发动南侵。

这是在意料之中的，失败之后必须主动攻击，当年辽国是这样，现在金国也如此，不然没法保持上位国的态势。

打是一定要打，但打哪儿很讲究。鄂州方面是禁区，万万不能招惹；楚州方面韩世忠的战斗力大不如从前，但仍旧足够硬朗，本大利小，不是好生意，躲开；那么唯一剩下的就是淮西西路一带张俊的辖区了。多年来，相互间知根知底，这是目前唯一的软柿子了。

天寒地冻，金军越过淝水，进攻寿春，没有遇到什么抵抗，当天就攻破了城池。在这之后，两淮地区仍旧一片平静，唯一的变化是在几条主干道上，每隔几小时就飞奔着一匹狂跑的快马。

这些马，是淮西战区司令官张俊在辖区内的主要“战械”。

作为南宋资格最老的大将，张俊严格执行着遥控方针，辖区交给了部下姚端，军队驻扎在长江南岸的建康，他本人则停留在首都临安，沉醉在西湖的旖旎风光里，随时与皇帝近距离接触，学习政策，保持关系。

如此这般，才是一个大将该有的工作风范！

至于前线、金军，战争已经爆发，什么事也不会耽误，刘锜将军荣升淮北宣抚使判官，带着八字军驻扎在太平州。他完全可以先率军杀过去抵挡一阵。

刘锜率八字军再一次逆锋而上，成为阻挡金军南侵的第一道屏障。几天之后，他到了淮西重镇庐州（今安徽合肥）。

庐州守将关师古，部下士兵2000余人。按说这比顺昌的条件好了很多，而庐州作为淮西第一重镇，它的城防设施更加完备。从理论上来说，刘锜会背倚坚城，创造出比顺昌之战时更辉煌的战绩。

可是他到达之后，绕着城墙转了一圈，之后对关师古说立即集合能跑路的人，立即撤！城防是一回事，金军杀来的速度更是一回事，顺昌至少留给了他六天的准备时间，现在金军的先锋部队都快到了。

庐州大撤退，刘锜以最快的速度回缩至巢县东南方一个名叫东关的地方，那里依山傍水，形势坚固，可以结寨自保。

而此时，庐州已经被攻破，连同其周边受到波及。至此，战争刚刚爆发，淮西已经沦丧大半。

赵构一边严令张俊立即从临安滚到前线去，一边派杨沂中率禁军渡江作战，之后心里仍然没底，习惯性地向鄂州求援。

赵构十万火急地发去了御札，要岳飞亲自率军渡江攻击金军，保证领袖安全。

岳飞收到命令之后，感觉一阵阵头晕。这都哪儿跟哪儿啊，淮西战区内，合张俊、刘锜、杨沂中三部军力的话，已经达到13万以上。这是建炎南渡以后，第一次以优势兵力与金军作战，虽说张俊很软，杨沂中很少爷，但有刘锜在，怎么也能保证长江安全吧。

趁此良机，应该批亢捣虚，围魏救赵。这样宋军将以岳飞部从北，张、刘、杨三部在南，形成合围之势，以绝对优势的兵力全歼金国河南部精兵。如此，则一战定江山，比收复开封更直接有效。

岳飞把这个战略意图写成奏章，急报临安。赵构以更快的速度发来了回复，上面用一大堆的殷切希望包裹着一个中心议题——现在领袖在江浙一带，金兵已经杀到了淮西，这是最重要的。飞，你就别闹什么幺蛾子了，快来救我！

岳飞于宋绍兴十一年（1141 年）二月十一日左右渡江，接近战场。可惜没等他真正靠近，事情就有了变化。淮西主将张俊给他写了一封信，告诉他离远点，保持距离。

张俊、王德一起从临安赶往建康，也就是现在的南京市，在那儿与他的大部队会合之后，于二月初四渡江。过了长江之后，拥兵 13 万，放眼一望，忽然找不到敌人。

女真人不知在搞什么，只是占领了庐州、和州等地方后，就开始了缓慢撤军。在十多天的时间里，一步步把含山县、巢县、全椒县、昭关等地都让了出来。张俊摸不着头脑，但是手里的兵本性很贪，有便宜为什么不占？

于是，双方很默契地一退一进，在淮西平原上携手散步。这种状态一直持续到了巢县以北的柘皋镇。这地方一马平川，地势平缓，女真人退到这儿之后就再不走了。

9 万对 13 万，军团级决战，金军当然要选一块能跑开马的地方。

至此张俊等人知道事情大变了，一步步地跟着女真人走，到了对方的主场里。双方于二月十七日对阵激战，挑起第一轮攻击的人是禁军大佬杨沂中。

杨沂中率禁军冲向金军的中军大阵，推锋直入堂皇正大，真不愧是宋朝皇帝精锐强悍的……仪仗队。这群人冲得快，败得更快，没一会儿就成群结队地跑了回来。

这也算是杨沂中的能耐，此人无论怎样大败，不仅自己不死，部下们也都不死。

仪仗队退场，正戏开唱。

按常理，这时出场的应该是战斗力第一顺位的刘锜。由他当炮灰消耗金军实力，再由张大将军出面一锤定音，这才是正常的官场逻辑。

但是让刘锜打头阵，很可能再搞一个奇迹，扬名立万；把刘锜留在最后，万一失败了可以当逃跑时的盾牌。这两个选择哪个好？

宁与友邦不与家奴，选后者！

于是，刨除杨沂中，排挤了刘锜，张俊是主将绝不亲临第一线，那么剩下的就只有王德了。王德，原行营左护军刘光世手下主力大将，人称“王夜叉”，是一位手段强硬的老行伍，按资历说威望，他有时敢和韩世忠叫板。当年行营左护军主将很萎，部将超强，说的就是他和郦琼。

王德出战，主攻金军的右翼，正是金军中的精锐部队拐子马。轻骑兵行动迅速，拐子马迎着王德冲了过来，却不料王德张弓搭箭，一箭射中金骑指挥官。战场一片哗然，王夜叉挥军鏖战，居然把拐子马击溃。

战局不利，金军向紫金山方向退却。张俊没有追，他率军先收复了淮西境内的重镇庐州，进城之后第一时间向临安报喜请功。

赵构闻讯大喜，传令嘉奖。

奖状还在途中，张俊却觉得获奖名单要斟酌一下。这时金军还在淮西境内，战争很可能会继续，岳飞已经渡江到位，眼看着就会参战……这明显是下山摘桃子嘛，俺手握13万重兵且旗开得胜，难道要平白分岳飞一半功劳？！

做梦！张俊给岳飞去了一封信，告诉他原地不动，别想靠近了占便宜。

岳飞原地静止，没有再靠近。

这是当时军界内罕见的高素质表现，面对别人养大成熟的桃子，能忍住不伸手，是连吴玠、韩世忠在内宋朝绝大部分将官所做不到的。

那么可以为岳飞鼓掌欢呼了吗？不，先等等，几个月之后，这件事会引发怎样的灾难，是这时谁也没法想象的。

回到淮西战场，柘皋之战大获全胜，正面击败近10万金军。这个成就不可谓不重大，一时间朝野振奋，张俊更振奋，连同后来的史书也非常振奋。提前剧透下，宋人后来总结出“中兴十三处战功”，柘皋之战榜上有名，排在第八位。

在这种局面下，没法不追击。然而，怪事再次出现，张俊再一次找不到金军的去向了。他收复了庐州，休整了军队，向紫金山方向追击金军，结果发现金军去向不明。

近10万金军，在淮西大地上失去了踪迹，这让张俊心惊肉跳。尽管他总逃跑，尽管他总避战，可作为南宋资格最老的一个兵痞，他非常清楚这是战场中最要命的。

你不知道敌人是怎么消失的，就意味着不知道什么时候敌人会突然间跳出来！

为此他下了大本钱去搜索，而消息也像潮水一样地涌来。其中最重要的一条来自濠州（今安徽凤阳县）。那是金军撤往淮水的必经之路。早在柘皋之战前，濠州就被重重围困了，这时它正处在金军后撤之路上，那里的战报可信度很高。

濠州的人先是求援，十万火急，说金军自开战之初就重兵围困，眼看着更多的金军路过，会顺手屠城泄愤的。

这让张俊不爽，屠城很严重，可追上去再来一次柘皋大战……穷寇莫追的，逼急了会有大损失。他下令再探。

几天后消息再传来，说濠州解围了，金军从这里路过，会合了围城部队一路向北，已经渡过了淮水，进入了河南界内。像是为了验证消息的可靠性，有几个从金军营地逃回来的宋军信誓旦旦地保证，金军渡淮是他们亲眼所见的。

张俊一声令下，追击！

开追之前，张俊于百忙之中意识清醒，做了另外两个决定。第一，传令岳飞让他继续原地待命；第二，告诉刘锜没你什么事了，追击任务由他本人、王德和杨沂中完成。刘锜必须第一时间向南撤军，返回驻地太平州。

摁住岳飞，踢跑刘锜，如此这般，才能保证功劳只攥在自己的手心里。

看着很生气吧，偏偏两个当事人很听话。不为别的，只因为张俊是淮西主将，只因为这两个人都有纪律有原则。不然的话，两人中随便哪个，都有屠了张俊的把握！

而这，也要记录下来，因为它和前一次岳飞听令静止一样，会引发之后的灾难。

追击开始，张俊、王德、杨沂中三位高资历兵痞兴高采烈地向前追，想着“收复”濠州，兵临淮水，耀兵国境。这是很牛的一件事，只是在国境线上盔明甲亮地遛一圈马，回临安后就会再一次升官发财得奖状，多好的事啊，多便宜的买卖！

可惜的是，才跑了一天，前方忽然传来最新战报。金军突然出现在濠州区域，开始重兵攻城了。这让三个兵痞立即一身冷汗，停下了脚步。

……有情况，把刘锜追回来，让他去打仗。

刘锜听命令，又赶了上来。四将合兵，杀向濠州，距离还有60里时，传来战报，濠州陷落了。面对这噩耗，四个将军各有主张。

张俊、刘锜发觉这一次金军的行动太诡谲，变幻不定，一定得慎重对待。而且濠州已经陷落，赶过去意义不大。

王德弃权，他本就不是这方面的大将，军事会议上底气不足。而禁军的大衙内杨沂中火了，仪仗队特色再一次爆发，他要进攻，趁金军刚刚攻下濠州、立足未定之际全力反击，既抢回城池，也救回百姓，更趁机扩大胜利果实，打一场比柘皋之战更辉煌的战斗！

……张俊等人郁闷，柘皋之战有你啥事吗，仪仗队队长阁下？

可不管别人怎么劝，连张俊以淮西主将的身份反对，都没法摁住杨沂中的进攻决心。在守原则的人那儿，原则是锁链；在没原则的人这儿，原则、命令什么也不是。张俊还怕禁军主将随时打他小报告呢。

杨沂中率军冲向了濠州城。

濠州城遇伏，金军从北门突然冲了进来。禁军的仪仗队素质再一次显露，冲锋时很猛，对决时脆败，遇伏之后慌张！他们没有等到真正接战，就像惊了枪的兔子一样，一窝蜂地涌向了南门。

南门外是张俊、刘锜等率领的全军大队，这时“南奔无复纪律”的禁军们成了金军的前锋，用来冲散宋军主阵。

关键时刻，张俊难得地展示了一次军中宿将的经验，这人命令全军压上，与败军逆向而行，哪怕把娇嫩的禁军挤成馅饼，也不能动摇主阵。

这个决定很有效，也很残忍，阵地保住了，同时宋军重新获得了优势，毕竟在淮西战场上宋军的战斗力以及军队数量都超过了金军。可杨沂中的部下们就没那么幸运，首尾两端的步兵大量伤损，仪仗队严重减员。

如此一番折腾，濠州城重新寂静了。宋、金两方在城内外对峙，都保持了足够的耐心。而战争的重点，三天之后，转移到了淮河水道上。

楚州方面的韩世忠派出数百条战船逆淮而上，要截断金军的退路。这是韩世忠的风格以及特长，他每一次的作战目的都是置敌于死地，而水军是金国永远的痛。这样，就形成了宋军水、陆两方面前后夹击金军的态势，以军力战绩参考，完全能把金兀术留在淮西境内。

形势大好，又急转直下，金兀术没有分兵去淮河边上准备迎战，而是在旱路迎着韩世忠的水军插向了楚州方向，也就是运动到了水军的后方。

金军在赤龙洲附近停了下来，开始砍大树设水障，要把韩世忠的水军截住。金兀术的意思很清楚，你不是要断我的退路吗，我先把你的退路断掉。想在淮西吞了我，那么咱们就拼个鱼死网破！

这是多年以来，金兀术罕见的勇决表现。他实在是输不起了，再输金国将失去上位国资格，他本人也会名誉扫地身败名裂。

这也给了宋军一个千载难逢的机会。在淮西大地上，张俊以13万重兵挟胜势逼迫金军后退，韩世忠断水路呈关门打狗之势，难得的是金兀术也不再逃跑了，并且就在淮西境内还有岳飞这一终极战斗力随时会参战。这是自宋、金开战以来前所未有的机遇！

只要各方面正常运作，金兀术必将全军覆灭。

可各方面运作的结果是，什么都没有发生。没有作战，没有流血，没有堵截，没有谁全军覆灭，什么都没有。

韩世忠得到金军设水障的消息后，就令水军撤退。那很快，本是逆流而上，只要顺水漂回去就行。张俊始终按兵不动，金兀术也没有死磕到底，带着濠州胜利赚回来的面子，顺势回国。

岳飞，始终被隔离在战场之外，等这一切都发生之后，只能拿着这段时间里他收到的来自各方各面的各种文件发呆。

有张俊的命令，有赵构的诏书，里边的内容错乱得让人发疯。

按时间顺序排列，金军侵入淮西，岳飞接到临安命令渡江驰援，其间有六份来往信函，分别是临安传令、岳飞申请长驱中原（两次）、临安否决要他火速救淮西、岳飞接令、临安嘉奖。

柘皋之战大胜，临安传令三军，内容是——“……捷书累至，军声大张，盖自军兴以来，未有今日之盛。尚思困兽之斗，务保全功。”

这份诏书抄送给淮西境内所有军方人员，岳飞、韩世忠也各得到一份。意思很清楚，告诫各将军见好就收，别惹更大的麻烦。

之后，张俊令岳飞离远点，岳飞听从了，也抄送一份交给临安，以此证明自己为啥不直接进入战区。临安方面非常欣赏这一点，赵构特意亲笔写了一份御札给他：

> 得卿奏，知卿属官自张俊处归报，虏已渡淮，卿只在舒州听候朝廷指挥，此以见卿小心恭慎，不敢专辄进退，深为得体，朕所嘉叹。

在赵构看来，岳飞这回没有看见金军就眼红，冲过去搞得血肉横飞，不可收拾，而是很克制地听话了。这是巨大的进步，是转变的开始，是一个令人惊喜的征兆。他要表扬这个一直倔强、自专的部下。

接下来，诏书里笔锋一转，他甚至难得地与岳飞有了共同语言：

据报：兀术用郦琼计，复来窥伺濠州。韩世忠已与张俊、杨沂中会于濠上，刘锜在庐州、柘皋一带屯军。卿可星夜提精兵裹粮起发，前来庐州就粮，直趋寿春，与韩世忠等夹击，可望擒杀兀术，以定大功。此一机会，不可失也。

庐州通水运，有诸路漕臣在彼运粮。

急遣亲札，卿切体悉。十日二更。

从上面这几段可以看出，这对岳飞简直是喜从天降。这是自从淮西兵变，导致岳飞与赵构隔阂之后，第一次重新看到了曙光。赵构在主导这次机会，要趁此天赐良机，把金兀术毁灭在淮西境内。他为岳飞铺好了所有的路，只等着岳飞杀过去！

只不过，请注意这份诏书的日期。

“十日二更。”

宋绍兴十一年（1141 年）三月十日夜二更天。十日写信，渡长江送交岳飞手里，需要多少时间，有一个参考。

岳飞申请长驱中原，临安否决。一个来回是五天。当时岳飞在鄂州，信使不必渡江。这时等同对待，至少需要两天半岳飞才能收到命令。

那么是十二日傍晚。

瞧一瞧当时淮西战场都发生了什么。三月五日时，张俊开始追击，同时命令刘锜回太平州。三天后，抵达濠州外围，是三月八日。九日杨沂中大败。再三天后，三月十二日，韩世忠水军受阻返航。

十二日……傍晚时分岳飞才可能收到赵构命令他前进的诏书。

等岳飞准备迈步的时候，战争早已落幕。有这么玩人的吗？这到底是至高无上的皇命诏书，还是发泄私愤的骗人字条，抑或是通信条件太差造成的低级失误？！

很难是失误，因为还有下一道诏书。

岳飞接到上面“十日二更”发布的命令之后，回信说他将率军起程赶赴庐州。他在战区内急如星火地赶路，后面的诏书比他快，还是追上了他。

诏书里写道：

得卿奏。卿闻命，即往庐州，遵陆勤劳，转饷艰阻，卿不复顾问，必遄其行，非一意许国，谁肯如此！

据探报：兀朮复窥濠州。韩世忠八日乘捷至城下，张俊、杨沂中、刘锜先两日尽统所部前去会合，更得卿一军同力，此贼不足平也。中兴勋业，在此一举，卿之此行，适中机会。览奏再三，嘉叹不已。

遣此奖谕，卿宜悉之。

按时间计算，岳飞接到这份诏书时，淮西战区已经彻底凉了，无论是张、韩、杨、刘、王等宋军，还是金兀朮，都早已散场。偌大的淮西境内，只有岳飞一个人捧着一大摞诏书发呆。

前思后想，对照此前诸次北伐，岳飞越想越怒，他看了看周围的岳家军将领，实在没忍住，说了两句话。

——“国家不得了也，官家又不修德。”

岳飞如是说。

国家当断不断，纵敌玩寇，使本在罗网中的金军逃脱。这本是最卑劣的将军们巩固自身地位才使用的下三烂招数，可一个国家居然用出来了，它是想应付谁，想要挟谁，想毁灭谁？！

国家公然做这样的事，前途何在，如何得了？

至于修德。

一个人总要有一颗真挚的、理智的、光明的本心，才会做出真挚、理智、光明的事来。看赵构前半生的所作所为，之所以倒行逆施、莫名其妙，都因为他的心不正。

修德是很重要的。

世人的眼睛是亮的，清楚岳飞说的是不是实话，是不是对的。

这句话只是开端，淮西之战刚刚结束，各个细节都在眼前，岳飞愤懑难当，说了第二句、第三句话。他转向张宪。

——“张太尉，我看像张家军那样的兵马，你只消带领一万人去，就可以把他们蹉踏了。”

又转向董先。

——“董太尉，像韩家军那样的兵马，我看你不消带一万人去，就可以把他们蹉踏了。”

这两句在正常状态下看来，是很不合适的，会引起中国人第一时间的反感。为什么呢？不外乎“做人”的道理。

要时刻谦卑，时刻低调，即使事实真的是那样，也不能直说！哪怕张俊、韩世忠真的退化到那种地步，岳飞也不能这样公开评判攻击，恶化同志关系。

可他说的是不是实话呢？张俊抛开不论，这人是什么货色，历史清楚，包括他自己都清楚。至于韩世忠，黄天荡时的韩世忠哪儿去了，以几千部众截击10万金军，置生死于度外，置利害官爵金银于度外，什么都不在乎，只要归还二帝、归还河山的韩世忠哪儿去了？

可以说，他才是第一个提出还我河山的人。可是，现在这人怎么了？只是截断退路而已，就直接撤退了。他本来应该不管张俊怎样，不管临安怎样，率水军截断淮河，以一部之力断金军退路，让这场战斗不得不打起来！

# 第七章　收兵权

三大将应召入朝述职，张俊轻车熟路，最先到达，其实也可以说他从淮西战场下来之后直接就回临安了。第二个是楚州方面的韩世忠，他的路相对近一些。

秦桧连日设大宴款待韩世忠、张俊，与之亲切交谈，内容涉及军事、政治、家庭生活等方方面面，时不时地还说起了岳飞。

问你们三大将最近有过什么交流吗？

这让韩世忠深深地不解，让张俊表面上疑惑。张俊当然知道秦桧是为了什么，他们私下里制订了一个大计划，要一举剥夺所有大将的军权。这样做的风险可想而知，此时此刻，南宋三大将的势力要远超晚唐时期那些割据的藩镇，如果计划暴露，三人串通谋反，临安小朝廷毫无反抗能力，会被瞬间推翻。

于是乎，夺权在理论上的第一步是保密。只有把三大将都聚拢到临安城里，才有可能实施下面的步骤。可要是真的这样做的话，仍然会鱼死网破。

秦桧准确地把握到最关键的问题——分化三大将内部。

他许诺张俊，只要协助朝廷收回兵权，从此以后张俊将总揽南宋军事。这一提议由秦桧提出，被赵构默许，张俊仔细衡量，发现这完全是为他量身定制的。登上军权之巅，踩倒韩世忠、岳飞，还有比这更享受的事吗？！

他没有理由不答应。

在这之后，临安才宣召三大将入朝述职。张俊来了，韩世忠不明真相地来了，可岳飞没到。这让秦桧心惊肉跳。岳飞是南宋军力之冠，他一人足以压倒全国，他没来，真的是鄂州相对较远吗，还是暗中知道了什么，或者正在准备着什么？！

秦桧无法安心，他不停地试探着。

韩世忠一切都蒙在鼓里，张俊则是岳飞的宿敌，两者没有交往，秦桧注定没法知道什么。他忐忑着，整个临安的上层建筑都惶恐不安着，直到六七天之后，岳飞终于率领少量亲兵进入临安城。

当晚，直学士范同、林待聘两人分别写了三份制词，用以确认南宋官方升张俊、韩世忠、岳飞为枢密院的两位正使、一位副使。

这份诏书在第二天公布，岳飞等三人即日起至枢密院办公，他们辖区内的军政事务被同时分割，具体的办法是三大将主领的宣抚司被撤销，军队番号一律改为御前诸军，由原先的二、三把手，如岳家军的张宪、王贵两人，各领部下独自成军，直接向临安负责。

这是分割军队，同时进行的还有切除智囊。岳飞的幕僚们，如朱芾、李若虚被调任地方官，严禁与岳飞接触。

之后是上级制衡，任命秦桧党羽林大声任湖广总领，管理鄂州大军的钱粮，扣住岳家军的生存命脉。如果这样还不够，赵构还派去了一位岳家军的老朋友。

罢免原淮北宣抚使判官刘锜的军职，改任荆南（今属湖北）知府。宋廷规定他“或遇缓急，旁郡之兵许之调发”。

湖北旁郡，不外乎鄂州，这是以公文授权，刘锜可以视情况夺取岳家军军权。

如果说刘锜夺权还在可行可不行、情愿不情愿之间的话，林大声对岳家军的侵蚀则是强行介入的。何谓藩镇，何谓大将，不外乎辖区内军、政、财三权独立。

这时不由分说，直接夺取了财权。

对韩世忠、岳飞来说，这个打击是突然的，却没有致命。因为他们还可以申诉，可以抗议，可以搞些小动作反对。

但是真正致命的打击瞬间到来，他们谁都没有想到，同为三大将，在裁撤之列的张俊第一时间表态。

——“臣已到院治事，现管军马，伏望拨属御前使唤。”

张俊已经到枢密院上班了！

这让韩、岳两人何以自处？是仍然反对吗？那样首先面临的就是军方的分裂对抗，三大将内讧，前线直接动荡，两位不是为国为民的忠臣良将吗，会忍心付出这样的代价吗？！

答案显而易见，韩、岳只能沉默。

哪怕被人背后捅了刀子，也要时刻坚守底线。这就是有原则的人的悲哀，总是束手束脚，觉得处处都是花瓶瓷器，不可以打碎，于是碎的就只能是自己！

这一切都在赵构、秦桧的计划之中，等三大将都到枢密院报到上班之后，赵构再次召见了他们。这一次，他这样说：

朕当初给你们一路宣抚之权，这很小。现在把国家军事首脑重地枢密院交给你们统领，这权力很大。你们要同心同德为国家服务，要团结，别分彼此，这样我们宋朝的兵力就联合在一起沛然不可抵御了。如此一来，像金兀术之流随时都可能扫除！

这段话，谁能挑出毛病来吗？

一路之权，与枢密院长官相比，大小的确不同，三大将变成两正使、一副使，可说总揽军队，理论上千真万确操执国家权柄。三人同在一间办公室里上班，随时沟通，的确也比从前远隔千里、随时斗气强得多。那么千对万对，哪里出错了呢？

韩、岳两人总不能直接喊出来你们搞阴谋诡计骗人夺权吧！

这就是政治。搞得每个人都心知肚明，却有苦说不出。甚至不是不能说，而是说出来了会更尴尬、更难堪，损失更大。

赵构，15年之后，他终于成长为一个合格的、超群的政客了。他上面对三大将说的那番话，并不是得了便宜还卖乖的浅薄表现，而是对下一步更重要的进程的铺垫。

三大将哑口无言之后，赵构以同样的论调向各军区的三大将原下属们发令。命令里宣告，“朕昨命虎臣，各当阃寄，虽相望列戎，已大畅于军声”。

你们的首领已经升官当了枢密使，不回辖区了。

有指示，“……凡尔有众，朕亲统临。肆其偏裨，咸得专达”。

你们统统归我指挥，无论是大将小将偏将准备将，都有直接向我联系的权利和义务。

有许诺，“……简阅无废其旧，精锐有加于初”。

大家不要心慌，归我指挥后不仅不会裁军，还会增加军队精锐。放心吧，绝对不搞一朝天子一朝臣。

有奖励，“……高爵重禄，朕岂遐遗。尚摅忠义之诚，共赴功名之会”。

高官厚禄都等着你们，我绝不食言。只要你们都保持忠义之心，就可以成批量地升官发财得奖状！

截至这里，赵构终于完成了这一系列的夺权程序，把三大军区从长官到士兵全体拿下。其行事目的、具体手段，跟150多年前那次著名的皇宫吃请相似。所以，很多史书称赵构这段叫“第二次杯酒释兵权”。

诚然，从目的性上来说，这没错。真的很像。南宋借此收回了兵权，再一次让军队为皇帝一人服务，从政权的稳定性上来说，做得没错。

但两者之间实在有太多的不一样了，根本没法类比。

赵匡胤裁撤了符彦卿、慕容延钊、韩令坤等老一辈战将，手边早就准备好了曹彬、潘美等亲信，何况他本人就是无敌将军，一生保持不败战绩。可以说，那一次杯酒释兵权根本无损于北宋的战斗力。可这时赵构裁掉了韩、岳、张、刘，南宋还剩下了谁？

更何况150余年前，赵匡胤只是举起酒杯稍微示意，立即周边所有军人全体驯服，不仅服从，而且从心里往外地感恩。

赵匡胤开历史之先河，于五代末期时以不流血的方式交接权力。这是伟大的勇气、伟大的仁德，外加伟大的强力才能成功地执行。

反观赵构这次，事先开始算计、分化，安插内奸。之后骗人进京，连夜颁诏，先斩后奏，歪理正说，同时还派人下黑手，接管军区要害……这招数用得阴暗卑劣，上不得台面，哪怕执行成功了，也和部下们结成了死仇，哪怕部下们不记仇，他自己都不安心。

于是，才有后来的事。

宋绍兴十一年（1141年）的四月中旬，三位前大将、现任枢密大人神色平和，动作舒缓，面带微笑，显得非常文人了，尤其是韩世忠和岳飞，两人角色转变得非常快，迅速把文官这一角色当出了独特的做派。

韩世忠上朝，有顶很特别的帽子，准确地说是一条头巾。该巾称作“一字巾”，据说以特殊手法缠在头上，显得与众不同。韩世忠每天戴着它上朝、下班，之后由几个亲兵陪着，在风景如画的早春时节的临安城里走走逛逛。心情很好的样子。

每天他站在桥头看风景，看风景的人都看着他。他的一字巾装饰了临安城，有些人气得脸色发青……

岳飞没有奇装异服，他一丝不苟地生活，每天上班下班很大众似的混在文官丛中。如果一定要说他有哪些不同的话，那就是他有时会解开衣襟，披襟雍容，很有悠闲之态。他有一笔好字，有满腹的诗书，有生来的见识，有传奇的经历。

这些让他迅速进入文人的世界里，并成为中心。但他很低调，每当被问及国事时，总是说，他于此时只想归隐山林，向往安静的生活。

以上，韩世忠、岳飞的工作生活态度怎么样？平心而论，绝口不提国事，上交一切权力，按时上班下班，行动不离领导视线。

还要让人怎样，才算是合格呢？！

可仍然出问题了。秦桧气得脸色发青，在韩世忠戴着一字巾招摇过市时，当岳飞披襟雍容与士大夫温颜聊天时，他非常不舒服。

我承认知识浅薄，对大人物们的心理变化把握不足。因为我实在是没看出来韩、岳如此举动犯了什么错，把秦桧刺激得越来越冲动，乃至提前实施了下面的计划。

三大将于四月中旬上班，到五月初时，一道皇命颁布——令枢密院正使张俊、副使岳飞出差去楚州，“拊循”韩世忠旧部，并把这支部队调动到长江南岸的重镇镇江府。

韩、岳之间，先从韩世忠开始清洗。

至于为什么，应该很简单，是个数字化的计算而已。岳家军之强，冠于当时，以一军压全国，这是不争的事实。这时虽然岳飞在都城处在被监管中，可鄂州仍然是前岳家军的天下，军队还是那些军队，将官还是那些将官，如果先动岳飞，刺激了那股力量，很可能会江山变色，玉石俱焚。

与其那样，还不如先解决韩世忠。

多年以来，韩世忠的力量在下降，韩家军的实力远不如从前，而他本人对朝廷的态度也没有最初时那样忠诚了。比如他反对宋金和谈，居然敢于私下出兵伏击金使。这是岳飞都没做出来的事，韩世忠不仅干了，而且连干了两次。

这让赵构把韩世忠的名字从忠臣名单上删了。在收兵权的全盘计划中，首攻韩世忠是早就制订好了的，在最开始时就露出了苗头。

韩世忠觉得自己资格老、功劳大，尤其是有苗刘之变时的救驾之功，与众不同。于是，在赵构明令三大将只许保留少数亲兵之后，多留了30多名背嵬军。这让赵构很不爽，他亲笔写诏书，命令韩世忠立即把多留的人赶回楚州。

在清洗楚州的行动之前，秦桧看似有意优待岳飞，私下里约见了一次。

这是岳飞、秦桧之间唯一的一次私下见面。准确地说，是单独见面。对岳飞而言，如果是纯私人性质的约见，他绝不会搭理秦桧。

他不止一次在公开场合声称秦桧是祸国的奸臣！这让两人之间没有半点和好的余地。

而在秦桧，什么都是有价格的，只要值得，他不会介意干任何事。比如约见一下岳飞，同时让脸上的表情甜蜜些。

秦首相提请岳副枢密关于此次楚州公干需要注意的事项，朝廷希望探明韩世忠历年的工作态度，搜集需要的证据，并着重强调了四个字——“且备反侧”。反侧，指不顺从、不安定。

这是指要岳飞注意，楚州方面的韩家军有可能不听话，会伤害你。也是在暗示，朝廷希望楚州出事，让那边的兵不听话。进而引申宋廷要拿韩世忠开刀，罪名就从这次楚州公干产生，由张俊、岳飞来提供。

这是赤裸裸的陷害和收买！

岳飞大怒，当场拒绝——“世忠既归朝，则楚州之军，即朝廷之军也。”这是宗旨。

——“若使飞捃摭同列之私，尤非所望于公相者。”捃摭，指搜集。让我岳飞搜集所谓的证据，恐怕要让你失望了。

秦桧气得立即脸上变色了。

几句话让两人的裂痕变得更大了。双方都愤怒到抓狂，而且理由充足。在岳飞，他说的是公理，这世上最正确的东西。难道平白害人是对的吗？！他当然要拒绝，甚至回击，让这个无耻之徒感到些廉耻！

而秦桧说的是现实，这世上最实际、最管用的玩意儿。靠这个才能活下去，荣耀下去，无数的史实早就证明了秦桧们的无敌，那么为什么好言好语地说话被咒骂鄙视呢？！岳飞，你为什么就不能知些进退，懂点好歹呢？！

双方都气得头晕，当天不欢而散，各奔前程。

岳飞走在去楚州的路上，知道了整件事的走向。其实对付韩世忠的行动已经在进行中，有人诬告韩世忠的亲信部将耿著谋反，耿著已被关押，并已经招供是受韩世忠的主使。光这一条就足以把韩世忠罗织进去，无数的罪名会不停地叠加起来，直到把韩世忠压倒。

至于秦桧私下里诱惑岳飞，不过是驱虎吞狼，进一步制造三大将之间的矛盾，让后面的事更加好办些罢了。知道了这些，岳飞的反应再一次证实了他为什么是岳飞。

韩世忠与岳飞是同等级人物，甚至资历更老、与皇帝的情分更重。他都被朝廷无中生有罗织罪名，那么在常理上岳飞应该警醒，应该胆怯，朝廷已经在杀鸡吓猴了，他应该变得识时务。

至少要明哲保身，置身事外吧。

可岳飞却连夜写信向韩世忠报警，通知老韩有人在搞事整你，快想办法。信及时送到，耿著的案子还没有定性，韩世忠第一时间赶去皇宫，求见赵构。赵构在短时间里回忆了15年间韩世忠的表现，发觉除了在抗金的态度上韩世忠不那么柔顺之外，一切无可挑剔。于是，他大发恩典，允许韩世忠进宫见面。

是允许见面，而不是免罪。

既然是态度上的问题，那么就要用态度来挽回。韩世忠的屈辱时刻来临，这位威风凛凛纵横一世无论何时都以铁血面目示人的韩大将军在皇帝的面前跪倒，“号泣”，举起自己伤痕累累仅剩四根且不能弯曲动弹的手指向赵构认错乞怜。

……嗯，这态度还过得去。

赵构满意了，愉快的情绪有益于回忆，他想起了更多的韩世忠历年的优秀服务业绩。他决定还是宽宏大量一些。

他微笑着下令，耿著一案至此了结。耿著“杖脊”，刺配海南。所谓的谋反只与此人有关，没有其他的涉案人员。

韩世忠的命保住了，至于楚州方面，一切还在继续中。

张俊、岳飞莅临楚州。岳飞直接入住楚州知州的衙门里，张俊不同，他在城外安营扎寨，搞得像行军打仗一样。

开始办公，第一步是清点兵籍。韩世忠从军近30年，韩家军威名震世，有太多神奇陆离的传说流传，到底怎样，谁也不清楚。这是有史以来第一次对它的公开清查。结果是惊人的，楚州独当一面，抗金10余年，使金军匹马不能渡江，除此之外，还不时进军北伐，做到这些，兵力居然只有3万。

岳飞不禁感叹，韩世忠真是一个非凡的人！

张俊在旁边无动于衷，他关心的是赵构、秦桧的指令。这时他掩上兵籍册，对岳飞说，飞，我们得把韩世忠的军队带到镇江府，这只是命令之一，更重要的是，得把背嵬军安全、完整地带到临安城。

岳飞不由自主地震惊，他的神情一定瞬间变得凶狠狰狞。张俊，你要干什么，这是在私拆韩世忠的嫡系，不仅要毁了这支军队，还要毁掉韩世忠的根基！

这是军队里最大的禁忌，只有南渡初期各大将整合军队时才用过这招。现在是什么时候，背后捅刀子居然这样歹毒彻底？

而这种事，无论如何都不应该由张俊来干。张俊、韩世忠是多年的战友，平时私交很深，是双重的儿女亲家，想不到一时的权贵利诱，就让他如此背信弃义。

岳飞再一次做出了回答。他说，国家只有你我三四人能战，恢复大计全在我们身上。万一以后皇上命韩枢密复出领军，到时候我们有何面目与他相见？

张俊哑口无言，像秦桧一样气得额暴青筋。

当天，两人各自气得头晕，不欢而散，各办各事。

岳飞很简单，他坐在楚州知州衙门里想心事，近期一系列的事闪电一样发生，让他措手不及，这都代表了什么，还会再发生什么，乃至就在眼下的楚州，秦桧一干人在已经扳倒韩世忠之余，还要再干什么？

这让他寝食难安，山雨欲来风满楼，劫难将至，大祸临头，他却猜不出问题出在哪儿。

可他清晰地知道自己无能为力，说到底，难道他能对抗皇权，对抗相权吗？

韩家军被肢解了，最精锐的背嵬军被带到临安，直接受禁军管辖。其余军队开赴镇江府。

一切如南宋上层建筑所愿。

七月间，张俊、岳飞回到临安城述职。岳飞等一大堆的报告说完之后，提出了自己的要求。他请求朝廷让他解甲归田。

赵构的回答让他再一次捉摸不定。

赵构亲笔写了不允诏。对岳飞的辞职，他这样回答——“……朕以前日兵力分，不足以御敌，故命合而为一，悉听于卿……以极吾委任之意。”

枢密使，军方至高官衔，岳爱卿，我爱你到了最高档。

就任才半个多月就想着辞职，真让人失望。现在你有机遇，有做事的权位，却说没法按自己的心意为国效力，说出去谁信呢？

是的，你的心里有疑惑，那么我们做点实事，让你产生被重视的感觉。张俊与你不和，是吧，那么把他调出临安，到镇江府去上班。中央枢纽之地，完全由你和韩世忠把持，这样你看如何？

岳飞沉默。

韩世忠沉默。

再一次被公开戏耍了。至高无上的皇帝啊，你为什么要玩这种把戏呢？枢密院在宋朝只是军方名义上的最高权力机构，实际上在首都有层层枷锁封禁着它的职能。而镇江府是哪儿，它是南宋长江防线的中间位置，本身聚集着张俊的全部军队，又刚刚吞掉了韩家军，这些加在一起，已经让张俊实际上控制了南宋的大半军队！

赵构却得了便宜还卖乖，说什么远调张俊，让韩、岳坐镇中枢……这让人除了沉默以外，还有什么办法？难道冷冷地一笑，说“皇帝，你真小人”？！

赵构所想、秦桧所思，都变成了现实。韩、岳军队被夺，军队肢解，在临安城半软禁，而国防全面交给了张俊。这时是七月末，两个多月之后，事情突然有了变化。

不在内部，而在江北。

金国的都元帅，威名赫赫、神勇无敌、征战无厌、很少获胜的四太子殿下金兀术再一次领军出征，侵略南宋。这一次他选的位置仍然是淮南路，正是张俊的防区。

张俊手握近30万精兵，与淮南一路金军抗衡，这是前所未有的优势。他不必做出怎样周密诡谲的安排，只需要陈兵列阵与敌正面交锋即可。

实力决定一切。

可实际的战局走向让每一个汉人惊愕。张俊居然坐在镇江府不动，全部精兵都固守江南不动，只是派出去一些侦察兵过江刺探军情，随时向他汇报。

淮南全境拱手送给金人，任凭掳掠蹂躏。

这是怎样的怪异荒诞疯狂！哪怕是当年北宋亡国，懦弱屈辱层出不穷，也从来没有过不抵抗！不说太原、真定等抗战名城，连开封陷落时也不是拱手让人。而这个张俊就敢冒天下之大不韪，开历史之先河，隔江坐视江北大片国土沦丧，坐视无数同胞饱受生死凌虐。

这样的人居然是当时南宋军方的最高首脑！

张俊还振振有词，他说纵观国际大势，南北就要达成和平了。这次金军侵略不过是因为上次柘皋之战丢了面子，回来出出气罢了。没必要过江交锋，很快他们就会撤退了。

言外之意，退一步海阔天空，与其冤冤相报，为何不高姿态些先让一步？为了和平，哪怕有所牺牲也是值得的。

一时间南宋朝野大哗，无数人弹劾指责张俊，连打定主意沉默到底的韩世忠、岳飞两人都没忍住。不为别的，哪怕从纯军事角度来看，张俊浪费了一次比从前更理想的机遇。

金兀术这次是来找死的，他的兵不仅少了，连粮草辎重都严重不足。女真人的短板从这时出现，这个民族在宋、辽两国的腐朽中迅速崛起，既没有根基也没有规划，除了最初时打仗勇猛之外，什么都很劣等。他们不懂管理，不事经济，虽说从原始社会过渡到半奴隶半封建社会，但十几年间很多事都只是知其然，不知其所以然。

这一点，他们比契丹人差远了。

在金兀术的管理下，开封城、燕云十六州等曾经举世最繁华的地区一片荒芜，满目所见，除了死人、死狗之外全是野草，搞得他亲自出征，都没了粮草。

在淮南地区一个多月的侵略时间里，这帮女真人饿得吃牛、吃马、吃俘虏，混得人不人鬼不鬼的。当是时，如果宋军调重兵过江，女真人将不战自溃。

天赐良机被白白浪费，韩、岳两人忍无可忍，各自写了一份奏章，一方面弹劾张俊，另一方面反对议和。这在稍有良知的人看来，都是在尽最基本的义务，可对赵构等人来说，是挑衅。

计划提前执行。

之前对岳飞的各步骤准备都可以收网了，秦桧组织了最高规格的弹劾队伍，由御史台、知谏院互动配合，御史中丞何铸、右谏议大夫万俟卨、殿中侍御史罗汝楫出面，搜集证据弹劾岳飞。

这是一项非常有挑战性的任务，三个人动用国家机器调查岳飞平生事迹，事无巨细一一考证，最后只罗列出三条“罪过”。

1. 岳飞工作态度恶劣。“日谋引去，以就安闲。”

2. 淮西之战，也就是第四次北伐结束的后一年，张俊搞出柘皋大捷那次，岳飞“坚拒明诏，不肯出师”。

3. 倡言楚州“不可守”。

以上三条，先不说对错，直接透露出一个真相。岳飞在绍兴十年第四次北伐之前的一切行为均无可挑剔，是品行完美没有瑕疵的人。

而这三条本身也都站不住脚。第一点，岳飞是写了很多次辞职信，甚至有一次自动解职罢工。这在封建王朝皇权至上的理念里很是大不敬，但是一来事出有因，每一回赵构都严重挫伤了岳飞的报国之心；二来宋朝有一个宽松的政治环境，官员辞职从来不是罪恶，反而是不恋权贵的清高行为。

至于后两点，前面事发时早已叙述清楚，淮西之战时，岳飞被各方面的命令所左右，被隔离在战区之外。楚州……相信直到这时，岳飞才会知道当时张俊为什么揣着明白装糊涂，不依不饶地一定要他表态。那是个坑，早就挖好了等着他往下跳。

# 第八章 莫须有

岳飞的心变得冰冷，一瞬间他仿佛置身于梦魇之中，这一切会是一个整体计划流程吗？！

他在冰冷中，在回忆里，弹劾已经进入另一个层次。

赵构亲自出面爆料，他认为，岳飞在楚州时于万军之前说楚州不可守，城防没必要修，完全是收买军人，达到加强个人势力网的目的。这样的人，让国家、让他怎么信赖！（“故其言如此，朕何赖焉！”）

秦首相第一时间跟进，表态说，岳飞隐藏得很深，他说这些话，别人未必能洞察真意，多亏陛下揭露。

这两句话在南宋官场引起爆炸性的动荡，皇帝、首相公开怀疑国家最强的将军、枢密副使大人的忠诚，这是之前十几年里所不敢想象的。

一时间下边说什么做什么的人都有，这就是机遇，顶级大佬们的摩擦，是珍贵的重新站队的机会。

岳飞努力地让自己冷静下来，事到如今，他必须做出决断了。

岳飞再一次辞职，他在奏章里写道，自己多年的“服务”很不到位，有这样那样的错误，请陛下保全于始终，让他远隐于山林。

有宋一代，优礼臣僚，再大的罪臣也不过是贬黜流放了事。岳飞提到保全于始终，已经充分地考虑到了事情的严重性，把后果往恶劣里预计了。

这一次赵构同意了，罢免岳飞公职，改任万寿观使，吃一份优厚的年薪，再不插手官场军队的事。这似乎很不错，岳飞被高高举起，又轻轻放下，从此无官一身轻，没是非了。

但是，有两件事也同时发生，全面联系起来，才会清楚岳飞此时的处境，以及赵构的真实目的。

岳飞罢官时是宋绍兴十一年（1141 年）的八月。这时，金兀术收兵回了开封，给赵构写了一封信。信里一通训斥、责骂、警告，把之前的战争全归罪于南宋的忘恩负义，而他是仁慈的，仍然不想毁灭一个曾经驯服温顺的仆人，所以写了封信主动骂人。

这封信由被扣押在金国的原南宋使者带回来，赵构、秦桧接到之后表面上诚惶诚恐，暗地里却心花怒放。盼星星盼月亮，终于盼来了这个意向。

该死的金兀朮，这个倒霉的孩子，当年好不容易达成了和平，他非要打。结果怎样，被岳飞打残了吧，现在没人扶着都没法过江了吧。这才知道议和的好处！

赵构立即写了回信，在信里承认一切错误，推卸一切责任，那都是几个前线的将军自作主张搞的！而他本人，是极其向往和平的，请“太保、左丞相、侍中、都元帅、领省国公”宗弼阁下代为向金国皇帝陛下转达。

既然议和再次摆上了日程，那么还需要放任岳飞吗？于是岳飞下课。

上面是岳飞被罢免的外部因素，在这之外就是关于岳飞的罢免诏书。中国的文字是很有讲究的，中国的官场哲学是很深奥的，国手布局步步紧逼，每一个进程都是后续手段的铺垫。

诏书里说，岳飞有“深衅”，“有骇予闻，良乖众望”，皇帝“记功掩过，宠以宽科全禄，以尽君臣之契，保功臣始终”，要岳飞“无贰色猜情，朕方监此以御下，尔尚念兹而事君”。

这些文字里处处都是陷阱伏笔，既承上，给岳飞的罢官定性为有罪；复启下，为以后可能出现的进一步处理留下了理由。

岳飞文笔佳妙，这份罢官制里的隐患明眼人一目了然，他有什么不知道的？有人劝他做些补救，比如求见皇帝进一步表白忠诚，或者罢官后哪儿也不去，就在临安城里养老，时刻处于官方近距离监视中，表示绝无二心。

岳飞没有。他轻车简从上路，回江州（今江西九江）的私邸去了。

岳飞孤傲萧索地远离了临安。

在他背后，临安城沸腾了。这是示弱还是挑战，是从此自绝于官场军方，彻底无害了，还是心怀报复，远离帝都，在外面暗地里联系旧部？

这是没法确定的，因为岳飞在理论上仍然羽翼丰满，岳家军没有外人能介入进去，只要两方面会合，仍然举世无双！

赵构、秦桧的行动迅速展开，第一步，先拆除了岳飞的幕僚班底。

在多年征战中，岳飞的周围集结了一大批心怀忠义的文人谋士，其中的首脑当然是李若虚等人。他们早在岳飞到枢密院上班时就被遣散到地方上当官了，可还是有 11 个人没走，他们哪怕被开除了公职，也仍然时刻陪伴着岳飞。

这时一纸调令，立即被拆散到天南地北。一点都不夸张，有到广南东路的，有去广南西路的，有去江南西路的，更有到南剑州的。

务必让他们没法互通声气。

幕僚零散，下一步轮到了军队。

八月下旬，镇江府枢密使大人张俊召集鄂州军方主管参见，要求先是王贵，再是张宪，要分批地来。这样能保证始终有一位主管留在鄂州坐镇，主持防务。

命令和顺序都无可厚非，下属们只能服从。

王贵先到了，张俊的接待是老朋友式的，两人聊了很多，话题渐渐转到了岳飞的身上。张俊回忆：“王贵，岳飞曾经狠狠地打了你板子，还差点杀了你。现在机会到了，想报仇不？”

王贵摇头：“这是军队里常有的事，谈不到那些。”

张俊索性摆明了：“这是秦首相的意思，只要你帮忙告倒了岳飞，一切好商量。”

王贵仍然摇头。他能成为岳家军的三号人物，能力不可谓不强，心智不可谓不坚，绝不是功名利禄所能诱惑动摇的。

“这样啊……”张俊笑了，“那，那就换个方式换个角度说事吧。王贵，某年某月某事，别以为别人不知道……”王贵呆了，他并不是彻底光明磊落的人，他可以不被利诱，却没法不被要挟！历史没有记载他到底是哪件隐私被张俊抓到了，可是当他从镇江府出来时，再不是从前那个人了。

九月初一，张宪从鄂州出发，去参见张俊，与他同行的还有赢官人岳云。他们会在路上走10天左右，事情就在这期间骤然变化。

前六天里一切平静，没有谁察觉到什么。第七天到了，一个叫王俊的人突然跳了出来，拿着书面文件指证张宪、岳云与岳飞勾结，要重夺军队，要挟朝廷。

王俊是岳家军里的重要成员，是前军统制张宪的副手。此人能力突出战功卓著，这都是他成为岳家军首脑的必备条件，而这之外，他还有一个外号，叫“王雕儿”。雕儿，指恶鸟，在鸟群里争咬生事，祸坏同僚。王俊就像这种恶鸟一样，是一匹害群之马。

这人用了巨大的篇幅来详细记录某天晚上他与张宪的交谈，内容是张宪对他说岳飞秘密派人送来了消息，要张宪把全部人马都拉过江去，进驻襄阳府。这样会让朝廷明白岳飞的地位，从而保证岳飞的安全，甚至重归军队。

这实在是罪大恶极，是地地道道的谋反！所以王俊出于忠义之心，把这事儿告发了。

由于篇幅所限，我无法把这篇告密信原文抄录。那里面有太多的破绽没法自圆其说，最显著的一点，抛开张宪、王俊之间早有摩擦，不可能把这么机密的事提早暴露之外，张宪之所以说得如此详细，居然是王俊一直在反对、在质疑，张宪像是要说服他一样，把各种隐秘一一告知……

滑天下之大稽！

这样拙劣的伎俩谁看了谁摇头苦笑，连王俊本人都做贼心虚，在告密信的末尾加上了一句话——“张太尉说，岳相公处来人教救他，俊既不曾见有人来，亦不曾见张太尉使人去相公处。张太尉发此言，故要激怒众人，背叛朝廷。”

没人来，也没人去，那么说仅仅是张宪发了一通牢骚话吗？这也是罪？！

不管是不是，这就足够了。王俊把这份告密信上交给了王贵，他的任务就算结束了。而王贵拿着这几张纸，心里游移不定，他绝对不想这么做的，可是却没办法……权衡之下，他把告密信上交给了荆湖北路转运判官荣薿。

荣薿却不接这个烫手的山芋，原件退了回来，至此无可奈何，王贵只好把东西交给了秦桧的死党林大声。林大声迅速转交给了镇江府的张俊。

这时，10天已到，张宪、岳云正好赶到了镇江府……

精确地控制，确保岳飞最嫡系最亲近的人自投罗网。

张宪、岳云进入镇江府之后，被第一时间关押。张俊下令就地审问，如有必要，可以动刑。刑讯逼供之意毫不掩饰。

可是却被手下人拒绝了。枢密院令使刘兴仁、王应求等说，按宋朝律法，我们枢密院无权开设刑堂，无权对任何级别的官员动刑审问。

张俊冷笑，那就都滚吧，由他亲自动手。

张俊等这一天很久了，长久以来他对岳飞的所有怨恨、羡慕、忌妒得发狂的病态情绪都得到了宣泄，他抓住了岳飞的命脉，亲手拷打岳飞最亲信的爱将，以及岳飞的长子！

这是怎样的快乐！

张宪被严刑拷打至体无完肤，岳云也一样，可是自始至终张俊都没能得到他想要的。他那颗蠢到了一定程度的脑子里能编出来的最完美谎言，不外乎说张宪接受岳飞指使，鼓动军队造反要挟朝廷，而在江西、鄂州之间充当桥梁的就是岳云。

可是证据呢，张俊觉得应该有一封信，可是信呢，实在是找不着……很好，那一定是张宪得到之后就烧掉了。

尽管很笨，尽管很蠢，尽管什么证据也没有，但是足够了。张俊带着这些想象中的罪名，押着遍体鳞伤的张宪、岳云去了临安，把他们投进了大理寺狱。

至此网已张开，只差岳飞入瓮。

要怎样抓捕岳飞，才真的体现出秦桧、赵构的“智慧”？他们根本没有大张旗鼓，而是正规地由首相下令，派禁军统领杨沂中出公差，带着“堂牒”去江西召岳飞进临安。

对付岳飞根本不必使用特殊招数，只要正规，越是正规的命令，岳飞就越是不会拒绝，哪怕前面是刀山火海，他也一样会跳。

杨沂中出临安赶往江西时，岳飞已经知道了些许的消息。他从前的一个叫蒋世雄的部将被远调到福建任职，在临安城里偶然得知了张宪、岳云被关押的消息，昼夜兼程赶到江西报信。

岳飞很平静，很多事从心头掠过，稍微动念间什么都清楚了。诱骗王俊诬告，牵连张宪、岳云入狱，最后罗织到他的头上……这与之前陷害韩世忠时的手段如出一辙。

怎样应对呢？

蒋世雄劝他要么学韩世忠，迅速进京向皇帝求情；要么就远走高飞，从此远离一切。反正万万不能坐以待毙！岳飞苦笑，他怎能去学韩世忠！

岳飞一生从未昧心低头，从未因生死富贵等事折腰！况且韩世忠于赵构曾有救命救驾之功，哪是他所能比的？思索再三，岳飞平静地叹息了一声，说——“使天有目，必不使忠臣陷不义；万一不幸，亦何所逃？”

老天长眼，自然护佑忠良……多么美好的愿望！

杨沂中在九月下旬的某一天到来，岳飞很平静地跟着他走了。十月十三日，岳飞重回临安城，没能见到皇帝、首相，直接下狱。

那一天，岳飞的轿子被抬进了大理寺。岳飞惊愕，他万万没有料到自己未经弹劾、申辩就被下狱。他大声问：“怎么把我带到这里来了？”

没有人回答他。

岳飞在大理寺门内下轿，只见四周一间间密室，都挂着厚厚的帘子，没有一个人。正四顾彷徨，有人出来对他说："这里不是相公坐处，后面有中丞相待，请相公略去照对数事。"

照对，即审讯。

岳飞不胜骇异，他为国家效力半生，竟然落到了被审讯的地步！

他跟着来人走，途中他突然见到了血肉模糊被锁在镣铐上的张宪、岳云。至此他终于知道自己是多么天真，他都想错了，本以为宋朝官场宽松，自己位极人臣，即便有处罚也不会严苛，哪想到自己的爱将、长子竟然身受酷刑！

此时，他只能继续走下去，在里面等着他的人是御史中丞何铸。此人是秦桧的亲信，不久前曾出面弹劾他，导致其罢官。

主审岳飞的是御史台长官何铸、大理寺卿周三畏。这两人问岳飞为什么要造反，是怎样造反的。

对此岳飞实在没法回答，这就像一只羽翼洁白的大鸟，被人问为什么你的翅膀是黑色的，你让它如何回答？岳飞只能笑了笑，说——"皇天后土，可表此心。"

他撕开了自己的衣衫，袒露后背，那上面有四个墨迹深入肌理的大字——"精忠报国"！

"精忠报国"……这四个字是中华民族的图腾，它不仅凝结着岳飞的八千里云月，印刻着他十五年间的勋劳，还激发了无数国人热血的报国志。不只是当时，八百余年后中国再一次面临亡国的危机时，国人都以它为口号走上战场！

它是神奇的，只在一瞬间就升华了一个人的灵魂。

何铸，他本是秦桧的亲信，不久前还弹劾过岳飞，在他的心里一定存在着很深的对岳飞的偏见。可是这一刻过后，他推案而起，结束庭审。他离开了大理寺，直接去找秦桧。

他为岳飞而辩驳，他要为岳飞脱罪！

那些所谓的证据破绽百出不值一驳，都是假的，是赤裸裸的栽赃陷害。面对这些，秦桧愕然，他不解这是怎么回事，何亲信怎么转眼间就像换了一个人似的，难道是发疯了，还是被岳飞收买了？他试着劝了几句，还是以大事为重，陷害岳飞为重……

哪知换来的是何铸对案情的一步步拆解，无论如何何铸都要为岳飞辩诬。至此秦桧终于拉下面具，他懒洋洋地抛出了底牌——“此上意也。”

这是皇上的意思。

他觉得这样就是结局了，何铸可以很心安理得地结束了，却不料换来了何铸新一轮的反击——“铸岂区区为一岳飞者，强敌未灭，无故戮一大将，失士卒心，非社稷之长计。”

秦桧终于清楚眼前这个人被岳飞洗脑了……他拉拢这人用了好几年，岳飞洗脑只用了这么一会儿。想想真沮丧，但也只能放弃了。

何铸被任命为出访金国商量和谈的使者，立即出国。岳飞的主审官换成了万俟卨。万俟卨与岳飞早有旧怨，他，贪利奸猾，被岳飞鄙薄过。这人怀恨在心，投靠秦桧，视岳飞为死敌。

万俟卨与何铸是不一样的，何铸有一颗没有泯灭良知的人心，知道公义道理国家利害。而万俟卨不管这些，他的眼中只有一己之私欲。从这一点来说，此人和秦桧、赵构是真正的同伙，有着本质上相同的底蕴。

为了荣华前程，管什么道德良心！

由万俟卨主审，岳飞的苦难开始了。这人颠倒黑白无中生有，不仅把前面提到的三项所谓的罪名扩大化，还罗织出很多岳飞曾经说过的造反的话。

比如，岳飞在升任节度使时说过——“三十岁建节，古今少有。”这句话就是明明白白的造反了，因为本朝三十岁建节的人只有一个，即开国太祖赵匡胤。

难道你岳飞在自比太祖吗？！

比如，岳飞曾在淮西之战后说——“国家不得了也，官家又不修德。”这是指斥辇舆，公开诽谤当今圣上。

又如，岳飞公开蔑视同僚，说张俊、韩世忠的军队不堪一击；还有最重要的两人问答，那是在第四次北伐不得不撤退的途中，某个夜晚岳家军众将闷坐在一座古庙中，长久的沉默之后，岳飞突然问：“天下事，竟如何？”

又是一阵沉默之后，张宪回答：“在相公处置尔。”

这是多么大逆不道啊，这一问一答不仅暴露了岳飞的野心，还坐实了张宪帮凶的身份，这一主一从是在试探众将的心，是在公开策反！

等等，等等，此类言语都在这时出炉，它们的可信度也就可想而知了。而这些，居然成了岳飞的罪证，并且由于是万俟卨收集的，被南宋官方所认可的，于是在后世几百年间不断被各色人等所引用。

后世纵然众口铄金，也总有心怀良知的人去维护岳飞的声望。可在当时，岳飞已然落难了，没有谁能庇护他，给予他哪怕一点点的公平。

万俟卨罗织了上面那些所谓的“罪证”，终于再次提审岳飞。公堂之上，此人赤裸裸地大声呵斥——岳飞，国家有何亏负你处，你父子却要伙同张宪造反？！

明明对方才是奸邪小人，如今却被这小人审问自己是不是谋反……这极度的荒诞彻底激怒了岳飞，他以更大的声音反驳——“对天明誓，吾无负于国家！汝等既掌正法，且不可损陷忠臣！吾到冥府，与汝等面对不休！”

说话间，岳飞须眉怒张，伸臂戟指，长时间的监禁冤屈让他无法自制。

就在这时，旁边的衙役忽然以杖击地，呵斥说——“岳飞叉手正立！”

岳飞猛然惊醒，这一瞬间他彻底清醒了，一生的事迹在心头闪过，三十岁之功名，八千里的征途，十万军卒的统帅，都已经是过往。

他现在只是一介囚徒！

连一个衙役都敢呵斥他……而下面的一幕更让他在清醒之余心若死灰。万俟卨说："相公说无心造反，你还记得游天竺寺时，曾在壁上留题说'寒门何日得载富贵'这一句诗吗？这是什么意思，既写出这样的话，岂不表明有非分之想，居心造反吗？"

这不是庭审，这是游戏。甚至这不是欲加之罪，而是在开玩笑，在岳飞的生死大事忠贞与否这样的前提下以所谓的"富贵"两字和谋反挂钩，这已经不是什么构陷，而是侮辱！

你是没罪，可我就是要玩死你，怎么样？

当是时，岳飞平静了下来，只说了一句话——"吾方知既落秦桧国贼之手，使吾为国忠心，一旦都休。"说完之后，他从此一言不发。

再没有什么好说的了，无法辩驳没有公正，还能说什么？与小人、与陷害自己的奸臣讲道理吗？岳飞只是忠诚，他并不天真。

万俟卨却不放过他。

小人落入君子之手，最多干脆利落地一死。君子落入小人之手，想死都没那么容易。这些年岳飞坏了他们多少好事，怎能轻易放过，怎能让他死得轻松体面？

岳飞在狱中受刑、沉默、一言不发，直至绝食，始终不承认自己有罪。而万俟卨一伙儿却出于多方面原因，如时局的变化速度等，不能让他很快就死。他们找到了岳飞的二儿子岳雷，让岳雷到狱中送饭，暗含威胁之意，逼迫岳飞活下去。

岳飞的遭遇渐渐地传到了狱外，这时的宋朝已经自残到了一个危险的临界点，满朝公卿大臣个个居安思危，人人明哲保身，没有谁敢站出来说一句公道话，更别提什么为家为国仗义敢言。总瞰当时，只有寥寥几人做了点什么。

上书鸣冤的是几位文士，有智浃、刘允升、范澄之等，其中智浃还是一个出家的和尚。赵构深居简出，能与之当面说话的只有极少数的顶级权贵，一位皇室成员赵士衺以全家百口人性命担保岳飞绝无反心。除此之外，就只有韩世忠了。

韩世忠已经是一介平民。他在岳飞入狱后的半个月时被罢免了一切官职，只以太傅的头衔领醴泉观使，每天闭门谢客绝口不提国事，不见任何军旅旧人，每天只带着一两个小童跨驴携酒，在西湖一带闲走散心。换句话说，他在用行动表示自己的决心。

当良民，保性命。

可是当他知道岳飞的事之后，仍然怒不可遏、无法克制。他找到了秦桧，当面责问岳飞到底有什么罪，这么长的时间了，到底查出了什么？

秦桧的回答是坦诚的，他的原话是——“飞子云与张宪书虽不明，其事体莫须有。”

这是一句空前绝后的政治流氓话，“莫须有”，可解释为也许有，可能有种模糊类性质。也就是说，岳飞等三人的罪，可能存在，也可能不存在，但就是这样，就可以判决定性为有罪了。

与其说肮脏，不如说跋扈；与其说丑恶，不如说霸道！这是明目张胆地草菅人命，谈笑间像游戏一样就草菅了岳飞的命。

韩世忠无可奈何，只能愤愤地说了句：“相公，‘莫须有’三字何以服天下乎？”就转身离去。至此，为岳飞鸣冤的举动到此为止。

一个民族的麻木、胆怯是多么明显，这在之前的北宋甚至南渡的初期是不可想象的。之所以这样，完全是几年以来赵构、秦桧糜烂风骨的结果。

截至这里，是传统意义上的韩世忠为岳飞鸣冤的桥段。我总觉得里边另有味道，仔细想了想，或许是“莫须有”这句太过著名的三字经会有别的解释方法。

何谓“莫须有”，为什么韩世忠听到之后立即离去？是被气着了吗？不，换个解释听听。韩世忠问原因，一脸的激愤，而秦桧却微笑着盯着他，轻轻地说：“……需要原因吗？”

莫须有。

需要有吗？

我就是要杀了岳飞，这是皇帝的意思，也是我的意思，你来问，我就告诉你。需要有什么原因吗？再啰唆，明天就是你！

本就自身难保的韩世忠，除了转身走开之外，还有别的路吗？也只有在这种震慑之下，才会再没有敢为岳飞说话的人。

何谓政治流氓，什么是上层建筑层面的道理？展示给世人看的是充满阳光味道的向日葵，隐在真相背后的却是血淋淋的尸体。

至此，岳飞成了南宋的禁忌，他被关在大理寺的重犯牢里，受酷刑吃囚饭，不见天日，无人过问。

时间一天天地过去，很快腊月近了。

南宋绍兴十一年（1141 年）的腊月近了。

# 第九章　天日昭昭

南宋与金两国在第一次议和的三年后达成了第二次绍兴和议。与三年前相比较，宋朝吃的亏更大。

条约规定，宋向金称臣，金册封赵构为皇帝；宋每年向金纳贡银、绢各25万两（匹），自绍兴十二年始，每年春季运至泗州缴纳；宋金东以淮河中流为界，西以大散关为界，以南属宋，以北属金；金归还宋徽宗棺椁、赵构的生母韦太后。

上述条款把岳飞历次北伐所得疆土，如唐州（今河南唐河）、邓州（今河南邓州）、商州、虢州全部拱手奉敌，更西一点，当年吴玠浴血苦战之和尚原、方山原等地也都在割让之列。可以说南宋在西南方面屏藩自损大半，而在中路地段则完全龟缩于淮水流域内部，自淮至江一片坦途，除了拿人命堆之外，没有任何堡垒。

如此苛刻还不算完，金国还有一些附加的小条款，林林总总如一道道枷锁套在宋人的头上，其中最著名的一条就是——不许以无罪去首相。

这是秦桧官途的最大保障，至此赵构突然发觉，对秦桧已经失控了，他再没法把这个贴心得力的首相操控于股掌之间！

这时是南宋绍兴十一年（1141年）的十一月间。离腊月还有近一个月的时间，岳飞已经接近于被蒸发。他为国家、民族所做出的贡献都丢了，而他本人也消失在公众的视野里。

考虑到之前他已经被罢免所有军职、官职，再参考自宋朝立国以来从未杀任何大臣，似乎他的命运已经迎来了新的拐点。

他将被释放，作为一介平民，或者流放的罪民平静地在边远的地区生存，直至他悄悄地死亡。这样，对帝国、对民族、对岳飞本人，甚至对赵构、秦桧等当权派都有好处。比如赵构可以被后世史书称为昏君、卖国之君，却不必顶着暴君、寡恩之君的大帽子。

这些问题后世人懂，当事人更清楚，毕竟这是些对自身利益敏感在乎到了极点的人。于是赵构沉默，秦桧犹豫，迟疑的时间长达近一个月，直至年关将至的某一天。

那天，秦桧躲在书房里，屏退所有人，一个人吃着柑橘，若有所思。他的嘴在动，他的手在桌子上橘皮间来回画着，心里还是一团乱麻，不知如何是好。

杀岳飞固所愿也，可民心怎样，军心怎样？万事都有底线，眼见议和达成，再出乱子是不是得不偿失……

这时有人走了进来，看他这副样子，很是鄙视。

——老汉竟然如此缺乏果断吗？要知道捉虎容易放虎难啊。

秦桧老婆王氏。这个北宋名相王珪的孙女，不知是秉承了什么样的血气而生，在她的身上找不出半点当年王珪雍容得有些愚钝、温良得不分是非的影子。她阴险刻毒斩尽杀绝，在某种程度上比秦桧还凶险。她以一颗妇人的险恶私心提醒秦桧，纵然岳飞是忠诚的，也不代表被关了这么久受尽酷刑之后，他不会起报复心。

宁杀错，不放过。

秦桧恍然大悟，心中乱麻瞬间斩灭。他伸手取过纸笔，随意写了一张便条，派人送去了大理寺。

万俟卨心领神会，很快交出了一份判决书“岳飞私罪斩”“张宪私罪绞”“岳云私罪徒”。不知是何用意，给岳云留下了一条生路。

这份判决书上交皇宫，出来时却被赵构稍微改动了一下——“岳飞特赐死，张宪、岳云并依军法施行。令杨沂中监斩，仍多差兵交防护。”

赵构把一切生路切断，务必置岳飞父子于死地。

南宋绍兴十一年（1141 年）十二月二十九日，是当年的除夕之夜，狱中孤寂冷清的岳飞突然被带到大理寺正堂，万俟卨等人拿出一份供状让他画押。

岳飞明白这是最后的时刻了，回望一生，注目眼前，满腔的怨愤让他提起笔来，写下了八个字——“天日昭昭！天日昭昭！”

苍天在上，乾坤朗朗，怎容得岳飞落此下场！天日昭昭，世有光明，但光明到底在哪里？于此时，岳飞对这个世界完全失望，只有把信念、把忠贞、把自己交托给虚无的上苍来证明！

岳飞死了。

相传他被毒死在大理寺院内的一座取名风波的小亭里。名为风波，其实暗夜无声。岳飞死于彻头彻尾的阴谋，没有一点点的公开。

没有公开的判决书，由于行刑的突然，这帮刽子手尽管掌握着国家最高权力，也没法及时走完程序。判决书要在第二天以倒填日月的方式来补办，更没有合法的程序，也没有公众的视线，不仅是他，连被斩首的张宪、岳云两人也是被秘密处决的。

三位未死于战场的英雄，在这个夜晚无声无息地被自己的国家杀了……这一年岳飞 39 岁，岳云 23 岁，张宪年岁不详。

岳飞被害后，按赵构的命令，他将被草草埋藏在大理寺的某个墙脚下，世间将从此无人知道岳飞的下落，他将被毁尸灭迹。

赵构、秦桧只差一点点就成功了。

还是在那天夜里，人都散了之后，有一个狱卒悄悄地返了回来。他挖出了岳飞的尸体，一路过街穿巷，出临安城西北的钱塘门，到了九曲丛祠附近北山山麓的一块平地上。

岳飞被安葬在这里。

这位狱卒为他立了一座坟，坟前种下两棵橘树作为标记，碑上刻的是“贾宜人之墓”。多年以后，当岳飞的沉冤被昭雪之时，这些都是寻找英雄尸首的证据。除此之外，岳飞遇害时手上还有一只翠玉戒指，是他的夫人送给他的信物。

岳飞死了，作为近千年以来强大到战无不胜、完美到无可挑剔的英雄，他的死成了一个民族的心结。一个国家为了得到侵略者的施舍，竟用杀掉自己最强最忠诚的将军为代价，而当时的形势是这位将军已经将侵略者击败！

这是为什么呢?

做这样亲者痛仇者快的事，做到如此不留余地的程度，秦桧或许可以定性为国贼汉奸来解释，可作为南宋皇帝的赵构为什么也会，难道他也是一个汉奸吗？！

三国时鲁肃曾说过，任何人都可以投降曹操，偏偏孙权不可以，别人投降后可以继续做官，孙权却不能。根据这一理论我们能够得出结论，赵构不是汉奸，因为不符合他的利益。可他就是这么干了。

为什么呢?

800余年以来，各个时代的专家学者民间精英们总结出各种各样的理由，试图还原当时赵构的思维。

之所以杀岳飞，不外乎下面几种原因：

第一，岳飞不听话。

可是宋朝官儿的特色就是不听话，文官能当面痛骂皇帝，能写奏章从灵魂到肉体全方面贬低皇帝，不仅不会被杀，还能既成名又得奖。至于武将，不听话就更普遍了。比如同时期的四大将之一刘光世，此人无论是剿匪还是抗金，想干才干，不干就不干，赵构硬是拿他没办法。

所以听话与否，根本无关紧要。

第二，钱。

岳飞等四大将，或者加上吴氏兄弟，成五大藩镇之势。不去说唐朝死于藩镇的前车之辙，只说当时赵构所面临的局面。

南宋地域之小，作为一个正朔王朝来说已经不够格了。尤其是战乱之末，加上花石纲之末，金兀术搜山检海捉赵构之末，已经等同于在废墟上重建国家一样。在这种情况下，连年战争不止，军费开销巨大，五大藩镇时刻伸手要钱，这如何得了?

尤其是各藩镇辖区内军、政、财三权全盘自负，各有土地、酒、铁、盐等国家物质出产，如此一来此消彼长，赵构不收军权不撤三大将不杀不废韩、岳，眼见得国将不国！

理由看似充分吧。

可宋朝从来都是以钱买权高薪养官，甚至拿钱养饥民成军队，全额支付军人所有家属的国家。这是宋朝的立国之本。

钱少了就杀人……而且杀到如此厚颜无耻、凶残阴晦，只能说有几分道理，却不足以采信。

第三，上书请立皇太子。

这是历年总结出来的岳飞致死原因。具体经过是在南宋绍兴七年（1137 年）的九月、十月间，也就是岳飞上庐山守孝，奉旨不得不下山领军的两三个月后。

那时他和岳家军的随军转运使薛弼一起去临安述职。他们坐船去的，在路上岳飞某天很严肃地对薛弼说，他要做一件大事。

之后，岳飞经常一个人在船舱中提笔写字，内容不许任何人看，直到进入临安城。

岳飞当面把写的东西念给赵构听。据记载，岳飞突然失态，他的声音不再洪亮，他的手颤抖了，勉强把奏章读完，脸色已经变得死灰一样。

这篇奏章是请赵构册立皇太子。

赵构很安静地听完，很平淡地回答说，爱卿你很忠诚，可你是在外手握重兵的大将，这种事由你提出不合适。

岳飞失魂落魄地出了皇宫。

薛弼在他之后觐见，一见面赵构立即把刚才发生的事说了一遍，他希望薛弼一会儿下朝之后去见见岳飞。因为岳飞的神色间似乎不大高兴，需要人劝解一番。

第二天，赵构又把这件事告诉了当时的首相赵鼎。赵鼎大怒，斥责岳飞的鲁莽粗陋不守本分，更进一步断定这一定是岳飞的某些乡村秀才出身的幕僚出的主意，本想着取悦朝廷，哪知道适得其反。

综观上述，每个稍有历史常识的中国人都会叹一口气，唉，岳飞，这事真是办拙了啊。国之将帅关注储君，这是最犯忌的事，怎么能轻易去碰呢？纯粹是找死！

所以岳飞才会在朗读中突然失态，这证明他当时才意识到这件事有多出格，后果有多么严重。由此更能证明岳飞是多么低能，像小学生一样，送出卷纸的一刹那，才知道自己的答案多荒唐。

可是有一个细节一般人就不知道了，早在岳飞之前的六年，上虞县的县丞娄寅亮就曾经给当时正在流亡中的赵构上书，建议在宋太祖赵匡胤的子孙中选一位册立为皇太子。

县丞说得，岳飞说不得？

很多人会说，对，就是县丞说得，岳飞说不得，因为县丞手里没有兵，说什么做什么都无关大局，不敏感。很好，有道理，但真正的内幕要在下一个问题时综合来说，才知道对错。

第四，迎二圣回国。

这是公认的岳飞最大的失败。他天天念着要把徽、钦二帝救回来，真要是成功了，置赵构于何地，难道要他把皇位让给老爹、哥哥吗？

如果不让的话，置封建礼法于何地？尤其是当初他就任大元帅时的使命很清楚，钦宗是命令他带兵救人的，他可好，自立为皇了，于情于理，哪方面都站不住脚。

而岳飞念念不忘徽、钦二帝，纯粹是自绝于赵构。为了皇位，赵构必杀岳飞。

这观点简直错到了唐朝去，只有唐朝人才会不知道宋朝事，稍微知道些史实的就不会犯这个错误。事实是自从宋绍兴五年（1135 年），宋徽宗赵佶死在五国城之后，岳飞就在任何场合、文字中绝口不提迎回二帝的事了。

那不是因为徽宗已死，没法迎回，而是当时女真人有了一个阴谋。他们声称要把钦宗或者钦宗的儿子赵谌送回开封，由他们重组宋朝，以此取代江南的赵构，建立所谓的宋室正朔。在此前提下，岳飞怎么可能再提迎回二帝之类的话？

那样，等同于配合金国，做女真人的应声虫。

由此，岳飞在1136年之后，在任何场合都不再提迎回钦宗的话，在文字中也精心做过处理。比如就在请立皇太子风波的南宋绍兴七年（1137年）的一份奏章里，写的是——“……异时迎还太上皇帝、宁德皇后梓宫，奉邀天眷归国，使宗庙再安，万姓同欢，陛下高枕无北顾之忧，臣之志愿毕矣。”

说得多明白，只提棺材不提活人，只说天眷不说具体人，一切的终极利益都紧守赵构一人，岳飞在这方面是非常清醒非常成熟的。

由此更证明了请立皇太子一事的真相，在金国欲扶植赵氏傀儡上台时，岳飞主动提议赵构立养子为皇太子，这是无可挑剔的忠诚！

哪怕这会激起时值壮年的赵构的强烈不满，岳飞为国家的安定也会一往无前地去做，并且在做的过程中绝不会有上面所说的面若死灰、手抖身颤等丑态！

为了诋毁岳飞，从古至今有无数别有用心的人非常用心地去做。

这也不是，那也不是。然则原因到底是什么？这时我们需要让自己的视觉调整个新的角度，无法正面解释的，不妨先设定它成立，即岳飞幸存着，一直活了下去，直到十几年后，甚至几十年后，那时历史会怎样，赵构会怎样？

历史的车轮会一直滚滚向前，直到所谓的和平条约被打破。

自有人类历史以来，两国之间从来没有永远的和平。这是一条铁律，一般来说，受过高等教育的赵构应该会知道。

但是他很不情愿，他相信的是祖宗家法，以及刚刚过去不久的成例，即北宋、辽之间的百年和平。参照那时的历史，最初时辽国也曾咄咄逼人，可是军事对冲之后，两相无力，只好互相妥协，于是一直妥协了下去。

这时，金与南宋之间的强弱关系已经互换，与当年北宋、辽处于和平临界点时很像，那么为什么不能缔结又一个百年和平呢？

障碍就是岳飞。

前面提过北宋、辽的百年和平，就是这样人类历史上绝无仅有的超长期友谊，也曾经被人为地波折过，好几次滑向战争的边缘。试问一旦南宋、金之间出现这种状况，必须说明的是，参照和平无永远之铁律，这是一定的。

那时岳飞在，局势会怎样？

这个命题不必去假设，因为它在十几年后就发生了。金海陵王南侵，南宋屏藩尽废耆宿凋残国中无人，只好把老病将死的刘锜派上前线。可就是刘锜，就让不可一世的海陵王挨了当头一闷棍。可以想见，当时如果岳飞仍在，以岳飞之能，以他不到 50 岁的年龄，战争会发生怎样的变化？

南宋之胜可期。

可是之后呢？

挟大胜之余威，岳飞展平生之抱负，于战争中大放异彩，赵构唯一的选择仍然和第四次北伐时一样，硬生生地扼住岳飞前进的脚步……

历史真的在转圈了，就算第二次阻止岳飞仍然成功，而岳飞也仍然继续忠贞，不会借机造反报复，可总这么折腾，总踩在刀刃上过日子，谁都受不了吧！

于是，问题再回到原点。

想真正解决问题，只有杀掉岳飞！这还是把目光放至无极远，从根本处考虑问题得出的答案。如果想得平实些，事情就更简单了。

王氏提醒秦桧捉虎容易放虎难，这是一个把事情看得很透的女人。与此同时，相传还有另一个小人物也得出了同一个答案。

那是一个狱卒，他负责看守岳飞的牢房。某一天他像说闲话一样地对岳飞说，皇帝既然已经把你下了重狱，就绝没有放你的一天。

皇帝与最强的将军一旦反目，绝没有再次共处的可能！这是另一条铁律，放之四海而皆准，绝无例外。

岳飞之死是必然的，置他于死地的是赵构的偷安、怯懦、阴毒心理，更是他本身超出时代限制的能力。岳飞凌驾于同时期的所有战将之上，即便宋、金双方，都找不出与之匹敌的人物。人们习惯性地把完颜宗弼当成他的敌人，把韩世忠当成他的伙伴。可这两个人，从能力到品德、志向都与之相差甚远，根本没有可比性。

金兀朮不去说了，一个常败将军而已，一个战场上的低能儿，说起阴谋策反什么的倒是专家。而韩世忠也让人失望，《宋史》关于他的评价是："……世忠在楚州十余年，兵仅三万，而金人不敢犯。"

除此以外，不见他拓地复疆，不见他兵锋直逼旧都开封！越是关键时刻越见其软弱，根本指望不上他。所以韩世忠可以活下去，他没威胁。

岳飞不一样。

说到功劳和业绩，不得不提吴玠，他是唯一 一个与岳飞相近的南宋将军。南渡之后，他是最先重创金军的人，是收复失地、阻敌于国门之外、保全南宋之上流关键地带的人。他的下场很不错，病死的。其实就算不死，也不会到大理寺里去吃牢饭。

因为吴玠沉迷于享乐。炼丹、女色，是他的最爱，他甚至还送美女给岳飞，可是被岳飞拒绝了。他爱这些享乐高于生命，英年早逝在这些东西上……这让赵构放心，这代表他是可以收买的！而岳飞和他的军队"冻死不拆屋，饿死不掳掠"，宣扬"文官不爱钱，武臣不惜死，天下太平矣"，这让别人怎么活呢，让别人怎么与他共存呢?

很久以前，我曾经放下《宋史》默默地想一件事。岳飞为什么会成为让中国人念念不忘的精神图腾，甚至是武圣人呢?

他当然是武圣人，比关二哥强多了。

关羽生于乱世，不认诸侯认皇室，千里寻兄古城相会……这些事是很忠心很义气，但相比岳飞格局就小了很多。

汉末之争无非是本民族内部的事，两宋之间则关乎民族危亡，两者没有可比性。而岳飞百战百胜神武天纵，更不是关羽所能比的。

可直至今日，很多人怀疑岳飞构陷岳飞，寻章摘句罗织罪名诬蔑岳飞，却没有谁质疑关羽。关羽的塑像随处可见，他由将而侯升王晋帝成神，变得至高无上，而岳飞只能屈尊于西湖边被害地附近凝望每天的晓风残月。

这都是为什么呢?

甚至早些年时，我也曾经得出一个当时觉得沾沾自喜蛮高明，现在回想却很惭愧的答案——岳飞之所以那么为人所怀念、所乐道，在很大程度上是因为他的命运是维纳斯女神的胳膊。

女神的塑像是没有胳膊的，这种残缺就像是岳飞的未竟之志。试问如果他北伐成功、灭亡金国、迎回二帝等愿望都达到了，那么他在历史上的地位，在中国人心中的形象，会高于他战胜金国却死于莫须有的罪名这种真实的命运吗?

我想很难，甚至是不可能的。因为赵匡胤、朱元璋等重兴汉统的伟大皇帝都没有岳飞式的神圣光环。于是那时我想，是残缺的美感，悲剧的命运，以及本可以成功，最后却更加屈辱憋屈的南宋国运，让国人一直沉迷追问于一个可能性。

——如果岳飞没死，如果岳飞成功了，如果岳飞索性反了……中国的命运会怎样?在这种猜想追问中，岳飞的地位不断攀升，直到光环满身。

当年我自喜于这种发现，现在我很惭愧。

岳飞死在自己对民族对国家的坚守上，他并不是以所谓的聪明来生活的，所以，所有想以理智的态度去解构他的想法，都注定将进入误区。

岳飞以他一生的作为，证明了一个无瑕疵的英雄形象。他在中国历史上是独一无二的存在，哪怕在他个人的列传中，史书曾以另一个人的遭遇来类比，那是南北朝时南朝刘宋的大将檀道济。“昔刘宋杀檀道济，道济下狱，瞋目曰：‘自坏汝万里长城！’”

刘宋杀了檀道济，不久亡国。可檀道济骄奢淫逸，自奉丰厚，对外作战也未能予北朝以致命打击，怎能与岳飞相比！

在和约达成，杀死岳飞之后，赵构疲惫且满足地靠在宝座上，回望十余年来的奔逃求和路，一时间感慨万分。

——“朕今三十五岁，而发大半白，盖劳心之所致也。”真是不容易，终于和平了！可以恢复到靖康之前的美好日子了。

他身旁的秦桧微笑附和，是很不容易，这一点谁都同意。但是更不容易的已经开始，赵构的新生活绝不是他当初想象的那样甜蜜美满。

就像婚姻。

赵构与秦桧的关系进入了一个新的阶段。之前，赵构是未婚的美丽女孩儿，可以对秦桧颐指气使，予取予夺，而秦桧低声下气为博取欢心不计代价。可赵构抛弃了岳飞，选择了秦桧，在这之后他才发现女孩儿的婚后生活真的是不一样啊。

# 第十章　一个民族的堕落

开始时还不错，赵构得到了礼物。半年之后，他父亲的棺材和活着的生母韦氏回来了。这是他名义上哭着喊着不惜举国称臣自毁长城所乞求来的，所以迎接的力度堪称巨大。

不料他亲妈就是个棒槌，见面之后对秦桧、张俊等顶级宰执视而不见，对亲生儿子也不大理会，直接问谁是韩世忠，在北边大名鼎鼎，俺早就想见一见了。

……现场一片寂静。

好在韦太后迅速进入角色，从此之后该说的说，该做的做，该忘的全忘。比如她从五国城离开时，全体被掳赵宋皇族女子集体凑钱给她饯行，她答应回去之后立即动员赵构为她们想办法，好在江南再聚；比如临行前钦宗皇帝跌跌撞撞地跑来，攀着车轮对她哀求。

——“蹛之，第与吾南归，但得为太一宫主足矣，他无望于九哥也。”一定要救我回去啊，给个宫观闲职就行了，绝没有其他的想法。

曾经的九五至尊，声泪俱下惶惑难言，谁见了谁难受。韦氏也被感动了，她当场发誓，放心，一定帮你，不然瞎我的眼睛！

听到这样的承诺，钦宗才放开了手，看着韦太后的车驾渐行渐远，消失在遥远的南方天际。那是他今生最后的一根救命稻草。

可韦氏把他忘了，把北方所有的亲族都忘了。顺便提一下，后来她真的瞎了。

至于该做的，是她杀了一个人。这是一笔陈年旧账，很多年前还曾经抚慰过赵构孤独的心灵。那是在南宋建炎四年（1130 年）左右，宋军剿匪时抓到了一个年轻女人，她自称是柔福帝姬，也就是北宋皇室的公主。据她说，她千里迢迢逃过长江，被匪徒抓获，直到由官军解救。

经北宋皇室逃到江南的为数不多的一些旧人验证，她的确是由懿肃贵妃所生名叫嬛嬛的公主，唯一的疑点是她的脚是天足，与公主自幼守持的习俗不符。她对此的解释是千里奔逃有时光着脚，所以它回归大自然了。

这让赵构的心更加悲恸，为此，他加大了抚慰这位难得的亲人的力度。他主持了柔福的婚礼，每年都大加赏赐，近10年间累计达到40多万贯。

可韦氏归来后，声称柔福帝姬早已死在了北方，这个是假货，金国人一直为此而笑话赵构。

赵构大怒，派人审讯，结果韦太后说的是对的，该帝姬是一介民女假冒。她本是开封城里一个美貌的女孩儿，逃亡中结识了一个柔福帝姬的宫女，从而知道自己长得和柔福很像，进而突发奇想去冒充，从而骗了所有的人，得到十余年的富贵生活。

结案，她被杀了。

这件事是不是另有隐情，真相到底是怎样的，年深日久，证据泯灭，无法考据。只有两个同样是传说的信息可以参考一下。

1. 赵构为生母韦氏改了年龄，刻意加了10岁；

2. 韦氏在北国15年，与金将生有两个儿子。

两相对照，联想第一时间杀柔福，内幕呼之欲出。无非是一些皇家的脸面，无非是一些中国封建式的遮掩。不去说它了，毕竟只是一些无证据的猜想。

从这时起，韦氏过上了好日子。她在临安城的皇宫深处唯我独尊，每顿饭少吃一点，她的儿子都会忧形于色、坐卧不安。母慈子孝矣，宋人楷模矣。至于赵佶的棺材，没经开棺验明正身就直接埋进了土里，仿佛里面有什么机密，很怕人知道。

至此，宋、金两国和约内的条款基本达成。两国各取所需，土地、人口都交换完毕，各自收心过自己的小日子。

随着这一时刻的到来，某人的好日子也到头了。张俊，南宋军方唯一的大佬，他躺在杀岳飞、拆军队、坐视金军肆虐的功劳簿上很享受，觉得皇帝、首相都离不开他，他会按照当初的约定，继续统领军方，无限级地尊荣快乐下去。

连过河拆桥都不知道，杀了岳飞、拆了军队、签了和约，还要你这个军方大佬干什么？秦桧随便找个理由就罢免了他，让他也成了闲职人员，回家躺银子堆里数钞票。

张俊百死不足赎其罪，但这时他出事，却难说大快人心。在他被罢免之前吴玠死、韩世忠废、岳飞死、刘光世早退、刘锜转文职、牛皋被毒死、王贵不久后也失去军职……这一系列事件联系起来，就达到了秦桧的目的。

彻底肢解南宋军力。

两宋之间所有中兴名将全部凋残，此后不和又怎样，想反抗只是白日做梦！

这是所谓的和平第一要务，只有先做到这一点，才能谈到长治久安。这之后，赵构的噩梦开始了，走进了婚姻的殿堂，得到了梦寐以求的平衡，他突然觉得自己生不如死。

他失去了一切。

国家不外乎军、政、财。军事上全灭，政治上赵构居然也全面失守。他是堂堂的南宋开国皇帝，和议前手操国家权柄，生杀予夺随心所欲，连岳飞也死得悄无声息。可是和议刚刚达成，他突然间发觉形势变了。

秦桧头顶着上位宗主国颁发的首相豁免权，把南宋帝国最高行政长官的位置变成了不动产，这是一颗汉人官场上从未见过的妖异种子，它迅速生根发芽衍生出了一大片无边无沿的罪恶森林。

先是从“秦”字本身开始，凡是与秦桧的姓氏有关的人都鸡犬升天。他的兄弟们、儿子们、孙子们都跻身官场，飞黄腾达，哪怕刚刚出生，还在襁褓之中就有三品官位在身。

再从身边最近的姓氏扩散出去，王氏妻党。

秦桧妻王氏是北宋名相王珪的孙女，名门望族枝繁叶茂，哪怕历经靖康之难、建炎南渡等一系列摧残，仍然是皇皇巨族。王氏的叔伯辈不去说了，光她的兄弟们就有一大堆。

王氏一族“凭恃权势，恣为不法”“凌夺百姓田宅，甚于寇盗”。在南渡之前，姓王的人“以城投拜”，是彻底的投降派，在南渡秦桧得势之后，为非作歹到匪夷所思。

南宋官场上流传着一段相当著名的段子。吴县的县太爷某夜突然派人去敲平江府知府大人的大门。半夜三更，知府大人硬是被叫了起来，问什么事，回答居然是县太爷喝多了很难受，听说你这儿有咸齑汁，来取一瓶……拿顶头上司这么涮着玩，怎么看都是找死吧。

不然，这位知府还真的忍气吞声去库房拿了一瓶送人了事。为什么呢？只因为这位县太爷姓王，叫王子溶，是王氏的兄弟王唤的儿子。

大家知道姓王的人有多么嚣张了吧。可是他们仍然很不开心，因为站在秦姓旁边的不只有他们一族，还有另外一家姓林的，从某种意义上说，秦、林之间靠得更近。

林某出自福建路兴化军仙游县，是名不见经传、足不出本省的乡下人，可他的儿子林一飞却远涉千里被一纸调令调到了秦桧的身边，与首相大人朝夕相处无距离接触，随意出入内宅没任何禁忌地融入了秦家的生活。因为，他是秦桧的亲生儿子。

王氏一生不育，秦桧怕老婆。他的儿子秦熺是王氏的哥哥王唤小老婆生的庶子，在他们夫妻被掳在北方时替他们立的养子。秦桧回来之后尽管不喜欢这个便宜儿子，但还得谢谢大舅子王氏的哥哥，因为这是在替他秦家延续香火，是恩德。可他真的就没有自己的骨血吗？想到这点，秦桧是伤心憋气窝火。

早些年时，他有个妾曾经怀孕，他大喜过望，王氏怒发如狂。她立即赶走了这个潜在的敌人，勒令从此不得再进秦家门，哪儿来的滚哪儿去，直至天涯海角大宋帝国的边缘！于是该妾只能大着肚子远行万里去了福建……秦桧欲哭无泪，无可奈何。

此一时彼一时也，如今秦桧已经是终身制首相，位极人臣，威压皇帝，某一天却悲从中来。试问这一生他到底为谁辛苦为谁忙？于是林一飞到了他的身旁，这样他才觉得生活有了光彩，有了新的动力，足以支撑他更长时间地为陛下服务。

上面的三方：秦桧的家族、他老婆的家族、他亲生儿子的家族，是他的不动产。

这些人可以为所欲为，虐待欺凌长江以南所有的人，甚至互相撕咬，都没问题，都由秦桧摆平。而在他们之外，就变成了动产。

也就是说，没有谁是不可以替换的。

先是秦桧的敌人，这些人时刻更新换代，在漫长的岁月里，无论谁冒出来，都只有一个命运——被打倒。他们被贬到天涯海角，或自杀或病死，唯一的反抗方式就是忍着，在不知终点的路上等待不知道会不会出现的阳光。

再就是秦桧的帮手。

秦桧权倾朝野，按说他会不断地壮大自己的队伍，直到放眼望去，全是他的人，这样才是利益的最大化。不，这样想，完全是外行人的臆测。

成功的上位者一定会让手下们变成流水线，谁也别想在某个位置上坐太久。秦桧通常会提拔重点培养的新人先去台谏部门工作，去弹劾执政。

两三年间努力完成任务，则迅速上位变成了执政。这让下一批苗子心花怒放，看，为秦首相工作就是有前途。

于是新一代的言官上任，他们去弹劾新一代的执政……这就是秦桧驾驭官场的手段，每两三年换一届言官，去弹劾政要，继而代替政要，再去等待下一届言官的弹劾。如此流水不腐，户枢不蠹，确保秦桧的地位永远高大神圣，不可接近。

当然，这样会导致曾经的亲信心生怨念，比如万俟卨。这人害死岳飞之后，又出使金国，觉得自己从内到外，从本国到邦交都已经完善，可以自立门户了，于是开始拒绝秦桧。那么结果只有一个，他被冷冻了，终秦桧余生，万俟卨绝迹于官场。

还有一些简直是无妄之灾，比如秦桧的同乡巫伋。他先言官再执政，终于熬到了权力顶峰，终日小心翼翼生怕有半点地方触怒秦桧，却不料百密一疏，居然倒在了聊天上。

秦桧某天心烦，想找人聊点家常，于是找到了自己的老乡巫伋。秦桧出身边远，一介寒门，沉浮于乱世之中，居然位极人臣，忆忆苦，怀怀旧，是莫大的享受。于是他问："近来家乡怎样，有什么新鲜事吗？"

巫伋全身僵硬，迅速思考老秦想听什么烦的是什么，思来想去，觉得军、政、商、文都敏感，只好把话题选在了神话传奇上。

他说："最近家乡出了个术士，神算惊人，近来有所接触……"秦桧突然大喝一声："他是算你什么时候当上首相吧？！"

巫伋就此下线……

如此这般，整个宋朝官场笼罩在白色恐怖气氛下，每个人都惶惶不可终日，充分地体验着什么叫活在当下。而这，也导致了赵构的前院失守。

话说中国的皇宫也不外乎就是一座店铺，其格局也是前院办公后院私宅，秦桧这么搞，赵构的办公室是改姓了，至于后院，也不大好说。

秦桧精心布置，让赵构在后院深处也全方位透明。皇帝的后宫生活基本上有两大区域：一个是读书，即经筵；一个是嫔妃，睡觉的地方。宋朝规定，经筵官是独立的，尤其不能由言官兼职。嫔妃更是独立的，不能影响朝局，更不能结交外臣。这些都被秦桧打破了。他把言官们派进赵构的书房里，又帮助吴贵妃当上了皇后，更和赵构的私人医生拉上了关系。

这位医生名叫王继先，负责修复赵构最缺失的那部分功能，其权威性、隐私性决定了赵构对他既依赖又敬畏，不敢有半点的违逆。

秦桧、王继先组合，把赵构吃得死死的，让他在宫里宫外找不到哪怕一点点的藏身之处。当他意识到这一点之后，他觉得生命已经被操于别人手中！一点都不夸张，秦桧终结了他的政治生命，王继先掌握着他的个人生死……长此以往，何以安身？！

从此之后，赵构在裤腿里藏了一把匕首，理智告诉他，这不会有很大的用处，可是他需要。在幽深广漠的皇宫深处，他一个人孤零零地生存着，这把匕首是他唯一能百分之百相信的防身工具。

南宋绍兴二十年（1150 年）的正月。这时距岳飞被害已经过去了八年，时移世易，英雄的尸骨早寒，权臣的气焰熏天，南宋早已是一潭冰冷混浊的死水。

上至皇帝下至小民，每个人都在秦桧的压制下小心翼翼地活着，最大的奢望不过是平安。

这一天晨光未露，冬季的天空还是黑暗的，上早朝的官儿们从临安城的四面八方向皇宫方向会集，最引人注目的那人也出了家门，乘大轿从望仙桥出发。

一路平静，直到途经众安桥时。一条人影突然从桥下的阴暗处跳了出来，持刀砍向秦桧的轿子！这一刀是有宋以来距此 190 年间仅有的一次有人向闻名朝野的奸臣行刺！

这一刀不知积压了多少的仇恨，有力且突然，哪怕秦桧的轿边有众多护卫，也没能第一时间阻止。可惜的是这人不是要离，而是荆轲。他一刀下去只砍断了一根轿杆，却没能伤到轿里的秦桧。之后惊醒过来的护卫们一拥而上，这人寡不敌众，被生擒了。

秦桧惊魂未定，立即回家私设公堂审问。这位刺客直言不讳，说了自己的姓名、职业。他是前殿前司的一名小军官，叫施全，至于为什么行刺，理由更是简单——“举天下皆欲杀虏人，汝独不肯，故我欲杀汝也！”

不是什么私仇，为的是民族大义。

秦桧恼羞成怒，下令在闹市中处斩施全，从此以后每次出门都带着 50 个手持大棒的护卫，时刻防备刺杀。南宋官方发布公文，严厉谴责暴徒行凶，置国家王法于不顾……这件事很快就平息了，但余波久久荡漾，在民间越传越神，比如施全是岳飞的部将，行刺国贼既是为国除害，也是为忠心耿耿死于冤狱的岳元帅报仇，云云，之后更有施将军庙、塑像与岳武穆神位毗邻，如此，等等。

施全行刺事件过后，秦桧大病了两个多月，再露面时要由自己的子孙们搀扶着才能上殿办公，言行举止在一段时间内很是萎靡不振。然后时间长河在流淌，刺客威胁不再出现，秦桧的气焰再次变得嚣张。长江以南仍然是一潭冰冷混浊的污水，直到宋绍兴二十五年（1155 年）。

这一年，秦桧的事业还是如日中天，就是不偏西，可身体却不成了，在九月时衰弱到了没法出门的地步。就算这样，他仍然在努力地工作着。

他有个大计划，要一次性地解决所有的遗留问题。比如处死所有的政敌，像张浚、张光、胡寅等；处死所有政敌的子孙们，如赵鼎、李光的后人们。这个计划紧锣密鼓地进行着，赵鼎的儿子赵汾已经被抓进牢里严刑拷打，突破口定在他身上，由他开始这些人犯的都是最恶劣的叛国罪。

13 年来秦党操作这类事早就是熟练工人了，到十月下旬时一桩铁案已经铸造成功，大理寺的判决书写好了，法定程序只剩下了最后一关，即秦桧签字。

可是秦桧却再也无暇顾及这些，他本人的判决书就快颁布了，他的健康成了他的死穴，病入膏肓时就是终点线。

赵构蠢蠢欲动，秦桧真的快病死了吗？这需要试探……没等他试探，秦桧先来试探他了。秦桧几次上奏承认自己身体垮了没法工作，要求辞职。不仅自己辞职，还连带着儿子孙子一起辞。

真的吗？

赵构没有轻举妄动，毕竟耳听为虚眼见为实。他决定亲自去秦府探病，看看爱卿到底近况怎样。而秦桧唯有苦笑，被动会失势，主动会招灾，如今皇帝亲自过府探病，一个应付不好，立即全盘皆输。当此时，到底要怎么办？

这一天是当年的十月二十一日。

秦桧病骨支离，勉强穿上朝服与赵构相见。时间凝聚在这一刻，这一天秦桧 66 岁，赵构 49 岁，距他们初相见时已经过去了 25 年。

距秦桧独相时已过去 17 年，距岳飞被害时已过去 13 年……这么久的光阴长河里，两个人是亲密还是提防，是制约还是死仇，万般关系交织在一起，真是满腹心事，欲说起却一字难提!

两人长时间地互相凝视，赵构没有说话，秦桧也一反常态，持续地沉默。好一会儿之后，秦桧像是悲从中来，突然间老泪纵横。

赵构也流了几滴眼泪，他拿出一条红色的手帕，却没有擦向自己的腮边，而是递给了秦桧。这一幕让周围的人松了口气，往日里积攒下的骄横放肆之心顿时复萌。

秦家长子秦熺凑了上来，问了他最关心最急迫知道的事情："陛下，谁是下一任的首相？"

这事儿很急，秦家之所以权倾南宋，是实际意义上的江南之王，都建立在首相这个位置上。眼见着秦桧快死了，这个位置无论如何都要保在秦家人的手里。准确地说，就是秦熺的手里。

可是没这么问的，如果秦桧还有劲，铁定一个耳光甩过去，这个白痴蠢材猪头，哪有半点秦家人的脑子？！

皇帝亲自来探虚实，他病到这惨相瞒都瞒不住，见了面勉强赚点眼泪钱，没想到刚刚见效换来一条手绢，立即就被这猪油蒙心的蠢仔破坏了。

果然，赵构转眼间就翻了脸。他冷冷地回了一句——"此事卿不当与。"这事儿和你没关系！这简直是一声霹雳，这不是在说谁当首相你没决定权，而是在直接表态，首相没你的份儿。

赵构转身出门，秦家鸡飞狗跳，秦桧失魂落魄倒回床上只等断气，秦熺跑出门去四下找人，把秦家控制多年的台谏官都召集了起来，要他们立即写奏章推荐他当首相。

趁着老头子还有口气，一定要把这事儿办成！

到底是野种，没有半点秦桧的遗传。这败类把事情想得太童话了，赵构既然敢当面撕破脸拒绝他，当然不会再留情面。

赵构回宫，连夜召见直学士写罢官制。秦家祖孙三代，从秦桧、秦熺到秦埙全体致仕，别说首相了，连公职都保不住。

这份致仕诏书成了秦桧的催命符，他在第二天咽下了这辈子的最后一口气。这个前所未见的国贼终于死了，这个作恶到中国历史上独此一份的卖国贼终于死了！

却没法让人高兴。

整个南宋先是陷入了一片欢腾之中，无论军政商务王爵庶民每个人都酌酒欢庆，几天之后就都消停了。秦桧是死了，他家的官也罢了，可他家的人却没有死。除了被王氏恨到了骨头里的林一飞被贬官至岭南之外，没有任何人有什么后果。

相反，赵构还在正式场合声明，当初议和完全是他本人的主张，秦桧不过是个办事人员。之后，13 年间的政府工作也完全由他个人领导，秦桧是一个忠诚本分的公务员，如此而已。

这样还让人怎么追究？还怎么判定卖国之类的卑劣行径？

很多人不理解赵构为什么要这样做，他被不间断地欺负了 13 年，终于熬出头了，还替施虐者善后，难道他是个受虐狂吗？和秦桧攻守组合了这么多年，对方死了还意犹未尽，回味无穷？

其实很正常，赵构为了安宁是舍得付出任何代价的。可以杀岳飞，为什么不能忍秦桧？哪怕被欺负着，被禁锢着，哪怕对方死了，也要在这条路上坚定地走下去……所以，他必须宣布秦桧是好人，政策更是好政策，南宋与之前完全一样。

从这个意义上来说，秦桧的人死了，可精神还活着。

话说官场有言：“升官发财死老婆，此乃人生三大乐事也。”这也适用于这时的赵构。13 年了，他终于守得云开见月明，重新恢复了独立和自由。

好事成双，半年之后一个更大的喜讯从北方传来。他的哥哥，那位名义上永远的、从未退位的宋朝皇帝宋钦宗赵桓也死了。

赵桓之死有三个版本。

第一个是正史所载，他先在五国城坐牢，又被迁到上京会宁府居住，1153 年，也就是秦桧死的前两年时，金国皇帝自上京迁都燕京，把他也随军带着。又三年之后，他在燕京病故，终年 57 岁。

金国将他葬于永献陵（位于今河南巩义市）。

第二个最权威，《辞海》《中国历史大事年表》等权威刊籍都采信了这一版本，认定宋钦宗赵桓一直被金国关押在五国城，直至其死亡。

第三个版本是流传最广的，在南宋绍兴二十六年（1156 年）的六月时，金国皇帝某天不知哪根筋拧了，突然想举行一场别开生面的马球比赛，由前辽国末代皇帝，时年 82 岁的耶律延禧对阵北宋末代皇帝，时年 57 岁的赵桓。

比赛开始，拼抢激烈。两位末代皇帝都看出架势不对，各自展开了自救行动，其风格与各自在亡国时的状态分毫不差。

耶律延禧当年一路疯跑，广阔的辽国大地就没他没逃过的地方。这时他 82 岁了，仍然身体健壮马术精良，他决定再逃一次，有多远跑多远，反正绝不等死。

他纵马飞奔，结果没跑过金军围观部队的长箭，被射死了。

赵桓很镇静，哪怕死到临头，仍然视而不见。就像当年金军已经杀到城下，他还是命令各路勤王兵马都滚回原地一样。他骑在马上静等命运之神的羽翼遮住他的头顶……他在混乱中摔下了马背，死于乱蹄之下。

以上三个版本，谁也不知道哪个是百分之百真实的，哪个又出自何种心情的杜撰。唯一可以确认的是宋钦宗死了，赵构终于成了唯一的幸存者。

再也没人能威胁到他的皇位了。

他得到了全部——所有想要的东西！

可是别急，错事一定会引来错的结果，这是颠扑不破的真理，所争的不过是它来临得早一点，或者晚一点而已。

宋钦宗死后的第五年，赵构的和平安逸之梦就碎了。

# 第十一章　金亮之虐

金国一直是南宋的宗主国，按逻辑推算，它的每一位皇帝都应该活得比同时期的宋朝皇帝风光得多才对。严格地说，这没错，可对照一下就会发现，那实在是非常有限啊。

徽、钦二帝在北方为什么一直受虐待？

答案：金太宗过得一样憋屈，比他们强不到哪儿。甚至这人会无比愤恨地想到，这俩俘虏曾经享受过的是怎样的神仙生活啊……是他的想象力发挥到做梦的程度都没法创意出来的！

不虐待你，这世界还有“公平”二字吗？

轮到金熙宗与赵构这一对时，情况仍然没有变化。赵构在江南被金军追得鸡飞狗跳，随时准备下海；金熙宗在北方以16岁的未成年年龄受制于一大堆如狼似虎的叔伯辈强人，只能在夹缝中求生存。

赵构在江南剿匪、抗金、压制北伐、杀岳飞，每件事都做得艰险无比、骂声一片，几乎搞得举国成仇、身败名裂；金熙宗在北方驱虎吞狼，在夹缝中一点点地谋杀了一个个金国强人，把一个个威名赫赫的叔叔、伯父送进地狱，只留下了金兀术一家独大。

绍兴第二次和议终于达成。

赵构在江南主仆易位受制于秦桧，丧失全部权力，每天委屈度日，过着狼狈不堪的生活；金熙宗终于把金兀术熬死了……他的好日子来临了吗？

不，更抑郁窝火的生活开始了。

由于金兀术在以往十几年里的活跃表现，我们还是先说一下他最后的时光，以及他应该得到的公平的评价吧。

金兀术死于安乐，绍兴和议达成，他晋升为金国的太师、领三省事、监修国史、都元帅、领行台尚书省事、越国王，可以说独掌大权，权倾天下。他死在烈火烹油、锦上添花一样的富贵中，从某种意义上来说，他真的是成功人士，而且他个人的成功是建立在他的国家富强的基础上的。由此，可以确定，他是金国的功臣，他的确是金之兀朮。

女真语，兀朮是“头部”的意思。

那么怎样评价他呢？我个人觉得，他像麦哲伦。

葡萄牙航海家麦哲伦在人类历史上有着重要意义，他用航海证明了地球是圆的。这无论如何是一个壮举，具有划时代意义。所以每一个中国的孩子在教科书上都知道了他是一个气宇轩昂、衣饰华丽、理想远大、重于实践的伟大人物。

实际上呢，他也是一个丑恶的海盗。

他的生平浓缩在菲律宾群岛中的一块石碑上。这块石碑正、反两面都铭刻着文字：一面上写着人类伟大的航海家、冒险家麦哲伦先生在此岛逝世；另一面上写着丑恶凶残的海盗麦哲伦在此地犯罪时被当地的原住民当场击毙！

完颜宗弼的一生也可以这样总结。

一方面，他对宋朝来说是一个屡战屡败、不停挑衅、没有勇气、败了就使阴招的可耻敌人，一生中极少表现出一个战士的本质，却每每以战士自诩，简直是不知所谓；另一方面，他为自己的民族的利益尽了一切努力，尝试了所有手段，最终还成功了。

如此而已吧，还能说什么呢？

金兀朮终于死了，金熙宗桎梏尽去，一身轻松，是真正意义上的金国皇帝了。这时，他 29 岁，年富力强，学识广博，顺便说一下，他从小受的是全盘汉化教育，师资力量比赵构当年差不了多少。这些年来，他的政府、他个人的形象都有极其明显的汉化特征。举一个小例子，就在不久前他曾经外出打猎，向导把他误带进沼泽里，搞得他步行出来，满腿污泥。

就算一个平常人，这时也不免破口大骂。有权势的人，肯定会动用皮鞭或者刀子，让那个混账向导用哀号声来平息他的怒火。

可金熙宗没这样，他一笑了之，上马回家。

这是多么仁慈的心性，这是多么宽厚的胸怀！就算在汉族的贵人中也不多见吧。可是金兀朮死后没几年，这人突然没白天没晚上地喝酒，酒后性情大变，周围的人不是被鞭子抽就是被刀子砍，在一个月之内，他居然亲手杀了他的皇后……

这种反差显然不正常，其原因用现代人的目光来审视的话，不难得出答案。比如年龄和压力，金熙宗 16 岁登基，这一年才 30 几岁。这段时光正是一个人最青春、最跳脱、最富有想象力的岁月，可他却没法享受，只能在无尽的危机、压抑、刀兵血火的算计中度过。

这要积累下多少的负面情绪啊！

好不容易云开雾散了，却迎头撞上了一面更加坚硬、长久的墙——他老婆。金熙宗的皇后裴满氏出自女真大族，金国开国皇帝完颜阿骨打的几位皇妃中就有裴满氏的族人。这位皇后耳濡目染，从小被培养成了一位杰出的全职女性，就职之后把她老公搞得欲仙欲死。

按说皇后的地位是非常高的，从概念上来讲，她与皇帝是一体，两者没有高低。可无论怎样这是个男权社会，再强势也得让男人有点起码的面子吧？

比如职场上，再比如欢场上。

裴满氏一律无视，她醋味极重，她男人贵为皇帝，可只能与她一个人亲近，别说外面的野花，就连合法的嫔妃们也必须隔离；她权力欲旺盛，皇宫里唯我独尊远远无法让她满足，她如月的皓臂从皇宫深处伸出来，一直伸到了皇帝的宝座旁边，指指点点。

可怜的金熙宗，他工作的时候不仅要留神满殿的虎狼之臣，还得小心着后宫的虎狼之妻。长此以往，哪个男人受得了？

以前是不得不受，在忍受一大堆神勇的开国完颜的同时，顺带着忍受她。可大权独揽之后，这个疯狂的女人不仅没有产生敬畏及时收手，反而变本加厉了，她觉得形势大好，她的权力地位也得水涨船高……让金熙宗怎么办？

管教、冷宫、废除，这是后宫的三大管理手段，身为皇帝只需要对照执行就可以了。可这不适用于金熙宗，他饱受折磨的身心习惯性地遇到压迫就隐忍，隐忍，再忍，直到……爆炸。

金熙宗忍无可忍，剁了这个了不起的全能女士。平心而论，这实在是很血腥没必要，但是应该给他以足够的理解。

只是他收不住手了。见了血的刀子像是一道被冲开的堤坝，积压了15年的怨毒像洪水一样冲了出来，爆炸中的金熙宗觉得整个世界都对不起他，身边每一个人都是坏人，他受够了，再不想忍了，只想痛痛快快地报复、报复、报复！

在这个过程中，很多人血肉横飞屁股开花。注意，这些人无一例外都是权贵，以及经常出没于金熙宗身边的亲信。再注意，这些人都没死，只是被打出了血，捅了几个洞而已。

据此而论，金熙宗这个人还是心有善念的，没有借酒装疯以势压人，随便草菅人命。那么这代表什么呢？是事情还能挽回，他发泄够了之后恢复正常，金国长治久安？

错了，他就死在了这点残存的善念上。

女真人立国已到三代，其本性仍然凶狠野蛮，根本没有汉人礼教中的什么君君臣臣父父子子的啰唆，对于他们来说，欲望是本真而直接的。比如权力、金钱、女人和安全。这是他们的全部，无论谁威胁到了这些，都必须去死。

哪怕那个人是他们的皇帝。

金熙宗在发泄中打了一个侍卫100大棍，该侍卫叫大兴国；打了一个亲戚一顿板子，这个亲戚叫唐古辩，还有一大堆的人旁观，据记载他们被吓得整夜发抖睡不着觉，大家商量了一下，决定先下手为强，杀皇帝。

南宋绍兴十九年（1149年），金皇统九年十二月九日夜，这帮人带刀进入金国皇宫。大兴国是侍卫，有进宫符信，唐古辩是驸马，内廷熟悉，这让一切进行得静悄悄的，直到摸到了金熙宗的寝宫大门外。那一天，金熙宗和往常一样喝醉了，由于他每天都要砍人，所以手边常备一把宝刀。同样由于每天都要砍人，所以谁都躲着他。

寝宫内声息皆无，突然大门被撞开，一群人蜂拥而入！

黑暗中宿醉的金熙宗突然惊醒，他习惯性地向床边摸去，想抓起他的宝刀。可是什么也没有，夜是那么黑，来的人是那么急，他只来得及在床沿上划拉几下，刺客们就到了。

第一刀时他仍在找，第二刀时他倒下了，也许这时他会发现他随身的宝刀原来就在床下不远处，可什么都晚了。

大兴国是他的贴身侍卫，事先只是把刀从床上放到床下而已。之后的几刀是真正致命的，砍他的人牢牢地按着他，致使他喷溅出去的鲜血染红了这个人的头、面、衣衫（“血溅其面及衣”）。

金熙宗至死也不会相信，杀他的人居然是完颜亮。他俩在幼年时曾经生活在同一个屋檐下，那时金熙宗6岁，完颜亮3岁，两人不仅是同血脉的族人，还有亲兄弟一样的过往！

刺客们在皇帝的血泊中喘息，他们成功了。完颜亮在他族兄的床上坐下，确立了新一代金国皇帝的地位。这时天将破晓，他换上龙袍走向前殿。

完颜亮开工，金国一片血色。

他做的第一件事是宣召女真皇室当时资格最老的两个亲王——完颜宗敏、完颜褒上殿。这老哥俩当天还真在一起，已经喝了一夜的酒。两个醉醺醺的老完颜见到了一群杀气腾腾的小完颜，顺便说一下，主角完颜亮这时才 28 岁。

他下令立即处死曹王完颜宗敏，理由只有一个，这老头儿是金太祖完颜阿骨打的亲儿子，只此一条，必须杀了！

白发苍苍的老王爷不甘被杀，在金殿上“左右走避”，躲避武士，结果“肤发血肉，狼藉满地”，就在大殿上被当场杀死。

完颜亮是第四个金国皇帝，他是开国皇帝完颜阿骨打的直系后人，那么杀了亲叔叔除掉潜在的竞争者之后，就收手了。

轮到了金太宗一系，完颜亮诬陷金太宗的子孙们谋反，派人四下追捕，把散布在广阔的金国大地上的金太宗子孙自东京留守完颜宗懿以下 70 余人全抓起来，一个不饶地都砍掉。

金太宗绝后。

之后轮到了完颜秉德。这个人是杀金熙宗那晚上的同伙，位高权重造反坚定，是完颜亮的好帮手。可“杀”字临头，一样全家都死。杀完之后，人家惊醒，咦，这人原来是大太子完颜宗翰的孙子呀……完颜亮也发现了，那好，除了他全家外，搜捕完颜宗翰的其余子嗣 50 多人，全杀了。

完颜宗翰绝后。

在这一大堆的尸体里，有四个人是独立的。他们是完颜亨、完颜亨的儿子完颜羊蹄，以及完颜亨的两个老婆。尸山血海，按说四个不算什么，可杀了之后金国立即动荡！

因为他们分别是金兀术的独生儿子，单传孙子，以及两个儿媳妇。怒的人说这真是疯了，杀谁也不能杀金兀术的单传子孙，那是女真人的英雄；也有人报以冷笑，这就是报应，当年金兀术屠兄杀弟，首开金国皇室自相残杀之端，这时天道轮回，也让他自家尝尝滋味！

完颜宗弼绝后。

杀完勋贵杀功臣。

那天晚上合伙闯进金熙宗卧室的人，只有三个活了下来。一个是完颜亮本人，一个是大兴国，还有一个是完颜亮的妹夫完颜坦贞。

大兴国升官发财，在完颜亮当政期间，此人稳如泰山；完颜坦贞很久之后和儿子们一起被砍头，孙子们却都保全了下来，其中一个外孙大有来头，就是后来的金章宗。

这是仅有的两位幸存者。

总结一下，完颜亮杀了很多人，基本上都是男人，至于女人，据传说都被他收藏了。具体的情况请参照明朝人写的画本小说《金海陵纵欲身亡》，里边的内容是相当限制级的，以至于让人怀疑它的公正性。但是，又有《金史·后妃传上》与之前后呼应，那可是正史啊，是女真人自己主编的，难道也有假?

不好说，存疑吧。

综上所述，完颜亮是一个没有半点人性的色鬼屠夫。没错，这就是他在历史中的定位。可是与这些相比，另一些事就被人选择性忽略了。

比如政治。

完颜亮一边杀人如麻，一边大刀阔斧改革金国。之前，金熙宗把女真祖制改为汉族的“三省六部制”，这很好，可完颜亮不满意。因为还有官职制约着皇帝。他把“三省六部”改成了“一省六部”，三师、三公等职务都成了虚衔。元帅府、都元帅也都撤销，军权由皇帝直接掌握。

比如文化。

公正地说，完颜亮是一位文学天才，女真族最杰出的诗人。

他的诗性是飞越的，他的思维是灵动的，他的表现是豪迈的，单以天赋论，哪怕在宋朝，也是一等一的诗才。

他曾有言：“大柄若在手，清风满天下。”

他曾说：“生有三志：第一，国家大事尽出吾手；第二，率师伐国，执其君长，问罪于前；第三，得天下绝色而妻之。”

他曾经作过一首《念奴娇·雪》：

天丁震怒，掀翻银海，散乱珠箔。六出奇花飞滚滚，平填了山中丘壑。皓虎颠狂，素麟猖獗，掣断珍珠索。玉龙酣战，鳞甲满天飘落。

谁念万里关山，征夫僵立，缟带沾旗脚。色映戈矛，光摇剑戟，杀气横戎幕。貔虎豪雄，偏裨英勇，共与谈兵略。须拼一醉，看取碧空寥廓。

以上，尽是男儿之赏心乐事。

宋朝有首词传到了北方。

柳永的《望海潮》：

东南形胜，三吴都会，钱塘自古繁华。烟柳画桥，风帘翠幕，参差十万人家。云树绕堤沙，怒涛卷霜雪，天堑无涯。市列珠玑，户盈罗绮，竞豪奢。

重湖叠巘清嘉，有三秋桂子，十里荷花。羌管弄晴，菱歌泛夜，嬉嬉钓叟莲娃。千骑拥高牙，乘醉听箫鼓，吟赏烟霞。异日图将好景，归去凤池夸。

柳永并不是一味地婉转凄凉，不是永远陷在温柔乡里不知死活，单以这首词而论，用作杭州市旅游宣传词怎么样，还有比它更好的吗？

完颜亮被它迷住了，江南、钱塘、临安……拥有！他要以最豪壮的声势、最宏伟的举动，把这枚明珠揽为已有。

完颜亮下令在金国辖下的各族，凡是年满20岁以上、50岁以下的都要从军。在这种力度下，集结起来的军队达到了传说级，很多的版本都没法确定到底是多少。

按完颜亮自己说，他南征的军力是500万；

据完颜亮本人写的那首最著名的诗采信，是100万；

据宋史大家王曾瑜先生考证，此次南征完颜亮自将中军是17万人，浙东水师7万人，西蜀道、汉南道共7万人，合计31万大军。

就算只是31万吧，看一下这对当时的金国意味着什么。按照《中国人口通志》里的数据，金国当时的人口总户数是550万户，总计人口为3600万人左右。于是可以得出，这次战争，金国约每100人养一个兵。

怎么个养法呢?

首先是马，金军上阵一般是一人配两匹马、三匹马，此时金国内部的契丹大起义还没有爆发，养马地很安全，又经绍兴和议的十余年的休养，马的集结在原则上是没有问题的。可是实际运作上困难重重，竭尽全力连公务员的专用马都没收了，也只搜刮到近60万匹。

运输途中损耗了十分之一左右，这样等到临战前，部队的马远远达不到要求，最多只有八成；还有粮。

30万大军，按每人每天一斤的饭量算，每天就是30万斤。按宋时亩产量120斤左右计算，那就是每天要吃掉几千亩的产量。

跟百年不遇的大蝗灾差不多了。

有人会说，粮食每天都要消耗，这些人哪怕不当兵一样得吃，所以这笔账算错了。不，这里有个最根本的区别。

金国的军队不是府兵制，不是平时种地战时出征。他们平时是纯粹的手工业者、农民，可以养活自己，向国家缴税。可当了兵就是兵，开始了纯粹的消耗。

一出一入之间，是国家成倍的负担。

以上还只是小投入，只是维持军队的最基本存在条件，最大的开销——武器，还不包括在内。说到金军的武器，它们是非常有特点的，某些方面做到了中国历史上的极致。

他们的弓箭很简陋，甚至是原始的。史籍中记载的最强弓不超过七斗，既不美丽，也不强劲，简直像是土著用的。

七斗，岳飞的弓力是三石！

这就可以知道为什么在和尚原等地，宋、金两军对射的时候，女真人溃不成军了。弓力不强，箭支也很少，女真骑兵上阵，通常携箭不超过 100 支，最多时 300 支。这远远无法与后来的蒙古军队相比。可就算是这样，乘以 30 万的庞大基数，其数量也极其惊人了。

这是女真军队的短板，再看一下它的强项。

金军骑兵的特点在一个“重”字。他们披重甲，甲合 58 宋斤，约合今 70 斤，加上一顶只露出眼睛的头盔，以及披在马身上的马甲，重量会超过 100 斤。这还只是普通的骑兵。如果是全副武装的精兵的话，他们会是——“人马皆披甲，腰垂八棱棒一条或刀一口，枪长一丈二，弓矢在后，弓力不过七斗，箭支不满百。”

这些东西林林总总，在当时都是专业作坊才能做出来的高端产品，它们都是钱。

乘以 30 万基数的钱！

以上仍然还只是标准配置，真正的特需工具还得另算。比如攻城要云梯、鹅车，水军要海鳅、楼船，行军要帐篷，运粮要民夫，等等，等等，已经消停了十多年的金国一下子极速运作起来，怎一个“难”字了得。

所以，完颜亮需要充足的外交接触时间。

完颜亮读书有成，非常清楚金国是怎样从宋朝那儿赚取到最大化利益的，那从来都不是在战场上，而是在外交上。为此，完颜亮派出了他的第一拨使者。为首的是前北宋进士，时任金国礼部侍郎施宜生。

施宜生心怀故国，本不愿出使，到了江南之后忍不住像闲聊一样，对南宋人员张焘说："今日北风甚劲。"

张焘不解，施宜生拿起桌上的笔，敲了敲桌案，又说："笔来！笔来！"

张焘猛醒，这是在暗示金军必将南侵，而且为期不远。

这个暗示的代价极其高昂。

施宜生回到金国之后，全家被抄斩，他本人更是被扔进锅里活活煮死。如此惨烈，宋、金两国的官场却都波澜不惊。

# 第十二章　杀死完颜亮

完颜亮集结金国能召集起来的全部军队，对外号称百万，史料记载60万，专家分析31万，浩浩荡荡向南宋出发。

如此军力，分成了三条战线。其中最东端是浙东道水师，由完颜郑家奴、苏保衡率领，共7万余人，由海上直入两浙海域，突入内海在临安登陆，直接打击南宋的首都。

中路主要在淮南战场，也就是当年中兴四大将中张俊的战区。那一片地域广阔，大多是平原地带，有利于大兵团展开。这一路由完颜亮自将，是全军中的主力所在。

最西端照例是川陕一带，完颜亮划分出了中西部的西蜀道、中部汉南道两块战区，分别有5万、2万兵力，领军的人叫徒单合喜。

顺便提一下，我们的老朋友，那位泪腺过分发达的完颜撒离喝将军已经死了。他倒在了完颜亮的皇室大清洗之中，并且毫无例外的是全家死。至于罪名，需要吗？真的需要吗？

完颜亮终于带着他的梦幻大军，开始了他史诗一样的征途。

军情传入临安，南宋举朝震颤。有人想到了逃，有人坚持抗战，有人吓得失态，等等，等等，唯有一个人很冷静。

赵构。

他一生中经历了太多的危难，所谓久病成医，已经对这事儿很精通了。他理智地对比了一下现状和从前，知道大势已去，他，可以亡国了。

如果说当年的北宋在精神上有灭亡的道理，从物理上却没有必亡的参数的话，现在的南宋是实实在在地满足了必亡的一切条件了。

南宋的军事体系从1142年杀岳抑韩之后，已经崩溃了近20年。这期间中兴名将全部凋残，曾经的精兵也早已老朽，在秦桧的管理下，根本谈不到后继之人。

民心士气更加不用提，还有人心怀故土想着报仇、北伐吗？连岳飞的名字都成了禁忌，还能奢望什么志向和恢复？

将近20年了，这个世界终于变成了赵构所希望的样子。他真的成功了，可突然间他一无所有。因为他的主子，他的宗主国不再想养他这条狗了，就是这样简单，他所有的努力、坚忍、付出、杀戮都失去了意义！不知这时他作何感想，他会怀疑自己的智商吗？

他连两国间绝没有永远的和平这一说都不知道吗？！

近20年之后，中兴名将仅存刘锜。

重病缠身、鬓发苍白的刘锜出征了，那一天他没法骑马，只能坐在轿中离开临安。在道路两旁是无数焚香列队送行的百姓，他们向上天祈祷这位老将的健康。他们清楚，如果南宋是有救的，那么只能寄希望于这个人。

刘锜只能做到带着庞大的辎重、人口撤向附近最大的长江渡口瓜洲，并在古运河边的皂角林边击溃金军一部骑兵，斩其万户高景山。此后病情加剧，再也没法支撑了。

四川方面，完颜亮派去的徒单合喜遇到了吴璘，败得比高景山还要惨。因为吴璘已经创出了宋军在战场上最先进、最复杂、最合理的以步克骑的阵形，其法如下：

> 临战时第一排是长枪手，以半蹲势踞坐，不得起立，形成一道矛墙。第二排是最强弓，第三排是强弓，第四排是神臂弓。相距不远，是另一块相同配置的阵地。阵四周以拒马为障，以铁钩相连，遇敌百步远时神臂弓先发，七十步时两队强弓再射，骑兵则隐藏在两翼。

这种配置让宋军走出了掩体，可以在旷野平地上与金军骑兵争胜。徒单合喜不仅没进去四川，反而被吴璘反败，收复了秦（今陕西华州）、陕（今河南陕州）、虢（今河南灵宝）等州。

东部战局发生在海面上，早在完颜亮大军开拔之前的一个月，金军浙东道水军就完成了集结，开始向临安方面运动。

他们的对手是南宋治海提督李宝，这位李将军之前声名不显，可他有一个举世震慑的身份——岳家军曾经的战士，岳飞的部下。

这些年他被秦桧一党贬到了海上，远离了政治军事中心，却不料阴错阳差地给南宋保留下了一份珍贵的元气。战争爆发前，他手边兵力不满 5000 人，船不过 200 艘。

在军力对比上，他能守住临安海域，就已经堪称奇迹了。

李宝本人最早的打算也是这样，在全国都在奢望防守成功的前提下，根本就不可能想到进攻。可是形势突然间变化，让他觉得不进攻就是犯罪！

这个变化完全由一个人单独造成，他叫魏胜，字彦威，宿迁（今江苏宿迁西南）人，出身农家，这一年 41 岁，曾经当过弓箭手。

这是一份在当时平常得不能再平常的档案了，作为一个身体健康的南宋男性公民，几乎每一个都是这样过来的。在年过 40 岁之后变得消沉低调，直到默默地衰老死去……魏胜正好相反。

当他听说金军在 20 年之后又要开战了，第一反应是今天的阳光真是灿烂啊……他站在当地向四面八方叫了一嗓子，300 多个男人听见了，大家一起抄起家伙冲向了淮河。

300 多人的民间武装临时性地集结起来，在一位大叔的率领下，渡过了淮河，冲向金国水军重镇涟水军。

居然一战成功，他们把涟水军打下来了！

南宋方面没有反应，金国方面大怒，具体人物是附近的最高长官海州（今江苏连云港）知州高文富大人大怒，这还了得，立即派兵去收复！

金军迅速杀向出事地点，凭经验一定得快，不然这帮人就跑了。现实再次让人冒汗，魏胜没跑，就在涟水军等着他们呢。

金军再次大败。

败了之后他们比来时更快地向回跑，这不是他们跑出了惯性收不住，而是魏胜不依不饶，正在后边追他们！

晕到崩溃，金军做梦都想不到有这样一天，几百个中老年汉人剽悍到这种程度。高文富更是没想到，他坐在海州城里等消息，等到的是涟水军还在丢失状态中，而劫匪已经冲进了他的城里！

那一天，魏胜带人冲进海州城，全城的汉人都疯了，一起满城追杀金兵。当高文富逃出来时，城里边死了至少 1000 个金兵。

光复海州，消息传到了李宝的耳朵里，那颗好战的心蠢蠢欲动了。拿后脚跟想都清楚，下一步金军一定会出动大军去围剿海州，魏胜那点人再狠也顶不住。而他李宝有兵、有船……海州临海。那还等什么？

李宝亲自率领 3000 多人，乘 100 多艘战船离开临安海域，杀向了金国境内。他来得非常及时，刚巧赶在金军围剿海州的大军到达时，他与魏胜里应外合杀万余名金军，稳定了海州局势。

克名城，杀万余敌军，这是巨大的战绩，可以说连当年的中兴将领们都会满意。可李宝、魏胜两人碰头之后，事情就彻底失去了控制。

“兄弟，海州其实不算啥。”

“同意。”

“再北点有个地方叫胶西，在山东附近，听说过没？”

“没。”

“那儿有大批的金国水军，要杀到临安的……”两个中年大叔互相凝视，眼睛里冒出一连串的火花。他们带上全部队伍杀向了胶西，那边正在开拔中的金国浙东道水师猝不及防，在一片火光中全军覆灭。

东部战势金国输到惨，貌似也没法更惨了，已经全军覆灭了啊。可是比起北端的话，还是比较容易被接受的。因为北边是指金国大本营的北。

那里出的事，是造反，并且成功了。

这要从最北边说起，完颜亮这次举国出兵，那么人人有份，除了女真人之外，汉、奚、契丹等少数民族也都在内。这些本来已经很苦的亡国人被逼着妻离子散走上战场，当苦难感、死亡感堆积到一定程度之后，反抗自然就出现了。

契丹人最先行动，辽国的遗民们在咸平府起义，攻向金国五京中的东京，之后转向攻克了辽国的故都临潢府。这让基数庞大的契丹人信心大增，也让金国变得严肃认真了起来。

事情到这地步还没什么，金国实力庞大到无视一切反抗的地步，派个人去镇压就好了。可是千不该万不该，不该派这个人去。

东京留守完颜褎。

完颜褎，女真名乌禄，金太祖完颜阿骨打之孙，在金熙宗时代受封为葛王。他和完颜亮同一个祖父，在全国性贵族大清洗中得以幸免，还能镇守一方，看来着实幸福。事实却蛮不是那么回事，他一直活在危险和屈辱里。

完颜亮没有杀他，但也没优待他，而是发配他去边远地区中京（今内蒙古宁城）站岗反省。完颜褎深知危险临头，到任之后恨不得每时每刻都给族兄送上奇珍异宝去讨其欢心。这很有效，时间不长完颜亮就被感动了，派人来下了一道命令。

令完颜褎的夫人乌林答氏进京。

完颜褎蒙了，全世界都知道完颜亮是色中恶鬼，妻子进京只能有一个结果。可不去行吗？百分之百全家抄斩……他的夫人很镇定，跟着使者走了，在临近京城时上吊自杀。

坚贞的妻子，痛苦的丈夫。

可据说最难受的是完颜亮，这么个美人近在咫尺，居然说死就死了！

前线败退下来的金军有很多是完颜褒的亲信，他用这些人迅速杀光身边的监视者，第一时间称帝，这个消息像一点火星落进了火药桶，金国一下子炸开了，报复、报复、报复！完颜亮这个色鬼屠夫狂人战争分子，早就恨得他牙根痒痒了……反了他！

完颜雍（完颜褒称帝后改名完颜雍）称帝的消息传到前线，正值瓜洲渡口前皂角林大战结束，金军向采石矶一线运动时。完颜亮震惊之余保持了足够的清醒，下了两条命令：

第一，严格封锁消息，不许扩散，绝不能让南征的士兵们知道。

第二，谨慎估算这次造反的能量。他要算清楚完颜雍的破坏指数，以便决定是立即起兵回国平叛，还是继续进攻南宋。

奈何他的智囊团没醒，认定完颜雍是个废材。他们的分析结果是，先不要理会国内，那是一个陷阱。如果回兵的话，无论是全军都撤，还是留一些继续保持攻势，都会造成一个结果——军队解体。

完颜亮上位以来，纯粹是以威压人，以杀服众，没有半点的恩德。如果不能保持这个势头，稍有颓败的话，比如此次亲征，没有实质性胜利，立即就会全民皆敌。何况完颜雍手握着军队的家属，这是无解的“撒手锏”，再精锐的军队遇上也得低头。

不能后退，只能前进。他们想到了一个光明的前景，如果强行、快速地渡江，征服南宋，达到之前历代金国皇帝都没能完成的伟业，那时全军回程，局面会怎样？

小小完颜雍，不过疥癣之患，举手之劳尔！

完颜亮决定从采石矶过长江。

这时在南岸，一个书生正快速地赶往采石矶一线。

他叫虞允文，职务是中书舍人兼参谋军事，干的活儿在近几年来看就是个跑腿的。比如说出长差，到金国去当使者；出短差，像这次到芜湖催李显忠走快点，到前线来交接军权，之后顺道一起去采石矶视师犒军。这样的差使，考虑到他的年龄，已经51岁，就可以知道他的官途实在不怎么顺畅。

这是肯定的，在秦桧当政时能官运亨通的都是些乌龟王八蛋。

虞允文在采石矶看见官兵们三三两两地坐在道边，马鞍子、铠甲扔得遍地都是，这哪里是兵，纯粹是从北边逃过来的难民！

也就是完颜亮没有望远镜，不然立即渡江，保准成功。意识到这些，虞允文那颗让当政者厌烦的心再一次蠢蠢欲动了。

他决定做点什么。

冷静客观地分析的话，支撑他做出这点小小的心理波动的全部基石，当然有他强烈的、贯穿了一生的爱国忧国之志。可真要实施起来的话，他知道一切都因为他钻了一个小空子。

采石矶一线没有军方的统一指挥长官。

虞允文以犒师前线的文官身份召集将领们开会，抛出了自己的权限。他带着各种好东西来前线慰问指战员们，包括钱、布匹、委任状。他把这些都搬了出来，告诉军人们，只要立功，这些东西都是他们的！

军人们一下子干劲冲天，全都着火了，个个嗷嗷叫着请求立即决战。

这真是对症下药，宋朝的军人是中国历史里的特例，除了岳飞等极少数个例之外，荣誉、国家、民族是他们心底深处的不变的操守没错，可要论到怎样激发斗志，金钱永远是最重要的，没有之一！

这帮人能在战场上短暂的间歇里拿着敌人的首级找长官要功、要官、要钱，哪怕因此被反攻失败了也在所不惜！

就这样，爱咋咋地。

虞允文像闪电一样迅速地把尽可能多的战斗力团结在了一起，为同一个目标服务。他成了采石矶前线的最高长官，他清点了一下人数，此时共有军力1.8万人。

他命令全军于江边列阵，纯防御阵形。派五艘大船出港，其中两艘沿江边游弋，一艘在江心待战，剩下两艘藏在江畔小港里，伺机而动。

以上就是虞允文为这次决战所做的所有布置。这无论如何都显得单薄而仓促，尤其是南宋资以立国的江防水军居然只有五艘战船？！

当然不止这些，采石矶周边是重点防御地段，有建制庞大的水军力量，由两个分别姓韩、蔡的将军统领。可人家就是不出战，你能奈何？

就算动之以利都不成，还能怎样，毕竟虞允文没有军职没有任命，没法真正砍了他们。这是单薄的原因，至于为什么这样仓促，是因为江北岸。

完颜亮站在刀刃上，没有谁比他更急，虞允文刚到前线那边就已经开始渡江战役了！运气，这个词在前面那么多的意外之后，再一次抛弃了完颜亮。

完颜亮在一天前杀马祭天。按传统，战争将在第二天举行。就在这时，虞允文到了……当天虞允文隔着宽阔的江面，看到北岸上筑起了高台，台下有绣旗招展，台上的金国皇帝手里挥舞着一面小红旗，之后一大片的金国水军船只冲向了南岸。

时值阴历十一月，深冬天寒，北风大起，金军出动了数百艘中小型战船顺风吹向南岸。这一天的风真的好大，大到让完颜亮满意，他的旱鸭子军团可以不用划桨操橹就能快速冲过天险水面，哪怕南宋水军在江心布置了拦截船只也不起作用。

70余艘金军战船抵达了南岸，其余的在江心打转，抵达只是时间、地点的问题。这些金军很快从船上跳了下来，冲向了虞允文布在江边的江防大阵。

时隔20年，宋军再一次在江边遇到了女真人。时光是白开水，是稀释剂，能让曾经铁血的女真人变得松软，更能让本来整体硬度就不够的宋朝人变得加倍稀松。70多艘战船，最多不过1万人，这群人在晕船的痛苦里举起刀枪冲向了比他们人数多很多的宋军，后果是南宋军队的阵形散乱，开始了零星的溃退。

……典型的一触即溃！

这片江岸滩头阵地是南宋的立国之本，任何一步小退都是灾难性的，考虑到江心中还有三倍于此的女真人随时都会登岸，谁都知道那时会无法收拾。

虞允文真的急了，他至少不能让敌人在第一轮进攻时就得手！

他冲入阵中，找到了统制官时俊。虞允文把手放在对方的后背上，说了一句改变战局、扭转国运的话——将军，你以胆略勇武名动四方，这时怎么能像个女人一样站在阵后？！（“汝胆略闻四方，立阵后则儿女子尔。”）

这是一句很朴实的话，没有什么大道理，就是一个男人在告诉另一个男人，在打架的时候像个爷们，别像个娘儿们！

被告诫的那个受不了了，时俊大吼一声，拔刀就冲了出去。他身边的宋军被他带动，全都猛醒了一样收回了逃跑的脚，跟着他冲向了准备追杀的女真人。谁怕谁？开封陷落时或许女真人很猛，搜山检海时南宋人或许很软，可是自从和尚原、仙人关、黄天荡、顺昌、郾城之战后，谁是草包谁知道！

历史证明了南宋的军队只要站稳了脚，敢跟女真人面对面，胜利就不是什么奢侈品。战局很快扭转，上了岸的金军被反压回江边。

长江南岸战局逆转，江面上金军的水师战船也被击败。他们拼命地往北岸划，居然很多艘船都逃了回去。战斗结束，夜色下两岸都是灯火通明，各自忙得热火朝天。

南岸虞允文杀猪宰羊，犒赏三军，席间的娱乐活动是抓来那两个龟缩在水寨里不出战的水军统领，各打 100 军棍出气。

在北岸，完颜亮更加忙碌。他气得差点自燃，忙着连夜杀人。当天出战的全部金军，一部分死在了南岸，一部分死在了江心，逃回来的这些全被他宰了。理由是，谁让你们逃回来的，不过江就是罪，有罪必杀！

第二天才是见真章的时候。

虞允文命令南宋水师的大部分战船连夜起锚驶向上游，在杨林口一带埋伏。得益于刚刚结束的宴会上那200下血肉横飞的军棍，南宋水师的正规军终于能够上阵出战了。

金军发起了又一次的冲锋，北风依旧，战船依旧，仍然是大批量地蜂拥而出，在半天之后变成了江面上散乱分布随波浮动的一片片碎木板。这一次没有一个金兵能踏上长江南岸，当南宋水师从上游顺流而下冲入金军船队后，一切都结束了。300余艘金军战船被焚烧击沉，江面上漂满了女真人的尸体。

金军向长江下游移动，把渡江点选在了瓜洲渡口。那里在皂角林之战过后，已经掌握在了金军的手里。南宋方面自从刘锜病倒之后，全面退到了长江南岸。

完颜亮的御营扎在瓜洲镇龟山寺。

完颜亮的心很乱，他隐约地感觉到大事不妙了。采石矶无法突破，转攻瓜洲渡口，这能行吗？军队还是之前的军队，所差者是士气愈加低落。战船还是那些战船，差的是数量越发少了，两相对比，瓜洲渡口之战比采石矶更加没有把握。

而国内叛乱改朝换代的消息却再也捂不住了，完颜雍变着法儿地把消息渗透进前线，每天都有逃兵出现，这种势头只会越来越严重，直到南征大军解体……完颜亮不寒而栗，到那时，他将如何是好？

之前有退路而不退，这时想抽身而不得。

后悔更是没法奢求的东西，留给完颜亮的只有孤注一掷：强渡天险。而他同时仍然坚信，只要他的数十万大军踏上了长江南岸的土地，天下就仍然还是他的，他还是会成为统一南北混同胡汉的一代大帝。

绝望与奢望交织，危机与梦想同步，完颜亮一会儿像坠入了冰冷的深渊海底浑身发抖万劫不复，一会儿又灵魂升腾自觉金冠加顶无上尊荣……他在悬崖绝壁的边缘上下了这样一条命令，来拯救自己的命运。

令：

转天即渡江，军士有临阵逃跑的，杀蒲里衍（小队长）；蒲里衍逃跑的，杀谋克（百夫长）；谋克逃，杀猛安（千夫长）；猛安有逃的，杀其总管！

命令下达，全军一片哗然。这是在干什么，全军连坐，也就是全军皆仇了？！这个念头在女真大兵们的心头闪过，被压抑了很久的暴戾和怨恨猛然抬头！

军队是个非常特殊的东西。从它出现之日起，就被要求必须无条件地服从任何命令。这是为什么呢？就是因为它有隐患，它会不服从命令！

完颜亮一步步成功地把他的军队逼上了绝路，让这种隐患浮出了水面。

完颜亮把全部的希望都押在了渡江成功上，却不知即使这时顺利渡江，也没有建功立业的可能了。机遇不会站着不动永远等人，他的机遇只停留在采石矶，那两天过后，好运已经先他渡江，站到了南宋一面。

金军从采石矶撤军东进之后，李显忠才带着生力军赶到，这里的防务立即充实。

虞允文准确预判到下一个战场是瓜洲，他向李显忠借了1.8万名士兵赶赴与瓜洲隔江相望的京口，途中顺路拜访了刘锜。

刘锜已到弥留之际。他拉着虞允文的手说："我的病没有什么可说的，朝廷养兵30年，最后大功居然出自君辈书生之手，真使我辈愧死！"

虞允文感叹，安慰了几句，匆匆赶往了前线。

刘锜不久病重身亡。这位老兵死了，其实他完全不必感觉惭愧。

"朝廷养兵30年……"

我个人觉得，这句话很可能出自宋人史官的捏造。南宋官方在这30年间做了什么天下皆知，杀功臣散军队败坏铁血军魂，哪一点称得上"养"？

刘锜是当事人，他像岳飞一样接到过十余块连续的收兵金牌，唯一比岳飞幸运的不过是躲过了一刀加身而已。

虞允文赶到京口，在这里他瞬间就放松了。这里有大批的战船，外加充沛的修补材料和工人，他能在很短的时间内改装甚至赶造战舰，加强江防力量。

陆地上，南宋军方终于完成了集结，在最初的混乱恐慌之后，杨沂中、成闵、邵宏渊等诸路军队会集到京口一线，军力达到了20万以上。

江北岸，完颜亮像往常一样入睡，没人知道他是否在南北受敌前进无路后退迟疑的局面下，辗转反侧难以入睡。

直到晓色初现，光明就要重临大地，完颜亮突然惊醒。

他听见了喊杀声，声音迅速逼近，几乎没有阻碍地接近了他。

下一刻，弓弦的嗡鸣声大作，有羽箭射进了他的大帐内！

完颜亮愕然，他起床亮烛，拿起那支箭，震惊于那是他的军队、金军士兵使用的羽箭。史料记载他叹息了一声说：“不是南宋劫营，是自己人造反啊。”

他的内侍劝他逃跑，完颜亮苦笑，能跑到哪里去？皇帝不是富有天下，就是贫无立锥，今天他十死而无生。

这样想着，他没有束手待毙，而是摘下壁上的弓箭，准备拼死一搏。

他没有机会，那天他的大帐外聚拢着近2万名金兵，人有一弓，向大帐内射箭……每人哪怕只射一箭，覆盖面也足够让他千疮百孔。

奇迹的是，当叛军冲进皇帝御帐时，完颜亮还在地上抽搐着，没有咽下最后一口气。这让叛军们惊喜且满意，这些人用手里的弓弦送了皇帝最后一程。

以弑君得位，以被弑终局，中间贯穿无数的杀戮，这就是完颜亮作为金国皇帝的一生。评价他实在想不出什么新鲜的词语，一个典型的只以满足个人愿望为目的的独夫而已。

可以说，在他的心灵深处，皇帝的定义是很怪的。

皇帝自称“寡人”，意思是寡德之人，是古代贤君时刻提醒鞭策自己不要缺德的警句。而在完颜亮的心里，他肯定是这样定位的——皇帝之所以称寡，是因为天下无双，只此一位，所以他为所欲为。

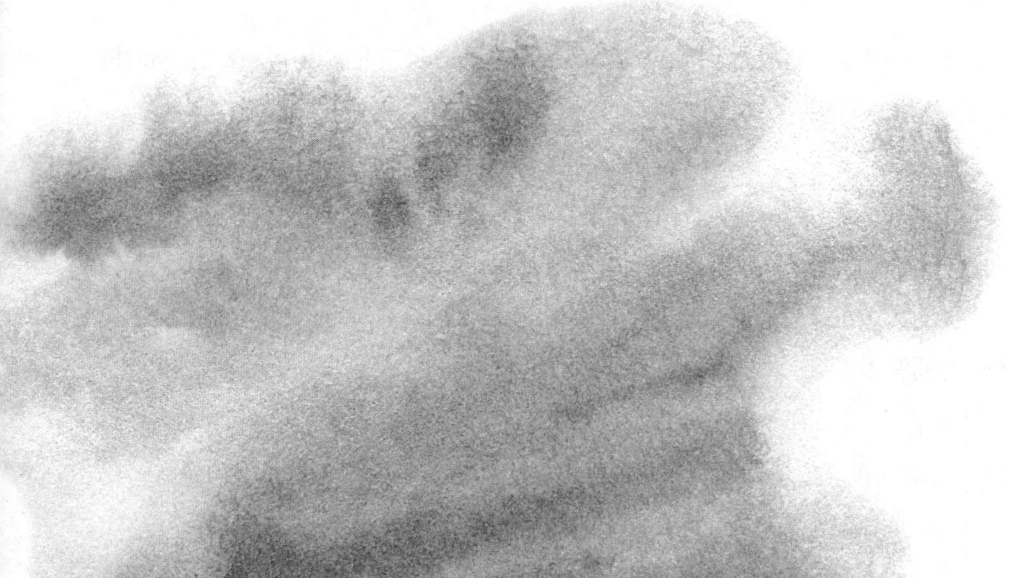

# 第十三章 南渡以来仅见之锐气

这是完颜亮一个人发动的战争，也随着他的去世而烟消云散。剩下的都是收尾工作。

赵构一如既往地放弃了所有战胜之后的权利，连同虞允文也冷淡视之。同时做出了一个重大决定。

退位。

把赵玮推向前台去遮风挡雨，他退到后方只管逍遥享乐。这不仅符合他的个人利益，还能缓和眼下的政府信任危机。

他可以名正言顺地说，之前对金国的妥协政策的确是错的，而我已经付出了代价，皇帝都不当了，你们还有什么怨气?

宋绍兴三十二年（1162 年）六月十一日，赵构先正常上朝，赵玮等在后宫；赵构在前殿发布退位诏书，一次全面总结之后，他总算公开承认了一次错误，说他——“朕在位失德甚多，更赖卿等掩覆。”之后他离开正殿，进入后宫。

后宫的赵玮，不，这时他又改名了。30 多年间他从赵伯琮改成了赵玮，从赵玮改为“赵昚”，这就是他作为南宋皇帝的官方姓名。

昚，意为谨慎、慎重、实在、确实、千万、切切等，顾名思义，这是升格为高宗的太上皇陛下对新任皇帝的殷切希望，希望孝顺的儿子一定要三思于每一件事啊……一定别自作主张。

赵昚终于当上了皇帝，他在金殿上三番五次地拒绝，上演禅让的规范流程，标准地完成了每一个步骤，包括在雨天里亲自搀扶着他老爸出宫，坐上太上皇专辇，去皇宫外的新家定居。

第二天，再率领全体官员去太上皇新家问安。

新家隐于都市，缥缈于仙山。纵观古临安，它东临西湖，西临吴山，馥郁青葱，世称“清淑扶舆之气”。山势直入城中，尽头处立一山门，名“朝天门”。门前有山溪流过，溪上架一小桥，从桥上回望吴山，可见云雾中“如卓马立顾”。

这桥，名为“望仙桥”。

没错，就是这儿，秦桧的故居。临安城里最好的住宅，当然要住着权力顶峰的那个人，毫无例外，赵构一定会选这儿。

六月的南宋上演太上皇荣升大戏。在北方的金国，这个时段发生了更重大的事件——契丹大起义被扑灭了。

完颜亮南侵时契丹人趁机反抗，队伍很快发展到 5 万人，收复了原辽国都城临潢府，起义军首领移剌窝斡称帝，建元“天正”。辽国灭亡不过 30 余年，支系庞大，根本不用求助于南宋，就能让金国焦头烂额。

契丹、南宋、国内贵族……这三方面的压力如此巨大，而受力者又是一贯软弱的完颜雍，从哪方面看，他都承受不起。

可奇妙的是，挽救局势的偏偏就是“软弱”。

完颜雍先派人去南宋提请议和，希望保持、恢复绍兴和议条约的全部条款。不管怎样，先稳住江南；对国内春风化雨，专门提拔了一些完颜亮的前嫡系，借此告诉国内的骑墙派、犹豫派、反对派，所有的罪都是完颜亮一个人的，除他以外，全部赦免。

饱受摧残，在血海里泡了 13 年之久的女真人哪受得了这个，立即扑向了完颜雍温暖宽厚的怀抱，把他当成了再生的阿骨打。

最后是契丹。

辽金世仇，几百年间纠缠不休，近年来矛盾激化，按说绝无回旋的余地。可完颜雍做出的姿态低到了不能再低。他亲笔写了圣旨，所有起义的契丹人，凡自愿投降的皆不问罪，奴隶身份的升格为平民。这道诏书是历史性的，它展示了女真人破天荒的仁慈。尽管铁了心造反的契丹人宁死不降，可完颜雍的形象建立起来了。

契丹大起义被扑灭，在这个过程中金国的实力不仅没有被削弱，还增进了内部团结。而战事结束后，完颜雍让这种团结第一时间再次升级。

他宣布，凡是参加完颜亮南征的中原部队步兵全部遣返回家，山东汉人起义聚集地的农民们只要回家归农种地，罪名一律赦免，移居中原汉地的女真人，父兄子弟都参军的，免一人解职回家。

金国的形势迅速逆转，终于抢在南宋皇位禅让前完成了安定。这让荡漾在山水佳居间的赵构沉静地微笑，让赵昚刚刚戴上皇冠的头颅一阵懊恼。

新首相是原帝师史浩。

这位帝师先生快速收集即时信息，发现了一个对帝国安危影响极大的隐患。他以数十年的圣人学术为根基，判断出一个结果，必须立即阻止吴璘。

吴璘一直处于进攻状态。完颜亮南侵时，他击败了试图由陕入川的金军后顺势反击，这时已经收复了秦凤、熙河、永兴三路共十六个州军。这是空前的胜利，进兵速度之快，得地之广，唯有 20 年前岳飞的第四次北伐才可与之媲美。

可史浩认为，这是个天大的错误。

孤军深入，这是军事上最大的禁忌，唯有迅速后撤这一条路可走。这是铁律，只要稍微认字的都知道。

认字多的更是说得头头是道，他们会举例子说，远的如战国时期秦国的战神白起，孤军深入赵地，不是被召回了吗？近的有第四次北伐的岳飞，深入江北，也是被紧急召回。于是，孤军和召回是紧密相连的，除此之外任何举措都注定是错误！

哪怕白起挟长平之战大胜余威，岳飞百战百胜复国在望，也必须撤回来。

赵昚习惯性地听从了老师的分析，严令吴璘立即撤军。

吴璘不是刘锜。

事实上宋史近 200 年了，也只有刘锜在班师金牌面前挺直了腰。川军开始撤退，金军顺势反攻，之前所有夺回来的州郡都丢失，还在撤退途中被掩杀数万人……

活着回到蜀地的川军只有7000人左右。灾难就这样发生了。

赵昚对此一无所知，他坐在皇宫里构思着北伐复国大计，觉得西南一隅无关大局，甚至川军先回来整顿，之后配合中路北伐大军出击，这才是正途。他在展望中，一个在帝国四周再次开始来回跑的人回来了。虞允文，他十万火急地赶回来给新皇帝上课，您的老师是书呆子，成事不足，败事有余，西南必将因此付出血的代价！

像印证虞允文的警告一样，川陕大败的消息随即传来。赵昚呆了，他连声哀叹，史浩误我，史浩误我！接着紧急下令给吴璘，许他便宜行事，西南方面可以重新展开攻势。

吴璘冷笑，这都是一些什么命令。不是读书人吗，难道不知道白起收兵之后是什么结果？秦王命他再次出征，白起说什么都不去，哪怕被贬至士卒，流放外地，被逼自杀，都不奉诏；至于岳飞，他仰天长啸时说了什么还言犹在耳。

——“所得诸郡，一旦都休！社稷江山，难以中兴！乾坤世界，无由再复！”

南宋绍兴三十二年（1162年）七月之后，赵昚振作精神，回忆近30年以来他对帝国的改造计划，开始一一实施。

第一，为岳飞平反。这时距风波亭冤狱已经过去了21年，岳飞之冤天下皆知，可谁也没办法做什么。赵昚也一样，他在14岁时曾经在资善学堂见过岳飞一面，那时岳飞大喜过望，认为江山得人，转身就向赵构建议早立皇储。

结果赵构心生杀机。

35岁的赵昚回望前尘，从心底里怀念这位英雄。他下令恢复岳飞的名誉、官职、封地，接岳飞父子的家眷回原住地。岳飞的尸骨终于在临安城西北钱塘门外，九曲丛祠北山山麓的那块长着两棵橘树的坟里找到。

英雄被隆重地迁葬，赵昚以百万贯巨资为岳飞建庙立祠，赐名“忠烈祠”。

当年曾经参与构陷岳飞冤狱的秦桧走狗等，活着的一律处罚，死了的……就死了吧。

第二，平反扩大化。

近20年来被秦桧一党迫害的人，如李光、赵鼎、范冲、朱震、辛次膺、胡铨等人恢复名誉，已死的追封，活着的进京，加入新朝的政治班子，共同改革国家。

第三，重用张浚。

这位“中兴名臣”此时年过花甲了，作为新上任的儿皇帝，赵昚非常清楚这个国家是谁的，想用谁，只能去找爹。

赵构现在每天在望仙桥悠度岁月，已经修炼到了八爪大章鱼的境界。他坐在屋子里逍遥，触角牢牢地吸附在帝国的每个角落里，时刻监管全局。

赵昚得不到他的支持，一切名不正言不顺，并且不孝顺。话说每个月总有几天，赵昚要去看他爹，最近他去时总会情绪激昂，对爹讲帝国最新的可喜变化。而爹的反应是淡淡的，仿佛不关心，仿佛很放权，仿佛退居二线。

赵昚不甘心，终于某天下定了决心跟爹讲，俺要北伐！俺是说最近、立即北伐！却不料爹勃然作色，清晰地对他讲——“待老夫百年后汝再行此事。”

当天，赵昚神情恍惚地出了德寿宫。

一路上他想了很多，北伐是不讨喜的，做下去很可能会导致皇位不稳，至少也会被人骂不孝顺……可是不做呢，之前35年间凝结了宋朝皇室数不清的屈辱，任何一个稍有血性的人都无法忍受，何况是他赵昚！

赵昚有着巨大的荣誉感，这种感觉很可能来自他的血统，那源自北宋开国皇帝赵匡胤的骄傲的血脉。但也很可能是他天生的独有个性，两宋18个皇帝里，唯他骄傲到了敏感的地步。

为了尊严，他能去做任何事。

他思前想后，决定不顾一切推行北伐，而这就得更加强硬地支持张浚。从这时起，赵昚坚定地站在了张浚的身后，他先是写了一篇《圣主得贤臣颂》送给张浚，给张浚定性。接着在皇宫深处的内祠中立下了张浚的生辰牌位，每次宣召张浚议事前，先要到祠堂里恭敬参拜一番，才会召张浚入宫。

这叫“示以不敢面诘”。

这是亘古未有之礼遇。

传到了外界，说什么的都有。有赞叹赵昚不愧厚德载物如大地，于国难当头时，能比当年周文王礼遇姜子牙做得更到位，很显然，宋朝必将因此中兴；有的摇头哀叹，这都是什么事啊，张浚何许人，有过啥建树，难道是富平之败、淮西兵变吗?

凭这些都能成中兴之贤臣，受不世之礼遇……这皇帝傻到底了。

传到了赵构的耳朵里，当爹的心里一哆嗦，这是真要重用张浚啊，为了他自己最后这段生命的舒服着想，是必须得做点什么了。

赵构很轻松就在儿子的心里种了一根刺，他说——儿子你要长点心，认真仔细地观察臣子做事。比如张浚，他常备一个记事本，凡有士大夫拜见他，都会记在本子上，私下许诺以后予以举荐。到了军队里，他又拿国家的金银财宝分给手下士卒，以笼络人心。不知官职是谁的，金银又是谁的!

其徒有虚名，唯好以国家名器为人情尔!

赵昚不管，他把这一年应该给金国的岁币省了，发给张浚当军费，整军北伐。

# 第十四章　隆兴北伐

江淮前线的军力号称 20 万，这与完颜亮南侵时南宋在京口附近集结的兵力相当，按说是可信的。实际是正兵 8 万，民夫 5 万。兵不多，将就必须强，此次北伐兵分两路，两位主将分别是李显忠、邵宏渊。

李显忠，绥德军青涧城人，初名世辅，至南宋时赵构赐名叫“显忠”。世人尽知，终宋一朝，“北宋缺将，南宋缺相”，这是导致南北两宋始终无法振作的根本原因。而这也变相地证明了南宋时名将如云的现实。

名将如云，韩、岳、吴、张、刘、杨等，不可胜计，可要论身世的传奇性，要首推李显忠。在这一点上，连从士兵开始崛起的韩、岳、张三人都无法相比。

李显忠家世极其显赫，是唐朝皇室后嗣，唐代宗李豫次子昭靖王李邈的后人，世袭苏尾九族都巡检使，典型的边疆贵族。

入宋之后，赵氏继续倚重他家长久以来的边疆势力，仍旧命其在陕西西安一带守边。李显忠的父亲叫李永奇，他的传奇性人生从出生起就开始了。

李夫人临产时一连几天不顺利，李显忠说啥都不落地。这时，有个游方的和尚路过，说这是位奇男子，要把剑、箭放在产妇的身旁，他才会出生。

果不其然，李显忠由此问世。

李显忠长到 17 岁时，宋、金交恶，金军攻到了西军的地盘上，李氏父子隶属于鄜延军。富平之战，西军惨败，川陕之王吴玠在蜀口外重立乾坤。在对面，整个陕西沦陷在金军铁蹄下，李显忠父子也无法例外。

刘豫命令李氏父子带兵进开封城，组成当时儿皇帝的军事班底。伪齐覆没，李显忠主管的是同州，这是金人往来的驿路，一条条好大的肥鱼时不时地就会游过去一大群，李显忠很挑嘴，他选的是最大最肥的那一条。

金军陕西主将完颜撒离喝。

这是地位仅次于金兀术的金军大将，大家都知道他，吴氏兄弟的死对头，大名鼎鼎的啼哭郎君，金人开国第一代将领。

李显忠趁完颜撒离喝某次路过时突然袭击，抓了就跑。他选择的路线是渡洛水、渭水，经商州、虢州进入南宋。同时，他的父亲李永奇会在陕西延安附近起事，夺粮杀官造反。

后路早就安排好了。这些年，他们一直暗中和四川吴氏有联系。这时里应外合，能迅速颠覆金人在西北的统治。

想得周全，干得利索，李显忠挟持完颜撒离喝直奔第一站洛水，渡过去就算成功一半，这条河至少能绊住追兵一天半夜的。

可恨的是，明明白白约好的渡船延期误点！

后边追的金军终于在洛水渡口追到了人。

双方血拼，李显忠的特点就是战斗时超级凶猛，看战斗风格以及战绩，他很可能与韩世忠在同一水平线上。当时双方在洛水渡口开战，李显忠的人很少，可每战皆胜，一直从渡口杀到了陕西的某片高原上，完颜撒离喝仍然在他的手上。

只是追兵越来越多，并且只会越来越多，从陕西的四面八方会集到这片高地的下边。李显忠知道，他把天捅破了，为了陕西主帅的安全，金军会不惜一切代价。

至此他清楚，挟持、突袭已经失败，哪怕他当机立断，拼个鱼死网破直接干掉完颜撒离喝，事后金军的报复也会让整个陕西变成尸山血海。

李显忠有亡命徒特质，更有大将的全局观。他选择与完颜撒离喝交易，他可以放人，条件是撒离喝事后不许杀同州人，不许杀李氏族人。

啼哭郎君全答应了。

李显忠挺坏的，放人时选了一处悬崖峭壁，把完颜撒离喝推了下去。可怜的元帅阁下一路翻滚，下边的金军全体大乱，抢着过去救人。

李显忠趁势杀出了重围。

话说想让女真人守信用，比让母猪上树还有难度。李显忠深知这一点，所以他想尽一切办法迅速脱离陕西。

他带着同州的家眷赶向鄜延，离老家很远就派人通知父亲。李永奇带着老家全体族人与他会合，一起逃亡。结果他们像在洛水渡口时一样倒霉，当天天降大雪，严重滞留了李家人的行程。

金军果然追了上来，李家全族200余人只逃出了26人，李显忠家破人亡。

以前是国仇，这时加上家恨，李显忠疯狂了，他心里只有报仇、立即报仇这一个念头，他没有办法忍受哪怕多一点点的时间！

他没有按原计划回归南宋，当时是南宋绍兴八年、九年之间，宋金正在讲和，理智告诉他南宋绝不会允许他去搅局，更何谈帮助。

李显忠选择了西夏。他带着26名骑兵冲进西夏，求见西夏皇帝。他向西夏保证，如果能借给他20万骑兵，他将杀回陕西生擒完颜撒离喝，以陕西全境回报西夏！

西夏皇帝很动心，只是思前想后觉得没底。这样吧，来个投名状，你是不是真的有这种能力，先证明一下。

当时，西夏境内有个造反的部落首领，外号叫"青面夜叉"。夜叉拥兵自重，西夏国拿他没办法。李显忠的投名状就是砍了这个酋长，灭了这个部落。

李显忠只带了3000名骑兵就出发了。漫天大雪昼夜疾驰，他杀到夜叉的帐篷外，带回来的不是夜叉的人头，而是夜叉的活人以及整个部落的服从。

西夏皇帝如获至宝，这是难得一见的战将，更是党项人的好运。他当场拍板，借给李显忠20万骑兵，去赌一直卡在西夏咽喉上的陕西五路！

李显忠回来了，带着20万党项骑兵，回来和完颜撒离喝死拼，回来报仇来了！可是临近延安，却发现城头上站着的是宋朝人。

第一次绍兴和议成功了，这时的陕西五路已经归还了南宋，不再是金人的土地了，城里边也没有女真士兵，这让李显忠可怎么办？

难道他率领西夏人马去攻打南宋的城池吗？！

那天李显忠在延安城下大哭，时局变幻，他和他的家人在时代里浮沉，谁能想到之前拼尽全家为国尽忠，转眼间一切都颠覆了。

情绪稳定后，他意识到有一个大麻烦产生了，那20万党项骑兵，他千辛万苦借来复仇的军队，现在成了一个必须迅速甩掉的大包袱。请神容易送神难，尤其是比金国人更不讲信义的党项人，百余年里哪怕有蝇头小利都会扑上来，何况这时金军退走，南宋只派了文职官员过来接收。

完全是送到西夏嘴边上的肥肉。

果然，党项人非常坦诚地告诉李显忠他们不走了，如果李显忠自己不能履行合同把陕西五路拿给西夏，他们可以自己动手。

先动手的是李显忠，地点是当时说事的现场，西夏军方的主帅大帐里。李显忠拔刀就砍了过去，西夏的主帅躲得快，跑出了帐篷。副帅被他一把抓住，变成了人质。

这解决不了什么问题，利益当前党项人什么都舍得付出，一介副帅随时都可以舍弃。转眼间大帐外人马调动，久负盛名的西夏王牌骑兵铁鹞子登场。

这是明摆着欺负李显忠人少，他当初逃亡时只有26骑，近日旧部来归也只聚集到800余人，对比外面整整20万党项骑兵，怎么看都不值一提。

可账不能这么算，都说李显忠有时跟韩世忠有一拼，这辈子打的就是以少胜多的仗。他手舞双刀，带着自己的800多人就冲了过去。当天，与他对敌的至少有两三万的铁鹞子，居然被他破开重围杀透铁壁。他像赶鸭子一样，驱动他们反冲向了西夏的主阵营。

这很可能是自李元昊创建铁鹞子骑兵之后，这支王牌骑兵军团的最劣战绩。他们败得不是凄惨的问题，而是过于丑陋了。

铁鹞子当场死亡过万人，接着人马踩踏导致整个大军败退，跑得那叫一个狼狈，并且在安全之后也没敢回头挑战，非常利索地回家吃饭，再也不提陕西五路的事了。

这还不是全部。如果他们在逃跑中能回头看上那么一眼，或许结果就不是这样了。因为李显忠也变得很累赘。他的队伍臃肿混乱，能保持着不散架就谢天谢地了。他有800多人，却在追击过程中抢劫收拢了4万多匹战马！

天知道他是怎么在一片乱战中做到这点的。很显然，这才是他的主要目的，根据马上就会发生的事情来看，这人在西夏大军主帅帐里拔刀砍人时就预想到了这一点。

他不只是要赶党项人回家，彻底熄了其对陕西的想法，还要借党项人的物资，做他最想做的事——报仇！

手里有了4万多匹优等战马，李显忠底气十足，他向周边州县放榜招兵，只要参军，立即就给一匹马。10天左右，他就有了4万名部下。

借此兵力，李显忠快意恩仇，把当年在鄜州帮助金人陷害他家族的人全抓到，血祭亲人。之后，兵发耀州，那里是金军主帅完颜撒离喝的驻地。

李氏与金贼不共戴天，必杀之而后快！

李显忠气势汹汹地杀了过去，憋足了劲要和撒离喝见个生死明白，却不料再一次砍在了空气里。啼哭郎君想起了悬崖峭壁自由落体的事，直接选择了回避。

完颜撒离喝躲了，李显忠快速追击，他打定主意，跑出了陕西那就进河南，总有追上女真人的时候！但是，命运又一次跟他开了个大玩笑。

他之前单枪匹马想怎么干都成，可一旦兵力过4万，还全是骑兵，就足以影响到国际形势了。尤其是他这么疯狂地追人报仇，一旦真的把完颜撒离喝砍了，让金兀术情何以堪，让赵构情何以堪？

于是狂奔追人的李显忠被人以更快的速度追上了。南宋四川宣抚吴玠的信使到，带来了临安的最高指示——“两国见议和好，不可生事，可量引军赴行在。”

这就是结局。

李显忠归宋，先是吴玠接见，再是赵构接见，得到很多的歌颂和肯定，比如“忠义归朝，唯君第一”；比如他的名字，要从这时起，才叫李显忠；比如在镇江府有了大批的赐田……李显忠在南宋的军籍、辖区在淮南西路一带，具体隶属于张俊部下。

淮南西路是金军南下最频繁的地段，张俊是南宋中兴将领中最油滑的一位，两者加在一起，就注定了李显忠在南宋早期军事生涯的感受。

他有大量的交战机会，却总是被限制得很憋屈，有时眼看着金兀术在周边晃来晃去，却没法做出反应。他——得——听——命——令。

第二次绍兴和议成功，南宋杀岳飞、禁韩世忠、收兵权散家军，这一系列举动中说实话李显忠本是受益者，他是张俊的下属，属于唯一被提拔的军方主管，他本人在赵构老娘回江南时觐见了一次，加封到保信军节度使、浙东道副总管，可以说前程无限远大。

可惜，他仍然时刻想着和金国人较劲。

李显忠是老军务，宋金战场的死穴在哪儿他非常清楚，从川入陕，或者由陕入川，这决定着中原大江南北的国运走势。

这是中国古代战争的铁律。

也正好满足了李显忠的个人愿望。他的仇家在陕西，他要回去杀完颜撒离喝。为此，他精心炮制了一个作战计划呈上去，准备国恨家仇一起报，两全其美。

当时秦桧还活着呢，赵构也正不死万事足，李显忠突然搞了这一出，实在是站到了国家的对立面。

李显忠被剥夺一切军职，只挂了个宫观的闲职，下放到台州居住。等他重新起复时，已经另换了一片天地，秦桧死了，赵构老了，完颜亮上位，南侵开始。这时南宋才重新想到了他。

在完颜亮主力大军开动之前，李显忠到了淮河前线。

第一战，李显忠率 200 余名骑兵与 5000 名金军遭遇大人洲，关西将军勇不可当，首战大胜。之后金军后队源源不断地开到，很快达到1万人。李显忠稍有增援，却难以相比。

还是众寡悬殊，还是主动挑战，远离军营十多年的李显忠宝刀不老，率领骑兵冲击刚刚渡过淮河的金军。战斗从破晓时分一直绵延到正午，李显忠“以大刀斫敌阵，敌不能支，杀获甚众，掩入淮者不可计”，给了完颜亮一个干脆利落的开门撞山。

综上所述可以看出，李显忠之强，不亚于中兴名将，甚至个人之武勇要超过张、刘、杨、两吴，直追韩、岳。

只是全局掌控上一直没有体现出深浅来。

张浚主持北伐，李显忠是他点的头一员大将，也可以说是北伐的主将。而伐国大举不能只靠一个主体，张浚为他配了个副手——邵宏渊。

邵宏渊是河北大名府人，早年是韩世忠的部下，在淮南东路一带和金军打过很多阵仗，不过真正露头还是在最近几年。

准确地说，是南宋绍兴三十一年（1161年）完颜亮南侵时。当时金军的中路主战场策略是兵分三路直击江淮。

第一路由万户萧琦率领10万骑兵由花靥镇出发，经定远县、藕塘关、清流关、滁州、真州，最后的目的地是扬州。之后夺取渡江口，袭击建康，从而进入江南。

其他两路跟邵宏渊没关系，只说萧琦。

10万金军一路攻无不克，直到六合县，遇到邵宏渊，地点是真州城北门外的胥浦桥。

邵宏渊把自己的绝大部分部队派到了这里，由三名将官负责，尽全力阻击金军前进。

这是自开战以来所罕见的，在一片懦弱龌龊不知所谓的畸形败退大潮中，这显得非常醒目。不仅阻击，而且是出城阻击，这很有主动挑战的味道。

萧琦应对得非常果断，他命令全军压上，先是铺天盖地般的箭雨射击，压制得宋军无法抬头，紧跟着大量的稻草被抛进河面，很快没有河了，金军的铁蹄直面邵宏渊的部队。

邵宏渊是有一定硬度的，在10万金军的重压下，他一直坚持到三位领军将官全部阵亡、军队减员惨重，才下令退出战斗。

真州城是不能回了，那里的军力差不多全部顶到了胥浦桥，这时回去等于坐困愁城，坐以待毙。邵宏渊率领残部退向海边。

综上所述可以知道，他打了一场很硬的仗，如果要形容一下的话，是硬得不能再硬了，不愧是韩世忠的兵啊。

只不过可惜的是，他没有韩世忠的不世战斗力，一生不讲理，可总是赢！这是没法复制的，他像老领导一样硬碰硬，却于事无补。

金军没挡住，自己伤亡惨重，基本丧失了战斗力。

从这一点来说，他是个不合格的将军，国难临头，只知一勇拼之，往好里说，是精神可嘉；差一点嘛……这根本不是指挥大兵团作战的料。

可是再过几年后，这一场战斗的过程和结果，乃至意义都会发生翻天覆地的变化。首先胜负结果变了，邵宏渊从失败者变成了胜利者。

——“绍兴三十一年十月，步司统制官邵宏渊拒虏于真州之胥浦桥，获捷。”

很高明的文字游戏，亮点不只是最后的“获捷”两字，还有“拒虏于真州之胥浦桥”的“拒”字。单看这句话，明明邵宏渊以一城之众抗10万金军，使金军远离真州，连城门的边都没沾上。怎样，凶猛吧，偏偏还就是符合史实。

萧琦还真就没杀进真州城。

看意义，这是南宋鼎鼎大名的“中兴十三处战功”中的第十战，成了永垂青史万古流芳的英雄楷模事迹。究其原因，很多人会轻易地得出结论，比如几年后赵眘需要提升士气，要罗列出一些数字，而数字在中国古代最出彩的一般就是“十三”。

像孙武子兵书十三篇、金陵十三钗、汉分十三州什么的。

所以要有“十三处战功”，并且赵昚他老爹有严令，谁都可以上榜，唯独岳飞不行，哪怕已经平反昭雪了，仍然不行！

所以东拼西凑，无中生有，把邵宏渊弄进去了。那么请问，为什么芸芸众生，三十余年来无数征战，为什么一个小小的邵宏渊能排进这前十三，能和中兴名将如吴氏兄弟、韩世忠等比肩同侪？

答案应该只有一个。

——嫡系。

这是南宋官方所认可的人，需要树立英雄榜样的时候，总是会第一时间想到他。于是发光发热，荣耀千古，光辉夺目。

李显忠不是嫡系。

陕西李氏威猛强悍胆勇无双，是无可挑剔的战士。可他和他的家族先降金再降伪齐，不管内幕怎样，不管过程怎样，这都是铁打的历史，无可更改。回归南宋之后与官方也只有短暂的蜜月期，转眼间就和秦桧、赵构相忤，被打入冷宫。

如此经历，说得刻薄点，李显忠就是一个壮丁，需要时才被拉出来顶上去。官场是现实的，无数雪亮的眼睛都看清楚了这一点，于是北伐还没出征就出事了。

邵宏渊造反。

凭啥一定要让他给李显忠打下手，当二当家啊？！

邵宏渊抗命，直接向张浚提出了条件，他也是主将，一定要与李显忠分庭抗礼，不分大小。按说这是在找死，临战违命，完全可以使用战场纪律，轻则罢免，重则砍头。尤其主帅是以强势著称的张浚，他当年能把岳飞都硬生生地压制下来，这时一个小小的邵宏渊算什么？

找死就让他去死好了。

可怪事发生，张浚居然收回成命，让邵宏渊独领一军，允许其便宜行事。也就是说，从这时起邵宏渊想怎么干就可以怎么干，谁也没法约束他了。

而当初的命令是皇帝赵昚下达，由总指挥张浚颁发，向北伐全军公布的。

北伐军的军纪从一开始时就败坏了。

北伐的军队主要由两部分组成：一是江淮都督府张浚下辖的建康、镇江、池州、江州四支驻屯大军；二是临安禁军中殿前司、侍卫马军司两部合军。

追溯一下源头，建康驻屯军是原“油锤将军”张俊的部队，镇江驻屯军的前身是“韩泼五”韩世忠的部队，池州驻屯军是“草包衙内”刘光世的部队，殿前司是杨沂中的部队。

熟悉宋史的人一眼可以看出，南宋最强的两支部队，鄂州、四川方面的两支部队都被排除在外，没有参与这次北伐。

南宋军队兵分两路，李显忠自定远（今属安徽）渡淮之后，攻取灵璧（今属安徽）；邵宏渊自盱眙渡淮攻击虹县（今属安徽）。两军各达目的后，会师攻取宿州。

看今天的地图，战争的初步阶段控制在安徽省境内。翻宋代地图，可以知道很多的史书记载错了。前人说张浚的北伐路线选择在淮南东路，理由是盱眙在淮南东路内，而定远也在淮南西路的东端，紧靠东路。于是断定，战争爆发在原韩世忠的辖区内。

这不准确。

宋军由此出征，攻击的目标都在淮南西路的北端，那是当年张俊的防区，远远地离开了韩世忠的控制范围。

这一点区别，并不是史料对错的事，而是涉及海洋与水军这一战争胜负手的关系。张浚在战前做了详细的调查，了解到金军的重兵集中在河南一带，两淮相对空虚，并且水军在完颜亮南侵过程中被李宝打残了，至今也没有恢复。

那么，以淮南路为陆地总攻方向，东路水军相机辅助，才是最合理的配置。当年五月四日，李显忠率部率先渡过淮河。

这时，他做了两手准备：一是拔刀出鞘等待厮杀；二是他会搬出把椅子，安静地坐下来，等着金军的主将带另一把椅子过来，两人可以面对面地聊聊天。

因为对面的金军主将是萧琦。

萧琦是契丹人，哪怕在金国再受重用，也心向故国。偏巧当时完颜亮被杀，契丹人大起义，萧琦灵机一动，为何不在前线与南宋暗中勾结，里应外合搞垮金国，趁机恢复辽国呢？如果成功，南有宋朝，中有起义，再向北有西辽，金国还在自相残杀，无论如何都大有机会！

萧琦暗中派人联络李显忠，要实现这个计划。

李显忠很高兴，他不管萧琦的愿望能不能实现，他只需要萧琦配合他渡淮、入金、由宿州进亳州，直趋旧京开封，由开封通关陕，回到他的老家鄜延就可以了。在那里他的威名代表一切，汉人会立即响应，像当年一样迅速集结起数万军力。

到那时，单凭他自己，都可以尽复陕西五路。

北伐开始，李显忠的路线与当初的设想基本一致，他的前方正是盟友萧琦，就看这个契丹人是不是说话算数，有没有临战变卦。

李显忠觉得变卦的可能性大，理由是时间。如果当时就操作的话，萧琦肯定没二话，直接就当金奸了，可这时契丹大起义被扑灭了，完颜雍皇帝当稳了，西辽那边估计连信儿都不知道，再让萧琦履行合同，简直是不近人情。

如他所料，萧琦来时骑着马，带着一大群拐子马。双方在陡沟开战，李显忠的武器库里说实在的没有太多的花样，他就是一个关西汉子，像曾经的西军那样敢于冲撞，勇于野战，善于驰骋。

他在陡沟与拐子马野战，在剧烈的冲撞中大获全胜，之后紧紧地咬住败退中的金军骑兵，让他们不敢在野外立足，逼着他们向最近的大本营灵璧撤退。

灵璧是金军在这一片区域内最大的辎重据点，城池高大粮草众多，是北伐部队计划中必须拔除的钉子。当天，李显忠衔尾疾追紧紧地咬住萧琦，驱赶着金军到达灵璧城后，开始了第二轮激战。

攻城、杀敌二合一，把事情一次性做完。

当天灵璧城外一战，是萧琦一天里连续第二次大败，他部下的拐子马像当年西夏的铁鹞子一样，被李显忠打残，连退进城门的余地都没有，就在城墙下队伍散乱，四面八方地各自逃跑了。

这让城里的人情何以堪，拐子马是金军的王牌，萧琦是金军首屈一指的战将，这两根支撑女真人心理底线的柱子就这样被李显忠当众拧断，他们立即就崩溃了。

灵璧城城门大开，女真人列队出来投降。

李显忠入城，他向全城百姓许诺，只要拥护南宋，保持平静，他保证每一个人都会活得好好的，这一条同样适用于女真人。

灵璧城变得平静了，仿佛已经被李显忠治理了很多年。

同一时间，北伐的东路军陷入了……不是苦战，是尴尬。邵宏渊率领数万重兵渡过淮河，按计划攻击虹县。虹县城矮兵少，只有区区几千名金军，却让东路军无论如何都啃不下来。

消息传来，李显忠沉默了。形势要求西路军必须去拉一把，不然会影响围攻宿州的大计。李显忠想到了，却没有分兵支援，他只是把灵璧城投降的金军降卒派去了一些，在他看来，这就足够了。

李显忠目光如炬，一眼看穿了虹县的本质。那里的金军能顶住邵宏渊，凭的就是一口气。邵宏渊的刀把子太软，砍不断这口气，而他李显忠则不一样，根本不必动手，只需要带个口信过去，一切就会了结。

事实也的确就是这样，灵璧降卒一到，虹县金军立即就垮了。这帮人出城投降，放弃了抵抗。

终于过关了……邵宏渊气得要死。打不下城来已经很丢脸了，被人帮忙更是没有脸，而帮的方式居然是降卒劝降，这简直就是在打脸！

他的脸被李显忠抽得“啪啪”响，整个军营都能听到。

邵宏渊从此不说话了。李显忠问他下一步怎么做，他不说；问他什么时候行动，还是不说；告诉他西路军要按原计划进攻宿州，他仍然不说。

这不犯法吧，你管天管地再凶再狠，老子沉默还不行啊？况且说到底，你没法命令我，因为咱俩官职一样大。

至此，李显忠才看清楚了邵宏渊的真面目。这人不是硬汉，只是一块滚刀肉，是个兵痞子！军队里谁强服谁，或者像当年岳飞向韩世忠示好，立即可以得到回应，从此英雄爱好汉，好汉重英雄之类的事根本和邵宏渊不搭边。

奸狡黏牙，滚刀不烂。

李显忠只好单独行动。

他率军从灵璧城出发，挥师向北，进击宿州。宿州是安徽境内金军最重要的据点，由于它地处淮北，临近河南，更是金国军事政治中心的边境线，一旦突破这里，立即可以威胁到一大片要害地段。

向西北，是河南；向东北，是山东，哪边都够金国紧张的。

# 第十五章 宿州、七天

西路军迅速抵达宿州，宿州之战展开。金军一如既往地骄横，这是特质，从金兀术时代就这样了，不管面对的是谁，曾经输成啥样，他们总是会先默念“我最强”，然后再出战接战。

很少会躲在城墙后面纯防守。

这正中李显忠下怀，他巴不得战斗就在野外。当天，两军在宿州城下决战，李显忠先是毫无例外地击溃了守军，可接着就遇到了大麻烦。

宿州城宁死不降。

这里是安徽的重镇，河南的前沿，城里女真人多汉人少，已经彻底地金国化了，李显忠要冒着枪林箭雨去爬城墙，才有可能征服它。而这还只是第一步，当李显忠的西路军继城外野战之后攻破城墙，才发现面对的是满城的刀枪！

……巷战开始。

这真是全套的战争三部曲。截至这时，战斗全由西路军单独负担，邵宏渊在哪里，东路军在哪里？据可靠情报，他们还在虹县休息。

李显忠就当他们不存在，权当北伐只有自己这一路人马。可是事到临头时，他发觉邵宏渊真是有才，这人干出的事，比一直躲在后边看热闹还可恨。

一直不出现，偏偏在宿州城门被攻破，西路军冲进城去时，这帮人神奇地现身了，尾随着李显忠的部队毫不费力地冲了进去。

谁说没参战，这不是来了吗？

这就是邵宏渊的胆子，赤裸裸地摘桃子又怎样，士兵夺降卒的佩刀你敢砍头，老子当面夺你的战功，你试试把老子也砍了？！

一样高的军职，一个嫡系，一个杂牌，今天你敢砍我的头，哪怕你北伐成功了，也别想有好结果。你比岳飞怎样，啥错没犯还不一样处死了。

李显忠只能忍了这口气，全身心投入到战斗中去。当天的巷战极其惨烈，宋军方面的阵亡名单里包括了统领级军官王珙，而金军的伤亡更大，死数千，擒8000名，也就是说参与巷战的金军接近了2万。

战后，在尸山血海里的宿州城，沉默的邵宏渊终于说话了。他向李显忠笑了笑，貌似恭维——“真关西将军也。”

关西将军，这是一个极其称赞，带有巨大荣耀甚至是传承的称呼。于当时的宋军而言，中兴大将们除岳飞之外，全部是关西将军！

张俊、韩世忠、刘光世、吴玠、吴璘，每一个响当当的名字，都深深烙印着陕西、西军的字样。于后世而言，关西将军更是变成了一种传说，哪怕国破家亡、全境沦丧之后，仍然承载着汉人的希望。

抱铜琵琶，执铁绰板，唱大江东去的关西大汉，做到关西五路廉访使的鲁智深，等等，等等，在文艺作品中被不断地传唱。

可此时此刻，李显忠大出风头之后，邵宏渊以“关西将军”赞叹他，味道却很不单纯。关西将军神勇，嗯，您真神勇；关西将军很威风，对，您威风极了……可这是赞叹还是怨恨呢？

邵宏渊是韩世忠的人，韩世忠是关西将军，而邵宏渊本人却是河北大名人，他的冤家李显忠偏偏是关西人。

这些叠加起来，邵宏渊还能淡定地赞颂，内容还就是“关西将军”四字。这里蕴藏的忌妒可见有多么强烈。

巨大的胜利带来了巨大的荣誉，从后方迅速传来嘉奖令，把整个事件推向了另一个高峰。看细节，此次宿州大胜，是南宋近20年以来主动出击所获得的空前胜利，朝野上下一片欢腾，自赵昚以下振奋欢悦。

赵昚传令重赏前线将士。升李显忠为开府仪同三司，淮南、京东、河北三路招讨使；升邵宏渊为检校少保，宁远军节度使兼招讨副使。所夺州县全部战利品可以随意处置。

连张浚都得了彩头，赵昚亲笔写信给他，赞美此次大胜，肯定了张浚识人之明。

面对升赏，邵宏渊大怒。凭什么又要让我当李显忠的副手？！凭什么，凭什么啊？！

每个人都会瞄准他的脑袋砸去一块砖头，告诉他清醒点。你打仗没水平，做人更没水平，看看你干那点事，虹县是你打下来的？宿州是你攻下来的？自北伐以来你干过什么？居然升官发财了，居然还耻于当副手，你以为你是赵构的私生子啊？

这些疑问没有一条出现在邵宏渊的脑子里。这人义无反顾地走上了一条不归路，决心不惜一切代价和李显忠死磕到底。

金国援军行动迅速，先到的前锋部队由大将纥石烈志宁率领。这人是金国军系中的异数，按理他早该死很多次了。

他出自名门，父亲是开远节度使纥石烈撒八，老丈人则名震寰宇，是地球人都知道的完颜宗弼，也就是金兀术。

由完颜亮掀起的皇室清洗风暴中，女真战神完颜宗弼是重要目标之一。他的直系亲属全部死光光，可纥石烈志宁偏偏躲了过去。

纥石烈志宁率领 1 万金军为前锋，临行前向完颜雍预计了一下战果。他说，陛下不必忧虑，此战必胜，所期待的是能不能活捉李显忠而已。

完颜雍沉默。李显忠的传奇人生在当时金、夏、宋三国之间独一无二，无论是在北宋西军时代、金时代，还是在伪齐时代、西夏时代都横行千里所向无敌，走到哪里都一片血雨腥风。这时更击破两淮防线，进逼河南旧京重地，从哪一点上来看，都让人心惊胆战。

想活捉？

几十年来很多人做过这个梦，可醒来时鼻青脸肿，一身冷汗。

在纥石烈志宁的背后，是河南境内主帅孛撒率领的主力近 10 万金军。在这种配置下，完颜雍的心情才稳定了些。

金国皇帝开始了煎熬的等待。

金国家大业大不假，可每一处角落都必须留兵镇守，黄河以南物产丰富，是金国的财帛重地，绝不容失，可是能派出的兵力也就只有这些。此时的态势，已经和当年岳飞北伐时相似了，开封区域内的兵力都已派上了前线，如果再被宋军击败，那么就会形成一片真空地带。

南宋军队可以长驱直入，恢复旧京，直至黄河南岸。那是刚刚站稳了脚跟的完颜雍无法承担的恶果，影响会迅速波及金国其他的区域。

当年的五月二十一日，纥石烈志宁抵达宿州。后方的皇帝急得要死，他却稳当得出格。仿佛忘了他是前锋官一样，不去挑战，只顾着把营盘扎得牢牢的，等后面的主力到达。

稳定，认准了就绝不动摇的一根筋。

第二天，等孛撒的10万大军到位之后，纥石烈志宁才出战，而且绝不是单独地只带自己的那1万人，而是全军皆动，四面围住宿州城，在南城门外列大阵，拥主将孛撒临战。

和以往金军自我感觉良好不管对手是谁都轻慢骄横待之何其不同！

李显忠出城应战。

这是关西将军的惯例，更是李显忠的风格。多年与金军打交道，他深知两军初遇时的战绩，绝大多数将主导整个战役的胜败。

一句话，对付女真人，必须首战大胜。

宿州城南门外，金军骑兵向李显忠的西路军发起冲锋，这是女真战史上的经典招数，一波接一波永无休止地冲击，哪怕不能击破，也要将其耗垮，何况这时金军数倍于李显忠所部，可以轮番出战，消耗西路军的战力。

提到冲击，要说一下数字。

金军骑兵一般连续冲锋十余次，足以解决战斗。通常这也是他们的极限。

这一天的战况是金军连续冲锋达到了数十次，这个数字是女真建国第一代军队里都少见的。效果显著，南宋将领的怯懦如期而至，军官李福、李宝带领部队想逃跑。李显忠跃马赶到，亲手挥刀立斩了这两人，才稳住了阵脚。

后退者死！

李显忠用血淋淋的将官人头告诉全军，这是一场敌死我活没有余地的战斗，只有胜利才能平安走下战场。没有比这更有力的命令了，每一个南宋士兵，不管他是勇敢的，还是怯懦的，都被或激励或恐吓出了惊人的勇气。

首战大胜。

在金军以绝对优势兵力，冲锋数十回合的战况下，北伐西路军取得了压倒性的胜利。当天李显忠收兵回营时心情应该是喜悦而轻松的，从以往宋金战史来看，之后的事情会容易很多。首先金军会后撤，其次接下来的战斗难度会锐减，再没有第一战这么艰难。

可是他错了，仅仅隔了一个晚上而已，当第二天早晨的太阳升起来后，金军又抵城挑战了。李显忠直觉地感到不对头，战局在向异常转化，单凭他的西路军很可能解决不了问题。为了保险起见，他硬着头皮去找邵宏渊。

他建议两军同时出战。

邵宏渊拒绝，理由是，据东路军观察，金国近期还会有建制巨大的军队增援，加上宿州城外的敌人，数量已经远远超出了北伐军的承受力。我们应该理智些，考虑……退守。

不仅不出战，还想撤退！

李显忠怒火升腾，忍了又忍，才克制住自己的冲动。事后很多年他反省一切时，最恨的就是这一刻自己为什么还要忍耐，后退者死！他应该像昨天在战场上砍掉那两个懦夫的脑袋一样，砍了邵宏渊这个败类，这样，就不会有后面那些事了。

可是这时他没法知道未来，只愤愤地扔下了一句话——“我只知有进，不知后退”，就带人冲出了宿州城，率西路军与金军决战。

这一天的战斗激烈程度是前一天的翻倍。金军在纥石烈志宁、孛撒的驱动下，创下了宋金交战史上的纪录，他们居然连续冲锋了百余回合！

还只是在一个上午内完成的。

这是一个前所未有的强度，11万金军轮番上阵，绞杀西路军不足4万人，结果居然是金军被阵斩左翼都统和千户、万户数人，5000名左右金军尸横沙场。

临近正午，烈日当头，空气闷热，疆场上每个人都剧烈喘息，金军最后一次发动了冲锋。史料记载，这一次李显忠后撤了，他的部队背抵城墙，以克敌弓远射逼退了金军。

很明显，西路军已经快被挤干榨尽，战斗力所剩无几了。好在金军同样如此，他们退了下去，战场出现了短暂的平静。

西路军没有回城，就在城外就地休整。一眼望去，数万人解甲坐地，战创遍体，浑身是汗，在烈日下艰难地喘息着。

斗志仍在，体力不济了。

这是急需援军的时候，大家都若有若无地关注着身后的城门口，要是那里冲出来一直养精蓄锐的东路军，那可有多好。

居然心想事成，城门开了，真的有士兵从里边跑了出来，更后边跟着的居然是邵宏渊本人！惊喜，一时间战场的焦点都聚集到了这里，邵宏渊是中心。

只见此人骑着马，在战场周边巡视，看了很久，等关注度达到顶峰后，终于说了一句话——“当此盛夏，摇扇于清凉犹不堪，况烈日中被甲苦战乎？”

这么烈日当头的，摇扇子乘凉都来不及，居然还有人披甲作战打个没完没了！

这句话瞬间传遍沙场，每一个打得浑身是伤累到吐血的南宋大兵都气得头晕，之前他们浴血奋战坚定不屈表现得越是正面，越是在这句话下感觉自己多傻。再没有自己认真做事，却被嘲弄成傻子更泄气的了……而有些所谓的“有心人”更是听出了话外之音。

这么热，众寡悬殊，还出城决战，为的是什么呀，如果不是主帅李显忠只凭自身激情，贪图一时之功，哪会像现在这样不顾将士们的死活？！

联想到之前不许队伍进城休整，不分发战利品，大兵们看向李显忠的眼神都变得怪怪的，之前英勇伟岸战神一般的无敌形象顿时大打折扣。

说完了这句话，邵宏渊施施然骑马回城了。外面太阳依旧毒辣，五月的艳阳天下，金军重新集结，又一次冲向了李显忠的西路军。

人，还是那些人。上午时还杀伐无惧，让金军创下了纪录，而他们打破了纪录。他们是南宋史上当之无愧的硬汉铁军。

可中午过后，一切都变了。这些人无精打采，铁血铸成的心被蒙上了一层阴暗可耻的幕布，变得犹疑、迟钝，甚至很逆反。

邵宏渊的话对战局起到了非常重要的影响，这一刻，他真的不是一个人在战斗，很多人都相信，一定是秦太师附体了，才让他把汉奸这个职业做得如此到位。

人心散了，李显忠也没有什么好法子，他只能亲自冲锋，以行动带动起后面这些灰心丧气的士兵。他坚信，北伐是他报仇的机会，也同样是后面这些士兵报仇的机会，他不信每个人都像邵宏渊那样自私卑劣！

他赌对了。

在他的感召下，仍然有足够多的南宋士兵冲了上去，帮助他再次抵挡住金军的攻势。而这，也是金军的极限了，片刻之后，中午时出现的对峙状态再一次出现了。

两军对峙，谁也无力主动挑战。太阳逐渐偏西，直至黄昏降临，眼看这一天就要过去，可变化突然间发生了。

宋军，还是南宋这一方，在李显忠的背后突然响起了一片嘈杂刺耳的锣鼓声，更多的杂乱声随之而起，像是很多人马在急速移动中。

李显忠无法回顾，他不知道后面发生了什么。查阅资料，那是中军统制官周宏鸣散播谣言，说金军新增大量援军立刻就要到了。一时间鸡飞狗跳，宿州城里人喊马嘶，最有身份的一群人开始了逃跑。

多古怪的场景，以宿州城城墙为界，城外的部队与金军对垒，死战不退；城墙里边连块砖头都没扔过的部队居然开始了逃跑！

逃跑的人里边就有邵宏渊的儿子邵世雍。

逃跑迅速波及了城墙外，本就觉得吃亏上当受骗的西路军顿时炸营了，士兵们乱成一团，军官们则反应很快。

统制官左士渊、统领李彦孚直接拍马就走，逃跑前还不忘带上所部人马。眼看着溃兵大势将成，再过片刻就会不可收拾，李显忠当机立断，下令全军回城。

这个命令是当时能做的最正确的选择，唯有让集体慌乱的士兵们进入一个相对稳定的区域内，才有可能阻止全体逃跑的可能。

可命令永远可能被执行走样。这回一大批的中级军官，共19人违抗命令，他们以主将不和无法再战为理由，拒绝入城，纷纷抛弃了部下，各自逃命。乱了套的西路军顿时乱上加乱，失去建制指挥的士兵们只知道跑，他们有的跑向了别处，有的争相入城，几乎是一瞬间就把城门堵死了。

拥挤践踏，尸体狼藉，本是一个完整的西路军像噩梦一样地自我崩溃了。对面的金军喜出望外，他们不知道发生了啥情况，可并不妨碍他们趁火打劫。

10余万金兵逼近城墙，要把西路军置于死地。

这时，宋军的特殊能力派上用场了。汉人都是生活在城墙内的动物，每个朝代的军队都非常精通于守城、攻城，尤其是宋军，他们爬墙的功夫绝对让辽、金、西夏乃至后来的蒙古军队望尘莫及。

金军只来得及放箭，射死一些爬墙中的宋军，就眼看着西路军集体爬上了宿州城墙。接着等他们开始往上爬时，情况就变得凶险了。

李显忠大怒若狂，打仗打到这地步，这简直是他一生的耻辱！进城之后他立即开始防守，这时他的兵力比原来更少了，可是有了这道城墙，也足以扯平刚才造成的劣势。

他仍然冲在了第一线，手举大刀连续砍断金军的攻城梯。他的部队这时最需要的就是感召力，他一定要做出表率来，主将越勇猛，他们才会越镇定。

事实如他所料，西路军渐渐地恢复了过来，当天夜里他们打退了金军如潮水一般的攻势，等战斗结束，城墙下金军的尸体在某些地段堆得与城墙几乎平齐！

深夜，金军暂时退去，李显忠终于见到了邵宏渊。

这是经典的一幕，杀得血染战袍精疲力竭的人站得很直，要求与敌决战。盔明甲亮，整整一天摇扇乘凉无所事事的那个却萎了，说啥都不同意。

好吧，那么帮忙一起守城行不？

仍然不行，邵宏渊振振有词——“金添生兵二十万来，倘我军不返，恐不测生变。”这人一定要逃跑，且逃得理直气壮，20 万金国生力军啊，就算皇上站在跟前，这个理由都天公地道。

李显忠大怒，还有比这个更丑陋的吗？！

他再也无法控制，发泄一样地说出了下面一番话——“若使诸军相与犄角，自城外掩击，则敌兵可尽，金帅可擒，河南之地指日可复矣！”

这是他的抱怨话，也是这次战争的争议点。就在宿州城外尽歼金军河南来的军队，这是不可能完成的任务吗？战争打到了这份儿上，谁都知道李显忠能做到，只要兵力多一点点就成。

而整个东路军一直袖手旁观，坐视不顾。这已经不是渎职了，而是叛国！身为高级军官，邵宏渊不会不知道，可他就是干了。

对了，他儿子早就先于他干了。

面对这样一对父子，李显忠能怎么办呢？难道他能执行战场纪律，立即杀了这个腌臜泼皮，夺东路军军权为己有吗？

这种事在整个宋朝历史上都没发生过。

李显忠只能仰天长叹——“天未欲平中原耶？何阻挠如此！”他所能做的，只有让理智迅速回归，趁着战场间隙，立即率军后撤。

宿州城外金军达到了10万之众，城里的宋军四五万，如此规模的撤退哪怕再静默，也没法不让敌方察觉。

北伐军后撤的方向是符离（今安徽宿州市东北），那里有大批的物资辎重，一来必须带走；二来可以凭借之稍作抵抗。这在理论上是当时的最佳选择，可是在执行中才发现这是个更大的错误。

西路军久战疲惫有心无力，东路军全体软蛋一溃千里，这样的兵想脱离危险只有片刻不停全速逃跑，才有一线生机。

至于辎重和防守，难道符离会比宿州更有利吗？

北伐军与金军脚前脚后赶到了符离，仓促之间北伐军只来得及组织起薄弱的防线，金军趁势四面合围，把符离围得水泄不通。

只支撑了一个白天，夜晚降临时北伐军的极限就到来了。事实上早在宿州之战时的下午前，北伐军的极限就已经到了，能支撑到这时，完全是由于李显忠的个人感召力。而到了符离，身在绝境中，东路军不仅没能置之死地而后生迸发出临死前的反抗，反而动荡了北伐军的阵脚。

这帮人继续抢先逃跑。

黑暗中全军溃散不可收拾，将领们扔下部队独自逃生，士兵们丢盔弃甲，怎么方便怎么逃，一个个“奋空拳，挥赤臂”，四散逃生，“蹂践饥困而死者不可胜计”。

到天明后，战场一片狼藉。

北伐军全不见了，连同随军民夫在内的13万人被金军横扫一空，损失殆尽。符离储备的大批战械物资，包括1万余匹绢，6万余石粮食，17万条布袋，5万缗现钱，数万两金银，数额巨大的军衣铠甲、酒等，全部被金军缴获。

唯一所幸的是，黑暗中不辨敌我、不知方向、没有随从，北伐军的两位主将李显忠、邵宏渊安全逃脱，没有被金军生俘。

战争结束，南宋输掉了能输的一切。这不同于金国方面的两淮失守、宿州失守，那时金军有巨大的纵深空间可以撤退，有编制健全的生力军，而南宋的北伐军至此损失所有，再也没有翻身的机会。

这时距离宿州大捷，才仅仅过去了七天而已！

# 第十六章　男儿到死心如铁

兵败议和。

南宋的宰相汤思退比秦桧强多了，他为了达到求和的目的，敢于联合敌国向本国皇帝施压。汤思退暗中下令，为了确保议和必成，现在要做的是与女真人联手压迫赵昚，要赵昚不得不和，不想和也得和!

具体做法是派人联络金兵，要金人迅速南下，只要敢于进攻，那么必将势如破竹。接受过各种各样汉奸帮助的女真人第一时间信了，他们立即起兵渡过淮河，所过之处一马平川，根本没有堡垒路障，那些全都拆了，也没有军队阻拦，能打仗敢作战的都被关进了监狱。

金军前锋迅速抵近长江北岸。

什么叫通敌卖国，什么叫背信弃义，什么叫大逆不道丧心病狂？！

这就是求和派的真面目——当年绍兴议和时满朝百官都反对，秦桧敢让人冒充百官上朝去应付摆场。汤思退则更上一层楼，直接与敌国联手，暗算自己的皇帝。

消息传来，赵昚大悔大怒。他想起了张浚关于金人议和的总结——“金强则来，弱则止，不在和与不和。”一语中的，那根本就不是个讲信义的国家，尤其是完颜亮毁约南侵近例不远，他怎么会一时昏头听信了汤思退等人的花言巧语呢？

面对进攻，赵昚发誓——“朕有以国毙，不能从也！”哪怕亡国灭族，都别想威胁我服从金国。他下令各路军马立即开赴前线，使者所带的礼物金帛全部赏给士卒。

可是命令发出去，前线根本不执行。

都能通敌出卖你了，还想着能听命令毁了之前的安排？这是多脑残的奢望啊！有证据表明，这一时刻赵昚并不清楚真正叛变他的人是谁，甚至不知道前方已经里通外国陷害了他，他只是强烈地剧烈地反抗着，要不惜一切代价反击。

反击需要人才，他火速召回了前首相陈康伯，又召回了救火队队长虞允文，任命这位奇迹先生为副相兼同知枢密院使。要他们以最快速度组织兵力上前线，而他自己也将御驾亲征到江边。

唯独没提张浚。

张浚已经死了。

严格地说，张浚在符离大败之后之所以还能活着，完全是凭着一口倔强的、带有浓厚个人英雄主义，同时也包含着浓厚的爱国之心的气息，勉强支撑着操劳做事。

他不仅要与金国争，还要与后方的求和派战，这让他早就油尽灯枯了。一到赵昚决定与金议和，破坏他在前线的所有举措，他最后的一点生存意义也烟消云散了。

他的死是悲凉壮烈的。

去职临行前，他表示哪怕再受迫害，也绝不会随波逐流坐视奸臣当道：

> 君臣之义，无所逃于天地之间。吾荷两朝厚恩，久尸重任，今虽去国，犹日望上心感悟，苟有所见，安忍弗言。上如欲复用浚，浚当即日就道，不敢以老病为辞。

可见其壮心不已。

可惜走到半路时就体衰无药，耗尽了生机。弥留之际，他写了最后一封信给赵昚，然后向次子、未来的理学大家张栻说：“吾尝相国，不能恢复中原，雪祖宗之耻，即死，不当葬我先人墓左，葬我衡山下足矣。”这是他对自己的评价。

可见人之将死，其心自平，还是有自知之明的。

古人云，看人要盖棺论定。个人认为这个说法很片面，难道说干了一辈子的坏事，临死前懂事了，之前就一笔勾销什么都算了？

这样说有些刻薄，可逻辑上绝对说得通。张浚以一介儒生在乱世中迅速升位，最初的几步实在是让人厌恶鄙薄到了极点。李纲抗金，力保开封城不倒，他弹劾李纲；韩世忠威勇无敌，是当时宋军的军魂旗帜，他弹劾韩世忠。而他自己，则在抗金之初毫无作为，开封城死难无数，节烈无数，不知这人藏在了哪里，才留下了一条命。

苗刘哗变，张浚得以一步登天。仅仅以所谓的救驾之功，就得到了整个西南西北的军政大权，之后就是富平大败，毁了西军百年的威名和实力。

直到淮西兵变为止，张浚没做过任何与国得利的事。再到赵眘登基，他发动北伐，导致符离之败。可以说，他一生中占尽了南宋的气运，富平、淮西、符离，让南宋总是在即将登顶的时候一脚踩空。这是命运吗，还是说这个人本身就有问题？

绝对是张浚的问题。他大事糊涂且嫉贤妒能。害曲端、迫岳飞、拆李显忠的台，这才是他的领导艺术的体现。

精细计算的话，他一生中唯一值得称道的只有气节。自始至终对外锐志抗金，对内不屈于秦桧，哪怕颠沛流离 20 年，也决不低头。

这绝不是谁都能做到的，张浚哪怕能力不够、私心过重，这一点也足以让人肃然起敬。他实实在在是为国操劳而死的。立足于这一点，我们原谅他，并且向他致敬吧。那些“浚征战一生，未获寸土与国”“志大而量不弘，气胜而用不密”之类的精当评语都选择性忽略吧。

张浚的死让汤思退等败类如愿以偿，这帮从头坏到脚无可救药的民族罪人欣喜若狂，成批量有建制地上书，要赵眘尊重客观事实，尊重过往的历史，别再做没意义的抵抗，直接放弃两淮地区，退守长江南岸。立即遣使向金国乞和，这才是眼下免于国家沦亡的唯一机会，等等，等等。

不仅赵眘大怒，凡天下有血性者皆大怒，很多前线发生的隐秘事传回了后方，求和派的叛国行为逐渐地露馅了。

民心沸腾，除了主战派人士之外，民间知名人士、太学生集团同时请愿，要求严惩卖国贼，为张浚报仇，为前线将士雪恨。而赵眘知道了这些，不禁无地自容。于他而言，这不是所谓的游移、中计或者浮浅稚嫩就可以说得过去的，太学生请愿起自靖康国难时，枉他自诩中兴明君，正干着复国大计，居然搞得天怒人怨忠臣死于眼前还不自知！

何其羞窘。

羞窘化为怒火，烧向了汤思退等人。

这帮人按着惯性向自己的皇帝施压，以为有了秦桧的前例，那么照搬一些也无所谓。

这种心理很像是中唐时武则天篡位，之后韦后也想着照搬，结果弄得灰头土脸。利益当前，成例在前，基本上谁都会忘了自己的斤两。

汤思退被免去一切职务，削夺一切爵位，押赴永州（今湖南永州）管制。

如此重罪，还不砍头，这让全天下人不服，抗议像潮水一样涌来，这让政治新兵赵昚明白了过来，汤思退等人一样是他的敌人，不杀之，不仅会遗有后患，让后来的奸臣加倍肆无忌惮，还会冷了眼下抗战中的民心士气。

赵昚下令把求和派一锅端，王之望、钱端礼、尹穑等全部罢免流放各地，主战派人士陈俊卿、陈良翰、张栻等人上位。

汤思退走在半路中，得知消息直接吓死。这就是败类的本质，有胆子败坏国家民族，却没种承担半点罪恶的后果。

以上比较大快人心，南宋的士气也随之高涨了些。可惜，军事实力是个独立的现实单位，与这些挂钩，却没法因之改变。

长江两岸的实力对比，比完颜亮南侵时更加悬殊，赵昚这时哪怕真的"男儿到死心如铁"，也没法去只手补天裂。

他的怒火随着求和派的全部覆灭而熄灭，心气随之再次下降，觉得议和应该还是可以接受的，之前所强调的祖宗陵寝地、四州、国体互称等似乎也没啥大不了的。

赵昚悄悄地派使者过江，重开和议。金国见好就收，两国迅速地和了。

南宋隆兴二年（1164年）闰十一月，宋金达成和议，主要内容有三条：

1. 南宋皇帝对金主不再称臣，改君臣尊卑为叔侄大小；

2. 双方疆界恢复到完颜亮南侵前，即以淮河至大散关为界，南宋在采石矶之战后收复的地方悉数归还；

3. 改岁贡为岁币，每年金额由原来的银、绢各25万两（匹），减为20万两（匹）。

以上，史称“隆兴和议”。

其后岁月静好，金国的皇帝很理智，宋朝的皇帝变冷静，连同虞允文在内，所有主战派的努力都在或有意或无意的阻碍中变成镜花水月。

赵昚的心收了起来，他会专注地凝视自己的三个儿子，精心比较他们之间谁更加像自己一些，进而精心地给他们选媳妇，再精心地对比他们生下来的儿子，也就是他的孙子们，谁更加优秀。还时不时地会去探望他的老爹，陪着赵构在天竺寺、玉津园等临安著名旅游景点散步。

日子一天天过去，南宋、金之间越来越和谐美好，中原、江南、塞北一片平静……大理、西夏、吐蕃一片平静……这个世界几乎陷入了一个梦境一样的理想国度，仿佛战火、鲜血、死亡等丑陋凶恶的东西都统统不见了。这可能吗？

它们去了哪儿？

世人不会知道，在这片无比广阔的平和之外，还有一个男孩儿在受苦。

这个男孩儿远在极北之地的苦寒草原上，名叫孛儿只斤·铁木真。

# 第十七章　最北的北方

蒙古高原自秦汉以来，一直是中原汉人的梦魇之地。那里遥远，远到只有最强悍的将军、最精锐的士卒才敢于梦想去奔袭。那里苦寒，传说只有最坚忍的狼和最凶残的人才能生存，不管中原的王朝怎样进化变换，秦、汉、晋、唐，无论是谁，那里都有与之相应的强悍民族出现。

如匈奴、鲜卑、柔然、突厥、回纥、黠戛斯以及蒙古。

据学术界目前占主导的意见，最早的蒙古人源自东胡，至唐朝时移居望建河（今额尔古纳河）之东，形成室韦蒙兀。蒙古即蒙兀的汉文音译名。

在中原两宋之交期间，这片高原上一片混乱，在今贝加尔湖以南，长城以北，阿尔泰山之东，兴安岭以西的广阔地域内，没有哪个民族能统一大漠南北。不管他们是操蒙古语，还是操突厥语；不管他们是游牧打猎的，还是采集渔猎的。

蒙古族只是其中一支而已，长久以来活得很是艰难。这不仅是因为环境的恶劣，还由于长期以来绵延的仇恨。

最长久的一个死冤家是塔塔儿人。

塔塔儿人与蒙古人的居住地都挨着一条河，蒙古族是斡难河，塔塔儿族是克鲁伦河。两河都发源于肯特山麓，斡难河在北，克鲁伦河在南，几乎平行着流向东方。

出了山区之后，两条河就大不一样了。斡难河一直保持了山区河流的特点，它的左岸一直是泰加森林。克鲁伦河正相反，它变成了一条草原河流，在一望无际的平坦草原上缓缓流淌，在注入阔连湖（今呼伦湖）时，河面仅宽 20—40 米，最窄处不过 2 米。

塔塔儿人离金国近，蒙古人离金国远。这造成了两个民族截然相反的命运。

塔塔儿人很聪明，一直很小心地讨好金国，长久以来很殷勤很狗腿，相应地得到了很多好处。蒙古人很直很倔，发现蒙古包里缺粮缺钱之后，只会骑马举刀去抢劫，而且抢劫对象只看有没有钱，从不看对方有多少人马刀枪。

那还有比金国更理想的吗？

于是历史的轮回规律出现，南方的人总被北方的人抢，而这个北是相对的，堪称没有最北只有更北。相对于金国，蒙古就是更北的北。

蒙古马来去如风，抢完就跑，女真人拿他们实在没办法，哪怕是金国由心比天高的女真战神金兀术殿下亲自带着8万精兵去讨伐，最后的结果也只是与蒙古诸部议和，把西平河以北之地尽割与蒙古，并且每年都要送牛羊、米豆、绢帛之类的礼物。

蒙古的战斗力可见一斑，而那时的蒙古还处于散沙状态，金国却已经达到了顶点。

长此以往，金国把蒙古恨到了骨头里，而塔塔儿则非常聪明地利用了一次蒙古族首领非常罕见的善意心肠，既为自己报了仇，也让它的主人金国雪了恨。

先说一下塔塔儿与蒙古的恩怨往事。

据可查的史料记载，两族最初时还算友好，好到塔塔儿人去蒙古部落出诊看病。那时，蒙古部落的首领是合不勒汗，病人是他的小舅子，请的医生是塔塔儿部落的巫师。很显然这是一次高档次的出诊，如果成功的话，非常有助于提升两个部落的外交和友谊。

问题是合不勒汗的小舅子死了。

医者无绝对，这是常识，可是病人死了家属一定愤怒也更是古往今来各地一致的。蒙古部落对这个巫师大失所望，愤怒中集体认定是该巫师出工不出力，有意把病人治死的。

合不勒汗的部下追上去，在半路上干掉了塔塔儿巫师，两个部落因此反目成仇。

仇恨一旦生成就会像滚雪球一样越滚越大，直至造成毁灭一切的大雪崩。这个过程在中原一般要经过几代人的努力才会实现，而在漠北草原上，两代人的遭遇就足够了。

合不勒死后，继任的蒙古首领是俺巴孩汗。这个蒙古人的心灵是厚道的，他知道之前塔塔儿是受害方，于是想到了弥补。

他把自己的女儿许配给了塔塔儿部的一个贵族，结婚时自己亲自送亲，随行的还有合不勒汗的长子斡勤巴儿合黑，这是多么大的诚意啊，尤其是带着合不勒汗的长子，这是非常明显的赔礼道歉的意思。可落在聪明的塔塔儿人眼里，就全都变了味道。

蒙古人自己送上门来了。

聪明的塔塔儿人最大限度地利用了蒙古人的一厢情愿。

蒙古的可汗被押送进了金国的都城，当时的金国皇帝是一直当傀儡，先后受制于权臣、后妃，积压了一生怨恨的金熙宗，不难想象这人会怎样残暴恶毒地对付送上门来的仇敌。他把俺巴孩汗、合不勒的长子一起钉在了木驴上，使之辗转惨死。

史载俺巴孩汗临死前，曾设法派人往告诸子以及合不勒汗最强大的儿子忽图剌，说——“我，蒙古人之最高首领，送亲女至塔塔儿部，为塔塔儿人所擒。汝等当以我为戒。当今之际，汝等纵令弯弓秃尽汝等之五指之甲，磨尽汝等手之十指，亦当誓报此仇！”

在咽气前，俺巴孩汗对金熙宗说——“我之子侄甚多，必有可怖之复仇。”

这句警告在当时没有引起多少波澜，围观行刑的金国权贵们只是一笑置之，甚至会鼓掌，把这个北方苦寒地带的野蛮民族的酋长的怨恨当成了行刑快感的增效剂。

还有什么能比仇人的惨叫咒骂更让行凶人快乐的呢?

然而，塞北大漠上的蒙古人听到了。从此之后，他们每个人都牢牢地记住了塔塔儿不可信、金国人是死敌这两点，在以后的岁月里无数次与这两个民族交战。直到孛儿只斤・铁木真出生，长大到8岁左右。他的父亲，蒙古的新一任首领，有勇士之名号的也速该犯了与俺巴孩汗同样的错误。

这事要从南宋绍兴三十二年（1162年）正月初二说起。这一年，对南宋、金两国都很重要，完颜亮刚刚兵败身死，赵构也让位当太上皇了。

这都不是当时世界上最重要的事。

正月初二这一天，在遥远苦寒的漠北草原上，蒙古族乞颜部落的首领也速该有了自己的长子。这个男孩儿降生时右手紧握，等他张开时，才发现里面有一抹赤血，史料记载其色如肝，其坚如石，样子像蒙古战旗顶端的纛徽。

这一天刚好也速该外出作战大胜而归，作为一个男人，外战得胜长子出生，他还需要什么样的快乐呢？！兴奋中，为了纪念，他以此次俘虏的敌方首领的名字命名自己的长子。

孛儿只斤・铁木真。

铁木真，在蒙古语中的意思是“铁之变化”。

铁木真在漠北草原最优越的环境下长大，作为最优秀的男人的长子，他有很多的特权，其中之一是可以和草原上最优秀的美女结婚。在他8岁时，也速该带着他去著名的美女部落弘吉剌部挑媳妇儿。此行很成功，他与弘吉剌部族长的女儿孛儿贴定了亲，根据习俗，他要独自在女方家里生活一年。

也速该心满意足，动身回家。在路上，遇到了一群正在宴饮的塔塔儿人。

塔塔儿人主动邀请他去喝酒。

这情景，中原一个刚成年的小孩儿都知道——无事献殷勤，非奸即盗。也速该应该做的是冷笑一声，打马就走。

可他偏偏像俺巴孩汗当年一样，觉得凶拳不打笑面，冤家解了是好兄弟，一个强大的男人不能拒绝别人的好意……他下马喝酒了。

酒里有毒。

也速该及时发觉，快马加鞭赶回家里，只来得及把妻子儿女托付给一个叫蒙力克的侍卫，就死去了。

等铁木真连夜从弘吉剌部赶回来时，世界已经黑屏。

蒙古部落有着严格的传承规则，贵族是恒定的，他们称之为“黄金家族”。可首领是变动的，谁强谁当。只有 8 岁的铁木真，无论如何跟“强”字不沾边。

部落有了新首领，也速该的遗孤们彻底孤独。人们离开了营地，把他们抛弃到了旷野里，任其自生自灭。

从这时起，在斡难河畔无人的旷野里，铁木真一家开始了艰难的生活。他们有两位女性家长，分别是也速该的正妻诃额仑（月伦夫人），别妻速赤格勒。她们的孩子分别是铁木真、哈撒儿、哈赤温、铁木哥斡赤斤、帖木伦、别克帖儿、别里古台。

两家中男丁最年长的铁木真也只有八九岁，其余的都是幼儿园小朋友。他们没有牧场，没有牛羊，没有马匹，连起码的帐篷都没有，一切都要从最原始的状态开始。

每天他们在“穿着百结的衣服，扎着破乱的裙子”的母亲的带领下，拾野果，掘草根，挖野鼠洞的草籽度日，运气好时能从斡难河里钓上几条鱼来。

这几条有限的鱼，引起了铁木真家族内部第一次流血事件。

别克帖儿好几次抢走了哈撒儿钓上来的鱼，哈撒儿大怒，声称他再抢，就要与他比箭。长大后的哈撒儿是蒙古军队里最强的神射手，与后来举世闻名的神射将军哲别不相上下，这时他虽然很小，但已经能挽硬弓，射长箭了。

铁木真很警惕，一直留神弟弟们。可是某天事情还是发生了，哈撒儿的鱼再次被抢走，哈撒儿搭弓上箭喝令别克帖儿停步。

等来的却是别克帖儿率先射来的箭，哈撒儿躲了过去，随即还射。这一箭正中别克帖儿的要害，而铁木真的箭也到了，他本意是想射别克帖儿的肩膀，让别克帖儿的箭射偏，却不料也中要害，加速了异母弟弟的死亡。

事发瞬间，少年和孩子们都吓呆了。很多年之后，铁木真成为举世无双的大汗，威名震慑大地，可临死前仍然记得弟弟死时眼中的凄慌。这是他一生杀戮的开始，死者居然是他的弟弟，原因只是一条鱼而已！

事后母亲的责备，自己心灵的折磨，让他在野外跪了一天一夜，他发誓会待另一个异母弟弟别里古台如同母弟一样好。

心灵似乎升华了。

可另有一个传说，当他站起身走向帐篷时，曾经轻轻地对哈撒儿说：“以后我们就要这样对待敌人，不等他拔箭，先射死他！”

上天赐予铁木真的路，与赵匡胤是何等不同。

少年铁木真生长在不断的打击折磨中，包括他被死敌捉住，拼死逃脱；包括他新婚的妻子被世仇掠走，夺回时已经生下了“长子”朮赤。

朮赤，蒙古语的意思是客人。

所谓的事业起步，是带着全家人、全部的财产，投奔到义兄札木合的帐下。非常像一个被打怕、抢怕了的小富即安的破落贵族子弟，去寻求勉强存活的安全。

未来站在有史以来全人类顶峰的世间最大帝国的开创者，安静地生存在一个蒙古大型部落里，每天牧马打猎喝茶饮酒，悠然地看天，豪爽地大笑。

似乎每一个草原上的男人都是这样生活的，可铁木真的大业就在这一天天看似平常的日子里，点点滴滴又不可遏制地高涨了起来。

他像一个突变的细胞一样，把札答阑部的牧民们感染，无论谁接近他，都会被他同化。这就是无可置疑没有道理的天赋。

就像刚刚离家出走的赵匡胤一样，无论到了哪儿，在极短的时间里就会赢得周围无数人的忠心爱戴，哪怕城墙上射下了雨点般密集房檩子粗细的巨箭，都会有人扑到他的身上替他挡住。

铁木真做得比赵匡胤还要出色。赵匡胤的第一站没能站住脚，在随州被当地的衙内董遵海挤走了。铁木真却在札木合的营地里落地生根，进而鸠占鹊巢，悄无声息地夺了札木合的大半产业。

在1189年前后，札答阑部开始了一次迁徙。这是例行的，牧人逐水草而居，每年都要转场，不可能只吃一块草皮。

札木合作为部落首领走在了最前面。在遥远的背后，他的部族突然间分岔了。一大部分人没有预兆地拐弯，走上了另一条路。

这一群人里包括了铁木真一家，也速该从前的部属、兄弟近支，他们远远地离开了札木合，在草原的深处举行了“忽里台”。

蒙古汗位不是世袭的，每当新旧交替，都会集合全部部民，搭起高台，亲眼看着贵族们当众选出最强的人。

铁木真成了“汗”。

就任仪式上，他的部属们这样对他起誓——“……你当了可汗，我们杀敌走在前头，掳来的美女骏马奉送给你，出外打猎，获得的野兽奉送给你。听你的号令，如有违反，你可以撇弃我们的美女，没收我们的财物，把我们的头颅抛在荒郊野外……”

铁木真则许诺，他会保证每一个蒙古战士都衣锦绣、跨骏马、食珍馐、挽娇娃。

历史证明，他许诺的这些都做到了。

# 第十八章　十年主角李凤娘

南宋淳熙十四年（1187 年）十月八日未时，赵构死了。

这个“人”终于死掉了，多么漫长，多么漫长，多么漫长！赵构居然活到了 81 岁。每一个中国人都应该记得，在他的统治下，中国陷入了前所未有的黑暗和憋屈。

整个民族因为这个人的懦弱、无耻、阴狠酷厉，而变得压抑、懦弱、无耻、阴狠酷厉。这是什么样的命运啊，让中华民族突然出现了这么一个怪胎？！

三年之后，赵昚 63 岁了，他也宣布升级当太上皇。官方说法是向祖宗致敬，在任时间太长就不孝了。其实真正的原因是金国的完颜雍死了，继位的叫完颜璟，璟是雍的孙子，按照宋金隆兴和议条款，赵昚得叫雍叔叔，这时璟即位，叔叔的尊称也得沿用。

璟这一年才 22 岁！

63 岁的赵昚得叫 22 岁的女真小青年叔叔，而这个叔叔还是之前那个叔叔的孙子，这样论下去，赵昚的辈分得滑坡到什么程度？！

即位的是皇三子赵惇，时年 42 岁。

内禅的前夕，赵昚留下了东、西两府的宰执人员，最后一次咨询他们的意见。与会者都交口称赞皇太子非常完美，内禅意味着更好的明天。

唯有黄洽沉默。

赵昚问他为什么沉默，黄洽才说，儿子是好儿子，儿媳妇却是个祸根，李凤娘根本不足以母仪天下。赵昚怒形于色，大不以为然。

黄洽立即辞职，临行前说：“异日陛下思臣今日之言，欲复见臣，亦不可得矣。”

这个儿媳姓李，叫凤娘。

李凤娘的出身很一般，她爹是庆远军节度使李道。一个武职人员，节度使官职，说实话，这在宋太宗后期就已经拿不出手了，说出去都觉得丢人。

可是她家的家传功夫就是会造势，她的儿子出生前她能做梦，她出生前的场景是梦想照进现实，她家的门前突然间从天空降落下来一大群的黑色凤凰！

从后面发生的事来看，当天有鸟降落是肯定的，黑色也是肯定的，至于凤凰肯定是假的，那一定是一大群的乌鸦。

这种家风可想而知一定会和各种各样的灵异人物长期挂钩，有频繁的互动友谊。在李凤娘 10 多岁的时候，也就是快要嫁人之前，她家来了一个非常著名的道士，叫皇甫坦。

这道士看见李凤娘立即震惊，下断言说，此女贵不可言，一定会母仪天下。

皇后。

这两个字映进李家人的心里，立即折射出无限的激情。可是怎样操作才能达到目的呢？就算宋朝的皇后大多出身一般，也不等于只要一般肯定中奖吧。

这就要继续借助灵异人物。

皇甫坦进出皇宫，面见皇帝，就跟饭后串门聊天一样随意。某天，他去德寿宫见赵构，开门见山地说："臣给陛下做媒来了。"

赵构愕然。

皇甫坦微笑："臣走遍江南，给陛下寻得一位孙媳妇。"他用各种专业知识详细论述李凤娘几乎每一处长相都代表着极致的富贵和端庄。

这些话当年把赵佶放翻，导致其终生沉迷劳改教育，现在对赵构也具有同样的杀伤力。赵构马上就信了，没去征求赵昚的意见，直接拍板定"案"。

李凤娘嫁入宋室，成了皇三子赵惇的老婆。

李凤娘是一种很难界定的生物，她的存在，是辽、金、西夏、蒙古、北宋、南宋加在一起也独一份的。之所以这样说，是因为每个理智健全的人，不管是男的还是女的，在做某件事之前，都会先考虑一下自身的实力、家族的实力、身份，才会量力而行。

李凤娘不是这样。

这女人出身一般，家族没有半点可以支撑她的地方。而她自己的实力，根本谈不到，她没法结交外臣，自始至终，没有哪位宰执人员与她内外勾结，形成利益链条。甚至她的身份，也不能带给她想要的那些特权。

试问她丈夫没登基之前只是皇太子，上边有皇帝外加太上皇，她有婆婆还有太婆婆，她是个地道的封建社会小媳妇，这身份能让她干什么？

这身份只能让李凤娘成为经典后宫戏里的受虐主角。可这女人就是有本事把一切颠倒过来，去虐待别人。

包括赵构、赵昚、赵构的老婆、赵昚的老婆。

李凤娘在皇宫里行走，走到了公公赵昚的面前，向他诉说皇太子，也就是她丈夫的亲信部下有很多失误。具体呢，就是没有按照她的指示去做。

赵昚很烦，让她滚远点。皇太子的亲信也是朝廷命官，办的是公家事，要你后院女人说什么三道什么四？何况那都是我配备给儿子的，他们做的事，都是我指示的！

李凤娘高高地昂起了头，没有像从前那样装鹌鹑，仿佛被她出生时那种黑鸟附体了一样，款款地走出了皇帝公公的视线。

没回她的院子，而是坐车出宫，去德寿宫。

第一，她私自出宫；第二，她未经宣召就去觐见太上皇。这都是莫大的犯规，足够她“停职”反省的了。可李凤娘就是不在乎，她来是向赵构反映别人的问题的。

她的老公公、皇帝赵昚的问题。

赵昚简直不知所谓，给她丈夫找的贴身公职人员个个不称职，她忍无可忍，去申请一下调动，居然被拒绝并且申斥了。

这……这太奇怪，太说不过去了嘛！

赵构默默地注视着这个由他所选出的太子妃、孙媳妇，心里喃喃咒骂职业骗子皇甫坦。都是这个道士骗了他，这样的女人居然是上天注定的母仪天下之人？当然，他绝不会埋怨自己的，他在这件事里起到的作用，甚至后来亲自出手绊住二皇子，才让这女人的丈夫上位，这些都被他自己忽略了。

岳飞都可以冤杀，这样的小事又怎么会动摇他的心理平静？

赵昚的反应就激烈得多了，他真的没有料到，一个小小的后宫女人，一个太子妃而已，居然敢越级向太上皇反映皇帝的所谓失误！

赵昚大怒，警告李凤娘，以后要向皇太后学习，要雍容大度宽以待人，再插手政务，小心废掉你！

这话不可谓不重，在这之上还要再怎样呢，难道是幽禁、赐死？相信每个后宫女人都会在这种力度下瑟瑟发抖。可李凤娘不这样，她毫不畏惧，仍然我行我素。

没有任何一个历史学家能分析出来她不害怕的理由，她凭什么呢？家世、地位、内应、外援、钱财、军队，哪一样都没有。

可偏偏就是不怕。

于是，她愈演愈烈，到她丈夫当皇帝之后上升到肆无忌惮、主动攻击的程度。某次她闹得实在不像话了，赵昚的皇后，当时的太上皇后谢氏好言相劝，要她注意不要做出格的事，不要干预政务。

婆婆训示，小户人家的媳妇也得静静听着吧。李凤娘不，她立即反唇相讥——“我是官家结发妻子，名正言顺，有何不可？”

此言一出，赵昚怒不可遏，谢氏脸色苍白。这实在是太伤人了，赵昚一生有三位皇后，原配郭氏早死，只活了31岁。第二位夏皇后也没能始终，这名谢皇后本是赵构的吴皇后赐给赵昚的一个宫女，逐年第及由贵妃而至皇后的。

名虽皇后，毕竟不是原配，更谈不到结发夫妻……有这么揭人短的吗？！哪怕不顾忌宫女出身的婆婆，也得看一下旁边就坐着的正牌皇帝老公公吧。

赵昚真火了，决心废了这个混账婆娘。这时他住的地方是原德寿宫，现改名为重华宫，这里照例成为南宋政权真正的核心之地。他找来了当年的老师，此时整个南宋年纪最大、品德最盛的前首相史浩。史浩这时快88岁了，这是个空前的纪录，比赵构高，甚至高于整个两宋官场。

他就是不死，一定要做完这件事，才会闭眼。

史浩颤颤巍巍地走进皇宫，最后一次帮助自己的学生。说李凤娘这个女人啊，真是该废、该杀、该冷冻，可是，现在新皇刚刚登基，就废掉皇后，让天下百姓怎么看，怎么说呢？

皇家的礼仪脸面是重要的，是全国乃至外邦的表率，是世间文明程度的一把尺子，是绝对不能有瑕疵的。

赵昚默默地听着，心灵深处最敏感的那根神经再次发作。他是要面子的，但凡与脸面有关的事，他都会不惜一切代价去抹平。为了面子，连皇帝都可以不当，何况要忍受一个小小的女人呢？

李凤娘再次逃过一劫。

这对李凤娘来说，都习惯了。雷声大雨点稀，赵家都是一些手不见血的男人，她早看透了，所以从心底里往外地不怕。之后，更加我行我素，想方设法地丰富自己的人生。

李凤娘被册封为皇后，刚刚得意了没几天，突然被刺激得发狂。

她的周围出现了海量的美女！

这实在是对她最大的挑衅，让她忍无可忍，可却又说不出什么。因为她丈夫的地位提高了，皇太子转正当上皇帝后，皇宫深处，佳丽如云，这都是赵惇的标准生活配置，她再怒再烦，又能怎么样呢？

一个宫女中奖了。

那天，赵惇要洗手，这个宫女捧着金盆过来侍候。只见金盆映清水，双手似柔荑，雪白粉嫩得紧。赵惇一时兴起，不禁赞了一声，好一双白手！

几天之后，李凤娘派人送了一个食盒，赵惇很随意地打开，往里一看，差点没吓晕。里边哪是什么食物，竟然是一双雪白粉嫩的人手！

……四五十岁的一对老夫妻，吃飞醋居然做出如此残忍恶毒的事来。可恨可恶亦复可笑。但效果是良好的，从此之后，皇宫里哪怕再新添多少美女，都远远地躲着皇帝，再不敢显露半点风情。

此外，赵昚是她最大的障碍。

李凤娘在赵氏父子之间搞事情，赵儿子中招，对赵老爸心生怨恨，很久不去觐见。

她还要搞丈夫。

事情发生在南宋绍熙二年十二月十五日。这一天是赵惇的大日子，他登基之后第一次祭天地。这是历代皇帝都极其重视的隆重大典，尤其是宋代，它上升到了一个让皇帝都得加班工作的高度。

十五日主祭，十四日赵惇就离开了皇宫。他必须率领皇室成员去太庙受誓戒，流程非常复杂，像沐浴、熏香等都只是前期的准备而已，做完了这些，他还不能回家。

回去后满宫佳丽，万一他把持不定呢，难道让他第二天带着一身的胭脂粉香去见上帝？所以，在祭祀活动结束前，皇宫里只剩下了李凤娘一个主事者。

李凤娘等这一天很久了，赵惇前脚离开皇宫，她立即宣布后宫进入紧急状态，所有嫔妃不许擅自走动，除黄贵妃外，都在各自的宫里待着。

提一下赵惇的后宫情况。女人迅速布满了赵惇周围，可有独立院落的只有不多的几位，分别是黄贵妃、张婉仪、武才人、潘夫人、符夫人、大张夫人、小张夫人。最尊贵的当然是唯一的一位贵妃，黄氏。她的出身特别，虽然不算高贵，却是南宋第一太上皇赵构当年赐予赵惇的，哪怕是出于尊重，也注定位居后宫之巅，只在皇后一人之下而已。

更何况她非常可爱，让皇帝着迷。

这让李凤娘情何以堪，她的眼前不停地出现一双双洁白粉嫩的小手，她奇怪，她砍了哪怕赵惇只赞叹过一句的宫女的手，可为什么女人们还不离她丈夫远一点呢？！

尤其是这个黄贵妃，仗着身份特殊，总围着赵惇转，赶都赶不走……那好吧，现在赵构死了，赵昚在重华宫，赵惇在主祭前夜不回来，看看这时谁还能阻止她。

李凤娘在皇宫深处，虐杀了黄贵妃。

注意，是虐杀。据史料记载，其残酷程度可以与历史上最著名的两次后宫虐杀——汉朝吕后虐杀戚夫人，唐朝武则天虐杀王皇后、萧淑妃相比。

杀完人后，李凤娘心情舒畅，一边向丈夫通报结果，说黄贵妃得病“暴死”，这大概是示威的意思，能让她的快乐升级吧；一边走出皇宫，去著名园林玉津园散步游乐。

赵惇在斋宫中接到消息，他没法相信半天前还活生生的黄贵妃会无疾暴卒，这一定是李凤娘搞的鬼！一时间痛悔交集，五内如焚，可是限于祖规，没法回宫。他只能默默地哭泣，继续执行自己的任务。

祭天地大典在下半夜丑时七刻（十五日凌晨3时左右）开始。当时夜色晴朗，星月璀璨，天地一片祥和。赵惇身着冠冕，手执玉圭，走上了祭台。这情景非常天人合一，像是上天也对南宋的第三位皇帝露出了微笑。

但是，不知为何，突然狂风大起，飞沙走石，祭台上的灯烛全被吹灭，四周瞬间漆黑一片。没等人们反应过来，一两片火星飞到了台边的帘幕上，火焰升腾，祭台一下子像是被火焰包围。接着，硕大的帷幕倒了，火舌遍地，燃烧一切，蔓延成了势不可当的大火。

赵惇惊呆了，他站在主祭的位置上，所有人都离他远远的。事发突然，没有人能反应过来，赶到他的身边。

狂风烈火却愈演愈烈，像是一定要把他烧死在祭台上。关键时刻，瞬息间大雨夹杂着冰雹劈头盖脸地打了下来。

如此这般，乌云、大风、火焰、大雨、冰雹……这绝对是魔幻大片嘛。好不容易风停雨歇，终于看见了星斗微光，陪祀人员清醒了过来，他们终于想起了皇上。

却发现四周一片狼藉，乱成一地的玉帛牲牢中间，赵惇惶惑无助地跌坐着。他衣衫凌乱、神情木然，连手里的玉圭都不知去向，嘴里念念有词，不知在说些什么。

侍从们一拥而上，扶起他退下祭台，赶回皇宫。这时没有人知道，宋朝历史的转折点到了，赵惇的人生已经拐弯。

南宋绍熙二年（1191 年）十二月十五日凌晨 3 时左右的祭天地大典是一个超现实主义的魔幻表演舞台，在极短的时间内祭台上经历了晴空万里—乌云—大风—火焰—大雨—冰雹—晴空万里的变化，云收雨住之后，台上一片寂静。

唯一的近距离观赏者宋光宗赵惇表情呆呆的。当时，人们觉得他是被吓呆了，事后发现他是被吓疯了。

太上皇赵眘、太后谢氏立即赶了过来。到了之后立马火冒三丈，怒不可遏。他们所看到的，是儿子赵惇脸如死灰、神色惊悸地躺在床上，满嘴胡话，陷入了深深的噩梦里不能自拔。

而床边，却没有皇后李凤娘的影子。

她看得准，最重视礼仪的宋朝绝不会公开处理她。理由无他，好面子，尤其是老公公赵眘，说啥都不会搞出家庭丑闻的。

疯掉的赵惇以各种理由不去探望年老的父亲，同时不上朝，不见大臣，旷工时间长达半年多。对此，太上皇赵眘痛心且无奈，李凤娘无动于衷，她觉得这样非常好。她发现她可以随心所欲地做任何事了。

赵宋帝国已经不能再阻止她了！

自赵惇祭坛发病以后，南宋“政事多决于后”。只是李凤娘的执政水平实在拙劣，几件事之后搞得她自己都兴趣索然，心烦之后，她重新调整了工作方向。

李凤娘全心全意地为娘家捞好处。

宋制遵循西汉初年刘邦所定的“非刘氏不封王”之制，严格控制外戚的势力，自开国以来，不能说完全杜绝外戚封王，但人次极少，并且基本上是在某外戚年高且病将死未死时才封，属于提前追赠一类。

李凤娘打破了这一切。

李氏“三代封王”，连她的侄子都官拜节度使。她归谒家庙时，推恩亲属 26 人，授使臣 172 人，门客都荫补进官。临走前她回头看了一眼，觉得家庙门前不那么恢宏，少了点什么呢？嗯，岗哨少了点。李凤娘下令增加防护侍卫。

人数比赵氏宗庙的还多！

# 第十九章 梦魇江南

一切证据都表明，赵惇并没有真疯，可他就是不去探望年老病重将死的父亲。据传说，赵昚最后一次在公众面前露面，是他单独一个人走到望潮露台上时。

宫墙下市井民巷里小儿们在跑跳玩闹，嬉笑声清晰地传进了他的耳朵里。他听见孩子们在叫——“赵官家来了，赵官家来了！”

赵昚长叹一声，黯然自语——“我叫他尚且不来，你们叫也枉然啊。”他内心凄然不乐，病势陡然加剧了。

消息传到外界，本来已经烦恶透了，也腻味透了的人们再一次没能忍住，各方各面的人都用自己的分内行动，或警示或恳求或鄙视赵惇的行为。

起居舍人彭龟年在大殿龙墀处叩首直至血流满面，赵惇却无动于衷。

太学生写了篇文章，其中有两句——“周公欺我，愿焚《酒诰》于康衢；孔子空言，请束《孝经》于高阁。”拿中国文化礼教源头的两大圣人说事，可以说没法再升级了，赵惇没有反应。

首相留正这一次终于站了出来，他先是率领百官要求立即过宫问疾，赵惇拂袖而起，转向后宫。留正一把拉住了皇帝的衣襟，一路随行，一路进谏，啥用也没有。留正大怒，既然说什么都不听，还要我们这些官干什么，把我们都罢免了吧！

赵惇也怒了，要宰执都退出去。

宰执们和百官一起退出了城，在城外浙江亭上待罪。这回不仅是没首相了，所有官员都没有了。可是赵惇仍然没感觉。

谁都没招儿了，最后只能请求让嘉王，也就是赵惇的儿子替他去重华宫探病，这总行了吧？赵惇总算是点了一下头。

南宋绍熙五年（1194 年）六月十四日，嘉王去重华宫探病。这本是难得的好事，却不料反而加剧了太上皇的病情。

赵昚看着这个孙子，想到的是这个孙子的生母李凤娘。一时间懊悔交集，当初为什么要娶了这个儿媳妇，又为什么要选赵惇来当皇帝？！

懊悔莫及。

在这种煎熬下，14 天之后的凌晨时分，赵昚走到了生命的尽头，他死了。

赵昚的讣闻在凌晨时分送到东、西两府的首脑府上，而不是第一时间交给皇宫。这很反常，但人人都理解并认可。

第一时间交到皇宫……真傻。

话说这一天非常幸运，赵惇难得地准时早朝了。首相留正、枢密使赵汝愚联袂上殿，把他老爹的官方死讯呈给他。众目睽睽紧盯着，只见赵惇很平静地看完、收起、站了起来，往后宫走去。

他居然什么表示都没有。

宰执大臣们拥上去，要求他立刻出宫主持太上皇的葬礼，当时的情况真的可以形容为群情激愤、怒不可遏。面对此情此景，赵惇的运动神经瞬间增速，他快速地冲出了大臣们的包围圈，消失在了皇宫的深处。群臣的手里，只有从他身上撕下来的半截龙袍。

这就是为什么不能第一时间通知皇宫的原因。

指望这个人主持葬礼看来是不可能了，大臣们想来想去，只能去请赵构的遗孀吴氏出面。吴氏这时年过八十，精力未衰。她这一生跟赵构在一起经历了非常多的波折，如苗刘兵变，如搜山检海，哪一次都动辄就有生死大难。

熬过来之后，她的意志、见识自然与凡俗不同。

吴氏命宰执到重华宫发丧，她代行祭奠，对外宣布皇帝陛下得了急病，只能在皇宫大内服丧。葬礼在这种规格下进行，日子一天天过去，世界像是飓风来临前的海洋，平静的外表下孕育着可怕的破坏性能量。对此，赵惇一无所知。

他“安坐深宫，起居服御，并如常时，视父之丧，如他人事”。也就是说，连丧服都没有换。并且“宴饮如故，宣唤俳优”。

如果不看戏的话，非得在宫殿里走两步。他的手里会出现弓箭，就像时刻会有刺客来暗杀他，而所有的宫廷卫士都不足以信任，只有他自己手持利刃，才能保证安全一样。

这一幕落在任何一个现代人的眼里，都明白这的确是一个如假包换的受害幻想类精神病患者了。

可问题是这是在宋朝，每个人都受够他了。大臣们的怒火积累到了释服那一天，也就是可以脱掉丧服，换上常衣那天，终于爆发了出来。

大家坚持不释服，一定要赵惇出来给个说法。

身为人子，既不临丧，也不视殓；既不举哀，又不成服，这何以为人？！向金国告哀的使节已经派出，对方不久就会派来吊祭使，那时按礼必须在大行皇帝梓宫的素帷前受嗣皇帝的接见，如果赵惇不出现，岂不是侮辱来使，示乱敌国？

种种焦虑，长时间的鄙视，让大臣们心里一直隐约存在，却死死压制的那个念头浮了上来——赵惇，你还配当皇帝吗？！

大臣们以西府枢密使赵汝愚为首，决定再一次内禅。

赵汝愚，字子直，生于1140年，时年54岁。身世显赫，乃是宋代汉恭宪王元佐的七世孙。身为赵宋皇室，他本是没有资格进入东、西两府的，但他志高才更高，1166年，26岁的时候高中进士第一位：状元。进入官场后，先在文官系统里一路升迁，任职吏部侍郎，再转修武职，出任福建军帅，又入四川，平定羌族骚乱。

堪称文武全才。

赵汝愚任枢密使，没有任何一个人不服。

此时，赵枢密一下子激昂了起来。他说几天前还做了个梦，梦见死去的孝宗皇帝授他以汤鼎，他背负一条白龙飞上了青天。

难道命中注定，这件大事将由他来完成？！

赵枢密激昂之后发现不知道该怎么办。事情是这样的，按计划，他们需要太皇太后吴氏的支持，以她的名义授予嘉亲王赵扩皇位。这样哪怕程序上仍然不合法，可总算是说得过去。

至少，宋朝历史上也有类似的事，比如北宋时强悍的奶奶高滔滔等。可是实施起来的话，有道巨大的、几乎没法逾越的鸿沟挡在前面。

他是皇亲不假，可皇宫不是四合院，这宅门实在太大，再近的亲戚也别想随便溜达进去串门子。那么要怎样联络到吴太皇太后，说服她，让她插手此事呢？

这事儿姓赵的人做不到。

皇族无力，国戚上场。一个能办这件事的人，一个会在之后的历史里主导一切的人终于登上了舞台。他叫韩侂胄。

韩侂胄，字节夫，相州安阳（今属河南）人，北宋名相魏忠献王韩琦的五世孙。身世显赫，本人很矬，履历上显示他没有任何闪光点，完全凭恩荫当上了知阁门事。

这个官职的官方解释是“掌皇帝朝会、宴享时赞相礼仪”。说白了，就是官员不论大小，哪怕是宰执；皇室不分亲疏，哪怕是亲王，再加上外国使节、少数民族的首相，这些大人物来觐见宋朝皇帝，见面时的礼节、告别时的仪式、吃饭喝酒时的举止，都由这个官来指点改正。必要的时候，还要充当引座员，把与会人员带到指定的地点。

皇家服务员而已。

可见君子之泽，五世而斩。哪怕是韩琦，他的五世孙也混到了服务生的地步。那么请问，这么矬的人怎么可能参与宫廷政变，并且起到关键性作用呢？

答案很简单，韩服务员的家庭成员太给力了。他的妈妈是太皇太后吴氏的亲妹妹，他的老婆是吴氏的亲侄女。

这人可以轻松加亲密地与吴老太后见面聊天。

赵皇亲找到了韩国戚，双方的接触很成功，韩国戚同意加入政变队伍。吴太皇太后这边由他负责。赵皇亲转而去鼓动下一个目标。

禁军。

自古宫廷政变必须把禁军军权抓在手里，没有这一手，搞什么都是胡闹。这时南宋宫廷禁军的殿帅名叫郭杲，他本来不想掺和，奈何他是个知恩图报的人，他有个恩人叫赵彦逾，赵皇亲让此人去找他，两人翻了一下账本，郭杲就点头了。

禁军加入。

之后，他们度日如年地等着原重华宫，现慈福宫的消息。韩侂胄能不能鼓动得了这位久历险事、见识超凡的老太太，将最终决定整件事的成败。

这时，没有人对韩国戚有信心，他要官职没官职，要资历没资历，虽有那么硬的后台，这么多年下来居然只混成了一个高级服务员，让精英如赵汝愚之流拿哪只眼睛看他呢？

几天之后，事情办成了。

万事俱备，东风劲吹，至此政变基本已经可以宣布成功。赵汝愚们开始准备诏书，看管御玺，制定政变的细节步骤。

他们没有留意韩国戚，更没太在意韩国戚说服吴老太太的具体过程，要不然他们会深深地打量一下韩侂胄，然后才去造反。

韩侂胄没有亲自出面，而是鼓动了两个宫里的熟人，让他们具体执行了说服行动。他自己远远地躲在宫廷外面，这样成功了自然有他的好处，失败了……他没有亲自参与呀，以他的后台，谁能给他后果吃？

南宋绍熙五年（1194 年）七月二十四日。

这一天在皇家大丧礼仪中名为“禫祭”，是除去丧服的日子。南宋所有的上层人物都要去大行皇帝，也就是宋孝宗赵昚的棺椁前，与他进行最后的道别。

赵昚，他终于走完了人生路程，退出了历史的舞台。关于他的一生，如果尽量精简地总结一下的话，我勉强归纳出了这样一句话——他的父亲，赵构，做了一生的坏事，得到了所有想得到的东西，而他，尽了一生的努力去做好事，想得到的，却没有一样能成功……

他是如此自尊，却料不到，连他死后也没法得到平安和荣耀。这一天，就在他的棺椁前，他的儿子将被一场宫廷政变所推翻。

当天的过场走得很短暂，程序由枢密使赵汝愚主持，他站在孝宗的棺前，向坐在帘后的吴太皇太后陈述过往各种事情，请吴氏定夺。

如皇帝因病，至今不能执丧，更无法上朝，他亲笔批示了准许册立皇太子，还有那八个字。太皇太后，现今要怎么办？

吴氏回答——“皇帝既有成命，相公自当奉行。”

这样滴水不漏的话几句问答之间，就越过了赵惇，使南宋的皇权顺利转让到了赵扩的手里。至此，南朝开国四代间，已经内禅了三次。

即日起赵扩上位。

皇宫的深处，大内寝宫里，赵惇对这些一无所知，最先通知他的人是他的亲信杨舜卿。第二个是国戚韩侂胄，赵惇直愣愣地看，硬生生地问，最后转过身向里躺去，谁也不再搭理。

这是他生命中最后六年里的主色调。

他先是牢牢地守住了自己的寝宫，无论谁说什么，他都绝不搬出去。按理，他是太上皇，要给新皇帝腾地方。而宫外面也给他选好了新家，先是在原秘书省，后是他老婆李凤娘的外第，名叫“泰安宫”，可他就是不去，于是只好新皇帝搬家。

赵扩活得也无奈，他爸可以对他爷不孝，而他不能对他爸不孝。他决定每五天探望一次赵惇，文武百官每月探望两次。

比当年赵惇探望孝宗的法定次数还要密集些。可是很遗憾，都没成功。赵惇是个始终如一的人，当年决不看爹，现在也决不让儿子看。

他每天紧紧地关上房门，呆呆地坐在角落里想着从前的是非得失。想得久了，偶有心得，他会突然间怒形于色痛骂自己，有时候伤心得没法克制号啕痛哭，更多时他喃喃自语，像是和很多人争论很多的事情。每当这时，李凤娘就再次出场了。

这个女人终于暴露出了真正的自己。她之前之所以无往而不利，完全是因为孝宗皇帝在乎皇家脸面，真是打掉了牙齿和血吞，不让外人见笑，她才能倚仗着无耻、泼辣、尖酸、狠毒等人世间女子最丑陋的恶习占据了上风。

现在她的公公死了，她的好日子也到头了。政变也好，内禅也罢，根本没有任何人搭理她，就当她是一团污秽的空气而已。

而她也什么都做不了，眼睁睁地看着失去了一切，只能陪着她的疯丈夫坐困愁城，躲在一间寝宫里苦闷地熬日子。

大家都知道，生存空间的大小直接影响生存者的情绪。赵惇从前主宰整座皇宫，每天歌舞宴饮，连他老爹病重去世期间都没耽误过，何等逍遥自在，到现在只守着一间寝宫过日子，这差距实在是太大了。很正常地，他因为憋屈变得暴戾了。

当年的冬天，新皇帝赵扩主持郊祀大典回宫，按礼先要去慈福宫向吴太皇太后致敬，之后才会在一片御乐声中回自己的宫殿。

音乐无国界，更无限制。它悠悠扬扬地飘过了数重宫墙，飘进了现太上皇陛下的耳朵里。插一句话，这是深冬早春时，按后来整理出的赵惇的病历，他的精神病发作是有规律的，深冬、早春两季他有时会正常，有限的几次看爹行为也发生在这个时段。夏、秋两季就惨了，比如著名的首相丢失 140 天、蜀帅没人多半年，都发生在这两季。

这时是深冬，正是赵惇脑子偶然正常的时候。

他听见了御乐声，突然间问李凤娘，这是怎么回事？李凤娘苦笑一声，她自然知道是新皇帝回宫了，可她怎么敢说？

她只能像往常一样骗他，说这是民间市井里谁家有了喜事吧。

赵惇骤然暴怒，御乐他还是记得的，这女人居然敢当面骗他！在这一瞬间，赵惇一生里的憋屈事是否都在闪回，这无人知晓，资料里记载的是，他暴跳了起来，喊道："你竟要骗我到这地步吗？"一拳就抡了过去。

李凤娘被打得向后跌了出去，像传说中先被门撞了，再撞到墙上，从墙上再撞到门上……如此来回，她在门框边上摔得鼻青脸肿痛不欲生。

这一天，是赵惇、李凤娘夫妻两人命运的分水岭。于赵惇，从这一天起，他的愤怒变得无法克制，他经常性地会有暴戾举动，动辄伤人毁物。平静时也没法像往常一样安静，他在皇宫中疯疯癫癫、神色恍惚地跑来跑去。宫女、内侍都怕遇见他，都叫他"疯皇"。

挨揍之后的李凤娘仿佛变了一个人，她再也不敢单独和赵惇待在一起，更不敢要弄她可怜的脑容量去欺骗她既疯且傻的丈夫。

她躲了起来，不停地找算命的和尚道士，询问未来的吉凶祸福。

直到这一刻，人们才发现，原来事情竟然是这么简单。这个女人让人生畏的粗暴、让人厌烦却无奈的纠缠，其实是多么容易就能制止的啊。

只是一拳而已，只要打得狠，让她疼，立即就会产生效果，让她知道自己到底是谁。可惜的是，十余年间无论是皇帝还是太上皇，还是太上皇的爹，都没这么做……

遭到重创的李凤娘变得悲观多疑，这种情绪下她得到的谶语卦相可想而知。这加剧了她的绝望感，她搬出了太上皇的寝宫，在大内一处僻静的地方找了间屋室，每天独自居住，不见外人，除了必要的饮食洗漱之外，只做一件事。

——道装事佛。

穿道教的衣冠，去拜佛念经。这是怎么回事呢？难道是传说中的一仆二主，佛道同修，争取所有神界大佬的保佑吗？

不得而知。

她修炼得非常刻苦用心，一连六年，几乎都是这样度过的。到了南宋庆元六年（1200 年）的七月十五日，世界终于又有了她的印迹。她的儿子，皇帝赵扩宣布大赦天下，为她祈福，因为她病了。

大赦从来不是什么良药，李凤娘在第二天就死了。

她死得无声无息，死后却非常独特精彩。话说无论如何她是南宋的正牌太后，不管她多招人恨，也会享受到最高等级的殡葬礼仪。可是多少年里，她对南宋皇宫的粗暴凶残压制，让这一切都消失不见。

先是入殡礼服。

长御为她去中宫取入殡礼服，掌管钥匙的人从中作梗，厉声呵斥道——“凭谁之命给她这皇后穿的翟袆？”硬是不打开久闭多年的中宫殿门。

没办法，入殡礼服没有拿到。

按礼，李凤娘的尸体要抬回原皇后中宫去治丧，没礼服也得抬着走。没奈何，几个内侍、宫女用草席把她包裹起来，抬走。正走着，突然有人喊：“疯皇来了！”

抬的人扔下尸体，一哄而散。

七月的江南炽火流金，等人们发现赵惇根本没来，只是诈传时，李凤娘的尸体都晒臭了。据说，治丧时宫人们得把鲍鱼间杂摆放，再燃起数十饼莲香，才能淆乱难闻的臭味。

李凤娘死后两个月，赵惇因病去世。

两人本已分居，感情更早就破裂，可死亡时间却紧紧相连。这不禁让人想起所谓的“欢喜冤家”，或者“孽缘”一说。

除此之外，还能有什么解释呢？当然，也可以说南宋气运衰败，出了这么个极品的女人，她奇葩一样的人生，把南宋的上层建筑搞得乱七八糟，让赵氏衰上加衰。

至于赵惇，还是不评论了。这个人在当皇帝期间没有任何建树，在当儿子或者父亲的时候连起码的责任都不担负，一个男人堕落成这样，还需要评价吗？

鄙视。

只有这两个字。

# 第二十章　韩国戚与赵皇亲

南宋庆元六年（1200年）九月十七日，宋光宗驾崩，终年54岁。这一年是新皇帝赵扩登基后的第六年，六年的时间里发生了很多的事，让我们回到事发前，仔细看一看。

赵扩是幸运的，太皇太后吴氏以垂帘听政为资格，任命他为皇帝，而垂帘期只有一天。当天入夜，吴氏宣布撤帘。

赵汝愚升任首相。

赵汝愚执政，在很大层面上得到了认同。他的学识、资历、志向，在当时的南宋首屈一指，不管是谁，哪怕是愚悍泼辣的李凤娘，都没法否认。

赵汝愚真的有志向，他读万卷书，科考殿试第一；他兼资文武，两度为官鞭辟入里；他行万里路，江南蜀川间见多了吏治贪浊民生凋敝，这让他的正义感爆发，使命感丛生。

他决定要倾尽一生之力，把宋朝带回到北宋中叶时那种盛况里。两者间相距不远，他不信人力不可以回天，他深怀感慨：

> 国家自祖宗开创以来，盖历二百三十有余年，如大厦焉，岁月深矣。栋挠梁折，曾风雨不庇矣。兴滞补弊，正有赖于今日。

振兴天下，在他心中不外乎政、儒两道。政治方面，他自任领袖。精神方面，也就是儒家教派，他选择了当时不作第二想的那位大宗师。

朱熹。

这位在中古圣人史上排名第三，仅位列孔、孟两子之后的“朱子”，终于堂而皇之地登场了。他被赵汝愚请出山，担任经筵，也就是帝师。

这样的配置，无论是在当时，还是在后世，都挑不出毛病，堪称最佳组合。消息一经传出，天下立即沸腾了，但凡知道点帝国往事的人们，都把赵汝愚比作范仲淹、司马光，而朱熹当然是二程。这样一来，北宋时最了不起的执政者，最伟大崇高的大宗师，都在南宋找到了投影。

这简直是天不灭中华之元气，突然间在黑暗中爆发出了光明！于是，时人称这时为“小元祐”。

普天都在同庆，皇宫的深处有一个人低下了头，开始了喃喃地咒骂。他妈的……赵汝愚，你小子还真担得起这个“愚”字。为啥你就这么蠢呢，居然敢这样无视老子、消遣老子！

事情是这样的，政变进行中，赵汝愚作为执行者，他对同伙们有过许诺。他说，如果成功的话，“侂胄建节，彦逾执政”。

韩侂胄从高级服务员直升节度使，赵彦逾从工部尚书进入东府。

可是成功之后，尤其是把留正赶走之后，一切都变卦了。赵同伙找到他，他说“我辈宗室，不当言功”，于是赵同伙还是工部尚书；韩同伙找到他，他说：“我乃宗室，你是外戚，怎可论功？”名正言顺地，韩同伙还是高级服务员！

韩侂胄怨气冲天，但还处在暗气暗憋跟自己较劲的阶段，以他善于观望小心谨慎的秉性，一定会先潜伏下来，等到时机成熟，能一击制胜时才会报复。

可不久之后，一件小事把他深深地激怒了，让他忍无可忍地选择了立即行动。

话说赵扩的宁宗朝的精英分子聚集得比较奇特，居然在知阁门事这个位置上，除了韩国戚之外，还有一位能人名叫刘弼。这人官职卑微但颇精权谋，平时冷眼旁观，把朝局看得清澄见底，至于为什么没有事迹，这就和机遇有关了。

韩国戚那么大的后台，不也得和他一个办公室混吗？

刘弼最近心里也有点不平衡，他自认为权谋在江南绝对一流，连韩国戚也不在他的眼中。这次的宫廷政变，为什么赵汝愚选择的同伙是韩侂胄，却不是他呢？

至少可以咨询一下吧。

人有不平，必发之于口。刘弼有事没事地接近赵汝愚，像闲聊一样地问，此次新皇登基，韩侂胄颇有功劳，想来高升指日可待。

赵汝愚漫不经心地应了一句——“他又有什么大功！”

刘弼转身就把这句话告诉了韩侂胄。韩国戚大怒，好你个赵汝愚，老子没有大功也没有过失，为什么人前背后一点体面都不给我留，你凭什么如此轻贱我鄙视我？！

但是，转瞬之间他又平静了下来。

刘弼是不是在挑拨……带着这个疑问，韩侂胄决定亲自去试探一下。他郑重地前去拜谒赵汝愚，希望能有个好结果，这算是给自己一个机会，也是给赵汝愚一个机会。

两人见面，按说政变刚刚成功，两人还是战友，赵汝愚无论如何也得亲近些才是。不料新首相正襟危坐，黯然不语。

韩侂胄很快就告辞了，在外面，他长长地叹息了一声：“刘知阁没有诳我。”很好，从此之后，知道怎么办了。

赵汝愚，有你没有我！

有个人悄悄接近了韩侂胄，对他耳语了一句话，让他瞬间茅塞顿开。刘弼，另一个皇家高级服务员，他告诉韩国戚，您还有另外两件武器没动用呢，那才是扳倒赵汝愚的关键点。

——御笔和台谏。

御史台、知谏院。这两个部门是北宋设立起来，用以监督百官、制约相权的，到了南宋，它们在朝局中的地位更加凸显。

京官万千，只有三圈。第一，三省二府，即中书省、门下省、尚书省，门下中书、枢密院，这是宰执圈；第二，给事中、中书舍人等的侍从圈；第三，台谏圈。

这三个圈子中，论权力当是宰执圈最大，国之大政，尽出其中。侍从圈也未可小觑，官阶不高，可有一样很要命的权力——封驳。皇帝下的命令不合他们的心思，这帮人就能驳回去，让皇帝重改。另外，他们与皇帝非常接近，能随时提出各种建议，哪怕皇帝不听，也能潜移默化地施以影响。

上述两大圈集朝局权力于全部，建议权、决策权尽出其中，可以说两者联手，则天下尽在手中。可是，在面对最后一个圈子时，他们仍然心惊胆战。

言官，“言及乘舆则天子改容，事关廊庙则宰相待罪”。这帮人就像评书演义里的八贤王一样，上打君下打臣，打谁谁死，打错了没责任。

有宋一代权臣，不管是好的还是坏的，都离不开台谏，都得把这个圈子牢牢地攥在手心里。

而御笔，是比台谏更直接的打击武器。

御笔，也称内批、御批。是皇帝处理朝政时的专属指令。它直接由大内发布至朝局，不经中书拟议，绕过封驳程序，避开言官论谏，可以说是把三大圈子都扔到一边，独行其是，不受任何监督阻挠的快速通道。如果想从历史上找到相似的，那就是北宋灭亡前夕的那位隐相大人梁师成。

梁大太监凭着这个，让蔡太师都退避三舍，礼敬有加。

刘弼的确是个人物，他一针见血地点出了这两样东西，给韩侂胄的权臣之路点亮了路灯。赵汝愚则根本没有防备，在台谏官的重大人事任免上连续失利，尤其是他把赵彦逾也踢出临安城，出知建康府。

赵彦逾，当初政变的真正发起者。他本是上天赐给赵汝愚的天然伙伴，两人从出身到志向完全契合，无论从哪个角度来说，都会团结到死党的程度。可赵汝愚偏偏就不履行承诺，说好的官职不给，并且没过几天就把他贬出了京城。

这是为什么呢？

赵彦逾无论如何想不通，难道说这个命令不是赵汝愚下的？可是签发部门是都堂，尚书级别官员的调动必经首相批准才能实行，赵汝愚肯定是知道的。想来想去，只有一个可能，赵汝愚过河拆桥，恩将仇报！

赵彦逾怒了，你做初一，我便做十五。

他找到韩侂胄，说了一句话："内禅都是我俩之力，赵汝愚不过坐享其成而已，现在他自居相位，擅作威福，视我俩如无物，怎么办？"

韩国戚立即认可了这个同伙。

这次会面很可能被赵汝愚知道了。几天之后，赵彦逾的调令有了更改，不去长江边的国防重镇建康府，而是去四川当安抚制置使。

火上浇油，外调成了半流放！

赵彦逾气到头晕，再没了顾忌。他在临行前争取到一次面见皇帝的机会，把一份名单交了上去。他说——"老奴今去，不惜为陛下言，此皆汝愚之党。"

这些都是赵汝愚的死党。

这种揭发在官场上是大忌，毁了对方，也会同时毁掉自己。赵彦逾这样做，纯粹是气到没想好，而效果也的确达到了。

赵汝愚是皇亲，很多人提醒过赵扩，宗室为相凌侵君权，是赵匡胤当年定下的国之禁忌。赵扩不相信，毕竟他之所以能上位，全是赵汝愚操作的。而这时不一样了，赵彦逾同样是拥立大臣，同样是皇室宗亲，他出面指正，由不得赵扩不信。

至少，一片阴霾笼罩在了赵汝愚的头顶上。

赵汝愚连战连败，有人坐不住了。

圣人朱熹。

朱圣人是赵皇亲推荐入朝的，两人说好了携手改造宋朝，使之政治、精神双丰收，创南渡以来未见之美好局面，可以说荣辱与共。这时赵汝愚根基动摇，朱熹自然要出面。

要说一下朱熹。

朱熹，生于1130年，南宋江南东路徽州府婺源县（今江西婺源）人，福建长大。字元晦、仲晦，号晦庵、晦翁、考亭先生、云谷老人、沧州病叟、逆翁，等等。履历表里显示，他从小聪明，近乎于生而知之，于《孝经》等读物几乎一见即懂，懂了就有见解。

朱熹19岁科考中举，进入仕途，没多久就重归湖海，再读诗书，开始了考问天地宇宙思考人伦根底的大事业。

也就是在这时，他继承了北宋的二程道统。前面讲北宋时，曾经详细记叙过神、哲两宗时期的党派之争，洛、蜀、朔三党各有首领，各不相让，最后三败俱伤。二程是洛党，他俩以河南农村书生的身份硬生生地与国家顶级大臣分庭抗礼，对国家大政指手画脚，凭的就是学问。

即“理学”。

二程中小程更了不起，关键是活得久。他的众多弟子中有一位叫杨时，是南剑州将乐（今属福建）人，世称龟山先生。他南归时，小程高兴地说：“吾道南矣！”

一语成谶。

杨时传罗从彦，罗从彦世称豫章先生；罗从彦传李侗，世称其延平先生；李侗传朱熹，朱熹不称先生，称圣人。至此，小程之学终于光大宇宙，主宰天地。

当然，朱熹之所以位列孔孟之后，排行第三，凭的不只是继承，还有发扬。他认为“理”是一切，是先天地而生，为万物之先的存在，是超越现实、社会等真实存在的一种永恒的标准，即“天理”。

“天理”如此神奇，在朱熹的理论中，还是可以实际触摸到的。办法就是“格物致知”。

要做到“穷格”，格到了极处，天理自现，只有天理出现，世间才会有真、善、美；反之，破坏这种真、善、美的，就是“人欲”。所以要存天理灭人欲，建设出人世间和谐的完美环境。

如此伟岸的理论，如此高尚的追求，当然是珍贵无比的。于是，道学的传播变得神圣、挑剔。

朱熹时代，要到后面，理学家们才会露出他们凶狠酷厉的嘴脸。但是，既然要认真地、公平地说朱熹，以及他所创立的学术，那么就一定要结合他所处的时代来评判。南宋，自从赵宋南渡之后，就一直存在着一个反思。

——为什么会失败？

北宋如此文化昌明，为什么会败给野蛮的、刚刚开化的女真人呢？！绝对不应该。于是他们分析，找根源所在。当然这会有无数种答案，可在理学家们看来，是思想病造成的。是人的心变得贪婪，去追求财富，比如王安石等改革派，让人的心乱了，从而天降灾祸。

又如人的心残忍了，总想着打仗，与辽国战，与西夏战，与吐蕃战，搞得帝国元气大伤，最后败给了迅速突起的女真人……所以，战争也是错的，也有罪。

等等，等等，都是“人欲”。所以要破灭之，根除之！然后才会存得天理，复归昌明，重新振兴华夏。

所以后世也有人提醒，哪怕理学有种种不妥、不近人情之处，但是也有它积极的一面，甚至是实用的一面，不能全盘否定。

朱熹在当时并不能统一天下学术，就算在理学内部也有不同的声音，著名的一位名叫陆九渊。陆九渊认为“理”并不是至高无上的，与之同等的还有“心”。

“心即理”。

陆九渊痛快淋漓地说：“宇宙便是吾心，吾心便是宇宙。”宇宙万物之理就是每个人心中之理。所谓“万物森然于方寸之间，满心而发充塞宇宙，无非此理”。

这个理论一经提出，让朱熹一脉大为光火。试想，朱圣人要穷尽一生之力，玩了命地格物致知，才能知道理是什么，才能通过理去涵盖万物，高于一切。可陆九渊倒好，直接就天人合一了，他就是宇宙，宇宙就是他，这还让朱圣人怎么搞？！

一怒之下，文人开始互殴，两人隔着很远很远喷很多口水，有人看不过去了，索性给他们提供了一个专门的大舞台，让他俩登台辩论。

组织者名叫吕祖谦，时间是南宋淳熙二年（1175 年），地点在信州（今属江西）鹅湖寺，后世人称之为“鹅湖之会”。

这次大会上两派各自夸耀，互相贬低，从学问辩论到人身攻击，堪称全武行。朱熹讽刺陆九渊的学术过于简易，陆九渊反击说朱学支离破碎。

时间可以验证一切。

朱熹在南宋时棋高一着，死后十几年间就奠定了理学圣人的地位，他所提倡的理学观念也成了官学，他注释过的四书位居五经之前，成为后世历朝历代科考、官用的不二经典。

相比之下，陆九渊没这么风光，官方一直不大认可他。从根本上论，也是他的学术不那么招人喜欢。领导们一眼就能看出，朱熹的理论是以先天的理驾驭人心，管得民众老老实实的，非常方便实用；陆九渊的心学过于注重个人心灵强度，稍一不注意，就会出现思想叛逆的动乱分子。

回到政治上，朱熹学有所成，自然不甘寂寞，南宋前几位皇帝都曾召他入朝，可都时间不长就出于这样的或者那样的原因重回山野。

每一次回山，都会增加他的名望，这是不恋富贵、品行高洁的象征。

这次不同了，朱熹清楚地知道，这是他施展抱负的唯一一次机会。赵构不是他能左右的，孝宗同样心性坚定，尤其那时他学术名望还在完美中，赵惇是个疯子，跟谁也不讲道理，直到赵扩，第四位皇帝年纪既小，理智正常，他自己也年过古稀，这时不搏，一世将过。

所以他及时跳了出来，旗帜鲜明地支持赵汝愚，打压韩侂胄。在他的奏章里，不点名地把韩国戚定为祸乱朝野的小人，是阴险卑劣手段见不得人的东西，简直是从根本上否定了这个人。

摆在韩侂胄面前的只有一条路，那就是低头认罪，判什么罪就认什么罪。想反驳？好，你是奸邪；想反抗，更该死了，站在了道学的对立面，一定会搞得你永世不得超生，遗臭万年。

韩国戚没急，他天生就是道学家们的克星。朱熹害我，搞倒他就是，急什么。他轻松自在地想了一会儿，办法就出来了。

很快，一场傀儡戏在宫廷内部上演，一个木偶在优伶的操纵下峨冠大袖，仿效朱熹的样子讲说性理道德。该木偶嬉笑怒骂，对国朝大政，对百官形态，对皇帝的起居日常无不横加指责，在他的眼里，世间充满了错误，谁都要接受他的斥责。

仿佛他是上帝，而其他人都是凡人，都生有原罪。

赵扩在台下看着，一言不发。他心底的怒火迅速升腾，台上演的不是戏，都是真实的生活。朱熹自从当上他的经筵官之后，的确什么都管，对一切都插手。长此以往，到底谁才是皇帝，谁才是这个天下的主人？！

韩侂胄冷眼旁观，又加了一把盐。他说："陛下行动必有千乘万骑，而朱熹要求您每天一次朝见太上皇，这实在是无理取闹。"

说到了赵扩的心坎上。

几天之后，赵扩御笔下发，贬朱熹回乡，只授予宫观闲职。

赵汝愚第一时间知道了朱熹被罢职的消息。他利用首相职权把御笔封了起来，不给别人看，之后迅速去见赵扩，希望能够挽回。

首相在皇帝榻前且拜且谏，说了很久。皇帝没有打断他，只是一个印象随着时间的增多而加强——赵汝愚，你跟我对着干。

你居然助朱熹不行君命！

赵汝愚那天失望而归，第二天朱熹被罢职的御笔传遍朝野，事情开始大发了。道学，在当时只是显学，是南宋学术界的一大主流，并没有成为官学，但受众众多，朱熹的门徒、崇拜者遍布官方民间，想罢免他，完全是在捅马蜂窝。

先是侍从圈炸了，给事中、中书舍人轮番上阵，动用封驳权阻止罢免；再是省部级高官，吏部、工部的侍郎们一起上阵，向新皇帝叫板；最后一锤定音的人是一位负责登闻鼓院的牛人，名叫游仲鸿，他告诉皇帝：“……朱熹一去，则谁不欲去？正人尽去，则何以为国？”

上升到了这种程度，任何稍有理智、逻辑的人都能看出来，游仲鸿说的不是某位德高望重的大教授，而是国家唯一的领导人。

韩侂胄要的就是这个结果，大家都闹起来，让皇帝看一下，到底谁是忠君的，谁是另立山头的。对号入座之后，事情就简单了。两天之后，御笔再次从天而降，直接交给了朱熹本人，让他立即滚蛋。这下朱熹彻底没话说了，只要是个人，要点面子，都没法再赖着不动窝。

朱圣人卷铺盖回乡，这时距离他入朝只有 46 天。

或许他真的是位圣人，人生遭遇与排名前两位的如出一辙。都是活着的时候东跑西颠，到了哪儿都不受待见，身后边一大群徒子徒孙，集体齐心合力做一件事，为他歌功颂德，推他到宇宙第一宝座上，可都要在他身后才能实现。

韩国戚对赵汝愚出招了，联合了几个赵皇亲平时积攒下的死冤家，罗列出三条罪行。

罪名一，内禅前，赵汝愚说过：“只立赵家一块肉便了。”话里话外，赵扩并不是唯一的选择，其他的赵家皇室也有继承权。

罪名二，赵汝愚说过“郎君不令”，即赵扩不聪慧，不是帝国的理想领导人。怎样解决呢？太学生根据他说的这四个字而上书，要求赵扩尊赵汝愚为伯父，从而监国。

罪名三，政变前，赵汝愚曾说过，他梦见前太上皇赵昚授予他汤鼎，他背负白龙升天。鼎乃国器，龙乃人君，赵汝愚应于一身，这是想干什么？！

赵汝愚从权力之巅一跤摔了下来，直达底层。至此，韩侂胄终于松了口气。他报仇了，也安全了，剩下的就是开始享受生活。

他庆祝得太早了，他完全没料到刚刚惹的是什么祸。按常理来说，帝国首相的更替再常见不过，南宋自开国以来，四朝君主除了那个疯了的以及秦桧之外，哪个都像按季节换外套一样，几个月、半年就换一个，每次都波澜不惊。

可这一次，居然闹到了天翻地覆的程度。大臣们、太学生们、名士们、侍从们从四面八方跳了出来，不要官职、不要性命、不要脸面地群起反抗，挺赵汝愚贬韩侂胄。

震惊过后，韩侂胄迅速透过现象看穿了本质。赵汝愚何德何能，一个只当过几年枢密使、六个月首相的人，对国家有什么贡献，对官僚有什么影响？那张与生俱来的臭嘴，外加刻薄寡恩的性情，根本让他得不到哪怕一个真正的盟友。

之所以出现这样的局面，完全出于一个原因——道学、朱熹。

与其说这些人在挺赵汝愚，不如说他们是在为道学，为朱熹正名。意识到了这一点，韩侂胄冷笑了，一群不知所谓的书生，不知天高地厚的东西，也不知道是谁给了他们如此的自信，面对皇帝敢指手画脚，命令之呵斥之，面对权臣更加放肆到敢于反抗，敢于丑化！

很好，那就见个真章吧。

韩侂胄命令言官们火力全开，针对所有敢于上书言事的人，不管是官员、太学生、名士，有一个算一个，全部贬职远徙。在这个过程中，出现了著名的“庆元六君子”，也就是被远徙的六个太学生，更出现了某官被御笔贬职流放，赵扩本人却不知道的事。

奇妙的是，韩国戚的御笔露馅了，赵扩却不追究。

到了这地步，任谁都应该绝望了，韩国戚与皇帝成了同伙，世间已经没有任何事物能够撼动这对组合。可偏偏事情就反常了，反对派们一点没怕，仍旧前仆后继地往上冲。

这让韩侂胄警醒，打压的力度必须加大。他做了三件事：第一，继续揪住赵汝愚狠打，打到赵汝愚死。实际操作是由胡纮出面，揭露赵汝愚："自称裔出楚王元佐，乃正统所在；准备挟持太上皇赴绍兴，称绍熙皇帝。"这里的太上皇指的是赵惇。

不同于上次的三大罪名，那些是史实所承认的。这回是赤裸裸的诬陷，完全是无中生有。它达到了目的，赵汝愚在当年的十一月被贬至永州安置。寒冬时节，赵汝愚孤身上路，他先是受了风寒，又在衡州受到了州守钱鍪的百般凌辱，正月十八日时突然死亡。

有说他服药暴卒的，也有说他中毒死的。

史料缺失，无法证明哪一种是对的，但他终究是死了，韩侂胄从根本上消除了来自他的威胁。皇亲与国戚的争斗告一段落，余波却远未平息，居然有无数的人怀念追忆赵汝愚，因为他的意外死亡而火冒三丈，认为韩侂胄不仅卑鄙狠毒，还毁掉了南宋振兴的未来。

这实在让韩侂胄费解，也让后世读史的人想不通。赵皇亲到底做过什么了不起的事，能得到如此高的评价？

历数功绩，无非是内禅而已，那还是赵彦逾、韩国戚两人跑东跑西，他坐镇中央。除此以外，几年的枢密使、半年的首相，从哪儿论什么成就呢？

面对一拨一拨没完没了的弹劾、抗议及小人、卑鄙之类的谩骂，韩侂胄终于怒了。作为一个长期在内廷工作的高级服务员，他还真的不熟悉外廷的政治生活气氛，不知道道学家是种什么生物。他居然选择了牙血相还，变本加厉。

第二件事，搞死朱熹。

朱熹被赶回原籍，闲职宫观，看似风光不再，可斯文还在，光环还在。很好，继续恶搞。言官沈继祖列举了朱熹不忠、不孝、不仁、不义、不恭、不谦六大罪状，再爆出来朱熹“诱引尼姑，以为宠妾”的桃色往事，以及他儿子死了多年，足不出户的儿媳妇居然怀孕了……从根本上破坏圣人形象。

著名的南宋文人，《容斋随笔》的作者洪迈在《夷坚志》庚卷第十里记载，朱熹在孝宗时期曾任提举浙工常平仓，与早年相识的台州知府唐仲友较劲，一定要扳倒对方，罪名是与歌妓厮混，有辱官体。这位歌妓名叫严蕊，她不愿违心指认，结果被朱熹下狱痛打，再发配，直到岳飞的儿子岳霖提点刑狱时寻查，才揭露出这件事。

严蕊求自辩，岳霖令她以一首词为状。这首词写得特别好：

不是爱风尘，似被前身误，花落花开自在时，总是东君主。

去也终须去，住也如何住，若得山花插满头，莫问奴归处。

岳霖释放了她，并且许她从良。

这首词迅速流传开，朱熹迫害同僚，痛打逼供弱女子的恶行也随之风行天下。有这样的前科，哪怕有再多的道学门徒为他辩白，那些丑事也无法彻底撇清。

朱熹很痛苦，在郁闷中还得写奏章认罪，哪怕是非常有选择地部分认罪。他清楚地知道必须得这样做，不然赵汝愚的下场就是他不久的将来，韩侂胄是个非常合格的政客，懂得与其费死力消灭一个人的思想，不如消灭一个人的肉体更彻底。

朱熹的身体出了状况，几个月之后就生病去世了。他的死应该不算意外，毕竟年岁很大了，已年至70。可是后果仍然很麻烦，他的众多弟子、同道者、同情者风起云涌、前赴后继地……为他办丧事。

以及报仇。

他们认定了是韩国戚害死了朱熹，圣人不能白死，韩侂胄必须为此负责！付出代价还不够，得永远地把这个敌人刻在耻辱柱上，万年不得翻身！

他们真的这么做了，很多年以后，如果有人翻阅《宋史》想找韩国戚的话，在正常的官员列传中是找不到的，得到最后几篇的极特殊人物，奸臣的群落里去仔细搜，才有可能发现。

他与万俟卨、丁大全、贾似道为伍，排在黄潜善、汪伯彦、秦桧之后。

作为韩琦的后人，韩侂胄不缺乏斗争基因与凶狠基因，为了根除后患，他使出了第三招——伪学党禁。

先把道学定为伪学，道学家都是伪君子。这事儿可以从孝宗时代追溯起，那时的朱熹等人就很让孝宗恼火厌恶，直接导致了朱熹第N次的归隐。这时上纲上线，把伪学晋升到伪党，由伪党再提升到逆党，道学派全体成了违禁品。

一声令下，天下遵从。

基层工作从科考抓起，从这一年开考起，试卷只要稍微涉及义理就成废卷，《论语》《孟子》都成了不能引用的禁书；

在中层，规定但凡是道学门徒一律不得担任在京差遣，历年考进来的各科进士、太学生等要查清楚是不是“伪学之党”，官员推荐、进士结保等环节要在有关文件上特别注明“如是伪学，甘受朝典”等保证；

在高端，事情是最严重的，北宋元丰榜、元祐碑的死灵复苏，韩侂胄列出了伪学逆党名单。其中，甚至有宰执4人、待制以上13人。

这次党禁在南宋史上占有重要地位，史称对南宋的伤害无与伦比。原话是“绍熙之前，一时风俗之好尚，为士者喜言时政，为吏者喜立功名”，党禁之后“世俗毁方为圆，变真为佞，而流风之弊有不可胜言者矣”！

照这话，仿佛孝、光两朝里的士大夫都积极向上，没有不作为，更不会整天清谈。是韩侂胄的党禁之后，才败坏了天下风气，谁都不敢干工作，不敢说话了。

奇妙呀，韩国戚是不是秦相公呢？

两宋间只有秦相公才有这么大的威力吧。韩侂胄的所谓党禁除了赵汝愚、朱熹两人的非正常死亡之外，一个人都没有死，也没有见谁进大牢受大刑，为时也不过七年，与北宋元丰、元祐党人动辄几十年不死不休的争斗比，完全不可同日而语。

并且在后期，韩侂胄表现得非常宽容。据记载，一个叫赵令宪的官员受邀去韩府拜访，仓促间把正在阅读的经过朱熹批注的《论语集注》放入袖中，施礼时这本书落在了地上。赵令宪心惊胆战以为大祸临头，韩侂胄却只是报以一笑。

或许在韩侂胄的心中，道学之流只是些不值一提的跳梁小丑吧，痛打之后扔到一边，时过境迁不必再理会就是了。

党禁之后，把所有的敌人都扳倒，韩侂胄环顾四周，突然有了点小迷茫。当初只是因为心中不平，受不了闲气，才与赵汝愚叫板。谁承想开始之后欲罢不能，一路斗下来前方再没有拦路的了，于是抬眼一望，发现了一个现实。

自己居然成了第一权臣！

这个结果让韩国戚有些不适应，毕竟他的官途长跑从开始时并没有确定到达权臣这一终点站，可是既然达到了，谁会放开手呢？韩侂胄牢牢地攥住了这来之不易的权柄，决定谁也不给。

# 第二十一章　宰相飞头去和戎

韩侂胄的权臣之路是两宋间独此一份的特殊存在。他的头衔很多，搞倒赵汝愚之后，他官拜保宁军节度使，终于圆了节钺梦。之后，开府仪同三司，封豫国公、少傅，再封平原郡王，加少傅，再封太傅、太师。至此，他的爵位已无可再升。

韩氏一门也达到了五世建节，这在宋史中绝无仅有。

他的权力超过了蔡京，达到了秦桧的程度。蔡京并不能一手遮天，还有梁师成等人与他分权，内外之间互相依托制约。秦桧总揽天下，连赵构也退避三舍，可论到实质，秦桧是汉奸国贼，有江北的女真人为其撑腰才能达到这地步。

韩侂胄纯粹靠自己，没有外援就做到了。几年之间，“宰执以下，升黜在手”“朝士悉赴其门”，第一权臣地位不可动摇。

可他本身的实际职位却只是……别被上边那堆吓人的头衔震到，那都是些荣誉，他的实际职务是知阁门事兼枢密院都承旨。知阁门事，皇家高级服务员；枢密院都承旨，是军方最高机构的办事员，待遇不低，相当于六部的侍郎，可官职仍然是办事员而已。

这人就以这样的官职号令天下，导致时人莫敢不从。

300余年宋史就这么一个妙人。至于他为什么这么做，据史家估计是他觉得这样比他亲任宰执专断朝政要妥帖些，没人说他外戚专权的闲话。

日子一天天地过，韩国戚的美好生活一直飘在云端。在工作上，首相大人会把盖上公章的空白文件交给他，随便怎么写、写什么，连复议都不看；在生活上，他在临安城里走来走去，选好地方盖宅子，发现好地段都有人住了，比如望仙桥那片……他总不能让太皇太后搬出去吧。没办法，只好再找。他继续走，结果发现了一座山，叫骆驼岭。

就是这儿了。他在这座山岭上开山伐林，建楼造馆，盖起了一座占地庞大精巧绝伦的豪宅，很长一段时间，入夜之后他都会登山入宅，歌舞达旦。

很美妙是吗？骆驼岭下边是太庙！

太庙周边隔绝人迹，一草一木都不许碰触，其敏感度高于皇宫，神圣度堪比天地，前者靖康之难时什么都可以舍弃，唯独太庙里的祖先牌位一定得搬走。

这可好，韩国戚每天傍晚都在山顶喝酒作乐，居高临下凭栏俯视赵家祖宗，这怎一个嚣张了得？！按说他有十个脑袋也肯定砍了，全家流放，祸延祖先韩琦都是有章可查的。可偏偏啥事也没有。

赵扩知道这事，脸上毫无表情，看不出喜怒哀乐。

有些人不禁猜测，赵扩是不是城府太深，打算把韩国戚养肥了再杀？这个不得而知，不久之后又发生了一件事，让更多的人大跌眼镜。

那一次，赵扩率群臣去慈福宫朝见吴氏。礼毕起驾回宫，刚走到大门外，突然有人传报，韩侂胄到。就像有谁命令一样，在场的人一下子集体转身，侍从、大臣们立即折回来排成两排，手持朝笏恭敬等候，仿佛来的是天下至尊。

真正的皇帝被晾在了一边。

如此威势，当然会映射进平时的日常生活。韩国戚的生活质量横跨时间长河，迅速进入了蔡京、秦桧等超级权臣的行列。仅以南宋庆元三年（1197 年）的生日宴会上的礼金收项为例。那一次，内至宰执、侍从，外至监司、帅守都争送寿礼，为节约篇幅，临安城外的就不赘述了，只说说城内官员们的。

吏部尚书献上 10 张红牙果桌，很精致，也很节制，算是自重身份；工部尚书钱象祖是韩国戚的亲信，寿礼唯恐不重，献上的是 10 副珍珠耳珰，光彩夺目，富丽难言，是北宋时一位长公主出嫁时的妆奁故物；还有一位临安知府，他的寿礼最出人意料。

他没备礼单，只捧着一只小木盒——“穷书生没有什么好献，有小果聊佐一觞。”他打开了盒子，所有人都倒吸一口凉气。

里面是由赤栗金铸成的一座葡萄架，上面果实累累，计有上百颗，全都是上好的东珠!

的确是“小果”啊。

如此生活，更不知人间还有没有更上等的档次。说到享受，他甚至比正版的皇帝还要更舒适，毕竟他有皇帝的权力，却不必受帝位的约束。

日复一日，韩侂胄在幸福的海洋里荡漾，终于撞上了“幸福墙”。这是注定的，因为这个世界里的一切感知都在于“对比”两字。

幸不幸福、快不快乐、忧伤与否，都要有参照物才能分辨清楚。韩侂胄亦不能例外，他天天吃着蜂蜜，时间长了，觉得日子很无聊。

这是人之常情。

又想起了那首诗——

> 终日奔忙只为饥，才得有食又思衣。置下绫罗身上穿，抬头却嫌房屋低。盖了高楼并大厦，床前缺少美貌妻。娇妻美妾都娶下，忽虑出门没马骑。买了高头金鞍马，马前马后少跟随。招了家丁数十个，有钱没权被人欺。时来运转当知县，抱怨官小职位卑。做过尚书升阁老，朝思暮想要登基。

截至这里，韩国戚的人生都经历过了，再也没有什么兴趣。

——“一朝南面做天子，东征西讨打蛮夷……”

这一句才正中要害。

他不是天子胜似天子，这么多年以来唯我独尊，早已养成了睥睨天下的气势，当各种舒适性的享受不再中意之后，自然要追求刺激。

男人的刺激，更有哪种可以高过征服?

韩侂胄在金楼玉宇间、脂粉腻堆间忽发雄心壮志，决定重新开启北伐，既报国仇又愉悦自己。这个决定传到外界，整个江南一片惊诧。这实在是太突然了，难道帝国的安危、人民的福祉只在某个人的心念一转之间就决定了吗？

这在后世也引起了长久的惊诧。因为关于北伐这个念头升起，历史给出的答案是这并不是韩国戚某天吃饱了撑的，随手拍了一下脑袋的产物，而是某个人的怂恿。这个人是谁，出于什么目的，都是谜，没有确切的正解。按官方的史书说，是——“……或劝侂胄立盖世功名以自固者，于是恢复之议兴。”

只是“或劝”，没有具体指出是谁。

宋史的官方、私人资料是非常详细的，基本上每句话都会注明由何人在何时因为何事而说，一点点小事都考证得清楚明白。

那么为何灭国级大政的初倡者是谁，却讳莫如深呢？

不是韩侂胄自己，史书说了是“或劝”；不是韩党内部人，不然道学家们绝不会放过他，必将其铭刻于耻辱柱上万年不朽。那么会是谁呢？

呼之欲出，你懂的。

终于再次北伐。时光漫步到1205年左右，汉族的群体思维早已有了新的共性，曾经拥有的奋锐之气，如神宗改革、绍兴北伐等一一失败，造成了严重的思维后果。人们再不信努力可以成功了，而是认为越是努力，越是悲惨，一动不如一静，务外不如守中。

惰性、悲观接近定型。

尤其是孝宗时代的雍熙北伐，历时不过几十天就输赢易位，更为上述的理论找到了佐证。这时，韩侂胄提出北伐，赞成的人全国海选也没有几个，反对的人倒是不停地跳出来，公开议论，私下谩骂，写信给韩国戚本人挑衅的，都大有人在。

不一一细数了，韩侂胄抄起专治大棒，劈头抡过去，很快世界变得安宁，鸦雀无声了。

江北当代金国皇帝完颜璟，女真名麻达葛，他与赵惇同一年登基，在他治理下的金国，与南宋截然相反。

南宋权臣一手遮天，金国的皇权却空前巩固。

完颜璟是金国诸帝中的一个异数，他才华横溢，不能说超过了完颜亮，但是他文能出口成章，使用汉语出神入化，另外，他封王时入谢，能用女真语和他的爷爷金世宗问答，这让毕生强调女真传统的金世宗非常感动，觉得找到了真正的继承人。

历史证明，他错了。

完颜璟保持着女真人的辫子，骨子里却是个再地道不过的汉人。他所受的汉化教育之深，连隔江而治的南宋皇帝都不见得能比较。在他的治理下，全体女真人都被他带进了汉族文化的氛围里。他尊孔子，即位次年，山东曲阜的孔庙就被装修一新，碧瓦廊庑，雕龙石柱，极其壮观。金国全境州县开始为孔子立庙，避孔子名讳。

孔子门徒的地位也水涨船高，完颜璟完善科考制度，下至童科，上至特设制举宏词科，来区别对待不爱考试自命不凡的文化人。没过几年，金国皇廷上的宰执队伍里就有了一道亮丽的风景线，通过科考上位者能前后相望。

汉化加深，女真人本色消退。完颜璟废除了奴隶制度、限制女真人特权、保护封建农业、允许蕃汉通婚，并且严厉通知天下，谁敢称女真人为“蕃”，小心翻脸。

这一系列高难度动作搞下来，金国的经济达到了有史以来的鼎盛期，人口达到了历史的最高峰值，税收同样是金史上的最高值。史称：“……章宗在位二十年，承世宗治平日久，宇内小康，乃正礼乐，修刑法，定官制，典章文物粲然成一代治规。”

貌似非常了不起。

江北越是鼎盛，有人越是对韩国戚的北伐说三道四。认为在宏观的对比上，同时期的南宋比金国差远了，以弱伐强，主动找抽。

这是韩国戚的一大罪证。

可惜的是，某些人隐匿了自己的良心，或者一叶障目学识不到，看不到1201年左右开始的变化。首先金国是人多了，钱多了，可那又怎么样，会多过北宋时代吗？它的人民，国家主体的女真人，已经脱离了原轨道，视自己民族的立身之本为耻。

他们热衷于武文弄墨，以考取进士、穿长衫立朝堂为最高荣誉，以世袭猛安谋克等武夫官职为莫大耻辱。曾经的铁血精神彻底远去了，他们在北部边疆居然不再以骏马刀枪为国家屏障了，而是去修筑像长城一样的防御工事。

他们在临潢至泰州一线，开凿了绵延900里，深3—4米，宽10余米，内侧筑有墙堡的界壕。

以此来抵御来自更北方的威胁。

这些严格地来说，是人祸，是主政者脑力不足的外部表现，是不清楚本民族内核是什么，弃本逐末，丢西瓜捡芝麻的愚蠢行为。这很严重，但还不致命。

但是天灾就不好说了吧，这段时间前后，中原区域水、旱灾情频发，黄河也跟着凑热闹，连续三次大决堤，河道南移夺淮入海，搞得金国手忙脚乱。

得治水吧，得救灾吧，没赋税了吧，死人破财了吧……这些让金国的实力一落千丈。而完颜璟本人还是个享受派，单说他重新装修自己的宫殿，想加点针织品什么的，规模就让人头大。他每天动用1200名绣工，两年过后，才搞完了这批窗帘、被褥、坐垫之类的花边儿。

韩国戚选择这时候给他来点雪上加霜的事，难道不合时宜吗？

南宋开禧二年（1206年）五月中旬，韩侂胄下令北伐开始。

此次出兵分为三路，东路战场在两淮，由御史中丞邓友龙任宣抚使，郭倪以副殿帅兼山东、京东路招抚使，为东路主将。

中路在湖北，兵部尚书薛叔似为湖北、京西宣抚使，担任主将，鄂州都统赵淳兼京西北路招抚使，皇甫斌兼京西北路招抚副使为辅佐。

西路的主将是程松，副将是吴曦。

东路军初战告捷，紧跟着各条战线上捷报频传。中路宋军由江州统制官许进克复了新息（今河南息县），进而又攻克内乡（今河南西峡），由金国归宋的忠义人孙成也收复了褒信（今河南息县包信镇）。四川方面吴曦也出兵攻入了天水地界。

形势大好，临安一片振奋。韩侂胄请赵扩正式下诏伐金，同时请幕僚中最著名的笔杆子水心先生叶适为北伐写出师诏。以宋、金不共戴天的君父世仇，以水心先生与朱熹不相上下的道学大宗师身份，两者再合适不过，一定会对民心士气，对北伐产生巨大的推动作用。

奈何水心先生不这么想。

哪怕他之前支持，也只是口头支持，绝不会在胜负未分之时，让北伐与自己个人实际挂钩。

叶适说，俺写东西超慢，要十天半月才能搞定，这样会耽误您的大事。韩国戚，您另请高明吧。

韩国戚无奈，请的是礼部尚书兼直学士李壁。

他请对人了，李壁的《出师诏》名传千古，每一句都深深地铭刻着宋人近百年的屈辱仇恨，它道出了宋人群体的心声：

> 天道好还，盖中国有必伸之理；人心助顺，虽匹夫无不报之仇……衣冠遗黎，虐视均于草芥；骨肉同姓，吞噬剧于豺狼……兵出有名，师直为壮，况志士仁人挺身而竞节，而谋臣猛将投袂以立功。西北二百州之豪杰，怀旧而愿归，东南七十载之遗黎，久郁而思奋……为人子，为人臣，当念愤。益砺执干之勇，式对在天之灵，庶几中黎旧业之再光，庸示永世宏纲之犹在。布告中外，明体至怀。

这样的字句，道学家怎么写得出来？

战场上形势却急转直下，宿州再次成为北伐的梦魇。宋军在宿州城下只坚持了十余天，就开始了后撤。8 万余宋军在没膝的泥泞中向蕲县（今属安徽）方向撤退，没走多远就被金军追上了。

宋军中军逃跑，后面约半数断后的宋军全被俘杀。

东路军至此大败。与此同时，中路军曹统制的数万步骑在溱河方面也遭到重创。溱河水大涨，他坚持渡河，结果渡河将半，金军突然杀出。

渡河未半而击之——教科书一样的失败！

长江北岸的宋军全体溃败，在中原大地上狼奔豕突，向长江边逃跑。彼时前军皆败，后续无兵，再也没有力量能够阻止金军。

雪崩之势已成，整个江北将全部丢失，金军直抵长江北岸。

临安震怒，具体地说，是韩国戚大怒。他在战前是想不到手下的将军们会败得这么惨，这么快，这么不要脸。他真的不知道，这都是些什么型号的酒囊饭袋！怒火中，他做了一些从前历次北伐都没出现过的事。

执行战场纪律。

从前无论发生多么卑劣的事情，比如隆兴北伐中的邵宏渊，他做了也就做了，战场上没人敢管他，战后也没啥大不了的处罚。于是兵越来越懦，将越来越骄，军纪荡然无存，上了战场后丑态百出，连缚送自家战友给敌人的事都做得出来！

韩国戚是不惯这种病的。

有人被连夺三秩，再连夺五官，流放安置；有人被直接斩首。一句话，在战争中出丑的、卑鄙的、战败的，都付出了代价。

责任还追究到了最高层，这么多年以来，枢密院的主管是苏师旦。这人是韩国戚多年的铁杆嫡系，政治觉悟上非常过关，指哪儿打哪儿，从不含糊。可是军队烂到这地步，他的官儿也做到头了。韩国戚把他一撸到底，再抄出他历年来卖官鬻爵得来的赃款，用作四川、两京湖、两淮战区的犒军费。

可以说，在韩国戚的领导下，南宋的军队从三十多年无战事的颓唐糜烂状态下迅速苏醒，在战争中学习战争，完成了改造。

可是，突然间风云变幻，西南方向，南宋蜀川的门户大散关丢了。

这绝对在意料之外，根本不可能发生的事。大散关，在宋、金战史上是不破之雄关。别说是这时退化严重的金军了，第一代女真人都止步于关下，无可奈何。

临安实在是没法理解这件事，16天之后，答案传了过来。蜀川吴氏子孙吴曦于蜀中自立为王，反叛南宋。

为了让金国成为后盾，吴曦不仅献出了不破雄关，还把阶、成、西和、凤关外四州也无偿赠送，换来了金国使者授诏书、金印，册封其为蜀王。

蜀川居南宋上游，就像北宋先灭后蜀再灭南唐一样，蜀川一破，顺水而败，下游必败！

韩侂胄立即向吴曦示好，许诺比金国更多的好处，然而毫无效果。连川中原有的南宋官吏都开始集体逃亡，一切征兆都预示着宋朝失去了关键的上游门户。

谁也没有料到事情的转机出现在哪里。

蜀川有个人叫安丙，是原大安军的知军，文官。他本是程松的部下，严格遵守以长官进退为行止的标准，奈何程长官跑得实在太快太突然了，他没跟上，被迫滞留蜀川。这很倒霉，更郁闷的是，他刚想躲起来保平安，吴曦的一个亲信忽然做了个梦。

梦里神灵指示，只有安丙扶保着吴曦，吴曦才能平安。安丙别无选择，只能加入叛军阵容，哪怕从没上过一天班，天天在家泡病号。

有一个底层小官叫杨巨源，是合江仓的仓监。他痛恨卖国贼，暗地里联络了几位川军中的将领，随时可以起义。但是他非常有远见，没起义之前，就想到了起义之后。如果成功了的话，川中大乱怎么办？必须有一个能稳定局面的人。

他想到了安丙。

杨巨源、安丙、张宁、李好义集结了74个人，在月圆之夜，忽然大呼着冲进了吴曦的伪皇宫。那座宫殿就算再小，也有千人以上的卫队，但是当李好义高喊奉临安朝廷密诏杀贼时，这些卫兵全都扔了兵器站到一边，听任这74人冲向吴曦的卧室。

吴曦的梦做得正美，无论如何没有料到会有敌人直接冲到他的面前。仓促间，他的卧室里连把刀都没有，很快就被两个士兵直接砍掉了头颅。

这时距离他叛变称王仅仅过去了41天！

他为什么会死，原因有很多，最重要的一条是他光荣的父辈们。吴玠、吴璘、吴挺，哪一个都铁骨铮铮，与金国不共戴天。在他们的带动下，蜀川百姓也都有强烈的自尊，绝不向异族人屈膝。所以，从他叛变的那一天起，他就已经是蜀川公敌了。

他死时，没有任何人与他站在一起。

背叛的代价是巨大的，吴曦的人头被送往临安，赵扩将其献祭于宗庙、社稷，全城示众三天。吴曦的妻子儿女被处死，男子年15岁以下者送两广州军编管。

吴璘的子孙全部从蜀川迁出。

吴玠的子孙免连坐。

吴氏四代忠义功勋，至此化为泡影。

韩国戚挺不下去了。

宋朝的立国之本——钱，终于告急。国库空了，皇家开始动用私房钱，比如太皇太后谢氏捐了100万贯犒军，韩国戚本人也把国家历次赐予他家的金器，总和6000两黄金捐了出来。可结果居然是一片骂声。无数国人说他故作姿态。

和平时代，以政治手段建立起来的独裁局面，终于在军事失利的大势下动摇了。

无可奈何，韩国戚决定派人渡江议和。

金国开出的条件除了割地、赔款、称臣之外，还要韩侂胄死。

韩国戚是真怒了，金国不是强势吗，他必须更强一些。在临安，他宣称“有以国毙”，大不了与宋朝共存亡，哪怕死后洪水滔天，都与他无关。他下令蜀川全力备战，要在近期形成战斗力，出川入陕，在其余两战区保持平稳的前提下，主动进攻。

这么做时，韩侂胄的心里是妥帖的。环顾南宋，军、政、财三界都是他的人，甚至经历了开禧北伐，亲信中的不坚定者都排除了，他的势力越发变得坚挺。

没有危险，无论怎么看都没有危险。

韩侂胄疏忽了，有一个地方他没有算到。

后宫。

这才是一个封建帝国最凶险诡秘、不测难防的地方。它对权力的掌握，从某种意义上来说，要比军、政、财还要直接。

韩国戚本人说到底就是以后宫起家，按说他无论如何也不会漏算这一点，可偏偏他就忽视了。这很可能是因为他多年以来对后宫的全面掌握，让他的安全意识淡薄了。说一下这时的南宋后宫，皇帝还是那个皇帝，皇后却已经另有他人。

韩皇后在六年前病逝，上位者姓杨。

杨皇后出身低微，生身父母、家世、籍贯等连正史都失载。她出现时的第一身份是南宋后宫乐班中的杂剧孩儿，相当于嬉戏耍乐的儿童演员。她天生是与众不同的，小小年纪，姿容秀丽也就算了，还举止得体，从不怯场，大得赵构老婆吴氏的欢心。

之后，又把年轻的赵扩迷住了，从一介寒微戏班女子一步登天，进入帝国后宫。她先封婕妤，再进婉仪，一年之后升至贵妃，已经是皇后之下第一人。

天赋再次显示出了奇迹。没有人教她，她自己去熟读诗书经典，还补全了自己的短板，给自己找了一个武进士出身的“哥哥”杨次山。

从此，她是良家子女，功名在身的人的亲戚。

这些在南宋庆元六年（1200 年）发挥了作用。韩皇后死了，皇宫需要新的女主人，竞争者有两位，一个是杨贵妃，一个是曹美人。

赵扩游移不定，都美啊，不好办。关键时刻韩国戚出现，他不管谁美，他需要听话的。杨贵妃心机深沉，曹美人柔顺低调，选曹。

这给杨氏带来了巨大的麻烦，韩氏一门对南宋已经掌控了近两代人，她一个没根基的前儿童演员有什么办法去抗衡呢?

她被逼进了绝境,尽管自诩智慧女性,也只能用出最原始的那一招——和丈夫卧室说事。魅力搞定一切，她如愿当上了皇后。可她心里非常屈辱，从那一刻起，她把韩国戚恨到了骨头里。

宫廷深处还隐藏着另一个人。这人在开禧北伐前夕还只是个六品京官，在汪洋般的官员队伍里像一滴水一样随波浮沉，没人注意。

北伐伊始，此人升官，任礼部侍郎，兼资善堂翊善。到这一步，开始引人注目，不是因为侍郎，而是那个兼职。

资善堂翊善，皇子老师。

这个职位一来敏感，二来是此人的家学渊源，是祖传的绝活儿了，谁也不敢小看。他叫史弥远，他爹就是孝宗朝的名臣史浩。

史浩的一生都在致力于不断地坏孝宗的事，从最开始勒令吴璘退兵，搞得川军死伤惨重，到最后驳回废掉李凤娘的命令，让南宋三代君主都在这个悍妇的阴影下发抖，堪称自始至终，“毁”人不倦。

真是孝宗的好老师啊。

史弥远走上了和他老爹一样的路，眼见韩国戚把持朝廷一手遮天，他没去争，而是悄悄地退到最深处，着力培养绩优股。

杨次山找到史弥远，替皇后带了个话儿：搞倒韩侂胄，与君共富贵。这次私下接触是历史性的，杨皇后的天赋再次决定了一切，她于万千官员中一眼就看准了史弥远，而史弥远真的是她所需要的人。

南宋开禧三年（1207 年）的十一月二十三日晚，杨皇后一个人走到了皇帝的书案前，拿起御笔写了一份诏书——“已降御笔付三省，韩侂胄已与外宫观，日下出国门。仰殿前司差兵士三十人防护，不许疏失。”

韩国戚最重要的武器被盗用了，长期以来，他以御笔睥睨百官为所欲为，这一次杨皇后同样私下里瞒着皇帝用御笔决定了他的命运。

这份御笔把他的官职一撸到底，还派兵押送外放，可以说一旦实施，会彻底终结他的政治生命。为了确保成功，杨皇后又写了三份内容相同的御笔，都盖上了刻有虎符印的皇帝牙章，一份传给了史弥远、钱象祖；一份授给张镃；还有一份交给了赵扩父亲光宗赵惇的李皇后的兄弟李孝纯。

第二天的凌晨，大醉的韩侂胄上早朝。走到太庙时，突然前面有几十名殿前司的士兵拦路。

与十几年前的政变一样，殿帅被策反了。这时的殿帅名叫夏震，太庙前的拦路军士首领是护圣步军准备将夏挺。

夏挺放过了韩侂胄的先头护卫，拦住了轿子，当众宣读御笔。韩侂胄大声抗议，被捉出轿外裹挟至六部桥，在这里，政变军士增加到 300 多人。

政变军士继续转移，直到皇家园林玉津园外围的一个夹墙里，这些人才开始行凶。韩侂胄平时软甲不离身，这时既要保存他的头颅，又得要他的命，只好用了一些下作的办法，比如用铁鞭狠击他的下体。韩太师、平章军国事大人，就这样谢幕。

与此同时，杨皇后在皇宫深处向赵扩施压。估计政变成功了，她向皇帝摊牌，赵扩大惊，立即亲自写御笔批示殿前司——“前往追回韩太师。”

杨皇后一把夺过御笔，对赵扩哭诉——“他要废我和儿子，又杀两国百万生灵！”并以死威胁，韩不死则她死。赵扩愣住，他没法解决这种局面，于是一直愣，直到韩侂胄的死讯传来。

韩侂胄死后，宋、金两国的和议迅速达成。南宋赔款300万两白银，岁币增至30万两，送韩侂胄、苏师旦首级过江。

金国归还川陕关隘、淮南地。

开禧北伐就这样结束了，它在历史中，严格地说，在正史中一直是负面形象，似乎一切都像杨皇后哭诉的那样，韩侂胄杀了两国百万生灵。

问题是，杨皇后有女真血统吗？杀金国的人让她如此难过，以致流泪。还是说，她是穿越者，早就知道了并且体验过现代时期的民族大融合，汉人满人是一家，谁杀谁都不好？

这是什么混账逻辑。

实事求是地说，韩侂胄以政变起家，也死于政变，在这一点上不冤枉，可死后给他扣上一顶奸邪帽子，并将其钉到历史耻辱柱上，就实在不地道了。他终生没有背叛过南宋、赵扩，所以他是权臣不假，却不是奸臣。这一点，在金国都得到了尊重。

韩侂胄的首级送至金国，金国的官员对他的评价是——“……（韩）侂胄忠于其国，缪于其身。”缪，指错误、违背、荒诞不经等，不是好字义。但这只是针对他个人如何，大前提是，韩国戚忠于国家民族，何况缪通“穆”。

武功未成，曰“穆”。

完颜璟追封韩侂胄为“忠缪侯”，把他的首级安葬在其祖先韩琦的墓旁。韩琦的墓在江北，金人并没有破坏它，一直保存完好。

回过头来继续说忠奸，开禧北伐处于相持阶段，南宋自断手脚，果断认输，并把韩国戚的脑袋进行高级防腐处理，送到江北，这个事情先不说是否开中国历史之先河，也不说是对还是错，谁让那时的宋人那么爱好“和平”呢。

只说这帮人稍后的举动。

韩侂胄斥道学，尊岳飞，贬秦桧，这些不论是在当时还是在现代，都大快人心。杨皇后、史弥远等人反其道而行之，岳飞他们没敢再抹黑，但是把秦桧的丑谥又调了回来，恢复了之前的王爵、赠谥。

谁忠谁奸，可见一斑了吧。

最后再说一句，我想一定会有人说，韩侂胄哪怕不是奸臣，只是权臣，这也很不好。舞弊弄权、自作主张，大失臣道。可是对比一下吧，隆兴北伐是皇帝主持的，只打了几十天就败得稀里哗啦，丑陋到了灵魂深处。开禧北伐这不好那不好，跟金国较量了一年半，胜负未分，两国对峙。

谁高谁低，一目了然。

这样的权臣有什么不好呢，国家不需要吗？

# 第二十二章 蒙古史诗

开禧北伐结束了，它在历史中很重要，人们记得它开始的时间——南宋开禧二年（1206年）五月。可是在大历史的天空下，这一年里真正的大事绝不是它。

是漠北草原的统一。

在这一年，铁木真扫平漠北诸雄，一统蒙古。走到这一天，路途是很漫长的，以铁木真强绝人类之巅的武力，也用了17年之久。

回到最初的时光。

铁木真在1189年前后成了“汗”，地位很显赫，实际很微小。这个“汗”既没有特殊的、独有的称号，也没有与之匹配的实力，给铁木真带来的只有烦恼和仇恨。

源头是他的义兄札木合。

札木合在历史上有两面性。在很多记载里，他是一个心胸狭窄、反复无常、报复心强烈的阴险角色，他见不得有人位居其上，尤其是他帮助过的、扶植起来的弟弟铁木真。所以他不择手段地去破坏，联合所有与铁木真有仇恨的人，一起去覆灭乞颜部。

不死不休。

可在另一个层面，他是当时蒙古的另一轮太阳。他有强劲的军事实力，卓越的领导能力，不可思议的沟通、联络能力，不管失败到何种程度，都能重新找到盟友，再次投入战争。他无比顽强。

尤其是他的声望，他这时是“札答阑汗”，意指蒙古札答阑部的汗，与铁木真平等。不久之后，他获得了“古儿罕”，那是蒙古自古以来的共主的名位。

这让他如何能甘心屈居于铁木真之下？

战争开始，人脉充足的札木合纠集了泰赤乌、塔塔儿等13个部落，起兵3万，分十三翼攻打铁木真。铁木真兵力不足，人心不固，开战前连亲兄弟哈撒儿、别里古台都纵情声色，想在灭亡前尽量享乐。

没有人看好他。

漠北草原对失败者极其残酷，他将失去所有，将比童年时更悲惨，他、他的家族都将被抹去印迹。绝望中，铁木真决定迎战，直到荣耀战死。

可是，一个人悄悄地在黑夜里来找他了。

蒙力克。

他父亲的亲卫，他曾经的后父。一别很多年，蒙力克在关键时刻出现，带给了铁木真一线生机。他要铁木真后撤，在人生的第一场战斗里主动选择失败。

有一处绝地，名叫“哲列险地”。那里三面悬崖，只有一个出口，先把部落迁移进去，准备尽量多的食物，坚守尽量多的时间，平安就会到来。

不是胜利，是平安。

蒙力克之所以敢肯定，是因为他的儿子阔阔出是蒙古诸部落间的巫师，能在札木合的后方散布谣言，让这场战争无法长时间继续。当然，这需要利益，没人会白白付出。铁木真给出承诺，阔阔出将是蒙古部落里唯一的巫师。

而蒙力克，将是“蒙力克父亲”。

事态一如计划，铁木真的争霸之路从一场失败开始，他率领部落退入哲列险地，在围攻的煎熬下等待渺茫的机会。在煎熬中，每一天都是漫长的，他被迫向部属们立誓，他是有准备的。

很长时间之后，平安终于到来，十三翼兵马撤退了，铁木真松了一口气，他准备像童年时在荒原上生存一样，再次默默地充实自己，一点点地爬起来。但是时间到了，一代天骄腾飞的日子已经来临，熬过这一次的厄运后，金色的阳光笼罩了他。

他要的只是平安，得到的却是胜利。

札木合在战争中失望，在撤退中发泄。他把抓到的敌人、与己不和的人扔进铁锅里活活煮死。这样的恶行让他众叛亲离，很多部落投奔了铁木真。

铁木真乘势展现恢宏的胸襟气度，无论敌友，只要来的，他都欣然接受。他给每个人以公平的待遇。这让他迅速缩小了与札木合之间的差距，同时他在另一个方面表现得足够聪明。

漠北草原当时实力最强的是克烈部的王罕，心高气傲的札木合只称之为兄，而铁木真一来因为现实需要，二来王罕曾与他的父亲也速该结为兄弟，他肯低头，一直以父事之。

王罕与他结盟，铁木真在草原上站稳了脚跟。

七年之后，好运再次降临。

铁木真最大的仇敌塔塔儿部出问题了。它与强大的宗主国金国交恶，金国派丞相完颜襄统兵进剿。

塔塔儿部并不惊慌。它是非常强盛的，在苍茫的大草原上且战且行，整个部落都在移动中，庞大的金军兵团拿它没什么好办法。

完颜襄很聪明，他命令草原上的其他部落发兵与之配合，剿灭塔塔儿部，金军要威严，实利可均分。消息传到乞颜部，除铁木真之外，无人赞成出兵。

金国是蒙古人的死敌，不要忘了俺巴孩汗的血仇！

铁木真不这样想，仇要报，势更要借，如果能借助仇人的力量壮大自己，进而报复，更是赏心快事。更何况塔塔儿人是害死也速该的直接凶手，大好机会，不容错过。他不仅自己出兵，还鼓动义父王罕共同出战，组成漠北草原上最强的联军。

结果大胜。

塔塔儿人衰弱了，铁木真得到了金国的“札兀惕忽里”的官职。这个官不高，意指不详，大约是强有力的长官之类。王罕的好处更大，几乎是金国官方所承认的草原最高首领，王罕自此有了“王汗”的味道。

战争，在某些时候是人类白痴暴戾到一定程度时表现出来的某种病态的外延，而在当时只是一项劳动形式。

蒙古人积极地“劳动”着，吞了塔塔儿的一部分，让蒙古人迅速壮大，消化了五年之后，札木合来了，新的机遇出现。

札木合集结了弘吉剌、塔塔儿等 11 部，兴师西袭乞颜部，铁木真迎战。这一次不再有退却了，乞颜部独力击败了 11 部联军。战后弘吉剌部，也就是铁木真老丈人的部落趁机投奔过来，札木合的实力、声望进一步降低。

札木合清楚自己的机会越来越少了，时间成了他最大的敌人，再不能让铁木真继续壮大。他以最快的速度在草原上奔驰，联络到了几乎所有铁木真的仇敌，在一年之后，集结于阔亦田。

战报传来，铁木真沉默了，决战将至，可他解决不了这局面。

他只有一条路可走，仍然像从前一样，去向王罕求助。

阔亦田之战爆发，铁木真在此战中凶险极大。在对阵中，他选择了死敌泰赤乌人，就是他们的首领当初取代了他父亲也速该的汗位，逼迫铁木真一家孤儿寡母在荒原上生存。之后更是不停追杀，差点让铁木真戴枷受刑而死。

此仇不共戴天！

草原全骑兵兵团决战的凶险无法提防，铁木真击败了仇人，在绝对优势下追击，居然被一箭射中了咽喉，摔下了马背。

这一箭让他死去活来，整整昏迷了一天一夜。他醒来后，得到了礼物。泰赤乌人的首领死了，部落投降，射他一箭的那人名叫只儿豁阿反，后来此人为他征战亚、欧两洲，兵锋所向，无论是党项人、女真人，还是西辽人，都无可抵挡。更深入至俄罗斯的斡罗思、迦勒迦河畔，大破斡罗思、钦察联军。那时的他，名叫哲别。

哲别，蒙古语中枪矛、箭矢的意思。他是铁木真的神箭，一生征战从未有败绩。另外，王罕击败了札木合，札木合投降了。

草原上的局势简明了，铁木真与王罕之间复杂了。两强相邻，要铁木真如何自处？像从前那样甘愿当一个义子，还是展翅高飞，把克烈部当作垫脚石？

他没有纠结很久，一年之后，克烈部让他清醒了。

王罕率军突袭铁木真于金、蒙交界处的驻地，铁木真仓促应战，只来得及孤身逃走，事后清点，只有19名骑兵跟在他身后。

撕破脸就只能刀锋相向了。可铁木真不这样，他派人去道歉，去询问王罕——“为什么不让你的儿子儿媳安睡，是他们做错了什么吗？如果是，请命人责备。现在他非常害怕，不敢来见你，要等到道歉得到你的原谅后，他才会孤身到来。”

王罕被感动了，他觉得铁木真还是从前的那个儿子，被他的恩德收服，被他的强大震慑，克烈部已经成为漠北草原的最强霸主。

克烈部开始狂欢庆祝，临近暮年的王罕本人更是节约生命里的每一天加紧享乐。据说他的大帐灯火彻夜不熄，歌舞永不间断，是漠北前所未有的奢华。

克烈部日渐腐烂，铁木真抓到了王罕的亲信，由这人带路，轻骑突破层层营帐，在一个黑夜与黎明交替的时段突然进攻，局势发展和之前王罕突袭铁木真时一模一样。

王罕一样逃了出去，身边只有十几骑。绝境中他的头脑恢复清醒，知道唯一的希望是西北方向的乃蛮部落。乃蛮部的太阳罕实力无比强大，每一代都号称一生征战，从未让敌人见过战马的臀尾和自己的后背，永远进攻，永远获胜。

目标是正确的，实施是悲剧的。

强大尊贵的王罕出现在乃蛮边界上时由于过于狼狈，被乃蛮巡逻兵怀疑，不管他怎样表白证明，还是被巡逻兵一刀砍倒。

王罕就这样灭亡。

铁木真终于到了临门一脚的时候。乃蛮部是他称霸漠北的最后一道障碍，而这个障碍太巨大了，一言以蔽之，如果之前草原上有霸主的话，就是它。

乃蛮部名传各国，辽史称“粘八葛”，金史称“粘拔恩”。它初居谦河区域（今叶尼塞河上游），后逐步南迁，散布于阿尔泰山一带。当铁木真兴起时，它东邻克烈部，西至也儿的石河（今额尔齐斯河），北抵吉利吉思，南隔沙漠与畏兀儿相望，也达到了历史峰值。

乃蛮的特殊不只是大，还在它的文化。

很难想象，同样是漠北草原上的游牧民族，为什么克烈等蒙古诸部一直打打杀杀，说得刻薄些，除了有语言能沟通，会游牧能生产之外，与原始人没有多少区别，而乃蛮部居然建立了国家机构，有严格的军事部门、财政部门，处在部落、国家之间的分界线上。

可这一定是好事吗？

历史早已证明，直到现代工业文明的光芒出现之后，所谓的文明，才有了实际上的强大意义。

不然，文明只会让民族弱化，财富只会引来强盗。

在铁木真之前，从没有蒙古人想过要进攻乃蛮，尽管铁木真有强绝人类的雄心壮志，敢于想任何人所不敢想。

他要认真准备这个过程，是威震万邦的蒙古军的基本军制的形成初期。

此前，蒙古人作战以部族为单位，以血缘家族为维系，以将官首领的勇武为凭借，之后才是各种临战经验、智慧等。这很有效，可弊端也多。比如首领一旦战死，部族立即失散，从而被吞并。

铁木真把这些都废除了，改以“千户制”。

具体方法是把所有的部族打散，每十户设一个十户长，每百户设一个百户长，每千户设一个千户长，由下至上，层层隶属。千户长之上，分设左、右两翼万户长。这两人对铁木真直接负责。这既是军事组织单位，也是行政管理单位。

独裁者必须有独领的军队。在蒙古，它叫“万人怯薛”。

万人怯薛即护卫军，它起源于氏族社会崩溃过程中出现的伴当，蒙古语称“那可儿”。它由1000名宿卫、1000名箭筒士、8000名散班共一万人组成。人员从各千户长、百户长及蒙古人自己的子弟中选拔。万人怯薛的执事分为四班轮换，故称“四怯薛”，分由四位开国元勋，即四杰博尔忽、博尔术、木华黎、赤老温及其子孙世袭率领。

做完了这些，铁木真向乃蛮进军。太阳罕发挥祖传特点，终生不让敌人见到自己的后背和马屁股，于是他主动迎战。

两军在杭爱山麓相遇。

杭爱山在中国很有名，就是汉代所称的燕然山。宋朝完人范仲淹《渔家傲》词中提到的“浊酒一杯家万里，燕然未勒归无计”，指的就是它。

那里非常冷，此山以北，古中国人称之为“极北”，视为蛮荒地带。

这种环境是漠北各寒带民族的最爱，他们的马要到冬天才肥，士兵们在冬天时才状态最好，所以寒带游牧民族的战斗基本都爆发在这个季节里。

铁木真却反其道而行之。

他在1204年的早春时节出发，他的士兵比乃蛮部要少很多，他决定虚张声势。蒙古军队每晚宿营时，每个士兵要点燃五个火堆。这样在远处看几乎遍地烽火，比天上的繁星还要震撼。

太阳罕被震撼到了，虽然还能迎战，却士气低落。这招儿怎么样，熟知中国历史的朋友很容易在孙膑、孔明等人的战绩里找出同样痕迹，可那是集几千年的战史之后产生的智慧，而铁木真终生大字不识一个，他是怎么搞出这一手的呢?

决战当天。太阳罕在山顶观战，铁木真在山下指挥。自始至终蒙古人没有给乃蛮人所谓的平等机会。部落间像定式一样的集团决战根本没有发生，蒙古人从早到晚以千人队为单位，不断轮番冲击乃蛮人全军，一点点一块块地蚕食掉对方的实力。

等到乃蛮人觉醒过来，想集团冲锋时，士气、实力都已天差地别。堂堂的漠北第一强族居然在决战中相当于安乐死！

太阳罕在逃跑中被射死，他的后背不仅让敌人见到了，还插满了箭。

最强大的敌人倒下，铁木真终于君临漠北。他用了两年的时间消化掉各部残余势力，包括走投无路的札木合。

札木合先是投降王罕，挑起克烈部与乞颜部之战，再投靠乃蛮，想借用太阳罕之手铲除铁木真，可惜都失败了。他在逃亡中被自己的部下绑了回到故乡，重新站在铁木真面前。

曾经三次结为按答的兄弟胜负已分，铁木真替他杀了叛变的部下，提议重结按答，还是兄弟。札木合却平静地说："祝你一切都好，让我不见血而死。把我埋在当年我们结义的山坡下，我就喜悦安乐了，我会祝福你的子孙后代。"

札木合被装进一个大皮口袋里，马群从上面奔驰而过。他死了，这个形式以后成为蒙古黄金家族处罚有罪族人的固有方法。

南宋开禧二年、金泰和六年（1206 年），铁木真在蒙古人的母亲河斡难河的源头，召集诸部首领召开了忽里台。

在全蒙古最大的巫师阔阔出的主持下，铁木真成就汗位，得长生天指示，赐名为"成吉思汗"。成吉思，蒙古语意为大海。

蒙古人从未见过大海，新汗以大海命名，足以预示未来国运之昌隆。这让新生的漠北部落欣喜若狂，铁木真本人也极其兴奋。

他在忽里台上分封诸部，全部落分为 95 个千户，以蒙力克、博尔术、木华黎等为首。他的义弟失吉忽秃忽为大断事官，总掌刑、政两途；蒙力克辅佐有功，允许他在议事时"坐在贵座上"，给他重赏，直至其子孙，"永远不绝"。

武将中，以虎必来为首的"四狗"，是铁木真的"像猛狗似的忠实同伴"，他因此被封为国王，“坐在众人之上”。左、右两翼的万户长，是蒙古最具天赋的将才木华黎、铁木真穷困时结识的好朋友博尔术。以上这些奠定了大蒙古国的雏形。

一切在顺利进行，成吉思汗成了全蒙古唯一的神……可就在这时，一个很妖的声音响起：铁木真是你们的主人，会带你们走向昌盛，可是他也会犯错，我派我在凡间的仆人阔阔出监督他，随时指正他的错误。这样，你们才会平安。

巫师阔阔出，蒙力克的长子，他居然以神灵附体的方式成了铁木真的监管人！

当时的蒙古人信奉长生天，神灵的旨意就是最高指示，一瞬间他们不仅有了前所未有的神武大汗，还有了活生生的神明，这让他们快乐得真的发了狂。

铁木真脸色铁青，铁血打成的江山，居然有了另一个主人，这让他忍无可忍，却毫无办法。一代天骄成吉思汗在他人生最重要的时刻被人偷了，最荣耀、最根本的东西被打劫，只能干瞪眼生气，什么话都说不出来。

这是1206年时的铁木真，他的路还很长，在这时他的欲望并没有长出翅膀飞越万里边疆，飞到漠北草原的外面，更不知道同一年在很远的南方，有两个民族狠狠地打了一架，不管谁输谁赢，都在为他铺路。

开禧北伐消耗了南宋的国力，也消耗了金国的国力，在历史的大天空上俯瞰，不过都是为铁木真做了嫁衣裳。

这些宋、金两国都不知道，它们沉醉在战争结束之后的轻松氛围里。煎熬了一年半，各有各的放松休闲方式。

# 第二十三章　西北落日

秦桧、韩侂胄、史弥远，这三个南宋权臣按时间顺序排列，人们会得出一个好玩的印象。秦桧是个大妖精，能让山河变色，能使国家移风易俗。不管忠奸，这实在是大气魄大能力；韩侂胄主掌天下，一言决贫贱富贵，一言定灭国大政，老实说，他行使的是人主之权，已经不是臣了。这也是一时之天骄，骄横跋扈不可一世，气焰之嚣张，连圣人也低头。

这两人非常强势。

史弥远不是这样，他是一团轻柔绵软的风雾，遮迷了天地，笼罩了万物，不管他是不是借此机会腐蚀侵害了什么，从远处看，这团云雾还增加了美感。

他从不让人难堪，非常讲究吃相。

比如韩侂胄死后，出现了一首很别致的歌谣——“释迦佛，中间坐；罗汉神，立两旁。文殊普贤自斗，象祖打杀狮王。”

韩国戚生前满朝尊称其为师王，而政变方的最高头衔者是参知政事钱象祖，多么生动贴切。

攀上官员之巅的人有两个，右相兼枢密使钱象祖，参知政事卫泾。至于史弥远，他在政变前是礼部侍郎，是卫泾的直属部下，连卫泾这一关都过不去，更何谈迈过老牌宰执钱象祖。

钱象祖暂时站在帝国最高峰，自然急于保持。卫泾是吧，装什么好人，你当初暗地里送韩侂胄螺钿首饰的事别人不知道，俺清楚。

他走到官员队伍中，在大庭广众之下掀了卫泾的老底，还不忘冷笑一声，从此卫泾倒台。

钱象祖趁机上位，成为左相兼枢密使。史弥远补缺，升右相兼枢密使。这里要说一下，宋朝自开禧北伐之后官场出现了最大的变局，从前相权三分，军、政、财各不相统，尤其是东、西二府，除非战时危及国家安全，才会暂时集于一身。

开禧北伐之后，“宰臣兼使，遂为永制”。也就是说，这帮人一边到处骂韩侂胄专权揽政，一边沿着韩侂胄的路走下去，牢牢地抓住韩侂胄首创的权柄死不放手。

一边当婊子，一边立贞节牌坊，除了这一句，实在想不出更贴切的形容了。

史弥远拜相仅一个月，家里出事了，他的妈妈去世。母丧按例必须辞职守孝，这样就会便宜了钱象祖，造成独相的局面。

尽管不情愿，可事实必定如此。但奇怪的是，10天之后，居然是钱象祖被贬职外放，史弥远成了独相！

这个戏法变得太波动了，很多人搞不清状况，史弥远是凭什么在下课之前把政敌先打倒的呢？说起来，那实在是一整套复杂的组合拳，已经是韩国戚击败赵皇亲时的高难度动作了。

他收编了台谏官，时隔多年后再次弹劾钱象祖在韩国戚手下时打击道学，尤其是逮捕庆元六君子的旧事。道学家们的记忆力都是非常健全的，谁得罪过他们，死了都不原谅。同时皇宫深处杨皇后手拿御笔分发文件，皇太子也为老师说事，如此力度，只为放翻一个区区的钱象祖，真是大材小用了。

史弥远登上南宋权力之巅。

所用手段安静平和，堪称没有烟火气。一点点的血腥、阴暗之流的招数都没有显示，非常正统地，由众多道学家欢呼着轻松上位。

做完了这些，他还严格遵守国家制度，放弃权位回乡守孝。他走得很坚决，哪怕皇帝在京城给他特赐一座宅第，要他就地守孝，都没能留住他。

怎样，无可挑剔吧！

史弥远守孝一年之后，赵扩派人请他回临安上班。这不是赵扩犯贱，离了权臣就活不了，而是史弥远在家乡遥控朝局，每多一天势力就增长一分，一年之后几乎整个朝廷都在敦促皇帝，必须让首相兼枢密使大人上班了。

皇帝只好“俯从”众意。

南宋正式进入史弥远专政时期。这时是南宋嘉定二年（1209 年）。

宋人再次沉醉在歌舞升平之中，以为宋、金之间无战事，即天下太平，可以无忧无虑。至于权臣，他们早就习惯了，更何况史权臣是最温和最优雅的一个，他们根本看不到，也不相信在遥远的北方，孛儿只斤·铁木真已经羽翼丰满。

1206—1209 年，这三年里漠北草原发生了许多事，说铁木真羽翼丰满了，并不是单纯地统一蒙古甚至整合内部那么简单。蒙古人终于露出了獠牙，把马头掉向了外界。

漠北草原归于铁木真一人之手。按照人生规划层次图，他也达到了“一朝南面做天子，东征西讨打蛮夷”这一关口。

铁木真开始回忆。

他的思维沿着部落里古老的传说溯游而上，寻找人生指南。可是毫无效果，蒙古部落在他之前或许要到唐初时期才偶然达到过强盛，可时间久远，只有查汉人的史书才有些蛛丝马迹，部落内肯定失传。那该怎么做呢？

当一头猛虎在山林里震慑万兽之后，遥望平原，它还是踟蹰的。它不清楚那里会有什么样的对手，不清楚自己在山林之外是什么样的等级。

犹豫中，他突然想起了不久前。

那是在覆灭乃蛮部之后，乃蛮的太阳罕懦弱愚蠢，当场死亡，可他的儿子屈出律则大不一样，这个乃蛮太子冲出蒙古战阵，摆脱了众多的追兵，连长途奔袭能力举世无双的蒙古战马的追逐都没能把他抓回来。

屈出律卧薪尝胆，与蒙古人的故事很长，不久就会再次出现。

铁木真想到的是在追击这个人的过程中，曾经遭遇的另一个遥远的人种。据说，这个人种历史悠久强悍善战，文明奢华，占地广大，拥有自己的文字，非常了不起。他们是党项人，没错，也就是久违了的西夏人。

蒙古军队在追击屈出律时路经西夏，与党项人有了第一次接触。

很久没说西夏了，似乎从北宋靖康之难亡国起，就把它忽略了。这其实不是疏忽，西夏当时的君主非常出色。

夏崇宗李乾顺，这个人极其机灵，在女真人瞬间爆发击溃辽国时，他按照习惯性思维觉得契丹人仍然是东亚最大，于是曾答应援救辽末帝耶律延禧。但是被女真人随手打得鼻青脸肿之后，他立即认清形势，站到了金国一边。

它是东亚传统三强宋、辽、西夏中第一个归顺金国的。

党项人以投靠起家，这次也以投靠获利。在金国灭辽、亡宋的过程中，它趁火打劫，在辽金战争中、宋金战争中隔岸观火，看准时机几乎无代价地夺取了河西千余里之地。

大势已定，金国独大之后，西夏放低身段，主动奉金为宗主国，在一片乱世中保西夏平安富足。

夏崇宗李乾顺堪称是继景宗李元昊以后西夏最有作为的君主。

之后的西夏与大历史无关，它安静地躲在西北老老实实地做顺民，而金国发展得太快了，骤然间地域广袤到比原辽国还大，这让它忙于消化，更疲于消化，西夏那点边远贫瘠的土地，对它没有半点的吸引力。

之后，夏崇宗去世。李仁孝，即西夏的仁宗皇帝。在他"任"内，西夏权臣任得敬风生水起，逼着他把西夏西南路、灵州罗庞岭划给了自己，任得敬建国号"楚"。当他进一步逼着李仁孝派使者去金国为他谋求封号，使强抢合法化时，金国当时的皇帝完颜雍哭笑不得。

这真是开历史之先河，一直以来还没有哪个皇帝被如此打劫还替强盗办过户证明的。完颜雍鄙视之余，决定为同一阶级主持公道。他拒不承认所谓的楚国，在给西夏的回函中表示，如果李仁孝需要帮助的话，金国支持他。

夏仁宗命族弟李仁友于南宋乾道六年（1170年）的八月三十日设计捕杀了任得敬兄弟，之后尽诛其党羽，新兴的楚国瞬间灰飞烟灭。

西夏度过了一次分裂割据的危机，让党项人的事业延续了下去。

皇帝的素质是国家命运的缩影，西夏在李仁孝的管理下勉强保持着一个主权国家的存在，它没有再次分裂，仅此而已。

李仁孝死后，他的儿子李纯祐即位，是为夏桓宗。这是个命苦的孩子，在他的"任"内，铁木真羽翼丰满，向往漠北草原之外的天空了。

1205年，也就是铁木真称"成吉思汗"的前一年，蒙古军队追击乃蛮太子屈出律进入西夏境内。这对彼此都是初次体验，习惯了平静生活，全民族汉化的党项人惊愕于突然出现的漠北游牧战士，对方的强悍勇武让他们举族震惊。

严格地说，党项人从李继迁开始，甚至更早一些，就不是纯粹的毡帐游牧民族，与其说他们仰仗起家的是刀枪战马，不如说是诡诈机变无原则。这注定了党项人的战士素质永远达不到历史长河里的顶峰。蒙古人则不同，他们的智谋、管理、文化、宗教等都与最强不沾边。可是，只要他们拔刀上马，整个世界就会陷入黑暗和沉默。

无一例外。

这次偶遇持续了一个月，蒙古人三月来四月走，深入河西走廊，劫掠瓜、沙诸州，像一团肆虐的狂风刮遍西夏的边城，西夏军像在狂风中低头忍受的羔羊一样，不知所措，一任蹂躏。党项人彻底地慌了、怕了，以致蒙古军队抢足了物资撤军之后，他们举国欢庆，夏桓宗高兴地把都城兴庆府改名叫中兴府。

大难不死，必将中兴！

……被吓脑瘫了，神志不清说胡话。

在蒙古军队撤退不到半年的时间里，刚刚把国都改名叫中兴府的夏桓宗就丢掉了皇位，成了囚徒。上位者名叫李安全。

李安全是夏仁宗李仁孝的族弟李仁友的儿子。从任得敬灭亡时开始，就全权负责皇族安全，对内打压异己，对外抵抗蒙古。李仁友死后，夏桓宗把李安全降级了，从亲王降到了郡王。理由是他“天资暴狠，心术险鸷”。

纯粹是看不顺眼。

李安全理所当然地怒了，你恶搞我……看我怎么恶搞你。

李安全用的办法也比较少见，他经过仔细思考，决定去讨好夏桓宗的亲生母亲罗太后。让罗太后出手，对付亲生儿子夏桓宗。

这个绕口令一点都不精彩，相信古往今来但凡看到的人都会不屑一顾。得有多疯狂的脑子才会想出来这种烂招数，得有多古怪的亲妈才会听别人的话找亲生儿子的麻烦?

事实却让人惊掉大牙。

罗太后出面废掉了自己的亲生儿子，扶植李安全上位，当了西夏皇帝！这实在是太极品了，太奇葩，太不可理喻了！

不知道有多少人怀疑，是不是李安全才是罗太后的亲生儿子……

别管怎么怀疑，这就是事实。罗太后对他无比亲爱，特地写信给金国，称她的亲儿子不中用，没法保有国家，所以换了一个新皇帝，云云。金国这时的皇帝是完颜璟，他没有当国际警察的魄力，每天提防着江南韩国戚的入侵就够他受的了，面对这则通告，他直接同意了事。

西方人曾说，报复是神才能品尝的快感。

李安全上位之后，应该是真的快乐了。可惜，他的命比苦命孩子李纯祐强不到哪儿去，从某种程度上来说，还更悲惨，因为成吉思汗惦记上了他。

1209 年春，蒙古军由黑水城（今内蒙古额济纳旗达来呼布镇东南）北的兀剌海关口突入西夏。

夏襄宗李安全的儿子李承祯以5万之众拒敌，大都督府令高逸副之。这在当时而言是超级重兵，想想以南宋大国，北伐时的实际兵力也不过如此，而蒙古新兴，它的全部战士加在一起，也不足5万之数。

可惜的是，蒙古军队的战斗力永远不能以单纯的数字来说事儿。在他们出现以前，没有人会想到一两万人就能横扫整片欧亚大陆！

西夏军队在河西走廊的北端入口几乎全军覆灭，主将李承祯不知去向，被蒙古人给打丢了，大都督府令高逸被俘，宁死不降，于是死了。此战过后，西夏右厢各路兵马几乎损失殆尽，半壁江山处于不设防状态，剩下的只够扼守几座通往都城的关隘。

西夏是世上第一个与蒙古人交战的国家，它是试吃螃蟹的人，不知道要注意些什么。他们的战术从古至今就没有变过，一直像宋神宗五路伐西夏时一样，冲出关隘与敌野战。

这正中蒙古人下怀。

要再过一段时间，蒙古人才见识到火炮的威力，从那以后，蒙古人的铁骑加载了火药的翅膀，真正变成了许多民族的噩梦。而在那之前，比如这时，党项人躲在城墙后面死守，才是应对良招。

从理论上来说，党项人也应该具备这种能力，毕竟他们与北宋打了百年战争，六成以上是在城池与堡垒之间进行的。

可惜党项人脑袋严重僵化，根本不知道变通，知道时也晚了，至少在下一个重要关隘兀剌海城（今内蒙古阿拉善右旗西南）时无效。

兀剌海城陷落，太守西壁讹答被俘。

至此，河西走廊即将被打穿，横亘在西夏都城中兴府前面的只剩下了一座关隘，设在贺兰山的右厢军总部克夷门（今宁夏贺兰山三关口）。

这是一座难以想象的雄关，倚贺兰山险峻之势，常备军达到了7万以上，这时夏襄宗李安全又从各路增派5万援军，由名将嵬名令公率领火速驰援。

依山建堡，12万重兵，这是自有宋代以来，各国从未出现过的超级重镇。就连号称城内常驻百万禁军的名都开封，在实际战争时也没能达到这种程度。

克夷门之战连绵近三个月，蒙古军轮番强攻不止，却始终不能逾越城墙半步，战争陷入了消耗战的泥潭，而说到消耗，只能是蒙古军先崩溃。

克夷门背靠西夏都城，都城背后是另一半江山，无论如何在军需粮草方面是充足的。蒙古军却是客境作战，且第一次远离本土作战，两相对比，蒙古军队的劣势一目了然。

嵬名令公只需要让这种态势继续下去，胜利是可以奢望一下的。可惜党项人的僵硬大脑再次短路，他居然率领重兵出城与蒙古人野战……

一个连战略方针都无法彻底贯彻的将领，居然担当了驻守国门的重任，这就是西夏百余年经营之后的局面。他率领十余万重兵出城野战，导致全军覆灭，本人也被蒙古军俘虏。

克夷门就此陷落，西夏都城中兴府再无遮拦，洞然暴露在蒙古军面前。

中兴府，原兴庆府，西夏之国都，今日的宁夏回族自治区首府银川。它呈长方形，周长18里，护城河宽近10丈，南、北各两门，东、西各一门。它的前身要追溯到北宋早期西北重镇灵州城（今属宁夏）的陷落，党项人得到了它，才算在当时站稳了脚跟。

李继迁死后，他的儿子李德明认为灵州是四塞之地，不利防守，在1020年派大臣贺承珍北渡黄河，在灵州城北方的怀远县营造城阙宫殿宗社籍田，不久迁都于此，是为兴州。之后历代夏主不断营建，至夏崇宗时趋于大成。

算来也是189年的名城了。

这些数字对蒙古军队来说什么意义都没有，这只是一圈比克夷门要塞大一些，险峻程度差一些的城墙罢了，他们要干的就是毁掉它，或者爬上去，就这么简单。

实际操作起来无比艰难。

夏襄宗李安全吓瘫了。他打定主意一心死守，无论什么情况都缩在壳里，尽一切可能挺住。这个主意拿定之后，基本上来说他就真的安全了，蒙古兵从七月强攻至九月，中兴府城墙之下尸横累累，可半点进展都没有。

铁木真暴跳如雷，绝不甘心就此罢手。可是老天也不作美，九月的秋雨如期而至，西北骤然寒冷了。雨季中，泥泞中，成吉思汗游目四顾，忽然间灵机一动。

他看见了黄河。

中兴府依河建城，这时正是雨季，河水大涨，此时不引水灌城还等什么？

说干就干，蒙古兵以百余匹战马的代价掘开了黄河大堤，滚滚河水冲向了中兴府城门。

蒙古军早有准备，驻扎高地之外，还垒起一条外堤，用以阻挡水势。引水灌城从九月起，至十二月时才见分晓。

久被浸渍的中兴府城墙岌岌可危，已经处于随时坍塌的边缘。可是相比之下，那条外堤就更加不堪，它率先倒了。

黄河水浸漫蒙古军营，军械物资，尤其是随军食用的牛羊几乎全被冲跑，蒙古远征军没有吃的了。成吉思汗当机立断，在战斗力未失前，全军撤退。但在撤退之前，还要让西夏人怕到骨子里，才算利益最大化。

西夏向蒙古称臣，并把公主嫁给成吉思汗。蒙古释放嵬名令公。

# 第二十四章　一战江山野狐岭

南宋嘉定四年（1211年），蒙古伐金。成吉思汗历数多年以来蒙金世仇，其间不只有俺巴孩汗被钉死在木驴上的贵族阶层仇恨，还有着金兵北上灭丁的民间惨剧。

金国为了控制来自蒙古人的威胁，在很长时间里每隔三年就会纵兵深入草原，遇到蒙古人，高于车轮的男子全部杀死，矮于车轮的男孩子全被砍掉拇指，让他们终生无法握住刀剑，更没法拉开弓弦。

女真人的恶毒可见一斑。

蒙古军攻击的目标是金国的都城。

金国的都城已经不是当年的上京黄龙府，而是定名为中都的现北京市。从草原进攻它，要穿越野狐岭、浍河堡等地，突破长城的居庸关等关隘，才能抵近中都城下。

这一条路上全是在中国历史中占有重要地位的险关重隘，每一处都充满了往事，每一个名字都浸染了无数年的鲜血。

比如野狐岭。

它位于今河北省张家口张北县与万全县的交界处，这道岭高深险峻，从地域上划分，它是农耕民族与游牧民族的分界线；从军事上划分，它是通往坝上蒙古高原的一条军事驿道。如分水岭一般，横亘于蒙古、金之间。

金国作为东亚最强势力，触角早已伸过这条线。成吉思汗想要接近野狐岭，要做的事很多，比如怎样突破那条金国在北疆筑起来的长达数百里的长墙。

蒙古军二月起兵，三月向西攻略云内、东胜等地。这一连串的行动惊醒了金国，金帝卫绍王完颜永济命平章政事独吉思忠、参知政事完颜承裕建行省事于宣德（今河北宣化），屯军地点在桓、昌、抚三州之地。

金军的兵力达到了45万。

空前的数字，自宋史开篇以来，没有任何一次战争中的一方动员了如此军力。

独吉思忠，本名千家奴。他率领金军主力进抵北部边疆之后，第一件事做的是视察那道号称平原长城的巨长的墙。

这道墙长达600里。很宏伟的工程，应该算是女真人在历史长河中留下的为数不多的珍贵印迹。不过它作为战斗屏障，弱点还是非常明显的。

它只是一道单纯的墙，中间某些地段设立了堡垒，却没有女墙副壁，一旦战斗发生，它的防御会非常单一脆弱。

金国的平章政事大人果然能力非凡，他要在尽量短的时间里完善这道巨大的防御工事。为此他调用了近75万名民夫日夜不停地……砌墙。

他成功了，成吉思汗率军南下，这道墙变成了双层。

如此代价，女真人觉得值得且安全，却没有料到它是一个空前的笑话，千年之余想起它都让人不禁摇头叹息。600里长又如何，难道蒙古兵是水，涌来时会平行均匀地冲击这道墙的每一寸砖面？

再长的墙只是一条平行线，一点突破则全线皆破，所谓的防御立即烟消云散。这是多么简单的道理，女真人却在几十年间一直加强着它，越是危急的关头越是依赖它。这说明了这个民族全体都在做梦。

成吉思汗先是分兵3万给自己的三个儿子，由他们去攻打金西京（今山西大同），去牵制那里的守将纥石烈执中，他自己率剩余的7万余兵力冲向了乌沙堡。这实在是大材小用了，这点阻碍根本无法抵消蒙古战士的冲击力。

乌沙堡转瞬陷落，蒙古兵锋毫无减弱，卷向了金军下一个据点乌月营。

重兵集结的乌月营根本没能发挥出数字应该体现出来的实力，它只是蒙古军刀下的一层纸。

成吉思汗只用了不到半天的时间就越过了这条金国前后用工超百万的平地长城，把这条600里长的界壕甩在了身后。

战报传进中都，金国举朝震惊。蒙古人的血腥强悍早有耳闻，但在意想中还要很多年才敢向久居东亚王座的女真人展露不逊。

哪知道开战之初半天就撕开了北疆的防线。

卫绍王完颜永济吓坏了，他像每一个胆小的人一样，恐惧很快就转化成了烧向自己人的怒火。他把独吉思忠火线撤职，改由完颜承裕裁夺军事。

临战换将不能说一定就是错的，而不知道自己手下是什么人就不可原谅了。独吉思忠是失败了，可他自始至终都顶在第一线，与蒙古人寸土必争。新上任的完颜承裕呢，他太聪明了。

完颜承裕为蒙古军队狂风暴雨般的攻势所震慑，认为自己无论如何也没法正面抵挡，准确地说，是没法在军事常识的攻防体系里抵挡，于是他用了个不大常见的招。

他主动放弃了桓、昌、抚三州，直接退向野狐岭。

这实在愚不可及。

桓、昌、抚三州是金国北疆上多年经营的要塞，城墙坚固，粮草充足，运用得当的话，足以滞怠蒙古铁骑的速度。哪怕不能真的挡住，也会让蒙古战士大量减员，退一万步说，蒙古军队不与之死拼，越过它直奔金国都城，那么在蒙古军队背后，这三座要塞就会变成蒙古人的隐患，会像当年辽国萧太后进犯澶渊之后，附在辽军背后的定州大阵，让契丹人不敢与宋军真的决一死战。

更进一步，如果完颜承裕把手中庞大的40余万兵力合理分配，比如各分一半，分守三州、野狐岭的话，就会形成更有效的阶梯式防御，让蒙古人流尽可能多的血，从而使中都安全。

这些他都没有想到。

事实上，自从他下令全军退守野狐岭，就让金国的整体实力乃至国运下降了一个档次。桓、昌、抚三州落入蒙古人的虎口其实并不算什么，重要的是桓州的牧监。

那是金国最重要的军马场，里面有数以百万计的精良战马，那是当时最重要的战械，没有任何东西能与之相比。

北宋丢掉灵州之后怎么样，金国丢掉桓州就怎么样。堂堂金国，同样以弓马起家的塞北民族，从此之后居然要为战马而发愁了。

战争嗅觉超级敏锐的成吉思汗当然不会放过摆到嘴边的肥肉，他的部队像蝗虫一样扫过金国北疆三州，所过之处，一根毛都没给女真人留下。

剩下的就是退进山里的完颜承裕了。

让我们再次回忆一下关于习惯性思维的问题。西夏人在战场上百年不变，一条道跑到黑，从前怎么死现在就怎么败。

女真人也一样。

独吉思忠在几天前因为兵力平均分配在600里长墙里，导致被蒙古军队以点破面，长驱直入。几天后完颜承裕在野狐岭有样学样，他再一次把兵力均匀地散布在这条农耕、游牧两民族的分界岭上。

……无言以对。

面对像榆木一样固执僵硬的女真脑子，成吉思汗的策略几乎是尽善尽美的。再次以点破面，突击点就定在金军的最强点——统帅完颜承裕的中军大帐。

之所以这样，完全是针对完颜承裕的弱点。这个女真人是怯懦的，放弃三州，放弃百万军马与其说是昏聩，不如说是胆怯，他不敢直面威胁！

看准了这一点，成吉思汗等于抓住了金军的生命线，剩余的就只是战场表现了，而这正是蒙古人纵横世界无与伦比的地方。

完颜承裕的中军大帐设在貛儿嘴（野狐岭北山嘴）。蒙古军中最具战争天赋的万户长木华黎请战，这位最有智慧的蒙古人选择了最血腥最单调的战术，没有其他，唯有强攻！只有这个才能确保胜利。木华黎率领蒙古军杀进野狐岭，山势险峻，沟壑纵横，草木杂乱，根本不是骑马的地方，进攻的蒙古将士全体下马步战，仰攻杀向完颜承裕的中军大帐。

直到这时完颜承裕才发现他犯的另一个致命的错误。山地还不如平地，在那道600里的长墙间，金军可以随时支援目力所及的目标，可在山地间，他根本没有办法调集军队指挥作战！

也就是说，木华黎集中精锐进攻他，他只能靠一点可怜的亲卫、有限的部队挺着，所谓的40余万大军根本起不到半点作用。

这是完颜承裕绝对没法忍受的，这人跳起来就逃，根本不给蒙古人纠缠的机会，一溜烟儿地逃下了野狐岭。据说他背后尸山血海，惨呼哀号声响成一片，他本人的身上连一点小伤口都没有。

他像当初放弃三州一样，抛弃了野狐岭，带着身边能调动的部队逃向了宣德方向。木华黎紧追不舍，他的任务就是盯紧这个完颜承裕，后面野狐岭内庞大的金军部队自然有成吉思汗，以及众多的蒙古军将处理。而在这个过程中，蒙古人显示了让人胆寒的群体策略。

他们没有僵化地执行战前方针，当战斗进行到木华黎追击、成吉思汗堵截时，两人同时做出了巨大的让步。木华黎让完颜承裕逃出了百里之远才追上，成吉思汗在野狐岭大肆杀戮，却留出了相当多的空隙，让金军士兵趁机逃脱。

当然，这也可以说是完颜承裕跑得够快，木华黎重新找马再追耽误了时间；也可以说野狐岭地势多变，蒙古军客境作战，没办法全山堵截。

可在之后就不一样了。

野狐岭至宣德这100里的距离，是金军的死亡线。他们没命地跑，蒙古人像牧马一样在后面有节制地追，女真人疲于奔命，不得不逃，不停地有人倒下，被蒙古人压榨出最后的一点点活力，直到这时，100里才跑完。浍河堡到了。

木华黎已经在这里把完颜承裕重重包围，剩余的，还有30余万的金军从后面赶到，木华黎瞬间让开包围圈，让所有女真人聚集在一起。

成吉思汗随后到位，10 万蒙古军包围了 30 余万金军。浍河堡之战正式打响。

这期间战局变幻。

古时，没有电话、电报等通信手段，一切只能靠将帅之间的战场默契。从野狐岭突击开始，至浍河堡包围圈形成，蒙古军没有任何失误。他们把金军从野狐岭赶了出来，胜负易位后驱赶、围追、让路、包围，每一步都精确到位。

到浍河堡时，蒙古人完成了天翻地覆一样的戏法，他们居然把全部金军都压缩在了一块小区域内。纵观全局，这真是无与伦比的控制力。

也是让人胆寒的群体策略。

之后的浍河堡是一个巨大的屠宰场，蒙古人不停地攻击，一点点蚕食金军残存的可怜的斗志。三天之后，当斗志消失，求生欲都不足时，蒙古军才开始了决战。

成吉思汗率领 3000 名精骑亲自突击，随后蒙古全军皆起，浍河堡立即沦陷。那里成了地狱、绞肉机、杀戮场……用什么形容都不过分。

因为除了完颜承裕再次成功逃跑，参战的金军基本全死在那儿了。野狐岭、浍河堡之战，金国失去了全部的中央机动兵力，使中原一带形成了势力真空，蒙古人纵马驰骋随意来去，再没有任何阻拦。

蒙古军进攻战前既定目标——中都。

在这条路上，只剩下了最后一座要塞，长城居庸关。居庸关，是京北长城沿线上的著名古关城，关城所在的峡谷，属太行余脉军都山，地势极为险要。与紫荆关、倒马关、固关在后世并称京西四大名关。其中居庸、紫荆、倒马又称内三关。

最后一道关口，蒙古军非常重视，派哲别进攻。可是没等开打就有了新情况，金国居然有军队前来主动挑战。

来人是纥石烈执中，也叫胡沙虎，是金西京留守、行枢密院兼安抚使。他率领 7000 名精骑日夜兼程赶过来助战。

然后他趁着夜色，又日夜兼程地跑了回去……这人来的时候太着急，根本不知道战况如何，到了现场才知道是这种状况。

胡沙虎正式登上历史舞台，开始了他的极品人生。

这人趁夜带着少数亲卫逃跑，天亮时分蒙古军进攻，7000名精锐全军覆灭。这时，他已经快马加鞭跑到了蔚州，环顾周围，人少、没钱、缺粮，种种窘状怎么配得上他如此隆重的头衔?

胡沙虎下令，先把蔚州府的库房洗白了，尤其是库银一项，当作他的路费。再去抢官马，以保持速度，两样都到手，再杀一些平民百姓，身上溅上点血，也像是从前线杀回来的样子。要说明的是，在这个过程中，他还把涞水县的县令拖出来当街打死了，估计是碍了他的好事。

如此这般，金西京留守、行枢密院兼安抚使胡沙虎大人终于取道紫荆关，奔向金国都城。

在另一边，居庸关方向，蒙古军开始了强攻。哲别临阵，锋锐难当，不管是他之前在草原上，还是不久之后在更远更大的草原上……也就是说，他必须在草原上，才会无与伦比。可这次是居庸关，他之前的全部战术都要重新制定。

更要命的是，居庸关上有大炮。

这时的大炮仍然是巨型的投石机，要再过四十多年，世上第一件以黑火药燃烧为动力的武器才会在南宋军队中出现。可这并不妨碍哲别被从上方砸下来的大石头砸得满头包，他怒从心头起，以极快的速度冲了上去，减少了头上包的数量，之后他对这些大炮起了浓厚的兴趣，并把它介绍给自己的大汗。

蒙古军纵横欧亚大陆，靠的不只是战马、弓箭、长刀，很多时候都是大炮。

居庸关陷落，金国都城中都大兴府袒露在蒙古军面前。这座城市在唐朝时称幽州，辽代称燕京，是燕云十六州之首。经辽、金两国二百余年的经营，它已成为当时中国北部最大的军事政治中心。中都分内、外两城，外城四周还建有子城，城上楼橹城堑、兵库粮仓俱在，内外两城间有通道相连，是具备立体、梯式防御的重镇。

金帝卫绍王完颜永济下令全城戒严，男子不得出入城门，以待蒙古军临城。

1211年的九月，蒙古军出现在中都城下。

双方在城墙内外进行了残酷的消耗战，蒙古军队意料之中地没占到便宜。

以西夏都城中兴府为例，蒙古军对峙数月，连黄河决堤都用上了，也无济于事，可以想见强攻金国都城对现阶段的蒙古军来说，仍然不大现实。

可金国更悲惨。

不是每座金国城池都像中都这样坚固的，寒带游牧民族打仗非常精明，知道怎样从根本上削弱对方。成吉思汗亲自兵临城下，震慑金国上层，他的三个儿子朮赤、察合台、窝阔台分别袭击燕云十六州的其余州城。

蒙古军所过之处，不管是契丹人、女真人，或者是汉人，都“所过无不残灭，两河山东数千里，人民杀戮几尽，金帛子女牛羊马畜皆席卷而去，屋庐焚毁，城郭丘墟”。

很残酷，可这正是这场战争的所谓“意义”。

通过无节制无原则的抢掠烧杀，毁灭金国最富庶的区域，从根本上打击女真人的实力。“两河赤地千里，人烟断绝。”这不是短时期能恢复的，哪怕具10年之功，也无法尽复旧观。

中都城下。蒙古军抵近城墙强攻不止，三个月之后，中都的外城被突破，而内城的防御更强，原有的兵力在更小的防御范围内更能持久，一切迹象都预示着蒙古军无法大有作为。

但是金国的上层挺不住了，卫绍王完颜永济遣使求和，愿意像西夏一样献出公主与成吉思汗和亲，至于称臣则绝不屈服。

成吉思汗冷笑，和亲急什么，蒙古大军至此，难道没有犒劳？他提出索要骆驼3万匹、牛羊各5万匹作犒军物资。

金国人不傻，知道蒙古人没吃的了，要真给了这些，这些漠北野人更不会走了。他们说可以给东西，但只限于金银绢帛，还真的把数百袋丝帛送出城来。

成吉思汗大怒，瓮中之鳖还敢反抗，甚至嘲弄他！他下令当场烧掉丝帛，继续强攻，无论如何要攻破中都的内城。

可是并没有进展。怒火有时可以转化为实力，却不能直接对等。

这一年的春节就在攻守之间过去了，转年年初，蒙古大军的粮草终于断绝，而在超级广阔的金国辖区内，各路援军也在向中都逐步逼近。形势所限，成吉思汗下令退军。

蒙古第一次伐金至此结束，看战绩堪称辉煌，简直是无与伦比的效率。从野狐岭、浍河堡全歼金军主力45万，到长驱直入围困中都，再到掳掠周边大伤金国元气，每一个步骤都做到完美。如果非要说瑕疵的话，那就是中都没有拿下。

这的确是蒙古军这时的短板，由于地域的原因，他们很少面对城墙作战，这让他们骤然面对当时世界上最高大坚固的城墙时无计可施。

# 第二十五章 天亡此仇

1212年的秋冬之间，蒙、金之间彻底决裂开战，眼见得天翻地覆，大乱已成，曾经的东亚第一强国摇摇欲坠。如此巨变，南宋、西夏却无动于衷，各自忙着自己的小事情。

先说一下西夏。

西夏的皇帝又换人了，靠取悦老妇人得以上位的夏襄宗被堂侄李遵顼推翻，一个多月后突然暴病。李遵顼自立为帝，改元“光定”，称夏神宗。

夏神宗是西夏诸帝中最有文采的一个，他是夏桓宗天庆十年（1203年）的廷试进士第一，也就是西夏当年的状元。说实话，这真是历史上少见的奇才，以汉人五千年历史来算，也没一个皇帝达到过。

全世界都期待着这位状元皇帝的表现。

南宋实在没有什么好说的。新上任的权臣史弥远实在是太卓越了，他迅速进入角色，干得比曾经的韩国戚高明得太多。很多人想不通，一个没有经历过巨变，没有经历过血泪发家史的中下级干部，怎么可能一下子就达到权臣的最高境界呢？

通过秦桧，我们知道权臣的最高境界是——把国家搞沉默。看似平静祥和，实则一潭死水，没有任何不同的声音发出。

至于他是怎样达到的，就与秦相公不同了。秦桧与女真人联手，压制南宋整个国家，连皇帝在内也不敢不从。这是强迫。史弥远却是阴柔狠毒，不动声色，必要的时刻他懂得妥协。

比如就在这一年，在他的推动下，南宋颁布命令，朱熹撰写的《论语集注》《孟子集注》作为太学读本，以后官方科考的取才高下以此为标准。

理学界道学家们一片欢呼！

这就是南宋在天地如此巨变时所做出的应对。完全是鸵鸟行为，把脑袋扎进土里之后，就觉得天下仍然太平，可以安然高卧。

再强调一点，南宋对刚刚发生的蒙古、金之间的战争并不是一无所知。开禧北伐结束之后，南宋还像从前一样每年都派使者在各个特殊日子去金国访问，最近几次因为战争没能进入中都，回程时两河、山东地区的惨状都被他们看在眼里。

这样，仍然无动于衷。

江南的天空笼罩在粉红色的桃花雾中，风光旖旎；塞北的风云继续变幻，有寒风从最北方不断地吹来。一年之后，1213年的秋天，成吉思汗决定再次出兵。正巧，同一时刻金国的东北方出现震荡，兵力为之分散，这让蒙古军平白获得了额外的助力。

那是成吉思汗在金西京城下中箭的前后，金国皇帝卫绍王完颜永济不知哪根筋扭到了，突发奇想，在整个国土面积上寻找潜在的危机，觉得辽东那边最紧迫，准确地说，是辽东方向的契丹人。

为了防止契丹人借机报复，完颜永济下令每一户辽民由两户女真人夹居。这是赤裸裸的怀疑、猜忌、歧视、威胁，本就长期处于民族压迫的契丹人再也忍受不了了，他们选择反抗。

辽籍金国千户耶律留哥出逃，在隆安（今属吉林）一带聚集契丹军，很快达到了十几万军力。作为现役高级军官，他非常关注国际形势，在第一时间派人与蒙古联络，效忠成吉思汗。

后院真的起火了，完颜永济在佩服自己的远见卓识之余，迅速派出大军平叛。原以为这些辽国遗民祖辈忍辱偷生，只是一些蛇鼠之辈，肯定手到擒来，却不料起义之后的农奴焕然一新，比金国的正规军强多了，耶律留哥大败金军，在辽东割据称王。

金国的发源之地空了，蒙古人趁机发动了灭金战争。

这一次金国藩篱尽破，国家内忧外患，没等蒙古军杀进国都，胡沙虎就开始篡权，完颜永济就此下台，一个月后暴毙，新皇帝是金世宗完颜雍的孙子，金章宗完颜璟的哥哥完颜珣。

完颜珣称金宣宗，胡沙虎要挟他把完颜永济废为庶人，以便为其抹去弑君的罪名。金宣宗觉得不错，这样也正好表明自己的上位很合法。

这就是为什么完颜永济的头衔是“金国皇帝卫绍王完颜永济”，此人当了五年金帝，却没有庙号没有谥号，金国不承认他是正统，与从前的完颜亮差不多。

转年成吉思汗回到中都城下，城里的敌人已经再次更新换代。

金国大将朮虎高琪率军杀进中都，让皇城第二次流血。胡沙虎被杀，军政要权落进了朮虎高琪的手里。金宣宗、朮虎高琪根本不敢应战，金国求和，把卫绍王完颜永济的女儿岐国公主嫁给了成吉思汗，并以金帛、童男女 500 人、绣衣 3000 件、御马 3000 匹为献。

蒙古人满载战利品回返漠北，在他们身后，是更加残破的中原大地。如果说上一次战争金国元气大伤的话，这时几乎伤到了元气尽失。

眼下的中都城，仿佛是汪洋中的一只孤独小船。周边远至千里之外都成了大片的焦土，河东、河北、山东全被烧掠一空，连粮食都没法支援都城，更谈何效忠？

金政权名存实亡。蒙古军还在塞外虎视眈眈，朝发可夕至，这样下去，简直是坐以待毙。中都城再也没法支撑，已经是定局。

金廷遂出现迁都的提议。

弃守分为两派，正在相持不下，一个消息传进中都，金国派去征讨辽东耶律留哥的 40 万大军败了，女真发源之地真的失去了控制！

1214 年五月，金宣宗留右丞相兼都元帅完颜承晖、左丞相抹捻尽忠辅佐金国太子完颜守忠留守中都，他带着百官、后宫仓皇南窜。

目标是前北宋国都开封。

蒙古军卷土重来。六个月后中都陷落，抹捻尽忠趁还能行动，及时南逃，完颜承晖服毒自尽，与中都城共存亡。至此，由金海陵王完颜亮迁都伊始，六十余年的金国都城陷落。

金国随之而倒塌。

黄河以北所有一切都归附蒙古。成吉思汗返回漠北，临走前把中原交给了木华黎——“太行之北，朕自经略；太行以南，卿且勉之。”等于裂土封王，把广袤的中原赐给了蒙古第一智将。

木华黎是蒙古军人中的另类，他似乎不是在漠北草原上土生土长的蒙古人，他不粗鲁，连成吉思汗在对待敌人时都会蔑视地骂人、吐唾沫，可他不会。他温文细致，安静理智，仿佛是很早时曾秘密地走出草原，进入汉地留学过。

连他的战术，都层次分明，有着与漠北寒带民族野战截然不同的策略。于是，他在蒙古攻入金国开始就被成吉思汗委以重任，单独负责了超大面积的攻击权、治理权。

这样的能人，他的出身却只是一介奴隶。

如果说蒙古人的崛起是因为他们无与伦比的勇武，是因为有铁木真这样不世出的大天才，那么木华黎也毫不逊色，像是奇迹一样，不识字的塞外潦倒贵族，不识字的奴隶天才将军，这些都是无法解释的，却实实在在地存在，改变了人类的历史。

木华黎的身影笼罩着辽东，很快就会向南发展，进而拓展整片中原地带。要注意的是，他只有1.5万名蒙古本族的战士。

这点兵力，金国如有喘息之机，更可能反攻倒算，杀回黄河北岸。

冒着巨大的风险，当然是要干更加危险的事情。成吉思汗是不世出的自我完善型的枭雄，他这样做的唯一可能就是，新兴的大蒙古国面临了比金国更加强大、危险的对手。

花剌子模。

这个国家的名字并不陌生，托古装武侠电视剧《射雕英雄传》的福，我们知道了成吉思汗曾经西征这个国家，郭靖在悬崖之巅飞跃而下，夺得其都城撒马尔罕。这很不错，也算是普及了历史知识。

只不过，电视剧的编剧、导演们不细心，把它叫“花刺子模”。

# 第二十六章　西域传说

历史中真实的花剌子模是伟大的，它的起源、生存、壮大是人类历史长河中的一首壮丽史诗，一点也不比其他民族差。

花剌子模古国，旧译回回国，或火寻。它位于中亚的母亲河阿姆河的下游、咸海南岸，今日的乌兹别克斯坦和土库曼斯坦两国一带。在蒙古人没有兴起之前，它也随波逐流地活着，在铁木真发迹之后，这个国家几乎同时也出现了一位了不起的大人物——摩诃末。

摩诃末的祖先是塞尔柱突厥帝国算端（皇帝）的奴隶。起点如此之低，想发展完全只能靠奋力挣扎。这位奴隶祖先以一生时光奋斗，在死之前给儿子留下了一个好出身，其子忽都不丁·穆罕默德受任为花剌子模地区的行政长官，袭用“沙”的称号。

到摩诃末掌权，花剌子模仍然随波逐流，它已经是一个国家了，可它有很多同等级的竞争对手，以及一个宗主国。这个宗主国我们曾经很熟悉，就是西辽。由辽国的后嗣，杰出的耶律大石所创建的第二辽国。西辽是辉煌的，它抵御了第一代女真人的进攻，在沙漠的两端与金军分庭抗礼，它的疆域之广大，绝不在曾经的东亚第一强国“辽”之下。

花剌子模是它的属国。

摩诃末即位，先击败了古尔朝，势力大增，进而挑战西辽，一战而胜之后又迁都撒马尔罕城。再灭亡了古尔汗国，据有哥疾宁全境，再进攻报达（今巴格达）的哈里发。

在铁木真统一蒙古、进攻金国夺取中都时，摩诃末已拥有整个波斯、伊拉克、呼罗珊、阿富汗以及河中区，建起了雄踞中亚的超级强国。

纵观其上，摩诃末的功业、发展的速度一点也不亚于铁木真，两者雄踞亚洲的各一端，平心而论，如果大蒙古国是东亚最强的话，那么中亚，甚至西亚第一非花剌子模莫属。

相比兴起于寒带闭塞地区的大蒙古国，摩诃末的花剌子模在文明程度上要领先，尤其是在与外界的交流上。

花剌子模主动接触蒙古，与蒙古人通商。

整个过程就是花剌子模的商人去蒙古使劲忽悠骗钱，蒙古商人到了花剌子模被官方打劫，人全死货全部没收。

成吉思汗大怒，这太出乎他的意料了，他以公正待人，却被蔑视欺侮到这种程度！尽管如此，他的理智仍然占了上风，他决定派使者去质问摩诃末，这是怎么回事，你打算怎么处理？

成吉思汗难得一再忍让，反而让花剌子模上下集体鄙视了。他派去的使者马合木非常硬气，绝不向不讲信义的强盗低头，结果在花剌子模的金殿上站着被砍了头，随行的四个伙伴被烧光胡须赶回漠北。

铁木真瞬间沉默了，他一动不动地坐着，喃喃自语："我的勇敢的马合木！"很久之后，他流下了眼泪，独自向山顶走去。

蒙古大汗在山顶上解下腰带，摘下帽子，光着头，将脸贴在地面上，不断地祈祷、号泣、断食长达三天之久。之后，他站了起来。

征讨花剌子模！

两个强国的碰撞非同小可，成吉思汗仔细思量，尽量把每个步骤都完善。封木华黎为国王，代他伐金。

成吉思汗传令蒙古各部精锐尽出，随他西征。同时向畏兀儿、哈剌鲁、西夏征兵。

前两者同意了，很有当小弟的自觉性。西夏却不一样，反复无常、只认眼前小利的遗传病再次发作，他们拒绝为蒙古人出力，声称成吉思汗如果无力征战的话，就放弃吧，别硬撑累着。

成吉思汗大怒。

也许西夏人说的是实情，可是他们忘了，蒙古人倾巢远征，实力一空，怎能放任他们这样一个已经表现出不逊的后患留在身边？哪怕只是为了安全，不去考虑什么尊严，都得狠狠地教训一番。

蒙古军队立即翻脸，再次进攻河西走廊，攻破西夏半壁江山，围困都城中兴府。夏神宗吓晕了，有样学样，像金宣宗一样提前逃跑，扔下国都，跑到了西凉府。

等蒙古军终于退走，这人主动派人去求饶，说这回真的是派不出兵了，千真万确的，不骗人的，都被你们蒙古军杀了……

蒙古西征开始。

这次成吉思汗带去的兵力约有20万，成员和装备与之前大有不同。不再是纯粹的蒙古军人了，西征大军里近半数以上是汉人、契丹人、奚人等。军种也不再是单一的轻骑兵，而是加上了炮石、火器、战船、桥梁架设、攻城器械以及医疗卫生。

这都是成吉思汗攒下的家业。当蒙古军纵横河南、河北、山东地界，动辄屠城时，他们总是先把居民集中，把里边的手工业者、年轻妇女筛选出来，才大肆杀戮。

手工业者让蒙古迅速提升了文明进程，年轻妇女让无数的新生儿诞生，组成新的蒙古军队。要特别指出的是，蒙古人并不以民族论，只要忠心，只要努力，只要干出了成绩，不管什么民族，都会得到认可，变成蒙古人。

以上这些，都是蒙古西征军的实力所在，但都是表面的、常规的。成吉思汗有一个不为世人所知的秘密武器，就隐藏在他的身边。

这个武器的名字叫耶律楚材。

耶律楚材，生于1190年，契丹皇族，辽太祖耶律阿保机的九世孙，字晋卿，号玉泉老人，又号湛然居士，蒙古名吾图撒合里。

他对大蒙古国的重要性怎么说都不过分。

成吉思汗和他的兄弟、伙伴、儿子、孙子们用足够的武力开创了疆域，这非常了不起，是人类有史以来最大的奇迹，可是要把它们转化为一个国家，那么就需要耶律楚材。

耶律楚材是大蒙古国的灵魂，从某种意义上来说，他的作用不比成吉思汗本人小。他的祖先世代生存在中都城，中都陷落之后，成吉思汗发现了他。

蒙古军一路清除了西辽、乃蛮、蔑里乞残部，摩诃末也从西向东，逐渐接近花剌子模的东端。速不台、脱忽察儿率领一支近万人的部队，正在追击蔑里乞残部，已经获胜，正要返回主力军团。此时摩诃末挥军疾进，迅速靠拢，在对方没察觉的情况下，接近了以行动迅速、行军诡异著称于世的蒙古骑兵。

这里边有出其不意的成分，但是考虑到花剌子模是全军皆在，其难度仍然是惊人的。这意味着花剌子模的军队也拥有巨大的移动优势。

骤然遭遇花剌子模皇帝，哪怕速不台是当世名将，很快就将震惊世界也不免有些惊慌。可是真的打了起来，他才知道谁是真正的强者。摩诃末率领着花剌子模大半精锐亲征，遇到的只是蒙古军前哨的肃清残余部队，居然被对方压住了狠打。

速不台迅速在庞大的战阵中确认了摩诃末的中军位置，之后蒙古铁骑放任其余一切敌人，全力猛攻摩诃末本人。

摩诃末在蒙古军孤注一掷的狂攻面前很快就动摇了，他的中军，整个军团的核心所在变得支离破碎，他本人在他的长子札兰丁的拼死护卫下，才能活着脱离战场。

在他身后，汪洋一样巨大的花剌子模军团群龙无首，陷入了茫然失措中。他们仍然有着无可比拟的巨大优势，仍然可以凭借人数把蒙古军堆死，可他们什么都没有做。

花剌子模的所谓精锐就是这种程度，要强调的是，这是花剌子模开国第一代的创业精锐。当天战斗在摩诃末脱离战场之后停歇，在入夜之后见了分晓。

蒙古军一直停留在战场上，仿佛战意正浓，想在第二天扩大战果。他们燃起的篝火声势浩大，经点数，花剌子模人确认在傍晚时分蒙古人的增援到了。

一夜忐忑，第二天清晨时分心灵饱受折磨的花剌子模人发现蒙古军不见了，只留下了一堆堆未曾燃尽的火堆。

蒙古人早就撤退了。

在战场上一败涂地，在智商上也被侮辱，花剌子模人的心灵扭曲了。此前他们很高傲，哪怕知道蒙古军队在东方杀到尸山血海仍然不在乎，说抢劫就抢劫，说抵赖就抵赖，所谓弱国无外交，欺负的就是蒙古人既原始又弱小。

可真正开战之后，摩诃末本人战栗了。蒙古的一支前哨小部队就让他近距离体验到了死亡的滋味，那么后面的蒙古大军呢，成吉思汗本人呢？！

摩诃末逃跑，居然是直接逃出国境。

堂堂花剌子模，雄踞中亚，是迅速飞升的超级大国，是主动挑起战争的有准备有预谋的一方，稍微接触之后，居然胆怯到了这种地步。

国内剩下的是他的妈妈，秃儿罕·可敦。

花剌子模的皇族是突厥人，母族则是康里族伯岳吾部族。秃儿罕·可敦把康里族的利益放在了第一位。她私人的令旨与摩诃末的诏旨同时颁行于整个花剌子模，往往两份命令同时抵达同一地区，涉及的事是同一件，可处理决定截然相反。

康里族的将领们还把持了花剌子模全军的绝大多数军权。

军权之后是财富，可以这么说，摩诃末冲在前面东打西杀，干掉西辽挑战报达，打下了很大一片基业，可全被后面他妈妈的族人接手了。

有这样一位极品老妈，摩诃末再面对成吉思汗这样的对手，他不慌不乱才真是有鬼了。实事求是地说，他是前院有虎，后院有狼，内忧外患，还不忍心直接砍了亲娘，注定了只能得过且过逃跑了事。至于说为什么当初急于亲征，再之前为什么主动挑衅，那就是主观之罪了。

他久经大敌，动辄灭国，可也从来没想过世上会有蒙古铁骑这种怪物存在。

摩诃末严格地遵守着最初订下的计划，从前线逃往河中，从河中逃向哥疾宁，如有必要，继续逃出国境，逃到印度。

这样跑，他收获了古往今来以及当时所有人的鄙视。他妈的族人，也就是康里族的贵族官员们首先受够了，当花剌子模算端大人东征西讨如日中天的时候他们都敢违逆，都保持了鄙视，何况这时如丧家之犬惶惶不可终日的摩诃末？

祸起身边，危难临头的摩诃末保持了足够的机警，他连夜出逃。当第二天清晨返回原驻地时，发现他的御帐射满了箭，跟刺猬似的。

差一点就成了完颜亮第二。

众叛亲离让摩诃末逃得更加坚定，何况是哲别、速不台等追兵迅速接近。他一口气逃到了里海的一个小荒岛上，到了这里应该是彻底地远离了陆地，以当时的条件，蒙古军基本上不可能再抓到他。可是他仍然觉得不安全，每天患得患失、忐忑不安，想来想去，似乎只要还活着，就还是危险的。

那么只好去死了。

1220 年年底，摩诃末死于不知名的荒岛。临死前，他把算端之位传给了一直不喜欢的长子札兰丁。札兰丁身材不高，面色黝黑，勇武过人，母亲是印度人，是花剌子模灭亡前仅存的两名硬汉之一。

花剌子模地域广漠，无法一一细数，但几个要点分布得非常协调，可以瞬间明白战局的关键。撒马尔罕作为花剌子模的新国都，地处帝国中央。旧都玉龙杰赤位于它的西北端，八鲁湾在它的东南端，再向东南延伸，即到达了吐蕃。

蒙古军从东方入侵，摩诃末向西方逃去。西方，即呼罗珊等地，再向西伸展，即摩诃末病死的无名小岛。

札兰丁要从这里出发，目的地是旧都玉龙杰赤。那里有庞大的军队、丰裕的物资，是他掌握巨大力量的最直接方法。

但是难度也相当大，他不仅要穿越重重蒙古军队，还要面对自己的奶奶秃儿罕·可敦。

秃儿罕·可敦坐镇玉龙杰赤，在蒙古军西征之前是儿子摩诃末的心头之患，在蒙古军西征之后她变成了成吉思汗的障碍。成吉思汗派人去劝降，这个女人沉默，既不同意也不反对，当蒙古使者离开之后，她瞬间跳了起来，带着摩诃末所有的妻子儿女、金银财宝开始了逃亡。

……知道摩诃末的逃跑基因从哪儿来的了吧。

她逃到了亦剌勒堡中，这里深山老林地势隐秘，是典型的贵族避难所，一般来说，足以让她躲过危机。

可惜的是，哲别、速不台等人满世界地抓摩诃末，办法用尽一无所获，怒火攻心时突然想起了她。花剌子模不是一国两制吗，抓不住儿子就去抓他妈。

秃儿罕·可敦和绝大多数花剌子模皇族被生擒，至此摩诃末一脉只剩下了札兰丁以及他的两个弟弟作为算端的直接继承人。

如此身份，按说只要顺利抵达玉龙杰赤，就可以得到城中所有，可出人意料的是，札兰丁挨了迎头一棒，几乎死在自家的旧都城中，不得不再次开始逃亡。

问题仍然出在内部，玉龙杰赤城内的突厥、康里两族的将军们习惯性骄横，拒不相信摩诃末的死讯，更不承认札兰丁的继承权。

札兰丁被迫率领 70 余精骑穿越沙漠，向八鲁湾方向逃亡。事后总结，他唯一的收获是得到了灭里可汗的信任，两人一起逃向帝国的东南方。

城里的将军们如愿以偿了，他们终于摆脱了摩诃末父子的统治，终于让他们所蔑视的“怯懦”血统滚得远远的。之后，他们迎来了蒙古军队的攻击，蒙古之王成吉思汗的长子术赤、次子察合台、三子窝阔台同时率军兵临城下。

光是察合台、窝阔台所部人数就达到了10万以上，作为长子的术赤更是在征伐花剌子模的战役中迅速壮大了自身，为以后早做打算。

如许重兵，本应迅速结束战斗，像撒马尔罕城一样，面对毁灭的命运。可是一连七个月，玉龙杰赤居然岿然不动，相反蒙古军队在城下屡遭败绩。

不是城里的突厥、康里诸将神勇，而是城外大王子、二王子的宿怨爆发，没有成吉思汗本人的现场压制，术赤、察合台没有立即翻脸火并，已经是很给未来的大汗窝阔台面子了。

成吉思汗闻讯大怒，令人传令一切听窝阔台的，不从者立斩！玉龙杰赤的命运就此确定，蒙古军几乎是当天就狂攻进城，之后战斗在玉龙杰赤城内的每一条街巷里展开。

花剌子模终于在玉龙杰赤之战中证明了自己的勇气，连妇女儿童都参加了战争，让后世翻阅史书的人能正视这个曾经一度极度强盛的中亚大国。

这是荣耀，只是代价惨痛。玉龙杰赤的毁灭比撒马尔罕更加彻底，它的人口全部消失，除了少数儿童、少女和工匠之外，全部被杀，城池被决河灌水，消失在一片汪洋之中。

玉龙杰赤从此在史书中消失。

战后的蒙古军也在这里分裂，令人心寒的歧视让术赤彻底绝望。再留在蒙古军中，再宣称自己的忠诚还有意义吗？他是长子，既得不到诸弟的友爱，也永远无法得到父亲的认同，看之前的命令，全军的主帅是窝阔台，这就是他的地位！

术赤取尽城中财富，率本部军马向锡尔河北部进发。他一路向北，向遥远的、不可知的地域前进，他要建立自己的国家，哪怕在名义上仍然是蒙古人，可在实质上，他一定要得到自由和尊重。

历史做证，他做到了。

回到当下，术赤远行，察合台、窝阔台没有阻止，甚至坐视兄长带走玉龙杰赤的全部财物。他们并不是心胸狭窄之人，不只是窝阔台，哪怕是以残暴凶狠著称的察合台也有着他严明的一面，他是蒙古军中威望最高的裁决者，凡有纠纷，由他决断，总是很公正。

可惜的是，术赤的问题与公正无关，血脉的联系是人类最基本、最强大的一面，谁让当年发生了那样的事。多年以来，察合台三兄弟一边与长兄拥抱，心里自然生成一奶同胞的温暖，可一边也会狠狠地在心中咒骂，该死的蔑里乞人！

但是，他们的祖母，所有蒙古人心中的圣母月伦夫人也是蔑里乞人……也就是说，哪怕没有术赤，没有那次抢劫，他们的身上，他们伟大的父汗身上，也流着蔑里乞人的血液。

人生的滋味就是这样复杂难明。

术赤远走，察合台、窝阔台回到成吉思汗身边，他们合军一处，沿阿姆河向呼罗珊、哥疾宁进发。那是花剌子模最后的一片土地，在那里，准确地说，在八鲁湾附近，蒙古军遭遇了札兰丁。

八鲁湾在现今的阿富汗喀布尔附近，札兰丁竭尽一切努力，终于在成吉思汗的大军到来之前积攒下了一些实力。当蒙古军的前锋部队抵达附近的瓦里延堡的时候，他突然出击，消灭了这支部队。成吉思汗闻报，只觉得意兴阑珊，这就算是最后的抵抗了吗？

他懒得派任何一名将军去，而是顾念旧情，让自己的义弟，月伦夫人的养子失吉忽秃忽率领3万精骑去征讨。

失吉忽秃忽是大蒙古国的大断事官，负责掌管民户分配、审断刑狱、惩治盗贼、察伪施刑，在帝国中位高权重，在最早确立的95个千户那颜中排名第十八，享有九罪不罚的特权，是第一等的蒙古贵人。成吉思汗之所以派他出征，完全是蔑视摩诃末家族，想把这最后一击的荣耀送给义弟，以告慰母亲的在天之灵。

3万蒙古精骑进抵八鲁湾，他们无论如何也想不到，等待他们的居然是全军覆灭！这是个让世人震惊到无法相信的战绩，是蒙古起兵以来前所未有的大败，甚至翻阅蒙古战史，这也是绝无仅有的一次失败。

由札兰丁所创造，由花剌子模人所缔造。

札兰丁、灭里可汗的惊人战斗力，以及宁死不降奋战到底的斗志，是这些，加上失吉忽秃忽的非专业低能，造就了这场世界军事史上的唯一性奇迹——蒙古崛起第一代时，成建制覆灭的唯一一次，也是最大的一次失败。

事实上，直至蒙古在中原建国，元朝成立之后，渡海东征日本之前，蒙古军也从没有这样失败过。甚至连东征日本那次都计算进去，也是败在海啸上，而不是输给了日本军队。

消息传来，蒙古全军震惊，连同成吉思汗在内，都无法相信这个事实，直到失吉忽秃忽逃回来。成吉思汗立即结束其他战场的战斗，召回主力，直赴八鲁湾。

全力消灭札兰丁！

没料到去的路上也变得不顺，蒙古大军自塔里寒南进，逾大雪山进围范延城，察合台的长子莫图根就被射死在这座城下。成吉思汗素来钟爱此孙，说来察合台是他真正的长子，莫图根就是他的长房长孙！居然丧生在这座城下……

成吉思汗下令昼夜强攻，不拔此城誓不罢休。

范延城下尸积如山，蒙古军是踩着这些尸体攀上的城头。城破之后，城中所有生物，从人到牲畜，全数被蒙古军屠绝，真正做到了鸡犬不留。

赶到八鲁湾，却找不到札兰丁。说起来上一次举世震惊的空前胜利，带给札兰丁的不是荣誉和威望，从而导致后面更大的胜算，反而是众叛亲离。花剌子模人的劣根性真是没法说了，战后分赃，为了一匹蒙古骏马，统帅集团里居然内讧到火并。

札兰丁只能再次出逃，这一次山穷水尽，只好去投奔他妈的娘家印度。在他背后，乌云一般的蒙古铁骑蜂拥而至，在申河（今印度河）边追上了他。

前有波涛滚滚的两国界河，后有残暴凶狠绝世战斗力的追兵，札兰丁、灭里可汗再一次展示了宁折不弯的硬汉本色，两人战至一兵一卒不剩，仍然苦斗不止。灭里可汗在哲别的刀下逃生，向遥远的下游单骑逃去。札兰丁则在二十余万蒙古铁骑的注视下，手持花剌子模战旗，纵马跳进申河。

在他身后，成吉思汗命令蒙古战士不得放箭，他欣赏这个永不低头的年轻敌人。他放他就此逃去，当目光不可及之后，他派 2 万铁骑横渡申河，直入印度，抓捕札兰丁。

札兰丁的故事没有结束，他从印度到波斯终于积攒下反攻的本钱。之后，10 年间辗转攻战，或胜或败，始终不屈，直到灭亡。

与其说他是败给了蒙古人，不如说他的能力中短板严重。札兰丁在战场上是不屈的硬汉，极富号召力，怎样失败都有新人跟随。可是在治国方面他实在是太差劲了，花剌子模的人民从没有在他的治理下得到过幸福，哪怕是幸福的一点点影子。

# 第二十七章　最愚蠢的权臣

成吉思汗用了两年多的时间吞并了与大蒙古国同样大小的花剌子模，让大蒙古国在实际上已经屹立于世界之巅，哪怕没有灭亡金国，更没有征服南宋，它也成了自有人类历史以来疆域最广袤宏大的帝国。

在以后只有更大，一步步攀登上让世人瞠目结舌前无古人后无来者独此一份的高峰。

蒙古西征大军终于北归，他们的根终究在漠北寒带草原，他们的心灵深处，最想做的仍然是灭亡世仇女真人。

近三年过去了，中原大地同样天翻地覆，这个变幻莫测的乱世，像一个巨大的、永不停止的旋涡，每个人每种势力都身不由己地被它旋转着裹挟，奔向不可知的明天。

乱世也有主动方，史料证明逻辑学是强大的，因为让中原乱上加乱不可收拾的那个主导者，就是百余年以来最善变最没底线的民族——党项。

由于判断错误，夏神宗被成吉思汗西征前腾出手来一顿胖揍，打得晕头转向，好不容易躲过了风头，蒙古人找摩诃末的麻烦去了，他慢慢地手扶后腰终于挺直了身子，决定做点什么。

日子再也不能这么过了，蒙古人过于凶残！他对比了一下，这些年来女真人比他更惨，那么看在病友的分儿上，两家能重新和好，共渡难关吧？

西夏向金国伸出了友谊之手。

金宣宗在这只手上放了一堆垃圾，推了回来。

夏神宗决定报复，他派人联络南宋，咱们宋、夏联手，一起消灭金国，如何？这个提议一直等了三年，南宋才给出答复——同意。

之所以会等这么长的时间，完全是因为白痴是一种可怕的传染病，女真人被党项人传染了，做出了让世界更加瞠目结舌的事。

话说金国在蒙古的进攻下千疮百孔，元气丧失殆尽，现在放弃了整个河北，退到黄河以南，以大河为天堑，以潼关为藩篱，从理论上来讲，足以再次支撑很多年。可这要建立在一个前提下，钱。

国家无钱，万事艰难。

钱从何处来呢？人民被杀大半，土地丧失大半，连吃饭都成问题，怎能谈到国防开支？于是，女真人的大脑急速转动，想出了一个好主意。

向南宋要钱。

他们逼着南宋开战。

战争在金兴定元年（1217 年），同时在两淮、京湖、川陕三条战线上打响。金国做了充分的准备，除了声势浩大兵力众多之外，还难得地暂时性原谅了西夏，宣布两国结束敌对，转入战略防御。这让天才的搅屎棍夏神宗得到了喘息之机，为以后的激情演出埋下了伏笔。

这是一个权臣的时代，北边的权臣朮虎高琪说，开战！南边的权臣史弥远说，应战！于是两国平静，全身心地投入到战争之中。

这场战争打了近五年之久，也就是说，站在历史的大天空下，会发现成吉思汗远征西域，蒙古军力空虚，在这极其难得的重要时刻，金、西夏、南宋，居然不仅没有联手互保，以求生存，反而进一步自相残杀，争先恐后地帮蒙古人挖坑，再自动跳进去。

这样看，似乎除了蒙古人以外，其他民族都已经疯了，这么蠢，除了灭亡以外，还有别的路好走吗？乃至从逻辑上也讲得通，可以顺利推导后来历史的走向。

如果真这么想，就犯了研究历史时经常会犯的“理智冷漠罪”。

每个年代能攀至人生顶峰书写历史的人，就算不是人中之杰，也都各有长处，怎么会蠢到自取灭亡？！比如上面所说的金国开战派，诚然宋、金联手，生存概率大增，可有实际意义吗？宋、金可能联手吗？！又如南宋，站在南宋的立场上，根本指责不出之前的国政方针有什么问题。

北方大乱，蛮夷互斩，那就杀好了，打得越狠死得越多越好，要是长江以北全部死光光，大宋疆土自然光复，就实在理想了。

难道要为他们调解，促进世界和平吗？还是强行插进手去，在一片混乱、自己清净的时候，选一个盟友，把自己扔进血腥动乱里去？

这才是真正的脑残。

所以说，历史是不能理智冷漠的，它是人书写的，是人就有感情，就有主观能动意识，受各方面的引诱制约，根本没法做到真正冷静、理智，完全从利益角度出发。哪怕他们本身就是智者。

每个人都只是在潮流里升沉，在大海的浪涛中躲避大鱼，猎杀小鱼，去尽力地生存，能依凭的，根本不是什么才智，或者勇力。

而是命运，或者说，是运气。

理解了这一点，才能公正地看待后面发生的历史。反之，难免会一边看一边鄙夷地冷笑，把一连串的不得已，解读成了群体精神分裂大发作。

一场战争打了接近五年，光是时间就说明问题了，这么久，爱情长跑都会脱力，何况举国征伐！

旷日持久地打，波澜只起过两次。一次是刚开战时，金军突然进攻，南宋措手不及，在三条战线上都吃了小亏，旋即全力反攻，战局爆出了火花。

其中最炫目耀眼的一朵姓孟，名叫孟珙。

孟珙，字璞玉，随州枣阳人。生于1195年，他的曾祖父孟安、祖父孟林都是岳飞的部将，父亲孟宗政在开禧北伐时崭露头角，到孟珙这一代已经四世从军，是南宋的将门世家。

这场战争爆发时，孟珙22岁，随父镇守京湖重镇襄阳。

他有谋，事先料定金军必定先攻襄阳的子城樊城，建议父亲事先渡过济河埋伏。

果然金军来犯，孟宗政趁其渡河未半时出击，大获全胜，斩首过半数。他有勇，父子同陷敌阵，万马冲突中他发现重围中有人白袍白马，他大叫“此吾父也”！跃马入阵，救父出险。

两年之后，20 万金军逼近襄阳，孟珙独立城头引弓毙敌，箭无虚发，传为一时盛迹。这在当时已经很轰动了，却没有人能预料到后来孟珙会成长到什么地步。

历史给出了答案，在某些层面上分析，他堪与岳飞比肩！

战争不久后就陷入了泥潭，胶着拖沓，输赢难分，南宋、金两国都苦不堪言。然则更没法收手，试想南宋求和，地位更加低落，金国割地赔款的勒索答应还是不答应？金国更难，想打胜是千难万难，想罢手……抛开海量的军费开支打了水漂之外，国际地位比南宋还要尴尬。不仅在蒙古人那儿灰头土脸，连传统软蛋南宋都没法收拾了。

思前想后，唯有硬到底。金兴定三年（1219 年），金国趁着战场小占上风，派出使臣，试图逼迫南宋议和纳币。南宋憋了一肚子火，躺倒都中枪就够衰的了，居然还要认错赔钱？！一怒之下，干脆拒绝金使入境。这下把金国逼上了绝路，它只有忍住了心慌，把战争进行到底。

金国派出名将仆散安贞为全军统帅，正式下诏伐宋。注意，战争打了好几年了，居然才正式“开始”。金军分成三路。一路攻黄州麻城，一路犯和州，还有一路出盱眙，破全椒、来安，攻克天长、六合，前锋游骑直抵长江防线的滩头阵地采石矶。

兵锋锐利，建康府震动，临安府动荡。

金国能突然发力，全是仆散安贞个人的能量。他家三世名将，祖父仆散忠义，父亲仆散揆，都是当时女真军人的核心人物。轮到他，不仅在战场上战力惊人，在政治上也非常成熟。他深深地知道金国是没法和南宋彻底分输赢的，所以万事都留了一线。

比如不轻易发动渡江战役，去威胁南宋的底线；又如不杀俘虏，尤其是在俘虏中发现有南宋皇室成员，他都严密保护，送到后方给金国朝廷。

这种举动，放在任何一个时代，哪怕是宋朝，都会博得君主的欢心，这样的枪才真正地握在了朝廷手里，多好的同学啊！

……该死的是，问题就出在这一块上了。

金国的重要衙门尚书省不知哪根筋拧了，成心找仆散安贞的毛病，弹劾他通敌谋反。消息传出，仆散安贞没当回事，大兵们也一通哄笑，尚书省这群白痴，什么都敢说……可紧接着金宣宗说话了，“前日之俘，随时诛戮，独于宋族，曲活全门”，这的确是通敌谋反！

仆散安贞就这样被赐死了。

长江南北大兵们的下巴掉满地，兵当到岳飞那样不听话是谋反，当到仆散安贞这样听话也是谋反，这个职业的风险实在太大了。

仆散安贞是当时金军唯一的将才。此人一死，战争立即崩盘。历时五年的找钱之战结束了，发起方事后盘点，发现不仅没按计划在南宋身上捞到便宜，反而军费开支庞大刮净了国库，连军队本身都“兵马折损，十不存一”。

实在是亏大了。

并且在原基础上，与南宋仇恨变本加厉，为不久的将来蒙古、南宋联手灭金埋下了伏笔。

北方权臣朮虎高琪阁下运气非常好，赶上了蒙古西征花剌子模，这几年里北方压力不大，可以尽情享受。富易妻贵易友，以权臣阁下之富贵，难免会看老婆不顺眼。这通常很好解决，冷淡之，退货之，再娶之就是，要么就干掉，隐蔽无声地干掉。这些都是富贵者们的常规动作了，可换到了朮虎高琪阁下，这白痴居然唆使一个家奴，把他原配老婆杀了。

杀完之后，必须灭口。试想北方权臣阁下的威力连金国皇帝都敢怒不敢言，杀谁只需要一个眼色，杀一个家奴，简直不费吹灰之力，可他的办法竟然是让开封府代劳。

消息传出，举国都笑了，之前他越令人恐怖，这时就越幽默，谁都不再怕他了，这货一定是老年痴呆提前发作了。大家趁此机会干掉他！

朮虎高琪被公开处死。

金宣宗终于大权独揽，这是自蒙古人崛起之后两代金国皇帝所没能享受到的美妙滋味，可惜的是好景转眼即逝，他居然紧跟着就死了。

1224 年，金宣宗在开封病死。他的儿子们上演了一出真正的宫廷大戏，才争到了金国最后一位皇帝的宝座。

他有三个儿子，长子完颜守忠是皇太子，既然身为国储，当然要承担重任，被老爹留在了中都当人质。几个月后他从中都逃回开封，连吓带病，就此死去。这也算是为国捐躯，奖励是国储仍然是他家，由他的儿子继承。

没想到小孩子也死了。

剩下的是二儿子完颜守纯、三儿子完颜守绪。按原则，嫡长子、长孙死了，继承权在次长子，可是三儿子得天独厚，是被久不生育的新皇帝养大的，所以后来者居上，被立为皇太子。

这让二哥非常恼火。

金宣宗死的那晚，皇太子殿下睡在温暖的床上进入梦乡，他二哥提前进入皇宫，封锁宫门，只等第二天天亮矫诏，宣布合法地位。关键时刻，三弟醒了，带着 3 万东宫卫兵直闯宫门，把二哥囚禁，才登上了帝位。

# 第二十八章　最成功的权臣

金国皇位交替不久，长江之南也发生了同样的事。南宋的皇帝，宋宁宗赵扩死了。赵扩的一生在这本书里基本上没有什么交代。

要交代什么呢？

赵构为万世唾弃，是因为他有一个盖世权臣秦桧存在。赵扩更上一层楼，前期有韩侂胄，后期有史弥远，两大权臣排排站，哪有他什么事。

宁宗之“宁”，真是大有学问，极其贴切。所以死也就死了吧，不解释。而南宋在这段时间里发生的事也很少，最刺激的也不过是几个孩子争糖果的故事。

头一个孩子叫赵与愿，是宋太祖赵匡胤的长子德昭的九世孙，入宫时年仅 6 岁，后被封为皇太子。他 29 岁病死，谥号景献，葬在杭州的太子湾。

也就是今天的杭州西湖太子湾公园所在地。

第二个孩子名叫赵贵和，是沂王赵抦的儿子，入宫时已在 15 岁以上。少年人有了自己的好恶，早在入宫前就对史弥远深恶痛绝。这被史弥远迅速发觉，安排了一个后手。

继位者名叫赵与莒，是一个宗室远族的微末子弟。他出生在绍兴府山阴县虹桥里，他的父亲是山阴县的县尉。要查非常久远详细的族谱，才能确定他是德昭的十世孙。当宋宁宗广召赵宋宗室 15 岁以上子弟入宫筛选时，他已经 18 岁了，正在母亲的娘家由舅舅抚养。

赵与莒，不仅出身微末，还幼年丧父。

这个孩子沉默低调，有着两宋皇室间前所未有的坚忍。这种素质同样被史弥远迅速发现，他决定，推荐这个孩子去给沂王赵抦当世子，以代替入宫的赵贵和。

赵贵和被赐名为竑，赵与莒被赐名为贵诚。

贵和的生活在沉默低调中继续，哪怕一步登天当上王爵的世子，也没有让他改变。天知道他从哪里学到、养成的大地一般深沉厚重的理性，在深渊般不可测的大贵之家中保持着平静。这位曾经的王爵世子，如今的帝国皇子就表现出了卓越的才智、高雅的情趣，以及鲜明的爱憎，真是一位受过优秀教育的良品少年。

在皇宫深处，他保持独立思考，清晰地记着在外界所看到的史弥远专政的恶果，决心在不久的将来，自己登基之后，为帝国彻底铲除这一毒瘤，还宋朝一片朗朗乾坤！多么伟大、正义的理想，环顾四周，他还缺什么呢？

缺一个美妙的倾听者。

一朵美丽的解语花适时出现在他身边，这个美人精擅音律，每每与他单独相处在花园深处，静静地听他不凡的抱负，比如他在地图上找到琼崖（今海南岛）说，今后如得志，必决配史弥远八千里，到这里编管……史弥远转眼就都知道了。

史弥远迅速发现了他缺少什么，那美女就是权臣阁下派来的。

之后的岁月继续安静，每个人都像往常一样生活，宋嘉定十七年（1224年）的闰八月，宋宁宗临死前的那一晚。史弥远先派人通知沂王世子赵贵诚做好即位的准备，然后把宰执大臣、专司草诏的翰林学士都隔绝宫外，另召直学士入宫，替他矫诏。

一夜之间，伪造诏书25道。

废立皇太子是一个系统工程，涉及的方方面面实在是太多了，只说其中最关键的三道诏书。第一道，改立贵诚为皇子，赐名赵昀；第二道，晋封皇子赵昀为武泰节度使、成国公。

截至这里，赵昀与赵竑的地位已经平等。注意，赵竑此前是皇子，并非皇太子。政变成功之后，史弥远命人把这两道诏书的签发日期前移四天，造成是宋宁宗亲自决策的假象。

第三道诏书则是给皇子赵竑加官晋爵，封他为济阳郡王，出判宁国府。

准备妥当，却不能静等天亮，皇宫深处除了已经死了的宋宁宗，还有那位扳倒韩侂胄，杀得韩国戚身败名裂，党羽尽散，头颅都被砍下来送过江去当和谈信物，再另立一个权臣史弥远的强势女人，杨皇后。

要征得这位女士的认可，行动才能开始。

史权臣秉承其一贯的传统，万事礼仪深执，哪怕杀人放火灭人九族，都要雍容典雅，做得风轻云淡没烟火气，绝不去亲自劝勉、威胁。

他派杨皇后的侄子们去沟通。这个工程是很浩大的，侄子们一共往返了七次，杨皇后都没同意。第八次，侄子们哭了，说再不同意，杨氏一门就全完蛋了。

杨皇后沉默，才重新想起来，这不是16年前了。那时史弥远不过是她选的搭档，而这时，她是史弥远所利用的配角！

天，终于亮了。宋嘉定十七年九月十九日的凌晨终于来到，南宋都城临安的皇宫重门被一道道地打开，百官鱼贯而入，里面有压抑不住的兴奋、认定自己立刻可以大展宏图的皇子赵竑。他怎么也没能想到，等待他的居然是梦魇般的一幕。

他站在百官中间，听见的遗诏是——“皇子成国公赵昀即皇帝位。尊皇后为皇太后，垂帘同听政。”他看见他亲生父亲的养子，他名义上的弟弟堂而皇之地走上了天下至尊的宝座！

这噩梦般的一幕让赵竑无论如何都不敢相信，遍查两宋至此二百余年，图谋皇位者有之，阴谋诡计者有之，各种传闻者有之，但从来没有事到临头突然换人这样的硬伤场面。

赵竑直挺挺地站在金殿上，拒绝向“新皇帝”参拜。

曾经手刃韩侂胄的殿帅夏震再一次出现，这条皇家豢养的恶狗，每每向皇亲国戚下手时都兴高采烈勇往直前，他抢上去摁倒赵竑，强迫他低下了头。

第三道诏书就在这时颁布，晋封皇子赵竑济阳郡王，出判宁国府。数日后，改封济王，赐第湖州，即刻起程。

赵竑到了湖州就被监管了起来，不久之后，他被卷入了一场闹剧中，以谋反罪被宋廷赐死。

新登基的皇帝赵昀，就是后世所称的宋理宗。

# 第二十九章　亡西夏

西征归来，成吉思汗本人的气魄、识见、心性都达到了人类有史以来最高峰的程度，回望中原、河套一带局势，哪怕再乱，也是轻松。

几乎所有的难题，都能给出答案。

西夏或者金国，蒙古的首攻点是前者。因为西夏处于它发展的肋部，不灭掉它，总让蒙古军队不敢真正发力攻击远方。

成吉思汗下令夏神宗必须退位。状元皇帝哪怕再不情愿，也只能乖乖地去创造另一项纪录，他成为西夏历史上唯一的一位太上皇。

太上皇在三年后去世，西夏的新皇帝是他的次子李德旺。

李德旺是一个非常现实的人，没有他老爹那么高的智商。根据形势，他派人去金国结盟，没等金国同意，这边就单方面急巴巴地以兄弟相称了。他急，催得蒙古人也加速，河朔地区，与西夏距离最近的蒙古军木华黎部率先动手。

这时，木华黎已经病死，这位命运赐给铁木真的天才将领没有能亲自灭亡金国，可他走过的人生之路是完美圆满的。从奴隶到将军，从将军至国王，征战一生，堪称辉煌。

他的战绩要超过当年金国初建时的常胜将领完颜娄室。他的政绩更凌驾于战绩之上，天知道他怎么能以1.5万人的本族部队，就在广阔复杂的异族区域内建起稳固的、不断扩张的新帝国雏形。

攻打西夏的部队由木华黎的儿子孛鲁率领，蒙古军势如洪水，很快攻克了西夏重镇银州，之后大加杀掠，留下蒙古守军，却没有进一步攻进西夏腹地。那是留给成吉思汗的礼物。

西征归来，成吉思汗意识到自己老了。他曾经在回来的路上从马背上摔下来，就是在那场著名的、声势空前浩大的围猎聚会上，那对一个蒙古人来说是不可想象的事，尤其是不可能发生在神勇天纵、举世无敌、永不衰老的成吉思汗身上。

它发生了，意味着他终于老了。

回到蒙古本部，成吉思汗长时间地思索着一个问题——既然他不能永远生存，那么他应该怎样去世呢？难道要像蒙古老人那样穿着厚厚的衣服，坐在阳光里晒太阳，等着死亡降临吗？！

绝不，他宁愿死在战场上。

灭亡西夏，与其说是为了蒙古大业，倒不如说是他一生征战的终点纪念。1226年，也就是蒙古结束西征花剌子模的次年春天，成吉思汗征讨西夏。

那一年，他骑上战马又一次离开故乡。他频频地回望春天里的怯绿连河，那里有他早年的记忆，有他一生的开始……这时，他奔向自己一生的终点。

战争在当年二月爆发，被10万蒙古铁骑淹没的第一座西夏城池是黑水城，之后兀剌海、肃州（今甘肃酒泉）、甘州（今甘肃张掖）相继陷落，入秋之后蒙古军攻克了西夏重镇西凉府，至此河西走廊被打穿。与此同时，被打穿的还有西夏皇帝李德旺。

李德旺吓死了。

马背民族的皇帝居然因惊忧致死，实在是独一无二。不过考虑到党项人总是很奇葩，所以也不必奇怪。他的弟弟南平王李睍继位称帝，史称夏末帝。

秋季到来，蒙古军重新启动攻势。成吉思汗兵分两路，东路攻占夏州（今陕西大理河以北的红柳河流域及内蒙古杭锦旗乌审旗等地区），西路则从西凉府进军，穿越沙漠，进抵黄河九渡，下应理（今宁夏中卫）等县，完成了对西夏都城中兴府和灵州的合围。

西夏集全国精兵于灵州，共10万人，由名将嵬名令公率领，与蒙古军决一死战。

这一战使蒙古遭遇了少有的惨烈局面，面临亡国灭族之祸的党项人自知走投无路，难得地爆发了一次。

那一天，灵州城外的旷野上20余万人舍生忘死地厮杀，战斗在日出时分开始，日未落就结束。成吉思汗驻马高坡，瞩目战场，一道道指令由亲卫们传达下去。他身边的人都深信，随着这些命令，这位人间的速勒迭（蒙古战神）会轻易地带来又一场胜利。

灵州陷落。

当地之所以还能有些许的活人，全靠成吉思汗的妃子耶遂的一句话。成吉思汗许诺将西夏的土地赐给她，她问："大汗，你把人都杀光了，要赐给我一片荒地吗？"

成吉思汗的回答更经典："没什么，亲爱的，人太多，就没了牧场，你会没有羊肉吃的……"

灵州陷落之后，成吉思汗的身体急剧地衰弱。他全身酸软烦躁不安，正值盛夏来临，他决定远离战场，去六盘山避暑。

另一边，战场的进度已经到了围困中兴府，灭亡西夏国都的地步。

西夏再不足虑，成吉思汗在海拔两千多米树木葱茏空气清新的清洁世界里只关心着三件事。

第一，南宋。

这个国家是一定要征服的，这与征服欲望无关，而是必然。他的疆域已经达到了人类前所未有的庞大程度，从帝国中心骑马向四面八方前进，都要一年的时间才能到达边境，到此地步，吞并已经是趋势，哪怕自我克制都无法收手。更何况为什么要克制？

在此次灭亡西夏的战争打响后不久，南宋宝庆三年（1227年）的二月，另一支蒙古军队进入四川境内，克阶州（今属甘肃），围西和州（今属甘肃），下文州（今甘肃文县），一路势如破竹。南宋四川制置使郑损下令放弃关外五州，退守三关。

蜀川防卫在于五州三关。五州在川外，分别是阶、成、西和、凤、天水军。三关是七方关（今甘肃康县东北）、仙人关（今甘肃徽县东南嘉陵江畔）、武休关（今陕西留坝县）。三关是蜀之门户，五州是蜀之屏藩，郑损未经接战轻易放弃，让蒙古军长驱直入。

好在五州易得，三关难破，蜀川的复杂险峻地貌是蒙古军从未遇到的新战场，很多地方战马都无法驰骋，这些因素加在一起，让蜀川暂时安全。

这一年是丁亥年，宋史称之为“丁亥之变”。

在蒙古这是一次可虚可实的试探。如果南宋很软一触即涂的话，蒙古不介意就此攻克蜀川，控扼长江上游，随时东下扫平江南；如果进展不顺的话，也可以切断西夏向南方可能存在的退路，保证灭夏一役斩草除根。

第二，金国。

不管史书上怎样强调金宣宗弃中都保河南是多大的败笔，但至少真的给蒙古人设置了足够的障碍。

以黄河为险，以潼关为堡，山河之固无以复加，蒙古人想强逾这些天险不是不能，可代价之大会让任何新兴的帝国都承受不起。

成吉思汗胸有成竹，只是时间未到，最高的军事机密只潜藏在他个人的心里，才是最保密的，最有突发性的。

第三，他的儿子们。

世界广大，生民众多，成吉思汗当年对后嗣们许诺过，要尽量开拓巨大的领地分赐给他们。在那时想，这样就解决了分家产这一老大难问题。可事情出现了意外，准确地说，是朮赤。这个倔强的儿子长年受气，终于不辞而别远走高飞，在天边一样遥远的钦察草原上打下了几乎不次于蒙古本部大小的领地。

这样，问题出现了，蒙古部落的共主会产生在哪里……

所以他把原花剌子模区域赐给了二儿子察合台，希望他能够挡住朮赤回归的路，把钦察草原的影响力永远地隔绝在阿姆河以北。

同时，他悄悄地对未来的蒙古大汗窝阔台、最小的儿子拖雷说，永远记住，不可以让钦察草原的金帐汗国和察合台汗国合二为一，那样的话，蒙古的和林将再也不是发号施令之地了！

做完了这些，成吉思汗仍然不放心，他要在健康还能允许他主导这个帝国的时候，把可能的隐患扼杀在摇篮里。他派人去征召长子朮赤来见。

朮赤再一次拒绝。

成吉思汗的心性由理性转向了阴沉，他怀疑自己的担忧成了现实。朮赤，这个不是他亲生的孩子终于还是有了异心，不再以蒙古人自居。那么，他更要让朮赤走回正轨！这样想时，成吉思汗的身体到了崩溃的边缘，有生以来第一次没法骑上战马。

他无可奈何地躺在毡帐中，身上盖着五层的毛毯仍然觉得像躺在大地上一样僵硬冰冷。他知道自己的时间不多了，一个消息适时传来。

远在万里之外的钦察草原上，他身经百战而锋镝不伤正在壮年的长子突然死亡了。

朮赤死了，他的死在历史中是一个谜。

有记载说，在成吉思汗征召他时，他真的正在生病，而不是心生怨怼，自外于蒙古。

成吉思汗已经命察合台去拘捕他，大军正要成行时，他的死讯传来。这让成吉思汗的心灵大受打击，回望一生，他的长子从来没有真正地快乐过。

成吉思汗的病由此变得更重。

还有另一种说法，成吉思汗的征召令到达钦察时，朮赤正在举行一场声势浩大的围猎。当夜色降临，篝火燃起时，所有人都到了金顶大帐，唯独宴会的主人缺席。

人们在一片长草间发现了他，朮赤死了，他的腰骨折断，躺在草丛间，两只眼睛瞪得大大的，凝望着黑色的天空。

他死于暗杀。

是谁主使的，谁能做到，每个人的心中都有答案，简直呼之欲出。可没有证据，而所有的蒙古人也拒绝那么想。

术赤死时年仅40岁，继承钦察草原汗位的是他的嫡次子孛儿只斤·拔都。这个刚刚进入少年期的孩子骑着他父亲的战马驻立在高坡上，像他爷爷当年那样，向蒙古战士们许诺，他将率领他们越过高山、沼泽、一切的阻碍，去征服怯懦的民族，直到瀚海边缘！

这个孩子说到做到，他是所有蒙古黄金家族这一代中长子的长子，他的征战欲望会挑起举世沸腾的空前浩大、空前辉煌的征服者史诗。

成吉思汗知道了这些，心情激越而复杂，他祝福这个孙子，并派去了蒙古军中硕果仅存的老将速不台去钦察草原，帮助年幼的拔都站稳脚跟。

成吉思汗到了最后的时刻，他真的走到了自己的终点。这一时刻，陪着他的有自己心爱的妃子，自己最疼爱的儿子拖雷，还等到了最想听到的战报。西夏最后一座城市，都城中兴府终于撑不下去了。党项人像是被上天遗弃了一样，噩运接连而至。

外面围着如狼似虎的蒙古军，城里居然发生了强烈的地震……

地震过后，中兴府内瘟疫横行，人畜倒毙，成了一间巨大无比的病房。再也撑不下去了，西夏末帝李晛主动请降。

投降有一个附加条件，李晛请求蒙古给予一个月的宽限时间。如果同意，届时他将亲自去六盘山谒见成吉思汗。

成吉思汗冷笑，准降。但是投降之日，即西夏亡国灭族之时。他恨透了这个反复无常、无胆无勇、两面三刀的无赖民族，像牛皮糖一样斩不断扯不烂。他深信，哪怕这时吓破了党项人的胆，可是危机过后，这个民族仍旧会在背后搞小动作。

天性如此。

成吉思汗死于当年的七月，蒙古军封锁死讯，秘不发丧，直至党项人开城投降。蒙古军冲进城去，杀光了所有人，烧光了一切东西，把大地上所有关于党项的一切印迹都抹平。立国 190 年，历 10 位皇帝的西夏至此灭亡。

千年以后，能证明西夏曾经存在过的证据，只剩下了几座孤零零耸立于戈壁荒漠上的西夏皇陵。

至此，蒙古军才为成吉思汗治丧。他的灵柩要千里迢迢被运回蒙古故土，在他生前自己选定的地点下葬。那个地点是神秘、神圣、不许外界知道的。为了保证这一点，路上所遇到的所有生物全都杀掉，到了墓地，以整棵树挖空作为棺材，外面以三道金箍扎紧，挖出巨大的深坑，挖出的土层严格区分，怎样挖出来的，再怎样填进去。

落葬之后，纵万马在上奔驰踩踏，与周围浑然一体。留 500 名士兵守护一冬，至第二年春天青草长成时才离开。

离开时选一峰母骆驼与它的幼崽，杀幼崽，留母驼，再过一年来时，只见茫茫草原四野无涯，纵目所见毫无区别，而母骆驼走到一处悲嘶长鸣、踟蹰不动，那里就是当初杀幼崽的地方，也就是成吉思汗的葬地。这时，再杀掉母骆驼。

从此之后，再没有任何线索能找到这片墓地，那里就是蒙古人所称的“起辇谷”。

成吉思汗驾崩，世界暂时停转。这是一个定律，每当蒙古铁骑纵横大地四处肆虐彻底失控时，只有一件事情能让他们立刻消停。

时任蒙古大汗去世。

这意味着巨大的权力出现真空，所有人必须立马回家去投票。政治无处不在，利益每多纷争，没有谁能置身事外。

成吉思汗生前有过遗嘱，蒙古大汗的继任者是他的嫡三子窝阔台，可是说到底这是一个无可奈何的打折决定，窝阔台本人是嫡系四子里能力最弱的那个，连脾气都温和得不像一个蒙古男人。至于说什么唯其温和才能团结，那只是宣传口号。

成吉思汗自己都不当一回事，他把汗位传给了三儿子，所有的精兵却都留给了四儿子拖雷。孛儿只斤·拖雷在蒙古享有盛誉，人称“仁侠”。他几乎集蒙古男人的美德于一身，他强悍得百战百胜，动辄屠城；他仁爱，为了父兄儿女可以做任何事；他公允，在他的统治范围内，没有谁敢仗势欺人。

这么说吧，蒙古史里曾有记载，如果不是因为限于蒙古习俗，幼子必须守灶，继承父亲的帐篷、领地、财富，那么蒙古汗位必然是他的。

这让蒙古军政界出现了畸形，人人都知道谁是大汗，可拖雷说了算。他是名副其实的摄政王，时称“监国”。

在这段时间里，蒙古权力金字塔的顶峰处于一片真空，没有谁能做什么决定，窝阔台是不敢，而拖雷，他没法放弃手中的军队，因为英雄不可以自剪羽翼，那样的后果不堪设想。可他的天性也不允许自己鸠占鹊巢，真的把三哥架空，甚至赶下台。

于是整个世界也因此而受益，蒙古铁骑安静地收起了刀枪，等待着下命令的那个人出现。而这个人的出场注定很难。

1229年八月，全体蒙古高层，包括术赤的儿子们、远在中亚的察合台在内，从四面八方赶往位于斡难河、怯绿连河一带的成吉思汗的斡耳朵（宫帐），他们要在那里举行蒙古习俗上最神圣的选举大汗的聚会——忽里台。

聚会在蒙古黄金家族高层们的主持下进行，耶律楚材则站在相对低调的位置上提醒他们怎么做。

窝阔台终于成为蒙古大汗。

那一天，蒙古黄金家族成员脱掉帽子，把皮带扔向肩后，察合台引着窝阔台的右手，斡赤斤引着左手，象征着全体宗亲，把窝阔台拥上了至高无上的宝座。

拖雷举杯奉觞，表示忠诚，大会尊奉新汗为“合罕”，意指大汗。史书里全称其为窝阔台合罕。之后是最重要的一幕。

由耶律楚材提议，以察合台为首，率皇族及臣僚向窝阔台合罕跪拜。“国朝尊属有拜礼自此始。”蒙古的内部问题解决了，他们的脚步开始向外部顺延。

# 第三十章　百年最强了无痕

怎样灭金，蒙古内部有两个计划。

一个来自去世两年之久的成吉思汗。他曾经在死前秘密地告诉了两至三人，他个人制订的灭金计划。他们是窝阔台、拖雷，或者还要加上耶律楚材。

成吉思汗的计划是——“金精兵在潼关，南据连山，北限大河，难以遽破。若假道于宋，宋、金世仇，必能许我，则下兵唐、邓，直捣大梁。金急，必征兵潼关。然以数万之众，千里赴援，人马疲弊，虽至弗能战，破之必矣。”

这个战略不像是蒙古人制定的，印象中蒙古铁骑以纯粹的战力碾轧一切，不必用什么阴谋诡计，就让全世界臣服。

这不是真的。相比于战力，蒙古人的智慧更加出色，后世人们只看数据的话，会找出哲别、速不台以两个万人队攻略阿塞拜疆、谷儿只、阿速、钦察、斡罗思诸部直至克里木半岛等匪夷所思的一长串战绩，一定以为蒙古人神勇天纵，是天生的战士。

这没错，可其间哲别等人频繁使用反间、离间等计，一次次从内部瓦解了敌方联军，这才取得了上面辉煌到不可思议的胜利。

所以产生自成吉思汗头脑中的灭金计划，必然是智取，绝不会只使蛮力。既然这样，人类历史长河中首屈一指的战术大师订了计划，还有必要有别的说法吗？蒙古人像神一样地崇拜他，又怎么会有反对的意见呢？但真的就有。

新任大汗窝阔台。

越是资历浅薄的领袖就越急着证明自己，他有新的点子。即位的第二年，他亲自出征主持灭金大计，所制订的计划与成吉思汗的借道宋境、迂回埋伏正相反，他要强攻卫州（今属河南），进而强渡黄河，之后就会直面开封。

那时再强攻开封，就可以灭亡金国，这多省事。

窝阔台合罕认为凭借着蒙古战士无与伦比的肱二头肌可以搞定一切，那么战争机器就要以这个思路开动。

这位蒙古大汗二世命令蒙古汉族系统里的史家，史天泽进攻卫州。

金国在上一场胜利中沉醉，很多年没有舒展过的心灵变得强健，蒙军来犯是吗，打回去！金国皇帝给完颜合达增兵至10万，完颜合达给完颜陈和尚增兵至3000名，渡黄河支援北岸的卫州。

完颜陈和尚是跨越时代，搜遍东亚、中亚都难找的猛将兄。他本名叫完颜彝，字良佐，小名陈和尚。沿袭宋人对异族的称呼习惯，比如辽国最伟大的皇帝辽圣宗叫耶律文殊奴，所以没人叫他完颜彝，而是完颜陈和尚。

完颜陈和尚出身军人世家，父亲完颜乞哥死于金、宋战争，他和他的哥哥完颜斜烈参与蒙、金战争，全被蒙古军俘虏，连同他们的母亲一起供役于蒙古大帅帐下。

很惨，成了战俘加奴隶。

时年，完颜陈和尚20岁刚出头。他生性刚烈自视极高，尤其在乎名声，这个特点贯穿了他的一生，真正地做到了宁教身死不教名灭。这样的人绝不会忍受被俘为奴的耻辱，他要逃。一年多之后，他和哥哥完颜斜烈杀了看守，带着老母亲一起逃亡。

逃亡之路充满艰辛困苦，蒙古军沿途追捕，他们被迫弃马走小道，兄弟二人以鹿角车载着年迈的老母亲，一路逃回黄河南岸。

这件事让人肃然起敬，自古非孝子不忠臣，这是衡量一个人本质的唯一准则。完颜兄弟宁死不弃老母亲，不仅为他们赢得了巨大的声誉，还是他们一生忠勇事迹的源头。

高傲的人是不能被激怒，更加不能被侮辱的，完颜陈和尚重回军队，对蒙古人的怒火再也不可抑制，哪怕金国分派给他的是杂牌部队，仍然被他训练成了一支硬到难以想象程度的铁军。

他曾以400名骑兵击败了蒙古军中顶级豪强，与木华黎、博尔术、博尔忽齐名，为蒙古“四杰”，世任万人怯薛之首，十大功臣之一，世袭“答剌罕”称号，享有九罪不罚特权的赤老温。

赤老温当时的兵力是8000名!

这时再次开战，像是回到了蒙古初期、金国初期的时代，两个少数民族拔出刀子来聚堆互砍，看谁先扑街……既然是这样，那么人数翻倍的忠孝军成了战场上的太阳，完颜陈和尚复制了不久前在大昌府的奇迹，他再一次击败数倍于己的蒙古军。

之后，世界突然间安静了。

蒙古军居然一败之后全军退走，没有再纠缠卫州。这是为什么，女真人想不通，难道成吉思汗死了，蒙古人武功全失?

武功全失的是窝阔台合罕，他被迫回到了他老爸的思路上去。铁一样的事实让他清醒，他真的不是他老爹。

成吉思汗拥有至高无上的管辖力度，在本族内部予取予夺随心所欲。他则不行，他对于大蒙古国，尤其是军队，基本上只有征调权，而没有领属权。这个折扣非常大，打得蒙古大汗很是自哀自伤，他算是主人吗?行动只要一不顺，下属们立即强迫他回到老路上来。

成吉思汗灭金计划得以执行。

当年五月，窝阔台合罕下令分蒙古军为三队，他自领中路军攻河中府，下洛阳;斡陈那颜率左路军攻济南;拖雷率右路军由宝鸡南下，借道宋境，沿汉水出唐、邓诸州，从侧面迂回至金国后方。三路军相约明年春季会师开封城下。

左路军、中路军没有什么好说的，无论是济南府所在山东道，还是位于山西永济县附近的河中府，都是蒙古人常去的地方，木华黎早就一遍又一遍地杀人放火了，以蒙古大汗之威亲征，一点难度都没有。所注重的，是拖雷率领的右路军。

难点首先在于“借道”。

成吉思汗觉得行，是因为“宋、金世仇，必能许我”。可惜的是，他不清楚关于仇恨，各个民族各个时代的沸点不同。

他可以因为一位祖先被女真人钉死在木驴上，就跟金国不共戴天。女真人能够因为几斤东珠、几条人命、几位姑娘的名声，就跟辽国死磕到底，可他不清楚世上还有赵构、秦桧之类，对全体家眷被虏为奴都不在乎。

那么还何所谓仇恨呢?

所以拖雷想借道宋境，去抄金国的后路，本身就有先天缺陷性难度。果然，拖雷率军南下，先攻下了天水军、成州、西和州，再向前就接近了南宋的军事要塞沔州，拖雷决定展开政治攻势。

他派使者去沔州陈明利害，无非是给俺闪条道俺替你砍仇人决不动你家一草一木之类，得到的回应是南宋沔州统制官张宣把该使者砍了。

理由很充分，你带这么多人想进俺家之前抢劫了俺家好几座城池还保证一草一木都不动，当南宋人这么好骗吗?!

金国你们想打，南宋也不放过，才是你们的真心事吧。之前的“丁亥之变”早就印证了这一点，贪得无厌的东西，别想从俺这儿占便宜!

平心而论，张宣的决定没错，这么想更没错，蒙古人自始至终打的就是这种主意，之前是打西夏不忘南宋，这次是打金国不忘南宋，总之只要大蒙古国存在一天，那么吞噬就永不停止。这是再简单不过的事实，但凡有点理智的人都能想明白。

拖雷火了，以抢劫起家的寒带民族本性发作，蒙古军全力攻陷沔州，之后兵分两路：一路迅速向东攻击兴元府（今陕西汉中），夺取饶风关，这是原定的行军路线；另一路南下，一路抄掠蜀川腹地，直到果州（今四川南充北）。

看样子拖雷很像是被激怒到头晕程度了，他扔下战前策略专心和南宋较劲，其实这正是他精明的地方。如果不想一路与南宋死磕，在每一座城池前都陷入苦战，那就只有在最开始进攻时就凶猛无比，让南宋不敢拒绝他的任何要求。

他得逞了，南宋四川制置司被迫供应粮草，提供向导，送瘟神一样沿途详细指点，保证这帮蒙古大爷不走错路，不砍错人。

拖雷有吃有喝沿汉水东下，出邓州，遥遥间对开封城形成了战略包围。

金廷慌了，新上任没几天的金哀宗完颜守绪面无人色，大后方告急，所倚仗的天险成了摆设……他骤然觉得末日临头。紧接着蒙古大汗窝阔台亲自近距离给了他迎头一棒，窝阔台合罕的中路军攻陷郑州，前锋游骑已经出现在开封城下！

十万火急。

再也顾不得许多了，必须调精兵回防。而精兵在哪里……潼关，完颜合达、完颜陈和尚都在那里，集结有重兵15万之众。

金国就是这样陷入了成吉思汗给他们挖好的泥潭，就是这么无可奈何，哪怕知道这时从潼关调兵回防是百里争利，必蹶上将军的事，也没法不这么做。难道还有别的办法吗？能眼睁睁地看着都城被攻占，自己保存实力吗？

那还有什么意义！

金国15万精兵，其中骑兵2万，步兵13万，在1232年正月的严寒大雪中千里狂奔回救开封，他们不顾一切了，第一，倾巢出动，没留下什么人，连潼关都不要了；第二，为了速度，只带了几天的粮食，彻底轻装上阵。至于饿倒了怎么办，这个简单，只要尽快冲回都城就有饭吃。

金国版破釜沉舟。

这样的速度，真的似乎迎回了转机，他们在邓州境内的禹山就堵住了蒙古右路军。拖雷也变得被动，他被迫兵分两路，使本就居于劣势的兵力更加分散。一部分甩开金军，继续向既定目标挺进，去与窝阔台合罕、斡陈那颜会师围攻开封。另一部分与金军纠缠，但是效果不好，金军没有被截断，连方向都没被扰乱，仍然在向开封城尽全力运动。

这是那个时代最艰苦的一次行军，金军行动仓促，衣衫单薄粮食缺少，恨不得一步迈到都城，哪怕立即接战，也能喘口气。

可实际情况是，他们连眨眼都是奢侈的。蒙古骑兵仗着马快弓劲，时刻与他们保持着距离，在他们行军时随时偷袭，他们每当要安帐休息时，都会有蒙古骑兵突然间出现，黑暗中一阵箭雨，射得金军帐篷千疮百孔，等他们抄家伙冲出来时，人早跑没影了，现场连根蒙古马毛都没有剩下。

金军没法休息。

形势很快变得更加令人发指，蒙古兵不仅在晚上骚扰，连金军白天埋锅造饭时都要前来捣乱。这群寒带草原战士在冰天雪地里玩得很开心，时间久了，女真人发觉不对劲。

这到底是谁在堵截谁?

之前15万金国精锐从潼关不顾一切急行军回救都城，拼死拼活在禹山把拖雷堵住，之后两军纠缠在一起，怎么看都是蒙古人联宋灭金的意图落空了，可现在看来，味道怎么品怎么不对。

金军真的堵住了拖雷吗?

拖雷分出一部分兵力仍然向开封进军。

金军敢就地歼灭拖雷大部队，不受这种疲劳战术的损耗吗?

当然不敢，威胁到开封城的不只是拖雷这部分，蒙古大汗窝阔台亲征，游骑已到开封城下，那边十万火急，哪怕再大的损耗也得受着。这就造成了金军咬紧牙关不吃不喝不睡觉，时刻承受着巨大的折磨，在冰天雪地里迅速筋疲力尽。

而蒙古军像狼群一样环伺于周围时隐时现，控制着行军的速度、疲劳的程度，精确地掌握着那个临界点的到来。当时的金军并没有意识到这一点，等他们走到了钧州以南的三峰山时，才猛然发现不对。

他们竟然已经陷入绝境。

拖雷近三分之二的兵力一直和他们纠缠，近三分之一的兵力急趋开封，窝阔台临近开封……所有的情报都直指开封，可在三峰山，金军猛然发现不仅拖雷那三分之一的兵力突然出现，连蒙古大汗窝阔台都挡在了他们的前头！

直到这时，女真人才如梦初醒，知道了蒙古人的攻击点到底在哪里。哪是什么开封城，根本就是潼关这支金国仅存的精锐部队。所有的调动都只为了这一个目标而服务，怎样调他们出关，怎样逼迫他们，怎样使他们疲劳，怎样掌握住节奏，使包围圈形成，且形成时正是他们筋疲力尽之时。

这些，蒙古人都做到了，在河南境内的三峰山一带。

三峰山地势非常一般，只是低矮平常的三座连在一起的小山头，在全国各地都有类似的地貌。如果一定要说这座三峰山有什么特殊，只能是独一无二的历史人文传说。此地是钧州，相传有钧台，是华夏第一王朝“夏”开国时，夏禹王举行祭典的地方，后来又成为夏桀囚禁商汤的地方，这些都是华夏文明的源头之处，意义重大非同小可。

可在1232年的冬雪中，这里充满了绝望和暴力，15万名饥寒交迫的女真士兵面无人色地在寒风暴雪中瑟瑟发抖，他们的手甚至没法握住比寒风还要冷、结满了冰凌的刀枪。蒙古军在外围围而不战，分批燃火烤肉。一阵阵的香气飘了进去，那比致命的毒气还要歹毒，让女真大兵们饿得发狂，却没有勇气，更没有体力冲出去决一死战。

直到这时，蒙古兵仍然没有发动最后一击，他们还在算计，要怎样才能以更加小的代价，覆灭这支金国仅存的精锐。

蒙古军放开了一条通往钧州的“生路”……

很多人不明白为什么到了这一步，蒙古人还不集体冲锋，把三峰山变成屠宰场，杀光里边的金军。他们不是纵横世界无敌手，动辄毁灭数十万计的敌军吗？这么想应该没有错，可是里面有些内幕并不是谁都了解。

蒙古军惯于以弱胜强，两个万人队横扫欧亚，可是东亚的对手与那些不同，女真人毕竟雄踞世界之巅近百年，瘦死的骆驼比马大，比如这15万名精兵，仍然是世间不可低估的强大力量。

蒙古人对此相当重视，不仅借道南宋，还出动了……4万骑兵。

这个数字怎么看都有些不着调，且不说是不是过分小觑了女真人，至少也是太不把蒙古大汗本人当回事。才4万，领军的又是大汗又是监国亲王，这不是君子自处险地，没事找死吗？

可查资料能得到答案，蒙古人基本也就能派出这么多人了。

蒙古军开国时期全部兵力只有15万—20万，这时家大业大地跨欧亚，哪一处都得留人，导致的后果就是大汗亲自出马砍人，也只能凑出区区4万兵力。

好在蒙古军完美地制订了计划，完美地执行了计划。

这时满山冰雪中，蒙古人闪开了一条小道，饥寒交迫的金军明知凶险，明知后果是怎样的，也不得不开始了逃亡。

教科书般的一幕出现，“道路”闪开，重围中最生猛的一小部分金军冲在最前面，他们向北面的钧州跑去。蒙古军没有理会他们。

落在后面的、反应迟钝的都是精疲力竭只剩一口气苟延残喘的，这些人占绝大多数，他们被蒙古军斩成几段，分割屠杀。

血色三峰山，除几千人之外，15万金国潼关精锐都死在了这里！

逃出去的人命运也很悲惨，先是完颜合达的副手移剌蒲阿，他跑得最快，目标不是钧州，而是原定的目的地金都城开封。也就是说，不管情况怎样，他一定要去拯救京城和他的皇帝，哪怕是败了，也要冲到那里才行。可惜的是，他在半路被追上了。

移剌蒲阿被俘，遭劝降，答以“我是金国大臣，只应死在金国”，于是被杀。

完颜合达在完颜陈和尚的保护下冲破蒙古重围，逃进钧州城。蒙古军随即杀到，城池几乎立即失陷，完颜合达在乱兵中被杀，身份确认后，首级被送至开封城下示众。

战斗逐渐平息，没人发现完颜陈和尚。

完颜陈和尚已经杀出了蒙古军包围圈，如果要逃，他能逃走；如果要隐藏，他能静悄悄地活下去。可是他没法容忍这些。

宁教身死，不教名灭。

如此大战，金军最后一支精锐之师全军覆灭，他身为全军名将，怎能默默偷生！思前想后，完颜陈和尚觉得生无可恋，难道说，金军还有重新振作反攻蒙古的可能吗？没有，那么何必活着。

完颜陈和尚单骑来到蒙古军前，自陈身份，要求见蒙古主将。蒙古军如临大敌，层层围住，押送他去见拖雷。

完颜陈和尚见拖雷而不跪，朗声说道："我乃大金忠孝军统领完颜陈和尚，大昌原、卫州、倒回谷之胜皆我为之！我如死乱军中，人将谓我负国家，今日明白来死，天下必有知我者！"

蒙古人爱的就是这样的硬汉，拖雷亲自劝降，可以想象，他被拒绝得有多么冷硬倨傲。蒙古人的另一面随即出现，只要是敌人，哪怕是札木合也要被铁木真杀掉。

完颜陈和尚被先后砍断膝、胫、足，他怒骂不绝，蒙古人用刀把他的嘴划开，一直割到了耳际。他"血而呼，至死不屈"。

如此忠烈，让蒙古人也收起了刀。自拖雷起，蒙古人围在完颜陈和尚的尸体周围，以酒洒地祝祷——"好男子，他日再生，当令我得之。"

完颜陈和尚是女真人的英雄，他的死不应以胜负论之，更不能以聪明、愚蠢论之，甚至英雄也不应该有国界之分。

纵观女真发迹百年间，大人物出过很多，战争狂人更是不计其数，以"女真战神”完颜宗弼，也就是金兀朮为例，他再怎么样，也没法让人敬佩，更弗论赞他一声英雄。

因为他无信义、不勇敢、无原则，只是一个在满足国家的大前提下满足自我杀戮享乐愿望的强盗罢了。完颜陈和尚截然不同，他不只是由于悲情而感染我们，更重要的是人生的精神内核。由女真人所修的《金史》中记载，此人每每于军中读《孝经》《论语》《春秋左传》等儒家经典，“军中无事，则窗下作牛毛细字，如寒苦之士，其视世味淡然”。

这样的人，与汉人何异？不管其他民族的人怎样看他，汉人们认可、敬佩他的所作所为。

三峰山之战结束，蒙古人得到了所有想要的，蒙古、金之间的分水岭出现，三峰山这边瓜熟了，开封那边的蒂也落了。

蒙古军从四面八方堂而皇之地向开封城挺进，他们攻克了饶风关，进占没有了兵力的潼关，只在洛阳城下受到了阻力。

洛阳城里只有3000余名三峰山残卒、百余名忠孝军余部，留守官撒合辇病重无法出战，绝望愤郁中自投护城河而死。金将强伸领军，率士卒于冰雪寒风中弃甲裸身死战，又命令数百名壮士在城头上奔跑呼喊，声势与数万人相似。又创制了一种叫“遏炮”的发石器，击毙数千名蒙古军。

洛阳城被围困三个月，蒙古军始终无法破城。

当然，这也是因为洛阳无关紧要，不足以影响大局。蒙古军像洪流一样南下，直赴开封，主导这一战的是蒙古名将，曾横扫中亚的速不台。

为什么不是拖雷？

孛儿只斤·拖雷刚刚完成三峰山之役，为大蒙古国征服东亚奠定了坚实基础，这时他应该乘胜前进，进一步建立不世功勋才对，怎么会突然在战场上失踪呢？

他不是失踪，而是死亡。

那一年的五月间，窝阔台合罕突然间病了，病得很重，眼看要死。按蒙古惯例，蒙古最高档次的巫师登场。该巫师竭尽全力终于得到了病因的真相，他说，是历年以来蒙古人杀生太多有违天和，长生天降罪，山川泽林生怨，所以蒙古大汗必死。

拖雷当时侍病在侧，问怎样禳解。

巫师给出答案，必须由黄金家族的直系亲王代替，蒙古大汗才会安全。

成吉思汗子孙众多，然而真正的直系只有四人。术赤早死，窝阔台本人生病，察合台远在中亚，只有拖雷近在身边。

仁侠拖雷没有半点迟疑，直接问要怎样代替。巫师要他去野外向天地祈祷，之后喝下了一碗据巫师说是从他三哥身上洗涤下的罪孽的水。

拖雷一一照办。

孛儿只斤·窝阔台的病随即痊愈，孛儿只斤·拖雷死亡。

哪怕再单纯的人，也会从上面的事情里嗅出阴谋的味道。甚至可以说，这根本就称不上是什么阴谋，而是赤裸裸的谋杀。

最重要的战役打完了，拥有全蒙古最强军力的拖雷还需要活着吗？作为新一代大汗，难道要永远仰四弟的鼻息，时刻战栗在四弟的威胁之下？

无论谁都忍不了。

那么拖雷看不穿这些吗？身处乱世，在尸山血海中杀出来的枭雄怎么会不懂这些？他完全有能力拒绝，甚至以此为由，与窝阔台决裂，索性就真的当一回大汗！

但他什么都没做，只是安静地喝下了那碗水，让混合着阴险、龌龊、痛苦、犹疑、毒药的液体流进自己的身体，他用多年的回忆去沉淀过滤，让这些只剩下亲情。

拖雷死了，年仅 40 岁。

随着他的死亡，窝阔台安心了，合罕陛下从战场上退了下来，返回熟悉的漠北草原。在那里，有无数的各族美女、醇酒在等着他，幸福的生活开始了。

金国的苦难正式到来了。

战斗发生在城墙内外，所以拼的不是马刀弓箭，而是各种攻防器械。由于年代距离北宋亡国时已有百余年，所以科技也着实先进了一些。

双方都有新家伙登场。

金军先动手，他们向城下扔石弹。每弹一两斤重，不太沉可以迅速不停地扔，算上重力加速度的话，实战效果应该挺狠。

蒙古人回敬以更大的石头。他们抬出来当时世界上最可怕的抛石器。这种巨大的抛石机在蒙古西征途中攻城略地，把中亚一带的人都砸服了。这时在开封城四角的每一角都集中了几百架之多，而且炮弹充足，从周边搜罗到了足够多的石碌碡。

也就是石头大磨盘。

大家想一下，得用毛驴等大牲口才能拉得动的石头大磨盘从天而降是啥情景。在当时基本上没有任何东西能够遮挡，尤其是城头上的木质防守器械。几天之后，开封城头全是碎木头、碎骨头，而石碌碡们“几与里城平”。

本来是没有办法的，砸得多了就有了办法。金军在城头上用麦秸、马粪裹住尚存的器械，用索网、牛皮作为悬空防护减少大磨盘的冲击力，暂时让情况好转。奈何蒙古人在破坏方面着实有天赋，他们不用石头了，而是发射燃烧着的大木头。

大块木材上浇上从西域带回来的石油，仓促间根本没法用水扑灭，开封城就此陷入一片火海。所幸开封的城墙岿然不动，由后周世宗皇帝柴荣所督建的外城墙，墙土皆取自虎牢，“紧密如铁”，巨大的石碌碡砸上去，只是稍微凹下去一点点而已，没有半点开裂崩塌的迹象。

这道城墙既然这么牛，三百余年了还这么无解，那么就先解决它。蒙古人想出新办法，为了防备城头上砸下来的小石头，以及一些火器，他们用大量的生牛皮围成了一条通道，直达城脚下，立即开挖，挖出一个能容三四个人的小洞穴。

有了这个洞穴，里边的三四个人像土拨鼠一样，很快就挖出了一条地道。几天之后，地道多至上千条，只等一声令下，就要挖通城墙，进入城里。

等来的不是速不台的命令，而是金军的新办法。女真人在南方住的时间长了，大脑的智慧增长也很快，他们推出了一种新武器——震天雷。

这是用大铁罐子装火药，点燃引信之后，用抛石机扔出去。“其声如雷，闻百里外，所爇围者半亩以上，火点着铁甲皆透。”

这东西平时用都给蒙古军以沉重打击，这时金军把它顺绳子悬至蒙古军挖的小洞穴近旁，轰隆一声巨响之后，“人与牛皮皆破迸无迹”。

挖洞至此失败。

金军开始反击，他们使用了“突火枪”。这物件像近代的喷火器，“注药，以火发之，辄前烧十余步，人亦不敢近”。蒙古军实在也拿这东西没辙。

攻城战整整进行了十六个昼夜，蒙古军使尽招数，不能攻克开封，而城里城外死伤者无数，“内外死者以百万计”。

百万计应该是夸大了，可实际情况的惨烈可以想见一斑。事到这一步，速不台本人也知道短时间内再也没法奈何这座坚城，而蒙古军主力已返回漠北，他不可能迅速得到补充。速不台派人进城允许金国求和。金国上下有死里逃生的感觉，立即同意。

金国献上海量珍宝、犒军物资，速不台率军后撤，蒙古军散布在河洛之间，休整以待时机。

开封城里陷入狂欢状态。死里逃生的感觉是那么动人，金廷百官相率入宫庆贺，金帝完颜守绪本人也及时向上天感谢，减御膳、罢冗官、放宫女，上书不得称圣，改圣旨为制旨……一大堆的做派，让人搞不懂他是女真人的皇帝，还是汉人的皇帝。

老天爷对这似乎也糊涂了，郁闷之余给了完颜守绪一个回条。既然不办实事，那就给你一个最起码的结果。

由于城里城外死尸太多，没有及时处理，开封周边瘟疫流行，两个月内又死了近百万人。

1232年的蒙古人和1127年的女真人一样，在和与战之间毫无诚信。居住在开封城里的一方，一次次没完没了地受骗。

早春时节以极大代价送走了瘟神速不台，才到了八月间，蒙古草原深处就传来了新的价码。窝阔台合罕又说话了，他要金国的皇帝陛下亲自去漠北草原深处，与他面对面地敲定和平条约。

……完颜守绪直接“病”了，声称连床都下不了，绝对没法长途跋涉。

蒙古人派来一个叫唐庆的使者就近观察，唐使者在历史中名声不显，做起事来却非常认真。他来到金国的大殿上，发现对方的准备工作很到位，一张大床摆在殿上，完颜守绪本人躺着，等待他的检查。

这真的是彻底放低了身段，想当年北宋灭亡前夕，赵佶父子也没这样迎接过金使。可惜这对唐使者无效，唐庆作为一个汉人，在成吉思汗时期就出任蒙古军职，历任万户、元帅左监军、龙虎卫上将军，怎么看都是一个狠角色。

狠人自然办狠事。

唐庆围着金国皇帝的御榻来回转圈，边转边看，边看边问，几次三番强迫金国皇帝从床上爬起来，跟他出城去漠北。

完颜守绪躺在床上说啥都不起来，装孙子装得那叫一个地道。你蒙古使者再凶，总不至于把他硬拎起来提出城去吧?

唐庆当天没这么做，事情总要再观察一下。他约好明天继续观察，然后下殿回驿馆吃饭睡觉。睡到半夜出事了，一大群女真人涌了进来，把他和其余随行人员全部砍死。金国除了像完颜守绪这样的怯懦版滚刀肉之外，还是有些倔强凶狠不自侮的男人的。

事情发生了，完颜守绪再害怕也没法追悔。他下令对此沉默，不追究，也不向蒙古方面解释。当然他更清楚，这事闹大了。

参照摩诃末的遭遇，完颜守绪决定逃跑。

皇帝本人想去汝州，可是全体部下都被吓着了，提醒他那是开封的西边，那个方向300里以内连个活人都找不着！

年底时，金帝率领半个朝臣班底，带着数万军队逃出了京城。临行前，他与太后、皇后、公主等宗室痛哭告别。之所以不带这些家眷走，一来是要安定开封城内民心；二来也实在带不走，巨大的后宫会把他拖成龟速。

金帝的逃亡之路第一站是卫州，这主意是元帅出的，领军的却是宰相，多么完美的和谐之道，军政双方都照顾到了。

卫州城里是金国的军民，之所以造反，都是因为粮食。开封城里的军民饿疯了，官方派人来强抢，卫州城的人也要活着，当然会反抗。

反抗的结果是金国皇帝亲自带人来抢。

兵临城下，卫州城城门紧闭，完颜白撒大骂城里人无君无父罪该万死，正来劲，蒙古军到了。速不台知道金帝出逃之后，一边调集人马重围开封，一边火速追击，终于在卫州城下把金帝最后的一支军队堵住。

战斗在卫州城下展开，在白公庙结束，除了完颜白撒本人身先士卒光速逃跑成功之外，数万名金军全军覆灭。金帝完颜守绪在稍远处的魏楼村傻等，直到完颜白撒跑来报信，才知道死到临头。

完颜守绪以前所未有的果断和速度继续逃跑。

目标归德。

夜幕下，金国皇帝、宰相一行六七人爬上一条小船渡过黄河，逃往归德。其实当时战场上金军覆灭了，可还有很多零星的战斗和抵抗在进行，他们一逃，一切立即结束。

好不容易逃到归德，聚拢了些人马，所有军民都忍无可忍，要求处死完颜白撒。金帝也早就受够了这个皇族公子哥，痛恨之下，给他安排了一个别致的死法。

把完颜白撒关进一间空屋子，不给饮食，整整七天之后，这个总嫌宰相工作餐不可口的顶级纨绔终于被活活饿死。

卫州之败的消息像长了翅膀一样传遍河朔大地，也传进了开封城里。民众们终于知道他们被抛弃了，恐惧绝望转化成了愤怒，发泄目标当然是朝廷，具体的倒霉对象是留守的两个宰相完颜珠颗、完颜奴申。这或许是人类情绪的自然表露，却不料带来的是真正的地狱。

有人利用了民众的愤怒，此人叫崔立，时任金国西面元帅，他带着二百名甲士杀掉了京都里两个宰相、部分高级将领，自称太师、军马都均由、尚书令、郑王，他的弟弟崔倚当平章政事，崔侃当殿前都点检，一言以蔽之，他总揽了金国大权。

百姓们很高兴，终于出口气了，有希望了……崔立给出的希望是身着御衣，出城与蒙古军主将速不台议和，条件是蒙古人立他为儿皇帝。

北宋的张邦昌是不得已而为之，皇冠落到头顶上时痛不欲生，崔立则欣欣然努力争取。面对送上门来的“儿子”，速不台微笑着表示赞赏。崔立精神大振，回到开封，立即着手去做他盼望已久的赏心乐事。

破坏，永远是人类的原罪，永远能勾起人类灵魂深处最原始、最邪恶的快感。

崔立回开封，第一时间下令烧掉城墙上的各种防御器械，宣布这是蒙古人接受投降的最基本条件，而他就是蒙古人授权的受降监督人，开封城的死活，全在于他是否满意上。

怎样满意呢？破坏。

崔立下令搜捕跟随金帝出逃的官员的家眷，抓到之后拷打玩亵无所不为，全部家财都搜刮殆尽。这种恶行迅速波及城里的每一个角落，上至公卿贵族金国皇室，下至各级官员、平民百姓，全都被轮番胖揍，直至吐出每一个铜板。

民间的钱、皇宫的钱，都流进了崔立的私宅。

搜刮得差不多了，崔立才想起了蒙古爸爸，他把金国两宫皇太后、梁王、荆王及宗室500多人押进37辆大车里，送俘北行，交给了蒙古大军。金国皇室一锅端了之后，他又选“三教、医流、工匠、绣女”各色人等送出城。

凡此种种，除了贡品里缺了两个落难皇帝之外，1127年北宋灭亡时的情况宛如重现。这一幕是如此鲜明，除时空倒流的感觉之外，不禁让人浮想联翩。这是报应吗？这是报应吧！当年北宋只是没有遵守几个小条约罢了，就被女真人空前残暴地欺侮，天理何在？！

就在此时。

唯一遗憾的是，不是宋人亲手还报而已。只是事情还没有完，什么样的机会都有可能出现。回到开封城，崔立的风光时刻转眼即逝，因为蒙古军还是入城了。蒙古人是很有黑色幽默天赋的，他们进城之后，没有第一时间铺开军力，扑向满城的平民百姓，而是集中人手，先去了崔立的家。

速不台从中亚打劫到东亚，是一位资深型强盗，非常精通怎样用尽可能少的精力，抢到尽可能多的财宝。何必费力去亲自搜刮呢，先让崔立忙，把好东西都集中在崔宅，之后一锅端，多省事。

所收之财连同崔家本来的财产，一起被蒙古军搬走了。崔立欲哭无泪，想讲理没胆，只好眼睁睁地看着一切离他远去。至于他的下场，同样是碎的。

蒙古人抢完他家，对之彻底放弃，开封全城的百姓一拥而上，他、他全家全部变成碎块。

老窝被端时，在外的金帝完颜守绪也正忙着，他在最后仅存的几个部下中间巧妙斡旋，成功地使之互相残杀，丧失了金国最后一丝元气。

事情是这样的，“金国政底”抵达归德，人员共计如下：皇帝一名，完颜守绪；元帅一个，蒲察官奴；统兵元帅一个，马用；大臣一个，李蹊；马军总领一个，纥石阿列里合；还有一个是归德府当地的知府兼武官石盏女鲁欢。

大猫小猫三两只，矛盾仍然深深深几许。

先是石盏女鲁欢，作为坐地户，他深深地感到了危机。这么多的大佬驾临，置他于何地？这都什么时候了，哪有什么君君臣臣父父子子那一套，骨子里的化外野人气息发作，最先想到的就是机遇。

把皇帝老子据为己有，进而号令另外那几个。

石盏女鲁欢以城里粮少为理由，要求这些天里陆续集结的兵力分散出去，到外围自己找食吃，只留下元帅蒲察官奴统领的45名忠孝军、马用嫡系的700名步兵。对于这事，军方倒没什么反感，这是正常反应，平时也会出现。

军队争权嘛。

可金帝陛下郁闷了，他找到元帅蒲察官奴，小声说，爱卿，这个石盏女鲁欢把咱们的军队分散了，你要小心些啊。

蒲察官奴怒了，他想到自己高贵的身份——元帅！不是什么西面元帅、统兵元帅，是元帅！他早就看石盏女鲁欢不顺眼了，当然还有马用，现在皇帝有了暗示，那还等什么？他立即行动，目标是鼓动皇帝跟他走，离开归德去海州。

金帝不明所以，反应迟钝。元帅大人不悦，行为举止开始反常。金帝再一次心理波动，莫非元帅也有了异心？他派马军统领纥石阿列里合去监视一下。不料该统领是元帅的亲信，转身就把这事挑明了。金帝既惊且愧，决定表现一下风度。

完颜守绪派大臣李蹊摆下一桌酒席，请蒲察官奴、马用去赴宴，希望他们以国事为重，都大度些，杯酒解恩仇，一笑了之吧。

很男人的感觉。

马用喜欢，他欣欣然赴宴。蒲察官奴也去了，他带了把刀……酒宴上血肉横飞，马用、李蹊全都被砍死，事态紧接着扩大，蒲察官奴再接再厉，把石盏女鲁欢也捆了，搜刮其家所有财产之后，一刀砍倒，接着又屠灭其家族。

做完了这一切，蒲察官奴意气风发，觉得自己此时才真正是一位名副其实的元帅。金帝完颜守绪吓得魂飞魄散，一顿饭居然吃出了这等后果，实在太崩溃了。好在他的元帅大人体会到了他的心情，把他关进了一座独门独院的大房子，名叫照碧堂。

让他在里边享清福吧！

军政大权由蒲察官奴一手掌控，他也干得着实有声有色，不出一个月，居然大败蒙古军队。事情的起因是上一次卫州大败的时候，蒲察官奴的老妈也被蒙古军俘虏了，他以此为由，暗中与蒙古军联系，要以实际行动救他妈。

蒙古军欢迎这种孝顺，多次接触中逐渐放松了警惕。在端午节的晚上，蒲察官奴突然率领忠孝军450人登船，偷袭了蒙古军的驻地。战果非常辉煌，蒙古军主将撒吉思卜华败死，3500名蒙古军掉进河里淹死，被杀的超过3000名之数。

蒲察官奴得胜归来，更加趾高气扬，完颜守绪在照碧堂里长吁短叹，以泪洗面，哭诉这种日子什么时候是个头，难道一直要受这个奴才的挟持吗？左右亲信侍卫适时出现，给他出了个主意，陛下先是吓了一大跳，之后细想，似乎除了这么办之外，也真没有别的法子了。

某天，金帝约元帅聊天。元帅很傲然地来了，他问心无愧，眼下虽然跋扈了些，但绝没有背金降蒙的心思，他用实际行动证明了这一点。至于说皇帝的感受，乱世啊，再考虑那些心情啦、礼仪啦什么的，还让不让人活了？他是强人，就要起到强人的作用。

蒲察强人被皇帝陛下亲自拔刀砍中，紧接着侍卫们乱刀齐下，变成了蒲察肉泥。

金帝完颜守绪终于结束了归德之旅，他重新带上人，嗯，比之前少了太多的人，去心目中更好的地方蔡州。如果说归德之旅有什么收获的话，就是他成功地把身边随行的所有大臣都玩死了。

一路无惊无险到蔡州，这一带很安全，蒙古军的兵锋过不及此。当金国皇帝策马进城时，满城的百姓都哭了。

不是感动，是可怜他。堂堂大金国的皇帝陛下，居然只带了几百个随从、50匹马，满脸菜色，衣衫褴褛，像逃难似的躲到这地界来了。

人们出于习惯，给金帝以全城最好的吃住待遇。

三个月之后，蒙古人与长江南岸取得联系。窝阔台合罕派使者过江，南宋迅速同意联手灭金。很多人，包括绝大多数的史学家都判定南宋这个举动，和当年北宋联金灭辽一样，只顾着眼前小利，却招来了日后大祸。

其实不然，这一次南宋的决定半点错误都没有。首先蒙古约宋灭金早在十几年前就开始了，南宋一直没有同意，为的就是不想走老路。至少不想在敌方互噬胜负未分之前选合伙人。可这时不一样了，金国灭亡在即，哪怕完颜阿骨打复生也绝无转机。

开封都已经陷落，国土只剩下长江北岸一线，如此绝境，再加上百年间的不世血仇，不痛打落水狗更待何时？！

蒙、宋联手的消息很快传过长江，被完颜守绪知道了。这位金国皇帝给宋朝写信，里边说得倒也透彻——“……蒙古灭国四十，以及西夏，夏亡必及于我，我亡必及于宋。唇亡齿寒，自然之理。若与我联合，所以为我者亦为彼也。”

这个道理很浅，相信谁都能理解并且想得到，可这时让南宋与立马灭亡的金国联合，共同对抗本来没有怨仇的蒙古，难道南宋疯了吗？

更何况，完颜守绪说着这些话，做着相反的事。他悄悄命令秦州元帅粘哥完展进攻饶风关，他本人也会随即向蜀川方向移动，双方合力攻击兴元府，进而谋取南宋的四川之地。

……这就是金国的诚意。

哪有什么唇亡齿寒、合则两利，都是一些政治上的托词，都是些以骗人为生的强盗杀人犯！金国是这样计划的，真正的实施人是当年封建九公中的恒山公武仙。这个汉人对金国的忠诚度无与伦比，为了金国，哪怕所有的完颜都往后躲，他也会往前冲。

武仙集中兵力猛攻南宋川陕重镇光化，历史证明，他真不是一般的衰，光化区域的守将是孟珙。他非常准确地踢中了当时南宋硬度最高的那块铁板。武仙偷鸡不成反蚀把米，死伤惨重往回跑，孟珙不依不饶穷追不舍。

双方在马蹬山再次大战，武仙输掉了所有筹码。孟珙击破了他九寨重兵，武仙本人只带了六七个人仓皇逃走。

金国偷袭四川，挖南宋的肉补自己疮的美梦就此破碎。

蒙古军很快到来。

主将名叫塔察儿，是蒙古黄金家族中的显赫人物，他的爷爷是成吉思汗的幼弟铁木哥斡赤斤，父亲名叫只不干。这一支派的人出生就注定了啥也不用干，什么好事都会从天而降，每一次的封赏都比别人加三倍。

幼子守灶，天然优势。

塔察儿很聪明，出兵之前先与南宋官方打招呼，选的人也非常讲究，是襄阳知府史嵩之。史知府本身能力出众，更重要的是伯父无比高大——史弥远。权二代之间的沟通非常顺畅，史嵩之立即派兵调粮，支持蒙古灭金。

九月，蒙古军兵临蔡州城下。十一月，南宋以孟珙为主将，领兵2万，运粮30

万石，相继抵达。塔察儿热烈欢迎，孟珙满脸微笑，双方划定围城地界、主攻方向，约定互不侵犯。另有小道消息，据说两人互相看着都觉得对方英明神武，于是结成了兄弟。

这样很好，便于互相配合攻城。

这时，蔡州城里金军的实力比三个月之前要强很多，散落在江淮之间的败兵散勇们向金帝身边会集，已经达到了万人之上。

阴冷的寒风中，蔡州之战开始。数万蒙、宋联军分地段向城里猛攻，大体上蒙古军主攻西门，南宋军攻打南门，不过战场瞬息万变，总有些时刻比较特殊，让一些郁闷的事在不经意间发生。

某一天，塔察儿命令蒙古汉系大将张柔率5000名精兵强攻。张柔工作认真，身先士卒，冒着枪林箭雨奋勇先登。结果很遗憾，当天的雨下得大了些，他身中数箭从半空中摔了下去，眼看这位“蒙古人”就要死在城下，南宋的前锋军突然出现，把他救了。

张柔活了，很多年之后，无数的汉人都痛心疾首地追悔，为什么为什么为什么要救他？！

这是1233年，张柔要在1238年才能生出他那个“著名”的儿子——张弘范。就是这个张弘范率领蒙古军进攻南宋，擒文天祥，败张世杰，在崖山逼得陆秀夫背负南宋末帝蹈海自尽，灭亡了南宋。

早知如此，当时在蔡州城下，会有多少把南宋的战刀，把张柔砍成肉泥！

战争在继续，蒙、宋联军先后掘开了柴潭、练江之水，使蔡州失去了本就不深的护城河，之后合力齐攻西门，蔡州的外城就此陷落。这时距开战仅过去了一个月。

内、外城之间被金军挖出了一条深壕，就是这条战壕让很多的事有了发生的时间。先是金帝完颜守绪的哀叹。他深知大势已去，对内侍叹息道——“……我为金紫光禄大夫十年，太子十年，人主十年，自知无大过恶，死也无恨。所恨者神宗传祚百余年，至我而绝，与自古荒淫暴戾之君同为亡国之主，唯此让人愤愤不平！”

这番话让他在历史上赢得了不少加分，元代名儒郝经就发出了“天兴不是亡国君”的感叹。真是这样吗？

逃跑家族的遗传，搞死所有高级将领的事迹，灭亡前也不忘享受的无耻，这些都是谁干的？

这人发完感叹之后，仍然想突围，哪怕外面的天地再没有金国的半寸土地，他仍然要把逃跑进行到底。可想而知，他被堵回来了。

蔡州内城变得比当初的开封城还要地狱，被围三个月之后，城内物价腾贵，粮食断绝，居民只能以人畜骨和芹泥充饥，最后的一次盛宴是完颜守绪杀了 50 匹厩马、150 匹官马给守城士兵吃，老百姓眼看着没份。想当初，迎金帝入城，可曾想过有这一天？

1234 年正月，戊申夜，南宋主将孟珙下令对蔡州发动总攻，蒙古军也把蔡州西门凿开了五个通道，双方几乎同时杀进内城。

同一时间，金帝完颜守绪召集百官，传位给金国东面元帅完颜承麟。完颜承麟，金皇族，前宰相完颜白撒的弟弟。

蔡州临时宫殿里，场面肃穆庄重，金国君臣并没因为灭亡在即而慌乱，他们有条不紊地举行着仪式。完颜守绪让位，完颜承麟推辞。

完颜守绪说：“朕体素肥，鞍马驰突不便。爱卿敏捷有将略，万一能免，能保我大金国祚不绝，也了却朕的心愿。”

这话让完颜承麟没法拒绝，金国最后一位皇帝就此诞生。

大礼刚毕，四面喊杀声已近在眉睫。完颜守绪立即走回后院，在幽兰轩自缢身亡，史称其为“金哀宗”。这个皇帝哪怕有万千错谬，可国君的本分已经尽到。“国君死社稷”，面对亡国之祸，他不乞求，不投降，更没有被绑缚献俘，殿廷受辱，这份硬气让他远远超出了其他的亡国之君。

比如北宋的徽、钦二帝！

金末帝完颜承麟在外殿听闻金哀宗死讯，没有急着突围，而是率群臣入内殿举哀。“哭奠未毕，城溃。”大家七手八脚忙着焚烧金哀宗的遗体，可这也是蒙、宋联军所必得的战利品，全城的焦点瞬间就凝聚到了这里。乱兵杀入，金廷权贵刹那间全成肉泥。

金末帝完颜承麟死，这是中国历史上在位时间最短的一位皇帝，大约只有一个小时的时间。

城里的战斗仍在进行，大臣完颜仲德率领1000名金军精锐与蒙、宋联军展开了激烈的巷战，直到金哀宗、金末帝的死讯传来。残兵只剩500余人，他们在完颜仲德的率领下集体投汝水殉国。至此，金国灭亡，立国120年。

这个崛起自白山黑水之间的塞外民族在最后时刻保持了铁血风骨，却没法改变灭国时的惨痛经历。说它的建立，起于反抗，过程神勇，让人情不自禁地为之鼓掌叫好。事实上我们也这样做了，一如当时为完颜阿骨打的喝彩。

可是穷人乍富之后就迅速迷失了自己，为了利益最大化，压西夏灭北宋，残酷荼毒无所不用其极。赵佶父子哪怕再有错，就真的值得用困饿侮辱杀戮灭国来报复？还有那些皇族的无辜女子，她们又有什么不对？！

人在做，天在看，一切都有报应。

当年宋太祖赵匡胤平定天下，不杀一降王。轮到赵光义，杀李煜逼小周后毒钱俶，杀德昭、德芳、廷美，坏事做尽。开封沦陷时北宋皇族，也就是他的直系后代的命运众所周知。

如今金国怎么对北宋的，蒙古人就怎么还给了他们。

而元世祖平灭南宋，免去宋帝系项牵羊的俘囚之礼，授上司徒，封瀛国公，日支羊肉1600斤供养南宋皇族，可称丰厚。即使后来有宋人以宋帝旗号造反，蒙古人也没有借机加害。对世仇金国，窝阔台合罕的命令是：“除完颜氏以外，余皆赦免。”可见杀戮的对象只是金国皇室。

日后朱元璋兴起，元顺帝逃归沙漠之后，其子孙数百年绵延不绝，这难道不是证据吗？冥冥天意之中，谁敢说做错了事不用埋单？！

金国灭亡了，实事求是地说，除了女真族之外，没有谁怀念它。它留在史书中的印迹，除了鲜血、暴戾、破坏之外，很难找出其他的闪光点。最起码不像蒙古，蒙古人在史书中留下的印迹，除了鲜血、暴戾、破坏之外，还有广阔的胸襟、恢宏的气度、不变被征服者的衣冠、不限制宗教。而这些，也同样适用于辽。

金？不让人愉快。

至于说文化贡献，就更加可怜了。大金国百余年间雄踞东亚，是当世最强国。再400余年后重新出现在世人面前，居然又回到白山黑水间，过着和完颜阿骨打早期一样的日子了。这说明了什么？没文化真可怕，在刀枪上输了之后，只能被打回原形。

金国无文化。

# 第三十一章　南方天空最后一抹晚霞

蔡州之战结束，塔察儿和孟珙重新强调了友谊，平均分配了战利品，包括金哀宗没有烧完的尸骨，各自回国交差去了。

于蒙古而言，塔察儿带回来的东西很一般，全在意料之中，只需要签名查收就可以了。对南宋则不然，南宋举国上下欢庆若狂！

金哀宗的尸骨被奉献于太庙徽、钦二帝的遗像前，算是为两位“落难”祖先报仇雪恨。孟珙还顺手牵羊抓回来金国的参知政事张天纲，赵昀派人去羞辱之——“有何面目至此。”同时祭扫河南祖宗陵园的准备也在紧锣密鼓地进行中。

一切都预示着南宋的春天到了。

不只是灭掉了金国，更重要的是赵昀终于亲政了。10年，整整10年的时光，他一直坐在皇帝的宝座上沉默着，一语不发，做垂拱状。

这时，史弥远终于死了。

史权臣死了，对于他的死，笔者无言，南宋也无言。他做得实在太成功了，不仅让整个国家沉默，也让任何想诅咒、想痛斥的人说不出什么。在他任职期间外部发生了那么多的事，他都很清醒地应对了，历史证明，就像直到蔡州之役时才答应蒙古联合灭金一样，他的选择总是那么恰到好处。

不吃亏。

能指责他什么呢，无非是把南宋搞得更加文适武僖，加倍的死水一潭。可这说到底，又不是自他而始，他只有连带责任，不必论杀论剐地上纲上线。如果实在要加罪名的话，只能说史弥远听任外部世界千变万化，他只冷静旁观。

现代人都知道，不能与时俱进的，只能被时代淘汰，南宋看似在紧要关头痛打落水狗，既灭了世仇，还交好了蒙古。其实，大谬不然。

这些都是后话，南宋这时的主题是庆祝，是自豪。尤其是赵昀本人，他雌伏10年，早就有了自己全盘的打算，正好一一实施。第一，确立史弥远的历史地位。这至关重要，要知道他之所以能当上皇帝，完全是史弥远一手策划的，如果史弥远是错的，那么置他自己于何地？

所以当有人弹劾史权臣时，赵昀统统不听，反而为其歌功颂德，树立成南宋的政坛偶像。

反对声很快就平息了，因为史权臣的敌人本就不多，基本上都在活着的时候被他本人处理了。至于世间所有事物的估价者道学家，也对他没有恶感。

史弥远一生不与道学为敌。

于是乎，史权臣比之前的韩国戚要幸运多了，名列宋史的正臣栏，不必与秦桧、张邦昌之流为伍。怎样，生前身后都妥妥当当。

真聪明人也。

赵昀也很聪明，他保全了史弥远，却狠抓史弥远的党羽。只用了很短的时间，朝廷的中下层干部成功大换血，权柄快速回到了皇帝本人手中。

南宋开始了一段舒适生活，蒙古人的主攻方向是遥远的西方……

朮赤死得太早太突然，金帐汗国的压力大增，身在异域，不进则退，蒙古人为此召开全族大会，商量怎样解决。

这次举族大会定下了一个空前绝后的决策，为了西方，蒙古黄金家族的所有支脉、万户以下所有那颜的长子全部聚集出征。

引用《元朝秘史》中的原话是：

其诸王内教巴秃（拔都）为长，在内出去的教古余克（贵由）为长。凡征进去的诸王、驸马、万千百户，也都教长子出征。这都教长子出征的缘故，因兄察阿歹（察合台）说将来：长子出征呵，则人马众多，威势盛大。闻说那敌人好生刚硬，我兄察阿歹谨慎的上头，所以教长子出征，其缘故是这般。

这种语言风格很有特色，元朝百年之后，到了明朝初年，朱元璋他们说话也这个味道。限于篇幅，不然把朱元璋立在太学里的一块训诫碑原文录上来，可以互相印证。

长子西征名义上以长子中的长子拔都为主帅，实际上的前军主帅是横扫欧亚，不久前还随成吉思汗攻略过那片土地的速不台。

这场声势空前浩大的西征要在第二年，即1235年时才展开，可准备工作要提前很多，至少兵力都在向西方集结。

1235年，蒙古军从漠北老家起兵，向整个世界四面八方同时发动进攻。

向西，浩大的长子西征开始了。以拔都为首的蒙古第三代战士从这一年起，至1241年，他们连续攻灭了不里阿耳、钦察、斡罗思、也烈赞等区域，进而破莫斯科、罗斯托克、阿速国、乞瓦、伽里赤，兵锋直入马札儿（现匈牙利）。

1241年春季开始，长子西征进入爆发期，第三代蒙古战士彻底熟悉了沙场，他们攻入西里西亚境内，与捏迷思（德国）军激战于里格尼茨，获压倒性大胜。在冬季，他们把战线推进到了维也纳多瑙河一带。这时漠北传来了必须撤军的命令。

长子西征结束，拔都率军北还，在伏尔加河下游的营地立国，建萨莱城（今阿斯特拉罕附近）为国都，统有东起也儿的石河，西至斡罗思的辽阔地域，史称其为钦察汗国。

向东，蒙古东征高丽，高丽人这次惹了大麻烦，不仅被赶回老家，还被一连攻破大半个国土，最后只好把太子送了出来当人质，表示永久性真诚臣服。

向南，蒙古人非常重视南宋，派出了窝阔台合罕的二皇子阔端率西路军攻打四川，三皇子阔出率中路军南下荆襄，大将阿木鲁率东路军进攻两淮。

战斗在南宋的三个国防区域，四川、京湖、两淮同时打响。

先说四川战场。蒙古人是有备而来的，他们似乎认真了解过中原历史，知道欲取江南，必先取四川，之后顺流而下，无所阻挡。

窝阔台合罕的二皇子阔端负责这一战区。攻川必先取蜀口，两军都直奔要害，在蜀口、沔州一带展开激战，四川战区最高长官制置使赵彦呐被击败，兵困青野原。危急关头，宋军都统官曹友闻率部死战，冲破重围，终解青野原之围，把蒙古军挡在阳平关、鸡冠隘一线。

这只是开始。

第二年的秋季，阔端再次出击，赵彦呐本人带头逃跑，蜀口守军立即一哄而散。四川门户大开，蒙古军长驱直入。川北重镇相继陷落。

十月，成都的受难日到了。

蒙古军化装成宋军混进了成都，成都失陷。残忍的阔端下令血洗锦官城，城池被烧毁了，民众被屠杀，有记载一共死亡了140万人。

南宋的上游重镇尽失，国都安全顿时下降，可以说蒙古人掌握了灭亡南宋的钥匙。

中路京湖战区同样惨淡，蒙古军自河南南下，唐州、邓州、均州相继投降。枣阳、光化、德安先后被攻陷，这些州县除了道士、儒生等极少数人之外，全被屠杀。次年二月，蒙古兵临京湖区域最重要的据点襄阳，这里由宋军统帅赵范亲自坐镇。

大敌当前，赵氏兄弟的本质暴露。号称一时名将的双兄弟连内部问题也处理不好。“北军”出事了。北军，是金国灭亡之后投降南宋的女真军队，他们与蒙古人有灭国之恨，会真心为南宋出力。可赵范居然在各种小问题上一错再错，搞得北军叛变。

襄阳丢了。

襄阳城非同小可，城里有着自岳飞开始就一直积攒的战械、粮草，这些数十年如一日的积累，都毁在了这时。

南宋京湖防线崩溃，阔出率领的蒙古军直线突破，随州、荆门、郢州等城相继失陷，江陵（今湖北荆州）近在眉睫，最后一道防线长江已触手可及。

当此时，四川陷落，京湖崩溃，三大战区只有两淮一线由于长年备战，防御体系完善，能与蒙古军抗衡。国家形势之危急，是南宋自开国以来之最险。宋廷上下真的慌了，他们找不出任何可以挽救危机的办法，最后只能选在理论上最靠谱的一个试试。

孟珙。

毕竟是联蒙灭金的现场实施者，他应该有能力。可是之前出于种种原因，比如他是史嵩之的部下，一直被冷藏在战场之外。

事有轻重缓急，当务之急，在于京湖。它离临安太近了，蒙古军渡过长江，南宋将立即灭亡。孟珙以最快的速度赶了过去，到位之后心里一片冰凉。没有兵，没有船，而对面全是兵，全是船！战争说到底是力量的对抗，这种局面会让任何一名战将绝望。

只剩下一个办法了——事急用奇，兵危使诈。

孟珙下令封锁江面，用疑兵之计，列烛照江达数十里。煌煌烛火下，宋军军队来往频繁调度，旌旗服色各自不同，像是有巨大的兵力在疾速集结。对岸的蒙古军迷惑了，他们变得小心翼翼，放慢了进攻的速度。可孟珙却突然不顾一切地提高了速度！

他派兵到对岸把蒙古军的战船一把火都烧了，彻底断绝了蒙古人渡江的可能。

京湖危机暂时解除，换作其他宋人，或许会得过且过，只要还活着就很享受。孟珙不然，他得到补充之后迅速渡江，夺回了襄阳等城镇。战略要地回来了，可里边的物资战械全部损毁，面对超级大烂摊子，孟珙要做的事实在是太多了。

南宋朝廷变得理智，要员们发现了孟珙的才能，那么很好，就尽量使用。京湖一带完全交给了他，总原则是，在这一块区域没有安定之前，孟珙不派他用。

京湖安危在三年之后，1238 年左右彻底得到了解决。孟珙找到了一个人，他叫杜杲。杜杲，字子昕。出身刑狱世家，走上战场，纯粹是一个偶然。

宋、蒙战争初期，杜杲所在的位置在两淮区域。

1236 年，杜杲知安丰军。蒙古人在年底寒冬时围城，各种蒙古传统战术统统出笼，比围攻蔡州时更上一层楼。没人期盼杜杲能有惊艳表现，一介文官能有什么作为？可整整三个月里，安丰军的城头战械毁了一批又一批，杜杲能保证城上的防御始终不懈；安丰军的城墙被摧破一块又一块，杜杲能让它们迅速修补，保证强度。

蒙古军蛮性发作，派出敢死队，头戴金属面具，身穿牛皮厚甲爬墙仰攻。杜杲命善射之人专以小箭射其目，使之无法得逞。

三个月之后，援军终于到了。这时连蒙古人都没有预料到，杜杲居然还能保持住出城野战的实力、士气，派人里外夹攻，大败来犯之敌。

蒙古军在安丰军城下损兵折将达 1.7 万余人。

到 1238 年，杜杲因战功升任淮西安抚使兼知庐州（今安徽合肥）。城大了，敌势更大。蒙古军在城外堆起了一座高于城墙的土坝，在上面安装火炮、投石机，日夜不停攻击城内。仗打到了这地步，传统的弓箭刀枪等人力能使用的武器已经失效了，难道杜杲能派人出城，一只手拿刀，另一只手拿铁锹，把土坝拆了吗？

杜杲在城里同样筑起一座更高的土坝，在上面同样安装火炮、投石机，两军隔着城墙互相对射，南宋大胜，蒙古军的战械都被焚烧砸碎。

安丰军城外的一幕重现，杜杲乘蒙古军势竭，出城追杀数十里，毙敌 2.6 万余人。这是宋、蒙自开战以来南宋军方取得的最大胜利，同时也开创了城市保卫战的成功先例。

他的战术，非常像南宋初年镇守蜀川的名将吴玠。

杜杲的及时出现，让孟珙腾出手脚，可以重铸蜀川防线了。这时的蜀川已经支离破碎，曾经超级稳固的蜀口防线完全失效。

蜀口，在与金国对战时，指的是以秦岭弧圈上的大散关、黄牛堡、皂郊堡，这是第一道防线；其中大散关、黄牛堡控制着陈仓道，皂郊堡控制着仙人关。这一关二堡，就是史书中经常提到的“蜀口外三关”。

外三关以南的阶、成、西和、凤等州，以及天水军，是蜀口的第二道防线。

第三道防线是武休关、仙人关、七方关。其中武休关控制着陈仓道入汉中的道路，仙人关控制着从仙人关入汉中的道路，七方关控制着从阶州入汉中的道路。

这是史书中所说的“蜀口内三关”。

第二道防线中的四州一军是内三关的前沿阵地，称为关外五州。

蜀口外三关分布在秦岭的南北弧圈上，很难被敌军迂回，在历次战争中损伤较小。内三关的小道和斜径很多，很容易被敌军迂回偷袭，吴玠就吃过大亏。宋、金当年在这片区域内一共爆发过四次重大战役，导致内三关严重损毁，不可修复。

在吴玠时期，蜀口兵力在10万左右。到宋、蒙交战时，兵力最多时为7万，几乎全是步兵，战马只有几千匹。

如此兵力如此残关，而蒙古纵横天下百战之师，结局可想而知。至1139年前后，蜀口关隘全部被拔除，四川成为不设防之地，东、西两川任由蒙古军出入。而蒙古军在这一年的秋天，更是调集重兵，对外号称80万，攻重庆、破开州、抵万州，直达夔峡。

下一步很显然，是占据长江上游，顺流而下，直破江南。

南宋彻底慌了，赵昀不再只调孟珙入川，而是命令孟珙以最快的速度，率领本部军马入川，哪怕京湖一带空虚，也要先挡住蜀川敌军。

孟珙火速沿长江逆流而上，在归州、巴东一带与蒙古军交锋。他是那个时代最神奇的万金油，无论是在陆地，还是在水面，是在川中，还是在平原，都百分之百地起效。

孟珙顶住了蒙古军！

他顶着号称80万的蒙古大军，使其一路沿原线返回，沿途连想停下来攻克重庆都做不到。这一战持续到了第二年的初夏时节，蒙古史书里宣称是出于天气的原因，仅仅是天气，立即就要炎热了，所以蒙古战士才回家度假。

战争告一段落，工作才刚刚开始，孟珙要把蜀川修复一新才行。

原来的蜀口关隘不合时宜了，孟珙提出了新的三关概念。他要在夔州设置制置司副使，调关外都统司驻防，负责涪州、万州以下江面河堤，成第一道防线；以常德府、澧州一带作为第二道防线；以辰州、沅州、靖州、桂阳军、郴州为第三道防线。

这套方案既能防御蒙古军从川东东下，又可以抵御蒙古从云南、广西方向迂回穿插。历史会证明孟珙的眼光有多么独到老辣，不久之后这两个方向都给南宋带来了巨大的威胁。

破坏如果只需要1秒，那么建设或许要经历10年。孟珙入川百业俱废，要一点一滴做起，这实在是太难了。而这时他身膺南宋三分之二战线上的国防事务，也真的没法全身心投入一时一地的建设上。

得另找人。

非常幸运，余玠适时出现了。余玠，字义夫，南宋分宁（今江西修水）人，侨居蕲州（今湖北蕲春东北）。自幼家贫，不务正业。史称“落魄无行，喜功名，好大言”。曾先后在沧浪书院、白鹿书院就读，中途辍学。

一般资料里找不到余玠辍学的原因，仿佛讳莫如深有多少内幕似的，其实很简单的一点小事。少年戒斗、中年戒色、老年戒得。余玠少年求学，犯了头一条。

某一天，余同学去喝茶，很可能是当天风和日丽让他精神愉悦，一不留神与茶博士吵了起来。双方越吵火越大，于是决定动手。

余同学年少力薄，初战失利。余同学狠辣彪悍，决定再来。他抄起了一根木棍……对方死了。余玠只有辍学逃亡。

去当职业匪徒呢，还是选个类似的？余玠选择了后者，他投身到淮东制置使赵葵门下，当了一名幕僚。时也命也，正赶上宋、蒙交战，余玠立即脱颖而出。

前面提到的杜杲成名之战，安丰军之战，杜杲固守三个月之后得到外援，里应外合大败蒙古军。那位外援，就是余玠。事后在余玠的功劳簿上静静地躺着一个显赫的名字，蒙古军主帅叶国大王，这人被当场击毙。

次年，1238年的寒冬，余玠守招信军，与蒙古军血战三日，身负重伤，保住城池不失。

再一年，余玠的伤好了，越想越生气，决定报复。

蒙古人家大业大手笔大，入驻开封之后，把早就淤塞的河道都疏通开了，开始大造战船，预谋水陆并进攻打江南。每一个宋朝人都知道这有多危险，当年宋太祖赵匡胤就是这么干的，强极一时的北宋水军就从这里开始起步。

余玠突然间率兵启动，出两淮入河南，在敌占区穿插自如，奇袭开封城，一把火把蒙古军的造船厂烧成一片白地。做完了这些他仍然觉得自己委屈，顺势又威逼归德府，等蒙古军终于反应过来，向归德府集结时，他突然转向，猛攻宿州。

……宿州被他攻破了。

这之后，余玠才全军南归，安然回到南宋境内。这番壮举是南宋几十年以来所未见的，一时间余玠声名远播，广为传颂。

赵昀亲自接见他，据说仔细看了他很长时间，决定把蜀川交给他。

余玠是个划时代的人物，他对蜀川的理解，超出了当时所有人，包括孟珙。因为他发现了宏观方面的大差异。在整个东亚，甚至欧洲，蜀川都是极特殊的一块区域。

它是山地。

蒙古军横扫世界，不外乎战马、弓箭、投石器这三样武器。它们足以毁灭军队和城市，却没法征服高山和大河。

高山、大河，正是南宋所拥有的。具体到蜀川，就是高山。此前蒙古军攻破蜀口，肆虐两川，记录显示的全是成都被攻破，开州被攻破，重庆被威胁，等等，等等，这就是问题所在，都是城池受损，那么山呢？

和平岁月，没人愿放弃平原去山上居住，导致蜀川的山地还处在原始状态，余玠要把它们利用起来。为此，余玠把治蜀的任务分成了两步走。

第一，聚拢人才。

蜀川多杰士，只要用心，自古不缺。余玠精心搜寻，得到了王坚、张钰、张实、冉琎、冉璞等人。前三者在日后大放光彩，成为南宋战将群落里的璀璨明星，支撑着汉族与蒙古军死战到底。后面的冉氏兄弟更具有决定性。没有他们，就没有蜀川。

冉氏兄弟帮助余玠完成了蜀川中独特的山城防御体系，其中的代表作是处于重庆合州附近的钓鱼城。钓鱼城石壁陡峭，山势耸立，相对高度达300余米，山下嘉陵江、涪江、渠江三水环绕，南、北、西三个方位临水，只有东面可以登临。

山水之利，足以固险；山水之便，可以通达蜀川各地。如此雄关，地处如此要害，正是上天赐予蜀川的天然要塞。

可是当时却没几个人赞同，传统思维是人类的共性，千古以来只有极少数的人杰才能破除之。余玠想在原有的钓鱼寨上扩建钓鱼城，上下一片哗然，觉得新来的长官真是不着调。放着现成的城池不加固，跑山顶上去喝冷风？

余玠力排众议："城成则蜀赖以安，如果不成，我一个人独自上钓鱼城就是，不用你们跟着。"

钓鱼城城墙高数丈，用石块垒成，全城开八个城门，分别有外郭、皇城、内城三道防线。南北各构筑一条一字城与嘉陵江相连，以便补给，同时能阻挡敌军城外运动，还可以与外城形成立体攻防。

钓鱼城的成功带起了周边一系列山城的兴建。其中新建八城与嘉陵江、涪江和渠江合称“三江八柱”。

三江八柱是蜀川的防御核心，以此为基础，南宋先后在岷江、沱江、长江、通江、南江、巴河等流域建百座山城。今可考地址的共44处，绝大部分是余玠治蜀时所建。这些山城一般选择在不是很高的山崖上，但崖势一定要陡峭，这可以大大减弱蒙古骑兵的冲锋力量。同时依江傍水，既能借水利增山势，也能发挥南宋水军的优势与外界取得联系。

山顶上一般有几十亩，或几百亩的土地，可以种田、伐木、捕猎，还必须有泉眼。以上足备之后，山城可以自成体系，不必外界给养，就能长期生存。

余玠还总结了一整套与蒙古军作战的经验：第一，以逸待劳，不可轻战；第二，聚保山险，不居平地；第三，多用夜劫，不可昼战；第四，收聚粮食，毋以资敌。这些让蜀川形势空前大好，“军得守而战，民得业而耕，士有处而学”。

做完了这些，余玠再一次觉得蒙古人面目可憎，决定继续报复。

余玠选择的时机非常好。

在他那个时代，肯定不会有消息网遍布整个东亚大陆，从而知道何时该防，何时该攻，可是好人好命，他打算反攻蒙古时，正赶上蒙古的衰弱期。

余玠在1243年左右入蜀，修筑山城需要时间，都准备好之后，过去了两三年，这期间蒙古的乱事很多。

首先，1241年时蒙古窝阔台合罕死了，据说是饮酒过量。这人的一生在功绩上看很不错，灭掉了世仇金国，对南宋完成了压制，可从大历史的角度来看，只是一个过渡角色。他一生最大的业绩，与其说是拓地灭国，不如说是完善了一些制度。

比如在全境内设置驿站。

相反，他的死对整个世界意义重大。分布在半个地球上杀人放火的蒙古人立即停战，从四面八方赶回蒙古老家，号称世界中心的和林。这需要时间，而蒙古内部兵力空虚，尤其是窝阔台一系，他的儿子们参加了长子西征，还在赶回来的途中。

事实上全蒙古贵族的长子都在赶回来的路上，这就给叛乱提供了极好的机会。成吉思汗的幼弟斡赤斤率领精兵突然杀向了窝阔台的大斡耳朵（蒙古大汗的驻地）。他是第一代的守灶幼子，有着巨大的实力，如果得逞，蒙古大汗立即产生。

关键时刻，窝阔台系的长子贵由及时赶到，斡赤斤悻悻退兵。

大会如期举行，盛况是人类有史以来最宏大的，汉地、中亚、西亚地区都有蒙古贵族到会，连罗马教廷都派来了著名的教士加宾尼等高层。“广阔的原野变得狭窄，斡耳朵内无容身之地，更没有地方可以下马。”

如此盛大，折腾了好几个月，除了给窝阔台定下了庙号“太宗”之外，什么事也办不成。因为忽里台大会选择窝阔台的长子贵由当大汗，可长子中的长子拔都不同意。

术赤系一贯被排挤，连带着拔都在同代兄弟间也没地位。贵由在西征中公开叫板，说他是“带弓箭的妇人”。拔都当时忍住了，把情况说给三叔听。三叔大怒，痛责贵由——“这下等的，听谁的言语，敢将哥哥毁詈？舍了你，如弃一鸟卵。如今教去边远处做探马赤，攻取坚城，受辛苦者。”

有这样的旧怨，拔都当然不希望贵由上位。

忽里台终于落幕，贵由不仅当上了大汗，还让全体蒙古人立誓，从此以后，蒙古大汗只在他的家族里产生。这相当于断了其他所有蒙古人的升天之路，破坏了蒙古人最古老神圣的习俗。贵由不管这些，再接再厉，在他二伯察合台死后，把手伸向了中亚。

察合台原本把察合台汗国的汗位留给了长孙哈剌旭烈兀，贵由说：“儿子还在世上，孙子怎么能当继承人。”他把汗位硬生生地夺走，给了与他交厚的察合台的儿子也速蒙哥。这种事，除了他的爷爷成吉思汗之外，他的爸爸、他叔叔，谁都没有做过，它会引起蒙古的内乱。

贵由很干脆地死了，只当了一年多的大汗。

这一次忽里台大会没有再召开，窝阔台的老婆乃马真和贵由的老婆斡兀立·海迷失决定自己做当家人。这两个女人倒行逆施，很多蒙古人被活活气死，其中包括蒙古开国宰相耶律楚材。这样的局面一直延续到 1251 年。

这之间，南宋方面发生了很多的事，除了余玠的报复之外，太多的人和事都改变了。当然，这一切的前提是，蒙古人内乱，影响了前线的战局。

余玠先是防守，1246 年，蒙古军四路攻蜀，受阻于运山城（今四川蓬安县东附近山地）下，蒙古四川都元帅汪德臣部惨败，汪德臣的弟弟汪直臣被击毙。两年之后，蒙古军企图从藏区南下，迂回攻宋，余玠派俞兴西征，大败蒙古军于大渡河畔。

随后余玠主动进攻，收复了蒙古军在四川最重要的据点兴元（今陕西汉中），将战线推进至接近原蜀川外围的防区。

局面大好，突然就倒。

余玠的好运终止于首相郑清之的病逝。郑清之欣赏他，信任他，他可以在蜀川大展拳脚，郑清之死了，一条锁链从临安横越千里套到了他的脖子上。

新上任的首相谢方叔早就看他不顺眼，天天在赵昀的面前碎碎念，说余玠专制一方，有不臣之心。时间长了，加上之前蜀川吴曦的叛变，哪怕没有证据，赵昀也对余玠起了疑心。

赵昀召余玠到临安自辩。余玠惊怒交集，在动身之前病倒，最终忧愤而死，也有另一种说法，他是服毒自尽。

余玠死了，“蜀人莫不悲之”，临安却无动于衷。接任的余晦快马加鞭来上任，大力清除余玠亲信，以达到对四川的管制。州西路安抚使王唯忠，被诬以通敌罪杀害。不久，宋廷又追削余玠官秩。

然则，余玠首创的山城守蜀之法无可动摇，尤其是钓鱼城，它被扩建了，变得更加完善，尤其是城内的水井达到了 92 口，绝对不会有水源问题。

这些，都会在不久的将来为南宋的生存带来巨大的依托。与之相比，孟珙的成绩仍然要更高一筹。蒙古军奉行的先蜀川后江南的战略，以及余玠在蜀川的成功，让京湖地区的压力骤然减弱，孟珙不再防守，而是主动出击。

孟珙收复了襄阳、郢州、荆门军、光化军等重镇，把原岳家军防区的前沿阵地复原。时机大好，孟珙希望临安能支持他，派重兵驻扎襄阳，巩固赵宋的根本重地。可惜，赵昀在临安城里考虑了一下，还是蜀川、两淮更重要吧，毕竟京湖在胜利，那边在防守。

于是不派兵。

孟珙无奈，只能再一次专注于防守。1240 年左右，河南境内的蒙古军调动频繁，在边境线耕种屯粮，积木造船，目标直指荆襄。

孟珙有吴玠的遗风，防守时更注重突如其来的攻击。他悄悄派兵入河南境，数道并进，有的去毁掉蒙古军的粮库，有的去烧蒙古军的造船厂，几路人马同时发动，每一路都大获成功。

烧完了敌人的物资，孟珙叹息了一声，觉得前途暗淡。

赵宋一向以财力雄强示人，与辽战、与金战，都在物资与人数上添补实际战力的差距。可是近 300 年过去，一切都变了。蒙古人是这个世界上最有钱的，南宋偏安半壁江山，什么事都得精打细算，才能勉强支撑。限于时局，孟珙决定屯田。

京湖驻军在长江沿岸耕种大面积的军田，不仅粮食自给，每年还能补还临安。

时光在这种稳定中流逝，孟珙走到了 1246 年。这一年里他很不开心，他计划了很久，实施了很久的一件事终于也有了回报，一些在宋、蒙之间摇摆不定的汉族武装选择了南宋。这对没钱更没人的南宋来说是及时雨、强心剂。

可是理宗陛下赵昀不喜欢。他觉得这是自找麻烦，今天归宋，明天附蒙，于国何益？他从来不去想，本是汉人，为什么会去附蒙。

孟珙在巨大的失望中病倒，重病中他深深地叹息——“三十年收拾中原人心，今志不克伸矣。”九月三日，理宗时代最杰出的统帅在江陵府逝世，时年52岁。

孟珙的离世，使江南近一半的防区出现真空。他是真正意义上的统帅，其稳定性无人可以替代。然而，赵昀是个好命的人，他在享受幸福生活之余，还得到了额外的奖励。

话说赵昀日后的庙号是理宗，顾名思义，乃理学大成之宗。他恨不能与朱熹活在一个时代，在他的统治下，理学家的春天到了。

理宗陛下非常醉心于为儒家清理门户。

# 第三十二章　阎马丁当，国势将亡

赵昀先是来个大扫除，像扬雄，因为附会王莽篡夺汉室，那么毁掉他在孔庙中的塑像，撤去从祀的位置，等等。

再增加些席位，让儒家神像变壮观。如追封孔门弟子闵子以下九人；如程颢、程颐、张载三先生“得孔孟以来不传之秘”，自然要与孔夫子、孟夫子近一些，站到孔庙，得从祀之位。

这些还只是理宗陛下早些年的创举。到了宋、蒙交战，国家危殆时，他的脑筋更加灵活，向往更加深远，对理学的建设更加来劲了。

大体上他做了三件事：

第一，追封已故著名理学家的爵位。除朱熹早就封信国公外，周敦颐追封为汝南伯，程颢为河南伯，程颐为伊阳伯，张载为郿伯。

第二，取消王安石从祀孔庙的席位。南宋以官方诏书的形式确认王安石是“万世罪人”，赵宋之所以落到今天的地步，全是王安石的责任。

第三，“新学”代表王安石，“蜀学”代表苏轼，文学泰斗欧阳修，以及孙复、胡瑗等非理学人士全部迁出孔庙，各派学术被压制，理学正式独尊于华夏。

面对这样伟大慷慨的陛下，理学界感激涕零，集体思考，只能以世间最光辉的名词回报之，于是百年之后，赵昀被称为“理宗”。

而理宗陛下也坚持着理学式的生活，一方面，他道貌岸然，满口仁义道德君臣大义。时值蒙古不停进攻，他调兵遣将很忙活。另一方面，他的生活中时刻不能缺少美人。其实对一个帝王来说，这似乎不是什么毛病，但看得详细具体一点的话，就会发现那实在是……太理学了。

赵昀登基之初，两位女士走进了他的生活。一个是先朝宰相谢深甫的孙女谢道清，一位姓贾。谢道清端重有福相（估计很胖），相貌平常；贾氏非常漂亮。

作为一个男人，谁都知道怎么选。问题是老妈不同意，宁宗的杨皇后看中了有福相的谢道清，贾氏只好去当贵妃。

这位贵妃带给他，带给赵宋帝国一位大人物，贾似道。

贾似道，字师宪，进士出身。他的故事很长，但这时他还没有上路。

他的姐姐，准确地说是异母姐姐对他非常好。活着时最重要的事，是给他以国家小舅子的头衔；死时，非常遗憾，贾贵妃去世非常早，但时间卡得极其精确，是1247年。也就是孟珙去世后的一年，这时贾似道已经上路了，得到了京湖制置使的职务，可以主政一方。

要是死在了孟珙的前面，事情还真就不好说了，因为赵昀一日不可无美人，小舅子会频繁更新换代。

贾贵妃之后是阎贵妃。阎美人爱的不是弟弟，而是名誉。理宗陛下为她打开了国库，造了一座功德寺，规模居然比赵家列祖列宗的功德寺还要大，比临安当地的千年名寺灵隐寺还要堂皇，一时人称之为“赛灵隐寺”。

赵昀的后宫超级庞大，有夫人名号的有1000多个，慷慨的陛下对她们的赏赐力度完全达到了力与意合的至高境界，也就是说，心情有多么好，力度就有多么大。结果他的意志力实在太浑厚了，1000多个女人仍然没法满足他。

他走上了社会，在烟花柳巷内寻找快乐。当时临安城内色艺双绝的官妓唐安安在元宵佳节之夜入深宫，与陛下共度良宵。陛下非常愉悦，意志力爆棚，花费巨资捧紫了这位本来就很红的角儿。这件风流韵事广为流传，有大臣实在看不过去了，上书说——“坏了陛下三十年的自修之课。”

陛下立即传旨，爱卿闭嘴，不要扩散。

……蒙古国都知道了好吧。

向外部辐射影响力是人类的本能，无论男女，都会这样办。区别只在于辐射的远近罢了。阎贵妃得宠之后，开始干预朝政，于是一个太监也应运而生，毕竟她本人没法亲自去外界指手画脚。

该太监名叫董宋臣。

多好的名字，这人揽权纳贿，无恶不作，人称“董阎罗”。官场对他无可奈何，史称“庙堂不敢言，台谏长其恶，或饵其利，或畏其威，一时声焰，真足动摇山岳，回天而驻日”。

很准确，回天之力就是董太监的独门武功。往往赵昀下的命令，他都有能耐改回来。当然，有时他也需要帮手，比如朝臣丁大全。

丁大全，字子万，镇江（今属江苏）人。他长得“蓝脸鬼貌”，所谓相由心生指的就是这种人。在私人方面，他给儿子聘妇，发现女孩儿很漂亮，就夺媳为妻，收入房中。公事方面，丁大全做到了御史，觉得宰执近在咫尺，可以盼望一下。

于是，他去巴结当时的宰相董槐。董槐自认清流，早就看他不顺眼了，直接赶走。丁大全大怒，当天夜里私用御史台牒，调动 100 余名禁军，手执利刃闯进董府，抓出董宰相，呼啸出城，到了野外，扔下就走。董宰相只好半夜三更一个人慢慢往城里走。

天亮了，终于熬回了临安城里，罢相制也颁布了。董槐下课，连职务加名誉，被双重打击。之后，丁大全堂而皇之地上位，如愿当上了宰执。

这就是理学盛行时期的南宋，好一个笑话。

阎贵妃、马天骥、丁大全、董宋臣，这四个坏人在赵昀的中后期祸乱南宋，朝堂上的公务员对他们无可奈何，民间更伤不了他们半根毫毛，只能用些小手段发泄怒气。有人半夜在朝门上大书了八个字——“阎马丁当，国势将亡”。

小手段起了大作用。

赵昀被这八个字震动了。事实上这也正常，很多位高权重可以俯视众生如蚂蚁一样的大人物，之所以总是那么淡漠、无动于衷，都是因为蚂蚁们的淡漠、无动于衷。

你不去触动他，他怎么会关注你呢？

这时，赵昀开始注意起身边。马天骥被罢免，丁大全被罢免流放，在押解去海南岛的途中，他被押解武官设计误落水里淹死。阎贵妃病死，唯有董宋臣这个死太监一直好运，赵昀非常疼爱他，一直活到了赵昀死前几个月才完蛋。

赵昀还追赠了一份节度使头衔的临别礼物。

以上是赵昀个人原因导致的南宋朝政紊乱，所谓理学名家与理学皇帝会给一个国家带来什么样的局面。回到最为重要的战场上，他的好运倒是没有衰竭。小舅子非常给力。

贾似道是一个早就被定义了的人物，他坏，他笨，他贪，他懒散，他爱斗蟋蟀，等等，等等，但是历史记载了他最初走上战场时的风采。

他比绝大多数的宋朝官员强多了。

贾似道上任京湖制置使之后，继续推行孟珙的屯田政策，每年的产量比孟珙时期更高，可以向临安反补粮食30万石。战场上的表现也很出色，姐夫陛下很高兴，决定让他进步。

进一步，从京湖区域上提一步，过长江到两淮区域去管理。京湖制置司交给了原广西经略安抚使李曾伯。李曾伯，字长孺，号可斋，怀州（今河南沁阳）人。在宋史中人们一般把他定义为词人，因为他的词写得的确卓然大家。

实际上他是一名出色的建筑师。

李曾伯上任，开始大力修整工事。经3万将士历时数月，原本毁坏多处的襄阳、樊城重新成为军事要塞，尽复岳飞以来的宏伟旧观。

来日国难，襄阳藩篱，曾为赵宋抵挡了多少年的蒙古兵火。这份功劳，自李曾伯始。

# 第三十三章　上帝折鞭处

时间进入1251年前后，宋朝人在忙于建筑之余，忽然间发现边境那一边，蒙古人似乎也在忙着砌墙，很多的城池要塞拔地而起。

西起四川，东至淮东，在南宋的全部边境线上，遍布蒙古人的军城。

蒙古军修筑的著名要塞，在蜀川有沔州城、利州城、成都城，在京湖有光化城、毗阳城、枣阳城，在两淮有亳州城、海州城。

屯田的力度更大，地广人稀的河南大地上重新出现了庄稼。这远远大于南宋京湖一地的屯田面积。对此南宋并没有很好的办法，只能尽量添乱。比如利州城，南宋四川守将全力以赴不停骚扰，让蒙古人建了整整五年才把这座城盖起来。

可毕竟它还是盖起来了。

宋、蒙新一轮的战争随即爆发，蒙古军在所有盖了军城的地方展开攻击，也就是四川、京湖、两淮全被波及，结果灰头土脸，半点好处也没捞着。尤其是在嘉定、扬州、襄阳三大要塞，堪称损兵折将。蒙古人痛定思痛，觉得住了几千年的帐篷，突然学着汉人盖城，实在是颠三倒四。

蒙古人集体思考，准确地说，是蒙古新大汗用心思考，怎样征服南宋呢？是的，这时蒙古已经有了新的主人，他就是孛儿只斤·蒙哥。蒙哥是拖雷系的长子，参加过长子西征，功勋卓著。贵由死了之后，窝阔台的老婆、贵由的老婆，加上窝阔台指定的继承人失烈门的妈妈，三个女人争先恐后地添乱，终于把全体蒙古人都惹火了。

长子中的长子拔都提议，重新召开忽里台，这次不在和林老家，而是到钦察草原来，在他的监督之下，由他保证公正。

三个女人都怒了，蒙古人要重视誓言，上次发誓说蒙古大汗永远产生于窝阔台一系，什么时候轮到术赤系的人说三道四了？！

孛儿只斤·拔都用事实教会她们什么才是蒙古人。他在中亚地区设帐，窝阔台系、察合台系很多人没来，他照样选出了新一任蒙古大汗，与他交厚的蒙哥。

女人们在和林反对。

拔都冷笑，他派重兵送蒙哥回和林，同时集结大军在中亚边缘，随时准备进入窝阔台一系的领地。在这种压力下，蒙哥终于成功登顶。

出来混，终于要还债了。察合台从小敌视欺侮长兄，窝阔台害死幼弟，这两人祸及子孙，从此大蒙古国的君主之位再没有他们的份儿。

在历史的综合评价里，蒙哥得到的四个字是“刚明雄毅”。仔细想，好像都不是什么好词。刚，此人上位之后杀尽所有祸根，比如窝阔台系的三个女人；明，相对而言吧，比贵由之流要强一些；雄，指他迅速恢复了向外扩张，很有蒙古人作风；毅，这个可真不好说，根据后边的事态发展，很可能是赞美他做事一根筋，头脑不是一般的硬。

这一点的证据还有一个，就是他认真地思考怎样征服南宋，费了很大的劲，想出的办法毫无新意。看名词，叫“斡腹”，是迂回穿插腹地的意思，搞得像很尖端的新战术，其实和成吉思汗灭金的计划如出一辙。当年正面进攻金国没办法，只好借道南宋抄金国后路。现在正面进攻南宋没办法，蒙古人把主意打到了云南大理国的头上。

终于要说一下大理国了。

之所以一直都没有提过大理，是因为它对南宋无害，对吐蕃无害，对西夏无害，对金国无害，对蒙古无害，它最大的努力就是消除自己的存在感，不让任何人觉得不舒服。

大理国区域的政体说起来要从南诏论起。南诏，是以乌蛮为主体建立的西南民族政权，立国165年。在唐天复二年（902年）被权臣郑买嗣取代，改国号叫“大长和”。传了三代之后，被剑川节度使杨干贞推翻。当时天下大乱，进入五代十国，杨干贞觉得自己出头不保险，于是把白蛮（白族的祖先）大姓赵善政推到前台，建立“大天兴国”。

那个时代节度使是最牛的一群人，随时可以称王称帝割据一方。估计杨干贞在圈子里被严重嘲笑了，他深觉羞耻，在十个月之后干掉赵白蛮，自己登基坐殿。

国号“大义宁”。

他这样粗暴地对待当地老乡，算是犯了最大的忌讳。白蛮有人不干了，是他的属下通海节度使段思平。段思平自称祖先是西北武威郡人，在西南落地生根好多年，关系盘根错节。他联络了东方37个部落，会师于石城（今云南曲靖），把杨干贞灭了。

他建立的国家名叫“大理”。

这一年是938年，比赵匡胤立国还要早了22年。大理国的疆域基本上与南诏差不多，包括现在的云南全境、四川西南等地，建都大理，中心地带在洱海周边。所辖共有八府、四郡、三十七部。八府四郡是直系政区，三十七部各有世袭的部长，非常独立。

段氏得国之后，吸取经验教训，对国内子民部众非常友善，比如37个部落的徭役是全免的。这样的作风宋朝很欣赏，对它也比较友善。这种日子就一直安宁了下去，直到1080年前后。那时王安石正在忙着变法，没空理会这个与世无争的西南小国。

就在这时，大理出事了。权臣杨义贞发动政变，第十二世大理王段廉义失败，大臣高智升命儿子高升泰起兵攻灭杨氏，拥立段氏后嗣段寿辉继位。14年之后，段氏让位给高升泰，高升泰立国，国号“大中国”。也许是这个国号实在太大了，他承受不起，没过两年，这人死了。

王位重新回到段氏手中，国号改为“后理国”。其后高氏世代为相，称“中国公”。从这时起，段氏的权力名存实亡，国人称高氏国主，波斯等商人往来，都是先见国主再见国王。大理的国风也变了，37部不再倾心归附，多次发动战争。

世外桃源，再也没有了从前的清静与平和。

蒙古人的“斡腹”，就是绕道云南灭亡大理，从背后包抄南宋。实施这个计划的是蒙古大汗蒙哥的弟弟忽必烈。

孛儿只斤·忽必烈是拖雷系的四王子。以蒙哥为首，忽必烈、旭烈兀、阿里不哥都是拖雷所生的同母兄弟。必须承认这个世界或许真的有所谓的气运存在，别的国度里民生凋敝，政治昏暗，就连蒙古内部，也接连出现贵由这样的废物。

可拖雷系实在太可怕了，这几个兄弟个个雄霸一方，蒙哥不用说，是蒙古共主，此前功勋炫目；忽必烈是谁，全世界都知道；旭烈兀征服西南亚，建立伊儿汗国；阿里不哥的故事也很颠覆，后面到时再说。一个雄踞世界之巅的民族，突然间有这样一群人出生于同一父母，让人没法不感叹造化的奇妙。

这样的组合，注定要让周边一切受到威胁。

1252 年的九月，蒙哥命忽必烈由金莲川大本营出发南征。当年年底，抵达黄河上游，次年夏天从甘肃深入藏区，再九月，整整一年之后，蒙古南征军到达了四川若尔盖县边境的忒剌。由此兵分三路进攻大理。抛开正义与否，这是人类历史上史诗般的一次远征。

难度才刚刚开始。

蒙古南征军渡过大渡河，辗转山谷 2000 余里，面临天险金沙江。没有船，没有桥，蒙古军含泪杀了自己的战马，以马皮充气做成皮筏渡过了这最后一道障碍。天险既破，大理必亡，大理的战士面临蒙古军时几乎没有抵抗就投降了。

大理国主段兴智逃往善阐（今云南昆明）。1254 年的春天，忽必烈留兀良合台经略云南，他自己北归蒙古。

兀良合台在一年左右的时间里平定大理，俘获段兴智。至此大理灭亡，共 317 年，历 22 王。

“斡腹”成功，蒙古人想迅速得利。办法是不出动蒙古本部的战力，以兀良合台一部从云南入四川，打通直下江南的道路。

如果成功，南宋的京湖、两淮战区全都成了摆设，蒙古军可以直入临安。南宋京湖、两淮的军队敢回防的话，蒙古灭金时的三峰山之战将重演。

南宋会死得更难看。

兀良合台在灭亡大理之后迅速出兵，从云南北上，同原驻扎在利州、兴元一带的蒙古军合力进攻四川……他们的遭遇比较惨。因为路线上有座山城，叫钓鱼城。

斡什么腹啊？孟珙当初设的三道防线里早就预判到了来自云南的攻击。到这时蒙古自然也知道了，但不在乎，他们视之为征服事业里的艰难过程。

1257年的春天，蒙哥下诏伐宋。蒙古全军分为三路，蒙哥自将右路军，率领4万精兵攻打四川，都元帅纽璘是他的前锋；左路由灭亡金国的塔察儿率领，进攻京湖；云南蒙军由兀良合台率领，进攻广西、湖南。

预期三路大军会师于鄂州，再合力攻打南宋都城临安。

全世界的焦点凝聚于蜀川。这时南宋在蜀川的兵力在5万左右，大体上稍微优于蒙古军。可是地域广阔，兵力分散，具体到某一块区域的争夺上却居于绝对的劣势。

纽璘率军自利州沿嘉陵江而下，过阆州大获山，出梁山军，直抵夔门，破宋军于云顶山，接连攻破彭州、汉绵、怀安军等要塞，完成了蒙古大汗亲征的先期准备。

蒙哥的主力军团终于出动，七月入大散关，十月攻破剑门西边的苦竹隘，再破潼川府治所长宁山城，迫降阆州大获城守将杨大渊，十一月青居城、运山城、大良山城相继献城投降，蜀川安危所系的三江八柱中的四柱已经沦陷。

转年二月，蒙古军兵锋直抵合州钓鱼城。

下瞰重庆、上控三江的钓鱼城，若这里再被攻破，全蜀皆平。

此时，蜀川方面南宋所能控制的实际上已经只剩下川东。为了确保一战定蜀川，蒙哥下令前锋纽璘在涪州蔺市造浮桥，“夹江为营长数十里，阻舟师不能进至浮桥”，以阻止川外宋军从水路援助蜀川。

决定历史的钓鱼城之战爆发。

在当时，于蒙古人而言，他们根本不相信这块弹丸之地会给他们带来什么麻烦。山水之险也要人员之固，之前的那些山城难道很差吗？不还是一样投降。有这个思维存在，在开战之初，蒙古军没派军队，而是派来了一个劝降的。

南宋降将晋国宝施施然上山，自我感觉非常好，对钓鱼城守将王坚、张钰说，蒙军托他给他们带个话……晋国宝被拉到校场当众斩首。

蒙哥大怒，纵横世界的无敌霸主被赤裸裸地打脸，是可忍，孰不可忍，进攻！

蒙哥的“毅”字诀神功发作，他坚信蒙古人的蛮力会决定一切，下令强攻。先主攻钓鱼城的一字城墙（横城墙），再转攻东新门、奇胜门、镇西门小堡等。这样子非常像是蒙古军在山地也发挥了传统上的骑兵优势，动作大，范围广，飘忽得很。

其实很郁闷，每个地方他们都啃不动，钓鱼城“地势险峻，炮矢不可及也，梯冲不可接也”。

300 多米高，90° 仰角，蒙古大兵们得有什么样的长梯，得有怎样先进的火炮，才能打得上去？

尽管如此，蒙哥的“毅”字诀仍然威猛绝伦，蒙古军在他的驱策下连续强攻了近两个月，毫无进展的成绩煎熬着每个蒙古大兵的身心，最终还是天气救了他们。

四月到，雨季来了。

就算有全套的现代户外顶级装备，在雨季里顶着大石头、箭雨去爬 300 多米的陡坡也不是人干的活儿。蒙哥下令休整。

四月末，雨季走了，蒙古军再次发起进攻。这一次他们显然有了经验，一度冲上了外城，杀伤很多宋军，可终究还是被赶了下去。王坚随即还以颜色，趁夜色突然出击，把蒙古军营劫了。这让蒙古人恨得牙根痒痒，这时他们才想起来，孟珙烧粮毁船时派出去具体实施的人就是这位王坚。

四月至五月，蒙古军轮番强攻，士气逐渐低落，一个消息适时出现，把他们的警惕性再次提了起来。南宋增援了。

南宋两湖、京西、四川宣抚使贾似道奏请宋理宗赵昀下诏表彰钓鱼城将士，同时命令四川制置司副使吕文德率领千余艘战船沿江溯流而上增援钓鱼城。

吕文德是一个要详细介绍的人物，他的出身和他的成就非常奇异。说出身，他貌似没法再低了，一个樵夫。这个职业他干了很久，乃至他显赫之后，还有人取笑他，叫他“黑灰团”。发迹之始，源自名将赵葵的某次闲逛。

赵名将一眼看中了这个又黑又壮，长着一双超级大脚的樵夫，把他带回府中。一般来说，这种人只配当个合格的亲兵，可吕文德到了赵府之后，立即呆呆地盯着墙上一幅孔夫子的画像发愣。赵名将发笑，逗他说这是圣人，为何不拜？

吕樵夫直愣愣地回答：“他又没教过俺，俺拜他个啥？”

憨直讨喜，吕文德起步，看起来遥遥无期，但他竟然在一段相对来说不算长的时间里建起了一个吕氏军事集团。这个集团在南宋晚期举足轻重，因为——它最大。

吕文德率领刘整、曹世雄等战将趁江水暴涨，猛攻蒙古军前锋纽璘设在涪州江中的浮桥。历史再一次证明进化是需要时间的，浮桥、城堡这些技术含量很高的事，蒙古人暂时望尘莫及。

浮桥被冲断，吕文德部溯江而上，进入重庆。

蒙哥怒了，钓鱼城必须孤立，如此坚城，攻不进去就只有困死，有了外援那还了得。他命令蒙军汉系部队的史家主将史天泽出击，务必拦住吕文德。

吕文德的军队迅速被扼制住。蒙哥趁势猛攻钓鱼城。这一次他有样学样，没派蒙古军上阵，而是派出了蒙军四川主将汪德臣。久居四川的汪德臣对付山地的确有一套办法，钓鱼城的马军寨被他攻破了。

形势危急，马军寨形成了突破口，源源不断的蒙古兵顺着云梯往上爬，大有趁势抢城的架势。关键时刻王坚赶到，双方拼死搏杀，王坚仅仅能遏制汪德臣的攻势，却没法把蒙古军赶下城去。局势越来越恶劣，人力不可及时，上天突然来帮忙。

一场突如其来的暴雨降临。

在雨中，久居南方的宋军战士如鱼得水，把汪德臣部赶下了城墙。汪德臣失望之余，以己心推断王坚，觉得这时的王坚应该识些时务了，毕竟刚刚差点就城破身死。

汪德臣给出了足够的诚意，他单人独骑到了钓鱼城下，向上喊话——“王坚，我来活汝一城军民，宜早降……”

回应他的是像暴雨一样猛然砸下来的大石块，汪德臣几乎被击中，注意，是几乎。他逃了回去，生命没有半点受损的迹象，可是半夜时分突然发病，不久这人就死了。根据医官鉴定，他是被吓的。

时间进入七月，江水再次涨潮，吕文德率领 300 艘战船突破到了合州，驻泊黑石峡东，与钓鱼城近在咫尺。蒙哥大怒，命令史天泽不惜一切代价必须击败吕文德。史天泽夹江列阵，近 3 万蒙古军在江岸狭窄段向南宋水军攻击，吕文德再一次功败垂成。

种种迹象都表明，钓鱼城气数已尽，尤其是增援部队都能看见了却无法接近，这对士气的影响可想而知。作为一个合格的侵略者，蒙哥决定发动最后一击。

七月二十一日，蒙哥亲自登上一座高坪，瞭望指挥攻城。很显然，他是个历史盲，不知道早在 253 年以前澶州地段有个叫萧挞凛的人是怎么死的——千万千万，别在阵地前沿露脸！

钓鱼城的某个角落里，王坚像当年澶州城头的威虎军军头张瑰一样，发现了趾高气扬、挥斥方遒的蒙古大汗。他悄悄命令城上的炮手，用发石器瞄准这位空前巨大的猎物，发射！一块谱写史书的石头飞了出去，没有证据证明它当场准确地击中了蒙哥，但是蒙哥在战场上消失了。

事后据说那块石头在蒙哥身边坠落，坚硬的石头在坚硬的山石上崩碎，巨大的动能让那些碎片像弹片一样四处横飞，有几块碎片切入了蒙哥的身体，哪怕这位蒙古大汗身穿当时最昂贵辉煌的铠甲也无济于事。

蒙哥重伤，愤怒让他丧失了一切理智，有将领劝他放弃这座城，别再跟石头们较劲了，战争不是这么打的，没必要死磕。

可是他本人，以及更多的蒙古将军深信“攻城则功在顷刻”，只差临门一脚而已。于是再次强攻，接着再次失败。

来自宋军最强的反击是张钰扔下去的东西，那不再是石头，而是鲜鱼和面饼。城头上的宋军向下喊——“尔北兵可烹鲜食饼，再攻十年，亦不可得也。”

手捧鲜鱼，蒙古人灰心丧气。南方的七月天气，鱼这种东西半天就臭了，可这居然是新鲜的。这说明城里的食物、水源绝对充足。

这还怎么打呢？“功在顷刻”，像是笑话一般！直到这时，他们仍然不知道钓鱼城的概念。钓鱼城城周 10 余里，参见平原地带的重镇襄阳，重建之后也不过才周长 9 里。

蒙哥不知道这些，他在全力以赴地憋气窝火，不久之后他得病了，不得不选择退兵。他像是有所预感，下令说，他之所以得病都是因为钓鱼城，要是因此有所不讳，他日若破此城，必将屠之。

蒙古退兵了，行军至金剑山温汤峡时，孛儿只斤·蒙哥死亡，时年 52 岁。蒙古军加速后撤，沿途以屠杀泄愤，两万多南宋平民被无辜杀戮。

钓鱼城之战改变了世界历史。

按照惯例，蒙古大汗死亡，全世界各处征战的蒙古军必须立即停战，回来抢汗位，或者见证大汗的上位。

旭烈兀的西征就停止了。这时他已经攻下了巴格达城，屠杀了该城几乎全部居民，西南亚随之近乎全部陷落。

蒙哥死讯传来，旭烈兀当即停战，留下一部分军队留守之后，率领主力东返。

# 第三十四章　暮色襄、樊

在南宋境内，战争的时钟却没有立即停止，因为忽必烈出现了。

这时要提一下忽必烈的特殊性。他与全部的蒙古人都不同，尤其是和“刚明雄毅”的大哥有着本质上的矛盾。

蒙哥是传统型蒙古人，信任马刀和弓箭，他的“刚”字诀拒绝他去接受并奉行其他民族的生活理念。比如汉族的，哪怕再先进，能带来更多的财富，又有什么用呢？

蒙古人击败、奴役其他全部民族，难道应该放弃自我，去向那些“劣等”民族学习？！天大的笑话。忽必烈却不这么想。

蒙古人的战斗力，加上汉族人的思维，才会强强结合，达到完美配置。他在自己的漠南领地，包括汉地的河南一带，放弃了传统的蒙古财富管理法，转而放权给汉人，很快得到回报，财富像滚雪球一样迅速壮大。

让其他的蒙古人看红了眼睛。

蒙哥本人都怒了，辛苦抢劫的蒙古人还不如坐享其成的蒙古人，简直是大逆不道，尤其是四弟的财富比他都要多，这绝对不能容忍。

蒙哥下令调查忽必烈的汉臣手下是否擅权、奸利，以此为由，一个庞大的纪检组织从和林出发，到忽必烈的漠南区域内积极工作。

很快，纪检列出了142条违纪事件，忽必烈的大小幕僚全部落网，几乎一个都没剩下。蒙哥趁机解除了忽必烈对漠南汉地的统军权。

忽必烈遭遇了他人生中最大的危机。黄金家族的主要成员不可能没有军权，无军权之后很快就会无生命，会迅速淹没在历史长河里，连个水花都别想溅起。

被逼无奈，忽必烈只好尽一切可能取信他的哥哥。

他带着全部家眷北上和林入觐，非常明显，他是要把全体家人都交给蒙哥当人质，以此证明他的忠诚。可就是这样，蒙哥仍然不相信。

蒙哥命令他把家眷留在和林，自己单身入觐。忽必烈答应，蒙哥才勉强放他回汉地去休息。他的军权没了，他的汉人机构没了。

忽必烈在历史上暂时消失。

以上事情发生在“斡腹”云南成功之后，蒙哥南征之前。当钓鱼城激战正酣，蒙哥汗“毅”字诀大显神威的时候，东路军主将塔察儿打得一塌糊涂，这位灭亡了金国的蒙古名将寸土未得。蒙哥大怒，扬言必将严惩，哪怕是守灶家族也别想幸免。

这时忽必烈适时出现，他请求大哥给予出征的权力。蒙哥想到了四弟的英勇善战，在这方面老四还是非常蒙古的。很好，忽必烈出征，代替塔察儿负责东路军。

蒙哥死在金剑山温汤峡时，忽必烈已经取得重大进展，他的军队渡过淮河，强攻大胜得手，进至黄陂，抵达了鄂州江北，饮马长江了。

与南宋一水之隔，蒙哥的死讯传来。

大汗死了，战争必须立即停止，尤其是忽必烈，他是有望竞争汗位的人，越快赶回蒙古本部，成功的希望越大。

可忽必烈不这样想，他需要一场浩大的胜利，尤其是蒙哥汗亲征都没有得到的胜利，有了它之后，他才能在竞争中真正获得优势。若不然，他之前还被停职，就差流放了，让他拿什么威服骄横成性的蒙古人？

忽必烈下令渡过长江，围攻鄂州。消息传进临安，南宋朝野空前震动。这是自金兀术搜山检海捉赵构以来前所未有之危局。

蒙古军居然已经渡过了长江！

是逃是战摆上桌面。主张逃跑的人是首相吴潜，这人非常强硬，对赵昀也不那么柔顺，经常自己处理完了文件，才把结果报告给赵昀。两人之间的矛盾早有激化，激化点在赵昀的继承人上面。

宋理宗没有儿子，唉，好色之报啊！他打算立弟弟赵与芮的儿子忠王赵禥为太子。吴潜不同意，说——“臣无弥远之才，忠王无陛下之福。”

硬生生地揭了赵昀最痛的伤疤。

这时他劝赵昀逃跑，赵昀问你怎么办，吴潜答他将死守临安。赵昀立即抢白道——“你想做张邦昌吗？”如此君臣，当面骂街，吴潜自然罢相。

逃跑的动议也被否决，南宋决定应战。先前在蜀川遥控战局的贾似道从汉中发兵，在行进中被任命为右丞相，火速赶往鄂州总领战事。比他更近的是吕文德部，从重庆起兵助战。

战云密布的鄂州城，曾经是岳家军大本营的鄂州，再一次成为全世界的焦点。

贾似道是这次战役的总指挥，不管这人以后是怎样的，这时与在这之前，他是一个完全合格的军人，哪怕他是文官，但在战场上的表现足以配得上推荐他的那个人的名誉。

他是孟珙所选择的。

贾似道以最快的速度向鄂州进发，途中接到了一个难以置信的命令。临安方面要求他先去黄州报到，因为那里才是所谓的军事要冲。可军队还要向鄂州继续进发，也就是说，他必须独身上路。这简直是要他去送死。有记载，这是吴潜罢相前的最后一道命令。

贾似道大怒，从此把吴潜恨到了骨头里。可他没用皇帝小舅子的身份叫屈喊冤违抗命令，而是由宋将孙虎臣率领700名士兵送他上路。

路上猛然遭遇了蒙古军，贾似道长叹一声——“死矣！惜不光明俊伟尔。”他一点都不怕死，只是觉得死得默默无闻，死得没有价值。

孙虎臣很硬气，立即领兵冲了上去，想给贾似道争取时间逃跑。结果杀过去才发现，对面是一大群被俘虏的江南百姓，押解的是南宋降将储再兴，手下只有几十个蒙古的老弱残兵。孙虎臣冲上去，很快把这一伙人杀散。

贾似道安全进入黄州。

显然这是在恶搞，鄂州方面危在旦夕，主事者居然置身事外。贾似道通过关系，撤销了那条混账命令，重新回到军队里，向鄂州进军。

他晚了，忽必烈的军队已经在攻城中，他得冲破重围，才能进去。他做到了，进去之后在一夜之间就把蒙古军已经打破的两处城墙补全，并用大木栅环绕城墙一周。这种效率前所未见，把城外的蒙古军吓了一跳，忽必烈不由自主地感叹，为什么他的手下没有贾似道这样的能人呢？

忽必烈的感叹是真实的，他的军队轮番强攻多日也攻不进鄂州，急切中，他命令留守云南的兀良合台以最快速度赶来支援。兀良合台立即行动，可是在潭州（今湖南长沙）城下被向士壁拦住。至此形成僵局，蒙古无法得手，而鄂州日渐吃紧。

忽必烈非常苦恼，北方的消息不妙。往常要筹备很长时间的忽里台大会不知怎么回事，这几天居然就要召开了。他的妻子天天派人催他北归，甚至把话挑明——“大鱼的头没有了，在剩下的小鱼中，除了你和阿里不哥，还能有谁呢？你快回来好不好？”

他的幕僚也警告他，哪怕攻下了整个南宋，阿里不哥如果当上蒙古大汗的话，你也只是一名臣子。孰轻孰重一目了然，为什么还要犹豫不决？

忽必烈再也沉不住气，正准备撤军，突然间鄂州城派出了使者。

贾似道要求和谈。

很多史书很多人鄙视贾似道在这种关头抢先和谈，给蒙古人搭桥，主动丧失利益。这让人说什么好呢？白痴才会这么想！

贾似道知道蒙古内情吗？不知道；他有没有守住鄂州？守住了；坚强抵抗之后提议和平，在长江天险丧失之后，这难道不是一个很适宜的决策吗？

仿佛一直打下去，就能把忽必烈干掉一样。

忽必烈派人进鄂州，装腔作势要巨款岁币，贾似道只答应每年20万两白银，这比当年澶渊之盟时还要少三分之一。蒙古使者当时就郁闷了，我们现在过了长江好吧，就这个价？可是一扭头，正看见蒙古军中竖起了帅旗，他急忙下城回去。

忽必烈告诉过他，帅旗一举，立即回营，全军要北归了。这次的和谈，只有蒙古使者匆忙间扔下的一句话——“他日复议。”

蒙古军急巴巴奔丧似的撤军，让贾似道闻出了些怪味，他派人追击，杀了殿后的乌兰哈达部蒙军 170 人。贾似道把这一战功夸大，报了上去。

不管怎样，空前的危机在他的主持下被化解了。南宋上下一片庆幸之声，进而对贾似道本人充满了感激。宋理宗赵昀亲笔写了一份诏书，进行官方感激——“……似道为吾股肱之臣，隐然殄敌，奋不顾身，吾民赖之而更生，王室有同于再造。”

这至高无上的赞誉给他带来了巨大美好的前程，贾似道成了南宋一颗急剧攀升的政治明星。从这时起，贾似道以及南宋有八年的时光在悠游快乐之中度过。

回望漠北。

忽必烈在北返的同时称汗，建年号“中统”。这是开蒙古之先河的创举。在这之前，蒙古的纪年一律是“成吉思汗元年”“窝阔台汗十年”“贵由汗二年”或者“海迷失皇后称制元年”之类，只有名称加时间，从来没有过年号。

可见忽必烈是如何向往汉学，在蒙古人的眼中，他又是多么另类。没过多久，漠北深处的和林，阿里不哥也随之称汗。

两汗对峙，各自指责，开战在所难免。

要说一下他们双方各自的实力。阿里不哥作为拖雷系的灶主，继承了几乎全部的遗产，手中握有 60 多个蒙古千户，拥有浑都海六盘山的 4 万铁骑，拥有散布在川陕区域内原蒙哥的一部分军队；忽必烈的军队要少得多，但长年出征，战力强盛，个人威名远超阿里不哥。

最重要的是，忽必烈的地盘。他拥有的是漠南、辽右、乐浪、高丽、燕云、西夏、秦陇、贵滇以及吐蕃。两相对照，他简直是当时世界上最富有的人。

阿里不哥在这方面输得一败涂地，他的地盘“地穷荒芜，阴寒少水，草薄土瘠，大抵皆沙石也”。这样的破地方，能有多少物资出产，去供养庞大的战场消耗？

最开始时阿里不哥没发愁，他觉得兵强马壮就足够了，蒙古先辈们从来没凭财富打仗，从来都是越富越胆怯，那些有钱的民族还不是被蒙古人抢得一干二净。

他的逻辑非常错乱，他面对的是战斗力与之相比只高不低的蒙古本族战士，有这个基数，财富就成了对方的天王山。

四年之后，阿里不哥投降。大蒙古国重新统一，有了新的共主。忽必烈成为大蒙古国的新主人。

空前的猛兽出笼了，南宋为此做了一些什么准备呢？

也就在这一年里，南宋改天换地，宋理宗赵昀死了。这个人的一生被理学家们歌功颂德，所以历史评价对他也非常高。说他这样了不起，那样不得了，站在理学家们开天辟地唯一真理的肩膀上，他也神圣无比。

其实他就是命好。

孟珙、余玠、杜杲、王坚、张钰、向士壁都在他的时期内出现，再加上前期的贾似道、吕文德、刘整、夏贵等人。

有了他们，想亡国也难。

看功绩，比如说灭金，更是他的运气好到没道理，等于是蒙古人把肉包子递到了他嘴里，只要上下牙合拢就成功。

好名誉、大功绩，加上他几十年如一日的享受，那么多的美女啊，还有极其一般的身世，却登上了人间帝皇的宝座。这么多的古怪加在一起，让人不禁怀疑，他是个穿越人士吧，带着外挂的人生？！

赵昀死了，他选的继承人是白痴。

宋度宗赵禥的妈妈，不知出于什么样的心理，怀他的时候吃了过量的堕胎药，生生地把他搞得大脑发育迟缓，7岁时才会说话，手脚都是软的。

赵昀非常看好他，逢人就说这孩子资质内慧，聪明着呢。

为什么要选白痴当皇帝？也实在是迫不得已。赵禥是赵昀弟弟赵与芮唯一的儿子，也就是说，赵昀两兄弟只有这一根苗。只有这根苗当了皇帝，才不会追究当年的宫廷政变，赵昀的帝位合法性才能万古长存。

看到了吧，满口的仁义道德天地人心的理宗陛下，置万民于何地，置国家于何地，自始至终，考虑的都是他自己。

赵禥当上了皇帝，在政治上很有自知之明，彻底撒手，什么也不管，一门心思躲在后宫做他最重要的工作。

传宗接代。

他创造了一个纪录。宋朝宫制，嫔妃侍寝，第二天清晨要去阁门谢恩，由宦官记录年月日以备日后怀孕有据可查。某一天早晨，人们惊愕地发现，去谢恩的女人居然有三十多个……这是很辛勤的，导致他在别的方面，如政治生活上全盘推掉。

赵昀最后五年的南宋和整个赵禥的南宋都是贾似道的天下。

贾似道欺武将，直指武将们的要害之处——贪污。

他实行了“打算法”，也就是核对军费开支。将军们平时虚报开支大吃空额，把国库当提款机用，到哪儿也说不过去，岳飞复活都得砍他们脑袋。

贾似道真砍了平时对他无礼的几个人的脑袋。

当时将领赵葵、高达、李曾伯、杜庶、向士壁、曹世雄、史岩之等，除了赵葵、高达被赵昀保下来之外，其余都被扔进大牢里接受再教育。教育不成功的，如向士壁、曹世雄，直接处死。教育成功的都心神恍惚，重新做人。

贾似道欺文臣。

某次，他召集百官议事，突然厉声道——“诸君不是似道提拔，怎么能到这地位？”礼部侍郎李伯玉火了，大声回应——“伯玉殿试第二，平章不提拔，也可以到这地位。”

李伯玉罢官。

贾似道欺皇帝。

赵禥尊他为“师臣”而不名，入朝不拜，退朝时赵禥总是站起来目送其出宫门。让一个白痴这样已经很不仁道了，贾似道偏偏还三天两头撂挑子，逼白痴给他更多的权力。

某次贾似道再次辞相，白痴吓哭了，当廷连连磕头下拜，求他不要走。执政江万里再也看不下去，这实在有悖君臣大礼。他说——“陛下不可拜，太师不可再言去。”贾似道才借坡下驴。

如此江山，乱作一团，不亡何为？

权倾朝野，贾似道的神仙生活开始了。他每天不用上班，自有三省把文件送到他在葛岭的私第里，由其门客廖莹中、翁应龙处理，他不过在纸尾画押而已。他每天在葛岭的楼台厅阁间与姬娼尼妓寻欢作乐，或者在初秋时与君妾趴在地上斗蟋蟀。

蟋蟀宰相的名头就是这样来的。

或者去西湖上划船。“朝中无宰相，湖上有平章”，据说这样也能促进文化艺术的发展。某一天，他与众姬游西湖，一姬偶然见到两位少年公子，脱口而出：“美哉，二少年！”平章大人一笑：“你愿嫁他，我就让他们来聘你。”

潇洒，大度。

不久，他召集众姬，说是少年送来了聘礼，打开一看，里边居然是那个喝彩姬妾的人头。这就是后来《红梅阁》《李慧娘》的蓝本。

贾似道再也不是当年那个为国分忧的了不起的国之小舅子了，他成了一个败类。

而敌人，远在漠北的蒙古人则变得更加强大。

忽必烈终于整合了内部，开始向外扩张。所谋求者，不外乎南宋。在当时的世界版图上，在蒙古人马鞭所及之地，也就只有这片土地还坚持着主权。

南宋对此倒是毫不在乎。

贾似道不仅不再把蒙古当回事，甚至早在宋理宗赵昀还没死之前，就开始调戏蒙古了。当时，忽必烈与阿里不哥争斗正酣，无力南下，就先派了个使者来要岁币。使者名叫郝经，是忽必烈的重要谋士，可以说，这次的和谈蒙古人是有很大诚意的。

可是贾似道的回应是把郝经扣押，对内不宣称，对外不承认，跟没这回事一样。南宋内部对此当然不敢多说什么，何况知道的人本来就少，忽必烈不干了，他派人来问他的使者呢，作为半个世界的主人，他自己觉得无论谁都得马上回答。

贾似道置之不理。

这种状况一直持续到1275年，那时南宋灭亡在即，郝经通过最原始的鸿雁传信的方式，让蒙古人知道他被关在南宋真州的忠通军营里，才被救了出来。

这简直是外交史上的一大怪事，在中国，尤其是在宋朝这个极端讲究礼仪的时代发生，让人觉得既黑色又荒诞。

至于说为什么会这样，贾似道给出的回答是，不这样当年鄂州主动求和许岁币的事不就露馅了吗？那会毁掉俺伟岸光正的高大形象的。

忽必烈为人谨慎周密，每次行动前都要有完善的计划。这一次伐宋，他采取了全面的进攻方案，与之前先蜀川再江南截然不同。

这来自南宋叛将刘整的建议。

刘整，字武仲。曾以十八骑袭破金国信阳城，军中称其为“赛存孝”。中国民间传言，王不过霸王，武不过存孝，可见其个人勇力之强。历史证明，这人最珍贵的还是他的眼光。刘整投降蒙古，给忽必烈带去了一个建议。

与其千里辗转去“斡腹”，先云南后四川再江南，尤其是钓鱼城已成天堑，连上一任的蒙古大汗都饮恨城下，何如攻破荆襄，直面江南？

很多人都会很奇怪，以中国大地之广阔，长江流域之绵长，何处不可渡江，哪座城不通临安，为什么只限于这几点，难道除了它们之外，就再没有路可通临安了？

还真就是这样。

南宋三大战区：蜀川、京湖、两淮。两淮是南宋兵力最雄厚的地区，一度高达20多万。这里湖泊众多，水寨星罗棋布，很像是蜀川的山城，蒙古人曾经竭力进攻了三次，都以惨败收场。水，对蒙古人来说，远比山还要可怕。

欲破江南，唯有荆襄，具体指的是襄、樊。

襄阳、樊城是两个互为依托的城池，它们隔长江最大的支流汉江而建。这里的整体地貌是襄汉平原，非常便于骑兵运动作战。在历史上它的作用非常奇妙，要看当时是什么形势。如果是大一统时期，它非常普通，没有任何显眼的地方。

如果是南北对峙，它的重要性立即凸显。它是南船北马的分界点，北方政权拥有它，可顺势吞并东南；南方政权有了它，可以转向北方图谋西北。

何况，除了这里，也没有什么是忽必烈可以突破的地方了。所以忽必烈下令，给吕文德配药。

吕文德的吕氏集团这时已经建立起来了，贾似道打压了几乎所有的武将群落，当然还得扶植一些，以便支配南宋的军队。

吕樵夫当时在鄂州的良好表现带来了巨额的回报，他成了贾似道的亲信。襄阳就在他的管辖下。前线重镇钱粮无数，吕文德名利双收。七八年的和平岁月里，他渐渐变得贪婪、迟钝。值此享受岁月，蒙古人给他来了一封信。

建议在襄阳附近展开双边贸易。

这是巨大的商机，主管者每天都会收入巨额的税金，还能顺势产生很多的隐性财富，何乐而不为？尤其这是和平时期。

吕文德同意了。蒙古人又很合情理地提出，为了保证蒙方商人的安全，请求修一座非常小的堡垒。吕文德想了想，也同意了。

贸易站修在樊城东面的白河口，堡垒建在了襄阳东南30里的鹿门山。这两个工程开动之后，立即有人发觉不对头。

吕文德的弟弟，大将吕文焕亲自去见他哥，提醒吕大樵夫别忘了襄阳的地形是怎样的。

当地民谣有“铁打的襄阳，纸糊的樊城”之说，指的是樊城一马平川无险可守，而襄阳两面阻江，分别是北面和东面的汉江，西面的檀溪，也就是三国时刘皇叔骑的卢马极限飞跃的那条溪水。两面环山，分别是城西方向的万山，城南边的楚山、岘山、百丈山等群山。

守襄阳，其实守的就是这些水和这些山。一定要阻敌兵于山水之前，等敌军突破了这些，襄阳也不过就是一座孤城而已。

蒙古军修堡垒的鹿门山更加重要，它是汉水折南入襄阳时的对岸，正是水路的咽喉。这里被蒙古军占据，早晚是祸害。

吕文德哈哈一笑：“弟弟，你之所以是弟弟，正是因为只知忧，不识战。让蒙古人去修，如果真的开战，只等雨季，那里会变成我的制胜之地。”

雨季，汉江涨水，吕文德赖以成名的水军会骤然杀过去，不识水战的蒙古军注定成为悲剧。这个理论在当时被认为是千真万确的。

其实错到了吕文德的姥姥家。

刘整是后来文天祥等人公认的亡宋第一贼臣，这么尊贵的称号当然不只是因为他献了个建议就能得到的。刘整还改造了蒙古水军。

蒙古这时的水军士兵达到7万以上，大型战船近5000艘，无论在数量、质量，还是在素质、战术上都已经全面超过了南宋。

这些都在北方静悄悄地进行着，长江之南一点都不知道。

有了这样的底气，加上襄阳方面的麻痹，蒙古人一开工就没完没了，鹿门山的堡垒修成，白河口又添了两座，紧接着万山上也修起了一座，襄阳城外围的屏幕山峦几乎都落入了蒙古人之手。

兵不血刃地就丢了这些战略要地！

吕文德急红了眼，立即上书朝廷申请支援。以他和贾似道的良好关系，援兵很快到了。三月，有“宋末三杰”之称的张世杰率军赶到，他没去理会襄阳，心高志大的他直接去了更北端的樊城，在平原旷野中与蒙古军决战，欲一战定襄、樊。

成功的话，他的确功业彪炳，自樊城北端解除隐患，那么建在襄阳周边的蒙古军寨全都失去依托，会被逐一击破。

奈何心高志大腹中空，在樊城的旷野上再次证明了一件事。在北宋之后，能与异族人野战争胜每战必胜的，只有岳飞。

张世杰败。

七月，沿江制置副使夏贵率水师驰援襄阳，在虎尾洲遭遇蒙古名将速不台的孙子阿术。刘整训练水军的提议就由阿术来具体实施，可以想见，夏贵突然遭遇比南宋水师还要强大的蒙古水军时的惊愕程度了。他败了，带着巨大的恐慌逃回江南，随即整个江南震动。

吕文德在这一年的岁末时发病死亡。作为一个有实力的指挥官，他非常清醒地意识到襄、樊间的麻烦大了，局面很快就会演变成南宋以倾国之力来挽救襄、樊，而成功与否无法乐观。

甚至襄、樊会变成一个超级恐怖的大包袱，让南宋不断地投入人力、物资，直到把国家元气耗尽！

这一切，都是出自他的自大疏忽……吕文德在悔恨自责中死亡，临死前长叹——“误国家者，我也！”可惜这时说什么都晚了。

接任襄、樊守务的是他的弟弟吕文焕。主持救援襄、樊任务的是新任京湖安抚制置使李庭芝。李庭芝，字祥甫，祖籍福建清流县四堡里。早年时主动参与战争，投奔名将孟珙。孟珙全才，其中识人之明为南宋中晚之冠，多少人都在他的领导下腾飞，为国效力。

李庭芝是孟珙发现的人才中很另类的一个，他聪明，早就意识到纯粹的军人出身绝对没法主持一方，他的理想终究没法实现。

为了这个，他暂时扔下刀枪，拿起书本，顺利地考中了进士。他重新规划了自己的人生，抢在国家民族大难临头之前迅速在官场上爬升。这时他担任了京湖区域的最高长官之职，以解襄、樊之危为当务之急，可是却有了点小麻烦绊着了他的脚。

在上一次夏贵赴援被击败的战事里，范文虎是参战一员、逃跑一员，可以说全程参与了整件事。这时他表现得非常积极，给贾似道写了封信。

他有这个资格与贾似道近距离交流，看职务，他是临安禁军殿前司的副都指挥使；看关系，他是吕文德的女婿，和贾相亲近着呢。

他说，只要给他数万兵马，他就能解襄、樊之围。只是希望不接受制置司的命令，能自由发挥。成功之后他不要名利，全都给贾相公。他之所以这么做的全部原因，一来是对贾相公无限的崇敬热爱；二来是为了救襄阳城内的吕氏宗族。

毕竟他的夫人姓吕。

多好的孩子啊，贾似道非常满意，全都答应了。于是救援襄、樊的重大任务中，出现了两个主事者。李庭芝、范文虎，谁听谁的？

李庭芝欲快速进军，范文虎很忙，他一边打马球，一边喝酒，回复说正在取旨，如此重大军事行动，怎么也得贾师臣亲笔批示吧。

时间一天天地过去，蒙古军在灌子滩等险要地段不断立栅栏，断绝了襄、樊东、西两方向的水上通道，使襄、樊两城的物资供给彻底断绝。

虽然此前襄、樊号称积有10年之粮，可真正消耗起来谁知道有什么变数？一场大火，一场大雨，都会瞬间改变格局。

时间一天天过去，1271年到了，蒙古人在漠北建立了元朝。元，取自《易经》中的“大哉乾元”一句。说实话，从出处论，从字义析，中国历代中的国号，还真的少有其比。忽必烈下令改元为“至元”，后世称其为元世祖。

至此，救援襄、樊的命令下达了一年多了，李庭芝、范文虎两部还在停留观望中。

元军的动作一贯快速，忽必烈命令蜀川、两淮区域内的元军分别出战，牵制阻挠宋军向襄、樊靠拢。这在战略上是对的，可面对范文虎时就错了。

你老老实实地不管他，范文虎会一直打球喝酒直到天长地久。可你为什么要出战嘛，他一下子惊醒了，元军来了，我们要动起来！

这笨蛋没跟李庭芝约定进兵时间，自己带着10万水师就冲过去了。这人的一生……这么说吧，他总有机会率领超级庞大的水师去攻打超级重要的地方，结果每一次都能打出千古遗恨级别的大败仗来。

这一次，他在鹿门山那里近乎全军覆没。

鹿门山是蒙古人最早忽悠吕文德时建的夹江要塞，是南宋最应该注意的地方，范文虎偏偏就败在了这里，你拿他有什么办法呢？

别生气，这人率领水师出战时的白痴程度在后面才功力深厚越变越强。很多年以后，他率领空前庞大的元军水师远征日本时，居然选在飓风期出战，可见白痴不仅是传染病，还会经常复发。

范文虎大败，李庭芝成孤军之势，这时进兵不叫救援，而是往虎口里钻，主动送死。他在外围稳住形势，等待机会。

襄阳城里的消耗是没法等的。这时元军围城已经有整整五年，粮食的储备还有不少，食盐、布匹都用尽了，必须立马想办法送进去。

李庭芝将帅司移至郢州（今属湖北），就近招募勇士，护送物资进襄阳。这几乎是必死的事，10 万正规水军都冲不破的重围，想让民兵去干，怎么看这逻辑都太混乱。可是当时也想不出别的办法了，只好去试一试。而这也非常符合官方的行事标准。

编制外人员的死活很重要吗？

一共选了 3000 名敢死队员，为首的两位都姓张。张顺，外号竹园张；张贵，外号矮张。这两人心怀忠义，实在想不出别的词来归纳形容他们，只能笼统地说，他们很有家国观念。

两位张平民都是。临出发前，他们训话——“此行有死而已，如非本心，即可退去，别坏了大事！”对面的 3000 个平民伙伴哈哈大笑，大家都清楚为的是什么，说什么退，说什么坏与成。

各位平民一共有近百艘战船，以三船为一舫，中间的那一条里装着盐和布匹，旁边两条是空的，各有 30 名平民防护。

夜半三更时，百船挂红灯，张贵领先，张顺殿后，逆汉江而上，冲击襄、樊外围的元军防线。这时战云密布，水道上不只是元军建制庞大的水师，还有很多条拦江的铁链。3000 个平民持巨斧，断铁链，一夜转战 120 里水面，天明时分，终于冲破重围，抵达襄阳城下。

重围五年，密不透风，终于有支援抵达城下，这对士气的影响可想而知。而这也付出了代价，战后清点人数，殿后的张顺不见了。

数日之后，张顺的尸体溯流而上，身中四枪六箭，手中不放刀剑，怒气勃发一如生时。

吕文焕想留下张贵守城，在他想来，来时难出去更难，张贵与其他平民只有助他守城这一条路可走。嗯，他真是一位高官，天生不懂平民们的想法。

张贵先派了两位平民回郢州，向范文虎求援。两位平民出得去，也回得来，带回的消息是范文虎计划派5000人出战，更与张贵约好了接应地段，这些士兵将由张贵率领，再杀回襄阳。

非常幸运，那一天的晚上风雨大作，罕见的巨浪在汉江中翻滚。张贵放炮发舟，破围突进。如此风雨中，元军水师猝不及防，被他一路冲杀，顺流直下，到了龙尾滩一带。在这里，严格地来说，已经出了元军水师的势力范围，也就是在这附近，是张贵与范文虎约好的接应地段。

暴雨如注，巨浪腾雾，纵目远观，隐约可以见到更下游的方向有一片灯火，火光中战舰的轮廓若隐若现。一定是范文虎的船队。

张贵命令靠过去。抵近了才发觉，那是元军的水师！

范文虎派来的援军因为风暴，退后30里，失约不至。元军的水师反而获得了情报，等在这里让张贵主动上钩。

突陷重围，张贵拼死力战，终于寡不敌众被俘，他宁死不屈被元军杀死，尸体被抬回襄阳城下。元军指着尸体向城上喊，认识矮张吗？这个就是。

襄阳大惧。

至此，援救襄阳行动彻底失败，城里是多了一些盐，多了几匹布，可民心士气更加滑落。

元军可以从容地选择襄、樊两城的突破点，怎么看樊城都首当其冲。元军先斩断了襄阳与樊城之间江中的木柱，烧毁架在木柱上的浮桥，在第二年，即1273年的正月，向樊城发动了总攻。

之所以这时才动手，不是蒙古人武力衰退，在三代之后步入了女真人的后尘，而是经过缜密考虑之后，在时机之外，还在等一个人和一种武器。

这个人叫亦思马因，西域人，他制造了当时威力最强的抛石器。抛石器中外都有，各时代都有，到他手里，发射的射程、石头的重量都有了极大的提高，更有甚者，发射的石块里还藏有能爆炸的火药。

武器需要实战的检验，樊城的外城被直接轰破，元军像潮水一样涌了进去。樊城守将范天顺精疲力竭，无法支撑，仰天长叹“生为宋臣，死为宋鬼”，以死殉国。他的副手牛富率死士巷战，杀到以血水止渴，身负重伤，投火而死。樊城陷落，襄阳危在旦夕。

古怪的是临安始终没有做出什么重大反应。

白痴皇帝的幸福生活在继续，貌似从来没有半点改变，只是某一天，他突然间问贾似道：“听说襄阳已经被蒙古人围困好多年了啊。”

贾似道毫不在意：“是，围困过，好几年前的事了，陛下从何得知？”

白痴回答：“某宫女说的。”

几天之后，该宫女死亡。

从此之后，再没人敢对前线战事说三道四。这种局面截至樊城陷落，消息是再也瞒不过去了，危急关头，贾似道要维护自己军政强人的形象，只有主动求战一条路可走。

贾似道申请上前线，暗地里串联百官，让他们上书挽留自己，说是朝廷不可一日无贾太师，如此柱石，只宜镇守国都。

那么只好另选能人了，按资历看实力，勇将高达是不二人选。可是贾似道另有一个账簿，里边是他在武将系统里的冤家，无论是鄂州城里要他难看的，还是他打算要往死里整的，高达都高居榜首。这样的人怎么能担任重要领导职务呢？

贾似道声称，用高达，置吕文焕于何地？

吕文焕立即在襄阳城里呼应，他打了一场大胜仗，襄阳的局面已经大好，根本不需要什么援军，更不需要高达。

他的大胜仗，不过是捉了几个蒙古哨兵。

争吵中，抛石器已经从樊城推到了襄阳城外。蒙古人没再跟吕文焕废话，直接放炮轰城。时值二月，天气阴冷，元军“一炮中其谯楼，声如轰雷，城中汹汹，诸将多有逾城降者”。元军大将阿里海牙适时单骑出现在城下，许诺不杀城中一人，投降者重赏。

吕文焕投降了。

襄阳城在坚守六年之后终于陷落，与其说敌人太强，不如说己方太弱，于国家生死存亡之要冲，没有投入全国之力防守，其间还自乱阵脚昏招不断，失败还能说些什么呢?

贾似道是有话说的。

他向白痴皇帝抱怨说——“臣屡请帅兵行边，陛下不许。如早听臣出，何至今日！”昔日的边境大帅威名，半点都不因这件“小事”有损。

白痴一如既往地信以为真，更加离不开师臣了。

由此及彼，既然师臣都不在意这件“小事”，那么因之而获罪的那些人，也就没必要追究了。

比如误国的吕文德、投降的吕文焕，如此重罪，按宋律吕氏家族全体都要完蛋，连妇女都要像梁红玉那样，被卖作官妓。

可是在庐州为官的吕文焕的三个哥哥，在静江府为官的侄子，全都免罪，连官职都不变。罪大恶极的误事王范文虎只是象征性地降了一级官。

做完了这些，白痴皇帝觉得世界再次美好，他继续投入水深火热的卧室运动中，大约半年之后，运动过度死了。

宋度宗赵禥死了，时年 35 岁。和他的前任赵昀一样，他的命非常好。在山河巨变的前夕，居然还能一直风花雪月、胭脂粉香，尤其难能可贵的是一点烦恼一点心事都没有，尽管这托了发育迟缓到死都没能长全的大脑的福，也实在是不愧为极品人生了。

享受之余，他的本职工作也完成得不错。

赵禥天天泡在女人堆里，总共生出了三个儿子。杨淑妃生的赵昰7岁，全皇后生的赵㬎4岁，俞修容生的赵昺3岁。

有嫡，自然立嫡。

4岁的小孩子登基坐殿，成了南宋的第七位皇帝，史称宋恭帝。赵昀那位有福、端庄的皇后谢道清垂帘听政。

军国大权仍旧落在贾似道手中。

南宋的防线已经从淮河、汉江一线收缩到长江一线，按蒙古水师的力量，随时可能突破长江天险。贾似道也急了，他分兵派将固守这最后的安全底线。

他命汪立信为京湖安抚制置使兼湖广总领，赵溍为沿江制置使兼淮西总领，殿前都指挥使陈奕率水师守卫鄂州至黄州的长江防线，李庭芝、夏贵分任淮东、淮西安抚制置使。

汪立信是其中比较特别的一位。

汪立信，字诚甫，进士出身。这人难得生就一颗理智平常心，在如此乱世中，当国家危亡于呼吸间的紧要关头，看得清理得顺天下大事。他给贾似道提出了三条建议，以应付南宋危局。

第一，将内地，包括江南，以及原两淮区域的兵力尽量抽调至长江北岸，组建起一支50万人建制的抗元大军。这些军队在长江防线上划地防守，百里一屯，屯有守半，十屯一府，府有总督。这是上策。

第二，礼送郝经回国，按鄂州大战时所答应的岁币给付，哪怕算上这些年的陈欠加利息，也要干脆利落地付清，以便延缓战期，赢得时间。这是中策。

第三，投降。虽然是下策，但战败而降，和不战而降的待遇还是有差别的，尽量往好里争取吧。

身在局外，每个现代人都能看出汪立信这三条建议的好坏。身在局内，作为贾似道来说，汪立信这个人就太坏了。

不识抬举，念丧经！

汪立信有一只眼睛是坏掉的，贾似道一把摔了汪立信的信，破口大骂——“瞎贼，竟敢如此胡说！”

汪立信立即下课。

# 第三十五章　伯颜下江南

江南的领导人因为口彩的问题把重要干部罢免了。在遥远的漠北，元帝国的领导人任命了灭江南的重要干部。

主要负责人叫伯颜。

伯颜，生于1236年，时年38岁。蒙古八邻部人。他的曾祖父述律哥图、祖父阿剌是成吉思汗的部下，他本人生于伊儿汗国，信奉也里可温教，也就是基督教。伯颜本来是蒙古派系中旭烈兀的人，跟随这位西南亚的征服者进行了远征，在一次旭烈兀派他回蒙古本部向四哥汇报时，忽必烈留下了他，做自己的近臣。

每一位划时代人物都有一个共同的特点，识人。伯颜能带给忽必烈的绝不是每一个蒙古人都能做出的贡献，可以说，伯颜在某种程度上是忽必烈的微缩版。

两人都不嗜杀。

1274年七月，元朝灭宋的最高统帅伯颜殿辞南下，忽必烈叮嘱他要学宋初平定江南的曹棚，不许滥杀无辜。九月，伯颜分南征大军为两路。一路由他本人和大将阿术率领，由水路从汉水入长江，前锋是南宋降将吕文焕；一路由中书右丞博罗欢、参知政事董文炳率领，从陆路由京湖东攻两淮，前锋是南宋降将刘整。

二位先锋官都是南宋的顶级将领，深知地理，通晓布防，由他们带路，实在是最好的选择了。

由襄阳出发，进入汉江，伯颜把自己的大军又分成三路。一路由枣阳趋司空山；一路自老鸦山趋荆南；还有一路由伯颜自己、阿术水、陆并进，杀奔郢州。他们的前锋是著名的蒙籍汉人张弘范。

张弘范这一年36岁，由他打头阵不只是看中了他的能力，更是因为对手是郢州守将，“宋末三杰”之一的张世杰。

这两人是族兄弟，张世杰还曾经在江北，张弘范老爹张柔的手下干过几天。蒙古人这些年收复的汉人军将太多了，觉得有这层关系在，郢州有可能不战而降。

张世杰拒绝。

张世杰决心抗战到底，郢州是襄阳的后院，堵在长江北岸，他精心备战，这里成了一个非常类似襄阳、樊城的军事要塞。

郢州在汉江之北，新郢州城在汉江之南，两城夹江而建，城墙都以江畔巨石垒起，坚固无比。江水间遍立木柱，铁链密布，间杂以数量庞大的战船，两岸再广布弩炮，从各项配置上来看，这里比襄阳、樊城的双子城结构还要可怕。

元军如果按原计划进军的话，会比啃襄阳、樊城时难度多多了。那样对江南来说，弥足珍贵的时间就会再赢得不少。

可惜的是，某个被抓来的当地民夫给蒙古人出了个点子。为什么要强攻郢州呢？先打下游的黄家湾嘛，那里有条大沟，直通大湖，从大沟拖船入湖，走三里水道就能重新绕回汉江，并且绕过了郢州，可以出汉江入长江……还有什么话好说呢？

元军顺利进入长江水道。

南宋失去了最后一道天险。从这时起，它还剩下的只是一座座人为的关隘，比如鄂州，当年岳家军的核心要塞。

当年十二月，元军水师抵近鄂州，然而在这之前，蒙古人还要先攻破号称“江鄂屏障”的阳逻堡。在这里南宋集结了宿将夏贵率领的庞大水师。夏贵，论资历堪比余玠，论战绩不下于高达，由他与元军争胜，是这时的不二人选。

伯颜选择从汉口突破，夏贵挡住了；伯颜选择从沙芜口入江，夏贵挡住了；伯颜选择从汉阳突破，夏贵火速调沙芜口守军冲了过去……汉阳很安静，半个元军都没有，沙芜口空了，元军不战而胜。

这是必然的结果，久守必破，谁也禁不住没完没了地调动。

阳逻堡之战时值寒冬，漫天飞舞着鹅毛大雪，元军趁夜溯流而上 40 里，出阳逻堡之后，前后夹击，阳逻堡陷落。

夏贵立即跑路，败还庐州。

京湖段长江流域空了，元军水师挟裹俘获的大量宋军战船施施然渡江。阳城立即投降，鄂州要麻烦一些，他们先是把3000余艘宋军战船烧了，江面上“烟焰蔽天”，之后派吕文焕到城下喊话招降。

鄂州投降。

吕文焕随之成了元军最强大的攻城武器。被贾似道信任的吕氏集团都安插在沿江所在的重要城镇里，如吕文德的儿子吕师夔守宁江州、吕文德的女婿守安庆府、蕲州守将为吕师道，等等。这些人第一时间降元。吕氏集团，汉奸集团！

这时仁德宽厚的谢太皇太后，英明神武的贾权臣才如梦初醒，传檄天下，声讨吕氏之罪。可有什么用呢，这时元军已经在吕氏集团的指引下迅速向临安进军了。

南宋拼死一搏，派出了他们的大杀器，十余年里无所不能的贾似道上战场了。贾似道奉谢道清之命，出任都督，率领天下各路军马抗元。声势浩大，都督府却设在了临安。至于为什么，他非常忌惮刘整。

这个汉奸对南宋知根知底，南宋现有人才哪个对上去都没有把握。偏偏刘整居然及时地死了。刘汉奸是这个时代某种人的代表，绝大多数投降了元朝的南宋将军在宋朝平时都很懒、很滑、很没用的，但只要投降过去，也不知怎么搞的，立即洗心革面勤奋工作，不让干活儿能郁闷出病来。

刘汉奸一直建议伯颜由他领军，直袭临安。伯颜不听，非要稳步前进，这时传来消息说吕文焕招降了鄂州，这让他无论如何也接受不了。他大叫一声：“统帅制约我，不得首功。善做者不必善成，果然也！”不一会儿就死了。

贾似道一听喜出望外，立即调集13万大军出征。师出临安，盛况空前，“金帛辎重，舳舻相衔百余里”。一路浩浩荡荡向北，走到安吉州时，贾似道本人乘坐的超豪华指挥巨舰忽然搁浅，1000多名士兵拖纤，纹丝不动。贾似道只好悻悻然换普通船继续前进。

大军进至芜湖，与元军主力遥遥相望，看似大战一触即发。可惜的是，贾似道不再是从前的一方主帅了，现在他是政府官员，提倡争端要和平解决。

他派人去找已经投降元朝的吕师夔，托吕汉奸走关系与元朝议和。再找来一个受伤被俘的元朝小兵，好吃好喝金银款待，派这个小兵带着荔枝、黄柑等土特产去元军大营馈赠伯颜，提出建议，只要议和，条款按当年鄂州时谈的来。

伯颜回了八个字——“宋人无信，唯当进兵”。

贾似道绝望了，他比谁都清楚彼此双方的实力差距，而汪立信的到来更加重了这一认识。汪立信重新被起用为江淮招讨使，贾似道与之相见，痛悔不用其言。汪立信惨然一笑，说：“瞎贼今天再说一句，我去寻一片赵家地上死，只要死得分明！”

汪立信起程去建康（今江苏南京），他将在那一片区域里等待命运的结局。在他身后，贾似道有过短暂的清醒。

“……死矣，惜不光明俊伟耳！”10年之前的话突然响在耳边，他也曾经是汪立信这样的人，是什么让他改变，到了今天这一步的？

时间不允许他沉思，战局立即开启，元军攻破了池州继续东进，逼迫贾似道做出反应。贾似道派孙虎臣率领7万精锐进驻池州下游的丁家洲（今安徽铜陵北），夏贵率领2500艘战船封锁江面，贾似道本人统领后军屯驻鲁港（今安徽芜湖西南）。

这个布置让宋军再次陷入混乱。

夏贵怒了。

夏贵身为南宋老牌名将，孙虎臣只是当年护送贾似道去黄州的一介中下层武官，只因为救了贾似道一命，才平步青云，这时让夏贵给孙虎臣打下手，夏贵觉得是空前羞辱，无法容忍。

丁家洲之战爆发，这是南宋最后一次集结兵团级战斗力的战斗，任何有理智的人都会在绝境中尽一切可能奋力挣扎。

而南宋，居然平静地等待着元军来进攻。至于原因，只是一只放满了木柴火具的竹筏。元军声称要用这个去烧南宋的水军，于是南宋军队提高了全部的注意力来关注这只竹筏什么时候点火，什么时刻启航。直到伯颜觉得元军休整已毕，可以进攻了。

元军步骑混杂沿江夹岸而进，阿术率战舰对垒孙虎臣部。压制半个世界的元军武器充足丰富，他们把所有大炮都用到水陆战场上来了。重 150 余斤，落地能砸出两三尺深坑的巨石从天而降，宋军的辎重营帐等中坚地带被瞬间摧毁大半。

其中受创最重的是孙虎臣。

这位步军主帅被吓傻了，不知道是有多少块巨石砸到了他的脚边，这人在恐慌中迅速失去了理智。阿术开始了冲锋，数千艘元军小船“乘风直进，呼声动天地”。孙虎臣的前锋姜才挺枪接战，毫无惧色。他是南宋危亡期间最英勇的一个人。

可在他背后，孙虎臣奋力从恐惧中挣扎了出来，什么国家啦，民族啦，危亡啦，职责啦，统统都被他抛在脑后。他的心里只剩下了最重要的两件事——生命、小妾。这两件东西离他不远，只要跳上一条装着他小妾的船。步军统帅再不迟疑，想到就做了。

主帅的一举一动都被全军看着，这时激烈交锋的战场上一片喊声：“步帅逃了！”7 万大军顿时混乱，跟着统帅一起逃。

水面上的战斗，宋军本来是占优势的。元军多是小船，宋军的战舰既高且重，双方数千艘战船混战，胜负绝不会在短时间内产生。

可是夏贵还在抑郁中，高职官员的情绪是很重要的，没有任何事情能让他们带着情绪工作。夏贵同样跳上一只小船开始了逃跑。

夏贵身边一名老水兵，船划得非常快，抢在敌我双方的前面最先到达了鲁港，途经贾似道的座舰，夏水兵向上面高喊——“敌众我寡，势不支矣！”

贾似道非常感谢提醒，立即鸣金收兵准备后撤。现场一片忙乱，没有任何人想着迎敌，而元军的战船紧跟着就到了。

局面是灾难性的，13万宋军狼奔豕突各自逃命，军械辎重全都扔掉，当天长江的水都是红的，漂满了尸体。贾似道本人亡命逃跑，100多里之后才终于脱险。

夏贵随后赶到，贾似道连忙召其上船来议事，没说几句，孙虎臣也到了，这人捶胸顿足大哭大叫——“我军无一人用命抵敌！”

王八蛋，好像他怎么玩命厮杀了。

夏贵见状哈哈大笑，心情变好：“我可是血战了一场打了好大一会儿。”

贾似道此时再没了权威感，甚至不敢责问两人的战败责任，只是连连发问：“此后怎么办？”夏贵哈哈一笑：“军队都这样了还打什么，您召集溃兵退守扬州，保着皇上去海上避难吧，俺去死守淮西。”说完扬长而去。贾、孙两人面面相觑，无可奈何，只好驾船去扬州。

第二天，上游的溃兵沿江而下。贾似道大喜，连忙派人举旗去召集。不料没一个人响应，溃兵们指着船破口大骂，要不是贾似道跑得快，很可能会被自己人干掉。

丁家洲之战结束，南宋输掉了所有，连最后一张安慰牌贾似道也失效了。神圣无比的师臣成了江南笑柄，有人还特意作了首诗：

> 丁家洲上一声锣，惊走当年贾八哥。
> 寄语满朝谀佞者，周公今变作周婆。

失败使人失去一些东西，比如权势、地位；失败也会让人得到一些东西，比如理智、清醒。贾似道战败，他的官途之路是断了，临安城里一片喊打喊杀声，他的亲信，曾经对抗丁大全的太学生领袖陈宜中上书谢道清，要求杀贾似道以正其误国之罪。

谢道清拒绝，她认为因为一场战争的失败就杀了大臣，是宋朝所没有过的事，太血腥、太过分了，“失待大臣礼”。同时，她也拒绝了贾似道从前线费尽了周折传回来的信。

贾似道建议她立即解散临安朝廷，立即坐船出海，在海上重新建立政权。他的大脑重新恢复了些许的理智，经过亲身接战，确信南宋再也没法挺过这次劫难。

谢道清再次拒绝。

这个老妇人的心理是绝对传统的，之前没有发生过的事，她绝对不去做，更从心里往外地认定绝对不会发生。不杀贾似道如此，不迁都海上亦如此。

做出下面这个决定，还是如此——传诏天下兵马勤王。

多么传统啊，谢道清仍然还认为这是从前的世界，甚至是北宋灭亡时的世界。很快，现实让她震惊到呆滞，拥有半壁江山的南宋，居然只有三支部队应诏。

一支是郢州张世杰；一支是湖南提刑李芾，兵很少，只有3000多名；还有一支来自赣州，应诏者名叫文天祥，带来了近10000名士兵。

文天祥，1236年生，时年38岁。初名云孙，字履善。进士出身，中状元之后，改名天祥，字宋瑞，自号文山、浮休道人。顶级履历表并没能让他仕途顺畅，这人与每个时期的权臣作对，一次次地被贬官、罢免、致仕，元军渡江，临安勤王时，他任赣州知州。

回到现实，发明创造了人类有史以来最正确最伟大的理学，并贯彻执行了几十年的南宋，比起北宋末年时更可怜，太皇太后亲自下诏喊救命，全国只有三个人伸手。可悲乎，可怜乎，可笑乎？

与之对应的是，读圣贤书满口仁义道德的各级官员们纷纷降元，广德军、岳州、滁州、宁国府等州军皆降，最终连坐镇江陵府的南宋京湖宣抚使朱禩、湖北制置副使高达也投降了。方面大员、京湖重镇，不战而降，由他们带头，江南几乎像多米诺骨牌一样连锁全倒。

大江南北，只有一个地方还在坚持。李庭芝、姜才，扬州。

贾似道、孙虎臣早就离开了扬州。这座陷在元军汪洋中的孤城，将是宋人最后仅存的两座象征式存在的标志。

贾似道被贬去了婺州安置。婺州的百姓听说他要来，贴出了很多的大字报来驱逐。这一次民众的意愿被满足了，陈宜中借题发挥，极力要求重处贾似道，不杀也要贬得远远的。谢道清焦头烂额之余再不愿为这件事折腾，同意了。

宋廷贬贾似道为高州团练副使，循州（今属广东）安置，籍没家财，克日出发。这个处罚从表面上来看仍然太轻了，可押送贾似道上路的人很有内幕。

会稽县尉郑虎臣。

郑县尉的父亲曾经因罪被贾似道发配充军，早就有心报复。这次心想事成，临安居然点名把这件事交给他做，真是太高兴了。

郑虎臣欣欣然赶去押运，先把贾似道的家人驱逐一空，再把贾似道坐的轿子去了上盖，南方秋天的毒太阳顿时直射贾似道的脑袋。就这样一路晒着向广东进发。一路上，轿夫杂役们“唱杭州歌谑之，每名斥似道，窘辱倍至”。

贾似道不为所动，坚持着不死。

行至南剑州（今福建南平）暗淡滩，郑虎臣说：“此处水甚清，何不自投其中以死？”贾似道摇头：“太皇太后许我不死。”

这就难办了，违圣旨杀命官，是犯死罪的。可是郑虎臣不管了，他下定决心一定要让贾似道死，不惜任何代价。

当走到了漳州木棉庵时，贾似道得了痢疾，一日大泻数十次，搞得奄奄一息，可仍然不死。郑虎臣火了，他闯进茅房，抓住坐在虎子（坐便器）上的贾似道一顿拳打脚踢，好一番运动之后，发现贾似道还是没死……奇怪加郁闷，郑虎臣高高举起贾似道狠狠地砸了下去，这一次，他的愿望终于达到了。

贾似道死了，他是死在国家大义上，还是死在私仇报复上呢？这个有目共睹，顺便说一下，不久后郑虎臣也死了，被真正的幕后黑手陈宜中杀了灭口。

当此存亡之际，杀奸佞都暗箱操作，比北宋灭亡时杀六贼的闹剧都低劣。

很多人把南宋的灭亡归结于贾似道，更多的人举手赞同，认为再对也没有了。贾似道专权误国，贾似道置襄阳于不顾，贾似道等等。

到底怎样，用敌人的话来验证吧。

南宋灭亡一段时间之后，元世祖忽必烈在元大都（今北京）召见原南宋的一些降元的重要将领，问一个他不解，历史也不解的大问题。

——“你们为什么这么容易就投降了？”

诸将义愤填膺，集体怒骂——“贾似道专国，礼优文士而轻慢我辈，臣等久积不平，故而望风降附。”

忽必烈何等样人，英明神勇绝不在中原历代开国明君之下，岂能被几句常规级马屁放倒。他哈哈一笑——“贾似道确实是看不起汝辈，就算这样，也只是他一人之过。宋国主可曾亏欠过汝辈？何以如此轻易辜负宋恩？依我之见，贾似道看不起汝辈，实在应该！”

一语道破根底，贾似道有千百般不好，既不能掩盖抹杀他早年的功绩，也不能为其他汉奸卖国贼王八蛋埋单。各说各的事，贾似道一人怎么会导致整个国家的沦丧？！

# 第三十六章　一片降旗出临安

元军继续南下，在焦山南北宽阔的江面上遇到了强大的抵抗。张世杰率领平江都统刘师勇、知寿州孙虎臣以万余艘战船横遮江面，并且约李庭芝出瓜洲，张彦出常州趋京口，三路夹击元军。

种种原因，张、李皆失约不到，张世杰以一旅孤军，与南侵元军的水师对决。张世杰久在军旅，心怀忠义，有着第一流战将的某些素质，可是致命的弱点同样让人无语。

他是陆军，水战是彻底的外行。

此战他以必死的决心出击，下令把战船以10艘为一个单位，用铁链拴在一起，为了平稳，再集体下锚，非有军令严禁起锚，违令者斩。

……他一定没读过罗贯中的小说。

罗贯中是明朝人，《三国演义》成书要在125年左右之后，要张世杰临战穿越取经，着实地不近人情了。可偏偏对面的蒙古人瞬间就看出了门道。

元军水师主帅阿朮哈哈大笑："彼可烧而走之也！"

当年曹操的军队是怎么死的，这时南宋的水军就是怎么完蛋的。元军善射者乘巨舰抵近，火矢雨发，宋军"篷樯俱焚，烟焰蔽江"，想战无从战起，想逃，张世杰牌铁链、铁锚稳如泰山，除了部分水军及时跳水、水性高强的，其余的都被烧死在江心。

张世杰大败。

此战过后，战争的态势明朗了，南宋再没有成建制的机动力量阻止元军。

伯颜的主力大军风卷残云般掠过江南大地，一路上攻无不克，招无不降，见证了传说中天堂一样美丽富饶的世界，更陶醉于砍瓜切菜一样轻松愉快的进攻之中。忽必烈要他慎杀，还杀什么嘛，这回可真是我来、我见、我征服了。

直到临近常州城。

常州知州姚訔、通判陈炤、都统王安节死守常州，宁死不降。伯颜惊异之余命令元军攻城，结果大失所望，用正规手段攻了多天，毫无进展。

战争屠夫本相暴露，还没到临安，实力不能过度损耗，伯颜下令搜捕常州周边百姓，命令他们背土到常州城墙下筑垒。常州面临选择，城上不阻止的话，土会越堆越高，直到与城等平。阻止的话，就得先杀光这些江南百姓。

这是多么残酷。

却是低估了元军的残酷。他们哪有那么多的时间等着土与城平，等江南百姓把土背到城下，被他们连人带土一起埋了进去。

工程进度非常快。

同时伯颜命令元军抓捕汉人，扔进锅里熬出膏油，再把滚烫的人油扔进城去。元军之残暴，可见一斑。常州坚守两个月之后被攻陷，姚訔当场战死，陈炤与王安节收拾残兵奋力巷战。有人劝陈炤说东北门还没失守，可以逃出去。

陈炤大怒——“去此一步，非我死所！”终因众寡悬殊战死。

王安节挥舞双刀血战，因臂伤被俘。元军问他姓名，王安节大叫——“我是王坚之子王安节！”王坚，钓鱼城击毙蒙古大汗蒙哥的王坚，他的儿子怎么可能投降！

王安节被杀。

种种一切，让伯颜恼羞成怒，他下令杀光城内的成年男人，偌大常州城，只有七个人藏在一座桥的下面才躲过了这次屠杀。

常州的壮烈，没能激起南宋的同仇敌忾之心，反而把软蛋们吓得更软了。比如七天之后的独松关，守将张濡弃关逃跑。这软蛋是害死岳飞的主谋之一张俊的五世孙。这种软蛋遍地都是，临安终于绝望，他们派出了使者求和。

使者名叫柳岳。到了元营之后先道歉，从伯颜下江南开始，南宋不断求和，元军有时也会同意，派几个元使南下，可是都被途中各地州县的守军杀了。这着实出尔反尔，像诱杀使者一样，南宋怎么说都理亏，唯有道歉。

柳岳乞和，充满了诚意。他说，南宋嗣君年幼，服丧未满，自古以来礼不伐丧，元朝作为当世第一大国，不该做此等量小之事。况且之前都是贾似道专权误国，两国多有误会。

伯颜冷笑，他熟知南朝历史，说出来的话每一句都像刀子一样锋利——“汝国杀我使臣，大元才兴师问罪。吴越钱氏纳国，南唐李氏出降，都是你国家以兵威逼迫所致，这时有何话说？汝国得国自后周柴氏小儿，今天亦于小儿失国，天道如此，尚何多言！”

柳岳无言以对，相信每一个宋人都无言以对。他狼狈地赶回临安，临安高层集体苦思冥想，想到了另一个高招。

追封吕文德为和义郡王。

汉奸家族的已故族长升官了，郡王，不禁让人想到了前广阳郡王童贯。说来童郡王不管真假还是收复了燕云的，吕樵夫对国家有什么贡献呢，他毁了襄阳、樊城？南宋当局当然没有失心疯，他们看中了汉奸家族在蒙元的地位，盼着汉奸们为南宋说点好话。

……脑残至此，夫复何言。

这番举动无效之后，临安大臣开始了逃亡，连左宰相留梦炎也在逃跑之列。太皇太后谢道清惊怒之余，派人把他追了回来，痛加斥责。留梦炎表示自己真是浑蛋，逃跑的技术如此拙劣……与其相比，西府枢密院的同学们就高明得多了。

枢密使文及翁、倪普两人暗中指使言官弹劾自己，启动罢官程序，这样走就名正言顺了。

谢道清既惊且怒，她的心灵深处那些绝对不变的真理原则崩溃了。她不解，她生气，于是她写了一份诏书，立在了大殿上。

上写：

我朝三百余年，待士大夫以礼，吾与嗣君，遭家多难，尔大小臣工，未尝有一言以救国者，内而庶僚，畔官离次，外而守令，委印弃城，耳目之司，既不能为吾纠击，二三执政，不能倡率群工，方且表里合谋，接踵宵遁，平时读圣贤书，自许谓何？乃于此时，做此举措，生何面目对人，死亦何以见先帝！天命未改，国法尚存，其在朝文武官，并转二资，其畔官而遁者，令御史台觉察以闻，量加惩谴。

这位有福的、端庄的女士觉得话说到这份儿上了，但凡稍微有点廉耻之心的人都会幡然悔悟，进而为宋朝抛头颅洒热血，竭尽全力扭转乾坤了。

活在梦里的人，没有资格生存。

谢道清自理宗晚年一直把持朝政，连自己身处什么样的世界都不了解，连身边的大小官员的精神内核都不了解，她不死谁死？

她领导的政府不死，谁该死？

高层该死而不死，死的自然是底层。先前与文天祥一起勤王的李芾以湖南安抚使、潭州知州的身份死守潭州，阿里海牙强攻近三个月，潭州城一直在顽强抵抗，甚至将阿里海牙本人射伤。三个月之后，城里的武将们心虚了，他们试探李芾，说城里的百姓会在城破后被屠杀，考虑到这个，是不是应该……李芾断喝道：“国家平日厚养汝辈，正为今日！汝辈只管死守，勿思其他，再有敢言降者，定杀不饶！”

时值南宋德祐二年（1276 年）正月初一，潭州城在兵火中迎来了新的一年。按宋礼，这时应该做很多有特殊意义的事，比如冠礼。

衡州知州尹穀全家都在潭州城内，得知元军在初一大举攻城，城防将破，他不动声色地仍旧为两个儿子举行冠礼。有人劝他，都什么时候了，还做此迂阔之事？

尹穀淡然一笑，正是想使儿子辈以冠带礼服见先人于地下啊。

礼毕，尹穀积薪遍户，身穿朝服，朝临安方向朝拜之后，纵火自焚。全家老幼数十口，壮烈殉国。

李芾闻讯赶来，以酒祭奠，慨言道："务实（尹穀字）好男儿，先我就义。"他在当晚大会宾佐幕僚，纵酒诀别，以"尽忠"为当夜号令。

潭州在第二天凌晨时分陷落，李芾唤来亲信将领沈忠。要沈忠先杀李家全口，最后杀其本人，李氏不受亡国被俘之辱！

李芾集全家于庭院，告以举家殉国之意，他以酒相劝，尽醉之后，沈忠依令杀李氏全家，最后一刀，含泪砍下了李芾的人头。

潭州陷落，之前常州陷落的一幕重现。

宋人没有被英烈之气感染，变得群起抵抗，而是被吓着了，袁、连、衡、永、郴、全、道、桂阳、武冈等州县全部投降。

临安近在咫尺。

绝大多数的蒙古人主张全速前进，一鼓作气拿下南宋都城，一个汉人不同意，元朝汉人郎中孟祺说，如果大兵马上压境，宋帝室必将远逃闽南，那样临安城内会盗贼蜂起，临安 150 余年的积蓄将焚荡无存。为今之计，要先安抚宋帝室，令其不会因惧而逃，假以时日，定会全取临安。

伯颜非常赞赏，还是汉人想事情周全啊。

临安方面的汉人更能想事情，时局至此，仍然充满了美妙的幻想，宰相陈宜中无论如何都觉得希望还是存在的，他派宗正少卿陆秀夫出使元军大营乞和。条件低至纳币称侄，甚至称侄孙也可以。

伯颜不满意，但也没有拒绝。

转年，太皇太后谢道清发布最高指示，只要南宋可以作为政治实体继续存在，称臣也在所不惜。

伯颜同意了，双方约在长安镇缔结和平。为了正式，伯颜要求南宋派出最高级别的官员，比如宰相……陈宜中作茧自缚。

终于要直面蒙古人了，这个以忠义面孔无畏反抗走上台面的前学生运动领袖，最大的愿望就是安全，这让他如何自处？

不急，第一招，失约。

缔结和约时间到，陈宜中失约不至。伯颜傻等了一会儿，觉得自己有点小傻，转念之后心里变得平和，因为南宋才是真傻。

蒙古人所要的不过是缓和气氛，南宋却在积极准备，谁得谁失？伯颜下令进军，前锋抵达皋亭山，游骑已出现至临安城北门外。

大难临头，各有活法。此前一直游移在南宋中上层官场无足轻重的文天祥没有像人们想象中那样，和与他一起勤王的李芾一样致力于殊死抵抗。

文天祥是有原则的人，有至高理想的人，同时也是一个现实的人。他能够平静地分析敌我实力，承认己方面临的绝境。

这时他的官职是知临安府。他建议谢道清趁着临安还没有被围困，把宋恭帝的两个兄弟送往更远的南方，以保留最后的“火种”。

赵昰被封为益王，出判福州；赵昺被封为广王，出判泉州。驸马都尉杨镇和二王的舅舅，以及陆秀夫组成了王府班底，保护他们离京南下。

陈宜中在失约之后想到了逃跑，鉴于他的地位，他希望能组团逃跑。事不宜迟，他立马带着群臣去皇宫，劝谢道清迁都避祸。谢道清本不想走，架不住整个朝廷都想走，此时此刻，她毫不怀疑再拒绝的话，本就快走光的朝廷立即就会抛弃她。

谢道清命令宦官宫女立即收拾东西，当夜就走。可是一切就绪之后，陈宜中等人却没了动静。谢道清顿时大怒——“是欺我这个老妇人吗？！”

急怒攻心，太皇太后一把扯下首饰，摔在地上，把房门紧闭，谁来都不开。（“脱簪珥，投之地，遂闭阁，群臣请见，皆不纳。”）

其实，陈宜中不是骗她，而是家财太多，整理打包太费时间，想在第二天一早走。忙晕了头，忘了通知老太太了。

老太太在如此生死关头要上了贵妇脾气，就出乎所有人意料了，尤其是连文天祥都被连累。元军逼近，文天祥和张世杰觉得唯一的出路是全体朝廷成员火速登上杭州湾里的战船，把战斗引到元军相对薄弱的海面上去。

奈何谢老太太怒不可遏，把所有的大臣都恨上了，再怎么说都不离开临安皇宫半步。

陈宜中的表现也加倍古怪，迁都与出海在本质上是一样的，都是躲避元军，他应该是赞同派，可事实上他也反对，文天祥和张世杰成了少数派，没有人响应，谢道清更不理会他们了。

最后的机会就这样白白溜走，元军终于兵临城下，南宋朝廷想逃也逃不出去了。

宋人就是“聪明”，当此时再没提什么议和，而是直接出城献传国玉玺、降表，正式向元朝投降。降表云——“宋国主㬎谨百拜言：㬎眇焉幼冲，遭家多难。权奸贾似道，背盟误国，至勤兴师问罪。㬎非不欲迁避以求敬全，奈天命有归，㬎将焉往。谨奉太皇太后命，削去帝号，以两浙、福建、江东、湖南、二广、四川、两淮见存州郡，悉上圣朝，为宗社生灵祈哀请命。伏望圣慈垂念，不忍三百余年宗社遽至陨绝，曲则存全，则赵氏子孙世世有赖，不敢弭忘。”

文章写得很好，伯颜很满意，只是人员很不正式，只是一名使者。伯颜要求南宋首相出城亲自再读一遍，以便在法律效力上达到正规。

奈何谁都找不到陈宜中了。

临安城内众目睽睽，临安城外大兵压境，这人竟然有本事突然失踪，谁也找不到了。好一阵子之后，他在温州清澳一带重新出现，人们才知道，他是逃亡了。

逃跑宰相陈宜中，名不虚传也。

杭州湾里张世杰灰心失望，率水师离去。他的部队从此之后在南方海域散落，等待机遇。

与元军接洽的事，落在了文天祥的头上，这时他成了宰相。

文天祥一行出城，在明因寺见伯颜。他身为状元宰相，本不愿向异族低头，甚至想以言辞辩驳迫使伯颜退军。他问："本朝承帝王正统，衣冠礼乐之所在，北朝将以本国为属国，还是想毁我社稷宗庙？"

伯颜很放松："社稷必不动，百姓必不杀。"

文天祥："北朝若有意保存本朝，请退兵至平江或嘉兴，再商议岁币犒军之事。如此，北朝可全兵而返，彼此有益。如北朝欲毁我宗庙，灭我国家，则淮、浙、闽、广等地尚在宋属，成败还未可知。如此，兵祸连绵，胜负难料！"

伯颜惊异，终于开始认真对待眼前这个宋朝人。

亡国宰相居然这么强硬，伯颜随旭烈兀在西南亚拓地千里灭国无数，见过太多俯首胆怯之辈，这时遇到文天祥，惊讶之余，想逗逗他。

伯颜大怒，威胁文天祥。

刚刚还强硬，瞬间会软掉吧，那样才好玩。可是他严重地失望了，面对压力，文天祥的强硬度随之高涨——"我乃南朝状元宰相，但欠一死报国耳，刀锯鼎镬之逼，又有何惧！"

伯颜正视文天祥。

这个汉人很特别，伯颜想了想，理智人做聪明事，他不杀文天祥，但也不放他，干脆扣起来，每天费几斤粮食而已。

文天祥开始了他的第一段囚徒生活，更是第一次远距离看着南宋的灭亡。1276

年二月初五，宋恭帝率百官，举行了投降仪式。伯颜取南宋太皇太后谢氏手书的降表，“谕天下州郡降附”，南宋至此在实体上已经灭亡。

实事求是地说，元军很宽容，没有像金军那样欺压北宋君臣，也没有像北宋开国时灭亡后蜀时举行传统的牵羊受降之礼，连军队都屯驻在临安城外，只派一小部分元军进城入驻大内皇宫。

三月，伯颜入临安，元军满载着南宋的户口籍册、册宝仪仗、车辂辇乘、礼乐祭器、图书珍玩等器物，押解着宋恭帝、全太后、两宫后妃、外戚、宗室、大臣、太学生等几千人北上元大都（今北京）。

名单中没有太皇太后谢氏。

谢道清以老病为理由，在原皇宫内暂留。说来也是奇迹，自从被陈宜中气着了自闭于寝宫之后，她真的哪儿也不去，连南宋灭亡了也岿然不动。

五个月之后，谢道清抱病去大都，七年之后病死。

宋恭帝北迁元大都，降封瀛国公。六年之后，被元人迁往更北的元上都（今内蒙古正蓝旗）。青年之后，为避祸自愿出家为僧，去吐蕃精研佛法，修订翻译了《百法明门论》等佛经，终成一代高僧。晚年时偶有所感，作了一首小诗：

寄语林和靖，梅花几度开？
黄金台下客，应是不归来。

有人持诗上告，元廷疑他有召贤复国之意，遂下诏赐死，时年 52 岁。

南宋已灭，元军决定班师，有人不同意。元军汉人体系里的第一大姓史家，大汉奸史天泽的长子史格坚决要求追杀南宋余党。蒙古人毫无兴致，元军汉人体系里的第二大姓张家接了这个活儿。

张弘范任主帅追杀南宋逃亡小朝廷。

当年的六月，南宋小朝廷到达了福州，并且聚集了全部班底。他们几乎每个人都有各自不同的遭遇，都费尽了千辛万苦，才会聚到了南宋正朔的两位亲王身边。

先说亲王的逃亡。

益、广两王被范文虎追杀，关键时刻，是杨镇独自断后，牺牲了自己，才给他们争取到了逃亡的可能。途中逃亡者们无马无轿，徒步逃跑，最狼狈时他们躲在山中七日，几乎饥渴而死。

陆秀夫是单独行动，可怜一介文官带着一家老小逃出临安，千里奔波，居然最早找到了赵昰和赵昺。茫茫人海，兵危乱世，这不是奇迹更不是偶然，而是陆秀夫对宋室的忠贞。并且他发现了陈宜中。

这个逃跑宰相被陆秀夫挖了出来，他居然有脸，而陆秀夫也真的原谅了他，带着他去见南宋皇室。这是我百思不得其解的事，更荒唐的是南宋皇室不仅不追究他之前的各种混账行为，居然还承认他是宋朝的首相……

之后来到的是张世杰，他带着庞大的水师到来，给小朝廷以真正的安全感、存在感。

文天祥的到来是最坎坷最艰难的。他被元军押解去大都，走到镇江段时逃跑，一行六七人连夜逃到了真州。真州守将苗再成开城迎接他，两人密谋以淮西军南下，乘元军不备反攻临安。这就要求两淮宋军通力合作，具体是李庭芝和夏贵。

可怜战时混乱，文天祥、苗再成都不知道夏贵的现状。

夏贵以淮西之地投降元朝。

夏贵时年已经 80 岁，不知贪生、贪富贵，又能有几天享受。可他就是降了，因为他的投降，他在宋史中无传，在元史中无传，他一生中二十余年与元军角逐，攻略八方，战阿术、败董文炳、斗刘整、敌伯颜，南宋能以半壁残山剩水苟且偷安，他出的力着实不小。可惜都化作了云烟。

降元之后只活了三年，所为何来？

时人有诗一首纪念他——

享年八十三，何不七十九！

呜呼夏相公，万古名不朽。

整个江淮区域的大将只剩下了李庭芝还在抵抗中，他的扬州是文天祥唯一的希望。可是李庭芝的回应是遗憾的，他密令苗再成杀了文天祥。

理由很充分，文天祥曾参与议和，又有江南宋兵逃入扬州，说元军会派一个宋朝宰相来扬州招降。这些因素加在一起，与文天祥出现的时间、身份非常吻合。

苗再成左右为难，只好把文天祥送出真州，临别时出示李庭芝的命令，让其自谋生路。分开后，苗再成仍然不放心，他派了两路士兵跟上去接触文天祥，如果文天祥真的劝他们投降的话，立即杀掉。两方相遇之后，文天祥强烈的爱国之心迅速感染了这些士兵。

这些士兵没有去回复苗再成，而是直接保着文天祥去扬州。

扬州之行仍然是遗憾的，他们根本没能进城，城周四面贴满了悬赏捉拿文天祥的告示，李庭芝许诺不论死活都有重赏。

文天祥开始了漫长多难的南返之旅。他们在烧毁的荒村中躲藏，在树林中躲藏，随从被元军捉到，一行人饿得奄奄一息，被樵夫救活，由高邮嵇家庄帮助，从海路到达了温州，找到南宋小朝廷。

至此文武齐备，众人拥立益王赵昰为帝，是为宋端宗，改元景炎。封皇弟赵昺为卫绍王，升福州为福安府。以陈宜中为宰相兼枢密使，都督诸路兵马。张世杰为枢密副使，陆秀夫为直学士，文天祥为枢密使同都督。流亡小朝廷下诏各地，图谋复兴。

朝廷虽小，五脏俱全。哪怕在流亡途中，工作仍然在继续。首相陈宜中以身作则，打响了内讧第一枪。他看陆秀夫不顺眼。

临安时期，他是首相，陆秀夫是宗正，天差地别的身份。福州时期，他已隐身成功，混迹于茫茫人海，陆秀夫把他挖了出来，再次水深火热。这仇就不是一般大了，偏偏陆秀夫天天喊抗战，看样子不到最后一人绝不罢休。

很烦啊。

陈宜中指使言官弹劾陆秀夫，务必把他赶下台，不然有太多的事根本没法做。陈宜中在福州的陆地上做着非常熟悉的本职工作，被从海面上传来的一个声音给打断了。

唯一的军方大佬张世杰说，都什么时候了，还搞这一套，恶心不？！

陈宜中泄气，放过了陆秀夫。

紧跟着张世杰又看文天祥不顺眼，两者几乎什么都拧。张世杰打算向南方发展，没有最南只有更南，最初的打算是在广州落脚，成立政治新中心。文天祥主张北上，开府永嘉（今浙江温州），这样才能勉强称之为国家。

谁对谁错没有答案，问题是广州突然投降了，张世杰必须改变计划，于是他顺带着“同意”了文天祥，可以为国家出力了，你去南剑州（今福建南平）开府，在那儿建立根据地。

文天祥起程，尽管这与他的初衷不符，也仍然坚决执行。可张世杰还是后悔了，文天祥一呼百应，影响力迅速飙升，这会置他于何地，他还会是最有力的实力派人物吗？！

文天祥你不要去南剑州了，去汀州（今福建长汀），有事直接向我汇报，没有召唤不许入朝。文天祥就此被隔离在外。

后世将张世杰、文天祥、陆秀夫评为“宋末三杰”，三者杰则杰矣，各自的软肋弱项也着实明显，于此国家沦丧之际，后两位能坚持本我、毫不妥协，而张世杰在本职业务方面短板严重之外，那颗心也着实不大平整。

流亡小朝廷忙着内讧，元军已经南下。十一月中旬，元朝陆军自浙入闽，逼近福州。小朝廷的反应是不去看敌我双方的战斗力对比，不考虑胜负可能，直接逃跑。

全体登船，目标向南。

当天雾满沧海，浓得不像话，他们在不知不觉间躲过了危险。元军的水师也已经到了，与他们擦肩而过，真是险过剃头。

船队南下泉州，这里有他们的既定目标——蒲寿庚。这是个阿拉伯大商人，任提举泉州市舶，三十多年里掌管着南宋的海外贸易，是大商人、大官人，更是个大军阀。眼下小朝廷物资严重缺乏，尤其是战船，而这些正是蒲寿庚囤积无数的。

面对小朝廷的要求，蒲寿庚满口答应，不仅如此，还挽留小朝廷留在泉州，把这里当成行在。多么好的同学啊，如此时局，如此诚意，千载难逢。

张世杰摇头，一来这与他的计划不符。泉州还不够南，他还要继续南下；二来蒲寿庚一直在元、南宋之间摇摆，古人云非我族类其心必异，这时南宋已经亡国，此人还这么热诚，物反常必为妖！

张世杰趁蒲寿庚回泉州内城的机会，把外港的战船都劫了，尽管这样做很下作，可非常时非常事，也是迫不得已，更何况君父劫子弟……

蒲寿庚大怒，大商人、大官人嘴脸收回去，大军阀面目暴露，他纠集势力扬帆出海，把小朝廷打得落荒而逃。要知道小朝廷这时的总兵力在 30 万之上。

蒲寿庚于次月降元，不久之后尽杀赵宋宗室子弟近数万人，崖山海战之后更远赴重洋追杀赵宋遗孤。如此狠毒，不知是为了什么。说到天去，不外乎流亡小朝廷抢了他些钱，就值得这样报复？！

坏事做绝终有报应，后来，蒙古人可不像宋人那么手软，直接灭了蒲氏家族，所有蒲姓人都被砍头。

到了明朝，明太祖朱元璋深恨蒲氏卖国求荣，下令将蒲氏一族剩余人等充军流放，为娼为奴，不得登仕籍，永不能为官。蒲氏从富甲一方变成贱族达数百年之久，到清朝时都没能翻身，可见天网恢恢，恶有恶报。当地人耻与之为伍，称其家族为“无耻的叛教者”。

# 第三十七章　千古悲恸难言处

流亡小朝廷扬帆远去，不去理会身后发生了些什么事。他们的路还要走很远，先潮州再惠州，在第二年的四月到达官富场（今中国香港九龙南），才勉强停了下来。

这里足够南了吧，张世杰觉得安全了，他下令上岸盖房，在这里长期居住。

奈何七个月之后，就不得不再一次上船，出海。元军又追过来了，这一次张弘范亲自领军，发誓追小朝廷到天涯海角。从这时起，两支宏大的船队几乎形影不离，从广州到秀山，从秀山到香山岛（今广东五核山山脉及其附近区域），双方且战且行，吃亏的永远是小朝廷一方。

香山岛一役，小朝廷在战斗中减员不少，在飓风中损失更大，首相陈宜中率领的 800 艘战船全都翻了，据可靠记载，只有一个人活了下来，其余的都被淹死。

这人的命可真够长。

落汤鸡陈宜中受够了，他再不想漂来荡去，死去活来。他提议大伙儿去占城（今越南中南部），过海外陆地生活吧。

没人响应。

陈宜中热情高涨，说他去给大伙儿打前站，先去占城探路，就走了。这是他在历史中出现的最后一幕，当他的船开远了，有人才想起来，这人从前就逃跑过。

陈宜中逃跑一个月后，小朝廷的船队到达了井澳（今广东珠海市西南珠江口外大横琴岛深井附近海湾），他们再次遭遇了飓风，大约十分之四的船翻了，同等比例的人淹死。这些船里就有宋端宗赵昰的船，赵昰本人连淹带吓得了重病，在次年的四月病死。

接连翻船，连带死皇帝，让所有的人心惊肉跳，“群臣多欲散去”。关键时，陆秀夫站了出来——“度宗皇帝有一子尚在，将置其何地。古人有以一旅以成中兴者，今百官有司皆备，士卒数万，天若未欲绝宋，此岂不可立国？！”

他的话唤醒了一直都坚定存在的南宋忠义之心，能一路追随直到现在的，都是难忘故国、绝不屈膝异族的忠勇刚烈之人，谁愿意沉沦灭亡，成亡国之人呢?

众人立赵昺为帝，是为帝昺，改元祥兴。杨太后继续垂帘听政，张世杰任枢密使主管军事，陆秀夫任首相，他每天亲自书写《大学章句》，为年仅8岁的帝昺上课。

且行且战，临近东亚大陆的最南端，张世杰屡败之余决定开辟基地。最初他选择的是雷州（今属广东），大致相当于雷州半岛一带。

1278年五六月间，张世杰遣将与元军争雷州，这座之前一直是北宋发配重案罪官的城市成了小朝廷的噩梦，败绩再一次降临，现实逼迫他们继续向南逃跑。

下一个目标，崖山。

终于到了崖山!

崖山，古文作厓，现代多作崖。它位于今天广东省江门市新会区南约五十千米处的崖门镇。银州湖水由这里出海，海面上东有崖山，西有汤瓶山，两山环抱，延伸入海，阔仅里许，故称之为“崖门”。门内是天然的避风良港，每天潮起，可乘潮出战；潮落，可据险而守。从地势上来看，是绝佳的战略要地。

张世杰以最快的速度赶到了这里，立即命令士兵上岸，造行营30间，建军屋3000间，做出了长期驻守的打算。

追击的元军很配合，隔了大约半年之后，在1279年的正月间，从潮阳（今属广东）由海路赶到了崖山。领军的是蒙古汉军都元帅张弘范。

几天之后，副帅、江西行省参知政事李恒也从广州率领120艘战船赶到。这样，元军整体军力水陆两军共3万左右，战船大约400艘。

崖门内，张世杰拥有战船近千艘，兵力达20万以上。

两相对比，南宋的优势是压倒性的，没有理由再失败，何况抢先占据崖门，坐拥天险，元军的水师只能漂在海面上，种种优势都在预示，南宋如果抓住机会获得大胜，不仅不会灭亡，反而会借机在南中国站住脚跟，哪怕只是两广一隅之地，至少也是五代时南汉的根基。

可这只是表面上的数字参照，不为人知的是，南宋 20 万大军之中，存在着大量的宫女、内侍、官员家属、军兵家属，以及大量的文官。

除去这些非战斗人员，宋军的战力不过几万人而已。这也是之前屡战屡败、不断逃亡的原因所在。

更重要的是，张世杰的心变得烦躁。他不再像从前一样，开战之前做两手准备，打得赢就打，打不赢就跑，连续败连续逃，让他受够了。

张世杰放弃了崖山海战中独一无二的最关键地段——崖门。他把 1000 余艘战船背山面海围成方阵，以大索勾连，四周围起楼栅，其结构像陆地上的城郭一样。帝昺的座舰就居于这座方阵正中间。他决定以堂堂正正之师，与元军决一死战。

他的口号是——“连年航海，何日是头，成败就看今天！”

元军水师非常欢迎他这么做，非常配合地集结了全部实力与之对阵。这边战云密布，海面上几十万人动辄生死相向，而在不远处的另一端海面上，却是歌舞升平、欢声笑语，当地居民正在举行每年一度的海上元夕夜竞渡。

这几天正是元宵佳节，国家兴亡，赵家兴废，不足以让所有汉人陪着去死去活，老百姓的日子该怎么过还是怎么过。

回到战场，元军水师发现张世杰又把战舰绑在一起了，简直不敢相信自己的眼睛。对面的宋军主帅是俺们的卧底吗？！

四年前焦山水战时，张世杰只是将 10 艘船连成一舫，这回居然是 1000 多艘绑成一座大城，这要是不放一把空前的大火的话，真是枉费了张世杰的好心。

这些烦人事是没法干扰到张世杰的，再一次绑船并不是他失忆了，忘了之前的惨痛教训，而是他早有准备。为了防火，他让士兵们挖了海量的烂泥上船，都厚厚地涂在船外板上，再用长木杆做阻挡，防止敌船来撞。为了生存，他还在船上准备了足够所有人吃半年的粮食。

做完了这些，张世杰非常确信已经万无一失了，他可以直面战争，等待胜利，或者持久的对峙。

这两样他都没等到，胜利、失败暂时还看不出来，宋军很快就发现了一个致命的新问题。

元军水师在张世杰放弃崖门背山面海时，第一时间抢占了崖门，掐断了宋军重回岸上的可能。这看似没用，海战嘛，与陆地何干？但是张世杰给船队上的20多万人准备了半年的粮食，却没办法准备哪怕一个月的淡水！他每天都得派人回崖门内取淡水，取烧水做饭的木柴，这些都在元军抢占崖门之后丢掉了。

仅仅10天过后，宋军淡水供应就出了问题，南中国海上炽烈的太阳下，口渴难耐的宋军士兵只好从海中提起一桶桶的海水勉强喝下去，结果谁都知道，那就跟喝毒药一样，他们开始上吐下泻。宋军的战斗力锐减，并且只会越来越减。

这时元军才开始了攻击。

元军在崖山西山头上架起大炮轰击船阵中间帝昺的御舰，几炮之后御舰上迅速做出反应，张起了巨型布帘遮挡炮石。效果相当地好，据记载巨石击中布帘，御舰岿然不动。这算是非常规攻击方式，有可能是宋军船阵的选择地点非常欠抽，居然离主动放弃的崖门不太远。不奏效之后，张弘范决定用火攻。

一艘艘满载着柴草的小船被点燃，直冲南宋的船阵。

宋军水兵用长杆抵住火船，不使其靠拢。偶有漏网的，涂满了湿泥的船外板还真的顶用，火焰没法立即燃起，随即被南宋水兵用海水浇灭。

相持不下……这么说并不准确，元军根本不必担心宋军有哪怕一点点的进攻。1000余艘木质战船绑在一起，得用什么样的发动机才能推得动？

一座不动的船城，不知道有什么样的攻击力！

张弘范决定再一次劝降，他早有准备，随船带来了张世杰的外甥。该外甥三次进入船阵劝降，张世杰不为所动，回答得铁骨铮铮——“我知道投降能活命，且能富贵，但忠义之志决不动摇！”

1279年二月初六，元军发起了总攻。

那一天乌云密布，海浪汹涌，大海现出了它狂暴的一面。元军水师兵分三路，从东、南、北三面向崖山外的宋军船城进攻。张世杰率众力战，从黎明时分直到黄昏降临，历经涨潮、退潮两个时段，士兵和船阵先后崩溃了。

士兵们疲劳饥渴上吐下泻，加上一整天的剧烈战斗，早已不可支撑。看似坚固的船城只能防守无法反击，永远立于不胜之地，解体只是迟早而已。

元军摧毁了宋军外围的七艘大舰，突入船城内部，到这地步，张世杰才下令砍断大索，各船逃生。这让当时的海面乱成了一锅粥，张世杰本人居然无法接近他最应该保护的对象——帝昺。当时黄昏降临，暮色四合，风雨大作，张世杰遥遥望见帝昺的御舰，碍于形势，他没法亲自去接，只好派人驾小船过去。

操船者不顾一切地在无数激烈交战中的战船间划行，奇迹一样地接近了御舰，并且爬了上去。可是无论他说什么，御舰上都不同意。

宰相陆秀夫唯恐来人是元军假冒的，断然拒绝把帝昺交给来人带走。

这种担忧绝对是有必要的，亡国在即，无数可耻的投降者挖空心思想找进身之阶，此时帝昺无疑是最好的投降礼物，怎么能随便就交出去？！

接应者无奈，只好退走。远处停在外围的张世杰无奈，只好率领十余艘战船，保着杨太后，顺着退潮的海水扬帆远逃。

帝昺的御舰孤零零地被围在战场中央，无论怎样都没法脱离了！

当是时，或死或降，别无他路。陆秀夫在黑夜中决定以死殉国，他仗剑把自己的妻子儿女都驱入海中，他的妻子死死拉住船舷不松手，他长叹一声，喝道——“都去！还怕我不来？”

陆夫人松手，沉入大海。

陆秀夫转身望向年仅 8 岁的宋帝赵昺，流亡至此已近三年，航海逾万里，所为者何来？难道只是为了活下去吗？！

他抱起了帝昺，对这个孩子说——“国事至此，陛下应为国死。德祐皇帝受辱已甚，陛下不可再被辱！”说完，他紧紧抱住他的皇帝，纵身跳进了波涛汹涌的大海。

宋帝国至此终于灭亡，不管它是否软弱，不管它是否屈辱，它的最后一位皇帝和宰相，以世间最决绝的方式为它画上了句号。

崖山之役，南宋全军覆灭。据载，第二天凌晨，“浮尸出于海十余万人”。这些人和陆秀夫一样选择了决绝，选择了尊严。

在远处的海面上，张世杰的船队终于逃出了生天。杨太后听到帝昺的死讯，她抚膺痛哭：“我忍死到今，只为了赵氏一块肉啊，现在没希望了！”她投水自尽，为赵宋殉葬。

张世杰不久后死于一场海上飓风。

至此，流亡小朝廷全体覆灭。

后人翻阅这段史书，感叹者有之，摇头者有之，愤怒鄙夷者更有之，比如有人评论说，陈宜中能逃而不能死、陆秀夫能死而不能战、张世杰能战而不能谋……说这些有什么用，他们真的有经天纬地之才，何至于远逃万里，在崖山与敌死拼？

一家一姓的天下历经 319 年之后，注定了元气尽丧，国家肯定无人。当是时，处上位者注定了只是些或庸碌无才，或无耻贪婪之辈，灭亡是不可避免的。

所争者，只是灭亡的方式。

在这一点上，赵宋之亡，除了陈宜中等无耻之徒外，陆秀夫，哪怕是张世杰都可以无愧于史册后世。

崖山之战结束了，除了参战的元军之外，还有一个人全程目睹了战斗的整个过程。

文天祥。

文天祥早已被俘。

他被张世杰排挤出小朝廷之后，选择了回自己的老家江西抗元。1277年，文天祥率兵于雩都（今江西于都）大败元军，收复了兴国、吉州（今江西吉安）等地。他在兴国建立大本营，江西各地抗元义军四面来投，形势一度大好。

但是他终究是一名文官，对瞬息万变的战场准备不足，大胜之余忘了戒备，元朝江西宣慰使李恒，也就是率水军支援张弘范进行崖山海战的那个人，率重兵偷袭兴国，文天祥应战失利，大败至空坑（今江西兴国县境）一带。

败退中，队伍零散，文天祥的妻儿、幕僚都被俘虏，他本人因为有义士替身受捕，才幸免于难。

纵遭大败，文天祥仍然百死不回。他收拾残部转战广东东北部的南岭地区。情况越来越险恶，文天祥知道事不可为了，他向小朝廷请求归队，可是张世杰再一次拒绝。

此时此刻，文天祥孤身在外，声名外显，等待他的只有两条路：一是投降，二是败亡。除此以外，别无他途。

能战而不能谋的张世杰，有忠义却无心肝的张世杰！

1278年十二月，文天祥在广东海丰五岭坡被俘，自杀未成，被押往崖山战场。这一路是文天祥的炼狱之旅，身在敌营，睹物思人，如此锦绣山河，统统落入敌手，而他空怀满腔忠义报国之心，却无可奈何，连自己也成了被俘之人。

到崖山战场，张弘范要他写信去劝降张世杰。文天祥冷然相对——“我不能救父母，难道还会劝人去背叛父母吗？！”

他取过纸笔，录下了不久前所写的那首《过零丁洋》诗：

辛苦遭逢起一经，干戈寥落四周星。
山河破碎风飘絮，身世浮沉雨打萍。
惶恐滩头说惶恐，零丁洋里叹零丁。
人生自古谁无死，留取丹心照汗青！

这样的人怎么可能投降，这样的人怎么可能替死敌去劝降？张弘范笑了笑，连称“好人，好诗”，命人把文天祥带下去，绝口不提劝降的事。

文天祥随着元军水军出航，近距离目睹了崖山海战。这对他的摧残是难以想象的，他所竭尽全力，倾尽所有想保存的，就在他眼前毁灭！

崖山海战之后，元军南征大军的全部工作只剩下了一件，找到南宋传国玉玺。这在几天之后，半真半假地完成了，有人宣称，在一具男孩儿浮尸的脖子上找到了它。可这具比玉玺明显更重要的尸体，却偏偏下落不明。除此以外，就剩下了文天祥。

要怎样处置这位亡国宰相？

张弘范在各种庆祝，包括在崖山之畔的山崖陆壁上刻字——“镇国上将军张弘范灭宋于此。”之余，还是很想保全文天祥。他觉得，留一个文天祥也无关改朝换代的大局，反而更能衬托出元朝开国的恢宏气度，何乐而不为？

忽必烈也这样想，他特意批了份文件下来，说“谁家无忠臣”。命专人押解文天祥去大都。文天祥的北上苦旅开始了，他名扬中华，为华夏千年民族魂的光荣之旅也就此起程。

当年五月，押解队伍进入南安军（今江西大余），文天祥的故乡临近了，他计算时日，估计八天之后会到达老家吉安。他开始绝食，相信八天之后到达时会饥饿而死，他可以饿死桑梓，尽节故里了。可天不从人愿，绝食八天他没有死，而故乡已过。

文天祥决定恢复进食，以便在虏廷从容就义，更有价值。

一路北行，元人并不禁锢文天祥的视听，很多战事信息一个个传入，文天祥发现他真的成了一个孤单的人。除他以外，扬州、钓鱼城都已经陷落了。

说扬州，李庭芝在误解中赶走了文天祥，随即被元军重兵围困。扬州城在十个月期间弹尽粮绝，城内达到了易子而食的程度，但仍然死战不降。

临安陷落，宋室投降。元军派人持诏书到城下招降。李庭芝说："我只知奉诏守城，没听说过以诏谕降的！"

副将姜才发弩射退来使。

不久，得知元军押解宋恭帝一行赴大都，正途经扬州。李庭芝与姜才率兵4万夜袭瓜洲渡口，试图夺回宋室一行。激战三个时辰仍未成功，只好退回扬州城内。

元军再次拿着谢道清的亲笔诏书到城下招降。诏书云——"今吾与嗣君既以臣伏，卿尚为谁守城？"问得很符合程序，这个世界都是姓赵的，俺赵家都投降了，你还守什么城，这不是在妨碍正常的财产转移吗？

说得多么理直气壮，李庭芝一时也说不出反驳的话，他在沉默中一箭射死元军的使者，以行动拒绝投降。至此元军明白只剩下强攻一途了，之后半年，双方苦战不休，蒙古人在扬州城下围起了一条长墙，以城外之城彻底封锁了扬州。

忽必烈适时送来了最后一次招降信，他许诺只要扬州投降，之前的抵抗、杀使者等行为全部赦免。李庭芝有些心动了，恰好姜才冲出重围，去附近州县筹粮回来，他凛然道——"相公不过忍片时痛而已！"李庭芝幡然悔悟，人生除死无大事，与那片时之痛相比，他们有更在乎的东西。

十个月之后，福州小朝廷任命李庭芝为左相，派使者来召唤。李庭芝命副手朱焕留守，他与姜才率领7000名士兵北上泰州（今属江苏），准备从那里泛海南下。

李庭芝一走，朱焕就投降了。扬州陷落，元军全军开拔追击李庭芝部，终于把他们围堵在泰州城内。

李庭芝、姜才终于力尽被俘。元军主帅阿朮责问李庭芝为什么不降，姜才大叫："不降者，是我！"

阿朮犹豫，蒙古人是重硬汉的，李庭芝、姜才无疑硬到了不可思议的地步，当此天下已定的大势，实在没必要多杀。

一边的朱焕说话了，扬州积骸遍野，皆他们所为，不杀待何？

一句话勾起了之前十个月里的杀戮怒火，阿朮下令将李庭芝斩首，姜才剐杀。临刑之日，原南宋江淮主将，那位应该79岁就死，非要活到83岁的夏贵特意赶来观刑。姜才受刑中冷然发问——"老贼，你看着我不感到惭愧吗？！"

扬州世代忠烈，闻听李、姜被害，全城百姓无不流泪。这股忠直刚烈的气息一直留存了下去，直到数百年后明末清初时，这座硬到不可思议的城市也在与李、姜一样忠贞刚烈的史可法率领下，与清军死战，哪怕屠城10日也绝不投降！

壮哉，扬州！

茫茫神州，只剩下了独钓中原的钓鱼城。至南宋小朝廷灭亡之时，钓鱼城的主将已经换了三任，当初让蒙哥城下饮恨的王坚第二年就被召回临安，不是为了嘉奖，而是贾似道等朝臣猜忌他，把他排挤到了普通州县去当地方官。

1264年，崖山之战前15年，王坚在和州知州任上郁郁而终。

钓鱼城的第二任主将是张钰。张钰是王坚的部下，一个在某种程度上比王坚更加强悍坚硬的人。他接手钓鱼城之后，不只是固守，还适时出击。当临安陷落时，他派部将突袭青居城，抓获元军安抚使刘才；三个月后，派兵驰援重庆，合力攻克凤顶寨；再之后收复泸州，捕杀叛将梅应春和元将熊耳，抓获熊耳夫人。听说小朝廷在福建称帝，他在钓鱼城内辟建皇城，派出百余人南下寻访，准备接来长期独立。

当然，这百余人没法横越神州，再越过百万元兵，把小朝廷接到钓鱼城。

1275年十二月，涪州降元，重庆告急，张钰按捺不住，留副手王立守城，自己率军攻入重庆，接任制帅之职，旋即克复涪州。过了正月，张钰大会西南众将，联合忠、万两州军力连破元军 18 寨，解大宁监之围。

一时间，西南震动，宋军在这一片区域里大有复兴之势。

天下大势如此，张钰注定了只是昙花一现。元军集结重兵围困重庆，用的是扬州之战同样的战术。

张钰的身边没有姜才，他的部将出卖了他。张钰在巷战之余选择出逃，逃到涪州时被元军抓获，被押解到安西（今陕西西安），软禁在一座庙里。

回头说钓鱼城。

天下事，难说没有运气的存在。南宋灭国，神州沦陷，钓鱼城天险也变得脆弱，原来自成体系、可以永远生存的山城，居然连续两年干旱，城里农田颗粒无收，据当地县志记载，出现了易子而食的惨剧。金城汤池，非力不守，到此地步，钓鱼城终于投降了。

这座从 1240 年由四川制置副使彭大雅始筑，至 1279 年正月最后一任守将王立出降，共抵抗蒙元近 40 年，前期以击毙蒙古大汗蒙哥而光耀史册，后期独自支撑巴蜀危局被誉为独钓中原的旷世坚城终于倒了。

张钰在陕西听到消息，以弓弦自缢身亡。

钓鱼城投降的次月，流亡小朝廷在崖山全体覆灭。这两件事接踵而至，南宋最后一丝希望彻底破灭。

文天祥在这样的局势下被押解进元大都。

忽必烈的气度，远不是传统印象中异族酋长的蛮横模样。他下令以上宾之礼接待文天祥。当然，这是有目的的。

他希望文天祥投降，做他的臣子。

第一个出场的人是留梦炎。留梦炎，1244 年的南宋状元，1275 年时做到了南宋首相，看资历他与文天祥是那么一致，元朝觉得他们会很有共同语言。

只是他们忘了，留梦炎在临安将破时选择了逃跑。

两人相见，文天祥身着南朝衣冠，面南而坐，意示绝不向元朝屈服。留梦炎则一身元朝高官的服饰，早成了异族的鹰犬。

文天祥戟指喝骂——“你好歹是一个状元宰相，有何面目去见江东父老？！”

留梦炎绝无羞愧，大恨而去。第二个来劝降的人让文天祥痛断肝肠，居然是被降封为瀛国公的宋恭帝。几年过去了，宋恭帝长成了一个小小少年，不知道北地生活是否让他忘记了江南，还记不记得自己小时候的那个身份？

文天祥让宋恭帝坐下，自己面北跪拜，痛哭流涕，连称“圣驾请回”。姓赵的少年人在慌乱局促中不知说什么好，只好离开。

在这之后，元朝想不出还要由谁来劝文天祥，按级别，总不能把谢道清请出来吧？

第三个人是元朝的重臣平章政事阿合马。大人物出场声势不凡，加上礼遇期已过，要来硬的了，阿合马直接命令文天祥跪下。

文天祥冷笑，南朝宰相为何要跪北朝宰相？

阿合马倍加趾高气扬，问道：“何以至此？”你一个南朝宰相，怎么到我北朝宰相的地盘来了？既然输了土地，那就等同于输了地位。

文天祥越发傲然：“南朝若是早日用我为相，北人到不了南，南人更不会到北方。”

阿合马冷笑，提醒文天祥他手握生杀大权。文天祥得其所哉：“亡国之人，要杀便杀！”这正是他所求之不得的。

阿合马悻悻然走开。

文天祥被关进了土牢，简陋、肮脏都不足以形容这种囚室里的生活，蒙古人的用意非常明显，他们不信以软弱著称的宋人中变节最多、例来最软的文人能挺住生活的折磨，尤其是文天祥从前的生活以奢侈舒适著称。

一个月之后，元朝宰相孛罗提审文天祥，地点定在了元朝军方重地枢密院，陪审的人是崖山海战的元军主帅张弘范。

困苦之后加以威临，蒙古人不信文天祥不屈服。

文天祥见孛罗，长揖不拜。孛罗立即大怒，同样情形下，阿合马只是言语调侃，孛罗命令士兵强按文天祥下跪。

元朝士兵们“或抑项，或扼其背”，文天祥始终不屈。他昂首高言——“天下事有兴有废，自古帝王将相，灭亡诛戮，何代无之！我文天祥今日忠于宋，以至于此，愿求早死！”

孛罗见硬的不行，又自恃汉学功底深厚，可以在言谈中压倒文天祥。他问——“汝谓有兴有废，且问盘古至今日，几帝几王，一一为我言之。”

文天祥不屑，这种小儿科问题不值一提——“一部十七史，从何处说起？吾今日非应博学宏词、神童科，何暇泛论。”

孛罗更加不屑，直指问题中心——“汝辈弃德祐皇帝，另立二王，这是忠臣所为吗？”

文天祥正色回应——“德祐失国，不此之时，社稷为重，君为轻。另立二王，为社稷计，当然是忠。”

孛罗一笑，满是讥讽——“汝立二王，竟成何功？”

这一句问得文天祥不由得悲怆，数年间流离逃战艰辛困苦，真的是一无所获吗？他黯然自问，很快昂然回答——“立君以存社稷，存一日则尽一日臣子之责，何言成功！”

孛罗得意了——“既知其不可，又何必为之？”

文天祥忍不住泪下沾襟——“譬如父母有疾，虽不可疗治，但无不下药医治之理。吾已尽心尽力，国亡，乃天命也。今日我文天祥至此，有死而已，何必多言。”

孛罗再没有话说，他建议忽必烈干脆杀了文天祥，杀的宋人逾千万，多此一个难道很特别，难道会丢天下不成？可很多人反对，包括张弘范，这个亲手灭亡南宋的人上书忽必烈。加一句，张弘范病了，崖山海战之后这人很快病倒，这时快死了。

他说元朝应有新气象，应该与南宋相反，提倡节操，文天祥越是忠贞，就越要降服他。这会对新国家有极大的推动作用。

至于如何降服，优待、威吓、劝说、困苦都用过了。当是时，似乎只有继续困苦还能有效，于是文天祥被押回到土牢。从这时起，这座土牢是文天祥两年多时间里的囚室。

文天祥在这座低矮潮湿的土牢中备受折磨，每个人都认为他会痛苦，可事实上痛苦与折磨有时并不是一回事。

某些人的生存信条是，心安乐才能身安乐。

文天祥用诗歌记录了这段生活，那就是名传千古，也必将传至永恒的《正气歌》：

余囚北庭，坐一土室。室广八尺，深可四寻。单扉低小，白间短窄，污下而幽暗。当此夏日，诸气萃然：雨潦四集，浮动床几，时则为水气；涂泥半朝，蒸沤历澜，时则为土气；乍晴暴热，风道四塞，时则为日气；檐阴薪焚，助长炎虐，时则为火气；仓腐寄顿，陈陈逼人，时则为米气；骈肩杂沓，腥臊汗垢，时则为人气；或圊溷，或毁尸，或腐鼠，恶气杂出，时则为秽气。叠是数气，当之者鲜不为厉，而余以孱弱，俯仰其间，于兹二年矣，幸而无恙，是殆有养致然尔。然亦安知所养何哉？孟子曰：“吾善养吾浩然之气。”彼气有七，吾气有一，以一敌七，吾何患焉。况浩然者，乃天地之正气也。作《正气歌》一首。

天地有正气，杂然赋流形。下则为河岳，上则为日星。于人曰浩然，沛乎塞苍冥。皇路当清夷，含和吐明庭。时穷节乃见，一一垂丹青。在齐太史简，在晋董狐笔，在秦张良椎，在汉苏武节；在严将军头，为嵇侍中血，为张睢阳齿，为颜常山舌；或为辽东帽，清操厉冰雪；或为出师表，鬼神泣壮烈；或为渡江楫，慷慨吞胡羯；或为击贼笏，逆竖头破裂，是气所磅礴，凛烈万古存。当其贯日月，生死安足论！地维赖以立，天柱赖以尊。三纲实系命，道义为之根。嗟予遘阳九，隶也实不力。楚囚缨其冠，传车送穷北。鼎镬甘如饴，求之不可得。阴房阒鬼火，春院闭天黑。牛骥同一皂，鸡栖凤凰食。一朝蒙雾露，分作沟中瘠。如此再寒暑，百沴自辟易。嗟哉沮洳场，为我安乐国。岂有他缪巧，阴阳不能贼？顾此耿耿在，仰视浮云白。悠悠我心悲，苍天曷有极！哲人日以远，典刑在夙昔。风檐展书读，古道照颜色。

文天祥恪守忠义，置个人生死于度外，于困顿斗室中甘之如饴，自觉除死无大事，却不料世间仍有扰乱其心神之事。

他忽然接到了长女柳娘的信。信中得知，失踪三年多的妻子儿女都在大都城中，被元人禁锢。这封信很明显是暗示他，如果投降，全家安好；不降，后果不可言。文天祥必须在骨肉亲情与忠义名节之间做出选择，这是何等艰难痛苦。

文天祥在回信中写道：

……人谁无妻儿骨肉之情，但今日事到这里，于义当死。可令柳女、环女好做人民，爹爹管不得。泪下哽咽，哽咽！

于是时，文天祥彻底抛弃了一切所珍爱的，他是南宋的宰相，他治下的无数人民都在战火中失去一切，他不想在这方面例外。

文天祥的决心让元朝绝望，其间曾经有过几次转机，如张弘范临死前的遗嘱，希望保全文天祥，为新朝立节义榜样；比如以福建降元的王积翁联名 10 名南宋降臣保文天祥还乡，允许其余生出家做道士。这些都出于种种原因搁浅了。

需要指出的是，王积翁之所以失败，就是因为那位同样是状元宰相的留梦炎的极力反对。

他，非常渴望文天祥去死。

时间到了 1282 年年底，中山府（今属河北）有数千人起义反元，起事者自称南宋幼主，要去大都劫狱救出文丞相。这件事成了文天祥的催命符，他是生是死必须有个了断了。

十二月八日，忽必烈在大殿召见文天祥。

文天祥仍然长揖不跪。

忽必烈亲自做最后的努力，他许诺——“汝以事宋之心事我，当以汝为宰相。”

文天祥知道最后的时刻终于到了。他面容清癯，囚衣褴褛，朗声回答道——“天祥受宋恩，为宰相，安事二姓？愿赐之一死足矣！”

决裂如此，再无转圜，然而忽必烈还是犹豫了，他命人把文天祥押回囚室里，他还要再考虑考虑。可是元朝胡汉大臣群起上书，要求同意文天祥的请求，允其为赵宋殉国。

再留已经无意义，文天祥对元朝只有负面作用。

转天，十二月九日，忽必烈下令公开处斩文天祥，下令之时他犹自叹息——“好男子，惜不为我用！”

文天祥被押至大都柴市刑场。他身着南宋衣冠，憔悴清瘦，多年的土室囚禁让他的方向感彻底丧失，他向周围的百姓询问哪里是南方。有人指给他，他重整衣冠，向南方他的故国，他的国都，他的皇帝的方向跪拜。

最后一次向心中的坚守致礼之后，他索取纸笔，留下了一首诗：

昔年单舸走淮扬，万里逃生辅宋皇。
天地不容兴社稷，邦家无主失忠良。
神归嵩岳风云变，气入烟岚草木荒。
南望九原何处是，关河暗淡路茫茫。

写毕，他向行刑的刽子手说：“吾事毕矣。”从容就义。

文丞相时年仅 47 岁。

他死后，有人在他的衣袖间发现了一张纸，那是他的绝笔书。上面写着非常简单的几句话，这几句简单的话，在其后数百年间，成为无数坚持本我、抵御外侮的汉家子孙的座右铭：

孔曰成仁，孟曰取义，唯其义尽，所以仁至。读圣贤书，所学何事？而今而后，庶几无愧！

一个人，要活到至死无愧，是多么不容易……

文天祥的死，代表着赵宋帝国的彻底覆灭，它成了历史的一页，成了故纸堆里的传说，成了几百年间无数人的叹息。人们追忆它的繁华和美丽，又痛惜、痛恨它的软弱和糊涂。

我何能例外？

# 后记

回到政治上，朱熹学有所成，自然不甘寂寞，
入朝，可都时间不长就出于这样的或者那样的原因重回山野。
一次回山，都会增加他的名望，
这次不同了，朱熹清楚地知道，这是他施展抱负的唯一
不是他能左右的，孝宗同样心性坚定，
中，赵惇是个疯子，跟谁也不讲道理，直到赵扩，
神智正常，他自己也年过古稀，这时不搏，一世将过。
所以他及时跳了出来，旗帜鲜明地支持赵汝愚，
章里，不点名地把韩国戚定为祸乱朝野的小人，
的东西，简直是从根本上否定了这个人。
摆在韩侂胄面前的只有一条路，那就是低头认罪，
什么罪。想反驳？好，你是奸邪，想反抗，更该死了
的对立面，一定会搞得你永世不得超生，
没急，他天生就是道学家们的克星。
就是，急什么。他轻松自在地想了一会儿，
很快，一场傀儡戏在宫廷内部上演，
下峨冠大袖，仿效朱熹的样子讲说性理道德。
对国朝大政，对百官托命，对皇帝的起居日常
指责，在他的眼里，世间充满了错误，
仿佛他是上帝，而其他人都是凡人，都生有原罪
赵扩在台下看着，一言不发。他心底的怒火
演的不是戏，都是真实的生活。朱熹自从当上
的确什么都管，对一切都插手，长此以往，
是这个天下的主人？！

四年之前曾写记，纪念六年间完成的这件事——“近六年以来，我只做了一件事，写宋史。”此时回望，竟然已经十年！

一部宋史浓缩成5卷。我所能保证的，是精选，而不是节选。

再次回望宋史，我确信我喜欢这些，与它在一起，我充满了发现的快乐。因为它让我满足，我在时光里偶尔翻阅自己写过的东西，面露微笑。

又四年过去了，我又有了新的作品，其中最重要、最让我欣喜的是我的儿子，小鱼儿、晴川。他是一个属马的男孩儿，漂亮、聪明、强壮，各方面都比我优秀，他是上天赐给我的最好的礼物。和他在一起，我确信上苍是爱我的。

取名晴川，愿他一生都自由地奔跑在晴朗美丽的山川大地间。

高天流云

2017年5月15日17：33，是为记

**图书在版编目（CIP）数据**

如果这是宋史 / 高天流云著 . —杭州：浙江人民出版社，2023.6

ISBN 978-7-213-11100-6

Ⅰ . ①如… Ⅱ . ①高… Ⅲ . ①中国历史 – 宋代 – 通俗读物 Ⅳ . ① K244.09

中国国家版本馆 CIP 数据核字（2023）第 101069 号

## 如果这是宋史

RUGUO ZHE SHI SONGSHI

高天流云　著

出版发行　浙江人民出版社（杭州市体育场路 347 号　邮编　310006）
责任编辑　钱　丛　徐　婷　张世琼
责任校对　张志疆　朱　妍　戴文英
　　　　　张谷年　杨　帆　朱志萍
封面设计　宋晓亮
电脑制版　顾小固
印　　刷　河北鹏润印刷有限公司
开　　本　700 毫米 ×1000 毫米　1/16
印　　张　132.5
字　　数　1842 千字
版　　次　2023 年 6 月第 1 版
印　　次　2023 年 6 月第 1 次印刷
书　　号　ISBN 978-7-213-11100-6
定　　价　390.00 元（全五册）